앤디 필드의
유쾌한 R 통계학

Discovering Statistics Using R

Discovering Statistics Using R by Andy Field, Jeremy Miles, Zoë Field
Copyright ⓒ 2012 All rights reserved.
English language edition published by SAGE Publication of London, Thousand
Oaks, New Delhi and Singapore,

This Korean language edition was published by J-Pub Co., Ltd., in 2019 by arrangement with SAGE
Publications Ltd. through Agency-One, Seoul.

앤디 필드의 **유쾌한 R 통계학**

1쇄 발행 2019년 2월 28일
4쇄 발행 2025년 4월 18일

지은이 앤디 필드, 제레미 마일스, 조이 필드
옮긴이 류 광
펴낸이 장성두
펴낸곳 주식회사 제이펍

출판신고 2009년 11월 10일 제406-2009-000087호
주소 경기도 파주시 회동길 159 3층 / **전화** 070-8201-9010 / **팩스** 02-6280-0405
홈페이지 www.jpub.kr / **원고투고** submit@jpub.kr / **독자문의** help@jpub.kr / **교재문의** textbook@jpub.kr

소통기획부 김정준, 이상복, 안수정, 박재인, 송영화, 김은미, 나준섭, 배인혜, 권유라
소통지원부 민지환, 이승환, 김정미, 서세원 / **디자인부** 이민숙, 최병찬

교정·교열 이종무 / **내지디자인** 디자인콤마 / **표지디자인** 미디어픽스
용지 에스에이치페이퍼 / **인쇄** 한승인쇄 / **제본** 일진제책사
ISBN 979-11-88621-36-1(93000)
책값은 뒤표지에 있습니다.

제이펍은 여러분의 아이디어와 원고를 기다리고 있습니다. 책으로 펴내고자 하는 아이디어나 원고가 있는 분께서는
책의 간단한 개요와 차례, 구성과 저(역)자 약력 등을 메일(submit@jpub.kr)로 보내 주세요.

앤디 필드의
유쾌한 R 통계학

DISCOVERING STATISTICS USING R

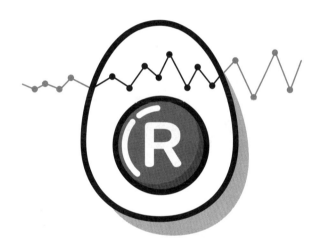

앤디 필드, 제레미 마일스, 조이 필드 지음 / 류광 옮김

제이펍

나의 멋진 아내 조이에게
— 앤디

수잔, 알렉스, 대니얼에게
— 제레미

심술 궂고 수면 부족에 껍질만 남았지만,
사랑스러운 쭉정이에게
— 조이

차례

`CHAPTER` **1 사악한 강사가 통계학을 억지로 가르치려는 이유_1**

`CHAPTER` **2 여러분이 통계학에 관해 알고 싶어 했던 모든 것(아마도)_41**

CHAPTER **3** R 환경_79

CHAPTER **4** 그래프를 이용한 자료 탐색_149

CHAPTER 8 로지스틱 회귀 _ 395

CHAPTER 9 두 평균의 비교 _ 455

CHAPTER **13** **반복측정 설계(GLM 4)_693**

CHAPTER **14** **혼합 설계(GLM 5)_763**

CHAPTER **18** 범주형자료_1021

CHAPTER **19** 다층 선형모형_1077

역자 머리말

이 책은 Sage 출판사가 펴낸 *Discovering Statistics Using R*을 번역한 것으로, 저자 앤디 필드는 베스트셀러 통계학 입문서 *Discovering Statistics Using IBM SPSS Statistics*로 유명합니다. 그 책은 흥미 위주의 일반 교양서가 아닌 본격적인 통계학 입문서이면서도 지루하지 않고 재미있게 읽을 수 있다는 점에서 크게 인기를 끌었습니다. 그 SPSS 책이 가진 모든 장점에 상용 소프트웨어인 IBM SPSS Statistics 대신 누구나 구해서 사용할 수 있는 오픈소스 프로그래밍 언어·환경인 R을 이용해서 통계학을 설명한다는 새로운 장점까지 추가된 이 책을 통해서 좀 더 많은 독자가 통계학을 재미있고도 효과적으로 발견하게 되었으면 좋겠습니다.

이 책을 읽을 때 R과 관련해서 유념할 점이 있습니다. 이 책에서 R은 통계학을 가르치고 통계 분석을 실행하기 위한 수단일 뿐입니다. 이 책이 프로그래밍 언어이자 개발 및 실행 환경으로서의 R을 체계적이고 포괄적으로 다루지는 않습니다. R에 대한 저자의 접근 방식은 "필요한 만큼만 배우고 배운 만큼 써먹는다"로 요약할 수 있겠습니다. 프로그래밍 언어를 그 자체로 공부하고 연구하는 것도 가치 있는 일이지만, 원하는 목적을 달성하기 위한 하나의 수단으로 취급하는 것도 얼마든지 의미 있고, 이 책의 취지에서는 아주 적합하다고 봅니다. 그렇긴 하지만, 독자가 R에 관해 이 책에 나온 것보다 더 배워야 할 필요가 아예 없는 것은 아닙니다. 특히, 대부분의 소프트웨어 프로젝트는 수명이 다할 때까지는 계속해서 갱신되며, 게다가 R은 많은 사람들의 기여로 성장하고 발전하는 오픈소스 프로젝트이다 보니, 이 책이 나온 이후에도 R 자체와 관련 패키지들을 포함한 R 환경이 계속해서 변할 수밖에 없습니다. 원서가 출판된 후 R 환경의 변화 때문에 생긴 여러 오류와 불일치를 번역 과정에서 원서 정오표를 참고해서 본문에 반영했고, 원서 정오표에 없는 몇몇 오류에 관한 내용은 본문 대신 역주에 표시해 두긴 했지만(이를테면 제3장 DSUR 패키지 설치 문제), 이 번역서가 나온 이후에도 R과 그 환경은 계속 변할 것이므로 새로운 오류가 계속 나타날 수 있습니다. 그런 만큼, 예제 코드 실행 오류를 스스로 완전히 해결하지는 못한다고 하더라도 웹 등에서 해결책을 검색해서 적용 또는 응용할 수 있을 정도로는 R에 관해 좀 더 공부하길 권합니다. R 자체를 본격적으로 다루는 다른 책들을 읽는 것도 좋겠고, 다행히 국내에도 R 사용자들이 꽤 많으므로 웹을 통해서 지식을 수집하는 방법도 있을 것입니다. 관련해서, 이 책은 R 배포판에 포함된 기본 IDE(통합개발환경)인 RGui를 사용하지만, 요즘 R 사용자들은 RGui보다는 RStudio(https://www.rstudio.com)라는 개별적인 IDE를 더 많이 사용하는 것 같습니다. RStudio에 관한 한국어 자료도 웹에서 어렵지 않게 구할 수 있습니다.

원서 정오표(http://www.discoveringstatistics.com/docs/dsurerrata.pdf)는 2018년 11월 초에 마지막으로 점검, 반영했습니다. 원서 정오표에는 문제만 제기되었을 뿐 해결책이 없는 항목도 있는데, 나중에 해결책이 올라오면 제이펍 웹사이트 또는 역자 홈페이지를 통해 알려드리겠습니다. 번역 용어들은 기본적으로 해당 분야 학회의 공식 용어집을 따랐고, 때에 따라서는 한국어 위키백과도 참고했습니다. 통계 용어는 한국통계학회(http://kss.or.kr), 수학 용어는 대한수학회(http://kms.or.kr)의 용어집을 따랐으며, 예제들에 등장하는 심리학 용어들은 한국심리학회(http://koreanpsychology.or.kr)의 용어집을 따랐습니다. 용어집에 없는 용어들은 관련 논문들의 제목과 초록에 나온 문구들을 참고하거나, 기존 용어들의 조어법을 참고해서 만들어 냈습니다. 한편, 외국인 인명은 영미권의 경우에는 CMU 발음 사전(http://www.speech.cs.cmu.edu/cgi-bin/cmudict), 그 외의 경우에는 한글라이즈(https://hangulize.org)의 도움을 많이 받았습니다. 제 홈페이지(http://occamsrazr.net)에 이 책에 관해 의견을 나눌 수 있는 페이지(찾기 어렵지 않을 것입니다)를 마련해 두었으니, 혹시 용어나 어법에 관해 궁금한 점이 있으면 주저 없이 문의해 주세요. 책에 관한 의견, 감상이나 오역, 오타 보고도 환영합니다.

멋진 책을 번역할 기회를 주신 제이펍 장성두 대표님과 전체적인 과정을 관리하고 교정까지 보아 주신 이종무 팀장님, 그리고 구성이 꽤나 복잡한 책을 잘 조판해 주신 김선예 디자이너님께 감사 말씀 전합니다. 마지막으로, 책 여기저기에 등장하는 저자의 '독특한' 유머와 '참신한' 예제들에도 굴하지 않고 크고 작은 오타와 오역을 무수히 잡아 준 아내 오현숙에게 사랑과 감사의 마음을 보냅니다.

재미있게 읽으시길!

류광

머리말

Karma Police, arrest this man, he talks in maths, he buzzes like a fridge, he's like a detuned radio.[*]

라디오헤드, 'Karma Police', OK Computer (1997)

소개

사회과학 학생 중 다수는 통계학을 싫어한다(사실 연구자들도 크게 다르지 않다). 무엇보다도, 사회과학을 하는 사람들은 대부분 수학적 기초가 부실하기 때문에 복잡한 통계 공식들을 이해하는 데 어려움을 겪는다. 그래도 악마의 사악한 염소 전사들은 우리의 비수학적 뇌를 강제로 통계학 전문가의 뇌에 맞추어 재단하려 한다. 그러면 아마 뇌가 엉망진창이 될 것이다. 그들에게 대항하는 무기 중 하나가 바로 컴퓨터이다. 컴퓨터를 이용하면 수학을 이해하지 못한다는 중요한 장애를 가뿐하게 극복할 수 있다. SAS나 SPSS, R 같은 컴퓨터 프로그램들이 등장한 덕분에 이제는 수학 공식에 너무 빠져들지 않고 개념적인 수준에서 통계학을 가르칠 수 있는 유례 없는 기회가 생겼다. 악마의 염소 전사에게 컴퓨터는 마치 고양이에게 개박하(캣닙)와 같다. 컴퓨터를 보면 염소 전사들은 그저 머리를 땅에 문지르고 '갸릉갸릉' 하면서 뒹굴 뿐이다. 컴퓨터의 유일한 단점은, 뭔가를 제대로 이해하지 않고 실행하다 보면 완전히 길을 잃기 쉽다는 것이다. 통계학 지식 없이 통계학 프로그램을 사용하는 것은 위험한 일일 수 있다. 그래서 나는 이 책의 전신인 *Discovering Statistics Using SPSS*를 저술했다.

　나는 심리학 박사과정을 마치고 바로 *Discovering Statistics Using SPSS*를 쓰기 시작했다. 주된 목표는 이론과 실제의 적절한 균형점에 해당하는 책을 쓰자는 것이었다. 특히, 나는 컴퓨터를 통계학 개념을 가르치는 도구로 사용함으로써 독자가 이론과 실제 둘 다 더 잘 이해

---

[*]**역주** 이 가사를 작사가의 의도를 그대로 살려서 번역하는 것은 불가능할 것이고, 그저 뜻을 짐작할 정도로만 직역하자면 다음과 같다. "카르마(업보) 경관님, 저자를 체포하세요. 그는 수학으로 말하고, 냉장고처럼 윙윙대고, 마치 주파수가 어긋난 라디오 같아요."

하게 되길 원했다. 이론을 원한다면, 그리고 수학 공식을 좋아한다면, 더 나은 책들이 있다. [Howell, 2006], [Stevens, 2002], [Tabachnick & Fidell, 2007]은 내가 아는 한 비할 데 없는 훌륭한 책들이며, 나도 이 책들로 공부했다(그리고 아직도 배우고 있다). 이 책들은 통계학에 관해 여러분이 상상하는 것보다 더 많은 것을 가르쳐 준다. (내 책이 그 책들에 인용되었으면 하는 야망이 있긴 하지만, 아마 실현될 일은 없을 것이다.) 그러나 만일 여러분이 직장수지자극(直腸手指刺戟) 마사지가 나오는 책을 원했다면, 이 책을 잘 산 것이다. (그 마사지는 그냥 한 예제에 등장하는 것임을 명확히 하고 넘어가야겠다. 책을 읽으면서 직장을 자극하는 데 사용할 수 있는 도구가 이 책의 표지 안에 붙어 있지는 않다. 학습에 도움이 되리라 생각해서 독자가 직접 만들어서 사용하는 것은 말리지 않겠다.)

또 다른 목표는 이 책 하나로 충분하게 한다는 것이다(우스울 정도로 야심 찬 목표는 아니리라 믿는다). 즉, 1학년 때 산 책을 교수가 되어서도 보게 하고 싶었다. 그래서 나는 여러 수준에서 읽을 수 있는 책을 쓰고자 했다(난이도 수준에 관해서는 머리말 다음의 '이 책의 사용법'에서 좀 더 이야기한다). 이 책에는 학부 1학년을 위한 장들(1, 2, 3, 4, 5, 6, 9, 15)과 2학년을 위한 장들(5, 7, 10, 11, 12, 13, 14)이 있으며, 대학원생에게도 도움이 될 만한 고급 주제를 다룬 장들(8, 16, 17, 18, 19)도 있다. 그리고 내용의 난이도를 독자가 미리 파악할 수 있도록, 각 절에 난이도 수준을 명시해 두었다(이 머리말 다음에 나오는 '이 책의 사용법' 참고).

셋째로, 마지막이자 가장 중요한 목표는 통계학을 재미있게 공부하는 것이다. 사실 나는 수학하고 사이가 그리 좋지 않았다. 한때는 수학 성적이 아주 나빴다.

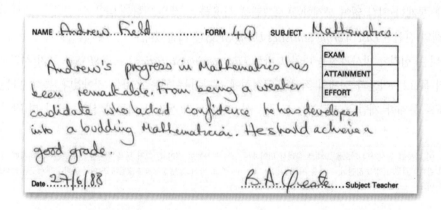

위의 그림은 열한 살 때 학교에서 받은 성적표의 일부이다. '27='은 수학 점수의 반 석차가 27등이라는 뜻인데, 당시 그 학급의 학생 수는 29명이었다. 꼴찌를 겨우 벗어난 수준이었던 것이다. 43은 시험 점수를 백분율로 환산한 것이다. 오, 저런! 4년 후(15세) 성적표는 다음과 같다.

담당 교사의 평을 요약하자면 수학 실력이 눈에 띄게 향상되었다는 것인데, 왜 이런 일이 생겼을까? 비결은 훌륭한 선생님이었고, 그 선생님은 바로 내 형 폴이었다. 형은 수학을 아주 재미있게 가르쳐 주었다. 요즘도 종종 필요할 때 형이 내게 이것저것을 가르쳐 준다(특히, 컴퓨터 프로그래밍에 관해 여러 가지를 배웠다). 그의 훌륭한 교육법의 비결은, 나와 관련된 예들을 이용해서 흥미를 유발한다는 것이다. 그의 '훌륭한 교육 능력' 유전자는 사실 집안 내력이다. 그가 교육업에 종사하지 않아서 그 유전자가 낭비된 것이 아쉽다. 그나마 다행인 것은, 그의 접근 방식이 내 강의와 책들에 좋은 영향을 주었다는 점이다. 특히 나는 인간적인 측면이 드러나 있는 것을 사람들이 좋아한다는 점을 배웠다. 그래서 나는 *Discovering Statistics Using ...* 책들에 내 개성과 유머 감각을(또는, 유머 감각의 부재를) 많이 집어넣으려 했다. 이 책의 여러 예제는, 비록 현실 세상의 몇몇 괴상한 사람들에게 영감을 받긴 했지만, 평균적인 학생들이 머릿속에 자주 떠올리는 주제들(섹스, 마약, 대중음악, 연예인, 미친 짓을 하는 사람들)을 반영한 것이다. 또한, 그냥 내가 재미있다고 생각해서 집어넣은 예제들도 있다. 간단히 말해서 이 책의 예제들은 가벼운 마음으로 즐길 수 있는(어떤 사람은 그냥 '지저분한'이라고 말하겠지만) 것들이다. 그리고 어쩌면 내가 평소에 무슨 생각을 하면서 사는지를 예제들에서 짐작할 수도 있을 것이다. 예제들이 비위에 맞지 않고 혐오스럽거나, 내가 과학의 진지함을 훼손한다고 생각하는 독자에게는 미리 사죄한다. 그러나, 솔직히 말해서 항문에 뱀장어를 집어넣은 사람의 이야기가 재미없을 리 있겠는가?

이상의 세 가지 목표가 과연 달성되었을까? 그럴 수도 있고 아닐 수도 있지만, 이 **R** 책의 기초가 된 *Discovering Statistics Using SPSS*는 확실히 인기를 끌었으며, 그래서 전혀 모르는 사람들로부터 나를 아주 칭찬하는 이메일을 받는 드문 사치를 누리기까지 했다. (고백하자면, 가끔은 나를 긴팔원숭이 똥덩어리라고 생각한다는 이메일도 받긴 했지만, 원래 모든 일에는 양이 있으면 음이 있는 법이다.) 또한, 그 책은 2007년에 영국 심리학회 도서 상까지 받았다. 내가 책을 잘 쓰긴 썼나 보다. 그런데 그 SPSS 책에는 한 가지 중요한 결점이 있다. 바로, 모든 사람이 SPSS를 사용하지는 않는다는 점이다. 어떤 사람들은 **R**을 사용한다. 다른 통계 패키지에 비해 **R**은 '공짜'라는 중요한 장점이 있다. **R**을 설치하고 사용하는 데는 전혀 돈이 들지 않는다. 흔히 공짜 점심만큼 좋은 것은 없다고 하는데, 틀린 말이다. **R**은 온갖 맛있는 요리가 이어지고 구운 치즈케이크로 마무리되는 공짜 코스 정식과도 같다.

그래서 SPSS 책의 이론과 예제들을 고스란히 가져와서 **R**에 관한 책을 쓰면 어떨까 하는 생각이 들었다. 정말로 천재적인 발상이었다. 단, 내가 **R**에 관해 아는 것이 거의 없다는 점만 빼면! 6개월 동안 밤을 새워 가며 공부한 덕에 이 미친 모험을 시작했을 때보다는 **R**에 관해 더 많은 것을 알게 되었다. 도중에 나는 제레미 마일스(Jeremy Miles; 뱀장어를 다른 어떤 곳이 아니라 CD 플레이어에 집어넣길 좋아하는 사람이다)라는 아주 친절한 친구와, 그 친구보다도 더 친절한 내

아내 조이(Zoë)에게 도움을 받았다. 이 책의 어조를 내 것으로 유지하고자 하는 욕심 때문에 그 두 사람의 기여가 다소 숨겨지긴 했지만, 그들의 기여는 엄청나게 컸다. (제러미의 기여는 특히나 찾기 쉽다. 바보가 지껄인 말을 통계학 천재가 어느 정도 사실에 근거해서 다듬은 듯한 문장이 보인다면, 제러미가 쓴 것이다.)

여러분이 낸 돈 대신 얻게 되는 것은?

이 책은 통계학뿐만 아니라 이 세상과 내 뇌의 이상하고도 멋진 내용으로 가득한 세계를 탐험하는 하나의 여행이다(아마도 가시철조망 사이로 난 아주 좁은 통로를 따라가는). 간단히 말해서 이 책에는 멍청한 예제들과 질 나쁜 농담, 지저분하고 외설적인 이야기가 잔뜩 있다. 그런 재미있는 내용 외에, 학술적인 내용도 조금 추가해야 했다. SPSS 책의 여러 판에서 많은 사람이 이메일로 다양한 의견을 제시했다. 그래서, 여러분이 지금 손에 든 책에는 지난 10년 동안 내가 받은 여러 질문의 답도 포함되어 있다. 그 외에, 이 책에는 다른 책들에서 흔히 볼 수 없는 다음과 같은 내용도 포함되어 있다.

- **여러분이 알아야 할 모든 것:** 나는 돈값을 하는 책을 쓰려고 했다. 그래서 이 책은 여러분을 통계학을 전혀 모르는 수준에서(제1장은 기본적인 연구 방법부터 가르친다) 다층모형에 관한 전문가 수준으로(제19장) 이끈다. 물론 그 모든 것을 담은 책이라면 수백만 페이지는 되어야 할 것이므로 이는 과장이지만, 그래도 이 책을 통해서 초보자에서 대학원 수준으로 올라가는 것은 가능하리라고 본다. 또한, 이 책은 여러분의 이두박근을 키우는 데도 아주 좋다.

- **멍청한 얼굴들:** 이 책에서 멍청한 얼굴들을 자주 보게 될 것이다. 그중 일부는 내 사진이다. 이러한 '등장인물'들의 교육적 기능에 관해서는 잠시 후의 '이 책의 사용법'에서 좀 더 알게 될 것이다. 그러나 유용한 기능이 없더라도 이들은 보기에 좋다.

- **예제 자료:** 이 책의 부록 웹사이트에는 약 100개의 자료 파일이 있다. 통계학 책에 예제 자료가 제공되는 것은 당연한 일이지만, 이 책의 자료에는 다른 책보다 정액이 더 많이 포함되어 있다(말 그대로 정액이 들어 있는 것은 아니다). 이것이 좋은 일인지는 여러분의 판단에 맡기겠다.

- **내 인생 이야기:** 각 장은 내 인생의 연대순 이야기로 시작하고 끝난다. 이것이 통계학 공부에 도움이 될지는 모르겠지만, 장과 장 사이에 잠시 쉬어가는 용도로는 좋을 것이다.

- **R 팁:** R은 가끔 괴상한 일을 한다. 각 장에는 R과 관련된 팁과 힌트, 주의사항을 담은 글상자들이 있다.

- **자가진단:** 학생들이 시험을 얼마나 싫어하는지 잘 알기 때문에, 나는 책의 상업적 성공을 포기하는 가장 쉬운 방법은 각 장 여기저기에 '자가진단'의 형태로 시험 문제들을 마구 배치하는 것이라고 생각했다. 이 자가진단 문항들은 조금 전에 배운 것을 시험하는 단순한 질문에서부터 여러 장 전에 읽은 기법을 새로운 맥락에 적용해야 하는 어려운 문제까지 다양하다. 모든 자가진단 질문의 답이 부록 웹사이트에 있다. 이 자가진단 문항들을, 독자의 진도를 점검하는 용도로 사용하면 좋을 것이다.

또한, 다른 책들에서도 흔히 볼 수 있는 내용도 있다.

- **분석 결과 보고 지침:** 각 장에는 분석 보고서를 작성할 때 참고할 지침이 있다. 학문 분야마다 분석 결과를 보고하는 요령이 조금씩 다른데, 나는 심리학자이므로 이 지침들은 주로 심리학의 관례를 반영한다. 그렇긴 해도, 이 지침들이 적어도 여러분에게 올바른 방향을 가리키는 역할은 하리라고 본다.

- **용어집:** 용어집 작성은 마치 진공청소기를 내 눈에 대고 뇌를 빨아들이는 것만큼이나 고통스러운 경험이었다. 우리 집에 와서 진공청소기 안을 조사하면 내 뇌를 발견할 것이다.

- **실세계 자료:** 학생들은 '진짜 자료'를 다루고 싶어 한다. 문제는, 실제 연구는 상당히 지루할 수 있다는 것이다. 그러나, 여러분을 위해 내가 정말로 환상적인(내 생각에는) 주제에 관한 연구들을 찾아내서는, 해당 저자들을 추적해서 자료를 받아냈다. 모든 장에는 실제 연구 사례가 나온다.

맺으며

나는 이 책의 SPSS 버전에 내 인생의 최근 13년을 말 그대로 소모했으며, 이 R 버전에는 최근 6개월을 쏟아부었다. 지금 나는 텅 빈 껍질만 남은 상태에서 이 문장을 입력하고 있다. 사람들이 R을 얼마나 많이 사용하는지, 그리고 이 책이 잘 팔릴지 잘 모르겠지만, 아마 그러리라고 (그러니까, 꼭 이 책이 잘 팔린다는 것이 아니라, R을 많이들 사용한다고) 생각한다. 이 책을 쓰면서 R에 대해 배울수록 R이 더 좋아졌다.

이 책(의 여러 버전)은 내 성인 인생의 큰 부분을 차지했다. 이 책의 저술은 애초에 내가 좋아서 한 일이었고, 지금도 그렇다. 이 책이 완벽하지는 않으며, 나는 아직도 내게 가장 중요한 사람들, 즉 독자 여러분의 피드백(좋은 의견이든 나쁜 의견이든)을 받고 싶다.

- 연락처: http://www.discoveringstatistics.com/html/email.html
- 트위터: @ProfAndyField
- 블로그: https://www.discoveringstatistics.com/category/blog/

앤디 필드

이 책의 사용법

출판사가 '이 책의 사용법'이라는 섹션을 쓰라고 했을 때 나는 "주름살 제거 크림 큰 병 하나(책을 읽는 동안 노화 효과를 방지하기 위해)를 사서 편안한 의자에 앉아서 앞표지를 열고 책을 읽다가, 뒤표지에 도달하면 멈춘다"라는 문장을 생각했다. 그러나 출판사는 그보다는 더 쓸모 있는 글을 원했다.

필요한 배경지식은?

본질적으로 나는 여러분이 통계학에 관해 아무것도 모른다고 가정하지만, 아주 기본적인 컴퓨터 활용 능력은 갖추고 있다고 가정한다(예를 들어 이 책에서 컴퓨터를 켜고 끄는 법까지 가르치지는 않는다). 또한, 아주 기본적인 수학 지식도 갖추고 있다고 가정한다(제1장 직전에 아주 기본적인 개념을 요약해 두었으니, 사실상 독자의 수학 지식에 관해 아무것도 가정하지 않았다고 해도 무방할 것이다).

진도를 나갈수록 어려워지는가?

그렇기도 하고(다변량분산분석에 관한 제16장은 제1장보다 어렵다), 그렇지 않기도 하다(비모수적 통계량들에 관한 제15장은 제14장보다 덜 복잡하고, t 검정에 관한 제9장은 로지스틱 회귀에 관한 제8장보다 덜 복잡하다). 이렇게 된 이유는 내가 장들을 통계학적으로 의미가 통하는(적어도 내가 보기에는) 순서로 배치했기 때문이다. 통계학 책 중에는 여러 검정을 개별적으로 다룰 뿐, 그들 사이의 유사성에 관해서는 아무것도 말해주지 않는 책들이 많다. 그런 구성은 불필요한 궁금증을 유발할 뿐이라고 생각한다. 이 책에 나오는 대부분의 검정은 그냥 같은 것을 약간 다른 식으로 표현한 것이다. 그래서 나는 그 점을 독자가 파악할 수 있도록 장들을 배치했다. 이 때문에 나는 회귀분석을 비교적 일찍 설명하는 등의 결정을 내려야 했다(회귀는 거의 모든 것의 기초이므로, 나는 그러한 결정이 옳다고 믿는다).

　　내용의 난이도를 독자가 미리 파악할 수 있도록, 각 절(section)의 제목에 다음과 같은 아이콘들로 난이도를 표시해 두었다. 이 아이콘들은 내용의 난이도를 나타낼 뿐, 어려운 내용을 그냥 건너뛰어도 좋다는 표시는 아니다(단, 잠시 후의 '똑똑한 알렉스' 항목을 참고할 것). 주어진 절이 여러분의 수준에서 쉽게 읽을 수 있는지, 아니면 좀 더 정신을 차리고 읽어야 할 것인지 짐작하는 용도로 사용하는 것이 바람직할 것이다. 각 절의 아이콘은 나의 강의 경험에 기초한 것이므로, 모든 독자에게 정확하지는 않을 수 있다(특히, 나라마다 교육 체계가 다르다는 점을 고려해야 할 것이다).

① 이 아이콘은 '수준 1'을 뜻한다. 나는 이것을 영국의 학부 1학년 수준으로 간주했다. 이 아이콘이 표시된 절은 누구라도 이해할 수 있을 것이다.

② 이 아이콘은 '수준 2'를 뜻하며, 영국의 학부 2학년을 상정한 것이다. 내가 2학년생들에게 가르친 주제들에 해당하며, 따라서 통계학의 기본 지식을 갖춘 독자라면 누구나 이해할 수 있을 것이다. 그러나 2학년에게도 꽤 어려운 절들도 있다. 어쨌거나, 이 아이콘은 중간 수준의 내용을 담은 절들을 표시한다고 생각하면 된다.

③ 꽤 어려운 주제들을 다루는 '수준 3'에 해당한다. 학부 3학년(영국 학부의 최고학년)과 대학원 1년 차 정도면 이 절들을 이해하는 데 큰 어려움이 없을 것이다.

④ 이 책에서 가장 높은 수준으로, 아주 어려운 주제들에 해당한다. 학부생이나 대학원 1년 차는 이 표시가 있는 절들을 이해하기가 꽤 어렵겠지만, 연구 방법에 관한 지식이 어느 정도 있는 대학원생이라면 큰 문제가 아닐 것이다.

자주 등장하는 인물들

빈혈남 브라이언: 브라이언의 임무는 갑자기 튀어나와서 질문을 던지고는 완전히 어리둥절한 표정을 짓는 것이다. 따라서 이 책의 저자인 내 모습과 그리 다르지 않다고 해도 놀랄 일은 아니다(단, 브라이언이 머리숱이 더 많다). 진도가 나가면서 브라이언은 점점 더 의기소침해진다. 어쩌면 독자도 그럴 것이다.

호기심 고양이: 이 녀석도 종종 나타나서 질문을 던진다(호기심이 많은 고양이니까). 이 고양이가 등장하는 유일한 이유는 고양이(가능하면 내가 키우는 고양이와 비슷하게 생긴)를 내 책에 집어넣고 싶어서이다. 물론, 교육 전문가들은 이 고양이에 특별한 임무가 필요하다고 생각할 텐데, 이 고양이의 임무는 귀엽게 보이는 것, 그리고 고양이와 관련된 재미 없는 농담을 하는 것이다.

주입식 샘: 샘(사만다)은 통계학을 싫어한다. 사실 그녀는 통계학이 지루한 시간 낭비라고 생각한다. 그저 시험을 통과해서 정규분포에 관해 알아야 했던 모든 것을 잊어버려도 될 날을 기대할 뿐이다. 그래서 샘은 여러분이 알아야 할 요점을 정리해 준다. 샘처럼 시험 준비가 주된 목적인 독자라면, 수백 페이지를 읽을 필요 없이 꼭 필요한 정보만 알려주는 샘이 고마울 것이다.

초천재 제인: 제인은 전 우주에서 가장 똑똑한 사람이다(심지어 똑똑한 알렉스도 제인 옆에 있으면 조금 바보 같아 보일 정도이다). 그녀가 그토록 똑똑한 이유는 통계학자들의 뇌를 훔쳐서 모두 먹었기 때문이다. 땀에 전 민소매 셔츠 맛이 나는데도 제인은 뇌를 좋아한다. 최고의 통계학자 몇 명의 뇌를 먹어 치운 덕분에 그녀는 아주 어려운 것들도 다 알고 있으며, 그래서 종종 나타나서 본문의 내용과 어느 정도 관련된 고급 주제를 설명한다. (제인이 내 뇌를 먹으려 들지는 않는다는 점을 주목하기 바란다. 이는 나의 통계학 능력이 어느 정도인지 짐작할 수 있는 대목이다.)

실험복 레니: 레니는 막 경력을 시작한 젊은 과학자로, 실제 연구에 관심이 많다. 그는 "앤디, 내가 뱀장어를 변비 치료에 사용하는 것에 관한 연구를 그 누구보다 좋아하긴 하지만, 이 책의 예제들은 자네가 모두 지어낸 거야. 진짜 자료는 그렇지 않다고. 진짜 연구 사례가 더 필요하지 않겠어?"라고 말하곤 한다. 레니는 실제 자료에 대한 인정받지 못하는 임무를 안고 외로운 데이터 전사로서 세상을 향해 나아갔다. 그는 대학교에 나타나서 학자들을 궁지에 몰아넣고, 학자의 가족을 납치해서는 만일 실제 자료를 내놓지 않으면 가족들을 가재들로 가득한 욕조에 집어넣겠다고 협박했다. 순한 가재들도 있겠지만, 그렇지 않은 가재들도 있었다. 자세한 이야기는 생략하고, 학자의 가족들이 온몸이 따끔해졌다고만 말하고 넘어가기로 하자. 어쨌거나, 레니가 등장할 때마다 실제 연구에서 나온 진짜 자료를 분석할 기회가 생긴다는 점만 기억하면 될 것이다. 진짜로.

올리버 트위스티드: 유명한 소설 속 런던 부랑아처럼(무단 도용과 관련해서 찰스 디킨스에게 사죄한다), 이 책의 올리버도 항상 "선생님, 그거 더…"라고 말한다. 그러나 진짜 올리버 트위스트와는 달리 이 책의 올리버 '트위스티드(Twisted)'가 더 원하는 것은 항상 통계학 지식이다. 사실 통계학 지식을 원하지 않는 사람이 있겠는가? 멀건 죽으로 연명하는 더럽고 조금 냄새나는 어린 소년을 실망하게 할 수는 없으므로, 올리버가 요청할 때마다 나는 그에게 약간의 지식을 나누어 준다. 올리버 트위스티드가 등장하면 여러분은 부록

웹사이트에 있는 추가 정보에 관해 알게 될 것이다(부끄러워하지 말고 보충자료를 내려받아서 따뜻한 지식의 독액 욕조에 빠져들기 바란다).

R의 영혼: 통계학을 좋아하는 사람은 영원히 지옥에서 고통받는다. R을 좋아하는 사람은 더 큰 고통을 겪는다. 그러나 R과 통계학의 은밀한 즐거움을 이기지 못한 사람들이 많아지면서, 지옥에 망자의 영혼들이 넘치게 되었다. 그러자 악마는 그 영혼들을 통계적 방법의 악한 기운으로 변환하기 시작했다. 악마에게는 R의 즐거움에 굴복한 영혼들을 모을 대리자가 필요했다. 그 대리자가 통계적 좀비의 영혼들을 모으는 과정에서 영혼들은 그에게 유용한 팁을 요구했고, 대리자는 그러한 팁들을 모아서 마치 사악한 병균을 보유한 딱정벌레들을 뿌리듯이 그 팁들을 이 책의 여기저기에 배치했다. 악마가 염소의 엉덩이를 때리느라 바쁠 때 대리자가 이 책에 등장해서 R의 활용에 관한 조언과 힌트를 제공한다.

똑똑한 알렉스: 알렉스는 본문의 내용이 아주 어려워질 때 나타나는 아주 중요한 인물이다. 꽤 똑똑한 녀석인 알렉스의 얼굴이 보이면, 뭔가 어려운 내용이 본문에 등장했다고 짐작하면 될 것이다. 단, 알렉스가 보이지 않는다고 해서 그 부분이 아주 쉽다고 가정해서는 안 된다. 알렉스는 그저 1,000페이지가 넘는 책을 모두 읽는 것보다 더 나은 할 일이 있다면 이 부분은 건너뛰어도 좋다는 점을 알려줄 뿐이다. 즉, 책을 읽다가 똑똑한 알렉스의 얼굴이 보인다면 그 절을 통째로 건너뛰어도 된다. 그래도 그다음 내용을 이해하는 데 문제가 없다. 그리고 알렉스는 각 장의 끝에도 등장하는데, 이때는 여러분이 알렉스 자신만큼이나 똑똑한지 확인할 수 있는 과제들을 제공한다.

부록 웹사이트에는 무엇이 있나?

이 다운로드의 시대에 부록 CD-ROM은 패자들을 위한 것이므로('아이들' 말로는 그렇다), 나는 여러 추가 자료를 월드 와이드 웹인가 뭔가 하는 것에 올려 두었다. 이런 방식에는 (1) 책이 약간 더 가벼워진다는 것과 (2) CD-ROM의 용량 제한을 신경 쓰지 않고 내가 원하는 만큼의 자료를 제공할 수 있다는(비록, 그 모든 것을 담기 위해 원서 출판사 세이지가 새 서버를 사야 했지만) 두 가지 장점이 있다. 나의 즐거운 세상에 입장하려면 www.sagepub.co.uk/dsur로 오기 바란다.

주어진 문단에 관련한 보충자료가 웹사이트에 있다는 점은 올리버 트위스티드 군이 알려준다. 올리버의 얼굴이 나타난다면, 이는 웹사이트에 여러분에게 필요한(또는, 꼭 필요하지는 않더라도 도움이 되는) 보충자료가 있다는 뜻이다. 웹사이트에는 학생과 강사 모두를 위한 다음과 같은 자료가 있다.

- **자료 파일:** 이 책의 예제들을 따라 하는 데 필요한 모든 자료 파일이 부록 웹사이트에 있다. 이렇게 자료 파일들을 제공하는 이유는, 여러분이 그 사이트에 들어가면 세이지가 자신의 책을 더 사게 만드는 잠재의식 메시지를 보게 되기 때문이다.

- **R 스크립트 파일:** 이 책의 모든 R 명령을 인쇄해서 모두 이어 붙이면 독거미 성운 (Tarantula Nebula; 아주 무서운 곳으로 들리는데, 실제로 이런 성운이 있다)에 닿을 정도이다. 그 모든 명령을 여러분이 직접 입력한다면 아마 손가락이 남아나지 않을 것이다. 여러분의 손가락을 위해 나는 이 책의 모든 R 명령을 담은 스크립트 파일들을 부록 웹사이트에 올려 두었다(자가진단과 알렉스가 준 과제에 관련된 R 명령들도 포함되어 있다).

- **웹캐스트:** 원서 출판사는 내가 이 책의 내용을 설명하는 동영상을 보면 사람들이 벌떼처럼 서점으로 몰려가리라고 생각한다. 내 생각에는 사람들이 구토를 진정시키는 약을 사러 약국으로 몰려갈 것 같다. 어쨌거나, 내가 얼마나 소심한지 알고 싶다면 주저하지 말고 동영상을 시청하기 바란다. 부록 웹사이트에는 이 책의 내용과 관련된 주제로 내가 진행한 강연의 동영상 몇 개가 있다.

- **자가진단용 선다형 문제:** 이 책을 읽으며 낭비한 인생만큼의 보람이 있는지, 즉 다음번 통계학 시험을 보러 갈 때 친구들이 짜증을 낼 정도로 자신감 있는 모습으로 걸어갈 수 있는지 여러분 스스로 진단할 수 있는 문제들이 장별로 분류되어 있다. 혹시라도 통계학 시험에서 낙제한다면, 좋은 변호사를 선임해서 고소하기 바란다.

- **보충자료:** 이 책을 빌미로 이미 여러 그루의 나무가 죽었지만, 그래도 판을 거듭하면서 책은 더 길어지고, 통계학을 더 알고 싶어 하는 사람들도 많아진다. 그래서 나는 거의 300페이지(정말로 삼백!) 분량의 보충자료를 작성했다. 좀 더 어려운 주제를 설명하거나 이 책의 과제들을 수행하는 데 도움이 되는 내용을 이처럼 다운로드 형태로 제공한 덕분에 (1) 지구의 환경이 덜 나빠지고, (2) 책장에서 이 책이 여러분의 머리에 떨어져도 즉사하지는 않을 것이다.

- **해답:** 각 장 끝에는 새로 배운 전문지식을 시험해 볼 수 있는 일단의 과제가 있다. 또한, 본문 도중에 여러 자가진단 질문과 실험복 레니의 숙제도 나온다. 그런 문제들을 제대로 풀었는지 여러분이 확인할 수 있도록, 나는 무려 300페이지 분량(앞에서 말한 보충자료 300페이지와는 별도로)의 상세한 해답을 작성해서 부록 웹사이트에 올려 두었다. 내게도 글을 그만 쓰는 날이 올까?

- **파워포인트 슬라이드:** 내가 여러분 한 명 한 명을 직접 가르칠 수는 없는 노릇이므로,

나는 '강사'라고 부르는 숙련된 초지능 범 차원적 존재들의 팀에 의존한다. 나는 그 강사들 한 명 한 명을 내 정원의 온실에서 직접 길렀다. 통계학의 즐거움을 세상에 널리 전하는 그들의 임무를 돕기 위해, 나는 각 장의 파워포인트 슬라이드를 부록 웹사이트에 올려 두었다.

- **링크:** 모든 웹사이트는 다른 유용한 웹사이트로 가는 링크들을 제공해야 한다. 이 책의 부록 웹사이트도 예외는 아니다.

- **지식의 사이버웜:** 나는 나노기술을 이용해서 사이버웜(cyberworm)들을 만들어 냈다. 이 사이버웜들은 네트워크를 타고 여러분의 컴퓨터로 가서 USB 포트로 튀어나와서는 여러분의 뇌로 들어간다. 그런 다음에는 뉴런들을 재배치해서 여러분이 통계학을 이해할 수 있게 만든다. 못 믿겠다면, 부록 웹사이트에 한 번 방문해 보시길!

아무쪼록 이 책을 재미있게 읽었으면 좋겠다. 그리고 페이스북과 트위터에 빠져서 학습을 게을리하지는 말기를!

감사의 글

이 책(SPSS, SAS, R 버전 모두)은 댄 라이트가 없었다면 세상에 나오지 못했을 것이다. 그는 당시 대학원생이었던 내가 SPSS 버전의 초판을 잘 저술하리라는 과분한 신뢰를 보여주었을 뿐만 아니라, SPSS 버전 제1, 2, 3판 모두를 읽고 의견을 제공했다. 그 외에도 이 **R** 책의 기초가 된 SPSS 버전에 수많은 사람이 기여했다. 여기서 그들 모두를 나열하지는 않겠지만, 이 원고의 여러 판에 대해 상당한 양의 피드백을 제공한 데이비드 히친, 로라 머리, 개럿 윌리엄스, 린 슬로콤, 케이트 레스터에게 특별한 감사의 뜻을 표한다. 해들리 위컴은 이 **R** 버전의 그래프 관련 장에 관해 아주 친절하게 의견을 제공했으며, 그 덕분에 그 장이 크게 개선되었다. 그리고 랜드 윌콕스는 내가 그의 한 **R** 함수를 제대로 사용할 수 없었을 때 나를 많이 도와주었다. 친절하게도 나를 도와준 이분들에게 감사한다.

이 책에는 실제 연구 논문의 자료가 등장한다. 그 연구 논문들은 모두 내가 매혹적이라고 느낀 것들이며, 이 책에서 그 연구 논문의 자료를 사용한 것은 나로서는 큰 영광이다. 해당 논문의 저자들은 다음과 같다: 하칸 체팅카야, 토머스 차모로-프레무직, 마이크 도미안, 고든 갤럽, 에릭 라코스, 새러 마질리어, 조프리 밀러, 피터 뮤리스, 로라 니콜스, 아킴 슈에츠볼.

앞에서 언급한 것처럼 구체적이지는 않은 기여도 있었다. 내가 가끔 전화를 받지 않는 이유를 이해하지 못한 것을 빼면, 나를 사랑하고 자랑스럽게 여기는(종종 이를 당연한 것으로 치부하곤 하지만) 내 부모님에게 더 바랄 것은 없었다. 그리고 내 경력의 아주 초기에서 그레이엄 홀은 연구 방법을 가르치는 것이 반드시 지루한 일은 아니라는 점을 일깨워주었다. 교육에 관한 나의 접근 방식은 한마디로 말해서 그의 좋은 착안들을 모두 훔친다는 것이며, 다행히도 그는 고상한 성품 덕에 내가 훔쳐 간 것들을 모두 돌려달라고 말하지 않았다. 또한, 그는 똑똑하고 재미있으면서 친절함까지 갖춘 보기 드문 사람이다.

관대하게도 세이지(원서 출판사)의 사람들은 이 책의 저술을 돕는 내 아내에게도 비용을 지급해 주었다. 편집자 마이크는 내가 생산한 쓰레기의 상당 부분을 처리해 주었으며(토트넘 팬이니 그런 일도 감수할 수밖에), 나를 지원하고 이 저술 프로젝트를 성사시키는 데 흔들림 없이 노력했다. 세이지의 지야드와 캐런도 수년간 나를 훌륭하게 지원했으며, 이언을 비롯해 수많은 세이지 직원들이 마법과도 같은 일을 해냈다. 알렉스 리는 내 머릿속의 캐릭터들을 종이 위에 멋지게 그려 주었다.

나는 항상 음악을 들으면서 글을 쓴다. 이 **R** 버전을 쓸 때는 주로 다음과 같은 밴드들의 노래를 들었다: 1349, Anathema, Behemoth, Blut Aus Nord, Daft Punk, Deathspell Omega, Dio, Enslaved, Genesis, Immortal, I, Iron Maiden, Jethro Tull, Liturgy, Manowar, Marillion, Mastodon, Metallica, Megadeth, Negura Bunget, Opeth, Rush, Sylosis, Týr, W.A.S.P.

나와 함께 이 책을 저술한 제레미 마일스에게 특별히 크고 푹신한 감사의 마음을 전한다. 그는 이 책의 일부를 저술했을 뿐만 아니라, 너무나 뻔한 나의 실수 몇 가지도 지적했다(물론 이 책 안의 실수를 말한다. 안타깝게도 그의 능력이 나의 일상생활에까지 도달하지는 않는다). 그가 아니었다면 나는 크게 망신을 당했을 것이다. 또한, 지난 몇 년간 그와 작업하면서 나는 그가 아주 친절한 사람임을 알게 되었다(단, 내 책의 초안을 보고 문자 그대로 '불알(bollocks)' 같다고 말한 점은 예외이다). 특히, **R**에 관해 그와 불평 섞인 이메일을 주고받는 것이 아주 재미있었다.

이 모든 정신 나간 저술 과정에는 혼자 몇 시간이고(주로 늦은 밤에) 키보드를 두드리는 활동이 포함된다. 가끔 어두컴컴한 방에서 나를 끌어내 준 멋진 친구들이 없었다면 아마 나는 헛소리를 지금보다 더 많이 지껄이고 있을 것이다. 인생에는 일보다 더 중요한 것이 있음을 일깨워준 그레이엄 데이비, 벤 다이슨, 마틴 워츠, 샘 카트라이트-해턴, 마크 프랭클린과 그들의 사랑스러운 가족 모두에게 감사한다. 또한, 정기적으로 내 드럼 연주 때문에 귀가 먹는 일을 기꺼이 받아들인 나의 메탈 의형제 더그 마틴과 롭 메팜에게도 영원한 감사를 보낸다(www.myspace.com/fracturepattern).

최고는 마지막으로 미루어 두었다. 내 아내 조이에게 충분히 감사할 수 있는 단어는 존재하지 않을 것이다. 조이는 끝없는 인내심과 사랑, 지원을 보였을 뿐만 아니라(심지어 남편이 심술 궂고 수면 부족에 껍질만 남은 쭉정이가 되어가도), 이 책의 부록 웹사이트의 자료를 혼자 다 만들어 주었다. 나는 내가 얼마나 운 좋은 남자인지를 결코, 단 1나노초도 잊지 않겠다.

이 책에 쓰인 기호들

수학 연산자

Σ	시그마라고 부르는 이 기호는 "모두 더한다"라는 뜻이다. 예를 들어 Σ_{xi}는 그냥 "수집한 점수들을 모두 더한다"에 해당한다.
Π	이 기호는 "모두 곱한다"라는 뜻이다. 예를 들어 Π_{xi}는 "수집한 점수들을 모두 곱한다"에 해당한다.
$\sqrt{x}$	x의 제곱근

그리스 문자 기호

α	제1종 오류를 범할 확률
β	제2종 오류를 범할 확률
β_i	표준화된 회귀계수
χ^2	카이제곱 검정통계량
χ_F^2	프리드먼의 분산분석 검정통계량
ε	흔히 '오차'를 뜻한다.
η^2	에타제곱
μ	모집단 평균
ρ	모집단 상관계수
σ^2	모집단 분산
σ	모집단 표준편차
$\sigma_{\bar{x}}$	평균의 표준오차
τ	켄달의 타우(비모수적 상관계수)
ω^2	오메가제곱(효과크기의 한 측도). 이 기호는 또한 '너의 대장에 있는 내용물을 즉시 바지로 몰아내라'라는 뜻이기도 한데, 왜 그런지는 본문을 읽으면 알게 될 것이다.

영문자 기호

b_i	회귀계수(표준화되지 않은)
df	자유도
e_i	i번째 개체와 연관된 오차
F	F 비(분산분석에 쓰이는 검정통계량)
H	크루스컬–월리스 검정통계량
k	변수의 수준 개수(즉, 처리 조건 개수) 또는 회귀모형의 예측변수 개수
$\ln$	자연로그
MS	평균제곱 오차. 자료의 평균 변이성
N, n, n_i	표본 크기. 일반적으로 대문자 N은 전체 표본 크기를 나타내고, 소문자 n은 특정 그룹의 크기를 나타낸다.
P	확률. 검정의 유의확률(확률값 또는 p 값이라고도 하는)은 흔히 소문자 p로 표기한다.
r	피어슨 상관계수
r_s	스피어먼 순위 상관계수
r_b, r_{pb}	이연 상관계수와 점이연 상관계수
R	다중상관계수
R^2	결정계수(모형이 설명하는 변동의 비율)
s^2	표본 분산
s	표본 표준편차
SS	제곱합(좀 더 완전한 이름은 오차제곱합)
SS_A	변수 A의 제곱합
SS_M	모형제곱합(자료에 적합된 모형이 설명하는 변동)
SS_R	잔차제곱합(모형이 설명하지 못하는 변동, 즉 모형의 오차)
SS_T	총제곱합(자료에 존재하는 총 변동)
t	스튜던트 t 검정의 검정통계량
T	윌콕슨 부호순위 검정의 검정통계량
U	만–위트니 검정의 검정통계량
W_s	샤피로–윌크 검정과 윌콕슨 순위합 검정의 검정통계량
$\bar{X}$ 또는 $\bar{x}$	표본평균(한 표본의 점수들의 평균)
z	자료점을 표준편차 단위로 변환한 값

기본적인 수학 상식

1 **음수 두 개를 곱하면 양수가 된다:** 인생에서는 잘못을 두 번 해도 잘한 일이 되지는 않지만, 수학에서는 된다! 음수에 다른 음수를 곱한 결과는 양수이다. 예를 들어 $-2 \times -4 = 8$이다.

2 **양수에 음수를 곱하면 음수가 된다:** 양수에 음수를 곱한 결과는 또 다른 음수이다. 예를 들어 $2 \times -4 = -8$이고 $-2 \times 6 = -12$이다.

3 **BODMAS:** 이것은 Brackets(괄호), Order(차수), Division(나누기), Multiplication(곱하기), Addition(더하기), Subtraction(빼기)의 머리글자만 모은 것으로, 수학 연산의 우선순위를 외우는 데 도움이 된다. 연산들은 약자들이 나타내는 순서대로 실행된다(예를 들어 항상 괄호 안의 것을 가장 먼저 계산한다). 'Order'는 거듭제곱(power)을 말한다. 4의 제곱, 즉 4^2을 4의 2차(order 2) 거듭제곱이라고 부를 수 있다는 점을 생각하면 이해가 될 것이다(만일 좀 더 직접적인 단어인 power를 사용했다면 머리글자들은 BPDMAS가 되는데, 이것은 BODMAS(보드마스)보다 발음하기가 어렵다). 이 BODMAS를 $1 + 3 \times 5^2$의 계산에 적용해 보기 바란다. 답은 76이다(100이라고 답한 독자도 있을 것이다). 이 수식에는 괄호가 없으므로, 가장 먼저 계산할 것은 거듭제곱 항인 5^2이다. 이것은 25이므로 수식은 $1 + 3 \times 25$가 된다. 그다음 순서는 곱하기이므로, $3 \times 25 = 75$를 계산한다. 이제 수식은 $1 + 75$가 된다. 남은 수학 연산은 더하기 하나뿐이므로 그대로 계산하면 최종적인 답인 76이 나온다. 만일 원래의 수식이 $(1 + 3) \times 5^2$였다면 답은 100이다. 이 경우에는 괄호를 제일 먼저 처리해야 한다. $(1 + 3) = 4$이므로 수식은 4×5^2이다. 그다음 순서는 거듭제곱이므로, 수식은 $4 \times 25 = 100$이 된다.

4 www.bbc.co.uk/schools/gcsebitesize/maths는 기본적인 수학 공식이나 개념을 복습하기에 좋은 사이트이다.

베타리더 후기

곽현석(서울교육대학교 교육심리측정연구센터)

앤디 필드의 책은 통계학의 초, 중급 도서로 최고입니다. 자세한 설명, 재미있는 예제, 여러 가지 팁과 이슈들에 대한 명쾌한 설명 등 통계분석이라는 근본 문제를 해결하기에 충분한 도서입니다. 저 말고도 많은 사람들이 우리말로 쓰인 이 책을 접할 수 있다는 생각에 베타리딩 내내 즐거웠습니다.

김수지(미시간주립대학교)

기본 통계부터 고급 통계까지 개념을 이해하는 것은 물론, 통계 기법을 실행하고 해석하는 모든 과정을 쉽고 재미있게 설명해 주는 책입니다. 내용이 방대해 소화하는 데 많은 시간이 걸리겠지만, 항상 곁에 두고 참고할 수 있는 책입니다. 저자 특유의 유머까지 잘 번역되어 있어서 읽는 재미도 있습니다.

김원일(줌인터넷)

이 책의 가장 큰 장점은 통계학의 기본을 넓고 깊은 새로운 시각으로 한 권에 모두 담았다는 것입니다. 이론에 대한 원리와 이해 없이 단순히 데이터 분석 툴(R, Python)에 데이터 포맷을 라이브러리 함수에 끼워 맞추듯 분석을 진행해 왔다면, 이 책을 통해 분석 방법론, 모델의 가정과 검정, 해석에 필요한 이론적 기반을 탄탄히 다질 수 있을 것입니다.

온수영

다소 어려울 수 있는 통계를 꼭 배워야 하는 분들에게 이 책을 추천합니다. 앤디 필드는 자신을 기꺼이 제물 삼아 본인의 괴짜 같은 이야기와 공학 개그 레시피로 우리 머릿속에 R을 활용한 통계학을 스리슬쩍 집어넣습니다. 책 내용을 따라가다 보면 우리도 어느새 R 괴짜가 되어 있지 않을까 기대합니다. 공학 개그는 덤입니다.

🦋 이요셉 (지나가던 IT인)

믿을 수 없을 만큼 유머러스한 통계학 교과서입니다. 통계학 입문부터 상당한 수준의 내용을 이해할 수 있을 때까지 반복해서 볼 만한 책이기도 합니다. 번역에도 공이 많이 들어갔고, 철저한 이론 설명과 예제, 그리고 소소한 재미와 웃음을 자아내는 연습문제가 인상적입니다.

🦋 장성만 (Incowiz)

이 책은 많은 수학적 배경 지식이 없어도 통계의 기본 개념을 어떻게 이해해야 하는지 단계별 학습 방법을 제공합니다. 예제 데이터가 제공되므로 수학적 지식이 어느 정도 있는 분들은 책을 처음부터 읽지 않아도 테스트를 통해 통계의 개념을 습득할 수 있습니다.

🦋 장윤하 (안랩)

방대한 분량이지만(또한, 지루하기로 둘째가라면 서러운 통계학이지만), 심리학자가 쓴 이 책은 통찰력과 위트가 넘치고, 번역의 품질도 훌륭하여 부담 없이 재미있게 읽을 수 있습니다. 주제의 특성상 수많은 가상 실험과 실험 결과 데이터가 사용되는데, 두뇌를 자극하는(많은 대학의 강의에서 교재로 사용되는데 웃겨서 강의가 가능할까 싶을 정도입니다. 하지만 동시에 너무나 절묘한) 예제들이 통계학 개념을 쉽고 정확하게 이해하는 데 큰 도움을 줍니다.

🦋 정문식 (쏘카)

앤디 필드 특유의 유머와 실용적인 접근과 깊이가 잘 어우러진 책입니다. 어떤 책들은 읽다 보면 '그래서 어떻게?'라는 생각이 들 때가 많은데, 곳곳에서 여러 가상의 인물이 같은 질문을 해 줘서 참 좋았습니다. 정말 실용적이라고 생각하는 책입니다. '그럴 때 이렇게!'

🦋 정욱재 (서울시립대학교)

상당히 어려울 수 있는 내용을 꽤 직관적으로 설명합니다. 특히, 재미있는 (어쩌면 황당할 수도 있는) 예를 들면서 다양한 개념을 설명하므로 R과 통계학에 관한 배경 지식이 없더라도 거리낌 없이 읽어볼 수 있습니다. 저자가 좋은 책을 쓰기 위해 노력했다는 것이 느껴지는 훌륭한 책입니다.

🦋 정원혁(디플러스)

통계를 너무 무겁지도, 너무 가볍지도 않게 알려줍니다. 거기다 R까지 알려줍니다. R을 좀 써 봤다고 생각했는데, 책을 보면서 새로 배우는 부분도 많이 있었습니다. 다른 R 관련 책에서는 설명하지 않고 넘어가는 결괏값 해석에도 충실할 뿐 아니라, 장별로 배웠던 함수, 통계 내용을 정리하여 책을 참고로 사용하는 데도 대단히 유용합니다. 또한, 군더더기 없는 깔끔한 편집이 돋보입니다.

🦋 정유리(고려대학교 예방의학교실)

초보자를 위한 책입니다. 통계의 기초부터 예제 코드까지 하나하나 친절하게 서술되어 있습니다. 기초를 탄탄히 쌓을 수 있는 책임은 물론이고, 저자가 독자와 이야기하듯 서술하여 쉽게 다가갈 수 있는 책입니다.

사악한 강사가 통계학을
억지로 가르치려는 이유

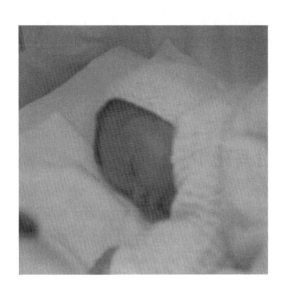

그림 1.1 커서 통계학 강사만은 되지 말거라.

1.1 이번 장에서 배우는 내용 ①

나(저자 앤디 필드)는 1973년 6월 21일에 태어났다. 대부분의 사람처럼 나는 인생의 처음 몇 년 간은 기억이 없다. 그리고 대부분의 아이들처럼 나는 5초마다 "왜?"라는 질문을 던져서 부모님을 발광 단계로 몰아갔다. "아빠, 하늘은 왜 파래?", "아빠, 엄마는 왜 고추가 없어?" 등등. 원래 아이들은 세상을 궁금해한다. 세 살 때 친구 오베 집에서 열린 파티에 간 기억이 있다(때는 아직 오베가 영국을 떠나 나이지리아로 돌아가기 전이었는데, 나중에 그가 떠나서 나는 아주 슬펐다). 날은 더웠고, 방에는 선풍기에서 시원한 바람이 나오고 있었다. 말했듯이 아이들은 원래부터 과학자이고, 내 작은 과학적 두뇌는 특히나 절박하다고 느껴지는 질문에 사로잡혀 있었다. 바로, "선풍기에 손가락을 넣으면 어떻게 될까?"였다. 답은 바로 '아프다, 그것도 몹시 아프다'였음이 밝혀졌다.[1] 요지는 이런 것이다: 세상을 설명하고자 하는 나의 궁금증은 그 후로도 사그라지지

---

1 1970년대에는 바보 같은 세 살배기가 날개에 손을 집어넣지 못하게 하는 보호망이 선풍기에 없었다.

않았고, 그것이 내가 과학자가 된 이유이자 통계학을 억지로 여러분에게 가르치려는 사악한 강사가 된 이유이다.

여러분 역시 호기심으로 가득한 지성을 가지고 있고 새롭고 흥미로운 질문의 답을 얻고 싶어 할 것이므로, 내 마음을 이해할 것이다. 새롭고 흥미로운 질문들에 답하려면 통계학이 필요하다. 통계학은 회전하는 선풍기 날개에 손가락을 집어넣는 것과 조금 비슷하다. 몹시 아플 때도 있지만, 그래도 흥미로운 질문에 답할 수 있는 능력을 여러분에게 제공한다. 이번 장에서는 통계학이 연구 수행의 중요한 부분인 이유를 설명하려고 한다. 애초에 연구를 왜 수행하는지를 포함해서 전체적인 연구 과정을 개괄하고, 그런 다음에는 이론을 만들어 내는 방법과 그런 이론을 검증(검정)하기 위해 자료가 필요한 이유를 설명한다. 나머지 내용을 읽고 싶은 마음이 들지 않는다면, 이번 장에는 코카콜라를 마시면 정말로 정자가 죽는지에 관한 이야기가 나올지도 모른다는 점을 말해주고 싶다.

1.2 무엇을 해야 하는지 궁금한 독자에게 ①

자신이 왜 이 책을 샀는지 의아해하는 독자들이 있을 것이다. 어쩌면 그림들이 예뻐서일 수도 있고, 웨이트트레이닝에 꽂혀서일 수도 있고(이 책은 **무겁다**), 아니면 높은 곳에 있는 뭔가에 손이 닿지 않아서일 수도 있다(이 책은 **두껍다**). 사실 힘들게 번 돈으로 통계학 책을 살 것이냐 아니면 뭔가 좀 더 재미있는 일을 할 것이냐(재미있는 소설책을 사거나, 영화관에 가거나 등등)를 선택하게 되었을 때 아마도 많은 사람은 후자를 선택할 것이다. 그런데도 여러분은 이 책을 샀다(또는, 1천 페이지가량의 교재를 스캔할 정도로 시간이 남아도는 사람이 올린 PDF 파일을 불법으로 내려받았을 수도 있겠다). 왜 그랬을까? 아마도 통계학 수업을 들어야 하거나, 어떤 연구를 수행 중이거나, 자료(데이터)를 분석하는 방법을 알아야 하기 때문일 것이다. 수업이나 연구의 초기에는 통계학에 관해 그렇게 많이 알아야 하는지 알지 못했는데, 막상 닥쳐 보니 마치 빅토리아 시대의 하수도를 목까지 잠겨서 통과하는 기분으로 불가사의한 자료 분석에 고생하게 되었을 수도 있겠다.

그런 곤란에 처한 이유는 애초에 여러분이 호기심 많은 지성을 가지고 있기 때문이다. 사람들이 왜 저렇게 행동할까(심리학), 문화에 따라 행동 방식이 다른 이유는 무엇일까(인류학), 기업이 이익을 극대화하는 방법은 무엇일까(경영), 공룡은 왜 멸종했을까(고생물학), 토마토를 먹으면 암에 걸리지 않을까(약학, 생물학), 양자컴퓨터를 만드는 것이 가능할까(물리학, 화학), 지구가 예전보다 더 뜨거워졌을까, 어떤 지역이 더 뜨거워졌을까(지리학, 환경 연구) 등등 다양한 질문이 있을 것이다. 주제가 어떤 것이든, 그것을 연구 또는 공부하는 이유는 아마도 그런 질문에 답하고 싶기 때문일 가능성이 크다. 과학자들은 호기심이 많으며, 아마 여러분도 그럴 것이다. 그러나 흥미로운 질문에 답하려면 두 가지가 필요하다는 사실을 미처 깨닫지 못했을 수 있다. 두 가지란 자료와 그 자료에 대한 설명이다.

따라서, "무엇을 해야 하나?"라는 질문의 답은 간단하다. 흥미로운 질문에 답하려면 자료가 필요하다. 그러므로, 사악한 강사가 억지로 통계학을 가르치는 이유 중 하나는 여러분이 수치(numbers)에 관해 알아야 한다는 것이다. 수치는 자료의 한 형태이고, 연구 과정에 꼭 필요한 것이므로 알아야 한다. 물론 수치가 아닌 자료로도 이론을 만들고 검증할 수 있다. 수치는 **양적 연구 방법**(quantitative method; 정량적 방법)이 관여하는 연구에 쓰인다. 물론, 언어(대화, 잡지 기사, 방송 매체 등)를 분석해서 이론을 만들고 검증할 수도 있다. 그런 연구에는 **질적 연구 방법**(qualitative method; 정성적 방법)이 관여하는데, 이 책에서는 질적 방법을 다루지 않는다. 사람들은 어떤 연구 방법이 **최고**인지에 대해 상당히 열을 올리곤 하는데, 사실 좀 실없는 일이다. 왜냐하면, 두 연구 방법은 서로 경쟁하는 것이 아니라 보완하는 접근방식들이며, 이 세상에는 열을 내야 할 훨씬 더 중요한 문제가 많이 있다. 그렇긴 하지만, 모든 질적 연구는 쓰레기이다.[2]

흥미로운 질문에 답하려면 어떻게 해야 할까? 그림 1.2에 개략적인 연구 과정이 나와 있다. 우선은 이해하고 싶은 관측(observation; 관찰)으로 시작한다. 그러한 관측은 일화(逸話)적(anecdotal)인 것일 수도 있고(이를테면, TV에 새가 나오면 고양이가 화면을 보지만 해파리가 나오면 보지 않는다),[3] 어떤 자료에 근거한 것일 수도 있다(이를테면 여러 고양이 소유자가 TV에 관한 고양이의 습성을 기록한 일기를 확보했는데, 거기서 TV에 새가 나오면 고양이가 화면에 집중한다는 점을 발견했다). 그런 다음에는 초기 관측을 설명하는 이론을 만들고, 그 이론으로부터 뭔가를 예측해서 가설을 만든다. 이제부터 자료가 등장한다. 예측을 검증하려면 자료가 필요하기 때문이다. 우선 몇 가지 관련 자료를 수집하고(그러자면 측정할 수 있는 대상들을 식별해야 한다), 그런 다음 그 자료를 분석한다. 자료를 분석한 결과가 애초의 이론을 지지할 수도 있지만, 이론과 달라 이론을 수정해야 할 수도 있다. 이렇게, 자료 수집 및 분석 과정과 이론 생성은 연결되어 있다. 이론은 자료 수집과 분석으로 이어지고, 자료 수집과 분석은 이론의 검증 또는 수정으로 이어진다. 이번 장은 이러한 연구 과정을 좀 더 자세히 설명한다.

연구, 어떻게 하는 거지?

2　물론 농담이다. 나는 이 문장을 포함할 것인지 오랫동안 고심했는데, 왜냐하면 나의 다른 여러 농담처럼 이 농담이 전혀 웃기지 않다고 생각하는 사람들이 있기 때문이다. 또한, 포악한 질적 연구자 무리가 나를 잡아서는 내 내장을 내게 먹이지는 않을까 두렵기도 했다. 그러나 나는 이 농담이 재미있으며, 비록 채식주의자이긴 하지만 내 내장은 아주 맛이 좋을 거라고 확신한다.

3　실제로 우리 집 고양이는 TV에 새가 나오면 TV로 올라가서 화면을 본다.

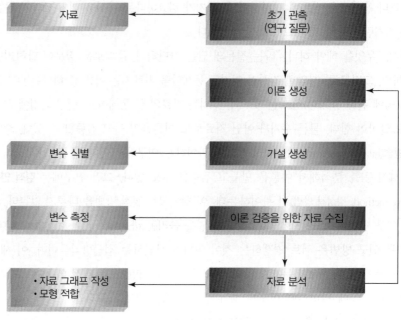

그림 1.2 연구 과정

1.3 초기 관측: 설명이 필요한 뭔가를 찾기 ①

그림 1.2에서 첫 단계는 답이 필요한 질문을 떠올리는 것이다. 나는 TV에 나오는 리얼리티 쇼들에 필요 이상으로 시간을 소비하는 경향이 있다. 매년 〈빅 브라더〉(Big Brother)라는 프로에 빠지지 말자고 다짐하지만, 항상 다음 참가자의 정신이 무너지길 기다리면서 TV 앞을 떠나지 못한다(나는 심리학자이므로 사실 이는 연구의 일환이다. 정말로). 이 방송을 보면서 항상 궁금했던 질문 하나는, 아주 불쾌한 성격(자기애성 인격 장애임이 틀림없다[4])을 가진 참가자가 왜 매년 저렇게 많이 등장하는가이다. 이런 활동으로부터 수많은 과학적 노력이 시작된다. 물론 〈빅 브라더〉를 시청하는 활동이 아니라, 세상의 뭔가를 관찰하고 왜 그런 일이 생기는지 궁금해하는 것으로부터 말이다.

세상에 관한 우발적인 관측(이를테면 〈빅 브라더〉 참가자들은 대체로 심각한 성격적 결함이 있다)이 생겼다면, 그 다음으로는 그러한 관측이 참임을(단순히 편견이 아니라) 확인하기 위해 자료를 수집해야 한다. 이를 위해서는 하나 이상의 **변수**(variable; 또는 변인)를 정해서 측정해야 한다. 지금 예에는 변수가 하나인데, 바로 참가자의 성격이다. 성격적 특징들을 측정하기 위해 만들

---

4 자기애성 인격 장애(narcissistic personality disorder, NPD)의 주요 특징은 자만심, 오만함, 타인에 대한 공감 결여, 타인에 대한 질투 및 타인이 자신을 질투한다는 믿음, 자신의 지능이나 외모에 대한 과도한 환상, 과도한 칭찬에 대한 요구, 타인의 이용 등이다(이 외에도 여러 특징도 있다).

어진 잘 확립된 설문지들을 참가자에게 제공한다면 이 변수를 측정할 수 있다. 실제로 그런 설문을 시행해서 참가자의 75%가 자기애성 인격 장애를 가지고 있다는 결과가 나왔다고 가정하다. 그러한 자료는 〈빅 브라더〉의 참가자 다수가 극단적인 성격을 가지고 있다는 애초의 관측을 지지한다.

1.4 이론 생성 및 검증 ①

그런 자료가 나왔다면, 그 자료를 설명해 보려 하는 것이 것이 당연한 수순이다(그림 1.2). 한 가지 설명은, 자기애성 인격 장애가 있는 사람들이 그렇지 않은 사람들보다 〈빅 브라더〉의 오디션에 더 많이 지원한다는 것이다. 이것이 바로 하나의 **이론**(theory)이다. 또는, 〈빅 브라더〉의 제작자들이 자기애성 인격 장애가 있는 사람들을 덜 극단적인 성격을 가진 사람들보다 더 많이 참가자로 뽑을 수도 있다. 이 역시 하나의 이론이다. 원래의 관찰을 자료를 수집해서 확인했듯이, 이 이론들 역시 자료를 더 많이 수집해서 검증할 수 있다.

이 두 이론으로부터 두 가지 예측을 이끌어 낼 수 있다. 첫 이론에서 예측할 수 있는 것은, 오디션에 지원한 사람 중 자기애성 인격 장애가 있는 사람의 비율이 일반 대중(전체 인구) 중 그런 사람의 비율(약 1%)보다 높다는 것이다. 이처럼 이론에서 이끌어 낸 예측을 **가설**(hypothesis)이라고 부른다(초천재 제인 1.1 글상자 참고). 일단의 임상 심리학자가 〈빅 브라더〉 오디션에 참가한 모든 사람을 면담해서 자기애성 인격 장애 여부를 진단한다면 이 가설을 검증할 수 있을 것이다. 〈빅 브라더〉의 참가자 선택단이 자기애성 인격 장애가 있는 사람을 더 많이 뽑는다는 둘째 이론으로부터는, 오디션에 지원한 사람 중 그런 장애가 있는 사람의 비율보다 선택된 참가자 중 그런 장애가 있는 사람의 비율이 더 높을 것이라고 예측할 수 있다. 이 역시 하나의 가설이다. 이를 검증하기 위한 자료를 모두 수집했다고 가정하자. 표 1.1에 그러한 자료가 정리되어 있다.

오디션에 지원한 사람은 총 7,662명이다. 첫 가설은 오디션 지원자 중 자기애성 인격 장애가 있는 사람의 비율이 일반 대중 중 그런 사람의 비율보다 높다는 것이다. 표를 보면, 오디션 지원자 7,662명 중 그런 장애가 있다는 진단을 받은 사람은 854명이다. 이는 약 11%(854/7662 × 100)인데, 일반 대중의 성격 장애 비율인 1%보다 훨씬 높다. 따라서 자료는 가설 1을 지지한다. 둘째 가설로 넘어가서, 실제로 〈빅 브라더〉 참가자 선택단이 자기애성 인격 장애가 있는 사람들을 더 선호했는지 살펴보자. 표를 보면, 참가자 12명 중 그런 장애가 있는 사람은 9명이다(무려 75%). 만일 선택단이 편향되게 선택하지 않았다면 참가자의 11%만 그런 장애가 있을 것이다. 결론적으로, 참가자들에 성격 장애가 있다는 초기의 관찰은 자료에 의해 확인되었고, 그 관찰을 설명하는 이론들 역시 구체적인 가설들을 자료로 검증함으로써 확인되었다. 이처럼 자료는 매우 중요하다!

표 1.1 〈빅 브라더〉 오디션에 지원한 사람의 수를 자기애성 인격 장애 여부와 방송 참가자 선택 여부로 분할한 표

	장애 없음	장애 있음	전체
선택	3	9	12
탈락	6805	845	7650
전체	6808	854	7662

초천재 제인 1.1

의미 있는 가설과 무의미한 가설 ①

좋은 이론으로는 세계의 상태에 관한 진술(statement; 명제)을 작성할 수 있어야 한다. 세상에 관한 진술은 좋은 것이다. 우리는 그런 진술을 통해서 세상을 이해하며, 미래에 영향을 미치는 결정을 내린다. 최근 그러한 진술의 한 예가 지구온난화이다. 지구온난화가 실제로 진행 중이며, 인류 사회의 특정 활동들 때문에 그런 온난화가 발생한 것이라고 단정적으로 진술할 수 있어야 그런 활동들을 바꿀 수 있게 (그리고 바라건대 재앙을 막을 수 있게) 된다. 그러나 진술 중에는 과학을 이용해서 검증할 수 없는 것들도 있다. 과학적 진술은 실험적 증거와 비교해서 검증할 수 있는 진술이고, 비과학적 진술은 실험으로 검증할 수 없는 진술이다. 예를 들어 "2007년 런던에서 열린 레드 제플린 재결합 콘서트는 사상 최고의 공연이었다"나[5] "린트 초콜릿은 최고의 음식이다", "이 책은 세계 최악의 통계학 책이다" 같은 진술은 모두 비과학적이다. 이들은 증명할 수도, 반증할 수도 없다. 반면 과학적 진술은 실험으로 확인하거나 반증할 수 있다. "미국 TV 드라마 〈Curb Your Enthusiasm〉을 시청하면 행복해진다"나 "섹스를 하면 신경 전달물질 도파민의 수준이 증가한다" 같은 진술들은 모두 실험으로 검증할 수 있다(관련 변수들을 정량화, 측정할 수 있다고 할 때). 비과학적 진술을 조금 고치면 과학적 진술이 되기도 한다. 예를 들어 "비틀즈는 영향력이 가장 큰 밴드였다"는 비과학적이지만('영향력'은 그 어떤 의미 있는 방식으로도 정량화할 수 없으므로), 말을 조금 바꾸어서 "비틀즈는 음반 판매량이 가장 많은 밴드였다"라고 하면 과학적 진술이 된다(전세계 음반 판매 기록을 수집해서 분석하면 비틀즈가 실제로 다른 음악가보다 음반을 더 많이 팔았는지 알아낼 수 있다). 유명한 과학 철학자 칼 포퍼(Karl Popper)는 비과학적 진술은 무의미하며 과학에 끼어들 자리가 없다고 믿었다. 따라서, 좋은 이론으로는 과학적 진술에 해당하는 가설을 만들어 낼 수 있어야 한다.

이론들과 관측들이 자료를 잘 지지한다는 것을 알게 된 나는 아마 만면에 미소를 띄고 사무실 의자에 거드름을 피고 앉아 있을 것이다. 또는, 박수 칠 때 떠나라는 말처럼 학계에서 은퇴할 생각을 할 수도 있다. 그러나 위대한 미스테리 하나를 해결해서 흥분된 나의 두뇌는 또 다른 미스테리로 주의를 돌릴 가능성이 더 크다. 몇 시간(사실은 며칠) 동안 집에 틀어 박혀서 〈빅 브라더〉를 보면서 나는 또 다른 심오한 관찰로 개가를 올렸다. 그 관찰이란, 성격 장애가 있는 참가자들이, 명백한 성격적 결함이 있음에도, 시청자들이 자신을 사랑하며 자신이 게임에서 승리할 것이라고 믿으면서 집(촬영 장소)으로 들어온다는 점이다.[6] 따라서 이에 관한 나의

---

5 실제로 대단히 멋진 공연이긴 했다.

6 영국판 〈빅 브라더〉에서 내가 좋아하는 것 하나는, 해를 거듭할수록 점점 좋은 사람이 최종 승자가 되는 경향이 있다는 것이다. 덕분에 나는 인류가 착한 사람을 선호한다는 믿음을 가지게 되었다.

가설은, 만일 참가자들에게 자신이 승리할 것 같냐고 묻는다면, 성격 장애 참가자들은 그렇다고 대답할 것이라는 것이다.

참가자들에게 그냥 "〈빅 브라더〉 경쟁에서 당신이 이길 것 같습니까?"라고 물어서 참가자들의 성공 예상을 측정함으로써 가설을 검증했다고 상상해 보자. 성격 장애가 있는 참가자 9명 중 7명이 자신이 승리한다고 말했다고 하자. 그러면 내 관측은 확인된 것이다. 다음 단계는 관측을 설명하는 이론을 만드는 것이다. 내가 만든 이론은, 이 참가자들은 자신에게 성격 장애가 있음을 깨닫지 못하기 때문에 자신이 이긴다고 생각한다는 것이다. 그리고 이로부터 나오는 가설 하나는, 만일 이 참가자들에게 자신의 성격이 다른 사람들과는 다르냐고 물으면 "아니요"라고 할 것이라는 것이다. 실제로 참가자들에게 그런 질문을 해서 자료를 수집했더니, 7명 모두 자신의 성격이 보통 사람과는 다르다고 대답했다고 하자. 그러한 자료는 내 이론과는 모순된다. 이처럼 가설이나 이론이 틀렸음을 증명하는 것을 가리켜 **반증**(falsification)이라고 부른다.

〈빅 브라더〉 참가자 중에 극단적인 성격을 가진, 그리고 자신이 이길 거라고 생각하는 사람이 그렇게 많은 이유를 궁금해하는 것이 우리만은 아닐 것이다. 또 다른 연구를 통해서 다음과 같은 사실들을 알게 되었다고 상상해 보자. (1) 자기애성 인격 장애가 있는 사람들은 자신이 다른 사람보다 더 흥미롭다고 생각한다. (2) 또한 그런 사람들은 자신이 다른 사람보다 성공할 가치가 많다고 생각한다. (3) 그리고 그런 사람들은 자신의 성격이 '특별'하기 때문에 다른 사람들이 자신을 좋아한다고 생각한다.

이러한 추가 연구는 내 이론을 더욱 반증한다. 만일 그런 참가자들이 자신의 성격이 다른 사람들과는 다르다는 점을 깨닫지 못한다면, 다른 사람들이 자신의 독특한 성격을 좋아한다고 생각하리라고 기대하긴 힘들다. 정리하자면, 이는 내 이론이 엉터리라는 뜻이다. 내 이론은 자료 전부를 설명하지 못하며, 추가적인 자료는 내 이론에서 이끌어낸 예측을 지지하지 않는다. 또한, 내 이론은 다른 연구 결과도 설명하지 못한다. 이쯤 되면 나는 내 지적 능력이 저하되었다고 느끼기 시작할 것이고, 급기야는 통계학자로서의 경력을 망쳤음을(이미 망한 경력이지만) 한탄하며 눈물바다에 빠져 있는 나를 누군가가 책상에서 끌어낼 것이다.

이때, 내 맞수인 과학자 페스터 잉그판트-슈타인*이 내 이론과 경쟁하는 이론을 들고 등장한다. 그의 새 이론의 요지는, 성격 장애 참가자가 자신에게 성격 장애가 있음을(또는, 적어도 자신의 성격이 독특하다는 점을) 깨닫지 못하는 것이 문제가 아니라, 그런 특별한 성격을 다른 사

---

*역주 원문은 Fester Ingpant-Stain으로, 곪은 상처(fester)와 잉크 자국(ink stain)을 연상케 한다(어쩌면, 저자가 의도한 것은 바지 속의 얼룩(in-pants stain)일 수도 있다). 물론 저자가 만들어 낸 가상의 인물이다.

람들이 좋게 인식한다는(달리 말하면 자신의 성격 덕분에 사람들이 자신을 싫어하는 것이 아니라 좋아할 것이라는) 잘못된 믿음을 가지고 있다는 것이 문제라는 것이다. 이 모형으로부터 다음과 같은 가설을 이끌어낼 수 있다. 만일 성격 장애 참가자에게 다른 사람이 자신을 어떻게 평가하는지 묻는다면, 그들은 자신에 대한 다른 사람들의 긍정적 인식을 과대평가할 것이다.

이 가설을 검증하기 위해 페스터 잉그판트-슈타인은 더 많은 자료를 수집했다. 그는 일기 작성실에[7] 들어온 각 참가자에게 다른 모든 참가자의 성격을 평가하는 설문지를 작성하게 했으며, 또한 그 설문지를 다른 모든 참가자 각각의 관점에서 작성하게 했다. (즉, 참가자는 모든 사람에 대한 모든 사람의 평가를 추측해야 했으며, 결과적으로 다른 모든 사람이 자신을 어떻게 생각한다고 믿는지에 관한 측정 자료가 생겼다.) 그러한 자료로부터 잉그판트-슈타인은 성격 장애가 있는 참가자들이 실제로 자신에 대한 다른 방송 참가자들의 시각을 과대평가한다는 점을 알게 되었다. 반면 성격 장애가 없는 참가자들은 자신에 대한 다른 사람들의 인상을 비교적 정확하게 평가했다.

나로서는 좀 짜증 나는 일이지만, 이러한 자료는 성격 장애가 있는 참가자들이 자신의 성격이 독특하다는 점은 알고 있지만 그런 성격 때문에 타인이 자신을 긍정적으로 생각하게 된다고 믿는다는 경쟁 이론을 지지한다. 페스터 잉그판트-슈타인의 이론은 상당히 훌륭하다. 그 이론은 초기 관측들을 설명하며, 다른 여러 연구 결과와도 부합한다. 이 전체 과정의(그리고 내 경력의) 최종 결론은, 우리는 세상의 상태에 관한 일반적인 진술을 만들어 낼 수 있어야 한다는 것이다. 이번 사례에서 세상의 상태에 관한 진술은 이런 것이다: "성격 장애가 있는 〈빅 브라더〉 참가자들은 자신의 성격적 특징에 대한 다른 사람들의 호감을 과대평가한다."

자가진단

✓ 이번 절의 내용에 기초해서, 과학적 이론이 가져야 할 속성을 나열하라.

1.5 자료 수집 1: 무엇을 측정할 것인가? ①

앞에서 보았듯이, 이론을 검증하려면 자료 수집이 필수이다. 자료를 수집할 때는 다음 두 가지를 결정해야 한다: (1) 무엇을 측정할 것인가, (2) 그것을 어떻게 측정할 것인가. 이번 절에서는 첫 번째 항목을 살펴본다.

---

7 일기 작성실은 방송 참가자가 〈빅 브라더〉에게 자기 생각을 말할 수 있는 개인 공간이다.

1.5.1.1 독립변수와 종속변수 ①

가설을 검증하려면 변수를 측정해야 한다. 변수(variable)란 변할 수 있는, 또는 상황에 따라 다를 수 있는 것이다. 사람마다 다른 어떤 것(이를테면 IQ, 습성)일 수도 있고 장소에 따라 다르거나(이를테면 실업률) 시간에 따라 다른 것일 수도 있다(이를테면 기분, 수익, 암세포 수 등). 대부분의 가설은 두 가지 변수로 표현할 수 있는데, 하나는 제시된(가설이 제시하는) 원인이고 다른 하나는 제시된 결과이다. 예를 들어 "코카콜라는 효과적인 살정제이다"라는[8] 과학적 진술을 생각해 보자. 이때 제시된 원인은 코카콜라이고 제시된 결과는 죽은 정자이다. 원인과 효과 둘 다 변수이다. 원인이 변수인 것은 여러 종류의 음료수를 원인으로 둘 수 있기 때문이고, 결과가 변수인 것은 음료수마다 죽인 정자의 수가 다를 수 있기 때문이다. 이런 진술을 검증할 때 관건은 그 두 변수를 측정하는 것이다.

원인으로 제시된 변수를 **독립변수**(independent variable)라고 부르는데, 이는 그런 변수의 값이 다른 변수들에 종속되지(의존하지) 않기 때문이다. 그리고 결과(효과)로 제시된 변수를 **종속변수**(dependent variable)라고 부르는데, 이는 그런 변수가 원인(독립변수)에 종속되기(의존하기) 때문이다. 이런 용어들은 원인을 실험자가 실제로 조작(manipulation)*하는(§1.6.2에서 보게 될 것이다) 실험적 방법과 밀접한 연관이 있다. 반면 횡단면연구에서는 연구자가 그 어떤 변수도 조작하지 않으며, 변수들 사이의 인과관계에 관한 진술을 하지 못한다. 따라서 그런 연구에서는 변수의 독립과 종속을 논하는 것이 무의미하다. 어떤 면으로 보면 모든 변수가 종속변수이기 때문이다. 어쩌면 종속변수와 독립변수라는 용어를 아예 폐기하고, **예측변수**(predictor variable)와 **결과변수**(outcome variable; 또는 출현변수)라는 용어를 도입하는 것이 나을 수 있다. 이러한 용어들은 인과관계를 함의하지 않고도 하나 이상의 변수를 이용해서 다른 변수들을 예측할 수 있는 횡단면연구에 특히나 잘 맞는다.

---

[8] 실제로, 성교 후 코카콜라 한 병으로 세척하는 것이 효과적인 피임법이라는 도시 전설이 오래전부터 떠돌아다녔다. 믿기 힘들지만, 이 가설을 실제로 검증한 사람들이 있는데, 정말로 코카콜라가 정자의 운동성에 영향을 미친다는 결과가 나왔다. 그 영향은 코카콜라의 종류에 따라 다른데, 다이어트 코크가 효과가 가장 크다(Umpierre, Hill, & Anderson, 1985). 그렇긴 하지만, 피임 방법으로서의 코크 관장은 효과적이지 않다.

***역주** 이 책에서 조작은 진짜가 아닌 것을 허위로 만들어 내거나 고치는 부정적인 의미의 造作이 아니라, 그냥 뭔가를 다루고 처리한다는 중립적인 의미의 操作이다.

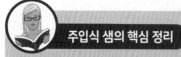
1.5.1.2 측정 수준 ①

지금까지의 예들에서 보았듯이, 변수는 형태와 복잡도가 다양하다. 측정 대상과 그 측정 대상이 나타내는 수치 사이의 관계를 **측정 수준**(level of measurement)이라고 부른다. 변수들은 크게 범주형변수와 연속변수로 나뉘며, 두 부류 안에서 측정 수준에 따라 좀 더 세부적인 종류로 나뉜다.

　　범주형변수(categorical variable)는 범주들로 구성된다. 범주형변수의 좋은 예가 생물학적 종(種)이다. 하나의 생물은 사람일 수도 있고 고양이나 과일박쥐일 수 있지만, 고양이이자 박쥐일 수는 없다. 박쥐이자 사람인 배트맨은 존재하지 않으며(환상을 가진 독자들도 있겠지만), 캣우먼도 없다(딱 붙는 비닐 옷을 입는다고 해도). 간단히 말해서 범주형변수는 서로 구별되는 개체를 지칭하는 변수이다. 가장 간단한 형태는 예를 들어 남성 또는 여성처럼 서로 다른 두 가지 것을 지칭하는 변수이다. 그런 변수를 **이분변수**(dichotomous variable) 또는 이진변수(binary variable)라고 부른다. 이분변수의 또 다른 예는 살아 있음 또는 죽었음, 임신 또는 비임신, 질문에 대한 답 "예" 또는 "아니요" 등이 있다. 이들은 모두 범주가 두 개뿐이며, 주어진 하나의 개체를 두 범주 중 하나에만 둘 수 있다.

　　어떤 의미에서 동등하다고 간주되는 대상들에 같은 이름(또는 번호)을 부여하되, 그런 이름들이 두 가지보다 많다면 그것은 **명목변수**(nominal variable)라고 부르는 범주형변수에 해당한다. 변수의 값이 이름들이라면, 변수로 산술 계산을 하는 것은 무의미하다(고양이에 사람을 곱한다고 해서 '사양이'나 '고람이'가 나오지는 않는다). 그러나 범주들에 이름이 아니라 번호를 부여하는 때도 있다. 예를 들어 럭비 팀 선수들의 등 번호가 그러한 예이다. 럭비에서 등 번호는 특정 포지션을 나타낸다. 플라이하프(fly-half; 이를테면 영국 국가대표 조니 윌킨슨)는 항상 10번을 달고,[9] 후커(hooker; 스크럼 맨 앞에 있는 험상궂은 선수)는 항상 2번이다. 이 번호는 단지 그 선수가 플레이하는 포지션을 나타낼 뿐이다. 셔츠에 10과 1 대신 FH와 H를 달아도 같은 효과가 날 것이다. 10번 선수가 1번 선수보다 반드시 낫다는 보장은 없다(대부분의 럭비팀 감독은 플라이하프를 스크럼 선두에 세우지 않을 것이다!). 이런 번호로 산술 계산을 하는 것은 이름으로 산술 계산을 하는 것만큼이나 무의미하다. 10번 선수는 페널티 킥을 차는데, 조니 윌킨슨(10번 선수)이 다쳤다고 해서 영국팀 감독이 4번 선수가 6번 선수를 업고(4+6) 페널티 킥을 차게 하지는 않을 것이다. 명목형 자료(이름들로 이루어진 자료)의 유일한 활용 방법은 그 도수(빈도)를 고찰하는 것이다. 예를 들어 10번 선수가 트라이(try)로 점수를 딴 횟수를 4번 선수의 그런 횟수와 비교해 볼 수 있다.

초천재 제인 1.2

자기보고 자료 ①

자기보고 자료(self-report data) 중에는 순서자료(ordinal data)인 것이 많다. 인기 프로 〈엑스 팩터〉(X Factor)의 심사위원 두 명에게 빌리의 노래를 10점 만점 척도의 점수로 평가해 달라고 요청했다고 하자. 빌리에게 10점을 준 심사위원이 2점을 준 심사위원보다 빌리의 재능을 더 많이 인정했음은 확실하다. 그러나 첫 심사위원이 둘째 심사위원보다 빌리의

재능을 다섯 배로 인정한 것이라고 확신할 수 있을까? 두 심사위원 모두 8점을 주었다고 가정하자. 그렇다고 두 사람이 빌리의 재능을 동일하게 인정한 것일까? 아마도 아닐 것이다. 그들의 점수는 단지 재능을 구성하는 무언가(노래 실력? 쇼맨십? 춤 실력?)에 관한 주관적인 감정에 의존할 것이다. 그런 이유로, 사람들에게 어떤 주관적인 사항(이를테면 어떤 제품에 대한 선호도, 복약지도에 대한 이해도 등)을 평가해 달라고 요청할 때는 항상 그런 평가 자료를 순서자료로 간주해야 마땅하다(그렇게 하지 않는 과학자들도 많지만).

지금까지 살펴본 범주형변수들은 모두 특별한 순서가 없는 범주들(이를테면 정자를 죽이는 코카콜라의 여러 제품 등)을 다룬다. 그러나 범주들에 순서가 있을 때도 있다(예를 들어 코카콜라의 농도를 달리해서 정자를 죽이는 실험을 한다면, 농도로 순서를 매길 수 있다). 순서 있는 범주들을 나타내는 범주형변수를 **순서변수**(ordinal variable)라고 부른다. 그런 변수에 담는 순서자료는 어떤 일들이 발생했음을 말해줄 뿐만 아니라 그런 일들이 어떤 순서로 발생했는지도 말해준다. 그러나 순서 자료는 값들 사이의 차이에 관해서는 아무것도 말해주지 않는다. 〈엑스 팩터〉는 가수 지망생들이 음반 녹음 계약 권리를 두고 경쟁하는 프로로, 전 세계에서 방영되고 있다. 아주 인기 있는 이 방송 프로는 어쩌면(비관적인 관점에서 볼 때) 서구 사회가 고된 노력보다는 '운'에 더 가치를 둔다는 사실을 반영한다고 할 수 있다. (이런 평가에, 수년간 악기를 배우고 나

---

9 반면 NFL 미식축구에서는 쿼터백이 1에서 19 사이의 임의의 번호를 달 수 있다.

만의 노래를 작곡하려 했지만 다른 사람의 노래를 잘 부르는 열다섯 살짜리 가수가 돈과 명예를 거머쥐는 모습을 보고 좌절한 나의 비애는 전혀 반영되지 않았다.) 어쨌거나, 〈엑스 팩터〉의 한 시즌에서 빌리와 프리마, 엘리자베스가 우승했다고 상상해 보자. 우승자들의 이름만으로는 이들이 경쟁에서 어떤 성과를 거두었는지 알 수 없다. 그러나 이들에게 공연 성적에 따라 1위, 2위, 3위라는 이름표를 붙인다면, 각자가 어떤 성과를 거두었는지 알 수 있다. 그렇긴 하지만 그런 범주들 사이의 차이는 여전히 알 수 없다. 예를 들어 이런 범주들은 1위과 2위의 가창 실력이 얼마나 차이가 나는지 말해주지 않는다. 빌리가 프리마와 엘리자베스보다 훨씬 많은 표를 받아서 너끈히 1위를 차지했을 수도 있고, 아니면 단 한 표 차이로 1등이 된 것일 수도 있다. 따라서 순서자료는 명목자료보다는 많은 것을 말해주지만(일들이 어떤 순서로 발생했는지 알 수 있다), 그래도 서로 다른 순위들 사이의 차이를 말해주지는 않는다.

여기서 측정 수준을 한 단계 더 높이면 더 이상 범주형변수가 아니라 연속변수가 된다. **연속변수**(continuous variable)에서는 각 개체에 임의의 측정 척도(measurement scale)의 점수를 부여할 수 있다. 여러분이 접해 봤을 만한 연속변수로는 **구간변수**(interval variable; 또는 간격변수, 등간변수)가 있다. 구간자료는 순서자료보다 더 유용하다고 간주되며, 이 책에 나오는 대부분의 통계적 검정은 이 수준으로 측정된 자료에 의존한다. 어떤 자료를 구간자료라고 말할 수 있으려면, 만일 변수 척도상의 임의의 두 구간의 간격이 같으면 그에 대응되는 측정치들의 차이들도 동일해야 한다는 조건을 만족해야 한다. 예를 들어 www.ratemyprofessors.com는 학생들에게 강사들을 여러 차원에서 평가하라고 권장한다(부정적인 평가를 받은 일부 강사의 반박이 볼만하다). 학생들은 각 차원(이를테면 도움이 되는 정도, 강의의 명확함 등)을 5점 만점 척도로 평가한다. 그런 척도의 자료가 구간자료가 되려면, 도움이 되는 정도의 1점과 2점의 차이가 이를테면 3점과 4점의 차이 또는 4점과 5점의 차이와 동일해야 한다. 또한, 1점과 3점의 차이가 3점과 5점의 차이와 동일해야 한다. 이처럼 구간을 고찰하는(그리고 구간으로 취급되는) 변수는 순서가 있는 경우가 많다. 초천재 제인 글상자 1.2를 보라.

구간변수에서 한 걸음 더 나아간 것으로 **비율변수**(ratio variable)가 있다. 비율변수는 측정 척도가 구간변수의 측정 척도 조건을 만족할 뿐만 아니라, 척도상에서 값들의 비(ratio)들이 의미가 있어야 한다는 조건까지 만족하는 연속변수이다. 그러한 조건을 만족하려면 척도에 진정한, 그리고 의미 있는 영점(zero point)이 반드시 존재해야 한다. 강사 평가의 예라면, 도움이 되는 정도가 4점인 강사는 2점인 강사보다 두 배로 도움이 되어야 한다(그리고 2점 강사는 1점 강사보다 두 배로 도움이 되어야 한다). 비율변수의 좋은 예는 어떤 사건에 반응하는 시간이다. 반응시간을 측정하는 경우, 300ms와 350ms의 차이(50ms)는 210ms와 260ms의 차이나 422ms와 472ms의 차이와 같을 뿐만 아니라, 척도상의 거리들 사이에 비례 관계도 성립한다. 반응시간 200ms는 반응시간 100ms보다 두 배 길고, 400ms보다는 두 배 짧다.

이산변수와 연속변수의 구분은 아주 애매할 수 있다. 무엇보다도, 연속변수를 이산적인 단위로 측정하는 것이 가능하다. 예를 들어 나이를 측정할 때 나노초를 사용하는 경우는 드물다. 보통은 년(해) 또는 년과 개월을 사용한다. 그런 나이 측정은 연속변수를 이산변수(년 단위의 값만 허용되는)로 바꾸는 것에 해당한다. 반대로, 이산변수를 연속변수처럼 취급할 때도 많다. 예를 들어 남자 친구/여자 친구 수는 이산변수이다(아주 이상한 경우를 제외하면 그 수는 정수이므로). 그러나 잡지 같은 것을 보면 "20대 여성의 평균 남자 친구 수가 4.6에서 8.9로 증가했다" 같은 글을 만날 수 있다. 이는 그 변수가 연속이라고 가정하는 것이며, 물론 그런 평균은 무의미하다. 표본 중 남자 친구가 실제로 8.9명인 사람은 없다.

연속변수는 말 그대로 연속인 변수이지만(당연하다), 그와 동시에 이산적일 수도 있다. 이는 상당히 까다로운 구분이다(초천재 제인 글상자 1.3 참고). 진정한 연속변수는 임의의 정밀도로 측정할 수 있지만, **이산변수**(discrete variable)는 척도상의 특정한 값들(보통은 정수)만 가질 수 있다. 이것이 과연 무슨 뜻일까? 강사를 5점 만점 척도로 평가하는 것은 이산변수의 예이다. 이때 척도의 범위는 1에서 5까지지만, 그 범위의 값 중 평가에 사용할 수 있는 것은 1, 2, 3, 4, 5뿐이다. 예를 들어 4.32나 2.18은 사용할 수 없다. 척도 자체는 연속된 범위에 기초하지만(즉, 예를 들어 3.24라는 평기치는 의미가 있다), 변수가 취할 수 있는 실제 값들에는 제약이 있다. 연속변수는 이를테면 나이 같은 것인데, 나이는 무한히 많은 수준의 정밀도로 측정할 수 있다(34년 7개월 21일 10시간 55분 10초 100밀리초 63마이크로초 1나노초 등).

주입식 샘의 핵심 정리　　**측정 수준**

변수는 크게 범주형변수와 연속변수로 나뉘며, 각 부류 안에서 다양한 측정 수준에 따라 좀 더 구체적인 변수들로 나뉜다.

- 범주형변수(개체들을 서로 구별되는 범주들로 나눈다):
  - 이분변수: 범주가 두 개뿐이다(삶과 죽음 등).
  - 명목변수: 범주가 셋 이상이다(식습관에 따라 잡식, 채식, 비건, 과일식(fruitarian)으로 나누는 등).
  - 순서변수: 명목변수와 같되 범주들에 논리적인 순서가 존재한다(시험 점수에 따라 낙제, 통과, 우등, 수석으로 나누는 등).
- 연속변수(개체에 특정 척도의 점수를 부여한다):
  - 구간변수: 변수 축에서 길이가 같은 두 구간은 속성 측정치들의 동일한 차이들을 나타낸다(예를 들어 6점과 8점의 차이는 13점과 15점의 차이와 같다).
  - 비율변수: 구간변수와 같되 척도상에서 점수들의 비율에도 의미가 있다(이를테면 불안도가 16점인 사람은 불안도가 8점인 사람보다 실제로 두 배로 불안해 한다는 뜻이다).

앞에서 보았듯이, 가설을 검증하려면 변수들을 측정해야 한다. 당연한 말이지만, 그런 변수들을 정확하게 측정하는 것이 중요하다. 이상적으로는, 시간과 상황이 달라도 의미는 같도록 값들을 조율하는 것이 바람직하다. 한 예가 체중이다. 우리는 누가 체중을 재든, 또는 어디서 체중을 재든(지구상에서, 그리고 반중력실이 아닌 곳에서 잰다고 할 때) 같은 무게가 나오길 기대한다. 직접 측정할 수 있는 변수들도 있지만(수익, 체중, 키 등), 간접적인 방법(몇 가지만 들자면 자기보고, 설문, 컴퓨터화된 과제 등)으로 측정해야 하는 변수들도 있다.

그럼 살정제로서의 코카콜라에 관한 예로 돌아가서, 정자가 담긴 두 시험관에 각각 코카콜라와 물을 넣었다고 상상하자. 몇 분 후 두 표본의 정자 운동성을 측정해 보니 차이가 없었다. 몇 년 후 또 다른 과학자인 잭 Q. 레이트 박사가 그 실험을 반복했는데, 이번에는 코크 표본에서 실제로 정자의 운동성이 낮아졌음을 발견했다. 우리의 연구와 레이트 박사의 연구가 결과가 다른 이유를 다음과 같은 두 가지 측정 관련 문제로 설명할 수 있다. (1) 레이트 박사가 시험관에 코크를 더 많이 넣었다(코카콜라의 양이 일정한 임계치를 넘어야 정자가 영향을 받을 수 있다). (2) 레이트 박사가 우리와는 다른 방식으로 결과(운동성)를 측정했다.

첫 항목은 화학자들과 물리학자들이 많은 시간을 들여서 표준 측정 단위를 개발한 이유를 설명해준다. 만일 우리가 실험 보고서에 코크 100ml와 정액 5ml를 사용했다고 썼다면, 레이트 박사가 그와 동일한 양을 사용했음을 확신할 수 있었을 것이다. 왜냐하면 밀리미터는 표준 측정 단위이기 때문이다. 밀리미터 같은 직접 측정은 객관적인 기준을 제공한다. 액체 100ml는 액체 50ml보다 두 배 많은 양임이 확실하다.

두 연구의 결과가 다른 이유를 설명하는 둘째 항목은 정자 운동성을 측정하는 방법과 관련된 것일 수 있다. 예를 들어 우리의 연구에서는 운동성을 흡광광도분석을 이용해서 측정했지만 레이트 박사는 레이저 광산란 기법으로 측정했을 수 있다.[10] 아마도 그의 측정이 우리 것보다 더 민감했을 것이다.

우리가 측정 대상을 나타내는 데 사용하는 수치들과 측정 대상의 실제 값(직접 측정했다면 얻었을 값)이 다른 경우도 많이 보게 될 것이다. 그런 차이를 **측정오차**(measurement error)라고 부른다. 예를 들어 내 진짜 몸무게가 정확히 80kg임을 알고 있다고 상상해 보자. 어느날 욕실 체중계에 올라갔는데 83kg가 나왔다. 실제 체중과 측정 도구(체중계)가 제시한 체중 사이에는 3kg의 차이가 있다. 다른 말로 하면, 3kg의 측정오차가 존재한다. 잘 조정된 욕실 체중계는 측정오차가 아주 작다(비록 체중계상으로 체중이 3kg 늘었다고 나왔을 때 체중계가 망가졌다고 믿고 싶다

---

10 이번 장을 쓰는 과정에서 나는 정자 운동성 측정과 관련해서 내가 건강하다고 생각하는 것 이상의 것을 발견했다.

고 해도긴 하지만). 그러나 그런 객관적인 도구를 사용하지 않는 자기보고 측정은 거의 항상 측정오차를 만들어 낸다. 이는 측정하려는 요인 이외의 여러 요인이 측정치에 대한 사람들의 반응에 영향을 미치기 때문이다. 가게에서 물건을 훔친 적이 있는지 묻는 설문지를 받았다고 생각해 보자. 만일 여러분이 실제로 그런 적이 있다면, 솔직히 그렇다고 답하겠는가? 아니면 그 사실을 숨기겠는가?

1.5.3 타당성과 신뢰성 ①

측정오차를 최소화하는 한 가지 방법은 측정이 제대로 되었는지 확신할 수 있는 측정 속성을 파악해서 살펴보는 것이다. 그러한 속성 중 첫째 것은 **타당성**(validity; 또는 타당도)이다. 이것은 측정 장치가 우리가 측정하고자 하는 것을 실제로 측정했는지의 여부 또는 정도이다. 둘째는 **신뢰성**(reliability; 또는 신뢰도)으로, 이것은 서로 다른 상황에서 측정 장치를 일관되게 해석할 수 있는지의 여부 또는 정도이다.

타당성은 측정 장치가 우리가 측정하려는 것을 측정했는지를 뜻한다. 예를 들어 정자 운동성을 측정하려는데 측정 장치가 사실은 정자의 개수를 센다면, 타당성이 없다. 반응시간이나 피부 전도도 같은 생리학적 측정은 타당하다. 왜냐하면, 반응시간은 실제로 뭔가에 반응하는 시간을 잰 것이고, 피부 전도성은 실제로 피부의 전도 수준을 잰 것이기 때문이다. 그러나 그런 측정들로 다른 어떤 것을 추론한다면(이를테면 피부 전도도로 불안도를 측정하는 등), 그 외의 요인들은 측정 대상에 아무런 영향을 미치지 않음이 확실한 경우에만 타당하다.

기준타당성(criterion validity)은 측정하려는 것을 장치가 실제로 측정하는지를 나타낸다(이를테면, 강사가 도움이 되는 정도를 학생이 평가하는 것이 실제로 강사의 도움 정도를 측정하는가?). 이상적인 세상이라면 측정 점수를 실제 세계의 관측과 비교해서 타당성을 평가할 수 있을 것이다. 예를 들어 강사의 도움 정도를 객관적으로 측정하고, 그런 관측들을 ratemyprofessor.com에 나온 학생들의 평가와 비교해 보면 된다. 그러나 이런 일이 실제로 가능하지 않은 경우가 많으며, 어떤 면에서 우리가 관심이 있는 것은 현실 자체가 아니라 사람들의 현실에 대한 인식일 수도 있다(이를테면 누군가가 실제로 사이코패스인지보다는 그 사람이 자신이 사이코패스라고 생각하는지가 더 중요할 수 있다). 자기보고 측정/설문으로는 개별 항목이 측정 대상을 얼마나 잘 대표하는지, 그리고 그 대상을 어느 정도나 완전하게 포괄하는지(cover) 평가할 수 있다(이는 **내용타당성**(content validity)에 해당한다).

타당성은 측정의 필요조건이지만 충분조건은 아니다. 둘째 고려사항인 신뢰성은 같은 조건에서 같은 결과를 산출할 수 있는 측정 능력이다. 어떠한 측정 장치가 유효하려면 반드시 신뢰성이 있어야 한다. 신뢰성을 평가하는 가장 쉬운 방법은 같은 대상을 두 번 검사하는 것이다. 신뢰성 있는 장치라면 두 번 모두 비슷한 결과를 낼 것이다(이를 **검사-재검사 신뢰성**(test-retest reliability)이라고 부른다). 그러나 시간에 따라 변하는 뭔가(이를테면 기분, 혈당치, 생산성)를 측정해야 할 때도 있다. 통계적 방법들 역시 신뢰성을 결정하는 데 사용할 수 있다(이에 관해서는 제 17장에서 살펴본다).

자가진단
✓ 신뢰성과 타당성의 차이는 무엇인가?

1.6 자료 수집 2: 어떻게 측정할 것인가? ①

1.6.1 상관연구방법 ①

지금까지 배운 것을 정리하자면, 과학자들은 질문에 답을 하고자 하며, 그러려면 자료(수치든 단어든)를 만들어 내야 하며, 좋은 자료를 만들려면 정확한 측정이 필요하다. 그럼 자료를 수집하는 방법을 간략하게나마 살펴보자. 아주 단순화한다면, 가설을 검증하는 방법은 크게 두 가지이다. 하나는 자연스럽게 발생하는 일들을 관찰하는 것이고, 또 하나는 환경의 어떤 측면을 조작하고 그것이 우리가 관심을 가지는 변수들에 미치는 영향을 관찰하는 것이다.

우리가 **상관연구**(correlational research) 또는 **횡단면연구**(cross-sectional research)라고 부르는 연구 방법(세상에서 자연스럽게 발생하는 일을 직접적인 간섭 없이 관찰하는 방식)과 **실험연구**(experimental research)라고 부르는 연구 방법(변수 하나를 조작해서 그것이 다른 변수들에 미치는 영향을 보는 방식)의 주된 차이는, 실험연구에서는 우리가 변수를 직접 조작한다는 것이다. 반면 상관연구에서는 자연적인 사건들을 관찰하거나 시간상의 한 지점에서 여러 변수의 스냅숏을 취하는 등의 활동을 한다. 상관연구의 예를 몇 가지 들자면, 하천의 오염 수준을 측정하고 거기에 사는 특정 종류의 물고기의 개체 수를 세거나, 생활 양식상의 변수들(흡연, 운동, 음식 섭취)과 질병(암, 당뇨병)을 조사하거나, 여러 관리자 하에서의 노동자의 직업 만족도를 조사하거나, 인구 구성이 다른 지역들에서 아동의 학업 성과를 측정하는 등이다. 상관연구는 우리가 연구하는 질문에 대한 아주 자연스러운 관점을 제공한다. 왜냐하면, 연구자가 연구 대상에 아무런 영향을 미치지 않으며, 변수들의 측정이 연구자의 편견에 좌우되지 않기 때문이다(이는 **생태타당성**(ecological validity)의 중요한 측면이다).

내가 코카콜라를 피임 수단으로 사용하는 데 집착한다는 느낌을 줄 위험이 있긴 하지만, 이번에도 그 예로 돌아가자(나는 그런 데 집착하지 않는다. 다만, 1950년대와 60년대 사람들이 실제로 그런 방법을 시도했다는 점을 알게 되면서 그 주제에 흥미가 많다는 점은 고백한다). 만일 "코크가 효과적인 피임 수단인가?"라는 질문에 답하고 싶다면, 한 가지 방법은 성적 활동에 관한 설문(횟수, 피임약 사용 여부, 청량음료를 피임약으로 사용하는 지의 여부, 임신 여부 등)을 하는 것이다. 그런 변수들을 살펴본다면 어떤 변수가 임신을 예측하는지, 특히 코카콜라를 일종의 피임 수단으로 사용하는 사람들이 다른 피임 수단을 사용하는 사람들보다 임신 가능성이 높은지 알 수 있다. 그런데 이는 이 질문에 답하는 유일한 방법이다. 왜냐하면 관련 변수들 중 우리가 직접 조작할 수 있는 것은 하나도 없기 때문이다. 변수를 조작할 수 있다고 해도, 누군가에게 코크를 피임 수단으로 사용하라고 강요하는 것은 완전히 비윤리적인 일일 것이다(사실 누군가에게 원치 않는 임신을 요구하는 것 자체가 비윤리적이다). 그런데 이러한 상관연구에는 인과성(causality)과 관련한 비용이 따른다.

1.6.2 실험연구방법 ①

내부분의 과학적 질문은 변수들 사이의 인과 관계를 함의한다. 애초에 종속변수와 독립변수라는 이름 자체에 인과 관계가 함의되어 있음을 앞에서 이미 이야기했다(종속변수는 말 그대로 독립 변수(원인)에 '종속'된다). "낮은 자존감이 데이트 불안증세의 원인인가?"처럼 인과 관계가 명백히 드러난 질문이 있는가 하면, 인과 관계의 함의가 그리 명백하지 않은 때도 있다. 예를 들어 "데이트 불안증세는 전적으로 정신적인 문제인가?"라는 질문이 그렇다. 이 질문에는 한 사람의 정신적 관점(mental outlook; 사고방식)이 데이트 시 불안을 유발한다는 점이 함의되어 있다. 인과 관계가 명백하게 표현되지 않았다고 해도, 대부분의 연구 질문은 제시된 원인(지금 예에서는 정신적 관점)과 제시된 결과(데이트 불안증세)로 나눌 수 있다. 그러한 원인과 결과 모두 변수이다. 원인이 변수인 것은 자신을 부정적으로 인식하는 사람들도 있고 그렇지 않은 사람들도 있기 때문이고(즉, 사람에 따라 다를 수 있는 어떤 것이다), 결과가 변수인 것은 데이트 시 불안감을 느끼는 사람도 있고 아닌 사람도 있기 때문이다(역시 사람에 따라 다르다). 연구 질문에 답할 때 관건은 제시된 원인과 제시된 결과의 관계를 파악하는 것이다. 지금 예라면, 자신을 낮게 평가하는 사람들이 곧 데이트 시 불안해하는 사람들일까?

영향력 있는 철학자인 데이비드 흄은 원인과 관계를 추론하려면 (1) 원인과 결과의 발생 시간들이 가까워야 하며(시간적 인접성), (2) 원인이 결과보다 먼저 일어나야 하며, (3) 원인이 발생하지 않았다면 결과도 발생하지 않아야 한다고 말했다(좀 더 자세한 내용은 [Hume, 1739-40,

1748]을 보라).[11] 이런 조건들은 증거를 확인함으로써 인과성을 추론할 수 있음을 뜻한다. 즉, 연속적인 사건들 사이의 상관관계가 높다면 그 사건들 사이에 어떤 인과 관계가 존재한다는 것이다. 데이트의 예에서 낮은 자존감이 데이트 불안을 유발한다는 결론을 이끌어 내려면, 자존감이 낮은 사람은 항상 데이트 시 불안을 느끼며, 낮은 자존감이 항상 데이트 불안보다 먼저 발생하며, 낮은 자존감으로 고통 받지 않는 사람은 결코 데이트 불안을 느끼지 않는다는 점을 알아내는 것으로 충분하다.

실험연구와 상관연구의 차이가 무얼까?

상관연구에 관한 앞 절에 잠깐 나왔지만, 여러 변수를 동시에 측정하는 경우가 많다. 그런 방식의 첫 번째 문제점은 서로 다른 변수들의 시간 관계에 대해 알 수 없다는 것이다. 설문을 통해서 자존감이 낮은 사람이 데이트 불안증세가 있다는 점을 알아낼 수는 있어도, 낮은 자존감이 먼저 생겼는지 데이트 불안이 먼저인지는 알 수 없다!

그럼 자존감이 낮지만 데이트 불안증세는 없는 사람들이 있음을 알게 되었다고 상상해 보자. 이러한 발견이 흄의 법칙을 위반하지는 않는다. 흄은 결과 없이 원인만 발생하는 경우에 관해서는 아무 말도 하지 않았다. 어쩌면 낮은 자존감과 데이트 불안이 어떤 제3의 변수 때문에 생기는 것일 수도 있다(예를 들어 사회적 기술(social skill)이 낮으면 대체로 자신이 쓸모없는 사람이라고 느끼게 되는데, 그런 감정이 데이트에서 더욱 크게 작용할 수도 있다). 이는 상관증거의 두 번째 문제점인 **제3의 요소**(tertium quid)의 예이다. 여기서 제3의 요소란 그 특성이 아직 알려지지 않은 어떤 제3의 인물이나 사물을 말한다. 예를 들어 가슴 성형과 자살 사이의 상관관계가 밝혀진 바 있다(Koot, Peeters, Granath, Grobbee, & Nyren, 2003). 그런데 가슴 성형이 자살의 원인일 가능성은 크지 않다. 그보다는 다른 어떤 하나 또는 다수의 외부 인자가 그 둘 모두를 유발할 가능성이 크다. 그러한 외부 인자를 종종 **중첩변수**(confounding variable; 또는 혼선변수), 줄여서 중첩이라고 부르기도 한다.

흄의 기준에 있는 단점을 보완하기 위해 존 스튜어트 밀은 인과 관계에 관한 다른 모든 설명을 배제할 수 있는 또 다른 기준을 추가했다(Mill, 1865). 밀의 제안을 간단히 말하자면 이렇다. 혼선변수들을 배제하기 위해서는, 원인이 존재하면 반드시 결과가 존재해야 하며, 원인이 존재하지 않으면 결과도 존재하지 않아야 한다는 조건을 추가해야 한다. 여기에 깔린 밀의 생각을 요약하면, 인과성을 추론하는 유일한 방법은 통제된 두 상황, 즉 원인이 존재하는 상황과 원인이 존재하지 않는 상황을 비교하는 것뿐이라는 점이다. 이처럼 제시된 원인이 존재하는 또는 존재하지 않는 상황들을 비교하는 것이 바로 실험연구가 추구하는 것이다. (그런 통제된 상황들을 흔히 **처리**(treatment) 또는 **조건**(condition)이라고 부른다.)

---

11 이 문헌들은 http://www.utilitarian.net/hume/에서 볼 수 있으며, 구글에서 David Hume을 검색해도 찾을 수 있다.

간단한 예로, 동인(motivator; 동기 유발 요인)이 통계학 학습에 미치는 효과를 알아본다고 하자. 이를 위해 학생들을 무작위로 세 그룹으로 나누기로 한다. 세 그룹은 교과 과정 중 세미나에서 나(강사)의 교육 스타일에 따라 다음과 같이 구성된다.

- **그룹 1(긍정적 강화):** 세미나 도중 나는 이 그룹의 모든 학생에게 열심히 공부해서 학습이 성공적이라고 칭찬한다. 심지어 학생이 뭔가 잘못했을 때도 그들을 지지하면서 "정답에 아주 가까워. 잘 하고 있어!" 같은 말을 하고, 맛있는 초콜릿을 한 조각 준다.

- **그룹 2(처벌):** 이 그룹의 학생들에게는 심지어 정답을 말했을 때도 가혹한 폭언을 퍼붓는다. 나는 학생들의 기여를 깎아내리고, 건방진 태도로 그들이 말한 모든 것을 비웃는다. 학생들에게 너희는 멍청하고 쓸모없으며 애초에 이 강의를 수강하지 말았어야 했다고 말한다.

- **그룹 3(동인 없음):** 이 그룹에는 정규적인 대학 스타일 세미나를 제공한다(그러면 그룹 2와 차이가 없다고 주장하는 사람도 있겠지만). 학생들은 칭찬도, 비난도 받지 않는다. 나는 학생들에게 아무런 피드백도 제공하지 않는다.

여기서 내가 조작한 것은 교육 방법(긍정적 강화, 처벌, 동인 없음)이다. 이번 장에서 보았듯이 이 변수는 독립변수에 해당하는데, 교육 방법을 세 가지 방식으로 조작했으므로(즉, 동인을 긍정적 강화, 처벌, 없음이라는 세 종류로 나누었다) 변수에는 세 가지 수준이 있는 셈이다. 이러한 조작을 가하고 나면, 측정해볼 만한 어떤 결과(outcome)가 뒤따르게 된다. 지금 예에서 결과란 학생들의 통계학 능력인데, 그러한 변수는 마지막 세미나 이후에 통계학 시험을 봐서 측정할 수 있다. 전에 언급했듯이 이러한 결과변수는 종속변수에 해당한다. 지금 예에서는 시험 점수가 교육 방식에 종속된다고 가정했기 때문이다. 이 예에서 아주 중요한 점은 '동인 없음' 그룹이 포함되었다는 것이다. 이 그룹은 제시된 원인(동인)이 없는 상황을 대표하는데, 이 그룹을 다른 두 그룹과 비교함으로써 원인이 없는 상황과 원인이 있는 상황을 비교할 수 있다. 만일 동인이 없는(원인 부재) 그룹과 동인이 있는(원인 존재) 그룹들의 시험 점수가 다르다면, 그러한 차이는 동인의 종류에 기인한 것이라 할 수 있다. 다른 말로 하면, 동인은 통계학 시험 점수의 차이를 유발하는 원인이다(초천재 제인 글상자 1.4 참고).

인과성과 통계학 ①

사람들은 인과관계의 추론이 가능한 통계적 절차와 그렇지 않은 통계적 절차가 있다고 오해한다. 사실은 그렇지 않다. 단지, 실험연구에서는 인과 변수를 체계적으로 조작해서 그것이 결과에 미치는 영향을 보고, 상관연구에서는 같은 시기에 일어나는 사건들을 나타내는 변수들을 관찰할 뿐 조작하지는 않는 것일 뿐이다. 상관연구에서는 먼저 인과 변수를 조작한 후 그 효과를 측정하는 방법을 사용하지 않으므로,

원인변수의 존재/부재에 따른 효과를 비교할 수 없다. 간단히 말해서 어떤 변수가 다른 변수의 변화를 유발하는지 알 수 없다. 단지 변수들이 어떤 식으로든 함께 발생한다는 점만 말할 수 있다. 일부 사람들이 어떤 통계검정에서는 인과관계의 추론이 가능하고 어떤 검정에서는 불가능하다고 오해하는 이유는, 역사적으로 ANOVA, t 검정 같은 어떤 검정들은 실험연구를 분석하는 데 쓰인 반면 회귀, 상관 등과 같은 다른 검정들은 상관연구를 분석하는 데 쓰였기 때문이다(Cronbach, 1957). 이후에 보겠지만, 이러한 통계적 절차들은 사실 수학적으로 동일하다.

1.6.2.1 두 가지 자료 수집 방법 ①

실험연구에서 자료를 수집하는 방법은 두 가지이다. 첫째는 서로 다른 참가자들을 이용해서 독립변수를 조작하는 것이다. 앞의 통계학 세미나의 예에서처럼 서로 다른 그룹의 사람들이 실험 조건에 참여하는 방식이 바로 이 자료 수집 방법에 해당하는데, 이를 **그룹간 설계**(between-group design)나 **개체간 설계**(between-subject design),* 또는 **독립설계**(independent design)라고 부른다. 둘째 방법은 같은 참가자들을 이용해서 독립변수를 조작하는 것이다. 간단히 말해서 이 방법은 한 그룹의 학생들에게 몇 주는 긍정적 강화를 적용한 후 시험을 보고, 그다음 몇 주는 같은 그룹에 처벌을 적용한 후 시험을 보고, 마지막으로는 아무런 동인도 제공하지 않고 세 번째로 시험을 보는 것에 해당한다. 이를 **개체내 설계**(within-subject design)나 **반복측정 설계**(repeated-measures design)라고 부른다. 차차 알게 되겠지만, 자료를 수집하는 방법에 따라 그 자료의 분석에 사용하는 검정의 종류가 달라진다.

1.6.2.2 변동의 두 종류 ①

침팬지를 훈련해서 경제를 운영하게 할 수 있을지 알고 싶다고 상상해 보자. 첫 번째 훈련 과정에서는 침팬지를 침팬지용 컴퓨터 앞에 앉히고 다양한 경제 매개변수들을 변경하는 버튼들을 누르게 한다. 매개변수가 변하면 그 변화 때문에 발생한 경제 성장을 나타내는 수치가 화면에 나타난다. 물론 침팬지는 그 수치를 읽지 못하므로(내가 알기로는 그렇다) 그러한 피드백은 무의미하다. 두 번째 훈련 과정에서는 기본적으로 첫 과정과 같은 방식으로 훈련을 진행하되 경제

---

*역주 그룹간 설계나 개체간 설계의 '간'은 의존명사이므로 그 앞 단어와 떼어써야 하지만(그룹 간 설계, 개체 간 설계), 이 책에서는 한국통계학회의 통계 용어집에 '개체간'과 '그룹간'이 있다는 점과 원래 용어에서 between과 그 다음 단어가 하이픈으로 연결되어 있다는 점을 참작해서 붙여 쓰기로 한다. '개체내', '그룹내'의 '내(within)'도 마찬가지이다.

가 성장하면 그것을 수치로 표현하는 대신 침팬지에게 바나나를 준다(그리고 경제가 성장하지 않으면 주지 않는다). 이러한 피드백은 보통의 침팬지에게 가치가 있다. 이 예는 두 가지 조건이 있는 반복측정 설계에 해당하는데, 중요한 것은 조건 1과 조건 2 모두 같은 침팬지가 참가한다는 것이다.

그럼 한 걸음 물러서서, 만일 실험적 조작을 도입하지 **않는다면**(즉, 두 번째 훈련 과정에서 바나나를 주지 않아서 조건 1과 조건 2가 같아진다면) 어떤 일이 생길지 생각해 보자. 만일 실험적 조작이 없다면 두 조건에서 침팬지의 행동이 비슷할 것이라고 예상할 수 있다. 왜냐하면, 두 조건에서 침팬지의 나이나 성별, IQ, 동기, 각성 정도가 동일할 것이기 때문이다(조건 1에서 검사한 침팬지의 성별 등이 조건 2로 간다고 해서 변하지는 않는다). 만일 성과(성능) 측정에 신뢰성이 있다면(즉, 우리의 검정이 침팬지가 경제를 얼마나 잘 운영하는지를 실제로 측정한다면), 그리고 측정하는 변수 또는 특성(지금 예에서는 경제 운영 능력)이 시간의 변화에도 안정적으로 유지된다면, 실험 참가자의 조건 1에서의 성과는 조건 2에서의 성과와 아주 밀접한 관계가 있을 것이다. 따라서 조건 1에서 높은 점수를 받은 침팬지는 조건 2에서도 높은 점수를 받을 가능성이 크며, 조건 1에서 낮은 점수를 받은 침팬지는 조건 2에서도 낮은 점수를 받을 가능성이 크다. 그렇지만 그 성과가 **동일**하지는 않을 것이다. 알 수 없는 요인 때문에 성과에 작은 차이가 발생한다. 성능의 이러한 변동을 가리켜 **비체계적 변동**(unsystematic variation)이라고 부른다.

실험적 조작을 도입한다면(즉, 두 훈련 과정 중 하나에서 피드백으로 바나나를 제공한다면), 참가자에게 조건 1과 조건 2는 더 이상 동일하지 않다. 이때 조건 1과 조건 1의 **유일한** 차이는 실험자의 조작 여부(지금 예에서는 긍정적 보상으로 바나나를 침팬지에게 제공하는지의 여부)이다. 따라서 두 조건 사이에서 발생한 모든 차이는 바로 그 실험적 조작 때문에 생긴 것이라고 할 수 있다. 만일 두 훈련 과정에서 침팬지의 성과가 다르다면, 그러한 차이는 긍정적 피드백으로 바나나를 제공하느냐 아니냐에서 비롯된 것일 수밖에 없다. 구체적인 실험적 조작에 의해 생기는 성과의 차이를 **체계적 변동**(systematic variation)이라고 부른다.

이번에는 참가자들을 다르게 하면, 다시 말해 독립설계를 사용하면 어떤 일이 생길지 생각해 보자. 이 설계에서도 조건은 두 가지이지만, 각 조건에 참여하는 참가자가 다르다. 침팬지 훈련의 예로 돌아가서, 이번에는 한 그룹의 침팬지들을 피드백 없이 훈련하고 또 다른 그룹의 침팬지들은 성과에 따라 바나나를 통해서 피드백을 제공한다고 하자.[12] 이번에도 실험적 조작은 하지 않는다고 가정한다. 실험자가 두 그룹에 대해 아무런 조작도 가하지 않아도, 참가하는 침팬지들의 능력, 동기, IQ나 기타 인자들이 다르기 때문에 두 그룹의 행동에 어느 정도의 변동이 있을 것이다. 간단히 말하면, 반복측정 설계에서는 일정하게 유지되는 인자들이라도 독

---

12 여기서 내가 "통해"라고 말했다고 해서, 바나나에 작은 입이 생겨서 침팬지에게 침팬지 언어로 "잘했다 치타, 이번에는 경제가 성장했어!"라고 일러준다는 뜻은 아니다. 침팬지가 뭔가를 잘 해냈으면 그러한 행동의 보상으로 바나나를 제공하는 것일 뿐이다.

립측정 설계에서는 얼마든지 변할 수 있다. 그래서 독립측정 설계에서는 비체계적 변동이 더 커진다. 이전처럼 실험적 조작(즉, 바나나 제공)을 도입한다면 그러한 조작에 의한 또 다른 변동도 나타날 것이다. 정리하자면, 반복측정 설계에서나 독립측정 설계에서나 다음과 같은 두 종류의 변동이 존재한다.

- **체계적 변동:** 이것은 한 조건에 있는 모든 참가자에게 실험자가 어떤 일을 했지만 다른 조건의 참가자들에게는 그 일을 하지 않아서 생기는 변동이다.
- **비체계적 변동:** 이것은 실험 조건들 사이에 존재하는 임의의 인자들(자연적인 능력 차이, 하루 중 시간 등)에서 비롯되는 변동이다.

통계학의 임무는 성과에 존재하는 변동이 어느 정도인지 파악하고, 그중 체계적 변동은 얼마이고 비체계적 변동은 얼마인지 알아내는 것이다.

반복측정 설계에서 두 조건 사이의 차이는 오직 두 가지에서만, 즉 (1) 참가자들에게 가한 조작과 (2) 시기에 따라 참가자의 수행 방식에 영향을 미칠 수 있는 기타 인자에 의해서만 발생한다. 후자의 인자는 실험적 조작의 영향에 비하면 비교적 사소할 가능성이 크다. 독립설계에서 두 조건 사이의 차이가 발생하는 근원 역시 두 가지로, (1) 참가자들에 대해 가해진 조작과 (2) 각 그룹에 배정된 참가자들의 특성 차이이다. 이 경우 후자의 인자는 각 조건 안에서는 물론이고 그 두 조건 사이에서도 상당한 임의적(무작위적) 변동을 만들어낼 가능성이 크다. 따라서 실험적 조작의 효과는 그룹간 설계에서보다는 반복측정 설계에서 더 현저하게 드러날 가능성이 크다. 왜냐하면, 반복측정 설계에서는 비체계적 변동이 오직 참가자가 시간에 따라 다르게 행동해서 나오는 차이에 의해서만 발생하기 때문이다. 반면 독립설계에서는 본질적인 능력 차이도 비체계적 변동에 기여한다. 따라서, 같은 참가자들을 사용한다면 이러한 오차 변동이 거의 항상 훨씬 크게 나타날 것이다. 실험적 조작의 효과를 살펴볼 때는 조건들 사이의 임의적이고 통제할 수 없는 차이들에서 발생하는 배경 '잡음'에 주의를 기울여야 한다. 반복측정 설계에서는 이러한 '잡음'이 최소한으로 유지되어서 실험의 효과가 좀 더 명확하게 드러날 가능성이 크다. 이는, 다른 요인들이 동일하다고 할 때, 반복측정 설계가 독립설계보다 효과를 검출하는 능력이 더 뛰어남을 뜻한다.

1.6.3　임의화 ①

반복측정 설계와 독립설계 모두에서 중요한 것은 비체계적 변동을 최소화하는 것이다. 비체계적 변동을 가능한 한 작게 유지하면 실험적 조작을 좀 더 의미 있게 측정할 수 있다. 일반적으로 과학자들은 처리 조건들에 대해 참가자들을 **임의화**(randomization; 또는 확률화, 랜덤화)함으로써 그러한 목표를 달성한다. 통계적 검정 중에는 변동의 체계적 근원과 비체계적 근원을 식별한 후 그것들을 비교하는 방식이 많다. 그런 근원들을 비교해보면, 실험적 조작 없이 참가자들을 검사할 때에 비해 훨씬 더 많은 변동이 발생했는지 알 수 있다. 임의화는 체계적 변동의 다른 근원들을 대부분 제거한다는 점에서 중요하다. 그러면 실험 조건들 사이의 모든 체계적 변동이 독립변수의 조작 때문에 생긴 것임을 확신할 수 있다. 임의화 방법은 독립설계냐 반복측정 설계냐에 따라 두 가지로 나뉜다.

그럼 반복측정 설계부터 살펴보자. 같은 사람이 여러 실험 조건에 참가한다면, 첫 실험 조건에서는 순진하게 행동하지만 두 번째 실험 조건부터는 실험자가 자신에게 기대하는 것이 무엇인지 짐작하게 된다. 적어도 참가자는 종속변수 측정(즉, 자신이 수행하는 과제)에 익숙해진 상태일 것이다. 다음은 이런 종류의 설계에서 체계적 변동의 가장 중요한 근원 두 가지이다.

- **연습 효과**(practice effect): 참가자가 실험 상황이나 측정 방식에 익숙해져서 둘째 조건에서는 이전과 다르게 행동할 수 있다.
- **권태 효과**(boredom effects): 참가자가 첫 조건을 마치고 지치거나 지루해져 둘째 조건에서는 이전과 다르게 행동할 수 있다.

비록 이런 효과들을 완전히 제거할 수는 없지만, 사람들이 조건들에 참가하는 순서를 바꾸어서 (이를 **상쇄**(counterbalancing)라고 부른다) 조건들 사이에 체계적 변동이 생기지 않게 할 수는 있다.

조건들에 참가하는 순서에도 임의화를 적용할 수 있다. 즉, 한 참가자가 조건 1을 마치고 조건 2로 갈지 아니면 조건 2부터 마칠지를 무작위로 결정하는 것이다. 교육 방법의 예에서 조건을 세 가지가 아니라 동인 없음과 처벌이라는 두 가지로 줄인다고 상상해 보자. 같은 참가자들을 두 조건 모두에 사용했는데, 처벌 조건에서 통계학 시험 점수가 더 높게 나왔다고 하자. 그러나 만일 모든 학생이 먼저 동인 없는 세미나들을 마친 후에 처벌이 있는 세미나를 마쳤다면, 후자의 세미나들은 이미 어느 정도의 통계학 지식을 가지고 진행하는 것이다. 따라서 처벌 이후에 점수가 높게 나온 이유는 실험적 조작 때문이 아니라(즉, 가혹한 폭언과 비난 때문이 아니라) 그냥 더 많은 것을 아는 상태로 시작했기 때문일 가능성이 크다. 임의화를 적용해서 학생들의 세미나 참가 순서를 무작위로 결정한다면 그러한 체계적 편향이 생기지 않는다.

독립설계의 경우에도 비슷한 논리가 적용된다. 독립설계에서는 실험 조건마다 참가자들이 다르고, 그 참가자들도 여러 면에서 다르다(IQ, 집중 유지 시간 등). 그런 중첩변수들이 조건들 사이의 변동에 기여하는 것은 당연하다. 중요한 것은 그러한 변수들이 비체계적 변동에만 기여하고 체계적 변동에는 기여하지 않게 하는 것이다. 중첩변수들이 조건들 사이의 변동에 체계적으로 기여하지 못하게 하는 한 가지 방법은 특정 실험 조건에 참가자들을 무작위로 배정하는 것이다. 그렇게 하면 그런 중첩변수들이 조건들에 고르게 분포된다.

좋은 예가 알코올이 성격(personality)에 미치는 효과에 관한 연구이다. 한 그룹의 사람들에게는 맥주 500mL를 주고 둘째 그룹은 술을 마시지 못하게 해서 각 그룹의 참가자들이 싸움에 휘말리는 횟수를 센다고 상상해보자. 알코올이 사람에 미치는 영향은 아주 가변적이다. 사람마다 알코올에 대한 내성이 다르기 때문이다. 절대 금주자(술을 전혀 마시지 않는 사람)는 약간만 마셔도 만취하는 반면 알코올중독자는 엄청난 양을 마셔야 취하기 시작한다. 만일 일단의 절대 금주자를 맥주를 제공하는 조건에 배정한다면, 그 그룹과 술을 마시지 못하게 한 그룹 사이에 별 차이가 나타나지 않을 것이다(왜냐하면 절대금주자는 한 잔만 마셔도 의식을 잃어서 싸움에 휘말리지 않을 것이므로). 이 예에서는 참가자의 이전 알코올 경험이 실험적 조작의 효과와 분리할 수 없는 체계적 변동을 유발한다. 이런 우발성을 줄이는 가장 좋은 방법은 참가자들을 조건들에 무작위로 배정하는 것이다.

자가진단

✓ 임의화가 왜 중요한가?

1.7 자료 분석 ①

연구 과정의 마지막 단계는 수집한 자료를 분석하는 것이다. 양적자료를 분석할 때는 자료를 시각적으로 표현해서 자료에 존재하는 전반적인 경향을 살펴보며, 또한, 통계적 모형을 자료에 적합시킨다(fitting).*

1.7.1 도수분포 ①

자료를 수집했다면, 각 점수가 출현하는 횟수를 보여주는 그래프를 그려 보는 것이 많은 도움이 된다. 그러한 그래프를 **도수분포**(frequency distribution; 또는 빈도분포) 또는 **히스토그램**(histogram; 또는 기둥그림표)이라고 부른다. 도수분포에서 수평축은 관측값들이고 수직축은 자료집합(data set)에서 각 값이 출현한 횟수이다. 도수분포는 점수들의 분포의 속성들을 파악하는 데 아주 유용하다. 이런 종류의 그래프를 만드는 방법을 제4장에서 살펴볼 것이다.

---

*역주 일상 언어에서 '적합'은 주로 상태를 나타내는 술어로, 그러니까 "A는 B에 적합하다"의 형태로 쓰이지만, 이 책에서 적합은 동작을 나타내는 술어로, 그러니까 "A를 B에 적합시킨다"나 "A가 B에 (잘) 적합한다" 같은 형태로도 쓰임을 주의하기 바란다.

도수분포는 그 형태와 크기가 다양하다. 따라서 흔히 쓰이는 도수분포 종류들의 일반적인 특징을 알아두는 것이 상당히 중요하다. 이상적인 세상이라면 자료가 모든 점수의 중심을 기준으로 좌우 대칭 형태일 것이다. 즉, 만일 분포의 중심에 수직선을 그린다면 그 양쪽이 거울처럼 같은 모습이 될 것이다. 그런 형태의 분포를 **정규분포**(normal distribution)라고 부른다. 아마 통계와 관련해서 종(bell) 모양의 곡선을 본 적이 많을 텐데, 그것이 바로 정규분포이다. 그러한 형태는 기본적으로 점수들의 대다수가 분포의 중심 부근에 몰려 있음을 뜻한다. 그래서 히스토그램의 키 큰 막대(기둥)들이 대부분 중심 값 근처에 있다. 그리고 중심에서 멀어질수록 막대들이 짧아지는데, 이는 중심과 차이가 큰 값일수록 그 도수(빈도)가 감소함을 뜻한다. 중심에서 더욱 멀어지면 점수들이 더욱 드물어진다(막대가 아주 짧아진다). 자연적으로 발생하는 현상 중에 이러한 형태의 분포를 따르는 것이 많다. 예를 들어 영국의 남자들은 대부분 키가 175cm이다.[13] 물론 그보다 크거나 작은 사람들이 있지만, 대부분은 그 키 근처에 몰려 있다. 아주 큰 사람(이를테면 205cm 이상)이나 아주 작은 사람(이를테면 145cm 이하)은 극히 드물다. 그림 1.3에 정규분포의 예가 나와 있다.

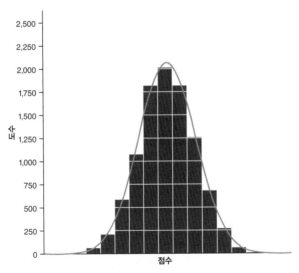

그림 1.3 정규분포(곡선은 이상적인 형태를 나타낸다)

하나의 분포가 정규분포와 다른 모습이 되는 방식은 크게 두 가지이다. (1) 대칭성이 부족해서 한쪽으로 **기운**(skew) 경우와 (2) 뾰족한 부분, 즉 **첨도**(kurtosis)가 존재하는 경우가 바

---

[13] 나는 정확히 180cm이다. 내 모국에서 180cm이면 조금 뻐길 수 있을 정도로 큰 키이다. 그러나 지금 나는 이 글을 네덜란드에서 쓰고 있는데, 여기는 평균 신장이 185cm이다(영국보다 무려 10cm 크다). 그래서 내가 다소 난쟁이처럼 느껴진다.

로 그것이다. 기운 분포에서는 높은 점수들(그래프의 긴 막대들)이 척도의 한쪽으로 치우쳐서 있어서 전체적인 형태가 대칭적이지 않다. 전형적인 패턴은 빈번한(도수가 높은) 점수들이 척도의 한쪽 끝에 몰려 있고 드문(도수가 낮은) 점수들이 반대쪽 끝에서 소위 '꼬리'를 형성하는 형태이다. 기운 분포는 크게 **양으로 기운 분포**(positively skewed distribution; 빈번한 점수들이 척도의 낮은 쪽 끝에 몰려 있고, 값이 큰(양) 점수들이 그 반대쪽 끝에서 꼬리를 형성하는 형태)와 **음으로 기운 분포**(negatively skewed distribution; 빈번한 점수들이 척도의 높은 쪽 끝에 몰려 있고, 값이 작은(음) 점수들이 그 반대쪽 끝에서 꼬리를 형성하는 형태)로 나뉜다. 그림 1.4에 그러한 분포들의 예가 나와 있다.

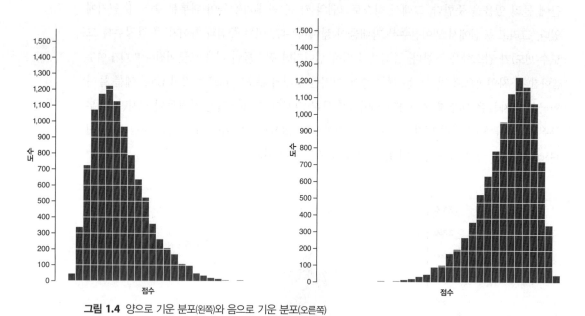

그림 1.4 양으로 기운 분포(왼쪽)와 음으로 기운 분포(오른쪽)

분포들은 그 첨도(kurtosis)에 따라서도 분류된다. 첨도는 분포의 끝 쪽(소위 꼬리)에 어떤 점수들이 있는지, 그리고 분포가 얼마나 뾰족한지를 나타낸다(분포의 뾰족한 모양에는 첨도 이외의 인자들도 영향을 미친다. 초천재 제인 글상자 2.3을 보라). 양의 첨도(positive kurtosis)을 가진 분포는 꼬리에 점수들이 많다(소위 꼬리가 두꺼운(heavy-tailed) 분포). 이를 **급첨**(leptokurtic) 분포라고 부른다. 반면 음의 첨도(negative kurtosis)를 가진 분포는 꼬리가 비교적 얇으며, 대체로 정규분포보다 꼬리가 평평하다. 이런 분포를 **완첨**(platykurtic; 또는 평성) 분포라고 부른다. 이상적으로는 자료가 정규분포에 가까운(즉, 너무 기울지 않고 극단적인 점수가 너무 많거나 적지 않은) 것이 바람직하다. 첨도에 관해 알아야 할 모든 것이 [DeCarlo 1997]에 나와 있으니 읽어보기 바란다.

정규분포에서는 기울기 값이나 첨도가 0이다(즉, 분포의 꼬리가 제 모습을 가지고 있다). 기운 점수들이나 뾰족한 점수들이 0 이상인 분포는 정규분포에서 벗어난 것이다. 그림 1.5에 첨도가 +4인 분포(왼쪽)와 −1인 분포(오른쪽)가 나와 있다.

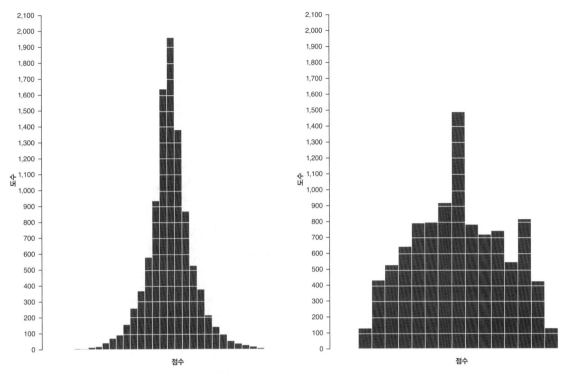

그림 1.5 양의 첨노를 가진 분포(급첨, 왼쪽)와 음의 첨도를 가진 분포(완첨, 오른쪽)

분포의 중심 ①

도수분포의 중심이 어디에 놓여 있는지도 계산할 수 있다. 도수분포의 중심을 **중심경향성**
(central tendency; 또는 중심성향)이라고 부른다. 중심을 측정하는 데 주로 쓰이는 수단은 크게 세
가지로, 최빈값, 중앙값, 그리고 평균이다.

1.7.2.1 최빈값 ①

최빈값(mode)은 이름 그대로 자료에 가장 빈번하게 나타나는 점수를 말한다. 도수분포 그래프
에서는 최빈값을 바로 알아볼 수 있는데, 가장 긴 막대가 바로 최빈값이다. 최빈값을 계산하
려면, 그냥 자료를 오름차순으로 정렬해서(이후의 과정이 쉬워지도록) 각 점수의 출현 횟수를 센
후 그 횟수가 가장 큰 점수를 선택하면 된다. 그런데 최빈값의 한 가지 문제점은 최빈값이 하
나가 아닌 경우가 많다는 것이다. 예를 들어 그림 1.6은 최빈값이 두 개인 분포의 예이다. 이
런 분포를 **이봉분포**(bimodal distribution)라고 부른다. 최빈값이 세 개 이상인 **다봉분포**(multimodal
distribution)에 해당하는 자료집합도 만날 수 있다. 또한, 특정 점수들의 도수가 매우 비슷하면,
최빈값은 오직 그리 많지 않은 수의 사례들에만 영향을 받을 가능성이 있다.

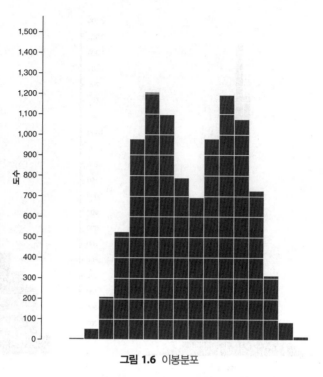

그림 1.6 이봉분포

1.7.2.2 중앙값 ①

최빈값은 뭐고 중앙값, 평균은 또 무엇일까?

분포의 중심을 수량화하는 또 다른 방법은 점수들을 그 크기순으로 정렬했을 때 가운데에 오는 점수를 보는 것이다. 그런 점수를 **중앙값**(median; 또는 중위수)이라고 부른다. 예를 들어 유명 SNS 사이트 페이스북에서는 사용자가 다른 사용자를 자신의 '친구'로 등록할 수 있다. 페이스북 사용자 11명을 선택해서 친구 수를 살펴보았더니 그 수들이 108, 103, 252, 121, 93, 57, 40, 53, 22, 116, 98이라고 하자.

중앙값을 계산할 때에는 먼저 점수들을 오름차순으로 정렬한다. 그러면 22, 40, 53, 57, 93, 98, 103, 108, 116, 121, 252이다.

그런 다음에는 중앙 위치의 점수를 찾는다. 이를 위해 점수들의 개수(n이라고 하자)를 세고, 거기에 1을 더한 후 2로 나눈다. 지금 예에서는 점수가 11개이므로, $(n + 1)/2 = (11 + 1)/2 = 12/2 = 6$이다. 따라서 여섯 번째 점수가 바로 중앙값이다.

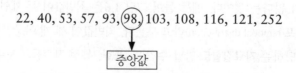

22, 40, 53, 57, 93, (98), 103, 108, 116, 121, 252

중앙값

그런데 이 방법은 지금 예처럼 점수가 홀수 개일 때는 매우 잘 통하지만, 점수가 짝수 개이면 중앙값이 제대로 나오지 않는다. 최고 점수가 너무 커서(그 다음 점수의 두 배 이상이라서) 그 점수를 무시하기로 했다고 하자. (그 사용자가 너무 유명해서 우리가 좀 질투를 했다고 하자.) 그러면 점수는 10개이다. 이전처럼 점수들을 오름차순으로 정렬하면 22, 40, 53, 57, 93, 98, 103, 108, 116, 121이다. 이제 중앙 점수의 위치를 계산하는데, 이번에는 $(n + 1)/2 = 11/2 = 5.5$가 나온다. 이는 중앙값이 다섯 번째 점수와 여섯 번째 점수 사이에 있음을 뜻한다. 이 예의 정렬된 점수 목록에서 다섯 번째 점수는 93이고 여섯 번째는 98이다. 둘을 더하고(93 + 98 = 191) 2로 나누면(191/2 = 95.5) 우리가 원하는 중앙값이 나온다. 즉, 친구 수의 중앙값은 95.5이다.

중앙값은 분포 양 끝의 극단적인 점수들에 비교적 영향을 받지 않는다. 252라는 극단적인 점수를 제거해도 중앙값은 98에서 95.5로 변했을 뿐이다. 또한, 중앙값은 기운 분포에서도 비교적 영향을 받지 않으며, 순서자료나 구간자료, 비율자료에도 적용할 수 있다(그러나 명목자료에는 수치적 순서 관계가 없으므로 적용할 수 없다).

1.7.2.3 평균 ①

중심경향성을 구하는 방법 중 여러분이 가장 많이 들어본 것이 바로 **평균**(mean)일 것이다. 평균은 말 그대로 점수들의 평균인데, 언론매체가 즐겨 사용하는 것이 평균이라서[14] 여러분도 많이 접했을 것이다. 평균을 계산하는 방법은 간단하다. 그냥 모든 점수를 더한 후 점수들의 개수로 나누면 된다. 이를 수식으로 표현하면 다음과 같다.

$$\overline{X} = \frac{\sum_{i=1}^{n} x_i}{n} \tag{1.1}$$

다소 복잡해 보이는 수식이지만, 수식의 위쪽 절반은 그냥 "점수들을 모두 더한다"라는 뜻이고(x_i는 그냥 '특정 사람의 점수'를 뜻한다. i를 각 사람의 이름으로 바꾸어도 된다), 아래쪽 절반은 그 총합을 점수들의 개수(n)로 나눈다는 뜻이다. 그럼 페이스북 자료의 평균을 계산해 보자. 우선 점수들을 모두 더한다.

$$\sum_{i=1}^{n} x_i = 22 + 40 + 53 + 57 + 93 + 98 + 103 + 108 + 116 + 121 + 253$$
$$= 1063$$

---

14 이 글을 2008년 2월 15일에 썼는데, 내 주장을 증명하기라도 하듯이 BBC 웹사이트에는 영국 사람들이 밸런타인데이 선물을 사는 데 일인당 평균 £71.25를 소비할 것이라는 페이팔(PayPal)의 예측을 담은 기사가 올라왔다. 반면 uSwitch.com가 추정한 바로는 평균은 £22.69이라고 한다.

다음으로, 그것을 점수 개수(지금 예에서는 11)로 나눈다.

$$\overline{X} = \frac{\sum_{i=1}^{n} x_i}{n} = \frac{1063}{11} = 96.64$$

따라서 평균 친구 수는 96.64인데, 이것이 실제 자료에서 볼 수 있는 값은 아니다(한 사람의 64%만 친구일 수는 없다). 그런 의미에서 평균은 하나의 통계적 모형이라 할 수 있는데, 이에 대해서는 다음 장에서 좀 더 이야기하겠다.

자가진단

✓ 최고 점수 252를 제외하고 평균을 계산하라.

아주 인기 있는 사람을 제외하고(즉, 점수 252를 제외하고) 평균을 계산해 보면 평균 친구 수가 81.1로 떨어진다. 평균의 한 가지 단점은 극단적 점수들에 영향을 받기 쉽다는 것이다. 지금 예에서 페이스북 친구가 252명인 사람 때문에 평균 친구 수가 약 15나 증가한다. 이를 중앙값의 경우와 비교해보자. 이전에 계산해 보았듯이, 252를 포함하거나 제외했을 때 중앙값의 변화는 평균의 경우보다 훨씬 작다. 평균의 단점을 이야기하는 김에 더 들자면, 평균은 기운 분포에도 영향을 받으며, 오직 구간자료나 비율자료에만 사용할 수 있다.

평균이 이처럼 변변찮은데도 사람들은 왜 그렇게 평균을 많이 사용하는 것일까? 한 가지 아주 중요한 이유는 평균이 모든 점수를 사용한다는 점이다(최빈값과 중앙값은 자료집합의 점수 대부분을 무시한다). 또한, 평균은 서로 다른 표본들에서도 안정적인 경향이 있다.

1.7.3 분포의 산포(퍼짐) 정도 ①

자료집합에서 점수들이 퍼져 있는 정도, 즉 산포(dispersion)의 정도를 수량화하는 것도 재미있을 것이다. 산포를 파악하는 가장 쉬운 방법은 가장 큰 점수에서 가장 작은 점수를 빼는 것이다. 그 결과를 점수들의 **범위**(range)라고 부른다. 페이스북 친구의 예에서 점수들을 오름차순으로 정렬하면 22, 40, 53, 57, 93, 98, 103, 108, 116, 121, 252이다. 최고 점수는 252이고 최하 점수는 22이므로, 범위는 252 − 22 = 230이다. 범위의 한 가지 문제는 극단적인 점수들에 영향을 아주 크게 받는다는(최고와 최하로만 계산한 것이므로) 점이다.

앞의 자기진단 문제를 풀어본 독자는 알겠지만, 최고 점수를 제외하면 범위가 230에서 99로 뚝 떨어진다. 원래의 절반보다도 작아진 것이다.

이런 문제를 피하는 한 가지 방법은 분포의 극단적 자료들을 미리 제외한 후에 범위를 계산하는 것이다. 이때 점수들의 상위 25%와 하위 25%를 제거하고 가운데 50%의 점수만으로 범위를 계산하는 관례가 흔히 쓰인다. 이를 **사분위간 범위**(interquartile range; 또는 사분위범위)라고 부른다. 그럼 페이스북 자료로 사분위간 범위를 계산해보자. 우선 할 일은 정렬된 자료를 같은 크기(점수 개수)의 네 부분으로 나누는 기준이 되는 **사분위수**(quartile)들을 계산하는 것이다. 가장 먼저 계산할 것은 중앙값이다. **제2사분위수**(second quartile)라고도 부르는 중앙값은 자료를 같은 개수의 두 부분으로 나누는 지점이 된다. 이전에 구했듯이 이 자료의 중앙값은 98이다. 다음으로, 자료의 아래쪽 절반을 두 부분으로 나누는 **하위 사분위수**(lower quartile)와 위쪽 절반을 두 부분으로 나누는 **상위 사분위수**(upper quartile)를 구한다. 그 둘은 각각 해당 절반의 중앙값이다. 이때 흔히 중앙값을 두 절반에 포함시키지 않는 관례가 쓰이지만(값들의 개수가 홀수일 때는 이것이 편하다), 필요하다면 포함시켜도 된다(단, 두 절반 중 어느 쪽에 포함시킬 것인지는 또 다른 문제이다). 그림 1.7에 페이스북 자료의 세 가지 사분위수가 나와 있다. 사분위수들을 구했다면, 상위 사분위수와 하위 사분위수의 차이가 바로 우리가 구하고자 했던 사분위간 범위이다. 페이스북 자료의 경우 사분위간 범위는 116 − 53 = 63이다. 이러한 사분위간 범위의 장점은 분포 양 끝의 극단적인 점수들에 영향을 받지 않는다는 것이다. 그러나 자료를 많이(절반이나) 잃는다는 단점이 있다.

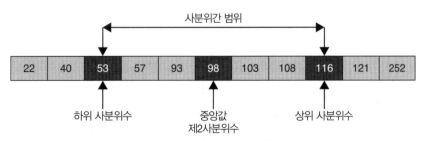

그림 1.7 사분위수와 사분위간 범위의 계산

자가진단

✓ 골초(과다흡연자) 21명을 최고 속도로 설정한 러닝머신에 올려놓고 체력이 소진할 때까지 걸리는 시간을 재어서 18, 16, 18, 24, 23, 22, 22, 23, 26, 29, 32, 34, 34, 36, 36, 43, 42, 49, 46, 46, 57(초 단위)이라는 자료를 얻었다.

이 자료집합의 최빈값, 중앙값, 평균, 범위, 상·하위 사분위수, 사분위간 범위를 계산하라.

1.7.4 도수분포를 자료 이상의 것으로 활용하기 ①

도수분포를 점수들이 출연한 횟수에 관한 것이 아니라 하나의 점수가 출현할 가능성, 즉 확률에 관한 것이라고 생각할 수도 있다. 확률(probability)이라는 단어가 나오면 자살을 생각하는 사람들이 많은 만큼(나 자신도 그렇다), 절벽에서 투신자살하는 사람들을 예로 드는 것이 좋겠다. 영국 이스트서섹스 주의 해안에 있는 비치헤드(Beachy Head; 내가 사는 곳과 멀지 않다)는 높고 바람이 많이 부는 절벽인데, 절벽에서 뛰어내려서 자살하려는 사람들이 많이 몰리기로 유명하다(이 책을 쓰고 몇 개월 후 이상하게도 내 마음이 자꾸 평화로운 백색 절벽으로 간다는 점을 깨달았다). 그림 1.8은 한 해 동안 비치헤드에서 자살한 사람들의 수를 나이별로 구분해서 표시한 것인데, 이 자료는 전적으로 내가 임의로 만들어 낸 것임을 밝혀둔다(그렇긴 하지만, [Williams, 2001]에 나온 것 같은 전반적인 자살 통계 수치들이 어느 정도 반영되어 있다). 자살자 수는 총 172명인데, 30에서 35세 사이(제일 긴 막대)가 가장 많다. 그 외에도 이 그래프에서 여러 가지를 알 수 있는데, 예를 들어 70세 이상의 사람들이 비치헤드에서 자살하는 경우는 아주 드물다.

앞에서 도수분포를 확률의 관점에서 고찰할 수 있다고 말했다. 이 점을 설명하기 위해, 누군가가 여러분에게 "일흔 살 먹은 사람이 비치헤드에서 자살할 가능성은 어느 정도일까?"라고 물었다고 상상해보자. 여러분은 어떻게 답하겠는가? 도수분포를 보면 자살자 172명 중 70세 부근의 사람은 단 세 명이므로, "그리 높지 않다"라고 답하는 게 당연할 것이다. 누군가가 이번에는 "30세가 자살할 가능성은?"이라고 물었다면, 역시 그래프를 보고 "꽤 높다"라고 말할 것이다. 자살자 172명 중 30세 부근이 33명이나 되기 때문이다(다섯 명 중 한 명 꼴이다). 이 예는 서로 다른 점수들의 도수들에 기초해서 특정 점수가 출현(발생)할 확률을 추정하는 것이 합당하다는 점을 잘 보여준다. 이러한 자료에 기초해서, 이를테면 "한 자살자의 나이가 16~20일 확률은 얼마인가?"라는 질문에 대한 답을 구할 수 있다. 확률은 0(그런 사건이 일어날 가능성이 전혀 없다)과 1(그 사건이 반드시 일어난다) 사이의 값이다. 예를 들어 출판사와 이야기할 때 나는 이 책의 개정판 원고를 모월 모일까지 완성할 확률이 1이라고 말하지만, 다른 누군가와 좀 더 솔직한 대화를 나눌 때는 그때까지 원고를 완성할 확률은 .10이라고 말할 것이다(그럴 가망이 10%이다, 기회가 10분의 1이다 같은 표현도 있다). 현실적으로 내가 마감일을 지킬 확률은 0이다(전혀 가망이 없다). 왜냐하면 원래 나는 출판사의 마감일을 절대 지키지 않기 때문이다! 확률 수치가 잘 이해가 안 된다면, 소수점은 무시하고 그냥 퍼센트로 생각해도 된다(즉, 뭔가가 일어날 확률이 .10이라는 것은 그것이 일어날 가망이 10%라는 것이다).

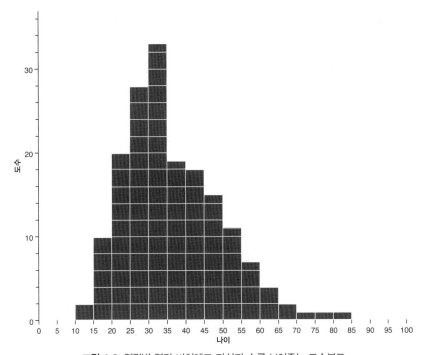

그림 1.8 연령별 연간 비치헤드 자살자 수를 보여주는 도수분포

지금까지 어떤 점수의 출현 확률을 어느 정도 파악하는 용도로 도수분포를 활용하는 방법을 다소 모호하게 이야기했는데, 이보다 좀 더 구체적으로 설명하는 것이 좋겠다. 그 어떤 점수의 분포이든, 특정 크기의 한 점수가 발생할 확률을 계산하는 것이 이론적으로 가능하다. 아주 지루하고 복잡한 과정을 거쳐야 할 수도 있지만, 어쨌든 가능하다. 다행히 통계학자들이 여러 공통적인 분포들을 식별해 놓은 덕분에 우리가 제정신을 잃지 않고도 확률을 계산할 수 있다. 각각의 분포에 대해 통계학자들은 그런 분포의 이상화된 버전을 명시하는 수학 공식을 만들어 놓았다(그런 분포는 곡선의 형태로 명시된다). 그런 이상화된 분포들을 **확률분포**(probability distribution)라고 부르며, 그런 분포들이 있으면 분포 안에서 특정 점수가 발생할 확률을 그 점수의 도수에 기초해서 계산할 수 있다. 그런 '공통'의 분포 중 하나가 바로 §1.7.1에서 이미 만나본 정규분포이다. 통계학자들은 평균이 0이고 표준편차가 1인 정규분포 안에서 특정 점수가

발생할 확률을 이미 계산해 두었다. 따라서, 만일 자료집합의 도수분포가 정규분포 곡선과 비슷한 형태라면, 그리고 만일 자료의 평균과 표준편차가 각각 0과 1이라면, 자료의 특정 점수가 발생할 확률을 정규분포 확률표(누군가가 미리 계산해 둔)에서 찾아보기만 하면 된다(이 책의 부록 A에 그런 확률표가 수록되어 있다).

정규분포가 뭐지?

그런데 명백한 문제점은, 우리가 수집하는 자료 중에는 평균과 표준편차가 0과 1이 아닌 것들도 있다는 점이다. 예를 들어 평균이 567이고 표준편차가 52.98인 자료집합이 있다고 하자. 다행히, 그 어떤 자료집합이라도 평균이 0이고 표준편차가 1인 자료집합으로 변환할 수 있다. 우선 각 점수(X)에서 모든 점수의 평균($\bar{X}$)을 뺀다. 그러면 자료의 중심이 0이 된다. 다음으로는, 수정된 점수들을 표준편차(s)로 나눈다. 그러면 결과적으로 전체 자료의 표준편차가 1이 된다. 이런 변환을 거친 점수를 **z 점수**(z-score)라고 부른다. 다음은 이상의 변환을 수식으로 나타낸 것이다.

$$z = \frac{X - \bar{X}}{s} \tag{1.2}$$

표준 정규분포에 대해 계산한 확률값들을 나열한 표가 부록 A에 있다. 이 표가 왜 중요할까? 예를 들어 자살자 자료의 경우 이 확률표를 이용해서 "70세 이상의 사람이 비치헤드에서 몸을 던져 자살할 확률은 얼마인가?" 같은 질문에 답할 수 있다. 우선 70을 z 점수로 변환한다. 원래의 자살자 자료 점수들의 평균이 36이고 표준편차가 13이라고 가정하자. 그러면 70의 z 점수는 (70 – 36)/13 = 2.62이다. 이제 §A.1의 표에서 이 z 값을 찾은 후 해당 '작은 부분(이는 z 값이 2.62보다 큰 영역에 해당한다)' 열의 값을 보면 확률이 .0044임을 알 수 있다. 즉, 70세 이상의 사람이 비치헤드에서 자살할 가망은 단 0.44%이다. '큰 부분' 열의 값은 자살자가 70세 미만일 확률인데, 그 확률은 .9956이다. 즉, 자살자가 70세 미만일 가망은 99.56%이다.

정규분포와 z 점수 덕분에 일단의 점수들로부터 특정 점수의 발생 확률을 계산할 수 있으며, 그럼으로써 자료로부터 자료 이상의 것을 알아낼 수 있다는 점을 이상의 예들이 잘 보여주었으리라 믿는다. 이제 우리는 특정 종류의 분포에서 특정 크기의 점수가 발생할 가능성이 어느 정도인지 알아낼 수 있게 되었다. 이러한 능력이 얼마나 유용한지는 이후 과정에서 차차 알게 되겠지만, 특히나 중요한 z 점수들이 있다는 점은 지금 단계에서 말해두는 것이 좋겠다. 중요한 z 값의 첫 번째는 1.96이다. 이 값은 분포의 상위 2.5%를 잘라낸다는 점에서 중요하다. 그리고 그 반대편에 있는 값 −1.96은 하위 2.5%를 잘라낸다. 이 둘의 조합은 총 5%의 점수들을 잘라낸다. 다른 말로 하면, z 점수들의 95%는 −1.96과 1.96 사이이다. 다른 두 주요 z들은 ±2.58과 ±3.29인데, 이들은 각각 점수들의 1%와 0.1%를 잘라낸다. 다른 말로 하면, z 점수들의 99%는 −2.58과 2.58 사이이고 99.9%는 −3.29와 3.29 사이이다. 이 값들은 계속 등장하므로 외워두는 것이 좋다.

자가진단

✓ 비치헤드 자료의 평균과 표준편차가 본문의 예와 같다고 할 때, 30세 이하의 사람이 비치헤드에서 투신할 확률은 얼마인가?

1.7.5 통계적 모형을 자료에 적합시키기 ①

자료를 살펴본 후에(자료를 살펴보는 방법은 앞에서 말한 것 외에도 많은데, 이에 관해서는 제4장에서 이야기한다) 할 일은 통계적 모형(statistical model)을 자료에 맞추어(적합) 보는 것이다. 사실 여기서 말을 멈추고 그냥 "이제 나머지 장들을 읽어 보세요"라고 말해도 그만일 것이다. 나머지 장들은 대부분 자료에 적합시킬 수 있는 다양한 모형들을 설명하기 때문이다. 그러나 자료 분석에 아주 중요한 두 종류의 가설을 여기서 짚고 넘어갈 필요가 있겠다. 앞에서 보았듯이 과학적 진술은 검증 가능한 가설들로 분할된다. 이론에서 비롯한 가설 또는 예측은 흔히 어떤 효과(결과)가 존재할 것임을 진술한다. 이런 가설을 **대립가설**(alternative hypothesis; 또는 대안가설)이라고 부르고 H_1로 표기한다(종종 **실험가설**(experimental hypothesis)이라는 용어도 쓰이지만, 그것은 특정 종류의 연구 방법과 연관된 용어이므로 대립가설을 사용하는 것이 낫다). 그런데 그밖에 **귀무가설**(null hypothesis; 또는 영가설)이라고 하는 가설도 있다. H_0로 표기하는 귀무가설은 대립가설의 역(opposite)이다. 어떤 효과가 존재한다고 말하는 대립가설이 있다면, 그에 대한 귀무가설은 그 효과가 존재하지 않는다고 말하는 것이다. 이번 장 초반에 나온 〈빅 브라더〉의 예에서 대립가설과 귀무가설은 다음과 같다.

- 대립가설: 〈빅 브라더〉 참가자들이 일반 대중보다 성격 장애 설문에서 더 높은 점수를 기록할 것이다.

- 귀무가설: 〈빅 브라더〉 참가자들과 일반 대중의 성격 장애 설문 점수에 차이가 없을 것이다.

귀무가설이 필요한 이유는, 실험가설을 통계를 이용해서 증명할 수 없는 상황이라도 귀무가설을 통계를 이용해서 기각할 수는 있기 때문이다. 어떤 자료가 귀무가설을 기각함이 확실하다면, 그 자료는 실험가설을 지지한다고 말할 수 있다. 단, 자료가 귀무가설을 기각한다고 해도 그 즉시 실험가설이 증명되는 것은 아니다. 단지 자료가 실험가설을 지지하는 것일 뿐이다. 따라서 가설을 두고 승인이냐 기각이냐를 말하는 대신(그런 교과서들도 있지만), "귀무가설이 참이라고 가정하고 수집한 자료가 실제로 그 가정을 지지할 가능성"에 관해 말하는 것이 합당하다.

〈빅 브라더〉의 예에서, 참가자들의 성격에 관해 오디션으로부터 수집한 자료는 참가자들의 75%가 실제로 장애가 있음을 말해준다. 그리고 그 자료를 분석할 때 우리가 던진 실제 질문은 "참가자들에게 성격 장애가 있을 가능성이 일반 대중의 그런 가능성보다 크지 않다고 할 때, 참가자의 75% 이상이 성격 장애가 있을 가능성이 있는가?"이다. 직관적으로 답은, 그럴 가능성이 아주 낮다는 것이다. 만일 귀무가설이 참이라면 대부분의 참가자는 성격 장애가 거의 없어야 한다(애초에 일반 대중의 성격 장애 비율이 비교적 낮으므로). 따라서, 만일 귀무가설이 참이라면 그런 자료가 수집될 가능성이 아주 낮다.

만일 참가자 중 1명(약 8%)만 성격 장애가 있다고 보고되었다면 어떨까? 만일 귀무가설이 참이라면, 그리고 참가자들의 성격 장애 비율이 일반 대중과 다르지 않다면, 참가자의 소수만 성격 장애가 있어야 한다. 따라서, 만일 귀무가설이 참이라고 하면 그런 자료를 얻을 가능성이 이전보다 크다.

이론을 검증하기 위해 자료를 수집할 때는, 귀무가설이 참인지나 실험가설이 참인지에 관해서는 말할 수 없고, 단지 귀무가설이 참인지 말해주는 특정한 자료집합을 얻을 가능성에 관해서만 말할 수 있다는 점을 명심해야 한다. 이런 개념은 다음 장에서 좀 더 자세히 설명하겠다.

마지막으로, 가설 중에는 방향이 있는 것도 있고 없는 것도 있다. 방향이 있는 가설(directional hypothesis), 줄여서 방향가설은 어떤 효과가 발생할 것임을 진술할 뿐만 아니라 그 효과의 방향도 진술한다. 예를 들어 "이번 장을 읽은 독자는 연구방법들에 대해 이전보다 더 많이 알게 될 것이다"라는 한쪽 꼬리(one-tailed) 가설은 효과의 방향을 언급하므로(독자들이 '더 많이' 알게 된다) 방향가설이다. 반면 방향이 없는 가설은 효과가 발생할 것임을 진술할 뿐 그 효과의 방향은 말하지 않는다. 예를 들어 "이번 장을 읽고 나면 연구 방법에 관한 독자의 지식이 변할 것이다"는 독자의 지식이 향상될지 나빠질지 말하지 않는다.

이번 장에서 발견한 통계학 ①

사실 별로 없다. 아직 본격적으로 통계학에 입문한 것이 아니기 때문이다. 그렇긴 하지만 연구 과정에 관해 몇 가지 것을 발견하긴 했다. 이번 장에서 우리는 현상의 관측 또는 '육감'에 관한 자료 수집을 통해서 연구 질문을 형성하는 과정을 살펴보았다. 관측을 확인한 후에는 어떤 일이 발생하는 이유를 설명하는 이론을 만든다. 그런 이론으로부터 검증 가능한 가설들을 뽑아낸다. 가설을 검증하려면 뭔가를 측정할 필요가 있다. 그래서 이번 장에서는 측정해야 할 변수라는 개념과 그것을 측정하는 방법을 살펴보았다. 변수를 정했다면 자료를 수집하고, 자료를 수집한 후에는 그것을 분석한다. 이번 장에서 우리는 그냥 자료의 모양을 살펴보는 것도 유용하지만, 궁극적으로는 어떤 통계학적 모형을 자료에 적합시켜야 함을 배웠다(여러분의 사악한 통계학 강사가 억지로 통계학을 가르치려는 이유는 통계가 연구 과정의 본질적인 한 부분이며, 또한 흥미 있는 질문에 답할 수 있는 엄청난 능력을 여러분에게 부여하기 때문이다. 물론 강사가 그냥 새디스트이기 때문일 수도 있다. 그것도 딱 붙는 무릎 높이의 비닐 장화를 신고, 다이아몬드가 박힌 가죽 팬티를 입고, 레이스를 단 가면을 쓴, 그리고 여가 시간에는 정치가들을 때려주러 다니는! (이 강의 전체에서 이 이미지를 머리에 담아 두면 도움이 될 것이다.) 나는 나이가 먹으면서 호기심도 늘었는데, 내가 어떤 것을 궁금해하는지 알고 싶다면 이 책을 더 읽어야 할 것이다.

이번 장에서 발견한 주요 용어

가설	명목변수
개체간 설계	반복측정 설계
개체내 설계	반증
검사–재검사 신뢰성	범위
결과변수	범주형변수
구간변수	변수
권태 효과	비율변수
귀무가설	비체계적 변동
그룹간 설계	사분위간 범위
급첨	사분위수
기운	상관연구
기준타당성	상쇄
내용타당성	상위 사분위수
다봉분포	생태타당성
대립가설	순서변수
도수분포	신뢰성
독립변수	실험가설
독립설계	실험연구

양으로 기운 분포	중심경향성
양적 연구 방법	중앙값
연속변수	중첩변수
연습 효과	질적 연구 방법
예측변수	첨도
완첨	체계적 변동
음으로 기운 분포	최빈값
이론	측정 수준
이봉분포	측정오차
이분변수	타당성
이산변수	평균
임의화	하위 사분위수
정규분포	확률분포
제2 사분위수	횡단면연구
제3의 요소	히스토그램
종속변수	z 점수

똑똑한 알렉스의 과제

똑똑한 알렉스는 통계학과 R에 관해 알아야 할 모든 것을 알고 있다. 또한, 그는 사람들에게 통계학에 관한 질문을 던지는 것을 무엇보다 좋아하는데, 이유는 단지 자기가 아는 것이 많음을 뽐낼 수 있기 때문이다. 따라서, 알렉스의 질문에 척척 답해서 쫓아 버리는 게 상책이다.

- **과제 1:** 연구 과정의 다섯 단계(대략적인)는 무엇인가? ①
- **과제 2:** 실험연구와 상관연구의 근본적인 차이는 무엇인가? ①
- **과제 3:** 다음 변수들의 측정 수준은 무엇인가? ①

  a. iTunes에 있는 여러 노래의 다운로드 횟수

  b. 다운로드된 노래들의 밴드 이름

  c. iTunes 다운로드 차트상의 순위

  d. 다운로드로 밴드들이 벌어들인 돈

  e. 음원 사용료 수익으로 밴드들이 사들인 약의 무게

  f. 음원 사용료 수익으로 밴드들이 사들인 약의 종류

  g. 인기를 빌미로 밴드들이 따낸 전화번호

  h. 밴드들에게 전화번호를 알려준 사람의 성별(gender)

i. 밴드 멤버들이 연주하는 악기

j. 그 악기를 연주할 수 있게 될 때까지 연습에 소비한 시간

- **과제 4:** 내가 857장의 CD를 가지고 있다고 하자. 한 친구가 웹캠으로 CD 수납장을 스캔해서 CD 수를 세는 컴퓨터 프로그램을 작성했다. 그 프로그램에 따르면 내가 가진 CD 수는 863이라고 한다. 이는 측정오차가 분명하다. 내 친구의 CD 개수 세기 장치가 가진 측정오차는 무엇인가? ①

- **과제 5:** 정규분포와 양으로 기운 분포, 음으로 기운 분포의 형태를 종이에 그려 보라. ①

답은 이 책의 부록 사이트에서 볼 수 있다.

더 읽을거리

Field, A. P., & Hole, G. J. (2003). *How to design and report experiments.* London: Sage. (다소 사견이 들어간 추천이지만, 기본적인 통계 이론과 연구 방법을 잘 개괄하는 책이라고 생각한다.)

Miles, J. N. V., & Banyard, P. (2007). *Understanding and using statistics in psychology: a practical introduction.* London: Sage. (멋지고 재미있는 통계 이론 입문서이다.)

Wright, D. B., & London, K. (2009). *First steps in statistics* (2nd ed.). London: Sage. (통계 이론을 아주 친절하게 소개하는 책이다.)

흥미로운 실제 연구

Umpierre, S. A., Hill, J. A., & Anderson, D. J. (1985). Effect of Coke on sperm motility. *New England Journal of Medicine,* 313(21), 1351.

CHAPTER
2 / 여러분이 통계학에 관해 알고 싶어 했던 모든 것(아마도)

그림 2.1 순진한 얼굴... 그러나 두 손은 뭘 하는 걸까?

2.1 이번 장에서 배우는 내용 ①

아이가 성장함에 따라, 아이가 모형(model)들을 세상에 맞추어 보는 것이 더욱 중요해진다. 모형 적합은 특정 상황에서 어떤 일이 벌어질지를 신뢰성 있게 예측하는 능력을 뜻하기 때문이다. 현실을 정확하게 반영하는 모형을 구축하려는 요구는 생존의 필수적인 일부이다. 부모님 말씀에 따르면(다행히도 나는 당시 기억이 전혀 없다), 어린이집 시절 나는 "내 고추를 옷 밖으로 꺼내면 정말 재미있을거야"라는 모형을 세상에 적용하는 데 아주 열중했다고 한다. 실망스럽게도 이 모형이 긍정적 결과를 그리 잘 예측하지 못한다고 판명되었음은 물론이다. 주변 사람들에게는 다행스러운 일이겠지만 나는 곧 "어린이집에서 고추를 내놓으면 선생님들과 엄마 아빠가 아주 화를 낸다"라는 모형이 관측된 자료에 좀 더 '적합'하다는 점을 배우게 되었다. 주어진 이론이 참인지 확인할 때에는 관측자료를 정확하게 반영하는 모형을 적합시키는 것이 중요하다. 여러분에게 기쁜 소식이겠지만, 이번 장은 통계적 모형의 적합을(내 고추가 아니라) 집중적으로 다룬다. 이번 장에서 우리는 연구 방법이라는 프라이팬에서 몰래 빠져나와서 통계학 지옥의 불길로 뛰어드는 사고를 겪는다. 우선 통계적 모형이 무엇인지를 직관적인 예제를 통해서 설명하고, 그런 다음에는 수집된 자료의 속성들을 이용해서 그 자료 이상의 것을 알아내는 방법과 세상에 관한 사실을 추론하는 방법을 개괄적으로 살펴본다. 간단히 말해서 이번 장은 이번 장의 나머지 부분 전체를 위한 토대를 닦는 역할을 한다. 따라서 이번 장을 제대로 공부하지 않으면 이후의 내용이 이해가 되지 않을 것이다. 사실 이후의 장들이 잘 이해가 되지 않는 진짜 이유는 내가 썼다는 것이겠지만, 어쨌든 이번 장을 잘 공부하기 바란다.

2.2 통계적 모형의 구축 ①

제1장에서 보았듯이, 과학자들은 우리가 실제로 존재한다고 가정하는 어떤 현상('실세계' 현상)에 관해 뭔가 발견하는 데 흥미가 있다. 그러한 실세계 현상은 경제 시장의 이율 변화에서 기말고사 종파티에서 대학원생들의 습성에 이르기까지 다양하다. 우리가 설명하고자 하는 현상이 어떤 것이든, 우리는 그 현상에 관한 가설을 만들고 현실 세계에서 자료를 수집해서 그 가설을 검증해야 한다. 그러한 가설 검증(검정) 과정에는 해당 현상의 통계적 모형을 구축하는 활동이 포함된다.

통계적 모형을 왜 구축하는 거냥?

실세계 자료에 대한 통계적 모형을 구축하는 이유는 비유를 통해서 설명하는 것이 최선이다. 어떤 기술자가 강에 다리를 놓으려 한다고 상상해 보자. 제정신인 기술자라면 무작정 다리를 건설하려 들지 않을 것이다. 그러면 다리가 무너질 가능성이 크기 때문이다. 대신 기술자는 현실 세계에서 자료를 수집한다. 즉, 실제 다리들을 조사해서 어떤 재료가 쓰였는지, 구조는 어떤지 등을 조사할 것이다(심지어 그 다리들의 손상 정도에 대한 자료도 수집할 것이다). 그런 다음에는 그러한 정보를 이용해서 축소 모형을 만들어 본다. 축소 모형을 만드는 것은, 실제 크기의 다리를 미리 만들어 보는 것은 비용이 많이 들 뿐만 아니라 애초에 비현실적이기 때문이다. 물론 모형은 현실과 여러모로 차이가 있다. 기본적으로, 모형은 실제보다 작다. 그렇지만 기술자는 수집된 자료에 기초해서 주어진 상황에 가장 적합한 모형을 구축하려 한다. 그러한 모형을 구축했다면, 그것을 이용해서 실세계의 현상들을 예측할 수 있다. 예를 들어 모형을 풍동(wind tunnel)에 넣어서 실험한다면 실제 다리가 강풍을 견딜 것인지 예측할 수 있다. 이때 그 모형이 현실 세계를 정확히 대표해야 한다는 것이 중요하다. 사회과학자들이 하는 일도 그와 아주 비슷하다. 사회과학자들은 어떤 실세계의 과정이 특정 조건에서 어떻게 작동하는지 예측하기 위해 그런 과정의 모형을 구축한다(초천재 제인 글상자 2.1 참고). 연구자가 그런 과정에 직접 접근할 수는 없으므로, 그 과정을 대표하는 자료를 수집하고 그 자료를 이용해서 통계적 모형을 구축하는 것이다(이에 의해 그 과정은 하나의 통계적 모형으로 축약된다). 그런 다음에는 그 통계적 모형을 이용해서 실세계의 현상을 예측한다. 다리를 건설하는 기술자처럼 우리도 그러한 모형이 최대한 정확하길 원한다. 그래야 우리의 예측이 정확하리라고 확신(신뢰)할 수 있다. 그러나 기술자와는 달리 우리는 실세계의 상황에 직접 접근하지 못한다. 할 수 있는 것은 우리가 만든 모형에 기초해서 심리학이나 사회학, 생물학, 경제학적 과정에 관한 무언가를 추론하는 것뿐이다. 정확한 추론을 위해서는 수집된 자료(관측 자료)를 모형이 제대로 대표해야 한다. 수집된 자료를 통계적 모형이 어느 정도나 대표하는지 나타낼 때 모형의 **적합**(fit)이라는 개념을 사용한다.

그림 2.2는 건설하고자 하는 실제 다리를 대표하기 위해 기술자가 구축할만한 여러 종류의 모형을 나타낸 것이다. 첫 모형 (a)는 실세계의 상황을 아주 잘 대표한다. 이런 모형을 가리켜 적합이 좋다고 말한다(다른 말로 하면, 이 모형은 실제 다리와는 다른 면이 몇 가지 있지만, 기본적으로는 현실을 아주 잘 복제한 것이다). 모형이 현실과 아주 가깝기 때문에, 이 모형을 이용해서 현실 세계에 관해 예측한다면, 기술자는 그러한 예측들이 아주 정확하리라고 확신할 수 있다. 둘째 모형 (b)는 현실 세계와 비슷한 면이 있다. 모형에는 실제 다리의 기본적인 구조적 특징이 어느 정도 포함되어 있다. 그렇지만 실제 다리와 아주 다른 점도 있다(특히, 지지탑이 하나 빠졌다). 이 정도의 모형은 보통(중간) 적합에 해당한다(즉, 모형과 자료 사이에 차이점도 있지만 아주 비슷한 점도 있다). 기술자가 이 모형을 이용해서 현실 세계에 관해 예측한다면, 그 예측이 부정확할 가능성이 있으며 어쩌면 재앙으로 이어질 수도 있다(예를 들어 모형에 따르면 강풍에 다리가 무너질 것이라는 예측이 나와서 실제 다리를 폐쇄했지만, 그래서 눈 속에서 정체된 차들이 100마일이나 늘어서게 되었지만, 사실은 실제 다리가 충분히 튼튼해서 그럴 필요가 없었을 수도 있다. 모형이 현실을 제대로

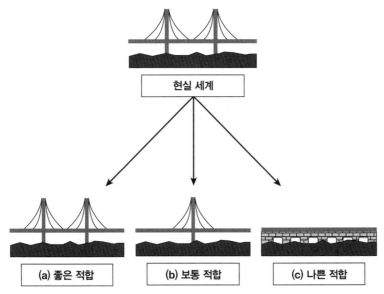

그림 **2.2** 모형을 실세계 자료에 적합시키기(자세한 내용은 본문 참고)

통계적 모형의 종류 ①

행동과학자나 사회과학자의 경우, 어떤 자료를 기술(記述)하는 데 쓰이는 모형들이 대부분 **선형모형**(linear model)인 경향이 있다. 예를 들어 분산분석(ANOVA)과 회귀분석은 선형모형들에 기초한 동일한 체계이다(Cohen, 1968). 비록 이름이 다르고 방법론과 관련한 역사적인 분리 때문에 대체로 서로 다른 문맥에서 쓰이긴 하지만(Cronbach, 1957), 기본적으로는 동일하다.

선형모형은 말 그대로 선(직선)에 기초한 모형이다. 즉, 이 모형에서 우리는 관측자료를 직선을 기준으로 요약하려 한다. 독자들을 조사해서 이 책을 몇 장(chapter)이나 읽었는지, 그리고 그 덕분에 영적으로 얼마나 풍요해졌는지 측정했다고 하자. 그리고 그러한 가설 자료를, 각 사람의 두 변수 점수를 점으로 표시한 산점도(scatterplot; §4.5 참고)로 표현했다고 하자. 그림 2.3에 그러한 그래프의 두 버전이 나와 있는데, 왼쪽은 그 자료를 직선으로 요약한 것이고 오른쪽은 곡선으로 요약한 것이다. 이 그래프들에서 보듯이, 같은 자료에 서로 다른 모형들을 적합시킬 수 있다. 왼쪽 그래프는 읽은 장이 많을수록 영적 풍요도가 떨어짐을 보여준다. 그러나 자료를 곡선으로 요약한 오른쪽 그래프를 보면,

(거의) 모든 장을 읽으면 영적 풍요도가 살짝 올라감을 알 수 있다(아마도 이 책을 다 읽고 나면 갑자기 모든 것이 이해가 되기 때문일 것이다. 아마도!). 두 모형이 반드시 옳다는 보장은 없지만, 어쨌든 주어진 자료에 더 잘 적합하는 모형이 있다는 것은 확실하다. 이는 통계적 모형을 사용할 때 주어진 모형이 자료에 얼마나 잘 적합하는지 평가하는 것이 중요한 이유이다.

과학 연구에서는 자료에 적합시켜 보려는 모형들이 대부분 선형인 경향이 있기 때문에(그런 경향의 주된 이유는 이 책 같은 책들이 좀 더 복잡한 곡선형(curvilinear) 모형들을 무시한다는 것이다), 어쩌면 과학의 여러 분야가 편향된 방식으로 발전하고 있을 수도 있다. 발표된 대부분의 과학 연구는 통계적으로 유의한 결과를 포함하기 마련인데, 예를 들어 어떤 자료에 대해 비선형모형은 잘 적합하지만 선형모형은 잘 적합하지 않는(따라서 해당 논문이 출판되지 않는) 경우를 생각해 보면 그런 경향 때문에 편향이 생길 수 있음을 이해할 수 있을 것이다. 이 때문에 먼저 자료를 그래프로 그려 보는 것이 중요하다. 그래프를 보면 자료에 어떤 모형을 적합시킬 것인지를 꽤 파악할 수 있기 때문이다. 만일 그래프가 비선형모형을 제시하는 것으로 보인다면, 그런 가능성을 조사해 보기 바란다(이 책에서 그런 기법을 설명하지도 않으면서 할 소리는 아니지만).

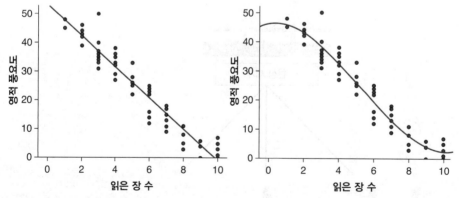

그림 2.3 같은 자료의 두 가지 산점도. 왼쪽은 선형모형에 적합시킨 것이고 오른쪽은 비선형모형에 적합시킨 것이다.

대표하지 못 했던 것이다.) 이 모형으로는 예측을 어느 정도는 확신할 수 있지만, 완전히 확신할 수는 없다. 마지막 모형 (c)는 실세계의 상황과는 완전히 다르다. 실제 다리와 구조적으로 전혀 비슷하지 않으므로, 이 모형의 적합은 좋지 않다(사실 "극히 나쁘다"라고 말해야 마땅할 것이다). 따라서 이 모형에 기초한 모든 예측은 완전히 부정확할 가능성이 크다. 이러한 비유를 과학적 표현으로 확장하자면, 통계적 모형을 자료집합에 적합시킬 때는 자료에 잘 적합하는 모형을 만드는 것이 중요하다고 말할 수 있다. 만일 관측자료에 대한 모형의 적합이 나쁘다면, 그 모형에 기초한 예측도 그만큼이나 나쁠 것이기 때문이다.

2.3 모집단과 표본 ①

연구자로서의 우리는 사람이나 사물의 모집단(population) 전체에 적용되는 결과를 얻고자 한다. 예를 들어 심리학자는 모든 사람에게 나타나는 과정(process)을 발견하려 하고, 생물학자는 모든 세포에서 발생하는 과정에 관심이 있으며, 경제학자는 모든 임금에 적용되는 모형을 구축하길 원하는 등이다. 모집단은 아주 일반적일 수도 있고(모든 인류 등) 아주 협소할 수도 있다(이름이 밥인 모든 황갈색 고양이). 보통의 경우 과학자들은 협소한 모집단보다는 일반적인 모집단에 관한 무인가를 추론하려고 한다. 예를 들어 조지라는 이름의 애완용 햄스터를 기르는 갈색 머리의 심리학과 학생이 운동 중 다쳤을 때 부상 부위를 마사지하면 더 빨리 회복된다는 결론을 얻는 것은 별로 흥미롭지 않다(단, 실제로 조지라는 이름의 애완용 햄스터를 기르는 갈색 머리의 심리학과 학생 르네 코닝은 예외이다[1]). 하지만 모든 사람의 운동 부상에 대해 마사지가 도움이 됨을 알아내는 것은 훨씬 의미 있는 발견이다.

그런데 과학자가 어떤 모집단의 구성원 전부에 접근할 수 있는 경우는 있다고 해도 아주 드물다. 심리학자가 모든 인류로부터 자료를 수집하거나 생태학자가 밥이라는 이름의 모든 황갈색 수컷 고양이를 관찰할 수는 없다. 그래서 우리는 모집단의 작은 부분집합(**표본**(sample)이라고 부른다)에서 자료를 수집하고, 그 자료로부터 모집단 전체에 관한 어떤 것을 추론한다. 다리를 만드는 기술자가 자신이 원하는 실제 크기의 다리를 미리 만들 볼 수 없을 때는 먼저 축소 모형을 만들고 여러 조건에서 그 모형을 시험해 본다. 그러한 축소 모형에서 얻은 자료를 이용해서 기술자는 실제 크기의 다리가 그런 조건들에 어떻게 반응할지를 추론한다. 이때 축소 모형은 실제 크기의 다리와는 다르지만, 모형이 클수록 실제 크기의 다리와 같은 방식으로 행동할 가능성이 커진다. 이러한 비유가 과학자들에게도 적용된다. 모집단 전체(실제 크기 다리)에 접근할 수 없는 과학자는 먼저 작은 표본들(축소 모형)을 수집하고 그 표본으로부터 모집단의

---

1 햄스터를 기르는 쇼르스(Sjors; George의 네덜란드 버전임이 명백하다)라는 갈색 머리 심리학과 학생이 내 웹 자료 중 하나를 읽고는 메일을 보낸 적이 있다. 그래서 그런 조합이 아주 드물 거라는 내 바보 같은 믿음이 약해졌다.

행동에 관한 것을 추론한다. 표본이 클수록 그것이 모집단 전체를 반영할 가능성이 커진다. 만일 모집단에서 무작위로 여러 개의 표본을 추출한다면, 각 표본이 약간씩 다른 결과를 낼 것이다. 그렇지만 평균적으로 큰 표본들은 상당히 비슷한 결과를 낸다.

2.4 단순한 통계적 모형 몇 가지 ①

2.4.1 평균: 아주 단순한 통계적 모형 ①

통계학에 쓰이는 가장 단순한 모형 중 하나는 §1.7.2.3에서 만나 본 평균(mean)이다. 제1장에서 언급했듯이, 평균이 반드시 자료에 있는 실제 관측값인 것은 아니다. 평균은 가설상의 값이므로, 하나의 통계적 모형으로 간주할 수 있다. 예를 들어 다섯 명의 통계학 강사를 선택해서 친구 수를 조사했더니 1, 2, 3, 3, 4라는 자료가 나왔다고 하자. 이들의 평균 친구 수는 그 값들을 모두 더한 것에 값들의 개수를 나눈 것, 즉 $(1 + 2 + 3 + 3 + 4)/5 = 2.6$이다. 그런데 알다시피 어떤 사람의 친구가 2.6명일 수는 없다(누군가를 전기톱으로 잘라서 팔만 친구로 삼지 않는 한―솔직히 그런 통계학 강사가 없으리라는 보장은 없지만). 따라서 평균값은 가설상의(hypothetical) 값이다. 그런 만큼, 평균은 자료를 요약하기 위해 만들어 낸 하나의 통계적 모형이라 할 수 있다.

2.4.2 평균의 적합 평가: 제곱합, 분산, 표준편차 ①

그 어떤 통계적 모형이든, 자료에 대한 그 모형의 적합(fit)을 평가해 보아야 한다(다리 건설의 비유로 말하자면, 다리의 축소 모형이 우리가 건설하고자 하는 실제 다리와 얼마나 비슷한지 알아야 한다). 대부분의 통계적 모형에서는 그 모형이 얼마나 정확한지를 실제 자료와 모형의 차이를 통해서 알아낼 수 있다. 가장 간단한 방법은 실제 자료의 값에서 모형의 값을 뺀 차들을 살펴보는 것이다. 그림 2.4는 통계학 강사들의 친구 수와 그 평균, 그리고 둘의 차이들을 나타낸 것이다. 이 그래프에서 둥근 점은 관측자료이다. 평균을 나타내는 직선은 하나의 모형에 해당한다. 그리고 점선으로 된 수직 선분들은 해당 관측값과 평균값의 차이를 나타낸다. 이러한 수직 선분들이 나타내는 관측자료와 모형의 차이를 **이탈도**(deviance)라고 부른다. 이탈도는 간단히 말해서 모형의 오차(error)에 해당한다. 이러한 이탈도의 크기를 계산하는 것은 아주 간단하다. 관측값(x_i)에서[2] 모형(지금 예에서는 평균, $\bar{x}$)을 빼면 된다. 예를 들어 강사 1의 친구는 한 명(케빈

---

2 여기서 x_i는 그냥 i번째 사람의 관측점수를 뜻한다(따라서 i를 개별 강사를 나타내는 다른 어떤 번호로 대체해도 된다). 지금 자료에서 강사 1에 대해서는 $x_i = x_1 = 1$이고 강사 3은 $x_i = x_3 = 3$, 강사 5는 $x_i = x_5 = 4$이다.

이라는 이름의 타조 모양 장갑 인형)뿐이므로 그 차이는 $x_1 - \bar{x} = 1 - 2.6 = -1.6$이다. 이 경우 이탈도가 음수인데, 이는 모형이 이 강사의 인기를 **과대추정**(overestimate)한다는 뜻이다. 이 모형은 그 강사의 친구가 2.6명이라고 예측하지만, 실제로는 한 명뿐이다(강사 1 힘내라!). 이러한 편차*들로 모형의 정확도를 어떻게 추정해야 할까? 한 가지 방법은 이탈도들을 모두 더하는 것이다(그러면 전체 오차의 추정값이 된다). 그런데 실제로 계산해 보면 의외의 답이 나온다(수식을 말로도 설명할 것이니 수식들에 겁먹지 말기 바란다. 수학 기호들이 생소하다면 이 책 시작 부분에 있는 요약표를 참고할 것).

전체 오차 = 편차들의 합

$$= \sum (x_i - \bar{x}) = (-1.6) + (-0.6) + (0.4) + (0.4) + (1.4) = 0$$

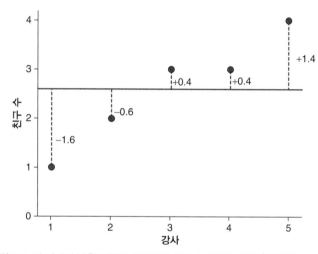

그림 2.4 각 강사의 관측된 친구 수와 평균 친구 수 사이의 차이를 보여주는 그래프

편차들을 더해 보니 모형과 관측자료 사이의 전체 오차가 0이라는, 따라서 모형이 자료를 완벽하게 대표한다는 결과가 나왔다. 물론 이는 사실이 아니다. 오차들이 존재하는 것은 분명하며, 단지 음의 오차들과 양의 오차들이 상쇄되어서 전체 오차가 0이 된 것일 뿐이다. 의미 있는 결과를 얻으려면 오차의 부호를 무시해야 하는데, 한 가지 수학적 해법은 오차를 제곱하는 것[3], 즉 오차를 그 자신과 곱하는 것이다. 이처럼 오차들의 합이 아니라 오차의 제곱들의 합을 구한다면 좀 더 의미 있는 결과가 나온다. 지금 예에서는 다음과 같다.

---

*역주 편차(deviation)는 평균이 통계적 모형일 때의 이탈도이다.

3 음수를 제곱하면 양수가 된다.

$$오차제곱합(SS) = \sum (x_i - \bar{x})(x_i - \bar{x})$$
$$= (-1.6)^2 + (-0.6)^2 + (0.4)^2 + (0.4)^2 + (1.4)^2$$
$$= 2.56 + 0.36 + 0.16 + 0.16 + 1.96$$
$$= 5.20$$

오차제곱합(sum of squared errors), 줄여서 제곱합(SS)은 모형의 정확도를 잘 측정한다. 그렇지만 오차제곱합이 수집한 자료의 양에 의존한다는 점도 상당히 명확하다. 자료점(data point)이 많을수록 SS도 커진다. 이 문제를 극복하는 방법은 SS를 관측값들의 개수 N으로 나누어서 평균 오차를 구하는 것이다. 그런데 만일 표본의 평균오차 자체에만 관심이 있다면 그냥 N으로만 나누면 되지만, 우리는 보통 모집단의 오차를 추정하기 위해 표본의 오차에 관심을 가진다. 그런 경우에는 SS를 관측 수에서 1을 뺀 값으로 나눈다(그 이유는 초천재 제인 글상자 2.2에서 설명한다). 그러한 수치가 바로 이후에도 아주 자주 만나게 될 **분산**(variance)이다.

$$분산(s^2) = \frac{SS}{N-1} = \frac{\sum (x_i - \bar{x})^2}{N-1} = \frac{5.20}{4} = 1.3 \tag{2.1}$$

초천재 제인 2.2

자유도 ②

흔히 df로 표기하는 **자유도**(degrees of freedom)는 설명하기가 아주 어려운 개념이다. 비유로 시작하겠다. 여러분이 어떤 럭비팀의 관리자라고 상상해 보자. 여러분에게는 포지션(럭비 필드 안의 선수 위치)과 관련한 빈칸이 15개인 팀 시트지가 있다. 럭비에는 표준적인 대형(formation)이 존재하며, 럭비팀은 15개의 포지션을 선수들에게 배정한다. 그러한 배정은 경기 내내 변하지 않는다. 특정 선수를 특정 포지션(이를테면 스크럼-하프)에 배정할 때는 팀 시트지의 해당 빈칸에 선수 이름을 써넣는다. 처음에는 15개의 가능성이 존재한다. 한 명을 배정하고 나면 빈칸이 14개가 된다. 빈칸이 줄긴 했지만 여전히 선수를 배정할 포지션을 고를 '자유'는 존재한다. 계속해서 선수들을 배정해서 빈칸이 하나만 남게 되면, 이 때는 더 이상 포지션을 선택할 자유가 없다. 남은 하나의 포지션을 선택할 수밖에 없기 때문이다. 결과적으로, 이러한 선수들을 15개의 포지션에 배정하는 자유도는 15가 아니라 거기에서 1을 뺀 14이다.

통계학에서 자유도는 임의로 변할 수 있는 관측들의 개수와 관련이 있다. 어떤 모집단에서 네 가지 값을 관찰해서 하나의 표본을 얻었다고 하자. 그러면 그 네 개의 점수는 어떤 방식으로든 자유로이 변할 수 있다(어떤 값이라도 가질 수 있다). 그러나 이 관측값 네 개짜리 표본으로 모집단의 표준편차를 계산한다면, 표본의 평균을 모집단의 평균에 대한 추정값으로 사용해야 한다. 따라서 하나의 매개변수(모수)를 고정하게 되는 셈이다. 표본의 평균이 10이라고 하자. 그러면 모집단의 평균도 10이라고 가정하며, 그 값은 하나의 상수가 된다. 이 매개변수가 고정되었을 때 네 점수 모두 자유로이 변할 수 있을까? 답은 "아니요"이다. 평균이 일정하게 유지되려면 오직 세 개의 값만 자유로이 변할 수 있기 때문이다. 예를 들어 표본의 값이 8, 9, 11, 12라고 하자(그러면 평균은 10)이다. 만일 그 중 세 값을 7, 15, 8로 바꾼다면 나머지 한 값은 반드시 10이어야 한다. 그래야 평균이 변하지 않는다. 따라서, 어떤 매개변수 하나를 상수로 유지하려면 자유도는 표본 크기에서 1을 뺀 값이어야 한다. 표본을 이용해서 모집단의 표준편차를 추정할 때 제곱합을 N이 아니라 $N-1$로 나누어야 하는 이유가 바로 이것이다.

따라서 분산은 평균과 관측값 사이의 평균오차이다(그리고 모형이 실제 자료에 얼마나 적합한 지를 나타내는 하나의 측도이다). 그런데 측도(measure)로서의 분산에는 그 단위가 제곱이라는 문제점이 있다(애초에 각 오차를 제곱해서 계산했기 때문이다). 지금 예라면, 분산은 평균 친구 수의 제곱이 1.3임을 말해준다. 친구가 1.3명인 것도 사실 말이 잘 안 되는데, 친구 수의 제곱은 더욱 말이 되지 않는다. 그래서 분산 대신 분산의 제곱근을 사용하는 경우가 많다(그러면 평균오차의 측도가 원래의 측도와 단위가 같아진다). 분산의 제곱근을 **표준편차**(standard deviation, SD)라고 부른다. 지금 예에서 표준편차는 다음과 같다.

$$\begin{aligned} s &= \sqrt{\frac{\sum (x_i - \bar{x})^2}{N-1}} \\ &= \sqrt{1.3} \\ &= 1.14 \end{aligned} \tag{2.2}$$

이러한 제곱합과 분산, 표준편차는 모두 평균이라는 통계적 모형의 '적합'을(즉, 평균이 자료를 얼마나 잘 대표하는지를) 나타낸다. 표준편차가 작다는(평균값 자체의 크기에 상대적으로) 것은 자료점들이 평균에 가깝다는 뜻이다. 표준편차가 평균보다 크다는 것은 자료점들이 평균에서 멀다는 뜻이다(그리고 이는 평균이 자료를 그리 잘 대표하지 않는다는 뜻이다). 표준편차가 0이면 모든 점수가 같은 값일 수 있다. 그림 2.5는 다섯 번의 강의에 대한 두 강사의 전반적인 평점(rating)을 나타낸 것이다(5점 만점 척도). 두 강사 모두 평균 평점이 5점 만점의 2.6이지만, 첫 강사는 표준편차가 0.55밖에 되지 않는다(평균을 기준으로 비교적 작다). 그래프를 보면 이 강사의 평점들이 평균 평점에 일관되게 가까움을 알 수 있다. 작은 요동이 있긴 하지만, 대체로 이 강사의 강의들에 대한 평가는 변화가 별로 없다. 따라서 이 경우는 평균이 이 강사의 평점들을 정확하게 대표한다고 할 수 있다. 즉, 이 경우 평균이 자료에 잘 적합한다. 그러나 둘째 강사의 표준편

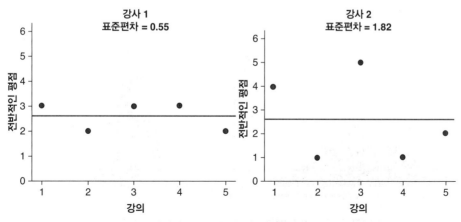

그림 2.5 평균이 같지만 표준편차는 다른 자료를 보여주는 그래프들

차는 1.8이다(평균을 기준으로 비교적 크다). 이 강사의 평점들은 평균으로부터 좀 더 멀리 퍼져있다. 평점이 아주 높은 강의도 있고 아주 낮은 강의도 있다. 이처럼 강의의 인기도가 들쭉날쭉하므로, 다른 말로 해서 평점의 변이성(variability; 또는 변산성)이 크므로, 이 경우는 평균이 이 강사의 성과를 그리 정확히 대표하지 않는다. 즉, 평균은 자료에 잘 적합하지 않는다. 이상의 예를 통해서, 평균이 자료를 얼마나 잘 대표하는지를 평가하는 측도로 표준편차를 사용하는 이유를 확실하게 이해했길 바란다.

자가진단

✓ §1.7.2.2에서 페이스북 사용자 11명의 친구 수에 관한 자료(22, 40, 53, 57, 93, 98, 103, 108, 116, 121, 252)를 본 적이 있다. 그때는 이 자료로부터 평균 친구 수 96.64를 계산했다. 이번에는 이 자료의 제곱합과 분산, 표준편차를 계산하라.

✓ 극단적인 점수 252를 제외해서 제곱합과 분산, 표준편차를 계산하라.

초천재 제인 2.3

표준편차와 분포의 형태 ①

분산과 표준편차는 자료집합의 모형으로서의 평균의 정확도를 말해줄 뿐만 아니라 점수들이 어떤 형태로 분포되는지도 말해준다. 그런만큼 분산과 표준편차는 §1.7.3에서 본 산포의 측도이기도 하다. 평균이 자료를 잘 대표한다면 점수들 대부분이 평균 근처에 몰려 있을 것이며, 따라서 표준편차가 평균을 기준으로 비교적 작을 것이다. 평균이 자료를 잘 대표하지 않을 때는 점수들이 평균에서 좀 더 멀리 퍼지게

된다(그림 2.5의 오른쪽 그래프처럼). 그러면 표준편차가 커진다. 그림 2.6은 평균이 같지만(50) 표준편차는 다른 두 분포이다. 왼쪽은 표준편차가 비교적 크다(SD = 25). 그래서 점수들이 좀 더 넓고 평평하게 분포되었다. 반대로 오른쪽은 표준편차가 비교적 작아서(SD = 15) 도수가 높은 점수들은 평균 근처에 좀 더 뾰족하게 몰려 있고, 평균에서 멀리 떨어진 점수들은 도수가 점점 낮아진다. 여기서 핵심은, 표준편차가 클수록 분포가 더 평평하다는 것이다. 이 때문에 실제로는 그렇지 않은데도 분포가 완첨분포 또는 급첨분포처럼 보일 수 있다.

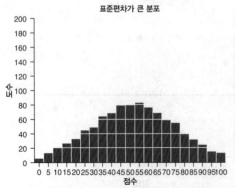
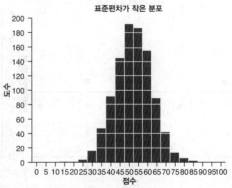

그림 2.6 평균이 같지만 표준편차가 하나는 크고 하나는 작은 두 분포

통계적 모형의 적합을 이야기하다가 평균, 제곱합, 분산을 설명하는 것이 곁길로 빠지는 것처럼 느껴질 수도 있겠지만, 사실은 그렇지 않다. 평균은 자료에 적합시킬 수 있는 단순한 통계적 모형의 하나이다. 이것이 무슨 말일까? 사실 통계학의 모든 것은 다음과 같은 하나의 방정식 (등식)으로 축약된다.

$$\text{결과}_i = \text{모형} + \text{오차}_i \tag{2.3}$$

이 방정식이 뜻하는 바는, 우리가 관측하는 자료는 그 자료에 적합시키고자 하는 모형에 일정한 양의 오차를 더함으로써 예측할 수 있다는 것이다. 앞에서 말했듯이 평균은 단순한 통계적 모형의 하나이며, 따라서 위의 공식의 '모형'에 '평균'을 대입해도 등식이 성립한다. 통계학 강사들의 친구 수에 관한 예로 돌아가서, 예를 들어 강사 1을 생각해 보자. 모든 강사의 평균 친구 수는 2.6이고 강사 1의 친구는 한 명이다. 따라서 위의 방정식은 다음이 된다.

$$\text{결과}_{\text{강사1}} = \bar{X} + \varepsilon_{\text{강사1}}$$
$$1 = 2.6 + \varepsilon_{\text{강사1}}$$

이로부터 오차가 1 − 2.6, 즉 −1.6임을 알 수 있다. 이 값을 방정식에 대입하면 1 = 2.6 − 1.6, 즉 1 = 1이 된다. 당연한 말이겠지만, 이러한 일반적인 방정식을 머리에 담아 두고 이 책을 읽는 것이 좋다. 그러면 이 책의 내용 대부분이 궁극적으로는 이 간단한 개념으로 축약됨을 발견하게 될 것이다!

이와 비슷하게, 분산과 표준편차도 어떤 근본적인 개념을 묘사한다. 바로, 모형이 자료에 얼마나 적합한지를 측정한다는 개념이다. 모형(지금 예에서는 평균)이 자료에 얼마나 적합한지를 파악할 때 우리는 주로 자료가 모형과 얼마나 다른지, 다시 말해 자료가 모형으로부터 얼마나 벗어났는지 살펴본다. 그리고 흔히 오차제곱합을 이용해서 자료가 모형으로부터 벗어난 정도를 측정한다. 다음은 이를 수식으로 표현한 것이다

$$\text{자료가 벗어난 정도} = \sum(\text{관측값} - \text{모형})^2 \tag{2.4}$$

다른 말로 하면, 우리는 관측한 자료와 그 자료에 적합시키려는 모형을 비교해서 그 차이들을 제곱함으로써 모형을 평가한다. 이러한 근본 개념 역시 이 책 전체에서 거듭 만나게 될 것이다.

2.5 자료 이상의 것을 얻으려면 ①

지금까지, 하나의 통계적 모형을 일단의 관측값들에 적용함으로써 그러한 자료를 요약하는 방법을 평균을 예로 들어서 설명했다. 그런데 실제로 수집한 자료를 요약하는 것도 중요하지만, 보통 우리는 그보다 더 나아가서 세상에 관한 일반적인 어떤 것을 말하고 싶어한다(제1장에서 좋은 이론은 세상에 관해 뭔가 이야기할 수 있어야 한다고 말했음을 기억할 것이다). 어떤 약이 표본에 속한 사람들에게 좋은 효과를 냈음을 알아내거나 브라이턴의 고급 상점가에서 수집한 표본에서 크리스마스 때까지 해당 상점들의 수익이 증가했음을 알아내는 것도 중요하지만, 그러한 표본에 기초해서 그 약이 모든 사람에게 잘 듣는다거나 영국 전체의 고급 상점가에서 수익이 증가할 것임을 예측하는 것은 더욱 중요한 일이다. 표본 자료에서 그러한 일반적인 예측을 이끌어내는 방법을 이해하려면 먼저 모형이 표본(그 모형을 도출한)에 잘 적합하는지를 살펴보는 것이 아니라, 그 표본을 추출한 모집단에 잘 적합하는지를 살펴보아야 한다.

2.5.1 표준오차 ④

앞에서 우리는 표준편차가 평균이 표본 자료를 얼마나 잘 대표하는지를 말해준다는 점을 배웠다. 그리고 그 전에는 표본에서 자료를 수집하는 이유가 우리가 모집단 전체에 접근할 수 없기 때문이라는 점도 이야기했다. 한 모집단에서 여러 개의 표본을 취한다면, 그 표본들은 서로 조금씩은 다를 것이다. 따라서 특정한 하나의 표본이 모집단을 얼마나 잘 대표하는지를 아는 것도 중요한 문제이다. 이때 사용하는 것이 **표준오차**(standard error)이다. 표준오차와 표준편차를 헷갈리는 학생들이 많은데(주된 이유는 그 둘의 차이를 명확하게 설명해주지 않았기 때문일 것이다), 표준오차도 표준편차만큼이나 중요한 개념이므로 최선을 다해서 설명해 보겠다.

사회과학자들이 모집단의 습성을 추정하는 한 방법으로 표본을 사용한다는 점은 이미 배웠다. 이 세상의 모든 강사의 평점에 관심이 있다고 상상해 보자. 그러면 모집단은 모든 강사로 이루어진다. 그러한 모집단에서 표본 하나를 취한다고 하자. 표본을 하나 취한다는 것은 수많은 가능한 표본 중 하나를 뽑는 것을 뜻한다. 같은 모집단에서 여러 개의 표본을 취한다면, 표본마다 따로 평균을 계산할 수 있는데, 그러한 평균들이 모두 같지는 않을 것이다.

그림 2.7은 하나의 모집단에서 표본을 취하는 과정을 나타낸 것이다. 우리가 지구의 모든 강사의 평점을 구할 수 있으며, 실제로 구해 봤더니 평균이 3이 나왔다고 하자. 그러한 평균을 **모집단 평균**(population mean)이라고 부르고 흔히 μ로 표기한다. 물론 현실에서 모든 강사의 평점을 구할 수는 없으므로, 실제로는 표본을 사용한다. 표본마다 평균을 구한 것이 **표본평균**(sample mean)이다. 그림 2.7처럼 모집단에서 서로 다른 표본 아홉 개를 뽑았다고 상상해 보자.

그 표본 중 평균이 서로 같은 것들도 있고 다른 것들도 있을 것이다. 왼쪽에서 첫 번째 표본에 있는 강사의 평균 평점은 3이지만 두 번째 표본의 평균은 단 2이다. 이처럼 표본들 사이에 차이가 있는 것을 **표집변동**(sampling variation)이라고 말한다. 이러한 차이는 각 표본이 이 모집단의 서로 다른 구성원들로 이루어지기 때문에 발생한 것이다. 예를 들어 우연하게도 어떤 표본에 아주 좋은 강사들만 포함되었다면 그 표본의 평균은 하필이면 최악의 강사들이 다수 포함된 표본의 평균보다 높을 것이다. 그림 2.7에서 보듯이, 이러한 표본평균들을 하나의 도수분포 그래프(히스토그램)로 표현할 수 있다.[4] 그림 2.7의 도수분포를 보면 평균이 3인 표본이 세 개이고 평균이 2 또는 4인 표본이 각각 두 개, 그리고 평균이 1 또는 5인 것이 각각 하나씩이다. 이 덕분에 표본들이 멋지게 대칭적으로 분포되었다. 이처럼 같은 모집단에서 얻은 표본들의 표본평균을[5] 도수분포로 나타낸 것을 **표집분포**(sampling distribution)라고 부른다. 의미 있는 표집분포를 만들려면 수백 또는 수천 개의 표본을 취해야 하지만, 도표를 간단하게 만들기 위해 여기서는 아홉 개만 사용했다.[6] 표집분포는 모집단에서 취한 표본들의 습성을 말해준다. 지금 예에서 한 가지 주목할 점은, 표집분포의 중심이 모집단 자체의 평균(즉 3)과 같다는 것이다. 이는 만일 모든 표본평균의 평균을 계산한다면 모집단 평균과 같은 값이 나올 것이라는 뜻이다. 그리고 이처럼 표본평균들의 평균이 모집단의 평균과 같은 경우, 만일 모집단 평균의 정확도를 안다면 주어진 한 표본이 모집단을 얼마나 잘 대표하는지도 알 수 있다. 그렇다면 모집단 평균의 정확도를 어떻게 구할까?

표준편차에 관한 논의를 다시 떠올리기 바란다. 그때 우리는 표준편차를 평균이 관측자료를 얼마나 잘 대표하는지 나타내는 하나의 측도로 사용했다. 표준편차가 작다는 것은 대부분의 자료점이 평균에 가까이 있음을 뜻하고, 표준편차가 크다는 것은 자료점들이 평균에서 멀리 퍼져 있음을 뜻한다. 표본평균들의 표준편차도 마찬가지이다. **표본평균들로 구한 표준편차**는 여러 표본의 평균들이 서로 얼마나 다른지, 즉 표본평균들의 변이성이 어느 정도인지 말해준다. 표본평균들의 표준편차를 가리켜 **평균의 표준오차**(standard error of the mean), 줄여서 표준오차(SE)라고 부른다. 정리하자면, 각 표본평균과 전체 평균의 차이를 제곱한 값들을 모두 더하고, 그 합의 제곱근을 취하면 표본평균들의 표준편차가 나온다. 그것이 바로 표준오차이다.

물론 현실에서는 수백 개의 표본을 구하기가 쉽지 않으므로, 우리는 표준오차의 근사치에

---

4 이는 표본평균을 한 축으로, 그리고 그러한 표본평균을 가진 표본의 개수를 다른 축으로 해서 그린 막대 그림표이다. 좀 더 자세한 사항은 §1.7.1을 보라.

5 반드시 평균이어야 하는 것은 아니다. 추정하고자 하는 그 어떤 통계치도 가능하다. 그러나 단순함을 위해 여기서는 평균을 사용한다.

6 이것은 가설상의 이야기임을 주의하기 바란다. 이 표본들을 실제로 수집할 필요는 없다. 여러 가지 표집분포들의 형태와 습성을 이미 똑똑한 통계학자들이 밝혀냈기 때문이다.

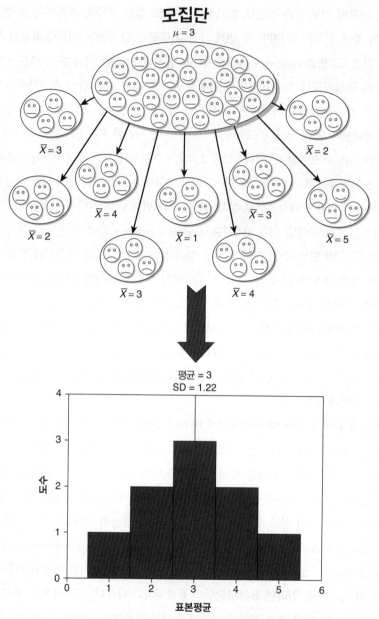

그림 2.7 표준오차를 설명하는 그림(자세한 사항은 본문에)

의존한다. 다행히도 아주 똑똑한 통계학자들이, 표본이 클수록 표집분포는 그 평균이 모집단 평균과 같고 표준편차가 다음과 같은 정규분포를 따른다는 점을 밝혀냈다.

$$\sigma_{\bar{X}} = \frac{s}{\sqrt{N}}$$

(2.5)

이를 **중심극한정리**(central limit theorem)라고 부른다. 지금 맥락에서 이 정리가 유용한 이유는, 만일 표본이 크면(흔히 표본이 30개 이상이면 크다고 간주한다) 앞의 공식을 이용해서 표준오차를 근사할 수 있다는 점이다(그러한 근사가 가능한 것은 애초에 표준오차가 바로 표집분포의 표준편차이기 때문이다).[7] 표본이 비교적 작다면(30개 미만) 표집분포는 정규분포와는 다른 형태의 분포인 t 분포를 따르는데, 이에 관해서는 나중에 좀 더 이야기하겠다.

주입식 샘의 핵심 정리   표준오차

표준오차는 표본평균들의 표준편차이다. 따라서 표준오차는 주어진 표본이 모집단을 얼마나 잘 대표하는지를 나타내는 측도이다. 표준오차가 (표본평균을 기준으로 비교적) 크다는 것은 서로 다른 표본들의 평균들의 변이성이 크다는 뜻이다. 따라서 그 표본이 모집단을 그리 잘 대표하지 않을 가능성이 크다. 표준오차가 작다는 것은 대부분의 표본평균이 모집단 평균과 비슷하다는 뜻이고, 따라서 그 표본이 모집단을 정확하게 반영할 가능성이 크다.

2.5.2 신뢰구간 ②

2.5.2.1 신뢰구간의 계산 ②

보통의 경우 표본평균은 모집단의 평균에 대한 하나의 근삿값이라는 점에서 중요하다. 앞에서 보았듯이 표본마다 그 평균이 다를 수 있으며, 표본평균들이 서로 얼마나 다른지를 표준오차를 통해서 어느 정도 짐작할 수 있다. 그런데 모집단 평균의 근삿값으로서의 표본평균의 정확도를 평가하는 또 다른 접근 방식이 있다. 바로, 우리가 평균의 참값이 속한다고 믿는 구간을 계산해 보는 것이다. 그런 구간을 **신뢰구간**(confidence interval)이라고 부른다. 신뢰구간에 깔린 개념은, 모집단의 값이 속하리라고 간주되는 값들의 범위를 만드는 것이다.

　이런 예를 생각해 보자. [Domjan, Blesbois, Williams, 1998]에는 일본메추라기의 정액 방출 유도에 관한 실험 결과가 나와 있다. 여기에 깔린 개념을 간단히 설명하자면, 특정 맥락(context; 여기서는 특정 실험장)에서 한 수컷 메추라기에게 암컷 메추라기와의 교미를 허용하면, 이후 그 맥락이 하나의 힌트가 되어서 정액 방출에 영향을 미치리라는 것이다(비록 시험 단계에서 불쌍한 수컷 메추라기를 속여서 박제된 암컷 메추라기의 머리를 꿰매 붙인 테리천 인형과 교미하게 만들긴 했지

---

7 사실은 모집단 표준편차(σ)를 표본 크기의 제곱근으로 나눈 것이어야 하지만, 큰 표본에서는 이런 근사로도 충분하다.

만).[8] 어쨌거나, 실험장에서 방출된 정액을 실제로 측정해서 평균을 구할 수 있다면, 그것이 바로 평균의 참값(모집단 평균)이다. 참값 평균의 정자 수가 1,500만이라고 가정한다. 그러나 실제로 그런 참값을 구하기는 어렵고, 대신 표본을 사용해야 할 것이다. 표본을 추출해서 정자 수의 평균을 구했더니 1,700만이 나왔다고 하자. 우리는 1,500만이라는 참값을 알지 못하므로, 1,700만이라는 표본평균이 참값을 잘 근사하는지도 알 수 없다. 이때 할 수 있는 일이 신뢰구간을 추정하는 것이다. 우선 표본평균을 그 구간의 중점으로 두고, 구간의 하계(lower bound)와 상계(upper bound)를 결정한다. 그러면, 예를 들어 평균 정자 수의 참값이 1,200만과 2,200만 사이라고 가정할 수 있다(1,700만은 구간에 완전히 포함된다). 물론 이 경우 참값(1,500만)은 그 상, 하계 사이에 있다. 그러나 만일 한계들 사이의 거리를 좁힌다면, 예를 들어 실제 평균(평균의 참값)이 1,600만과 1,800만 사이라고 추측한다면(이번에도 1,700만은 구간의 중심임을 주목하자) 어떻게 될까? 이 경우 실제 평균은 그 구간을 벗어난다.

이제 여러분이 일본메추라기의 정액에 꽂혀서 서로 다른 표본으로 실험을 50번 반복했으며, 실험마다 방금 설명한 것처럼 표본평균을 중심으로 한 구간을 정했다고 상상해 보자. 그림 2.8에 그러한 시나리오가 나와 있다. 둥근 점들은 각 표본의 평균이고 점에서 양쪽으로 뻗은 선들은 그 평균이 속한 구간을 나타낸다. 세로 선은 평균의 참값인 1,500만을 나타낸다. 이 그래프에서 가장 먼저 주목할 것은, 표본평균들이 실제 평균과 다르고, 서로와도 다르다는 점이다(이는 이전 절에서 설명한 표집변동 때문이다). 둘째로 주목할 것은 거의 모든 구간이 참값을 포함한다는 점이다(구간 선분이 수직선과 교차한다면 1,500만이라는 정자 수가 그 구간의 상계와 하계 사이에 있다는 뜻이다). 그러나 참값을 포함하지 않는 구간도 몇 개 있다.

지금까지는 그러한 구간을 계산하는 문제, 즉 그러한 구간의 양쪽 한계(상계와 하계)를 결정하는 문제를 구체적으로 말하지 않았다. 신뢰구간을 사용할 때 관건은, 그러한 구간으로부터 뭔가 유용한 사실을 알아낼 수 있도록 한계들을 정하는 것이다. 그러자면 신뢰구간이 특정한 속성들을 가지게 해야 하는데, 좀 더 구체적으로 말하면 우리가 추정하려는 대상(지금 예에서는 평균)의 참값이 그 구간에 속할 확률을 계산할 수 있어야 한다.

흔히 우리는 95% 신뢰구간을 사용하고, 가끔은 99% 신뢰구간을 사용한다. 수치가 다를 뿐 그 둘이 뜻하는 바는 동일하다. 95% 신뢰구간은 모집단의 참값이 그 신뢰구간에 속할 가능성(확률)이 95%임을 뜻하고, 99% 신뢰구간은 그럴 가능성이 99%임을 뜻한다. 달리 말해서, 만일 여러분이 어떤 평균에 대한 95% 신뢰구간을 보았다면, 다음과 같이 생각하면 된다. 만일 표본을 100개 수집해서 평균을 계산하고 그 평균에 대한 95% 신뢰구간을 결정했다면, 100개 중 95개의 표본에서는 모집단의 평균 참값이 신뢰구간에 속하는 것이다.

---

8 다소 역겨운 일이었지만, 수컷 메추라기는 별로 개의치 않는 것 같았다. 어쩌면 수컷의 교미 습성에 관해 우리가 알아야 할 모든 것을 이로부터 충분히 짐작할 수 있을 것이다.

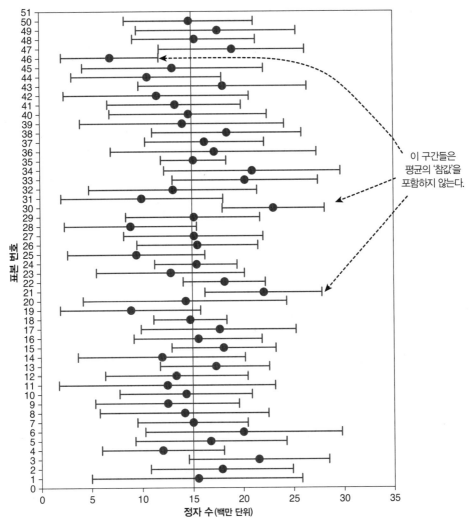

이 구간들은 평균의 '참값'을 포함하지 않는다.

그림 2.8 서로 다른 50가지 표본(수직축)에 대한 일본메추라기 정자 수(수평축)의 신뢰구간들

95% 신뢰구간을 결정하려면 95%의 평균들이 속하는 한계들을 알아내야 한다. 그러한 한계들을 어떻게 계산해야 할까? §1.7.4에서 z 점수(평균이 0이고 표준편차가 1인 정규분포에 속하는 한 점수)의 여러 값 중 1.96이 중요하다고 말했음을 기억할 것이다. 그 값이 중요한 이유는 모든 z 점수의 95%가 −1.96과 1.96 사이에 있기 때문이라는 점도 이야기했다. 만일 이 예에서 표본평균들이 평균 0, 표준편차 1의 정규분포를 따른다면, 95% 신뢰구간의 한계들은 바로 −1.96과 +1.96이 된다. 다행히, 중심극한정리에 따르면 큰 표본 집합(30개 이상)의 표집분포는 정규분포를 따른다(§2.5.1 참고). 물론 표본들의 평균과 표준편차가 반드시 0과 1이라는 보장은 없지만, 제1장에 나온 식 (1.2)를 이용하면 점수들을 표준

신뢰구간이 뭐지?

이 0, 표준편차가 1인 z 점수들로 변환할 수 있다. 그 공식은 다음과 같다.

$$z = \frac{X - \bar{X}}{s}$$

z 점수 기준으로 신뢰구간의 한계가 −1.96과 1.96임을 알았다면, 다음으로 할 일은 실제로 원본 자료의 점수들을 z 점수로 변환하는 것이다. 우선, 다음 공식들에 해당 자료 값을 대입한다 (한계가 두 개이므로 공식도 두 개이다).

$$1.96 = \frac{X - \bar{X}}{s} \qquad\qquad -1.96 = \frac{X - \bar{X}}{s}$$

그런 다음 수식을 적절히 정리해서 X의 값을 구한다.

$$1.96 \times s = X - \bar{X} \qquad\qquad -1.96 \times s = X - \bar{X}$$
$$(1.96 \times s) + \bar{X} = X \qquad\qquad (-1.96 \times s) + \bar{X} = X$$

이 예에서 보듯이, 표준편차(공식의 s)와 평균(공식의 $\bar{X}$)을 알면 신뢰구간을 쉽게 계산할 수 있다. 그러나 실제로 쓰이는 것은 표준편차가 아니라 표준오차인데, 이는 우리의 관심 대상이 표본 안의 관측값들의 변이성이 아니라 표본평균들의 변이성이기 때문이다. 그래서 −1.96과 1.96을 그대로 신뢰구간의 상, 하계로 사용하는 대신, 1.96 곱하기 표준오차를 평균에서 뺀 값을 하계로, 1.96 곱하기 표준오차를 평균에 더한 값을 상계로 사용한다.

$$신뢰구간의\ 하계 = \bar{X} - (1.96 \times SE)$$
$$신뢰구간의\ 상계 = \bar{X} + (1.96 \times SE)$$

한계들을 이렇게 계산하기 때문에 평균은 항상 신뢰구간의 중심에 놓인다. 만일 평균이 실제 평균을 잘 대표한다면, 그 평균의 신뢰구간은 범위가 작아야 마땅하다. 만일 신뢰구간의 95%에 실제 평균이 속함이 확실하다면, 그 신뢰구간이 실제 평균을 포함한다고 가정할 수 있다. 따라서 만일 구간이 작다면 표본평균이 반드시 실제 평균과 아주 가까워야 한다. 반대로, 만일 신뢰구간이 아주 넓다면 표본평균과 실제 평균의 차이가 아주 클 수 있으며, 이는 그 표본평균이 모집단을 그리 잘 대표하지 않는다는 뜻이다. 신뢰구간은 이 책에서 이후에도 계속해서 등장한다.

2.5.2.2 기타 신뢰구간의 계산 ②

앞에서는 95% 신뢰구간(가장 흔히 쓰이는 종류)을 계산하는 방법을 설명했다. 그런데 99% 구간이나 90% 구간처럼 다른 종류의 신뢰구간을 계산해야 할 때도 있다. 앞에 나온 공식들의 −1.96과 1.96은 z의 95%가 속하는 한계들에 해당한다. 그와 비슷하게, 만일 99% 신뢰구간을 계산해야 한다면 z 점수의 99%가 속하는 한계들인 −2.58과 2.58을 사용하면 된다. 일반화하자면, 신뢰구간의 한계들을 계산하는 공식은 다음과 같다.

$$신뢰구간의\ 하계 = \bar{X} - \left(z_{\frac{1-p}{2}} \times SE \right)$$

$$신뢰구간의\ 상계 = \bar{X} + \left(z_{\frac{1-p}{2}} \times SE \right)$$

여기서 p는 해당 신뢰구간의 확률값이다. 예를 들어 95% 신뢰구간을 계산할 때는 $(1 - 0.95)/2 = 0.025$에 대한 z 값을 사용하면 된다. 표준 정규분포표(부록 A)의 '작은 부분' 열에서 이 값을 찾아보면 해당 z 값이 1.96임을 알 수 있다. 99% 신뢰구간을 위해서는 $(1 - 0.99)/2 = 0.005$에 대한 z 값을 사용해야 하는데, 표를 찾아보면 그 값은 2.58이다. 90% 신뢰구간을 위해서는 $(1 - 0.90)/2 = 0.05$에 대한 z 값을 사용해야 하는데, 표를 찾아보면 그 값은 1.64이다. 이러한 z 값들에 위에서처럼 표준오차를 곱하면 신뢰구간의 상하계가 나온다. 이상의 일반적인 원리를 따르면 그 어떤 확률 수준의 신뢰구간이라도 계산할 수 있다.

2.5.2.3 작은 표본을 위한 신뢰구간 계산 ②

앞에서도 이야기했듯이 지금까지 설명한 절차는 표본이 클 때는 잘 통하지만, 표본이 작을 때는 그렇지 않다. 작은 표본은 표집분포가 정규분포가 아니라 t 분포이다. t 분포는 표본 크기가 커짐에 따라 그 형태가 변하는 부류의 확률분포에 속한다(표본이 아주 크면 정규분포의 형태가 된다). 작은 표본의 신뢰구간을 계산할 때는 이전과 같은 원리를 따르되 z 값이 아니라 t 값(t 분포의 한 값)을 이용해서 상, 하계를 계산한다. 공식들은 다음과 같다.

$$신뢰구간의\ 하계 = \bar{X} - (t_{n-1} \times SE)$$

$$신뢰구간의\ 상계 = \bar{X} + (t_{n-1} \times SE)$$

공식의 $n - 1$은 자유도이다(초천재 제인 글상자 2.2 참고). 이 자유도를 이용해서 t 분포표(부록 A)의 t 값을 조회한다. 95% 신뢰구간의 경우에는 그 자유도에 해당하는 행에서 양쪽꼬리 검정의 확률 0.5 열에 있는 t 값을 사용하면 된다.[*]

---

*역주 양쪽꼬리 검정과 0.5라는 확률에 관해서는 §2.6.2에서 이야기한다.

자가진단

✓ §1.7.2.2에 페이스북 사용자 11명의 페이스북 친구 수에 관한 자료가 나왔다. 거기서 우리는 그 자료의 평균 96.64과 표준편차 61.27을 계산했다. 그 평균의 95% 신뢰구간을 계산하라.

✓ 같은 신뢰구간을 표본 크기가 56이라고 가정하고 다시 계산하라.

2.5.2.4 신뢰구간의 가시화 ①

오차 막대가 뭐지?

신뢰구간은 평균에 관한 아주 중요한 정보를 제공하며, 그런 만큼 신뢰구간을 그래프로 표시할 때가 많다. (그런 그래프를 작성하는 좀 더 구체적인 방법은 제4장에서 이야기한다.) 그런 그래프에서는 흔히 신뢰구간을 오차 막대(error bar)로 표시하는데, 오차 막대는 그냥 대문자 'I'를 옆으로 누인 모습이다. 표준편차나 표준오차를 오차 막대로 표시할 때도 있지만, 그보다는 평균의 95% 신뢰구간을 오차 막대로 표시하는 경우가 더 많다. 그래서 평균을 막대나 기호로 표시하는 그래프에서는 I자 모양의 막대를 흔히 보게 된다. 신뢰구간을 이렇게 시각적으로 표시하는 것이 왜 유용할까?

앞에서 보았듯이, 95% 신뢰구간은 95%의 표본들에서 모집단 평균의 참값이 상계와 하계 사이에 속하도록 만들어진 구간이다. 임의의 두 표본의 평균이 약간 다를 수 있음은 이미 알고 있다(그리고 표준오차는 표본평균들이 얼마나 다를 것인지에 관해 어느 정도 말해준다). 신뢰구간은 모집단 평균이 속할 가능성이 큰 구간의 상, 하계를 말해준다(신뢰구간의 크기는 표준오차의 크기에 의존한다). 서로 다른 평균들의 신뢰구간들을 비교해 보면 그 평균들이 같은 모집단에서 비롯된 것인지 아니면 서로 다른 모집단들에서 비롯된 것인지 어느 정도 짐작할 수 있다.

메추라기 정자 수의 예로 돌아가서, 메추라기들의 표본 하나를 수집했는데, 배출된 평균 정자 수가 900만이고 그 신뢰구간이 200만에서 1,600만이라고 하자. 이는 우리가 모집단 평균이 200만에서 1,600만 사이에 있다고 믿는다는 뜻이다. 이후 또 다른 메추라기 표본을 수집해서 평균을 냈더니 그 신뢰구간이 400만에서 1,500만이라고 하자. 이 구간은 첫 표본의 구간과 상당히 많이 겹친다.

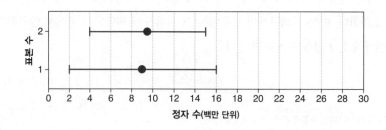

신뢰구간들이 이런 식으로 겹친다는 것은 이 평균들이 같은 모집단에서 나왔을 가능성이 크다는 뜻이다. 왜냐하면, 두 경우 모두 평균의 참값이 해당 구간에 속할 가능성이 크며(95%의 연구들에서 그런 결과가 나오도록 계산된 구간들이므로), 두 구간이 상당히 많이 겹치므로 두 구간에 비슷한 값들이 많이 있을 것이기 때문이다. 둘째 표본의 신뢰구간이 1,800만에서 2,800만이라면 어떨까? 이를 첫 표본과 비교하면 다음과 같다.

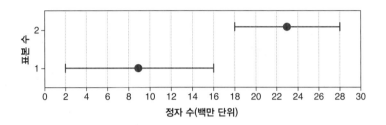

이번에는 신뢰구간들이 전혀 겹치지 않는다. 한 신뢰구간은 모집단 평균이 200만에서 1,600만 사이에 있을 가능성이 크다고 말하지만 다른 한 신뢰구간은 모집단 평균이 1,800만에서 2,800만 사이에 있을 가능성이 크다고 말한다. 따라서 두 신뢰구간의 표본들이 서로 다른 모집단에서 추출한 것이거나, 아니면 같은 모집단에서 추출한 표본들이긴 하지만 두 신뢰구간 중 하나에는 모집단 평균이 속하지 않는 것이다. 만일 95% 신뢰구간을 사용했다면 두 번째 설명이 참일 가능성은 작다(그런 일은 100번 중 다섯 번, 즉 5%의 경우에만 발생한다). 따라서 첫 번째 설명이 좀 더 그럴듯하다.

아마 표본들을 서로 다른 모집단에서 추출하는 것에 대해 궁금한 독자들이 많을 것이다. 그런 상황은 실험연구에서 아주 중요하다. 실험을 수행할 때는 둘 이상의 조건들을 어떤 방식으로든 조작하게 된다(§1.6.2). 무작위로 사람들을 뽑아서 두 개의 표본을 만든 후 뭔가(이를테면 통계학 교과서에 대한 공포심) 측정했다고 하자. 이 경우 우리는 그 사람들이 같은 모집단에 속한다고 기대한다. 그런데 두 표본의 평균이 아주 다르다면, 두 표본이 사실은 서로 다른 모집단에서 온 것이라 할 수 있다. 왜 그런 일이 생길까? 답은, 우리의 실험적 조작 때문에 실제로 표본들에 차이가 생겼다는 것이다.

다시 말하면, 어떤 실험적 조작이 성공적이라면, 표본들이 서로 다른 모집단에서 왔다고 판명될 가능성이 크다. 조작이 성공적이지 않다면, 표본들이 같은 모집단에서 왔다고(그래서 표본평균들이 상당히 비슷하다고) 판명될 가능성이 크다. 95% 신뢰구간이라는 것은 모집단 평균의 참값이 얼마일지에 관한 정보를 제공한다. 만일 우리가 서로 다른 두 모집단에서 표본들을 수집한다면, 해당 신뢰구간들이 서로 다를 것이라고 기대할 수 있다(사실, 표본들이 서로 다른 모집단에서 온 것이 확실하다고 생각한다면, 신뢰구간들이 서로 겹칠 것이라고는 기대하지 않을 것이다).

같은 모집단에서 두 표본을 수집했다면, 그리고 측정에 신뢰성이 있다면, 그 신뢰구간들은 아주 비슷할 것이라고(즉, 거의 완전히 겹칠 것이라고) 기대할 수 있다.

이상이 그래프에서 95% 신뢰구간을 오차 막대로 표시하는 것이 유용한 이유이다. 두 평균의 신뢰구간 오차 막대들이 겹치지 않는다는 것은 그 두 평균이 상당히 차이가 난다는 뜻이며, 따라서 두 표본이 서로 다른 모집단에서 비롯된 것이라고 추론할 수 있다.

주입식 샘의 핵심 정리　　신뢰구간

평균의 신뢰구간은 전체 표본 중 95%의 표본들에서 모집단 평균이 구간의 상계와 하계 사이에 속하도록 만들어진 구간이다.

모집단 평균이 속할 가능성이 95%로 확실한(confident) 구간이 아님을 주의해야 한다.

2.6 통계적 모형을 이용한 연구 질문 검증 ①

제1장에서 말한 연구 과정의 다섯 단계를 다시 요약해 보자.

1 초기 관찰을 통해서 연구 질문을 만든다(어떤 자료가 그것을 지지하길 기대하면서).

2 그러한 초기 관찰을 설명하는 이론을 만든다.

3 가설을 세운다: 이론을 일단의 검증 가능한 예측들로 분할한다.

4 가설을 검증할 자료를 수집한다: 예측들을 검증하기 위해 측정해야 할 변수들을 결정하고, 그 변수들을 측정 또는 조작하는 최선의 방법을 파악한다.

5 자료를 분석한다: 통계적 모형을 자료에 적합시킨다. 이 모형은 원래의 예측들을 검증하는 역할을 한다. 이 모형이 초기 예측들을 지지하는지 평가한다.

이번 장에서 보았듯이, 모집단에 직접 접근할 수 없을 때는 그보다 작은 자료 표본을 이용해서 모집단에서 벌어지는 일을 추정할 수 있다. 또한, 이번 장에서는 통계적 모형을 자료 표본에 적합시켜서 모형이 자료에 얼마나 잘 적합하는지 평가하는 방법도 살펴보았다(평균을 예로 들어서). 그런데 그런 모형 적합이 연구 질문의 예측을 검증하는 데 어떻게 도움이 되는지는 아직 이야기하지 않았다. "사람들이 횡설수설하는 말의 양과 그 사람들이 먹은 보드카 젤리의 양이 관련이 있을까?"나 "내가 통계학책을 쓰면서 먹은 평균 초콜릿 양이 책을 쓰지 않을 때 먹은 평균보다 높을까?" 같은 복잡한 가설을 검증하는 데 통계적 모형이 어떻게 도움이 될까? §1.7.5에서 보았듯이 가설은 귀무가설과 대립가설로 분해할 수 있는데, 그 점이 이 질문과 관련이 있다.

자가진단

✓ 다음 질문들을 각각 귀무가설과 대립가설로 분해하라.
1. "사람들이 횡설수설하는 말의 양과 그 사람들이 먹은 보드카 젤리의 양이 관련이 있을까?"
2. "내가 통계학책을 쓰면서 먹은 평균 초콜릿 양이 책을 쓰지 않을 때 먹은 평균보다 높을까?"

이 책의 대부분은 대립가설이 참일 가능성이 큰 **추론 통계**(inferential statistics)를 다룬다. 그런 통계는 예측들을 확인 또는 기각하는 데 도움이 된다. 대충 말하자면, 이 경우 우리는 대립가설을 대표하는 자료에 통계적 모형을 적합시켜 봐서 그것이 얼마나 잘 맞는지 평가한다(그 모형이 설명하는 분산을 기준으로 사용해서). 만일 통계적 모형이 자료에 적합하다면(즉, 점수들의 변이들 다수를 모형이 잘 설명한다면), 우리의 초기 예측이 참이라고 가정할 수 있다. 즉, 대립가설이 참이라는 확신(신뢰)이 강해진다. 물론 가설이 참이라고 완전하게 확신할 수는 없다. 대신 우리는 모집단에 아무런 효과도 발생하지 않았을 때(즉, 귀무가설이 참일 때) 모형이 자료에 적합할 확률을 계산한다. 그 확률이 낮을수록 대립가설이 실제로 참이며 귀무가설을 기각해도 된다는 확신도 커진다. 이러한 방식은 자료를 수집하기 전에 예측을 했을 때 유효하다(초천재 제인 글상자 2.4 참고).

가설이 참일 가능성이 있는지에 관한 이러한 개념을 설명하는 수단으로, 피셔(그림 2.9)는 다음과 같은 실험을 고안했다(Fisher, 1925/1991). 이 실험은 밀크티 한 컵을 맛보면 그 잔에 차를 먼저 넣었는지 아니면 우유를 먼저 넣었는지 알 수 있다는 어떤 여성의 주장을 검증하기 위한 것이다. 차를 먼저 넣은 컵들과 우유를 먼저 넣은 컵들을 그 여성에게 주어서 맞춰 보게 한다. 차를 먼저 넣은 컵과 우유를 먼저 넣은 컵의 수가 같다는 점은 그녀도 알고 있다. 그러나 그 컵들이 어떤 순서로 제공되는지는 알지 못한다. 컵이 둘 뿐인 가장 간단한 상황에서는 그녀가 컵들을 정확히 분류할 기회가 50%이다. 그녀가 실제로 정답을 말했다고 해서 실제로 그녀가 컵에 우유를 먼저 넣었는지 차를 먼저 넣었는지 아는 능력이 있다고 확신할 수는 없다. 그냥 추측만으로도 절반의 확률로 정답이 나올 수 있기 때문이다. 컵을 여섯 잔으로 늘려서 상황을 좀 더 복잡하게 하면 어떨까? 이 경우 컵들을 배열하는 순서는 총 20가지이며, 따라서 그 여성이 정답을 맞힐 확률은 20분의 1(즉, 5%)이다. 만일 실제로 그 여성이 컵들을 정확히 분류한다면, 실제로 그녀에게 그런 식별 능력이 있다는 확신이 두 컵의 경우보다 훨씬 강해진다(그리고 그녀의 섬세한 미각에 경의를 표하며 무릎을 꿇어야 할 것이다). 피셔와 그의 기괴한 밀

연구 과정의 속임수 ①

이번 장에서 설명한 절차는 어떤 효과가 의미가 있는지에 대한 조건을 자료 수집 전에 결정했을 때만 유효하다. 럭비 월드컵에서 어떤 나라가 우승할지를 두고 도박을 한다고 상상해 보자. 잉글랜드 사람인 나는 당연히 잉글랜드가 토너먼트에서 우승하는 데 돈을 걸 것이다. 이를 위해 나는 (1) 스포츠 도박 사이트로 가서 팀(잉글랜드)과 배당률(이를테면 6/4)을 정해서 내기를 하고, (2) 토너먼트가 끝날 때까지 기다렸다가 우승팀을 확인하고, (3) 상금을 받는다(물론 잉글랜드가 경기를 잘해서 실제로 우승한다면).

모든 사람이 행복하려면 이러한 절차가 공정해야 한다. 도박 사이트는 고객들에게 너무 많은 돈을 지급하지 않도록 배당률들을 설정해야 하고(도박 사이트가 행복하려면), 대신 승리한 고객들에게는 실제로 돈을 지급해야 한다(고객들이 행복하려면). 도박 사이트는 토너먼트가 끝나기 전에는 그 어떤 배당률이라도 제시할 수 있지만, 토너먼트가 끝나면(또는, 마지막 경기가 시작되면) 그 배당률들을 바꾸지 말아야 한다. 마찬가지로, 나는 토너먼트 이전에는 어떤 팀이라도 고를 수 있지만, 토너먼트 도중에 또는 결승전이 끝난 후에 마음을 바꿀 수는 없다.

연구에서도 상황이 비슷하다. 우리는 자료를 수집하기 전에는 그 어떤 가설(럭비팀)이라도 선택할 수 있지만, 자료 수집 도중에(또는 수집 후에) 가설을 바꾸어서는 안 된다. 마찬가지로 우리는 자료를 수집하기 전에 확률 수준(배당률)을 결정해야 한다. 만일 그렇게 한다면 이번 장의 절차가 유효하다. 그러나 연구자들은 가끔 속임수를 쓴다. 즉, 실험을 시작하기 전에 가설을 적어 놓는 대신, 자료를 수집하는 도중에 가설을 만들거나 바꾸어 버린다(마치 월드컵이 끝나기 전에 우승 예상 팀을 바꾸는 것처럼). 더 나쁜 것은, 자료를 다 수집한 후에 그 자료에 맞추어서 가설을 꾸미기도 한다. 사후(post hoc) 검정이라고 부르는 몇 가지 복잡한 절차를 제외할 때, 이런 일은 속임수(cheating), 즉 기만행위에 해당한다. 이와 비슷하게, 연구자들은 자료를 수집하고 분석한 후에 유의수준(significance level)을 정하는 속임수를 쓰기도 한다. 이는 도박 사이트가 토너먼트가 끝난 후에 배당률을 바꾸는 것과 같은 일이다.

여러분이 연구 도중에 가설이나 분석의 세부사항을 변경할 때마다 유의미한 결과를 발견할 가능성이 커지는 것처럼 느껴지겠지만, 실제로 높아지는 것은 다른 연구자들이 재현할 수 없는 결과를 여러분이 발표하게 될 가능성이다(그리고 그런 일은 아주 창피한 일이다). 그러나 여러분이 규칙들을 세심하게 따르고 5%의 유의수준으로 검정을 진행한다면, 장기적으로 볼 때 공개적으로 망신을 당할 위험이 생기는 것은 연구 결과 20개 중 많아야 하나뿐일 것이다.

(이 글상자에 영감을 준 데이비드 히친에게 감사하며, 럭비의 예로 바꾼 것에 대해서는 사과한다.)

크티 음미 실험에 관해 더 알고 싶다면 데이비드 샐버그(David Salsburg)의 훌륭한 책 *The Lady Tasting Tea*(Salsburg, 2002)를 보기 바란다. 지금 문맥에서 중요한 점은, 그 여성이 순전히 운으로 정답을 맞힐 확률이 아주 작을 때만 그 여성에게 그런 능력(정말로 컵에 우유를 먼저 넣었는지 아닌지를 밝히는)이 있다는 결론을 내려야 한다는 것이다.

위에서 밀크티 여섯 컵을 예로 든 것은 우연이 아니다. 피셔는 결과를 확신하기에 유용한 기준으로 95%를 제시했는데, 밀크티가 여섯 컵일 때는 음미자가 정답을 맞힐 기회가 5%이므로 그 기준과 맞아떨어진다. 이 기준은 결과가 운이 아니라 진짜라는 확신이 95% 이상일 때만 그 결과가 참이라고 받아들여야 한다는 뜻이다.[9] 반대로 말하면, 만일 어떤 일이 전적으로 우

---

9 물론 현실에서는 이것이 참이 아닐 수도 있다. 우리는 그것이 참이라고 믿을 준비가 된 것일 뿐이다.

그림 2.9 로널드 A. 피셔(Ronald A. Fisher) 경.
아마도 역사상 가장 똑똑한 사람일 것이다(p < .0001).

연히 일어날 기회가 5%(.05의 확률)밖에 되지 않는다면, 그 일은 정말로 일어난 것이라고 받아들일 수 있다. 이를 두고 **통계적으로 유의한**(statistically significant) 발견이라고 부른다(.05라는 기준이 어떻게 널리 쓰이게 되었는지는 초천재 제인 글상자 2.5를 보라).

2.6.1 검정통계량 ①

앞에서 우리는 검증하고자 하는 가설을 대표하는 자료에 통계적 모형을 적합시킬 수 있음을 보았다. 또한, 우리는 그런 점수들이 우연히 발생했을 가능성을 확률을 이용해서 판단할 수 있다는 점도 알고 있다(§1.7.4). 만일 그 두 착안을 결합한다면, 통계적 모형이(따라서 가설이) 수집된 자료에 의미 있게(유의하게) 적합하는지도 검증할 수 있다. 이를 위해서는 §1.6.2.2에 나온 체계적 변동과 비체계적 변동이라는 개념들로 돌아가야 한다. 비체계적 변동은 자료에 적합시킨 모형으로는 설명할 수 없는 변동이다. 다른 말로 하면, 비체계적 변동은 우리가 조사하는 효과 때문에 생긴 것이 아닌 어떤 오차 또는 변동이다. 따라서, 모형이 자료에 적합하는지(다른 말로 하면 가설이 관측자료를 잘 설명하는지) 검증하는 가장 간단한 방법은 체계적 변동을 비체계적 변동과 비교하는 것이다. 그러한 비교는 모형/가설이 자료를 얼마나 잘 설명하는지와 모형/가설이 자료를 얼마나 잘 설명하지 못하는지(오차)를 비교하는 것에 해당한다.

$$\text{검증 통계량} = \frac{\text{모형이 설명하는 변동}}{\text{모형이 설명하지 못하는 변동}} = \frac{\text{효과}}{\text{오차}}$$

95% 신뢰 또는 .05 확률이라는 기준은 현대 통계학의 토대를 형성하지만, 왜 이 값이 쓰이게 되었는지 설명하는 책은 많지 않다. 그렇게 된 과정은 복잡하고도 신비하다. 오늘날 사용하는 유의성검정(significance test)은 확률값 p를 귀무가설을 반증하는 증거의 가중치에 대한 지수(index)로 사용한다는 피셔의 착안에 귀무가설을 대립가설과 대비해서 검증한다는 예르지 네이만(Jerzy Neyman)과 이건 피어슨(Egron Pearson)의 착안을 섞은 것이다. 피셔는 네이만의 대립가설 사용에 반대했고(그 밖에도 반대한 것들이 있지만), 네이만은 정확한 확률 접근 방식에 반대했다(Berger, 2003; Lehmann, 1993). 상대의 착안에 대한 두 진영의 적대감 때문에 혼동이 생기면서, 결과적으로 과학자들은 두 접근 방식의 사생아라고 부를만한 것을 만들어 냈다.

이러한 역사가 왜 .05라는 값이 쓰이느냐는 질문의 답이 되지는 않는다. 아마도 그 답의 근원은 컴퓨터가 널리 쓰이기 전에 과학자들이 자신의 검정통계량들을 출판된 표에 나온 '임계값(critical value)'들과 비교해야 했다는 사실일 것이다(당시에는 정확한 확률을 계산해주는 **R**이 없었다). 그때는 그러한 임계값들을 피셔 같이 특이나 똑똑한 사람들이 손수 계산해야 했다. 그의 놀랄 만큼 영향력이 큰 교과서 *Statistical Methods for Research Workers*(Fisher, 1925)[10]에 그런 임계값들의 표가 나오는데, 지면 제약 때문에 그는 몇몇 특정 확률값(.05, .02, .01)에 대한 표들만 수록해야 했다. 그 책의 영향력을 절대 과소평가해서는 안 된다(출판 25년 후의 이 책의 영향력을 [Mather, 1951]이나 [Yates, 1951]에서 짐작할 수 있다). 그리고 그 표들은 대단히 자주 쓰였다. 심지어 네이만과 피어슨도 그 표들이 자신들에게 미친 영향을 인정했다(Lehmann, 1993). 연구자들이 피셔 접근 방식과 네이만-피어슨 접근 방식을 혼동한 것과 유명 교과서의 표에 특정 수준의 확률들에 대한 임계값들만 수록된 것이 재앙적으로 결합하면서, 검정통계량들이 $p < .05$와 $p < .01$이라는 이제는 유명한 확률 수준에서 유의하다고 보고하는 경향이 생겼다(그 책에서 쉽게 찾아볼 수 있는 임계값들이 그 확률들의 임계값들이기 때문이다).*

그러나 피셔는 고정된 유의수준들을 교조적으로 쓰는 것이 어리석은 일임을 알고 있었다. 그는 "과학 노동자가 매년 같은 유의수준을 사용해서는 안 된다. 그러면 항상 가설들을 기각하게 된다. 그보다는, 자신의 증거와 착안에 기초해서 각각의 구체적인 사례를 고찰해야 한다."라고 말했다(Fisher, 1956).

효과크기(§2.6.4)의 사용은 $p < .05$ 같은 임의의 기준을 사용하는 것과 효과가 연구 문맥 안에서 의미가 있는지를 평가하는 것 사이의 적절한 균형점에 해당한다. 우리가 여전히 $p < .05$라는 신전에 경배하는 것과 유의한 결과를 담은 연구 논문들이 출판될 가능성이 그렇지 않은 경우보다 높다는 사실을 생각하면, 만일 피셔가 아침에 깨자마자 '왠지 $p < .10$이 더 그럴듯하다'고 생각하면서 교과서를 쓰는 평행 우주에서는 어떤 일이 벌어졌을지 궁금해진다. 아마 내 파일 캐비닛에서 썩고 있는, p가 .05보다 조금 크게 나온 수많은 연구 논문이 출판되어서 내가 지금 재직 중인 대학교의 총장이 되지는 않았을까(그러나 그것이 정말로 현실이 된다고 해도, 그 평행 우주의 내 대학은 고양이들로 가득한, 완전 엉망진창인 학교일 수도 있다).

체계적 변동 대 비체계적 변동의 비(ratio) 또는 효과 대 오차의 비를 **검정통계량**(test statistic)이라고 부른다. 이 책에서 나중에 보겠지만, 이러한 검정통계량은 종류가 많다. 세 가지만 들

---

10 이 책은 http://psychclassics.yorku.ca/Fisher/Methods/에서 온라인으로 읽을 수 있다.

*역주 참고로, 2017년 6월에 이 책의 저자 앤디 필드를 포함한 일단의 연구자들이 p 값의 기준을 .05에서 .005로 낮추자고 제안한 바 있다. 좀 더 자세한 사항은 사이언스온에 실린 기사 '*p값 개선하자*'…과학자들, 연구가설 검정 '문턱값' 강화 제안(박준석, http://scienceon.hani.co.kr/540289)을 보기 바란다.

자면 t와 F, χ^2이 그러한 검정통계량이다. 위의 공식의 구체적인 형태는 계산하고자 하는 검정 통계량에 따라 다르지만, 여기서 중요한 것은 크게 볼 때 모든 검정통계량이 결국 같은 것, 즉 자료에 적합시킨 모형이 설명하지 못하는 변동의 양과 모형이 설명하는 변동의 양의 비를 뜻한 다는 점이다(이에 대한 좀 더 자세한 설명이 제7장과 제9장에 나온다). 이 비가 유용한 이유는 사실 간단하다. 바로, 좋은 모형으로 설명할 수 있는 변동은 그것으로 설명할 수 없는 변동보다 많 을 것이라는 점이다. 그런 모형의 경우 검정통계량은 1보다 크다(그러나 그것이 반드시 유의한 것 은 아니다).

검정통계량은 그 속성이 알려진 어떤 통계량이다. 구체적으로 말하면, 검정통계량의 여러 값이 발생하는 빈도(도수)는 이미 알려져 있다. 그리고 그 도수들을 아는 덕분에, 특정 값이 나 올 확률도 계산할 수 있다(§1.7.4에서 특정 크기의 점수가 나올 확률을 도수분포로부터 추정했던 것과 마찬가지이다). 필드와 홀은 이를 사람들이 죽는 나이에 비유해서 설명했다(Field & Hole, 2003). 과거의 자료에서 사망 연령의 분포를 알아낼 수 있다. 예를 들어 남성의 평균 사망 연령이 75 세라고 하자. 그리고 사망 연령의 분포가 나이가 많은 쪽(오른쪽)으로 쏠려 있다고 하자. 즉, 대 부분의 사람은 50세 이상에서 죽으며, 20대에 죽는 사람은 비교적 드물다고 하자. 이 경우 노 년 사망의 도수는 아주 크지만 어린 나이에 사망하는 도수는 작다. 이러한 자료로부터 누군가 가 특정 나이에 죽을 확률을 계산하는 것이 가능하나. 만일 어떤 사람을 무작위로 뽑아서 나 이를 물었더니 53세라고 답했다고 하자. 그러면 우리는 그 사람이 다음 생일이 오기 전에 죽을 확률을 계산할 수 있다(아마 그 사람에게 그런 확률을 말해 주면 주먹을 날리겠지만). 또한, 110세 노 인을 만났다면, 임의의 사람이 그렇게 오래 살 확률도 계산할 수 있다(대부분의 사람이 그 나이 가 되기 전에 죽으므로 그럴 확률은 아주 작을 것이다). 검정통계량을 활용하는 방법도 이와 꽤 비슷 하다. 검정통계량들의 분포를 알고 있으면, 특정 검정통계량 값을 얻었을 때 그 값이 나올 확 률을 계산할 수 있다. 예를 들어 어떤 검정통계량을 계산했는데 그 값이 110이라고(아까 만난 노인의 나이처럼) 하자. 그러면 그렇게 큰 값이 나올 확률을 계산할 수 있다. 모형이 설명하는 변 동이 (설명하지 못하는 변동들에 비해) 많을수록 해당 검정통계량이 더 커지며, 따라서 그 값들 이 우연히 발생했을 가능성이 작아진다(110세 노인의 경우처럼). 간단히 말해서, 검정통계량이 클수록 그것이 발생할 확률은 작아진다. 그 확률이 .05(피셔의 기준)보다 작으면, 그 검정통계 량이 그런 값이 된 이유는 우리의 모형이 실세계(모집단)에서 정말로 발생하는 일들을 반영하 는 변동들을 충분히 설명하기 때문이라고 확신할 수 있다. 그러한 검정통계량을 가리켜 유의한 (significant; 또는 유의적인) 검정통계량이라고 말한다. 자료에 적합시킨 통계적 모형이 우리가 검 증하고자 하는 가설을 반영한다고 할 때, 어떤 검정통계량이 유의하다는 것은 만일 모집단에 아무런 효과가 없었다면 모형이 자료에 그렇게 잘 적합하지는 않았을(다시 말해 귀무가설이 참이 아니었을) 것이라는 뜻이다. 따라서 그런 경우에는 귀무가설을 기각할 수 있으며, 결과적으로

유의한 검정통계량에서 결론을 이끌어 낼 수 있을 때와 그렇지 않을 때 ②

효과의 중요도: 앞에서 보았듯이, 가설의 검증에는 가설을 실험가설과 귀무가설로 분리하고, 통계적 모형을 자료에 적합시키고, 검정통계량으로 모형을 평가하는 등의 개념들이 관여한다. 특정한 검정통계량 값이 우연히 나올 확률이 .05보다 작다면, 대체로 우리는 실험가설이 참임을, 다시 말해 즉, 모집단에 어떤 효과가 존재함을 인정하게 된다. 이 경우 보통 우리는 "...에 유의한(significant) 효과가 존재한다."고 말한다. 그런데 이 '유의한'이라는 말에 속으면 안 된다. 효과가 운에 의한 것일 확률이 작다고(.05보다) 해도, 반드시 그 효과가 중요한 효과인 것은 아니다. 아주 작고 별로 중요하지 않은 효과라도, 실험에 아주 많은 수의 사람이 쓰였다면 통계적으로 유의하다는 결과가 나올 수 있다(Field & Hole, 2003: 74).

유의하지 않은 결과: 검정통계량을 계산한 후에는 그 검정통계량이 우연히 발생했을 확률을 계산한다. 만일 그 확률이 .05보다 크면 대립가설을 기각한다. 그런데 대립가설을 기각한다고 해도 반드시 귀무가설이 참이라는 뜻은 아니다. 귀무가설은 모집단에 효과가 존재하지 않는다는 것이다. 결과가 유의하지 않다는 것은 단지 그 효과가 우연히 발생한 것이 아니라고 말할 수 있을 정도로 크지는 않다는 뜻일 뿐, 효과가 0이라는 뜻은 아니다. 코언이 이 지적했듯이(Cohen 1990), 유의하지 않은 결과를 "평균들 사이에 차이가 없다"라거나 "변수들 사이에 관계가 없다"라고 해석해서는 안 된다(그러나 그런 식으로 해석하는 경우가 많다는 것이 현실이다). 코언은 또한 귀무가설이 **결코** 참일 수는 없다는 점도 지적했다. 표본표집(§2.5.1)에서 알 수 있듯이 두 무작위 표본의 평균은 다르기 마련이고, 그 차이가 작다고 해도(예를 들어 한 평균은 10이고 다른 하나는 10.00001) 차이가 없는 것은 아니기 때문이다. 사실 그런 작은 차이라도 표본이 충분히 크면 통계적으로 유의하다는 결과가 나올 수 있다. 따라서

유의성 검정은 결코 귀무가설이 참임을 말해주지 않는다. 애초에 귀무가설은 참일 수 없기 때문이다.

유의한 결과: 귀무가설은 결코 참일 수 없다는 것은 인정할 수밖에 없는 사실이다. 반대로, 만일 결과가 유의하다면 귀무가설이 반드시 거짓이라고 결론을 내리는 것은 가능할까? 안타깝게도 그 역시 불가능하다. 유의한 검정통계량은 통계적 추론에 기초한 것인데, 통계적 추론에서는 결론을 내릴 수 있는 것에 한계가 아주 많다. 이번에도 코언(통계학을 아주 명료하게 설명할 줄 아는 저자이다)이 중요한 점을 지적했다(Cohen 1994). 바로, 형식적 추론(formal reasoning)은 먼저 사실을 진술하고, 그다음에 현재 상태에 관해 진술하고, 마지막으로 그 둘로부터 결론을 이끌어내는 형태로 일어난다는 것이다. 다음과 같은 삼단논법을 보면 이해가 될 것이다.

• 만일 어떤 사람에게 팔이 없으면 그 사람은 기타를 연주할 수 없다:
  • 이 사람은 기타를 연주한다.
  • 따라서 이 사람에게는 팔이 있다.

이러한 삼단 논법(syllogism)은 사실에 대한 명제(진술)로 시작하며, 그 명제로부터 결국에는 최종 결론에 도달한다. 이러한 삼단논법이 성립하는 이유는, 후건(consequent; 사후조건. 지금 예에서는 "기타를 연주하지 못한다")을 부정함으로써 전건(antecedent; 전제조건. 지금 예에서는 "팔이 없다")을 부정할 수 있기 때문이다.[11] 이를 귀무가설에 적용하면 다음과 같다.

• 만일 귀무가설이 옳다면 이 검정통계량은 발생할 수 없다:
  • 이 검정통계량이 발생했다.
  • 따라서 귀무가설은 거짓이다.

이 자체로는 그럴듯해 보이는 논리이지만, 문제는 귀무가설이 확률에 기초하기 때문에 이런 식의 삼단논법으로 표현할 수는 없다는 점이다. 대신 다음과 같이 표현해야 마땅하다.

• 만일 귀무가설이 옳다면 이 검정통계량이 발생할 가능성이 아주 낮다.

---

11 삼단논법을 반증하는 영상을 알려 준 필립 서리에 감사한다(http://www.parcival.org/2007/05/22/when-syllogisms-fail/ 참고).

- 이 검정통계량이 발생했다.
- 따라서 귀무가설이 옳을 가능성이 아주 낮다.

이런 접근 방식을 기타 연주의 예에 적용하면 다음과 같다.

- 만일 어떤 사람이 기타를 연주한다면 그는 푸가지라는 밴드의 기타리스트가 아닐 가능성이 크다(기타 연주자는 수천 명이지만 푸가지의 기타리스트는 한 명이므로 이 명제는 참이다).
  - 가이 피치오토는 푸가지의 기타리스트이다.

- 따라서 가이 피치오토는 기타를 연주하지 않을 가능성이 크다.

이런 예가 황당하다고 느꼈다면 나로서는 성공이다. 가이 피치오토는 실제로 기타를 연주하므로, 이 논법의 결론은 틀렸다. 이 예는 가설의 검증에 관한 흔한 오해를 잘 보여준다. 사실 유의성 검정으로 귀무가설에 대해 말할 수 있는 것은 아주 적다.

대립가설이 참임을 좀 더 확신할 수 있다(그러나 그렇다고 대립가설을 완전히 받아들일 수 있는 것은 아님을 기억하기 바란다. §1.7.5를 보라).

2.6.2 한쪽꼬리 검정과 양쪽꼬리 검정 ①

§1.7.5에서 보았듯이 가설에는 방향이 있는 가설이 있고(이를테면 "이 책을 더 읽어 나갈수록 저자를 죽이고 싶은 마음이 커진다") 방향이 없는 가설이 있다(이를테면 "이 책을 더 읽어 나갈수록 저자를 죽이고 싶은 마음이 커지거나 작아진다"). 방향이 있는 가설을 검증하는 통계적 모형을 가리켜 **한쪽꼬리 검정**(one-tailed test)이라고 부르고, 방향이 없는 가설을 검증하는 모형을 가리켜 **양쪽꼬리 검정**(two-tailed test)이라고 부른다.[*]

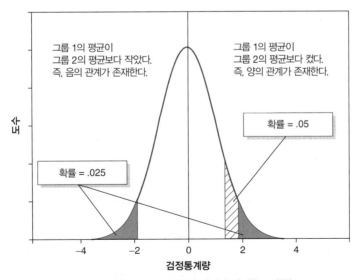

그림 2.10 한쪽꼬리 검정과 양쪽꼬리 검정의 차이를 보여주는 도표

---

[*] **역주** 단측검정(one-side test)과 양측검정(two-sided test)이라는 용어도 흔히 쓰인다.

독자가 이 책을 더 읽을수록 나(저자)를 죽이고 싶은 마음이 커지는지 아니면 줄어드는지 알아본다고 상상하자. 실험연구에서는 이 책을 읽은 사람들의 그룹과 읽지 않은 사람들의 그룹을 비교해서 결론을 내릴 것이다. 상관연구라면 이 책을 읽은 양과 나를 죽이고 싶은 마음을 측정할 것이다. 만일 방향가설이 없다면 세 가지 가능성이 존재한다. (1) 이 책을 읽은 사람은 읽지 않은 사람보다 나를 더 많이 죽이고 싶어 한다. 즉, 그 차이(이 책을 읽은 사람의 그런 마음을 측정한 값의 평균에서 읽지 않은 사람의 그런 측정값의 평균을 뺀 것)가 양(positive)이다. 상관관계로 볼 때, 독자가 이 책을 더 많이 읽을수록 독자는 나를 더 많이 죽이고 싶어한다. 다른 말로 하면 독서량과 죽이고 싶은 마음은 양의 관계이다. (2) 이 책을 읽은 사람은 이 책을 읽지 않은 사람보다 나를 죽이고 싶은 마음이 덜하다. 즉, 그 차이(독자의 평균 빼기 비독자의 평균)는 음이다. 상관관계로 볼 때, 책을 더 많이 읽을수록 나를 덜 죽이고 싶어한다. 이는 음의 관계이다. (3) 독자와 비독자의 나를 죽이고 싶은 욕구에 차이가 없다. 즉, 독자의 평균 빼기 비독자의 평균이 정확히 0이다. 상관관계로 볼 때, 이 책을 읽는 것과 나를 죽이고 싶어 하는 것은 무관하다. 이 마지막 옵션이 바로 귀무가설이다. 검정통계량의 방향(양인지 음인지)은 차이가 양인지 음인지에 따라 결정된다. 양의 차이나 관계(이 책을 읽으면 나를 더 죽이고 싶어진다는)가 존재한다고 가정할 때, 그러한 차이를 검출하려면 독자들의 평균이 비독자들의 평균보다 크다는 사실을 고려해야 한다(그래야 양의 검정통계량이 나온다). 그러나 그러한 가정이 잘못된 예측이어서 사실은 이 책을 읽을수록 나를 덜 죽이고 싶어진다면, 검정통계량은 음이 된다.

왜 꼬리가 두 개냥?

이러한 논의가 뜻하는 바가 무엇일까? .05의 유의수준을 만족하려면 검정통계량이 10보다 큰 값이어야 하지만 실제로는 −12가 나왔다고 상상해 보자. 그렇다면, 차이가 존재하긴 하지만 그래도 가설을 기각해야 할 것이다. 이를 피하려면 가능한 검정통계량들의 분포에서 양 끝(즉, 두 꼬리)을 모두 봐야 한다. 이는 양의 검정통계량과 음의 검정통계량을 모두 포착한다는 뜻이다. 그러나 여기에는 대가가 따른다. .05라는 기준을 지키려면, 그 확률을 두 꼬리로 분할해야 한다. 즉, 분포의 양의 쪽에서 .025의 확률을 적용하고 음의 쪽에서 .025의 확률을 적용해야 하는 것이다. 그림 2.10에 그러한 상황이 나와 있다. 분포의 양 끝에 짙게 음영진 영역은 유의수준 .025에 필요한 검정통계량들이 속한 범위이다. 양 끝의 확률들을 결합하면(즉, 짙은 두 영역을 합치면) 애초의 기준인 .05가 나온다. 이제 뭔가를 예측한 후 한 바구니에서 달걀을 꺼내서 분포의 한 쪽 끝(예측에 따라 음의 끝 또는 양의 끝)과 비교하면 된다. 그림 2.10을 보면 분포의 양 끝에 짙은 영역이 있을 뿐만 아니라, 유의한 값들의 한계를 나타내는 좀 더 큰 영역(빗금 친)이 있는데, 그 부분이 바로 두 확률을 합한 .05에 해당한다. 이 덕분에 우연히 발생했을 확률이 .05인 검정통계량의 값을 표에서 조회할 수 있다. 그림 2.10에서 빗금 친 영역은 유의수준 .05를 만족하려면 양의 검정통계량이 그보다 커야 하는 값들의 범위에 해당한다. 유의수준 .05 영역(빗금)의 첫 값이 유의수준 .025 영역(음영)의 첫 값보다 작다는 점에 주목하자. 이는 우리가 어떤 구체적인 예측을 했을 때 유의한 결과를 얻으려면 더 작은 검정통계량이 필요하지만, 만일 그 예측의 방향이 틀렸다면 효과가 실제로 존재함을 검출하지 못하게 될 것이라는 뜻이다. 이러한 문맥에서 기억해야 할 요점은, 초천재 제인 글상자 2.4에서도 말했듯이 토너먼트가 끝나면 내기를 걸거나 내기를 변경할 수 없다는 것이다. 자료를 수집하기 전에 방향을 예측하지 않았다면, 방향을 예측해서 한쪽꼬리 검정의 이점을 취하기는 이미 늦은 것이다.

2.6.3   제1종 오류와 제2종 오류 ①

이전에 보았듯이, 우리는 세상의 진짜 상태에 관해 말하기(일정한 확신을 가지고) 위해 검정통계량을 사용한다. 좀 더 구체적으로 말하면, 우리는 모집단에 어떤 효과가 존재하는지를 알아내고자 한다. 이와 관련해서 현실 세계에는 두 가지 가능성이 있다. 하나는 실제로 모집단에 효과가 존재하는 것이고, 다른 하나는 모집단에 그런 효과가 존재하지 않는 것이다. 그 두 가능성 중 어떤 것이 진짜인지는 알 수 없다. 단지 검정통계량과 관련 확률들을 보고 둘 중 어느쪽이 더 가망이 있는지 말할 수 있을 뿐이다. 물론 최대한 정확한 결론을 내리고자 노력하는 것이 중요하며, 이는 애초에 피셔가 결과가 진짜로 발생함을 95% 확신할 수 있을 때만, 다른 말로 하면 효과가 존재하지 않아도 그런 결과가 발생할 가능성이 5%밖에 되지 않을 때만 그것을 받아들여야 한다고 말한 이유이다. 그러나 95% 확실한 경우에도 우리가 잘못된 결론을 내릴 가능성이 작게나마 존재한다. 사실 우리가 할 수 있는 실수는 두 종류이다. 그중 하나인 **제1종 오류**(type I error)는, 우리가 모집단에 효과가 진짜로 존재한다고 믿지만 사실은 모집단에 아무런 효과도 없는 것이다. 피셔의 기준을 사용한다면, 모집단에 효과가 존재하지 않을 때 이 오류가 생길 확률은 .05(또는 5%)이다. 이 값을 α**-수준**(α-level; 또는 알파 수준)이라고 부른다. 모집단에 아무런 효과도 존재하지 않는 상황에서 자료 수집을 100회 반복한다면, 그중 다섯 개의 표본에서는 모집단에 진짜로 효과가 존재한다고 믿게 될 정도로(실제로는 존재하지 않지만) 충분히 큰 검정통계량을 얻게 된다. 또 다른 실수는 **제2종 오류**(type II error)라는 것인데, 제1종 오류와는 반대이다. 즉, 모집단에 실제로 효과가 존재하지만 우리는 모집단에 아무 효과도 존재하지 않는다고 믿는 것이 제2종 오류이다. 검정통계량이 작게 나오면(아마도 표본들 사이에서 자연적인 변동들이 아주 많기 때문) 이런 오류를 겪게 된다. 코언은 제2종 오류의 허용 가능한 최대 확률로 .2(20%)를 제안했다(Cohen 1992). 이를 β**-수준**(β-level; 또는 베타 수준)이라고 부른다. 이는, 만일 실제로 효과가 존재하는 한 모집단에서 100개의 표본을 취했을 때 그중 20개에서는(즉, 다섯 개 중 하나에서는) 효과가 존재하지 않는다는 잘못된 결과를 얻게 된다는 뜻이다.

이 두 오류는 서로 절충 관계임이 분명하다. 만일 효과가 진짜라고 받아들일 확률을 낮추면(즉, 알파 값을 작게 하면) 실제로 존재하는 효과를 기각할 확률이 늘어난다(효과가 진짜라고 받아들이는 기준을 엄격하게 만들었으므로). 제1종 오류와 제2종 오류의 정확한 관계는 이해하기가 그리 쉽지 않다. 이는 두 오류가 서로 다른 가정에 기초하기 때문이다. 제1종 오류를 범하려면 모집단에 효과가 존재하지 않아야 하지만, 제2종 오류를 범하려면 그 반대이어야 한다(애초에 모집단에 효과가 정말로 존재했어야 그것을 놓치는 오류를 범할 수 있다). 따라서, 제1종 오류를 범할 확률이 감소하면 제2종 오류를 범할 확률이 높아진다는 점은 확실하지만, 그 둘의 구체적인 관계는 그냥 여러 정보에 기초해서 최대한 잘 추측하는 수밖에 없다([Howerll, 2006]는 이 두 오류 사이의 절충 관계를 아주 잘 설명한다).

2.6.4 효과크기 ②

지금까지 설명한, 효과가 진짜인지 검증하는 틀에는 몇 가지 주의해야 할 사항이 있는데, 중요한 것들을 초천재 제인 글상자 2.6에서 간략하게 설명했다. 첫째는 효과의 중요도를 고려해야 한다는 것이다. 검정통계량이 유의하다고 해서 그것이 측정하는 효과가 중요하거나 의미 있다는 뜻은 아니다. 이 문제의 해결책은 검증하고자 하는 효과의 크기를 표준화된 방식으로 측정해 보는 것이다. 효과(실험적 조작이든, 변수들 사이의 관계의 강도이든)의 크기를 측정한 결과를 가리켜 **효과크기**(effect size)라고 부른다. 간단히 말하자면 효과크기는 관측된 효과가 어느 정도나 큰지를 객관적이고 (보통의 경우) 표준화된 방식으로 측정한 것이다. 표준화된 측정 방법을 사용하는 덕분에, 측정하는 변수나 그 척도가 다른 여러 연구의 효과크기를 비교할 수 있다(예를 들어 밀리초 단위의 속력에 기초한 효과크기를 심장 박동수에 기초한 효과크기와 비교할 수 있다). 효과크기의 그러한 유용함 때문에 현재 미국심리학회(APA)는 출판되는 모든 심리학 연구 보고서의 결과에 효과크기를 포함하라고 권장한다.[*] 여러분도 그런 습관을 들이는 것이 좋다.

효과가 얼마나 중요한지 측정할 수 있나냥?

지금까지 여러 가지 효과크기 측도가 제안되었는데, 그중 흔히 쓰이는 것은 코언의 d와 피어슨의 상관계수 r(제6장), 그리고 승산비(odds ratio; 또는 오즈비)(제18장)이다. 아마 두 변수의 관계의 강도를 나타내는 측도로서의 상관계수(correlation coefficient)는 이미 익숙할 것이다(혹시 아니라면 제6장을 보기 바란다). 그런데 상관계수는 실험 효과의 강도를 표현하는 아주 다재다능한 측도이기도

*역주 참고로 APA 양식은 국내에서도 한국심리학회를 비롯해 여러 사회과학 학술단체에 쓰이고, 일부 자연과학 분야에서도 쓰인다 (https://ko.wikipedia.org/wiki/APA_양식 참고).

하다. 순진한 상관계수를 그런 용도로도 이용하는 데 익숙해지기 어려운 독자도 있을 것이다. 그러나 이는 전적으로 상관계수를 비실험적 연구에만 한정시키는 고정관념 때문일 뿐이다. 이 점을 자세히 이야기하지는 않겠다. 아마 제6, 9, 10장을 읽으면 내가 무슨 말을 하려는지가 명확해질 것이다(아무쪼록 그러길 바란다). 개인적으로 나는 피어슨의 상관계수 r을 효과크기의 측도로 사용하길 선호하는데, 그 이유는 상관계수가 0(효과 없음)과 1(완전한 효과) 사이로 제한된다는 점이다.[12] 그러나 d가 더 나을 때도 있다. 예를 들어 그룹 크기들의 변동이 아주 클 때는 d에 비해 r이 상당히 편향될 수 있다(McGrath & Meyer, 2006).

효과크기는 어떤 효과의 중요도를 객관적으로 측정한 것이라는 점에서 유용하다. 구체적으로 어떤 효과인지, 어떤 변수들을 측정했는지, 그 변수들을 어떻게 측정했는지와는 무관하게, 상관계수(효과크기의 측도로서의)가 0이라는 것은 그 효과가 존재하지 않는다는 것이고 1이라는 것은 완전한 효과가 존재한다는 뜻이다. 코언은 또한 효과를 그 크기에 따라 분류하는 기준도 제시했는데(Cohen, 1988, 1992), 지금도 널리 쓰이고 있다. 그 기준은 다음과 같다.

- $r = .10$ (**작은 효과**): 이 경우 효과는 전체 변동의 1%를 설명한다.

- $r = .30$ (**중간 효과**): 이 경우 효과는 전체 변동의 9%를 설명한다.

- $r = .50$ (**큰 효과**): 이 경우 효과는 전체 변동의 25%를 설명한다.

그런데 r이 선형(정비례) 척도로 측정되지는 않음을 염두에 두기 바란다. 예를 들어 $r = .6$인 효과의 크기가 반드시 $r = .3$인 효과의 세 배인 것은 아니다. 위의 지침들이 효과의 중요도를 평가하는(검정통계량의 유의성과는 무관하게) 대략적인 법칙으로 유용할 수는 있지만, 이러한 '전형적인' 효과크기 분류에 의존하기보다는 해당 연구 분야의 문맥에서 효과크기를 구체적으로 평가하는 것이 바람직함을 기억해야 할 것이다.

마지막으로 하나 더 언급하자면, 효과크기를 계산할 때는 주어진 하나의 표본으로 효과크기를 계산한다. 이는 모집단 전체의 평균(우리가 정말로 알고 싶어하는 대상)을 추론하기 위해 표본의 평균을 구하는 것과 마찬가지이다. 우리가 정말로 알고 싶어 하는 것은 모집단에서의 효과의 크기이지만, 그 값에 직접 접근할 수는 없으므로 표본의 효과크기를 이용해서 모집단의 효과크기를 추측한다. 또한, 모집단 효과크기를 좀 더 잘 추정하기 위해 같은 질문을 연구하는 서로 다른 여러 연구 결과의 효과크기들을 결합하기도 한다. 이를 **메타 분석**(meta-analysis)이라고 부르는데, [Field, 2001, 2005b]를 보기 바란다.

---

[12] 상관계수가 음수가 될 수도 있다(그러나 −1보다 작지는 않다). 이는 두 변수의 관계를 측정할 때 유용하다. 그런 경우 r의 부호는 관계의 방향을 말해주기 때문이다. 그러나 실험연구에서 r의 부호는 그냥 실험자가 그룹들을 부호화한 방법을 반영할 뿐이다 (제6장 참고).

효과크기는 연구 결과의 중요도를 표현하는 데 아주 유용한 수단이다. 모집단의 효과크기는 다음 세 가지 통계적 속성들과 본질적으로 연결되어 있다: (1) 효과크기가 기초하는 표본의 크기, (2) 효과의 통계적 유의성을 승인하는 확률 수준(알파 수준), (3) 해당 크기의 효과를 검출하는 검정 능력(이를 통계적 **검정력**(power)이라고 부르는데, 통계적 검정약과* 혼동하면 안 된다. 그것은 통계학을 더 잘 이해하게 만드는 불법 약물이다). 세 속성 중 둘을 알아내면 나머지 하나도 계산할 수 있다. 그리고 효과크기는 검정이 한쪽꼬리인지 양쪽꼬리인지(§2.6.2)에도 의존한다. 대체로 α 값(알파 수준)은 연구자가 정하므로(일반적으로 심리학 연구에서는 알파수준을 .05로 잡는다), 2번 속성은 이미 알고 있는 셈이다. 통계적 검정력은 모집단에 효과가 존재한다는 가정하에서 주어진 검정이 그 효과를 검출할 확률을 뜻한다. 실제로 존재하는 효과를 검출하지 못하는 오류를 범할 확률은 이미 앞에서 살펴보았다. 제2종 오류의 β가 바로 그것이다. 따라서, 그 반대의 확률, 즉 실제로 존재하는 효과를 검출할 확률은 $1 - \beta$이다. 또한, β의 기준, 즉 실제로 존재하는 효과를 검출하지 못하는 오류를 범할 확률의 기준으로 코언이 .2를 제시했다는(Cohen, 1988, 1992) 점도 이전에 언급했다. 그의 제안을 따른다면, 주어진 검정이 실제로 존재하는 효과를 검출할 확률의 기준은 $1 - .2 = .8$이다. 따라서 우리는 만일 효과가 정말로 존재한다면 그것을 적어도 .8 또는 80%의 확률로 검출할 수 있는 검정력을 목표로 삼아야 한다. 모집단의 효과크기는 표본의 효과크기로 추정할 수 있으며, 표본의 크기는 실험자가 결정한다. 따라서 1번 속성도 쉽게 계산할 수 있다. 다음은 이러한 네 가지 변수의 관계를 알고 있을 때 할 수 있는 유용한 일 두 가지이다.

1 **검정의 능력을 계산한다:** 실험을 마쳤다면 이미 알파 수준의 값이 정해져 있을 것이다. 효과크기는 표본에서 구하면 된다. 그리고 실험 참가자들의 수도 이미 알고 있다. 따라서 그 세 가지 값으로 β, 즉 검정의 능력(검정력)을 계산할 수 있다. 만일 β 값이 .8 이상이면, 실제로 존재하는 임의의 효과를 검출할 수 있는 능력을 갖추었다고 확신할 수 있다. 그러나 .8 미만이면 참가자를 좀 더 늘려서 실험을 반복함으로써 검정력을 키울 필요가 있다.

2 **원하는 수준의 검정력에 필요한 표본 크기를 계산한다:** α 값과 β 값을 미리 알고 있다고 하자. 우리가 실험에서 검출하고자 하는 효과의 크기는 기존 연구 결과에서 추정할 수

---

*역주 '검정약'의 원문은 statistical powder인데, 이 문맥에서 powder는 가루로 된 특정 마약을 암시한다. 그 점에 착안해서 검정력의 '력'을 '약'으로 대체한 '검정약'으로 번역했는데, 알고 보니 공교롭게도 검정약(물론 여기서 검정은 test를 뜻하는 한자어가 아니라 색이 검다는 뜻의 순우리말이다)은 마약의 일종인 '아편'의 북한어이다(표준국어대사전 참고).

있다. 그리고 같은 실험에 관한 기존 연구가 전혀 없다고 해도, 비슷한 실험으로부터 효과크기를 어느 정도는 추정할 수 있다. α 값과 β 값, 그리고 추정된 효과크기로부터 그 효과를 검출하는 데 필요한 실험 참가자 수를 계산할 수 있다.

두 용도 중 후자, 즉 원하는 검정력 수준에 필요한 참가자 수를 구하는 것이 좀 더 흔히 쓰인다. 실제 계산은 아주 번거롭지만, 다행히 요즘은 그런 계산을 대신 해주는 컴퓨터 프로그램들이 있다(한 예가 G*Power인데, 부록 웹사이트에 있는 링크에서 무료로 내려받을 수 있다. nQuery Adviser라는 프로그램도 있지만, 이것은 돈 주고 사야 한다!). 또한 [Cohen, 1988]에는 주어진 검정력 수준에 대한 참가자 수가(그리고 그 반대의 수치들이) 계산된 상세한 표들이 있다. 그리고 [Cohen, 1992]에는 다음과 같은 지침이 나온다: 알파 수준을 .05(표준적으로 널리 쓰이는 값이다)로 잡는다고 할 때, 그리고 권장 검정력 .8을 달성하려 한다고 할 때, 작은 효과(r = .1)를 검출하려면 참가자가 783명 필요하고, 중간 효과(r = .3)를 검출하려면 85명, 큰 효과(r = .5)를 검출하려면 28명이 필요하다.

이번 장에서 발견한 통계학 ①

이번 장에서는 통계학 이론을 주마간산 격으로 훑어보았다. 여러분의 두뇌가 아직도 비교적 멀쩡하길 바랄 뿐이다. 이번 장에서 여러분이 꼭 이해했으면 하는 요점은, 어떤 연구를 수행할 때 우리는 모집단에 정말로 어떤 효과가 존재하는지 확인하려 한다는 것이다(확인하려는 효과는 여러분의 연구 관심사와 구체적인 예측에 따라 다르다). 모집단 전체에서 자료를 수집할 수는 없으므로(한 연구에만 평생을 바쳐서, 또는 여러 번 환생해서 자료를 수집하지 않는 한), 이를 대신해 표본을 사용한다. 그 표본에서 얻은 자료에 통계적 모형을 적합시켜서 예측을 검정한다. 이때 예측을 검정한다는 것은 찾고자 하는 효과가 존재하는지 확인한다는 뜻이다. 통계학이라는 것을 한마디로 요약한다면, "어떤 모형과 그 모형에 연관된 오차로부터 관측자료를 예측할 수 있다"는 것이다. 우리는 그러한 모형을(그리고 그와 연관된 오차를) 이용해서 검정통계량을 계산한다. 만일 모형이 수집된 자료의 변동들 다수를 설명한다면(그러한 검정통계량을 얻을 확률이 .05 미만이면), 찾고자 했던 효과가 모집단에 실제로 존재한다고 확신할 수 있다. 그러나 그러한 검정통계량을 얻을 확률이 .05보다 크면, 효과가 너무 작아서 검출할 수 없다는 결론을 내려야 한다. 통계적 유의성에 의존하는 대신 표본에 있는 효과의 크기를 표준적인 방식으로 측정한 효과크기를 사용할 수도 있다. 효과크기는 그 효과의 중요도를 파악하는 데 도움이 된다. 좀 이른 감이 있지만, 이제는 여러분이 초등학교에 진학해서 새롭고도 무서운 도전에 맞설 때이다. 다음 장에서 여러분은 R이라는 새로운 환경에 처음으로 접하게 된다.

이번 장에서 발견한 주요 용어

검정[검증]통계량	제2종 오류
검정력	중심극한정리
메타 분석	표본
모집단	표본의 표준오차
분산	표준오차
선형모형	표준편차
신뢰구간	표집변동
양쪽꼬리 검정	표집분포
오차제곱합	한쪽꼬리 검정
이탈도	효과크기
자유도	α-수준
적합	β-수준
제1종 오류	

똑똑한 알렉스의 과제

- **과제 1**: 표본을 왜 사용하는가? ①

- **과제 2**: 평균이 무엇이고, 그것이 자료를 잘 대표하는지 파악하는 방법은 무엇인가? ①

- **과제 3**: 표준편차와 표준오차는 어떻게 다른가? ①

- **과제 4**: 제1장에 과다흡연자가 가장 빠른 속도의 러닝머신에서 나가 떨어지는 시간의 예가 나왔다. 그 시간은 초 단위로 18, 16, 18, 24, 23, 22, 22, 23, 26, 29, 32, 34, 34, 36, 36, 43, 42, 49, 46, 46, 57이다. 이 자료의 제곱합, 분산, 표준편차, 표준오차, 95% 신뢰구간을 계산하라. ①

- **과제 5**: 제곱합, 분산, 표준편차는 각각 무엇을 대표하는가? 이들은 서로 어떻게 다른가? ①

- **과제 6**: 검정통계량이 무엇이고 그것으로부터 무엇을 알 수 있는가? ①

- **과제 7**: 제1종 오류와 제2종 오류란 무엇인가? ①

- **과제 8**: 효과크기가 무엇이고 어떻게 측정하는가? ②

- **과제 9**: 통계적 검정력이 무엇인가? ②

답은 이 책의 부록 사이트에서 볼 수 있다.

더 읽을거리

Cohen, J. (1990). Things I have learned (so far). *American Psychologist, 45*(12), 1304-1312.

Cohen, J. (1994). The earth is round (*p* < .05). *American Psychologist, 49*(12), 997-1003. (우리 시대 최고의 통계학 저자가 쓴 두 편의 아름다운 논문)

Field, A. P., & Hole, G. J. (2003). *How to design and report experiments.* London: Sage. (다소 사견이 들어간 추천이지만, 기본적인 통계 이론을 잘 개괄하는 책이라고 생각한다.)

Miles, J. N. V., & Banyard, E (2007). *Understanding and using statistics in psychology: a practical introduction.* London: Sage. (환상적이고 즐거운 통계학 이론 입문서)

Wright, D. B., & London, K. (2009). *First steps in statistics* (2nd ed.). London: Sage. (표집, 신뢰구간, 기타 주요 통계학 개념을 아주 명확하게 설명하는 입문서이다.)

흥미로운 실제 연구

Domjan, M., Blesbois, E., & Williams, J. (1998). The adaptive significance of sexual conditioning: Pavlovian control of sperm release. *Psychological Science, 9*(5), 411-415.

CHAPTER

3 / R 환경

그림 3.1 크리스마스에 내가 원하는 것은 그저… 맛있는 벽지?

3.1 이번 장에서 배우는 내용 ①

다섯 살 때쯤 나는 어린이집을 나와서(그 무엇을 옷 밖으로 꺼내서 '쫓겨난' 것이 아니라 그냥 나온 것이다) 초등학교에 들어갔다. 형이 이미 다니고 있긴 했지만, 학교 가는 게 아주 무서웠던 기억이 난다. 그 학교에는 어린이집 친구가 하나도 없었으며, 나는 처음 보는 어린애들을 만나야 하는 것이 몹시 두려웠다. 교실에 도착하니 실제로 무서운 애들 천지였다. 6년간 모래성을 지으면서 보낼 수밖에 없겠다는 생각을 하던 중에 마침 선생님이 내게 모래밭에서 놀자고 말했다. 내 머리를 묻을 만큼 높게 모래 더미를 쌓을 수 있는지 시험해 보는데 한 소년이 와서 모래 장난에 참여했다. 조너선 랜드라는 아이였는데, 정말 좋은 애였다. 한 시간도 되지 않아 그는 내 새 절친이 되었다(다섯 살짜리들은 변덕이 심하다...). 그리고 학교가 좋아졌다. 새로운 환경에 처하는 것이 실제보다 더 무섭게 느껴질 때가 있다. 이번 장에서는 무서운 새 환경인 R을 여러분에게 소개한다. R이라는 환경에서 지내는 것이 일상의 환경에서 지내는 것보다 덜 즐거울 때가 많겠지만, 그래도 자료를 분석하려면 R 환경에서 시간을 보내야 한다. 따라서, 이번 장의 목적은 여러분을 다섯 살짜리 조너선과 함께 모래밭에 집어넣는 것이다. 이번 장에서 나는 여러분에게 새로운 집을 소개하고, 모든 것이 잘 될 것이라고 안심시킬 것이다. 좀 더 구체적으로, 이번 장에서 R을 작동하는 방법과 R의 주요 창들(콘솔 창, 편집기 창, 그래픽/Quartz 창)을 살펴본다. 또한, 변수와 자료 집합(데이터셋)을 생성하고 자료를 도입, 조작하는 방법도 살펴본다.

3.2 시작하기 전에 ①

R은 통계 계산과 그래픽을 위한 자유 소프트웨어 환경이다. R은 소위 '오픈소스(open source)'인데, 이는 R을 개발한 사람들이 누구나 R의 소스 코드에 접근할 수 있게 허용한다는 뜻이다(자사 소프트웨어의 기반 코드를 방어적으로 숨기는 상용 소프트웨어 회사들과는 달리). 이러한 오픈소스 철학 덕분에 그 누구라도 소프트웨어에 기여할 수 있다. 세상 모든 곳의 사람들이 소프트웨어에 자신의 코드를 추가하면 결과적으로 소프트웨어가 동적으로 확장된다. R은 월드와이드웹의 모든 장점을 체현하고 있다고 말할 수 있다.

3.2.1 R의 구조 ①

본질적으로 R은 꽤 많은 기능을 가진 기본 패키지 하나로 존재한다. 일단 R을 내려받아서 여러분의 컴퓨터에 설치하고 나면 그 즉시 자료 분석과 그래프 작성을 어느 정도는 실행할 수 있다. 그러나 R의 매력은 프로그램에 특정 기능을 추가해 주는 **패키지**(package)라고 하는 것을 내려받아서 확장할 수 있다는 것이다. 능력과 시간, 의지가 있는 사람이라면 누구라도 다른 사람들이 사용할 패키지를 작성할 수 있다. 그러한 패키지들은 CRAN(Comprehensive R Archive Network)이라는 중앙 저장소에 R 소프트웨어 자체와 함께 저장되어 있다. 일단 CRAN에 저장된 패키지는 인터넷에 연결된 누구라도 내려받아서 자신의 R 설치본에 설치할 수 있다. 기본적으로 R은, 누구나 자유로이 사용할 수 있는 다재다능한 자료 분석 도구를 만들자는 목표에 기여하는 전 세계의 바보스러울 정도로 이타적인 사람들로 이루어진 하나의 대가족이다. 이는 평화와 사랑, 인간애로 이루어진 비틀즈의 유토피아적 전망을 통계학적으로 체현한 것이라고 할 수 있다. 이를테면 "p들에게 기회를 주자!"이다.*

---

*역주 원문은 "*Give ps a chance*"로, 존 레논의 노래 "Give peace a chance(평화에 기회를 주자)"와 발음이 같다.

CRAN은 R 활용의 중심이다. R 소프트웨어 자체는 물론이고 설치하고 싶은 그 어떤 패키지도 CRAN에서 내려받을 수 있다. 따라서, 어느 날 CRAN이 폭파되거나 사이버 도마뱀들이 CRAN을 먹어치운다면 난감할 것이다. 그러면 통계학 세계가 무너질 수도 있다. 사이버 도마뱀들이 궐기해서 인터넷을 장악하지는 않는다고 해도, 여전히 CRAN은 바쁜 곳이다. 그래서 CRAN을 한 장소에 두고 모두가 거기에 접속하게 하는 대신, 관계자들은 CRAN을 여러 장소에 '미러링(mirroring)'한다. '미러링'이란 간단히 말해서 CRAN의 동일한 버전, 즉 '미러(거울)'들을 전 세계 여러 장소에 분산시키는 것이다. 나는 영국에 살고 있으므로 영국에 있는 CRAN 복사본에 접근하지만, 다른 나라에 사는 독자는 독자의 나라(또는 가장 가까운 나라)의 CRAN 복사본을 사용하게 될 것이다. 미국처럼 큰 나라에는 CRAN 복사본이 여러 개 있을 수도 있다. 어쨌든 핵심은, 여러분이 있는 곳과 지리적으로 가까운 곳에 있는 CRAN 복사본을 사용하게 된다는 것이다.

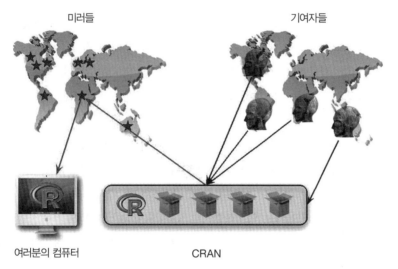

그림 3.2 사용자들은 근처의 CRAN을 통해서 R과 패키지(전 세계의 통계학자들이 제공한)를 자신의 컴퓨터에 내려받아 설치한다.

그림 3.2는 이상의 설명을 도식화한 것이다. 그림의 중심에는 CRAN, 즉 기본 R 소프트웨어와 수백 가지 패키지들이 저장된 장소가 있다. 전 세계의 똑똑한 기여자들이 새 패키지를 작성하고 CRAN에 올려서 다른 사람들이 사용하게 한다. CRAN 자체는 세계 여러 곳에 미러링된다(간단히 말해서 여러 개의 복사본이 전 세계로 분산된다). R의 사용자는 근처의 CRAN에서 소프트웨어 자체를 내려받아 설치하고, 필요하다면 패키지들도 CRAN에서 내려받아서 설치한다.

소프트웨어로 뭔가를 하기 위해 '패키지'를 설치해야 한다는 것이 다소 이상하게 느껴지는 독자도 있을 것이다. 그러나, 여러분이 깨닫지 못했다고 해도 이미 수많은 프로그램이 그런 식으로 작동한다(단지 그 사실이 명백히 드러나지 않을 뿐이다). 예를 들어 통계 패키지 SPSS에는 기본 버전뿐만 아니라 수많은 추가 모듈(이를테면 부트스트래핑 모듈, 고급 통계 모듈, 정확검정 모듈 등)이 있다. 그런 모듈들을 돈을 주고 사지 않으면 특정 옵션들을 사용하지 못한다. SPSS가 이처럼 모듈식으로 구성된다는 점을 모르는 학생들이 많은데, 아마 학생들이 SPSS를 학교에서만 사용하고, 학교에서 이미 모듈들을 모두 구매했기 때문일 것이다. 비슷하게, Microsoft의 Excel에서도 특정 기능을 사용하려면 자료 분석 확장기능을 불러와야 한다. 이처럼 모듈식 시스템은 R만의 특징이 아니다. 모듈식 시스템은 엄청나게 유연하다는 장점이 있다. 새로운 통계 기법이 개발되면 기여자들이 그에 재빠르게 반응해서 R을 위한 패키지를 작성한다. 상용 제품 개발자가 새 기법을 자신의 제품에 추가하는 데에는 그보다 시간이 더 걸릴 것이다.

3.2.2 R의 장단점 ①

R의 주된 장점은 공짜라는 점과 다재다능하고 동적인 환경이라는 점이다. 오픈소스 정책을 따른다는 점과 통계학자들이 패키지를 CRAN에 올릴 수 있다는 점 덕분에 상용 제품으로는 할 수 없는 수많은 일이 가능해진다. 또한 R은 급격히 확장되고 있으며, 자료 분석의 새로운 발전에 빠르게 반응하는 능력도 갖추고 있다. 이러한 장점들 덕분에 R은 극히 강력한 도구가 된다.

R의 단점은 주로 사용 편의성과 관련이 있다. 기본적으로 R은 그래픽 사용자 인터페이스 (GUI)가 아니라 명령행(command line)에서 작동한다. 쉬운 말로 풀자면, 어떤 일을 할 때 마우스로 뭔가를 가리키고 클릭하거나 끌어다 놓는 것이 아니라 키보드로 뭔가를 입력해야 한다는 것이다. 그런 방식이 처음에는 어색하겠지만, 그리고 다소 '구식'으로 느껴지겠지만, 비교적 단순한 일들을 수행해 보면서 일단 익숙해지기만 하면, R의 명령 입력 방식이 훨씬 효율적이라는 점을 깨닫게 될 것이다.

3.2.3 R을 내려받고 설치하기 ①

R을 여러분의 컴퓨터에 설치하려면 우선 프로젝트 웹사이트(http://www.R-project.org/)로 가야 한다. 그림 3.3에 설치 파일을 구하는 과정이 나와 있다. 주 프로젝트 페이지의 왼쪽에서 'CRAN'이라는 링크를 클릭한다. 이전 절에서 말했듯이 CRAN은 여러 개의 복사본이 세계 곳곳에 분산되어 있다. 그래서 'CRAN'이라는 링크를 클릭하면 바로 CRAN 사이트로 가는 것이 아니라, 여러 '미러' 사이트들이 있는 목록으로 가게 된다. 그 목록에서 여러분이 있는 곳에

가까운 미러의 링크를 클릭하면 된다(그림에서는 내가 사는 곳에 가까이 있는 http://www.stats.bris.ac.uk/R/을 선택했다). 미러 사이트로 가면 여러분이 사용하는 플랫폼(Linux나 MacOS, 윈도우)을 묻는 웹 페이지가 나온다. 거기서 원하는 링크를 클릭하면 된다. 이 책은 대부분의 독자가 윈도우 아니면 MacOS를 사용한다고 가정한다.

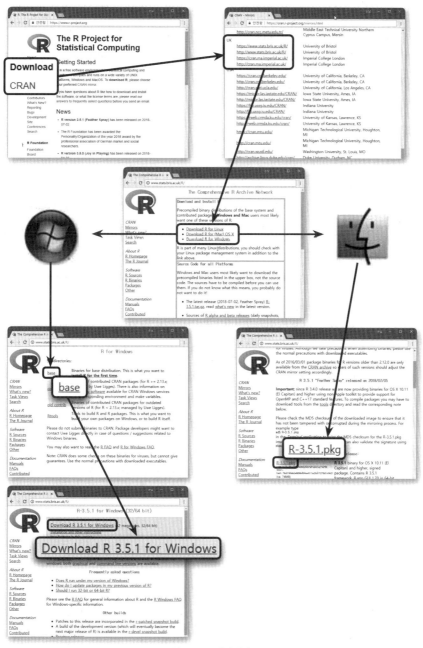

그림 3.3 R 내려받기

'Download R for Windows' 링크를 클릭하면 여러 링크가 있는 또 다른 페이지로 가게 된다. 거기서 'base' 링크를 클릭하면 설치 프로그램들의 링크가 있는 웹 페이지가 나온다. 거기서 'Download R 2.12.2 for Windows'를[1] 클릭하면 드디어 **R** 설치 프로그램 파일의 다운로드가 시작된다. 파일을 다 내려받았다면 더블클릭해서 실행한다. 그러면 다른 소프트웨어의 설치와 다를 바 없는 익숙한 설치 과정이 진행된다.

'Download R for (Mac) OS X' 링크를 클릭하면 설치 패키지 다운로드 링크가 있는 페이지로 바로 가게 된다. 거기서 'R-2.12.2.pkg'(앞의 버전 번호 관련 주석을 참고하기 바란다) 링크를 클릭하면 설치 패키지 파일의 다운로드가 시작된다. 다 내려받은 후 그 파일을 더블클릭하면 보통의 MacOS 프로그램 설치 과정이 시작된다.

3.2.4 R의 버전들 ①

이 글을 쓰는 현재 **R**의 최신 버전은 2.12.2이다. 그러나 소프트웨어는 자주 갱신되므로, 독자가 이 책을 읽을 때는 더 최신의 버전이 나왔을 것이다. 버전 번호는 **주번호.부번호.패치번호**의 형태이다. 예를 들어 2.12.2는 주 버전 번호가 2, 부 버전 번호가 12, 패치 번호가 2라는 뜻이다. 패치 번호는 상당히 자주 변하는데, 이는 패치가 주로 사소한 버그 수정을 반영한 것이기 때문이다(예를 들어 버전 2.12.3은 비교적 빨리 나올 것이며, 소프트웨어를 크게 바꾸기보다는 단지 버그를 수정하거나 사소하게 수정할 뿐일 가능성이 크다). 부 버전은 그보다는 덜 자주 나온다(대략 6개월마다). 부 버전 역시 버그 수정 모음과 소프트웨어가 최적으로 실행되게 하는 부차적인 유지보수로 구성된다. 주 버전은 상당히 드물게 나온다(버전 1에서 버전 2로의 전환은 2006년에 있었다). 그런 만큼, 사소한 버그 수정을 제외할 때, 여러분이 버전 2.12.2 이후의 버전을 사용한다고 해서 걱정할 필요는 없다. 이 책을 공부하는 데는 차이가 없어야 하며, 실제로 없을 것이다. 버전에 관한 최상의 조언은 가끔 업데이트하되 버전을 너무 신경 쓸 필요는 없다는 것이다. 인생에는 신경 써야 할 더 중요한 일이 많이 있다.

---

1 이 글을 쓰는 현재 **R**의 최신 버전은 2.12.2지만, 독자가 이 책을 읽을 때는 버전이 많이 올라가 있을 것이다. 따라서 다운로드 링크에 '2.12.2'가 아닌 버전 번호가 있어도 놀라지 말기 바란다. 단지 버전이 다른 것일 뿐이니, 해당 버전을 내려받아서 설치하면 된다.

3.3 R 시작하기 ①

설치된 **R**을 실행하는 방법은 여러 가지다. 윈도우라면 시작 메뉴(화면 왼쪽 아래의 커다란 윈도우 아이콘)를 열고 '모든 프로그램'을 선택한 후 'R'이라는 이름의 폴더를 클릭하고 R 아이콘을 클릭하면 된다(그림 3.4).* MacOS에서는 'Applications' 폴더로 가서 **R** 아이콘이 나올 때까지 아래로 스크롤한 후 클릭한다(그림 3.4).

3.3.1 R의 주요 창들 ①

R에서 주로 사용하는 창은 세 개이다. 주된 창을 콘솔(console; 그림 3.4)이라고 부른다. 이 창에서 **R**의 명령을 입력하면 명령이 실행되고 그 결과가 표시된다(간단히 말해서 자료 분석 결과가

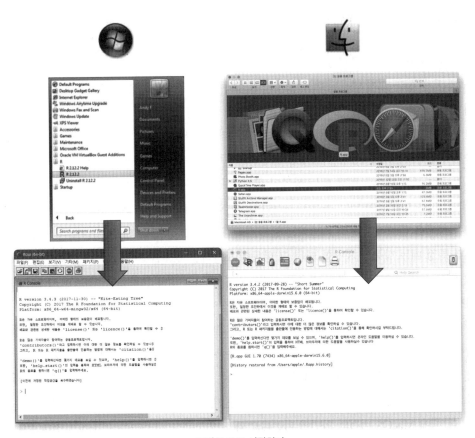

그림 3.4 R 시작하기

---

*역주 구체적인 방법은 윈도우의 버전에 따라 다를 수 있다. 윈도우 10에서는 시작 메뉴에서 **R**을 찾지 못할 수 있다. 그냥 바탕화면에 있는 **R** 아이콘을 사용하거나, 바탕화면에 **R** 아이콘이 없다면 '윈도우 검색(작업 표시줄의 윈도우 아이콘 옆 돋보기 아이콘)'에서 **R**을 검색한 후 시작 화면에 고정하거나 바탕화면에 바로 가기를 추가하면 될 것이다.

이 창에 나온다). 명령들을 콘솔에 직접 입력해서 실행하는 대신, **편집기**(editor)라고 부르는 창에서 따로 작성해서 실행할 수도 있다. 편집기를 이용하면 여러 개의 명령을 하나의 파일에 저장했다가 나중에 재활용할(이를테면 분석을 다시 실행하거나, 서로 다른 자료에 대해 비슷한 분석을 실행하기 위해) 수 있다는 장점이 있다. 나는 대체로 콘솔에 직접 명령을 입력하는 것보다 이 방법을 더 선호하는데, 지금 하는 일을 언제라도 다시 재현할 수 있도록 저장해 두는 것이 합리적이기 때문이다. 그리고 이런 식으로 명령들을 계속 저장해 놓으면, 결과적으로는 새로운 분석을 실행할 때 빠르게 활용할 수 있는 R 명령들의 저장소(repository)가 만들어진다. 물론 어떤 방식을 선호하는지는 전적으로 여러분이 판단할 일이다. 마지막으로, 그래픽이나 그래프를 생성하고 싶을 때는 그래픽 창(graphics window)을 사용한다(MacOS에서는 이 창의 이름이 Quartz(쿼츠)이다).

R을 실행하면 다른 프로그램들에 있는 것과 비슷한 메뉴 표시줄을 발견하게 될 것이다. 그림 3.4에 콘솔 창과 그에 연관된 메뉴 표시줄이 나와 있다. 윈도우용 R과 MacOS용 R에는 다소 미묘한 차이점이 있는데, 이후의 두 절에서 각 버전을 살펴보겠다. 일단 지금은, 프로그램 상단에 여러 메뉴 항목이 있다는 점에 주목하자(이를테면 파일(F) 편집(E) 보기(V)). 마우스로 커서를 움직여서 원하는 메뉴 항목 위에 놓고 마우스의 주 버튼(보통은 왼쪽 버튼)을 한 번 눌렀다 떼면(이를 클릭이라고 부른다) 해당 메뉴 항목이 실행된다. 주 메뉴의 메뉴 항목을 클릭하면 좀 더 세부적인 메뉴 항목들이 있는 목록이 나타나는 경우가 많다. 그리고 그런 목록에서 하나의 세부 메뉴 항목을 클릭하면 흔히 개별적인 창이 나타나는데, 그런 창을 대화상자라고 부른다. 이제부터 특정 메뉴 항목을 지칭할 때는 그 항목에 도달하는 경로를 화살표를 이용해서 명시하겠다. 예를 들어 **파일 ➡ 다른 이름으로 저장...**은 주 메뉴의 파일 항목을 클릭한 후 거기서 **다른 이름으로 저장...**을 선택하는 것을 간결하게 표현한 것이다.

R의 윈도우 버전과 MacOS 버전을 살펴보기 전에, 그 두 버전에 실질적인 차이는 없음을 밝혀둘 필요가 있겠다. 이 책에 나오는 모든 R 명령은 윈도우와 MacOS에서 동일하게 작동한다. 이 책에서 윈도우 버전과 MacOS 버전의 차이는 다음 두 절에만 나타날 뿐, 이후에는 전혀 나오지 않는다. 애초에 이 책의 내용을 따라 하는 데 문제가 되는 차이점이 전혀 없기 때문이다. 이 책에 MacOS 버전의 화면이 나온다고 해도 윈도우를 사용하는 독자에게 전혀 문제가 되지 않을 것임을(그리고 그 역도 마찬가지임을) 약속한다.

3.3.2.1 윈도우용 R ①

윈도우용 R에서 메뉴 항목들은* 현재 어떤 창이 활성화되어 있느냐에 따라 달라진다. 표 3.1은 주 메뉴의 항목들을 개괄한 것이다. 특정 메뉴 항목의 구체적인 내용 역시 현재 활성화된 창에 따라 달라진다. 예를 들어 그래픽 창이나 편집기 창이 활성화되어 있으면 파일 메뉴는 그 창에 담긴 그래픽이나 텍스트를 저장, 복사, 인쇄하는 항목들만 표시하지만, 콘솔 창이 활성화되어 있으면 더 많은 항목이 나온다. 대부분의 메뉴 항목은 키보드 단축키로도 실행할 수 있다 (R의 영혼의 조언 3.1 참고).

표 3.1 윈도우용 R의 메뉴 개괄

메뉴	콘솔	편집기	그래픽
파일: 이 메뉴는 파일과 관련된 여러 가지 기능을 제공한다. 작업공간 (§3.4 참고)이나 스크립트, 그래프를 파일로 저장할 수도 있고, 저장된 파일을 열 수도 있다. 본질적으로, 이 메뉴는 다른 프로그램의 파일 메뉴에서 흔히 볼 수 있는 모든 기능을 제공한다.	✓	✓	✓
편집: 이 메뉴는 잘라내기, 붙여넣기 같은 편집 기능들을 제공한다. 또한, 이 메뉴를 통해서 콘솔을 비우거나(즉, 콘솔 창의 모든 텍스트를 삭제), 기본적인 자료 편집기를 띄우거나, GUI의 외관을 바꿀 수도 있다(예를 들어 콘솔 창은 기본적으로 흰 바탕에 검은색 글자를 표시하지만, 배경색과 글자색 모두 임의로 변경할 수 있다).	✓	✓	
보기: 이 메뉴로는 특정 도구 모음(프로그램 창 상단의 아이콘들)의 표시 여부를 변경할 수 있다. 또한 프로그램 창 하단의 상태 표시줄(특별히 흥미로운 정보는 제공하지 않는다) 표시 여부도 변경할 수 있다.	✓		
기타: 이 메뉴로는 진행 중인 계산을 멈추거나(그냥 ESC 키를 누르는 게 더 빠르긴 하지만), 작업 환경의 모든 객체(현재 세션에서 생성된 객체들; §3.4를 보라)를 나열하거나, 단어나 파일 이름을 R이 자동으로 완성해주는 기능을 활성화/비활성화할 수 있다(기본은 활성화).	✓		
패키지: 이 메뉴는 패키지들을 적재, 설치, 갱신하는 기능을 제공한다는 점에서 아주 중요하다. 또한, 기본 CRAN 미러를 설정하는(그러면 항상 그 장소로 가게 된다) 기능도 제공한다.	✓	✓	
창: 여러 개의 창을 띄워 놓은 경우, 이 메뉴를 통해서 창들의 배치 방식을 변경할 수 있다.	✓	✓	✓
도움말: 온라인 도움말(자주 묻는 질문 목록이나 여러 R 웹페이지들로의 링크가 있다)과 오프라인 도움말(설명서 PDF, 시스템 도움말 파일들)을 제공한다는 점에서 말 그대로 도움이 되는 메뉴이다.	✓	✓	
크기변경: 그래픽 창에 나온 이미지의 크기를 변경하는 기능을 제공한다. 특정 크기로 고정하거나, 종횡비를 유지하면서 창에 맞게 확대·축소하거나(창 크기에 맞추기), 종횡비를 유지하지 않고 창에 맞게 확대·축소할(R 모드) 수 있다.			✓

---

*역주 윈도우용 R의 버전에 따라서는 메뉴 항목 이름과 단축키 지원 여부가 이번 절에 나온 것들과 조금 다를 수 있다. 자세한 사항은 역자 홈페이지(역자의 글에 주소가 있다)를 참고하기 바란다.

R의 영혼의 조언 3.1　　R의 영혼의 조언 3.1 키보드 단축키 ①

윈도우용 소프트웨어의 메뉴 항목들을 보면 일부 영문자에 밑줄이 쳐 있다. 밑줄이 쳐진 영문자는 해당 기능에 접근하기 위한 단축키를 나타낸다. 프로그램의 여러 기능을 마우스 없이 선택하는 것이 가능하며, 능숙한 키보드 사용자라면 알겠지만 마우스 커서를 화면의 적절한 장소로 움직이는 것보다 단축키를 사용하는 것이 더 빠르다. 메뉴 항목의 어떤 영문자에 밑줄이 쳐 있다는 것은, 키보드에서 *Alt* 키와 해당 영문자를 동시에 누르면 그 메뉴를 선택할 수 있다는 뜻이다. 예를 들어 키보드만 사용해서 다른 이름으로 저장(A)... 항목이 접근하려면, 먼저 키보드에서 *Alt*와 F 키를 동시에 누르고(그러면 파일(F) 항목이 활성화된다), *Alt* 키를 여전히 누른 채로 A 키(밑줄 친 A에 해당하는)를 누르면 된다. 프로그램이나 윈도우 버전에 따라서는, 평소에는 영문자에 밑줄이 보이지 않다가 *Alt* 키를 누르면 비로소 밑줄이 나타날 수도 있다.

R 프로그램 상단의 메뉴줄 밑에는 일단의 **아이콘**(또는 버튼)들이 표시된 도구 모음(toolbar)이 있다(그림 3.4). 이 도구 모음의 아이콘들은 해당 기능을 즉시 실행하는 일종의 단축키 역할을 한다. 이런 기능들은 메뉴를 이용해서 실행할 수도 있지만, 도구 모음을 이용하면 시간이 절약된다. 표 3.2에 도구 모음의 아이콘들과 해당 기능이 정리되어 있다.

3.3.2.2 MacOS용 R ①

MacOS의 다른 소프트웨어 패키지와 마찬가지로, **R** 프로그램의 메뉴는 화면 상단에 표시된다. 표 3.3에 주 메뉴의 항목들과 그 내용이 정리되어 있다. 이 책의 여러 곳에서 이 메뉴들이 언급되므로, 지금부터 메뉴들을 이리저리 살펴보면서 익숙해지면 도움이 될 것이다. 그러나 지금 단계에서 특정 메뉴 항목이 하는 일에 너무 신경 쓸 필요는 없다. 메뉴 외에 편집기 창이나 콘솔 창의 상단에는 일단의 아이콘(또는 버튼)들이 표시된 도구 모음이 있는데, 이 아이콘들은 특정 기능에 대한 일종의 단축키 역할을 한다. 이런 기능들은 메뉴를 이용해서 실행할 수도 있지만, 도구 모음을 이용하면 시간이 절약된다. 표 3.4에 아이콘들과 해당 기능이 정리되어 있다.

3.4 R의 기본적인 사용법 ①

3.4.1　명령, 객체, 함수 ①

앞에서 **R**의 기본적인 사용 방식은 콘솔 창에 '명령(command)'을 입력해서 실행하는 것이라고 말했다. 이는 아마 여러분도 접해보았을 기존 자료 분석 패키지(SPSS, SAS)와는 다른 방식이다.

표 **3.2** 윈도우용 **R**의 도구 모음 아이콘 개괄

아이콘	설명	콘솔	편집기	그래픽
	이 아이콘은 이전에 저장해 둔 파일을 여는 대화상자를 띄운다.	✓	✓	
	이 버튼을 클릭하면 작업공간 파일(§3.4 참고)을 적재하는 대화상자가 나타난다.	✓		
	이 아이콘으로는 현재 작업 중인 콘솔 창의 내용이나 편집 중인 스크립트를 파일에 저장할 수 있다. 처음으로 저장할 때는 '다른 이름으로 저장' 대화상자가 나타난다.	✓	✓	
	이 버튼은 콘솔 창에 선택된 내용을 윈도우 클립보드에 복사한다.	✓		
	이 버튼은 윈도우 클립보드의 내용을 콘솔 창에 붙여넣는다.	✓		
	이 버튼은 콘솔 창에 선택된 내용을 윈도우 클립보드에 복사하고, 자동으로 그것을 명령행에 붙여넣는다(이전에 실행한 명령을 다시 실행할 때 유용하다).	✓		
	이 버튼을 클릭하면 R 처리기가 현재 수행하는 작업이 중지된다(R로 어떤 과제를 실행해 놓고 저녁을 먹으러 갔다가 보니 R이 여전히 일을 마치지 못한 상태라면, 이 버튼을 클릭한 후 계획을 변경하는 게 나을 것이다.)	✓		
	이 아이콘은 현재 작업 중인 내용을 인쇄하는 대화상자를 띄운다(구체적으로 무엇이 인쇄되는지는 현재 활성화된 창에 따라 다르다).	✓	✓	✓
	편집기 창이 활성화된 상태에서 이 버튼을 클릭하면 선택된 한 줄 또는 여러 줄의 코드가 실행된다. 그러나 키보드 단축키를 사용하는 것이 더 빠르다(§3.4 참고).		✓	
	이 버튼을 클릭하면 입력 초점이 다시 콘솔 창으로 돌아간다.		✓	✓
	이 버튼은 그래픽 창의 내용을 윈도우 클립보드에 복사한다(윈도우 메타파일 형식으로).			✓

표 **3.3** MacOS용 **R**의 메뉴 개괄

메뉴
File: 이 메뉴는 일반적인 파일 관련 기능들을 제공한다. 이를테면 스크립트나 그래프를 파일로 저장하거나, 이전에 저장한 스크립트 파일이나 그래프를 불러올 수 있다. 본질적으로, 이 메뉴는 다른 프로그램의 파일 메뉴에서 흔히 볼 수 있는 모든 기능을 제공한다.
Edit: 이 메뉴는 잘라내기, 붙여넣기 같은 편집 기능들을 제공한다. 또한 콘솔을 비우거나(즉, 콘솔 창의 모든 텍스트를 삭제), 명령들을 실행하거나, 텍스트를 검색하는 등의 기능도 제공한다.
Format: 이 메뉴로는 텍스트의 스타일(색상, 글꼴 등)을 변경할 수 있다.
Workspace: 이 메뉴로는 작업공간(§3.4를 보라)을 저장하거나, 기존 작업공간을 불러오거나, 최근 작업공간 파일들을 찾아볼 수 있다.
Packages & Data: 이 메뉴는 패키지들을 적재, 설치, 갱신하는 기능을 제공한다는 점에서 아주 중요하다.
Misc: 이 메뉴를 통해서 작업 디렉터리를 설정하거나 바꿀 수 있다. 작업 디렉터리는 R이 파일을 찾거나 저장하는 기본 장소이다(§3.4를 보라).
Window: 여러 개의 창을 띄워 놓은 경우, 이 메뉴를 통해서 창들의 배치 방식을 변경할 수 있다.
Help: 도움말과 자주 묻는 질문들을 검색할 수 있는 저장소에 접근할 수 있다는 점에서 말 그대로 도움이 되는 메뉴이다.

기본적으로 R 환경에는 분석을 실행할 수 있는 친절한 대화상자가 없다. 대신 모든 명령을 직접 콘솔 창에 입력하거나, 그런 명령들이 담긴 스크립트 파일을 실행해야 한다. 그런 일이 좀비가 여러분의 뇌를 천천히 씹어먹는 것만큼이나 재미있게 느껴질 수도 있겠지만, 어쨌든 이런 명령 입력 방식에는 장점이 많다. 초기 학습 곡선이 가파르긴 하지만, 시간이 지나면 분석을 아주 빠르게 실행할 수 있게 된다.

대체로 R의 명령은 **객체**(object)와 **함수**(function)라는 두 부분으로 구성된다. 그리고 객체와 함수 사이에는 '<-'가 있다. 이 표기는 "~가 ~로부터 생성된다"라고 이해하면 된다. 즉, 한 명령의 일반적인 형태는

객체 <- 함수

이며, 이는 "객체가 함수로부터 생성된다"라는 뜻이다.* R에서 생성되는 모든 것은 객체이다. 하나의 변수, 변수들의 컬렉션, 통계적 모형 등은 모두 객체이다. 객체는 하나의 값(일단의 점수들의 평균 등)일 수도 있고 여러 정보를 모은 것일 수도 있다. 예를 들어 어떤 분석을 실행할 때는 그 분석의 출력을 담을 객체를 생성하는데, 그러한 객체는 서로 다른 여러 가지 값과 변수들로 구성된다. R에서 사용하는 함수들은 대부분 작업의 결과를 담은 객체를 생성한다. 콘솔에서 어떤 명령을 실행하려면 그냥 그 명령을 키보드로 입력한 후 엔터 키를 누르면 된다(원한다면 여러 개의 명령을 하나의 행으로 실행할 수도 있다. R의 영혼의 조언 3.2를 보라).

그림 3.5는 네 명의 멤버로 구성된(2001년 이전) 밴드의 이름인 'metallica'라는 객체를 생성하는 아주 간단한 예이다. 그 객체를 생성하는 **c()**라는 함수는 연결 함수(concatenate function)인데, 주어진 여러 인수를 하나로 묶는 역할을 한다. 그림 3.5의 예를 보면 함수의 괄호쌍(*c()*) 안에 따옴표로 감싼 멤버 이름들이 쉼표로 구분되어 있다. 이 명령은 네 개의 멤버 이름들로 이루어진 하나의 객체를 생성해서 'metallica'라는 이름을 붙인다. 따라서, 이 명령을 콘솔 창에 입력한 후 엔터 키를 누르면 'metallica'라는 이름의 객체가 만들어진다. 이 객체는 메모리 안에 고스란히 보존되므로, 이후의 어떤 명령에서 참조할 수 있다. 이 책 전체에서, 콘솔 창의 명령행에 입력하는 명령을 다음과 같은 스타일로 표시한다.

---

*역주 프로그래밍의 어법으로 말하자면, <- 오른쪽에 있는 것은 함수를 호출(실행)하는 구문이고 왼쪽에 있는 것은 함수가 작업의 결과로서 돌려준 반환값이 배정되는 대상이다. 이때, 만일 <- 왼쪽에 있는 대상이 이전에는 없었던 객체이면 R은 그 객체를 새로 생성한다. "객체가 함수로부터 생성된다"는 이러한 다소 복잡한 내부 과정을 저자가 이 책의 목적에 맞게 간단하게 요약한 문장이라 할 수 있다. 이 책에는 전문적인 프로그래머가 아닌 저자가 역시 전문적인 프로그래머는 아닌 독자들을 위해 어려운 프로그래밍 개념을 나름의 용어와 어법으로 표현한 문장이 종종 등장한다. 프로그래밍을 배운 적이 있는 독자라면 일부 문장의 표현이 다소 부정확하거나 애매하다고 느낄 수도 있지만, R은 단지 수단일 뿐 목적이 아니라는(적어도 이 책의 주된 대상 독자들에게) 점을 생각하면 저자의 접근방식이 효과적이라고 평가할 수 있다.

표 3.4 MacOS용 **R**의 도구 모음 아이콘 개괄

아이콘	설명	콘솔	편집기
	이 버튼을 클릭하면 **R** 처리기가 현재 수행하는 작업이 중지된다.	✓	
	이 버튼은 이전에 저장해 둔 스크립트나 자료 파일을 여는 대화상자를 띄운다.	✓	
	이 버튼을 클릭하면 새 그래픽(Quartz) 창이 열린다.	✓	
	이 버튼을 클릭하면 X11 창이 열린다. X11은 일부 **R** 패키지가 사용하는 장치이다.	✓	
	이 버튼을 클릭하면 시스템 패스워드를 입력하는 대화상자가 뜬다. 그러면 **R**이 시스템 명령을 실행할 수 있게 된다. 솔직히 나는 이 버튼을 한 번도 클릭해 본 적이 없다. 아마 자신이 무슨 일을 하는지 잘 아는 사람만 사용하라고 만든 버튼일 것이다.	✓	
	이 버튼을 클릭하면 콘솔 창 옆에 최근 실행한 모든 명령이 있는 사이드바가 나타난다.	✓	
	이 버튼을 클릭하면 Preference 대화상자가 나타난다. 그 대화상자에서는 이를테면 콘솔 창의 여러 색상을 변경할 수 있다.	✓	
	이 버튼을 클릭하면 이전에 저장한 스크립트 파일을 여는 대화상자가 나타난다. 스크립트 파일을 열면 그 파일의 내용이 편집기 창에 나타난다.	✓	
	이 버튼은 새 스크립트 파일을 작성할 편집기 창을 새로 띄운다.	✓	
	이 버튼은 현재 직입 중인 내용을 인쇄하는 대화싱자를 띄운다(구체직으로 무잇이 인쇄되는지는 현재 활성화된 창에 따라 다르다).	✓	✓
	이 버튼으로는 현재 편집 중인 스크립트를 파일에 저장할 수 있다. 처음으로 저장할 때는 Save As … 대화상자가 나타난다.		✓
	이 버튼을 클릭하면 **R**이 종료된다.	✓	

R의 영혼의 조언 3.2 여러 개의 명령을 한 번에 실행하기 ①

언뜻 보면 **R**의 명령행으로 한 번에 하나의 명령만 실행할 수 있는 것 같다. 사실, **R**의 편집기로 스크립트를 작성할 때도 하나의 명령을 한 줄로 입력하는 게 자연스러울 것이다. 사실 명령을 한 줄씩 입력하는 것은 좋은 일이다. 그러면 긴 스크립트를 몇 달 후에 다시 볼 때 그 의미를 파악하는 데 도움이 된다. 그렇지만 여러 개의 명령을 한 줄로 실행하는 것이 유용할 때도 있다. 그런 경우에는 명령들을 세미콜론으로 연결한다. 예를 들어 다음과 같은 두 개의 명령이 있다고 하자.

```
metallica<-metallica[metallica != "Jason"]
metallica<-c(metallica, "Rob")
```

이를 한 줄로 실행하려면, 다음과 같이 세미콜론으로 연결하면 된다.

```
metallica<-metallica[metallica != "Jason"]; metallica<-c(metallica, "Rob")
```

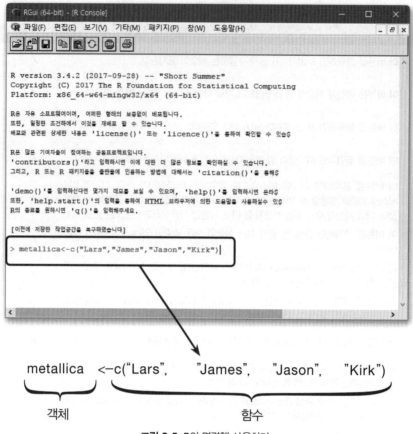

그림 3.5 R의 명령행 사용하기

```
metallica<-c("Lars","James","Jason","Kirk")
```

이제 'metallica'라는 객체가 만들어졌다. 이 객체로 여러 가지 일을 할 수 있다. 첫째로, 명령행에서 'metallica'라고 입력하고(또는 'print(metallica)'라고 입력해도 된다) 엔터 키를 누르면 객체의 내용이 나타난다.

```
metallica
```

콘솔 창에 'metallica' 객체의 내용이 표시되었을 것이다. 이 책 전체에서 어떤 명령의 출력은 다음과 같은 스타일로 표시한다.

```
[1] "Lars" "James" "Jason" "Kirk"
```

R이 'metallica' 객체의 내용을 콘솔에 출력했으며, 출력에서 보듯이 그 객체의 내용은 그냥 네 명의 밴드 멤버 이름임을 주목하자. 그런데 R에서 명령을 입력하고 객체를 생성할 때는 R이 영문 대소문자를 구별한다는 점을 주의해야 한다(R의 영혼의 조언 3.3을 보라).

그 외에도 할 수 있는 일들이 많다. 아마 일부 메탈리카 팬은 내가 2001년 이전의 멤버들을 나열한 것이 기분 나쁠 수도 있다. 2001년에 베이스 주자 제이슨 뉴스테드(Jason Newstead)가 밴드를 떠나고 대신 롭 트루히요(Rob Trujillo)가 베이스를 맡게 되었다. 사실은 이 글을 쓰고 있을 때도 어떻게 알았는지 일단의 메탈리카 팬들이 내 집 앞에 모여서 결코 나를 용서치 않겠다고 소리쳤다. 개인적으로 나는 롭 트루히요의 열성 팬이다. 그는 밴드를 뒤에서 탄탄하게 받쳐주고 있으므로, 이 책에서도 그에게 제자리를 찾아주어야 마땅하다. 현재 우리의 'metallica' 객체에는 제이슨이 있다. 먼저 할 일은 객체에서 제이슨을 쫓아내는 것이다(가혹하지만 현실이다). 이를 위한 R 명령은 다음과 같다.

```
metallica<-metallica[metallica != "Jason"]
```

이 명령은 'metallica'를 다시 생성한다. '<-'는 "오른쪽에 있는 함수로 객체를 생성한다"는 뜻이고, 지금 예에서 함수는 *metallica[metallica != "Jason"]*인데 이것은 "metallica라는 객체를 사용하되, Jason은 제외하라(!=)"는 뜻이다. 이 한 줄의 명령으로 제이슨이 사라진다. 현실에서 그가 밴드를 떠났을 때보다는 훨씬 조용하게 말이다. 그때 라스와 제임스가 먼저 나한테 조언을 구했으면 좋았을 것이다. 이제 'metallica'의 내용을 출력하면 이름이 세 개뿐임을 알 수 있다. 그냥 'metallica'를 입력하고 엔터 키를 누르면 된다. 다음은 그러한 명령과 그 출력이다.

```
metallica
[1] "Lars" "James" "Kirk"
```

다음으로, 롭 트루히요를 밴드에 추가하자. 이번에도 'metallica'라는 객체를 새로 생성하되 (기존 객체를 새 객체가 덮어쓰게 된다), 기존 'metallica' 객체에 'Rob'을 추가하는 연결 명령을 사용해서 새 객체를 생성한다. 다음이 그러한 명령이다.

```
metallica<-c(metallica, "Rob")
```

이 명령을 실행하고(엔터 키를 눌러서) 'metallica' 객체의 내용을 출력하면 롭이 실제로 밴드에 추가되었음을 확인할 수 있다.

```
metallica
[1] "Lars" "James" "Kirk" "Rob"
```

자가진단

✓ 여러분이 가장 좋아하는 밴드(단, 그 밴드가 메탈리카이면 두 번째로 좋아하는 밴드)를 나타내는 객체를 생성하라. 그 객체에는 밴드의 모든 멤버의 이름이 포함되어야 한다. 좋아하는 밴드가 없다면, 가장 친한 친구 다섯 명의 이름을 담은 *friends*라는 객체를 생성하라.

3.4.2 스크립트 활용 ①

콘솔에서 명령들을 실행할 수는 있지만, 그보다는 R의 편집기 창에서 명령들을 작성한 후 거기서 명령들을 실행하는 것이 더 낫다고 생각한다. R 편집기에서 작성한, R 명령들로 이루어진 문서를 **R 스크립트**(줄여서 그냥 '스크립트')라고 부른다. 스크립트(script)의 장점은 여러 가지이다. 첫째로, 뭔가를 분석하기 위해 입력한 일단의 명령들을 하나의 스크립트 파일로 저장해 두면, 나중에 스크립트를 이용해서 같은 분석을 다시 실행할 수 있다. 즉, 그냥 파일을 불러와서 버튼 몇 개를 누르기만 하면 같은 분석이 다시 실행되는 것이다. 그러는 데는 10초도 안 걸린다. 살다 보면 이전에 실행한 것과 비슷한 분석을 여러 번 실행해야 할 때가 많이 있다. 더 나아가서, 만일 그런 식으로 만들어 둔 스크립트들을 어딘가에 잘 보관해 둔다면, 새 스크립트가 필요할 때 기존 스크립트의 일부를 수정하거나 기존 스크립트의 일부를 복사해 스크립트를 뚝딱 만들어 낼 수 있다. 실제로 나는 기존 스크립트들을 이용해서 새 스크립트를 만드는 방식으로 시간을 많이 절약하는데, 어쩌면 내가 R의 활용법을 잘 기억하지 못하기 때문일 수도 있겠다. 마지막으로, 나는 명령 입력 시 실수를 저지르는(그러면 원하는 결과가 아니라 오류 메시지가 잔뜩 출력된다) 경우가 많은데, 만일 명령들을 콘솔 창에 직접 입력했었다면 그 명령들을 전부 다시(물론 틀린 부분은 수정해서) 입력해야 한다(또는 잘못 입력한 명령을 복사해 붙여서 수정할 수도 있다). 스크립트를 이용하면 그런 시간을 절약할 수 있다. 명령을 다시 입력하면서 낭비하는 시간이 그리 큰 것은 아니지만, 그런 시간이 누적되다 보면 어떤 과제를 수행하는 데 사용하는 실제 시간을 넘어설 수도 있다. 따라서 스크립트를 이용하면 상당한 시간을 절약할 수 있다. 이 책을 쓸 때 나는 56세였지만, R의 편집기 창을 사용한 덕분에 이제는 37세이다.

그림 3.6은 편집기 창에서 명령을 실행하는 방법을 보여준다. 편집기 창에 여러 줄의 명령이 입력되어 있다고 할 때, 우선 할 일은 실행하고자 하는 명령이 있는 줄에 입력 커서를 놓는 것이다. 만일 여러 줄의 명령을 실행하고 싶다면 마우스 왼쪽 버튼을 누른 채로 끌어서 원하는 줄들을 선택해야 한다. 그 상태에서 명령(들)을 실행하는 방법은 여러 가지다.

윈도우용 R에서는 크게 네 가지 방법이 있다. (1) 🔳 버튼을 클릭해도 되고, (2) 편집기 창 안에서 오른쪽 버튼을 클릭한 후 팝업 메뉴에서 '줄 또는 선택 영역 실행'을 선택해도 되고(그림 3.6), (3) 주 메뉴에서 **편집 ➡ 줄 또는 선택 영역 실행**을 선택해도 되고, (4) 키보드에서 *Ctrl* 키를 누른 채로 *R*을 눌러도 된다(이것이 가장 빠른 방법이다). 이제부터는 한 키를 누른 채로 다른 키를 누르는 방식의 단축키 조합을 + 기호를 이용해서 표현하겠다. 예를 들어 *Ctrl* + *R*은 *Ctrl* 키를 누른 채로 *R* 키를 누른다는 뜻이다.

MacOS에서도 비슷하다. **Edit ➡ Execute** 메뉴를 선택해서 현재 줄 또는 선택된 명령들을 실행해도 되지만, 윈도우에서처럼 단축키가 훨씬 더 빠르다. MacOS에서는 *cmd* 키(⌘)를 누른 채로 엔터 키(↵)를 눌러야 한다. 혹시 앞 문단을 건너뛰었다면, 이 책에서는 한 키를 누른 채로 다른 키를 누르는 단축키 조합을 + 기호를 이용해서 표시함을 기억하기 바란다. 지금 예에서는 ⌘ + ↵이다.

이렇게 명령들을 실행하면 해당 명령들과 그 출력이 편집기 창이 아니라 콘솔 창에 나타난

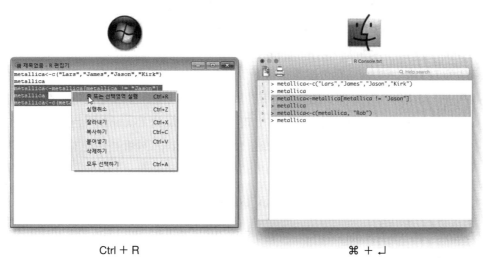

Ctrl + R   ⌘ + ↵
그림 3.6 R 편집기 창에서 명령 실행

다는 점을 주의하기 바란다(예를 들어 어떤 객체의 내용을 출력하는 명령을 실행했다면, 마치 애초에 콘솔 창에서 그 명령을 입력했을 때처럼 명령의 결과가 콘솔 창에 출력된다).

3.4.3 R 작업공간 ①

R로 어떤 자료 집합이나 분석을 다루다 보면 많은 객체가 생성되는데, 그 모든 객체는 메모리 안에 저장된다. 하나의 세션(R로 뭔가를 하기 시작한 시점에서 그것을 마치기까지의 기간)에서 생성한 모든 것을 통칭해서 **작업공간**(workspace)이라고 부른다. R 프로그램을 종료하면 R은 현재 작업공간 이미지를 저장하겠냐고 묻는다. 작업공간 이미지를 저장한다는 것은 현재 콘솔 창의 내용과 현재 세션에서 지금까지 생성한 모든 객체의 내용을 저장한다는 것이다. 작업공간을 저장한 파일을 R 작업공간 이미지, 줄여서 R 이미지라고 부르는데, R 이미지 파일은 확장자가 .RData이다. R을 종료하기 전에라도, 필요하다면 언제라도 작업공간을 저장할 수 있다. 윈도우에서는 **파일 ➡ 작업공간 저장...** 메뉴를, MacOS에서는 콘솔 창이 활성화된 상태에서 **File ➡ Save As...** 메뉴를 선택하면 된다.

3.4.4 작업 디렉터리 설정 ②

기본적으로 R에서 뭔가를 수행하면, 예를 들어 어떤 파일을 열려고 하면, R은 R 프로그램 자체가 설치된 디렉터리를 기준으로 삼는다. 여러분의 자료와 결과를 모두 그 디렉터리에 저장한다면 문제가 되지 않겠지만, 아마 그렇게 하는 독자는 별로 없을 것이다. 그런데 만일 R 설치 디렉터리 이외의 곳에 자료를 담아 둔다면, 어떤 파일이 필요할 때마다 그 파일이 있는 폴더를 찾아가느라 시간을 낭비할 수 있다. 또한, 어떤 결과를 담은 파일이 R의 설치 디렉터리에 저장된 것을 미처 알지 못해서 나중에 그 파일을 못 찾는 일도 벌어질 수 있다. 더 나아가서, 특정 파일을 지정해서 명령을 수행하는 경우 그 파일의 경로 전체를 입력해야 한다. 예를 들어 여러분이 윈도우 사용자이며, 내 신원을 도용했기 때문에 사용자 이름이 'Andy F'라고 하자. 그리고 사용자 문서 폴더에 'Data'라는 폴더가 있고, 그 안에 'R Book Examples'라는 또 다른 폴더가 있다고 하자. 그 폴더에 접근하려면(파일을 불러오거나 저장하기 위해) 다음과 같은 경로를 사용해야 한다.

```
C:/Users/Andy F/Documents/Data/R Book Examples
```

그리고 그 폴더에 있는 **data.dat**라는 파일에 담긴 자료를 불러오려면 다음과 같은 명령을 실행해야 한다.

```
myData<-read.delim("C:/Users/Andy F/Documents/Data/R Book Examples/data.dat")
```

이 명령의 의미는 신경 쓰지 말기 바란다(차차 알게 될 것이다). 요지는, 뭔가 불러오거나 저장할 때마다 'C:/Users/Andy F/ Documents/Data/R Book Examples'를 입력하는 것은 아주 지겨운 일이라는 것이다.

여러분이 R을 나만큼 자주 사용한다고 할 때, 이런 식으로 매번 경로를 입력하면 다음 두 가지 결과가 생긴다. (1) 경로 입력에 허비한 시간이 누적되어서 수 주(week)를 넘게 되며, 따라서 드럼 연주같이 좀 더 유용한 일을 할 시간이 사라진다. (2) 손목에 RSI(반복 과다 손상)가 생길 가능성이 증가한다. 기왕 RSI에 걸릴 거면 파일 경로 입력보다는 좀 더 즐거운 일로 걸리고 싶다(물론 드럼 연주를 말하는 것이다).

내가 할 수 있는 최상의 조언은, R 세션을 시작할 때 작업 디렉터리(working directory)를 설정하라는 것이다. 작업 디렉터리는 어떤 파일에 접근할 때 R이 검색의 기준으로 삼는 곳이다. 분석과 관련된 모든 자료 파일과 스크립트, 그리고 작업공간 이미지, 즉 세션과 관련된 모든 것이 있는 디렉터리를 작업 디렉터리로 설정하면 편하다. 그런 디렉터리가 아직 없다면 먼저 생성한 다음에(윈도우와 MacOS에서 흔히 폴더를 만드는 방법을 이용해서) 필요한 자료 파일들을 복사한다. 그런 다음, R 세션을 시작한 후 그 폴더를 작업 디렉터리로 설정하면 된다. 이번에도 여러분의 사용자 이름이 Andy F라고 하자. 그리고 '내 문서' 폴더에 'Data'라는 폴더가 있고, 그 안에 'R Book Examples'라는 폴더가 있으며, 거기에 분석할 자료 파일들이 있다고 하자. 작업 디렉터리는 **setwd()**라는 명령으로 설정한다. 다음은 자료 파일들이 있는 그 폴더를 작업 디렉터리로 설정하는 명령이다.

```
setwd("C:/Users/Andy F/Documents/Data/R Book Examples")
```

이 명령을 실행하고 나면, 전체 파일 경로를 입력하지 않아도 그 폴더에 있는 파일들에 접근할 수 있다. 예를 들어 앞에서처럼 **data.dat**를 불러오려면, 다음 명령으로 충분하다.

```
myData<-read.delim("data.dat")
```

이를 이전에 입력했던 명령과 비교해 보면, 파일 경로를 생략한 이번 명령이 훨씬 짧다. 이제는 R이 자동으로 'C:/Users/Andy F/Documents/Data/R Book Examples'에서 파일을 찾으므로, 이처럼 파일 이름만 지정하면 된다. 현재 설정된 작업 디렉터리를 알고 싶으면 다음 명령을 사용하면 된다.

```
getwd()
```

이 명령을 실행하면 콘솔 창에 현재 작업 디렉터리가 출력된다.[2]

　C 드라이브가 없다는 점만 빼면 MacOS에서도 마찬가지이다. 주 사용자 디렉터리(홈 디렉터리)를 작업 디렉터리로 사용한다고 할 때, 가장 간단한 방법은 사용자 디렉터리를 뜻하는 '~' 기호를 사용하는 것이다. 하위 폴더들의 구조가 윈도우의 예에서와 같다고 할 때, 작업 디렉터리를 설정하는 명령은 다음과 같다.

```
setwd("~/Documents/Data/R Book Examples")
```

　MacOS에서 ~ 기호는 윈도우의 'C:/Users/Andy F'와 같은 의미이다. 아니면 **Misc ➡ Change Working Directory** 메뉴를 선택하고(또는 단축키 ⌘ + D) 원하는 디렉터리를 직접 선택해도 된다.

　이 책에서는 여러분이 장(chapter)마다 관련 자료 파일들을 개별적인 디렉터리에 담아 두고, 항상 현재 공부하는 장의 폴더를 작업 디렉터리로 설정한다고 가정한다. 그렇게 하지 않고 예제들을 따라 하면 명령들이 파일을 제대로 불러오거나 저장하지 못할 수 있다.

3.4.5 　패키지 설치 ①

앞에서 **R** 프로그램에는 여러분이 즉시 사용할 수 있는 기본적인 기능들이 이미 포함되어 있다고 말했다. 그러나 **R**을 최대한 활용하려면 특정 과제를 수행하는 데 필요한 패키지들을 추가로 설치할 필요가 있다. 예를 들어 다음 장(제4장)에서는 그래프를 살펴보는데, 그 장에서 그래프를 만들려면 *ggplot2*라는 패키지가 있어야 한다. 이 패키지는 **R**을 설치할 때 함께 설치되지 않으므로, 다음 장을 공부할 때 **R**이 관련 그래프 기능에 접근할 수 있으려면 *ggplot2* 패키지를 따로 설치해야 한다.

　패키지를 설치하는 방법은 두 가지이다. 하나는 메뉴를 사용하는 것이고 하나는 명령을 사용하는 것이다. 설치할 패키지를 구체적으로 알고 있다면, 다음과 같은 형태의 명령을 실행하는 것이 더 간단하다.

```
install.packages("패키지.이름")
```

실제로 패키지를 설치할 때는 '패키지.이름'을 실제 패키지 이름으로 대체해야 한다. 예를 들어 우리 저자들은 이 책에 쓰이는 몇 가지 함수를 담은 패키지를 만들어 두었다. 그 패키지의 이

2　윈도우에서는 파일 경로의 개별 디렉터리들을 '\\'로 구분할 수도 있다. 예를 들어 "C:/Users/Andy F/Documents/Data/R Book Examples"와 "C: \\Users\\Andy F\\Documents\\Data\\R Book Examples"는 정확히 같은 경로를 의미한다. **R**은 어떤 파일 경로를 돌려줄 때 '\\' 형태를 선호하는 경향이 있지만, 여러분이 '/'를 이용해서 경로를 지정해도 받아들인다. 이 두 형식의 차이 때문에 어리둥절해 하지는 말기 바란다. MacOS 사용자는 이런 고난을 겪을 필요가 없다.

름은 DSUR이므로, 그 패키지를 설치하려면 다음과 같은 명령을 실행해야 한다.*

```
install.packages("DSUR")
```

패키지 이름을 반드시 따옴표로 감싸야 한다는 점을 주의하기 바란다.

패키지를 설치한 후에는, 그 패키지를 사용하겠다고 R에게 알려주어야 한다. 이를 패키지 참조(reference)라고 부르는데, 간단히 말하면 패키지를 현재 환경으로 불러오는(load; 적재) 것이다. 패키지의 설치는 한 번만 하면 되지만[3], 패키지 적재는 *R* 세션마다 해주어야 한다. 패키지를 불러오는 명령은 다음과 같은 형태이다.

```
library(패키지.이름)
```

물론 '패키지.이름'은 참고하자고 하는 실제 패키지 이름으로 대체해야 한다. 예를 들어 *DSUR*을 패키지를 사용하려면 다음 명령을 실행한다.

```
library(DSUR)
```

이 경우에는 패키지 이름을 따옴표로 감싸지 않는다는 점을 주의하기 바란다.

아니면 메뉴 시스템을 이용해서 패키지를 관리할 수도 있다. 그림 3.7은 패키지 관리를 위한 메뉴들을 개괄한 것이다. 윈도우의 경우 **패키지 ➡ 패키지(들) 설치하기...** 메뉴를 선택하면 CRAN 미러를 선택하라는 대화상자가 나타난다. 목록에서 독자 근처의 미러 사이트를 선택한 후 [OK] 버튼을 클릭하면 사용 가능한 모든 패키지를 제시하는 또 다른 대화상자가 뜬다. 원하는 패키지 하나 또는 여러 개를 선택하고(*Ctrl* 키를 누른 채로 클릭하면 여러 개를 선택할 수 있다) [OK] 버튼을 클릭한다. 그러면 *install.packages()* 명령을 실행할 때와 같은 효과가 난다. 패키지를 불러오는 것도 메뉴로 할 수 있다. **패키지 ➡ 패키지 불러오기...**를 선택하면 적재할 수 있는 모든 패키지를 제시하는 대화상자가 뜬다. 거기서 원하는 것(들)을 선택한 후 [OK] 버튼을 클릭하면 *library()* 명령을 실행할 때과 같은 효과가 난다.

MacOS에서는, 먼저 **Packages & Data ➡ Package Installer**를 선택해서 나타난 대화

---

*역주 2018년 11월 현재 CRAN에 DSUR 패키지가 등록되어 있지 않기 때문에 이 명령으로는 DSUR 패키지가 설치되지 않는다. 한 가지 대안은 GitHub에 있는 DSUR.noof라는 '비공식' DSUR 패키지를 사용하는 것이다. 다음은 이 패키지를 설치하는 명령들이다.

```
install.packages("devtools")
library(devtools)
install.packages('ggplot2')
install_github("Frostarella/DSUR.noof")
```

DSUR 패키지 대신 이 비공식 패키지를 설치했다면, 이후 본문에 나오는 library(DSUR)이 아니라 library(DSUR.noof)를 실행해야 함을 기억하기 바란다.

3 꼭 그런 것은 아니다. R을 새 버전으로 업그레이드했다면 패키지들을 다시 설치해야 할 수 있다.

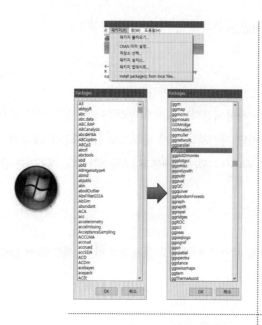

Get List

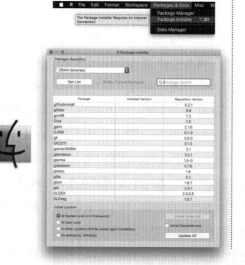

Install Selected

그림 3.7 R 프로그램의 메뉴를 이용해서 패키지를 설치하고 불러오기

상자에서 ⟨ **Get List** ⟩ 버튼을 클릭한다. 그러면 설치 가능한 패키지 목록이 나오는데, 거기서 원하든 패키지들을 선택한다(⌘ 키를 누른 채로 클릭하면 여러 개를 선택할 수 있다). 그런 다음 ⟨ **Install Selected** ⟩ 버튼을 클릭하면 *install.packages()* 명령을 실행할 때와 같은 효과가 난다. 패키지를 불러오려면 **Packages & Data** ➡ **Package Manager** 메뉴를 선택한다. 그러면 적재할 수 있는 패키지들의 목록이 나오는데, 원하는 것(들) 옆의 체크 상자를 체크하면 *library()* 명령과 같은 효과가 난다.

R에서는 톰이든 딕이나 해리엇이든 누구나 패키지를 기여할 수 있기 때문에 한 가지 흥미로운(솔직히 짜증 나는) 결과가 생긴다. 바로, 한 패키지에 있는 유용한 함수와 이름이 같은 함수가 다른 패키지에도 있을 수 있다는 점이다. 예를 들어 *recode()*라는 함수는 *Hmisc* 패키지에도 있고 *car* 패키지에도 있다. 따라서 두 패키지를 모두 적재한 상태에서 그 함수를 사용하려면 R에게 그 함수가 어떤 패키지에 있는 것인지 명시적으로 알려주어야 한다(구체적인 방법은 R의 영혼의 조언 3.4를 보라).

R의 영혼의 조언 3.4 함수의 중의성 해소 ①

서로 다른 두 패키지에 같은 이름의 함수가 들어 있는 경우를 종종 만나게 된다. 예를 들어 *recode()*라는 함수는 *Hmisc* 패키지에도 있고 *car* 패키지에도 있다. 두 패키지를 모두 적재한 상태에서 *recode()* 함수를 사용하려고 하면 R은 그것이 어떤 패키지에 속한 것인지 알지 못하므로 실행을 거부한다(R에게 알아서 추측하라고 할 수도 없는 일이다. 잘못 추측할 수 있기 때문이다). 해결책은 간단하다. 함수 이름 앞에 패키지 이름을 명시해 주면 된다. 일반적인 형태는 다음과 같다.

패키지::함수()

예를 들어 *car* 패키지에 있는 *recode()* 함수를 사용하려면 다음과 같이 하면 된다.

car::recode()

*Hmisc*에 있는 것을 사용하려면 다음과 같이 한다.

Hmisc::recode()

다음은 *car* 패키지의 *recode()*를 이용해서 어떤 변수를 기록(record)하는 예이다.

variableName <-car::recode(variableName, "2=0;0=2")

3.4.6 도움말 얻기 ①

인터넷에는 R의 활용 정보를 제공하는 문서가 엄청나게 많다. 뭔가 막혔을 때 일단 구글(또는 독자가 선호하는 검색 엔진)로 웹을 검색해 보면 답을 찾는 경우가 많다. 그러나 R 자체에도 도움말 기능이 내장되어 있다. 특정 함수에 관해 좀 더 알고 싶다면 다음과 같은 형태로 **help()** 명령을 사용하면 된다.

help(함수이름)

또는 다음 형태의 명령을 실행해도 된다.

?함수이름

두 경우에서 **함수이름**은 도움말을 얻고자 하는 함수의 이름이다. 예를 들어 앞에서 사용해 본 연결 함수 *c()*에 관해 알고 싶다면

help(c)

또는

?c

를 실행하면 된다. 이런 명령을 실행하면 웹 브라우저가 실행되어서 그 명령에 대한 도움말 페이지가 나타난다. 이러한 도움말 페이지들은 해당 함수가 속한 패키지가 적재된 경우에만 활성화됨을 주의하기 바란다. 따라서, 어떤 함수에 대한 도움말 페이지를 보려고 했는데 그런 함수에 대한 도움말이 없다는 오류가 발생하면, 그 함수가 속한 패키지를 *library()* 명령 또는 패키지 메뉴를 이용해서 적재했는지부터 점검해 봐야 한다.

3.5 R에 자료 도입하기 ①

3.5.1 변수 생성 ①

R 세션에 자료를 도입하는 첫 번째 방법은 여러분이 자료를 직접 입력하는 것이다. 이전에 보았듯이, *c()* 함수를 이용해서 자료를 담은 객체를 만들 수 있다. 앞에서는 이름(문자열)들의 컬렉션을 예로 들었지만, 수치 자료를 담은 객체도 얼마든지 만들 수 있다. 앞에서는 메탈리카의 네 멤버 이름을 담은 객체를 생성했다. 이번에도 그런 객체를 만들되, 객체의 이름을 *metallicaNames*로 하자. 다음은 그러한 객체를 생성하는 명령이다.

```
metallicaNames<-c("Lars","James","Kirk","Rob")
```

이제 밴드 멤버 이름들을 담은 *metallicaNames*라는 객체가 생겼다. 객체를 생성할 때는 의미 있는 이름을 객체에 붙이는 것이 중요하다. 객체의 이름을 지으려면 어느 정도 고민이 필요하다(R의 영혼의 조언 3.7 참고).

더 나아가서, 각 밴드 멤버의 나이를 담은 또 다른 객체를 만들기로 하자. 이 글을 쓰는 현재 멤버들의 나이는 47, 47, 48, 46이다. 이전처럼 연결 함수를 이용해서 *metallicaAges*라는 새 객체를 만든다.

```
metallicaAges<-c(47, 47, 48, 46)
```

멤버 이름을 지정할 때는 이름을 따옴표로 감쌌지만, 나이를 지정할 때는 그렇게 하지 않았음을 주목하기 바란다. 어떤 자료를 따옴표로 감싼다는 것은 R에게 그 자료의 형식이 수치가 아니라고 알려주는 것에 해당한다. 문자들로 이루어진 자료를 담은 변수를 **문자열 변수**(string variable)라고 부르고, 수치 자료를 담은 변수를 **수치 변수**(numeric variable)라고 부른다. R과 관련 패키지들은 자료를 상당히 지능적으로 다루는 능력을 갖추고 있다. 다른 말로 하면, R에게 어떤 변수가 수치 변수인지 아닌지를 일일이 알려줄 필요는 없다. 그 정도는 R이 잘 알아서 파악한다(항상 그런 것은 아니지만). 단, 문자열은 반드시 따옴표로 감싸고 수치는 따옴표로 감싸지 말아야 한다는(의도적으로 숫자들을 텍스트로 취급하려는 것이 아닌 한) 점은 항상 지켜야 한다.

3.5.2 데이터프레임 생성 ①

현재 우리에게는 *metallicaNames*와 *metallicaAges*라는 두 개의 개별적인, 그러나 서로 연관된 객체가 있다. 그런데 이 둘을 하나의 객체로 결합하면 좋지 않을까? 그런 용도로 사용하는 것이 바로 **데이터프레임**(dataframe; 자료틀)이다. 데이터프레임이라는 것을 일종의 스프레드시트라고(즉, 통계 패키지 SPSS의 자료 편집기의 내용이나 Excel의 워크시트 같은 것이라고) 생각하면 이해에 도움이 될 것이다. R에서 변수들을 한데 엮는 방법이 데이터프레임뿐만은 아니지만, 대부분은 이 데이터프레임을 사용한다. 그 이유는 데이터프레임이 아주 범용적이기 때문이다(R의 영혼의 조언 3.5). *metallicaNames*와 *metallicaAges*를 하나의 데이터프레임으로 결합하려면 다음과 같이 **data.frame()** 함수를 사용한다.

```
metallica<-data.frame(Name = metallicaNames, Age = metallicaAges)
```

이 명령은 *data.frame()* 함수를 이용해서 *metallica*라는 새로운 데이터프레임 객체를 생성한다. 그 함수의 괄호 쌍 안에 있는 내용은 R에게 그 데이터프레임을 구축하는 방법을 알려준다. 괄호 쌍 안의 앞부분은 기존 객체 *metallicaNames*와 동일한 객체를 만들어서 'Name'이라는 이름을 붙이라는 뜻이고 뒷부분은 기존 객체 *metallicaAges*와 동일한 객체를 만들어서 'Age'라는 이름을 붙이라는 뜻이다. 이 데이터프레임의 내용을 살펴보는 방법은 다른 객체들과 동일하다.

```
metallica
```

이 명령을 실행하면 콘솔에 다음과 같은 결과가 출력될 것이다.

데이터프레임이 R에서 변수들을 결합하는 유일한 방법은 아니다. 이 책에는 *list()*라는 함수와 *cbind()*라는 함수를 이용해서 변수들을 한데 묶는 예가 많이 나온다. *list()* 함수는 개별적인 객체들의 목록(list)을 생성한다. 내용물이 잘 정리된 핸드백(또는 백팩)을 예로 들어 보겠다. 여러분의 핸드백에는 립스틱, 전화기, 아이패드, 볼펜 등 다양한 물건(객체)이 있을 것이다. 그 물건들은 서로 다르지만, 그렇다고 같은 가방에 집어넣지 못할 이유는 없다. *list()*는 R에서 생성한 객체들을 담은 일종의 가방을 만들어낸다. 그런데 현실의 가방과는 달리 이 가방은 자동으로 물건들에 일련번호를 붙여서 정리한다. 그래서 첫 번째 물건, 두 번째 물건 같은 방식으로 가방 안의 특정 물건에 접근할 수 있다. 예를 들어 본문에서처럼 *data.frame()* 함수를 이용하는 대신 다음 명령으로 'metallica'를 생성한다고 하자.

```
metallica<-list(metallicaNames, metallicaAges)
```

그러면 R은 *metallica*라는 이름의 목록(가방)을 만든다. 이 가방의 내용은 다음과 같다.

```
[[1]]
[1] "Lars"  "James" "Kirk"  "Rob"
[[2]]
[1] 47 47 48 46
```

이 가방에의 객체 [[1]](첫 번째 객체)는 이름들의 목록이고 객체 [[2]]는 나이들의 목록이다.

　　cbind() 함수는 자료를 열(column) 우선으로 배치한 객체를 생성한다(행 우선으로 배치하려면 *rbind*라는 함수를 사용하면 된다). 예를 들어 본문에서처럼 *data.frame()* 함수를 이용하는 대신 다음 명령을 실행한다고 하자.

```
metallica<-cbind(metallicaNames, metallicaAges)
```

그러면 *metallica*는 다음과 같은 행렬 형태의 객체가 된다.

```
     metallicaNames metallicaAges
[1,] "Lars"         "47"
[2,] "James"        "47"
[3,] "Kirk"         "48"
[4,] "Rob"          "46"
```

같은 객체 안에서 두 변수가 개별적인 열을 형성했음을 주목하기 바란다. 그런데 수치에 따옴표가 쳐있다는 점이 눈에 거슬릴 것이다. 이는 이름들을 담은 변수가 문자열 변수라서 나이들까지 문자열로 취급되었기 때문이다. 이 때문에, *cbind()*는 형식이 같은 변수들을 결합할 때 유용하다.

　　정리하자면, 데이터프레임은 변수들을 저장하는 범용적인 수단이다. *cbind()*와는 달리 *data.frame()*은 서로 다른 형식의 변수들을 저장한다(사소한 사항 하나: *cbind()*도 내부적으로는 *data.frame()* 함수를 이용해서 객체를 만들기 때문에 기본적으로 둘은 같다). 그래서 이 책에서는 데이터프레임을 주

```
   Name  Age
1  Lars   47
2  James  47
3  Kirk   48
4  Rob    46
```

정리하자면, 이 데이터프레임은 두 개의 변수(**Name**과 **Age**)로 구성되며, 첫 변수는 밴드 멤버 이름들의 컬렉션이고 둘째 것은 나이들의 컬렉션이다. 일단 데이터프레임을 생성하고 나면, 언제라도 데이터프레임 안의 특정 변수에 다음과 같은 형태의 구문을 통해서 접근할 수 있다.

데이터프레임$변수이름

예를 들어 메탈리카 멤버 나이들을 사용해야 한다면, 해당 변수를 다음과 같이 지칭하면 된다.

```
metallica$Age
```

마찬가지로, **Name** 변수가 필요하다면 다음을 사용한다.

```
metallica$Name
```

그럼 각 멤버의 첫 자녀의 나이를 담은 또 다른 변수를 데이터프레임에 추가해 보자. 그 변수의 이름은 **childAge**로 하겠다. 인터넷을 검색해 보니 제임스의 첫 아이(칼리)와 라스의 첫 아이(마일스)는 둘 다 1998년생이고 커크의 첫 아이(앤젤)은 2006년생, 롭의 첫 아이(타이-오라이언)은 2004년생이다. 이 글을 쓰는 현재 이들의 나이는 각각 12, 12, 4, 6이다. 다음은 이 나이들을 담은 변수를 *c()* 함수를 이용해서 생성하는 명령이다.

```
metallica$childAge<-c(12, 12, 4, 6)
```

이 명령을 이해하기가 어렵지는 않을 것이다. *metallica$childAge*는 데이터프레임 *metallica* 안의 **childAge**라는 변수를 뜻하는데, 이전에는 그런 변수가 없었으므로 새로 만들어진다. 그리고 항상 그렇듯이 '<-'는 왼쪽 것이 오른쪽 것으로부터 생성된다는 뜻이다. *c()* 함수는 각 멤버의 첫 자녀 나이들을 담은(지정된 순서대로) 컬렉션을 만들어준다.

이제 다음 명령으로 데이터프레임의 내용을 확인해 보자.

```
metallica
```

다음과 같은 출력이 나올 것이다.

```
    Name Age childAge
1 Lars    47       12
2 James   47       12
3 Kirk    48        4
4 Rob     46        6
```

새 변수가 추가되었음을 주목하기 바란다.

　종종, 특히 큰 데이터프레임을 다룰 때는, 데이터프레임에 있는 변수 이름들만 나열하는 것이 도움이 된다. 이를 위한 함수가 **names()**이다. 데이터프레임 이름을 괄호 쌍 안에 넣어서 이 함수를 실행하면 변수 이름들이 나열된다. 다음은 *metallica* 데이터프레임의 변수들을 나열하는 명령이다.

```
names(metallica)
```

이 명령을 실행하면 다음과 같이 데이터프레임의 변수 이름들이 출력된다.

```
[1] "Name"     "Age"        "childAge"
```

R이 데이터프레임의 세 변수 이름을 따옴표로 감싸서 출력해 주었다.

3.5.3　기본 변수들로 새 변수 계산하기 ①

기존 변수들을 산술 연산자나 논리 연산자로 결합해서 새 변수를 만드는 것도 가능하다. 이 주제는 제5장에서 좀 더 자세하게 이야기할 것이므로 여기서는 언급만 하고 넘어가겠다. 표 3.5는 R에 쓰이는 기본적인 연산자 몇 가지를 개괄한 것이다. 표에서 보듯이 변수들에 적용할 수 있는 연산자는 다양하며, 일부는 여러분도 익숙할 것이다(그러나 R의 영혼의 조언 3.6을 보라). + 연산자로는 변수들을 더할 수 있고, − 연산자로는 뺄 수 있고, /로는 나눌 수 있고, *로는 곱할 수 있다. 이 연산자들과 표에 나온 다른 연산자들은 진도가 나가면 만나게 될 것이다. 일단 지금은 데이터프레임이 자료를 저장하고 조작하는 데 적합한 범용적인 틀임을 짐작할 수 있는 예 몇 가지만 보고 넘어가자.

　첫 아이가 태어났을 때의 각 밴드 멤버의 (대략적인) 나이를 알고 싶다고 하자. 밴드 멤버의 현재 나이에서 첫 아이의 나이를 빼면 그런 나이가 된다. 그런 정보를 아빠가 된 나이를 뜻하는 **fatherhoodAge**라는 새 변수에 넣기로 한다면, 다음과 같은 명령을 실행하면 된다.

```
metallica$fatherhoodAge<- metallica$Age - metallica$childAge
```

표 3.5 R의 주요 연산자

연산자	하는 일
+	좌변과 우변을 더한다.
−	좌변에서 우변을 뺀다.
*	좌변과 우변을 곱한다.
/	좌변을 우변으로 나눈다.
^ 또는 **	우변을 지수로 사용해서 좌변을 거듭제곱한다(예를 들어 x^2나 x**2는 x^2, x^3은 x^3 등이다).
<	좌변이 우변보다 작은지(미만) 판정한다.
<=	좌변이 우변보다 작거나 같은지(이하) 판정한다.
>	좌변이 우변보다 큰지(초과) 판정한다.
>=	좌변이 우변보다 크거나 같은지(이상) 판정한다.
==	좌변과 우변이 정확히 같은지(상등) 판정한다. (아마 '='를 등호로 사용하는 데 익숙하겠지만, R에서는 보통의 경우 '=='를 등호로 사용한다.)
!=	좌변과 우변이 다른지(부등) 판정한다.
!x	x의 부정(참이면 거짓, 거짓이면 참)을 뜻한다.
x | y	x OR y, 즉 x와 y의 논리합을 뜻한다(예를 들어 name == "Lars"|"James"는 name이라는 변수가 Lars와 같거나 James와 같으면 참이다).
x & y	x AND y, 즉 x와 y의 논리곱을 뜻한다(예를 들어 age == 47 & name == "James"는 변수 age가 47과 같고 변수 name이 James와 같으면 참이다).
isTRUE(x)	x가 참(TRUE)인지 판정한다.

R의 영혼의 조언 3.6 　등호 ①

어떤 두 대상이 서로 같음을 나타낼 때 우리는 흔히 '='라는 기호를 사용한다. 그러나 이 =는 R에서 수많은 오류의 근원이 된다. 예를 들어 보통의 경우 우리는 'age = 37'이라는 표현을 "age와 37이 같다"라고 해석한다. 그러나 헷갈리게도 R에서는 그러한 상등 관계를 '=='로 표현한다. 상등과 관련해서 어떤 오류 메시지가 나왔다면, 오류가 난 명령을 잘 살펴보면서, 무심코 지금까지 알고 있던 상등 기호를 사용하지는 않았는지 확인하기 바란다. 아마 '=='라고 해야 할 것을 '='라고 해서 오류가 났을 것이다.

이 명령 역시 이해하기가 어렵지 않다. *metallica$fatherhoodAge*는 기존의 데이터프레임 *metallica* 안에 **fatherhoodAge**라는 새 변수를 만든다. '<-'는 '~로부터 ~를 생성한다'이고, 그 다음 부분은 객체를 만드는 방법을 뜻한다. 구체적으로, <-의 우변은 각 멤버의 나이(*metallica$Age*, 즉 데이터프레임 *metallica*의 **Age** 변수)에서 멤버의 첫 아이의 나이(*metallica$childAge*, 즉 데이터프레임 *metallica*의 **childAge**)를 빼라는 뜻이다. 이제 다음을 실행해 보자.

```
metallica
```

그러면 첫 아이를 얻었을 때의 멤버 나이를 담은 새 변수의 내용을 볼 수 있다. 예를 들어 제임스와 라스는 35세에, 커크는 44세에, 그리고 롭은 40세에 첫 아이를 얻었다.

```
  Name Age childAge fatherhoodAge
1 Lars  47       12           35
2 James 47       12           35
3 Kirk  48        4           44
4 Rob   46        6           40
```

R의 영혼의 조언 3.7 변수 이름짓기 ①

어떤 이름을 지을 때 따르는 관례를 명명관례(naming convention)라고 한다. R에서 변수와 객체의 이름을 짓는 데 관한 명명관례들이 여럿 있는데, 안타깝게도 그런 명명관례들이 서로 모순되는 경우가 있다. 예를 들어 구글의 R 스타일 지침은 "변수 이름은 모두 소문자로 시작해야 하며, 단어들을 마침표(.)로 분리해야 한다"라고 말한다. 따라서 예를 들어 어떤 아동(child)의 불안(anxiety) 수준을 나타내는 변수라면 **child.anxiety**라는 이름을 사용해야 하며, **child_anxiety**는 안 되고 **Child_Anxiety**는 더더욱 안 된다. 그러나 해들리는 "변수 이름은 ... 반드시 소문자이어야 한다. 이름 안의 단어들은 _로 분리한다. ... 간결지만 의미 있는 이름을 추구해야 한다"라고 권한다(이 조언 끝의 두 번째 URL 참고). 이 경우는 **child_anxiety**가 적합하다.

나는 첫 단어 이외의 모든 단어를 대문자로 시작하는 구식 프로그래밍 명명관례를 선호하는 편이다. 즉, 나라면 **childAnxiety**를 사용할 가능성이 크다. 물론 앞에서 말한 관례들을 따르는 사람들은 눈살을 찌푸릴 것이다. 나도 가끔은 밑줄을 사용한다(그냥 반항심이 솟아서일 뿐이지만).

모든 명명관례가 동의하는 한 가지 사항은, 변수 이름이 의미 있고 간결해야 한다는 것이다. 그런 이름을 짓는 능력을 완벽하게 갖추려면 시간과 노력이 필요하다. 어쩌면 이런 일이 모두 시간 낭비라고 생각하는 독자도 있을 것이다. 그러나 이 책을 공부하면서 스크립트 파일이 늘다 보면, 이름 짓기에 시간을 들이길 잘했다는 생각이 들 것이다. 예를 들어 "앤디 필드의 통계학 강의 도중에 내 머리에 총을 쏴서(shoot) 자살하고 싶어진 횟수"를 뜻하는 변수를 만든다고 하자. 그 변수를 'shoot'이라고 할 수도 있다. 그러면 이후 여러분의 모든 분석과 출력에서 간결한 이름인 'shoot'으로 그러한 횟수를 참조하면 된다. 여기까지는 아무 문제가 없다. 그러나 3주 후에 그 분석을 다시 들여다본다면 어떨까? 아마도 'shoot'이 무슨 뜻인지 어리둥절할 것이다. 내가 골문을 향해 공을 찬 횟수일까? 아니면 원샷 횟수? 또 다른 예로, 'workers attending news kiosk(신문 가판대에서 일하는 노동자들)'를 뜻하는 변수의 이름을 머리글자만 모아서 짓는다고 상상해 보라. 결론적으로, 시간과 노력을 투자해서 객체의 이름을 의미 있는 방식으로 짓는 습관을 들이기 바란다. 이름들을 좀 더 일관되게 짓는 데는 앞에서 말한 스타일 지침들(아래 URL 참고)이 도움이 될 것이다.

- http://google-styleguide.googlecode.com/svn/trunk/google-r-style.html
- https://github.com/hadley/devtools/wiki/Style

3.5.4 자료의 조직화 ①

새로운 자료 집합을 입력할 때는 논리적인 방식을 따라야 한다. 가장 논리적인(그리고 SPSS나 SAS 같은 다른 패키지들과 일관성이 있는) 방식은 소위 넓은 형식(wide format)을 사용하는 것이다. 넓은 형식에서는 각 행이 하나의 개체에서 온 자료를 대표하고, 각 열은 하나의 변수를 대표한다. 이때 독립변수와 종속변수를 구분하지는 않는다. 두 변수 모두 개별적인 열로 배치해야 한다. 넓은 형식의 핵심은 각 행이 한 개체의 자료를 나타낸다는 것이다(여기서 개체는 사람일 수도 있고 쥐나 튤립, 사업, 물 표본일 수도 있다). 따라서 특정한 하나의 사례에 관한 모든 정보는 하나의 행으로 입력해야 한다. 예를 들어 남성과 여성의 뜨거운 자극과 차가운 자극에 관한 통증 지각 차이를 연구한다고 상상해 보자. 예를 들어 참가자의 손을 아주 차가운 물이 담긴 양동이에 1분 동안 담게 하고, 느낀 고통의 정도를 1에서 10까지의 척도로 표현하게 하는 식으로 실험을 진행할 수도 있을 것이다. 비슷하게, 뜨거운 자극에 관해서는 뜨거운 감자를 1분 동안 쥐게 하고 통증의 정도를 물어보면 될 것이다. 내가 실험 참가자이고 여러분이 실험을 진행했다면, 여러분은 내 자료를 하나의 행으로 입력할 것이다. 즉, 내 이름과 성별, 고인 물에 대한 고통 지각 정도와 뜨거운 고통 지각 정도를 개별 열로 두어서 앤디, 남성, 7, 10 같은 행을 입력할 것이다.

이 예에서 내 성별에 관한 정보를 담는 열은 하나의 그룹화 변수(grouping variable; 이를 요인 (factor; 또는 인자, 인수)라고도 한다)이다. 즉, 나는 남성들의 그룹에 속할 수도 있고 여성들의 그룹에 속할 수도 있지만, 두 그룹에 모두 속할 수는 없다. 따라서 이 변수는 그룹간 변수(서로 다른 개체가 서로 다른 그룹에 속하는)에 해당한다. R은 이러한 그룹들을 단어로 나타내는 것이 아니라 번호와 단어의 조합으로 나타낸다. 즉, 각 그룹에는 일련번호와 그 그룹을 설명하는 이름표를 배정한다. 따라서, 어떤 사람이 속한 그룹을 나타내는 하나의 열에 해당하는 그룹간 변수는 하나의 번호와 하나의 이름표로 정의된다(§3.5.4.3 참고). 예를 들어 어떤 사람이 남성이면 0번을 배정하고 여성이면 1번을 배정한다고 하자. 그러면 R에게 특정 열의 값이 1이면 그 사람은 여성이고, 0이면 그 사람은 남성이라고 알려주어야 한다. 이처럼 한 사람이 여러 그룹 중 어떤 것에 속하는지를 지정하는 변수를 만들어 두면, 그것을 이용해서 자료 파일들을 분할할 수 있다(통증 실험의 예라면, 이를 이용해서 남성 참가자들의 자료와 여성 참가자들의 자료를 개별적으로 분석할 수 있다. §5.5.3을 보라).

고통의 정도에 대한 두 측도는 반복측정 측도에 해당한다(모든 참가자에게 차가운 자극과 뜨거운 자극을 실험했으므로). 따라서 이 변수의 수준들(R의 영혼의 조언 3.8 참고)을 개별적인 열들(하나는 뜨거운 자극의 고통 지각에 대한 것, 다른 하나는 차가운 자극의 고통 지각에 대한 것)에 입력하면 된다.

변수들을 R의 데이터프레임에 배치할 때는 흔히 따르는 간단한 규칙이 있다. 바로, 다른 출처에서 비롯된 자료는 데이터프레임의 다른 행에 넣고, 같은 출처에서 나온 자료는 한 행의 서로 다른 열들에 넣는다는 것이다. 따라서 각 사람(또는 오징어, 염소, 회사 등등 측정한 어떤 개체)은 개별적인 행이 된다. 그리고 각 사람(또는 오징어 등등)의 자료는 한 행의 서로 다른 열들이 된다. 예를 들어 여러분이 오징어나 사람을 연필로 여러 번 찔러서 그 결과로 대상이 얼마나 움찔거렸는지 측정한다면, 각각의 찌르기는 개별적인 열로 표현해야 한다.

실험연구에서 이는, 같은 참가자들에 대해 측정한(반복측정) 모든 변수를 여러 개의 열로 나타내야 함을 뜻한다(이때 각 열은 반복측정 변수의 한 수준을 나타낸다). 그러나 어떤 대상들의 서로 다른 그룹들을 나타내는(그룹간 설계에서 서로 다른 참가자들을 독립변수의 서로 다른 수준들에 배정할 때처럼) 변수는 하나의 열을 이용해서 정의한다. 구체적인 연구 절차를 수행해 보면 이러한 개념이 명확해질 것이다. (처음에는 이 황금률이 그리 황금처럼 보이지 않을 것이다. 종종 자료를 이와는 다른 형식으로 배치해야 할 때도 있다. 그러나 이 규칙은 좋은 출발점이다. 게다가, §3.9에서 보겠지만 R에서 데이터프레임의 내부를 재배치하는 것은 비교적 쉬운 일이다.)

다수의 강사와 학생을 연구한다고 상상해 보자. 서섹스 대학교(University of Sussex)에서 심리학 강사 다섯 명과 심리학과 학생 다섯 명을 무작위로 뽑아서 친구 수, 주당 알코올 소비량(표준잔 단위), 연간 수입, 그리고 신경과민 정도(점수가 높을수록 신경이 과민하다)를 조사한 자료가 표 3.6에 나와 있다.

표 3.6 예제를 위한 자료

이름	생년월일	직업	친구 수	알코올 (표준잔 단위)	수입(연간)	신경과민
Ben	1977년 7월 3일	강사	5	10	20,000	10
Martin	1969년 5월 24일	강사	2	15	40,000	17
Andy	1973년 6월 21일	강사	0	20	35,000	14
Paul	1970년 7월 16일	강사	4	5	22,000	13
Graham	1949년 10월 10일	강사	1	30	50,000	21
Carina	1983년 11월 05일	학생	10	25	5,000	7
Karina	1987년 10월 08일	학생	12	20	100	13
Doug	1989년 9월 16일	학생	15	16	3,000	9
Mark	1973년 5월 20일	학생	12	17	10,000	14
Zoë	1984년 11월 12일	학생	17	18	10	13

3.5.4.1 문자열 변수 생성 ①

이 자료 집합의 첫 변수는 강사/학생의 이름이다. 이 변수는 이름을 담으므로 문자열 변수에 해당한다. 문자열 변수를 만드는 방법은 이전에 보았다. *c()* 함수에 원하는 값들을 지정하되, 모든 값을 따옴표로 감싸면 된다. 그러면 **R**은 그것이 문자열 자료임을 인식한다. 다음은 참가자 이름들로 **name**이라는 변수를 만드는 명령이다.

```
name<-c("Ben", "Martin", "Andy", "Paul", "Graham", "Carina", "Karina", "Doug",
"Mark", "Zoe")
```

이때 이 변수의 측정 수준(§1.5.1.2)을 지정할 필요는 없다. 이 변수는 문자열 변수이며, 따라서 경우들의 이름만 나타낼 뿐 경우들의 순서나 경우들의 상대적인 크기에 관해서는 아무것도 말해주지 않으므로, **R**은 이를 자동으로 명목변수로 취급한다.

3.5.4.2 날짜 변수 생성 ①

표의 두 번째 열의 자료는 날짜(정확히는 생년월일)이다. **R**에서 **날짜 변수**(date variable)를 만들 때는 문자열 변수를 만들 때처럼 자료를 따옴표로 감싼다. 단, 자료가 특정한 형식을 따라야 한다. 또한, 이 자료를 날짜 관련 계산에 사용하려면 **R**에게 이것이 날짜임을 명시적으로 알려주어야 한다. 텍스트 형태의 자료를 날짜 객체로 변환할 때는 **as.Date()** 함수를 사용한다. 이 함수는 텍스트 문자열을 받아서 그것을 날짜 객체로 변환한다. 한 날짜에서 다른 날짜를 빼는 등의 날짜 연산을 수행하려면 이러한 날짜 객체가 필요하다. 예를 들어 참가자의 구체적인 나이를 알아야 한다면, 현재 날짜에서 그 참가자의 생년월일 날짜를 빼면 된다. 이를 위해서는 날짜 객체들이 필요하다. 만일 그냥 문자열 형태의 날짜들로 뺄셈을 수행하면 원하는 결과가 나오지 않는다(R의 영혼의 조언 3.9 참고).

as.Date() 함수는 흔히 일련의 문자열을 지정하는 함수 전체를 감싸는 형태로 쓰인다. 예를 들어 다음은 그러한 함수를 포함한 명령이다.

```
변수<-c("문자열 1", "문자열 2", "문자열 3", 등등)
```

날짜 객체를 만들려면 문자열이 yyyy-mm-dd 형태, 즉 네 자리 연도와 두 자리 월, 두 자리 일이 - 기호로 연결된 형태이어야 한다. 예를 들어 1973년 6월 21일에 해당하는 날짜 객체를 위해서는 "1973-06-21"이라고 해야 한다. 이에 기초해서 참가자들의 생년월일을 담은 **birth_date**라는 변수를 만든다면 다음과 같은 명령이 필요하다.

```
birth_date<-as.Date(c("1977-07-03", "1969-05-24", "1973-06-21", "1970-07-16",
"1949-10-10", "1983-11-05", "1987-10-08", "1989-09-16", "1973-05-20", "1984-11-
12"))
```

각 날짜의 문자열이 앞에서 말한 형식(yyyy-mm-dd)임을 주목하기 바란다. 이러한 자료를 *as.Date()* 함수로 감싸면 이 문자열들이 각각 날짜 객체로 변환된다.

 R의 영혼의 조언 3.9 **날짜 객체 ①**

날짜에 관련된 계산을 수행하려면 R에게 관련 변수들을 날짜 객체로 취급하라고 말해 주어야 한다. 그렇게 하지 않으면 어떤 일이 생기는지 살펴보자. 예를 들어 네 명의 남자와 그 아내들의 생년월일을 변수 **husband**와 **wife**라는 두 변수에 담는다고 하자. 다음은 그러한 변수를 생성하는 예이다.

```
husband<-c("1973-06-21", "1970-07-16", "1949-10-08", "1969-05-24")
wife<-c("1984-11-12", "1973-08-02", "1948-11-11", "1983-07-23")
```

이제 각 부부의 나이 차이를 계산해서 **agegap**이라는 새 변수를 만들자. 이를 위해 다음처럼 한 변수에서 다른 변수를 빼면 어떨까?

```
agegap <- husband-wife
```

안타깝게도 콘솔 창에는 다음과 같은 다소 실망스러운 메시지가 나온다.

```
Error in husband - wife : 이항연산자에 수치가 아닌 인수입니다.
```

R의 이 오류 메시지를 일상 언어로 표현하면, "나한테 무슨 일을 시킨 거야? 이것들은 단어라고! 글자에서 글자를 뺄 수는 없어!"라는 뜻이다.

그런데 다음처럼 변수들을 생성할 때 *as.Date()*를 사용하며 R은 그것이 문자열이 아니라 날짜임을 알게 된다.

```
husband<-as.Date(c("1973-06-21", "1970-07-16", "1949-10-08", "1969-05-
24"))
wife<-as.Date(c("1984-11-12", "1973-08-02", "1948-11-11", "1983-07-23"))
```

이제 두 변수의 차이를 계산해서 출력해 보자.

```
agegap <- husband-wife
agegap
```

이번에는 좀 더 말이 되는 출력이 나온다.

```
Time differences in days
[1] -4162 -1113 331 -5173
```

이 출력은 첫 커플의 아내가 남편보다 4162일(약 11년) 젊고, 셋째 커플의 경우에는 아내가 남편보다 331일(1년 미만) 더 나이를 먹었음을 말해준다.

3.5.4.3 부호화 변수/요인 생성 ①

그룹화 변수(grouping variable) 또는 요인(factor)이라고도 하는 부호화 변수(coding variable)는 서로 다른 자료 그룹을 나타내는 수치(번호)를 담는 변수이다. 그런 만큼 그룹화 번호는 수치 변수이지만, 해당 수치들은 이름을 나타낸다(즉, 측정 수준으로 분류하면 명목변수이다). 여기서 자료 그룹은 어떤 실험의 한 처리 변수의 수준들일 수도 있고, 사람들을 분류한 그룹(남성 또는 여성, 실험군 또는 대조군, 민족별 분류)이나 서로 다른 지리적 위치나 조직 등일 수도 있다.

　실험연구에서 부호화 변수는 그룹간 설계(즉, 서로 다른 참가자를 서로 다른 그룹에 배정)로 측정한 독립변수에 해당한다. 어떤 실험을 특정 조건 하의 한 참가자 그룹(실험군)과 그와는 다른 사람들로 이루어진 대조군에 대해 각각 실행한다고 하자. 그러면 실험군에는 1이라는 부호를, 대조군에는 0이라는 부호를 배정하면 될 것이다. 실험 자료를 R에 입력할 때에는 그러한 부호를 담을 변수(이름이 group이라고 하자)를 만들고, 실험군에 속하는 참가자에 대해서는 그 변수에 1을, 대조군에 속하는 참가자에 대해서는 0을 설정한다. 그러면 R은 부호가 1인 모든 자료가 한 그룹에 속하며 부호가 0인 모든 자료는 그와는 다른 한 그룹에 속함을 알게 된다. 실험 연구 이외의 상황에서도, 자연스럽게 발생한 그룹들을 구분하는 용도로 이러한 부호를 사용할 수 있다(이를테면 학생은 부호 1, 강사는 부호 0 등). 이러한 부호의 구체적인 값은 전적으로 임의적이다. 관례상 0, 1, 2, 3 등을 사용하는 경우가 많지만, 원한다면 그냥 기분 내키는 대로 495 같은 부호를 사용할 수도 있다.

　앞의 예로 돌아가서, 이 자료의 참가자들을 두 그룹, 즉 강사 그룹과 학생 그룹으로 나눌 수 있다. 이를 부호화하려면, 해당 부호 값을 담을 명목변수를 만들고 그 변수가 부호화 변수(즉 요인)라는 점과 각 그룹에 어떤 부호가 배정되는지를 알려 주어야 한다.

　그러한 명목변수를 만들 때, 그냥 각 참가자의 부호를 일일이 지정할 수도 있다. 지금 자료에서는 강사(부호는 1로 하자)가 다섯 명이고 학생(부호는 2로 하자)이 다섯 명이다. 따라서 새 변수에 1들과 2들을 연달아 입력하면 된다. 새 변수의 이름은 **job**으로 하겠다. 표 3.6의 자료를 보면 먼저 강사 다섯 명이 있고 그다음에 학생 다섯 명이 있으므로, 다음과 같은 명령을 실행하면 된다.

```
job<-c(1,1,1,1,1,2,2,2,2,2)
```

이처럼 자료 파일에 이미 사례들이 그룹별로 모여 있는 상황에서는 **rep()** 함수를 이용해서 명령 입력을 줄일 수 있다. 이 함수의 일반적인 형태는 *rep(반복할 수치, 반복 횟수)*이다. 예를 들어 *rep(1, 5)*는 1을 다섯 번 반복한다는 뜻이다. 다음은 이 함수를 이용해서 **job** 변수를 생성하는 예이다.

```
job<-c(rep(1, 5),rep(2, 5))
```

변수의 내용을 확인해 보면 앞의 방법과 같은 결과가 났음을 알 수 있다.

```
job
[1] 1 1 1 1 1 2 2 2 2 2
```

다음으로, 이 변수를 요인으로 바꾸어야 한다. 이때 사용하는 함수는 **factor()**이다. 이 함수의 일반적 형태는 다음과 같다.

```
factor(변수, levels = c(x,y, … ), labels = c("이름표1", "이름표2", … ))
```

다소 복잡해 보이지만 아주 복잡하지는 않다. 사실, '변수' 다음 부분을 생략하고 *factor(변수)* 형태로(이를테면 *factor(job)*) 사용할 수도 있다. 각 그룹의 부호를 R에게 명시적으로 알려주어야 하는 경우에는 *levels = c(1,2,3,4,..)* 형태의 인수를 추가해야 한다. 이때 일련의 수치들의 목록을 이미 익숙한 *c()* 함수로 생성함을 주목하기 바란다. 만일 1, 2, 3, 4처럼 일련의 번호들을 사용한다면 *c(1:4)* 형태를 사용해도 된다. 여기서 콜론(:)은 '그 사이의 모든 정수'를 뜻한다. 즉, *c(1:4)*는 *c(1,2,3,4)*와 같고 *c(0:6)*은 *c(0,1,2,3,4,5,6)*과 같다. 지금 예에서는 두 그룹에 1과 2라는 부호를 부여하므로, *c(1:2)* 또는 *c(1,2)*를 사용하면 된다. 마지막으로 *labels = c("label", …)*는 각 그룹의 이름표(label)를 지정하는 역할을 한다. 이 경우에도 c()를 이용해서 이름표들의 목록을 만들어서 지정한다. 지금 예에서 부호 1은 강사들이고 부호 2는 학생들이므로 각각 "Lecturer"와 "Student"라는 이름표를 붙이면 될 것이다. 이에 해당하는 구문은 *levels = c("Lecturers", "Students")*이다. 다음은 이상의 모든 것을 조합한, **job**을 하나의 부호화 변수로 만드는 명령이다.

```
job<-factor(job, levels = c(1:2), labels = c("Lecturer", "Student"))
```

수치 변수였던 **job**을 이렇게 하나의 요인으로 변환하면 R은 이것을 하나의 명목변수로 취급한다. 마지막으로, *gl()*이라는 함수를 이용해서 요인 변수를 생성할 수도 있다. 여기서 'gl'은 general (factor) level(일반 (요인) 수준)을 줄인 것이다. 이 함수의 일반적인 형태는 다음과 같다.

```
newFactor<-gl(수준 수, 각 수준의 사례 수, 전체 사례 수, labels = c("이름표1", "이름표2"…))
```

이 명령은 *newFactor*라고 하는 요인 변수를 생성한다. 이 함수는 요인의 그룹 또는 수준의 수(개수)와 그룹별 사례(case) 수를 요구한다. 전체 사례 수는 생략할 수 있는데, 생략하면 전체 그룹 수에 그룹별 사례 수를 곱한 값이 쓰인다. 또한, 각 수준/그룹의 이름표를 *labels*를 이용해서 지정할 수도 있다. 지금 예에서는 다음 명령으로 요인 변수를 만든다.

```
job<-gl(2, 5, labels = c("Lecturer", "Student"))
```

이제 완전한 형태의 부호화 변수(요인)가 만들어졌다. 그 내용은 다음과 같다.

```
[1] Lecturer Lecturer Lecturer Lecturer Lecturer Student Student Student
Student Student
```

요인 변수에 있는 요인 수준들과 그 순서를 알고 싶을 때는 **levels()** 함수를 사용한다. 이 함수는 요인의 이름을 받는다. 우리의 변수 **job**의 수준들을 알고 싶으면 다음을 실행하면 된다.

```
levels(job)
```

그러면 다음이 출력될 것이다.

```
[1] "Lecturer" "Student"
```

다른 말로 하면, **job**이라는 요인 변수에는 *Lecturer*와 *Student*라는 두 그룹이(그 순서로) 있다. 이 함수로 변수의 수준(그룹) 이름표를 변경하는 것도 가능하다. 예를 들어 수준들을 *Medical Lecturer*와 *Medical Student*로 바꾸려면 다음을 실행하면 된다.

```
levels(job)<-c("Medical Lecturer", "Medical Student")
```

이 명령은 **job** 변수에 연관된 수준들의 이름을 주어진 이름들로 변경한다(새 이름들을 따옴표로 감싸고 *c()* 함수로 묶어서 지정했음을 주목하기 바란다). 이 함수를 이용해서 요인의 수준들의 순서를 바꾸는 것노 가능한데, 이에 관해서는 R의 영혼의 조언 3.13을 보라.

이상의 예는 실험연구에서 참자가들의 그룹간 설계에 따라 측정한 변수들을 부호화 변수를 이용해서 그룹화하는 것이 바람직한 이유를 보여준다. 간단히 말하면, 이런 식으로 부호화 변수를 활용하면 한 참가자가 여러 그룹에 동시에 속하게 만드는 실수를 방지할 수 있다. 그룹간 설계에서는 그런 실수를 반드시 피해야 한다(즉, 한 참가자를 실험군과 대조군 모두에서 시험하는 일이 없어야 한다). 그러나 반복측정 설계(개체간)에서는 각 참가자를 모든 조건하에서 시험하므로, 이런 종류의 부호화 변수를 사용하지 않는다(각 참가자가 실제로 모든 실험 조건에 참여하므로).

3.5.4.4 수치 변수 생성 ①

수치 변수는 생성하기가 가장 쉬운 변수이다. 이미 이번 장에서 수치 변수를 여러 개 만들어 보았다. 지금 예에서는 실험 대상들의 친구 수, 알코올 소비량, 연 수입, 신경과민 정도를 나타내는 네 수치 변수 **friends, alcohol, income, neurotic**을 사용한다. 지금까지 배운 것을 이용해서 여러분이 이 변수들을 직접 만들 수 있을 것이다(바라건대!).

자가진단

✓ R의 변수 생성에 관해 배운 내용을 이용해서, 표 3.6에 나온 자료를 바탕으로 네 변수 **friends, alcohol, income, neurotic**을 생성하라.

앞의 자가진단을 직접 수행했으리라 믿는다. 다음 네 명령을 실행했다면 제대로 한 것이다.

```
friends<-c(5,2,0,4,1,10,12,15,12,17)
alcohol<-c(10,15,20,5,30,25,20,16,17,18)
income<-c(20000,40000,35000,22000,50000,5000,100,3000,10000,10)
neurotic<-c(10,17,14,13,21,7,13,9,14,13)
```

자가진단

✓ 표 3.6의 자료를 담은 변수들을 모두 생성했다면, 그것들을 하나로 담은 *lecturerData*라는 데이터프레임을 생성하라.

개별 변수들을 모두 생성했으므로 이를 하나의 데이터프레임으로 묶어 보자. 다음 명령을 실행하면 된다.

```
lecturerData<-data.frame(name,birth_date,job,friends,alcohol,income, neurotic)
```

중간에 실수가 없었다고 할 때, 이 데이터프레임의 내용을 확인하면 표 3.6과 동일한 자료가 나온다.

```
> lecturerData
     name birth_date        job friends alcohol income  neurotic
1    Ben  1977-07-03 Lecturer       5      10  20000        10
2    Martin 1969-05-24 Lecturer     2      15  40000        17
3    Andy  1973-06-21 Lecturer      0      20  35000        14
4    Paul  1970-07-16 Lecturer      4       5  22000        13
5    Graham 1949-10-10 Lecturer     1      30  50000        21
6    Carina 1983-11-05  Student    10      25   5000         7
7    Karina 1987-10-08  Student    12      20    100        13
8    Doug  1989-09-16  Student     15      16   3000         9
9    Mark  1973-05-20  Student     12      17  10000        14
10   Zoe   1984-11-12  Student     17      18     10        13
```

3.5.5 결측값 ①

연구자로서 우리는 자료를 완벽하게 수집하려고 노력하지만, 종종 특정 자료가 누락되기도 한다. 그러한 결측값(missiang value; 또는 분실값) 또는 결측자료가 발생하는 이유는 다양하다. 설문지가 너무 길어서 참가자가 실수로(또는, 여러분이 얼마나 편집증적이냐에 따라서는, 단지 여러분을 괴롭히기 위해 고의로) 일부 설문 사항의 답을 빼먹었을 수도 있고, 실험 과정에서 기계 결함 때문에 자료가 기록되지 않았을 수도 있고, 민감한 사안(성적 행동 등)에 관한 연구에서 참가자가 질문에 답하지 않는 권리를 행사했을 수도 있다. 그러나 한 참가자의 자료 중 일부가 빠졌다고 해서 그 참가자의 다른 모든 자료를 무시해야 하는 것은 아니다(무시하지 않으면 종종 통계적인 어려움이 생기긴 하지만). 어쨌거나, 그런 경우에는 R에게 해당 사례에 대한 값이 빠져 있음을 알려주어야 한다. 결측값에 깔린 원리는 부호화 변수에 깔린 원리와 비슷하다. 바로, 빠진 자료점에 대한 부호를 따로 두어서 적용한다는 것이다. R에서는 결측값에 대해 NA라는 부호(둘 다 대문자임)를 사용하는데, NA는 'not available(사용 불가)'을 줄인 것이다. 예를 들어 참가자 3번과 10번이 신경과민 정도에 관한 설문지를 완성하지 않았다고 하면, 해당 변수를 생성할 때 그 참가자들에 대해서는 다음과 같이 결측값 부호를 지정하면 된다.

```
neurotic<-c(10,17,NA,13,21,7,13,9,14,NA)
```

또한, 결측값이 있는 자료로 어떤 함수를 실행할 때는 R에게 그 결측값들을 무시하라고 일러주어야 할 때가 있다(R의 영혼의 조언 3.10 참고).

R의 영혼의 조언 3.10   결측값과 함수 ①

R의 함수 중에는 결측값을 처리하는 방식을 구체적으로 지정할 수 있는 것들이 많다. 예를 들어 많은 함수는 *na.rm* = *TRUE*라는 인수를 지정하면 계산 전에 NA 값들을 제거한다. 한 예로, 주어진 변수의 평균을 돌려주는 *mean()*이라는 함수가 있다. 다음 명령은 메탈리카 밴드 멤버 첫 아이들의 평균 나이를 돌려준다.

```
mean(metallica$childAge)
```

그런데 만일 첫 아이 자료에 결측값이 있다면, 다음처럼 함수 실행 시 *na.rm* = *TRUE*를 포함하면 된다. 그러면 R은 먼저 결측값들을 제거한 후 평균을 계산한다.

```
mean(metallica$childAge, na.rm = TRUE)
```

이 함수는 제5장에서 좀 더 자세하게 설명하겠다. 일단 지금은 결측값들의 처리 방식을 지정할 수 있는 함수들이 있다는 점만 알아두기 바란다. 이후 그런 함수가 등장하면 따로 언급하도록 노력하겠다.

3.6 R Commander로 자료 입력하기 ①

Rcmdr(R Commander를 줄인 것이다)이라는 패키지를 이용하면 기본적인 자료 편집(그리고 분석)을 손쉽게 수행할 수 있다. 이 패키지는 기본적인 자료 조작 및 분석을 위한 GUI 창을 제공한다. 이 도구는 초보자 또는 콘솔 창에서 명령을 직접 입력하는 것에 익숙하지 않은 사람들에게 아주 유용하다. 특히, 기존 데이터프레임을 사소하게 수정할 때 아주 편하다. *Rcmdr*을 설치하고 적재하려면 메뉴를 사용하거나(§3.4.5 참고) 다음 명령을 실행하면 된다.

```
install.packages("Rcmdr", dependencies = TRUE)
library(Rcmdr)
```

명령 실행 시 'Rcmdr'의 'R'을 대문자로 입력해야 한다(R의 영혼의 조언 3.3). 이 패키지를 설치하는 명령에서 *dependencies = TRUE*를 지정했음을 주목하기 바란다. 한 패키지가 다른 패키지를 사용하는 경우, 그런 다른 패키지를 '의존 패키지'라고 부른다(한 패키지가 그 패키지에 의존한다는 점에서). *Rcmdr*은 서로 다른 여러 명령을 사용하기 위한 하나의 창 인터페이스인 만큼, 다른 여러 패키지에 의존한다. 그 패키지들을 모두 설치하지 않으면 *Rcmdr*의 기능성 대부분이 사라진다. *dependencies = TRUE*를 지정하면 이 패키지가 의존하는 다른 모든 패키지도 함께 설치된다(의존 패키지들이 꽤 많기 때문에 설치하는 데 몇 분 정도 걸릴 수 있다).[4]

*library(Rcmdr)*을 실행하면 새로운 창이 나타난다(그림 3.8). 이 창에는 다양한 작업(자료 편집이나 기본적인 분석 실행 등)을 위한 메뉴가 있다. 이 메뉴들은 서로 다른 패키지에 있는 함수들을 실행하는 창 기반 인터페이스를 제공한다. R에 대한 경험이 쌓이다 보면 아마 여러분도 명령 입력을 선호하게 되겠지만, 몇 가지 흔히 쓰이는 분석을 이 R Commander로 실행하는 방법을 알아 두어도 좋을 것이다. 메뉴 구조는 윈도우용과 MacOS용이 기본적으로 동일하다.

3.6.1 R Commander를 이용한 변수 생성과 자료 입력 ①

R Commander의 특히나 유용한 기능 하나는 스프레드시트 소프트웨어들에서 흔히 볼 수 있는 스타일(즉, Micorosot Excel과 비슷한)의 자료 입력 인터페이스이다. 스프레드시트에 익숙한 사람이라면 이를 이용해서 자료를 편하게 입력할 수 있을 것이다. 새 데이터프레임을 만들려면 우선 **데이터 ➡ 새로운 데이터셋...**을 선택한다. 그러면 데이터프레임의 이름을 입력하는 대화상자가 나온다(그림 3.9). 지금 예에서는 이전에 사용한 *lecturerData*라는 이름을 계속 사용하

---

4 혹시 여러분이 이 책에서 아직 언급하지 다른 패키지들을 이미 설치했다면, 이 *Rcmdr*도 이미 설치되었을 수 있다. 그런 경우라도, 이 예를 통해서 *Rcmdr*을 설치하는 방법과 한 패키지가 의존하는 모든 패키지가 설치되게 하려면 *dependencies = TRUE*를 지정하면 된다는 점을 배울 수 있었을 것이다.

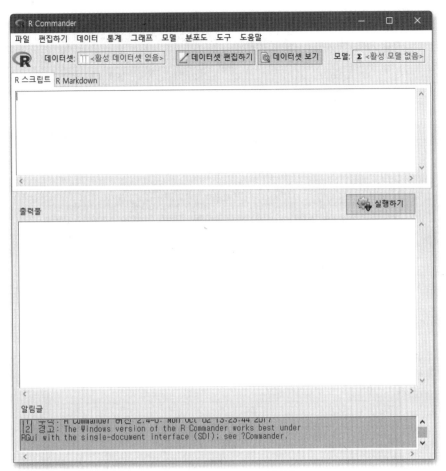

그림 3.8 R Commander의 주 창

기로 하자. 이 이름을 '데이터셋의 이름 입력하기' 입력 상자에 입력하고 예(OK) 버튼을 클릭한
다. 그러면 새 스프레드시트가 열린다. 새 변수를 생성하려면 한 열의 제일 위 칸을 클릭하면
된다. 그러면 변수의 이름과 형식(수치, 문자열)을 묻는 대화상자가 나타난다(문자열 변수를 생성
하려면 *character*를 선택해야 한다). 자료 편집기 창에서 각 행은 개별 항목을 대표한다. 변수 이
름을 모두 지정했다면 각 항목의 자료를 입력한다. 그림 3.9와 같은 모습이 되면 완성이다.* 이
제 그냥 창을 닫으면 자료가 저장된다. (MacOS에서는 이런 식으로 새 자료 집합(data set)을 생성할
수 없다. 그러나 **데이터 ➡ 데이터셋 적재하기...**를 선택해서 기존 데이터프레임을 불러온 후 편집할 수는
있다.)

---

*역주 이 내용은 최근 버전의 R Commander와는 다를 수 있다. 이 문단에서 설명하는 것은 **R**의 기본 자료 편집기(**R** 주 메뉴의 **편집**
➡ 데이터 편집기)로 보인다. 현재 R Commander는 기본 자료 편집기가 아닌 개별적인 편집기를 제공하는데, 특별한 대화상자
를 거치지 않고 스프레드시트 안에서 직접 변수 이름을 설정할 수 있다.

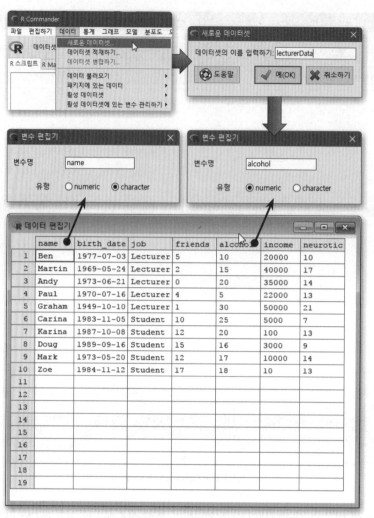

그림 3.9 R Commander를 이용한 자료 입력

R Commander를 이용한 부호화 변수 생성 ①

변수 **job**은 사람들이 속한 서로 다른 그룹을 대표하므로, 하나의 요인(부호화 변수)으로 변환해야 한다. §3.5.4.3에서 *factor()* 함수를 이용해서 수치 변수를 부호화 변수로 바꾸는 방법을 설명했다. R Commander에서는 **데이터 ➡ 활성 데이터셋에 있는 변수 관리하기 ➡ 수치 변수를 요인으로 변환...** 메뉴를 이용하면 된다. 이 메뉴 항목을 선택하면 자료집합의 수치 변수들이 왼쪽에 나열된 대화상자가 나타난다(그림 3.10). 그 목록에서 변환할 변수(지금 예에서는 **job**)를 선택한다. 만일 이 부호화 변수를 데이터프레임 안에 새로운 변수로 추가하고 싶다면, 다중 변수를 위한 새로운 변수 이름 또는 접미사 옆의 빈칸에 새 이름을 입력하면 된다. 새 변수를 추가할

것이 아니면 그 칸은 그냥 비워둔다(그림에서처럼). 부호화 변수의 수준들에 이름표를 부여하고 싶으면(보통의 경우 그렇게 하는 것이 바람직하다) 수준 이름 제공하기를 선택한다. 이제 예(OK) 버튼을 클릭해서 대화상자를 닫는다. 그러면 부호화 변수의 각 수준에 부여할 이름표를 묻는 대화상자가 나타난다. 그림 3.10은 **job** 변수의 값 1과 2에 대해 각각 'Lecturer'와 'Student'를 입력한 모습이다. 수준 이름표를 모두 추가했다면 예(OK) 버튼을 클릭한다. 그러면 **job**이 하나의 요인으로 변환된다.

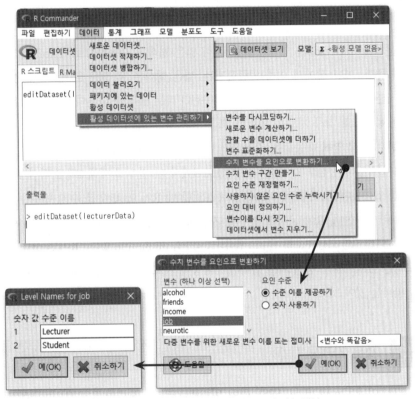

그림 3.10 R Commander를 이용한 부호화 변수 생성

3.7 전용 소프트웨어를 이용한 자료 입력과 편집 ①

R 콘솔 창에서 자료를 직접 입력할 수 있다고 해도, 만일 복잡한 대량의 자료집합을 입력해야 한다면 스프레드시트 스타일의 창이 있는 개별적인 소프트웨어를 사용하는 것이 나을 수 있다. 널리 쓰이는 스프레드시트 소프트웨어로는 Microsoft Excel이 있다. 여러분의 컴퓨터에는 SPSS나 SAS 같은 전문 통계 패키지보다는 Excel이 깔려 있을 가능성이 크다. SPSS나 SAS로 자료를 입력하는 방법을 알고 싶다면 내가 쓴 다른 책들(Field, 2009; Field & Miles, 2010)을 보기

바란다. Excel이 없다면, 무료로 사용할 수 있는 OpenOffice가 훌륭한 대안이다. MacOS 버전과 윈도우 버전을 http://www.openoffice.org/에서 구할 수 있다.

올리버 트위스티드
선생님, 그거 더
가르쳐 주세요…, SPSS요!

"SPSS는 Secret Party for Statistics Slaves(통계 노예들을 위한 비밀 파티)의 약자인가요?" 자기 자신의 침 웅덩이에 빠지면서 올리버가 거품을 문다. 아니야, 올리버. SPSS는 그냥 통계 패키지란다. 흥분이 급속히 가라앉으면서 올리버는 "젠장"이라고 내뱉는다. SPSS에서 자료 파일을 설정하는 방법을 알고 싶다면, 내 다른 책의 해당 부분을 부록 웹사이트에 올려 두었으니 참고하기 바란다.

통계 분석을 위한 자료를 입력할 때는 흔히 넓은 형식을 사용하므로, Excel에서도 그렇게 하는 것이 좋다. 이번 장에서 이미 언급했지만, 넓은 형식은 "각 행은 한 개체에서 온 자료를 대표하고, 각 열은 한 변수 또는 변수의 한 수준을 대표한다"라는 규칙을 따른다. 그림 3.11은 Excel에서 그러한 형식으로 강사 자료를 입력한 모습이다. 각 사람이 스프레드시트의 각 행에 대응되고 각 변수가 각 열에 대응됨을 주목하기 바란다. 또한, **job**에 대한 값들을 텍스트가 아니라 수치로 입력했다는 점도 주목하자. 만일 Excel에서 이 변수에 대해 1과 2 대신 'Lecturer'와 'Student'를 입력했다면, 이후 이 자료를 **R**로 도입할 때 **R**이 이 변수를 수치 변수가 아니라 문자열 변수로 인식한다. **R**이 문자열 변수를 지능적으로 처리하는 때도 많지만(지금 예라면 **R**이 이 변수를 하나의 요인 또는 부호화 변수로 인식하고 적절히 처리할 수도 있다), **R**이 항상 그렇게 하리라는 보장은 없으므로 그냥 수치를 입력하고 나중에 자료를 **R**에 도입한 후에 명시적으로 요인으로 변환하는 것이 낫다.

3.7.1 **자료 가져오기** ①

자료를 Excel이나 OpenOffice, SPSS 등에 입력했다면, 그 자료를 **R**의 데이터프레임으로 가져올(도입) 방법이 필요하다. 흔히 쓰이는 방법은 Excel/SPSS 등에서 그 자료를 **R**이 가져올 수 있는 형식의 파일로 저장(내보내기)하는 것이다. 아니면, 통계 패키지 고유의 자료 파일을 foreign이라는 **R** 패키지를 이용해서 **R**에 직접 도입하는 것도 가능하다. foreign은 SPSS(.sav), STATA(.dta), Systat(.sys, .syd), Minitab(.mtp), SAS(XPORT 파일) 등을 지원한다. 그러나 자료 입력에 사용한 소프트웨어에서 **R** 친화적 형식으로 자료를 내보내고 가져오는 것이 아마도 가장 안전한(어떤 자료를 내보내는지 정확히 알 수 있다는 점에서) 방법일 것이다.

가장 널리 쓰이는 **R** 친화적 파일 형식 두 가지는 탭으로 분리된 텍스트(줄여서 탭 분리 텍스트; 이를테면 Excel의 .txt와 SPSS의 .dat)와 쉼표로 분리된 값(줄여서 쉼표 분리 값, .csv)이다. 둘 다

그림 3.11 Excel에서 넓은 형식으로 자료를 입력하고 **R**에 적합한 형식으로 내보내는 예

본질적으로는 그냥 보통의 텍스트 파일이다(**R**의 영혼의 조언 3.11 참고). Excel이나 기타 소프트웨어 패키지에서 이런 종류의 파일을 내보내기는 아주 쉽다. 그림 3.11에 그 과정이 나와 있다. 자료를 원하는 형태로 입력한 후, Excel 주 메뉴를 이용해서 다른 이름으로 저장... 대화상자를 띄운다. 우선 파일을 저장할 디렉터리를 선택한다(**R**에 설정한 작업 디렉터리를 선택하는 것이 합리적이다). 기본적으로 Excel은 워크시트를 Excel 파일(*.xlsx* 또는 *.xls*)로 저장하려 한다. 다른 형식

R의 영혼의 조언 3.11   CSV 파일 형식과 탭 분리 텍스트 파일 형식 ①

쉼표 분리 값(CSV)과 탭 분리 텍스트는 자료 저장에 대단히 널리 쓰이는 파일 형식들이다. 수치를 다루는 소프트웨어들은 대부분 이 형식을 인식하므로, 자료를 내보내거나 가져올 때는 이 형식들을 사용하는 것이 현명하다. 이 형식들의 장점은 자료가 보통의 텍스트로 저장된다는 것이다. 즉, 특정 소프트웨어에 문제를 일으킬 수도 있는 불필요한 추가 정보는 전혀 포함되지 않는다. 이 두 형식의 유일한 차이점은 값들을 분리(구분)하는 데 쓰이는 문자이다(CSV는 쉼표 문자를, 탭 분리 텍스트는 탭 문자를 사용한다). 이전에 나온 메탈리카 자료를 탭 분리 텍스트 파일로 저장한다면 다음과 같은 모습이 된다.

```
Name Age childAge fatherhoodAge
Lars  47  12   35
James 47  12   35
Kirk  48  4    44
Rob   46  6    40
```

지면상으로는 확실치 않겠지만, 각각의 자료 항목이 탭으로 분리되어 있다. 같은 자료를 CSV 파일로 저장한다면 다음과 같은 모습이 된다.

```
Name,Age,childAge,fatherhoodAge
Lars,47,12,35
James,47,12,35
Kirk,48,4,44
Rob,46,6,40
```

담긴 정보 자체는 탭 분리 텍스트와 동일하다. 각 값을 탭 대신 쉼표로 구분했다는 점만 다를 뿐이다. 어떤 소프트웨어(R, Excel, SPSS 등)에서 이런 파일을 스프레드시트로 읽어 들일 때, 소프트웨어는 탭이나 쉼표가 각 열의 값을 구분하는 용도임을 인식하고 적절히 처리한다.

으로 저장하려면 파일 형식 또는 *Format* 목록을 열면 된다. 수많은 파일 형식이 있는데, **R**에 가장 적합한 두 가지는 텍스트(탭으로 분리) 또는 CSV(쉼표로 분리)이다. 둘 중 하나를 선택하고, 파일 이름을 입력하고 저장 버튼을 클릭하면 끝이다. 그러면 새 *.txt* 파일 또는 *.csv* 파일이 생긴다. SPSS나 다른 소프트웨어에서 자료를 내보내는 방법도 이와 아주 비슷하다.

자료를 CSV 파일로 저장했다고 할 때, 그 파일에 담긴 자료를 **R**의 데이터프레임으로 가져오려면 *read.csv* 함수를 사용한다. 이 함수의 일반적인 형태는 다음과 같다.

```
데이터프레임<-read.csv("파일이름.확장자", header = TRUE)
```

예를 들어 강사 자료를 **Lecturer Data.csv**라는 CSV 파일(부록 웹사이트에 이 파일이 있다)에 저장했다고 상상해 보자. 이 자료를 데이터프레임으로 적재하려면 다음 명령을 실행하면 된다.

```
lecturerData<-read.csv("C:/Users/Andy F/Documents/Data/R Book Examples/Lecturer
Data.csv", header = TRUE)
```

이 명령은 'C:/Users/Andy F/Documents/Data/R Book Examples/'에[5] 있는 'Lecturer Data.csv'
라는 파일에 담긴 자료에 기초해서 *lecturerData*라는 데이터프레임을 생성한다. §3.4.4에서 현
재 세션을 위한 파일들이 있는 디렉터리를 작업 디렉터리로 설정하라고 권했다. 만일 다음 명
령으로 작업 디렉터리를 설정했다면,[6]

```
Setwd("C:/Users/Andy F/Documents/Data/R Book Examples")
```

다음과 같이 좀 더 간결한 명령으로 CSV 파일을 가져올 수 있다.

```
lecturerData<-read.csv("Lecturer Data.csv", header = TRUE)
```

이 명령에서 *header = TRUE* 인수는 R에게 파일의 첫 행이 실제 값들이 아니라 변수 이름들
임을 알려주는 역할을 한다(만일 변수 이름들을 생략하고 파일을 저장했다면 *header = FALSE*라고
해야 한다). 파일 경로 문제가 아직도 잘 이해가 되지 않는다면(그것이 독자의 잘못은 전혀 아니다),
R의 영혼의 조언 3.12를 보기 바란다.

그럼 자료를 살펴보자.

```
> lecturerData

      name birth_date  job friends alcohol income  neurotic
1  Ben     03-Jul-77    1     5      10    20000     10
2  Martin  24-May-69    1     2      15    40000     17
3  Andy    21-Jun-73    1     0      20    35000     14
4  Paul    16-Jul-70    1     4       5    22000     13
5  Graham  10-Oct-49    1     1      30    50000     21
6  Carina  05-Nov-83    2    10      25     5000      7
7  Karina  08-Oct-87    2    12      20      100     13
8  Doug    23-Jan-89    2    15      16     3000      9
9  Mark    20-May-73    2    12      17    10000     14
10 Zoe     12-Nov-84    2    17      18       10     13
```

날짜들이 그냥 문자열로 인식되었고, **job** 변수에 그냥 수치들이 담겨 있음을 주목하기 바
란다. R에게 이 이 변수가 하나의 요인임을 알려주려면, *factor()* 함수를 이용해서 이 변수를
요인으로 변환해야 한다.

---

5 MacOS 사용자를 위한 해당 명령은 다음과 같다.
```
lecturerData = read.csv("~/Documents/Data/R Book Examples/Lecturer Data.csv",
header = TRUE)
```
6 MacOS 사용자를 위한 해당 명령은 다음과 같다.
```
setwd("~/Documents/Data/R Book Examples")
```

R의 영혼의 조언 3.12   file.choose() 함수 ①

R에서 파일 위치를 지정하는 문제에 영 익숙해지지 않는 사람들이 있다. 그렇다고 부끄러워할 필요는 없다. 사실 사람들은 대부분 길고 긴 텍스트를 입력하는 것이 아니라 대화상자를 이용해서 파일을 선택하기 때문이다. 작업 디렉터리를 설정하고 파일들을 그곳에 두었다면 파일 위치를 적절히 지정하는 것이 아주 어려운 일이 아니겠지만, 그래도 여전히 잘 안 된다면 *file.choose()* 함수를 사용하는 것이 하나의 대안이다. 이 함수를 실행하면 표준적인 파일 선택 대화상자가 나타나므로, 그것을 이용해서 원하는 파일을 찾아서 지정하면 된다.

다음은 *read.csv()*와 *read.delim()*에서 이 함수를 사용하는 예이다.

```
lecturerData<-read.csv(file.choose(), header = TRUE)
lecturerData<-read.delim(file.choose(), header = TRUE)
```

이 명령들을 실행하면 대화상자가 나타난다. 거기서 R로 가져올 파일을 선택하면 된다.

자가진단

✓ *factor()* 함수의 사용법에 관해 배운 내용을 이용해서 **job** 변수를 요인으로 변환하라.

비슷하게, 만일 강사 자료를 Excel 또는 SPSS에서 탭 분리 텍스트 파일 형식으로 저장했다면(각각 Lecturer Data.txt 또는 Lecturer Data.dat), *read.delim()* 함수를 이용해서 그 파일을 가져오면 된다. 이 함수의 형태는 *read.csv()*와 동일하다. CSV 파일 대신 탭 분리 파일을 지정해야 한다는 점만 다를 뿐이다. 작업 디렉터리가 제대로 설정되어 있다고 할 때, 다음 명령 중 하나를 실행하면 된다.

```
lecturerData<-read.delim("Lecturer Data.dat", header = TRUE)
lecturerData<-read.delim("Lecturer Data.txt", header = TRUE)
```

이 책의 장별 자료 파일은 주로 *.dat* 파일로 되어 있으므로, 앞으로 이 *read.delim()* 함수를 자주 보게 될 것이다.

3.7.2   SPSS 자료 파일을 직접 가져오기 ①

SPSS(또는 다른 유명 패키지) 고유의 자료 파일을 직접 가져오는 것도 가능하다. 이를 독자가 직접 체험해 볼 수 있도록, 부록 웹사이트에 **Lecturer Data.sav**라는 SPSS *.sav* 파일을 마련해 두었다. 우선 할 일은 메뉴(§3.4.5 참고) 또는 다음 명령을 이용해서 *foreign*이라는 패키지를 설치하고 적재하는 것이다.

```
install.packages("foreign")
library(foreign)
```

SPSS 자료 파일을 읽어 들이는 함수는 *read.spss()*이다. 이 함수는 지금까지 본 다른 여러 가져오기 함수들과 비슷한 방식으로 작동하지만, 추가적으로 고려할 사항이 몇 가지 있다. 일단은 그냥 다음 명령을 실행해서 SPSS 자료 파일을 가져와 보자.

```
lecturerData<-read.spss("Lecturer Data.sav",use.value.labels=TRUE, to.data.
frame=TRUE)
```

이 명령의 기본적인 형태는 이전 명령들과 다를 바 없다. 이 명령은 **Lecturer Data.sav**라는 파일의 자료로부터 *lecturerData*라는 데이터프레임을 생성한다. 추가적인 인수들이 두 개 있는데, 우선 *use.value.labels = TRUE*는 **R**에게 만일 SPSS에서 요인 또는 부호화 변수로 설정된 변수가 있으면 그것을 요인으로 만들라고 말해준다. 이 인수를 FALSE로 설정하면 해당 변수가 그냥 수치 변수(지금 예에서는 1들과 2들을 담은 변수)가 된다. 다음으로, *to.data. frame=TRUE*는 파일의 자료를 데이터프레임으로 가져오라는 뜻이다. 이 인수를 생략하면(또는 FALSE로 설정하면) 아무도 반기지 않는 끔찍한 쓰레기들이 **R**에 도입된다. 그럼 위의 명령으로 만들어진 데이터프레임을 살펴보자.

```
> lecturerData
     name    birth_date      job  friends alcohol income neurotic
1    Ben     12456115200 Lecturer       5      10  20000       10
2    Martin  12200198400 Lecturer       2      15  40000       17
3    Andy    12328848000 Lecturer       0      20  35000       14
4    Paul    12236313600 Lecturer       4       5  22000       13
5    Graham  11581056000 Lecturer       1      30  50000       21
6    Carina  12656217600  Student      10      25   5000        7
7    Karina  12780028800  Student      12      20    100       13
8    Doug    12820896000  Student      15      16   3000        9
9    Mark    12326083200  Student      12      17  10000       14
10   Zoe     12688444800  Student      17      18     10       13
```

주목할 점이 두 가지 있는데, 첫째로 이전의 CSV 파일과는 달리 **job**이 수치 변수가 아니라 요인으로 도입되었다(이는 *use.value.labels = TRUE* 인수 때문이다). 이 변수가 자동으로 요인이 된 덕분에, CSV의 예에서처럼 따로 명령을 실행해서 변환할 필요가 없다. 둘째로, 날짜들이 엉뚱한 값으로 변했다. 전혀 날짜 같지 않다. 왜 이렇게 되었는지 설명하려면 조금 복잡한데, **R**이 날짜를 저장하는 방식과 관련이 있다(**R**은 날짜를 1970년 1월 1일을 기준으로 한 수치로 저장하는데, 왜 그런지는 내게 묻지 말기 바란다). 중요한 것은, 똑똑하게도 **R**이 SPSS에서 설정한 **birth_date**가 날짜 변수임을 알았다는 점이다. 그래서 **R**은 이것을 자신의 날짜·시간 형식으로 변환했다. 이를 다시 사람이 이해할 수 있는 형식으로 바꾸려면 다음 명령을 실행해야 한다.

```
lecturerData$birth_date<-as.Date(as.POSIXct(lecturerData$birth_date,
origin="1582-10-14"))
```

이 명령은 *lecturerData* 데이터프레임의 **birth_date** 변수(*lecturerData$birth_date*)를 날짜 변수로 변환한다. 웹을 검색해서 이 명령의 내부 작동 방식을 조사해 보았는데, 그냥 잘 변환되는 것으로 만족하고 속사정은 묻지 않는 것이 낫다는 결론을 내렸다. 어쨌거나, 이 명령을 실행한 후 데이터프레임의 내용을 다시 살펴보면 이제는 날짜들이 제대로 나타난다.

```
> lecturerData

      name birth_date     job friends alcohol income neurotic
1      Ben 1977-07-03 Lecturer       5      10  20000       10
2   Martin 1969-05-24 Lecturer       2      15  40000       17
3     Andy 1973-06-21 Lecturer       0      20  35000       14
4     Paul 1970-07-16 Lecturer       4       5  22000       13
5   Graham 1949-10-10 Lecturer       1      30  50000       21
6   Carina 1983-11-05  Student      10      25   5000        7
7   Karina 1987-10-08  Student      12      20    100       13
8     Doug 1989-01-23  Student      15      16   3000        9
9     Mark 1973-05-20  Student      12      17  10000       14
10     Zoe 1984-11-12  Student      17      18     10       13
```

3.7.3 R Commander를 이용한 자료 가져오기 ①

R Commander의 GUI를 이용해서 *read.delim()*이나 *read.csv()*, *read.spss()*를 실행할 수도 있다. 메뉴의 **데이터 ➡ 데이터 불러오기**를 선택하면 텍스트 파일이나 SPSS, Minitab, STATA, Excel 파일을 가져올 수 있는 하위 메뉴가 나타난다(그림 3.12). 텍스트 파일을 선택하면 대화상자가 나타나는데, 거기서 데이터프레임 이름을 입력하고(데이터셋의 이름 입력하기), 파일에 변수 이름들이 포함되어 있는지의 여부를 선택하고, 결측값을 나타내는 데 쓰이는 문자열을 입력할 수 있다. 기본적으로 R Commander는 독자의 컴퓨터에 있는 파일을 연다고 가정하고, 자료의 값들이 공백 문자로 분리되어 있다고 가정한다. CSV나 탭 분리 텍스트 파일을 가져오려면 분리 문자(대화상자의 '필드 구분자')를 **쉼표**나 **탭**으로 선택해야 한다. 마지막으로, R Commander는 마침표가 소수점이라고 가정하지만, 지역에 따라서는 쉼표를 소수점(대화상자의 '십진수-포인트')으로 사용하기도 한다. 만일 그런 관례를 따라야 한다면 쉼표를 선택하면 된다. 이제 예(OK) 버튼을 클릭하면 표준적인 파일 열기 대화상자가 나타난다. 거기서 원하는 자료 파일을 선택하고 열기 버튼을 클릭하면 된다.

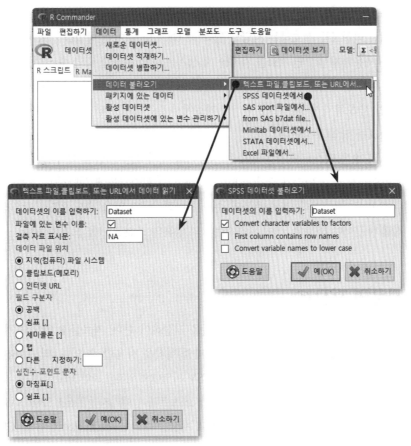

그림 3.12 R Commander를 이용한 자료 가져오기 ①

SPSS 파일을 가져오는 과정도 본질적으로 이와 같다. 단, 데이터프레임 이름 이외의 선택 항목들은 이전과 다르다. 예를 들어 이 경우는 부호화 변수로 설정된 변수들을 요인(§3.5.4.3) 으로 변환할 것인지 묻는다. 기본은 '예'인데, 이는 §3.7.2에 나온 *use.value.labels = TRUE*와 같은 것이다. 옵션들을 적절히 선택한 후 예(OK) 버튼을 클릭하면 표준적인 파일 열기 대화상 자가 나타난다. 거기서 원하는 자료 파일을 선택하고 열기 버튼을 클릭하면 된다.

3.7.4 자료를 가져올 때 주의할 점 ①

자료를 R로 가져올 때 생기는 문제점이 몇 가지 있다. 흔히 겪는 문제점 하나는 변수 이름에 빈칸이 있는 것이다. SPSS 같은 프로그램은 그런 변수 이름을 허용하지 않지만, Excel에는 그런 제약이 전혀 없다. 불필요한 고통을 피하는 방법은 애초에 변수 이름에 빈칸을 아예 사용 하지 않는 것이다. 예를 들어 **birth_date**라는 변수는 두 단어를 빈칸 대신 밑줄로 연결한 형태이다(이때 밑줄 문자는 조판 디자인의 '고정 공백(hard space 또는 non-breaking space)'과 비슷한 용도이다). 밑줄 대신 마침표를 선호하는 사람도 있다(즉, birth.date). 어떤 방법을 사용하든, 변수 이름에 빈칸을 사용하지 않으면 자료를 가져올 때 생기는 여러 문제를 피할 수 있다.

또 다른 흔한 문제점은 자료 파일의 결측값을 'NA'(§3.5.5 참고)로 바꾸는 일을 빼먹는 것이다. 자료 도입 시 오류가 발생한다면, 원래의 자료에서 결측값이 그냥 공란으로 비어 있는 경우를 찾아서 'NA'를 삽입해야 한다.

마지막으로, R은 텍스트를 담은 변수를 지능적으로 가져온다. 만일 여러 행에 같은 텍스트 문자열이 있으면 R은 그 변수가 요인이라고 가정하고 그 문자열들에 해당하는 수준들을 가진 요인 변수를 만든다. 그러나 그 수준들의 순서가 바람직하지 않을 수도 있다. 그런 경우에는 순서를 직접 바꾸어야 하는데, 이에 관해서는 R의 영혼의 조언 3.13을 보기 바란다.

3.8 자료의 저장 ①

여러 시간 동안 자료를 입력했다면 당연히 그것을 저장해야 한다. 자료를 R 안으로 가져올 때처럼, R의 자료를 외부로 내보낼 때도 다양한 파일 형식을 사용할 수 있다. 역시 마찬가지로, 유연성을 위해서는 자료를 탭 분리 텍스트나 CSV 파일(R의 영혼의 조언 3.11 참고) 형식으로 저장하는 것이 좋다. 그 두 파일 형식들을 다양한 소프트웨어 패키지들(Excel, SPSS, SAS, STATA 등)이 지원하기 때문이다. 자료를 탭 분리 파일로 저장할 때는 *write.table()* 함수를, CSV 파일로 저장할 때는 *write.csv()* 함수를 사용한다.

write.table() 함수의 일반적인 형태는 다음과 같다.

```
write.table(데이터프레임, "파일이름.txt", sep="\t", row.names = FALSE)
```

물론 데이터프레임은 저장할 실제 데이터프레임의 이름으로 바꾸어야 하고, '파일이름.txt' 역시 실제 파일의 이름으로 바꾸어야 한다.[7] *sep*=""는 자료의 값들을 분리하는 데 쓰이는 문자를 지정하는 역할을 한다. 원하는 문자를 "" 안에 넣으면 된다. 예를 들어 CSV 파일을 만들려면 *sep* = ","를 지정하고(그러면 R은 값들을 쉼표로 분리한다), 탭 분리 텍스트 파일을 만들려면 *sep* = "\t"를 지정하면 된다(따옴표 사이의 \t는 탭 키를 눌렀을 때 입력되는 문자를 뜻한다). 원한다면 *sep* = " "(따옴표 사이에 빈칸이 하나 있다)를 지정해서 빈칸으로 분리된 텍스트 파일을 만들

---

7 현재 세션에 대해 작업 디렉터리를 설정하지 않았다면, 파일 이름뿐만 아니라 그 파일이 있는 위치에 대한 완전한 정보도 지정해야 한다. 이를테면 "C:/Users/Andy F/Documents/Data/R Book Examples/Filename. txt" 또는 "~/Documents/Data/R Book Examples/Filename.txt"(MacOS의 경우)를 지정해야 한다. 이제는 작업 디렉터리를 설정해 두는 것이 좋은 이유가 더욱 명확해졌을 것이다.

R의 영혼의 조언 3.13 요인 변수의 그룹 순서 변경 ①

병원에서 근무하는 사람의 직업(직종)에 관한 정보를 담는 **job**이라는 변수를 **R**로 도입했다고 하자. 간단하게 'Porter(잡역부)', 'Nurse(간호사)', 'Surgen(외과의)'이라는 세 가지 직종이 있다고 하겠다. **R**은 이러한 수준들을 그냥 알파벳 순으로 정렬한다. 따라서 해당 요인 수준들은 다음과 같은 순서가 된다.

1. Nurse
2. Porter
3. Surgeon

그런데 상황에 따라서는 이와는 다른 순서가 필요할 수도 있다. 예를 들어 잡역부를 기저(기준선)로 삼아서 간호사와 외과의를 비교해야 한다면, 잡역부를 둘째 수준이 아니라 첫째 수준으로 두는 것이 낫다.

요인 수준들의 순서를 바꾸려면 다음과 같은 형태의 명령을 실행한다.

```
변수이름<-factor(변수이름, levels = levels(변수이름)[c(2, 1, 3)])
```

물론 '변수이름'은 실제 변수 이름으로 대체해야 한다. **job** 변수의 경우라면 다음과 같은 형태가 되어야 한다.

```
job<-factor(job, levels = levels(job)[c(2, 1, 3)])
```

이 명령은 *factor()*라는 함수를 이용해서 **job** 변수의 수준들의 순서를 변경한다. 좀 더 구체적으로는, **job** 변수의 내용을 이용해서 **job** 변수를 새로 만들되, *levels()* 함수를 이용해서 그룹(수준)들을 새로운 순서로 배열한다. 이때 *c()* 함수로 지정된 번호들이 새로운 순서를 지정하는 역할을 한다. 지금 예에서 2, 1, 3은 현재의 둘째 수준(잡역부)을 첫 수준으로, 현재의 첫째 수준(간호사)을 둘째 수준으로, 그리고 현재의 셋째 수준(외과의)을 셋째 수준으로 두라는 뜻이다. 이 명령을 실행하면 수준들의 순서가 다음으로 변한다.

1. Porter
2. Nurse
3. Surgeon

수도 있다. 마지막으로, *row.names = FALSE*는 행 번호를 표시하는 열은 파일에 저장하지 말라는 뜻이다(이 열을 제외하는 이유는, **R**은 이 열에 아무런 이름도 붙이지 않기 때문에 만일 이 열을 내보내면 변수 이름들이 어긋나기 때문이다). 이전에 *metallica*라는 데이터프레임을 만들었다. 그 데이터프레임을 **Metallica Data.txt**라는 탭 분리 텍스트 파일로 내보내려면 다음과 같은 명령을 실행하면 된다.

```
write.table(metallica, "Metallica Data.txt", sep="\t", row.names = FALSE)
```

write.csv() 함수의 일반적인 형태는 다음과 같다.

```
write.csv(dataframe, "Filename.csv")
```

앞에 나온 *write.table()*과 거의 비슷하다. 사실 이 함수는 *sep = ","*를 지정해서 *write. table()*을 실행하는 것과 같다.[8] 따라서, *metallica* 데이터프레임을 CSV 파일로 저장하려면 다음 명령을 실행하면 된다.

```
write.csv(metallica, "Metallica Data.csv")
```

3.9 자료의 조작 ③

3.9.1 데이터프레임의 특정 부분 선택 ②

종종 자료의 작은 한 부분만, 이를테면 특정한 변수 몇 개 또는 특정 사례 몇 개만 선택하고 싶을 때가 있다(특히 큰 데이터프레임에서). 한 가지 방법은 해당 변수 또는 사례들만 담은 새 데이터프레임을 만드는 것이다. 특정 사례들을 선택하는 명령의 일반적인 형태는 다음과 같다.

새_데이터프레임 <- 기존_데이터프레임[행들, 열들]

이 명령은 기존 데이터프레임(기존_데이터프레임으로 지정된)의 특정 행들(행들로 지정된)과 특정 열들(열들로 지정된)만 담은 새로운 데이터프레임(새_데이터프레임)을 생성한다. 예를 들어 앞에서 만든 강사 자료를 담은 *lecturerData*라는 데이터프레임에서 강사들의 성격과 관련된 세 변수(즉, 알코올 소비량, 친구 수, 신경과민 정도를 담은 변수들)만 살펴보고 싶다고 하자. 그러면 그 세 변수만 담은 *lecturerPersonality*라는 새 데이터프레임을 만들면 된다. 해당 명령은 다음과 같다.

```
lecturerPersonality <- lecturerData[, c("friends", "alcohol", "neurotic")]
```

이 예에서 우선 주목할 것은 **행들**을 지정하지 않았다는 점이다(쉼표 앞에 아무것도 없다). 이는 모든 행을 선택하겠다는 뜻이다. 또한, 각 변수 이름을 따옴표로 감싼 문자열들의 목록으로 **열들**을 지정했다는 점도 주목하기 바란다(변수 이름이 원래의 데이터프레임에 있는 것과 한 글자라도 다르면 원하는 결과를 얻지 못하니 주의해야 한다). 지금 예에서는 여러 개의 변수를 선택하므로, 이처럼 *c()* 함수를 이용해서 목록을 지정했다. 이제 새 데이터프레임의 내용을 살펴보면, 지정한

---

8 서유럽의 특정 지역에서는 대신 *write.csv2()*를 사용하는 것이 나을 수 있다. 이 함수는 그 지역의 관례에 맞는 형식의 파일을 생성한다. 좀 더 구체적으로 말하면, 이 함수는 ';'를 값 분리 문자로 사용하고, '.' 대신 ','를 소수점으로 사용한다.

세 변수만 들어 있음을 확인할 수 있다.

```
> lecturerPersonality
   friends alcohol  neurotic
1        5      10        10
2        2      15        17
3        0      20        14
4        4       5        13
5        1      30        21
6       10      25         7
7       12      20        13
8       15      16         9
9       12      17        14
10      17      18        13
```

이번에는 모든 변수(열)를 포함하되 특정 조건에 맞는 행들만 선택하는 방법을 살펴보자. 특정 조건을 지정할 때는 표 3.5에 나온 연산자들을 이용한 조건식을 사용한다. 예를 들어 모든 변수를 포함하되 직업이 강사인 사람의 자료만 보고 싶다고 하자. 다음은 그러한 자료를 담은 새 데이터프레임 *lecturerOnly*를 생성하는 명령이다.

```
lecturerOnly <- lecturerData[job=="Lecturer",]
```

이번에는 **열**들을 지정하지 않았다(쉼표 다음에 아무것도 없다). 이는 모든 변수를 선택하셨다는 뜻이다. 행들은 *job == "Lecturer"*라는 조건식으로 지정했다. '=='가 등호, 즉 '상등'을 뜻하는 기호임을 기억할 것이다. 따라서 이 조건식은 **R**에게 변수 **job**의 값이 지정된 단어 'Lecturer'와 글자 하나하나가 정확히 같은 모든 행을 선택하라고 지시하는 것에 해당한다. 이제 새 데이터프레임을 확인해 보면 강사들의 자료만 들어 있음을 확인할 수 있다.

```
> lecturerOnly
    Name        DoB      job friends alcohol income  neurotic
1 Ben    1977-07-03 Lecturer       5      10  20000        10
2 Martin 1969-05-24 Lecturer       2      15  40000        17
3 Andy   1973-06-21 Lecturer       0      20  35000        14
4 Paul   1970-07-16 Lecturer       4       5  22000        13
5 Graham 1949-10-10 Lecturer       1      30  50000        21
```

이상의 두 예를 조합해서, 특정 행들과 특정 열들을 구체적으로 지정할 수도 있다. 예를 들어 성격에 관한 세 변수만 포함하되 알코올 소비량이 10 표준잔을 넘는 사람들만 보고 싶다고 하면, 다음 명령을 실행하면 된다.

```
alcoholPersonality <- lecturerData[alcohol > 10, c("friends", "alcohol",
"neurotic")]
```

이번에는 **행**들을 *alcohol > 10*이라는 조건식으로 지정했는데, 이는 "변수 **alcohol**의 값이

10보다 큰 모든 사례를 선택하라"는 뜻이다. 그리고 **열**들로는 이전 예처럼 c("friends", "alcohol", "neurotic")을 지정했는데, 그러면 지정된 세 변수만 데이터프레임에 포함된다. 이제 새 데이터프레임의 내용을 보면 이전의 *lecturerPersonality* 데이터프레임에서 사례 1과 4(이들은 알코올 소비량이 10보다 크지 않다)가 없는 자료가 표시된다.

```
> alcoholPersonality
   friends alcohol   neurotic
2        2      15         17
3        0      20         14
5        1      30         21
6       10      25          7
7       12      20         13
8       15      16          9
9       12      17         14
10      17      18         13
```

3.9.2 subset() 함수를 이용한 자료 선택 ②

데이터프레임의 일부를 선택하는 또 다른 방법은 **subset()** 함수를 사용하는 것이다. 이 함수의 일반적인 사용 방법은 다음과 같다.

```
새_데이터프레임<-subset(기존_데이터프레임, 남겨둘 사례들, select = c(변수 목록))
```

이 함수 역시 기존 데이터프레임(기존_데이터프레임으로 지정된)으로부터 새로운 데이터프레임(새_데이터프레임)을 생성한다. 기존 데이터프레임 다음에는 남겨둘 사례들을 지정하는데, 보통은 표 3.5에 나온 연산자들로 만들어진 논리 조건식을 지정한다. 예를 들어 *lecturerData*에서 술을 많이 마시는 사람들을 남겨두려면 *alcohol > 10*을 지정하고, 술도 많이 마시고 신경과민 증세도 심한 사람들을 남겨두려면 *alcohol > 10 & neurotic > 15*를 지정하면 된다. *select*는 기존 데이터프레임의 특정 변수들만 포함시킬 때 사용하는데, 생략하면 모든 변수가 포함된다.

　그럼 이전 절에 나온 새 데이터프레임 몇 개를 *subset()* 함수를 이용해서 다시 생성해보자. 다음 명령들을 이전 절의 명령들과 비교해보면 두 방법의 유사점과 차이점을 파악할 수 있을 것이다. 먼저, 다음은 직업이 강사인 사람들의 자료만 선택하는 명령이다.

```
lecturerOnly <- subset(lecturerData, job=="Lecturer")
```

다음으로, 성격 관련 변수들을 선택하고 알코올 소비량이 10 표준잔을 넘는 사람들만 포함하려면 다음 명령을 사용하면 된다.

```
alcoholPersonality <- subset(lecturerData, alcohol > 10, select = c("friends",
"alcohol", "neurotic"))
```

남겨둘 사례들에 *alcohol > 10*이라는 조건식으로 지정했는데, 이는 "변수 **alcohol**의 값이 10보다 큰 모든 사례를 선택하라"는 뜻이다. 또한, *select* 인수를 이용해서 세 변수 **friends, alcohol, neurotic**만 새 데이터프레임에 포함시켰다. 이제 *lecturerPersonality* 데이터프레임의 내용을 보면 이전 절에 나온 것과 같은 내용이 나올 것이다.

마지막으로, 이 *subset()* 함수 말고도 조건식을 이용해서 자료의 특정 사례들을 선택하는 함수들이 있다는 점도 알아두면 좋을 것이다.

자가진단

✓ *lecturerData* 데이터프레임을 이용해서 (1) 연 수입이 10,000을 넘는 사람들의 이름과 수입, 직업을 담은 새 데이터프레임과 (2) 한 주 동안 알코올 소비량이 12 표준잔 이하인 사람들의 이름, 직업, 수입, 친구 수를 담은 새 데이터프레임, 그리고 (3) 알코올 소비량이 20 표준잔을 넘거나 신경과민 정도가 14를 넘는 사람들의 모든 변수를 포함한 새 데이터프레임을 생성하라.

3.9.3 데이터프레임과 행렬 ②

이번 장에서 지금까지는 자료를 데이터프레임에 담았다. 데이터프레임은 서로 다른 형식의 자료(즉, 수치 변수와 문자열 변수)를 동시에 담을 수 있다는 점에서 유용한 자료 저장 수단이다. 그러나 R의 함수 중에는 데이터프레임이 아니라 **행렬**(matrix)을 받는 것들이 있다. 솔직히 그런 함수들은 좀 성가시다. 다행히도 데이터프레임을 행렬로 변환하는 것이 가능하다. **as.matrix()**라는 함수를 사용하면 된다. 이 함수를 이용한 명령의 일반적인 형태는 다음과 같다.

```
새_행렬 <- as.matrix(데이터프레임)
```

여기서 새_행렬은 만들고자 하는 행렬이고 데이터프레임은 새 행렬을 만드는 데 사용할 데이터프레임이다.

영화에 나온 것과는 달리 매트릭스(행렬)를 사용한다고 해도 시간을 느리게 해서 총알을 피하거나 고층 건물 위로 뛰어오르지는 못한다. 개인적으로 나는 행렬을 많이 다루어 보았지만, 시간을 멈춘 적은 한 번도 없었다(적어도 내가 알기로는). 만일 행렬만 믿고 총알을 피하려 했다면 뱃속의 내장을 내 눈으로 보게 되었을 것이다. 안타깝게도, 우리가 다루는 행렬은 그냥 수치들이 격자 형태로 배치된 것일 뿐이다. 사실 행렬은 데이터프레임과 상당히 비슷하다. 데이터프레임과 행렬의 주된 차이는, 행렬에는 수치 변수만 담을 수 있다는 것이다(문자열 변수나 날짜는 담을 수 없다). 따라서 데이터프레임을 행렬로 변환할 때는 데이터프레임의 수치 변수들만 행렬로 변환할 수 있다. 만일 문자열 변수나 날짜를 변환하려고 들면 여러분의 귀가 무청 시래기로 변할 것이다. 아마도.

수치 이외의 변수들이 있는 데이터프레임으로 행렬을 만들려면, 먼저 그 데이터프레임의 수치 변수들만 선택해서 새 데이터프레임을 만들어야 한다. 이전 절의 *alcoholPersonality* 데이터프레임이 바로 그런 식으로 만든 데이터프레임이므로, 그것을 사용하기로 하자. 다음은 그 데이터프레임을 *alcoholPersonalityMatrix*라는 행렬로 변환하는 명령이다.

```
alcoholPersonalityMatrix <- as.matrix(alcoholPersonality)
```

좀 더 정확히 말하면, 이 명령은 *alcoholPersonality* 데이터프레임으로부터 *alcoholPersonalityMatrix*라는 행렬을 생성한다(기존 데이터프레임은 그대로 유지된다). *alcoholPersonality*가 원래 *lecturerData* 데이터프레임의 일부로 만들어진 것임을 기억할 것이다. 이처럼 새 데이터프레임을 따로 만들어서 사용하는 대신, 원본 데이터프레임의 일부를 선택해서 즉시 행렬을 만드는 것도 가능하다. 다음이 그러한 명령이다.

```
alcoholPersonalityMatrix <- as.matrix(lecturerData[alcohol > 10, c("friends",
"alcohol", "neurotic")])
```

대괄호 쌍 안의 구문이 이전 절에서 *alcoholPersonality*를 생성할 때 사용한 것과 동일하다는 점에 주목하기 바란다.

3.9.4 자료의 구조 바꾸기 ③

여러분이 자료를 열심히 R에 입력했다고 하자. 머피의 법칙이 작용했다면, 그 자료는 반드시 잘못된 형식으로 입력되었을 것이다. 자료를 넓은 형식으로 입력하는 것이 바람직하다는 점을 이번 장에서 여러 번 이야기했다. 그런데 넓은 형식 외에 **긴 형식**(long format) 또는 **녹은 형식**(molten format)이라고 부르는 또 다른 형식이 있다. 그림 3.13은 넓은 형식과 긴/녹은 형식의 차이점을 표시한 것이다. 그림에서 보듯이, 넓은 형식에서는 각 사람의 자료가 하나의 행을 구성한다. 다르게 말하면, 넓은 형식에서 서로 다른 변수의 점수들은 서로 다른 열에 배치된다. 그림 3.13에서 첫 참가자의 행을 보면 변수1의 점수는 32이고 변수2의 점수는 12, 변수3의 점수는 25이다. 반면, 긴/녹은 형식에서는 서로 다른 변수의 점수들이 하나의 열에 배치된다. 마치 서로 다른 변수들이 세로로 "쌓여서" 하나의 열을 형성한 것처럼 보인다. 표시하는 점수들 자체는 넓은 형식과 같지만, 이제는 서로 다른 변수의 점수들이 하나의 열에 속한다는 점을 주목하기 바란다. 이 때문에, 긴/녹은 형식에서는 주어진 점수가 어떤 변수에 속하는지를 나타내기 위한 색인 변수

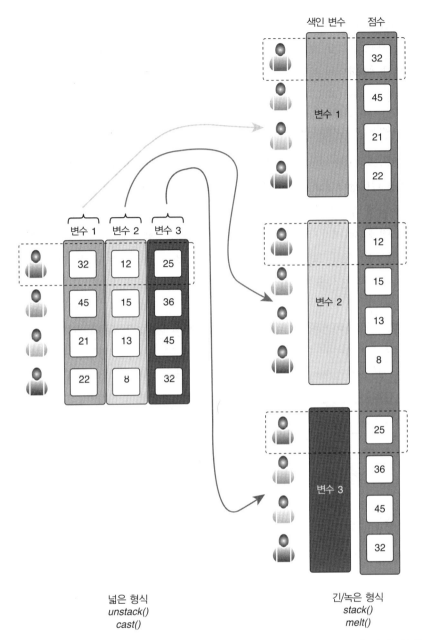

색인 변수   점수

변수 1

변수 2

변수 3

변수 1 변수 2 변수 3

넓은 형식
unstack()
cast()

긴/녹은 형식
stack()
melt()

그림 3.13 '넓은' 형식의 자료는 서로 다른 변수의 점수들을 서로 다른 열에 배치하고, '긴 형식' 또는 '녹은 형식'의 자료는 모든 변수의 점수를 하나의 열에 배치한다.

(index variable)가 필요하다. 긴 형식에서 첫 참가자를 보면, 그의 세 점수 32, 12, 25가 모두 하나의 열에 있음을 알 수 있다. 각 점수가 어떤 변수에 속하는 것인지는 색인 변수가 알려준다. 이처럼 두 형식은 모습과 구성이 상당히 다르다. 다행히 R에는 둘 사이를 변환하는 함수들이 있다. 이번 장의 마지막 절인 이번 절에서는 그러한 변환 함수들을 살펴본다.

그럼, 사람들이 인생의 네 시점에서 느끼는 삶의 만족도를 조사한 자료를 예로 들어 보겠다(이 예에 관해 더 알고 싶다면 §19.7.2를 보기 바란다). 해당 자료는 **Honeymoon Period.dat** 파일에 있다. 우선, 이 파일의 자료로 *satisfactionData*라는 데이터프레임을 생성하자. 해당 명령은 다음과 같다.

```
satisfactionData = read.delim("Honeymoon Period.dat", header = TRUE)
```

그림 3.14는 이 데이터프레임의 내용이다. 이 자료는 넓은 형식으로 입력되었다. 즉, 각 행이 한 사람을 나타낸다. 또한, 네 개의 열이 서로 다른 시점(시간)에서 반복측정한 변수들을 나타낸다는 점도 주의하기 바란다. 그런데 경우에 따라서는 시간을 하나의 열로 나타내야 할 수도 있다(제19장에 그런 예가 나온다). 즉, 자료를 긴 형식으로 표현해야 할 때가 있는 것이다. 그림 3.15가 그러한 형식이다. 그림 3.13에서는 가상의 예로 두 형식을 비교했지만, 이번에는 좀 더 실질적인 자료로 두 형식을 비교해 보기로 하자.

	Person	Satisfaction_Base	Satisfaction_6_Months	Satisfaction_12_Months	Satisfaction_18_Months	Gender
1	1	6	6	5	2	0
2	2	7	7	8	4	1
3	3	4	6	2	2	1
4	4	6	9	4	1	0
5	5	6	7	6	6	0
6	6	5	10	4	2	1
7	7	6	6	4	2	0
8	8	2	5	4	NA	0
9	9	10	9	5	6	0
10	10	10	10	10	9	0
11	11	8	8	10	9	0
12	12	6	10	9	9	0
13	13	7	8	9	6	1
14	14	6	7	9	5	0
15	15	9	10	8	6	1
16	16	10	10	8	6	1
17	17	1	2	1	NA	1
18	18	5	6	7	3	0
19	19	6	10	10	6	1
20	20	5	6	NA	NA	0
21	21	3	7	5	6	0
22	22	3	4	4	2	1
23	23	7	6	4	2	0
24	24	3	4	2	NA	0
25	28	9	10	8	NA	1
26	29	8	10	9	7	1
27	30	8	7	7	3	0
28	31	7	7	6	3	0

그림 3.14 '넓은' 형식으로 표현한 삶의 만족도 자료

넓은 형식(그림 3.14)에서 자료의 각 행은 개별적인 사람을 대표한다. 한 행(사람)의 네 열은 인생의 네 시점에서의 삶의 만족도를 나타낸다. 이와는 대조적으로, 긴 형식(그림 3.15)은 서로 다른 시점을 대표하는 네 열을 다음 두 변수로 대신한다.

그림 3.15 '긴' 형식('녹은' 형식)으로 표현한 삶의 만족도 자료[9]

- **결과변수:** 이 변수는 각 시점에서의 각 사람의 점수를 담는다. 지금 예에서는, 넓은 형식에서 네 열에 있던 삶의 만족도 값들이 이 변수에 담긴다. 그림 3.15의 'value' 열이 바로 결과변수이다.

- **색인변수:** 이 변수는 자료가 어떤 열에서 비롯된 것인지를 알려준다. 그림 3.15에서 'variable'이 바로 색인 변수이다. 이 변수가 기저, 6개월, 12개월, 18개월에 해당하는 총 네 가지 값을 가진다는 점을 주의하기 바란다. 즉, 지금 예에서 색인 변수는 해당 만족도 점수가 인생의 어떤 시점에 속하는지에 관한 정보를 담는다.

이처럼 긴 형식에서는 한 사람의 자료가 하나가 아니라 네 개의 행(시점 당 하나씩)으로 표현된다. **Gender**(성별) 같은 변수는 시점에 따라 변하지 않으므로, 한 사람의 네 행 모두에서 값이 동일하다. 그러나 결과변수(삶의 만족도)는 네 시점(한 사람의 네 행)에 따라 다르다.

---

9 이후의 과정을 따라 해도 여러분의 화면에 이 그림과 같은 모습이 나오지는 않을 것이다. 이는 여러분의 자료가 **variable**(측정 시점) 순으로 정렬되기 때문이다. 나는 한 사람당 네 개의 행이 있음을 강조하고 싶었기 때문에, 시점 순이 아니라 **Person** 순으로 자료를 정렬한 *restructuredData.sorted*를 만들어서 화면을 갈무리했다. 해당 명령은 restructuredData.sorted<-restructuredData[order(restructuredData$Person),]이다.

넓은 형식과 긴 형식은 *reshape* 패키지의 **melt()** 함수와 **cast()** 함수로 상호 변환할 수 있다. 그리고 간단한 자료 집합이라면 기본적으로 내장된 함수 **stack()**과 **unstack()**을 사용해도 된다. 그럼 *stack()*과 *unstack()*부터 살펴보자. 이 함수들은 이름 그대로 작동한다. 즉, 하나는 열들을 차곡차곡 쌓고(stack), 다른 하나는 쌓인 열들을 무너뜨린다(unstack). 쌓는 함수의 일반적인 활용 형태는 다음과 같다.

```
새_데이터프레임<-stack(기존_데이터프레임, select = c(변수 목록))
```

간단히 말해서 이 명령은 기존 데이터프레임으로 새 데이터프레임을 만든다. *select = c()* 부분은 특정 변수들만 쌓고 싶을 때 사용하는 것으로, 모든 변수를 쌓고 싶다면 생략하면 된다. 지금 예에서는 네 가지 만족도 변수들만 쌓으면 된다(Gender는 쌓을 필요가 없다). 따라서 다음 명령을 실행하면 된다.

```
satisfactionStacked<-stack(satisfactionData, select = c("Satisfaction_Base",
"Satisfaction_6_Months", "Satisfaction_12_Months", "Satisfaction_18_Months"))
```

이 명령은 *satisfactionData* 데이터프레임에 있는 변수 **Satisfaction_Base, Satisfaction_6_Months, Satisfaction_12_Months, Satisfaction_18_Months**를 차례로 쌓은 형태의 *satisfactionStacked*라는 새 데이터프레임을 생성한다. 이제 다음을 실행해서 내용을 확인해 보기 바란다. 그림 3.16에도 내용이 나와 있다.

```
satisfactionStacked
```

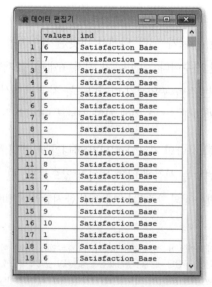

그림 3.16 stack() 명령을 실행한 후의 만족도 자료

그림 3.16에서 보듯이, 이제는 삶의 만족도 점수들이 하나의 열(values)에 저장되었으며, 각 점수가 원래 어떤 열에서 온 것인지를 알려주는 색인 변수(ind)가 생겼다. 원래대로 되돌리려면 다음과 같이 *unstack()* 함수를 사용하면 된다.

```
satisfactionUnstacked<-unstack(satisfactionStacked)
```

이 명령은 *satisfactionStacked* 데이터프레임에 쌓인 변수들을 무너뜨려서(개별 열들로 분리) *satisfactionUnstacked*라는 새 데이터프레임을 생성한다. 이 명령에 변수 이름들을 따로 지정하지는 않았음을 주목하기 바란다. *satisfactionStacked*를 애초에 *stack()* 함수를 이용해서 생성했기 때문에, 관련 정보를 **R**이 이미 알고 있다. 그러나 지금과 다른 상황에서는 변수들을 여러 열로 분리하는 구체적인 방법을 지정해야 할 수도 있다. 그런 경우에는 다음과 같은 형태의 명령을 실행해야 한다.

```
새_데이터프레임<-unstack(기존_데이터프레임, 점수 ~ 색인)
```

여기서 점수는 무너뜨릴 점수들을 담은 변수(지금 예에서는 **values**)이고 색인은 점수가 속하는 변수들을 나타내는 색인 변수(지금 예에서는 **ind**)이다. 다음은 *satisfactionUnstacked*를 이러한 좀 더 완전한 형태의 명령으로 다시 생성하는 예이다.

R이 내 뇌의 구조를 바꾸어 버렸어….

```
satisfactionUnstacked<-unstack(satisfactionStacked, values ~
ind)
```

여기서 *values~ind*는 *satisfactionStacked* 데이터프레임 안에서 **values**가 무너뜨릴 점수들을 담은 변수이고 **ind**는 각 점수가 속한 원래의 열을 나타내는 색인 변수임을 **R**에게 알려주는 역할을 한다.

　　stack() 함수와 *unstack()* 함수는 간단한 연산에는 적합하지만, 자료의 구조를 좀 더 정밀하게 변경하려면 *reshape* 패키지가 필요하다. 다음은 이 패키지를 설치하고 불러오는 명령들이다.

```
install.packages("reshape")
library(reshape)
```

　　이 패키지에는 두 개의 함수가 있는데, *melt()*는 넓은 형식의 자료를 '녹여서(melt)' 긴 형식으로 만들고, *cast()*는 소위 녹은 자료(즉, 긴 형식의 자료)를 다른 틀에 부어 넣어서, 즉 '주조(casting)'해서 다른 형식의 자료를 만든다(지금 예에서는 넓은 형식으로 주조하지만, 필요하다면 다른 형식으로도 주조할 수도 있다).

그럼 이 패키지를 이용해서 *satisfactionData* 데이터프레임의 구조를 변경해 보자. 구조를 변경한 새 데이터프레임의 이름은 다소 뻔하지만 *restructuredData*라고 하겠다. 이 데이터프레임은 *satisfactionData*의 기존 자료를 *melt()* 함수로 '녹인' 자료를 담는다. 이 함수의 일반적인 활용 형태는 다음과 같다.

```
새_데이터프레임<-melt(기존_데이터프레임, id = c(변하지 않는 변수들), measured = c(열에 따라
달라지는 변수들))
```

그럼 각 옵션(매개변수)을 차례로 살펴보자.

- **id:** 이 옵션은 데이터프레임의 변수 중 시간에 따라 변하지 않는 것들을 지정한다. 지금 예에서 시간에 따라 변하지 않는 변수는 두 개인데, 하나는 각 사람을 식별하는 번호를 담는 **Person**이고 다른 하나는 성별을 담는 **Gender**이다. 이들을 *id = c("Person",* *"Gender")*로 지정하면 된다.

- **measured:** 이 옵션은 시간에 따라 변하는 변수들 또는 반복측정 변수들(즉, 같은 개체의 점수들)을 지정한다. 다른 말로 하면, 이 옵션은 자료의 구조를 변경하기 위해 서로 다른 행들로 분리하려는 열들에 해당하는 변수들을 지정한다. 지금 예에서 그러한 변수는 총 네 가지로, 바로 **Satisfaction_Base, Satisfaction_6_Months, Satisfaction_12_ Months, Satisfaction_18_Months**이다. 이들을 *measured= c("Satisfaction_Base", "Satisfaction_ 6_Months", "Satisfaction_12_Months", "Satisfaction_18_Months")*로 지정하면 된다.

다음은 이 옵션들을 조합해서 만든 최종적인 명령이다.

```
restructuredData<-melt(satisfactionData, id = c("Person", "Gender"), measured
= c("Satisfaction_Base", "Satisfaction_6_Months", "Satisfaction_12_ Months",
"Satisfaction_18_Months"))
```

이 명령을 실행하면 그림 3.15과 비슷한 구조의 데이터프레임이 만들어진다.

녹은 상태의 자료로 넓은 형식의 데이터프레임을 만들 때는 *cast()* 함수를 사용한다. 일반적인 형태는 다음과 같다.

```
새_데이터프레임<-cast(녹은_자료, 하나의 열로 부호화된 변수들 ~ 여러 열에 걸쳐 부호화된 변수들,
value = "결과변수 이름")
```

꽤 복잡해 보이는데, '~'의 좌변에는 한 개체 안에서 변하지 않는 변수들(이름, 성별 등)을 지정한다. 이들은 애초에 자료를 녹일 때 *id* 매개변수에 지정한 변수들이다. 다른 말로 하면, 이들은 넓은 형식에서 부호화 변수에 해당하는 변수들이다. '~'의 우변에는 한 개체 안에서 (시점에 따라) 가변적인 뭔가를 나타내는 모든 변수를 지정한다. 이들은 애초에 자료를 녹일 때 *measured*

매개변수에 지정한 변수들이다. 다른 말로 하면, 이들은 넓은 형식에서 여러 열에 걸쳐 분리해서 입력하는 변수들에 해당한다. 마지막 옵션인 *value*는 녹은 자료에서 실제 점수를 담고 있는 변수의 이름이다. 지금 예에서는 결과변수가 하나뿐이므로 이 옵션을 생략해도 된다(점수들을 담고 있는 열을 R이 스스로 알아낸다). 그렇지만 구조를 변경할 자료 집합이 좀 더 복잡한 경우에는 이 옵션이 필요할 것이다.

앞에서 녹인 자료(*restructuredData*)에는 다음 네 변수가 있다(그림 3.15).

- **Person:** 이 변수는 자료가 속한 사람을 말해준다. 즉, 이 변수는 한 개체 안에서 변하지 않는다(개체를 식별하는 값이므로).

- **Gender:** 이 변수는 주어진 사람의 성별을 말해준다. 이 변수 역시 한 개체 안에서 변하지 않는다(연구 기간에 주어진 사람의 성별이 변하지 않는다고 가정할 때).

- **variable:** 이 변수는 삶의 만족도를 측정하는 여러 시점을 나타낸다. 따라서 이 변수는 한 사람 안에서 가변적이다('variable'이라는 이름의 열에 참가자마다 인생의 네 시점이 있음을 주목할 것).

- **value:** 이 변수는 삶의 만족도 점수들을 담는다.

고정된 변수들을 좌변에, 가변적인 변수들을 우변에 놓는다는 원칙에 따라, **Gender**와 **Person**은 좌변에, **variable**은 우변에 놓아야 한다. 그러면 Person + Gender ~ variable이 된다. **value**라는 변수는 구조를 변경하고자 하는 점수들을 담으므로, *value* 매개변수로 지정하면 된다 (value = "value"). 물론 지금 예에서는 결과변수가 하나 뿐이므로 생략해도 되지만, 필요한 경우에는 이런 식으로 지정하면 된다는 점은 알아두기 바란다. 최종적인 명령은 다음과 같다.

```
wideData<-cast(restructuredData, Person + Gender ~ variable, value = "value")
```

이 명령을 생성하면 *wideData*라는 새 데이터프레임이 생성되는데, 그 내용은 그림 3.14과 비슷한 모습일 것이다.

올리버 트위스티드
선생님, 그거 더
가르쳐 주세요…
자료 구조 변경이요!

"*reshape()*는 왜 안 가르쳐 주시죠?"라고 올리버가 힐책한다. "선생님의 뇌가 포도 크기라서 그런가 아닌가요?" 아니야, 올리버. *cast()*와 *melt()*가 더 간단하다고 생각해서란다. 올리버가 "포도 뇌, 포도 뇌, …"라고 노래하는 동안 나는 귀마개를 찾아서 썼다. 자료의 구조 변경을 위한 *reshape()*라는 함수가 있다는 것은 사실이다. 부록 웹사이트에 이에 관한 튜토리얼이 있으니 참고하기 바란다.

이번 장에서 발견한 통계학 ①

이번 장에서는 R 환경의 기본을 소개했다. R이 인터넷에서 내려받을 수 있는 자유 소프트웨어라는 점과, R로 여러 가지 과제를 수행할 수 있는 패키지들을 전 세계의 똑똑한 사람들이 기여한다는 점을 보았다. 그런 사람들은 패키지를 CRAN이라고 하는 신비한 장소에 올리며, 여러분은 그곳에서 원하는 패키지를 여러분의 컴퓨터로 내려받는다. 패키지를 설치한 후 R로 불러오면 그 패키지 안에 있는 함수를 사용할 수 있게 된다.

또한, 이번 장에서는 R이 기본적으로 명령 입력을 통해서 작동한다는 점을 배웠다. R에서 어떤 과제를 수행할 때는 적절한 명령들을 실행해야 한다(콘솔 창에 직접 입력하든, 스크립트 파일을 이용하든). 이때 기억할 것은 그냥 "R, 이 자료 좀 분석해 줘."라고 일상 언어로 지시하는 것이 아니라 특정한 함수와 명령을 사용해야 한다는 점이다. 이번 장에서 보았듯이, 명령을 제대로 내리기만 하면 R은 최선을 다해서 주어진 작업을 수행한다. 그러나 명령을 정확하게 입력하지 않으면, 이를테면 문장부호를 빼먹거나 하면 R은 신랄한 오류 메시지를 뱉는다. 아주 사소한 실수가 있어도 R은 냉담하고 무관심한 반응을 보인다. 아마 R은 그런 행동 방식이 자신의 개성을 형성하는 길이라고 믿는 것 같다.

그리고 이번 장에서 여러분은 몇 가지 변수를 지정하고 약간의 자료를 입력해서 생애 최초로 자료 집합을 생성해 보았다. 그 과정에서 사람들을 분류한 그룹들을 번호로 부호화할 수 있다는(부호화 변수) 점을 배웠으며, 자료의 행들이 서로 다른 개체(또는 서로 다른 사례)를 나타낸다는 점과 자료의 열들이 서로 다른 변수를 나타낸다는 점도 배웠다. 물론 이는 자료를 넓은 형식으로 입력할 때의 이야기이고, 만일 긴 형식을 사용한다면 완전히 다른 규칙이 적용된다. 자료의 형식이 두 가지라는 점이 문제가 되지는 않는다. 이번 장에서 넓은 형식과 긴 형식 사이의 변환 방법을 배웠기 때문이다. 그러한 변환의 즐거움은 측정이 불가능할 정도이다.

또한 이번 장에서는 내가 새 학교에 입학하면서 겁을 먹었다는 이야기도 했다. 그러나 조너선 랜드의 도움으로 자신감을 되찾았다. 그러한 자신감 덕분에 나는 학교뿐만 아니라 이 세상 전체에서 좀 더 편하게 지낼 수 있었다. 여러분도 이제 좀 더 넓은 세상으로 진출할 때가 되었다.

이번 장에서 사용한 R 패키지

foreign	Rcmdr

이번 장에서 사용한 R 함수

as.Date()	factor()
as.matrix()	getwd()
c()	file.choose()
cast()	gl()
data.frame()	help()

install.packages()   recode()

levels()   rep()

library()   reshape()

mean()   setwd()

melt()   stack()

names()   subset()

print()   unstack()

read.csv()   write.csv()

read.delim()   write.table()

read.spss()

이번 장에서 발견한 주요 용어

CRAN   수치 변수

객체   요인

그래픽 창   작업 디렉터리

긴 형식   작업공간

녹은 형식   콘솔 창

날짜 변수   Quartz 창

넓은 형식   패키지

데이터프레임   편집기 창

문자열 변수   행렬

똑똑한 알렉스의 과제

- **과제 1:** 똑똑한 알렉스의 이번 장 첫 과제는 이번 장에서 여러분이 입력한 자료를 파일로 저장하는 것이다. 자료를 여러분의 컴퓨터에 있는 하드드라이브(또는, 자신의 컴퓨터를 사용하지 않는 경우라면 USB 이동식 디스크) 어딘가에 저장하라. 의미 있는 파일 이름을 짓고, 위치 역시 기억하기 쉬운 곳으로 고르기 바란다(이를테면 이 책과 관련된 모든 파일을 저장하는 폴더 안에 '내 자료 파일'이라는 이름의 폴더를 만들어 둘 수도 있을 것이다).

- **과제 2:** 둘째 과제는 아래의 자료를 R에 입력하는 것이다. 이 자료는 학생 20명의 성별과 교수 방식의 차이에 따른 성과 점수이다. 교수 방식은 긍정적 강화('친절 지도')와 징벌('전기 충격')로 나뉜다. 표는 R에서 사용하기에 적합하지 않은 형식으로 되어 있으니(과제를 좀 더 어렵게 만들려고 이렇게 했다), 표와는 다른 구조로 입력해야 한다.

남성		여성	
전기 충격	친절 지도	전기 충격	친절 지도
15	10	6	12
14	9	7	10
20	8	5	7
13	8	4	8
13	7	8	13

• **과제 3:** 배우자의 배신행위(infidelity)에 대한 감정적 반응을 연구한 결과에 따르면, 남자들은 주로 살인 욕구와 자살 충동을 보이고 여자들은 불쾌함과 불안을 느낀다고 한다 (Shackelford, LeBlanc, & Drass, 2000). 우리도 그와 비슷한 연구를 했다고 상상해 보자. 일단의 남성, 여성들을 모으고, 각 참가자의 배우자에게 자신이 다른 누군가와 잤다고 참가자에게 말하라고 시켰다. 그런 다음 참가자들을 두 사격장으로 데리고 가서 각자 총한 자루와 총알 100개를 주었다. 한 사격장에는 참가자 자신의 얼굴 사진을 붙인 사람모양의 표적이 있고, 다른 사격장에는 배우자의 얼굴 사진을 붙인 표적이 있다. 참가자를 5분간 혼자 놔둔 후 사용한 총알의 개수를 측정했다. 아래 표가 그 자료인데, 이를 R에 입력하고 **Infidelity.csv**라는 이름으로 저장하라(힌트: 표에 나온 형식 그대로 입력하면 안 됨!).

남성		여성	
배우자의 얼굴	자신의 얼굴	배우자의 얼굴	자신의 얼굴
69	33	70	97
76	26	74	80
70	10	64	88
76	51	43	100
72	34	51	100
65	28	93	58
82	27	48	95
71	9	51	83
71	33	74	97
75	11	73	89
52	14	41	69
34	46	84	82

답은 이 책의 부록 사이트에서 볼 수 있다.

더 읽을거리

이번 장과 비슷한 내용을 다루는 좋은 R 입문서가 많이 있다. 다음은 그중 몇 권이다.

Crawley, M. (2007). *The R book*. Chichester: Wiley. (정말 친절하고 상세한 책이다. Wiley 출판사에서 2005
년에 나온 같은 저자의 *Statistics: An Introduction Using R*도 좋은 책이다.)

Venables, W. N., & Smith, D. M., and the R Development Core Team (2002). *An introduction to R*.
Bristol: Network Theory.

Zuur, A. F., Ieno, E. N., & Meesters, E. H. W. G. (2009) *A beginner's guide to R*. Dordrecht: Springer-
Verlag.

그리고 웹에도 좋은 자료가 많이 있다.

- R 프로젝트의 공식 웹사이트: http://www.r-project.org/
- Quick-R, 내가 아주 좋아하는 훌륭한 입문 사이트: http://www.statmethods.net/index.htm
- 존 폭스의 R Commander 웹사이트: http://socserv.mcmaster.ca/jfox/Misc/Rcmdr/

CHAPTER

4 / 그래프를 이용한 자료 탐색

그림 4.1 자전거를 빌려서 캠프장 주변을 무모하게 달릴 준비를 마친 탐험가 필드

4.1 이번 장에서 배우는 내용 ①

나이를 조금 더 먹으면서 나는 탐험을 즐기게 되었다. 학교에서는 지도 활용법을 가르칠 때 자신이 어디로 가고 무엇을 하는지를 아는 것이 중요하다고 강조한다. 당시 탐험에 관한 내 관점은 좀 더 느슨한 편이었으며, 나름의 주제를 가지고 가장 흥미로운 탐험 장소를 선택했다. 서너 살일 때 나는 휴가용 캠프장에서 길을 잃은 적이 있다. 그 사건에 관해 전혀 기억이 없지만, 부모님이 주변을 미친 듯이 뛰어다니면서 나를 찾았음은 분명하다. 물론 그동안 나는 혼자 잘 놀고 있었다(아마도 나무 같은 것에 몰두하고 있었을 것이다). 나를 챙겨야 했을 내 형이 조금 비난을 받았지만, 아마도 당시 형은 시공간을 구부리는 방정식을 고안하고 있었을 것이다. 일곱 살 때 그는 그런 일로 시간을 많이 보냈다. 아직도 내 안에는 그 부주의한 탐험가가 살고 있다. 새 도시로 갈 때마다 나는 뭔가 멋진 것을 발견하길 기대하면서 무작정 헤맨다. 물론 보통은 길을

잃는 것으로 끝날 뿐, 죽지는 않았다(관광객 대상 절도와 강도 사건이 빈번한 것이 분명한 뉴올리언즈의 일부 지역에서 내 운을 한번 시험해 보긴 했지만, 다행히 별일은 없었다). 그런데 자료를 탐험(탐색)할 때는 지도가 없다. 여섯 살 때 내가 세상을 탐험하는 방식으로 자료를 탐색하는 것은 마치 취한 상태에서 제자리에서 8천 바퀴 돈 후에 절벽 가장자리를 따라 달리는 것과 같다. 대니얼 라이트는 로젠탈(Rosenthal)의 "연구자는 자료를 친구로 삼아야 한다"라는 말을 인용한 바 있다(Wright, 2003). 통계를 활용하는 사람들이 자료를 친구로 삼는 것이, 자료 말고는 친구가 남아 있지 않기 때문인 것은 물론 아니다. 로젠탈이 말하려 했던 것은 연구자가 분석을 서두를 때가 많다는 것이다. 라이트는 이를 고급 포도주에 비유해서, 포도주를 진정으로 즐기려면 복잡미묘한 부케(bouquet)*를 음미해야 한다고 말했다. 자료 분석의 즐거움에 적용하기에는 좀 과장일 수 있겠지만, 어쨌든 분석을 서두르는 것은 포도주를 병째로 들이키는 것과 같다. 그러면 뒤죽박죽 비일관적인 결과가 나온다. 자료를 제대로 탐색하려면 지도가 필요하다. 자료의 지도를 그래프라고 부른다. 그럼 그래프라는 잔잔한 열대 바닷속으로 탐험을 떠나자(물론 나침반과 잠수 장비를 갖추고).

4.2 자료 표현의 예술 ①

4.2.1 그래프가 필요한 이유 ①

그래프 꼭 그려야 하냥?

그래프(grahp) 또는 그림(plot)은 자료를 실제로 분석하기 전에 자료를 전체적으로 살펴보는 데 아주 유용한 수단이다. 굳이 그래프를 그려야 하는 이유가 궁금한 독자도 있을 것이다. 그냥 자료에 통계학을 적용해서 흥미로운 연구 질문의 답을 바로 얻으면 그만인데 굳이 그래프를 그려 보는 것은 시간 낭비가 아닐까? 그러나 자료 분석이라는 것은 온라인 데이트와 비슷하다(사실 별로 비슷하진 않지만, 그냥 이 비유를 계속 밀고 나가겠다). 즉, 주요 통계량들을 훑으면서(IQ 높고, 키 크고, 날씬하고, 프랑스 예술 영화를 좋아하고, 등등) 완벽한 상대방을 찾는다. 그러나 상대방의 실제 사진을 보지 않는 한, 그런 정보는 허상일 뿐이다. 어쩌면 여러분이 찾아낸 완벽한 상대방이 사실은 콜로라도강 두꺼비의 왕인 '맹독 리미볼드'가 인간의 유전자를 자신의 몸에 주입해서 사람으로 변신한 것일 수도 있다(아마도 설치류 농장을 차려서 돈을 벌려고

---

*역주 포도 자체의 향기가 아니라 발효와 숙성을 통해 이차적으로 만들어진 향기를 말한다.

하는 중일 것이다. 콜로라도강 두꺼비는 설치류를 잘 먹는다).[1] 자료 분석도 비슷하다. 자료를 시각적으로 표현해서 어떤 모습인지 파악한 후 좀 더 중요한 통계량들을 해석해야 한다.

4.2.2 좋은 그래프의 조건 ①

R에서 그래프를 그리는 구체적인 방법으로 들어가기 전에, 자료의 시각적 표현과 관련한 몇 가지 일반적인 사항을 이야기하고자 한다. R은(그리고 다른 통계 패키지들도) 아주 멋진 그래프를 손쉽게 생성하는 기능을 제공한다. 그런 기능을 사용하다 보면 너무 몰두해서 어느덧 그래프를 밝은 분홍색으로 칠하는 지경에 도달하기 쉽다(실제로 내가 가르치는 심리학과 대학원생들은 밝은 분홍색 그래프를 아주 좋아한다. 개인적으로 나는 분홍색의 팬이 아니다). 분홍색 그래프가 아무리 마음에 든다고 해도, 이 점은 반드시 명심해야 한다. 바로, 애초에 그래프를 만드는 목적은 마음에 드는 색으로 색칠 놀이를 하는 것이 아니라 정보를 제시(표현)하는 것이라는 점이다(재미는 덜하겠지만, 사실이다).

에드워드 터프티는 자료의 표현 방법에 관한 훌륭한 책을 썼다(Tufte, 2001). 그가 말한 좋은 그래프의 주요 조건을 정리하자면 다음과 같다.

- 자료를 보여주어야 한다.
- 그래프가 제시하는 자료에(그래프의 색상 같은 부차적인 요소가 아니라) 관해 독자가 뭔가 생각하게 만들어야 한다.
- 자료를 왜곡하지 않아야 한다.
- 최소한의 잉크로 많은 수치를 제시해야 한다.
- 큰 자료 집합들의 일관성을 보여주어야 한다(일관성이 있다고 할 때).
- 서로 다른 자료 조각들을 비교할 수 있게 해야 한다.
- 자료의 숨겨진 본성을 드러내야 한다.

그러나 이런 조건을 모두 갖춘 그래프는 많지 않다(나쁜 그래프의 몇 가지 예가 [Wainer, 1984]에 나온다).

그럼 나쁜 그래프의 예를 하나 살펴보자. 이 책을 위해 최악의 그래프의 예를 찾아보았는데, 멀리 갈 필요도 없음을 깨달았다. 이 책의 SPSS 버전의 제1판(Field, 2000)에 바로 그런 그

---

1 한 가지 좋은 점은, 그는 긴 혀를 가지고 있으며, 만일 여러분이 그의 독을 마신다면(덧붙이자면, 그 독은 개를 죽일 정도로 독하다) 환각을 보게 될 것이라는 점이다(운이 좋다면 그가 더 이상 콜로라도강 두꺼비와 사람의 혼종으로 보이지 않을 정도로 환각에 빠질 수도 있다).

래프가 있었다. 갖가지 잡동사니(3차원 효과, 채움 효과 등등—터프티는 이를 **도표 쓰레기**(chartjunk)라고 불렀다)를 그래프에 몰아넣을 수 있는 SPSS의 능력에 너무 신이 나서 나는 일종의 괴상한 오르가슴 상태에서 끔찍한 괴물을 만들어 내고 말았다(터프티가 일찍 죽어서 무덤 속에 있었다면, 그 그래프를 보고 아마 돌아누웠을 것이다). 한 가지 다행인 점은 그 책이 흑백으로 인쇄되어서 그래프가 분홍색임이 드러나지 않았다는 것이다. 그 그래프가 그림 4.2에 나와 있다(이를 이 책의 좀 더 멀쩡한 버전인 그림 16.4와 비교해 보기 바란다). 이 그래프에서 잘못된 점이 무엇일까?

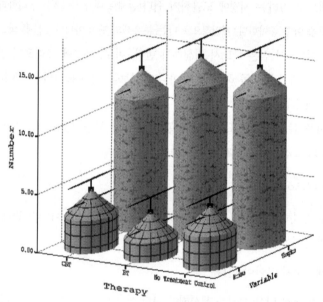

그림 4.2 이 책의 SPSS 버전의 제1판에 실린, 모골이 송연할 만큼 나쁜 그래프의 예

✗ 막대들에 3차원 효과가 가해졌다. 변수가 두 개인 자료에 3차원 그래프를 사용하는 것은 금물이다. 그러면 자료가 불명확해진다.[2] 특히, 3차원 효과 때문에 막대들의 값을 파악하기가 힘들다. 이 그래프가 아주 좋은 예이다. 3차원 효과 때문에 오차 막대들을 읽기가 거의 불가능하다.

✗ 무늬: 막대에는 무늬까지 들어가 있다. 아무리 예쁜 무늬라고 해도, 그래프에 사용하면 중요한 것(즉, 자료)으로부터 시선을 빼앗을 뿐이다. 무늬는 전혀 필요 없다.

---

2 만일 여러분이 변수가 두 개뿐인 자료에 3차원 그래프를 사용하면, 턱수염을 기른 통계학자들이 여러분의 집에 와서 여러분을 방에 가두고 칠판에 I μυστ νοτ δο 3–Δ γραπησ(I must not do 3-d graphs를 그리스 글자로 표현한 문구이다—옮긴이)를 75,172번 쓰게 할 것이다. 정말로.

- ✘ 원기둥 형태의 막대: 이게 뭐란 말인가? 이 역시 중요한 자료에서 시선을 빼앗을 뿐인 쓰레기이다.

- ✘ 부실한 y 축 이름표: 달랑 'number'로만 되어 있어서 무슨 수치인지 알 수 없다. 환각 횟수? 생선 마릿수? 제8차원에서 온 양배추를 먹는 바다 도마뱀의 수? 그래프를 제대로 그릴 줄 모르는 바보들의 수?

이제 이 그래프의 다른 버전을 살펴보자(그림 4.3). 무엇이 개선되었는지 알겠는가?

- ✓ 2차원 그래프: 전혀 필요 없는 3차원 효과가 사라져서 치료(therapy) 축과 생각/행위 횟수 축의 수치들을 비교하기가 훨씬 쉬워졌다.

- ✓ y 축에 좀 더 유익한 이름표가 붙었다. 이제는 y 축이 하루에 강박적인 생각 또는 행위를 한 횟수를 측정한 것임이 명확하다.

- ✓ 시선을 빼앗는 쓰레기가 줄었다. 무늬, 원기둥 형태의 막대 같은 것들이 없어졌다.

- ✓ 최소한의 잉크: 각 축의 점선들을 제거하고, 막대의 y 축 값들을 격자 선 대신 단순한 수평선으로 표시해서 잉크 낭비를 줄였다. 이제 터프티도 기뻐할 것이다.[3]

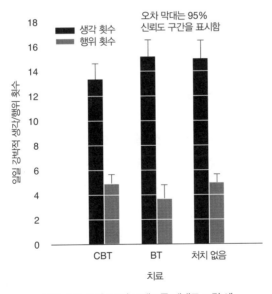

그림 4.3 그림 4.2의 그래프를 제대로 그린 예

---

3 비록 "격자 선들은 자료를 해석하는 데 그리 유용하지 않을 때가 많다"라는 그의 조언이 과잉처방일 수도 있겠지만 말이다.

정부는 통계로 거짓말을 하지만, 과학자가 그래서는 안 된다. 자료를 어떻게 표현하느냐에 따라 대중에게 전해지는 메시지가 크게 달라진다. 치즈를 아주 좋아하는 나는 치즈를 먹으면 악몽을 꾸게 된다는 도시 전설이 정말인지 궁금하다. 직장 동료에 관한 악몽을 꾼 남자의 사례가 [Shee, 1964]에 나온다: "그의 어떤 꿈에서는 …가 심각하게 훼손되어서 고기 거는 갈고리에 걸려 있었다.[4] 그는 또한 무저갱으로 끊임없이 추락하는 꿈도 꾸었다. 치즈를 끊자 악몽을 꾸지 않게 되었다." 여러분이 여러분의 나라에서 치즈 장관직을 맡고 있다면, 이것이 별로 좋은 소식은 아닐 것이다.

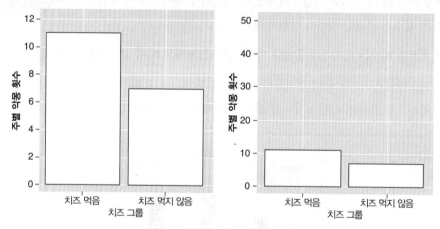

그림 4.4 치즈에 관한 두 개의 그래프

그림 4.4에 그래프가 두 개 나와 있는데, 믿거나 말거나 두 그래프는 정확히 같은 자료, 즉 치즈를 먹은 후 악몽을 꾼 횟수를 보여준다. 둘 중 축척(척도)가 제대로 된 것은 왼쪽 그래프이다. 왼쪽 그래프의 y 축은 척도의 최댓값을 반영하며, 따라서 자기 전에 치즈를 먹으면 동료가 고기 갈고리에 걸려 있는 악몽을 꾸는 경우가 먹지 않았을 때보다 확실히 많다는 옳은 인상을 준다. 그러나 치즈 장관이라면 사람들이 그 반대의 인상을 받길 원할 것이다. 그렇다면 그냥 그래프의 축척을 조정해서 y 축을 평균 악몽 횟수보다 훨씬 길게 만들면 된다. 그러면 두 경우의 차이가 별로 없어 보인다. 이런 유혹에 빠질 수 있겠지만, 절대 이런 일은 하지 말기 바란다 (물론 인생의 어느 시점에서 정치가가 되려는 것이 아닌 한).

---

4 나도 비슷한 꿈을 꾼 적이 있지만, 갈고리에 걸린 것이 치즈가 아니라 동료였다!

4.3 이번 장에서 사용하는 패키지 ①

R에는 다양한 종류의 그래프를 만들 수 있는 *plot()*이라는 함수가 내장되어 있다(자세한 사항은 명령행에서 *?plot*을 실행해 볼 것). 그 외에 *lattice*라는 패키지도 유용하다. 그러나 이 책에서는 해들리 위컴의 **ggplot2** 패키지(Wickham, 2009)를 주로 사용한다. 이 패키지를 선택한 이유는, 내 마음에 들었기 때문이다. 이 패키지와 로맨틱한 식사를 하고 싶을 정도는 아니지만, 어쨌든 나는 이 패키지를 열렬히 좋아한다. 오해를 피하고자 강조하자면, 그러한 열정은 내가 아내와 함께 낭만적인 식사를 하면서 느끼는 것과는 전혀 다르다.

내가 *ggplot2* 패키지를 그토록 좋아하는 이유는 이것이 아주 다재다능한 도구이기 때문이다. 숙달되려면 시간이 좀 걸리지만(아직도 나는 이 패키지의 세세한 부분을 다 파악하지 못했다), 일단 숙달되면 이 패키지는 자료의 표시와 주석 추가를 위한 극히 유연한 수단이 된다. *ggplot2* 패키지의 또 다른 장점은 이것이 자료의 표시에 관한 터프티의 권장 사항들과 윌킨슨의 그래픽 문법(Wilkinson, 2005)에 기초한 것이라는 점이다. 그래서 기본적으로 별다른 편집 작업 없이도 터프티가 만족할만한 그래프를 만들어 낼 수 있다. 다음은 이 *ggplot2*를 설치하는 명령이다.

```
install.packages("ggplot2")
```

그리고 다음은 이 패키지를 불러오는 명령이다.

```
library(ggplot2)
```

4.4 ggplot2 소개 ①

*ggplot2*로 그래프를 그리는 방법은 두 가지이다. (1) *qplot()* 함수를 이용해서 간단하게 그릴 수도 있고, (2) *ggplot()* 함수를 이용해서 하나의 그래프를 층층이 구축해 나갈 수도 있다. 당연한 말이겠지만 처음 시작하기에는 **qplot()** 함수가 쉽고 빠르다. 그러나 **ggplot()**이 훨씬 다재다능하므로, 이번 장 전반에서는 **ggplot()**을 주로 사용한다. 나는 도전을 즐긴다.

지금부터 말하는 몇 가지 개념을 알아 두면 *ggplot2*로 그래프를 구축해 나가는 과정을 좀 더 잘 이해할 수 있을 것이다. 이후의 내용에서 일부 용어가 *ggplot2* 도움말에 나오는 것과는 조금 다른데, 개인적으로 도움말의 관련 용어 몇 개가 다소 혼동을 준다고 생각해서 그런 것이니 양해를 부탁드린다.

4.4.1 그래프의 구성 ①

하나의 그래프는 일련의 계층(layer)들로 이루어진다. 계층이라는 것을, 뭔가를 그릴 수 있는 투명한 셀로판지 같은 것으로 생각해도 된다. 여기서 '뭔가'는 텍스트나 자료점, 선, 막대, 치킨 사진 등 그 어떤 것이라도 가능하다. 그러한 여러 장의 투명 셀로판지들을 층층이 겹치면 최종적인 하나의 그래프 이미지가 만들어진다. 그림 4.5는 그러한 구축 과정을 나타낸 것이다. 우선 한 투명 용지에 그래프의 두 축을 그린다. 두 번째 투명 용지에는 서로 다른 평균 점수들을 나타내는 막대들을 그린다. 세 번째 투명 용지에는 각 평균과 관련된 오차 막대를 그린다. 이제 세 투명 용지를 층층이 겹치면 그래프가 완성된다. 우선 축들이 있는 용지를 제일 아래에 놓고, 그 위에 평균 점수 막대들이 그려진 용지를 겹치고, 마지막으로 오차 막대들이 그려진 용지를 겹친다. 그러면 오차 막대가 있는 평균 점수 막대 그래프가 된다. 이러한 계층적 개념을 그림에 나온 것 이상으로 확장할 수 있다. 예를 들어 축의 이름표들이 그려진 계층이나 그래프 제목을 표시한 계층을 추가할 수도 있고, 기존 이미지 위에 그러한 계층들을 겹쳐서 그래프에 좀 더 많은 특징을 부여할 수도 있다.

그림 4.5에서 보듯이 각 계층은 막대나 자료점, 텍스트 같은 시각적 객체들을 담는다. 그러한 시각적 요소를 *ggplot2*에서는 기하 객체(geometric object; 줄여서 *geom*)라고 부른다. 따라서, R에서 그래프의 한 계층을 정의할 때는 그 계층에 표시할 기하 객체들(막대, 직선과 점 등등)을 R에게 알려 주어야 한다. 그러한 기하 객체에는 기하 객체의 구체적인 모습과 위치를 결정하는 미적 속성(aesthetics property; *aes()* 함수로 지정한다)들도 있다. 미적 속성들은 그래프 요소의 겉모습(이를테면 색상, 크기, 스타일, 위치)을 제어한다. 미적 속성들을 그래프 전체에 대해 정의할 수도 있고, 개별 계층마다 따로 정의할 수도 있다. 이 점에 관해서는 다시 이야기하겠다.

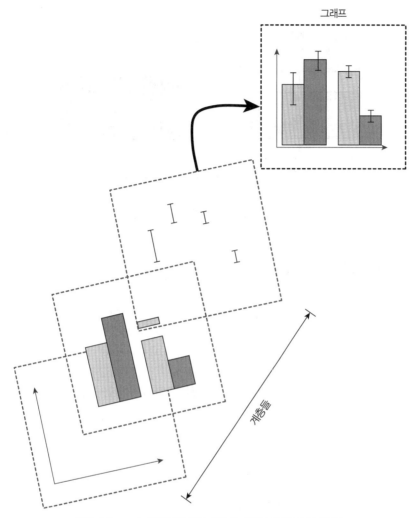

그림 4.5 *ggplot2*에서 하나의 그래프는 여러 계층으로 구성된다.

　정리하자면, 완성된 하나의 그래프는 여러 계층으로 구성되며, 각 계층은 기하 객체라고 부르는 시각적 요소(막대, 점, 선, 텍스트 등)들을 담는다. 그리고 그러한 기하 객체의 겉모습(크기, 색상, 도형 등)과 위치는 미적 속성으로 제어한다(*aes()*). 그러한 미적 속성들을 그래프의 모든 계층에 대해(즉, 그래프 전체에 대한 속성으로) 정의할 수도 있고, 개별 기하 객체에 대해 정의할 수도 있다(그림 4.6). 기하 객체와 미적 속성에 관해서는 이후의 절들에서 좀 더 배우게 될 것이다.

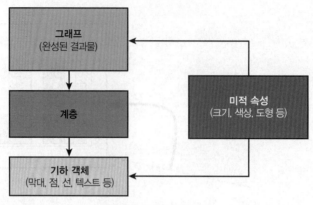

그림 4.6 그래프의 구성

4.4.2 기하 객체(geom) ①

*ggplot2*는 다양한 종류의 기하 객체를 표시해서 계층을 생성하는 여러 함수를 제공한다. 다음은 그중 가장 자주 쓰이는, 따라서 여러분도 사용하게 될 가능성이 큰 함수들이다(이들을 포함한 모든 함수는 *ggplot2* 웹사이트 http://had.co.nz/ggplot2/를 보기 바란다).

- *geom_bar()*: 서로 다른 통계적 속성을 나타내는 막대들이 있는 계층을 생성한다.

- *geom_point()*: 자료점들이 표시된 계층(산점도 형태)을 생성한다.

- *geom_line()*: 자료점들을 직선으로 이은 계층을 생성한다.

- *geom_smooth()*: '평활기(smoother)', 즉 개별 자료점을 이은 선분들이 아니라 자료 전체를 요약하는 하나의 직선이 표시된 계층을 생성한다.

- *geom_histogram()*: 히스토그램이 표시된 계층을 생성한다.

- *geom_boxplot()*: 상자수염도(box-whisker diagram; 또는 상자그림)가 표시된 계층을 생성한다.

- *geom_text()*: 텍스트가 표시된 계층을 생성한다.

- *geom_density()*: 밀도 그림(density plot)이 표시된 계층을 생성한다.

- *geom_errorbar()*: 오차 막대가 표시된 계층을 생성한다.

- *geom_hline()*과 *geom_vline()*: 각각 사용자 정의 수평선 또는 수직선이 표시된 계층을 생성한다.

이 함수들은 '()' 안에서 다양한 인수를 받는다. 특히, 계층의 구체적인 모습을 결정하는 미적 속성들도 지정할 수 있다. 미적 속성 중에는 반드시 지정해야 하는 필수 속성도 있고 선택적인

(즉, 생략 가능한) 속성도 있는데, 예를 들어 텍스트 기하 객체를 사용할 때에는 반드시 표시할 텍스트와 그 텍스트의 위치(x, y 좌표성분)를 지정해야 하지만 텍스트의 색상은 생략할 수 있다.

대부분의 함수는 기하 객체가 대표하는 하나 이상의 변수들을 필수 속성으로 요구한다. 무엇을 그래프에 그려야 할지 알려주지 않으면 *ggplot2*가 아무 일도 할 수 없으므로 이는 당연한 일이다. 선택적 미적 속성을 생략하면 일정한 기본값이 쓰인다. 기본값이 마음에 들지 않는다면 해당 속성을 직접 지정하면 된다. 이를테면 기하 객체의 외곽선 색상을 뜻하는 colour*나 채움 색상을 뜻하는 fill, 선의 종류(실선, 점선 등)를 뜻하는 linetype, 자료점의 모양(삼각형, 사각형 등)을 뜻하는 shape, 기하 객체의 크기를 뜻하는 size, 투명도를 뜻하는 alpha 등이 선택적 속성이다. 표 4.1에 흔히 쓰이는 기하 객체와 선택적 미적 속성이 정리되어 있다. 대부분의 기

표 4.1 흔히 쓰이는 기하 객체들과 관련 미적 속성들

	필수 속성	선택적 속성
geom_bar()	x: x 축에 그릴 변수	colour, size, fill, linetype, weight, alpha
geom_point()	x: x 축에 그릴 변수 y: y 축에 그릴 변수	colour, shape, size, fill, alpha
geom_line()	x: x 축에 그릴 변수 y: y 축에 그릴 변수	size, colour, linetype, alpha
geom_smooth()	x: x 축에 그릴 변수 y: y 축에 그릴 변수	colour, size, fill, linetype, weight, alpha
geom_histogram()	x: x 축에 그릴 변수	colour, size, fill, linetype, weight, alpha
geom_boxplot()	x: x 축에 그릴 변수 ymin: 수염의 하계 ymax: 수염의 상계 lower: 상자의 하계 upper: 상자의 상계 middle: 중앙값	colour, size, fill, weight, alpha
geom_text()	x: 텍스트를 배치할 위치의 수평 좌표 y: 텍스트를 배치할 위치의 수직 좌표 label: 표시할 텍스트 문자열 이 속성들 모두, 하나의 값을 지정할 수도 있고 여러 항목에 대한 여러 좌표 성분과 이름표들을 담은 객체를 지정할 수도 있다.	colour, size, angle, hjust(수평 조정 오프셋), vjust(수직 조정 오프셋), alpha
geom_density()	x: x 축에 그릴 변수 y: y 축에 그릴 변수	colour, size, fill, linetype, weight, alpha
geom_errorbar()	x: x 축에 그릴 변수 ymin, ymax: 오차 막대의 상, 하계	colour, size, linetype, width, alpha
geom_hline(), *geom_vline()*	yintercept = 값 xintercept = 값 (여기서 '값'은 수직선 또는 수평선이 x 축 또는 y 축과 만나는 지점, 즉 절편을 뜻한다.)	colour, size, linetype, alpha

*역주 참고로, ggplot은 속성 이름을 유연하게 처리한다. 미국식 영어에 익숙한 독자라면 colour 대신 color를 사용해도 되고, 심지어 col이라는 약자를 써도 된다.

하 객체에 공통으로 존재하는 속성들이 많이 있음을 주목하기 바란다. 예를 들어 표에 나온 대부분의 기하 객체는 alpha와 colour, linetype, fill을 지원한다.

4.4.3 미적 속성 ①

미적 속성들이 기하 객체 또는 계층에 있는 시각적 요소들의 모습을 결정한다는 점은 이미 이야기했다. 앞에서 언급했듯이, 어떤 미적 속성을 그래프 전체에 대해 지정할 수 있다(이를테면 그릴 변수들, 색상, 형태 등). 그러면 그 속성은 그래프에 있는 모든 기하 객체로 '상속'된다. 그러나 특정 기하 객체나 계층을 다르게 표시하고 싶다면 해당 객체에 대해서만 따로 미적 속성을 지정하면 된다. 예를 들어, 그리고자 하는 자료는 그래프 전체에 대해 지정하고(하나의 그래프에서 기하 객체마다 다른 자료를 사용하는 경우는 별로 없으므로) 개별 기하 객체의 특징적인 모습에 관련된 속성은 그래프 전체에 대해 지정할 필요 없이 해당 객체에만 지정하는 것이 합리적이다. 잠시 후에 실제로 그래프를 만들어 보면 어떤 속성을 어디에 지정해야 하는지가 명확해질 것이다.

일단 지금은 미적 속성을 지정하는 일반적인 방법을 살펴보자. 그림 4.7에 그러한 방법이 나와 있다. 첫째로 주목할 것은, 한 속성을 특정한 값으로 설정할 수도 있고(이를테면 colour를 red로 설정하는 등), 변수를 이용해서 가변적으로 설정할 수도 있다(이를테면 실험 그룹마다 색상을 다르게 표시하는 경우). 미적 속성을 고정된 값으로 설정할 때는 *aes()* 함수를 이용하지 않고 직접 지정해도 되지만, 미적 속성이 상황에 따라 변하게 하고 싶으면 *aes()* 함수를 이용해야 한다. 마지막으로, 계층이나 기하 객체 수준에서는 고정된 값과 변수를 모두 사용할 수 있지만, 그래프 전체 수준에서는 고정된 값을 사용할 수 없다. 다른 말로 하면, 어떤 미적 속성을 고정된 값으로 설정하려면 그래프의 특정 계층을 생성하는 *geom_...()* 함수의 괄호 쌍 안에 지정해야 한다.

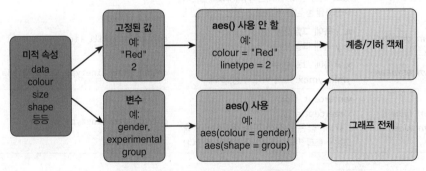

그림 4.7 *ggplot2*에서 미적 속성을 지정하는 방법

표 4.2는 주요 미적 속성과 그 지정 방법을 정리한 것이다. 물론 표에 나오지 않은 속성들도 많이 있지만, 현실적으로 모든 속성을 여기에 나열할 수는 없는 일이다. 어쨌든, 가장 흔히 쓰이는, 그리고 사람들이 흔히 바꾸려고 하는 주요 속성의 변경 방법을 이 표를 통해서 파악할 수 있을 것이다. 좀 더 자세한 내용은 해들리 위컴의 책(Wickham, 2009)을 보기 바란다. 표 4.2에서 한 가지 확실한 것은, 대부분의 미적 속성을 그냥 '속성 이름 = 속성 값' 형태의 구문으로 지정하면 된다는 것이다. 여기서 '속성 값'은 변수일 수도 있고(예를 들어 *colour = gender*는 남성과 여성에 대해 다른 색상을 적용하는 결과가 된다) 고정된 값일 수도 있다(이를테면 *colour = "Red"*).

표 4.2 주요 선택적 미적 속성의 지정 방법

미적 속성	옵션	결과
선의 종류	linetype = 1	실선(기본값)
	linetype = 2	파선
	linetype = 3	점선
	linetype = 4	쇄선(점선과 파선이 섞인 형태)
	linetype = 5	긴 파선
	linetype = 6	긴 쇄선
크기	size = 값	'값'은 mm 단위의 길이이다(기본값은 0.5). 0.5보다 큰 값을 지정하면 기본 설정보다 선이 더 굵어지거나, 텍스트가 더 커지거나, 점이 더 커진다. 더 작은 값을 지정하면 선이 더 얇아지고, 텍스트나 점이 더 작아진다.
		예를 들어 size = 0.25는 선/점/텍스트를 0.25mm로 설정한다.
도형	shape = 번호, shape = "x"	여기서 '번호'는 0에서 25까지의 정수로, 각각 특정 도형에 대응된다. 아래에 흔히 쓰이는 도형들의 번호가 나와 있다. 번호 대신 특정 문자를 대괄호로 감싸서 지정해도 된다(예를 들어 shape = "A"를 지정하면 각 자료점이 영문자 A로 표시된다).
	shape = 0	속이 빈 정사각형(속이 채워진 정사각형은 15)
	shape = 1	속이 빈 원(속이 채워진 원은 16)
	shape = 2	속이 빈 삼각형(속이 채워진 삼각형은 17)
	shape = 3	'+'
	shape = 5	속이 빈 마름모(속이 채워진 마름모는 18)
	shape = 6	속이 빈 역삼각형(속이 채워진 역삼각형은 19)
색상	colour = "이름"	표준 영문 색상 이름을 지정한다. 예를 들어 colour = "Red"를 지정하면 기하 객체가 빨간색이 된다.
	colour = "#RRGGBB"	RRGGBB 체계로 구체적인 색상을 지정한다. 예를 들어 colour = "#3366FF"는 청색 계열의 한 색상이고 colour = "#336633"은 짙은 녹색이다.
투명도	alpha(색상, 값)	여기서 '색상'은 위의 *colour* 속성과 같은 규칙을 따른다. '값'은 그 색상의 투명도를 결정하는데, 0(완전 투명)과 1(완전 불투명) 사이의 수치를 지정해야 한다. 예를 들어 alpha("Red", 0.5)는 반투명 빨간색에 해당한다.

*ggplot2*를 활용하는 과정은 앞에서 설명한 그래프의 구조를 곧이곧대로 반영한 형태이다. 우선 하나의 그래프를 대표하는 객체를 생성한다. 이때 그래프 전체(즉, 모든 계층과 모든 기하 객체)에 적용되는 미적 속성들을 지정할 수 있다. 따라서, 그래프로 그리고자 하는 변수들은 이 최상위 단계에서 지정하는 것이 관례이다. 해당 명령의 일반적인 형태는 다음과 같다.

```
myGraph <- ggplot(myData, aes(x 축에 그릴 변수들, y 축에 그릴 변수들))
```

이 명령은 *myData*라는 자료에 기초해서 *myGraph*라는 새 그래프 객체를 생성한다. *x* 축(수평축)에 그릴 변수들과 *y* 축(수직축)에 그릴 변수들을 *aes()* 함수를 통해서 지정함을 주목하기 바란다. 자세히 이야기하지는 않겠지만, 이 최상위 수준에서 다른 미적 속성들도 지정할 수 있다. 간단한 예로, 만일 계층들과 기하 객체들에서 남성의 자료와 여성의 자료를 다른 색으로 표시하려면 다음과 같이 하면 된다(자료가 남성의 것인지 여성의 것인지가 **gender** 변수에 정의되어 있다고 가정).

```
myGraph <- ggplot(myData, aes(x 축에 그릴 변수들, y 축에 그릴 변수들, colour = gender))
```

이렇게 하면 이후 이 그래프에 추가되는 모든 기하 객체는 남성 자료와 여성 자료를 다른 색상으로 표시하게 된다(물론 그 색상들이 해당 기하 객체에서 유효하다면—그렇지 않은 경우에는 지정된 색상이 그냥 무시된다). 물론 원한다면 특정 기하 객체에 대해 색상을 다르게 지정할 수도 있다.

이 수준에서는 또한 *theme()* 함수를 이용해서 여러 옵션을 지정할 수도 있다. 이 수준에서 가장 흔히 설정하는 옵션은 그래프의 제목을 뜻하는 *title*이다.

```
+ theme(title = element_text("제목"))
```

이렇게 하면 따옴표 안에 입력한 문자열이 그대로 그래프의 제목으로 표시된다. 오타가 없도록 조심하기 바란다.

이렇게 해서 하나의 그래프 객체를 생성했다. 아직 이 *myGraph* 객체에는 아무런 시각적 요소도 없기 때문에, 지금 당장 그래프를 화면에 표시하려 하면 오류가 발생한다. 따라서, 다음으로 할 일은 기하 객체나 기타 시각적 요소(이름표 등)를 담은 계층을 이 그래프 객체에 추가하는 것이다. 계층을 추가할 때는 더하기(추가)를 뜻하는 기호인 +를 사용한다. 예를 들어 그래프에 막대들을 추가하려면 다음 명령을 실행하면 된다.

```
myGraph + geom_bar()
```

이 명령은 앞에서 생성한 *myGraph* 객체에 막대들이 담긴 계층을 추가한다. 이제는 시각적 요소들이 생겼으므로 *ggplot2*는 그래프를 기꺼이 화면에 표시한다. 막대들 외에 자료점들도 그래프에 추가하려면, 앞의 명령에 '+ geom_point()'를 덧붙이면 된다.

```
myGraph + geom_bar() + geom_point()
```

이 예에서 보듯이, '+'를 사용할 때마다 그래프에 계층이 하나 추가된다. 따라서 지금 예에서는 그래프에 계층이 두 개 있다(막대와 점). 앞에서 설명한 기하 객체들을 이런 식으로 그래프에 차츰 추가하면서 그래프를 '층층이' 구축해 나가면 된다. 그리고 한 계층을 추가할 때 원하는 미적 속성들을 지정할 수 있다. 그런 속성은 그래프 전체에 설정된 같은 속성보다 우선시된다. 예를 들어 다음과 같은 명령으로 새 그래프 객체를 생성했다고 하자.

```
myGraph <- ggplot(myData, aes(x 축에 그릴 변수들, y 축에 그릴 변수들, colour = gender))
```

여기에 점들을 추가하되, 점들을 무조건 파란 색으로(즉, 성별에 따라 달라지는 것이 아니라) 그리려면 다음 명령을 실행하면 된다.

```
myGraph + geom_point(colour = "Blue")
```

색상으로 구체적인 고정된 값을 지정했기 때문에 *aes()* 함수를 사용하지 않았음을 주목하기 바란다. 만일 점들을 파란 삼각형으로 그리고 싶다면 다음처럼 *shape* 속성도 지정해 주면 된다.

```
myGraph + geom_point(shape = 17, colour = "Blue")
```

더 나아가서, 기하 객체가 아닌 요소들을 담은 계층을 추가할 수도 있다. 예를 들어 다음은 *labels()* 함수를 이용해서 축에 이름표를 붙이는 예이다.

```
myGraph + geom_bar() + geom_point() + labels(x = "텍스트", y = "텍스트")
```

물론 실제로는 "텍스트" 부분에 원하는 문구를 집어넣어야 한다(또한, 따옴표도 생략하면 안 된다). 그밖에 테마나 면 분할(faceting), 옵션 등도 비슷한 방식으로 지정할 수 있다(§4.4.6과 §4.10에서 설명한다).

4.4.5 스탯 함수와 기하 객체 ③

앞에서 연구에 흔히 쓰이는 그래프를 만드는 데 필요한 여러 기하 객체들과 그것을 생성하는 함수들(*geom_histogram, geom_boxplot, geom_smooth, geom_bar* 등; 표 4.1)을 살펴보았다. 그런 기하 객체 중에는 특정한 통계 수치를 요구하는 것들이 있다. 예를 들어 *geom_boxplot()*으로 상자수염도를 만들려면 상자와 수염의 상·하계와 중앙값을 지정해야 한다. 마찬가지로, 오차 막대 기하 객체를 만들려면 오차 막대의 최솟값과 최댓값을 지정해야 한다. 물론 기하 객체가 요구하는 수치들을 여러분이 직접 입력할 수도 있지만, 그보다는 *ggplot2*가 그런 수치들을 원본 자료로부터 자동으로 계산해서 기하 객체에 적용해 주면 더 좋을 것이다. 다행히 *ggplot2*에는 기하 객체가 요구하는 수치들을 계산해 주는 내장 함수들이 있는데, 그런 함수들을 소위 '스탯(stat)' 함수라고 부른다. 이 스탯 함수들로 기하 객체가 요구하는 수치들을 얻을 수 있을 뿐만 아니라, 그래프의 한 계층에 직접 시각적 요소를 생성할 수도 있다.

표 4.3은 기하 객체가 요구하는 수치를 제공하는 몇 가지 스탯 함수를 정리한 것이다. 표에는 이 책에 쓰이는 스탯 함수들만 나와 있지만, 이외에도 많은 스탯 함수가 있다(자세한 목록은 http://had.co.nz/ggplot2/를 보라). 이 스탯 함수들 대부분은 "무대 뒤에서" 작동한다. 즉, 여러분이 알지 못해도 기하 객체는 이들을 내부적으로 활용한다. 그러나 이들의 존재를 명시적으로 알아 두면 그래프의 특정 속성들을 좀 더 세밀하게 변경할 수 있다. 예를 들어 히스토그램(기둥그림표)를 그리기 위해 *myHistogram*이라는 그래프 객체를 다음과 같이 생성했다고 하자.

```
myHistogram <- ggplot(myData, aes(variable))
```

이 명령은 myData라는 데이터프레임의 **variable**이라는 변수로 그리는 그래프를 정의한다. 이전 절에서 보았듯이, 히스토그램을 그리려면 그냥 히스토그램 기하 객체를 표시하는 계층을 그래프에 추가하면 된다.

```
myHistogram + geom_histogram()
```

이렇게만 하면 신기하게도 히스토그램이 나타난다. 그러나 무대 뒤에서 히스토그램 기하 객체는 *bin()*이라는 스탯 함수를 이용해서 필수 자료(이를테면 원본 자료를 여러 개의 '분류통(bin)'으로 나누는 데 필요한 자료)를 생성한다. 그런데 원한다면 필수 자료를 명시적으로 제공할 수도 있다. 다음 명령은 앞에서와 정확히 동일한 히스토그램을 생성한다.

```
myHistogram + geom_histogram(aes(y = ..count..))
```

여기서 *aes(y = ..count..)*는 *geom_histogram*에게 y 축을 *bin* 스탯 함수의 출력 변수 *count*로 설정하라는 뜻이다. 이렇게 하지 않아도 *geom_histogram*은 기본적으로 그 변수를 사용하므로 지금 예라면 그냥 앞의 명령을 사용하는 것이 간단하다. 그러나, 표 4.3에서 보듯이 이 외에도 명시적으로 지정할 수 있는 항목이 더 있다. 예를 들어 개수(count)가 아니라 밀도(density)를 히스토그램으로 표시한다고 하자. *geom_histogram*은 기본적으로 *bin* 스탯 함수의 출력 변수 *count*를 y 축에 그리므로, 밀도 히스토그램을 그리려면 다음과 같이 *bin* 스탯의 *density* 출력 변수를 y 축에 그리라고 명시적으로 지시해야 한다.

```
myHistogram + geom_histogram(aes(y = ..density..))
```

표 4.3 *ggplot2*의 주요 내장 '스탯' 함수

스탯	기능	출력 변수	유용한 매개변수	관련 기하 객체
bin	자료를 분류한다.	**count**: 분류통에 있는 점들의 개수 **density**: 분류통에 있는 점들의 밀도(적분 시 1이 되도록 비례됨) **ncount**: count를 최댓값이 1이 되도록 비례한 값 **ndensity**: density를 최댓값이 1이 되도록 비례한 값	**binwidth**: 분류통의 너비 **breaks**: 분류통 분할 너비(binwidth보다 우선시됨) **width**: 막대 너비	`histogram`
boxplot	상자수염도를 그리는 데 필요한 자료를 계산한다.	**width**: 상자수염도의 너비 **ymin**: 아래 수염 **lower**: 아래 경첩, 25% 사분위수 **middle**: 중앙값 **upper**: 위 경첩, 75% 사분위수 **ymax**: 위 수염		`boxplot`
density	밀도를 추정한다.	**density**: 밀도 추정값 **estimatecount**: 밀도 × 점들의 수 **scaled**: 밀도 추정값을 1이 되도록 비례한 값		`density`
qq	QQ 도표를 위한 자료를 계산하다.	**sample**: 표본 사분위수들 **theoretical**: 이론적인 사분위수들		`point`
smooth	평활기 도표를 생성한다.	**y**: 예측값 **ymin**: 각 점의 평균 중심 신뢰구간의 하계 **ymax**: 각 점의 평균 중심 신뢰구간의 상계 **se**: 표준오차	**method**: 이를테면 lm, glm, gam, loess 등. **formula**: 평활 공식 **se**: 신뢰구간 표시 여부(기본은 표시) **level**: 사용할 신뢰구간 수준(기본은 0.95)	`smooth`
summary	자료를 요약한다.		**fun.y**: y 축을 그리는 데 사용할 함수(예: fun.y = mean)	`bar, errorbar, pointrange, linerange`

마찬가지로, *geom_histogram*은 기본적으로 점수들의 범위를 30으로 나눈 값을 분류통의 너비로 사용한다. 다른 너비를 사용하려면 다음과 같이 *bin*의 해당 매개변수를 명시적으로 설정하면 된다.

```
myHistogram + geom_histogram(aes(y = ..count..), binwidth = 0.4)
```

이상의 예에서 보듯이, 기하 객체들과 관련 스탯들을 알고 있으면 그래프를 만드는 데 도움이 된다. 이번 장에서 스탯 함수를 이용해서 기하 객체의 생성을 제어하는 방법은 물론이고 그래프의 계층을 스탯 함수로 직접 생성하는 방법도 배우게 될 것이다.

4.4.6 과도한 그래프 작도를 피하려면 ②

그래프가 지저분하거나 불명확해지는 주된 이유는 (1) 그래프 하나에 너무 많은 자료를 표시하거나 (2) 자료가 너무 겹쳐져 그려지는 것이다. *ggplot2*에는 이런 문제를 극복하는 데 도움이 되는 여러 위치 관련 기능이 있다. 첫 번째로 살펴볼 것은 다음과 같은 형태로 사용하는 위치 조정 기능이다.

```
position = "x"
```

여기서 *x*에는 다음 다섯 단어 중 하나를 사용할 수 있다.

- *dodge*: 가장자리가 겹치지 않도록 객체들의 위치를 조정한다.
- *stack*과 *fill*: 객체들이 쌓이도록 위치를 조정한다. *stack*은 가장 큰 객체가 제일 밑에 깔리고 가장 작은 객체가 제일 위에 놓이도록 객체들을 쌓는다. *fill*은 공간이 모두 채워지도록 객체들의 높이를 적절히 비례해서 쌓는다.
- *identity*: 위치를 조정하지 않는다.
- *jitter*: 객체들이 겹치지 않도록 무작위로 오프셋을 추가한다.

과도한 그래프 작도를 피하는 또 다른 방법은 면 분할(faceting)이다. 면 분할은 간단히 말해서 하나의 그래프를 여러 부분으로 나누는 것인데, 그 방법은 크게 두 가지이다. 첫째 방법은 그래프가 표시하는 자료를 다른 변수들과의 조합에 기초해서 격자(grid) 형태로 분할한다. 이를 위한 함수는 *facet_grid()*이다. 둘째 방법은 그래프를 하나의 변수에 기초해서 여러 개별 그래프들로 분할하고 그것들을 긴 리본 형태로 표시하는 것인데, 필요하다면 일정 개수의 그래프마다 줄을 바꾸어서 격자 형태를 만들 수도 있다. 이를 위한 함수는 *facet_wrap()*이다.

그림 4.8은 구체적인 예를 통해서 *facet_grid()*과 *facet_wrap()*의 차이를 보여준다. 페이스북 같은 SNS 사이트는 다른 사람들에게 여러분을 세심하게 조작된 방식으로 소개할 독특한 기회를 제공한다(이를테면, 사실은 통계학책을 쓰고 있지만 그보다 더 멋진 일을 하는 것처럼 꾸미거나, 사실은 여드름투성이 얼굴이지만 백옥 같은 피부처럼 보이게 하거나, 사실은 1980년대 헤비메탈 밴드 티셔츠를 즐겨 입지만 패션 감각이 뛰어난 사람처럼 보이게 하는 등). 이와 관련해서, 자기도취와 페이스북 프로필 사진에 대한 다른 사람들의 평가의 관계에 관한 연구가 있었다(Ong 외, 2011). 그 연구에서는 프로필 사진을 멋짐(coolness), 글래머, 패션 감각, 매력이라는 네 차원(종류)으로 평가했다. 또한, 각 참가자의 내성/외향을 측정하고 성별도 기록했다. 자기도취와 프로필 사진 평가의 관계를 하나의 그래프로 그린다고 하자. 평가의 종류가 네 가지인데다가 자료가 남성과 여성으

로 구분되고 내성적 성격과 외향적 성격으로도 구분되므로, 하나의 그래프에 그려야 할 것이 꽤 많다. *facet_grid()*를 이용하면 성별과 내/외향의 조합에 대한 자기도취 대 사진 평가 그래프들을 만들 수 있다. 성별과 내·외향의 조합이 총 네 가지이므로, 그림 4.8의 왼쪽처럼 네 개의 부분 그래프가 만들어진다. 아니면 *facet_wrap()*을 이용해서 그래프를 평가 종류(멋짐, 글래머, 패션 감각, 매력)에 따라 분리할 수도 있다. 이 경우에도 네 개의 그래프가 만들어지는데, 네 그래프를 긴 리본 형태로 표시할 수도 있고(그림의 오른쪽 위) 중간에 줄을 바꾸어서 격자 형태로 표시할 수도 있다(오른쪽 아래).

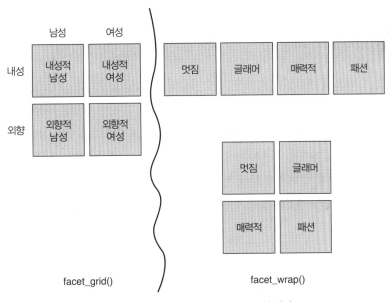

그림 4.8 *facet_grid()*와 *facet_wrap()*의 차이

이 함수들도 + 기호를 이용해서 기존 그래프에 적용한다.

```
+ facet_wrap( ~ y, nrow = 정수, ncol = 정수)
+ facet_grid(x ~ y)
```

*facet_wrap()*의 *nrow*와 *ncol*은 '리본' 중간에서 줄을 바꾸어서 격자를 형성하는 방식을 결정한다. *nrow*는 격자의 행의 개수이고 *ncol*는 열의 개수이다. 두 함수 모두에서 *x*와 *y*는 분할할 변수들이다. 예를 들어 변수 **gender**와 **extroversion**으로 그래프를 분할하려면, 그래프 객체에 다음을 추가하면 된다.

```
+ facet_grid(gender ~ extroversion)
```

네 가지 평가 종류(**Rating_Type**)에 따라 그래프를 분할하려면 다음을 추가한다.

```
+ facet_wrap( ~ Rating_Type)
```

이렇게 하면 부분 그래프들이 1행 4열로 배치된 그래프가 만들어진다(그림 4.8의 오른쪽 위). 만일 2행 2열 격자를 원한다면(그림 4.8의 오른쪽 아래), 다음처럼 열의 개수를 직접 지정하면 된다.

```
+ facet_wrap( ~ Rating_Type, ncol = 2)
```

아니면 행의 개수를 지정해도 된다.

```
+ facet_wrap( ~ Rating_Type, nrow = 2)
```

4.4.7 그래프의 저장 ①

마음에 드는 그래프를 만들었다면, 어딘가에 저장해 두고 싶을 것이다. 그래프를 저장하는 방법은 여러 가지인데, 가장 간단한(그러나 내가 보기에 가장 덜 유용한) 방법은 파일 메뉴를 이용해서 그래프를 PDF 파일로 저장하는 것이다. 그림 4.9에 그 과정이 나와 있다. R의 다른 모든 것처럼, 우선 할 일은 그래프를 생성하는 명령을 실행하는 것이다. 그러면 새 창에 그래프가 나타난다. 그 창의 내부를 클릭해서 활성 창으로 만든 후 **파일 ➡ 다른 이름으로 저장...** 메뉴를 선택하면 파일을 저장할 장소와 파일 이름을 지정할 수 있는 표준적인 파일 저장 대화상자가 나타난다.

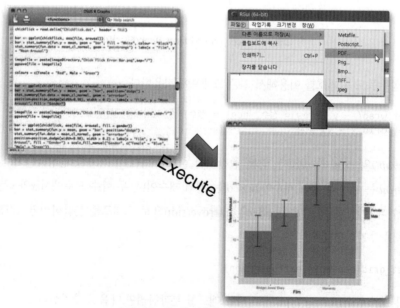

그림 4.9 메뉴를 이용한 그래프 저장

개인적으로 나는 *ggsave()* 함수를 선호한다. 이 함수는 그래프를 PostScript(.eps/.ps), TeX (pictex), pdf, jpeg, tiff, png, bmp, svg, wmf(Windows에서만) 등의 다양한 파일 형식으로 저장할 수 있다. 이 함수의 가장 기본적인 활용 형태는 다음과 같이 아주 간단하다.

```
ggsave(파일이름)
```

여기서 **파일이름**은 그래프를 저장할 파일의 경로와 이름을 지정하는 문자열이다. 이 함수는 파일 이름의 확장자를 보고 파일의 형식을 자동으로 결정한다. 예를 들어 다음은 그래프를 PNG 형식의 파일로 저장한다.

```
ggsave("Outlier Amazon.png")
```

반면 다음은 TIFF 형식으로 저장한다.

```
ggsave("Outlier Amazon.tiff")
```

이 예들에서는 파일 이름만 지정했는데, 그러면 파일들이 현재의 작업 디렉터리에 저장된다 (§3.4.4 참고). 다른 장소에 저장하고 싶다면 해당 경로를 명시적으로 표기하거나, 아니면 파일 경로를 담은 객체를 생성해서 *ggsave()* 함수에 넘겨주면 된다(R의 영혼의 조언 4.1 참고). 그 외에도 여러 가지 옵션을 지정할 수 있지만, 대부분은 그냥 기본값으로 충분하다. 그러나 그래프를 특정 크기로 저장하는 옵션은 알아둘 필요가 있을 것이다. 다음이 그러한 예이다.

```
ggsave("Outlier Amazon.tiff", width = 2, height = 2)
```

높이와 너비 수치가 인치 단위임을 주의하기 바란다. 이 명령은 그래프를 2인치 × 2인치 크기의 TIFF 파일로 저장한다.

4.4.8 정리: 간단한 튜토리얼 ②

지금까지 여러 배경지식을 급하게 훑어보았다. 많은 이야기를 했지만, 그래도 *ggplot2*로 할 수 있는 일의 아주 일부만 언급했을 뿐이다. 게다가, 아직 그래프를 실제로 그려보지도 못했다. 이번 절에서는 지금까지 이야기한 것을 바탕으로 실제 그래프를 만드는 과정을 단계별로 설명한다. 이를 통해서 *ggplot2* 패키지를 실제로 체험하고, 이 패키지의 기본 기능들의 사용법을 파악할 수 있을 것이다.

얼마 전에 페이스북 사용자의 프로필 사진에 대한 평가 점수와 자기도취에 관한 연구(Ong 외, 2011)를 언급했다. 이 책의 부록 웹사이트에 해당 자료를 담은 **FacebookNarcissism.dat**이 있다. 그 자료를 그래프로 그려보기로 하자.

기본적으로 *ggsave()*는 그래프를 현재 설정된 작업 디렉터리에 저장한다(아마 여러분도 적절한 장소를 작업 디렉터리로 설정해 두었을 것이다). 작업 디렉터리 외에, 이미지 파일들을 저장하기에 적합한 장소를 미리 정의해 두면 *ggsave()* 함수를 활용할 때 편하다. 다음은 그런 장소를 정의하는 명령의 예이다.

```
imageDirectory<-file.path(Sys.getenv("HOME"), "Documents", "Academic",
"Books", "Discovering Statistics", "DSUR I Images")
```

이 명령은 *file.path()* 함수와 *Sys.getenv()* 함수를 이용해서 *imageDirectory*라는 객체를 생성한다. 이 객체는 'DSUR I Images'라는 폴더 이름으로 끝나는 하나의 문자열이다. 그 폴더는 내 사용자 디렉터리의 'Documents' 폴더에 있는 'Academic' 폴더의 'Books' 폴더의 'Discovering Statistics' 폴더의 한 하위 폴더이다. 내가 사용하는 컴퓨터(iMac)에서 *imageDirectory*는 다음과 같은 문자열이 된다.

```
"/Users/andyfield/Documents/Academic/Books/Discovering Statistics/DSUR I
Images"
```

*Sys.getenv("HOME")*은 사용자 디렉터리(홈 디렉터리)를 돌려준다(지금 예에서는 */Users/andyfield/*). 그리고 *file.path()* 함수는 주어진 문자열들을 지능적으로 합쳐서 하나의 경로 문자열을 만든다. 나는 iMac을 사용하므로, 이 함수는 폴더 이름들을 '/'로 연결했다. 만일 Windows에서 위의 명령을 실행했다면 '\\'(Windows에서 폴더를 구분하는 문자)를 사용했을 것이다.

이렇게 장소를 정의한 후에는, 그것을 이용해서 새 이미지의 파일 경로를 생성한다.

```
imageFile <- file.path(imageDirectory,"Graph.png")
ggsave(imageFile)
```

첫 줄은 방금 정의한 *imageDirectory*에 담긴 경로와 파일 이름(*Graph.png*)을 연결해서 만든 문자열로 *imageFile*이라는 문자열 객체를 생성한다. 이후에 그래프를 같은 폴더에 있는 다른 이름의 파일로 저장하고 싶으면, 다음과 같이 *imageFile*을 다시 생성하면 된다.

```
imageFile <- file.path(imageDirectory,"Outlier Amazon.png")
ggsave(imageFile)
```

우선 할 일은 자료 파일이 있는 디렉터리를 작업 디렉터리로 설정하는 것이다(§3.4.4 참고). 그런 다음, 다음 명령을 실행해서 *facebookData*라는 데이터프레임을 생성한다.

```
facebookData <- read.delim("FacebookNarcissism.dat", header = TRUE)
```

그림 4.10에 이 데이터프레임의 내용이 나와 있다. 변수는 다음 네 개이다.

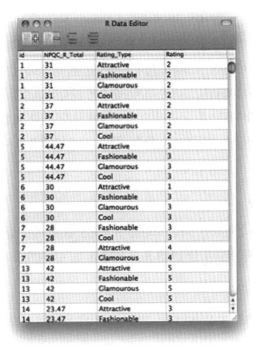

그림 4.10 *facebookData* 데이터프레임

1 id: 참가자(프로필 사진의 소유자)의 식별 번호.

2 NPQC_R_Total: 자기도취 설문지의 총점.

3 Rating_Type: 프로필 사진 평가 종류. 즉 멋짐, 글래머, 패션 감각, 매력을 담는 변수이다. 각 종류를 문자열로 표현한다.

4 Rating: 프로필 사진 평가 점수(1에서 5).

우선 할 일은 그래프 객체를 생성하는 것이다. 독창적인 이름이 잘 생각이 나지 않아서, 객체의 이름은 그냥 *graph*로 하겠다. 앞에서 말했듯이, 그래프 객체는 *ggplot()* 함수로 생성하며, 이 함수의 기본적인 활용 형태는 다음과 같다.

```
graph <- ggplot(myData, aes(x 축에 그릴 변수, y 축에 그릴 변수))
```

그림 자기도취(**NPQC_R_Total**)와 전반적인 프로필 사진 평가 점수(**Rating**)의 관계를 표시하는 그래프 객체를 생성해 보자. **NPQC_R_Total**은 *x* 축에, **Rating**은 *y* 축에 그리는 것이 적당할 것이다. 해당 자료를 담은 데이터프레임은 *facebookData*이므로, 다음과 같은 명령을 실행해야 한다.

```
graph <- ggplot(facebookData, aes(NPQC_R_Total, Rating))
```

이 명령은 그냥 *facebookData* 데이터프레임과 *x*, *y* 축에 그릴 변수들을 지정하는 미적 속성들에 기초해서 그래프 객체를 생성한다. 변수들을 지정하는 미적 속성들을 *aes()* 함수로 지정했음을 주목하기 바란다. 이 명령은 그래프 객체를 생성할 뿐, 실제로 뭔가를 표시하지는 않는다.

화면에 뭔가 나타나게 하려면 그래프 객체(*graph*)에 시각적 요소들을 추가해야 한다. 간단한 것으로 시작해서, 각 자료점을 둥근 점으로 표시해 보자. 이를 위한 함수는 *geom_point()*이다. 다음 명령을 실행하면 그림 4.11의 윗줄 왼쪽에 나온 그래프가 여러분의 화면에 나타날 것이다.

```
graph + geom_point()
```

둥근 점이 마음에 들지 않는다면, 다른 도형을 지정하면 된다. 예를 들어 다음 명령을 실행하면 자료점들이 둥근 점이 아니라 삼각형으로 표시된다(그림 4.11의 윗줄 오른쪽).

```
graph + geom_point(shape = 17)
```

shape 인수에 다른 번호를 지정하면 다른 도형이 표시된다(§4.4.3 참고). 자료점의 모양이 아니라 크기를 변경하고 싶으면 'size' 속성으로 크기(mm 단위)를 지정하면 된다. 다음이 그러한 예이다.

```
graph + geom_point(size = 6)
```

이 명령은 그림 4.11의 가운뎃줄 왼쪽에 나온 그래프를 만들어낸다. 점의 모양을 따로 지정하지 않았으므로 기본인 둥근 점이 쓰였지만, 크기는 기본보다 크게 나왔음을 주목하기 바란다. 그런데 지금까지의 예에서는 각 점이 어떤 종류의 평가 점수(멋짐, 매력 등)인지 알 수 없다. 만일 점들을 평가의 종류에 따라 차별화한다면 좋을 것이다. 이를테면 색을 다르게 할 수도 있다. 이를 위해서는 다음과 같이 **Rating_Type** 변수를 미적 속성 *colour*와 연관시키면 된다.

```
graph + geom_point(aes(colour = Rating_Type))
```

이렇게 하면 그림 4.11의 가운뎃줄 오른쪽 그래프가 나온다. 이제는 평가의 종류에 따라 점들이 다른 색으로 나타난다.[5]

그런데 지금까지의 예들은 앞에서 말한 '과도한 그래프 작도'에 해당한다. 근본적인 이유는 이 자료에서 사람들이 부여할 수 있는 반응의 수가 한정되어 있기 때문이다(다섯 가지 평가 점수 각각을 나타내는 수평선을 따라 자료점들이 몰려 있음을 주목하기 바란다). 이를 극복하기 위해, 다음처럼 점의 위치들을 무작위로 조정해 보자.

---

5 이전 예와는 달리 미적 속성 colour를 aes() 함수로 지정했음을 주목하기 바란다. 이번에는 고정된 값이 아니라 변수에 기초해서 색상을 설정하기 때문이다.

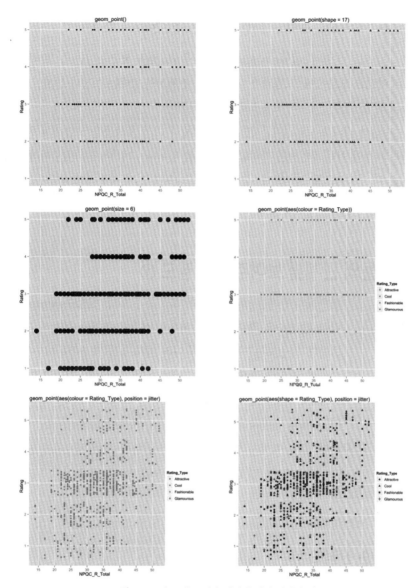

그림 4.11 점 그래프 기하 객체의 여러 미적 속성

```
graph + geom_point(aes(colour = Rating_Type), position = "jitter")
```

이전 명령에 *position* = "*jitter*"가 추가되었음을 주목하기 바란다. 이 옵션의 효과를 그림 4.11의 아랫줄 왼쪽 그래프에서 볼 수 있다. 점들에 무작위 값을 추가해서 위치를 조정한 덕분에, 이제는 더 이상 자료점들이 수평선들에 몰려있지 않다. 이전 그래프에서 서로 겹쳐져서 보이지 않던 자료점들이 이제는 모두 드러났다.

마지막으로, 서로 다른 평가 종류를 색이 아니라 도형으로 차별화하고 싶다면, *colour* 대신 *shape* 미적 속성을 사용하면 된다.

```
graph + geom_point(aes(shape = Rating_Type), position = "jitter")
```

이 명령은 그냥 이전 명령의 *colour = Rating_Type*을 *shape = Rating_Type*으로 바꾼 것이다. 그림 4.11의 아랫줄 오른쪽에 그 결과가 나와 있다. 전체적인 형태는 이전과 같지만, 서로 다른 평가 종류의 점들이 색이 아니라 도형으로 차별화되었다.

다소 주마간산 격의 튜토리얼이었지만, 기하 객체와 미적 속성들을 조합해서 원하는 그래프를 만드는 과정이 어떤 것인지는 파악할 수 있었을 것이다. 그럼 이제부터는 여러 종류의 그래프들을 좀 더 구체적으로 살펴보자. 각 종류의 그래프를 언제 사용하고 어떻게 생성하는지 배우게 될 것이다.

4.5 변수들의 관계를 보여주는 산점도 ①

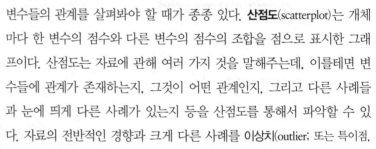

변수들의 관계를 살펴봐야 할 때가 종종 있다. **산점도**(scatterplot)는 개체마다 한 변수의 점수와 다른 변수의 점수의 조합을 점으로 표시한 그래프이다. 산점도는 자료에 관해 여러 가지 것을 말해주는데, 이를테면 변수들에 관계가 존재하는지, 그것이 어떤 관계인지, 그리고 다른 사례들과 눈에 띄게 다른 사례가 있는지 등을 산점도를 통해서 파악할 수 있다. 자료의 전반적인 경향과 크게 다른 사례를 **이상치**(outlier; 또는 특이점, 바깥점, 이상점)라고 부른다. 그런 이상치 사례들은 통계적 절차를 크게 치우치게 만든다(좀 더 자세한 사항은 초천재 제인 글상자 4.1와 §7.7.1.1을 보라). 산점도를 이용하면 이상치로 보이는 사례들이 자료에 존재하는지 파악할 수 있다.

4.5.1 단순 산점도 ①

이런 종류의 산점도는 그냥 두 변수만 살펴본다. 예를 들어 시험 스트레스가 시험 성적에 미치는 영향에 관심이 있는 심리학자를 상상해 보자. 그 심리학자는 시험과 관련한 상태불안을 평가하는 설문지(Exam Anxiety Questionnaire, 줄여서 EAQ라고 부른다)를 만들고 검증했다. 이 설문지는 시험 상태불안 정도를 100점 만점의 점수로 측정한다. 심리학자는 시험 전에 이 설문지로 학생들의 시험 불안 정도를 측정하고, 시험이 끝난 후에는 학생들의 성적을 퍼센트 값으로 환산했다. 그러한 자료에 기초해서 심리학자가 제일 먼저 할 일은 두 변수의 산점도를 그리는

것이다. 해당 자료가 부록 웹사이트의 **ExamAnxiety.dat** 파일에 있다. 이 자료를 다음 명령을 이용해서 *examData*라는 데이터프레임으로 불러오자.

```
examData <- read.delim("Exam Anxiety.dat", header = TRUE)
```

그림 4.12에 이 데이터프레임의 내용이 나와 있다. 변수는 다음 다섯 개이다.

1 **Code:** 점수가 속한 참가자를 식별하는 번호

2 **Revise:** 참가자가 복습(시험 준비)에 소비한 시간

3 **Exam:** 참가자의 시험 점수를 퍼센트로 환산한 값

4 **Anxiety:** EAQ 평가 점수

5 **Gender:** 참가자의 성별("male" 또는 "female"이라는 문자열로 저장)

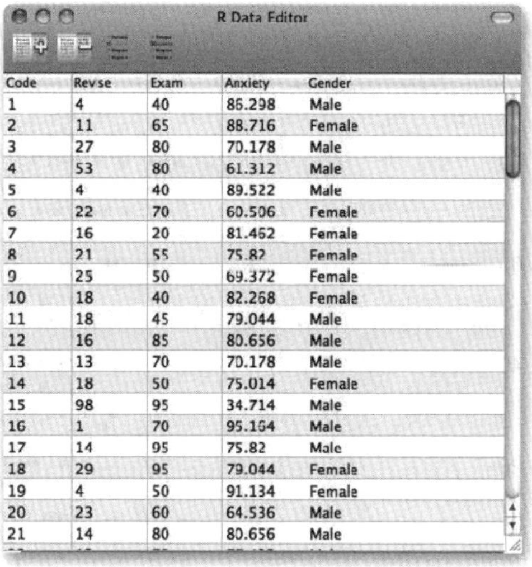

Code	Revise	Exam	Anxiety	Gender
1	4	40	86.298	Male
2	11	65	88.716	Female
3	27	80	70.178	Male
4	53	80	61.312	Male
5	4	40	89.522	Male
6	22	70	60.506	Female
7	16	20	81.462	Female
8	21	55	75.82	Female
9	25	50	69.372	Female
10	18	40	82.268	Female
11	18	45	79.044	Male
12	16	85	80.656	Male
13	13	70	70.178	Male
14	18	50	75.014	Female
15	98	95	34.714	Male
16	1	70	95.164	Male
17	14	95	75.82	Male
18	29	95	79.044	Female
19	4	50	91.134	Female
20	23	60	64.536	Male
21	14	80	80.656	Male

그림 4.12 *examData* 데이터프레임

가장 먼저 할 일은 그래프 객체를 만드는 것이다. 그래프 객체의 이름은 *scatter*로 하자. 이전 예제들과 마찬가지로, *ggplot()* 함수를 이용해서 그래프 객체를 생성한다. 이때 함수의 괄호 쌍 안에 사용할 데이터프레임(*examData*)과 그래프 전체에 적용할 미적 속성들을 지정한다. 이전에 말했듯이, 이 수준에서는 흔히 각 축에 그릴 변수들을 지정한다. 그럼 첫 번째 그래프로 시험 불안(**Anxiety** 변수)과 시험 성적(**Exam** 변수)의 관계를 산점도로 그려보자. **Anxiety**는 x 축에, **Exam**은 y 축에 대응시키기로 한다. 이를 위해서는 *aes(Anxiety, Exam)*을 명령에 포함시켜야 한다. 정리하자면, 필요한 명령은 다음과 같다.

```
scatter <- ggplot(examData, aes(Anxiety, Exam))
```

이 명령은 *examData* 데이터프레임과 *x, y* 축 변수 지정에 관한 미적 속성에 기초해서 하나의 그래픽 객체를 생성한다. 이 명령을 실행해도 그래프가 화면에 나타나지는 않는다. 그래프 객체를 생성하긴 했지만, 아직 보여줄 것이 없기 때문이다.

화면에 뭔가 나타나려면 그래프 객체 *scatter*에 시각적 요소가 담긴 계층을 추가해야 한다. 산점도는 이름에서 짐작하듯이 점(point)들을 표시하므로, *geom_point()* 함수를 사용해야 한다.

```
scatter + geom_point()
```

그래프 축들에 적절한 이름표를 부착하고 싶다면, 다음과 같이 *labs()* 함수를 이용해서 새 계층을 추가하면 된다.

```
scatter + geom_point() + labs(x = "Exam Anxiety", y = "Exam Performance %")
```

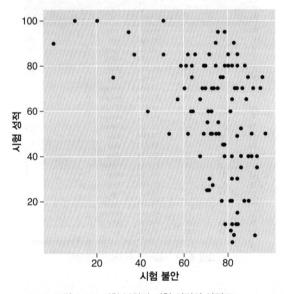

그림 4.13 시험 불안과 시험 성적의 산점도

이 명령을 실행하면 그림 4.13과 같은 그래프가 나타난다. 이 산점도는 대부분의 학생이 시험 때문에 많이 불안해 함을 보여준다(시험 불안 수준이 60 이하인 사례는 매우 적다). 또한, 대부분의 점이 서로 모여 있고, 명백한 이상치는 없는 것으로 보인다. 그리고 자료에 일정한 경향도 보이는데, 이를테면 불안 정도가 낮은 학생은 거의 예외 없이 시험 점수가 높다(반면 불안 정도가 높은 학생들의 시험 점수는 변동이 크다). 또한, 불안 정도와 시험 점수가 모두 낮은 사례는 없다는 점도 주목할만한 경향이다. 사실 대부분의 사례는 불안 정도가 큰 영역에 모여 있다.

점들 위에 변수들의 관계를 요약하는 선이 겹쳐져 있는 산점도를 본 적이 있을 것이다. 그런 선을 **회귀선**(regression line; 또는 회귀직선)이라고 부른다(이에 관해서는 제7장에서 좀 더 이야기한다). 방금 만든 산점도에는 그런 멋진 선이 없지만, 실망할 필요는 없다. 그런 선을 추가하는 방법을 지금 당장 알려주겠다.

*ggplot2*의 어법에서는 이 회귀선을 '평활기(smoother)'라고 부르는데, 이는 회귀선이 원본 자료의 들쭉날쭉한 요철을 매끄럽게 펴서('평활') 자료 전체를 요약하는 선이기 때문이다. 이처럼 자료의 패턴을 요약하는 매끄러운 선(직선 또는 곡선)을 표시할 때 사용하는 함수는 *geom_smooth()*이다.

회귀선을 산점도에 적용하려면 어떻게 해야 하지?

평활기를 기존 산점도에 추가하려면, 다음처럼 그냥 *geom_smooth()* 함수를 덧붙이기만 하면 된다.

```
scatter + geom_point() + geom_smooth() + labs(x = "Exam Anxiety", y = "Exam
Performance ")
```

이 명령은 평활기를 담은 계층을 위한 + *geom_smooth()*을 제외하면 앞에서 산점도를 만들 때 사용한 명령과 동일하다. 이 명령의 결과가 그림 4.14에 나와 있다. 이제는 산점도에 시험 불안과 시험 성적의 관계를 요약하는 곡선('평활기')이 있다. 그 곡선 주변의 짙은 영역은 그 곡선을 중심으로 한 95% 신뢰구간을 나타낸다. 이후에 이 짙은 오차 영역을 제거하거나 다른 색으로 표시하는 방법도 배우게 될 것이다.

그림 4.14의 평활기 곡선이 아주 멋지긴 하지만, 곡선이 아니라 직선을(다른 말로 하면 선형모형을) 자료에 적합시키고 싶을 때도 많다. 이를 위해서는 평활기 기하 객체의 구체적인 적합 방법을 결정하는 'method' 옵션을 변경해야 한다. 평활기 기하 객체에 사용할 수 있는 여러 적합 방법의 이름이 표 4.3에 나와 있다. 그중 *lm*은 선형모형(linear model)을 적합시키고, *rlm*은 이상치에 영향을 덜 받는 견고한(robust) 선형모형을 적합시킨다.[6] 따라서, 곡선이 아니라 직선을 추가하려면 다음과 같은 *geom_smooth()*를 그래프 객체에 추가해야 한다.

```
+ geom_smooth(method = "lm")
```

선의 모습을 바꾸는 것도 가능하다. 기본적으로 이 선은 파란색이지만, 빨간색이 더 좋다면 다음과 같이 해당 미적 속성을 지정하면 된다.

---

6 이 방법을 사용하려면 *MASS* 패키지를 설치, 적재해야 한다.

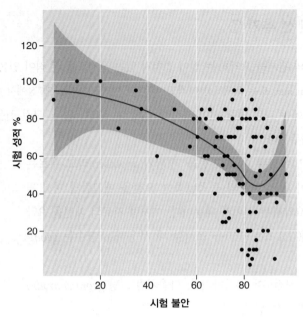

그림 4.14 시험 불안과 시험 성적의 산점도에 평활기 곡선을 추가한 모습

```
+ geom_smooth(method = "lm", colour = "Red")
```

정리하자면, 다음은 빨간색 직선 평활기가 있는 산점도를 만드는 명령들이다.

```
scatter <- ggplot(examData, aes(Anxiety, Exam))
scatter + geom_point() + geom_smooth(method = "lm", colour = "Red")+ labs(x =
"Exam Anxiety", y = "Exam Performance ")
```

이 명령들로 만든 산점도가 그림 4.15에 나와 있다. 그림 4.13과의 차이점은 회귀선이 추가되었다는 것이고, 그림 4.14와의 차이점은 회귀선이 빨간색이라는 것이다.[7] 곡선의 경우처럼 직선 회귀선 주변에도 95% 신뢰구간이 표시되어 있다(짙은 영역). 이 신뢰구간을 표시하지 않고 싶다면 그냥 *geom_smooth()* 함수에 *se = F*를 추가하면 된다('se'는 standard error(오차), 'F'는 False를 뜻한다).

```
+ geom_smooth(method = "lm", se = F)
```

신뢰구간 영역의 색상과 투명도도 변경할 수 있다. 해당 미적 속성은 *fill*과 *alpha*이다. 예를 들어 신뢰구간을 회귀선처럼 파란색으로 표시하되 상당히 투명하게 나타나게 하고 싶다면 다음을 사용하면 된다.

---

[7] 화면과는 달리 이 책의 그림에는 회귀선이 빨간색이 아니다. 현실적인 제약 때문에 R의 다채로운 색상을 책의 지면으로 즐기기에는 한계가 있다. 일반적으로, 본문에서 화면에 나타나는 뭔가를 언급할 때 책의 그림은 참고용으로만 사용하고, 여러분의 화면을 직접 확인하는 것이 좋다.

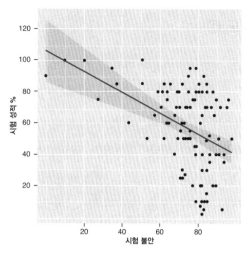

그림 4.15 직선 형태의 회귀선이 추가된 간단한 산점도

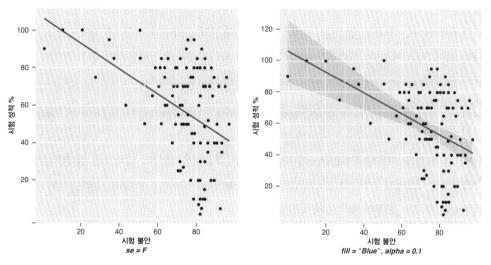

그림 4.16 회귀선 주변 신뢰구간의 모습을 변경한 결과

```
+ geom_smooth(method = "lm", alpha = 0.1, fill = "Blue")
```

*alpha*의 값이 0이라는 것은 완전히 투명하다는 뜻이고 1이라는 것은 완전히 불투명하다는 뜻이므로, 0.1은 상당히 투명한 값에 해당한다(신뢰구간 밑의 자료점들이 보여야 하므로 이런 값이 적당하다). 그림 4.16에 이러한 옵션의 결과가 나와 있다.

시험 불안에 대해 남학생과 여학생의 반응이 다른지 보고 싶다면 어떻게 해야 할까? 그러려면 **Gender** 변수를 적절한 미적 속성에 연관시켜야 한다. 방법은 아주 간단하다. 우선, 그래프 객체를 생성할 때 다음처럼 성별과 색상을 연결한다.

```
scatter <- ggplot(examData, aes(Anxiety, Exam, colour = Gender))
```

이 명령은 'colour = Gender' 옵션이 추가되었다는 점만 빼면 이전 예에 사용한 명령과 동일하다. 이 옵션 때문에, 이후에 추가되는 모든 기하 객체는 남학생의 자료와 여학생의 자료를 다른 색으로 표시한다. 예를 들어 다음을 실행하면

```
scatter + geom_point() + geom_smooth(method = "lm")
```

남학생과 여학생의 자료점과 회귀선이 각각 다른 색상으로 표시된 산점도가 나타난다. 이토록 간단하게 원하는 결과를 얻었다. 그런데 남, 여 회귀선의 신뢰구간이 둘 다 회색으로 표시되었다는 점이 조금 아쉽다. 신뢰구간에도 **Gender**에 따라 다른 색이 적용되면 좋을 것이다. 다음은 이를 위해 *geom_smooth()*에 해당 옵션을 추가한 명령이다.

```
scatter + geom_point() + geom_smooth(method = "lm", aes(fill = Gender), alpha =
0.1)
```

fill 미적 속성을 이용해서 **Gender**에 따라 신뢰구간의 채움 색상이 달라지게 했다(이번에는 하나의 고정된 색이 아니라 변수를 지정하므로 *aes()*를 사용했음을 주목하기 바란다). 신뢰구간의 투명도를 0.1로 설정한 것은 이전의 예와 동일하다.

역시 이전 예들에서처럼 그래프에 몇 가지 이름표를 추가해 보자.

```
+ labs(x = "Exam Anxiety", y = "Exam Performance %", colour = "Gender")
```

이처럼 'colour' 속성에 문자열을 지정하면, 그 문자열은 그래프의 범례(legend)를 구성하는 한 이름표가 된다. 이상을 모두 합한 최종적인 명령은 다음과 같다.

```
scatter + geom_point() + geom_smooth(method = "lm", aes(fill = Gender), alpha =
0.1) + labs(x = "Exam Anxiety", y = "Exam Performance %", colour = "Gender")
```

이 명령의 결과가 그림 4.17에 나와 있다. 회귀선들은 시험 불안과 시험 성적의 관계가 남학생들에서 더 두드러짐을 말해준다(선의 기울기가 더 급하다). 다른 말로 하면, 시험 불안이 시험 성적에 미치는 악영향이 여학생들보다 남학생들에게 더 크다. (이러한 차이가 유의한가는 또 다른 문제이다. 이에 대해서는 §6.7.1을 보라.)

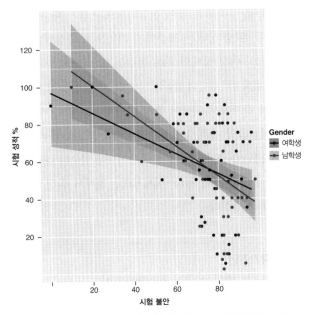

그림 4.17 시험 불안과 시험 성적의 관계를 남녀 따로 표시한 산점도

자가진단

✓ 이전에 나온 튜토리얼의 페이스북 자기도취 자료로 돌아가서, 자료의 패턴을 선 하나로 보여주는 그래프를 작성하라.

✓ 평가 종류(멋짐, 패션 감각, 매력, 글래머)마다 다른 색의 선을 표시하는 그래프를 작성하라.

✓ 원본 자료를 점으로 표시하는 계층을 추가하라.

✓ 축들에 이름표를 추가하라.

4.6 명백한 문제점을 포착하기에 좋은 히스토그램 ①

이번 절에서는 도수분포를 이용해서 자료를 선별하는[8] 방법을 예제를 통해서 설명하겠다. 음악 축제가 건강에 미치는 잠재적인 영향을 걱정하는 생물학자를 상상해 보자. 어느 해에 그 생물학자는 다운로드 뮤직 페스티벌[9](영국 사람이 아닌 독자들은 Roskilde Festival이나 Ozzfest, Lollopalooza, Wacken 등등 독자가 사는 나라에서 열리는 여러 록 페스티벌을 떠올리면 될 것이다)에 가서 행사 기간 3일 동안 관객 810명의 위생 상태를 측정했다. 이론적으로는 각각의 사람을 매일

---

8 분포를 히스토그램 대신 밀도 그림(density plot)으로 표시할 수도 있다. 밀도 그림은 §4.8에서 논의한다.

9 http://www.downloadfestival.co.uk

조사해야 하겠지만, 사람들을 추적하는 것이 현실적으로 어렵기 때문에 2일 차나 3일 차의 자료가 빠지는 경우도 생겼다. 위생 상태는 표준화된 기법으로 측정했다(겨드랑이 냄새를 맡는 방식은 아니었으니 걱정하지 말 것). 위생 상태의 최하 점수는 0(스컹크의 항문 속에서 썩고 있는 시체 같은 냄새)이고 최고 점수는 4(화창한 봄날의 달콤한 장미 향)이다. 쓸쓸한 나의 개인적 체험에서 알게 된 사실인데, 그런 음악 축제에서 위생이 항상 훌륭하지는 않다(레딩 페스티벌은 특히나 나빠 보인다). 그래서 이 연구자는 음악 축제 3일간 개인위생이 극도로 나빠진다고 예측했다. 이 예제의 자료 파일 **DownloadFestival.dat**가 부록 웹사이트에 있으니 내려받기 바란다. 히스토그램(도수분포)은 제1장에서 만나본 적이 있다. 이제부터는 **R**에서 위생 자료를 이용해서 히스토그램을 생성하는 방법을 배울 것이다.

자가진단

✓ 히스토그램이 보여주는 것은 무엇인가?

먼저, 그 자료로 데이터프레임을 만든다. 데이터프레임 이름은 *festivalData*로 하자. 혹시 자료 파일로 데이터프레임을 만드는 방법을 잊었다면 §3.5를 보기 바란다. 자료 파일이 있는 곳을 작업 디렉터리로 설정해 두었다고 할 때, 다음 명령을 실행하면 데이터프레임이 생성된다.

```
festivalData <- read.delim("DownloadFestival.dat", header = TRUE)
```

다음으로 할 일은 그래프 객체를 생성하는 것이다. 그래프 객체 이름은 *festivalHistogram* 이라고 하겠다. 이번에도 *ggplot()* 함수를 이용하는데, 이때 함수의 괄호 쌍 안에는 사용할 데이터프레임(*festivalData*)과 그래프 전체에 적용할 미적 속성들을 지정한다. 이전에도 말했듯이 이 수준에서는 그래프로 그리고자 하는 변수들을 정의하는 미적 속성들을 지정하는 것이 바람직하다. 그럼 첫날의 위생 점수를 그려 보자. 해당 변수의 이름은 **day1**이다. 변수를 지정하는 것이므로 *aes(day1)*이라는 구문이 필요하다. 그리고 이번에는 그래프에 범례를 표시하지 않기로 한다. 이를 위한 옵션은 *theme(legend.position = "none")*이다(R의 영혼의 조언 4.2 참고).

```
festivalHistogram <- ggplot(festivalData, aes(day1)) + theme(legend.position =
"none")
```

이 명령이 생성한 그래픽 객체에는 시각적 요소를 표시하는 계층이 하나도 없다. 따라서 이 명령을 실행해도 화면에는 아무것도 나타나지 않는다. 그럼 이 그래프 객체에 히스토그램 기하 객체를 담은 시각적 계층을 추가해보자.

```
festivalHistogram + geom_histogram()
```

이 명령을 실행하면 새 창에 새 그래프가 나타난다. 기본 옵션들에 만족한다면 이것으로 히스토그램이 완성된 것이다. 의자에 등을 기대고 성공을 자축하기 바란다. 그러나 그래프를 좀 더 손봐도 좋을 것이다. 우선, 막대 형태로 표시된 분류통(bin)의 너비를 조정해 보자. 마음에 드는 결과가 나오려면 분류통의 너비를 여러 가지로 변경해봐야 하겠지만, 지금은 시간을 절약하기 위해 그냥 0.4라는 값을 사용하기로 한다. 너비를 변경하는 방법은 간단하다. 히스토그램 기하 객체를 추가할 때 다음과 같이 해당 미적 속성을 지정하면 된다.

```
+ geom_histogram(binwidth = 0.4)
```

그리고 *labs()* 함수를 이용해서 각 축에 의미 있는 이름표를 붙이는 것이 좋겠다.

```
+ labs(x = "Hygiene (Day 1 of Festival)", y = "Frequency")
```

수평축(x)과 수직축(y)에 그 축을 설명하는 적당한 문구를 지정한 것일 뿐이다. 다음은 이상의 옵션들을 결합한 명령이다.

```
festivalHistogram + geom_histogram(binwidth = 0.4) + labs(x = "Hygiene (Day 1
of Festival)", y = "Frequency")
```

위의 명령의 결과가 그림 4.18에 나와 있다. 이 히스토그램에서 가장 먼저 눈에 띄는 것은, 다른 사례들과 동떨어진 사례 하나이다. 다른 점수들은 모두 5점 이하라서 분포의 한쪽 끝에 몰려 있지만, 유독 한 점수만 20점이다. 이처럼 다른 점수들과 아주 다른 점수가 바로 **이상치**이다(초천재 제인 글상자 4.1). 이상치는 평균을 한쪽으로 치우치게 하고 표준편차를 부풀리는 악

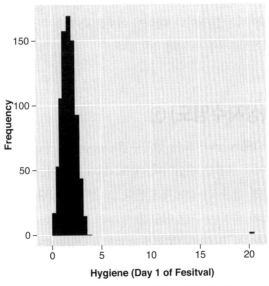

그림 4.18 다운로드 뮤직 페스티벌 첫날의 위생 점수 히스토그램

R의 영혼의 조언 4.2 범례 지우기 ③

기본적으로 *ggplot2*는 그래프의 오른쪽에 범례를 표시한다. 대부분의 경우는 그래프에 범례를 표시하는 것이 좋다. 그러나 범례가 없는 것이 나은 경우도 종종 있다. 범례를 표시하지 않으려면 그래프 객체를 생성할 때 또는 특정 계층을 그래프에 추가할 때 *theme()* 함수를 다음과 같은 형태로 사용하면 된다.

```
+ theme(legend.position="none")
```

다음은 그래프 객체 생성 시 범례를 지우는 예이다.

```
myGraph <- ggplot(myData, aes(x  축의 변수, y 축의 변수)) + theme(legend.position="none")
```

다음은 계층을 추가하면서 범례를 지우는 예이다.

```
myGraph <- ggplot(myData, aes(x  축의 변수, y 축의 변수))
myGraph + geom_point() + theme(legend.position="none")
```

영향을 미친다(제1장과 제2장의 자가진단 과제들에서 이런 예들을 본 적이 있다). 그리고 자료의 선별(screening)은 이러한 이상치를 발견하는 데 효과적인 방법이다. 이상치를 검출하는 주된 방법은 (1) 자료를 지금처럼 히스토그램으로 또는 상자그림으로 표시하는 것과 (2) z 점수를 살펴보는 것(이는 상당히 복잡한데, 알고 싶다면 초천재 제인 글상자 4.2를 보기 바란다) 두 가지이다.

앞에서 위생 점수가 0에서 4까지라고 말했는데, 히스토그램에 나타난 이상치는 아주 이상하게도 그것을 훨씬 뛰어넘는 20점이다. 따라서 이것은 측정 실수일 가능성이 크다(또는 강박장애를 가진 사람이 결벽증적으로 몸을 씻어댔을 수도 있다).

4.7 상자그림(상자수염도) ①

상자그림(boxplot) 또는 상자수염도(box-whisker diagram)는 자료를 표시하는 데 아주 유용한 수단이다. 상자그림의 중심에는 중앙값이 있고, 그 중앙값 주위를 상자(직사각형)가 감싼다. 그 상자의 상단과 하단은 관측값들의 중간 50%가 속하는 구간(사분위간 범위)의 상계와 하계이다. 상자의 상단과 하단을 넘어선 곳에는 사분위간 범위의 1.5배에 해당하는 '수염'들이 있다. 그럼 *ggplot2*를 이용해서 상자그림을 만들어 보고, 상자그림에서 무엇을 알아낼 수 있는지 살펴보자. 앞에서 사용한 위생 점수 자료에는 관객의 성별에 관한

초천재 제인 4.1

이상치란 무엇인가? ①

이상치는 자료의 다른 점수들과는 아주 다른 점수이다. 이 상치는 자료에 적합시킬 모형을 크게 편향시키므로, 자료를 분석할 때는 그런 값들에 신경을 써야 한다. 그러한 편향을 잘 보여주는 것이 평균이다. 나(저자)는 꽤 젊은 나이에 첫 책(이 책의 SPSS 버전의 초판)을 냈다. 당시 나는 아주 신이 나서 내 창조물을(그리고 나 자신을) 세상의 모든 사람이 사랑하게 되길 원했다. 그래서 나는 영국 아마존(Amazon.co.uk)의 독자 평점을 강박적으로 확인하게 되었다. 아마존 평점은 별 1개에서 5개까지이다. 2002년에 나의 첫 책은 일곱 개의 평점을 받았는데, 순서대로 2, 5, 4, 5, 5, 5, 5였다. 다른 평점들은 다 비슷했지만(4나 5), 유독 첫 평점만 2(악평에 해당)로 다른 것들과 차이가 났다. 아래 그림의 그래프는 평점을 준 일곱 독자를 수평축에 표시하고 평점들을 수직축에 표시한 것이다. 또한, 평균 평점(4.43)을 수평 실선으로 표시했다. 그래프에서 보듯이, 한 평점을 제외한 모든 평점은 그 수평 점선 근처에 있고, 유독 2점만 평균보다 한참 밑에 있다. 이 점수, 그러니까 보편적인 인류와는(아니, 자료 집합과는) 동떨어진 수상하고 비정상적인 사람이(아니, 점수가) 바로 이상치의 예이다. 그래프의 수평 점선은 이 이상치를 포함하지 않았을 때의 평균 평점(4.83)을 나타낸다. 이 선은 원래의 평균보다 높다. 즉, 이상치를 무시하면 평균이 증가

한다(0.4만큼). 이 예는 어떤 성질 더러운 오소리 똥 같은 인간이 준 점수 하나 때문에 평균이 크게 치우칠 수 있음을 잘 보여준다. 이 예에서는 첫 평점(2)이 평균을 깎아 먹었다. 당시 아마존은 평점을 0.5 단위로 반올림하기 때문에, 이러한 이상치가 잠재적 독자들에게 더 큰 영향을 미칠 수 있다. 이상치가 없었다면 평균 평점이 멋진 별 다섯 개 만점으로 표시되었겠지만, 이상치 때문에 그보다 덜 인상적인 별 4.5개로 표시된다. (다행히 요즘 아마존은 평점들을 히스토그램으로 표시하고, 반올림 시스템도 개선했다.) 이 모든 일이 나에게는 아픈 경험이었지만, 적어도 이상치의 좋은 예를 건지긴 했다. (이 예의 자료는 2002년경의 http://www.amazon.co.uk/에서 얻은 것이다.)

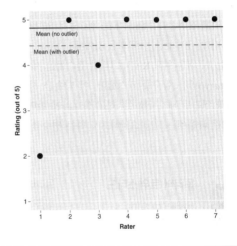

정보도 들어 있다. 이번 절에서는 그 정보도 그래프에 표시한다. 음악 축제 첫날의 남녀 위생 점수를 표시하려면 변수 Gender를 하나의 미적 속성으로 지정해야 한다. 가장 간단한 방법은 그냥 Gender를 x 축에 그릴 변수로 지정하고, 위생 점수(day1)를 y 축에 그릴 변수로 지정하는 것이다. 앞에서는 히스토그램을 위한 그래프 객체를 생성할 때 그냥 변수 하나만 aes(day1)으로 지정했지만, 이번에는 두 변수 Gender와 day1을 aes(Gender, day1)으로 지정해야 한다. 그래프 객체(이름은 festivalBoxplot으로 하자)를 생성한 후에는 거기에 상자그림 기하 객체를 담은 계층을 추가한다(+ geom_boxplot()). 그리고 히스토그램을 만들 때처럼 labs() 함수를 이용해서 축들에 이름표를 붙인다. 다음은 이상의 설명에 해당하는 두 명령이다.

```
festivalBoxplot <- ggplot(festivalData, aes(gender, day1))
```

z 점수를 이용한 이상치 검출 ③

z 점수를 이용해서 이상치를 검출할 수도 있다. §1.7.4에서 보았듯이 z 점수는 자료를 표준화하기 위해 실제 점수를 평균이 0이고 표준편차가 1인 분포에 맞게 정규화한 것이다. z 점수를 이용하면 그 어떤 자료 집합들이라도 서로 비교할 수 있다(원래의 평균과 표준편차와는 무관하게). z 점수를 이용해서 이상치를 검출할 때는, 자료의 변수를 z 점수들로 변환하고 그중 어떤 주요 범위 안에 속하는 z 점수들을 센다. z 점수의 절댓값을 취한다면(*즉, z 점수의 부호를 무시한다면), 정규분포의 경우 절댓값이 1.96보다 큰 z 점수들은 전체의 약 5%일 것이다(편의상 1.96 대신 그냥 2를 사용하는 경우도 많다). 그리고 절댓값이 2.58보다 큰 점수들은 약 1%이고, 약 3.29보다 큰 점수는 하나도 없을 것이다.

나는 이 책을 위해 R에서 그러한 점수들을 세는 *outlier Summary()*라는 함수를 작성했다. 이 함수를 사용하려면 이 책과 연관된 패키지를 설치하고 불러와야 한다(§3.4.5 참고). 그런 다음에는 그냥 요약하고자 하는 변수를 지정해서

이 함수를 실행하면 된다. 예를 들어 다음은 변수 **day2**의 z 점수 중 앞에서 언급한 세 기준을 넘는 점수들의 수를 세는 명령과 그 결과이다.

```
outlierSummary(festivalData$day2)

Absolute z-score greater than 1.96 = 6.82 %
Absolute z-score greater than 2.58 = 2.27 %
Absolute z-score greater than 3.29 = 0.76 %
```

보통의 경우 절댓값이 1.96보다 큰 점수들은 약 5% 이하이고 2.58보다 큰 점수들은 약 1% 이하, 그리고 3.29보다 큰 점수(유의한 이상치)는 없을 것이라고 기대한다. 그러나 지금 예에서 음악 축제 둘째 날의 위생 점수 중 해당 z 점수의 절댓값이 1.96보다 큰 점수의 비율은 6.82%이다. 이는 정규분포에서 기대할 수 있는 5%보다 약간 크다. 마찬가지로, 2.58보다 큰 점수의 비율은 정규분포에서 기대할 수 있는 1%보다 큰 2.27%이고, 3.29보다 큰 점수는 0.76%이다(따라서 이 0.76%의 점수들은 유의한 이상치들일 것이다. 이러한 결과는 이 변수에 이상치들이 보통의 경우보다 조금 많으므로 적절히 처리할 필요가 있음을 말해준다.

올리버 트위스티드

선생님, 그거 더 가르쳐 주세요…. 복잡한 거요!

올리버는 "그래프는 농담거리이고 함수는 아주 재밌다"라고 생각하면서 커다란 열쇠를 코앞으로 들어 올려서 자신의 두뇌 속 태엽장치를 감기 시작한다. 당분간 새로운 함수는 등장하지 않는다. 내가 *outlierSummary()* 함수의 자세한 작동 방식을 이야기하지 않은 것은 그 때문이다. 올리버처럼 여러분도 머릿속 태엽을 감고 싶다면, 이 함수를 내가 어떻게 작성했는지에 관한 추가 내용이 이 책의 부록 웹사이트에 있으니 참고하기 바란다(그 보충 자료로도 지식에 대한 갈증이 해소되지 않는다면, 다른 수많은 R 입문자들처럼 스스로 더 많은 자료를 찾아보는 수밖에 없다).

```
festivalBoxplot + geom_boxplot() + labs(x = "Gender", y = "Hygiene (Day 1 of
Festival)")
```

이 명령의 결과가 그림 4.19에 나와 있다. 이 그래프는 남성 자료와 여성 자료를 개별적인 상자들로 표시한다. 히스토그램에서 검출한 이상치가 상자그림의 한 점으로 나타나 있음을 주목하기 바란다(이제는 그 이상치가 여성 관객에서 비롯되었음을 알 수 있다). 이상치는 극단적인 점수이므로, 가장 쉬운 검출 방법은 자료를 정렬해 보는 것이다.

```
festivalData<-festivalData[order(festivalData$day1),]
```

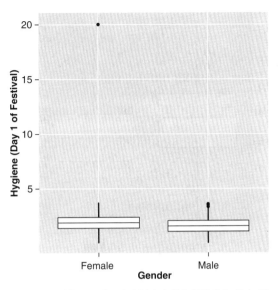

그림 4.19 다운로드 페스티벌 첫날의 성별 위생 점수 상자그림

자가진단
✓ 이상치를 제거한 후 히스토그램을 다시 작성하라.

이 명령은 *festivalData*의 자료를 변수 **day1**을 기준으로 정렬한다. 정렬이 끝났다면, 마지막 사례(즉 day1의 값이 가장 큰 사례)가 바로 이상치이므로 그것을 처리하면 된다. 확인해 보면 해당 사례의 위생 점수는 20.02인데, 아마 2.02의 오타일 것이다. 원본 자료를 점검해 보니 실제로 2.02였다고 하자. 이제 **R**(또는 R Commander)의 자료 편집기에서 해당 값을 2.02로 변경하기 바란다.

자가진단
✓ 본문에서 말한 것처럼 자료에서 이상치를 제거했다면, 이제 상자그림을 다시 작성하라. 그림 4.20에 나온 것 같은 모습의 그래프가 나와야 한다.

그림 4.20은 이상치를 처리한 후의 첫날 위생 점수의 상자그림이다. 이 상자그림이 무엇을 나타내는지 좀 더 자세히 살펴보자. 첫째로, 이 그림은 최하 점수(아래 수염의 최저점, 또는 그 아래의 자료점)와 최고 점수(위 수염의 최고점 또는 그 위의 자료점)를 보여준다. 남성과 여성을 비교하면, 둘 다 최하 점수는 비슷하지만(둘 다 냄새 고약한 0점이다), 최고 점수는 여성이 조금 더 높다 (즉, 가장 향기로운 여성의 위생 점수가 가장 깨끗한 남성보다 높다).

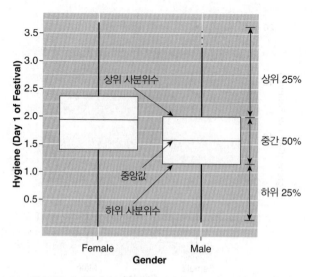

그림 4.20 이상치를 제거한 후의 다운로드 페스티벌 첫날의 성별 위생 점수 상자그림

각 흰 상자의 하단은 하위 사분위수(§1.7.3)를 나타낸다. 따라서 수직선의 하단에서 흰 상자의 하단까지는 점수들의 하위 25%가 속하는 범위에 해당한다. 여성이 남성보다 이 범위가 약간 더 넓다. 이는 가장 비위생적인 여성 25%의 위생 점수들이 가장 비위생적인 남성 25%의 위생 점수들보다 더 다양하다는(즉, 변동이 크다는) 뜻이다. 상자(흰 영역)는 사분위간 범위(§1.7.3)를 나타낸다. 즉, 점수 중 50%는 흰 영역의 하단보다 크고 상단보다 작다. 이 상자들의 크기는 남성과 여성이 비슷하다.

각 흰 상자의 상단은 상위 사분위수(§1.7.3)를 나타낸다. 따라서 흰 상자의 상단과 수직선의 상단까지는 점수들의 상위 25%가 속하는 범위에 해당한다. 그리고 흰 상자의 중간에 있는 수평 선분은 중앙값(§1.7.2)을 나타낸다. 여성의 중앙값이 남성의 중앙값보다 큰데, 이는 가운데에 해당하는 여성의 점수가 가운데에 해당하는 남성의 점수보다 높다는(더 위생적이라는) 뜻이다.

이처럼 상자그림은 점수들의 전체적인 범위와 가운데 50%의 점수들이 속하는 범위, 중앙값, 상, 하위 사분위수들을 보여준다. 또한, 히스토그램처럼 상자그림은 분포가 대칭인지 아니면 기울었는지도 보여준다. 만일 위, 아래 수염의 길이가 같으면(즉, 상위 25%와 하위 25%의 범위가 같은 크기이면) 분포가 대칭인 것이다. 마지막으로, 남성의 상자그림을 보면 상자 위쪽에 자료 점이 몇 개 있다. 이들은 이상치에 해당하는 사례들이다. 제5장에서는 이런 이상치들을 처리하는 방법을 살펴본다.

자가진단

✓ 둘째 날과 셋째 날의 위생 점수들로 상자그림들을 작성하고 해석하라.

4.8 밀도 그림 ①

밀도 그림(density plot)은 히스토그램과 비슷하지만, 분포를 막대들이 아니라 매끄러운 선으로 표시한다. 밀도 그림을 만드는 방법은 히스토그램을 만드는 방법과 정확히 같다. *geom_density()* 함수를 사용한다는 점만 다르다. 음악 축제 자료 집합에서 이상치를 제거했다고 가정하고[10], 다음은 밀도 그림을 위한 그래픽 객체(이름은 *density*)를 생성하는 명령이다.

```
density <- ggplot(festivalData, aes(day1))
```

그런 다음 그냥 *geom_density()*를 이용해서 밀도 그림이 표시된 계층을 추가한다.

```
density + geom_density()
```

축들에 이름표를 부여하려면 위의 명령에 다음을 추가하면 된다.

```
+ labs(x = "Hygiene (Day 1 of Festival)", y = "Density Estimate")
```

그림 4.21에 이상의 명령으로 만들어진 그래프가 나와 있다.

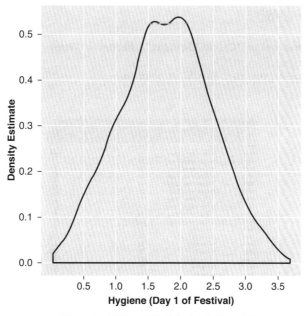

그림 4.21 다운로드 페스티벌 자료의 밀도 그림

---

[10] 아직 제거하지 않았다면, 이상치를 미리 제거한 자료 파일(부록 웹사이트 참고)로 *festivalData*를 다시 생성하면 된다. 해당 명령은 다음과 같다.

```
festivalData <- read.delim("DownloadFestival(No Outlier).dat", header = TRUE)
```

4.9 평균을 그래프로 그리기 ③

4.9.1 막대그림표와 오차 막대그림표 ②

사람들이 평균을 표시할 때 흔히 사용하는 것이 **막대그림표**(bar chart; 또는 막대그래프, 막대도표)이다. *ggplot2* 패키지는 딱히 연구 설계 방식을 구분하지 않으므로, 독립설계이든 반복측정 설계이든 아니면 혼합 설계이든 동일한 방식으로 막대그림표를 그릴 수 있다. 어떤 영화감독이 소위 '칙 플릭(chick flick; 대체로 남자들보다 여자들이 더 좋아할 만한 영화를 뜻하는 속어)'이 정말로 존재하는지 알고 싶어한다고 상상해 보자. 그는 남자 20명과 여자 20명을 모집해서, 각 표본의 절반에게는 '칙 플릭'이라고 간주되는 영화 〈*Bridget Jones's Diary*〉(브리짓 존스의 일기)를 보여주고 다른 절반에게는 칙 플릭에 속하지 않는 영화 〈*Memento*〉(메멘토; 칙 플릭은 아니지만 훌륭한 영화이다)를 보여주었다. 모든 경우에서 그는 참가자(피실험자)들의 생리학적 각성(physiological arousal) 정도를 측정해서, 피실험자가 영화를 얼마나 즐겼는지를 나타내는 지표로 삼았다. 해당 자료를 담은 파일 **ChickFlick.dat**이 부록 웹사이트의 있다. 다음 명령을 실행해서(이 파일이 있는 장소를 작업 디렉터리로 설정해 두었다고 가정) 이 파일을 *chickFlick*이라는 데이터 프레임으로 적재하기 바란다.

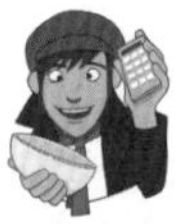

```
chickFlick <- read.delim("ChickFlick.dat", header = TRUE)
```

그림 4.22에 이 자료가 나와 있다. 변수는 다음 세 개이다.

R Data Editor

gender	film	arousal
Male	Bridget Jones' Diary	22
Male	Bridget Jones' Diary	13
Male	Bridget Jones' Diary	16
Male	Bridget Jones' Diary	10
Male	Bridget Jones' Diary	18
Male	Bridget Jones' Diary	24
Male	Bridget Jones' Diary	13
Male	Bridget Jones' Diary	14
Male	Bridget Jones' Diary	19
Male	Bridget Jones' Diary	23
Male	Memento	37
Male	Memento	20
Male	Memento	16
Male	Memento	28
Male	Memento	27
Male	Memento	18
Male	Memento	32
Male	Memento	24
Male	Memento	21
Male	Memento	35
Female	Bridget Jones' Diary	3
Female	Bridget Jones' Diary	15
Female	Bridget Jones' Diary	5
Female	Bridget Jones' Diary	16
Female	Bridget Jones' Diary	13
Female	Bridget Jones' Diary	20
Female	Bridget Jones' Diary	11
Female	Bridget Jones' Diary	19
Female	Bridget Jones' Diary	15
Female	Bridget Jones' Diary	7
Female	Memento	30
Female	Memento	25

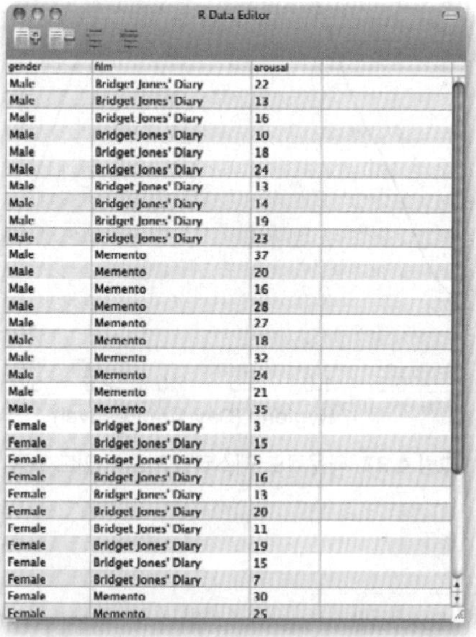

그림 4.22 ChickFlick.dat의 자료

- **gender:** 참가자의 성별(문자열)

- **film:** 관람한 영화 제목(문자열)

- **arousal:** 각성 점수

자료 파일의 각 행은 각각 다른 사람을 대표한다.

4.9.1.1 독립변수 하나에 대한 막대그림표 ②

시작하는 의미로 각 영화(x 축)의 평균 각성 점수(y 축)만 막대그림표로 그려 보자. 항상 그렇듯이, 첫 단계는 그래프 전체에 관한 미적 속성들을 지정해서 그래프 객체를 생성하는 것이다. 그래프 객체 이름은 *bar*로 하고, *ggplot()* 함수를 이용해서 생성한다. 다음 명령에서 보듯이, 그래프로 그릴 자료를 담은 데이터프레임(*chickFlick*)과 x 축에 그릴 변수 **film**, 그리고 y 축에 그릴 변수 **arousal**을 지정하면 된다.

```
bar <- ggplot(chickFlick, aes(film, arousal))
```

그런데 막대그림표는 이전에 나온 그래프들보다 조금 까다롭다. 이는 우리가 원본 점수들을 그리는 것이 아니라 자료를 요약한 수치(평균)를 그려야 하기 때문이다. 평균을 따로 계산할 수도 있지만, 그보다는 §4.4.5에서 소개한 스탯 함수들을 사용하는 것이 편하다. 사실 §4.7에서 상자그림을 그릴 때도 *bin*이라는 스탯 함수가 쓰였지만, 상자그림 기하 객체가 내부적으로 사용했기 때문에 알아채지 못했다. 그러나 평균을 막대그림표로 그리려면 해당 스탯 함수를 우리가 직접 사용해야 한다. 필요한 스탯 함수는 *stat_summary()*이다.

　*stat_summary()*의 일반적인 형태는 다음과 같다.

```
stat_summary(함수대상 = 통계함수, geom = "기하 객체")
```

개별 자료점들에 대한 어떤 통계 함수를 적용할 때는 **함수대상**을 *fun.y*로, 자료 전체를 대상으로 한다면 *fun.data*로 대체하면 된다. **통계함수**는 구체적인 통계 함수로 대체해야 하는데, 이를테면 *mean*이나 *median*을 사용한다. *geom* 인수에는 통계 함수의 결과를 표시하는 데 사용할 기하 객체를 지정한다. 이를테면 "errorbar"나 "bar", "pointrange" 등을 지정할 수 있다(표 4.3 참고). *stat_summary()* 함수는 *Hmisc* 패키지의 여러 내장 함수를 활용하는데, 그 패키지는 이미 자동으로 설치되어 있을 것이다. 표 4.4에 *stat_summary()*에 사용할 수 있는 여러 함수와 흔히 쓰이는 기하 객체가 정리되어 있다.

　평균을 막대 형태로 그리고 싶다면, 다음과 같이 *stat_summary()* 함수를 이용해서 해당 계층을 그래프 객체 *bar*에 추가하면 된다.

```
bar + stat_summary(fun.y = mean, geom = "bar", fill = "White", colour = "Black"
```

표 4.4 *stat_summary()* 활용 방법 정리

옵션	그릴 통계량	흔히 쓰이는 기하 객체
`fun.y = mean`	평균	`geom = "bar"`
`fun.y = median`	중앙값	`geom = "bar"`
`fun.data = mean_cl_normal()`	정규분포를 가정한 95% 신뢰구간	`geom = "errorbar"` `geom = "pointrange"`
`fun.data = mean_cl_boot()`	부트스트랩에 기초한(즉, 정규분포를 가정하지 않은) 95% 신뢰구간	`geom = "errorbar"` `geom = "pointrange"`
`mean_sdl()`	표본평균과 표준편차	`geom = "errorbar"` `geom = "pointrange"`
`fun.data = median_hilow()`	중앙값과 상, 하위 사분위수	`geom = "pointrange"`

표 4.4에서 보듯이 *fun.y = mean*은 자료점들의 평균을 계산하고, *geom = "bar"*는 그 평균들을 막대 형태로 그린다. 그리고 *fill = "White"*는 막대 내부를 흰색으로 칠하고(기본 색상은 짙은 회색이지만, 이처럼 필요하다면 색상을 바꿀 수 있다) *colour = "Black"*은 막대의 테두리를 검은색으로 표시한다.

만일 오차 막대들이 표시된 **오차 막대그림표**(error bar chart)를 만들고 싶다면, 다음과 같은 형태로 *stat_summary()*를 추가하면 된다.

> 오차 막대그림표는
> 어떻게 그리지?

```
+ stat_summary(fun.data = mean_cl_normal, geom = "pointrange")
```

이 명령은 표준 95% 신뢰구간을 점 범위(pointrange) 기하 객체로 표시한 계층을 그래프에 추가한다. 이번에도, 그 기하 객체의 색상을 바꾸고 싶다면 표 4.2를 참고해서 적절한 미적 속성을 지정하면 된다.

마지막으로, *labs()*를 이용해서 그래프에 적절한 이름표들을 추가한다.

```
+ labs(x = "Film", y = "Mean Arousal")
```

다음은 이상의 모든 옵션을 합친 명령이다.

```
bar + stat_summary(fun.y = mean, geom = "bar", fill = "White", colour = "Black")
+ stat_summary(fun.data = mean_cl_normal, geom = "pointrange") + labs(x = "Film",
y = "Mean Arousal")
```

그림 4.23에 이 명령으로 만들어진 막대그림표가 나와 있다. 이 그래프는 평균들을(그리고 그 평균들의 95% 신뢰구간을) 표시한다. 그래프에서 보듯이, 평균적으로 사람들은 ⟨*Bridget Jones's Diary*⟩보다는 ⟨*Memento*⟩를 보고 더 각성했다. 그러나 우리가 원래 알아내고자 했던 것은 성별에 따른 효과였다. 그럼 이를 위한 변수를 추가해 보자.

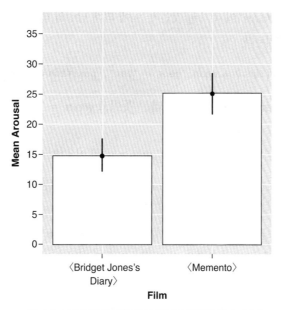

그림 4.23 두 영화의 평균 각성 정도를 표시한 막대그림표

자가진단

✓ 같은 자료로 오차 막대가 빨간색 'errorbar' 기하 객체로 표시된 막대그림표를 작성하라.

✓ 정규 신뢰구간이 아니라 부트스트랩 신뢰구간들이 표시된 막대그림표를 작성하라.

4.9.1.2 여러 독립변수에 대한 막대그림표 ②

그래프에 성별 요인을 도입하는 방법은 여러 가지이다. 하나는 미적 속성(색상 등)을 이용해서 남성 자료와 여성 자료를 차별화하는 것이다. 또는 면 분할을 이용해서 남성과 여성의 그래프를 따로 그릴 수도 있다. 아니면 두 방법 모두 동원할 수도 있을 것이다. 그럼 하나의 그래프에서 남성과 여성을 구분해보자. 과정이 좀 복잡하지만, 단계별로 코드를 구축해 나갈 것이므로 이해하기가 어렵지 않을 것이다.

항상 그렇듯이 가장 먼저 할 일은 그래프 객체를 만드는 것이다(이번에도 이름을 *bar*로 하겠다). 다음이 그러한 명령인데, 이전과 같되 미적 속성 *fill*에 변수 **gender**를 지정했다는 점이 다르다. 이에 의해, 이후에 그려지는 모든 기하 객체는 성별에 따라 다른 색으로 채워진다.

```
bar <- ggplot(chickFlick, aes(film, arousal, fill = gender))
```

다음으로, 이전처럼 *stat_summary()* 함수를 이용해서 평균 막대들을 추가한다. 이전과 다른 부분은 *position* = "*dodge*"이 추가된 것인데, 이에 의해 남성의 막대들과 여성의 막대들이 겹치지 않고 나란히 배치된다.

```
bar + stat_summary(fun.y = mean, geom = "bar", position="dodge")
```

이전처럼 *fun.y* = *mean*은 평균을 계산하라는 뜻이고 *geom* = "*bar*"는 평균값들을 막대로 표시하라는 뜻이다.

오차 막대들을 추가하려면 다음처럼 *stat_summary()*를 이용해서 해당 계층을 추가하면 된다.

```
+ stat_summary(fun.data = mean_cl_normal, geom = "errorbar", position =
position_dodge(width=0.90), width = 0.2)
```

이 명령은 이전보다 조금 복잡하다. 우선, 기본 막대 대신 *errorbar*를 기하 객체로 지정했다. 그리고 오차 막대의 기본 너비가 평균을 나타내는 막대와 너비가 같아서 그래프의 의미가 불명확해질 염려가 있기 때문에, *width* = 0.2를 지정해서 오차 막대를 기본의 20%로 줄였다(내가 보기에 이 정도면 적당하다). *position* = *position_dodge(width=0.90)*은 남성과 여성의 오차 막대들이 나란히 놓이게 하기 위한 것인데, *width* 인수를 이용해서 둘 사이의 간격을 명시적으로 지정했다. 혹시 간격이 마음에 들지 않는다면 *width* 값을 여러 가지로 조정해 보기 바란다.

마지막으로, *labs()*를 이용해서 그래프에 적절한 이름표들을 추가한다.

```
+ labs(x = "Film", y = "Mean Arousal", fill = "Gender")
```

각 축의 이름표뿐만 아니라 *fill*의 제목도 지정했음을 주목하기 바란다. *fill*에 지정된 문자열은 그래프 범례의 제목으로 표시된다(이 옵션을 생략하면 변수의 이름이 범례의 제목으로 쓰이는데, 변수의 이름이 범례 제목으로 적합하지 않다면 이처럼 명시적으로 지정하면 된다).

다음은 이상의 모든 옵션을 합친 막대그림표 작성 명령이다.

```
bar + stat_summary(fun.y = mean, geom = "bar", position="dodge") + stat_
summary(fun.data = mean_cl_normal, geom = "errorbar", position = position_
dodge(width = 0.90), width = 0.2) + labs(x = "Film", y = "Mean Arousal", fill =
"Gender")
```

그림 4.24에 최종적인 막대그림표가 나와 있다. 내가 보기에 꽤나 멋지다. 원한다면 막대들을 채우는 색상을 바꾸어도 좋을 것이다(R의 영혼의 조언 4.3 참고). 이전의 단순 막대그림표처럼, 이 그래프는 대체로 〈*Bridget Jones's Diary*〉보다 〈*Memento*〉의 각성 정도가 더 높음을 보여준다. 그러나 이제는 그러한 정보가 성별로 분리되어 있다. 〈*Bridget Jones's Diary*〉의 평균 각성 정도를 보면 여성보다 남성이 더 높다. 즉, 실제로는 여성보다 남성이 이 영화를 더 즐겼음을 알 수 있다. 반면 〈*Memento*〉에서는 여성과 남성의 차이가 크지 않다. 이러한 결과는 '칙 플릭'이라는 개념과는 모순된다. 실제로는 남자들이 소위 '칙(젊은 여성)'들보다 칙 플릭을 더 즐

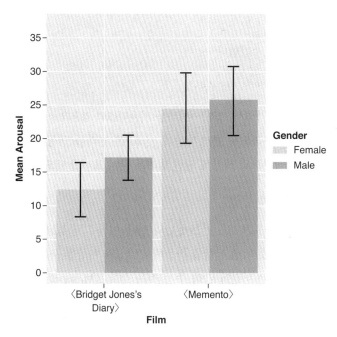

그림 4.24 두 영화에 대한 평균 각성 정도의 막대그림표

기는 것으로 보이나(아마도 남자들이 여자들의 난해한 사고방식을 이해하는 데 도움이 될만한 것이 그런 영화들밖에 없기 때문이 아닐까).

성별을 표현하는 또 다른 방법은 성별 변수를 기준으로 면 분할(faceting)을 적용해서 남성과 여성의 그래프를 따로 그리는 것이다. 그럼 그래프 객체부터 다시 만들어 보자.

```
bar <- ggplot(chickFlick, aes(film, arousal, fill = film))
```

이 명령은 이전과 거의 같은 방식으로 그래프 객체를 생성한다. 단, 이번에는 성별로 다른 채움 색상을 사용하지 않으므로 fill = gender를 지정하지 않았다. 대신 영화에 따라 다른 색상이 나타나도록 fill = film을 지정했다(*fill* 인수를 아예 설정하지 않아도 되지만, 이렇게 하는 것이 더 예쁘다). 여기에 이전처럼 막대그림표를 추가하자. 이번에는 남성 막대와 여성 막대를 나란히 두지 않으므로, *dodge* 관련 설정은 생략한다.

```
bar + stat_summary(fun.y = mean, geom = "bar")
```

다음으로 오차 막대도 이전처럼 추가하되, 역시 *dodge* 관련 설정은 생략한다.

```
+ stat_summary(fun.data = mean_cl_normal, geom = "errorbar", width = 0.2)
```

그럼 이 막대그림표를 남성과 여성으로 분할해보자. *facet_wrap()* 함수에 **gender** 변수를 지정하면 된다.

```
+ facet_wrap( ~ gender)
```

그리고 이전처럼 이름표들을 추가한다.

```
+ labs(x = "Film", y = "Mean Arousal")
```

마지막으로, 다음 명령을 추가해서 그래프 범례를 지운다(R의 영혼의 조언 4.2 참고). 앞에서 영화에 따라 다른 색상을 사용하도록 했기 때문에 *ggplot*은 범례를 생성하지만, 어차피 *x* 축의 이름표에 영화 이름이 나타나므로 색상에 관한 범례를 굳이 표시할 필요가 없다.

```
+ theme(legend.position = "none")
```

이상의 명령으로 작성한 그래프가 그림 4.25에 나와 있다. 이를 그림 4.24와 비교해 보면 **gender**를 미적 속성에 연관시키는 것과 면 분할을 적용해서 남성과 여성을 구분하는 것의 차이를 파악할 수 있을 것이다. 물론 두 버전이 말해 주는 것은 같다. ⟨*Memento*⟩에 대한 반응은 남성과 여성의 차이가 별로 없지만, ⟨*Bridget Jones's Diary*⟩는 여자들보다 남자들이 더 즐겼다.

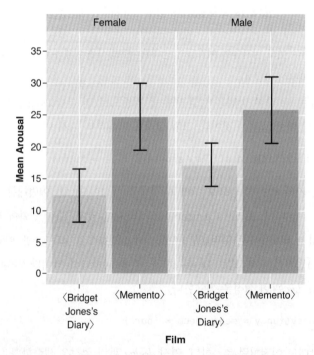

그림 4.25 두 필름에 대한 평균 각성 정도(그리고 95% 신뢰구간)를 *facet_wrap()*을 이용해서 남성과 여성에 대해 개별적인 막대그림표로 표시한 그래프

R의 영혼의 조언 4.3 커스텀 색상 ②

기본 채움 색상 이외의 색상을 지정할 때는 *scale_fill_manual()* 함수를 사용한다. 예를 들어 칙 플릭 자료에서 여성은 파란색 막대, 남성은 녹색 막대로 표시하려면 다음 명령을 추가하면 된다.

```
+ scale_fill_manual("Gender", values = c("Female" = "Blue", "Male" = "Green"))
```

색상 이름 대신 RRGGBB 체계의 값으로 색상을 지정할 수도 있다. 다음은 막대의 파란색과 녹색을 구체적으로 지정하는 예이다.

```
+ scale_fill_manual("Gender", values = c("Female" = "#3366FF", "Male" = "#336633"))
```

이 명령들을 그림 4.24의 그래프를 생성하는 데 사용한 명령의 끝에 추가해서 막대 색상이 어떻게 표시되는지 살펴보고, 다른 색상들도 시험해 보기 바란다.

4.9.2 선 그래프 ②

4.9.2.1 독립변수 하나에 대한 선 그래프 ②

딸꾹질이 심각한 문제가 될 수 있다. 찰스 오스본이라는 사람은 돼지를 도살하다가 딸꾹질에 걸렸는데, 그 딸꾹질이 무려 67년이나 지속되었다. 딸꾹질을 멈추는 민간 처방이 많은데(놀라게 하거나, 숨을 참거나 등등), 실제로 의과학에서도 집단 지성을 동원해서 딸꾹질을 멈추는 방법을 조사했다. 공식적인 처치(treatment) 방법으로는 혀를 당기거나 경동맥을 마사지하는 방법이 있으며, 믿기 어렵겠지만 손가락으로 직장(直腸)을 마사지하는 '직장 수지 마사지' 방법도 있다 (Fesmire, 1988). 직장 수지 마사지의 구체적인 방법은 알지 못하지만, 짐작은 간다. 세 방법을 실제로 실험해 보았다고 상상해 보자. 딸꾹질로 고생하는 사람 15명을 모아서, 딸꾹질을 시작하면 우선 1분간 딸꾹질 횟수를 측정해서 기저(baseline; 또는 기준선)로 삼는다. 그런 다음 세 방법을 차례로 시행하고(순서는 무작위로, 그리고 방법마다 5분의 시간 간격을 두어서), 각각 다시 분당 딸꾹질 횟수를 측정한다. 부록 웹사이트의 **Hiccups.dat**에 이 자료가 들어 있다. 다음 명령을 실행해서 이 자료를 *hiccupsData*라는 데이터프레임에 적재하자(파일이 있는 장소가 작업 디렉터리로 설정되어 있다고 가정한다).

```
hiccupsData <- read.delim("Hiccups.dat", header = TRUE)
```

그림 4.26에 이 자료가 나와 있다. 변수는 다음 네 가지이다.

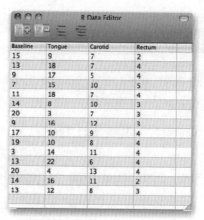

그림 4.26 Hiccups.dat에 담긴 자료

- **Baseline:** 기저에 해당하는 딸꾹질 횟수

- **Tongue:** 혀를 잡아당긴 후의 딸꾹질 횟수

- **Carotid:** 경동맥 마사지 이후의 딸꾹질 횟수

- **Rectum:** 직장 수지 마사지 이후의 딸꾹질 횟수

자료 파일의 각 행은 개별 피실험자를 대표한다. 따라서 이 자료는 각 열이 서로 다른 처치 조건이고 모든 사람에게 모든 처치를 시행한 반복측정 설계에 해당한다.

이 자료를 *ggplot2*에 직접 사용하기에는 구조가 적합하지 않다. 그래프를 그리려면 모든 점수를 하나의 열에 쌓고(stack), 각 점수가 어떤 처치 방법에 속하는지를 나타내는 색인 변수를 추가해야 한다.

자가진단

✓ 제3장으로 돌아가서, *stack()* 함수를 이용해서 이 자료의 구조를 긴 형식으로 변경하라.

다음은 이를 위해 자료의 구조를 변경하는 명령들이다(§3.9.4 참고).

```
hiccups<-stack(hiccupsData)
names(hiccups)<-c("Hiccups","Intervention")
```

이 명령들을 실행하면 *hiccups*라는 새 데이터프레임이 생성되는데, 그 데이터프레임의 한 열은 모든 딸꾹질 횟수를 담고, 한 열은 각 점수가 비롯된 원래의 변수를 가리키는 새로운 변수를 담는다(그림 4.27). *names()* 함수는 그냥 점수들의 원래 변수 이름을 그 새 변수에 배정하는(원

그림 4.27 긴 형식의 딸꾹질 자료

래의 데이터프레임에 나열된 순서로) 역할만 한다. *ggplot()*으로 범주형변수를 그리려면 그것을 하나의 요인으로 인식시켜야 한다. 이를 위해 *hiccups* 데이터프레임에 **Intervention_Factor**라는 새 변수를 추가하기로 한다. 이 변수는 그냥 **Intervention** 변수(처치 방법을 담은)를 요인으로 변환한 것이다.

```
hiccups$Intervention_Factor <- factor(hiccups$Intervention,
levels(hiccups$Intervention)
```

이제 그래프를 그릴 준비가 되었다. 항상 그렇듯이 첫 단계는 적절한 미적 속성들을 지정해서 그래프 객체를 생성하는 것이다.

```
line <- ggplot(hiccups, aes(Intervention_Factor, Hiccups))
```

이번에는 그래프 객체의 이름을 *line*으로 했다. *ggplot()* 함수에는 그래프로 그릴 데이터프레임 (hiccups)을 지정했으며, *x* 축에 그릴 변수로는 **Intervention_Factor**를, *y* 축에 그릴 변수로는 **Hiccups**를 지정했다.

이전에 막대그림표를 그릴 때처럼 *stat_summary()*를 이용해서 각 처치 조건의 평균값들을 생성한다. 다음은 *stat_summary()*로 생성한 평균들을 자료점 형태로 표시한 계층을 그래프에 추가하는 명령이다.

```
line + stat_summary(fun.y = mean, geom = "point")
```

막대 대신 점 기하 객체를 사용했다는 점만 빼고는 앞에서 칙 플릭 자료의 막대그림표를 만들 때와 동일한 명령이다. 지금은 각 그룹 평균을 점으로 표시한다. 그런데 그 평균들을 선으로 연결하면 그럴듯할 것이다. 조금 전처럼 *stat_summary()*에 *fun.y*를 지정해서 평균을 생성하되, 기하 객체로는 *point* 대신 *line*을 지정하면 된다. 그리고 지금처럼 개별 자료점들이 아니라 요약점(즉, 하나의 그룹을 요약하는 점)들을 연결해서 **선 그래프**(line graph) 또는 선 그림표(line chart)를 만들 때는 미적 속성 *group = 1*도 지정해야 한다. 다음은 이상의 설명을 반영한 명령이다.

```
+ stat_summary(fun.y = mean, geom = "line", aes(group = 1))
```

이 명령을 추가하면 그룹 평균들을 검은 실선으로 연결한 계층이 그래프에 추가된다. 만일 검은 실선이 아니라 파란 파선(dashed line)을 표시하고 싶다면, 다음처럼 해당 미적 속성들을 추가하면 된다.

```
+ stat_summary(fun.y = mean, geom = "line", aes(group = 1), colour = "Blue",
linetype = "dashed")
```

다음으로, 각 그룹 평균에 오차 막대를 추가해보자. 이번에도 *stat_summary()*를 이용해서 새로운 계층을 추가한다. 이전에 막대그림표에 오차 막대를 추가할 때는 정규 오차 막대를 사용했지만, 이번에는 부트스트랩에 기초한 오차 막대를 추가하기로 한다. 이를 위해, 통계 함수로는 *mean_cl_boot (fun.data = mean_cl_boot)*을 지정하고(표 4.4 참고) 기하 객체로는 *errorbar*를 지정한다(원한다면 이전에 막대그림표를 만들 때처럼 *pointrange*를 사용해도 된다).

```
+ stat_summary(fun.data = mean_cl_boot, geom = "errorbar")
```

그런데 기본 오차 막대는 너무 넓다. 다음처럼 너비(*width* 인수)를 0.2로 조정하면 더 나아 보일 것이다.

```
+ stat_summary(fun.data = mean_cl_boot, geom = "errorbar", width = 0.2)
```

그리고 필요하다면 오차 막대의 색상이나 기타 속성들도 이전에 본 방식대로 변경할 수 있다 (예를 들어 빨간색으로 표시하고 싶으면 *colour = "Red"*를 추가한다). 마지막으로, *labs()*를 이용해서 *x* 축과 *y* 축에 적절한 이름표를 추가한다.

```
+ labs(x = "Intervention", y = "Mean Number of Hiccups")
```

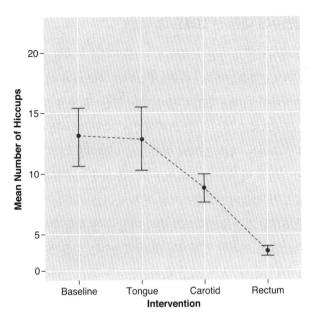

그림 4.28 기저와 여러 처치 이후의 평균 딸꾹질 횟수와 오차 막대가 표시된 선 그래프

다음은 이상의 모든 옵션을 합친 선 그래프 작성 명령이다.

```
line <- ggplot(hiccups, aes(Intervention_Factor, Hiccups))

line + stat_summary(fun.y = mean, geom = "point") + stat_summary(fun.y = mean,
geom = "line", aes(group = 1),colour = "Blue", linetype = "dashed") + stat_
summary(fun.data = mean_cl_boot, geom = "errorbar", width = 0.2) + labs(x =
"Intervention", y = "Mean Number of Hiccups")
```

그림 4.28은 이 명령으로 만든 그래프이다. 그래프에는 기저와 여러 처치 이후의 평균 딸꾹질 횟수가 표시되어 있다(또한 그 평균들의 부트스트랩 기반 신뢰구간들도 나와 있다). 제9장에서 보겠지만, 반복측정 설계의 그래프에 표시된 오차 막대들은 자료점들이 의존적이라는 사실에 맞게 보정된 것이 아니다. 단순함을 위해 그 이유를 여기서 자세히 설명하지는 않겠지만, 만일 여러분의 반복측정 설계 자료로 이런 그래프를 그리고자 한다면 그전에 §9.2를 읽어보길 권한다.

이 그래프는 혀 당기기 방법 이후의 딸꾹질 횟수가 거의 같음을 보여준다. 반면 경동맥 마사지는 실제로 딸꾹질을 줄여준다. 그러나 구식의 직장 수지 마사지가 그보다 훨씬 더 효과적이다. 결론을 내리자면, 만일 딸꾹질이 난다면, 먼저 손을 깨끗이 씻기 바란다.

4.9.2.2 여러 독립변수에 대한 선 그래프 ②

많은 사람들이 문자 메시지를 좋아한다(특히 내 수업을 듣다가 옆 사람에게 "아, 이 교수 진짜 지루하다. 내 눈을 뽑고 싶어"라고 문자를 날리려는 학생들이 그렇다). 이러다가 아이들이 어떻게 자랄지 걱정이다. 아마 엄지손가락이 거대해지고, 문법에 맞는 글을 못 쓰게 되지 않을까? 이런 실험을 생각해 보자. 아동 25명으로 이루어진 한 그룹에게는, 6개월간 이동전화로 문자 메시지를 보낼 수 있게 허용한다. 그와는 다른 25명의 아동으로 이루어진 다른 그룹에게는 문자 메시지 전송을 금지한다. 이 그룹의 아이들이 몰래 이동전화를 사용하지 못하도록, 만일 무선 전파(이동전화가 내뿜는 것 같은)가 검출되면 고통스러운 전기 충격을 가하는 팔찌를 팔에 채운다.[11] 결과를 측정하기 위해, 6개월 기간을 시작하기 전과 마친 후에 각각 문법 시험을 치르고 시험 성적들을 퍼센트로 환산한다. 이러한 실험에서 첫 독립변수는 물론 문자 메시지 사용량(문자를 허용한 실험군 대 허용하지 않은 대조군)이고 둘째 독립변수는 문법 실력을 측정한 시기(기저 또는 6개월 후)이다. 이 가상 실험의 자료가 **Text Messages.dat**에 있다.

다음 명령을 실행해서 이 파일을 *textData*라는 데이터프레임으로 적재한다(해당 자료 파일이 있는 장소를 작업 디렉터리로 설정했다고 가정한다).

```
textData <- read.delim("TextMessages.dat", header = TRUE)
```

그림 4.29에 이 자료가 나와 있다. 변수는 다음 세 가지이다.

- **Group:** 참가자가 문자 메시지를 허용한 실험군('Text Messages')에 속하는지 대조군('Controls')에 속하는지를 나타낸다.

- **Baseline:** 기저 조건(조작을 가하기 전)의 문법 시험 점수

- **Six_months:** 6개월 이후의 문법 시험 점수

자료 파일의 값 행은 개별 참가자를 대표한다. 이번 자료 역시 *ggplot2*에는 맞지 않는 형식이다. 현재는 넓은 형식이지만 그래프를 위해서는 긴 형식(즉, 녹은 형식; §3.9.4 참고)이 필요하다. 이 자료를, 다음 세 변수를 가진 긴 형식으로 변환하기 바란다.

- **Group:** 참가자가 실험군에 속하는지 대조군에 속하는지를 나타낸다.

- **Time:** 문법 점수가 기저에서 측정한 것인지('Baseline') 6개월 후에 측정한 것인지('6 Months')를 나타낸다.

---

11 이렇게 하면 아동이 이동전화를 사용할 때마다 징벌을 받겠지만, 다른 사람의 이동전화에서도 무선 전파가 나오므로 아이들이 이동전화를 사용하는 다른 사람을 병적으로 무서워하게 되는 부작용이 생긴다.

Group	Baseline	Six_months
Text Messagers	52	32
Text Messagers	68	48
Text Messagers	85	62
Text Messagers	47	16
Text Messagers	73	63
Text Messagers	57	53
Text Messagers	63	59
Text Messagers	50	58
Text Messagers	66	59
Text Messagers	60	57
Text Messagers	51	60
Text Messagers	72	56
Text Messagers	77	61
Text Messagers	57	52
Text Messagers	79	9
Text Messagers	75	76
Text Messagers	53	38
Text Messagers	72	63
Text Messagers	62	53
Text Messagers	71	61
Text Messagers	53	50
Text Messagers	64	78
Text Messagers	79	33
Text Messagers	75	68
Text Messagers	60	59
Controls	65	62
Controls	57	50
Controls	66	62
Controls	71	61
Controls	75	70
Controls	61	64
Controls	80	64
Controls	66	55

그림 4.29 구조 변경 이전의 문자 메시지 자료

- **Grammar_Score:** 문법 점수

자가진단

✓ 자료를 긴 형식으로 변경해서 *textMessages*라는 데이터프레임을 생성하라. *factor()* 함수(§3.5.4.3 참고)를 이용해서 'Time' 변수를 'Baseline'과 '6 Months'라는 수준이 있는 하나의 요인으로 변환해야 한다.

앞의 자가진단을 마쳤다면, 이제 *ggplot2*에 맞는 형식의 *textMessages*라는 데이터프레임이 생겼을 것이다. 항상 그렇듯이 제일 먼저 할 일은 그래프 객체를 생성하는 것이다(이름은 *line*으로 하자). 다음 명령은 이전에 사용한 명령과 같되 'fill' 미적 속성을 **Group**으로 설정한다는 점이 다르다. 이에 의해, 이후에 추가하는 모든 기하 객체는 실험군이냐 대조군이냐에 따라 다른 색상으로 채워진다. 또한, 그릴 자료가 있는 데이터프레임 *textMessages*를 지정하고 x 축에는 **Time**을, y 축에는 **Grammar_Score**를 그리도록 한다.

```
line <- ggplot(textMessages, aes(Time, Grammar_Score, colour = Group))
```

다음으로, 이전 예제에서처럼 평균을 점으로 표시하기 위해 다음 명령으로 *line*에 *stat_summary()*를 추가한다.

```
line + stat_summary(fun.y = mean, geom = "point")
```

역시 이전 예제에서처럼 평균들을 선으로 연결하자. 다음은 이를 위한 *stat_summary()*이다. 이전에는 *aes(group = 1)*을 지정했지만, 이번에는 그룹이 하나가 아니므로 다른 설정이 필요하다. 이제는 서로 다른 그룹의 평균들을 차별화하기 위해 *(aes(group = Group))*을 지정한다.

```
+ stat_summary(fun.y = mean, geom = "line", aes(group = Group))
```

다음으로, 이전 예제에서와 같은 명령으로 오차 막대들을 표시하는 계층과 축 이름표들을 표시하는 계층을 추가한다.

```
+ stat_summary(fun.data = mean_cl_boot, geom = "errorbar", width = 0.2) +
labs(x = "Time", y = "Mean Grammar Score", colour = "Group")
```

다음은 이상의 모든 옵션을 합쳐서 그래프를 생성하는 명령이다.

```
line + stat_summary(fun.y = mean, geom = "point") + stat_summary(fun.y = mean,
geom = "line", aes(group = Group)) + stat_summary(fun.data = mean_cl_boot, geom
= "errorbar", width = 0.2) + labs(x = "Time", y = "Mean Grammar Score", colour
= "Group")
```

자가진단

✓ 지금까지 배운 내용을 이용해서, 문자 메시지를 허용한 그룹과 금지한 그룹의 평균 점들을 서로 다른 모양으로(이를테면 원과 삼각형) 표시하고, 그것들을 잇는 선도 다르게(이를테면 실선과 점선) 표시하라.

그림 4.30에 결과 그래프가 나와 있다. 이 그래프에서 보듯이, 기저(조작 이전의)에서는 두 그룹의 문법 점수가 거의 같다. 그러나 6개월간의 조작을 가한 후에는 실험군(문자 메시지 허용)의 문법 점수가 대조군의 점수보다 낮다. 짙은 색 선을 보면 6개월 사이에 실험군의 점수가 떨어졌지만, 대조군의 선(화면에서는 빨간색, 지면에서는 검은색)을 보면 점수가 크게 변하지 않았다. 따라서 문자 메시지가 아동의 문법 이해도에 악영향을 미친다는 결론을 내릴 수 있다. 이러다가 급기야는 무저갱에서 아바돈이 튀어나와 비참한 우리의 영혼을 모두 거두어가서 인류 문명이 멸망할 것이다. 아마도.

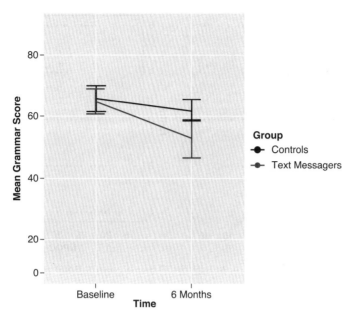

그림 4.30 6개월간 문자 메시지를 허용한 아동과 그렇지 않은 아동의 평균 문법 점수에 관한 오차 막대그림표

4.10 테마와 옵션 ①

이전에 *ggplot2*가 터프티의 지침들을 만족하는 그래프를 생성한다고 말했다. 실제로 *ggplot2* 에는 두 가지 테마가 내장되어 있다. 기본 테마는 *theme_grey()*인데, 이것은 그래프를 해석하기 좋도록 격자 선을 사용하라는 터프티의 조언을 따른다. 격자선의 시각적 강렬함이 크지 않기 때문에, 자료로부터 시선을 빼앗지는 않는다. 또 다른 테마는 *theme_bw()*인데, 좀 더 전통적인 흑백 스타일이다. 두 테마가 그림 4.31에 나와 있다.

이러한 전역 테마들 외에, *theme()*이라는 함수를 이용해서 그래프의 특정 구성요소의 겉모습을 제어할 수 있다. 예를 들어 이를 이용해서 그래프의 제목을 정의하고 그 제목의 속성(크기, 글꼴, 색상 등)을 설정하는 것이 가능하다. 또한, 그래프의 축들과 격자선, 배경 패널, 텍스트를 변경할 수도 있다. *theme()* 역시 '+' 기호를 이용해서 그래프와 계층에 추가한다.

```
myGraph + geom_point() + theme()
```

표 4.5에 여러 개별 테마와 해당 미적 속성들, 그리고 연관된 그래프 구성요소들이 정리되어 있다. 표에서 보듯이, 테마를 이용해서 겉모습을 변경할 수 있는 그래프 구성요소는 텍스트(*element_text*), 선(*element_line*; 격자선과 축도 포함), 직사각형(*element_rect*)이다. 이들은 변경 가능한 여러 속성을 제공하는데, 모든 요소는 크기와 색상을 조정할 수 있고 텍스트 요소는

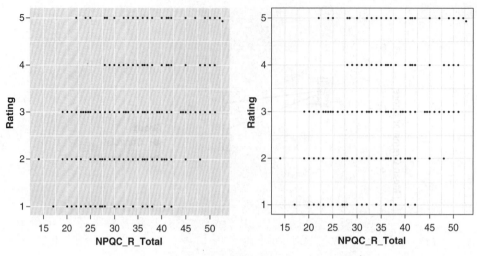

그림 4.31 *ggplot2*의 기본 그래프 스타일들. 왼쪽은 *theme_grey()*, 오른쪽은 *theme_bw()*이다.

서체 패밀리와 각도 같은 것들을 조정할 수 있으며 직사각형은 채움 색상 등을 조정할 수 있다. 개별 그래프 구성요소에 특정 테마를 지정하면 해당 요소의 모습이 바뀐다. 예를 들어 주격자선을 파란색으로 바꾸고 싶다면 *element_line()*을 이용해서 *panel.grid.major*의 *colour* 미적 속성을 변경하면 된다. 미적 속성을 변경하는 방법은 §4.4.3에서 설명한 것과 같다. 즉, 다음 명령을 추가하면 된다.

표 4.5 테마를 지원하는 그래프 요소들과 그 속성

테마 요소	속성	하위 요소	하위 요소 설명
element_text()	family	axis.text.x	*x* 축 이름표
	face	axis.text.y	*y* 축 이름표
	colour	axis.title.x	수평 눈금(tick) 이름표
	size	axis.title.y	수직 눈금 이름표
	hjust	legend.text	범례 이름표
	vjust	legend.title	범례 제목
	angle	plot.title	그래프 제목
	lineheight	strip.text.x	수평 분할면 이름표
		strip.text.y	수직 분할면 이름표
element_line()	colour	panel.grid.major	주 격자선
	size	panel.grid.minor	부 격자선
	linetype	axis.line	축을 나타내는 직선
		axis.ticks	축의 눈금
element_rect()	colour	legend.background	범례 배경
	size	legend.key	범례 키 배경
	linetype	panel.background	패널 배경
	fill	panel.background	패널 테두리
		plot.background	전체 그래프 배경
		strip.background	분할면 이름표 배경

```
+ theme(panel.grid.major = element_line(colour = "Blue"))
```

마찬가지로, 축을 파란색으로 하려면 다음을 추가한다.

```
+ theme(axis.line = element_segment(colour = "Blue"))
```

다음은 축을 파선으로 표시하는 예이다.

```
+ theme(axis.line = element_segment(linetype = 2))
```

가능성은 무한하며, 그 모든 것을 다 설명하려면 열대 우림을 여러 개 파괴해야 할 것이다. 이 정도로 요지가 충분히 전달되었으리라 믿는다.

이번 장에서 발견한 통계학 ①

이번 장에서는 그래프를 이용해서 자료를 조사하는 방법을 살펴보았다. 이번 장에서 많은 종류의 그래프를 만났다. 처음에는 그래프 작도에 관한 일반적인 조언 몇 가지를 살펴보면서 최소한의 그래프가 최선이라는 결론을 내렸다. 3차원 효과나 에롤(여러분의 애완용 페럿)의 사진을 그래프에 집어넣는 것은 금물이다. 끔찍한 분홍색에 관해서도 이야기했다. 그런 다음에는 자료의 분포를 파악하기 위한 그래프들(히스토그램, 상자수염도, 밀도 그림)과 자료를 요약하는 통계량을 보여주는 그래프들(막대그림표, 오차 막대그림표, 선 그래프), 그리고 변수들의 관계를 보여주는 그래프(산점도)를 설명했다. 그 과정에서 최소한의 그래프를 만들기 위해 그래프를 수정하는 방법도 이야기했다(물론 그래프를 분홍색으로 꾸미는 방법도 알게되었겠지만, 그런 일은 금물이라는 점을 이제는 다들 알고 있을 것이다).

또한, 이번 장에서 여러분은 내가 어렸을 때 탐험을 좋아했다는 점도 알게 되었다. 나는 해변에 갈 때마다 아빠 손을 끌고 바위 더미로 갔다(아니면 아빠가 내 손을 끌었던가?). 그러나 당시 나는 또한 위대한 문학작품을 탐험하기 시작했다. 차차 알게 되겠지만, 알베르트 아인슈타인의 논문(사실은 아이작 아시모프의 SF)을 읽던 똑똑한 형과는 다르게, 나의 문학적 취향은 당시 나의 지적 능력에 좀 더 부합하는 것이었다.

이번 장에서 사용한 R 패키지

ggplot2

똑똑한 알렉스의 과제

- **과제 1:** 제3장의 자료(아마 저장해 두었겠지만, 아니라면 표 3.6의 것을 다시 입력하기 바란다)를 이용해서 다음과 같은 그래프를 만들고 해석하라.

  - 학생들과 강사들의 평균 친구 수를 보여주는 오차 막대그림표.
  - 학생들과 강사들의 평균 알코올 소비량을 보여주는 오차 막대그림표.
  - 학생들과 강사들의 평균 수입을 보여주는 오차 선 그래프.
  - 학생들과 강사들의 평균 신경과민 정도를 보여주는 오차 선 그래프.
  - 학생 그룹과 강사 그룹의 알코올 소비량과 신경과민 정도의 관계를 보여주는 산점도 (회귀선도 표시할 것).

- **과제 2:** 제3장의 **Infidelity** 자료(제3장 똑똑한 알렉스의 과제 3 참고)를 이용해서 참가자 자신과 배우자에 대해 소비한 평균 총알 수의 오차 막대그림표를 그려라. 그림 4.24처럼 남, 녀 막대를 나란히 표시할 것.

답은 이 책의 부록 사이트에서 볼 수 있다.

더 읽을거리

Tufte, E. R. (2001). *The visual display of quantitative information* (2nd ed.). Cheshire, CT: Graphics Press.

Wainer, H. (1984). How to display data badly. *American Statistician*, 38(2), 137-147.

Wickham, H. (2009). *ggplot2: Elegant graphics for data analysis*. New York: Springer.

Wilkinson, L. (2005). *The grammar of graphics*. New York: Springer-Verlag.

Wright, D. B., & Williams, S. (2003). Producing bad results sections. *The Psychologist, 16*, 646-648. (자료의 표시에 관한 아주 읽기 쉬운 논문이다. 라이트는 자신이 쓴 논문을 자신의 웹사이트에도 올려 놓으므로, 구글에서 Dan Wringht를 검색해서 그의 웹사이트를 찾아보기 바란다.)

웹 자료

http://junkcharts.typepad.com/는 나쁜 그래프들을 보여주는 재미있는 블로그이다.
http://had.co.nz/ggplot2/는 *ggplot2*의 공식 웹사이트이다(또한, 아주 유용하다).

흥미로운 실제 연구

Fesmire, F. M. (1988). Termination of intractable hiccups with digital rectal massage. *Annals of Emergency Medicine*, 17(8), 872.

CHAPTER

5 / 자료에 관한 가정

그림 5.1 가장 작은 뇌를 뽑는 대회에서 우승한 적이 있다.

5.1 이번 장에서 배우는 내용 ①

초등학교에서 글을 배우면서 나는 유명 작가 한스 크리스티안 안데르센의 동화들을 읽곤 했다. 특히 나는 미운 오리 새끼 이야기를 좋아했다. 주인공은 크고 못생긴 회색 오리인데, 너무나 못생겨서 개가 물지도 않을 정도였다. 이 불쌍한 오리를 다른 오리들이 놀리고, 따돌리고, 쪼아댔다. 어느날, 견디다 못한 그는 고귀한 새들인 백조들이 모인 곳으로 갔다. 너무나 못생긴 자신을 보면 백조들이 자신을 죽여버릴 것이고, 그러면 이 고생도 끝날 것이라는 생각에서였다. 그러나 물에 비친 자신의 모습을 보니 더 이상 못생긴 오리가 아니라 아름다운 백조로 성장했음을 알게 되었다. 자료도 그와 비슷하다. 종종 너무 크고 칙칙하며 못생긴, 그리고 필요한 정보가 전혀 들어 있지 않은 것처럼 보이는 자료가 생긴다. 그러면 우리는 자료를 욕하고 비난하고 쪼아대면서, 멀리 날아가서 백조에게 죽어 버리길 바라게 된다. 그러나 그렇게 하는 대신 자료를 아름다운 백조로 변모시킬 수도 있다. 그것이 이번 장의 주제이다. 이번 장에서는 여러분이 가진 자료 집합이 얼마나 미운 오리 새끼 같은지 평가하고, 그것을 백조로 변모시키는 방법을 살펴본다. 단, 백조가 여러분의 팔을 부러뜨릴 수도 있음을 주의해야 한다.[1]

5.2 가정이란 무엇인가? ①

가정이 왜 중요하지?

학자 중에는 가정(assumption)이란 것이 그 누구도 심각하게 여기지 않는, 다소 지루한 것이라고 간주하는 사람들이 있다. 내가 동료 심리학자들에게 통계적 가정 이야기를 꺼내면 그들은 눈썹을 올리고 '이런 이런, 철 좀 들어라'라는 표정으로 나를 보다가 그냥 무시하고 다른 이야기로 넘어간다. 그러나 가정을 진지하게 여기는 게 바람직한 이유가 있다. 내가 친구를 만나러 친구 집에 갔다고 상상해 보자. 친구 집 앞에 도착했는데 불이 켜져 있으니 친구가 집에 있음이 틀림없다. 그러나 초인종을 눌러도 아무도 나오지 않았다. 그러한 경험으로부터 나는 그 친구가 나를 미워하며, 나는 아무도 나를 사랑하지 않는 끔찍한 인간이라는 결론을 내릴 것이다. 이러한 결론이 얼마나 합리적일까? 이렇게 생각해보자. 이 경험에는 내가 이해하고자 하는 현실(즉, 그 친구가 나를 좋아하는지 아니면 미워하는지)이 존재하며, 나는 그 현실에 관한 자료를 수집했다(친구 집으로 가서, 그가 집에 있음을 알았고, 초인종을 눌렀지만 아무 응답이 없었다). 사실은 그 친구가 나를 좋아한다고(친구 고르는 눈이 그리 좋지 않아서) 상상해 보자. 그렇다면 내 결론은 틀린 것이다. 내 자료에서 왜 틀린 결론이 나왔을까? 답은 간단하다. 나는 친구의 초인종이 잘 작동한다고 가정했고, 그 가정에서는 내 자료로부터 이끌어 낸 결론(친구가 초인종 소리를 들었지만 나를 싫어하기 때문에 무시했다는)이 옳았다. 그러나 그 가정은 옳지 않았다. 친구 집의 초인종이 고장이 났기 때문에 응답하지 않았으며, 결과적으로 나는 현실에 대해 완전히 잘못된 결론을 내리게 되었다. 이 예는 항상 가정을(그리고 초인종도) 점검하는 것이 중요하다는 점을 잘 보여준다.

초인종 이야기과 친구, 그리고 내 친목 생활 이야기는 그만 하자. 요점은, 가정이 깨지면 현실에 관한 정확한 결론을 내리는 것이 불가능하다는 것이다. 통계적 모형마다 가정이 다르며, 만일 모형이 현실을 정확하게 반영하려면 그 모형의 가정들이 참이어야 한다. 이번 장에서는 특히나 보편적인 가정 몇 가지를 살펴본다. 이번 장에서 이들을 잘 배워두면 이 책의 나머지 부분에서 그런 가정들과 마주쳤을 때 너끈히 베어버릴 수 있을 것이다. 단, 일부 검정(test)들에

---

1 물론 이는 이론적으로 그럴 수 있다는 뜻이다(특히 여러분의 뼈가 약하다면). 백조는 본성이 순해서 그런 일을 하지 않을 것이다.

는 마치 머리가 두 개이고, 불을 뿜고, 녹색 비늘로 뒤덮인 괴물 같은 독특한 가정들이 존재함을 주의하기 바란다. 그런 가정들은 우리가 전혀 예상하지 못했을 때 튀어 나와서 우리를 산 채로 삼켜버린다. 그 점을 염두에 두고, 보편적인 가정들을 살펴보자.

5.3 모수적 자료의 가정들 ①

이 책에서 설명하는 통계적 절차 중에는 정규분포(§1.7.4)에 기초한 **모수적 검정**(parametric test; 또는 파라미터적 검정)에 해당하는 것들이 많다. 모수적 검정이란 통계학자들이 밝혀낸 무수히 많은 분포 중 하나를 따르는 자료를 요구하는 검정인데, 그 자료는 반드시 특정한 가정들을 만족하는 모수적 자료이어야 한다. 모수적 자료가 아닌 자료를 모수적 검정에 사용하면 결과가 부정확할 가능성이 크다. 따라서, 어떤 통계적 판정이 적합한지 결정하려면 먼저 관련 가정들부터 확인하는 것이 아주 중요하다. 이 책 전반에서 가정과 그 확인에 관한 나의 강박증을 여실히 느낄 수 있을 것이다. 정규분포에 기초한 모수적 검정들은 대부분 검정의 정확성을 위해 반드시 만족해야 할 네 가지 기본 가정을 두고 있다. 가정을 확인하는 것이 지루하다고 생각하는 학생들이 많으며, 가정이 만족하는지를 제대로 판정하지 못하는 학생들도 많다. 그래서 나는 이번 장을 여러분이 모수적 가정의 세계를 나를 따라 한 걸음씩 탐험할 수 있도록 설계했다. 지금은 가정이 그리 재미있는 대상이 아니라고 생각할 수도 있지만, 가정을 잘 공부해 두면 커다란 이득이 생길 수 있다. 한 예로, 지도교수나 강사가 쓴 논문들에서 위반된 검정 가정들을 일일이 찾아내서 그들에게 큰 인상을 심어줄 수도 있다. 결과적으로 여러분은 그들이 평생 구축해 온 이론의 통계적 토대를 무너뜨리게 된다. 게다가 그들은 여러분에게 반박하지도 못한다.[2] 물론 여러분의 눈을 뽑아버릴 수는 있겠다. 어쨌거나, 모수적 검정의 네 가지 기본 가정은 다음과 같다.

모수적 자료의 가정들이 뭐지?

1 **분포의 정규성**: 이는 까다롭고 오해하기 쉬운 가정이다. 문맥에 따라 의미가 달라질 수 있기 때문이다. 그래서 이번 장의 대부분을 이 가정의 논의에 할애한다. 간단히 말하면, 가설 검정에 깔린 논리는 뭔가(표집분포일 때도 있고 모형의 오차일 때도 있다)가 정규분포를 따른다는 점에 의존한다. 따라서 이 가정이 위반되면 가설 검정에 깔린 논리에 결함이 생긴다(이런 원리들은 제1장과 제2장에서 살펴보았다).

---

2 Ph.D. 학위를 준비하던 시절, 통계학 강사는 나를 포함한 수강생들에게 출판된 논문 몇 편을 골라서 통계적 방법을 비판하라는 과제를 주었다. 나는 내 지도교수의 논문 중 하나를 택해서 자료 분석의 모든 측면을 샅샅이 점검했다(당시 나는 그런 일에 대단히 현학적이었다. 내 지도교수가 만면에 미소를 띠고 복도를 걸어와서는 자신이 내가 제출한 보고서의 2차 채점자라고 선언했을 때(물론 나는 그 사실을 몰랐다) 내가 얼마나 공포에 떨었을지 상상해 보라. 다행히 그는 유머 감각이 있었기 때문에 내게 좋은 점수를 주었다.

2 분산의 동질성(homogeneity): 이 가정은 자료 전반에서 분산(variance)들이 동일하다는 뜻이다. 실험 참가자(피험자)들을 여러 그룹으로 나누는 설계에서 이 가정은 그러한 표본들이 분산이 동일한 모집단에서 비롯되었음을 뜻한다. 상관연구에서 이 가정은 한 변수의 분산이 다른 변수의 모든 수준에서 안정적이라는 뜻이다(§5.7 참고).

3 구간 자료: 자료가 적어도 구간 수준에서 측정한 것이어야 한다. 이 가정은 상식적으로 검증할 수 있으므로 이 책에서 더 논의하지는 않겠다(단, 구간 자료가 무엇인지 잘 기억이 나지 않는다면 §1.5.1.2를 다시 보기 바란다).

4 독립성: 정규분포 가정처럼 이 가정도 어떤 검정 방법을 사용하느냐에 따라 의미가 달라진다. 때에 따라서는 이것이 서로 다른 참가자들의 자료가 독립적이어야 한다는(즉, 한 참가자의 행동이 다른 참가자의 행동에 영향을 미치지 않는다는) 뜻일 수도 있다. 반복측정 설계(참가자들을 둘 이상의 실험 조건에서 측정하는)에서는 한 참가자에 대한 여러 실험 조건들의 점수들이 의존적일 것이라고 기대하지만, 서로 다른 참가자들 사이의 행동은 독립적이어야 한다. 한 예로, 폴과 줄리라는 두 참가자에게 특정한 사진을 제시하고 그 사진을 이전에 본 적이 있는지 물어본다고 하자. 만일 주어진 사진에 대해 뭐라고 답변할 것인지를 폴과 줄리가 서로 의논할 수 있게 한다면, 그 둘의 답변은 독립적이지 않다. 줄리의 응답이 폴의 응답에 의존적일 수 있으므로, 독립성 가정이 깨진다. 만일 폴과 줄리가 의논하지 못하게 한다면(이를테면 서로 다른 방으로 분리해서) 그들의 응답은 독립적이다(텔레파시 능력이 있는 것이 아닌 한). 이 경우 줄리의 응답은 폴의 응답에 영향을 미치지 못한다. 한편, 회귀를 사용할 때 이 가정은 상관관계가 없는 회귀모형의 오차와도 관련이 있는데, 이에 관해서는 제7장에서 좀 더 논의하겠다.

따라서, 이번 장은 자료의 정규분포성, 줄여서 정규성(normality) 가정과 분산의 동질성 가정에 초점을 둔다.

5.4 이번 장에서 사용하는 R 패키지 ①

자료를 탐색하는 데 유용한 패키지로는 *car*, *ggplot2*(그래프용), *pastecs*(기술통계학용), *psych*가 있다. 만일 여러분이 R Commander를 사용할 계획이라면 당연히 *Rcmdr* 패키지도 설치해야 한다(§3.6 참고). 이 패키지들이 여러분의 R 환경에 아직 설치되어 있지 않다면, 다음 명령들로 설치하면 된다.

```
install.packages("car"); install.packages("ggplot2");
install.packages("pastecs"); install.packages("psych")
```

설치가 끝났다면, 다음 명령들로 패키지들을 불러온다.

```
library(car); library(ggplot2); library(pastecs); library(psych); library(Rcmdr)
```

5.5 정규성 가정 ①

정규분포는 제1장에서 배웠으므로, 정규분포가 무엇이고 어떤 모양인지 알고 있을 것이다. 따라서 이 가정도 쉽게 이해할 수 있을 거로 생각할지 모르겠다. 그냥 자료가 정규분포를 따라야 한다는 것 아닌가? 그러나 그렇게 간단하지는 않다. 여러 통계적 검정(이를테면 t 검정)에서는 표집분포가 정규분포라고 가정한다. 그런데 우리가 그 분포에 접근할 수 없다는 점이 문제이다. 즉, 표집분포가 어떤 형태이고 정규분포와 부합하는지 직접 확인하는 것이 불가능하다. 그러나 중심극한정리(§2.5.1)에 의하면, 만일 표본 자료가 대략 정규분포이면 표집분포도 정규분포라고 간주할 수 있다. 그래서 사람들은 표본 자료가 정규분포인지 확인함으로써 이 가정을 확인하려 한다. 만일 표본 자료가 정규분포이면 작은 축하 파티를 열고는 표집분포도 정규분포라고 가정해 버린다(이는 사실상 문제이다). 그런데 중심극한정리에 의하면, 만일 표본이 크면 수집한 자료의 형태와는 무관하게 표집분포가 정규분포를 따르는 경향이 있다(또한, 30 이상의 표본들에서는 모집단 분포와는 무관하게 표집분포가 정규분포를 따르는 경향이 있다는 점도 기억해야 한다). 그래서 표본이 클수록 표집분포가 정규분포라는 확신도 커진다(그러나 초천재 제인 글상자 5.1을 보라).

정규성 가정은 회귀를 사용하는(또는, 일반선형모형을 사용하는) 연구에서도 중요하다. 제7장에서 보겠지만, 일반선형모형은 모형의 오차(기본적으로는 §2.4.2에서 본 이탈도)들이 정규분포를 따른다고 가정한다.

두 경우 모두, 정규성을 점검하는 것이 유익하다. 그것이 이번 절에서 이 가정을 자세하게 설명하는 이유이다. 정규성을 확인하는 방법은 여러 가지인데, 자료의 형태를 눈으로 보고 확인할 수도 있고, 분포의 특정 측면들(기울어짐과 뾰족함 등)을 수량화하고 그것들을 정규분포의 해당 수치들과 비교해서 확인할 수도 있다.

5.5.1 지겨운 도수분포의 재등장: 눈으로 정규성 확인하기 ①

§1.7.1에서 보았듯이, 도수분포는 분포의 형태를 살펴보는 데 유용한 수단이다. §4.4.8에서는 도수분포 그래프를 실제로 작성해서 화면에 띄우는 방법도 배웠다. 따라서 여러분은 도수분포 그래프를 이용해서 정규성 가정을 확인하는 데 필요한 지식과 수단을 모두 갖추었다. 그럼 제4장의 다운로드 페스티벌의 예로 돌아가자. 그 예에서 한 생물학자가 3일간 다운로드 페스티

벌 관객들의 위생 상태를 표준화된 기법으로 측정했다. 위생 상태의 최하점은 0(스컹크의 항문 속에서 썩고 있는 시체 같은 냄새)이고 최고점은 4(화창한 봄날의 달콤한 장미 향)이다. 해당 자료 파일을 부록 웹사이트에서 내려받을 수 있다. 이상치가 제거된 버전(**DownloadFestival(No Outlier).dat**)을 사용해야 함을 주의하기 바란다(무슨 말인지 잘 모르겠다면 §4.4.8을 다시 읽어 볼 것. 이 부분을 제대로 하지 않으면 여러분의 그래프가 이 책에 나온 것과는 아주 다른 모습이 될 것이다).

자가진단

✓ 제4장에서 배운 것을 이용해서 3일간의 다운로드 페스티벌 위생 점수 자료로 히스토그램을 작성하라. (이유는 나중에 알게 되겠지만, *geom_histogram()* 대신 *geom_histogram(aes(y = ..density..)*를 사용할 것.)

히스토그램을 그려보면 이 자료의 분포를 눈으로 파악할 수 있다. 그리고 그 히스토그램과 비교할 정규분포 그래프도 만들면 좋을 것이다. 더 나아가서, 그 둘을 같은 그래프에 표시하면 더욱 좋을 것이다. *ggplot2*를 이용하면 가능하다. 우선 자료를 데이터프레임에 적재한다.

```
dlf <- read.delim("DownloadFestival(No Outlier).dat", header=TRUE)
```

그런 다음 그래프 객체를 생성하고 위생 점수 자료의 히스토그램을 추가한 후 화면에 표시한다.

```
hist.day1 <- ggplot(dlf, aes(day1)) + theme(legend.position = "none") + geom_
histogram(aes(y = ..density..), colour = "black", fill = "white") + labs(x =
"Hygiene score on day 1", y = "Density")

hist.day1
```

그래프를 만드는 명령을 부분별로 살펴보자.

- *ggplot(dlf, aes(day1))*: 이것은 **R**에게 *dlf* 데이터프레임의 **day1** 변수를 그리라고 알려준다.

- *theme(legend.position = "none")*: 이 부분은 그래프의 범례를 표시하지 않게 한다.

- *geom_histogram(aes(y=..density..), colour = "black", fill="white")*: 이 부분은 선을 검은색으로 그리고 막대 내부를 흰색으로 채우게 한다. 여기서 *aes(y=..density..)*는 밀도 그림을(도수분포가 아니라) 그리라는 뜻인데, 이는 잠시 후에 정규분포를 곡선으로 표시하기 위한 것이다.

- *labs(x = "Hygiene score on day 1", y = "Density")*: 이 부분은 *x* 축과 *y* 축의 이름표를 설정한다.

이제 이 그래프에 정규분포 곡선(줄여서 정규 곡선)을 표시하는 계층을 추가해보자. 이를 위해서는 그 곡선의 평균과 표준편차를 *ggplot2*에 알려주어야 한다. 비교를 위해서는 평균과 표준편차로 위생 점수 자료의 평균과 표준편차를 지정해야 한다. 다음은 앞에서 만든 히스토그램 그래프 객체(*hist.day1*)에 정규 곡선을 표시하는 새 계층을 추가하는 명령이다. 새 계층은 *stat_function()*을 이용해서 정규 곡선을 만들고, 그것을 히스토그램 위에 겹친다.

```
hist.day1 + stat_function(fun = dnorm, args = list(mean = mean(dlf$day1, na.rm
= TRUE), sd = sd(dlf$day1, na.rm = TRUE)), colour = "black", size = 1)
```

이 명령의 **stat_function()**은 **dnorm()** 함수를 이용해서 정규 곡선을 그린다. 기본적으로 이 함수는 알려진 평균과 표준편차의 정규분포에서 주어진 값에 해당하는 확률(즉, 밀도)을 돌려준다. 명령의 나머지 부분에서 *mean = mean (dlf$day1, na.rm = TRUE)*는 그 정규분포의 평균을 결측값을 모두 제거한 후의 **day1** 변수의 평균으로 설정하고, *sd = sd(dlf$day1, na.rm = TRUE)*는 그 정규분포의 표준편차를 **day1** 변수의 표준편차로 설정한다. 또한, 선의 색과 굵기(너비)를 검은색과 1로 설정한다.[3]

자가진단

✓ **day2**와 **day3**에 대한 히스토그램들에 정규 곡선을 추가하라.

분포가 정규인지 조사할 때는 **Q-Q 그림**(Q-Q plot; 또는 분위수-분위수 그림)이라고 하는 그래프도 유용하다(여기서 말하는 **분위수**(quantile)는 전체 사례 중 특정 값 미만의 사례들이 차지하는 비율을 뜻한다). 이 그래프는 자료의 누적값들을 특정 분포(지금 예에서는 정규분포)의 누적 확률과 대조해서 표시한다. 간단히 말해서 이 그래프는 자료의 값들에 등급을 매기고 등급순으로 정렬해서 표시한다. 좀 더 구체적으로 말하면, 이 그래프는 각 값과 그 값에 해당하는 정규분포의 기댓값을 두 좌표 성분으로 사용해서 점으로 찍는다. 따라서, 만일 자료가 정규분포를 따른다면 그 점들은 곧은 대각선을 형성한다. 대각선에서 벗어난 점들은 정규분포를 벗어난 자

---

3 히스토그램과 정규분포 곡선을 두 단계로 구축한 이유는, 그편이 독자가 이해하기 쉬울 거로 생각했기 때문이다. 만일 하나의 명령으로 그래프를 만들고 싶다면, 다음을 사용하면 된다.

```
hist.day1 <- ggplot(dlf, aes(day1)) + theme(legend.position = "none") + geom_histogram
(aes(y = ..density..), colour = "black", fill = "white") + labs(x = "Hygiene score on
day 1", y = "Density") + stat_function(fun = dnorm, args = list(mean = mean(dlf$day1,
na.rm = TRUE), sd = sd(dlf$day1, na.rm = TRUE)), colour = "black", size = 1)

hist.day1
```

료에 해당한다.

ggplot2 패키지로 Q-Q 그림을 그릴 때는 다음과 같이 **stat_qq()**라는 스탯 함수를 사용한다. 다음 명령을 실행해 보기 바란다.

```
ggplot(dlf, aes(sample=dlf$day1))+stat_qq()
qqplot.day1
```

(기본적으로 *ggplot2*는 주어진 자료와 비교할 분포가 정규분포라고 가정한다. 필요하다면 다른 종류의 분포를 명시적으로 지정할 수도 있지만, 그런 경우는 드물기 때문에 구체적인 방법은 따로 이야기하지 않겠다.)

자가진단

✓ 변수 **day2**와 **day3**에 대한 Q-Q 그림들을 작성하라.

그림 5.2에 축제 사흘간의 히스토그램들(자가진단 과제에서 그린)과 그에 해당하는 Q-Q 그림들이 나와 있다. 우선 주목할 것은 첫날(day 1)의 자료가 좀 더 건강해 보인다는 것이다. 이는 §4.7에서 잘못 입력한 자료점을 제거한 덕분이다. 히스토그램을 보면 실제로 분포가 정규분포에 아주 가깝다. 분포가 거의 대칭이고, 너무 뾰족하거나 평평하지도 않다. 이는 바람직하다. Q-Q 그림에도 이 점이 반영되어 있는데, 자료점들이 '이상적인' 대각선에 아주 가까이 찍혀 있다.

그런데 둘째 날과 셋째 날의 자료는 그리 대칭적이지 않다. 둘 다 양(positive)으로 기울어진 모습이다. 이 점은 Q-Q 그림에도 반영되어 있는데, 대각선에서 벗어난 자료점들을 볼 수 있을 것이다. 이는 대체로 둘째 날과 셋째 날의 위생 점수들이 축척의 아래쪽으로 좀 더 몰렸음을 암시한다. 위생 점수가 낮을수록 더 비위생적인 것이므로, 축제가 진행됨에 따라 사람들이 좀 더 악취를 내게 되었다고 추측할 수 있겠다. 이러한 기움 또는 비대칭은 다수의 미성년자가 축제 동안 자신의 위생 수준을 유지하겠다고 끝끝내 고집하기 때문에 발생한다(일회용 물티슈는 정말로 요긴한 물건이다). 어쨌거나, 모수적 검정을 사용하려 한다면 이런 기울어진 분포가 문제가 될 수 있다. 다음 절에서는 이러한 분포의 비대칭도(기울어진 정도)와 첨도를 수량화하는 여러 방법을 살펴본다.

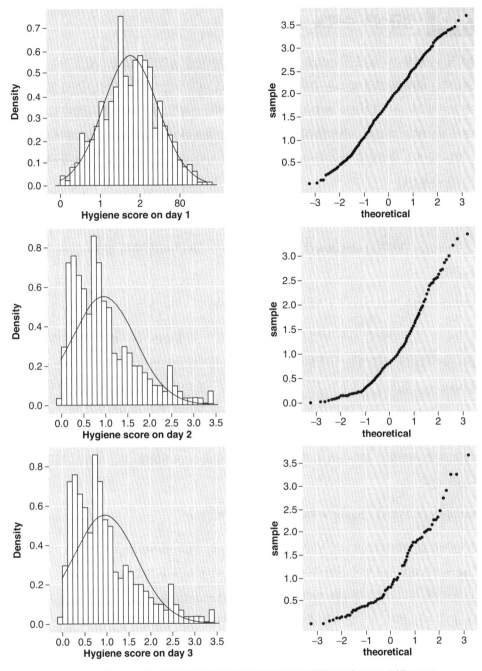

그림 5.2 다운로드 페스티벌 사흘간 위생 점수들의 히스토그램들(왼쪽)과 Q–Q 그림들(오른쪽)

앞에서 위생 점수의 분포를 눈으로 조사해 보았다. 이처럼 눈으로 히스토그램을 보는 것이 도움이 되긴 하지만, 그런 방식은 주관적이고 오남용의 여지가 있다(연구자들이 완전히 일그러진 분포를 보면서 "밥, 아주 정상으로 보이는데"라고 말하자 로버트 씨가 "그렇군, 확실히 정상이야"라고 말하는 장면이 상상된다). 따라서, 이번에는 분포의 형태를 수량화하는 방법과 그에 기초해서 이상치들을 찾는 방법을 살펴보자. 변수들의 분포를 좀 더 조사할 때는 *psych* 패키지의 **describe()** 라는 함수를 사용한다.

```
describe(dlf$day1)
```

또는, *pastecs* 패키지의 **stat.desc()** 함수를 사용할 수 있다.[4] 이 함수의 일반적인 형태는 다음과 같다.

```
stat.desc(변수 이름, basic = TRUE, norm = FALSE)
```

이 함수의 가장 간단한 사용 방법은 그냥 변수 이름만 지정하는 것이다. 그러면 다양한 통계량이 출력되는데, 거기에는 사례들의 수 같은 기초 통계량들이 포함되어 있다. 이는 기본적으로 *basic = TRUE*가 적용되기 때문이다. 그러나 정규분포에 관련된 통계량들은 포함되지 않는데, 이는 *norm = FALSE*가 기본이기 때문이다. 내 생각에 기초 통계량들은 별로 유용하지 않으므로, 흔히 나는 명시적으로 *basic = FALSE*를 지정해서 기초 통계량을 제외하고, *norm = TRUE*를 지정해서 점수들의 분포에 관련된 통계량들을 표시한다. 지금 예에서 해당 명령은 다음과 같다.

```
stat.desc(dlf$day1, basic = FALSE, norm = TRUE)
```

첫 인수로 *dlf* 데이터프레임의 변수 **day1**을 지정하고, 기초 통계량들을 표시하지 않게 하고 (*basic = FALSE*), 정규성에 관한 통계량은 표시하게 했다(*norm = TRUE*).

한 번에 여러 개의 변수에 대해 *describe()*와 *stat.desc()*를 사용할 수도 있다. 다음처럼 *cbind()*를 이용해서 여러 변수를 결합하면 된다(R의 영혼의 조언 3.5).

---

4 R에서는 어떤 일을 하는 방법이 한 가지가 아니다. 두 번째 방법은 물론 세 번째나 네 번째, 다섯 번째 방법이 있는 경우도 많다. 이 책을 쓰면서 제러미와 나는 다른 사람들의 코드를(그리고 때로는 우리가 작성한 코드도) 살펴보다가 "아, 그런 방법도 있군요! 나는 항상 다른 패키지의 다른 함수를 사용하는데 말이죠" 같은 이메일을 보내곤 한다. R로 뭔가를 할 때 자신이 선호하는 특정 방법에 집착하는 사람들도 있지만, 통계를 배우면서 특정 방법만을 선호한다는 것은 그리 멋진 일이 아니다. 그래서, 비록 나는 제러미의 지저분한 구식 *describe()* 함수를 선호하지만, 좀 더 복잡한 *stat.desc()*도 함께 설명한다.

```
describe(cbind(dlf$day1, dlf$day2, dlf$day3))
stat.desc(cbind(dlf$day1, dlf$day2, dlf$day3), basic = FALSE, norm = TRUE)
```

두 예 모두, 앞의 명령들에서 변수 하나를 지정했던 자리에 *cbind(dlf$day1, dlf$day2,*
dlf$day3)(변수 **day1, day2, day3**을 하나로 묶은 것)을 지정한 것일 뿐임을 주목하기 바란다.

여러 변수의 정보를 얻는 또 다른 방법은 다음처럼 자료 집합으로부터 변수 이름들을 직접
선택하는 것이다(§3.9.1 참고).

```
describe(dlf[,c("day1", "day2", "day3")])
stat.desc(dlf[, c("day1", "day2", "day3")], basic = FALSE, norm = TRUE)
```

행들과 열들을 선택할 때 *[행들, 열들]*이라는 구문을 사용한다는 점을 기억할 것이다. 따라서
*dlf[, c("day1", "day2", "day3")]*는 *dlf* 데이터프레임의 모든 행(쉼표 앞에 아무것도 없으므로)과
day1, day2, day3이라는 열들(*c("day1", "day2", "day3")*)을 지정했으므로)을 선택하라는 뜻이다.

이 명령들을 실행한 결과가 아래의 출력 5.1(*describe()*)과 출력 5.2(*stat.desc()*)에 나와 있다.
이 출력들은 기본적으로 같은[5] 값들을 담고 있다. 다만, 출력 5.2는 수치들을 다른 방식으로
표기한다(R의 영혼의 조언 5.1 참고). 출력들을 보면, 축제 첫날은 평균 위생 점수가 1.77(4점 만점
에서)이지만 둘째 날과 셋째 날의 평균은 그보다 떨어진 0.96과 0.98임을 알 수 있다. 지금 예
에서 중요한 또 다른 수치로는 비대칭도(skewness)와 첨도(kurtosis)가 있다(§1.7.1 참고). 정규분포
에서는 비대칭도와 첨도가 모두 0이어야 한다. 비대칭도가 0보다 크다는 것은 점수들이 분포
의 왼쪽에 몰려 있다는 뜻이고, 0보다 작다는 것은 오른쪽에 몰려 있다는 뜻이다. 첨도가 양
수이면 분포가 뾰족하고 꼬리가 두꺼운 것이고, 첨도가 음수이면 분포가 평평하고 꼬리가 가
는 것이다. 이들의 값이 0에서 멀수록 해당 자료의 분포가 정규분포에서 많이 벗어난 것이라
할 수 있다. 첫날의 비대칭도는 0에 아주 가깝고(바람직하다) 첨도는 0보다 약간 작다. 둘째 날
과 셋째 날은 비대칭도가 1(양으로 기움)이다.

비대칭도와 첨도가 유용하긴 하지만, 이 값들을 z 점수로 변환해 보는 것도 좋은 일이다.
§1.7.4에서 말했듯이 z 점수는 실제 점수를 평균이 0, 표준편차가 1인 분포에 맞추어 변환한
값이다. 그러한 분포는 지금 예에 활용할 만한 속성들을 가지고 있다. 비대칭도와 첨도를 z 점
수로 변환하는 것이 유용한 이유는 (1) 서로 다른 측정 방법으로 얻은 서로 다른 표본들의 비
대칭도와 첨도를 비교할 수 있다는 점과 (2) 자료의 비대칭도와 첨도가 발생할 확률을 파악할
수 있다는 점이다. 임의의 점수를 z 점수로 변환하는 방법은 간단하다. 그냥 점수에서 분포의

---

[5] 주의 깊게 보면 첨도 값들이 다르다는 점을 알 수 있는데, 이는 *describe()*가 편향 없는 추정값(DeCarlo, 1997)를 산출하는 반면
*stat.desc()*는 편향 있는 추정값을 산출하기 때문이다.

평균(지금 예에서는 0)을 빼고 분포의 표준편차(지금 예에서는 표준오차를 사용한다)로 나누면 된다. 비대칭도와 첨도 역시 정확히 같은 방식으로 z 점수로 변환한다.

$$z_{\text{비대칭도}} = \frac{S - 0}{SE_{\text{비대칭도}}} \qquad\qquad z_{\text{첨도}} = \frac{K - 0}{SE_{\text{첨도}}}$$

이 공식의 S의 값(비대칭도)과 K의 값(첨도), 그리고 해당 표준오차(SE)들은 R이 산출한다. 이 공식으로 얻은 z 점수들을 순전히 우연하게 나올 수 있는 값들(즉, 부록 A의 정규분포표에 있는 알려진 값들)과 비교해 보면 자료의 분포에 관해 좀 더 알 수 있다. 절댓값이 1.96보다 큰 z 점수는 $p < .05$에서 유의하고, 2.58보다 큰 z 점수는 $p < .01$에서, 그리고 3.29보다 큰 z 점수는 $p < .001$에서 유의하다. 표본이 크면 표준오차가 작아지므로, 큰 표본에서는 정규분포에서 조금만 벗어나도 유의한 값들이 나온다. 크기가 작은 표본에서는 1.96보다 큰 값들을 살펴보는 것으로 충분하다. 그러나 큰 표본에서는 기준을 2.58로 늘려야 하며, 아주 큰 표본에서는 이전에 설명한 작은 표준오차의 문제점 때문에 그 어떤 기준도 적용하지 말아야 한다. 표본이 크면 (200 이상) 분포의 형태를 눈으로 보고 비대칭도와 첨도의 값을 확인하는 것이(해당 유의도를 계산하기보다는) 더 중요하다.

출력 5.1

```
var n  mean  sd median trimmed mad  min  max range skew kurtosis se
 1 809 1.77 0.69  1.79   1.77  0.70 0.02 3.69 3.67  0.00  -0.41  0.02
 2 264 0.96 0.72  0.79   0.87  0.61 0.00 3.44 3.44  1.08   0.82  0.04
 3 123 0.98 0.71  0.76   0.90  0.61 0.02 3.41 3.39  1.01   0.73  0.06
```

```
                   day1            day2           day3
median        1.790000000   7.900000e-01   7.600000e-01
mean          1.770828183   9.609091e-01   9.765041e-01
SE.mean       0.024396670   4.436095e-02   6.404352e-02
CI.mean.0.95  0.047888328   8.734781e-02   1.267805e-01
var           0.481514784   5.195239e-01   5.044934e-01
std.dev       0.693912663   7.207801e-01   7.102770e-01
coef.var      0.391857702   7.501022e-01   7.273672e-01
skewness     -0.003155393   1.082811e+00   1.007813e+00
skew.2SE     -0.018353763   3.611574e+00   2.309035e+00
kurtosis     -0.423991408   7.554615e-01   5.945454e-01
kurt.2SE     -1.234611514   1.264508e+00   6.862946e-01
normtest.W    0.995907247   9.083185e-01   9.077513e-01
normtest.p    0.031846386   1.281495e-11   3.804334e-07
```

stat.desc() 함수는 *skew.2SE*와 *kurt.2SE*라는 항목들도 출력하는데, 이들은 비대칭도와 첨도를 두 표준오차로 나눈 것이다. z 점수는 2보다(좀 더 정확하게는 1.96보다) 클 때 유의하다고 말했음을 기억할 것이다. 따라서 이 통계량은 그냥 앞에 나온 공식을 약간 다른 형식으로 적용한 것이라 할 수 있다. 앞에서 비대칭도를 표준오차로 나눈 값이 2보다 크면 유의하다고($p < .05$에서) 말했는데, 이는 비대칭도를 2 곱하기 표준오차로 나눈 값이 1보다 크면 유의하다고($p < .05$에서) 말하는 것과 같다. 다른 말로 하면, 만일 *skew.2SE*와 *kurt.2SE*의 값(절댓값)이 1보다 크면 해당 비대칭도 또는 첨도가 유의한($p < .05$에서) 것이다. 그리고 1.29보다 큰 값은 $p < .01$에서 유의하고 1.65보다 큰 값은 $p < .001$에서 유의하다. 그런데 방금 말했듯이 이러한 기준은 비교적 작은 표본에만 사용해야 하므로, 이 *skew.2SE* 값이나 *kurt.2SE*를 해석할 때는 조심할 필요가 있다.

위생 점수의 예에서 1, 2, 3일 차의 *skew.2SE*의 값은 각각 −0.018, 3.612, 2.309이다. 이는 둘째 날과 셋째 날의 분포가 유의하게 기울었음을 뜻한다. *kurt.2SE*의 값은 각각 −1.235, 1.265, 0.686인데, 이는 첫째 날과 둘째 날의 비대칭도가 유의하지만 셋째 날은 그렇지 않다는 뜻이다. 그러나 이 예는 표본이 꽤 크므로(큰 표본에서 주의할 사항들을 기억할 것이다), 이런 값들에 주목하기보다는 히스토그램을 눈으로 보고 분포의 형태를 파악하는 것이 더 낫다.

*stat.desc()*의 출력에는 샤피로–윌크 정규성 검정과 관련한 수치도 있는데, 이 검정은 §5.6에서 어느 정도 자세히 이야기한다. 일단 지금은 출력 5.2의 *normtest.W*와 *normtest.p*가 그 검정 결과와 해당 확률이라는 점만 알면 된다.

R의 영혼의 조언 5.2　출력의 유효자릿수 변경

출력 5.2는 소숫점과 과학 표기법(7.900000e-01 같은) 때문에 상당히 난해해 보인다. 그런데 일상적인 용도에서는 출력 5.2처럼 유효숫자가 많을 필요가 없다. 출력의 소수점 이하 유효숫자를 줄이는 한 가지 방법은 **round()** 함수를 사용하는 것이다. 이 함수의 일반적인 형태는 다음과 같다.

```
round(반올림할 객체, digits = 소수점 이하 유효자릿수)
```

간단히 말해서 *digits*에 원하는 유효숫자 개수를 지정하면 된다. 예를 들어 출력 5.2와 같은 수치들을 출력하되 소수점 이하 세 자리까지만 표시하고 싶다면 다음 명령을 실행하면 된다.

```
round(stat.desc(dlf[, c("day1", "day2", "day3")]), basic = FALSE, norm =
TRUE), digits = 3)
```

원래의 명령(*stat.desc(dlf[, c("day1", "day2", "day3")], basic = FALSE, norm = TRUE)*)을 *round()* 안에 넣고 *digits* 인수에 3을 지정한 것일 뿐이다. 이렇게 하면 좀 더 보기 좋은 결과가 출력된다.

```
                day1   day2   day3
median          1.790  0.790  0.760
mean            1.771  0.961  0.977
SE.mean         0.024  0.044  0.064
CI.mean.0.95    0.048  0.087  0.127
var             0.482  0.520  0.504
std.dev         0.694  0.721  0.710
coef.var        0.392  0.750  0.727
skewness       -0.003  1.083  1.008
skew.2SE       -0.018  3.612  2.309
kurtosis       -0.424  0.755  0.595
kurt.2SE       -1.235  1.265  0.686
normtest.W      0.996  0.908  0.908
normtest.p      0.032  0.000  0.000
```

주입식 샘의 핵심 정리　비대칭도와 첨도

- 점수들의 분포가 정규분포와 어느 정도나 비슷한지 파악하는 한 가지 방법은 점수들의 비대칭도와 첨도를 확인하는 것이다.
- 비대칭도가 양수(0보다 큰 값)이면 정규분포보다 작은 점수들이 많이 있는 것이고, 음수이면 더 큰 점수들이 많이 있는 것이다.
- 첨도가 양수이면 분포가 뾰족하고 꼬리가 두껍다는 뜻이고, 첨도가 음수이면 분포가 평평하고 꼬리가 가늘다는 뜻이다.
- 비대칭도와 첨도가 0에서 멀수록 자료의 분포가 정규분포에서 많이 벗어난 것이다.
- 비대칭도와 첨도의 유의성을 점검할 수도 있지만, 표본이 클 때는 그렇게 하지 말아야 한다(표본이 크면 비대칭도와 첨도가 정규분포와 그리 많이 다르지 않아도 유의하다는 결과가 나올 수 있기 때문).

서로 다른 그룹(이를테면 개들과 고양이들, 서로 다른 대학들, 우울증이 있는 사람들과 없는 사람들 등등)에 속한 개체들에서 얻은 자료를 분석해야 할 때가 종종 있다. 서로 다른 참가자 그룹들을 서술하는 기초 통계량들을 얻는 방법은 여러 가지이다. 그 방법들은 §5.6.1에서 만나볼 것이다. 지금은 **by()**라는 함수를 소개하고, 제3장에 나온 *subset()* 함수를 다시 꺼내려 한다. 이 함수들은 특정 그룹화 변수로 자료를 분할하거나 사례들의 부분집합을 선택하는 용도로 쓰인다.

다운로드 페스티벌의 위생 점수는 이제 좀 지겨울 것이므로, 이번에는 **RExam.dat**라는 파일의 자료를 사용하겠다. 이 파일에는 학생들의 R 시험 성적에 관한 자료가 들어 있다. 측정한 변수는 네 가지로, **exam**은 1학년 학생들의 R 시험 점수를 퍼센트로 환산한 값들을 담고 **computer**는 퍼센트로 환산한 컴퓨터 사용 능력을 담는다. **lecture**는 R 강의 출석률(퍼센트)을, **numeracy**는 수치를 다루는 능력을 15점 만점으로 측정한 점수를 담는다. 또한, 학생이 서섹스 대학교(Sussex University; 내가 일하는 곳)에 다니는지 아니면 던스타운 대학교(Duncetown University)에 다니는지를 나타내는 **uni**라는 변수도 있다. 그럼 먼저 자료 전체를 살펴보자.

5.5.3.1 자료 전체의 분석 ①

가장 먼저 할 일은 다음 명령으로 **RExam.dat**의 자료를 불러오는 것이다.

```
rexam <- read.delim("rexam.dat", header=TRUE)
```

uni 변수에는 대학교 이름 문자열이 아니라 수치들이 적재된다. 자료 파일에 그렇게 지정되어 있기 때문이다. 이 **uni** 변수를 다음 명령을 이용해서 요인(인자)으로 변환한다(§3.5.4.3 참고).

```
rexam$uni<-factor(rexam$uni, levels = c(0:1), labels = c("Duncetown University",
"Sussex University"))
```

이 명령에서 *rexam$uni*는 *rexam* 데이터프레임의 **uni** 변수를 뜻한다. *levels = c(0:1)*은 두 대학교를 0과 1이라는 값으로 부호화하라는 뜻이고, *labels = c("Duncetown University",*
*"Sussex University")*는 0에 던스타운 대학교, 1에 서섹스 대학교에 해당하는 이름표를 배정하라는 뜻이다.

자가진단을 마쳤다면, 여러분의 화면에도 출력 5.3(*stat.desc()*를 사용했다)과 그림 5.3과 비슷한 결과가 나타나 있을 것이다. 출력 5.3을 보면 학생들의 평균 강의 출석률이 약 60%이고, R 시험에서 만점의 58%에 해당하는 점수를 받았고, 컴퓨터 사용 능력 평가에서는 51%에 해당하는 점수밖에 받지 못 했고, 수치 계산력 평가에서는 15점 만점에 4.85점밖에 받지 못했다. 또한, 컴퓨터 사용 능력의 표준편차는 강의 출석률과 시험 점수의 표준편차에 비해 작았다. 또한, 비대칭도와 첨도, 그리고 관련 유의성 검정도 중요하다. 이전에 설명했듯이, 1, 1.29,

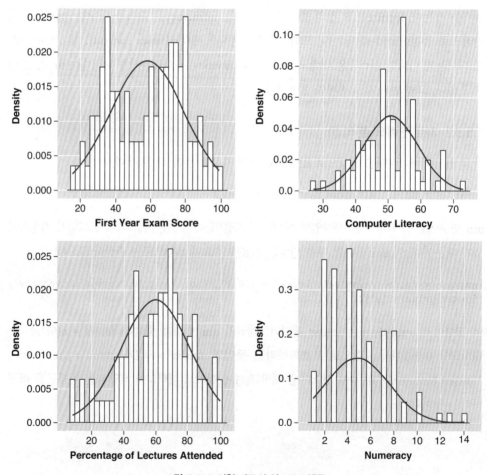

그림 5.3 R 시험 자료의 히스토그램들

1.65보다 큰 *kurt.2SE*와 *skew.2SE*는 각각 $p < .05$, $p < .01$, $p < .001$에서 유의하다. 비대칭도로 볼 때, 수치 계산력 점수들은 유의하게 양으로 기울었다($p < .001$). 이는 점수들이 분포의 왼쪽에 몰려 있다는(따라서 대부분의 학생이 낮은 점수를 받았다는) 뜻이다. 첨도로 보면 **R** 시험 점수들이 유의하다($p < .05$).

히스토그램들에서도 많은 것을 알 수 있다. 시험 점수들은 정규분포에서 많이 벗어나 있다는 점에서 특히나 흥미롭다(뾰족한 봉우리가 두 개인데, 이는 최빈값(mode)이 둘임을 뜻한다). 이러한 관찰은 앞에서 기술(記述)통계량(descriptive statistics)들에서 발견한 정보와 부합한다. 컴퓨터 사용 능력은 정규분포를 상당히 잘 따르는 것으로 보인다(컴퓨터를 아주 잘 다루는 사람과 아주 못 다루는 사람은 소수이고, 나머지 대부분은 비슷한 정도의 컴퓨터 사용 능력을 갖추고 있다). 강의 출석률도 마찬가지이다. 마지막으로, 수치 계산력 점수들은 양으로 기운 모습이다(즉, 대부분의 학생이 나쁜 점수를 받았고, 소수만 좋은 점수를 받았다). 이는 앞에서 확인한 비대칭도 값들과 부합한다.

	exam	computer	lectures	numeracy
median	60.000	51.500	62.000	4.000
mean	58.100	50.710	59.765	4.850
SE.mean	2.132	0.826	2.168	0.271
CI.mean.0.95	4.229	1.639	4.303	0.537
var	454.354	68.228	470.230	7.321
std.dev	21.316	8.260	21.685	2.706
coef.var	0.367	0.163	0.363	0.558
skewness	-0.104	-0.169	-0.410	0.933
skew.2SE	-0.215	-0.350	-0.849	1.932
kurtosis	-1.148	0.221	-0.285	0.763
kurt.2SE	-1.200	0.231	-0.298	0.798
normtest.W	0.961	0.987	0.977	0.924
normtest.p	0.005	0.441	0.077	0.000

기술통계량과 히스토그램은 자료의 분포를 한 눈에 파악하기에 좋다. 이들이 제공하는 정보는 아주 유용할 수 있는데, 예를 들어 **R** 시험 점수들이 이봉분포임을 알게 되면 그 즉시 대체로 학생들이 통계학에 아주 능숙하거나 아니면 아주 어려워 하는 경향이 있다는 생각이 떠오르게 된다(그 두 극단 사이에 속하는 학생들은 비교적 적다). 직관적으로 이러한 발견은 이 책의 주제, 즉 통계학은 모든 것이 제자리에 맞아들어가기만 하면 아주 쉽지만, 그러한 깨달음의 순간이 오기 전에는 어찌할 도리가 없을 정도로 어려워 보인다는 주제와 잘 부합한다.

5.5.3.2 그룹별 분석 ①

대학교별로 기술통계량을 얻고 싶다면 *by()* 함수를 사용하면 된다.[6] *by()* 함수의 일반적인 형태는 다음과 같다.

```
by(data = 분석할 자료, INDICES = 그룹화 변수, FUN =자료에 적용할 함수)
```

간단히 말하면, 이 함수를 사용할 때는 그냥 분석할 데이터프레임 또는 변수 이름, 그룹 구분의 기준이 되는 변수(지금 예에서는 대학교별로 기술통계량을 출력하려 하므로 **uni**), 그리고 자료에 적용할 함수(지금 예에서는 *describe* 또는 *stat.desc*)를 지정하면 된다. 다음은 대학교별로 변수 **exam**의 기술통계량을 *describe*을 이용해서 출력하는 명령이다.

```
by(data = rexam$exam, INDICES = rexam$uni, FUN = describe)
```

describe() 대신 *stat.desc()*를 사용하고 싶다면 다음을 실행하면 된다.

```
by(data = rexam$exam, INDICES = rexam$uni, FUN = stat.desc)
```

두 경우 모두, 만일 *data, INDICES, FUN* 옵션들을 위와 같은 순서로 지정할 때는 다음과 같이 그냥 옵션(인수) 이름들을 생략해도 된다.

```
by(rexam$exam, rexam$uni, describe)
by(rexam$exam, rexam$uni, stat.desc)
```

마지막으로, 여기에 또 다른 옵션들을 덧붙일 수 있다. 예를 들어 *stat.desc()*를 사용하는 경우 기초 통계량은 출력하지 않고 정규성 관련 통계량을 출력하고 싶다면 다음과 같이 하면 된다.

```
by(rexam$exam, rexam$uni, stat.desc, basic = FALSE, norm = TRUE)
```

여러 변수에 대한 기술통계량을 원한다면 *by()* 안에서 *cbind()*로 여러 변수를 묶어 주면 된다(R의 영혼의 조언 3.5 참고). 예를 들어 다음은 **R** 시험 점수와 수치 계산력 점수의 기술통계량을 출력하는 명령이다.

```
by(cbind(data=rexam$exam,data=rexam$numeracy), rexam$uni, describe)
```

또는 다음과 같이 *c()*로 묶을 수도 있다.

```
by(rexam[, c("exam", "numeracy")], rexam$uni, stat.desc, basic = FALSE, norm =
TRUE)
```

---

6 *by()*는 소위 '래퍼(wrapper)' 함수에 해당한다. 래퍼 함수란 나 같은 사람을 위해 복잡한 함수를 단순한 형태로 '감싸서(wrap)' 사용하기 쉽게 만들어 주는 함수이다. *by()*는 *tapply()*라는 함수를 감싼 래퍼인데, 그 함수는 수많은 일을 할 수 있는 아주 강력하고 똑똑한 함수이지만 사용하기가 어렵다. 그래서 우리는 비교적 간단한 옵션들을 *tapply()*를 위한 옵션들로 변환해 주는 *by()* 함수를 대신 사용한다.

아래의 출력 5.4는 *cbind()* 와 *describe*를 사용했을 때의 출력인데, 출력이 두 부분으로 나뉘어 있다. 첫 부분은 던스타운 대학교 학생들의 결과이고 그다음은 서섹스 대학교 학생들의 결과이다. 이 결과에서 보듯이, 서섹스대 학생들이 R 시험(V1 행)과 수치 계산력 평가 모두에서 던스타운 학생들보다 높은 점수를 받았다. 평균들을 보면 서섹스대 학생들의 평균 R 시험 점수가 던스타운 쪽보다 무려 36%나 높다. 평균 수치 계산력 평가 점수도 마찬가지이다(간단히 말해서 내가 가르친 학생들이 최고이다).

출력 5.4

```
INDICES: Duncetown University
   var  n  mean    sd median trimmed   mad min max range skew kurtosis   se
V1   1 50 40.18 12.59     38   39.85 12.60  15  66    51 0.29    -0.57 1.78
V2   2 50  4.12  2.07      4    4.00  2.22   1   9     8 0.48    -0.48 0.29
--------------------------------------------------------------
INDICES: Sussex University
   var  n  mean    sd median trimmed  mad min max range skew kurtosis   se
V1   1 50 76.02 10.21     75   75.70 8.90  56  99    43 0.26    -0.26 1.44
V2   2 50  5.58  3.07      5    5.28 2.97   1  14    13 0.75     0.26 0.43
```

다음으로는 히스토그램들을 보자. *by()*를 *ggplot2* 패키지의 함수들과 함께 사용해서 히스토그램을 그릴 수도 있지만, 그러면 누구도 이해할 수 없을 정도로 복잡한 명령을 입력해야 한다. 서로 다른 그룹들에 대한 그래프를 그리는 좀 더 간단한 방법은 *subset()* 함수를 사용하는 것이다. 이 함수는 제3장의 §3.9.2에서 우리가 관심이 있는 자료만 담은 객체를 생성할 때 만난 적이 있다. 던스타운 대학교와 서섹스 대학교에 대해 개별적인 히스토그램을 작성하려면, 우선은 대학교별로 한 대학교의 자료만 담은 데이터프레임을 따로 만들어야 한다. 다음이 그러한 명령들이다.

```
dunceData<-subset(rexam, rexam$uni=="Duncetown University")
sussexData<-subset(rexam, rexam$uni=="Sussex University")
```

이 명령들은 각각 *rexam* 데이터프레임의 한 부분집합을 담은 데이터프레임을 생성한다. 어떤 부분집합인지는 주어진 조건식에 따라 달라진다. 첫 명령에는 *rexam$uni=="Duncetown University"*라는 조건식이 있는데, 이는 변수 **uni**의 값이 "Duncetown University"라는 문자열과 정확히 같은 사례들만 부분집합에 포함시키라는 뜻이다. 결과적으로 이 명령은 던스타운 대학교 학생들의 자료로만 이루어진 *dunceData*라는 데이터프레임을 생성한다. 그와 비슷하게, 둘째 명령은 변수 **uni**의 값이 "Sussex University"라는 문자열과 정확히 같은 사례들만 선택해서 *sussexData*라는 데이터프레임을 생성한다. 이는 그룹을 분리하는 빠르고도 쉬운 방법이다. 단, 사례들을 선택하는 조건식을 주의 깊게 지정해야 한다. 관련 문자열("Duncetown University" 등)에 오타가 있거나, 대소문자 구성이나 빈칸 등이 조금이라도 다르면 아무 자료도 없는 데이터프레임이 만들어진다.

　개별적인 데이터프레임들을 생성했다면, 그 데이터프레임들을 지정해서 이전과 같은 방식으로 히스토그램을 작성하면 된다. 예를 들어 다음은 던스타운 대학교의 수치 계산력 점수들의 히스토그램을 만들고 표시하는 명령들이다.

```
hist.numeracy.duncetown <- ggplot(dunceData, aes(numeracy)) + theme(legend.
position = "none") + geom_histogram(aes(y = ..density..), fill = "white",
colour = "black", binwidth = 1) + labs(x = "Numeracy Score", y = "Density")
+ stat_function(fun=dnorm, args=list(mean = mean(dunceData$numeracy, na.rm =
TRUE), sd = sd(dunceData$numeracy, na.rm = TRUE)), colour = "blue", size=1)
hist.numeracy.duncetown
```

첫 명령을 §5.5.1에 나온 해당 명령과 비교해 보면, 둘이 거의 같다는 점을 알 수 있을 것이다. 주된 차이는 전체 자료를 담은 데이터프레임 대신 *dunceData*를 지정한 것이다.[7] 서섹스대 학생들의 히스토그램도 간단히 작성할 수 있다. 이 명령에서 *dunce-Data*를 *sussexData*로 대체하기만 하면 된다.

　비슷하게, 위의 명령에서 'numeracy'들을 모두 'exam'으로 대체하면 시험 점수에 대한 히스토그램이 만들어진다. 그림 5.4에 대학별 시험 점수와 수치 계산력 평가 점수의 히스토그램들이 나와 있다. 이 히스토그램들에서 우선 주목할 것은, 두 대학교 모두 시험 점수들의 분포가 정규분포에 상당히 가깝다는 점이다. 전체 자료의 분포가 이봉분포였다는 점을 생각하면 이는 좀 의아한 결과이다. 그러나 던스타운의 분포가 약 40% 지점을 중심으로 하는 반면 서섹스의 분포가 약 76% 지점을 중심으로 한다는 점을 생각하면 수긍이 간다. 이는 분포를 그룹별로 표시해 보는 것이 얼마나 중요한지를 잘 보여주는 예이다. 던스타운과 서섹스를 비교해 보는 것이 목적일 때는 점수들의 전체적인 분포가 이봉분포라는 점이 별로 의미가 없다. 중요한 것은 각 그룹이 정규분포를 따르는지의 여부인데, 지금 예에서는 두 그룹 모두 정규분포를 따르는 것으로 보인다. 두 표본을 합치면 두 정규분포로부터 하나의 이봉분포(한 봉우리는 던스타운 분포의 중심 근처에 있고, 다른 한 봉우리는 서섹스 분포의 중심 근처에 있는)가 만들어진다. 수치 계산력 점수의 분포는 두 대학 모두 양으로 살짝 기울었다(점수들이 낮은 쪽에 더 많이 몰려 있다). 따라서, 이전에 관찰한 전반적으로 양으로 기운 분포는 두 대학의 혼합에 의한 것이라 할 수 있다.

자가진단

✓ 컴퓨터 사용 능력 점수와 출석률에 대해서도 이 분석들을 수행해서 그 결과를 해석하라.

---

7 그 외의 차이로, 수치 계산력 히스토그램의 분류통 막대를 더 넓게 하는 게 보기가 좋다고 판단해서 binwidth = 1(제4장 참고)을 추가했다. 다른 변수들에 대한 히스토그램에서는 이 옵션을 제거하고 그냥 기본 분류통 너비를 사용하는 것이 더 보기가 좋다.

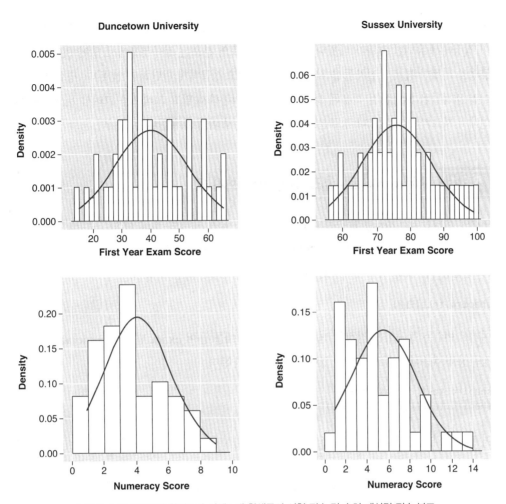

그림 5.4 던스타운대 학생들과 서섹스대 학생들의 시험 점수 및 수치 계산력 점수 분포

5.6 분포의 정규성 검정 ①

전체적인 자료의 분포가 그와 비교 가능한 정규분포에서 얼마나 벗어나 있는지 파악하는 또 다른 방법으로 **샤피로-윌크 검정**(Shapiro-Wilk test)이라는 것이 있다. 이 검정은 표본의 점수들을 그 표본과 평균과 표준편차가 같은 정규분포에서 뽑은 점수들과 비교한다. 이 검정에서 유의하지 않은 결과($p > .05$)가 나왔다면, 표본 분포가 정규분포와 그리 다르지 않다는 뜻이다. 반대로, 검정 결과가 유의하다면($p < .05$), 자료의 분포는 정규분포와 유의하게 다른 것이다(즉, 정규분포가 아니다). 간단한 절차를 통해서 점수들의 정규분포 여부를 판단할 수 있다니 그럴듯하게 들릴 것이다. 그러나 이 검정에는 한계가 있다. 표

내가 정상(normal)인지 아닌지 검증하는 게 가능하다고?

본이 크면 정규분포를 조금만 벗어나도 유의한 결과가 나오기 쉽다는 점을 고려해야 한다. 즉, 이 검정에서 유의한 결과가 나왔다고 해서, 이 자료의 분포는 정규분포에서 많이 벗어나니 정규성을 가정한 통계적 절차들을 사용하면 안 된다고 성급하게 판단하면 안 된다. 명심할 것은, 이런 검정들을 얼마든지 적용해 보되, 검정에만 의존하지 말고 그래프를 그려서 눈으로도 확인해서 자료가 어느 정도나 정규분포에서 벗어났는지 파악해야 한다는 점이다.

5.6.1 R에서 샤피로–윌크 검정 실행하기 ①

이전에 설명한 *stat.desc()* 함수는 다른 통계량들과 함께 샤피로–윌크 검정의 결과도 출력한다 (출력 5.2와 출력 5.3 참고). 그러나 **shapiro.test()** 함수를 이용해서 샤피로–윌크 검정을 명시적으로 실행하는 것도 가능하다. 이 함수의 일반적인 형태는 다음과 같다.

```
shapiro.test(변수)
```

여기서 변수는 정규성을 검정할 변수의 이름이다. 예를 들어 **exam** 변수와 **numeracy** 변수의 정규성을 검증하고 싶으면 다음 명령들을 실행하면 된다.

```
shapiro.test(rexam$exam)
shapiro.test(rexam$numeracy)
```

이 명령들의 실행 결과가 출력 5.5에 나와 있다. 검정마다 W와 *p-value*라는 이름의 검정통계량들이 표시되었다. 이 W와 *p-value*는 각각 *stat.desc()* 함수의 *normtest.W*와 *normtest.p*(출력 5.3 참고)에 해당한다. 유의한 값(p 값이 .05 미만)이 나왔다는 것은 변수가 정규성에서 이탈했음을 뜻한다. 수치 계산력($p = .005$)과 **R** 시험 점수($p < .001$) 모두, 샤피로–윌크 검정이 아주 유의한 결과를 냈다. 이는 두 분포 모두 정규분포가 아님을 가리킨다. 시험 점수의 이봉분포나 수치 계산력 점수의 양으로 기운 분포를 눈으로 보고도 그러한 이탈을 짐작할 수 있지만, 이러한 검정들은 그러한 이탈이 유의한 수준임을 확인해 준다는 점이 다르다(단, 표본이 상당이 크다는 점을 참작해야 한다).

출력 5.5

```
        Shapiro-Wilk normality test

data:   rexam$exam
W = 0.9613, p-value = 0.004991

        Shapiro-Wilk normality test

data:   rexam$numeracy
W = 0.9244, p-value = 2.424e-05
```

마지막으로 한 가지 짚어 볼 것이 있다. 개별 그룹의 시험 점수를 보면 분포들이 정규분포와 상당히 비슷하다. 아마 두 대학교의 자료에 대해 따로 샤피로–윌크 검정을 실행하면 유의하지 않은 결과가 나올 것이다. 그럼 앞에서 본 *by()*를 이용해서 실제로 실행해 보자. 이전에는 *FUN* 인수에 *describe*나 *stat.desc*를 지정했지만, 이번에는 *shapiro.test*를 지정한다(*stat.desc*도 출력의 일부로 샤피로–윌크 검정 결과를 출력하므로 그냥 *stat.desc*를 사용해도 되지만, 샤피로–윌크 검정 결과만 알고 싶으면 이 쪽이 더 깔끔할 것이다).

```
by(rexam$exam, rexam$uni, shapiro.test)
by(rexam$numeracy, rexam$uni, shapiro.test)
```

출력 5.6은 시험 점수의 검정 결과이다. 출력에서 보듯이, 두 그룹 모두 R 시험 점수는 정규분포에 가깝다(둘 다 *p* 값이 .05보다 크다). 이 예는 **그룹들을 비교하는 분석에서는 전체적인 분포가 아니라 각 그룹의 분포가 중요하다**는 점을 잘 보여준다.

출력 5.6

```
rexam$uni: Duncetown University

        Shapiro-Wilk normality test

data:  dd[x, ]
W = 0.9722, p-value = 0.2829
-------------------------------------------------------------------
rexam$uni: Sussex University

        Shapiro-Wilk normality test

data:  dd[x, ]
W = 0.9837, p-value = 0.7151
```

출력 5.7은 수치 계산력에 대한 그룹별 검정 결과이다. 이 경우에는 던스타운 대학교(*p* = .015)와 서섹스 대학교(*p* = .007) 모두 유의한 수준으로 정규분포가 아니라는 결과가 나왔다.

출력 5.7

```
rexam$uni: Duncetown University

        Shapiro-Wilk normality test

data:  dd[x, ]
W = 0.9408, p-value = 0.01451
-------------------------------------------------------------------
rexam$uni: Sussex University

        Shapiro-Wilk normality test

data:  dd[x, ]
W = 0.9323, p-value = 0.006787
```

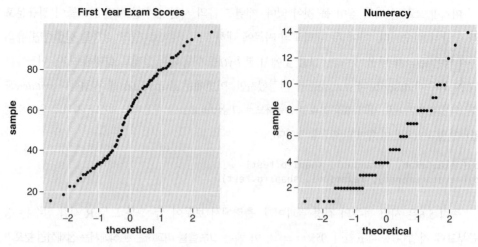

그림 5.5 R 시험 점수와 수치 계산력 점수의 정규 Q–Q 그림

두 변수의 Q-Q 그림을 그려 보면 샤피로–윌크 검정의 결과를 해석하는 데 도움이 될 것이다.

```
ggplot(rexam, aes(sample=rexam$exam))+stat_qq()
ggplot(rexam, aes(sample=rexam$numeracy))+stat_qq()
```

정규 Q-Q 그림은 분포가 정규분포일 때 기대할 수 있는 값(이론적 값; 그래프의 theoretical 축)들과 자료 집합에 실제로 있는 값(표본 값; 그래프의 sample 축)들을 그린다. 만일 자료의 분포가 정규분포이면, 실제 값(그래프의 점)들이 정확하게 대각선 방향의 직선을 형성한다(이는 실제 값들이 정규분포 자료 집합에서 기대할 수 있는 값들과 동일함을 뜻한다). 직선에서 벗어난 점들은 정규성에서 벗어난 사례들을 나타낸다. 따라서, 만일 Q-Q 그림이 구불구불한 뱀 모양이면 자료가 정규성에서 어느 정도 벗어난 것이다. 좀 더 구체적으로, 점들이 일관되게 대각선 아래에 있거나 일관되게 대각선 위에 있으면 자료의 첨도가 정규분포의 첨도와 다른 것이고, 점들이 S자 곡선을 이루고 있으면 비대칭도가 다른 것이다.

앞에서 분석한 두 변수 모두 해당 자료가 정규분포가 아니라는 결과가 나왔는데, 그래프를 그려 보니 그 결과와 부합한다. 두 그래프 모두, 점들이 대각선보다 아래에 있는 경우가 많다. 특히 수치 계산력은 이탈 정도가 두드러진다. 이는 샤피로–윌크 검정에서 이 변수의 유의확률이 크게 나왔다는 점과 부합한다.

5.6.2 샤피로–윌크 검정의 보고 ①

샤피로–윌크 검정의 출력에는 W라는 검정통계량이 있다. 출력 5.5의 결과를 다음과 같은 형태로 보고할 수 있다.

✓ R 시험 점수(퍼센트)에 대한 검정 결과는 $W = 0.96$, $p = .005$이고 수치 계산력 점수에 대한 검정 결과는 $W = 0.92$, $p < .001$이다. 따라서, 둘 다 유의하게 정규성에서 벗어났다.

5.7 분산의 동질성 검정 ①

지금까지 자료가 정규분포를 따른다는 '정규성 가정'을 살펴보았다. 그런데 이번 장 시작에서 나는 분산의 동질성이라는 또 다른 가정을 언급했다. 이 가정은 한 변수의 여러 수준을 거쳐 갈 때 다른 변수의 분산이 일정해야 한다는 것이다. 여러 그룹의 자료를 수집한 경우, 이 가정은 각 그룹에서 결과변수(들)의 분산이 동일해야 한다는 뜻이다. 그리고 연속 자료를 수집한 경우(상관설계에서처럼), 이 가정은 한 변수의 분산이 다른 변수의 모든 수준에서 일정해야 함을 뜻한다. 예를 통해서 좀 더 설명해 보겠다. 시끄러운 콘서트가 사람들의 청력에 미치는 영향에 관심을 가진 청각학자(audiologist)를 상상해 보자. 그 연구자는 자신이 알고 있는 가장 시끄러운 밴드인 모터헤드(Motörhead)의 순회공연에 실험 참가자들을 보냈다. 참가자들은 브릭스턴(런던), 브라이턴, 브리스톨, 에딘버러, 뉴캐슬, 카디프, 더블린에서 열린 공연을 관람했으며, 공연마다 연구자는 공연이 끝난 후 이명(귀울음)이 지속된 시간을 측정했다.

　　그림 5.6은 두 종류의 참가자들의 지속 시간을 나타낸 것이다. 그림의 두 그래프에서 원은 각 참가자의 이명 시간이고 짧은 수평선은 해당 공연에서 참가자들의 평균 이명 지속 시간이다. 전반적인 경향을 파악할 수 있도록 평균 이명 시간들을 선으로 연결해 두었다. 각 공연의 평균 이명 시간(짧은 수평선)은 해당 공연의 원(각 참가자의 이명 시간)들로부터 계산한 것임을 기억하기 바란다. 두 그래프 모두, 평균들을 연결한 선을 보면 공연 관람 횟수가 늘수록 참가자들의 평균 이명 시간이 길어짐을 알 수 있다. 첫 공연 후의 참가자들의 이명 시간

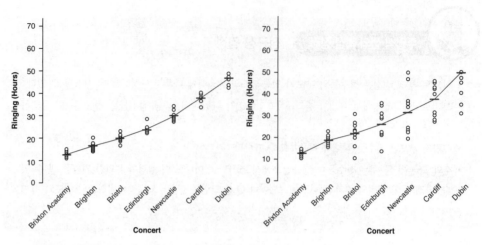

그림 5.6 분산이 동질적인 자료를 나타낸 그래프(왼쪽)와 분산이 이질적인 자료를 나타낸 그래프(오른쪽)

은 약 12시간이지만 두 번째 공연에서는 15~20시간이고, 순회공연 마지막 날의 이명 시간은 약 45~50시간(이틀 정도)이다. 따라서 사람들의 이명에 대음량 공연의 효과가 누적된다고 할 수 있다. 이 패턴은 두 그래프 모두에 나타난다. 두 그래프의 차이는 평균들이 아니다(둘 다 평균들은 비슷하다). 차이는 점수들이 평균 주위에 얼마나 퍼져 있는가이다. 왼쪽 그래프를 보면 공연들에서 평균을 중심으로 한 점수들의 퍼짐 정도가 비교적 일정하다(점수들이 평균과 상당히 가까운 곳에 몰려 있다). 다른 말로 하면, 한 공연이 끝난 후 가장 낮은 점수와 가장 높은 점수의 거리와 그다음 공연이 끝난 후의 해당 거리가 거의 비슷하다. 청력 상실 점수들의 평균은 계속 증가하지만, 점수들이 퍼져 있는 정도는 공연마다 비슷한 수준이다(브릭스턴, 브라이턴, 브리스톨, 에든버러, 뉴캐슬, 카디프, 더블린 공연의 점수들의 분산 정도가 거의 동일하다). 이를 **분산의 동질성**(homogeneity of variance)이라고 부른다. 반면 오른쪽 그래프는 사정이 다르다. 첫 공연의 점수들은 평균 주위에 몰려 있지만(최하 점수와 최고 점수의 수직 거리가 작다), 마지막 공연에서는 점수들이 꽤 넓게 퍼져 있다(최하 점수와 최고 점수의 수직 거리가 크다). 이는 **분산의 이질성** (heterogeneity of variance)의 예이다. 다른 말로 하면, 공연 변수의 일부 수준들에서 점수들의 분산이 다른 수준들과 다르다(그래프 상에서 이는 일부 공연들에서 최하 점수와 최고 점수의 수직 거리가 다른 공연들과 다르게 나타난 것에 해당한다).

5.7.1 레빈 검정 ①

이제 분산의 동질성이 어떤 것인지 감을 잡았으리라 믿는다. 그럼 그것을 어떻게 검정해야 할까? 물론 분산 값들을 살펴보고 서로 비슷한지 확인하는 방법도 있다. 그러나 이 접근 방식은 아주 주관적이다. 예를 들어 아주 낙관적인 학자라면 "한 그룹의 분산이 다른 그룹의 분산보다 3000배밖에 되지 않으니 별 차이 없네. 동질적이야!"라고 생각할 수도 있다. 회귀 같은 상관분석에서는 그런 방법 대신 그래프를 사용한다(§7.9.5 참고). 그리고 그룹별 자료에 대해서는 **레빈 검정**(Levene's test)이라고 하는 검정을 사용하는 경향이 있다. 레빈 검정(Levene, 1960)은 서로 다른 그룹의 분산이 같을 것이라는(다시 말해서 분산들의 차이가 0일 것이라는) 귀무가설을 검정한다. 이 검정은 편차 점수들에 대해 일원 분산분석(제10장 참고)을 실행하는 방식의 아주 간단하고도 우아한 검정이다. 여기서 편차 점수는 각 점수에서 그 점수가 속한 그룹의 평균을 뺀 값의 절댓값이다. 이에 관한 아주 읽기 쉬운 설명이 필요하다면 [Glass, 1966]을 보기 바란다.[8] 지금 알아야 할 것은, 만일 레빈 검정이 $p \leq .05$에서 유의하다면 귀무가설은 거짓이며, 따라서 분산들이 유의하게 다르다는 뜻이라는 점뿐이다. 그런 경우 분산들의 동질성 가정이 성립하지 않는다. 그러나 레빈 검정의 결과가 유의하지 않으면(즉, $p > .05$이면) 분산들은 대략 같으며, 따라서 동질성 가정이 성립한다.

5.7.1.1 R Commander를 이용한 레빈 검정 실행 ①

우선 R Commander로 자료를 불러와야 한다. **데이터 ➡ 데이터 불러오기 ➡ 텍스트 파일, 클립보드, 또는 URL에서...** 메뉴를 이용해서 **RExam.dat** 파일을 불러온다(§3.7.3 참고). 이 자료에 레빈 검정을 실행하려면 **uni** 변수를 요인으로 변환해야 한다. 현재 이 변수는 그냥 0들과 1들만 담고 있으며, **R**은 이것이 하나의 요인임을 알지 못한다. 요인으로 변환하는 방법이 기억나지 않는다면 §3.6.2를 보기 바란다. 요인으로 변환하고 나면 **통계 ➡ 분산 ➡ Levene의 검정**을 선택할 수 있게 된다(그 전에는 **R**이 데이터프레임에서 요인을 찾지 못하기 때문에 그 메뉴를 선택할 수 없다). 그 메뉴를 선택하면 그림 5.7에 나온 대화상자가 나타난다. 여기서 먼저 그룹화 변수를 선택해야 하는데, 지금 예에서 그룹화 변수로 선택할 수 있는 변수는 요인인 **uni** 하나밖에 없다. R Commander도 그 사실을 인식하기 때문에 이미 그 변수가 선택되어 있다.

다음으로, **uni**로 정의되는 그룹들 사이에서 분산의 동질성을 점검할 변수를 오른쪽 목록에서 선택한다. 왼쪽 아래에는 평균을 중심으로 할 것인지 중앙값을 중심으로 할 것인지를 선택하는 옵션이 있는데, 좀 더 정확한 결과를 내는 경향이 있는 중앙값이 기본으로 선택되어 있다. 이 책에서도 중앙값을 기본으로 사용한다. 마지막으로 '예' 또는 OK 버튼을 클릭하면 검정 결과가 나타난다. 출력 5.8에 **exam**에 대한 결과와 **numeracy**에 대한 결과가 나와 있다.

---

8 ANOVA를 아직 설명하지 않았으므로 지금 이 검정에 관해 설명한다고 해도 이해가 되지 않을 것이다. 레빈 검정의 작동 방식은 제10장에서 좀 더 자세히 살펴본다.

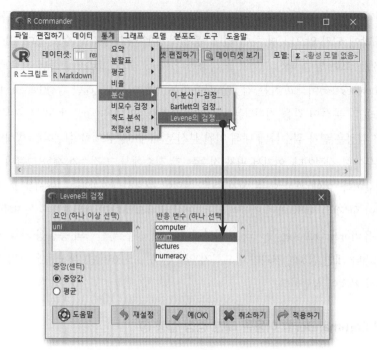

그림 5.7 R Commander를 이용한 레빈 검정 실행

5.7.1.2 R을 이용한 레빈 검정 실행 ①

R에서 직접 레빈 검정을 실행할 때는 *car* 패키지의 **leveneTest()** 함수를 사용한다. 이 함수의 일반적인 형태는 다음과 같다.

```
leveneTest(결과변수, 그룹화 변수, center = median/mean)
```

이 함수는 두 개의 변수를 받는다. 첫 번째 것은 분산의 동질성을 검정할 결과변수이고 둘째 것은 그룹화 변수인데, 반드시 요인으로 지정된 것이어야 한다. 이 두 변수만 지정해서 함수를 실행하면 함수는 중앙값을 중심으로 변수들을 처리한다(중앙값을 사용하는 것이 평균을 사용하는 것보다 조금 더 낫다). 만일 중앙값 대신 평균을 사용하고 싶다면 *center* = "*mean*"를 추가하면 된다. 다음은 시험 점수를 두 방식으로 검정하는 예이다.

```
leveneTest(rexam$exam, rexam$uni)
leveneTest(rexam$exam, rexam$uni, center = mean)
```

수치 계산력 점수를 검정하고 싶다면 다음과 같은 명령을 실행하면 된다(결과변수만 바뀌었음을 주목할 것).

```
leveneTest(rexam$numeracy, rexam$uni)
```

5.7.1.3 레빈 검정의 출력 ①

출력 5.8은 R 시험 점수에 대한 두 가지(중앙값과 평균) 레빈 검정 결과와 수치 계산력에 대한 레빈 검정 결과이다. 중앙값과 평균 모두에서, 시험 점수의 검정 결과는 유의하지 않다($Pr\,(>F)$ 열의 값이 .05보다 크다). 이는 분산들이 그리 다르지 않다는 뜻이다(즉, 분산의 동질성 가정이 성립한다). 그러나 수치 계산력 점수에 대한 레빈 검정은 유의하다($Pr\,(>F)$ 열의 값이 .05보다 작다). 이는 분산들이 유의하게 다르며, 따라서 분산의 동질성 가정이 깨졌다는 뜻이다.

출력 5.8

```
> leveneTest(rexam$exam, rexam$uni)

Levene's Test for Homogeneity of Variance (center = median)
      Df F value Pr(>F)
group  1  2.0886 0.1516
      98
> leveneTest(rexam$exam, rexam$uni, center = mean)

Levene's Test for Homogeneity of Variance (center = mean)
      Df F value Pr(>F)
group  1  2.5841 0.1112
      98
> leveneTest(rexam$numeracy, rexam$uni)

Levene's Test for Homogeneity of Variance (center = median)
      Df F value  Pr(>F)
group  1   5.366 0.02262 *
      98
```

5.7.2 레빈 검정의 보고 ①

레빈 검정을 대문자 F로 표기한다. 여기에는 자유도(degree of freedom, df)가 두 개 있다. 따라서, 레빈 검정의 결과는 F(df1, df2) = 값, $Pr\,(>F)$ 형태로 보고하면 된다. 출력 5.8의 예라면 다음과 같이 보고할 수 있을 것이다.

> ✓ R 시험 점수(퍼센트)에 대한 레빈 검정 결과는 $F(1, 98) = 2.09$, $p = .15$(유의하지 않음)이므로, 던스타운대 학생들과 서섹스대 학생들의 분산은 그리 다르지 않다. 그러나 수치 계산력 점수에 대해서는 $F(1, 98) = 5.37$, $p = .023$이 나왔으므로, 두 그룹의 분산은 유의하게 다르다.

샤피로–월크 검정이나 기타 여러 정규성 검정들처럼, 레빈 검정에서도 표본이 크면 그룹 분산들이 조금만 달라도 유의한 결과가 나올 수 있다(이는 제1장에서 보았듯이 표본이 크면 검정력이 향상되기 때문이다). 이 점을 참작해서 검정 결과를 이중으로 확인하는 유용한 방법 하나는, **분산비**(variance ratio)라고도 하는 **하틀리의 F_{max}**를 보는 것이다(Pearson & Hartley, 1954). 분산비는 말 그대로 서로 다른 그룹들의 분산들의 비인데, 더 큰 분산이 분자에 쓰인다. 그러한 분산비를 하틀리가 출판한 표의 임계치들과 비교함으로써 분산들의 동질성을 판정한다. 그림 5.8에 몇 가지 임계치들(유의수준 .05에 대한)이 나와 있다(올리버 트위스티드 글상자 참고). 그림에서 보듯이, 임계치들은 그룹의 크기(실제로는 거기서 1을 뺀 $n - 1$)와 비교하는 분산들의 개수에 의존한다. 그림을 보면 그룹당 표본 수(n)가 10일 때 F_{max}(분산비)가 10 미만이면 항상 유의하지 않은 결과가 나오고, 그룹당 표본 수가 15~20일 때는 분산비가 5 미만이어야 한다. 그리고 표본 수가 30~60일 때는 분산비가 2나 3보다 작아야 한다.

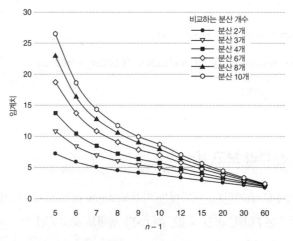

그림 5.8 하틀리의 F_{max} 검정에 쓰이는 몇 가지 임계치들

올리버 트위스티드

선생님, 그거 더 가르쳐 주세요….
하틀리의 F_{max}요!

올리버는 내 임계치 그래프가 멍청하다고 생각한다. 그는 웃으며 "그래프 좀 봐."라고 말한다. "이보다 더 멍청한 것은 내가 서섹스대에 있을 때 본 통계학 강사 앤디 필… 켁!" 자자, 디킨스 소설에서 튀어나온 말썽꾸러기의 목은 그만 조르기로 하고, 부록 웹사이트의 이번 장 자료에 모든 임계치가 담긴 표가 있으니 참고하기 바란다.

5.8 자료의 문제점 수정 ②

앞에서 우리는 자료를 탐색하는 다양한 방법을 살펴보았다. 특히, 점수들의 분포에서 문제점을 찾아보는 방법과 분산의 이질성을 검출하는 방법을 배웠다. 또한, 제4장에서는 자료의 이상치를 찾아내는 방법도 이야기했다. 그렇다면, 그러한 문제점들을 어떻게 해결할 것인지를 살펴보는 것이 당연한 수순일 것이다.

5.8.1 이상치 처리 ②

자료에서 이상치를 발견했을 때, 그러한 값들의 영향을 줄이는 방법은 여러 가지가 있다. 그러나 그런 방법들을 사용하기 전에, 우선은 해당 이상치가 단순한 입력 오류는 아닌지부터 점검해야 할 것이다. 단순한 입력 오류가 아니라 진짜 이상치임이 밝혀졌다면, 이를 바로잡는 방법은 다음 세 가지다.

1. 해당 사례를 제거한다: 즉, 이상치를 제공한 사람의 자료를 완전히 제거하는 것이다. 이 방법은 해당 사례가 표본화하고자 하는 모집단에서 비롯된 것이 아니라고 믿어도 좋을 이유가 있을 때만 사용해야 한다. 예를 들어 고양이가 목을 가르랑거리는 정도에 영향을 미치는 요인들을 연구한다고 하자. 만일 특정 고양이 한 마리만 목을 가르랑거리지 않는다면 그것은 이상치에 해당할 가능성이 크다(모든 고양이는 가르랑거리기 마련이므로). 좀 더

조사해 보니 그 고양이는 사실 고양이 옷을 입은 개였다(그래서 가르랑거리지 않은 것이었다). 그렇다면 이 사례는 원래의 모집단(고양이들)과는 다른 모집단(고양이처럼 꾸미길 좋아하는 개들)에서 온 것이므로, 제거할 이유가 충분하다.

2 자료를 변환한다: 이상치들이 있으면 분포가 기우는 경향이 생기는데, 다음 절에서 보겠지만 자료에 **변환**(transformation)을 가하면 그러한 비대칭이 줄어들 수 있다.

3 점수를 변경한다: 만일 자료를 변환해도 문제점이 사라지지 않는다면, 해당 이상치를 다른 점수로 대체하는 방법도 있다. 이 방법이 속임수 같아 보이겠지만(실제로는 정확한 자료를 변경하는 것일 수 있으므로), 만일 변경하는 점수가 대표성이 아주 떨어지고 그 때문에 통계적 모형에 편향이 생긴다면, 그 점수를 변경하는 것이 최선은 아니더라도 차악의 방법은 된다. 구체적인 점수 변경 방법은 여러 가지이다.

a 다음 최고 점수 더하기 1: 다음으로 가장 높은 값보다 한 단위 위의 점수로 바꾼다.

b z 점수에서 복원: z 점수가 3.29인 점수는 이상치에 해당한다(초천재 제인 글상자 4.1 참고). z 점수를 계산하는 공식(§1.7.4)을 거꾸로 적용하면, z 점수가 3.29가 되는 점수를 구할 수 있다. 그러한 복원 공식은 $X = (z \times s) + \bar{X}$이다. 따라서, 먼저 평균($\bar{X}$)과 표준편차($s$)를 계산하고, 표준편차에 3(좀 더 정확하게는 3.29)을 곱한 후 평균을 더하면 그 점수가 나온다. 이제 이상치를 그 점수로 대체한다.

c 평균 더하기 표준편차의 두 배: 위의 방법의 한 변형은 평균에 표준편차의 두 배(세 배가 아니라)를 더한 값을 사용하는 것이다.

비정규성과 분산의 이질성 처리 ②

5.8.2.1 자료 변환 ②

내 자료가 비정규적이면 어떻게 하지?

이번 절의 내용은 꽤 어려우므로, 이해가 잘 안 되어도 걱정할 필요는 없다. 어차피 학부 강의 중에는 자료의 변환을 다루지 않는 강의가 많으니, 원한다면 이번 절은 그냥 넘어가도 된다.

이전 절에서 자료를 변환함으로써 이상치들을 처리할 수 있음을 보았다. 그런데 그런 변환들은 정규성이나 분산의 동질성 가정과 관련된 문제를 수정하는 데에도 유용하다. 이러한 변환에는 분포의 문제점이나 이상치, 이질적인 분산들을 수정하기 위해 모든 점수를 어떠한 방식으로 변경한다는 개념이 깔려 있다. 자료를 변환한다는 것이 좀 수상한 일이라고 생각하는 학생들도 있는데("데이터를 조작한다" 같은 문구를 떠올리게 하므로 그럴 만도 하다), 사실은 그렇지 않다. 왜냐하면, 특정 점수 하나가 아니라 모든 점수를 같은 식으로 변환하기 때문이다.[9] 모든 점수를 변환하기 때문에 변수들의 '관계'는 변하지 않는다(주어진 한 변수의 점수들 사이의 상대적 차이는 그대로 유지된다). 단, 서로 다른 변수들 사이의 점수 차이는 변하게 된다(변환 때문에 측정 단위가 달라지므로). 따라서, 변수들의 관계를 살펴보는 경우(이를테면 회귀 등)라면 문제가 되는 변수를 변환해도 무방하다. 그러나 변수들 안에서의 차이(시간에 따른 한 변수의 변화량 등)를 살펴볼 때는 그 변수들의 모든 수준을 변환해야 한다.

그럼 이번 장에서 앞에 나온 다운로드 페스티벌 자료(**DownloadFestival.dat**)로 돌아가자. 이 자료에서 축제 2일 차와 3일 차의 위생 점수들은 정규분포가 아니다(§5.4). 3일간 위생 점수들이 어떻게 변했는지 알아본다고 하자(즉, 첫날의 평균 위생 점수를 둘째 날과 셋째 날의 평균과 비교해서 사람들이 점점 더러워졌는지 살펴 본다고 하자). 둘째 날과 셋째 날의 자료는 분포가 기울었기 때문에 변환이 필요하다. 그러나 그 자료를 첫날의 점수들과 비교해야 하므로, 첫날의 자료도 변환해야 한다(첫날 자료는 기울지 않았지만). 만일 첫날의 자료를 변환하지 않으면, 첫날과 둘째 또는 셋째 날의 위생 점수 차이가 정말로 위생 수준이 달라져서 생긴 것인지 아니면 그냥 한 변수는 변환하고 다른 변수는 변환하지 않아서 생긴 것인지 알 수 없다.

여러 문제점을 수정하는 데 도움이 되는 자료 변환 방법은 여러 가지가 있다.[10] 그러나 그러한 변환들이 필요한지 또는 유용한지를 판단하는 것은 상당히 복잡한 문제이다(초천재 제인 글상자 5.1 참고). 어쨌거나, 연구자들이 그런 변환들을 사용한다는 점은 사실이다. 표 5.1에 흔히 쓰이는 변환 방법들과 그 용도가 정리되어 있다.

5.8.2.2 변환의 선택 ②

사용할 수 있는 변환이 많으므로, 주어진 자료에 적용하기에 가장 좋은 변환을 선택하는 방법이 무엇이냐는 질문이 제기된다. 간단한 답은 시행착오이다. 즉, 한 변환 방법을 적용해 보고 별 도움이 되지 않으면 다른 방법을 시도하는 것이다. 변수들 사이의 차이를 살펴볼 때는 **반드시 모든 변수에 같은 변환을 적용해야 한다**(예를 들어 한 변수에 로그 변환을 적용하고 다른 변수에 제곱근 변환을 적용해서는 안 된다). 이 과정에는 시간이 꽤 많이 소비될 수 있다.

---

9 자료를 변환해도 통계의 관점에서는 영향이 없지만, 실험이나 과학의 관점에서는 통계적 이득을 능가하는 영향이 있을 수 있다(초천재 제인 글상자 5.1 참고).

10 이번 절에 X_i이라는 표기가 자주 등장한다는 점을 눈치챘을 것이다. 제1장에서 말했듯이 이 표기는 i번째 사람에게서 얻은 점수를 뜻한다(즉, i를 특정 사람의 이름으로 대체할 수 있다. 예를 들어 그레이엄의 경우 $X_i = X_{그레이엄}$ = 그레이엄의 점수이고 캐롤의 경우 $X_i = X_{캐롤}$ = 캐롤의 점수이다.

바꾸느냐 마느냐 그것이 문제로다 ③

자료의 변환이 바람직하다는 점에 모두가 동의하는 것은 아니다. 예를 들어 [Glass, Peckham & Sanders, 1972]의 아주 상세한 검토에는 "좀 더 유효한 확률 명제의 관점에서, 정규화 변환의 이득은 낮다. 그리고 그런 변환이 노력에 비해 큰 이점을 제공한다고 간주되는 경우는 드물다"(p. 241)라는 논평이 나온다. 그렇다면 변환이 실제로 이득이 되는 경우는 언제일까?

이 문제는 상당히 복잡하지만(특히, 아직 이 책의 초반부라는 점을 생각하면), 본질적으로 우리가 알아야 할 것은 원하는 통계적 모형을 변환된 자료에 적용하는 것이 더 나은지 아니면 원래의 자료(변환이 수정하고자 하는 가정 위반을 담고 있는)에 적용하는 것이 더 나은지의 여부이다. 가정들을 위반하는 자료에 대해서도 통계적 모형이 여전히 정확할 때, 이를 가리켜 **강건한 검정**(robust test; 또는 로버스트 검정)이라고 부른다(§5.8.4). 여기서 구체적인 검정들의 강건함 여부를 논하지는 않겠다. 그 문제는 이후에 다른 장들에서 개별 검정을 다룰 때 함께 언급하기로 한다. 지금 중요한 것은, 변환할 것인가 말 것인가는 강건함이라는 개념과 연결되어 있다는 점이다(그리고 강건함은 자료에 대해 실행하는 검정의 종류와 연결된다).

이를 잘 보여주는 예가 ANOVA(제10장)의 F 검정이다. 이 검정은 종종 강건하다고 주장된다(Glass 외, 1972). 초기 연구들에 따르면, 자료가 기운 분포일 때 자료를 변환하면 F 검정의 정확도가 떨어지는 경우가 많으니 F 검정을 그대로 적용해야 한다고 한다(Games & Lucas, 1966). 그러나 이후 이와 관련해서 격렬하지만 유익한 논쟁이 벌어졌다. 레빈과 던랩은 기운 분포의 변환이 F의 성능에 실제로 도움이 된다고 주장했고(Levine & Dunlap, 1982), 이에 대해 게임스는 그들의 결론이 부정확하다고 반박했다(Games, 1983).

레빈과 던랩은 그 반박에 다시 반박했다. 그에 대한 응답으로 게임스는 다음과 같은 여러 중요한 고려사항을 제시했다(Games, 1984).

1. 중심극한정리(§2.5.1)에 의하면 큰 표본에서는 표집분포가 어차피 정규분포를 따르며, 이 점은 실제로 중요하므로, 이 논쟁은 결국 표본이 작을 때가 아니면 탁상공론일 뿐이다. 실제로 초기 연구 결과에는 크기가 40인 표본들에서 표집분포가 예상대로 정규적임을 보여주는 것들이 많다. 그러나 그런 연구들은 가는 꼬리를 가진 분포들에 초점을 두고 있으며, 이후의 연구는 중심극한정리가 적용되려면 두꺼운 꼬리를 가진 분포를 따르는 더 큰 표본들이 필요함을 보여주었다(Wilcox, 2005). 그 연구는 그런 분포들에서 변환이 유용할 수 있음을 암시한다.

2. 자료를 변환하면 검정할 가설이 변한다(로그 변환을 적용한 후 평균을 비교하는 것은 산술평균의 비교에서 기하평균의 비교로 비교 방식을 바꾸는 것에 해당한다). 또한, 자료를 변환한다는 것은 원래 측정했던 것과는 다른 구인(construct)에 접근하게 됨을 의미한다. 이것이 자료의 해석에 명백한 영향을 미친다(Gelman & Hill, 2007; Grayson, 2004).

3. 작은 표본에서는 특정한 하나의 방식으로 정규성을 판정하기가 까다롭다(샤피로–윌크 검정 같은 검정은 정규성으로부터의 이탈을 검출하는 검정력이 낮고, 그래프를 눈으로 보는 방식은 자료점들이 너무 적어서 해석이 어려울 수 있다).

4. 자료에 '잘못된' 변환을 적용해서 통계적 모형에 생기는 오차가 점수들을 변환하지 않고 분석해서 생기는 오차보다 더 클 수 있다.

이 책에서 이후에 보겠지만, 자료 변환보다 훨씬 이득이 큰 강건한 검정 방법들이 많이 있다. 이들에 대한 궁극의 지침서는 윌콕스의 걸출한 저서 [Wilcox, 2005]이다.

표 5.1 자료 변환 방법과 그 용도

자료 변환	수정 대상
로그 변환(log(X_i)): 자료 집합의 수치들의 로그를 취하면 분포의 오른쪽 꼬리가 줄어든다. 따라서 이 방법은 양으로 기운 분포를 바로잡는 데 효과적이다. 그러나 0이나 음수의 로그는 취할 수 없으므로, 자료에 0이나 음수가 있다면 먼저 일정한 상수를 모든 자료에 더한 후에 로그를 취해야 한다. 예를 들어 자료에 0이 있다면 log(X_i + 1)을 사용해야 하고, 음수가 있다면 자료에서 절댓값이 가장 큰 음수를 찾아서 그 절댓값보다 큰 값을 더한 후에 로그를 취해야 한다.	양으로 기운 분포, 이질적 분산들
제곱근 변환($\sqrt{X_i}$): 어떤 값의 제곱근은 그 값보다 작은데, 그 차이는 원래의 값이 클수록 크다. 따라서 제곱근 변환은 로그 변환처럼 큰 값들을 좀 더 중심으로 이동하는 효과를 낸다. 그러므로 양으로 기운 분포에 효과적이다. 음수를 미리 처리해야 한다는 점도(이러한 변환에서 음수의 제곱근은 무의미하므로) 로그 변환과 같다.	양으로 기운 분포, 이질적 분산들
역수 변환(1/X_i): 각 점수의 역수를 취하는 것도 큰 점수의 영향을 줄이는 데 효과적이다. 변환된 변수는 하한이 0이 된다(아주 큰 값은 0에 가까운 값이 된다). 이 변환에서 한 가지 주의할 점은, 이 변환에 의해 점수들의 순서가 뒤집힌다는 점이다. 원래는 큰 값이 변환 후에는 작은 값이 되고, 원래는 작은 값이 변환 후에는 큰 값이 된다. 예를 들어 1과 10이라는 두 점수를 변환하면 1/1 = 1과 1/10 = 0.1이 된다. 그런데 변환 전에 최고 점수를 찾고 그 최고 점수에서 각 점수를 빼서 점수들을 뒤집으면(reverse) 이 문제를 피할 수 있다. 이 경우 변환 공식은 1/($X_{최고}$ − X_i)이다.	양으로 기운 분포, 이질적 분산들
점수 뒤집기 변환: 이상의 변환들을 음으로 기운 분포를 수정하는 데 사용할 수 있다. 그런 경우 먼저 점수들을 뒤집어야 한다. 방법은 각 점수를 최고 점수 또는 최고 점수 + 1(최하 점수가 0이 되게 할 것이냐 1이 되게 할 것이냐에 따라)에서 빼는 것이다. 이런 변환을 적용할 때는 나중에 점수들을 다시 복원하거나, 결과를 해석할 때 변수가 뒤집혔다는 점을 고려해야 한다.	음으로 기운 분포

5.8.3 R을 이용한 자료 변환 ②

5.8.3.1 새 변수의 계산 ②

R을 이용하면 아주 쉽게 자료를 변환할 수 있다. 자료 변환의 일반적인 형태는 두 가지이다. 우선, 첫 형태는 다음과 같다.

새변수 <- 함수(기존변수)

여기서 function은 변수를 변환하는 데 사용할 함수이다. 둘째 형태는 다음과 같다.

새변수 <- 기존 변수(들)로 이루어진 산술 표현식

그럼 산술 표현식에 사용할 수 있는 산술 연산자들부터 살펴보자.

+	**덧셈:** 두 변수 또는 변수와 상수를 이 연산자로 더할 수 있다. 예를 들어 위생 점수 자료에서 day1 + day2는 각 행에 *day1*이라는 이름표가 붙은 열의 위생 점수와 *day2*라는 이름표가 붙은 열의 위생 점수를 더한 값이 담긴 새 열을 생성한다(예를 들어 참가자 1의 행은 2.65 + 1.35 = 4)이다. 구체적인 **R** 명령은 다음과 같다. `dlf$day1PlusDay2 <- dlf$day1 + dlf$day2` 이 명령은 *dlf* 데이터프레임의 변수 **day1**과 **day2**를 더해서 만든 **day1PlusDay2**라는 변수를 *dlf* 데이터프레임에 추가한다.
−	**뺄셈:** 이 연산자를 이용해서 한 변수에서 한 변수를 뺄 수 있다. day2 − day1은 각 행에 *day2*라는 이름표가 붙은 열의 위생 점수에서 *day1*이라는 이름표가 붙은 열의 위생 점수를 뺀 값이 담긴 새 열을 생성한다(예를 들어 참가자 1의 행은 1.35 − 2.65 = −1.30)이다. 구체적인 **R** 명령은 다음과 같다. `dlf$day2MinusDay1 <- dlf$day2 - dlf$day1` 이 명령은 *dlf* 데이터프레임의 변수 **day1**에서 **day2**를 빼서 만든 **day2MinusDay1**이라는 변수를 *dlf* 데이터프레임에 추가한다.
*	**곱셈:** 이 연산자로 두 변수를 곱하거나 변수와 상수를 곱할 수 있다. 예를 들어 다음 명령은 dlf 데이터프레임의 변수 **day1**에 5를 곱해서 만든 **day2Times5**라는 변수를 *dlf* 데이터프레임에 추가한다. `dlf$day2Times5 <- dlf$day1 * 5`

**
또는 ^
	거듭제곱: 이 연산자들은 연산자 우변의 값을 지수로 사용해서 좌변의 값을 거듭제곱한다. 예를 들어 day1**2나 day1^2는(둘 중 어떤 것을 사용해도 상관 없다) *day1* 열을 제곱한(즉, *day1* 열의 각 수를 자신과 곱한) 점수들을 담은 열을 생성한다(예를 들어 참가자 1의 값은 $2.65^2 = 7.020$이다). 마찬가지로, day1**3은 첫째 날 점수를 세제곱한 값들로 이루어진 열을 만든다. 다음은 구체적인 **R** 명령의 예이다.
	
	`dlf$day2Squared <- dlf$day2 ** 2`
	
	또는
	
	`dlf$day2Squared <- dlf$day2 ^ 2`
	
	두 명령 모두, *dlf* 데이터프레임의 변수 **day2**의 값들을 제곱해서 만든 **day2Squared**라는 변수를 *dlf* 데이터프레임에 추가한다.

<	**미만:** 이것은 참을 뜻하는 TRUE(수치로는 1) 또는 거짓을 뜻하는 FALSE(0)로 평가되는 논리 연산자의 하나이다. 예를 들어 day1 < 1은 만일 축제 첫째 날 참가자들의 위생 점수가 1 미만이면(즉, 0.9999나 그 이하이면) TRUE가 된다. 따라서, 만일 축제 첫날부터 벌써 악취를 풍기는 사람들만 선택하고 싶다면 다음 명령을 활용하면 된다. `dlf$day1LessThanOne <- dlf$day1 < 1` 이 명령은 **day1**의 값이 1 미만이면 TRUE(1)이고 1 이상이면 FALSE(0)인 새 변수 **day1LessThanOne**을 *dlf* 데이터프레임에 추가한다.
<=	**이하:** 미만 연산자와 비슷하되, 좌변이 우변보다 작거나 같으면 TRUE로 평가된다. 예를 들어 **R**에서 `dlf$day1LessThanOrEqualOne <- dlf$day1 <= 1` 은 **day1**의 값이 1보다 작거나 같으면 TRUE(1)이고 1보다 크면 FALSE(0)인 새 변수 **day1LessThanOrEqualOne**을 *dlf* 데이터프레임에 추가한다.
>	**초과:** 이것은 이하 연산자의 반대이다. 즉, 좌변이 우변보다 크면 TRUE(1), 작거나 같으면 FALSE(0)가 된다. 예를 들어 **R**에서 `dlf$day1GreaterThanOne <- dlf$day1 > 1` 은 **day1**의 값이 1보다 크면 TRUE(1)이고 1보다 작거나 같으면 FALSE(0)인 새 변수 **day1GreaterThanOne**을 *dlf* 데이터프레임에 추가한다.

연산자	설명
>=	**이상**: 초과 연산자와 비슷하되, 좌변이 우변보다 크거나 같으면 TRUE로 평가된다. 예를 들어 **R**에서 ```dlf$day1GreaterThanOrEqualOne <- dlf$day1 >= 1``` 은 **day1**의 값이 1보다 크거나 같으면 TRUE(1)이고 1보다 작으면 FALSE(0)인 새 변수 **day1GreaterThanOrEqualOne**을 *dlf* 데이터프레임에 추가한다.
==	**상등**: 이 이중 등호 연산자는 "둘이 같은가?"라는 뜻이다. 즉, 이것은 등호가 하나인 배정(=)이 아니라, 하나의 논리 연산자이다. 예를 들어 dlf$gender == "Male"은 *dlf* 데이터프레임의 변수 **gender**의 값이 Male이라는 단어와 정확히 일치하는가를 묻는다. 예를 들어 **R**에서 ```dlf$male <- dlf$gender == "Male``` 은 만일 변수 **gender**의 값이 Male과 정확히(대소문자 구성까지) 같으면 TRUE, 그렇지 않으면 FALSE를 담는 **male**이라는 변수를 *dlf* 데이터프레임에 추가한다.
!=	**부등**: ==의 반대이다. 예를 들어 **R**에서 ```dlf$notMale <- dlf$gender != "Male"``` 은 만일 변수 **gender**의 값이 Male과 조금이라도(대소문자 구성 포함) 다르면 TRUE, 그렇지 않으면 FALSE를 담는 **notMale**이라는 변수를 *dlf* 데이터프레임에 추가한다.

표 5.2는 가장 유용한 변환 함수들을 정리한 것이다. 이 표는 함수의 일반적인 형태와 의미뿐만 아니라 활용 예와 그 결과도 제시한다. 표에는 평균, 표준편차, 열들의 합을 계산하는 기본적인 함수들이 나와 있으며, 기운 분포의 자료를 변환하는 데 유용한 제곱근 함수와 로그 함수도 나와 있다. 제곱근과 로그는 다음 절들에서 실제로 사용해 볼 것이다.

표 5.2 몇 가지 유용한 함수

함수	의미	활용 예	결과
rowMeans()	행의 평균	rowMeans(cbind (dlf$day1, dlf$day2, dlf$day3), na.rm = TRUE)	**R**은 행마다 축제 3일간의 평균 위생 점수를 계산한다. *na.rm* 인수는 평균 계산 시 결측값을 제외할 것인지의 여부를 뜻한다(R의 영혼의 조언 5.4 참고).
rowSums()	행의 합	rowSums(cbind (dlf$day1, dlf$day2, dlf$day3), na.rm = TRUE)	**R**은 행마다 축제 3일간 위생 점수들의 합을 계산한다. *na.rm* 인수는 합 계산 시 결측값을 제외할 것인지의 여부를 뜻한다(R의 영혼의 조언 5.4 참고).
sqrt()	제곱근	sqrt(dlf$day2)	*day2*라는 이름표가 붙은 열의 각 값의 제곱근을 담은 열을 생성한다.
abs()	절댓값	abs(dlf$day1)	*day1*이라는 이름표가 붙은 열의 각 값의 절댓값을 담은 열을 생성한다(절댓값은 음의 부호를 무시한 값이다. 예를 들어 −5의 절댓값은 +5이고 +5의 절댓값은 그대로 +5이다).
log10()	상용로그 (밑이 10인 로그)	log10(dlf$day1)	변수 *day1*의 상용로그(기수 10) 값들을 담은 변수를 생성한다.
log()	자연로그	log(dlf$day1)	변수 *day1*의 자연로그 값들을 담은 변수를 생성한다.
is.na()	결측 여부	is.na(dlf$day1)	이 함수는 주어진 변수의 값이 결측값에 해당하면 TRUE(수치 1) 아니면 FALSE(0)를 돌려준다(R의 영혼의 조언 5.3 참고).

R의 영혼의 조언 5.3　　**is.na() 함수와 결측자료 ③**

결측자료의 개수를 세고 싶을 때는 *is.na()*를 사용하면 된다. 예를 들어 다음은 둘째 날의 위생 점수가 없는 사람들을 파악하는 명령이다.

```
dlf$missingDay2 <- is.na(dlf$day2)
```

이 변수를 교묘한 방식으로 활용할 수 있다. 예를 들어 둘째 날 위생 점수가 누락된 사람들의 수를 세려면 어떻게 해야 할까? 그런 사람은 이 변수의 값이 1(TRUE)이므로, 다음처럼 1들을 모두 더하면 답이 나온다.

```
sum(dlf$missingDay2)
```

결측 점수의 수만 알고 싶다면 굳이 새 변수를 만들 필요 없이 다음처럼 두 함수를 함께 사용하면 된다.

```
(sum(is.na(dlf$day2))
```

이 명령을 실행하면 546개의 점수가 빠졌다는 답이 나온다. 그 점수들의 비율은 어느 정도일까? *is.na*는 결측 점수에 대해서는 1, 그렇지 않은 점수에 대해서는 0에 해당하는 값을 돌려주므로, 그 값들의 평균이 곧 결측 점수들의 비율이다.

```
mean(is.na(dlf$day2))
```

이 명령은 평균이 0.674임을 말해준다. 따라서 둘째 날 위생 점수가 없는 사람은 67.4%이다.

5.8.3.2 R을 이용한 로그 변환 ②

새 변수를 계산하는 기본적인 방법을 배웠으니, 그것을 이용해서 위생 점수 자료를 변환해 보자. 우선, 변수 **day1**의 점수들을 변환해서 **logday1**이라는 새 변수를 만든다.

```
dlf$logday1 <- log(dlf$day1)
```

이 명령은 **day1** 변수의 값들의 자연로그 값들로 이루어진 **logday1**이라는 변수를 *dlf* 데이터프레임에 추가한다.

　둘째 날 위생 점수들도 변환해 보자. 한 가지 문제는, 둘째 날 위생 점수에는 0이 포함되어 있는데, 0의 자연로그 값은 존재하지 않는다는 것이다. 이 문제를 극복하려면 원래의 점수들에 상수를 더한 후에 로그를 취해야 한다. 점수가 0보다 커지기만 한다면 어떤 상수라도 좋다. 지금 예에서는 자료 집합의 최하 점수가 0이므로, 그냥 모든 점수에 상수 1을 더하면 모든 점수가 0보다 커진다.

어떤 상수라도 좋다고 했지만, 지금 예에서는 1이 적합하다. 모든 점수에 1을 더하면 최하점수가 1이 되는데, 1의 자연로그는 0이기 때문에 원래의 자료에서 0점인 사람은 변환 후에도 0점이 된다는 장점이 있기 때문이다. 다음은 이러한 변환을 수행하는 명령이다.

```
dlf$logday2 <- log(dlf$day2 + 1)
```

이 명령은 **day2** 변수의 값들에 1을 더한 결과의 자연로그 값들로 이루어진 **logday2**라는 변수를 *dlf* 데이터프레임에 추가한다.

자가진단

✓ 같은 방식으로 **day3** 변수를 위한 **logday3** 변수도 생성하고, 3일간의 변환된 위생 점수들로 히스토그램들을 작성하라.

5.8.3.3 R을 이용한 제곱근 변환 ②

제곱근 변환도 마찬가지 방식으로 진행하면 된다. 필요한 함수는 *sqrt*이다. 다음은 변수 **day1**의 값들의 제곱근을 담은 **sqrtday1**이라는 변수를 생성하는 예이다.

```
dlf$sqrtday1 <- sqrt(day1)
```

자가진단

✓ **day2**과 **day3**에 대해서도 같은 방식으로 **sqrtday2**와 **sqrtday3**이라는 변수들을 생성하고, 3일간의 변환된 위생 점수들로 히스토그램들을 작성하라.

5.8.3.4 R을 이용한 역수 변환 ②

역수 변환은 함수 대신 1/변수라는 산술 표현식을 사용한다. 그런데 둘째 날 자료에는 0이 포함되어 있으므로, 그 표현식을 그대로 사용하면 0으로 나누기에 관한 오류가 발생한다(0으로 나누는 것은 금지되어 있다). 따라서, 로그 변환에서처럼 먼저 해당 변수에 적당한 상수를 더해주어야 한다. 점수들이 0이 아닌 값이 되기만 한다면 어떤 상수라도 좋겠지만, 지금 예에서는 1이 적당하다. 다음은 첫날 위생 점수들의 역수를 담은 *recday1*이라는 변수를 데이터프레임에 추가하는 예이다.

```
dlf$recday1 <- 1/(dlf$day1 + 1)
```

5.8.3.5 R의 ifelse() 함수 ②

ifelse() 함수는 주어진 조건에 따라서 두 가지 값 중 하나를 돌려주는 함수로, 조건에 따라 다른 값을 지정해서 새 변수를 만들거나 기존 변수를 변경할 때 사용할 수 있다. 일반적인 형태는 다음과 같다.

ifelse(조건 인수, 조건 인수가 TRUE일 때의 값, 조건 인수가 FALSE일 때의 값)

이 함수는 세 개의 인수를 요구한다. 하나는 판정할 조건을 지정하는 인수이고, 또 하나는 그 조건이 참일 때의 값을 지정하는 인수, 그리고 마지막은 그 조건이 거짓일 때의 값을 지정하는 인수이다. 그럼 **day1**의 위생 점수에 이상치가 존재하는 원래의 자료에 대해 이 함수를 사용해 보자. 위생 점수는 4점 만점이므로, 4보다 큰 값이면 이상치에 해당한다. 따라서, 첫째 날 위생 점수들에서 이상치를 검출하는 조건은 *dlf$day1 > 4*이다. 이 조건은 "만일 **day1**의 값이 4보다 크면"이라고 해석할 수 있다. 이 조건이 참이면 해당 점수를 결측값(NA)으로 설정하고, 그렇지 않으면 점수를 그대로 유지한다고 하자. 다음은 이에 해당하는 명령이다.

dlf$day1NoOutlier <- ifelse(dlf$day1 > 4, NA, dlf$day1)

이 명령은 **day1NoOutlier**라는 새 변수를 생성하는데, 이 새 변수의 값은 만일 **day1**의 값이 4보다 크면 NA이고 4보다 작거나 같으면 **day1**의 값 그대로이다.

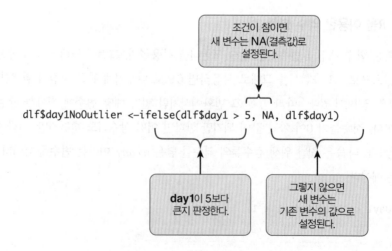

변수에 결측자료가 존재한다면, *rowMeans()* 같은 함수를 사용할 때 조심하지 않으면 원하는 답을 얻지 못한다. 이때 관건은 결측자료를 취급하는 방식을 제대로 결정하는 것이다. 이런 문제를 생각해 보자. 나한테 오렌지 두 개와 사과 세 개가 있다. 내가 가진 과일은 총 몇 개일까? 당연히 다섯 개이다.

그런데 여러분에게 오렌지가 두 개 있지만 사과가 몇 개 있는지는 알지 못한다고 하자. 즉, 사과 개수가 결측값이다. 이때 여러분의 과일은 몇 개인가? 두 개라고 말할 수도 있고, 알 수 없다고 말할 수도 있다. 만일 R에서 사과 개수와 오렌지 개수를 더하면, 대부분의 함수는 NA(알 수 없음)라는 답을 낸다.

```
apples <- 2
oranges <- NA
apples + oranges
[1] NA
```

다행히 *rowSums* 함수와 *rowMeans* 함수에서는 결측자료를 처리하는 방식을 *na.rm* 옵션을 통해서 지정할 수 있다. 이 옵션에서 *na*는 결측값을, *rm*은 제거(remove)를 뜻한다.*

3일간의 평균 위생 점수를 다음 명령으로 계산한다고 하자.

```
dlf$meanHygiene <- rowMeans(cbind(dlf$day1, dlf$day2, dlf$day3))
```

이렇게 하면 상당히 많은 행의 평균이 계산되지 않는다(그런 경우 평균은 그냥 NA가 된다). 3일간 위생 점수가 하나라도 있는 사람들을 포함시켜려면 다음처럼 *na.rm=TRUE*를 추가해야 한다.

```
dlf$meanHygiene <- rowMeans(cbind(dlf$day1, dlf$day2, dlf$day3), na.rm =
TRUE)
```

그런데 위생 점수를 3일이 아니라 100일간 매일 측정했다면 어떨까? 그리고 점수가 한두 개 빠진 정도면 평균을 계산하되 점수가 아예 없거나 하나밖에 없는 사람들은 평균을 계산하지 않으려면 어떻게 해야 할까? 이런 경우에는 다음처럼 *is.na()* 함수를 이용해서 결측값들의 개수를 세어 두는 것이 좋다.

```
dlf$daysMissing <- rowSums (cbind (is.na(dlf$day1),
                                   is.na(dlf$day2),
                                   is.na(dlf$day3)))
```

(하나의 명령을 이처럼 여러 줄로 나누어 입력해도 된다. 이렇게 하면 코드를 읽기 쉬워져서 실수를 저지를 여지가 줄어들기도 한다.) 그런 다음에는 다음처럼 *ifelse()* 함수를 이용해서 위생 점수가 적어도 두 개인(즉, 결측값이 최대 하나인) 사람들만 평균을 계산할 수 있다.

---

*역주 즉, 이 옵션을 TRUE로 하면 함수들은 각 행에서 결측값을 제거한 후 계산을 수행하고, 이 옵션을 FALSE로 하거나 아예 지정하지 않으면(기본값 FALSE가 적용됨) 이 함수들은 결측값이 하나라도 있는 행의 합이나 평균을 아예 계산하지 않는다(이 경우 결과는 NA이다).

```
dlf$meanHygiene <- ifelse(dlf$daysMissing < 2,
                          rowMeans(cbind( dlf$day1,
                                          dlf$day2,
                                          dlf$day3),
                                   na.rm=TRUE),
                NA)
```

인수들이 어떤 함수에 속하는지 명확히 나타내기 위해 적절히 줄을 바꾸고 들여 썼음을 주목하기 바란다. 이렇게 하면 실수를 범할 여지가 조금은 줄어든다.[11]

5.8.3.6 변환의 효과 ②

그림 5.9는 페스티벌 첫날과 둘째 날의 자료에 서로 다른 세 가지 변환을 적용한 후의 분포를 나타낸 것이다. 이들을 그림 5.2에 나온, 변환되지 않는 분포들과 비교해 보자. 둘째 날의 분포를 보면, 변환 후에는 분포가 양으로 기운 정도가 줄어들었음을 알 수 있다(특히 제곱근 변환이 큰 효과를 냈다). 그러나 첫날의 분포는 사정이 다르다. 이 자료는 원래부터 어느 정도 대칭적이기 때문에, 로그 변환과 제곱근 변환 후에는 분포가 조금 음으로 기울었고[12] 역수 변환 후에는 양으로 기울었다! 만일 둘째 날 자료만 사용한다면 점수들을 변환하는 것이 유용하겠지만, 시간에 따른 위생 점수 변화를 살펴보려면 둘째 날 점수들의 변환이 주는 이득이 첫째 날 점수들의 변환에서 생기는 문제점보다 더 클 것인지 판단해야 한다. 이처럼, 종종 자료의 분석은 까다로운 결정을 요구한다.

5.8.4 자료 변환으로도 해결이 안 되는 문제가 있다면 ③

자료의 변환이 모든 가정 위반에 대한 궁극의 해답인 것처럼 느껴지겠지만, 자료 변환이 항상 바람직하지는 않은 이유들이 존재한다(초천재 제인 글상자 5.1 참고). 특히, 자료 변환이 실제로는 문제를 해결해 주지 못하거나, 문제를 해결하긴 하지만 그 과정에서 다른 문제를 유발하기도 한다. 이런 일은 여러분이 상상하는 것보다 훨씬 자주 발생한다(지저분한 자료는 흔히 생긴다).

어쩔 수 없을 정도로 엉망인 자료를 다루어야 하는 난감한 상황에 빠졌을 때 시도해 볼 만한 방법이 몇 가지 있다(커다란 사무라이 칼로 자신의 몸을 찌르는 방법 말고도). 첫 번째는 자료가 정규분포라는 가정을 두지 않는 검정을 사용하는 것이다. 이후의 여러 장(chapter)에서 그런 검

---

[11] 사실 나는 이 코드를 세 번째 시도에서야 제대로 작성했다.

[12] 역수 변환에서 기운 방향이 반대가 된 것은, 앞에서 언급했듯이 역수 변환을 적용하면 점수들의 순서가 뒤집히기 때문이다.

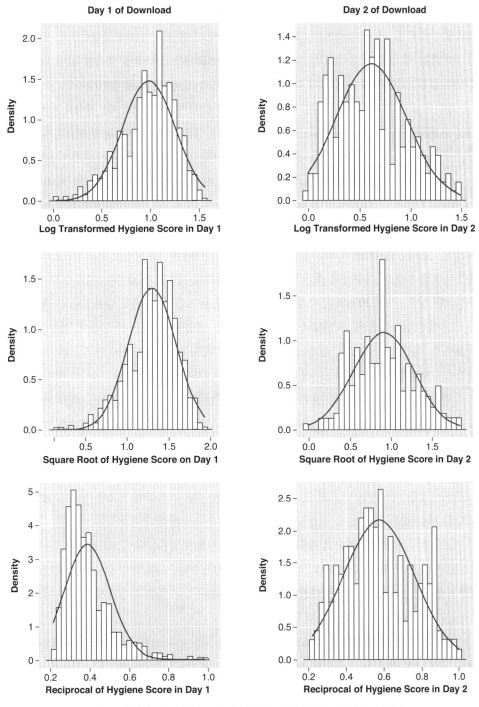

그림 5.9 첫날과 둘째 날의 위생 점수 자료에 다양한 변환을 가한 후의 분포들

정들을 소개할 것이며, 그런 검정들만 다루는 장도 있다.[13] 비모수적 검정에 관해서 여러분이 바로 알아채게 될 한 가지 사항은, 그런 검정들이 상당히 제한된 범위의 상황들만을 위해 고안된 것이라는 점이다. 따라서, 그냥 두 개의 평균을 비교하는 경우라면 행복한 날이 되겠지만, 복잡한 실험설계를 다룬다면 조이 디비전의 노래를 듣는 슬픈 날이 될 것이다.

좀 더 유망한 접근 방식은 강건한 검정(초천재 제인 글상자 5.1에서 언급한)을 사용하는 것이다. 그런 검정은 컴퓨터들이 점점 정교해지는 추세에 맞게 개발된 것이다(그런 검정들을 컴퓨터 없이 수행하는 것은 스스로 피부를 벗겨내고 소금물에 뛰어드는 것보다 아주 약간만 덜 고통스러운 일이다). 그런 검정들의 작동 방식은 이 책의(그리고 내 두뇌의) 범위를 넘는 주제이지만, 두 가지 간단한 개념을 알면 어느 정도 감을 잡을 수 있을 것이다. 그런 검정 중 일부는 **절사평균**(trimmed mean)이라는 것을 활용한다. 절사평균은 그냥 분포의 양극단에서 일정 비율의 점수들을 제거한('절사') 후의 분포에 기초한 평균이다. 예를 들어 10% 절사평균은 상위, 하위 10%의 점수를 제거한 후 평균을 계산한 것이다. 절사평균을 구할 때는 양 극단에서 점수들을 몇 퍼센트나 제거할 것인지를 결정해야 한다. 예를 들어 점수들의 5%나 10%를 제거할 수도 있고, 심지어 20%를 제거할 때도 있다. 이와 비슷한 강건한 위치 측정 방법으로 **M 추정량**(M-estimator)이라는 것이 있는데, 절사평균과의 차이는 절사의 양을 실험적으로 결정한다는 것이다. 다른 말로 하면, 분석 이전에 자료를 얼마나 잘라낼 것인지를 연구자가 결정하는 것이 아니라, 어떠한 추정량(이를테면 평균)을 강건하게 구하려면 자료를 얼마나 잘라내는 것이 최적인지를 정해진 절차에 따라 계산한다. 이 방법은 자료를 필요한 것보다 많이 또는 적게 잘라내는 위험을 피할 수 있다는 명백한 장점을 가지고 있지만, 항상 하나의 해법에 도달하는 것은 아니라는 단점도 있다. 다른 말로 하면, M 추정량에 기초한 강건한 검정이 항상 답을 내는 것은 아니다.

제2장에서 보았듯이 평균의 정확도는 분포의 대칭성에 의존한다. 그러나 절사평균(또는 M 추정량)은 분포가 대칭이 아니라도 정확한 결과를 낸다. 이는, 분포의 양끝을 잘라내면 평균을 치우치게 만드는 이상치들과 비대칭도가 제거되기 때문이다. 일부 강건한 방법들은 이러한 절사평균과 M 추정량의 속성들을 활용한다.

또 다른 일반적 해결책은 **부트스트랩**(bootstrap; 또는 자육(自育))이다(Efron & Tibshirani, 1993). 부트스트랩에 깔린 착안은 대단히 간단하고 우아하다. 모집단에 직접 접근할 수 없는 경우 우리는 표집분포를 알 수 없지만, 수집한 자료가 정규분포를 따른다면 표집분포도 정규

분포라고 간주할 수 있다(따라서 특정 검정통계량이 발생할 확률을 알아낼 수 있다). 그러나 자료가 정규분포를 따르지 않는다면, 표본이 크지 않은 한(단, 초천재 제인 글상자 5.1을 보라) 표집분포의 형태를 추측할 수 없다는 문제가 발생한다. 부트스트랩 방법은 표본 자료로부터 표집분포의 속성들을 추정함으로써 이 문제를 해결한다. 간단히 말하면, 이 방법에서는 표본 자료를 하나의 모집단으로 취급해서 그것으로부터 더 작은 표본(부트스트랩 표본이라고 부른다)들을 수집한다(새 사례를 뽑기 전에 자료를 다시 되돌려 놓으면서). 그러한 각 표본에서 원하는 통계량(이를테면 평균)을 계산하고, 다수의 표본을 취함으로써 표집분포를 추정할 수 있다(그림 2.7의 것과 다소 비슷하다). 이 통계량의 표준오차는 부트스트랩 표본들로 만든 표집분포의 표준편차로부터 추정한다. 그리고 그 표준오차를 이용해서 신뢰구간들과 유의성 검정을 계산할 수 있다. 이는 표집분포의 형태를 알지 못하는 문제를 아주 멋지게 피해가는 방법이다. 부트스트랩을 절사평균과 M 추정량과 함께 사용하는 것도 가능하다. 부트스트랩 개념에 관한 비교적 읽기 쉬운 입문서로는 [Wright, London, & Field, 2011]이 있다.

절사평균, 부트스트랩, M 추정량에 기초한 여러 강건한 검정 방법들이 랜드 윌콕스(그림 5.10)의 결정적인 교과서(Wilcox, 2005)에 설명되어 있으니 참고하기 바란다. 그는 또한 그런 검정들을 수행하는 R 함수들도 작성했다(그의 책에 나온 검정들의 개수를 생각하면, 누구나 존경과 경의를 표할 업적이 아닐 수 없다). 이 책에서도 그 검정들 중 여러 개를 설명한다.

윌콕스의 함수들에 접근하는 방법은 두 가지인데, 하나는 해당 패키지를 설치하는 것이고 다른 하나는 윌콕스의 웹사이트에서 관련 코드를 직접 내려받는 것이다. 해당 패키지의 이름은 *WRS*이다(비록 이 패키지는 현재 베타 버전이지만, 그렇다고 미완성의 작품이라는 뜻은 아니다).[14] 다음은 R에 이 패키지를 설치하고 불러오는 명령들이다.

```
install.packages("WRS", repos="http://R-Forge.R-project.org")
library(WRS)
```

다른 패키지들을 설치할 때와는 달리 패키지 이름 다음에 *repos=http://R-Forge.R-project. org*를 지정했음을 주목하자. 아직 이 패키지는 완전한 릴리스 상태가 아니라서 공식 패키지 저장소에 들어 있지 않으며, 그래서 R에게 패키지 파일이 있는 장소를 이처럼 알려주어야 한다. 그런데 이 패키지가 항상 R 자체의 최신 버전에 맞게 갱신되지는 않으며, 또한 윌콕스의 웹페이지에 있는 최신 버전에 맞게 갱신되지 않는 경우도 많다. 따라서, 비록 지금까지 나온 다른 패키지들과는 좀 다른 방식이긴 하지만, 윌콕스의 웹사이트에서 함수들의 소스 코드를 직접 R 환경에 도입하는 방법도 고려할 필요가 있다. 해당 명령은 다음과 같다.

---

[14] 사실 필요한 함수들은 모두 갖추어져 있지만, 함수들이 무엇을 하는지에 대한 문서화는 거의 마련되지 않은 상태이다. 이것이 이 패키지가 완전한 릴리스 상태가 아니라 '베타' 단계에 머무르고 있는 이유이다.

그림 5.10 절대적인 전설, 랜드 윌콕스. R에서 강건한 검정을 실행하는 데 필요한 거의 모든 것에 대해 누군가에게 감사해야 한다면, 바로 이 사람이다.

```
source("https://dornsife.usc.edu/assets/sites/239/docs/Rallfun-v34.txt")
```

이 명령은 **source()**라는 함수를 이용해서 웹상의 텍스트 파일에 담긴 윌콕스의 소스 코드를 R에 도입한다. 여기서 *Rallfun-v34.txt*는 파일 이름이다('R all functions – version 34'를 줄인 것이다). 당연한 말이겠지만 이 명령이 제대로 작동하려면 여러분의 컴퓨터가 인터넷에 연결되어 있어야 한다. 아마 이 책이 여러분의 손에 쥐어질 때면 파일 이름이 바뀌었을 것이다(이를테면 *Rallfun-v35.txt*나 *Rallfun-v36.txt* 등). 따라서, 만일 파일 이름이 바뀌어서 위의 명령이 제대로 작동하지 않는다면, http://dornsife.usc.edu/labs/rwilcox/software/에서 최신 파일로의 링크를 찾아서 그 URL로 *source()*를 실행하기 바란다. 이후의 내용은 패키지를 설치하든 아니면 파일을 직접 가져오든 여러분의 R 환경에서 윌콕스의 책에 나온 모든 함수를 사용할 수 있게 되었다고 가정한다.

이번 장에서 통계에 관해 발견한 것 ①

"백조는 어디 있나요?"라는 외침이 들리는 듯하다. "정규성이니, 동질성이니, 변환이니 하면서 시간만 끌고, 백조는 언제 나오냐고요?" 그러나 영국의 모든 백조는 여왕 소유라서 내가 여러분들에게 백조를 선사할 수는 없다. 어쨌거나, 이번 장에서는 단테의 지옥의 제8옥(말레볼제 또는 악의 구렁)에서 만날 법한 사악하고 야비한 자료, 다시 말해 통계적 검정이 제대로 작동하기 위해서는 반드시 성립해야 할 가정들을 따르지 않는 자료를 다스리는 방법을 살펴보았다. 우선 모수적 검정이 제대로 작동하려면 만족해야 할 가정들이 무엇인지 이야기했는데, 주로는 정규성 가정과 분산의 동질성 가정을 설명했다. 정규성을 파악하기 위해 도수분포를 다시 만나는 기쁨을 누렸으며, 정규성으로부터의 이탈을 보여주는 다른 그래프들(Q-Q 그림 등)도 살펴보았다. 또한, 비대칭도와 첨도로 정규성을 평가하는 방법을 설명하고, 정규성을 파악하기 위한 검정들(특히 샤피로–윌크 검정)도 소개했다. 사악한 자료들을 다루면서 우리는 분산의 동질성이 무엇인지 설명하고 레빈 검정과 하틀리의 F_{max}를 이용해서 동질성을 검정하는 방법도 이야기했다. 마지막으로는 사악한 자료에 면죄부를 주는 방법을 이야기했다. 변환을 가함으로써 자료의 죄를 사하고 착한 자료로 만들 수 있음을 배웠다(그리고 그 과정에서 by() 함수와 여러 변환 함수들의 사용법도 어느 정도 배웠다). 안타깝게도, 아무리 해도 착해지지 않는 자료가 존재한다는 점도 알게 되었다.

또한, 이번 장에서 여러분은 내가 책을 읽기 시작했던 일을 알게 되었다. 그러나 독서가 내가 정말로 열중한 대상은 아니었다. 그 대상은 음악이었다. 내가 기억하는 가장 이른 사건 중 하나는 아빠의 록과 소울 레코드를 듣는 것이었다(비닐 레코드 시절 이야기이다). 형이 학교에서 돌아오길 기다리는 중으로 기억하니, 아마 오후 세 시 경이었을 것이다. 내가 부모님에게 사달라고 요청한 첫 레코드는 주다스 프리스트의 'Take on the World'였다. 나는 *Top of the Pops*라는 TV 프로(예전에 종영되었다)에서 그 노래를 듣고 좋아하게 되었다. 그 레코드는 내가 다섯 살 때인 1978년에 발매되었다. 이런 종류의 음악이 젊은 이들의 정신을 망친다고 생각하는 사람들이 있는데, 내 경우 정말로 그랬는지는 여러분도 차차 알게 되지 않을까...

이번 장에서 사용한 R 패키지

car	psych
ggplot2	Rcmdr
pastecs	

이번 장에서 사용한 R 함수

abs()

by()

cbind()

describe()

dnorm()

ifelse()

is.na()

leveneTest()

log()

log10()

qplot()

rowMeans()

rowSums()

round()

shapiro.test()

source()

sqrt()

stat.desc()

stat_function()

tapply()

이번 장에서 발견한 주요 용어

M 추정량

Q–Q 그림

강건한 검정

구간 자료

독립성

레빈 검정

로그

모수적 검정

변환

부트스트랩

분산비

분산의 동질성

분산의 이질성

분위수

분포의 정규성

샤피로–윌크 검정

절사평균

하틀리의 F_{max}

똑똑한 알렉스의 과제

- **과제 1:** 제4장의 ChickFlick.dat 자료를 이용해서 두 영화의 정규성 가정과 분산의 동질성 가정을 점검하라(성별은 무시할 것). 그 가정들이 성립하는가? ①

- **과제 2:** RExam. dat 자료의 수치 계산력 점수가 양으로 기울었음을 기억할 것이다(그림 5.5 참고). 이 자료를 이번 장에서 설명한 변환 방법 중 하나를 이용해서 변환하라. 자료가 정규분포를 따르게 되었는가? ②

답은 이 책의 부록 사이트에서 볼 수 있다.

더 읽을거리

Tabachnick, B. G., & Fidell, L. S. (2007). *Using multivariate statistics* (5th ed.). Boston: Allyn & Bacon. (제4장은 자료 선별에 관한 궁극의 입문서에 해당한다.)

Wilcox, R. R. (2005). *Introduction to robust estimation and hypothesis testing* (2nd ed.). Burlington, MA: Elsevier. (상당히 전문적이지만, 이 책은 강건한 방법에 관한 결정적인 교과서이다.)

Wright, D. B., London, K., & Field, A. P. (2011). Using bootstrap estimation and the plug-in principle for clinical psychology data. *Journal of Experimental Psychopathology*, 2(2), 252-270. (R에서 부트스트랩 방법을 적용하는 데 관한, 상당히 친절한 입문서이다.)

CHAPTER

6 / 상관

그림 6.1 1981년 크리스마스 사진은 없다. 이 사진은 그 무렵 조부모의 집에서 찍은 것으로 기억하는데, 손 모양으로 봐서 E 코드를 연주하려는 것 같다. 물론, 'Take on the World'에 그 코드가 나오기 때문이다.

6.1 이번 장에서 배우는 내용 ①

내가 여덟 살 때 부모님이 크리스마스 선물로 기타를 사주셨다. 그때부터 나는 여러 해 동안 기타를 연주할 수 있게 되길 열렬하게 원했다. 이 선물을 받았을 때 나는 기쁨을 주체할 수 없었다(만일 전기 기타였다면 기뻐서 정말로 폭발했을 것이다). 기타와 함께 기타 연주법 책도 받았는데, 나는 우주를 박살 내는 위력을 가진 리프(riff; 특정 패턴의 반복 악절)를 세상으로 분출해 보겠다는 자신감으로 그 책의 첫 페이지에 나온 것을 연주하려 노력했다(사실 첫 페이지에 나온 것은 동요 'Skip to my Lou'였다). 그러나 나는 내가 상상하는 것만큼 능숙하게 기타를 연주할 수는 없었다. 실망한 나는 눈물을 흘리면서 2층으로 가서 숨었고,[1] 아빠가 옆에 앉아서는 "걱정 마

---

1 이는 출판사가 통계학 교과서들의 개정판 준비 상황을 물어보았을 때 내가 보인 반응 중 하나와 그리 다르지 않다.

라 앤디, 뭐든 시작이 어려운 거고, 연습하다 보면 점점 쉬워진단다"라고 말해 주셨다. 그러한 위로의 말을 통해서 아빠는 무심코 두 변수의 상관관계(correlation; 줄여서 상관) 개념을 내게 가르쳐 주었다. 두 변수의 관계는 크게 다음 세 종류이다. (1) 양의 상관(positive correlation)은 기타를 연습할수록 더 나은 기타 연주자가 된다는(즉, 아빠의 말씀이 옳았다는) 뜻이다. (2) 무상관(uncorrelated)은 기타를 얼마나 연습하든 내 기타 연주 실력은 전혀 변하지 않는다는 뜻이다. (3) 음의 상관(negative correlation)은 기타를 연습할수록 기타 실력이 나빠진다는(즉, 아빠가 아주 이상한 애를 키우고 있었다는) 뜻이다. 이번 장에서는 우선 공분산(covariance)과 상관계수(correlation coefficient)라는 두 측도를 이용해서 두 변수의 관계를 통계적으로 표현하는 방법을 살펴본다. 그런 다음에는 R에서 그런 측도들을 구해서 변수들의 상관관계를 분석하는 방법을 이야기한다. 마지막으로는 좀 더 복잡한 관계 측도들을 살펴본다. 그 내용은 제7장에서 논의하는 다중회귀의 기반이 된다.

6.2 눈으로 관계 파악하기 ①

상관이 뭐지?

제4장에서 자료를 분석하기 전에 먼저 자료를 시각적으로 표시해서 살펴보는 것이 중요하다는 점을 강조했다. 상관분석에서도 마찬가지이다. 상관분석의 첫 단계는 측정한 변수들의 산점도를 그려서 살펴보는 것임을 기억하기 바란다. R에서 그런 그래프를 그리는 방법은 되풀이하지 않겠다. 혹시 아직 익숙하지 않다면 §4.5를 다시 읽고 충분히 익숙해진 후에 이번 장을 읽기 바란다.

6.3 관계를 측정하는 방법 ①

6.3.1 안개 자욱한 공분산 세상으로의 우회 ①

두 변수가 어떤 식으로든 관계가 있는지 파악하는 가장 간단한 방법은 두 변수의 분산에 공통점이 있는지 보는 것이다. **공분산**(covariance)이라는 개념을 이해하려면 우선 제2장에서 만난 분산이라는 개념을 생각해 볼 필요가 있다. 한 변수의 분산은 점수들이 대체로 평균과 얼마나 떨어져 있는지를 나타낸다. 공식으로 표현하면 다음과 같다.

$$분산(s^2) = \frac{\sum (x_i - \bar{x})^2}{N-1} = \frac{\sum (x_i - \bar{x})(x_i - \bar{x})}{N-1} \tag{6.1}$$

$\bar{x}$는 표본의 평균이고 x_i는 주어진 자료점, N은 관측값들의 개수이다(§2.4.1 참고). 만일 두 변수에 어떤 관계가 존재하는지 궁금하다면, 한 변수의 변화가 다른 변수의 변화 방식과 어느 정도나 부합하는지도 궁금할 것이다. 다른 말로 하면, 한 변수가 분산에서 벗어나는 방식과 다른 변수가 분산에서 벗어나는 방식이 비슷한지 봄으로써 두 변수의 관계를 파악할 수 있다. 이해를 돕기 위한 예로, 다섯 명의 실험 참가자에게 타피(toffee) 사탕을 홍보하는 여러 편의 광고를 보여주고 그다음 한 주 동안 사들인 타피 사탕 봉지의 수를 측정했다고 하자. 해당 자료와 각 변수의 평균 및 표준편차(s)가 표 6.1에 나와 있다.

두 변수(시청한 광고 수와 구매한 봉지 수)에 어떤 관계가 존재한다면, 한 변수가 평균에서 벗어나는 방식은 다른 변수가 평균에서 벗어나는 방식과 같거나 그 반대 방향일 것이다. 그림 6.2에 각 참가자의 자료가 나와 있다. 그래프에서 옅은 원은 구매한 사탕 봉지 수이고 짙은 원은 시청한 광고 수이다. 그리고 옅은 수평선은 평균 봉지 수이고 짙은 수평선은 평균 광고 수이다. 평균 수평선에서 나오는 수직 점선은 평균과의 차이를 나타낸다(이러한 차이를 **편차**라고 부른다는 점을 기억할 것이다). 그림 6.2에서 가장 먼저 눈에 띄는 것은 두 변수의 편차들이 아주 비슷한 패턴이라는 점이다. 처음 세 참가자의 관측값들은 두 변수 모두 평균보다 작고, 나머지 두 참가자의 관측값들은 두 변수 모두 평균보다 크다. 이러한 패턴은 두 변수의 잠재적인 관계를 암시한다(한 참가자의 한 변수가 평균 아래이면 다른 변수 역시 평균 아래인 것으로 보인다는 점에서).

그렇다면, 그림 6.2에 나온 두 변수의 편차 패턴들 사이의 유사성을 구체적인 수치로 나타내려면 어떻게 해야 할까? 한 가지 방법은 편차들의 합을 계산하는 것이겠지만, 그러면 §2.4.1에서 단일 변수에 대해 겪었던 문제, 즉 양의 편차와 음의 편차가 상쇄된다는 문제가 있다. 또한, 그냥 편차들을 더하기만 하면 두 변수의 관계에 관해 알아낼 수 있는 것이 별로 없다. 단일 변수에서는 양의 편차와 음의 편차가 상쇄되는 문제는 편차를 제곱해서 해결했다. 그런데 변수가 두 개일 때는 각 편차를 제곱하는 대신 두 변수의 편차를 곱하는 방법이 있다. 만일 두 편차의 값이 둘 다 양수이거나 둘 다 음수이면 그 곱은 양수가 되고(이는 두 편차가 방향이 같다는 뜻이다), 하나만 음수이면 곱은 음수가 된다(이는 두 편차가 방향이 다르다는 뜻이다). 한 변수의 편차를 다른 변수의 해당 편차와 곱한 것을 **교차곱 편차**(cross-product deviation)라고 부른다. 분산의 경우, 만일 그러한 두 변수의 평균 교차곱 편차를 구하려면, 교차곱 편차들의 합을 관측값의 개수로 나누면 된다(실제로는 그 개수에서 1을 뺀 값인 $N-1$로 나누는데, 이유는 초천재 제인 글상자 2.2에서 설명했다). 이러한 평균 교차곱을 가리켜 **공분산**(covariance)이라고 부른다. 식 (6.2)

표 6.1 시청한 광고 수와 타피 구매량

참가자:	1	2	3	4	5	평균	s
시청한 광고 수	5	4	4	6	8	5.4	1.67
구매한 봉지 수	8	9	10	13	15	11.0	2.92

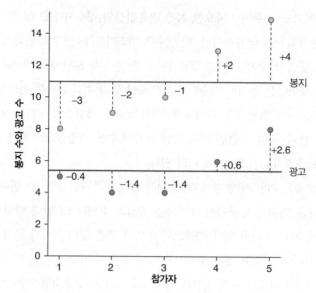

그림 6.2 두 변수의 편차(평균과 관측자료의 차이)들을 보여주는 그래프

에 이 공분산을 계산하는 공식이 나와 있다. 한 변수의 편차를 제곱하는 대신 두 변수의 편차를 곱한다는 점만 빼고는 분산 공식과 같음을 주목하기 바란다.

$$\text{cov}(x, y) = \frac{\sum (x_i - \bar{x})(y_i - \bar{y})}{N - 1} \tag{6.2}$$

표 6.1과 그림 6.2의 자료에 이 공식을 적용해서 공분산을 구하면 다음과 같다.

$$
\begin{aligned}
\text{cov}(x, y) &= \frac{\sum (x_i - \bar{x})(y_i - \bar{y})}{N - 1} \\
&= \frac{(-0.4)(-3) + (-1.4)(-2) + (-1.4)(-1) + (0.6)(2) + (2.6)(4)}{4} \\
&= \frac{1.2 + 2.8 + 1.4 + 1.2 + 10.4}{4} \\
&= \frac{17}{4} \\
&= 4.25
\end{aligned}
$$

공분산 계산은 두 변수에 관계가 존재하는지의 여부를 파악하는 데 좋은 방법이다. 공분산이 양수라는 것은 한 변수가 평균에서 이탈하면 다른 변수도 같은 방향으로 이탈함을 뜻한다. 반대로, 공분산이 음수라는 것은 한 변수가 평균에서 이탈하면 다른 변수는 그와 반대 방향으로 이탈함을 뜻한다(예를 들어 한 변수가 평균보다 크면, 다른 변수는 평균보다 작다).

그런데 변수의 관계를 파악하는 수단으로서의 공분산에는 한 가지 문제점이 있다. 바로,

공분산은 측정의 축척에 의존한다는 것이다. 다른 말로 하면, 공분산은 표준화된 측도가 아니다. 예를 들어 그림 6.2가 개수들이 아니라 마일 단위로 측정한 거리들에 관한 그래프라고 하자. 즉, 두 변수의 공분산은 4.25 마일이다. 만일 이 자료를 킬로미터 단위로 변환하고(모든 점수에 1.609를 곱해서) 다시 공분산을 구한다면, 이전보다 큰 값인 11이 나온다. 이러한 측정 축척 의존성 때문에, 공분산들을 객관적인 방식으로 비교할 수 없다는 문제가 발생한다. 즉, 서로 다른 단위로 측정한 자료 집합들의 공분산들이 주어졌을 때 둘 중 어떤 것이 더 큰지 비교하는 것은 무의미하다.

<h2>6.3.2   표준화와 상관계수 ①</h2>

측정 척도 의존성 문제를 극복하려면 공분산을 어떤 표준 단위로 변환할 필요가 있다. 그러한 변환 과정을 **표준화**(standardization)라고 부른다. 모든 실험을 반드시 같은 측정 단위를 사용해서(이를테면 미터) 수행해야 한다고 요구하는 것도 일종의 표준화일 것이다. 그러면 모든 결과를 손쉽게 비교할 수 있다. 그러나 사람들의 태도(attitude)를 측정해야 한다면 어떨까? 태도를 미터 단위로 측정하려면 좀 고생을 해야 할 것이다. 따라서, 그 어떤 측정 단위라도 변환이 가능한 이떤 표준 측징 단위가 필요하다. 그러한 측정 단위로 쓰이는 것이 바로 **표준편차**이다. 표준편차는 §2.4.1에서 이미 만나 보았다. 분산처럼 표준편차도 평균과의 차이들을 요약하는 개념이다. 평균과 관측값의 차이를 표준편차로 나누면 표준편차 단위의 차이가 된다. 예를 들어 표 6.1의 자료에서 사탕 봉지 수의 표준편차는 2.92인데, 설명하기 편하도록 그냥 3.0이라고 하자. 그림 6.2에서 참가자 1번의 관측값이 평균보다 3 작다(즉, 편차는 −3봉지이다). 이 편차(−3)를 표준편차(약 3)로 나누면 −1이 나온다. 즉, 참가자 1의 점수와 평균의 차이는 −1 표준편차이다. 이 예에서 보듯이, 평균과 관측값의 차이를 표준편차로 나눔으로써 편차를 표준적인 단위로 표현할 수 있다.

이러한 논리를 연장해서 공분산의 표준화에 적용할 수 있다. 즉, 공분산을 어떤 표준적인 단위로 표현하려면, 그냥 공분산을 표준편차로 나누면 될 것이다. 그런데 문제는, 이 경우에는 변수가 둘이므로 표준편차도 둘이라는 점이다. 공분산을 계산할 때는 두 가지 편차(변수당 하나)를 계산해서 둘을 곱한다. 표준편차도 마찬가지 방식으로 처리하면 된다. 즉, 두 변수의 표준편차를 곱한 값을 분모로 사용하면 되는 것이다. 이런 식으로 계산한 표준화된 공분산을 상관계수(correlation coefficient)라고 부른다. 상관계수를 계산하는 공식이 식 (6.3)에 나와 있다. 여기서 s_x는 첫 변수의 표준편차이고 s_y는 둘째 변수의 표준편차이다(그 밖의 모든 기호는 식 (6.2)의 공분산 공식에 쓰인 것과 동일하다).

$$r = \frac{\text{cov}_{xy}}{s_x s_y} = \frac{\sum (x_i - \bar{x})(y_i - \bar{y})}{(N-1)s_x s_y} \qquad (6.3)$$

식 (6.3)에 나온 상관계수의 좀 더 긴 이름은 **피어슨의 곱적률 상관계수**(Pearson's product-moment correlation coefficient) 또는 **피어슨 상관계수**(Pearson correlation coefficient)이다(원래의 이름에 '곱적률'이 붙은 이유는 [Miles & Banyard, 2007]에 잘 설명되어 있다). 이 상관계수는 칼 피어슨(Karl Pearson)이 고안했다(초천재 제인 글상자 6.1 참고).[2] 표 6.1을 다시 보면, 시청한 광고 수의 표준편차(s_x)는 1.67이고 구입한 사탕 봉지 수의 표준편차(s_y)는 2.92이다. 이 둘을 곱하면 1.67 × 2.92 = 4.88이다. 그리고 두 변수의 공분산은 이전에 구했듯이 4.25이다. 이를 표준편차 곱으로 나누면 r = 4.25/4.88 = .87이라는 상관계수가 나온다.

공분산을 이런 식으로 표준화하면 −1에서 +1까지의 값이 된다(만일 −1보다 작거나 +1보다 큰 상관계수가 나왔다면 뭔가 단단히 잘못된 것이다). 상관계수가 +1이라는 것은 두 변수의 관계가

초천재 제인 6.1

통계학이 따분하다고? ①

학생들은 종종 통계학 분야가 따분하다고 생각한다. 그러나 1900년대 초반에는 통계학이 따분함과 거리가 멀었다. 당시에는 여러 뛰어난 인재들이 이 분야에 뛰어들어서 아침 드라마 규모의 싸움을 벌였다. 가장 유명한 논쟁 중 하나는 칼 피어슨과 로널드 피셔(제2장에 나왔다)의 논쟁이다. 그 논쟁은 피어슨이 자신의 저널에 피셔의 논문을 출판하면서 함께 실은 편집자 논평에서 비롯되었는데, 순화해서 말하자면 그 논평은 피셔의 논문을 깎아내리는 것이었다. 2년 후 피어슨 진영에서 피셔의 논문의 후속 연구 결과를 담은 논문을 피셔의 자문을 구하지도 않고 발표했다. 이에 반감을 품은 피셔는 피어슨 진영이 제안한 일자리를 거부했고, 피어슨의 착안들을 '개선한' 논문을 발표했다. 그에 대응해서 피어슨은 피셔가 범한 명백한 오류들에 관한 저널을 직접 저술했다.

또 다른 저명한 통계학자 저지 네이먼(Jerzy Neyman)은 1935년 3월 28일 피셔의 가장 중요한 성과 중 일부를 비판하는 논문을 영국 왕립 통계학회에 전했다. 당시 그 자리에는 피셔 본인이 있었다. 그 회합에서 피셔는 논문을 논의하면서 네이먼을 직접 공격했다. 피셔는 네이먼이 자신이 무슨 말을 하는지도 모르고 자신의 연구가 기초하고 있는 배경 주제를 이해하지 못한다고 비난한 것으로 전해진다. 둘이 유니버시티 칼리지 런던(University College London)에서 함께 일하면서 사이는 점점 더 나빠졌고, 급기야 네이먼은 강의 시간에 학생들 앞에서 피셔의 여러 착안을 대놓고 공격했다. 반목하던 두 진영은 심지어 오후에 홍차를 마시는 휴게실(당시 영국 학계에서는 오후의 홍차가 관례였다)에 같이 있기 싫어서 시간을 다르게 잡기까지 했다. 이러한 반목이 그렇게까지 심해진 진짜 이유는 시간이 지나면서 사라졌겠지만, [Zabell,1992]에서 그 진실을 최대한 파헤치려 노력한 결과를 볼 수 있다.

간단히 말해서, 당시 현대적 통계학 방법들의 기초를 세운 연구자들은 마치 아이들처럼 유치한 말다툼을 했던 것이다. 그렇긴 하지만 이 세 사람은 놀랄 만큼 뛰어난 재능을 가진 학자들이었다. 특히 피셔는 유전학, 생물학, 의학의 세계적인 선도자일 뿐만 아니라 어쩌면 가장 독창적인 수학 사상가일 수도 있다(Barnard, 1963; Field, 2005c; Savage, 1976).

---

2 통계학책이나 논문을 보면 피어슨의 곱적률 상관계수를 r로 표기하기도 R로 표기하기도 한다. 일반적으로 대문자는 회귀와 관련해서 쓰이는데, 왜냐하면 그것이 다중상관계수를 나타내기 때문이다. 그러나 어떤 이유로 r을 제곱할 때도(§6.5.4.3에서처럼) 대문자 R을 사용한다. 왜 그런지 내게 묻지는 말기 바란다. 어쩌면 나를 헷갈리게 하려는 것이 이유일 수도 있다.

완전한 양의 상관이라는 뜻이다. 즉, 한 변수가 증가하면 다른 변수도 그에 비례하는 양만큼 증가한다. 반대로 상관계수가 −1이라는 것은 두 변수의 관계가 완전한 음의 상관이라는 뜻이다. 즉, 한 변수가 증가하면 다른 변수는 그에 비례하는 양만큼 감소한다. 그리고 상관계수가 0이면 두 변수에 아무런 선형 관계도 없다는 뜻이다. 즉, 한 변수가 변해도 다른 변수는 변하지 않는다. 또한, §2.6.4에서 보았듯이, 상관계수는 관측된 효과의 표준화된 측도이므로 효과의 크기를 측정하는 용도로도 흔히 쓰인다. 상관계수가 ±.1이면 작은 효과, ±.3이면 중간 효과, ±.5이면 큰 효과에 해당한다(단, 이러한 판에 박힌 효과크기들에 의존하기보다는 연구의 문맥 안에서 효과크기를 해석하는 것이 더 중요하다는 점을 다시금 강조하고 싶다).

6.3.3 상관계수의 유의성 ③

상관계수의 크기를 직접 해석할 수도 있지만, 제2장에서 보았듯이 과학자들은 확률을 이용해서 가설을 검증하길 좋아한다. 상관계수의 경우 검증할 가설은 상관계수가 0이 아니라는(즉, 두 변수의 관계가 '무상관'과는 다르다는) 것이다. 어떤 상관계수를 계산했는데, 만일 모집단에 효과가 존재하지 않는다면 그런 상관계수가 나올 가능성이 아주 낮다면, 관측된 관계가 통계적으로 유의하다는 확신을 가질 수 있다.

이 가설을 검증하는 방법은 크게 두 가지이다. 첫째는 이 책에 계속 등장하는 믿음직한 z 점수를 사용하는 것이다. 이전에 보았듯이, z 점수는 만일 자료가 정규분포라면 주어진 z 값이 나올 확률(미리 계산된)과 비교하는 식으로 활용한다. 그런데 피어슨의 r에는 그것이 정규분포가 아닌 표집분포를 따른다는 문제점이 있다. 이는 다소 미묘한 문제이지만, 다행히 우리의 친구 피셔가 만든 다음 공식을 이용하면 r의 표집분포가 실제로 정규분포가 되게 만들 수 있다 (Fisher, 1921).

$$z_r = \frac{1}{2} \log_e \left(\frac{1+r}{1-r} \right) \tag{6.4}$$

이 z_r의 표준오차는 다음과 같다.

$$SE_{z_r} = \frac{1}{\sqrt{N-3}} \tag{6.5}$$

사탕 광고의 예에서, 원래의 $r = .87$을 식 (6.4)에 대입하면 1.33이 나온다(표준오차는 .71).

이제 조정된 r을 z 점수로 변환한다. 변환 방법은 이전에 관측값들을 변환할 때와, 그리고 제5장에서 비대칭도와 첨도를 변환할 때와 같다. 만일 특정 값에 상대적인 상관계수의 크기를 나타내는 z 점수를 원한다면, 그냥 검사하려는 값과 표준오차를 이용해서 z 점수를 계산하면 된다. 그런데 보통 우리는 상관계수가 0과 다른지를 보려고 한다. 그런 경우에는 r의 관측값에서 0을 빼고 표준오차로 나눈다(즉, 그냥 z_r을 해당 표준오차로 나누면 된다).

$$z = \frac{z_r}{SE_{z_r}} \tag{6.6}$$

사탕 광고 자료에 이를 적용하면 1.33/.71 = 1.87이 나온다. 이 z 값(1.87)으로 부록 A의 확률 표에서 '작은 부분' 열에 나온 한쪽꼬리 확률을 찾아보면, 그 확률은 .0307이다. 양쪽꼬리 확률은 그 값에 2를 곱하면 된다. 그러면 .0614이다. 따라서, 한쪽꼬리에서는 이 상관관계가 유의하고($p < .05$), 양쪽꼬리에서는 유의하지 않다.

그런데 사실은, 상관관계가 0과는 다르다는 가설을 z 점수로 검증하기보다는 자유도가 $N - 2$인 t 통계량을 이용해서 검증하는 것이 일반적이다(예를 들어 R이 그런 방법을 사용한다). 이 t 통계량은 다음과 같이 r로부터 직접 구할 수 있다.

$$t_r = \frac{r\sqrt{N-2}}{\sqrt{1-r^2}} \tag{6.7}$$

그렇다면 애초에 z 점수 이야기는 왜 했을까? 한편으로는 여러분이 이미 익숙한 개념으로 논의를 진행하고자 했고(t 검정은 몇 장 더 가서야 제대로 설명한다), 또 한편으로는 이 이야기가 다음 절을 이해하는 데 바탕이 되기 때문이다.

6.3.4 r의 신뢰구간 ③

신뢰구간은 모집단에 있음 직한 어떤 값(지금 예에서는 상관계수)에 관한 무언가를 말해준다. 상관계수 r에 대한 신뢰구간의 계산은 앞 절에서 말한 z_r(표집분포를 정규분포로 만들기 위해 r을 변환한 결과)와 해당 표준오차에 기초한다. 그 수치들을 구했다면(그리고 그 수치들의 의미를 이해했다면), 통상적인 방식으로 신뢰구간을 구할 수 있다. 보통의 경우에서 95% 신뢰구간을 구하는 공식은 다음과 같다(§2.5.2.1 참고).

신뢰구간의 하계 = $\bar{X} - (1.96 \times SE)$

신뢰구간의 상계 = $\bar{X} + (1.96 \times SE)$

변환된 상관계수의 경우에는 다음 공식으로 신뢰구간의 상, 하계를 구한다.

$$신뢰구간의\ 하계 = z_r - (1.96 \times SE_{z_r})$$

$$신뢰구간의\ 상계 = z_r + (1.96 \times SE_{z_r})$$

사탕 광고 자료에 이 공식들을 적용하면 각각 1.33 − (1.96 × .71) = −0.062와 1.33 + (1.96 × .71) = 2.72가 나온다. 그런데 값들은 z 점수의 축척을 따르므로, 원래의 상관계수 단위로 변환할 필요가 있다. 그 공식은 다음과 같다.

$$r = \frac{e^{(2z_r)} - 1}{e^{(2z_r)} + 1} \tag{6.8}$$

앞의 값들에 이 공식을 적용하면, r의 신뢰구간의 상계는 .991이고 하계는 −0.062이다(이 값이 0에 아주 가까우므로, z 변환은 영향이 없다).

주입식 샘의 핵심 정리　　**상관**

- 공분산은 두 변수의 관계를 그리 세밀하지 않게 측정한 척도이다.
- 공분산을 표준화하면 피어슨 상관계수가 된다.
- 상관계수의 값은 −1에서 +1까지이다.
- 상관계수가 +1이라는 것은 두 변수의 관계가 완전한 양의 상관이라는 뜻이고, 상관계수가 −1이라는 것은 두 변수의 관계가 완전한 음의 상관이라는 뜻이다. 그리고 상관계수가 0이면 두 변수에 아무런 선형 관계도 없는 것이다.
- 상관계수는 효과의 크기를 측정하는 용도로도 흔히 쓰인다. 상관계수가 ±.1이면 작은 효과, ±.3이면 중간 효과, ±.5이면 큰 효과에 해당한다. 단, 가능하면 이러한 기준들을 맹목적으로 따르기보다는 연구의 문맥 안에서 효과크기를 해석해 봐야 한다.

6.3.5　해석에 관한 경고 한 마디: 인과관계 ①

상관계수를 해석할 때는, 상관계수가 인과관계(causality; 또는 인과율)의 방향을 말해주지는 않는다는 점을 특히나 주의해야 한다. 사탕 광고의 예에서 시청한 광고 수가 증가하면 토피 사탕을 사는 횟수도 증가한다고 결론을 내릴 수 있다고 해도, 광고 시청이 토피 사탕 구매의 원인이라고 말할 수는 없다. 그 이유는 다음 두 가지이다.

- **제3 변수 문제:** 이 문제는 §1.6.2에서 이야기했다. 다시 정리하면, 결과에 영향을 미치는 다른 어떤 변수(측정한 것이든, 측정하지 않은 것이든)가 있을 수 있으므로 두 변수 사이의 인과관계를 가정할 수 없다는 것이다. 이를 제3 변수 문제 또는 제3의 요소(tertium quid) 문제라고 부른다(§1.6.2과 초천재 제인 글상자 1.4 참고).

- **인과관계의 방향:** 상관계수는 어떤 변수가 다른 변수의 변화를 유발하는지에 관해 아무것도 말해주지 않는다. 방금 설명한 제3 변수 문제를 무시하고 오직 상관된 두 변수만 중요하다고 가정할 수 있는 경우에도, 상관계수에서 인과관계의 방향을 알아낼 수는 없다. 지금 예에서 광고를 시청하는 것이 원인이고 타피 사탕을 사는 것이 결과라고 해석하는 것이 직관적이긴 하겠지만, 타피 사탕을 사는 것이 원인이 되어서 광고를 더 많이 보게 되는 것이라고 말하지 못할 통계적 이유는 없다. 후자의 결론이 덜 직관적이긴 하지만, 상관계수 자체는 그것이 거짓이라고 말해주지 않는다.

6.4 상관분석을 위한 자료 입력 ①

상관분석이나 회귀, 다중 화귀를 위한 자료 입력은 간단하다. 그냥 각 변수를 개별 열로 입력하기만 하면 되기 때문이다. R 이외의 통계 패키지에서 자료를 준비하는 경우라면, 측정한 변수마다 스프레드시트에 적절한 이름의 변수(열)를 만들고 한 참가자의 점수들을 스프레드시트의 한 행에 입력하면 된다. 범주형변수(성별 등)가 여러 개인 경우도 흔히 만나게 되는데, 그런 경우 그 변수들도 하나의 열에 입력할 수 있다. §3.7에 좀 더 자세한 설명이 나온다.

한 예로, 표 6.1에 나온 두 변수의 상관계수를 계산한다면 그림 6.3과 같은 형태로 자료를

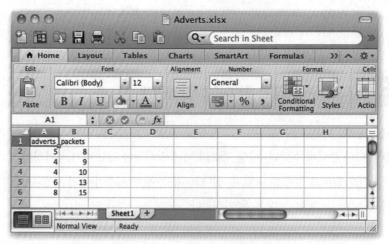

그림 6.3 MS Excel에서 상관분석을 위한 자료를 입력한 모습

입력하면 된다. 그림에서 보듯이 각 변수는 개별적인 열을 차지하고, 각 행은 한 사람의 자료이다(예를 들어 첫 소비자는 광고 다섯 편을 보았고 사탕 여덟 봉지를 샀다).

자료 집합이 작다면 R에서 각 변수의 점수들을 직접 입력해서 데이터프레임을 만들어도 된다. 다음은 사탕 광고 자료를 그런 식으로 입력한 예이다.

```
adverts<-c(5,4,4,6,8)
packets<-c(8,9,10,13,15)
advertData<-data.frame(adverts, packets)
```

자가진단
✓ 사탕 광고 자료를 입력하고 *ggplot2*를 이용해서 그 자료의 산점도를 작성하라(구매한 사탕 봉지 수를 *y* 축에, 시청한 광고 수를 *x* 축에 그릴 것).

6.5 이변량 상관 ①

상관은 두 종류로 나뉘는데, 하나는 이변량 상관이고 다른 하나는 편상관이다. **이변량 상관**(bivariate correlation)은 두 변수의 상관관계를 말한다(이번 장에서 지금까지 설명한 것이 이 이변량 상관이다). 그리고 편상관(partial correlation)은 하나 이상의 다른 변수들의 효과를 '제어'할 때의 두 변수의 상관관계를 말하는데, 좀 더 자세한 사항은 다음 절(§6.6)에서 설명한다. 앞에서 설명한 피어슨의 곱적률 상관계수는 이변량 상관계수이고, 스피어먼(Spearman)의 로(ρ, §6.5.5)와 켄달(Kendall)의 타우(τ, §6.5.6)도 이변량 상관계수의 예이다.

그럼 제4장의 시험 스트레스의 예로 돌아가자. 그 예에서 심리학자는 시험 스트레스가 시험 성적에 미치는 영향에 관심을 두었다. 그 심리학자는 시험과 관련한 상태불안을 평가하는 설문지(Exam Anxiety Questionnaire, 줄여서 EAQ라고 부른다)를 만들고 검증했다. 이 설문지는 시험 상태불안 정도를 100점 만점의 점수로 측정한다. 심리학자는 시험 전에 이 설문지로 학생들의 시험 불안 정도를 측정하고, 시험이 끝난 후에는 학생들의 성적을 퍼센트 값으로 환산했다. 또한, 심리학자는 학생들의 시험 공부 시간, 즉 시험에 대비해서 배운 내용을 복습한(revise) 시간도 측정했다. 해당 자료가 부록 웹사이트의 **Exam Anxiety.dat** 파일에 있다. 이 자료의 산점도는 이미 그려 보았으므로(§4.5), 다시 그리지는 않겠다.

6.5.1 상관분석을 위한 R 패키지 ①

이번 장에서도 다양한 패키지들을 사용한다. 이 패키지 중에는 R Commander에서 접근할 수 있는 것들도 있고(다음 절에서 이야기한다) 그렇지 않은 것들도 있다. 이번 장의 예제들에 필요한 패키지는 *Hmisc, polycor, boot, ggplot2, ggm*이다. 이들이 아직 설치되어 있지 않으면(일부는 이전 장들에서 설치했어야 하는 패키지들이다), 다음 명령들로 설치하기 바란다(*boot*는 R의 기본 패키지의 일부이므로 따로 설치할 필요가 없다).

```
install.packages("Hmisc"); install.packages("ggm");
install.packages("ggplot2"); install.packages("polycor")
```

그런 다음에는 다음 명령들로 이 패키지들을 R 환경에 적재한다.

```
library(boot); library(ggm); library(ggplot2); library(Hmisc);
library(polycor)
```

6.5.2 R Commander로 상관분석을 수행하는 일반적인 절차 ①

R Commander로 이변량 상관계수를 구하려면, 우선 다음 명령을 실행해서 R Commander 창을 띄운다(만일 아직 R Commander를 설치하지 않았다면 §3.6을 참고해서 설치한 후 다음 명령을 실행해야 한다).

```
library(Rcmdr)
```

다음으로, 필요한 자료 파일을 R Commander로 불러와야 한다. **데이터 ➡ 데이터 불러오기 ➡ 텍스트 파일, 클립보드, 또는 URL...** 메뉴를 선택해서 자료를 불러오기 바란다(§3.7.3 참고). 자료를 담을 데이터프레임 이름은 examData로 하면 된다. 그런 다음 **통계 ➡ 요약 ➡ 상관 행렬...** 또는 **통계 ➡ 요약 ➡ 상관 검정...** 메뉴를 선택하면 상관계수가 계산된다. 이 메뉴들과 해당 대화상자들이 그림 6.4에 나와 있다.

    셋 이상의 변수들에 대한 여러 개의 상관계수를 구할 때는(다른 말로 하면 상관계수들의 격자를 생성하려면) **상관 행렬** 메뉴를 선택해야 한다. 두 변수의 상관계수 하나만 구할 때는 **상관 검정** 메뉴를 선택하면 된다. 두 메뉴 모두, 피어슨의 곱적률 상관계수와 스피어먼 상관계수를 구할 수 있으며, 상관계수들과 연관된 p 값을 구할 수도 있다. 그러나 중요한 차이점도 몇 가지 존재한다. 상관 점검 메뉴로는 켄달의 상관계수와 신뢰구간을 구할 수 있고 한쪽꼬리 검정과 양쪽 꼬리 검정을 선택할 수 있지만, 한 번에 하나의 상관계수만 계산할 수 있다. 반면 상관 행렬 메뉴로는 켄달의 상관계수를 구할 수 없다. 대신 편상관을 구할 수 있으며, 한 번의 명령으로 여러 개의 상관계수를 구할 수 있다.

그럼 상관 행렬 대화상자부터 보자. 대화상자 상단의 목록에는 데이터프레임의 변수들이 있는데(그림 6.4). 키보드의 *Ctrl* 키를 누른 채로 마우스를 클릭해서 여러 개의 변수를 선택할 수 있다. '예' 버튼을 클릭하면 **R**은 선택된 변수들의 모든 조합의 상관계수들로 이루어진 격자 형태의 표를 출력한다. 그 표가 바로 상관 행렬이다. 지금 예에서는 변수 **Exam**과 **Anxiety**, **Revise**를 선택하기 바란다. 그런 다음에는 원하는 상관계수의 종류를 선택한다. 선택할 수 있는 것은 피어슨 곱적률(● Pearson product-moment)과 스피어먼의 로(● Spearman 순위-순서), 그리고 편상관 (● Partial)이다. 마지막으로, 상관계수들의 p 값도 구하고 싶다면 쌍별(pairwise) 유의-값 체크 상자(☐ 쌍별(pairwise) 유의-값)를 체크하면 된다.[3]

다음으로 상관 검정 대화상자를 보자. 이 대화상자에도 데이터프레임의 변수들이 표시된다(그림 6.4). 그런데 이번에는 그 변수 목록에서 변수를 두 개만 선택할 수 있다(역시 *Ctrl* 키를 누른 채로 마우스로 클릭하면 된다). 두 변수를 선택한 다음에는 원하는 상관계수의 종류를 선택한다. 선택할 수 있는 것은 피어슨 곱적률(● Pearson product-moment)과 스피어먼의 로(● Spearman 순위-순서), 그리고 켄달의 타우(● Kendall의 tau)이다. 다음으로, 이 대화상자에서는 검정이 한쪽꼬리인지 양

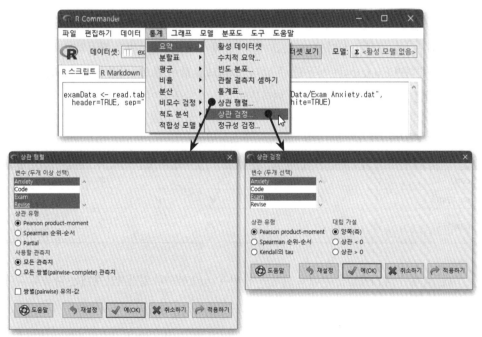

그림 6.4 R Commander를 이용한 이변량 상관분석

---

3 이 옵션을 체크하면 R Commander가 출력을 생성하는 데 사용하는 함수가 바뀐다. 이 옵션을 체크하지 않으면 R Commander 는 *cor*()라는 함수를 사용하지만, 체크하면 *rcorr*()라는 함수(*Hmisc* 패키지의 일부)를 사용한다. 둘의 차이점 하나는, *rcorr*()는 결과를 소수점 이하 두 자리까지만 표시한다는 것이다(이 함수들은 다음 절에서 좀 더 자세히 설명한다).

쪽꼬리(§2.6.2 참고)인지 지정할 수 있다. 간단히 말하면, 만일 관계의 본성을 예측할 수 없다면 (지금 예에서 시험 불안이 시험 성적을 향상시킬지 하락시킬지 알 수 없다면) 양쪽꼬리 검정을 사용해야 한다. 대화상자에서 양쪽(측) 옵션이 이에 해당한다. 그렇지 않고 방향에 대한 가설이 있다면 한쪽꼬리 검정을 사용해야 한다. 상관의 방향은 음, 양 두 가지이다. 지금 예에서 음의 상관은 "시험을 불안해할수록 시험 점수가 좋을 것이다"를 뜻하고, 양의 상관은 "시험을 불안해할수록 시험 점수가 나쁠 것이다"를 뜻한다. 음의 상관을 가정한다면 상관 < 0을, 양의 상관을 가정한다면 상관 > 0을 선택하면 된다. 두 대화상자 모두, 마지막으로 예 버튼을 클릭하면 결과가 출력된다.

6.5.3 R로 상관분석을 수행하는 일반적인 절차 ①

R에서 기본적인 상관계수를 계산할 때 주로 사용하는 함수는 **cor(), cor.test(), rcorr()** 세 가지이다. 표 6.2에 이 세 함수의 주된 차이점이 나와 있다. 함수 *cor()*와 *cor.test()*는 R의 기본 내장 함수이지만 *rcorr()*는 *Hmisc* 패키지의 일부이므로, 이 함수를 사용하려면 먼저 그 패키지를 불러와야 한다.

주어진 상황에 가장 적합한 함수가 무엇인지 판단할 때 표 6.2가 도움이 될 것이다. 예를 들어 신뢰구간을 구해야 한다면 *cor.test()*를 사용해야 하고, 여러 변수 쌍들의 상관계수들을 계산해야 한다면 *cor.test()*는 사용할 수 없다. 그리고 p 값이 필요하다면 *cor()*는 도움이 되지 않는다. 어떤 식으로 판단하면 되는지 여러분도 감을 잡았을 것이다.

표 6.2 여러 상관계수 계산 함수들의 특성 비교

함수	피어슨	스피어먼	켄달	p 값	신뢰구간	다중 상관	비고
cor()	✓	✓	✓			✓	
cor.test()	✓	✓	✓	✓	✓		
rcorr()	✓	✓		✓		✓	소수점 이하 두 자리까지

그럼 각 함수의 사용법을 차례로 살펴보자. 먼저 *cor()* 함수의 일반적인 형태는 다음과 같다.

```
cor(x,y, use = "결측값 처리 방식", method = "상관계수 종류")
```

여기서,

- *x*는 수치 변수 또는 데이터프레임이고,

- *y*는 또 다른 수치 변수이다(*x*가 데이터프레임이면 *y*를 지정할 필요가 없다).

- *use*는 특정한 결측값 처리 방식을 지정한다. 다음 네 문자열 중 하나를 지정하면 된다. (1) "everything"을 지정하면 R은 변수에 결측값이 존재하는 경우 해당 상관계수를 계산하지 않고 NA를 출력한다. (2) "all.obs"를 지정하면 R은 모든 관측값을 사용하려 하며, 만일 자료에 결측값이 존재하면 오류 메시지를 낸다. (3) "complete.obs"를 지정하면 모든 변수가 완전히 갖추어진 사례들로만 상관계수를 계산한다. 이런 방식을 **목록별 결측값 제외**(excluding cases listwise)라고 부르기도 한다(R의 영혼의 조언 6.1 참고). (4) "pairwise. complete.obs"를 지정하면 모든 변수 쌍에서 두 변수 모두 관측값이 존재하는 사례들에 대해 두 변수의 상관계수를 계산한다. 이를 **쌍별 결측값 제외**(excluding cases pairwise)라고 부르기도 한다(R의 영혼의 조언 6.1 참고).

- *method* 매개변수에는 상관계수의 종류에 해당하는 문자열을 지정한다. 가능한 문자열은 "pearson", "spearman" "kendall"이다(모두 소문자임을 주의할 것). 만일 두 종류 이상을 지정하고 싶다면 *c()* 함수를 이용해서 묶어주면 된다. 예를 들어 *c("pearson", "spearman")* 를 지정하면 피어슨 상관계수와 스피어먼 로를 모두 계산한다.

시험 불안 자료의 예에서, 다음은 *examData* 데이터프레임의 모든 변수 사이의 피어슨 상관계수를 구하는 명령이다.

```
cor(examData, use = "complete.obs", method = "pearson")
```

한 쌍의 변수(이를테면 **Exam**과 **Anxiety**)의 상관계수 하나만 계산하고 싶다면, 다음처럼 해당 변수들을 명시적으로 지정하면 된다.

R의 영혼의 조언 6.1 **목록별 결측값 제거와 쌍별 결측값 제거의 선택 ①**

이 책에 나오는 함수 중에는 결측자료의 처리 방식에 관한 옵션이 있는 함수들이 많다. 종종 결측값이 있는 사례들을 '쌍별(pairwise)'로 제거할 것인지 아니면 '목록별(listwise)'로 제거할 것인지 결정해야 할 때가 있다. 목록별 제거는 어떤 한 사례에 한 변수라도 결측값이 있으면 그 사례를 통째로 분석에서 제외하는 것을 말한다. 시험 불안 자료의 예에서, 한 학생이 자신의 불안 정도를 보고했으며 그 학생의 시험 점수를 우리가 안다고 해도, 만일 그 학생의 복습 시간이 빠져 있으면 그 학생의 자료는 계산에 포함시키지 않는다. 즉, 그 학생의 자료는 분석에서 완전히 제외된다. 반대로 쌍별 제거 방식에서는, 한 참가자의 자료에 특정 변수나 분석의 점수가 빠져 있어도 그 참가자의 자료는 빠진 변수가 관여하는 계산에서만 제외된다. 복습 시간이 빠진 학생의 경우, 그 학생의 자료는 시험 점수와 복습 시간의 상관과 시험 불안과 복습 시간의 상관을 분석할 때는 제외되지만, 시험 불안과 시험 점수의 상관을 분석할 때는 **포함된다**. 그 변수 쌍에 한해서는 두 변수 모두 점수가 존재하기 때문이다.

```
cor(examData$Exam, examData$Anxiety, use = "complete.obs", method = "pearson")
```

다음은 *method* 매개변수를 이용해서 다른 종류의 상관계수(켄달의 타우)를 지정한 예이다.

```
cor(examData$Exam, examData$Anxiety, use = "complete.obs", method = "kendall")
```

마지막으로, 다음은 결측값 처리 방식을 명시적으로 지정한 예이다. 이 명령은 쌍별 결측값 제거를 사용한다.

```
cor(examData$Exam, examData$Anxiety, use = "pairwise.complete.obs", method =
"kendall")
```

함수 *rcorr()*는 *cor()*와 상당히 비슷하다. 일반적인 형태는 다음과 같다.

```
rcorr(x,y, type = "correlation type")
```

여기서,

- *x*는 수치 변수 또는 행렬이고,

- *y*는 또 다른 수치 변수이다(*x*가 행렬이면 이 매개변수는 지정할 필요가 없다).

- *type*은 상관계수의 종류로, 가능한 문자열은 "pearson"과 "spearman"이다. 둘 다 정하고 싶으면 *c("pearson", "spearman")*로 묶어 주면 된다.

이 함수를 사용할 때 주의할 점이 두 가지 있다. 첫째로, 이 함수는 데이터프레임에는 작동하지 않으므로, 먼저 데이터프레임을 행렬로 변환해야 한다(§3.9.2 참고). 둘째로, 이 함수는 쌍별 결측값 제거 방식(R의 영혼의 조언 6.1 참고)으로만 작동한다. 목록별 제거 방식은 지원하지 않는다. 예를 들어 **Exam**과 **Anxiety**라는 두 수치 변수(어떤 데이터프레임의 일부가 아닌)가 있다고 할 때, 다음은 두 변수의 피어슨 상관계수와 그 *p* 값을 계산하는 명령이다.

```
rcorr(Exam, Anxiety, type = "pearson")
```

그리고 다음은 *examDataMatrix*라는 행렬의 모든 변수쌍의 피어슨 상관계수들(그리고 해당 *p* 값들)을 계산하는 명령이다.

```
rcorr(examDataMatrix, type = "pearson")
```

cor.test() 함수는 두 변수에만(데이터프레임 전체가 아니라) 사용할 수 있다. 일반적인 형태는 다음과 같다.

```
cor.test(x, y, alternative = "string", method = "correlation type", conf. level
= 0.95)
```

여기서,

- *x*는 수치 변수이고,

- *y*는 또 다른 수치 변수이다.

- *alternative*는 사용할 검정 또는 방향 가설의 종류를 지정한다. *alternative = "two. sided"*는 양쪽꼬리 검정을 사용하라는 뜻이고, *alternative = "less"*는 상관이 0보다 작음(less), 즉 음의 상관을 예측한다는 뜻이고, *alternative = "greater"*는 상관이 0보다 큼(greater), 즉 양의 상관을 예측한다는 뜻이다.

- *method*는 *cor()*의 것과 동일하다.

- *conf.level*은 상관계수의 신뢰구간 너비를 지정한다. 기본값은 0.95이다(*conf.level = 0.95*). 따라서 95% 신뢰구간을 원한다면 이 매개변수를 생략하면 된다. 그러나 만일 90% 신뢰구간이나 99% 신뢰구간을 원한다면, *conf.level = 0.9*나 *conf.level = 0.99*를 명시적으로 지정해 주어야 한다. 신뢰구간은 피어슨 상관계수에 대해서만 계산된다.

시험 불안 자료의 예에서, 다음은 두 변수 **Exam**과 **Anxiety**의 상관계수와 양쪽꼬리 검정 *p* 값, 그리고 95% 신뢰구간을 계산하는 명령이다. 이전에 나온 *cor()*의 예와 상당히 비슷하다.

```
cor.test(examData$Exam, examData$Anxiety, method = "pearson")
```

만일 두 변수에 양의 상관관계가 있다고 예측한다면, 다음처럼 *alternative* 옵션을 추가하면 된다.

```
cor.test(examData$Exam, examData$Anxiety, alternative = "less", method =
"pearson")
```

그리고 다음은 95%가 아닌 신뢰구간을 지정한 예이다.

```
cor.test(examData$Exam, examData$Anxiety, alternative = "less", method =
"pearson", conf.level = 0.99)
```

이상의 예들에서 이 함수들의 사용법을 파악할 수 있었을 것이다. 다음 절부터는 구체적인 종류의 상관계수들을 예제들과 함께 좀 더 자세히 살펴본다.

올리버 트위스티드

선생님, 그거 더 가르쳐 주세요…. 분산과 공분산이요!

자신의 자료를 분석하게 되어서 너무나 신이 난 올리버는 내가 분산과 공분산에 지면을 낭비하는 것이 불만인가 보다. "이제 그만 써, 바보 같은 선생님아!"라고 말한다. "내 자료를 분석하고 싶다고!" 올리버의 말에도 일리가 있다. 부록 웹사이트에 분산과 공분산을 계산하는 *cor()* 부류의 함수들에 관한 추가 자료가 있으니 참고하기 바란다.

6.5.4 피어슨 상관계수 ①

6.5.4.1 피어슨 r의 가정들 ①

피어슨(그림 6.5)의 상관계수에 관해서는 이번 장 시작 부분에서 충분히 설명했다. 피어슨 상관계수의 유일한 요구조건은 자료가 구간자료(§1.5.1.2)이어야 한다는 것이다. 그래야 피어슨 상관계수가 두 변수의 선형 관계를 정확하게 측정한 값이 된다. 그러나 상관계수의 유의성을 확인해야 한다면 다음과 같은 몇 가지 가정이 더 필요하다. 우선, 검정통계량이 유효하려면 표집분포가 정규분포이어야 한다. 그런데 제5장에서 보았듯이 표본자료가 정규분포이면(또는, 표본이 크면) 표집분포도 정규분포라고 가정할 수 있다. 흔히 표집분포가 정규분포라고 가정하려면 두 변수 모두 정규분포인 것이 바람직하지만, 여기에는 한 가지 예외가 있다. 바로, 한 변수가 범주가 단 두 개뿐인 범주형변수이면 그런 조건을 무시할 수 있다(§6.5.7에서 보겠지만 미리 살짝 이야기하자면, 사실 이 경우는 t 검정을 수행하는 것과 동일하다). 어쨌거나, 만일 자료가 정규분포가 아니면(제5장 참고), 또는 구간 수준에서 측정한 것이 아니면, 다른 종류의 상관계수나 부트스트랩 방법을 사용해야 한다.

그림 6.5 칼 피어슨

6.5.4.2 R을 이용한 피어슨 *r* 계산 ①

R로 *r*을 계산한다니 조금 말장난 같지만, R Commander와 R의 명령행에서 피어슨 상관계수를 계산하는 일반적인 방법은 앞에서 살펴보았다. 실습의 의미로, 시험 불안 자료를 이용해서 피어슨 상관계수를 계산해 보자.

자가진단

✓ **Exam Anxiety.dat** 파일의 자료를 불러와서 *examData*라는 데이터프레임을 생성하라.

시험 불안 데이터프레임의 자료는 다음과 같다.

```
   Code Revise Exam Anxiety Gender
1     1      4   40  86.298   Male
2     2     11   65  88.716 Female
3     3     27   80  70.178   Male
4     4     53   80  61.312   Male
5     5      4   40  89.522   Male
6     6     22   70  60.506 Female
7     7     16   20  81.462 Female
8     8     21   55  75.820 Female
9     9     25   50  69.372 Female
10   10     18   40  82.268 Female
```

그런데 이 자료로 바로 상관계수를 구하기에는 문제가 좀 있다. 우선, **Gender** 변수는 수치변수가 아니다. 그리고 **code** 변수의 수치들은 별로 의미가 없다. 해결책은 두 가지인데, 첫 번째는 필요한 변수들만 선택해서 새 데이터프레임을 만드는 것이다. 방법은 §3.9.1에서 설명했다. 두 번째는 *cor()* 함수 자체에서 변수들을 선택하는 것이다. 다음은 첫 번째 방법에 해당하는 명령이다.

```
examData2 <- examData[, c("Exam", "Anxiety", "Revise")]
cor(examData2)
```

첫 행은 변수 **Exam, Anxiety, Revise**만 선택해서 그 변수들의 모든 사례를 담은 *examData2*라는 데이터프레임을 새로 만든다. 둘째 명령은 그 세 변수의 모든 조합에 대한 피어슨 상관계수 표를 출력한다(피어슨 상관계수가 기본이므로, *method* 매개변수에 상관계수의 종류를 지정할 필요가 없었다. 그리고 이 자료에는 결측값이 없으므로, *use* 매개변수도 생략했다).

아니면, *cor()* 함수 안에서 *examData*의 일부 변수들을 직접 지정할 수도 있다.

```
cor(examData[, c("Exam", "Anxiety", "Revise")])
```

결과는 이전과 동일하다. 따라서 두 방법 중 어떤 것을 택하는가는 전적으로 취향의 문제이다. 실행 과정을 이해하기에는 첫 방법이 조금 더 쉽지만, 경험과 확신이 쌓이면 시간이 절약되는 두 번째 방법을 선호하게 될 것이다.

출력 6.1 피어슨 상관계수 출력

```
            Exam      Anxiety     Revise
Exam     1.0000000  -0.4409934   0.3967207
Anxiety -0.4409934   1.0000000  -0.7092493
Revise   0.3967207  -0.7092493   1.0000000
```

출력 6.1에서 보듯이, 이 명령은 세 변수의 상관계수들로 이루어진 하나의 행렬을 출력한다. 각 변수는 자기 자신과 완전한 상관관계를 가지고 있으므로(당연하다), 행렬의 대각선 성분들은 모두 $r = 1$이다. 시험 불안과 시험 성적의 피어슨 상관계수는 $r = -.441$이다. 즉, 두 변수의 관계는 음의 상관이다. $-.441$이라는 값은 이것이 비교적 큰 효과임을 말해준다. 시험 성적과 복습 시간의 상관계수는 양의 상관에 해당하는 $r = .397$인데, 이 역시 비교적 큰 효과이다. 마지막으로, 시험 불안과 복습 시간의 상관계수는 음의 상관에 해당하는 $r = -.709$인데, 이는 꽤 큰 효과이다. 심리학의 용어로 말하자면, 이 모든 것은 시험에 대한 불안이 증가할수록 시험 성적이 감소함을 의미한다. 반대로, 복습 시간이 증가할수록 학생의 시험에 대한 불안은 감소한다. 따라서 세 변수 사이에는 복잡한 상호 관계가 존재한다.

상관계수는 효과크기에 해당하므로, 굳이 p 값을 평가하지 않아도 이 세 값을 해석할 수 있다(그리고 이전부터 하고 싶었던 말이지만, p 값은 표본 크기와 관련이 있으므로 p 값에 집착하는 것은 좀 생각해 볼 문제이다). 혹시 p 값에 집착하는 유형의 독자라면 *rcorr()* 함수를 사용하면 된다. 그 함수는 p 값들도 출력해 주므로 마음에 쏙 들 것이다. 이 함수를 사용하려면 우선 *Hmisc* 패키지를 불러와야 한다.

```
library(Hmisc)
```

다음으로, 데이터프레임을 *as.matrix()* 함수를 이용해서 행렬로 변환해야 한다. 그런데 행렬로 변환할 수 있는 것은 수치 변수들뿐이다. 따라서, 앞에서 했던 것처럼 *examData* 데이터프레임의 수치 변수들만 선택해서 행렬로 변환해야 한다. 다음이 그러한 명령이다.

```
examMatrix<-as.matrix(examData[, c("Exam", "Anxiety", "Revise")])
```

이 명령은 *examData* 데이터프레임의 **Exam, Anxiety, Revise** 변수만으로 이루어진 *examMatrix*라는 행렬을 생성한다. 이제 이 행렬로 *rcorr()* 함수를 호출하면 상관계수들의 행렬이

출력된다.[4]

```
rcorr(examMatrix)
```

앞의 *corr()*의 예에서처럼 추가적인 옵션들은 지정할 필요가 없다. 그리고 역시 이전 예와 비슷하게, 이 과정을 하나의 명령으로 합칠 수 있다. 좀 더 경험이 쌓인다면 행렬을 만드는 과정과 상관계수를 계산하는 과정을 다음과 같은 하나의 명령으로 합쳐서 실행하는 것이 편할 것이다.

```
rcorr(as.matrix(examData[, c("Exam", "Anxiety", "Revise")]))
```

실행 결과가 출력 6.2에 나와 있다. 출력 6.1과 비슷하지만, 수치들이 소수점 아래 두 자리로 반올림되었다. 그리고 상관계수 계산에 쓰인 표본 크기와, 상관계수 행렬에 대응되는 p 값들의 행렬도 출력되었다. 시험 점수와 시험 불안은 피어슨 상관계수 $r = -.44$만큼 음의 상관이고, 해당 유의확률은 .001보다 작다(거의 0이다). 이 유의확률은 귀무가설(변수들 사이에 관계가 없다는)이 참일 때 103명의 자료로 이루어진 표본에서 이 정도로 큰 상관계수가 나올 확률이 아주 낮음을(사실 0에 가깝다) 뜻한다. 따라서, 우리는 시험 성적과 시험 불안 사이에 실질적인 관계가 존재한다는 확신을 얻을 수 있다. 유의성 수준으로는 흔히 .05가 쓰이므로(§2.6.1 참고), 이 예의 모든 상관계수가 유의하다고 말할 수 있다.

출력 6.2

```
        Exam Anxiety Revise
Exam    1.00   -0.44   0.40
Anxiety -0.44   1.00  -0.71
Revise  0.40   -0.71   1.00

n= 103


P
        Exam Anxiety Revise
Exam            0       0
Anxiety  0              0
Revise   0       0
```

　상관계수들의 신뢰구간들도 상관분석에 아주 유용하다. 안타깝게도 신뢰구간은 상관계수마다 따로 구해야 한다(데이터프레임이나 행렬 전체에 대해 신뢰구간들을 한꺼번에 계산하는 함수는 아

4　*ggm* 패키지에도 *rcorr()*라는 함수가 있다. 따라서, 혹시 그 패키지를 설치하고 적재했다면 **R**이 그 패키지의 *rcorr()* 함수를 실행하려 들 수 있다. 그러면 이 책에 나온 것과는 전혀 다른 결과가 출력될 것이다. 실제로 그런 일을 겪었다면, 다음처럼 함수 앞에 *Hmisc::*를 붙여주면 된다. 그러면 **R**은 *Hmisc* 패키지에 있는 그 *rcorr()*를 사용한다(**R**의 영혼의 조언 3.4 참고).

```
Hmisc::rcorr(examMatrix)
Hmisc::rcorr(as.matrix(examData[, c("Exam", "Anxiety", "Revise")]))
```

직 없다). 그럼 시험 성적(Exam)과 시험 불안(Anxiety)의 상관을 분석해 보자. 상관계수와 함께 신뢰구간까지 계산해 주는 함수는 *cor.test()*이다.

```
cor.test(examData$Anxiety, examData$Exam)
```

그냥 두 변수만 지정했는데, 이렇게 하면 이 함수는 피어슨 상관계수 *r*과 95% 신뢰구간을 계산한다. 출력 6.3에 결과가 나와 있다. 이전 함수들처럼 이 함수도 시험 성적과 시험 불안의 피어슨 상관계수가 약 −.441이라고 말해준다. 그러나 다른 함수들과는 달리 이 함수는 그 값이 유의한 수준으로 0과 크게 다르다는 점도 말해준다($t(101) = -4.94$, $p < .001$). 더욱 중요한 것은, 95% 신뢰구간의 범위를 출력한다는 것이다. 이 예에서 신뢰구간은 −.585에서 −.271인데, 이 구간에는 0이 없다. 이는 어떤 경우이든 모집단 또는 상관계수의 실제 값이 항상 0보다 작다는 뜻이며, 따라서 시험 불안과 시험 성적의 관계가 음의 상관임을 확신할 수 있다.

출력 6.3

```
        Pearson's product-moment correlation

data:  examData$Anxiety and examData$Exam
t = -4.938, df = 101, p-value = 3.128e-06
alternative hypothesis: true correlation is not equal to 0
95 percent confidence interval:
 -0.5846244 -0.2705591
sample estimates:
      cor
-0.4409934
```

자가진단

✓ 복습 시간(Revise), 시험 성적(Exam), 시험 불안(Anxiety)의 모든 가능한 쌍 (총 세 가지)의 상관계수 신뢰구간을 각각 계산하라.

6.5.4.3 R^2에 기초한 해석 ①

상관분석에서 인과관계에 관한 결론을 직접 끌어낼 수는 없지만, 상관계수를 제곱해서 두 변수의 관계에 관해 좀 더 많은 것을 알아낼 수는 있다. 상관계수를 제곱한 값, 즉 R^2을 **결정계수**(coefficient of determination)라고 부른다. 이 값은 한 변수의 변이성(variability) 또는 변동(variation)을 다른 변수가 어느 정도나 공유하는지 말해주는 측도이다.

예를 들어 시험 불안과 시험 성적의 관계를 생각해 보자. 시험 성적은 학생마다 다르다. 이는 시험 성적에 다양한 요인(서로 다른 능력, 서로 다른 준비 정도 등등)이 영향을 미치기 때문이다. 그러한 변동을 모두 더하면(§2.4.1에서 제곱들의 합을 계산할 때와 비슷한 방식으로) 시험 성적들에 존재하는 변동의 양을 추정한 수치가 나온다. 이때 시험 성적와 시험 불안의 R^2은 시험 성적의 그러한 변동을 시험 불안이 어느 정도나 공유하는지를 나타낸다. 두 변수의 상관계수는 −0.4410이므로 R^2은 $(-0.4410)^2 = 0.194$이다. 이 값에 100을 곱해서 퍼센트 수치로 변환하면 19.4%인데, 이는 시험 불안이 시험 성적의 변동의 19.4%를 공유한다는 뜻이다. 따라서, 비록 시험 불안이 시험 성적과 상관이 크지만, 시험 성적의 변동 중 시험 불안과 관련된 것은 19.4%뿐이다. 뒤집어 말하면, 시험 성적 변동의 80.6%는 다른 어떤 변수들과 관련되어 있다.

아마 여러분은 R^2이 인과관계를 함의한다는 내용을 담은 글을 종종 보게 될 것이다. 이를테면 "y의 변동은 x에서 기인한다(accounted)"라거나 "이 변수는 저 변수의 변동을 설명한다(explain)" 같은 문장을 쓰는 사람들이 있다. 그러나, 비록 R^2이 한 효과의 실질적인 중요성을 말해주는 아주 유용한 측도이긴 하지만, 인과관계를 추론하는 데 사용할 수는 없다. 시험 불안이 시험 성적의 변동의 19.4%를 공유한다고 해도, 시험 불안이 반드시 그만큼의 변동의 원인인 것은 아니다.

R에서 결정계수를 계산하는 방법은 간단하다. R에서 ^2가 제곱을 의미한다는 점은 앞에서 배웠다. 따라서, *examData2* 데이터프레임의 결정계수를 구하려면

```
cor(examData2)
```

가 아니라

```
cor(examData2)^2
```

를 실행하면 된다. 그러면 다음과 같이 r 대신 R^2 값들이 있는 행렬이 출력된다.

출력 6.4

```
            Exam    Anxiety    Revise
Exam     1.0000000 0.1944752 0.1573873
Anxiety  0.1944752 1.0000000 0.5030345
Revise   0.1573873 0.5030345 1.0000000
```

시험 성적과 시험 불안의 결정계수는 앞에서 구했던 것처럼 0.194이다. 만일 이 수치들을 퍼센트로 표시하고 싶다면, 다음처럼 100을 곱해주면 된다.

```
cor(examData2)^2 * 100
```

6.5.5 스피어먼 상관계수 ①

스피어먼 상관계수(Spearman's correlation coefficient)는 비모수적 통계량이다(Spearman, 1910). 따라서 정규분포가 아닌 자료 등 모수적 자료의 가정들(제5장 참고)을 위반하는 자료에 사용할 수

있다. 이 상관계수를 흔히 그리스 글자 ρ로 표기하기 때문에, 이를 스피어먼의 로라고 부르기도 한다. 스피어먼 상관계수 검정에서는 먼저 자료에 순위(rank)를 매기고(§15.4.1 참고), 그런 다음 그 순위들에 식 (6.3)에 나온 피어슨 상관계수 공식을 적용한다.

모수적 자료가 아닌 자료는 어떻게 하지?

내가 태어난 잉글랜드에는 좀 이상한 전통이 몇 가지 있다. 한 예는 잉글랜드 레이크 디스트릭트의 워즈데일에 있는 샌튼 브리지 인에서 매년 열리는 '세계 최대의 거짓말쟁이 대회(World's Biggest Liar competition)'이다. 이 대회는 지역 여관 주인 올드 윌 리츤(Auld Will Ritson)을 기리는 의미로 시작되었다. 19세기 사람인 그는 그 지역에서 허풍으로 유명했다고 한다(한 예로, 그는 워즈데일의 순무가 어찌나 큰지 그 속을 파내서 정원의 헛간으로 사용할 정도라고 말했다고 한다). 대회 주최자는 매년 지역 사람들에게 대회에 참가해서 세계 최대의 거짓말을 해보라고 권한다. 그간 인어 농장, 거대한 두더지, 방귀로 오존층에 구멍을 낸 양 등에 관한 거짓말이 등장했다. (내년에는 나도 참가해서 이 책의 몇 구절을 읽어볼 생각이다.)

이런 연구를 상상해보자. 연구의 목적은 창의적인 사람일수록 더 큰 거짓말을 만들어 낼 수 있다는 이론을 검증하는 것이다. 이를 위해 이 거짓말 대회의 지난 참가자 68명을 모아서 대회 성적(우승, 준우승, 3등, 등등)을 조사하고, 창의성에 관한 설문지를 작성하게 해서 창의력 점수(60점 만점)를 측정했다. 대회 성적은 순서변수(§1.5.1.2)에 해당한다. 대회 순위들은 범주들에 해당하지만, 그 범주들 사이에 의미 있는 순서가 존재하기 때문이다(우승이 준우승보다 낫고, 등등). 따라서 이 자료에는 스피어먼 상관계수를 사용해야 한다(피어슨의 r을 계산하려면 구간 자료 또는 비(ratio) 자료가 필요하다). 이 연구의 자료가 부록 웹사이트의 **The Biggest Liar.dat** 파일에 들어있다. 이 자료의 열은 두 개인데, 이름표가 **Creativity**인 열과 **Position**인 열이다(사실 세 번째 변수가 있지만, 지금 예에서는 그 변수를 무시한다). **Position** 변수는 앞에서 말한 범주(대회 순위)들을 부호화한 수치를 담는다. 우승자의 부호(code)는 1이라는 수치이고 준우승은 2, 3등은 3, 등등이다.

스피어먼 상관계수를 계산하는 함수들은 이전에 피어슨 상관계수를 구하는 데 사용한 함수들과 같다. 단, 이번에는 상관계수의 종류를 명시적으로 지정해야 한다. 좀 더 구체적으로 말하면, *cor()*나 *cor.test()*를 사용할 때는 *method = "spearman"* 옵션을, *rcorr()*를 사용할 때는 *type = "spearman"* 옵션을 추가해야 한다. 우선 자료 파일을 불러와서 새 데이터프레임을 생성하는 것부터 시작하자. 해당 명령은 다음과 같다.

```
liarData <- read.delim("The Biggest Liar.dat", header = TRUE)
```

만일 작업 디렉터리를 설정해 두지 않았다면, 다음 명령을 실행해서 파일 대화상자로 해당 자료 파일을 지정하면 될 것이다.

```
liarData <- read.delim(file.choose(), header = TRUE)
```

자가진단

✓ 지금까지 배운 내용을 이용해서, 아래 본문을 보지 말고 **Position** 변수
와 **Creativity** 변수의 스피어먼 상관계수를 계산해 보라.

다음은 *cor()* 함수를 이용해서 두 변수의 스피어먼 상관계수를 계산하는 명령이다.

```
cor(liarData$Position, liarData$Creativity, method = "spearman")
```

원하는 두 변수와 상관계수 종류를 지정하기만 했음을 주목하기 바란다. 출력은 다음과 같다.

```
[1] -0.3732184
```

이 상관계수의 유의확률을 구하고 싶다면, 다음과 같이 *rcorr()* 함수를 이용하면 된다(우선 데
이터프레임을 행렬로 변환해야 함을 기억할 것).

```
liarMatrix<-as.matrix(liarData[, c("Position", "Creativity")])
rcorr(liarMatrix)
```

아니면 그냥 *cor.test()*를 사용해도 되는데, 이 함수는 방향 가설을 설정할 수 있다는 장점도
있다. 앞에서 우리는 창의적인 사람이 거짓말을 더 잘한다고 예측했다. 거짓말을 잘할수록 대
회 성적이 좋을 것이고, 대회 성적이 좋을수록 **Position** 변수의 값이 작다(우승은 1, 준우승은
2, 등등). 따라서 두 변수의 관계가 음의 상관이라고 예측할 수 있다. 즉, **Creativity** 변수의 값
이 클수록 **Position** 변수의 값이 작을 것이다(거짓말을 잘 할수록 이 변수의 값이 작으므로). 음의

그림 6.6 찰스 스피어먼, 순위에 민감한 통계학자

상관은 상관계수가 0보다 작다(less)는 것인데, 이러한 예측을 명시적으로 지정하려면 다음처럼 *alternative* = "*less*"라는 옵션을 사용하면 된다.

```
cor.test(liarData$Position, liarData$Creativity, alternative = "less", method =
"spearman")
```

```
            Spearman's rank correlation rho
data:  liarData$Position and liarData$Creativity
S = 71948.4, p-value = 0.0008602
alternative hypothesis: true rho is less than 0
sample estimates:
        rho
-0.3732184
```

출력 6.5는 **Creativity** 변수와 **Position** 변수의 스피어먼 상관에 관한 결과이다. 이 결과는 피어슨 상관의 결과와 아주 비슷하다(단, 신뢰구간은 표시되어 있지 않은데, 지금 예에서 신뢰구간을 구하려면 부트스트랩 방법을 사용해야 한다). 두 변수의 상관계수는 절댓값이 꽤 크고(−.373), 그 유의확률은 아주 작다($p < .001$). 유의확률이 .05보다 작으므로, 창의력 점수와 '세계 최대의 거짓말쟁이 대회' 성적 사이에 유의한 관계가 존재한다는 결론을 내릴 수 있다. 이 관계가 음의 상관임을 주목하기 바란다. 즉, 창의력이 증가하면 순위 점수는 감소한다. 순위 점수가 낮을 수록 대회에서 좋은 성적을 낸 것이라는 점을 기억할 것이다(순위 점수 1은 우승을 뜻하고, 그보다 큰 4는 우승보다 낮은 4위를 뜻한다). 따라서, 이 상관분석은 창의력이 높을수록 대회에서 좋은 성적을 내리라는 우리의 가설을 지지한다.

자가진단

✓ 그렇다면, 높은 창의력이 '세계 최대의 거짓말쟁이 대회'에서 성공적인 결과를 거두는 원인일까?

6.5.6 켄달의 타우(비모수적 상관계수) ①

그리스 문자 τ로 표기하는 **켄달의 타우**(Kendall's tau)는 비모수적 상관계수이다. 자료 집합의 크기가 작고 동순위 점수들이 많을 때는 스피어먼 상관계수 대신 이 상관계수를 사용해야 한다. 즉, 점수들에 순위를 매겼을 때 같은 순위의 점수들이 많이 있다면 켄달의 타우를 사용해야 한다. 켄달의 타우보다 스피어먼의 통계량이 더 유명하지만, 모집단의 상관을 추정할 때는 켄달의 통계량이 더 낫다는 연구 결과도 많이 있다([Howell, 1997: 293]을 보라). 즉, 스피어먼의 통계량보다 켄달의 통계량에서 좀 더 정확한 일반화들을 끌어낼 수 있다는 것이다. 세계 최대의 거짓말쟁이 자료에 대한 켄달 상관계수를 구하는 방법은 피어슨이나 스피어먼 상관계수를 구하는 방법과 같다. *method = "kendall"*을 사용한다는 점만 다를 뿐이다.

```
cor(liarData$Position, liarData$Creativity, method = "kendall")
```

```
cor.test(liarData$Position, liarData$Creativity, alternative = "less", method =
"kendall")
```

출력은 스피어먼 상관의 결과와 상당히 비슷하다.

출력 6.6

```
      Kendall's rank correlation tau

data:  liarData$Position and liarData$Creativity
z = -3.2252, p-value = 0.0006294
alternative hypothesis: true tau is less than 0
sample estimates:
        tau
-0.3002413
```

출력 6.6을 보면 켄달 상관계수의 실제 값이 스피어먼 상관계수보다 0에 더 가깝다는 (−.373에서 −.300으로 증가했다) 점이 눈에 띈다. 사용된 상관계수가 다르긴 하지만, 두 변수의 상관이 고도로 유의하다는(유의확률 .001이 유의 수준 .05보다 작으므로) 결론은 이전과 동일하다. 다만, 이 켄달의 타우 값은 모집단의 상관을 좀 더 정확하게 추정한 값이라 할 수 있다. 피어슨 상관계수에서처럼, 이 분석에서도 창의력이 세계 최대의 거짓말쟁이 대회에서 좋은 성과를 내는 원인이라고 가정할 수는 없다.

자가진단

✓ 이번 장 시작 부분에 나온 사탕 광고 자료에 대해 피어슨 상관분석을 수행하라.

6.5.7 부트스트랩 방법을 적용한 상관분석 ①

피어슨의 *r*에 깔린 가정들을 만족하지 않는 자료를 다루는 또 다른 방법은 부트스트랩 방법을 적용하는 것이다. 이를 위한 *boot()* 함수의 일반적인 형태는 다음과 같다.

객체<-boot(자료, 함수, 반복)

여기서 **자료**는 사용할 데이터프레임이고 함수는 부트스트랩 방법을 적용할 통계량 계산 함수, **반복**은 추출할 부트스트랩 표본의 수이다(나는 보통 2,000을 사용한다). 이 명령을 실행해서 생긴 객체에는 여러 속성이 있는데, 예를 들어 편향(bias) 추정값나 실험적으로 유도한 표준오차 등이 있다. 또한, *boot.ci(객체)* 명령으로 부트스트랩에 기초한 신뢰구간들도 확인할 수 있다.

    상관계수에 대해 *boot()* 함수를 사용할 때(사실 다른 것에 대해 사용할 때도 마찬가지지만) 어려운 점은 **함수** 부분을 제대로 작성하는 것이다(R의 영혼의 조언 6.2 참고). 세계 최대의 거짓말쟁이 자료에서 켄달의 타우에 부트스트랩을 적용한다면, 다음과 같은 명령으로 해당 함수를 만들면 된다.

R의 영혼의 조언 6.2　함수 작성 ③

여러분이 원하는 함수가 R에 없으면 어떻게 해야 할까? 답은 간단하다. 여러분이 직접 작성하면 된다. 자신만의 함수를 작성할 수 있는 능력은 R의 아주 강력한 기능이다. 여러분이 R 환경에 충분히 익숙해지면(또한, 하고자 하는 일에 깔린 수학을 충분히 알고 있다면), 어떤 일을 하는 함수라도 직접 작성할 수 있다(단, R로 커피를 끓이는 함수를 작성하는 것은 좀 어려울 수 있다). 함수를 작성한다는 것은 R에게 함수의 이름과 본문을 알려주는 것이다. 일반적인 형태는 다음과 같다.

```
함수이름<-function(입력객체1, 입력객체2, ... )
x{
    입력 객체들로 뭔가를 수행하는 일단의 명령들과
    함수의 출력을 지정하는 일단의 명령들로 이루어진
    함수의 본문
}
```

<- 왼쪽은 이 함수의 이름이다(가능하면 의미 있는 이름을 붙이는 것이 좋다). *function()*은 이것이 함수의 정의임을 R에게 알려준다. 괄호 사이에는 함수의 입력 매개변수들을 지정한다. R에서 사용할 수 있는 모든 종류의 객체(모형, 데이터프레임, 수치, 문자열 등등)를 함수의 입력으로 사용할 수 있다. 이론적으로 입력 매개변수의 개수에는 제한이 없다. 하나일 수도 있고, 아예 없을 수도 있다. 입력 매개변수에도 의미 있는 이름을 붙이는 것이 바람직하다(예를 들어 함수가 어떤 데이터프레임을 입력받는다면, 매개변수 이름을 *dataframe*으로 하는 것이 함수가 어떤 종류의 객체를 요구하는지 기억하는 데 도움이 된다). 그다음의 {와 } 사이에는 함수의 본문, 즉 함수가 수행할 명령들을 적는다. 보통의 경우 함수의 본문은 입력들로 어떤 계산을 수행하고 그 결과(출력)를 돌려주는 명령들로 구성된다.

    R에 평균을 계산하는 함수가 없다고 상상해보자. 다음은 평균을 계산하는 함수를 직접 작성하는 명령이다.

```
meanOfVariable<-function(variable)
{
```

```
    mean<-sum(variable)/length(variable)
    cat("Mean = ", mean)
}
```

이 명령을 실행하면 하나의 변수를 입력받는 *meanOfVariable*이라는 함수가 만들어진다. 함수 본문, 즉 {} 안의 내용은 이 함수가 실행(호출)되었을 때 R이 수행할 명령들이다. 본문의 첫 행은 *sum()* 함수를 이용해서 변수에 담긴 값들을 모두 더하고, 그것을 변수에 담긴 값들의 개수로 나누어서 평균을 구한다. *length()* 함수는 주어진 변수에 담긴 값들의 개수를 돌려준다. 정리하자면, *mean<-sum(variable)/length(variable)*은 '평균 = 점수들의 합/점수들의 개수'라는 평균의 정의를 R의 언어로 표현한 것이다. 본문 마지막 행의 *cat()* 함수는 주어진 입력을 화면에 출력한다. 지금 예에서는 "Mean ="이라는 문자열과 방금 계산한 *mean*의 값을 출력한다.

제2장에서 평균을 공부할 때(§2.4.1) 통계학 강사들의 친구 수에 관한 자료의 예가 나왔었다. 그때 우리는 다음 명령으로 자료를 R에 입력했다.

```
lecturerFriends = c(1,2,3,3,4)
```

그럼 앞에서 작성한 함수로 이 자료의 평균을 구해 보자. 다음 명령을 실행하면 된다.

```
meanOfVariable(lecturerFriends)
```

이 명령은 R에게 **lecturerFriends**를 입력으로 사용해서 *meanOfVariable()* 함수를 실행하라고 지시한다. 이 명령을 실행하면 다음과 같은 결과가 출력된다.

```
Mean = 2.6
```

함수 본문에서 지시한 대로, R은 'Mean ='라는 문자열과 함수가 계산한 평균의 값을 출력했다. 이 값이 §2.4.1에서 계산한 평균과 같다는 점에서, 함수는 우리가 원했던 방식으로 잘 작동했다고 할 수 있다. 이러한 함수 작성의 장점은, 함수를 한 번 작성하고 나면 세션 안에서 그 함수를 거듭 사용할 수 있다는(따라서 시간이 절약된다는) 점이다.

마지막으로, 확실히 하는 의미에서 함수와 매개변수의 이름에 관해 한 마디 덧붙이고 싶다. 앞의 예에서는 함수가 요구하는 것이 무엇인지 기억하기 쉽도록 함수의 입력 매개변수에 'variable'이라는 이름을 붙였는데, 사실 원한다면 'HarryTheHungryHippo' 같은 이름을 붙여도 R은 불평하지 않는다. 그 이름을 사용해서 함수를 다음과 같이 작성한다고 해도, 함수는 여전히 제대로 작동한다.

```
meanOfVariable<-function(HarryTheHungryHippo)
{
    mean<-sum(HarryTheHungryHippo)/length(HarryTheHungryHippo)
    cat("Mean = ", mean)
}
```

입력 매개변수의 이름을 *HarryTheHungryHippo*로 했기 때문에, 본문의 *sum()* 함수와 *length()* 함수에도 *HarryTheHungryHippo*를 지정했음을 주목하기 바란다. 이 함수도 잘 작동하지만, 함수의 정의를 다른 사람이 읽는다면 *HarryTheHungryHippo*가 도대체 무엇인지 의아해할 것이다.

```
bootTau<-function(liarData,i){cor(liarData$Position[i], liarData$Creativity[i],
use = "complete.obs", method = "kendall")}
```

이 명령을 실행하면 *bootTau*라는 이름의 함수가 정의된다. `<` 다음의 *function*은 이것이 함수의 정의임을 뜻하고, 그다음의 괄호 쌍은 그 함수가 받는 입력들을 정의한다. 지금 예에서 이함수는 하나의 데이터프레임을 뜻하는 매개변수 *liarData*와 특정 부트스트랩 표본을 식별하는 매개변수 *i*를 받는다. 그다음 부분은 함수의 본문이다. 이 함수의 본문에는 지금 예에서 부트스트랩을 적용하는 대상인 *cor()* 함수가 있다. *cor()*를 호출하는 부분이 이전에 켄달 상관계수를 계산할 때 사용한 것과 같은 형태임을 주목하기 바란다. 다른 점이라면 특정 부트스트랩 표본을 지정하기 위해 각 변수 끝에 *[i]*가 붙어 있다는 점이다. 만일 피어슨 상관계수나 스피어먼 상관계수에 부트스트랩을 적용하고 싶다면 함수 본문의 해당 위치에 *method = "pearson"*이나 *method = "spearman"*을 지정하면 된다.

그럼 부트스트랩을 실제로 적용해 보자.

```
library(boot)
boot_kendall<-boot(liarData, bootTau, 2000)
boot_kendall
```

첫 명령은 *boot* 패키지를 불러온다(이미 설치되어 있다고 가정). 둘째 명령은 방금 정의한 *bootTau* 함수로 *liarData* 데이터프레임에 부트스트랩을 적용해서 상관분석을 수행하고, 그 결과를 담은 *boot_kendall*이라는 객체를 생성한다. 마지막 줄은 그 *boot_kendall* 객체의 내용을 요약해서 출력한다. 더 나아가서, *boot_kendall* 객체의 95% 신뢰구간을 구하려면 다음 명령을 실행하면 된다.[5]

```
boot.ci(boot_kendall)
```

출력 6.7에 *boot_kendall*의 내용과 *boot.ci()* 명령의 결과가 나와 있다. 우선, *boot_kendall*의 내용을 보면 켄달의 타우 값이 있는데, 이전 절에서 계산한 것과 동일한 −.300이다. 그리고 부트스트랩 표본들에 기초한 그 값의 편향 추정값(이 예에서는 아주 작다)과 표준오차(0.098)도 있다. *boot.ci()*의 결과에는 네 신뢰구간들(순서대로 정규, 기본 부트스트랩 적용, 백분위수, BCa 신뢰구간에 해당)이 있다. 다행히 이 신뢰구간들 모두 0을 포함하지 않는다. 이는 창의력과 거짓말쟁이 대회 성과 사이의 이 관계의 모집단 값이 표본 값과 같은 방향이라고 믿어도 좋은 이유가 된다. 다른 말로 하면, 이 분석 결과는 우리의 원래의 결론을 지지한다.

---

5 95% 이외의 신뢰구간을 원한다면 *conf = x* 형태의 옵션을 지정하면 된다. 여기서 *x*는 신뢰구간의 비율(퍼센트 나누기 100)이다. 예를 들어 다음은 99% 신뢰구간을 구하는 명령이다.

```
boot.ci(boot_kendall, conf = 0.99)
```

```
ORDINARY NONPARAMETRIC BOOTSTRAP

Call:
boot(data = liarData, statistic = bootTau, R = 2000)

Bootstrap Statistics :
      original      bias     std. error
t1* -0.3002413 0.001058191    0.097663

> boot.ci(boot_kendall)

BOOTSTRAP CONFIDENCE INTERVAL CALCULATIONS
Based on 2000 bootstrap replicates

CALL :
boot.ci(boot.out = boot_kendall)

Intervals :
Level      Normal              Basic
95%   (-0.4927, -0.1099 )   (-0.4956, -0.1126 )

Level     Percentile            BCa
95%   (-0.4879, -0.1049 )   (-0.4777, -0.0941 )
Calculations and Intervals on Original Scale
Warning message:
In boot.ci(boot_kendall) :
  bootstrap variances needed for studentized intervals
```

자가진단

✓ *examData2* 데이터프레임의 피어슨 상관과 스피어먼 상관에 대해 부트
  스트랩 분석을 수행하라.

6.5.8 이연 상관과 점이연 상관 ③

개념상으로 이연(biserial) 상관계수와 점이연(point-biserial) 상관계수의 차이점은 하나뿐이지만,
그 통계량 계산 과정은 상당히 다르다. 이 상관계수들은 두 변수 중 하나가 **이분적**(dichotomous;
또는 이항적) 변수일 때, 즉 범주가 단 두 개인 범주형변수일 때 쓰인다. 이분적 변수의 예는 임
신 여부이다. 주어진 한 명의 사람은 아이를 가진 상태이거나 아니거나 둘 중 하나이지, "약간
임신했다" 같은 상태는 없다. 한 변수가 이분적일 때도 두 변수의 관계를 조사해야 할 때가 종
종 있다. 이때 이연 상관을 사용하느냐 아니면 점이연 상관을 사용하느냐는 이분적 변수가 이
산적이냐 연속적이냐에 따라 결정된다. 이 차이는 다소 미묘하다. 이산적 이분 또는 진정한 이

분은 범주들 사이에 연속체(continuum)가 전혀 없는 경우에 해당한다. 사망 여부가 그러한 예이다. 한 사람은 죽었거나 살았거나 둘 중 하나이지, '조금 죽은' 상태일 수는 없다. 물론 '반죽음' 상태에 빠진 경험이 있는 독자도 있겠지만(특히 폭음 후 숙취로 고생할 때), 숨을 쉬고 있다면 아직 살아 있는 것이다. 어쨌거나, 이런 예에서는 두 범주 사이에 연속체가 존재하지 않는다. 그러나 범주 사이에 연속체가 존재하는 경우도 있다. 한 예가 통계학 시험 통과 또는 탈락 여부이다. 점수가 아주 조금 모자라서 탈락하는 학생도 있고 기준에 한참 못 미쳐서 탈락하는 학생도 있을 것이다. 마찬가지로, 가까스로 통과하는 학생도 있고 기준을 훌쩍 넘긴 학생도 있을 것이다. 이 경우, 학생들이 두 범주로만 나뉘긴 하지만 그 바탕에는 연속체가 존재한다. 이 분법에 어떤 종류의 연속체가 깔려 있는 경우가 있음을 이 예를 통해서 이해했길 바란다. r_{pb}로 표기하는 **점이연 상관계수**(point-biserial correlation coefficient)는 한 변수가 이산적인 이분적 변수(이를테면 사망 여부)일 때 사용하고, r_b로 표기하는 **이연 상관계수**(biserial correlation coefficient)는 한 변수가 연속적인 이분적 변수(이를테면 시험 통과/탈락)일 때 사용한다.

고양이의 성별과 고양이가 집을 떠나 떠도는 시간의 관계를 연구한다고 상상해 보자(고양이를 좋아하다 보니 이런 예를 들 수밖에 없음을 양해하기 바란다). 내가 듣기로 수컷 고양이들은 집 주변을 멀리 떠나서 꽤 오랫동안 시간을 보낸다고 한다(어떤 호르몬이 작용해서 짝을 찾으러 나가야 하기 때문이다). 반면 암컷 고양이들은 집에 머무르는 경향이 있다. 나는 이 연구를 구실 삼아서 내 여러 친구와 그들이 기르는 고양이들을 만나러 다녔다. 고양이마다 성별을 기록하고, 한 주 동안 집을 떠나 있는 시간을 고양이 소유자에게 물어보았다. 집을 떠나 있는 시간은 당연히 구간 수준에서 측정한다. 이 자료가 모수적 자료의 다른 가정들도 만족한다고 하자. 고양이의 성별은 당연히 이산적인 이분적 변수이다. 따라서 점이연 상관계수를 구해야 한다. 그런데 이분적 변수의 한 범주를 0으로, 다른 범주를 1로 부호화한다면 점이연 상관계수는 그냥 피어슨 상관계수와 같다.

그럼 부록 웹사이트의 **pbcorr.csv** 파일로 이를 시험해 보자. 이 파일의 자료는 CSV 형식이므로, 다음 명령으로 불러들이면 된다(작업 디렉터리를 제대로 설정했다고 가정).

```
catData = read.csv("pbcorr.csv", header = TRUE)
```

파일이 .csv 형식이라서 *read.csv()* 함수를 사용했음을 주목하기 바란다. 자료를 살펴보려면 다음 명령을 실행한다.

```
catData
```

다음은 이 자료의 일부이다.

```
   time gender recode
1    41      1      0
2    40      0      1
3    40      1      0
4    38      1      0
5    34      1      0
6    46      0      1
7    42      1      0
8    42      1      0
9    47      1      0
10   42      0      1
11   45      1      0
12   46      1      0
13   44      1      0
14   54      0      1
```

변수는 다음 세 가지이다.

- **time**은 한 주(week)에서 고양이가 집을 떠나서 보낸 시간으로, 단위는 시(hour)이다.

- **gender**는 고양이의 성별을 나타낸다. 수컷은 1, 암컷은 0으로 부호화한다.

- **recode**는 고양이의 성별을 *gender*와는 반대로 부호화한 것이다. 즉, 수컷은 0, 암컷은 1 이다. 이 변수는 나중에 쓰인다. 지금은 그냥 무시하면 된다.

자가진단
✓ **time**과 **gender**의 피어슨 상관분석을 수행하라.

축하한다. 위의 자가진단을 마쳤다면, 여러분은 생애 최초로 점이연 상관분석을 수행한 것 이다. 이 예에서 보듯이, 점이연 상관은 이름이 어려울 뿐 실제로 분석을 수행하기는 상당히 쉽다. 자가진단을 마치지 않은 독자는 다음 명령을 실행하기 바란다.

```
cor.test(catData$time, catData$gender)
```

그러면 출력 6.8과 같은 결과가 나올 것이다. 점이연 상관계수는 r_{pb} = .378이고 그 유의확률 은 .003이다. 사실 이 상관계수의 유의성 검정은 같은 자료에 대한 독립표본 t 검정(제9장)을 수 행하는 것과 동일하다. 상관의 방향(즉, 양의 상관 또는 음의 상관)은 전적으로 이분적 변수의 부 호화 방식에 달려 있다. 앞에서 언급한 **recode** 변수를 이용해서 이 점을 실제로 확인할 수 있 다. 이 변수는 **gender**처럼 고양이의 성별을 담지만, 성별의 부호(코드)가 반대이다(1은 암컷, 0 은 수컷). **gender** 대신 **recode**를 이용해서 피어슨 상관계수를 구해 보면 음수 −.378이 나온다.

이처럼, 이연·점이연 상관에서 상관계수의 부호(양, 음)는 전적으로 어떤 범주에 어떤 코드를 배정하는가에 달려 있을 뿐이므로, 상관의 방향에 관한 모든 정보는 그냥 무시해야 한다. 그러나 R^2은 이전처럼 해석할 수 있다. 지금 예에서 R^2 = .3782 = .143이다. 즉, 고양이의 성별이 고양이가 집 밖에서 보낸 시간의 변동의 14.3%를 설명한다는 결론을 내릴 수 있다.

자가진단

✓ **time**과 **recode**에 대해 피어슨 상관분석을 수행하라.

```
        Pearson's product-moment correlation

data:  catData$time and catData$gender
t = 3.1138, df = 58, p-value = 0.002868
alternative hypothesis: true correlation is not equal to 0
95 percent confidence interval:
 0.137769 0.576936
sample estimates:
      cor
0.3784542
```

이제 점이연 상관계수를 이연 상관계수(r_b)로 변환하고 싶다고 하자(이를테면 일부 수고양이들이 중성화 수술을 받아서, 성별 변수의 바탕에 남성성의 연속체가 존재하게 되었다고 가정하면 될 것이다). 그러면 아래의 식 (6.9)를 사용해야 한다. 이 공식에서 p는 가장 큰 범주에 속하는 사례들의 비율이고 q는 가장 작은 범주에 속하는 사례들의 비율인데, 지금 예에서 p와 q는 그냥 수컷들의 비율과 암컷들의 비율이다. 그리고 이 공식에서 y는 정규분포가 p만큼의 작은 부분과 q만큼의 큰 부분으로 나뉘는 지점의 세로좌표(ordinate; 또는 종좌표)이다(이 문장이 무슨 뜻인지는 잠시 후에 구체적인 예를 보면 확실해질 것이다).

$$r_b = \frac{r_{pb}\sqrt{pq}}{y} \tag{6.9}$$

R에서 p와 q를 계산하려면, 우선 **table()** 함수를 이용해서 수고양이와 암고양이의 빈도들을 계산해야 한다. 그 빈도들을 *catFrequencies*라는 새 객체에 담아 두기로 한다. 그런 다음에는 이 객체에 **prop.table()** 함수를 적용해서 수컷들과 암컷들의 비율을 계산한다. 구체적인 명령들은 다음과 같다.

```
catFrequencies<-table(catData$gender)
prop.table(catFrequencies)
```

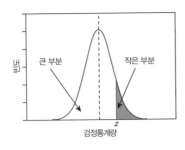

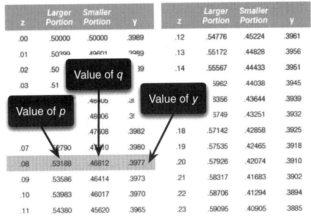

그림 6.7 정규분포의 '세로좌표' 구하기

둘째 명령의 출력을 보면 수고양이(1)의 비율이 .467이고 암고양이(0)의 비율은 .533이다. 둘 중 전자(.467)가 더 작은 부분에 해당하므로 q로 사용해야 하고, 후자를 p로 사용해야 한다.

```
         0           1
0.5333333 0.4666667
```

y는 이 값들로 부록 A에 나온 정규분포표를 조회해서 구한다. 표에서 '작은 부분' 열이 .467이고 '큰 부분' 열이 .533인 행의 'y' 열 값을 찾으면 된다. 그림 6.7에 정규분포가 작은 부분(p)과 큰 부분(q)으로 나뉘는 방식이 나와 있다. 부록 A의 표에 딱 0.533과 0.467이라는 값이 나오지는 않으므로, 가장 가까운 값을 찾아야 한다. 가장 가까운 값은 각각 .5319와 .4681이고, 해당 y 값, 세로좌표는 .3977이다.

이제 이 값들을 식 (6.9)에 대입하면 .475가 나온다(아래 수식 참고). 이는 앞에서 구한 점이연 상관계수 .378보다 꽤 큰 값이다. 이 예에서 보듯이, 변수에 연속체가 깔려 있다고 가정하느냐 아니냐에 따라 효과의 크기가 크게 달라진다.

$$r_{\mathrm{b}} = \frac{r_{\mathrm{pb}}\sqrt{pq}}{y} = \frac{.378\sqrt{.533 \times .467}}{.3977} = .475$$

이상의 과정이 너무 어렵게 느껴져도 걱정할 필요는 없다. R에 *polycor* 패키지를 설치, 적재한 후 그 패키지의 *polyserial()* 함수를 사용하면 복잡한 계산을 R이 대신해준다. 이번 장에서 살펴본 다른 상관계수들과 마찬가지로, 그냥 원하는 두 변수를 지정해서 함수를 호출하기만 하면 된다. 다음 명령을 실행해 보자.

```
polyserial(catData$time, catData$gender)
```

그러면 다음과 같은 결과가 출력된다.

```
[1] 0.4749256
```

이 결과는 앞에서 계산한 값과 부합한다.

이연 상관계수를 R에서 코드 한 줄로 계산할 수 있는데 굳이 손으로 계산하는 과정을 설명한 이유가 궁금한 독자도 있을 것이다. 한 가지 가능한 이유는 내가 다른 사람의 고통을 즐기는 못된 인간이기 때문일 수도 있지만, 다른 이유도 있다. 바로, *p* 값과 *q* 값이 꽤 유용하며, 따라서 이들을 직접 계산하는 법을 알아 두면 도움이 될 것이라는 점이다. 둘 중 어느 것이 진짜 이유인지는 독자의 판단에 맡기겠다.

이연 상관계수의 유의성을 판정하려면 표준오차를 구해야 한다. 귀무가설(모집단의 이연 상관계수가 0이라는)을 가정할 때, 이연 상관계수의 표준오차는 다음과 같이 주어진다(Terrell, 1982).

$$SE_{r_b} = \frac{\sqrt{pq}}{y\sqrt{N}} \tag{6.10}$$

이 공식을 계산하는 것은 간단하다. 공식의 *p*, *q*, *y*는 앞에서 이연 상관계수(r_b)를 계산할 때 이미 구해 두었다. 그 외의 값은 표본 크기 *N*뿐인데, 지금 예에서는 60이다. 이들을 대입해서 표준오차를 구하면 다음과 같다.

$$SE_{r_b} = \frac{\sqrt{.533 \times .467}}{.3977 \times \sqrt{60}} = .162$$

표준오차를 구한 목적은 이것을 이용해서 이연 상관계수의 *z* 점수(§1.7.4 참고)를 구하는 것이다. 이연 상관계수에서 모집단의 평균을 빼고 그것을 표준오차로 나누면 이연 상관계수의 *z* 점수가 된다. 그런데 앞에서 모집단의 평균이 0이라고(귀무가설) 가정했으므로, 그냥 이연 상관계수를 표준오차로 나누면 *z* 점수가 나온다.

$$z_{r_b} = \frac{r_b - \bar{r}_b}{SE_{r_b}} = \frac{r_b - 0}{SE_{r_b}} = \frac{r_b}{SE_{r_b}} = \frac{.475}{.162} = 2.93$$

부록 A의 정규분포표에서 이 z 값(2.93)에 해당하는 행을 찾아서 '작은 부분' 열에 있는 한쪽꼬리 확률을 확인해 보자. 그 값은 .00169이다. 그 값에 2를 곱하면 양쪽꼬리 확률 .00338이 나온다. 따라서 이 이연 상관계수는 $p < .01$로 유의하다.

주입식 샘의 핵심 정리　　**상관계수**

- 두 변수의 관계를 상관계수로 측정할 수 있다.
- 상관계수는 항상 −1에서 +1까지의 값이다.
- 피어슨 상관계수 r은 하나의 모수적 통계량으로, 두 변수 모두 구간 자료일 때만 적용된다. 또한, 이 상관계수의 유의성을 판정하려면 자료가 정규분포이어야 한다.
- 스피어먼 상관계수 r_s는 비모수적 통계량으로, 두 변수 모두 순서자료일 때만 적용된다.
- 켄달 상관계수 τ는 스피어먼의 r_s과 비슷하되, 작은 표본에 대해서는 더 나은 측도일 수 있다.
- 점이연 상관계수 r_{pb}는 연속변수와 이산적인 이분적 변수(즉, 삶과 죽음처럼 두 범주 사이에 아무런 연속체도 깔려 있지 않은 경우)의 관계를 측정한다.
- 이연 상관계수 r_b는 연속 변수와 연속적인 이분적 변수(즉, 시험 통과 또는 탈락처럼 두 범주 사이에 연속체가 깔려 있는 경우)의 관계를 측정한다.

6.6 편상관 ②

6.6.1 부분상관과 편상관에 깔린 이론 ②

앞에서, 세 번째 변수의 효과를 일정하게 유지했을 때의 두 변수의 관계를 파악할 수 있는 종류의 상관이 존재한다고 말했다. 예를 들어 시험 불안 자료(Exam Anxiety. dat)에서 시험 성적과 시험 불안의 관계는 음의 상관이지만 시험 성적과 복습 시간의 관계는 양의 상관이고, 복습 시간 자체는 시험 불안과 음의 상관이다. 이는 복잡한 시나리오이지만, 복습 시간이 시험 불안과 시험 성적 모두와 관계가 있다는 추측은 가능하다. 만일 시험 불안과 시험 성적의 관계를 순수하게 측정하고 싶다면, 복습 시간이 그 둘에 미치는 영향을 고려해야 한다. 이 관계들의 R^2 값들을 보면(출력 6.4 참고), 시험 불안 변동이 시험 성적 변동의 19.4%를 설명하고, 복습 시간 변동이 시험 성적 변동의 15.7%를 설명하고, 시험 불안 변동의 50.2%를 설명한다.

복습 시간의 변동이 시험 불안 변동의 약 절반에 해당한다면, 시험 성적 변동의 19.4%의 일부는 시험 불안 변동의 일부와 겹칠 것이다. 다른 말로 하면, 시험 성적 변동 중 시험 불안으로 설명되는 일부는 고유(unique; 또는 유일)하지 않으며, 시험 불안보다는 복습 시간에 의한 것일 수 있다. 다른 변수의 효과를 고정한 상태에서의 두 변수의 상관을 **편상관**(partial correlation)이라고 부른다.

그림 시험 성적과 복습 시간, 시험 불안의 예를 통해서 편상관에 깔린 원리를 좀 더 살펴보자. 그림 6.8의 1번 도표는 시험 성적의 총변동(이 수치는 곧 시험 성적의 분산에 해당한다)과 시험

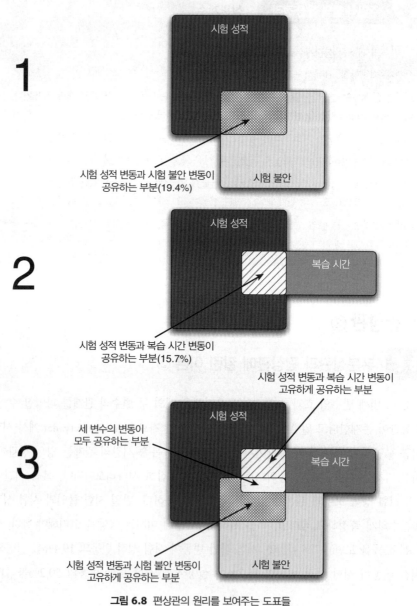

그림 6.8 편상관의 원리를 보여주는 도표들

불안의 총변동(마찬가지로 이 수치는 그 변수의 분산이다)을 두 개의 상자로 나타낸 것이다. 앞에서 보았듯이 두 변수는 변동의 19.4%를 공유한다. 1번 도표에서 두 상자가 겹친 부분(X자 무늬로 채워진)이 바로 그것인데, 이는 두 변수의 공통분산(common variance)에 해당한다. 비슷하게, 2번 도표는 시험 성적과 복습 시간의 변동들을 나타낸 것이다. 겹친 부분(사선으로 채워진)은 두 변수가 공유하는 15.7%의 변동이다.

그런데 복습 시간과 시험 불안 역시 변동의 50%를 공유한다. 따라서, 시험 성적과 시험 불안이 공유하는 변동의 일부는 복습 시간 변동의 일부와 겹칠 것이다. 이를 나타낸 것이 3번 도표이다. 이 도표는 1번과 2번을 합친 것에 해당하는데, 복습 시간과 시험 불안이 겹치는 부분은 그림에 나온 것보다 더 크다(두 변수는 변동의 50%를 공유한다). 어쨌든 중요한 것은, 세 변수의 변동이 모두 겹치는 부분(흰색)과 두 변수의 변동만 겹치는 고유한 부분이 존재한다는 것이다. 시험 불안 변동과 시험 성적 변동이 공유하는 부분(1번 도표에 나온) 중 일부는 복습 시간과도 겹치는 흰색 영역에 해당한다. 두 변수의 변동이 겹치는 부분에서 다른 변수와도 겹치는 부분을 제거하고 남은 부분은 두 변수 사이의 고유한 변동 공유 비율이다. 이 부분을 바로 편상관으로 측정할 수 있다. 즉, 편상관을 이용하면 복습 시간의 효과를 '제어(통제)'하면서 시험 불안과 시험 성적의 고유한 관계를 파악할 수 있으며, 마찬가지로 시험 불안의 효과를 '제어'하면서 복습 시간과 시험 성적의 고유한 관계를 파악할 수 있다.

6.6.2 R을 이용한 편상관분석 ②

이번에도 *examData2* 데이터프레임을 예로 사용한다. 아직 이 자료를 적재하지 않았다면 다음 명령들을 실행하기 바란다.

```
examData = read.delim("Exam Anxiety.dat", header = TRUE)
examData2 <- examData[, c("Exam", "Anxiety", "Revise")]
```

이 명령들은 **Exam Anxiety.dat** 파일의 자료를 적재해서 데이터프레임을 만들고, 그중 이 예에 필요한 변수 세 개만 선택해서 또 다른 데이터프레임을 생성한다. 이제 복습 시간의 효과를 '제어'하면서 시험 불안과 시험 성적의 편상관을 분석해 보자. 편상관계수와 그 유의성을 계산하는 데 사용할 함수는 **pcor()**와 **pcor.test()**이다. 이들은 *ggm* 패키지의 일부이므로, 먼저 다음 명령으로 그 패키지를 적재해야 한다.

```
library(ggm)
```

pcor() 함수의 일반적인 형태는 다음과 같다.

```
pcor(c("변수 1", "변수 2", "제어 변수 1", "제어 변수 2", ...), var(데이터프레임))
```

기본적으로 이 함수는 c()를 이용해서 만든 문자열들의 목록을 받는다(변수 이름을 따옴표로 감싸야 한다). 처음 두 변수는 편상관계수를 구할 변수들이고, 나머지는 '제어'할 변수들이다. 제어할 변수를 하나만 지정해서 구한 편상관계수를 1차(first-order) 편상관계수라고 부른다. 그리고 제어할 변수가 두 개일 때는 2차 편상관계수, 세 개일 때는 3차 편상관계수 등으로 진행된다. 다시 함수로 돌아가서, var()로는 자료가 담긴 데이터프레임을 지정한다(지금 예에서는 *exam Data2*). 지금 예에서는 시험 불안과 시험 성적의 관계를 구하는 것이므로 그 두 변수를 가장 먼저 지정한다. 그리고 제어할 변수가 복습 시간이므로 그것을 세 번째로 지정한다. 해당 명령은 다음과 같다.

```
pcor(c("Exam", "Anxiety", "Revise"), var(examData2))
```

이 명령을 실행하면 편상관계수의 값이 콘솔에 출력된다. 그런데 이 편상관계수를 개별적인 객체에 담아 두면 다른 함수들에 재사용할 수 있어서 편하다. 다음은 *pc*라는 객체에 편상관계수를 담는 명령이다.

```
pc<-pcor(c("Exam", "Anxiety", "Revise"), var(examData2))
```

이제 다음 명령들을 실행하면 편상관계수와 그 R^2 값이 콘솔에 출력된다.

```
pc
pc^2
```

유의성 판정을 위한 *pcor.test()* 함수의 일반적인 형태는 다음과 같다.

```
pcor.test(pcor로 만든 객체, 제어 변수의 개수, 표본 크기)
```

첫 인수로는 *pcor()*로 만든 객체를 지정한다(또는, *pcor()* 실행 명령 자체를 지정해도 된다). 지금 예에서는 앞에서 만든 *pc*라는 객체를 사용하면 된다. 그리고 제어 변수는 **Revise** 하나뿐이고, 표본의 크기는 103이다. 따라서, 시험 점수와 시험 불안의 편상관계수의 유의성을 검정하려면 다음 명령을 실행하면 된다.

```
pcor.test(pc, 1, 103)
```

출력 6.9에 전체적인 결과가 나와 있다.

출력 6.9

```
> pc
[1] -0.2466658

> pc^2
[1] 0.06084403
```

```
> pcor.test(pc, 1, 103)
$tval
[1] -2.545307

$df
[1] 100

$pvalue
[1] 0.01244581
```

출력 6.9에 복습 시간을 제어했을 때의 시험 불안과 시험 성적의 편상관계수가 나와 있다. 또한, 그 계수를 제곱한 값(pc^2)과 *pcor.test()*로 계산한 유의확률도 나와 있다. *pcor()*의 출력은 **Revision** 변수의 효과를 제어한 상태에서의 변수 **Anxiety**와 **Exam**의 편상관계수이다. 우선 주목할 점은, 시험 불안과 시험 성적의 편상관계수 −.247이 복습 시간의 효과를 제어하지 않았을 때의 상관계수(r = −.441)보다 크기(절댓값)가 훨씬 작다는 것이다. 이전의 거의 절반 수준이다. 지금 값도 여전히 통계적으로 유의하지만(p 값이 .05보다 작은 .012이므로), 두 변수의 관계는 줄어들었다. 분산의 관점에서 보면, 편상관계수의 R^2은 .06이다. 이는 시험 불안이 시험 성적 변동의 6%만 공유한다는 뜻이다. 복습 시간의 효과를 통제하지 않았을 때는 시험 불안이 시험 성적 변동의 19.4%를 공유했다. 복습 시간의 효과를 고려했더니 시험 점수와 시험 불안이 공유하는 변동이 크게 줄어든 것이다. 이러한 수치는 시험 성적에 대한 시험 불안의 역할을 좀 더 사실에 가깝게 측정한 것이라 할 수 있다. 이 분석은 시험 불안만으로도 시험 성적의 변동을 어느 정도 설명할 수 있지만, 시험 불안과 복습 시간, 시험 성적 사이에 복잡한 관계가 존재한다는 점과 만일 이런 분석을 수행하지 않았다면 그런 관계의 존재를 간과할 수 있었음을 잘 보여준다. 세 변수 사이의 인과관계는 여전히 알 수 없지만, 유관한 변수들을 포함시킴으로써 적어도 제3의 변수 문제는 어느 정도 해결했다고 할 수 있다.

이러한 편상관분석은 변수들이('제3'의 변수를 포함해서) 이분적일 때 수행할 수 있다. 예를 들어 방광 이완(말하자면, 자신도 모르게 실례를 하는)과 다리에 기어오르는 커다란 타란툴라 거미 수의 관계를 거미 공포증 변수를 통제하면서 분석할 수 있을 뿐만 아니라(이때 첫 변수는 이분적이지만 둘째 변수와 '제어' 변수는 연속이다), 이전에 나온 예처럼 창의력과 세계 최대의 거짓말쟁이 대회 성적의 관계를 참가자의 이전 대회 참여 여부(이전에 참여한 적이 있다면, 어떤 종류의 거짓말을 해야 좋은 성적을 얻을 수 있는지에 관한 지식을 가지고 있을 것이다)에 관한 변수를 통제하면서 분석할 수도 있다. 후자의 경우 '제어' 변수가 이분적 변수이다.[6]

---

6 이 두 예는 사실 위계적 회귀(제7장)의 간단한 경우에 해당한다. 그리고 첫 예는 공분산 분석의 예이기도 하다. 지금은 이런 점이 좀 혼란스러울 수 있겠지만, 이 책을 공부하다 보면 여러분이 사용하는 거의 모든 통계학 기법이 이름만 다를 뿐 사실은 모두 같은 것임을 깨달을 수 있을 것이다.

다음 장에서는 **준편상관**(semi-partial correlation) 또는 **부분상관**(part correlation)이라고 부르는 또 다른 종류의 편상관을 배운다. 그러나 편상관 이야기가 이미 나왔으니, 여기서 두 종류의 편상관의 차이점을 짚고 넘어가도 좋을 것이다. 두 변수의 편상관을 분석할 때는 제3의 변수의 효과를 제어한다. 좀 더 구체적으로 말하면, 제3의 변수가 상관관계가 있는 두 변수 모두에 미치는 영향을 제어(통제)한다. 그러나 준편상관 분석에서는 제3의 변수가 상관관계가 있는 두 변수 중 하나에 미치는 영향만 제어한다. 그림 6.9는 이러한 원리를 시험 성적 자료에 적용한 예이다. 앞에서 편상관계수를 계산할 때는 복습 시간이 시험 성적에 미치는 효과와 복습 시간이 시험 불안에 미치는 효과를 모두 고려했다. 그러나 같은 자료에 대해 준편상관계수를 구할 때는 복습 시간이 시험 성적에 미치는 효과만 제어하고, 복습 시간이 시험 불안에 미치는 영향은 제어하지 않는다. 편상관은 다른 변수들을 배제하고 두 변수의 고유한 관계를 파악하고자 할 때 가장 유용하다. 반면 준편상관은 특정한 하나의 변수(결과변수)의 변동을 다른 일단의 예측변수들로 설명하고자 할 때 유용하다. (제7장을 읽을 때 이 점을 염두에 두기 바란다.)

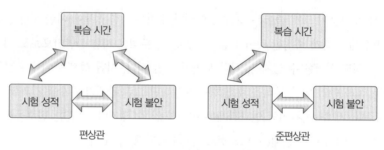

그림 6.9 편상관과 준편상관의 차이

주입식 샘의 핵심 정리　　**편상관과 준편상관**

- 편상관은 제3의 변수가 두 변수 모두에 미치는 효과를 제어한 상태에서 두 변수의 관계를 수량화한다.
- 준편상관은 제3의 변수가 두 변수 중 한 변수에만 미치는 효과를 제어한 상태에서 두 변수의 관계를 수량화한다.

6.7 상관계수의 비교 ③

종종 한 상관계수가 다른 어떤 상관계수보다 큰지 알고 싶을 때가 있다. 예를 들어 시험 성적에 대한 시험 불안의 효과를 파악할 때, 남성의 해당 상관계수와 여성의 해당 상관계수가 다른지 알고 싶을 수 있다. 이때 두 표본에 대해 상관계수를 따로 계산하는 것은 간단한 문제이다. 그러나 그 두 상관계수의 차이가 유의한지 평가하려면 어떻게 해야 할까?

자가진단

✓ *subset()* 함수를 이용해서 남성과 여성의 시험 불안과 시험 성적 사이의 상관계수들을 계산하라.

자가진단을 직접 수행했다면, $r_\text{남} = -.506$이고 $r_\text{여} = -.381$이라는 답을 얻었을 것이다. 이 두 표본은 서로 독립이다. 즉, 두 표본은 서로 다른 개체들로 이루어져 있다. 서로 다른 두 표본의 상관계수들을 비교할 때는, 우선 §6.3.3에 나온 방법으로 그 계수들을 z로 변환한다(이러한 변환은 표본을 정규분포로 만들고 표준오차를 구하기 위한 것임을 기억할 것이다). 변환 결과는 남성의 경우 $z_r = -.557$, 여성의 경우 $z_r = -.401$이다. 다음으로, 다음 공식을 이용해서 두 상관계수의 차이의 z 점수를 구한다.

$$z_\text{차이} = \frac{z_{r_1} - z_{r_2}}{\sqrt{\dfrac{1}{N_1 - 3} + \dfrac{1}{\sqrt{N_2 - 3}}}} \tag{6.11}$$

두 N은 각 표본의 크기인데, 지금 예에서 남자는 52명, 여자는 51명이다. 이 값들을 공식에 대입하면 다음과 같다.

$$z_\text{차이} = \frac{-.557 - (-.401)}{\sqrt{\dfrac{1}{49} + \dfrac{1}{48}}} = \frac{-.156}{0.203} = -0.768$$

이 z 값(0.768; 음의 부호는 무시한다)을 부록 A의 정규분포표에서 찾아서 '작은 부분' 열의 한쪽 꼬리 확률을 찾아보자. 그 확률은 .221이다. 양쪽꼬리 확률은 거기에 2를 곱하면 된다. 그러면 .442이다. 따라서, 남성과 여성의 시험 불안과 시험 성적의 상관이 유의하게 다르지는 않다는 결론을 내릴 수 있다(이 분석을 R에서 수행하는 방법에 관해서는 올리버 트위스티드 글상자를 보라).

6.7.2 종속적인 *r*들의 비교 ③

같은 개체들에서 비롯된 상관계수들을 비교하는 것은 좀 더 복잡하다. 같은 표본에서 얻은 종속적인 두 상관계수의 차이가 유의한지는 t 통계량으로 판단할 수 있다. 예를 들어 시험 점수 자료에서 시험 불안(x)과 시험 성적(y)의 관계가 복습 시간(z)과 시험 성적의 관계보다 강한지 알고 싶다고 하자. 이를 계산하려면, 우선 그 변수들 사이의 세 가지 r들을 계산해야 한다. 시험 불안과 시험 성적의 상관계수를 r_{xy}, 복습 시간과 시험 성적의 상관계수를 r_{zy}, 시험 불안과 복습 시간의 상관계수를 r_{xz}로 표기한다고 하자. 앞에서 구했듯이 이들은 순서대로 −441, .397, −.709이다. 상관계수들로 t 통계량을 계산하는 공식은 다음과 같다(Chen & Popovich, 2002).

$$t_{차이} = (r_{xy} - r_{zy})\sqrt{\frac{(n-3)(1+r_{xz})}{2(1 - r_{xy}^2 - r_{xz}^2 - r_{zy}^2 + 2r_{xy}r_{xz}r_{zy})}} \tag{6.12}$$

끔찍하게 복잡한 공식이지만, 보기만큼 나쁘지는 않다. 그냥 세 상관계수와 표본 크기 N을 사용하는 공식일 뿐이다.

　시험 성적 자료의 상관계수들과 표본 크기($N = 103$)를 이 공식에 대입해서 계산하면 다음과 같은 값이 나온다.

$$t_{차이} = (-.838)\sqrt{\frac{29.1}{2(1 - .194 - .503 - .158 + 0.248)}} = -5.09$$

부록 A의 t 분포 임계값 표(§A.2)에서 자유도가 $N-3$(즉, 100)에 해당하는 행을 찾아보자. 그 행의 양쪽꼬리 임계값들은 $1.98(p < .05)$과 $2.63(p < .01)$이다. 따라서, 시험 불안과 시험 성적의 상관이 복습 시간과 시험 성적의 상관보다 유의하게 높다고 말할 수 있다(그리 놀랄 일은 아닌 것이, 애초에 이 관계들은 방향이 반대이다).

올리버 트위스티드

선생님, 그거 더
가르쳐 주세요⋯. 함수요!

"이 공식 뭔가요? 이걸 계산하라고 주신 건가요?"라고 올리버가 소리친다. "차라리 치즈 소스를 온몸에 묻히고 굶주린 쥐들이 있는 방에 갇히는 게 낫겠네요" 그래그 래 올리버, 너의 성적 취향은 존중해 줄게. 불쌍한 쥐들을 위해, 이번 절에서 언급한 비교를 수행하는 또 다른 R 함수를 작성해 두었다. 그 함수의 사용법이 부록 웹 사이트의 이번 장 추가 자료에 있으니 참고하기 바란다. 그럼 계속 진행해, 올리버. 쥐들 친절하게 대해 주고.

6.8 효과크기 계산 ①

상관계수의 효과크기(effect size)를 계산하기란 더 없이 쉽다. 왜냐하면, 이 책에서 이미 언급했 듯이 상관계수가 바로 효과크기이기 때문이다! 따라서 그 어떤 계산도 필요하지 않다!(이미 상관 계수를 계산해 두었다고 할 때) 그렇긴 하지만, 비모수적 상관계수를 효과크기로 사용할 때 주의 할 점 하나는 언급할 필요가 있겠다. 스피어먼 상관과 켄달 상관은 여러모로 비슷하지만(예를 들어 모수적 조건에서 둘의 검정력은 비슷하다), 중요한 차이점이 두 가지 있다(Strahan, 1982).

첫째로, 이전에 보았듯이 피어슨의 r을 제곱한 R^2은 변동(분산)들의 공유 비율을 뜻한다. 스 피어먼의 r_s도 마찬가지 방식으로 제곱할 수 있다(어차피 피어슨의 r과 같은 공식을 사용하므로). 그 러나 그 결과인 R_s^2을 해석하는 방법은 조금 다르다. 이 경우 이 값은 두 변수가 공유하는 순위들의 변동 비율을 나타낸다. 그렇긴 하지만, 보통의 경우 R_s^2은 R^2을 잘 근사하는 값이다(특히, 자료의 분포가 정규분포에 아주 가 까울 때). 반면 켄달의 타우(τ)는 r과도, r_s와도 수치상으로 비슷하지 않으 므로, τ^2은 두 변수가(또는 두 변수의 순위들이) 공유하는 변동의 비율과는 무관하다.

비모수적 상관에 r^2을 사용해도 되나?

둘째로, 켄달의 τ의 크기는 스피어먼의 r_s와 피어슨의 r보다 상당히 작다(둘의 66~75% 정도 이다). 그러나 r과 r_s는 대체로 비슷한 크기이다(Strahan, 1982). 그런 만큼, 만일 τ를 효과크기로 사용할 때는 그 계수를 r이나 r_s와 비교할 수는 없음을 염두에 두어야 한다(또한, 앞에서 말했듯 이 τ의 제곱은 무의미하다). 이와 관련된 사항으로, 이연 상관계수와 점이연 상관계수도 크기가 다르다(이번 장에서 보았듯이 이연 상관계수가 점이연 상관계수보다 크다). 이 경우에는 이분적 변수 에 연속체가 깔려 있는지, 아니면 진정한 이산적 변수인지 세심하게 판단해야 한다. 좀 더 일반 화하자면, 상관계수를 효과크기로 사용할 때는(여러분의 분석을 보고할 때나, 다른 사람의 분석을 해석할 때나) 어떤 종류의 상관계수를 사용하느냐에 따라 효과의 외견상의 크기가 크게 달라질 수 있음을 주의해야 한다.

6.9 상관분석의 보고 ①

상관분석을 보고하는 것은 상당히 쉽다. 그냥 상관계수의 값과 그 유의확률을 명시하면 된다 (비록, 상관계수가 그 자체로 효과크기이므로 유의확률이 그리 중요하지는 않지만). 단, 세부적으로 들어가면 유념할 사항이 다섯 가지 있다. (1) 미국심리학회의 관례를 따르는 경우, 절댓값이 1보다 작은 상관계수나 확률값을 표기할 때 소수점 앞에 0을 표기하지 말아야 한다. (2) 상관계수는 소수점 이하 두 자리까지만 보고한다. (3) 양쪽꼬리가 아니라 한쪽꼬리 확률을 인용하는 경우에는 그 사실도 밝혀야 한다. (4) 각 상관계수를 서로 다른 영문자로(때에 따라서는 그리스 문자로도) 표기해야 한다. (5) 적용하는 확률에 표준적인 기준들(.05, .01, .001)이 존재한다. 다음은 이번 장에 나온 몇 가지 예제들을 이 규칙들을 지켜서 보고하는 예이다.

✓ 시청한 광고 수와 구입한 사탕 봉지 수에는 유의한 관계가 존재한다. $r = .87$, p (한쪽꼬리) $< .05$이다.

✓ 시험 성적과 시험 불안 사이에는 유의한 상관관계가 있다($r = -.44$). 그리고 시험 성적과 복습 시간 사이에는 유의한 상관관계가 있다($r = -.40$). 또한, 복습 시간과 시험 불안 사이에는 유의한 상관관계가 있다($r = -.71$). (세 경우 모두 $p < .001$.)

✓ 창의력과 세계 최대의 거짓말쟁이 대회의 성적의 관계는 유의하다($r_s = -.37$, $p < .001$).

✓ 창의력과 세계 최대의 거짓말쟁이 대회의 성적의 관계는 유의하다($\tau = -.30$, $p < .001$). (이 경우 켄달의 τ를 인용했음을 주의할 것.)

✓ 고양이의 성별과 고양이가 집을 나가 보내는 시간의 관계는 $r_{pb} = .38$, $p < .01$로 유의하다.

✓ 고양이의 성별과 고양이가 집을 나가 보내는 시간의 관계는 $r_b = .48$, $p < .01$로 유의하다.

옳든 그르든, 과학자들은 여러 개의 통계적 유의성 표준 수준들을 사용하는 경향이 있다. 기본적으로 가장 중요한 기준은 유의확률이 .05보다 작은지의 여부이다. 그러나 구체적인 유의확률이 그보다 훨씬 작다면, 효과의 크기에 대해 좀 더 확신할 수 있다. 그런 상황에서 과학자들은 자신의 결과가 .05 수준에서 유의한 정도가 아니라 그보다 훨씬 더 낮은 수준에

표 6.3 상관계수들을 표로 보고하는 예

	시험 점수	시험 불안	복습 시간
시험 성적	1	$-.44^{***}$	$.40^{***}$
시험 불안	103	1	$-.71^{***}$
복습 시간	103	103	1

ns = 유의하지 않음($p > .05$), $^* p < .05$, $^{**} p < .01$, $^{***} p < .001$

서 유의하다고 뻐기길 좋아한다(만세!). .05보다 낮은 값으로 흔히 사용하는 값들은 .01, .001, .0001이다. 어떤 효과가 .0001보다 낮은 수준에서 유의하다고 보고하는 행복한 상황을 만나기란 그리 흔치 않다.

계산한 상관계수가 꽤 많을 때는 그 계수들을 하나의 표로 만들기도 한다. 예를 들어 표 6.3은 시험 불안 자료의 상관계수들을 표로 만든 것이다. 이 표에서 대각선 위쪽의 칸들이 상관계수들인데, 별표는 서로 다른 유의 수준들을 나타낸다. 표 아래에는 표에 쓰인 기호들의 의미를 알려주는 범례가 있다. (사실 이 상관계수 중 유의하지 않은 것은 없고, p 값이 .001보다 큰 것도 없으므로, 범례의 기호들 대부분은 표에 쓰이지 않았다. 이 범례는 그냥 표의 기호에 관한 범례의 일반적인 형태를 보여주기 위한 것일 뿐이다. 독자가 나중에 이런 범례를 만들 때는, 표에 실제로 쓰인 기호들만 포함시키면 된다.) 마지막으로, 표의 대각선 아래쪽 칸들은 표본 크기를 나타낸다. 상관계수의 보고에 관해 좀 더 알고 싶다면 '실험복 레니의 실제 연구 6.1' 글상자를 보기 바란다.

실험복 레니의 실제 연구 6.1　　**여러분이 통계학 강사를 좋아하는 이유 ①**

Chamorro-Premuzic, T. 외 (2008). *Personality and Individual Differences*, 44, 965-76.

일부 학교에서는 종강 후에 학생들이 강사를 평가한다. 아마 여러분도 좋아하는 강사와 싫어하는 강사가 있을 것이다. 강사로서 나(저자)는 그러한 평가가 엄청나게 기운 빠지는 일이라고 생각한다(이 점은 내가 좋은 피드백은 무시하고 나쁜 피드백에 집중하는 경향이 있다는 사실과 관련이 크긴 하겠지만). 학생들이 열정적이고 의사소통 능력이 좋은 강사의 강좌를 선택하는 경향이 있다는 증거가 어느 정도 존재한다. 심리학자 토마스 차모로-프레뮤직과 그의 동료들은 한 멋진 연구(Chamorro-Premuzic, Furnham, Christopher, Garwood, & Martin, 2008)에서 이와는 약간 다른 가설을 검증했다. 그 가설은, 학생들이 자신들(학생들)을 좋아하는 강사를 좋아하는 경향이 있다는 것이었다. (내 강의를 선택한 수강생들이 이 가설을 들었다면 공포에 질려 비명을 지를 것이다.)

연구자들은 우선 아주 잘 확립된 측정 방법(NEO-FFI)을 이용해서 학생들의 성격을 측정했다. 구체적으로는, 참가자마다 다섯 가지 근본적인 성격적 특성, 즉 신경증(neuroticism), 외향성(extroversion), 개방성(openness to experience), 수용성(agreeableness), 성실성(conscientiousness) 점수를 측정했다. 또한, 연구자들은 설문지를 이용해서 학생들이 원하는 강사의 성격적 특성들을 조사했다. 예를 들어 학생들에게 '따뜻함: 친절함, 따뜻함, 사교적, 쾌활함, 다정함, 개방적' 같은 목록을 주고, 강사에게 원하는 따뜻함 특성의 수준을 -5(강사가 이 특성을 전혀 가지고 있지 않길 원함)에서 +5(강사가 반드시 이 특성을 가지고 있길 원함)의 점수로 명시하게 했다. 설문지에 나온 특성들은 모두 NEO-FFI로 측정한 학생들의 성격적 특성들과 관련된 것이었다. 따라서, 연구자들은 학생마다 다섯 가지 근본적인 성격적 특성들을 측정했을 뿐만 아니라, 강사가 그런 특성들을 얼마나 가지고 있길 원하는지도 측정한 것이다.

이러한 자료를 수집했다면, 이를테면 외향적인 학생이 외향적인 강사를 원하는지 검사할 수 있다. 이 연구의 자료(앞에서 언급한 변수들에 대한)가 부록 웹사이트의 **Chamorro-Premuzic.dat** 파일에 들어 있다. 이 자료의 변수들에 대해 피어슨 상관분석을 수행해서, 특정 성격적 특성을 가진 학생이 실제로 그런 특성을 가진 강사들을 원하는지 확인해 보기 바란다. 그런 분석들로부터 어떤 결론을 끌어낼 수 있는가?

 부록 웹사이트의 보충 자료에 이 질문들의 답이 있으니 참고하기 바란다(또한, 원래의 논문의 표 3도 참고하기 바란다. 많은 수의 상관계수들을 보고하는 방법을 배울 수 있을 것이다.)

이번 장에서 발견한 통계학 ①

이번 장에서는 변수들의 관계를 연구하는 방법들을 살펴보았다. 우선, 이미 알고 있는 분산(제1장)에 관한 지식에 기초해서, 변수들이 공유하는 분산의 정도를 살펴봄으로써 변수들의 관계를 통계적으로 측정할 수 있음을 배웠다. 변수들이 공유하는 분산이 바로 공분산이다. 그런 다음에는, 자료가 모수적일 때는 피어슨 상수 r을 이용해서 관계의 강도를 측정할 수 있고, 모수적 검정의 가정들을 위반하는 자료에 대해서는 스피어먼의 r_s를 사용하면 된다는 점을 배웠다. 또한, 작은 자료 집합에는 켄달의 τ가 더 정확할 수 있다는 점도 이야기했다. 또한, 우리는 두 변수 중 하나가 이분적 변수(범주 두 개로 이루어진 변수)일 때 두 변수의 상관계수를 구하는 방법도 살펴보았다. 범주들에 연속체가 깔려 있지 않으면 점이연 상관계수 r_{pb}를, 연속체가 존재하면 이연 상관계수 r_b를 사용한다. 마지막으로, 편상관과 준편상관의 차이점도 살펴보았다. 전자는 두 변수 모두에 영향을 주는 변수들을 제어하면서 두 변수의 관계를 파악할 때 사용하고, 후자는 두 변수 중 한 변수에만 영향을 주는 변수들을 제어하면서 두 변수의 관계를 파악할 때 사용한다. 그리고 이번 장에서는 내가 기타를 선물 받았다는 점과 당시 내가 제일 좋아하던 노래의 제목인 'Take on the World'처럼 세상을 다 가질 준비가 되었다는 점도 이야기했다. 뭐, 전 세계는 아니더라도, 웨일즈 정도라도…

이번 장에서 사용한 R 패키지

boot	ggplot2	Polycor
ggm	Hmisc	Rcmdr

이번 장에서 사용한 R 함수

boot()	pcor()	rcorr()
boot.ci()	pcor.test()	read.csv()
cor()	polyserial()	read.delim()
cor.test()	prop.table()	table()

이번 장에서 발견한 주요 용어

결정계수	이변량 상관	편상관
공분산	이분적	표준화
교차곱 편차	이연 상관계수	피어슨 상관계수
부분상관	점이연 상관계수	피어슨의 곱적률 상관계수
상관계수	준편상관	
스피어먼 상관계수	켄달의 타우	

똑똑한 알렉스의 과제

- **과제 1:** 에세이를 쓰는 데 걸린 시간과 에세이 점수의 관계가 양의 상관인지 궁금한 학생이 있었다. 그 학생은 친구 45명을 조사해서 에세이를 쓰는 데 걸린 시간(**hours**)과 퍼센트로 환산한 에세이 점수(**essay**)를 수집했다. 그리고 그 점수들을 성적 등급(**grade**)으로 변환했다. 영국 학부생의 등급은 최고 등급인 1급(first-class)에서 상2급(upper-secod), 하2급(lower-second), 3급, 수료(pass), 그리고 최하 등급인 낙제(fail)까지이다. 부록 웹사이트의 **EssayMarks.dat** 파일에 있는 자료를 이용해서 에세이 작성 시간과 퍼센트 점수 및 최종 등급 사이의 관계를 파악하라(산점도도 그릴 것!). ①

- **과제 2:** 제3장의 **ChickFlick.dat** 자료를 이용해서, 성별과 각성 정도 사이에 상관관계가 존재하는지 판정하라. 그리고 같은 자료를 이용해서 시청한 영화와 각성 정도 사이의 상관관계가 존재하는지도 판정하라. ①

- **과제 3:** 통계학 강사로서 나는 학생이 통계학 강의에서 좋은 점수를 얻게 될 것인지를 결정하는 요인들에 항상 관심이 있다. 잠재적으로 중요한 요인 하나는 학생의 기존 수학 실력이다. 1학년 학생 25명의 학기말 통계학 성적 등급(1급, 상2급, 하2급, 3급)을 조사했다고 하자. 그리고 각 학생의 GCSE(중등학교 졸업자격시험) 수학 시험 점수의 등급도 조사했다고 하자. 영국의 GCSE는 16세 학생이 치르는 학교 시험으로, 성적 등급은 A, B, C, D, E, F이다(A가 다른 모든 등급보다 나은 등급). 이 연구의 자료가 부록 웹사이트의 **grades. csv** 파일에 들어 있다. 그 자료를 적절히 분석해서, GCSE 수학 성적 등급과 1학년 통계학 성적 등급 사이에 상관관계가 존재하는지 밝혀라.

답은 이 책의 부록 사이트에서 볼 수 있다.

더 읽을거리

Chen, P. Y., & Popovich, P. M. (2002). *Correlation: Parametric and nonparametric measures.* Thousand Oaks, CA: Sage.

Howell, D. C. (2006). *Statistical methods for psychology* (제6판). Belmont, CA: Duxbury. (아니면 동 저자의 *Fundamental Statistics for the Behavioral Sciences*라는 책도 좋다. 2007년에 제6판이 나왔다. 둘 다 이 책보다 좀 더 전문적인 훌륭한 교과서들이므로, 여러분이 다음 단계로 나아가는 데 도움이 된다.)

Miles, J. N. V., & Banyard, P. (2007). *Understanding and using statistics in psychology: A practical introduction.* London: Sage. (환상적이고 재미있는 통계학 이론 입문서)

Wright, D. B.,& London, K. (2009). *First steps in statistics* (2nd ed.). London: Sage. (통계학 이론을 아주 친절하게 알려주는 입문서)

흥미로운 실제 연구

Chamorro-Premuzic, T., Furnham, A., Christopher, A. N., Garwood, J., & Martin, N. (2008). Birds of a feather: Students' preferences for lecturers' personalities as predicted by their own personality and learning approaches. *Personality and Individual Differences, 44,* 965-976.

CHAPTER

7 / 회귀

그림 7.1 홀리마린 장기자랑 대회에서 'My Ding-a-ling'을 연주하는 모습. 나를 따르는 팬들이 무대 바로 앞에 모여 있다.

7.1 이번 장에서 배우는 내용 ①

미래는 누구도 알지 못하지만, 그래도 미래를 예측하는 것은 아주 중요하기 때문에 생명체의 유전자에는 자신의 환경에서 벌어지는 예측 가능한 사건들에 관해 배우려는 본능이 박혀 있다. 저번 장에서 내가 여덟 살 때 크리스마스 선물로 기타를 선물 받았다고 말했다. 사람들 앞에서 처음으로 기타를 연주한 것은 웨일스의 '홀리마린'이라는 주말 캠프에서 매주 열리는 장기자랑 대회(탤런트 쇼)에서였다(이제는 이 대회가 열리지 않는다. 당시는 1981년이었고, 나는 꽤 늙었다). 거기서 나는 'My Ding-a-ling'이라는 척 베리의 노래를 불렀다.[1] 기쁘고도 놀랍게도 나는 그 대회에서 우승했다.[2] 갑자기 다른 여덟 살짜리 아이들이 나라를(사실은 웨일스의 한 행사장을) 건너 몰려와서는 나를 숭배했다(대회가 끝나고 나는 친구를 많이 사귀었다). 나는 성공의 맛을 보았는데, 성공은 바로 프랄린(praline) 아이스크림 맛이었다. 성공을 확실하게 다지기 위해서

---

1 당시에도 나는 진지하게 받아들여야 할 일에 대해 어조를 낮추는 데 열정을 가지고 있었던 것 같다.

2 아빠의 친구가 탱크만 한 크기의 배터리 팩과 함께 가지고 다니던 중간 크기의 개만한 비디오카메라로 이 공연을 찍은, 화질이 몹시 나쁜 비디오가 있다. 어쩌면 부록 웹 사이트에 올릴 수도….

는 내가 첫 주의 대회에서 우승한 이유를 알아야 했다. 한 가지 방법은 자료를 수집하고 그 자료를 이용해서 대회에 참가한 아이들의 공연에 관한 사람들의 평가를 특정 변수들로부터 예측하는 것이었다. 변수로는 공연자의 나이와 공연 종류(노래, 농담, 마술 등)가 있을 것이고, 어쩌면 외모의 귀여움도 변수가 될 것이다. 예를 들어 청중들에게 좋은 평가를 받는 데 노래가 중요한 요인이라면, 다음 주 대회에서도 노래를 부르는 게 좋을 것이다. 반대로 농담이 더 좋은 점수를 받는다면 다음 주에는 코미디를 시도해야 할 것이다. 여덟 살 때는 내가 지금처럼 우울한 괴짜가 아니었기 때문에 회귀분석이라는 것을 알지 못했다(알고 싶지도 않았겠지만). 그러나 아빠는 천사 같은 여덟 살 꼬마가 해석에 따라서는 상당히 추잡하게 들리는 노래를 부른다는 기묘한 조합이 성공의 비결이라고 생각했다. 그래서 아빠는 홀리마린 밴드의 키보드 연주자가 "자신의 오르간과 지저분한 일을 벌이는" 것에 관한 노래를 만들어서 내게 부르게 했다. 둘째 주에도 내가 우승했다. 취향은 따지지 말기로 하자.

7.2 회귀의 소개 ①

직선을 자료에 적합시키려면 어떻게 해야 하지?

이전 장(제6장)에서 두 변수의 관계를 측정하는 방법을 살펴보았다. 두 변수의 상관관계를 아는 것도 아주 유용할 수 있지만, 한 걸음 더 나아가서 한 변수를 이용해서 다른 변수를 예측하는 것도 가능하다. 간단한 예로, 어떤 강연을 하기까지 남은 시간으로부터 스트레스 수준을 예측한다고 하자. 둘의 관계는 음의 상관이라고 예측할 수 있다(강연 시간이 다가올수록 점점 불안해지므로). 그러한 기본적인 관계의 분석을 좀 더 확장해서, "만일 어떤 사람이 강연을 시작할 때까지 10분이 남았다면, 그 사람은 얼마나 불안할까?" 같은 질문의 답을 구할 수도 있을 것이다. 이것이 바로 회귀분석(regression analisys)의 본질이다. 다시 말하면, 하나의 모형을 자료에 적합시키고 그것을 이용해서 하나 이상의 독립변수(IV)들로부터 종속변수(DV)의 값들을 예측하는 것이 회귀분석이다. 회귀분석은 크게 두 종류인데, 한 예측변수로부터 한 결과변수를 예측하는 것을 **단순회귀**(simple regression)라고 부르고 여러 개의 예측변수들로부터 한 결과변수를 예측하는 것을 **다중회귀**(multiple regression)라고 부른다. 회귀분석은 우리가 수집한 자료 이상의 것을 알아낼 수 있는 도구라는 점에서 엄청나게 유용하다.

§2.4.3에서 임의의 자료를 다음과 같은 공식을 이용해서 예측할 수 있다는 개념을 소개했었다.

$$결과_i = (모형) + 오차_i \tag{7.1}$$

간단히 말하자면, 이 공식은 우리가 특정한 사람에 관한 어떤 결과를, 자료에 적합시킨 모형에 어떤 종류의 오차를 더함으로써 예측할 수 있다는 뜻이다. 회귀분석의 경우 자료에 적합시키는 모형은 선형(linear) 모형이다. 다른 말로 하면, 회귀분석에서는 자료 집합을 하나의 직선으로 요약한다(필요하다면 초천재 제인 글상자 2.1을 다시 보기 바란다). 따라서, 위의 공식의 '모형'을, '자료에 적합시킬 직선을 정의하는 것들'로 대체할 수 있다(구체적인 내용은 다음 절에 나온다).

그 어떤 자료 집합이라도, 자료의 전반적인 추세를 요약하는 직선은 하나가 아니라 여러 개이다. 따라서 그중 하나를 고르는 방법이 필요하다. 정확한 예측을 위해서는 자료를 가장 잘 서술하는 모형을 사용해야 한다. 그러한 모형에 해당하는 직선을 선택하는 가장 간단한 방법은, 여러 직선 중 자료를 가장 잘 요약하는 것으로 보이는 직선을 눈으로 보고 고르는 것이다. 그러나 천재가 아니라도 깨달을 수 있겠지만, 이러한 '눈알' 방법은 아주 주관적이다. 이 방법으로는 정말로 최선의 모형을 선택했는지 확신할 수 없다. 대신 우리는 **최소제곱법**(method of least squares)이라고 부르는 수학 기법을 이용해서 자료를 가장 잘 서술하는 직선을 선택한다.

7.2.1 직선에 관한 중요한 정보 몇 가지 ①

앞에서 나는 일반 예측 공식 (7.1)의 '모형'을 '자료에 적합시킬 직선을 정의하는 것들'로 대체할 수 있다고 말했다. 사실 그 어떤 직선(이하 간단히 선이라고 표기하기도 한다)이라도 두 가지 요소로 정의할 수 있다. (1) 하나는 선의 기울기(slope; 경사도)이고, (2) 다른 하나는 선이 그래프의 수직축과 만나는 점이다. 전자를 흔히 b_1으로 표기한다. 그리고 후자는 흔히 선의 **절편**(intercept)이라고 부르고 b_0로 표기한다. 식 (7.2)는 이 둘을 이용해서 일반 예측 공식을 다시 표현한 것이다. 이 회귀분석 예측 공식(회귀 방정식, 줄여서 회귀식)에서 Y는 예측하고자 하는 결과변수이고 X_i는 t 번째 참가자의 예측변수의 점수, b_1은 자료에 적합된 선의 기울기, b_0는 그 선의 절편이다.[3] 매개변수 b_1과 b_0를 **회귀계수**(regression coefficient)라고 부른다. 이들은 이 책에 자주 등장하는데, 아래 첨자 없이 b라고 표기하기도 하고 특정 변수 i에 연관된 매개변수를 나타내기 위해 b_i 형태로 표기하기도 한다. 공식의 끝에 있는 ε_i는 잔차 항(residual term)인데, 직선을 이용해서 참가자 i에 대해 예측한 점수와 참가자 i가 실제로 얻은 점수의 차이를 나타낸다. 이 공식을 잔차 항 없이 개념화하는 경우도 많지만(따라서 이 잔차 항이 신경이 쓰인다면 그냥 무시해도 된다), 이 잔차 항이 모형이 수집된 자료에 완벽하게 들어맞지는 않음을 나타낸다는 점은

---

[3] 이 공식을 다음과 같이 표현하는 경우도 종종 있다.

$$Y_i = (\beta_0 + \beta_1 X_i) + \varepsilon_i$$

유일한 차이는 b들 대신 β들이 쓰였다는 점이다. 그 점을 제외하면 두 공식은 동일하다. 단지 계수들을 다른 글자로 표기했을 뿐이다.

알아둘 필요가 있다.

$$Y_i = (b_0 + b_1 X_i) + \varepsilon_i \tag{7.2}$$

만일 두 선의 기울기와 절편이 다르면, 그 두 선은 다른 것이다. 그림 7.2에 절편은 같지만 기울기가 다른 두 선과 기울기는 같지만 절편이 다른 여러 선이 나와 있다. 그림 7.2는 또한 선의 기울기에서 해당 관계의 본성에 관해 무언가를 알 수 있다는 점도 보여준다. 제6장에서 두 변수의 관계가 양의 상관이거나 음의 상관 아니면 무관임을 배웠다(그리고 양의 상관과 음의 상관이, 이성 친구와 잘 지내는 긍정적인 관계와 매일 말싸움을 하는 부정적인 관계와는 무관하다는 점은 따로 말할 필요가 없을 것이다). 기울기가 양인 선은 양의 상관을 나타내고, 기울기가 음인 선은 음의 상관을 나타낸다. 따라서, 그림 7.2의 그래프에서 절편은 같지만 기울기가 다른 두 선 중에서 실선은 양의 상관을, 점선은 음의 상관을 나타낸다. 기본적으로, 기울기(b_1)는 모형의 모습(형태)을, 절편(b_0)은 모형의 위치(기하학적 공간 안에서의)를 나타낸다.

하나의 선을 기울기와 절편만으로 서술할 수 있다는 것은 선형 회귀분석을 위한 모형 역시 그 두 값으로 서술할 수 있다는 뜻이다(선형 회귀분석에 사용하는 모형이 하나의 직선이므로). 정리하자면, 선형 회귀분석에서 자료에 적합시키는 모형은 수학적으로 식 (7.2)의 공식으로 서술할 수 있는 하나의 직선으로 개념화할 수 있다. 회귀분석에서는 수집된 자료를 가장 잘 서술하는 선을 찾아서 그 선의 기울기와 절편을 구한다. 그 값들을 구한 후에는, 예측변수의 서로 다른 값들을 해당 직선방정식에 대입해서 결과변수의 값을 예측한다.

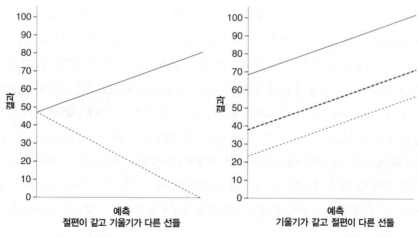

그림 7.2 절편이 같고 기울기가 다른 선들과 기울기가 같고 절편이 다른 선들

앞에서 잠깐 언급했듯이, 최소제곱법은 자료에 가장 잘 맞는 선(즉, 최대한 많은 자료점을 통과하거나 근접하게 지나가는 선)을 찾는 한 방법이다. 이 '최량적합선(line of best fit)'은 자료점들에 대해 그릴 수 있는 모든 직선 중 관측된 자료점과 선의 차이가 가장 작은 것을 고른 것이다. 그림 7.3은 어떤 선이 자료 집합에 잘 적합되었다면 그 선이 예측하는 값과 실제로 관측된 자료점의 차이가 그리 크지 않을 것임을 보여준다.

제2장에서 우리는 한 모형이 자료에 얼마나 잘 맞는지(적합)를 그 모형과 실제 수집 자료 사이의 이탈도(편차)를 살펴봄으로써 평가할 수 있다는 점을 배웠다. 그러한 이탈도는 모형이 예측한 값과 실제로 관측한 자료점 사이의 수직 거리이다. 한 회귀선(이는 곧 평균 같은 하나의 통계적 모형이다)의 적합도 역시 마찬가지 방식으로 평가할 수 있다. 이 경우 선이 모형이므로, 선과 실제 자료의 수직 거리를 살펴보면 된다. 즉, X 변수의 값으로 Y 값을 예측하고, 그것과 해당 자료점의 차이를 구하면 되는 것이다. 그런데 회귀분석에서는 그 차이를 이탈도나 편차라고 부르지 않고 **잔차**(residual)라고 부르는 경우가 많다. 이름이 다를 뿐 둘은 같은 것이다. 평균의 경우에서처럼, 자료점이 선의 위에 있으면(즉, 모형이 실제 값을 과소평가했으면) 잔차는 양수가 되고, 자료점이 선의 아래에 있으면(즉, 모형이 실제 값을 과대평가했으면) 잔차는 음수가 된다. §2.4.2에서 분산을 논의할 때, 만일 차이들을 그냥 합하면 양의 차이들과 음의 차이들이 상쇄되어서 무의미해지며, 이를 극복하기 위해 차이들을 먼저 제곱한 후 합산한다고 말했음을 기억할 것이다. 회귀분석에서도 마찬가지이다. 잔차제곱들의 합은 주어진 선이 자료에 얼마나 잘 들어맞는지를 나타내는 측도이다. 제곱한 차이들이 큰 선은 자료를 제대로 대표하지 않고, 작은 선은 자료를 잘 대표한다.

딱히 할 일이 없는 독자라면, 가지고 있는 자료에 적합 가능한 모든 선의 차이 제곱합(sum of squared differences; 줄여서 SS)을 계산해서 선의 '적합도'를 비교해 보기 바란다. SS가 제일 작은 선이 바로 최량적합선이다. 다행히 그 모든 계산을 우리가 일일이 수행할 필요는 없다. 그냥 최소제곱법을 적용하면 된다. 이 방법은 차이 제곱합이 가장 작은 선(즉, 관측 자료를 가장 잘 대표하는 선)을 선택해준다. 좀 더 구체적으로, 이 방법은 최솟값과 최댓값을 찾는 수학적 기법을 이용해서 차이 제곱합을 최소화하는 선을 찾아낸다. 솔직히 나도 그보다 더 자세하게는 알지 못한다. 그냥 '선을 찾는 자' 네프웍이라는 수염 기른 작은 마법사(당연히 컴퓨터 안에서 사는)가 마법을 부려서 최량적합선을 찾아내는 정도로 이해하고 있다. 어쨌거나 네프웍은 추정한 '최량적합선'의 기울기와 절편을 알려준다. 이러한 최량적합선을 회귀선(regression line)이라고 부른다 (좀 더 일반적으로 이는 하나의 **회귀모형**(regression model)이다).

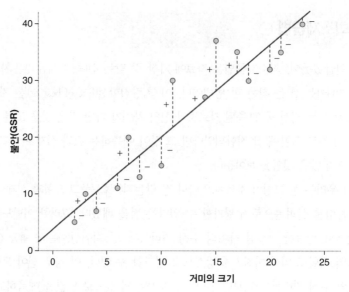

그림 7.3 어떤 자료의 산점도와 자료의 전반적인 추세를 나타내는 선으로 구성된 그래프. 수직선(점선)은 추세선과 실제 자료의 차이(잔차)를 나타낸다.

7.2.3. 적합도 평가: 제곱합, *r*, R^2 ①

선을 찾는 자 네프윗이 최량적합선을 찾아 주었다면, 다음으로는 그 선이 실제 자료에 얼마나 잘 들어맞는지 평가하는 것이 중요하다. 즉, 자료에 대한 선의 **적합도**(goodness-of-fit)를 평가해 봐야 한다. 그러한 평가가 필요한 이유는, 찾아낸 최량적합선이 가능한 선 중 가장 적합한 선이긴 하지만, 그래도 여전히 자료와는 그리 잘 맞지 않을 수 있기 때문이다. §2.4.2에서 우리는 평균의 적합도를 평가하기 위해 편차들의 제곱을 구했다. 아래의 식 (7.3)은 그러한 개념을 일반화한 것이다. 최량적합선을 평가하려면 이 공식으로 구한 적합도를 다른 어떤 것과 비교해 볼 필요가 있는데, 여기서 다른 어떤 것은 우리가 찾을 수 있는 가장 기본적인 모형이다. 즉, 최고의 모형으로서의 최량적합선의 적합도를 식 (7.3)을 이용해서 구하고, 가장 기본적인 모형의 적합도를 역시 식 (7.3)으로 구한 후 둘을 비교한다. 만일 최량적합선이 실제로 좋은 모형이라면, 가장 기본적인 모형보다는 자료에 더 잘 맞아야 한다.

$$\text{모형이 자료에서 벗어난 정도} = \sum(\text{관측값} - \text{모형})^2 \tag{7.3}$$

이상의 논의가 다소 추상적이므로, 구체적인 예를 하나 살펴보는 것이 좋겠다. 어떤 음반을 홍보하는 데 쓴 비용(*X*)으로부터 실물과 다운로드를 합친 음반 판매량(*Y*)을 예측한다고 상상해 보자. 하루는 상사가 내 사무실로 와서는 "앤디, 자네는 지금 통계 수치를 다루는 원숭이 처지이지만, 원래는 록스타가 되고 싶었다고 들었네. 어쨌거나, 만일 광고에 10만 파운드를 쓰면 음반이 몇 장이나 팔릴 것 같나?"라고 물었다. 음반 판매량과 광고의 관계에 관한 정확한 모형이 없는 상태에서 판매량을 가능한 한 정확하게 예측하려면 어떻게 해야 할까? 아마도 최선의 답은 평균 판매량(이를테면 20만 장)을 제시하는 것이다. 왜냐하면, 평균 판매량은 말 그대로 평균적으로 팔릴 것이라고 기대하는 수치이기 때문이다. 뇌가 없는 음반사 중역(내 밴드에게 음반 녹음 계약을 제안하지 않은)이라면 그런 답에 만족할 수도 있다. 그러나 만일 상사가 "만일 광고에 £1(1 파운드)를 사용하면 앨범이 얼마나 팔릴까?"라고 물어본다면 어떨까? 이 경우에도, 정확한 모형을 가지고 있지 않은 상태에서 최선의 추측은 평균 판매량(20만)일 것이다. 그런데 문제는, 그러면 광고비가 얼마이든 항상 같은 판매량을 예측한다는 점이다. 이 예는 평균이라는 것이 모든 변수의 관계가 '무상관'인 모형에 해당함을 말해준다. 따라서, 두 변수의 관계에 관한 모형으로는 평균이 거의 쓸모 없다. 그렇긴 하지만, 평균은 우리가 사용할 수 있는 가장 간단한('가장 기본적인') 모형이다.

　　따라서, 결과를 예측하는 기본적인 전략은 이런 것이다. 비교 기준으로 사용할 모형으로 평균을 선택한다. 평균적으로 평균은 결과를 비교적 잘 추측하는 모형이기 때문이다. 평균을 모형으로 사용해서, 모형이 예측한 값과 관측값의 차이를 구하고, 식 (7.3)을 이용해서 그 차이를 제곱한 값들을 모두 합한다(§2.4.1에서 했던 것과 같은 계산이다). 이러한 차이 제곱들의 합을 **총제곱합**(total sum of squares)이라고 부르고 SS_T로 표기한

내 모형이 좋은지 나쁜지 어떻게 알 수 있지?

다. 이 값은 주어진 모형이 관측 자료에 얼마나 잘 들어맞는지를 나타낸다. 지금 예에서 이 값은 관측 자료에 대한 평균, 즉 가장 기본적인 모형의 적합도이다. 다음으로 할 일은 그보다 정교한 모형의 적합도를 구하는 것이다. 지금 예에서 그 모형은 최량적합선이다. 역시 식 (7.3)을 이용해서, 이 모형과 관측값의 차이의 제곱들을 합한다. 이전 절에서 언급했듯이, 최소제곱법은 자료에 적합시킨 모형과 자료 자체의 차이가 최소가 되는 선을 찾음으로써 최량적합선을 선택한다. 그런데 그런 식으로 찾아낸 모형도 여전히 자료와는 잘 맞지 않을 수 있다. 얼마나 맞지 않는지는 관측된 자료점과 회귀선이 예측하는 값의 차이의 크기에 해당한다. 식 (7.3)은 그러한 차이들을 제곱해서 합한다. 이전에도 보았듯이, 차이를 제곱하는 이유는 방향(부호)이 다른 차이들이 상쇄되지 않게 하기 위한 것이다. 식 (7.3)으로 구한 총제곱합을 회귀분석에서는 흔히 제곱잔차합(sum of squared residuals) 또는 **잔차제곱합**(residual sum of squares)이라고 부르고 SS_R이라고 표기한다. 이 값은 최고의 모형을 자료에 적합시켰을 때 모형이 자료에서 얼마나 벗어나는지를 나타내는 측도이다. 이제 두 값을 비교해 보면, 회귀선을 사용하는 것이 그냥 평균을 모형으로 사용했을 때보다 결과를 얼마나 잘 예측할 수 있는지(즉, 가능한 최고의 모형이 최악의 모형보다 얼마나 나은지) 파악할 수 있다. SS_T와 SS_R의 차이는 평균 대신 회귀모형을 사용했을 때 예측이 얼마나 향상되는지를 나타낸다. 다른 말로 하면, 그 차이는 회귀모형을 사용했을

때 부정확도(모형이 자료에서 벗어난 정도)가 얼마나 줄어들 것인지를 보여준다. 이러한 향상량을 **모형제곱합**(model sum of squares)이라고 부르고 SS_M으로 표기한다. 그림 7.4는 이러한 여러 제곱합을 나타낸 것이다.

SS_M의 값이 크다는 것은 결과변수의 예측을 위해 평균을 사용하는 것과 회귀모형을 사용하는 것이 많이 다르다는 뜻이다. 평균은 가장 기본적인 모형이므로, 이 값이 크다는 것은 회귀모형이 이전보다 결과변수를 훨씬 잘 예측함을 의미한다. 반대로 SS_M이 작다면 회귀모형을 사용하는 것이 평균을 사용하는 것과 별반 다르지 않은 것이다(즉, 회귀모형이 우리의 '최선의 추

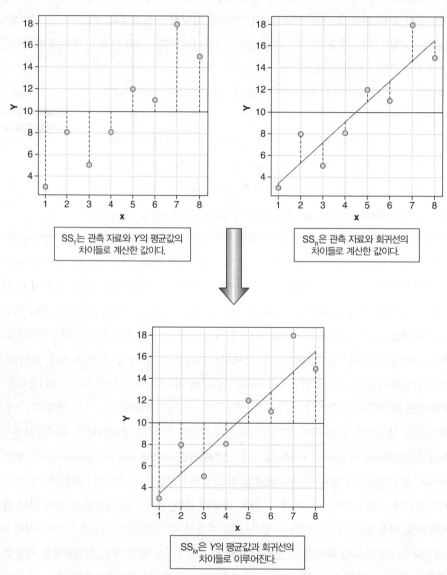

SS_T는 관측 자료와 Y의 평균값의
차이들로 계산한 값이다.

SS_R은 관측 자료와 회귀선의
차이들로 계산한 값이다.

SS_M은 Y의 평균값과 회귀선의
차이들로 이루어진다.

그림 7.4 회귀 제곱합(모형제곱합)의 유도 과정을 보여주는 도표

측보다 별로 낫지 않다). 이러한 제곱합들로 구할 수 있는 유용한 측도 하나는 모형에 따른 향상 비율이다. 그 비율을 계산하는 것은 간단하다. 모형제곱합을 총제곱합으로 나누면 된다. 그 결과를 R^2으로 표기한다. 흔히 이 비율에 100을 곱해서 퍼센트로 표현하는 경우가 많다. R^2 은 가장 기본적인 모형이 설명하는 변동의 양(SS_T)에 대한, 주어진 모형이 설명하는 변동의 양 (SS_M)의 비를 나타낸다. 따라서 R^2은 결과변수의 변동 중 주어진 모형이 설명하는 변동의 비율 에 해당한다.

$$R^2 = \frac{SS_M}{SS_T} \tag{7.4}$$

이 R^2은 제6장에 나온 R^2(§6.5.4.3)과 같은 것이고, 그 해석 방식도 동일하다. 이 값의 제곱근은 곧 피어슨 상관계수이다. 그런 만큼, 단순회귀에서 상관계수 r은 회귀모형의 전반적인 적합도 를 잘 추정하는 값이며, R^2은 상관관계의 실질적인 크기를 잘 추정하는 값이다.

모형 평가에서 제곱합은 F 검정에도 쓰인다. 제2장에서 언급했듯이, 대체로 F 같은 검정 통계량들은 체계적 변동의 양을 비체계적 변동의 양으로 나눈 것이다. 다른 말로 하면, 모형 과 모형의 오차를 비교한 것이라고 할 수 있다. 회귀분석에서도 마찬가지이다. 회귀분석에서 F는 SS_M(모형에 의한 향상)과 SS_R(모형과 관측값의 차이)의 비이다. 그런데 제곱합은 합한 차이들 의 수에 의존하므로, 실제로는 평균 제곱들의 합을 사용한다. 그러한 합을 그냥 **평균제곱**(mean squares, MS)이라고 부르기도 한다. 평균제곱을 계산하는 것은 간단하다. 그냥 제곱합을 자유 도로 나누면 된다(이는 §2.4.2에 나온, 제곱합으로부터 분산을 계산하는 것과 비슷하다). SS_M의 자유 도는 모형의 변수 개수이고 SS_R의 자유도는 회귀분석으로 추정하는 매개변수(모수) 개수를 관 측값 개수에서 뺀 것이다(이는 곧 상수를 포함한 베타 계수들의 개수이다). 이 자유도들로 해당 제 곱합을 나누면 모형의 평균제곱(MS_M)과 잔차 평균제곱(MS_R)이 나온다. 지금 단계에서 평균제 곱들을 유도하는 과정을 여러분이 꼭 이해해야 하는 것은 아니다(제10장에서 좀 더 설명한다). 여기서 중요한 것은, 아래의 식 (7.5)에 나온 F 비(F-ratio)가 기본 모형을 사용했을 때와 비교할 때 새 모형이 결과의 예측을 얼마나 향상시키는지를 나타낸다는 점이다.

$$F = \frac{MS_M}{MS_R} \tag{7.5}$$

모형이 좋으면 예측이 크게 향상될 것이고(즉, MS_M이 크다), 모형과 관측 자료의 차이는 작을 것 이다(즉, MS_R이 작다). 그러면 식 (7.5)의 분모가 작고 분자가 크므로 F 비도 클 것이다(대체로 좋 은 모형의 F 비는 1보다 크다). 이러한 F 비를 계산에 쓰인 자유도에 해당하는 임계값들(§A.3의 표 에 나온 것 같은)과 비교해서 좀 더 엄밀하게 평가할 수 있다.

7.2.4 개별 예측변수의 평가 ①

앞에 나온 회귀 방정식을 보면, 예측변수에 b_1이라는 계수가 붙는다. 이 회귀계수는 회귀선의 기울기에 해당한다. 즉, 이 b 값은 예측변수의 단위 변화에 따른 결과의 변화량을 나타낸다. 만일 모형이 결과를 잘 예측하지 못한다면, 예측변수의 값이 변했을 때 결과는 어떻게 변하게 될까? 아주 나쁜 모형이라면 결과가 전혀 변하지 않을 것이라고 기대할 수 있다. 그림 7.4로 다시 돌아가서, SS_T에 관한 그래프를 보면, 평균이 바로 그러한 아주 나쁜 모형임을 알 수 있다. 그 그래프에서는 예측변수가 변해도 결과는 변하지 **않는다**(이 모형은 예측변수의 수준이 어떻든 항상 같은 평균값을 제시하기 때문이다). 여기서 중요한 것은, 평균처럼 나쁜 모형에서는 예측변수에 대한 회귀계수가 0이라는 점이다. 회귀계수가 0이라는 것은 (1) 예측변수가 변해도 결과의 예측값은 변하지 않는다는 뜻이고, (2) 해당 회귀선의 기울기가 0이라는, 다시 말해 회귀선이 수평선이라는 뜻이다. 이로부터, 만일 어떤 변수가 결과를 유의하게 예측한다면, 해당 b 값이 0과는 달라야 한다는 결론을 이끌어낼 수 있다. 그리고 이 가설을 t 검정(제9장)으로 검사할 수 있다. **t 통계량**(t-statistic)은 b의 값이 0이라는 귀무가설을 검증한다. 따라서, 만일 그 검사의 결과가 유의하다면, b 값이 0과 유의하게 다르다는, 따라서 해당 예측변수가 결과를 예측하는 능력에 유의하게 기여한다는 확신이 커진다.

F 통계량처럼 t 통계량도 설명되지 않는 변동(또는 오차)에 대한 설명되는 변동의 비에 기초한다. 사실 여기서 우리의 관심사는 그 변동이 어느 정도인가가 아니라 b가 그 추정값의 오차보다 큰가이다. b에 존재할 것으로 기대되는 오차는 표준오차를 이용해서 구할 수 있다. 표준오차는 서로 다른 표본들에서 b 값들이 얼마나 다른지에 관한 정보를 제공한다. 음반 판매량과 광고비에 관한 표본을 많이 수집해서 각 표본의 b 값들을 계산하고, 그 표본들의 도수분포를 그려서 모든 표본의 b 값들이 대체로 비슷한지 아니면 서로 아주 다른지를 파악할 수도 있다(§2.5.1의 내용을 떠올려 보라). 그리고 그러한 분포의 표준편차(즉, **표준오차**)를 여러 표본의 b 값들의 유사성을 측정한 측도로 사용할 수 있다. 만일 그 표준오차가 아주 작다면, 대부분의 표본의 b 값이 모형의 b 값과 비슷할 가능성이 크다(표본에 따른 변동이 작으므로). t 검정은 표본 b 값들의 변동을 기준으로 할 때 모형의 b 값이 0과 다른지의 여부를 말해준다. 표준오차가 작을 때는 b 값이 0과 조금만 달라도 의미 있는 차이로 해석할 수 있다(b가 가능한 표본들의 대다수를 대표하므로).

식 (7.6)은 t 통계량을 계산하는 공식이다. 이 공식을 일반화한 공식이 제9장에 나온다(식 (9.1)). $b_{기대}$는 그냥 귀무가설이 참일 때 얻게 되리라고 기대하는 b의 값이다. 앞에서 언급했듯이, 지금 맥락에서 귀무가설은 b가 0이라는 것이다. 따라서 이 값을 그냥 0으로 두면 된다. 결과적으로, t 통계량은 그냥 b의 관측값을 해당 표준오차로 나눈 것이다.

$$t = \frac{b_{관측} - b_{기대}}{SE_b}$$

$$= \frac{b_{관측}}{SE_b}$$

(7.6)

이 t 값들은 검정의 자유도에 따라 달라지는 특별한 분포를 따른다. 회귀분석의 경우 자유도는 $N - p - 1$인데, 여기서 N은 전체 표본 크기이고 p는 예측변수의 개수이다. 단순회귀에서는 예측변수가 하나뿐이므로 자유도는 $N - 2$이다. 적용할 t 분포를 결정했다면, t의 관측값들을 효과가 없을 때(즉, $b = 0$일 때) 얻게 되리라고 기대하는 값들과 비교한다. 만일 t의 값이 아주 크면, 효과가 없을 때 그 값이 발생할 가능성이 적은 것이다(비교할 값들은 부록 A에 나온다). R은 b가 실제로 0일 때 그러한 t의 관측값(또는 그보다 더 큰 값)이 발생할 정확한 확률을 제공한다. 일반적인 법칙은, 만일 이 관측 유의확률이 .05보다 작으면 과학자들은 b가 0과 유의하게 다르다고 가정한다는 것이다. 다른 말로 하면, 그런 경우 예측변수가 결과의 예측에 유의하게 기여한다는 것이다.

7.3 이번 장에서 사용하는 패키지 ①

이번 장에서 사용하는 패키지는 여러 가지이다. 그중 일부는(전부는 아니고) R Commander를 통해서 접근할 수 있다. 이번 장의 예제를 실행하는 데 필요한 패키지는 *boot*(부트스트랩을 위해), *car*(회귀분석을 위해), *QuantPsyc*(표준화된 회귀계수를 구하기 위해)이다. 이 패키지들을 아직 설치하지 않았다면 다음 명령으로 설치하기 바란다(*boot*는 기본으로 설치되어 있다).

```
install.packages("car"); install.packages("QuantPsyc")
```

그런 다음에는 다음 명령들을 실행해서 각 패키지를 불러와야 한다(*boot* 패키지는 기본 통계 패키지와 함께 설치되어 있지만, 사용하려면 명시적으로 불러와야 한다).

```
library(boot); library(car); library(QuantPsyc)
```

7.4 R을 이용한 회귀분석 절차 ①

7.4.1 R Commander를 이용한 단순회귀분석 ①

지금까지 회귀분석에 깔린 이론을 조금 맛보았는데, 주로는 예측변수가 하나인 상황만 살펴보았다. 지금까지 배운 내용의 이해를 돕기 위해, 단순회귀의 구체적인 예를 R을 이용해서 실행해 보자. 앞에서 언급한 음반사의 예로 돌아가자. 음반사의 상사는 광고비로 음반 판매량을 예측하라고 요구했다. 이 예제를 위한 자료가 부록 웹사이트의 **Album Sales 1.dat**에 들어 있다.

R Commander에서 회귀분석을 실행하기 위해, 우선 다음 명령으로 R Commander를 띄운다.

```
library(Rcmdr)
```

다음으로, 자료 파일을 R에 적재한다. R Commander에서는 **데이터 ➡ 데이터 불러오기 ➡ 텍스트 파일, 클립보드, 또는 URL에서...**를 선택해서 해당 자료 파일을 지정하면 된다(§3.7.3 참고). 이제 **데이터셋 보기** 버튼을 클릭해서 자료가 잘 적재되었는지 확인하기 바란다. 그림 7.5에 이 예제의 자료가 표시되어 있다. 각 행은 개별 음반을 나타낸다. 열은 두 개인데, 하나는 각 음반의 출시 첫 주 누적 판매량(1천 장 단위)이고 다른 하나는 음반 출시 전에 홍보에 사용한 비용이다(1천 파운드 단위). 회귀분석을 위해서는 자료가 이런 형식이어야 한다. 즉, 결과변수와

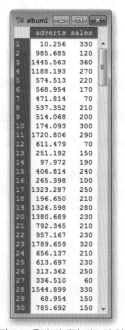

그림 7.5 음반 판매량 자료의 일부

예측변수들이 개별 열을 차지하고, 각 행이 그 변수들의 독립된 값들에 해당해야 한다.

이 자료의 패턴이 그림 7.6에 나와 있다. 이 그래프는 양의 상관관계를 여실히 보여준다. 즉, 음반 홍보에 돈을 많이 쓸수록 음반이 더 많이 팔릴 가능성이 크다. 물론 광고에 상관없이 잘 팔린 음반들도 있지만(산점도의 왼쪽 윗부분), 광고비 수준이 높은데 별로 안 팔린 음반(산점도의 오른쪽 아랫부분)은 없다. 이 산점도에는 이 자료의 최량적합선도 표시되어 있다. 만일 평균을 회귀모형으로 사용했다면, 대략 20만 장 부근의 수평선으로 나타났을 것임을 염두에 두기 바란다. 실제 회귀선은 수평선과는 확연하게 다르다.

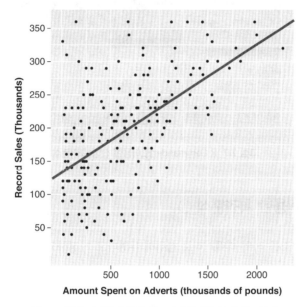

그림 7.6 음반 판매량과 음반 광고비의 관계를 보여주는 산점도

이 회귀선을 서술하는 매개변수들을 구하려면, 그리고 이 선이 유용한 모형인지 평가하려면, 회귀분석을 수행해야 한다. 이를 위해 R Commander에서 **통계 ➡ 적합성 모델 ➡ 선형 회귀**를 선택한다. 그러면 선형 회귀 대화상자가 나타난다(그림 7.7). 이 대화상자의 왼쪽에서는 반응 변수를 선택하는데, 여기서 반응 변수는 결과변수 또는 종속변수를 말한다. 오른쪽에서는 설명 변수(예측변수 또는 독립변수)를 선택한다. 지금 예에서 결과변수는 **sales**이므로, 반응 변수 (하나 이상 선택) 아래의 목록에서 그 변수를 선택한다. 그리고 예측변수는 **adverts**이므로, 설명 변수 (한개 선택) 아래의 목록에서 그 변수를 선택한다. 대화상자 위쪽 부분에는 모델 이름 입력하기:라는 이름표와 함께 텍스트 입력 상자가 있는데, R Commander가 정한 기본 이름이 입력되어 있을 것이다. 그 이름을 *albumSalesModel* 등의 좀 더 의미 있는 이름으로 변경하기 바란다. 이제 예 버튼을 클릭하면 분석 결과가 출력된다(이 결과는 §7.5에서 해석한다).

그림 7.7 R Commander를 이용한 선형 회귀분석

7.4.2 R을 이용한 회귀분석 ①

자료 파일이 있는 장소를 작업 디렉터리로 설정해 두었다고 가정하고(§3.4.4), 다음 명령을 실행해서 자료 파일을 적재한다.

album1<-read.delim("Album Sales 1.dat", header = TRUE)

다음으로, *lm()*이라는 함수를 이용해서 회귀분석을 수행한다. 함수 이름 lm은 'linear model(선형모형)'을 뜻한다. 이 함수의 일반적인 활용 형태는 다음과 같다.

새모형<-lm(결과변수 ~ 예측변수(들), data = 데이터프레임, na.action = 결측값 처리 방식))

여기서,

- 새모형은 함수가 생성한, 모형에 관한 정보를 담은 객체이다. 이후 *summary*(새모형)이나 *summary.lm*(새모형) 형태의 명령을 실행하면 모형의 구체적인 매개변수들을 확인할 수 있다.

- 결과변수는 예측하고자 하는 변수이다. 종속변수라고도 한다. 지금 예에서 결과변수는 **sales**이다.

- 예측변수(들)에는 결과변수를 예측하는 데 사용할 하나의 변수 또는 변수들의 목록을 지정한다. 지금 예에서는 **adverts**를 지정하면 된다. 나중에 보겠지만, 좀 더 복잡한 설계에서는 여러 개의 예측변수를 지정한다.
- 데이터프레임은 결과변수와 예측변수가 있는 데이터프레임이다.
- *na.action*은 생략 가능한 옵션이다. 자료가 완결적이면(지금 예에서처럼) 이 옵션은 무시해도 된다. 그러나 자료에 결측값이 존재하면(즉, 데이터프레임에 NA들이 있으면), 이 옵션이 유용할 것이다. R의 영혼의 조언 7.1을 참고하기 바란다.

이 함수에서 중요한 것은(이 책에 나오는 여러 분석이 이 *lm()*의 몇 가지 변형들을 사용한다는 점에서 특히나 중요하다), 함수의 다음 부분이 우리가 추정하고자 하는 모형을 나타낸다는 점이다.

결과변수 ~ 예측변수(들)

여기서 ~ 기호(틸더(tilder))는 "~를 예측한다"는 뜻이다. 즉, 이 구문은 "예측변수들로부터 결과변수를 예측한다"를 코드로 표현한 것이라 할 수 있다. ('~' 대신 '='를 사용하면 **R**이 제대로 된 결과를 내지 못한다. 우리는 결과변수가 예측변수와 뭔가 관련이 있다고 추정할 뿐 결과변수와 예측변수가

R의 영혼의 조언 7.1　　결측자료 처리 ①

자료 집합에 일부 자료가 빠져 있는 경우가 종종 있다. 자료가 빠진 자리에 'NA'나 'Missing', 또는 9999 같은 특별한 수치로 표시해 두기도 한다. 이전에도 보았듯이, 결측값들이 있는 자료를 **R**에 도입하면 **R**은 데이터프레임에서 값이 없는 곳들을 NA로 표시해 둔다.

　결측값이 있는 데이터프레임으로 모형을 추정하려 하면 오류가 발생한다. 왜냐하면 *lm()*은 자료에 있는 NA들을 처리하는 방법을 알지 못하기 때문이다. 그런 경우에는 '*na.action* = 처리 방식' 옵션을 지정해서 결측값들의 처리 방법을 함수에 알려주어야 한다. 흔히 쓰이는 방식은 다음 두 가지이다.

1. *na.action = na.fail*: 이것은 만일 결측값이 존재하면 계산을 포기하라는 뜻이다.
2. *na.action = na.omit* 또는 *na.action = na.exclude*이다. 이것은 결측값이 있는, 즉 측정값이 없는 변수가 존재하는 사례를 모두 제외하고 모형을 추정하라는 뜻이다(이 방식을 사례별 삭제라고 부르기도 한다). *na.omit*와 *na.exclude*에 미묘한 차이가 존재한다고 하지만, 너무나 미묘해서 나는 뭐가 다른지 아직도 잘 모른다.

따라서, 만일 음반 판매량 자료에 결측값이 있다면, 음반 판매량 모형을 다음과 같이 지정해야 한다.

```
albumSales.1 <- lm(sales ~ adverts, data = album1, na.action = na.exclude)
```

같다고 추정하는 것이 아니므로, 등호를 사용하는 것은 이치에 맞지 않는다.)

이전에 본 여러 함수들과 마찬가지로, 변수를 지정하는 방법은 두 가지이다. 다음처럼 데이터프레임 이름을 포함한 완전한 형태의 변수 이름들을 지정할 수도 있고,

```
albumSales.1 <- lm(album1$sales ~ album1$adverts)
```

아니면 다음처럼 변수 이름들만 지정하되 그 변수들이 속한 데이터프레임을 따로 지정해도 (*data* = 데이터프레임이름 구문으로) 된다.

```
albumSales.1 <- lm(sales ~ adverts, data = album1)
```

나는 두 번째 방법을 선호하지만, 두 명령 모두 모형에 관한 정보를 담은 *albumSales1*이라는 객체를 생성한다는 점은 같다. (참고로 이 명령들은 앞에서 R Commander의 메뉴들을 이용해서 회귀분석을 수행했을 때 R Commander가 내부적으로 사용한 명령들과 같다.)

7.5 단순회귀의 해석 ①

이제 회귀분석의 결과를 담은 *albumSales.1*이라는 객체가 생겼다. 다음 명령을 실행하면 이 객체의 내용이 출력된다.

```
summary(albumSales.1)
```

내용은 다음과 같다.

출력 7.1

```
Call:
lm(formula = sales ~ adverts, data = album1)

Residuals:
     Min      1Q   Median      3Q      Max
-152.949  -43.796   -0.393   37.040  211.866

Coefficients:
             Estimate Std. Error t value Pr(>|t|)
(Intercept) 134.139938   7.536575  17.799   <2e-16 ***
adverts       0.096124   0.009632   9.979   <2e-16 ***
---
Signif. codes:  0 '***' 0.001 '**' 0.01 '*' 0.05 '.' 0.1 ' ' 1

Residual standard error: 65.99 on 198 degrees of freedom
Multiple R-squared:  0.3346,    Adjusted R-squared:  0.3313
F-statistic: 99.59 on 1 and 198 DF,  p-value: < 2.2e-16
```

우선, 출력 7.1의 마지막 부분에 있는 다음 행에 주목하자.

```
Multiple R-squared: 0.3346,        Adjusted R-squared: 0.3313
```

이 행은 R^2의 값과 유도된 모형에 맞게 수정된 R^2의 값을 보여준다. 이 예제의 자료에 대한 R2은 .335이다. 예측변수가 하나이므로, 이 값은 광고비와 음반 판매량의 단순 상관계수의 제곱에 해당한다. 이 R^2 값의 제곱근은 다음 명령으로 구할 수 있다.

```
sqrt(0.3346)
```

결과는 다음과 같다.

```
[1] 0.5784462
```

즉, 두 변수의 피어슨 상관계수는 .58이다. (제6장에서 배운 내용을 이용해서 실제로 상관분석을 수행하면 이 값이 나올 것이다.) R^2이 .335라는 것은 광고비가 판매량 변동의 33.5%를 설명한다는 뜻이기도 하다. 다른 말로 하면, 만일 일부 음반이 다른 음반들보다 많이 팔린 이유를 설명하고 싶다면, 서로 다른 음반들의 판매량들에 존재하는 변동을 보면 된다. 그 변동을 설명하는 다른 요인들도 많겠지만, 광고비만 포함된 지금의 모형만 놓고 보면 음반 판매량 변동의 약 33%는 광고비의 변동으로 설명이 된다. 다른 말로 하면, 광고비만으로는 음반 판매량 변동의 67%를 설명하지 못한다. 따라서, 음반 판매량에 영향을 미치는 다른 변수들이 반드시 존재할 것이다.

다음으로, 출력 7.1에는 분산분석(제10장에서 다루는 ANOVA)의 결과도 나와 있다.

```
F-statistic: 99.59 on 1 and 198 DF, p-value: < 2.2e-16
```

제곱합들이 모두 나오지는 않고, 그냥 중요한 부분인 F 비와 p 값만 나와 있다. F 비는 식 (7.5)로 계산한 것이고, 관련 p 값은 그 F 비의 유의확률이다. 지금 예에서 F 비는 99.59이며, 이 값은 $p < .001$ 수준에서 유의하다(해당 p 값이 .001보다 작으므로).[4] 이 결과는 만일 귀무가설이 참이라면 이 F 비가 나올 확률이 0.1% 미만임을 뜻한다. 따라서, 우리의 회귀모형을 이용해서 음반 판매량을 예측하는 것이 음반 판매량의 평균을 사용해서 판매량을 예측할 때보다 유의하게 더 낫다는 결론을 내릴 수 있다. 짧게 말하면, 대체로 우리의 회귀모형은 음반 판매량을 평균보다 훨씬(유의한 수준으로) 잘 예측한다.

---

4 이전에 말했듯이, R은 큰 값이나 작은 값을 표시할 때 과학 표기법(지수 표기법)을 사용한다. 2.2e-16은 "2.2의 소숫점을 왼쪽으로 16자리 이동하고, 0들을 적절히 채워 넣어라"라는 뜻이다. 그러면 0.00000000000000022가 나온다. 이는 실제로 아주 작은 값이다.

분산분석(ANOVA)은 전반적으로 모형이 결과변수를 유의한 수준으로 잘 예측하는지를 말해 준다. 그러나 모형의 개별 변수가 예측에 어느 정도나 기여하는지는 분산분석이 말해주지 않 는다(지금 예와 같은 단순회귀에서는 예측변수가 하나뿐이므로 분산분석의 결과가 곧 그 예측변수의 기여 도를 말해주긴 하지만).

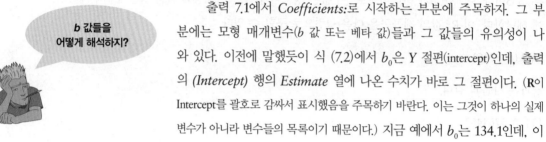

출력 7.1에서 *Coefficients:*로 시작하는 부분에 주목하자. 그 부 분에는 모형 매개변수(*b* 값 또는 베타 값)들과 그 값들의 유의성이 나 와 있다. 이전에 말했듯이 식 (7.2)에서 b_0은 Y 절편(intercept)인데, 출력 의 *(Intercept)* 행의 *Estimate* 열에 나온 수치가 바로 그 절편이다. (R이 Intercept를 괄호로 감싸서 표시했음을 주목하기 바란다. 이는 그것이 하나의 실제 변수가 아니라 변수들의 목록이기 때문이다.) 지금 예에서 b_0는 134.1인데, 이

는 홍보에 돈을 전혀 쓰지 않았을 때 이 모형이 예측하는 음반 판매량이 134,100장이라는 뜻 이다(판매량 측정 단위가 1천 장임을 기억할 것). *adverts* 행의 수치는 b_1이다. 이 값은 회귀선의 기 울기를 의미하는데, 그냥 기하학적 의미의 기울기라고 생각하기보다는 **예측변수의 단위 변화에 따른 결과의 변화**를 나타내는 값이라고 생각하는 것이 더 유용하다. 지금 예에서 이 값은 0.096 이다. 따라서, 만일 예측변수가 한 단위 증가하면 결과변수는 0.096 단위만큼 증가할 것이다. 지금 예에서 광고비의 단위는 1천 파운드이고 판매량의 단위는 1천 장이므로, 만일 광고비를 1천 파운드 늘리면 판매량은 96장(0.096 × 1000 = 96) 늘 것이라고 예측할 수 있다. 짐작했겠지 만, 1천 파운드를 더 투자했는데 음반이 달랑 96장 더 팔린다면 음반사로서는 상당히 나쁜 투 자이다.

앞에서 보았듯이, 대체로 회귀계수 *b*의 값은 예측변수의 단위 변화에 따른 결과의 변화를 나타낸다. 그리고 만일 예측변수가 결과의 예측 능력에 유의한 수준의 효과를 가진다면, 이 *b* 값은 0과 달라야 한다(그리고 해당 표준오차에 비해 커야 한다). 또한, *b* 값이 0과 유의한 수준으 로 다른지를 *t* 검정으로 확인할 수 있다는 점도 이야기했다. R은 *b*가 실제로 0일 때 그러한 관 측된 *t* 값(또는 그보다 더 큰 값)이 발생할 정확한 확률을 제공한다. 만일 이 관측 유의확률이 .05보다 작으면, 과학자들은 그 결과가 진짜 효과를 반영한다는 데 동의한다(제2장 참고). 지금 예에서 이 두 값의 확률들이 2e−16(소수점 이하로 0이 15개 있고 그다음에 2가 있는 값)보다 작으 므로, 모집단의 *b*가 실제로 0일 때 이 *t* 값들(또는 그보다 더 큰 값들)이 발생할 확률은 .001보다 작다. 따라서 이 *b*들은 0과 다르며, 광고비가 음반 판매량 예측에 유의하게($p < .001$) 기여한다 는 결론을 내릴 수 있다.

7.5.3 모형의 활용 ①

지금까지 우리는 자료에 대한 모형 하나를 구하고, 그것이 음반 판매량을 예측하는 우리의 능력을 크게(유의하게) 향상시켜줄 유용한 모형임을 확인했다. 그러한 모형의 주된 용도는 결과의 예측이다. 모형으로 결과를 예측할 때는 식 (7.2)를 사용한다. 앞에서 구한 *b* 값들을 식 (7.2)에 대입하면 우리의 음반 판매량 예측 모형을 정의하는 다음과 같은 공식이 나온다.

$$\text{음반 판매량}_i = b_0 + b_1 \times \text{광고비}_i$$
$$= 134.14 + (0.096 \times \text{광고비}_i) \tag{7.7}$$

이제 이 공식의 '광고비'에 원하는 값을 대입하기만 하면 음반 판매량을 예측할 수 있다. 예를 들이 이떤 밴드의 신보를 홍보하는 데 음반사가 £100,000를 쓰기로 했다고 하자. 광고비 단위가 1천 파운드이므로, 위의 공식의 광고비에 100을 대입하면 된다. 그러면 다음과 같이 첫 주 누적 판매량이 약 144,000장이 될 것이라는 예측 결과를 얻을 수 있다.

주입식 샘의 핵심 정리　　　**단순회귀**

- 단순회귀는 한 변수로 다른 변수를 예측하는 방법이다.
- 예측을 위해 직선 형태의 통계적 모형을 자료에 적합시킨다.
- 그 직선은 자료의 패턴을 가장 잘 요약하는 선이다.
- 그 선이 자료에 얼마나 잘 적합하는지를 다음 두 값으로 평가해야 한다.
  - R^2은 애초에 존재하는 변동 중 모형이 설명하는 변동이 얼마나 되는지를 말해준다. 이 값은 결과변수의 변동 중 예측변수의 변동과 공유되는 부분의 비율이다.
  - *F* 비는 모형으로 설명할 수 없는 변동에 대한 모형으로 설명할 수 있는 변동의 비이다(즉, 이것은 모형이 얼마나 나쁜지를 기준으로 모형이 얼마나 좋은지를 나타낸 것이다).
- *b* 값은 회귀선의 기울기에 해당하며, 예측변수와 결과변수의 관계의 강도를 말해준다. 이 값이 유의하다면(R의 출력에서 $(Pr(>|t|) < .05)$, 예측변수는 결과변수를 유의한 수준으로 잘 예측한다.

$$음반 판매량_i = 134.14 + (0.096 \times 광고비_i) \tag{7.8}$$
$$= 134.14 + (0.096 \times 100)$$
$$= 143.74$$

자가진단

✓ 블랙메탈 밴드 Abgott의 최신 음반의 홍보에 £666,000를 사용한다면, 첫 주에 음반이 몇 장이나 팔릴까?

7.6 다중회귀: 기초 ②

단순회귀와 다중회귀의 차이점은 무엇이지?

지금까지 배운 것을 정리해 보자. 단순회귀에서는 직선방정식(식 (7.2)) 을 이용해서 결과변수 Y를 예측한다. 우선 Y와 X의 여러 값을 수집하 고, 그것들을 이용해서 방정식의 매개변수들을 구한다. 매개변수들을 구 할 때는 하나의 통계적 모형(단순회귀에서는 직선)을 자료에 적합시켜 보 고, 실제 자료점과의 차이 제곱합이 가장 작은 선을 선택한다. 이러한 방 법을 최소제곱법이라고 부른다. 이번 절에서 설명할 다중회귀(multiple regression)는 이러한 원리들을 예측변수가 여러 개인 상황에 맞게 논리적으로 확장한 것이다. 다중회귀가 예측에 사용하는 방정식은 이전과 같은 형태이다.

$$결과_i = (모형) + 오차_i$$

단, 이제는 모형이 약간 더 복잡하다. 기본적으로는 단순회귀의 모형과 같지만, 예측변수가 추 가될 때마다 계수가 추가된다는 점이 다르다. 즉, 예측변수마다 하나의 계수가 있으며, 결과변 수는 각 변수에 해당 계수를 곱해서 모두 합하고 거기에 잔차 항을 더해서 예측한다. 식 (7.9) 가 이를 공식으로 나타낸 것이다. 괄호는 생략해도 되지만, 위에 나온 일반적인 공식과 같은 형태임을 강조하기 위해 추가해 두었다.

$$Y_i = (b_0 + b_1 X_{1i} + b_2 X_{2i} + \ldots + b_n X_{ni}) + \varepsilon_i \tag{7.9}$$

여기서 Y는 결과변수이고 b_1은 첫 예측변수(X_1)의 계수, b_2는 둘째 예측변수(X_2)의 계수,..., b_n 은 n번째 예측변수(X_n)의 계수이고, ε은 예측값과 실제 관측값의 차이이다(그리고 아래 첨자 i는 이러한 여러 값이 i번째 사례에 관한 것임을 나타낸다). 이처럼 다중회귀는 단순회귀보다 복잡한 모 형을 사용하지만, 기본 원리는 단순회귀와 같다. 즉, 목표는 결과변수에 가장 잘 들어맞는 예 측변수들의 선형결합(일차결합)을 찾는 것이다. 정리하자면, 다중회귀에서 말하는 회귀모형은 식 (7.9)와 같은 공식으로 서술되는 모형이다.

음반 판매량의 예로 돌아가서, 회사 중역이 음반 판매량 예측 모형에 또 다른 변수를 추가하기로 했다고 하자. 이전의 회귀분석에서 우리는 광고비가 음반 판매량 변동의 33%를 설명하지만, 그보다 더 큰 67%는 설명하지 않는다는 점을 알게 되었다. 음반사 중역은 음반 판매량 변동의 설명되지 않은 부분을 설명하기 위해 새로운 변수를 추가하기로 했다. 좀 더 구체적으로, 회사 중역은 BBC 라디오 1(영국 최대의 국영 라디오 방송)에서 음반의 노래가 방송되는 횟수를 측정하기로 했다. 다음은 기존 예측 모형(식 (7.7))에 이를 위한 '방송 횟수'라는 새 변수를 추가한 것이다.

$$\text{음반 판매량}_i = (b_0 + b_1 \times \text{광고비}_i + b_2 \times \text{방송 횟수}_i) + \varepsilon_i \qquad (7.10)$$

새 모형의 공식은 식 (7.9)에 기초한 것으로, 두 변수의 b 값들이 포함되어 있다. 이 b 값들을 구하면 광고비뿐만 아니라 라디오 방송 횟수에도 기초해서 판매량을 예측할 수 있게 된다. 이 모형에는 예측변수가 둘뿐이므로, 그림 7.8 같은 3차원 그래프로 나타낼 수 있다.

이 그래프에서 음영으로 표시된 사각형은 식 (7.9)로 정의되는 회귀평면(regression plane)이고, 둥근 점들은 관측된 자료점이다. 단순회귀에서처럼, 자료에 적합된 회귀평면은 관측자료를 가장 잘 예측(서술)한다고 간주되는 평면이다. 그러긴 하지만 모형과 실제 자료 사이에는 어느 정도 차이가 있을 수밖에 없다(실제로, 그래프를 보면 일부 둥근 점들이 음영 부분을 벗어나 있다). 광

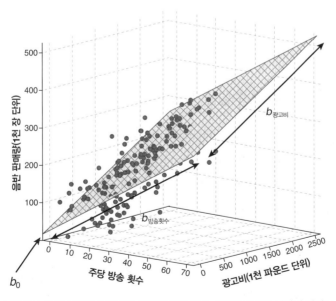

그림 7.8 음반 판매량과 광고비, 라디오 방송 횟수 사이의 관계를 나타낸 산점도

고비의 b 값은 회귀평면 좌우 변들의 기울기를 서술하고, 방송 횟수의 b 값은 회귀평면의 상하 변들의 기울기를 서술한다. 단순회귀에서처럼, 이 두 기울기는 모형의 형태를 말해주고, 절편 은 모형의 공간적 위치를 말해준다.

예측변수가 두 개인 회귀모형은 이처럼 3차원 산점도와 회귀평면으로 손쉽게 시각화할 수 있다. 그러나 예측변수가 셋 이상인, 심지어 열 개 이상인 다중회귀도 있을 수 있다. 그런 복잡 한 모형의 형태나 해당 b 값들의 의미를 시각화하기란 쉽지 않겠지만, 지금까지 말한 기본 모형 의 원리를 좀 더 복잡한 시나리오에 적용하는 것은 얼마든지 가능할 것이다.

7.6.2 제곱합, R, R^2 ②

예측변수가 여러 개일 때도 단순회귀에서처럼 여러 가지 제곱합들을 구할 수 있다. 단, 이제 는 단순한 2차원 직선이 아니라 식 (7.9)로 정의되는 모형을 사용한다는 점이 다르다. 이전처럼 SS_T는 관측값과 결과변수 평균의 차이들로 구한다. SS_R 역시, 모형으로 예측한 Y 값과 실제 관 측값의 차이들로 구한다. 마지막으로, SS_M도 여전히 모형이 예측한 Y 값과 평균값의 차이들로 구한다. 구체적인 계산 공식은 단순회귀의 경우보다 복잡하지만, 개념적인 의미는 동일하다.

예측변수가 여러 개인 다중회귀에 대해 구한 R^2을 다중 R^2(multiple R^2)이라고 부른다. 다중 R^2은 Y의 관측값과 다중회귀모형이 예측한 Y 값의 차이들 사이의 상관계수의 제곱이다. 따라 서, 다중 R^2의 값이 크다는 것은 결과변수의 예측값들과 관측값들이 크게 관계가 있다는 뜻 이다. 모형이 관측값을 완벽하게 예측할 때는 다중 R^2이 1이 된다. 따라서, 다중 R^2은 모형이 관측값을 얼마나 잘 예측하는지 나타내는 값이라 할 수 있다. 따라서, 다중 R^2의 해석은 단순 회귀의 R^2과 동일하다. 즉, 이 값은 결과변수의 변동을 모형이 얼마나 설명하는지를 나타낸다.

7.6.3 절약성에 따라 수정된 적합도 ②

R^2의 큰 문제점은, 모형에 변수를 추가할수록 R^2이 점점 커진다는 점이다. 따라서, 주어진 두 모형 중 어떤 것이 자료에 더 적합한지를 R^2 값으로 판정하면 항상 예측변수가 더 많은 모형이 항상 더 적합하다는 결과가 나온다. 이를 극복하기 위한 수단으로, R^2을 조금 수정한 **아카이케 정보기준**(akaike information criterion, AIC)이라는 것이 있다.[5] 이것은 적합성의 한 측도인데, 모형 에 예측변수가 많을수록 벌점을 준다는 특징이 있다. AIC의 정의는 다음과 같다.

---

5 아카이케 정보기준은 일본 통계학자 아카이케 히로츠구가 고안한 것으로, 엄청나게 다양한 분야에 쓰이고 있다. 예를 들어 *IEEE Transactions on Automatic Control*이라는 학회지에 투고된 논문들을 살펴보면 AIC가 얼마나 다양한 분야에서 쓰이고 있는지 감을 잡을 수 있을 것이다.

$$AIC = n \ln\left(\frac{\text{SSE}}{n}\right) + 2k$$

여기서 n은 모형의 사례 수이고 ln은 자연로그, SSE는 모형의 오차제곱합, k는 예측변수 개수이다. 여기서 이 공식을 자세히 설명하지는 않겠다. 지금 논의에서 중요한 것은 공식의 마지막 부분에 있는 $2k$이다. 이 부분이 바로 예측변수가 많을수록 부여되는 벌점에 해당한다.

모형에 예측변수를 하나 더 추가하면 R^2 값이 커지며, 따라서 SSE가 줄어든다. 그런데 그 변수가 사실은 모형의 적합도를 전혀 바꾸지 않는다고 상상해 보자. AIC는 어떻게 변할까? 공식의 앞부분에 나오는 n과 SSE는 이전과 동일하다. 이전과 다른 것은 k뿐이다. k가 1 증가했으므로, AIC 값은 2 증가한다. AIC 값이 크다는 것은 모형이 덜 적합하다는 뜻이며, 결과적으로 변수의 증가는 벌점으로 작용한다.

그런데 AIC에는 이상한 점이 두 개 있다. 하나는, 이 값이 "아주 크다" 또는 "그리 크지 않다"라고 말할 수 있는 어떤 기준 값이 주어지지 않는다는 점이다. 하나의 AIC 값 자체는 아무런 의미도 없다. AIC가 10이라고 해서 작다고 말할 수 없으며, 1,000이라고 해서 크다고 말할 수는 없다. 단지, 모형 1의 AIC가 모형 2의 AIC보다 작으면 모형 1이 자료에 더 적합하다고 말할 수 있을 뿐이다.

다른 하나는, AIC는 같은 자료에 대한 모형들 사이에서만 비교할 수 있다는 것이다. 서로 다른 자료에 대한 모형의 AIC를 비교하는 것은 무의미하다.

AIC 외에 **R**에는 절약성(변수 개수에 관한)에 기초해서 적합도를 수정하는 또 다른 측도가 있는데, 바로 베이즈 정보기준(Bayesian information criterion, BIC)이다. 그러나 이것은 이 책의 수준을 넘는 것이므로 더 이상 언급하지 않겠다.

7.6.4 여러 회귀 방법 ②

여러 개의 예측변수가 있는 복잡한 모형을 만들 때는 어떤 변수들을 예측변수로 선택할 것인지가 중요한 문제가 된다. 회귀계수들은 모형의 변수들에 의존하므로, 모형의 예측변수들을 세심하게 선택할 필요가 있다. 회귀계수가 다르면 모형의 예측력도 달라지므로, 어떤 변수를 모형에 추가하느냐는 회귀분석의 결과에 큰 영향을 미친다. 이상적인 상황이라면 과거 연구에 기초해서 예측변수들을 선택해야 할 것이다.[6] 기존 모형에 새 예측변수를 추가할 때는, 그 변수들의 실질적인 **이론적** 중요도에 기초해서 새 변수를 선택해야 한다. 그냥 수백 가지 변수를

---

6 조금 냉소적으로 말하자면, "좋은 방법론을 적용한" 과거 연구에만 기초해서 예측변수들을 선택해야 할 것이다. 만일 독자가 이런 조건에 기초해서 회귀분석을 수행하려 한다면, 회귀를 적절히 사용했으며 신뢰성 있고 일반화가 가능한 모형들을 산출한 과거 연구 결과에만 기초해서 예측변수들을 선택하기 바란다.

임의로 선택해서 몰아넣고 최상의 회귀분석 결과가 나오길 기대해서는 안 된다. 어떤 변수들을 선택하는가와 함께, 그 변수들을 모형에 어떤 방식으로 추가하느냐도 문제가 된다. 예측변수들이 서로 완전히 무상관일 때는 변수들을 도입하는 순서가 모형의 매개변수들에 별 영향을 미치지 않는다. 그러나 예측변수들이 서로 무관한 경우는 거의 없으므로, 예측변수들을 어떻게 추가하느냐는 중요한 문제이다.

7.6.4.1 위계적 방법 ②

위계적 회귀(hierarchical regression)에서는 과거 연구에 기초해서 예측변수들을 선택하되, 그 예측변수를 모형에 도입하는 순서를 실험자가 결정한다. 순서를 결정하는 일반적인 규칙은, 알려진(다른 연구에서) 변수들을 먼저 도입하고, 그 변수 중에서는 결과 예측의 중요도가 높은 것을 낮은 것보다 먼저 도입한다는 것이다. 알려진 변수들을 다 도입한 후에는 임의의 새 예측변수들을 모형에 추가한다. 새 변수들은 통째로 한 번에 도입할 수도 있고, 단계별로 도입할 수도 있고, 위계적으로(가장 중요하다고 간주되는 것을 제일 먼저) 도입할 수도 있다.

7.6.4.2 강제 도입법 ②

강제 도입법(forced entry method)은 모든 예측변수를 모형에 동시에 도입하는 것이다. 위계적 방법에서처럼 이 방법은 선택된 예측변수들을 도입할 튼튼한 이론적 이유가 존재할 때 바람직하다. 그러나 위계적 방법과는 달리 이 방법에서는 변수들을 도입하는 순서를 실험자가 결정하지 않는다. 이론을 검증하는 데 적합한 방법은 이 방법뿐이라고 믿는 연구자들도 있다(Studenmund & Cassidy, 1987). 그 이유는, 변수들을 특정한 순서로 도입하는 방법들은 자료의 무작위 변동에 영향을 받으므로, 모형을 다시 검증할 때 결과를 재현하기 어렵기 때문이라는 것이다.

7.6.4.3 단계별 방법 ②

대체로 통계학자들은 **단계적 회귀**(stepwise regression)를 꺼린다. 그리고 **R**은 다른 통계 패키지들에 비해 자동화된 단계적 회귀를 잘 수행하지 못한다. **R**로 이 방법을 실행하는 방법을 설명하긴 하겠지만, 만일 **R**에서 단계적 회귀분석을 다른 통계 프로그램에서 했던 것과 같은 방식으로 하지 못하는 상황에 부닥쳐도 당황하지는 말기 바란다. 그런 상황에 부닥치게 되는 이유는, 다른 프로그램들이 옛날에, 그러니까 사람들이 더 나은 방법을 알지 못했던 40여 년 전에 작성된 것이기 때문일 뿐이다. 어쨌든, 단계적 회귀(stepwise regression)에서는 모형에 예측변수들을 도입하는 순서를 순수한 수학적 기준에 기초해서 결정한다.

R에서 단계적 회귀분석을 수행할 때는 방향을 지정해 주어야 한다. 전진(forward; 또는 선행) 방향에서 컴퓨터는 상수(b_0) 하나만 있는 모형으로 시작해서, 사용 가능한 변수 중 결과변수를 가장 잘 예측하는 변수를 찾는다. 검색 과정에서 컴퓨터는 결과변수와의 단순상관이 가장 높은 예측변수를 선택한다. 만일 그 예측변수를 도입했을 때 모형의 결과 예측 능력이 향상되면, 그 예측변수를 모형에 실제로 추가하고 두 번째 예측변수를 검색한다. 두 번째 예측변수를 선택할 때는 결과와의 준편상관이 가장 큰 것을 고른다. 이를 좀 더 설명해 보겠다. 첫 예측변수가 결과변수의 변동의 40%를 설명한다고 상상해 보자. 그러면 변동의 60%는 여전히 설명되지 않은 상태이다. 컴퓨터는 준편상관을 이용해서, 변동의 나머지 60%를 최대한 많이 설명하는 변수를 찾는다(이미 설명된 40%는 고려하지 않는다). 즉, 준편상관계수는 결과의 '새 변동'을 남아 있는 예측변수들이 얼마나 많이 설명하는지를 나타낸다(§6.6 참고). 컴퓨터는 새 변동을 가장 많이 설명하는 예측변수를 선택해서 그것이 모형의 예측 능력을 실제로 향상시키는지 검사하고, 그렇다면 모형에 실제로 추가한 후 다음 예측변수를 찾는 과정을 반복한다.

그런데 예측변수를 무한정 추가할 수는 없다. 멈출 시점을 판단할 때는 앞에서 말한 AIC를 사용한다. AIC가 낮을수록 더 나은 모형임을 기억할 것이다. R은 변수를 추가할 때마다 이 값을 갱신해서, 만일 이 값이 이전보다 작아지게 하는 변수가 더 이상 없으면 변수 추가를 중단한다.

후진(backward) 방법은 전진 방법의 반대이다. 즉, 컴퓨터는 모든 가능한 예측변수를 모형에 추가한 후, 변수를 하나씩 제거하면서 AIC가 낮아지는지 점검한다. 낮아졌으면 실제로 그 변수를 제거하고 남아 있는 예측변수들의 기여도를 재평가한다. 이러한 과정을 AIC가 오히려 증가할 때까지 반복한다.

마지막으로, 두 방향의 조합을 사용할 수도 있다. R에서는 이를 '모두(both)'라고 부른다. 그리고 일부 프로그램들에서 단계별(stepwise) 방법이라고 말하는 방법은 바로 이 방향에 해당한다. 이 방법은 전진 방법과 같은 방식으로 시작하되, 예측변수를 모형에 도입할 때마다 가장 덜 유용한 예측변수를 제거해서 모형이 향상되는지 점검한다. 즉, 이 방법에서는 덜 유용한 예측변수를 제거해서 회귀 방정식을 평가하는 과정이 끊임없이 반복된다.

단계별 방법을 사용할 때는 전진 방향보다 후진 방향이 낫다. 이는 **억제인자 효과**(suppressor effects) 때문이다. 억제인자 효과는 예측변수가 효과를 가지되 다른 어떤 변수를 고정했을 때만 효과를 가지는 경우에 발생한다. 후진 방향의 변수 제거에 비해 전진 방향의 변수 선택은 억제인자 효과와 관련된 예측변수를 배제할 가능성이 크다. 따라서, 전진 방향의 단계적 방법에서는 제2종 오류(즉, 실제로 결과변수를 예측하는 예측변수를 빼먹는 오류)를 범할 위험이 크다.

7.6.4.4 전부분집합 방법 ②

단계별 방법의 문제점은, 이미 모형에 존재하는 다른 변수들에 기초해서 한 변수의 적합도를 평가한다는 것이다. 이를 옷을 고르는 문제에 빗대어서 설명하는 사람들도 있다. 입고 나갈 옷을 단계별 방법으로 고른다면, 이미 입고 있는 옷에 기초해서 옷을 고르게 된다. 예를 들어 추운 날에 단계별 방법으로 옷을 고른다면, 아마 제일 먼저 바지를 선택할 것이다. 그러나 만일 이미 바지를 입고 있다면, 속옷이 추가되기는 힘들다. 단계별 방법은 속옷이 적합하지 않다고 결정할 것이므로 여러분은 속옷 없이 바지만 입고 나가게 된다. 더 나은 방법은 전부분집합 회귀(all-subsets regression)이다. 이름에서 짐작하듯이, 이 방법은 변수들의 모든 조합(부분집합)을 시도해서 최량적합을 찾는다(이때 적합도는 맬로우의 C_p라는 통계량으로 판정하는데, 이 책의 논의에서 그 통계량 자체는 몰라도 된다). 이러한 전부분집합 회귀의 문제점은, 예측변수의 수가 늘어남에 따라 가능한 부분집합의 수가 지수적으로 늘어난다는 점이다. 가능한 예측변수가 A, B 두 가지면, 가능한 부분집합은 총 네 가지다(공집합, A, B, AB). 변수가 셋(A, B, C)이면 가능한 부분집합은 공집합, A, B, C, AB, AC, BC, ABC로 총 여덟 가지이다. 만일 변수가 10개이면 가능한 부분집합은 무려 1,024개이다. 컴퓨터가 느려서 회귀분석을 수행하는 데 몇 분 이상 걸리던 시절에는 1,024개의 회귀분석을 수행하려면 하루가 다 갈 수 있었다. 다행히 이제는 컴퓨터가 느리지 않으므로 이 방법이 실용적이 되었다. 다만, 다른 통계 프로그램들이 아직 **R**의 속도를 따라잡지 못했기 때문에, 이 방법이 그리 널리 쓰이지는 않고 있다.

7.6.4.5 방법의 선택 ②

어떤 회귀 방법을 사용해야 하지?

R은 지금까지 말한 방법들을 모두 지원한다. 중요한 것은 주어진 분석에 가장 적합한 방법을 고르는 것이다. 단계적 선택법의 세 방향(전진, 후진, 모두)과 전부분집합 회귀를 모두 단계적 방법(stepwise method)이라는 제목의 절에서 다룬 이유는, 이들이 모두 수학적 기준에 따라 변수들을 단계적으로 선택하는 방식이기 때문이다. 이 방법들이 수학적 기준에 의존하는 기계적 방법이며, 그래서 많은 저자는 이런 방법들이 중요한 방법론적 결정을 연구자의 손에서 빼앗는다고 주장한다. 게다가, 이처럼 컴퓨터로 모형을 유도하는 방법들은 무작위 표집변동을 활용하는 경우가 많다. 따라서 모형에 포함시킬 변수의 결정이 해당 준편상관계수들의 작은 차이에 영향을 받게 된다. 그런데 그런 통계적 차이가 아주 작아도, 모형에 대한 예측변수의 이론적 중요성은 크게 다를 수 있다. 또한 과대적합(over-fitting; 본질적으로 결과의 예측에 별로 기여하지 않는 변수들까지 포함시켜서 모형에 변수가 너무 많은 경우)과 과소적합(under-fitting; 중요한 예측변수를 포함시키지 않은 경우)의 위험도 있다. 그래서 탐색적 모

형 구축(exploratory model building)을 제외할 때 단계적 방법들은 가능하면 사용하지 않는 것이 좋다. 만일 단계적 회귀가 꼭 필요하다면, 자료를 분할해서 모형에 대해 교차 **타당성검사**(cross-validation)를 수행하는 것이 바람직하다(§7.7.2.2 참고).

견고한 이론적 문헌이 있는 경우에는, 과거 연구의 내용에 기초해서 모형을 구축하는 것이 좋다. 일단은 의미 있는 모든 변수를 중요도 순으로 모형에 도입해서 초기 모형을 만들고 회귀분석을 수행한다. 그런 다음에는 통계적으로 중복된 변수들을 제외하고 회귀분석을 반복한다. 예측변수의 도입과 제거 시 고려해야 할 중요한 사항들이 있다. 무엇보다도, 너무 많은 예측변수를 모형에 포함시키면 안 된다는 점이 중요하다. 일반적인 법칙은 예측변수가 적을수록 좋다는 것, 그리고 견고한 이론적 근거가 있는 예측변수들만 포함시켜야 한다는 것이다(수백 개의 변수를 측정하고 그것들을 모두 회귀모형에 집어넣는 것은 무의미하다). 간단히 말하면 예측변수는 최대한 깐깐하게 골라야 한다. 또 다른 중요한 사항은 표본 크기가 적당해야 한다는 것인데, 이에 관해서는 §7.7.2.3에서 좀 더 이야기한다.

7.7 회귀모형의 정확도 평가 ②

자료의 표본에 기초해서 모형을 만들었다면, 두 가지 중요한 질문을 던져 보아야 한다. 첫째로, 모형이 자료에 잘 적합하는가? 또는, 적은 수의 사례들에 영향을 받는가? 둘째로, 모형이 다른 표본들로도 일반화되는가? 이 질문들은 모형을 어떻게 활용하는가에 영향을 미친다는 점에서 필수적이다. 그런데 모형이 관측자료에 잘 맞는다고 해서 표본 이상의 결론을 이끌어낼 수 있다고 생각하는 것은 실수이다. **일반화**(generalization)

내 모형이 정확한지 어떻게 알지?

는 중요한 추가 단계이며, 만일 모형이 잘 일반화되지 않는다면, 그 모형은 오직 모형을 만드는 데 사용한 표본에 관한 어떤 결론을 이끌어내는 데만 사용해야 한다. 그럼 먼저 모형이 실제 자료를 정확하게 대표하는지의 여부를 확인하는 방법부터 살펴보자. 수집된 자료 표본 이상의 어떤 것을 추론하는 데 모형을 사용할 수 있는지의 여부는 §7.7.2에서 이야기하겠다.

7.7.1   회귀모형의 평가 I: 진단 ②

모형이 관측자료에 잘 맞는지, 또는 모형이 적은 수의 사례들에 영향을 받는지는 이상치들과 영향력 있는 사례들(이 둘의 차이는 초천재 제인 글상자 7.1에서 설명한다)을 살펴보아서 판정할 수 있다. 그럼 이상치를 이용하는 방법부터 보자.

잔차와 영향 통계량의 차이 ③

이번 절은 모형을 치우치게 만드는 사례들을 찾는 두 가지 수단을 설명한다. 하나는 잔차이고 다른 하나는 영향 통계량(influence statistics)이다. 이들의 차이를 설명하기 위한 예로, 지난 세기의 끝자락에서 런던 시장이 음주가 사망률에 미치는 영향에 관심을 두게 되었다고 상상해 보자. 런던은 보로(borough)라고 부르는 구역들로 나뉘어 있다. 그래서 시장은 런던을 구성하는 여덟 보로의 술집(퍼브(pub)) 수와 일정 기간의 사망자 수를 조사했다. 해당 자료가 **pubs.dat**라는 파일에 들어 있다.

이 자료의 산점도를 보면 마지막 사례를 제외한 모든 사례에 완벽한 선형 관계(점선 직선)가 존재함을 알 수 있다. 그러나 마지막 사례 때문에, 최량적합선은 점선 직선과는 상당히 다른 선이 된다. (이 최량적합선도 여전히 자료에 유의하게 적합한다. 믿지 못하겠다면 직접 회귀분석을 수행해 보기 바란다.)

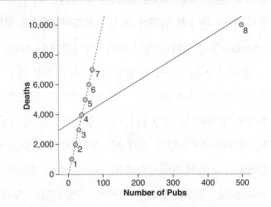

이 자료의 잔차와 영향 통계량을 살펴보면 흥미로운 점을 발견할 수 있다. 8번 사례의 잔차는 두 번째로 작다. 이 사례가 이상치임은 틀림없지만, 그 잔차는 다른 대부분의 비이상치들보다 작다. 이는 이 사례가 자료에 적합된 선과 아주 가까이 있기 때문이다. 왜 이런 일이 생겼을까? 아래의 영향 통계량들을 살펴보면, 8번 사례의 통계량들의 크기가 아주 크다는 점을 알 수 있다. 이 때문에 이 사례는 모형에 아주 큰 영향을 미친다.

	잔차	쿡의 거리	지렛대(모자 값)	DFBeta(절편)	DFBeta(술집 수)
1	−2495.34	0.21	0.17	−509.62	1.39
2	−1638.73	0.09	0.16	−321.10	0.80
3	−782.12	0.02	0.15	−147.08	0.33
4	74.49	0.00	0.14	13.47	−0.03
5	931.10	0.02	0.14	161.47	−0.27
6	1787.71	0.08	0.13	297.70	−0.41
7	2644.32	0.17	0.13	422.68	−0.44
8	−521.42	227.14	0.99	3351.53	−85.65

항상 그렇듯이, 통계적으로 이상한 뭔가를 보았을 때는 실제 세계에서 어떤 일이 벌어졌을지를 생각해 봐야 한다. 8번 사례는 런던 중심부의 아주 작은 영역(1제곱마일 정도밖에 되지 않는다)인 시티오브런던(City of London)의 자료이다. 이곳의 실제 인구는 얼마 되지 않지만, 수천의 통근자가 이곳의 술집에서 밥을 먹고 술을 마신다. 이곳의 술집들은 이 지역의 실제 주민들에 의존하지 않는다. 그 많은 술을 마신 사람들은 주민들이 아니라 외부 통근자들이다. 이것이 이곳에 술집이 이렇게 많은 이유이다.

이 예는 영향력이 아주 큰 사례라도 그 잔차는 작을 수 있음을 보여준다. 따라서 모형을 평가하려면 잔차와 영향 통계량을 모두 보아야 한다(이 예를 알려준 데이비드 히친에게 감사한다. 데이비드 히친은 리처드 로버츠(Richard Roberts) 박사에게서 이 예를 알게 되었다).

7.7.1.1 이상치와 잔차 ②

이상치는 자료의 주된 추세와는 크게 다른 사례를 말한다(초천재 제인 글상자 4.1 참고). 그림 7.9에 회귀분석에서의 이상치의 예가 나와 있다. 이상치가 있으면 모형이 한쪽으로 치우치게 된다. 이는 이상치들이 회계계수 추정값들에 영향을 주기 때문이다. 그림 7.9의 예를 보자. 이 그래프는 그림 7.3의 자료 중 한 참가자의 점수를 변경해서 이상치로 만든 자료에 기초한 것이다(그 이상치는 참가자가 아주 커다란 거미를 보고도 거의 불안해하지 않은 경우에 해당한다). 자료점 하나만 바꾸었지만, 자료에 적합한다고 선택된 회귀모형은 크게 변했다. 이상치가 생기자 회귀모형의 기울기가 바뀌었고(좀 더 수평에 가깝게), 절편이 증가했다(새 회귀선은 이전보다 더 높은 지점에서 Y축과 만난다). 이 그림에서 보듯이, 이상치들을 검출해서 모형이 편향된 것은 아닌지 점검하는 것이 중요하다.

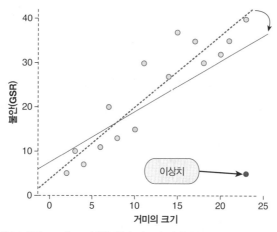

그림 7.9 이상치의 영향을 보여주는 그래프. 점선은 원래 자료의 회귀선(그림 7.3)이고 실선은 한 사례를 이상치로 바꾼 후의 회귀선이다.

이상치는 다른 점수들과 아주 다른 어떤 점수를 말한다. 그러한 이상치를 모형이 아주 정확하게 예측할까? 답은 "아니요"이다. 그림 7.9는 이상치가 있어도 모형이 자료의 추세를 어느 정도 잘 반영한 예에 해당한다. 이런 경우 모형은 이상치와는 동떨어진 값을 예측한다(이상치가 회귀선과 아주 멀리 떨어져 있음을 주목할 것). 뒤집어서 말하면, 모형이 예측한 값과 실제로 수집한 값의 차이를 살펴보면 이상치를 발견할 수 있다. 이는 모형이 자료를 얼마나 부정확하게 예측하는지 평가할 때와 같은 방식이다. 모형이 예측한 결과변수의 값과 관측한(표본에 있는) 결과변수의 값의 차이를 잔차라고 부른다. 이 잔차는 모형에 존재하는 오차를 나타낸다. 만일 모형이 표본 자료에 잘 적합한다면, 모든 잔차가 크기가 작을 것이다(그리고 만일 모형이 표본 자료에 완벽하게 적합한다면 모든 자료점은 회귀선에 놓일 것이며, 따라서 모든 잔차는 0이 된다). 만일 모형이 표본 자료에 잘 적합하지 않는다면 잔차들의 크기가 클 것이다. 그리고 그중에서도 잔차가 특히나 큰 사례는 이상치일 가능성이 있다.

　방금 말한 잔차는 보통의 잔차 또는 **비표준화잔차**(unstandardized residual)에 해당한다. 이런 잔차는 결과변수와 같은 단위로 측정되며, 따라서 모형이 다르면 잔차의 해석도 달라진다. 이상치를 검출하려면 "특히나 큰" 잔차를 찾아야 하는데, 비표준화잔차에서는 특히나 크다는 것이 어느 정도인지에 대한 보편적인 기준이 없다. 이 문제를 극복하기 위해 **표준화잔차**(standardized residual)라는 것을 사용한다. 표준화잔차는 보통의 잔차들을 해당 표준편차 추정값으로 나눈 것이다. 이는 §6.3.2에서 변수의 값들을 표준 측정 단위(표준편차)로 변환할 때 사용한 것과 동일한 방식이다. 또한, 변수의 값을 표준편차 단위로 변환한 z 점수 역시 이런 표준화 방식의 예이다(z 점수는 실제 점수를 평균이 0이고 표준편차가 1인 정규분포를 따르도록 변환한 것임을 기억할 것이다). 표준화잔차는 잔차를 z 점수로 변환한 것이다. 그러면 서로 다른 모형의 잔차들을 비교할 수 있으며, 받아들일 수 있는(또는 없는) 잔차 값의 보편적인 기준을 z 점수의 속성들을 이용해서 결정할 수 있다. 예를 들어 제1장에서 우리는 만일 표본이 정규분포를 따른다면 표본의 z 점수 중 95%가 −1.96과 +1.96 사이이고 99%가 −2.58과 +2.58 사이, 그리고 99.9%가(즉, 거의 전부가) −3.29과 +3.29 사이임을 배웠다. 이러한 사실들로부터, 표준화잔차에 관한 몇 가지 일반 규칙을 이끌어낼 수 있다. (1) 첫째로, 크기(절댓값)가 3.29(좀 더 간단하게는, 그것의 근삿값인 3)보다 큰 표준화잔차는 문제가 될 수 있다. 평균적인 표본에서 그 정도로 큰 값이 우연히 발생할 가능성은 거의 없기 때문이다. (2) 둘째로, 표준화잔차의 크기(절댓값)가 2.58(그냥 2.5를 사용하는 경우가 많다)보다 큰 표본 사례들이 전체 표본 사례의 1% 이상이라는 것은 모형의 오차 수준이 받아들일 수 없는 정도라는(즉, 모형이 표본 자료에 잘 적합하지 않는다는) 증거이다. (3) 셋째로, 표준화잔차의 크기가 1.96보다 큰 표본 사례가 전체의 5% 이상이라는 것은 모형이 실제 자료를 그리 잘 대표하지 않는다는 증거이다.

7.7.1.2 영향력이 큰 사례들 ③

모형의 잔차를 보고 이상치들을 찾아서 점검하는 것 외에, 모형의 매개변수들에 지나치게 큰 영향을 주는 사례들을 살펴보는 것도 가능하다. 그런 사례를 발견했다면, 그런 사례를 삭제했을 때 회귀계수들이 달라지는지 확인해 봐야 한다. 이런 종류의 분석은 회귀모형이 서로 다른 표본들에 대해 안정적인지를 판단하거나 모형이 몇몇 영향력 큰 사례들 때문에 치우치지는 않는지 확인할 때 유용하다. 또한, 이러한 분석을 통해서 이상치들을 찾아낼 수 있다.

　특정한 하나의 사례의 영향력을 평가하는 데 사용할 수 있는 잔차 통계량이 몇 가지 있다. 그중 하나는 **수정 예측값**(adjusted predicted value)인데, 이것은 해당 사례를 제외한 자료로 만든 모형이 예측한 값이다. 만일 해당 사례가 사실은 모형에 그리 큰 영향을 미치지 않았다면, 수정 예측값은 원래의 예측값과 아주 비슷할 것이다. 간단히 말해서, 만일 모형이 안정적이라면 해당 사례의 예측값은 그 사례를 포함해서 모형을 만들든 제외해서 모형을 만들든 거의 같을 것이다. 수정 예측값과 원래의 예측값의 차이를 흔히 DFFit으로 표기한다(이 DFFit은 잠시 후에 좀 더 설명한다). 이 수정 예측값에 기초한 잔차, 즉 수정 예측값과 원래의 관측값의 차이를 살펴볼 수도 있다. 그러한 잔차를 **제외 잔차**(deleted residual; 또는 삭제 잔차)라고 부르고, 그것을 표준오차로 나누어서 표준화한 값을 **스튜던트화 잔차**(studentized residual)라고 부른다.* 스튜던트화 잔차는 표준 단위로 측정한 것이므로 서로 다른 회귀분석에서 비교할 수 있다. 스튜던트화 잔차라는 이름은 이것이 스튜던트(Student)의 t 분포를 따른다는 점에서 비롯되었다.

스튜던트화 잔차는 하나의 사례가 그 사례에 대한 모형의 예측 능력에 미치는 영향을 평가하는 데 아주 유용하다. 그러나 스튜던트화 잔차는 한 사례가 모형 전체에 미치는 영향(즉, 모든 사례에 대한 모형의 예측 능력에 미치는 영향)에 관해서는 그 어떤 정보도 제공하지 않는다. 한 사례가 모형 전체에 미치는 영향을 보여주는 통계량으로는 **쿡의 거리**(Cook's distance)가 있다. 쿡의 거리는 모형에 대한 사례 하나의 전반적인 영향력을 측정한 것인데, 쿡과 와이스버그는 이 거리가 1보다 크면 문제가 될 수 있음을 제시했다(Cook & Weisberg, 1982).

영향력의 또 다른 측도는 **지렛대**(leverage; 또는 지레) 값이라고도 부르는 **모자 값**(hat value)이다. 이것은 결과변수의 실제 측정값이 예측값에 미치는 영향을 측정한 것이다. 평균 지렛대 값은 $(k + 1)/n$으로 정의되는데, 여기서 k는 모형의 예측변수 개수이고 n은 참가자의 수이다.[7] 지렛대 값은 0(사례가 예측에 아무런 영향을 주지 않음)에서 1(사례가 예측에 완전한 영향을 줌)까지이다. 모형에 지나치게 큰 영향을 주는 사례가 하나도 없으면, 모든 지렛대 값이 평균 지렛대 값($(k + 1)/n$)과 비슷할 것이라고 기대할 수 있다. 호글린와 웰시는 지렛대 값이 평균의 두 배($2(k + 1)/n$)를 넘는 사례들을 조사해 보라고 권하며(Hoaglin & Welsch, 1978), 스티븐스는 지나치게 큰 영향을 주는 사례를 식별하는 기준으로 평균의 세 배($3(k + 1)/n$)를 제시한다(Stevens, 2002). 이 책에도 이 기준들을 사용하는 예가 나온다. 그러나 지렛대 값이 큰 사례라고 해서 반드시 회귀계수에 큰 영향을 미치는 것은 아니다. 이는 지렛대 값이 예측변수가 아니라 결과변수에 대해 측정한 값이기 때문이다.

한 사례를 포함시키고 회귀분석을 실행한 후 그 사례를 빼고 다시 분석을 실행하는 것이 가능하다. 그러면 두 회귀 방정식의 b 계수가 다르게 나올 것이다. 계수의 차이는 해당 사례

---

*역주 엄밀히 말해서 이것은 스튜던트화 제외 잔차(studentized deleted residual)로, 두 종류의 스튜던트화 잔차 중 하나인 외적 스튜던트화 잔차(externally studentized residual)에 해당한다. 다른 한 종류는 내적 스튜던트화 잔차(internally studentized residual)이다. 참고로, '스튜던트'는 해당 분포를 연구한 통계학자 윌리엄 고셋이 사용한 필명이다. 다니던 회사의 영업 비밀 보호 정책 때문에 고셋은 자신의 신분을 숨기고 말 그대로 '학생'이라는 필명으로 논문을 발표했다고 한다.

7 어떤 문헌에서는 평균 지렛대 값을 p/n으로 표기한다. 여기서 p는 추정하는 매개변수들의 개수이다. 다중회귀에서는 예측변수마다 매개변수들을 추정하고, 상수 매개변수도 하나 추정한다. 따라서 p는 예측변수 개수에 1을 더한 것, 즉 $k + 1$이다.

가 회귀모형의 매개변수에 미치는 영향이 어느 정도인지 말해준다. 가상의 예로, 두 변수의 관계가 마지막 사례(30번 사례)만 빼면 완벽한 음의 상관이라고 상상해 보자. 완벽한 선형 관계를 가진 나머지 29개의 사례에 회귀분석을 실행하면 예측변수 X가 결과변수 Y를 오차 없이 완벽하게 예측하는 모형이 나올 것이다. 그런 다음 완벽한 선형 관계에서 벗어난 사례(30번 사례)를 포함시키고 다시 회귀분석을 실행하면 매개변수들이 다른 모형이 나올 것이다. **dfbeta.dat** 파일에 담긴 자료가 바로 이러한 상황에 해당한다. 이 자료의 모든 사례에 대해 단순회귀를 실행하고, 30번 사례를 삭제한 후 다시 단순회귀를 실행해 보기 바란다. 그 결과가 표 7.1에 요약되어 있다. 이 표는 (1) 극단적인 사례를 포함했을 때와 제외했을 때의 회귀모형의 매개변수들과 (2) 해당 회귀 방정식들, 그리고 (3) 30번 사례의 X 변수의 값으로부터 예측한 Y 변수의 값이 나와 있다(그 값은 회귀 방정식의 X에 30번 사례의 X의 값, 즉 1을 대입해서 구한 것이다).

표 7.1 한 사례를 포함 또는 제외했을 때의 회귀모형의 차이

매개변수(b)	30번 사례 포함	30번 사례 제외	차이
상수(절편)	29.00	31.00	−2.00
예측(기울기)	−0.90	−1.00	0.10
모형(회귀선)	$Y = (-0.9)X + 29$	$Y = (-1)X + 31$	
예측된 Y	28.10	30.00	−1.90

30번 사례를 제외했을 때는 두 변수가 완벽한 음의 상관관계다. 그래서 예측변수의 매개변수(b_1)는 −1이다(단순회귀에서 이 매개변수는 피어슨 상관계수와 같은 것임을 기억하기 바란다). 그리고 상수의 계수(절편 b_0)는 31이다. 그러나 30번 사례를 포함해서 구한 모형에서는 두 매개변수 모두 크기가 줄었다.[8] 표의 마지막 열에 그 차이가 나와 있다. 모든 사례를 포함해서 추정한 매개변수와 특정 사례를 제외해서 추정한 매개변수의 차이를 흔히 **DFBeta**로 표기한다. R은 자료의 모든 사례와 모형의 각 매개변수에 대해 이 DFBeta를 계산한다. 가상의 예에서 상수 계수의 DFBeta는 −2이고 예측변수 매개변수의 DFBeta는 0.1이다. 이 DFBeta 값들을 보면 회귀모형의 매개변수들에 크게 영향을 미치는 사례들을 식별할 수 있다.

이와 관련된 통계량으로 DFFit이 있다. 이것은 모든 사례를 포함해서 추정한 모형으로 예측한 특정 사례의 값과 그 사례를 제외하고 추정한 모형으로 예측한 그 사례의 값이다. 지금 예에서 이 값은 −1.90이다(표 7.1). 만일 그 사례가 모형에 전혀 영향을 주지 않는다면 해당 DFFit은 0이어야 한다. 따라서, 영향이 크지 않은 사례는 DFFit 값이 작으리라고 기대할 수 있다.

---

8 b_1의 절댓값이 줄어든 이유는, 이제는 변수들이 완벽한 선형 관계가 아니라서 모형이 설명하지 못하는 변동이 존재하기 때문이다.

7.7.1.3 진단 통계량에 관한 마지막 한 마디 ②

회귀분석 후에 조사해야 할 진단 통계량(diagnostic statistic)은 많이 있다. 그러한 다양한 수치로 부터 하나의 간결한 결론을 이끌어내기란 쉽지 않은 일이다. 이와 관련해서 강조하고 싶은 것은, [Belsey, Kuh, & Welsch, 1980]이 지적했듯이 이러한 절차들에 내재한 위험성을 조심해야 한 다는 것이다. 진단 통계량들은 모형이 표본 자료에 얼마나 잘 들어맞는지를 기준으로 모형을 평가하는 근거로 쓰인다. 즉, 이들은 모형을 평가하는 하나의 방법에 해당한다. 그러나 이들이 회귀 매개변수들을 연구자가 원하는 방식으로 조작하기 위해 일부 자료점들을 제거하는 것(이 를테면 유의하지 않은 b 값을 유의한 값으로 바꾸기 위해 특정 사례를 제거하는 등)을 정당화하는 수단 은 아니다. 항상 그렇듯이 스티븐스가 이에 관해 다음과 같은 훌륭한 조언을 제공했다(Stevens, 2002, p. 135).

> 만일 어떤 점이 Y 축에서 유의한 이상치로 판명되었지만 그 점의 쿡의 거리가 < 1이면, 그 점은 회귀분석에 큰 영향을 미치지 않으므로 굳이 삭제할 필요가 없다. 그러나, 모형이 그 런 점에 적합되지 않은 이유를 이해하기 위해 그런 점을 좀 더 연구할 필요는 있다.

7.7.2 회귀모형의 평가 II: 일반화 ②

회귀분석을 실행하면 표본의 관측값들을 정확히 예측하는 회귀 방정식이 나온다. 그러나 사회과학에서는 그러한 모형을 일반화함으로써 표본 이상의 것에 관한 뭔가를 알아내려고 하는 경우가 많다. 특정한 표본의 사람들에 관해 얻은 결론도 유용하겠지만, 보통의 경우 우리는 그러한 결론이 좀 더 큰 모집단에서도 참인지에 더 큰 관심을 가진다. 회귀모형을 일반화하려면 먼저 그에 깔린 바탕 가정들이 성립하는지 확인해야 한다. 그리고 교차 타당성 검증을 통해서 모형이 실제로 일반화되는지 검사해야 한다.

7.7.2.1 가정 점검 ②

한 표본으로 얻은 모형으로 어떤 모집단에 관한 결론을 얻으려면 다음과 같은 여러 가정이 성 립해야 한다(Berry, 1993).

- **변수의 종류:** 모든 예측변수는 반드시 양적 변수 또는 범주형 변수(범주가 두 개인)이어야 하고, 결과변수는 반드시 연속이자 비유계(unbounded)인 양적 변수이어야 한다. 여기서 '양적'은 그 변수를 구간 수준에서 측정할 수 있어야 한다는 뜻이고 '비유계'는 결과의 변 동에 제한이 없어야 한다는 뜻이다. 만일 결과변수가 1에서 10의 범위이지만 수집된 자 료는 3에서 7의 범위이면, 자료가 제한된 것이다.

- **0이 아닌 분산:** 예측변수의 분산이 0이 아니어야 한다.

- **완전 다중공선성의 부재:** 둘 이상의 예측변수 사이에 완전한 선형 관계가 없어야 한다. 즉, 예측변수들의 상관계수가 너무 높아서는 안 된다(§7.7.2.4 참고).

- **'외부 변수'와는 무관한 예측변수:** 여기서 외부 변수(external variable)는 회귀모형에 포함되지 않은, 그러나 결과변수에 영향을 미치는 변수를 말한다.[9] 이런 변수들은 상관분석을 배울 때 나온 '제3의 변수'와 비슷하다. 이 가정은 그 어떤 외부 변수도 회귀모형에 포함된 임의의 예측변수와 상관이 없어야 한다는 뜻이다. 만일 외부변수와 예측변수 사이에 상관관계가 존재하면, 그 모형에서 이끌어낸 결론은 믿을 수 없음이 당연하다(결과를 모형만큼이나 잘 예측할 수 있는 다른 변수들이 존재하는 것이므로).

- **등분산성:** 예측변수(들)의 각 수준에서 잔차 항들의 분산이 일정해야 한다. 예측변수(들)의 각 수준에서 잔차들의 분산이 같은 값인 것을 가리켜 **등분산성**(homoscedasticity)이라고 부른다. 반대로, 잔차들의 분산이 많이 다른 것은 **이분산성**(heteroscedasticity)이라고 부른다.

- **오차의 독립성:** 임의의 두 관측값의 잔차들이 무관해야(즉, 서로 독립적이어야) 한다. 이를 가리켜 **자기상관**(autocorrelation)이 없다고 말하기도 한다. 이 **오차의 독립성**(independence of error) 가정은 오차들의 이연상관을 검사하는 **더빈-왓슨 검정**(Durbin-Watson test)으로 확인할 수 있다. 좀 더 구체적으로 말하면, 이 검정은 인접한 잔차들이 상관되어 있는지 판정한다. 검정통계량은 0에서 4까지인데, 2는 잔차들이 무관하다는 뜻이다. 2보다 큰 값은 인접한 잔차들의 관계가 음의 상관이라는 뜻이고, 2보다 작은 값은 양의 상관이라는 뜻이다. 더빈-왓슨 검정통계량의 크기는 모형의 예측변수 개수와 관측값 개수에 의존한다. 아주 보수적인 일반 법칙은, 이 값이 1보다 작거나 3보다 크면 문제가 될 수 있다는 것이다. 그러나, 2와 아주 가까운 값이 나왔다고 해도 표본과 모형에 따라서는 문제가 될 수 있다. **R**은 자기상관의 p 값도 제공한다. 더빈-왓슨 검정에서 아주 조심해야 할 사항은, 이 검정이 자료의 순서에 의존한다는 점이다. 자료의 순서를 바꾸면 아주 다른 값이 나올 수 있다.

- **오차의 정규분포:** 이 가정은 모형의 잔차들이 평균이 0인 정규분포를 따르는 무작위 값들이라는 것이다. 간단히 말해서 이 가정은 모형과 관측값의 차이들이 대부분 0이거나 0에 가까운 값이며, 크기가 0보다 훨씬 큰 차이들은 아주 가끔만 나온다는 뜻이다. 이

---

9 이 외부 변수를, 결과의 변동에 영향을 주는 다른 무작위 요인들을 포함하는 오차항의 일부라고 설명하는 문헌도 있다. 그러나, 회귀 방정식의 잔차 항과의 혼동을 피하기 위해 이 책에서는 이를 '외부 변수'라고 부른다. 이 용어 자체는 암묵적으로 다른 모든 무작위 요인을 배제하지만, 실제로는 그런 요인들이 존재함을 염두에 두기 바란다.

가정을 예측변수가 정규분포를 따라야 한다는 것으로 오해하는 사람들도 있는데, 예측 변수는 정규분포일 필요가 없다(§7.12 참고).

- **독립성:** 이 가정은 결과변수의 모든 값이 독립적이어야 한다는 것이다(즉, 결과변수의 각 값은 개별적인 개체에서 온 것이어야 한다).

- **선형성:** 예측변수의 값이 증가함에 따라 결과변수의 평균값들이 하나의 직선을 형성해야 한다. 간단히 말하면, 이 가정은 모형화하고자 하는 관계가 선형이어야 함을 뜻한다. 만일 비선형 관계를 선형모형으로 모형화하면, 모형에서 얻은 결론을 일반화할 때 심한 제약이 가해진다.

이상의 가정들이 상당히 가혹해 보일 수도 있겠지만, 제5장에서 보았듯이 가정을 지키는 것은 중요한 일이다. 회귀의 가정들이 만족되면, 한 표본에서 얻은 모형을 해당 모집단에도 정확하게 적용할 가능성이 생긴다. 가정들을 만족하는 표본에서 얻은 회귀 방정식의 계수들과 매개변수들을 가리켜 **편향되지 않았다**(unbiased; 비편향)고 말한다. 그런데, 이 가정들이 모두 성립하는 표본으로부터 얻은 회귀모형이 모집단의 모형(만일 전체 모집단에 접근할 수 있었다면 얻었을 모형)과 항상 동일할 것으로 생각하는 사람들도 있다. 안타깝게도 이는 참이 아니다. 비편향 모형이 말하는 것은, 표본에서 얻은 회귀모형이 **평균적으로** 모집단의 모형과 같다는 것일 뿐이다. 따라서, 가정들이 모두 성립한다고 해도 표본에서 얻은 모형이 모집단의 모형과는 다를 수 있음을 주의해야 한다. 그러나, 가정들이 성립한다면 두 모형이 같을 가능성이 커진다.

7.7.2.2 모형의 교차 타당성 검증 ③

표본에서 유도한 모형이 전체 모집단을 정확하게 대표한다는 확신을 얻지 못한다고 해도, 서로 다른 여러 표본에서 모형이 결과를 얼마나 잘 예측하는지는 살펴볼 수 있다. 여러 표본에 대해 모형이 얼마나 정확한지 평가하는 것을 교차 타당성 검증이라고 부른다. 잘 일반화되는 모형은 다른 표본(이를테면 다른 그룹의 사람들로부터 얻은)에 대해서도 해당 예측변수들의 값들로부터 결과변수의 값을 정확하게 예측할 수 있어야 할 것이다. 만일 표본에 따라 모형의 예측 능력이 크게 다르다면, 그 모형은 일반화되지 않을 것이 명백하다. 일반적으로 우리는 충분히 많은 자료를 수집해서 믿을 만한 회귀모형을 만드는 것을 목표로 삼아야 한다(다음 절 참고). 회귀모형의 교차 타당성 검증 방법은 크게 다음 두 가지로 나뉜다.

- **수정 R^2:** R은 R^2뿐만 아니라 수정 R^2(adjusted R^2)도 계산해 준다. 이 수정된 결정계수는 예측 능력의 손실(**축소**(shrinkage)라고도 한다) 정도를 나타낸다. R^2이 표본에서 얻은 회귀모형이 Y의 변동을 얼마나 설명하는지 말해주는 값이라면, 수정 R^2은 만일 표본을 얻

은 모집단으로부터 회귀모형을 유도했다면 그 모형이 Y의 변동을 얼마나 설명할 것인지를 말해주는 값이다. R은 훼리 방정식(Wherry's equation)을 이용해서 수정 R^2을 계산한다. 그런데 이 공식은 회귀모형이 완전히 다른 자료 집합을 얼마나 잘 예측할 것인지에 관해서는 아무것도 말해주지 않는다는(따라서, 모형이 같은 모집단의 다른 표본을 얼마나 잘 예측할 것인지는 알 수 없다) 점 때문에 비판을 받았다. 다행히, 모형의 교차 타당성이 어느 정도인지 말해주는 또 다른 수정 R^2 계산 공식이 있다. 다음의 스타인의 공식(Stein's formula; [Stevens, 2002] 참고)이 바로 그것이다.

$$\text{수정 } R^2 = 1 - \left[\left(\frac{n-1}{n-k-1} \right) \left(\frac{n-2}{n-k-2} \right) \left(\frac{n+1}{n} \right) \right] (1 - R^2) \tag{7.11}$$

스타인의 공식에서 우변의 R^2은 수정되지 않은 값이고 n은 참가자의 수, k는 모형의 예측변수 개수이다. 수학에 익숙한 독자라면 이 공식을 이용해서 회귀모형의 교차 타당성을 검증해 보는 것이 좋을 것이다.

• **자료 분할:** 이 접근 방식에서는 자료 집합을 무작위로 두 부분으로 나누고, 각 절반으로 회귀모형을 구해서 두 모형을 비교한다. 단계별 방법을 사용할 때는 이 방법이 좋다. 그런 경우 사례의 약 80%를 무작위로 선택해서 단계별 회귀를 실행하고, 그로부터 얻은 모형을 나머지 20%에 적용한다. 두 표본에서 얻은 R^2 값과 b 값들을 비교해 보면 원래의 모형이 얼마나 잘 일반화될 것인지 알 수 있다(좀 더 자세한 내용은 [Tabachnick & Fidell, 2007]을 보라).

7.7.2.3 회귀에서 표본 크기의 중요성 ③

앞에서 믿을 만한 회귀모형을 얻기 위해 충분히 많은 자료를 수집하는 것이 중요하다고 말했다. 그런데 얼마나 많아야 충분할까? 이와 관련한 일반 법칙은 여러 가지인데, 널리 쓰이는 두 가지는 모형의 예측변수당 사례 10개를 수집한다는 법칙과 사례 15개를 수집한다는 법칙이다. 예를 들어 예측변수가 다섯 개이면, 적용하는 법칙에 따라 사례를 50개 또는 75개 모아야 한다. 이 법칙들은 아주 널리 쓰이지만(심지어 나도 이 책의 제1판에서는 예측변수당 15개라는 규칙을 사용했다), 표본 크기의 문제를 너무 단순화한다는 문제점이 있다. 사실, 필요한 표본 크기는 검출하고자 하는 효과가 얼마나 큰가(즉, 측정하고자 하는 관계가 얼마나 강한가)와 그러한 효과들을 검출하는 능력이 얼마나 크길 원하는가에 의존한다. 가장 단순한 일반 법칙은, 표본은 클수록 좋다는 것이다. 그 이유는, 회귀분석으로 얻는 R

의 추정값이 예측변수 개수 k와 표본 크기 N에 의존하기 때문이다. 실제로, 무작위 자료로부터 얻은 R의 기댓값은 $k/(N-1)$이므로, 표본이 작으면 무작위 자료에 강한 효과가 존재한다는 결론이 나오게 된다. 예를 들어 예측변수가 여섯 개이고 자료 사례가 21개일 때 $R = 6/(21-1) = .3$이다(§6.3.2에서 설명한 코언의 기준에서 이는 중간 크기의 효과에 해당한다). 무작위 자료에서 우리가 기대하는 R의 값은 당연히 0(효과 없음)이다. 그리고 실제로 그 값이 나오려면 표본이 훨씬 커야 한다(앞의 예에서 만일 사례가 21개가 아니라 100개라면 해당 R은 0으로 간주할 수 있는 .06이다).

표본이 클수록 좋다는 점은 모두가 잘 알고 있지만, 대체로 연구자들은 좀 더 구체적인 지침을 원한다(넉넉하게 1,000개 정도 모으면 좋겠지만 그것이 항상 가능하지는 않으므로, 좀 더 구체적인 기준이 있으면 좋을 것이다). 그린은 받아들일 수 있는 **최소 표본 크기**에 관한 두 가지 일반 규칙을 제시했는데(Green, 1991), 하나는 회귀모형의 전반적인 적합도를 검사할 때(이를테면 R^2을 검사할 때) 쓰이고 또 하나는 모형의 개별 예측변수를 검사할 때(이를테면 모형의 b 값들을 검사할 때) 쓰인다. 모형의 전반적인 적합도를 검사할 때, 그린은 최소 표본 크기를 $50 + 8k$로 하라고 권한다. 여기서 k는 예측변수 개수이다. 예를 들어 예측변수가 다섯 개이면 사례를 적어도 $50 + 40 = 90$개는 모아야 한다. 한편, 개별 예측변수를 검사할 때 권장 최소 표본 크기는 $104 + k$이다. 예측변수가 다섯 개일 때 필요한 최소 표본 크기는 $104 + 5 = 109$이다. 물론 대부분의 경우 우리는 전반적인 적합도와 개별 예측변수의 기여도 둘 다 관심이 있다. 그런 경우에는 둘 중 큰 값을 기준으로 삼으면 된다(예를 들어 예측변수가 다섯 개이면 90보다 큰 109를 사용한다).

그러나, 이러한 지침들 역시 여전히 문제를 너무 단순화한 것이라 할 수 있다. 앞에서 말했듯이 표본 크기는 효과의 크기와 우리가 원하는 통계적 효과 검출 능력(즉, 모형이 결과를 얼마나 잘 예측하는지)에 따라 달라져야 한다. [Miles & Shevlin, 2001]에는 여러 효과크기와 예측변수 개수, 그리고 원하는 효과 검출 능력에 따른 필수 표본 크기를 보여주는 엄청나게 유용한 그래프들이 나온다. 표본 크기를 좀 더 정확하게 추정하려면 이 그래프들을 활용하길 원한다. 그림 7.10은 그 그래프들에서 발견한 일반적인 사항들을 요약한 것이다. 그림 7.10은 높은 수준의 검출 능력([Cohen, 1988]의 .8을 기준으로 했다)을 얻는 데 필요한 표본 크기(예측변수 개수와 검출할 효과크기에 의존하는)들을 보여준다. 이 그래프를 아주 단순하게 요약하면 다음과 같다. (1) 큰 효과를 검출하려면, 표본 크기를 80으로 하면 항상 충분하다(예측변수가 20개 이하라고 할 때). (2) 중간 효과를 검출하려면 표본 크기가 60을 넘어야 하며, 200이면 항상 충분하다(예측변수가 20개 이하라고 할 때). 단, 예측변수가 6개 이하이면 100도 좋다. (3) 작은 효과를 검출하려면 적어도 600개의 사례를 모아야 한다(그리고 예측변수가 6개를 넘는다면 그보다 더 많은 사례가 필요하다). 그 정도의 시간과 자원이 없다면 작은 효과는 포기하는 것이 좋다.

7.7.2.4 공선성 ②

다중공선성(multicollinearity)은 회귀모형에 있는 둘 이상의 예측변수들 사이에 강한 상관관계가 존재하는 것을 말한다. 당연한 말이겠지만, 공선성은 다중회귀에서만 문제가 된다. 어차피 단순회귀에는 예측변수가 하나뿐이기 때문이다. 적어도 하나의 예측변수가 다른 어떤 예측변수와 완벽한 선형관계일 때, 이를 두고 **완전공선성**(perfect collinearity)이 존재한다고 말한다(가장 간단한 예는 두 예측변수의 관계가 완전 상관, 즉 상관계수가 1인 경우이다). 예측변수들 사이에 완전공선성이 존재하면, 관련 방정식을 만족하는 계수들의 조합이 무한히 많아지기 때문에 회귀계수들을 고유하게 추정할 수 없게 된다. 간단히 말하면, 두 변수가 완전 상관이면 각 변수의 b 값들을 서로 맞바꾸어 사용할 수 있다. 다행히 현실의 자료에서 이런 완전공선성이 존재하는 경우는 드물다. 그러나 안타깝게도, 완전에 못 미치는 공선성은 거의 피할 수 없을 정도로 흔하다. 낮은 수준의 공선성은 R로 생성하는 모형에 별로 문제가 되지 않지만, 공선성이 높으면 다음과 같은 세 가지 문제점이 발생할 수 있다.

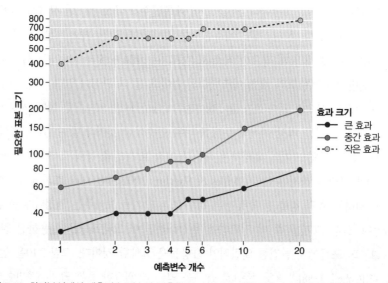

그림 7.10 회귀분석에서 예측변수 개수와 검출할 효과크기에 따른 필수 표본 크기들을 보여주는 그래프

• **b들을 믿을 수 없게 된다:** 공선성이 높아지면 b 계수들의 표준오차도 커진다. 표준오차의 의미를 생각해보면, b 계수의 표준오차가 커진다는 것은 표본에 따른 b의 변동이 커진다는 뜻임을 알 수 있을 것이다. 따라서, 표준오차가 크다는 것은 표본의 b 계수가 모집단을 잘 대표할 가능성이 작다는 뜻이다. 거칠게 말하자면, 높은 다중공선성은 b 값들의 신뢰성이 낮음을 의미한다. 그런 b에게 돈을 빌려주거나, 여러분의 애인과 저녁을 함께 하도록 놔두면 안 될 것이다. b가 표본마다 다르다면, 해당 회귀 방정식 역시 표본에

따라 예측 능력이 다를 것이 뻔하다.

- **R의 크기가 제한된다:** R은 예측변수들과 결과변수 사이의 다중상관을 측정한 값이고 R^2은 결과의 변동을 예측변수들이 어느 정도나 설명하는지를 나타낸 값임을 기억할 것이다. 어떤 모형의 한 예측변수가 결과변수를 상당히 잘 예측한다고 하자(이를테면 R = .80). 그리고 그 모형에 또 다른 예측변수를 추가한다고 하자. 이 둘째 변수가 결과의 변동을 상당 부분 설명하지만(그래서 그 변수를 추가한 것이다), 그 변동 부분이 하필이면 첫 변수와 같은 부분일 수도 있다. 그런 경우, 첫 예측변수가 설명하는 변동 부분을 제거하면, 남은 변동 중 둘째 변수가 설명하는 부분은 거의 없게 된다(즉, 둘째 변수가 설명하는 고유 변동이 아주 작다). 따라서, 결과의 전체 변동 중 두 예측변수가 설명하는 부분은 변수 하나만 사용했을 때보다 그리 크지 않다(이를테면 R이 .80에서 .82로 증가하는 정도일 것이다). 이러한 개념은 제6장에서 설명한 편상관의 개념과 관련이 있다. 만일 두 예측변수가 완전히 무관하면, 둘째 예측변수는 결과의 변동 중 첫 예측변수가 설명하는 부분과는 다른 부분을 설명할 가능성이 크다. 즉, 설령 둘째 예측변수가 그 자체로는 결과의 변동의 아주 작은 부분만 설명한다고 해도, 그 부분이 다른 변수가 설명하는 부분과는 다를 가능성이 큰 것이다. 그런 경우 두 변수를 모두 모형에 포함하면 R이 훨씬 커진다(이를테면 .95). 따라서 예측변수들의 다중공선성이 낮을수록 유익하다.

- **예측변수들의 중요도 평가가 어렵다:** 예측변수들 사이에 다중공선성이 존재하면 개별 예측변수의 중요도를 평가하기가 어려워진다. 예측변수들의 상관관계가 크고 결과 변동의 비슷한 부분을 설명한다면, 두 변수 중 어떤 것이 더 중요한지 가리기가 힘들다. 어떤 변수가 중요한지 알 수 없으므로, 모형에 포함할 예측변수를 선택하기도 어려워진다.

다중공선성을 식별하는 한 가지 방법은 모든 예측변수의 상관 행렬에서 상관계수가 아주 높은 쌍을 찾는 것이다(여기서 '아주 높은'은 상관계수가 .80 또는 .90보다 큰 것을 말한다). 그런데 이는 다소 거친 방법이라서 좀 더 미묘한 형태의 다중공선성을 많이 놓칠 위험이 있다. 다행히 R 은 다양한 공선성 진단 수단을 제공한다. 그중 하나가 **분산팽창인자**(variance inflation factor, VIF) 이다. 분산확대인자라고도 부르는 VIF는 주어진 한 예측변수가 다른 예측변수(들)와 강한 선형 관계를 가지고 있는지를 말해준다. VIF가 어떤 값일 때 문제가 되는지에 관한 확실한 규칙은 없지만, 마이어스는 VIF가 10 이상이면 걱정할 필요가 있다고 제시한다(Myers, 1990). 또한, 만일 평균 VIF가 1보다 크면 다중공선성 때문에 회귀모형이 편향될 수 있다(Bowerman & O'Connell, 1990). VIF와 관련된 통계량으로 공차(tolerance; 또는 허용)라는 것이 있는데, 이것은 VIF의 역수이다. 따라서 공차가 0.1보다 작으면 심각한 문제가 존재할 가능성이 있다. 단, 머 나즈는 0.2 이하이면 걱정할 필요가 있다고 제안한다(Menard, 1995).

이상의 설명이 잘 이해가 되지 않는다면, 다중공선성을 아주 명확하게 설명하는 [Hutcheson & Sofroniou, 1999]의 pp. 78-85를 읽어 보기 바란다.

7.8 R Commander와 R을 이용한 다중상관 분석 ②

7.8.1 분석 전에 생각해 볼 사항 몇 가지 ②

회귀분석에 유용한 좋은 전략 하나는, 각 예측변수가 결과를 예측하리라고 믿을만한 튼튼한 이론적 이유가 있는지 점검하는 것이다. 모든 예측변수를 포함시켜서 회귀분석을 실행한 후 어떤 예측변수가 모형의 결과 예측 능력에 크게 기여했는지 조사한다. 어떤 변수들이 중요한지 파악했다면, 그 변수들만으로 회귀분석을 다시 실행해서 얻은 매개변수들로 회귀모형을 개선한다. 만일 초기 분석에서 중요한 예측변수가 둘 이상이라는 결과가 나왔으면, 전진 방향의 단계적 회귀분석(강제 입력 방법 대신)을 실행해서 각 예측변수의 개별 기여도를 파악하는 것이 바람직하다.

지금까지 회귀에 깔린 이론과 회귀모형의 정확도를 측정하는 데 필요한 몇 가지 진단 도구를 꽤 자세히 설명했다. 여기서 한 가지 명심해야 할 것은, R이 아주 똑똑해 보이지만 실제로는 그렇지 않다는 것이다. R이 상당히 복잡한 몇몇 계산을 단 몇 초 안에 끝내는 것이 사실이긴 하지만, 항상 고품질의 회귀모형을 만들어 주는 것은 아니다. 그런 모형을 얻으려면 사람의 두뇌가 필요하다(훈련된 두뇌이면 더 좋을 것이다). R은 우리가 그 어떤 쓰레기를 입력하든 기꺼이 계산을 수행해서 결과를 출력한다. 그러나 R은 그 결과를 판정하지 않으며, 모형이 유효한지, 일반화할 수 있는지에 대해서는 아무것도 말해주지 않는다. 그렇긴 하지만, R은 그런 것들을 판정하는 데 필요한 통계량들을 제공한다. 그런 통계량들을 활용하는 것은 우리 두뇌의 몫이다(사실 그것이 바로 걱정거리이다—특히 여러분의 뇌가 내 것만큼이나 작다면).

7.8.2 다중회귀: 기본 모형 실행 ②

7.8.2.1 R Commander를 이용한 다중회귀: 기본 모형 ②

음반사 중역이 음반 판매량 모형을 좀 더 확장하기로 했다고 상상해 보자. 중역은 새로운 변수 두 개를 측정하기로 했다. (1) 하나는 음반 출시 전 한 주 동안 음반의 노래들이 라디오 1에 방송된 횟수이고(변수 이름은 **airplay**), (2) 다른 하나는 밴드의 매력(attractiveness)이다(변수 이름은 **attract**). 중역은 서로 다른 음반 200개(각각 다른 밴드가 녹음했다고 하자)에 대해, 음반을 출시할 때까지 홍보에 사용한 비용과 출시 직전 한 주 동안 음반의 노래들이 라디오 1에 방송된 횟수, 그리고 해당 밴드의 매력을 기록했다. 밴드의 매력은 무작위로 선택한 대상 청중 표본의 설문으로 측정했다. 매력 점수는 0(섬뜩한 감자 머리)에서 10(멋진 성적(性的) 대상)까지이다. 회귀모형에는 이 매력 점수의 최빈값을 사용했다(중역은 평균적인 사람의 의견보다는 대다수의 사람의 의견에 관심이 있었기 때문이다). 해당 자료가 **Album Sales 2.dat** 파일에 들어 있다.

그럼 R Commander를 이용해서 이 자료에 대한 다중회귀 분석을 실행해 보자. 우선 할 일은 다음 명령으로 패키지를 불러오는 것이다(아직 설치하지 않았다면 §3.6을 참고하기 바란다).

```
library(Rcmdr)
```

다음으로, **데이터 ➡ 데이터 불러오기 ➡ 텍스트 파일, 클립보드, 또는 URL에서...** 메뉴를 이용해서 자료 파일 **Album Sales 2.dat**을 R에 도입한다(§3.7.3 참고). 데이터셋 보기 버튼을 클릭하면 자료의 내용을 볼 수 있다. 자료의 형식에 주목하자. 각 변수가 개별 열을 차지하고 각 행은 개별 음반을 나타낸다. 예를 들어 첫 음반의 광고비는 £10,256이고 판매량은 330,000장, 출시 전 방송횟수는 43회이다. 그리고 사람들은 이 밴드가 멋진 성적 대상이라고 생각한다(그림 7.11).

중역이 가지고 있는 과거 연구 결과에 따르면 광고비가 음반 판매량의 유의한 예측변수이다. 그래서 중역은 그 변수를 가장 먼저 모형에 포함했다. 따라서 새 변수들(**airplay**와 **attract**)은 광고비 다음에 모형에 입력한다. 이는 위계적 방법에 해당한다(변수들을 모형에 추가하는 순서

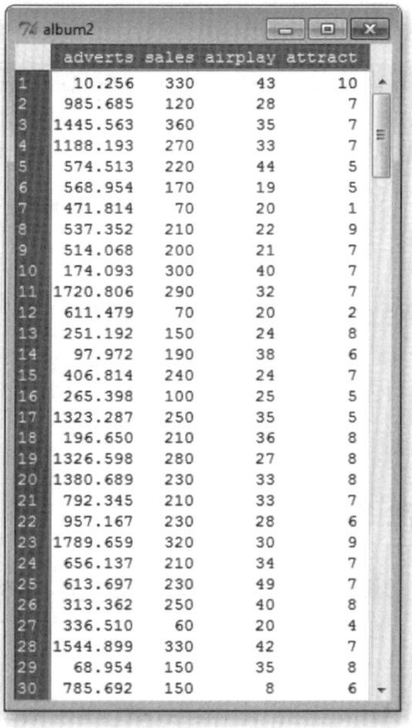

	adverts	sales	airplay	attract
1	10.256	330	43	10
2	985.685	120	28	7
3	1445.563	360	35	7
4	1188.193	270	33	7
5	574.513	220	44	5
6	568.954	170	19	5
7	471.814	70	20	1
8	537.352	210	22	9
9	514.068	200	21	7
10	174.093	300	40	7
11	1720.806	290	32	7
12	611.479	70	20	2
13	251.192	150	24	8
14	97.972	190	38	6
15	406.814	240	24	7
16	265.398	100	25	5
17	1323.287	250	35	5
18	196.650	210	36	8
19	1326.598	280	27	8
20	1380.689	230	33	8
21	792.345	210	33	7
22	957.167	230	28	6
23	1789.659	320	30	9
24	656.137	210	34	7
25	613.697	230	49	7
26	313.362	250	40	8
27	336.510	60	20	4
28	1544.899	330	42	7
29	68.954	150	35	8
30	785.692	150	8	6

그림 7.11 Album Sales 2.dat 자료

를 연구자가 지난 연구에 기초해서 결정하므로). 음반사 중역은 두 개의 모형을 실행해야 한다. 첫 모형은 예측변수가 **adverts** 하나이고, 둘째 모형은 예측변수들이 **adverts, airplay, attract** 이다.

R Commander로 회귀분석을 실행할 때는 **통계 ➡ 적합성 모델 ➡ 선형 회귀 메뉴**를 사용한다. 첫 모형에서는 응답 변수로 **sales**를 선택하고, 설명 변수로 **adverts**를 선택한다(그림 7.12의 왼쪽). 그리고 모형의 이름은 *albumSales.2*로 한다. 이제 예 버튼을 클릭하면 분석 결과가 나온다. 이 결과는 §7.8.3.1에서 설명하겠다.

둘째 모형에서는 설명 변수로 **adverts**와 **attract, airplay**를 선택한다. *Ctrl* 키(Mac에서는 *cmd* 키)를 누른 채로 마우스로 변수들을 하나씩 클릭해도 되고, 지금처럼 원하는 변수들이 연달아 있을 때는 마우스를 클릭한 채로 끌어서 선택해도 된다. 모형의 이름은 *albumSales.3*로 하고 예 버튼을 클릭한다. 이 결과 역시 §7.8.3.1에서 설명하겠다.

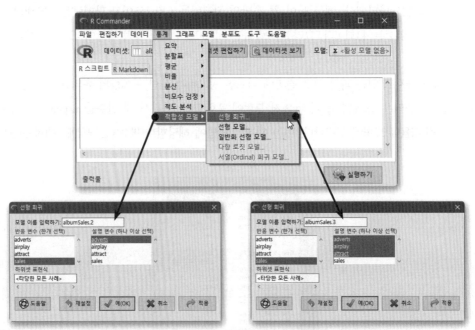

그림 7.12 다중회귀 분석을 위한 R Commander의 대화상자들

7.8.2.2 R을 이용한 다중회귀: 기본 모형 ②

자료 파일이 있는 장소를 작업 디렉터리로 설정해 두었다고 가정하고(§3.4.4), 다음 명령을 실행해서 자료 파일을 적재한다.

```
album2<-read.delim("Album Sales 2.dat", header = TRUE)
```

다중회귀도 *lm()* 함수를 사용한다. 이번 예에서는 두 개의 모형을 만들어야 하는데, 첫 모형인 *albumSales.2*는 **adverts** 하나만 예측변수로 사용하고 둘째 모형인 *albumSales.3*는 **adverts** 와 **airplay**, **attract**를 예측변수로 사용한다.

첫 모형은 §7.4.2에서 만든 것과 동일하다. 해당 명령은 다음과 같다.

```
albumSales.2 <- lm(sales ~ adverts, data = album2)
```

이전에 보았듯이, 이 명령은 *albumSales.2*라는 모형을 생성한다. *sales ~ adverts*는 이것이 **adverts** 변수로부터 **sales** 변수를 예측하는 모형이라는 뜻이고, *data = album2*는 이 모형이 사용하는 변수들이 *album2*라는 데이터프레임에 들어있다는 뜻이다.

둘째 모형은 예측변수가 여러 개이다. 여러 개의 예측변수를 지정할 때는 회귀 방정식 자체에 예측변수들을 추가할 때와 같은 방법을 사용한다. 즉, '+' 기호를 이용해서 예측변수들을 나열하면 된다. 지금 예에서는 결과변수 **sales**를 예측변수 **adverts**, **airplay**, **attract**로부터 예측하는 것이므로, *sales ~ adverts + airplay + attract*를 지정하면 된다. 회귀 방정식의 예측 변수들과 비슷한 모습이다(*b*가 없긴 하지만). 모형을 생성하는 명령은 다음과 같다.

```
albumSales.3 <- lm(sales ~ adverts + airplay + attract, data = album2)
```

이 명령은 **adverts**, **airplay**, **attract**로부터 **sales**를 예측하는 *albumSales.3*라는 모형을 생성한다. 이렇게 하는 대신, **update()**를 이용해서 기존 모형에 예측변수들을 더 추가할 수도 있다(R의 영혼의 조언 7.2 참고).

7.8.3 기본 다중회귀의 해석 ②

7.8.3.1 모형 요약 ②

이 모형들의 출력(요약)은 *summary()* 함수로 볼 수 있다. 괄호 쌍 안에 모형의 이름을 지정하면 된다. 다음은 앞의 두 모형의 출력을 표시하는 명령들이다.

```
summary(albumSales.2)
summary(albumSales.3)
```

출력 7.2는 *albumSales.2*의 요약이고 출력 7.3은 *albumSales.3*의 요약이다.

R의 영혼의 조언 7.2　**update() 함수 ②**

본문에서처럼 완전한 형태의 명령으로 모형을 만드는 것은 *lm()* 함수의 작동 방식을 이해하는 데 도움이 된다. 나는 모형을 생성하는 코드가 모형을 서술하는 방정식과 어떻게 대응되는지 보는 것이 유용하다고 생각한다. 그러나 기존 모형에 새로운 것을 추가하는 데에는 *update()* 함수를 사용하는 것이 더 빠르다. 지금 예에서 모형 *albumSales.3*은 두 변수(attract와 airplay)가 추가되었다는 점만 빼고는 기존 모형 *albumSales.2*와 같다. 두 모형의 생성 명령을 비교해보자.

```
albumSales.2 <- lm(sales ~ adverts, data = album2)
albumSales.3 <- lm(sales ~ adverts + airplay + attract, data = album2)
```

둘째 모형의 예측변수 부분에 변수가 더 지정되어 있다는 점만 빼면 두 명령은 완전히 동일하다. *update()* 함수를 이용하면 더 적은 코드로 둘째 모형을 생성할 수 있다.

```
albumSales.3<-update(albumSales.2, .~. + airplay + attract)
```

이 명령 역시 앞의 더 긴 명령처럼 *albumSales.3*라는 모형을 생성한다. 다른 점은, 기존 모형을 바탕으로 삼아서 새 모형을 만든다는 점이다. 함수 괄호 쌍 안의 첫 부분은 갱신할 모형을 R에게 알려주는 역할을 한다(지금 예에서는 *albumSales.2*라는 모형을 갱신한다*). 그다음의 .~.는 기존의 결과변수와 예측변수들을 그대로 유지하라는 뜻이다. 마침표는 '그대로 유지'를 뜻한다. ~의 양변에 마침표가 있으므로, 결과변수와 예측변수들이 모두 그대로 유지된다. 그다음의 + *airplay* + *attract*는 **airplay**와 **attract**를 예측변수로 추가하라는 뜻이다. 결과적으로, .~. + *airplay* + *attract*'는 기존 모형의 결과변수와 예측변수들을 그대로 두고, 거기에 **airplay**와 **attract**를 예측변수로 추가하라는 뜻이다.

출력 7.2

```
Call: lm(formula = sales ~ adverts, data = album2)

Residuals:
    Min      1Q   Median      3Q     Max
-152.949  -43.796   -0.393   37.040  211.866

Coefficients:
            Estimate Std. Error t value Pr(>|t|)
(Intercept) 1.341e+02  7.537e+00  17.799   <2e-16 ***
adverts     9.612e-02  9.632e-03   9.979   <2e-16 ***
---
Signif. codes:  0 '***' 0.001 '**' 0.01 '*' 0.05 '.' 0.1 , , 1
```

---

*역주 'update'라는 이름이 주는 인상과는 달리, 기존 모형(*albumSales.2*)은 변하지 않는다. *update()* 함수는 그냥 기존 모형을 바탕으로 새 모형을 생성해서 돌려준다.

```
Residual standard error: 65.99 on 198 degrees of freedom
Multiple R-squared: 0.3346,     Adjusted R-squared: 0.3313
F-statistic: 99.59 on 1 and 198 DF,  p-value: < 2.2e-16
```

출력 7.3

```
Call: lm(formula = sales ~ adverts + airplay + attract, data = album2)

Residuals:
     Min      1Q   Median      3Q      Max
-121.324  -28.336   -0.451   28.967  144.132

Coefficients:
              Estimate Std. Error t value Pr(>|t|)
(Intercept) -26.612958  17.350001  -1.534    0.127
adverts       0.084885   0.006923  12.261  < 2e-16 ***
airplay       3.367425   0.277771  12.123  < 2e-16 ***
attract      11.086335   2.437849   4.548 9.49e-06 ***
---
Signif. codes:  0 '***' 0.001 '**' 0.01 '*' 0.05 '.' 0.1 ' ' 1
Residual standard error: 47.09 on 196 degrees of freedom
Multiple R-squared: 0.6647,     Adjusted R-squared: 0.6595
F-statistic: 129.5 on 3 and 196 DF,  p-value: < 2.2e-16
```

그럼 각 요약의 끝부분에 있는 R^2 통계량들부터 살펴보자. 이 값은 전반적인 모형의 품질 (모형이 앨범 판매량을 얼마나 잘 예측하는지)을 서술한다. 모형이 두 개임을 기억할 것이다. *album Sales.2*는 위계적 방법의 첫 단계에서 광고비만 예측변수로 사용한 것이고, *albumSales.3*는 세 예측변수를 모두 사용한 것이다. 각 출력의 시작 부분을 보면 모형을 생성하는 데 쓰인 명령이 나와 있다.

광고비만 예측변수로 사용했을 때의 R^2 통계량은 광고비와 음반 판매량의 단순상관계수의 제곱(0.5782)이다. 사실 *albumSales.2*의 모든 통계량은 이전에 본 단순상관 모형과 동일하다(§7.5의 *albumSales.1*을 보라). 여러 번 말했듯이 R^2의 값은 결과의 변동 중 예측변수가 설명하는 부분이 어느 정도인지를 말해준다. 첫 모형에서 이 값은 .335이다. 이는 광고비가 음반 판매량 변동의 33.5%를 설명한다는 뜻이다. 그런데 다른 두 변수를 포함한 모형(*albumSales.3*)의 이 값은 훨씬 증가한 .665이다. 즉, 이제는 예측변수들이 음반 판매량 변동의 66.5%를 설명한다. 광고비가 변동의 33.5%에 해당하므로, 방송 횟수와 매력은 또 다른 33.0%에 해당한다고 할 수 있다.[10] 따라서, 두 변수를 예측변수로 추가한 모형은 음반 판매량 변동의 상당히 큰 부분을 설명해준다.

수정 R^2(출력의 *Adjusted R-squared*)은 이 모형이 얼마나 잘 일반화될 것인지를 어느 정도 말

---

10 즉, 33% = 66.5% − 33.5%이다(이 값을 R^2 변화량(change)이라고 부른다).

해준다. 이상적으로 이 값은 R^2 값과 같거나 아주 가까워야 한다. 지금 예의 둘째 모형(출력 7.3)에서 둘은 차이가 작다(.665 −.660 = .005, 즉 약 0.5%이다). 이러한 축소는 만일 표본이 아니라 모집단 자체에서 모형을 유도했다면, 그 모형이 설명하는 결과의 변동이 이전보다 약 0.5% 정도 줄어들 것이라는 뜻이다. 관심 있는 독자라면 스타인의 공식을 R^2에 적용해 보기 바란다. 그러면 서로 다른 표본에 대해 이 모형이 얼마나 안정적인지에 관한 정보를 얻을 수 있다. 스타인의 공식은 식 (7.11)에 있다. 지금 예에서 n(표본 크기)은 200이고 k(예측변수 개수)는 3이므로, 수정 R^2 값은 다음과 같다.

$$수정\ R^2 = 1 - \left(\frac{200-1}{200-3-1} \times \frac{200-2}{200-3-2} \times \frac{200+1}{200} \right)(1-0.665)$$
$$= 1 - (1.015 \times 1.015 \times 1.005) \times 0.335$$
$$= 1 - 0.347$$
$$= 0.653$$

이 값은 R^2의 관측값(.665)과 매우 비슷하다. 따라서 이 모형은 교차 타당성이 아주 좋다고 할 수 있다.

주입식 샘의 핵심 정리　　**모형의 적합도**

회귀모형의 적합도를 평가하는 한 가지 수단은 R^2이다. 이 값은 결과의 변동 중 모형이 설명하는 부분이 어느 정도인지 말해준다. 이 값에 100을 곱하면 모형이 설명하는 부분의 퍼센트가 된다.

7.8.3.2 모형 매개변수 ②

지금까지 모형의 전반적인 적합도를 살펴보았다. 출력에는 모형의 매개변수들도 나와 있다. 지금 예에서, 위계적 회귀의 첫 단계에서는 광고비만 예측변수로 포함했다. 따라서 이는 이번 장에서 전에 실행한 단순회귀와 동일하다. 실제로, 첫 모형의 매개변수들(출력 7.2)은 출력 7.1의 것들과 같다. 그러므로 첫 모형은 더 설명할 것이 없고, 둘째 모형(모든 예측변수를 포함한 모형)의 매개변수들만 살펴보기로 하자. 출력 7.3에 둘째 모형의 매개변수 추정값들과 표준오차, t 값, p 값이 나와 있다.

　앞에서 보았듯이, 다중회귀에서는 모형이 식 (7.9)로 정의된다. 이 방정식에는 여러 개의 미지수(b 값들)가 있다. 출력에서 *Coeficients:* 표의 첫 열(*Estimate*)은 그 b 값들의 추정값이다. 이 값들은 해당 예측변수가 모형에 얼마나 기여하는지를 나타낸다(첫 모형의 출력에서 **R**은 다소 짜증 나는 1.341e+02 표기를 사용했는데, 이는 "소수점을 오른쪽으로 두 자리 이동하라"는 뜻이다. 즉, 그 값은 134.1이다). 이 b 값들을 식 (7.9)에 대입하면 다음과 같은 모형 공식이 나온다.

$$판매량_i = b_0 + b_1\,광고비_i + b_2\,방송횟수_i + b_3\,매력_i$$
$$= -26.61 + (0.08\,광고비_i) + (3.27\,방송횟수_i) + (11.09\,매력_i)$$

b 값들은 음반 판매량과 해당 예측변수의 관계를 말해준다. 만일 이 값이 양수이면 예측변수와 결과변수 사이에는 양의 상관관계가 있는 것이라 할 수 있다. 반대로, 이 값이 음수이면 둘 사이의 관계는 음의 상관이다. 지금 예에서 세 예측변수는 모두 음반 판매량과 양의 상관관계다. 즉, 광고비가 많으면 음반 판매량도 많고, 방송횟수가 많으면 음반 판매량도 많고, 밴드가 매력적이면(매력 점수가 높으면) 음반 판매량도 많다. 그런데 이 b 값들에서 그 이상의 것을 이끌어낼 수도 있다. 한 예측변수의 b 값은 다른 모든 예측변수를 고정했을 때 그 예측변수가 결과에 미치는 영향이 어느 정도인지 말해준다. 그럼 각 예측변수의 b 값을 살펴보자.

- **광고비**($b = 0.085$): 이 값은 광고 예산이 한 단위 증가하면 음반 판매량이 0.085단위 증가함을 뜻한다. 두 변수 모두 천 단위이다. 따라서, 음반 홍보에 £1,000를 더 쓰면 앨범은 85장(0.085×1000) 더 팔린다고 기대할 수 있다. 단, 이러한 해석은 밴드 매력과 방송 횟수의 효과가 고정된 경우에만 참이다.

- **방송 횟수**($b = 3.367$): 이 값은 출시 전 한 주 동안 음반의 노래들이 라디오로 방송된 횟수가 한 단위 증가하면 음반 판매량이 3.367단위 증가함을 뜻한다. 따라서, 노래가 방송을 탈 때마다(출시 한 주 전에) 앨범이 3,367장(3.367×1000) 더 팔린다고 기대할 수 있다. 단, 이러한 해석은 밴드 매력과 광고비의 효과가 고정된 경우에만 참이다.

- **밴드 매력**($b = 11.086$): 이 값은 설문 조사로 구한 밴드 매력 점수가 한 단위 증가하면 음반 판매량이 11.086단위 증가함을 뜻한다. 따라서, 밴드의 매력이 한 등급 더 높으면 음반이 11,086장(11.086×1000) 더 팔린다고 기대할 수 있다. 단, 이러한 해석은 방송 횟수와 광고비의 효과가 고정된 경우에만 참이다.

출력에는 각 b 값에 연관된 표준오차(*Std. Error*)도 나와 있다. 표준오차는 서로 다른 표본들에 대해 b 값이 얼마나 달라지는지를 나타낸다. 이 표준오차는 b 값이 0과 유의하게 다른지 판정하는 데 쓰인다. §7.5.2에서 보았듯이, b 값이 0과 유의하게 다른지는 t 통계량을 이용해서 검정할 수 있다. 단순회귀에서 t 값이 유의하다는 결과가 나왔다는 것은 회귀선의 기울기가 수평선과 유의하게 다르다는 뜻이다. 그러나 다중회귀에서는 그 값의 의미를 시각화하기가 쉽지 않다. 그보다는, t 통계량이 예측변수가 모형에 유의한 수준으로 기여하는지의 여부를 나

타낸다고 말하는 것이 더 이해하기 쉬울 것이다. 즉, 만일 b 값과 연관된 t 검정이 유의하면(출력의 $Pr(>|t|)$ 열에 있는 값이 .05보다 작으면), 해당 예측변수는 모형에 유의한 수준으로 기여한다고 할 수 있다. $Pr(>|t|)$ 열의 값이 작을수록(그리고 t의 값이 클수록) 예측변수의 기여도가 커진다. 지금 모형에서 광고비의 해당 통계량은 $t(196) = 12.26$, $p < .001$이고 출시 전 방송 횟수는 $t(196) = 12.12$, $p < .001$, 밴드 매력은 $t(196) = 4.55$, $p < .001$이다. 따라서 세 예측변수 모두 앨범 판매량에 유의하게 기여한다.[11] 이 t 통계량들의 크기를 보면, 광고비와 방송 횟수의 영향은 비슷하고, 밴드 매력의 영향은 그보다 적다.

b 값들과 해당 유의성은 중요하게 살펴봐야 할 통계량들이다. 그러나, 해석하기에는 b 값을 표준화한 버전이 더 쉽다(표준화된 값들은 변수의 측정 단위에 의존하지 않으므로). R에서 표준화된 베타 추정값(흔히 β로 표기한다)을 구하려면 **lm.beta()**라는 함수가 필요하다. 이 함수는 *QuantPsyc* 패키지에 있으므로, 이 패키지를 설치, 적재해야 한다(§7.3 참고). 그런 다음에는 그냥 원하는 모형을 지정해서 함수를 실행하면 된다. 다음은 *albumSales.3* 모형의 표준화된 베타들을 구하는 명령이다.

```
lm.beta(albumSales.3)
```

출력된 결과는 다음과 같다.

```
 adverts   airplay   attract
0.5108462 0.5119881 0.1916834
```

이 추정값들은 예측변수의 표준편차가 1 단위 변할 때의 결과변수의 표준편차의 변화량이다. 표준화된 베타 값들은 모두 표준편차 단위로 측정되므로, 서로 직접 비교할 수 있다. 그 덕분에 이들은 모형의 한 예측변수의 '중요도'를 좀 더 잘 나타낸다. 방송 횟수와 광고비의 표준화된 베타 값들은 거의 같다(각각 0.512와 0.511). 이는 이 모형에서 두 변수의 중요도가 거의 같다는 뜻이다(이러한 결과는 t 통계량들의 크기에서 이끌어낼 수 있는 것과도 부합한다). 그럼 각 변수의 표준화된 베타 값을 살펴보자.

- **광고비**(표준화된 β = .511): 이 값은 광고비가 1 표준편차(£485,655)만큼 증가하면 음반 판매량이 0.511 표준편차만큼 증가함을 뜻한다. 음반 판매량의 표준편차는 80,699이므로, 증가량은 41,240장(0.511 × 80,699)이다. 따라서, 광고비를 £485,655 더 쓰면 음반이 41,240장 더 팔린다고 기대할 수 있다. 단, 이러한 해석은 밴드 매력과 방송 횟수의 효과가 고정된 경우에만 참이다.

---

11 세 예측변수 모두 $t(196)$이라는 표기가 쓰였음을 주목하기 바란다. 괄호 안의 수치는 자유도를 뜻한다. §7.2.4에서 보았듯이, 회귀에서 자유도는 $N - p - 1$이다. 여기서 N은 전체 표본 크기(지금 예에서는 200)이고 p는 모형의 예측변수 개수(지금 예에서는 3)이다. 따라서 자유도는 200 − 3 − 1 = 196이다.

- **방송 횟수**(표준화된 β = .512): 이 값은 출시 전 한 주 동안 음반의 노래들이 라디오로 방송된 횟수가 1 표준편차(12.27회)만큼 증가하면 음반 판매량이 0.512 표준편차만큼 증가함을 뜻한다. 음반 판매량의 표준편차는 80,699이므로, 증가량은 41,320장 (0.512 × 80.699)이다. 따라서, 출시 전 한 주 동안 라디오 1이 음반의 노래를 12.27번 더 틀어줄 때마다 앨범이 더 팔린다고 기대할 수 있다. 단, 이러한 해석은 밴드 매력과 광고비의 효과가 고정된 경우에만 참이다.

- **밴드 매력**(표준화된 β = .192): 이 값은 설문 조사로 구한 밴드 매력 점수가 1 표준편차 (1.40점)만큼 증가할 때마다 음반 판매량이 0.192 표준편차만큼 증가함을 뜻한다. 음반 판매량의 표준편차는 80,699이므로, 증가량은 15,490장(0.192 × 80.699)이다. 따라서, 다른 밴드보다 매력이 1.40 높은 밴드의 음반이 15,490장 더 팔릴 것이라고 기대할 수 있다. 단, 이러한 해석은 방송 횟수와 광고비의 효과가 고정된 경우에만 참이다.

다음으로는 신뢰구간을 고찰해야 한다. 각 추정값과 그 표준오차, 그리고 자유도를 알고 있으므로 각 추정값의 신뢰구간을 구하는 것은 간단한 문제이다. 게다가, R이 제공하는 **confint()**라는 함수를 이용하면 더욱 간단하다. 그냥 모형 이름을 지정해서 이 함수를 호출하면 매개변수들의 신뢰구간이 나온다. 다음은 *albumSales.3*를 지정한 예이다.

```
confint(albumSales.3)
```

이 명령의 결과가 출력 7.4에 나와 있다. 현재 모형과 같은 변수를 측정한 자료 표본을 100개 수집했다고 상상해 보자. 각각의 표본에 대해 그 표본의 자료를 대표하는 회귀모형을 만들었다고 할 때, 만일 그 모형이 신뢰성이 있다면 모든 표본에서 매개변수들이 아주 비슷할 것이다. 즉, 어떤 표본에서도 대략 같은 b값들이 나올 것이다. 표준화되지 않은 베타 값들의 95% 신뢰구간들은 그러한 표본들의 95%에서 b의 참값이 해당 구간의 상, 하계 사이에 속하도록 만들어진 것이다(§2.5.2 참고). 다른 말로 하면, 100개의 표본에 대해 b의 신뢰구간들을 구했다면, 그중 95개(95%)의 신뢰구간에는 b의 참값이 포함된다. 따라서, 해당 표본으로부터 구축한 신뢰구간은 모집단의 b의 참값을 담고 있다고 상당히 높은 수준으로 확신할 수 있다. 그렇다고 할 때, 좋은 모형의 신뢰구간은 그 범위가 좁을 것이다. 신뢰구간이 좁다는 것은 해당 표본의 b의 값이 모집단의 b의 참값에 가깝다는 뜻이다. 그리고 b의 부호(양, 음)는 예측변수와 결과변수의 관계의 방향을 말해준다. 따라서, 아주 나쁜 모형의 신뢰구간은 0을 포함할 것이다. 신뢰구간에 0이 포함된다는 것은, 어떤 표본에서는 예측변수와 결과변수의 관계가 음의 상관이고 어떤 표본에서는 양의 상관이라는 뜻이다. 지금 예의 모형에서 가장 중요한 두 예측변수(광고비와 방송 횟수)의 신뢰구간은 아주 좁다. 이는 이 모형의 추정값들이 모집단의 참값들을 대표할 가능성이 크다는 뜻이다. 밴드 매력의 신뢰구간은 좀 더 넓은데(그래도 0을 포함하지는 않는다), 이 변수의 매개변수 추정값이 참값을 덜 대표한다는 뜻이다. 그래도 이 추정값은 여전히 유의하다.

```
                2.5 %       97.5 %
(Intercept) -60.82960967   7.60369295
adverts       0.07123166   0.09853799
airplay       2.81962186   3.91522848
attract       6.27855218  15.89411823
```

주입식 샘의 핵심 정리   모형 매개변수

회귀모형의 각 예측변수의 기여도는 모형에 대한 *summary()*의 출력 중 **Coefficients** 부분에서 볼 수 있다. 위계적 회귀를 사용한 경우에는 마지막 모형에 대한 값들을 살펴봐야 한다. 한 예측변수가 결과의 예측에 유의한 수준으로 기여하는지의 여부는 $Pr(>|t|)$ 열의 값으로 판단할 수 있다. 만일 그 열의 값이 .05보다 작으면 기여가 유의한 것이다. 그리고 표준화된 베타 값들도 살펴볼 필요가 있는데, 왜냐하면 그 값은 각 예측변수의 중요도를 말해주기 때문이다(절댓값이 클수록 중요한 것이다).

7.8.4 모형의 비교 ②

지금 예와 같은 위계적 회귀분석에서는 두 모형의 적합도를 비교해야 한다. 특히, 둘째 모형의 R^2이 첫 모형의 R^2보다 유의하게 더 큰지 판단해야 한다. R^2의 유의성은 F 비로 검사할 수 있다. 다음은 이 F 비를 계산하는 공식이다(여기서 N은 사례 또는 참가자의 수이고 k는 모형의 예측변수 개수이다).

$$F = \frac{(N - k - 1)R^2}{k(1 - R^2)}$$

첫 모형(*albumSales.2*)의 R^2은 .335이다. 이는, 이 모형이 없을 때는 결과변수의 변동을 전혀 설명하지 못했지만, 이제는 모형 덕분에 변동의 33.5%를 설명할 수 있게 되었음을 뜻한다. 이러한 변화에 해당하는 F 비는 99.59이고, 이 비는 유의하다(이런 값이 그냥 우연히 나올 확률이 .001보다 작으므로). 첫 모형에서는 예측변수가 하나이므로 $k = 1$이다. 그리고 사례 수는 200이다. 이를 위의 공식에 대입하면 첫 모형의 F 비가 나온다.

$$F_{\text{모형1}} = \frac{(200-1-1)0.334648}{1(1-0.334648)} = 99.587$$

앞에서 보았듯이, 새 예측변수들을 추가해서 모형을 갱신하면(*albumSales.3*) R^2이 .330만큼 증가한다. 이 변화에 해당하는 F 비 역시 같은 공식으로 계산하면 된다. 단, 이번에는 R^2의 변화량과 새 모형(둘째 모형)의 R^2을 사용해야 한다. 둘을 각각 $R^2_{\text{변화}}$와 R^2_2으로 표기하자. 또한, 예측변수의 개수가 아니라 예측변수 개수의 변화량과 둘째 모형의 예측변수 개수를 사용해야 한다. 이를 $k_{\text{변화}}$(첫 모형의 예측변수는 하나이고 둘째 모형의 예측변수는 세 개이므로, 예측변수 개수 변화량은 3 − 1 = 2이다)와 k_2로 표기하자.

$$F_{\text{변화}} = \frac{(N-k_2-1)R^2_{\text{변화}}}{k_{\text{변화}}(1-R^2_2)}$$
$$= \frac{(200-3-1) \times 0.330}{2(1-0.664668)}$$
$$= 96.44$$

이 변화의 자유도들은 $k_{\text{변화}}$(지금 예에서는 2)와 $N-k_2-1$(지금 예에서는 196)이다. 따라서, 설명되는 변동의 양의 변화는 $F(2, 196) = 96.44$, $p < .001$로 유의하다. 이러한 변화 통계량들은 모형에 새 변수들을 추가해서 생긴 변화에 관한 정보를 제공한다.

7.8.4.1 R Commander를 이용한 모형 비교 ②

R Commander에서 두 위계적 모형을 비교하려면 주메뉴에서 **모델 ➡ 가설 검정 ➡ 두 모델 비교하기**를 선택한다(그림 7.13).* 대화상자의 두 목록에 현재 세션에서 생성한 모형들이 나타나 있을 것이다. 두 목록 모두 동일한 모형들(*albumSales.1*, *albumSales.2*, *albumSales.3*)을 제시한다. *albumSales.2*와 *albumSales.3*를 비교해야 하므로, 첫째 모델(하나 선택) 목록에서 *album Sales.2*를 선택하고 둘째 모델(하나 선택) 목록에서 *albumSales.3*를 선택한다. 그런 다음 예 버튼을 클릭하면 비교 결과가 출력된다. 결과는 다음 절에서 설명한다.

7.8.4.2 R을 이용한 모형 비교 ②

R로 모형을 비교할 때는 **anova()** 함수를 사용한다. 이 함수의 일반적인 형태는 다음과 같다.

```
anova(모형.1, 모형.2, …, 모형.n)
```

즉, 그냥 비교할 모형들을 나열해 주면 된다. 단, 이 함수로는 위계적 모형들만 비교할 수 있다.

---

*역주 버전에 따라서는, 먼저 R Commander 상단 오른쪽 끝의 모델:에서 모형을 하나 선택해야 할 수도 있다.

그림 7.13 R Commander를 이용한 두 회귀모형의 비교

다른 말로 하면, 둘째 모형은 첫 모형의 모든 것을 담고 거기에 새로운 무언가가 추가된 것이어야 하고, 셋째 모형은 둘째 모형의 모든 것에 새로운 무언가가 추가된 모형이어야 하는 등이다. 다음은 이러한 원리에 따라 *albumSales.2*와 *albumSales.3*를 비교하는 명령이다.

```
anova(albumSales.2, albumSales.3)
```

출력 7.5에 이 비교의 결과가 나와 있다. *F* 열의 값이 96.447이라는 점에 주목하자. 이는 앞에서 손으로 계산한 값과 동일하다. *Pr*(>*F*) 열의 값은 2.2e−16(즉, 2.2의 소수점을 왼쪽으로 16자리 옮긴 아주 작은 값)이다. 따라서 *albumSales.2*에 비해 *albumSales.3*가 자료에 유의한 수준으로 더 적합하다($F(2, 196) = 96.44$, $p < .001$).

출력 7.5

```
Analysis of Variance Table

Model 1: album2$sales ~ album2$adverts
Model 2: album2$sales ~ album2$adverts + album2$airplay + album2$attract
  Res.Df     RSS Df  Sum of Sq    F     Pr(>F)
1    198  862264
2    196  434575  2     427690 96.447
---
Signif. codes:  0 '***' 0.001 '**' 0.01 '*' 0.05 '.' 0.1 ' ' 1
```

주입식 샘의 핵심 정리　　**위계적 회귀에서 모형의 향상 정도 평가**

위계적 회귀를 수행할 때는 분석의 각 단계에서 R^2 값의 변화량을 점검하고 그 변화량의 유의성을 *anova()* 함수를 이용해서 검사함으로써 모형의 향상 정도를 평가할 수 있다.

7.9 회귀모형의 정확도 검정 ②

7.9.1　R Commander를 이용한 진단 검정 ②

R Commander로 다양한 종류의 진단 검정을 실행할 수 있고, 모형을 여러 가지로 수정할 수도 있다. 해당 기능들은 모두 모델 메뉴를 통해서 접근한다(그림 7.14). 다음은 이 메뉴의 주요 하위 메뉴를 간단히 설명한 것이다. 특정 기능을 자세히 설명하지는 않겠다. 대체로 그냥 콘솔 창에서 명령들을 실행하는 것이 더 빠르기 때문이다. 다음 두 절에서는 회귀모형의 정확도 검사를 위한 일반적인 전략을 개괄한다.

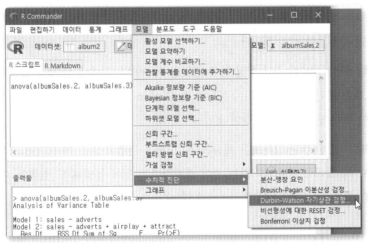

그림 7.14 R Commander를 이용한 회귀 진단

- **활성 모델 선택하기...:** 이 메뉴는 정보를 얻고자 하는 회귀모형을 선택하는 데 쓰인다.

- **모델 요약하기:** 이 메뉴는 현재 활성화된 모형의 요약 정보를 제공한다(*summary()* 함수가 제공하는 것과 같은 내용이다).

- **관찰 통계를 데이터에 추가하기...:** 이 메뉴를 선택하면 R Commander는 각 사례에 대해 이상치 검출을 위한 통계량들을 계산하고, 그 통계량들을 담은 새 변수들(hatvalue, covratio 등)을 원래의 데이터프레임에 추가한다.

- **신뢰구간...:** 활성 모형의 신뢰구간들을 산출한다.

- **Akaike 정보량 기준(AIC):** 활성 모형의 AIC를 표시한다. AIC는 모형 선택에 쓰인다(§7.6.3 참고).

- **Bayesian 정보량 기준(BIC):** 이 책에서 BIC는 자세히 다루지 않는다. AIC와 비슷한 측도이다.

- **단계적 모델 선택...:** 단계적 모형 선택 방법을 실행한다(변수들을 모형에 추가하거나 제거해서 변수 개수가 가장 적으면서도 자료에 가장 적합한 모형을 찾는다). 별로 권장하고 싶지는 않다.

- **하위셋 모델 선택...:** 앞의 단계적 모형 선택보다는 약간(아주 약간만) 낫다. 이 기능은 여러 변수의 조합으로 가장 적합한 모형을 찾되, 변수가 너무 많으면 벌점을 적용한다.

- **가설 검정:** 이 메뉴에는 하위 메뉴가 세 개 있는데, 우선 **분산분석표...**는 모형의 각 예측 변수의 제곱합과 F 통계량들을 산출한다. 선택 사항이 몇 개 있는데, 검정 유형으로 흔히 쓰이는 것은 '유형 III'이다(초천재 제인 11.1 참고).[12] **두 모델 비교하기...**는 두 모형의 적합도를 비교해서 위계적 회귀분석을 실행한다. 마지막으로 **선형 가설...**은 이 책의 범위를 넘는 어떤 분석들에 관한 것이다.

- **수치적 진단:** 다양한 진단 검정 하위 메뉴를 제공한다. 그중 **분산 팽창 요인**은 §7.7.2.3에서 소개한 분산팽창인자(VIF)에 해당하고, **Durbin-Watson 자기상관 검정**은 §7.7.2.1에서 소개한 더빈-왓슨 검정에 해당한다.

- **그래프:** 다양한 진단 그래프를 제공한다. 이 책은 두껍고 읽는 데 시간이 오래 걸리지만, 그래도 이 책에서 설명하지 않는 것이 존재한다는 점에 놀랄 수도 있겠다. 어쨌거나, 이 메뉴의 그래프들은 이 책에서 설명하지 않는다.

---

[12] 통계학자들은 제곱합들을 세세하게 분류하는 데 상당히 열을 올린다. '유형 III' 제곱합을 선택한다면 이전에 모형 요약에서 얻은 것과 동일한 p 값들이 나올 것이다. 이것이 이 책에서 그 값들을 좋아하는 이유이다.

앞에서 살펴본 진단량들은 모두 모형 전체에 관한 것이거나 특정 변수에 관한 것이었다. 그런데 사례에 관한 진단도 존재한다. 그런 진단들은 각각의 사례(넓은 형식의 자료에서 하나의 행을 차지하는)마다 하나의 값을 산출하기 때문에 사례별 진단(casewise diagnostics)이라고 부른다. 사실, §7.7.1에서 이미 사례별 진단들을 살펴보았다. R은 다양한 사례별 진단을 위한 여러 함수를 제공하는데, 그 함수들은 일반적으로 다음과 같은 형태이다.

함수(회귀모형)

간단히 말하면, 그냥 괄호 쌍 안에 회귀모형의 이름(지금 예에서는 *albumSales.3* 등)을 지정하기만 하면 된다. 이전에 보았듯이, 이러한 진단량들은 이상치나 모형에 큰 영향을 주는 사례를 식별하는 데 도움이 된다. 관련 함수들을 정리하자면 다음과 같다.

- 이상치: 잔차는 **resid()** 함수로 구하고 표준화잔차는 **rstandard()** 함수로 구한다. 그리고 스튜던트화 잔차는 **rstudent()** 함수로 구한다.

- 영향이 큰 사례: 쿡의 거리는 **cooks.distance()** 함수로 구한다. DFBeta는 **dfbeta()** 함수로, DFFit은 **dffits()**로 구한다. 모자 값(지렛대)은 **hatvalues()** 함수로, 공분산비는 **covratio()** 함수로 구한다.

이 함수들을 실행하면 R은 수많은 값을 콘솔에 출력한다. 그 값들을 눈으로 훑어보는 것은 그리 유용하지 않다. 그보다는, 함수의 결과를 데이터프레임의 한 변수에 저장한 후 조사하는 것이 낫다. 이전에도 여러 번 나온 방식대로, 데이터프레임에 새 변수를 만들고 함수의 결과를 <- 연산자로 그 변수에 배정하면 된다. §3.5.2에서 이야기했듯이, 데이터프레임에 새 변수를 추가하는 명령의 형태는 다음과 같다.

데이터프레임$새변수이름<-새 변수의 자료

데이터프레임에 없는 변수 이름을 $ 기호 다음에 지정하면 해당 이름의 변수가 데이터프레임 안에 새로 만들어진다. 그리고 <- 우변에 지정한 자료(어떤 산술 표현식이나 함수 호출의 결과)가 그 변수에 저장된다. 다음은 *album2* 데이터프레임 안에 각 사례의 잔차를 담는 새 변수를 추가하는 명령이다.

```
album2$residuals<-resid(albumSales.3)
```

이 명령은 *album2* 데이터프레임에 **residuals**라는 변수(*album2$residuals*)를 생성한다. 그 변수에는 *albumSales.3* 모형의 잔차들(*resid(albumSales.3)*)이 저장된다. 다른 여러 사례별 진단량들도 같은 방식으로 데이터프레임에 저장하면 된다.

```
album2$standardized.residuals<- rstandard(albumSales.3)
album2$studentized.residuals<-rstudent(albumSales.3)
album2$cooks.distance<-cooks.distance(albumSales.3)
album2$dfbeta<-dfbeta(albumSales.3)
album2$dffit<-dffits(albumSales.3)
album2$leverage<-hatvalues(albumSales.3)
album2$covariance.ratios<-covratio(albumSales.3)
```

이제 다음 명령으로 데이터프레임의 자료를 살펴보면 기존 변수들과 함께 여러 사례별 진단량을 담은 변수들도 볼 수 있다.

```
album2
```

아래에 그 결과의 처음 몇 행이 나와 있다(지면 관계상 긴 열 이름을 수정하고, 몇몇 열은 아예 생략했다).[13]

```
adverts  sales airplay attract  resid    stz.r    stu.r cooks dfbeta
10.256    330     43      10    100.080   2.177    2.199 0.059 -5.422
985.685   120     28       7   -108.949  -2.323   -2.350 0.011  0.216
1445.563  360     35       7     68.442   1.469    1.473 0.011 -0.659
1188.193  270     33       7      7.024   0.150    0.150 0.000 -0.045
574.513   220     44       5     -5.753  -0.124   -0.123 0.000 -0.149
568.954   170     19       5     28.905   0.618    0.617 0.001  1.143
...        ...     ...     ...      ...     ...      ...   ...    ...
```

새 변수들을 추가했으니 데이터프레임의 자료를 파일에 저장해 두어도 좋을 것이다(§3.8 참고). 이를 위한 명령은 다음과 같다.

```
write.table(album2, "Album Sales With Diagnostics.dat", sep = "\t", row.names = FALSE)
```

그럼 표준화잔차들부터 살펴보자. §7.7.1.1에서 언급했듯이, 보통의 표본에서는 사례의 95%는 표준화잔차가 약 ±2 이내라고 기대한다. 지금 예에서 사례가 200개이므로 그중 10개(5%)는 표준화잔차가 그 범위 바깥일 것이다. **R**의 한 가지 멋진 특징은, **R**이 그러한 표준화잔차들을 자동으로 자료로 간주한다는 것이다. 따라서 다른 자료를 조사할 때와 마찬가지 방식으로 표준화잔차들을 조사할 수 있다. 예를 들어 다음 명령을 실행해 보자.

---

13 또한, 지면 관계상 수치들을 소수점 이하 세 자리로 반올림해서 표시했다. 이를 위해 실행한 명령은 다음과 같다.

```
round(album2, digits = 3)
```

```
album2$standardized.residuals > 2 | album2$standardized.residuals < -2
```

그러면 **R**은 각 사례에 대해 해당 잔차가 −2보다 작거나 +2보다 큰지 알려준다(이전에 말했듯이, 명령에서 '|' 기호는 '또는'(논리합)을 뜻한다. 따라서 이 명령은 "잔차가 2보다 크거나(또는) −2보다 작은 가?"라는 질문에 해당한다). 다음은 이 명령의 출력이다.

```
 TRUE  TRUE FALSE FALSE FALSE FALSE FALSE FALSE FALSE  TRUE FALSE FALSE
FALSE FALSE FALSE FALSE FALSE FALSE FALSE FALSE FALSE FALSE FALSE FALSE
FALSE FALSE FALSE FALSE FALSE FALSE FALSE FALSE FALSE FALSE FALSE FALSE
FALSE FALSE FALSE FALSE FALSE FALSE FALSE FALSE FALSE FALSE  TRUE FALSE
FALSE FALSE FALSE  TRUE FALSE FALSE  TRUE FALSE FALSE FALSE FALSE FALSE
 TRUE FALSE FALSE FALSE FALSE FALSE FALSE  TRUE FALSE FALSE FALSE FALSE
FALSE FALSE FALSE FALSE FALSE FALSE FALSE FALSE FALSE FALSE FALSE FALSE
FALSE FALSE FALSE FALSE FALSE FALSE FALSE FALSE FALSE FALSE FALSE FALSE
...
```

각 사례에 대해 이 명령은 해당 잔차가 2보다 크거나 −2보다 작으면(즉, 절댓값이 2보다 큰 잔차이면) TRUE를, 그렇지 않으면(즉, ±2 범위의 잔차이면) FALSE를 출력한다. 이전처럼 이러한 정보 자체도 데이터프레임의 한 변수에 저장할 수 있다. 다음 명령을 실행하면 된다.

```
album2$large. residual <- album2$standardized. residuals > 2 |
album2$standardized. residuals < -2
```

그럼 이 새 변수를 활용해보자. 이때 기억할 것은 **R**이 'TRUE'를 수치 1로, 'FALSE'를 수치 0으로 저장한다는 점이다. 따라서 *sum()* 함수로 **large.residual** 변수의 총합을 계산하면 절댓값이 2보다 큰 잔차(이하 그냥 큰 잔차)의 수를 알 수 있다. *sum()* 함수의 사용법은 간단하다. 총합을 구할 변수를 지정하기만 하면 된다. 따라서, 큰 잔차의 수를 구하는 명령은 다음과 같다.

```
sum(album2$large.residual)
[1] 12
```

이 결과는 잔차가 큰(2보다 크거나 −2보다 작은) 사례가 12개뿐임을 말해준다. 그런데 그런 사례의 수뿐만 아니라 그런 사례들이 구체적으로 어떤 것들인지도 알 수 있으면 좋을 것이다. **large.residual** 변수의 값이 TRUE인 사례들만 선택하면 그런 사례들을 알아낼 수 있다. §3.9.1에서 보았듯이, 자료 집합의 특정 부분을 선택할 때는 데이터프레임[행들, 열들] 형태의 명령을 사용한다. 여기서 **행**들과 **열**들은 원하는 행과 열을 선택하는 구체적인 조건들이다. 지금 예에서는 행들에 *album2$large.residual*을 지정하면 된다. 그러면 **large.residual**의 값이 TRUE인 행들만 선택된다. 그리고 만일 각 행의 모든 열을 보고 싶다면 **열**들을 생략하고, 특정 열들만 보고 싶다면 *c()* 함수로 해당 열들을 지정하면 된다. 다음이 그러한 예이다.

```
album2[album2$large.residual, c("sales", "airplay", "attract", "adverts",
"standardized.residuals")]
```

이 명령은 large.residual이 TRUE인 행들만, 그리고 그 행들의 sales, airplay, attract, adverts, standardized.residuals 열(변수)만 선택한다. 출력 7.6에 이 명령의 결과가 나와 있다. 결과를 보면 한계를 벗어난 사례는 12개(6%)이다. 즉, 이 표본은 우리가 기대한 것의 1% 이내이다. 그리고 사례들의 99%는 ±2.5 이내이어야 한다. 따라서 사례들의 1%만 그 한계를 벗어나리라고 기대할 수 있다. 결과에 나온 사례 중 그 한계 바깥에 있는 사례는 두 개(1%)임이 확실하다(164번과 169번). 따라서 이 표본은 상당히 정확한 모형에서 기대할 수 있는 특성들과 부합하는 것으로 보인다. 표준화잔차가 3을 넘는 169번 사례를 제외할 때, 이러한 진단 결과는 우리의 모형에서 특별히 걱정할 것이 없음을 말해준다. 그러나 169번 사례는 좀 더 조사해볼 필요가 있다.

앞에서 모형의 다른 여러 사례별 진단량들도 데이터프레임에 저장해 두었다. 여기서 한 가지 유용한 전략은, 문제가 있어 보이는 사례를 그러한 진단량들을 이용해서 좀 더 조사하는 것이다. 그럼 앞에서 식별한 열두 사례(잔차가 일정 범위를 넘는 사례들)의 모자 값과 쿡의 거리, 그리고 공분산비를 살펴보자. 앞에서와 같은 형태의 명령을 사용하되, 데이터프레임의 변수들(열들)만 다르게 지정한다.

```
album2[album2$large.residual, c("cooks.distance", "leverage", "covariance.
ratios")]
```

이 명령을 실행하면 large.residual이 TRUE인 사례들의 cooks.distance, leverage, covariance. ratios 열(변수)들이 출력된다. 출력 7.7에 그 값들이 나와 있다. 우선 주목할 것은 쿡의 거리가 1보다 큰 사례는 하나도 없다는 점이다(심지어 169번 사례도 그 기준을 넘지 않는다). 따라서, 모형에 필요 이상으로 큰 영향을 미치는 사례는 없다고 할 수 있다. 표본의 평균 모자 값(지렛대)을 계산해 보면 $0.02(k+1)/n = 4/200$이 나온다. 다음으로, 모자 값이 평균의 두 배(0.04) 또는 세 배(0.06)가 넘는(두 배냐 세 배냐는 어떤 통계학자를 더 믿느냐에 따라 결정하면 된다) 사례들을 찾아보자. 모든 사례는 평균의 세 배보다는 작다. 1번 사례만 평균의 두 배에 가깝다.

출력 7.6

	sales	airplay	attract	adverts	standardized.residuals
1	330	43	10	10.256	2.177404
2	120	28	7	985.685	-2.323083
10	300	40	7	174.093	2.130289
47	40	25	8	102.568	-2.460996
52	190	12	4	405.913	2.099446
55	190	33	8	1542.329	-2.455913
61	300	30	7	579.321	2.104079
68	70	37	7	56.895	-2.363549
100	250	5	7	1000.000	2.095399
164	120	53	8	9.104	-2.628814
169	360	42	8	145.585	3.093333
200	110	20	9	785.694	-2.088044

	cooks.distance	leverage	covariance.ratios
1	0.058703882	0.047190526	0.9712750
2	0.010889432	0.008006536	0.9201832
10	0.017756472	0.015409738	0.9439200
47	0.024115188	0.015677123	0.9145800
52	0.033159177	0.029213132	0.9599533
55	0.040415897	0.026103520	0.9248580
61	0.005948358	0.005345708	0.9365377
68	0.022288983	0.015708852	0.9236983
100	0.031364021	0.027779409	0.9588774
164	0.070765882	0.039348661	0.9203731
169	0.050867000	0.020821154	0.8532470
200	0.025134553	0.022539842	0.9543502

출력에는 공분산비(covariance ratio, CVR) 열도 있다. §7.7.1.2에서 보았듯이, 공분산비에 대해서는 다음과 같은 기준을 적용해야 한다.

- $CVR_i > 1 + [3(k + 1)/n] = 1 + [3(3 + 1)/200] = 1.06;$
- $CVR_i < 1 - [3(k + 1)/n] = 1 - [3(3 + 1)/200] = 0.94.$

출력에서 이 범위를 크게 벗어나는 사례가 있는지 찾아보자. 잠재적인 이상치 12개는 대부분 범위 안에 있거나 범위를 아주 조금만 벗어난다. 걱정할 만한 것은 이번에도 169번 사례인데, CVR이 하한보다 훨씬 작다. 그러나 해당 쿡의 거리를 참작하면, 이 사례가 크게 문제가 되지는 않을 가능성이 있다.

주입식 샘의 핵심 정리 **영향력이 큰 사례들**

회귀모형에 큰 영향을 미치는 사례들을 찾는 방법을 정리하자면 다음과 같다.

- 표준화잔차의 절댓값이 2보다 큰 사례들이 전체의 5%를 넘어서는 안 된다. 그리고 표준화잔차의 절댓값이 2.5보다 큰 사례들이 전체의 약 1%를 넘어서는 안 된다. 절댓값이 3보다 큰 사례는 이상치일 수 있다.
- 쿡의 거리가 1보다 큰 사례는 모형에 영향을 미칠 가능성이 있다.
- 평균 모자 값(예측변수 개수 더하기 1을 표본 크기로 나눈 것)을 계산하고, 개별 모자 값이 평균값의 두 배 또는 세 배를 넘는 사례들을 찾아본다.
- 공분산비(CVR) 허용 범위의 상한과 하한을 계산한다. 상한은 1에 평균 모자 값의 세 배를 더한 것이고 하한은 1에서 평균 모자 값의 세 배를 뺀 것이다. CVR이 그 범위를 벗어난 사례는 문제가 될 수 있다.

이 예에 나온 것과는 다른 진단 통계량들을 구하는 것도 가능하다. 여러 가지 진단 통계량을 출력하고, 이전의 논의에서 배운 내용에 기초해서 비정상적인 사례들을 찾아보기 바란다. 어쨌거나, 지금 나온 수치들로 볼 때 우리의 모형이 특정 사례에 필요 이상으로 크게 영향을 받지는 않는 것으로 보인다. 즉, 우리의 모형은 충분히 믿을 만하다.

7.9.3 독립성 가정의 평가 ②

§7.7.2.1에서, 오차의 독립성 가정을 더빈-왓슨 검정을 이용해서 검사할 수 있음을 배웠다. 더빈-왓슨 검정통계량은 자기상관 측도와 p 값으로 계산하는데, R에서는 그냥 계산할 때는 **durbinWatsonTest()** 함수(첫 글자가 소문자 d이고, 중간의 W와 T는 대문자임을 주의해야 한다)나 *dwt()* 함수를 이용하면 된다. 회귀모형의 이름을 지정해서 이 함수 중 하나를 지정하면 더빈-왓슨 검정통계량이 출력된다. 예를 들어 다음은 *albumSales.3* 모형에 대해 더빈-왓슨 검정을 실행하는 명령이다.

durbinWatsonTest(albumSales.3)

또는 다음과 같이 해도 된다.

dwt(albumSales.3)

둘 다 같은 검정을 수행한다. 결과를 해석할 때 적용할만한 보수적인 규칙은, 만일 검정통계량이 1보다 작거나 3보다 크면 주의할 필요가 있다는 것이다. 이 값은 2에 가까울수록 좋다. *albumSales.3* 모형의 경우 더빈-왓슨 검정통계량은 2와 꽤 가까운 1.950이다(출력 7.8). 따라서 오차의 독립성 가정이 만족됨이 거의 확실하다. 이 값에 대한 p가 .7이라는 점은 이러한 결론을 확인해준다(확률이 .05보다 훨씬 크므로, 이 검정통계량은 전혀 유의하지 않다). (이 검정의 p 값은 다소 이상하다. 부트스트랩에서 기인하는 다소 복잡한 내부 사정 때문에, 함수를 실행할 때마다 다른 p 값이 나올 수 있다.)

출력 7.8

```
lag Autocorrelation D-W Statistic p-value
  1       0.0026951      1.949819   0.786
Alternative hypothesis: rho != 0
```

다중공선성 부재 가정의 평가 ②

공선성을 평가하는 데 유용한 통계량은 VIF(분산팽창인자)와 그것의 역수인 허용(tolerence) 통계량이다. VIF는 **vif()** 함수로 얻을 수 있다. 그냥 원하는 모형 이름만 지정하면 된다. 예를 들어 다음은 *albumSales.3* 모형의 VIF 통계량을 구하는 명령이다.

```
vif(albumSales.3)
```

허용 통계량을 위한 함수는 따로 없는데, 아주 간단히 계산할 수 있기 때문이다. 앞에서 말했듯이 허용 통계량은 VIF의 역수, 즉 1/VIF이다. 따라서 다음과 같이 구하면 된다.

```
1/vif(albumSales.3)
```

평균 VIF를 살펴보는 것도 도움이 된다. 평균 VIF는 각 예측변수의 VIF 값을 모두 더하고 예측변수 개수(k)로 나눈 것이다.

$$\overline{\text{VIF}} = \frac{\sum_{i=1}^{k}\text{VIF}}{k} = \frac{1.015 + 1.043 + 1.038}{3} = 1.032$$

R에서는 그냥 *vif* 함수의 결과를 *mean()*에 적용하면 된다. 해당 명령은 다음과 같다.

```
mean(vif(albumSales.3))
```

출력 7.9

```
> vif(albumSales.3)
 adverts  airplay  attract
1.014593 1.042504 1.038455

> 1/vif(albumSales.3)
  adverts   airplay   attract
0.9856172 0.9592287 0.9629695

> mean(vif(albumSales.3))
[1] 1.03185
```

출력 7.9는 이 모형의 VIF와 허용 통계량, 그리고 평균 VIF이다. 여기에, §7.7.2.4에 나온 다음과 같은 몇 가지 지침을 적용해 볼 수 있을 것이다.

- 만일 가장 큰 VIF가 10보다 크면 문제의 여지가 있는 것이다(Bowerman & O'Connell, 1990; Myers, 1990).

- 평균 VIF가 1보다 확연하게 크면 회귀모형이 편향되었을 수 있다(Bowerman & O'Connell, 1990).

- 허용 통계량이 0.2보다 작으면 모형에 뭔가 문제가 있을 가능성이 있다(Menard, 1995).

- 허용 통계량이 0.1보다 작으면 모형에 심각한 문제가 있는 것이다.

현재 모형의 VIF 값들은 모두 10보다 훨씬 작고, 허용 통계량들도 모두 0.2보다 확실하게 크다. 또한, 평균 VIF가 1에 아주 가깝다. 이러한 측도들로 볼 때, 우리의 모형에 다중공선성이 존재하지는 않는다고 결론을 내려도 안전할 것이다.

주입식 샘의 핵심 정리　　**다중공선성 점검**

다중공선성은 VIF 값으로 점검한다. VIF 값이 10보다 작으면 걱정할 문제가 없을 것이라는 뜻이다. VIF 값들의 평균이 1보다 그리 크지 않으면, 역시 걱정할 문제가 없을 것이라는 뜻이다.

7.9.5 　잔차에 관한 여러 가정의 점검 ②

분석을 마무리하는 차원에서, 잔차(오차)에 관한 가정들을 눈으로 점검해 볼 필요가 있다. 기본적인 분석에서는 예측값들(x 축)에 대한 표준화잔차들(y 축)의 산점도를 그려 보면 도움이 된다. 그러한 그래프를 살펴보면 오차의 무작위성과 등분산성을 눈으로 확인할 수 있기 때문이다. 출판을 위한 고품질 그래프를 만들고 싶다면 *ggplot2* 패키지를 사용하는 것이 좋다(R의 영혼의 조언 7.3 참고). 그러나 지금처럼 그냥 가정들을 확인하는 목적이라면 더 간단한(그러나 덜 예쁜) 내장 함수 **plot()**과 **hist()**로 충분하다.

첫 번째로 유용한 그래프는 잔차 대 적합값(fitted value; 모형에 적합된 값, 즉 예측값) 산점도이다. 모형에 문제가 없다면, 이 그래프는 모든 점이 0을 중심으로 고르게, 무작위로 분산된 모습이어야 한다. 만일 이 그래프가 깔때기 형태이면 자료에 이분산성이 존재할 가능성이 있다. 만일 이 그래프가 어떤 곡선 형태를 띤다면, 자료가 선형성 가정을 위반했을 가능성이 있다. 그림 7.15에 표준화된 예측값 대 표준화잔차 산점도의 몇 가지 예가 나와 있다. 윗줄 왼쪽 그래프는 모형이 선형성 가정과 등분산성 가정을 만족하는 상황이고, 윗줄 오른쪽은 등분산성 가정을 위반하는 상황이다. 점들이 깔때기 모양으로 분산되어 있음을 주목하기 바란다. 이분산성이 존재하면 이러한 깔때기 모양이 특징적으로 나타난다. 이는 잔차들의 변동이 증가함을 나타낸다. 아랫줄 왼쪽 그래프는 결과변수와 예측변수 사이에 어떤 비선형적 관계가 존재하는 모형의 경우이다. 이러한 패턴은 잔차들에 의해 생긴 것이다. 잔차들에 존재하는 곡선형 추세가 명확하게 나타나 있다. 마지막으로, 아랫줄 오른쪽 그래프는 비선형적 관계뿐만 아니라 이분산성

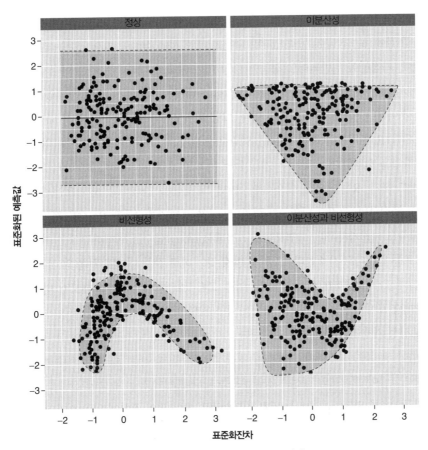

그림 7.15 표준화잔차 대 예측값(적합값) 산점도

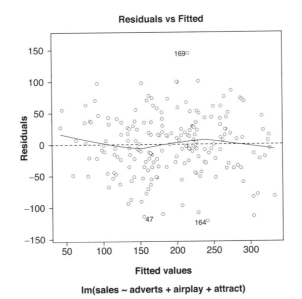

그림 7.16 plot() 함수로 그린 음반 판매량 모형의 잔차 대 예측값 산점도

도 존재하는 경우에 해당한다. 우선, 자료의 추세가 곡선 형태라는 점에 주목하자. 또한, 그래프의 한쪽 끝에서는 점들이 몰려 있지만 다른 한 끝에서는 점들이 퍼져 있다는 점도 주목할 필요가 있다. 가정들이 위반되어도 점들이 항상 이런 형태로 나타나는 것은 아니지만, 여러분이 산점도에서 어떤 것을 찾아봐야 하는지 감을 잡는 데에는 이 예들이 도움이 되었을 것이다.

R에서 이러한 산점도를 그리기는 쉽다. 그냥 회귀모형의 이름을 지정해서 *plot()* 함수를 실행하면 된다. R의 똑똑한 측면 하나는, 여러분이 뭔가를 지시하면 주어진 입력의 종류에 따라 적절한 작업을 선택한다는 것이다. 예를 들어 뭔가를 요약하기 위해 *summary(x)*라는 명령을 지시했다고 하자. R은 만일 x가 연속변수이면 그 평균을 출력하고, x가 요인(범주형변수)이면 개수들을 출력한다. 그리고 만일 x가 회귀모형이면 그 매개변수들과 R^2 같은 것들을 출력한다. *plot()* 함수도 마찬가지이다. 회귀모형을 지정해서 *plot()* 함수를 실행하면 R은 여러분이 네 가지 그래프를 원한다고 간주한다. 그중 첫 번째 것이 바로 잔차 대 적합된 값의 산점도이다.

그 그래프가 그림 7.16에 나와 있다. 이를 그림 7.15의 예들과 비교해보기 바란다. 다행히 음반 판매량 모형의 잔차 그래프는 상당히 무작위한 패턴을 보여주는데, 이는 선형성, 무작위성, 등분산성 가정들이 만족됨을 나타낸다.

*plot()*이 생성하는 두 번째 그래프는* 정규성으로부터의 이탈 정도를 보여주는 Q-Q 그림이다(제5장 참고). 이 그래프의 직선은 정규분포를 나타내고, 점들은 관측된 잔차를 나타낸다. 따라서, 정규분포를 완전하게 따르는 자료 집합이라면 모든 점이 직선에 있을 것이다. 실제로 음반 판매량 자료의 Q-Q 그림(그림 7.17의 아랫줄 왼쪽 그래프)이 거의 그런 모습을 보여준다. 그러나 잔차들이 정규성을 많이 벗어난 경우에는 점들이 직선에서 멀리 떨어진 곳에 놓이게 된다. 그림 7.17의 아랫줄 오른쪽이 그러한 예이다(이 예는 잔차들의 분포가 한쪽으로 기운 경우에 해당한다).

잔차가 정규분포로부터 벗어났는지 점검하는 또 다른 유용한 방법은 잔차(표준화잔차 또는 스튜던트화 잔차)들의 히스토그램을 살펴보는 것이다. 간단한 히스토그램은 *hist()* 함수 그래프로 손쉽게 그릴 수 있다. 그냥 변수 이름 하나를 지정해서 이 함수를 호출하면 그 변수의 히스토그램이 나온다. 앞에서 스튜던트화 잔차들을 데이터프레임의 한 변수에 저장해 두었으므로, 그 변수로 그래프를 그려보자. 해당 명령은 다음과 같다.

```
hist(album2$studentized.residuals)
```

앞에서 스튜던트화 잔차들을 데이터프레임에 저장하지 않은 독자라면, 다음과 같이 *rstudent()* 함수로 구한 잔차들을 *hist()*에 직접 지정해서 Q-Q 그림을 생성하면 된다.

---

*역주 R에서 한 함수가 여러 개의 그래프를 생성하는 경우, 현재 그래프를 마우스로 클릭하거나 Enter 키를 누르면 다음 그래프로 넘어간다.

*lm()*이 산출하는 모형은 여러 가지 변수를 포함한 자료 집합(data set)의 일종이다. 그 변수 중 하나는 각 사례의 예측값을 담은 *fitted.values*이다. 데이터프레임의 변수들처럼, 모형의 한 변수도 $를 이용해서 지칭할 수 있다. 즉, *albumSales.3$fitted.values*는 *albumSales.3* 모형의 예측값들을 담는 변수이다. 또한, 이전에 사례별 진단량들에 대해 했던 것처럼, 모형의 이 예측값들을 원래의 데이터프레임에 저장할 수 있다. 다음이 그러한 명령이다.

```
album2$fitted <- albumSales.3$fitted.values
```

이제 예측값들을 담은 **fitted**라는 변수가 원래의 데이터프레임에 새로 생겼다. 그리고 앞에서 데이터프레임에 스튜던트화 잔차들을 담은 **studentized.residuals**라는 변수를 추가했음을 기억할 것이다. 제4장과 제5장에서 배운 내용을 이용해서, 이 두 변수로 출판에 적합한 품질의 그래프를 그릴 수 있다. 예를 들어 다음은 스튜던트화 잔차들의 히스토그램을 생성하는 명령들이다(이 명령이 이해가 되지 않는다면 제5장을 다시 보기 바란다).

```
histogram<-ggplot(album2, aes(studentized.residuals)) + theme(legend.
position = "none") + geom_histogram(aes(y = ..density..), colour = "black",
fill = "white") + labs(x = "Studentized Residual", y = "Density")
histogram + stat_function(fun = dnorm, args = list(mean =
mean(album2$studentized. residuals, na.rm = TRUE), sd =
sd(album2$studentized.residuals, na.rm = TRUE)), colour = "red", size = 1)
```

Q-Q 그림을 만들려면 다음 명령을 실행하면 된다.

```
qqplot.resid <- qplot(sample = album2$studentized.residuals) +stat_qq() +
labs(x = "Theoretical Values", y = "Observed Values")
```

마지막으로, 다음 명령들을 실행하면 스튜던트화 잔차 대 예측값의 산점도가 만들어진다.

```
scatter <- ggplot(album2, aes(album2$fitted, album2$studentized.
residuals))
scatter + geom_point() + geom_smooth(method = "lm", colour = "Blue")+
labs(x = "Fitted Values", y = "Studentized Residual")
```

다음은 이들로 생성한 그래프들이다.

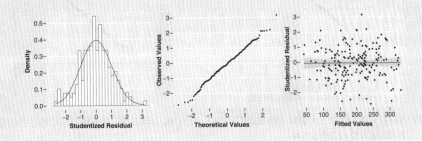

```
hist(rstudent(albumSales.3))
```

그림 7.17에 현재 자료의 히스토그램이 나와 있다(왼쪽 위). 히스토그램이 정규분포 형태(종 모양 곡선)에 가까울수록 좋은 것인데, 실제로 음반 판매량 자료의 히스토그램은 대략 정규분포의 모습을 띠고 있다. 이 히스토그램을 그 오른쪽에 나온 비정규 히스토그램의 예와 비교해 보기 바란다. 이 비정규 히스토그램은 한쪽으로 치우친 모습(비대칭)이다. 잔차의 정규성을 검사할 때는 히스토그램이 이처럼 한쪽으로 치우쳐 있지는 않은지 확인해야 한다. 히스토그램이 어떤 방식으로든 정규분포 형태에서 벗어나 있다면 자료에 비정규성이 존재하는 것이다. 벗어난 정도가 클수록 잔차 분포의 비정규성도 강하다. 그림 7.17 오른쪽에 나온 비정규분포에 대한 히스토그램과 정규 Q-Q 그림은 극단적인 예이므로, 여러분의 잔차를 점검할 때는 좀 더 미묘한 편향과 이탈을 검출할 수 있어야 한다.

이상의 그래프들로 볼 때, 우리의 모형은 표본을 꽤 정확히 대표하며 모집단으로 일반화할 수 있는 것으로 보인다. 결론을 내리자면, 모형의 광고비와 방송 횟수는 둘 다 비슷한 정도로

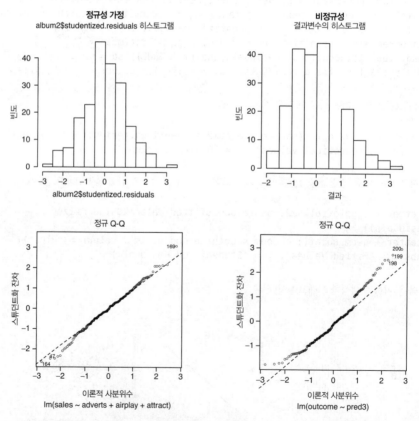

그림 7.17 정규분포를 따르는 잔차들의 히스토그램과 Q-Q 그림(왼쪽), 그리고 정규분포를 따르지 않는 잔차들의 히스토그램과 Q-Q 그림(오른쪽)

앨범 판매량을 잘 예측한다. 밴드 매력은 앨범 판매량을 유의하게 예측하지만, 다른 두 예측변수보다는 덜 중요하다(그리고 이분산성이 존재할 가능성이 있으므로 아마 타당성 검증이 필요할 것이다). 또한, 모형은 관련 가정들을 모두 만족하는 것으로 보인다. 따라서 출시된 임의의 음반으로 이 모형을 일반화할 수 있다고 가정할 수 있다.

주입식 샘의 핵심 정리　　**모형을 표본 이상으로 일반화하기**

모형을 표본 이상으로 일반화하려면 먼저 회귀의 몇 가지 가정을 확인해 보아야 한다.

- 표준화잔차 대 예측값의 산점도를 그려본다. 점들이 무작위로 고르게 퍼져 있으면 좋다. 그러나 점들이 마치 깔때기 같은 모양을 형성한다면 분산의 동질성에 관한 가정이 위반되었을 수 있다. 그리고 점들이 특정한 패턴(구부러진 모양 등)을 띤다면, 선형성 가정이 깨졌을 수 있다. 그래프의 한쪽에서는 점들이 모여 있고 다른 한쪽에서는 점들이 넓게 퍼져 있다면 등분산성과 선형성이 모두 깨졌을 수 있다. 산점도에서 이런 특징들이 하나라도 보인다면 모형의 타당성을 검증할 필요가 있다. 다른 모든 부분 산점도들에 대해서도 이러한 점검을 반복해야 한다.
- 잔차들의 히스토그램도 살펴보아야 한다. 만일 히스토그램이 정규분포의 형태이면(그리고 Q-Q 그림이 대각선 형태이면) 좋은 것이고, 히스토그램이 정규분포에서 빗어난 모습이면 뭔가 문제가 있는 것이다. 단, 표본이 작을 때는 실제로는 정규분포를 따르는 표본도 정규분포에서 많이 벗어난 모습으로 보일 수 있음을 주의해야 한다.

7.9.6　가정이 깨졌다면? ②

모형이 자료에 완벽하게 잘 맞는다면(이상치도 없고, 영향력이 큰 사례도 없고 등등), 비록 가정들이 깨졌다고 해도 그 모형을 이용해서 표본에 대한 어떤 결론을 이끌어낼 수 있다. 그러나 회귀모형은 표본 이상으로 일반화할 때 훨씬 더 유용하며, 그런 경우에는 가정이 중요해진다. 가정들이 깨졌다면 모형으로 발견한 것들을 표본 이상으로 일반화할 수 없다. 깨진 가정을 바로잡는 방법은 그리 많지 않다. 잔차들에서 이분산성이나 비정규성이 발견되었다면, 원본 자료를 변환해 볼 수 있다. 그러나 그렇다고 잔차들의 문제가 이 바로잡히리라는 보장은 없다. 선형성 가정이 깨졌다면 선형회귀 대신 로지스틱 회귀(다음 장에서 설명한다)를 적용해 볼 수 있다. 마지막으로, 다음 절에서 설명할 강건한 회귀(robust regression)를 시도해 볼 수도 있다.

7.10 강건한 회귀: 부트스트래핑 ③

§6.5.7에서, 상관관계를 추정할 때 부트스트랩 방법을 이용해서 통계적 유의성과 신뢰구간들을 얻을 수 있다는 점과 그것이 분산에 관한 가정들을 완화할 수 있다는 뜻임을 배웠다. 회귀 추정에 대해서도 같은 일이 가능하다. 상관에 대한 부트스트랩 방법을 설명할 때 *boot* 패키지를 사용했는데, 이번에도 그 패키지를 사용한다.[14]

boot() 함수를 이용해서 부트스트랩을 적용하는 방법은 제6장에서 이미 이야기했지만, 여기서 다시 정리하는 것도 나쁘지 않을 것이다. *boot()*의 일반적인 활용 형태는 다음과 같다.

```
객체<-boot(자료, 함수, 반복)
```

여기서 **자료**는 사용할 데이터프레임이고 **함수**는 부트스트랩 방법을 적용할 통계량 계산 함수, **반복**은 추출할 부트스트랩 표본의 수이다(많을 수록 좋지만, 대신 시간이 오래 걸린다. 200 정도가 적당할 것이다).

상관분석에서처럼 이번에도 부트스트랩을 적용할 함수를 작성해야 한다(R의 영혼의 조언 6.2 참고). 이번에는 *bootReg()*라는 함수를 작성해 볼 것이다. 이 함수는 상관분석에서 작성했던 것보다는 조금 복잡한데, 그때와는 달리 이번 예제에서는 관심 있는 통계량이 여러 개이기 때문이다(절편 하나와 세 개의 기울기 매개변수를 부트스트래핑해야 한다). 다음은 이 함수를 정의하는 명령이다.

```
bootReg <- function (formula, data, indices)
{
    d <- data [indices,]
    fit <- lm(formula, data = d)
    return(coef(fit))
}
```

이 명령을 실행하면 *bootReg*라는 이름의 함수가 만들어진다. 함수의 첫 부분은 함수가 받는 입력들이다. 지금 예에서 이 함수는 회귀 공식(regression formula)과 데이터프레임, 그리고 색인 *i*를 받는다. 여기서 회귀 공식은 *lm()*에 지정하는 것과 같은, 이를테면 $y \sim a + b$ 형태의 구문이다. 그리고 색인은 상관분석에서처럼 특정 표본(지금 예에서는 특정 부트스트랩 표본)을 가리키는 역할을 한다. 그럼 함수의 본문을 살펴보자.

- *d <- data [i,]*: 함수에 입력된 데이터프레임의 한 부분집합을 담는 *d*라는 데이터프레임을 생성한다. *i*는 특정 부트스트랩 표본을 가리킨다.

---

[14] *lm.boot()*라는 함수를 포함한 *simpleboot*라는 패키지도 있다. *simpleboot*를 이용하면 부트스트랩 방법을 아주 쉽게 적용할 수 있지만, 이 글을 쓰는 현재의 버전으로 평가할 때 부트스트랩을 마친 후에 이 패키지로 신뢰구간 같은 것을 구하는 것은 훨씬 어렵다.

- *fit <- lm(formula, data = d)*: 이 명령은 *lm()* 함수를 이용해서 *fit*이라는 이름의 회귀 모형을 생성한다(*bootReg* 함수에 입력된 회귀 공식을 그대로 *lm()*에 넘겨 주어서 모형을 생성함을 주목할 것).

- *return(coef(fit))*: *return()* 함수는 이름에서 짐작하겠지만 현재 함수의 결과를 함수 바깥으로 돌려준다(return). *coef()* 함수는 주어진 회귀모형 객체의 계수들을 추출한다. 결과적으로, *return(coef(fit))*은 주어진 모형의 절편과 예측변수들의 기울기 계수들을 출력하는 역할을 한다.

위의 명령을 실행해서 함수를 정의했다면, 함수를 다음과 같이 실행해서 부트스트랩 표본들을 얻는다.

```
bootResults<-boot(statistic = bootReg, formula = sales ~ adverts + airplay +
attract, data = album2, R = 2000)
```

이 명령을 실행하면 부트스트랩 표본들을 담은 *bootResults*라는 객체가 생성된다. 이 명령은 *boot()* 함수를 이용해서 그러한 표본들을 만들어낸다. *boot()* 함수는 적용할 회귀모형을 요구한다. 이를 위해 괄호 쌍 안에 방금 정의한 *bootReg()* 함수를 지정했다(*statistic = bootReg* 부분). 또한 이 함수는 모형 공식과 데이터프레임도 요구하는데, 각각 *formula = sales ~ adverts + airplay + attract*와 *data = album2*로 지정했다. 그 둘은 지정된 *bootReg()* 함수의 입력으로 쓰인다. 마지막의 *R*은 원하는 부트스트랩 표본 개수인데, 지금 예에서는 200을 지정했다. 따라서 *boot* 함수는 지정된 *bootReg()* 함수를 200번 실행하고 그 결과를 *bootResults*에 저장한다.

이제 신뢰구간을 확인해 보자. 그런데 이번에는 통계량이 하나가 아니라 네 개(절편과 **adverts**, **airplay**, **attract**의 기울기들)이다. 신뢰구간 자체는 제6장에서 본 *boot.ci()* 함수를 이용하면 된다. 단, **R**은 *bootResults*에 담긴 통계량들의 이름을 알지 못하기 때문에, 이름 대신 *bootResults* 객체 안에서의 위치를 이용해서 각 통계량을 지정해야 한다(각 통계량의 위치는 **R**이 알고 있다). *bootResults*에 담긴 첫 번째 통계량은 절편이다. 따라서, 다음처럼 *index* = 1을 지정하면 부트스트랩된 절편의 신뢰구간이 출력된다.

```
boot.ci(bootResults, type = "bca", index = 1)
```

원하는 통계량이 담긴 객체(*bootResults*)와 그 통계량의 위치(*index* = 1)뿐만 아니라 신뢰구간의 종류(*type* = "bca")도 지정했음을 주목하기 바란다(bca는 "bias corrected accelerated(편향·수정·가속)"을 뜻한다). **adverts**, **airplay**, **attract**의 기울기 계수들의 위치를 가리키는 *index* 값은 각각 2, 3, 4이다. 따라서 그 예측변수 기울기들의 부트스트랩 신뢰구간을 구하는 명령들은 다음과 같다.

```
boot.ci(bootResults, type = "bca", index = 2)
boot.ci(bootResults, type = "bca", index = 3)
boot.ci(bootResults, type = "bca", index = 4)
```

출력 7.10

```
> boot.ci(bootResults, type = "bca", index = 1)

BOOTSTRAP CONFIDENCE INTERVAL CALCULATIONS
Based on 2000 bootstrap replicates

CALL :
boot.ci(boot.out = bootResults, type = "bca", index = 1)

Intervals :
Level       BCa
95%   (-58.49,   5.17 )
Calculations and Intervals on Original Scale

> boot.ci(bootResults , type="bca", index=2)

BOOTSTRAP CONFIDENCE INTERVAL CALCULATIONS
Based on 2000 bootstrap replicates

CALL :
boot.ci(boot.out = bootResults, type = "bca", index = 2)

Intervals :
Level       BCa
95%   ( 0.0715,  0.0992 )
Calculations and Intervals on Original Scale

> boot.ci(bootResults , type="bca", index=3)

BOOTSTRAP CONFIDENCE INTERVAL CALCULATIONS
Based on 2000 bootstrap replicates

CALL :
boot.ci(boot.out = bootResults, type = "bca", index = 3)

Intervals :
Level       BCa
95%   ( 2.736,   3.980 )
Calculations and Intervals on Original Scale

> boot.ci(bootResults , type="bca", index=4)

BOOTSTRAP CONFIDENCE INTERVAL CALCULATIONS
Based on 2000 bootstrap replicates
CALL :
boot.ci(boot.out = bootResults, type = "bca", index = 4)

Intervals :
Level       BCa
```

```
95%   ( 6.52, 15.32 )
Calculations and Intervals on Original Scale
```

출력 7.10에 이 명령들의 결과가 나와 있다. 출력을 보면 절편의 신뢰구간은 −58.49에서 5.17까지이다(부트스트랩의 작동방식 때문에 여러분의 결과가 이것과 정확히 같지는 않겠지만, 아주 비슷하긴 할 것이다). 이를 앞에서 대입(plug-in) 접근방식으로 얻은 신뢰구간(출력 7.4)과 비교해보기 바란다. 그 신뢰구간은 −60.83에서 7.60이었는데, 부트스트랩으로 얻은 것과 상당히 비슷하다.

출력의 두 번째 결과는 첫 예측변수 **adverts**의 기울기에 대한 것이다. 앞의 위계적 도입 접근 방식에서 얻은 신뢰구간은 0.071에서 0.099이었고 이번 부트스트랩 방법에서는 0.072에서 0.099이다. 그다음은 **airplay**의 기울기의 신뢰구간인데, 위계적 방식의 결과는 2.82에서 3.92였고 부트스트랩 방법의 결과는 2.74에서 3.98이다. 마지막으로, **attract** 기울기의 위계적 방식 신뢰구간은 6.28에서 15.98이었고 부트스트랩 신뢰구간은 6.52에서 15.32이다. 이상의 부트스트랩 신뢰구간들은 위계적 방식 신뢰구간들과 아주 비슷하다. 이는 모형에 비정규분포의 문제가 없음을 암시한다.

7.11 다중회귀의 보고 ②

미국 심리학회(APA)의 지침에 따라 다중상관을 보고한다면, 분석 결과를 표로 만드는 것이 바람직하다. APA는 또한 적어도 표준화된 베타들과 그 유의확률들, 그리고 모형에 관한 몇 가지 일반적인 통계량들(R^2)을 보고하는 것을 선호하는 것으로 보인다. 표를 만들 때는 베타 값들과 그 표준오차들도 표에 포함하는 것이 아주 유용하다. 개인적으로 나는 보고에 상수들도 포함하는 것이 좋다고 생각한다. 그러면 필요한 경우 보고서의 독자가 회귀모형을 완전히 재구축할 수 있기 때문이다. 또한, 위계적 회귀를 사용했다면 위계 각 단계의 해당 값들도 보고해야 한다. 간단히 말하자면 **R**의 출력 중 *Coefficients:*로 시작하는 표에서 비본질적인 정보를 생략한 형태의 표를 만들어야 한다. 이번 장의 음반 판매량 예라면 표 7.2 같은 표를 만들면 될 것이다.

이번 장의 예제 출력들을 살펴보고, 표의 값들이 어디에서 비롯된 것인지 파악해 보라. 주목할 점을 몇 가지 들자면, (1) 표의 수치들은 모두 소수점 이하 두 자리로 반올림한 것이고, (2) APA의 관례에 따라 확률값의 선행 0(소수점 앞의 0)은 생략했다. 어차피 1보다 큰 확률은 존재하지 않으므로 그렇게 해도 된다. 그러나 그 외의 값들은 1을 넘을 수 있으므로, 선행 0을 포함했다.

표 7.2 다중회귀의 보고

	ΔR^2	B	SE B	β	P
단계 1	0.34				<.001
상수		134.14	7.54		<.001
광고비		0.10	0.01	0.58*	<.001
단계 2	0.33				<.001
상수		−26.61	17.35		.127
광고비		0.09	0.01	0.51*	<.001
BBC 라디오 1 방송 횟수		3.37	0.28	0.51*	<.001
밴드 매력		11.09	2.44	0.19*	<.001

실험복 레니의 실제 연구 7.1   **여러분이 통계학 강사를 좋아하는 이유 ①**

Chamorro-Premuzic, T. 외 (2008). *Personality and Individual Differences, 44*, 965-76.

제6장에서 차모로-프레뮤직의 연구를 소개했다. 그 연구자에서 연구자들은 학생들의 성격적 특성들을 측정하고, 학생들에게 강사들이 학생 자신과 같은 특성들을 가지고 있길 어느 정도나 원하는지 물어보았다(좀 더 자세한 설명은 실험복 레니의 실제 연구 6.1을 보라). 제6장에서 여러분은 그 점수들의 상관관계를 분석했다. 이번에는 한 걸음 더 나아가서, 학생들의 성격적 특성 변수가 학생이 원하는 강사의 성격적 특성들을 예측하는지 파악하라.

이 연구의 자료(앞에서 언급한 변수들에 대한)가 부록 웹사이트의 **Chamorro-Premuzic.dat**에 파일에 들어 있다. 여러분은 그 자료를 이용해서 다섯 가지 다중상관 분석을 수행해야 한다. 좀 더 구체적으로, 다섯 분석은 강사가 가지고 있길 원하는 신경증(neuroticism), 외향성(extroversion), 개방성(openness to expirience), 수용성(agreeableness), 성실성(conscientiousness) 점수를 각각의 결과변수로 삼아야 한다. 그리고 각 분석에서 학생의 나이와 성별을 위계적 과정의 첫 단계에서 모형에 도입하고,

둘째 단계에서는 학생의 다섯 가지 성격적 특성(신경증, 외향성, 개방성, 수용성, 성실성)을 도입해야 한다. 분석마다 결과들을 표로 작성하라.

부록 웹사이트의 보충 자료에 이 질문들의 답이 있으니 참고하기 바란다(또는, 원래의 논문의 표 4를 볼 것).

7.12 범주형 예측변수와 다중회귀 ③

사회과학 분야에서는 사람들의 집단(이를테면 민족, 성별, 사회경제적 지위, 진단 범주에 따라 구분된)에 관한 자료를 수집해서 회귀분석을 수행하는 경우가 많다. 그런 집단들을 회귀모형의 한 예측변수로 포함하고 싶은 마음이 들 수도 있겠지만, 회귀분석은 예측변수가 연속변수이거나 범주가 두 개뿐인 범주형변수라는 가정을 깔고 있음을 기억해야 한다. §6.5.7에서 보았듯이, 한 변수가 연속변수이고 다른 한 변수가 0과 1로 부호화된 두 범주를 가진 범주형변수일 때 그 두 변수의 피어슨 상관계수 r은 곧 점이연 상관계수이다. 또한, 제6장에서는 단순상관이 피어슨의 r에 기초한다는 점도 배웠다. 따라서, 점이연 상관에서처럼 범주가 두 개(이를테면 남성과 여성)인 예측변수가 있는 모형을 구축하는 것이 가능하다는 점을 생각해 내기란 그리 어렵지 않은 일일 것이다. 마찬가지로, 그러한 범주가 두 개인 예측변수들을 더 많이 추가해서 모형을 확장하는 것이 가능하리라는 점도 어렵지 않게 생각해 낼 수 있을 것이다. 여기서 중요한 것은, 두 범주를 0과 1이라는 수치들로 부호화해야 한다는 점이다. 0과 1로 부호화되는 두 개의 범주만 있어야 한다는 것이 왜 그리 중요할까? 그런데 이번 장은 이미 너무 길어졌으므로(그리고 더 길어지면 출판사 사람들이 내 다리를 부러뜨릴 것이므로), 여기서 그 이유를 자세히 이야기하지는 않겠다. 그 이유는 나중에 §9.4.2와 §10.2.3에서 설명하기로 하고, 일단은 그냥 반드시 그래야 한다고 믿어주기 바란다.

7.12.1 가변수를 이용한 범주 부호화 ③

범주형변수를 예측변수로 사용하려고 할 때 자주 마주치는 명백한 문제 하나는, 사용하려는 범주형변수의 범주의 개수가 두 개를 넘는다는 것이다. 예를 들어 사람들의 종교를 측정한다면 이슬람교, 유대교, 가톨릭, 불교, 신교(프로테스탄트), 제다이(영국 독자들은 알겠지만, 2001년 영국 인구조사에 따르면 영국인의 상당수가 제다이를 하나의 종교로 간주한다) 같은 범주들이 있을 것이다. 이런 그룹들을 0과 1로만 부호화되는 하나의 변수로 분류할 수는 없음이 확실하다. 이런 문제를 우회하는 한 가지 수단으로 **가변수**(dummy variable)라는 것이 있다. 가변수를 이용한 부호화에서는 여러 개의 변수가 필요한데, 구체적으로는 부호화하고자 하는 그룹(집단)의 개수에서 1을 뺀 것만큼의 변수를 만들어야 한다. 가변수를 이용한 범주 부호화, 줄여서 가부호화 (dummy coding)의 과정은 기본적으로 다음 여덟 단계로 이루어진다.

1 부호화하려는 그룹의 수에서 1을 뺀다.

2 단계 1에서 구한 개수만큼 새 변수를 만든다. 이들이 가변수들이다.

3 그룹 중 하나를 기저(baseline) 그룹으로 선택한다(기저 그룹은 다른 모든 그룹과 비교할 하나의 그룹이다). 보통의 경우 대조군을 기저 그룹으로 선택하지만, 특정한 가설이 없는 경우라면 사람들의 대다수를 대표하는 그룹을 기저 그룹으로 선택해야 한다(일반적으로, 다른 그룹들을 대다수에 해당하는 그룹과 비교하는 것이 흥미로우므로).

4 모든 가변수에 대해, 기저 그룹에 그룹 값 0을 배정한다.

5 첫 가변수에 대해, 기저 그룹과 비교할 첫 그룹에 값 1을 배정한다. 이 변수의 다른 모든 그룹에는 0을 배정한다.

6 둘째 가변수에 대해, 기저 그룹과 비교할 둘째 그룹에 값 1을 배정한다. 이 변수의 다른 모든 그룹에는 0을 배정한다.

7 마찬가지 방법으로 나머지 모든 가변수에 그룹 값 0과 1을 배정한다.

8 마지막으로, 이 가변수들을 모두 회귀모형에 추가한다!

그럼 구체적인 예에 이를 적용해보자. 제4장에서 음악 축제가 보건에 미치는 영향을 걱정하는 생물학자의 예가 나왔다. 그 예에서 연구자는 다운로드 페스티벌이라고 하는 헤비메탈 음악에 특화된 음악 축제의 참가자들에게서 자료를 수집했다. 그런데 연구자는 그 자료에서 발견한 것이 한 종류의 사람들, 즉 메탈 팬들에게만 해당하는 것은 아닌지 걱정이 되었다. 어쩌면 페스티벌 때문에 사람들에게서 악취가 나는 것이 아니라, 메탈 팬들이라서 악취가 나는 것일수도 있다(이 시점에서, 메탈 팬인 나는 편견을 가진 그 생물학자를 사탄에게 제물로 바치고 싶은 마음이다). 어쨌거나, 그러한 질문에 답하기 위해 연구자는 좀 더 폭넓은 청중들이 모이는 다른 음악 축제로 갔다. 글래스턴베리 뮤직 페스티벌(Glastonbury Music Festival)에는 다양한 장르의 음악이 공연되기 때문에 모든 종류의 사람이 모인다. 여기서도 연구자는 축제 3일간 공연 청중들의 위생 상태를 0(시궁창에서 목욕한 듯한 냄새)에서 4(방금 구운 빵 냄새)점으로 측정했다. 연구자는 제4장과 제5장에서 우리가 한 것처럼 3일간의 점수들을 그래프로 그려보았다. 연구자가 알고 싶어 한 것은 참가자가 좋아하는 음악 장르(참가자가 속한 문화 그룹)가 축제 기간 참가자의 위생 점수 하락 여부를 예측하는가였다. 해당 자료가 **GlastonburyFestivalRegression.dat**라는 파일에 들어 있다. 이 파일에는 축제 3일간의 위생 점수뿐만 아니라 **change**라는 변수도 있는데, 이 변수는 축제 3일간의 위생 점수 변화량(즉, 첫날 점수와 셋째 날 점수의 차이)을 담는다.[15] 연구자는 참가자들을 음악 취향에 따라 범주화했다. 구체적으로, 주로 얼터너티브 음악을 즐기는 사람은 '인디 키드(indie kid)', 주로 힙/포크/앰비언트 장르를 즐기는 사람은 '크러스티(crusty)', 주로 헤비메탈을 좋아하는 사람은 '메탈러(metaller)'로 분류했다. 그리고 이 범주들에 속하지 않는

---

15 셋째 날에 점수를 측정하지 않은 사람도 있었기 때문에, 변화량 점수는 원래 표본의 일부에만 존재한다.

사람들에게는 '음악 취향 없음(no musical affiliation; 줄여서 '무취향')'으로 분류했다.

그럼 이러한 실험 자료를 가부호화해보자. 가장 먼저 할 일은 가변수 개수를 계산하는 것이다. 그룹이 총 네 개이므로, 필요한 가변수는 세 개(그룹 수 빼기 1)이다. 다음으로, 기저 그룹을 선택해야 한다. 우리는 서로 다른 음악 취향을 가진 사람들과 취향이 없는 사람들을 비교하는 데 관심이 있으므로, 기저 범주는 '음악 취향 없음'이 되어야 마땅하다. 모든 가변수에 대해, 이 그룹을 0으로 부호화한다. 첫 가변수는 '크러스티' 그룹에 대한 변수로 삼아서, 그 그룹에 1을 배정하고 나머지 모든 그룹은 0으로 부호화한다. 둘째 가변수는 '메탈러' 그룹을 위한 변수로 삼아서, 그 그룹에 1을 배정하고 나머지 모든 그룹은 0으로 부호화한다. 마지막 가변수는 마지막 취향 범주 '인디 키드'를 위한 변수로 삼아서, 그 그룹에 1을 배정하고 나머지 모든 그룹은 0으로 부호화한다. 이상의 부호화 방식이 표 7.3에 나와 있다. 여기서 주목할 것은, 각 그룹이 오직 한 가변수에 대해서만 1로 부호화된다는 것이다(항상 0으로 부호화되는 기저 범주는 예외이다).

표 7.3 글래스턴베리 페스티벌 자료의 가부호화

	가변수 1	가변수 2	가변수 3
크러스티	1	0	0
인디 키드	0	1	0
메탈러	0	0	1
무취향	0	0	0

R로 할 수 있는 다른 여러 작업과 마찬가지로, 이러한 가변수 부호화를 수행하는 방법은 여러 가지이다. 여기서는 이 책에서 이후에도 계속 만나게 될 **contrasts()** 함수를 사용한다. 우선 자료부터 불러오자.

```
gfr<-read.delim(file="GlastonburyFestivalRegression.dat", header = TRUE)
```

이 명령은 *gfr*이라는 데이터프레임을 생성한다(매번 *glastonburyFestivalRegression*을 입력하기는 지겨우므로 이렇게 약자를 사용하기로 하자). 다음은 이 자료의 처음 사례 열 개이다.

```
   ticknumb                 music day1 day2 day3 change
1      2111               Metaller 2.65 1.35 1.61  -1.04
2      2229                 Crusty 0.97 1.41 0.29  -0.68
3      2338 No Musical Affiliation 0.84   NA   NA     NA
4      2384                 Crusty 3.03   NA   NA     NA
5      2401 No Musical Affiliation 0.88 0.08   NA     NA
6      2405                 Crusty 0.85   NA   NA     NA
7      2467               Indie Kid 1.56  NA   NA     NA
8      2478               Indie Kid 3.02  NA   NA     NA
9      2490                 Crusty 2.29   NA   NA     NA
10     2504 No Musical Affiliation 1.11 0.44 0.55  -0.56
```

변수 **music**의 값이 문자열임을 주목하기 바란다. 똑똑하게도 **R**은 이 변수를 요인으로 만들고, 수준들을 알파벳 순서로 배정했다(수준 1 = Crusty, 수준 2 = Indie Kid, 수준 3 = Metaler). *contrast()* 함수를 이용해서 변수의 값들에 대비(contrast)를 설정하려면 그 변수가 반드시 요인(범주화변수)이어야 하는데, **R**이 이미 처리했으므로 즉시 *contrast()* 함수를 사용할 수 있다. **R**에는 즉시 설정할 수 있는 여러 대비 값들이 내장되어 있다(표 10.6 참고). 대비에 관해서는 제 10장에서 좀 더 자세히 설명하겠다. 일단 지금 주목할 것은, 모든 그룹을 하나의 기저 그룹과 비교할 때는 다음과 같은 명령을 실행한다는 점이다.

```
contrasts(gfr$music)<-contr.treatment(4, base = 4)
```

*contrasts(gfr$music)*은 *gfr* 데이터프레임의 변수 **music**에 대한 대비를 설정한다. **contr. treatment()** 함수는 모든 그룹을 하나의 기저 조건(처리(treatment) 조건이라고 한다)과 비교한 결과에 기초해서 대비를 계산한다. 이 함수의 일반적인 형태는 다음과 같다.

```
contr.treatment(그룹 수, base = 기저 그룹의 번호)
```

따라서, 앞의 명령은 그룹이 네 개이고 마지막 그룹(4번)을 기저 조건으로 사용하겠다는 뜻이다. 이제 다음 명령으로 **music** 변수의 내용을 출력하면 앞의 명령이 산출한 결과를 볼 수 있다.

```
gfr$music
```

결과의 끝을 보면 다음과 같이 *contrasts*라는 특성(attribute)에 관한 부분이 있다.

```
attr(,"contrasts")
                        1 2 3
Crusty                  1 0 0
Indie Kid               0 1 0
Metaller                0 0 1
No Musical Affiliation 0 0 0
Levels: Crusty Indie Kid Metaller No Musical Affiliation
```

세 대비 값들이 표 7.3에 나온 것과 부합함을 주목하기 바란다. 이렇게 해서 가변수들의 부호화가 완료되었다. 이 방법이 가장 빠르긴 하지만, 개인적으로 나는 대비들을 내가 직접 설정하는 방법을 선호한다. 내가 자기학대적 성향이 있어서가 아니라, 그렇게 하면 대비들에 의미 있는 이름을 붙일 수 있기 때문이다(분석 결과에 나온 'contrast1'이 무엇인지 기억나지 않는 상황에 빠지는 것보다 나쁜 일은 없다). 다음은 표 7.3의 가변수 부호화 방식을 그대로 따라서 대비들을 설정하는 명령들이다.

```
crusty_v_NMA<-c(1, 0, 0, 0)
indie_v_NMA<-c(0, 1, 0, 0)
metal_v_NMA<-c(0, 0, 1, 0)
```

이 명령들은 세 개의 변수를 생성한다. 첫 변수 *crusty_v_NMA*는 첫 가변수를 위한 부호들을 담는다. 부호들의 순서가 **music**의 요인 수준들과 일치한다는 점을 주목하기 바란다(따라서 첫 그룹 '크러스티'의 부호는 1이 되고, 다른 두 그룹은 0이 된다). 또한, 무엇과 무엇을 비교하고자 하는지가 변수 이름에 반영되어 있다는 점도 주목하기 바란다(NMA는 no musical affiliation의 약자이므로, 이 변수는 크러스티와 무취향을 비교하기 위한 것이다). 변수 이름을 이렇게 지으면 나중에 분석 결과를 이해하기가 편하다. 마찬가지로, 둘째 변수 *indie_v_NMA*은 둘째 가변수의 부호들을 담는다. 이 경우에도 부호들은 **music**의 인자 수준들의 순서를 따른다(따라서 둘째 그룹 '인디 키드'의 부호는 1이 되고, 다른 두 그룹은 0이 된다). 셋째 변수도 마찬가지 방식이다.

가변수들을 만든 후에는 *cbind()*를 이용해서 가변수들을 하나로 묶는다(R의 영혼의 조언 3.5 참고). 그리고 이전과 비슷한 방식으로 대비들을 설정한다.

```
contrasts(gfr$music)<-cbind(crusty_v_NMA, indie_v_NMA, metal_v_NMA)
```

이제 music 변수의 내용을 살펴보면 이전과 같은 대비들이 설정되어 있음을 확인할 수 있다. 그러나 이전과는 달리 좀 더 이해하기 쉬운 이름들이 붙어 있다.

```
attr(,"contrasts")
                        crusty_v_NMA indie_v_NMA metal_v_NMA
Crusty                             1           0           0
Indie Kid                          0           1           0
Metaller                           0           0           1
No Musical Affiliation             0           0           0
Levels: Crusty Indie Kid Metaller No Musical Affiliation
```

7.12.2 가변수를 이용한 회귀분석 ③

가변수들을 만든 다음에는 다른 종류의 회귀분석에서와 같은 방식으로 회귀분석을 실행하면 된다. 해당 명령은 다음과 같다.

```
glastonburyModel<-lm(change ~ music, data = gfr)
summary(glastonburyModel)
```

music 변수에 대해 대비들을 설정했다는 것은 세 가변수가 모두 단번에 모형에 입력되었음을 뜻한다. 이는 범주형 예측변수들을 처리할 때 대비들을 설정하는 것이 유용한 방법인 이유 중 하나이다(그러나 R의 영혼의 조언 7.4도 보라).

R의 영혼의 조언 7.4 작은 고백 ②

더 나아가기 전에, 고백할 것이 하나 있다. 사실 R은 자료에 자동으로 가변수 부호화를 적용한다. 어떤 변수를 회귀모형에 예측변수로 추가하면, R은 그 변수가 어떤 종류인지 살펴본다. R에서 대부분의 변수는 '수치' 변수이지만, 가끔은 '요인'으로 취급되는 변수들도 있다. 요인은 곧 범주형 변수이다. 앞에서 언급했듯이, 이번 예제의 자료를 R로 불러들일 때 R은 똑똑하게도 **music**을 요인으로 만들었다. 문자열 변수나 요인을 회귀모형에 추가하면 R은 그것이 범주형변수임을 인식하고 자동으로 가변수 부호화를 적용한다. 따라서, 앞의 과정을 모두 생략하고 그냥 다음을 실행하기만 하면 된다.

```
lm(change ~ music, data = gfr)
```

그렇다면 내가 굳이 가변수 부호화 방법을 설명한 이유는 무엇일까? 그 이유는 세 가지이다. 첫째로, 분석 결과를 해석하려면 R이 무슨 일을 했는지 이해할 필요가 있다. 둘째로, 가변수들을 만들 때 기저 그룹의 선택을 R에게 맡기는 대신, 자료의 의미에 기초해서 우리가 직접 선택하고 싶을 때가 많다. R은 자료의 의미를 알지 못하기 때문에(그 정도로 똑똑하지는 않다), 그냥 첫 그룹을 기저 그룹으로 선택한다. 마지막으로, 거듭 반복하지만 대비들을 우리가 직접 설정하면 분석 시 도움이 되는 이름을 붙일 수 있다.

출력 7.11

```
Call:
lm(formula = change ~ music, data = gfr)

Residuals:
     Min      1Q   Median      3Q      Max
-1.82569 -0.50489  0.05593  0.42430  1.59431

Coefficients:
                   Estimate Std. Error t value Pr(>|t|)
(Intercept)        -0.55431    0.09036  -6.134 1.15e-08 ***
musiccrusty_v_NMA  -0.41152    0.16703  -2.464   0.0152 *
musicindie_v_NMA   -0.40998    0.20492  -2.001   0.0477 *
musicmetal_v_NMA    0.02838    0.16033   0.177   0.8598
---
Signif. codes:  0 '***' 0.001 '**' 0.01 '*' 0.05 '.' 0.1 ' ' 1

Residual standard error: 0.6882 on 119 degrees of freedom
  (687 observations deleted due to missingness)
Multiple R-squared: 0.07617,    Adjusted R-squared: 0.05288
F-statistic:  3.27 on 3 and 119 DF,  p-value: 0.02369
```

출력 7.11은 회귀모형의 요약을 보여준다(또한, 모형을 얻는 데 쓰인 명령도 나와 있다). 이 결과를 보면, 세 가변수를 모형에 도입함으로써 위생 점수 변화량의 변동의 7.6%(R^2 값을 퍼센트로 환산한 수치)를 설명할 수 있게 되었다. 다른 말로 하면, 위생 점수 변화량의 변동의 7.6%는 참가자의 음악 취향으로 설명된다. 그리고 F 통계량(이 회귀모형은 단계가 하나뿐이므로, 이는 R^2 변화 통계량과 같은 것이다)에 따르면, 이 모형은 모형이 없을 때보다 위생 점수의 변화를 유의한 수준으로 더 잘 예측한다(다른 말로 하면, 설명 가능한 변동의 7.6%는 유의한 양이다). 이번 장을 제대로 읽은 독자라면 이상의 분석을 이해하는 데 문제가 없을 것이다. 우리가 좀 더 관심을 가질 부분은 개별 가변수를 어떻게 해석할 것인가이다.

그럼 결과의 *Coefficients:* 표에 나온 가변수들의 계수들을 살펴보자. 우선 주목할 것은, 표에 각 가변수의 이름이 나와 있다는 점이다(애초에 변수들을 직접 지정한 덕분이다. 그렇게 하지 않았다면 *contrast1* 같이 별 도움이 되지 않는 이름이 나왔을 것이다). 첫 가변수(**crusty_v_NMA**)에 대한 행은 무취향 그룹과 크러스티 그룹의 위생 점수 변화에 대한 것이다. 기억하겠지만, 베타 값은 예측변수의 단위 변화에 따른 결과변수의 변화를 의미한다. 지금 예에서 예측변수의 단위 변화는 0에서 1로 변하는 것을 말한다. 따라서, 베타 값은 가변수가 0에서 1로 변할 때의 위생 점수의 변화량에 해당한다. 세 변수 모두 모형에 포함시켰으며 기저 범주의 부호는 항상 0이므로, 이 베타 값은 음악 취향이 없는 사람의 위생 점수의 변화와 크러스티 그룹에 속하는 사람의 위생 점수의 변화의 실제 차이를 나타낸다. 그리고 이 차이는 두 그룹 평균의 차이이다.

실제로 네 그룹의 그룹 평균을 구해 보면 이것이 사실임을 확인할 수 있다. 해당 명령은 다음과 같다.

```
round(tapply(gfr$change, gfr$music, mean, na.rm=TRUE), 3)
```

이 명령의 결과가 출력 7.12에 나와 있다. 이 평균들은 세 그룹의 위생 점수 변화의 평균값(즉, 결과변수의 각 그룹의 평균)이다. 크러스티 그룹 평균과 무취향 그룹 평균의 차이는 $(-0.966) - (-0.554) = -0.412$이다. 따라서, 크러스티 그룹의 위생 점수 변화가 무취향 그룹의 위생 점수 변화보다 크다(축제 3일간 무취향 그룹에 비해 크러스티 그룹의 위생 점수가 더 많이 줄어들었다). -0.412이라는 값이 출력 7.11에 나온 회귀모형 계수 추정값을 소수점 이하 세 자리로 반올림한 것과 같음을 주목하기 바란다. 따라서, 베타 값들은 기저 범주로 선택한 그룹과 다른 그룹들 사이의 상대적 차이를 말해준다. 출력 7.11의 표에는 이 베타 값들을 t 검정통계량으로 변환한 값과 그 유의확률도 나와 있다. 이 t 검정은 해당 베타 값이 0인지의 여부를 검사하는 것인데, 지금처럼 두 범주를 0과 1로 부호화했을 때 이는 두 그룹 평균의 차이가 0인지를 검사하는 것에 해당한다. 이 검정통계량이 유의하다는 것은 1이라는 수치로 부호화된 그룹이 기저 그룹과 유의하게 다르다는 뜻이다. 즉, 이는 두 평균의 차이에 대한 검정이며, 실제로 t 검정은 이러한 문맥에서 흔히 쓰인다(제9장 참고). 첫 가변수의 t 값은 유의하며, 베타 값은 음수이다. 따라서 무취향에서 크러스티로의 변화에 따라 위생 점수 변화량이 유의하게 감소한다고 말할 수 있다. 베타 값이 음수라는 것은 위생 점수의 변화가 더 크다는(악취가 더 나게 된다는) 뜻이므로, 실제로 이는 대회 3일간 무취향 그룹에 비해 크러스티 그룹의 위생 점수가 유의한 수준으로 더 많이 감소했다는 뜻이다.

```
Crusty        Indie Kid    Metaller    No Musical Affiliation
-0.966        -0.964       -0.526           -0.554
```

둘째 가변수(**indie_v_NMA**)는 인디 키드 그룹과 무취향 그룹을 비교한다. 이번에도 베타 값은 무취향 그룹에 속한 사람의 위생 점수 변화량과 인디 키드 그룹에 속한 사람의 위생 점수 변화량의 차이를 말해준다. 이 비표준화 베타 값은 인디 키드 그룹 평균과 무취향 그룹 평균의 차이, 즉 $(-0.964) - (-0.554) = -0.410$에 해당한다. 첫 가변수에서처럼 이 가변수의 베타 값이 음수이고 t 검정통계량이 유의하므로, 무취향에서 인디 키드로의 변화에 따라 위생점수 변화량이 감소했다고 말할 수 있다. 타 값이 음수라는 것은 위생 점수의 변화가 더 크다는(악취가 더 나게 된다는) 뜻이므로, 실제로 이는 대회 3일간 무취향 그룹에 비해 인디 키드 그룹의 위생 점수가 유의한 수준으로 더 많이 감소했다는 뜻이다.

마지막 가변수(**metal_v_NMA**)로 넘어가서, 이 가변수는 메탈러들과 음악 취향이 없는 사람들을 비교한다. 이번에도 베타 값은 음악 취향이 없는 사람의 위생 점수 변화량과 메탈러들의 위생 점수 변화량의 차이를 의미한다. 메탈러 그룹 평균과 무취향 그룹 평균의 차이는 $(-0.526) - (-0.554) = 0.028$이다. 이번에도 이 값은 출력 7.11에 나온 비표준화 베타 값과 같다. 이 마지막 가변수의 경우 t 검정은 유의하지 않다. 따라서 무취향에서 메탈러로 범주가 변해도 위생 점수 변화량은 변화가 없다고 말할 수 있다. 다른 말로 하면, 주어진 참가자가 메탈러인지 아니면 무취향인지는 위생 점수 변화를 예측하지 않는다.

전체적인 결론을 내리자면, 무취향 그룹을 기준으로 할 때 크러스티들과 인디 키드들은 축제 3일간 유의한 수준으로 더 더러워졌지만 메탈러들은 그렇지 않다.

이번 절에서 아주 복잡한 개념 몇 개를 소개했는데, 제9장과 제10장에서 이들을 좀 더 설명할 것이다. 이들을 한꺼번에 모두 받아들이기가 좀 어려울 수 있으므로, 만일 가변수 부호화가 무엇이고 어떤 식으로 작동하는지 잘 모르겠다면 §9.4.2와 §10.2.3을 읽은 후에 이번 절을 다시 읽어 보길 권한다. 아니면 이 주제에 관한 훌륭한 전문 문헌 [Hardy, 1993]을 읽어 보는 것도 좋을 것이다.

이번 장에서 통계에 관해 발견한 것 ①

아마도 내가 쓴 책의 장들에서 가장 긴 장이 바로 이번 장일 것이다. 이번 장을 읽느라 몇 년은 늙은 느낌이 든다면, 아마 실제로 몇 년은 늙었을 것이다(주위를 둘러보면 온통 거미줄이 쳐 있고, 여러분의 얼굴에는 수염이 자라 있을 것이다. 밖으로 나가면 두 번째 빙하기가 왔다 가서 인류가 멸종하고 털이 북슬북슬한 매머드들이 지구를 차지하고 있을지도 모른다). 그러나 좋은 면을 보자면, 이제 여러분은 통계학에 관해 알아야 할 모든 것을 어느 정도는 알게 되었다. 정말이다. 이후의 장들에서 다루는 내용은 모두 회귀라는 주제의 여러 변형일 뿐이다. 따라서, 비록 이번 장을 읽느라 여러분의 일생이 거의 다 지나갔다고 해도(나 역시 이번 장을 쓰느라 죽음의 문턱에 도달했다), 이제 여러분은 공식적으로 통계학의 천재가 되었다.

이번 장은 내가 여덟 살 때 장기자랑 대회의 성공을 예측하려면 어떤 변수가 중요한지 예측하는 과정에서 나도 모르게 회귀분석을 시도했다는 이야기로 시작했다. 사실 회귀분석에 성공한 것은 내가 아니라 내 아버지였다. 그런 다음에는 예측변수가 하나이고 결과변수가 하나인 상황에서 통계적 모형을 이용해서 내가 했던 것과 비슷한 예측을 수행하는 방법을 살펴보았다. 이를 통해서 직선방정식과 최소제곱법 같은 몇 가지 기본 원리들을 살펴보았으며, 이후 장들에 나올 주요 수량들을 이용해서 자료에 대한 모형의 적합도를 평가하는 방법도 이야기했다. 특히, 모형제곱합 SS_M, 잔차제곱합 SS_R, 그리고 총제곱합 SS_T를 이야기했다. 우리는 이 값들을 이용해서 R^2과 F 비 같은 몇 가지 중요한 통계량을 계산했다. 또한, R에서 회귀분석을 수행하는 방법과 그 결과로 얻은 베타 값들을 직선방정식에 대입해서 결과를 예측하는 방법도 배웠다.

그런 다음에는 직선방정식을 여러 개의 예측변수로 이루어진 다중회귀모형으로 확장할 수 있다는 점과 예측변수들을 모형에 도입하는 여러 방법(위계적, 강제 도입, 단계적)을 살펴보았다. 그리고 모형의 정확도에 영향을 주는 요인들(이상치와 영향력 큰 사례)을 소개하고 그런 요인들을 식별하는 방법을 설명했다. 다음으로는 모형을 수집한 자료 표본 이상으로 일반화하는 데 필요한 가설들을 나열하고, R을 이용해서 다중회귀 분석을 수행하는 방법과 그 결과를 해석하는 방법, 그리고 다중회귀모형을 만들고 그 신뢰성과 일반화 가능성을 검사하는 방법을 논의했다. 마지막으로는 회귀에서 범주형 예측변수를 사용하는 방법을 살펴보았다. 일반적으로 다중회귀 분석은 세부사항에 주의를 기울여서 세심하게 진행해야 하는 긴 과정이다. 고려해야 할 중요한 사항들이 많으며, 반드시 체계적으로 분석에 접근할 필요가 있다. 이후에 여러분들이 그런 식으로 회귀분석을 수행하는 데 이번 장이 도움이 되길 바랄 뿐이다.

어쨌거나, 나는 록 아이돌 라이프스타일의 맛을 보았다. 친구들을 사귀었고, 돈도 벌었고(금도금한 우승 메달 두 개뿐이었지만), 빠른 차(자전거)도 생겼다. 그리고 교활하게 생긴 여덟 살짜리 아이들이 내게 바짝 다가와서 레몬 셔벗이 가득 담긴 슈트케이스들을 주기까지 했다. 그러나 부모님과 선생님들은 내 어린 영혼에 현실을 각인시키려는 참이었다….

이번 장에서 사용한 R 패키지

boot	car	QuantPsyc

이번 장에서 사용한 R 함수

anova()	durbinWatsonTest()	return()
confint()	dwt()	rstandard()
contrasts()	hatvalues()	rstudent()
contr.treatment()	hist()	sqrt()
cooks.distance()	lm()	sum()
covratio()	lm.beta()	summary()
coef()	mean()	update()
dfbeta()	plot()	vif()
dffits()	resid()	

이번 장에서 발견한 주요 용어

가변수	수정 예측값	축소
공차	스튜던트화 잔차	쿡의 거리
교차 타당성검사	아카이케 정보기준(AIC)	평균제곱
분산팽창인자	억제인자 효과	표준화잔차
다중공선성	오차의 독립성	표준화 DFBeta
다중회귀	완전공선성	표준화 DFFit
다중 R^2	위계적 회귀	회귀계수
단계적 회귀	이분산성	회귀모형
단순회귀	일반화	β_i
더빈–왓슨 검정	자기상관	b_i
등분산성	잔차	DFBeta
모자 값	잔차제곱합	DFFit
모형제곱합	제외 잔차	F 비
비표준화잔차	지렛대	t 통계량
수정 R^2	총제곱합	

똑똑한 알렉스의 과제

- **과제 1:** 초천재 제인 글상자 7.1에 나온 **pubs.dat**의 자료를 이용해서, 술집 개수로부터 사망자 수를 예측하기 위한 단순회귀 분석을 수행하라. 그리고 회귀 매개변수들에 부트스트랩 방법을 적용해서 같은 분석을 되풀이하라. ①

- **과제 2:** 패션을 배우는 한 학생이 패션쇼의 런웨이를 걷는 모델들의 수입을 예측할 수 있는 요인들에 흥미를 느꼈다. 그 학생은 모델 231명으로부터 자료를 수집했다. 그 학생은 각 모델에게 일일 패션쇼 출연 수입(**salary**)과 모델의 나이, 모델 경력 햇수(**years**)를 물었다. 또한, 여러 모델 에이전시의 전문가들에게 각 모델의 매력을 퍼센트 수치로 평가해 달라고 했다(**beauty**). 100%는 완벽하게 매력적인 모델에 해당한다. 해당 자료가 **Super-model.dat** 파일에 들어있다. 안타깝게도, 이 패션 학생은 수준 미달의 통계학 교재로 통계를 배웠기 때문에 자료를 분석하는 방법을 알지 못한다. 이 학생을 위해 다중회귀 분석을 수행해서, 어떤 변수들이 모형의 수입을 잘 예측하는지 알아보고, 여러분이 만든 회귀모형의 타당성을 검증하라. ②

- **과제 3:** 본문의 글래스턴베리 자료에 대한 회귀분석 결과를 보고, 해당 회귀모형의 신뢰성과 일반화 기능성을 평가하라. ③

- **과제 4:** 손위 동기(언니, 오빠, 누나, 형)가 있는 아동 666명을 조사해서, 공격성(결과변수 **Aggression**)과 그에 대한 여러 잠재적 예측 요인 사이의 관계를 분석한 연구가 있었다. 측정한 변수는 부모의 가정 교육 스타일(**Parenting_Style**; 가정 교육 방식이 나쁠수록 점수가 높음), 아동이 컴퓨터 게임을 하는 시간(**Computer_Games**; 오래 할수록 점수가 높음), 텔레비전 시청 시간(**Television**; 오래 볼수록 점수가 높음), 식습관(**Diet**; 식품첨가물이 덜 든 음식을 먹을수록 점수가 높음), 동기 공격성(**Sibling_Aggression**; 손위 동기가 공격적일수록 점수가 높음)이다. 이전 연구 결과에 따르면 가정 교육 스타일과 동기 공격성이 손아래 아동의 공격성 수준을 잘 예측한다. 이전 연구에서 그 외의 모든 변수는 탐색적 방식(exploratory fashion)으로 취급되었다. 해당 자료가 **ChildAggression.dat** 파일에 있다. 이들에 대해 다중회귀 분석을 수행하라. ②

답은 이 책의 부록 사이트에서 볼 수 있다.

더 읽을거리

Bowerman, B. L., & O'Connell, R. T. (1990). *Linear statistical models: An applied approach* (2nd ed.). Belmont, CA: Duxbury. (이 교과서는 수학에 능숙한 학생이나 대학원생만을 위한 것이지만, 회귀분석을 엄청나게 상세하게 설명한다.)

Hardy, M. A. (1993). *Regression with dummy variables.* Sage University Paper Series on Quantitative Applications in the Social Sciences, 07-093. Newbury Park, CA: Sage.

Howell, D. C. (2006). *Statistical methods for psychology* (6th ed.). Belmont, CA: Duxbury. (아니면 동 저자의 *Fundamental Statistics for the Behavioral Sciences*라는 책도 좋다. 2007년에 제6판이 나왔다. 둘 다 회귀분석에 깔린 수학을 훌륭하게 소개한다.)

Miles, J. N. V., & Shevlin, M. (2001). *Applying regression and correlation: A guide for students and researchers.* London: Sage. (회귀분석을 최소한의 고통으로 아주 상세히 설명하는, 아주 읽기 좋은 교과서이다. 강력히 추천한다.)

Stevens, J. (2002). *Applied multivariate statistics for the social sciences* (4th ed.). Hillsdale, NJ: Erlbaum. Chapter 3.

흥미로운 실제 연구

Chamorro-Premuzic, T., Furnham, A., Christopher, A. N., Garwood, J., & Martin, N. (2008). Birds of a feather: Students' preferences for lecturers' personalities as predicted by their own personality and learning approaches. *Personality and Individual Differences, 44,* 965-976.

CHAPTER

8 / 로지스틱 회귀

그림 8.1 열 살 때 그로브 초등학교의 울부짖는 군중을 학살하면서 록스타로서의 경력을 쌓고 있는 나의 모습

8.1 이번 장에서 배우는 내용 ①

이전 장(제7장)에서 말했듯이, 나는 노래와 기타 연주로 웨일스의 주말 캠프 장기자랑 대회를 휩쓸었다(웨일스 사람들은 노래 잘 하는 사람을 잘 알아보았다). 나는 망각이라는 스노보드를 타고 세계정복이라는 아주 어려운 과제로 뛰어들었다. 보드를 타고 10미터 정도 미끄러져 내려갔을 때 나는 '어른'이라는 얼음벽에 부딪혔다. 당시 나는 아홉 살이었고 인생이 즐거웠지만, 내가 만나는 모든 어른은 내 미래에 집착하는 것으로 보였다. 그들은 "커서 뭐가 되려고 그러니?"라고 묻곤 했다. 아홉 살인 내게 "커서"는 엄청나게 먼 미래의 일이었다. 내가 아는 것은 그저 클레어 스파크스와 결혼하고 싶다는 것과(그녀에 대해서는 다음 장에서 좀 더 이야기한다), 나는 이미 록의 전설이기 때문에 직업을 가지는 것 같은 어른들의 일은 내가 걱정할 문제가 아니라는 것이었다. 나로서는 대답하기 어려운 질문이었지만 어른들은 계속해서 답을 요구했고, 나는 내가 '어른'들의 일을 신경 쓰지 않는다는 점을 어른들이 알게 하고 싶지 않았다. 이전 장에서 보았듯이, 회귀를 이용하면 과거의 자료에 기초해서 미래의 결과를 예측할 수 있다. 단, 결과가

연속 변수이어야 그러한 예측이 가능하다. 그런데 아홉 살 때 내가 받은 질문의 답은 범주형변수에 해당한다(이를테면 소방관, 의사, 사악한 독재자 등). 다행히, 이전 장에서 배운 회귀를 좀 더 확장한 '로지스틱 회귀'라는 것을 이용하면 그런 상황을 해결할 수 있다. 광포한 늑대 떼 같은 범주형자료라도 예측이 가능한 것이다. 회귀를 이용해서 범주형 결과를 예측하기 위해, 아홉 살의 나는 과거의 자료를 살펴보았다. 나는 뇌수술을 해 본 적이 없었고, 자신의 남편을 먹어 치운 사이코패스에게 종신형을 선고한 경험도 없었으며, 누구를 가르쳐 본 적도 없었다. 그러나 노래와 기타 연주로 성공을 거둔 경험은 있었으므로, 나는 "록스타가 될래요"라는 예측을 이끌어낼 수 있었다. 예측은 정확할 수도 있고(아홉 살 때의 예측이 정확했다면 지금 나는 록스타가 되어 있을 것이다) 부정확할 수도 있다(그러나 나는 지금 통계학책을 쓰고 있다). 이번 장에서는 회귀의 한 확장인 **로지스틱 회귀**(logistic regression)를 살펴본다. 로지스틱 회귀를 이용하면 예측변수들에 기초해서 범주형 결과를 예측할 수 있다.

8.2 로지스틱 회귀의 배경 ①

간단히 말하면 로지스틱 회귀는 결과변수가 범주형변수이고 예측변수들이 연속변수 또는 범주형변수인 다중회귀이다. 가장 단순한 형태의 로지스틱 회귀는 어떤 한 사람이 두 범주 중 어디에 속하는지를 주어진 다른 정보에 기초해서 예측하는 것이다. 예를 들어 주어진 사람이 남성인지 여성인지를 어떤 변수들로 예측할 수 있는지 살펴보는 것이 가장 단순한 형태의 로지스틱 회귀이다. 이를테면 게으른 정도, 고집스러움, 알코올 소비량, 하루 트림 횟수를 측정해서 예측에 사용할 수 있을 것이다. 로지스틱 회귀를 이용하면 그런 변수들이 사람의 성별을 예측하는지의 여부를 알아낼 수 있다. 또한, 수집한 자료 집합에 속하지 않는 어떤 사람의 성별을 로지스틱 회귀로 예측할 수도 있다. 무작위로 한 사람을 선택해서 측정했더니 그 사람이 아주 게으르고, 고집스럽고, 알코올을 많이 소비하고, 트림도 많이 한다는 점을 알게 되었다고 할 때, 회귀모형에 의하면 그러한 사람은 남성일 가능성이 크다는 결론이 나올 수 있다. 물론 연구자들이 위장 내 가스와 성별의 관계에 관심이 있을 것 같지는 않다(경험상 너무 당연해서 굳이 연구할 필요가 없을 것이다). 그런 예 말고, 로지스틱 회귀를 사람들의 생명을 구하는 데 응용할 수도 있다. 의학 연구에서는 이를테면 주어진 종양이 악성(암)인지 아닌지를 예측하는 모형을 만드는 데 로지스틱 회귀를 활용한다. 환자들의 데이터베이스를 이용하면 어떤 변수가 종양의 악성 여부를 예측하는 데 영향력이 큰지 알아낼 수 있다. 그런 변수들을 식별했다면, 새 환자에 대해 그 변수들을 측정해서 로지스틱 회귀 모형에 대입함으로써 종양이 악성일 확률을 추정할 수 있다. 종양이 악성일 확률이 충분히 낮다면, 의사는 비싸고 고통스러운 수술을 하지 않기로 할 것이다. 여러분이 그런 삶과 죽음을 가르는 결정을 내리게 되지는 않는다고 해도, 로지스틱 회귀는 아주 유용한 도구가 될 수 있다. 범주가 단 두 개인 결과변수를 예측하는 로지스틱 회귀를 **이항 로지스틱 회귀**(binary logistic regression)라고 부르고, 범주가 그보다 많은 결과변수에 대한 로지스틱 회귀를 **다항 로지스틱 회귀**(multinomial 또는 polychotomous logistic regression)라고 부른다.

8.3 로지스틱 회귀에 깔린 원리들 ③

여기서 로지스틱 회귀에 깔린 원리들을 자세히 파헤치지는 않겠다. 그런 원리들을 자세히 알지 못해도, 로지스틱 회귀에 관한 검정을 이해하는 데 문제가 되지는 않기 때문이다(내가 바로 산 증거이다). 그렇긴 하지만, 앞 장에서 이미 배운 보통의 회귀에 깔린 원리들과 대응되는 원리들을 알아 두면 이후 내용을 따라가기가 한결 쉬울 것이다(따라서, 제7장을 대충 넘겼다면 지금 다시 읽고 오길 바란다). 설명을 단순하게 하기 위해 여기서는 이항 로지스틱 회귀를 주로 다루지만, 대부분의 원리는 결과 범주가 둘보다 많은 상황으로도 잘 확장된다. 그럼, 지겹겠지만 수학 공식들을 살펴보자. 단순회귀에서는 결과변수 Y를 다음과 같은 직선방정식으로 예측한다.

$$Y_i = b_0 + b_1 X_{1i} + \varepsilon_i \tag{8.1}$$

여기서 b_0는 Y의 절편이고 b_1은 직선의 기울기, X_1은 예측변수의 값, 그리고 ε은 잔차 항이다. 회귀모형을 만든다는 것은 수집된 자료의 Y, X_1 값들로부터 이 방정식의 미지의 매개변수들을 구하는 것을 말한다. 좀 더 구체적으로는, 종속변수의 관측값과 예측값의 차이의 제곱이 최소화되는 해를 구함으로써(최소제곱법) 매개변수의 추정값을 구한다.

제7장을 공부한 학생이라면 이러한 내용에 이미 충분히 익숙할 것이다. 예측변수가 여러 개인 다중회귀에서는 위와 비슷한, 그러나 예측변수마다 계수가 따로 있는 방정식이 쓰인다. 다중회귀에서는 각 예측변수에 해당 회귀계수를 곱한 항들의 합으로부터 Y를 예측한다.

$$Y_i = b_0 + b_1 X_{1i} + b_2 X_{2i} + \ldots + b_n X_{ni} + \varepsilon_i \tag{8.2}$$

여기서 b_n은 해당 예측변수 X_n의 회귀계수이다. 로지스틱 회귀에서는 하나의 예측변수 X_1 또는 여러 예측변수들(X들)로부터 변수 Y의 값을 예측하는 것이 아니라, Y의 값이 이미 알고 있는 X_1의 값(또는 X의 값들)일 확률을 예측한다. 로지스틱 회귀 방정식은 방금 설명한 회귀 방정식과 여러모로 비슷하다. 예측변수가 X_1 하나인 가장 단순한 형태에서, Y가 특정 값일 확률을 예측하기 위한 로지스틱 회귀 방정식은 다음과 같이 주어진다.

$$P(Y) = \frac{1}{1 + e^{-(b_0 + b_1 X_{1i})}} \tag{8.3}$$

여기서 $P(Y)$는 해당 Y 값이 나올 확률이고 e는 자연로그의 밑이다. 그리고 그 외의 계수들은 단순회귀에서처럼 하나의 선형결합을 형성한다. 사실, 분모의 e의 지수에 있는 괄호 안의 부분은 잔차 항이 없다는 점만 빼면 단순회귀의 직선 방정식과 같다. 그 부분도 직선 방정식에서처럼 하나의 상수 b_0와 예측변수 X_1, 그리고 그 예측변수의 계수 b_1으로 구성된다(이런 계수를 가중치(weight)라고도 부른다). 그리고 선형회귀에서처럼, 예측변수들을 더 추가해서 이 방정식을 확장할 수 있다. 다음은 예측변수가 여러 개인 로지스틱 회귀의 방정식이다.

$$P(Y) = \frac{1}{1 + e^{-(b_0 + b_1 X_{1i} + b_2 X_{2i} + \ldots b_n X_{ni})}} \tag{8.4}$$

식 (8.4)는 지수 부분이 임의의 개수의 예측변수들로 확장되었다는 점만 빼면 예측변수가 하나뿐일 때의 공식(식 (8.3))과 동일하다. 정리하자면, 예측변수가 하나인 로지스틱 회귀의 방정식에 단순회귀 방정식이 포함되어 있다면, 예측변수가 여러 개인 로지스틱 회귀의 방정식에는 다중회귀 방정식이 포함되어 있다.

선형회귀와 로지스틱 회귀가 이처럼 비슷한 면이 있지만, 결과변수가 범주형일 때 선형회귀를 직접 적용할 수 없는 데에는 그럴만한 이유가 있다. 그 이유는, 선형회귀의 여러 가정 중에 변수들의 관계가 선형이라는 가정이 있기 때문이다. §7.7.2.1에서 보았듯이, 모형이 정확하려면 모형의 가정들을 만족하는 것이 중요하다. 선형회귀의 모형이 타당하려면, 해당 관측 자료에 선형 관계가 존재해야 한다. 그런데 결과변수가 범주형이면 그러한 가정이 깨진다(Berry, 1993). 이 문제를 피하는 한 가지 방법은 로그 변환을 이용해서 자료를 변환하는 것이다(제5장과 [Berry & Feldman, 1985] 참고). 이러한 변환은 비선형 관계를 선형 관계로 표현하는 한 방법이다. 앞에서 설명한 로지스틱 회귀 방정식은 바로 그러한 원리에 기초한다. 즉, 그 방정식은 다중 선형 관계를 로그 항(로짓(logit)이라고 부른다)들로 표현함으로써 선형성 가정 위반 문제를 극복한다.

로지스틱 회귀 방정식을 다른 여러 형태로도 표현할 수 있지만, 이 책에서는 Y의 발생 확률을 표현한 식 (8.4)를 사용한다. 그 확률은 주어진 사례가 한 특정 범주에 속할 확률이며, 따라서 구체적인 수치들로 이 방정식을 계산하면 0에서 1까지의 값이 나온다. 0은 해당 Y 값이 발생할 가능성이 아주 적다는 뜻이고 1은 그 Y 값이 발생할 가능성이 아주 크다는 뜻이다. 그런데 회귀 방정식을 이용해서 확률을 계산하려면, 먼저 방정식의 계수(매개변수)들을 추정해야 한다. 기본적인 방법은 선형회귀에서와 같다. 즉, 예측변수(들)의 알려진 값으로부터 결과변수의 값을 잘 추정할 수 있는 매개변수들을 찾아서 모형을 구축한다. 좀 더 구체적으로 말하자면, 로지스틱 회귀에서는 **최대가능도 추정**(maximum-likelihood estimation; 또는 최대우도추정)이라

왜 선형회귀를 사용하면 안 되지?

는 기법을 이용해서 매개변수들을 추정한다. 이 기법은 관측값이 발생할 확률이 가장 큰 계수들을 선택한다.

8.3.1 모형의 평가: 로그 가능도 통계량 ③

앞에서 말했듯이 로지스틱 회귀 모형은 주어진 사람(사례)에 대해 어떤 사건이 발생할 확률(이를 $P(Y)$로 표기한다. 이는 i번째 사람에 대해 Y가 발생할 확률(probability)이라는 뜻이다)을, 그 사람에 대해 그 사건이 발생했는지의 여부에 대한 실제 관측(이를 Y_i로 표기한다)에 기초해서 예측한다. 따라서, 주어진 한 사람에 대해 Y는 0(결과가 전에 발생하지 않았음) 아니면 1(결과가 전에 발생했음)이고, 모형의 예측값 $P(Y)$는 0(결과가 발생할 가능성이 전혀 없음)에서 1(결과가 확실히 발생할 것임)까지의 값이다. 다중회귀에서 보았듯이, 결과의 예측값과 관측값을 비교해보면 모형이 자료에 잘 들어맞는지 평가할 수 있다(기억하겠지만, 다중회귀에서는 결과의 관측값과 회귀모형이 예측한 값의 피어슨 상관을 측정한 R^2을 이용해서 모형을 평가했다). 로지스틱 회귀에서도 관측값과 예측값을 비교해서 모형의 적합도를 평가한다. 이때 쓰이는 측도는 다음과 같이 정의되는 **로그 가능도**(log-likelihood; 또는 로그 우도)이다.

$$\text{로그 가능도} = \sum_{i=1}^{N} \left[Y_i ln\left(P(Y_i)\right) + (1 - Y_i) ln\left(1 - P(Y_i)\right) \right] \tag{8.5}$$

로그 가능도는 예측값들과 실체 관측값들에 관한 확률들의 합이다(Tabachnick & Fidell, 2007). 이 로그 가능도 통계량은 모형이 적합된 후에도 여전히 설명되지 않는 정보의 양을 나타낸다는 점에서 다중회귀의 잔차제곱합과 비슷하다. 로그 가능도 통계량의 값이 크다는 것은 설명되지 않은 관측이 많이 남아 있다는 뜻이므로, 그런 경우 해당 통계적 모형은 자료에 별로 적합하지 않다고 할 수 있다.

8.3.2 모형의 평가: 이탈도 통계량 ③

로지스틱 회귀모형의 **이탈도**(deviance)는 로그 가능도와 아주 밀접하게 관련이 있다. 정의는 다음과 같다.

로지스틱 회귀모형 이탈도 = −2 × 로그 가능도

이러한 정의 때문에, 로지스틱 회귀모형의 이탈도(이하 그냥 이탈도)를 그냥 **−2LL**이라고 칭하기도 한다. 로그 가능도를 그대로 사용하는 것보다는 이 이탈도를 사용하는 것이 (거의) 항상 더 편한데, 왜냐하면 이탈도는 **카이제곱 분포**(chi-square distribution)를 따르기 때문이다(제18장과 부록 A 참고). 덕분에 이탈도 값의 유의성을 계산하기가 쉽다.

　　이러한 로그 가능도나 이탈도가 있으면 모형들을 비교해서 어느 것이 자료에 더 적합한지 파악할 수 있다. 이러한 비교의 한 가지 용도는, 주어진 로지스틱 회귀 모형의 상태를 어떤 기저 상태와 비교해 보는 것이다. 흔히 쓰이는 기저 상태는 상수만 있는 모형이다. 다중회귀에서는 흔히 모든 점수의 평균을 기저 모형으로 사용한다. 이는, 다른 어떤 정보도 없는 상황에서 결과를 예측하기 위해 사용할 수 있는 최선의 모형이 바로 평균이기 때문이다. 그렇다면, 로지스틱 회귀에서 아무 정보도 없이 결과를 예측하는 최선의 모형은 무엇일까? 이 경우에는 결과가 0들과 1들로만 이루어져 있으므로 평균은 쓸모가 없다. 그러나 0들과 1들의 빈도(도수)를 안다면, 둘 중 더 많이 발생한 것을 선택하는 것이 최선의 추측일 것이다. 예를 들어 어떤 한 결과가 발생한 사례가 107개이고 발생하지 않은 사례가 72개라면, 결과에 대한 최선의 추측은 그 결과가 발생한다는 것이다(발생하지 않았을 때보다 발생했을 때가 더 많았으므로). 정리하자면, 기저 모형은 아무 정보도 없는 상황에서 최선의 추측에 해당하는 모형이며, 다중회귀에서는 평균이 기저 모형이었지만 로지스틱 회귀에서는 가장 자주 발생한 결과가 기저 모형이다. 그러한 기저 로지스틱 회귀 모형은 상수 하나만 포함한 모형에 해당한다. 그 기저 모형에 더 많은 예측변수를 추가함으로써 모형을 좀 더 개선할 수 있다. 다음은 이를 수식으로 표현한 것이다.

$$\chi^2 = \left(-2LL\,(\text{기저모형})\right) - \left(-2LL\,(\text{새모형})\right)$$
$$= 2LL\,(\text{새모형}) - 2LL\,(\text{기저모형})$$
$$df = k_{\text{새모형}} - k_{\text{기저모형}} \tag{8.6}$$

수식의 카이(χ) 제곱은 새 모형의 이탈도에서 기저 모형의 이탈도를 뺀 값이다. 이 차이를 가능도비(likelihood ratio; 또는 우도비)[1]라고도 부른다. 그리고 df는 자유도인데, 이는 새 모형의 매개변수 개수에서 기저 모형의 매개변수 개수를 뺀 것이다. 가능도비는 자유도가 df인 카이제곱 분포를 따른다. 기저 모형의 매개변수는 항상 하나(상수가 유일한 매개변수이므로)이다. 따라서, 이후의 새 모형들의 자유도는 항상 예측변수 개수에 1을 더한 값이다(즉, 예측변수 개수 더하기 상수에 해당하는 매개변수 하나).

---

[1] 흔히 '비'는 뭔가를 뭔가로 나눈 값인데, 이 공식들에는 나눗셈이 없다. 그렇다면 왜 이것을 가능도'비'라고 부르는 것일까? 그 이유는 이것이 로그에 관한 공식이기 때문이다. 한 수의 로그에서 다른 수의 로그를 빼는 것은 한 수를 다른 수로 나누는 것과 같다. 예를 들어 10/5 = 2이고(믿지 못하겠다면 계산기로 확인해 보길) log(10) − log(5) = log(2)이다.

제7장에서 선형회귀를 설명할 때 보았듯이, 다중상관계수 *R*과 그에 관련된 *R*²은 모형이 자료에 얼마나 잘 들어맞는지를 측정하는 데 유용한 측도들이다. 그와 비슷하게, 가능도비는 결과의 예측값과 관측값이 얼마나 잘 부합하는지 나타내는 측도이다. 그런데 로지스틱 회귀에도 다중회귀의 *R*과 좀 더 직접적으로 대응되는 통계량이 있다. 바로 *R* 통계량(*R*-statistic)이다. 이 *R* 통계량은 결과변수와 각 예측변수 사이의 편상관계수로, 그 값은 −1에서 1까지이다. *R* 통계량의 값이 양수이면 예측변수의 값이 증가함에 따라 결과의 발생 가능도도 증가한다는(즉, 결과가 발생할 확률이 높아진다는) 뜻이고, 값이 음수이면 예측변수의 값이 증가함에 따라 결과의 발생 가능도가 감소한다는 뜻이다. 그리고 어떤 변수의 *R* 통계량의 크기가 작다는 것은 그 변수가 모형에 조금만 기여한다는 뜻이다.

　　R 통계량의 공식은 다음과 같다.

$$R = \sqrt{\frac{z^2 - 2df}{-2LL(\text{기저모형})}} \tag{8.7}$$

여기서 −2*LL* 항은 기저 모형과의 이탈도이다. 그리고 z^2은 **왈드 통계량**(Wald statistic)인데, 이 값을 계산하는 계산 방법은 §8.3.5에서 설명한다. *df*는 자유도인데, 그 값은 변수들을 요약한 표에서 가져오면 된다. 이 *R* 값은 **왈드 통계량**에 의존하므로, 정확한 측도는 절대 아니다(§8.3.5에서 보겠지만, 특정 상황에서는 왈드 통계량이 부정확할 수 있다). 그래서 이 *R* 값은 조심해서 사용해야 한다. 그리고 이 값의 제곱을 선형회귀에서처럼 해석하는 것은 유효하지 않다.

로지스틱 회귀에도 *R*² 같은 측도가 있나?

　　로지스틱 회귀에서 선형회귀의 *R*²에 해당하는 좋은 측도가 무엇인가에 대해서는 논란의 여지가 있지만, 계산하기 쉬운 측도로는 **호스머–렘쇼 측도**가 있다. 그 측도의 정의는 다음과 같다(Hosmer & Lemeshow, 1989).

$$R_{\text{L}}^2 = \frac{-2LL(\text{모형})}{-2LL(\text{기저모형})} \tag{8.8}$$

수식에서 보듯이, R_{L}^2은 기저와의 차이를 나타내는 모형 카이제곱(로그 가능도에 기초해서 계산한)을 기저의 −2*LL*(그 어떤 예측변수도 도입하기 전의 모형의 이탈도)로 나눈 것이다. 모형 카이제곱의 정의를 반영해서 이 공식을 다음과 같이 표현할 수도 있다.

$$R_L^2 = \frac{\left(-2LL(\text{기저모형})\right) - \left(-2LL(\text{새모형})\right)}{-2LL(\text{기저모형})}$$

결과적으로 R_L^2은 로그 가능도의 절댓값이 감소하는 비율에 해당하며, 따라서 이 측도를 이용하면 모형에 예측변수들을 더 추가했을 때 모형의 적합도가 얼마나 개선되는지 파악할 수 있다. 이 측도의 값은 0(예측변수들이 결과변수의 예측에 쓸모가 없음을 뜻한다)에서 1(모형이 결과변수를 완벽하게 예측함을 뜻한다)까지이다.

또 다른 측도로, 콕스-스넬 R_{CS}^2(Cox and Snell's R_{CS}^2)은 모형의 이탈도($-2LL$(새모형))와 기저모형의 이탈도($-2LL$(기저모형)), 그리고 표본 크기 n으로 계산된다(Cox & Snell, 1989).

$$R_{CS}^2 = 1 - \exp\left(\frac{\left(-2LL(\text{새모형}) - \left(-2LL(\text{기저모형})\right)\right)}{n}\right) \tag{8.9}$$

이 측도의 이론적인 측도 값은 1이지만, 실제로 그 값이 나오는 것은 불가능하다. 그래서 네이글커크는 이 측도를 다음과 같이 수정한 **네이글커크의 R_N^2**(Nagelkerke's R_N^2)을 제안했다 (Nagelkerke, 1991).

$$R_N^2 = \frac{R_{CS}^2}{1 - \exp\left(-\dfrac{-2LL(\text{기저모형})}{n}\right)} \tag{8.10}$$

이 측도들은 그 계산 공식이(그리고 계산 결과가) 서로 다르지만, 개념은 대체로 비슷하다. 해석의 관점에서 볼 때, 이들은 모형의 실질적인 유의성을 측정한다는 점에서 선형회귀의 R^2과 비슷하다고 할 수 있다.

8.3.4 모형의 평가: 정보기준 ③

§7.6.3에서 보았듯이, 선형회귀에서는 모형의 적합도를 아카이케 정보기준(AIC)과 베이즈 정보기준(BIC)을 이용해서 판정할 수 있다. 이 두 기준은 R^2이 가진 문제점, 즉 모형에 변수를 추가할 때마다 R^2의 값이 증가한다는 문제점을 해결하기 위한 것이다. 이 기준들로 모형을 비교할 때는 예측변수가 더 많은 모형에 벌점이 가해진다. 이를 뭔가를 얻기 위해 치르는 대가로 설명할 수 있다. 더 나은 R^2 값을 얻으려면 더 큰 대가를 치러야 한다. 더 큰 대가를 치르는 것이 과연 가치가 있을까? 이 정보기준들은 그러한 판정에 도움을 준다.

두 기준 중 더 간단한 AIC부터 살펴보자. AIC를 정의하는 공식은 다음과 같다.

$$AIC = -2LL + 2k$$

여기서 $-2LL$은 앞에서 설명한 이탈도이고 k는 모형의 예측변수 개수이다. BIC는 AIC의 벌점 $(2k)$을, 사례의 수를 반영해서 조정한 것이다.

$$BIC = -2LL + 2k \times \log(n)$$

여기서 n은 모형에 있는 사례의 수이다.

8.3.5 예측변수의 기여도 평가: z 통계량 ①

선형회귀에서처럼 로지스틱 회귀에서도, 자료에 대한 모형의 전반적인 적합도뿐만 아니라 개별 예측변수의 기여도도 측정할 필요가 있다. 선형회귀에서는 추정된 회귀계수(b)와 그 표준오차 를 이용해서 t 통계량을 계산했다. 로지스틱 회귀에서도 그에 대응되는 통계량이 있는데, 바로 **z 통계량**(z-statistic)이다. 이 통계량은 **정규분포**(normal distribution)를 따른다. 선형회귀의 t 검정에 서처럼, z 통계량은 주어진 예측변수의 b 계수가 0과 유의하게 다른지의 여부를 나타낸다. 만 일 그 계수가 0과 유의하게 다르다면, 그 예측변수기 결과(Y의 발생 확률)의 예측에 유의하게 기 여한다고 가정할 수 있다. z 통계량의 정의는 다음과 같다.

$$z = \frac{b}{SE_b} \tag{8.11}$$

그림 8.2 칠판에 "표준오차가 상승하기 쉬운 검정통계량을 고안하면 안 된다"를 100번 쓰고 있는 에이브럼 왈드

식 (8.11)을 보면 z 통계량을 계산하는 공식이 선형회귀의 t 통계량을 계산하는 공식(식 (7.6))과 본질적으로 같다는 점을 알 수 있다. z 통계량은 그냥 회귀계수를 자신의 표준오차로 나눈 것이다. 이 z 통계량은 주로 주어진 변수가 결과를 유의하게 예측하는지의 여부를 판단하는 데 쓰인다. 그러나 그러한 여부를 판단하는 데에는 가능도비 통계량을 살펴보는 것이 더 정확할 수 있다. 이 z 통계량을 사용할 때는 조금 조심해야 하는데, 왜냐하면 회귀계수(b)가 클 때는 표준오차가 상승(inflation)해서 z 통계량이 과소평가될 수 있기 때문이다(Menard, 1995). 표준오차가 상승하면 실제로는 모형에 유의하게 기여하는 예측변수가 검정을 통과하지 못할 위험이 커진다(즉, 제2종 오류를 범할 가능성이 커진다). 이 z 통계량은 에이브럼 왈드(그림 8.2)가 고안했다. 그래서 왈드 통계량이라고도 부른다.

8.3.6   승산비 ③

로지스틱 회귀의 해석에 좀 더 중요한 통계량으로 **승산비**(odds ratio; 또는 오즈비)가 있다. 이것은 B를 변수로 한 지수함수, 즉 e^B이다. 이를 exp(B)로 표기하기도 한다. 승산비는 예측변수의 1단위 변화에 따른 승산의 변화 비율을 나타낸다. 따라서 로지스틱 회귀의 b 계수와 비슷하나, 이해하기가 더 쉽다(로그 변환이 필요하지 않으므로). 승산비는 예측변수가 범주형변수일 때 설명하기가 더 간단하므로, 그런 예를 하나 들어 보겠다. 지난번에 사랑을 나눌 때 콘돔을 사용했는지의 여부로부터 임신 여부를 예측한다고 하자. 어떤 사건이 발생할 **승산**(odds; 또는 오즈)은 그 사건이 발생할 확률을 그 사건이 발생하지 않을 확률로 나눈 것이다(식 (8.12)). 일상 언어에서 말하는 '이길 확률'과는 좀 다른 것임을 주의하기 바란다. 따라서, 임신할 승산은 임신할 확률을 임신하지 않을 확률로 나눈 것이다.

$$\text{odds} = \frac{P(\text{사건})}{P(\text{사건 없음})}$$

$$P(\text{사건 } Y) = \frac{1}{1 + e^{-(b_0 + b_1 X_{1i})}} \tag{8.12}$$

$$P(\text{사건 없음 } Y) = 1 - P(\text{사건 } Y)$$

지금 예에서 예측변수(콘돔 사용 여부)의 1단위 변화에 따른 승산의 변화 비율을 계산하려면, 먼저 콘돔을 사용하지 **않았을** 때 임신할 승산과 콘돔을 **사용했을** 때 임신할 승산을 구해야 한다. 그런 다음에는 그 두 승산의 상대적 변화를 계산하면 된다.

첫 승산을 구하려면, 우선 콘돔을 사용하지 않았을 때 임신할 확률을 식 (8.3)을 이용해서 계산해야 한다(만일 예측변수가 여러 개라면 식 (8.4)를 사용한다). 식 (8.3)의 방정식에는 미지수가 세 개 있다. 하나는 상수 계수 b_0고 또 하나는 예측변수의 계수 b, 그리고 마지막은 예측변수의 값 X이다. X의 값은 콘돔 사용 여부를 부호화하는 방식에 의해 결정된다. 콘돔을 사용하지 않았으면 0, 사용했으면 1이라고 하자. b_1과 b_0는 회귀분석을 통해서 추정한다. 세 미지수를 구했으면 식 (8.3)으로 해당 확률을 계산하고, 그것을 식 (8.12)에 대입해서 승산을 구한다.

다음으로, 예측변수를 1단위 변경한 후의 승산을 같은 방식으로 계산한다. 지금 예에서 예측변수는 이분적 변수이므로, 0에서 1단위 변경한 X는 1이다. 즉, 이번에는 콘돔을 사용했을 때 임신할 승산을 계산한다.

이렇게 해서 예측변수를 1단위 변경하기 전과 후의 승산들이 생겼다. 둘의 변화 비율을 계산하는 것은 간단하다. 다음과 같이 변경 후의 승산을 변경 전의 승산으로 나누면 된다.

$$\Delta \text{승산} = \frac{\text{예측변수의 1단위 변경 이후의 승산}}{\text{원래의 승산}} \tag{8.13}$$

이 승산 변화 비율이 바로 승산비이다. 이 값은 승산이 어떤 방식으로 변화하는지를 말해준다. 이 값이 1보다 크다는 것은 예측변수가 증가하면 결과가 발생할 승산도 증가한다는 뜻이다. 반대로, 이 값이 1보다 작다는 것은 예측변수가 증가하면 결과가 발생할 승산이 감소한다는 뜻이다. 이를 실제 자료에 적용하는 얘기 잠시 후에 나온다.

8.3.7 여러 로지스틱 회귀 방법 ②

다중회귀(§7.6.4)처럼, 로지스틱 회귀를 실행하는 방법은 여러 가지이다.

8.3.7.1 강제 도입법 ②

회귀분석을 실행하는 기본적인 방법은 그냥 예측변수들을 모두 한꺼번에 회귀모형에 포함하고 각 예측변수의 매개변수들을 추정하는 것이다.

8.3.7.2 단계적 방법 ②

우선, 이전 장에서 살펴본 단계적 방법에 대한 비판을 떠올리기 바란다. 그래도 단계적 방법을 사용하고 싶다면 방향(전진 방향, 후진 방향, 또는 둘의 조합)을 선택해야 한다. 전진 방향의 단계적 방법에서 컴퓨터는 상수만 있는 모형으로 시작해서 예측변수를 하나씩 추가해 나간다. 예측변수를 추가할 때마다, 그로 인해 모형이 개선되는지를 AIC와 BIC 중 선택한 기준을 이용해서 측정한다. 그러한 과정을, 그 어떤 예측변수를 추가해도 모형이 더 이상 개선되지 않을 때까지 반복한다.

그 반대 방향인 후진 방향의 단계적 방법에서는 상수만 있는 모형이 아니라 모든 예측변수를 포함한 모형으로 시작해서 예측변수를 하나씩 제거한다. 만일 한 예측변수를 제거했을 때 정보기준 값이 증가하지 않았다면(즉, 모형이 더 나빠지지 않았다면), 그 예측변수를 실제로 제거한다. 그러한 과정을 모든 예측변수에 대해 반복한다.

단순한 이 두 방법보다는 둘을 조합한 전진·후진 방법 또는 후진·전진 방법이 더 낫다. 전진·후진 방법은 전진 방법처럼 진행하되 변수를 추가할 때마다 다른 변수 중 제거해도 좋은 것이 있는지 찾아본다. 후진·전진 방법은 그 반대이다.

8.3.7.3 방법의 선택 ①

어떤 방법을
사용해야 하지?

보통의 회귀(제6장)에서처럼, 어떤 회귀 방법을 선택할 것인가는 여러 요인에 의존한다. 주된 고려사항은 하고자 하는 일이 이론을 검증하는 것인지 그냥 어떤 탐색적인 작업을 수행하는 것인지이다. 이전에 언급했듯이, 이론 검증에서는 단계적 방법들이 쓸모가 없다고 믿는 사람들이 있다. 그러나 인과관계에는 관심이 없고 그냥 자료에 적합한 모형을 찾으려는 경우라면 단계적 방법들도 나쁘지 않다(Agresti & Finlay, 1986; Menard, 1995). 또한, 보통의 회귀를 설명할 때 언급했듯이, 단계적 방법을 사용하기로 했다면 전진 방향보다는 후진 방향을 선택하는 것이 낫다. 이는 **억제인자 효과** 때문이다. 억제인자 효과는 다른 어떤 변수가 고정될 때만 예측변수가 효과를 가질 때 발생한다. 후진 방향의 변수 제거에 비해 전진 방향의 변수 선택은 억제인자 효과와 관련된 예측변수를 배제할 가능성이 크다. 따라서, 전진 방향의 단계적 방법에서는 제2종 오류(즉, 실제로 결과변수를 예측하는 예측변수를 빼먹는 오류)를 범할 위험이 크다.

8.4 가정과 잠재적 문제점 ④

8.4.1 가정 ②

로지스틱 회귀는 보통의 회귀와 몇 가지 가정을 공유한다.

1 **선형성:** 보통의 회귀에서는 결과변수와 예측변수의 관계가 선형이라고 가정한다. 그런데 로지스틱 회귀에서는 결과변수가 범주형변수이므로 그 가정이 깨진다. 이전에 설명했듯이, 이것이 자료의 로그(로짓)를 사용하는 이유이다. 따라서, 로지스틱 회귀에서 선형성

가정은 임의의 연속 예측변수들과 결과변수의 로짓의 관계가 선형이라는 가정이다. 이 가정은 각 예측변수와 그것의 로그 변환 결과 사이의 상호작용 항이 유의한지 보아서 검사할 수 있다(Hosmer & Lemeshow, 1989). §8.8.1에서 구체적인 예를 살펴볼 것이다.

2 **오차의 독립성:** 이 가정은 보통의 회귀의 것과 동일하다(§7.7.2.1 참고). 기본적으로 이는 자료의 사례들 사이에 관계가 없어야 함을 뜻한다. 예를 들어 같은 사람을 서로 다른 시간에서 측정해서는 안 된다(단, 다층 모형을 사용하면 그런 측정도 허용된다. 이에 관해서는 제19장에서 이야기한다).

3 **다중공선성의 부재:** 엄밀히 말해서 이것은 반드시 지켜져야 할 가정은 아니지만, 보통의 회귀에서처럼(§7.7.2.1) 로지스틱 회귀에서도 다중공선성이 문제가 된다. 간단히 말하면, 예측변수들 사이의 상관관계가 너무 커서는 안 된다. 이 가정은 허용 통계량과 VIF 통계량(보통의 회귀에서처럼), 비례 비중심화 외적 행렬(scaled, uncentered cross-products matrix)의 고윳값들, 분산 비율의 조건 지수들로 확인할 수 있다. §8.8.1에 예가 나온다.

그밖에, 로지스틱 회귀에는 고유한 문제점(가정은 아니고, 잘못될 수 있는 사항)이 있다. R은 로지스틱 회귀의 문제점들을 반복적인 절차로 해결한다(R의 영혼의 조언 8.1 참고). 종종 R이 즉시 정답을 뱉어내지 않고 아무 결과도 출력하지 않는 경우가 있다. R이 무한히 느리게 움직이

 R의 영혼의 조언 8.1   **'failure to converge'에 관한 R의 오류 메시지 ③**

여러 통계적 절차들은 반복 과정(iterative process)을 사용한다. 간단히 말해서 이는 R이 모형의 매개변수를 추정할 때 그 매개변수들의 근삿값을 연속해서 구하는 과정을 거친다는 뜻이다. 간단히 설명하자면, 우선 R은 '최선의 추측'으로 매개변수들을 추정한다. 그런 다음에는 그 근삿값을 소위 반복법을 이용해서 계속 개선해 나간다. 그러다가 매개변수의 근삿값들이 특정 값으로 수렴하면(즉, 근삿값을 아무리 개선해도 이전과 같거나 아주 비슷한 값이 나오면), 또는 최대 반복 횟수에 도달하면 반복 과정을 멈춘다.

종종 R이 다음과 같은 형태의 오류 메시지를 출력할 때가 있다.

```
Warning messages:
1: glm.fit: algorithm did not converge
```

이는 R이 매개변수들을 반복법을 이용해서 추정하려 했지만, 최대 반복 횟수(옵션으로 지정된)가 되었어도 값이 수렴되지 않았다는(즉, 반복할 때마다 상당히 다른 값이 나온다는) 뜻이다. 이런 메시지가 나왔다면 R이 출력한 모든 결과를 무시해야 한다. 또한, 이런 메시지가 나왔다는 것은 여러분의 자료가 뭔가 단단히 잘못되었다는 뜻일 수 있다.

기 시작했거나, 마치 여러분의 지시를 거부하고 파업에 돌입한 것처럼 보이는 때를 만나게 될 것이다. 만일 정답을 구할 수 없으면 R은 계산을 포기하고 완전히 틀린 결과를 보여주기도 한다. 만일 R이 출력한 결과에서 표준오차가 말도 안 될 정도로 크다면, 뭔가 계산이 잘못되었을 가능성이 크다. 그런 결과가 나타나는 상황은 두 가지인데, 둘 다 변수들의 사례들의 비와 관련이 되어 있다. 하나는 정보가 불완전한 상황이고, 다른 하나는 완전 분리 상황이다.

8.4.2　예측변수로부터의 불완전 정보 ④

흡연 여부와 토마토 섭취 여부로부터 폐암 발병 여부를 예측한다고 상상해 보자(토마토는 암 발생 위험을 줄여준다고 한다). 이를 위해 담배를 피우는 사람들과 피우지 않는 사람들, 그리고 토마토를 먹는 사람들과 먹지 않는 사람들로부터 자료를 수집했다. 그런데 흡연과 토마토 섭취의 모든 조합에서 자료를 수집하지 않는 한, 그러한 자료는 충분하지 않다. 다음과 같은 자료가 만들어졌다고 하자.

담배를 피우는가?	토마토를 먹는가?	암에 걸렸는가?
예	아니요	예
예	예	예
아니요	아니요	예
아니요	예	??????

　처음 세 가능성만으로는 네 번째 사례의 결과를 예측하기에 충분하지 않다. 마지막 사람의 발암 여부는 수집한 다른 자료에 기초해서 알아낼 방법이 없다. 변수들의 모든 조합으로부터 자료를 수집하지 않는 한, R은 정확한 결과를 산출하지 못한다. 이러한 문제는 분석을 실행하기 전에 교차표를 이용해서 점검해 보아야 한다. 구체적인 방법은 제18장에서 설명하겠다. 그런 표들을 점검할 때는 표의 각 칸에 있는 기대 도수들도 살펴볼 필요가 있다. 그 도수들이 모두 1보다 큰지, 그리고 5 미만인 도수가 20%를 넘지는 않는지 확인해야 한다(§18.5). 로지스틱 회귀의 적합도 검정이 그러한 가정을 깔고 있기 때문이다.

　불완전한 정보의 문제는 범주형변수뿐만 아니라 연속변수에도 적용된다. 사람의 행복에 관한 요인들을 조사한다고 상상해 보자. 나이, 성별, 성적 취향, 종교, 불안 정도 등이 그러한 요인이 될 수 있으며, 어쩌면 왼손잡이냐 오른손잡이냐도 요인일 수 있다. 이 연구를 위해 1000명의 사람을 인터뷰해서 성격적 특성들과 행복한지의 여부('예' 또는 '아니요')를 기록했다. 1000개의 사례로 이루어진 표본이 상당히 큰 것 같지만, 과연 이 표본에 80세의 불안 정도가 높은 왼손잡이 레즈비언 불교도가 포함되어 있을까? 그런 사람이 실제로 있는데, 그 사람이 자신이 행복하다고 대답했다면, 같은 범주의 다른 모든 사람도 행복하다고 결론지을 수 있을까? 그러한 특성들의 조합이 행복을 예측한다고 확신할 수 있으려면 그 범주의 사람들이 좀 더 많을수록 좋을 것은 명확하다. 따라서, 한 가지 해결책은 자료를 더 수집하는 것이다.

일반화하자면, 표본이 여러 범주로 나뉠 때 만일 하나 이상의 조합들이 비어 있다면 문제가 된다. 그러면 아마도 특정 계수의 표준오차가 이상하게 크게 나올 것이다. 신중한 연구자들은 모든 범주형 독립변수의 다방향 교차표를 만들어서 점검한다. 게으르지만 조심스러운 연구자는 그런 교차표를 만들지는 않지만, 표준오차들은 세심하게 살펴본다. 둘 다 신경 쓰지 않는다면 문제를 피할 수 없다.

8.4.3 완전 분리 ④

로지스틱 회귀가 실패로 끝나는 또 다른 상황은, 놀랍게도 한 변수 또는 변수들의 한 조합이 결과변수를 완벽하게 예측할 때이다. 이러한 상황을 **완전분리**(complete separation)라고 한다.

한 예로, 밤에 집에 들어오려는 도둑을 잡기 위해 현관 매트에 압력 패드를 설치하고 그것을 보안 시스템과 연결한다고 상상해 보자. 그런데 여러분의 십대 자녀와 친구들도 종종 한밤중에 몰래 집에 들어온다(여러분이 충분히 늙었고 보안 시스템과 압력 패드를 설치할 수 있을 정도로 부유하다고 가정하자). 압력 패드를 밟은 사람이 십대인지 아니면 도둑인지 추측하려면 어떻게 해야 할까? 한 가지 방법은, 몇몇 도둑들과 십대들의 체중을 잰 자료에 로지스틱 회귀를 적용해서, 체중으로부터 결과(십대 또는 도둑)를 예측하는 것이다. 그림 8.3에 이 예의 그래프가 나와 있다. 세로축(결과의 확률)이 0인 수평선을 이루고 있는 삼각형들은 체중을 잰 십대들을 나

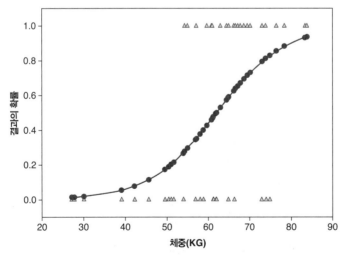

그림 8.3 체중(x 축)과 이분적 결과변수(y 축, 1은 도둑, 0은 십대) 관계의 예. 두 그룹의 체중들이 겹쳐 있음을 주목할 것

타내고, 1인 삼각형들은 체중을 잰 도둑들을 나타낸다. 두 수평선의 범위가 겹친다는 점에 주목하기 바란다. 즉, 도둑들만큼이나 무거운 십대들이 있는 것이다. 앞에서 말했듯이 로지스틱 회귀에서 R은 주어진 예측변수의 값에 대한 결과의 확률을 예측한다. 지금 예에서, 낮은 체중들에 대한 예측 확률은 그래프의 아래쪽 수평선에 근접하고, 높은 체중들은 위쪽 수평선에 근접한다. 중간 체중들에 대한 예측 확률은 그 두 극단 사이에서 변한다.

시간이 흘러 십대 자녀가 대학에 가고, 이제는 압력 패드를 밟은 것이 도둑인지 아니면 키우는 고양이인지를 체중으로 구분한다고 하자. 이번에도 몇몇 고양이와 도둑의 체중을 잰다. 해당 그래프가 그림 8.4에 나와 있는데, 이전처럼 세로축이 0인 삼각형들(체중을 잰 고양이들)과 1인 삼각형들(도둑들)이 있다. 그런데 이번에는 삼각형들의 범위가 겹치지 않는다. 즉, 고양이만큼 가벼운 도둑은 없고, 도둑만큼 무거운 고양이도 없다(따라서 이 동네에 도둑고양이는 없는 것 같다―썰렁한 농담에 사과드린다). 이것이 바로 완전 분리 상황이다. 이 상황에서는 결과(고양이 또는 도둑)를 예측변수(체중)로부터 완벽하게 예측할 수 있다(체중이 15 kg 미만이면 고양이이고 40kg을 넘으면 도둑이다). 그런데, 주어진 체중으로부터 결과의 발생 확률을 계산하려 하면 문제가 생긴다. 확실히 낮은 체중에서는 확률이 0이고, 확실히 높은 체중에서는 확률이 1이지만, 그 사이에서는 애매하다. 현재 표본에는 15 kg와 40 kg 사이의 자료가 없으므로, 그 범위의 체중에 대한 확률을 구할 수 없다. 그림 8.4의 그래프에는 그러한 자료에 적합시킬 수 있는 두 가지 가능한 확률 곡선이 표시되어 있는데, 그 기울기가 다르다. 둘 중 어떤 것이 더 타당한지는 자료에 기초해서 결정해야 한다. 그러나 자료가 부족하면 R은 어떤 기울기가 더 옳은지 근거 있게 결정할 수 없으므로, 중간 지점의 기울기를 최선을 다해 추측하려 한다. 그러나 그 과정에

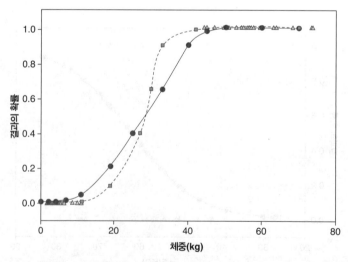

그림 8.4 완전 분리의 예. 이분적 결과변수(y 축, 1은 도둑, 0은 고양이)의 두 범주에 속하는 체중들(x 축)이 겹치지 않음을 주목할 것

서 근삿값들이 무한대를 향해 발산하는 불안정한 상황이 벌어질 수 있다(이 때문에 표준오차가 그렇게 크게 나타나는 것이다).

이러한 문제점은 너무 많은 수의 변수들을 너무 적은 수의 사례들에 적합시킬 때 자주 발생한다. 이때 만족스러운 해결책은 자료를 더 모으는 것밖에 없는 경우가 많지만, 가끔은 더 간단한 모형을 이용해서 깔끔한 답을 찾을 때도 있다.

주입식 샘의 핵심 정리　　로지스틱 회귀의 문제점들

- 보통의 회귀처럼 로지스틱 회귀는 선형성, 다중공선성 부재, 오차의 독립성을 가정한다.
- 선형성 가정은 각 예측변수가 결과변수의 로그와 선형 관계라는 것이다.
- 모든 변수의 모든 가능한 값을 결합한 교차표를 만들었을 때, 이상적으로는 그 표의 모든 칸에 자료가 있어야 한다. 만일 자료가 없는 칸이 존재한다면, 아주 큰 표준오차가 있는지 찾아볼 필요가 있다.
- 한 예측변수(또는 예측변수들의 한 조합)로 결과변수를 완벽하게 예측할 수 있다면, 완전 분리 상황인 것이다. 이 문제가 있을 때도 큰 표준오차가 나타난다.

8.5 이번 장에서 사용하는 패키지들 ①

이번 장에서 사용하는 패키지는 여러 가지이다. 그중 일부는(전부는 아니고) R Commander를 통해서 접근할 수 있다. 이번 장의 예제를 실행하는 데 필요한 패키지는 *car*(변수들의 재부호화와 다중공선성 검정을 위해)와 *mlogit*(다항 로지스틱 회귀를 위해)이다. 이 패키지들을 아직 설치하지 않았다면 다음 명령으로 설치하기 바란다.

```
install.packages("car"); install.packages("mlogit")
```

그런 다음에는 다음 명령들을 실행해서 각 패키지를 불러와야 한다.

```
library(car); library(mlogit)
```

8.6 이항 로지스틱 회귀: 미끈미끈한 예제 하나 ②

학술지들을 보면 종종 황당하고도 재미있는 것들을 발견할 수 있다. 나는 괴상한 학술 논문을 발굴하는 것을 일종의 취미로 삼고 있다(혹시 여러분이 그런 논문을 발견했다면 내게도 이메일로 알려 주기 바란다). 과학은 재미있어야 한다는 것이 내 지론이라서, 나는 웃음을 터트리게 하는 연구 결과를 찾아보길 좋아한다. 지금까지 나를 가장 크게 웃긴 논문은 로(Lo)와 동료들의 연구 논문이다(Lo, Wong, Leung, Law, & Yip, 2004). 로와 그 동료들은 병원 응급실에 와서 배가 너무 아프다고 호소한 50세 남성의 사례를 보고했다. 진단을 해 보니 복막염인 것 같아서 환자의 복부를 X선으로 찍어 보았다. 그런데 X선 사진에는 이상하게도 장어의 형상이 있었다. 알고 보니 환자가 뱀장어를 항문을 통해서 대장에 집어넣었는데, 그 사실을 말하지 않은 것이었다. 논문에 직접 인용되어 있지는 않지만, 의사가 물어보았을 때 아마 "아 뭐, 배가 아픈 것과 별 상관이 없을 것 같아서 이야기하지는 않았는데요. 오늘 아침에 뱀장어를 그 구멍으로 집어넣긴 했어요"라고 대답했을 것 같다. 어쨌거나, 논문에 따르면 환자가 '변비를 해결하려고' 뱀장어를 항문에 넣었다고 인정했다.

뱀장어가 변비에 좋다고?

종종 나는 상상력이 아주 잘 발휘되는 때가 있는데, 이 논문을 읽으면서 나는 불쌍한 뱀장어에게 동정을 금할 수 없었다. 바다에서(또는 수조에서) 유유히 헤엄치면서 '오늘은 뱀장어를 잡아먹는 상어도 없고, 날씨도 좋고, 물도 좋네. 평안한 하루가 되겠군'이라고 생각하던 뱀장어가, 다음 순간 정신을 차려 보니 홍콩에서 한 남자의 항문 속으로 쑤셔 넣어 지고 있음을 깨달았다고 상상해 보라. 뱀장어는 '어라 이게 어떻게 된 일이지?'라고 어리둥절할 것이다. 캄캄하고 비좁은 터널 속, 자신이 살던 곳과는 달리 물도 거의 없는 그곳에서 뱀장어는 아마 생명의 위협을 느꼈으리라. 그날은 전혀 평안하지 않은 하루임이 판명되었다. 이 끔찍한 운명에서 어떻게 빠져나와야 할까? 자존감 있는 모든 뱀장어가 그러듯이, 그 뱀장어는 자신의 감옥이 상당히 부드럽다는 점을 깨닫고는 '이런 씹어 먹을,[2] 꼭 탈출하겠어!'라고 결심했다. 안타깝게도 탈출하지는 못했지만, 감옥에 큰 피해를 주긴 했다(논문에는 뱀장어가 비장의 주름을 물어뜯는 상당히 불쾌한 사진이 수록되어 있다). 논문의 저자들은 "살아 있는 동물을 직장에 삽입해서 직장 폐색이 생긴 사례는 보고된 적이 없다. 환자의 이러한 행동은 아마 건강에 관한 괴상한 믿음이나 부주의한 성행위, 또는 범죄적 폭력과 관계가 있을 것이다. 그러나 진짜 원인은 결코 밝혀내지 못할 것이다."라는 결론을 내렸다. 아마 그럴 것이다.

---

2 문자 그대로이다.

꽤나 소름 끼치는 이야기였다.[3] 그 남자나 뱀장어에게는 그리 즐거운 이야기가 아니겠지만, 나는 웃음을 터뜨렸다. 물론, 그 이야기를 듣고 가장 먼저 든 생각은, 뱀장어를 항문에 끼워 넣은 것이 '변비 해소' 때문이라는 그의 해명은 기괴한 성행위에 대해 내가 들은 가장 어설픈 변명이라는 것이었다. 그러나 다시 생각해 보면 그것이 변명만은 아니었을 수 있다. 즉, 실제로 뱀장어를 항문에 넣으면 변비가 나을 수도 있지 않을까? 이를 검증하기 위해 어떻게든 자료를 수집했다고 가정하자. 결과는 '변비'와 '변비 아님' 두 가지이므로, 예측할 결과변수는 이분적 범주형변수에 해당한다. 예측변수 중 하나는 실험자의 개입(뱀장어 삽입) 대 대기(처리 없음)이 다. 또한, 처리 전에 환자가 며칠 동안이나 변비 중이었는지도 고려해야 할 것이다. 결과변수가 범주형이므로, 이 시나리오는 로지스틱 회귀에 완벽하게 적합하다(뱀장어에게는 아니겠지만). 해 당 자료가 부록 웹사이트의 **Eel.dat**에 들어 있다.

나처럼 학생들과 직장 폐색을 논의하며 방종한 즐거움을 누리는 통계학 강사들이 많지는 않다는 점을 잘 알고 있으므로, 변수 이름을 덜 노골적으로 짓는 것이 좋겠다.

- 결과변수(종속변수): **Cured**(치료됨 또는 치료되지 않음)

- 예측변수(독립변수): **Intervention**(개입했음 또는 처치가 없었음)

- 예측변수(독립변수): **Duration**(환자가 처치를 받기 전끼지 문제를 겪은 기간. 단위는 일)

이렇게 하면 이 책을 참고해서 학생들을 가르치는 강사는 필요하다면 좀 더 점잖은 예를 고안 할 수 있을 것이다. 그러나 이 책을 직접 읽은 학생은 그 예가 사실은 엉덩이에 뱀장어를 집어 넣은 누군가에 관한 것임을 기억할 것이다.

8.6.1 자료 준비 ①

로지스틱 회귀에 필요한 자료의 형식은 보통의 회귀에서와 같다. 즉, 각 변수가 각각의 열에 대 응되고 각 사례가 각 행에 대응되는 형식이다. 작업 디렉터리가 적절히 설정되어 있다고 할 때 (§3.4.4 참고), 다음 명령으로 자료 파일을 불러온다.

```
eelData<-read.delim("eel.dat", header = TRUE)
```

---

3 첨언하자면, 이런 이야기가 이것만은 아니다. 이 논문을 통해서 나는 차라리 몰랐으면 좋았을 병적인 호기심의 세계를 발견했다. 뱀장어가 내가 제일 좋아하는 예이긴 하지만, 그 외에도 아주 큰 돌(Sachdev, 1967), 시험관(Hughes, Marice, & Gathright, 1976), 야구공(McDonald & Rosenthal, 1977), 공기 청정기 캔, 철근, 빗자루, 주머니칼, 마리화나, 수표, 파란 플라스틱 텀블러, 바이브레 이터, 휴대용 석유 난로(Clarke, Buccimazza, Anderson, & Thomson, 2005), 장난감 해적선(내가 뱀장어 다음으로 좋아하는 예이다. 해 적들도 포함되있는지는 모르겠다)(Bemelman & Hammacher, 2005) 등이 직장에서 발견되었다. 따라서, 앞에서 내가 괴상한 연구 논문 을 발견하면 알려 달라고 말하긴 했지만, 만일 직장 안의 물체에 관한 것이라면 이미 많이 알고 있으니 보내지 말기 바란다. 단, 혹 시 버킹엄궁의 삽입을 성공한 사례가 있다면 알려주기 바란다.

이 명령은 *eelData*라는 데이터프레임을 생성한다. **head()** 함수를 이용해서 이 데이터프레임의 처음 여섯 행만 살펴보자.

```
head(eelData)

  Cured Intervention   Duration
1 Not Cured No Treatment       7
2 Not Cured No Treatment       7
3 Not Cured No Treatment       6
4     Cured No Treatment       8
5     Cured Intervention      7
6     Cured No Treatment       6
```

세 변수가 각각의 열을 차지하고 있음을 주목하기 바란다. 그리고 범주형자료는 텍스트로 입력되어 있다. 예를 들어 **Cured** 변수의 값은 문자열 *Cured* 또는 *Not Cured*이다. 이처럼 값이 텍스트 문자열인 자료를 불러오면 **R**은 해당 변수를 자동으로 요인(인자)으로 변환한다. 변환했다고 보고하지는 않고, 그냥 말없이 변환한다.

그런데 로지스틱 회귀를 실행할 때는 문자열이 아니라 수치가 필요하다. 다행히, 요인으로 변환할 때 **R**은 변수에 몇 가지 수치를 배정하기까지 한다. 이처럼 **R**은 도움이 될만한 것은 뭐든지 하려 든다. 그런데 문제는, **R**이 배정한 수치들이 우리가 원하는 것과는 다를 수 있다는 점이다. **R**은 그냥 문자열들을 알파벳 순으로 정렬하고 그 순서대로 요인의 수준들을 배정한다. 지금 예에서 이분적 범주형 변수 **Cured**의 수준은 *Cured*와 *Not Cured*인데, *Cured*가 알파벳 순으로 더 앞이므로 **R**은 이것을 첫 수준으로 배정한다. 따라서 이것이 기저 범주가 된다. 마찬가지로 *Intervention*의 수준들은 알파벳 순으로 *Intervention*과 *No Treatment*이므로 *Intervention*이 기저 범주가 된다.

그렇지만 연구의 의미를 생각하면 두 경우 모두 순서가 반대인 것이 더 자연스럽다. **Cured** 변수의 경우 치료되지 않음에 해당하는 *Not Cured*가 첫 범주, 즉 기저 범주인 것이 낫다. 그러면 모형의 계수들이 환자가 치료되지 않을 확률이 아니라 치료될 확률(우리가 알고 싶어 하는)을 반영할 것이기 때문이다. 마찬가지로, **Intervention** 변수의 첫 범주(기저 범주)가 *No Treatment*이면 더 유용할 것이다. 다행히, **relevel()**이라는 함수를 이용하면 요인의 기저 범주를 명시적으로 지정할 수 있다. 이 함수의 일반적인 활용 형태는 다음과 같다.

```
새요인<-relevel(기존 요인, "기저 범주")
```

간단히 말해서, 기존 요인과 원하는 범주의 이름을 지정해서 이 함수를 호출하면 함수는 지정된 범주를 기저 범주로 하는 새 요인을 돌려준다. 그런데 지금 예에서 **Cured**와 **Intervention**에 대한 요인을 굳이 새로 만들 필요는 없고, 그냥 기존 요인을 갱신하는 것으로 충분하다. 그러려면 명령의 새요인 부분을 기존요인과 동일하게 지정하면 된다. 그러면 새로 만들어진 요인이 기존 요인 객체를 덮어쓰게 된다. 해당 명령들은 다음과 같다.

```
eelData$Cured<-relevel(eelData$Cured, "Not Cured")
eelData$Intervention<-relevel(eelData$Intervention, "No Treatment")
```

이제 **Cured** 객체는 *Not Cured*가 첫 수준(기저 범주)인 요인이고, **Intervention** 객체는 *No Treatment*가 기저 범주인 요인이다. 기저 범주들을 적절히 설정했으니, 이제 실제 분석으로 들어가자.

8.6.2 로지스틱 회귀분석의 실행 ②

8.6.2.1 R Commander를 이용한 기본적인 로지스틱 회귀분석 ②

우선 **데이터 ➡ 데이터 불러오기 ➡ 텍스트 파일, 클립보드, 또는 URL...** 메뉴를 선택해서 **eel.dat** 파일의 자료를 불러온다(§3.7.3 참고). 이전 절에서 논의했듯이, **R**은 **Cured** 변수와 **Intervention** 변수를 요인으로 만든다(변수에 문자열 값들이 들어 있으므로). 그런데 **R**이 선택한 것과는 다른 범주를 기저 범주로 설정할 필요가 있다. 이를 위해, **데이터 ➡ 활성 데이터셋에 있는 변수 관리하기 ➡ 요인 수준 재정렬하기...** 메뉴를 선택한다(그림 8.5). 그러면 순서를 바꿀 요인들을 선택하는 대화상자가 나타난다. 요인(하나 선택) 아래의 목록에서 **Cured**을 선택한다. 그 아래의 요인 이름 입력 상자는 요인의 새 이름(변수 이름)을 위한 것인데, 지금 예에서

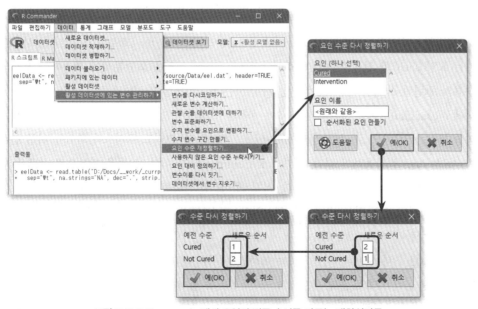

그림 8.5 R Commander에서 요인의 범주 순서를 바꾸는 대화상자들

는 기존 요인을 덮어쓸 것이므로 <원래와 같음>을 그대로 두면 된다. 이제 예 버튼을 클릭하면 선택된 요인의 범주들과 그 순서가 표시된 대화상자가 나온다. 지금 예에서 범주는 *Cured*와 *Not Cured*이고, 각각 순서는 1과 2이다(*Cured*가 첫째 범주, *Not Cured*가 둘째 범주). 우리가 원하는 순서는 그 순서와 반대이므로, *Cured*의 순서를 2로, *Not Cured*의 순서를 1로 변경한 후 예 버튼을 클릭한다. **Intervention** 변수도 마찬가지 방식으로 순서를 바꾸기 바란다.

이 예에서는 위계적 방법으로 이항 로지스틱 회귀분석을 실행한다. 첫 모형(모형 1)에는 **Intervention**만 예측변수로 두고, 둘째 모형(모형 2)에는 **Duration**을 추가한다. 그럼 모형 1을 R Commander로 만들어 보자. 이항 로지스틱 회귀를 실행할 때는 **통계 ➡ 적합성 모델 ➡ 일반화 선형 모델...** 메뉴를 선택한다. 그러면 그림 8.6과 같은 대화상자가 나타난다. 이 대화상자의 모델 이름 입력하기: 입력 상자에 원하는 모형 객체의 이름을 입력한다. 지금은 *eelModel.1*로 하면 된다. 그런 다음에는 모형을 서술하는 공식을 지정해야 한다. 모형의 공식은 결과변수와 예측변수들로 구성된다. 로지스틱 회귀의 경우 결과변수는 이분적 범주형변수(요인)이어야 한다. 지금 예에서 결과변수는 **Cured**이다(변수 목록을 보면 요인인 변수에는 [요인]이라는 표시가 되어 있다). 먼저, **Cured**를 더블클릭하면 **모델 공식:** 아래의 첫 상자(입력 커서가 있던 곳)에 'Cured'가 표시된다. 이러면 결과변수의 지정이 끝난 것이며, 그래서 커서가 그다음 상자로 이동한다. 그 상자 위에는 모형의 공식에 여러 기호를 손쉽게 추가하기 위한 버튼들이 있다. 예를 들어 예측변수들을 추가하기 위한 '+'나 상호작용 항을 위한 '*'이 있고, 심지어 괄호들도 있다. 이들과 변수 목록의 변수들을 더블 클릭해서 복잡한 모형 공식을 만들 수 있다. 그러지만 첫 모형에서는 그냥 예측변수 하나만 지정하면 된다. 이를 위해 변수 목록에서 Intervention을 클릭하면 두 번째 상자에 그 변수가 추가된다(그림 8.6).

일반화선형모형(generalized linear model; 일반선형모형(general~)이라고 부르기도 한다)을 사용할 때는 모임(family)과 연결 함수를 지정해야 한다. 여기서 모임은 회귀분석이 가정하는 분포의 종류와 관련된 것이다. 예를 들어 선형회귀에서는 정규분포를 가정하므로, *Family* 아래의 목록에서 *gaussian*(가우스 분포, 즉 정규분포에 해당)을 선택해야 한다. 그러나 로지스틱 회귀에서는 이항 분포를 가정하므로, 목록에서 *binomial*을 선택한다. 그리고 로지스틱 회귀를 위한 연결 함수로는 *logit*을 사용해야 한다. 다행히 R Commander가 이미 그 둘을 기본으로 선택해 두었으므로, 여러분이 따로 할 일은 없다. 이제 예 버튼을 클릭해서 모형을 생성한다.

둘째 모형도 거의 같은 방식으로 생성한다. **모델 이름 입력하기:** 입력 상자에 *eelModel.2*를 입력하기 바란다. 다음으로, 변수 목록에 **Cured**를 더블클릭해서 모형 공식 아래의 첫 상자(입력 커서가 있던 곳)에 넣는다. 다음으로는 예측변수들을 지정해야 한다. **Intervention**을 더블클릭해서 모형 공식 아래의 둘째 상자(입력 커서가 있는 곳)에 넣는다. 그런 다음 그 상자에서 키보드로 '+' 문자를 추가하거나, 그 위의 기호 버튼 중 '+' 버튼을 클릭한다. 마지막으로 변수 목록

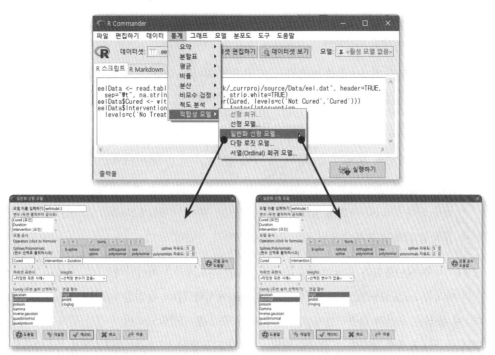

그림 8.6 R Commander에서 일반화선형모형을 설정하는 대화상자들

에서 **Duration**을 더블클릭한다. 그러면 그림 8.6의 오른쪽 아래 대화상자와 같은 모습이 될 것이다. 분석 결과는 잠시 후에 논의한다.

8.6.3 **R을 이용한 기본적인 로지스틱 회귀분석 ②**

로지스틱 회귀분석에는 **glm()**이라는 함수를 사용한다. *glm()* 함수는 제7장에 나온 *lm()* 함수와 아주 비슷하다. *lm*은 'linear model(선형모형)'을 줄인 것이고, *glm*은 'generalized linear model(일반화선형모형)'을 줄인 것이다. 즉, 이것은 기본적인 선형모형을 다른 종류의 상황들로 일반화한 모형을 위한 함수이다. 이 함수의 일반적인 활용 형태는 다음과 같다.

```
새모형<-glm(결과변수 ~ 예측변수(들), data = 데이터프레임, family = 분포의 종류, na.action =
결측값 처리 방식))
```

여기서,

- 새모형은 함수가 새로 생성하는 객체로, 모형에 관한 정보를 담는다. 이후 *summary(새 모형)* 형태의 명령을 실행해서 이 모형의 요약 통계량들을 확인할 수 있다.

- 결과변수는 예측하고자 하는 결과변수이다. 종속변수라고도 부른다. 지금 예에서는 **Cured**를 여기에 지정한다.

- 예측변수(들)은 결과변수를 예측하는 데 사용할 하나의 변수 또는 변수들의 목록이다. 지금 예에서는 **Intervention**과 **Duration**을 지정한다.

- 데이터프레임은 결과변수와 예측변수들이 있는 데이터프레임이다.

- *family* 인수에는 분포의 종류(가우스, 이항, 푸아송, 감마 등)를 나타내는 객체를 지정한다.

- *na.action*은 생략 가능한 옵션이다. 자료가 완결적이면(지금 예에서처럼) 이 옵션은 무시해도 된다. 그러나 자료에 결측값이 존재하면(즉, 데이터프레임에 NA들이 있으면), 이 옵션이 유용할 것이다. R의 영혼의 조언 7.2를 참고하기 바란다.

모형을 서술하는 공식과 공식의 변수들이 있는 데이터프레임을 지정한다는 점, 그리고 결측값 처리 방식을 *na.action*으로 지정한다는 점은 *lm()*에서와 같다. 유일한 차이는 *family* 옵션이다. 이 옵션은 우리의 회귀모형이 기초한 분포의 종류를 지정함으로써 우리가 원하는 회귀분석의 종류를 R에게 알려주는 역할을 한다. 보통의 회귀분석(제7장)은 정규분포에 기초하므로, 이 옵션에 가우스 분포(정규분포)에 해당하는 객체를 지정해야 한다. 로지스틱 회귀는 이항분포에 기초하므로, *family = binomial()*을 지정해야 한다.[4]

이 분석은 위계적 방법으로 실행한다. 모형 1에는 **Intervention**만 예측변수로 두고, 모형 2에는 **Duration**을 추가한다. 첫 모형을 생성하는 명령은 다음과 같다.

```
eelModel.1 <- glm(Cured ~ Intervention, data = eelData, family = binomial())
```

이 명령은 **Intervention** 예측변수 하나만으로 **Cured**를 예측하는 모형(*Cured ~ Intervention*)을 생성해서 *eelModel.1*에 배정한다. 둘째 모형을 생성하는 명령은 다음과 같다.

```
eelModel.2 <- glm(Cured ~ Intervention + Duration, data = eelData, family =
binomial())
```

이 명령은 **Intervention**과 **Duration**으로 **Cured**를 예측하는 모형(*Cured ~ Intervention + Duration*)을 생성해서 *eelModel.2*에 배정한다.

---

4 R의 함수들은 자주 쓰이는 값들을 기본값으로 지정해 두는 경우가 많다. *glm()*의 경우 *family* 옵션을 생략하면 *lm()*에서처럼 가우스 분포를 사용한다. 로지스틱 회귀를 위해 이항분포를 지정할 때 이항분포 모임을 위한 연결 함수를 명시적으로 지정할 수도 있다. 이때 연결 함수로 흔히 쓰이는 것은 로짓과 프로빗인데, 각각 *Binomial(link = "logit")*과 *Binomial(link = "probit")*로 지정한다. 연결 함수를 지정하지 않으면 R은 기본으로 로짓을 사용한다. 로지스틱 회귀에 필요한 것이 그것이므로, 지금 예에서는 연결 함수를 따로 지정할 필요가 없다.

8.6.4 로지스틱 회귀분석의 해석

방금 생성한 모형의 통계량들은 *summary()* 함수로 확인할 수 있다(모형 이름을 지정하면 된다).

```
summary(eelModel.1)
summary(eelModel.2)
```

이들의 결과가 출력 8.1과 8.3에 나와 있다. 다음 두 절에서 이 결과들을 논의하겠다.

8.6.5 모형 1: Intervention 변수만으로 예측 ②

출력 8.1은 Intervention만으로 Cured를 예측하는 모형 1의 요약이다. 우선 살펴볼 것은 모형을 요약하는 통계량들이다. 모형의 전반적인 적합도는 이탈도(기억하겠지만, 이것은 로그 가능도에 -2를 곱한 것이다)로 평가한다. 이전에 언급했듯이, 이 이탈도가 클수록 통계적 모형으로서의 이 회귀모형은 자료에 잘 적합되지 않는 것이다. **R**은 두 가지 이탈도 통계량을 제공한다. 하나는 귀무 이탈도(null deviance)이고 다른 하나는 잔차 이탈도이다. 귀무 이탈도는 상수만 있고 예측 변수는 전혀 없는 모형의 이탈도이다. 즉, $-2LL$(기저모형)이 바로 귀무 이탈도이다.[5] 잔차 이탈도는 모형의 이탈도, 즉 $-2LL$(새모형)이다.

출력 8.1

```
Call:
glm(formula = Cured ~ Intervention, family = binomial(), data = eelData)

Deviance Residuals:
    Min       1Q   Median       3Q      Max
-1.5940  -1.0579   0.8118   0.8118   1.3018

Coefficients:
                         Estimate Std. Error z value Pr(>|z|)
(Intercept)               -0.2877     0.2700  -1.065  0.28671
InterventionIntervention   1.2287     0.3998   3.074  0.00212 **
---
Signif. codes:  0 '***' 0.001 '**' 0.01 '*' 0.05 '.' 0.1 ' ' 1

(Dispersion parameter for binomial family taken to be 1)

    Null deviance: 154.08  on 112  degrees of freedom
Residual deviance: 144.16  on 111  degrees of freedom
```

---

[5] 절편만 있는 모형으로 로지스틱 회귀분석을 실행하면 이 이탈도를 얻을 수 있다. 해당 명령은 다음과 같다.

```
eelModel.0 <- glm(Cured ~ 1, data = eelData, family = binomial()) summary(eelModel.0)
```

```
AIC: 148.16
Number of Fisher Scoring iterations: 4
```

분석의 지금 단계에서 모형의 이탈도 값은 기저 모형(상수만 있는 모형)의 이탈도보다 작아야 한다. $-2LL$이 작다는 것은 모형이 결과변수를 더 정확하게 예측한다는 뜻이기 때문이다. 기저 모형의 이탈도는 $-2LL = 154.08$이지만, 거기에 **Intervention**을 추가하니 이탈도가 144.16으로 감소했다. 이러한 이탈도 감소는 **Intervention**을 추가하기 전보다 추가한 후의 모형이 결과를 좀 더 잘 예측함을 뜻한다.

모형이 결과변수를 '얼마나 더 잘' 예측하는지는 모형의 카이제곱 통계량으로 평가한다. 카이제곱은 현재의 모형과 상수만 있는 모형의 차이를 측정한 것이다. §8.3.1에서 보았듯이, 모형의 변화의 유의성은 새 모형의 로그 가능도에서 기저 모형의 로그 가능도를 뺀 값으로 평가할 수 있다. 모형 카이제곱 검정은 그러한 원리에 기초한다. 지금 예에서, **Intervention**이 있는 모형의 $-2LL$에서 상수만 있는 모형의 $-2LL$을 뺀 값은 $154.08 - 144.16 = 9.92$이다. 이 값은 카이제곱 분포를 따르므로, 부록 A에 나온 확률표를 이용해서 그 유의성을 쉽게 확인할 수 있다. 지금 예에서 이 값은 .05 수준에서 유의하므로, 상수만 있는 모형에 비해 이 모형이 전반적으로 환자의 치료 여부를 유의하게 더 잘 예측한다고 말할 수 있다. 이 모형 카이제곱 검정은 선형회귀의 F 검정(제7장)과 비슷하다. 이상적인 세상에서는 전체적인 $-2LL$이 유의하지 않은 값이고(이는 설명되지 않은 자료의 양이 최소한이라는 뜻이다) 모형 카이제곱 통계량은 아주 유의한 값일 것이다(이는 예측변수들을 포함한 모형이 예측변수가 없는 모형보다 유의하게 더 낫다는 뜻이다). 그렇지만, 현실에서는 두 통계량 모두 아주 유의한 값일 수 있다.

R에서 모형 카이제곱과 그 유의확률(p 값)을 계산하는 것은 어렵지 않다. 이 계산 과정에서는 회귀모형 객체를 데이터프레임처럼 취급한다. 마치 데이터프레임 객체처럼 *eelModel.1* 객체는 여러 개의 변수로 구성되는데, 그중 잔차 이탈도를 담은 *deviance*라는 변수와 귀무 이탈도를 담은 *null.deviance*라는 변수가 있다. 귀무 이탈도에서 이탈도를 뺀 것이 바로 모형의 개선 정도를 뜻하는 카이제곱 통계량이다. 회귀모형 안의 한 변수를 지칭하는 방법은 데이터프레임에서와 같다. 즉, 모형 이름 다음에 달러 기호를 쓰고 그다음에 변수 이름을 쓰면 된다. 다음은 모형 카이제곱을 계산하는 명령이다.

```
modelChi <- eelModel.1$null.deviance - eelModel.1$deviance
```

이 명령은 모형 *eelModel.1*의 귀무 이탈도에서 그 모형의 이탈도를 뺀 값을 담은 *modelChi*라는 변수를 생성한다. 이 변수의 값은 다음을 실행해서 확인할 수 있다.

```
modelChi
```

```
[1] 9.926201
```

이 값에 반올림을 적절히 적용하면, 앞에서 손으로 계산했을 때와 같은 값이 된다. 모형의 자유도 변화도 비슷한 방식으로 계산할 수 있다. 모형의 *df.residual* 변수에는 모형의 자유도가, *df.null*에는 귀무모형의 자유도가 들어 있다. 첫 모형의 경우 이들의 값은 각각 111과 112이다 (출력 8.1). 귀무 모형의 자유도에서 모형의 자유도를 빼면 앞에서 구한 카이제곱 통계량의 자유도가 된다. 다음은 이를 계산하는 명령이다.

```
chidf <- eelModel.1$df.null - eelModel.1$df.residual
```

이 명령은 귀무 모형의 자유도에서 *eelModel.1* 모형의 자유도를 뺀 값을 담은 *chidf*라는 변수를 생성한다. 이 변수의 값은 다음을 실행해서 확인할 수 있다.

```
chidf
```

```
[1] 1
```

결과에서 보듯이, 자유도 변화량은 1이다. 이는 우리가 첫 모형에 예측변수를 하나만 포함시켰다는 사실과 부합한다.

이 카이제곱 통계량과 관련된 확률을 계산할 때는 **pchisq()**라는 함수를 사용한다. 이 함수는 두 가지 입력을 받는다. 하나는 카이제곱 값(앞에서 계산한 *modelChi*)이고 다른 하나는 자유도(앞에서 계산한 *chidf*)이다. 그런데 우리가 원하는 확률은 1에서 *pchisq()* 함수의 결과를 뺀 것이므로, 다음과 같은 명령을 실행해야 한다.

```
chisq.prob <- 1 - pchisq(modelChi, chidf)
```

이 명령은 1에서 *pchisq()* 함수의 결과를 뺀 값을 담은 *chisq.prob*라는 변수를 생성한다 (*pchisq()* 함수를 호출할 때 앞에서 구한 카이제곱 통계량과 그 자유도를 담은 변수들을 지정했음을 주목하기 바란다). 결과를 확인해보자.

```
chisq.prob
```

```
[1] 0.001629425
```

결과에서 보듯이, p 값은 약 .002(소수점 이하 세 자리로 반올림)이다. 확률이 .05보다 작으므로, 모형이 결과를 더 잘 예측하지 못한다는 귀무가설을 기각할 수 있다. 이 모형에는 예측변수가 하나뿐이므로, 이 값은 곧 모형의 가능도비의 p 값이다. 따라서, 모형에 **Intervention**을 포함함으로써 모형의 적합도가 $\chi^2(1) = 9.93$, $p = .002$로 유의하게 개선되었다는 결론을 내릴 수 있다.

다음으로, 출력의 *Coefficients:* 부분을 살펴보자. 모형에 포함된 예측변수들의 계수를 추정한 결과가 나온 이 부분이 출력의 핵심부이다. 지금 예에서 이 부분에는 예측변수 **Intervention**의 계수와 상수(절편)에 관한 정보가 나와 있다. 선형회귀의 b 값처럼, 이 b 값(계수)을 식 (8.4)에 대입하면 주어진 사례가 특정 범주에 속할 확률을 예측하는 공식이 만들어진다. 제7장에서 배웠듯이, 선형회귀의 b 값은 예측변수의 1단위 변화에 따른 결과의 변화량을 나타낸다. 로지스틱 회귀에서도 b의 해석은 그와 아주 비슷하다. 이 b 값은 예측변수의 1단위 변화에 따른 결과의 **로짓**의 변화량을 나타낸다. 여기서 결과의 로짓이란 그냥 해당 Y 값이 나올 승산의 자연로그이다.

이에 관한 핵심적인 통계량은 z 통계량이다.[6] 정규분포를 따르는 이 통계량은 예측변수의 b 계수가 0과 유의하게 다른지의 여부를 말해준다. 만일 계수가 0과 유의하게 다르면, 해당 예측변수가 결과(Y 발생 확률)의 예측에 유의하게 기여한다고 말할 수 있다. z 통계량은 §8.3.4에서 만나 보았다. 그때 설명했듯이, z 통계량을 해석할 때는 회귀계수(b)가 크면 표준오차가 상승해서 z 통계량이 과소평가되는 경향이 있다는 점을 염두에 두어야 한다(이에 관해서는 [Menard, 1995]를 보라). 그러나 지금 예에서는 실험자의 개입 여부가 환자의 치료 여부의 예측에 유의하게 기여하는 것으로 보인다(z 통계량의 유의확률이 .05 미만임을 주목할 것). 따라서, Intervention은 치료 여부의 유의한 예측변수라고 할 수 있다($b = 1.23$, $z = 3.07$, $p < .002$).

§8.3.3에서 선형 다중회귀의 **R**에 대응되는 로지스틱 회귀의 **R**을 소개했다. 식 (8.7)에 해당 공식이 나와 있다. 출력 8.1을 보면, 지금 모형의 z 통계량은 3.074이고 자유도는 1이다. 그리고 귀무 모형의 이탈도는 154.08이었다. 다음은 이들을 식 (8.7)에 대입해서 **R**을 구한 것이다.

$$R = \sqrt{\frac{3.074^2 - 2 \times 1}{154.08}} = 0.22 \tag{8.14}$$

§8.3.3에서는 호스머-렘쇼 측도(R_L^2)도 소개했다. 이 측도는 모형 카이제곱을 원래의(아무 예측변수도 도입하기 전의) $-2LL$로 나눈 것이다. 지금 예에서, **Intervention**을 추가한 후의 모형 카이제곱은 9.93(앞에서 계산한 *modelChi*)이고 원래의 $-2LL$은 154.08이다. 따라서 $R_L^2 = 9.93/154.08 = .06$인데, 이 값은 앞에서 구한 R을 제곱한 값($R^2 = .222 = 0.05$)과는 다르다.

이상의 계산을 **R**에서 실행하는 명령은 다음과 같다.

```
R2.hl<-modelChi/eelModel.1$null.deviance
R2.hl
```

```
[1] 0.06442071
```

---

[6] 그리고 왈드 통계량도 있다. 이 값은 z 통계량의 제곱으로, 카이제곱 분포를 따른다.

첫 명령은 모형 카이제곱(앞에서 구한 *modelChi*에 들어 있다)을 원래 모형의 −2LL(*eelModel.1 $null.deviance*에 들어 있다)로 나눈 결과를 새 변수에 넣는다. 이는 이전에 나온 해당 공식을 그대로 R 언어로 표현한 것일 뿐이다. 둘째 명령은 그 변수의 값을 출력하는데, 적절히 반올림하면 .064이다.

또한 §8.3.3에서는 R^2과 비슷한 용도의 콕스-스넬 측도와 네이글커크 측도도 소개했다. R에 이들을 계산하는 함수들이 있지만, 찾아서 사용하기가 조금 까다롭다. 그냥 직접 명령을 작성해서 계산하는 것도 그리 어렵지 않다. 다음은 콕스-스넬 통계량을 계산하는 명령이다.

```
R.cs <- 1 - exp ((eelModel.1$deviance - eelModel.1$null.deviance) /113)
R.cs
```

```
[1] 0.08409487
```

첫 명령은 모형의 −2LL(*eelModel.1$deviance*)과 귀무 모형의 −2LL(*eelModel.1$null.deviance*), 그리고 표본 크기(113은 지금 예에만 해당하고, 다른 자료 집합에서는 해당 표본 크기를 사용해야 한다)로 계산한 값을 새 변수에 배정한다. 둘째 명령은 그 결과를 출력하는데, 반올림하면 .084이다. 이 값은 네이글커크 측도를 계산하는 데 쓰인다. 해당 R 명령은 다음과 같다.

```
R.n <- R.cs /(1-(exp(-(eelModel.1$null.deviance/113))))
R.n
```

```
[1] 0.112992
```

첫 명령은 방금 계산한 *R.cs*의 값을 귀무 모형의 −2LL(*eelModel.1$null.deviance*)과 표본 크기(이번에도 113은 현재 표본의 크기이고, 다른 자료 집합에 대해서는 해당 크기로 바꾸어야 한다)를 이용해서 조정한다. 둘째 명령은 그 결과를 표시하는데, 반올림하면 .113이다.

이후에 다른 모형들에도 이 세 가지 R^2을 계산할 일이 많다면, 이들을 하나의 함수로 작성해 두면 좋을 것이다(R의 영혼의 조언 8.2 참고). 그러면 매번 비슷한 명령을 반복해서 입력할 필요가 없다. 결과들에서 보듯이 세 가지 R^2 값이 모두 다르지만, 셋 다 모형의 효과크기에 대한 측도로 사용할 수 있다는 점은 동일하다.

마지막으로 살펴볼 것은 §8.3.6에서 설명한 승산비이다. 지금 예에서 예측변수의 1단위 변화에 따른 승산의 변화를 계산하려면 먼저 실험자의 개입이 **없을** 때 환자가 치료될 승산과 실험자의 개입이 있을 때 환자가 치료될 승산을 구해야 한다. 그런 다음에는 그 두 승산의 변화 비율을 계산한다.

두 승산을 구하려면 관련 확률들을 식 (8.12)를 이용해서 구해야 한다. 먼저, 개입이 **없을** 때 환자가 치료될 확률과 치료되지 않을 확률을 구하고, 그 둘로 해당 승산을 계산해 보자. 이전에 보았듯이, 예측변수의 두 범주 중 개입 없음에 해당하는 범주의 부호는 0이다. 따라서

R의 영혼의 조언 6.2에서 보았듯이, 원하는 함수가 없으면 여러분이 직접 작성하면 된다. 여러 모형으로 로지스틱 회귀분석을 수행해야 한다면, 여러 R^2 값들을 계산하는 명령을 매번 입력하기가 상당히 지겨울 수 있다. 따라서 그런 계산을 수행하는 함수를 작성하기로 하자. 함수의 이름은 로지스틱 회귀를 위한 여러 '가짜' R^2 값들을 계산한다는 의미를 담은 *logisticPseudoR2s*로 하자. 이 함수는 로지스틱 회귀모형 하나를 입력받는다(해당 매개변수의 이름은 *LogModel*로 한다). 다음은 이 함수를 정의하는 명령이다.

```
logisticPseudoR2s <- function(LogModel) {
    dev <- LogModel$deviance
    nullDev <- LogModel$null.deviance
    modelN <-  length(LogModel$fitted.values)
    R.l <-  1 -  dev / nullDev
    R.cs <- 1- exp ( -(nullDev - dev) / modelN)
    R.n <- R.cs / ( 1 - ( exp (-(nullDev / modelN))))
    cat("Pseudo R^2 for logistic regression\n")
    cat("Hosmer and Lemeshow R^2  ", round(R.l, 3), "\n")
    cat("Cox and Snell R^2        ", round(R.cs, 3), "\n")
    cat("Nagelkerke R^2           ", round(R.n, 3),    "\n")
  }
```

이 명령의 각 부분을 설명하자면 다음과 같다.

- *dev<-LogModel$deviance*는 함수에 입력된 모형의 이탈도(이전 공식들의 −2LL(새모형))를 *dev*라는 변수에 배정한다.

- *nullDev<-LogModel$null.deviance*는 기저 이탈도(이전 공식들의 −2LL(기저모형))를 *nullDev*라는 변수에 배정한다.

- *modelN<-length(LogModel$fitted.values)*는 적합값들에 대해 *length()*를 적용해서 표본 크기를 얻고, 그것을 *modelN*이라는 변수에 배정한다.

- *R.l <- 1 - dev/nullDev*는 모형에서 뽑은 값들로 호스머–렘쇼 측도(R_L^2)를 계산해서 *R.l*이라는 변수에 배정한다.

- *R.cs<-1- exp (-(nullDev- dev)/modelN)*은 모형에서 뽑은 값들로 콕스–스넬 측도(R_{CS}^2)를 계산해서 *R.cs*라는 변수에 배정한다.

- *R.n <-R.cs / (1 - (exp (-(nullDev/modelN))))*은 모형에서 뽑은 값들로 네이글커크 측도(R_N^2)를 계산해서 *R.n*이라는 변수에 배정한다.

- 마지막 넷 줄은 *cat()* 함수를 이용해서 계산 결과를 출력한다. 각 *cat()*은 해당 측도의 이름을 담은 문자열과 소수점 이하 세 자리로 반올림한 값을 적절한 형태로 출력한다.

　그럼 이 함수를 지금 예의 모형에 사용해 보자. 다음처럼 로지스틱 회귀모형의 이름 *eelModel.1*을 지정해서 함수를 실행하면 된다.

```
logisticPseudoR2s(eelModel.1)

출력은 다음과 같다.

Pseudo R^2 for logistic regression
Hosmer and Lemeshow R^2    0.064
Cox and Snell R^2          0.084
Nagelkerke R^2             0.113
```

식 (8.12)의 X에는 0을 대입하면 된다. b_1의 추정값은 1.229이고 상수의 계수는 -0.288이다 (둘 다 출력 8.1의 *Coefficients:*에 나온 값을 반올림한 것이다). 다음은 이 값들을 대입한 결과이다.

$$P(\text{치료됨}) = \frac{1}{1 + e^{-(b_0 + b_1 X_1)}} = \frac{1}{1 + e^{-[-0.288 + (1.229 \times 0)]}} = .428$$
$$P(\text{치료되지 않음}) = 1 - P(\text{치료됨}) = 1 - .428 = .527 \tag{8.15}$$
$$\text{승산} = \frac{.428}{.572} = 0.748$$

다음으로, 예측변수를 1단위 변경했을 때의 승산을 구해보자. 계산 방법은 방금 한 것과 같다. 지금 예에서 예측변수는 이분적 변수이므로, 예측변수를 1단위 변경했을 때 승산은 개입이 있을 때 환자가 치료될 승산을 의미한다. 개입 여부에 해당하는 변수 X에 1을(0이 아니라) 대입해서 계산하면 다음과 같은 결과가 나온다.

$$P(\text{치료됨}) = \frac{1}{1 + e^{-(b_0 + b_1 X_1)}} = \frac{1}{1 + e^{-[-0.288 + (1.229 \times 1)]}} = .719$$
$$P(\text{치료되지 않음}) = 1 - P(\text{치료됨}) = 1 - .719 = .281 \tag{8.16}$$
$$\text{승산} = \frac{.719}{.281} = 2.559$$

이렇게 해서 예측변수의 1단위 변경 이전과 이후의 승산들이 나왔다. 이제 예측변수의 1단위 변경 이후의 승산을 이전의 승산으로 나누면 승산들의 변화 비율이 나온다.

$$\begin{aligned} \Delta\text{승산} &= \frac{\text{예측변수의 1단위 변경 이후의 승산}}{\text{원래의 승산}} \\ &= \frac{2.56}{0.75} \\ &= 3.41 \end{aligned} \tag{8.17}$$

또한, 예측변수의 b 계수의 지수함수로서의 승산비도 계산해 보자. 이 계수들은 모형 객체의 *coefficients*라는 변수에 들어 있다. 따라서, 다음과 같은 표현으로 그 계수들에 접근할 수 있다.

```
eelModel.1$coefficients
```

이것은 '*eelModel.1*'이라는 모형 안에 있는 *coefficients*라는 변수'를 뜻한다. 승산비를 구하려면, 다음과 같이 이 변수를 지정해서 **exp()** 함수를 호출하면 된다.

```
exp(eelModel.1$coefficients)
```

이 명령을 실행하면 모형의 예측변수들에 대한 승산비가 출력된다.

```
            (Intercept) InterventionIntervention
              0.750000                 3.416667
```

Intervention의 승산비 3.417은 앞에서 직접 계산한 값과 같다(반올림을 고려할 때). 이 승산비는 승산이 어떤 방식으로 변화하는지를 말해준다. 이 값이 1보다 크다는 것은 예측변수가 증가하면 결과가 발생할 승산도 증가한다는 뜻이다. 반대로, 이 값이 1보다 작다는 것은 예측변수가 증가하면 결과가 발생할 승산이 감소한다는 뜻이다. 지금 예에서는, 처치를 받은(즉, 개입이 있었던) 환자가 치료될 승산이 처치를 받지 않은 환자가 치료될 승산의 3.42배라고 말할 수 있다.

다음으로, 승산비들의 신뢰구간을 구해보자. 보통의 회귀에서처럼, 로지스틱 회귀모형의 계수들의 신뢰구간은 *confint()* 함수로 구하면 된다. 다음은 이 함수의 결과를 *exp()*에 적용한 명령이다.

```
exp(confint(eelModel.1))
```

이 명령은 모형의 계수들의 신뢰구간들을 계산하고(*confint(eelModel.l)*), 그 결과를 *exp()*에 입력해서 거듭제곱(expoentiation)한다. 이 명령의 출력이 출력 8.2에 나와 있다. 이 신뢰구간을 해석하는 방식은 다른 신뢰구간의 해석 방식(§2.5.2)과 같다. 즉, 예를 들어 서로 다른 100개의 표본에 대해 승산비 값의 95% 신뢰구간들을 계산했다면, 해당 구간에 모집단의 실제 승산비(표본의 승산비가 아니라)가 포함된 표본은 95개이다. 지금 예에서, 모집단 승산비가 1.58과 7.63 사이임을 상당히 높은 수준으로 확신할 수 있다.[7] 그러나, 우리의 표본이, 모집단의 값이 신뢰구간을 '벗어난' 5%의 표본 중 하나일 가능성은 여전히 남아 있다.

---

7 **R**로 로지스틱 회귀분석을 실행한 결과와 다른 통계 패키지로 실행한 결과를 비교해보면 신뢰구간이 같지 않을 수 있다. 이는, 일부 통계 패키지들은 왈드 검정에 기초한 신뢰구간을 사용하지만 **R**은 가능도비 기반 신뢰구간을 사용하기 때문이다(앞에서 말한 왈드 검정의 문제점을 피하기 위해).

```
                         2.5 %   97.5 %
(Intercept)              0.4374531 1.268674
InterventionIntervention 1.5820127 7.625545
```

이 결과에서 중요한 점은, 예측변수 승산비의 신뢰구간에 1이 포함되지 않는다는 점이다 (신뢰구간의 하계와 상계가 모두 1보다 크다). 이것이 왜 중요하냐 하면, 승산비가 1보다 크다는 것은 예측변수가 증가함에 따라 환자가 치료될 승산이 커짐을 뜻하기 때문이다. 승산비가 1보다 작다는 것은 그 반대의 뜻이다. 즉, 예측변수가 증가함에 따라 치료될 승산이 작아진다. 신뢰구간의 상계와 하계가 모두 1보다 크므로, 모집단에서의 관계의 방향이 관측된 관계의 방향과 같다고(즉, 개입이 있을 때의 치료 승산이 없을 때의 승산에 비해 증가한다고) 확신할 수 있다. 만일 구간의 하계가 1보다 작다면, 모집단에서의 관계의 방향이 관측된 방향과 다를 여지가 존재하는 것이다. 따라서 실험자의 개입이 환자가 치료될 승산을 증가한다고 확신할 수 없다.

8.6.6   모형 2: Intervention과 Duration 변수로 예측 ②

그럼, 꽤 오래전에 만든 모형 2(eelModel.2)로 주의를 돌리자. 기억하겠지만, 모형 2는 모형 1에 **Duration** 변수를 추가한 것이다. 출력 8.3에 이 모형의 요약이 나와 있다. 출력에서 보듯이, **Duration**의 b 추정값은 꽤 작은 값인 0.008이다. 그리고 그 변수에 관련된 확률은 0.964인데, .05보다 크므로 이 값은 유의하지 않는다.

모형 1과 모형 2를 비교해 보면, 두 모형의 이탈도가 같음을 알 수 있다(둘 다 144.16). 이는 모형 2가 모형 1보다 그리 개선되지는 않았음을 뜻한다. 또한, 모형의 AIC(150.16)가 모형 1의 AIC(148.16)보다 큰데, 이는 모형 1이 더 나은 모형임을 뜻한다.

출력 8.3

```
Call:
glm(formula = Cured ~ Intervention + Duration, family = binomial(),
    data = eelData)

Deviance Residuals:
    Min      1Q   Median       3Q      Max
-1.6025  -1.0572   0.8107   0.8161   1.3095

Coefficients:
                         Estimate Std. Error z value Pr(>|z|)
(Intercept)              -0.234660   1.220563  -0.192  0.84754
InterventionIntervention  1.233532   0.414565   2.975  0.00293 **
Duration                 -0.007835   0.175913  -0.045  0.96447
---
```

```
Signif. codes:  0 '***' 0.001 '**' 0.01 '*' 0.05 '.' 0.1 ' ' 1

(Dispersion parameter for binomial family taken to be 1)

    Null deviance: 154.08  on 112  degrees of freedom
Residual deviance: 144.16  on 110  degrees of freedom
AIC: 150.16

Number of Fisher Scoring iterations: 4
```

이번에도 이탈도 통계량들의 차이로 모형들을 비교해 보자. 그 차이는 카이제곱 분포를 따른다. 차이를 구하는 방법은 두 가지이다. 첫 방법은 이전처럼 한 모형의 이탈도에서 다른 모형의 이탈도를 빼는 것이다. 그러나 그보다 더 쉬운 방법이 있다. 바로, §7.8.4.2에서 만난 *anova()* 함수를 사용하는 것이다. *anova()* 함수는 자유도들까지 계산해 준다는 장점이 있다. 단점은, 유의확률은 계산해 주지 않는다는 것이다. 유의확률은 앞에서처럼 계산하면 된다. 이전 예에서는 비교할 두 모형의 *null.deviance* 변수의 차이와 *df.null* 변수의 차이를 계산했지만, 이번에는 *deviance* 변수의 차이와 *df.residual* 변수의 차이를 계산한다. 다음 명령들에서 보듯이, 모형 1의 변수에서 모형 2의 변수를 빼면 된다.

```
modelChi <- eelModel.1$deviance - eelModel.2$deviance
chidf <- eelModel.1$df.residual - eelModel.2$df.residual
chisq.prob <- 1 - pchisq(modelChi, chidf)
modelChi; chidf; chisq.prob

[1] 0.001983528
[1] 1
[1] 0.9644765
```

두 모형의 이탈도 차이(*modelChi*)는 0.00198이고 자유도 차이(*chidf*)는 1이다. *p* 값(*chisq.prob*)은 0.964인데, .05보다 크다. 따라서 모형 2(예측변수가 **Intervention**과 **Duration**인)가 모형 1(**Intervention** 하나만 예측변수인)보다 유의하게 개선된 것은 아니라는 결론을 내릴 수 있다.

anova() 함수를 사용할 때는 그냥 비교할 모형들을 나열해 주면 된다. 지금 예의 두 모형을 비교하는 명령은 다음과 같다.

```
anova(eelModel.1, eelModel.2)
```

결과가 출력 8.4에 나와 있다. 이번에도 두 모형의 차이는 조금 전의 계산에서처럼 0.00198이다(그러나 그 계산을 함수가 수행해 주어서 훨씬 편했다).

```
Analysis of Deviance Table

Model 1: Cured ~ Intervention
Model 2: Cured ~ Intervention + Duration
  Resid. Df Resid. Dev Df  Deviance
1      111     144.16
2      110     144.16  1 0.0019835
```

주입식 샘의 핵심 정리   이탈도

- 최종 모형의 전반적인 적합도는 이탈도 통계량과 그와 연관된 카이제곱 통계량으로 평가할 수 있다. 카이제곱 통계량의 유의확률이 .05보다 작으면 그 모형은 자료에 유의한 수준으로 잘 적합하는 것이다.

- 어떤 변수가 결과를 유의하게 예측하는지 파악할 때는 분석 함수가 출력한 결과의 *Coefficients:* 표를 점검한다.

- 모형의 각 변수에 대해, 그 표에서 z 통계량과 그 유의확률을 확인한다(유의확률이 .05보다 작아야 한다).

- 그러나 그보다 중요한 것은 승산비를 구해서 해석하는 것이다. 승산비는 *exp*(모형$coefficients) 형태의 명령으로 구할 수 있다. 여기서 모형은 분석할 모형의 이름이다. 승산비가 1보다 크다는 것은 예측변수가 증가하면 결과가 발생할 승산도 증가한다는 뜻이다. 반대로, 승산비가 1보다 작다는 것은 예측변수가 증가하면 결과가 발생할 승산이 감소한다는 뜻이다. 단, 이러한 해석에 신뢰성이 있으려면 승산비의 신뢰구간에 1이 포함되어서는 안 된다.

8.6.7 로지스틱 회귀의 사례별 진단 ②

8.6.7.1 잔차 구하기 ②

선형회귀에서처럼 로지스틱 회귀에서도 잔차들을 계산할 수 있다(§7.7.1.1 참고). 잔차들은 모형이 관측 자료에 얼마나 잘 적합하는지 파악하는 데 유용하다. 잔차를 구하는 명령은 선형회귀에서와 같다. §7.9에서처럼, 원하는 모형을 지정해서 *resid()* 함수를 실행하면 된다.

그런데 로지스틱 회귀의 적합값(예측값)은 선형회귀와 조금 다르다. 로지스틱 회귀의 적합값은 주어진 한 참가자(사례)의 각 예측변수 값이 주어졌을 때 해당 Y 값이 발생할 확률을 예측한 값이다. 식 (8.4)에 이 확률의 공식이 나와 있다. 또한, 예측된 그룹 소속도(predicted group membership)를 회귀모형과 각 참가자에 대한 가장 가능도 높은 결과에 기초해서 계산할 수도 있다. 이 값들은 잔차의 해석 방법을 논의할 때 좀 더 자세히 설명하겠다. **R**에서 예측된 확률은 *fitted()* 함수로 구한다(잔차에서처럼, 그냥 원하는 모형의 이름을 지정하면 된다).

여시 잔차에서처럼, 이 값들을 담은 변수들을 데이터프레임에 추가하고 §7.9에서 본 여러 진단 함수를 그 변수들에 적용해서 사례별 진단 검정을 수행할 수 있다. 다음은 모형 1에 대해 기본적인 진단 통계량들을 구하는 명령들이다.[8]

```
eelData$predicted.probabilities<-fitted(eelModel.1)
eelData$standardized.residuals<-rstandard(eelModel.1)
eelData$studentized.residuals<-rstudent(eelModel.1)
eelData$dfbeta<-dfbeta(eelModel.1)
eelData$dffit<-dffits(eelModel.1)
eelData $leverage<-hatvalues(eelModel.1)
```

이전 장에서 말했듯이, 모형이 자료에 얼마나 잘 적합하는지 점검하지 않고 회귀분석을 실행하는 것은 마치 바지를 입어보지도 않고 사는 것과 비슷하다. 옷걸이에 걸려 있을 때는 멋져 보일 수 있어도, 막상 집에 가서 입어 보면 너무 꽉 낄 수 있다. 그런 바지는 비록 원래의 임무(다리를 가리고 따뜻하게 하는)를 완수하긴 하지만, 실질적인 가치는 없다고 할 수 있다(피가 안 통해서 다리를 절단해야 할 수도 있으므로). 마찬가지로, 회귀분석의 임무(모형 생성)를 완수한다고 해도, 그 모형의 실질적인 가치는 제한적일 수 있다.

8.6.7.2 예측된 확률 ②

그럼 예측된 확률들을 살펴보자. 이전처럼 *head()* 함수를 이용해서 처음 몇 사례만 살펴보면 될 것이다.

```
head(eelData[, c("Cured", "Intervention", "Duration", "predicted.
probabilities")])
```

이 명령은 *head()*를 이용해서 *eelData*의 처음 여섯 사례를 출력한다(출력 8.5). 모든 열을 표시하는 대신, 관심 있는 네 개의 열만 선택했다(§3.9.1 참고).

> 출력 8.5

```
  Cured Intervention Duration predicted.probabilities
1 Not Cured No Treatment        7              0.4285714
2 Not Cured No Treatment        7              0.4285714
3 Not Cured No Treatment        6              0.4285714
4     Cured No Treatment        8              0.4285714
5     Cured Intervention        7              0.7192982
6     Cured No Treatment        6              0.4285714
```

---

8 이 변수들을 생성한 후, 진단량들을 파일에 저장해 두어도 좋을 것이다. 다음 명령을 실행하면 된다.

```
write.table(eelData, "Eel With Diagnostics.dat", sep = "\t", row.names = FALSE)
```

이 명령은 예측된 확률들뿐만 아니라 초기 자료도 표시한다. 우선 주목할 것은, 치료 여부에 대한 유의한 예측변수는 개입 여부를 뜻하는 **Intervention** 뿐이라는 점이다. 이 변수의 값은 1(실험자가 개입함) 아니면 0(개입하지 않음)이다. 그 두 값을 해당 회귀계수들과 함께 식 (8.4)에 대입하면 두 가지 확률이 나온다. 사실 이 확률들은 앞에서 식 (8.15)와 (8.16)으로 승산을 구하는 과정에서 계산했었다. 그때 계산한 확률들(그 공식들의 P(치료됨) 항)이 이 출력의 값들과 일치함을 주목하기 바란다. 환자가 처치를 받지 않았을 때(Intervention = 0, 출력의 **No Treatment**) 치료될 확률은 .429이다. 즉, 기본적으로 약 43%의 환자가 처치 없이도 치료된다. 그러나 개입이 있었다면(Intervention = 1), 환자가 치료될 확률은 .719가 된다. 즉, 처치를 받은 환자들의 약 72%가 상태가 호전되는 것이다. 확률이 0이라는 것은 환자가 호전될 가능성이 전혀 없다는 뜻이고 확률이 1이라는 것은 환자가 반드시 호전된다는 뜻이라는 점을 생각할 때, 이러한 확률 값들은 실험자가 개입했을 때 환자들의 상태가 호전될 가능성이 증가한다는 강한 증거라고 할 수 있다(개입이 없을 때의 호전 확률도 그리 나쁘진 않지만).

우리의 모형이 정확하며 개입 여부가 실제로 유의한 효과를 가지고 있다는 점에 만족한다고 가정할 때, 개입(다시 상기시키자면, 항문에 뱀장어를 삽입하는 것) 여부가 상태 호전(변비 탈출!)에 대한 가장 좋은 예측변수라는 결론을 내릴 수 있을 것이다. 더 나아가서, 개입 이전의 변비 기간이(그리고 그것과 개입 여부의 상호작용이) 상태 호전 여부를 유의하게 예측하지는 않는다는 결론도 내릴 수 있다.

8.6.7.3 잔차의 해석 ②

지금까지의 결론들은 그 자체로는 문제가 없지만, 이 모형이 정말로 좋은 모형인지 확신하려면 잔차들을 조사하는 것이 중요하다.

이전 장에서 말했듯이, 그 어떤 회귀분석에서든 잔차를 조사하는 주된 목적은 (1) 모형이 잘 적합하지 않는 자료점들을 격리하는 것과 (2) 모형에 필요 이상으로 큰 영향을 주는 자료점들을 격리하는 것이다. 전자를 평가하려면 특히 스튜던트화 잔차와 표준화잔차, 그리고 이탈도 통계량을 살펴보아야 한다. 후자를 평가할 때는 쿡의 거리, DFBeta, 모자 값 같은 영향력 통계량들을 사용한다. 이 통계량들은 §7.7에서 자세히 설명했다. 로지스틱 회귀에서도 이들의 해석은 보통의 회귀에서와 같으므로, 좀 더 자세한 사항은 이전 장을 참고하기 바란다. 기억을 되살릴 수 있도록 이들을 표 8.1에 요약해 두었다.

잔차들을 데이터프레임 안에 저장해 두었다면, 다음과 같은 형태의 명령을 실행해서 특정 잔차들을 살펴볼 수 있다.

```
eelData[, c("leverage", "studentized.residuals", "dfbeta")]
```

이 명령은 모형의 지렛대 값(모자 값), 스튜던트화 잔차, DFBeta 값들을 출력한다.

올리버 트위스티드

선생님, 그거 더
가르쳐 주세요….
진단량이요!

"나무는 생각 안 하시나요?"라고 환경보호전사 올리버가 항의한다. "이 출력들은 지면을 너무 많이 차지해요. 그냥 웹사이트에 올리면 안 되나요?" 일리가 있는 말이다. 그래서 나는 이 예제의 진단 통계량 표를 지면에 싣는 대신 부록 웹사이트의 이번 장 보충자료로 올려 두었다.

이 예제의 기본 잔차 통계량들(지렛대, 스튜던트화 잔차, DFBeta)은 아주 좋다. 모든 사례에서 DFBeta가 1보다 작고, 지렛대 통계량이 계산된 기댓값인 0.018과 아주 가깝다는 점에 주목하기 바란다. 전반적으로 이는 모형에 필요 이상으로 큰 영향을 미치는 사례가 존재하지 않는다는 뜻이다. 또한 모든 사례의 스튜던트화 잔차가 ±2 이내이므로, 별로 걱정할 거리가 없다고 할 수 있다.

이 잔차들의 변이성(변동)이 보통의 경우에 비해 작다는 점을 눈치챈 독자가 있을 것이다. 이는 이들이 단 하나의 범주형 예측변수에 기초한 것이기 때문이다. 또한, 만일 현저한 이상치나 영향력이 큰 사례들이 발견되었다면, 단지 모형을 좀 더 자료에 적합하게 만들기 위해 그런 사례들을 제거하는 것은 정당한 일이 아니라는 점을 명심해야 한다. 그보다는, 그런 사례들을 자세히 조사해서 왜 그런 비정상적인 값들이 나왔는지 이유를 밝히는 노력이 필요하다. 그냥 자료 입력 시 오타가 났을 수도 있고, 아니면 해당 사례에 뭔가 특별한 사정이 있을 수도 있다. 예를 들어 환자가 먹는 다른 약 때문에 변비가 특히나 심할 수도 있다. 그런 이유를 찾아냈다면 해당 사례를 제거하는 것이 정당화된다. 물론 이러저러한 이유로 특정 사례를 제거했다는 점을 반드시 밝혀야 한다.

표 8.1 잔차 통계량 요약

이름	설명
지렛대	0(영향 없음)과 1(완전한 영향) 사이의 값. 기대(평균) 지렛대 값은 $(k + 1)/N$인데, 여기서 k는 모형의 예측변수 개수이고 N은 참가자의 수이다. 지금 예에서 기대 지렛대 값은 2/113 = .018이다.
스튜던트화 잔차와 표준화잔차	이 잔차들이 ±1.96 범위를 벗어난 사례들이 전체의 5% 이하이어야 하고, ±2.58 범위를 벗어난 사례들이 전체의 약 1% 이하이어야 한다. 절댓값이 3보다 큰 사례는 문제의 소지가 있고, 3 근처인 사례는 조사가 필요하다.
상수의 DFBeta와 예측변수(Intervention)의 DFBeta	1보다 작아야 한다.

주입식 샘의 핵심 정리   **진단 통계량**

로지스틱 회귀모형에 영향을 주는 사례들을 다음과 같은 방법으로 찾아보아야 한다.

- 표준화잔차들을 살펴보아서 절댓값이 2보다 큰 사례들이 전체의 5%를 넘지는 않는지, 절댓값이 2.5보다 큰 사례들이 전체의 약 1%를 넘지는 않는지 확인한다. 절댓값이 3보다 큰 사례는 이상치일 수 있다.
- 평균 지렛대 값(예측변수 개수 더하기 1을 표본 크기로 나눈 것)을 계산하고, 지렛대 값이 평균의 2배 또는 3배 이상인 사례들을 찾아본다.
- DFBeta의 절댓값이 1보다 큰 사례들을 찾아본다.

8.6.8 효과크기 계산 ②

이전에 보았듯이, 승산비(§8.3.6)를 효과크기의 측도로 사용하면 된다.

8.7 로지스틱 회귀분석 보고 방법 ②

개인적인 의견이지만, 로지스틱 회귀분석을 보고하는 방법은 선형회귀를 보고하는 방법(§7.11)과 거의 비슷하다. 아주 간단한 모형이 아닌 한 결과를 표로 작성하는 것이 바람직할 것이다. 최소한 베타값들과 해당 표준오차 및 유의확률, 그리고 모형에 관한 몇 가지 일반적인 통계량(R^2과 적합도 통계량 등)은 꼭 명시해야 한다. 그 외에, 승산비들과 그 신뢰구간도 보고하길 강력히 추천한다. 상수까지 포함시키면 논문의 독자가 여러분의 회귀모형을 완전히 재구축할 수 있다. 또한, 유의한 예측변수가 아닌 변수들을 보고하는 것도 고려해 보기 바란다. 그러한 정보는 어떤 예측변수들이 유의한지에 대해 가치 있는 단서가 될 수 있다.

이번 장의 예라면 표 8.2 같은 표를 만들면 될 것이다. 지금까지 배운 내용을 기초로 표의 값들이 어떻게 나온 것인지 파악할 수 있으리라 믿는다. 다중회귀에서처럼 표의 수치들을 소수점 이하 두 자리로 반올림했다. 그리고 APA의 관례에 따라 R^2과 p 값은 소수점 앞의 0을 생략했다(그 두 값은 0을 넘지 못하므로). 그러나 다른 모든 절댓값 1 미만 수치는 소수점 앞의 0을 표시했다. 변수의 유의확률에는 별표를 달고, 표 아래의 범례에 해당 유의확률의 유의 수준을 명시했다.

표 8.2 로지스틱 회귀분석 보고의 예

	B (SE)	승산비의 95% 신뢰구간		
		하계	승산비	상계
포함된 변수				
상수	−0.29 (0.27)			
개입	1.23* (0.40)	1.56	3.42	7.48

비고. R^2 = .06 (호스머-렘쇼), .08 (콕스-스넬), .11 (네이글커크). 모형 $\chi^2(1)$ = 9.93, $p < .01$. * $p < .01$.

8.8 가정 검사: 또 다른 예 ②

이제부터 살펴볼 예는 원래 1998년 FIFA 월드컵에서 벌어진 사건들에서 영감을 얻은 것이다 (꽤나 오래전 일이지만, 그때의 엄청난 실망감은 잊히지 않는다). 안타깝게도, 잉글랜드 사람인 나는 잉글랜드가 연장전 후에 승부차기에 패해서 8강 진출에 실패하는 광경을 지켜봐야 했다. 그 기억이 가시기도 전에, 6년 후 잉글랜드는 유럽 선수권 대회 본선에서 또다시 승부차기에 패했 다. 몇 년 후에는 아예 유럽 선수권 대회 본선에 진출하지도 못했다(이번에는 승부차기에서 패한 것이 아니라, 그냥 선수들이 크레틴병 환자처럼 뛰었다).

> 왜 영국 축구팀은 항상 페널티 킥을 놓칠까?

만일 내가 잉글랜드 축구 대표팀 감독이라면 과대평가된 스타들을 총으로 쏘거나, 아니면 주어진 선수가 페널티킥에 성공할 것인지의 여부 를 예측하는 요인들을 찾아볼 것이다. 축구를 좋아하지 않는 독자라면 농구의 자유투, 배구의 스파이크, 하키의 페널티 숏아웃, 럭비의 페널티 킥, 미식축구의 필드골 등등을 연상하기 바란다. 이 연구 주제는 로지스 틱 회귀에 아주 적합하다. 결과변수가 이분적이기 때문이다(페널티 성공 또는 실패). 이전 연구(Eriksson, Beckham, & Vassell, 2004; Hoddle, Batty, & Ince, 1998)에 따르면, 페널티킥 성공 여부를 신뢰성 있게 예측하는 요인은 두 가지이다. 첫 요인은 페널티킥을 차는 선수가 걱정(worry)이 많은 사람인지의 여부이다(이 요인은 PSWQ(Penn State Worry Questionnaire) 같은 설문지로 측정할 수 있다). 둘째 요인은 선수의 지난 페널티킥 성공률(이전에 찬 페널티킥의 결 과들로 구한)이다. 불안이 여러 과제의 수행 성과에 결정적인 영향을 미친다는 점은 상당히 잘 받아들여지고 있다. 또한, 상태 불안(state anxiety)이 페널티킥 성공의 설명되지 않은 변동 중 일 부를 설명할 수 있으리라는 예측도 있다.

이미 연구된 예측변수 두 개와 연구되지 않은 새로운 변수의 효과를 검사하려는 연구라는 점에서, 이번 예제는 잘 확립된 모형을 구축하는 전형적인 예에 해당한다. 이 연구를 위해 축구선수 75명을 무작위로 선택해서, 어떤 대회에서 페널티킥을 차기 전에 상태 불안 설문지를 작성하게 했다고 하자(페널티킥을 차기 전에 불안 정도를 측정하기 위해). 또한, 선수들에게 PSWQ 를 작성하게 해서 평소에 걱정이 얼마나 많은지를 측정하고, 축구 데이터베이스로부터 과거의 페널티킥 성공률도 구했다고 하자. 마지막으로, 페널티킥의 성공 여부도 기록했다고 하자. 이에 해당하는 자료가 **penalty.dat** 파일에 있다. 이 파일의 자료에는 다음 네 변수가 각각의 열을 차지한다.

- **Scored:** 이 변수는 페널티킥 성공 여부를 나타내는 범주형 변수이다. 0은 페널티킥 실패, 1은 페널티킥 성공(득점)을 뜻한다.

- **PSWQ:** 이 변수는 첫 번째 예측변수로, 선수의 평소 걱정 정도를 측정한 값을 담는다.

- **Previous:** 이 변수는 두 번째 예측변수로, 해당 선수의 과거 페널티킥 성공률의 퍼센트 값을 담는다. 과거에 선수가 페널티킥을 얼마나 잘 찼는지를 나타내는 값이라 할 수 있다.

- **Anxious:** 이 변수는 세 번째 예측변수로, 페널티킥 성공의 예측에 쓰인 적이 없는 새로운 변수이다. 페널티킥을 차기 전의 상태 불안을 측정한 값을 남는다.

자가진단

✓ 선형회귀분석을 위계적으로 수행하는 방법은 제7장에서 배웠고, 로지스틱 회귀분석을 위계적으로 수행하는 방법은 이번 장에서 배웠다. 이 예제의 자료에 대해 위계적 로지스틱 회귀분석을 수행해 보라. 첫 단계에서는 **Previous**와 **PSWQ**를 모형에 추가하고, 둘째 단계에서 **Anxious**를 추가할 것. 이 분석을 수행하는 방법과 그 결과를 해석하는 방법에 관한 추가 자료가 부록 웹사이트에 있다.

8.8.1 다중공선성 검정 ③

먼저 자료를 데이터프레임으로 불러와야 한다. 데이터프레임 이름은 *penaltyData*로 하자. 작업 디렉터리를 적절히 설정했다고 할 때(§3.4.4 참고), 다음 명령을 실행하면 된다.

```
penaltyData<-read.delim("penalty.dat", header = TRUE)
```

§7.7.2.4에서 보았듯이, 다중공선성은 회귀모형의 표준오차 매개변수들에 나쁜 영향을 미친다. 로지스틱 회귀에서도 공선성 때문에 모형이 한쪽으로 기울기 쉬우므로, 로지스틱 회귀분석을 실행하기 전에 공선성을 검사해 보는 것이 필수이다. 로지스틱 회귀에서 공선성을 검사

하는 방법은 선형회귀에서와 같다. 우선 회귀모형을 만들어야 한다. 아직 자가진단을 수행하지 않았다면, 다음 명령으로 세 예측변수를 모두 포함한 모형을 생성하기 바란다.

```
penaltyModel.2 <- glm(Scored ~ Previous + PSWQ + Anxious, data = penaltyData,
family = binomial())
```

이 명령은 **Scored**를 **PSWQ, Anxious, Previous**로부터 예측하는(*Scored ~ Previous + PSWQ + Anxious*) 회귀모형 *penaltyModel.2*를 생성한다. 다음으로, 제7장에서 한 것처럼 *car* 패키지의 *vif()* 함수에 모형을 지정해서 VIF 통계량과 허용 통계량을 계산한다.

```
vif(penaltyModel.2)
1/vif(penaltyModel.2)
```

첫 명령은 예측변수들의 VIF 값들을, 둘째 명령은 허용 통계량(VIF의 역수)들을 출력한다.

```
Previous      PSWQ    Anxious
35.227113  1.089767  35.581976

  Previous       PSWQ     Anxious
0.02838723  0.91762767  0.02810412
```

출력 8.6의 결과를 보면, 이 모형에 공선성 문제가 있음을 알 수 있다. 일반적으로 VIF 값이 10을 넘으면 문제로 간주한다(§7.7.2.4에 좀 더 자세한 내용이 나온다). 이 분석의 결과는 상당히 명확하다. 상태 불안 변수와 이전 페널티킥 성공률 변수 사이에 공선성이 존재한다. 이러한 의존관계는 모형을 한쪽으로 기울게 만든다.

자가진단

✓ 제6장에서 배운 내용을 이용해서 이 회귀모형의 모든 변수에 대해 피어슨 상관분석을 실행하라. 공선성 문제가 존재하는 이유를 파악할 수 있는가?

공선성이 있음을 알았다면, 어떻게 해결해야 할까? 안타깝게도 할 수 있는 일이 많지 않다. 한 가지 명백한 해법은 변수 중 하나를 제거하는 것이다(예를 들어 상태 불안 변수를 제거하고 그냥 단계 1의 모형으로 만족할 수도 있다). 그러나 이 해법의 문제점은 명백하다. 바로, 어떤 변수를 제거해야 할지 알 수 없다는 것이다. 공선성 관계에 있는 그 어떤 변수를 제거해도 되므로, 통계학적으로 말할 때 제거 후의 모형으로 이끌어낸 이론적 결론은 무의미하다. 이 변수보다 저 변수를 제거하는 것이 낫다고 말할 수 있는 통계학적 근거는 없다. 이런 문제점들을 무시하고 예측변수 하나를 제거하기로 결심했다면, 바워먼과 오코넬은 그 대신 강한 공선성이 존재하지 않는 다른(제거한 예측변수만큼이나 중요한) 예측변수를 새로 추가하라고 권한다(Bowerman, O'Connell, 1990). 또한, 그들은 자료를 좀 더 수집해서 다중공선성이 약해지는지 보라고도 권한다. 여러 개의 예측변수가 다중공선성에 관여할 때의 또 다른 해법 하나는, 그 예측변수들에 인자분석(요인분석)을 실행하고, 그 결과로 나온 인자 점수들을 예측변수로 사용하는 것이다(인자분석에 관해서는 제17장을 보라). 그리고 가장 안전한(만족스럽지는 않지만) 해법은 모형의 비신뢰성(unreliability)을 명시하는 것이다. 즉, 페널티킥 성공을 예측하는 요인들을 분석한 결과를 보고할 때, 첫 모형에서 이전 페널티킥 경험이 페널티킥 성공 여부를 유의하게 예측하긴 하지만, 이전 경험이 상태 불안의 증가를 통해서 페널티킥 성공 여부에 영향을 미치는 것일 수도 있음을 보고서에 명시할 수도 있다. **Anxious**와 **Previous**의 상관관계에서 인과관계의 방향을 알아낼 수는 없다는 점에서 그러한 진술은 추측일 뿐이지만, 어쨌든 두 예측변수 사이의 설명할 수 없는 연관 관계를 명시하는 것은 나쁘지 않은 일이다. 공선성에 대한 명확한 해결책이 없다는 점이 불만인 독자들도 있겠지만, 안타깝게도 통계학이 우리를 실망시키는 때가 종종 있는 것이 사실이다.

8.8.2 로짓의 선형성 검사 ③

이번 회귀모형의 세 예측변수는 모두 연속변수이다. 따라서 각 예측변수가 결과변수(**Scored**)의 로그, 즉 로짓과 선형 관계인지 점검할 필요가 있다. 이번 장 앞에서 언급했듯이, 이 가정을 검사하려면 로지스틱 회귀를 실행하되 각 예측변수와 그것의 로그 변환 결과 사이의 상호작용에 해당하는 예측변수들을 포함시켜야 한다(Hosmer & Lemeshow, 1989). 이를 위해서는 각 변수와 그 로그 사이의 상호작용 항(interaction term)을 만들어야 하는데, §5.8.3.2에서 본 *log()* 함수를 이용하면 된다. 그럼 PSWQ 변수(평소 걱정 정도)에 대해 이를 실행해 보자. 걱정 정도와 그 로그 사이의 상호작용을 *logPSWQInt*라고 부르기로 하겠다. 다음은 이 상호작용 항들을 담은 변수를 생성하는 명령이다.

```
penaltyData$logPSWQInt <- log(penaltyData$PSWQ)*penaltyData$PSWQ
```

이 명령은 *penaltyData* 데이터프레임 안에 *logPSWQInt*라는 새 변수를 생성한다. 이 변수는 **PSWQ** 변수(*penaltyData$PSWQ*)와 그 자신의 자연로그(*log(penaltyData$PSWQ)*)를 곱한 결과를 담고 있다.

자가진단까지 마쳤다면, 데이터프레임은 다음과 같은 모습이다.

```
PSWQ Anxious Previous      Scored    logPSWQInt logAnxInt logPrevInt
18      21      56 Scored Penalty    52.02669   63.93497  226.41087
17      32      35 Scored Penalty    48.16463  110.90355  125.42316
16      34      35 Scored Penalty    44.36142  119.89626  125.42316
14      40      15 Scored Penalty    36.94680  147.55518   41.58883
 5      24      47 Scored Penalty     8.04719   76.27329  181.94645
 1      15      67 Scored Penalty     0.00000   40.62075  282.70702
...
```

새로 추가된 세 변수는 각 예측변수와 그 자신의 로그 사이의 상호작용을 반영한 것임을 주목하기 바란다.

선형성 가정을 검사하려면 이전에 했던 분석을 반복하되, 모든 변수를 한 번에 추가해야 한다(즉, 위계적 방법은 사용하지 않는다). 또한, 각 변수와 그 로그의 상호작용 항들을 담은 새로운 세 변수도 포함시켜야 한다. 해당 모형을 생성하는 명령은 다음과 같다.

```
penaltyTest.1 <- glm(Scored ~ PSWQ + Anxious + Previous + logPSWQInt +
logAnxInt + logPrevInt, data=penaltyData, family=binomial())
summary(penaltyTest.1)
```

첫 명령은 **PSWQ, Anxious, Previous** 변수와 새로운 세 변수(각 예측변수와 그 로그의 상호작용을 반영한 변수들, 즉 **logPSWQInt, logAnxInt, logPrevInt**)로부터 **Scored** 변수를 예측하는 *penaltyTest.1*이라는 모형을 생성한다. 둘째 명령은 *summary()* 함수를 이용해서 모형의 요약 정보를 출력한다.

출력 8.7

```
Coefficients:
             Estimate Std. Error z value Pr(>|z|)
(Intercept)  -3.57212   15.00782  -0.238    0.812
PSWQ         -0.42218    1.10255  -0.383    0.702
Anxious      -2.64804    2.79283  -0.948    0.343
Previous      1.66905    1.48005   1.128    0.259
logPSWQInt    0.04388    0.29672   0.148    0.882
logAnxInt     0.68151    0.65177   1.046    0.296
logPrevInt   -0.31918    0.31687  -1.007    0.314
```

출력 8.7은 둘째 명령의 결과 중 가정의 검사와 관련된 부분이다. 상호작용 항들이 유의한지만 보면 된다. 어떤 상호작용 항이 유의하다는 것은, 그 상호작용 때문에 해당 예측변수와 로짓에 대한 선형성 가정이 깨졌다는 뜻이다. 지금 예에서 세 상호작용의 유의확률($Pr(>|z|)$ 열의 값)들은 모두 .05보다 크다. 따라서 세 상호작용 항들은 유의하지 않으며, **PSWQ, Anxious, Previous**의 로짓들은 선형성 가정을 만족한다.

실험복 레니의 실제 연구 8.1   강제 자살? ②

Lacourse, E. 외 (2001). *Journal of Youth and Adolescence*, 30, 321-332.

다양한 장르의 음악을 좋아하긴 하지만, 그래도 내가 제일 좋아하는 음악은 헤비메탈이다. 헤비메탈 팬으로서 조금 짜증 나는 점 하나는 사람들이 헤비메탈 팬을 한심한 패배자나 공격적인 문제아로 여긴다는 것이다. 헤비메탈을 듣지 않을 때 나는 주로 임상 심리학을 연구하면서 보낸다(사실, 헤비메탈을 들으면서 연구할 때도 많다). 특히 나는 아동의 불안 장애가 발생하는 과정을 연구한다. 그런 만큼, 나의 두 관심사가 결합된 논문, 즉 헤비메탈에 대한 애정으로 자살 위험을 예측할 수 있는지에 관한 라쿠르스와 클라에스, 빌뇌브의 연구 논문(Lacourse, Claes & Villeneuve, 2001)을 발견했을 때 기뻐서 말 그대로 기절할 뻔했다. 이 얼마나 멋진 연구인가!

에릭 라쿠르스와 그의 동료들은 설문지를 이용해서 자살 위험(예 또는 아니요), 부모의 결혼 유지 상태(양친, 이혼, 별거), 어머니와 아버지가 참가자를 무시하는 정도, 자기소외·무력감(자기인식이 부정적인지, 사는 게 지루한 지 등등), 사회적 고립(자신을 지지하는 사람이 없다는 느낌), 무규범성(특정 목적을 이루기 위해서는 사회적으로 용인되지 않는 행동을 해도 괜찮다는 믿음), 무의미함(학교를 열심히 다닌다고 취업이 될까 등등), 약물 사용 등 여러 변수를 측정했다. 또한 연구자들은 헤비메탈 선호도 측정했는데, 고전적 헤비메탈(블랙사바스, 아이언 메이든), 스래시 메탈(슬레이어, 메탈리카), 데스/블랙 메탈(오비튜어리, 부르줌), 고딕(매릴린 맨슨) 등의 하위 장르들도 측정해 포함시켰다. 선호도뿐만 아니라 이 밴드들에 대한 숭배 행위(포스터 걸기, 메탈 팬 모임 참석 등)와 대리만족(화를 풀기 위해 또는 공격적인 기분을 발산하기 위해 음악을 듣는 것) 여부도 측정했다. 연구자들은 남성 참가자들과 여성 참가자들에 대해 개별적으로 로지스틱 회귀분석을 수행해서 이런 예측변수들로부터 자살 위험을 예측했다.

여성 표본의 자료가 **Lacourse et al. (2001) Females.dat** 파일에 들어 있다. 여러분이 할 일은 로지스틱 회귀를 이용해서 이 모든 예측변수로부터(즉, 강제 도입법을 사용해서) **Suicide_Risk**를 예측하는 것이다. (여러분의 결과를 논문의 결과와 비교하기 쉽도록, 예측변수들을 논문의 표 3과 같은 순서로 입력하기 바란다. 즉, **Age, Marital_Status**(결혼 상태), **Mother_Negligence**(어머니의 무시), **Father_Negligence**(아버지의 무시), **SelfEstrangement**(자기소외), **Isolation**(사회적 고립), **Normlessness**(무규범성), **Meaninglessness**(무의미함), **Drug_Use_Metal**(약물 사용), **Worshipping**(숭배), **Vicarious**(대리만족) 순으로 입력할 것) 결과들의 표를 작성하라. 헤비메탈 선호 여부가 여성의 자살 위험을 예측하는가? 아니라면 어떤 요인이 자살 위험을 예측하는가?

이 질문들의 답이 부록 웹사이트의 보충 자료에 있다(또는, 원래의 논문 표 3을 보라).

8.9 여러 범주의 예측: 다항 로지스틱 회귀 ③

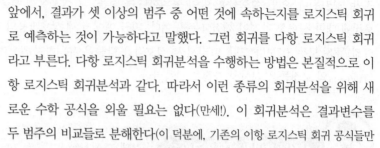

앞에서, 결과가 셋 이상의 범주 중 어떤 것에 속하는지를 로지스틱 회귀로 예측하는 것이 가능하다고 말했다. 그런 회귀를 다항 로지스틱 회귀라고 부른다. 다항 로지스틱 회귀분석을 수행하는 방법은 본질적으로 이항 로지스틱 회귀분석과 같다. 따라서 이런 종류의 회귀분석을 위해 새로운 수학 공식을 외울 필요는 없다(만세!). 이 회귀분석은 결과변수를 두 범주의 비교들로 분해한다(이 덕분에, 기존의 이항 로지스틱 회귀 공식들만 있으면 된다). 예를 들어 결과의 범주가 A, B, C 세 가지면, 분석은 두 가지 비교로 구성된다. 구체적인 비교 조합은 어떤 범주를 기저 범주로 삼느냐에 따라 달라진다. 첫 범주를 기저로 삼아서 다른 두 범주와 비교할 수도 있고(즉, A 대 B와 A 대 C), 마지막 범주를 다른 두 범주와 비교할 수도 있고(즉, A 대 C와 B 대 C), 아니면 그 둘이 아닌 임의의 한 범주(지금 예에서는 B)를 다른 두 범주와 비교할 수도 있다(즉, B 대 A와 B 대 C). 분석 과정 자체의 중요한 부분들은 앞에서 본 이항 로지스틱 회귀분석과 거의 같다.

그럼 예를 하나 보자. 남자들과 여자들이 소위 '작업 멘트'(chat-up line 또는 pickup line)라고 하는, 처음 보는 상대방의 관심을 얻기 위해 사용하는 대화문을 평가하는 방식에 관한 연구들이 있다(Bale, Morrison, & Caryl, 2006; Cooper, O'Donnell, Caryl, Morrison, & Bale, 2007). 이 연구들은 대화문의 내용상의 특징(웃긴지, 성적인 내용을 담고 있는지, 바람직한 성격적 특성을 드러내는지 등)이 그 대화문에 대한 평가에 미치는 영향을 살펴보았다. 결론을 요약하자면, 남자들과 여자들이 선호하는 문구는 다르다. 남자들은 성적인 내용이 많은 대화문을 선호하고, 여자들은 웃긴 문장과 바람직한 성격적 특성이 드러난 문장을 선호한다.

여기서는 그런 대화문이 '소기의 목적'을 이루는 데 얼마나 성공적인지 평가하는 가상의 연구를 예로 들겠다. 이를 위해 한 나이트클럽에서 남자 348명과 여자 672명이 사용한 문장들을 기록했다고 하자. 하나의 문장에 대한 결과는 세 가지이다. 하나는 상대방이 그 말을 무시하거나 다른 곳으로 가버리는 것이고, 또 하나는 소위 "번호를 따는"(상대방이 전화번호를 알려주는) 것이고, 나머지 하나는 상대방과 함께 나이트클럽을 떠나서 어디론가 가는 것이다. 이후에 일단의 판정단이 각 대화문이 얼마나 웃긴지(0 = 전혀 웃기지 않음, 10 = 태어나서 들은 제일 웃긴 말임), 성적인지(0 = 성적인 내용이 전혀 없음, 10 = 아주 노골적임), 그리고 바람직한 성격적 특성을 반영하는지(0 = 바람직한 성격을 드러내지 않음, 10 = 바람직한 성격을 아주 잘 드러냄)를 측정했다. 예를 들어 "내가 프레드 플린스톤*은 아니지만,

*역주 석기시대가 배경인 TV 애니메이션 〈고인돌 가족 플린스톤〉의 주인공이다.

당신을 위해 돌침대를 만들어 줄 수는 있어요"는 성적 내용 점수가 높고 좋은 성격 점수는 낮으며 유머 점수는 중간 정도일 것이다. "지금까지 찾아 헤맨 꿈속의 여인이 바로 당신입니다"는 좋은 성격 점수가 높고 성적 내용 점수와 유머 점수는 낮을 것이다(그리고 느끼함 점수를 측정했다면 높게 나왔을 것이다). 지난 연구를 보면, 여러 종류의 대화문의 성공 여부는 성별과 상호작용할 것이다(즉, 남성과 여성의 결과가 다를 것이다).

이러한 연구에는 다항 회귀가 적합하다. 해당 자료가 **Chat-Up Lines.dat** 파일에 들어 있다. 결과변수 **Success**의 범주는 세 가지이다(응답 없음, 전화번호, 상대방과 함께 귀가). 그리고 예측변수는 네 가지로, 웃긴 정도를 평가한 **Funny**와 성적 내용을 평가한 **Sex**, 좋은 성격의 반영 정도를 평가한 **Good_Mate**, 그리고 상대방의 성별을 나타내는 **Gender**이다(1은 여성, 0은 남성). 작업 디렉터리를 적절히 설정했다고 할 때(§3.4.4), 다음 명령을 실행해서 이 자료를 *chatData* 라는 데이터프레임에 적재한다.

```
chatData<-read.delim("Chat-Up Lines.dat", header = TRUE) !!
```

8.9.1 R을 이용한 다중 로지스틱 회귀분석 실행 ③

R Commander로 다중 로지스틱 회귀분석을 실행하는 것도 가능하지만, R Commander는 내가 선호하는 것보다는 덜 친절한 명령을 사용한다. 그래서 이번 절에서는 바로 명령행에서 작업을 진행하기로 하겠다. R Commander에 비해 그리 나쁘지 않을 것을 믿어주기 바란다. 이번에 사용할 함수는 **mlogit()**이다. 이 함수는 같은 이름의 패키지에 들어 있다(적절히 설치, 적재하기 바란다).

출력 8.8

```
          Success Funny Sex Good_Mate Gender
1     Get Phone Number    3   7       6   Male
2 Go Home with Person    5   7       2   Male
3     Get Phone Number    4   6       6   Male
4 Go Home with Person    3   7       5   Male
5     Get Phone Number    5   1       6   Male
6     Get Phone Number    4   7       5   Male
...
```

현재의 자료는 출력 8.8과 같은 모습이다. 즉, 각 사람의 자료가 개별 행을 이룬다(즉, 이 자료는 넓은 형식이다. §3.9를 참고할 것). 결과변수 **Success**와 변수 **Gender**는 텍스트 문자열을 담고 있으므로, R은 자동으로 이들을 요인으로 변환했을 것이다. 정말 그런지는 각 변수로 **is.factor()** 함수를 실행해서 확인할 수 있다.

```
is.factor(chatData$Success)
is.factor(chatData$Gender)
```

두 명령 모두 TRUE라는 결과가 출력되었을 것이다. 이는 **R**이 이들을 실제로 요인으로 변환했음을 뜻한다. 이는 우리가 원했던 바이다. (만일 이들이 요인으로 변환되지 않았다면, 각 변수를 지정해서 **as.factor()** 함수를 실행하면 된다.)

여기서 한가지 고려할 사항은, 자료를 불러오는 과정에서 **R**이 Gender 요인의 기저 범주로 'female'을 선택한다는 점이다(이는 알파벳 순으로 female이 male보다 먼저이기 때문이다. §8.6.1의 예제를 참고하기 바란다). 이 연구의 모든 예측은 대화문에 대한 여성의 반응이 남성의 반응과는 다르다는 점에 기초하므로, 'male'을 기저 범주로 삼는 것이 더 나을 것이다(그것이 우리의 해석의 틀에 더 적합하다). 이를 위한 명령은 다음과 같다(역시 §8.6.1 참고).

```
chatData$Gender<-relevel(chatData$Gender, ref = 2)
```

이 명령은 변수 **Gender**의 두 번째(이 명령을 실행하기 전의 순서에서) 범주를 기저 범주로 설정한다. 결과적으로, 남성에 해당하는 'male'이 기저 범주가 된다.[9]

다항 로지스틱 회귀분석을 실행하기 전에, 자료를 적절한 형식으로 바꾸어야 한다. 다항 로지스틱 회귀를 위해서는 전체적으로 한 사람이 하나의 행을 차지하는 형태가 아니라 결과변수의 범주마다 한 사람이 하나의 행을 차지하는 형태이어야 한다. 이때 각 행에는 해당 참가자가 그 범주에 속하는지를 나타내는 값(속하면 TRUE, 아니면 FALSE)이 포함된다. 지금 당장 이해가 되지 않아도 걱정할 필요는 없다. 구체적인 예를 보면 바로 이해가 될 것이고, 게다가 자료의 형태를 우리가 직접 바꾸는 것이 아니라 **mlogit.data()**라는 함수로 바꿀 것이기 때문이다. 이 함수의 일반적인 활용 형태는 다음과 같다.

```
새데이터프레임<-mlogit.data(기존데이터프레임, choice = "결과변수", shape = "wide" 또는
"long")
```

사실 이 함수는 위에 나온 것 말고도 여러 가지 옵션을 받지만, 지금 예에서는 이 형태로 충분하다. 이 함수는 기존 데이터프레임(기존데이터프레임으로 지정된)의 자료로 새 데이터프레임을 생성한다. *choice* 인수에는 자료의 구조를 바꾸는 기준이 되는 범주형 결과변수의 이름을 지정한다. 지금 예에서는 **Success**를 따옴표로 감싸서 지정하면 된다. *shape* 인수에는 기존 데이터프레임에 담긴 자료의 형태를 지정하는데, 넓은 형식이면 "wide", 긴 형식이면 "long"을 지정하면 된다. 지금 예의 자료는 넓은 형식이다. 따라서, 현재 자료의 구조를 변경하는 명령은 다음과 같다.

---

9 이러한 변경은 주 효과들에 대한 매개변수 추정값들에 영향을 미치지만, 우리의 관심사인 상호작용 항들에는 영향을 미치지 않는다.

```
mlChat <- mlogit.data(chatData, choice = "Success", shape = "wide")
```

이 명령은 *mlChat*이라는 이름('multinomial logit chat-up lines'를 줄인 것이다. 약자를 사용하면 타자량을 절감할 수 있다)의 새 데이터프레임을 기존 데이터프레임(*chatData*)으로부터 생성한다. 기준으로 사용할 결과변수는 **Success**이고(*choice = "Success"*), 원래의 데이터프레임은 넓은 형식이다(*shape = "wide"*). 출력 8.9에 새 데이터프레임의 처음 몇 행이 나와 있다.

출력 8.9

```
                        Success Funny Sex Good_Mate Gender chid
1.Get Phone Number         TRUE     3   7         6   Male    1
1.Go Home with Person     FALSE     3   7         6   Male    1
1.No response/Walk Off    FALSE     3   7         6   Male    1
2.Get Phone Number        FALSE     5   7         2   Male    2
2.Go Home with Person      TRUE     5   7         2   Male    2
2.No response/Walk Off    FALSE     5   7         2   Male    2
...
```

그럼 출력 8.9를 기존 데이터프레임(*chatData*)의 처음 여섯 행(출력 8.8)과 비교해 보자. *chatData* 데이터프레임의 첫 참가자는 전화 번호 땄음('Get Phone Number') 범주에 속한다. 새 데이터프레임에서 그 참가자의 행이 세 개의 행으로 분리되었다. 제일 왼쪽 열에 1이 있는 세 행이 바로 그 참가자의 행들이다. 각 1 다음에는 세 가지 사건(전화 번호를 딴 경우에 해당하는 Get Phone Number, 상대방과 클럽에서 나가서 함께 귀가한 경우에 해당하는 Go Home with Person, 상대방에게 무시당한 경우에 해당하는 No response/Walk off) 중 하나가 나와 있다. 셋째 열은 그 사건의 발생 여부이다. 첫 사람은 전화 번호를 알아냈으므로, 'Get Phone Number' 행의 셋째 열이 **TRUE**이고 그 다음 두 행(같은 사람에 대한 다른 두 사건의 자료)의 셋째 열은 **FALSE**이다(그 두 사건은 발생하지 않았으므로). *mlChat*의 그 다음 변수는 **Funny**이다. 기존 데이터프레임의 첫 행에서 이 변수의 값은 3이다. 새 데이터프레임에서는 그 사람의 행이 세 행으로 분리되었으므로, *mlChat*의 처음 세 행(첫 사람에 대한)의 이 열은 모두 3이다(출력 8.9). 이 정도면 자료의 형식이 어떤 식으로 바뀌었는지 충분히 이해했을 것이다.

이제 *mlogit()* 함수를 이용해서 다항 로지스틱 회귀를 실행할 준비가 끝났다. *mlogit()* 함수는 앞에서 로지스틱 회귀분석에 사용한 *glm()* 함수와 아주 비슷하다. 이 함수의 일반적인 활용 형태는 다음과 같다.

```
새모형<-mlogit(결과변수 ~ 예측변수(들), data = 데이터프레임, na.action = 결측값 처리 방식,
reflevel = 결과 기저 범주 번호)
```

여기서,

- 새 모형은 함수가 새로 생성하는 객체로, 모형에 관한 정보를 담는다. 이후 *summary*(새 모형) 형태의 명령을 실행해서 이 모형의 요약 통계량들을 확인할 수 있다.

- 결과변수는 예측하고자 하는 결과변수이다. 종속변수라고도 부른다. 지금 예에서는 **Success**를 여기에 지정한다.

- 예측변수(들)은 결과변수를 예측하는 데 사용할 하나의 변수 또는 변수들의 목록이다.

- 데이터프레임은 결과변수와 예측변수들이 있는 데이터프레임이다.

- *na.action*은 생략 가능한 옵션이다. 자료가 완결적이면(지금 예에서처럼) 이 옵션은 무시해도 된다. 그러나 자료에 결측값이 존재하면(즉, 데이터프레임에 NA들이 있으면), 이 옵션이 유용할 것이다. R의 영혼의 조언 7.1을 참고하기 바란다.

- *relevel*은 기저 범주로 사용할 결과 범주를 나타내는 번호이다.

이상에서 보듯이, 기본적인 개념은 여러분이 이미 익숙한 *lm()* 함수나 *glm()* 함수의 것과 같다. 그러나 기준으로 삼을 기저 범주를 선택해야 한다는 중요한 차이가 있다.

자가진단

✓ 결과변수의 세 범주를 생각해 보자. 여러분이 보기에, 이중 기저 범주로 사용하기에 가장 합당한 것은 무엇인가?

결과의 세 범주 중 기저 범주로 삼기에 가장 적합한 것은 아마 무반응('No response/Walk off')일 것이다. 현재 데이터프레임에서 이 범주는 3번에 해당한다(출력 8.9를 보면 이것이 세 번째 범주임을 짐작할 수 있다). 따라서 이 함수를 호출할 때 *reflevel = 3*을 지정해야 한다.

다음으로, 모형에 어떤 예측변수들을 포함할 것인지 결정해야 한다. 지금 예에서 주요 효과들 자체는 우리의 관심사가 아니다. 웃긴 문장이 그리 성공적이지 않다는 점은 이미 지난 연구에서 밝혀졌기 때문이다. 우리의 관심사는 그런 대화문이 남자보다 여자에게 더 성공적일 것인가이다. 즉, 이 예에서 중요한 것은 **Gender**와 **Funny**의 **상호작용 효과**(interaction effect)가 유의한가이다. 마찬가지로, 성적인 내용이 많이 담긴 대화문이 대체로 성공적이지 못함은 이전 연구에서 밝혀졌지만, 남자에게 사용할 때는 비교적 성공적일 수 있다고 예측할 수 있다. 이 역시, **Sex** 자체가 아니라 **Sex × Gender** 상호작용이 유의한가의 문제이다. 따라서, 모형에 포함해야 할 것은 그러한 상호작용 항들(Sex × Gender와 Funny × Gender)이다. 그리고 이런 상호작용들을 평가하려면 **주 효과**(main effect)들도 포함시켜야 한다. 그런데 이 연구에서 **Sex × Funny × Gender** 같은 좀 더 고차의 상호작용은 관심사가 아니다. 왜냐하면, 우리가 성적 내용과 유머가 조합된 대화문의 성공이 성별에 따라 크게 다를 것이라고 (이론적으로) 예측하지는 않기 때문이다. 이상의 논의를 반영해서 모형을 생성하는 명령은 다음과 같다.

```
chatModel <- mlogit(Success ~ 1 | Good_Mate + Funny + Gender + Sex + Gender:Sex
+ Funny:Gender, data = mlChat, reflevel = 3)
```

이 명령은 *glm()*의 예와 아주 비슷한 모습이다(앞에서 말했듯이). 그러나 모형을 서술하는 공식의 결과변수 부분에 그냥 **Success**라고 하지 않고 *Success~1 |*이라고 지정했음을 주목하기 바란다. 이렇게 한 이유는 자세히 설명하지 않겠다. 그냥 이렇게 해야 한다고만 알아두기 바란다. 그리고 예측변수들을 지정하는 부분을 보면 *Gender:Sex*와 *Funny:Gender*가 있는데, 이들은 두 상호작용 항 **Sex × Gender**와 **Funny × Gender**에 해당한다.

8.9.2 다항 로지스틱 회귀분석 결과의 해석 ③

다음 명령을 실행하면 모형의 요약 정보가 출력된다.

```
summary(chatModel)
```

자가진단

✓ 출력 8.10의 *Log–Likelihood:* 항목에 나온 로그 가능도 측도의 의미는 무엇인가?

출력 8.10

```
Call:
mlogit(formula = Success ~ 1 | Good_Mate + Funny + Gender + Sex +
    Gender:Sex + Funny:Gender, data = mlChat, reflevel = 3, method = "nr",
    print.level = 0)

Frequencies of alternatives:
No response/Walk Off      Get Phone Number  Go Home with Person
            0.39216               0.47549              0.13235

nr method
6 iterations, 0h:0m:0s
g'(-H)^-1g = 0.00121
successive fonction values within tolerance limits

Coefficients :
                                  Estimate Std. Error t-value Pr(>|t|)
altGet Phone Number               -1.783070   0.669772 -2.6622 0.0077631 **
altGo Home with Person            -4.286354   0.941398 -4.5532 5.284e-06 ***
altGet Phone Number:Good_Mate      0.131840   0.053726  2.4539 0.0141306 *
altGo Home with Person:Good_Mate   0.130019   0.083521  1.5567 0.1195351
altGet Phone Number:Funny          0.139389   0.110126  1.2657 0.2056135
```

```
altGo Home with Person:Funny              0.318456   0.125302  2.5415 0.0110376  *
altGet Phone Number:GenderFemale         -1.646223   0.796247 -2.0675 0.0386891  *
altGo Home with Person:GenderFemale      -5.626369   1.328589 -4.2348 2.287e-05  ***
altGet Phone Number:Sex                    0.276206   0.089197  3.0966 0.0019577  **
altGo Home with Person:Sex                 0.417283   0.122083  3.4180 0.0006307  ***
altGet Phone Number:GenderFemale:Sex      -0.348326   0.105875 -3.2900 0.0010020  **
altGo Home with Person:GenderFemale:Sex   -0.476639   0.163434 -2.9164 0.0035409  **
altGet Phone Number:Funny:GenderFemale     0.492441   0.139992  3.5176 0.0004354  ***
altGo Home with Person:Funny:GenderFemale  1.172404   0.199240  5.8844 3.996e-09  ***
---
Signif. codes:  0 '***' 0.001 '**' 0.01 '*' 0.05 '.' 0.1 ' ' 1

Log-Likelihood: -868.74
McFadden R^2:  0.13816
Likelihood ratio test : chisq = 278.52 (p.value=< 2.22e-16)
```

출력 8.10에 모형의 요약이 나와 있다. 여러 가지 정보가 여기저기에 흩어져 있는데, 우선 주목할 것은 *Likelihood ratio test :* 행에 나온 전체적인 모형의 가능도비(로그 가능도비)이다. 앞에서 말했듯이, 로그 가능도는 자료에 설명되지 않은 변동이 어느 정도인지 말해주는 측도이다. 따라서 로그 가능도의 차이 또는 변화는 새 변수가 모형을 어느 정도나 설명하는지를 나타낸다. 카이제곱 검정은 기저 모형의 설명되지 않은 변동이 최종 모형에서 유의하게 감소했는지를 검사한다. 기저 모형을 분석해 보면 로그 가능도가 −1008.00임을 알 수 있다.[10] 그리고 최종 모형의 로그 가능도는 출력에서 보듯이 −868.74이다. 둘의 차이는 139.26인데, 카이제곱 검정에서는 여기에 2를 곱한다(−2LL과 비교하기 때문). 그러면 278.52이다. *p* 값을 보면 이러한 변화는 유의하다. 그러므로, 최종 모형이 원래 모형보다 변이성을 유의하게 더 많이 설명한다고 할 수 있다(다른 말로 하면, 마지막 모형이 원래의 모형보다 더 적합하다). 로그 가능도비 검정통계량 바로 위에는 맥패든(McFadden)의 R^2 값이 있는데, 이것은 효과크기의 한 측도이다.

해석의 편의를 위해, 이항 로지스틱 회귀분석에서 했던 것처럼 이 모형의 계수들을 *exp()* 함수를 이용해서 거듭제곱해보자. 계수들은 모형의 *coefficients* 변수에 들어 있다. 따라서 *chatModel$coefficients*를 통해서 그 계수들에 접근할 수 있다. 이들을 지수로 한 거듭제곱을 얻으려면 다음 명령을 실행하면 된다.

```
exp(chatModel$coefficients)
```

결과가 좀 복잡하므로, R에게 결과를 하나의 데이터프레임으로 취급해서 깔끔하게 출력해 달라고 하자. 다음처럼 위의 명령을 *data.frame()* 함수로 감싸면 된다.

```
data.frame(exp(chatModel$coefficients))
```

---

10 다음 명령을 실행하면 된다(모형의 공식에 주 효과들과 예측변수들이 모두 빠져 있음을 주목할 것. 즉, 이것은 절편만 포함한 모형이다).

   ```
   chatBase<-mlogit(Success ~ 1, data = mlChat, reflevel = 3) summary(chatBase)
   ```

이 명령의 결과(승산비들)가 출력 8.11에 나와 있다.

```
                                              exp.chatModel.coefficients.
altGet Phone Number                                0.16812128
altGo Home with Person                             0.01375498
altGet Phone Number:Good_Mate                      1.14092570
altGo Home with Person:Good_Mate                   1.13885057
altGet Phone Number:Funny                          1.14957104
altGo Home with Person:Funny                       1.37500360
altGet Phone Number:GenderFemale                   0.19277659
altGo Home with Person:GenderFemale                0.00360163
altGet Phone Number:Sex                            1.31811957
altGo Home with Person:Sex                         1.51783194
altGet Phone Number:GenderFemale:Sex               0.70586855
altGo Home with Person:GenderFemale:Sex            0.62086652
altGet Phone Number:Funny:GenderFemale             1.63630634
altGo Home with Person:Funny:GenderFemale          3.22974620
```

출력 8.10과 8.11에서 개별 매개변수 추정값들을 살펴보자. 출력 8.10을 보면 각 예측변수에 두 개의 매개변수가 연관되어 있음을 알 수 있다. 이는 이 매개변수들이 두 결과 범주의 쌍을 비교하기 때문이다. 앞에서 무응답에 해당하는 *No response/walk off*를 기저 범주로 설정했었다. 따라서, 매개변수 추정값들의 표에서 *Get Phone Number* 항목은 그 범주와 *No response/walk off* 범주를 비교한 결과이고, *Go home with person* 항목은 그 범주와 *No response/walk off* 범주를 비교한 결과이다. 다른 항목들도 마찬가지이다.

이 계수들의 신뢰구간은 *confint()* 함수로 구할 수 있다. 역시 앞에서처럼 그 신뢰구간을 거듭제곱해서 승산비의 신뢰구간을 구한다. 해당 명령은 다음과 같다.

```
exp(confint(chatModel))
```

이 명령의 결과가 출력 8.12에 나와 있다.

```
                                              2.5 %        97.5 %
altGet Phone Number                      0.0452388315   0.62478988
altGo Home with Person                   0.0021734046   0.08705211
altGet Phone Number:Good_Mate            1.0268939646   1.26762012
altGo Home with Person:Good_Mate         0.9668821194   1.34140512
altGet Phone Number:Funny                0.9263950895   1.42651186
altGo Home with Person:Funny             1.0755891423   1.75776681
altGet Phone Number:GenderFemale         0.0404843865   0.91795423
altGo Home with Person:GenderFemale      0.0002664414   0.04868514
altGet Phone Number:Sex                  1.1066999501   1.56992797
altGo Home with Person:Sex               1.1948318258   1.92814902
altGet Phone Number:GenderFemale:Sex     0.5735912484   0.86865066
altGo Home with Person:GenderFemale:Sex  0.4506952417   0.85529022
```

```
altGet Phone Number:Funny:GenderFemale     1.2436632929 2.15291265
altGo Home with Person:Funny:GenderFemale 2.1856202907 4.77267737
```

그럼 이상의 수치들에 기초해서 각 효과를 차례로 살펴보자. 각각 두 범주를 비교하는 것이므로, 그 해석 방식은 이항 로지스틱 회귀에서와 동일하다(따라서, 아래의 결론들이 잘 이해되지 않는다면 이번 장을 처음부터 다시 읽어 보기 바란다). 먼저, 출력들에서 *No response/walk off* 범주와 *Get phone number* 범주의 비교에 관한 행들부터 살펴보기로 하자.

- **Good_Mate:** 대화문에 좋은 성격이 얼마나 드러나 있는지는 상대방이 무응답인지 아니면 전화번호를 알려주는지의 여부를 유의하게 예측했다($b = 0.13$, $p < .05$). 1.141이라는 승산비는 이 변수가 증가함에 따라, 즉 좋은 성격 점수가 1점 올라감에 따라, 전화번호를 얻게 될 승산(무응답에 비한)이 1.14 높아짐을 뜻한다. 간단히 말해서, 좋은 성격이 드러나는 대화문을 사용하면 그렇지 않을 때보다 전화번호를 얻게 될 가능성이 커진다.

- **Funny:** 대화문이 얼마나 웃긴지는 상대방이 무응답인지 아니면 전화번호를 알려주는지의 여부를 유의하게 예측하지 않았다($b = 0.14$, $p > .05$). 그런데, 이 예측변수가 유의하지 않지만, 그래도 승산비(1.15)는 이전 예측변수(유의하다고 검증된)의 것과 거의 비슷하다는 점에 주목하자. 즉, 효과크기는 이전과 비슷하다. 유의하지 않다는 결과가 나온 것은 아마도 표준오차가 비교적 높기 때문일 것이다. (아래에 나오는 이 효과와 성별의 상호작용이 이 효과를 능가한다는 점도 주목할 것.)

- **Gender:** 상대방의 성별은 상대방이 무응답인지 아니면 전화번호를 알려주는지의 여부를 유의하게 예측했다($b = -1.65$, $p < .05$). 이것은 남성의 효과에 비한 여성의 효과이다. 승산비에 따르면, 성별이 남성(0)에서 여성(1)으로 변함에 따라 무응답에 비한 전화번호 제공 승산이 0.19 증가한다. 다른 말로 하면, 남자의 무응답 대 전화번호 제공 승산은 여자의 해당 승산보다 1/0.19 = 5.26배이다. 남자들은 값이 싸다.

- **Sex:** 대화문의 성적 내용 함량은 상대방이 무응답인지 아니면 전화번호를 알려주는지의 여부를 유의하게 예측했다($b = 0.28$, $p < .05$). 승산비에 따르면, 성적 내용 점수가 1점 올라감에 따라 전화번호를 얻게 될 승산(무응답에 비한)이 1.32 높아진다. 간단히 말하면, 성적인 내용이 많이 들어 있는 대화문을 사용하면 그렇지 않을 때보다 전화번호를 얻게 될 가능성이 커진다. (그러나 아래의 성별과의 상호작용이 이 효과를 능가한다.)

- **Funny × Gender:** 이 상호작용은 상대방의 전화번호 제공 여부를 유의하게 예측했다($b = 0.49$, $p < .001$). 따라서, 웃긴 대화문의 성공은 상대방이 남자인지 여자인지에 의존한다고 할 수 있다. 이를 해석할 때는 앞에서 본 성별의 효과를 참작해야 한다. 이 상호작

용의 승산비에 따르면, 성별이 0(남성)에서 1(여성)로 변하고 웃긴 내용 점수가 한 단위 증가함에 따라, 상대방의 무응답에 비한 전화번호 제공 승산은 1.64만큼 증가한다. 다른 말로 하면, 대화문이 웃길수록, 남자보다 여자가 전화번호를 제공할 가능성이 크다. 웃긴 대화문은 남자보다는 여자에게 사용할 때 더 성공적이다.

- **Sex × Gender:** 이 상호작용은 상대방의 전화번호 제공 여부를 유의하게 예측했다($b = -0.35$, $p < .01$). 따라서, 성적인 대화문의 성공은 상대방이 남자인지 여자인지에 의존한다고 할 수 있다. 이를 해석할 때는 앞에서 본 성별의 효과를 참작해야 한다(특히, 앞에서는 b가 양수였지만 지금은 음수이다). 승산비에 따르면, 성별이 남성(0)에서 여성(1)으로 변하고 성적 내용 점수가 한 단위 증가함에 따라, 상대방의 무응답에 비한 전화번호 제공 승산은 0.71만큼 증가한다. 다른 말로 하면, 대화문이 성적일수록 여자들이 전화번호를 제공할 가능성은 남자들보다 적다. 성적인 대화문은 여자보다는 남자에게 사용할 때 더 성공적이다.

다음으로, *No response/walk off* 범주에 비한 *Go home with person* 범주의 개별 매개변수 추정값들을 살펴보자. 이 효과들을 다음과 같이 해석할 수 있다.

- **Good_Mate:** 대화문에 좋은 성격이 얼마나 드러나 있는지는 상대방이 무응답인지 아니면 함께 귀가하게 되는지를 유의하게 예측하지 않았다($b = 0.13$, $p > .05$). 간단히 말해서, 좋은 성격이 드러난 대화문을 사용한다고 해도 상대방과 함께 귀가하게 될 가능성이 유의하게 높아지지는 않는다.

- **Funny:** 대화문이 얼마나 웃긴지는 상대방이 무응답인지 아니면 함께 귀가하게 되는지를 유의하게 예측했다($b = 0.32$, $p < .05$). 승산비에 따르면, 웃긴 내용 점수가 1단위 증가함에 따라 무응답에 비한 동반 귀가 승산이 1.38 증가한다. 간단히 말하면, 웃긴 대화문을 사용하면 그렇지 않을 때보다 상대방과 함께 귀가할 가능성이 커진다. (그러나, 아래에 나오는 이 효과와 성별의 상호작용이 이 효과를 능가한다.)

- **Gender:** 상대방의 성별은 상대방이 무응답인지 아니면 함께 귀가하게 되는지를 유의하게 예측했다($b = -5.63$, $p < .001$). 승산비에 따르면, 성별이 남성(0)에서 여성(1)으로 변함에 따라 무응답에 비한 동반 귀가 승산이 0.004 증가한다. 다른 말로 하면, 남자가 함께 귀가할 승산은 여자의 해당 승산보다 1/0.004 = 250배이다. 남자들은 값이 정말 싸다.

- **Sex:** 대화문의 성적 내용 함량은 상대방이 무응답인지 아니면 함께 귀가하게 되는지를 유의하게 예측했다($b = 0.42$, $p < .01$). 승산비에 따르면, 성적 내용 점수가 1점 올라감에 따라 함께 귀가할 승산(무응답에 비한)이 1.52 높아진다. 즉, 성적인 내용이 많이 들어 있

는 대화문을 사용하면 그렇지 않을 때보다 상대방과 함께 귀가할 가능성이 커진다. (단, 아래의 성별과의 상호작용이 이 효과를 능가함을 주목할 것)

- **Funny × Gender:** 이 상호작용은 동반 귀가 여부를 유의하게 예측했다($b = 1.17$, $p <$ .001). 따라서, 웃긴 대화문의 성공은 상대방이 남자인지 아니면 여자인지에 의존한다고 할 수 있다. 승산비에 따르면, 성별이 남성(0)에서 여성(1)으로 변하고 웃긴 내용 점수가 한 단위 증가함에 따라, 상대방의 무응답에 비한 동반 귀가 승산은 3.23만큼 증가한다. 다른 말로 하면, 대화문이 웃길수록, 남자보다 여자가 함께 귀가할 가능성이 크다. 즉, 웃긴 대화문은 남자보다는 여자에게 사용할 때 더 성공적이다.

- **Sex × Gender:** 이 상호작용은 동반 귀가 여부를 유의하게 예측했다($b = -0.48$, $p <$ .01). 따라서, 성적인 대화문의 성공은 상대방이 남자인지 여자인지에 의존한다고 할 수 있다. 승산비에 따르면, 성별이 남성(0)에서 여성(1)으로 변하고 성적 내용 점수가 한 단위 증가함에 따라, 상대방의 무응답에 비한 동반 귀가 승산은 0.62만큼 증가한다. b가 음수이므로, 대화문이 성적일수록 여자가 함께 귀가할 가능성은 남자의 경우보다 적다. 성적인 대화문은 여자보다는 남자에게 사용할 때 더 성공적이다.

자가진단

✓ 이번 장에서 배운 내용을 이용해서, 이 예의 로짓의 다중공선성 가정과 선형성 가정을 점검하라.

8.9.3 결과의 보고

이항 로지스틱 회귀분석에서처럼, 다항 로지스틱 회귀분석의 결과는 표를 이용해서 보고한다. 표 8.3이 그러한 예이다. 이전과는 달리 표의 행들이 비교하는 결과 범주들을 기준으로 분리되어 있음을 주목하기 바란다. 그 외의 사항들은 이전과 같다. 표에 나온 효과들의 해석은 앞 절에서 살펴보았다.

표 8.3 다항 로지스틱 회귀분석 보고의 예

	B (SE)	승산비의 95% 신뢰구간		
		하계	승산비	상계
전화번호 대 무응답				
절편	−1.78 (0.67)**			
좋은 성격	0.13 (0.05)*	1.03	1.14	1.27
웃김	0.14 (0.11)	0.93	1.15	1.43
성별	−1.65 (0.80)*	0.04	0.19	0.92
성적 내용	0.28 (0.09)**	1.11	1.32	1.57
성별 × 웃김	0.49 (0.14)***	1.24	1.64	2.15
성별 × 성적	−0.35 (0.11)*	0.57	0.71	0.87
동반 귀가 대 무응답				
절편	−4.29 (0.94)***			
좋은 성격	0.13 (0.08)	0.97	1.14	1.34
웃김	0.32 (0.13)*	1.08	1.38	1.76
성별	−5.63 (1.33)***	0.00	0.00	0.05
성적 내용	0.42 (0.12)**	1.20	1.52	1.93
성별 × 웃김	1.17 (0.20)***	2.19	3.23	4.77
성별 × 성적	−0.48 (0.16)**	0.45	0.62	0.86

이번 장에서 통계에 관해 발견한 것 ①

열 살 때 나는 록스타가 되겠다고 결심했다. 그 결심이 너무나 강해서, 아직도 나는 내가 왜 록스타가 못되었는지 궁금해하곤 한다(아마도 재능 부족, 아주 멋진 사람은 아님, 다른 사람들이 썩은 채소를 던지지 않을 정도는 되는 노래를 작성하는 능력 부족 등이 이유일 것이다). 내가 원했던 화려하고 즐거운 인생을 보내는 대신, 나는 내가 전혀 이해하지 못하는 것들에 관한 글을 쓰는 처지로 전락했다.

이번 장에서는 우선 결과가 범주형일 때 선형회귀를 적용하면 안 되는 이유를 살펴보고, 대신 이항 로지스틱 회귀(결과의 범주가 두 개일 때) 또는 다항 로지스틱 회귀(범주가 여러 개일 때)를 사용해야 한다는 점을 배웠다. 그런 다음에는 로지스틱 회귀에 깔린 이론을 조금 설명했는데, 특히 로지스틱 회귀방정식과 그 의미를 살펴보았다. 다음으로는 모형을 평가하는 방법으로 넘어가서 로그 가능도 통계량과 그에 관련된 카이제곱 검정을 이야기했다. 보통의 회귀의 R^2에 해당하는 여러 측도(호스머-렘쇼, 콕스-스넬, 네이글커크)를 구하는 방법도 소개했다. 또한, z 통계량과 승산비도 설명했다. 마지막으로는 **R**을 이용해서 여러 로지스틱 회귀분석을 실행하는 예들을 살펴보았다. 이제는 여러분도 로지스틱 회귀분석을 수행하고 그 결과를 해석하는 방법을 충분히 잘 이해했으리라 믿는다.

록스타가 되기로 결심한 나는 아이언메이든 패치를 꿰매 붙인 작은 청자켓을 걸치고 험난한 스타의 길로 향했다. 첫 기착지는 ... 우리 학교였다.

똑똑한 알렉스의 과제

• **과제 1:** 아동들의 정서표현규칙(display rules)에 대한 이해 정도를 아동의 나이와 아동의 마음 이론(theory of mind) 소유 여부로 예측할 수 있는지 궁금해 하는 심리학자를 상상해 보자. 여기서 정서표현규칙이란 주어진 상황에서 적절한 감정을 표출하는 관례를 말한다. 예를 들어 별로 마음에 들지 않는 크리스마스 선물을 받았을 때 적절한 감정 표현은 예의 바르게 미소를 지으면서 "고맙습니다 케이트 아주머니, 나는 항상 썩은 양배추

가 가지고 싶었어요."라고 말하는 것이다. 부적절한 감정 표현은 "왜 나한테 썩은 양배추를 주냐고, 이 이기적인 노인네야!"라고 울부짖는 것이다. 적절한 정서표현규칙의 사용은 마음 이론(다른 사람의 생각을 예측, 이해하는 능력)과 연관되어 있다고 간주된다. 이 이론을 검증하기 위해, 연구자는 아이들에게 틀린 믿음 과제(false belief task; 대상에게 마음 이론이 있는지 측정하는 데 쓰이는 과제)와 정서표현규칙 과제(결과는 통과 아니면 실패)를 부여했다. 또한, 아이들의 나이를 월 단위로 측정했다. 해당 자료가 **Display.dat** 파일에 들어 있다. 로지스틱 회귀를 이용해서, 정서표현규칙 이해 여부(아동이 해당 과제를 통과했는가?—예 또는 아니요)를 마음 이론 소유 여부(아동이 틀린 믿음 과제를 통과했는가? 예 또는 아니요), 개월 단위 연령, 그리고 이 변수들 사이의 상호작용들로 예측할 수 있는지 파악하라. ③

- **과제 2:** 최근 연구에 따르면, 강사는 스트레스가 가장 심한 직종에 속한다. 어떤 연구자가, 강사 일이 왜 그렇게 스트레스가 심하고 심신을 소진하는지 이유를 알고 싶어 했다. 연구자는 여러 설문지를 이용해서 강사 467명에 대해 **소진**(변수 이름은 burnout; 직무 탈진 여부), **통제감**(perceive; 높은 점수 = 낮은 통제감), **대처방식**(cope; 높은 점수 = 스트레스에 잘 대처함), **수업 스트레스**(teaching; 높은 점수 = 수업에서 스트레스를 많이 받음), **연구 스트레스** (research 변수; 높은 점수 = 연구에서 스트레스를 많이 받음), **학생 지도 스트레스**(pastoral; 높은 점수 = 학생 지도에서 스트레스를 많이 받음)를 측정했다. 연구자가 관심이 있는 결과변수는 소진인데, [Cooper, Sloan, & Williams, 1988]의 스트레스 모형에 따르면 소진의 중요한 예측변수는 통제감과 대처방식이다. 다른 예측변수들은 강사 업무의 다른 여러 측면의 소진에 대한 고유한 기여도를 파악하기 위해 측정했다. 이 연구자를 도와서, 로지스틱 회귀분석을 이용해서 어떤 요인들이 소진을 예측하는지 파악하라. 해당 자료가 **Burnout. dat**에 들어 있다. ③

- **과제 3:** HIV에 관심이 있던 한 건강심리학자가 새 파트너(사귀게 된 지 1개월 미만)와의 콘돔 사용에 영향을 주는 요인들을 알고 싶어 했다. 측정한 결과는 콘돔 사용 여부(변수 이름은 use; 사용 = 1, 미사용 = 0)이다. 예측변수들은 다음과 같은데, 주로 [Sacco, Levine, Reed & Thompson, 1991]의 CAS(Condom Attitude Scale; 콘돔 사용 태도 척도)를 이용해서 측정했다. **gender**(피험자의 성별), **safety**(5점 만점의 상대적 안전도. 상대방과의 관계가 성병으로부터 얼마나 "안전한지"를 피험자가 스스로 평가한 점수이다), **sexexp**(10점 만점의 성 경험 점수로, 이전의 성 경험이 콘돔 사용에 대한 태도에 어느 정도나 영향을 미치는지를 측정한 것이다), **previous**(커플이 이전 성교에서 콘돔을 사용했는지의 여부로, CAS에 따라 측정한 것은 아니다. 콘돔 사용 = 1, 미사용 = 0, 이 파트너와 이전에 성교한 적이 없음 = 2), **selfcon**(자제 점수. 콘돔 사용을 위해 자신을 얼마나 억제하는지를 나타낸다. 순간의 열정에 휩쓸리는지, 아니면 자제력을 발휘

하는지를 9점 만점으로 측정했다), **perceive**(인지된 위험. 피험자가 보호되지 않은 섹스를 어느 정도나 위험하게 느꼈는지를 6점 만점으로 측정한 것이다). 이전 연구(Sacco, Rickman, Thompson, Levine, & Reed, 1993)에 따르면 콘돔 사용을 예측하는 요인은 성별, 관계의 안전도, 인지된 위험이다. 적절한 분석을 수행해서 그러한 이전 연구 결과를 확인하고, 자제, 이전 사용 여부, 성 경험이 콘돔 사용의 설명되지 않은 변동을 예측할 수 있는지 검사하라. (1) **R**의 출력의 모든 주요 부분을 해석하라. (2) 최종 모형의 신뢰도는 어느 정도인가? (3) 피험자 12, 53, 75가 콘돔을 사용할 확률은 각각 얼마인가? (4) 새 파트너와의 이전 성교에서 콘돔을 사용한 한 여성이 인지된 위험을 제외한 모든 변수에서 2점을 받았다 (인지된 위험은 6점). 독자의 회귀모형을 이용해서 그녀가 다음번 성교 시 콘돔을 사용할 확률을 추정하라. 이 과제를 위한 자료는 **condom.dat** 파일에 있다. ③

답은 이 책의 부록 사이트에서 볼 수 있다.

더 읽을거리

Hutcheson, G., & Sofroniou, N. (1999). *The multivariate social scientist*. London: Sage. Chapter 4.

Menard, S. (1995). *Applied logistic regression analysis*. Sage University Paper Series on Quantitative Applications in the Social Sciences, 07-106. Thousand Oaks, CA: Sage. (상당히 고급 내용을 다루지만, 그래도 훌륭한 책이다. 안타깝게도 초급 교과서 중에는 로지스틱 회귀를 다루는 책이 별로 없으므로, 안된 일이지만 내가 쓴 책을 읽을 수밖에 없을 것이다!)

Miles, J., & Shevlin, M. (2001). *Applying regression and correlation: A guide for students and researchers*. London: Sage. (제6장이 로지스틱 회귀를 아주 잘 소개한다.)

흥미로운 실제 연구

Bale, C., Morrison, R., & Caryl, P. G. (2006). Chat-up lines as male sexual displays. *Personality and Individual Differences*, 40(4), 655-664.

Bemelman, M., & Hammacher, E. R. (2005). Rectal impalement by pirate ship: A case report. *Injury Extra*, 36, 508-510.

Cooper, M., O'Donnell, D., Caryl, P. G., Morrison, R., & Bale, C. (2007). Chat-up lines as male displays: Effects of content, sex, and personality. *Personality and Individual Differences*, 43(5), 1075-1085.

Lacourse, E., Claes, M., & Villeneuve, M. (2001). Heavy metal music and adolescent suicidal risk. *Journal of Youth and Adolescence*, 30(3), 321-332.

Lo, S. F., Wong, S. H., Leung, L. S., Law, I. C., & Yip, A. W C. (2004). Traumatic rectal perforation by an eel. *Surgery*, 135(1), 110-111.

그림 9.1 아마 내 여덟 살 생일일 것이다. 왼쪽에서 오른쪽으로, 형 폴(요즘노 사신 찍기를 싫어해서 케이크 뒤에 숨는 버릇이 있다), 폴 스프레클리, 앨런 팔시, 클레어 스파크, 그리고 나

9.1 이번 장에서 배우는 내용 ①

전국의 주말 캠프에서 청중들을 성공적으로 학살한 나는 세계정복을 위한 다음 제물로 내가 다니던 초등학교를 선택했다. 나는 척 베리의 또 다른 노래('Johnny B. Goode')를 배웠지만, 다른 아티스트들의 노래들로 레퍼토리를 좀 더 확장하기까지 했다(아마 그중 하나는 스테이터스 쿠오의 'Over The Edge'였을 것이다).[1] 학생회 행사에서 연주할 틈이 생기자마자 나는 당연히 그 기회를 거머쥐었다. 교장 선생님은 나를 쫓아내려 했지만,[2] 나는 연주를 계속했다. 그 연주는 대단한 성공을 거두었다(이전에도 말했듯이, 열 살짜리들은 아주 감명을 잘 받는다). 동급생들이 나를

---

1 그때가 대략 1982년이었으므로 스테이터스 쿠오가 아직 지구에서 가장 우스꽝스럽게 나쁜 밴드가 되기 전이었다. 그들이 항상 지구에서 가장 우스꽝스럽게 나쁜 밴드였다고 주장하는 사람도 있지만, 스테이터스 쿠오는 내가 제일 좋아하는 밴드로 정한 첫 번째 밴드였다.

2 정말이다! 열 살짜리 꼬마를 학생회 행사에서 쫓아내려는 교장이 상상이나 되는가? 당시 나는 전기 기타를 메고 있었고, 교장 선생님은 통기타로 찬송가를 반주하고 있었다. 아마 그는 뭔가에 홀려서 찍찍대는 작은 목소리로 스테이터스 쿠오의 노래를 부르는 열 살짜리를 일종의 위험인물로 오인했을 것이다.

어깨 위에 태우고 운동장을 돌아다닐 정도였다. 나는 영웅이었다. 당시 나는 클레어 스파크라는 같은 초등학교 여자애와 사귀었다. 사실 우리는 내가 록의 전설이 되기 전부터 연인 사이였다. 그녀가 내 기타 연주와 노래에 아주 감명을 받았던 것 같지는 않다. 오히려, 내가 오토바이(아동용의 작은 것)를 타고 다니던 그녀에게 감명을 아주 많이 받았다. 나는 언젠가 그녀와 결혼해서 평생을 행복하게 살 것이라고 철저히 믿게 되었다. 그러나 그 믿음은 그녀가 사이먼 허드슨과 달아나면서(run off) 깨져버렸다. 열 살 때였으니 그녀는 말 그대로 그와 함께 놀이터를 '뛰어서' 달아났을 것이다. 누구를 남자친구로 삼을 것인가라는 중요한 결정을 앞두고 클레어는 두 남자(앤디와 사이먼) 중 누가 더 나은가를 비교해야 했다. 과학 연구를 행하는 우리도 종종 그렇게 두 남자(man)를 비교해서 하나가 다른 하나와 다른지 증거를 찾아야 한다. 단, 우리가 비교하는 것은 man이 아니라 mean, 즉 평균이다.

9.2 이번 장에서 사용하는 패키지 ①

이번 장에서 사용하는 패키지는 여러 가지이다. 기술통계량들을 위한 *pastecs* 패키지, 그래프를 위한 *ggplot2* 패키지와 강건한 방법들을 위한 *WRS* 패키지가 필요하며, 명령줄을 사용하기 싫다면 당연히 *Rcmdr*(R Commander)도 필요하다(§3.6 참고). 이 패키지들이 아직 설치되어 있지 않다면 다음 명령으로 설치하기 바란다.

```
install.packages("ggplot2"); install.packages("pastecs"); install.packages
("WRS")
```

설치를 마쳤다면 다음 명령으로 이들을 불러온다.

```
library(ggplot2); library(pastecs); library(WRS)
```

9.3 차이 살펴보기 ①

연구자들은 종종 변수들의 관계가 아니라 그룹들 사이의 차이에 관심을 가진다. 특히, 실험연구에서는 인과관계를 추론하기 위해 특정 그룹에 조작을 가했을 때 그 그룹의 사람들에 어떤 일이 생기는지 살펴본다. 예를 들어 사람들을 두 그룹으로 나누어서 한 그룹에는 어떤 다이어트약을 나누어 주고 다른 한 그룹에는 설탕으로 된 약을 나누어준다. 만일 다이어트약을 먹은 사람들의 체중이 설탕 약을 먹은 사람들의 체중보다 더 많이 감소했다면, 그 다이어트약이 체중 감소를 유발했다고 추론할 수 있다. 이는 단순히 변수들과 그 관계를 관찰하는 것(상관분석과 회귀분석에서처럼)에서 한 걸음 더 나아간, 강력한 연구 방법이다.[3] 이번 장부터 이 책에는 이런 종류의 연구 시나리오가 자주 등장한다. 처음이니 아주 간단한 시나리오로 시작하자. 이 시나리오에서 그룹은 두 개이다. 좀 더 구체적으로 말하면, 우리가 하려는 것은 두 그룹의 평균을 비교하는 것이다. 제1장에서 말했듯이, 자료를 수집하는 방법은 크게 두 종류로 나뉜다. 하나는 서로 다른 여러 그룹에 각각 다른 실험적 조작을 가하는 것이고(**그룹간 설계** 또는 **독립설계**), 다른 하나는 단 하나의 그룹에 서로 다른 시점(時點)에서 여러 실험적 조작을 가하는 것이다(반복측정 설계). 종종 사람들은 인위적으로 만들어 낸 그룹들을 비교하는 유혹에 빠지지만 (이를테면 사람들을 중앙값 점수에 기초해서 여러 그룹으로 나누는 등), 일반적으로 그런 방식은 바람직하지 않다(초천재 제인 글상자 9.1 참고).

초천재 제인 9.1
중앙값 분리는 사악한 일일까? ②

자료를 '중앙값 분리(median split)'를 이용해서 분석한 연구 논문들을 종종 볼 수 있다. 거미 공포증 예제라면 중앙값 분리가 이런 식으로 일어날 것이다. 우선 거미 공포증 설문지를 이용해서 점수들을 측정하고, 그 중앙값을 계산한다. 그런 다음에는 그 중앙값보다 설문 점수가 높은 사람은 '공포증'으로, 그렇지 않은 사람은 '공포증 아님'으로 분류한다. 이는 본질적으로 연속변수를 '이분화(dichotomization)'하는 것에 해당한다. 이러한 관행이 상당히 흔한데, 합당한 일일까?

이와 관련해서 매컬럼과 장, 프리처, 루커는 뛰어난 논문(MacCallum, Zhang, Preacher & Rucker, 2002)을 작성했다. 그 논문에서 저자들은 완벽하게 훌륭한 연속변수를 범주형 변수로 바꿀 때 생기는 다음과 같은 문제점들을 지적했다.

1. 피터, 버짓, 집, 키키라는 네 사람이 있다고 하자. 각 사람의 거미 공포증 점수를 측정해서 퍼센트로 환산하니 집은 100%, 키키는 60%, 피터는 40%, 버짓은 0%가 나왔다. 만일 이 네 사람을 중앙값(50%)으로 분리하면, 집과 키키가 같은 그룹이 되고(둘 다 점수는 1 = 공포증이다) 피터와 버짓이 같은 그룹이 된다(둘 다 점수는 0 = 공

포증 아님이다). 그러나 실제로 네 사람 중 가장 비슷한 두 사람은 키키와 피터이다. 그런데도 둘은 다른 그룹에 속하게 되었다. 따라서 중앙값 분리는 원래의 정보를 상당히 극적으로 변화시킨다(원래는 피터와 키키가 아주 비슷하지만 분리 후에는 아주 다르게 되었고, 집과 키키는 원래는 상당히 다르지만 분리 후에는 같아졌다).

2. 효과크기가 작아진다. 두 연속변수의 상관관계를 분석할 때, 둘 중 한 변수를 이분하고 나면 그 효과크기가 원래의 두 변수의 효과크기보다 작게 나온다. ANOVA와 회귀분석에서도 효과크기가 작아진다.

3. 허위 효과(spurious effect)들을 발견할 확률이 높아진다.

따라서, 혹시 여러분의 지도교수가 중앙값 분리를 지시한다면, 그것이 좋은 일인지 생각해볼(그리고 매컬럼 등의 논문을 읽어볼) 필요가 있다. 매컬럼 등에 따르면, 연속변수의 이분화가 정당화되는 드문 경우 중 하나는 의미 있는 중단점(break point)에 기초해서 사람들을 서로 다른 범주로 구분하는 것이 정당한 이론적 근거가 명확할 때이다. 예를 들어 훈련된 임상의의 진단에 기초해서 사람들을 공포증 대 공포증 아님으로 분류하는 것은 불안 정도를 측정한 연속변수를 정당하게 이분화하는 것이라 할 수 있다.

---

3 인과 추론이 가능한 통계적 절차와 그렇지 않은 통계적 절차가 따로 있다고 오해하는 사람들이 있는데, 이는 사실이 아니다(초천재 제인 글상자 1.4 참고).

그룹 차이들을 오차 막대로 시각화하는 것이 중요하다는 점을 제4장에서 배웠다. 이번에는 반복측정 결과를 오차 막대로 시각화할 때 생기는 문제점 하나를 예제를 통해서 살펴보자. 이 예제는 이번 장 전체에서 계속 쓰인다(이는 내가 너무 게을러서 다른 자료 집합을 고안하지 못했기 때문이 아니라, 여러 가지 것을 설명하기에 좋은 예제이기 때문이다). 이 예제는 거미 공포증(arachnophobia; 거미를 병적으로 무서워하는 것)이 진짜 거미(real spider)에 한정되는지, 아니면 거미 사진(picture)만 봐도 비슷한 수준의 불안(anxiety)을 느끼는지에 관한 것이다. 이를 위해 거미 공포증 환자 24명에 대해 실험을 실행했다. 그중 12명에게는 커다란 독니와 사악한 모습의 눈 여덟 개가 달린 크고 북슬북슬한 타란툴라 거미와 마주하게 하고, 다른 12명에게는 같은 거미의 사진을 제시해서 각각 불안 정도를 측정했다. 해당 자료가 표 9.1에 나와 있다(이를 R에 직접 입력하기가 곤란한 독자는 **spiderLong.dat** 파일을 사용하면 된다). 각 행이 개별 실험 참가자(피험자)의 자료를 나타내도록 해야 한다. 따라서, 참가자가 속한 그룹을 나타내는 열과 참가자의 불안 점수를 담은 열이 필요하다.

자가진단
✓ 표 9.1의 자료를 *spiderLong*이라는 데이터프레임에 입력하고, 제4장에서 배운 것을 이용해서 이 거미 자료의 오차 막대그래프를 작성하라.

이번에는 이 자료를 같은 참가자들에게 수집했다고 상상하자. 즉, 모든 참가자에게 진짜 거미를 보여주고 불안 점수를 측정할 뿐만 아니라, 사진을 보여주고 불안 점수를 측정한다(절반은 거미 먼저, 나머지 절반은 사진 먼저). R 안에서 이러한 자료는 이전의 자료와는 다른 방식으로 배치된다. 이전에는 참가자가 속한 그룹을 부호화한 열과 불안 점수를 담은 열이 있었지만, 표 9.2에서 보듯이 이제는 각 행이 사진을 제시했을 때의 불안 점수를 담은 열(picture)과 진짜 거미를 제시했을 때의 불안 점수를 담은 열(real)로 구성된다(이 자료를 R에 직접 입력하기가 곤란한 독자는 **spiderWide.dat** 파일을 사용하면 된다). 표 9.2에 나온 불안 점수들이 표 9.1에 나온 그룹간 자료의 것들과 동일함을 주목하기 바란다. 표 9.1의 자료는 그냥 같은 참가자들에게서 얻은 점수들을 마치 서로 다른 두 그룹에서 얻었다고 가정한 것이라고 생각하면 된다.

자가진단
✓ 표 9.2의 자료를 *spiderWide*라는 데이터프레임에 입력하라.

표 9.1 spiderLong.dat의 자료

참가자	Group(그룹 구분)	Anxiety(불안 점수)
1	Picture	30
2	Picture	35
3	Picture	45
4	Picture	40
5	Picture	50
6	Picture	35
7	Picture	55
8	Picture	25
9	Picture	30
10	Picture	45
11	Picture	40
12	Picture	50
13	Real Spider	40
14	Real Spider	35
15	Real Spider	50
16	Real Spider	55
17	Real Spider	65
18	Real Spider	55
19	Real Spider	50
20	Real Spider	35
21	Real Spider	30
22	Real Spider	50
23	Real Spider	60
24	Real Spider	39

표 9.2 spiderWide.dat의 자료

참가자	picture(사진에 대한 불안 점수)	real(진짜 거미에 대한 불안 점수)
1	30	40
2	35	35
3	45	50
4	40	55
5	50	65
6	35	55
7	55	50
8	25	35
9	30	30
10	45	50
11	40	60
12	50	39

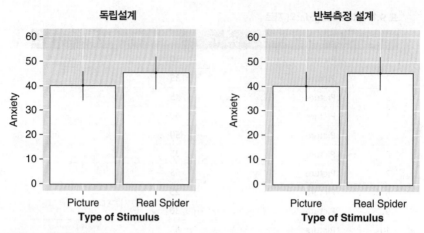

그림 9.2 진짜 거미 또는 사진을 제시했을 때의 불안 자료에 대한 두 오차 막대그래프. 왼쪽의 자료는 점수들을 서로 다른 두 그룹에서 측정한 경우이고, 오른쪽의 자료는 점수들을 같은 참가자들에게서 얻은 경우이다.

그림 9.2에 두 가지 설계의 오차 막대그래프들이 나와 있다. 점수들 자체는 서로 완전히 같음을 기억하기 바란다. 다른 점은 자료 수집 방식이 반복측정 설계(같은 참가자들을 두 번 측정)냐 독립설계(서로 다른 두 그룹을 측정)냐이다. 제1장에서 배웠듯이, 반복측정 설계에서는 여분의 변수들(나이, IQ 등)이 제거되어서 자료의 민감성이 좀 더 높아진다. 그런 차이가 있으므로, 오차 막대그래프도 다르게 나올 것이라고 기대할 수 있다. 즉, 반복측정 설계에 대한 그래프는 높아진 설계 민감도를 반영할 것이다. 실제로 그럴까? 두 오차 막대그래프에서 서로 다른 점을 찾아보기 바란다.

아마 독자도 나처럼 아무 차이도 발견하지 못했을 것이다. 두 그래프가 달라야 하는데 실제로는 다르지 않다는 것이 바로 이번 절에서 말하고자 하는 문제점이다. 핵심은, 그룹들을 반복해서 측정한 자료에 대해서는 오차 막대그래프를 사용하지 말라는 것이다. 꼭 사용해야 한다면, 그래프를 그리기 전에 자료를 조정할 필요가 있다(Loftus & Masson, 1994). 그럼 그 방법을 살펴보자.

9.3.2　단계 1: 각 실험 참가자의 평균 계산 ②

반복측정 오차 막대들을 보정하는 과정은 여러 단계로 이루어지는데, 특별히 어려운 단계는 없다. 우선 할 일은 각 참가자의 평균 불안도를 계산하는 것이다. *spiderWide* 데이터프레임을 예로 들기로 하겠다. 이 데이터프레임은 참가자들의 점수들이 두 개의 열에 들어 있으므로, 그냥 두 열의 합을 구해서 2로 나누면 된다.

```
spiderWide$pMean<-(spiderWide$picture + spiderWide$real)/2
```

이 명령은 *spiderWide* 데이터프레임의 행마다 **picture** 열과 **real** 열을 더하고 2로 나눈 값을 담은 **pMean**이라는 변수를 *spiderWide* 데이터프레임에 추가한다.

9.3.3 단계 2: 총평균 계산 ②

총평균(grand mean)은 모든 점수(점수 측정 조건과는 무관하게)의 평균이다. 지금 예에서는 데이터 프레임에 담긴 점수 24개 전체의 평균이 총평균이다. 이 총평균을 구하려면, 이미 익숙한 *c()* 함수를 이용해서 **picture** 변수와 **real** 변수를 하나로 병합한 결과에 대해 *mean()*을 적용하면 된다. 다음은 이를 단일한 하나의 명령으로 표현한 것이다.

```
grandMean<-mean(c(spiderWide$picture, spiderWide$real))
```

이 명령을 실행하면 **picture**와 **real**을 하나로 병합한 것(*c(spiderWide$picture, spiderWide$real)*)의 평균, 즉 모든 점수의 평균을 담은 **grandMean**이라는 변수를 생성한다.

9.3.4 단계 3: 조정인자 계산 ②

pMean 변수의 내용을 보면 참가자마다 값이 다르다는 점을 알 수 있다. 즉, 어떤 조건에서 든 사람마다 불안 정도가 다르다. 참가자들의 평균 불안 점수가 서로 다르다는 사실은 사람들의 개인차를 반영한다(즉, 어떤 사람들은 다른 사람들보다 전반적으로 거미를 좀 더 무서워한다). 본질적인 불안 차이들은 오차 막대그래프를 오염시킨다. 반복측정 자료를 조정하지 않고 그래프를 그리면 독립설계를 사용했을 때와 같은 그래프가 나오는 것은 바로 이 때문이다. [Loftus & Masson, 1994]는 이러한 오염을 제거하려면 참가자들의 평균들을 평준화해야 한다고 주장한다. 여기서 평준화는 각 조건의 점수들을, 조건들 사이의 평균(모든 참가자에 대해 동일한)를 취할 때처럼 조정하는 것을 말한다. 이를 위해서는 조정인자(adjustment factor)들을 계산해야 하는데, 방법은 간단하다. 각 참가자의 평균 점수(**pMean**)를 총평균(**grandMean**)에서 빼면 된다.

```
spiderWide$adj<-grandMean-spiderWide$pMean
```

이 명령을 실행하면 **grandMean**(방금 계산한)에서 각 참가자의 평균 불안 점수(앞에서 계산해서 *spiderWide* 데이터프레임의 **pMean** 변수에 저장한)를 뺀 값들을 담은 **adj**라는 변수를 같은 데이터 프레임 안에 생성한다. 이제 데이터프레임은 다음과 같은 모습이다.

```
  picture real pMean   adj
1      30   40  35.0   8.5
2      35   35  35.0   8.5
3      45   50  47.5  -4.0
4      40   55  47.5  -4.0
5      50   65  57.5 -14.0
6      35   55  45.0  -1.5
...
```

데이터프레임에 **adj**라는 새 변수가 생겼음을 확인할 수 있다. 이 열의 값들은 각 참가자의 평균 불안 점수와 모든 참가자의 평균 불안 점수의 차이이다. 이 값들을 보면 양수도 있고 음수도 있다. 음수는 해당 참가자가 평균 수준보다 더 불안해했음을 뜻한다. 이제 이 조정인자들로 불안 점수의 개체 간 차이들을 제거할 수 있다.

9.3.5 단계 4: 조정인자로 각 값을 조정 ②

지금까지 우리는 각 참가자의 평균 점수와 전체 점수들의 평균(총평균), 그리고 그 둘 사이의 차이를 구했다. 이 차이(조정인자)들로 각 참가자의 기존 점수를 조정한다. 우선, 사진 제시 조건의 불안 점수들인 **picture** 변수의 값들을 조정해 보자. 다음처럼 그냥 기존 점수(*picture*)에 조정인자(**adj**)를 더하면 된다.

```
spiderWide$picture_adj<-spiderWide$picture + spiderWide$adj
```

이 명령을 실행하면 조정인자(*spiderWide$adj*)를 사진을 제시했을 때의 원래 불안 점수(*spiderWide$picture*)에 더한 값들을 담은 **picture_adj**라는 변수를 *spiderWide* 데이터프레임 안에 생성한다. 다음으로, **real** 값들도 같은 방식으로 조정한다.

```
spiderWide$real_adj<-spiderWide$real + spiderWide$adj
```

이 명령을 실행하면 조정인자(*spiderWide$adj*)를 진짜 거미를 제시했을 때의 원래 불안 점수(*spiderWide$real*)에 더한 값들을 담은 **real_adj**라는 변수를 *spiderWide* 데이터프레임 안에 생성한다. 이제 데이터프레임의 모습은 다음과 같다.

```
  picture real pMean   adj picture_adj real_adj
1      30   40  35.0   8.5        38.5     48.5
2      35   35  35.0   8.5        43.5     43.5
3      45   50  47.5  -4.0        41.0     46.0
4      40   55  47.5  -4.0        36.0     51.0
5      50   65  57.5 -14.0        36.0     51.0
6      35   55  45.0  -1.5        33.5     53.5
...
```

이제 **real_adj** 변수와 **picture_adj** 변수는 각각의 조건에 대해 개체 간 차이를 제거해서 조정한 불안 점수들을 담고 있다. 내 말이 믿기지 않는다면, *mean()* 함수로 **real_adj**와 **picture_adj**의 평균을 구하고 그 결과를 데이터프레임의 **pMean2**라는 새 변수에 저장하기 바란다 (§9.3.2에서 했던 것처럼). 그 변수의 값들을 살펴보면, 모든 참가자가 같은 값임을 알 수 있을 것이다. 이는 평균의 개체 간 변동이 사라졌다는 증거이다. 그 값은 43.50인데, 이는 앞에서 계산한 총평균과 같다. 이상의 과정을 하나의 함수로 만들고(R의 영혼의 조언 9.1 참고), 그 함수를 spiderLong 데이터프레임에 적용하기 바란다.

자가진단

✓ 조정된 값들(**real_adj**와 **pictureadj**)의 평균에 대한 오차 막대그래프를 작성하라.

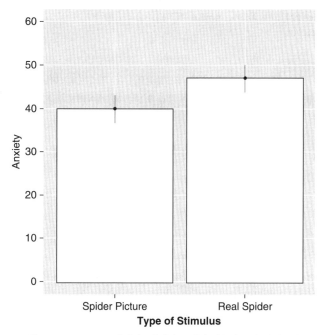

그림 9.3 *spiderWide* 데이터프레임의 조정된 값들의 오차 막대그래프

조정된 값들에 대한 오차 막대그래프가 그림 9.3에 나와 있다. 이 그래프를 그림 9.2의 것과 비교해서 어떤 차이가 있는지 살펴보기 바란다. 우선 눈에 띄는 것은, 두 조건의 평균이 변하지 않았다는 점이다. 그러나 오차 막대(수직 실선)들은 달라졌다. 이전보다 짧아졌음을 확인할 수 있을 것이다. 또한, 그림 9.2에서는 오차 막대들이 겹쳤지만, 새 그래프에서는 그렇지 않다.

반복측정 설계로 자료를 수집했음을 명확히 하기 위해 점수들을 조정하는 과정을 하나의 함수로 만들 수 있다(R의 영혼의 조언 6.2 참고). 그렇게 하면 다른 데이터프레임에도 같은 과정을 한 번에 적용할 수 있으므로, 만일 조정해야 할 자료가 많다면 상당히 편할 것이다. 점수 조정 함수를 정의하는 명령은 다음과 같다.

```
rmMeanAdjust<-function(dataframe)
{
    varNames<-names(dataframe)
    pMean<-(dataframe[,1] + dataframe[,2])/2
    grandmean<-mean(c(dataframe[,1], dataframe[,2]))
    adj<-grandmean-pMean
    varA_adj<-dataframe[,1] + adj
    varB_adj<-dataframe[,2] + adj
    output<-data.frame(varA_adj, varB_adj)
    names(output)<-c(paste(varNames[1], "Adj", sep = "_"),
paste(varNames[2], "_Adj", sep = "_"))
    return(output)
}
```

이 명령을 실행하면 *rmMeanAdjust*라는 함수가 만들어진다. 이 함수는 하나의 데이터프레임을 입력받아서 그 데이터프레임의 점수들을 조정한 결과를 담은 새 데이터프레임을 돌려준다. 그럼 함수의 본문을 차례로 살펴보자.

- *varNames<-names(dataframe)*은 함수에 입력된 데이터프레임의 변수 이름들을 *varNames*에 저장한다.

- *pMean<-(dataframe[,1] + dataframe[,2])/2*는 데이터프레임의 첫 열과 둘째 열을 더하고 2로 나눈 값, 즉 두 열의 평균을 **pMean**에 저장한다.

- *grandmean<-mean(c(dataframe[,1], dataframe[,2]))*는 데이터프레임의 처음 두 열을 병합하고 그 평균을 구한 결과, 즉 총평균을 **grandmean**에 저장한다.

- *adj<-grandmean-pMean*은 데이터프레임의 총평균(**grandmean**)에서 각 행의 평균(**pMean**)을 빼서 조정인자들을 구한다.

- *varA_adj<-dataframe[,1] + adj*는 데이터프레임의 첫 열에 조정인자를 더한 결과를 담은 **varA_adj**라는 새 변수를 만든다.

- *varB_adj<-dataframe[,2] + adj*는 데이터프레임의 둘째 열에 조정인자를 더한 결과를 담은 **varB_adj**라는 새 변수를 만든다.

- *output<-data.frame(varA_adj, varB_adj)*는 **varA_adj**와 **varB_adj**로 구성된 *output*이라는 데이터프레임을 생성한다.

- *names(output)<-c(paste(varNames[1], "adj", sep = "_"), paste(varNames[2], "_adj", sep = "_"))*는 새 데이터프레임의 두 열의 이름을 기존 데이터프레임의 해당 열 이름에 "_adj"를 붙인 것으로 변경한다. 따라서, 기존 데이터프레임에 **picture**라는 변수가 있었다면 새 데이터프레임의 변수는 **picture_adj**가 된다.
- *return(output)*은 조정된 값들을 담은 데이터프레임을 돌려준다.

이 함수는 데이터프레임의 처음 두 열을 조정한다는 점을 기억하기 바란다. 이 함수는 처음 두 열에 두 가지 반복측정 조건에 따른 점수들을 담은 데이터프레임에 적용해야 한다. 다음은 이 함수를 원래의 데이터프레임 *spiderWide*(**picture**와 **real**만 있는)에 적용하는 명령이다.

```
rmMeanAdjust(spiderWide)
```

결과는 다음과 같다.

```
   picture_adj real__adj
1         38.5      48.5
2         43.5      43.5
3         41.0      46.0
4         36.0      51.0
5         36.0      51.0
6         33.5      53.5
7         46.0      41.0
8         38.5      48.5
9         43.5      43.5
10        41.0      46.0
11        33.5      53.5
12        49.0      38.0
```

멋진 결과임을 여러분도 동의할 것이다. 물론 여기서 '멋진'은 물론 '슬픈'이라는 뜻이다.

제2장에 배웠듯이, 만일 두 그룹의 오차 막대들이 겹치지 않는다면 그 표본들이 같은 모집단에서 온 것이 아니라고(따라서 실험적 조작이 효과가 있었다고) 상당히 높은 수준으로 확신할 수 있다. 이상의 예에서 보듯이, 반복측정 자료를 적절히 조정한 후 그래프를 그리면 반복측정 설계의 더 나은 민감성이 실제로 나타난다. 서로 다른 참가자들을 사용했을 때는 차이점이 드러나지 않았지만, 이제는 조건들 사이의 차이점이 두드러지게 표시되었다. (두 상황에서 평균들은 동일하지만, 반복측정 설계의 표집오차가 더 작다는 점을 기억하기 바란다.) 이 점은 §9.7에서 좀 더 이야기하겠다.

9.4 t 검정 ①

독립설계와 종속설계가
다른 점이 뭐지?

이전 장들에서 t 검정이 여러 용도로 쓰인다는 점을 보았다. 이 검정은 주어진 상관계수가 0과 다른지 검사할 때도 쓰이고, 회귀계수 b가 0과 다른지 검사할 때도 쓰인다. 거기에 더해서, 두 그룹 평균이 다른지 검사할 때도 이 t 검정이 쓰인다. 그럼 그 방법을 구체적으로 살펴보자.

여러분이 수행할 수 있는 가장 단순한 형태의 실험은, 단 하나의 독립변수를 단 두 가지 방식으로만 조작하고, 단 하나의 결과만 측정하는 실험이다. 그런데 독립변수의 조작에는 하나의 실험 조건과 하나의 대조군(control group)이 관여하는 경우가 많다(Field & Hole, 2003). 다음은 이런 종류의 설계의 예 몇 가지이다.

- 영화 〈스크림〉(Scream)보다 속편 〈스크림 2〉가 더 무서울까? 두 영화를 보는 동안 심장박동수(불안 정도를 나타내는)를 측정해서 비교하면 될 것이다.

- 일하면서 음악을 들으면 작업의 결과가 향상될까? 학생들에게 자신이 좋아하는 음악을 들으면서 소논문(essay)을 쓰게 하고(또는 책을 쓰게 할 수도 있을 것이다!), 아무 음악도 듣지 않으면서 또 다른 소논문을 쓰게 한다(이것이 대조군이다). 그리고 두 소논문의 평점을 비교한다.

- 일하면서 앤디가 좋아하는 음악을 들으면 작업의 결과가 향상될까? 앞에서와 같되, 참가자 자신이 좋아하는 음악이 아니라 내가 좋아하는 음악(이 책 서두의 '감사의 글'에 있다)을 듣게 하고 작업의 품질이 얼마나 떨어졌는지 살펴본다.

이런 종류의 시나리오를 t 검정으로 분석할 수 있다. 물론, 이보다 더 복잡한 실험 설계들도 있으며, 그중 몇 가지를 이후의 장들에서 만나게 될 것이다. 사실 t 검정은 다음 두 종류인데, 둘 중 어떤 것을 사용하는지는 독립변수를 같은 참가자들을 이용해서 조작하느냐 아니면 다른 참가자들을 이용해서 조작하느냐에 따라 결정된다.

- 평균에 대한 **독립 t 검정**(independent t-test): 이 검정은 실험 조건이 둘이고 각 조건에 서로 다른 참가자들을 배정한 실험에 쓰인다(이 검정을 **독립평균**(independent-mean) t 검정이나 **독립측도**(independent-measure) t 검정, 또는 **독립표본**(independent-sample) t 검정이라고 부르기도 한다).

- 평균에 대한 **종속 t 검정**(dependent t-test): 이 검정은 실험 조건이 둘이고 두 조건 모두에 같은 참가자들을 배정한 실험에 쓰인다(이 검정을 **종속평균**(dependent-mean) t 검정이나 **대응짝**(matched-pair) t 검정, 또는 **짝표본**(paired-sample) t 검정이라고 부르기도 한다).

9.4.1 t 검정의 이론적 근거 ①

두 t 검정 모두 비슷한 이론적 근거를 가진다. 둘 다 제2장에서 가설 검정에 관해 배운 것들에 근거하는데, 다시 요약하자면 다음과 같다.

- 두 가지 자료 표본을 수집해서 두 표본평균을 계산한다. 그 평균들은 크게 다를 수도 있고 조금만 다를 수도 있다.

- 만일 두 표본이 같은 모집단에서 추출한 것이라면, 두 평균이 대략 같을 것이다(§2.5.1 참고). 두 평균이 다른 것이 순전히 우연일 수도 있지만, 두 표본평균이 우연히 아주 다른 경우는 아주 드물 것이라고 기대한다. 귀무가설에 의해, 우리는 실험 조작이 참가자들에게 아무런 효과가 없다고 가정한다. 따라서 표본평균들이 아주 비슷할 것이라고 기대한다.

- 수집한 표본평균들의 차이를, 만일 효과가 없었다면(즉, 귀무가설이 참이라면) 얻었을 표본평균들의 차이와 비교한다. 이때, 표준오차를 표본평균들 사이의 변이성의 측도로 사용한다(§2.5.1 참고). 표준오차가 크다는 것은 표본평균들 사이의 차이가 크게 나올 가능성이 크다는 뜻이다. 만일 수집한 평균들의 차이가 표준오차에 근거해서 기대할 수 있는 차이보다 크다면, 다음 두 가지 설명이 가능하다.

  - 모집단에 효과가 존재하지 않으며, 모집단의 표본평균들의 변동이 아주 심하다. 수집된 두 표본의 평균이 많이 다른 것은 우연일 뿐이다(즉, 모집단의 전반적인 성격과는 동떨어진 표본들이 우연히 수집되었다).

  - 두 표본이 서로 다른 모집단에서 비롯된 것이다. 그리고 각 표본은 해당 모집단의 전형적인 특징을 반영한다. 이 시나리오에서 두 표본평균의 차이는 두 표본의 진짜 차이를 대표한다(따라서 귀무가설이 틀렸다).

- 표본평균들 사이의 관측된 차이가 커짐에 따라, 두 번째 설명이 옳다는(즉, 귀무가설을 기각해야 한다는) 확신이 강해진다. 만일 귀무가설이 틀렸다면, 두 표본에 각각 다른 실험 조작이 가해졌기 때문에 두 표본평균이 다르게 나왔다는 확신이 강해진다.

§2.6.1에서 언급했듯이, 대부분의 검정통계량은 '변동 중 모형이 설명하는 부분'을 '변동 중 모형이 설명하지 못하는 부분'으로 나눈 것으로 생각할 수 있다. 다른 말로 하면 효과 나누기 오차이다. 두 평균을 비교할 때, 자료에 적합시킨 '모형'(효과)은 두 그룹 평균의 차이이다. 또한, 제2장에서는 평균이 표본마다 다르다는 점(표집 변동)과 표준오차를 평균이 얼마나 요동치는지 나타내는 측도로 사용할 수 있다는 점도 이야기했다(다른 말로 하면, 표준오차는 평균 추정값의 오차이다). 따라서, 두 평균의 차이의 표준오차를 모형의 오차(즉, 평균들의 차이의 오차)의

추정값으로 사용할 수 있다. 다음은 이상의 논의를 반영한 t 검정통계량 계산 공식이다.

$$t = \frac{\text{관측된 표본 평균들의 차이} - \text{모집단 기대 평균들(귀무가설이 참일 때의)의 차이}}{\text{두 표본평균의 차이의 표준오차 추정값}} \tag{9.1}$$

이 공식에서 분자는 '모형'이다. 평균에 대한 t 검정에서 모형은 평균들의 차이(0이 아니라고 기대한다)가 모집단 기대 차이(대부분의 경우 0이다)보다 크다는 것이다. 분모는 '오차'이다. 따라서, 제2장에서 말했듯이 검정통계량은 그냥 모형(또는 효과)을 모형의 오차로 나눈 것이다. 이 공식의 구체적인 형태는 각 실험 조건에서 같은 참가자들을 사용했는지 아니면 서로 다른 참가자들을 사용했는지에 따라 다르다.

9.4.2 일반선형모형으로서의 t 검정 ②

상관계수(또는 회귀의 b)가 0과 다른지 검사하는 데 사용한 t 검정을 두 평균의 차이를 검사하는 데 사용할 수 있다는 것이 이상하다고 생각하는 독자들이 많을 것이다. "상관계수와 b는 관계를 나타내지만 두 평균의 차이는 그렇지 않은데, 도대체 이 강사가 무슨 거짓말을 하려는 걸까?"라는 생각이 들면서 나를 믿지 못하기 시작하고, 급기야는 돈을 돌려받으려고 책을 다시 포장하는 독자도 있을 것이다.

나도 처음에는 그런 생각을 했지만, 코언의 환상적인 논문(Cohen, 1968)을 읽고는 내가 놓친 것이 무엇인지 깨달았다. 그 논문 덕분에 복잡하고 가시투성이에 잡초가 우거진, 그리고 타란툴라를 먹는 앤디가 사는 통계학 세계가 갑자기 작은 양들이 삶의 기쁨에 겨워 매매 거리며 뛰어다니는, 튤립 가득한 아름다운 목초지로 변했다. 사실 나는 아직도 타란툴라 같은 통계학이 내 흐물흐물한 시신에서 피를 빨지 못하게 하려고 필사적으로 애쓰는 무능한 바보일 뿐이지만, 어쨌든 그 논문은 훌륭하다. §2.4.3에서 말했듯이 모든 통계학 절차는 본질적으로 동일하다. 모든 절차는 단지 다음과 같은 단순한 모형을 좀 더 정교하게 만든 것일 뿐이다.

결과$_i$ = (모형) + 오차$_i$

제7장에서는 t 검정을 한 예측변수의 회귀계수가 0과 같은지 검사하는 데 사용했다. 독립 t 검정을 적용하는 실험 설계는 하나의 회귀 방정식으로 개념화할 수 있다(어차피 그런 실험들에서는 독립변수(예측변수)가 하나, 종속변수(결과변수)가 하나이므로). 결과를 예측하고 싶다면, 방금 제시한 일반 공식을 사용하면 된다.

선형모형을 사용할 때 이 일반 공식은 모형이 직선의 기울기와 절편으로 정의되는 식 (7.2)가 된다. 아래의 식 (9.2)는 그와 아주 비슷한 공식인데, A_i는 종속변수(결과)이고 b_0는 절편, b_1은 예측변수의 가중치, G_i는 독립변수(예측변수)이다. 사실 이 공식은 식 (7.2)와 정확히 같다. 단지 거미 공포증의 예에 맞게 글자를 바꿨을 뿐이다(A는 anxiety, G는 group을 뜻한다). 조건이 두 개인 실험을 수행할 때 독립변수의 값은 두 가지뿐이다(그룹 1 또는 그룹 2). 그러한 그룹들을 부호화하는 방식은 여러 가지이다(거미 공포증의 예에서는 그룹 1을 수치 0, 그룹 2를 수치 1로 부호화했다). 이러한 부호화 변수를 가변수(dummy variable)라고 부르는데, 이 변수의 값들은 개체들의 그룹들을 나타낸다. 이러한 가변수 부호화는 §7.12에서 설명했다.

$$A_i = (b_0 + b_1 G_i) + \varepsilon_i$$
$$불안_i = (b_0 + b_1 그룹_i) + \varepsilon_i \qquad (9.2)$$

거미 공포증 예에서, 사진 제시 그룹의 anxiety 변수의 평균($\overline{X}_{사진}$)은 40이고 group 변수의 값은 0이다. 이들을 식 (9.2)의 해당 변수들에 대입해서 정리하면 다음과 같은 결과가 나온다 (잔차 항은 생략했다).

$$\overline{X}_{사진} = b_0 + (b_1 \times 0)$$
$$b_0 = \overline{X}_{사진}$$
$$b_0 = 40$$

이 결과에서 보듯이, b_0(절편)는 곧 사진 그룹(부호가 0인 그룹)의 평균과 같다. group 변수가 1일 때는 어떨까? 이는 진짜 거미를 제시한 조건에 해당한다. 그 조건에서 anxiety의 평균($\overline{X}_{진짜}$)은 47이었다. 이 값과 방금 구한 b_0 값을 식 (9.2)에 대입해서 정리하면 다음이 나온다.

$$\overline{X}_{진짜} = b_0 + (b_1 \times 1)$$
$$\overline{X}_{진짜} = \overline{X}_{사진} + b_1$$
$$b_1 = \overline{X}_{진짜} - \overline{X}_{사진}$$
$$b_1 = 47 - 40$$
$$= 7$$

이 결과에서 보듯이, b_1은 두 그룹 평균의 차이와 같다. 따라서 그룹이 두 개인 실험을, 독립변수의 계수(b_1)가 두 그룹 평균의 차이와 같고 절편(b_0)이 0으로 부호화된 그룹의 평균과 같은 하나의 회귀 방정식으로 나타낼 수 있다. 결론적으로, 회귀에서는 t 검정을 회귀계수(b_1)가 0과 같은지 검사하는 데 사용했지만, 두 그룹을 비교할 때는 t 검정을 두 그룹 평균의 차이가 0과 같은지 검사하는 데 사용할 수 있다.

자가진단

✓ 이상의 결과가 내가 마음대로 지어낸 것이 아님을 증명하고 싶다. *lm()* 함수를 이용해서 **spiderLong.dat**의 자료에 대해 회귀분석을 수행하라. **Group**을 예측변수로, **Anxiety**를 결과변수로 사용해야 한다.

출력 9.1은 R에서 거미 공포증 자료에 대해 회귀분석을 실행한 결과이다. '*Coefficients:*' 아래의 표를 보자. 우선 주목할 것은 상수(b_0)의 값이 기저 범주(사진 제시 그룹)의 평균과 같은 40이라는 점이다. 다음으로 주목할 것은 회귀계수 b_1의 값 7이다. 이는 두 그룹 평균의 차이(47 − 40 = 7)와 같다. 마지막으로, b_1이 0과 유의하게 다른지를 검사한 결과인 t 통계량을 보자. 해당 유의확률에 따르면 이 통계량은 유의하지 않다. 따라서 b_1(즉, 두 그룹 평균의 차이)은 0과 유의하게 다르지 않다.

출력 9.1

```
Call:
lm(formula = Anxiety ~ Group, data = spiderLong)

Residuals:
   Min     1Q Median     3Q    Max
 -17.0   -8.5    1.5    8.0   18.0

Coefficients:
                Estimate Std. Error t value Pr(>|t|)
(Intercept)       40.000      2.944  13.587 3.53e-12 ***
GroupReal Spider   7.000      4.163   1.681    0.107
---
Signif. codes:  0 '***' 0.001 '**' 0.01 '*' 0.05 '.' 0.1 ' ' 1

Residual standard error: 10.2 on 22 degrees of freedom
Multiple R-squared: 0.1139,     Adjusted R-squared: 0.07359
F-statistic: 2.827 on 1 and 22 DF,  p-value: 0.1068
```

이 예는 두 그룹이 독립적인(즉, 서로 다른 피험자들을 서로 다른 조건에서 실험한) 실험에 관한 것이었지만, 반복측정 설계도 이와 거의 비슷한 방식으로 개념화할 수 있다. 단, 반복측정에서는 자료점들이 독립이 아니므로 구체적인 방식을 설명하기가 좀 더 복잡하다(그리고 굳이 설명할 필요도 없다). 그렇긴 하지만, 이 주제는 제13장과 제14장, 그리고 제19장에서 좀 더 논의한다. 어쨌든, 이상의 예가 평균들의 차이를 선형모형으로 표현할 수 있다는 점을 잘 보여주었길 바랄 뿐이다. 이번 절을 이해했다면 이 책의 나머지 여섯 장(chapter)도 큰 무리 없이 이해할 수 있을 것이다.

9.4.3 t 검정의 가정들 ①

t 검정은 기본적으로 회귀에 관한 것이므로, t 검정의 가정들은 회귀의 가정들과 아주 비슷하다. 독립 t 검정과 종속 t 검정은 모두 정규분포에 기초한 **모수적 검정**(parametric test)이다(제5장 참고). 따라서 이 검정들은 다음과 같은 가정들을 둔다.

- 표집분포가 정규분포이다. 독립 t 검정에서 이는 점수 자체가 아니라 점수 **차이들**의 표집 분포가 정규분포이어야 한다는 뜻이다(§9.6.3.4 참고).
- 자료의 측정 수준이 적어도 구간 수준이어야 한다(§1.5.1.2 참고).

독립 t 검정은 서로 다른 그룹들을 검사하는 데 쓰이므로 다음과 같은 추가적인 가정들을 둔다.

- 서로 다른 실험 조건의 점수들이 독립적이다(그 점수들은 서로 다른 사람들에서 측정한 것이므로).
- 분산의 동질성 — 적어도 이론적으로는 분산들이 같아야 한다. 그러나 현실적으로 이 가정을 만족하기는 힘들다(초천재 제인 글상자 9.2 참고).

이상의 가정들은 제5장에서 자세히 설명했다. 여기서는 통계적 검정을 실행하는 단계로 접어들기 전에 이 가정들을 반드시 점검해 봐야 한다는 점을 강조하고 넘어가기로 한다. 그럼 두 t 검정을 각각 좀 더 자세히 살펴보자.

9.5 독립 t 검정 ①

9.5.1 독립 t 검정 공식의 설명 ①

서로 다른 실험 조건에서 서로 다른 개체들을 검사할 때 사용하는 독립 t 검정부터 살펴보기로 하자.

초천재 제인 9.2

**분산의 동질성 가정을
어떻게 할 것인가? ②**

본문에서 말했듯이, 분산의 동질성은 독립 t 검정의 가정 중 하나이다. 이 가정은 회귀분석에서 말한 등분산성 가정과 같은 것이다. 예전에는 통계학자들이 이 가정을 점검하라고(레빈 검정을 이용해서) 권했다. 그리고 만일 이 가정이 깨지면 결과를 조정해서 바로잡으라고 했다. 그러나 좀 더 최근에는 통계학자들이 그러한 접근 방식을 폐기했다. 그 이유는 두 가지이다. 첫째로, 이 가정의 위반은 그룹들의 크기가 다를 때만 문제가 된다. 그룹들의 크기가 다르지 않다면 이 가정은 그리 중요하지 않으므로 무시해도 된다. 둘째로,

분산의 동질성 검정은 그룹 크기가 같고 표본들이 클 때 잘 작동하고, 그룹 크기가 다르고 표본이 작을 때는 잘 작동하지 않는 경향이 있다. 즉, 이 가정의 위반이 별문제가 안 되는 상황에서는 잘 작동하고, 가정을 지키는 것이 중요한 상황에서는 잘 작동하지 않는 것이다.

게다가, 이 가정이 깨져도 검정 결과를 바로잡을 수 있는 조정 방법이 존재한다. 웰치(Welch)의 t 검정이 바로 그것인데, 여러분이 손으로 직접 하려면 꽤 어렵지만 컴퓨터로는 아주 쉽게 할 수 있다. 웰치의 t 검정은 만일 이 가정이 깨지면 결과를 조정하고 깨지지 않으면 조정하지 않으므로, 그냥 항상 웰치의 t 검정을 사용하면 이 가정에 관해서는 신경 쓰지 않아도 된다. 이 주제에 관심이 있는 독자에게는 짐머맨의 논문(Zimmerman, 2004)을 권한다.

---

t 검정과 일종의 회귀로서의 t 통계량 계산에 관해 생각하기 싫은 독자라면, 표본들에 같은 수의 사람들이 포함되어 있는지의 여부에 따라 다른 두 공식의 관점에서 이 문제를 생각할 수도 있다. t 통계량들은 식 (9.1)을 좀 더 구체화한 버전을 이용해서 계산할 수 있다. 다른 말로 하면, 이 검정통계량은 모형 또는 효과를 오차에 견주어 비교한 것에 해당한다. 서로 다른 조건에서 서로 다른 참가자들을 실험했을 때 점수 쌍들은 실험 조작뿐만 아니라 다른 변수(참가자의 동기, IQ 같은 개인차 등)에 의해서도 차이가 생긴다. 따라서 **조건별로 비교**를 수행해야 한다(한 조건의 전체적인 효과를 살펴봄으로써).

$$t = \frac{(\overline{X}_1 - \overline{X}_2) - (\mu_1 - \mu_2)}{\text{표준오차의 추정값}} \tag{9.3}$$

이 공식에서 보듯이, 이 검정에서는 점수 쌍들의 차이를 살펴보는 것이 아니라 두 표본평균(각 표본의 모든 점수의 평균)의 차이를 두 모집단(그 표본들을 수집한)에서 얻을 것이라고 기대하는 평균들의 차이와 비교한다. 만일 귀무가설이 참이라면 두 표본은 같은 모집단에서 비롯된 것이라 할 수 있다. 귀무가설 하에서는 $\mu_1 = \mu_2$이므로, $\mu_1 - \mu_2 = 0$이다. 따라서 귀무가설 하에서 식 (9.3)은 다음과 같이 좀 더 간단해진다.

$$t = \frac{(\overline{X}_1 - \overline{X}_2)}{\text{표준오차의 추정값}} \tag{9.4}$$

독립 t 검정에서는 그룹 간 차이에 주목하므로, 그룹 간 차이의 표준편차(표준오차)가 분모로 쓰인다. 여기에 표집분포의 논리가 적용된다. 서로 다른 두 모집단에서 뽑은 두 개의 표본으로 이루어진 표본 쌍들이 여러 개 있고, 각 쌍의 두 표본평균을 비교한다고 상상해 보자. 이전에 표집분포를 설명할 때 말했듯이, 한 모집단에서 수집한 표본들은 대부분 평균이 비슷하다고 기대할 수 있다. 따라서, 여러 표본 쌍들(각자 다른 모집단에서 비롯된)을 조사해 보면, 그 표본평균 차이가 대체로 비슷할 것이다. 그러나 표본평균 차이가 다른 차이들보다 조금 벗어나는 쌍들도 종종 있을 것이며, 아주 가끔은 크게 벗어나기도 할 것이다. 만일 두 모집단에서 취할 수 있는 모든 표본 쌍의 표본평균 차이들의 표집분포를 그래프로 그릴 수 있다면, 그 차이들이 정규분포를 따른다는 점과 그 정규분포의 평균이 모집단 평균들의 차이($\mu_1 - \mu_2$)와 같다는 점을 알게 될 것이다. 이때 표집분포는 두 개의(또는 그 이상의) 표본들의 평균들이 어느 정도나 차이가 날 것인지 말해준다. 그리고 표집분포의 표준편차(표준오차)는 순전히 우연에 의해 생긴 표본평균 차이들의 변동 정도를 말해준다. 만일 그 표준편차가 작다면 표본평균들의 차이가 작을 것이라고 기대할 수 있다. 따라서, 표집분포의 표준오차를 두 표본평균의 차이가 통계적으로 유의한지 아니면 단지 우연에 의한 것인지 평가하는 측도로 사용하는 것이 합당하다. 구체적으로 말하면, 표본평균 차이를 표집분포의 표준편차로 나눈 값을 그러한 측도로 사용한다.

그렇다면, 표본평균 차이들의 표집분포의 표준편차를 어떻게 구해야 할까? 이때 **분산 합 법칙**(variance sum law)이 쓰인다. 이 법칙에 따르면, 두 독립변수의 차이의 분산은 두 독립변수의 분산의 합과 같다(이를테면 [Howell, 2006]을 보라). 지금 문맥에서 이 법칙은, 표집분포의 분산이 표본들을 수집한 두 모집단의 분산들의 합과 같다는 뜻이다. 앞에서 표준오차가 한 모집단의 표집분포의 표준편차임을 보았다. 다음 공식을 이용하면 표본 표준편차를 이용해서 각 모집단의 표집분포의 표준오차(SE)를 계산할 수 있다

$$\text{모집단 1의 표집분포 SE} = \frac{s_1}{\sqrt{N_1}}$$

$$\text{모집단 2의 표집분포 SE} = \frac{s_2}{\sqrt{N_2}}$$

그런데 분산이라는 것은 그냥 표준편차의 제곱이다. 따라서, 표집분포의 분산은 다음과 같이 계산하면 된다.

$$\text{모집단 1의 표집분포 분산} = \left(\frac{s_1}{\sqrt{N_1}}\right)^2 = \frac{s_1^2}{N_1}$$

$$\text{모집단 2의 표집분포 분산} = \left(\frac{s_2}{\sqrt{N_2}}\right)^2 = \frac{s_2^2}{N_2}$$

분산 합 법칙에 따르면, 차이들의 표집분포의 분산을 구하려면 그냥 두 모집단의 표집분포 분산들을 합하면 된다.

$$\text{차이들의 표집분포 분산} = \frac{s_1^2}{N_1} + \frac{s_2^2}{N_2}$$

그리고 차이들의 표집분포의 표준오차는 그냥 이 분산의 제곱근이다(분산이 표준편차의 제곱이므로).

$$\text{차이들의 표집분포 SE} = \sqrt{\frac{s_1^2}{N_1} + \frac{s_2^2}{N_2}}$$

이상을 식 (9.4)에 대입하면 다음이 나온다.

$$t = \frac{\overline{X}_1 - \overline{X}_2}{\sqrt{\dfrac{s_1^2}{N_1} + \dfrac{s_2^2}{N_2}}} \tag{9.5}$$

식 (9.5)는 표본 크기들이 같을 때만 성립한다. 그런데 과학 연구에서는 크기가 같은 표본들을 수집하는 것이 불가능한 경우가 많다(이를테면 실험 도중에 참가자들이 실험에서 빠지는 등의 이유로). 참가자들의 수가 같지 않은 두 그룹을 비교해야 할 때는 식 (9.5)가 적합하지 않다. 그런 경우에는 통계량의 합동분산 추정값(pooled variance estimate) t 검정을 사용해야 한다. 이 검정에서는 각 표본의 분산에 가중치(weight)를 부여함으로써 표본 크기의 차이를 보정한다. 제1장에서 보았듯이, 큰 표본이 작은 표본보다 낫다(표본이 클수록 모집단을 좀 더 잘 근사한다는 점에서). 이 점에 착안해서, 합동분산 추정값 t 검정에서는 표본의 크기를 가중치로 삼아서 각 표본 분산에 곱한다(좀 더 구체적으로는 자유도, 즉 표본 크기 빼기 1을 가중치로 사용한다). 정리하자면, 합동분산 추정값을 계산하는 공식은 다음과 같다.

$$s_p^2 = \frac{(n_1 - 1)s_1^2 + (n_2 - 1)s_2^2}{n_1 + n_2 - 2}$$

이것은 두 분산에 각각 해당 자유도(가중치)를 곱해서 합한 후 가중치들의 합으로 나눈 것이다. 간단히 말하면 이는 두 분산의 가중평균이다. 이렇게 구한 가중평균 분산을 원래의 t 검정 공식에 대입하면 다음이 나온다.

$$t = \frac{\overline{X}_1 - \overline{X}_2}{\sqrt{\dfrac{s_p^2}{n_1} + \dfrac{s_p^2}{n_2}}}$$

이렇게 계산한 t 값을 같은 자유도의 t 분포에서 순전히 우연으로 얻을 수 있는 최댓값(부록 A의 표에서 구할 수 있다)과 비교한다. 만일 계산한 t 값이 표의 임계값보다 크다면, 독립변수의 효과가 반영된 것이라고 확신할 수 있다. t 계산 공식에서 한 가지 명백한 것은, 이 값을 계산하는 데에는 원본 자료가 전혀 필요하지 않다는 것이다. 평균들과 표준편차들, 그리고 표본 크기들만 있으면 된다(R의 영혼의 조언 9.2 참고).

t 통계량을 계산하는 과정을 꽤 자세하게 설명했는데, 이는 단지 R에서 t 검정을 수행할 때 내부적으로 어떤 일이 일어나는지 이해하는 데 도움을 주려는 것일 뿐이다. 만일 이상의 내용이 잘 이해되지 않아도 걱정할 필요는 없다(그냥 우리 집 고양이를 잠깐 생각해 보기 바란다. 우리 집 고양이는 항상 내 헛소리를 참고 들어야 한다). 어차피 실제 계산은 R이 수행하며, 우리에게 꼭 필요한 것은 그 결과이기 때문이다.

9.5.2 독립 t 검정의 실행 ①

앞의 길고 긴 설명이 지루해서 책을 덮기 직전까지 간 독자들이 많을 것이다. 수학 공식은 지루하다. 애초에 R이 만들어진 이유가 바로, 수학 공식을 최대한 피하기 위한 것이다. 다시 거미 공포증 자료(spiderLong.dat)의 예로 돌아가자. 그 자료는 열두 명의 거미 공포증 환자들에게 거미 사진을 보여주고, 그와는 다른 열두 명의 거미 공포증 환자들에게 진짜 타란툴라 거미를 보여주어서 측정한 불안 점수들을 담고 있다. 두 그룹은 **Group** 변수로 부호화되어 있고, 각 조건의 불안 점수는 **Anxiety** 변수에 담겨 있다. 자료의 형식은 §9.2에서 설명했으므로, 바로 t 검정으로 들어가자.

9.5.2.1 일반적인 독립 t 검정 절차 ①

독립 t 검정을 실행하는 일반적인 절차는 다음과 같다.

1 자료를 입력한다.

2 자료를 탐색한다: 다른 분석들에서처럼, 먼저 자료를 그래프로 그려 보고, 몇 가지 기술통계량들을 계산해 보는 것이 좋다. 또한, 분포의 가정들도 점검해야 한다(제5장 참고).

R의 영혼의 조언 9.2 평균, 표준편차, 표본 크기만으로 *t* 값 계산 ③

R에서 두 그룹의 평균과 표준편차, 표본 크기만으로 *t* 검정통계량을 계산할 수 있다. 우선, 그룹 1의 평균(x1)과 그룹 2의 평균(x2), 그룹 1의 표준편차(sd1)와 그룹 2의 표준편차(sd2), 그리고 그룹 1의 표본 크기(n1)와 그룹 2의 표본 크기(n2)를 계산한다.

```
x1 <- mean(spiderLong[spiderLong$Group="Real Spider",]$Anxiety)
x2 <- mean(spiderLong[spiderLong$Group="Picture",] $Anxiety)
sd1 <- sd(spiderLong[spiderLong$Group=="Real Spider",]$Anxiety)
sd2 <- sd(spiderLong[spiderLong$Group=="Picture",] $Anxiety)
n1 <- lengthCspiderLong[spiderLong$Group=="Real Spider",]$Anxiety)
n2 <- length(spiderLong[spiderLong$Group=="Picture",]$Anxiety)
```

다음으로, 이들을 이용해서 *t* 검정통계량을 계산하는 함수를 정의한다(R의 영혼의 조언 6.2).

```
ttestfromMeans<-function(x1, x2, sd1, sd2, n1, n2)
{
    df<-n1 + n2 - 2
    poolvar<-(((n1-1)*sd1^2)+((n2-1)*sd2^2))/df
    t<-(x1-x2)/sqrt(poolvar*((1/n1)+(1/n2)))
    sig<-2*(1-(pt(abs(t),df)))
    paste("t(df = ", df, ") = ", t, ", p = ", sig, sep = "")
}
```

이 명령들을 실행하면 두 그룹의 평균, 표준편차, 표본 크기를 받아서 두 평균의 비교에 대한 *t* 검정 결과를 출력하는 *ttestfromMeans*라는 함수가 생성된다. 함수의 본문을 차례로 살펴보자.

- *df<-n1 + n2 - 2*는 자유도를 계산한다.
- *poolvar<-(((n1-1)*sd1^2)+((n2-1)*sd2^2))/df*는 합동분산 추정값 s_p^2을 계산한다.
- *t<-(x1-x2)/sqrt(poolvar*((1/n1)+(1/n2)))*는 *t* 통계량을 계산한다.
- *sig<-2*(1-(pt(abs(t),df)))*는 *p* 값을 계산한다.
- *paste("t(df = ", df, ") = ", t, ", p = ", sig, sep = ")*는 *t*, *df*, *p* 값과 적절한 문자열을 이어붙여서(paste) 만든 결과를 콘솔에 출력한다.

이제 앞에서 계산한 평균, 표준편차, 표본 크기들로 이 함수를 실행한다.

```
ttestfromMeans(x1, x2, sd1, sd2, n1, n2)
```

그러면 실제 자료로 계산했을 때와 같은 결과가 나온다(출력 9.3 참고).

```
[1] "t(df = 22) = 1.68134561495341, p = 0.106839192382597"
```

3 검정통계량을 계산한다: 이제 *t* 검정을 실행한다. 이전 단계의 결과에 따라서는 강건한 (robust) 버전의 검정을 실행해야 할 수도 있다.

4 효과크기를 계산한다: 효과를 효과크기로 수량화하는 것이 유용하다.

그럼 거미 공포증 자료로 각 단계를 실제로 수행해 보자.

9.5.2.2 자료 입력 ①

R에서 *t* 검정을 실행할 때 이상한 점 하나는, **t.test()** 함수를 사용할 때는 자료의 형식이 별 문제가 되지 않는다는 점이다. 이 함수는 긴 형식의 자료도 잘 처리하고, 넓은 형식의 자료도 잘 처리한다. 함수가 자료를 독립적으로 취급해야 하는지 아니면 종속적으로 처리해야 하는지를 결정하는 *paired = TRUE* 또는 *FALSE* 옵션만 정확하게 지정하면 된다. 그러나 R Commander를 사용할 때는 자료의 형식이 문제가 된다. 따라서 지금 예에서는 R Commander가 원하는 관례에 따라 긴 형식으로 자료를 입력하기로 한다. 앞의 자가진단 과제를 따라 했다면 이미 자료가 입력되어 있을 것이다. 그렇지 않은 독자라면 다음 명령들로 자료를 입력하기 바란다.

```
Group<-gl(2, 12, labels = c("Picture", "Real Spider"))

Anxiety<-c(30, 35, 45, 40, 50, 35, 55, 25, 30, 45, 40, 50, 40, 35, 50, 55, 65,
55, 50, 35, 30, 50, 60, 39)
```

이 명령들은 자료를 두 개의 열로 입력한다(하나는 진짜 거미를 제시했는지 아니면 거미 사진을 제시했는지를 부호화한 **Group**, 다른 하나는 사진 또는 진짜 거미에 대한 참가자의 불안 점수를 담은 **Anxiety**). 첫 명령은 불안 점수 24개를 담은 **Anxiety**라는 변수를 생성하고, 둘째 명령은 *gl()* 함수를 이용해서 각각 12명의 참가자가 있는 두 그룹에 대한 요인에 해당하는 **Group** 변수를 생성한다. 이제 이 두 변수를 *spiderLong*이라는 하나의 데이터프레임에 넣는다.

```
spiderLong<-data.frame(Group, Anxiety)
```

9.5.2.3 R Commander를 이용한 독립 *t* 검정 실행 ①

항상 그렇듯이, 먼저 **데이터 ➡ 데이터 불러오기 ➡ 텍스트 파일, 클립보드, 또는 URL...** 메뉴를 선택해서 **spiderLong.dat** 파일을 불러온다.

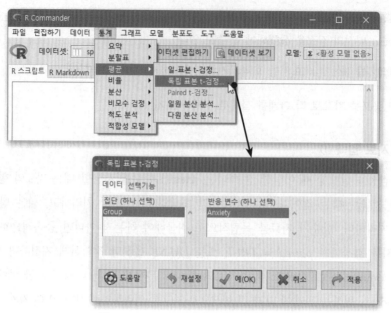

그림 9.4 R Commander를 이용한 독립 *t* 검정 실행

다음으로, 독립 *t* 검정을 실행하기 위해 **통계 ➡ 평균 ➡ 독립 표본 *t*-검정**을 선택한다. 그러면 그림 9.4와 같은 대화상자가 나타난다. 대화상자의 왼쪽에 있는 **집단 (하나 선택)** 목록에서 두 실험 그룹을 부호화한 변수를 선택한다. R Commander는 이 목록에 요인(범주형변수)들을 나열하는데, 지금 예에서 요인은 **Group** 하나뿐이므로 그 변수가 이미 선택되어 있다. 오른쪽의 **반응 변수 (하나 선택)** 목록에서는 결과변수를 선택한다. R Commander는 이 목록에 수치변수들을 나열하는데, 지금 예에서는 자료의 유일한 수치변수인 **Anxiety**가 이미 선택되어 있다.

대화상자의 **선택기능** 탭으로 넘어가서, 우리의 가설은 양쪽꼬리(양측)에 해당하므로 이미 선택되어 있는 **양쪽(측)**을 그대로 두면 된다. 신뢰수준 역시 .95(95%)를 그대로 둔다. 만일 다른 수준을 사용하고 싶으면 **신뢰 수준** 입력상자의 .95를 다른 값(예를 들어 99% 신뢰구간을 원하면 .99)을 입력하면 된다. 마지막으로, 이 예에서는 등분산을 가정하지 않으므로 역시 기본인 아니오를 그대로 둔다. 만일 분산이 동질적이라고 가정했는데 실제로는 그렇지 않다면 틀린 *p* 값이 나온다. 그러한 가정을 두지 않았는데 그 가정이 참일 수도 있지만, 상관없다. 그래도 *p* 값은 달라지지 않기 때문이다(초천재 제인 글상자 9.2 참고). 이제 **예(OK)** 버튼을 클릭하면 검정이 실행된다. 결과는 §9.5.2.6에서 설명하겠다.

9.5.2.4 자료 탐색과 가정 점검 ①

제4장에서 보았듯이, 항상 자료를 그래프로 그려서 살펴보는 것이 바람직하다. 지금 예에서는 오차 막대가 있는 그래프들을 그려보기로 한다.

자가진단

✓ *ggplot2*를 이용해서, 거미 공포증 자료의 신뢰구간들을 보여주는 오차 막대가 있는 상자그림과 막대그림표를 작성하라.

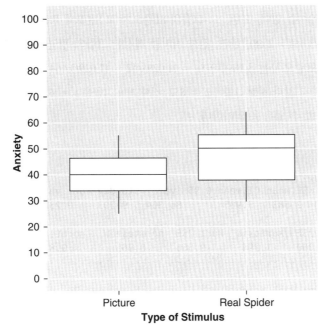

그림 9.5 거미 공포증 자료의 상자그림

막대그림표는 그림 9.2와 비슷한 모습이고 상자그림은 그림 9.5와 같은 모습일 것이다. 막대그림표를 보면 오차 막대들이 겹쳐 있는데, 이 자체는 그룹 간 차이가 없음을 뜻한다(단, 이 측도는 근사값일 뿐이다). 상자그림을 보면 두 그룹의 점수들이 대체로 비슷하게 퍼져 있음을 알 수 있다. 단, 진짜 거미 조건에서는 점수들이 중앙값 위쪽보다 아래쪽으로 더 많이 퍼져 있다.

다음으로, 각 그룹의 기술통계량들을 제5장에서 배운 *by()* 함수로 뽑아보자. 기억하겠지만, 이 함수의 일반적인 형태는 다음과 같다.

by(변수, 그룹, 출력)

여기서 변수는 이 함수로 요약하고자 하는 변수(지금 예에서는 **Anxiety**)이고 **그룹**은 출력을 그룹별로 조직화하는 기준이 되는 변수(지금 예에서는 **Group**), 그리고 출력은 우리가 알고 싶어 하는 통계량(평균 등)을 계산해서 돌려주는 함수이다. 여기에 *pastecs* 패키지의 **stat.desc**를 지정하면 **R**은 여러 유용한 기술통계량들을 출력한다. 다음은 거미 공포증 자료에 대해 *stat.desc()*를 지정해서 *by()*를 실행하는 명령이다.

```
by(spiderLong$Anxiety, spiderLong$Group, stat.desc, basic = FALSE, norm = TRUE)
```

이 명령이 출력한 여러 통계량이 출력 9.2에 나와 있다(지면 관계상 일부 행을 생략하고 수치들을 적절히 반올림했다). 출력을 보면, 거미 사진을 제시한 그룹의 평균 불안 점수가 40이고 표준편차가 9.29임을 알 수 있다. 또한, 그 그룹의 표준오차(표집분포의 표준편차)는 2.68이다($SE = 9.293/\sqrt{12} = 9.293/3.464 = 2.68$). 한편, 진짜 거미를 제시한 그룹의 평균 불안 점수는 47이고 표준편차는 11.03, 표준오차는 3.18이다($SE = 11.029/\sqrt{12} = 11.029/3.464 = 3.18$). 정규성 검정 결과는 둘 다 유의하지 않다(사진 그룹은 $p = .852$, 진짜 거미 그룹은 $p = .621$). 이는 모형의 오차들의 정규성을 가정할 수 있음을 의미한다.

출력 9.2

```
spiderLong$Group: Picture
median    mean  SE.mean CI.mean.0.95   var   std.dev coef.var
40.000  40.000   2.683     5.905      86.364   9.293    0.232

skewness  skew.2SE  kurtosis  kurt.2SE  normtest.W  normtest.p
0.000      0.000    -1.394    -0.566     0.965       0.852
-----------------------------------------------------------------
:
spiderLong$Group: Real Spider
median    mean  SE.mean CI.mean.0.95   var   std.dev coef.var
50.000  47.000  3.1834    7.007      121.636  11.029    0.235

skewness  skew.2SE  kurtosis  kurt.2SE  normtest.W  normtest.p
-0.006    -0.004    -1.460    -0.592     0.949       0.621
```

9.5.2.5 R을 이용한 독립 *t* 검정 ①

t 검정을 수행하는 함수는 *t.test()*이다. 이 함수를 사용하는 방법은 그룹들의 자료가 하나의 열에 들어 있는지(**spiderLong.dat**처럼) 아니면 서로 다른 두 열에 들어 있는지(**spiderWide.dat**처럼)에 따라 달라진다. 두 그룹의 자료가 하나의 열에 들어 있을 때는 *t.test()* 함수를 마치 *lm()* 함수처럼(즉, 회귀분석에서처럼) 사용한다. 일반적인 형태는 다음과 같다.

```
새모형<-t.test(결과변수 ~ 예측변수, data = 데이터프레임, paired = FALSE 또는 TRUE))
```

여기서,

- 새모형은 함수가 생성한, 모형(검정 결과)에 관한 정보를 담은 객체이다. 이후 *summary*(새모형) 형태의 명령을 실행하면 모형의 구체적인 매개변수들을 확인할 수 있다.

- 결과변수는 결과 측도(outcome measure)의 점수들을 담은 변수이다(지금 예에서는 **Anxiety**).

- 예측변수는 점수가 속한 그룹을 말해주는 변수이다(지금 예에서는 **Group**).

- 데이터프레임은 위의 변수들이 있는 데이터프레임이다.

- *paired*는 검정의 종류를 결정한다. *paired = TRUE*를 지정하면 짝표본(paired-sample) *t* 검정, 즉 종속 *t* 검정이 적용되고, *paired = FALSE*를 지정하거나 이 옵션을 아예 생략하면 기본 선택인 독립 *t* 검정이 적용된다.

한편, 두 그룹의 자료가 각각 다른 열에 들어 있을 때는 *t.test()* 함수를 다음과 같은 형태로 사용한다.

```
새모형<-t.test(점수 그룹 1, 점수 그룹 2, paired = FALSE/TRUE)
```

앞에서와 다른 옵션들만 설명하자면,

- 점수 그룹 1은 첫 그룹의 점수들을 담고 있는 변수이고,

- 점수 그룹 2는 둘째 그룹의 점수들을 담고 있는 변수이다. (일표본(one-sample) *t* 검정을 사용할 때는 그냥 이 변수를 생략하면 된다).

두 형태 모두, 다음과 같은 추가 옵션들이 존재한다. 기본값이 마음에 들지 않는 옵션이 있다면 해당 옵션을 명시적으로 지정하면 된다.

- *alternative = "two.sided"/"less"/"greater"*: 이 옵션은 양쪽꼬리 검정(양측검정)을 사용할 것인지, 아니라면 가설이 어떤 방향인지를 결정한다. 기본값은 양쪽꼬리 검정이다 (*alternative = "two.sided"*를 지정하거나 아예 생략). 한쪽꼬리 검정(단측검정)을 사용할 때는 *alternative = "less"*(평균들의 차이가 0보다 작다고 예측하는 경우) 또는 *alternative = "greater"*(평균들의 차이가 0보다 크다고 예측하는 경우)를 지정해야 한다.

- *mu = 0*: 평균들의 차이가 0이라는 것이 귀무가설이지만, 원한다면 이를 바꿀 수 있다. 예를 들어 *mu = 3*을 지정하면 평균들의 차이가 3이라는 것을 귀무가설로 삼아서 검정을 실행한다.

- *var.equal*: 기본적으로 함수는 분산들이 같지 않다고(*var.equal = FALSE*) 가정한다. 그러나 어떤 이유로 분산들이 같다고 가정한다면(실제로 그럴 이유는 없겠지만), *var.equal = TRUE*를 지정하면 된다.

- *conf.level = 0.95*: 이 옵션은 *p* 값과 신뢰구간의 유의 수준을 결정한다. 기본값은 0.95(95% 신뢰구간에 해당)이며, 대부분의 경우 이 기본값으로 충분하므로 이 옵션을 아예 생략하면 된다. 그러나 예를 들어 99% 신뢰구간을 원한다면 *conf.level = 0.99*를 지정하면 된다.

- *na.action*: 자료가 완결적이면(지금 예처럼) 이 옵션은 무시해도 된다. 그러나 자료에 결측값이 존재하면(즉, 데이터프레임에 NA들이 있으면), *na.action = na.exclude*를 지정해서 결측값이 있는 모든 사례를 제외하는 것이 유용할 것이다. R의 영혼의 조언 7.1을 보라.

그럼 *spiderLong* 데이터프레임에 대해 독립 *t* 검정을 실행해 보자. 이 데이터프레임은 다음과 같은 모습이다.

```
           Group Anxiety
1        Picture      30
2        Picture      35
3        Picture      45
4        Picture      40
5        Picture      50
6        Picture      35
7        Picture      55
8        Picture      25
9        Picture      30
10       Picture      45
11       Picture      40
12       Picture      50
13  Real Spider      40
14  Real Spider      35
15  Real Spider      50
16  Real Spider      55
17  Real Spider      65
18  Real Spider      55
19  Real Spider      50
20  Real Spider      35
21  Real Spider      30
22  Real Spider      50
23  Real Spider      60
24  Real Spider      39
```

다음은 이에 대해 *t* 검정을 실행하는 명령들이다.

```
ind.t.test<-t.test(Anxiety ~ Group, data = spiderLong)
ind.t.test
```

첫 명령은 **Group** 변수로 구분되는 두 그룹의 불안 점수들(**Anxiety**)의 평균의 비교에 대한 검정 결과를 담은 객체를 생성한다. 둘째 명령은 그 객체의 내용(검정 결과)을 출력한다.

이번에는 같은 불안 점수들을 다른 형식으로 담고 있는 *spiderWide* 데이터프레임에 대해 검정을 실행해 보자. 이 데이터프레임은 다음과 같은 모습이다.

```
1       30      40
2       35      35
3       45      50
4       40      55
5       50      65
6       35      55
7       55      50
8       25      35
9       30      30
10      45      50
11      40      60
12      50      39
```

다음은 이에 대해 *t* 검정을 실행하는 명령들이다.

```
ind.t.test<-t.test(spiderWide$real, spiderWide$picture)
ind.t.test
```

첫 명령은 *spiderWide* 데이터프레임의 **real** 변수와 **picture** 변수에 대한 검정을 수행하고 그 결과를 담은 *ind.t.test*라는 객체를 생성한다. 둘째 명령은 그 객체의 내용을 출력한다.

9.5.2.6 독립 *t* 검정 결과의 해석 ①

자료의 형식이나 구체적인 *t.test()* 함수 실행 명령과는 무관하게, 검정 결과는 본질적으로 동일하다. 출력 9.3에 결과가 나와 있다. 출력의 첫 부분에는 *t* 값과 자유도(df), 그리고 *p* 값이 나와 있다. *p* 값이 .05보다 크므로, 그룹 평균들이 다르지 않다는 귀무가설을 기각할 수 없다. §9.4.2에서 선형모형으로 분석을 실행했을 때는 *t* 값이 *p* 값과 같았음을 기억할 것이다(출력 9.1). 그러나 이번에는 두 값이 다르다. 그리고 *p* 값 자체도 이전의 *p* 값과 조금 다른데, 이는 이분산성 때문에 자유도를 조정했기 때문이다.[4]

그다음에 나온 신뢰구간의 하계와 상계는 95%의 경우에서 평균들의 진짜 차이가 포함되리라고 기대하는 차이 범위를 정의한다. 지금 예에서 그 범위는 −15.6에서 +1.65이다. 따라서 진짜 차이가 될 수 있는 값들의 범위가 상당히 넓다. 마지막으로, 출력에는 두 그룹의 평균인

---

[4] *lm()* 함수를 사용할 때도 이분산성을 고려해서 자유도를 조정할 수 있지만, 그 과정이 지금보다 훨씬 복잡하다. 그런 접근 방식을 '샌드위치' 추정량이라고 부르는데, **R**에서는 **sandwich()** 함수로 실행할 수 있다. 이 샌드위치 함수는 *bread*(빵)와 *meat*(고기)라는 이름의 인수들을 받는다. (고기 대신 두부(topu)를 사용해서 이 함수를 설명하는 채식주의자도 있다.) (농담이 아니다. http://www.gvptsites. umd.edu/uslaner/robustregression.pdf를 보라.)

40과 47도 나와 있다(이 값들은 앞의 기술통계량 출력에서 이미 보았다).

그런데 자유도 값이 좀 이상해 보일 것이다. 앞에서 자유도는 두 표본 크기의 합에서 표본 개수 2를 뺀 것이라고 했다. 즉, $df = N_1 + N_2 - 2 = 12 + 12 - 2 = 22$이어야 한다. 그러나 출력에는 21.39라는 값이 나와 있다. 이러한 차이는 이 함수가 **웰치의 t 검정**(Welch's t-test)을 사용하기 때문에 생긴 것이다. 이 검정은 분산의 동질성을 가정하지 않는다. 대신 이 검정은 분산의 동질성에 기초해서 자유도를 조금 조정한다. 그래서 자유도가 우리가 기대했던 22가 아니라 21.39가 된 것이다. 이러한 차이는 p 값에도 영향을 미쳤다. 이전(선형모형)에는 p 값이 0.1068이었지만, 이번에는 0.1072이다. 물론, 보고를 위해 소수점 이하 세 자리로 반올림하면 둘 다 .107이 된다. 표본 크기가 같을 때는 이러한 조정이 결과에 큰 영향을 미치지 않는다. (관련 공식은 아주 복잡해서 사실 나도 전혀 이해하지 못한다. 그래도 관심이 있는 독자라면 영문 위키백과의 http://en.wikipedia.org/wiki/Welch's_t_test 페이지를 참고하기 바란다.)

출력 9.3

```
        Welch Two Sample t-test

data:  Anxiety by Group

t = -1.6813, df = 21.385, p-value = 0.1072

alternative hypothesis: true difference in means is not equal to 0

95 percent confidence interval:
 -15.648641   1.648641

sample estimates:
   mean in group Picture mean in group Real Spider
                  40                          47
```

9.5.2.7 독립 평균들의 강건한 비교 방법 ②

윌콕스는 독립 그룹들에서 얻은 두 평균을 강건한(robust) 방식으로 비교하는 몇몇 절차들을 설명했다(Wilcox, 2005). 이번 절에서는 윌콕스가 작성한 **R** 함수들을 사용해서 그런 절차들을 실행할 것이므로, §5.8.4에 나온 지시를 따라 윌콕스의 함수들을 설치하기 바란다. 이 함수들은 서로 다른 그룹(실험 조건)의 자료가 각자 다른 열에 들어 있다고 기대한다. 거미 공포증 자료의 경우 *spiderWide* 데이터프레임이 바로 그러한 형식으로 불안 점수들을 담고 있다.

그럼 이 자료에 대해 윌콕스의 함수들을 실행해 보자. 가장 먼저 살펴볼 강건한 함수는 절사평균(trimmed mean)에 기초한 **yuen()**이다. 이 함수의 일반적인 활용 형태는 다음과 같다.

```
yuen(점수 그룹 1, 점수 그룹 2, tr = .2, alpha = .05)
```

여기서

- 점수 그룹 1은 첫 그룹의 점수들을 담고 있는 변수이고

- 점수 그룹 2는 둘째 그룹의 점수들을 담고 있는 변수이다.

- *tr*은 평균을 깎는(절사; trimming) 비율이다. 기본은 .2, 즉 20%이다. 이 옵션은 20% 이외의 값을 사용할 때만 지정하면 된다.

- *alpha*는 검정의 유의 수준(알파)을 설정한다. 이 옵션은 통상적으로 쓰이는 .05 이외의 값을 사용할 때만 지정하면 된다.

따라서, 독립 평균들을 20% 깎아서 95% 수준으로 검정을 실행하려면 다음처럼 두 변수만 지정하면 된다.

```
yuen(spiderWide$real, spiderWide$picture)
```

10%만 깎는다면 다음처럼 해당 옵션을 명시적으로 지정해야 한다.

```
yuen(spiderWide$real, spiderWide$picture, tr = .1)
```

이 명령의 결과가 출력 9.4에 나와 있다. 이 상선한 검성의 결과에 따르면, 두 거미 공포증 그룹의 점수들에는 유의한 차이가 없다. $T_y(13.91) = 1.296$, $p = .216$이다.

yuenbt() 함수를 이용하면 부트스트랩 방법을 적용해서 절사평균들을 비교할 수 있다. 이 함수의 일반적인 활용 형태는 다음과 같다.

```
yuenbt(점수 그룹 1, 점수 그룹 2, tr = .2, nboot = 599, alpha = .05, side = F)
```

*yuen()*과는 다른 옵션들만 설명하겠다.

- *nboot = 599*: 이 옵션은 사용할 부트스트랩 표본들의 개수이다. 이 옵션을 생략하면 기본값이 599가 쓰인다. 필요하다면 더 늘려도 된다(그러나 부트스트랩 표본을 200개 이상 사용할 필요는 없을 것이다).

- *side = F*: 기본적으로 이 함수는 신뢰구간들에도 부트스트랩을 적용한다. 따라서 신뢰구간이 비대칭이 될 수 있다. 신뢰구간들이 반드시 대칭이 되게 하고 싶다면 *side = T*를 지정하면 된다. 그러면 *p* 값이 산출된다(기본적으로는 *p* 값이 산출되지 않는다. 그렇더라도, 신뢰구간에 0이 포함되어 있는지의 여부로 유의성을 추론할 수 있다).

다음은 20% 절사한 독립평균들의 부트스트랩 검정을 수행하는 명령이다.

```
yuenbt(spiderWide$real, spiderWide$picture, nboot = 2000)
```

이 명령의 결과가 출력 9.4에 나와 있다. 이 강건한 검정의 결과에 따르면, 두 거미 공포증 그룹의 불안 점수들에는 유의한 차이가 없다(신뢰구간에 0이 포함되어 있으므로). $Y_t = 1.19$ (−5.40, 17.87)이다.

출력 9.4

yuen() 출력	yuenbt() 출력	pb2gen() 출력
$ci [1] -4.429 17.929	$ci [1]-5.399 17.869	$ci [1] -2.25 20.00
$p.value [1] 0.2161433	$test.stat [1] 1.193625	$p.value [1] 0.16
$dif [1] 6.75	$p.value [1] NA	$sq.se [1] 21.96355
$se [1] 5.209309		
$teststat [1] 1.295757		
$crit [1] 2.146035		
$df [1] 13.91372		

마지막으로, 부트스트랩과 M 추정량(절사평균이 아니라)으로 검정을 수행하는 **pb2gen()** 함수를 보자. 이 함수의 일반적인 활용 형태는 다음과 같다.

```
pb2gen(점수 그룹 1, 점수 그룹 2, alpha = 0.05, nboot=599, est = mom)
```

옵션들은 추정량 함수를 선택하는 *est*만 빼고는 *yuenbt()*와 같다. 기본 설정인 *mom*으로 충분하므로 *est* 옵션은 생략해도 된다. 다음은 거미 공포증 자료에 대해 부트스트랩 독립 M 추정량 검정을 수행하는 명령이다.

```
pb2gen(spiderWide$real, spiderWide$picture, nboot=2000)
```

이 명령의 결과가 출력 9.4에 나와 있다. 이 강건한 검정의 결과에 따르면, 두 거미 공포증 그룹의 불안 점수 차이는 유의하지 않다($p = .16$이고 신뢰구간에 0이 포함되어 있으므로). 정리하자면, 세 강건한 검정 모두 거미 공포증 자극의 종류가 불안에 영향을 미치지 않음을 제시한다.

9.5.2.8 효과크기 계산 ②

비록 t 통계량이 통계적으로 유의하지 않다고 해도, 반드시 효과가 실용적인 관점에서 중요하지 않다는 뜻은 아니다. 효과가 실질적인지 파악하려면 효과크기(§2.6.4)를 이용해야 한다. 효과크기의 측도는 여러 가지이지만, 여기서는 널리 알려지고 자주 쓰이는 r을 사용하기로 하겠다. t 값을 r 값으로 변환하는 것은 아주 쉽다. 그냥 다음 공식을 사용하면 된다(Rosenthal, 1991; Rosnow & Rosenthal, 2005).

$$r = \sqrt{\frac{t^2}{t^2 + df}}$$

앞에서 R로 계산한 t 값과 df 값을 이 공식에 대입하면 다음이 나온다.

$$r = \sqrt{\frac{(-1.681)^2}{(-1.681)^2 + 21.39}} = \sqrt{\frac{2.826}{24.22}} = .34$$

r(효과크기) 계산을 R에게 시키는 것도 물론 가능하다. t 값은 t.test() 검정 결과를 담은 객체의 **statistic[[1]]**이라는 변수에 들어 있고, 자유도는 **parameter[[1]]**이라는 변수에 들어있다 (사실 이들은 개별적인 변수들이 아니라, 각각 **statistic**이라는 목록(list)과 **parameter**라는 목록의 한 원소이다. '[[1]]'은 주어진 목록(또는 배열)의 첫 번째 원소를 뜻한다). 앞에서 t 검정의 결과를 *ind.t.test*라는 객체에 저장했으므로, 이들에 접근하려면 그 객체의 이름 다음에 $ 기호를 써주고 변수 이름을 써주면 된다. 다음은 거미 공포증 자료에 대한 독립 t 검정의 t 값을 담은 **t**라는 변수를 생성하는 명령이다.

```
t<-ind.t.test$statistic[[1]]
```

마찬가지로, 다음은 해당 자유도를 담은 **df**라는 변수를 생성하는 명령이다.

```
df<-ind.t.test$parameter[[1]]
```

이제 이들을 이용해서 r 값을 계산한다.

```
r <- sqrt(t^2/(t^2+df))
```

이 명령은 앞에 나온 공식을 R의 언어로 표현한 것이다. 이 명령에 의해, r 값을 담은 **r**이라는 변수가 생성된다. 변수 이름을 명령으로 사용하면 그 변수의 내용을 볼 수 있다. 또는, 다음처럼 *round()* 함수를 이용해서 수치를 적절히(소수점 이하 세 자리로) 반올림한 결과를 출력할 수도 있다.

```
round(r, 3)
```

손으로 직접 계산했을 때와 같은 결과(r = .342)가 나올 것이다. 제2장에서 이야기한 효과크기 평가 기준들을 생각하면, 이 효과크기는 중간 효과에 해당한다(중간 효과의 하한인 .30보다 조금 크다). 따라서, 비록 통계적으로 유의하지는 않지만, 이 효과는 꽤 실질적인 효과에 해당한다.

9.5.2.9 독립 t 검정의 보고 ②

어떤 검정통계량이든, 상당히 표준적인 한 가지 보고 방식이 존재한다. 우선 검정과 관련된 발견을 진술하고, 그런 다음 검정통계량과 자유도, 그리고 그 검정통계량의 확률값을 명시하는 것이다. 또한, 최근에는 효과크기의 추정값을 보고하는 것이 권장된다(특히 미국심리학회(APA)의 지침이 그렇다). 아직도 효과크기는 그리 자주 쓰이지 않지만, 여러분들은 지금부터라도 효과크기를 항상 보고하는 것을 습관화하기 바란다. **R**의 출력을 보면 t 값은 −1.68이고 자유도는 21.39이다. 그리고 이 검정통계량은 p < .05로 유의하지 않다. 또한, 출력에는 각 그룹의 평균도 나와 있다. 이를 다음과 같이 보고하면 될 것이다.

> ✓ 평균적으로 참가자들은 거미 사진을 보았을 때(M = 40.00, SE = 2.68)보다 진짜 거미를 보았을 때 더 많이 불안해했다(M = 47.00, SE = 3.18). 그 차이는 유의하지 않다(t(21.39) = −1.68, p > .05). 그렇긴 하지만, 그 차이는 중간 크기의 효과를 대표한다(r = .34).

검정 결과를 보고하면서 각 그룹의 평균과 표준오차도 이전처럼 보고했음을 주목하기 바란다. 검정통계량을 보고하는 부분은 이전의 예와 비슷하다. 단, 이번에는 p가 .05보다 작은(<) 것이 아니라 크다고(>) 보고해야 했다. 마지막으로, 효과크기도 언급했음을 주목하기 바란다.

 주입식 샘의 핵심 정리　　**독립 t 검정**

- 독립 t 검정은 서로 다른 개체들로 이루어진 두 그룹의 평균들을 비교한다. 예를 들어 각 실험 조건마다 서로 다른 참가자를 사용했다면 독립 t 검정을 적용해야 한다.
- 검정 결과에서는 무엇보다도 p 값에 주목한다. 만일 그 값이 .05보다 작으면 두 그룹의 평균이 유의하게 다른 것이다.
- 평균값들을 보면 두 그룹이 얼마나 다른지 알 수 있다.
- 검정 결과를 보고할 때는 t 통계량과 자유도, p 값을 명시한다. 또한, 그룹 평균들과 해당 표준오차들도 보고한다(또는 오차 막대그림표를 그린다).
- 효과크기도 계산해서 보고하는 것이 좋다.

9.6 종속 t 검정 ①

독립 t 검정처럼 종속 t 검정(dependent t-test)도 식 (9.1)을 좀 더 구체화한 것에 해당한다. 공식은 다음과 같다.

$$t = \frac{\overline{D} - \mu_D}{s_D / \sqrt{N}} \tag{9.6}$$

식 (9.6)은 표본평균들의 차이($\overline{D}$)를 기대 모집단 평균들의 차이(μ_D)와 비교하되, 그 둘이 얼마나 다른지를 차이들의 표준오차($s_D / \sqrt{N}$)를 고려해서 평가한다. 만일 귀무가설이 참이라면 모집단 평균들이 표본평균과 다르지 않을 것이라고(즉, $\mu_D = 0$이라고) 기대한다.

9.6.1 표집분포와 표준오차 ①

식 (9.1)을 설명하면서 나는 그 공식의 분모를 차이들의 표준오차라고 불렀다. §2.5.1에서 말했듯이 표준오차는 그냥 표집분포의 표준편차이다. 표집분포와 표준오차가 잘 기억이 나지 않는다면 §2.5.1을 다시 읽기 바란다. 표집분포에는 몇 가지 중요한 성질이 있다. 그중 하나는 만일 모집단이 정규분포이면 표집분포도 정규분포라는 것이다. 실제로, 표본 크기가 크면(한 표본의 점수가 약 50개 이상이면) 그 표본은 정규분포를 따를 가능성이 아주 크다. 표집분포의 평균은 모집단의 평균과 같으므로, 모든 가능한 표본평균의 평균값은 모집단 평균과 같아야 마땅하다. 어떤 표본이 모집단을 잘 대표한다면 그 표본의 평균은 모집단의 평균과 같으리라고 기대할 수 있다는 점을 생각하면 이러한 성질을 이해할 수 있을 것이다. 물론 표본이 모집단을 대표하지 않아서 평균이 모집단의 것과 다를 때도 종종 있다. 그러나 평균적으로 표본평균은 모집단 평균과 아주 가까우며, 표본평균이 모집단의 평균과 크게 다른 경우는 드물다. 마지막으로, 표집분포의 표준편차는 모집단의 표준편차를 표본의 관찰 개수의 제곱으로 나눈 것과 같다는 성질도 있다. 이전에 언급했듯이, 그러한 표집분포의 표준편차를 표준오차라고 부른다.

이러한 개념을 표본평균들의 **차이**들을 파악하는 문제로 확장할 수 있다. 한 모집단에서 두 표본의 쌍을 여러 개 수집해서 쌍마다 각 표본의 평균을 구하고, 또한 그 두 평균의 차이도 계산한다고 하자. 앞에서 **평균적으로** 표본평균이 모집단 평균과 아주 가깝다고 말했다. 그런 만큼, 대부분의 표본은 그 평균이 서로 아주 비슷할 것이다. 따라서 대부분의 경우 같은 모집단에서 추출한 두 표본평균의 차이는 0과 같거나 0에 가까울 것이다. 그러나 전적으로 우연에 의해 두 표본 중 하나의 평균이 모집단 평균과 크게 벗어나서 두 표본평균이 크게 다른 경우도 있을 것이다. 그러나 그런 일은 아주 드물게만 일어날 것이다.

실제로, 표본평균 차이들을 히스토그램으로 그려 보면 앞에서 설명한 모든 성질을 가진 표집분포를 확인할 수 있다. 이 표집분포의 표준편차를 **차이의 표준오차**(standard error of differences)라고 부른다. 표준오차가 작다는 것은 한 모집단에서 추출한 대부분의 표본 쌍에서 그 평균들이 아주 비슷하다는(즉, 대체로 두 표본평균의 차이가 아주 작다는) 뜻이다. 반대로 표준오차가 크다는 것은 표본평균들이 전적으로 우연히 모집단 평균과 상당히 벗어나서 표본 쌍의 평균 차이가 꽤 클 수 있다는 뜻이다.

9.6.2 종속 *t* 검정 공식의 설명 ①

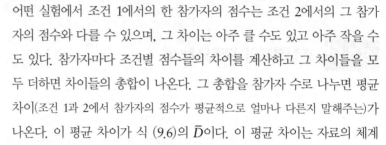

t 검정이 실제로 어떻게 작동하는 거지?

어떤 실험에서 조건 1에서의 한 참가자의 점수는 조건 2에서의 그 참가자의 점수와 다를 수 있으며, 그 차이는 아주 클 수도 있고 아주 작을 수도 있다. 참가자마다 조건별 점수들의 차이를 계산하고 그 차이들을 모두 더하면 차이들의 총합이 나온다. 그 총합을 참가자 수로 나누면 평균 차이(조건 1과 2에서 참가자의 점수가 평균적으로 얼마나 다른지 말해주는)가 나온다. 이 평균 차이가 식 (9.6)의 $\bar{D}$이다. 이 평균 차이는 자료의 체계적 변동을 나타낸다(즉, 이 값은 실험 효과를 대표한다). 이 체계적 변동을 '모집단에서 기대할 수 있는 체계적 변동'을 나타내는 어떤 측도와 비교해야 한다. 제2장에서 표준편차가 평균이 관측 자료에 얼마나 '적합'한지를 나타내는 측도(즉, 표준편차는 모형으로서의 평균에 존재하는 오차에 관한 측도)라는 점과 표준편차가 모집단 평균의 적합도에 대한 측도는 아니라는 점을 배웠다. 모집단 평균의 적합에는 표준오차가 필요하다(이러한 개념은 앞 절에서 정리했다).

표준오차는 모집단에 대한 모형으로서의 평균에 존재하는 오차의 측도이다. 이러한 문맥에서, 만일 한 모집단에서 무작위로 두 개의 표본을 취했을 때(그리고 그 표본에 아무런 변환도 가하지 않았다고 할 때), 두 표본의 평균이 순전히 우연에 의해 다를 수 있다. 표준오차는 그 표본평균들이 얼마나 다를 수 있는지 말해준다. 표준오차가 작다는 것은 표본평균들이 상당히 비슷할 것이라는, 즉 표본평균들이 아주 다른 경우는 드물 것이라는 뜻이다. 반대로 표준오차가 크다는 것은 무작위로 추출한 두 표본의 평균이 크게 다를 가능성이 좀 더 크다는 뜻이다. 따라서, 평균들의 차이들을 비교할 때는 그러한 표준오차를 고려하는 것이 합당하다. 그러한 비교는 이전에서 여러 번 언급한 '모형 나누기 오차'라는 일반 공식에 해당한다. 여기서 '모형'은 조건별 평균 차이들의 평균이고, '오차'는 그 모형에 연관된 오차를 나타내는 표준오차(즉, 이 모집단에서 무작위로 추출한 두 표본의 평균이 비슷할 가능성에 대한 측도)이다.

이해를 돕기 위한 예로, 외계인이 지구에 내려와서 나를 수백만 번 복제했다고 하자. 내 복제인간들로 이루어진 모집단을 '앤디국 사람들'이라고 부르기로 하겠다(아마도 앤디국은 내가 상상할 수 있는 가장 처량하고도 이상하게 공포스러운 장소일 것이다). 그런데 그 외계인은 이 모집단의 거미 공포증에 관심이 있었다(왜냐하면 나는 거미를 보면 굳어버리기 때문이다). 이 모집단의 모든 사람(내 복제인간)은 나와 동일하며, 따라서 딱 나처럼 행동한다. 이 모집단에서 표본 두 개를 수집해서 거미 공포증을 측정하면, 그 표본들의 평균들은 모두 같을 것이다(모두 같은 복제인간이므로). 따라서 표본평균들의 차이는 모두 0이다. 또한, 모두가 똑같은 앤디들이므로, 모집단의 모든 표본은 모집단을 완벽하게 반영할 것이다(따라서 표준오차도 0이다). 그러므로, 두 표본이 아주 조금만 다를 가능성도 거의 없다(어차피 모두 같은 복제인간이므로). 만일 두 표본에 차이가 있다면, 그 두 표본은 서로 다른 모집단에서 온 것이라고 할 수밖에 없다. 물론 현실에서 모집단을 완벽하게 반영하는 표본들을 얻는 경우는 없지만, 표준오차를 보면 표본들이 해당 모집단을 얼마나 잘 반영하는지 어느 정도 파악할 수 있다.

그러므로, 모형(평균 차이)을 다름 아닌 표준오차로 나눈다는 것은 두 가지 효과를 낸다. (1) 조건들 사이의 평균적인 차이를 표준화한다(간단히 말하면, 결과변수를 측정하는 데 쓰이는 측도에 신경 쓰지 않고 t 값들을 비교할 수 있다). (2) 표본들이 해당 모집단들을 얼마나 잘 반영하는지에 근거해서 기대할 수 있는 차이에 견주어서 평균들의 차이를 비교한다. 만일 표준오차가 크다면, 평균이 크게 다른 표본들이 흔할 것이다(차이들의 분포가 좀 더 퍼져 있으므로). 반대로, 표준오차가 작다면 표본평균이 크게 다른 경우가 드물 것이다(분포가 좁고 0 주변에 몰려 있으므로). 따라서, 만일 표본들 사이의 평균 차이가 크다면, 그리고 차이의 표준오차가 작다면, 표본에서 관찰한 차이가 우연에 의한 것은 아니라고 확신할 수 있다. 그리고 그 차이가 우연이 아니라면, 실험 조작 때문에 생긴 것임이 틀림없다.

완벽한 세상에서는 모집단에서 모든 가능한 표본 쌍을 취해서 평균들의 차이를 구하고 그 차이들의 표준편차를 구해서 차이의 표준오차를 계산할 수 있다. 그러나 현실에서 그런 일은 불가능하다. 그래서 어쩔 수 없이 우리는 표본에서 구한 차이들의 표준편차(s_D)와 표본 크기(N)로부터 표준오차를 추정한다. §2.5.1에서는 표준오차가 그냥 표준편차를 표본 크기의 제곱근으로 나눈 것이라고 말했다. 그와 비슷하게, 차이 표준오차($\sigma_{\bar{D}}$)는 그냥 차이의 표준편차를 표본 크기의 제곱근으로 나눈 것이다.

$$\sigma_{\bar{D}} = \frac{s_D}{\sqrt{N}}$$

차이의 표준오차가 자료 안에 존재하는 비체계적 변동의 한 측도라면, 그리고 차이 점수들의 합이 체계적 변동을 나타낸다면, t 통계량은 그냥 실험의 체계적 변동에 대한 비체계적 변동의 비(ratio)라고 할 수 있다. 실험 조작 때문에 어떤 효과가 발생했다면, 체계적 변동이 비체계적 변동보다 훨씬 크리라고 기대할 수 있다(따라서, t가 적어도 1보다는 클 것이다). 반대로, 만일 실험 조작이 성공적이지 못했다면 개체 간 차이(참가자들의 개인차 등)에 의한 변동이 실험에 의한 변동보다 훨씬 클 것이다(그러면 t는 1보다 작다). 계산된 t 값을 해석할 때는 같은 자유도에서 순전히 우연에 의해 t 분포에서 나올 수 있는 최댓값(부록 A의 표에서 찾을 수 있다)과 비교해 본다. 만일 그 값이 표의 임계값보다 크다면, 그 t 값에는 독립변수의 효과가 반영된 것이라고 확신할 수 있다.

9.6.3 R을 이용한 종속 t 검정 실행 ①

이번에도 거미 공포증의 예를 사용한다. 이번에 분석할 자료는 같은 참가자들에서 수집한 것이다(spiderWide.dat). 즉, 열두 명의 거미 공포증 환자에게 한 번은 거미 사진을 보여주고(picture), 또 한 번은 살아 있는 진짜 타란툴라를 보여준다(real). 각 조건에서 불안 점수를 측정하되, 참가자의 절반에게는 거미 사진을 먼저 보여주고 나머지 절반에게는 진짜 거미를 먼저 보여준다.

9.6.3.1 일반적인 종속 t 검정 절차 ①

종속 t 검정을 실행하는 일반적인 절차는 다음과 같다.

1 자료를 입력한다.

2 자료를 탐색한다: 다른 분석들에서처럼, 먼저 자료를 그래프로 그려 보고, 몇 가지 기술통계량들을 계산해 보는 것이 좋다. 또한, 분포의 가정들도 점검해야 한다(제5장 참고). 그런데 지금 예제에서 이 단계는 이미 수행한 셈이다(자료 자체는 이전 예제와 같다).

3 검정통계량을 계산한다: 이제 t 검정을 실행한다. 이전 단계의 결과에 따라서는 강건한 버전의 검정을 실행해야 할 수도 있다.

4 효과크기를 계산한다: 효과를 효과크기로 수량화하는 것이 유용하다.

그럼 이 단계들을 차례로 실행해 보자.

9.6.3.2 자료 입력 ①

이전에 언급했듯이, t.test()는 자료의 형식을 따지지 않지만 R Commander는 따진다. 종속 t 검정의 경우 R Commander는 자료가 넓은 형식이라고 가정한다. 아직 자료를 넓은 형식으로 spiderWide 데이터프레임에 입력해 두지 않은 독자는 다음 명령들을 실행하기 바란다.

```
picture<-c(30, 35, 45, 40, 50, 35, 55, 25, 30, 45, 40, 50)
real<-c(40, 35, 50, 55, 65, 55, 50, 35, 30, 50, 60, 39)
```

첫 명령은 사진을 제시했을 때의 불안 점수들을 담은 **picture** 변수를 생성하고, 둘째 명령은 진짜 거미를 제시했을 때의 불안 점수들을 담은 **real** 변수를 생성한다. 이제 다음 명령을 이용해서 두 변수를 *spiderWide*라는 데이터프레임에 추가한다.

spiderWide<-data.frame(picture, real)

9.6.3.3 R Commander를 이용한 종속 *t* 검정 실행 ①

항상 그렇듯이, 먼저 **데이터 ➡ 데이터 불러오기 ➡ 텍스트 파일, 클립보드, 또는 URL...** 메뉴를 선택해서 **spiderWide.dat** 파일을 불러온다(§3.7.3 참고).

다음으로, 독립 *t* 검정을 실행하기 위해 **통계 ➡ 평균 ➡ Paired *t*-검정**을 선택한다. 그러면 그림 9.6과 같은 대화상자가 나타난다. 대화상자의 왼쪽에 있는 **첫째 변수 (하나 선택)** 목록에서 첫 실험 그룹을 대표하는 변수를 선택한다(나는 **picture**를 선택했다). 그리고 대화상자의 오른쪽에 있는 **둘째 변수 (하나 선택)** 목록에서 둘째 실험 그룹을 대표하는 변수를 선택한다(나는 **real**을 선택했다).

대화상자의 선택기능 탭으로 넘어가서, 우리의 가설은 양쪽꼬리(양측)에 해당하므로 이미 선택되어 있는 **양쪽(측)**을 그대로 두면 된다. 신뢰수준 역시 .95(95%)를 그대로 둔다. 만일 다른 수준을 사용하고 싶으면 신뢰 수준 입력상자의 .95를 다른 값(예를 들어 99% 신뢰구간을 원하면 .99)으로 바꾸면 된다. 이제 **예(OK)** 버튼을 클릭하면 검정이 실행된다. 결과는 §9.6.3.6에서 설명하겠다.

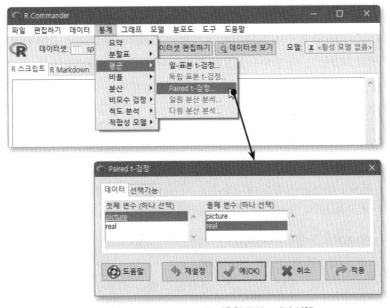

그림 9.6 R Commander를 이용한 독립 *t* 검정 실행

9.6.3.4 자료 탐색과 가정 점검 ①

자료 탐색은 이미 §9.5.2.4에서 했다. 이런 넓은 형식의 자료에 대해서는 다음과 같은 명령으로 기술통계량을 얻을 수 있다는 점만 언급하고 넘어가겠다.

```
stat.desc(spiderWide, basic = FALSE, norm = TRUE)
```

정규성 가정은 제5장에서 이야기했다. 모수적 검정은 표집분포가 정규분포라고 가정한다는 점을 기억할 것이다. 그런데 종속 t 검정은 모수적 검정에 속한다. 표본이 클 때는 표집분포가 정규분포이므로 따로 점검하지 않아도 된다. 표본이 작을 때 사람들은 흔히 자료 자체의 분포를 점검해 본다. 이는, 자료 자체가 정규분포이면 그 표집분포도 정규분포일 가능성이 크기 때문이다. 종속 t 검정에서는 점수들의 차이들의 표집분포가 정규분포이어야 하므로, 그 차이들 자체의 분포를 살펴본다. 즉, R에서 종속 t 검정을 실행할 때는 우선 점수들의 차이들을 계산해서 개별적인 변수에 담아 두고, 그 변수에 대해 정규분포 여부를 점검하면 된다(또는, 그냥 표본 크기를 키워서 정규성은 신경 쓰지 않는 방법도 있다). 만일 두 측도가 정규분포에서 많이 벗어난다면, 차이들이 아주 멋지게 퍼져 있을 가능성이 크다.

자가진단

✓ **spiderWide.dat**를 이용해서 사진 제시 조건과 진짜 거미 제시 조건의 차이들을 계산하고, 그 차이들에 대한 정규성 가정을 점검하라.

9.6.3.5 R을 이용한 종속 t 검정

종속 t 검정 역시 *t.test()* 함수로 실행한다. 단, 이번에는 *paired = TRUE* 옵션을 지정해야 한다. §9.5.2.5에서 보았듯이, 이 함수는 자료의 형식에 따라 그 실행 방법이 조금 다르다. 이번에는 자료가 넓은 형식이므로(즉, 각 그룹의 점수가 개별적인 열들에 들어 있으므로), 다음과 같은 명령을 실행해야 한다.

```
dep.t.test<-t.test(spiderWide$real, spiderWide$picture, paired = TRUE)
dep.t.test
```

§9.5.2.5에서 독립 t 검정을 실행할 때와의 주된 차이는 *paired = TRUE*이다. 이 옵션은 주어진 점수들이 종속적이라는 점을 R에게 알려준다. 이 명령은 *spiderWide* 데이터프레임에 있는 변수 **real**과 **picture**에 기초해서 *dep.t.test*라는 모형을 생성한다. 이 모형의 내용은 모형 이름 자체를 명령으로 실행하면 볼 수 있다(둘째 명령).

그런데 긴 형식의 자료, 즉 두 조건의 점수들이 모두 하나의 열에 들어 있고 또 다른 열에 각 점수가 속한 조건(그룹)이 부호화되어 있는(**spiderLong.dat**에서처럼) 자료에도 종속 t 검정을 실행할 수 있다. 이전에 독립 t 검정을 실행할 때의 명령에 *paired = TRUE* 옵션만 추가하면 된다.

```
dep.t.test<-t.test(Anxiety ~ Group, data = spiderLong, paired = TRUE)
dep.t.test
```

첫 명령은 이 명령은 주어진 불안 점수들(Anxiety)과 그 소속 그룹(Group)에 기초해서 *dep.t.test*라는 모형을 생성한다. 이 모형의 내용은 그 이름을 명령으로 실행해서 볼 수 있다(둘째 명령).

9.6.3.6 종속 t 검정 결과의 해석 ①

어떤 형식의 자료와 *t.test()* 명령을 사용했든, 그 출력은 동일하다. 출력 9.5에 결과가 나와 있다. 검정통계량 t는 표본평균 차이들의 평균을 차이의 표준오차로 나눈 것이다(식 (9.6)). 이 예에서 t = 2.47이다. 이 t 값을 알려진 임계값과 비교해야 한다. 표에서 그 임계값을 찾으려면 자유도(*df*)가 필요하다. 같은 참가자들을 서로 다른 조건에 사용한 실험에서 자유도는 그냥 표본 크기 빼기 1이므로, $df = N - 1 = 11$이다. 출력 9.5를 보면 실제로 11이 나와 있다. **R**은 귀무가설이 참인 경우(즉, 평균들이 다르지 않을 때) 이러한 t 값이 나올 확률을 계산할 때 이 자유도를 사용한다. 거미 공포증 자료의 경우 그 확률은 아주 낮다($p = .031$). 즉, 귀무가설이 참일 때 t가 2.47일 가능성은 3.1%밖에 되지 않는다. 제2장에서 보았듯이, 주어진 통계량이 통계적으로 의미가 있다고(유의하다고) 판정하는 기준으로 흔히 쓰이는 것은 $p < .05$이다. 지금 예에서 .031은 .05보다 작으므로, 이 t 값은 유의하다. 그리고 t 값이 양수라는 것은 첫 조건(**real**)의 평균이 둘째 조건(**picture**)의 평균보다 크다는 뜻이다. 따라서 거미 사진보다 진짜 거미가 참가자들을 더 불안하게 했다고 말할 수 있다. 결론적으로, 사진을 제시했을 때보다 진짜 거미를 제시했을 때 거미 공포증 환자들이 유의하게 더 높은 수준의 불안을 보고했다($t(11) = 2.47$, $p < .05$).

출력 9.5

```
      Paired t-test
data:  spiderWide$real and spiderWide$picture
t = 2.4725, df = 11, p-value = 0.03098

alternative hypothesis: true difference in means is not equal to 0

95 percent confidence interval:
 0.7687815 13.2312185

sample estimates:
mean of the differences
             7
```

출력 9.5를 보면 평균 차이의 95% 신뢰구간이 나와 있다. 그룹간 점수 차이들로 이루어진 모집단에서 100개의 표본을 추출해서 각 표본의 평균($\bar{D}$)과 그 신뢰구간을 계산했다고 하자. 표본 100개 중 95개의 각 신뢰구간에는 평균 차이의 참값이 들어 있다. 신뢰구간은 진짜 평균 차이가 속할 가능성이 큰 범위를 말해준다. 따라서, 이 표본의 신뢰구간이 모집단의 참값을 담고 있는 95개(전체 100개의 95%) 중 하나라고 가정할 때, 평균 차이의 참값은 0.77에서 13.23 사이의 값이라고 말할 수 있다. 여기서 중요한 것은 이 신뢰구간에 0이 포함되지 않았다는 점이다(상, 하계 모두 0보다 크다). 즉, 평균 차이의 참값이 0일 가능성이 거의 없다. 본질적으로, 만일 한 모집단에서 무작위로 표본 쌍들을 추출한다면, 대부분의 경우 표본 평균들의 차이가 0이라고 기대할 수 있다. 그런데 두 표본에 기초한 신뢰구간에는 0이 포함되어 있지 않으므로, 우리의 두 표본이 한 모집단에서 무작위로 뽑은 두 표본은 아니라고 확신할 수 있다. 오히려 우리의 두 표본은 서로 다른 두 모집단(실험 조작 때문에 달라진)에서 뽑은 표본들을 대표한다.

9.6.3.7 종속평균들을 비교하는 강건한 방법들 ②

랜드 윌콕스의 책(Wilcox, 2005)에는 독립평균들에 대한 강건한 방법들뿐만 아니라 종속적인 그룹들을 검사하는 강건한 방법들도 나온다. 그 방법들에 해당하는 R 함수들을 §5.8.4를 참고해서 적재하기 바란다. 독립설계를 위한 함수들처럼, 이 함수들은 서로 다른 그룹(실험 조건)의 점수들이 각각의 열에 들어 있다고 가정한다. 앞에서 만든 *spiderWide* 데이터프레임이 그러한 형식이므로, 따로 준비할 자료는 없다.

첫 번째 강건한 함수 **yuend()**는 절사평균에 기초한 것이다. 일반적인 활용 형태는 다음과 같다.

```
yuend(점수 그룹 1, 점수 그룹 2, tr = .2, alpha = .05)
```

§9.5.2.7에서 본 *yuen()* 함수와 정확히 동일한 형태임을 주목하기 바란다. 따라서 각 옵션을 다시 설명하지는 않겠다(기억나지 않는다면 §9.5.2.7을 보라). 다음은 거미 공포증 자료에 20% 절사를 적용해서 종속평균들을 검사하는 명령이다.

```
yuend(spiderWide$real, spiderWide$picture)
```

이 명령을 실행한 결과가 출력 9.6에 나와 있다. 이 강건한 검정의 결과에 따르면, 두 거미 공포증 그룹의 점수들에는 유의한 차이가 없다. $T_y(7) = 1.86$, $p = .106$이다.

출력 9.6

yuend() 출력	*ydbt()* 출력
$ci [1] -1.843818 15.343818	$ci [1]-1.6298 15.1298
$siglevel [1] 0.1056308	$dif [1] 6.75
$dif [1] 6.75	$p.value [1] 0.105 [1] NA
$se [1] 3.634327	
$teststat [1] 1.85729	
$df [1] 7	

ydbt() 함수를 이용하면 부트스트랩 방법을 적용해서 절사평균들을 비교할 수 있다. 이 함수의 일반적인 활용 형태는 다음과 같다.

ydbt(점수 그룹 1, 점수 그룹 2, tr = .2, nboot = 599, alpha = .05, side = FALSE)

이 함수는 §9.5.2.7에서 본 *yuenbt()*와 정확히 같은 형태이므로 따로 설명하지 않겠다. 다음은 20% 절사한 종속평균들에 부트스트랩을 적용해서 검정을 실행하는 명령이다.

ydbt(spiderWide$real, spiderWide$picture, nboot = 2000)

이 명령을 실행한 결과가 출력 9.6에 나와 있다. 이 강건한 검정의 결과에 따르면, 두 거미 공포증 그룹의 점수들에는 유의한 차이가 없다(신뢰구간에 0이 포함되어 있으므로). $Y_t = 6.75$ (−1.63, 15.13), $p = .105$이다.

마지막으로, 부트스트랩과 M 추정량(절사평균이 아니라)으로 검정을 수행하는 *bootdpci()* 함수를 보자. 이 함수의 일반적인 활용 형태는 다음과 같다.

bootdpci(점수 그룹 1, 점수 그룹 2, alpha = .05, nboot=2000, est = mom)

다음은 거미 공포증 자료에 대해 부트스트랩 종속 M 추정량 검정을 수행하는 명령이다.

bootdpci(spiderWide$real, spiderWide$picture, est=tmean, nboot=2000)

이 명령의 결과가 출력 9.7에 나와 있다. 이 강건한 검정의 결과에 따르면, 두 거미 공포증 그룹의 불안 점수들에는 유의한 차이가 존재한다(신뢰구간에 0이 없고 p가 .05보다 작으므로). $\bar{\Psi} = 7.5(0.50,\ 13.13)$이고 $p = .037$이다. 정리하자면, 거미 공포증 자극의 종류가 불안에 영향을 미치지 않는지의 여부에 대해 세 강건한 검정의 결과가 일치하지 않는다.

출력 9.7

```
$output
     con.num psihat p.value p.crit ci.lower ci.upper
[1,]       1    7.5   0.037   0.05      0.5   13.125
```

9.6.3.8 효과크기 계산 ②

비록 t 통계량이 통계적으로 유의하지 않다고 해도, 반드시 효과가 실용적인 관점에서 중요하지 않다는 뜻은 아니다. 효과가 실질적인지 파악하려면 효과크기(§2.6.4)를 이용해야 한다. 독립 t 검정에서처럼(§9.5.2.8) 효과크기의 측도로 r 값을 사용하기로 한다. 다음은 이 값을 계산하는 명령들이다.[5]

```
t<-dep.t.test$statistic[[1]]
df<-dep.t.test$parameter[[1]]
r <- sqrt(t^2/(t^2+df))
round(r, 3)

[1] 0.598
```

이 명령들이 이전에 독립 t 검정에서 사용한 명령들과 본질적으로 동일함을 주목하기 바란다. 다른 것은 t 값과 자유도가 담긴 모형 객체의 이름뿐이다(지금은 *dep.t.test*, 이전에는 *ind.t.test*). 또한, 효과가 이전보다 커졌다는 점도 주목할 필요가 있다. 제2장에서 이야기한 효과크기 평가 기준들을 생각하면, 이 효과크기는 아주 큰 효과에 해당한다(큰 효과의 하한인 .5보다 크다). 따라서, 비록 통계적으로 유의하지는 않지만, 이 효과는 큰 효과에 해당하며, 어쩌면 진정한 발견에 해당할 수도 있다. 정확히 같은 자료를 사용했는데도 이처럼 효과크기가 커졌다는 점이 좀 이상하게 보일 수도 있겠다.

9.6.3.9 종속 t 검정의 보고 ②

앞에서 독립 t 검정의 보고에 대해 내가 만들어 낸, 아니 그게 아니고 내가 여러분에게 전달한 규칙들은 종속 t 검정의 보고에도 대부분 적용된다. 지금 예제에 대한 **R**의 검정 결과(출력 9.5)

---

5 사실 이렇게 계산하면 두 조건의 상관관계 때문에 효과크기가 과대평가된다. 이는 상당히 전문적인 문제라서, 여기서는 예제를 간단하게 만들기 위해 그냥 이런 식으로 계산했음을 기억하기 바란다. 관심 있는 독자는 [Dunlap, Cortina, Vaslow & Burke, 1996]을 읽어보기 바란다.

를 보면 t 값이 2.47이고, 계산에 쓰인 자유도는 11이다. 이 t 값은 유의하다(p = .031). 결과에는 각 그룹의 평균도 나와 있다. 이를 다음과 같이 보고하면 될 것이다.

✓ 평균적으로 참가자들은 거미 사진을 보았을 때(M = 40.00, SE = 2.68)보다 진짜 거미를 보았을 때(M = 47.00, SE = 3.18) 유의하게 더 많이 불안해했다. $t(11)$ = 2.47, p < .05, r = .60이다.

각 그룹의 평균들(그리고 표준오차들)을 표준 서식으로 보고했음을 주목하기 바란다. 검정통계량의 경우, 우리가 계산한 것이 t 검정통계량임을 나타내기 위해 이탤릭 t를 표시했으며, 그다음에 괄호로 자유도를 명시하고 등호 다음에 검정통계량의 값을 표시했다. 확률을 표현하는 방법은 여러 가지인데, 위의 예처럼 그냥 표준적인 유의수준(.05 등)을 언급하는 사람들이 많지만, 실제 p 값을 직접 명시하는 사람들도 있다. 마지막으로, 효과크기도 언급했음을 주목하기 바란다. 출판된 논문들에 이 효과크기가 빠져 있는 때도 종종 있지만, 여러분은 항상 효과크기를 보고서에 포함하기 바란다.

다음처럼 모호하고 근거 없는 문장은 작성하지 말아야 한다.

✗ 사람들은 진짜 거미를 좀 더 무서워했다(t = 2.47).

이 문장만 봐서는 사람들이 진짜 거미를 무엇보다 더 무서워했다는 것인지 알 수 없다. 그리고 자유도도 빠져 있고, 결과가 통계적으로 유의한지도 밝히지 않았다. 효과가 중요한지(효과크기가 무엇인지)도 없다.

주입식 샘의 핵심 정리 　종속 t 검정

- 독립 t 검정은 같은 개체들에서 비롯된 두 평균을 비교한다. 예를 들어 여러 실험 조건들에 대해 같은 참가자를 사용했다면 종속 t 검정을 적용해야 한다.
- 검정 결과에서는 무엇보다도 p 값에 주목해야 한다. 만일 그 값이 .05보다 작으면 두 조건의 평균이 유의하게 다른 것이다.
- 평균값들을 보면 두 조건이 얼마나 다른지 알 수 있다.
- 검정 결과를 보고할 때는 t 통계량과 자유도, p 값을 명시한다. 또한 평균들과 해당 표준오차들도 보고한다.
- 효과크기도 계산해서 보고하는 것이 좋다.

9.7 그룹간 설계 대 반복측정 설계 ①

이번 장의 두 예제는 자료를 같은 참가자들에게서 수집할 때와 서로 다른 참가자들에게서 수집할 때의 차이를 보여준다는 점에서 흥미롭다. 이 예제들에 쓰인 조건별 점수들 자체는 동일하다. 그러나, 그 점수들을 같은 참가자들에서 얻은 자료로 취급해서 분석했을 때는 평균들이 유의하게 다르다는 결과가 나왔지만 서로 다른 참가자들에게서 얻은 자료로 취급해서 분석했을 때는 그룹 평균들 사이에 유의한 차이가 없다는 결과가 나왔다. 두 예 모두 동일한 수치들을 사용했다는 점을 생각하면, 이러한 결과가 다소 의아하게 느껴질 것이다. 이 예는 반복측정 설계의 상대적 위력을 보여준다. 여러 조건에 대해 같은 참가자들을 사용할 때는 비체계적 변동(오차 변동)이 극적으로 줄어들기 때문에 체계적 변동이 좀 더 잘 검출된다. 자료를 수집하는 방식이 중요하지 않다고 여기는 사람들이 있지만, 자료 수집 방식에 따라서는 차이를 검출할 수도 있고 검출하지 못할 수도 있다는 점을 이번 장의 예제들을 통해서 실감했길 바란다. 사실, 전부터 연구자들은 여러 실험 조건들에 대해 같은 참가자들을 사용해서 연구를 수행하고, 그런 다음 여러 실험 조건들에 대해 서로 다른 참가자들을 사용해서 연구를 반복하고, 그런 다음 자료 수집 방법을 하나의 독립변수로 삼아서 분석하는 방법을 사용해왔다. 많은 경우 연구자들은 자료 수집 방법이 알아낸 결과와 유의하게 상호작용한다는 점을 알게 되었다 (Erlebacher, 1977).

미치지 않아도 여기서 일할 수 있지만, 미치는 게 도움이 됩니다 ③

Board, B. J., & Fritzon, K. (2005). *Psychology, Crime & Law, 1/1, 17-32.*

영국에서는 일터에 "미치지 않아도 여기서 일할 수 있지만, 미치는 게 도움이 됩니다(You don't have to be mad to work here, but it helps)"라는 '익살스러운' 표어가 걸려 있는 모습을 종종 볼 수 있다. 보드와 프릿존은 이를 농담으로 여기지 않고, 영국 유수 기업의 임원 및 사장 39명이 정말로 미쳤는지(성격 장애가 있는지) 조사했다. 저자들은 열한 가지 성격 장애(연극성, 자기애, 반사회성, 경계선, 의존성, 강박성, 수동적 공격성, 편집성, 분열형, 분열성, 회피성)의 측정에 유효하다고 알려진 MMPI-PD(Minnesota Multiphasic Personality Inventory Scales for DSM III Personality Disorders)를 이용해서 피험자들을 검사 했다. 연구를 위해 대조군이 필요했는데, 더없이 훌륭한 대조군을 구했다. 바로, 브로드무어 병원 (Broadmoor Hospital; 영국의 고도 보안 정신병원)에서 법적으로 사이코패스로 분류된 환자 317명이었다.

위에 소개한 논문의 표 2(Table 2)에 두 그룹의 평균과 표준편차가 나와 있다. 그 표를 이용해서 평균들에 t 검정을 실행해 보면 재미있을 것이다. 그 표 2의 자료가 **Board&Fritzon2005.dat** 파일 에 들어 있다. 이 파일의 자료에 대해 t 검정을 실행해서, 기업 임원들이 법적으로 분류된 사이코패 스들보다 성격 장애 점수가 더 높은지 파악해 보기 바란다.

검정 결과를 보고하고, 여러분의 결론을 제시하라.

해답은 부록 웹사이트의 보충자료에 있다(또는, 원래의 논문의 표 2를 보라).

이번 장에서 발견한 통계학 ①

이번 장은 사이먼 허드슨 때문에 벌어진 나의 연애 실패담으로 시작해서, 반복측정 설계에 대해 **R**이 오 차 막대를 생성하는 방법과 관련된 몇 가지 문제점을 설명했다. 그런 다음에는 두 평균의 차이를 검사 하는 데 쓰이는 모수적 검정인 t 검정의 몇 가지 일반적인 개념적 특징을 살펴보았다. t 검정의 일반적인 특징을 소개한 후에는 좀 더 구체적으로 들어가서, 여러 실험 조건에 대해 서로 다른 참가자들을 사용 할 때 쓰이는 독립 t 검정을 살펴보았다. **R**에서 그러한 검정을 실행하는 방법과 그 결과를 해석하는 방 법을 설명했다. 그런 다음에는 여러 조건에 대해 같은 참가자들을 사용할 때 쓰이는 종속 t 검정에 관해 서도 설명했다. 또한, 조건이 두 개인 상황을 하나의 일반선형모형으로 개념화하는 것에 대해서도 열정 적으로, 그러나 다소 급하게 설명했다. 아마 그 부분을 읽다가 책을 덮고 술집으로 간 독자들도 있을 것 이다. 일반선형모형 같은 것에 대한 나의 열정이 어쩌면 오래전에 클레어 스파크가 사이먼 허드슨을 선 택한 이유였을 수도 있다. 아마 클레어는 내 인생이 어떻게 전락할지를 눈으로 보듯이 예견했을지도 모 른다! 다행히, 열 살 때 나는 무자비한 실용주의자였기 때문에 클레어와의 일이 내게 별 영향을 주지는 않았다. 그냥, 점심시간에 꼭 벌어지는 '키스 체이스(kiss chase)' 게임에서 눈을 다른 곳으로 돌렸을 뿐이 다. 그리고 그 게임들 이후로 꽤 오랫동안 내 눈에 여자들이 들어오지 않았다….

똑똑한 알렉스의 과제

 아래의 시나리오들은 [Field & Hole, 2003]에서 가져온 것이다. 각각의 자료를 **R**로 분석하라.

- **과제 1**: 내가 기르는 애완동물 중 하나는 '대중심리학(pop psychology)' 책을 싫어한다. 모든 서점에서 프로이트의 책이 사라지는 추세에 맞추어서, 나는 이 세상에서 그런 고약하고 썩은, 그저 종이(나무)의 낭비일 뿐인 심리학 책들을 모두 제거하기로 결심했다. 그런 책들은 너무나 당연한 것을 말하는 사람들에게 특권을 부여함으로써 심리학의 평판을 떨어뜨렸을 뿐만 아니라, 책을 만드느라 잘라내야 했던 나무보다 훨씬 못생겼다(교육을 위한 것이라는 명목으로 내가 만들어 낸 허풍스러운 졸작에 대해서도 같은 말을 할 수 있지만, 일단은 넘어가기로 하자). 어쨌거나, 세상에서 대중심리학을 없애버리겠다는 계획의 일환으로 나는 작은 실험을 수행했다. 나는 누군가와 사귀는 중인 사람 열 명을 두 그룹으로 나누고, 한 그룹에게는 《*Women Are from Bras, Men Are from Penis*》라는 인기 있는 대중심리학 책을 읽게 하고, 다른 한 그룹에게는 유명 잡지 《마리끌레르(Marie Claire)》를 읽게 했다. 각 그룹의 참가자는 10명이고, 종속변수는 주어진 책을 읽은 후 연인 관계에서 느

끼는 행복도를 측정한 것이다. 나는 어떤 책을 읽었을 때 연인 관계의 행복도가 증가하는지를 구체적으로 예측하지는 않았다. 해당 자료가 **Penis.dat** 파일에 있다. 이 자료를 적절한 t 검정을 이용해서 분석하라. ①

- **과제 2**: 《*Women are from Bras, Men are from Penis*》의 출판사인 Twadlle and Sons가, 그들의 책이 종이우산 만큼도 쓸모가 없다는 내 주장에 화가 나서는 내 연구를 반박하는 연구를 진행하기로 했다. 그들의 연구는 같은 사람들에게 그들의 책과 내가 쓴 책 중 하나(Field & Hole, 2003)를 각각 다른 시간에 읽게 하고 관계의 행복도를 측정하는 것이었다. 그들은 대중심리학에 기여한 자신들의 멋진 작품을 읽는 것이 실험에 관한 따분하고 지루한 책을 읽는 것보다 연애 행복도를 더욱 향상시킬 것으로 예측했다. 해당 자료가 **Field&Hole.dat** 파일에 들어 있다. 그 자료를 적절한 t 검정을 이용해서 분석하라. ①

답은 이 책의 부록 사이트에서 볼 수 있다(또는, 좀 더 자세한 사항을 알고 싶다면 [Field & Hole, 2003]을 보라).

더 읽을거리

Field, A. P., & Hole, G. (2003). *How to design and report experiments*. London: Sage. (사적인 이해관계가 전혀 개입되지 않은 의견을 말하자면, 이 책은 실험 방법에 대한 배경지식을 좀 더 얻고자 하는 독자들에게 유용한 책이다.)

Miles, J. N. V., & Banyard, P. (2007). *Understanding and using statistics in psychology: A practical introduction*. London: Sage. (통계학 이론을 재미있게 소개하는 멋진 책)

Rosnow, R. L., & Rosenthal, R. (2005). *Beginning behavioral research: A conceptual primer* (제5판). Upper Saddle River, NJ: Pearson/Prentice Hall.

Wright, D. B., & London, K. (2009). *First steps in statistics* (2nd ed.). London: Sage. (t 검정을 아주 명료하게 설명하는 책이다.)

흥미로운 실제 연구

Board, B. J., & Fritzon, K. (2005). Disordered personalities at work. *Psychology, Crime & Law*, 11(1), 17-32.

CHAPTER 10 / 여러 평균의 비교: 분산분석(GLM 1)

그림 10.1 눈길을 끄는 교복을 입은 형 폴(왼쪽)과 나(오른쪽)

10.1 이번 장에서 배우는 내용 ①

누구에게나 인생의 전환점이 있다. 나는 그 순간을 열한 살 때 맞이했다. 잉글랜드에서(적어도 내가 자란 지역에서) 초등학교를 졸업한 학생에게는 세 가지 선택이 주어진다. (1) 대부분의 학생은 공립학교(state school)로 진학하고, (2) 11+라고 부르는 시험을 통과한 똑똑한 학생은 문법학교(grammar school)로 진학하고, (3) 부잣집 자녀는 사립학교(private school)로 간다. 우리 부모는 부자가 아니었고 나는 똑똑하지 않아서 11+를 통과하지 못했으므로, 사립학교와 문법학교는 선택지에서 제외되었다(똑똑한 내 형은 문법학교로 갔다). 결과적으로 나와 내 친구들은 모두 그 지역의 공립학교에 들어가게 되었고, 나는 더할 나위 없이 행복했다. 그러나 상황이 급전했다. 부모님이 문법학교에 공석이 생겼다는 편지를 받았을 때 모두들 얼마나 놀랐을지 상상해 보라. 지역 당국이 이를 믿지 못하고 내 11+ 시험지를 수백만 번 확인했지만, 정말로 내가 추가 합격 대상자였음이 밝혀졌다. 나는 더할 나위 없이 불행해졌다. 결국, 나는 친구들에게 작별 인사를 하고는 형이 있는 일퍼드 카운티 남자 중고등학교로 떠났다. 그 학교는 아주 나쁜 짓을 한 학생을 여전히 회초리로 체벌하는 학교인데, 꽤 오랫동안 지붕에 'H.M. Prison(교도소)'이라는 글자가 흰색으로 커다랗게 쓰여 있었다(그럴 만도 하다). 나는 친구들뿐만 아니라 일상과, 그리고 반사회적으로 사는 것이 무엇인지 배운 6년의 세월과 작별한 것이었다. 종종 나는 만일 그 학교에 가지 않았다면 내 인생이 어떻게 되었을까 궁금해 한다. 그 편지가 오지 않고 앤디가 공립학교로 진학한 평행우주에서, 또는 우리 부모가 부자여서 앤디가 사립학교로 진학한 평행우주에서, 앤디는 어떤 사람이 되었을까? 이 세 가지 상황을 비교하는 데 제9장에서 배운 t 검정을 사용할 수는 없다. 이번에는 조건이 두 개가 아니라 세 개이기 때문이다.[1] 이번 장에서는 조건이 셋 이상인 상황을 분석할 때 사용하는 통계적 모형인 **분산분석**(analysis of variance) 또는 **ANOVA**에 관한 모든 것을 이야기한다. 이번 장은 우선 서로 다른 참가자들을 사용했을 때의 분산분석(**독립 분산분석**)에 깔린 이론을 설명하고, **R**에서 그러한 분석을 실행하고 그 결과를 해석하는 방법을 살펴본다.

10.2 분산분석에 깔린 이론 ②

10.2.1 상승된 오류율 ②

그냥 t 검정을 여러 번 사용하면 안 되나?

분산분석의 작동 방식을 설명하기 전에, 검사된 그룹들의 모든 조합에 대해 각각 t 검정을 수행하면 안 되는 이유를 짚고 넘어가는 것이 좋겠다. 실험 조건이 세 가지이고, 우리가 그 세 그룹의 차이에 관심이 있다고 하자. 만일 모든 그룹 쌍에 대해 각각 t 검정을 수행한다면, 총 세 번의 검정이 필요하다. 하나는 그룹 1과 2의 비교에 대한 검정이고 다른 하나는 그룹 1과 3의 비교에 대한 검정, 나머지 하나는 그룹 2와 3의 비교에 대한 검정이다. 세 t 검정 모두 .05 수준으로 유의성을 판정한다고 하면, 각 검정에서 귀무가설을 잘못 기각할(즉, 제1종 오류를 범함) 확률은 5%밖에 되지 않는다. 뒤집어 말하면, 각 검정에서 제1종 오류를 범하지 않을 확률은 .95(95%)이다. 만일 세 검정이 서로 독립이라고 한다면(그러면 확률들을 곱할 수 있다), 제1종 오류를 범하지 않을 전체 확률은 $.95^3 = .95 \times .95 \times .95$ = .857이다(각 검정에서 제1종 오류를 범하지 않을 확률이 .95이고 검정이 총 세 개이므로). 제1종 오류를 범하지 않을 확률 .857을 1에서 빼면 제1종 오류를 적어도 한 번은 범할 확률이 나온다. 그 확률은 1 − .857 = .143, 즉 14.3%이다. 즉, 이 일단의 검정들에서 제1종 오류를 범할 확률은 5%에서 14.3%로 증가했다. 이 정도의 확률은 과학자들이 허용하는 기준보다 크다. 같은 실

---

[1] 사실 이는 가장 사소한 문제이다. 다른 평행우주에 접근하는 방법을 알아내야 한다는 아주 약간 더 중요한 문제점이 있다.

험 자료에 실시한 여러 통계적 검정들의 오류율을 **집단별 오류율**(familywise error rate) 또는 **실험별 오류율**(experimentwise error rate)이라고 부른다. 조건이 세 개인 실험은 비교적 단순한 설계이므로 여러 검정을 실행하는 것의 효과가 그리 크지 않다. 그러나 실험 조건을 세 가지에서 다섯 가지로 늘리면, 필요한 t 검정의 수는 3에서 10으로 증가한다(조건 자체는 두 개밖에 늘지 않았다).[2] 임의의 검정 수에 대한 집단별 오류율 일반식은 다음과 같다.

$$집단별\ 오류 = 1 - (0.95)^n \tag{10.1}$$

여기서 n은 자료에 대해 수행한 검정들의 수이다. 10개의 검정을 수행했을 때 집단별 오류율은 $1 - .95^{10} = .40$이다. 즉, 제1종 오류를 적어도 한 번은 범할 확률이 무려 40%이다. 이러한 이유로, 조건이 셋 이상일 때는 t 검정을 여러 번 적용하기보다는 분산분석(ANOVA)을 사용한다.

<h2>10.2.2   F 값의 해석 ②</h2>

t 검정을 실행한다는 것은 두 표본의 평균이 같다는 귀무가설을 검사하는 것이다. 그와 비슷하게, 분산분석은 셋 이상의 평균이 같은지를 검사한다. 즉, 분산분석의 귀무가설은 주어진 모든 그룹 평균이 같다는 것이다. 분산분석은 F 통계량 또는 F 비(F-ratio)라는 값을 산출한다. 이 값은 자료에 존재하는 체계적 변동의 양(분산)과 비체계적 변동의 양(분산)을 비교한 것이라는 점에서 t 통계량과 비슷하다. 다른 말로 하면, F는 모형과 오차의 비이다.

분산분석이 알려 주는 것이 뭐지?

    분산분석은 **총괄검정**(omnibus test)에 해당한다. 총괄검정이라는 것은 전반적인 효과에 대한 검정을 말한다. 즉, 분산분석은 어떤 그룹이 영향을 받았는지에 대한 구체적인 정보를 제공하지 않는다. 서로 다른 세 그룹에 대한 실험에서 얻은 자료를 분석해서 F 비를 구했는데, 세 표본의 평균이 같지 않다는(즉, $\overline{X}_1 = \overline{X}_2 = \overline{X}_3$이 참이 아니라는) 결과가 나왔다고 하자. 세 평균이 같지 않은 경우는 여러 가지이다. 첫째로, 세 평균이 모두 서로 유의하게 다를 수 있다

---

2 비교할 그룹 쌍은 그룹 1 대 2, 1 대 3, 1 대 4, 1 대 5, 2 대 3, 2 대 4, 2 대 5, 3 대 4, 3 대 5, 4 대 5로 총 10가지이다. 일반적으로, 필요한 검정 횟수 C를 다음과 같은 공식으로 계산할 수 있다.

$$C = \frac{k!}{2(k-2)!}$$

여기서 k는 실험 조건 개수이다. ! 기호는 **계승**, 즉 1에서 주어진 수까지의 모든 정수를 곱한 것이다(예를 들어 $5! = 5 \times 4 \times 3 \times 2 \times 1 = 120$). 따라서, 조건이 다섯 개일 때 필요한 검정의 수는 다음과 같다.

$$C = \frac{5!}{2(5-2)!} = \frac{120}{2 \times 6} = 10$$

$(\overline{X}_1 \neq \overline{X}_2 \neq \overline{X}_3)$. 둘째로, 그룹 1과 2의 평균은 같지만 그룹 3의 평균이 다른 두 그룹의 평균과 유의하게 다를 수 있다$(\overline{X}_1 = \overline{X}_2 \neq \overline{X}_3)$. 셋째로, 그룹 2와 3은 평균이 같지만 그룹 1의 평균은 다른 두 그룹의 평균과 유의하게 다를 수 있다$(\overline{X}_1 \neq \overline{X}_2 = \overline{X}_3)$. 마지막으로, 그룹 1과 3의 평균이 같고 그룹 2의 것이 다른 두 그룹의 평균과 유의하게 다를 수 있다$(\overline{X}_1 = \overline{X}_3 \neq \overline{X}_2)$. 따라서, 하나의 실험에서 F 비는 단지 실험 조작에 어떤 효과가 존재한다는 점을 알려줄 뿐, 그것이 구체적으로 어떤 효과인지는 말해주지 않는다.

10.2.3 회귀분석으로서의 분산분석 ②

이전에 여러 번 언급했듯이, 모든 통계적 검정은 결국 회귀분석으로 환원된다. 실제로 분산분석은 회귀분석의 한 특별한 사례이다. 분산분석과 회귀분석이 쓰이는 상황이 다르기 때문에 이 점을 잘 모르는 과학자들이 많다. 이는 과학의 서로 다른 두 방법론(상관연구와 실험연구)이 발전해온 역사와 관련이 있다. 통제된 실험에 관심이 있는 연구자들은 분산분석을 사용하지만, 현실 세계의 관계들을 관찰하는 연구자들은 다중회귀를 사용한다. 다들 알다시피 과학자들은 지적이고, 성숙하고, 이성적인 사람들이라서, 두 진영 모두 상대편 진영을 헐뜯으면서 자신의 방법론이 훨씬 더 우월하다고 주장하려는 유혹에 빠진 적은 없었다(믿거나 말거나). 두 진영의 방법론적 분리는 결국 두 진영이 주로 사용하는 통계적 방법의 분리로 이어졌다(이러한 분리를 기록한 매력적인 문헌으로 [Cronbach, 1957]이 있다). 이러한 분리는 수십 년간 지속되었으며, 이제는 대체로 회귀와 분산분석을 학생들에게 아주 다른 맥락에서 가르칠 정도이다. 그리고 분산분석과 회귀를 완전히 다른 방식으로 가르치는 교과서들이 많다.

이미 나보다 훨씬 지적인 수많은 사람이 둘의 균형을 바로잡으려고 시도했지만(특히 위대한 제이콥 코언 [Cohen, 1968] 참고), 나도 이 문제에 관해 열정이 있으므로, 작고 박약하나마 내 나름의 통찰을 여러분에게 제공하고자 한다(사실 이러한 시도는 §7.12와 §9.4.2에서 이미 시작했었다). 내가 분산분석을 회귀의 맥락에서 가르쳐야 한다고 믿는 데에는 그럴만한 이유가 여럿 있다. 첫째로, 이미 익숙한 맥락에서 분산분석을 가르칠 수 있다. 이 책에서 나는 이미 회귀를 설명하는 데 수많은 나무를 소비했다. 그러니, 기존 지식을 바탕으로 새 개념을 가르치지 않을 이유가 없다. (기존 지식을 바탕으로 하면 새 개념을 이해하기가 더 쉬워진다.) 둘째로, 간단한 설계에서는 기존의 방식으로 가르치는 분산분석(분산 비 방법)이 적합하지만, 좀 더 복잡한 상황(공분산분석 등)에서는 그런 분산분석 방법이 사용 불가능할 정도로 불편해진다. 회귀 모형은 그런 좀 더 복잡한 설계들에 아주 논리적으로 확장된다(특히, 기존 방법에 필요한 난해한 수학 공식들에 질려서 포기하는 사람이 나오지 않는다). 마지막으로, 분산 비 방법은 표본들의 크기가 서로 다른 등의 비정상적인 상황에서는 감당하기 어려울 정도로 복잡해진다.[3] 회귀에 기초한 방법으로는 그런 상황들을 훨씬 간단하게 다룰 수 있다. 이 세 가지도 충분히 좋은 이유이지만, **R**의 분산분석 관련 기능의 상당 부분이 분산분석을 소위 일반선형모형(general linear model, GLM; 일반화선형모형(generalized~)이라고 부르기도 한다)이라는 것을 통해서 마치 회귀분석처럼 다룬다는 점도 아주 강력한 이유이다.

앞에서 이 분산분석이라는 것이 실험 연구의 체계적 분산(변동)을 비체계적 분산에 견주어 비교하는 한 방법이라고 말했다. 그러한 분산들의 비를 F 비라고 부른다. 그런데 제7장에서는 이 F 비를, 주어진 회귀모형이 결과를 얼마나 잘 예측하는지를 그 모형에 존재하는 오차에 상대적으로 평가하는 방법으로 사용했다(§7.2.3). 혹시 아직 제7장을 읽지 않은 독자라면(그런 독자가 있어서는 안 되겠지만) 먼저 제7장을 읽고 다시 돌아오기 바란다(제7장을 읽는 데에는 두 주 정도밖에 걸리지 않을 것이다). 그렇다면, 같은 F 비를 평균들의 차이를 검사하는 데 사용할 수도 있고 자료에 대한 회귀모형의 적합도를 평가하는 데 사용할 수도 있는 이유는 무엇일까? 그 답은, 두 평균의 차이를 검사하는 것은 곧 F 비를 이용해서 회귀모형이 자료에 얼마나 잘 적합하는지를 검사하는 것과 같은 일이라는 것이다. 좀 더 구체적으로, 두 평균의 차이를 검사하는 것은 예측변수들이 모두 범주형변수들(즉, 그룹화 변수들)인 회귀모형을 자료에 적합시키는 것에 해당한다. 따라서, t 검정을 하나의 선형회귀 방정식으로 나타낼 수 있듯이(§9.4.2), 분산분석은 예측변수 개수가 독립변수의 범주 개수보다 하나 작은 다중회귀 방정식으로 나타낼 수 있다.

그럼 예를 하나 살펴보자. 내가 SPSS 책의 제1판을 쓸 때, 비아그라(Viagra)에 관한 논쟁이 많이 있었다. 지금은 논쟁이 많이 줄었지만, 대신 그런 약들에 대한 스팸 메일이 심각할 정도로 늘어났다는 문제가 생겼다(물론, 내가 20년 더 늙고 나면 그런 메일을 매우 반길 것이다). 어쨌든, 비아그라는 여전히 사람들의 관심사이므로, 이 책에서도 비아그라의 예를 들기로 한다. 비아그라는 복용자를 잠자리에서 더 뛰어난 연인으로 만들어 준다는 믿음 하에서 암시장을 형성한 성흥분제이다(발기부전을 치료하는 데 쓰인다). (이상하게도, 당시에는 '탐사보도'라는 명목으로 이런 약물을 복용하는 기자들이 아주 많았다.) 심리학 문헌들은 성기능에 관한 문제를 리비도(libido; 성적 충동)의 손실과 연관시킨다(Hawton, 1989). 세 그룹의 참가자들에 대한 다음과 같은 실험으로 그러한 가설을 검증한다고 하자. 한 그룹에는 설탕 알약 같은 위약을 주고(이하 위약 그룹), 다른 한 그룹에는 비아그라를 조금만 복용하게 하고(저용량 그룹), 나머지 한 그룹에는 비아그라를 많이 복용하게 한다(이하 고용량 그룹). 종속변수는 참가자의 리비도를 객관적으로 측정한 것이다(구체적인 방법은 생략하고, 한 주 동안 측정한다는 점만 밝히겠다). 측정한 자료가 표 10.1과

---

[3] 그렇긴 하지만, 가능하면 여러 조건에서 표본들의 크기를 같이 유지하려고 노력하는 것은 바람직한 일이다. 불균형설계는 실제로 통계학적인 복잡함을 유발하기 때문이다(§10.3 참고).

Viagra.dat 파일에 있다(이 자료에 대한 구체적인 설명은 잠시 후로 미루기로 한다).

표 10.1 Viagra.dat의 자료

	위약	저용량	고용량
	3	5	7
	2	2	4
	1	4	5
	1	2	3
	4	3	6
$\overline{X}$	2.20	3.20	5.00
s	1.30	1.30	1.58
s^2	1.70	1.70	2.50
총평균 = 3.467 총 표준편차 = 1.767 총분산 = 3.124			

비아그라 복용 수준으로부터 리비도 수준을 예측하려면, 계속 등장하는 다음과 같은 일반식을 사용하면 된다.

결과$_i$ = (모형) + 오차$_i$

선형모형을 사용한다고 할 때, §9.4.2에서 보았듯이 만일 그룹이 단 두 개이면 이 공식의 '모형'에 두 그룹을 서술하는 가변수가 하나 있는 선형 회귀식을 대입하면 된다. 그 가변수는 두 그룹을 수치로 부호화한(한 그룹은 0, 다른 한 그룹은 1) 범주형 변수였다. 이러한 모형을 그룹이 세 개인 상황으로 확장하면 가변수가 두 개인 다중회귀 모형이 된다. 사실 그 이상의 확장도 가능하다. 즉, 임의의 개수의 그룹들과 독립변수 범주 개수 빼기 1개만큼의 가변수들이 있는 모형에 대해서도 마찬가지로 일반식을 구체화할 수 있다. 그룹이 두 개일 때는 두 범주 중 하나를 기저 범주로 선택하고(§9.4.2에서는 거미 사진을 제시하는 조건을 기저로 삼았었다) 그 범주에 0이라는 수치 부호를 부여했다. 범주가 셋 이상일 때에도 기저 범주가 필요한데, 다른 그룹들의 비교 기준이 되는 범주를 선택해야 한다. 흔히 이 범주가 대조군이 된다. 아주 잘 설계된 과학 실험에서는 다른 범주들의 기저로 행동하는 참가자들의 그룹을 마련한다. 이 기저 그룹을 기저 범주로 삼아야 한다. 단, 그것이 구체적으로 어떤 그룹인지는 검사하고자 하는 가설에 의존한다. 불균형설계(unbalanced design; 그룹 크기들이 서로 다른 설계)에서는 기저 범주에 해당하는 그룹에 꽤 많은 사례들이 있어야 한다. 그래야 회귀계수 추정값들의 신뢰도가 높아진다. 비아그라의 예에서는 위약 통제를 위한 대조군에 해당하는 위약 그룹을 기저 범주로 삼는다. 이 연구에서 우리의 관심사는 고용량 그룹과 저용량 그룹을 위약 그룹, 즉 비아그라를 아예 복용하지 않은 그룹과 비교하는 것이다. 위약 그룹이 기저 범주이므로, 다른 두 조건들을 나타내는 가변수를 두 개 만들어야 한다. 고용량 조건을 위한 가변수를 **고**(high)라고 하고 저용량 조건을 위한 가변수를 **저**(low)라고 할 때, 다음은 이러한 모형을 위의 일반식에 대입한 결과이다.

$$\text{리비도}_i = b_0 + b_2\text{고}_i + b_1\text{저}_i + \varepsilon_i \tag{10.2}$$

식 (10.2)에서 한 사람의 리비도는 그 사람의 그룹 부호(이는 곧 **고** 가변수와 **저** 가변수에 대한 부호이다)와 모형의 절편(b_0)으로 예측할 수 있다. 식 (10.2)의 가변수들을 부호화하는 방식은 여러 가지겠지만, 그냥 t 검정에서 사용한 것과 비슷한 방식을 사용하는 것이 가장 간단할 것이다. 기저 범주는 항상 0으로 부호화한다. 비아그라를 많이 복용한 참가자는 해당 **고** 가변수를 1로 설정하고 나머지 가변수들은 0으로 설정한다. 비아그라를 조금만 복용한 참가자는 해당 **저** 가변수를 1로 설정하고 나머지 가변수들은 0으로 설정한다(§7.12에서 사용한 것과 같은 방식이다). 이러한 부호화 방식을 사용하면 두 가변수의 부호를 조합함으로써 각 그룹을 표현할 수 있다(표 10.2 참고).

표 10.2 3그룹 실험 설계를 위한 가변수 부호화

그룹	가변수 1(high)	가변수 2(low)
위약	0	0
저용량 비아그라	0	1
고용량 비아그라	1	0

위약 그룹: 그럼 위약 그룹의 모형을 살펴보자. 위약 그룹에 대해서는 고 가변수와 저 가변수 둘 다 0이다. 따라서, 오차항 ε_i를 생략할 때, 회귀모형은 다음과 같은 모습이 된다.

$$\text{리비도}_i = b_0 + (b_1 \times 0) + (b_2 \times 0) = b_0$$
$$\overline{X}_{\text{위약}} = b_0$$

이는 고용량 그룹과 저용량 그룹이 배제된 상황에 해당한다(둘 다 부호가 0이므로). 이 모형은 고, 저 용량 비아그라 복용을 무시했을 때의 리비도 수준을 예측한다. 따라서, 예측된 값은 그냥 위약 그룹의 평균이다(이 모형에 포함된 유일한 그룹이 그 그룹이므로). 그러므로 이 회귀모형의 절편 b_0는 항상 기저 범주의 평균(지금 예에서는 위약 그룹의 평균)이다.

고용량 그룹: 고용량 그룹의 고 가변수는 1이고 저 가변수는 0이다. 이들을 식 (10.2)에 대입하면 다음과 같은 모형 공식이 나온다.

$$\text{리비도}_i = b_0 + (b_1 \times 0) + (b_2 \times 1) = b_0 + b_2$$

b_0이 위약 그룹의 평균임은 앞에서 보았다. 고용량 그룹에만 관심을 둔다면, 이 모형은 주어진 참가자의 리비도 수준이 고용량 그룹의 평균과 같다고 예측할 것이다. 그러한 값을 일반식에 대입해서 정리하면 다음이 나온다.

$$\text{리비도}_i = b_0 + b_2$$
$$\overline{X}_\text{고} = \overline{X}_\text{위약} + b_2$$
$$b_2 = \overline{X}_\text{고} - \overline{X}_\text{위약}$$

따라서 b_2는 고용량 그룹 평균과 위약 그룹 평균의 차이를 나타낸다.

저용량 그룹: 마지막으로, 비아그라를 조금만 복용한 그룹의 모형을 살펴보자. 해당 **저** 가변수는 1로 부호화된다(따라서 **고** 가변수는 0으로 부호화된다). 이 경우 회귀 방정식은 다음과 같다.

$$\text{리비도}_i = b_0 + (b_1 \times 1) + (b_2 \times 0) = b_0 + b_1$$

절편이 기저 범주의 평균과 같다는 점은 이미 알고 있다. 그리고 저용량 그룹의 경우 예측값은 저용량 복용에 대한 리비도 수준들의 평균과 같을 것이다. 그러면 모형은 다음으로 정리된다.

$$\text{리비도}_i = b_0 + b_1$$
$$\overline{X}_\text{저} = \overline{X}_\text{위약} + b_1$$
$$b_1 = \overline{X}_\text{저} - \overline{X}_\text{위약}$$

따라서 b_1은 저용량 그룹 평균과 위약 그룹 평균의 차이를 나타낸다. 이러한 가변수 부호화 방식이 가장 간단한 방식이지만, 가설에 따라서는 이와는 다른 방식으로 가변수들을 부호화할 수도 있다. §10.4.2에서 좀 더 자세히 이야기하겠지만, 그런 부호화 방식을 대비(contrast)라고 부른다. 아주 간단히 말해서, 대비는 b 값들이 검사하고자 하는 그룹들 사이의 차이를 나타내도록 가변수들을 부호화하는 것이다.

자가진단

✓ 이 논의의 이해를 돕기 위해 **dummy.dat**라는 파일을 만들어 두었다. 이 파일에는 비아그라 측정 자료뿐만 아니라 각 자료점이 속한 그룹을 나타내는 두 가변수(**dummy1**과 **dummy2**)도 들어 있다(표 10.2 참고). 이 파일의 자료에 대해. **libido**를 결과변수로, **dummy1**과 **dummy2**를 예측변수로 사용해서 회귀분석을 실행하라. 회귀분석을 실행하는 방법을 잘 모르겠다면 제7장을 다시 보기 바란다(분산분석보다 회귀분석을 제7장에서 먼저 설명한 데는 다 이유가 있다).

자가진단의 분석 결과가 출력 10.1에 나와 있다. 표 10.1의 그룹 부호화 방식을 염두에 두고 분석 결과를 보기 바란다. 우선 주목할 점은, 회귀분석처럼 이 분산분석은 모형에 대한 전반적인 적합도를 검사한 것이라는 것이다. 검사 결과는 $F(2, 12) = 5.12$, $p < .05$로 유의하다. 즉, 이 모형은 그룹의 차이들을 유의하게 잘 대표한다. 즉, 이 분산분석의 결과에 따르면 그룹 평균들로 점수를 예측하는 것이 전체적인 평균을 이용해서 예측하는 것보다 유의하게 더 낫다. 다른 말로 하면, 그룹 평균들은 유의하게 서로 다르다.

회귀계수 b들로 넘어가서, 상수(절편)는 기저 범주(위약 그룹)의 평균과 같다. 그리고 첫 가변수의 회귀계수(b_2)는 고용량 그룹 평균과 위약 그룹 평균의 차이(5.0 − 2.2 = 2.8)와 같다. 마지막으로, 둘째 가변수의 회귀계수(b_1)는 저용량 그룹 평균과 위약 그룹 평균의 차이(3.2 − 2.2 = 1)와 같다. 이러한 분석은 회귀모형이 3그룹 실험 상황을 나타내는 방식을 잘 보여준다. t 검정의 유의확률들을 보면, 고용량 그룹과 위약 그룹의 차이(b_2)는 유의하다($p < .05$이므로). 그러나 저용량 그룹과 위약 그룹의 차이는 유의하지 않다($p = .282$).

출력 10.1

```
Coefficients:
            Estimate Std. Error t value Pr(>|t|)
(Intercept)   2.2000     0.6272   3.508  0.00432 **
dummy1        2.8000     0.8869   3.157  0.00827 **
dummy2        1.0000     0.8869   1.127  0.28158
---

Signif. codes:  0 '***' 0.001 '**' 0.01 '*' 0.05 '.' 0.1 ' ' 1

Residual standard error: 1.402 on 12 degrees of freedom
Multiple R-squared: 0.4604,      Adjusted R-squared: 0.3704
F-statistic: 5.119 on 2 and 12 DF,  p-value: 0.02469
```

이러한 3그룹 시나리오를 그룹이 네 개인 실험으로 확장해 보자. 앞에서 언급했듯이, 필요한 가변수의 개수는 실험의 그룹 개수에서 1을 뺀 것과 같다. 따라서 이 실험 설계에는 세 개의 가변수가 필요하다. 이전처럼, 한 범주를 기저 범주(대조군)로 삼아야 한다. 그 기저 범주에 대해서는 세 가변수 모두 0으로 부호화하고, 나머지 세 조건(그룹)에 대해서는 해당 조건의 가변수에 1을, 그 외의 두 가변수에는 0을 배정한다. 표 10.3에 이상의 부호화 방식이 나와 있다.

표 10.3 4그룹 실험 설계의 가변수 부호화

	가변수 1	가변수 2	가변수 3
그룹 1	1	0	0
그룹 2	0	1	0
그룹 3	0	0	1
그룹 4(기저)	0	0	0

제7장에서 *F* 비를 조금 소개하고 그 계산 방법도 설명했다. 기억을 되살리자면, *F* 비는 관측된 자료 집합에 대한 회귀모형의 전반적인 적합도를 검사하는 데 쓰인다. 다른 말로 하면, *F* 비는 모형이 얼마나 나쁜지를 기준으로 해서 모형이 얼마나 좋은지를 평가한 값이다. 앞에서 분산분석을 회귀 방정식으로 표현하는 방법을 설명했는데, 그 부분을 다시 떠올리면 *F* 비가 자료에 관해 무엇을 말해주는지 이해하는 데 도움이 될 것이다. 그림 10.2는 비아그라 자료를 시각화한 것이다(그룹 평균과 전체 평균이 표시되어 있고, 각 사례와 그룹 평균의 차이도 표시되어 있다). 이 그래프는 앞에서 본, 그룹이 세 개인 예에 해당한다. 따라서, 검사하고자 하는 가설은 세 그룹의 평균들이 서로 다르다는 것이다(반대로, 귀무가설은 세 그룹의 평균이 같다는 것이다). 그룹 평균들이 모두 같다면, 위약 그룹이 고용량 그룹이나 저용량 그룹과 다르다고는 기대하지 않을 것이다. 그러면 그래프에서 세 개의 수평 선분들의 높이(*y* 좌표)가 같아야 한다(그리고 그 높이는 그래프의 검은 실선 수평선의 높이, 즉 총평균과 일치할 것이다). 그러나 그래프를 보면, 실제로는 수평 선분들의 높이(그룹 평균)가 다르다. 조금 전에 우리는 회귀모형의 b_2가 위약 그룹 평균과 고용량 그룹 평균의 차이에 해당하고 b_1이 위약 그룹 평균과 저용량 그룹 평균의 차이에 해당한다는 점을 알게 되었다. 그 두 차이가 그림 10.2의 그래프에 두 수직 화살표로 표시되어 있다. 만일 귀무가설이 참이라면, 즉 모든 그룹의 평균이 같다면, 이 *b* 계수들이 모두 0이어야

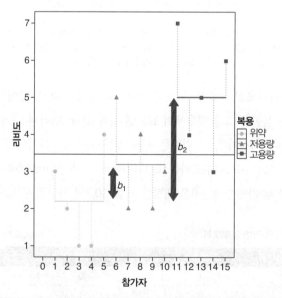

그림 10.2 비아그라 자료의 그래프. 수평 선분들은 각 그룹의 평균 리비도를 나타낸다. 작은 도형들(원, 삼각형, 정사각형)은 개별 참가자의 리비도를 나타낸다(실험 그룹마다 도형이 다르다). 실선 수평선은 모든 참가자의 평균 리비도이다.

한다(그룹 평균들이 같다면 그 차이가 모두 0이어야 하므로).

분산분석의 논리는 우리가 이미 알고 있는 회귀분석의 논리를 따른다.

- 하나의 자료 집합에 적합시킬 수 있는 가장 간단한 모형은 총평균(결과변수의 평균)이다. 이 기본 모형은 '효과 없음' 또는 '예측변수와 결과변수가 무관함'을 나타낸다.

- 총평균 대신 우리의 가설을 나타내는 다른 어떤 모형을 수집된 자료에 적합시킬 수 있다. 만일 그 모형이 자료에 더 적합하다면, 그 모형을 사용하는 것이 총평균을 사용하는 것보다 낫다. 이때 선형모형(최량적합선)을 사용하기도 하지만, 실험 연구에서는 서로 다른 조건들의 평균들에 기초한 모형을 사용하는 경우가 많다.

- 주어진 모형은 하나의 절편과 하나 이상의 회귀계수들로 기술할 수 있다.

- 회귀계수들은 자료에 적합시킨 모형의 형태를 결정한다. 계수들이 클수록 회귀선이 총평균(수평선)에서 벗어나는 정도도 커진다.

- 상관연구에서 회귀계수들은 회귀선의 기울기를 나타내지만, 실험연구에서 회귀계수들은 그룹 평균들의 차이들을 나타낸다.

- 그룹 평균들의 차이가 클수록 모형과 총평균의 차이가 크다.

- 그룹 평균들의 차이가 충분히 크면, 해당 모형은 총평균보다 자료에 더 잘 적합한다.

- 모형이 총평균보다 자료에 더 잘 적합한다면, 모형을 사용하지 않는 것(즉, 그냥 총평균으로 점수를 예측하는 것)보다 모형을 사용하는 것(즉, 그룹 평균들로 점수를 예측하는 것)이 더 낫다고 할 수 있다. 다른 말로 하면, 이는 그룹 평균들이 유의하게 다르다는 뜻이다.

분산분석을 이용해서 회귀모형을 검사하는 것과 마찬가지 방식으로, 모형을 사용해서 생긴 적합도 향상 정도(총평균을 사용할 때에 비한)를 여전히 남아 있는 오차와 비교할 수 있다. 좀 더 설명하자면, 총평균을 모형으로 사용했을 때 자료와 총평균 사이에의 일정한 변동이 존재한다. 우리의 모형을 자료에 적합시키면 그 변동 중 일부가 설명되겠지만, 여전히 설명되지 않는 변동도 남아 있을 것이다. F 비는 그러한 설명되지 않은 변동에 대한 설명된 변동의 비이다. 이러한 개념들이 잘 이해되지 않는다면, 다음 내용으로 넘어가기 전에 먼저 §7.2.3을 다시 읽기 바란다. 다소 복잡하게 느껴질지 모르겠지만, 사실 대부분의 개념은 그냥 하나의 간단한 일반 공식을 이리저리 변형한 것일 뿐이다(초천재 제인 글상자 10.1 참고).

놀랄지도 모르겠지만, 분산분석은 공식 하나로 정리된다 (조금 과장하자면) ②

분산분석의 각 단계에서는 주어진 특정 모형(가장 기본적인 모형, 아주 복잡한 모형이든)의 분산(또는 이탈도)을 평가한다. §2.4.1에서 보았듯이, 보통의 경우 모형이 관측 자료에서 얼마나 벗어났는지를 식 (10.3)과 같은 형태의 공식으로 나타낼 수 있다. 회귀분석에서처럼 분산분석에서도 본질적으로는 식 (10.3)을 이용해서 가장 기본적인 모형의 적합도를 계산하고, 그런 다음 우리가 고안한 최선의 모형(최량적합선)의 적합도를 계산한다. 최선의 모형이 기본 모형보다 좋다면, 최선의 모형은 기본 모형보다 유의하게 자료에 더 잘 적합할 것이다.

$$\text{벗어난 정도} = \sum (\text{관측자료} - \text{모형})^2 \tag{10.3}$$

여기서 흥미로운 점은, 분산분석에 등장하는 모든 종류의 제곱합은 결국 이 기본 공식의 변형이라는 것이다. 각 경우의 차이점은 이 공식의 '모형'과 '관측자료'에 구체적으로 무엇을 사용하는가이다. 이후에 나오는 여러 제곱합에 관한 절들에서 해당 공식을 이 식 (10.3)과 비교해 보기 바란다. 기본적으로 그 공식들이 모두 이 일반 공식의 변형임을 알 수 있을 것이다.

10.2.5 총제곱합(SS_T) ②

자료에 존재하는 변동의 총량을 구할 때는 관측된 각 자료점과 총평균의 차이를 계산한다. 그 차이들을 제곱해서 모두 합한 것이 총제곱합(total sum of squares, SS_T)이다.

$$SS_T = \sum_{i=1}^{N} (x_i - \bar{x}_{\text{총}})^2 \tag{10.4}$$

§2.4.1에서는 또한 분산과 제곱합의 관계가 $s^2 = SS/(N-1)$임을 배웠다. 여기서 N은 관측값의 개수이다. 이 관계식을 제곱합(SS)으로 정리하면 $SS = s^2(N-1)$이다. 이는 모든 관측값의 분산, 즉 **총분산**(grand variance)으로부터 제곱합을 구할 수 있음을 뜻한다. 총분산은 점수가 비롯된 실험 조건과 무관하게 모든 점수의 분산을 계산한 것이다. 그림 10.3에 분산분석에 등장하는 여러 제곱합이 나와 있다(회귀를 배울 때 본 그림 7.4와 비슷하다는 점에 주목하기 바란다). 왼쪽 위 그래프는 총분산을 나타낸 것이다. 여기서 총분산은 각 자료점과 실선 수평선(모든 점수의 평균을 나타낸다)의 차이들을 제곱하고 모두 합한 것이다.

다시 표 10.1을 보면, 비아그라 자료의 총분산이 나와 있다. 그리고 관측값들을 세 보면 총 15개임을 알 수 있다. 다음은 이 값들로 비아그라 자료의 SS_T를 구한 것이다.

$$\begin{aligned}
SS_T &= s^2_{\text{총}}(n-1) \\
&= 3.124(15-1) = 3.124 \times 14 = 43.74
\end{aligned}$$

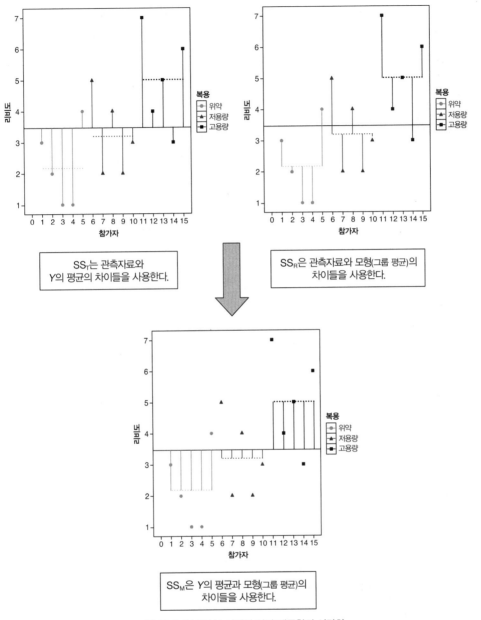

그림 **10.3** 분산분석 설계의 여러 제곱합의 시각화

다음 절들에 나오는 제곱합들을 이해하려면 자유도를 이해하는 것이 중요하다. 혹시 기억이 잘 안 난다면 초천재 제인 글상자 2.2를 다시 보기 바란다. 이전에 이야기했듯이, 모집단의 값들을 추정할 때는 모집단 값을 계산하는 데 사용한 점수들의 개수에서 1을 뺀 값을 자유도로 사용하는 경우가 많다. 1을 빼는 이유는, 그러한 추정값들을 구하려면 모집단 안의 뭔가(지금 예에서는 평균)를 고정해 두어야 하기 때문이다. 결과적으로 점수들 중 하나는 "자유롭지 않

게" 된다(초천재 제인 글상자 2.2 참고). SS_T의 경우에는 표본 전체를 이용해서 제곱합들을 구하므로, 총 자유도(df_T)는 전체 표본 크기에서 1을 뺀 값($N-1$)이다. 비아그라 자료의 표본은 15개의 점수로 이루어져 있으므로, 총 자유도는 14이다.

10.2.6 모형제곱합(SS_M) ②

앞에서, 자료에 있는 변동의 총량이 43.74단위임을 알아냈다. 다음으로 알아내야 할 것은 이러한 변동 중 회귀모형으로 설명할 수 있는 부분이 어느 정도인가이다. 분산분석에서 모형은 그룹 평균들의 차이들에 기초하므로, 모형제곱합(model total sum of squares, SS_M)은 그러한 총 변동 중 서로 다른 자료점들이 서로 다른 그룹에서 비롯된 것이라는 사실로 설명할 수 있는 부분이 어느 정도인지 말해준다.

§7.2.3에서 보았듯이, 모형제곱합은 모형이 예측한 값과 총평균의 차이들로 계산한다(그림 7.4). 분산분석에서 모형이 예측한 값은 다름 아닌 그룹 평균(그림 10.3의 수평 점선 선분)이다. 그림 10.3의 하단 그래프는 모형의 오차제곱합, 즉 각 자료점에 대해 모형이 예측한 값(수평 점선 선분)과 자료의 전체적인 평균(실선 수평선)의 차이의 제곱의 합이다.

각 참가자에 대해 모형이 예측한 값은 그 참가자가 속한 그룹의 평균이다. 비아그라의 예에서, 위약 그룹의 다섯 참가자에 대한 예측값은 2.2이고 저용량 그룹의 다섯 참가자에 대한 예측값은 3.2, 고용량 그룹의 다섯 참가자에 대한 예측값은 5이다. 모형제곱합을 계산할 때는 각 참가자의 예측값과 총평균의 차이를 구하고, 그 차이들을 제곱해서 모두 합한다(이제는 차이들을 제곱해서 합하는 이유를 따로 설명하지 않아도 될 것이다). 앞에서 말했듯이 특정 그룹의 참가자들에 대한 예측값은 그 그룹의 평균이다. 따라서, SS_M을 계산하는 가장 쉬운 방법은 다음과 같다.

1 그룹마다 그룹 평균과 총평균의 차이를 계산한다.

2 그룹마다 그 차이를 제곱한다.

3 그룹마다 차이 제곱에 그룹의 참가자 수를 곱한다.

4 각 그룹의 결과를 모두 더한다.

이를 수식으로 표현하면 다음과 같다.

$$SS_M = \sum_{n=1}^{k} n_k (\bar{x}_k - \bar{x}_{총})^2 \tag{10.5}$$

여기에 비아그라 자료의 수치들을 대입해서 SS_M을 구해 보자.

$$SS_M = 5(2.200 - 3.467)^2 + 5(3.200 - 3.467)^2 + 5(5.00 - 3.467)^2$$
$$= 5(-1.267)^2 + 5(-0.267)^2 + 5(1.533)^2$$
$$= 8.025 + 0.335 + 11.755$$
$$= 20.135$$

SS_M의 계산에서 자유도(df_M)는 항상 추정된 매개변수들의 개수에서 1을 뺀 것이다. 간단히 말해서 이는 그룹 개수 빼기 1(흔히 $k - 1$로 표기한다)이다. 따라서, 3그룹 실험 설계에서 자유도는 항상 2이다(모형제곱합의 계산은 그룹 평균들에 기초하는데, 모집단에서 세 평균 중 하나를 고정하면 자유로이 변하는 것은 두 개뿐이므로).

10.2.7 잔차제곱합(SS_D) ②

지금까지의 분석에서, 자료의 설명되지 않은 총 변동이 43.74단위이고 모형이 그중 20.14단위(거의 절반)를 설명한다는 점을 알게 되었다. 마지막으로 살펴볼 제곱합은 잔차제곱합(residual sum of squares, SS_R)이다. 잔차제곱합은 모형이 설명하지 못하는 변동이 어느 정도인지 말해준다. 이 값은 모형에 포함되지 않은 가외(extraneous) 요인들, 이를테면 참가자들의 몸무게나 테스토스테론 같은 것들에 의한 변동의 양에 해당한다. 이미 SS_T와 SS_M을 알고 있으므로, 그냥 SS_T에서 SS_M을 빼면 SS_R이 나온다. 즉, $SS_R = SS_T - SS_M$이다. 그러나 그냥 이 공식만 외우는 것은 잔차제곱합을 이해하는 데 도움이 되지 않으며, 게다가 만일 SS_M이나 SS_T를(또는 둘 다!) 잘못 계산했다면 SS_R도 틀린 값이 되므로, 잔차제곱합을 직접 계산하는 방법을 살펴볼 필요가 있다.

　§7.2.3에서 보았듯이, 잔차제곱합은 모형이 예측한 값과 실제로 관측한 값의 차이의 제곱들을 합한 것이다. 분산분석에서 모형이 예측한 값은 그룹 평균(그림 10.3의 점선 수평 선분)이다. 그림 10.3의 상단 오른쪽 그래프에 잔차제곱합이 나와 있다. 각 자료점과 자료점이 속한 그룹의 점선 수평 선분 사이의 거리를 제곱해서 합한 것이 바로 잔차제곱합이다.

　앞에서 말했듯이 주어진 한 참가자에 대해 모형이 예측한 값은 그 참가자가 속한 그룹의 평균이다. 따라서 SS_R을 계산할 때는 각 점수(각 참가자의 점수)와 그룹 평균(참가자가 속한 그룹의 평균)의 차이를 구해야 한다. 그림 10.3 오른쪽 위 그래프의 수직 선분들이 바로 이 차이들을 나타낸다. 각 자료점과 해당 그룹 평균의 차이(거리)를 제곱하고 모두 더하면 잔차제곱합 SS_R이 나온다. 이를 수식으로 표현하면 다음과 같다.

$$SS_R = \sum_{i=1}^{n} (x_{ik} - \bar{x}_k)^2 \qquad (10.6)$$

그런데 각 그룹의 차이 제곱합은 그 그룹의 각 참가자의 점수와 그룹 평균의 차이를 제곱해서 합한 것이다. 즉, SS_R을 $SS_R = SS_{그룹1} + SS_{그룹2} + SS_{그룹3} + \ldots$ 이라는 공식으로도 표현할 수 있다. 그리고 앞에서 본 분산과 제곱합의 관계를 이용하면, 각 그룹의 분산으로부터 해당 제곱합을 구할 수 있다. 결과적으로, 앞에서 총제곱합을 구했을 때처럼 각 그룹의 분산을 이용해서 SS_R을 구할 수 있다. 다음은 이를 수식으로 표현한 것이다.

$$SS_R = \sum s_k^2 (n_k - 1) \qquad (10.7)$$

이 공식은 각 그룹의 분산에 그 그룹의 참가자 수 빼기 $1(nk - 1)$을 곱한 값을 모두 더하면 잔차제곱합이 된다는 뜻이다. 그럼 비아그라 자료에 이를 직접 적용해 보자.

$$
\begin{aligned}
SS_R &= s_{그룹1}^2 (n_1 - 1) + s_{그룹2}^2 (n_2 - 1) + s_{그룹3}^2 (n_3 - 1) \\
&= (1.70)(5 - 1) + (1.70)(5 - 1) + (2.50)(5 - 1) \\
&= (1.70 \times 4) + (1.70 \times 4) + (2.50 \times 4) \\
&= 6.8 + 6.8 + 10 \\
&= 23.60
\end{aligned}
$$

SS_R의 자유도(df_R)는 총 자유도에서 모형의 자유도를 뺀 것이다($df_R = df_T - df_M = 14 - 2 = 12$). 다른 말로 하면, SS_R의 자유도는 $N - k$(즉, 전체 표본 크기 N 빼기 그룹 개수 k)이다.

10.2.8 평균제곱 ②

SS_M은 회귀모형(즉, 실험적 조작들)이 설명하는 **총 변동**을 말해주고, SS_R은 가외 요인들에 의한 **총 변동**을 말해준다. 그런데 두 값 모두 합산된 값이기 때문에 계산에 쓰인 점수들의 개수에 영향을 받는다. 예를 들어 SS_M은 서로 다른 세 개의 값(그룹 평균들)만으로 계산하지만, SS_R과 SST는 각각 12개와 15개의 값으로 계산한다. 이러한 편향을 제거하기 위해 평균적인 제곱합을 계산한다. 그러한 제곱합을 **평균제곱**(mean squares, MS)이라고 부른다. 평균제곱은 그냥 제곱합을 해당 자유도로 나눈 것이다. 제곱합을 계산하는 데 쓰인 매개변수들의 개수 대신 자유도로 나누는 이유는, 우리가 원하는 것은 모형을 모집단으로 일반화하는 것인데, 모집단 안에서 일부 매개변수가 고정되기 때문이다(이는 분산을 계산할 때 $N - 1$로 나누는 것과 같은 이유이다. 초천재 제인 글상자 2.2를 보라). 그럼 비아그라 자료의 두 평균제곱을 계산해 보자.

$$MS_M = \frac{SS_M}{df_M} = \frac{20.135}{2} = 10.067$$

$$MS_R = \frac{SS_R}{df_R} = \frac{23.60}{12} = 1.967$$

MS_M은 모형이 설명하는 변동(즉, 체계적 변동)의 평균량이고 MS_R은 가외 변수들이 설명하는 변동(비체계적 변동)의 평균량이다.

10.2.9 F 비 ②

F 비는 모형이 설명하는 변동과 비체계적 요인들이 설명하는 변동의 비이다. 다른 말로 하면, F 비는 모형이 얼마나 나쁜지를 기준으로 해서 모형이 얼마나 좋은지를 평가한 값이다. 구체적으로, 이 값은 모형 평균제곱을 잔차 평균제곱으로 나누어서 계산한다.

$$F = \frac{MS_M}{MS_R} \tag{10.8}$$

따라서, 독립 t 검정에서처럼 F 비는 비체계적 변동에 대한 체계적 변동의 양을 측정한 값이라 할 수 있다. 한 가지 주목할 점은, F 비는 비체계적 변동에 대한 체계적 변동의 비이므로, 만일 F 비가 1보다 작으면 해당 모형(실험 조작)의 효과는 유의하지 않다는 점이다. 이 점을 이해하기란 어렵지 않을 것이다. F 비가 1보다 작다는 것은 MS_R이 MS_M보다 크다는 뜻이고, 이는 곧 비체계적 변동이 체계적 변동보다 많다는 뜻이기 때문이다. 비아그라의 예에서 이는, 참가자들 사이의 자연적인 성적 능력 차이에 의한 변동이 실험 조작에 의한 변동보다 큼을 뜻한다. 따라서, 비아그라의 예에서 만일 F 비가 1보다 작게 나왔다면, 우리의 실험적 조작이 성공적이지 못했다고 확신할 수 있다(참가자들에게 아무 일도 하지 않았을 때보다 변동이 덜했으므로). 그럼 비아그라 자료의 F 비를 실제로 구해보자.

$$F = \frac{MS_M}{MS_R} = \frac{10.067}{1.967} = 5.12$$

이 값은 1보다 크다. 따라서 실험적 조작이 개인차에 의한 효과보다 더 큰 효과를 냈다고 할 수 있다. 그러나 그 효과가 우연한 결과보다 충분히 큰지는 아직 말할 수 없다. 이를 밝히려면, 관측된 F 비를 그룹 평균들이 같을 전적으로 우연히 얻을 수 있는 최대 F 비(실험에 쓰인 것과 같은 자유도의 F 분포에 따른)와 비교해 봐야 한다. 그런 최댓값들의 표가 부록 A에 나온다. 만일 관측된 F 비가 그러한 임계값보다 크다면, 관측된 F 비의 값에 독립변수의 효과가 반영되어 있다고 확신할 수 있다(모집단에 효과가 존재하지 않는 상태에서 전적으로 우연히 그런 값이 나올 확률이 아주 낮으므로). 비아그라의 예에서, 자유도 2와 12에 해당하는 임계값은 3.89($p = .05$)와 6.93($p = .01$)이다. 따라서, 관측된 F 비 5.12는 .05 수준에서는 유의하지만 .01 수준에서는 유의하지 않다. 따라서, 관측된 F 비의 정확한 유의확률은 .05와 .01 사이의 어딘가에 있을 것이다(첨언하자면, R로 실제로 계산해 보면 정말로 그 범위 안의 어떤 값이 나온다).

10.3 분산분석의 가정들 ③

F 통계량의 신뢰성을 위해 만족해야 할 가정들은 정규분포에 기초한 모든 모수적 검정의 가정들(§5.2 참고)과 같다. 정리하자면, 각 실험 조건의 분산들이 서로 상당히 비슷해야 하고(분산의 동질성 또는 등분산성), 관측들이 서로 독립이어야 하고, 종속변수가 적어도 구간 척도에서 측정된 것이어야 한다. 정규성 가정의 경우, 분산분석에서 중요한 것은 **그룹내**(within-group) 분포들이 정규분포이어야 한다는 것이다.

10.3.1 분산의 동질성 ②

t 검정에서처럼, 분산분석은 그룹 분산들이 같다고 가정한다. 이 가정은 레빈 검정으로 검사할 수 있다. 이 검정은 그룹들의 분산이 모두 같다는 귀무가설을 검사한다(§5.7.1). 기본적으로 이 레빈 검정은 관측값과 그 관측값이 속한 표본의 평균 또는 중앙값의 차이의 절댓값에 대한 분산분석 검정이다(올리버 트위스티드 참고). 만일 레빈 검정의 결과가 유의하다면(즉, p 값이 .05보다 작으면), 분산들이 유의하게 서로 다르다고 말할 수 있다. 그러면 분산분석의 여러 가정 중 하나가 깨진 것이므로, 한 걸음 물러나서 문제를 해결한 후 분석을 진행해야 한다.

올리버 트위스티드

선생님, 그거 더 가르쳐 주세요···. 레빈 검정이요!

"거짓말쟁이! 거짓말쟁이! 바지에 불이나 붙어라!"라고 올리버가 소리친다. 그의 볼은 붉게 달아올랐고 눈은 터지려 한다. "제5장에서 레빈 검정을 제대로 설명한다고 약속하고는 그냥 넘어갔죠? 이 주걱 머리 같으니," 맞아, 올리버. 나는 머리를 짓누르는 주걱이 있단다. 또한, 부록 웹사이트의 이번 장 보충 자료에는 레빈 검정을 재치있게 시연하는 글이 있다. 그 글은 올리버가 알고 싶어 하는 것보다 더 많은 내용을 제공한다. 그럼 주걱으로 계란이나 부쳐 볼까···.

"분산분석은 강건한 검정이다"라는 말을 자주 듣게 될 것이다. 검정이 강건하다는 것은 검정의 가정 몇 개가 깨져도 큰 문제가 되지 않는다는 뜻이다. 그래도 F 비는 여전히 정확하게 나온다. 분산분석은 강건한 검정이라는 말에는 어느 정도 진실이 담겨 있지만, 상황을 너무 단순화한 것이기도 하다. 무엇보다도, 분산분석 또는 *ANOVA*라는 용어는 아주 많은 상황에 쓰이지만, F의 성능은 그중 일부에서만 조사되었다는 점을 주의해야 한다. 이와 관련해서 고려할 사항이 두 가지 있다. 첫째로, F는 제1종 오류율을 통제하는가? 아니면, 평균들에 차이가 없어도 여전히 유의한 결과가 나올 수 있는가? 둘째로, F의 검정력은 충분한가? 즉, 실제로 존재하는 차이들을 검출할 수 있는가? 그럼 이에 대한 증거들을 살펴보자.

우선 정규성 가정을 살펴보면, [Glass 외, 1972]는 기울거나 뾰족한 비정규분포 조건들에서도 F가 제1종 오류율을 통제함을 암시하는 수많은 증거를 개괄했다. 기운(skew) 분포는 오류율과 양쪽꼬리 검정의 검정력에 거의 영향을 미치지 않는 것으로 보인다(그러나 한쪽꼬리 검정에는 심대한 영향을 미칠 수 있다). 그렇지만 이 증거 중 일부에 대해서는 의문이 제기되었다(초천재 제인 글상자 5.1 참고). 뾰족한 분포(급첨 분포)는 제1종 오류율을 너무 낮춘다(귀무효과가 유효하다고 판정하는 경우가 너무 많다). 따라서 검정력이 너무 높아진다. 평평한 분포(평첨 분포)는 그 반대의 효과를 낸다. 급첨의 효과는 표본 크기들이 같은지 다른지에는 영향을 받지 않는 것으로 보인다. 이와 관련해서 조금 자세히 소개할 연구가 있다. 러니는 분산분석의 사용에 관해 상상할 수 있는 가장 비정규적인 상황인, 종속변수가 이분변수(§1.5.1.2)인 경우를 조사했다(Lunney, 1970). 연구 결과에 따르면, 분산분석은 그룹 크기들이 같고, 자유도가 적어도 20이고, 가장 작은 응답 범주에 모든 응답의 적어도 20%가 포함될 때 정확했다. 가장 작은 응답 범주에 포함된 응답들이 전체 응답의 20% 미만일 때는, 자유도가 40 이상일 때만 분산분석이 정확하게 수행되었다. F의 검정력 역시 비정규성에 비교적 영향을 안 받는 것으로 보인다(Donaldson, 1968). 이러한 증거들은, **그룹 크기들이 같을 때** F 통계량이 정규성 위반에 대해 상당히 강건함을 암시한다.

그러나 그룹 크기들이 다를 때는 F의 정확성이 기운 비정규분포에 영향을 받으며, F의 검정력 역시 상당히 예측할 수 없는 방식으로 영향을 받는다(Wilcox, 2005). 윌콕스는 평균들이 같을 때 오류율이 무려 18%나 되는(보통은 5%이어야 한다) 상황을 서술했다. 평균들의 차이가 커지면 검정력도 증가해야 마땅하지만, 윌콕스는 검정력이 일단 **감소하는** 상황을 발견했다(차이들이 더 커지면 다시 증가하긴 했지만). 그런 만큼, 정규성 위반이 F에 영향을 미칠 수 있다고 보아야 할 것이다.

다음으로 분산의 동질성 가정을 살펴보면, 표본 크기들이 같을 때는 분산의 동질성이 깨져도 오류율 면에서 분산분석은 강건하게 반응한다. 그러나 표본 크기들이 다를 때는 분산의 동질성 위반에 대해 분산분석이 강건하지 않다(이것이 앞에서 자료 수집 시 여러 조건의 표본 크기를 가능하면 동일하게 맞추는 것이 좋다고 말한 이유이다). 표본 크기가 큰 그룹의 분산이 표본 크기가 작은 그룹의 분산보다 크면, 해당 F 비가 너무 깐깐하게 평가되는 경향이 있다. 즉, 모집단에 진짜 차이가 존재해도 유의하지 않은 결과를 낼 가능성이 크다. 반대로, 표본 크기가 큰 그룹의 분산이 표본 크기가 작은 그룹의 분산보다 작을 때는 해당 F 비가 너무 느슨하게 평가될 수 있다. 즉, 모집단에 진짜 차이가 존재하지 않아도 유의한 결과를 낼 가능성이 크다(다른 말로 하면, 제1종 오류율이 통제되지 않는다). [Glass 외, 1972]가 이 주제를 개괄한다. 분산들이 평균들에 비례할 때는 F의 검정력이 분산의 동질성 위반에 영향을 받지 않으며, 분산들을 안정화한다고 해도 검정력이 크게 개선되지는 않는 것으로 보인다(Budescu, 1982; Budescu & Appelbaum, 1981).

한편, 독립성 가정의 위반은 아주 심각하다. [Scariano & Davenport, 1987]에 따르면, 이 가정이 깨지면(즉, 여러 그룹의 관측값들 사이에 상관관계가 존재하면) 제1종 오류율이 크게 상승한다. 예를 들어, 관측들이 독립적일 때는 흔히 제1종 오류율을 .05로 잡지만, 세 그룹을 비교할 때 세 그룹의 관측들이 어느 정도 상관되어 있으면(이를테면 피어슨 상관계수가 .5이면) 실제 제1종 오류율이 .74이다(꽤 상승된 값이다!). 따라서, 만일 관측들이 서로 연관되어 있으면, 오류율이 허용 가능한 .05(이는 단 5%의 경우에서만 유의하지 않은 결과를 유의하다고 잘못 판정하는 것에 해당한다)라고 생각하고 분석을 진행했어도 실제로는 오류율이 .75이다(즉, 모집단에 아무런 효과가 없는 데도 유의한 결과를 발견했다고 오해하는 경우가 75%나 된다).

방금 읽은 끔찍한 상황을 타개하는 방법이 몇 가지 있다. 초천재 제인 글상자 10.2를 보기 바란다.

올리버 트위스티드
선생님, 그거 더 가르쳐 주세요….
웰치의 F요!

"웰치의 F를 잘 모르니까 설명 안 해주는 거죠?"라고 올리버가 도발한다. "앤디, 앤디, 뇌에 모래가 찬 앤디…" 뭐라는 거냐, 올리버. 웰치의 F는 분산의 동질성 가정 위반이 유발하는 문제를 극복하기 위해 F와 잔차 자유도를 수정한다(Welch, 1951). 부록 웹사이트의 보충 자료에 웰치의 F를 꽤 길게 설명한 글이 있으니 참고하기 바란다. 참, 올리버, 컴퓨터에 들어가는 마이크로칩은 모래로 만든단다.

제5장에서 보았듯이, 가정과 관련된 문제를 바로잡는 데 흔히 쓰이는 방법은 모든 자료를 변환한 후 다시 분석하는 것이다. 분산의 동질성이 문제일 때는, 그 가정이 깨졌을 때도 강건하게 작동하도록 변형된 F 검정을 사용하면 된다. 그런 변형 중 R에서 수행할 수 있는 것으로 **웰치의 F**(Welch's F)가 있다. 이에 관해서는 올리버 트위스트 글상자를 참고하기 바란다.

분포의 정규성 가정이 깨졌을 때는, 윌콕스가 R로 구현한(Wilcox, 2005) 분산분석의 강건한 버전들(§5.8.4)을 사용한다. 이 방법들은 부트스트랩 또는 절사평균과 M 추정량에 기초한다(후자의 둘 역시 부트스트랩과 함께 사용할 수 있다). 이 방법들은 이번 장에서 나중에 좀 더 이야기한다.

여러 측면을 고려할 때, 그럴 자신이 있다면 가정 위반을 해결하는 가장 나은 접근 방식은 아마도 윌콕스의 강건한 방법들을 사용하는 것이다. 그러나 그럴 자신이 없다면 다른 검정 방법들을 사용해야 한다(흔히 무가정(assumption-free) 검정이나 무분포(distribution-free) 검정, 비모수적 검정이라고 부르는데, 셋 다 정확한 이름은 아니다). 단방향 독립 분산분석에는 크루스컬-월리스 검정(Kruskal-Wallis test)이라고 하는 비모수적 버전이 존재한다. 정규분포가 아닌, 또는 다른 어떤 가정이 위반된 자료가 있다면, 이 검정이 문제 해결에 도움이 될 것이다. 이 검정은 제15장에서 설명한다.

10.4 계획된 대비 ②

F 비는 자료에 적합된 모형이 가외 변수들보다 더 많은 변동을 설명하는지의 여부를 알려줄 뿐, 그룹들이 어떻게 다른지는 말해주지 않는다. 즉, F 비가 통계적으로 유의할 정도로 크게 나왔다고 해도, 우리는 평균들의 차이 중 하나 또는 여러 개가 통계적으로 유의하다는(이를테면 b_2나 b_1이 통계적으로 유의하다는) 점만 알게 될 뿐이다. 따라서, 어떤 그룹들이 다른지 알아내려면 분산분석 이외의 분석을 실행해야 한다. 다중회귀에서는 각 계수 b를 t 검정을 이용해서 따로 검정했는데, 분산분석에서도 그런 방식을 사용할 수 있다. 그러나 이를 위해서는 t 검정을 두 번 수행해야 하는데, 그러면 집단별 오류율이 상승한다(§10.2 참고). 따라서, 제1종 오류율을 높이지 않으면서도 서로 다른 그룹들을 찾아내는 방법이 필요하다. 그런 방법은 두 가지인데, 하나는 모형이 설명하는 변동을 더 작은 부분들로 나누는 것이고, 다른 하나는 모든 그룹을 비교하되(마치 여러 t 검정을 수행하듯이) 집단별 오류율이 .05보다 커져서는 안 된다는 좀 더 엄격한 허용 기준을 적용하는 것이다. 전자는 계획된 비교(planned comparison)라고도 부르는 **계획된 대비**(planned contrast)[4] 기법으로 수행할 수 있고, 후자는 **사후검정**(post hoc test)이라고 하는 사후 비교 기법으로 수행할 수 있다(사후검정은 §10.5에서 설명한다). 계획된 비교는 검사하고자 하는 구체적인 가설이 있을 때 사용하고 사후검정은 특별한 가설이 없을 때 사용한다는 점에서, 그 둘의 차이는 한쪽꼬리 검정과 양쪽꼬리 검정의 차이와 비슷하다. 그럼 계획된 대비 기법부터 살펴보자.

---

4 비교와 대비는 맞바꿔 사용할 수 있는, 사실상 같은 용어이다.

10.4.1 수행할 대비의 선택 ②

비아그라의 예에서 우리는 아주 구체적인 가설을 세울 수 있다. 예를 들어, 비아그라를 먹으면 (조금 먹든 많이 먹든) 위약 그룹에 비해 리비도가 많이 변할 것이라는 가설이 가능하다. 또한, 비아그라를 적게 먹었을 때보다 많이 먹었을 때 리비도가 더 많이 변할 것이라는 가설도 둘 수 있다. 계획된 비교를 수행할 때는 그러한 가설들을 자료를 수집하기 전에 세워야 한다. 과학 연구에서는 실험 조건들 대 통제 조건(대조군)을 첫 번째 대비로 두어서 비교하고, 그런 다음 실험 조건들 사이에 차이가 있는지 비교하는 접근방식이 흔히 쓰인다. 분산분석은 전체 변동 (분산)을 두 부분, 즉 실험 조작에 의한 변동(SS_M)과 비체계적 요인에 의한 변동(SS_R)으로 나누는 것에 기초한다(그림 10.4 참고).

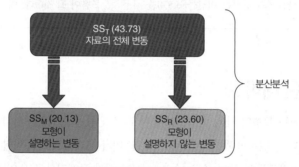

그림 10.4 분산분석을 위한 변동의 분할

계획된 비교는 이러한 논리를 한 단계 더 확장해서, 실험 조작에 의한 변동을 더 잘게 분할한다(그림 10.5). 구체적으로 어떤 비교(대비)들을 수행할 것인지는 검사하려는 가설에 따라 달라진다. 그림 10.5는 모형이 설명하는 변동을 일단은 비아그라 복용 조건들에 의한 변동과 위약 조건에 의한 변동으로 분할해서 비교하고(대비 1), 그런 다음 저용량 조건과 고용량 조건을 비교하는(대비 2) 상황을 나타낸 것이다.

이러한 계획된 대비의 개념을 잘 이해하지 못하는 학생들이 많은데, 다음 세 가지 규칙이 이해에 도움이 될 것이다.

1 실험에 대조군이 존재한다면, 보통의 경우 그 대조군은 다른 실험군들과의 비교를 위한 것이다.

2 각 대비는 반드시 변동의 두 '조각'만 비교해야 한다.

3 한 대비에서 어떤 한 그룹을 특정해서 선택했다면(single out), 그다음의 대비들에서 그 그룹을 다시 사용해서는 안 된다.

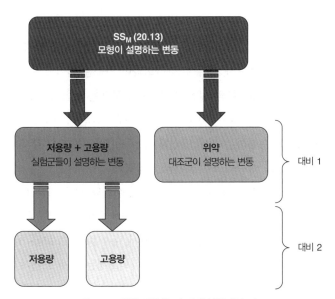

그림 10.5 실험 변동을 더 작게 분할해서 비교

먼저 한 대비에서 특정해서 선택한 그룹을 다른 대비에서 사용하면 안 된다는 세 번째 규칙을 좀 더 살펴보자. 여기서 중요한 것은, 계획된 대비에서는 변동의 한 조각을 더 작은 개별 조각으로 분할한다는 것이다. 그림 10.5에서 대비 1은 위약 그룹(대조군)과 실험군들을 비교한다. 이 대비에서는 위약 그룹을 특정해서 선택했으므로, 이후의 대비에서는 위약 그룹을 사용하지 말아야 한다. 변동의 분할은 케이크를 잘라서 나누어 주는 것과 비슷하다. 온전한 케이크 하나(총제곱합)로 시작해서, 케이크를 두 조각(SS_M과 SS_R)으로 나눈다. 그런 다음 SS_M에 해당하는 조각을 다시 더 잘게 나눈다. 한 덩어리에서 자른 조각을 원래의 덩어리에 붙여서는 안 되고, 다른 덩어리에서 잘라낸 조각에 붙여서도 안 된다. 오직 더 작은 조각으로 나눌 수만 있다. 마찬가지로, 더 큰 덩어리에서 한 조각의 변동을 잘라냈다면, 그것을 다른 변동 조각에 붙여서는 안 된다. 오직 더 작은 변동 조각들로 분할할 수만 있다. 케이크를 예로 드니 배가 좀 고프긴 하지만, 어쨌든 요점이 잘 전달되었으리라 믿는다.

방금 설명한 대비의 독립성(조각 자르기) 규칙을 따른다면, 그리고 항상 한 번의 대비에서 두 조각만 비교하는 식으로 조각들을 분할해 나간다면, 결국에는 그룹 개수 빼기 1개의 대비들을 수행하게 된다. 즉, 계획된 대비에서 수행하는 대비의 수는 $k - 1$이다(여기서 k는 비교하려는 조건들의 개수).

다음으로, 각 대비가 반드시 변동의 두 조각만 비교해야 한다는 규칙을 살펴보자. 계획된 대비로부터 확실한 결론을 얻으려면 이 규칙을 지켜야 한다. F 비는 평균들이 다르다는 점을 알려줄 뿐 구체적으로 어떤 평균들이 서로 다른지는 말해주지 않는다. 한 번에 셋 이상의 변동 조각들을 비교하면 그와 똑같은 문제가 발생한다. 반대로, 단 두 개의 변동 조각을 비교했을 때 그 차이가 유의하다면, 서로 다른 것은 바로 그 두 조각임을 확신할 수 있다.

마지막으로, 첫 규칙을 살펴보자. 대부분의 사회과학 연구는 적어도 하나의 통제 조건(대조군)이 존재한다. 그리고 거의 대부분의 실험 설계에서 연구자는 실험 조건들이 통제 조건(들)과 다르다고 예측한다. 그런 만큼, 계획된 비교를 수행할 때는 모든 실험군을 대조군(들)과 비교하는 것을 첫 번째 대비로 수행하는 것이 당연하다. 이 첫 비교를 마친 후의 비교들은 실험군 쌍 중 어떤 것이 다를 것으로 예측하느냐에 따라 달라진다.

이해를 돕기 위한 예로, 그림 10.6과 10.7은 4그룹 실험의 서로 다른 대비 구성을 보여준다. 우선은 두 시나리오에서 가능한 대비가 셋(그룹 수 빼기 1)이라는 점에 주목하자. 그리고 모든 대비는 오직 두 변동 조각만 비교한다. 더 나아가서, 두 시나리오 모두 첫 대비는 같다. 바로, 실험군들 대 대조군의 비교이다. 그림 10.6의 시나리오에는 통제 조건이 하나뿐이므로 그 변동 조각이 첫 대비에서만 쓰였다(한 번 선택된 그룹을 이후의 대비에서 사용하면 안 되므로). 반면 그림 10.7에서는 대조군이 두 개이다. 이 경우 대비 1의 해당 변동 조각이 대비 3에서 더욱 분할되었다(두 대조군을 비교하기 위해).

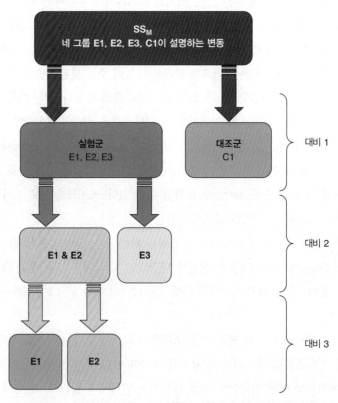

그림 10.6 대조군이 하나인 4그룹 실험의 계획된 대비를 위한 변동 분할

그림 10.6에서, 대비 1에 쓰인 세 실험군에 의한 변동 조각은 대비 2에서 그룹 E1 & E2 대 그룹 E3의 비교를 위해 두 조각으로 분할된다. 이렇게 하지 않고 대비 2에서 그룹 E1 대 E2 & E3으로 분할하거나 그룹 E1 & E3 대 E2 등으로 분할할 수도 있다. 어떤 구성을 선택하는지는 검사하고자 하는 가설에 따라 달라진다. 그룹 E3이 다른 두 실험군과 다를 것으로 예측할만한 그럴 듯한 이유가 있다면 그림 10.6의 대비 2와 같은 구성이 적합할 것이다. 어떤 구성이든, 대비 2에서는 실험군 둘과 실험군 하나를 비교하게 된다. 그리고 그 두 실험군은 그다음 대비(마지막 대비)에서 비교한다. 마지막으로, 그림 6과 그림 7의 예들이 한 대비에서 비교한 그룹을 이후의 대비들에서 사용하지 말아야 한다는 규칙을 잘 지키고 있다는 점도 주목하기 바란다.

계획된 대비로 알아낼 수 있는 것이 뭘까?

계획된 대비에서는 분산의 '조각'들을 비교한다. 그런데 한 조각이 여러 개의 그룹으로 구성된 경우가 많다. 그런 만큼, 그런 조각들을 비교하는 대비가 정확히 무슨 뜻인지 이해하기 어려울 수도 있다. 여러 그룹 대 다른 한 그룹의 대비에서는 한 조각의 그룹들의 평균들을 다른 조각의 그룹 평균과 비교한다. 앞에서, 비아그라 자료에 대한 첫 대비로는 두 실험군 대 위

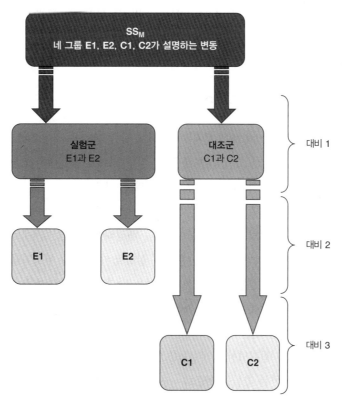

그림 10.7 대조군이 둘인 4그룹 실험의 계획된 대비를 위한 변동 분할

약 그룹의 비교가 적당하다고 말했다. 세 그룹의 평균은 2.20(위약), 3.20(저용량), 5.00(고용량)이다. 따라서, 두 실험군과 대조군을 비교하는 첫 대비에서는 2.20(위약 그룹의 평균)을 두 그룹 평균의 평균((3.20 + 5.00)/2 = 4.10)과 비교한다. 만일 이 비교가 통계적으로 유의하다면, 4.10이 2.20보다 유의하게 더 크다고 말할 수 있다. 이를 실험의 관점에서 다시 이야기하면, 실험군들의 평균이 대조군의 평균과 유의하게 다른 것이다. 논리적으로 이를 더 확장하면, 만일 표준오차들이 동일하다면, 평균이 큰 실험군(고용량 그룹)은 위약 그룹과 유의하게 다르다고 말할 수 있다. 그러나 평균이 작은 실험군(저용량 그룹)이 반드시 위약 그룹과 유의하게 다르다고는 아직 말할 수 없다. 그 점을 밝히려면 마지막 대비에서 두 실험군을 비교해 봐야 한다. 비아그라 자료의 경우 마지막 대비는 두 실험군이 유의하게 다른지(즉, 고용량 그룹 평균과 저용량 그룹 평균의 차이가 유의한지)를 검사한다. 이 비교 결과가 유의하다면, 비아그라를 적게 먹는 것에 비해 많이 먹는 것이 리비도에 유의하게 영향을 미친다는 결론을 내릴 수 있다. 반대로, 만일 비교 결과가 유의하지 않다면, 비아그라 복용량의 차이에 따른 리비도 차이가 유의하지 않다는 결론을 내릴 수 있다. 그런데 이 후자의 경우에도 두 복용량 모두 위약 조건보다는 리비도에 더 많은 영향을 미칠 가능성이 있고, 반면 전자의 경우에는 저용량 조건이 위약과 별로 다르지 않음을 함의(implication)할 수 있다. 여기서 함의라는 단어가 중요하다. 즉, 저용량 그룹이 위약 그룹과 다르지 않을 가능성이 있다는 것이다. 정말로 그런지는 사후검정(§10.5)을 실행해 봐야 한다.

10.4.2 가중치를 이용한 대비 정의 ②

이제 비교(대비)들을 어떻게 계획해야 할지 어느 정도 감을 잡았을 것이다(즉, 아직 여러분의 뇌가 폭발하지는 않았을 것이다). 한 가지 기쁜 소식은, 일단 비교들을 선택하기만 하면 나머지 어려운 계산은 R이 마법처럼 처리해 준다는 점이다. 계획된 대비들을 R이 실행하게 하려면 어떤 그룹들을 비교해야 할지 R에게 알려주어야 하는데, 이 부분이 꽤 복잡해질 수 있다. 사실, 대비들을 실행할 때는 회귀모형의 특정 변수들에 값을 배정해야 한다(안타깝게도 또다시 회귀를 언급할 수밖에 없다). 이 과정은 마치 주된 분산분석을 실행할 때 가변수 부호화를 적용하는 과정과 비슷하다. 계획된 대비를 실행할 때는 분산분석을 나타내는 회귀모형의 가변수들에 특정한 값들을 배정해야 한다. 앞에서 실험 그룹들을 정의할 때는 가변수들에 1 또는 0을 배정했지만, 계획된 대비를 실행할 때는 그와는 다른 값들을 배정해서 비교할 그룹들을 지정해야 한다. 이 과정의 결과로 생긴 회귀모형의 계수들(b_2와 b_1)은 우리가 원하는 비교를 나타낸다. 대비를 위해 가변수들에 배정하는 값들을 **가중치**(weight, 또는 가중값)라고 부른다.

이 과정이 아주 헷갈릴 수 있지만, 원하는 비교를 나타내도록 가변수들에 값들을 배정하는 데에는 몇 가지 기본 규칙이 있다. 대비 실행 과정을 구체적으로 설명하기 전에 먼저 그러한 간단한 규칙들을 살펴보자. 이 규칙들을 제대로 이해하려면 앞에서 계획된 대비를 소개하면서 이야기한 내용, 특히 변동의 '조각'에 관한 내용을 숙지해야 한다.

- **규칙 1:** 합당한 비교를 선택해야 한다. 한 대비에서 오직 두 개의 변동 조각만 비교해야 한다는 점과, 한 비교에서 특정하게 선택된 그룹은 이후의 대비에서 사용하지 말아야 한다는 점을 명심해야 한다.

- **규칙 2:** 양의 가중치가 배정된 그룹들이 음의 가중치가 배정된 그룹들과 비교된다. 따라서, 한 변동 조각에는 양의 가중치를, 다른 변동 조각에는 음의 가중치를 배정해야 한다.

- **규칙 3:** 한 비교에서 가중치들의 합은 0이어야 한다. 한 대비에서 비교하는 모든 그룹의 가중치를 합하면 0이 되어야 한다.

- **규칙 4:** 비교에 포함되지 않는 그룹에는 무조건 가중치 0을 배정해야 한다. 가중치가 0인 그룹은 모든 계산에서 제외된다.

- **규칙 5:** 주어진 한 대비에서, 한 변동 조각의 그룹(들)에 배정된 가중치들의 크기(절댓값)는 다른 변동 조각에 있는 그룹의 개수와 같아야 한다.

그럼 이 규칙들에 따라서 비아그라 자료에 대한 가중치들을 구해 보자. 첫 대비는 두 실험군 대 대조군의 비교이다.

이 대비에서 첫 변동 조각은 두 실험군으로 구성되고 둘째 변동 조각은 위약 그룹만으로 구성된다. 규칙 2에 따라, 한 조각에는 양의 가중치를, 다른 한 조각에는 음의 가중치를 부여해야 한다. 어느 쪽을 양으로 하는지는 중요하지 않지만, 편의상 조각 1에 양의 가중치를, 조각 2에 음의 가중치를 부여하기로 하자.

규칙 5에 따라, 조각 1의 그룹들에 배정하는 가중치의 크기는 조각 2의 그룹 개수와 같아야 한다. 조각 2는 위약 그룹 하나뿐이므로 조각 1의 각 그룹에 가중치 1을 배정한다. 마찬가지로, 조각 2의 그룹에 배정하는 가중치의 크기는 조각 1의 그룹 개수와 같아야 한다. 조각 1에는 그룹이 둘이므로, 그리고 조각 2에는 음의 가중치를 배정해야 하므로, 조각 2의 위약 그룹에는 −2라는 가중치를 배정한다. 정리하자면, 저용량 그룹의 가중치는 1, 고용량 그룹의 가중치는 1, 위약 그룹의 가중치는 −2이다.

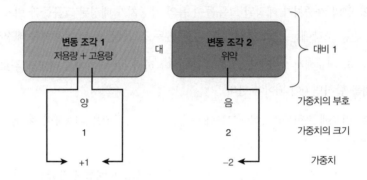

규칙 3에 따르면, 주어진 한 대비에서 가중치들의 합은 0이어야 한다. 규칙 2와 5를 따르면 이 규칙 3은 항상 지켜진다(만일 규칙 2와 규칙 5를 제대로 따르지 않았다면, 가중치들을 합했을 때 0이 아닌 값이 나올 것이다). 실제로 계산해 보면, 가중치들의 합은 1 + 1 − 2 = 0이다.

대비 2는 위약 그룹을 배제하고 두 실험군을 서로 비교한다. 규칙 4에 따라, 위약 그룹의 가중치는 무조건 0이다(그러면 이후의 모든 계산에서 이 그룹이 제외된다). 이 대비는 이전 대비의 한 조각을 둘로 나누어서 비교한다. 조각 1은 저용량 그룹으로 구성되고 조각 2는 고용량 그룹으로 적용된다. 규칙 2와 5에 따라, 한 그룹의 가중치는 +1, 다른 한 그룹의 가중치는 −1이다. 대조군은 배제되므로 가중치는 0이다. 이제 가중치들을 합해 보면 규칙 2와 규칙 5를(그리고 규칙 4를) 제대로 따랐는지 확인할 수 있다. 대비 2의 가중치들의 합은 1 − 1 + 0 = 0이다.

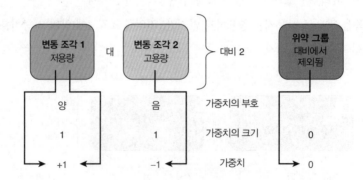

각 대비의 가중치들은 식 (10.2)의 두 가변수의 부호들로 쓰인다. 이러한 방식으로 가변수들을 부호화한 다중회귀 모형에서 b_2는 대비 1(두 실험군 대 대조군의 비교)을, b_1은 대비 2(저용량 그룹 대 고용량 그룹의 비교)를 대표한다.

$$리비도_i = b_0 + b_1 대비_{1i} + b_2 대비_{2i} \qquad (10.9)$$

이전에는 각 그룹에 0 또는 1을 배정했지만, 이제는 두 대비를 위한 부호화 방식에 따라 가중치들을 배정한다. 대비 1에서 −2라는 가변수 부호와 대비 2에서 가변수 0이라는 가중치는 위약 그룹의 참가자들을 식별하는 부호로 쓰인다. 마찬가지로, 고용량 그룹은 두 가변수 모두 1이라는 부호로 식별되고, 저용량 그룹은 대비 1에서는 부호 1, 대비 2에서는 부호 −1로 식별된다(표 10.4).

표 10.4 비아그라 자료에 대한 직교 대비 설계

그룹	가변수 1(대비$_1$)	가변수 2(대비$_2$)	곱(대비$_1$ × 대비$_2$)
위약	−2	0	0
저용량	1	−1	−1
고용량	1	1	1
총합	0	0	0

한 비교의 가중치들의 합이 0이 되어야 하는 것이 중요한 이유는, 그래야 단 두 개의 두 변동 조각이 비교되어서 t 검정을 수행할 수 있기 때문이다. 좀 더 중요한 고려사항은, 각 그룹의 가중치들을 곱한 값들(표 10.4의 마지막 열)의 합 역시 0이어야 한다는 것이다. 곱들의 합이 0인 대비들을 가리켜 **독립적인** 대비들 또는 **직교**(orthogonal) 대비들이라고 부른다.

직교 대비가 뭐지?

이전에 비아그라 자료에 대해 가변수 부호화를 이용해서 회귀분석을 실행할 때, 집단별 오류율의 상승 때문에 회귀계수들에 개별적으로 t 검정을 수행할 수는 없다고 말했다(§10.4). 그런데 대비들이 독립이면 해당 b 계수들에 대한 t 검정들도 독립이므로, 그 결과로 나오는 p 값들에 상관관계가 존재하지 않는다. 그러한 독립성 요구조건을 만족하도록 대비들의 가중치들을 설정하는 것이 아주 어려울 것 같지만, 앞에서 설명한 규칙들을 잘 지킨다면 저절로 직교 대비들이 만들어진다. 가중치들을 모두 정했다면, 가중치들의 곱들의 합이 0인지 점검해 보기 바란다(표 10.4의 마지막 열 참고). 만일 그것이 0이 아니라면 규칙들을 다시 점검해서 무엇이 잘못되었는지 찾아봐야 한다.

앞에서 언급했듯이, 회귀모형의 가변수들을 대비 가중치들로 부호화하면 b 값들은 각 대비에서 비교하는 평균들의 차이를 나타낸다. 그 말을 믿고 넘어가도 좋지만, 좀 더 열의 있는

학생들을 위해 그러한 회귀모형이 실제로 어떻게 작동하는지 설명해 보겠다(다음 부분은 마음 약한 독자를 위한 것이 아니므로, 수학 공식 공포증이 있는 독자라면 다음 절로 넘어가기 바란다!). 계획된 대비를 실행할 때 절편 b_0는 총평균(즉, 점수들이 어떤 그룹에 속하는지 알려지지 않았을 때 모형이 예측하는 값)과 같다. 그룹 크기들이 같을 때 이 절편을 구하는 공식은 다음과 같다.

$$b_0 = 총평균 = \frac{\overline{X}_{고} + \overline{X}_{저} + \overline{X}_{위약}}{3}$$

위약 그룹: 위약 그룹에 대한 대비 가중치들(표 10.4)을 회귀모형에 적용한 경우, 모형이 예측한 리비도 값은 위약 그룹의 평균과 같다. 이를 수식으로 나타내면 다음과 같다.

$$리비도_i = b_0 + b_1 대비_1 + b_2 대비_2$$

$$\overline{X}_{위약} = \left(\frac{\overline{X}_{고} + \overline{X}_{저} + \overline{X}_{위약}}{3} \right) + (-2b_1) + (b_2 \times 0)$$

$-2b_1$ 항을 좌변으로 넘기고 양변에 3을 곱해 보자(분수를 없애기 위해).

$$2b_1 = \left(\frac{\overline{X}_{고} + \overline{X}_{저} + \overline{X}_{위약}}{3} \right) - \overline{X}_{위약}$$

$$6b_1 = \overline{X}_{고} + \overline{X}_{저} + \overline{X}_{위약} - 3\overline{X}_{위약}$$

$$6b_1 = \overline{X}_{고} + \overline{X}_{저} - 2\overline{X}_{위약}$$

양변을 2로 나누고 좀 더 정리해서 수식을 단순화하면 다음과 같은 결과가 나온다.

$$3b_1 = \left(\frac{\overline{X}_{고} + \overline{X}_{저}}{2} \right) - \overline{X}_{위약}$$

$$b_1 = \frac{1}{3}\left[\left(\frac{\overline{X}_{고} + \overline{X}_{저}}{2} \right) - \overline{X}_{위약} \right]$$

이 공식에서 보듯이, b_1은 두 실험군의 평균과 대조군의 평균의 차이를 나타낸다. 여기에 비아그라 자료의 수치들을 대입해 보자.

$$3b_1 = \left(\frac{\overline{X}_{고} + \overline{X}_{저}}{2} \right) - \overline{X}_{위약}$$

$$= \frac{5 + 3.2}{2} - 2.2$$

$$= 1.9$$

대비 1은 실험군들의 평균과 대조군의 평균의 차이를 비교한다. 이제는 b_1이 바로 그러한 차이를 나타낸다는 점이 명확해졌을 것이다. 예민한 독자라면, b_1이 차이 자체가 아니라 차이의 3분의 1에 해당함을 알아챘을 것이다(b_1 = 1.9/3 = 0.633). 이 예에서 분모 3은 다름 아닌 대비의 그룹 개수이다. 실제 평균 차이를 그룹 개수로 나눈 값을 회귀계수로 사용함으로써, 집단별 오류율이 통제되는 효과가 생긴다.

고용량 그룹: 고용량 그룹에 대한 대비 가중치들(표 10.4)을 모형에 적용한 경우, 모형이 예측한 리비도 값은 고용량 그룹의 평균과 같다. 이를 수식으로 나타내면 다음과 같다.

$$리비도_i = b_0 + b_1 대비_1 + b_2 대비_2$$
$$\overline{X}_{고} = b_0 + (b_1 \times 1) + (b_2 \times 1)$$
$$b_2 = \overline{X}_{고} - b_1 - b_0$$

b_1과 b_0가 무엇을 나타내는지는 앞에서 이미 파악했다. 다음은 이 값들을 공식에 대입하고 양변에 3을 곱해서 분수를 없앤 후 좀 더 정리한 것이다.

$$b_2 = \overline{X}_{고} - b_1 - b_0$$
$$b_2 = \overline{X}_{고} - \left\{ \frac{1}{3}\left[\left(\frac{\overline{X}_{고} + \overline{X}_{저}}{2}\right) - \overline{X}_{위약}\right]\right\} - \left(\frac{\overline{X}_{고} + \overline{X}_{저} + \overline{X}_{위약}}{3}\right)$$
$$3b_2 = 3\overline{X}_{고} - \left[\left(\frac{\overline{X}_{고} + \overline{X}_{저}}{2}\right) - \overline{X}_{위약}\right] - (\overline{X}_{고} + \overline{X}_{저} + \overline{X}_{위약})$$

다시 양변에 2를 곱해서 분수를 없애고 모든 괄호를 전개한 후 적절히 정리하면 다음이 나온다.

$$6b_2 = 6\overline{X}_{고} - (\overline{X}_{고} + \overline{X}_{저} - 2\overline{X}_{위약}) - 2(\overline{X}_{고} + \overline{X}_{저} + \overline{X}_{위약})$$
$$= 6\overline{X}_{고} - \overline{X}_{고} - \overline{X}_{저} + 2\overline{X}_{위약} - 2\overline{X}_{고} - 2\overline{X}_{저} - 2\overline{X}_{위약}$$
$$= 3\overline{X}_{고} - 3\overline{X}_{저}$$

마지막으로, 양변을 6으로 나누어서 b_2에 대해 정리한다(3/6 = 1/2임을 기억할 것).

$$b_2 = \frac{1}{2}(\overline{X}_{고} - \overline{X}_{저})$$

계획된 대비의 대비 2는 두 실험군의 평균 차이를 비교하는 것이다. 그 차이는 다음과 같다.

$$\overline{X}_{고} - \overline{X}_{저} = 5 - 3.2 = 1.8$$

이 값을 앞의 공식에 대입하면 b_2 값이 나온다. b_2는 평균 차이의 2분의 1이며(1.8/2 = 0.9), 여기서 분모 2는 대비의 그룹 개수이다. 실제 평균 차이를 그룹 개수로 나눈 값을 회귀계수로 사용함으로써, 집단별 오류율이 통제되는 효과가 생긴다.

자가진단

✓ 이상의 원리들을 시연해 볼 수 있도록, 비아그라 자료를 이번 절에서 사용한 대비 가중치들로 부호화한 결과를 담은 **Contrast.dat**라는 파일을 부록 웹사이트에 올려 두었다. 이 파일의 자료에 대해, **libido**를 결과변수로, **dummy1**과 **dummy2**를 예측변수로 사용해서 다중회귀분석을 실행하라(다른 모든 옵션은 기본값을 적용할 것).

자가진단의 회귀분석 결과가 출력 10.2에 나와 있다. 이 모형의 F 통계량은 가변수 부호화를 사용했을 때와 같다(출력 10.1 참고). 즉, 모형의 적합도는 이전과 동일하다(모형이 그룹 평균들을 대표한다는 점은 변하지 않았으므로 당연한 결과이다). 그러나 회귀계수들은 변했다. 가장 먼저 주목할 것은 절편(*Intercept* 항목)이 총평균과 같은 3.467이라는 점이다(내가 거짓말을 한 것이 아님이 밝혀졌다). 둘째로, 대비 1(*dummy1*)의 회귀계수는 실험군들의 평균과 대조군의 평균의 차이의 3분의 1인 0.633이다(앞에서 구한 값과 같다). 마지막으로, 대비 2의 회귀계수는 두 실험군 평균의 차이의 2분의 1인 0.9이다(역시 앞에서 구한 값과 같다). 이상의 논의에서 보듯이, 분산분석에 대해 계획된 대비를 수행한다는 것은 한 변동 조각의 평균과 다른 한 변동 조각의 평균의 차이에 대한 t 검정을 여러 조각 쌍들에 수행하는 것에 해당한다. 그러한 t 검정들의 유의확률을 보면 각 비교의 유의성을 알 수 있다. 지금 예에서 실험군들과 대조군의 차이는 유의하지만($p < .05$), 두 실험군의 차이는 유의하지 않다($p > .05$).

출력 10.2

```
Coefficients:
            Estimate Std. Error t value Pr(>|t|)
(Intercept)   3.4667     0.3621   9.574 5.72e-07 ***
dummy1        0.6333     0.2560   2.474   0.0293 *
dummy2        0.9000     0.4435   2.029   0.0652 .
---
Signif. codes:  0 '***' 0.001 '**' 0.01 '*' 0.05 '.' 0.1 ' ' 1

Residual standard error: 1.402 on 12 degrees of freedom
Multiple R-squared: 0.4604,    Adjusted R-squared: 0.3704
F-statistic: 5.119 on 2 and 12 DF,  p-value: 0.02469
```

주입식 샘의 핵심 정리 계획된 대비

- 분산분석을 수행한 후, 실제로 어떤 그룹들이 서로 다른지 알아내려면 추가적인 분석이 필요하다.
- 실험 전에 특정한 방향이 있는 가설을 세웠을 때는 **계획된 대비**를 사용한다.
- 각 대비는 변동의 두 '조각'을 비교한다. (하나의 조각은 하나 이상의 그룹으로 구성된다.)
- 첫 대비는 항상 실험군들을 대조군과 비교한다.
- 그다음 대비에서는 여러 그룹이 있는 조각을 선택해서(그런 조각이 있다면) 그 조각을 둘로 분할한다.
- 이전 대비에 둘 이상의 그룹이 있는 조각이 있으면 그 조각을 더 잘게 나누어서 새로운 대비를 실행한다. 이러한 과정을 조각을 더 나눌 수 없을 때까지 반복한다.
- 이런 식으로 대비들을 만들어 나가면, 모든 그룹은 각각 자신만으로 하나의 조각을 구성하게 된다.
- 이런 식으로 만든 대비들의 개수는 실험 조건들의 수에서 하나를 뺀 것과 같아야 한다. 그렇지 않으면 대비들을 잘못 계획한 것이다.
- 각 대비에서, 각 그룹에는 다른 조각에 있는 그룹 개수와 같은 크기의 '가중치'를 배정한다.
- 각 대비에서, 두 조각 중 하나를 무작위로 선택해서 그 조각의 그룹들의 가중치를 음수로 바꾼다.
- 계획된 대비를 잘 마쳤으면 잠시 쉬어도 좋다.

10.4.3 비직교 대비 ②

지금까지 직교적인 대비들을 제대로 설계하는 방법을 상세하게 살펴보았다. 그런데 직교가 아닌 대비, 즉 비직교(non-orthogonal) 대비도 가능하다는 점은 언급하지 않았다. 비직교 대비(또는 비직교 비교)에서는 대비들이 일정한 방식으로 서로 연관되어 있다. 그런 대비들을 만들어 내는 가장 쉬운 방법은, 앞에서 말한 대비 설계 규칙 1을 따르지 않는 것이다. 케이크 자르기의 예를 다시 들자면, 비직교 비교에서는 케이크를 자른 후에 케이크 조각들을 다시 붙인다. 비아그라 자료에 비직교 대비를 실행한다면, 첫 대비(실험군들 대 대조군)는 이전과 같겠지만, 그 후의 대비는 이를테면 고용량 그룹 대 위약 그룹을 비교하는 것이 될 것이다. 첫 대비에 쓰인 위약 그룹을 둘째 대비에서 다시 사용하므로, 이는 규칙 1의 위반이다. 이러한 비직교 대비들에 대한 가중치 부호화 방식이 표 10.5에 나와 있다. 마지막 열을 보면, 두 대비의 가중치를 곱해서 합한 결과가 0이 아니다. 이런 대비들이 바로 비직교 대비들이다.

> 비직교 대비는 사용하면 안 되는 것 아닌가?

비직교 대비를 실행하는 것이 그 자체로 잘못된 일은 아니다. 다만, 이런 종류의 대비를 실행할 때는 결과를 아주 조심스럽게 해석해야 한다. 비직교 대비에서는 상관관계가 있는 변수

표 10.5 비아그라 자료에 대한 비직교 대비 설계

그룹	가변수 1(대비$_1$)	가변수 2(대비$_2$)	곱(대비$_1$ × 대비$_2$)
위약	−2	−1	2
저용량	1	0	0
고용량	1	1	1
총합	0	0	3

들을 비교하기 때문에, 결과로 얻은 검정통계량들과 p 값들에도 어느 정도 상관관계가 존재한다. 따라서, 주어진 대비가 통계학적으로 유의한지 판단할 때 좀 더 보수적인 유의확률을 사용할 필요가 있다(§10.5 참고).

10.4.4 표준 대비 ②

대부분의 경우에는 대비들을 여러분이 직접 설계하지만, 특정 상황들을 비교하는 데 사용하도록 고안된 특별한 대비 설계들도 존재한다. 이들 중에는 직교 대비들도 있고 비직교 대비들도 있다.

표 10.6은 R의 **contrasts()** 함수가 지원하는 대비 설계들을 정리한 것이다. 이 함수는 임의의 범주형변수를 부호화하는 데 쓰인다. 이 함수가 돌려준 결과는 여타의 선형모형(분산분석, 회귀, 로지스틱 회귀 등등)과 거의 같은 방식으로 활용할 수 있다. 표 10.6에 가중치들이 구체적으로 나와 있지는 않다. 대신, 3그룹 실험(그룹 1, 2, 3)과 4그룹 실험(그룹 1, 2, 3, 4)에서의 비교 조합들의 예가 나와 있다. 이 함수로 변수들을 부호화할 때 R은 값이 가장 작은 부호를 그룹 1, 그다음으로 작은 부호를 그룹 2 등으로 취급한다. 따라서, 여러분이 원하는 대로 비교 조합들이 만들어지게 하려면 그룹들의 부호 값을 그에 맞게 잘 설정해야 한다(R이 어떤 비교들을 수행하는지는 표 10.6을 참고해서 파악하면 된다). 똑똑한 독자라면 표 10.6에 나온 대비 중 어떤 것이 직교이고 어떤 것이 비직교인지 구분할 수 있을 것이다(예를 들어 넷째 행의 헬메르트 대비는 직교이고 둘째 행의 처리 대비는 비직교이다). 또한, 처리 대비(treatment contrast)의 비교들이 표 10.2에 나온 가변수 부호화와 동일하다는 점도 눈치챘을 것이다.

10.4.5 다항 대비: 추세 분석 ②

표 10.6에 나오지 않은(일부러 뺐다) 대비로 **다항 대비**(polynomial contrast)라는 것이 있다. 해당 함수는 **contr.poly()**이다. 이 대비는 자료의 추세(trend)를 검사한다. 가장 간단한 형태의 다항

표 **10.6** R이 지원하는 표준 대비들

이름	정의	대비	3그룹	4그룹
가변수(기본)	기본은 각 범주를 첫 범주와 비교하는 가변수 부호화이다.	1	1 대 2	1 대 2
		2	1 대 3	1 대 3
		3		1 대 4
contr.treatment()	각 범주를 사용자 정의 기저 범주와 비교한다(옆의 예는 둘째 범주를 기저로 선택한 것이다).	1	2 대 1	2 대 1
		2	2 대 3	2 대 3
		3		2 대 4
contr.SAS()	각 범주를 마지막 범주와 비교한다.	1	1 대 3	1 대 4
		2	2 대 3	2 대 4
		3		3 대 4
contr.helmert()	각 범주를 이후의 모든 범주의 평균 효과와 비교한다(마지막 범주는 예외).	1	1 대 (2, 3)	1 대 (2, 3, 4)
		2	2 대 3	2 대 (3, 4)
		3		3 대 4

대비는 선형(일차)추세(즉, 그룹 평균이 직선 형태로 증가하는지)를 검사하지만, 이차, 삼차, 사차추세를 검사할 수도 있다. 그림 10.8은 자료 집합에 존재할 수 있는 여러 종류의 추세의 예를 표시한 것이다. 선형추세(linear trend)는 여러분도 이미 익숙할 것이다. 이는 종속변수와 순서 범주들 사이의 일차 비례 관계를 나타낸다(그림에는 양의 선형 추세가 나와 있지만, 음의 선형 추세도 물론 가능하다). **이차추세**(quadratic trend)에서는 선의 방향이 한 번 변한다(즉, 이차추세는 최고점 또는 최하점이 하나 있는 곡선의 형태이다). 예를 들어 어떤 약의 복용량을 늘리면 어느 지점까지는 과제 수행 성능이 향상되지만, 그 지점을 지나면 성능이 점차 떨어지는 현상이 이러한 추세에 해당한다. **삼차추세**(cubic trend)는 추세의 방향이 두 번 변한다. 삼차추세는 그룹이 세 개 이상이어야 나타난다(2그룹 실험에서는 독립 변수의 범주들이 충분치 않기 때문에, 종속변수의 평균들의 방향이 두 번 바뀌는 상황이 벌어지기 어렵다). 예를 들어 종속변수의 평균들이 독립변수의 처음 두 범주에 대해서는 증가하다가 그다음 몇 범주들에서는 감소하고, 마지막 몇 범주들에서는 다시 증가할 수 있다. 이처럼 평균의 방향이 두 번 바뀌려면 독립변수의 범주가 적어도 네 개이어야 한다. 여러분이 보게 될 가능성이 큰 마지막 추세는 **사차추세**(quartic trend)이다. 이 추세에서는 방향이 세 번 바뀐다(따라서 독립변수의 범주가 적어도 다섯 개는 되어야 한다).

자료의 다항 추세를 검사하려면 그 자료의 독립변수의 범주들에 의미 있는 순서가 존재해야 한다(예를 들어 어떤 약의 복용량을 다섯 수준으로 나누어서 실험한다면, 복용량 순으로 범주들을 나열할 수 있다). 비아그라 자료에는 그룹이 셋뿐이므로 선형추세나 이차추세만 검사할 수 있다(그 이상의 추세를 검사하는 것은 무의미하다).

이러한 추세들에 대해서도 계획된 대비에서처럼 회귀모형을 위한 가변수 부호화를 적용할 수 있다. 계획된 대비와의 차이점은, 추세의 종류에 따라 부호들이 이미 정의되어 있다는 것이다. 사실 그림 10.8의 그래프들은 다섯 그룹에 대한 부호화 값들을 그린 것이다. 또한, 주어진 추세의 가변수 부호들을 모두 더하면 그 합은 0이며, 부호들의 곱의 합 역시 0이다. 즉, 추세 분석의 비교들은 직교 대비에 해당한다. 이러한 대비들의 멋진 점은, 부호 값들이 이미 정의되어 있어서 여러분이 직접 만들 필요가 없다는 것이다.

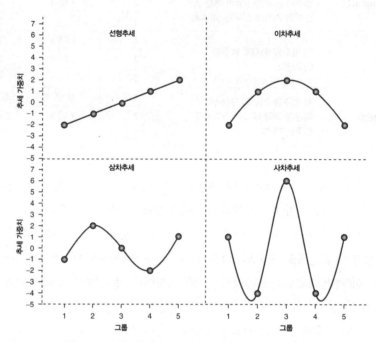

그림 **10.8** 다섯 그룹에서 볼 수 있는 선형, 이차, 삼차, 사차 추세

10.5 사후 절차 ②

특정한 사전(a priori) 예측 없이 자료를 수집한 후에 자료에서 그룹간 평균 차이를 찾아보는 경우도 있다. 이러한 절차를 종종 **자료 채굴**(data mining) 또는 **자료 탐색**(exploring data)이라고 부르기도 한다. 개인적으로 나는 이 두 용어가 일종의 변명처럼 들린다. 이러한 절차를, "만일 내가 더 똑똑했다면 예측했을 어떤 차이들을 찾아보는 과정"으로 생각하는 것이 더 나을 것이다.

사후검정(post hoc test)은 처리 그룹들의 서로 다른 모든 조합을 비교하는 일단의 **쌍별 비교**(pairwise comparison; 또는 짝별 비교)들로 이루어진다. 간단히 말하면, 사후검정에서는 모든 가능한 그룹 쌍에 대해 t 검정을 수행한다. 이전에 말한 집단별 오류율의 상승 문제를 생각하면 이러한 방식이 다소 멍청하게 느껴질 것이다. 그러나, 사후검정의 쌍별 비교에서는 각 유의수준을 조정함으로써(모든 비교에서의 전체적인 제1종 오류율(α)이 .05를 유지하도록) 집단별 오류율을 통제한다. 집단별 오류율을 통제하는 방법은 여러 가지인데, 가장 인기 있는(그리고 가장 쉬운) 방법은 다음 공식처럼 α를 비교 횟수 k로 나눈 값을 유의확률의 기준으로 사용하는 것이다. 그러면 누적된 제1종 오류율이 .05를 넘지 않는다.

$$p_{임계} = \frac{\alpha}{k}$$

예를 들어 t 검정이 10회이면 이 공식에 의해 유의성 판정 임계값은 .005이다. 이 방법을 **본페로니 수정**(Bonferroni correction)이라고 부른다(그림 10.9에 본페로니의 모습이 나와 있다). 그런데 집단별 오류율을 통제하면 대신 통계적 검정력이 감소한다. 즉, 실제로 존재하는 효과를 존재하지 않는다고 오판할(즉, 제2종 오류를 범할) 가능성이 커진다. 제1종 오류를 범하지 않기 위해 각 비교의 판정 기준을 높이다 보니, 대신 자료에 진짜로 존재하는 차이를 놓칠 확률이 증가하는 것이다.

그럼 이 방법과 그 몇 가지 변형을 예제를 통해서 살펴보자. 슈퍼히어로 의상을 입는 아동들이 그러지 않은 아동들보다 다치는 경우가 많다고(그런 의상을 입으면 무적이 된다는 비현실적인 가정 때문에) 주장한 연구자들이 있었다. 실제로, 창에서 떨어져서, 또는 "착륙 전략을 계획하지 않고 비행을 시도해서" 심각한 상처를 입고 병원에 실려 온 아동들의 사례가 여럿 보고된 바 있다(Davies, Surridge, Hole, & Munro-Davies, 2007). 다양한 의상을 입고 아동기의 상당 부분을 보낸 나는, 의상이 주는 상상 속의 능력에 공감한다. 사실 커서도 나는 수염과 안경으로 피셔처럼 꾸미고는 염소를 앞세워 돌아다닌 적이 있다(누군가가 나를 실제보다 더 유명한 통계학자로 오해하길 바라면서).

그림 10.9 '본페로니 수정'의 성공 덕분에 술과 약, 그리고 열성 팬들에 둘러싸이기 전의 카를로 본페로니

여러 **종류**의 슈퍼히어로 의상이 심각한 부상으로 이어지는지 확인하는 연구를 수행했다고 상상해 보자. 아동들의 부상 정도를 0에서 100의 점수(0 = 전혀 부상 없음, 100 = 사망)로 측정하고, 각 아동이 입은 의상의 종류도 기록했다. 아동이 입고 하늘을 난(물론, 바로 추락한) 의상의 종류는 총 네 가지로, 스파이더맨, 슈퍼맨, 헐크, 그리고 틴에이지 뮤턴트 닌자 터틀스이다 (솔직히, 닌자 거북이 의상을 마다하는 사람이 누가 있겠는가!). 이 예제를 위해 전적으로 꾸며낸 자료가 **Superhero.dat** 파일에 들어 있다. 이 자료의 본격적인 분석은 이번 장 끝의 알렉스의 과제에서 수행하기로 하고, 여기서는 네 그룹의 모든 조합을 비교한 결과를 살펴보자. 네 그룹으로 가능한 비교는 총 여섯 가지이다. 표 10.7에 각 비교에서 나온 원래의 p 값과 유의성 임계값인 $p_{임계}$가 나와 있다. $p_{임계}$는 본페로니의 수정 방법에 따라 제1종 오류율을 비교 횟수로 나눈 것으로, 이 예의 경우 $\alpha/k = .05/6 = .0083$이다. 관측된 p 값이 이 임계값보다 작으면 해당 비교는 유의한 것이다($\alpha = .05$ 수준에서). 지금 예에서 닌자 거북이 의상(표의 '닌거')과 슈퍼맨 의상('슈퍼')의 차이는 유의하다(.0000이 .0083보다 작으므로). 또한, 슈퍼맨 의상과 헐크 의상의 차이도 유의하다(.0014가 .0083보다 작으므로). 그 외의 경우에는 p가 임계값보다 크므로, 해당 차이가 유의하지 않다.

표 10.7 본페로니 수정과 그 변형들에 기초한 p 값의 임계값(*는 유의한 비교를 나타낸다)

	본페로니			홀름			벤야미니-호흐베르크		
	p	$p_{임계}=\dfrac{\alpha}{k}$		k	$p_{임계}=\dfrac{\alpha}{j}$		j	$p_{임계}=\left(\dfrac{j}{k}\right)\alpha$	
닌거 대 슈퍼	.0000	.0083	*	6	.0083	*	1	.0083	*
슈퍼 대 헐크	.0014	.0083	*	5	.0100	*	2	.0167	*
스파 대 슈퍼	.0127	.0083		4	.0125		3	.0250	*
닌거 대 스파	0252	.0083		3	.0167		4	.0333	*
닌거 대 헐크	.1704	.0083		2	.0250		5	.0417	
스파 대 헐크	.3431	.0083		1	.0500		6	.0500	

본페로니의 수정에 대한 다양한 개선안들이 제시되었다. 이런 변형들에 깔린 기본 원리를 이해하기 어렵지 않으므로, 한 번 설명해 보겠다. 본페로니의 수정을 좀 덜 보수적으로 만들기 위해(즉, 실제로 존재하는 차이를 더 잘 검출하기 위해), 호흐베르크, 홀름, 홈멜[5] 같은 저자들이 단계적 접근 방식을 제안했다(Hochberg, 1988; Holm, 1979; Hommel, 1988). 홀름의 방법은 설명하기가 아주 간단하다. 우선 자료의 모든 그룹 쌍에 대해 p 값을 계산하고, 그 값들을 큰 것에서 작은 것으로 정렬해서 순서대로 색인을 부여한다. 표 10.7의 j 열이 바로 색인이다. 표를 보

---

[5] 신기하게도 이들은 모두 성이 'Ho'로 시작한다. 만일 여러분의 성도 'Ho'로 시작한다면, 다중 비교 연구에 인생을 바치게 될지 모르니 조심하기 바란다.

면 가장 큰 p의 색인은 1이고, 그다음으로 큰 p가 색인이 2, …, 제일 작은 p의 색인이 6이다. 그리고, 각 색인 값은 그와는 반대순서인 비교 횟수(표의 k 열)와 대응된다. 홀름의 방법에서는 제1종 오류율을 색인(j)의 값으로 나눈 것을 임계값으로 사용한다.

$$p_{임계} = \frac{\alpha}{j}$$

가장 작은 p 값으로 비교를 시작하는 것은 보통의 본페로니 수정에 해당한다. 첫 비교에서 j에 대응되는 k의 값이 6(전체 비교 횟수)이므로 모든 비교에서 임계값을 수정하기 때문이다. 그러나 이후의 비교들에서는 모든 가능한 비교가 아니라 남아 있는 비교들에서만 임계값을 수정한다. 보통의 본페로니 수정과는 달리, 홀름의 방법에서는 비교가 진행됨에 따라 따라 p의 임계값이 점점 커진다(따라서 판정이 덜 보수적이 된다). 이 방법의 핵심은 비교들이 단계적으로 적용된다는 것이다. 즉, 현재 비교의 결과가 유의할 때만 다음 비교로 넘어가고, 유의하지 않으면 그 시점에서 검정을 중단하고 이후의 모든 비교도 유의하지 않을 것으로 간주한다. 표 10.7을 보면 첫 비교는 닌자 거북이 의상과 슈퍼맨 의상을 비교하는 것인데, 이 둘의 차이는 유의하다(.0000은 .0083보다 작으므로). 따라서 다음 단계인 슈퍼맨 의상과 헐크 의상의 비교로 넘어간다. 둘의 차이 역시 유의하다(.0014는 .01보다 작으므로). 따라서 다음 비교로 넘어간다. 그런데 스파이더맨 의상과 슈퍼맨 의상의 차이는 유의하지 않다(.0127은 .0125보다 크므로). 유의하지 않은 결과가 나왔으므로, 이후의 비교들도 유의하지 않다고 가정하고 전체 과정을 중단한다.

이처럼 여러 비교를 단계적으로 수행하는 접근 방식의 좀 더 현대적인 버전은, 집단별 오류율에는 신경 쓰지 않고 **오발견율**(false discovery rate, FDR)에 집중하는 것이다. 집단별 오류율에 신경을 쓴다는 것은 제1종 오류를 한 번 이상 범할 확률에 집착하는 것에 해당한다(어떤 사람들은 말 그대로 집착하기도 한다). 그러한 신념체계를 한마디로 요약한다면, "만일 제1종 오류를 한 번이라도 범한다면 모든 결론이 무의미해진다"일 것이다. 그런 신념체계를 가진 사람이라면 항상 우울한 얼굴로 자료를 분석하는 것도 당연하다. 벤야미니와 호흐베르크는 이와는 다른 생각을 가지고 있었다. 그들의 신념체계는 "자, 우리가 제1종 오류를 얼마나 저질렀는지 추정해 볼까나"라는 좀 더 쾌활한 문장으로 요약할 수 있다. 오발견율의 정의는 간단하다. 오발견율은 잘못 기각한 귀무가설들의 비율이다.

$$FDR = \frac{잘못 기각한 귀무가설 개수}{기각한 귀무가설 전체 개수}$$

이러한 정의 덕분에, 다중 비교에 대한 오발견율 접근 방식은 집단별 오류율을 통제하는 본페로니 기반 방법들보다 덜 엄격하다. 벤야미니와 호흐베르크의 방법(Benjamini & Hochberg, 1995, 2000)은 자료의 모든 그룹 쌍의 p 값을 계산하는 것으로 시작한다. 그런 다음에는 홀름의 방법에서처럼 그 p 값들을 정렬해서 색인(j)을 부여하되, 홀름의 방법과는 달리 내림차순이 아니라 오름차순(작은 것에서 큰 것으로)으로 정렬한다. 마지막으로, 각 비교의 p 값을 다음과 같이 정의되는 임계값과 비교해서 유의성을 판정한다(임계값보다 작으면 유의함).

$$p_{임계} = \frac{j}{k}\alpha$$

표 10.7의 마지막 두 열에 이 과정이 나와 있다. 가장 큰 p 값의 경우에는 임계값이 보통의 본페로니 수정으로 얻은 것과 동일하다(즉, α/k이다). 그 외의 비교들에서 좀 더 느슨한 기준이 적용된다. 홀름의 방법에서처럼 이러한 절차는 단계적이다. 단, 이전과는 순서가 반대이고, 유의한 결과가 나오면 과정을 멈춘다. 즉, 아래에서 위로 올라가면서 유의성을 판정해야 한다(이런 측면 때문에 이런 절차를 '단계적 상향(step-up)' 절차라고 부르기도 한다). 표의 마지막 행의 스파이더맨 의상 대 헐크 의상의 차이는 유의하지 않다(.3431이 .05보다 크므로). 따라서 한 행 위로 올라가서 닌자 거북이 의상과 헐크 의상의 비교를 판정한다. 이 역시 유의하지 않다(.1704가 .0417보다 크므로). 따라서 다시 한 행 올라가서 닌자 거북이 의상과 스파이더 맨 의상의 비교를 살펴본다. 이들의 차이는 유의하다(.0252가 임계값 .0333보다 작으므로). 유의한 결과가 나왔으므로, 나머지 비교들이 모두 유의하다고 가정하고 전체 과정을 중단한다. 이러한 단계적 상향 절차는 홀름의 단계적 하향 절차의 반대이다.

그 외에도 여러 사후 절차들이 존재한다. 앞에서 설명한 것들은 **R**로 구현할 수 있는 주요 방법 중 몇 가지이다. 그런 방법들을 알고 싶어 하는 독자들을 위해 여기서 그 방법들의 상세한 내용을 지루하게 설명하는 것보다는, 이미 나온 훌륭한 교과서들을 제시하는 것이 나을 것이다. 이를테면 [Klockars & Sax, 1986]이나 [Toothaker, 1993] 같은 책들이 있다. 게다가 이 방법들은 대부분 **R**로 구현되어 있지 않다. (그렇긴 하지만, **R**의 멋진 점 하나는 여러분이 직접 함수를 작성할 수 있다는 것이므로, 시간과 수학 학위, 그리고 마실 술이 있는 독자라면 직접 작성해 보기 바란다). 그러나 이런 사후검정 중 가장 나은 것이 무엇인지는 모든 독자가 알아둘 필요가 있다. 물론 '가장 나은'의 의미는 여러 가지겠지만, 사후 절차들의 경우 '가장 나은' 방법을 결정하려면 세 가지를 고려해야 한다. 하나는 그 절차가 제1종 오류율을 통제하는가이고 다른 하나는 제2종 오류율을 통제하는가, 마지막은 분산분석 검정의 가정들이 깨졌을 때도 검정을 신뢰할 수 있는가이다.

10.5.1 사후 절차와 제1종 오류율(α) 및 제2종 오류율 ②

제1종 오류율과 검정의 통계적 검정력은 연결되어 있다. 그 둘은 항상 절충 관계이다. 검정이 보수적이면 검정력이 떨어질 가능성이 있다(즉, 제1종 오류를 범할 확률이 낮으면 대신 제2종 오류를 범할 확률이 높을 수 있다). 따라서, 제1종 오류율을 통제하면서도 검정력이 크게 떨어지지 않는 다중 비교 절차가 바람직하다. 만일 어떤 검정이 너무 보수적이면, 평균들의 차이가 실제로는 유의한데도 유의하지 않다는 결과가 나올 수 있다.

본페로니의 HSD 검정과[6] 투키(Tukey)의 HSD 검정은 둘 다 제1종 오류율을 아주 잘 통제하지만, 보수적 검정이기 때문에 통계적 검정력이 떨어진다. 비교 횟수가 작을 때는 본페로니 쪽이 검정력이 더 높고, 검사할 평균들의 수가 많을 때는 투키 쪽이 더 강력하다. 투키 검정은 여러분도 들어보았을 던(Dunn) 검정이나 셰페(Scheffe) 검정 같은 검정들보다는 검정력이 높다. 홀름의 방법이 본페로니 검정보다 강력하고, 벤야미니-호흐베르크 방법이 홀름의 절차보다 강력하다. 제1종 오류율의 통제에 집착하는 독자라면, 벤야미니-호흐베르크 방법은 제1종 오류율을 통제하는 것이 아니라 FDR을 통제한다는 점을 기억해야 할 것이다.

10.5.2 사후 절차와 검정 가정의 위반 ②

사후검정에 관한 대부분의 기존 연구는 그룹 크기들이 다를 때(불균형 설계), 모집단 분산들이 많이 다를 때, 그리고 자료가 정규분포가 아닐 때 검정이 잘 수행되는지를 조사했다. 좋은 소식은, 정규성에서 조금 벗어난 자료들에 대해 대부분의 다중 비교 절차들이 비교적 잘 수행된다는 것이다. 나쁜 소식은, 그룹 크기가 서로 다르거나 모집단 분산들이 다를 때는 잘 수행되지 않는다는 것이다.

그런 상황들을 감당할 수 있도록 고안된 검정들도 여러 개 있지만, **R**로 구현된 것은 아직 없다. 그런 검정 중 **호흐베르크의 *GT2***가 있는데, 이 검정은 **R**로 구현되지 않았으며 앞에서 소개한 호흐베르크의 방법이나 벤야미니-호흐베르크 방법과는 완전히 다른 것임을 주의하기 바란다. 특히 **R**에 구현된 호흐베르크 방법이 이분산성 자료에 적합하리라고 오해하면 안 된다(**R**에 구현된 것은 호흐베르크의 GT2와는 완전히 다른 검정이다).

R에서 할 수 없는 일을 알려주기보다는 할 수 있는 일을 알려주는 게 여러분에게 더 도움이 될 것이다. 윌콕스는 몇 가지 강건한 방법들을 **R**로 구현했다(Wilcox, 2005). 분산분석 자체를 위한 윌콕스의 방법들처럼, 사후 분석을 위한 윌콕스의 방법들은 부트스트랩 기법에 기초

---

6 HSD는 'honestly significant difference(진정으로 유의한 차이)'의 약자이다. 개인적으로, 살짝 변명 조의 용어라고 생각한다.

하거나 절사평균과 M 추정량에 기초한다(둘 다 부트스트랩을 함께 사용할 수 있다). 이 방법들은 최근에 나온 것이라서, 아직은 언제 어떤 것을 사용하는 것이 최선인지 말하기 어렵다. 그렇긴 하지만, 몇몇 아주 극단적인 분포들에 대해 이 방법들이 모두 제1종 오류율을 통제했음이 보고되었다. 제1종 오류율의 통제가 중요하다면 부트스트랩 방법을 사용하는 것이 조금 낫고, 검정력이 중요하다면 M 추정량에 기초한 방법들이 조금 낫다(Wilcox, 2003). 한 가지 확실한 것은, 가정들이 깨진 상황에서는 이 방법들 모두 강건하지 않은 방법을 사용하는 것보다 낫다는 점이다.

10.5.3 사후 절차: 요약 ②

가장 나은 비교 절차의 선택은 여러분이 처한 구체적인 상황에 따라, 그리고 집단별 오류율이나 FDR을 철저히 통제해야 하는지 또는 검정력이 높아야 하는지에 따라 달라진다. 그렇긴 하지만 몇 가지 일반적인 지침을 만들어 볼 수는 있다(Toothaker, 1993). 표본 크기들이 같고 모집단 분산들이 서로 비슷하다면, 투키의 검정이 제1종 오류율을 잘 통제하고 검정력도 좋다. 본페로니의 방법은 대체로 보수적이지만, 제1종 오류율을 확실하게 통제하고 싶다면 본페로니가 최선이다. 일부 가정이 깨졌을 가능성이 있다면(모집단 분산들이 서로 다른 등), 부트스트랩이나 절사평균, M 추정량에 기초한 강건한 방법을 사용해야 한다.

주입식 샘의 핵심 정리　　**사후검정**

- 분산분석을 수행한 후, 실제로 어떤 그룹들이 서로 다른지 알아내려면 추가적인 분석이 필요하다.
- 특정한 가설을 세우지 않고 실험을 진행했다면 **사후검정**을 사용한다.
- 표본 크기들이 같고 그룹 분산들이 비슷하다면 투키 검정을 사용한다.
- 제1종 오류율을 확실하게 통제하려면 본페로니 검정을 사용한다.
- 그룹 분산들이 다를 수 있다면 강건한 방법(이를테면 부트스트랩 또는 절사평균)을 사용한다.

10.6 R을 이용한 일원 분산분석 ②

이제 분산분석에 깔린 이론을 여러분이 어느 정도 숙지했으리라 믿는다. 그럼 이론을 실제에 적용해서, 비아그라 자료에 대해 분산분석 검정을 실행해보자.

10.6.1 일원 분산분석을 위한 R 패키지 ①

이번 장에서도 여러 패키지를 사용한다. R Commander를 이용해서 일원(one-way) 분산분석을 수행한다면(§10.6.4), 필요한 모든 패키지를 R Commander가 자동으로 적재해 준다. 명령행을 사용한다면(이 책은 명령행을 권장한다), 레빈 검정을 위한 *car* 패키지와 효과크기를 위한 *compute.es* 패키지, 그래프를 위한 *ggplot2* 패키지, 사후검정들을 위한 *multcomp* 패키지, 기술통계량들을 위한 *pastecs* 패키지, 강건한 검정들을 위한 *WRS* 패키지가 필요하다. 이들을 아직 설치하지 않은 독자라면(일부는 이전 장들에서 설치했을 것이다), 다음 명령들을 실행하기 바란다.

```
install.packages("compute.es"); install.packages("car"); install.packages
("ggplot2"); install.packages("multcomp"); install.packages("pastecs");
install. packages("WRS", repos="http://R-Forge.R-project.org")
```

설치가 끝났으면, 다음 명령들을 실행해서 패키지들을 적재한다.

```
library(compute.es);  library(car);  library(ggplot2);  library(multcomp);
library(pastecs); library(WRS)
```

10.6.2 일반적인 일원 분산분석 절차 ②

일원 분산분석을 실행하는 일반적인 절차는 다음과 같다.

1 **자료를 입력한다:** 당연히 자료가 필요하다.

2 **자료를 탐색한다:** 다른 분석들에서처럼, 먼저 자료를 그래프로 그려 보고, 몇 가지 기술통계량들을 계산해 보는 것이 좋다. 또한, 분포의 가정들을 점검하고, 레빈 검정을 이용해서 분산의 동질성도 점검해야 한다(제5장 참고).

3 **기본 분산분석을 실행한다:** 이제 주된 분산분석을 실행한다. 이전 단계의 결과에 따라서는 강건한(robust) 버전의 검정을 실행해야 할 수도 있다.

4 **계획된 대비 또는 사후검정을 실행한다:** 주된 분산분석을 마쳤다면, 가설 여부에 따라 계획된 대비 또는 사후검정을 실행한다. 구체적인 방법은 단계 2에서 발견한 사실들에 따라 달라진다.

그럼 각 단계를 차례로 실행해보자.

독립 t 검정에서처럼, 실제 점수들뿐만 아니라 각 점수가 세 그룹 중 어디에 속하는지를 나타내는 그룹화 변수도 **R**에 입력해야 한다. 즉, 자료는 두 개의 열로 이루어져야 한다(하나는 리비도 측정 점수를 담은 열, 다른 하나는 그 점수가 고용량 그룹, 저용량 그룹, 위약 그룹 중 어디에 속하는지를 나타내는 가변수 부호를 담은 열). 그런 형식의 자료가 **Viagra.dat** 파일에 있긴 하지만, 자료 입력에 익숙해지도록 직접 입력하길 권한다. 그룹화 변수는 1 = 위약('Placebo'), 2 = 저용량('Low Dose'), 3 = 고용량('High Dose')으로 부호화한다(§3.5.4.3 참고).

자료 집합이 작으므로(사례가 15개뿐이다), 다음과 같은 명령들로 **R**에 직접 입력해도 된다.

```
libido<-c(3,2,1,1,4,5,2,4,2,3,7,4,5,3,6)
dose<-gl(3,5, labels = c("Placebo", "Low Dose", "High Dose"))
viagraData<-data.frame(dose, libido)
```

처음 두 명령은 15개의 리비도 점수를 담은 **libido**라는 변수와 각각 다섯 참가자로 이루어진 세 그룹에 대한 요인(*gl()* 함수로 생성)을 담은 **dose**라는 변수를 생성한다. 마지막 명령은 그 변수들로 구성된 *viagraData*라는 데이터프레임을 생성한다. 다음 명령으로 데이터프레임의 내용을 확인해 볼 수 있다.

```
viagraData
```

여러분의 콘솔에도 다음과 같은 내용이 표시될 것이다.

```
        dose libido
1    Placebo      3
2    Placebo      2
3    Placebo      1
4    Placebo      1
5    Placebo      4
6   Low Dose      5
7   Low Dose      2
8   Low Dose      4
9   Low Dose      2
10  Low Dose      3
11 High Dose      7
12 High Dose      4
13 High Dose      5
14 High Dose      3
15 High Dose      6
```

R Commander보다는 콘솔을 이용해서 분산분석을 실행하는 것이 훨씬 융통성이 있지만, 기본적인 일원 분산분석은 R Commander로도 실행할 수 있다. 우선 **데이터 ➡ 데이터 불러오기 ➡ 텍스트 파일, 클립보드, 또는 URL...** 메뉴(§3.7.3)를 선택해서 **Viagra.dat** 파일을 *viagraData*라는 데이터프레임으로 불러온다. 이 자료 집합에는 두 개의 변수가 있다. **dose**는 그룹화 변수(1 = 위약, 2 = 저용량, 3 = 고용량)이고 **libido**는 각 참가자의 리비도 점수이다. 다음으로, **dose** 변수를 요인으로 변환한다. 방법이 기억나지 않는 독자는 §3.6.2를 보기 바란다.

요인 변환을 마친 후에는, 몇 가지 기술통계량들을 뽑고 가정들도 점검해서 자료를 탐색해 본다. 이에 대해서는 제5장에서 설명했다. 레빈 검정은 여러 조건의 분산이 같은지 검사한다. 즉, 이 검정은 분산의 동질성 가정(§10.3.1)을 검사한다. 레빈 검정은 **통계 ➡ 분산 ➡ Levene의 검정** 메뉴로 실행한다. 그 메뉴를 선택하면 그림 10.10과 같은 간단한 대화상자가 나타나는데, 요인 목록에서 원하는 요인을 선택하고(지금은 요인이 **dose** 하나뿐이다) 반응 변수 목록에서 결과변수를 선택한다(**libido**를 선택하면 된다). 기본적으로 R Commander는 중앙값과의 이탈도에 기초해서 레빈 검정을 실행한다. 그것이 평균과의 이탈도를 이용하는 것보다 낫기 때문이다. 그러나 원한다면 중앙(센터) 아래에서 '평균'을 선택해도 된다. 이제 예 버튼을 클릭하면 검정이 실행된다. 검정 결과는 §10.6.5에서 설명하겠다.

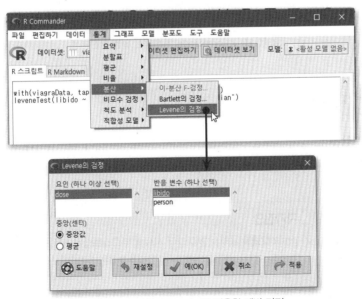

그림 10.10 R Commander를 이용한 레빈 검정

분산분석을 실행하려면 **통계 ➡ 평균 ➡ 일원 분산 분석...** 메뉴를 선택한다.[7] 그러면 역시 상당히 간단한 대화상자가 나타난다(그림 10.11). 모델 이름 입력하기: 입력 상자에는 생성할 분석 모형의 이름을 입력한다(나는 *viagraModel*로 했다). 집단 목록에서는 요인을 선택하고(지금은 요인이 **dose**밖에 없다), 반응 변수 목록에서는 결과변수를 선택한다(**libido**를 선택하면 된다). 사후검정도 실행하려면 **쌍별 비교 평균**을 체크한다(계획된 대비는 R Commander가 지원하지 않는다). 이제 **예** 버튼을 클릭하면 분석이 실행된다. 분석 결과는 §10.6.6.1과 §10.6.8.2에서 설명하겠다.

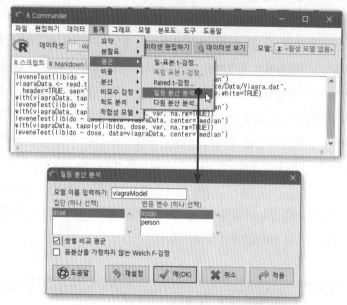

그림 10.11 R Commander를 이용한 일원 분산분석

10.6.5 **자료 탐색 ②**

제4장에서 보았듯이, 항상 자료를 그래프로 그려서 살펴보는 것이 바람직하다. 지금 예에서는 오차 막대가 있는 선 그래프를 그려보기로 한다.

자가진단

✓ *ggplot2*를 이용해서, 비아그라 자료의 부트스트랩된 신뢰 구간들을 보여주는 오차 막대들을 포함한 선 그림표를 작성하라.

---

[7] 만일 이 메뉴가 활성화되지 않았다면, **dose**를 요인으로 변환하는 과정을 빼먹은 것이다. 이 메뉴는 데이터프레임에 요인이 적어도 하나는 있어야 활성화된다.

그림 10.12는 오차 막대들이 표시된, 비아그라 자료의 선 그래프이다. 모든 오차 막대의 범위가 겹쳐 있음을 주목하기 바란다. 이 자체만으로 말하자면, 이 자료에는 그룹 간 차이가 존재하지 않는다(단, 이 측도는 오직 근삿값일 뿐이다). 평균들을 이은 선의 형태를 볼 때, 이 자료는 선형추세를 따른다. 즉, 비아그라 복용량이 증가하면 리비도의 평균 수준도 그에 비례해서 증가한다.

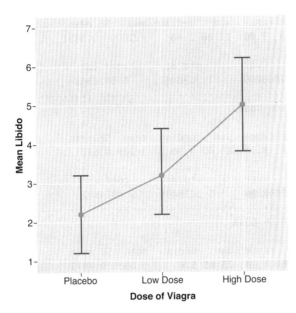

그림 10.12 비아그라 자료의 오류 막대 선 그래프(95% 부트스트랩 신뢰구간)

다음으로, 각 그룹의 몇 가지 기술통계량들을 제5장에서 배운 *by()* 함수로 뽑아보자. 기억하겠지만, 이 함수의 일반적인 형태는 다음과 같다.

```
by(변수, 그룹, 출력)
```

여기서 **변수**는 이 함수로 요약하고자 하는 변수(지금 예에서는 **libido**)이고 **그룹**은 출력을 그룹별로 조직화하는 기준이 되는 변수(지금 예에서는 **dose**), 그리고 **출력**은 우리가 알고 싶어 하는 통계량(평균 등)을 계산해서 돌려주는 함수이다. 여기에 *pastecs* 패키지의 **stat.descf**를 지정하면 **R**은 여러 유용한 기술통계량들을 출력한다. 다음은 비아그라 자료에 대해 *stat.desc()*를 지정해서 *by()*를 실행하는 명령이다.

```
by(viagraData$libido, viagraData$dose, stat.desc)
```

이 명령이 출력한 여러 통계량이 출력 10.3에 나와 있다(지면 관계상 일부 행을 생략하고 수치들을 적절히 반올림했다). 각 항목의 의미는 다음과 같다. *nbr.val*은 유효한(valid) 사례의 개수(number)

이고 *min*과 *max*는 리비도 점수의 최솟값과 최댓값이다. 그리고 *sum*은 합, *median*은 중앙값, *mean*은 평균, *SE.mean*은 표준오차이다. 그다음 행에서 *CI.mean.0.95*는 95% 신뢰구간, *var*는 분산, *std.dev*는 표준편차이다.

출력 10.3

```
viagraData$dose: Placebo

nbr.val   min  max  range   sum  median   mean  SE.mean
5.000    1.00 4.00  3.00  11.00   2.00   2.2000  0.5831

CI.mean.0.95           var        std.dev       coef.var
    1.6189318    1.7000000     1.3038405      0.5926548
-------------------------------------------------------------
viagraData$dose: Low Dose

nbr.val   min  max  range   sum  median   mean  SE.mean
5.000    2.00 5.00  3.00  16.00   3.00   3.200  0.5831

CI.mean.0.95           var        std.dev       coef.var
    1.6189318    1.7000000     1.3038405      0.4074502
-------------------------------------------------------------
viagraData$dose: High Dose

nbr.val   min  max  range   sum  median   mean  SE.mean
5.00     3.00 7.00  4.00  25.00   5.0    5.0000  0.7071

CI.mean.0.95           var        std.dev       coef.var
    1.9632432    2.5000000     1.5811388      0.3162278
```

출력 10.3에서 우선 주목할 것은, 평균들과 표준편차들이 표 10.1에 나온 것과 일치한다는 점이다. 또한, 출력에는 표준오차도 나와 있다. 이전에 배웠듯이, 표준오차는 자료의 표집분포의 표준편차이다(따라서, 위약 그룹의 경우 만일 해당 자료의 모집단에서 많은 수의 표본을 수집했다면, 그 표본들의 평균의 표준편차는 0.5831이 될 것이다).

출력에는 또한 평균의 신뢰구간들도 나와 있다. 이제는 다들 잘 알고 있겠지만, 95% 신뢰구간이라는 것은 만일 위약 그룹의 점수를 추출한 모집단에서 100개의 표본을 뽑으면 그중 95개의 표본에서 해당 신뢰구간에 평균의 참값이 포함된다는 뜻이다. 출력의 *CI.mean.0.95* 열에 신뢰구간의 범위(하계과 상계)가 명시적으로 나와 있지는 않다. 그 열의 값을 평균에서 빼면 하계, 평균에 더하면 상계가 된다. 예를 들어 위약 그룹의 경우 신뢰구간의 하계는 평균 빼기 *CI.mean.0.95* 값, 즉 2.2000 − 1.6189 = 0.5811이고 상계는 평균 더하기 *CI.mean.0.95* 값, 2.2000 + 1.6189 = 3.8189이다. 다른 말로 하면, 평균의 참값은 0.5811과 3.8189 사이의 어떤 값일 가능성이 크다. 이런 진단량들이 지금 당장 중요하지는 않지만, 이후에 분석 결과를 해석할 때 이들을 다시 참조하게 될 것이다.

주된 분산분석을 수행하기 전에 마지막으로 해야 할 일은 레빈 검정(제5장과 §10.3.1)이다. 레빈 검정은 제5장에서 본 *car* 패키지의 *leveneTest()* 함수로 실행할 수 있다. 기억나지 않는 독자를 위해 다시 소개하자면, 이 함수의 일반적인 활용 형태는 다음과 같다.

```
leveneTest(결과변수, group, center = "median" 또는 "mean")
```

리비도(결과변수 **libido**) 점수의 분산이 복용량으로 구분된 그룹(**dose**)에 따라 다른지 검사하려면 다음 명령을 실행하면 된다.

```
leveneTest(viagraData$libido, viagraData$dose, center = median)
```

출력 10.4에서 보듯이, 이 레빈 검정의 결과는 유의하지 않다. $F(2, 12) = 0.118$, $p = .89$이다. 이는 이 자료의 분산들이 서로 아주 비슷하다는 뜻이다(그래서 유의확률이 높게 나왔다). 실제로, 출력 10.3을 보면 위약 그룹의 분산과 저용량 그룹의 분산이 같다. 만일 이 검정의 결과가 유의했다면 보통의 분산분석 대신 웰치의 F나 분산분석의 강건한 버전을 실행해서 결과를 보고해야 할 것이다(이에 대해서는 다음 §10.6.6.2와 §10.6.6.3에서 이야기한다).

출력 10.4

```
Levene's Test for Homogeneity of Variance
      Df F value Pr(>F)
group  2  0.1176   0.89
      12
```

10.6.6 주 분석 ②

10.6.6.1 검정 가정들이 만족될 때 ②

분산분석에 사용할 수 있는 주된 **R** 함수는 두 개로, 하나는 제7장에서 사용한 *lm()*이고 다른 하나는 이번에 소개할 **aov()**이다. 이번 장에서 설명했듯이, 분산분석은 일반선형모형의 한 특수 경우일 뿐이다. 따라서 선형모형 함수 *lm()*으로 분산분석을 실행할 수 있다. 지금 예는 비아그라 복용량에 따른 그룹 소속도로부터 리비도 점수(**libido** 변수)를 예측하는 것에 해당하므로, 선형모형은 다음과 같다.

$$\text{리비도}_i = \text{복용량}_i + \text{오차}_i$$

다음은 이에 해당하는 모형 객체 *viagraModel*을 *lm()*을 이용해서 생성하는 명령이다.

```
viagraModel<-lm(libido~dose, data = viagraData)
```

여기서 *libido~dose*는 "리비도(libido 변수)를 복용량(dose 변수)으로부터 예측한다"라는 모형 서술이다.

　분산분석을 위한 또 다른 함수는 *aov()*이다(aov는 analysis of variance를 줄인 것이다). 사실 *aov()*는 *lm()*과 정확히 동일한 분석을 수행한다. *aov()*의 특징은 *lm()*의 분석 결과를 전통적인 분산분석 접근 방식에 맞는 형태로 변형해서 돌려준다는 점이다. 이런 함수를 '래퍼(wrapper)' 함수라고 부른다. 즉, 이 함수는 *lm()*의 결과를 잘 포장해서(wrap) 돌려준다. 이번 절에서는 전통적인 분산분석 방법들에 잘 대응되는 결과를 돌려주는 *aov()* 함수를 주로 사용한다. 다만, 실질적인 계산은 무대 뒤에서 *lm()*이 수행한다는 점을 기억하기 바란다.

　aov() 함수의 일반적인 활용 형태는 다음과 같다.

```
새모형<-aov(결과변수 ~ 예측변수(들), data =데이터프레임, na.action = 결측값 처리 방식))
```

여기서,

- 새모형은 함수가 생성한, 모형에 관한 정보(분석 결과)를 담은 객체이다. 이후 *summary(새 모형)* 명령을 실행하면 분산분석의 결과를 볼 수 있고, *summary.lm(새모형)*을 실행하면 모형의 개별 매개변수들을 볼 수 있다.

- 결과변수는 예측하고자 하는 변수이다. 종속변수라고도 한다. 지금 예에서 결과변수는 **libido**이다.

- 예측변수(들)에는 결과변수를 예측하는 데 사용할 하나의 변수 또는 변수들의 목록을 지정한다. 지금 예에서는 **dose**를 지정하면 된다. 나중에 보겠지만, 좀 더 복잡한 설계에서는 여러 개의 예측변수(또는 독립변수)를 지정할 수 있다.

- 데이터프레임은 결과변수와 예측변수가 있는 데이터프레임이다.

- *na.action*은 생략 가능한 옵션이다. 자료가 완결적이면(지금 예에서처럼) 이 옵션은 무시해도 된다. 그러나 자료에 결측값이 존재하면(즉, 데이터프레임에 NA들이 있으면), 이 옵션이 유용할 것이다. R의 영혼의 조언 7.1을 참고하기 바란다.

　지금 예에서는 다음과 같은 명령을 실행하면 된다.

```
viagraModel<-aov(libido ~ dose, data = viagraData)
```

이 명령은 이전과 본질적으로 같은 모형을 생성한다(명령 자체가 앞에서 *lm()*으로 분산분석을 실행했을 때와 거의 같다). 이제 *viagraModel* 객체는 **dose**가 **libido**를 얼마나 잘 예측하는지에 관한 정보를 담고 있다. 통계량 요약을 보고 싶으면 다음 명령을 실행하면 된다.

```
summary(viagraModel)
```

이 명령의 결과가 출력 10.5에 나와 있다. 출력은 모형에 의한 효과(실험 효과)에 대한 정보와 잔차(자료의 비체계적 변동)에 대한 정보로 구성되어 있다. 출력의 *dose* 행은 전반적인 실험 효과에 대한 정보를 제공한다. *Sum Sq* 열은 모형의 제곱합인데, 이 값($SS_M = 20.13$)은 §10.2.6에서 계산한 값과 일치한다. 자유도(*Df* 열)는 2이고, 모형의 평균제곱(*Mean Sq*)은 §10.2.8에서 계산한 것과 같은 10.067이다. 제곱합과 평균제곱은 실험 효과를 나타낸다. *Residuals* 행은 자료 안의 비체계적 변동(각 개인의 비아그라 복용에 대한 자연적인 반응 차이와 리비도 차이에 의한 변동)에 관한 정보를 제공한다. 잔차제곱합(SS_R)은 23.60인데, 이는 §10.2.7에서 계산한 값과 같다. 비체계적 변동의 평균을 나타내는 평균제곱(MS_R)은 1.967로, 역시 §10.2.8에서 계산한 값과 같다. 다시 첫 행으로 가서, **dose**에 대한 *F* 비는 그룹 평균들이 같은지에 대한 검사 결과이다. 이 비는 §10.2.9에서 계산한 것과 같은 5.12이다. 그다음의 *Pr*(>*F*) 열은 이러한 값이 순전히 우연하게 나올 확률, 다시 말해 모집단에 효과가 없는데도 이런 *F* 비가 나올 확률을 뜻한다(R의 영혼의 조언 10.1 참고). 지금 예에서 이 확률은 반올림해서 .025인데, 이는 효과가 없는데도 해당 *F* 비가 나올 확률이 단 2.5%밖에 되지 않는다는 뜻이다. 이전 장들에서 보았듯이 유의확률에 대한 기준으로는 흔히 .05를 사용한다. .025는 .05보다 작으므로 평균들의 차이가 유의하다고 (즉, 비아그라 복용의 효과가 유의하다고) 말할 수 있다. 그러나 그러한 효과가 구체적으로 어떤 것인지는(즉, 어떤 그룹이 서로 다른지는) 아직 말할 수 없다. 여기서 흥미로운 점은, 이 검정에서는 실험 효과가 유의하다는 결과가 나왔지만, 앞의 오차 막대 그래프에서는 유의한 차이가 없다는 결론이 나왔다는 것이다. 이러한 모순은 오차 막대그래프를 오직 자료에 대한 대략적인 지침으로만 사용하는 것이 바람직하다는 점을 잘 보여준다.

출력 10.5

```
          Df Sum Sq Mean Sq F value  Pr(>F)
dose       2 20.133 10.0667  5.1186 0.02469 *
Residuals 12 23.600  1.9667
---
Signif. codes:  0 '***' 0.001 '**' 0.01 '*' 0.05 '.' 0.1 ' ' 1
```

aov() 함수는 가설들을 점검하는 데 사용할 수 있는 그래프 몇 개도 자동으로 생성한다. 다음 명령을 실행하면 그 그래프들을 볼 수 있다.

```
plot(viagraModel)
```

이 명령이 표시하는 그래프들이 그림 10.13에 나와 있다. 사실 이 명령은 네 개의 그래프를 표시하지만, 분산분석에는 처음 두 개(그림 10.13에 나온)가 가장 중요하다. 첫 그래프(그림의 왼쪽)

학생들이 자주 묻는 질문 중 하나는 "분산분석의 유의확률이 한쪽꼬리인가요, 아니면 양쪽꼬리인가요?, 그리고 만일 양쪽꼬리라면, 그것을 2로 나누면 한쪽꼬리를 위한 유의확률이 되나요?"이다. 답은, 만일 한쪽꼬리 검정(단측검정)을 원한다면 먼저 방향이 있는 가설을 세워야 한다는 것이다(이를테면 "고양이들에 대한 평균이 개들에 대한 평균보다 클 것이다" 등). 분산분석은 특정한 방향이 없는 가설에 대한 검정이다. 즉, 분산분석은 단지 유의한 차이가 있는지 없는지만 알려줄 뿐이다. 또한, 분산분석에서는 여러 개의 평균을 비교하므로, 애초에 방향이 있는 가설을 세우는 것이 불가능하다. 따라서 유의확률을 2로 나누는 것은 유효하지 않다.

로는 분산의 동질성을 점검할 수 있다. 이런 종류의 그래프를 제7장에서 이미 본 적이 있다. 아주 간단히 말해서, 만일 그래프의 점들이 전체적으로 깔때기 모양을 형성한다면 문제가 있는 것이다. 그림에 나온 그래프에서는 세 그룹의 점들이 같은 간격으로 퍼져 있다. 이는 그룹들의 분산이 서로 비슷하다는 뜻이다(이는 레빈 검정의 결론과도 부합한다). 둘째 그래프(그림의 오른쪽)는 Q-Q 그림(제5장)이다. 이 그래프로는 모형의 잔차들의 정규성을 점검할 수 있다. 잔차들이 정규분포를 따라야 하는데, 그런 경우 그래프의 점들은 대각선을 따라 모여 있다. 그러나 우리의 그래프를 보면 일부 점들이 대각선과 말싸움을 벌인 후에 대각선과 거리를 두기로 한 듯한 모습이다. 따라서 잔차들의 정규성을 확신할 수 없으며, 어쩌면 분산분석의 강건한 버전(다음 절에서 설명한다)을 사용해야 할 수도 있다.

10.6.6.2 그룹들의 분산이 같지 않을 때 ②

레빈 검정이 유의하다면, 모집단 분산들이 그룹에 따라 다르다고 가정해야 합당하다.[8] 그런 경우, 만일 자료가 정규분포를 따른다면 웰치의 F(Welch's F) 검정을 적용하면 된다. 이 검정은 그룹 분산들의 차이를 바로잡는다. 이를 위한 함수는 R의 내장 함수 중 하나인 *oneway.test()*이다. 이 함수의 일반적인 활용 형태는 *aov()*의 것과 동일하다.

```
oneway.test(결과변수 ~ 예측변수(들), data =데이터프레임)
```

지금 예제에 대해 웰치의 F 검정을 실행하는 명령은 다음과 같다.

```
oneway.test(libido ~ dose, data = viagraData)
```

---

8 모든 유의성 검정은 표본 크기에 의존한다는 점을 기억할 필요가 있다. 표본들이 작으면 그룹들의 차이를 검출할 검정력이 충분하지 않으며, 표본들이 크면 분산들이 조금만 달라도 유의한 결과가 나올 수 있다. 따라서, 작은 표본에 대한 레빈 검정의 결과가 유의하지 않거나 큰 표본에 대한 레빈 검정의 결과가 유의하다고 해도 그런 결과에 너무 큰 의미를 부여하지는 말아야 한다.

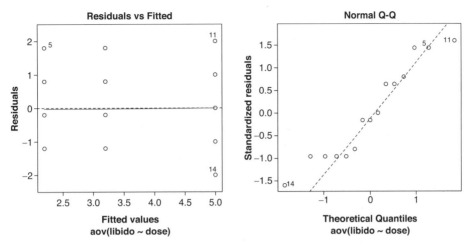

그림 10.13 분산분석 모형의 그래프들

출력 10.6에 웰치의 F 비가 나와 있다. 지금 예제의 자료에 대한 레빈 검정이 유의하지 않으므로(이는 모집단 분산들이 서로 비슷하다는 뜻이다), 지금은 웰치의 F 검정이 필요하지 않다. 그러나, 만일 여러분의 자료가 등분산성 가정을 위반한다면, 앞에서 본 검정통계량들 대신 이 F비를 점검해야 한다. 이 값들의 계산 과정이 궁금한 독자는 부록 웹사이트의 보충 자료를 보기 바란다(앞의 올리버 트위스티드 글상자 참고). 그러나 솔직히 그 자료가 그리 재미있지는 않을 것이며, 그냥 바지 속에 해파리를 집어 넣으면서 시간을 보내는 게 더 재미있을 수도 있다. 그냥 **R**이 계산을 제대로 했다고 믿고 넘어가는 게 좋을 것이다. 출력에서 오차의 자유도가 수정되었음을 주목하기 바란다. 수치들을 보고할 때 이 점을 반드시 기억해야 한다. 지금 자료에 대한 웰치의 F 검정 결과는 $F(2, 7.94) = 4.23$, $p = .054$로 유의하지 않다(유의확률이 임계값을 살짝 넘겼다). 지금 예제에 이 검정을 적용했다면, 비아그라 복용량의 차이에 따른 평균 리비도 차이가 유의하지 않다는 결론을 내려야 했을 것이다.

출력 10.6

```
    One-way analysis of means (not assuming equal variances)
data:  libido and dose
F = 4.3205, num df = 2.000, denom df = 7.943, p-value = 0.05374
```

10.6.6.3 강건한 분산분석 – 심약한 독자는 넘어갈 것 ③

윌콕스는 일원 분산분석을 위한 일단의 강건한 절차들을 서술했다(Wilcox, 2005). 윌콕스가 작성한 함수들을 §5.8.4를 참고해서 **R**로 불러오기 바란다. 이 함수들을 사용할 때 명심해야 할 것은, 이번 장에서 본 다른 함수들은 긴 형식의 자료를 요구하지만 이 함수들은 넓은 형식의 자료를 요구한다는 점이다. 긴 형식의 자료를 넓은 형식으로 변환할 때는 *unstack()* 함수(§ 3.9.4 참고)를 사용한다. 이 함수의 일반적인 활용 형태는 다음과 같다.

```
새데이터프레임<-unstack(기존데이터프레임, 점수들 ~ 열들)
```

지금 예에서 점수들에는 **libido** 변수를 지정해야 한다. 그리고 그룹마다 개별적인 열이 만들어져야 하므로, 열들에는 그룹화 변수 **dose**를 지정해야 한다. 따라서, 비아그라 자료를 넓은 형식으로 변환하는 명령은 다음과 같다.

```
viagraWide<-unstack(viagraData, libido ~ dose)
```

이 명령은 비아그라 자료가 다음과 같이 넓은 형식(각 열이 각 그룹에 해당하는)으로 담겨 있는 *viagraWide*라는 새 데이터프레임을 생성한다.

```
  Placebo Low.Dose High.Dose
1       3        5         7
2       2        2         4
3       1        4         5
4       1        2         3
5       4        3         6
```

이것이 윌콕스의 함수들이 기대하는 형식이다. 그럼 윌콕스가 만든 강건한 분산분석 함수들을 살펴보자. 첫 번째 것은 절사평균에 기초한 **t1way()**이다. 이 함수의 일반적인 활용 형태는 다음과 같다.

```
t1way(데이터프레임, tr = .2, grp = c(x, y, z))
```

여기서,

- 데이터프레임은 분석할 데이터프레임이다.

- *tr*은 절사 비율로, 기본값은 .2, 즉 20%이다. 만일 20% 이외의 비율을 사용하고 싶다면 이 옵션을 명시적으로 지정해야 한다.

- *grp*은 특정 그룹들을 명시적으로 지정할 때 쓰인다. 예를 들어 위약 그룹과 고용량 그룹만 분석하고 싶다면 *grp = c(1,3)*을 지정하면 된다.

다음은 기본인 20% 절사평균에 기초해서 비아그라 자료에 대해 분산분석을 실행하는 명령이다.

```
t1way(viagraWide)
```

자료를 10%만 잘라내고 싶으면 다음 명령을 실행하면 된다.

```
t1way(viagraWide, tr = .1)
```

이 명령의 실행 결과가 출력 10.7에 나와 있다. 이 강건한 검정에 따르면, 세 복용량 그룹의 리비도 점수들에는 유의한 차이가 없다. $F_t(2, 7.94) = 4.32$, $p = .054$이다.

다음으로, **med1way()**라는 함수가 있다. 이 함수는 평균이 아니라 중앙값들을 비교한다. 일반적인 활용 형태는 다음과 같다.

```
med1way(dataFrame, grp = c(x, y, ..., z))
```

여기서 데이터프레임은 분석할 데이터프레임이고 *grp*는 *t1way()*에서와 같다. 다음은 중앙값들에 기초해서 비아그라 자료에 대해 분산분석을 실행하는 명령이다.

```
med1way(viagraWide)
```

이 명령의 실행 결과가 출력 10.7에 나와 있다. 이 강건한 검정에 따르면, 세 복용량 그룹의 리비도 점수들에는 유의한 차이가 없다. $F_m = 4.78$, $p = .07$이다.

마지막으로 살펴볼 함수는 절사평균 방법에 부트스트랩을 적용한 *t1waybt()*이다. 이 함수의 일반적인 활용 형태는 다음과 같다.

```
t1waybt(데이터프레임, tr = .2, alpha = .05, grp = c(x, y, z), nboot = 599)
```

*t1way()*와 다른 옵션들만 설명하겠다. *alpha*는 제1종 오류율을 설정하는 데 쓰인다. 생략하면 .05가 적용된다. 이 값이 사실상 표준으로 쓰이므로, 특별한 이유가 없는 한 이 옵션은 지정할 필요가 없다. *nboot*는 사용할 부트스트랩 개수이다. 기본값은 599인데, 대체로 그보다 큰 값을 사용하는 것이 바람직하다(그러나 아마도 2,000보다 큰 값을 지정할 필요는 없을 것이다). 다음은 비아그라 자료에 대해 기본 설정들(20% 절사평균, 부트스트랩 표본 599개)을 적용해서 강건한 분산분석을 실행하는 명령이다.

```
t1waybt(viagraWide)
```

5% 절사평균과 부트스트랩 표본 2,000개를 사용하고 싶다면 다음 명령을 실행하면 된다.

```
t1waybt(viagraWide, tr = .05, nboot = 2000)
```

출력 10.7에는 기본값들로 *t1waybt()* 함수를 실행한 결과가 나와 있다. 이 강건한 검정에 따르면, 세 복용량 그룹의 절사평균 리비도 점수들에는 유의한 차이가 없다. $F_t = 3$, $p = .089$이다. 정리하자면, 세 강건한 검정 모두 복용량이 리비도에 유의한 영향을 미치지 않음을 암시하는 결과를 냈다.

t1way() 출력	*med1way()* 출력	*t1waybt()* 출력
$TEST [1] 4.320451	$TEST [1] 4.782879	$test [1] 3
$nu1 [1] 2	$crit.val [1] 5.472958	$p.value [1] 0.0886076
$nu2 [1] 7.943375	$p.value [1] 0.07	
$siglevel [1] 0.05373847		

10.6.7 R을 이용한 계획된 대비 ②

R에서 계획된 대비를 실행하려면 *contrast()* 함수를 이용해서 그룹화 변수에 대비 특성을 설정한 후 *aov()*를 이용해서 분산분석 모형을 다시 생성해야 한다. 기본적으로 R은 §10.2.3에서 설명한 가변수 부호화를 적용한다. 기존 *viagraModel*을 *summary()* 대신 *summary.lm()* 함수로 요약해 보면 이 사실을 확인할 수 있다. *summary.lm()*은 선형모형의 매개변수들을 요약해서 보여준다(전체적인 분산분석의 요약이 아니라). 독자의 현재 세션에 *viagraModel* 객체가 아직 남아 있다고 할 때(아니라면 다시 생성하기 바란다), 다음 명령을 실행하면 출력 10.8과 같은 결과가 출력될 것이다.

```
summary.lm(viagraModel)
```

출력 10.8은 가변수 부호화를 설명할 때 본 출력 10.1과 기본적으로 동일하다. 출력의 *Low Dose* 행을 보면, 위약 그룹에 비한 저용량 그룹의 효과는 유의하지 않다($t = 1.13$, $p = .282$). 반면 위약 그룹에 비한 고용량 그룹의 효과는 유의하다($t = 3.16$, $p = .008$).

```
Coefficients:
               Estimate Std. Error t value Pr(>|t|)
(Intercept)      2.2000     0.6272   3.508  0.00432 **
doseLow Dose     1.0000     0.8869   1.127  0.28158
doseHigh Dose    2.8000     0.8869   3.157  0.00827 **
---
Signif. codes:  0 '***' 0.001 '**' 0.01 '*' 0.05 '.' 0.1 ' ' 1

Residual standard error: 1.402 on 12 degrees of freedom
Multiple R-squared: 0.4604,     Adjusted R-squared: 0.3704
F-statistic: 5.119 on 2 and 12 DF,  p-value: 0.02469
```

여기까지는 좋다. 그러나, 만일 기본적인 가변수 부호화를 사용하는 대신 우리가 직접 계획된 대비를 설계해서 적용하거나 추세 분석을 실행하려면 어떻게 해야 할까? 물론 가능하다. 이를 위해서는 예측변수(지금 예에서는 **dose**)에 연관된 대비 특성들을 다음과 같은 형태의 명령을 이용해서 직접 지정해 주어야 한다.

```
contrasts(예측변수)<-대비 특성
```

여기서 대비 특성은 비교하고자 하는 대비들을 위한 가중치들의 집합이나 다음과 같은 내장 대비 함수(표 10.6도 참고할 것) 중 하나이다.

```
contr.helmert(n)
contr.poly(n)
contr.treatment(n, base = x)
contr.SAS(n)
```

모든 경우에서, 함수가 받는 n은 예측변수의 그룹 개수이다(**dose**의 경우는 3). *contr.treatment()* 함수에는 *base*라는 추가적인 옵션이 있는데, 이 옵션은 기저 범주로 사용할 그룹을 지정하는 데 쓰인다. 예를 들어 보통의 가변수 부호화(첫 범주가 기저 범주인)를 원한다면 *contr. treatment(n, base = 1)*를 사용하면 된다. *contr. SAS()*는 마지막 범주를 기저로 선택해서 *contr.treatment()*를 사용하는 것과 같다.

다음은 **dose**의 대비 특성을 **헬메르트 대비**(Helmert contrast)로 설정하는 예이다.

```
contrasts(viagraData$dose)<-contr.helmert(3)
```

여기서 3은 **dose** 변수가 나타내는 그룹들의 개수이다. 그러나 이 대비를 실제로 사용하지는 않겠다. 대신, 대비들을 직접 지정해 보기로 한다.

10.6.7.1 대비 직접 지정 ②

그럼, §10.4에서 설명한 계획된 대비(계획된 비교)를 R에서 직접 수행해 보기로 하자. 계획된 대비를 수행하려면 각 그룹에 가중치를 배정해야 한다. 이를 위해서는 먼저 그룹들을 어떤 식으로 비교할 것인지 결정하고, 그에 맞는 가중치들을 구해야 한다. 그런데 이 과정은 §10.4.2에서 이미 마쳤다. 대비 1에서는 위약 그룹에 −2, 저용량 그룹에 +1, 고용량 그룹에 +1을 배정한다. 다음은 이 가중치들을 *c()* 함수로 나열해서 *contrast1*이라는 새 변수에 배정하는 명령이다.

```
contrast1<-c(-2,1,1)
```

이 변수는 첫 그룹의 가중치가 −2, 둘째 그룹과 셋째 그룹의 가중치가 각각 1임을 뜻한다. 가중치들이 예측변수의 그룹 순으로 나열되어 있다는 점이 중요하다. 비아그라 자료에서 첫 그룹은 위약 그룹이고(그룹에 부여된 부호가 모든 부호 중 가장 작은 값인 1이므로) 둘째 그룹은 저용량 그룹(그다음으로 작은 2가 부여되었으므로), 셋째 그룹은 고용량 그룹이다(가장 큰 부호인 3이 부여되었으므로). 결과적으로, *contrast1*의 수치들은 순서대로 위약, 저용량, 고용량의 가중치를 의미하게 된다.

둘째 대비에 대해서도 마찬가지로 가중치 목록을 만든다. §10.4.2에서 정했듯이, 대비 2에서 위약 그룹의 가중치는 0이고 저용량 그룹은 −1, 고용량 그룹은 +1이다. 대비를 위한 가중치 목록 변수를 만들 때는 이 가중치들을 그룹 순으로 지정해야 한다. 즉, 위약 그룹의 0을 제일 먼저 적고, 그다음에 저용량 그룹의 −1을, 마지막으로 고용량 그룹의 1을 적어야 한다. 기억하겠지만, 가중치가 0인 그룹은 대비의 계산에서 제외된다. 다음은 이상의 가중치들로 대비를 지정하는 명령이다.

```
contrast2<-c(0,-1,1)
```

이 명령은 둘째 대비를 위한 가중치들을 담은 *contrast2*라는 변수를 생성한다.

대비 가중치들을 정의했다면, 이들을 **cbind()**로 묶어서(bind) 두 개의 열로 이루어진 데이터 프레임을 만들고, 그것을 예측변수 **dose**를 위한 대비들로 설정한다. 해당 명령은 다음과 같다.

```
contrasts(viagraData$dose)<-cbind(contrast1, contrast2)
```

이 명령은 앞에서 만든 두 가지 대비 가중치 목록을 **dose**의 대비 특성으로 설정한다.[9] 이제 다음 명령으로 **dose** 변수의 내용을 확인해 보자.

```
viagraData$dose
```

다음과 같은 결과가 출력될 것이다.

```
[1] Placebo   Placebo   Placebo   Placebo   Placebo   Low Dose  Low
Dose  Low Dose  Low Dose  Low Dose  High Dose High Dose High Dose
[14] High Dose High Dose
attr(,"contrasts")
          contrast1 contrast2
Placebo        -2         0
Low Dose        1        -1
High Dose       1         1
Levels: Placebo Low Dose High Dose
```

이제는 이 변수에 방금 지정한 가중치들로 이루어진 대비 특성이 담겨 있음을 확인할 수 있다.

---

9 이 예에서는 대비 설정 과정을 명확히 보여주기 위해 *contrast1* 변수와 *contrast2* 변수를 따로 만들었지만, 실제 응용에서는 그냥 다음과 같이 한꺼번에 처리하는 것이 더 편하다.

```
contrasts(viagraData$dose)<-cbind(c(-2,1,1), c(0,-1,1))
```

이러한 출력은 가중치들을 제대로 입력했는지 확인할 때 아주 유용하다. 기억하겠지만, 계획된 대비에서 각 대비는 가중치가 양인 그룹(들)과 가중치가 음인 그룹(들)을 비교한다. 따라서, 앞의 가중치 표에서 대비 1(*contrast1*)은 위약 그룹과 두 실험군을 비교하고, 대비 2는 저용량 그룹과 고용량 그룹을 비교한다. 이것이 우리가 원했던 비교들이므로, 다음 단계로 넘어가자.

대비 특성을 설정한 다음에는 이전과 똑같은 방식으로 *aov()*를 이용해서 모형을 생성한다. 해당 명령은 다음과 같다.

```
viagraPlanned<-aov(libido ~ dose, data = viagraData)
```

*summary()*로 모형의 요약 정보를 출력해 보면 이전에 생성한 *viagraModel*의 것과 동일한 정보가 출력될 것이다. 대비 결과를 보려면 다음 명령으로 모형 매개변수들을 출력해야 한다.

```
summary.lm(viagraPlanned)
```

이 명령의 실행 결과(출력 10.9)는 계획된 대비의 작동 방식을 설명할 때 살펴본 출력 10.2의 것과 같다. 출력 10.9의 각 항목의 의미가 잘 기억나지 않는다면, §10.4.2 중 출력 10.2에 관한 설명 부분을 다시 읽어보기 바란다. 출력의 *Coefficients:* 표에는 각 대비의 표준오차와 *t* 통계량이 나와 있다. 마지막 열은 대비의 유의확률인데, 이 값은 양쪽꼬리이다. 첫 대비를 예로 들면, 만일 실험군들이 대조군(위약 그룹)과 다르다는 일반적인 가설을 이 대비를 이용해서 검증하려 했다면, 이 양쪽꼬리 *p* 값을 사용해야 한다. 그러나 지금 예에서 우리가 검증하려는 가설은 실험군들의 리비도 점수 증가량이 위약 그룹의 리비도 점수 증가량보다 더 크다는 것이다. 이는 한쪽꼬리 검정에 해당한다. 그룹 평균들이 그러한 가설을 지지한다고 할 때, 출력 10.9의 유의확률을 2로 나누면 한쪽꼬리 유의확률이 나온다(.0293/2 = .0147). 따라서, 대비 1의 경우 위약을 먹을 때에 비해 비아그라를 먹을 때 리비도가 유의하게(*p* = .0147) 더 증가한다고 말할 수 있다. 대비 2의 가설(비아그라 고용량 복용이 저용량 복용보다 리비도를 유의하게 더 많이 높인다)도 한쪽꼬리이다. 대비 2의 검정 결과를 보면, 실제로 비아그라 고용량 복용이 저용량 복용보다 리비도를 유의하게 더 많이 높인다(*p*(한쪽꼬리) = .0652/2 = .0326). 이 실험에서, 만일 한 그룹이 다른 그룹보다 더 효과적일 것이라는 방향 있는 가설을 두지 않았다면, 리비도에 대한 비아그라 복용의 효과가 유의하지 않다는 결론이 나왔을 것임을 주의하기 바란다. 이 예는 과학 연구에서 연구자가 반드시 자료를 수집하기 전에 가설을 세우는 것이 중요한 이유를 잘 보여준다. 자료를 수집하기 전에 가설을 세우는 방식의 과학적 발견 방법이 그렇지 않은 방법보다 더 강력하다.

계획된 대비의 결과를 요약하자면, 비아그라 복용이 대조군에 비해 리비도를 유의하게 더 증가시키며(*t*(12) = 2.47, *p* < .05), 고용량 복용이 저용량 복용에 비해 리비도를 유의하게 더 증

가시킨다($t(12) = 2.03$, p(한쪽꼬리) $< .05$).

```
Coefficients:
            Estimate Std. Error t value Pr(>|t|)
(Intercept)   3.4667     0.3621   9.574 5.72e-07 ***
dose1         0.6333     0.2560   2.474   0.0293 *
dose2         0.9000     0.4435   2.029   0.0652 .
---
Signif. codes:  0 '***' 0.001 '**' 0.01 '*' 0.05 '.' 0.1 ' ' 1
Residual standard error: 1.402 on 12 degrees of freedom
Multiple R-squared: 0.4604,     Adjusted R-squared: 0.3704
F-statistic: 5.119 on 2 and 12 DF,  p-value: 0.02469
```

10.6.7.2 추세 분석 ②

R에서 추세 분석을 실행할 때는 *contr.poly()* 함수를 사용한다. 추세 분석을 위해서는 예측변수의 그룹들을 의미 있는 순서로 부호화해 두어야 한다. 비아그라 자료의 경우, 위약 그룹의 리비도가 가장 작고, 저용량 그룹이 그보다 크고, 고용량 그룹이 가장 클 것으로 예측하고 그 순서로 그룹들에 부호를 배정했다. 의미 있는 추세를 검출하려면 그룹들의 부호가 오름차순이어야 한다. 비아그라 자료의 경우 위약 그룹의 부호가 가장 작은 값인 1이고 저용량 그룹이 중간 값인 2, 고용량 그룹이 가장 큰 값인 3이다. 그룹들을 이와는 다르게 부호화하면 추세 검출 여부가 달라지고, 추세가 검출된 경우 그 추세의 통계적 유의성이 달라진다.

추세 분석을 실행할 때도 예측변수에 적절한 대비 특성을 설정해야 한다. 지금 예에서는 다음 명령을 실행하면 된다.

```
contrasts(viagraData$dose)<-contr.poly(3)
```

여기서, *contr.poly()*에 지정한 3은 예측변수의 그룹 개수이다. 대비를 설정한 다음, 다음과 같이 *aov()*를 이용해서 새 모형을 생성하면 추세 분석이 실행된다.

```
viagraTrend<-aov(libido ~ dose, data = viagraData)
```

분석 결과를 확인하려면 모형 매개변수들을 출력해야 한다. 해당 명령은 다음과 같다.

```
summary.lm(viagraTrend)
```

결과가 출력 10.10에 나와 있다. *dose.L* 행은 실험 효과를 자료에 존재하는 선형(일차) 관계로 설명할 수 있는지에 대한 정보를 제공하고, *dose.Q* 행은 실험 효과를 자료에 존재하는 이차 관계로 설명할 수 있는지에 대한 정보를 제공한다. 우선 선형추세부터 살펴보자. 이 비교는 그룹 평균들이 선형으로 증가하는지 검사한다. 여기서 가장 중요한 항목은 t 값과 그 유의확률이다. 선형추세에 대해 $t = 3.16$인데, 이 값은 $p = .008$로 유의하다. 따라서, 무(위약)에서 저용량으로 비아그라 복용량을 늘렸을 때 리비도가 그에 비례해서 선형으로 증가한다고 말할 수 있다.

이차추세를 넘어가서, 이 비교는 평균들의 형태가 곡선형(curvilinear; 한 번 꺾인 곡선)을 따르는지 검사한다. 이 자료의 오차 막대 그래프를 보면 평균들의 형태가 곡선이 아니다. 실제로, 이 비교 결과는 $t = 0.52$이고 그 유의확률은 $p = .612$이다. 즉, 전혀 유의하지 않다.

출력 10.10

```
Coefficients:
            Estimate Std. Error t value Pr(>|t|)
(Intercept)   3.4667     0.3621   9.574 5.72e-07 ***
dose.L        1.9799     0.6272   3.157  0.00827 **
dose.Q        0.3266     0.6272   0.521  0.61201
---
Signif. codes:  0 '***' 0.001 '**' 0.01 '*' 0.05 '.' 0.1 ' ' 1
Residual standard error: 1.402 on 12 degrees of freedom
Multiple R-squared: 0.4604,     Adjusted R-squared: 0.3704
F-statistic: 5.119 on 2 and 12 DF,  p-value: 0.02469
```

10.6.8 R을 이용한 사후검정 ②

R은 다양한 사후검정을 지원한다. 본페로니 방법이나 관련 방법들(홀름, 벤야미니-호흐베르크 등)은 R의 기본 시스템의 일부인 *pairwise.t.test()* 함수로 실행한다. 투키의 검정과 더닛(Dunnett)의 검정(그리고 이 책에서 다루지 않는 몇몇 검정)은 *multcomp* 패키지의 *glht()* 함수로 실행할 수 있다. 마지막으로, 윌콕스는 몇 가지 강건한 방법들을 *lincon()* 함수와 *mcpp20()* 함수로 구현했다(Wilcox, 2005). 그럼 이 세 부류의 함수들을 차례로 살펴보자.

10.6.8.1 본페로니의 방법 및 관련 방법들 ②

본페로니의 방법과 관련 방법들(홀름, 벤야미니-호흐베르크, 홈멜, 호흐베르크 등)은 R의 내장 함수인 *pairwise.t.test()*로 실행할 수 있다. 이 함수의 일반적인 활용 형태는 다음과 같다.

```
pairwise.t.test(결과변수, 예측변수, paired = FALSE, p.adjust.method = "방법")
```

여기서,

- 결과변수에는 자료의 결과변수(지금 예에서는 **libido**(구체적으로는 *viagraData$libido*))를 지정한다.

- 예측변수에는 그룹화 변수를 지정한다(지금 예에서는 **dose**(*viagraData$dose*)).

- *paired*는 쌍별 t 검정(paired t-test) 수행 여부를 뜻한다. 기본값은 FALSE이지만, 쌍별 검정을 원한다면 TRUE를 지정하면 된다. 지금 예에서는 그룹들이 독립적이므로 t 검정을 쌍별로 실행하는 것이 바람직하지 않다. 따라서 그냥 기본값 FALSE를 적용하면 된다. 쌍별 t 검정이 필요한 상황은 제13장에서 다룬다.

- *p.adjust.method*에는 p 값에 적용할 수정 방법을 나타내는 문자열을 지정한다. 명령의 "방법"에 대입할 수 있는 문자열은 "*bonferroni*", "*holm*", "*hochberg*", "*hommel*", "*BH*"(벤야미니-호흐베르크 방법), "*BY*"(좀 더 최근에 나온 벤야미니-예쿠티엘리(Benjamini-Yekutieli) 방법), "*fdr*"(일반적인 오발견율(FDR) 방법), "*none*"(p 값을 수정하지 않고 보통의 t 검정을 여러 번 수행하는 것에 해당하는데, 권장하지는 않는다) 등이 있다.

다음은 비아그라 자료에 대해 본페로니 사후검정과 벤야미니-호흐베르크 사후검정을 수행하는 명령들이다.

```
pairwise.t.test(viagraData$libido, viagraData$dose, p.adjust.method =
"bonferroni")
```

```
pairwise.t.test(viagraData$libido, viagraData$dose, p.adjust.method = "BH")
```

두 명령 모두, 결과변수로는 **libido**를, 그룹화 변수로는 **dose**를 지정했다. 둘의 차이는 p 값을 수정하는 방법이다. 두 명령의 결과가 출력 10.11에 나와 있다. 두 명령 모두, 모든 그룹 쌍의 p 값들로 이루어진 표를 출력한다. 먼저 본페로니의 방법으로 수정된 p 값들을 보면, 위약 그룹과 저용량 그룹의 차이는 유의하지 않고(.845는 .05보다 크다) 위약 그룹과 고용량 그룹의 차이는 유의하다(.025는 .05보다 작다).

자가진단

✓ 계획된 대비의 결과에 따르면, 용량이 어떻든 비아그라를 먹으면 리비도가 유의하게 증가한다. 그러나 사후검정들에 따르면 저용량의 효과는 유의하지 않다. 이런 모순이 왜 생겼을까?

---

§10.4.2에서 설명했듯이, 비아그라 자료에 대한 계획된 대비의 첫 대비는 실험군들과 대조군(위약 그룹)을 비교한다. 좀 더 구체적으로 말하면, 첫 대비는 두 실험군의 그룹 평균들의 평균((3.2 + 5.0)/2 = 4.1)을 위약 그룹의 평균(2.2)과 비교한다. 따라서 첫 대비는 그 값들의 차이가 유의한지 평가하는 것에 해당한다. 그러나 저용량 그룹과 위약 그룹에 대한 사후검정들에서는 그 두 그룹의 평균의 차이가 유의한지 검사한다. 이 경우 평균 차이는 1밖에 되지 않는다.

이는 계획된 대비의 평균 차이 1.9보다 훨씬 작다. 이 예는 계획된 대비와 사후검정의 결과가 모순된 것처럼 보이는 상황이 벌어질 수 있음을 잘 보여준다. 더 중요하게는, 이 예는 계획된 대비의 결과를 조심해서 해석해야 한다는 교훈을 준다.

마지막으로, 저용량 그룹과 고용량 그룹의 비교 결과를 보면 둘의 차이는 유의하지 않다 (0.196이 .05보다 크므로). 이 결과는 계획된 대비의 결과와 모순된다(계획된 대비의 대비 2에서 두 그룹의 차이가 유의하다는 결과가 나왔음을 기억할 것이다).

자가진단

✓ 계획된 대비에서는 저용량 그룹과 고용량 그룹의 차이가 유의하다고 했
  는데 사후검정에서는 유의하지 않다는 결과가 나온 이유는 무엇일까?

이 모순은 두 가지 이유로 설명할 수 있다. 첫째로, 사후검정은 본성적으로 양쪽꼬리 검정이다(애초에 사후검정은 특별한 가설이 없을 때 사용하며, 특별한 가설이 없으므로 가설의 방향도 없다). 반면 계획된 대비의 대비 2는 가설에 방향이 있는 한쪽꼬리 검정으로 취급할 때만 의미가 있다. 그러나, 양쪽꼬리 수준에서도 계획된 대비의 유의확률은 사후검정의 것보다 유의수준에 더 가깝다. 이 사실은 사후 절차들이 계획된 대비보다 더 보수적임을(즉, 진짜 효과를 검출하는 검정력이 떨어짐을) 보여준다.

이제 BH(벤야미니–호흐베르크) 방법으로 수정된 p 값들을 보자. 이 경우에도 본페로니의 예와 같은 패턴을 볼 수 있다. 고용량 그룹과 위약 그룹의 차이는 유의하지만(.025는 .05보다 작으므로), 저용량 그룹과 위약 그룹의 차이는 유의하지 않다(.282는 .05보다 크므로). 또한, 저용량 그룹과 고용량 그룹의 차이도 유의하지 않다(.098은 .05보다 크므로).

출력 10.11

본페로니	BH
Pairwise comparisons using t tests with pooled SD	Pairwise comparisons using t tests with pooled SD
data: viagraData$libido and viagraData$dose	data: viagraData$libido and viagraData$dose
Placebo Low Dose Low Dose 0.845 - High Dose 0.025 0.196	Placebo Low Dose Low Dose 0.282 - High Dose 0.025 0.098
P value adjustment method: bonferroni	P value adjustment method: BH

10.6.8.2 투키의 방법과 더닛의 방법 ②

투키와 더닛의 방법들은 *multcomp* 패키지의 *glht()* 함수로 실행할 수 있다(따라서 그 패키지를 설치하고 적재해야 한다). 이 함수의 일반적인 활용 형태는 다음과 같다.

```
새모형<-glht(분산분석모형, linfct = mcp(예측변수 = "방법"), base = x)
```

여기서,

- 새모형은 함수가 생성한, 모형에 관한 정보(사후검정 결과)를 담은 객체이다. 이후 *summary*(새모형) 명령을 실행하면 기본적인 사후검정 결과를 볼 수 있고, *confint*(새모형)을 실행하면 신뢰구간들을 볼 수 있다.

- 분산분석모형에는 *aov()* 함수로 만든 모형을 지정한다(지금 예에서는 *viagraModel*).

- *linfct = mcp*(예측변수 = "방법")은 *p* 값들에 적용할 수정 방법을 결정한다. 예측변수에는 그룹화 변수(지금 예에서는 **dose**)를 지정한다.

- "방법"에는 구체적인 수정 방법을 나타내는 문자열을 지정한다. 사용할 수 있는 문자열은 "*Dunnett*", "*Tukey*", "*Sequen*", "*AVE*", "*Changepoint*", "*Williams*", "*Marcus*", "*McDermott*", "*UmbrellaWilliams*", "*GrandMean*"이다.

- *base* 옵션은 수정 방법이 "*Dunnett*"일 때만 쓰인다. 이 옵션은 기저 그룹을 지정하는 용도로 쓰인다. 기저 범주로 삼을 그룹의 번호(부호)를 이 옵션에 지정하면 된다. 지금 예에서 위약 그룹을 기저로 삼으려면 *base = 1*을, 고용량 그룹을 기저로 삼으려면 *base = 3*을 지정하면 된다.

다음은 비아그라 자료에 대해 투키의 사후검정을 실행하고 그 결과를 확인하는 명령들이다.

```
postHocs<-glht(viagraModel, linfct = mcp(dose = "Tukey"))
summary(postHocs)
confint(postHocs)
```

첫 명령은 §10.6.6.1에서 만든 *viagraModel* 모형에 대해 투키의 검정을 실행한 결과를 담은 *postHocs*라는 새 객체를 생성한다. 이 명령은 주어진 모형의 **dose** 변수에 대해 투키의 검정을 실행한다(여기서 변수를 *viagraData$dose*가 아니라 그냥 *dose*로 지정했음을 주목하기 바란다. 함수는 주어진 모형(지금 예에서는 *viagraModel*) 안에서 그 변수를 찾으므로, 그냥 변수 이름만 지정하면 된다). 그다음 명령은 *postHocs*로 *summary()* 함수를 실행해서 사후검정 결과를 출력한다(출력 10.12). 마지막 명령은 *confint()*를 이용해서 해당 신뢰구간들을 출력한다(출력 10.13).

출력 10.12를 보면 세 가지 비교(저용량 대 위약, 고용량 대 위약, 고용량 대 저용량)의 추정값(그룹 평균들의 차이)와 관련 표준오차, t 통계량(이는 그냥 그룹 평균 차이를 표준오차로 나눈 것이다. 예를 들어 첫 비교의 경우 1/0.8869 = 1.127이다), 그리고 그 p 값이 나와 있다. 이전 절의 검정들에서처럼, 이 출력은 고용량 그룹과 위약 그룹의 차이가 $t = 3.16$, $p < .05$로 유의하지만 저용량 그룹과 위약 그룹의 차이는 $t = 1.13$, $p = .52$로 유의하지 않고 고용량 그룹과 저용량 그룹의 차이도 $t = 2.03$, $p = .15$로 유의하지 않음을 보여준다. 신뢰구간들(출력 10.13)도 마찬가지 결론이 나온다. 고용량 그룹 대 위약 그룹의 신뢰구간은 0을 포함하지 않는데, 이는 두 그룹 평균의 차이의 참값이 0이 아닐(즉, 그룹 평균들이 서로 다를) 가능성이 크다는 뜻이다. 반대로, 다른 두 비교에서는 신뢰구간에 0이 포함된다. 즉, 그룹 평균 차이의 참값이 0일 수 있다.

출력 10.12

```
Simultaneous Tests for General Linear Hypotheses

Multiple Comparisons of Means: Tukey Contrasts

Fit: aov(formula = libido ~ dose, data = viagraData)

Linear Hypotheses:
                         Estimate Std. Error t value Pr(>|t|)
Low Dose - Placebo == 0    1.0000     0.8869   1.127   0.5162
High Dose - Placebo -- 0   2.0000     0.8869   3.157   0.0208 *
High Dose - Low Dose == 0  1.8000     0.8869   2.029   0.1474
---
Signif. codes:  0 '***' 0.001 '**' 0.01 '*' 0.05 '.' 0.1 ' ' 1
(Adjusted p values reported -- single-step method)
```

출력 10.13

```
Simultaneous Confidence Intervals

Multiple Comparisons of Means: Tukey Contrasts

Fit: aov(formula = libido ~ dose, data = viagraData)

Quantile = 2.6671
95% family-wise confidence level

Linear Hypotheses:
                         Estimate lwr      upr
Low Dose - Placebo == 0    1.0000  -1.3656  3.3656
High Dose - Placebo == 0   2.8000   0.4344  5.1656
High Dose - Low Dose == 0  1.8000  -0.5656  4.1656
```

다음은 비아그라 자료에 대해 더닛 사후검정을 실행하고 결과를 확인하는 명령들이다.

```
postHocs<-glht(viagraModel, linfct = mcp(dose = "Dunnett"), base = 1)
summary(postHocs)
confint(postHocs)
```

이전과는 달리, 첫 명령에서는 수정 방법을 "*Tukey*"가 아니라 "*Dunnett*"으로 지정했다. 또한, 더닛 검정이 요구하는 기저 범주도 지정했다. *base = 1*은 "첫 그룹을 기저 범주로 사용하라"는 뜻이다. 지금 예에서 첫 그룹은 바로 위약 그룹이다. 그다음의 *summary()*와 *confint()*는 각각 검정 결과와 신뢰구간들을 출력한다(출력 10.14). 이 결과를 다시 설명하지는 않겠다(이전의 투키 검정과 결론이 같다). 다만, 더닛 검정에서는 그룹들을 하나의 기저 그룹과 비교하므로 검정이 세 개가 아니라 두 개뿐이라는 점은 언급할 필요가 있겠다. 지금 예에서 이 검정은 두 실험 그룹을 위약 그룹과 비교할 뿐, 저용량 그룹과 고용량 그룹은 비교하지 않는다.

출력 10.14

```
Simultaneous Tests for General Linear Hypotheses

Multiple Comparisons of Means: Dunnett Contrasts

Fit: aov(formula = libido ~ dose, data = viagraData)

Linear Hypotheses:
                       Estimate Std. Error t value Pr(>|t|)
Low Dose - Placebo == 0    1.0000     0.8869   1.127   0.4459
High Dose - Placebo == 0   2.8000     0.8869   3.157   0.0152 *
---
Signif. codes:  0 '***' 0.001 '**' 0.01 '*' 0.05 '.' 0.1 ' ' 1
(Adjusted p values reported -- single-step method)

Simultaneous Confidence Intervals

Multiple Comparisons of Means: Dunnett Contrasts

Fit: aov(formula = libido ~ dose, data = viagraData)

Quantile = 2.5023
95% family-wise confidence level

Linear Hypotheses:
                       Estimate lwr      upr
Low Dose - Placebo == 0    1.0000  -1.2194   3.2194
High Dose - Placebo == 0   2.8000   0.5806   5.0194
```

10.6.8.3 강심장 독자를 위한 강건한 사후검정 ③

강건한 분산분석에서처럼, R에서 강건한 사후검정을 실행하려면 (1) 랜드 윌콕스의 함수들을 불러와야 하고(구체적인 방법은 §5.8.4를 보라), (2) 넓은 형식의 자료를 준비해야 한다. 다행히, §10.6.6.3에서 이미 넓은 형식의 *viagraWide* 데이터프레임을 만들어 두었다. 이번 절에서 살펴볼 강건한 사후검정 함수는 두 개로, 하나는 절사평균에 기초한 *lincon()*이고 다른 하나는 그룹 평균들을 절사할 뿐만 아니라 백분위수(percentile) 부트스트랩 기법으로 p 값을 계산하는

*mcppb20()*이다. 특히 후자는 제1종 오류율을 제어하는 데 효과적인 것으로 보인다. 이 함수들의 일반적인 활용 형태는 이번 장에서 이미 살펴본 *t1way()* 및 *t1waybt()*와 비슷하다.[10]

```
lincon(데이터프레임, tr = .2, grp = c(x, y, z))
mcppb20(데이터프레임, tr = .2, nboot = 2000, grp = c(x, y, …, z))
```

두 함수의 옵션들은 §10.6.6.3에서 설명한 강건한 분산분석 함수들의 옵션들과 같다. 단, *mcppb20()*의 부트스트랩 표본 개수 옵션인 *nboot*의 기본값은 이전과는 달리 2,000이다(그 정도면 충분하다). 평균들의 기본 절사 비율은 이전처럼 20%(*tr* = .2)이다. 다음은 기본값들을 그대로 사용해서 *viagraWide* 데이터프레임에 이 함수들을 적용하는 명령들이다.

```
lincon(viagraWide)
mcppb20(viagraWide)
```

이처럼 간단하다. 출력 10.15는 *lincon()*의 결과인데, 신뢰구간들은 검정 횟수를 참작해서 수정되었지만 *p* 값들은 그렇지 않음을 주의하기 바란다. 따라서, 신뢰구간에 0이 포함되었는지의 여부로 유의성을 판정해야 한다. 지금 예에서는 모든 신뢰구간에 0이 포함되므로, 그룹들의 차이는 모두 유의하지 않다고 할 수 있다. 이는 이전 두 절에서 평균들을 절사하지 않고 얻은 결론과는 다르다.

자가진단

✓ 평균들을 10%만 절사해서 분석을 다시 실행하라. 결론이 어떻게 달라지는가?

출력 10.15

```
[1] "Note: confidence intervals are adjusted to control FWE"
[1] "But p-values are not adjusted to control FWE"
$test
     Group Group       test crit       se df
[1,]     1     2 0.8660254 3.74 1.154701  4
[2,]     1     3 2.5980762 3.74 1.154701  4
[3,]     2     3 1.7320508 3.74 1.154701  4
$psihat
     Group Group psihat ci.lower ci.upper    p.value
[1,]     1     2     -1 -5.31858  3.31858 0.43533094
[2,]     1     3     -3 -7.31858  1.31858 0.06016985
[3,]     2     3     -2 -6.31858  2.31858 0.15830242
```

---

10 사실은 옵션이 몇 개 더 있지만, 단순함을 위해 생략했다.

출력 10.16은 *mcpp20()*의 결과이다. *lincon()*의 결과와는 달리, 이 경우에는 신뢰구간뿐만 아니라 p 값들도 검정 횟수를 참작해서 수정되었다. 출력의 첫 표($psihat$)에 세 대비의 결과가 나와 있다. 이 표의 수치들을 이해하려면 마지막 표(con)에 나온 대비 부호들을 참고해야 한다. 이 값들은 이번 장에서 계획된 대비를 설명할 때 살펴본 대비 가중치들과 비슷하다. 계획된 대비에서처럼, 가중치가 음수인 그룹들과 양수인 그룹들이 비교된다. 지금 예에서, 대비 1은 그룹 1과 그룹 2(즉, 위약 그룹과 저용량 그룹)를 비교하고, 대비 2는 그룹 1과 그룹 3(즉, 위약 그룹과 고용량 그룹)을, 대비 3은 그룹 2와 그룹 3(즉, 저용량 그룹과 고용량 그룹)을 비교한다.

첫 표에 나온 신뢰구간 상, 하계를 보면, 대비 2의 신뢰구간만 0을 포함하지 않는다. 이는 고용량 그룹과 위약 그룹의 차이가 유의하다는 뜻이다(이는 해당 p 값이 .05보다 작다는 점으로도 확인할 수 있다). 다른 두 그룹의 신뢰구간에는 0이 포함되며, 해당 p 값들이 .05보다 크다. 따라서 저용량 그룹과 위약 그룹(대비 1), 저용량 그룹과 고용량 그룹(대비 3)의 리비도 차이는 유의하지 않다. 본질적으로 이러한 결과는 강건하지 않은 사후검정들에서 얻은 결론과 부합한다.

```
[1] "Taking bootstrap samples. Please wait."
$psihat
     con.num psihat      se ci.lower   ci.upper p-value
[1,]       1     -1 1.154701 -3.333333 1.3333333  0.3250
[2,]       2     -3 1.154701 -5.333333 -0.3333333  0.0055
[3,]       3     -2 1.154701 -4.333333 0.6666667  0.0840

$crit.p.value
[1] 0.017

$con
     [,1] [,2] [,3]
[1,]    1    1    0
[2,]   -1    0    1
[3,]    0   -1   -1
```

10.7 효과크기의 계산 ②

R의 일원 독립 분산분석 결과에서 한 가지 주목할 점은, 효과크기(effect size) 항목이 없다는 점이다. 다행히 우리는 효과크기를 계산하는 방법을 알고 있다. 식 (7.4)에서 다음과 같은 공식을 보았었다.

$$R^2 = \frac{\text{SS}_\text{M}}{\text{SS}_\text{T}}$$

사실, *aov()*로 얻은 분산분석 결과로 *summary.lm()*을 실행했을 때 나오는 출력에 이 값이 나와 있다. 예를 들어 *viagraModel*에 대한 *summary.lm()*의 결과인 출력 10.8의 끝부분을 보면 *Multiple R-squared* 다음에 0.4604가 있는데, 이것이 바로 r^2 = .46이다. 다소 이상한 이유로, 분산분석에서는 이 r^2을 **에타제곱**(eta squared)이라고 부르고 η^2으로 표기한다. 이 값의 제곱근을 취하면 우리가 원하는 효과크기 r이 나온다($\sqrt{.46}$ = .68). 이전에 언급한 효과크기 분류 기준에 따르면, 이 값은 큰 효과에 해당한다(큰 효과의 하한인 .5보다 크다). 따라서, 리비도에 대한 비아그라의 효과는 실질적으로 존재한다고 말할 수 있다.

그런데 이러한 효과크기 측도는 약간 편향되어 있다. 이는, 이 측도가 전적으로 표본의 제곱합들에만 기초해서 계산될 뿐이며, 우리가 원하는 것이 모집단의 효과크기를 추정하는 것이라는 사실은 계산에 반영되지 않기 때문이다. 그래서 이 에타제곱 대신 **오메가제곱**(omega squared, ω^2)이라고 부르는 약간 더 복잡한 측도를 사용하는 경우가 많다. 이 효과크기 추정값 역시 이번 장에서 살펴본 제곱합들에 기초하지만, *F* 비 계산에서처럼 모형이 설명하는 변동과 오차 분산을 고려해서(두 경우 모두 평균 분산 또는 평균제곱 오차를 사용한다) 크기를 조정한다는

실험복 레니의 실제 연구 10.1 긁어 퍼내기? ①

Gallup, G. G. J. 외 (2003). *Evolution and Human Behavior*, 24, pp. 277-289.

진화 덕분에 아름다운 생명체가 많이 탄생했다(고양이, 돌고래, 대산호초 등등). 이런 생명체들은 모두 자신의 생태적 틈새에 적합하게 선택되었다. 진화가 미를 창출하는 능력은 무한해 보인다. 그런 만큼, 인간 남성의 성기가 그토록 흉측한 모습으로 진화했다는 점은 아주 의아스럽다. 한 가지 이론은, 수컷들의 정자 경쟁 때문에 음경이 그렇게 진화했다는 것이다. 구체적으로 말하면, 다른 영장류에 비해 인간의 음경은 귀두가 유난히 큰데, 이는 성교 시 여성의 질에 남아 있는 다른 남성의 정액을 귀두로 "퍼내서" 제거하기 위한 것이라는 주장이다. 이를 검증하기 위해 고든 갤럽과 그 동료들은 독창적인 연구 방법을 고안해 냈다(Gallup 외, 2003). 그들은 California Exotic Novelties의 인공질(vagina)에 물과 전분으로 만든 가짜 정액 2.6ml를 넣고 Hollywood Exotic Novelties의 여러 여성용 자위 기구를 삽입했다가 빼서 가짜 질에 남아 있는 가짜 정액의 양을 측정했다. 사용한 여성용 기구는 세 가지였는데, 하나는 관상 능선(coronal ridge)이 없는(그러니까 귀두가 없이 미끈한) 기구이고 (이것이 대조군이다), 다른 하나는 관상 능선이 최소한인(귀두가 작은) 기구, 마지막 하나는 관상 능선이 뚜렷한 기구였다.

연구자들은 다음과 같은 공식을 이용해서 정액 배출 비율(퍼센트)을 계산했다(이 공식을 제시하는 이유는, 이 공식이 이 책의 다른 어떤 공식보다도 흥미롭기 때문이다).

$$\frac{\text{정액이 담긴 질의 무게} - \text{음경을 삽입했다 뺀 후의 질의 무게}}{\text{정액이 담긴 질의 무게} - \text{빈 질의 무게}} \times 100$$

따라서, 100%는 음경이 정액을 전부 퍼냈다는 뜻이고 0%는 전혀 퍼내지 못했다는 뜻이다. 갤럽 등은 인간의 음경이 정액을 빼내는 기구로 진화했다는 이론하에서 다음 두 가지 가설을 세웠다. (1) 귀두가 있는 음경이 그렇지 않은 음경보다 정액을 더 많이 퍼낸다. (2) 관상 능선이 큰 음경이 관상 능선이 최소한인 음경보다 정액을 더 많이 퍼낸다. 해당 자료가 **Gallup et al.csv** 파일에 들어 있다. 세 조건의 오차 막대 그래프를 작성하라. 그리고 두 가설을 일원 분산분석과 계획된 대비로 검 증하라. 갤럽과 그의 동료들이 발견한 것은 무엇인가?

답은 이 책의 부록 사이트에 있는 보충 자료에 나와 있다(또는, 원래의 논문의 pp. 280-281을 보라).

점이 다르다. 공식은 다음과 같다.

$$\omega^2 = \frac{SS_M - (df_M)MS_R}{SS_T + MS_R}$$

이 공식에 쓰이는 값들은 모두 출력 10.5에서 구할 수 있다(SS_T는 출력에 명시적으로 나와 있지 않지만, 그냥 $SS_T = SS_M + SS_R$로 계산하면 된다). 비아그라 자료에 대한 오메가제곱은 다음과 같다.

$$\omega^2 = \frac{20.13 - (2 \times 1.97), \text{ or } 20.13 - (2)1.97}{43.73 + 1.97}$$

$$= \frac{16.19}{45.70}$$

$$= .35$$

$$\omega = .60$$

이 추정값은 앞에서 계산한 r보다 조금 작다. 그리고, 대체로 ω가 r보다 좀 더 정확한 측도이다. 이번 장에서는 이 ω를 효과크기의 측도로 사용하지만, 이것을 그냥 r이라고 생각해도 무방하다(어차피 기본적으로 이 측도는 r의 편향되지 않은 버전에 해당한다). 결과를 보고할 때는 흔히 ω^2의 값을 명시하며, 작은 효과·중간 효과·큰 효과의 기준으로는 각각 .01, .06, .14가 제안되었다(Kirk, 1996). 그러나 이들은 대략적인 지침일 뿐이며, 효과크기를 해당 연구 문헌의 맥락 안에서 해석해야 한다는 점을 기억하기 바란다.

올리버 트위스티드

선생님, 그거 더 가르쳐 주세요…. 오메가요!

"오메가만한 곳이 없어"라고 올리버가 빨간 구두 뒤축을 부딪치며 노래한다. 도로시처럼 캔자스에서 깨어나고 싶은가 본데, 너는 어차피 가래톳이 만연한 디킨스 풍의 런던을 벗어나지 못할 거야, 올리버. 그곳에서 올리버와 만나고 싶은 독자는 부록 웹사이트의 이번 장 보충자료를 보기 바란다. 거기에 R에서 ω^2을 계산하는 함수를 작성하는 법이 나와 있다. 아마 그 글이 가래톳(림프샘염)과 아주 다르지는 않다는 점에 여러분도 동의할 것이다.

그런데 대부분의 경우 우리의 관심사는 전반적인 분산분석의 효과크기(일반적인 가설에 관한)가 아니라, 그룹들의 차이에 관한 효과크기이다. 그러한 효과크기는 *compute.es* 패키지의 *mes()* 함수로 구할 수 있다. 이 함수의 일반적인 활용 형태는 다음과 같다.

```
mes(그룹1 평균, 그룹2 평균, 그룹1 표준편차, 그룹2 표준편차, 그룹1 크기, 그룹2 크기)
```

즉, 비교하고자 하는 두 그룹의 평균과 표준편차, 그리고 표본 크기를 제공해서 함수를 실행하면 된다. 그러한 수치들은 출력 10.3에 나와 있다. 다음은 위약 그룹과 저용량 그룹의 비교에 대한 효과크기를 계산하는 명령이다.

```
mes(2.2, 3.2, 1.3038405, 1.3038405, 5, 5)
```

함수에 입력한 수치들은 순서대로 위약 그룹의 평균(2.2), 저용량 그룹의 평균(3.2), 위약 그룹의 표준편차(1.3038), 저용량 그룹의 표준편차(역시 1.3038), 두 그룹의 표본 크기들(둘 다 5)이다. 위약 그룹과 고용량 그룹의 차이에 대한 효과크기 역시 해당 수치들을 입력하기만 하면 된다.

```
mes(2.2, 5, 1.3038405, 1.5811388, 5, 5)
```

마지막으로, 다음은 저용량 그룹과 고용량 그룹의 차이에 대한 효과크기를 계산하는 명령이다.

```
mes(3.2, 5, 1.3038405, 1.5811388, 5, 5)
```

이 명령들의 결과가 출력 10.17에 나와 있다(차이 d와 효과크기 r 관련 항목들만 남기고 나머지는 생략했다). 위약 그룹과 저용량 그룹의 차이는 중간 크기 효과이다(평균들의 차이가 표준편차의 4분의 3 정도이다). $d = -0.77$, $r = -.36$이다. 위약 그룹과 고용량 그룹의 차이는 아주 큰 효과에 해당한다(그룹 평균들의 차이가 표준편차의 두 배에 달한다). $d = -1.93$, $r = -.69$이다. 마지막으로, 저용량 그룹과 고용량 그룹의 차이는 꽤 큰 효과이다(그룹 평균들의 차이가 표준편차보다 크다). $d = -1.24$, $r = -.53$이다.

출력 10.17

```
Placebo vs. Low Dose:
$MeanDifference
         d       var.d          g       var.g
-0.7669650  0.4294118 -0.6927426  0.3503214

$Correlation
         r       var.r
-0.35805743  0.07113067

Placebo vs. High Dose:

$MeanDifference
         d       var.d          g       var.g
-1.9321836  0.5866667 -1.7451981  0.4786126

$Correlation
         r       var.r
-0.69480834  0.02029603

Low Dose vs. High Dose:

$MeanDifference
         d       var.d          g       var.g
-1.2421180  0.4771429 -1.1219130  0.3892612

$Correlation
         r       var.r
-0.52758935  0.04482986
```

이러한 방식 대신, 직교적인 대비들에 대한 효과크기를 계산할 수도 있다. 이 경우에는 §9.5.2.8에 나온 공식을 사용한다.

$$r_{대비} = \sqrt{\frac{t^2}{t^2 + df}}$$

이를 계산하는 **R** 함수를 만들어 두면 편할 것이다(R의 영혼의 조언 6.2 참고).

```
rcontrast<-function(t, df)
{r<-sqrt(t^2/(t^2 + df))
        print(paste("r = ", r))
        }
```

이 명령을 실행하면 *rcontrast*라는 함수가 정의된다. 첫 행의 괄호 쌍은 이 함수가 t와 df라는 인수들을 입력받는다는 뜻이다. 다른 말로 하면, 함수를 실행할 때 괄호 쌍 안의 첫 수치는 함수의 매개변수 t에 배정되고, 두 번째 수치는 함수의 매개변수 df에 배정된다. 함수 본문의 첫 행은 t의 값과 df의 값을 이용해서 r을 계산한다. 매개변수 이름을 앞의 공식에 나온 변수와 동일하게 지정해 두었으므로, 앞의 공식을 **R**로 어떻게 표현하는지 이해하는 데 어려움이 없을 것이다. 본문의 둘째 행은 그 r 값을 적절한 형태로 출력한다. 이 책과 연관된 패키지인 *DSUR* 을 설치, 적재했다면(§3.4.5 참고) 이 함수가 이미 정의되어 있으므로, 굳이 이 명령을 직접 입력하지 않아도 된다.

다음은 이 함수를 이용해서 비아그라 자료에 대한 두 대비의 r을 계산하는 명령들이다. 첫 명령은 대비 1의 t 값인 2.474를, 둘째 명령은 대비 2의 t 값인 2.029를 지정한다. 자유도(df)는 보통의 회귀에서처럼 $N - p - 1$로 구한 것인데(§7.2.4 참고), 여기서 N은 전체 표본 크기(지금 예에서는 15)이고 p는 예측변수 개수(지금 예에서는 대비 변수가 두 개이므로 2)이다. 따라서 자유도는 $15 - 2 - 1 = 12$이다.

```
rcontrast(2.474, 12)
rcontrast(2.029, 12)
```

이 명령들이 출력한 r 값들은 다음과 같다.

```
[1] "r =  0.581182458413787"
[1] "r =  0.505407970122564"
```

둘 다 상당히 큰 효과이다.

10.8 일원 독립 분산분석 결과의 보고 ②

분산분석을 보고할 때는 F 비를 상세히 보고해야 하며, 그것을 계산하는 데 쓰인 자유도도 보고해야 한다. 자료의 실험 효과에 관한 F 비는 효과에 대한 평균제곱을 잔차에 대한 평균제곱으로 나누어서 구한 것이다. 따라서, F 비의 평가에는 두 가지 자유도, 즉 모형의 효과에 대한 자유도(df_M = 2)와 모형의 잔차에 대한 자유도(df_R = 12)가 쓰인다. 그러므로 분산분석의 주된 결과를 보고할 때는 다음처럼 두 자유도를 모두 명시해야 한다.

✓ 리비도 수준에 대한 비아그라의 효과는 유의했다. $F(2, 12) = 5.12$, $p < .05$, $\omega = .60$이다.

F 비를 표시할 때 효과에 대한 두 자유도를 포함했음을 주목하기 바란다. 또한, F 비의 구체적인 유의확률을 표시하기보다는, 위의 예처럼 그냥 그 p 값이 유의수준 .05보다 작은지 큰지만 표시하는 것이 관례이다. 마지막으로, 효과크기 측도도 명시했다.

추세 분석 결과도 이와 거의 비슷한 방식으로 보고하면 된다.

- 자료에 유의한 선형추세가 있다. $F(1, 12) = 9.97$, $p < .01$, $\omega = .62$이다. 이는 비아그라 복용량이 증가하면 그에 비례해서 리비도 수준도 증가함을 뜻한다.

이전과는 자유도 수치가 다름을 주목하기 바란다. 이는 F 비의 계산 방식이 다르기 때문이다. 또한, 보고에 효과크기 측도도 포함시켰다(추세에 대한 효과크기는 주된 F 비의 효과크기를 계산하는 것과 같은 방식으로 계산하면 된다. 여러분이 직접 계산해서 위와 같은 값이 나오는지 확인해보기 바란다). 마지막으로, 이 경우에는 F 비가 .01 수준에서 유효함을 밝혔다.

다음으로, 계획된 대비와 사후검정의 보고를 보자.

- 계획된 대비의 결과에 따르면, 위약 복용에 비해 비아그라 복용(용량에 상관없이) 시 리비도가 유의하게 더 많이 증가했다. $t(12) = 2.47$, $p < .05$(한쪽꼬리)이다. 그리고 저용량 복용에 비해 고용량 복용 시 리비도가 유의하게 더 많이 증가했다. $t(12) = 2.03$, $p < .05$(한쪽꼬리)이다.

- 효과크기들이 상당히 크게 나왔지만, 본페로니 검정에 따르면 저용량 그룹과 위약 그룹의 차이는 $p = .845$, $d = -0.77$로 유의하지 않고, 저용량 그룹과 고용량 그룹의 차이도 $p = .196$, $d = -1.24$로 유의하지 않다. 그러나, 두 그룹의 평균과 위약 그룹의 차이는 표준편차의 두 배에 달했다. $p = .025$, $d = -1.93$이다.

이번 장에서 발견한 통계학 ①

이번 장에서는 분산분석(ANOVA)을 여러분에게 소개했다. 분산분석은 다음 몇 장의 주제이기도 하다. 일원 독립 분산분석은 각 조건에서 서로 다른 참가자들을 사용해서 수집한 자료의 여러 평균들을 비교할 때 쓰인다. 이번 장에서는 우선 그냥 같은 자료에 대해 t 검정을 여러 번 수행하면 제1종 오류율이 상승하기 때문에 분산분석을 사용해야 한다는 점을 설명했다. 그런 다음 분산분석이 사실 다중회귀와 같은 것이므로 하나의 일반선형모형(GLM)으로 개념화할 수 있다는 점을 설명했다. 다중회귀에서처럼, 분산분석에는 세 가지 중요한 측도가 있다. 하나는 총제곱합 SS_T(자료의 변동성에 대한 측도)이고 다른 하나는 모형제곱합 SS_M(전체 변동 중 실험 조작으로 설명할 수 있는 변동의 양에 대한 측도), 마지막 하나는 잔차제곱합 SS_R(전체 변동 중 실험 조작으로 설명할 수 없는 변동의 양에 대한 측도)이다. 그런 다음에는 F 비가 간단히 말해서 설명할 수 없는 변동에 대한 설명할 수 있는 변동의 비라는 점을 배웠다. 구체적으로 어떤 그룹들이 차이가 나는지는 두 가지 방법으로 밝힐 수 있는데, 하나는 가설들을 검증하기 위해 구체적인 그룹 쌍들을 비교하는 것이고(계획된 대비), 다른 하나는 모든 그룹을 다른 모든 그룹과 비교하는 것이다(사후검정). 전자는 실험 전에 가설을 세웠을 때 사용하고, 후자는 가설 없이 실험을 진행했을 때 사용한다. 마지막으로, 이러한 절차들을 R에서 실행하는 구체적인 방법을 살펴보았다.

또한 이번 장에서는, 원한다면 지역 문법학교로 진학해도 좋다는 편지 한 장이 배달되면서 내 인생이 바뀌었다는 이야기도 했다. 그 사실을 부모님은 아주 우울한 어조로 내게 전했다. 부모님은 내가 내 친구들과 함께 지내는 것을 얼마나 중요하게 생각하는지, 그리고 내가 명백한 실패에 얼마나 익숙해 있는지 알고 있었기 때문이다. 당연히 내 첫 반응은 그냥 우리 동네의 공립학교로 진학하겠다는 것이었다. 내 결심은 확고했다. 그러나, 형이 자기와 함께 학교에 다니면 아주 멋질 것이라고 나를 설득하자 결심이 흔들리기 시작했다. 예나 지금이나 나는 형을 아주 존경하지만, 사회적 역기능의 삶을 살겠다는 인생계획을 형과 함께 있기 위해 깨는 것이 쉬운 일은 아니었다. 그리고 이후 판명된 바로는, 형과 함께 학교에 다니는 것이 항상 멋지지는 않았다. 그는 '모범생'이라는 이유로 괴롭힘을 당했고(모범생들이 모인 학교에서!), 나는 모범생이 아니고 축구를 즐기는 학생이었지만, 그 역시 따돌림을 당하기에 충분한 이유였다. 뭐, 대부분의 경우에는 그랬다.

이번 장에서 사용한 R 패키지

car	pastecs
compute.es	Rcmdr
ggplot2	WRS
multcomp	

똑똑한 알렉스의 과제

- **과제 1:** 내가 여러 교육 방법이 학생들의 지식에 미치는 영향에 관심이 있다고 상상해 보자. 강사 중에는 학생이 뭔가 질문하면 질문자에게 창피를 주는, 냉담하고 오만한 스타일로 학생들을 가르치는 사람들이 있는가 하면, 학생들의 질문과 의견을 고무하고 지지하는 사람들도 있다. 같은 내용으로 세 그룹의 학생에게 통계학을 가르친다고 하자. 한 그룹의 강의에서 나는 길다란 사랑의 매를 들고 다니면서 멍청한 질문을 하거나 내 질문에 정답을 말하지 못한 학생을 때린다. 이 그룹을 **징벌**(punish) 그룹이라고 하자. 다른 한 그룹에서는 내 평소 스타일로 강의를 진행한다. 즉, 어려운 주제에 대해 학생들의 질문과 토론을 격려하고, 공부를 열심히 한 학생에게는 사탕을 준다. 이 그룹을 **보상**(reward) 그룹이라고 하자. 마지막 그룹에서는 완전히 중립적으로, 학생들의 실수나 노력에 대해 벌을 주지도 않고 상을 주지도 않는다. 이 그룹을 **무관심**(indifferent) 그룹이라고 하겠다. 종속변수로는 학생들의 시험 성적 백분율(percentage)을 사용한다. 조작적 조건화(operant conditioning)의 이론에 따르면, 강화 학습 방법으로서의 징벌은 전혀 성공적이지

못할 것이고 보상은 아주 성공적일 것이라고 기대할 수 있다. 따라서, 첫 가설은 보상 그룹의 시험 성적이 가장 좋을 것이라는 것이다. 또 다른 가설은, 징벌은 사실 학습을 방해하는 교육 방법이므로 무관심 그룹보다도 성적이 나쁠 것이라는 것이다. 이 예의 자료가 **Teach.dat**에 있다. 이 자료에 대해 일원 분산분석과 계획된 대비를 실행해서 다음 가설들을 검증하라. (1) 보상이 징벌이나 무관심보다 더 나은 시험 성적을 낸다. (2) 무관심이 징벌보다 약간 나은 시험 성적으로 이어진다. ②

- **과제 2:** 본문에 슈퍼히어로 의상을 입고 있는 동안 다친 아동들에 관한 자료가 나왔었다. 병원 응급실에 온 아동들의 부상 정도를 평가하고(**injury** 변수; 0은 부상 없음, 100은 사망), 각 아동이 입은 의상의 종류도 기록했다(**hero** 변수; 스파이더맨, 슈퍼맨, 헐크, 그리고 틴에이지 뮤턴트 닌자 터틀스). 이 자료에 대해 일원 분산분석과 계획된 대비를 실행해서, 부상 정도가 의상의 종류와 관계가 있다는 가설을 검증하라. ②

- **과제 3:** 제15장에는 콩으로 된 음식을 먹으면 정자 수(sperm count)가 줄어드는지에 관한 자료가 나온다. 그 부분(§15.6)을 미리 읽고, 해당 자료에 대해 분산분석을 실행하라. 분산분석으로 알아낸 사실이 §15.6.4에 나온 것과 어떻게 다른가? 그러한 차이가 생긴 이유는 무엇일까? ②

- **과제 4:** 학생들은(사실 강사들도) 핸드폰을 좋아한다. 그런데 이동전화 사용과 뇌종양이 관련되어 있다는 주장을 생각하면 이는 다소 걱정스러운 일이다. 그 주장을 간단히 말하면, 이동전화에서 전자파가 나오므로, 전화기를 머리에 가까이 두고 오랜 시간을 보내는 것은 마치 머리를 전자레인지에 넣고 '잘 익을 때까지 조리' 버튼을 누르는 것과 같다는 것이다. 이를 실험으로 확인한다고 상상해 보자. 참가자들을 여섯 그룹으로 나누고, 모든 참가자의 머리에 전화기를 묶는다(떼어 내지 못하도록). 연구자는 전화기의 원격조종 기능을 이용해서 매일 일정 시간 전화기를 켠다. 6개월 후, 전화기의 안테나 가까운 곳(귀 뒤)에 있는 뇌종양의 부피(mm^3 단위)를 측정한다. 전화기를 켜 두는 시간은 그룹마다 다른데, 순서대로 0, 1, 2, 3, 4, 5시간이다. 해당 자료가 **Tumour.dat**에 있다(그 자료는 [Field & Hole, 2003]에서 뽑은 것이다. 따라서, 그 논문에 이 과제의 상세한 해답이 있다). ②

- **과제 5:** 제7장의 글래스턴베리 자료(**GlastonburyFestivalRegression.dat**)에 일원 분산분석을 실행해서, 음악 축제 참가자의 음악 취향(**music**)에 따른 위생 수준 변화(**change**)의 차이가 유의하다는 가설을 검증하라. 그리고 계획된 대비를 이용해서 각 그룹을 '취향 없음' 그룹과 비교하라. 두 분석의 결과를 §7.12에 나온 결과와 비교하라. ②

- **과제 6:** 실험복 레니의 실제 연구 15.2는 흔히 테리클로스(terrycloth; 흔히 타올지라고 부르는 옷감)로 만들어진 물체에 대한 메추라기들의 페티시에 관한 연구(Çetinkaya & Domjan,

2006)를 소개한다(정말로 그런 연구가 있다). 이 과제에서 여러분이 할 일은 그 연구의 연구자들이 크러스컬–월리스 검정으로 측정한 변수 중 둘을 분석하는 것이다. 그 외에 결과변수가 두 개 있다(메추라기가 테리클로스 물체와 보낸 시간, 그리고 교미 효율성(copulatory efficiency)). 그러한 자료를 일원 분산분석으로 분석할 수 있다. 실험복 레니의 실제 연구 15.2를 읽고 어떤 연구인지 파악한 후, 언급한 두 결과변수에 대해 각각 일원 분산분석과 본페로니 사후검정을 수행하라. ②

답은 이 책의 부록 사이트에서 볼 수 있다.

더 읽을거리

Howell, D. C. (2006). *Statistical methods for psychology* (6th ed.). Belmont, CA: Duxbury. (아니면 동저자의 *Fundamental Statistics for the Behavioral Sciences*라는 책도 좋다. 2007년에 제6판이 나왔다. 둘 다, 분산분석에 대한 GLM 접근 방식(이 책에서 설명한)뿐만 아니라 표준적인 분산 접근방식도 아주 상세하게 설명한다.)

Iversen, G. R., & Norpoth, H. (1987). *ANOVA* (2nd ed.). Sage University Paper Series on Quantitative Applications in the Social Sciences, 07-001. Newbury Park, CA: Sage. (상당히 높은 수준의 책이지만, 수학적인 두뇌를 가진 독자라면 좋은 독서가 될 것이다).

Klockars, A. J., & Sax, G. (1986). *Multiple comparisons*. Sage University Paper Series on Quantitative Applications in the Social Sciences, 07-061. Newbury Park, CA: Sage. (고수준이지만 다중회귀를 상세하게 다룬다. 내 생각에, 계획된 대비에 관해서는 이 책이 아래의 투서커의 책보다 낫다.)

Rosenthal, R., Rosnow, R. L., & Rubin, D. B. (2000). *Contrasts and effect sizes in behavioural research: A correlational approach*. Cambridge: Cambridge University Press. (통계학의 위대한 저자 중 세 명이 쓴, 계획된 대비에 관한 환상적인 책)

Rosnow, R. L., & Rosenthal, R. (2005). *Beginning behavioral research: A conceptual primer* (제5판). Upper Saddle River, NJ: Pearson/Prentice Hall. (앞 책의 저자들이 또다시 멋진 책을 냈다.)

Toothaker, L. E. (1993). *Multiple comparison procedures*. Sage University Paper Series on Quantitative Applications in the Social Sciences, 07-089. Newbury Park, CA: Sage. (역시 고수준이지만, 사후 절차들을 훌륭하게 개괄한다.)

Wright, D. B.,& London, K. (2009). *First steps in statistics* (2nd ed.). London: Sage. (이번 장이 너무 어려웠다면, 분산분석의 기초를 읽기 쉽게 저술한 이 책을 추천한다.)

흥미로운 실제 연구

Davies, P., Surridge, J., Hole, L., & Munro-Davies, L. (2007). Superhero-related injuries in paediatrics: A case series. *Archives of Disease in Childhood*, 92(3), 242-243.

Gallup, G. G. J., Burch, R. L., Zappieri, M. L., Parvez, R., Stockwell, M., & Davis, J. A. (2003). The human penis as a semen displacement device. *Evolution and Human Behavior*, 24, 277-289.

그림 11.1 데이브 머레이(아이언 메이든의 기타리스트)와 나, 1986년 런던 한 공연장의 무대 뒤에서: 나의 영웅을 만나면서 엄청나게 겁을 집어먹어서인지 표정이 어둡다.

11.1 이번 장에서 배우는 내용 ②

록스타의 길은 내가 예기치 않게 남자애들만 있는 문법학교에 입학하면서 조금 타격을 받았다 (록밴드와 문법학교는 그리 잘 어울리지 않는다). 영감이 필요했던 나는 록의 거장인 아이언 메이든에게 의지했다. 나는 열한 살 때 처음으로 아이언 메이든을 들었다. 한 친구가 *Piece Of Mind* 앨범을 빌려주면서 '더 트루퍼'를 들어보라고 말했던 것이다. 그 노래를 통해서 나는 새로운 세계를 발견했다. 나는 아이언메이든의 최연소(그때 나는 열한 살이었다) 열성팬이 되었으며, 더없이 건강치 못한 방식으로 그들의 모든 것에 대해 집착하기 시작했다. 나는 팬클럽 운영자에게 스토킹 수준으로 편지들을 보냈고, 다행히 그가 답장을 보냈다. 이러한 스토킹 덕분에 결국 그는 1986년 11월 5일 런던의 해머스미스 오디언(현재는 아팔로 해머스미스)에서 열린 공연(궁금한 독자를 위해 말하자면, *Somewhere on Tour* 공연)의 무대 뒤에서 아이언 메이든과 만나게 해주었다. 실물로든 동영상으로든 그들의 모습을 본 것은 그때가 처음이었다. 그것이 얼마나 신나는 일이었는지는 말로 다 할 수 없다. 나는 너무나 떨려서, 말 그대로 말 한마디 못했다. 사교적인 상황에 처했을 때 항상 그랬듯이, 그 만남에서 나는 철저하게 바보처럼 행동했다.[1] 그 시간이 다 지나가고 깨달았지만, 그 날은 내 생애 최고의 날이었다. 사실 나는, 이제는 더 좋은 일이 일어나지 않을 것이므로[2] 그 자리에서 당장 죽어버려야 한다고까지 생각했다. 그게 사실일 수도 있지만, 이후 나는 꽤나 괜찮은 경험을 여러 번 했으므로, 내 인생에서 더 좋은 일이 일어나지 않았다고 확언할 수는 없을 것이다. 살면서 겪은 여러 경험을 비교한다면 어떤 것이 최고인지 가릴 수 있을지도 모른다. 그러나 여기에는 중요한 혼선변수(comfounding variable)가 존재한다. 바로, 내 나이이다. 열세 살 때 아이언 메이든을 직접 만난 것은 심장이 멈출 정도로 신나는 일이었지만, 안타깝게도 나이를 먹으면서 그런 종류의 순진무구한 삶의 기쁨에 대해 점차 무뎌질 수밖에 없다. 따라서, 어떤 경험이 최고였는지 가리려면 경험 당시 나이가 기쁨에 미친 영향을 고려해야 한다. 다른 말로 하면, 여러 사건에서 느낀 기쁨들의 변동 중 나이로 설명되는 부분을 제외하고 전적으로 해당 사건이 설명하는 변동만으로 순위를 매겨야 한다. 이번 장에서는 공분산분석을 배우는데, 공분산분석은 이전 장에서 살펴본 분산분석(ANOVA)의 기본 개념을 결과변수에 영향을 주는 변수들도 고려해야 하는 상황으로 확장한 것이다.

11.2 공분산분석(ANCOVA)이란? ②

공변량이 뭐야?

이전 장(제10장)에서는 그룹 소속도를 가변수로 부호화한 다중회귀 방정식을 통해서 일원 분산분석을 특징짓는 방법을 살펴보았다. 또한, 제7장에서는 다중회귀 모형에 여러 연속 예측변수들을 포함시키는 방법도 살펴보았다. 따라서, 분산분석을 위한 회귀 방정식을 하나 이상의 연속변수들로 결과변수(종속변수)를 예측하는 것으로 확장할 수 있다고 말해도 놀랄 일은 아닐 것이다. 그 자체가 주된 실험 조작의 일부는 아니지만 그래도 종속변수에 영향을 주는 연속변수를 가리켜 **공변량**(covariate)이라고 부른다. 그러한 공변량을 분산분석에 포함할 수 있다. 측정된 공변량을 포함하는 분산분석을 가리켜 **공분산분석**(analysis of covariance, 줄여서 **ANCOVA**)이라고 부른다. 이번 장에서는 이 기법에 초점을 둔다.

이전 장에서는 리비도에 대한 비아그라의 효과를 예로 들었다. 비아그라 말고 리비도에 영향을 미치는 또 다른 요인들을 생각해 보자. 한 가지 확실한 요인은 참가자의 섹스 파트너의 리비도이다("손바닥도 마주쳐야 소리가 난다"라는 점을 생각하면 당연하다). 그 외에, 참가자가 복용하는 약(항우울제, 피임약 등)과 피로도 리비도에 영향을 미친다(주로는 억제한다). 이런 변수들(공

---

1 십대 때 나는 여러 밴드를 쫓아다녔는데, 직접 만난 밴드 중에서 아이언 메이든이 가장 친절했다.

2 이후, 내 결혼식 날은 예외임이 판명되었다.

변량)을 측정했다면, 이들을 회귀모형에 포함함으로써 이들이 종속변수에 미치는 영향을 통제할 수 있다. 위계적 회귀(제7장)에 관해 배운 내용에 지금 상황에 적용한다면, 만일 공변량을 제일 먼저 회귀모형에 추가하고 그런 다음 실험 조작을 나타내는 가변수들을 추가한다면 공변량의 효과 이후에 독립변수가 가지는 효과를 파악할 수 있다. 다른 말로 하면, 위계적 방법을 이용해서 공변량의 효과를 제거(partial out)할 수 있다. 분산분석에 공변량을 포함하는 이유는 다음 두 가지이다.

- **그룹내(within-group) 오차 변동 감소:** 이전 장의 분산분석과 t 검정의 논의를 통해서, 자료의 변동성 중 실험이 설명할 수 있는 변동의 양과 설명할 수 없는 변동의 양을 비교함으로써 실험의 효과를 평가한다는 개념에 익숙해졌을 것이다. 그러한 "설명되지 않은" 변동(SS_R)의 일부를 다른 변수들(공변량들)로 설명할 수 있다면 오차의 변동이 줄어들 것이며, 그러면 독립변수의 효과(SS_M)를 좀 더 정확하게 평가할 수 있다.

- **중첩변수 제거:** 어떤 실험이든, 측정되지 않았지만 결과에 영향을 미치는 중첩변수 또는 혼선변수(즉, 실험 조작에 관한 변수가 아니면서도 결과변수에 영향을 미치는 변수)가 존재한다. 종속변수에 영향을 미치는 변수들의 존재를 확인했을 때, 그러한 변수들에 의한 편향을 제거하는 데 아주 직합한 방법이 바로 공분산분석이다. 잠재적인 중첩변수들을 식별했다면, 그것들을 측정해서 공분산분석에 도입하면 된다.

이외에도 분산분석에 공변량을 포함할 이유가 많이 있지만, 이번 장에서 공분산분석의 계산 방식을 자세히 설명하지는 않을 것이므로 이 정도로 정리하겠다. 관심 있는 독자에게는 이 주제에 관해 내가 즐겨 참고하는 [Stevens, 2002]나 [Wildt & Ahtola, 1978]을 추천한다.

이전 장의 비아그라 연구를 수행한 연구자가, 참가자의 섹스 파트너의 리비도가 참가자의 리비도에 영향을 줄 수 있음을(특히, 리비도를 행동주의 방식으로 측정했기 때문에) 갑자기 깨달았다고 하자. 그래서 연구자는 서로 다른 참가자 그룹들에 리비도 연구를 수행하되, 이번에는 파트너의 리비도를 측정했다. 파트너의 리비도 측정 방식은 성적 접촉을 먼저 시도한 횟수를 세는 것이었다. 이전 장에서 우리는 이러한 실험 시나리오를 식 (10.2)의 방정식으로 특징지었다. 다중회귀(제7장)에 관한 우리의 지식을 활용한다면, 그 공식을 다음과 같이 공변량(파트너의 리비도)을 포함하는 공식으로 확장할 수 있다.

$$리비도_i = b_0 + b_3 공변량_i + b_2 고_i + b_1 저_i + \varepsilon_i$$
$$리비도_i = b_0 + b_3 파트너의\ 리비도_i + b_2 고_i + b_1 저_i + \varepsilon_i \qquad (11.1)$$

11.3 공분산분석의 가정과 문제점 ③

공분산분석의 가정들은 분산분석의 것들과 같다. 그 외에 두 가지 추가적인 고려사항이 있는데, (1) 공변량과 처리 효과의 독립성과 (2) 회귀 기울기 동질성이다.

이전 절에서 말했듯이, 공분산분석을 사용하는 한 이유는 그룹 내 오차의 변동 중 일부를 공변량으로 설명함으로써 그룹 내 오차의 변동을 줄이는 것이다. 그런데 이것이 가능하려면 그 공변량이 반드시 실험 효과와 독립적이어야 한다.

그림 11.2에 세 가지 시나리오가 나와 있다. A는 기본적인 분산분석 시나리오로, 그림 10.4와 비슷하다. 이 시나리오에서는 실험의 효과(지금 예에서는 리비도)의 변동을 각각 실험 조작의 효과, 즉 처리 효과(비아그라 복용)로 설명되는 부분과 오차 또는 설명되지 않은 변동(리비도에 영향을 미치지만 실험에서 측정하지 않은 요인들)에 해당하는 부분으로 나눈다. 그림의 B는 공분산분석에 이상적인 상황으로, 공변량이 설명하는 변동이 리비도의 변동 중 설명되지 않는 변동하고만 겹친다. 즉, 이 경우 공변량은 처리 효과와는 완전히 독립적이다(비아그라의 효과가 설명하는 변동과는 전혀 겹치지 않는다). 공분산분석이 적합한 시나리오는 이것뿐이다. 그림의 C는 공분산분석을 적용하지 말아야 하지만 종종 사람들이 잘못 적용하는 상황을 보여준다. 이 시나리오에서 공변량의 효과가 처리 효과와 중첩된다. 다른 말로 하면, 공변량의 효과 때문에 처리 효과에 혼선이 생긴다. 이 상황에서 공변량은 처리 효과가 설명하는 변동의 일부를 설명하므로, 결과적으로 공변량의 효과가 처리 효과를 줄인다(통계학적으로 말하자면). 이처럼 공변량과 처리 효과(독립변수)가 독립적이지 않으면 처리 효과가 모호해지고 여분의 처리 효과들이 발생할 수 있으며, 그러면 공분산분석의 해석이 심각하게 훼손되는 것을 비롯한 여러 문제점이 발생할 수 있다(Wildt & Ahtola, 1978).

공변량과 처리 효과의 변동이 겹치는 문제는 흔히 일어나며, 이를 무시하거나 오해하는 연구자가 많다. 아주 읽기 좋은 평가 논문인 [Miller & Chapman, 2001]에서 밀러와 채프먼은 사람들이 공분산분석을 잘못 적용한 여러 상황을 인용했는데, 여러분도 읽어 보길 권한다. 정리하자면, 처리 그룹들이 어떤 공변량에 따라 달라지는 경우, 그 공변량을 분석에 포함한다고 해서 그러한 차이들이 '통제'되거나 '균형'이 맞추어지지는 않는다(Lord, 1967, 1969). 이러한 상황은 거의 대부분 참가자들을 실험 처리 조건들에 무작위로 배정하지 않았을 때 발생한다. 예를 들어 불안과 우울증에는 밀접한 상관관계가 있으므로(불안한 사람들은 우울해지는 경향이 있다), 어떤 과제에 대해 불안 그룹과 비불안 그룹을 비교하는 경우, 불안 그룹의 참가자들이 비불안 그

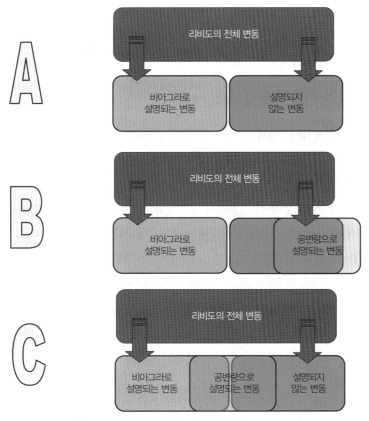

그림 11.2 공분산분석에서 공변량의 역할(본문 설명 참고)

룹의 참가자들보다 좀 더 우울할 가능성이 있다. 이때 우울을 하나의 공변량으로 삼아서 분석에 포함하면 불안의 '순수한' 효과를 파악할 수 있을 것으로 생각할 수 있지만, 실제로는 그렇지 않다. 그러면 그림 11.2의 C와 같은 상황이 될 뿐이다. 즉, 공변량(우울)의 효과의 변동에 불안의 효과의 변동의 일부가 포함된다. 통계학적으로 말해서, 이때 우리가 알 수 있는 것은 불안과 우울이 변동의 일부를 공유한다는 것뿐이다. 그 부분을 '불안 변동'과 '우울 변동'으로부터 분리할 수는 없다. 그 부분은 항상 '공유'될 뿐이다. 실험군들의 차별점이 나이뿐일 때도 이런 상황이 흔히 벌어진다. 나이를 하나의 공변량으로서 분석에 포함시킨다고 이 문제가 해결되지는 않는다. 나이는 여전히 실험 조작의 효과에 혼선을 빚는다. 이런 문제에 대해서는 공분산분석이 마법의 해결책이 아니다.

이 문제는 참가자들을 무작위로 실험군들에 배정하거나, 실험군들의 공변량이 차이가 나지 않도록 조정해서(불안 실험의 예라면, 불안 정도가 낮은 참가자들의 그룹에 우울 점수가 높은 참가자들을 찾아보는 등) 해결할 수 있다. 이 문제가 걱정된다면, 공분산분석을 실행하기 전에 실험군들의 공변량에 차이가 있는지 살펴봄으로써 미리 점검해야 한다. 불안 실험의 예라면 고불안 그룹과 저불안 그룹의 우울증 수준의 차이를 검사하면 될 것이다(t 검정이나 분산분석으로). 만일 그룹들의 차이가 유의하지 않다면 우울증 수준을 공변량으로 사용해도 된다.

11.3.2 회귀 기울기 동질성 ③

공분산분석을 수행할 때는 결과변수(종속변수)와 공변량 사이의 전반적인 관계를 살펴본다. 즉, 회귀선을 자료 집합 전체에 적합시킨다(각 참가자가 어떤 그룹에 속하는지는 무시하고). 만일 모형이 자료 전체에 잘 적합한다면, 우리는 그러한 전반적인 관계가 모든 그룹의 참가자에 대해 참이라고 가정한다. 예를 들어 한 그룹에서 공변량과 결과변수가 양의 상관관계라고 하면, 다른 모든 그룹에서도 공변량과 결과변수 사이에 양의 상관관계가 존재하리라고 가정한다. 만일 결과변수(종속변수)와 공변량의 관계가 그룹마다 다르다면, 전체적인 회귀모형이 부정확한 것이다(모형이 모든 그룹을 대표하지 않는다). 이를 회귀선들의 기울기의 동질성 가정, 줄여서 **회귀 기울기 동질성**(homogeneity of regression slopes) 가정이라고 부른다. 이 가정은 매우 중요하다. 공변량을 한 축으로, 결과변수를 다른 축으로 해서 각 실험 조건의 산점도를 그린다고 생각하면 이 가정을 이해하기가 쉽다. 이 가정을 만족한다는 것은 각 산점도의 회귀선을 계산해서 그렸을 때 그 회귀선들의 기울기가(즉, 각 그룹의 b 값이) 대체로 같다는 뜻이다.

그럼 이 개념을 좀 더 구체화해보자. 이번 장의 주된 예제는 비아그라의 다양한 복용량이 리비도에 미치는 영향을 살펴보는 이전 장의 연구를 확장한 것이다. 이번에는 복용량과 리비도뿐만 아니라 파트너의 리비도도 측정해서 그것을 하나의 공변량으로서 모형에 포함한다. 이때 회귀 기울기 동질성 가정은 결과(종속변수)와 공변량의 관계가 세 처리 그룹에서 동일하다는 가정이다. 세 처리 그룹의 그러한 관계(즉, 공변량인 파트너 리비도와 결과인 참가자 리비도의 관계)를 표현한 산점도들이 그림 11.3에 나와 있다. 각 자료점은 개별 참가자의 점수를, 자료점의 도형은 그 참가자가 속한 그룹을 나타낸다(원 = 위약 그룹, 삼각형 = 저용량 그룹, 사각형 = 고용량 그룹). 그리고 직선들은 각 그룹의 회귀선이다(검은색 = 위약, 옅은 색 = 저용량, 짙은 색 = 고용량). 이 직선들의 기울기는 해당 그룹의 참가자 리비도와 파트너 리비도의 관계를 요약한다.

그림을 보면, 위약 그룹과 저용량 그룹에서 참가자의 리비도와 파트너의 리비도가 양의 상관관계임이 명백하다(회귀선이 왼쪽에서 오른쪽으로 올라간다). 사실 이 두 그룹의 회귀선들(검은색과 옅은 색)의 기울기들은 아주 비슷하다. 이는 두 그룹의 파트너 리비도와 참가자 리비도의 관계가 아주 비슷하다는 뜻이다. 이는 회귀 기울기 동질성 가정이 성립하는 예이다(두 그룹의 회귀 기울기가 비슷하므로). 그러나 고용량 그룹을 보면 파트너 리비도와 참가자 리비도 사이에 명확한 관계가 존재하지 않는다(사각형 점들이 상당히 무작위로 퍼져 있고, 회귀선은 약한 음의 상

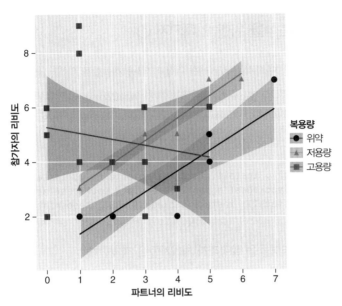

그림 11.3 각 실험 조건에서 참가자 리비도와 파트너 리비도의 관계를 보여주는 산점도와 회귀선

관관계를 암시하긴 하지만 수평선에 가깝다). 이 그룹의 회귀선은 다른 두 그룹과는 상당히 다르다. 따라서 회귀 기울기 동질성 가정이 성립한다고 보기 힘들다(고용량 그룹의 참가자 리비도와 파트너 리비도의 관계가 다른 두 그룹의 해당 관계와는 다르므로).

전통적인 공분산분석에서 회귀 기울기 이질성이 바람직하지 않긴 하지만, 그룹에 따라 회귀 기울기가 다를 것이라고 기대하는 상황도 존재한다. 실제로 이는 그 자체로 흥미로운 가설이다. 여러 장소에서 연구를 수행할 때는 장소에 따라 약간씩 다른 효과가 발생하리라고 기대하는 것이 합당하다. 예를 들어 새로운 요통 치료법을 연구하기 위해 여러 병원의 여러 물리치료사에게 그 치료법을 시행해 보라고 요청했다고 하자. 그런 경우 치료법의 효과가 병원에 따라 다를 것이라고 기대할 수 있다(각 치료사의 전문성이 다르고, 환자들이 가진 문제도 각자 다를 것이므로). 회귀 기울기의 이질성이 그 자체로 나쁜 것은 아니다. 회귀 기울기 동질성 가정이 깨졌거나 회귀 기울기의 변동성이 그 자체로 흥미로운 가설이라면, 그러한 변동을 다층 선형모형(제19장)을 이용해서 명시적으로 모형화해보면 된다.

11.4 R을 이용한 공분산분석 ②

앞에서 말했듯이, 이번 장에서는 이전 장의 예제에 파트너의 리비도의 효과를 추가한 예제를 사용한다. 그럼 R을 이용해서 해당 자료에 대해 공분산분석을 실행해 보자.

11.4.1 공분산분석을 위한 R 패키지 ①

이번 장의 예제에 필요한 패키지는 *car*(레빈 검정과 제3종 제곱합을 위해), *compute.es*(효과크기를 위해), *effects*(수정평균을 위해), *ggplot2*(그래프를 위해), *multcomp*(사후검정을 위해), *pastecs*(기술 통계량을 위해), *WRS*(강건한 검정을 위해)이다. 이들을 아직 설치하지 않은 독자라면(일부는 이전 장들에서 설치했을 것이다), 다음 명령들을 실행하기 바란다.

```
install.packages("car"); install.packages("compute.es"); install.packages
("effects"); install.packages("ggplot2"); install.packages("multcomp");
install.packages("pastecs"); install.packages("WRS", repos="http://R-Forge.
R-project.org")
```

설치가 끝났으면, 다음 명령들을 실행해서 패키지들을 적재한다.

```
library(car); library(compute.es); library(effects); library(ggplot2);
library(multcomp); library(pastecs); library(WRS)
```

11.4.2 일반적인 공분산분석 절차 ①

일원 분산분석을 실행하는 일반적인 절차는 다음과 같다.

1 **자료를 입력한다:** 매번 말하지만, 당연하다.

2 **자료를 탐색한다:** 다른 분석들에서처럼, 먼저 자료를 그래프로 그려 보고, 몇 가지 기술통계량들을 계산해 보는 것이 좋다. 또한, 분포의 가정들을 점검하고, 레빈 검정을 이용해서 분산의 동질성도 점검해야 한다(제5장 참고).

3 **공변량과 임의의 독립변수 사이에 의존성이 존재하는지 점검한다:** 공변량을 결과변수로, 각 독립변수를 예측변수로 두고 분산분석을 실행해서, 독립변수의 여러 수준에 따른 공변량의 차이가 유의한지 검사한다. 만일 차이가 유의하다는 결과가 나왔다면 여기서 공분산분석 절차를 중단한다. 이대로 진행한다는 것은 탈출구 없는 절망의 무저갱으로 뛰어드는 것과 같다.

4 **공분산분석을 수행한다:** 단계 2와 3에서 아무 문제도 없었다면, 주 공분산분석을 실행한다. 단계 2의 결과에 따라서는 강건한 버전의 공분산분석을 수행해야 할 수도 있다.

5 **계획된 대비 또는 사후검정을 실행한다:** 차이가 있는 그룹들을 파악하기 위해 추가적인 분석을 실행한다.

6 회귀 기울기 동질성을 점검한다: 독립변수와 공변량의 상호작용을 포함해서 공분산분석을 다시 실행한다. 만일 그 상호작용이 유의하다는 결과가 나온다면, 회귀 기울기들이 같다고 가정할 수 없다.

그럼 이 단계들을 차례로 실행해보자.

11.4.3 자료 입력 ①

표 11.1에 이번 장 예제의 주된 자료가 나와 있다. 이 자료는 **ViagraCovariate.dat** 파일에 들어 있다. 표 11.1은 복용량 그룹별 참가자 리비도와 파트너 리비도를 보여준다. 표 11.2에 나온 것은 이 자료의 평균들과 표준편차들이다. 자료 파일이 있는 디렉터리를 현재 작업 디렉터리로 설정했다고 할 때(§3.4.4 참고), 다음 명령을 실행하면 자료가 **R**로 적재된다.

```
viagraData<-read.delim("ViagraCovariate.dat", header = TRUE)
```

MS Excel 같은 외부 패키지로 자료를 입력한다면, 본질적으로 표 11.1과 다소 비슷한 형태로 자료가 만들어질 것이다. 제10장에서처럼 **Dose**라는 부호화 변수를 만들고 각 그룹을 1 = 위약, 2 = 저용량, 3 = 고용량으로 부호화하자. 이번 예제에서는 그룹마다 참가자 수가 다르다는 점을 주의하기 바란다. 위약 그룹의 크기는 9이므로, **Dose** 열의 처음 아홉 행에 1을 입력한다. 그다음 여덟 행에는 2(저용량 그룹)를, 그다음 열세 행에는 3을 입력한다. 다음으로, **libido**라는 변수를 만들어서 참가자 리비도 점수 30개를 순서대로 입력한다. 마지막으로, **partnerLibido**라는 변수를 만들어서 해당 파트너 리비도 점수 30개를 순서대로 입력한다.

아니면, 다음처럼 자료를 **R**에 직접 입력해도 된다.

```
libido<-c(3,2,5,2,2,2,7,2,4,7,5,3,4,4,7,5,4,9,2,6,3,4,4,4,6,4,6,2,8,5)
partnerLibido<-c(4,1,5,1,2,2,7,4,5,5,3,1,2,2,6,4,2,1,3,5,4,3,3,2,0,1,3,0,1,0)
dose<-c(rep(1,9),rep(2,8), rep(3,13))
```

첫 명령은 30개의 참가자 리비도 점수를 담은 **libido**라는 변수를 생성하고, 둘째 명령은 30개의 해당 파트너 리비도 점수를 담은 **partnerLibido**라는 변수를 생성한다. 마지막 명령은 각 점수가 속한 그룹들을 나타내는 **dose** 변수를 생성하는데, *rep()* 함수를 이용해서 수치 1을 아홉 번, 수치 2를 여덟 번, 수치 3을 열세 번 반복한다(잠시 후 나오는 자료 내용 참고). 이 **dose**를 요인으로 변환해야 하는데, 제10장에서처럼 다음과 같은 명령을 사용하면 된다.

```
dose<-factor(dose, levels = c(1:3), labels = c("Placebo", "Low Dose", "High
Dose"))
```

표 11.1 ViagraCovariate.dat의 자료

복용량	참가자의 리비도	파트너의 리비도
위약	3	4
	2	1
	5	5
	2	1
	2	2
	2	2
	7	7
	2	4
	4	5
저용량	7	5
	5	3
	3	1
	4	2
	4	2
	7	6
	5	4
	4	2
고용량	9	1
	2	3
	6	5
	3	4
	4	3
	4	3
	4	2
	6	0
	4	1
	6	3
	2	0
	8	1
	5	0

이 명령은 dose의 수준들로 1, 2, 3을 지정한다(*levels = c(1:3)*). 또한, 세 수준에 순서대로 Placebo(위약), Low Dose(저용량), High Dose(고용량)라는 이름표를 부여한다(*labels = c("Placebo", "Low Dose", "High Dose")*). 마지막으로, 다음 명령을 실행해서 이 변수들을 *viagraData*라는 하나의 데이터프레임으로 병합한다.

```
viagraData<-data.frame(dose, libido, partnerLibido)
```

이 데이터프레임에 담긴 자료는 다음과 같다.

```
      dose libido partnerLibido
1   Placebo      3            4
2   Placebo      2            1
3   Placebo      5            5
4   Placebo      2            1
5   Placebo      2            2
6   Placebo      2            2
7   Placebo      7            7
8   Placebo      2            4
9   Placebo      4            5
10  Low Dose     7            5
11  Low Dose     5            3
12  Low Dose     3            1
13  Low Dose     4            2
14  Low Dose     4            2
15  Low Dose     7            6
16  Low Dose     5            4
17  Low Dose     4            2
18  High Dose    9            1
19  High Dose    2            3
20  High Dose    6            5
21  High Dose    3            4
22  High Dose    4            3
23  High Dose    4            3
24  High Dose    4            2
25  High Dose    6            0
26  High Dose    4            1
27  High Dose    6            3
28  High Dose    2            0
29  High Dose    8            1
30  High Dose    5            0
```

자가진단

✓ R을 이용해서 참가자 리비도들과 파트너 리비도들의 그룹별 평균과 표
  준편차를 각각 계산하라. (답은 표 11.2에 있다.)

표 11.2 ViagraCovariate.dat의 평균들(그리고 표준편차들)

복용량	참가자의 리비도	파트너의 리비도
위약	3.22 (1.79)	3.44 (2.07)
저용량	4.88 (1.46)	3.12 (1.73)
고용량	4.85 (2.12)	2.00 (1.63)

11.4.4 R Commander를 이용한 공분산분석 ②

R Commander에 공분산분석을 위한 메뉴가 따로 있지는 않다. 그러나, 공분산분석은 그냥 하나의 회귀분석이므로, 이론적으로는 **통계** ➡ **분산** ➡ **적합성 모델** ➡ **선형 모델** 메뉴로 공분산분석을 시행할 수 있다. 그렇긴 하지만 나는 공분산분석을 R Commander로 실행하는 접근 방식을 권장하지 않는다. 왜냐하면, R Commander는 분산분석에서 범주형 예측변수들을 그리 잘 다루지 못하며, 변수들의 입력 순서를 사용자가 제어할 수 없기 때문이다(잠시 후에 보겠지만, 이 순서는 아주 중요하다). 그래서 이번 장에서는 여러분들도 명령행을 사용해야 한다. 그러나 몇 가지 사전 분석은 R Commander로 수행할 수 있다. 원한다면 §10.6.4를 참고하기 바란다.

11.4.5 자료 탐색 ②

몇 가지 그래프로 시작하자. 자료의 산포(퍼진 정도)를 확인하는 데는 상자그림(상자수염도)이 유용하다. 각 그룹의 참가자 리비도와 파트너 리비도를 상자그림으로 그려보면 좋을 것이다. 또한, 각 그룹에서 결과변수와 공변량의 관계를 살펴보는 것도 도움이 된다(그러면 회귀 기울기 동질성을 점검할 수 있다). 그럼 상자그림 몇 개를 살펴보자.

자가진단

✓ *ggplot2*를 이용해서 비아그라 자료의 상자그림들을 작성하라. 그림 11.4를 재현해 볼 것.

그림 11.4에 세 가지 비아그라 복용량 그룹의 참가자 리비도 수준들에 대한 상자그림과 해당 파트너 리비도 수준들에 대한 상자그림이 나와 있다. 참가자들의 리비도 수준은 비아그라 복용량이 증가함에 따라 증가하지만, 파트너들의 리비도 수준은 그 반대인 것으로 보인다. 또한, 파트너들에 비해 참가자들의 점수가 좀 더 넓게 퍼졌다.

§11.4.3의 자가진단을 수행한 독자라면 이미 비아그라 자료에 대한 몇 가지 기술통계량을 확인했을 것이다. 그렇지 않은 독자라면 *by()* 함수와 *pastecs* 패키지의 *stat.desc()* 함수를 이용해서 각 그룹의 기술통계량을 뽑아보기 바란다(이에 대한 자세한 내용은 제5장 참고). 다음은 **libido**와 **partnerLibido**의 기술통계량들을 계산하는 명령들이다.

```
by(viagraData$libido, viagraData$dose, stat.desc)
by(viagraData$partnerLibido, viagraData$dose, stat.desc)
```

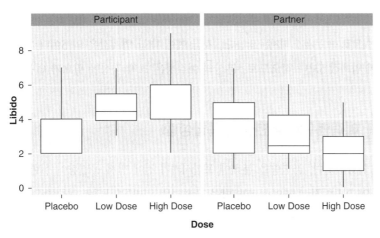

그림 11.4 비아그라 자료의 상자그림들

여러 수치가 출력되는데, 특히 평균들과 표준편차들을 보면 표 11.2에 나온 것과 동일할 것이다.

이 단계에서 마지막으로 할 일은 레빈 검정(제5장과 §10.3.1 참고)을 수행하는 것이다. 이번에도 제5장에서 배운 *car* 패키지의 *leveneTest()* 함수를 사용한다. 다음은 **libido**(결과변수)의 변동이 **dose** 변수로 부호화된 그룹에 따라(즉, 비아그라 복용량에 따라) 다른지 확인하는 명령이다.

```
leveneTest(viagraData$libido, viagraData$dose, center = median)
```

이 명령이 출력한 결과(출력 11.1)를 보면, 레빈 검정의 결과는 유의한 것과는 거리가 아주 멀다. $F(2, 27) = 0.33$, $p = .72$이다. 이는 이 자료의 경우 그룹들의 분산이 아주 비슷하다는 (유의확률이 높게 나왔으므로) 뜻이다. 이 검정의 결과가 유의했다면 보통의 공분산분석 대신 강건한(robust) 공분산분석 방법을 실행해서 그 결과를 보고해야 했을 것이다. 강건한 공분산분석은 §11.5에서 이야기한다.

출력 11.1

```
Levene's Test for Homogeneity of Variance
      Df F value Pr(>F)
group  2  0.3256 0.7249
      27
```

레빈 검정 결과를 재차 확인하는 차원에서 살펴볼 만한 것은 가장 높은 분산과 가장 낮은 분산이다. 지금 예에서 위약 그룹의 표준편차는 1.79이고 저용량 그룹은 1.46, 고용량 그룹은 2.12이다(표 11.1). 분산은 표준편차의 제곱이므로, 위약 그룹의 분산은 3.20, 저용량 그룹은 2.13, 고용량 그룹은 4.49이다. 가장 큰 분산을 가장 작은 분산으로 나누면, 4.49/2.13 = 2.11이다. 그림 5.8을 다시 보자. 참가자가 각각 10명인 세 그룹의 분산의 비교에 적용할 근사적인 임계값들을 그림 5.8에서 뽑아낼 수 있다(지금 예에서는 그룹 크기가 서로 다르지만, 어차피 근삿값을 구하는 것이므로 큰 문제가 되지는 않는다). 지금 예에 대한 임계값은 약 5이다. 방금 구한 관측값 2.11은 이 임계값 5보다 작으므로, 분산의 이질성은 크게 걱정할 필요가 없을 것이다.

11.4.6 예측변수와 공변량의 독립성 ②

§11.3.1에서 언급했듯이, 공변량을 분석에 포함시키기 전에 먼저 공변량이 실험 조작과 독립적인지 점검해야 한다. 지금 예에서 공변량은 파트너의 리비도이므로, 독립변수의 여러 수준에서 파트너 리비도 점수가 대체로 같은지 점검할 필요가 있다. 다른 말로 하면, 세 비아그라 복용량 그룹에서 파트너 리비도 점수 평균들이 대체로 같은지 봐야 한다. 이는 **partnerLibido**를 결과변수로, **dose**를 예측변수로 두고 분산분석을 실행해서 검사할 수 있다.

자가진단

✓ 분산분석을 이용해서 파트너 리비도(공변량)가 비아그라 복용량(독립변수)과 독립인지 검사하라.

출력 11.2에 그러한 분산분석의 결과가 나와 있다. **dose**의 주 효과는 $F(2, 27) = 1.98$, $p = .16$으로 유의하지 않다. 따라서, 위약, 저용량, 고용량 그룹에서 파트너 리비도 점수 평균들(표 11.2에 나온)의 차이는 유의하지 않다. 이는 파트너의 리비도를 공분산분석의 공변량으로 사용해도 좋다는 뜻이다.

출력 11.2

```
          Df Sum Sq Mean Sq F value Pr(>F)
dose       2 12.769  6.3847  1.9793 0.1577
Residuals 27 87.097  3.2258
```

11.4.7 공분산분석 모형의 적합 ②

공분산분석 모형을 만들 때는 이전 장에서 본 *aov()* 함수(§10.6.6.1)를 사용한다. *aov()* 함수가 그냥 *lm()* 함수를 감싼 편의용 함수일 뿐임을 기억할 것이다. 따라서, 분산분석 모형에 새 변수를 추가하는 방법은 여러분도 이미 알고 있다. 제7장에서 보았듯이, 그냥 '+ 변수이름'을 모형 서술 구문에 추가하면 된다. 제10장에서는 다음과 같은 명령으로 분산분석 모형을 생성했다.

```
viagraModel<-aov(libido ~ dose, data = viagraData)
```

여기에 **partnerLibido**를 예측변수로 추가하려면, 모형 서술 구문을 다음과 같이 변경하면 된다.

```
viagraModel<-aov(libido ~ dose + partnerLibido, data = viagraData)
```

예측변수들의 목록에 '+ partnerLibido'를 추가했을 뿐이다. 본질적으로 이것이 전부이다. 그냥 이 명령을 실행하고, 의자에 등을 기대고 찬 음료수 캔을 따서 한 모금 마시고는 우리의 작품을 감상하면 된다. 그러나, 공분산분석의 실행에 성공했다는 기쁨을 느낄 새도 없이, 뭔가 중요한 것을 빼먹었다는 불길한 느낌이 엄습할 것이다. 우리는 예측변수들의 순서를 고려하지 않고 성급하게 공분산분석을 실행했다. 모형을 'libido ~ dose + partnerLibido'로 지정해서 *aov()*를 실행한 결과는 'libido ~ partnerLibido + dose'로 지정해서(예측변수들의 순서가 다르다) *aov()*를 실행한 결과와 다르다. 이 신기한 현상을 이해하려면 고민이 좀 필요한데, R의 영혼의 조언 11.1을 보기 바란다.

 R의 영혼의 조언 11.1 순서가 중요하다 ②

모형에 예측변수들을 도입하는 순서가 달라지면 전체적인 공분산분석의 효과도 달라진다. 이는 상당히 의아한 일이다. 다행히, 예측변수들의 순서가 모형의 매개변수들(b 값들)에는 영향을 미치지 않는다.

우선 **partnerLibido**를 먼저 도입하고 그다음에 **dose**를 도입하는 공분산분석 모형을 만들어 보자(이름은 *covariateFirst*로 한다). 이 경우 모형 서술은 *libido ~ partnerLibido + dose*이어야 한다. 다음은 그러한 모형을 생성하고 그 요약(통계량들의 표)을 출력하는 명령들이다.

```
covariateFirst<-aov(libido ~ partnerLibido + dose, data = viagraData)
summary(covariateFirst)
```

해당 공분산분석 통계량 표는 다음과 같다.

```
               Df Sum Sq Mean Sq F value  Pr(>F)
partnerLibido   1  6.734  6.7344  2.2150 0.14870
dose            2 25.185 12.5926  4.1419 0.02745 *
Residuals      26 79.047  3.0403
```

표에 따르면, 이 모형은 참가자 리비도에 대한 공변량(**partnerLibido**)의 효과는 유의하지 않았지만 **dose**의 효과는 유의했음을 말해준다.

이번에는 예측변수들의 순서가 반대인 모형을 만들어 보자(이름은 *doseFirst*). 이 경우 이 모형 서술은 *libido ~ dose + partnerLibido*이어야 한다. 예측변수들의 순서가 이전과는 반대임을 주목하기 바란다. 다음은 그러한 모형을 생성하고 그 요약을 출력하는 명령들이다.

```
doseFirst<-aov(libido ~ dose + partnerLibido, data = viagraData)
summary(doseFirst)
```

해당 공분산분석 통계량 표는 다음과 같다.

```
              Df Sum Sq Mean Sq F value  Pr(>F)
dose           2 16.844  8.4219  2.7701 0.08117 .
partnerLibido  1 15.076 15.0757  4.9587 0.03483 *
Residuals     26 79.047  3.0403
```

이 모형은 이전 모형과는 반대의 결론을 제시한다. 이번에는 참가자 리비도에 대한 공변량(partner-Libido)의 효과가 유의하고 dose의 효과가 유의하지 않다.

왜 이런 이상한 일이 생길까? 이유는, R이 모형을 자료에 적합시킬 때 기본적으로 제1종 제곱합(순차 제곱합)을 사용해서 계산을 수행한다는 것이다. 다른 말로 하면, R은 첫 예측변수를 평가한 후 그다음 예측변수를 평가하는 식으로 차례로 계산을 진행한다. 따라서 순서가 중요해진다. partner-Libido 변수는 첫 모형에서는 모형의 유일한 예측변수로써 평가되지만, 둘째 모형에서는 dose가 이미 모형에 도입되어서 평가된 후에야 평가된다.

제1종 대신 제3종 제곱합을 사용할 수도 있다(이를 기본으로 사용하는 통계 패키지들이 많다). 다음은 첫 모형(covariateFirst)을 생성하되 제3종 제곱합을 사용하도록 지정한 명령이다.

```
Anova(covariateFirst, type = "III")
```

둘째 모형(doseFirst)을 위한 해당 명령은 다음과 같다.

```
Anova(doseFirst, type = "III")
```

다음은 두 모형의 요약이다.

```
libido ~ partnerLibido + dose
              Df Sum of Sq    RSS     AIC F value    Pr(F)
<none>                     79.047 37.065
partnerLibido  1    15.076  94.123 40.302  4.9587 0.03483 *
dose           2    25.185 104.232 41.363  4.1419 0.02745 *
---
Model: libido ~ dose + partnerLibido
              Df Sum of Sq    RSS     AIC F value    Pr(F)
<none>                     79.047 37.065
dose           2    25.185 104.232 41.363  4.1419 0.02745 *
partnerLibido  1    15.076  94.123 40.302  4.9587 0.03483 *
```

이번에는 예측변수들의 순서가 달라도 두 모형의 결과가 동일함을 주목하기 바란다.

공분산분석 모형을 실제로 생성하기 전에, 그와 관련된 두 가지 질문을 고려해야 한다. 첫째는 제곱합들을 어떤 방식으로 계산할 것인가이고, 둘째는 어떤 대비들을 비교할 것인가이다. 둘째 질문의 답은 어느 정도는 첫 질문의 답에 의존한다. 첫 질문은 복잡한 문제이지만, 결국은 제1종(Type I), 제2종(Type II), 제3종(Type III) 제곱합 중 하나를 고르게 된다. 이 제곱합들의 차이와 장·단점에 대해서는 초천재 제인 11.1을 보기 바란다.

초천재 제인 11.1
여러 종류의 제곱합 ③

제곱합을 계산하는 방식은 크게 네 가지이며, 그에 따라 제곱합은 제1종, 제2종, 제3종, 제4종으로 나뉜다. 처음 세 가지를 예제를 통해서 설명해 보겠다. partnerLibido(공변량)와 dose(독립변수), 그리고 그 둘의 상호작용(partnerLibido × dose)으로 libido를 예측한다고 하자.

제1종 제곱합은 모형에 한 예측변수를 도입하고, 그다음 또 다른 예측변수를 도입하는 방식의 위계적 회귀와 비슷하다고 생각하면 이해하기가 쉬울 것이다. 제1종 제곱합에서 둘째 예측변수는 첫 예측변수가 평가된 후에 평가된다. 모형에 또다시 예측변수를 도입하면, 그 셋째 예측변수는 첫째와 둘째 예측변수들이 평가된 후에 평가된다. 이후의 예측변수들도 마찬가지이다. 따라서 이 제곱합에서는 예측변수들을 도입하는 순서가 중요하다. 예를 들어 만일 도입 순서가 partnerLibido, dose, partnerLibido × dose이면, dose는 partnerLibido의 효과가 평가된 후에 평가되고, partnerLibido × dose는 partnerLibido와 dose의 효과가 둘 다 평가된 후에 평가된다. R의 영혼의 조언 11.1에 제1종 제곱합에서 순서가 결과에 미치는 영향이 좀 더 구체적으로 나와 있다.

제3종 제곱합은 제1종과 비슷하되, 각 효과가 모형의 다른 모든 효과(먼저 입력된 효과들만이 아니라)를 고려해서 평가된다는 점이 다르다. 이 과정은 공변량(들)과 예측변수(들)를 한꺼번에 모형에 포함하는 강제 도입법과 비슷하다. 지금 예에서 dose의 효과는 partnerLibido와 partnerLibido × dose 모두의 효과 이후에 평가되고, partnerLibido의 효과는 dose와 partnerLibido × dose 모두의 효과 이후에 평가된다. 마지막으로, partnerLibido × dose는 dose와 partnerLibido

모두의 효과 이후에 평가된다.

제2종 제곱합은 제1종과 제3종의 중간에 해당한다. 이 제곱합을 계산할 때는 각 효과가 그 효과보다 높은 차수의 효과들을 제외한 다른 모든 효과를 고려해서 평가된다. 지금 예에서 dose는 partnerLibido의 효과 이후에 평가된다(제3종 제곱합과는 달리, 이때 상호작용 항은 고려되지 않는다). 그와 비슷하게, partnerLibido의 효과는 dose의 효과 이후에만 평가된다. 마지막으로, partnerLibido × dose는 차수(order)가 가장 높은 항이므로, dose와 partnerLibido 모두의 효과 이후에 평가된다. 차수가 가장 높은 항에 한해서는 제2종과 제3종 제곱합이 같다. 제4종 제곱합은 본질적으로 제3종과 같되, 결측값이 존재하는 상황에 맞게 고안된 것이다.

제곱합이 이처럼 여러 종류라면, 주어진 상황에서 어떤 제곱합을 사용해야 할 것인지가 문제가 된다. 다음을 참고해서 선택하면 될 것이다.

- **제1종:** 제1종 제곱합은 변수들이 서로 완전히 독립일 때만(이런 경우는 흔치 않다) 각 변수의 진정한 주 효과를 제대로 평가한다. 예를 들어 만일 partnerLibido를 모형에 제일 먼저 도입한다면, 그 제곱합은 dose를 고려하지 않고 계산된다. 따라서, libido의 변동 중 사실은 dose와 partnerLibido가 공유하는 부분이 partnerLibido만으로 설명되는 부분으로 간주된다. 그다음에 dose에 대한 제곱합을 계산할 때는 이미 partnerLibido가 '가져간' 부분이 배제된다. 결과적으로 제곱합에는 dose의 진정한 효과가 반영되지 않는다. 리비도의 변동 중 dose와 partnerLibido가 공유하는 부분이 partnerLibido에게만 '배정'되기 때문이다. 이처럼 예측변수들의 순서가 결과에 영향을 미치므로, 주된 효과들과 상호작용들에 대한 가설을 평가할 때는 제1종 제곱합을 사용하지 않는 경향이 있다.

- **제2종:** 주 효과에 관심을 둔 연구에서는 제2종 제곱합을 사용해야 한다. 제3종 제곱합과는 달리 제2종은 주 효과가 관여하는 상호작용들의 효과를 모두 무시하기 때문에, 주 효과를 정확하게 반영한다. 다른 말로 하면, 제2종에서는 주 효과의 변동을 그 효과를 포함하는 상호작용 항들이 '깎아먹지' 않는다. 주 효과들에 관심이 있고 주 효과들 사이의 상호작용은 고려하지 않는 연구에서는 이 제2종 검정이 가장 강력하다. 그러나, 만일 상호작용이 존재하면, 제2종 제곱합들은 주 효과들을 합당하게 평가하지 못한다(상호작용 항에 의한 변동들이 주 효과의 것으로 간주되므로). 그렇긴 하지만, 어차피 상호작용이 존재한다면 애초에 주 효과들에 관심을 두지 않았을 것이다. 제2종 제곱합의 한 가지 장점은 예측변수들을 지정하는 데 사용한 대비 부호화의 종류에 영향을 받지 않는다는 점이다.
- **제3종:** 제3종 제곱합을 기본으로 사용하는 통계 패키지가 많다. 제2종에 비해 제3종은 상호작용이 존재할 때도 그와 연관된 주 효과들이 여전히 의미가 있다는 장점이 있다(주 효과들이 상호작용을 고려해서 평가되므로). 그러나 이는 단점이기도 하다. 상호작용이 존재하는 상황에서 '주 효과'들이 의미 있다고 간주하는 것은 좀 어리석은 일이기 때문이다. 제3종 제곱합의 특성을 잘 이해하지 못하는 사람들은 고차 상호작용의 효과가 주 효과를 능가하는데도 주 효과가 의미 있다고 좋아하는 우를 범한다. 표본 크기가 서로 다른 경우에도 제3종 제곱합이 즐겨 쓰이지만, 예측변수들을 직교 대비들로 부호화한 경우에만 유효하다는 점을 주의해야 한다.

이상의 설명에서, 공분산분석에서 선택해야 할 것은 제2종 제곱합 아니면 제3종 제곱합이라는 점이 명확해졌길 바란다. 둘 중 어느 것인지는 여러분이 검증하려는 가설에 따라, 그리고 어떤 효과가 중요한지에 따라 달라진다. 주된 가설이 가장 높은 차수의 상호작용에 관한 것이라면 어떤 것을 선택해도 마찬가지이다(결과가 같다). 상호작용이 있으리라 생각하지 않고 주 효과들에만 관심이 있다면 제2종이 더 강력하다. 그리고 표본 크기들이 다르다면(불균형 설계) 제3종을 사용해야 한다. 물론 이러한 지침은 현실을 단순화한 것일 뿐이다. 주어진 상황에 대해 어떤 제곱합이 적합한지는 논쟁(종종 과열된)의 여지가 있음을 주의하기 바란다.

제1종 제곱합을 사용하는 경우에는 공분산분석 모형에 공변량을 제일 먼저 도입하고 그다음에 독립변수들을 도입해야 한다. 지금 예에서는 다음과 같이 하면 될 것이다.

```
viagraModel<-aov(libido ~ partnerLibido + dose, data = viagraData)
```

공변량인 **partnerLibido**를 독립변수 dose보다 먼저 도입했음을 주목하기 바란다. 이렇게 하면 dose가 **partnerLibido**의 효과 이후에 평가된다. 만일 변수들의 순서를 반대로 하면 완전히 다른 결과가 나온다(R의 영혼의 조언 11.1).

제2종이나 제3종 제곱합은 *car* 패키지의 *Anova()* 함수로 구할 수 있다.[3] 이 함수의 일반적인 활용 형태는 다음과 같다.

```
Anova(모형이름, type = "II" 또는 "III")
```

이 함수의 첫 글자가 대문자임을 주의하기 바란다(소문자로 하면 전혀 다른 함수가 실행된다). **모형**

---

[3] *drop1()* 함수로도 제3종 제곱합을 구할 수 있다. 분산분석과 공분산분석의 경우 이 함수를 다음과 같은 형태로 실행하면 된다.

```
drop1(modelName, ~., test="F")
```

이름에는 제곱합들을 구하고자 하는 모형의 이름을 지정한다. *type* 옵션은 제곱합의 종류를 결정하는데, 기본은 *type = "II"*(제2종 제곱합)이다. 제3종 제곱합을 구할 때는 *type = "III"*를 지정해야 한다.

이제 둘째 질문, 즉 대비들을 선택하는 문제로 넘어가자. 이 문제는 제10장에서 설명한 계획된 대비와 연관된다. 기본적으로 R은 **dose** 변수에 대한 가변수 부호화를 사용한다. 간단히 말해서 R은 각 그룹을 첫 그룹과 비교하는데, 이는 비직교 대비에 해당한다. 헬메르트 대비 같은 직교 대비를 사용하고 싶거나 대비들을 직접 설계하고 싶다면, 모형을 생성하기 전에 *contrast()* 함수를 이용해서 **dose**에 대한 대비를 설정해야 한다(§10.6.7 참고). 둘째 질문의 답이 첫 질문(제곱합 종류)의 답에 의존하는 이유는, 제3종 제곱합이 제대로 계산되려면 반드시 직교 대비를 사용해야 한다는 것이다. R은 기본적으로 비직교 대비(가변수 부호화)를 사용하므로, 명시적으로 직교 대비를 지정하지 않으면 제3종 제곱합이 잘못 계산된다. 따라서, 다음 명령으로 헬메르트 대비를 설정하거나,

```
contrasts(viagraData$dose)<-contr.helmert(3)
```

아니면 §10.4에 한 것처럼 대비 부호들을 직접 설정해야 한다. 제10장에서, 첫 대비에서 위약 그룹을 저용량 그룹 및 고용량 그룹과 비교하고 둘째 대비에서 고용량 그룹과 저용량 그룹을 비교하는 계획된 대비를 설계했었음을 기억할 것이다(§10.4). §10.4와 §10.6.7에서 보았듯이, R에서 이를 실행하려면 그 대비들을 부호화하는 적절한 수치들을 입력해야 한다. 첫 대비에 적합한 부호(code)들로 우리가 선택한 것은 위약 그룹이 −2, 고용량 그룹과 저용량 그룹이 각각 1이었다. 그리고 둘째 대비의 부호들은 위약 그룹이 0, 저용량 그룹이 −1, 고용량 그룹이 1이었다(표 10.4 참고). 공분산분석에서 그러한 대비 설계를 사용하려면, §10.6.7에서 했던 것처럼 *contrasts()* 함수를 이용해서 **dose**에 그 대비 부호들을 설정하면 된다.

```
contrasts(viagraData$dose)<-cbind(c(-2,1,1), c(0,-1,1))
```

다음이 이 대비 설계와 제3종 제곱합을 이용해서 공분산분석을 실행하는 명령들이다.

```
contrasts(viagraData$dose)<-cbind(c(-2,1,1), c(0,-1,1))
viagraModel<-aov(libido ~ partnerLibido + dose, data = viagraData)
Anova(viagraModel, type="III")
```

첫 명령은 **dose**에 대비 부호들을 설정하고, 둘째 명령은 공분산분석 모형을 생성하고, 셋째 명령은 제3종 제곱합을 포함한 그 모형의 요약을 출력한다.

출력 11.3은 주 공분산분석의 결과이다. 우선 주목할 것은 유의확률의 값이 .05보다 작다는 것이다. 이는 공변량이 종속변수를 유의하게 예측함을 뜻한다. 즉, 한 사람의 리비도는 그 파트너의 리비도에 영향을 받는다.

좀 더 흥미로운 결과는, 파트너 리비도의 효과를 제거했을 때 비아그라의 효과가 유의하다는 점이다(p 값이 .05보다 작은 .027이다).

출력 11.3

```
Anova Table (Type III tests)

Response: libido
               Sum Sq Df F value     Pr(>F)
(Intercept)    76.069  1 25.0205 3.342e-05 ***
partnerLibido  15.076  1  4.9587   0.03483 *
dose           25.185  2  4.1419   0.02745 *
Residuals      79.047 26
```

이 분석 결과는 표 11.2에 나온 리비도 자료의 그룹 평균들에서 볼 수 있는 위약 그룹과 두 실험군의 유의한 차이와도 부합함을 알 수 있다(저용량 그룹과 고용량 그룹의 평균은 4.88과 4.85로 아주 비슷하지만, 위약 그룹의 평균은 그보다 훨씬 낮은 3.22이다). 사실, 그 그룹 평균들로부터 지금의 결론을 직접 유도할 수는 없다. 왜냐하면, 그 값들은 공변량의 효과를 고려해서 수정된 것이 아니기 때문이다. 표에 나온 원래의 평균들은 유의한 공분산분석에 반영된 그룹 차이들에 대해 아무것도 말해주지 않는다. **수정평균**(adjusted mean)을 구하려면 *effects* 패키지의 **effect()** 함수를 사용해야 한다. 이 함수는 *aov()*나 *lm()*으로 생성한 모형 안의 한 효과에 대한 평균들의 표를 출력한다. 그 평균들은 모형의 다른 모든 변수에 맞게 수정된 것이다(이런 평균들을 **주변평균**(marginal mean)이라고 부른다). 이 함수의 일반적인 활용 형태는 다음과 같다.

```
객체<-effect("효과", 모형, se=TRUE)
summary(객체)
객체$se
```

공분산분석 결과를 어떻게 해석하지?

첫 명령은 주어진 효과에 관한 정보를 담은 객체를 생성한다. 여기서 "효과"에는 수정평균들을 구할 효과(모형 안의)의 이름을 지정해야 한다(지금 예에서는 "dose"). 모형에는 미리 생성한 공분산분석 모형을 지정한다(지금 예에서는 *viagraModel*). 마지막으로, 각 평균에 연관된 표준오차도 표시하려면 *se=TRUE* 옵션을 지정해야 한다.

이 명령으로 생성한 효과 객체에는 다양한 정보가 들어 있는데, 수정평균들과 신뢰구간들을 알고 싶으면 그 객체로 *summary()* 함수를 호출하면 된다. 표준오차들은 효과 객체의 *se*라는 변수에 저장되어 있으므로, 표준오차들을 보려면 *객체$se* 명령을 실행해야 한다.

다음은 비아그라 자료의 수정평균들을 계산하고 확인하는 명령들이다.

```
adjustedMeans<-effect("dose", viagraModel, se=TRUE)
summary(adjustedMeans)
adjustedMeans$se
```

출력 11.4에 비아그라 자료의 수정평균들과 그 신뢰구간들이 나와 있으며, 표준오차들도 나와 있다. 표 11.2의 평균들과는 달리, 이 결과에서는 저용량 그룹의 수정평균과 고용량 그룹의 수정평균이 상당히 다르다. 평균들을 공변량의 효과의 맞게 수정하고 나니, 이제는 복용량이 늘면 리비도도 늘어날 가능성이 커졌다(위약 그룹의 수정평균은 2.93이지만 저용량 그룹에서는 4.71로 증가했고 고용량 그룹에서는 5.15가 되었다). 각 그룹의 표준오차는 출력 11.4의 *adjustedMeans$se* 명령 다음에 나와 있다. 위약 그룹의 표준오차는 0.59이고 저용량 그룹은 0.62, 고용량 그룹은 0.50이다.

출력 11.4

```
dose effect
dose
  Placebo  Low Dose High Dose
 2.926370  4.712050  5.151251
Lower 95 Percent Confidence Limits

dose
  Placebo  Low Dose High Dose
 1.700854  3.435984  4.118076
Upper 95 Percent Confidence Limits

dose
  Placebo  Low Dose High Dose
 4.151886  5.988117  6.184427

> adjustedMeans$se
        31        32        33
0.5962045 0.6207971 0.5026323
```

주 공분산분석은 어떤 그룹들이 서로 다른지까지는 말해주지 않으므로, **dose**의 전반적인 효과를 그룹별로 나누어서 파악하려면 공분산분석 모형을 만들기 전에 지정한 대비들의 결과를 봐야 한다. 대비 결과는 공분산분석 모형(*viagraModel*)으로 *summary.lm()* 함수를 실행하면 출력된다.

```
summary.lm(viagraModel)
```

출력 11.5에 나온 모형 매개변수들이 바로 **dose** 변수에 지정한 대비들이다. 첫 가변수(**dose1**)는 위약 그룹과 저용량 그룹 및 고용량 그룹을 비교한다. 구체적으로는, 위약 그룹의 수정평균(2.93)을 저용량 그룹 수정평균과 고용량 그룹 수정평균의 평균((4.71+5.15)/2 = 4.93)과 비교한다. 따라서, 첫 가변수의 *b* 값은 그 두 값의 차이인 4.93 − 2.93 = 2이어야 한다. 그런데 출력의 수치는 그와는 다르다. 그 이유는, §10.4.2에서 다소 길고 지루하게 설명했듯이, 평균 차이를 대비의 그룹 수(지금 예에서는 3)로 나누어야 하기 때문이다. 출력에 나온 0.6684는 2/3 = .67에 해당한다. 관련 *t* 통계량이 유의하다는 것은 위약 그룹과 두 실험군(비아그라 복용 그룹)이 유의하게 달랐음을 뜻한다.

둘째 가변수(**dose2**)는 저용량 그룹과 고용량 그룹을 비교한다. 따라서 *b* 값은 두 그룹의 수정평균의 차이인 5.15 − 4.71 = 0.44를 대비의 그룹 수(2)로 나눈 0.44/2 = 0.22이다. 출력의 0.2196이 이에 해당한다. 관련 *t* 통계량이 유의하지 않으므로(.59은 .05보다 크다), 비아그라를 많이 먹어도 적게 먹을 때보다 리비도가 유의하게 더 높아지지는 않았다고 할 수 있다.

마지막으로 살펴볼 것은 공변량의 *b* 값(0.416)이다. 이 값은, 다른 조건들이 동일할 때, 파트너의 리비도가 1단위 증가하면 참가자의 리비도가 0.5단위에 조금 못 미치는 정도로 증가함을 의미한다(단, 이것이 둘 사이의 어떤 인과관계를 말해주는 것은 아니다). 이 계수의 부호(sign)는 공변량과 결과변수의 관계의 방향을 말해준다. 지금 예에서는 계수가 양수이므로, 파트너 리비도와 참가자 리비도의 관계는 양의 상관관계에 해당한다. 즉, 한쪽이 증가하면 다른 쪽도 증가한다. 계수가 음이면 그 반대이다. 즉, 한쪽이 증가하면 다른 한쪽은 감소한다.

출력 11.5

```
Coefficients:
              Estimate Std. Error t value Pr(>|t|)
(Intercept)     3.1260     0.6250   5.002 3.34e-05 ***
partnerLibido   0.4160     0.1868   2.227  0.03483 *
dose1           0.6684     0.2400   2.785  0.00985 **
dose2           0.2196     0.4056   0.541  0.59284
```

이미 언급했듯이, 매개변수 추정값의 계수는 공변량을 해석하는 방식을 말해준다. 공변량의 b 값이 양수이면 공변량과 결과변수가 양의 상관관계라는 뜻이다(공변량이 증가하면 결과변수도 증가한다). b 값이 음수이면 그 반대이다. 즉, 공변량과 결과변수는 음의 상관관계이다(공변량이 증가하면 결과변수는 감소한다). 비아그라 자료에서 공변량의 b 값은 양수이므로, 파트너 리비도가 증가하면 참가자의 리비도도 증가한다. 그냥 공변량과 결과변수의 산점도를 그려봐도 이와 동일한 결론을 이끌어낼 수 있다.

자가진단

✓ libido에 대한 partnerLibido의 산점도를 작성하라.

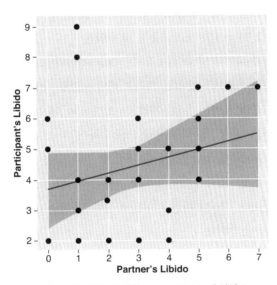

그림 11.5 libido에 대한 partnerLibido의 산점도

그림 11.5에 이 자료의 산점도가 나와 있다. 그래프에 나온 회귀선의 기울기를 보면, 우리가 이미 알고 있는 결론(공변량인 파트너 리비도가 증가함에 따라 결과변수인 참가자 리비도가 증가한다)을 확인할 수 있다.

분산분석에서 했던 것처럼(§10.6.8), 공분산분석을 수행한 후 사후검정들을 수행할 수도 있다. 그런데 공분산분석에서는 수정평균들의 차이를 검사해야 하므로, 이전과는 달리 *glht()* 함수만 사용할 수 있다. *pairwise.t.test()* 함수는 수정평균을 검사하지 않는다. 이 때문에, 공분산분석에서는 투키 사후검정이나 더닛 사후검정만 사용할 수 있다. 제10장에서 설명한 이 함수의 활용 방법을 요약하자면, 원하는 모형(지금 예에서는 공분산분석 모형)으로 이 함수를 실행해서 사후검정 결과 객체를 얻고, 그 객체로 *summary()*와 *confint()*를 실행해서 검정 결과를 확인한다. 다음은 이를 *viagraModel*에 적용하는 명령들이다.

```
postHocs<-glht(viagraModel, linfct = mcp(dose = "Tukey"))
summary(postHocs)
confint(postHocs)
```

출력 11.6에 세 비교(저용량 대 위약, 고용량 대 위약, 고용량 대 저용량)의 결과가 나와 있다. 각 경우의 추정값이 해당 그룹 수정평균들(출력 11.4)의 차이임을 주목하기 바란다. 저용량 대 위약의 추정값은 4.71 − 2.93 = 1.78이고 고용량 대 위약은 5.15 − 2.93 = 2.22, 고용량 대 저용량은 5.15 − 4.71 = 0.44이다. 출력에는 각 수정평균 차이의 표준오차와 t 검정통계량(이는 그냥 수정평균 차이를 표준오차로 나눈 것이다), 그리고 해당 p 값도 나와 있다. 이 수치들로 볼 때, 고용량 그룹과 위약 그룹의 차이는 유의했지만($t = 2.77$, $p < .05$) 저용량 그룹과 위약 그룹의 차이($t = 2.10$, $p = .12$)와 고용량 그룹과 저용량 그룹의 차이($t = 0.54$, $p = .85$)는 유의하지 않았다. 신뢰구간들(출력 11.7)로부터도 같은 결론을 내릴 수 있다. 고용량 그룹과 위약 그룹의 비교에 대한 신뢰구간에는 0이 포함되어 있지 않은데, 이는 두 그룹 평균의 차이의 참값이 0이 아닐 가능성이 크다는 뜻이다. 그러나 다른 대비들의 신뢰구간에는 0이 포함되어 있다. 이는 차이의 참값이 0일 수 있음을 의미한다.

출력 11.6

```
Simultaneous Tests for General Linear Hypotheses

Multiple Comparisons of Means: Tukey Contrasts

Fit: aov(formula = libido ~ partnerLibido + dose, data = viagraData)

Linear Hypotheses:
                        Estimate Std. Error t value Pr(>|t|)
Low Dose - Placebo == 0   1.7857     0.8494   2.102   0.1088
High Dose - Placebo == 0  2.2249     0.8028   2.771   0.0264 *
High Dose - Low Dose == 0 0.4392     0.8112   0.541   0.8516
---
```

```
Signif. codes:  0 '***' 0.001 '**' 0.01 '*' 0.05 '.' 0.1 ' ' 1
(Adjusted p values reported -- single-step method)
```

```
 Simultaneous Confidence Intervals

Multiple Comparisons of Means: Tukey Contrasts

Fit: aov(formula = libido ~ partnerLibido + dose, data = viagraData)
Quantile = 2.4856
95% family-wise confidence level

Linear Hypotheses:
                          Estimate lwr     upr
Low Dose - Placebo == 0    1.7857  -0.3255  3.8968
High Dose - Placebo == 0   2.2249   0.2294  4.2204
High Dose - Low Dose == 0  0.4392  -1.5772  2.4556
```

11.4.12 공분산분석의 그래프 ②

제10장에서 보았듯이 *aov()* 함수는 자동으로 몇 가지 그래프들을 생성한다. 그 그래프들을 살펴보면 공분산분석의 가정들을 점검할 수 있다. 그래프들을 실제로 화면에 표시하는 명령은 다음과 같다.

```
plot(viagraModel)
```

그림 11.6에 이 명령이 표시하는 그래프들이 나와 있다. 사실 이 명령은 네 개의 그래프를 표시하지만, 처음 두 개가 가장 중요하다. 첫 그래프(그림의 왼쪽)으로는 분산의 동질성을 점검할수 있다. 이런 종류의 그래프를 제7장에서 이미 본 적이 있다. 아주 간단히 말해서, 만일 그래프의 점들이 전체적으로 깔때기 모양을 형성한다면 문제가 있는 것이다. 그림에 나온 그래프의 점들은 실제로 어느 정도 깔때기와 비슷한 모양으로 퍼져 있다(일부 점수들의 점이 다른 점들보다 더 넓게 분산되어 있다). 이런 형태는 잔차들에 이분산성이 존재함을 암시한다(이는 나쁜 일이다). 둘째 그래프(그림의 오른쪽)는 Q-Q 그림(제5장)이다. 이 그래프로는 모형의 잔차들의 정규성을 점검할 수 있다. 잔차들이 정규분포를 따라야 하는데, 그런 경우 그래프의 점들은 대각선을 따라 모여 있다. 그러나 우리의 그래프를 보면, 마치 대각선을 몇 주 정도 씻기지 않아서일부 점들이 냄새 나는 대각선으로부터 도망간 듯한 모습이다. 이 역시 모형에게는 좋지 않은 소식이다. 이 그래프들로 볼 때, 이 자료에 대해서는 강건한 버전의 공분산분석을 수행하는 것이 좋겠다.

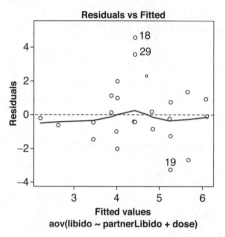
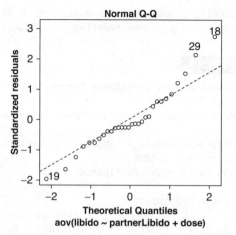

그림 11.6 공분산분석 모형의 그래프들

11.4.13 몇 가지 추가 논평 ②

이 예제는 중첩변수들을 고려함으로써 실험 조작의 좀 더 '순수한' 효과를 측정하는 데(그럼으로써 실험을 좀 더 엄격하게 통제하는 데) 공분산분석이 어떻게 도움이 되는지를 보여준다.

자가진단

✓ 세 그룹의 참가자 리비도 수준이 유의하게 다른지를 일원 분산분석을 실행해서 검사하라.

출력 11.8(예시의 목적으로 만든 것이다)은 비아그라 자료에 대한 모형에 공변량을 포함하지 않았을 때의 분산분석 결과이다. 유의확률(p 값)이 .05보다 크므로, 비아그라가 리비도에 유의한 효과를 가지지는 않는 것으로 보인다. 따라서, 파트너의 리비도를 고려하지 않는다면, 참가자의 리비도에 대한 비아그라의 효과가 유의하지 않았다는(실제로는 유의하지만) 결론을 내렸을 것이다.

출력 11.8

```
          Df Sum Sq Mean Sq F value Pr(>F)
dose       2 16.844  8.4219  2.4159 0.1083
Residuals 27 94.123  3.4860
```

이번 장에서 말했듯이, 회귀 기울기 동질성 가정은 공변량과 결과변수(지금 예에서는 **partner Libido**와 **libido**)의 관계가 예측변수의 여러 수준들(지금 예에서는 세 **dose** 그룹)에서 동일해야 함을 뜻한다. 그림 11.3에 세 그룹의 **partnerLibido**와 **libido**의 관계에 대한 산점도가 나왔다. 그 산점도를 보면, 저용량 그룹과 위약 그룹에서는 그러한 관계들이 대체로 비슷하지만, 고용량 그룹의 그러한 관계는 다른 두 그룹의 해당 관계들과 다르다.

자가진단

✓ 그림 11.3의 그래프들을 *ggplot2*를 이용해서 직접 작성하라.

회귀 기울기 동질성 가정을 점검하려면 공분산분석을 다시 실행하되, 이번에는 공변량과 예측변수의 상호작용을 모형에 포함해야 한다. 그 방법은 세 가지이다. 첫째는 처음부터 모형을 완전히 다시 만드는 것이다. 모형의 서술에 상호작용 항을 추가할 때는 상호작용에 관여하는 두 변수를 콜론(:)으로 연결한 구문을 사용한다. 예를 들어 **partnerLibido**와 **dose**의 상호작용을 **R**에서는 *partnerLibido:dose*로 표현한다(또는, *dose:partnerLibido*라고 표현해도 된다). 다음은 이러한 상호작용 항을 포함한 공분산분석 모형을 생성하는 명령이다.

```
hoRS<-aov(libido ~ partnerLibido + dose + dose:partnerLibido, data = viagraData)
```

이 명령은 공변량과 독립변수, 그리고 그 둘의 상호작용을 포함한 *hoRS*(homogeneity of regression slopes(회귀 기울기 동질성)를 줄인 것이다)라는 모형을 생성한다.

둘째 방법도 모형을 새로 만든다. 단, 이번에는 두 변수와 그 두 변수의 상호작용을 *변수1**변수2*라는 구문으로 서술한다. 이런 구문을 사용하면 두 변수가 각각 모형에 포함될 뿐만 아니라, 그 두 변수의 상호작용도 모형에 포함된다. 지금 예에 대한 명령은 다음과 같다.

```
hoRS<-aov(libido ~ partnerLibido*dose, data = viagraData)
```

이 명령은 앞의 명령과 정확히 동일한 일을 수행한다.

마지막 방법은 기존 공분산분석 모형(*viagraModel*)을 *update()* 함수로 갱신해서 상호작용 항을 포함하는 것이다(R의 영혼의 조언 7.2 참고). *viagraModel*에는 이미 **partnerLibido**와 **dose**가 들어 있으므로, 다음처럼 '+ dose:partnerLibido'로 상호작용 항만 추가하면 된다.

```
hoRS<-update(viagraModel, .~. + partnerLibido:dose)
```

여기서 .~.은 "기존의 결과변수와 예측변수들을 그대로 유지하라"라는 뜻이고 '+ partnerLibido: dose'
는 "상호작용 항을 추가하라"는 뜻이다. 이 방법이 이전의 두 방법보다 간단하다. 어떤 방법으
로든 *hoRS* 객체를 생성했다면, 다음과 같이 *Anova()* 함수를 실행해서 제3종 제곱합들을 구한
다.[4]

```
Anova(hoRS, type="III")
```

출력 11.9에 상호작용 항을 포함한 공분산분석의 주된 요약표가 나와 있다. 비아그라 복용
과 파트너 리비도의 효과는 여전히 유의하나, 지금 우리의 관심사는 상호작용 항이므로 공변
량과 결과변수의 상호작용(**partnerLibido:dose**)의 효과에 대한 유의확률을 살펴보자. 만일 이
효과가 유의하다면 회귀 기울기 동질성 가정이 깨진 것이다. 출력을 보면 그 효과는 실제로 유
의하다($p < .05$). 따라서 이 가정은 성립하지 않는다. 사실 그림 11.3에 나온 관계들의 패턴에
서 이러한 사실을 이미 짐작했지만, 어쨌든 이 사실은 주된 공분산분석에 문제가 된다. 이 예
는 분석 결과를 맹목적으로 받아들이지 않고 가정들을 점검해 보는 것이 중요한 이유를 잘 보
여준다.

출력 11.9

```
Anova Table (Type III tests)

Response: libido
                    Sum Sq Df F value    Pr(>F)
(Intercept)         53.542  1 21.9207 9.323e-05 ***
partnerLibido       17.182  1  7.0346  0.013947 *
dose                36.558  2  7.4836  0.002980 **
partnerLibido:dose  20.427  2  4.1815  0.027667 *
Residuals           58.621 24
```

11.5 강건한 공분산분석 방법 ③

일원 분산분석에서처럼, 윌콕스는 일원 공분산분석을 위한 일단의 강건한 절차들도 서술했
다(Wilcox, 2005). 윌콕스가 작성한 강건한 공분산분석 함수들을 사용하려면 *WRS* 패키지를
설치, 적재해야 한다(§5.8.4. 참고). 여기서는 공변량을 포함한 두 그룹의 절사평균을 비교하는
ancova() 함수와 **ancboot()** 함수를 살펴보기로 한다. 이 함수들은 모두 같은 원리를 바탕으

---

4 제2종 제곱합들을 구해도 된다. 지금은 최고 차수의 상호작용에만 관심이 있으므로, 제2종 제곱합과 제3종 제곱합은 정확히 같
  은 결과를 낸다(초천재 제인 글상자 11.1 참고).

로 한다. 회귀 기울기 동질성 가정과 기타 분포 관련 가정들의 제약에서 벗어나서 공분산분석을 실행하기 위해, 윌콕스의 강건한 방법들은 공변량 축의 서로 다른 지점들에서 절사평균들을 비교한다. 다른 말로 하면, 이 방법들은 두 그룹에서 공변량과 결과변수의 관계가 같다고 가정하는 대신, 기울기가 동일한 다섯 지점(즉, 두 그룹에서 결과변수와 공변량의 관계가 대략 같은 공변량의 다섯 가지 값)을 찾아낸다. 그런 다음에는 그 다섯 지점에서의 절사평균들의 차이를 검사한다. 이러한 절차는 그룹 평균들의 차이가 공변량의 함수로서 변화하는 방식을 파악할 수 있다는 점에서 상당히 유용하다.

ancova() 함수는 방금 설명한 절차를 실행하고, *ancboot()* 함수는 그와 같은 방식이되 부트스트랩 방법을 이용해서 신뢰구간들을 계산한다는 점이 다르다. 이 함수들의 기본적인 활용 형태는 다음과 같다.

```
ancova(covGrp1, dvGrp1, covGrp2, dvGrp2, tr = .2)
ancboot(covGrp1, dvGrp1, covGrp2, dvGrp2, tr = .2, nboot = 599)
```

여기서 *covGrp1*은 첫 그룹의 공변량 자료를 담은 변수이고 *dvGrp1*은 첫 그룹의 종속변수(결과변수) 자료를 담은 변수이다. *covGrp2*는 둘째 그룹의 공변량 자료를 담은 변수이고 *dvGrp2*는 둘째 그룹의 종속변수(결과변수) 자료를 담은 변수이다. 기본 절사 비율은 20%이지만, *tr* 옵션으로 변경할 수 있다. 둘째 함수는 사용할 부트스트랩 표본의 수를 지정하는 *nboot* 옵션도 지원한다(기본값은 599).

그럼 새로운 예제를 하나 보자. 어떤 물리학 연구(Di Falco, Ploschner, & Krauss, 2010)와 관련해서 내 눈에 띈 기사가 두 건 있다. 첫째로, 2010년 11월 데일리 미러(영국의 신문) 지의 한 기사 제목은 "과학자들이 해리 포터의 투명 망토를 만들었다"였다. 나는 해리 포터의 열성 팬이 아니라서[5], 그 기사 제목에 눈이 간 것은 해리 포터라는 이름 때문이 아니라 투명 망토(invisibility clock)라는 단어 때문이었다. 투명 망토가 있으면 갖가지 나쁜 짓을 할 수 있을 거라는 생각은 아주 흥미로웠다. 투명 망토를 어디서 팔까? 그런데 2011년 2월 같은 신문에는 또 다른 연구(Chen 외, 2011)에 관한 기사가 실렸다. 제목은 더욱 유혹적이었다. "과학자들이 만들어 낸 해리 포터 스타일의 투명 망토".

과학자들이 실제로 해리 포터의 투명 망토를 개발한 것이 아님은 물론이다. 디 팔코 등이 개발한 것은, 몸에 둘렀을 때 주변 빛을 굴절시킬 수 있는 메타플렉스(Metaflex)라는 유연한 물질이었다. 흔히 말하는 망토에 비견하기는 힘들지만, 그래도 화강암 석판을 몸에 두르는 것보

---

5 영국의 한 신문이 나를 '사회과학계의 해리 포터'라고 부른 적이 있다는 점을 생각하면(http://www.discoveringstatistics.com/docs/thes_170909.pdf) 나는 해리 포터의 열성 팬이 되어야 할 것이다. 그러나, 사회과학계의 해리 포터라는 별명이, 내가 사악한 통계학 군대와 맞서 싸우는 영웅적인 마법사 같다는 뜻인지 아니면 다 큰 어른이지만 정신연령이 열한 살 정도밖에 되지 않는다는 뜻인지는 확실하지 않았다.

다는 착용하기 쉬운 물질이라고 한다. 첸 등이 만든 것도 의상으로서의 '투명 망토'는 아니고, 뒤에 있는 물체를 보이지 않게 만들 수 있는 방해석(calcite) 결정 덩어리였다. 그 방해석 결정으로는 작은 물체(센티미터, 밀리미터 규모의)를 숨길 수 있다. 그러니까 내 뇌 정도는 숨길 수 있을 것이다. 그렇긴 하지만, 그런 방해석 덩어리들을 충분히 크게 만든다면 이론적으로는 내 몸 전체도 숨길 수 있을 거라고 본다(비록, 손수레에 실린 커다란 방해석 덩어리가 저절로 방을 돌아다니는 모습을 사람들이 의심스럽게 보긴 하겠지만).

그 신문 기사 제목들은 다소 과장이었지만, 그 두 연구가 언젠가는 투명 망토의 실용화로 이어질 수도 있는 아주 흥미로운 연구임은 틀림없다. 실제로 투명 망토가 실용화에 거의 가까워져서, 내가 투명 망토 시제품을 손에 넣었다고 상상해 보자. 심리학자인(그리고 약간 장난기가 있는) 나는 아마 투명 망토 착용이 장난기, 즉 장난을 치려는 경향(tendency to mischief)에 미치는 영향에 관심을 가지게 되었다. 그래서 참가자 80명을 모아서 폐쇄된 마을에 집어넣었다. 그 마을 곳곳에는 카메라가 숨겨져 있어서 참가자들의 장난을 일일이 기록했다. 나는 처음 3주간 모든 참가자의 장난을 기록했다(mischief1). 3주 후에는 표본의 약 절반($n = 34$)에게 이제 마을의 카메라를 모두 껐으므로 누구도 자신이 한 일을 보지 못할 것이라고 말했다. 그리고 나머지 참가자들($n = 46$)에게는 투명 망토를 주었다. 망토를 가진 사람들에게는 다른 사람들에게 자신이 투명 망토를 가지고 있다는 사실을 알리지 말라고, 그리고 언제라도 망토를 입어도 좋다고 말해 주었다. 그런 다음 다시 3주간 장난 행동들을 기록했다(mischief2). **cloak**이라는 변수는 참가자의 망토 지급 여부이다. 망토를 준 참가자는 **cloak = 2**이고 주지 않은 참가자는 **cloak = 1**이다. 이러한 자료가 **CloakofInvisibility.dat**에 들어 있다. 파일이 있는 폴더를 현재 작업 디렉터리로 설정해 두었다고 할 때, 다음 명령을 실행해서 이 파일의 자료를 *invisibility-Data*라는 데이터프레임으로 적재하기 바란다.

```
invisibilityData<-read.delim("CloakofInvisibility.dat", header = TRUE)
```

다음으로, 수치변수 **cloak**을 다음 명령을 이용해서 요인(범주형변수)으로 변환한다.

```
invisibilityData$cloak<-factor(invisibilityData$cloak, levels = c(1:2), labels
= c("No Cloak", "Cloak"))
```

이 명령은 **cloak**의 수준들을 1과 2(*levels = c(1:2)*)로 지정하고, 각 수준의 이름표로는 No Cloak(망토 없음)과 Cloak(망토 있음)으로 지정한다(*labels = c("No Cloak", "Cloak")*).

  자가진단

✓ *ggplot2*를 이용해서 투명 망토 자료의 상자그림들을 작성하라. 그림 11.7을 다시 만들어 볼 것

그림 11.7에 망토를 받은 사람과 받지 않은 사람의 3주 이전, 이후 장난 횟수에 대한 상자 그림들이 나와 있다. 기저(왼쪽 그림)에서는 두 그룹의 장난 횟수가 비슷하고, 망토 지급 후에는 두 그룹 모두 장난 횟수가 늘었다(망토를 받지 못한 사람들에게 카메라가 꺼졌다고 말해 주었다는 점을 생각하면 놀랄 일은 아니다). 수염(세로 선분)을 보면, 망토를 받은 참가자들의 점수 산포가 더 크다.

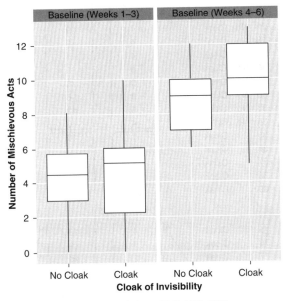

그림 11.7 투명 망토 자료의 상자그림들

자가진단
✓ 이 자료의 표준 공분산분석 모형을 생성하라. 그 모형으로부터 어떤 결론들을 이끌어낼 수 있는가?

강건한 회귀를 실행할 때 가장 번거로운 일은 자료를 적절한 형식으로 만드는 것이다. 그림 11.8에 *invisibilityData* 데이터프레임의 자료가 나와 있다(지면에 맞게 편집한 것임). 그룹들이 층층이 쌓여 있다는 점과 공변량과 종속변수(결과)가 각자 다른 열에 들어 있다는 점에 주목하기 바란다. 강건한 공분산분석을 위해서는 다음과 같은 네 개의 변수를 만들어야 한다. 편의상, 변수 이름은 앞에서 강건한 함수들의 일반적인 활용 형태를 소개할 때 사용했던 것들을 그대로 사용하기로 한다.

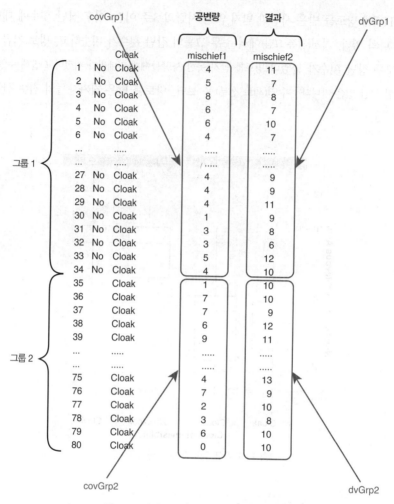

그림 11.8 강건한 공분산분석을 위한 자료 추출

- *covGrp1*: 이 변수는 첫 그룹의 공변량(**mischief1**) 점수들을 담는다. 지금 예에서 첫 그룹 은 **cloak** 변수가 1인 망토 없음('No Cloak') 그룹이다. 이 변수는 그림 11.8의 왼쪽 상단 블록에 해당한다.

- *dvGrp1*: 이 변수는 첫 그룹의 종속·결과변수(**mischief2**) 점수들을 담는다. 지금 예에서 첫 그룹은 **cloak** 변수가 1인 망토 없음 그룹('No Cloak')이다. 이 변수는 그림 11.8의 오 른쪽 상단 블록에 해당한다.

- *covGrp2*: 이 변수는 둘째 그룹의 공변량(**mischief1**) 점수들을 담는다. 지금 예에서 둘째 그룹은 **cloak** 변수가 2인 망토 있음 그룹('Cloak')이다. 이 변수는 그림 11.8의 왼쪽 하단 블록에 해당한다.

- *dvGrp2*: 이 변수는 둘째 그룹의 종속·결과변수(mischief2) 점수들을 담는다. 지금 예에서 둘째 그룹은 **cloak** 변수가 2인 망토 있음 그룹('Cloak')이다. 이 변수는 그림 11.8의 오른쪽 하단 블록에 해당한다.

자가진단

✓ 지금까지 배운 **R**의 지식을 이용해서 네 변수 **covGrp1**, **dvGrp1**, **covGrp2**, **dvGrp2**를 만들어 보라.

이 변수들을 만드는 방법은 여러 가지겠지만, 여기서는 그냥 데이터프레임을 두 개의 새 데이터프레임으로 분할하는 접근 방식을 사용한다. 한 데이터프레임은 망토 있음 그룹의 자료를 담고, 다른 한 데이터프레임의 망토 없음 그룹의 자료를 담는다. 해당 명령들은 다음과 같다.

```
noCloak<-subset(invisibilityData, cloak=="No Cloak")
invisCloak<-subset(invisibilityData, cloak=="Cloak")
```

이 명령들은 *noCloak*과 *invisCloak*이라는 두 개의 데이터프레임을 새로 생성한다. 두 명령 모두 *subset()* 함수(§3.9.2)를 이용해서 원래의 데이터프레임(*invisibilityData*)의 특정 행들을 추출한다(첫 데이터프레임은 **cloak** 변수가 'Cloak'과 같은 행들을 담고, 둘째 데이터프레임은 'No Cloak'과 같은 행들을 담는다).

이제 새 데이터프레임들의 적절한 열(변수)을 선택해서 네 개의 변수를 만든다. 해당 명령들은 다음과 같다.

```
covGrp1<-invisCloak$mischief1
dvGrp1<-invisCloak$mischief2
covGrp2<-noCloak$mischief1
dvGrp2<-noCloak$mischief2
```

첫 명령은 *invisCloak* 데이터프레임의 **mischief1** 변수에 담긴 값들로 *covGrp1*이라는 변수를 생성한다. 둘째 명령은 *invisCloak* 데이터프레임의 **mischief2** 변수에 담긴 값들로 *dvGrp1*이라는 변수를 생성한다. 셋째 명령과 넷째 명령은 *noCloak* 데이터프레임의 해당 변수들을 사용한다.[6]

---

6 날카로운 독자라면 이 변수들을 원래의 데이터프레임에서 직접 생성하지 않는 이유가 궁금할 것이다. 예를 들어 *covGrp1*을 다음과 같이 생성할 수도 있지 않을까?

```
covGrp1<-subset(invisibilityData, cloak="Cloak", select = mischief1)
```

그러나 이렇게 하면 *covGrp1*은 하나의 변수가 아니라 데이터프레임이 된다. 강건한 공분산분석 함수들은 데이터프레임을 그리 반기지 않는 것으로 보인다. 그래서 이렇게 일일이 변수들을 생성한 것이다.

이제 이 변수들로 강건한 공분산분석 함수들을 실행해 보자(부트스트랩 표본 개수를 2,000개로 변경했다는 점도 주목하기 바란다).

```
ancova(covGrp1, dvGrp1, covGrp2, dvGrp2)
ancboot(covGrp1, dvGrp1, covGrp2, dvGrp2, nboot = 2000)
```

출력 11.10에 *ancova()*의 결과가, 출력 11.11에는 ancboot()의 결과가 나와 있다. 두 결과 모두 같은 방식으로 해석할 수 있다. *X* 열은 공변량의 다섯 가지 값(지금 예에서는 2, 4, 5, 6, 7)이다. 이 다섯 지점에서 두 그룹의 기저 장난 횟수와 망토 지급 후 장난 횟수를 비교해 볼 수 있다. 그다음 두 열(*n1*과 *n2*)은 각 그룹에서 공변량의 값이 *x*(*X* 열의 값)와 가까운(정확히 같지는 않아도, 차이가 크지 않은) 사례들의 개수이다. 함수는 이 두 표본으로 절사평균(기본은 20%)을 계산해서 그 차이를 검사한다. *DIF* 열이 그 차이이고 *se* 열은 표준오차 추정값이다. *TEST* 열에는 비교한 차이에 대한 검정통계량이 나와 있다(이 검정통계량은 그냥 차이를 표준오차로 나눈 것이다). 그다음 두 열은 절사평균들의 차이가 속한 신뢰구간의 하계와 상계이다(이들은 검정을 다섯 번 수행했다는 점을 고려해서 오류율을 억제하도록 보정된 값들이다). 이 신뢰구간들에서 두 출력이 처음으로 차이를 보인다는 점에 주목하기 바란다. 이는 *ancboot()*가 신뢰구간들을 부트스트랩 방법에 기초해서 산출했기 때문이다. 마지막으로, 출력에는 절사평균 차이의 검정에 대한 *p* 값도 나와 있다. 이 값이 .05보다 작으면, 공변량에 맞게 수정된 절사평균들 사이에 유의한 차이가 존재한다고 결론지을 수 있다.

출력 11.10

```
[1] "NOTE: Confidence intervals are adjusted to control the probability"
[1] "of at least one Type I error."
[1] "But p-values are not"
$output
  X n1 n2    DIF   TEST      se    ci.low   ci.hi  p.value  crit.val
  2 21 17 1.4056 1.8882 0.74441 -0.673383 3.4846 0.072261   2.79278
  4 31 26 1.7336 3.1302 0.55382  0.226996 3.2401 0.003720   2.72031
  5 32 26 1.0125 1.6767 0.60388 -0.639430 2.6644 0.104360   2.73551
  6 29 24 1.1711 2.3109 0.50675 -0.205854 2.5480 0.027304   2.71716
  7 24 17 1.3750 2.6145 0.52591 -0.079079 2.8291 0.015021   2.76490
```

출력 11.11

```
[1] "Note: confidence intervals are adjusted to control FWE"
[1] "But p-values are not adjusted to control FWE"
[1] "Taking bootstrap samples. Please wait."
$output
       X n1 n2      DIF     TEST       ci.low    ci.hi p.value
[1,]   2 21 17 1.405594 1.888193 -0.63118033 3.442369  0.0800
[2,]   4 31 26 1.733553 3.130180  0.21825768 3.248848  0.0050
[3,]   5 32 26 1.012500 1.676646 -0.63977784 2.664778  0.1140
```

```
[4,]  6 29 24 1.171053 2.310930 -0.21544474 2.557550  0.0270
[5,]  7 24 17 1.375000 2.614530 -0.06392599 2.813926  0.0115
```

```
$crit
[1] 2.736084
```

출력 11.10과 11.11을 보면, 다섯 가지 설계 지점 중 네 지점에서 절사평균들의 차이가 유의하다. 다른 말로 하면, 대부분의 경우 개입 이후에서 그룹들의 평균 수준(장난의 기저 수준에 맞게 조정된)이 유의하게 다르다. 공변량이 5(검사한 다섯 설계 지점의 중앙에 해당) 부근인 사례들의 평균 차이는 유의하지 않게 나왔다. 이는, 평소에 별로 장난기가 없는 사람들(기저 점수가 2에서 4인)이나 장난기가 많은 사람들(기저 저수가 6, 7 정도인)은 투명 망토가 생기면 장난을 더 많이 치지만, '장난기가 평균 수준인' 사람들은 그렇지 않다고 해석할 수 있겠다.

강건한 공분산분석 함수는 결과변수에 대한 공변량의 그래프(그림 11.9)도 생성한다. 이 그래프에는 두 개의 회귀선(그룹당 하나씩)이 자료에 적합되어 있는데, 이들이 직선이 아님을 주목하기 바란다(즉, 기울기들이 선형(일차)이라고 간주되지 않는다). 이 그래프에서, 두 그룹의 자료점들이 다섯 설계 지점(즉, $x = 2, 4, 5, 6, 7$)에서 어떻게 퍼져 있는지를 살펴보면 강건한 분석의 결과를 해석하는 데 도움이 될 것이다. 원으로 표시된 자료점들이 대체로 십자로 표시된 자료점들보다 위에 있음을 주목하기 바란다. 단, $X = 5$에서는 예외이다. 그 지점에서는 제일 높은 점이 십자이고 제일 낮은 점이 원이다. 강건한 분석 결과의 해당 지점에서 그룹들의 차이가 유의하지 않게 나온 것은 아마 이 때문일 것이다(이 한 지점에서는 대체로 원들이 십자들보다 위에 있다는 패턴이 명확히 드러나지 않았다).

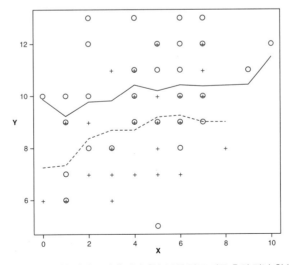

그림 11.9 *ancova()*가 생성한 기저 조건의 장난 횟수(*X*)와 망토 지급 후의 장난 횟수(*Y*)의 그래프

스페이스 인베이더 ②

Muris, P. 외 (2008). *Child Psychiatry and Human Development*, 39, 469-480.

불안증이 있는 사람들은 모호한 정보를 부정적인 방식으로 해석하는 경향이 있다. 예를 들어, 사실 나도 불안 정도가 높은 편인데, 어떤 학생이 "앤디 필드의 강의는 정말로 다르다"라고 말하는 것을 우연히 들었을 때 나는 "다르다"가 "엉망이다"라고 가정한다. 그러나 "다르다"가 "신선하다"나 "혁신적이다"일 수도 있다. 이와 관련해서 궁금한 주제 하나는, 아동기에 그러한 해석상의 편향이 발달하는 방식이다. 피터 무리스와 그의 동료들은 독창적인 연구를 통해서 이 문제를 공략했다. 그 연구에서 아이들은 자신이 새로운 행성을 발견한 우주비행사라고 상상하면서 한 가지 과제를 수행했다. 그 행성은 지구와 비슷하지만, 몇 가지 다른 점들도 있다. 아이들에게 그 행성에서 겪을 만한 몇 가지 시나리오("거리에서 어떤 우주인과 마주쳤는데, 그 우주인이 장난감 권총을 들어서 여러분에게 쏘았어요..." 등등)를 제시하고, 두 가지 결과 중 하나를 고르게 했다. 한 결과는 긍정적인 것이고("그냥 웃음을 터트렸어요. 그 총은 물총이었고, 날씨가 좋아서 물총을 맞아도 괜찮았거든요."), 다른 한 결과는 부정적인 것이다("아파! 권총에서 빨간 빔이 나와서 피부에 화상을 입었어요!"). 각 응답 후에 아이들에게 그 답이 옳았는지를 알려 주었는데, 절반의 아이들에게는 **항상 부정적** 해석이 옳다고 말하고 나머지 절반에게는 긍정적 해석이 옳다고 말해 주었다.

행성에서 겪을 만한 30개 이상의 시나리오에 대해 부정적/긍정적 응답으로 아이들을 훈련한 후, 뮤리스 등은 아이들의 일상생활에서의 해석 편향을 표준적인 방법으로 측정해서 그러한 훈련 때문에 뭔가를 부정적으로 해석하는 편향이 생겼는지 조사했다. 이를 통해서, 연구자들은 애매모호한 상황의 모호성 제거 방식에 대한 피드백(이를테면 부모가 제공하는)을 통해서 아이들이 해석상의 편향을 배우게 되는지를 파악할 수 있었다.

이 연구의 자료가 **Muris et al (2008).dat**에 있다. 독립변수는 **Training**(긍정적 또는 부정적)이고 결과변수는 아동의 해석 편향 점수(**Interpretational_Bias**)이다. 이 변수의 점수가 높다는 것은 상황을 부정적으로 해석하는 경향이 있다는 뜻이다. 이 연구에서는 아동의 나이(**Age** 변수)와 성별(**Gender** 변수), 그리고 평상시의 불안 수준(**SCARED** 변수; SCARED라는 아동 불안 표준 설문지로 측정한 것이다)도 고려해야 한다. 그런 요인들도 해석 편향에 영향을 주기 때문이다. 여러분이 할 일은 이 자료에 대해 일원 공분산분석(**Age, Gender, SCARED**가 공변량인)을 실행해서 아동의 **Training**이 **Interpretational_Bias**에 유의하게 영향을 미치는지 파악하는 것이다. 그러한 분석으로부터 어떤 결론을 이끌어낼 수 있는가?

 답은 이 책의 부록 사이트에 있는 보충 자료에 나와 있다(또는, 원래의 논문의 pp. 475-476을 보라).

- 공분산분석(ANCOVA)은 여러 개의 평균을 비교하되, 하나 이상의 다른 변수(공변량)들의 효과에 맞게 평균들을 수정한다. 예를 들어 여러 실험 조건을 참가자의 나이를 참작해서 비교하고 싶을 때 공분산분석을 사용한다.

- 분석 전에 반드시 독립변수들과 공변량(들)이 독립적인지 점검해야 한다. 공변량의 수준들이 그룹에 따라 유의하게 차이가 나지는 않는지를 분산분석이나 t 검정으로 검사하면 된다.

- 제1종 제곱합을 사용할 것인지 아니면 제2종 제곱합을 사용할 것인지를 결정해야 한다. 제3종 제곱합을 사용하는 경우에는 비직교 대비가 아니라 직교 대비를 수행해야 한다.

- 실험 전에 구체적인 가설을 세웠다면 계획된 대비를 사용해야 한다. 이에 필요한 대비들은 *contrast()* 함수로 구할 수 있다.

- 공분산분석의 결과를 해석할 때는 공변량의 p 값과 독립변수의 p 값을 봐야 한다. 만일 공변량의 p 값이 .05보다 작으면, 공변량이 결과변수와 유의한 상관관계를 가지고 있는 것이다. 독립변수의 해당 값이 .05보다 작으면, 공변량이 결과에 미치는 영향을 제거한 후의 실험 조건들의 평균들이 유의하게 다른 것이다.

- 구체적인 가설 없이 실험을 진행했다면, *glht()* 함수를 이용해서 사후검정들을 실행할 수 있다.

- 계획된 대비와 사후검정에서도 p 값을 이용해서 해당 비교의 유의성을 판정한다(그 값이 .05보다 작으면 차이가 유의한 것이다).

- 공분산분석은 분산분석과 같은 가정들을 두며, 추가로 회기 기울기 동질성 가정을 둔다. 이 가정은 독립변수×공변량 상호작용을 공분산분석 모형에 추가해서 확인할 수 있다.

11.6 효과크기 계산 ②

제10장에서 에타제곱(η^2)을 분산분석의 효과크기(effect size) 측도로 사용할 수 있다고 말했다. 사실 r^2의 다른 이름일 뿐인 이 효과크기는 효과가 설명하는 변동의 양(간단히 효과 변동) SS_M을 자료에 존재하는 전체 변동의 양 SS_T로 나눈 것이다. 따라서 에타제곱은 전체 변동 중 효과 변동의 비율에 해당한다. 공분산분석에서는(그리고 이후의 장들에서 설명할 좀 더 복잡한 유형의 분산분석에서는) 효과가 여러 개이다. 따라서 각 효과에 대한 에타제곱을 계산해야 한다. 그런데 공분산분석에서는 **부분 에타제곱**(partial eta squared)이라고 부르는 효과크기도 사용할 수 있다. 에타제곱과는 달리 부분 에타제곱은 전체 변동 중 효과 변동의 비율이 아니라 분석의 다른 변수들이 설명하지 못하는 변동 중 효과 변동의 비율이다. 그럼 구체적인 예로, 비아그라 복용량의 효과크기를 알고 싶다고 하자. 이때 부분 에타제곱은 비아그라가 설명하는 변동의 양을 리비도의 변동 중 파트너의 리비도(공변량)가 설명하지 못하는 부분의 양으로 나눈 것이다. 그런데 공변

량이 설명하지 못하는 변동을 생각해보면, 그 변동의 근원이 두 가지임을 알 수 있다. 공변량은 비아그라 복용이 설명하는 변동($SS_{복용}$)을 설명하지 못하며, 또한 오차(잔차) 변동(SS_R)도 설명하지 못한다. 따라서, 부분 에타제곱을 계산할 때는 전체 변동성 SS_T 대신 그 두 가지 변동을 사용하면 된다. 아래의 공식들은 에타제곱과 부분 에타제곱의 차이를 보여준다.

$$\eta^2 = \frac{SS_{효과}}{SS_{전체}} \qquad\qquad 부분\ \eta^2 = \frac{SS_{효과}}{SS_{효과} + SS_{잔차}} \qquad (11.2)$$

비아그라 예제에 대해 이들을 계산하는 데 필요한 수치들은 출력 11.3에 나와 있다. 비아그라 복용이 설명하는 변동의 양은 25.19이고 공변량이 설명하는 변동의 양은 15.18, 오차가 설명하는 변동은 79.05이다.

$$부분\ \eta^2_{복용} = \frac{SS_{복용}}{SS_{복용} + SS_{잔차}} \qquad\qquad 부분\ \eta^2_{파트너\ 리비도} = \frac{SS_{파트너\ 리비도}}{SS_{파트너\ 리비도} + SS_{잔차}}$$

$$= \frac{25.19}{25.19 + 79.05} \qquad\qquad\qquad = \frac{15.08}{15.08 + 79.05}$$

$$= \frac{25.19}{104.24} \qquad\qquad\qquad\qquad = \frac{15.08}{94.13}$$

$$= .24 \qquad\qquad\qquad\qquad\qquad = .16$$

이 값들은 **dose**가 **partnerLibido** 이외의 변수들로 설명하지 못하는 변동의 상당 부분을 설명함을 말해준다.

분산분석에서처럼 오메가제곱(ω^2)을 효과크기로 사용할 수도 있다. 그러나, §10.7에서 보았듯이 이 측도는 그룹들의 참가자 수가 모두 같을 때만 유효하다. 그런데 지금 예에서는 그룹들의 크기가 일정하지 않으므로 오메가제곱은 사용할 수 없다.

그렇다고 실망할 필요는 없다. 이전에 여러 번 이야기했듯이, 전체적인 효과크기보다는 좀 더 구체적인 비교의 효과크기가 더 흥미롭기 때문이다. 이전에 했던 것과 같은 방식으로 계획된 대비를 실행했다면, §9.6.3.8에서 본 공식으로 각 대비의 효과크기를 계산할 수 있다.

$$r_{대비} = \sqrt{\frac{t^2}{t^2 + 26}}$$

§10.7에서 이를 계산하는 *rcontrast()*라는 함수를 작성했음을 기억할 것이다. 이 책의 패키지 *DSUR*을 적재하면(§3.4.5 참고) 그 함수를 사용할 수 있다. *t* 값과 *df*(자유도)만 알면 된다.

출력 11.5에 공변량의 *t* 값(2.227)과 여러 그룹을 비교하는 대비들의 *t* 값이 나와 있다.[7] 자유도는 이전에 보통의 회귀에서 했던 것처럼(§7.2.4 참고) $N - p - 1$로 구하면 된다. 여기서 N은 전체 표본 크기(지금 예에서는 30)이고 p는 모형의 예측변수 개수(지금 예에서는 3; 대비 변수 두 개와 공변량 하나)이다. 따라서 자유도는 26이다.

그럼 대비의 효과크기를 계산해 보자. 먼저, 출력 11.5의 세 가지 *t* 값을 담은 변수(*t*라고 하자)와 자유도 값을 담은 변수(*df*라고 하자)를 만든다.

```
t<-c(2.227, 2.785, 0.541)
df<-26
```

이제 이 변수 **t**와 **df**로 *rcontrast()* 함수를 실행해서 세 *t* 값들의 효과크기를 계산한다.

```
rcontrast(t, df)
```

이 명령을 실행하면 **R**은 다음과 같은 결과를 콘솔에 출력한다.

```
  effect_size      r
1        r =  0.400
2        r =  0.479
3        r =  0.106
```

이전에 언급한 효과크기 기준들을 떠올려 보기 바란다. 그 기준들을 적용하면, 공변량의 효과(.400)와 두 실험군 대 위약 그룹의 차이의 효과(.479)는 둘 다 중간 효과와 큰 효과 사이에 해당한다(둘 다 .4와 .5 사이이므로). 따라서 이 효과들은 통계적으로 유의할 뿐만 아니라, 실질적인 발견들에 해당한다. 반면 고용량 그룹과 저용량 그룹의 차이는 비교적 작은 효과이다 (.106).

분산분석에서 했던 것처럼 특정 그룹 쌍의 그룹 평균 차이의 효과크기를 계산할 수도 있다. 이번에도 *compute.es* 패키지의 *mes()* 함수를 사용한다.

```
mes(그룹1 평균, 그룹2 평균, 그룹1 표준편차, 그룹2 표준편차, 그룹1 크기, 그룹2 크기)
```

그룹들의 수정평균들(출력 11.4)과 표본 크기들은 이미 알고 있다. 문제는, 수정된 표준편차들을 모른다는 것이다. 그냥 수정되지 않은 표준편차를 근삿값으로 사용할 수도 있고, 아니면 수정평균들의 표준오차(출력 11.4)를 이용해서 추정할 수도 있다. 제2장에서 배웠듯이 표준오차는 표준편차를 해당 평균의 표본 크기의 제곱근으로 나눈 것이다. 해당 공식을 조금 변형하면 다음과 같은 공식을 얻을 수 있다.

---

7 사실 지금 예처럼 그룹들의 크기가 서로 다를 때는 좀 더 정교한 절차를 사용해야 한다. 그러나 그 방법은 이 책의 범위를 벗어나므로 따로 설명하지 않겠다. 궁금한 독자에게는 이 주제를 아주 명확하게 설명하는 [Rosnow, Rosenthal & Rubin 2000]을 추천한다.

$$s = \sigma_{\bar{x}}\sqrt{N}$$

다른 말로 하면, 표준편차는 표준오차에 표본 크기의 제곱근을 곱한 것이다.[8] 수정평균들의 표준오차들은 *adjustedMeans$se* 변수에 들어 있다(§11.4.8). 다음 명령을 실행해서 세 그룹의 표본 크기를 담은 변수 *n*을 생성하자.

```
n<-c(9,8,13)
```

이제 이 표본 크기들의 제곱근(**R**에서는 *sqrt(n)*으로 표현한다)을 표준오차들(*adjustedMeans$se*에 담겨 있다) 곱하면 표준편차들을 근사할 수 있다. 해당 명령은 다음과 같다.

```
adjustedMeans$se*sqrt(n)
```

이 명령을 실행하면 다음과 같은 값들이 콘솔에 출력된다.

```
1.788613 1.755879 1.812267
```

이로써 *mes()* 함수를 사용하는 데 필요한 모든 정보가 마련되었다. 다음은 위약 그룹과 저용량 그룹을 비교하는 명령이다.

```
mes(5.988117, 4.151886, 1.755879, 1.788613, 8, 9)
```

저용량 그룹의 평균(5.988117)과 위약 그룹의 평균(4.151886), 그리고 해당 표준편차들(1.755879와 1.788613) 및 표본 크기들(8과 9)을 순서대로 지정했음을 주목하지 바란다.

비슷하게, 다음은 고용량 그룹과 위약 그룹의 차이에 대한 효과크기를 구하는 명령이다.

```
mes(6.184427, 4.151886, 1.812267, 1.788613, 13, 9)
```

마지막으로, 고용량 그룹과 저용량 그룹의 차이는 다음 명령으로 수량화할 수 있다.

```
mes(6.184427, 5.988117, 1.812267, 1.755879, 13, 8)
```

이 명령들의 결과가 출력 11.12에 나와 있다(효과크기 d와 r만 표시하도록 출력을 수정했다). 저용량 그룹과 위약 그룹의 차이는 큰 효과이다. $d = 1.04$, $r = .46$이다(수정평균들의 차이가 표준편차와 비슷하다). 고용량 그룹과 위약 그룹의 차이 역시 큰 효과이다. $d = 1.13$, $r = .48$이다(수정평균들의 차이가 표준편차보다 크다). 마지막으로, 고용량 그룹과 저용량 그룹의 차이는 아주 작은 효과이다. $d = 0.11$, $r = .05$이다(수정평균들의 차이가 표준편차의 10분의 1 정도이다).

---

8 엄밀히 말하면 이는 표본 크기가 30보다 클 때만 참인데, 지금 예에서는 그렇지 않다.

```
Low Dose vs. Placebo:

$MeanDifference
        d     var.d       g      var.g
1.0354225 0.2676435 0.9827739 0.2411175

$Correlation
        r      var.r
0.45912390 0.03277639

High Dose vs. Placebo:

$MeanDifference
        d     var.d       g      var.g
1.1274090 0.2169217 1.0845960 0.2007595

$Correlation
        r      var.r
0.48480943 0.02347250

High Dose vs. Low Dose:

$MeanDifference
        d     var.d       g      var.g
0.1095664 0.2022089 0.1051837 0.1863557

$Correlation
        r      var.r
0.05313258 0.04728373
```

11.7 공분산분석 결과의 보고 ②

공분산분석의 보고는 분산분석의 보고와 아주 비슷하다. 단, 공변량의 효과도 보고해야 한다는 점이 다르다. 공변량과 실험 효과에 대해서는 F 비와 자유도(F 비를 계산하는 데 쓰인)를 명시해야 한다. 두 경우 모두, F 비는 효과의 평균제곱을 잔차의 평균제곱으로 나눈 것이다. 따라서, F 비를 계산하는 데는 쓰이는 자유도들은 모형의 효과에 대한 자유도(공변량의 경우 $df_M = 1$, 실험 효과의 경우 $df_M = 2$)와 모형의 잔차에 대한 자유도(공변량과 실험 효과 모두 $df_R = 26$)이다. 이 값들이 출력 11.3에 나와 있다. 다음은 연구의 주된 발견들을 제대로 보고하는 방법을 보여주는 예이다.

- 공변량인 파트너 리비도와 결과변수인 참가자 리비도의 관계는 유의했다. $F(1, 26) = 4.96$, $p < .05$, $r = .40$이다. 또한, 파트너 리비도의 효과를 통제한 후의 참가자 리비도 수준에 대한 비아그라 복용의 효과도 유의했다. $F(2, 26) = 4.14$, $p < .05$, 부분 $\eta^2 = .24$이다.

계획된 대비는 다음과 같이 보고하면 된다(출력 11.5 참고).

- 계획된 대비에 따르면, 위약을 복용할 때보다 비아그라를 먹었을 때(저용량이든 고용량이든) 리비도가 유의하게 증가했다. $t(26) = 2.79$, $p < .01$, $r = .48$이다. 그러나, 비아그라 고용량 복용과 저용량 복용의 차이는 유의하지 않았다. $t(26) = 0.54$, $p = .59$, $r = .11$ 이다.

마지막으로, 다음은 사후검정 결과를 보고하는 예이다(출력 11.6 참고).

- 투키 사후검정에 따르면, 공변량을 참작해서 수정된 고용량 그룹의 평균이 위약 그룹의 해당 수정평균보다 유의하게 더 컸다(차이 = 2.22, $t = 2.77$, $p < .05$, $d = 1.13$). 그러나, 저용량 그룹과 위약 그룹의 차이는 유의하지 않았으며(차이 = 1.79, $t = 2.10$, $p = .11$, $d = 1.04$), 저용량 그룹과 고용량 그룹의 차이도 유의하지 않았다(차이 = 0.44, $t = 0.54$, $p = .85$, $d = 0.11$). 비록 저용량 그룹과 위약 그룹의 차이는 유의하지 않지만, 그 효과크기는 상당히 컸다.

이번 장에서 발견한 통계학 ②

이번 장에서는 제10장에서 설명한 일반선형모형에 변수들을 더 추가해서 선형모형을 확장하는 방법을 살펴보았다. 이러한 확장의 장점은, 결과의 변동 중 실험 조작 이외의 요인들로 설명되는 부분을 제거할 수 있다는 것이다. 그러면 실험을 좀 더 엄격하게 통제할 수 있으며, 오차 변동의 일부를 설명하는 데도 도움이 될 수 있다. 그러면 실험 조작의 좀 더 순수한 효과를 측정할 수 있게 된다. 이번 장에서 공분산분석의 이론을 너무 자세히 설명하지는 않았다. 그냥 변수(공변량)를 더 추가했을 때 회귀모형이 어떤 식으로 확장되는지를 개념적으로만 살펴보았다. 그런 다음에는 제10장의 비아그라 효과에 대한 예제에 파트너의 리비도를 공변량으로 추가한 예제를 통해서 R에서 공분산분석을 실행하는 구체적인 방법과 그 결과를 해석하는 방법을 설명했다. 또한, 공분산분석을 실행할 때 고려해야 할 또 다른 가정인 회귀 기울기 동질성 가정도 살펴보았다. 이 가정은 공변량과 결과변수 사이의 관계가 모든 실험 그룹에서 대체로 비슷해야 한다는 것이다. 마지막으로는 투명 망토와 장난 횟수의 예를 이용해서 최신의 강건한 공분산분석 방법들을 소개했다. 그 예에서 우리는 투명 망토를 가진 사람들이 장난을 더 많이 친다는 점을 알게 되었다. 여기서 교훈은, 여러분의 자료 집합에 절대로 투명 망토를 주어서는 안 된다는 것이다.

아이언 메이든을 직접 만난 영광을 통해서 나는 크게 영감을 받았다. 문법학교의 충격 때문에 내 운명의 길에서 잠시 벗어나긴 했지만, 나는 곧 다시 그 길로 돌아갔다. 나는 밴드를 결성하는 것이 내 운명임을 알았다. 그런데 작은 문제점이 하나 있었으니, 바로 내 친구들이 악기를 전혀 다루지 못한다는 것이었다. 해결책은 간단했다. 수개월 동안 암암리에 잠재의식적 설득 기법을 적용한 끝에, 절친한 두 친구(이상하게도 둘 다 이름이 마크였다)가 드럼과 베이스 기타를 너무나 배우고 싶어하게 만들 수 있었다. 드디어 강력한 3인조 밴드가 탄생하게 된 것이다!

이번 장에서 사용한 R 패키지

car

compute.es

effects

ggplot2

multcomp

pastecs

WRS

이번 장에서 사용한 R 함수

ancboot()

ancova()

Anova()

aov()

by()

confint()

contrasts()

drop1()

effect()

factor()

ggplot()

glht()

leveneTest()

lm()

mes()

plot()

reshape()

stat.desc()

subset()

summary()

summary.lm()

update()

이번 장에서 발견한 주요 용어

공변량

공분산분석(ANCOVA)

부분 에타제곱

수정평균

회귀 기울기 동질성

효과 제거

똑똑한 알렉스의 과제

- **과제 1:** 누군가(스토커)가 다른 누군가를 끊임없이 괴롭히거나 집착하는 스토킹은 대단히 파괴적이고 심란한(스토킹 당하는 사람으로서는) 경험이다. 스토킹의 형태는 자신(스토커)의 거부할 수 없는 사랑에 응답하지 않으면 피해자의 고양이를 끓여 죽이겠다는 대단히 심란한 편지를 계속 보내는 것에서부터 피해자를 계속 쫓아다니면서 토요일에 어떤 CD를 사는지 알아내려고 절박하게 시도하는 것에 이르기까지 다양하다. 다른 사람들의 스토킹에 지친 한 심리학자가 여러 스토커 그룹들(그룹당 스토커 25명)에게 서로 다른 두 치료법을 시험해보기로 했다. 그룹들은 Group 변수로 부호화한다. 첫 그룹의 스토커들에게는 '친절하려면 잔인해야 해(cruel-to-be-kind)'라는 이름의 치료법을 시도했다. 이 치

료법은 스토킹 행동에 대한 징벌에 기초한다. 스토커가 그 심리학자를 따라다닐 때마다, 또는 편지를 보낼 때마다, 심리학자는 소몰이용 전기 충격 막대로 스토커를 공격했다. 둘째 치료법은 실험적 근거가 부족한 정신역동적(psychodynamic) 치료법에서 최근 파생된 정신민망적(psychodyshamic) 치료법이다(프로이트 이론과는 조금 다른 프라우드(Fraud) 이론에 기초한 것이라고 말할 수 있을 것이다). 이 치료법에서, 심리학자는 프로이트의 개념들을 흉내내서 스토커의 음경(또는, 여자의 경우 음경의 부재), 스토커의 아버지의 음경, 스토커의 개의 음경, 그리고 길거리를 돌아다니는 고양이의 음경과 연구자의 머리에 떠오른 다른 사람의 음경에 관해 스토커와 논의한다. 치료의 끝에서 심리학자는 그 주에 스토커가 자신의 먹잇감에게 소비한 시간을 측정했다(stalk2). 심리학자는 치료법의 성공이 애초에 스토커가 가진 문제점이 얼마나 심각한지에 크게 의존할 것이라고 믿었기 때문에, 치료를 시작하기 전에 스토커가 자신의 먹잇감에게 소비한 시간도 측정해야 했다(stalk1). 해당 자료가 **Stalker.dat.** 파일에 있다. 치료 이후의 스토킹 행동에 대한 치료의 효과를, 치료 이전의 스토킹 행동의 양을 통제한 공분산분석을 이용해서 파악하라. 또한, 강건한 공분산분석도 시행하라. ②

- **과제 2:** 어떤 잘 알려진 음료수 제조업체의 한 마케팅 담당자가 특정 청량음료들의 숙취 해소 효과에 관심을 가지게 되었다. 그는 근처 지역 주민 15명을 뽑아서 술에 취하게 했다. 다음 날 그들이 목이 마른 채로, 마치 낙타 발에 묻은 모래를 혀로 핥아서 닦아낸 듯한 느낌으로 깨어났을 때, 마케팅 담당자는 다섯 명에게는 물을, 다른 다섯 명에게는 루코제이드(영국 사람들은 알겠지만, 이것은 아주 맛있는 포도당 기반 음료이다)를, 나머지 다섯 명에게는 유명 브랜드의 콜라를 제공했다(이 변수를 **drink**라고 하자). 담당자는 두 시간 후에 참가자들의 기분을 0(당장 죽을 기분)에서 10(새로 태어난 듯이 건강하고 상쾌한 기분)의 척도로 측정했다(이 변수를 **well**이라고 하자. 담당자가 알고 싶어 한 것은 기분이 가장 나아지게 만든 음료가 어떤 것인지이다. 그런데 그는, 전날 밤 참가자가 술에 얼마나 취했는지가 결과에 영향을 미칠 것이므로 그 요인을 통제하는 것이 중요하다는 점을 깨달았다. 그래서 그는 취한 정도를 0(수녀처럼 전혀 취하지 않은 수준)에서 10(물 밖으로 나와서 자신의 토사물 위를 뒹구는 대구처럼 어지러운 수준)의 척도로 측정했다). 해당 자료가 **HangoverCure.dat**에 있다. 청량음료를 마시고 기분이 나아졌는지를, 전날 밤 취한 정도를 통제하는 공분산분석으로 검사하라. ②

- **과제 3:** 네팔에서 매년 열리는 코끼리 축구 대회는[9] 코끼리 관련 행사의 백미이다. 그런데 최근에 아프리카코끼리들과 아시아코끼리들이 격한 논쟁을 벌인 적이 있다. 이 논란

---

9 http://news.bbc.co.uk/1/hi/8435112.stm

은 2010년 아시아 코끼리 축구협회 회장인 보자이라는 코끼리가 아시아코끼리 축구 선수들이 아프리카코끼리 축구 선수들보다 재능이 뛰어나다고 주장하면서 시작되었다. 이에 대해 아프리카코끼리 축구협회 회장인 퉁크는 언론 발표를 통해서 "나는 거대한 음낭처럼 보이는 뭔가에 대해서는 그 어떤 진지한 논평도 하지 않는 것을 일종의 자랑거리로 여긴다"라는 요지의 반응을 보였다. 그들은 나한테 이 논란을 중재해 달라고 요청했다. 나는 한 시즌 동안 두 종류의 코끼리 선수들(elephant)의 자료를 수집했다. 나는 각각의 코끼리에 대해 시즌 골 수(goals)와 선수 경력(experience)을 측정했다. 해당 자료가 **Elephant Football.dat** 파일에 있다. 골 득점에 대한 코끼리 종류의 효과를, 코끼리의 축구 경력(햇수)을 통제한 공분산분석으로 파악하라. 또한, 강건한 공분산분석도 시행하라. ③

답은 이 책의 부록 웹사이트에 있다. 그리고 과제 1은 [Field & Hole, 2003]에서 좀 더 자세히 분석되어 있다.

더 읽을거리

Howell, D. C. (2006). *Statistical methods for psychology* (제6판). Belmont, CA: Duxbury. (또는 동저자의 *Fundamental statistics for the behavioral sciences*가 더 나을 수도 있다. 그 책도 2007년에 제6판이 나왔다.)

Miller, G. A., & Chapman, J. P. (2001). Misunderstanding analysis of covariance. *Journal of Abnormal Psychology, 110*, 40-48.

Rutherford, A. (2000). *Introducing ANOVA and ANCOVA: A GLM approach.* London: Sage.

Wildt, A. R., & Ahtola, O. (1978). *Analysis of covariance.* Sage University Paper Series on Quantitative Applications in the Social Sciences, 07-012. Newbury Park, CA: Sage. (상당히 고수준의 교과서이지만 아주 상세하므로, 공분산분석에 깔린 수학에 관심이 있는 독자에게 추천한다.)

흥미로운 실제 연구

Chen, X. Z., Luo, Y., Zhang, J. J., Jiang, K., Pendry, J. B., & Zhang, S. A. (2011). Macroscopic invisibility cloaking of visible light. *Nature Communications, 2,* art. 176. doi: 17610.1038/ncomms1176.

Di Falco, A., Ploschner, M., & Krauss, T. F. (2010). Flexible metamaterials at visible wavelengths. *New Journal of Physics, 12,* 113006. doi: 11300610.1088/1367-2630/12/11/113006.

Muris, P., Huijding, J., Mayer, B., & Hameetman, M. (2008). A space odyssey: Experimental manipulation of threat perception and anxiety-related interpretation bias in children. *Child Psychiatry and Human Development, 39(4),* 469-480.

CHAPTER

12 / 요인 분산분석(GLM 3)

그림 12.1 1988년 영국의 한 주택의 거실로 온 안드로메다 (왼쪽에서 오른쪽으로 맬컴, 나, 두 명의 마크)

12.1 이번 장에서 배우는 내용 ②

친구 두 명(마크와 마크)에게 베이스와 드럼을 배우라고 설득한 후, 나는 기타를 연주하지 **않겠**다는 다소 이상한 결정을 내렸다. 기타를 완전히 포기한 것은 아니고, 가창에 초점을 두기로 한 것이었다. 지금 생각하면 왜 그랬는지 의아하다. 나는 노래를 잘 하지 못했기 때문이다. 뭐, 사실 나는 기타도 잘 못 쳤다. 어쨌거나, 결국은 학급 친구인 맬컴이 우리 밴드의 기타리스트가 되었다. 어쩌다 그런 이름을 골랐는지는 기억나지 않지만, 우리는 밴드 이름을 안드로메다로 정했다. 그리고는 퀸과 아이언 메이든의 노래 몇 곡을 연습했는데, 우리는 정말 대단했다. 나는 그때 우리가 만들어 낸 엉망진창의 불협화음이 어느 정도였는지 증명하는 테이프 몇 개를 아직도 가지고 있지만, 그 테이프들이 부록 웹사이트에 올라올 가능성은 희박하다. 그때 우리가 열너덧 살밖에 되지 않았다는 점을 위안으로 삼고 싶지만, 어린 나이가 그때 우리가 빠져든 어리석음의 변명이 되지는 못한다. 그래도 우리는 학생회 모임에서 아주 큰 소리를 낸 것으로 명성을 얻었고, 친구들의 집을 도는 순회공연도 성공적으로 마쳤다(친구 부모님들도 아주 좋아했으리라고 믿는다). 심지어 우리는 노래 몇 곡을 직접 만들기도 했다(나는 영화 〈더 플라이〉에 관한 노래인 'Escape from Inside'를 썼는데, 그 노래에는 "I am a fly, I want to die"라는 멋진 대구 운율의 구절이 있다. 천재적이지 않은가!). 우리가 했던 일 중 '멀쩡한' 밴드의 활동에 가장 가까운 것은 '음악적 견해 차이'로 밴드를 해산한 것뿐이었다. 그 차이란, 맬컴은 송전탑들을 숭배하는 여행을 떠나서 큐트소러스라는 신비한 동물을 발견한 소년에 관한 15부짜리 교향곡풍 대작을 쓰고 싶어 했고, 나는 파리나 죽음(둘 다면 더 좋다)에 관한 노래를 쓰고 싶어했다는 것이다. 밴드의 음악적 방향에 합의하지 못한다면 해산밖에 없다. 그때 우리가 두 개의 노래를 쓰고 연주하는 실험을 통해서 최선의 음악적 방향을 결정했다면 어땠을까? 즉, 맬컴은 그의 15부 대작을 쓰고, 나는 파리에 관한 3분짜리 노래를 쓴다. 그 두 노래를 다양한 사람들 앞에서 연주해서 사람들이 고통스러운 비명을 지른 횟수를 측정한다면, 인기를 얻는 데 가장 좋은 음악적 방향을 확실하게 파악할 수 있을 것이다. 이때 예측변수는 두 가지이다. 하나는 노래를 만든 사람(나 아니면 맬컴)이고, 다른 하나는 그 노래의 종류(15부 대작 또는 파리에 관한 노래)이다. 그런데 제10장에서 만난 일원 분산분석은 예측변수가 두 개인 상황을 처리하지 못한다. 이를 위해서는 요인 분산분석이 필요하다.

12.2 요인 분산분석(독립설계)의 이론 ②

제10장과 제11장에서는 독립변수가 하나인 상황에서(즉, 변수 하나만 조작하면서) 그룹들의 차이를 검사하는 방법들을 살펴보았다. 그런데, 제10장 처음 부분에서는 분산분석의 한 가지 장점이 여러 독립변수의 효과를 살펴볼 수 있다는 점이라는 말도 했다. 이번 장은 이전에 분산분석에 관해 배운 내용을 독립변수가 둘 이상인 상황으로 확장한다. 제11장에서 보았듯이, 연속변수(즉, 그룹들로 나뉘지 않는 변수)를 두 번째 독립변수로서 분산분석의 틀에 추가하기는 아주 쉽다. 이번 장에서는 추가할 독립변수가 사람들을 서로 다른 조건들에 배정해서 체계적으로 조작한 범주형변수(요인)인 상황을 살펴본다.

12.2.1 요인설계 ②

제10장과 제11장에서는 하나의 독립변수가 결과에 미치는 효과를 살펴보았다. 그런데 종종 독립변수들이 외로움을 타서 친구를 원하기도 한다. 과학자들은 자상하기 때문에, 독립변수에게 친구를 만들어 주기 위해 또 다른 독립변수 하나나 둘을 실험 설계에 추가하는 경우가 많다. 독립변수가 둘 이상인 실험을 가리켜 요인설계(factorial design)라고 부른다(그런 독립변수들을

요인(factor)이라고 부르기도 하기 때문에 붙은 이름이다). 요인설계에는 여러 종류가 있다.

요인설계가 뭐냥?

- **독립 요인설계**(independent factorial design): 이런 종류의 실험에는 독립변수 (예측변수)가 여러 개 있으며, 각각은 서로 다른 개체들로 측정된다(그룹간 설계). 이번 장에서 논의하는 것이 바로 이 독립 요인설계이다.

- **반복측정 요인설계**(repeated-measures factorial design) 또는 **연관 요인설계** (related factorial design): 이런 종류의 실험에서는 여러 독립변수 또는 예측변수를 모든 조건에서 같은 개체들로 측정한다. 이 설계는 제13장에서 논의한다.

- **혼합 설계**(mixed design): 역시 여러 개의 독립변수 또는 예측변수를 측정하되, 일부는 서로 다른 개체들로 측정하고 일부는 같은 개체들로 측정한다. 이 설계는 제14장에서 논의한다.

짐작하겠지만, 이런 종류의 실험들을 분석하기가 상당히 복잡할 수 있다. 다행히 이전 두 장에서 살펴본 분산분석 모형을 이런 좀 더 복잡한 상황들을 처리하도록 확장하는 것이 가능하다. 분산분석을 이용해서 독립변수가 둘 이상인 상황을 분석하는 것을 가리켜 **요인 분산분석** (factorial ANOVA)이라고 부른다. 그런데 분산분석에는 분석할 실험의 설계를 반영한 좀 더 구체적인 이름들이 붙곤 한다(초천재 제인 글상자 12.1 참고). 이번 장에서는 일원 분산분석 모형을 독립 요인설계에 해당하는(구체적으로는, 독립변수가 두 개인) 상황으로 확장한다. 이후의 장들에서는 반복측정 설계와 반복측정 요인설계, 마지막으로 혼합 요인설계를 살펴본다.

12.3 회귀로서의 요인 분산분석 ③

12.3.1 독립변수가 두 개인 예 ②

이번 장 전반에서는 독립변수가 두 개인 예를 사용한다. 이를 이원 분산분석이라고 부른다(초천재 제인 글상자 12.1 참고). 독립변수가 두 개인 예를 사용하는 것은, 그것이 우리가 이미 알고 분산분석의 가장 간단한 확장이기 때문이다.

나이트클럽에서 상대방을 고를 때 알코올이 미치는 영향에 관심이 있는 어떤 인류학자를 상상해 보자. 그 연구자의 가설은, 알코올을 많이 섭취할수록 상대방의 외모에 관한 주관적 인지가 더 부정확해진다는 것이다(이는 잘 알려진 **맥주 안경 효과**(beer-goggles effect)에 해당한다). 또한, 연구자는 이 효과에 남성과 여성의 차이가 있는지도 궁금해했다. 연구자는 남학생 24

분산분석의 이름들 ②

분산분석의 종류가 너무 많아서 혼동을 느끼는 독자들이 많을 것이다. 연구 논문들을 보면 "이원 독립 분산분석을 실행했다"라거나 "삼원 반복측정 ANOVA를 실행했다" 같은 문구를 볼 수 있다. 이런 이름들이 헷갈리겠지만, 분해해서 이해하면 별로 어렵지 않다. 모든 종류의 분산분석 이름에는 두 가지 요소가 공통으로 들어 있는데, 하나는 독립변수의 개수를 말해주는 요소(일원, 이원 등등)이고 다른 하나는 그것들을 서로 다른 참가자들로 측정했는지 아니면 같은 참가자들로 측정했는지를 말해주는 요소이다. 같은 참가자들을 사용했을 때는 분산분석의 이름에 **반복측정**(repeated measure)이라는 단어가 들어가고, 서로 다른 참가자들을 사용했을 때는 **독립**(independent)이라는 단어가 들어간다. 그런데 독립변수가 둘 이상일 때는, 어떤 변수들은 서로 다른 참가자들로 측정하고 다른 어떤 변수들은 같은 참가자들로 측정할 수도 있다. 이런 경우에는 **혼합**(mixed)이라는 단어를 사용한다. 정리하자면, 분산분석의 이름에는 독립변수가 몇 개인지에 관한 정보와 그 변수들을 어떻게 측정했는지에 대한 정보가 포함되어 있다. 분산분석의 이름은 대체로 다음과 같은 형태이다.

- (독립변수 개수)원 (변수 측정 방식) 분산분석

이 형태를 기억한다면, 이후에 만날 여러 종류의 분산분석을 이해할 수 있을 것이다. 연습 삼아, 다음 분산분석들의 변수 개수와 측정 방식을 파악해보기 바란다.

- 일원 독립 분산분석
- 이원 반복측정 분산분석
- 이원 혼합 분산분석
- 삼원 독립 분산분석

답은 다음과 같다.

- 하나의 독립변수를 서로 다른 참가자들로 측정
- 두 개의 독립변수를 같은 참가자들로 측정
- 두 개의 독립변수를 하나는 서로 다른 참가자들로, 다른 하나는 같은 참가자들로 측정
- 세 개의 독립변수를 서로 다른 참가자들로 측정

명, 여학생 24명 해서 총 48명의 실험 참가자를 뽑아서 여덟 명씩 그룹으로 묶었다(남녀 각각 세 그룹). 이들을 나이트클럽으로 데리고 가서, 한 그룹에는 알코올을 주지 않고(참가자들은 위약에 해당하는 무알코올 라거 맥주를 받았다), 다른 한 그룹에는 스트롱라거 2파인트(영국식 1파인트는 약 570밀리리터)를 주고, 나머지 한 그룹에는 스트롱라거 4파인트를 주었다. 저녁의 끝 무렵에서 연구자는 각 참가자가 대화를 나누고 있는 상대방의 사진을 찍고, 참가자들과는 독립적인 일단의 판정단에게 사진에 찍힌 사람의 매력(외모)을 판정하게 했다. 해당 자료가 표 12.1과 **goggles.csv** 파일에 있다.

12.3.2 회귀모형의 확장 ③

§10.2.3에서 보았듯이, 일원 분산분석을 하나의 회귀 방정식(일반선형모형)으로 개념화할 수 있다. 이번 절에서는 그러한 선형모형을 독립변수가 두 개인 상황으로 확장하는 방법을 살펴본다. 단순함을 위해, 이번 절의 예제에서는 알코올 변수의 수준을 두 개(없음과 4파인트)로 줄이

표 12.1 맥주 안경 효과 자료

알코올	없음		2파인트		4파인트	
성별	여성	남성	여성	남성	여성	남성
	65	50	70	45	55	30
	70	55	65	60	65	30
	60	80	60	85	70	30
	60	65	70	65	55	55
	60	70	65	70	55	35
	55	75	60	70	60	20
	60	75	60	80	50	45
	55	65	50	60	50	40
총계	485	535	500	535	460	285
평균	60,625	66,875	62,50	66,875	57,50	35,625
분산	24,55	106,70	42,86	156,70	50,00	117,41

기로 하자. 결과적으로, 이 실험에는 각각 두 개의 수준이 있는 두 개의 예측변수가 존재한다. 이 책에서 살펴보는 모든 선형모형은 다음과 같은 일반적인 형태를 따른다.

$$\text{결과}_i = (\text{모형}) + \text{오차}_i$$

예를 들어 다음은 제7장에서 본 다중회귀 모형의 공식(식 (7.9))인데, 결국은 위와 같은 형태임을 인식할 수 있을 것이다.

$$Y_i = (b_0 + b_1 X_{1i} + b_2 X_{2i} + \ldots + b_n X_{ni}) + \varepsilon_i$$

또한, 제10장에서 일원 분산분석을 배울 때 비아그라 예제를 다음과 같은 회귀 방정식으로 개념화했는데(식 (10.2)), 이 역시 일반선형모형의 한 변형이다.

$$\text{리비도}_i = (b_0 + b_2 \text{고}_i + b_1 \text{저}_i) + \varepsilon_i$$

이 모형에서 '고' 변수와 '저' 변수는 가변수(즉, 값이 0 아니면 1인 변수)이다. 지금 예에서 가변수는 **gender**(남성 또는 여성)와 **alcohol**(없음 또는 4파인트)로 두 개이다. 이들을 각각 0과 1로 부호화할 수 있다. 다시 말해, 성별의 경우 남성은 0, 여성은 1이라는 수치로 부호화하고, 알코올양의 경우 없음은 0, 4파인트는 1로 부호화하면 된다. 이들을 앞의 일원 분산분석 모형에 대입하면 다음과 같은 방정식이 나온다.

$$\text{매력}_i = (b_0 + b_1 \text{성별}_i + b_2 \text{알코올}_i) + \varepsilon_i$$

그런데 이 모형은 성별과 알코올의 상호작용을 고려하지 않는다. 그 상호작용 항을 포함하도록 모형을 확장한다면 다음과 같은 공식들이 나올 것이다(첫 공식은 일반식이고 그다음 공식은 지금 예에 맞게 특화된 것이다).

$$\text{매력}_i = (b_0 + b_1 A_i + b_2 B_i + b_3 AB_i) + \varepsilon_i$$

$$\text{매력}_i = (b_0 + b_1 \text{성별}_i + b_2 \text{알코올}_i + b_3 \text{상호작용}_i) + \varepsilon_i \tag{12.1}$$

여기서 질문은, 이 상호작용 항을 어떻게 부호화할 것인가이다. 이 상호작용 항은 **alcohol**과 **gender**의 결합된 효과를 나타낸다. 회귀에서 상호작용 항은 그냥 해당 변수들의 곱이다. 즉, 그냥 상호작용에 관여하는 두 변수를 곱하면 된다. 상호작용 항을 **gender × alcohol**로 표기하는 것은 그 때문이다. 표 12.2에 지금의 회귀모형에서 상호작용 변수가 가질 수 있는 값들이 나와 있다(상호작용 변수의 값이 그냥 성별 가변수의 값에 알코올 가변수의 값을 곱한 것일 뿐임을 주목하기 바란다). 예를 들어 맥주 4파인트를 받은 남성 참가자의 상호작용 항은 알코올 변수의 1에 성별 변수의 0을 곱한 0이다. 표에는 여러 성별과 알코올 조합의 그룹 평균들도 나와 있다(이후에 이 수치들이 유용하게 쓰인다).

표 12.2 요인 분산분석의 부호화 방식

성별	알코올	가변수(성별)	가변수(알코올)	상호작용	평균
남성	없음	0	0	0	66.875
남성	4파인트	0	1	0	35.625
여성	없음	1	0	0	60.625
여성	4파인트	1	1	1	57.500

이 모형의 매개변수(b 값)들이 무엇을 나타내는지는 이전에 t 검정과 일원 분산분석에서 했던 것처럼 예측변수들(**gender**와 **alcohol**)의 값들을 앞의 공식에 대입, 정리해서 파악할 수 있다. 그럼 알코올을 섭취하지 않은 남성들부터 살펴보자. 이 경우 **gender**의 값은 0이고 **alcohol**의 값은 0, 그리고 **interaction**의 값도 0이다. 그리고 이들로 예측하는 결과는 (일원 분산분석에서처럼) 이 그룹의 평균(66.875)이다. 이들을 식 (12.1)에 대입해서 정리하면 다음이 나온다.

$$\text{매력}_i = (b_0 + b_1 \text{성별}_i + b_2 \text{알코올}_i + b_3 \text{상호작용}_i) + \varepsilon_i$$

$$\bar{X}_{\text{남성, 없음}} = b_0 + (b_1 \times 0) + (b_2 \times 0) + (b_3 \times 0)$$

$$b_0 = \bar{X}_{\text{남성, 없음}}$$

$$b_0 = 66.875$$

이 결과에서 보듯이, 이 모형의 b_0는 모든 가변수가 0인 그룹의 평균, 다시 말해 기저 범주(알코올을 섭취하지 않은 남성들)의 평균이다.

다음으로, 알코올을 섭취하지 않은 여성들을 살펴보자. 이 경우 **gender** 변수는 1이고 **alcohol**과 **interaction**은 여전히 0이다. 그리고 b_0가 알코올을 섭취하지 않은 남성들의 평균임을 알고 있다. 모형이 예측하는 결과는 알코올을 섭취하지 않은 여성들의 평균이다. 이들을 대입해서 정리하면 다음과 같다.

$$\bar{X}_{\text{여성, 없음}} = b_0 + (b_1 \times 1) + (b_2 \times 0) + (b_3 \times 0)$$
$$\bar{X}_{\text{여성, 없음}} = b_0 + b_1$$
$$\bar{X}_{\text{여성, 없음}} = \bar{X}_{\text{남성, 없음}} + b_1$$
$$b_1 = \bar{X}_{\text{여성, 없음}} - \bar{X}_{\text{남성, 없음}}$$
$$b_1 = 60.625 - 66.875$$
$$b_1 = -6.25$$

따라서 이 모형에서 b_1은 알코올을 섭취하지 않은 남성과 여성의 평균 차이를 나타낸다. 좀 더 일반화하자면, 이것은 **alcohol**의 기저 범주(부호가 0인 범주, 즉 알코올 없음)에 대한 **gender**의 효과라 할 수 있다.

이번에는 4파인트의 알코올 음료를 마신 남성을 살펴보자. 이 경우 **gender** 변수는 0이고 **alcohol** 변수는 1, **interaction** 변수는 여전히 0이다. 그리고 b_0와 b_1의 값들은 이미 알고 있다. 모형이 예측하는 결과는 4파인트의 알코올 음료를 마신 남성들의 평균이다. 공식은 다음과 같이 정리된다.

$$\bar{X}_{\text{남성, 4파인트}} = b_0 + (b_1 \times 0) + (b_2 \times 1) + (b_3 \times 0)$$
$$\bar{X}_{\text{남성, 4파인트}} = b_0 + b_2$$
$$\bar{X}_{\text{남성, 4파인트}} = \bar{X}_{\text{남성, 없음}} + b_2$$
$$b_2 = \bar{X}_{\text{남성, 4파인트}} - \bar{X}_{\text{남성, 없음}}$$
$$b_2 = 35.625 - 66.875$$
$$b_2 = -31.25$$

따라서 이 모형에서 b_2는 4파인트의 알코올 음료를 마신 남성과 알코올을 섭취하지 않은 남성과 평균 차이를 나타낸다. 좀 더 일반화하자면, 이는 **gender**의 기저 범주(부호가 0인 범주, 즉 남성)에 대한 **alcohol**의 효과라 할 수 있다.

마지막으로, 4파인트의 알코올 음료를 마신 여성을 살펴보자. 이 경우 **gender** 변수는 1이고 **alcohol** 변수는 1, **interaction** 변수도 1이다. 그리고 b_0와 b_1, b_2의 값들은 이미 알고 있다.

예측하는 결과는 4파인트의 알코올 음료를 마신 여성들의 평균이다. 공식은 다음과 같이 정리된다.

$$\bar{X}_{여성, 4파인트} = b_0 + (b_1 \times 1) + (b_2 \times 1) + (b_3 \times 1)$$

$$\bar{X}_{여성, 4파인트} = b_0 + b_1 + b_2 + b_3$$

$$\bar{X}_{여성, 4파인트} = \bar{X}_{남성, 없음} + (\bar{X}_{여성, 없음} - \bar{X}_{남성, 없음})$$
$$+ (\bar{X}_{남성, 4파인트} - \bar{X}_{남성, 없음}) + b_3$$

$$\bar{X}_{여성, 4파인트} = \bar{X}_{여성, 없음} + \bar{X}_{남성, 4파인트} - \bar{X}_{남성, 없음} + b_3$$

$$b_3 = \bar{X}_{남성, 없음} - \bar{X}_{여성, 없음} + \bar{X}_{여성, 4파인트} - \bar{X}_{남성, 4파인트}$$

$$b_3 = 66.875 - 60.625 + 57.500 - 35.625$$

$$b_3 = 28.125$$

따라서 이 모형에서 b_3는 알코올을 섭취하지 않은 남성과 여성의 차이와 4파인트를 섭취한 남성과 여성의 차이를 비교한 결과에 해당한다. 다른 말로 하면, 이 값은 알코올 없음(알코올 섭취 안 함)에 대한 성별의 효과를 4파인트 섭취에 대한 성별의 효과와 비교한다.[1] 상호작용 그래프들을 그려 보면 이를 좀 더 명확하게 이해할 수 있다. 그림 12.2의 왼쪽 위 그래프가 이 자료의 상호작용 그래프이다. 알코올 없음 그래프의 남성 평균과 여성 평균의 차이를 계산해 보면 6.25가 나오는데, 이는 그래프에서 'None(알코올 없음)' 지점의 두 자료점의 높이 차이에 해당한다. 4파인트 그룹의 경우 그 차이는 −21.875이다. 이 두 값만으로 그래프를 그리면 6.25와 −21.875가 연결된 직선이 나올 것이다. 그림 12.2의 왼쪽 아래가 그러한 그래프이다. 이 그래프는 알코올 없음 조건에 대한 성별의 효과와 4파인트 섭취 조건에 대한 성별의 효과의 차이를 보여준다. 여러 번 말했듯이 모형의 베타 값(b 값)들은 회귀선의 기울기에 해당하는데, 지금 모형에서 b_3는 실제로 왼쪽 아래 그래프에 나온 직선의 기울기(6.25 − (−21.875) = 28.125)이다.

이번에는 상호작용의 효과가 없다면 어떤 일이 생기는지 살펴보자. 그림 12.2의 오른쪽 두 그래프는 앞의 자료에서 4파인트를 섭취한 여성들의 평균을 30으로 바꾼 경우에 해당한다. 알코올 없음 조건의 남성 평균과 여성 평균의 차이를 계산하면 이전과 같은 값인 6.25가 나온다. 그러나 4파인트 조건의 남성 평균과 여성 평균의 차이는 이제는 5.625다. 이 값들로 새 그래프를 그려 보면 거의 수평에 가까운 회귀선이 나타난다. 이는 상호작용이 없을 때 알코올 없음에 대한 성별의 효과와 4파인트 조건에 대한 성별의 효과의 차이를 나타내는 b_3가 0에 가깝다는 뜻이다(수평선의 기울기는 0임을 기억하기 바란다). 실제로 계산해 보면, 그 값은 6.25 − 5.625 = 0.625이다.

---

[1] 사실, 공식의 항들을 재배치하면 그 반대의 상호작용도 표현할 수 있다. 즉, 이 값은 남성에 대한 알코올의 효과와 여성에 대한 알코올의 효과를 비교하는 것이기도 하다.

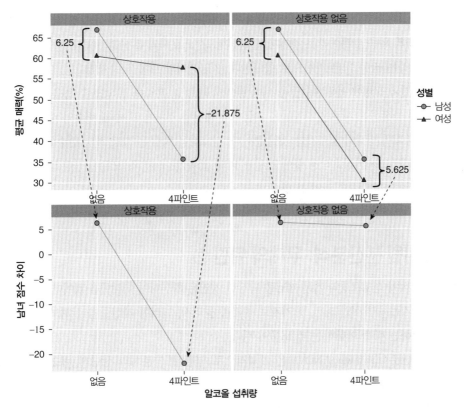

그림 12.2 상호작용의 의미 파악

자가진단

✓ 이 예제에 쓰인 가변수들이 부록 웹사이트의 **GogglesRegression.dat** 파일에 들어 있다. 이 파일의 자료에 대해 다중회귀분석을 실행해서 지금까지의 논의를 확인하라.

자가진단의 다중회귀로 얻은 계수들의 표가 출력 12.1에 나와 있다. 상호작용의 베타 값 (28.125)이 앞에서 우리가 직접 계산한 것과 같음을 주목하기 바란다. 이제 여러분도 요인 분산분석이라는 것이 그냥 다른 옷을 입힌 회귀일 뿐임을 납득할 수 있을 것이다.

출력 12.1

```
Coefficients:
             Estimate Std. Error t value Pr(>|t|)
(Intercept)   66.875      3.055   21.890  < 2e-16 ***
gender        -6.250      4.320   -1.447    0.159
alcohol      -31.250      4.320   -7.233 7.13e-08 ***
interaction   28.125      6.110    4.603 8.20e-05 ***
---
```

이 예를 통해서 내가 보여주고 싶었던 것은, 아무리 복잡한 분산분석도 결국은 회귀분석(일반선형모형)의 일종일 뿐이라는 것이다. 일반선형모형으로서의 분산분석에 대한 언급은 이번이 마지막이라는 점을 기쁜 마음으로 공표한다. 지금까지의 내용을 숙지했다면, 이후에 우리가 할 일이 결국 모형에 독립변수들을 계속 추가하는 것일 뿐임을 짐작할 수 있을 것이다. 이후의 장들에 등장하는 새로운 모형들은 지금까지 해왔던 것처럼 그저 새 변수와 해당 계수(베타 값)를 다중회귀 방정식에 추가한 것일 뿐이다. 상호작용 항들은 그냥 해당 변수들을 곱해서 추가하면 된다. 그러한 상호작용 항에도 관련 베타 값이 있다. 결국, 모든 분산분석은 그 아무리 복잡한 것이라도 다중회귀의 한 형태이다.

12.4 이원 분산분석: 무대의 뒤편 ②

요인 분산분석이 선형모형의 기본 개념을 확장한 것임은 확실하게 이해했을 것이다. 이제 무대 뒤에서 벌어지는 구체적인 계산 몇 가지로 주의를 돌리자. 그러한 계산들을 살펴보면, 분석의 결과가 의미하는 바를 이해하는 데 도움이 된다.

이원 분산분석(two-way ANOVA)은 개념적으로 일원 분산분석과 상당히 비슷하다. 일원 분산분석에서처럼 이원 분산분석에서도 오차의 총제곱합(SS_T)을 구하고, 그것을 실험이 설명하는 부분(모형제곱합, SS_M)과 설명하지 못하는 부분(잔차제곱합, SS_R)으로 분해한다. 그런데 이원 분산분석에서 실험이 설명하는 변동은 하나가 아니라 두 개의 실험 조작으로 구성된다. 따라서, 이원 분산분석에서 모형제곱합은 첫 독립변수가 설명하는 부분(SS_A)과 둘째 독립변수가 설명하는 부분(SS_B), 그리고 두 변수의 상호작용이 설명하는 부분($SS_{A \times B}$)으로 분해된다. 그림 12.3에 이러한 구성이 나와 있다.

12.4.1 총제곱합(SS_T) ②

그럼 일원 분산분석에서처럼 총제곱합을 구하는 것으로 시작하자. 총제곱합은 점수가 속한 실험 조건을 무시했을 때의 점수들에 존재하는 변동의 양에 해당한다. 총제곱합 SS_T를 계산하는 공식은 일원 분산분석에서 사용한 것(식 (10.4))과 동일하다.

$$SS_T = \sum_{i=1}^{N} (x_i - \bar{x}_\text{총})^2$$
$$= s^2_\text{총}(N-1)$$

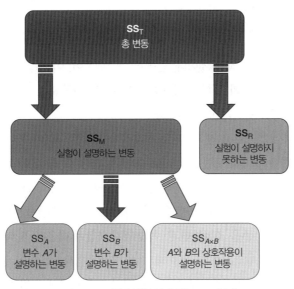

그림 12.3 이원 분산분석의 변동(분산) 분해

총분산($s^2_{총}$)은 점수가 속한 그룹을 무시했을 때의 모든 점수의 분산이다. 즉, 모든 점수를 다음처럼 하나의 그룹으로 간주해서 분산을 구한 것이 총분산이다.

65	50	70	45	55	30
70	55	65	60	65	30
60	80	60	85	70	30
60	65	70	65	55	55
60	70	65	70	55	35
55	75	60	70	60	20
60	75	60	80	50	45
55	65	50	60	50	40
		총평균 = 58.33			

이 모든 점수의 분산을 계산하면 190.70이 나온다(나를 믿지 못하겠다면 계산기로 직접 계산해 볼 것). 그리고 점수들은 총 48개이므로 N은 48이다. 이들을 앞의 공식에 대입하면 다음이 나온다.

$$SS_T = s^2_{총}(N-1)$$
$$= 190.78(48-1)$$
$$= 8966.66$$

이 제곱합의 자유도는 $N - 1$, 즉 47이다.

다음 단계는 모형제곱합을 구하는 것이다. 앞에서 언급했듯이, 이 제곱합은 세 부분, 즉 첫 독립변수가 설명하는 변동(SS$_A$)과 둘째 독립변수가 설명하는 변동(SS$_B$), 그리고 그 두 변수의 상호작용이 설명하는 변동(SS$_{A \times B}$)으로 분해된다.

모형제곱합을 세 부분으로 분해하려면 모형제곱합 자체를 구해야 한다. 설명해야 할 변동의 총량, 즉 총제곱합은 앞에서 구했듯이 8966.66이다. 먼저, 이 중 실험 조작들이 전반적으로 (두 독립변수 중 어떤 것인지는 무시하고) 설명하는 부분을 구해 보자. 일원 분산분석에서는 총평균과 각 그룹 평균의 차이들로 모형제곱합을 구했다(§10.2.6). 이원 분산분석에서도 마찬가지이다. 두 독립변수의 모든 수준을 조합하면 총 여섯 가지 조합이 나온다. 따라서, 이 연구에 사실상 여섯 개의 그룹(세 가지 알코올 섭취량에 대해 남성과 여성 각각 세 그룹씩)이 있다고 간주할 수 있다.[*] 결론적으로, 서로 다른 참가자들로 이루어진 여섯 그룹에 대해 일원 분산분석에서 모형제곱합을 계산하는 데 사용한 다음 공식(식 (10.5))을 적용하면 모형제곱합이 나온다.

$$\mathrm{SS_M} = \sum_{n=1}^{k} n_k (\bar{x}_k - \bar{x}_{총})^2$$

여기서 총평균($\bar{x}_{총}$)은 모든 점수의 평균(앞에서 구했듯이 58.33)이고 n은 각 그룹의 점수 개수(즉, 여섯 실험군 각각의 참가자 수; 지금 예에서는 모든 그룹이 8이다)이다. 다음은 위의 공식에 이 수치들을 대입해서 전개, 정리한 것이다.

$$
\begin{aligned}
\mathrm{SS_M} &= 8(60.625 - 58.33)^2 + 8(66.875 - 58.33)^2 + 8(62.5 - 58.33)^2 + \ldots \\
&\quad + 8(66.875 - 58.33)^2 + 8(57.5 - 58.33)^2 + 8(35.625 - 58.33)^2 \\
&= 8(2.295)^2 + 8(8.545)^2 + 8(4.17)^2 + 8(8.545)^2 + 8(-0.83)^2 + 8(-22.705)^2 \\
&= 42.1362 + 584.1362 + 139.1112 + 584.1362 + 5.5112 + 4124.1362 \\
&= 5479.167
\end{aligned}
$$

이 제곱합의 자유도는 그룹 수 k에서 1을 뺀 것이다. 그룹이 여섯 개이므로 자유도(df)는 5이다.

이제 모형(실험 조작들)이 총 8966.66단위의 변동 중 5479.167단위를 설명한다는 점을 알게 되었다. 다음 단계는 이 모형제곱합을 더욱 분할해서, 각 독립변수가 개별적으로 설명하는 변동의 양을 알아내는 것이다.

---

[*]**역주** 이전 예제에서 생략했던 2파인트 조건이 다시 도입되었음을 주의하기 바란다.

12.4.2.1 성별의 주 효과(SS_A) ②

첫 독립변수(지금 예에서는 **gender**)에 의한 변동을 파악하려면 자료 집합의 점수들을 첫 독립변수의 값에 따라 재조직화할 필요가 있다. 구체적으로 말하면, 모든 점수를 알코올 섭취량은 무시하고 성별에 따라 구별해서 모든 남성 점수를 한 그룹으로, 모든 여성 점수를 다른 한 그룹으로 묶어야 한다. 그러면 자료가 다음과 같은 모습이 된다(첫 상자에는 표 12.1에 있던 원래의 점수 중 여성 참가자의 점수들만 들어 있고, 둘째 상자에는 남성 참가자들의 점수만 들어 있음을 주목하기 바란다).

A_1: 여성		
65	70	55
70	65	65
60	60	70
60	70	55
60	65	55
55	60	60
60	60	50
55	50	50

여성 평균 = 60.21

A_2: 남성		
50	45	30
55	60	30
80	85	30
65	65	55
70	70	35
75	70	20
75	80	45
65	60	40

남성 평균 = 56.46

이러한 자료에 다음과 같은 모형제곱합 공식(이전에 나온 것과 동일하다)을 적용해서 성별에 의한 모형제곱합을 계산한다.

$$SS_A = \sum_{n=1}^{k} n_k (\bar{x}_k - \bar{x}_{\text{총}})^2$$

여기서 총평균은 모든 점수의 평균(앞에서 구했다)이고 n은 각 그룹의 점수 개수(남성 그룹과 여성 그룹 각각 24)이다. 따라서 공식은 다음과 같이 정리된다.

$$
\begin{aligned}
SS_{\text{gender}} &= 24(60.21 - 58.33)^2 + 24(56.46 - 58.33)^2 \\
&= 24(1.88)^2 + 24(-1.87)^2 \\
&= 84.8256 + 83.9256 \\
&= 168.75
\end{aligned}
$$

이 제곱합의 자유도는 그룹 수 k에서 1을 뺀 것이다. 이번에는 그룹이 두 개이므로 자유도(df)는 1이다. 정리하자면, 성별의 주 효과(main effect)는 모든 남성의 평균과 모든 여성의 평균을 비교한다(각 참가자가 어떤 알코올 그룹에 속하는지와는 무관하게).

12.4.2.2 알코올의 주 효과(SS_B) ②

둘째 독립변수(지금 예에서는 **alcohol**)가 설명하는 변동의 양을 파악하려면 자료의 점수들을 알코올 섭취량에 따라 재조직화해야 한다. 구체적으로 말하면, 모든 점수를 참가자의 성별은 무시하고 알코올을 받지 않은 참가자들의 점수들을 한 그룹으로, 2파인트를 받은 참가자들의 점수들을 다른 한 그룹으로, 4파인트를 받은 참가자들의 점수들을 또 다른 한 그룹으로 묶어야 한다. 그러면 자료가 다음과 같은 모습이 된다.

B_1: 없음		B_2: 2파인트		B_3: 4파인트	
65	50	70	45	55	30
70	55	65	60	65	30
60	80	60	85	70	30
60	65	70	65	55	55
60	70	65	70	55	35
55	75	60	70	60	20
60	75	60	80	50	45
55	65	50	60	50	40
없음 평균 = 63.75		2파인트 평균 = 64.6875		4파인트 평균 = 46.5625	

이번에도 앞에서 전체적인 모형제곱합과 성별의 주 효과에 사용한 것과 동일한 모형제곱합 공식을 적용하면 된다.

$$SS_B = \sum_{n=1}^{k} n_k (\bar{x}_k - \bar{x}_{총})^2$$

여기서 총평균은 모든 점수의 평균(이전에서처럼 58.33)이고 n은 각 그룹의 점수 개수(세 그룹 모두 16)이다. 따라서 공식은 다음과 같이 정리된다.

$$\begin{aligned}
SS_{알코올} &= 16(63.75 - 58.33)^2 + 16(64.6875 - 58.33)^2 + 16(46.5625 - 58.33)^2 \\
&= 16(5.42)^2 + 16(6.3575)^2 + 16(-11.7675)^2 \\
&= 470.0224 + 646.6849 + 2215.5849 \\
&= 3332.292
\end{aligned}$$

이 제곱합의 자유도는 그룹 수 k에서 1을 뺀 것이다. 이번에는 그룹이 세 개이므로 자유도(df)는 2이다. 정리하자면, 알코올 섭취량의 주 효과는 알코올 없음 그룹, 2파인트 그룹, 4파인트 그룹의 평균들을 비교한다(점수가 남성 참가자를 측정한 것인지 여성 참가자를 측정한 것인지와는 무관하게).

12.4.2.3 상호작용 항의 효과($SS_{A \times B}$) ②

마지막 단계는 두 변수의 상호작용이 설명하는 변동의 양을 파악하는 것이다. SS_M이 세 요소 (SS_A와 SS_B, $SS_{A \times B}$)로 구성된다는 점을 이용하면 이를 아주 간단하게 구할 수 있다. SS_M과 SS_A, 그리고 SS_B를 이미 알고 있으므로, 상호작용 항의 효과는 다음처럼 간단한 뺄셈으로 계산하면 된다.

$$SS_{A \times B} = SS_M - SS_A - SS_B$$

지금 예의 수치들을 대입하면 다음과 같다.

$$
\begin{aligned}
SS_{A \times B} &= SS_M - SS_A - SS_B \\
&= 5479.167 - 168.75 - 3332.292 \\
&= 1978.125
\end{aligned}
$$

이 제곱합의 자유도는 두 가지 방식으로 구할 수 있는데, 하나는 방금 한 것처럼 뺄셈을 이용하는 것이고 다른 하나는 상호작용을 구성하는 두 변수의 효과에 대한 자유도들을 곱하는 것이다. 둘 다 결과는 같다.

$$
\begin{aligned}
df_{A \times B} &= df_M - df_A - df_B & \qquad df_{A \times B} &= df_A \times df_B \\
&= 5 - 1 - 2 & &= 1 \times 2 \\
&= 2 & &= 2
\end{aligned}
$$

12.4.3 잔차제곱합(SS_R) ②

잔차제곱합은 일원 분산분석에서처럼 계산한다(§10.2.7). 일원 분산분석에서처럼, 이원 분산분석의 잔차제곱합은 참가자들의 개인차에 의한 변동, 다시 말해 실험에서 체계적으로 조작한 요인들로는 설명되지 않는 변동의 양을 나타낸다. 일원 분산분석에서 보았듯이, 잔차제곱합은 그룹 평균과 각 점수의 차이의 제곱들로 계산한다. 다음은 식 (10.7)에 나온 잔차제곱합 공식을 전개한 것이다.

$$
\begin{aligned}
SS_R &= \sum s_k^2 (n_k - 1) \\
&= s_{\text{그룹}1}^2 (n_1 - 1) + s_{\text{그룹}2}^2 (n_2 - 1) + s_{\text{그룹}3}^2 (n_3 - 1) + \ldots + s_{\text{그룹}n}^2 (n_n - 1)
\end{aligned}
$$

다른 말로 하면, 잔차제곱합은 각 그룹의 분산에 그룹의 참가자 수(n) 빼기 1, 즉 자유도를 곱한 것을 모두 합한 것이다. 각 그룹의 분산은 원래의 자료(표 12.1)에 있고, 각 그룹은 여덟 명의 참가자로 구성된다(즉, $n = 8$). 이 수치들을 대입해서 정리하면 이 자료에 대한 잔차제곱합이 나온다.

$$SS_R = s^2_{\text{그룹}1}(n_1 - 1) + s^2_{\text{그룹}2}(n_2 - 1) + s^2_{\text{그룹}3}(n_3 - 1) + s^2_{\text{그룹}4}(n_4 - 1) + \ldots$$
$$+ s^2_{\text{그룹}5}(n_5 - 1) + s^2_{\text{그룹}6}(n_6 - 1)$$
$$= 24.55(8 - 1) + 106.7(8 - 1) + 42.86(8 - 1) + 156.7(8 - 1)$$
$$+ 50(8 - 1) + 117.41(8 - 1)$$
$$= (24.55 \times 7) + (106.7 \times 7) + (42.86 \times 7) + (156.7 \times 7) + (50 \times 7) + (117.41 \times 7)$$
$$= 171.85 + 746.9 + 300 + 1096.9 + 350 + 821.87$$
$$= 3487.52$$

잔차제곱합의 자유도는 모든 그룹의 자유도를 합한 것이다. 각 그룹의 자유도는 그룹의 점수 개수에서 1을 뺀 것(지금 예에서는 7)이므로, 잔차제곱합의 자유도는 6 × 7 = 42이다.

12.4.4 F 비 ②

이원 분산분석의 세 효과(주 효과 둘과 상호작용)에는 각각의 F 비가 있다. 이들을 계산하려면 먼저 각 효과의 평균제곱을 구해야 한다. 한 효과의 평균제곱은 해당 제곱합을 해당 자유도로 나눈 것이다(§10.2.8 참고). 또한, 잔차 항의 평균제곱도 필요하다. 지금 예에서 이 네 가지 평균제곱은 다음과 같다.

$$MS_A = \frac{SS_A}{df_A} = \frac{168.75}{1} = 168.75$$
$$MS_B = \frac{SS_B}{df_B} = \frac{3332.292}{2} = 1666.146$$
$$MS_{A \times B} = \frac{SS_{A \times B}}{df_{A \times B}} = \frac{1978.125}{2} = 989.062$$
$$MS_R = \frac{SS_R}{df_R} = \frac{3487.52}{42} = 83.036$$

이제 두 독립변수와 그 상호작용 항의 F 비들을 계산해 보자. 일원 분산분석에서처럼, 한 효과의 F 비는 해당 평균제곱을 잔차 평균제곱으로 나눈 것이다. 지금 예에서는 다음과 같다.

$$F_A = \frac{MS_A}{MS_R} = \frac{168.75}{83.036} = 2.032$$
$$F_B = \frac{MS_B}{MS_R} = \frac{1666.146}{83.036} = 20.065$$
$$F_{A \times B} = \frac{MS_{A \times B}}{MS_R} = \frac{989.062}{83.036} = 11.911$$

각 F 비를 효과의 자유도에 기초한(따라서 효과마다 다를 수 있는) 임계값과 비교하면, 해당 효과가 전적으로 우연히 수집된 자료를 반영한 것인지, 아니면 실험 조작의 영향을 반영한 것인지 판단할 수 있다(임계값들은 부록 A의 표에서 구할 수 있다). 관측된 F 비가 해당 임계값보다 크다면, 그 F 비는 유의한 것이다. 어차피 F 비 값과 그 유의확률을 여러분이 직접 계산하지는 않겠지만(R이 계산해 준다), 이번 절을 통해서 이원 분산분석이 기본적으로 일원 분산분석과 같은 것이라는 점을 이해했길 바란다. 주된 차이는, 이원 분산분석에서는 모형제곱합이 각 독립변수의 효과와 그 독립변수들의 상호작용에 의한 효과로 분해된다는 것뿐이다.

12.5 R을 이용한 요인 분산분석 ②

12.5.1　요인 분산분석을 위한 R 패키지 ①

명령행을 사용한다면(이 책은 명령행을 권장한다), 레빈 검정을 위한 *car* 패키지와 효과크기를 위한 *compute.es* 패키지, 그래프를 위한 *ggplot2* 패키지, 사후검정들을 위한 *multcomp* 패키지, 기술통계량들을 위한 *pastecs* 패키지, 자료의 재조직화를 위한 *reshape*, 그리고 강건한 검정들을 위한 *WRS* 패키지가 필요하다. 이들을 아직 설치하지 않은 독자라면(일부는 이전 장들에서 설치했을 것이다), 다음 명령들을 실행하기 바란다.

```
install.packages("car"); install.packages("compute.es"); install.packages
("ggplot2"); install.packages("multcomp"); install.packages("pastecs");
install. packages("reshape"); install.packages("WRS", repos="http://R-Forge.
R-project.org")
```

설치가 끝났으면, 다음 명령들을 실행해서 패키지들을 적재한다.

```
library(car); library(compute.es); library(ggplot2); library(multcomp);
library(pastecs); library(reshape); library(WRS)
```

12.5.2　일반적인 요인 분산분석 절차 ①

요인 분산분석을 실행하는 일반적인 절차는 다음과 같다.

1 **자료를 입력한다**: 이제는 익숙할 것이다.

2 **자료를 탐색한다**: 항상 그렇듯이, 먼저 자료를 그래프로 그려 보고, 몇가지 기술통계량들을 계산해 보는 것이 좋다. 또한 분포의 가정들을 점검하고, 레빈 검정을 이용해서 분산의 동질성도 점검해야 한다(제5장 참고).

3 대비들을 설계 또는 선택한다: 비교할 대비들을 결정하고, 분석의 모든 독립변수에 대해 대비들을 적절히 지정해야 한다. 제3종 제곱합을 사용하려면, 그 대비들이 반드시 직교이어야 한다.

4 분산분석을 수행한다: 주된 분산분석을 수행한다. 단계 2의 결과에 따라서는 강건한 버전의 분산분석을 수행해야 할 수도 있다.

5 계획된 대비 또는 사후검정을 실행한다: 주 분산분석을 실행한 후, 필요하다면 사후검정을 수행하거나 대비들의 결과를 살펴본다. 구체적인 방법은 단계 2의 결과에 따라 다르다.

그럼 이 단계들을 차례로 실행해보자.

12.5.3 R Commander를 이용한 요인 분산분석 ②

요인 분산분석은 명령행에서 하는 것이 훨씬 유연하지만, R Commander로도 기본적인 요인 분산분석은 수행할 수 있다. 우선 **데이터 ➡ 데이터 불러오기 ➡ 텍스트 파일, 클립보드, 또는 URL...** 메뉴(§3.7.3)를 선택해서 **goggles.csv** 파일을 불러온다. 이 파일은 쉼표로 분리된 파일 (CSV) 파일임을 주의하기 바란다. 이 자료 집합에는 세 개의 변수가 있는데, 성별을 나타내는 **gender**는 문자열 값들('Male'과 'Female')을 담고, 알코올 섭취량을 나타내는 **alcohol**도 문자열 값들을 담는다('None', '2 Pints' and '4 Pints'). 나머지 한 변수인 **attractiveness**는 매력 평가 점수들을 담은 결과변수이다. 이 파일의 자료로 *gogglesData*라는 데이터프레임을 만들기 바란다. **gender**와 **alcohol**이 수치가 아니라 문자열 값들을 담고 있으므로, **R**은 이들을 요인으로 간주한다.

그런 다음에는 몇 가지 기술통계량들을 뽑고 가정들도 점검해서 자료를 탐색해 본다. 이에 대해서는 제5장에서 설명했다. 레빈 검정은 여러 조건의 분산이 같은지 검사한다. 즉, 이 검정은 분산의 동질성 가정(§10.3.1)을 검사한다. 제5장과 제10장에서 보았듯이, 레빈 검정은 **통계 ➡ 분산 ➡ Levene의 검정** 메뉴로 실행한다. 지금 예에서는 **alcohol**과 **gender**에 대해 각각 레빈 검정을 실행해야 한다(이후에 보겠지만, 명령행에서는 이 두 변수의 상호작용에 대해서도 레빈 검정을 실행한다).

다음으로, 주된 요인 분산분석을 실행하기 위해 **통계 ➡ 평균 ➡ 다원 분산 분석...** 메뉴를 선택한다. 그러면 딱히 설명이 필요 없는 대화상자가 나타난다(그림 12.4). 모델 이름 입력하기: 입력 상자에는 생성할 분석 모형의 이름을 입력한다(나는 *gogglesModel*로 했다). 요인 목록에서 원하는 요인들을 선택하고(지금 예에서는 **alcohol**과 **gender**), 반응 변수 목록에서는 결과변수를 선택한다(지금 예에서는 **attractiveness**). 이 메뉴로는 계획된 대비나 사후검정을 실행할 수 없다. 이제

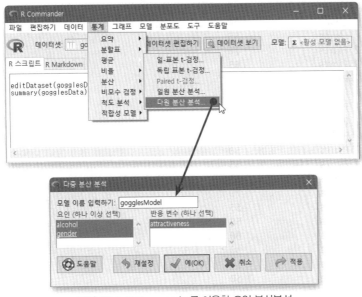

그림 **12.4** R Commander를 이용한 요인 분산분석

예 버튼을 클릭하면 분석이 실행된다. 분석 결과는 §12.5.8에서 설명하겠다. 요인 분산분석 시 R Commander는 무조건 제2종 제곱합들을 사용한다는 점을 주의하기 바란다(어떤 종류의 제 곱합이 적합한지는 초천재 제인 글상자 11.1을 보라).

12.5.4 자료 입력 ②

이제부터는 **R**의 명령행에서 요인 분산분석을 수행하는 과정을 살펴본다. 우선, **goggles.csv**의 자료를 불러와야 한다. 자료 파일이 있는 디렉터리를 현재 작업 디렉터리로 설정한 상태에서 다음 명령을 실행하면 된다.

```
gogglesData<-read.csv("goggles.csv", header = TRUE)
```

자료 파일이 쉼표로 분리된 값들을 담은 .csv 파일이라서 *read.csv()* 함수를 사용했음을 주목 하기 바란다. **R**에서 자료를 출력해 보면 그룹간 변수들의 수준들이 하나의 열에 누적되어 있 음을 알 수 있다.

```
  gender alcohol attractiveness
1 Female    None             65
2 Female    None             70
3 Female    None             60
4 Female    None             60
5 Female    None             60
```

6	Female	None	55
7	Female	None	60
8	Female	None	55
9	Female	2 Pints	70
10	Female	2 Pints	65
11	Female	2 Pints	60
12	Female	2 Pints	70
13	Female	2 Pints	65
14	Female	2 Pints	60
15	Female	2 Pints	60
16	Female	2 Pints	50
17	Female	4 Pints	55
18	Female	4 Pints	65
19	Female	4 Pints	70
20	Female	4 Pints	55
21	Female	4 Pints	55
22	Female	4 Pints	60
23	Female	4 Pints	50
24	Female	4 Pints	50
25	Male	None	50
26	Male	None	55
27	Male	None	80
28	Male	None	65
29	Male	None	70
30	Male	None	75
31	Male	None	75
32	Male	None	65
33	Male	2 Pints	45
34	Male	2 Pints	60
35	Male	2 Pints	85
36	Male	2 Pints	65
37	Male	2 Pints	70
38	Male	2 Pints	70
39	Male	2 Pints	80
40	Male	2 Pints	60
41	Male	4 Pints	30
42	Male	4 Pints	30
43	Male	4 Pints	30
44	Male	4 Pints	55
45	Male	4 Pints	35
46	Male	4 Pints	20
47	Male	4 Pints	45
48	Male	4 Pints	40

이 자료는 원래 MS Excel에서 입력한 것이었다. 자료를 보면 성별과 알코올 섭취량이 두 가지 방식으로 부호화되어 있다. Excel에서 나는 **gender**라는 변수를 만들고 각 참가자에 대해 'Female' 또는 'Male'을 입력했다. 수치가 아니라 문자열을 사용했기 때문에, 이 자료를 도입할 때 R은 이 변수를 요인으로 간주한다(그래서 자동으로 요인으로 변환해 주었다. 만일 남성과 여성을 수치로 표현했다면, 이 변수를 우리가 직접 요인으로 변환해야 했을 것이다). R은 이 요인의 수준들을 알파벳 순서로 부호화한다(그래서 'Female'이 수준 1이 되고 'Male'이 수준 2가 되는데, 다행히 이는 자

료 파일에 있는 순서와 같다).

다음으로, Excel에서 나는 **alcohol**이라는 변수를 만들고 각 참가자에 대해 'None'이나 '2 Pints', '4 Pints'를 입력했다. 이번에도 **R**은 자료를 도입하면서 이 변수를 요인으로 간주하고, 수준(그룹)들을 알파벳 순으로 조직화한다. 그러면 '2 Pints'가 수준 1, '4 Pints'가 수준 2, 'None'이 수준 3이다. 이는 숫자(2나 4)가 알파벳 영문자보다 순서가 먼저이기 때문이다. 그런데 이보다는, 원래 자료에 있던 순서(즉, 'None', '2 Pints', '4 Pints')가 우리의 목적에 더 적합하다. 그룹들의 순서는 *factor()* 함수의 *levels* 옵션을 이용해서 바꿀 수 있다. 다음 명령에서 보듯이, 그냥 원하는 순서로 그룹들을 나열해 주면 된다.

```
gogglesData$alcohol<-factor(gogglesData$alcohol, levels = c("None", "2 Pints",
"4 Pints"))
```

이 명령은 gogglesData의 alcohol 변수(요인)에 있는 수준들을 'None', '2 Pints', '4 Pints' 순으로 (*(levels = c("None", "2 Pints", "4 Pints")*) 변경한다.

이제 자료의 내용을 확인해 보면 여성 점수 24개 다음에 남성 점수 24개가 나오고, 그 두 그룹의 각각에서는 점수들이 알코올을 섭취하지 않은 여덟 명과 2파인트를 섭취한 여덟 명, 4 파인트를 섭취한 여덟 명의 순서로 되어 있음을 알 수 있을 것이다. 마지막으로, Excel에서 나는 **attractiveness**라는 변수를 만들고 각 참가자의 대화 상대의 매력을 나타내는 점수(100점 만점)들을 입력했다.

이 자료를 **R**에 직접 입력하고 싶다면, **gender** 변수와 **alcohol** 변수의 그룹 부호(코드)들을 배정해야 한다. **gender**의 경우 여성은 1, 남성은 2로 하고, **alcohol**의 경우 알코올 없음은 1, 2파인트는 2, 4파인트는 3으로 하면 된다. 다음은 이러한 부호화 방식을 정리한 것이다.

성별	알코올	참가자
1	1	알코올을 섭취하지 않은 여성
1	2	2파인트를 섭취한 여성
1	3	4파인트를 섭취한 여성
2	1	알코올을 섭취하지 않은 남성
2	2	2파인트를 섭취한 남성
2	3	4파인트를 섭취한 남성

gl() 함수(제3장)를 이용하면 이러한 부호화 변수를 아주 간단하게 생성할 수 있다. 기억하겠지만, 이 함수의 일반적인 활용 형태는 다음과 같다.

```
요인<-gl(수준 수, 각 수준의 사례 수, 전체 사례 수, labels = c("이름표1", "이름표2"…))
```

이 명령은 요인이라는 이름의 새 요인 변수를 생성한다. 이 함수는 요인의 그룹 또는 수준 개수와 각 그룹·수준의 사례 개수를 입력받는다. 전체 사례 수는 생략할 수 있는데, 생략하면 전체 그룹 수에 그룹별 사례 수를 곱한 값이 쓰인다. 또한, 각 수준·그룹의 이름표를 *labels*를 이용해서 지정할 수도 있다. 다음은 처음 24개의 사례는 'Female'이라는 이름의 그룹으로 묶고 나머지 24개는 'Male'이라는 이름의 그룹으로 묶는 명령이다.

```
gender<-gl(2, 24, labels = c("Female", "Male"))
```

함수의 처음 두 입력 수치는 우리가 원하는 것이 사례가 24개인 그룹 두 개임을 R에게 말해주는 역할을 한다. 그다음의 *labels* 옵션은 그 두 그룹에 부여할 이름들을 지정한다. **alcohol** 변수의 경우에는 각각 사례가 8개인 그룹 세 개를 지정해야 한다. 그러면 전체 사례 수는 3 × 8 = 24가 된다. 그런데 이는 첫 성별 그룹(여성)의 점수들에만 해당한다. 우리가 원하는 것은 둘째 성별 그룹에도 이러한 패턴이 적용되는 것이다. 이를 위해서는 전체 사례 수(48)를 명시적으로 지정해 주어야 한다. 전체 사례 수를 명시적으로 지정하면 *gl()* 함수는 24개의 사례에 대한 패턴을 전체 사례 수에 도달할 때까지 되풀이한다. 따라서, 만일 48을 지정하면 그 패턴은 두 번 되풀이된다.

```
alcohol<-gl(3, 8, 48, labels = c("None", "2 Pints", "4 Pints"))
```

다음으로, 평소대로 매력 점수들로 수치변수 **attractiveness**를 생성한다.

```
attractiveness<-c(65,70,60,60,60,55,60,55,70,65,60,70,65,60, 60,50,55,65,70,55,
55,60,50,50,50,55,80,65,70,75,75,65,45,60,85,65,70, 70,80,60,30,30,30,55,35,20,
45,40)
```

마지막으로, 이 변수들을 *gogglesData*라는 하나의 데이터프레임으로 묶는다.

```
gogglesData<-data.frame(gender, alcohol, attractiveness)
```

12.5.5 **자료 탐색 ②**

이전 예제들에서처럼, 먼저 그래프를 살펴보기로 한다. 여러 조건의 평균들을 그리는 것으로 시작하자.

자가진단

✓ *ggplot2*를 이용해서, *x* 축이 알코올 섭취량이고 *y* 축이 대화 상대의 매력 점수인 선 그래프를 작성하라. 오차 막대들도 그리고, 남성과 여성을 다른 색으로 표시해야 한다.

자가진단의 그래프(잠시 후 그림 12.8에 나온다)를 **상호작용 그래프**(interaction graph)라고 부른다. 이런 그래프는 유의한 상호작용 효과들을 해석하는 데 유용하다(분석을 통해서 유의한 상호작용 효과를 확인했다고 할 때).

또한, 알코올 섭취량에 따른 남성과 여성의 매력 점수를 표현한 상자그림을 살펴보는 것도 유용할 것이다.

자가진단

✓ *ggplot2*를 이용해서, *x* 축이 알코올 소비량이고 *y* 축이 대화 상대의 매력 점수인 남녀별 상자그림이 좌우로 배치된 그래프를 작성하라.

그림 12.5에 이 자료의 상자그림들이 나와 있다. 여성의 경우에는 알코올 섭취량에 따른 중앙값(각 상자의 중앙 수평선)의 변동이 크지 않다. 또한, 여성의 점수들은 비교적 좁게 퍼져 있다. 그러나 남성의 경우에는 점수들이 좀 더 넓게 흩어져 있으며, 4파인트 섭취 시 매력 점수 중앙값이 극적으로 감소했다.

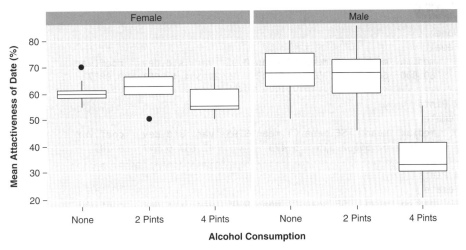

그림 12.5 맥주 안경 자료의 상자그림들

이전 장에서는 *by()* 함수와 *stat.desc()* 함수를 이용해서 각 그룹의 기술통계량들을 조사했다(자세한 사항은 §10.6.5를 보라). 이번에도 이 함수들을 활용해보자. 예를 들어 대화 상대의 매력 점수에 대한 알코올과 성별의 효과를 각각 살펴보고 싶다면, 다음 명령들을 실행하면 된다.

```
by(gogglesData$attractiveness, gogglesData$gender, stat.desc)
by(gogglesData$attractiveness, gogglesData$alcohol, stat.desc)
```

이 명령들의 출력은 대화 상대의 매력에 대한 알코올과 성별의 주 효과들을 해석하는 데 유용하다. 그러나 우리는 그 두 변수의 상호작용에도 관심이 있다. 이를 살펴보려면 **alcohol**과 **gender**의 모든 조합에 대한 통계량들을 구해야 하는데, 그러려면 *list()*로 변수들의 목록을 생성해서 *by()* 함수에 지정해야 한다. 예를 들어 *list(gogglesData$alcohol, gogglesData$gender)*는 변수 **alcohol**과 **gender**를 담은 목록('쇼핑 목록'과 다를 바 없는 **R** 객체이다)을 생성한다. 이것으로 *by()* 함수를 실행하면 목록에 있는 변수들의 수준들의 모든 조합에 대한 기술통계량이 출력된다. 다음 명령을 실행해 보면 이해가 될 것이다.

```
by(gogglesData$attractiveness, list(gogglesData$alcohol, gogglesData$gender),
stat.desc)
```

이 명령의 결과가 출력 12.2에 나와 있다(지면에 맞게 수정했음). 기술통계량들이 **gender**와 **alcohol**의 모든 조합(여섯 가지)으로 분리되어 있음을 주목하기 바란다. 세어 보면 통계량들이 총 여섯 부분으로 나뉘어 있다. 수치들을 보면, 예를 들어 알코올 없음 조건에서 남성들이 대화를 나눈 상대방의 평균 매력은 약 67%(100점 만점의 67점)이고 여성의 경우는 약 61%이다. 이러한 평균들은 분석에서 발견한 임의의 효과의 방향을 해석할 때 유용하게 쓰인다.

출력 12.2

```
: None
: Femal
      median   mean   SE.mean CI.mean.0.95   var   std.dev   coef.var
      60.000  60.625  1.752     4.143       24.554  4.9551    0.0817
---------------------------------------------------------------------
: 2 Pints
: Female
      median   mean   SE.mean CI.mean.0.95   var   std.dev   coef.var
      62.500  62.500  2.315     5.473       42.857  6.547     0.105
---------------------------------------------------------------------
: 4 Pints
: Female
      median   mean   SE.mean CI.mean.0.95   var   std.dev   coef.var
      55.000  57.500  2.500     5.912       50.000  7.071     0.123
---------------------------------------------------------------------
: None
: Male
      median   mean   SE.mean CI.mean.0.95   var    std.dev  coef.var
      67.500  66.875  3.652     8.636       106.696 10.329   0.154
---------------------------------------------------------------------
: 2 Pints
: Male
      median   mean   SE.mean CI.mean.0.95   var    std.dev  coef.var
      67.500  66.875  4.426    10.465       156.696 12.518   0.187
---------------------------------------------------------------------
: 4 Pints
: Male
```

```
 median  mean    SE.mean  CI.mean.0.95  var  std.dev  coef.var
 32.500 35.625   3.831    9.059             117.411 10.836 0.304
```

이 단계에서 마지막으로 할 일은 레빈 검정(제5장과 §10.3.1 참고)을 수행하는 것이다. 이번에 도 제5장에서 배운 *car* 패키지의 *leveneTest()* 함수를 사용한다. 다음은 **attractiveness**의 변동 이 성별에 따라 또는 알코올 섭취량에 따라 유의하게 다른지를 각각 검사하는 명령들이다.

```
leveneTest(gogglesData$attractiveness, gogglesData$gender, center = median) lev
eneTest(gogglesData$attractiveness, gogglesData$alcohol, center = median)
```

그런데, 기술통계량에서처럼 우리의 주된 관심사는 이 변수들의 상호작용이다. 따라서, 매 력 점수의 변동이 여섯 그룹 모두(두 성별 그룹과 세 알코올 그룹이 아니라)에서 유의하게 다른지 살펴볼 수 있다면 좋을 것이다. 이를 위해서는 *leveneTest()* 함수를 실행할 때 개별 독립변수 가 아니라 **gender**와 **alcohol**의 상호작용을 *interaction()* 함수를 이용해서 지정해야 한다. 구 체적으로, 개별 변수를 지정하는 자리에 개별 변수 대신 *interaction(gogglesData$alcohol, gogglesData$gender)*를 지정한다. 이렇게 하면 그 두 변수의 모든 조합(여성×알코올 없음, 여성 ×2파인트, 여성×4파인트, 남성×알코올 없음, 남성×2파인트, 남성×4파인트)에 대한 변동의 차이가 검사된다. 해당 명령은 다음과 같다.

```
leveneTest(gogglesData$attractiveness, interaction(gogglesData$alcohol,
gogglesData$gender), center = median)
```

출력 12.3에 이 레빈 검정의 결과가 나와 있다. 레빈 검정의 결과는 여러 번 해석해 보았으 므로, 이제는 여러분도 이 출력을 보고 그룹 분산들에 유의한 차이가 있는지 바로 파악할 수 있을 것이다. 지금 예에서 검정 결과는 $F(5, 42) = 1.425$, $p = .235$로 유의하지 않다. 따라서 분산의 동질성 가정이 성립한다고 할 수 있다.

출력 12.3

```
Levene's Test for Homogeneity of Variance
      Df F value Pr(>F)
group  5  1.4252 0.2351
      42
```

12.5.6 대비 선택 ②

제10장에서 보았듯이, 주된 분산분석을 수행한 후에는 계획된 대비를 이용해서 구체적으로 어떤 그룹들이 어떻게 다른지 파악하는 것이 유용하다. 일원 분산분석에서는 비교하고 싶은 그룹들에 대응되는 가중치들을 적절히 설정함으로써 대비들을 정의했다. 요인 분산분석에서

도 마찬가지이다. 단, 이번에는 모든 독립변수에 대해 대비들을 정의한다는 점이 다르다. 이때 고려해야 할 아주 중요한 사항은, 만일 제3종 제곱합들을 살펴보고 싶다면(초천재 제인 글상자 11.1 참고), 반드시 직교 대비들을 사용해야 한다는 것이다. 그래야 제3종 제곱합들이 제대로 계산된다.

직교 대비의 예를 표 10.6에서 만나 보았다. 바로 헬메르트 대비이다. 이 대비 설계는 여러분이 만날 아주 다양한 상황에 유용하다. 그러나 이 대비가 적합하지 않은 상황이라면, 제10장에서 설명한 방법(올리버 트위스티드 참고)에 따라 여러분이 원하는 대비를 직접 정의하면 된다.

gender의 효과는 수준이 두 개뿐이므로, 그냥 여성에 −1, 남성에 1을 배정하면 직교 대비가 된다. 기억하겠지만, 대비에서는 항상 가중치가 양수인 항목들을 가중치가 음수인 항목들과 비교한다. 따라서 이 대비는 남성과 여성을 비교한다.

올리버 트위스티드

선생님, 그거 더 가르쳐 주세요…. 대비요!

"이 예제, 제10장에 나온 예제랑 너무 비슷한 거 아냐?"라고 올리버가 바닥에 발을 구르며 투덜댄다. "썩은 양배추 냄새가 나!" 올리버야, 썩은 양배추 냄새는 어느 집에서 창밖으로 요강을 비울 때 너의 디킨스 시대 자아가 그 집 창문 아래에 서 있었기 때문에 나는 게 아닐까? 어쨌거나, 연습이 좀 더 필요한 독자를 위해서, 대비들을 직접 설계하는 방법에 대한, 이전과는 다른(약간 더 복잡한) 예제를 부록 웹사이트의 보충자료에 수록해 두었다.

alcohol의 효과는 세 수준, 즉 '없음', '2파인트', '4파인트'이다. 알코올 없음 그룹은 대조군이므로, 제10장의 조언에 따라 첫 대비는 이 알코올 없음 그룹을 다른 범주들(즉, 알코올을 실제로 섭취한 그룹들)과 비교하는 것으로 한다. 그렇다면, 둘째 대비에서는 두 알코올 섭취 그룹의 차이를 보아야 할 것이다. 이상의 대비들을 위한 가중치 부호화 방식이 표 12.3에 나와 있다. 이 시나리오는 기본적으로 제10장에 나온 비아그라 자료의 것과 동일하므로, 혹시 이 표의 수치들이 이해가 잘 안 된다면 제10장을 다시 읽기 바란다.

표 12.3 alcohol 변수에 대한 직교 대비들

그룹	대비₁	대비₂
알코올 없음	−2	0
2파인트	1	−1
4파인트	1	1

두 변수에 대비들을 설정하면 그 둘의 상호작용 항에 대한 매개변수들도 산출된다. 지금 예에서 대비 1은 2파인트와 4파인트의 조합을 알코올 없음과 비교할 뿐만 아니라, 그 효과가

성별에 따라 다른지도 검사한다. 비슷하게, 대비 2는 2파인트 그룹과 4파인트 그룹의 차이를 검사할 뿐만 아니라, 2파인트 그룹과 4파인트 그룹의 차이가 참가자의 성별에 영향을 받는지를 검사하는 매개변수 추정값도 산출한다. 다음은 이 직교 대비들을 설정하는 명령들이다.

```
contrasts(gogglesData$alcohol)<-cbind(c(-2, 1, 1), c(0, -1, 1))
contrasts(gogglesData$gender)<-c(-1, 1)
```

두 명령 모두, 제10장에서처럼 contrast 함수를 사용한다. 첫 명령은 **alcohol**에 대해 두 가지 대비를 설정하고, 둘째 명령은 **gender**에 대해 하나의 대비를 설정한다. 이제 각 변수의 내용(해당 변수 이름을 실행하면 출력된다)에서 대비 특성을 살펴보면 대비가 제대로 설정되었는지 확인할 수 있다.

```
> gogglesData$alcohol

attr(,"contrasts")
        [,1] [,2]
None      -2    0
2 Pints    1   -1
4 Pints    1    1
Levels: None 2 Pints 4 Pints

> gogglesData$gender

attr(,"contrasts")
        [,1]
Female   -1
Male      1
Levels: Female Male
```

기억하겠지만, 하나의 대비에서는 가중치가 양수인 그룹(들)을 가중치가 음수인 그룹(들)과 비교하며, 가중치가 0이라는 것은 그 그룹이 계산에 포함되지 않는다는 뜻이다. 위의 출력을 보면, 첫 대비는 알코올 없음 그룹('None')을 2파인트 그룹과 4파인트 그룹의 조합과 비교하고, 둘째 대비는 알코올 없음 그룹을 무시하고 2파인트 그룹과 4파인트 그룹을 비교함을 확인할 수 있다.

12.5.7 요인 분산분석 모형의 적합 ②

요인 분산분석 모형을 생성할 때는 이전 두 장에서 사용한 *aov()* 함수를 사용한다(§10.6.6.1). *aov()* 함수는 그냥 *lm()*을 감싼 래퍼일 뿐임을 기억할 것이다. 따라서 제7장에서 배운 대로 '+ 변수이름'을 모형 서술 구문에 추가함으로써 분산분석 모형에 새로운 예측변수들을 추가할 수 있다. 지금 예제에서 우리는 **gender**와 **alcohol**로 매력 점수(attractiveness)를 예측하고자 한다. 따라서 우리의 분산분석 모형은 'attractiveness ~ gender + alcohol'로 서술할 수 있다. 그런데 이것으로 끝내면 안 된다. 두 변수의 상호작용 항도 모형에 추가해야 하기 때문이다. 모형 서술 구문에서 상호작용 항은 두 변수의 이름을 콜론으로 연결한 형태이다. 따라서, **gender**와 **alcohol**의 상호작용은 *gender:alcohol*로 표현한다(또는, *alcohol:gender*로 해도 된다. 차이는 없다). 정리하자면, 이번 예제를 위한 요인 분산분석 모형을 생성하는 명령은 다음과 같다.

```
gogglesModel<-aov(attractiveness ~ gender + alcohol + gender:alcohol, data =
gogglesData)
```

이 명령은 두 독립변수와 그 둘의 상호작용을 포함한 *gogglesModel*이라는 모형을 생성한다.

이상의 방법은 예측변수들을 아주 명시적으로 지정한다는 점에서 바람직하다(또한, 요인 분산분석이라는 것도 결국은 지금까지 사용해 온 일반선형모형의 일종임을 상기시켜 준다는 장점도 있다). 그러나 더 간결한 명령으로도 같은 모형을 생성할 수 있다. 모형 서술의 예측변수를 *변수1*변수2* 형태로 지정하면 된다. 이렇게 하면 두 변수 각각은 물론 두 변수의 상호작용이 모형에 포함된다. 정리하자면, 다음 명령은 앞의 명령과 정확히 동일한 모형 객체를 생성한다.

```
gogglesModel<-aov(attractiveness ~ alcohol*gender, data = gogglesData)
```

셋 이상의 변수들을 이런 식으로 지정할 수도 있는데, 이에 대해서는 R의 영혼의 조언 12.1을 보기 바란다.

제곱합의 종류에 대해서는 제11장에서 상당히 자세히 설명했다(초천재 제인 글상자 11.1 참고). 다음 내용이 잘 이해가 되지 않는다면 제11장의 해당 부분을 다시 읽기 바란다. 만일 모형의 제3종 제곱합들을 확인하고 싶다면, 모형을 생성한 후 다음 명령도 실행해야 한다.

```
Anova(gogglesModel, type="III")
```

R의 영혼의 조언 12.1   좀 더 복잡한 대비 설계 ②

독립변수가 세 개인 경우, 세 번째 독립변수도 본문에서와 마찬가지 방식으로 모형에 추가하면 된다. 예를 들어 클럽이 밝은지 어두운지를 lighting이라는 변수로 측정했다고 하자(클럽의 조명은 대화 상대의 얼굴이 얼마나 잘 보이는지에 영향을 준다). 다음은 이 변수까지 모형에 포함하는 명령이다.

```
gogglesModel<-aov(attractiveness ~ gender*alcohol*lighting, data =
gogglesData)
```

모형 서술의 예측변수 부분에 'gender*alcohol*lighting'을 지정했음을 주목하기 바란다. 이렇게 하면 새 주 효과(독립변수)뿐만 아니라 그 변수들 사이의 모든 상호작용이 추가된다.

이 명령은 주어진 모형(*gogglesModel*)의 제3종 제곱합들을 출력한다(기본인 제1종 제곱합들이 아니라).

12.5.8 요인 분산분석 결과의 해석 ②

출력 12.4(앞의 명령의 결과)를 보면, 두 독립변수 모두 종속변수에 대해 유의한 효과를 가진다. 이 출력에서 주목할 부분은 독립변수의 유의확률들이다. 우선, **alcohol**의 주 효과의 유의확률이 .05보다 작다는 점에 주목하자. 따라서 그 효과는 유의하다. 해당 *F* 비가 크게 유의하다는 점은 알코올 섭취량이 대화 상대의 매력 평가에 유의하게 영향을 미쳤다는 뜻이다. 다른 말로 하면, 참가자의 성별을 무시할 때, 알코올 섭취량이 참가자의 대화 상대 선택에 영향을 미쳤다. §12.4.2.2에서 계산한 출력 12.2의 평균들을 이용해서 각 알코올 수준에 대한 평균 매력 점수의 막대그림표(성별은 완전히 무시한)를 그려보면 이 점을 확실히 알 수 있다.

출력 12.4

```
Anova Table (Type III tests)

Response: attractiveness
                Sum Sq Df  F value     Pr(>F)
(Intercept)     163333  1 1967.0251 < 2.2e-16 ***
gender             169  1    2.0323    0.1614
alcohol           3332  2   20.0654 7.649e-07 ***
gender:alcohol    1978  2   11.9113 7.987e-05 ***
Residuals         3488 42
```

자가진단

✓ **alcohol**과 **gender**의 주 효과들의 오차 막대그래프를 작성하라.

그림 12.6은 성별을 무시하는 경우 알코올을 섭취하지 않았을 때와 2파인트 섭취했을 때 대화 상대의 전반적인 매력이 아주 비슷함을 명확히 보여준다(두 그룹의 평균이 대략 같다). 따라서, 유의한 이 주 효과는 알코올 섭취량이 4파인트일 때는 선택된 대화 상대의 매력이 떨어진다는 사실을 반영할 가능성이 있다. 아마도 맥주를 4파인트 마신 사람은 덜 매력적인 대화 상대도 기꺼이 받아들인다는 것으로 보인다.

출력 12.4는 또한 성별의 주 효과도 보여준다. 이 경우 *F* 비가 유의하지 않다($p = .161$로, .05보다 크다). 이 효과는 알코올 섭취량을 무시할 때 참가자의 성별이 대체로 대화 상대의 매력

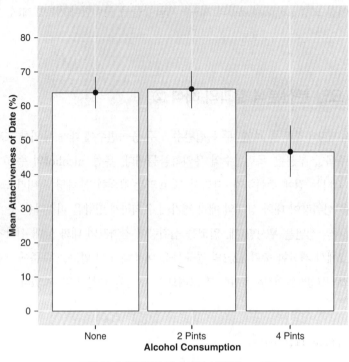

그림 12.6 알코올의 주 효과를 보여주는 그래프

에 영향을 미치지 않았음을 뜻한다. 다른 말로 하면, 다른 조건들이 같다고 할 때 남자들과 여자들이 고른 대화 상대의 매력 수준은 대체로 같다는 결론을 내릴 수 있다. 남성과 여성의 대화 상대 평균 매력의 오차 막대그래프(앞의 자가진단에서 여러분이 직접 작성했으리라 믿는다)를 보면, 이 주 효과의 의미를 눈으로 확인할 수 있다. 그림 12.7은 §12.4.2.1에서 계산한 평균들(출력 12.2)을 그래프로 그린 것이다. 이 그래프를 보면, 남성 참가자들의 대화 상대 평균 매력과 여성 참가자들의 대화 상대 평균 매력이 거의 비슷하다(차이는 4%밖에 되지 않는다). 따라서, 유의하지 않은 이 효과는 평균 매력이 비슷하다는 사실을 반영한다. 이로부터, 다른 모든 조건이 같을 때 남자들과 여자들이 고른 대화 상대의 매력 수준은 대체로 같다는 결론을 내릴 수 있다.

마지막으로, 출력 12.4에는 **gender**의 효과와 **alcohol**의 효과의 상호작용에 관한 정보도 나와 있다. 이 경우 *F* 비는 아주 유의하다(p 값이 .05보다 작다). 이는 대화 상대 선택에 대한 알코올의 효과가 참가자의 성별에 따라 달랐다는 뜻이다. 이 상호작용이 유의하므로, 개별 주 효과를 해석하는 것은 무의미하다. 그림 12.8은 이전에 자가진단에서 작성한 그래프이다. 이 그래프에서 이 상호작용 효과의 본성을 어느 정도 파악할 수 있다.

상호작용은 어떻게 해석하지?

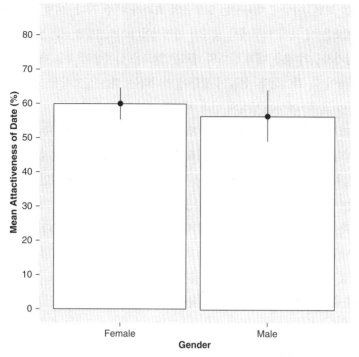

그림 12.7 대화 상대 선택에 대한 성별의 주 효과를 보여주는 그래프

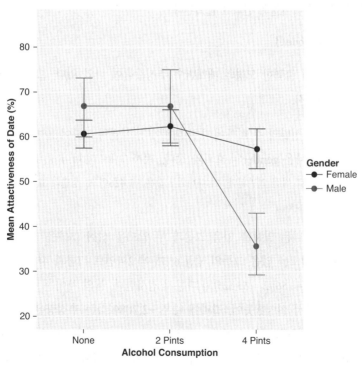

그림 12.8 대화 상대 선택에서 성별과 알코올의 상호작용을 보여주는 그래프

그림 12.8을 보면, 여성에 대해서는 알코올의 효과가 아주 작다. 여성 참가자들이 선택한 대화 상대의 매력은 세 조건 모두에서 상당히 안정적이다(자료점들을 이은 선이 수평선에 가깝다). 그러나 남성 참가자들의 경우 대화 상대의 매력은 알코올 섭취량이 적을 때만 안정적이다. 4파인트에서는 매력이 뚝 떨어진다. 선들이 평행이 아니라는 점은 상호작용 효과가 유의함을 암시한다. 특히, 이 그래프에서는 남성의 선과 여성의 선이 아예 교차한다. 이 선들을 보면, 남녀 모두 2파인트까지는 알코올이 대화 상대 선택에 별 영향을 주지 않았다는 점과 4파인트에서는 알코올의 영향이 남성에서 두드러지게 나타났음을 알 수 있다. 정리하자면, 이 그래프는 여성은 알코올 섭취량과 무관하게 대화 상대 선택에 높은 기준을 유지했지만 남성은 맥주 몇 잔을 마신 후에는 누구든 좋다는 마음이 되었음을 보여준다. 이 예제에서 한 가지 흥미로운 점은, 앞에서는 우리가 알코올이 대화 상대 선택에 유의하게 영향을 미친다는(alcohol 변수의 주 효과) 결론을 내렸지만, 상호작용 항을 살펴보니 그것이 오직 남자들에 대해서만 참이라는(여자들은 영향을 받지 않는 것으로 보인다) 점을 알게 되었다는 것이다. 이것이 주 효과들이 관여하는 상호작용이 유의할 때는 주 효과들을 해석하지 말아야 하는 이유이다.

12.5.9 대비의 해석 ②

다음 명령을 실행하면 대비들의 결과가 출력된다.

```
summary.lm(gogglesModel)
```

출력 12.5에 이 명령이 출력한 모형의 매개변수 추정값들이 나와 있다. 그럼 분석 결과의 각 효과를 차례로 살펴보자.

- **gender1**: 이것은 성별의 주 효과에 대한 대비이다. 성별의 그룹이 둘밖에 없으므로, 이것은 출력 12.4에 나온 **gender**의 효과와 같다. (문자 그대로 '같다'. t 통계량과 F 통계량은 $F = t^2$이라는 관계식으로 직접 연관된다. 이 대비의 t 값은 -1.426이고, 성별의 효과의 F 값은 $-1.426^2 = 2.03$이다.)

- **alcohol1**: 이 대비는 알코올 없음 그룹과 두 알코올 섭취 그룹을 비교한다. 구체적으로, 이 비교는 알코올 없음 그룹의 평균(63.75)이 2파인트 그룹과 4파인트 그룹을 결합한 평균$((64.69 + 46.56)/2 = 55.625)$과 다른지 검사한다. 둘의 차이는 -8.125이다($55.63 - 63.75$). 제10장에서 설명했듯이, 결과에 나온 -2.708이라는 추정량은 이 차이를 대비에 관여한 그룹들의 수로 나눈 것이다($-8.125/3 = -2.708$). p 값은 .006인데, .05보다 작으므로 이 차이는 유의하다. 따라서, 양이 얼마이든, 알코올 섭취는 선택한 대화 상대의 매력

을 낮춘다는(알코올을 섭취하지 않을 때에 비해) 결론을 내릴 수 있다. 물론 이는 오해의 소지가 있는 결론이다. 왜냐하면, 알코올 없음 그룹의 평균과 2파인트 그룹의 평균이 아주 비슷하므로(63.75와 64.69), 2파인트를 마셨다고 해서 선택된 대화 상대의 매력이 아주 많이 떨어지지는 않았기 때문이다. 이 대비의 결과가 유의하게 나온 이유는, 이것이 2파인트 효과와 4파인트의 효과의 결합을 알코올 없음과 비교했기 때문이다. 4파인트의 효과가 꽤 컸기 때문에, 전체적인 평균 매력이 크게 떨어졌다. 이 예는 대비 결과를 조심스럽게 해석해야 하는 이유를 보여준다. 한 대비만 보고 판단할 것이 아니라, 그다음 대비도 살펴봐야 한다.

- **alcohol2:** 이 대비는 2파인트 그룹의 평균(64.69)이 4파인트 그룹의 평균(46.56)과 유의하게 다른지 검사한다. 둘의 차이는 −18.13이다(46.56 − 64.69). 제10장에서 설명했듯이, 결과에 나온 9.06이라는 추정량은 이 차이를 대비에 관여한 그룹들의 수로 나눈 것이다(−18.13/2 = 9.06). p 값이 .05보다 작은 .000이므로 이 차이는 유의하다. 2파인트를 섭취했을 때에 비해 4파인트를 섭취했을 때 선택된 대화 상대의 매력이 유의하게 떨어졌다고 결론지을 수 있다.

- **gender1:alcohol1:** 이 대비는 앞에서 설명한 **alcohol1**의 효과가 성별에 따라 다른지 검사한다. 즉, 이 대비는 알코올 없음에 비해 알코올 섭취가 대화 상대의 매력에 미치는 영향이 참가자가 남자일 때와 참가자가 여자일 때 다른지 살펴본다. 해당 p 값이 .010이므로, 이 차이는 유의하다. 즉, 대화 상대 선택에 대한 알코올 대 알코올 없음의 효과는 성별에 따라 유의하게 다르다. 그림 12.9의 왼쪽 그래프가 이 대비에 해당한다. 그래프의 'Alcohol' 그룹은 2파인트 그룹과 4파인트 그룹을 결합한 것이다. 여성의 경우 알코올 없음 그룹과 알코올 섭취 그룹의 평균 차이는 60 − 60.625 = −0.625이다(그래프의 수평에 가까운 선은 이 작은 차이를 반영한 것이다). 남성의 경우 두 평균의 차이는 51.25 − 66.875 = −15.625이다(그래프의 아래로 기울어진 선은 이 음의 차이를 반영한 것이다). 이 대비는 −0.625(여성의 그룹 평균 차이)가 −15.625(남성의 그룹 평균 차이)와 유의하게 다른지 검사한다. 그래프에서 이는 남성의 선과 여성의 선이 기울기가 다른지에 해당한다.

- **gender1:alcohol2:** 이 대비는 앞에서 설명한 **alcohol1**의 효과가 성별에 따라 다른지 검사한다. 즉 이 대비는 알코올을 2파인트 섭취했을 때와 알코올을 4파인트 섭취했을 때의 대화 상대 매력의 차이가 참가자가 남자일 때와 참가자가 여자일 때 다른지 살펴본다. 해당 p 값이 .000이므로, 이 차이는 유의하다. 즉, 대화 상대 선택에 대한 알코올 2파인트 대 알코올 4파인트의 효과는 성별에 따라 유의하게 다르다. 그림 12.9의 오른쪽 그래프가 이 대비에 해당한다. 여성의 경우 2파인트 그룹과 4파인트 그룹의 평균 차이는 57.50

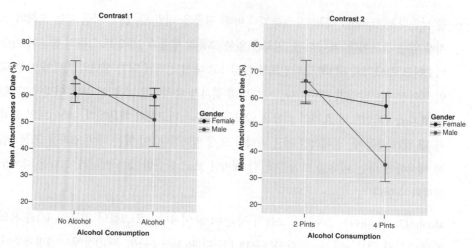

그림 12.9 맥주 안경 자료의 대비들에 관한 그래프

− 62.50 = −5이다(그래프의 선이 아래로 조금 기울었다). 남성의 경우 두 평균의 차이는 35.625 − 66.875 = −31.25이다(그래프의 선이 여성보다 더 급하게 아래로 기울었다). 이 대비는 −5(여성의 그룹 평균 차이)가 −31.25(남성의 그룹 평균 차이)와 유의하게 다른지 검사한다. 그래프에서 이는 남성의 선과 여성의 선이 기울기가 다른지에 해당한다.

출력 12.5

```
Coefficients:
                   Estimate Std. Error t value Pr(>|t|)
(Intercept)         58.333       1.315  44.351  < 2e-16   ***
gender1             -1.875       1.315  -1.426  0.161382
alcohol1            -2.708       0.930  -2.912  0.005727  **
alcohol2            -9.062       1.611  -5.626  1.37e-06  ***
gender1:alcohol1    -2.500       0.930  -2.688  0.010258  *
gender1:alcohol2    -6.562       1.611  -4.074  0.000201  ***
```

12.5.10 단순효과분석 ③

하나의 상호작용 항을 더 작은 요소들로 분해할 때 흔히 쓰이는 기법으로 **단순효과분석**(simple effects analysis)이 있다. 이 분석은 한 독립변수의 효과를 다른 독립변수의 개별 수준들에서 살펴본다. 예를 들어, 맥주 안경 자료라면 알코올의 각 수준에서 성별의 효과를 살펴보는 것이 하나의 단순효과분석에 해당한다. 이 단순효과분석에서는 먼저 알코올 없음 조건에서 남자들이 선택한 대화 상대들의 평균 매력을 여자들이 선택한 대화 상대들의 평균 매력과 비교하고, 2파인트 조건에서 같은 비교를 수행하고, 마지막으로 4파인트 조건에서 같은 비교를 수행한다. 다른 방식으로 설명하자면, 이는 그림 12.8에 나온 그래프의 검은색 점들을 각각 해당 파란색 점과 비교하는 것과 같다. 알코올 없음과 2파인트 조건에서는 두 점의 높이가 거의 비슷하므로 남성과 여성의 차이가 거의 없다고 할 수 있지만, 4파인트 조건에서는 검은색 점과 파란색 점이 꽤 떨어져 있으므로 성별에 따른 차이가 크다고 할 수 있다. 이러한 비교를, 남성에 대해 알코올 없음, 2파인트, 4파인트 조건에서의 평균 매력을 비교하는 분석을 실행하고, 그런 다음 여성에 대해 같은 분석을 따로 실행하는 방식으로 수행할 수도 있다. (이는 남성의 알코올 효과에 대해 일원 분산분석을 실행한 후 여성의 알코올 효과에 대해 또 다른 일원 분산분석을 실행하는 것과 조금 비슷하다.)

올리버 트위스티드

선생님, 그거 더 가르쳐 주세요….
단순효과분석이요!

"단순효과분석을 내 손으로 직접 계산해서 친구들을 놀라게 하겠어!"라고 올리버가 떠벌린다. 올리버야, 구체적인 계산 방법을 몰라도 단순효과분석을 실행할 수 있단다. 그렇지만 그렇게 의욕을 보인 것이 기특해서, 계산 방법을 설명하는 보충 자료를 부록 웹사이트에 올려 두었다.

R의 영혼의 조언 12.2　　R의 단순효과분석 ③

안타깝게도 R로는 단순효과분석을 수행하기가 쉽지 않다. 우선 필요한 것은 관심 있는 변수들을 하나의 요인으로 병합하는 변수를 데이터프레임에 만드는 것이다. 다른 말로 하면, 알코올 섭취량과 성별을 데이터프레임 안의 **alcohol**과 **gender**라는 개별 변수로 두는 것으로 그치는 것이 아니라, **alcohol**의 모든 수준과 **gender**의 모든 수준을 조합한 여섯 그룹을 부호화하는 새로운 변수를 만들어야 한다. 다음은 이를 위해 *gl()* 함수를 이용해서 각각 8개의 사례를 담는 6개의 그룹에 해당하는 *simple*이라는 변수를 기존 데이터프레임에 추가하는 명령이다.

```
gogglesData$simple<-gl(6,8)
```

이제 *factor()* 함수를 이용해서 이 여섯 그룹에 적절한 이름표를 배정한다.

```
gogglesData$simple<-factor(gogglesData$simple, levels = c(1:6), labels =
c("F_ None","F_2pints", "F_4pints","M_None","M_2pints", "M_4pints"))
```

여기까지 마치면 데이터프레임의 자료는 다음과 같은 모습이다(지면 관계상 일부 사례는 생략했다).

```
  gender alcohol attractiveness    simple
1 Female    None              65   F_None
2 Female    None              70   F_None
...         ...              ...      ...
9 Female 2 Pints              70 F_2pints
```

```
10  Female  2 Pints          65  F_2pints
...    ...      ...           ...     ...
17  Female  4 Pints          55  F_4pints
18  Female  4 Pints          65  F_4pints
...    ...      ...           ...     ...
25  Male    None             50   M_None
26  Male    None             55   M_None
...    ...      ...           ...     ...
33  Male    2 Pints          45  M_2pints
34  Male    2 Pints          60  M_2pints
...    ...      ...           ...     ...
47  Male    4 Pints          45  M_4pints
48  Male    4 Pints          40  M_4pints
```

참가자가 남자(M)인지 여자(F)인지, 그리고 알코올을 얼마나 섭취했는지를 나타내는 부호들을 담은 *simple*이라는 변수가 추가되었음을 확인할 수 있다.

다음으로는 표준적인 계획된 대비 규칙에 근거해 이 여섯 그룹을 적절히 분할해서 대비들을 설정한다. 그림 12.10에 gender의 단순효과분석을 위해 이 그룹들을 다섯 개의 대비로 분할한 구성이 나와 있다. 대비 1은 알코올 없음을 알코올 섭취(2파인트와 4파인트 조합)와 비교한다. 이 두 변동 '조각'들이 남녀 그룹들로 구성되어 있으므로, 이후의 대비에서 이들을 좀 더 분해할 필요가 있다. 예를 들어 대비 1의 알코올 없음 조각은 알코올을 섭취하지 않은 남자들('0 남')과 알코올을 섭취하지 않은 여자들('0 여')로 구성되고, 알코올 섭취 조각은 2파인트를 마신 남자, 여자들('2 남'과 '2 여')과 4파인트를 마신 남자, 여자들('4 남'과 '4 여')로 구성된다. 대비 2는 알코올 섭취 '조각'을 2파인트 대 4파인트의 비교로 분할한다. 이 단계에서도 두 조각 모두 해당 남, 여 그룹들로 구성되어 있음을 기억하기 바란다. 대비 3은 알코올 없음 '조각'을 성별로 분할해서 비교한다. 이 비교는 알코올을 섭취하지 않았을 때의 성별의 단순효과분석에 해당한다. 대비 4는 대비 2의 2파인트 '조각'을 남, 여 조각으로 분할해서 해당 변동들을 비교한다. 이는 2파인트를 섭취했을 때의 성별의 단순효과분석이다. 마지막으로, 대비 5는 대비 2의 4파인트 '조각'을 분해해서 해당 남, 여 조각을 비교한다. 이 비교는 4파인트를 섭취했을 때의 성별의 단순효과분석이다. 제10장 내용을 기억하고 있다면, 이 대비들이 직교 대비 규칙들을 만족한다는 점과 그림 12.10 하단에 나온 가중치들이 이 대비 설계와 부합한다는 점을 알 수 있을 것이다.

R에서 이 대비들을 실행하기 위해, 우선 대비마다 하나씩 총 다섯 개의 변수를 만든다. 각 변수는 해당 대비의 그룹 가중치(부호)들을 담는다. (데이터프레임에서 그룹들의 순서가 여성 알코올 없음, 여성 2파인트, 여성 4파인트, 남성 알코올 없음, 남성 2파인트, 남성 4파인트임을 기억하기 바란다. 이 순서에 맞게 가중치들을 설정해야 한다.) 다음이 그러한 다섯 변수를 생성하는 명령들이다. 변수 이름에 대비의 의미(무엇을 무엇과 비교하는지)가 반영되어 있다.

```
alcEffect1<-c(-2, 1, 1, -2, 1, 1)
alcEffect2<-c(0, -1, 1, 0, -1, 1)
gender_none<-c(-1, 0, 0, 1, 0, 0)
gender_twoPint<-c(0, -1, 0, 0, 1, 0)
gender_fourPint<-c(0, 0, -1, 0, 0, 1)
```

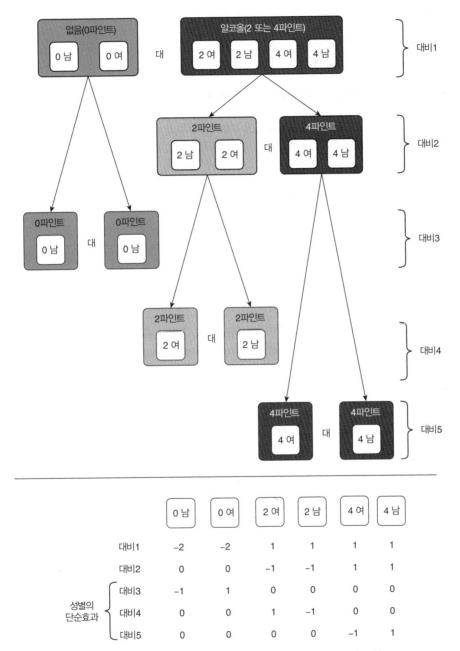

그림 **12.10** 맥주 안경 자료의 단순효과분석을 위한 대비 및 가중치 구성

	0 남	0 여	2 여	2 남	4 여	4 남
대비1	−2	−2	1	1	1	1
대비2	0	0	−1	−1	1	1
대비3	−1	1	0	0	0	0
대비4	0	0	1	−1	0	0
대비5	0	0	0	0	−1	1

성별의 단순효과: 대비3, 대비4, 대비5

다음으로, 이 변수들을 *simpleEff*라는 하나의 객체로 묶는다.

```
simpleEff<-cbind(alcEffect1, alcEffect2, gender_none, gender_twoPint,
gender_fourPint)
```

이제 이 객체를 **simple** 변수에 대한 대비로 설정한다.

```
contrasts(gogglesData$simple)<-simpleEff
```

다음으로, **simple**로부터 **attractiveness**를 예측하는 새 모형을 생성한다(기억하겠지만, **simple**은 기본적으로 알코올의 효과와 성별의 효과를 담고 있지만, 대비들이 적절히 설정되어 있기 때문에 분산분석을 실행하면 단순효과분석이 실행된다).

```
simpleEffectModel<-aov(attractiveness ~ simple, data = gogglesData)
```

마지막으로, 이 모형으로 *summary.lm()* 함수를 실행하면 대비들의 결과가 출력된다.

```
summary.lm(simpleEffectModel)
```

함수의 출력에는 다섯 대비의 매개변수 추정값들이 있다. 각 단순효과의 유의확률을 살펴보면, 알코올을 섭취하지 않았을 때 남자들과 여자들의 차이는 유의하지 않았다($p = .177$). 2파인트를 섭취했을 때도 성별에 따른 차이가 유의하지 않았다($p = .34$). 그러나 4파인트를 섭취했을 때의 차이는 $p < .001$로 아주 유의했다(상호작용 그래프로 볼 때, 이는 남자들의 평균이 여자들의 평균보다 훨씬 낮다는 사실을 반영한다).

```
Coefficients:
                      Estimate Std. Error t value Pr(>|t|)
(Intercept)            58.333     1.315   44.351  < 2e-16 ***
simplealcEffect1       -2.708     0.930   -2.912  0.00573 **
simplealcEffect2       -9.062     1.611   -5.626 1.37e-06 ***
simplegender_none       3.125     2.278    1.372  0.17742
simplegender_twoPint    2.188     2.278    0.960  0.34243
simplegender_fourPint -10.938     2.278   -4.801 2.02e-05 ***
```

12.5.11 사후 분석 ②

alcohol 변수의 수준은 셋이므로, 구체적으로 어떤 그룹들이 서로 다른지 알려면 사후검정이 필요하다. 다시 강조하지만, 알코올과 성별의 상호작용이 유의하므로, 앞에서 관찰한 알코올의 유의한 주 효과는 해석하지 말아야 한다. 따라서, 이번 절의 내용은 단지 사후검정이 필요하다면 이런 식으로 실행하면 된다는 점을 알려주기 위한 것일 뿐이다. 만일 이것이 진짜 연구였다면, 나는 **alcohol**에 대한 사후검정을 생략하고 상호작용 효과에 집중했을 것이다.

제10장에서 보았듯이, 본페로니 사후검정은 *pairwise.t.test()* 함수로 실행할 수 있고 투키 사후검정은 *glht()* 함수로 실행할 수 있다. 이 함수들의 세부사항은 제10장을 참고하기 바란다. 다음은 알코올에 대해 두 사후검정을 수행하고 그 결과를 출력하는 명령들이다.

```
pairwise.t.test(gogglesData$attractiveness, gogglesData$alcohol, p.adjust.
method = "bonferroni")
postHocs<-glht(gogglesModel, linfct = mcp(alcohol = "Tukey"))
summary(postHocs)
confint(postHocs)
```

이 명령들의 결과가 출력 12.6(본페로니)과 12.7(투키)에 나와 있다. 두 검정 모두 **alcohol**의 주효과를 분할해서 비교한다. 그 결과는 **alcohol** 변수에 대해 일원 분산분석을 수행했을 때와 같은 방식으로 해석할 수 있다(즉, 보고된 알코올의 효과들을 성별을 기준으로 해석한다). 본페로니 검정과 투키 검정 모두 같은 패턴의 결과를 보였다. 두 경우 모두, 알코올을 섭취하지 않은 참가자들과 2파인트 섭취한 참가자들이 선택한 대화 상대의 매력은 비슷했다. 그러나, 4파인트를 소비했을 때는 2파인트를 섭취했을 때보다 유의하게($p < .001$) 덜 매력적인 상대를 선택했으며, 알코올을 섭취하지 않았을 때에 비해서도 유의하게($p < .001$) 덜 매력적인 상대를 선택했다. 흥미로운 점은, 알코올 없음 조건과 2파인트 조건의 상대방 평균 매력들이 아주 비슷하며, 그런 평균 차이가 나올 확률이 거의 1이라는(즉, 거의 항상 그런 평균 차이가 나올 것이라는) 점이다.

출력 12.6

```
     Pairwise comparisons using t tests with pooled SD
data:  gogglesData$attractiveness and gogglesData$alcohol

        None    2 Pints
2 Pints 1.00000 -
4 Pints 0.00024 0.00011

P value adjustment method: bonferroni
```

출력 12.7

```
     Simultaneous Tests for General Linear Hypotheses

Multiple Comparisons of Means: Tukey Contrasts

Fit: aov(formula = attractiveness ~ gender + alcohol + gender:alcohol,
    data = gogglesData)

Linear Hypotheses:
                       Estimate Std. Error t value Pr(>|t|)
2 Pints - None == 0      0.9375     3.2217   0.291    0.954
4 Pints - None == 0    -17.1875     3.2217  -5.335 1.01e-05 ***
4 Pints - 2 Pints == 0 -18.1250     3.2217  -5.626  < 1e-05 ***
```

```
---
Signif. codes:  0 '***' 0.001 '**' 0.01 '*' 0.05 '.' 0.1 ' ' 1
(Adjusted p values reported -- single-step method)

> confint(postHocs)

        Simultaneous Confidence Intervals

Multiple Comparisons of Means: Tukey Contrasts

Fit: aov(formula = attractiveness ~ gender + alcohol + gender:alcohol,
    data = gogglesData)

Quantile = 2.4303
95% family-wise confidence level

Linear Hypotheses:
                         Estimate      lwr       upr
2 Pints - None == 0       0.9375   -6.8921    8.7671
4 Pints - None == 0     -17.1875  -25.0171   -9.3579
4 Pints - 2 Pints == 0  -18.1250  -25.9546  -10.2954
```

12.5.12 전체적인 결론 ②

이상의 분석을 요약하자면, 우리는 참가자들이 선택한 대화 상대의 매력에 알코올이 영향을
미친다는 결론을 내려야 마땅하다. 전체적으로 볼 때, 비교적 적은 양의 알코올을 섭취했을 때
(맥주 2파인트) 남, 녀 모두 자신의 판단 기준을 잘 유지하며, 선택된 상대방의 매력 수준들은
대조군(알코올을 섭취하지 않음)에서 별로 벗어나지 않는다. 그러나 알코올을 많이 섭취하면 선
택된 상대방의 매력이 유의하게 감소한다. 이 효과는 소위 '맥주 안경 효과'에 해당한다. 좀 더
흥미로운 점은, 상호작용 항을 살펴볼 때 이러한 맥주 안경 효과에 성별에 따른 차이가 존재
한다는 것이다. 구체적으로 말하자면, 술에 취했을 때 남자들은 덜 매력적인 상대방을 선택할
가능성이 유의하게 더 크다. 반면 여자들은 술에 취해도 자신의 기준을 잘 유지한다. 술을 그
보다 더 많이 마셨을 때 여자들에게도 맥주 안경 효과가 두드러지게 나타날 것인지는 아직 알
수 없다.

12.5.13 요인 분산분석의 그래프들 ②

이전 두 장에서 보았듯이, *aov()* 함수는 자동으로 몇 가지 그래프를 생성하며, 그 그래프들은
분석의 가정들을 점검하는 데 유용하다. 다음 명령을 실행하면 그 그래프들을 볼 수 있다.

```
plot(gogglesModel)
```

그중 중요한 두 그래프가 그림 12.11에 나와 있다. 첫 그래프(왼쪽)로는 분산의 동질성을 점검할 수 있다. 만일 점들이 깔때기 모양으로 퍼져 있으면 문제가 있는 것이다. 실제로 그래프의 점들은 깔때기 모양이다(일부 점수들이 다른 점수들보다 더 넓게 퍼져 있다). 이런 형태는 잔차들에 이분산성이 존재함을 암시한다(이는 나쁜 일이다). 둘째 그래프(오른쪽)는 Q-Q 그림(제5장)이다. 이 그래프로는 모형의 잔차들의 정규성을 점검할 수 있다. 잔차들이 정규분포를 따라야 하는데, 그런 경우 그래프의 점들은 대각선을 따라 모여 있다. 실제로 그래프의 점들은 대각선을 따라 모여 있으므로, 잔차(오차)들이 정규분포를 따른다고 가정할 수 있다.

12.6 상호작용 그래프의 해석 ②

상호작용은 매우 중요하며, 상호작용을 이해할 때 관건은 상호작용 그래프를 제대로 해석하는 것이다. 이번 장에서 맥주 안경 효과 예제에 대해 요인 분산분석을 실행할 때 상호작용 그래프를 본 적이 있다. 그림 12.8이 바로 그것인데, 그때 우리는 알코올을 섭취하지 않았을 때와 2파인트 섭취했을 때는 남자들과 여자들이 선택한 상대방의 매력에 별 차이가 없지만, 4파인트를 섭취했을 때는 여자들보다 남자들의 기준이 유의하게 낮아졌다는 사실이 그 그래프에 반영되어 있다는 결론을 내렸다. 만일 요인 분산분석의 결과로 그림 12.12와 같은 상호작용 그래프가 나왔다면 어떻게 해석해야 할까? 이번에도 유의한 상호작용 효과가 존재할까?

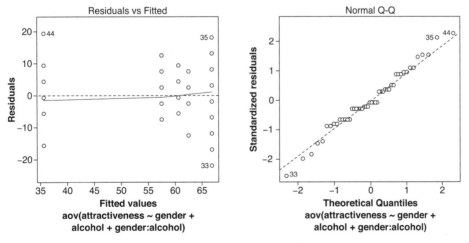

그림 12.11 맥주 안경 모형의 그래프들

이 경우에도 상호작용의 효과는 유의하다. 알코올 없음과 4파인트 조건에서는 각각 대화 상대의 매력에 남녀 차이가 별로 없지만, 2파인트 조건에서는 차이가 크다. 이는 4파인트 조건에서 맥주 안경 효과가 남녀 모두에게 동일하게 나타나고 알코올 없음에서는 남녀 모두 맥주 안경 효과가 없지만, 2파인트로 넘어오면서 남자들에게서 효과가 더욱 두드러진(반면 여자들은 4파인트 이전까지는 자신의 선택 기준을 유지하는) 상황에 해당한다(남녀 모두, 4파인트 지점에서는 씻지 않은 스컹크와도 기꺼이 데이트할 것이다). 또 다른 예로, 그림 12.13에는 유의한 상호작용이 존재할까?

그림 12.13이 표시하는 자료에서는 알코올의 효과가 남녀 모두 동일하므로, 유의한 상호작용이 없을 가능성이 크다. 이 경우 남녀 모두 알코올 없음 조건에서는 대화 상대의 매력이 상당히 높고, 2파인트 이후에는 대화 상대의 평균 매력이 남녀 모두 비슷한 정도로 낮아졌다(남성의 선과 여성의 선의 기울기가 거의 같다). 4파인트에서는 평균 매력이 더욱 떨어졌는데, 이때도 그 변화의 정도는 남성과 여성이 비슷하다(이번에도 두 선의 기울기가 거의 비슷하다). 남성의 선들이 여성의 선들보다 밑에 있다는 점은 모든 조건에서 남성의 선택 기준이 여성의 것보다 더 낮다는 사실을 반영한 것이다. 이는 성별의 주 효과(즉, 모든 알코올 섭취량 수준에서 대체로 남자들이 여자들보다 덜 매력적인 상대를 선택한다)를 반영한 것이다. 이상의 예들에서 다음과 같은 두 가

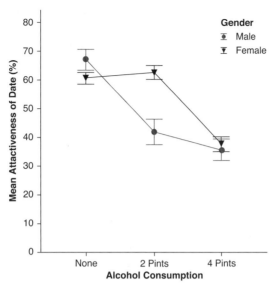

그림 12.12 상호작용 그래프의 또 다른 예

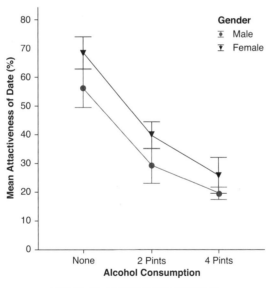

그림 12.13 상호작용 '부재' 그래프의 예

지 일반적인 요점을 뽑아낼 수 있다.

- 상호작용 그래프에서 선들이 수평이 아니면 상호작용이 유의할 가능성이 있다. 가능성
  이 있을 뿐이지 반드시 그렇다는 것은 아님을 주의하기 바란다. 정말로 상호작용이 유의
  한지는 선들이 평행에서 얼마나 벗어났는지에 달려 있다.

- 상호작용 그래프의 선들이 평행하지 않을 뿐만 아니라 아예 교차한다면, 상호작용이 유의할 가능성이 아주 크다. 그러나, 사람들이 흔히 믿는 바와는 달리, 상호작용 그래프의 선들이 교차한다고 해서 항상 상호작용이 유의한 것은 아니다.

더 나아가서, 종종 사람들은 선 그래프 대신 막대 그래프를 그리기도 하는데, 막대 그래프에서도 상호작용을 확인할 수 있다. 그림 12.14에 두 변수의 상호작용을 보여주는 몇 가지 막대 그래프가 나와 있다. 패널 (a)와 (b)는 이번 장 예제 자료의 막대 그래프들이다(여러분도 한번 그려 보기 바란다). 이들은 같은 자료를 서로 다른 두 가지 방식으로 표시할 수 있다는 점을 보여준다. 패널 (a)는 알코올 섭취 수준들을 x 축에 두고, 남성의 평균과 여성의 평균을 각자 다른 색깔의 막대로 표시했다. 반면 패널 (b)는 성별을 x 축에 두고 알코올 섭취량을 서로 다른 색깔로 표시했다. 두 그래프 모두 상호작용 효과를 보여준다. 이를 확인하려면 색이 다른 막대들의 차이가 x 축의 서로 다른 지점들에서 다른지 봐야 한다. 패널 (a)의 경우에는 'None' (알코올 없음) 지점에 있는 짙은 막대와 옅은 막대의 차이를 2 지점에 있는 짙은 막대와 옅은 막대의 차이와 비교해야 한다. 알코올 없음과 2파인트 모두, 옅은 막대와 짙은 막대의 차이는 거의 같다. 따라서 상호작용은 없다고 할 수 있다. 그러나 4파인트 지점의 옅은 막대와 짙은 막

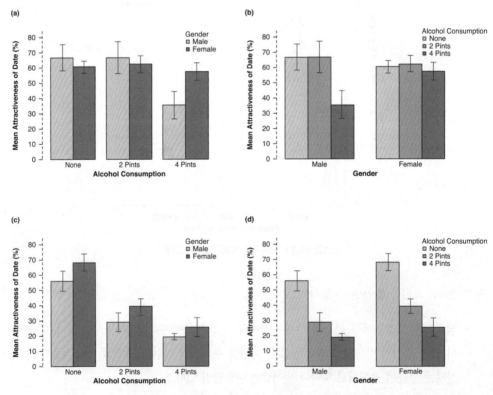

그림 12.14 두 변수의 상호작용을 보여주는 막대 그래프들

대의 차이를 다른 지점들의 해당 차이들과 비교해 보면, 이번에는 차이들이 같지 않음을 확인할 수 있다. 알코올 없음과 2파인트 지점에서는 옅은 막대와 짙은 막대가 거의 같은 높이지만, 4파인트에서는 짙은 막대가 옅은 막대보다 훨씬 높다. 이처럼 반응 패턴이 4파인트에서 변했다는 점은 상호작용의 존재를 말해준다. 패널 (b)는 같은 자료를 축들을 바꾸어서 표시한 것이다. 이 경우에도 반응 패턴을 살펴봐야 한다. 'Male'(남성) 지점을 보면, 처음 두 막대는 높이가 비슷하지만 마지막 것은 훨씬 짧다. 그와는 달리, 'Female'(여성) 지점의 막대들은 높이가 모두 비슷하다. 이러한 차이는 상호작용의 존재를 암시한다.

자가진단

✓ 패널 (c)와 (d)에 대해서도 같은 방식으로 상호작용의 존재를 추측하라.

패널 (c)와 (d)도 같은 자료(이번 장 예제와는 같지 않은 어떤 자료)를 다른 방식으로 표시한 것이다. 패널 (c)부터 보면, 알코올 없음 지점에서 짙은 막대가 옅은 막대보다 조금 크다. 2파인트 지점 역시 짙은 막대가 조금 크다. 4파인트로 넘어가면, 이번에도 짙은 막대가 조금 크다. 세 조건 모두, 짙은 막대가 옅은 막대보다 조금 크다는 동일한 패턴을 보인다(즉, 알코올 섭취량과 무관하게 여성이 항상 남성보다 좀 더 매력적인 대화 상대를 고른다). 따라서 두 변수의 상호작용은 존재하지 않는다. 패널 (d)에서도 마찬가지이다. 남성의 경우 알코올을 많이 섭취할수록 대화 상대의 매력 평가 점수가 떨어진다(막대들의 높이가 줄어든다). 여성도 같은 패턴이다. 취할수록 평가가 낮다. 이 역시 상호작용의 부재를 암시한다. 즉, 알코올에 의한 매력 점수의 변화는 남자들에서나 여자들에서나 비슷하다.

12.7 강건한 요인 분산분석

일원 분산분석에서처럼, 윌콕스는 요인분석을 위한 일단의 강건한 절차들을 서술했다(Wilcox, 2005). 윌콕스가 작성한 강건한 요인 분산분석 함수들을 사용하려면 *WRS* 패키지를 설치, 적재해야 한다(§5.8.4. 참고). 이번 절에서 살펴볼 강건한 함수는 다음 네 가지이다.

- **t2way()**: 이 함수는 절사평균을 이용해서 이원 독립 분산분석을 수행한다.
- **mcp2atm()**: 이 함수는 이원 독립 설계에 대해 절사평균에 기초한 사후검정들을 수행한다.
- **pbad2way()**: 이 함수는 위치에 대한 M 측도(이를테면 중앙값)와 부트스트랩을 이용해서 이원 독립 분산분석을 수행한다.

- **mcp2a()**: 이 함수는 위의 함수에 대한 사후검정들을 수행한다.

그런데 이 함수들은 긴 형식이 아니라 넓은 형식의 자료를 요구하기 때문에, 적절한 변환이 필요하다(제3장 참고). 그림 12.15에 기존의 자료 형식(긴 형식)과 이 함수들이 요구하는 형식(넓은 형식)이 나와 있다. 핵심은 두 요인의 수준들을 각각 다른 열에 넣어야 한다는 것이다. 즉, 현재의 3열 48행 데이터프레임을 6열 8행 데이터프레임으로 바꾸어야 한다.

자료를 처음부터 다시 넓은 형식으로 입력할 수도 있지만(R에서 자료의 형식을 바꾸는 데 익숙하지 않은 독자라면 이 방법에 마음이 갈 것이다), 여기서는 *melt()*와 *cast()*를 이용해서 기존 자료의 형식을 바꾸기로 한다. 긴 형식에서 넓은 형식으로 자료를 재구조화하려면 넓은 형식의 행들을 식별하는 변수를 데이터프레임에 추가해야 한다. 그림 12.15를 보면, 넓은 형식의 자료가 **gender**와 **alcohol**의 모든 가능한 조합에 해당하는 여섯 조각(각각 8행)으로 구성되어 있음을 알 수 있다. 현재 데이터프레임에는 모든 매력 점수가 한 열에 쌓여 있는데, 이들을 여덟 개씩 묶어서 옆으로 늘어선 여섯 조각을 만들어야 한다. 이를 위해서는 주어진 점수가 해당 조각의 몇 번째 행에 들어가게 되는지를 R에게 알려주어야 한다. 가장 쉬운 접근 방식은 그러한 행 번호를 담은 변수(이를테면 row)를 만드는 것이다. 다른 말로 하면, 이 변수는 1에서 8까지의 값을 가지며, 그 값들은 점수가 해당 조각의 몇 번째 행인지를(첫 행, 둘째 행, ..., 여덟째 행) 나타낸다. 현재 데이터프레임에서 점수들은 조각별로 순서대로 쌓여 있으므로, 1에서 8까지의 값이 여섯 번 반복된 변수를 만들면 된다. 다음은 그러한 변수를 데이터프레임에 추가하는 명령이다.

```
gogglesData$row<-rep(1:8, 6)
```

이 명령은 *rep()* 함수를 이용해서 1에서 8까지의 값이 여섯 번 반복된(*rep(1:8, 6)*) 수치들을 담은 **row**라는 변수를 *gogglesData*에 추가한다. 이제 데이터프레임은 다음과 같은 모습이다(적절히 편집했음).

```
   gender alcohol attractiveness row
1  Female    None             65   1
2  Female    None             70   2
3  Female    None             60   3
4  Female    None             60   4
5  Female    None             60   5
6  Female    None             55   6
7  Female    None             60   7
8  Female    None             55   8
9  Female 2 Pints             70   1
10 Female 2 Pints             65   2
11 Female 2 Pints             60   3
12 Female 2 Pints             70   4
13 Female 2 Pints             65   5
14 Female 2 Pints             60   6
```

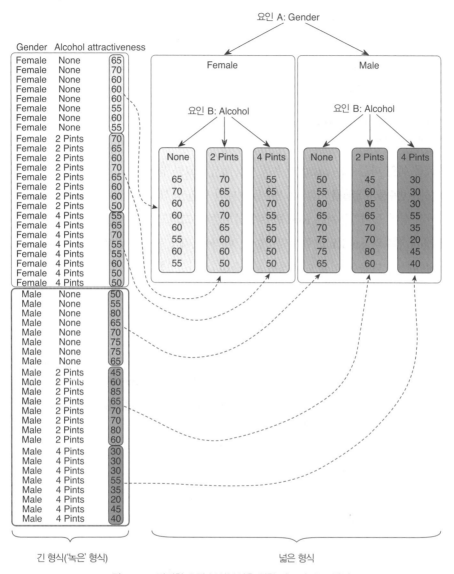

요인 A: Gender

Gender Alcohol attractiveness

Gender	Alcohol attractiveness	
Female	None	65
Female	None	70
Female	None	60
Female	None	60
Female	None	60
Female	None	55
Female	None	60
Female	None	55
Female	2 Pints	70
Female	2 Pints	65
Female	2 Pints	60
Female	2 Pints	70
Female	2 Pints	65
Female	2 Pints	60
Female	2 Pints	60
Female	2 Pints	50
Female	4 Pints	55
Female	4 Pints	65
Female	4 Pints	70
Female	4 Pints	55
Female	4 Pints	55
Female	4 Pints	60
Female	4 Pints	50
Female	4 Pints	50
Male	None	50
Male	None	55
Male	None	80
Male	None	65
Male	None	70
Male	None	75
Male	None	75
Male	None	65
Male	2 Pints	45
Male	2 Pints	60
Male	2 Pints	85
Male	2 Pints	65
Male	2 Pints	70
Male	2 Pints	70
Male	2 Pints	80
Male	2 Pints	60
Male	4 Pints	30
Male	4 Pints	30
Male	4 Pints	30
Male	4 Pints	55
Male	4 Pints	35
Male	4 Pints	20
Male	4 Pints	45
Male	4 Pints	40

긴 형식('녹은' 형식)   넓은 형식

그림 12.15 강건한 요인 분산분석을 위한 자료의 구조 변경

15	Female	2 Pints	60	7
16	Female	2 Pints	50	8

자료의 구조는 아직 변하지 않았다. 단지 **gender**와 **alcohol**의 각 조합에서 해당 점수가 몇 번째 행인지를 1에서 8까지의 값으로 나타내는 **row**라는 변수가 새로 생겼을 뿐이다.

현재 데이터프레임을 넓은 형식으로 만들려면 먼저 *melt()* 함수(§3.9.4 참고)를 이용해서 자료를 "녹여야(melt)" 한다. 기억하겠지만, 이 함수는 점수 또는 측정값 자체를 담은 변수들과 그러한 점수들의 특성을 나타내는 변수들을 구별한다(지금 예에서 **gender, alcohol, row**는 점수 자체가 아니라 점수가 어떤 그룹에 속하는지를 나타내는 용도로 쓰인다. 이들의 조합에 의해 이를테면 '2파인트를 마신 남성 그룹의 첫 점수'가 식별된다). 식별용 변수들은 *id* 옵션으로 지정하고, 측정값들을 담은 변수들은 *measured* 옵션으로 지정한다. 다음은 기존 데이터프레임을 녹여서 *gogglesMelt* 라는 새 데이터프레임을 생성하는 명령이다.

```
gogglesMelt<-melt(gogglesData, id = c("row", "gender", "alcohol"), measured =
c("attractiveness"))
```

자료를 녹인 다음에는 *cast()* 함수를 이용해서 자료를 넓은 형식으로 변환한다. 이때 행들을 지정하는 변수들 ~ 열들을 지정하는 변수들 형태의 변환 공식을 지정해야 한다. 지금 예에서 점수가 어떤 행에 들어가는지는 **row** 변수가 말해준다. 그리고 점수들을 열들로 구분하는 역할은 **alcohol** 변수와 **gender** 변수가 담당한다. 따라서, 지금 필요한 변환 공식은 *row ~ gender + alcohol*이다. 다음은 이를 이용해서 *gogglesWide*라는 넓은 형식의 데이터프레임을 생성하는 명령이다.

```
gogglesWide<-cast(gogglesMelt, row ~ gender + alcohol)
```

이 명령을 실행하면 기존 데이터프레임의 자료를 넓은 형식으로 바꾸어 담은 *gogglesMelt* 라는 데이터프레임이 생성된다. 그런데 원래의 데이터프레임에 **row** 변수를 추가했으므로, 새 데이터프레임에도 그 변수가 있다. 우리가 분석하고자 하는 것은 **alcohol**과 **gender** 뿐이므로, **row**는 삭제하기로 하자. 다음 명령을 실행하면 된다.

```
gogglesWide$row<-NULL
```

이 명령을 실행하면 변수 **row**는 망각의 영역으로 사라진다. 이제 데이터프레임의 내용을 출력하면 자료가 깔끔한 넓은 형식으로 배치되어 있음을 확인할 수 있다.

```
gogglesWide
```

F_None	F_2 Pints	F_4 Pints	M_None	M_2 Pints	M_4 Pints
65	70	55	50	45	30
70	65	65	55	60	30
60	60	70	80	85	30
60	70	55	65	65	55
60	65	55	70	70	35
55	60	60	75	70	20
60	60	50	75	80	45
55	50	50	65	60	40

여기서 중요한 것은 열들의 순서이다. 강건한 분석을 지정하는 방식에 열들의 순서가 영향을 미치기 때문이다. 지금 예제에서 독립변수들의 위계 순서는 **gender**가 우선이고 **alcohol**이 그다음이다. 다른 말로 하면, 점수들은 우선 남성과 여성으로 나뉘고, 남성 그룹과 여성 그룹

안에서는 알코올 섭취량에 따라 세 그룹으로 나뉜다(총 여섯 그룹). 이 경우 **gender**가 요인 A, **alcohol**이 요인 B가 된다. 그림 12.15를 보면 이러한 구성을 이해하기 쉬울 것이다. 열들의 순서에는 이러한 2×3 설계(성별 두 수준을 각각 알코올 섭취량 세 수준으로 분할)가 반영되어 있다. 반대로, 만일 열들이 순서대로 F_None, M_None, F_2 Pints, M_2 Pints, F_4 Pints, M_4 Pints 라면, 이는 3×2 설계(알코올 세 수준을 각각 성별 두 수준으로 분할)에 해당한다. 그러면 요인 A가 **alcohol**이고 요인 B가 **gender**이다.

t2way() 함수의 일반적인 활용 형태는 다음과 같다.

t2way(요인 A의 수준 개수, 요인 B의 수준 개수, 데이터프레임, tr = .2, alpha = .05)

이전에 본 강건한 함수들처럼, 기본 절사 수준은 20%(*tr* = .2)이다. 다른 비율을 원한다면 tr 옵션을 명시적으로 지정해야 한다. 기본 알파 수준은 .05이며, 다른 수준을 원한다면 *alpha* 옵션을 명시적으로 지정해야 한다. 기본 절사 수준과 알파 수준을 사용하는 경우에는 자료를 담은 데이터프레임과 요인 A의 수준 개수(앞에서 설명했듯이 지금 예에서는 2), 요인 B의 수준 개수(지금 예에서는 3)만 지정하면 된다. 따라서, 지금 예에서 절사평균에 기초한 강건한 이원 요인 분산분석을 수행하는 명령은 다음과 같다.

t2way(2,3, gogglesWide)

pbad2way() 함수도 비슷한 형태이다.

pbad2way(요인 A의 수준 개수, 요인 B의 수준 개수, 데이터프레임, est = mom, nboot = 2000)

이전 함수와의 주된 차이는 부트스트랩 표본 개수를 지정하는 *nboot* 옵션(보통의 경우 그냥 기본값인 2000을 사용하면 된다)과 사용할 M 추정량을 지정하는 *est* 옵션이다. 중앙값을 사용하고 싶으면 *est* = *median*을 지정하고, 이상치를 식별, 제거하는 방법을 사용하고 싶으면 *est* = *mom*을 지정하면 된다. 작은 표본들에 대해 *est* = *mom*을 지정하면 오류 메시지가 나올 수 있는데, 그런 경우에는 대신 *est* = *median*을 지정해야 한다. 다음은 부트스트랩 표본 개수를 기본값인 2000으로 두고 *median* 대신 *mom*을 사용해서 지금 예제의 자료에 대해 강건한 요인 분산분석을 실행하는 명령이다.[2]

pbad2way(2,3, gogglesWide, est = mom)

두 명령의 결과가 출력 12.8에 나와 있다. *t2way()*의 결과(출력 12.8의 왼쪽)는 요인 A($Qa)와 요인 B($Qb), 그리고 그 둘의 상호작용($Qab)의 검정통계량과 해당 *p* 값들(각각 $A.p.value,

---

2 중앙값을 사용하고 싶으면 다음 명령을 실행하면 된다.

    pbad2way(2,3, gogglesWide, est = median)

$B.p.value, $AB.p.value)을 보여준다. 요인 A가 성별, 요인 B가 알코올 섭취량임을 기억할 것이다. 이 결과에 따르면, 성별의 주 효과는 $Q = 1.67$, $p = .209$로 유의하지 않았지만 알코올의 주 효과는 $Q = 48.28$, $p = .001$로 유의했고, 성별×알코올 상호작용도 $Q = 26.26$, $p = .001$로 유의했다. 출력의 끝에는 이러한 결과의 근거가 된 절사평균들의 표가 나와 있다. 이 표의 행들은 요인 A(성별)의 두 수준이고 열들은 요인 B(알코올)의 세 수준이다. 예를 들어 2파인트를 마신 여성의 대화 상대 매력 점수들의 절사평균은 63.3이다.

*pbad2way()*의 결과(출력 12.8의 오른쪽)에는 p 값들만 있고 검정통계량은 없지만, 결론은 이전과 같다. 즉, 성별의 주 효과는 유의하지 않았지만($p = .171$) 알코올의 주 효과는 유의했고($p < .001$), 성별×알코올 상호작용도 유의했다($p < .001$).

출력 12.8

t2way()	*pbad2way()*
$Qa [1] 1.666667	$sig.levelA [1] 0.171
$A.p.value [1] 0.209	$sig.levelB [1] 0
$Qb [1] 48.2845	$sig.levelA [1] 5e-04
$B.p.value [1] 0.001	
$Qab [1] 26.25718	
$AB.p.value [1] 0.001	

```
$means
      [,1]     [,2]      [,3]
[1,] 60.0 63.33333 56.66667
[2,] 67.5 67.50000 35.00000
```

이러한 강건한 분석들의 사후검정들을 수행하는 함수들도 이 두 함수와 같은 형태이다. 즉, 요인 A의 수준 개수와 요인 B의 수준 개수, 그리고 데이터프레임을 지정하면 된다. 다음은 20% 절사평균에 기초한 사후검정들을 실행하는 명령이다.[3]

---

3 당연한 말이겠지만, 만일 주 분석들을 20% 이외의 절사 수준으로 수행했다면 사후검정에서도 그에 맞게 절사 수준을 변경해야 한다. 다음은 10% 절사평균을 사용하는 예이다.

```
t2way(2,3, gogglesWide, tr = .1)
mcp2atm(2,3, gogglesWide, tr = .1)
```

```
mcp2atm(2,3, gogglesWide)
```

다음은 M 추정량에 기초한 사후검정을 실행하는 명령이다.[4]

```
mcp2a(2,3, gogglesWide)
```

출력 12.9에 절사평균에 기초한 사후검정(*mcp2atm*)의 결과가 나와 있다. 성별의 주 효과
는 *$Factor.A$test* 항목과 *$Factor.A$psihat* 항목을 보아야 한다. 이들을 해석하는 방법은 크
게 두 가지이다. 하나는 *$Factor.A$test* 항목의 *test* 열의 검정통계량을 *crit* 열의 임계값과 비
교하는 것이다. 만일 검정통계량이 임계값보다 크면 검정 결과가 유의한 것이다($p < .05$ 수준
에서). 지금 예에서 1.29는 2.06보다 작으므로, 결과는 유의하지 않다. 다른 하나는 *$Factor.
A$psihat* 항목의 *psihat* 값과 해당 신뢰구간을 보는 것이다. *p* 값 대신 신뢰구간에 주목하는
이유는, *p* 값과는 달리 이 신뢰구간은 검정의 개수에 맞게 수정된 것이기 때문이다. 지금 예에
서는 신뢰구간에 0이 포함되어 있으므로, 이 검정의 결과는 유의하지 않다. 성별에는 수준이
둘 뿐이므로, 성별에 대한 이러한 사후검정들은 주 분석에서 이미 알아낸 사실을 확인해 줄
뿐이다.

알코올에 대한 사후검정(*$Factor.B$test*와 *$Factor.B$psihat*)은 알코올의 주 효과를 분해한다
는 점에서 좀 더 흥미롭다. 이 경우에는 해석할 대비가 세 개이다. 그런데 이들의 의미를 어떻
게 파악해야 할까? 이 대비들을 해석하려면 출력의 끝에 있는, 요인 A와 요인 B, 그리고 그 상
호작용에 대한 대비 가중치들을 참조해야 한다. [1,] … [6,]이 붙은 여섯 행은 자료의 여섯 열에
해당한다. 즉, 이들은 순서대로 F_None, F_2 Pints, F_4 Pints, M_None, M_2 Pints, M_4 Pints
를 나타낸다. 대비에서는 항상 가중치가 양수인 그룹들을 가중치가 음수인 그룹들과 비교한
다는 점을 기억할 것이다. *$conA*는 요인 A, 즉 성별의 효과에 대한 하나의 대비를 나타낸다(가
중치가 1인 여성 그룹 셋을 가중치가 -1인 남성 그룹 셋과 비교한다). 비슷하게, *$conB*는 요인 B, 즉
알코올의 효과에 대한 세 가지 대비를 나타낸다. 각각의 열이 각각의 대비에 해당한다. 다음은
이를 좀 더 보기 좋은 행렬로 표현한 것이다.

```
          Con1 Con2  Con3
F_None      1    1     0
F_2 Pints  -1    0     1
F_4 Pints   0   -1    -1
M_None      1    1     0
M_2 Pints  -1    0     1
M_4 Pints   0   -1    -1
```

---

[4] M 추정량으로 중앙값을 사용하고 싶다면 다음 명령을 실행해야 한다.

```
mcp2a(2,3, gogglesWide, est = median)
```

기억하겠지만, 가중치가 0인 그룹은 대비에서 제외되며, 가중치가 양수인 그룹(들)과 가중치가 음수인 그룹(들)이 비교된다. 첫 대비(Con1 열)는 2파인트와 알코올 없음을 비교하고, 둘째 대비(Con2 열)는 4파인트와 알코올 없음을, 셋째 대비(Con3 열)는 2파인트와 4파인트를 비교한다.

마지막으로, 상호작용의 가중치들($conAB$)은 알코올의 주 효과에 대한 가중치들과 같되, 남녀의 플러스, 마이너스 부호가 반대이다. 이 대비들은 알코올의 효과에 남녀 차이가 있는지 검사한다. 다른 말로 하면, 예를 들어 대비 1은 2파인트 대 알코올 없음의 차이가 남성과 여성에 대해 다르게 나왔는지 검사한다.

그럼 대비들의 결과를 살펴보자. 먼저 알코올의 주 효과에 대한 대비들의 경우, 대비 1은 유의하지 않고(−0.52는 2.68보다 작으며, *psihat*에 대한 신뢰구간에 0이 포함된다), 대비 2는 유의하며(5.75는 2.65보다 크며, *psihat*에 대한 신뢰구간에 0이 포함되지 않는다), 대비 3도 유의하다(6.18은 2.64보다 크며, *psihat*에 대한 신뢰구간에 0이 포함되지 않는다). 이러한 결과는 4파인트 조건과 알코올 없음, 4파인트 조건과 2파인트 조건의 차이는 둘 다 유의하지만 2파인트와 알코올 없음의 차이는 유의하지 않음을 나타낸다.

상호작용 항에 대한 대비들의 경우에도 같은 의미의 결과가 나왔다. 대비 1은 유의하지 않고(−0.52는 2.68보다 작으며, *psihat*에 대한 신뢰구간에 0이 포함된다), 대비 2는 유의하며(−4.68은 절댓값이 2.65보다 크며, *psihat*에 대한 신뢰구간에 0이 포함되지 않는다), 대비 3도 유의하다(−4.08은 절댓값이 2.64보다 크며, *psihat*에 대한 신뢰구간에 0이 포함되지 않는다). 이러한 결과는 4파인트 조건과 알코올 없음, 4파인트 조건과 2파인트 조건의 차이는 남성과 여성이 다르지만, 2파인트와 알코올 없음의 차이는 남녀가 비슷함을 나타낸다. 전반적으로, 이러한 결과는 이번 장에서 살펴본 주된 요인 분산분석의 해석과 부합한다.

출력 12.9

```
$Factor.A
$Factor.A$test
     con.num     test     crit       se       df
[1,]       1 1.290994 2.065879 7.745967 23.57301

$Factor.A$psihat
     con.num psihat  ci.lower ci.upper   p.value
[1,]       1     10 -6.002228 26.00223 0.2092233

$Factor.B
$Factor.B$test
     con.num      test     crit       se       df
[1,]       1 -0.5203149 2.678921 6.406377 14.50207
[2,]       2  5.7486837 2.647995 6.233311 16.11968
[3,]       3  6.1847459 2.636865 6.332785 16.81814
```

```
$Factor.B$psihat
      con.num    psihat ci.lower ci.upper      p.value
[1,]        1 -3.333333 -20.49551 13.82885 6.106962e-01
[2,]        2 35.833333  19.32755 52.33911 2.905447e-05
[3,]        3 39.166667  22.46796 55.86537 1.047835e-05

$Factor.AB
$Factor.AB$test
      con.num       test     crit       se       df
[1,]        1 -0.5203149 2.678921 6.406377 14.50207
[2,]        2 -4.6791611 2.647995 6.233311 16.11968
[3,]        3 -4.0793005 2.636865 6.332785 16.81814

$Factor.AB$psihat
      con.num     psihat ci.lower  ci.upper      p.value
[1,]        1  -3.333333 -20.49551  13.82885 0.6106961628
[2,]        2 -29.166667 -45.67245 -12.66089 0.0002466289
[3,]        3 -25.833333 -42.53204  -9.13463 0.0007964981

$All.Tests
[1] NA

$conA
     [,1]
[1,]    1
[2,]    1
[3,]    1
[4,]   -1
[5,]   -1
[6,]   -1

$conB
     [,1] [,2] [,3]
[1,]    1    1    0
[2,]   -1    0    1
[3,]    0   -1   -1
[4,]    1    1    0
[5,]   -1    0    1
[6,]    0   -1   -1

$conAB
     [,1] [,2] [,3]
[1,]    1    1    0
[2,]   -1    0    1
[3,]    0   -1   -1
[4,]   -1   -1    0
[5,]    1    0   -1
[6,]    0    1    1
```

출력 12.10은 M 추정량에 기초한 사후검정들(*mcp2a*)의 결과이다. 이 결과의 해석 방법
도 절사평균에 기초한 사후검정 결과의 해석 방법과 같다. *sig.test* 항목의 값이 임계값(*sig.crit*)
보다 작고 해당 신뢰구간에 0이 포함되지 않으면 그 대비는 유의한 것이다. 알코올의 주 효과

의 경우, 4파인트와 알코올 없음, 4파인트와 2파인트의 차이는 둘 다 유의하다. 전자는 $\hat{\psi}$ = 35.80, $p < .001$이고 후자는 $\hat{\psi}$ = 40.80, $p < .001$이다. 그러나 2파인트와 알코올 없음의 차이는 $\hat{\psi}$ = −5, p = .383으로 유의하지 않다. 다음으로, 상호작용 항의 경우 4파인트와 알코올 없음의 차이와 4파인트와 2파인트의 차이는 남녀가 비슷했지만(전자는 $\hat{\psi}$ = 32.23, $p < .001$, 후자는 $\hat{\psi}$ = −27.23, $p < .01$), 2파인트와 알코올 없음의 차이는 남녀가 달랐다($\hat{\psi}$ = −5, p = .318).

출력 12.10

```
$FactorA
     con.num  psihat sig.test sig.crit  ci.lower ci.upper
[1,]       1 14.46429   0.1515    0.025 -10.08929 28.23214

$FactorB
     con.num   psihat sig.test sig.crit  ci.lower ci.upper
[1,]       1 -5.00000   0.3825    0.025 -18.83929 13.24405
[2,]       2 35.80357   0.0000    0.025  20.62500 51.84524
[3,]       3 40.80357   0.0000    0.025  21.25000 55.20833

$Interactions
     con.num    psihat sig.test sig.crit  ci.lower   ci.upper
[1,]       1  -5.00000   0.3180    0.025 -19.37500  12.500000
[2,]       2 -32.23214   0.0005    0.025 -45.20833 -13.750000
[3,]       3 -27.23214   0.0015    0.025 -41.96429  -9.583333
```

올리버 트위스티드

선생님, 그거 더 가르쳐 주세요…. 강건한 방법이요!

"이 강건한 검정들, 너무 쉬운 거 아냐?"라고 올리버가 눈에 광기를 띄고는 침을 튀긴다. 올리버 옆에 있는 빈 그릇에는 조금 전까지만 해도 식품첨가제와 설탕이 듬뿍 든 간식거리로 가득했다. "여기에 세 번째 독립변수를 추가하고, 마법의 수 페렛이 내 두개골을 뚫고 뇌를 핥게 만들겠어!" 이런, 올리버가 정신이 나갔나 보다. 부록 웹사이트의 보충자료를 읽고 강건한 삼원 독립 분산분석 수행 방법을 공부하다 보면 여러분도 정신이 나갈지 모른다. 운이 좋다면 페렛이 여러분의 뇌를 핥을 것이고, 그렇지 않아도 적어도 두통은 생길 것이다.

12.8 효과크기 계산 ③

이전 장들(이를테면 §11.6)에서 보았듯이, 오메가제곱(ω^2)을 효과크기의 측도로 사용할 수 있다. 그런데 요인 설계에서는 ω^2의 계산이 다소 번거롭다('다소'는 나의 특징적인 과소평가 중 하나이다!). 항상 그렇듯이 하웰이 이에 관련된 복잡함을 [Howell, 2006]에서 훌륭하게 설명했다(그는 또한 다양한 상황에 대한 여러 구성요소를 요약한 멋진 표도 제공했다). 그의 논의를 최대한 압축하자면, 오메가제곱을 구하려면 각 효과(지금 예에서는 두 주 효과와 상호작용 항)와 오차가 설명하는 변동의 양들을 구하고, 그것들을 이용해서 각각의 효과크기를 계산해야 한다. 첫 주 효과를 *A*, 둘째 주 효과를 B, 그 둘의 상호작용 효과를 $A \times B$로 표기할 때, 변동에서 이들이 차지하는 부분은 각 효과의 평균제곱(MS)과 해당 표본 크기에 기초한다.

$$\hat{\sigma}_{\alpha}^2 = \frac{(a-1)(\mathrm{MS}_A - \mathrm{MS}_R)}{nab}$$

$$\hat{\sigma}_{\beta}^2 = \frac{(b-1)(\mathrm{MS}_B - \mathrm{MS}_R)}{nab}$$

$$\hat{\sigma}_{\alpha\beta}^2 = \frac{(a-1)(b-1)(\mathrm{MS}_{A \times B} - \mathrm{MS}_R)}{nab}$$

이 수식들에서 a는 첫 독립변수의 수준 개수이고 b는 둘째 독립변수의 수준 개수, n은 각 조건의 참가자 수이다.

또한 총(total) 변동도 추정해야 하는데, 이는 그냥 다른 모든 변동과 잔차 평균제곱을 합한 것이다.

$$\hat{\sigma}_{총}^2 = \hat{\sigma}_{\alpha}^2 + \hat{\sigma}_{\beta}^2 + \hat{\sigma}_{\alpha\beta}^2 + \mathrm{MS}_R$$

한 효과의 변동을 이 총 변동 추정값으로 나눈 것이 그 효과의 크기이다.

$$\omega_{효과}^2 = \frac{\hat{\sigma}_{효과}^2}{\hat{\sigma}_{총}^2}$$

출력 12.4에 각 효과와 상호작용의 제곱합들이 나와 있으니, 그 수치들을 대입해서 오메가제곱들을 계산해 보기 바란다. 더 나아가서, 이러한 효과크기를 계산하는 **R** 함수를 작성해 두면 편할 것이다(R의 영혼의 조언 6.2 참고). 그런 함수를 작성하기가 좀 복잡할 수 있지만, 일단 한 번 작성해 두면 두고두고 재사용할 수 있다는 점을 기억하기 바란다. 다음은 그러한 함수를 정의하는 명령이다.

```
omega_factorial<-function(n, a, b, SSa, SSb, SSab, SSr)
{
     MSa<-SSa/(a-1)
     MSb<-SSb/(b-1)
     MSab<-SSab/((a-1)*(b-1))
     MSr<-SSr/(a*b*(n-1))
     varA<-((a-1)*(MSa-MSr))/(n*a*b)
     varB<-((b-1)*(MSb-MSr))/(n*a*b)
     varAB<-((a-1)*(b-1)*(MSab-MSr))/(n*a*b)
     varTotal<-varA + varB + varAB + MSr
     print(paste("Omega-Squared A: ", varA/varTotal))
     print(paste("Omega-Squared B: ", varB/varTotal))
     print(paste("Omega-Squared AB: ", varAB/varTotal))
}
```

이 명령은 *omegafactorial*이라는 함수를 생성한다.[5] 첫 행은 이 함수가 n, a, b, SSa, SSb, $SSab, SSr$을 입력받는다는 점을 R에게 알려준다. 함수의 본문은 이 입력 값들을 이용해서 여러 ω^2을 계산한다. 본문의 처음 네 행은 제곱합들을 자유도로 나누어서 평균제곱들을 구한다(자유도는 따로 입력받는 대신, 두 독립변수의 수준 개수인 a와 b로부터 계산한다). 그다음 네 행은 앞에 나온 공식들을 이용해서 변동 추정값을 계산한다. 예를 들어 *varA*를 계산하는 행은 주 효과 A의 분산에 대한 공식을 R로 표현한 것이다(변수 이름들을 해당 수식에 나온 것과 비슷하게 설정했으므로 수식과 명령을 대조하는 것이 그리 어렵지 않을 것이다). 마지막 세 행은 앞에서 계산한 각 변동 추정값을 총 변동 추정값으로 나눈 오메가제곱 값(즉, $\hat{\sigma}^2_{효과}/\hat{\sigma}^2_{총}$)들을 적절한 문구(따옴표로 둘러싸인 문자열)와 함께 출력한다.

그럼 현재 자료의 ω^2을 이 함수로 계산해 보자. 다음처럼 n에 8(그룹당 참가자 수), a에 2(성별 수준 개수), b에 3(알코올 수준 개수)을 지정하고, 그다음에 출력 12.4의 네 가지 제곱합을 지정하면 된다.

```
omega_factorial(8, 2, 3, 169, 3332, 1978, 3488)
```

이 명령을 실행하면 콘솔에 다음과 같은 결과가 출력될 것이다.

```
[1] "Omega-Squared A: 0.00949745068429"
[1] "Omega-Squared B: 0.3 49 821889 9137 6"
[1] "Omega-Squared AB: 0.200209417472152"
```

성별의 주 효과에 대해서는 $\omega^2_{성별}$ = 0.009가 나왔다. 그리고 알코올의 주 효과에 대해서는 $\omega^2_{알코올}$ = 0.350, 둘의 상호작용에 대해서는 $\omega^2_{성별 \times 알코올}$ = 0.200이 나왔다.

이전에 여러 번 언급했지만, 전체적인 효과보다는 차이(이를테면 두 그룹의 차이)에 초점을 둔 통계량들이 더 유용할 수 있다. 요인 분산분석의 경우, 유의한 상호작용이 존재한다면 단순효과(§12.5.10)들의 효과크기를 계산해 보는 것이 좋을 것이다. 다른 말로 하면, 다른 독립변수의 여러 수준에서의 한 변수의 평균들의 차이를 계산해 보는 것이다. 지금 예제에서는 알코올의 서로 다른 수준들에서의 성별의 효과크기들을 계산해 볼 수 있겠다. 이러한 효과크기들은 §11.6에서처럼 *compute.es* 패키지의 *mes()* 함수로 계산할 수 있다. 지금 예의 경우 다음과 같은 형태로 함수를 실행하면 된다.

```
mes(남성 평균, 여성 평균, 남성 표준편차, 여성 표준편차, 남성 표본 크기, 여성 표본 크기)
```

이에 필요한 모든 수치가 출력 12.2에 나와 있다. 다음은 알코올을 섭취하지 않은 남자들과 여자들을 비교하는 명령이다.

---

5 이 책을 위해 만든 *DSUR* 패키지를 설치, 적재했다면, 이 명령을 실행하지 않아도 이미 이 함수가 만들어져 있을 것이다.

```
mes(66.875, 60.625, 10.3293963, 4.95515604, 8, 8)
```

알코올을 섭취하지 않은 남성의 평균(66.875)과 알코올을 섭취하지 않은 여성의 평균(60.625), 그리고 해당 표준편차들(10.329와 4.955)과 표본 크기(둘 다 8)를 지정했음을 주목하기 바란다.

2파인트를 마신 남자들과 여자들의 차이의 효과크기도 비슷한 방식으로 구하면 된다.

```
mes(66.875, 62.5, 12.5178444, 6.5465367, 8, 8)
```

마지막으로, 다음은 4파인트를 마신 남자들과 여자들의 차이를 수량화하는 명령이다.

```
mes(35.625, 57.5, 10.8356225, 7.0710678, 8, 8)
```

이 명령들의 결과가 출력 12.11에 나와 있다(적절히 편집했음). 알코올을 섭취하지 않은 남성과 여성의 대화 상대 매력 점수의 차이는 $d = 0.77$, $r = .36$으로, 이는 중간 크기의 효과에 해당한다(평균들의 차이가 표준편차 정도이다). 2파인트를 마신 남성과 여성의 차이는 $d = 0.44$, $r = .21$로, 이는 비교적 작은 효과에 해당한다(평균들의 차이가 표준편차의 절반보다 작다). 마지막으로, 4파인트를 마신 남성과 여성의 차이는 $d = -2.39$, $r = -.77$로, 이는 아주 큰 효과에 해당한다(평균들의 차이의 절댓값이 표준편차의 절댓값의 두 배를 넘는다).

출력 12.11

```
No Alcohol: Males vs. Females

$MeanDifference
        d     var.d         g      var.g
0.7715168 0.2686012 0.7294340 0.2400984

$Correlation
         r      var.r
0.35990788 0.04428981

2 Pints: Males vs. Females

$MeanDifference
        d     var.d         g      var.g
0.4379891 0.2559948 0.4140988 0.2288298

$Correlation
         r      var.r
0.2139249 0.0556082

4 Pints: Males vs. Females

$MeanDifference
         d     var.d          g      var.g
-2.3909552  0.4286458 -2.2605394  0.3831598
```

```
$Correlation
          r       var.r
-0.767030763  0.007475955
```

12.9 이원 분산분석 결과의 보고 ②

지금까지 배운 다른 분산분석들처럼, 이원 분산분석의 결과를 보고할 때는 F 비의 세부 사항과 그것을 계산하는 데 쓰인 자유도를 반드시 명기해야 한다. 지금 예의 여러 효과에 대한 F 비의 계산에는 다양한 자유도가 쓰였다. 기본적으로 F 비는 효과에 대한 평균제곱을 잔차에 대한 평균제곱으로 나누어서 구한다. 알코올의 효과와 알코올×성별 상호작용의 효과에서 자유도는 2이다(df_M = 2). 그러나 성별의 효과에 대한 자유도는 단 1이다(df_M = 1). 모든 효과에서, 잔차의 자유도는 42이다(df_R = 42). 정리하자면, 이 분석의 세 효과를 다음과 같이 보고할 수 있다.

✓ 나이트클럽에서 참가자가 선택한 대화 상대의 매력에 대한 참가자의 알코올 섭취량의 주 효과는 유의했다. $F(2, 42)$ = 20.07, $p < .001$, ω^2 = .35이다. 본페로니 사후검정에 따르면, 알코올을 섭취하지 않거나 2파인트를 마셨을 때에 비해 4파인트를 마셨을 때 대화 상대의 매력이 유의하게 낮았다(둘 다 $p < .001$). 알코올을 섭취하지 않았을 때와 2파인트를 마셨을 때의 대화 상대 매력의 차이는 유의하지 않았다.

✓ 선택된 대화 상대의 매력에 대한 성별의 주 효과는 유의하지 않았다. $F(1, 42)$ = 2.03, p = .161, ω^2 = .009이다.

✓ 선택된 대화 상대의 매력에 대한 참가자의 알코올 섭취량과 성별의 상호작용 효과는 유의했다. $F(2, 42)$ = 11.91, $p < .001$, ω^2 = .20이다. 이는 대화 상대 선택에 알코올 섭취량이 미치는 효과가 참가자의 성별에 따라 다름을 뜻한다. 구체적으로 말하자면, 알코올을 마시지 않았을 때는 남자들이 선택한 대화 상대의 매력(M(평균) = 66.88, SD(표준편차) = 10.33)과 여자들이 선택한 대화 상대의 매력(M = 60.63, SD = 4.96)이 d = 0.77로 비슷했다. 2파인트를 마셨을 때도 남자들이 선택한 대화 상대의 매력(M = 66.88, SD = 12.52)과 여자들이 선택한 대화 상대의 매력(M = 62.52, SD = 6.55)이 d = 0.44로 비슷했다. 그러나 4파인트를 마셨을 때는 남성의 대화 상대 매력(M = 35.63, SD = 10.84)이 여성의 대화 상대 매력(M = 57.50, SD = 7.07)보다 유의하게 낮았다. 이 경우 d = −2.39이다.

아참, 칫솔 챙겼나? ②

Davey, G. C. L. 외 (2003). *Journal of Behavior Therapy & Experimental Psychiatry, 34,* pp. 141-160.

집을 나와서 얼마 후에 내가 문을 잠갔는지, 창을 닫았는지, 또는 경찰들이 들이닥칠 것을 대비해서 냉장고의 시체를 잘 치웠는지 문득 궁금해지는 경우를 누구나 겪어보았을 것이다. 이런 행동은 정상이다. 그러나 강박 장애(obsessive compulsive disorder, OCD)가 있는 사람들은 이런 것들을 과하게 점검한다. 예를 들어 그런 사람들은 문을 잠갔는지를 반복해서 확인하다 보니 집을 나서는 데 한 시간이 걸리기도 한다. 이는 사람을 아주 지치게 만드는 문제이다.

강박 장애의 이러한 확인 행동에 대한 한 가지 이론은, 이런 행동이 당사자의 기분(긍정적 또는 부정적)과 주어진 과제를 언제 중지할 것인지 결정하는 데 사용하는 규칙(그만둘 기분이 들 때까지 계속하거나, 최선을 다해 과제를 마쳤을 때까지 계속하는 등)의 상호작용에 의해 발생한다는 것이다. 이를 확인하기 위해, 데이비, 스타텁, 자라, 맥도널드, 필드는 여러 참가자에게 긍정적 기분이나 부정적 기분을 불러일으키거나 아무런 기분도 불러일으키지 않은(중립 기분) 상태에서 휴가를 보내기 위해 집을 나서기 전에 반드시 확인해야 할 일들을 떠올려보라고 요구했다(Davey, G. C. L. 외, 2003). 각 기분 그룹에서, 그룹의 참가자 절반에게는 그런 일들을 최선을 다해서 최대한 많이 생각해내고(이를 '최대한 많이' 중지 규칙이라고 부른다), 나머지 절반에게는 그런 일들을 생각하되 그만둘 기분이 들면 언제라도 중지하라고 했다('계속하고 싶을 때까지만' 중지 규칙이라고 부른다). 이 자료가 **Davey2003.dat** 파일에 있다.

데이비 등은 부정적인 기분에서 '최대한 많이' 중지 규칙을 사용하는 사람들이 '계속하고 싶을 때까지만' 중지 규칙을 사용하는 사람들보다 더 많은 항목을 만들어 낼 것이고, 그와는 반대로 긍정적인 기분에서는 '계속하고 싶을 때까지만' 중지 규칙을 사용하는 사람들이 '최대한 많이' 중지 규칙을 사용하는 사람들보다 더 많은 항목을 만들어 낼 것이라고 예상했다. 그리고 중립 기분에서는 중지 규칙이 항목들의 수에 영향을 미치지 않을 것이라고 예상했다. 이 자료의 오차 막대 그래프를 그리고, 적절한 분석을 수행해서 데이비 등의 가설들을 검사하라. 답은 부록 웹사이트의 보충 자료에 있다(또는, 원래의 논문 pp. 148-149를 보라).

이번 장에서 발견한 통계학 ②

이번 장에서는 요인 분산분석을 주마간산 격으로 둘러보았다. 다음 두 장에서 요인 분산분석을 좀 더 살펴볼 것이다. 이번 장에서 다룬 요인 분산분석은 독립변수가 두 개이고 모든 실험 조건에 서로 다른 참가자를 배정한 상황에 대한 것이었다. 이번 장의 처음 부분에서는 복잡한 분산분석들도 결국은 회귀 분석일 뿐임을 강조했다. 그런 다음에는 요인 분산분석의 여러 가지 제곱합을 계산하는 방법을 살펴보았는데, 특히 이러한 분석의 세 가지 효과, 즉 주 효과(각 독립변수의 효과) 두 개와 상호작용 효과에 대한 제곱합들을 이야기했다. 다음으로는 이러한 분석을 R에서 실행하는 방법과 그 결과를 해석하는 방법으로 넘어갔다. 그 방법들은 이전 장들에서 살펴본 분산분석(ANOVA)의 해당 방법들과 비슷하지만, 큰 차이가 하나 있다. 바로 상호작용 항이다. 이번 장에서는 상호작용을 어느 정도 자세히 살펴보았다. 특히, 상호작용이 상호작용 그래프에 어떤 식으로 나타나는지, 또는 상호작용 그래프에서 상호작용을 어떻게 발견하는지를 설명했다. 용기 있는 독자라면 단순효과분석을 이용해서 상호작용을 좀 더 분석하는 과정도 체험해 보았을 것이다. 마지막으로, 요인 설계의 효과크기들을 계산하는 것이 그리 간단하지 않으며, 따라서 그런 계산은 범죄적인 수준으로 정신이 나간 사람만 시도할 일이라는 점을 발견했다. 지금까지는 반복측정 설계를 멀리했지만, 다음 장에서는 내 인생에서 언젠가는 여러분에게 반복측정 설계를 설명해야 한다는 사실을 외면하지 않는다.

또한, 이번 장에서 여러분은 내가 첫 밴드를 결성하자마자 해산해 버렸다는 점도 알게 되었다. 나는 드러머 마크와 함께 아웃랜더스라는 밴드에 들어가서 노래를 불렀다. 그 밴드는 내 첫 밴드보다 음악적으로 훨씬 뛰어났지만, 아쉽게도 내가 원하는 만큼 '메탈'스럽지는 않았다. 또한, 그들은 얼마 지나지 않아 나를 밴드에서 쫓아냈는데, 내가 보노처럼 노래하지 않는다는 것이 이유였다(당시는 그것이 모욕이었지만, 지금 생각해 보면…).

이번 장에서 사용한 R 패키지

car compute.es	pastecs
ggplot2	reshape
multcomp	WRS

이번 장에서 사용한 R 함수

Anova()	ggplot()
aov()	gl()
by()	glht()
cast()	mcp2a()
contrasts()	mcp2atm()
confint()	leveneTest()
factor()	list()

lm()   read.csv()
melt()   rep()
mes()   stat.desc()
pairwise.t.test()   summary()
pbad2way()   summary.lm()
plot()   t2way()

이번 장에서 발견한 주요 용어

단순효과분석   상호작용 그래프
독립 요인설계   요인 분산분석
맥주 안경 효과   연관 요인설계
반복측정 요인설계   혼합 설계

똑똑한 알렉스의 과제

• **과제 1:** 사람들의 음악 취향은 나이를 먹으면서 변한다. 예를 들어 우리 부모님은 내가 어렸을 때는 비교적 '쿨'한 음악을 들었지만, 40대에 접어들면서 우려스럽게도 컨트리와 웨스턴 음악을 고집하게 되었다. 나도 나이를 먹고는 가스 브룩스를 들으면서 '이런, 내가 20대 때 가스의 엄청난 재능을 과소평가했구나'라고 생각하게 될지도 모른다는 것은 엄청나게 우려스러운 일이다. 그래서 나는 록스타로서의 나의 운명이 정말로 봉인되었는지, 아니면 언젠가는 나도 늙어서 좋은 음악을 좋아하게 될지 파악할 수 있는 가상의 연구를 수행해 보았다. 우선 나는 두 그룹의 사람들(그룹당 45명)을 모았다. 한 그룹은 젊은 사람들(임의의 기준이지만, 40세 미만이면 젊은 것으로 친다)로 이루어지고 다른 한 그룹은 좀 더 성숙한 개인들(40세 이상)로 이루어진다. 참가자의 연령 그룹을 나타내는 **age**가 이 연구의 첫 독립변수이다. 다음으로, 각 그룹의 45명을 15명씩 세 그룹으로 나누어서 각각 푸가지(다들 알겠지만 지구에서 가장 쿨한 밴드이다)[6], 아바, 바프 그룩스(그 어떤 실제 가수와도 무관한, 덜 유명한 컨트리 및 웨스턴 음악가로, 뱃속을 게워내고(barf) 싶은 느낌을 주는 음악을 만든다)를 듣게 했다. 들은 음악의 종류를 나타내는 **music**이 둘째 독립변수이다. 음악을 들은 후에는 참가자들에게 그 음악을 최하 −100점(더 듣지 못하게 고막을 연필로 뚫어줘!), 중간 0(전혀 관심 없음), 최고 +100점(척추에서 전율을 느낄 정도로 멋진 음악이었다!)의 척도로 평가하게 했다. 이 점수들을 담은 **liking**이 결과변수이다. 해당 자료가 **fugazi.dat**에 있

---

[6] http://www.dischord.com을 보라.

다. 이에 대해 이원 독립 분산분석을 수행하라. ②

- **과제 2:** 제3장에서는 브리짓 존스의 일기나 메멘토를 본 남성과 여성의 심리학적 각성 수준에 관한 예제가 나왔다. 해당 자료가 **ChickFlick.dat**에 있다. 이 자료를 분석해서, 서로 다른 종류의 영화에 대한 반응이 성별에 따라 차이가 있는지 파악하라. ②

- **과제 3:** 이번 장 처음 부분에서는 내가 밴드 동료 말콤보다 더 나은 곡을 쓰는지, 그리고 그것이 노래의 종류(교향곡풍 대작 또는 파리에 관한 노래)에 의존하는지를 파악하기 위한 실험적 연구 방법을 설명했다. 그러한 실험의 결과변수는 두 노래를 다양한 사람들 앞에서 연주해서 사람들이 고통스러운 비명을 지른 횟수를 측정한 것이다. 해당 자료가 **Escape From Inside.dat**에 있다. 이 자료로 오차 막대가 있는 선 그래프를 그리고, 요인 분산분석을 수행해서 그 결과를 해석하라. ②

- **과제 4:** R의 영혼의 조언 12.2를 이용해서, 성별의 여러 수준에서의 알코올의 효과(본문에 나온 예와는 반대이다)에 대한 단순효과분석을 수행하라. ③

- **과제 5:** 2008년에는 Nintendo Wii로 게임을 하다가 부상을 입고 병원에 오는 사람들이 증가했다는 보고가 있었다(http://www.telegraph.co.uk/news/uknews/1576244/Spate-of-injuries-blamed-on-Nintendo-Wii.html). 그 부상들은 주로 근육과 건(힘줄)의 손상 때문이었다. 한 연구자가 이러한 부상을 예방할 수 있는지에 관심을 가졌다. 연구자는 게임 전에 스트레칭을 하면 부상 위험이 줄 것이라는 가설과 운동선수들은 이런 부상을 덜 입을 것이라는(평소 활동 덕분에 일반인보다 몸이 더 유연하므로) 가설을 세웠다. 이를 검증하기 위해 연구자는 운동선수 60명과 일반인 60명을 모아서(이 두 그룹은 **athlete**이라는 변수로 구분한다), 각 그룹의 절반은 Wii로 게임을 하게 하고 다른 절반(대조군)은 게임하는 모습을 지켜보게 했다(그룹화 변수는 **wii**). 게임을 하는 참가자들의 절반은 게임 전에 5분간 스트레칭을 하게 하고, 다른 절반은 스트레칭 없이 게임을 시작하게 했다(그룹화 변수는 **stretch**). 4시간 동안 게임을 한 후 각 참가자의 통증을 10점 만점(0은 통증 없음, 10은 심각한 통증)의 점수로 평가했다. 이것이 결과변수 **injury**이다. 해당 자료가 **Wii.dat**에 있다. 운동선수들이 부상을 덜 당하는지, 준비 운동이 부상을 예방하는지를 삼원 분산분석을 수행해서 검증하라. ②

답은 부록 웹사이트에 있다. 과제 1은 [Field & Hole, 2003]에 나오는 예이다. 더 많은 예제를 원한다면 그 책을 읽어보기 바란다.

더 읽을거리

Howell, D. C. (2006). *Statistical methods for psychology* (제6판). Belmont, CA: Duxbury. (또는, 동저자
의 *Fundamental statistics for the behavioral sciences*가 더 나을 수도 있다. 그 책도 2007년에 제6판이 나왔다.)

Rosenthal, R., Rosnow, R. L., & Rubin, D. B. (2000). *Contrasts and effect sizes in behavioural re-
search: A correlational approach.* Cambridge: Cambridge University Press. (상당히 고급서지만, 대비
와 효과크기 추정에는 사실 이보다 나은 책이 없다.)

Rosnow, R. L., & Rosenthal, R. (2005). *Beginning behavioral research: A conceptual primer* (제5판).
Upper Saddle River, NJ: Pearson/Prentice Hall. (분산분석에 관한 훌륭한 장들이 있는 책으로, 효과크
기 추정에 초점을 둔다. 또한, 상호작용이 실제로 무엇을 뜻하는지에 관한 아주 통찰력 있는 논평 몇 가지를 제공
한다.)

흥미로운 실제 연구

Davey, G. C. L., Startup, H. M., Zara, A., MacDonald, C. B., & Field, A. P (2003). Perseveration
of checking thoughts and mood-as-input hypothesis. *Journal of Behavior Therapy & Experimen-
tal Psychiatry, 34,* pp. 141-160.

CHAPTER

13 / 반복측정 설계(GLM 4)

그림 13.1 Scansion의 초창기 모습. 당시 나는 멍하니 넋을 놓고 있을 때가 많았다(왼쪽에서 오른쪽으로 나, 마크, 또 다른 마크).

13.1 이번 장에서 배우는 내용 ②

열다섯 살 때 나는 친구 마크(드러머)와 콘월에서 방학을 함께 보냈다. 당시 나는 뒷머리를 꽤 멋지게 길렀고(요즘은 머리숱이 적어서 그런 머리 모양은 시도하기 어렵다), 여러 공연에서 사들인 헤비메탈 티셔츠들도 아주 많이 가지고 있었다. 어느 날 해 질 무렵 우리는 절벽 위를 걸으면서 안드로메다 시절을 회상했다. 우리는 그 밴드에서 우리가 별로 좋아하지 않았던 것이 맬컴 뿐이었다는 결론에 도달했다.[1] 그래서 우리는 다른 기타리스트를 구해서 밴드를 다시 만들면 어떨까 하고 생각하게 되었다. 기타 치는 녀석이 누가 있던가 고민하던 중에 마크가 너무나 당연한 사실을 지적했다. 바로, 내가 기타를 연주할 줄 안다는 점이었다. 그래서 우리는 집으로 돌

---

[1] 맬컴은 아주 착한 녀석이었기 때문에 이런 말을 하는 게 기분이 좋지는 않다. 사실 그 나이 때 나는 좀 재수가 없었다(지금도 그렇다고 주장하는 사람도 있겠지만).

아가서 Scansion이라는 밴드를 결성했다.[2] 가수이자 기타리스트, 그리고 작사작곡가인 나는 새로운 노래를 몇 곡 쓰기로 했다. 파리에 관한 노래는 그만두고, 이번에는 존재의 무례함, 죽음, 배신 같은 것으로 눈을 돌렸다. 우리 밴드는 음악잡지 《케랑!(Kerrang!)》에 평이 실리는 믿기 어려운 영광을 누렸다(라이브 공연의 평에서 그들은 우리를 "귀엽고 새침하다"라고 묘사했는데, 악마의 내장이 파열할 정도로 무거운 음악을 추구하는 밴드가 듣고 싶어할 평은 아니었다). 그러나 우리의 하이라이트는 런던의 유명 클럽인 마퀴에서 공연한 것이었다(현재 이 클럽은 문을 닫았는데, 우리가 연주했기 때문은 절대 아님을 밝혀 둔다. 지미 헨드릭스, 더 후, 아이언 메이든, 레드 제플린 같은 음악가들이 이 클럽에서 경력을 시작했다).[3] 그 공연은 우리의 경력에서 최대의 공연이었으며, 우리는 이전의 그 어떤 공연과도 다르게 연주했다. 실제로, 나는 공연 시작 시 무대 위로 뛰어오르다 넘어졌으며, 그래서 기타 줄의 조율이 망가지고 바지의 지퍼가 부러졌다. 내 기타 연주는 공연 내내 음정이 맞지 않았으며, 바지가 흘러내리지 않도록 날개 편 독수리처럼 다리를 벌리고 있어야 했다. 앞에서 말했듯이 우리가 그런 식으로 연주한 적은 한 번도 없었다. 당시 우리는 여러 공연의 성과를 비교하는 데 집착했다. 그때는 통계학을 몰랐지만(행복한 시절이었다), 만일 통계학을 알았다면 공연마다 밴드 멤버들의 연주에 각각 점수로 매기고 각 공연의 평균 점수를 비교했을 것이다. 모든 공연에서 모든 멤버의 점수를 매기는 것이므로 이는 반복측정 설계에 해당한다. 따라서, 평균 점수들을 비교하려면 **반복측정 분산분석**(repeated-measures ANOVA)을 수행해야 한다. 이번 장의 주제가 바로 그것이다. 아마 이번 장 때문에 여러분의 바지가 흘러내리는 일은 벌어지지 않을 것이다.

13.2 반복측정 설계 소개 ②

지난 세 장(chapter)에서 우리는 여러 평균의 차이를 검사하는 데 쓰이는 분산분석(ANOVA)이라는 절차를 살펴보았다. 지금까지는 서로 다른 개체들이 서로 다른 평균에 기여하는 상황에 초점을 두었다. 다른 말로 하면, 우리는 서로 다른 실험 조건에 서로 다른 사람들이 참가하는 상황을 살펴보았다. 사실 반드시 서로 다른 '사람'들이어야 하는 것은 아니다(나는 과학이라는 명목으로 사람들을 고문, 아니 시험하는 데 평생을 보낸 탓에 '사람'이라고 말하는 경향이 있다). 서로 다른 식물이나 회사, 지역, 바이러스, 염소일 수도 있고, 심지어는 서로 다른 오리너구리일 수도 있다. 어쨌거나 요점은, 지금까지는 같은 사람(식물, 염소, 햄스터, 우주에서 온 눈이 일곱 개 달린 은하 군단

---

2 원래 scansion(율독법)은 시의 운율과 관련된 용어이다. 우리는 사전을 뒤지면서 마음에 드는 단어를 찾아보았다. 당시 우리는 scansion이 충분히 '메탈스럽다고 생각하지 않았고, 번듯한 헤비메탈 밴드라면 이름에 크고 뾰족한 'X' 자가 포함되어야 한다고 결정했기 때문에, 처음 몇 년간은 Scanxion이라는 철자를 사용했다. 앞에서 말했듯이 당시 나는 좀 재수 없었다.

3 http://www.themarqueeclub.net

지도자 등등)들이 서로 다른 평균에 기여하는 상황은 무시했다. 그 이유는, 그런 평균들을 R에서 비교하는 것이 상당히 까다롭기 때문이었다. 그러나 그런 상황을 더는 무시할 수 없으므로, 이제부터는 반복측정 자료에 대해 분산분석을 수행할 때 생기는 일을 자세히 설명해 보겠다.

자가진단
✓ 반복측정 설계란 무엇인가? (힌트: 제1장에서 설명했다.)

'반복측정(repeated measures)'은 한 실험의 모든 조건에 같은 개체들이 참여할 때, 또는 같은 사람들이 여러 시점에서 자료를 제공할 때 사용하는 용어이다. 예를 들어 알코올이 파티의 재미에 미치는 영향을 검사한다고 하자. 술을 많이 마셔도 별로 달라지지 않는 사람이 있는가 하면 나처럼 맥주 한두 잔만 마셔도 팔다리를 펄럭거리면서 "나는야 앤디, 사라진 명태 왕국의 왕이지!"라고 외치는 사람도 있다. 따라서, 그런 연구에서는 알코올 내성의 개인차를 통제할 필요가 있다. 그러려면 실험의 모든 조건에서 같은 사람들을 검사해야 한다. 지금 예라면, 모든 참가자에게 각각 맥주 1파인트, 2파인트, 3파인트, 4파인트를 마시게 한 후 설문지를 이용해서 파티가 얼마나 재미있는지 평가하게 하면 될 것이다.

이런 종류의 설계에는 몇 가지 장점이 있음을 제1장에서 설명했었다. 그런데 자료를 분산분석으로 분석하려 하면 이런 설계의 큰 단점 하나가 드러난다. 제10장에서 보았듯이, 분산분석에서 F 검정의 정확도는 서로 다른 조건의 점수들이 독립이라는 가정에 의존한다(§10.3 참고). 그런데 반복측정 설계에서는 그러한 가정이 깨진다. 반복측정 설계에서는 서로 다른 조건에 같은 참가자들이 쓰이므로, 서로 다른 조건의 점수들에 상관관계가 존재할 가능성이 크다. 따라서 전통적인 F 검정은 정확도가 떨어진다. 서로 다른 처리 조건의 점수들에 상관관계가 있다는 것은 또 다른 가정을 도입할 필요가 있음을 뜻한다. 간단히 말하면, 반복측정 설계에서는 실험 조건 쌍의 관계가 모두 비슷하다고(즉, 실험 조건들 사이의 의존 수준이 대체로 같다고) 가정한다. 이러한 가정을 **구형성**(sphericity) 가정이라고 부르는데, 아침 아홉 시에 통계학 강의를 하면서 이 단어를 발음하기란 아주 까다롭다.

13.2.1 구형성 가정 ②

구형성(球形性) 가정은 그룹간 분산분석의 등분산성(분산의 동질성) 가정에 비유할 수 있다. 구형성(흔히 ε으로 표기하며, 원형성(circularity)이라고 부르기도 한다)은 좀 더 일반적인 조건인 **복합 대칭성**(compound symmetry)의 하나이다. 복합 대칭성은 여러 조건의 분산들이 같고(이는 그룹간 설계의 등분산성 가정에 해당한다), 또한 조건 쌍들의 공분산들도 같을 때 성립한다. 즉, 실험 조건들의 변동이 비교적 같고, 어떤 두 조건의 의존성이 다른 임의의 두 조건의 의존성보다 강한 경우는 없다는 뜻이다. 연구자들은 복합 대칭성이 반복측정 자료를 사용하는 분산분석의 충분조건이지만 필요조건은 아님을 밝혀냈다. 구형성은 복합 대칭성보다는 덜 제한적인 성질이다(사실, 반복측정 분산분석의 초기 연구 중 상당수는 복합 대칭성과 구형성을 혼동했다). 구형성은 처리 수준 간 차이들의 분산들이 같다는 성질이다. 두 처리 수준으로 된 모든 가능한 수준 쌍에 대해 두 수준의 점수 차이를 계산했다고 할 때, 그 차이들의 분산들이 대체로 같으면 구형성이 성립하는 것이다. 이러한 정의에 의해, 구형성은 오직 조건이 세 개 이상일 때만 문제가 된다.

구형성이 뭐야?

13.2.2 구형성 측정 방법 ②

구형성 가정을 우리가 직접 점검해야 한다면(첨언하자면, 완전히 미친 사람이 아닌 이상 그런 계산을 시도하지는 않을 것이다), 가장 먼저 할 일은 처리 조건들의 모든 조합에서 두 수준의 점수 차이를 각각 계산하는 것이다. 그런 다음에는 그 차이들의 분산을 계산한다. 표 13.1은 조건이 세 개인 어떤 실험의 자료이다. 표에는 각 그룹(조건)의 점수들뿐만 아니라, 모든 조건 쌍의 점수 차이와 그 분산도 나와 있다. 앞에서 말했듯이, 이 분산들이 대체로 같다면 구형성이 성립하는 것이다. 이 자료의 경우 다음 조건식이 참이라면 구형성이 성립한다.

$$분산_{A-B} \approx 분산_{A-C} \approx 분산_{B-C}$$

그런데 수치들을 보면, 조건 A와 B의 차이들의 분산(15.7)이 조건 A와 C의 차이들의 분산(10.3)이나 조건 B와 C의 차이들의 분산(10.7)보다 크다. 즉, 이 자료는 구형성에서 어느 정도 벗어나 있다. 그렇긴 하지만 세 분산 중 둘은 아주 비슷하다. 이를 두고 국소 원형성(local

표 13.1 조건 간 차이들의 분산의 동질성을 설명하기 위한 가상의 자료

그룹 A	그룹 B	그룹 C	A−B	A−C	B−C
10	12	8	−2	2	4
15	15	12	0	3	3
25	30	20	−5	5	10
35	30	28	5	7	2
30	27	20	3	10	7
		분산:	15.7	10.3	10.7

circularity; 또는 국소 구형성)이 있다고 말한다. 따라서, 그 두 조건에 관한 임의의 다중 비교에 대해서 구형성 가정이 성립한다고 할 수 있다(국소 원형성에 관해서는 [Rouanet & Lépine, 1970]을 보기 바란다). 표 13.1의 자료가 구형성에서 아주 많이 벗어나지는 않은 것으로 보인다(모든 분산이 대체로 같다). 그렇다면, 구형성으로부터의 이탈이 어느 정도인지를 구체적으로 평가할 수 있을까?

13.2.3 구형성으로부터의 이탈 평가 ②

구형성은 **모클리 검정**(Mauchly's test)이라고 하는 검정으로 평가할 수 있다. 이 검정은 조건들의 차이들의 분산(이하 간단히 차이 분산)들이 같다는 가설을 검사한다. 따라서, 만일 모클리 검정의 통계량이 유의하다면(즉, 유의확률이 .05보다 작으면), 차이 분산들의 차이가 유의한 것이며, 그러면 구형성 가정이 깨진 것이다. 반대로, 만일 모클리 검정통계량이 유의하지 않으면($p > .05$), 분산 차이들이 유의하게 다르지는 않다고(즉, 대체로 같다고) 결론짓는 것이 합당하다. 간단히 말해서, 모클리 검정이 유의하다면 분석 결과의 F 비를 조심스럽게 해석해야 한다. 그러나, 다른 모든 유의성 검정처럼, 이 검정도 표본 크기에 의존한다. 즉, 표본이 크면 자료가 구형성에서 조금만 벗어나도 유의한 결과가 나올 수 있고, 표본이 작으면 자료가 구형성에서 많이 벗어나도 유의하지 않은 결과가 나올 수 있다.

13.2.4 구형성 가정 위반이 분석에 미치는 영향 ③

[Rouanet & Lépine, 1970]은 구형성 가정이 깨졌을 때 F 비의 타당성 문제를 자세히 논의한다. 저자들은 처리 조건들의 비교를 평가할 때 서로 다른 두 가지 F 비를 사용할 수 있다고 주장했다. 그들은 두 F 비를 각각 F'과 F''으로 표기했다. F'은 해당 비교의 평균제곱과 특정한 오차항에서 구한 것으로, 흔히 사용하는 보통의 F 비에 해당한다. 그리고 F''은 특정한 오차 평균제곱이 아니라 모든 반복측정 비교의 평균제곱으로부터 유도한 것이다. 저자들은 F''이 타당하려면 전체적인 구형성이 반드시 성립해야(즉, 자료 집합 전체가 구형이어야) 하지만 F'이 타당하려면 해당 특정 비교의 구형성만 성립하면 된다는 점을 보였다(또한 [Mendoza, Toothaker, & Crain, 1976]도 보라). 통계학에서 일반적으로 쓰이는 것은 F'인데, 만일 구형성 가정이 깨지면 이 비의 검정력이 손실된다(F''의 검정력에 비해). 이 경우 검정통계량(F 비)을 그냥 F 분포의 임계값(부록 A의 표에 나온 것 같은)과 비교할 수는 없다(올리버 트위스티드 참고).

올리버 트위스티드

선생님, 그거 더
가르쳐 주세요….
구형성이요!

"공은 구형이지"라고 올리버가 말한다. "나는 공이 좋아. 선생님이 좀 더 자세히 설명한다면, 구형성도 좋아질 것 같아." 소원을 함부로 말하면 안 되지, 올리버. 소싯적에 나는 "허풍쟁이를 위한 구형성 입문"이라는 글을 쓴 적이 있는데, 이 책에서도 그 글을 인용했다(바로 이 페이지에서). 그 글을 보고 싶은 사람들이 종종 나타나기 때문에, 부록 웹사이트의 이번 장 보충 자료에 그 글을 수록해 두었다.

구형성은 반복측정 분산분석의 F에 문제를 일으킬 뿐만 아니라, 사후검정을 재미있는 방식으로 방해하기도 한다(초천재 제인 글상자 13.1). 이러한 문제들을 신경 쓰고 싶지 않은 독자라면, 이 한 가지만 기억하기 바란다: 구형성 가정이 깨졌을 때는, 일반적으로 본페로니 방법이 일변량(단변량) 기법 중 가장 강건한 것으로 보인다. 특히 검정력과 제1종 오류율의 통제 면에서 그렇다. 반대로, 구형성 가정이 확실하게 위반되지 않을 때는 투키 검정을 사용할 수 있다.

13.2.5 구형성 가정 위반에 대한 대응 ②

구형성 가정이 깨졌으면
어떻게 하지?

자료가 구형성 가정을 위반했을 때, 타당한 F 비가 나오도록 자료를 수정하는 방법이 몇 가지 있다. 흔히 쓰이는 세 가지 수정 방법은 [Greenhouse & Geisser, 1959]와 [Huynh & Feldt, 1976]이 제시한 구형성 추정값들에 기초한다. 세 수정 방법은 관측 F 비를 계산하는 데 쓰이는 자유도를, 그러한 추정값들을 계수로 사용해서 조정한다. 그러한 추정값들을 구하는 방법은 이 책의 범위를 넘는 것이다(관심 있는 독자는 [Girden, 1992]를 보기 바란다). 여기서는 그냥 세 방법의 추정값들이 서로 다르다는 점만 알아 두면 될 것이다. 흔히 $\hat{\varepsilon}$으로 표기하는 **그린하우스-가이서 수정**(Greenhouse-Geisser correction)의 추정값은 $1/(k-1)$과 1 사이의 값인데, 여기서 k는 반복측정 조건들의 개수이다. 이 추정값이 1에 가까울수록 차이들의 분산이 동질적이며, 따라서 자료가 구형에 더 가깝다. 예를 들어 조건이 다섯 개일 때 $\hat{\varepsilon}$의 하한은 $1/(5-1)$, 즉 .25이다(이를 구형성의 **하계 추정값**(lower-bound estimate)이라고 부른다).

후인과 펠트는 그린하우스-가이서 추정값이 .75보다 클 때는 참이 아닌 귀무가설이 기각되지 않는(즉, 수정이 너무 보수적인) 경우가 너무 많다고 보고했다(Huynh & Feldt, 1976). 그리고 콜리어, 베이커, 맨데빌, 헤이스는 구형성 추정값이 .90 정도로 높을 때도 그런 현상이 일어남을 보였다(Collier, Baker, Mandeville & Hayes, 1967). 그래서 후인과 펠트는 자신들의 덜 보수적인 수정 계수(흔히 $\tilde{\varepsilon}$으로 표기한다)를 제안했다. 그러나 맥스웰과 딜레이니는 $\tilde{\varepsilon}$이 구형성을 과대평가한다고 보고했다(Maxwell & Delaney, 1990). 이 때문에 스티븐스는 그 둘의 평균으로 df를 수정하는 방법을 추천한다(Stevens, 2002). 한편 거든은 구형성 추정값이 .75보다 크면 **후인-펠트**

구형성과 사후검정 ③

구형성 가정의 위반은 다중 비교에 영향을 미친다. 반복측정 설계의 사후검정에 대한 비구형성의 효과는 보익이 존경스러울 정도로 잘 다루었다(Boik, 1981). 보익은 구형성에서 아주 조금만 벗어나도 F 검정이 크게 편향된다는 결론을 제시했다. 그는 반복측정 대비에서는 사후검정을 사용하지 않는 것이 좋다고 권했다. 실험 오차항이 작을 때는, 비교적 강한 효과를 검출하는 능력이 .05까지 떨어질 수 있다(구형성 = .80일 때). 보익은 다중 비교를 위한 상황은 개선할 수 없다고 주장하고, 다변량 버전을 추천하는 것으로 글을 마무리 지었다. 한편, 미첼과 게임스는 구형성이 성립하지 않을 때는($\varepsilon < 1$), 유의하다고 선언된 두 평균의 차이를 쌍별 비교에서 흔히 쓰이는 합동 오차항(pooled error term)으로 검정했을 때 그 차이가 유의하지 않다는(관대한 제1종 오류) 결과가 나오거나 차이를 검출하지 못한다는(보수적인 제1종 오류) 점을 발견했다(Mitzel & Games, 1981). 그래서 미첼과 게임스는 각 비교에 개별적인 오차항을 사용하는 것을 추천했다.

맥스웰은 반복측정 조건들에서 다섯 가지 사후검정의 검정력과 알파 수준을 체계적으로 검사했다(Maxwell, 1980). 그 다섯 가지 사후검정은 합동 오차항을 사용하는 투키의 WSD(wholly significant difference) 검정, 자유도가 $n - 1$이거나 $(n - 1)(k - 1)$인 개별 오차항들을 사용하는 투키의 절차(논문에서 전자는 SEP1, 후자는 SEP2라고 불렀다), 본페로니 절차(BON), 그리고 다변량 접근 방식인 로이-보스 동시신뢰구

간(SCI)이다. 맥스웰은 표본 크기, 반복 요인 수준 개수, 구형성과의 이탈 정도를 다양하게 해서 이 사전 절차들을 검사했다. 그는 다변량 접근 방식이 항상 '실제로 사용하기에는 너무 보수적'이라는 점을 발견했다(p. 277). 이는 n(참가자 수)이 k(조건 수)에 비해 작을 때 아주 심했다. 투키의 검정에서는, 개별 오차항들(SEP1과 SEP2)을 사용했을 때도 구형성과의 이탈이 심해짐에 따라 알파율이 받아들일 수 없을 정도로 상승했다. 그러나 본페로니 방법은 극히 강건했고(비록 약간 보수적이긴 했지만), 조작 여부와 무관하게 알파 수준들을 잘 통제했다. 따라서, 제1종 오류율을 기준으로 한다면 본페로니 방법이 가장 좋았다.

작은 표본($n = 8$)에 대한 검정력(제2종 오류율)을 기준으로 할 때, 맥스웰은 비구형성 조건에서 WSD가 가장 강력함을 발견했다. 그러나 이러한 장점은 $n = 15$일 때 크게 줄어들었다.

케설먼과 케설먼은 맥스웰의 성과를 불균형 설계 안에서 확장했다(Keselman & Keselman, 1988). 그들은 투키의 WSD와 수정된 WSD(합동 오차 분산을 사용하는), 그리고 본페로니 t 통계량과 다변량 접근방식을 검사했는데, 비가중 평균들을 사용했을 때(불균형 설계에서) 네 검정 모두 제1종 오류율을 통제하지 못한다는 점을 발견했다. 가중평균들을 사용했을 때는 다변량 검정만 알파율을 제한했다. 나머지 방법 중에서는 본페로니의 t 통계량이 두 투키 방법보다 훨씬 나았다. 검정력 측면에서 케설먼과 케설먼은 "반복된 처리 수준들의 수가 증가함에 따라, BON이 SCI보다 훨씬 더 강력하다"라고 결론지었다(p. 223).

수정(Huynh-Feldt correction)을 사용해야 하고, 구형성 추정값이 .75보다 작거나 구형성에 대해 아무것도 알지 못할 때는 그린하우스-가이서 수정을 사용하는 것을 추천한다(Girden, 1992). 이러한 수정 값들의 사용 방법은 나중에 보게 될 것이다.

구형성 가정의 위반이 F의 정확도에 영향을 미치는 것은 사실이다. 그렇다면, 자료에 대한 구형성 가정이 깨졌을 때 F 대신 다른 검정을 사용하는 것도 한 가지 해결책일 것이다. 그런 용도로 사용할 수 있는 것으로 다변량(multivariate) 검정통계량이 있다. 다변량분산분석(multivariate analysis of variance, MANOVA)은 구형성 가정에 의존하지 않는다(O'Brien & Kaiser, 1985). MANOVA는 제16장에서 자세히 다루지만, **R**에서 반복측정 분산분석을 수행할 때 다

변량 검정통계량들을 산출하는 것이 가능하다. 그러나, 일변량 검정들과 다변량 검정들의 능력에는 절충 관계가 존재할 수 있다(초천재 제인 글상자 13.2 참고). 또 다른 가능성은 자료를 다층 모형으로 분석하는 것이다(이에 관해서는 제19장에서 자세히 설명한다). 이러한 개념이 좀 어려워 보이겠지만, 다층 모형은 그냥 같은 개체들에서 얻은 여러 관측값을 포함시킬 수 있는 회귀 모형일 뿐이다. 자료를 이런 식으로 분석할 때는 구형성에 신경 쓰지 않고 모형의 계수들을 해석할 수 있는데, 이는 그룹화 변수들에 대한 가변수 부호화 방식 때문에 그런 계수들이 오직 두 가지 대상만 비교하게 되기 때문이다(앞에서 강조했듯이, 구형성은 셋 이상의 평균을 비교할 때만 문제가 된다). 또한, 다층 모형에서는 F 비 없이도 모형의 적합도를 평가할 수 있으며, 용기가 있다면 서로 다른 여러 시점에서의 관측값들 사이의 잠재적 관계를 명시적으로 모형화할 수도 있다(이를 공분산구조 모형이라고 부르는데, 제19장에서 설명한다). 비록 이 책에서는 이전 장들의 내용과 일관성을 유지하기 위해 기본적인 분산분석 접근방식을 다루지만, 나는 다층 접근 방식을 추천하며, 모든 예제에서 그 점을 보여줄 것이다.

13.3 일원 반복측정 분산분석의 이론 ②

반복측정 분산분석에서 실험의 효과는 그룹간 분산(변동)이 아니라 개체내 분산에 나타난다. 독립 분산분석에서 개체 내 변동의 측도가 잔차제곱합(SS_R)임을 기억할 것이다(§10.2). 잔차제곱합은 참가자들의 개인차에 의한 변동의 양에 해당한다. 독립 분산분석에서는 실험 조작이 서로 다른 사람들에게 가해지므로, 이 변동에는 실험의 효과가 영향을 미치지 않는다. 그러나 같은 사람들에게 실험 조작을 가할 때는 개체간 분산이 두 가지 요소로 구성된다. 하나는 실험 조작의 효과이고 다른 하나는 성과의 개인차이다. 즉, 개체내 변동의 일부는 실험 조작의 효과에서 비롯된다. 각 실험 조건마다 참가자들에게 다른 일을 수행했으므로, 한 개인의 점수들의 변동은 부분적으로 그러한 조작들에 기인한다. 예를 들어 모든 사람이 조건 1보다 조건 2에서 더 높은 점수를 기록했다면, 이것이 우연히 생긴 결과가 아니라 조건 1에서 연구자가 사람들에게 한 일과 조건 2에서 연구자가 사람들에게 한 일이 다르기 때문에 생긴 결과라고 가정하는 것이 합당하다. 반면 하나의 실험 조건 안에서는 연구자가 참가자들에게 같은 일을 하므로, 그 어떤 변동도 연구자가 가한 실험 조작으로는 설명할 수 없다. 대신 실험 조작과는 무관한, 연구자가 통제할 수 없는 어떤 무작위 외부 요인에 의한 것이라고 설명하는 것이 합당하다(이를 '오차'라고 부른다). 독립 분산분석에서처럼 반복측정 분산분석에서도 실험 조작에 의한 변동의 양과 무작위 요인에 의한 변동의 양을 F 비를 이용해서 비교한다. 독립 분산분석과의 유일한 차이는 그러한 변동의 양을 계산하는 방법이다. 실험 조작에 의한 변동의 양이 무작위

일변량분산분석과 다변량분산분석의 검정력 ③

일변량 접근 방식과 다변량 접근 방식의 검정력들은 서로 절충 관계이다(단, 이것을 적절한 기술적 숙련도를 통해서 극복할 수 있다고 주장하는 저자들도 있다. [O'Brien & Kaiser, 1985]를 참고하기 바란다). 데이비슨은 수정된 일변량 기법들과 호텔링의 T^2(MANOVA 검정통계량 중 하나) 기법들을 비교했는데 (Davidson, 1972), 상관관계가 높지 않은 조건들이 존재하는 상황에서 상관관계가 높은 조건들 사이의 작고 신뢰성 있는 변화들을 검출할 때 일변량 기법들이 비교적 무능함을 발견했다. 한편 멘도사, 투서커, 나이스원더는 복합 대칭성과 정규성이 깨진 상황에서 일변량 기법들과 다변량 기법들을 몬테카를로법을 이용해서 비교했는데, "복합 대칭성의 위반 정도가 증가함에 따라 다변량 검정들의 경험적 검정력들은 증가했지만 일변량 검정들의 검정력은 대체로 감소했다" (p. 174)는 결과를 얻었다(Mendoza, Toothaker & Nicewander, 1974). 맥스웰과 딜레이니는 n이 감소하면 일변량 검정이 다변량 검정보다 강해진다고 지적하고, "n이 $a + 10$보다 작을 때는(여기서 a는 반복측정 수준 개수) 다변량 접근 방식을 사용하지 않는 것이 좋을 것이다"라고 제안했다(Maxwell & Delaney, 1990, p. 602). 대략적인 규칙은, 구형성이 크게 깨졌고 ($\varepsilon < .7$) 표본 크기가 $a + 10$보다 클 때는 다변량 절차들이 더 강력하지만, 표본 크기가 작거나 구형성이 성립할 때는($\varepsilon > .7$) 일변량 접근 방식이 낫다는 것이다(Stevens, 2002). 또한, 다변량분산분석의 검정력은 종속변수들의 상관 정도의 함수로서 증가하거나 감소한다는 점도 주목할 필요가 있다(초천재 제인 글상자 16.1 참고). 따라서, 처리 조건들의 관계도 반드시 고려해야 한다.

요인에 의한 변동의 양에 비해 크다면 F 비의 크기도 커진다. 그런 경우, 모집단에 해당 효과가 존재하지 않을 때 그러한 관측 결과가 발생할 가능성이 작다고 결론지을 수 있다.

그림 13.2는 반복측정 분산분석에서 변동을 분해하는 방식을 나타낸 것이다. 여기서 중요한 것은, 변동을 구성하는 요소들이 독립 분산분석에서와 같다는 점이다. 반복측정 분산분석에도 총제곱합(SS_T)이 있고, 모형제곱합(SS_M)과 잔차제곱합(SS_R)이 있다. 반복측정 분산분석과 독립 분산분석의 유일한 차이는 그러한 제곱합들의 출처이다. 반복측정 분산분석에서는 모형제곱합과 잔차제곱합 둘 다 개체내 분산의 일부이다. 그럼 구체적인 예를 하나 살펴보자.

I'm a Celebrity, Get Me Out of Here!(나 유명인이야, 여기서 나가게 해줘!)는 방송 유명인들 (사실은 한때 유명했지만 지금은 아닌 사람들)이 나오는 TV 리얼리티 쇼이다. 출연자들은 자신의 경력을 되살리려는(애초에 되살릴 경력이 있었다고 할 때) 애처로운 시도로서, 호주의 정글로 가서 몇 주를 보낸다. 쇼에서 출연자들은 캠프 동료들에게 먹일 식량을 얻기 위해 굴욕적이고 불명예스러운 여러 과제를 수행해야 한다. 그 과제들에서는 기어 다니는 오싹한 생물들이 엉뚱한 곳에 등장하곤 한다. 예를 들어 출연자는 쥐들이 잔뜩 있는 관에 갇히거나, 커다란 거미들이 담긴 용기에 머리를 집어넣거나, 뱀장어들과 바퀴벌레들을 뒤집어써야 한다. 잔인하고 관음증적이고 부당하고 파괴적인 TV 방송인데, 딱 내 취향이다. 채식주의자인 내가 특히나 질색한 과제는 출연자가 살아 있는 대벌레나 나방 애벌레, 생선 눈알, 캥거루 고환/음경 같은 것들을 삼켜야 하는 '부시터커(bushtucker)' 시식 과제이다. 솔직히, 누군가의 입안에서 생선 눈알이 터

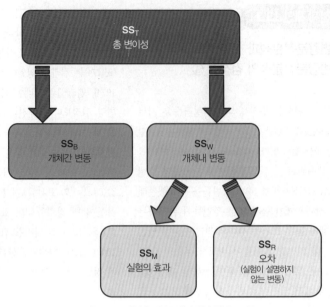

그림 13.2 반복측정 분산분석의 변동 구성

지는 광경은 시청자의 정신에 깊은 흉터를 남긴다. 나는 종종(또는, 그보다 자주자주) 어떤 부시터커 음식이 가장 역겨울까 궁금해한다. 이를 확인하기 위해 여덟 명의 방송 유명인에게 네 가지 동물(앞에서 말한 대벌레, 캥거루 고환, 생선 눈알, 나방 애벌레)을 각자 다른 순서로 먹인다고 상상해 보자. 각 경우에서 유명인이 구역질(retching)을 시작하기까지 걸린 시간(이하 구역질 시간)을 초 단위로 측정한다. 모든 유명인에게 모든 음식을 먹이므로, 이는 반복측정 설계에 해당한다. 이때 독립변수는 먹은 음식의 종류이고 종속변수는 구역질 시간이다.

이 예의 자료가 표 13.2에 나와 있다. 음식은 네 종류이고, 여덟 명의 참가자가 각각 네 음식을 모두 먹는다. 표에는 각 참가자의 평균 구역질 시간과 분산뿐만 아니라 음식별 평균 구역

표 13.2 부시터커 예제의 자료

유명인	대벌레	캥거루 고환	생선 눈알	나방 애벌레	평균	s^2
1	8	7	1	6	5.50	9.67
2	9	5	2	5	5.25	8.25
3	6	2	3	8	4.75	7.58
4	5	3	1	9	4.50	11.67
5	8	4	5	8	6.25	4.25
6	7	5	6	7	6.25	0.92
7	10	2	7	2	5.25	15.58
8	12	6	8	1	6.75	20.92
평균	8.13	4.25	4.13	5.75		

질 시간도 나와 있다. 구역질 시간의 총 변동은 부분적으로는 음식마다 그 역겨움이 다르다는 점(실험 조작)에 기인하고, 부분적으로는 방송 유명인들의 비위가 서로 다르다는 점(개인차)에 기인한다.

13.3.1 **총제곱합 (SS$_T$) ②**

기억하겠지만, 일원 분산분석에서 SS$_T$를 다음과 같은 공식으로 계산했었다(식 (10.4) 참고).

$$SS_T = s^2_{총}(N-1)$$

반복측정 분산분석에서도 일원 분산분석에서와 정확히 같은 방식으로 총제곱합을 계산한다. 이 공식에서 총분산은 그냥 모든(점수가 속한 그룹과 무관하게) 점수의 분산이다. 즉, 총제곱합은 모든 자료를 다음과 같이 하나의 커다란 그룹이라고 간주해서 계산한다.

8	7	1	6
9	5	2	5
6	2	3	8
5	3	1	9
8	4	5	8
7	5	6	7
10	2	7	2
12	6	8	1

총평균 = 5.56
총분산 = 8.19

지금 자료에서 총분산은 8.19이다(계산기로 직접 계산해보기 바란다). 점수들이 32개이므로 N은 32이다. 이 두 수치를 위의 공식에 대입하면 다음이 나온다.

$$
\begin{aligned}
SS_T &= s^2_{총}(N-1) \\
&= 8.19(32-1) \\
&= 253.89
\end{aligned}
$$

이 제곱합의 자유도는 일원 분산분석에서처럼 $N-1$, 즉 31이다.

13.3.2 개체내 제곱합(SS_W) ②

독립설계와 반복측정 설계의 핵심적인 차이는, 반복측정 분산분석에서는 개체내(within-subject) 변동 또는 참가자내(within-participant) 변동이라고 하는 요소가 존재한다는 것이다(이 요소는 각 참가자 안에서 독립변수들을 조작했기 때문에 발생한다). 개체내 변동의 양도 제곱합으로 계산한다. 일반적으로, 어떤 종류이든 제곱합을 계산할 때는 평균과 개별 점수의 차이의 제곱을 살펴본다. 그러한 제곱합을 그 점수들의 분산과 개수로 표현할 수 있다. 예를 들어 독립 분산분석에서 잔차제곱합(SS_R)을 계산할 때 다음과 같은 공식을 사용했다(식 (10.7)에 나왔다).

$$SS_R = \sum_{i=1}^{n} (x_i - \bar{x}_i)^2$$
$$= s^2(n-1)$$

이 공식은 특정 그룹의 개인들 사이에 존재하는 변동의 양을 산출하며, 그러한 양은 그 그룹 안의 개인차들의 추정값이라 할 수 있다. 그러므로, 개인차들의 총량을 구하려면 각 그룹의 제곱합을 모두 더하면 된다.

$$SS_R = s^2_{\text{그룹}1}(n_1-1) + s^2_{\text{그룹}2}(n_2-1) + s^2_{\text{그룹}3}(n_3-1) + \ldots s^2_{\text{그룹}n}(n_n-1)$$

그런데 이 공식은 그룹들이 각각 다른 참가자들로 구성될 때만 유효하다. 반복측정 설계에서는 같은 사람들이 여러 실험 조건들에 참가하므로, 한 그룹의 참가자들의 변동(독립 분산분석에 쓰인)이 아니라 개별 참가자 안의 변동이 중요하다. 즉, 각 개인 안에('개체내') 존재하는 변이성이 어느 정도인지 알아내야 한다. 이를 계산하는 공식도 앞의 공식과 본질적으로 동일하나, 각 그룹이 아니라 각 사람의 변동의 양을 더한다는 점이 다르다. 개체내 제곱합(SS_W)의 공식은 다음과 같다.

$$SS_W = s^2_{\text{사람}1}(n_1-1) + s^2_{\text{사람}2}(n_2-1) + \ldots + s^2_{\text{사람}n}(n_n-1)$$

이 공식에서 보듯이, 개체내 제곱합은 연구에 참가한 각 사람의 분산에 $(n-1)$을 곱한 것을 모두 합한 것이다. 여기서 n은 해당 참가자로부터 측정한 점수들의 개수, 즉 실험 조건의 수이다(지금 예에서는 출연자들에게 먹인 음식 종류 개수).

지금 예의 개체내 제곱합을 계산하는 데 필요한 모든 분산이 표 13.2에 나와 있다. 이들을 대입해서 SS_W를 구해보자.

$$\begin{aligned}
SS_W &= s_{\text{유명인}1}^2(n_1 - 1) + s_{\text{유명인}2}^2(n_2 - 1) + \ldots + s_{\text{유명인}n}^2(n_n - 1) \\
&= 9.67(4-1) + 8.25(4-1) + 7.58(4-1) + 11.67(4-1) + 4.25(4-1) + \\
&\quad\; 0.92(4-1) + 15.58(4-1) + 20.92(4-1) \\
&= 29 + 24.75 + 22.75 + 35 + 12.75 + 2.75 + 46.75 + 62.75 \\
&= 236.50
\end{aligned}$$

각 사람의 자유도는 $n - 1$(즉, 조건 개수 빼기 1)이다. 그 자유도들을 모두 더한 것이 개체내 제곱합의 총 자유도이다. 지금 예에서 조건이 네 가지이므로(즉, $n = 4$) 참가자당 자유도는 3이다. 그리고 참가자(방송 유명인)가 여덟 명이므로, 총 자유도는 8 × 3 = 24이다.

13.3.3 모형제곱합(SS_M) ②

앞에서 우리는 자료에 존재하는 변동의 총량이 253.58단위임을 알아냈다. 또한, 그 총 변동 중 236.50단위가 여러 조건하에서 각 개체(방송 유명인)가 만들어 낸 변동으로 설명된다는 점도 알게 되었다. 그러한 개체내 변동 중 일부는 실험 조작에 의한 것이고, 일부는 그냥 무작위한 변동이다. 그럼 이번에는 실험 조작으로 설명되는 변동과 그렇지 않은 변동이 어느 정도인지 파악해 보사.

독립 분산분석에서는 실험 조작이 설명하는 변동의 양(모형제곱합)을 각 그룹의 평균과 총평균의 차이들을 이용해서 계산했다. 좀 더 구체적으로 말하면, 모형제곱합은 그룹 평균과 총평균의 차이의 분산에 의존한다(식 (10.5) 참고). 반복측정에서도 정확히 같은 방식이다. 즉, 독립변수의 각 수준의 평균(지금 예에서는 각 음식의 평균 구역질 시간)을 구하고, 그것들을 모든 음식의 전체적인 평균 구역질 시간과 비교한다.

다음은 모형제곱합을 계산하는 절차이다(독립 분산분석에서와 같다).

1 그룹마다 그룹 평균과 총평균의 차이를 계산한다.

2 그룹마다 그 차이를 제곱한다.

3 그룹마다 차이 제곱에 그룹의 참가자 수(n_i)를 곱한다.

4 각 그룹의 결과를 모두 더한다.

$$SS_M = \sum_{n=1}^{k} n_k (\bar{x}_k - \bar{x}_\text{총})^2$$

다음은 부시터커 자료의 평균들(표 13.2)로 모형제곱합을 계산한 것이다.

$$SS_M = 8(8.13 - 5.56)^2 + 8(4.25 - 5.56)^2 + 8(4.13 - 5.56)^2 + 8(5.75 - 5.56)^2$$
$$= 8(2.57)^2 + 8(-1.31)^2 + 8(-1.44)^2 + 8(0.19)^2$$
$$= 83.13$$

SS_M의 자유도(df_M)는 제곱합을 계산하는 데 쓰인 항들의 개수에서 일을 뺀 것이다. 지금 예의 모형제곱합을 계산하는 데는 네 개의 그룹 평균과 총평균의 차이들이 쓰였다. 즉, 이 제곱합에 쓰인 항들은 네 개이다. 따라서 자유도는 3이다. 정리하자면, 일원 분산분석에서처럼 반복측정 분산분석에서 모형제곱합의 자유도는 조건 개수(k) 빼기 1이다.

$$df_M = k - 1 = 3$$

13.3.4 잔차제곱합(SS_R) ②

지금까지의 분석에 따르면, 자료의 총변동이 253.58단위이고 그중 236.50단위를 실험으로 설명할 수 있으며(개체내 제곱합), 236.50단위 중에서 83.13단위는 실험 조작에 기인한다(모형제곱합). 마지막으로 살펴볼 제곱합은 잔차제곱합(SS_R)이다. 이것은 모형이 설명하지 못하는 변동의 양, 즉 실험의 통제에서 벗어난 가외 요인들에 의한 변동의 양이다. SS_W와 SS_M을 이미 알고 있으므로, SS_R은 그냥 SS_W에서 SS_M을 빼면 된다. 즉, $SS_R = SS_W - SS_M$이다. 지금 예의 잔차제곱합은 다음과 같다.

$$SS_R = SS_W - SS_M$$
$$= 236.50 - 83.13$$
$$= 153.37$$

자유도도 같은 방식으로 계산하면 된다.

$$df_R = df_W - df_M$$
$$= 24 - 3$$
$$= 21$$

13.3.5 평균제곱 ②

SS_M은 모형(이를테면 실험 조건들)이 설명하는 변동의 양에 해당하고 SS_R은 가외 요인들에 의한 변동의 양에 해당한다. 그런데 두 제곱합 모두 여러 개의 값을 합한 것이므로, 그 크기는 합한 항들의 개수에 영향을 받는다. 이러한 편향을 제거하기 위해, 독립 분산분석에서처럼 제곱합

들의 평균을 구한다. 이러한 평균을 **평균제곱**(mean squares, MS)이라고 부른다. 평균제곱은 그냥 제곱합을 해당 자유도로 나눈 것이다.

$$MS_M = \frac{SS_M}{df_M} = \frac{83.13}{3} = 27.71$$

$$MS_R = \frac{SS_R}{df_R} = \frac{153.37}{21} = 7.30$$

MS_M은 모형이 설명하는 변동(체계적 변동)의 평균량이고 MS_R은 가외 변수들이 설명하는 변동(비체계적 변동)의 평균량이다.

13.3.6 *F* 비 ②

F 비는 모형이 설명하는 변동의 양과 비체계적 요인들이 설명하는 변동의 양의 비이다. 다음 공식에서 보듯이, 모형 평균제곱을 잔차 평균제곱으로 나누면 *F* 비가 나온다. 이 공식은 독립 분산분석에서 본 것과 정확히 동일하다.

$$F = \frac{MS_M}{MS_R}$$

즉, 독립 분산분석에서처럼 *F* 비는 비체계적 변동에 대한 체계적 변동의 비이다. 따라서 이는 설명되지 않는 요인들의 효과에 대한 실험 효과의 비라 할 수 있다. 지금 예의 *F* 비는 다음과 같다.

$$F = \frac{MS_M}{MS_R} = \frac{27.71}{7.30} = 3.79$$

이 값이 1보다 크다는 것은 실험 조작의 효과가 실제로 존재하며, 그 효과가 가외 요인들의 효과를 능가한다는 뜻이다. 독립 분산분석에서처럼, 이 값을 해당 자유도들(df_M과 df_R; 지금 예에서는 3과 21)에 기초한 임계값과 비교해 볼 수 있다.

13.3.7 개체간 제곱합 ②

앞에서 총변동이 개체내(참가자 내) 변동과 개체간(참가자 간) 변동으로 분해된다고 말했다. 개체간 변동은 *F* 비의 계산에 쓰이지 않기 때문에 앞에서는 설명하지 않았다. 그럼 이 변동의 양을 나타내는 개체간 제곱합(SS_B)을 살펴보자. 개체간 제곱합은 이미 구한 제곱합들로 간단하게 계산할 수 있다. 그림 13.2를 보면 제곱합들 사이의 다음과 같은 관계를 알 수 있다.

$$SS_T = SS_B + SS_W$$

SS_T와 SS_W는 이미 계산했으므로, 이 식을 조금 변형하면 다음과 같이 뺄셈 한 번으로 개체간 제곱합을 구할 수 있다.

$$
\begin{aligned}
SS_B &= SS_T - SS_W \\
&= 253.89 - 236.50 \\
&= 17.39
\end{aligned}
$$

개체간 제곱합은 사례들 사이의 개인차를 나타낸다. 지금 예의 경우 표 13.2를 보면 출연자마다 혐오 음식에 대한 내성이 다름을 알 수 있다. 예를 들어 4번 출연자의 평균 구역질 시간은 $M = 4.50$인데, 이는 8번 출연자의 평균 구역질 시간($M = 6.75$)보다 2초 정도 짧다. 개체간 제곱합은 이러한 개인차들을 반영한다. 지금 예에서, 구역질 시간의 변동 중 출연자들의 개인차로 설명할 수 있는 부분은 17.39단위뿐이다.

13.4 R을 이용한 일원 반복측정 설계 분석 ②

13.4.1 반복측정 설계의 분석을 위한 R 패키지 ①

내가 알아낸 바로는, 반복측정 설계 실험 결과를 R에서 분석하는 방법은 네 가지이다. 더 있을 수도 있겠지만, 네 개나 알고 있으면 더 찾아볼 필요를 느끼기 힘들다. 네 방법은 다음과 같다.

- *Anova()* 함수: 이 함수는 이전 장들에서 사용했다. 다른 통계 패키지들처럼 이 함수도 구형성 검정과 수정 추정량들을 제공한다. 그러나 이 함수로 반복측정 분산분석을 수행하는 과정은 지금까지 내가 분산분석을 설명한 방식과 잘 맞지 않기 때문에, 이번 장에서 이 함수를 사용하지는 않겠다. 궁금한 독자는 웹을 검색해 보기 바란다.

- *lm()* 또는 *aov()* 함수: 이 함수들은 이전 장들에서 분산분석을 수행한 방식과 잘 어울린다. 그러나 이들은 구형성 검정통계량을 제공하지 않는다. 또한, 어차피 선형모형 접근 방식을 사용할 것이라면 이 함수들보다는 *lme()*를 사용하는 것이 낫다. 그래서 이번 장에서 이 함수들은 그냥 아래의 *lme()*를 소개하는 디딤돌로만 삼겠다.

- **lme()**: 이 함수를 이용하면, 관측값들 사이에 상관관계가 존재할 수 있는 상황(반복측정 설계에서 흔히 발생한다)에 대한 회귀분석이 가능하다. 그런 종류의 회귀를 다층 모형

(multilevel model)이라고 부르는데, 이에 관해서는 제19장에서 좀 더 자세히 이야기한다. 따라서, 이 함수의 활용 방법은 이전에 배운 *lm()* 함수의 활용 방법의 연장선에 있다. *lme()*를 사용하면 구형성을 신경 쓸 필요가 없다는 장점이 있다. 또한, 이 함수는 '번 듯한' 통계학자가 반복측정 자료를 다루는 방법에 해당한다. 이 함수의 단점은, SPSS나 SAS 같은 다른 패키지로 반복측정 설계를 분석하는 방식(분산분석과는 다른 방식이다)에 익숙한 사람에게는 이 함수의 접근 방식이 좀 생소할 것이라는 점이다.

- **ezANOVA()**: *lme()*가 너무 복잡하게 느껴진다면, *ezANOVA*라는 함수를 고려해보기 바란다. 이름의 'ez'(쉽다는 뜻의 easy에 해당)에서 짐작하겠지만, 이 함수는 분산분석(ANOVA)을 좀 더 쉽게(그리고 다른 통계 패키지의 방식에 좀 더 가까운 방식으로) 수행하기 위한 함수이다.

명령행을 사용한다면(그래야 마땅하다) 그래프를 위한 *ggplot2* 패키지, 사후검정들을 위한 *multcomp* 패키지, 기술통계량들을 위한 *pastecs* 패키지, 자료의 재조직화를 위한 *reshape*, 그리고 강건한 검정들을 위한 *WRS* 패키지가 필요하다. 그리고 *ezANOVA()*를 사용할 것이면 *ez* 패키지가, 다층 모형을 사용할 것이면 *nlme* 패키지가 필요하다. 이들을 아직 설치하지 않은 독자라면(일부는 이전 장들에서 설치했을 것이다), 다음 명령들을 실행하기 바란다.

```
install.packages("ez");   install.packages("ggplot2");   install.packages
("multcomp");   install.packages("nlme");   install.packages("pastecs");
install.packages("reshape"); install.packages("WRS", repos="http://R-Forge.
R-project.org")
```

설치가 끝났으면, 다음 명령들을 실행해서 패키지들을 적재한다.

```
library(ez); library(ggplot2); library(multcomp); library(nlme);
library(pastecs); library(reshape); library(WRS)
```

13.4.2 일반적인 반복측정 설계 분석 절차 ①

다음은 반복측정 분석의 일반적인 절차이다.

1 **자료를 입력한다**: 생각보다 번거롭다.

2 **자료를 탐색한다**: 항상 그렇듯이, 먼저 자료를 그래프로 그려 보고, 몇 가지 기술통계량들을 계산해 보는 것이 좋다. *lme()*를 사용하지 않을 것이라면 구형성도 점검해야 한다.

3 **대비들을 설계 또는 선택한다**: 비교할 대비들을 결정하고, 분석의 모든 독립변수에 대해 대비들을 적절히 지정해야 한다.

4 **분산분석 또는 다층 모형을 계산한다:** 이제 주된 분석을 실행한다. 단계 2의 결과에 따라서 는 강건한 버전들을 수행해야 할 수도 있다.

5 **계획된 대비 또는 사후검정을 실행한다:** 주 분석을 실행한 후, 필요하다면 사후검정을 수행 하거나 대비들의 결과를 살펴본다. 구체적인 방법은 단계 2의 결과에 따라 다르다.

R Commander를 잠깐 언급한 후, 이 단계들을 차례로 실행해 보겠다.

13.4.3 R Commander를 이용한 반복측정 분산분석 ②

그림 13.3은 R Commander에서 반복측정 분산분석을 수행하는 방법을 보여준다. 슬픔에 잠 긴 얼굴이 말해 주듯이, 그런 방법은 없다.

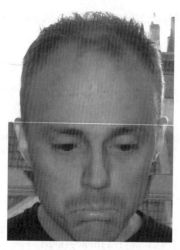

그림 13.3 R Commander를 이용한 반복측정 분산분석

13.4.4 자료 입력 ②

 이 예제의 자료가 **Bushtucker.dat** 파일에 있다. 자료 파일이 있는 디렉터리를 현재 작업 디렉 터리로 설정한 상태에서 다음 명령을 실행해서 이 자료를 불러온다.

```
bushData<-read.delim("Bushtucker.dat", header = TRUE)
```

이 파일의 자료는 흔히 쓰이는 관례에 따라, 다른 말로 하면 여러분이 다른 소프트웨어 패키지 들에서 자료를 입력한다고 할 때 사용했을 형식으로 입력되어 있다. 간단히 말해서 이 자료는

'넓은' 형식이다. 아래에서 보듯이, 반복측정 변수들의 수준들이 각각 개별적인 열에 들어 있다.

```
participant stick_insect kangaroo_testicle fish_eye witchetty_grub
P1             8                7              1              6
P2             9                5              2              5
P3             6                2              3              8
P4             5                3              1              9
P5             8                4              5              8
P6             7                5              6              7
P7            10                2              7              2
P8            12                6              8              1
```

원래 이 자료는 Excel에서 입력한 것이다. 각 참가자를 식별하는 값은 문자열이다(P1, P2 등).
나머지 네 열은 각각 특정 음식(순서대로 대벌레, 캥거루 고환, 생선 눈알, 나방 애벌레)을 먹고 각 참
가자가 구역질을 시작하기까지의 시간을 담고 있다. 예를 들어 7번 참가자는 대벌레를 먹고 10
초 만에 구역질을 했고, 캥거루 고환과 애벌레는 2초, 생선 눈알은 7초가 걸렸다.

이 자료가 통상적인 관례를 따르는 형식으로 되어 있긴 하지만, R에서 분석을 실행하려
면 긴 형식의 자료가 필요하다. 자료의 형식은 이전에 여러 번 사용한(이를테면 제3장에서 사용했
다) melt() 함수로 변환할 수 있다. 기억하겠지만, 이 함수를 실행할 때는 점수들의 특성(점수가
속한 그룹 등)을 식별하는 열들을 id 옵션으로 지정하고, 측정한 실제 점수들을 담은 변수들을
measured 옵션으로 지정한다. 현재 형식의 자료에서 점수들은 네 개의 열(stick_insect, kanga-
roo_testicle, fish_eye, witchetty_grub)에 흩어져 있다. 따라서 그 네 열을 measured 옵션으로 지
정해야 한다. 그리고 각 점수가 속한 그룹은 participant 변수로 구분하므로, 그 변수를 id 옵
션으로 지정하면 된다. 다음은 이 함수를 이용해서, 긴 형식의 자료를 담은 longBush라는 새
데이터프레임을 생성하는 명령이다.

```
longBush<-melt(bushData, id = "participant", measured = c("stick_insect",
"kangaroo_testicle", "fish_eye", "witchetty_grub"))
```

이 데이터프레임에는 세 개의 열이 있는데, 처음 것은 참가자를 식별하고, 둘째 것은 음식의
종류를, 셋째 것은 점수(구역질까지 걸린 시간)를 담는다. 기본적으로 이 세 열의 이름은 participant,
variable, value인데, 그리 도움이 되는 이름은 아니다. 그래서 다음과 같은 명령을 실행해서
각 열의 의미를 좀 더 잘 나타내는 이름표들을 부여하기로 한다.

```
names(longBush)<-c("Participant", "Animal", "Retch")
```

마지막으로, 적절한 이름표들을 지정해서 **Animal** 변수를 요인으로 변환한다.

```
longBush$Animal<-factor(longBush$Animal, labels = c("Stick Insect", "Kangaroo
Testicle", "Fish Eye", "Witchetty Grub"))
```

이제 자료는 다음과 같은 모습이다.[4]

	Participant	Animal	Retch
1	P1	Stick Insect	8
9	P1	Kangaroo Testicle	7
17	P1	Fish Eye	1
25	P1	Witchetty Grub	6
2	P2	Stick Insect	9
10	P2	Kangaroo Testicle	5
18	P2	Fish Eye	2
26	P2	Witchetty Grub	5
3	P3	Stick Insect	6
11	P3	Kangaroo Testicle	2
19	P3	Fish Eye	3
27	P3	Witchetty Grub	8
4	P4	Stick Insect	5
12	P4	Kangaroo Testicle	3
20	P4	Fish Eye	1
28	P4	Witchetty Grub	9
5	P5	Stick Insect	8
13	P5	Kangaroo Testicle	4
21	P5	Fish Eye	5
29	P5	Witchetty Grub	8
6	P6	Stick Insect	7
14	P6	Kangaroo Testicle	5
22	P6	Fish Eye	6
30	P6	Witchetty Grub	7
7	P7	Stick Insect	10
15	P7	Kangaroo Testicle	2
23	P7	Fish Eye	7
31	P7	Witchetty Grub	2
8	P8	Stick Insect	12
16	P8	Kangaroo Testicle	6
24	P8	Fish Eye	8
32	P8	Witchetty Grub	1

각 참가자(**Participant** 변수로 식별된다)당 점수가 네 개(점수의 종류는 **Animal** 변수로 구분된다)임을 주목하기 바란다. 이전에는 네 점수가 네 개의 열에 나누어져 있었지만, 이제는 한 열의 네 행을 차지한다.

자료를 **R**에서 직접 입력할 수도 있다. 우선, *gl()* 함수(제3장)를 이용해서 참가자들을 식별하는 변수를 만든다. 기억하겠지만, 이 함수의 일반적인 활용 형태는 다음과 같다.

요인<-gl(수준 수, 각 수준의 사례 수, 전체 사례 수, labels = c("이름표1", "이름표2"…))

이 명령은 요인이라는 이름의 새 요인 변수를 생성한다. 이 함수는 요인의 그룹(또는 수준)의 개

---

4 참가자마다 관측값이 네 개라는 점이 명확히 드러나게 하기 위해, 다음 명령을 이용해서 자료를 참가자 순으로 정렬했다.

longBush<-longBush[order(longBush$Participant),]

수와 각 그룹(수준)의 사례 개수를 입력받는다. 전체 사례 수는 생략할 수 있는데, 생략하면 전체 그룹 수에 그룹별 사례 수를 곱한 값이 쓰인다. 또한, 각 그룹(수준)의 이름표를 *labels*를 이용해서 지정할 수도 있다. 다음은 적절한 이름표들을 지정해서 참가자를 식별하는 요인 변수를 생성하는 명령이다.

```
Participant<-gl(8, 4, labels = c("P1", "P2", "P3", "P4", "P5", "P6", "P7", "P8" ))
```

처음 두 수치는 점수 네 개로 된 집합을 여덟 개 생성하라는 뜻이다. 그리고 *labels* 옵션은 각 집합에 영문자 P와 참가자 번호로 이루어진 이름표를 지정한다.

다음으로는 동물(혐오 음식)의 종류를 나타내는 **Animal** 변수를 생성한다. 해당 명령은 다음과 같다. 처음 두 수치는 점수가 하나인 그룹 네 개를 뜻한다. 이에 의해 네 개의 사례($4 \times 1 = 4$)가 만들어지는데, 이들은 첫 참가자의 부호들로 쓰인다. 그런데 참가자는 총 여덟 명이며, 나머지 참가자들에게도 1번 참가자와 같은 패턴을 적용해야 한다. 이를 위해 전체 사례 수(32)를 지정했다. 전체 사례 수를 이처럼 명시적으로 지정하면 *gl()* 함수는 전체 사례 수에 도달할 때까지 그 앞의 패턴(지금 예에서는 사례 4개)을 반복한다.

```
Animal<-gl(4, 1, 32, labels = c("Stick Insect", "Kangaroo Testicle", "Fish
Eye", "Witchetty Grub"))
```

다음으로, 구역질 점수를 담은 수치 변수를 생성한다.

```
Retch<-c(8, 7, 1, 6, 9, 5, 2, 5, 6, 2, 3, 8, 5, 3, 1, 9, 8, 4, 5, 8, 7, 5, 6,
7, 10, 2, 7, 2, 12, 6, 8, 1)
```

이제 이 세 변수를 모아서 *longBush*라는 하나의 데이터프레임을 생성한다.

```
longBush<-data.frame(Participant, Animal, Retch)
```

13.4.5 자료 탐색 ②

이전 예제들에서처럼 먼저 그래프를 살펴보기로 한다. 여러 조건의 평균들을 그리는 것으로 시작하자.

자가진단

✓ *ggplot2*를 이용해서, *x* 축이 동물 종류이고 *y* 축이 구역질 시간인 막대 그래프를 그려라. 오차 막대도 그려야 한다.

자가진단의 그래프(그림 13.4)를 보면, 고환이나 눈알을 먹었을 때 평균적으로 출연자들이 가장 일찍 구역질을 했다(두 음식의 평균들이 제일 낮다). 상대적으로 대벌레가 그나마 먹을만했다고 할 수 있다(구역질을 시작하기까지의 시간이 제일 길다).

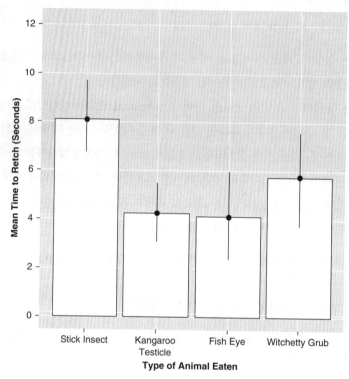

그림 13.4 네 가지 동물을 먹은 후 구역질하기까지의 평균 시간

또한, 서로 다른 동물에 대한 구역질 시간의 상자그림을 살펴보는 것도 유용할 것이다.

자가진단

✓ *ggplot2*를 이용해서, 각 동물(*x* 축)을 먹은 후 구역질하기까지의 시간에 대한 상자그림을 작성하라.

그림 13.5에 이 자료의 상자그림이 나와 있다. 이 그래프도 막대그래프와 비슷한 정보를 제공한다. 구역질 시간의 중앙값은 대벌레가 가장 크고 고환과 눈알이 가장 작다. 또한, 점수들의 분포의 중간 부분을 보면 눈알과 애벌레가 고환과 대벌레보다 좀 더 퍼져 있다.

이전에 *by()* 함수와 *pastecs* 패키지의 *stat.desc()* 함수를 이용해서 개별 그룹의 기술통계량들을 얻었다(좀 더 자세한 사항은 제5장을 보기 바란다). 예를 들어 구역질 시간에 대한 동물의 효

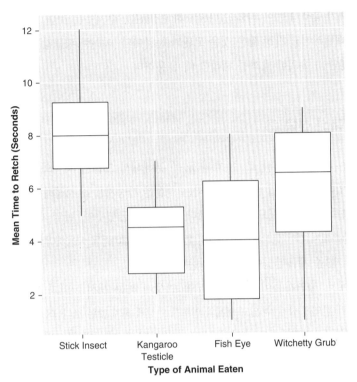

그림 13.5 부시터커 자료의 상자그림

과를 살펴보려면, 다음 명령을 실행하면 될 것이다.

```
by(longBush$Retch, longBush$Animal, stat.desc)
```

출력 13.1

longBush$Animal: Stick Insect

```
median    mean  SE.mean  CI.mean.0.95   var  std.dev coef.var
8.0000  8.1250   0.7892        1.8661  4.9821  2.2320   0.2747
-----------------------------------------------------------
```
longBush$Animal: Kangaroo Testicle

```
median    mean  SE.mean  CI.mean.0.95   var  std.dev coef.var
4.5000  4.2500   0.6478        1.5318  3.3571  1.8323   0.4311
-----------------------------------------------------------
```
longBush$Animal: Fish Eye

```
median    mean  SE.mean  CI.mean.0.95   var  std.dev coef.var
4.0000  4.1250   0.9717        2.2977  7.5536  2.7484   0.6663
-----------------------------------------------------------
```
longBush$Animal: Witchetty Grub

```
median    mean  SE.mean  CI.mean.0.95   var  std.dev coef.var
6.5000  5.7500   1.0308        2.4374  8.5000  2.9155   0.5070
```

명령의 결과가 출력 13.1에 나와 있다(적당히 편집했음). 수치들을 보면, 평균 구역질 시간이 가장 긴 것은 대벌레이고 가장 짧은 것은 고환과 눈알이다. 이러한 평균값들은 주 분석이 토해 낸(의도적인 말장난임) 유의한 효과를 해석할 때 유용하다.

13.4.6 대비 선택 ②

주 분석을 마친 후에는, 대비들로 주 효과(들)를 분해해서 그룹들 사이의 차이를 구체적으로 파악해 볼 수 있다. 일원 독립 분산분석에서는 적절한 가중치들을 지정해서 대비들을 미리 정 의했는데, 반복측정 설계에서도 마찬가지이다. 이전에 언급했듯이, 만일 제3종 제곱합들을 살 펴보고 싶다면(초천재 제인 글상자 11.1 참고), 반드시 직교 대비들을 사용해야 한다. 그렇지 않으면 우리가 원했던 제3종 제곱합들이 나오지 않는다.

지금 예제에서, 출연자들이 인체의 일부를 연상케 하는 생선 눈알과 캥거루 고환을 나방 애벌레나 대벌레(한입에 삼킬 수 있고 인체의 일부를 연상케 하지 않는)보다 더 역겨워 할 것이라는 예측을 두고 실험을 진행했다고 상상해 보자. 그렇다면 첫 대비에서는 생선 눈알과 캥거루 고 환의 조합을 나방 애벌레와 대벌레의 조합과 비교하고, 둘째 대비에서는 생선 눈알을 캥거루 고환과 비교하고, 셋째 대비에서는 나방 애벌레를 대벌레와 비교하면 될 것이다. 이에 해당하 는 대비 가중치(부호)들이 표 13.3에 나와 있다.

표 **13.3** Animal 변수에 대한 직교 대비들

그룹	대비$_1$	대비$_2$	대비$_3$
대벌레	1	0	−1
캥거루 고환	−1	−1	0
생선 눈알	−1	1	0
나방 애벌레	1	0	1

이 직교 대비들을 R에서 제10장에서처럼 설정해보자. 먼저 각 대비를 대표하는 변수들을 생성하고(이들의 주된 용도는 각 대비에 의미 있는 이름을 붙이는 것이다), 그것들을 모아서 **Animal** 에 대한 대비로 설정하면 된다.

```
PartvsWhole<-c(1, -1, -1, 1)
TesticlevsEye<-c(0, -1, 1, 0)
StickvsGrub<-c(-1, 0, 0, 1)
contrasts(longBush$Animal)<-cbind(PartvsWhole, TesticlevsEye, StickvsGrub)
```

처음 세 명령은 표 13.3에 나온 가중치들로 이루어진 대비 설정을 담은 세 변수를 생성한다.

마지막 명령은 그 세 변수로 **Animal**에 대한 대비들을 설정한다. 변수 이름을 실행해서 그 내용을 살펴보면 대비 특성들이 제대로 설정되었는지 확인할 수 있다.

```
longBush$Animal
attr(,"contrasts")
```

```
                PartvsWhole TesticlevsEye StickvsGrub
Stick Insect              1            0          -1
Kangaroo Testicle        -1           -1           0
Fish Eye                 -1            1           0
Witchetty Grub            1            0           1
```

하나의 대비는 가중치가 양수인 항목들을 가중치가 음수인 항목들과 비교한다는 점과 가중치가 0인 항목은 비교에서 완전히 제외된다는 점을 염두에 두고 수치들을 살펴보면, 첫 대비는 생선 눈알과 캥거루 고환의 조합을 대벌레와 나방 애벌레의 조합과 비교하고, 둘째 대비는 대벌레와 나방 애벌레를 배제한 상태에서 눈알을 고환과 비교하고(통계학 교과서에서 이런 문구를 작성하게 되리라고는 예상치 못했다), 셋째 대비는 눈알과 고환을 배제한 상태에서 나방 애벌레를 대벌레와 비교하도록 가중치들이 설정되어 있음을 알 수 있다.

13.4.7 반복측정 분석: 하나의 .dat를 요리하는 두 가지 방법 ②

13.4.7.1 더 쉬운(그러나 약간 제한적인) 방법: 반복측정 분산분석 ②

반복측정 설계에 대한 분산분석은 *ez* 패키지의 *ezANOVA()* 함수로 수행할 수 있다. 이 방법의 장점은, 다른 통계 패키지(SPSS나 SAS 등)에서 반복측정 분산분석을 실행했을 때 나오는 것과 비슷한 형태의 출력물이 나온다는 것이다. 또한, 이 함수는 구형성 추정값과 이전에 언급한 구형성 수정값들도 계산한다. 이 함수의 일반적인 활용 형태는 다음과 같다.

```
새모형<-ezANOVA(data = 데이터프레임, dv = .(결과변수), wid = .(참가자들을 식별하는 변수),
within = .(반복측정 예측변수들), between = .(그룹간 예측변수들), detailed = FALSE, type
= 2)
```

이러한 명령은 기존 데이터프레임(데이터프레임)으로부터 새로운 모형(새모형)을 생성한다. 각 옵션의 의미는 다음과 같다.

- *dv*: 이 옵션에는 점수들을 담은 변수(즉, 결과변수)를 지정한다. 지금 예에서는 구역질 시간들을 담은 **Retch** 변수를 지정하면 된다.

- *wid*: *ezANOVA()* 함수는 이 옵션에 지정된 변수를 이용해서 각 점수가 어떤 참가자의 것인지 식별한다. 지금 예의 데이터프레임에서 그러한 변수는 **Participant**이다.

- *within*: 이 옵션에는 반복측정 설계로서 조작한 하나 또는 그 이상의 독립변수(예측변수)들을 지정한다. 지금 예에서는 출연자들이 먹은 음식의 종류를 나타내는 **Animal** 변수를 지정하면 된다.

- *between*: 이 옵션에는 그룹간 변수로서 조작한 하나 또는 그 이상의 독립변수(예측변수)들을 지정한다. 지금 예에는 그런 변수가 없지만, 혼합 설계(다음 장에 나온다)를 사용했다면 이 옵션이 필요하다.

- *detailed*: 기본값은 FALSE이다. 좀 더 상세한(그리고 내가 보기에 좀 더 유용한) 출력을 원한다면 이 옵션을 명시적으로 TRUE로 지정하면 된다.

- *type*: 이 옵션은 제곱합의 종류를 결정한다. 생략하면 기본값인 *type = 2*가 적용되는데, 이는 제2종 제곱합에 해당한다. 제3종 제곱합(초천재 제인 글상자 11.1)을 원한다면 *type = 3*을 지정해야 한다.

이 옵션 중 일부가 옵션 = .()의 형태임을 주목하기 바란다. .()의 괄호 쌍 안에 변수들의 목록을 지정하는 것은 그냥 이 함수의 관례이다. 특별한 의미는 없으며, 여러분을 드래곤으로 변신시키는 능력 같은 것도 없다.

이상의 설명에 기초해서 지금 예제에 대해 분산분석을 실행하는 명령을 만들어 본다면 다음과 같은 모습이 될 것이다.

```
bushModel<-ezANOVA(data = longBush, dv = .(Retch), wid = .(Participant), within = .(Animal), detailed = TRUE, type = 3)
```

분석 결과를 보려면 모형 이름을 실행해야 한다.

```
bushModel
```

출력 13.2

```
$ANOVA
Effect      DFn DFd SSn     SSd     F        p            p<.05  ges
(Intercept) 1   7   990.125 17.375  398.899  1.973536e-07 *      0.8529
Animal      3   21  83.125  153.375   3.794  2.557030e-02 *      0.3274

$'Mauchly's Test for Sphericity'

  Effect     W        p          p<.05
2 Animal 0.136248 0.04684581      *

$'Sphericity Corrections'

Effect     GGe       p[GG]      p[GG]<.05  HFe       p[HF]      p[HF]<.05
Animal 0.5328456 0.06258412                0.6657636 0.04833061     *
```

출력 13.2에 *ezANOVA()*로 수행한 분석의 결과가 나와 있다. 우선 구형성 정보부터 살펴보자. 구형성 가정의 성립 여부를 확인하려면 구형성에 대한 모클리 검정(R의 영혼의 조언 13.1도 보라) 결과를 봐야 한다. 이 결과가 유의하지 않아야 구형성이 성립하는 것이다. 핵심은 유의확률(p 값)인데, 지금 예에서 그 값은 임계값 .05보다 작은 .047이므로, 검정 결과는 유의하다(그래서 별표(*)가 붙었다). 따라서 구형성 가정, 즉 수준 간 차이들의 분산들이 같다는 가정은 기각해야 한다. 다른 말로 하면, 지금 예제의 자료는 구형성 가정을 $W = 0.14$, $p = .047$로 위반한다. 이 가정이 깨졌다면 다음 단계를 어떻게 진행해야 할까?

앞에서 언급했듯이, [Greenhouse & Geisser, 1959]와 [Huynh & Feldt, 1976]이 제시한 구형성 추정값들에 기초한 두 가지 수정 방법이 있다. 둘 다 관측값 F 비 계산과 관련된 자유도를 추정값을 이용해서 조정한다. 그린하우스-가이서 수정값 $\hat{\varepsilon}$이 1에 가까울수록 자료가 구형에 더 가깝다. 실험 조건이 네 개일 때 $\hat{\varepsilon}$의 하한은 $1/(4 - 1)$, 즉 약 .33이다. 출력 13.2를 보면 계산된 수정값(*GGe* 항목)은 .533이다. 이 값은 상한인 1보다는 하한인 .33에 가까우므로, 이 자료는 구형성에서 상당히 벗어났다고 할 수 있다. 출력에는 또한 후인-펠트 추정값(*HFe* 항목)도 나와 있는데, 그 값은 그린하우스-가이서 추정값보다는 약간 더 1에 가깝다(심란하게도 값이 .666인데, 이는 우리의 자료가 사악하다는 증거일 수도 있다). 이 추정값들에 대해서는 잠시 후에 좀 더 이야기한다.

출력 13.2에는 개체간 변수의 분산분석 결과도 나와 있다. \$ANOVA 아래의 표는 그룹간

R의 영혼의 조언 13.1   **내 모클리 검정이 사라졌다 ②**

출력의 어디에도 모클리 검정 결과가 없을 때가 종종 있다. 검정 결과가 허공으로 완전히 사라진 것이다. 그런 일이 생기면 여러분은 '내가 뭘 잘못했나 보다'라고 생각하고는 명령들을 점검하고, 다시 실행해 보고, 심지어는 **R**을 다시 설치하기까지 할 것이다. 그래도 결과가 나타나지 않는다. 은행을 털어서 새 컴퓨터를 사도 결과는 여전히 나타나지 않는다. 절망에 빠져서 여러분은 알코올에 의존하게 된다. 결국에는 연구자로서의 경력이 마치 여러분의 입김에 있는 알코올처럼 기화되어 날아간다.

여러분이 잘못한 것은 없으니 잠시만이라도 술병을 내려놓기 바란다. 출력에 모클리 검정이 없는 이유는, §13.2.1에서 언급했듯이 구형성이 문제가 되려면 조건이 적어도 세 개는 되어야 한다는 것이다(왜 그런지 기억이 나지 않는다면 그 절을 다시 읽어보기 바란다). 따라서, 만일 여러분의 반복측정 변수에 수준이 두 개밖에 없다면 구형성은 무조건 성립한다. 즉, 그런 경우 구형성 추정값은 항상 1(완벽한 구형)이며, 해당 유의성 검정량은 계산할 수 없다. 결과적으로 아무런 출력도 나오지 않는다. 아마도 그런 경우 **R**이 "만세! 만세! 구형성 문제는 사라졌어!" 같은 메시지를 출력해준다면 좋을 것이다. 어쩌면 그런 날이 올지도 모른다.

일원 분산분석(제10장)의 해당 표와 거의 같은 방식으로 해석할 수 있다. 표를 보면 **Animal**의
반복측정 효과에 대한 제곱합이 있는데, 이는 실험 효과가 설명하는 변동의 양을 말해준다.
그 값은 83.13인데, 이는 §13.3.3에서 계산한 모형제곱합(SS_M)의 값과 같다. 그 옆(SSd 열)은 오
차항인데, 이것은 반복측정 변수의 조건들의 변동 중 실험으로는 설명되지 않는 변동의 양으
로, §13.3.4에서 계산한 잔차제곱합(SS_R)에 해당한다. 그 값은 153.38이다(§13.3.4에서 계산한 것
과 거의 같다). 이전에 설명했듯이, 이 제곱합들을 자유도로 나누면 평균제곱이 된다. **Animal**
의 효과의 자유도(출력의 *DFn*)는 그냥 $k - 1$이다. 여기서 k는 독립변수의 수준 개수이다. 오차
항의 자유도(출력의 *DFd*)는 $(n - 1)(k - 1)$인데, 여기서 n은 참가자들의 수(지금 예에서는 출연자
들의 수)이고 k는 앞에서와 같다. 실험 효과의 평균제곱(27.71)을 오차의 평균제곱(7.30)으로 나
눈 것이 F 비이다. 그룹간 분산분석에서처럼, 이 검정통계량은 비체계적 변동에 대한 체계적
변동의 비를 나타낸다. $F = 3.79$라는 값(이전에 계산한 것과 같다)을 자유도 3과 21에 대한 임계
값과 비교해 볼 수 있다. **R**은 F 비의 정확한 유의수준도 출력했다. F의 유의확률은 .026인데,
이는 임계값인 .05보다 작다. 따라서 이 F 비는 유의하다. 검정통계량이 .05 수준에서 유의한
경우 해당 $p < .05$ 열에 별표(*)가 붙어 있다는 점을 기억하면 출력을 좀 더 쉽게 읽을 수 있을
것이다. 이 F 비가 유의하므로, 음식 종류에 따른 구역질 시간의 차이가 유의했다고 결론지을
수 있다. 그러나 이 검정은 구체적으로 어떤 음식이 어떤 음식보다 더 역겨운지는 말해주지 않
는다.

　　이러한 결과가 아주 그럴듯해 보이긴 하지만, 앞에서 말했듯이 구형성 가정이 깨지면 F 검
정이 부정확해진다. 출력 13.2의 모클리 검정 결과에 따르면 이 예제의 자료는 구형이 아니다.
따라서 이러한 위반 상황을 적절히 보정할 필요가 있다. 출력 13.2에는 그린하우스–가이서
방법과 후인-펠트 방법으로 수정된(초천재 제인 글상자 13.3) p 값들도 나와 있다. *p[GG]* 열과
p[HF] 열이 바로 그것이다. 그린하우스–가이서 수정을 거친 F 비는 유효하지 않다($p = .063$
가 .05보다 크므로). 그러나, 앞에서 언급했듯이 이 수정은 상당히 보수적이라서 실제로 존재하

초천재 제인 13.3

구형성 보정 ③

그린하우스–가이서 수정 방법과 후인–펠트 수정 방법은 F 통
계량과 관련된 자유도를 수정함으로써(따라서, F 통계량과 비교
할 임계값도 바뀐다) p 값을 수정한다. F 비 자체는 변하지 않는
다. 두 방법은 출력 13.2에 나온 구형성 추정값을 자유도에

곱한다(이전의 올리버 트위스티드 참고). 예를 들어, 그린하우
스–가이서의 구형성 추정값은 .533이다. 모형의 자유도는 원
래 3이었다. 이 값에 구형성 추정값을 곱한다(3 × .533 =
1.599). 오차항의 자유도는 21이었는데, 이 값도 같은 방식
으로 수정한다(21 × .533 = 11.19). 마지막으로는 F 비를 수
정된 자유도들(1.599와 11.19)에 해당하는 임계값과 비교한
다. 후인-펠트 수정 방법도 마찬가지 방식이다.

는 효과를 놓칠 수 있다. 따라서 후인-펠트 방법으로 수정된 p 값도 보는 것이 좋다. 이 경우에는 F 비가 유효하다. 유의확률이 임계값 .05에 조금 못미치는 .048이다. 따라서, 이 수정의 경우에는 동물의 종류가 구역질 시간에 영향을 미친다는 가설을 여전히 받아들일 수 있다. 그러나, 이 수정은 상당히 관대해서 실제로는 유의하지 않은 값을 유의하다고 판정하는 경향이 있음을 이전에 언급했다. 결과적으로, 우리는 F 통계량이 유의하다고 할 수도 없고 유의하지 않다고 할 수도 없는 딜레마에 빠지게 되었다(이는 또한 .05 같은 고정된 임계값으로 유의성을 판정한다는 것이 얼마나 어리석은 일인지를 잘 보여준다).

앞에서 스티븐스가 두 추정값의 평균으로 df를 수정하는 방법을 추천했다고(Stevens, 2002) 말했다. 두 수정 방법의 결과가 다를 때는(지금처럼) 그 방법이 유용할 것이다. 두 수정 방법의 결과가 같다면, 둘 중 어떤 것을 보고하는지는 중요하지 않다(단, F 통계량이 유의하다는 결과가 나왔다면, 좀 더 보수적인 그린하우스-가이서 추정값도 보고하는 것이 비판을 피하는 데 도움이 될 것이다). 두 수정 계수의 평균을 계산해서 자유도를 수정하기는 쉽지만, 그러한 자유도들의 정확한 확률을 계산하기는 쉽지 않다. 따라서, 여러분이 지금 같은 딜레마에 빠지게 된다면(솔직히 말해 그리 드문 일은 아니다), 두 유의확률의 평균을 보고 두 수정 방법 중 어느 쪽이 더 정확한 답인지 가늠하는 방법을 추천한다. 지금 예에서 두 p 값의 평균은 $(.063 + .048)/2 = .056$이다. 따라서, 아마도 그린하우스-가이서 수정의 결과를 채택해서 F 비가 유의하지 않다고 결론을 내리는 것이 나을 것이다.

이 예는 F 값에 대해 타당한 임계값을 사용하는 것이 얼마나 중요한지를 보여준다. 어쩌면 이는 제1종 오류를 범하느냐 마느냐의 문제일 수 있다. 그러나, 이 예는 또한 우리가 .05를 유의수준으로 사용한다는 것이 얼마나 임의적인지도 잘 보여준다. 두 수정 방법이 제시한 유의확률의 차이는 .015밖에 되지 않는데도 두 방법의 결론은 완전히 반대이다. 여러 측면에서 '유의성' 판정은 상당히 임의적이다. F 비 자체는(따라서 효과크기는) 그러한 수정들에 영향을 받지 않으므로, p가 .05보다 조금 큰지 작은지는 효과가 얼마나 큰지에 비해 덜 중요하다고 할 수 있다. 따라서, 이전에도 추천했듯이, 효과가 실질적인지는 유의성과는 무관하게 효과의 크기를 보고 판정하는 것이 좋다.

사후검정은 이전 장들에서 사용한(특히 제10장을 보라) *pairwise.t.test()* 함수로 수행하면 된다. 반복측정 분산분석의 경우에도 이전에 사용했던 옵션들을 그대로 사용하면 된다. 예외는 *paired = TRUE*를 추가해서 쌍별(paired) t 검정을 지정해야 한다는 점이다. 이제는 평균들이 서로 의존적이므로, 독립적인 t 검정들이 아니라 쌍별 t 검정들을 사용해야 한다. 다음은 지금 예제의 자료에 대해 사후검정을 수행하는 명령이다.

```
pairwise.t.test(longBush$Retch, longBush$Animal, paired = TRUE, p.adjust.method
= "bonferroni")
```

```
Pairwise comparisons using paired t tests

data:  longBush$Retch and longBush$Animal

                 Stick Insect Kangaroo Testicle Fish Eye
Kangaroo Testicle 0.0121      -                 -
Fish Eye          0.0056      1.0000            -
Witchetty Grub    1.0000      1.0000            1.0000

P value adjustment method: bonferroni
```

출력 13.3에 사후검정 결과가 나와 있다. 출력을 보면, 캥거루 고환을 먹었을 때보다 대벌레를 먹었을 때 구역질에 걸리는 시간이 유의하게 길었다($p = .012$). 그리고 생선 눈알을 먹었을 때에 비해서도 대벌레를 먹었을 때의 구역질 시간이 유의하게 길다($p = .006$). 그러나 나방 애벌레와의 차이는 유의하지 않다. 캥거루 고환과 눈알이나 나방 애벌레의 차이도 유의하지 않았다(둘 다 $p > .05$). 마지막으로, 나방 애벌레를 먹었을 때와 생선 눈알을 먹었을 때의 구역질 시간의 차이도 유의하지 않았다($p > .05$).

13.4.7.2 약간 더 복잡한 방법: 다층 접근 방식 ②

지금부터 말하는 '약간 더 복잡한 방법'에서 가장 복잡한 것은 설명 자체이다. 이 방법을 실행하는 것 자체는 그리 어렵지 않다. 이 방법은 다층 선형모형(multilevel linear model)을 사용하는데, 제19장 전체가 이 모형을 설명하는 데 할애되어 있다. 따라서 이번 절에서는 세부사항들은 생략하고 실행 방법에 초점을 둔다. 이러저러한 작업을 왜 그렇게 실행해야 하는지 좀 더 알고 싶다면 제19장을 보기 바란다. 간단히 말하자면, 다층 모형은 그냥 자료에 존재하는 의존성을 고려한 회귀모형 또는 선형모형이다. 제7장에서 배웠듯이, 회귀분석에서는 잔차(오차)들이 독립적이어야 한다는 가정이 성립해야 한다. 그러지 않으면 통계학 지옥에서 악마들이 올라와서 생식기관을 우리 눈앞에서 흔드는 사태가 벌어진다. 그런데 앞에서 보았듯이 반복측정 설계의 자료에는 의존성이 존재하며, 따라서 잔차들에도 의존성이 존재하게 된다. 그런 자료를 보통의 회귀모형으로 분석하려면, 악마들을 따돌릴 수 있는 능력이 필요하다….

다층 모형은 자료에 존재하는 의존성을 명시적으로 모형화함으로써 그러한 의존성을 처리하는 회귀모형의 한 확장이다. 따라서, 다층 모형은 반복측정 실험 설계에 아주 적합하다. 이 접근 방식의 한 가지 장점은, 분석을 하나의 선형모형으로 생각하는 기존의 사고방식을 계속 유지할 수 있다는 것이다. 단지 *aov()* 대신 *lme()*라는 함수를 사용하는 것이 다를 뿐이다. 이 함수를 이용하면 일부 점수들이 같은 개체들에서 비롯되었다는, 따라서 점수들에 상관관계가 존재한다는 사실을 모형화할 수 있다.

제10장에서 보았듯이, **R**에서 선형모형으로서의 일원 분산분석을 다음과 같은 명령으로 표현할 수 있다.

```
새모형<-aov(결과변수 ~ 예측변수, data = 데이터프레임)
```

지금 예제에서는 먹은 동물의 종류(**Animal**)로 구역질에 걸린 시간(**Retch**)을 예측한다. 그리고 데이터프레임은 *longBush*이다. 따라서, 우리의 모형을 다음과 같이 표현할 수 있다.

```
bushModel<-aov(Retch ~ Animal, data = longBush)
```

그런데 이 모형은 예측변수(**Animal**)가 같은 사람들에서 측정한(따라서 의존적인) 점수들로 구성된다는 사실을 고려하지 않는다. 따라서 이 모형은 선형모형에 필요한 독립성 가정을 위반한다. 지금 예제를 위해서는 자료의 의존성을 반영한 모형이 필요하다.[5] 그러한 모형을 *lme()* 함수로 생성할 수 있다. 특히, 이 함수에는 *random*이라는 옵션이 있는데, 이를 이용하면 변수 **Animal**에 참가자들의 서로 다른 '비위'에 의한 변동이 존재한다는 점을 함수에 알려줄 수 있다.

*lme()*의 일반적인 활용 형태는 다음과 같다.

```
새모형 <-lme(결과변수 ~ 예측변수(들), random = 무작위 효과들, data = 데이터프레임, method =
"ML")
```

여기서 핵심은 이 함수의 활용 형태가 *lm()*이나 *aov()*의 것과 기본적으로 같다는 점이다. 그냥 결과변수와 예측변수들, 그리고 데이터프레임을 지정하면 된다. 그러나 이전에는 없던 옵션이 두 개 있다. 우선, *method* 옵션은 구체적인 분석 방법을 결정한다. 기본 방법은 REML(restricted maximum-likelihood estimation; 제한된 최대가능도 추정)이지만, 몇 가지 이유로(제19장에서 설명한다) 이 책에서는 ML(maximum likelihood; 최대가능도) 방법을 선호한다. 그래서 반복측정 설계를 분석할 때는 이 옵션에 항상 "*ML*"을 지정한다. 또 다른 옵션은 무작위 효과들을 지정하는 *random*이다. 무작위 효과라는 개념은 상당히 복잡하기 때문에, 제19장에서 따로 설명하기로 한다. 일단 지금 맥락에서는, 서로 다른 개체들에서 다를 수 있는 효과가 무작위 효과라고만 알아두면 될 것이다. 예를 들어 구역질에 대한 사람들의 내성이 서로 다를 수 있다는 사실을 모형화하려면 *random = ~1|Participant/Animal*을 지정하면 된다. 이 문구는 **Animal** 변수 안의 **Participant** 변수를 살펴볼 때('Participant/Animal' 부분에 해당) 결과의 전반

---

5 *aov()*로도 그런 모형을 만드는 것이 가능하다. 서로 다른 동물들에 대한 개체간 변이성에 기초한 오차항 *Error(Participant/Animal)*을 모형에 추가하면 된다.

```
bushModel<-aov(Retch ~ Animal + Error(Participant/Animal), data = longBush)
```

그러나, 이 모형은 여전히 *F* 비로 평가되므로, 구형성 문제를 신경 써야 한다. 그런데 *aov()*는 구형성 수정 추정값들을 출력하지 않으므로(사실 구형성 추정값 자체를 출력하지 않는다) 구형성 가정을 점검하기가 번거롭다. 그래서 나는 구형성 문제에서 완전히 벗어날 수 있는 *lme()*를 선호한다.

적인 수준(1에 해당)이 다를 수 있다는 뜻이다. 이 옵션을 지정하면 함수는 **Animal**의 여러 수준에서 **Participant**의 값이 같은 점수들(즉, 같은 참가자에게서 얻은 점수들)이 서로 의존적이라는 사실을 반영한 모형을 생성한다. 좀 어려운 내용인데, 아무쪼록 잘 새겨서 이해하기 바란다.

앞의 설명이 이해가 되지 않는다고 해도, 다음 명령으로 모형을 만들면 된다는 점만큼은 나를 믿어주기 바란다.

```
bushModel<-lme(Retch ~ Animal, random = ~1|Participant/Animal, data = longBush,
method = "ML")
```

이전에 *aov()*로 모형을 만들었을 때와 거의 같은 형태의 명령임을 주목하기 바란다. 단지, **Animal** 변수에 담긴 점수들이 여러 종류의 동물에 대해 같은 참가자들로부터 반복해서 측정한 것임을 알려주는 옵션(*random = ~1|Participant/Animal*)과 분석 방법을 지정하는 옵션(*method = "ML"*)이 추가되었을 뿐이다. 이 모형으로 분석을 실행한 후 **R**에게 모형의 요약을 요청하면, 이전에 **Animal**에 설정했던 대비들과 관련된 일단의 매개변수들이 출력된다. **Animal**의 전반적인 효과가 유의한지는 이 모형의 요약을 예측변수가 없는 모형의 요약과 비교해 보면 된다. 그럼 예측변수 **Animal**을 생략하고 절편(수치 1)만 지정해서 기저 모형을 생성해 보자. 다음이 그러한 명령이다.

```
baseline<-lme(Retch ~ 1, random = ~1|Participant/Animal, data = longBush, method
= "ML")
```

이 명령은 'Retch ~ Animal' 대신 'Retch ~ 1'이 있다는 점만 빼고는 조금 전의 명령과 정확히 같다.[6] 이 두 모형을 비교하면 **Animal**을 예측변수로 추가했을 때 모형이 유의하게 개선되는지(다른 말로 하면, 모형에 예측변수가 없을 때보다 그룹 평균들로 구역질 시간을 예측할 때 모형이 자료에 더 잘 적합하는지) 파악할 수 있다. 그럼 다음 명령(§7.8.4.2 참고)을 실행해서 두 모형을 비교해 보자.

```
anova(baseline, bushModel)
```

출력 13.4는 기저 모형과 **Animal**을 예측변수로 포함한 모형(*bushModel*)의 비교 결과를 보여준다. 자유도(*df* 항목)를 보면, 기저 모형은 4였지만 *bushModel*은 7로 늘었다. 그 차이는 3이다. 이는 앞에서 **Animal**에 세 개의 대비를 설정했기 때문이다. 그래서 매개변수 세 개(대비 당하나)가 모형에 추가되었다. AIC와 BIC는 모형의 적합도를 말해준다(값이 작을수록 더 잘 적합한 것이다). 기저 모형의 값들보다 최종 모형의 값들이 더 작으므로, 최종 모형이 자료에 더 잘 적

---

6 사실, 'Retch ~ Animal'을 지정하면 **R**은 이를 'Retch ~ 1 + Animal'로 간주해서 모형을 생성한다. 즉, **R**은 절편 '1'을 자동으로 삽입한다(이 책에서 모형에 예측변수를 추가하는 방법들 처음 설명할 때 '1'을 명시적으로 지정하지 않은 것은 이 때문이다). 결과적으로, 기저 모형과 최종 모형의 유일한 차이는 **Animal**이 예측변수로 포함되었는지의 여부뿐이다. 따라서, 만일 최종 모형이 기저 모형보다 유의하게 자료에 더 잘 적합한다면, 이는 **Animal**이 **Retch**의 유의한 예측변수라는 뜻일 수밖에 없다.

합한다고 할 수 있다. 가능도비(*L.Ratio* 항목)는 그러한 적합도 개선이 유의한지를 나타내는데, *p* 값이 .05보다 작은 .0054이므로 이 개선은 유의하다. 즉, **Animal**은 **Retch**의 유의한 예측변수이다. 따라서, 구역질까지의 시간에 대한 혐오 음식(동물)의 종류의 효과는 유의하다. $\chi^2(3)$ = 12.69, *p* = .005이다.

```
        Model df     AIC      BIC    logLik    Test  L.Ratio p-value
baseline      1  4 165.0875 170.9504 -78.54373
bushModel 2   7 158.3949 168.6551 -72.19747 1 vs 2 12.69253  0.0054
```

최종 모형을 좀 더 살펴보기 위해, 다음 명령을 실행하자.

summary(bushModel)

이 명령이 출력한 매개변수 추정값들이 출력 13.5에 나와 있다. 특히, 앞에서 설정한 세 대비에 대한 매개변수들이 나와 있다는 점이 중요하다. 우선, 첫 대비에서 온전한 동물(대벌레와 나방 애벌레)과 동물의 일부(캥거루 고환과 생선 눈알)의 구역질 시간 차이는 *b* = 1.38, *t*(21) = 3.15, *p* = .005로 유의했다. 기술통계량들(출력 13.1)을 보면, 사람들은 온전한 동물을 먹을 때보다 동물의 일부를 먹을 때 더 빨리 구역질을 시작했디(전자는 ((8.125 + 5.75)/2 = 6.938초, 후자는 (4.25 + 4.125)/2 = 4.188초). 둘째 대비의 결과로 넘어가서, 캥거루 고환을 먹었을 때와 생선 눈알을 먹었을 때의 구역질 시간 차이는 *b* = −0.063, *t*(21) = −0.101, *p* = .920으로 유의하지 않았다. 마지막 대비의 결과는 나방 애벌레를 먹었을 때의 구역질 시간(*M* = 5.75)이 대벌레를 먹었을 때의 구역질 시간(*M* = 8.125)보다 짧은 경향이 있음을 보여준다. *b* = −1.188, *t*(21) = −1.924, *p* = .068이다.

```
Formula: ~1 | Animal %in% Participant
        (Intercept)    Residual
StdDev:   2.309935   0.01176165

Fixed effects: Retch ~ Animal
                      Value Std.Error DF   t-value p-value
(Intercept)          5.5625 0.4365423 21 12.742178  0.0000
AnimalPartvsWhole    1.3750 0.4365423 21  3.149752  0.0048
AnimalTesticlevsEye -0.0625 0.6173641 21 -0.101237  0.9203
AnimalStickvsGrub   -1.1875 0.6173641 21 -1.923500  0.0681
```

이 대비들만으로도 우리가 알고 싶어 했던 것들은 모두 알아냈다. 만일 이런 논리적인 대비 집합을 마련하지 못하는 상황이라면, 사후검정을 통해서 추가 정보를 얻어야 할 것이다. 앞에서 이야기했듯이, 사후검정도 *pairwise.t.test()* 함수로 수행하면 된다. 그런데 지금 우리는 주 분석을 '약간 더 복잡한 방법'으로 수행했기 때문에, 그 함수 대신 이전 장들(특히 제10장)에서 사용한 *glht()* 함수로 사후검정을 수행하는 것도 가능하다. 이 함수의 활용 형태는 이전 장들에서와 같다. 다음은 현재 자료에 대한 사후검정을 수행하는 명령이다.

```
postHocs<-glht(bushModel, linfct = mcp(Animal = "Tukey"))
summary(postHocs)
confint(postHocs)
```

출력 13.6

```
Linear Hypotheses:
                             Estimate Std. Error z value Pr(>|z|)
Testicle - Stick Insect == 0   -3.875      1.155  -3.355  0.00444 **
Fish Eye - Stick Insect == 0   -4.000      1.155  -3.463  0.00319 **
Witchetty - Stick Insect == 0  -2.375      1.155  -2.056  0.16759
Fish Eye - Testicle == 0       -0.125      1.155  -0.108  0.99955
Witchetty - Testicle == 0       1.500      1.155   1.299  0.56371
Witchetty - Fish Eye == 0       1.625      1.155   1.407  0.49492
```

```
            Simultaneous Confidence Intervals

Multiple Comparisons of Means: Tukey Contrasts

Linear Hypotheses:

                                      Estimate  lwr      upr
Kangaroo Testicle - Stick Insect == 0  -3.8750  -6.8401  -0.9099
Fish Eye - Stick Insect == 0           -4.0000  -6.9651  -1.0349

Witchetty Grub - Stick Insect == 0     -2.3750  -5.3401   0.5901
Fish Eye - Kangaroo Testicle == 0      -0.1250  -3.0901   2.8401
Witchetty Grub - Kangaroo Testicle == 0 1.5000  -1.4651   4.4651
Witchetty Grub - Fish Eye == 0          1.6250  -1.3401   4.5901
```

출력 13.6에 사후검정 결과가 나와 있다. 대벌레를 먹었을 때의 구역질 시간이 캥거루 고환(p = .004)과 생선 눈알(p = .003)의 경우에 비해 유의하게 더 길었다. 그러나 나방 애벌레와의 차이는 유의하지 않았다. 생선 눈알이나 나방 애벌레에 비한 캥거루 고환의 구역질 시간 차이도 유의하지 않았다(둘 다 p > .05). 마지막으로, 생선 눈알과 나방 애벌레의 차이도 유의하지 않았다(p > .05).

13.4.8 강건한 일원 반복측정 분산분석 ③

이전에 살펴본 다른 분산분석들처럼, 월콕스는 일원 반복측정 분산분석을 위한 일단의 강건한 절차들을 서술했다(Wilcox, 2005). 역시 마찬가지로, 월콕스가 작성한 강건한 일원 반복측정 분산분석 함수들을 사용하려면 *WRS* 패키지를 설치, 적재해야 한다(§5.8.4. 참고). 이번 절

주입식 샘의 핵심 정리   **반복측정 분산분석**

- 일원 반복측정 분산분석은 같은 참가자들에서 얻은 여러 개의 평균을 비교한다. 예를 들어 1년 간 매달 같은 사람들의 통계학 능력을 측정했다면 반복측정 설계에 해당한다.

- 반복측정 설계를 따르는 실험의 결과를 분석하는 방법은 크게 두 가지인데, 하나는 전통적인 분 산분석(ANOVA) 접근 방식을 따르고 다른 하나는 다층 선형모형을 사용한다. **R**에서 분산분석 접 근 방식은 *ezANOVA()* 함수로, 다층 모형 방법은 *lme()* 함수로 수행할 수 있다.

- 반복측정 분석에는 구형성이라는 또 다른 가정이 있다. 이 가정은 반복측정한 조건들이 셋 이상일 때만 고려하면 된다. *ezANOVA()* 함수를 사용하는 경우에는 모클리 검정으로 구형성을 검사한다. 만일 그 검정의 *p* 값이 .05보다 작다면 구형성 가정이 깨진 것이고, .05보다 크다면 구형성 가정 이 성립하는 것이다.

- 구형성 가정이 성립한다면, 주 분석의 결과에 나온 *p* 값을 그대로 사용할 수 있다. 그러나 구형성 가정이 깨졌다면, 그린하우스-가이서 또는 후인-펠트 구형성 추정값으로 수정된 *p* 값(전자는 결과의 *p[GG]* 항목, 후자는 *p[HF]* 항목)을 봐야 한다(두 수정 방법의 장단점은 이번 장의 본문에서 이야기했다). 만일 *p* 값이 .05보다 작으면, 그룹 평균들이 유의하게 다른 것이다.

- *lme()*를 사용할 때는 구형성을 신경 쓰지 않아도 된다.

- 대비와 사후검정에서도 *p* 값들을 보고 해당 비교 결과가 유의한지 판정한다(.05보다 작으면 유의한 것이다).

에서 살펴볼 강건한 함수는 다음 네 가지이다.

- **rmanova()**: 이 함수는 절사평균들에 대해 일원 반복측정 분산분석을 수행한다.

- **rmmcp()**: 이 함수는 일원 반복측정 설계에 대해 절사평균에 기초한 사후검정들을 수행 한다.

- **rmanovab()**: 이 함수는 부트스트랩 절차를 이용해서 일원 반복측정 분산분석을 수행 한다.

- **pairdepb()**: 이 함수는 위의 함수에 대한 사후검정들을 수행한다.

이 함수들은 긴 형식이 아니라 넓은 형식의 자료를 요구한다(제3장 참고). 다행히 이번 장 예제 의 자료(*bushData* 데이터프레임에 들어 있다)는 이미 넓은 형식으로 되어 있으므로, 그냥 그 자료 를 사용하면 된다. 예제의 자료는 다음과 같은 모습이다.

```
participant stick_insect kangaroo_testicle fish_eye witchetty_grub
P1               8               7              1              6
P2               9               5              2              5
P3               6               2              3              8
P4               5               3              1              9
P5               8               4              5              8
P6               7               5              6              7
P7              10               2              7              2
P8              12               6              8              1
```

지금 필요한 것은 점수들뿐이므로, 참가자를 구분하는 변수 **participant**는 제거해야 한다. 그 변수는 첫 열에 있으므로, 기존 데이터프레임에서 첫 열을 제외한 나머지 열들을 담은 새 데이터프레임을 만들면 된다. 다음이 그러한 명령이다.

```
bushData2<-bushData[, -c(1)]
```

이 명령은 *bushData* 데이터프레임에서 첫 열을 제외한 모든 열(*−c(1)*)의 모든 행을 담은 새 데이터프레임(*bushData2*)을 생성한다. 지금 맥락에서, *−c(1)*의 마이너스 기호는 '삭제'를 의미한다. 새 데이터프레임은 점수들만 담고 있다.

```
bushData2
stick_insect kangaroo_testicle fish_eye witchetty_grub
    8               7              1              6
    9               5              2              5
    6               2              3              8
    5               3              1              9
    8               4              5              8
    7               5              6              7
   10               2              7              2
   12               6              8              1
```

rmanova() 함수의 일반적인 활용 형태는 다음과 같다.

```
rmanova(data, tr = .2)
```

이전에 본 강건한 함수들과 마찬가지로, 기본 절사 수준은 20%이다(*tr* = .2). 다른 비율을 원한다면 *tr* 옵션을 명시적으로 지정해야 한다. 기본 알파 수준은 .05이며, 따로 변경할 수 없다. 기본 절사 수준과 알파 수준을 사용한다면 데이터프레임(*bushData2*)만 지정하면 된다. 따라서, 지금 자료에 기본 수준의 절사평균에 기초한 일원 반복측정 분산분석을 수행하는 명령은 다음과 같다.

```
rmanova(bushData2)
```

rmanovab() 함수의 일반적인 활용 형태는 다음과 같다.

```
rmanovab(data, tr = .2, alpha = .05, nboot = 599)
```

앞의 함수와의 주된 차이는 부트스트랩 표본 개수를 지정하는 옵션(*nboot*)과 유의수준을 변경하는 옵션(*alpha*; 대부분의 경우에는 그냥 기본 수준인 .05를 사용하면 된다)이다. 보통의 경우 부트스트랩 표본 개수를 2,000개로 잡고, 절사 수준과 알파 값은 그냥 기본 설정(각각 20%와 .05)을 사용한다. 다음은 그런 설정으로 현재 자료에 대해 분석을 실행하는 명령이다.

```
rmanovab(bushData2, nboot = 2000)
```

두 명령의 결과가 출력 13.7에 나와 있다. *rmanova()*의 결과(출력 13.7의 왼쪽)를 보면 동물 종류의 효과에 대한 검정통계량 F 값(*$test* 항목)과 자유도(*$df*), p 값(*$siglevel*), 그룹 평균(*$tmeans*)을 확인할 수 있다. 유의확률이 .05보다 큰 .1002이므로, 먹은 동물 종류에 따른 구역질 시간의 차이는 유의하지 않았다고 말할 수 있다. $F(2.31, 11.55) = 2.75$, $p = .100$이다. (검정의 결론과 함께 검정통계량과 자유도, p 값(출력에 있는)을 보고했음을 주목하기 바란다.)

출력 13.7

rmanova()	*rmanovab()*
[1] "The number of groups to be compared is" [1] 4	[1] "The number of groups to be compared is" [1] 4
$test [1] 2.752794	$teststat [1] 2.752794
$df [1] 2.309193 11.545964	$crit [1] 4.841391
$siglevel [1] 0.1002	
$tmeans [1] 8.000000 4.166667 4.000000 6.000000	
$ehat [1] 0.5873188	
$etil [1] 0.7697309	

*rmanovab()*의 결과(출력 13.7의 오른쪽)에서도 같은 결론을 얻을 수 있다. 단, 이 경우에는 검정통계량(*$teststat*)과 그 검정통계량의 유의수준 .05에서의 임계값(*$crit*)만 나와 있다. 검정통계량이 $p < .05$ 수준에서(또는, 함수 실행 시 지정한 유의수준에서) 유의하려면 검정통계량이 임

계값보다 커야 한다. 지금 예에서 검정통계량 2.75는 임계값 4.84보다 작으므로, 동물의 종류에 따른 구역질 시간의 차이는 유의하지 않았다. $F = 2.75$, $F_{임계} = 4.84$, $p > .05$이다. 두 강건한 분석 모두 유의하지 않은 결과를 산출했다(다층 모형의 결과와는 다르게).

각 분석에 대한 사후검정을 수행하는 함수들도 해당 분석 함수와 같은 형태로 사용하면 된다. 기본 설정들을 사용한다고 할 때, 다음은 20% 절사 평균에 기초해서 사후검정을 실행하는 명령이다.[7]

```
rmmcp(bushData2)
```

그리고 다음은 절사평균과 부트스트랩에 기초한 사후검정을 시행하는 명령이다.

```
pairdepb(bushData2, nboot = 2000)
```

출력 13.8에 절사평균에 기초한 사후검정(*rmmcp*)의 결과가 나와 있다. p 값(*p.value* 항목)이 해당 임계값(*p.crit*)보다 작고 신뢰구간(*ci.lower*와 *ci.upper*)에 0이 포함되지 않았다면 해당 대비는 유의한 것이다. 두 *Group* 열은 해당 대비가 비교하는 두 그룹을 나타낸다(두 열에 나온 번호들은 데이터프레임 안의 열들의 순서와 대응된다).

- [1,] 행은 대벌레와 캥거루 고환의 차이를 검사한다. *p.value*(.014)가 *p.crit*(.010)보다 크고 신뢰구간에 0이 포함되므로, 이 대비는 유의하지 않다.

- [2,] 행은 대벌레와 생선 눈알의 차이를 검사한다. *p.value*(.012)가 *p.crit*(.009)보다 크고 신뢰구간에 0이 포함되므로, 이 대비는 유의하지 않다.

- [3,] 행은 대벌레와 나방 애벌레의 차이를 검사한다. *p.value*(.441)가 *p.crit*(.017)보다 크고 신뢰구간에 0이 포함되므로, 이 대비는 유의하지 않다.

- [4,] 행은 캥거루 고환과 생선 눈알의 차이를 검사한다. *p.value*(1)가 *p.crit*(.05)보다 크고 신뢰구간에 0이 포함되므로, 이 대비는 유의하지 않다.

- [5,] 행은 캥거루 고환과 나방 애벌레의 차이를 검사한다. *p.value*(.344)가 *p.crit*(.013)보다 크고 신뢰구간에 0이 포함되므로, 이 대비는 유의하지 않다.

- [6,] 행은 생선 눈알과 나방 애벌레의 차이를 검사한다. *p.value*(.460)가 *p.crit*(.025)보다 크고 신뢰구간에 0이 포함되므로, 이 대비는 유의하지 않다.

---

[7] 당연한 말이겠지만, 만일 주 분석들을 20% 이외의 절사 수준으로 수행했다면 사후검정에서도 그에 맞게 절사 수준을 변경해야 한다. 다음은 15% 절사평균을 사용하는 예이다.
```
rmanova(bushData2, tr = .15)
rmmcp(bushData2, tr = .15)
```

이러한 대비들에 근거해서 보고한다면, 대벌레를 먹었을 때를 기준으로 캥거루 고환을 먹었을 때의 구역질 시간 차이는 $\hat{\psi} = 3.67$ (−0.48, 7.82), $p > .05$로 유의하지 않았고, 생선 눈알의 경우에는 $\hat{\psi} = 4.00$ (−0.36, 8.36), $p > .05$로 역시 유의하지 않았고, 나방 애벌레의 경우에도 $\hat{\psi} = 2.00$ (−8.10, 12.10), $p > .05$로 유의하지 않았다. 캥거루 고환을 기준으로 생선 눈알의 구역질 시간 차이는 $\hat{\psi} = 0$ (−5.39, 5.39), $p > .05$로 유의하지 않았고, 나방 애벌레의 구역질 시간 차이도 $\hat{\psi} = -1.83$ (−9.23, 5.57), $p > .05$로 유의하지 않았다. 생선 눈알과 나방 애벌레의 차이 역시 $\hat{\psi} = -2.00$ (−12.55, 8.55), $p > .05$로 유의하지 않았다. 각 경우에서 *psihat* 열의 값과 그 신뢰구간을 보고했음을 주목하기 바란다.

출력 13.8

```
$test
     Group Group      test    p.value    p.crit         se
[1,]     1     2  3.7282016 0.01359625 0.01020  0.9834947
[2,]     1     3  3.8733436 0.01172054 0.00851  1.0326995
[3,]     1     4  0.8355727 0.44148206 0.01690  2.3935678
[4,]     2     3  0.0000000 1.00000000 0.05000  1.2769904
[5,]     2     4 -1.0454201 0.34371248 0.01270  1.7536809
[6,]     3     4 -0.8000000 0.46001407 0.02500  2.5000000


$psihat
     Group Group    psihat   ci.lower    ci.upper
[1,]     1     2  3.666667 -0.4830017   7.816335
[2,]     1     3  4.000000 -0.3572784   8.357278
[3,]     1     4  2.000000 -8.0992023  12.099202
[4,]     2     3  0.000000 -5.3880170   5.388017
[5,]     2     4 -1.833333 -9.2326553   5.565989
[6,]     3     4 -2.000000 -12.5482728  8.548273


$con
     [,1]
[1,]    0


$num.sig
[1] 0
```

출력 13.9는 절사평균과 부트스트랩에 기초한 사후검정(*pairdepb*)의 결과이다. 이 결과의 해석도 앞의 절사평균 기반 사후검정의 경우와 비슷하다. 만일 검정통계량(*test* 열)이 임계값($crit 항목)보다 크고 신뢰구간에 0이 포함되지 않았다면 해당 대비는 유의한 것이다. 이번에는 각 대비의 검정통계량을 하나의 임계값(4.98)과 비교한다. 지금 예에서 모든 대비의 검정통계량이 이 임계값보다 작고 신뢰구간에 0이 포함되어 있으므로, 모든 그룹 쌍이 유의하게 다르지 않다고 결론지을 수 있다.

이를 다음과 같이 보고하면 될 것이다(*psihat*의 값과 신뢰구간들이 이전 보고와 다름을 주의할 것): 대벌레를 먹었을 때를 기준으로 캥거루 고환을 먹었을 때의 구역질 시간의 차이는 $\hat{\Psi}$ = 3.83 (−0.70, 8.37), $p > .05$로 유의하지 않았고, 생선 눈알의 경우에는 $\hat{\Psi}$ = 4.00 (−1.15, 9.15), $p > .05$로 역시 유의하지 않았고, 나방 애벌레의 경우에도 $\hat{\Psi}$ = 2.00 (−7.78, 11.78), $p > .05$로 유의하지 않았다. 캥거루 고환을 기준으로 생선 눈알의 구역질 시간 차이는 $\hat{\Psi}$ = 0.17 (−7.27, 7.61), $p > .05$로 유의하지 않았고, 나방 애벌레의 구역질 시간 차이도 $\hat{\Psi}$ = −1.83 (−9.76, 6.09), $p > .05$로 유의하지 않았다. 생선 눈알과 나방 애벌레의 차이 역시 $\hat{\Psi}$ = −2.00 (−12.90, 8.90), $p > .05$로 유의하지 않았다.

출력 13.9

```
[1] "Taking bootstrap samples. Please wait."
$test
     Group Group         test          se
[1,]     1     2    4.2097438   0.9105859
[2,]     1     3    3.8729833   1.0327956
[3,]     1     4    1.0192944   1.9621417
[4,]     2     3    0.1116291   1.4930394
[5,]     2     4   -1.1527967   1.5903354
[6,]     3     4   -0.9144599   2.1870833


$psihat
     Group Group       psihat     ci.lower     ci.upper
[1,]     1     2    3.8333333   -0.7038692    8.370536
[2,]     1     3    4.0000000   -1.1461402    9.146140
[3,]     1     4    2.0000000   -7.7768199   11.776820
[4,]     2     3    0.1666667   -7.2727438    7.606077
[5,]     2     4   -1.8333333   -9.7575433    6.090877
[6,]     3     4   -2.0000000  -12.8976429    8.897643


$crit
[1] 4.982729
```

13.5 반복측정 설계의 효과크기 계산 ③

독립 분산분석에서처럼, 전반적인 효과크기를 나타내는 데 가장 좋은 측도는 ω^2이다. 그러나 안 그래도 복잡한 상황을 더욱 복잡하게 만드는 요인이 하나 있다. 바로, 반복측정 자료에 대해서는 이전에 사용한 ω^2 계산 공식을 사용할 수 없다는 점이다. 이전의 공식을 반복측정 자료에 적용하면 효과크기가 조금 과대평가된다. 단순함을 위해 그냥 일원 독립 분산분석과 반복측정 분산분석에 같은 공식을 사용하는 사람들도 있지만(솔직히 나도 다른 책에서 그렇게 한 적이 있다), 단순함이라는 괴물의 얼굴을 특별히 독성이 강한 해파리로 후려치고 싶다면, 그리고 복잡함이라는 것을 특별히 멋진 데이트로 여긴다면, 다음 공식을 사용하면 된다(먼저 심호흡부터 할 것).

$$\omega^2 = \frac{\left[\frac{k-1}{nk}(\mathrm{MS_M} - \mathrm{MS_R})\right]}{\mathrm{MS_R} + \frac{\mathrm{MS_B} - \mathrm{MS_R}}{k} + \left[\frac{k-1}{nk}(\mathrm{MS_M} - \mathrm{MS_R})\right]} \tag{13.1}$$

아마 속으로 '이거 장난이지?'라고 묻는 독자들이 있겠지만, 장난은 아니다. 사실, 이 공식은 우리가 이미 알고 있는 항목들로만 이루어져 있으므로 아주 난해한 공식은 아니다. 우선, 공식을 보면 이전에 배웠던(그리고 계산도 했던) 평균제곱들이 있다. $\mathrm{MS_M}$은 모형의 평균제곱이고 $\mathrm{MS_R}$은 잔차 평균제곱이다. 둘 다 이번 장에서 계산해 본 적이 있다. 그리고 k는 실험 조건 개수인데, 지금 예에서는 4이다(동물이 네 종류이므로). n은 실험에 참가한 사람들의 수로, 지금 예에서는 방송 유명인 여덟 명이 참가했으므로 8이다. 물론 이 값들을 공식에 대입해서 계산하려면 좀 고생이겠지만, 여러분이 이 책과 경쟁하는 통계학책을 쓸 것이 아니라면, 이를 손으로 직접 계산할 일은 없을 것이다.

좀 더 현실적인 해법은 일반화된 에타제곱(Bakeman, 2005)을 사용하는 것이다. 이 값은 *ezANOVA()*가 계산해 준다. 이 함수의 결과 중 *ges* 열에 있는 값이 바로 일반화된 에타제곱 (generalized eta-squared)이다. 지금 예에서, **Animal**의 일반화된 에타제곱은 .3274이다(출력 13.2).

이전에도 수시로 말했지만, 전체적인(주된 분산분석의) 효과크기보다는 개별 비교의 효과크기가 더 유용하다. 따라서, 효과크기를 계산하는 약간 더 쉬운 접근 방식은 이전에 했던 것처럼 각 대비의 효과크기를 계산하는 것이다. 대비 결과(출력 13.5)의 t 값과 자유도를 다음 공식에 대입해서 효과크기 r을 구하면 된다.

$$r = \sqrt{\frac{t^2}{t^2 + df}}$$

§10.7에서 이를 계산하는 *rcontrast()*라는 함수를 정의했음을 기억할 것이다. 이 책을 위해 만든 *DSUR* 패키지를 설치, 적재하면(§3.4.5 참고) 그 함수를 사용할 수 있다. 다음은 지금 예의 세 대비에 대한 효과크기를 이 함수로 계산하는 명령들이다(t 값과 df 값은 출력 13.5에서 가져왔다).

```
rcontrast(3.149752, 21)
rcontrast(-0.101237, 21)
rcontrast(-1.923500, 21)
```

각 r 값은 다음과 같다.

```
[1] "r =  0.566434937677424"
[1] "r =  0.0220863356562026"
[1] "r =  0.387030341310243"
```

이 값들을 보면, 온전한 동물을 먹을 때와 동물의 일부를 먹을 때의 차이는 큰 효과에 해당한다($r = .57$). 대벌레와 나방 애벌레의 차이는 중간 효과이고($r = .39$), 고환과 눈알의 차이는 아주 작은 효과이다($r = .02$).

13.6 일원 반복측정 분석의 보고 ②

반복측정 설계를 따르는 실험의 결과를 보고하는 방법은 구체적인 분석 방법에 따라 다르다. 전통적인 분산분석 접근 방식(이를테면 *ezANOVA()* 함수)을 사용했다면, 독립 분산분석에서와 같은 사항들을 보고하면 된다. 단, 구형성 가정이 깨졌을 때는 수정된 자유도도 추가로 보고해야 한다는 점을 잊어서는 안 된다. 개인적으로 나는 구형성 검정의 결과도 보고한다. 독립 분산분석에서처럼, F 비를 평가하는 데 쓰이는 자유도는 모형의 효과에 대한 자유도($df_M = 1.60$)와 모형의 잔차들에 대한 자유도($df_R = 11.19$)이다. 이번 장의 예제에서는 두 자유도 모두 그린하우스–가이서 구형성 추정값을 이용해서 수정했음을 기억하기 바란다. 자유도 수치들이 그렇게 나온 것은 바로 그 때문이다. 다음은 이를 고려한 보고의 예이다.

✓ 모클리 검정에 따르면 구형성 가정이 $\chi^2(5) = 11.41$, $p < .05$로 위반되었다. 그래서 그린하우스 방법으로 수정된 검정 결과를 보고했다($\varepsilon = .53$). 분석 결과에 따르면, 출연자들이 먹은 동물의 종류가 구역질까지의 시간에 유의한 영향을 미치지는 않았다. $F(1.60, 11.19) = 3.79$, $p > .05$, $\eta^2 = .327$이다.

아니면 후인–펠트 수정값들을 보고할 수도 있다.

✓ 모클리 검정에 따르면 구형성 가정이 $\chi^2(5) = 11.41$, $p < .05$로 위반되었다. 그래서 후인-펠트 구형성 추정값($\varepsilon = .67$)으로 자유도들을 수정했다. 분석 결과에 따르면, 출연자들이 먹은 동물의 종류가 구역질까지의 시간에 유의한 영향을 미쳤다. $F(2, 13.98) = 3.79$, $p < .05$, $\eta^2 = .327$이다.

만일 다층 모형을 사용해서 분석을 수행했다면, 이와는 상당히 다른 방식으로 결과를 보고해야 한다(§19.8에서처럼 결과를 표로 만들어도 좋을 것이다).

✓ 섭취한 동물의 종류는 구역질까지의 시간에 대해 유의한 효과를 보였다. $\chi^2(3) = 12.69$, $p = .005$이다. 직교 대비 결과에 따르면, 온전한 동물(대벌레와 나방 애벌레)을 먹었을 때보다 동물의 일부(고환과 눈알)를 먹었을 때 구역질까지의 시간이 $b = 1.38$, $t(21) = 3.15$, $p = .005$로 유의하게 짧았고, 캥거루 고환과 생선 눈알의 구역질 시간의 차이는 $b =$

실험복 레니의 실제 연구 13.1 크고 사나운 늑대를 누가 무서워하는가? ②

Field, A. P. (2006). *Journal of Abnormal Psychology*, 115(4), 742-752.

전적으로 내 자랑이지만, 이번에는 내가 수행한 연구 하나를 언급하고자 한다. 나는 통계학으로 학생들을 겁주지 않을 때는 호주에 사는 유대류 동물들로 어린아이들을 겁준다. 그럴만한 이유가 있다. 그런 활동은 아동의 공포 형성 방식에 관한 연구의 일부이다(그러한 연구는 공포증을 방지하는 데 도움이 된다). 내 연구는 대부분 아동에게 생소한 동물이나 상황에 대한 정보를 제시하고(부모나 선생님, TV를 보여주는 대신) 그것이 아동에게 미치는 효과를 살펴본다. 한 연구(Field, 2006)에서 나는 아이들이 처음 접하는 세 종류의 동물(쿠올(quoll), 쿼카(quokka), 쿠스쿠스(cuscus))을 사용했다. 한 종류의 동물에 대해서는 아이들에게 그 동물에 대한 부정적인 정보를 제공하고, 다른 한 종류에 대해서는 긍정적인 정보를 제공했다. 나머지 한 종류에 대해서는 아무런 정보도 제공하지 않았다(대조군에 해당). 그런 다음에는 세 동물이 각각 들어 있다고 믿게 한 세 나무 상자에 손을 올리게 했다. 내 가설은, 아이들이 부정적인 정보를 들은 동물이 담긴 상자에 손을 올리는 데 걸리는 시간이 다른 상자보다 길 것이라는 것이었다.

해당 실험의 자료가 **Field(2006).dat**에 들어 있다. 실험복 레니가 여러분에게 원하는 것은, 세 상자(부정적 정보, 긍정적 정보, 정보 없음)에 아이들이 손을 올리는 데 걸리는 시간들에 대해 일원 반복측정 분산분석을 수행하는 것이다. 우선 평균들의 오차 막대그래프를 그리고, 자료의 정규성을 검사하고, 그런 다음 점수들에 로그 변환을 가하고, 로그 변환된 점수들에 대해 분산분석을 수행하라(논문을 읽어보면 알겠지만, 자료가 정규분포가 아니라서 나는 먼저 점수들을 로그로 변환한 후에 분산분석을 수행했다). 과연, 부정적인 말을 들은 동물이 들어 있다고 믿는 상자에 아이들이 손을 올리는 데 시간이 더 오래 걸렸을까?

답은 부록 웹사이트의 보충 자료에 있다(또는, 원래 논문의 p. 748을 보라).

-0.063, $t(21) = -0.101$, $p = .920$으로 유의하지 않았고, 나방 애벌레와 대벌레의 차이도 $b = -1.188$, $t(21) = -1.924$, $p = .068$로 유의하지 않았다.

13.7 요인 반복측정 설계 ②

단순한 그룹간 설계에 둘째(또는 셋째) 독립변수를 추가해서 설계를 확장할 수 있다는 점은 이미 살펴보았다. 반복측정 설계에 둘째, 셋째는 물론 넷째 독립변수를 추가하는 것도 그만큼이나 쉽다.

광고 관련 연구에 따르면, 자극에 대한 태도(attitude)를 긍정적 심상(imagery)을 이용해서 변경하는 것이 가능하다는 증거가 있다(이를테면 Stuart, Shimp, & Engle, 1987). 십대의 소란스러운 폭음 파티를 방지하기 위해, 영국 정부는 몇몇 과학자들에게 연구비를 지원해서, 부정적 심상을 이용해서 알코올에 대한 십대의 태도를 좀 더 부정적으로 만드는 것이 가능한지 살펴보게 했다. 이를 밝히기 위해 과학자들은 여러 종류의 음료에 대한 긍정적, 중립적 심상과 부정적 심상의 효과를 비교했다. 표 13.4에서 이 예제의 실험 설계와 해당 자료를 볼 수 있다(각 행은 개별 참가자의 점수들이다).

참가자들에게 세 세션에 걸쳐 총 아홉 개의 가짜 음료 광고를 보여주었다. 한 세션에서는 (1) Brain Death라는 맥주 브랜드에 대한 부정적 심상("Brain Death를 마시면 간이 폭발합니다"라는 문구와 시체의 모습), (2) Dangleberry라는 포도주 브랜드에 대한 긍정적 심상(참가자의 취향에 따라 섹시한 남성 또는 여성, 그리고 "Dangleberry 와인을 마시면 거부할 수 없는 매력이 생깁니다"라는 문구), (3) Puritan이라는 생수 브랜드에 대한 중립적 심상("Puritan 생수를 마시면 완전히 정상적인 행동을 하게 됩니다"라는 문구와 안락 의자에 앉아 TV를 보는 사람의 모습)을 가진 광고들을 보여주었다. 다른 한 세션에서는 같은 세 브랜드에 대한 광고이되 Brain Death는 긍정적 심상,

표 13.4 Attitude.dat의 자료

음료	맥주			포도주			생수		
심상	긍정	부정	중립	긍정	부정	중립	긍정	부정	중립
남성	1	6	5	38	−5	4	10	−14	−2
	43	30	8	20	−12	4	9	−10	−13
	15	15	12	20	−15	6	6	−16	1
	40	30	19	28	−4	0	20	−10	2
	8	12	8	11	−2	6	27	5	−5
	17	17	15	17	−6	6	9	−6	−13
	30	21	21	15	−2	16	19	−20	3
	34	23	28	27	−7	7	12	−12	2
	34	20	26	24	−10	12	12	−9	4
	26	27	27	23	−15	14	21	−6	0
여성	1	−19	−10	28	−13	13	33	−2	9
	7	−18	6	26	−16	19	23	−17	5
	22	−8	4	34	−23	14	21	−19	0
	30	−6	3	32	−22	21	17	−11	4
	40	−6	0	24	−9	19	15	−10	2
	15	−9	4	29	−18	7	13	−17	8
	20	−17	9	30	−17	12	16	−4	10
	9	−12	−5	24	−15	18	17	−4	8
	14	−11	7	34	−14	20	19	−1	12
	15	−6	13	23	−15	15	29	−1	10

Dangleberry는 중립적 심상, Puritan은 부정적 심상의 광고들을 보여주었다. 나머지 한 세션에 서는 Brain Death가 중립적 심상, Dangleberry가 부정적, Puritan이 긍정적이었다. 각 세션에서 참가자들에게 각 음료에 −100점(아주 싫음)에서 0점(중립)을 거쳐 100점(아주 좋음)의 척도로 점 수를 매기게 했다. 광고들을 제시하는 순서는 무작위였고, 참가자들이 세 세션에 참가하는 순 서도 무작위로 정했다. 이 설계는 상당히 복잡하다. 독립변수는 두 개로, 하나는 음료 종류(맥 주, 포도주, 생수)이고 다른 하나는 사용한 심상(긍정적, 부정적, 중립적)이다. 이 두 변수의 모든 가능한 조합으로 총 아홉 가지 실험 조건이 산출된다.

13.7.1 자료 입력 ②

예제의 자료는 **Attitude.dat** 파일에 있다. 자료 파일이 있는 디렉터리를 현재 작업 디렉터리로 설정한 상태에서 다음 명령을 실행해서 이 자료를 불러온다.

```
attitudeData<-read.delim("Attitude.dat", header = TRUE)
```

이 파일의 자료 역시 흔히 쓰이는 관례에 따라, 다른 말로 하면 여러분이 다른 소프트웨어 패 키지들에서 자료를 입력한다고 할 때 사용했을 형식으로 입력되어 있다. 즉, 이 자료는 반복측 정 변수들의 수준들이 각각 개별적인 열에 들어 있는 '넓은' 형식이다.

이 실험에는 총 아홉 가지 실험 조건이 있으므로, 자료의 점수들 역시 아홉 개의 열로 구성 된다(간단히 말해서, 자료의 형식은 표 13.4와 같다). 아홉 가지 실험 조건을 나타내는 열들은 다음 과 같다.

beerpos	맥주	+	섹시한 사람
beerneg	맥주	+	시체
beerneut	맥주	+	안락의자에 앉은 사람
winepos	포도주	+	섹시한 사람
wineneg	포도주	+	시체
wineneut	포도주	+	안락의자에 앉은 사람
waterpos	생수	+	섹시한 사람
waterneg	생수	+	시체
waterneut	생수	+	안락의자에 앉은 사람

또한, 각 행의 점수들이 어떤 참가자에 속하는지를 알려주는 열도 있다(participant).

이번 장의 이전 예제에서처럼, 이 자료가 통상적인 관례를 따르는 형식으로 되어 있긴 하 지만, **R**에서 반복측정 설계를 분석하려면 긴 형식의 자료가 필요하다. 이번에도 *melt()* 함수를 이용해서 형식을 변환하면 된다. 이 함수를 실행할 때는 점수들의 특성(점수가 속한 그룹 등)을 식별하는 열들을 *id* 옵션으로 지정하고, 측정한 실제 점수들을 담은 변수들을 *measured* 옵션으로 지정한다. 지금 예에서 자료의 점수들은 아홉 개의 열(*beerpos, beerneg, beerneut, winepos, wineneg, wineneut, waterpos, waterneg, waterneut*)에 흩어져 있다. 따라서 열들을 *measured* 옵션으로 지정해야 한다. 그리고 각 점수가 속한 그룹은 *participant* 변수로 구분하므로, 그 변수를 *id* 옵션으로 지정하면 된다. 다음은 이 함수를 이용해서, 긴 형식의 자료를 담은 *longAttitude*라는 새 데이터프레임을 생성하는 명령이다.

```
longAttitude <-melt(attitudeData, id = "participant", measured = c( "beerpos",
"beerneg", "beerneut", "winepos", "wineneg", "wineneut", "waterpos", "waterneg",
"waterneut"))
```

이 데이터프레임에는 세 개의 열이 있는데, 처음 것은 참가자를 식별하고, 둘째 것은 원래 자료가 있던 그룹(열)의 이름, 셋째 것은 태도 점수를 담는다. 기본적으로 이 세 열의 이름은 *participant, variable, value*인데, 그리 도움이 되는 이름은 아니다. 그래서 다음과 같은 명령을 실행해서 각 열의 의미를 좀 더 잘 나타내는 이름표들을 부여하기로 한다.

```
names(longAttitude)<-c("participant", "groups", "attitude")
```

groups 그룹은 두 예측변수(심상과 음료 종류)의 혼합이다. 예를 들어 처음 60행은 맥주 광고에 대한 태도 점수인데, 그중 20행은 긍정적 심상, 그다음 20행은 부정적 심상, 나머지 20행은 중립적 심상에 대한 것이다. 따라서 심상 종류와 음료 종류를 분리하는 두 변수를 만들 필요가 있다. 그 두 변수가 이번 예제의 모형의 두 예측변수가 될 것이다. 우선 주어진 태도 점수가 맥주, 포도주, 생수 중 어떤 것에 대한 것인지 구분하는 **drink**라는 변수를 만들어 보자. 다음은 이전에도 사용했던 *gl()* 함수를 이용해서 그러한 변수를 생성하는 명령이다.

```
longAttitude$drink<-gl(3, 60, labels = c("Beer", "Wine", "Water"))
```

이 명령은 *longAttitude* 안에 **drink**라는 변수를 만든다. 함수에 입력한 처음 두 수치는 세 종류의 음료가 각각 60개의 행에 대응된다는 뜻이다. 즉, 이 함수는 *Beer*라는 이름표가 부여된 행 60개와 *Wine*이라는 이름표가 부여된 행 60개, 그리고 *Water*라는 이름표가 부여된 행 60개를 생성한다.

다음으로, 광고에 쓰인 심상의 종류를 나타내는 변수도 만들어야 한다. 이 경우에는 각각 20개의 점수를 담은 세 개의 그룹이 필요하다. 그러면 60개의 사례(3 × 20 = 60)가 나오는데, 이는 **drink** 변수의 첫 수준(맥주)에 대한 부호들에 해당한다. **drink**의 나머지 두 수준(포도주와 생수)에 대해서도 같은 패턴이 반복되어야 하므로, 함수의 세 번째 인수로 전체 사례 수(180)

를 지정한다. 전체 사례 수를 지정하면 *gl()* 함수는 그만큼의 사례가 만들어질 때까지 부호들의 패턴을 반복한다.

```
longAttitude$imagery<-gl(3, 20, 180, labels = c("Positive", "Negative",
"Neutral"))
```

이제 자료는 다음과 같은 모습이다(적절히 편집하고, 참가자 순으로 정렬했음).

```
    participant groups attitude drink  imagery
1            P1  beerpos       1  Beer Positive
21           P1  beerneg       6  Beer Negative
41           P1 beerneut       5  Beer  Neutral
61           P1  winepos      38  Wine Positive
81           P1  wineneg      -5  Wine Negative
101          P1 wineneut       4  Wine  Neutral
121          P1 waterpos      10 Water Positive
141          P1 waterneg     -14 Water Negative
161          P1 waterneu      -2 Water  Neutral
...          ...      ...     ...   ...      ...
10          P10  beerpos      26  Beer Positive
30          P10  beerneg      27  Beer Negative
50          P10 beerneut      27  Beer  Neutral
70          P10  winepos      23  Wine Positive
90          P10  wineneg     -15  Wine Negative
110         P10 wineneut      14  Wine  Neutral
130         P10 waterpos      21 Water Positive
150         P10 waterneg      -6 Water Negative
170         P10 waterneu       0 Water  Neutrall
```

참가자(**participant** 변수로 식별된다) 당 점수가 아홉 개(**drink** 변수와 **imagery** 변수로 식별된다)임을 주목하기 바란다. 이전에는 한 참가자의 점수들이 아홉 개의 열들에 나뉘어 있었지만, 이제는 아홉 개의 행들에 들어 있다.

자가진단

✓ 이번 장에서 배운 내용과 방금 **drink**와 **imagery**를 만드는 데 사용한 명령들을 이용해서, 이 자료를 R에 직접 입력해 보라.

13.7.2 자료 탐색 ②

이전 예제들에서처럼, 먼저 그래프를 살펴보기로 한다. 지면을 절약하기 위해, 그냥 지금 단계에서의 상자그림들만 살펴보기로 한다.

자가진단

✓ *ggplot2*를 이용해서, 각 음료 종류(x 축)에 대한 태도 점수의 상자그림
을 심상 종류별로 각각 작성하라.

자가진단이 요구한 상자그림들이 그림 13.6에 나와 있다. 그래프들을 보면, 대체로 중앙값은 긍정적 심상에서 가장 높고, 부정적 심상에서 가장 낮다. 점수들이 가장 넓게 퍼진 것은 맥주 광고이다(상자와 수염이 가장 길다).

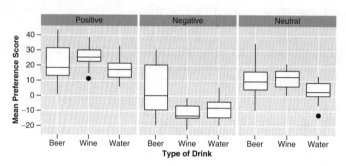

그림 13.6 태도 자료의 상자그림들

이전 예제들에서 우리는 *by()* 함수와 *pastecs* 패키지의 *stat.desc()* 함수를 이용해서 개별 그룹의 기술통계량들을 얻었다(좀 더 자세한 사항은 제5장을 보기 바란다). 또한, 이전 장에서는 변수들의 조합에 대한 기술통계량들을 얻으려면 그냥 *list()* 함수로 변수들을 나열하면 된다는 점도 배웠다. 다음은 **drink**와 **imagery**의 수준들의 조합에 대한 기술통계량들을 얻는 명령이다.

```
by(longAttitude$attitude, list(longAttitude$drink, longAttitude$imagery), stat.
desc, basic = FALSE)
```

이 명령의 결과가 출력 13.10에 나와 있다(적당히 편집했음). 출력을 보면, 태도 점수들의 변이성은 맥주에 대한 광고들에서 가장 크다(*Beer* 항목의 표준편차(*std.dev*)를 다른 항목의 표준편차들과 비교해 볼 것). 또한, 시체 영상(부정적 심상)을 사용했을 때, 포도주와 생수에 대한 평가는 부정적이었지만(예상대로이다) 맥주에 대한 평가는 그렇지 않았다(맥주를 자극원으로 사용할 때는 어떠한 이유로 부정적 심상이 효과를 내지 못한 것으로 보인다). 이 출력의 수치들은 이후에 분석의 주 효과를 해석할 때 유용할 것이다.

```
: Beer
: Positive

median    mean   SE.mean  CI.mean.0.95    var    std.dev  coef.var
18.500   21.050  2.909        6.088      169.208  13.008    0.618
--------------------------------------------------------------------
: Wine
: Positive

median    mean   SE.mean  CI.mean.0.95    var    std.dev  coef.var
25.000   25.350  1.507        3.153       45.397   6.738    0.266
--------------------------------------------------------------------
: Water
: Positive

median    mean   SE.mean  CI.mean.0.95    var    std.dev  coef.var
17.000   17.400  1.582        3.311       50.042   7.074    0.407
--------------------------------------------------------------------
: Beer
: Negative

median    mean   SE.mean  CI.mean.0.95    var    std.dev  coef.var
0.00      4.45   3.87         8.10       299.42   17.30     3.89
--------------------------------------------------------------------
: Wine
: Negative

median    mean    SE.mean  CI.mean.0.95    var    std.dev  coef.var
-13.500  -12.000  1.382        2.893       38.211   6.181   -0.515
--------------------------------------------------------------------
: Water
: Negative

median    mean    SE.mean  CI.mean.0.95    var    std.dev  coef.var
-10.000  -9.200   1.521        3.184       46.274   6.802   -0.739
--------------------------------------------------------------------
: Beer
: Neutral

median    mean   SE.mean  CI.mean.0.95    var    std.dev  coef.var
8.00     10.00   2.30         4.82       106.00   10.30     1.03
--------------------------------------------------------------------
: Wine
: Neutral

median    mean    SE.mean  CI.mean.0.95    var    std.dev  coef.var
12.500   11.650  1.396        2.922       38.976   6.243    0.536
--------------------------------------------------------------------
: Water
: Neutral

median    mean   SE.mean  CI.mean.0.95    var    std.dev  coef.var
2.50      2.35   1.53         3.20        46.77    6.84     2.91
```

일원 반복측정 설계에서처럼, 주 분석을 진행하기 전에 대비들을 설정해야 한다. 기억하겠지만, (1) 대비는 주 효과 또는 상호작용을 좀 더 해석하기 좋은 효과들로 분해하는 데 도움이 된다는 점에서 중요하고, (2) 만일 제3종 제곱합을 사용한다면 반드시 직교 대비들을 설정해야 한다(그렇지 않으면 잘못 계산된 값이 나온다). 지금 예에서는 **drink**와 **imagery** 모두에 대해 대비들을 설정해야 한다.

우선 **drink**를 보자. 이 예제에는 두 가지 알코올 음료(맥주와 포도주)와 무알코올 음료(생수)가 있다. 영국 정부는 십대의 폭음 파티의 방지에 관심이 있으므로, 당연히 생수를 대조군으로 두어야 마땅하다. 따라서, 첫 대비는 알코올 음료(맥주와 포도주)를 생수(대조군)와 비교해야 한다. 둘째 대비에서는 맥주와 포도주를 비교한다. 즉, 대비 1은 "알코올 음료와 무알코올 음료의 효과가 서로 다른가?"를 묻는 것에 해당하고, 대비 2는 "알코올 음료의 종류에 따라 효과가 서로 다른가?"를 묻는 것에 해당한다. 이러한 대비들을 위한 가중치들이 표 13.5에 나와 있다.

표 13.5 drink 변수에 대한 직교 대비들

그룹	대비$_1$	대비$_2$
맥주	1	−1
포도주	1	1
생수	−2	0

이 직교 대비들을 R에서 설정해 보자(제10장 참고). 먼저 각 대비를 대표하는 변수들을 생성하고(이들의 주된 용도는 각 대비에 의미 있는 이름을 붙이는 것이다), 그것들을 모아서 **drink**에 대한 대비로 설정하면 된다.

```
AlcoholvsWater<-c(1, 1, -2)
BeervsWine<-c(-1, 1, 0)
contrasts(longAttitude$drink)<-cbind(AlcoholvsWater, BeervsWine)
```

처음 두 명령은 표 13.5에 나온 가중치들로 이루어진 대비 설정을 담은 두 변수를 생성한다. 마지막 명령은 그 두 변수로 **drink**에 대한 대비들을 설정한다.

imagery 변수로 넘어가서, 정부는 폭음 파티의 방지에 관심이 있으며, 우리의 주된 가설은 부정적 심상이 광고에 흔히 쓰이는 다른 종류의 심상(긍정적 또는 중립적)들보다 더 효과적이라는 것이므로, 첫 대비에서는 부정적 심상을 다른 종류의 심상들(긍정적 심상과 중립적 심상의 조합)과 비교해야 한다. 둘째 대비에서는 긍정적 심상과 중립적 심상을 비교한다. 즉, 대비 1은 "부정적 심상과 다른 심상들의 효과가 서로 다른가?"를 묻고, 대비 2는 "긍정적 심상과 중립적

심상의 효과가 서로 다른가?"를 묻는다. 해당 가중치들이 표 13.6에 나와 있다.

표 13.6 imagery 변수에 대한 직교 대비들

그룹	대비$_1$	대비$_2$
긍정적	1	−1
부정적	−2	0
중립적	1	1

이 대비들을 **drink**에서와 같은 방식으로 설정할 수 있다. 다음은 각 대비를 나타내는 변수를 만들고, 그것들을 모아서 **imagery**에 대한 대비로 설정하는 명령들이다.

```
NegativevsOther<-c(1, -2, 1)
PositivevsNeutral<-c(-1, 0, 1)
contrasts(longAttitude$imagery)<-cbind(NegativevsOther, PositivevsNeutral)
```

처음 두 명령은 표 13.6에 나온 가중치들로 이루어진 대비 설정을 담은 두 변수를 생성한다. 마지막 명령은 그 두 변수로 **imagery**에 대한 대비들을 설정한다.

이제 변수 이름을 실행해서 대비 특성들이 제대로 설정되었는지 확인해 보자.

```
longAttitude$drink

attr(,"contrasts")
     AlcoholvsWater BeervsWine
Beer              1         -1
Wine              1          1
Water            -2          0

longAttitude$imagery

        NegativevsOther PositivevsNeutral
Positive              1                -1
Negative             -2                 0
Neutral               1                 1
Levels: Positive Negative Neutral
```

하나의 대비는 가중치가 양수인 항목들을 가중치가 음수인 항목들과 비교한다는 점과 가중치가 0인 항목은 비교에서 완전히 제외된다는 점을 염두에 두고 수치들을 살펴보면, **drink**에 대한 대비 1은 생수를 다른 음료들과 비교하고 대비 2는 포도주와 맥주를 비교하도록 설정되었음을 확인할 수 있다. **imagery**의 경우 대비 1은 부정적 심상을 다른 종류의 심상들과 비교하고, 대비 2는 긍정적 심상과 중립적 심상을 비교한다.

요인 반복측정 분산분석 ②

일원 반복측정 분산분석에서처럼, *ezANOVA()* 함수를 이용하면 비교적 쉽게 분석을 실행할 수 있다. 이번 장에서 보았듯이, 이 함수를 사용하려면 그냥 반복측정 예측변수들을 *within* = .() 옵션의 괄호 쌍 안에 지정하면 된다. 이전 예제에서는 괄호 쌍 안에 예측변수 하나만 지정했지만, 이번에는 예측변수가 여러 개이므로 여러 예측변수를 쉼표로 분리해서 나열해 주어야 한다. 나머지 옵션들은 이전 예제와 비슷하다. 다음은 이번 예제의 자료에 대해 분산분석을 실행하고 그 결과를 출력하는 명령들이다.

```
attitudeModel<-ezANOVA(data = longAttitude, dv = .(attitude), wid =
.(participant), within = .(imagery, drink), type = 3, detailed = TRUE)
attitudeModel
```

첫 명령은 지정된 데이터프레임(*longAttitude*)으로부터 하나의 모형(*attitudeModel*)을 생성한다. 결과변수로 **attitude**를 지정했고(*dv* = .(attitude)), 참가자들을 구분하는 변수로는 **participant**를 지정했음을(*wid* = .(participant)) 주목하기 바란다. 그리고 예측변수로는 **drink**와 **imagery**를 지정했다(*within* = .(imagery, drink)). 그다음의 *type* = 3은 제3종 제곱합을 사용하겠다는 뜻이고, 마지막의 *detailed* = *TRUE*는 상세한 정보를(특히, 제곱합들을) 출력하라는 뜻이다. 둘째 명령(*attitudeModel*)은 모형의 내용을 콘솔에 출력한다.

출력 13.11

```
$ANOVA
            Effect DFn DFd   SSn  SSd      F        p p<.05   ges
1     (Intercept)   1  19 11218 1920 111.01 2.26e-09     * 0.413
2           drink   2  38  2092 7786   5.11 1.09e-02     * 0.116
3         imagery   2  38 21629 3353 122.56 2.68e-17     * 0.575
4   drink:imagery   4  76  2624 2907  17.15 4.59e-10     * 0.141

$'Mauchly's Test for Sphericity'
          Effect     W        p p<.05
2          drink 0.267 6.95e-06     *
3        imagery 0.662 2.45e-02     *
4  drink:imagery 0.595 4.36e-01

$'Sphericity Corrections'
          Effect   GGe    p[GG] p[GG]<.05   HFe    p[HF] p[HF]<.05
2          drink 0.577 2.98e-02         * 0.591 2.88e-02         *
3        imagery 0.747 1.76e-13         * 0.797 3.14e-14         *
4  drink:imagery 0.798 1.90e-08         * 0.979 6.81e-10         *
```

출력 13.11에 *ezANOVA()*의 결과가 나와 있다. 함수는 모형의 세 효과(주 효과 둘과 상호작용 하나) 각각에 대해 모클리 구형성 검정(§13.2.3 참고)을 실행했다. 각 검정의 *p* 값을 보면, **drink**

의 주 효과($p < .001$)와 **imagery**의 주 효과($p = .025$)는 구형성 가정을 위반했다. 따라서 해당 F 값들을 적절히 수정해야 한다(초천재 제인 글상자 13.3 참고). 상호작용 효과의 경우에는 구형성 가정이 성립했다($p = .436$이므로). 따라서 이 효과에 대해서는 F 비를 수정할 필요가 없다.

출력 13.11에는 분산분석의 결과도 나와 있다($ANOVA$ 항목). 특히, 구형성을 위해 F 비를 적절히 수정한 이후의 각 효과의 유의성이 표시되어 있다. 유의확률들을 보면, 자극원으로 사용한 음료의 종류에 따른 효과가 유의함이 명백하다(구형성 가정이 깨졌으므로, 이 효과에 대해서는 $'Sphericity Corrections'$ 항목의 $p[GG]$나 $p[HF]$를 봐야 한다. 둘 다 .05보다 작으므로 유의하다). 또한, 사용한 심상의 종류에 따른 효과도 유의하다(이 경우에도 구형성 가정 위반 때문에 $p[GG]$나 $p[HF]$를 봐야 하는데, 둘 다 유의하다). 그리고 두 변수의 상호작용 역시 유의하다(이 경우에는 구형성 가정이 성립하므로, $ANOVA$ 항목의 p를 보면 된다). 그럼 이 효과들을 차례로 좀 더 자세히 살펴보자.

13.7.4.1 음료 종류의 효과 ②

출력 13.11에 보면 광고에 쓰인 음료 종류의 효과가 유의함을 알 수 있다. 앞에서 언급했듯이, 구형성 가정 위반 때문에 이 효과에 대해서는 수정된 유의확률 중 하나로 유의성을 판정해야 한다. 수정된 두 p 값 모두 유의수준보다 작으므로, 이 효과는 유의하나. 이를 보고할 때는 자유도를 수정하는 데 쓰인 수정값(그린하우스-가이거 또는 후인-펠트)도 보고하는 것이 좋다. 이 효과는, 사용된 심상의 종류를 무시했을 때, 참가자들이 음료의 종류에 따라 유의하게 다른 평가를 했음을 뜻한다.

이 효과를 해석하려면 평균들을 그래프로 그리고 몇 가지 기술통계량들을 뽑아봐야 한다.

자가진단

✓ *ggplot2*를 이용해서 **drink**의 주 효과에 대한 오차 막대그래프를 그리고, *stat.desc*를 이용해서 평균들을 산출하라.

출력 13.12에 **drink**의 주 효과에 대한 평균들이 나와 있다.[8] 그림 13.7은 이 정보를 이용해서 각 조건의 평균을 표시한 것이다. 그래프를 보면, 맥주와 포도주가 생수보다 높은 평가

---

8 이 평균들은 출력 13.10에 나온 각 조건의 평균들의 평균으로 구한 것이다. 예를 들어, 모든 종류의 심상에 대한 맥주 조건(모든 심상)의 평균을 구하는 공식은 다음과 같다.

$$\bar{X}_{\text{맥주}} = \frac{\bar{X}_{\text{맥주+섹시}} + \bar{X}_{\text{맥주+시체}} + \bar{X}_{\text{맥주+중립}}}{3} = \frac{21.05 + 4.45 + 10.00}{3} = 11.83.$$

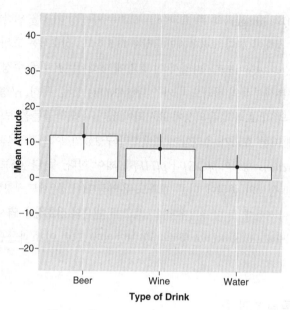

그림 13.7 음료 종류의 주 효과의 오차 막대그래프

를 받았음이 확실하다(그리고 맥주가 가장 높은 평가를 받았다). 이 효과의 본성을 파악하려면, 사후검정(잠시 후에 나온다)과 대비들도 살펴봐야 할 것이다. 그러나, 상호작용의 효과가 유의하므로, 이 주 효과를 해석하는 것은 별로 의미가 없다(제3종 제곱합을 사용하므로 의미가 있을 것 같지만, 그렇지 않다). 어차피 이 변수와 **imagery**의 상호작용이 이 주 효과를 능가한다.

출력 13.12

```
longAttitude$drink: Beer
median    mean    SE.mean   CI.mean.0.95    var      std.dev   coef.var
12.50     11.83   1.97      3.95            233.46   15.28     1.29
--------------------------------------------------------------------------
longAttitude$drink: Wine
median    mean    SE.mean   CI.mean.0.95    var      std.dev   coef.var
12.00     8.33    2.17      4.33            281.51   16.78     2.01
--------------------------------------------------------------------------
longAttitude$drink: Water
median    mean    SE.mean   CI.mean.0.95    var      std.dev   coef.var
3.50      3.52    1.67      3.34            166.69   12.91     3.67
```

13.7.4.2 심상 종류의 효과 ②

출력 13.11은 또한 광고에 쓰인 심상의 종류의 효과가 자극원에 대한 참가자들의 평가에 유의하게 영향을 미쳤다는 점도 보여준다. 이 경우에도, 구형성 가정 위반 때문에 수정된 유의확률 중 하나로 유의성을 판정해야 한다(앞의 논의 참고). 수정된 두 p 값 모두 유의수준보다 작으므로, 이 효과는 유의하다. 이를 보고할 때는 자유도를 수정하는 데 쓰인 수정값(그린하우스–가이거 또는 후인–펠트)도 보고하는 것이 좋다. 이 효과는, 사용된 음료의 종류를 무시했을 때, 참가자들이 심상의 종류에 따라 유의하게 다른 평가를 내렸음을 뜻한다.

이 효과를 해석하려면 평균들을 그래프로 그리고 몇 가지 기술통계량들을 뽑아봐야 한다.

자가진단

✓ *ggplot2*를 이용해서 **imagery**의 주 효과에 대한 오차 막대그래프를 그리고, *stat.desc*를 이용해서 평균들을 산출하라.

출력 13.13에 **imagery**의 주 효과에 대한 평균들이 나와 있다. 그림 13.8은 이 정보를 이용해서 각 조건의 평균을 표시한 것이다. 그래프를 보면, 긍정적 심상이 아주 긍정적인 평가를 받았고(중립적 심상보다 높다), 부정적 심상은 부정적 평가를 받았다(특히, 중립적 심상의 효과에 비해). 그러나, 상호작용의 효과가 유의하므로, 이 주 효과를 해석하는 것은 별로 의미가 없다. 어차피 이 변수와 **drink**의 상호작용이 이 주 효과를 능가한다.

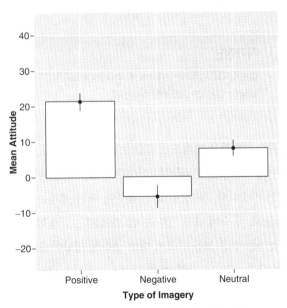

그림 13.8 심상 종류의 주 효과의 오차 막대그래프

출력 13.13

```
longAttitude$imagery: Positive
median    mean     SE.mean   CI.mean.0.95   var      std.dev   coef.var
20.500    21.267   1.265     2.531          95.962   9.796     0.461
----------------------------------------------------------------------
longAttitude$imagery: Negative
median    mean     SE.mean   CI.mean.0.95   var      std.dev   coef.var
-9.00     -5.58    1.71      3.43           176.15   13.27     -2.38
----------------------------------------------------------------------
longAttitude$imagery: Neutral
median    mean     SE.mean   CI.mean.0.95   var      std.dev   coef.var
7.00      8.00     1.14      2.29           78.44    8.86      1.11
```

13.7.4.3 상호작용 효과(drink × imagery) ②

출력 13.11은 심상이 자극원으로 쓰인 음료의 종류와 어떤 방식으로든 상호작용함을 보여준다. 그 출력에 기초할 때, 자극원으로 쓰인 음료의 종류와 심상의 종류 사이에는 $F(4, 76) = 17.16$, $p < .001$로 유의한 상호작용이 존재한다고 보고해야 할 것이다. 이 상호작용 효과는 각심상이 어떤 음료와 함께 제시되었느냐에 따라 그 효과가 다름을 말해준다. 출력 13.10의 평균들을 살펴보면 이러한 상호작용의 본성을 파악할 수 있을 것이다.

자가진단

✓ *ggplot2*를 이용해서, **drink** × **imagery** 상호작용의 평균들로 오차 막대들이 있는 선 그래프를 작성하라.

자가진단에서 요구한 상호작용 그래프가 그림 13.9에 나와 있다. 세 선 중 한 선이 다른 두선과 평행이 아님을 주목하기 바란다. 긍정적 심상과 중립적 심상을 사용했을 때는 음료 종류에 따른 반응의 패턴이 비슷하다. 두 경우 모두 맥주에 대한 평가는 긍정적이고, 포도주에 대한 평가는 그보다 더 높고, 생수에 대한 평가는 좀 떨어진다. 긍정적 심상에 대한 선이 중립적심상에 대한 선보다 높다는 것은 모든 음료에 대해 긍정적 심상이 중립적 심상보다 더 높은 평가를 이끌어냈음을 뜻한다. 그러나 제일 아래 선(부정적 심상을 나타내는)은 그와는 다른 효과를 보여준다. 이 경우 맥주에 대한 평가가 높고, 포도주와 생수에 대한 평가가 낮다. 따라서 부정적 심상은 생수와 포도주에 대한 태도에는 의도한 효과(폭음 방지)를 냈지만, 어떤 이유인지맥주에 대한 태도에는 별 효과를 내지 못했다. 그러므로, 이 상호작용은 부정적 심상이 긍정적 심상 및 중립적 심상과는 다른 효과를 가진다는(맥주를 제외하면 평가들을 높이는 대신 낮추었으므로) 사실을 반영한 것일 가능성이 크다. 이러한 상호작용은 실험의 예측들과 완전히 부합

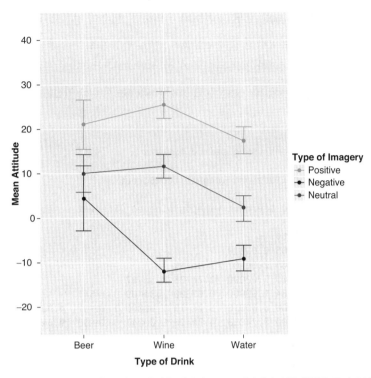

그림 13.9 태도 자료에 대한 상호작용 그래프. 세 선은 심상의 종류를 나타낸다. 옅은 청색은 긍정적 심상, 짙은 청색은 부정적 심상, 검은색은 중립적 심상이다.

한다. 상호작용 효과에 대한 이러한 해석이 타당한지는 사후검정을 수행하거나 대비 결과를 보고 확인할 수 있다(대비의 결과는 잠시 후에 살펴보겠다).

상호작용 항에 대해 사후검정을 실행하려면, **imagery**와 **drink**를 하나의 부호화 변수로 결합한 변수가 필요하다. 다행히 그런 변수가 데이터프레임에 있다. 앞에서 원래의 자료를 넓은 형식에서 긴 형식으로 변환할 때 추가한 **groups**가 바로 그것이다. 이 변수로 *pairwise.t.test()*를 실행하면 상호작용 항이 포괄하는 아홉 그룹의 모든 가능한 비교 결과를 얻을 수 있다. 함수의 다른 옵션들은 이번 장의 이전 예제에서 사용한 것과 정확히 동일하게 지정하면 된다. 다음은 지금 예제의 상호작용에 대한 사후검정을 수행하는 명령이다.

```
pairwise.t.test(longAttitude$attitude, longAttitude$groups, paired = TRUE,
p.adjust.method = "bonferroni")
```

이 사후검정의 결과가 출력 13.14에 나와 있다. 굵게 강조된 수치들을 보면, 맥주에 대한 긍정적 심상과 부정적 심상의 차이가 유의하고($p = .002$), 긍정적 심상과 중립적 심상의 차이도 유의하다($p = .020$). 그러나 부정적 심상과 중립적 심상의 차이는 유의하지 않다($p = 1.00$). 포도주의 경우 긍정적 심상과 부정적 심상($p < .001$), 긍정적 심상과 중립적 심상($p < .001$), 부정

적 심상과 중립적 심상($p < .001$) 모두 그 차이가 유의하다. 생수의 경우도 긍정적 심상과 부정적 심상($p < .001$), 긍정적 심상과 중립적 심상($p < .001$), 부정적 심상과 중립적 심상($p < .001$)의 차이가 모두 유의하다. 이러한 결과는 맥주가 좀 유별나다는(다른 음료들과는 달리, 중립적 심상을 기준으로 부정점 심상이 태도들을 실제로 낮춘 것으로 보인다는 점에서) 이전의 결론을 지지한다.

```
        Pairwise comparisons using paired t tests

data:  longAttitude$attitude and longAttitude$groups

        beerpos beerneg beerneut winepos wineneg wineneut waterpos waterneg
beerneg  0.00217 -       -        -       -       -        -        -
beerneut 0.01982 1.00000 -        -       -       -        -        -
winepos  1.00000 0.01105 0.00310  -       -       -        -        -
wineneg  5.6e-08 0.00265 2.0e-07  1.9e-10 -       -        -        -
wineneut 0.39905 1.00000 1.00000  2.2e-05 2.3e-07 -        -        -
waterpos 1.00000 0.47584 1.00000  0.07300 1.3e-09 0.10547  -        -
waterneg 2.9e-06 0.18860 0.00010  3.2e-10 1.00000 1.1e-07  4.9e-11  -
waterneut 0.00212 1.00000 0.74838 4.3e-10 0.00041 8.1e-05  9.0e-07  0.00068

P value adjustment method: bonferroni
```

13.7.5 일반선형모형(GLM)으로서의 요인 반복측정 설계 ③

이번 장 앞에서 사용한 *lme()* 함수는 반복측정 자료를 하나의 선형모형으로 간주한다. 그러한 접근 방식의 여러 장점은 앞에서 이미 살펴보았다. 우리가 이미 알고 있는 것을 예측변수 또는 독립변수가 여러 개인 상황으로 확장하는 것은 그리 어렵지 않다. 그냥 필요한 예측변수들과 그에 따른 상호작용들(존재한다면)을 추가해서 모형을 확장하면 된다. 이전에 보았듯이, 만일 개별 효과들을 살펴보고 싶다면 절편 말고는 예측변수가 하나도 없는 기저 모형을 먼저 만들고, 그 기저 모형으로부터 모형을 새롭게 구축해야 한다. 다음은 지금 예제를 위한 기저 모형을 만드는 명령이다.

```
baseline<-lme(attitude ~ 1, random = ~1|participant/drink/imagery, data =
longAttitude, method = "ML")
```

이 모형을 이번 장에서 일원 반복측정 설계에 사용한 모형과 비교해 보기 바란다. 이 명령은 오직 절편으로만 결과변수를 예측하는 모형을 지정한다(*attitude ~ 1*). 자료로는 지금 예제의 데이터프레임을 지정했고(*data = longAttitude*), 분석 시 최대가능도비를 사용하도록 했다(*method = "ML"*). 이전 명령과의 주된 차이는 모형의 무작위 부분이다. 이번에는 예측변수가 두 개이기 때문에 이전보다 복잡하다. 모형의 무작위 부분을 서술하는 *random = ~1/participant/*

*drink/imagery*는 R에게 변수 **drink**와 **imagery**가 **participant** 변수에 내포되어 있음을(다른 말로 하면, 그 두 변수의 여러 수준에 대한 점수들이 각 참가자 안에 들어 있음을) 알려준다. 이 명령을 실행하면 기저 모형이 준비된다.

만일 각 예측변수의 전반적인 효과를 알고 싶다면, 각 예측변수를 한 번에 하나씩 추가해야 한다. 다음은 기저 모형에 음료 종류를 나타내는 변수를 추가한 모형을 생성하는 명령이다. 모형 서술이 *attitude ~ 1*에서 *attitude ~ drink*로 바뀌었음을 주목하기 바란다.

```
drinkModel<-lme(attitude ~ drink, random = ~1|participant/drink/imagery, data =
longAttitude, method = "ML")
```

그런데 이렇게 하는 것보다 다음처럼 *update()* 함수를 사용하는 것이 더 빠르다(R의 영혼의 조언 7.2 참고).

```
drinkModel<-update(baseline, .~. + drink)
```

이 명령은 앞에서 만든 *baseline* 모형을 기반으로 새 모형을 생성한다. .~.는 기존 모형의 결과변수와 예측변수들을 그대로 유지하라는 뜻이다(마침표는 '기존 것들'을 뜻한다. 따라서 ~ 양변에 마침표가 있는 모형 서술은 기존의 예측변수들로부터 기존의 결과변수를 예측하는 모형을 의미한다). '+ drink'는 "drink를 예측변수로 추가하라"라는 뜻이다. 따라서, '.~. + drink'는 "기존 결과변수와 예측변수들을 유지하되, 거기에 **drink**를 예측변수로 추가하라"라는 뜻이 된다. 이 명령을 실행하면 **drink**가 유일한 예측변수인 *drinkModel*이라는 모형이 생성된다.

imagery도 마찬가지 방법으로 모형에 예측변수로 추가할 수 있다.

```
imageryModel<-update(drinkModel, .~. + imagery)
```

이 명령은 방금 생성한 *drinkModel*을 기반으로 새 모형을 생성한다. 앞에서처럼 .~.는 기존 모형(*drinkModel*)의 결과변수와 예측변수들을 그대로 유지하라는 뜻이고, '+ imagery'는 **imagery**를 예측변수로 추가하라는 뜻이다. 따라서, '.~. + imagery'는 "기존 결과변수와 예측변수들을 유지하고, 거기에 imagery를 예측변수로 추가하라"라는 뜻이다. 이 명령을 실행하면 **drink**와 **imagery**가 예측변수인 *imageryModel*이라는 모형이 생성된다.

마지막으로, 다음 명령으로 상호작용 항을 추가한다.

```
attitudeModel<-update(imageryModel, .~. + drink:imagery)
```

이 명령은 방금 생성한 *imageryModel*을 기반으로 새 모형을 생성한다. 앞에서처럼 .~.는 기존 모형(*imageryModel*)의 결과변수와 예측변수들을 그대로 유지하라는 뜻이고, '+ drink:imagery' 는 **drink × imagery**를 예측변수로 추가하라는 뜻이다. 이 명령을 실행하면 **drink**와 **imagery**

의 주 효과들뿐만 아니라 둘의 상호작용까지 포함한 *attitudeModel*이라는 모형이 생성된다.

이제 *anova()* 함수(§7.8.4.2)로 이 모형들을 비교해 보자. 원하는 비교 순서에 맞게 모형들을 지정해야 한다.

```
anova(baseline, drinkModel, imageryModel, attitudeModel)
```

이 명령을 실행한 결과가 출력 13.15에 나와 있다. 이 명령은 먼저 기저(예측변수가 없는 모형)와 **drink**의 효과를 비교한다. 출력을 보면, **drink**를 예측변수로 추가했더니 자유도가 2 증가했고(이 변수를 부호화하는 데 두 개의 대비가 쓰였기 때문), 모형이 유의하게 개선되었다. 다른 말로 하면, 태도에 대한 음료 종류의 효과는 $\chi^2(2) = 9.1$, $p = .010$로 유의했다. 다음으로, 모형에 **imagery**를 추가한 효과(**drink**만 있던 모형에 비한)를 살펴보자. 이번에도 자유도가 2 증가했고(이 변수를 부호화하는 데 쓰인 두 대비 때문), 모형의 적합도가 유의하게 개선되었다. 태도에 대한, 광고에 쓰인 심상의 종류의 효과는 $\chi^2(2) = 151.9$, $p < .001$로 유의했다. 마지막으로, 최종 모형(주 효과 둘과 그 상호작용을 포함한)을 그 이전 모형(두 주 효과만 포함한 모형)과 비교한 결과를 보면, 상호작용 항의 대비 수는 4(각 변수의 대비 수를 곱한 것이다)이고, 모형의 적합도가 유의하게 개선되었다. 즉, 음료 종류와 심상 종류의 결합된 효과는 태도에 유의하게 영향을 미쳤다. $\chi^2(4) = 42.0$, $p < .001$이다. 이러한 결과는 이전 절에서 *ezANOVA()*로 얻은 전반적인 효과들과 부합한다(그 효과들을 어떻게 해석했는지 잘 기억나지 않는다면 §13.7.4를 다시 보기 바란다).

출력 13.15

```
               Model df  AIC  BIC logLik    Test L.Ratio p-value
baseline           1  5 1504 1520   -747
drinkModel         2  7 1498 1521   -742 1 vs 2     9.1  0.0104
imageryModel       3  9 1351 1379   -666 2 vs 3   151.9  <.0001
attitudeModel      4 13 1317 1358   -645 3 vs 4    42.0  <.0001
```

최종 모형을 좀 더 살펴보기 위해, 다음 명령을 실행하자.

```
summary(attitudeModel)
```

이 명령이 출력한 매개변수 추정값들이 출력 13.16에 나와 있다(지면을 절약하기 위해 몇몇 이름을 적당히 편집했다). 특히, 이전에 각 변수에 설정한 대비들의 매개변수들이 나와 있다는 점이 중요하다. 처음 두 대비는 **drink**에 대한 것이다. 수치들을 보면, 태도에 대한 알코올 음료와 물의 차이는 $b = 2.19$, $t(38) = 3.18$, $p = .003$으로 유의하지만, 맥주와 포도주의 차이는 $b = -1.75$, $t(38) = -1.47$, $p = .150$으로 유의하지 않다. 그다음 두 대비는 **imagery**에 대한 것이다. 태도에 대한 부정적 심상과 다른 두 심상의 차이는 $b = 6.74$, $t(114) = 17.26$, $p < .001$로 유의하고, 긍정적 심상과 중립적 심상의 차이도 $b = -6.63$, $t(114) = -9.81$, $p < .001$로 유의하

다. 나머지 네 항목은 상호작용 항에 대한 대비들인데, 다음 절들에서 각각을 좀 더 자세히 살펴보겠다.

출력 13.16

```
Linear mixed-effects model fit by maximum likelihood
 Data: longAttitude
   AIC  BIC logLik
  1317 1358   -645

Fixed effects: attitude ~ drink + imagery + drink:imagery
                              Value Std.Error  DF t-value p-value
(Intercept)                    7.89    0.973  114    8.12  0.0000
AlcoholvsWater                 2.19    0.688   38    3.18  0.0029
BeervsWine                    -1.75    1.191   38   -1.47  0.1500
NegativevsOther                6.74    0.391  114   17.26  0.0000
PositivevsNeutral             -6.63    0.676  114   -9.81  0.0000
AlcoholvsWater:NegativevsOther 0.19   0.276  114    0.69  0.4922
BeervsWine:NegativevsOther     3.24    0.478  114    6.77  0.0000
AlcoholvsWater:PositivevsNeut  0.45    0.478  114    0.93  0.3533
BeervsWine:positivevsNeut     -0.66    0.828  114   -0.80  0.4256
```

13.7.5.1 알코올 대 물, 부정적 심상 대 기타 심상들 ②

상호작용 항에 관한 첫 대비는 물과 알코올 음료(포도주와 맥주의 조합)의 차이에 의한 효과가 부정적 심상에서와 기타 심상들(긍정적 심상과 중립적 심상의 조합)에서 서로 다른지 살펴본다. 이 대비는 유의하지 않다. 이 결과는, 생수 광고이든 알코올 음료 광고이든 부정적 심상을 사용했을 때의 평가 감소량(다른 심상들에 비한)이 별 차이가 없음을 뜻한다. 그림 13.10의 왼쪽 상단 그래프에서 해당 평균들을 비교해 보기 바란다. 알코올 음료에서와 생수에서 두 선의 높이 차이(부정적 심상의 효과와 다른 심상들의 효과의 차이)가 거의 같다. 이는 알코올 음료에서나 무알코올 음료에서나 부정적 심상의 효과(다른 심상들에 비한)가 평가를 같은 수준으로 떨어뜨렸음을 말해준다. $b = 0.19$, $t(114) = 0.69$, $p = .492$이다.

13.7.5.2 맥주 대 포도주, 부정적 심상 대 기타 심상들 ②

상호작용 항에 대한 둘째 대비는 맥주와 포도주의 차이에 의한 효과가 부정적 심상에서와 기타 심상들(긍정적 심상과 중립적 심상의 조합)에서 서로 다른지 살펴본다. 이 대비는 유의하다. 이 결과는, 부정적 심상을 사용했을 때의 평가 감소량(다른 심상들에 비한)이 맥주의 경우와 포도주의 경우에서 유의하게 다름을 의미한다. 그림 13.10의 오른쪽 상단 그래프에 해당 평균들이 나와 있다. 두 선의 높이 차이(부정적 심상의 효과와 다른 심상들의 효과의 차이)가 맥주 지점보다 포도주 지점에서 훨씬 크다. 이는 부정적 심상의 효과(다른 심상들에 비한)가 포도주 광고에 비해 맥주 광고에서 평가를 유의하게 덜 낮추었음을 말해준다. $b = 3.24$, $t(114) = 6.77$, $p < .001$이다.

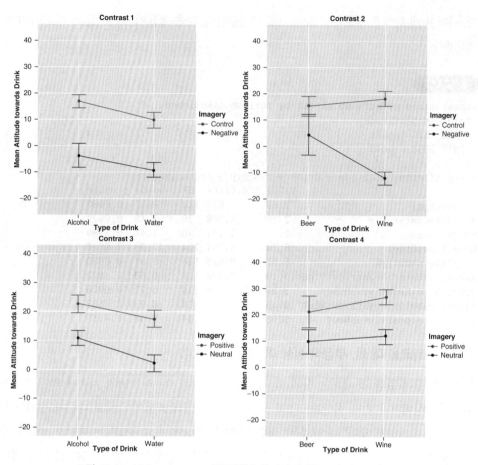

그림 13.10 drink × imagery 상호작용의 네 가지 대비를 보여주는 그래프들

13.7.5.3 알코올 대 물, 긍정적 심상 대 중립적 심상 ②

상호작용 항에 대한 셋째 대비는 긍정적 심상의 효과(중립적 심상에 비한)가 알코올 음료(포도주와 맥주의 조합)와 물에서 서로 다른지 비교한다. 이 대비는 유의하지 않다. 이 결과는, 생수 광고이든 알코올 음료 광고이든 긍정적 심상을 사용했을 때의 평가 감소량(중립적 심상에 비한)이 별 차이가 없음을 뜻한다. 그림 13.10의 왼쪽 하단 그래프에 해당 평균들이 나와 있다. 두 선의 높이 차이(긍정적 심상의 효과와 중립적 심상의 효과의 차이)가 알코올 음료에서나 물에서나 비슷하다. 이는 긍정적 심상의 효과(중립적 심상에 비한)가 알코올 음료에서나 무알코올 음료에서나 평가를 비슷한 정도로 높였음을 말해준다. $b = 0.45$, $t(114) = 0.93$, $p = .353$이다.

13.7.5.4 맥주 대 포도주, 긍정적 심상 대 중립적 심상 ②

상호작용 항에 대한 마지막 대비는 긍정적 심상의 효과(중립적 심상에 비한)가 맥주와 포도주에서 서로 다른지 비교한다. 이 대비는 유의하지 않다. 이 결과는, 맥주 광고이든 포도주 광고이든 긍정적 심상을 사용했을 때의 평가 증가량(중립적 심상에 비한)이 별 차이가 없음을 뜻한다. 그림 13.10의 오른쪽 하단 그래프에 해당 평균들이 나와 있다. 두 선의 높이 차이(긍정적 심상의 효과와 중립적 심상의 효과의 차이)가 맥주에서나 포도주에서나 비슷하다. 이는 맥주 광고와 포도주 광고에서 긍정적 심상의 효과(중립적 심상에 비한)에 의한 평가 증가량이 유의하게 다르지는 않았음을 뜻한다. $b = -0.66$, $t(114) = -0.80$, $p = .426$이다.

13.7.5.5 이 대비들의 한계 ②

대비들의 설계 방식 때문에, 이 대비들로는 물과 맥주, 물과 포도주의 개별 차이를 알 수 없으며, 마찬가지로 부정적 심상과 긍정적 심상, 부정적 심상과 중립적 심상의 개별 차이는 알 수 없다. 그런 것들까지 파악하고 싶다면 사후검정을 수행해야 한다(이번 장에서 이전에 설명했던 방식으로).

하나의 분석을 이렇게 오랜 시간에 걸쳐 상세하게 분석하는 것이 좀 지루하겠지만, 여러분이 얻은 결과의 효과들을 진정으로 이해하고 싶다면 이런 체계적인 접근 방식을 취하는 것이 바람직함을 명심하기 바란다. 상호작용 항의 해석은 복잡하며, 존경받는 연구자들도 이를 제

주입식 샘의 핵심 정리　이원 반복측정 분산분석

- 이원 반복측정 분산분석은 독립변수가 둘이고 같은 참가자들을 모든 실험 조건에 사용한 실험 결과의 여러 평균을 비교한다.
- 이 책은 자료를 다층 모형으로 취급할 것을(즉, 반복측정 회귀를 사용할 것을) 권한다. 그렇지 않고 전통적인 분산분석 접근 방식을 사용하는 경우, 만일 반복측정 조건이 셋 이상이라면 **구형성** 가정을 반드시 점검해야 한다. 구형성은 모클리 검정으로 검사할 수 있다. 만일 해당 p 값이 .05보다 작으면 구형성 가정이 깨진 것이고, .05보다 크면 구형성 가정이 성립한 것이다. 모든 효과에 대해 이 가정을 검사해야 한다(이원 분산분석에서 이는 두 변수의 효과와 그 상호작용 항에 대해 가정을 검사해야 함을 뜻한다).
- 이원 분산분석에는 각 변수의 주 효과와 그 둘의 상호작용 항까지 총 세 개의 효과가 있다. 각 효과에 대해, 만일 구형성 가정이 성립한다면 주 분산분석의 p 값을 사용해서 유의성을 판정한다. 만일 구형성 가정이 깨졌다면 그린하우스-가이서 구형성 추정값 또는 후인-펠트 구형성 추정값으로 수정한 p 값(각각 결과의 $p[GG]$ 항목과 $p[HF]$ 항목)을 사용해야 한다(두 수정 방법의 장단점은 이번 장의 본문에서 이야기했다). 만일 p 값이 .05보다 작으면, 그룹 평균들이 유의하게 다른 것이다.
- 대비들과 사후검정을 이용해서 주 효과들과 상호작용 항을 더욱 분해해서 비교한다. 이 경우에도 p 값들을 보고 해당 비교 결과가 유의한지 판정한다(.05보다 작으면 유의한 것이다).

대로 해내지 못한 경우를 본 적이 있다. 따라서 이런 해석이 어렵게 느껴진다고 해서 너무 실망할 필요는 없다. 상세하게 해석하고, 각 효과를 대비들을 이용해서 최대한 분해하려고 노력하다 보면 아마도 깨달음을 얻을 수 있을 것이다.

13.7.6 강건한 요인 반복측정 분산분석 ③

이 글을 쓰는 현재, 요인 반복측정 설계에 대한 강건한 함수는 아직 없다(적어도 내가 찾아본 바로는). 이는 내게는 축복이지만(그 사용법을 파악해서 설명할 필요가 없으므로) 여러분들에게는 저주이다(가정들이 깨져서 강건한 방법이 필요한 자료를 가지고 있다면).

13.8 요인 반복측정 설계의 효과크기 계산 ②

앞에서 일원 반복측정 분산분석의 오메가제곱을 계산하느라 고생이 많았으므로, 요인 반복측정 설계의 오메가제곱은 생략하기로 하자(간단히 말해서 "나도 어떻게 하는지 모른다"라는 뜻이다). 그러나, *ezANOVA()*는 일반화된 에타제곱을 산출한다(출력 13.11). 지금 예에서, 심상 종류의 주 효과에 대한 일반화된 에타제곱은 .575이고 음료 종류의 주 효과에 대한 값은 .116, 상호작용 항에 대한 값은 .141이다. 따라서, 심상의 효과는 비교적 크지만 음료와 상호작용의 효과는 중간 정도라 할 수 있다.

계속 반복하지만, 효과크기는 개별 비교에 초점을 둘 때 더 유용하다. 따라서, 나중에 여러분이 요인 설계의 효과들(그리고 오직 두 그룹을 비교하는 임의의 주 효과들)을 분석하게 되면 대비들의 효과크기를 계산해 보길 권한다. 대비의 효과크기는 이전에 일원 분산분석에서 사용한 *rcontrast()* 함수로 구할 수 있다. 이 함수에 원하는 대비의 *t* 값과 해당 자유도를 입력하면 된다. 그럼, 출력 13.16에 나온 여덟 대비의 효과크기를 구해보자. 우선, 다음은 음료 종류에 대한 두 대비 중 알코올 음료 대 물의 효과크기이다.

```
> rcontrast(3.18, 38)
[1] "r =   0.458457001137587"
```

다음은 맥주 대 와인의 효과크기이다.

```
> rcontrast(-1.47, 38)
[1] "r =   0.231961343984559"
```

다음으로, 심상 종류의 두 대비 중 부정적 심상 대 다른 심상들의 효과크기는 다음과 같다.

```
> rcontrast(17.26, 114)
[1] "r =  0.850434536664415"
```

그리고 긍정적 심상 대 중립적 심상은 다음과 같다.

```
> rcontrast(-9.81, 114)
[1] "r =  0.676574089263451"
```

마지막으로, 상호작용 항에 대한 네 대비를 보자. 우선, 다음은 부정적 심상 대 기타 심상에 대한 알코올 음료 대 물의 효과크기이다.

```
> rcontrast(0.69, 114)
[1] "r =  0.0644898962213597"
```

부정적 심상 대 기타 심상에 대한 맥주 대 포도주의 효과크기는 다음과 같다.

```
> rcontrast(6.77, 114)
[1] "r =  0.535495195928629"
```

다음은 긍정적 심상 대 중립적 심상에 대한 알코올 대 물의 효과크기이다.

```
> rcontrast(0.93, 114)
[1] "r =  0.0867739323982253"
```

그리고 다음은 긍정적 심상 대 중립적 심상에 대한 맥주 대 포도주의 효과크기이다.

```
> rcontrast(-0.80, 114)
[1] "r =  0.0747174253416562"
```

이 수치들에서 보듯이, 상호작용의 유의한 효과(맥주 대 포도주, 부정적 대 기타 심상들)는 비교적 큰 효과이고, 상호작용의 다른 유의하지 않은 효과들은 모두 비교적 작은 효과이다(모두 .1보다 작다).

13.9 요인 반복측정 설계의 결과 보고 ②

이전에 보았듯이, 반복측정 설계를 따르는 실험의 결과를 보고하는 방법은 구체적인 분석 방법에 따라 다르다. 통상적인 분산분석 접근 방식(이를테면 *ezANOVA()* 함수)을 사용했다면, 요인 분산분석에서와 같은 사항들을 보고하면 된다. 이 경우 보고할 효과가 세 개라는 것과 그 효과마다 자유도가 다를 수 있음을 기억하기 바란다. 이번 예제에서, 음료 종류의 주 효과와 심상 종류의 주 효과는 구형성 가정을 위반하므로, 그린하우스-가이서 방법으로 자유도를 수정했음을 언급해야 한다. 다음이 그러한 예이다.

✓ 모클리 검정에 따르면, 음료 종류의 주 효과에 대해 구형성 가정이 $W = 0.267$, $p < .001$, $\varepsilon = .58$로 위반되었고 심상 종류의 주 효과에 대해 구형성 가정이 $W = 0.662$, $p < .05$, $\varepsilon = .75$로 위반되었다. 그래서 그린하우스-가이서 구형성 추정값을 이용해서 자유도들을 수정했다.

그런 다음에는 분석의 세 효과를 다음과 같이 보고하면 될 것이다.

✓ 모든 효과는 $p < .05$ 수준에서 유의했다. 음료의 평가에 대한 음료 종류의 주 효과는 $F(1.15, 21.93) = 5.11$로 유의했다.

✓ 또한, 음료의 평가에 대한 심상 종류의 주 효과도 $F(1.50, 28.40) = 122.57$로 유의했다.

✓ 음료의 종류와 광고에 쓰인 심상의 종류 사이에 유의한 상호작용 효과가 존재했다. $F(4, 76) = 17.16$이다. 이는 참가자들의 평가에 대한 심상의 효과가 광고에 나온 음료의 종류에 따라 달랐음을 뜻한다. 본페로니 사후검정 결과에 따르면, 맥주의 경우 긍정적 심상과 부정적 심상의 차이가 유의했고($p = .002$) 긍정적 심상과 중립적 심상의 차이도 유의했으나($p = 0.20$), 부정적 심상과 중립적 심상의 차이는 유의하지 않았다($p = 1.00$). 포도주의 경우 긍정적 심상과 부정적 심상($p < .001$), 긍정적 심상과 중립적 심상($p < .001$), 부정적 심상과 중립적 심상($p < .001$) 모두 그 차이가 유의했다. 생수의 경우에도 긍정적 심상과 부정적 심상($p < .001$), 긍정적 심상과 중립적 심상($p < .001$), 부정적 심상과 중립적 심상($p < .001$)의 차이들이 모두 유의했다. 이 결과들에서 보듯이, 다른 음료들과는 달리 맥주에 대해서는 부정적 심상이 음료에 대한 평가를 낮추지(중립적 심상의 평가를 기준으로) 않는 것으로 보인다.

만일 다층 모형을 사용해서 분석을 수행했다면, 이와는 상당히 다른 방식으로 결과를 보고해야 한다(§19.8에서처럼 결과를 표로 만들어도 좋을 것이다).

✓ 음료의 종류는 태도에 유의한 효과를 보였다. $\chi^2(2) = 9.1$, $p = .010$이다. 태도에 대한 심상의 종류의 효과 역시 유의했다. $\chi^2(2) = 151.9$, $p < .001$이다. 가장 중요한 점은, 음료 종류와 심상 종류의 상호작용이 $\chi^2(4) = 42.0$, $p < .001$로 유의했다는 것이다. 대비 결과에 따르면, (1) 알코올 음료에서나 무알코올 음료에서나 부정적 심상의 효과(다른 심상들에 비한)가 평가를 같은 수준으로 떨어뜨렸다. $b = 0.19$, $t(114) = 0.69$, $p = .492$이다. (2) 부정적 심상의 효과(다른 심상들에 비한)가 포도주 광고에 비해 맥주 광고에서 평가를 유의하게 덜 낮추었다. $b = 3.24$, $t(114) = 6.77$, $p < .001$이다. (3) 알코올 음료에서나 무알코올 음료에서나 긍정적 심상의 효과(중립적 심상에 비한)가 평가를 비슷한 정도

로 높였다. $b = 0.45$, $t(114) = 0.93$, $p = .353$이다. (4) 긍정적 심상의 효과(중립적 심상에 비한)에 의한 평가 증가량이 맥주 광고와 포도주 광고에서 유의하게 다르지는 않았다. $b = -0.66$, $t(114) = -0.80$, $p = .426$이다.

이번 장에서 발견한 통계학 ②

이번 장은 반복측정 설계라는 음산한 늪을 통과하는 데 도움이 되는 내용을 제공했다. 이번 장에서 우리는 그 늪에 다리를 잘라 먹는 광포한 악어들이 득시글거림을 알게 되었다. 가장 먼저 배운 내용은, 반복측정 설계에서는 걱정해야 할 가정이 하나 더 늘었다는 것이다. 바로 구형성 가정이다. 그 충격에서 벗어나자, 다행히도 우리는 그 가정이 깨져도 상황을 바로잡는 것이 그리 어렵지 않다는 것을 알게 되었다. 게다가, 다층 모형을 이용하면 그 가정을 아예 잊어도 된다. 그 모형을 사용하기가 그리 쉽지는 않지만, 그 보상은 뜨거운 해변에서 마시는 시원한 칵테일만큼이나 가치가 있다. 다음으로는 독립변수가 하나인 반복측정 분산분석의 이론을 살펴보았다. 그런 분산분석이 기본적으로 독립설계의 분산분석과 같은 것이라는 점은 굳이 상상력을 발휘하지 않고도 알 수 있었을 것이다(사실 몇 가지 미묘한 차이가 있긴 하지만, 나는 유사성을 강조하고자 했다). R을 이용해서 실제로 반복측정 분산분석을 실행해 본 후에는, 아주 사납고 굶주렸으며 마치 수은 증기를 맡은 모자 장수 스태비만큼이나 미친 오메가제곱이라는 괴물과 맞섰다. 이쪽 길로 들어선 것을 후회할 정도의 사투였지만, 우리는 결국 오메가제곱을 극복하고 다음 단계로 나아갔다. 그다음에 우리를 맞이한 것은 독립변수가 두 개인 요인 반복측정 설계라는 흉측한 주제였다. 다른 요인 설계에서처럼, 이에 대해서도 상호작용 항들에 초점을 두어야 함을 알게 되었다. 우리는 또한 대비들을 이용해서 그 항을 좀 더 분해하는 유용한 방법도 알게 되었다. 이상의 과정에서 다층 모형도 자주 언급했는데, 이 주제에 대해서는 나중에 다시 살펴볼 것이다. 단, 앞에서 언급한 뜨거운 해변에서 석 달 정도 휴가를 보낸 후에 말이다.

16세 때 나는 생애 처음으로 '진지한' 밴드를 시작했다. 우리 밴드는 무려 7년이나 유지되었다(같은 멤버로—지금도 그 멤버들과 친구로 지내고 있다). 밴드는 마크(드러머)가 옥스퍼드로 가고 내가 Ph.D 학위를 위해 브라이턴으로 가면서 해산할 수밖에 없었다. 한 번 모여서 연습하는 것이 너무나 큰 일이었기 때문이다. 우리는 CD에 노래 한 곡을 수록했고, 라디오 방송도 조금 탔고, 스래시메탈에서 푸가지와 너바나, 헤비메탈을 섞은 듯한 스타일로 음악적 변신도 거쳤다. 또한, 공연 도중에 바지가 열린 일도 없었다(머리가 열린 적은 한 번 있었다). 우리가 왜 성공하지 못했을까? 마크는 놀랄 만큼 훌륭한 드러머였으므로 그의 탓은 아니었다. 또 다른 마크 역시 대단히 훌륭한 베이시스트였다(우리 밴드가 해산한 후에도 그는 항상 어떤 밴드에 몸을 담았다). 따라서 우리 밴드의 약한 고리는 나였다. 내가 밴드에서 세 가지 역할(기타, 노래, 작곡)을 맡았다는 점을 생각하면 이는 특히나 불운한 일이었다. 불쌍한 밴드 멤버들에게는 기회가 주어지지 않았던 것이다. 밴드 해산 후 몇 년간 나는 음악 활동을 접었다. 나는 지금도 노래를 만들지만(개인적인 즐거움을 위해), 우리 셋이 너무나 친한 친구였기 때문에 다른 누군가와 함께 연주한다는 것을 견딜 수 없었다. 그러나 몇 년 후 상황이 바뀌었다….

똑똑한 알렉스의 과제

• **과제 1:** 학생들은 항상 강사마다 학점 평가 기준이 다르다는 점을 걱정한다. 학점을 '후하게' 주기로 유명한 강사도 있고 '짜게' 주기로 유명한 강사도 있다(학생들의 용어로 말하자면, 전자는 '좋은 선생님'이고 후자는 '벨제붑의 뱃속에서 튀어나온 사악한 악령'이다). 그러나 그러한 명성을 실제로 입증한 연구는 별로 없다. 일단의 학생들이, 같은 소논문(에세이)들을 네 명의 강사에게 제출해서 이를 검사해 보자는 아이디어를 떠올렸다. 모든 에세이를 모든 강사가 평가하므로, 이는 반복측정 설계에 해당한다. 이때 독립변수는 리포트 점수를 매긴 강사이고 종속변수는 그 점수(퍼센트 단위)이다. 해당 자료가 **TutorMarks.dat** 파일

에 있다. 이 자료에 대해 일원 분산분석을 여러분이 직접(R을 사용하지 말고) 수행하라. ②

- **과제 2:** 과제 1의 분석을 R을 이용해서 수행하고 그 결과를 해석하라. ②

- **과제 3:** 알코올이 '한눈팔기'에 미치는 효과를 연구한다고 상상해 보자. 여기서 한눈팔기 (roving eye)는 애인 또는 배우자가 있는 사람이 다른 이성에게 눈길을 돌리는 성향을 말한다. 이를 위해 나는 남자 20명을 모집해서 안구의 운동과 눈이 보고 있는 물체의 운동을 동시에 추적, 기록할 수 있는 아주 정교한 안경을 씌웠다(이 문장에서 짐작하겠지만, 이는 전적으로 상상 속의 연구이다). 4일 간 나는 이 불쌍한 영혼들을 나이트클럽에 데리고 가서 강한 라거 맥주를 1, 2, 3, 4파인트 먹였다. 매일 밤 나는 이들이 몇 명의 여자에게 한 눈을 파는지 측정했다. 만일 남자가 눈으로 어떤 여자를 위아래로 한 번 훑으면(머리끝에서 발끝, 발끝에서 다시 머리끝) '한 명'으로 쳤다. 이 측정의 타당성을 검증하기 위해, 여자를 훑을 때 남자의 턱의 상하 운동 정도도 측정했다. 해당 자료가 **RovingEye.dat** 파일에 있다. 이에 대해 일원 분산분석을 수행하라. ②

- **과제 4:** 이전 장(제12장)에서 흔히 맥주-안경 효과라고 하는, 알코올 섭취 후 인지 능력이 심각하게 왜곡되어서 이전에는 매력적이지 않게 느끼던 사람이 갑자기 스파이시 곤살레스의 엄청나게 매운 타바스코를 뿌린 칠리 이후로 가장 '핫'한 사람처럼 보이는 현상을 살펴보았다. 방금 전까지만 해도 동물원에서 오랑우탄을 보고 있었는데, 맥주 2파인트를 마신 후에는 누가 귀여운 조이 필드를 우리에 가두었는지 궁금해지게 되는 것이다. 이전 장의 가상의 예에 이어서, 이번에는 어두운 조명(나이트클럽에서 흔히 볼 수 있는)이 맥주-안경 효과를 심화하는지 확인한다고 상상해 보자. 이를 위해 남자 26명을 모아서(이 효과가 남자들에게 더 강하므로, 남자들만 사용하기로 한다) 4주간 다양한 용량의 알코올 음료를 제공했다(맥주 0파인트, 2파인트, 4파인트, 6파인트). 이 알코올 섭취량이 첫 번째 독립변수이다. 각 주에(즉, 각각의 알코올 섭취량에 대해) 남자들에게 평범한 클럽(조명이 어두운)에서 상대방을 고르게 하고, 조명을 밝게 설정한 특별한 클럽에서 또 다른 상대방을 고르게 했다. 조명이 어두운지 밝은지가 두 번째 독립변수이다. 결과 측도는 각 상대방의 매력 정도를 독립적인 판정단이 평가한 점수이다. 정리하자면, 모든 참가자가 모든 알코올 섭취량 수준에 참여하며, 모든 참가자가 밝은 클럽과 어두운 클럽 모두에서 상대방을 고른다. 해당 자료가 **BeerGogglesLighting.dat** 파일에 있다. 이 자료에 대해 이원 반복측정 분산분석을 수행하라. ②

답은 이 책의 부록 사이트에서 볼 수 있다.

더 읽을거리

Field, A. P. (1998). A bluffer's guide to sphericity. *Newsletter of the Mathematical, Statistical and Computing Section of the British Psychological Society, 6*(1), 13-22. (부록 웹사이트의 이번 장 보충 자료에 있다.)

Howell, D. C. (2006). *Statistical methods for psychology* (제6판). Belmont, CA: Duxbury. (또는, 동저자 의 *Fundamental statistics for the behavioral sciences*가 더 나을 수도 있다. 그 책도 2007년에 제6판이 나왔다.)

Rosenthal, R., Rosnow, R. L., & Rubin, D. B. (2000). *Contrasts and effect sizes in behavioural research: A correlational approach.* Cambridge: Cambridge University Press. (상당히 고급서지만, 대비 와 효과크기 추정에는 사실 이보다 나은 책이 없다.)

흥미로운 실제 연구

Field, A. P. (2006). The behavioral inhibition system and the verbal information pathway to children's fears. *Journal of Abnormal Psychology, 115*(4), 742-752.

14 / 혼합 설계(GLM 5)

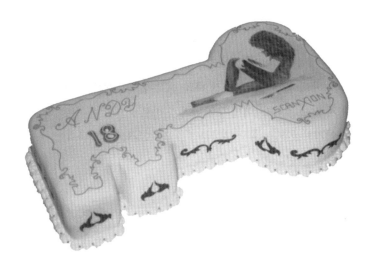

그림 14.1 내 18세 생일 케이크

14.1 이번 장에서 배우는 내용 ①

십대 청소년들은 대부분 불안하고 우울해하지만, 나는 특히나 심했던 것 같다. 나의 사교술은 내가 다니던 남학생 문법학교라는 기생 흡혈충이 다 빨아 먹어서 겁에 질린 껍데기만 남았다. 사람들 앞에서 기타를 연주하고 소리를 지르는 데는 어려움이 없었지만, 사람들과 대화를 나누는 것은 완전히 다른 문제였다. 밴드에서는 편안함을 느꼈으나 실제 세상에서는 그렇지 못했다. 18세 생일은 누구에게나(적어도 영국에서는) 아주 즐거운 날이다. 이날 생일의 주인공은 아동기의 족쇄를 벗고 성년의 삶이라는 신나는 새 세상으로 들어가게 된다. 그러한 행복한 변화를 상징하기 위해, 주인공이 열중하는 대상 중 하나를 반영한 모습으로 생일 케이크를 만들기도 한다. 그림 14.1에서 보듯이, 내 생일 케이크에는 어느 정도 나와 닮은 머리 긴 사람이 손목을 긋고 있는 모습이 그려져 있다. 이 그림은 당시 내 상황을 상당히 잘 요약한다. 어쨌거나, 방에 틀어박혀서 언제까지나 아이언 메이든의 음악을 들을 수는 없는 일이므로, 시간이 좀 지나자 나는 사회와의 통합을 시도했다. 16세와 18세 사이의 시절에는 술에 취할 일이 많이 생

14.1 이번 장에서 배우는 내용 ①   **763**

긴다. 나는 술에 취하면 사람들과 대화를 나누기가 훨씬 쉬워진다는 사실을 빠르게 습득했다. 그리고 정말로 취하면 의식을 잃어서 사람들과 대화하는 문제가 아예 사라진다는 점도 알게 되었다. 내 사교 활동의 영역 안으로 여자애들이 갑자기 진입하면서 상황은 더욱 악화되었다. 나는 클레어 스파크스 이후로는 여자애들과 사귀지 않았다. 대화를 나누어야 할 뿐만 아니라 좋은 인상까지 주어야 한다는(그래야 사귈 가능성이 있으니까) 점에서, 여자애들은 더욱 두려운 존재였다. 게다가 1990년대 여자애들은 아이언 메이든에 관해 이야기하길 좋아하지 않았다. 아마 요즘 여자애들도 그럴 것이다. 당시에는 스피드 데이트[1]라는 것이 없었지만, 만일 있었다면 내게 그것은 역겹고 비틀린 지옥의 출현과 같았을 것이다. 뭔가 재치있고 재미있는 말을 하지 않으면 영원한 고독의 독수리들이 득실거리는 계곡으로 던져질 것이라는 압박감으로 가득한 사교적 상황은 생각만 해도 마치 눈에 순도 100%의 알코올을 주입하는 것 같은 느낌이다. 차라리 정말로 알코올을 주입해서 코마에 빠진다면, 3분간 나와 대화를 나누어야 하는 상대방의 얼굴에 떠오르는 실망감은 보지 않을 것이다. 이번 장의 주제가 바로 스피드 데이트이다. 물론 혼합 분산분석에 관해서도 이야기하겠지만, 혼합 분산분석을 만나고 3분이 지나서 벨 소리가 울리면 바로 다음 장으로 넘어가기 바란다.

14.2 혼합 설계 ②

혼합 설계가 뭐냥?

이전 장이 어렵고 복잡하게 느껴졌다면, 이번 장은 더욱 복잡할 것이니 마음의 준비를 하기 바란다. 반복측정 설계와 독립 설계를 결합하는 것이 가능한데, 이번 장에서 살펴볼 것이 바로 그러한 상황이다. 설상가상으로, 이번 장에서는 독립변수가 무려 세 개인 설계를 예로 든다(이 시점에서 아마 여러분의 머릿속에 내가 눈을 감고 의자에 등을 기댄 채로 사악한 웃음을 터트리는 모습이 떠오를 것이다). 그룹간 변수들과 반복측정 변수들을 섞은 것을 **혼합 설계**(mixed design)라고 부른다. 어떤 실험을 혼합 설계라고 부르려면 독립변수가 적어도 두 개는 되어야 함을 이해할 수 있을 것이다. 물론 그보다 더 복잡한 시나리오도 가능하다(이를테면 그룹간 변수 두 개와 반복측정 변수 하나의 혼합, 그룹간 변수 하나와 반복측정 변수 두 개의 혼합, 심지어는 각각 두 개씩의 혼합 등). **R**은 거의 모든 종류의 설계를 지원한다. 이론적으

---

1 언젠가는 스피드 데이트의 유행이 지나가서 그게 뭔지 모르는 독자들이 이 책을 보게 될 수도 있으므로 잠깐 설명하자면, 기본적으로 스피드 데이트는 남녀 여러 명이 모여서(또는, 동성 대상 행사인 경우 여자들 또는 남자들만으로) 진행하는 사교 행사이다. 참가자들의 절반은 각자 작은 테이블을 차지하고, 나머지 절반은 특정 테이블을 선택해서 3분 동안 자신의 이분산성 자료에 관한 이야기로 상대방을 감명시키려 한다. 3분이 지나서 벨이 울리면 일어나서 다른 테이블로 간다. 각자가 모든 테이블을 방문하고 나면 행사가 끝난다. 그런 후에는, 마음에 들었던 상대방을 스토킹하거나 이분산성 자료에 관해 떠벌리던 끔찍한 돌연변이 괴물로부터 도망친다.

로는 그 아무리 복잡한 설계도 **R**로 분석할 수 있다. 그러나, 변수가 두 개뿐일 때도 그 상호작용을 해석하기가 쉽지 않다는 점을 생각하면, 변수가 네 개일 때는 얼마나 어려울지 상상이 갈 것이다. 이에 대해 내가 줄 수 있는 최선의 조언은, 상호작용 항들을 해석하고 싶다면 독립변수를 셋 이하로 유지하는 것이 좋으며, 편두통에 시달리지 않으려면 절대로 넷은 넘지 않아야 한다는 것이다.[2]

이번 장은 하나의 예제를 통해서 **혼합 분산분석**(mixed ANOVA)을 설명한다. 이전 장들에서 분산분석의 이론을 충분히 이야기했으므로, 혼합 분산분석에 대한 이론은 따로 설명하지 않겠다. 이제는 여러분 스스로 파악할 수 있을 것이다("너무 복잡해서 설명할 수 없지만, 나의 무능함을 숨기기 위해 애초에 알 필요가 없는 것처럼 가장한다"라고 이해하면 될 것이다). 여러 번 이야기했지만, 본질적으로 모든 분산분석은 하나의 선형모형이므로, 독립변수나 예측변수가 세 개라면 그냥 세 번째 예측변수를 선형모형에 추가하고, 매개변수 b를 부여하고, 새 예측변수와 관련된 모든 상호작용도 포함시키면 끝이다.

이번 장에서는 **R**을 이용해서 예제를 수행하고 그 결과를 해석한다. 그 과정에서 상호작용들을 더 잘 이해하고, 대비들을 이용해서 상호작용을 분해하는 방법도 좀 더 이해하게 될 것이다.

14.3 남자와 여자가 연애 상대를 선택하는 기준은? ②

예상했겠지만, 이번 장에서 사용하는 예제는 데이트에 관한 것이다. 잡지들을 보면, 남자와 여자가 연애 상대방에게 원하는 것이 무엇인지를 다루는 경우가 많은 것 같다(어쩌면 내 아내가 보는 《마리끌레르》만 그럴지도 모르겠다. 물론 나는 그 잡지를 읽지 않는다―정말로). 내가 보기에 주된 질문은 바로 이것이다: 외모와 성격 중 무엇이 더 중요한가? 이를 통계학적으로 검사한다고 상상해 보자. 이 연구를 위해 교활한 계획을 세운 나는 스피드 데이트 행사를 열었다. 참가자들은 내 지인들이 데이트 상대로 나온다는 점을 알고 있다. 데이트 상대들은 매력(매력적, 평범함, 추함)과 카리스마(카리스마적, 보통, 어수룩함)가 서로 다르다. 내가 준비한 데이트 상대들은 이 특성들로 만들 수 있는 총 아홉 가지 조합을 각각 대표한다. 즉, 아홉 명 중 세 명은 외모가 아주 매력적이되, 한 명은 카리스마가 넘치고,[3] 다른 한 명은 카리스마가 어느 정도 있는 보통 성격이고, 나머지 한 명은 어수룩하다. 외모가 평범한 다른 세 명 역시 카리스마적, 보통, 어수룩한

---

2 아이러니를 좋아하는 독자라면, [Field & Davey, 1999]와 [Field & Moore, 2005]에서 내가 사원(4원) 분산분석을 수행하면서 예제를 두 개밖에 언급하지 않았다는 점을 재미있어 할 것이다.

3 물론, 아주 매력적이고 카리스마가 넘치는 사람들은 실험 후에 절벽으로 끌고 가서 총으로 쏴버렸다. 이미 내 인생은 충분히 고달픈데, 그런 사람이 주변에 있어서 열등감까지 느낄 필요는 없기 때문이다.

성격으로 나뉜다. 마지막 세 명은 돼지에게는 미안한 말이지만 돼지같이 못생겼고, 역시 카리스마적, 보통, 어수룩한 성격으로 나뉜다. 참가자 중에 남자도 있고 여자도 있으므로, 아홉 데이트 상대 역시 남녀 두 집합으로 마련했다.

참가자들은 아홉 유형을 대표하지 않는다. 그냥 내가 계획한 스피드 데이트 행사에 참여한 남자 10명과 여자 10명일 뿐이다. 보통의 스피드 데이트에서처럼, 행사 동안 참가자들은 아홉 명의 이성 상대를 모두 만났다. 3분간의 데이트 후에 참가자는 상대에 대한 호감을 퍼센트 점수로 평가했다(100%는 '전화번호를 딸 수만 있다면 큰돈을 쓴다고 해도 아깝지 않다', 0%는 '이 사람과 멀어질 수만 있다면 비행기 표가 아무리 비싸도 기꺼이 내겠다'). 결과적으로 각 참가자는 매력과 개성이 각기 다른 아홉 명의 상대를 모두 평가했다. 따라서 이 설계에는 반복측정 변수가 두 개 있다. 하나는 상대방의 매력(외모)을 매력적, 평범함, 추함으로 측정한 변수이고(looks라고 하자), 다른 하나는 상대방의 성격을 카리스마적, 보통, 어수룩함으로 측정한 변수이다(personality라고 하자). 그런데 그러한 평가를 한 사람은 남자이거나 여자이므로, 이를 gender라는 변수로 구분하기로 한다. 물론 이것은 그룹간 변수가 된다. 이 자료가 표 14.1에 나와 있다.

표 14.1 LooksOrPersonality.dat의 자료(매 = 매력적, 평 = 평범함, 추 = 추함)

외모	높은 카리스마			보통 카리스마			어수룩함		
	매	평	추	매	평	추	매	평	추
남성	86	84	67	88	69	50	97	48	47
	91	83	53	83	74	48	86	50	46
	89	88	48	99	70	48	90	45	48
	89	69	58	86	77	40	87	47	53
	80	81	57	88	71	50	82	50	45
	80	84	51	96	63	42	92	48	43
	89	85	61	87	79	44	86	50	45
	100	94	56	86	71	54	84	54	47
	90	74	54	92	71	58	78	38	45
	89	86	63	80	73	49	91	48	39
여성	89	91	93	88	65	54	55	48	52
	84	90	85	95	70	60	50	44	45
	99	100	89	80	79	53	51	48	44
	86	89	83	86	74	58	52	48	47
	89	87	80	83	74	43	58	50	48
	80	81	79	86	59	47	51	47	40
	82	92	85	81	66	47	50	45	47
	97	69	87	95	72	51	45	48	46
	95	92	90	98	64	53	54	53	45
	95	93	96	79	66	46	52	39	47

14.4 자료 입력과 탐색 ④

14.4.1 혼합 설계의 분석을 위한 R 패키지 ①

혼합 설계는 이전 장(제13장)에서 설명한 네 가지 반복측정 설계의 분석 방법 중 어떤 것으로도 분석할 수 있다. 이전 장에서처럼, 이번 장에서도 분산분석 접근 방식을 선택한 독자를 위해서는 *ezANOVA()* 함수를, 다층 모형을 선택한(내가 추천하는 방법이기도 하다) 독자를 위해서는 *lme()* 함수를 사용해서 예제를 진행하기로 한다.

보통의 반복측정 설계에서처럼 이번에도 명령행을 사용해야 한다(R Commander는 반복측정 설계에 대한 인터페이스가 없기 때문이다). 필요한 패키지는 *ez*(분산분석 접근 방식을 사용하는 경우), *ggplot2*(그래프를 위해), *nlme*(다층 모형을 사용하는 경우), *pastecs*(기술통계량을 위해), *reshape*(자료 구조 변경을 위해), *WRS*(강건한 검정을 위해)이다. 이들을 아직 설치하지 않은 독자라면(일부는 이전 장들에서 설치했을 것이다), 다음 명령들을 실행하기 바란다.

```
install.packages("ez"); install.packages("ggplot2"); install.packages("nlme");
install.packages("pastecs"); install.packages("reshape"); install.packages
("WRS", repos="http://R-Forge.R-project.org")
```

설치가 끝났으면, 다음 명령들을 실행해서 패키지들을 적재한다.

```
library(ez); library(ggplot2); library(nlme); library(pastecs);
library(reshape); library(WRS)
```

14.4.2 일반적인 혼합 설계 분석 절차 ①

다음은 혼합 설계 연구의 일반적인 분석 절차이다.

1 **자료를 입력한다**: 반복측정 설계에서만큼이나 번거롭다.

2 **자료를 탐색한다**: 반복측정 설계에서처럼, 먼저 자료를 그래프로 그려 보고, 몇 가지 기술통계량들을 계산해 보는 것이 좋다. 다층 모형(만세!)이 아니라 분산분석을 사용할 것이라면(우우!) 구형성도 점검해야 한다.

3 **대비들을 설계 또는 선택한다**: 비교할 대비들을 결정하고, 분석의 모든 독립변수에 대해 대비들을 적절히 지정해야 한다.

4 **분산분석 또는 다층 모형을 계산한다**: 이제 주된 분석을 실행한다. 단계 2의 결과에 따라서는 강건한 버전들을 수행해야 할 수도 있다.

5 계획된 대비 또는 사후검정을 실행한다: 주 분석을 실행한 후, 필요하다면 사후검정을 수행하거나 대비들의 결과를 살펴본다. 구체적인 방법은 단계 2의 결과에 따라 다르다.

그럼 이 단계들을 차례로 살펴보자.

14.4.3 자료 입력 ②

이번 예제의 자료는 **LooksOrPersonality.dat**에 들어 있다. 자료 파일이 있는 디렉터리를 현재 작업 디렉터리로 설정한 상태에서 다음 명령을 실행해서 이 자료를 불러온다.

```
dateData<-read.delim("LooksOrPersonality.dat", header = TRUE)
```

이번에도 이 자료는 흔히 쓰이는 관례에 따라, 다른 말로 하면 여러분이 다른 소프트웨어 패키지들에서 자료를 입력한다고 할 때 사용했을 형식으로 입력되어 있다. 간단히 말해서 이 자료는 '넓은' 형식이다. 즉, 반복측정 변수들의 수준들이 각각 개별적인 열에 들어 있다.

이 실험의 실험 조건은 다음 아홉 가지이므로, 자료는 총 아홉 개의 열로 입력되어 있다(간단히 말해서, 자료는 표 14.1과 같은 형식이다).

att_high	매력적	+	높은 카리스마
av_high	평범한 외모	+	높은 카리스마
ug_high	추함	+	높은 카리스마
att_some	매력적	+	보통 카리스마
av_some	평범한 외모	+	보통 카리스마
ug_some	추함	+	보통 카리스마
att_none	매력적	+	어수룩함
av_none	평범한 외모	+	어수룩함
ug_none	추함	+	어수룩함

또한, 자료의 각 행의 점수들이 어떤 참가자에 속하는지를 나타내는 열(**participant**)과 그 참가자의 성별을 나타내는 열(**gender**)도 있다.

이전 장의 예제에서처럼, 비록 이 자료가 통상적인 관례를 따르는 형식으로 되어 있긴 하지만, **R**이 반복측정 설계를 다루는 방식 때문에 분석을 위해서는 긴 형식의 자료가 필요하다. 이번에도 *melt()* 함수로 변환한다. 점수들의 특성(누가 평가한 점수인지, 그 사람의 특징은 무엇인지 등)을 식별하는 열들을 *id* 옵션으로 지정하고, 측정한 실제 점수들을 담은 변수들을 *measured* 옵션으로 지정한다. 지금 예에서 점수들은 아홉 개의 열(*att_high, av_high, ug_high, att_some, av_some, ug_some, att_none, av_none, ug_none*)에 들어 있다. 따라서 아홉 개의 열을 *measured* 옵션으로 지정해야 한다. 그 외에, 참가자의 아홉 점수 모두에 대해 고정된 변수가 둘 있는데, 참가자를 식별하는 **participant** 변수와 참가자의 성별을 나타내는 **gender** 변수가 바로 그것이다. 그 둘을 *id* 옵션으로 지정하면 된다. 다음은 이 함수를 이용해서 *speedData*라는 새 데이터프레임을 생성하는 명령이다.

```
speedData<-melt(dateData, id = c("participant","gender"), measured = c("att_high", "av_high", "ug_high", "att_some", "av_some", "ug_some", "att_none", "av_none", "ug_none"))
```

이 데이터프레임에는 네 개의 열이 있는데, 처음 것은 참가자를 식별하고, 둘째 것은 참가자의 성별을 식별하고, 셋째 것은 점수가 원래 있던 열의 이름이고, 넷째 것은 점수 자체(데이트 상대에 대한 평가)이다. 기본적으로 이 열들의 이름은 *participant, gender, variable, value*인데, 마지막 둘은 그리 도움이 되는 이름이 아니므로 다음과 같은 명령을 실행해서 좀 더 의미 있는 이름을 부여하기로 한다.

```
names(speedData)<-c("participant", "gender", "groups", "dateRating")
```

groups 변수는 두 예측변수(**looks**와 **personality**)의 혼합(mix)이다. 예를 들어 자료의 처음 60행은 카리스마가 높은 데이트 상대들의 점수들인데, 그중 처음 20행은 매력적인 사람들의 것이고 그다음 20행은 외모가 평범한 사람들, 나머지 20행은 못생긴 사람들의 것이다. 따라서, 데이트 상대의 매력을 그 카리스마 수준과 분리하는 두 변수를 생성할 필요가 있다. 그 두 변수가 모형의 두 예측변수가 된다.

우선, 데이트 상대의 카리스마 수준을 높음, 보통, 낮음으로 구분하는 **personality**라는 변수를 만들자. 다음에서 보듯이, 이전 장들에서 사용한 *gl()* 함수를 이용한다.

```
speedData$personality<-gl(3, 60, labels = c("Charismatic", "Average", "Dullard"))
```

이 명령은 *speedData* 안에 **personality**라는 변수를 생성한다. 함수에 입력한 처음 두 수치는 점수 60개로 된 집합을 세 개 생성하라는 뜻이다. *labels* 옵션은 그 세 집합에 세 가지 카리스마 수준에 해당하는 이름표를 부여한다. 본질적으로 이 명령은 이름표가 *Charismatic*('높은 카리스마'에 해당)인 행 60개 다음에 *Average*('보통 카리스마') 행 60개, 그리고 *Dullard*('어수룩함') 행 60개를 생성한다.

다음으로, 데이트 상대의 외모가 얼마나 매력적인지 나타내는 변수 **looks**를 만들어야 한다. 이 경우에는 각각 20개의 점수로 된 그룹 세 개가 필요하다. 그러면 이에 의해 60개의 사례($3 \times 20 = 60$)가 만들어지는데, 이들은 **personality** 변수의 첫 수준(*Charismatic*)에 대한 부호들로 쓰인다. 이러한 패턴을 **personality**의 나머지 두 수준(*Average*와 *Dullard*)에도 반복해야 하므로, 함수의 세 번째 인수로 전체 사례 수(180)를 지정한다. 전체 사례 수를 지정하면 gl() 함수는 그만큼의 사례가 만들어질 때까지 부호들의 패턴을 반복한다.

```
speedData$looks<-gl(3, 20, 180, labels = c("Attractive", "Average", "Ugly"))
```

이제 자료는 다음과 같은 모습이다(적절히 편집하고, 참가자 순으로 정렬했음).

```
    participant gender    groups dateRating personality      looks
1           P01   Male  att_high         86 Charismatic Attractive
21          P01   Male   av_high         84 Charismatic    Average
41          P01   Male   ug_high         67 Charismatic       Ugly
61          P01   Male  att_some         88     Average Attractive
81          P01   Male   av_some         69     Average    Average
101         P01   Male   ug_some         50     Average       Ugly
121         P01   Male  att_none         97     Dullard Attractive
141         P01   Male   av_none         48     Dullard    Average
161         P01   Male   ug_none         47     Dullard       Ugly
...         ...      ...      ...        ...         ...       ...
20          P20 Female  att_high         95 Charismatic Attractive
40          P20 Female   av_high         93 Charismatic    Average
60          P20 Female   ug_high         96 Charismatic       Ugly
80          P20 Female  att_some         79     Average Attractive
100         P20 Female   av_some         66     Average    Average
120         P20 Female   ug_some         46     Average       Ugly
140         P20 Female  att_none         52     Dullard Attractive
160         P20 Female   av_none         39     Dullard    Average
180         P20 Female   ug_none         47     Dullard       Ugly
```

참가자(**participant** 변수로 식별)마다 성별을 나타내는 변수와 아홉 개의 점수(점수의 종류는 **looks** 변수와 **personality** 변수로 구분)가 있음을 주목하기 바란다. 자료의 형식을 바꾸기 전에는 한 참가자의 아홉 점수가 아홉 개의 열에 나뉘어 있었지만, 이제는 아홉 행의 같은 열에 들어 있다.

자가진단

✓ 지금까지 배운 내용과 방금 **looks** 및 **personality** 변수를 만드는 데 사용한 명령들을 이용해서, 이 자료를 R에 직접 입력해 보라.

14.4.4 자료 탐색 ②

이전 예제들에서처럼, 먼저 그래프를 살펴보기로 한다. 지면을 절약하기 위해, 그냥 지금 단계에서의 상자그림들만 살펴보기로 한다.

자가진단이 요구한 상자그림들이 그림 14.2에 나와 있다. 데이트 상대의 외모가 평범할 때의 점수 패턴은 남녀가 상당히 비슷하다(카리스마 수준이 낮아짐에 따라 평가도 낮아진다). 매력적인 상대의 경우, 카리스마 수준이 높거나 보통일 때의 평가 차이는 남녀가 비슷하지만 어수룩한 성격의 경우에는 달랐다(남성 참가자들의 평가는 그리 변하지 않았지만 여성 참가자들의 평가는 낮아졌다). 못생긴 상대의 경우에도 남녀의 평가 차이가 대체로 비슷했다. 단, 카리스마적인 상대에 대한 평가는 남성보다 여성 쪽이 높았다.

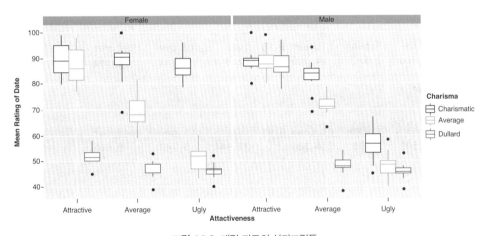

그림 14.2 매력 자료의 상자그림들

이전 예제들에서 우리는 *by()* 함수와 *pastecs* 패키지의 *stat.desc()* 함수를 이용해서 개별 그룹의 기술통계량들을 얻었다(좀 더 자세한 사항은 제5장을 보기 바란다). 또한, 이전 장에서는 변수들의 조합에 대한 기술통계량들을 얻으려면 그냥 *list()* 함수로 변수들을 나열하면 된다는 점도 배웠다. 다음은 **gender**와 **looks, personality**의 수준들의 조합에 대한 기술통계량들을 얻는 명령이다.

```
by(speedData$dateRating, list(speedData$looks, speedData$personality,
speedData$gender), stat.desc, basic = FALSE)
```

출력 14.1은 이 명령의 결과이다(적당히 편집했음). 출력에는 아홉 가지 실험 조건의 기술통계량들(평균, 표준편차 등)이 남녀 순으로 나열되어 있다. 이 기술통계량들은 모든 실험 조건에 걸친

평균들의 패턴을 보여준다는 점에서(그리고 이 평균들로 삼원 상호작용의 그래프를 작성할 수 있다는 점에서) 흥미롭다.

출력 14.1

```
: Attractive
: Charismatic
: Male
median    mean    SE.mean   CI.mean.0.95    var     std.dev   coef.var
89.000   88.300    1.802       4.075      32.456     5.697      0.065
------------------------------------------------------------------------
: Average
: Charismatic
: Male
median    mean    SE.mean   CI.mean.0.95    var     std.dev   coef.var
84.000   82.800    2.215       5.011      49.0667    7.005      0.085
------------------------------------------------------------------------
: Ugly
: Charismatic
: Male
median    mean    SE.mean   CI.mean.0.95    var     std.dev   coef.var
56.500   56.800    1.812       4.100      32.844     5.731      0.101
------------------------------------------------------------------------
: Attractive
: Average
: Male
median    mean    SE.mean   CI.mean.0.95    var     std.dev   coef.var
87.500   88.500    1.815       4.106      32.944     5.740      0.065
------------------------------------------------------------------------
: Average
: Average
: Male
median    mean    SE.mean   CI.mean.0.95    var     std.dev   coef.var
71.000   71.800    1.397       3.160      19.5111    4.417      0.061
------------------------------------------------------------------------
: Ugly
: Average
: Male
median    mean    SE.mean   CI.mean.0.95    var     std.dev   coef.var
48.500   48.300    1.700       3.846      28.900     5.376      0.111
------------------------------------------------------------------------
: Attractive
: Dullard
: Male
median    mean    SE.mean   CI.mean.0.95    var     std.dev   coef.var
86.500   87.300    1.720       3.890      29.567     5.438      0.062
------------------------------------------------------------------------
: Average
: Dullard
: Male
median    mean    SE.mean   CI.mean.0.95    var     std.dev   coef.var
48.000   47.800    1.323       2.994      17.511     4.185      0.088
------------------------------------------------------------------------
```

```
: Ugly
: Dullard
: Male
median    mean    SE.mean   CI.mean.0.95    var    std.dev   coef.var
45.500   45.800    1.133       2.564      12.844    3.584      0.078
--------------------------------------------------------------------
: Attractive
: Charismatic
: Female
median    mean    SE.mean   CI.mean.0.95    var    std.dev   coef.var
89.000   89.600    2.099       4.748      44.044    6.637      0.074
--------------------------------------------------------------------
: Average
: Charismatic
: Female
median    mean    SE.mean   CI.mean.0.95    var    std.dev   coef.var
90.500   88.400    2.634       5.958      69.378    8.329      0.094
--------------------------------------------------------------------
: Ugly
: Charismatic
: Female
median    mean    SE.mean   CI.mean.0.95    var    std.dev   coef.var
86.000   86.700    1.720       3.890      29.567    5.438      0.063
--------------------------------------------------------------------
: Attractive
: Average
: Female
median    mean    SE.mean   CI.mean.0.95    var    std.dev   coef.var
86.000   87.100    2.152       4.869      46.322    6.81       0.078
--------------------------------------------------------------------
: Average
: Average
: Female
median    mean    SE.mean   CI.mean.0.95    var    std.dev   coef.var
68.000   68.900    1.882       4.258      35.433    5.953      0.086
--------------------------------------------------------------------
: Ugly
: Average
: Female
median    mean    SE.mean   CI.mean.0.95    var    std.dev   coef.var
52.000   51.200    1.724       3.901      29.733    5.453      0.107
--------------------------------------------------------------------
: Attractive
: Dullard
: Female
median    mean    SE.mean   CI.mean.0.95    var    std.dev   coef.var
51.500   51.800    1.093       2.474      11.956    3.458      0.067
--------------------------------------------------------------------
: Average
: Dullard
: Female
median    mean    SE.mean   CI.mean.0.95    var    std.dev   coef.var
48.000   47.000    1.183       2.677      14.000    3.742      0.080
--------------------------------------------------------------------
```

```
: Ugly
: Dullard
: Female
   median   mean  SE.mean  CI.mean.0.95   var   std.dev   coef.var
   46.500  46.100   0.971     2.197      9.433    3.07      0.067
```

14.5 혼합 분산분석 ②

반복측정 분산분석에서처럼, 혼합 설계에 대한 분산분석은 그냥 *ezANOVA()* 함수를 이용해서 손쉽게 실행할 수 있다. 이 접근 방식을 사용한다면, 그리고 제3종 제곱합들을 구할 계획이라면(초천재 제인 글상자 11.1 참고), 예측변수들에 대해 반드시 직교 대비들을 설정해야 한다. 그렇지 않으면, 제3종 제곱합이 아닌 어떤 값들이 나오게 된다. 그럼 대비들을 설정해 보자.

personality와 looks에 대해서는 가장 낮은 범주들(*Dullard*와 *Ugly*)을 기저 조건(대조군)으로 삼는 것이 유용할 것이다. 따라서, personality에 대해서는 먼저 카리스마 높음과 보통의 조합을 어수룩함과 비교하고, 그런 다음 높은 카리스마를 보통 카리스마와 비교해야 할 것이다(표 14.2). 마찬가지로, looks에 대해서는 먼저 매력적인 외모와 평범한 외모의 조합을 추한 외모와 비교하고, 그런 다음 매력적인 외모를 평범한 외모와 비교한다(표 14.3). 이러한 대비들은 직교이다(혼합 설계에서도 직교 대비의 규칙은 제10장에서 설명한 것과 동일하다).

그럼 personality에 대한 직교 대비들을 이전처럼 R에서 설정해 보자(제10장 참고). 우선 먼저 각 대비를 대표하는 변수들을 생성하고(이들의 주된 용도는 각 대비에 의미 있는 이름을 붙이는 것이다), 그것들을 모아서 personality에 대한 대비로 설정하면 된다.

```
SomevsNone<-c(1, 1, -2)
HivsAv<-c(-1, 1, 0)
contrasts(speedData$personality)<-cbind(SomevsNone, HivsAv)
```

표 14.2 personality 변수에 대한 직교 대비들

그룹	대비₁	대비₂
카리스마적	1	−1
보통	1	1
어수룩함	−2	0

표 14.3 looks 변수에 대한 직교 대비들

그룹	대비₁	대비₂
매력적	1	−1
평범함	1	1
추함	−2	0

처음 두 명령은 표 14.2에 나온 가중치들로 이루어진 대비 설정을 담은 두 변수를 생성한다. 마지막 명령은 그 두 변수로 **personality**에 대한 대비들을 설정한다.

looks에 대한 대비들도 **personality**에 대한 대비들과 마찬가지 방식으로 설정하면 된다. 우선 먼저 각 대비를 대표하는 변수들을 생성하고, 그것들을 모아서 **looks**에 대한 대비로 설정한다.

```
AttractivevsUgly<-c(1, 1, -2)
AttractvsAv<-c(-1, 1, 0)
contrasts(speedData$looks)<-cbind(AttractivevsUgly, AttractvsAv)
```

처음 두 명령은 표 14.3에 나온 가중치들로 이루어진 대비 설정을 담은 두 변수를 생성한다. 마지막 명령은 그 두 변수로 **looks**에 대한 대비들을 설정한다.

대비들을 설정한 후에는 *ezANOVA()* 함수로 주 분석을 실행한다. 구체적인 방법은 이전에 반복측정 설계에 대해 했던 것과 거의 같다. 유일한 차이는 *between* = .() 옵션으로 그룹간 변수(**gender**)를 지정해 준다는 것뿐이다. 이 함수의 일반적인 활용 형태가 잘 기억나지 않는다면, 특히 *between* = .() 옵션을 잘 모르겠다면, §13.4.7.1을 다시 보기 바란다. 다음은 지금 예제에 대해 분산분석을 실행하는 명령이다.

```
speedModel<-ezANOVA(data = speedData, dv = .(dateRating), wid = .(participant),
between = .(gender), within = .(looks, personality), type = 3, detailed = TRUE)
speedModel
```

이 명령은 *speedModel*이라는 모형을 생성한다. *ezANOVA()*에 지정한 옵션들의 의미는 다음과 같다.

- *data = speedData*: 이 옵션은 분석할 자료가 *speedData*라는 데이터프레임에 들어 있음을 *ezANOVA()*에 알려준다.

- *dv = .(dateRating)*: 이 옵션은 결과변수가 **dateRating**임을 *ezANOVA()*에 알려준다.

- *wid = .(participant)*: 이 옵션은 참가자들을 식별하는 변수가 **participant**임을 *ezANOVA()*에 알려준다.

- *between = .(gender)*: 이 옵션은 **gender** 변수를 서로 다른 개체(참가자)들을 이용해서 측정했음을(즉, 그 변수가 그룹간 변수임을) *ezANOVA()*에 알려준다.

- *within = .(looks, personality)*: 이 옵션은 **looks** 변수와 **personality** 변수를 같은 개체(참가자)들을 이용해서 측정했음을(즉, 이들이 반복측정 변수들임을) *ezANOVA()*에 알려준다.

- *type = 3*: 이 옵션은 *ezANOVA()*에게 제3종 제곱합들을 계산하라고 지시한다.

- *detailed = TRUE*: 이 옵션은 *ezANOVA()*에 상세한 결과(제곱합들을 포함한)를 출력하라 고 지시한다.

둘째 명령(*speedModel*)을 실행하면 모형의 내용이 콘솔에 출력된다.

출력 14.2

```
$ANOVA
                 Effect DFn DFd    SSn   SSd      F          p p<.05       ges
            (Intercept) 1 18  846249.8 760  2.00e+04 7.01e-29 *    9.94e-01
                 gender 1 18       0.2 760  4.74e-03 9.46e-01      4.07e-05
                  looks 2 36   20779.6 883  4.24e+02 9.59e-26 *    8.09e-01
           gender:looks 2 36    3944.1 883  8.04e+01 5.23e-14 *    4.45e-01
            personality 2 36   23233.6 1274 3.28e+02 7.69e-24 *    8.26e-01
     gender:personality 2 36    4420.1 1274 6.24e+01 1.97e-12 *    4.74e-01
      looks:personality 4 72    4055.3 1993 3.66e+01 1.10e-16 *    4.52e-01
      gender:looks:pers 4 72    2669.7 1993 2.41e+01 1.11e-12 *    3.52e-01

$'Mauchly's Test for Sphericity'
                      Effect     W     p p<.05
3                      looks 0.960 0.708
4               gender:looks 0.960 0.708
5                personality 0.929 0.536
6        gender:personality 0.929 0.536
7          looks:personality 0.613 0.534
8 gender:looks:personality 0.613 0.534

$'Sphericity Corrections'
                      Effect   GGe    p[GG] p[GG]<.05 HFe   p[HF] p[HF]<.05
                       looks 0.962 7.62e-25       *   1.074 9.59e-26       *
                gender:looks 0.962 1.49e-13       *   1.074 5.23e-14       *
                 personality 0.934 2.06e-22       *   1.038 7.69e-24       *
         gender:personality 0.934 9.44e-12       *   1.038 1.97e-12       *
          looks:personality 0.799 9.00e-14       *   0.992 1.43e-16       *
 gender:looks:personality 0.799 1.47e-10       *   0.992 1.34e-12       *
```

자가진단

✓ 출력 14.2에 모클리 구형성 검정 결과가 나와 있다. 지금까지 배운 내용에 근거해서, 구형성 가정 위반 여부를 밝혀라.

출력 14.2 중간의 *$'Mauchly's Test for Sphericity'* 항목은 모형의 세 가지 반복측정 효과 및 그것들과 **gender**의 상호작용에 대한 각각의 모클리 구형성 검정 결과이다. 해당 p 값들이 모두 .05보다 크므로(또한, 해당 $p < .05$ 열에 별표가 하나도 없으므로), 모든 효과와 상호작용은 구형성 가정을 위반하지 않는다. 따라서 그냥 *$ANOVA* 항목에 있는 수정되지 않은 F 값들로 결과를 해석하면 된다.

출력 14.2의 $ANOVA 항목은 효과들과 상호작용들을 요약한 것이다. 세 예측변수의 주효과에 대한 통계량뿐만 아니라 두 예측변수를 조합한 상호작용 세 가지와 세 예측변수 모두의 상호작용에 대한 통계량들도 나와 있다.

이전의 분석들과 마찬가지로, p 열에 나온 유의확률이 .05보다 작으면 해당 효과가 통계적으로 유의한 것이다. 우선 제일 처음의 **gender** 행을 보면, 이 효과는 유의하지 않다. 즉, 매력수준과 카리스마 수준을 무시할 때, 남녀의 데이트 상대 평가는 별로 다르지 않았다. 다음으로, **looks**의 효과는 유의하다. 이는 데이트 상대의 카리스마 수준과 참가자(평가자)의 성별을무시할 때, 데이트 상대의 매력 수준은 평가에 유의한 영향을 미쳤음을 뜻한다. 그다음 행은**looks × gender** 상호작용인데, 이 역시 유의하다. 즉, 데이트 상대의 매력 수준이 평가에 영향을 미쳤으며, 어느 정도나 영향을 미쳤는지는 남녀가 다르다.

다음으로, **personality**의 효과는 유의하다. 이는 데이트 상대의 매력 수준과 참가자의 성별을 무시할 때, 데이트 상대의 카리스마 수준이 평가에 유의한 영향을 미쳤음을 뜻한다. 그다음의 **personality × gender** 상호작용 역시 유의하다. 즉, 카리스마 수준의 효과는 남자와여자가 달랐다.

주입식 샘의 핵심 정리   혼합 분산분석

- 혼합 설계에서는 독립변수가 둘 이상이고, 그중 적어도 하나의 독립변수를 같은 참가자들을 이용해서 측정하고, 적어도 하나의 다른 독립변수를 서로 다른 참가자들을 이용해서 측정한 실험의여러 평균을 비교한다.

- 그러한 설계를 전통적인 분산분석의 틀을 이용해서 분석할 수도 있고, 다층 모형을 이용해서 분석할 수도 있다.

- 제3종 제곱합들을 살펴볼 계획이라면, 모형을 구축하기 전에 먼저 모든 예측변수에 대해 직교 대비를 설정해야 한다.

- 분산분석 접근 방식을 사용한다면, 그리고 실험 조건이 셋 이상이면, 모클리 검정으로 구형성 가정을 검사해야 한다. 만일 해당 p 값이 .05보다 작으면 구형성 가정이 깨진 것이다. 모든 효과에대해 구형성 가정 검정을 수행해야 한다(반복측정 변수가 둘 이상이면, 그러한 모든 변수와 그 변수들의모든 상호작용 항에 대해 검정을 수행해야 한다).

- 분산분석의 각 효과에 대해, 만일 구형성 가정이 성립한다면 주 분산분석의 p 값을 보고, 구형성가정이 깨졌다면 그린하우스-가이서 구형성 추정값으로 수정된 p 값(결과의 p[GG] 항목) 또는 후인-펠트 추정값으로 수정된 p 값(결과의 p[HF] 항목)을 본다. 그 p 값이 .05보다 작으면 그룹 평균들이 유의하게 다른 것이다.

- 평균들을 살펴보면, 더 나아가서 그래프들을 그려 보면, 대비 결과를 해석하는 데 도움이 된다.

looks와 personality의 상호작용도 유의하다. 이는 참가자의 성별을 무시할 때, 데이트 상대의 매력 수준에 따른 평가의 차이가 데이트 상대의 카리스마 수준에 따라 다름을 의미한다. (그 반대의 해석도 옳다. 즉, 데이트 상대의 카리스마 수준에 따른 평가의 차이가 데이트 상대의 매력 수준에 따라 다르다고도 할 수 있다). 마지막으로, looks × personality × gender 상호작용도 유의하다. 이는 남성 참가자와 여성 참가자에서 looks × personality 상호작용의 효과가 유의하게 다르다는 뜻이다.

이 모든 것을 한꺼번에 해석하기는 어려우므로, 각 효과를 차례로 해석하는 것이 좋겠다. 그런데 그러한 해석은 잠시 후로 미루고, 먼저 같은 자료를 다층 모형으로 분석하는 방법을 살펴보기로 하자.

자가진단
✓ 주 효과와 상호작용의 차이는 무엇인가?

14.6 일반선형모형으로서의 혼합 설계 ③

반복측정 자료를 다층 모형으로 해석하는 것의 여러 장점을 이전 장에서 개괄했었다. 이전 장의 반복측정 설계에 그룹간 변수를(그리고 관련된 모든 상호작용 항을) 예측변수로 추가해서 모형을 확장할 수 있다. 다층 모형을 사용할 때는 반복측정 변수들을 모형의 무작위 부분으로 지정한다는 점을 기억할 것이다. 따라서, 모형에 그룹간 예측변수를 추가해도 모형의 무작위 부분은 변하지 않는다(그룹간 변수는 반복측정 변수가 아니므로). 결론적으로, 그냥 반복측정 설계에서처럼 모형을 설정하되 그룹간 예측변수 하나만 추가하면 된다.

14.6.1 대비 설정 ②

모형을 구축하기 전에 대비들을 먼저 설정해야 한다. *ezANOVA()*를 사용하기 전에 이미 대비들을 설정했긴 했지만, 그 대비들은 제3종 제곱합을 얻기 위한 것이었으며, 그래서 직교 대비들만 사용할 수 있었다. 그러나 다층 모형을 사용할 때는 분산분석을 사용할 때와는 달리 제곱합의 종류에 신경을 쓸 필요가 없으며, 따라서 대비들의 직교성도 신경 쓸 필요가 없다. 그래서 이번 분석에는 이전과는 다른 대비들을 설정한다. 학습 곡선이 좀 가팔라지긴 하겠지만, 다층 모형을 이용하면 반복측정 자료를 좀 더 유연한 방식으로 분석할 수 있다는 점을 여러분에게 전달하는 데에는 효과가 있을 것이다.

첫 변수 **looks**를 생각해 보자. 이 변수는 세 가지 조건, 즉 데이트 상대의 외모가 매력적이 거나, 평범하거나, 추한 조건을 대표한다. 이 세 수준 중 평범한 외모를 기준으로 삼아서 매력적인 외모와 추한 외모를 비교하는 것이 합당하다. '평범'의 정의에 의해, 대체로 사람들의 외모는 평범하기 때문이다. 그런데 이렇게 하면 한 대비에서 매력적 외모와 추한 외모라는 서로 반대되는 조건을 하나의 그룹으로 묶어서 기저 그룹과 비교하므로, 직교 대비의 개념과는 잘 맞지 않는다(대체로 매력적인 상대에 대한 평가가 추한 상대에 대한 평가보다 높을 것이므로, 두 양극단의 점수들이 상쇄될 수 있다). 그러나 이제는 대비들이 직교일 필요가 없으므로, 그냥 비직교 대비를 설정하면 된다. 표 14.4에 대비들의 구성이 나와 있다. 여기서 핵심은, 모든 대비에서 기저 범주에 가중치 0을 배정하는 것이다(**R**은 가중치가 0인 범주를 기저로 사용한다). 그래서, 두 대비에서 평범한 외모에 0을 배정했다. 그리고 한 대비에서는 매력적 외모에 1을, 다른 한 대비에서는 추한 외모에 1을 배정했다. 대비 1은 매력적 조건을 평범함 조건과 비교하고(매력적 그룹에 1을 부여했으므로), 대비 2는 추함 조건을 평범함 조건과 비교한다(추함 그룹에 1을 부여했으므로).

이전처럼(제10장 참고), 먼저 각 대비를 대표하는 변수들을 생성하고(이는 각 대비에 의미 있는 이름을 붙이는 데 유용하다), 그것들을 모아서 **looks**에 대한 대비로 설정한다.

```
AttractivevsAv<-c(1, 0, 0)
UglyvsAv<-c(0, 0, 1)
contrasts(speedData$looks)<-cbind(AttractivevsAv, UglyvsAv)
```

처음 두 명령은 표 14.4에 나온 가중치들로 이루어진 대비 설정을 담은 두 변수를 생성한다. 마지막 명령은 그 두 변수로 **looks**에 대한 대비들을 설정한다.

다음으로, 둘째 예측변수 **personality**를 생각해 보자. 이 변수에도 평범함에 해당하는 범주가 있다. 데이트 상대의 카리스마 수준이 보통임을 뜻하는 '보통 카리스마' 범주가 바로 그것이다. 이번에도 이 조건을 기저 범주로 삼아서 다른 두 극단(높은 카리스마와 어수룩함, 즉 카리스마 없음)과 비교하는 것이 좋겠다. 따라서, 대비 1에서는 높은 카리스마 조건을 보통 카리스마 조건과 비교하도록 가중치들을 설정하고, 대비 2에서는 어수룩함 조건을 보통 카리스마 조건과 비교하도록 가중치들을 설정한다. 그러한 구성이 표 14.5에 나와 있다. **looks**에 대한 대비 구성과 동일함을 눈치챘을 것이다.

앞에서처럼, 먼저 각 대비를 대표하는 변수들을 생성하고, 그것들을 모아서 **personality**에 대한 대비로 설정한다.

```
HighvsAv<-c(1, 0, 0)
DullvsAv<-c(0, 0, 1)
contrasts(speedData$personality)<-cbind(HighvsAv, DullvsAv)
```

표 14.4 **looks** 변수에 대한 비직교 대비

그룹	대비$_1$	대비$_2$
매력적	1	0
보통	0	0
추함	0	1

표 14.5 **personality** 변수에 대한 비직교 대비

그룹	대비$_1$	대비$_2$
카리스마적	1	0
보통	0	0
어수룩함	0	1

처음 두 명령은 표 14.5에 나온 가중치들로 이루어진 대비 설정을 담은 두 변수를 생성한다. 마지막 명령은 그 두 변수로 **personality**에 대한 대비들을 설정한다.

이번 예제에는 변수가 하나 더 있다. 바로, 그룹화 변수 **gender**이다. 그런데 이 변수에는 수준이 둘뿐이므로, 명시적으로 대비를 설정할 필요는 없다. 그냥 기본 대비를 사용하면 된다 (그룹이 둘뿐이면 어차피 그 두 그룹을 비교하는 것 말고는 다른 구성이 없으므로, 따로 대비를 설정하는 것은 무의미하다). 만일 이 셋째 변수의 수준이 세 개 이상 있었다면, 관련된 가설을 검사할 수 있는 대비를 명시적으로 설정해야 했을 것이다.

이제 변수 이름을 실행해서 대비 특성들이 제대로 설정되었는지 확인해 보자.

```
speedData$looks

attr(,"contrasts")
         AttractivevsAv UglyvsAv
Attractive            1        0
Average               0        0
Ugly                  0        1
Levels: Attractive Average Ugly

speedData$personality

attr(,"contrasts")
          HighvsAv DullvsAv
Charismatic      1        0
Average          0        0
Dullard          0        1
Levels: Charismatic Average Dullard
```

설정된 대비 부호(가중치)들이 표 14.4와 표 14.5에 나온 것들과 일치함을 확인할 수 있다.

이전 장에서 보았듯이, 만일 전체적인 주 효과들과 상호작용들을 점검하고 싶다면 절편 이외의 예측변수가 없는 기저 모형으로 시작해서 예측변수들을 한 번에 하나씩만 추가해 나가야 한다. 다음은 이전 장의 예제에서처럼 기저 모형을 생성하는 명령이다.

```
baseline<-lme(dateRating ~ 1, random = ~1|participant/looks/personality, data =
speedData, method = "ML")
```

이 모형을 이전 장에서 요인 반복측정 설계에 사용한 모형과 비교해 보기 바란다. 사용한 변수들이 다르다는 점만 빼면 이전 장의 것과 정확히 같다. 이전처럼, 이 명령은 오직 절편으로만 결과변수를 예측하는 모형을 지정한다(*dateRating ~ 1*). 자료로는 지금 예제의 데이터프레임을 지정했고(*data = speedData*), 분석 시 최대가능도비를 사용하도록 했다(*method = "ML"*). 모형의 무작위 부분은 반복측정 예측변수가 두 개라는 사실을 반영한다. *random = ~1 |participant/looks/personality*는 **R**에게 변수 **looks**와 **personality**가 **participant** 변수에 내포되어 있음을(다른 말로 하면, 그 두 변수의 여러 수준에 대한 점수들이 각 참가자 안에 들어 있음을) 알려준다. 이 명령을 실행하면 기저 모형이 준비된다.

만일 각 예측변수의 전반적인 효과를 알고 싶다면, 각 예측변수를 한 번에 하나씩 추가해야 한다. **looks**를 모형에 추가하려면, 모형 서술을 *dateRating ~ 1*에서 *dateRating ~ looks*로 바꾸면 된다.

```
looksM<-lme(dateRating ~ looks, random = ~1|participant/looks/personality, data
= speedData, method = "ML")
```

그런데 이렇게 하는 것보다 다음처럼 *update()* 함수를 사용하는 것이 더 빠르다(R의 영혼의 조언 7.2 참고).

```
looksM<-update(baseline, .~. + looks)
```

이 명령은 앞에서 만든 *baseline* 모형을 기반으로 새 모형을 생성한다. *.~.*는 기존 모형의 결과변수와 예측변수들을 그대로 유지하라는 뜻이다(마침표는 '기존 것들'을 뜻한다. 따라서 ~ 양변에 마침표가 있는 모형 서술은 기존의 예측변수들로부터 기존의 결과변수를 예측하는 모형을 의미한다). '+ looks'는 "**looks**를 예측변수로서 추가하라"는 뜻이다. 따라서, '.~. + looks'는 "기존 결과변수와 예측변수들을 유지하되, 거기에 **looks**를 예측변수로서 추가하라"라는 뜻이 된다. 이 명령을 실행하면 **looks**가 유일한 예측변수인 *looksM*이라는 모형이 생성된다.

personality 변수도 마찬가지 방법으로 모형에 예측변수로서 추가할 수 있다.

```
personalityM<-update(looksM, .~. + personality)
```

이 명령은 방금 생성한 *looksM*을 기반으로 새 모형을 생성한다. 앞에서처럼 .~.는 기존 모형 (*looksM*)의 결과변수와 예측변수들을 그대로 유지하라는 뜻이고, '+ personality'는 **personality** 를 예측변수로서 추가하라는 뜻이다. 따라서, '.~. + personality'는 "기존 결과변수와 예측변수 들을 유지하고, 거기에 **personality**를 예측변수로서 추가하라"라는 뜻이다. 이 명령을 실행하 면 **looks**와 **personality**가 예측변수인 *personalityM*이라는 모형이 생성된다.

gender 변수도 정확히 같은 방식으로 추가할 수 있다.

```
genderM<-update(personalityM, .~. + gender)
```

이 명령은 앞의 *personalityM*에 있던 결과변수와 예측변수들을 그대로 유지하고(.~.), 거기에 **gender**를 추가한다(+ *gender*). 따라서, 이 명령을 실행하면 **looks**와 **personality**, 그리고 **gender** 가 예측변수인 *genderM*이라는 모형이 생성된다.

다음으로, 상호작용 항들도 추가해야 한다. 우선, 세 가지 주 효과 중 두 효과로 이루어진 이원(two-away) 상호작용들을 추가해 보자. 그런 상호작용은 **looks × personality**와 **looks × gender**, 그리고 **personality × gender**이다. 기억하겠지만, **R**에서는 상호작용을 콜론(:)으로 표시한다. 예를 들어 **looks × personality** 상호작용은 *looks:personality*로 지정하면 된다.

다음은 앞에서처럼 *update()* 함수를 이용해서 이 상호작용들을 한 번에 하나씩 추가하는 명령들이다. 각 명령은 이전 모형의 구성을 그대로 유지한 상태에서 새로운 상호작용 항이 하 나 추가된 모형을 생성한다.

```
looks_gender<-update(genderM, .~. + looks:gender)
personality_gender<-update(looks_gender, .~. + personality:gender)
looks_personality<-update(personality_gender, .~. + looks:personality)
```

looks_gender 모형은 *genderM* 모형(모든 주 효과를 담은)에 **looks × gender** 상호작용을 추가 한 것이고, *personality_gender* 모형은 *looks_gender*에 **personality × gender** 상호작용을 추 가한 것이다. 마지막 모형도 마찬가지로 이해할 수 있을 것이다.

또한, 세 변수 모두의 상호작용도 모형에 포함해야 한다. **R**에서 그 상호작용은 *looks:personality:gender*로 표현한다. 이번에도 *update()* 함수를 사용한다. 다음은 모든 주 효과와 모든 이원 상호작용을 담은 모형(*looks_personality*)에 삼원 상호작용을 추가해서 새 모 형을 생성하는 명령이다.

```
speedDateModel<-update(looks_personality, .~. + looks:personality:gender)
```

이 명령을 실행하면 모든 주 효과와 모든 상호작용이 담긴 *speedDateModel*이라는 모형이 생성된다. 이것이 최종 모형이다.

이제 이 모형들을 비교해 보자. 원하는 비교 순서로 모형들을 나열해서 *anova()* 함수를 실행하면 된다.

```
anova(baseline, looksM, personalityM, genderM, looks_gender, personality_
gender, looks_personality, speedDateModel)
```

이 명령을 실행한 결과가 출력 14.3에 나와 있다. 이 명령은 먼저 기저(예측변수가 없는 모형)와 **looks**의 효과를 비교한다. 출력을 보면, **looks**를 예측변수로 추가했더니 자유도가 2 증가했고 (이 변수를 부호화하는 데 두 개의 대비가 쓰였기 때문), 모형이 유의하게 개선되었다. 다른 말로 하면, 데이트 상대 평가에 대한 매력 수준의 효과는 $\chi^2(2) = 68.30$, $p < .0001$로 유의했다. 다음으로, 모형에 **personality**를 추가한 효과(**looks**만 있던 모형에 비한)를 살펴보자. 이번에도 자유도가 2 증가했고(이 변수를 부호화하는 데 쓰인 두 대비 때문), 모형의 적합도가 유의하게 개선되었다. 데이트 상대 평가에 대한 데이트 상대 성격(카리스마 수준)의 효과는 $\chi^2(2) = 138.76$, $p < .0001$로 유의했다. 그다음 모형은 **gender**를 추가했을 때 모형의 적합도가 유의하게 개선되었는지를 말해준다. 그런데 그렇지는 않았다. 즉, 평가에 대한 성별의 전반적인 효과는 $\chi^2(1) = 0.002$, $p = .966$으로 유의하지 않았다. 이 효과는 대비 하나로만 부호화되었기 때문에 자유도는 1밖에 늘지 않았다.

	Model	df	AIC	BIC	logLik	Test	L.Ratio	p-value
baseline	1	5	1575.766	1591.730	-782.8829			
looksM	2	7	1511.468	1533.819	-748.7343	1 vs 2	68.29719	<.0001
personalityM	3	9	1376.704	1405.441	-679.3520	2 vs 3	138.76442	<.0001
genderM	4	10	1378.702	1410.632	-679.3511	3 vs 4	0.00180	0.9662
looks_gender	5	12	1343.161	1381.477	-659.5808	4 vs 5	39.54079	<.0001
personality_gender	6	14	1289.198	1333.899	-630.5988	5 vs 6	57.96394	<.0001
looks_personality	7	18	1220.057	1277.530	-592.0283	6 vs 7	77.14102	<.0001
speedDateModel	8	22	1148.462	1218.707	-552.2309	7 vs 8	79.59473	<.0001

그 다음 모형(*looks_gender*)은 **looks × gender** 역시 $\chi^2(2) = 39.54$, $p < .0001$로 유의함을 보여준다. 이 상호작용은 자유도를 2만큼 증가시킨다(**looks**의 대비가 둘이고 **gender**는 하나이므로, 이 상호작용의 *df*는 2 × 1 = 2이다). 이 상호작용이 유의하다는 것은, 데이트 상대가 매력적인지, 평범한지, 못생겼는지가 데이트 상대에 대한 평가에 영향을 미쳤을 뿐만 아니라, 얼마나 영향을 미치는지는 참가자(평가자)의 성별에 따라 달랐음을 뜻한다.

그다음 모형(*personality_gender*)은 **personality × gender** 상호작용 역시 유의함을 보여준다. 이 경우 $\chi^2(2) = 57.96$, $p < .0001$이다. 이는 카리스마 수준의 효과가 남녀 참가자에서 다르게 나타났음을 뜻한다. 이 상호작용은 자유도를 2만큼 증가시킨다(**personality**의 대비가 둘이

고 gender는 하나이므로, 이 상호작용의 *df*는 2 × 1 = 2이다).

그다음 모형(*looks_personality*)은 **looks**와 **personality**의 상호작용이 $\chi^2(4) = 77.14$, $p <$ .0001로 유의함을 보여준다. 이 상호작용은 자유도를 4만큼 증가시킨다(각각 대비가 둘인 두 변수의 상호작용이므로, 이 상호작용의 *df*는 2 × 2 = 4이다). 이 상호작용 항은, 평가자의 성별을 무시할 때, 데이트 상대의 매력에 따른 데이트 상대 평가의 차이가 데이트 상대의 성격에 따라 달랐음을 뜻한다. (그 반대의 해석도 옳다. 즉, 데이트 상대의 카리스마 수준에 따른 평가의 차이가 데이트 상대의 매력 수준에 따라 다르다고도 할 수 있다.)

마지막 모형(*speedDateModel*)은 **looks × personality × gender** 상호작용 역시 유의함을 보여준다. 이 경우 $\chi^2(4) = 79.59$, $p <$ .0001이다. 이는 **looks × personality** 상호작용에 의한 차이가 남녀 참가자에서 다르게 나왔음을 뜻한다. 이 상호작용은 자유도를 4만큼 증가시킨다(**personality**의 대비가 둘, **looks**의 대비 역시 둘이고 **gender**는 하나이므로, 이 상호작용의 *df*는 2 × 2 × 1 = 4이다).

이상의 결과는 이전의 분산분석 결과와 일치한다. 이 예는 같은 자료를 두 가지 방식으로 분석할 수 있다는 사실을 잘 보여준다. 두 분석 모두 최종 결과가 같다. 그러나, 다층 접근 방식에는 (1) 구형성을 걱정할 필요가 없고 (2) 지금 예에서 본 아주 복잡한 효과들을 모형 매개변수들(예측변수들을 부호화하는 데 쓰인 대비들을 반영한)을 점검함으로써 분해할 수 있다는 장점이 있다. 모형 매개변수들은 다음 명령으로 확인할 수 있다.

summary(speedDateModel)

출력 14.4에 모형의 매개변수 추정값들이 나와 있다(지면을 절약하기 위해 몇몇 이름을 적당히 편집했고, 관련된 대비들을 한데 묶기 위해 공백도 추가했다).

출력 14.4

Linear mixed-effects model fit by maximum likelihood

Fixed effects: dateRating ~ looks + personality + gender + looks:personality +   looks:gender + personality:gender + looks:personality:gender

	Value	Std.Error	DF	t-value	p-value
(Intercept)	68.9	1.740866	108	39.57800	0.0000
AttractivevsAv	18.2	2.400632	36	7.58134	0.0000
UglyvsAv	-17.7	2.400632	36	-7.37306	0.0000
HighvsAv	19.5	2.400632	108	8.12286	0.0000
DullvsAv	-21.9	2.400632	108	-9.12260	0.0000
gender	2.9	2.461957	18	1.17792	0.2542

```
AttractivevsAv:gender          -1.5  3.395006  36 -0.44183  0.6613
UglyvsAv:gender                -5.8  3.395006  36 -1.70839  0.0962

HighvsAv:gender                -8.5  3.395006 108 -2.50368  0.0138
DullvsAv:gender                -2.1  3.395006 108 -0.61856  0.5375

AttractivevsAv:HighvsAv       -17.0  3.395006 108 -5.00736  0.0000
UglyvsAv:HighvsAv              16.0  3.395006 108  4.71280  0.0000
AttractivevsAv:DullvsAv       -13.4  3.395006 108 -3.94697  0.0001
UglyvsAv:DullvsAv              16.8  3.395006 108  4.94845  0.0000

AttractivevsAv:HighvsAv:gender  5.8  4.801263 108  1.20802  0.2297
UglyvsAv:HighvsAv:gender      -18.5  4.801263 108 -3.85315  0.0002
AttractivevsAv:DullvsAv:gender 36.2  4.801263 108  7.53968  0.0000
UglyvsAv:DullvsAv:gender        4.7  4.801263 108  0.97891  0.3298
```

14.6.3 성별의 주 효과 ②

출력 14.3에서 보았듯이, 데이트 상대 평가에 대한 성별(**gender** 변수)의 전반적인 효과는 $\chi^2(1)$ = 0.002, p = .966으로 유의하지 않았다. 이 효과는, 다른 모든 변수를 무시했을 때, 남성 참가자들의 평가가 여성 참가자들의 평가와 기본적으로 같았음을 뜻한다.

자가진단

✓ *ggplot2*를 이용해서 **gender**의 주 효과에 대한 오차 막대그래프를 그리고, *stat.desc*를 이용해서 평균들을 산출하라.

출력 14.5에 **gender**의 주 효과의 평균들과 관련 표준오차들이 나와 있다. 그림 14.3의 그래프는 그 수치들을 시각화한 것이다. 그래프를 보면, 다른 예측변수들을 무시할 때 남자들의 평가와 여자들의 평가가 대체로 같음이 명확하다. 그러나, 이 주 효과가 관여하는 상호작용들이 유의하므로, 이 주 효과 자체의 해석이 꼭 필요하지는 않다(더 높은 차수의 상호작용들이 이 주 효과를 능가하므로).

출력 14.5

```
speedData$gender: Male
median    mean   SE.mean  CI.mean.0.95    var    std.dev   coef.var
71.000   68.600   1.961      3.896      346.018  18.602     0.271
-----------------------------------------------------------------
speedData$gender: Female
median    mean   SE.mean  CI.mean.0.95    var    std.dev   coef.var
67.500   68.533   2.036      4.046      373.218  19.319     0.282
```

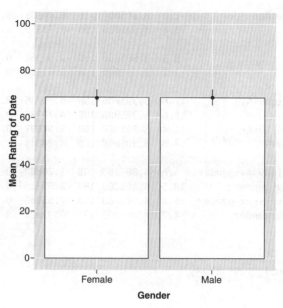

그림 14.3 성별의 주 효과의 오차 막대그래프

14.6.4 외모의 주 효과 ②

자가진단

✓ 이전 장들에서 배운 내용에 근거해서, 그리고 이전 절의 해석을 참고해서, **looks** 변수의 주 효과를 해석해 보라.

출력 14.3을 설명할 때 외모(**looks**)의 주 효과를 언급했었다. 그럼 이 효과가 무엇을 의미하는지 살펴보자. 데이트 상대의 매력은 데이트 상대에 대한 평가에 $\chi^2(2) = 68.30$, $p < .0001$로 유의한 효과를 가진다. 이 효과는, 만일 다른 모든 변수를 무시할 때, 데이트 상대가 매력적인지, 평범한지, 못생겼는지에 따라 데이트 상대에 대한 평가가 유의하게 다름을 뜻한다.

자가진단

✓ *ggplot2*를 이용해서 **looks**의 주 효과에 대한 오차 막대그래프를 그리고, *stat.desc*를 이용해서 평균들을 산출하라.

```
speedData$looks: Attractive
median    mean   SE.mean  CI.mean.0.95    var    std.dev   coef.var
86.00    82.10    1.90       3.81       217.52   14.75      0.18
------------------------------------------------------------------
speedData$looks: Average
median    mean   SE.mean  CI.mean.0.95    var    std.dev   coef.var
70.000   67.783   2.181     4.364      285.359  16.893     0.249
------------------------------------------------------------------
speedData$looks: Ugly
median    mean   SE.mean  CI.mean.0.95    var    std.dev   coef.var
50.000   55.817   1.957     3.917      229.881  15.162     0.272
```

출력 14.6에 **looks**의 주 효과의 평균들과 관련 표준오차들이 나와 있다. 그림 14.4는 해석의 편의를 위해 이 수치들로 그래프를 그린 것이다. 그래프를 보면, 외모의 매력 수준이 떨어지면 평가도 떨어짐을 알 수 있다. 따라서, 이 주 효과는 평가자들이 평범하거나 못생긴 사람보다는 매력적인 사람들과 더 데이트하고 싶어한다는 사실을 반영하는 것으로 보인다. 그러나, 좀 더 구체적인 사실을 밝혀내려면 대비들을 확인해 봐야 한다.

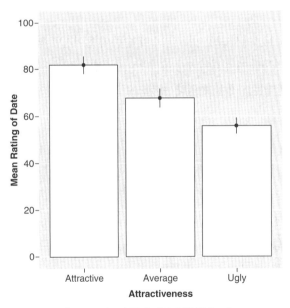

그림 14.4 외모의 주 효과의 오차 막대그래프

출력 14.4에 해당 대비들이 나와 있다. 첫 대비의 결과(*AttractivevsAv* 행)를 보면, 평범한 데이트 상대에 비해 매력적인 데이트 상대에 대한 평가가 $b = 18.2$, $t(36) = 7.58$, $p < .001$로 유의하게 더 높았음을 알 수 있다. 둘째 대비(*UglyvsAv*)는 못생긴 상대에 비해 평범한 상대에 대

한 평가가 $b = -17.7$, $t(36) = -7.37$, $p < .001$로 유의하게 더 높았음을 말해준다. 그러나, 이 주 효과가 관여하는 상호작용들이 유의하므로, 이 주 효과 자체의 해석이 꼭 필요하지는 않다 (더 높은 차수의 상호작용들이 이 주 효과를 능가하므로).

14.6.5 성격의 주 효과 ②

출력 14.3에 나온 성격(personality 변수)의 주 효과를 보면, 데이트 상대의 카리스마 수준의 주 효과는 $\chi^2(2) = 138.76$, $p < .0001$로 유의했다. 이 효과는, 다른 모든 변수를 무시할 때, 데이트 상대가 카리스마가 높은지, 보통인지, 어수룩한지에 따라 데이트 상대에 대한 평가가 유의하게 다름을 뜻한다.

자가진단

✓ ggplot2를 이용해서 **personality**의 주 효과에 대한 오차 막대그래프를 그리고, stat.desc를 이용해서 평균들을 산출하라.

출력 14.7과 그림 14.5에서 보듯이, 카리스마 수준이 떨어지면 평균 평가도 떨어진다. 따라서, 이 주 효과는 평가자들이 성격이 보통이거나 어수룩한 사람보다는 카리스마적인 사람들과 더 데이트하고 싶어한다는 사실을 반영하는 것으로 보인다.

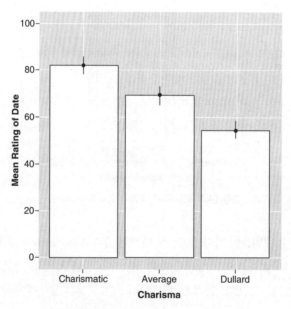

그림 14.5 성격의 주 효과의 오차 막대그래프

```
speedData$personality: Charismatic
median     mean    SE.mean   CI.mean.0.95     var    std.dev    coef.var
86.000    82.100    1.704        3.409     174.193   13.198       0.161
-------------------------------------------------------------------------
speedData$personality: Average
median     mean    SE.mean   CI.mean.0.95     var    std.dev    coef.var
71.00     69.30     2.15         4.30      276.96    16.64        0.24
-------------------------------------------------------------------------
speedData$personality: Dullard
median     mean    SE.mean   CI.mean.0.95     var    std.dev    coef.var
48.000    54.300    2.000        4.002     240.010   15.492       0.285
```

좀 더 구체적인 해석을 위해 대비들을 살펴보자(출력 14.4). 첫 대비의 결과($HighvsAv$ 행)를 보면, 카리스마가 보통인 상대에 비해 카리스마 수준이 높은 상대에 대한 평가가 $b = 19.5$, $t(108) = 8.12$, $p < .001$로 유의하게 더 높았다. 둘째 대비($DullvsAv$)는 어수룩한 성격의 상대에 비해 카리스마가 보통인 상대에 대한 평가가 $b = -21.9$, $t(108) = -9.12$, $p < .001$로 유의하게 더 높았음을 말해준다. 그러나, 이 주 효과가 관여하는 상호작용들이 유의하므로, 이 주 효과 자체의 해석이 꼭 필요하지는 않다(더 높은 차수의 상호작용들이 이 주 효과를 능가하므로).

14.6.6 외모와 성별의 상호작용 ①

출력 14.3에 따르면, 참가자(평가자)의 성별이 데이트 상대의 매력과 어떤 방식으로든 상호작용을 한 것으로 보인다. 데이트 상대의 매력과 참가자의 성별의 상호작용이 $\chi^2(2) = 39.54$, $p < .0001$로 유의했다고 보고할 수 있겠다. 이 효과는, 데이트 상대 매력의 서로 다른 수준에 따른 평가 차이가 남성 참가자들과 여성 참가자들에서 유의하게 달랐음을 말해준다.

자가진단

✓ ggplot2를 이용해서 **looks** × **gender** 상호작용에 대한 오차 막대그래프를 그리고, stat.desc를 이용해서 평균들을 산출하라.

```
: Attractive
: Male
median     mean    SE.mean   CI.mean.0.95     var    std.dev    coef.var
88.000    88.033    0.996        2.037      29.757    5.455       0.062
-------------------------------------------------------------------------
: Average
: Male
```

```
       median     mean   SE.mean  CI.mean.0.95     var    std.dev   coef.var
       71.000    67.467    2.873       5.876      247.637   15.736     0.233
-------------------------------------------------------------------------------
: Ugly
: Male
       median     mean   SE.mean  CI.mean.0.95     var    std.dev   coef.var
       48.500    50.300    1.239       2.535       46.079    6.788     0.135
-------------------------------------------------------------------------------
: Attractive
: Female
       median     mean   SE.mean  CI.mean.0.95     var    std.dev   coef.var
       82.500    76.167    3.366       6.885      339.937   18.437     0.242
-------------------------------------------------------------------------------
: Average
: Female
       median     mean   SE.mean  CI.mean.0.95     var    std.dev   coef.var
       67.500    68.100    3.330       6.811      332.714   18.240     0.268
-------------------------------------------------------------------------------
: Ugly
: Female
       median     mean   SE.mean  CI.mean.0.95     var    std.dev   coef.var
       52.500    61.333    3.458       7.072      358.644   18.938     0.309
```

평균들(출력 14.8)과 상호작용 그래프(그림 14.6)를 보면 이 결과의 의미를 파악할 수 있다. 그래프의 가파른 선은 데이트 상대의 서로 다른 매력 수준에 대한(데이트 상대의 서로 다른 카리

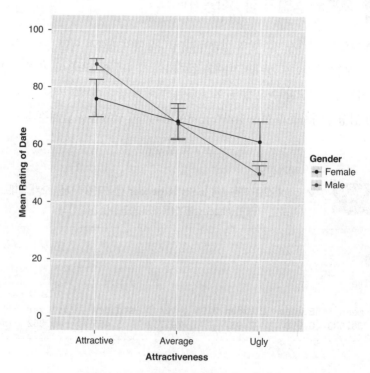

그림 **14.6** 외모와 성별의 상호작용에 대한 그래프

스마 수준은 무시할 때) 남성 참가자들의 평균 평가들을 보여준다. 완만한 선은 여성 참가자들의 해당 평균들이다. 두 선을 보면, 평범한 외모의 상대에 대해서는 남성과 여성의 평가가 아주 비슷하지만, 매력적인 상대에 대해서는 남성들의 평가가 여성들보다 높았다(즉, 남자들은 그런 상대와 데이트를 하고 싶어 했다). 반대로, 못생긴 상대에 대해서는 남성들보다 여성들의 평가가 더 높았다. 대체로, 이러한 상호작용은 여자들보다 남자들이 데이트 상대의 외모에 영향을 더 많이 받는다는 점을 암시하는 것으로 보인다. 남녀 참가자 모두 상대의 매력이 떨어지면 평가도 떨어졌지만, 그 하락 폭은 남성이 더 크다. 그럼 출력 14.4의 대비 결과를 통해서 이 상호작용을 좀 더 구체적으로 해석해 보자(단, 잠시 후에 보겠지만 이보다 차수가 높은 삼원 상호작용의 효과가 이 상호작용을 능가하므로, 실제 연구였다면 이 상호작용을 더 분해해서 해석하지는 않을 것이다).

14.6.6.1. 외모와 성별의 상호작용 1: 매력적 대 평범함, 남성 대 여성 ②

looks × gender 상호작용 항의 첫 대비(출력 14.4의 *AttractivevsAv:gender*)는 매력적인 데이트 상대에 대한 평가와 외모가 평범한 데이트 상대에 대한 평가의 차이가 남녀가 다른지 비교한다. 이 대비는 $b = -1.5$, $t(36) = -0.44$, $p = .661$로 유의하지 않다. 이는, 외모가 평범한 상대에 비해 매력적인 상대에 대한 평가가 남녀 모두 비슷한 정도로 높아졌음을 뜻한다. 그림 14.6을 보면 옅은 색 선(남성)의 매력적인 상대와 평범한 상대 사이의 기울기가 검은색 선(여성)의 해당 기울기와 크게 다르지는 않다. 따라서, 외모가 평범한 상대보다 매력적인 상대를 더 선호하는 정도는 남녀 모두 비슷했다고 결론지을 수 있다.

14.6.6.2 외모와 성별의 상호작용 2: 추함 대 평범함, 남성 대 여성 ②

둘째 대비(*UglyvsAv:gender*)는 못생긴 데이트 상대에 대한 평가와 외모가 평범한 데이트 상대에 대한 평가의 차이가 남녀가 다른지 비교한다. 이 대비는 $b = -5.8$, $t(36) = -1.71$, $p = .096$으로 유의하지 않다. 이는, 외모가 평범한 상대에 비해 못생긴 상대에 대한 평가가 남녀 모두 비슷한 정도로 낮아졌음을 뜻한다. 그림 14.6을 보면 옅은 색 선(남성)의 못생긴 상대와 평범한 상대 사이의 기울기가 검은색 선(여성)의 해당 기울기와 크게 다르지는 않다. 따라서, 못생긴 상대보다 평범한 상대를 더 선호하는 정도는 남녀 모두 비슷했다고 결론지을 수 있다.

14.6.7 성격과 성별의 상호작용 ②

참가자의 성별이 데이트 상대의 카리스마 수준과 상호작용했다(출력 14.3). 데이트 상대의 성격과 참가자의 성별 사이의 상호작용이 $\chi^2(2) = 57.96$, $p < .0001$로 유의했다고 보고할 수 있겠

다. 이 효과는, 데이트 상대 카리스마의 서로 다른 수준에 따른 평가 차이가 남성 참가자들과 여성 참가자들에서 유의하게 달랐음을 말해준다.

자가진단

✓ *ggplot2*를 이용해서 **personality** × **gender** 상호작용에 대한 오차 막대그래프를 그리고, *stat.desc*를 이용해서 평균들을 산출하라.

출력 14.9

```
: Charismatic
: Male
median    mean    SE.mean   CI.mean.0.95    var     std.dev   coef.var
82.00     75.97   2.77      5.67            230.72  15.19     0.20
-------------------------------------------------------------------------
: Average : Male
median    mean    SE.mean   CI.mean.0.95    var      std.dev   coef.var
71.000    69.533  3.197     6.538           306.533  17.508    0.252
-------------------------------------------------------------------------
: Dullard
: Male
median    mean    SE.mean   CI.mean.0.95    var      std.dev   coef.var
49.00     60.30   3.63      7.43            396.36   19.91     0.33
-------------------------------------------------------------------------
: Charismatic
: Female
median    mean      SE.mean   CI.mean.0.95    var      std.dev   coef.var
89.0000   88.2333   1.2361    2.5282          45.8402  6.7705    0.0767
-------------------------------------------------------------------------
: Average
: Female
median    mean      SE.mean   CI.mean.0.95    var       std.dev   coef.var
68.000    69.067    2.926     5.984           256.823   16.026    0.232
-------------------------------------------------------------------------
: Dullard
: Female
median    mean      SE.mean   CI.mean.0.95    var       std.dev   coef.var
48.0000   48.3000   0.7629    1.5602          17.4586   4.1784    0.0865
```

평균들(출력 14.9)과 상호작용 그래프(그림 14.7)를 보면 이 결과의 의미를 파악할 수 있다. 그래프의 옅은 색 선은 데이트 상대의 서로 다른 카리스마 수준에 대한(데이트 상대의 서로 매력 수준은 무시할 때) 남성 참가자들의 평균 평가들을 보여준다. 검은색 선은 여성 참가자들의 해당 평균들이다. 두 선의 관계가 앞에서 본 성별과 외모의 상호작용에 대한 그래프의 것과는 반대이다. 이전처럼 기저(보통 카리스마)에 대한 남녀 평가는 비슷하지만, 어수룩한 성격의 경우 남자들의 평균 평가가 여자들의 평균 평가보다 조금 높고, 카리스마적인 성격에 대해서는 여자

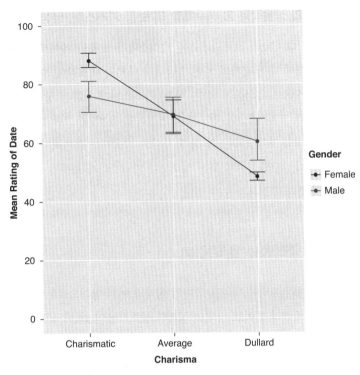

그림 14.7 성격과 성별의 상호작용 그래프

들의 평균 평가가 남자들보다 조금 높다. 대체로, 이러한 상호작용은 남자들보다 여자들이 데이트 상대의 카리스마에 영향을 더 많이 받는다는 점을 암시하는 것으로 보인다. 남녀 참가자 모두 상대의 카리스마 수준이 떨어지면 평가도 떨어졌지만, 그 하락 폭은 여성이 더 크다. 그림 출력 14.4의 대비 결과를 통해서 이 상호작용을 좀 더 구체적으로 해석해 보자(단, 잠시 후에 보겠지만 이보다 차수가 높은 삼원 상호작용의 효과가 이 상호작용을 능가하므로, 실제 연구였다면 이 상호작용을 더 분해해서 해석하지는 않을 것이다).

14.6.7.1 성격과 성별의 상호작용 1: 높은 카리스마 대 보통 카리스마, 남성 대 여성 ②

이 상호작용 항의 첫 대비(출력 14.4의 *HighvsAv:gender*)는 카리스마 수준이 높은 데이트 상대에 대한 평가와 카리스마가 보통인 데이트 상대에 대한 평가의 차이가 남녀가 다른지 비교한다. 이 대비는 $b = -8.5$, $t(108) = -2.50$, $p = .014$로 유의하다. 이는, 보통 성격의 데이트 상대에 비해 카리스마적인 상대에 대한 평가의 차이가 참가자의 성별에 따라 달랐음을 뜻한다. 그림 14.7을 보면 검은색 선(여성)의 높은 카리스마 지점과 보통 카리스마 지점 사이의 기울기가 옅은 색 선(남성)의 해당 기울기보다 급하다. 따라서, 남자들보다 여자들이 높은 카리스마 상대를 보통 카리스마의 상대에 비해 유의하게 더 많이 좋아했다고 결론지을 수 있다.

14.6.7.2 성격과 성별의 상호작용 2: 어수룩함 대 보통 카리스마, 남성 대 여성 ②

이 상호작용 항의 둘째 대비(*DullvsAv:gender*)는 카리스마가 보통인 데이트 상대에 대한 평가와 어수룩한 데이트 상대에 대한 평가의 차이가 남녀가 다른지 비교한다. 이 대비는 $b = -2.1$, $t(108) = -0.62$, $p = .538$로 유의하지 않다. 이는, 카리스마가 보통인 상대에 비해 어수룩한 상대에 대한 평가가 남녀 모두 비슷한 정도로 낮아졌음을 뜻한다. 그림 14.7을 보면 옅은 색 선(남성)의 어수룩한 상대와 보통 카리스마 상대 사이의 기울기가 검은색 선(여성)의 해당 기울기와 크게 다르지는 않다. 따라서, 어수룩한 상대보다 카리스마가 보통인 상대를 더 선호하는 정도는 남녀 모두 비슷했다고 결론지을 수 있다.

14.6.8　외모와 성격의 상호작용 ②

출력 14.3은 데이트 상대의 매력이 데이트 상대의 성격과 어떤 방식으로든 상호작용했음을 암시한다. 데이트 상대의 매력과 데이트 상대의 성격의 상호작용이 $\chi^2(4) = 77.14$, $p < .0001$로 유의했다고 보고할 수 있겠다. 이 효과는, 데이트 상대의 여러 카리스마 수준에 따른 평가의 차이가 데이트 상대의 외모 수준(매력적, 평범함, 추함)에 따라 달랐음을 말해준다.

자가진단

✓ *ggplot2*를 이용해서 **looks** × **personality** 상호작용에 대한 오차 막대그래프를 그리고, *stat.desc*를 이용해서 평균들을 산출하라.

　평균들(출력 14.10)과 상호작용 그래프(그림 14.8)를 보면 이 결과의 의미를 파악할 수 있다. 그래프의 선은 데이트 상대의 서로 다른 매력 수준에 대한 데이트 상대의 성격 수준별 평균들을 보여준다(검은색 선은 높은 카리스마, 옅은 색 선은 보통 카리스마, 짙은 색 선은 어수룩한 성격). 우선 매력적인 상대와 평범한 상대의 차이를 보자. 상대가 카리스마적일 때는 별 차이가 없지만(두 지점 사이의 선이 수평에 가깝다), 카리스마가 보통인 상대와 어수룩한 상대의 경우에는 평가가 떨어졌다. 즉, 참가자들은 데이트 상대가 카리스마 수준이 높은 사람이라면 외모가 평범하더라도 데이트를 하고 싶어 했다고 할 수 있다. 다음으로, 외모가 평범한 상대와 못생긴 상대의 차이를 보자. 이번에는 패턴이 다르다. 어수룩한 상대(짙은 색 선)의 경우에는 평범한 상대와 못생긴 상대의 평가가 거의 같다(따라서, 어수룩한 사람이 데이트에 성공하려면 외모가 매력적이어야 한다. 평범한 외모는 못생긴 외모와 별 차이가 없다). 이 상호작용은 아주 복잡하지만, 출력 14.4에 나온 대비 결과들을 이용해서 좀 더 분해할 수 있다(단, 잠시 후에 보겠지만 이보다 차수가 높은 삼

원 상호작용의 효과가 이 상호작용을 능가하므로, 실제 연구였다면 이 상호작용을 더 분해해서 해석하지는

않을 것이다).

출력 14.10

```
: Attractive
: Charismatic
median    mean   SE.mean  CI.mean.0.95   var    std.dev  coef.var
89.0000  88.9500  1.3543     2.8345    36.6816   6.0565   0.0681
-----------------------------------------------------------------
: Average
: Charismatic
median    mean   SE.mean  CI.mean.0.95   var    std.dev  coef.var
86.5000  85.6000  1.7938     3.7546    64.3579   8.0223   0.0937
-----------------------------------------------------------------
: Ugly
: Charismatic
median    mean   SE.mean  CI.mean.0.95   var    std.dev  coef.var
73.000   71.750   3.639      7.616    264.829   16.274    0.227
-----------------------------------------------------------------
: Attractive
: Average
median    mean   SE.mean  CI.mean.0.95   var    std.dev  coef.var
86.5000  87.8000  1.3795     2.8874    38.0632   6.1695   0.0703
-----------------------------------------------------------------
: Average
: Average
median    mean   SE.mean  CI.mean.0.95   var    std.dev  coef.var
71.0000  70.3500  1.1883     2.4871    28.2395   5.3141   0.0755
-----------------------------------------------------------------
: Ugly
: Average
median    mean   SE.mean  CI.mean.0.95   var    std.dev  coef.var
49.50    49.75    1.22       2.56      29.99     5.48     0.11
-----------------------------------------------------------------
: Attractive
: Dullard
median    mean   SE.mean  CI.mean.0.95   var    std.dev  coef.var
68.000   69.550   4.191      8.772    351.313   18.743    0.269
-----------------------------------------------------------------
: Average
: Dullard
median    mean   SE.mean  CI.mean.0.95   var    std.dev  coef.var
48.000   47.400   0.869      1.818     15.095    3.885    0.082
-----------------------------------------------------------------
: Ugly
: Dullard
median    mean   SE.mean  CI.mean.0.95   var    std.dev  coef.var
46.0000  45.9500  0.7272     1.5220    10.5763   3.2521   0.0708
```

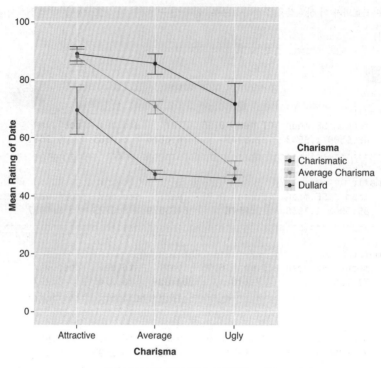

그림 14.8 외모와 성격의 상호작용 그래프

14.6.8.1 외모와 성격의 상호작용 1: 매력적 대 평범함, 높은 카리스마 대 보통 카리스마 ②

이 상호작용 항의 첫 대비(출력 14.4의 *AttractivevsAv:HighvsAv*)는 매력적인 데이트 상대와 외모가 평범한 상대에 대해, 상대의 성격이 카리스마적일 때와 보통일 때의 평가 차이를 비교한다. 다른 말로 하면, 이 대비는 매력적인 데이트 상대에 대한 평가와 외모가 평범한 데이트 상대에 대한 평가의 차이가 그 상대의 성격이 카리스마적일 때와 보통일 때 서로 달랐는지를 묻는다. 이 상호작용에 관련된 평균들로 그린 그래프(그림 14.9)를 보면 이 대비가 무엇을 비교하는지 좀 더 확실히 알 수 있다. 그래프를 보면, 데이트 상대가 매력적일 때는 카리스마 수준이 높건 보통이건 평가자들의 평가(데이트 상대에 대한 관심 정도를 대표하는)가 비슷하다. 그러나, 외모가 평범할 때는 성격이 보통일 때보다 카리스마적일 때 평가가 더 높다. 이 대비는 $b = -17.0$, $t(108) = -5.01$, $p < .001$로 아주 유의하며, 카리스마 수준이 높을 때에 비해 카리스마 수준이 보통일 때 외모 수준의 하락에 따른 평가의 하락폭이 더 컸음을 말해준다.

14.6.8.2 외모와 성격의 상호작용 2: 추함 대 평범함, 높은 카리스마 대 보통 카리스마 ②

이 상호작용 항의 둘째 대비(*UglyvsAv:HighvsAv*)는 외모가 평범한 데이트 상대와 못생긴 상대에 대해, 상대의 성격이 카리스마적일 때와 보통일 때의 평가 차이를 비교한다. 다른 말로 하면, 이 대비는 외모가 평범한 데이트 상대에 대한 평가와 못생긴 데이트 상대에 대한 평가의 차이가 그 상대의 성격이 카리스마적일 때와 보통일 때 서로 달랐는지를 묻는다. 이번에도 관련 평균들로 그래프를 그려 보았다(그림 14.10). 그래프를 보면, 높은 카리스마와 보통 카리스마 모두, 평범한 외모에서 못생긴 외모로 이동함에 따라 상대에 관한 관심이 떨어졌다(평균 평가 점수가 낮아졌다). 그런데 그 하락 폭은 외모가 평범한 상대일 때 약간 더 크다(옅은 색 선의 기울기자 조금 더 급하다). 이 대비는 $b = 16.0$, $t(108) = 4.71$, $p < .001$로 유의하며, 첫 대비에서처

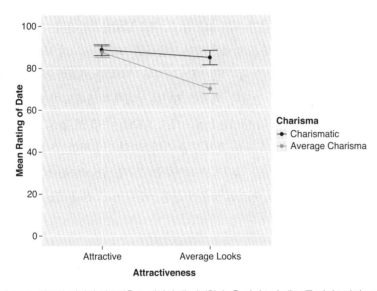

그림 14.9 외모와 성격의 상호작용 1: 매력적 대 평범함, 높은 카리스마 대 보통 카리스마의 그래프

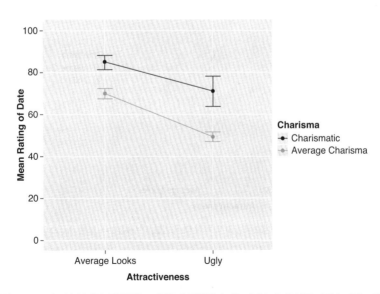

그림 14.10 외모와 성격의 상호작용 2: 추함 대 평범함, 높은 카리스마 대 보통 카리스마의 그래프

럼 카리스마 수준이 높을 때에 비해 카리스마 수준이 보통일 때 외모 수준의 하락에 따른 평가의 하락 폭이 더 컸음을 말해준다.

14.6.8.3 외모와 성격의 상호작용 3: 매력적 대 평범함, 어수룩함 대 보통 카리스마 ②

이 상호작용 항의 셋째 대비($AttractivevsAv:DullvsAv$)는 외모가 매력적인 데이트 상대와 평범한 상대에 대해, 상대의 성격이 어수룩할 때와 보통일 때의 평가 차이를 비교한다. 다른 말로 하면, 이 대비는 매력적인 데이트 상대에 대한 평가와 외모가 평범한 데이트 상대에 대한 평가의 차이가 그 상대의 성격이 어수룩할 때와 보통일 때 서로 달랐는지를 묻는다. 역시 이번에도, 이 상호작용을 파악하는 가장 좋은 방법은 관련 평균들로 그래프를 그려 보는 것이다. 그래프 (그림 14.11)를 보면, 데이트 상대가 매력적일 때는 성격이 어수룩할 때보다 카리스마가 어느 정도 있을 때 평균 평가 점수가 더 높았다. 외모가 평범한 상대에 대해서도 마찬가지이다. 실제로 두 선은 거의 평행이다. 그러나 이 대비는 $b = -13.4$, $t(108) = -3.95$, $p < .001$로 유의하며, 외모 수준의 하락에 따른 평가의 하락 폭이 보통 카리스마와 어수룩한 성격에서 유의하게 달랐음을 말해준다. 이러한 유의성은 그래프가 보여주는 것과는 좀 모순된다(이전 그래프와는 달리 이번에는 두 선이 거의 평행이다). 이러한 모순이 신경 쓰인다면, 초천재 제인 글상자 14.1을 읽기 바란다.

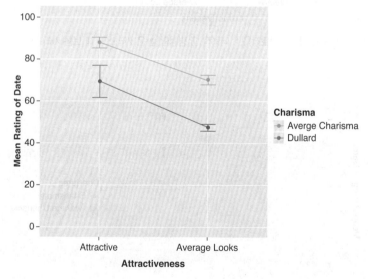

그림 14.11 외모와 성격의 상호작용 3: 매력적 대 평범함, 어수룩함 대 보통 카리스마의 그래프

그래프에 상호작용이
나타나지 않아도 대비가 유의한 이유 ③

모형의 매개변수들은 모형에 담긴 요소들에 따라 달라진다. 이번 장에서(그리고 다른 장들에서) 여러 번 이야기했듯이, 고차 상호작용이 유의하다면 개별 주 효과나 더 낮은 차수의 상호작용들은 해석하지 말아야 한다. 이 예제에서 그 이유를 볼 수 있다. **looks × personality** 상호작용의 대비 3에 대한 그래프를 보면 두 선이 평행하다. 이런 패턴이 나왔을 때 우리는 흔히 대비가 유의하지 않다고 생각하지만, 검정통계량들을 보면 이 대비는 유의하다. 이러한 모순은 더 높은 차수의 상호작용인 **looks × personality × gender** 상호

작용의 영향 때문에 생긴 것이다. 앞에서 모형을 구축하는 과정에서 우리는 그 삼원 상호작용을 제외한 모든 것을 담은 *looks_personality*라는 모형을 만들었다. *summary()* 함수로 이 모형의 매개변수 추정값들을 살펴보자.

아래 출력에서 굵게 표시된 것이 **looks × personality** 상호작용의 대비 3이다(이 대비는 데이트 상대의 외모가 매력적일 때와 평범할 때에 따른 어수룩한 상대와 카리스마가 보통인 상대의 평가 차이를 비교한다). *p* 값을 보면, 그래프에서처럼 이 대비는 유의하지 않다. 그러나 최종 모형에 삼원 상호작용을 포함시켰더니 그 영향으로 이 대비가 유의해졌다. 이 예는 유의한 고차 상호작용이 존재하는 경우에는 더 낮은 차수의 상호작용들을 신경 쓰지 말고 고차 상호작용만 해석해야 하는 이유를 잘 보여준다.

```
summary(looks_personality)
                         Value Std.Error  DF   t-value  p-value
(Intercept)           70.46667  1.884462 112  37.39353  0.0000
AttractivevsAv        11.20000  2.467340  36   4.53930  0.0001
UglyvsAv             -15.40000  2.467340  36  -6.24154  0.0000
HighvsAv              21.61667  2.467340 112   8.76112  0.0000
DullvsAv             -28.71667  2.467340 112 -11.63872  0.0000
genderMale            -0.23333  2.252362  18  -0.10359  0.9186
AttractivevsAv:gender 12.50000  2.467340  36   5.06619  0.0000
UglyvsAv:gender      -10.40000  2.467340  36  -4.21507  0.0002
HighvsAv:gender      -12.73333  2.467340 112  -5.16075  0.0000
DullvsAv:gender       11.53333  2.467340 112   4.67440  0.0000
AttractivevsAv:HighvsAv -14.10000 3.021861 112 -4.66600  0.0000
looksUglyvsAv:HighvsAv   6.75000  3.021861 112   2.23372  0.0275
AttractivevsAv:DullvsAv  4.70000  3.021861 112   1.55533  0.1227
UglyvsAv:DullvsAv       19.15000  3.021861 112   6.33715  0.0000
```

14.6.8.4 외모와 성격의 상호작용 4: 추함 대 평범함, 어수룩함 대 보통 카리스마 ②

이 상호작용 항의 마지막 대비(*UglyvsAv:DullvsAv*)는 외모가 평범한 데이트 상대와 못생긴 상대에 대해, 상대의 성격이 어수룩할 때와 보통일 때의 평가 차이를 비교한다. 다른 말로 하면, 이 대비는 외모가 평범한 데이트 상대에 대한 평가와 못생긴 데이트 상대에 대한 평가의 차이가 그 상대의 성격이 어수룩할 때와 보통일 때 서로 달랐는지를 묻는다. 그림 14.12에 상호작용 그래프의 해당 부분이 나와 있다. 그래프를 보면, 데이트 상대의 외모가 평범할 때는 성격이 어수룩할 때보다 카리스마가 보통일 때 평균 평가 점수가 더 높았다. 그러나 못생긴 상대에 대해서는 카리스마 수준과 무관하게 평가가 비슷했다. 이 대비는 $b = 16.8$, $t(108) = 4.95$, $p <$

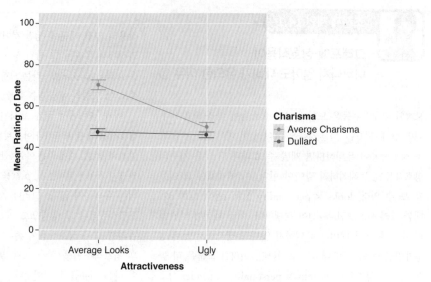

그림 14.12 외모와 성격의 상호작용 4: 추함 대 평범함, 어수룩함 대 보통 카리스마의 그래프

.001로 고도로 유의하며, 외모 수준의 하락에 따른 평가의 하락 폭이 어수룩한 성격보다 보통 카리스마 성격에서 유의하게 더 컸음을 말해준다.

14.6.9 외모, 성격, 성별의 삼원 상호작용 ③

이 삼원 상호작용은 앞에서 설명한 외모와 성격의 상호작용에 성별에 따른 차이가 있는지(즉, 데이트 상대의 매력과 카리스마 수준의 결합된 효과가 남성 참가자들과 여성 참가자들에서 같았는지) 말해준다. 출력 14.3에 따르면, 이 **looks × personality × gender** 삼원 상호작용은 $\chi^2(4) = 79.59$, $p < .0001$로 유의하다. 이것이 최종 모형에서 가장 높은 차수의 유의한 효과이므로, 다른 낮은 차수 효과들은 해석할 필요 없이 이 효과만 해석하면 된다(앞의 개별 해석은 단지 설명을 위한 것일 뿐이었다).

자가진단

✓ *ggplot2*를 이용해서 **looks × personality × gender** 상호작용에 대한 오차 막대그래프를 그리고, *stat.desc*를 이용해서 평균들을 산출하라.

이 상호작용의 본성이 그림 14.13에 드러나 있다. 그림 14.13의 두 그래프는 외모와 성격의 상호작용을 남녀 따로 표시한 것이다(이 그래프에 표시된 평균들은 출력 14.1에 나와 있다). 오른쪽 그래프를 보면, 남자들은 데이트 상대의 외모가 매력적이면 카리스마 수준에 상관없이 상대에게 높은 관심을 보였음을 알 수 있다. 매력 척도의 반대쪽 극단, 즉 데이트 상대가 못생겼을 때 남자들은 카리스마 수준에 상관없이 상대에 관심이 없었다(평가 점수가 모두 낮다). 카리스마 수준이 영향을 미친 것은 상대의 외모가 평범할 때뿐이다. 이 경우 카리스마 수준이 높으면 평가가 높고, 어수룩한 성격이면 평가가 낮다. 보통 카리스마일 때의 평가는 그 둘 사이의 한 지점이다. 간단히 말해서, 남자들은 외모에 더 관심을 두는 천박한 속물이다.

삼원 상호작용을 어떻게 해석하지?

여자들의 그래프(왼쪽)는 남자들의 것과 많이 다르다. 여자들은 데이트 상대의 카리스마 수준이 높으면 매력 수준에 무관하게 관심을 많이 보였다(검은 선이 비교적 수평이다). 반대쪽 극단에서, 데이트 상대의 성격이 어수룩하면 여자들은 상대의 매력 수준과는 무관하게 별 관심을 주지 않았다(짙은 색 선이 비교적 수평이다). 매력 수준이 영향을 미친 것은 상대의 성격이 보통일 때뿐이다. 이 경우 상대가 매력적이면 평가가 높고, 못생겼으면 평가가 낮다. 간단히 말해서, 여자들은 외모의 매력보다는 카리스마를 우선시한다. 이 상호작용 역시 대비 결과들(출력 14.4)을 이용해서 좀 더 구체적으로 분해할 수 있다. 이 상호작용의 대비들은 **looks × personality** 상호작용의 것들과 비슷하되, 성별의 효과도 고려한다는 점이 다르다.

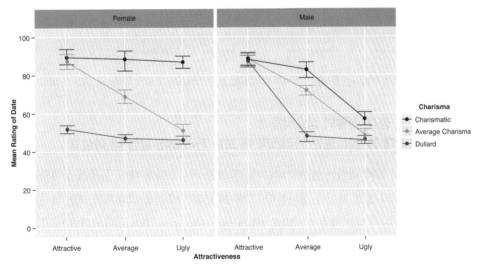

그림 14.13 남녀별 외모와 성격 상호작용 그래프들. 검은색 선은 높은 카리스마, 옅은 색은 보통 카리스마, 짙은 색은 카리스마 없음(어수룩한 성격)을 나타낸다.

14.6.9.1 외모, 성격, 성별의 상호작용 1: 매력적 대 평범함, 높은 카리스마 대 보통 카리스마, 남성 대 여성 ③

이 상호작용 항의 첫 대비는 높은 카리스마 대 보통 카리스마에 대한 매력적 상대와 평범한 상대의 평가 차이의 성별 차이를 살펴본다. 이 대비는 $b = 5.8$, $t(108) = 1.21$, $p = .230$으로 유의하지 않다. 그림 14.14의 상호작용 그래프는 데이트 상대의 외모가 매력적일 때는 카리스마 수준이 높든 보통이든 참가자들이 상대를 높게 평가했음을(따라서 상대에게 관심을 가졌음을) 보여준다. 그러나, 외모가 평범할 때는 카리스마가 높은 상대가 보통인 상대보다 높은 평가를 받았다. 가장 중요한 것은, 그러한 패턴이 남녀 모두에게 나타났다는 것이다. 이는 이 대비가 유의하지 않다는 사실을 반영한다.

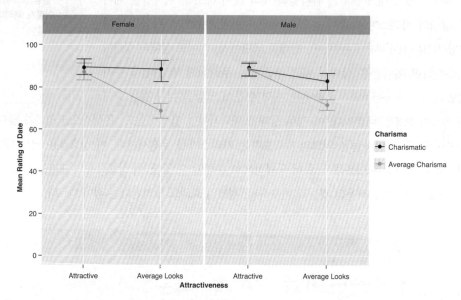

그림 14.14 외모, 성격, 성별의 상호작용 1: 매력적 대 평범함, 높은 카리스마 대 보통 카리스마, 남성 대 여성의 그래프

14.6.9.2 외모, 성격, 성별의 상호작용 2: 추함 대 평범함, 높은 카리스마 대 보통 카리스마, 남성 대 여성 ③

이 상호작용 항의 둘째 대비는 높은 카리스마 대 보통 카리스마에 대한 못생긴 상대와 평범한 상대의 평가 차이의 성별 차이를 살펴본다. 그림 14.15의 상호작용 그래프를 보면 남녀의 패턴이 다르다. 이 점은 이 대비가 $b = -18.5$, $t(108) = -3.85$, $p < .001$로 유의하다는 사실을 반영한 것이다. 그래프를 보고 이 대비 결과를 해석해 보자. 우선 남자들의 그래프(오른쪽)를 보면, 상대가 카리스마적일 때나 보통 성격일 때나 매력 수준이 떨어지면 평가도 떨어졌다. 즉, 카리스마 수준과는 상관없이, 매력 수준이 하락하면 평가도 하락한다. 여자들의 그래프는 이와 상당히 다르다. 카리스마 수준이 높으면 매력 수준이 떨어져도 평가가 떨어지지 않았다(검은 선이 거의 수평이다). 그러나 카리스마가 보통이면 외모의 매력이 중요했다. 평범한 외모의 상대에 비해 못생긴 상대의 평가가 더 낮다. 남녀 그래프를 비교해 보면, 데이트 상대의 성격이 보통일 때는 남녀 모두 매력 수준의 하락에 따라 평가가 비슷한 정도로 하락했다(옅은 선들의

기울기가 비슷하다). 그러나 데이트 상대가 카리스마적이면, 외모가 평범한 상대에 비한 못생긴 상대의 평가 하락이 여자들보다는 남자들에서 두드러졌다(남자들의 짙은 색 선이 여자들의 짙은 색 선보다 기울기가 훨씬 급하다). 이것이 바로 이 유의한 대비가 뜻하는 바이다.

14.6.9.3 외모, 성격, 성별의 상호작용 3: 매력적 대 평범함, 어수룩함 대 보통 카리스마, 남성 대 여성 ③

이 상호작용 항의 셋째 대비는 어수룩함 대 보통 카리스마에 대한 매력적인 상대와 평범한 상대의 평가 차이의 성별 차이를 살펴본다. 그림 14.16의 상호작용 그래프들을 보면, 이번에도 남녀의 패턴이 다르다. 이 점은 이 대비가 $b = 36.2$, $t(108) = 7.54$, $p < .001$로 유의하다는 사실을 반영한 것이다. 그래프를 보고 이 대비 결과를 해석해 보자. 상대의 외모가 평범할 때는 남자들과 여자들 모두 어수룩한 상대보다는 보통 카리스마의 상대에게 더 많은 관심을 보였다(그리고 평가 차이도 남녀가 거의 같다). 따라서 이 측면에 대해서는 성별에 따른 차이가 없는 것으로 보인다. 매력적인 데이트 상대의 경우에는, 남자들은 카리스마 수준과 무관하게 높은 관심을 보였지만 여자들은 외모가 매력적이라도 성격이 어수룩하면 관심을 훨씬 덜 주었다. 다른 말로 하면, 매력적인 데이트 상대의 경우 카리스마 수준에 따른 평가의 차이가 여자들보다 남자들이 훨씬 작았다. 다른 관점에서 말하자면, 카리스마 수준이 보통인 데이트 상대의 경우에는 매력 수준의 하락에 따른 평가의 하락 폭이 남녀가 거의 비슷했다(옅은 선들의 기울기가 거의 비슷하다). 그러나 상대의 성격이 어수룩할 때는, 매력적인 상대에 비한 평범한 상대의 평가 하

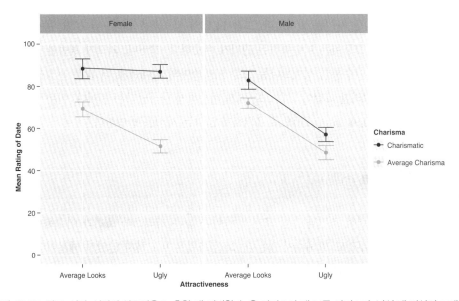

그림 14.15 외모, 성격, 성별의 상호작용 2: 추함 대 평범함, 높은 카리스마 대 보통 카리스마, 남성 대 여성의 그래프

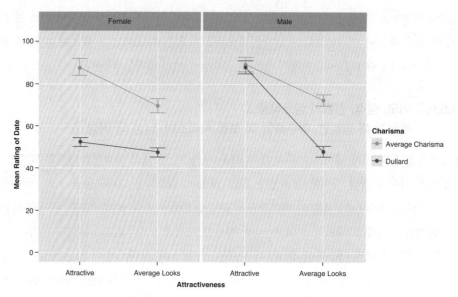

그림 14.16 외모, 성격, 성별의 상호작용 3: 매력적 대 평범함, 어수룩함 대 보통 카리스마, 남성 대 여성의 그래프

락이 여자들보다 남자들에서 더욱 두드러졌다(남자들의 짙은 색 선이 여자들의 선보다 기울기가 훨씬 급하다).

14.6.9.4 외모, 성격, 성별의 상호작용 4: 추함 대 평범함, 어수룩함 대 보통 카리스마, 남성 대 여성 ②

이 상호작용 항의 마지막 대비는 어수룩함 대 보통 카리스마에 대한 못생긴 상대와 평범한 상대의 평가 차이의 성별 차이를 살펴본다. 그림 14.17의 상호작용 그래프를 보면, 못생긴 상대에 대해서는 성격이 보통이든 어수룩하든 평가가 비슷하다. 그러나, 외모가 평범한 상대의 경우에는 참가자들이 어수룩한 상대보다는 보통 카리스마의 상대에게 더 많은 관심을 보였다. 가장 중요한 것은, 그러한 패턴이 남녀 모두에게 비슷하게 나타났다는 것이다. 이는 이 대비가 $b = 4.7$, $t(108) = 0.98$, $p = .330$으로 유의하지 않다는 사실을 반영한다.

14.6.10 결론 ③

이상의 대비들은 매력적 조건과 추함 조건의 차이나 높은 카리스마 조건과 어수룩함 조건의 차이에 대해서는 아무것도 말해주지 않는다. 그런 조합은 비교하지 않았기 때문이다. 대비를 다르게 설정해서 분석을 다시 실행하면 그런 효과들을 파악할 수 있다. 그러나, 지금까지의 분석으로도 잠재적 데이트 상대의 외모와 성격이 그 상대에 대한 평가에 미치는 영향이 성별에

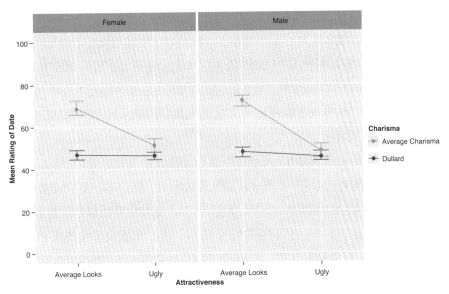

그림 14.17 외모, 성격, 성별의 상호작용 4: 추함 대 평범함, 어수룩함 대 보통 카리스마, 남성 대 여성의 그래프

주입식 샘의 핵심 정리 **다층 모형**

- 혼합 설계의 분석에는 다층 모형 접근 방식이 더 융통성이 있다. 또한, 구형성을 신경 쓸 필요가 없다는 장점도 있다.
- 다층 모형은 대비들(상호작용 효과를 분해하기 위한)을 포함시키기가 쉽다. 모형을 구축하기 전에, 모든 예측변수에 적절한 대비들을 설정해야 한다.
- 예측변수들을 한 번에 하나씩 추가해서 위계적으로 모형을 구축해 나가면 각 예측변수의 전체적인 효과를 검사할 수 있다.
- 모형을 위계적으로 구축했다면, *anova()* 함수를 이용해서 각 단계의 모형을 이전 단계와 비교할 수 있다. 만일 각 단계에서 예측변수를 하나씩만 추가했다면, 인접 단계의 모형들을 비교함으로써 개별 예측변수의 효과를 확인할 수 있다.
- 모든 예측변수와 상호작용이 포함된 최종 모형을 만들었으면, 모형 매개변수들을 출력해서 이전에 설정한 대비의 결과를 확인한다. 그 대비 결과들은 임의의 상호작용 효과를 분해하는 데 도움이 된다. 어떤 대비의 *p* 값이 .05보다 작다면, 그 대비는 유의한 것이다.
- 가장 차수가 높은 효과(간단히 말하면 가장 많은 예측변수가 관여하는 유의한 상호작용)의 해석에 집중해야 한다. 그 상호작용에 포함된 낮은 차수의 효과들은 해석하지 말아야 한다. 예를 들어 $a \times b$ 상호작용이 유의하다면, a나 b의 주 효과는 해석하지 않는다. 마찬가지로, $a \times b \times c$ 상호작용이 유의하다면 $a \times b$, $a \times c$, $b \times c$ 상호작용이나 a, b, c의 주 효과들은 해석하지 않는다.

따라 유의하게 다르다는 점은 명백하다. 남자들은 성격이야 어떻든 외모가 매력적인 상대와 데이트하고 싶어 하는 것으로 보인다. 여자들은 그와 거의 완전히 반대이다. 여성 참가자들은 외모와는 무관하게 카리스마가 넘치는 사람과 데이트하는 데 관심을 많이 보였다(그리고 아무리 외모가 매력적이라도 카리스마가 없는 사람에게는 관심을 별로 두지 않았다). 남자들과 여자들의 유일한 공통점은, 카리스마가 보통일 때는 외모가 평가(상대와 얼마나 데이트하고 싶은지를 뜻하는)에 영향을 미쳤다는 것이다.

이상의 예를 통해서, 한 모형의 독립변수가 셋 이상일 때는 복잡한 상호작용 효과들이 만들어지며, 이를 해석하려면 집중력이 상당히 많이 필요하다는 점이 더욱 명백해졌을 것이다(사원 상호작용을 해석한다고 상상해보라). 따라서 체계적인 접근 방식에 따라 해석을 진행할 필요가 있다. 특히, 그래프를 그려 보는 것이 아주 많이 도움이 된다. 또한, 자료에 관해 여러분이 가진 질문에 답을 얻을 수 있도록 대비들을 적절히 설계하는 데에도 세심한 주의가 필요하다. 대비들은 해석의 지침이 되므로, 합당한 대비들을 준비해야 한다.

14.7 효과크기 계산 ③

매번 강조하지만, 대체로 전반적인 효과보다는 구체적인 특정 효과를 요약하는 효과크기가 더 유용하다. 이는 혼합 설계의 복잡한 오메가제곱 계산 방법을 설명하지 않고 넘어가려는 나에게 좋은 변명 거리이기도 하다(그런 계산을 시도하면 정신이 나갈 수 있음을 믿어주기 바란다). 그래서 이번 절에서는 그냥 보통의 요인 분산분석에 해당하는 대비들(그리고 두 그룹만 비교하는 주효과들)의 효과크기만 계산하기로 한다.[4] 여러 대비의 효과크기를 계산하는 데 필요한 통계량들(특히, t 값과 자유도)이 출력 14.4에 나와 있다. 효과크기는 이전에 반복측정 설계에서 사용했던 공식으로 계산하면 된다. 그 공식은 다음과 같다.

$$r = \sqrt{\frac{t^2}{t^2 + df}}$$

§10.7에서 이 값을 계산하는 *rcontrast()*라는 함수를 작성했었다. 이 책을 위해 만든 패키지 DSUR을 설치, 적재했다면(§3.4.5 참고) 지금 당장 이 함수를 사용할 수 있다. 이 함수는 다음과 같은 형태로 실행한다.

```
rcontrast(t, df)
```

---

4 물론, 만일 *ezANOVA()*로 분석을 수행했다면 효과들의 일반화된 에타제곱(출력 14.2의 *ges*)을 보고할 수도 있겠다. 단, 그룹이 셋 이상인 효과들과 상호작용 항들에 대해 그런 종류의 효과크기가 얼마나 유용할지는 의문의 여지가 있다.

여기서 t는 효과크기를 계산하려는 효과의 t 값이고 df는 해당 자유도이다. 지금 예에서는 가장 높은 차수인 삼원 상호작용에 대한 대비들의 효과크기만 계산하면 된다. 그 상호작용이 유의하므로, 다른 효과들과 상호작용들은 신경 쓸 필요가 없다. 출력 14.4에 삼원 상호작용의 t 값과 자유도가 나와 있다.

다음은 삼원 상호작용의 네 대비의 효과크기를 $rcontrast()$로 구하는 명령들이다.

```
rcontrast(-1.20802, 108)
[1] "r =  0.115464310595437"
rcontrast(3.85315, 108)
[1] "r =  0.347643452246021"
rcontrast(-7.53968, 108)
[1] "r =  0.587236020509728"
rcontrast(-0.97891, 108)
[1] "r =  0.0937805285056477"
```

정리하자면, 효과크기들은 다음과 같다.

- $r_{\text{매력적 대 평범함, 높은 카리스마 대 보통 카리스마, 남성 대 여성}} = .12,$

- $r_{\text{추함 대 평범함, 높은 카리스마 대 보통 카리스마, 남성 대 여성}} = .35,$

- $r_{\text{매력적 대 평범함, 어수룩함 대 보통 카리스마, 남성 대 여성}} = .59,$

- $r_{\text{추함 대 평범함, 어수룩함 대 보통 카리스마, 남성 대 여성}} = .09,$

유의하다고 판정된 두 효과('매력적 대 평범함, 어수룩함 대 보통 카리스마, 남성 대 여성'과 '추함 대 평범함, 높은 카리스마 대 보통 카리스마, 남성 대 여성')는 크기가 상당히 크다. 유의하지 않은 두 효과는 크기가 상당히 작다.

14.8 혼합 분산분석 결과의 보고 ②

이미 짐작했겠지만, 독립변수가 셋 이상이면 보고서에 명시해야 할 것 같은 기분이 드는 정보가 대단히 많다. 사람들은 흔히 모든 주 효과와 모든 상호작용, 그리고 비교한 모든 대비를 보고하는 데 많은 지면을 낭비한다. 그렇게 하기보다는, 정말로 중요한 효과들만 상세히 보고하는 것이 바람직하다(즉, 유의한 고차 상호작용이 존재한다면, 그 상호작용에 관여하는 개별 주 효과들과 저차 상호작용들의 해석은 생략해야 한다). 나는 보고서나 논문의 결과 섹션에서 특정 효과가 우리에게 말해주는 메시지가 무엇인지를 간결하게 설명하는 방식을 아주 많이 선호하므로, 결과 섹션을 작성할 때는 단지 수치만 보고하는 것이 아니라 그에 대한 해석도 제공하곤 한다. 그렇긴 하지만, 내 결과 섹션이 너무 길다고 말하는 것을 아주 많이 선호하는 학술지 편집자들도 있다. 내 조언을 받아들일지 아니면 아예 무시할지는 여러분의 몫이다.

분산분석 접근 방식을 따랐다면, 결과를 다음과 같이 보고하면 될 것이다(물론, 이렇게 목록 형식을 사용하지는 말 것!).

✓ 모든 효과가 $p < .05$ 수준에서 유의하다고 보고되었다. 참가자가 데이트 상대에게 보인 관심에 대한 데이트 상대의 매력의 주 효과들은 $F(2, 36) = 423.73$으로 유의했고, 데이트 상대의 카리스마 수준의 주 효과들도 $F(2, 36) = 328.25$로 유의했다. 그러나, 남성 참가자들과 여성 참가자들의 평가는 대체로 같았다. 이 경우 $F(1, 18) < 1$, $r = .02$이다.

✓ 데이트 상대 매력과 참가자 성별의 상호작용은 $F(2, 36) = 80.43$으로 유의한 효과를 보였고, 데이트 상대 카리스마 수준과 참가자 성별의 상호작용은 $F(2, 36) = 62.45$로 유의했으며, 데이트 상대 카리스마 수준과 데이트 상대 매력 수준의 상호작용도 $F(4, 72) = 36.63$으로 유의했다.

✓ 가장 중요하게는, 외모(매력)와 성격(카리스마), 성별의 상호작용이 $F(4, 72) = 24.12$로 유의했다. 이는 앞에서 서술한 외모×성격 상호작용의 효과가 남성 참가자들과 여성 참가자들에서 달랐음을 뜻한다.

다층 모형을 사용했다면 다음과 같이 보고하면 될 것이다.

✓ 참가자가 데이트 상대에게 보인 관심에 대한 데이트 상대의 매력의 주 효과들은 $\chi^2(2) = 68.30$, $p < .0001$로 유의했고, 데이트 상대의 카리스마의 주 효과들은 $\chi^2(2) = 138.76$, $p < .0001$로 유의했다. 그러나, 남성 참가자들과 여성 참가자들의 평가는 대체로 같았다. 이 경우 $\chi^2(1) = 0.002$, $p = .966$이다.

✓ 데이트 상대 매력과 참가자 성별의 상호작용은 $\chi^2(2) = 39.54$, $p < .0001$로 유의한 효과를 보였고, 데이트 상대 카리스마 수준과 참가자 성별의 상호작용은 $\chi^2(2) = 57.96$, $p < .0001$로 유의했으며, 데이트 상대 카리스마 수준과 데이트 상대 매력 수준의 상호작용도 $\chi^2(4) = 77.14$, $p < .0001$로 유의했다.

✓ 가장 중요하게는, 외모(매력)와 성격(카리스마), 성별의 상호작용이 $\chi^2(4) = 79.59$, $p < .0001$로 유의했다. 이는 앞에서 서술한 외모×성격 상호작용의 효과가 남성 참가자들과 여성 참가자들에서 달랐음을 뜻한다. 이 상호작용은 데이트 상대의 매력 수준에 따른 차이(평범한 외모 범주 대 기타 범주들)에 대한 데이트 상대의 카리스마 수준에 따른 차이(보통 카리스마 대 기타 범주들)에 대한 성별 차이에 관한 것이다. 대비들을 이용해서 이 상호작용을 좀 더 분해했다. 첫 대비는 높은 카리스마 대 보통 카리스마에 대한 매력적 상대

실험복 레니의 실제 연구 14.1　　　신뢰와 성실 ③

Schützwohl, A. (2008). *Personality and Individual Differences*, 44, 633-644.

사람들은 질투(jealousy)에 빠지곤 한다. 특히, 자신의 파트너가 자신에게 성실하지 않다고 느낄 때 더욱 질투에 빠지는 것 같다. 진화론의 관점에서 볼 때 남자들과 여자들은 서로 다른 종류의 질투를 느끼도록 진화한 것으로 보인다. 이는 남성과 여성의 생식(재생산) 성공을 위협하는 배신행위의 종류가 서로 다르기 때문일 것이다. 좀 더 구체적으로 말하면, 여성의 성적 배신행위는 남성 파트너의 생식 기회를 빼앗고, 경우에 따라서는 자신의 아이가 아닌 아이에게 수년간 투자해야 하는 부담을 남성 파트너에게 지울 수 있다. 한편, 남성의 성적 배신행위는 여성 파트너에게 자신과 무관한 아이를 키우는 부담을 지우지는 않지만, 남성의 자원을 여성 파트너가 아닌 다른 여성에게 분산함으로써 여성 파트너가 자신의 후손을 남길 기회를 빼앗는 결과가 될 수 있다. 그리고 그러한 '자원의 분산'은 다른 여성에 대한 감정적 애착으로 드러난다. 그래서 남성의 질투 메커니즘은 파트너의 성적 배신을 방지하는 쪽으로 진화하고, 여성의 질투 메커니즘은 감정적 배신행위를 방지하는 쪽으로 진화했다. 이것이 사실이라면, 남성과 여성은 배신행위를 감지하기 위한 주의력을 각자 다른 종류의 단서들에 집중할 것이다. 즉, 여자들은 남자 파트너의 **감정적** 배신행위를 '항상 감시하는' 데 주의력 자원을 소비할 것이고, 남자들은 여자들의 성적 배신행위를 감시할 것이다.

아킴 슈츠볼은 이 이론을 독창적인 연구로 검증했다. 그 연구에서 그는 컴퓨터 화면으로 남자들과 여자들에게 특정한 문장들을 제시했다(Schützwohl, 2008). 각 시행(trial)에서 참가자에게는 하나의 목표 문장을 제시했는데, 그 문장들은 모두 감정적으로 중립적인 것들이었다(이를테면 "길 건너에 주유소가 있다"). 그러나, 그러한 목표 문장 직전에, 그 목표 문장의 해석에 영향을 줄 만한 다른 문장을 제시했다. 그런 혼란용 문장들에는 감정적으로 중립적인 것들도 있고 성적 배신을 암시하거나(이를테면 "성교를 하려고 해도 당신의 파트너가 성적으로 흥분하지 않는다") 감정적 배신을 암시하는(이를테면 "당신의 파트너가 더 이상 '사랑해'라고 말하지 않는다") 것들도 있었다. 핵심은, 만일 그런 혼란용 문장이 참가자의 관심을 끌었다면, (1) 참가자가 그 혼란용 문장을 기억할 것이며, (2) 그다음에 나오는 목표 문장은 기억하지 못할 것이라는(주의력 자원이 혼란용 문장에 소비되었으므로) 것이다. 이러한 효과는 현재 연애 파트너가 있는 사람에게만 나타나야 한다. 실험의 결과변수는 참가자가 기억한 목표 문장(총 6개)의 개수이고, 예측변수는 파트너가 있는지, 즉 누군가와 연애(또는 결혼) 중인지의 여부(**Relationship** 변수)와 시행에 사용된 혼란용 문장(distractor)의 종류, 그리고 그다음에 제시된 것이 혼란용 문장인지 목표 문장(target)인지의 여부이다. 슈츠볼은 남성 참가자들과 여성 참가자들을 따로 분석했다(아마도 까다로운 사원 상호작용의 해석을 피하기 위해서였을 것이다). 예측은, 여자들은 감정적 배신에 관한 문장(혼란용)들을 그다음에 나오는 목표 문장들보다 더 많이 기억할 것이고, 남자들은 성적 배신에 관한 문장(혼란용)들을 그다음에 나오는 목표 문장들보다 더 많이 기억하리라는 것이다.

이 연구의 자료가 **Schützwohl(2008).dat** 파일에 들어 있다. 실험복 레니가 여러분에게 원하는 것은, 이러한 가설들을 검증하는 두 개(남녀 각각 하나씩)의 삼원 혼합 분산분석을 수행하는 것이다. 답은 부록 웹사이트의 보충 자료에 있다(또는, 원래 논문의 pp. 638-642를 보라).

와 평범한 상대의 평가 차이의 성별 차이를 비교한다. 이 대비는 $b = 5.8$, $t(108) = 1.21$, $p = .230$, $r = .12$로 유의하지 않았다. 이 결과는, 데이트 상대의 카리스마 수준이 높을 때보다 보통일 때 매력 수준의 하락에 따른 평가 하락폭이 남녀 모두 더 컸음을 말해준다. 둘째 대비는 높은 카리스마 대 보통 카리스마에 대한 못생긴 상대와 평범한 상대의 평가 차이의 성별 차이를 비교한다. 이 대비는 $b = -18.5$, $t(108) = -3.85$, $p < .001$, $r = .35$로 유의했다. 이 결과는, 데이트 상대의 카리스마가 보통일 때는 매력 수준의 하락에 따른 평가 하락폭이 남녀 모두 비슷했지만, 카리스마 수준이 높을 때는 평범한 외모에 비한 추한 대상에 대한 평가의 하락이 여자들보다 남자들이 훨씬 더 컸음을 말해준다. 셋째 대비는 어수룩함 대 보통 카리스마에 대한 매력적인 상대와 평범한 상대의 평가 차이의 성별 차이를 비교한다. 이 대비는 $b = 6.2$, $t(108) = 7.54$, $p < .001$, $r = .59$로 유의했다. 이 결과는, 카리스마 수준이 보통인 데이트 상대의 경우에는 매력 수준의 하락에 따른 평가의 하락폭이 남녀가 거의 비슷했지만, 상대의 성격이 어수룩할 때는, 매력적인 상대에 비한 평범한 상대의 평가 하락이 여자들보다 남자들에서 더욱 두드러졌음을 말해준다. 마지막 대비는 어수룩함 대 보통 카리스마에 대한 못생긴 상대와 평범한 상대의 평가 차이의 성별 차이를 비교한다. 이 대비는 $b = 4.7$, $t(108) = 0.98$, $p = .330$, $r = .09$로 유의하지 않았다. 이 결과는, 남녀 모두 데이트 상대의 매력 수준 감소에 따른 평가 하락폭이 상대가 어수룩한 성격일 때보다 보통 카리스마일 때 더 컸음을 말해준다.

14.9 강건한 혼합 설계 분석 ③

만일 누군가가 혼합 분산분석의 '비모수적' 버전이 없는 게 100% 확실하냐고 내게 물을 때마다 1파운드(또는 1달러, 1유로 등등 여러분이 좋아하는 화폐 단위로 바꾸어도 좋다)를 받았다면 번쩍이는 새 드럼 키트를 샀을 것이다. 그러나 그러한 유명한 단언과는 달리, 랜드 윌콕스의 책(Wilcox, 2005)에 나온 절사평균과 M 추정량에 기초한 강건한 방법들을 혼합 설계에 적용할 수 있다. 윌콕스는 그러한 강건한 검정들을 R에서 실행하기 위한 함수들도 작성했다(§5.8.4 참고). 그 함수들을 사용하려면 *WRS* 패키지를 설치, 적재해야 한다(§5.8.4). 이번에 살펴볼 함수는 다음 네 가지이다.

- **tsplit()**: 이 함수는 절사평균에 기초해서 이원 혼합 분산분석을 수행한다.
- **sppba()**: 이 함수는 이원 혼합 설계의 요인 *A*의 주 효과를 M 추정량과 부트스트랩을 이용해서 계산한다.

- **sppbb()**: 이 함수는 이원 혼합 설계의 요인 B의 주 효과를 M 추정량과 부트스트랩을 이용해서 계산한다.

- **sppbi()**: 이 함수는 이원 혼합 설계의 요인 $A \times B$의 주 효과를 M 추정량과 부트스트랩을 이용해서 계산한다.

이번 장의 주 예제 같은 삼원 혼합 설계를 분석하는 함수는 없기 때문에, 새로운 예제를 이용해서 이들을 살펴보기로 한다.

내 아내는 페이스북의 프로필 사진을 나와 함께 찍은 것으로 바꾼 후부터 모르는 남자들의 친구 요청이 줄어들었다는 이론을 가지고 있다. 괴짜 연구원 커플인 우리는 그 이론을 과학적으로 검증하는 방법을 생각해 보기로 했다. 한 가지 방법은 사람들이 SNS에서 자신을 표현하는 방법을 체계적으로 조작해서 모르는 사람들로부터의 친구 요청 횟수를 측정하는 것이다. 풍부한 상상 속에서 우리 부부는 SNS 웹사이트에 프로필 사진을 올린 40명의 여성을 조사했다. 그중 23명은 연애(relationship) 상태가 '독신(Single)'이고, 나머지 17명은 '연애 중(In A Reationship)'이다. 우리는 그들에게 그 상태를 변경하지 말라고 요청했다. 이 실험에서 연애 상태는 그룹간 변수(relationship_status)에 해당한다. 총 6주간의 실험에서, 우리는 참가자들에게 3주 동안은 자신만 나온 사진(alone)을 프로필 사진으로 걸게 하고, 다른 3주 동안은 어떤 남자와 같이 찍은 사진(couple)으로 프로필 사진으로 걸게 했다. 각 3주 동안 모르는 남자의 친구 요청 횟수를 측정했으며, 어떤 종류의 사진을 먼저 거는지는 참가자마다 무작위로 정했다. 이는 연애 상태가 그룹간 변수이고 프로필 사진 종류가 반복측정 변수이며 모르는 남자의 친구 요청 횟수가 결과변수인 혼합 설계이다.

해당 자료가 **ProfilePicture.dat** 파일에 있다. 자료 파일이 있는 디렉터리를 현재 작업 디렉터리로 설정한 상태에서 다음 명령을 실행해서 이 자료를 불러온다.

```
pictureData<-read.delim("ProfilePicture.dat", header = TRUE)
```

자료는 현재 다음과 같은 형식이다(중간의 사례들은 생략했다).

```
   case relationship_status couple alone
1     1  In a Relationship       4     4
2     2  In a Relationship       4     6
3     3  In a Relationship       4     7
4     4  In a Relationship       3     5
...   ...       ...              ...   ...
36   36             Single       5    10
37   37             Single       4     8
38   38             Single       6     9
39   39             Single       7    10
40   40             Single       3     5
```

각 열의 변수는 앞에서 소개했다.

우선 해결해야 할 문제는, 강건한 함수들이 긴 형식이 아니라 넓은 형식(제3장 참고)의 자료
를 요구한다는 것이다. 그림 14.18에 기존 자료 형식과 함수들이 요구하는 형식(넓은 형식)이 나
와 있다. 본질적으로, 두 요인의 수준들을 펼쳐서 각자 다른 열로 표현해야 한다. 반복측정 변
수(사진의 종류)는 이미 각자 다른 열(couple과 alone)에 퍼져 있지만, 연애 상태는 한 열의 서로
다른 행들로 표현되어 있다(행 1~17은 사귀는 사람이 있는 참가자들의 사례이고, 행 18~40은 독신이
다). 따라서, 현재 사진 종류를 나타내는 **couple** 열과 **single** 열 옆에 두 열을 새로 만들고, 독
신에 해당하는 행들을 그 두 열로 옮겨야 한다.

이러한 구조 변경에 필요한 것은 *reshape* 패키지의 *melt()* 함수와 *cast()* 함수이다. 이들로
구조 변경을 진행하려면 우선 넓은 형식에서 행들을 식별하는 데 사용할 변수 하나를 데이터
프레임에 추가해야 한다. 그림 14.18의 왼쪽을 보면 자료가 크게 네 조각으로 구성되어 있는
데, 이들은 두 가지 사진 종류와 두 가지 연애 상태의 네 가지 조합에 해당한다. 각 조각이 여
러 개의 행으로 되어 있다는 점도 주목하기 바란다. 우리가 해야 할 일은, 현재 상하로 쌓인 조
각들을 좌우로 나란히 늘어선 형태(그림 14.18의 오른쪽)로 옮기는 것이다. 이를 위해서는 R에게
어떤 점수를 어떤 열로 옮겨야 할지 알려주어야 한다. 가장 쉬운 접근 방식은 그냥 변수(이를테
면 **row**)를 하나 만들어서 조각 안에서의 주어진 점수의 행 번호를 지정하는 것이다. 다른 말로
하면, 그 변수는 주어진 점수가 조각 안의 몇 번째 행인지를 말해주는 값을 담는다. 지금은 조
각들이 상하로 쌓여 있으므로, 첫 조각의 경우 그 변수는 1에서 17까지의 값을 가지고, 둘째
조각의 경우에는 1에서 23까지의 값을 가진다(두 연애 상태 그룹의 참가자들이 각각 17명과 23명이
므로). 다음은 이러한 변수를 데이터프레임에 추가하는 명령이다.

```
pictureData$row<-c(1:17, 1:23)
```

이 명령은 *pictureData*에 *row*라는 변수를 생성한다. 이 변수에는 먼저 1에서 17까지의 값이
들어 있고, 그 다음에 1에서 23까지의 값이 들어 있다. 자료의 구조는 이전과 같다. 단지, 각
연애 상태 그룹 안에서 점수들의 행을 식별하는 **row**라는 변수가 추가되었을 뿐이다.

다음으로, 자료를 넓은 형식으로 주조(cast)하려면 먼저 자료를 녹여야(melt) 한다. 이를 위
한 함수가 *melt()*이다(§3.9.4 참고). 기억하겠지만, 이 함수는 점수들의 특성을 식별하는 변수들

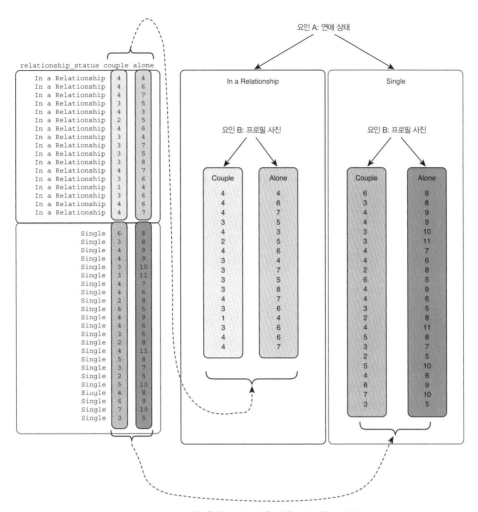

그림 14.18 강건한 혼합 분산분석을 위한 자료 형식 변경

(지금 예에서 **case**와 **relationship_status**, **row**는 주어진 한 점수의 특징을 말해준다. 예를 들어 "이 점수는 독신 그룹의 세 번째 사례에 해당한다" 같은 것을 알 수 있다)과 점수 자체, 즉 측정값을 담은 변수를 구분한다(지금 예에서 **couple** 열과 **alone** 열에 해당하는 변수들이 점수를 담고 있다). 특성을 나타내는 변수들은 *id* 옵션으로, 점수들을 담은 변수들은 *measured* 옵션으로 지정해야 한다. 다음 명령은 이 함수를 이용해서 기존 데이터프레임을 녹인 결과로 *profileMelt*라는 새 데이터프레임을 생성한다.

```
profileMelt<-melt(pictureData, id = c("case", "row", "relationship_status"),
measured = c("couple", "alone"))
```

이제 자료는 다음과 같은 모습이다(지면을 절약하기 위해 여러 사례를 생략했다).

	case	row	relationship_status	variable	value
1	1	1	In a Relationship	couple	4
2	2	2	In a Relationship	couple	4
...	...	...	...	...	...
18	18	1	Single	couple	6
19	19	2	Single	couple	3
...	...	...	...	...	...
41	1	1	In a Relationship	alone	4
42	2	2	In a Relationship	alone	6
...	...	...	...	...	...
79	39	22	Single	alone	10
80	40	23	Single	alone	5

R은 프로필 사진이 참가자 혼자 찍은 것인지 다른 남자와 함께 찍은 것인지를 구분하는 변수에 *variable*이라는 이름을 붙였고, 모르는 남자의 친구 요청 횟수를 담은 변수에는 *value*라는 이름을 붙였다. 그리 의미 있는 이름이 아니므로, *names()* 함수를 이용해서 각각 *profile_picture*와 *friend_requests*로 바꾸자.

```
names(profileMelt)<-c("case", "row", "relationship_status", "profile_picture",
"friend_requests")
```

이 명령은 *profileMelt* 데이터프레임의 각 열에 *c()*로 지정된 이름을 배정한다. 결과적으로, 데이터프레임의 모든 변수에 그 변수의 의미를 잘 나타내는 이름이 붙었다.

마시막으로, 녹은 자료를 *cast()* 함수를 이용해서 넓은 형식으로 주조한다. 이 함수를 사용할 때는 행들을 지정하는 변수들 ~ 열들을 지정하는 변수들 형태의 변환 공식을 지정해야 한다. 지금 예에서 점수가 어떤 행에 들어가는지는 **row** 변수가 말해준다. 그리고 점수들을 나누어 담고자 하는 열은 **relationship_status**와 **profile_picture**이다. 따라서, 지금 필요한 변환 공식은 *row ~ relationship_status + profile_picture*이다. 다음은 이를 이용해서 *profileData*라는 넓은 형식의 데이터프레임을 생성하는 명령이다.

```
profileData<-cast(profileMelt, row ~ relationship_status + profile_picture,
value = "friend_requests")
```

이 명령의 대상이 앞에서 녹인 데이터프레임(*profileMelt*)임을 주목하기 바란다. *value = "friend_requests"* 옵션은 어떤 열이 결과변수인지를 명시적으로 지정한 것이다. (이 옵션을 생략해도 함수가 나름의 추측을 통해서 적절한 열을 결과변수로 선택하긴 하지만, 지금 예에서처럼 결과변수를 명시적으로 지정하는 습관을 들이는 것이 좋다.)

이제 자료가 넓은 형식으로 변환되었다. 그런데 원래의 데이터프레임에 **row** 변수를 추가했으므로, 새 데이터프레임에도 그 변수가 있다. 그 변수는 분석 대상이 아니므로 삭제하기로 하자. 다음 명령을 실행하면 된다.

```
profileData$row<-NULL
```

데이터프레임의 내용을 출력해 보면 자료가 깔끔한 넓은 형식으로 배치되어 있음을 확인할 수 있다(지면 관계상 '연애 중'을 뜻하는 'In A Relationship'을 'IAR'로 줄였다).

```
profileData
```

IAR_With Man	IAR_Alone	Single_With Man	Single_Alone
4	4	6	8
4	6	3	8
4	7	4	9
3	5	4	9
4	3	3	10
2	5	3	11
4	6	4	7
3	4	4	6
3	7	2	8
3	5	6	5
3	8	4	9
4	7	4	6
3	6	3	5
1	4	2	8
3	6	4	11
4	6	5	8
4	7	3	7
NA	NA	2	5
NA	NA	5	10
NA	NA	4	8
NA	NA	6	9
NA	NA	7	10
NA	NA	3	5

연애 중 그룹의 참가자가 독신 그룹의 참가자보다 적으므로(17 대 23), 자료에 결측값들이 존재한다. 그러나 이 점이 강건한 분석 함수들에 영향을 미치지는 않는다.

열들의 순서에 주목하기 바란다. 강건한 분석을 진행하는 데 열들의 순서가 영향을 미친다. 지금 예에서 독립변수 **relationship_status**가 먼저이고 **profile_picture**가 그다음이다. 다른 말로 하면, 점수들은 총 네 그룹인데, 우선은 참가자의 연애 상태(연애 중 또는 독신)에 따라 두 그룹으로 구분하고, 각 그룹 안에서 프로필 사진의 종류에 따라 두 그룹으로 구분한 것이다. 요인 분산분석의 어법으로 말하자면 **relationship_status**가 요인 *A*이고 **profile_picture**가 요인 *B*이다(그림 14.18). 이 열들의 순서는 2 × 2 설계(연애 상태의 두 수준을 프로필 사진의 두 수준으로 분할한)를 반영한 것이다.

tsplit() 함수의 일반적인 활용 형태는 다음과 같다.

```
tsplit(요인 A의 수준 개수, 요인 B의 수준 개수, 데이터프레임, tr = .2)
```

이전에 본 다른 강건한 함수들처럼, 기본 절사 수준은 20%($tr = .2$)이다. 다른 비율을 원한다면 tr 옵션을 명시적으로 지정해야 한다. 기본 절사 수준을 사용한다면 데이터프레임(지금 예에서는 *profileData*)과 요인 A의 수준 개수(지금 예에서는 앞에서 설명했듯이 2), 그리고 요인 B의 수준 개수(역시 2)만 지정하면 된다. 따라서, 지금 예에서 절사평균에 기초한 강건한 이원 요인 분산분석을 수행하는 명령은 다음과 같다.

```
tsplit(2, 2, profileData)
```

함수 *sppba()*, *sppbb()*, *sppbi()*는 그 활용 형태가 동일하다. 다음과 같다.

```
sppba(요인 A의 수준 개수, 요인 B의 수준 개수, 데이터프레임, est = mom, nboot = 2000)
```

tsplit() 함수와 다른 점이라면 절사 수준 옵션이 없는 대신 부트스트랩 표본 개수를 지정하는 *nboot* 옵션과 사용할 M 추정량을 지정하는 *est* 옵션이 있다는 점이다. *est* 옵션의 경우, 중앙값을 사용하고 싶으면 *est = median*을 지정하고, 이상치를 식별, 제거하는 방법을 사용하고 싶으면 *est = mom*을 지정하면 된다. 작은 표본들에 대해 *est = mom*을 지정하면 오류 메시지가 나올 수 있는데, 그런 경우에는 대신 *est = median*을 지정해야 한다. 기본 부트스트랩 표본 개수는 599이다. 다음은 부트스트랩 표본 개수를 2,000으로 늘려서 분석을 실행하는 명령들이다.[5]

```
sppba(2, 2, profileData, est = mom, nboot = 2000)
sppbb(2, 2, profileData, est = mom, nboot = 2000)
sppbi(2, 2, profileData, est = mom, nboot = 2000)
```

이 명령들의 결과가 출력 14.11에 나와 있다. *tsplit()*의 결과(출력 14.11의 왼쪽)에는 요인 A($Qa)와 요인 B($Qb), 그리고 그 상호작용($Qab)의 검정통계량들과 해당 p 값들(각각 $Qa.siglevel, $Qb.siglevel, $Qab.siglevel)이 있다. 요인 A가 연애 상태이고 요인 B가 프로필 사진 종류임을 기억할 것이다. 따라서, 친구 요청 횟수에 대한 연애 상태의 주 효과는 $Q = 10.79$, $p = .003$으로 유효했고, 프로필 사진 종류의 주 효과도 $Q = 92.13$, $p < .001$로 유효했으며, 연애 상태와 프로필 사진 종류의 상호작용도 $Q = 8.17$, $p = .008$로 유효했다는 결론을 내릴 수 있다.

*sppba()*와 *sppbb()*, *sppbi()*의 결과(출력 14.11의 오른쪽)에는 검정통계량($psihat)과 해당 p 값($p.value)이 있다. 결론은 이전과 같다. 즉, 연애 상태의 주 효과는 $\hat{\psi} = -1.46$, $p = .001$로 유효했고, 프로필 사진 종류의 주 효과도 $\hat{\psi} = -3.17$, $p < .001$로 유효했으며, 연애 상태와 프로필 사진 종류의 상호작용도 $\hat{\psi} = 1.44$, $p = .015$로 유효했다.

---

5 중앙값을 사용하고 싶으면 다음 명령을 실행하면 된다.

```
sppba(2, 2, profileData, est = median, nboot = 2000)
```

tsplit()	sppba(), sppbb(), sppbi()

$Qa
[1] 10.78843
 	
$Qa.siglevel
        [,1]
[1,] 0.002795259
 	
$Qb
[1] 92.12093
 	
$Qb.siglevel
        [,1]
[1,] 2.618876e-10
 	
$Qab
[1] 8.167141
 	
$Qab.siglevel
        [,1]
[1,] 0.008003836
	sppba
	
	$p.value
	[1] 0.001
	
	$psihat
	[1] -1.464194
	
	$con
	    [,1]
	[1,] 1
	[2,] -1
	
	sppbb
	
	$p.value
	[1] 0.0004997501
	
	$center
	[1] -3.171429
	
	sppbi
	
	$p.value
	[1] 0.015
	
	$psihat
	[1] 1.4375
	
	$con
	    [,1]
	[1,] 1
	[2,] -1

그림 14.19는 이 결과를 그래프로 나타낸 것이다. 프로필 사진의 주 효과는 여성 참가자의 독사진을 프로필 사진으로 사용했을 때 대체로 친구 요청이 더 많았다는 사실을 반영한다(짙은 색 선이 검은색 선보다 높이 있다). 그리고 연애상태의 주 효과는 참가자의 연애 상태가 '연애 중'일 때보다 '독신'일 때 친구 요청 횟수가 많았다는 사실을 반영한다(두 선 모두 위로 올라가는 형태이다). 그리고 유의한 상호작용 항은 짙은 색 선이 검은색 선보다 기울기가 더 급하다는 점을 반영한 것으로 보인다. 다른 말로 하면, '연애 중' 상태에 비한 '독신' 상태의 친구 요청 증가폭이, 프로필 사진이 독사진일 때 더 컸다. 간단히 말해서, 모르는 남자들로부터 친구 요청을 더 많이 받고 싶다면 연애 상태를 독신으로 두고 독사진을 프로필 사진으로 사용하는 것이 좋다. 그러면 이상한 놈팡이들이 떼로 몰려올 것이다.

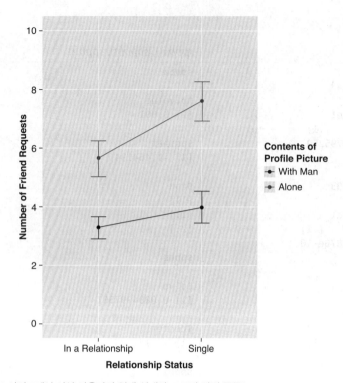

그림 14.19 SNS 사이트에서 여성 사용자의 연애 상태와 프로필 사진 종류(독사진 또는 남자와 찍은 사진)에 대한, 웬 이상한 남자들의 평균 친구 요청 횟수를 보여주는 그래프

이번 장에서 발견한 통계학 ②

삼원 분산분석을 이해하고 숙달하기란 쉽지 않은 일이다. 내 경력 동안 나는 삼원 분산분석을 수백 번 수행했지만, 이번 장을 쓰면서 여전히 헷갈리는 부분을 만났다(따라서, 이번 장을 읽고 뭔가 헷갈린다면, 그것은 여러분의 잘못이 아니라 내 잘못이다). 그렇긴 하지만, 같은 참가자들로부터 측정한 독립변수와 서로 다른 참가자들로부터 측정한 독립변수가 섞여 있는 설계도 다룰 수 있을 정도로 일반선형모형이 유연하다는 점은 확실히 알았을 것이다. 또한, 이번 장에서는 분산분석 역시 독립변수가 셋 이상인 상황도 다룰 수 있을 정도로 유연하다는 점을 알게 되었다. 그와 함께, 모형에 포함하는 독립변수의 수를 제한하는(해석의 편의를 위해) 데에는 그럴만한 이유가 있다는 점을 깨닫기 시작했으리라 믿는다.

물론 이번 장에서 배운 좀 더 재미있는 사실은, 남자들이 성격보다는 외모를 중시하는 천박한 생물이라는 점과 여자들은 카리스마가 충분하다면 노트르담의 꼽추와도 데이트할 준비가 되었다는 점이다. 이는 16~18세 때 내 인생이 그렇게 복잡했던 이유이기도 하다. 도대체 내 카리스마는 어디에 숨어 있었던 것일까? 다행히도, 당시 내 주변에는 알코올 중독자에게 매력을 느끼는 여자애들이 몇 명 있었다. 16세 때 내가 특히나 열중했던 여자애가 있었는데, 알고 보니 그 애도 나한테 관심이 있었다. 나는 적어도 한 달간은 그 사실을 믿지 못했다. 양쪽 친구들은 나와 그 애가 각자 상대에 대한 사랑을 선언하면서도 막상 둘이 만나면 아무 이야기도 하지 않는 데 진력을 내게 되었고, 결국은 친구들이 중매에 나섰다. 어느 날 저녁 파티에서 그 여자애의 친구들이 그녀에게 데이트를 신청하라고, 그러면 그 애가 수락할 것이라고 나를 몇 시간이나 설득했다. 결국 나는 용기를 내서 실행에 옮기기로 했다. 내가 정말로 여자한테 데이트를 신청하게 된 것이다. 그때까지의 내 인생 전체를 걸고, 이 데이트 신청은 반드시 성공해야 했다. 그러나 시간이 되어서 그 여자애가 등장하자 나는 온몸이 마비되었고, 그 애가 파티가 열린 집 안으로 들어가려면 시체처럼 굳은 나를 밟고 지나가야 했다. 얼마 후 내 친구 폴 스프레클리(그림 9.1)가 다른 방에 있던 그 여자 애를 불러서 내 옆에 앉히고는 내게 "앤디, 네가 이 애한테 데이트 신청을 할 때까지 내가 여기 앉아 있을 거야"라는 뜻의 말을 했다. 그는 오래 기다려야 했지만, 급기야는 내 입에서 기적적으로 말이 흘러나왔다. 16세의 영원한 사랑이 흔히 그렇듯이, 우리의 사랑은 약 2년 후에 사그라들었다.

이번 장에서 사용한 R 패키지

ez	pastees
ggplot2	reshape
multcomp	WRS
nlme	

똑똑한 알렉스의 과제

- **과제 1:** 이전 장의 알코올 음료 광고와 심상에 관한 예제에 나온 실험에 그룹간 변수를 하나 추가해서 설계를 확장한다.[6] 기억하겠지만, 그 실험에서 연구자는 참가자들에게 세 세션에 걸쳐 총 아홉 개의 가짜 음료 광고를 보여주었다. 아홉 광고는 세 종류의 음료(맥주, 포도주, 생수)와 세 가지 심상(긍정적, 부정적, 중립적)의 조합으로 만들어진 것이다(좀 더 자세한 구성은 이전 장을 읽어보기 바란다). 모든 참가자에게 모든 광고를 무작위 순으로 보여 주었으며, 광고를 보여줄 때마다 참가자들에게 광고에 나온 음료에 대해 −100점(아주 싫음)에서 0점(중립)을 거쳐 100점(아주 좋음)의 척도로 점수를 매기게 했다. 이러한 설계의 독립변수는 두 개로, 하나는 음료의 종류(맥주, 포도주, 생수)이고 다른 하나는 심상의 종류(긍정적, 부정적, 중립적)이다. 또한, 연구자는 참가자의 성별도 기록했지만, 이전 예제에서는 성별에 의한 효과를 따로 분석하지 않았다. 이번 과제에서는, 연구자가 제품에 대한 남성과 여성의 반응이 다를 수도 있다는 생각이 들었다고 가정하고(남녀에 대한 고정관념에 따르면 남자들은 맥주를, 여자들은 포도주를 더 좋아할 것이므로), 성별의 효과를 분석하기로 한다. 즉, 이번 실험에서는 성별이 그룹간 변수이다. 참가자는 남성 아니면 여성이

---

6 이전 예제에서는 변수가 두 개(반복측정 변수인 음료 종류와 심상 종류)였지만, 이번에는 세 개이다(기존의 반복측정 변수 두 개와 그룹간 변수 하나).

고, 남성으로 참가한 후에 다시 여성으로 참가할 수는 없다. 자료 자체는 이전과 동일하며(표 13.4), 부록 웹사이트의 **MixedAttitude.dat** 파일에 들어 있다. 이 자료에 대해 혼합 분산분석을 수행하라. ③

- **과제 2**: 문자 메시지는 이동전화 소유자에게 아주 인기 있는 서비스이다. 심지어 문자 메시지에 쓰이는 약자들(text를 txt로 줄여 쓰는 등)을 해설하는 책이 나왔을 정도이다. 그런데 이런 형태의 의사소통이 아동들이 영어 단어를 정확하게 표기하는 능력을 저해하지는 않을까 하고 걱정하는 사람들이 있다. 그런 연구자 중 하나가 아동들로 실험을 해 보았다. 그 연구자는 한 그룹의 아동들에게는 6개월 동안 각자의 이동전화로 문자 메시지를 보내게 하고, 같은 기간에 다른 한 그룹의 아동들에게는 문자 메시지를 금지했다. 후자의 아이들이 몰래 이동전화를 사용하지 못하도록, 만일 무선 전파(이동전화가 내뿜는 것 같은)가 검출되면 고통스러운 전기 충격을 가하는 팔찌를 팔에 채웠다. 참가자는 총 50명으로, 그중 25명에게는 문자 메시지를 권장하고 다른 25명에게는 문자 메시지를 금지했다. 결과는 6개월 기간을 시작하기 전과 마친 후에 각각 치른 문법 시험의 점수이다(퍼센트로 환산한). 따라서, 첫 독립변수는 문자 메시지 사용 여부(문자 메시지 허용 그룹과 대조군을 구분하는)이고 둘째 독립변수는 문법 시험을 치른 시기(실험 이전과 이후)이다. 자료는 **TextMessages.dat** 파일에 있다. 이 자료에 대해 혼합 분산분석을 수행하라. ③

- **과제 3**: 한 연구자가 〈빅 브라더〉(이 방송 프로에 관해서는 제1장에서 설명했다)에 출연한 사람들의 정신 건강에 대한 효과들에 관심을 두었다. 그 연구자는 출연자들이 원래 성격 장애가 있었지만, 촬영을 위해 자신처럼 다른 사람의 관심을 요구하는 사람들과 함께 살다 보니 장애가 더욱 심해졌다는 가설을 세웠다. 이 가설을 검증하기 위해 연구자는 한 시즌의 촬영을 위해 숙소에 들어가기 전과 촬영을 마치고 숙소에서 나온 후에 각각 설문지를 통해서 출연자 중 여덟 명의 성격 장애 정도를 측정했다. 또 다른 여덟 명의 참가자들은 대기자 대조군(waiting list control)으로 썼다. 이 사람들은 오디션 마지막 단계까지 왔지만 방송에 실제로 출연하지는 못한 사람들이다. 이 사람들에게도 출연자들과 동일한 설문지로 성격 장애를 측정했다. 해당 자료가 **BigBrother.dat**에 있다. 이 자료에 대해 혼합 분산분석을 수행하라. ②

- **과제 4**: 이번 장에서는 SNS 사이트의 프로필 사진이 친구 요청 수에 미치는 영향에 관한 자료를 강건한 방법으로 분석했다. 그 자료를 보통의(강건하지 않은) 방식으로 분석하라. 해당 자료는 **ProfilePicture.dat** 파일에 있다. ②

답은 이 책의 부록 사이트에서 볼 수 있다. 그리고 과제 2에 대한 좀 더 상세한 해설이 [Field & Hole, 2003]에 나온다.

더 읽을거리

Field, A. P. (1998). A bluffer's guide to sphericity. *Newsletter of the Mathematical, Statistical and Computing Section of the British Psychological Society*, 6(1), 13-22. (부록 웹사이트의 보충자료에 수록되어 있다.)

Howell, D. C. (2006). *Statistical methods for psychology* (6th ed.). Belmont, CA: Duxbury. (또는, 동저자의 *Fundamental statistics for the behavioral sciences*가 더 나을 수도 있다. 그 책도 2007년에 제6판이 나왔다.)

흥미로운 실제 연구

Schützwohl, A. (2008). The disengagement of attentive resources from task-irrelevant cues to sexual and emotional infidelity. *Personality and Individual Differences*, 44, 633-644.

CHAPTER

15 / 비모수적 검정

그림 15.1 Ph.D 시절 내 사무실에서의 한때. 아마도 강의 준비 중이었을 것이다. 당시 나는 머리가 상당히 길었다 (아직 머리가 빠지기 전이었다).

15.1 이번 장에서 배우는 내용 ①

심리학 석사 학위를 받은 후(런던 시티 대학교) 나는 서식스 대학교로 가서 Ph.D. 과정(역시 심리학 전공)을 시작했다. 그리고, 다른 많은 사람처럼 나는 생계를 위해 학생들을 가르쳐야 했다. 내게는 아주 두려운 일이었지만, 나는 학부 2학년들에게 통계학을 가르치는 자리를 배정받았다. 이는 내가 생각할 수 있는 사건들의 최악의 조합이었다. 그때까지도 나는 아주 소심했고, 게다가 통계학에 대해 아는 것이 없었다. 낯선 사람들이 가득한 강의실에서 분산분석을 가르치는 것은 무릎 관절이 빠진 상태에서, 그리고 깨진 유리가 든 운동화를 신고 마라톤을 뛰는 것만큼이나 끔찍한 일이었다. 나는 첫 강의가 잘 진행되도록 준비하는 데 집착했다. 나는 인쇄물을 만들고, 예제를 고안하고, 강의의 예행연습까지 했다. 겁을 먹긴 했지만, 강의를 충분히 준비했으니, 만일 강의 준비 정도가 강의 성공의 예측변수라면 내 강의도 잘 될 것이라는 확신이 있었다. 첫 강의가 반 정도 진행되었을 때, 지루해하는 학생들로 가득 찬 강의실에서 나 혼자 중얼대던 중에 한 여학생이 당당하게 자리에서 일어나서 천천히 내게 걸어왔다. 그때 나는 그녀가 밝은 흰색의 광채와 드라이아이스 증기로 둘러싸였다고 확실히 느꼈다. 그녀는, 분산분석의 신비로 멍해진 학생들의 두뇌를 일깨우기 위해 내가 여러 시간 동안 준비한 강의에 대한 메시지를 나에게 전달하는 전령사로 친구들 사이에서 선출된 것이 틀림없었다. 그녀는 내 눈 몇 센티 앞까지 와서 내 눈을 똑바로 바라보았고, 나는 내 신발 끈이 제대로 되었는지 보기 위해 눈을 내리깔 수밖에 없었다. 그녀는 "이 강의실의 누구도, 선생님의 토끼 같은[1] 강의를 한마디도 알아듣지 못해요"라고 말하고는 교실을 나가 버렸다. 당시에는 내가 얼마나 그날 아침의 무릎 관절 빠진 마라톤에서 도망쳐서 하루를 마감하고 싶었는지 잴 저울이 발명되지 않았다. 나는 완전히 굳어버렸다. 오늘날까지도 나는, 일단의 학생들이 좀비처럼 걸으면서 내 강의실로 들어와 내 앞에 서서 "이 강의실의 누구도"라고 외친 후 내 뇌를 미친 듯이 먹어치우는 광경을 떠올린다. 요점은, 우리의 인생에는 뭔가 끔찍한 일이 생기곤 한다는 것이다. 자료에 대해서도 마찬가지이다. 이번 장의 주제는 마치 분홍색 튀튀(발레용 짧은 치마)를 입은 고양이만큼이나 잘못된 자료이다.

15.2 비모수적 검정은 언제 사용할까? ①

비모수적 검정이 뭐지?

지난 몇 장에서 우리는 평균들의 차이를 파악하는 데 사용할 수 있는 여러 기법을 살펴보았다. 그런데 그런 검정들은 모두 모수적 가정들(제5장)에 의존한다. 그러나 자료는 까다롭게 굴 때가 있다. 자료가 항상 분석에 적합한 정규분포의 형태로 잘 포장되어서 배달되지는 않는 것이다. 설상가상으로, 자료 집합의 분포에 있는 문제점을 수정하는 것이 불가능할 때도 있다. 그런 경우에는 어떻게 해야 할까? 답은, **비모수적 검정**(non-parametric test; 또는 비모수 검정)이라고 부르는 특별한 종류의 통계적 절차를 사용하는 것이다.[2] 비모수적 검정을 무가정 검정(assumption-free test)이라고 부르기도 하는데, 이는 비모수적 검정 방법을 적용할 수 있는 자료의 종류에 대한 가정들이 다른 검정들에 비해 적기 때문이다.[3] 비모수적 검정들은 대부분 자료의 **순위화**(ranking)에 기초한다. 여기서 자료의 순위화란, 가장 나

---

1 사실 그녀가 '토끼'라고 말하지는 않았다. 그녀가 사용한 단어는 토끼들이 자주 하는 행위를 서술하는 'f'자로 시작하는 단어였는데, 그 단어를 그대로 사용하면 독자들이 기분 나빠 할 것이라고 출판사가 나를 말렸다.

2 그렇긴 하지만, 이전 장들에서 살펴본 강건한 절차들이 등장했다는 점을 생각하면 이런 종류의 검정들이 앞으로 얼마나 더 오래 쓰일지는 불확실하다.

3 비모수적 검정을 분포에 자유로운 검정(distribution-free test)이라고 부르고, 자료의 분포에 대해 아무런 가정도 두지 않는다고 설명하기도 한다. 그러나 엄밀히 말해서 이는 참이 아니다. 비모수적 검정들에도 분포에 관한 가정이 존재한다(이를테면 이번 장의 비모수적 검정들은 모두 연속 분포를 가정한다). 다만, 모수적 검정에 비하면 가정이 덜 제한적이다.

은 점수를 찾아서 순위 1을 부여하고, 그다음 점수를 찾아서 순위 2를 부여하는 식으로 점수들에 순위를 부여하는 것을 말한다. 그러면 높은 점수들은 높은 순위들로 대표되고, 낮은 점수들은 낮은 점수들로 대표된다. 그런 다음에는 실제 자료가 아니라 순위들에 대해 분석을 수행한다. 이는 모수적 검정의 가정들을 위반하는 자료의 문제점을 피해 갈 수 있는 독창적인 접근 방식이다. 비모수적 검정이 모수적 검정보다 검정력이 떨어진다고 믿는 사람들도 있지만, 잠시 후의 초천재 제인 글상자 15.2에서 보듯이 항상 그렇지는 않다. 이번 장에서는 윌콕슨 순위합 검정(만-위트니 검정이라고도 한다), 윌콕슨 부호순위 검정, 프리드먼 검정, 크러스컬–월리스 검정이라는 흔히 쓰이는 네 가지 비모수적 통계 절차들을 살펴본다. 각각에 대해 R에서 해당 검정을 수행하는 방법과 결과를 해석하고 보고하는 방법을 배우게 될 것이다.

15.3 이번 장에서 사용하는 패키지 ①

이번 장에서 사용하는 검정 함수들은 대부분 *stats* 패키지에 있다. 이 패키지는 자동으로 설치, 적재된다. 그 외에 필요한 패키지는 *clinfun*(용크헤이러 검정을 위해), *pastecs*(기술통계량을 위해), *pgirmess*(사후검정을 위해), *car*(레빈 검정을 위해), *ggplot2*(그래프를 위해)다. 그리고 명령행 대신 R Commander를 사용한다면 *Rcmdr* 패키지가 필요하다(§3.6 참고). 이들을 아직 설치하지 않은 독자라면 다음 명령들을 실행하기 바란다.

```
install.packages("clinfun"); install.packages("car"); install.packages
("ggplot2"); install.packages ("pastecs"); install.packages("pgirmess");
```

설치가 끝났으면, 다음 명령들을 실행해서 패키지들을 적재한다.

```
library(clinfun); library(car); library(ggplot2); library(pastecs);
library(pgirmess)
```

15.4 독립적인 두 조건의 비교: 윌콕슨 순위합 검정 ①

서로 다른 참가자들로 측정한 두 조건의 차이를 검사할 때 사용할 수 있는 비모수적 검정은 두 가지로, 하나는 **만-위트니 검정**(Mann-Whitney test; Mann & Whitney, 1947)이고 다른 하나는 **윌콕슨 순위합 검정**(Wilcoxon's rank-sum test; Wilcoxon, 1945; 그림 15.2)이다. 이들은 독립 t 검정의 비모수적 버전들에 해당한다. 사실 두 검정은 동등하며, 게다가 비슷한 이름의 더 유명한 검정인 윌콕슨 검정이라는 것도 있어서 혼동하기가 아주 쉽다. R이 사용하는 것은 윌콕슨 순위합 검정이지만, 만-위트니 검정을 공부해보면 둘이 같은 것임을 알 수 있다(R이 만–위트니 검정을 사용했다면 더 좋았을 것이다. 그러면 윌콕슨 검정은 하나만 신경 쓰면 된다. 그러나 현실은 그렇지 않으니, 우리가 익숙해지는 수밖에 없다).

예를 들어 신경학자가 어떤 기분전환용 약물(recreational drug)의 항우울증 효과를 조사하기 위해 자료를 수집한다고 상상해 보자. 토요일 밤 클럽에서 참가자 20명을 모집한 연구자는 그중 10명에게 엑스터시 알약을 주고, 다른 10명에게는 알코올 음료만 마시게 했다. 그다음 날과 주중에 BDI(Beck Depression Inventory)를 이용해서 우울증 수준을 측정했다. 해당 자료가 표 15.1과 **Drug.dat** 파일에 있다.

15.4.1 윌콕슨 순위합 검정의 이론 ②

윌콕슨 순위합 검정에 깔린 논리는 엄청나게 우아하다. 우선, 엑스터시 복용자와 알코올 복용자의 우울증 수준에 차이가 없는 시나리오를 상상해 보자. **참가자가 속한 그룹을 무시하고 자료를 최저 점수에서 최고 점수로(즉, 가장 낮은 점수에는 순위 1을 부여하고, 그다음 점수에는 순위 2를 부여하는 식으로)** 순위화해보면 무엇을 발견할 수 있을까? 만일 두 그룹의 차이가 없다면, 각 그룹의 고순위들과 저순위들의 수가 비슷할 것이다. 특히, 각 그룹의 순위들을 다 더해서 '순위합'을 구해 보면, 두 그룹의 순위합이 거의 같을 것이다. 이번에는 두 그룹에 실제로 차이가 존재하며, 엑스터시 그룹이 알코올 그룹보다 더 우울하다고 상상해 보자. 만일 이전처럼 점수들을 순위화하면, 엑스터시 그룹의 순위들이 알코올 그룹의 순위들보다 더 높을 것이다. 그리고 각 그룹의 순위들을 합해보면, 엑스터시 그룹의 순위합이 알코올 그룹의 순위합보다 클 것으로 기대할 수 있다.

윌콕슨 순위합 검정은 바로 그러한 원리에 기초한다. 그럼 순위화의 작동 방식을 구체적인 예를 통해서 살펴보자. 그림 15.3은 수요일 자료와 일요일 자료의 순위화 과정을 나타난 것이다. 좀 더 간단한 수요일 자료의 순위화 과정부터 살펴보자. 먼저 점수들을 오름차순으로 정

그림 15.2 프랭크 윌콕슨

표 15.1 약물 실험 자료

참가자	약물	BDI(일요일)	BDI(수요일)
1	엑스터시	15	28
2	엑스터시	35	35
3	엑스터시	16	35
4	엑스터시	18	24
5	엑스터시	19	39
6	엑스터시	17	32
7	엑스터시	27	27
8	엑스터시	16	29
9	엑스터시	13	36
10	엑스터시	20	35
11	알코올	16	5
12	알코올	15	6
13	알코올	20	30
14	알코올	15	8
15	알코올	16	9
16	알코올	13	7
17	알코올	14	6
18	알코올	19	17
19	알코올	18	3
20	알코올	18	10

렬하되, 각 점수에 그것이 속한 그룹을 식별하는 이름표(그림의 경우 알코올 그룹은 A, 엑스터시 그룹은 E)를 부여한다. 그런 다음 1로 시작하는 잠재적 순위들을 가장 낮은 점수부터 위로 올라가면서 부여한다. '잠재적' 순위라고 한 것은, 한 자료 집합에 같은 점수가 여러 번 나오기도 하기 때문이다(지금 예에는 6점이 두 번, 35점이 세 번 출현한다). 그런 점수들을 **동순위**(tied rank; 또는 등순위)라고 칭한다. 같은 점수에는 같은 순위를 부여해야 하므로, 동순위 점수들에는 해당 잠재적 순위들의 평균을 순위로 부여한다. 지금 자료에서 두 6점의 잠재적 순위들은 3과 4이므로, 그 평균인 3.5를 두 6점의 순위로 사용한다. 마찬가지로, 세 35점의 잠재적 순위들은 16, 17, 18이므로, 그 평균인 (16 + 17 + 18)/3 = 17을 세 35점의 순위로 사용한다. 이런 식으로 두 그룹의 모든 점수에 순위를 매긴 후에는, 각 그룹의 순위들을 합해서 순위합을 구한다. 알코올 그룹 점수들에 대한 순위들의 합은 59이고, 엑스터시 그룹 점수들에 대한 순위들의 합은 151이다. 이제 우리가 원한 답에 거의 도달했다.

수요일 자료

점수	3	5	6	6	7	8	9	10	17	24	27	28	29	30	32	35	35	35	36	39
잠재적 순위	1	2	3	4	5	6	7	8	9	10	11	12	13	14	15	16	17	18	19	20
실제 순위	1	2	3.5	3.5	5	6	7	8	9	10	11	12	13	14	15	17	17	17	19	20
그룹	A	A	A	A	A	A	A	A	A	E	E	E	E	E	E	E	E	E	E	E

알코올 그룹(A) 순위합 = 59   엑스터시 그룹(E) 순위합 = 151

일요일 자료

점수	13	14	15	15	16	16	16	17	18	18	18	19	19	19	20	20	27	35
잠재적 순위	1	2	3	4	5	6	7	8	9	10	11	12	13	14	15	16	17	18	19	20
실제 순위	1.5	1.5	3	5	5	5	7	8.5	8.5	8.5	8.5	11	13	13	13	15.5	15.5	17.5	17.5	19	20
그룹	A	E	A	A	E	A	E	E	E	E	A	E	A	E	A	E	A	E	E

알코올 그룹(A) 순위합 = 90.5   엑스터시 그룹(E) 순위합 = 119.5

그림 15.3 수요일과 일요일의 우울증 점수 순위

각 그룹의 순위합을 구한 다음에는, 그룹의 참가자 수에 기초해서 순위합을 보정해 주어야한다. 구체적으로 말하면, 순위합에서 그룹의 평균 순위(mean rank)를 뺀다(이렇게 하지 않으면그룹이 클수록 순위합도 커지는 결과가 생긴다). 여기서 평균 순위는 1에서 그룹 크기(지금 예에서는1에서 10)까지의 합이다.

평균 순위 = 1 + 2 + 3 + 4 + 5 + 6 + 7 + 8 + 9 +10

더할 수들이 많을 때는 다음처럼 일반식을 이용해서 계산하는 것이 더 쉽다.

$$\text{평균 순위합} = \frac{N(N+1)}{2}$$
$$= \frac{10 \times 11}{2}$$
$$= 55$$

이제 각 그룹에 대해 수정된 순위합 W를 구한다.

W = 순위합 − 평균 순위
$W_1 = 59 - 55 = 4$
$W_2 = 151 - 55 = 96$

보통의 경우 두 값 중 더 작은 값을 검정통계량으로 사용한다. 따라서 수요일 자료의 검정통계량은 $W = 4$이다. 그런데 **R**이 두 W 값 중 어떤 것을 보고하는지는 함수에 변수들을 입력한 방식에 따라 다르다. 이 부분이 조금 헷갈릴 수 있지만, 걱정할 필요는 없다. 어차피 유의성판정은 달라지지 않는다.

자가진단
✓ 지금까지 배운 내용을 이용해서 일요일 자료를 순위화하라. (답은 그림 15.3에 나와 있다. 동순위들이 많고, 자료가 대체로 지저분하다.)

일요일 자료를 순위화하고 각 그룹의 순위합을 구해보면, 알코올 그룹의 순위합이 90.5이고 엑스터시 그룹의 순위합이 119.5임을 알 수 있다. 각 순위합에서 55를 뺀 결과 중 더 작은쪽인 35.5가 일요일 자료의 검정통계량 W이다.

R은 검정통계량들을 구한 후 해당 p 값들을 계산한다. 그 방법은 두 가지인데, 첫 번째는참값(exact) 접근 방식이라고 부르는 방법이다. 가능하면 이 방법을 사용하는 것이 좋다. 참값

접근 방식은 **몬테카를로 방법**(Monte Carlo method)을 이용해서 유의수준을 구한다.[4] 간단히 말하자면, 몬테카를로 방법은 표본과 부합하는 다수의 자료 집합을 생성하되, 참가자들을 정확한 그룹에 넣는 것이 아니라 무작위로 선택한 그룹에 넣는다. 참가자들이 무작위로 그룹에 배정되므로 귀무가설이 참이다. 따라서, 귀무가설이 참인 자료에 기초해서 W 값을 계산하면 된다. 이를 좀 더 생각해 보자. 만일 귀무가설이 참이라면, 이 분석의 결과들은 여러분의 분석과 비슷해 보일 것이며, 이는 여러분의 가설에는 좋지 않은 소식이다. 그런데 **R**이 사람들을 무작위로 그룹에 배정해서 한 번만 분석하는 것이 아니다. **R**은 그러한 과정을 수천 번 반복하면서 귀무가설이 참일 때 나타나는 차이가 여러분의 자료에 나타난 차이만큼 큰 경우의 횟수를 센다.

이 방법은 분포에 대해 그 어떤 가정도 둘 필요가 없다는[5] 점에서 훌륭하지만, 시간이 많이 걸린다는 점과 표본 크기가 증가함에 따라 그 시간이 더욱 길어진다는 단점이 있다. 표본이 충분히 크면, 답이 나오기 전에 연구자가 먼저 세상을 떠날 수도 있다. 게다가, 자료에 동순위 점수들이 존재한다면 이러한 참값 방법은 사용할 수 없다.

또 다른 p 값 계산 방법은 **정규 근사**(normal approximation) 접근 방식이라고 부르는 것이다. 표본이 클 때는 이 접근 방식을 이용해서 p 값을 계산하는 것이 낫다. 정규 근사 접근 방식이라고 해서 자료가 정규분포라고 가정하는 것은 아니다. 대신, W 통계량의 표집분포가 정규분포라고 가정한다. 그 가정이 성립한다면 z 값을 계산하는 데 쓰이는 표준오차를 구할 수 있으며, 따라서 p 값도 구할 수 있다. **R**은 기본적으로 표본 크기가 40을 넘으면 정규 근사 접근 방식을 사용한다. 그리고 자료에 동순위 점수들이 있으면 좋든 싫든 정규 근사 접근 방식을 사용해야 한다.

정규 근사 접근 방식으로 p 값을 계산할 때는, 필요하다면 **연속성 수정**(continuity correction)을 가할 수도 있다.[6] 연속성 수정이 필요한 이유는 다음과 같다. 정규 근사 접근 방식은 매끄러운(연속적인) 형태의 정규분포에 기초하지만, 한 사람의 순위는 오직 1 단위(동순위의 경우에는

---

4 이를 몬테카를로 방법이라고 부르는 이유가 궁금한 독자를 위해 설명하자면, 19세기 말 칼 피어슨은 어떤 자료의 무작위 시뮬레이션을 실행하려 했다. 당시에는 그런 시뮬레이션을 실행할 컴퓨터가 없었으므로 그는 자신이 직접 동전을 던졌다. 수없이 동전을 던지던 중에, 친구 한 명이 편향되지 않은 룰렛 바퀴가 훌륭한 난수 발생기 역할을 할 수 있다고 제안했다. 모나코에 있는 몬테카를로 카지노로 가는 여행 경비를 얻기 위해 왕립 학회를 설득하는 대신, 피어슨은 자신이 원하는 바로 그 자료가 실린 르 모나코(Le Monaco)라는 파리의 한 주간 간행물을 단 1프랑으로 샀다(Pearson, 1894; Plackett, 1983). 이때부터, 무작위 시뮬레이션 자료를 이용해서 어떤 통계적 방법을 검증하거나 어떤 통계량의 추정값을 구하는 것을 가리켜 몬테카를로 방법이라고 부르게 되었다(비록 요즘은 룰렛 바퀴 대신 컴퓨터를 사용하지만).

5 사실 가정이 하나 있긴 하지만, 그 가정은 좋은 것이다. 이 방법은 표본의 분포가 표본의 분포와 정확히 같은 모습이라고 가정한다. 물론 이 가정은 항상 참이다. 이는 또한 검정을 실행할 때마다 이 분석을 수행해야 하는 이유이기도 하다. 이 방법은 표본마다 다르기 때문이다(자료가 정규분포라고 가정하는 t 검정 같은 검정과는 다른 특성이다).

6 이 책을 순서대로 읽지 않는 독자를 위해 언급하자면, 이 연속성 수정이라는 것은 제18장에 나오는 예이츠 수정과 같은 것이다. 순서대로 읽는 독자라면, 제18장에서 예이츠 수정을 만나게 될 것이다.

0.5 단위)로만 바뀔 수도 있으며, 그러한 변화는 매끄럽지 않다. 그래서 정규 근사를 이용해서 p 값을 구하면 실제보다 조금 작게 나온다. 연속성 수정은 이 문제점을 바로잡는 것인데, 대신 p 값이 실제보다 조금 더 크게 나올 수도 있다. 수정에 의한 오차는 상당히 작다. 어떤 방법이 최선인지에 대해서는 아직 공감대가 형성되지 않았다. 어쨌거나, **R**의 경우 따로 특별히 지정하지 않으면 연속성 수정을 가한다.

15.4.2 자료 입력과 잠정 분석 ①

자가진단

✓ 지금까지 배운 내용을 활용해서 표 15.1의 자료를 **R**에 입력해 보라.

그룹마다 다른 참가자들을 이용해서 수집한 자료를 입력하려면 요인 변수가 필요하다. 따라서 자료는 총 세 개의 열로 구성되어야 한다. 첫 열은 그룹화 변수 또는 부호화 변수(**drug**라고 하자)인데, 지금 예에서 수준은 둘뿐이다(알코올 그룹과 엑스터시 그룹). 이 변수는 다음과 같이 *gl()* 함수(§3.5.4.3 참고)로 만들면 된다.

```
drug<-gl(2, 10, labels = c("Ecstasy", "Alcohol"))
```

이 명령은 10행 블록 두 개를 담은 **drug**라는 변수를 생성한다. 첫 블록에는 *Ecstasy*라는 이름표가 붙고, 둘째 블록에는 *Alcohol*이라는 이름표가 붙는다.

둘째 열에 해당하는 변수는 약물 복용 다음 날(일요일) 측정한 종속변수(BDI 우울증 점수)를 담는다. 이 변수를 **sundayBDI**라고 하자. 그리고 셋째 열의 변수는 같은 설문지로 주중(수요일)에 측정한 점수들을 담는다. 이 변수는 **wedsBDI**라고 하자. 다음은 두 변수를 생성하는 명령들이다.

```
sundayBDI<-c(15, 35, 16, 18, 19, 17, 27, 16, 13, 20, 16, 15, 20, 15, 16, 13,
14, 19, 18, 18)
wedsBDI<-c(28, 35, 35, 24, 39, 32, 27, 29, 36, 35, 5, 6, 30, 8, 9, 7, 6, 17, 3,
10)
```

마지막으로, 이 변수들을 하나로 묶어서 *drugData*라는 데이터프레임을 생성한다.

```
drugData<-data.frame(drug, sundayBDI, wedsBDI)
```

이상의 과정을 직접 따라 하기 싫은 독자라면 **Drug.dat** 파일에 담긴 자료를 다음 명령으로 불러오면 된다.

```
drugData<-read.delim("Drug.dat", header = TRUE)
```

이제 자료가 준비되었다. 우선 자료에 대한 탐색적 분석을 수행하자. 그룹들의 차이를 살펴보고자 하므로, 그룹별로 분석을 실행할 필요가 있다.

자가진단

✓ 잠정적인 분석의 일환으로, 이 자료들의 정규성 가정과 분산의 동질성 가정을 점검하라(§5.6과 §5.7 참고).

이 탐색적 분석의 결과가 출력 15.1과 15.2에 나와 있다. 출력 15.1을 보면, 일요일 자료의 엑스터시 그룹의 분포는 정규분포가 아니지만 알코올 그룹의 분포는 정규분포로 보인다($W = 0.96$, 유의하지 않음). 정규성 여부는 샤피로–윌크 검정 결과로 판단할 수 있다. 검정 결과의 유의확률이 .05보다 작으면(즉, 검정 결과가 유의하면) 정규분포가 아닌 것이고, .05보다 크면(즉, 유의하지 않으면) 정규분포인 것이다. 수요일 자료의 경우 엑스터시 자료는 정규분포이지만($W = 0.94$, 유의하지 않음), 알코올 자료는 유의하게 정규분포가 아닌 것으로 나타났다($W = 0.75$, $p < .01$). 이러한 결과는 일요일 자료와 수요일 자료의 표집분포도 정규분포가 아닐 수 있음을 경고해준다. 따라서 비모수적 검정을 사용해야 한다.

출력 15.2는 레빈 검정 결과이다. 일요일 자료에 대해서는 $F(1, 18) = 3.64$로 유의하지 않음이고, 수요일 자료에 대해서도 $F(1, 18) = 0.51$로 유의하지 않음이다. 즉, 분산들이 유의하게 다르지는 않으며, 따라서 분산의 동질성 가정이 성립한다고 할 수 있다.

출력 15.1

```
drug: Ecstasy
               Sunday_BDI Wednesday_BDI
median         17.50000000   33.5000000
mean           19.60000000   32.0000000
SE.mean         2.08806130    1.5129074
CI.mean.0.95    4.72352283    3.4224344
var            43.60000000   22.8888889
std.dev         6.60302961    4.7842334
coef.var        0.33688927    0.1495073
skewness        1.23571300   -0.2191665
skew.2SE        0.89929826   -0.1594999
kurtosis        0.26030385   -1.4810114
kurt.2SE        0.09754697   -0.5549982
normtest.W      0.81064005    0.9411414
normtest.p      0.01952069    0.5657834
-----------------------------------------------------------------
```

```
drug: Alcohol
            Sunday_BDI Wednesday_BDI
median      16.00000000   7.500000000
mean        16.40000000  10.100000000
SE.mean      0.71802197   2.514181996
CI.mean.0.95 1.62427855   5.687474812
var          5.15555556  63.211111111
std.dev      2.27058485   7.950541561
coef.var     0.13845030   0.787182333
skewness     0.11686189   1.500374383
skew.2SE     0.08504701   1.091907319
kurtosis    -1.49015904   1.079109997
kurt.2SE    -0.55842624   0.404388605
normtest.W   0.95946594   0.753466710
normtest.p   0.77976592   0.003933045
```

출력 15.2

```
Levene's Test for Homogeneity of Variance (center = "mean")
      Df F value  Pr(>F)
group  1  3.6436 0.07236 .
      18
---
Signif. codes:  0 '***' 0.001 '**' 0.01 '*' 0.05 '.' 0.1 ' ' 1

Levene's Test for Homogeneity of Variance (center = "mean")
      Df F value Pr(>F)
group  1  0.5081 0.4851
      18
```

15.4.3 R Commander를 이용한 윌콕슨 순위합 검정 실행 ①

항상 그렇듯이, 우선 **데이터 ➡ 데이터 불러오기 ➡ 텍스트 파일, 클립보드, 또는 URL...** 메뉴(§3.7.3)를 이용해서 **Drug.dat** 파일을 불러온다.

독립 표본들에 대해 윌콕슨 검정을 실행하려면 **통계 ➡ 비모수 검정 ➡ 이-표본 Wilcoxon 검정...** 메뉴를 선택한다. 그러면 그림 15.4 하단의 대화상자가 나타난다. 집단 (하나 선택) 목록에서는 비교하려는 그룹들을 식별하는 변수를 선택한다. 그 변수는 수준이 두 개인 요인 변수이어야 한다. 지금 예에서는 **drug**가 유일한 선택이다. 오른쪽의 반응 변수 (하나 선택) 목록에서는 그룹 비교에 사용할 점수들이 담긴 변수를 선택한다. 지금 예에서는 일요일 자료부터 분석할 것이므로 **sundayBDI**를 선택한다.

선택기능 탭의 검정 유형 항목에서는 여러 p 값 계산 방법 중 하나를 선택할 수 있다. 첫 번째 옵션인 기본값을 선택하면 표본 크기와 동순위 점수 존재 여부에 따라 적절한 방법을 R Commander가 결정한다. 표본 크기가 40 이하이고 동순위 점수가 없으면 참값 접근 방식이

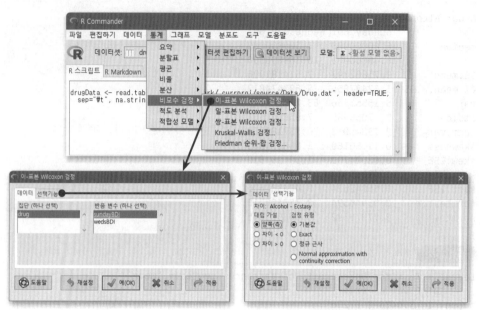

그림 15.4 R Commander의 비모수 검정 메뉴와 독립 표본 윌콕슨 검정을 위한 대화상자

쓰인다. 표본 크기가 40을 넘고 동순위 점수가 있으면 정규 근사와 연속성 수정의 조합이 쓰인다. 이러한 방식 대신 특정한 방식을 명시적으로 지정하고 싶으면 기본값 아래의 해당 옵션을 선택하면 된다. 단, 자료에 동순위 점수들이 있으면 참값 접근 방식(둘째 옵션 *Exact*)을 사용할수 없다는 점과 표본 크기가 크면 여러분이 장례식을 치를 때까지도 참값 접근 방식이 끝나지 않을 수 있다는 점을 명심하기 바란다.

대립가설 항목은 그냥 양쪽(측)이 선택된 상태로 둔다. 만일 자료 수집 전에 효과의 방향을 예측했다면, 예측한 차이가 0보다 작은지 아니면 큰지에 따라 차이 < 0 또는 차이 > 0을 선택하면 된다. 모든 선택이 끝났다면 예 버튼을 클릭해서 분석을 시작한다. 결과는 잠시 후에 설명하겠다.

15.4.4 R을 이용한 윌콕슨 순위합 검정 실행 ①

윌콕슨 검정을 위한 함수는 **wilcox.test()**이다. 이 함수의 사용법은 *t.test()* 함수(§9.5.2)와 아주 비슷하다. 그 함수처럼 이 함수도 그룹 자료가 하나의 열에 있는지 아니면 서로 다른 두 열에 있는지에 따라 사용 방법이 달라진다.

서로 다른 그룹들의 자료가 하나의 열에 들어 있을 때는 *wilcox.test()* 함수를 마치 *lm()* 함수처럼(즉, 회귀분석을 수행할 때처럼) 사용한다. 이때의 활용 형태는 다음과 같다.

```
새모형<-wilcox.test(결과변수 ~ 예측변수, data = 데이터프레임, paired = FALSE/TRUE)
```

여기서

- 새모형은 함수가 생성한, 모형(검정 결과)에 관한 정보를 담은 객체이다. 이후 모형 이름을 명령으로 실행해서 모형의 요약 통계량들을 확인할 수 있다.

- 결과변수는 결과 측도의 점수들을 담은 변수이다(지금 예에서는 **drug**).

- 예측변수는 점수가 속한 그룹을 말해주는 변수이다(지금 예에서는 **sun-dayBDI** 또는 **wedsBDI**).

- 데이터프레임은 위의 변수들이 있는 데이터프레임이다.

- *paired* 옵션은 윌콕슨 검정을 짝표본(paired-sample)들에 대해 수행할 것인지(이 경우 *paired = TRUE*를 지정) 아니면 독립 표본들에 대해 수행할 것인지(이것이 기본이므로 옵션을 아예 생략해도 되고, 원한다면 *paired = FALSE*를 지정해도 된다)를 결정한다.

서로 다른 그룹의 점수들이 두 개의 열에 들어 있다면 *wilcox.test()*를 다음과 같은 형태로 사용한다.

```
새모형<-wilcox.test(점수 그룹 1, 점수 그룹 2, paired = FALSE/TRUE)
```

앞의 옵션들과 다른 것들만 설명하자면,

- 점수 그룹 1은 첫 그룹의 점수들을 담고 있는 변수이고,

- 점수 그룹 2는 둘째 그룹의 점수들을 담고 있는 변수이다.

두 형태 모두, 다음과 같은 옵션들을 추가로 지정할 수 있다(모두 생략 가능).

- *alternative = "two.sided"/"less"/"greater"*: 이 옵션은 양쪽꼬리 검정(양측검정)을 사용할 것인지, 아니라면 가설이 어떤 방향인지를 결정한다. 기본값은 양쪽꼬리 검정이다 (*alternative = "two.sided"*를 지정하거나 아예 생략). 한쪽꼬리 검정(단측검정)을 사용할 때는 *alternative = "less"*(평균들의 차이가 0보다 작다고 예측하는 경우) 또는 *alternative = "greater"*(평균들의 차이가 0보다 크다고 예측하는 경우)를 지정해야 한다.

- *mu = 0*: 그룹들의 차이가 0이라는 것이 이 검정의 귀무가설이지만, 원한다면 이를 바꿀 수 있다. 예를 들어 *mu = 5*를 지정하면 그룹들의 차이가 5라는 것을 귀무가설로 삼아서 검정을 실행한다.

- *exact*: 기본적으로 함수는 참값 접근 방식(*exact = TRUE*)으로 검정을 실행한다. 정규 근사 접근 방식을 사용하려면 *exact = FALSE*를 지정해야 한다.

- *correct*: 기본적으로 함수는 연속성 수정을 적용한다(*correct* = *TRUE*). 연속성 수정을 생략하려면 *correct* = *FALSE*를 지정해야 한다.

- *conf.level* = *0.95*: 이 옵션은 *p* 값과 신뢰구간의 유의수준(알파 수준)을 결정한다. 기본 값은 0.95(95% 신뢰구간에 해당)이지만, 예를 들어 99% 신뢰구간을 원한다면 *conf.level* = *0.99*를 지정하면 된다.

- *na.action*: 자료가 완결적이면(지금 예처럼) 이 옵션은 무시해도 된다. 그러나 자료에 결측 값이 존재하면(즉, 데이터프레임에 NA들이 있으면), *na.action* = *na.exclude*를 지정해서 결측값이 있는 모든 사례를 제외하는 것이 유용할 것이다. R의 영혼의 조언 7.1을 보라.

다음은 기본 설정들을 이용해서 일요일 자료에 대해 윌콕슨 검정을 실행하는 명령이다.

```
sunModel<-wilcox.test(sundayBDI ~ drug, data = drugData); sunModel
```

다음은 수요일 자료에 대한 명령이다. 결과변수 이름만 바꾸었다.

```
wedModel<-wilcox.test(wedsBDI ~ drug, data = drugData); wedModel
```

이 명령들은 각각 일요일과 수요일의 우울증 수준을 그룹 소속(**drug**)으로부터 예측하는 *sunModel*이라는 모형과 *wedModel*이라는 모형을 생성한다. 모형 이름을 명령으로 삼아서 실행하면 모형의 내용을 볼 수 있다.[7] 기본 옵션들을 모두 생략했으므로, **R**은 만일 *N*(그룹 크기)이 40 미만이고 동순위 점수가 없으면 참값 접근 방식을 사용하고, *N*이 40보다 크거나 동순위 점수가 존재하면 정규 근사 접근 방식을 사용한다. 그리고 연속성 수정도 적용한다. 항상 참값 대신 정규 근사를 사용하고 싶다면 *exact* = *FALSE*를 지정하고, 연속성 수정을 사용하지 않으려면 *correct* = *FALSE*를 지정하면 된다.

```
sunModel<-wilcox.test(sundayBDI ~ drug, data = drugData, exact = FALSE,
correct= FALSE)
wedModel<-wilcox.test(wedsBDI ~ drug, data = drugData, exact = FALSE, correct=
FALSE)
```

15.4.5 윌콕슨 순위합 검정 결과의 해석 ①

윌콕슨 검정의 결과가 출력 15.3(일요일)과 출력 15.4(수요일)에 나와 있다. 일요일 자료의 BDI 점수의 경우, 연속성 수정을 거친 *p* 값은 0.286이다(연속성 수정이 기본이지만, 만일 이 수정 없이

---

[7] 모형을 생성하지 않고 함수를 실행해서 즉시 결과를 볼 수도 있지만, 지금처럼 모형을 만들어 두면 나중에 효과크기를 계산하는 데 사용할 수 있다.

검정을 실행했다면 p 값이 0.269였을 것이다). 따라서, 복용 다음 날의 우울증 수준에 대한 약물 종류의 효과는 W = 35.5, p = .286으로 유의하지 않았다고 말할 수 있다.

```
Wilcoxon rank sum test with continuity correction

data:  sundayBDI by drug
W = 35.5, p-value = 0.2861
alternative hypothesis: true location shift is not equal to 0
```

```
Wilcoxon rank sum test with continuity correction

data: wedsBDI by drug
W = 4, p-value = 0.000569
alternative hypothesis: true location shift is not equal to 0
```

그러나 수요일 자료의 경우 약물의 종류가 우울증 수준에 유의한 효과를 냈다. 이 경우 W = 4, p < .001이다. 두 출력에는 나와 있지 않지만, R은 "tie가 있어 정확한 p값을 계산할 수 없습니다"라는 메시지도 출력한다. 이는, 명령 실행 시 해당 옵션을 생략해서 기본인 참값 접근 방식을 요구했지만, 동순위 점수들이 있어서 그 접근 방식을 사용할 수 없었다는 뜻이다.

15.4.6 효과크기 계산 ②

이 책에서 여러 번 보았듯이, 분석 결과를 보고할 때는 효과크기도 보고하는 것이 중요하다. 효과크기의 측도는 표준화되어 있기 때문에, 여러분이 보고한 효과크기를 다른 사람들이 다른 연구의 효과크기들과 비교할 수 있다. R이 윌콕슨 검정과 함께 효과크기도 계산해주지는 않지만, 근사적인 효과크기를 우리가 직접 계산하는 것은 그리 어렵지 않다. 우선 필요한 것은 p 값이다. R이 정규 근사 접근 방식으로 p 값을 계산했음을 기억하기 바란다. R은 자료의 z 값을 이용해서 p 값을 계산했지만, z 값을 보고하지는 않으며, 어디에 저장해 두지도 않는다. 다행히 **qnorm()** 함수를 이용하면 p 값으로부터 z 값을 복원할 수 있다. 그런 다음 그 z 값을 효과크기 추정값으로 변환하면 된다. z 점수를 효과크기 추정값 r로 변환하는 공식은 다음과 같다(Rosenthal, 1991, p. 19).

$$r = \frac{z}{\sqrt{N}}$$

여기서 z는 z 점수이고 N은 z가 근거하는 연구의 크기(즉, 총 관측 개수)이다.

나만의 윌콕슨 순위합 검정 ②

해당 함수가 R에 없을 때 여러분이 그리 어렵지 않게 프로그래밍할 수 있는 검정의 좋은 예가 윌콕슨 순위합 검정이다. 검정을 직접 프로그래밍하면 R에 대해 좀 더 잘 알게 된다는 장점도 생긴다. 다음은 윌콕슨 검정을 수행하는 명령들이다.

```
g1 <- drugData$sundayBDI[drugData$drug ==
"Alcohol"]
g2 <- drugData$sundayBDI[drugData$drug ==
"Ecstasy"]
n1 <- length(g1); n2 <- length(g2)
w <- rank(c(g1, g2))
r1 <- w[1:n1]; r2 <- w[(n1+1):(n1+n2)]
w1 <- sum(r1); w2 <- sum(r2)
wilc1 <- w1-n1*(n1+1)/2; wilc2 <- w2-
n2*(n2+1)/2
wilc = min(wilc1, wilc2)
wilc
```

```
m1 <- mean(r1); m2 <- mean(r2)
m1; m2
```

처음 두 행은 변수 **g1**과 **g2**를 생성한다. **g1**은 알코올 그룹의 일요일 BDI 점수들이고 **g2**는 엑스터시 그룹의 해당 점수들이다. 그다음 행은 각 그룹의 참가자 수를 *length()* 함수로 구해서 각각 **n1**과 **n2**에 배정한다.

그런 다음에는 **g1**과 **g2**를 *c(g1, g2)*로 묶어서 하나의 변수로 만들고, *rank()* 함수를 이용해서 그것을 순위화한다.

그다음 행에서는 각 그룹의 순위들을 따로 뽑아서 **r1**과 **r2**에 배정한다. 앞에서 구한 순위 중 1에서 그룹 1의 크기 (10)까지는 그룹 1의 순위들이고, 그다음(11)부터 모든 참가자의 수(20)까지는 그룹 2의 순위들이다. 다음으로, 각 그룹의 순위들을 *sum()* 함수로 합하고, 그것을 참가자 수에 기초해서 수정한다. 그 결과가 **wilc1**과 **wilc2**이다. 윌콕슨 검정통계량 W(**wilc** 변수)는 그 둘 중 더 작은 값이다. 그 값을 출력한 후에는, 각 그룹의 순위 평균을 구해서 **m1**과 **m2**에 넣는다. 이 값들은 유용한 기술통계량으로 쓰인다.

앞에서 생성한 모형으로부터 효과크기를 뽑아내는 함수를 만들어 두면 편할 것이다. 다음이 그러한 함수이다(이 함수는 DSUR 패키지(§3.4.5)에 들어 있다).

```
rFromWilcox<-function(wilcoxModel, N){
    z<- qnorm(wilcoxModel$p.value/2)
    r<- z/ sqrt(N)
    cat(wilcoxModel$data.name, "Effect Size, r = ", r)
}
```

이 명령들을 실행하면 *rFromWilcox()*라는 함수가 생성된다. 이 함수는 *wilcox.test()*로 만든 모형과 전체 표본 크기를 입력받는다. 함수 본문의 첫 명령은 *qnorm()*을 이용해서 z 값을 계산한다. *wilcox.test()*로 만든 모형의 p 값은 *p.value*라는 이름의 변수에 들어 있으므로, 모형 이름 다음에 *$p.value*를 붙이면 그 값에 직접 접근할 수 있다. 따라서, 함수 본문의 첫 행은 모형의 p 값을 2로 나눈(정규분포의 한쪽만 볼 것이므로 2로 나누어야 한다) 값을 입력해서 *qnorm()* 함수를 실행한다. 그러면 *qnorm()* 함수는 그 p 값에 연관된 z 값을 돌려준다. 본문의 둘째 명령은 앞에서 구한 z를 N(함수에 입력된 전체 표본 크기)의 제곱근으로 나누어서 r을 계산한다. 마지막 명령은 원래 모형의 *data.name*과 방금 계산한 효과크기 r 값을 적절한 문자열과 함께 콘솔에 출력한다.

다음은 지금 예의 두 모형으로 이 함수를 실행하는 명령들이다.

```
rFromWilcox(sunModel, 20)
rFromWilcox(wedModel, 20)
```

두 경우 모두 모형 이름과 전체 표본 크기를 입력했다. 두 명령의 결과를 보면, 일요일 자료의 r 값은 -0.25이고 수요일 자료는 -0.78이다.

```
sundayBDI by drug Effect Size, r =  -0.2470529
wedsBDI by drug Effect Size, r =  -0.7790076
```

일요일 자료의 효과크기는 작은 효과와 중간 효과의 사이이고(중간 크기 효과의 기준인 .3보다 작다), 수요일 자료의 효과크기는 아주 큰 효과에 해당한다(큰 효과의 기준 .5보다 훨씬 크다). 일요일 자료의 예는, 표본이 작을 때는 유의하지 않은 효과라도 크기가 상당히 클 수 있음을 보여준다.

15.4.7 윌콕슨 순위합 검정 결과의 보고 ①

윌콕슨 순위합 검정에 대한 필수 보고 항목은 검정통계량(W로 표기한다)과 그 유의성이다. 물론, 효과크기도 함께 보고하는 것이 좋다. 다음은 지금 예제에 대한 보고의 예이다.

✓ 약물 복용 다음 날(일요일)의 엑스터시 복용자의 우울증 수준($Mdn = 17.50$)과 알코올 복용자의 우울증 수준($Mdn = 16.00$)의 차이는 $W = 35.5$, $p = 0.286$, $r = -.25$로 유의하지 않았다. 그러나 주중(수요일)의 엑스터시 복용자의 우울증 수준($Mdn = 33.50$)과 알코올 복용자의 우울증 수준($Mdn = 7.50$)의 차이는 $W = 4$, $p < .001$, $r = -.78$로 유의했다.

 주입식 샘의 핵심 정리　몇 가지 주요 용어

- 윌콕슨 순위합 검정은 두 조건을 검사한다. 이 검정은 각 조건에 서로 다른 참가자들이 참여하되 그 자료가 독립 t 검정의 어떤 가정을 위반할 때 쓰인다.
- 이 검정에서도 p 값으로 유의성을 판정한다. 만일 그 값이 .05보다 작으면 두 그룹의 차이가 유의한 것이다.
- 평균 순위를 계산해 보는 것이 도움이 될 수 있다.
- 결과를 보고할 때는 W 통계량과 유의확률을 보고한다. 또한, 중앙값과 해당 범위들도 보고하는 것이 좋다(또는, 상자그림을 그려도 좋을 것이다).
- 효과크기도 계산해서 보고하는 것이 좋다.

자료의 순위화는 모수적 검정의 분포 관련 가정을 피하는 데 유용한 방법이다. 그러나 여기에는 대가가 따른다. 자료를 순위화하면 점수 차이의 크기에 관한 정보가 사라진다. 이 때문에 모수적 검정보다 비모수적 검정의 검정력이 약할 수 있다. 통계적 검정력(§2.6.5)이란 정말로 존재하는 효과를 검출하는 능력이다. 비모수적 검정의 검정력이 더 약하다는 것은, 자료에 정말로 효과가 존재할 때 비모수적 검정으로 그것을 검출할 가능성이 모수적 검정의 경우보다 더 작다는 뜻이다. 그러나 이는 모수적 검정의 가정들이 성립할 때만 참이다. 따라서, 만일 적절한 가정들이 성립하는 자료에 대해 모수적 검정과 비모수적 검정을 적용한다면, 비모수적 검정보다 모수적 검정의 효과를 검출하는 능력이 더 강하다.

문제는, 어떠한 검정의 검정력을 정의하려면 그 검정이

제1종 오류율(실제로는 존재하지 않은 효과를 유의하다고 오판하는 비율—§2.6.2 참고)을 통제하는지 확인해야 한다는 것이다. 제2장에서 보았듯이, 이 오류율의 허용 기준으로는 흔히 5%가 쓰인다. 기억하겠지만, 표집분포가 정규분포일 때는, 그러한 분포에 근거한 검정들의 제1종 오류율이 실제로 5%이다. 따라서 그에 근거해서 검정력을 파악할 수 있다. 그러나 자료가 정규분포가 아닐 때는 정규분포에 근거한 검정들의 제1종 오류율이 5%가 아닐 수 있다(사실, 검정이 분포의 형태에 의존하므로, 그런지 아닌지 알 수 없다). 따라서 검정력을 계산할 방법이 없다(§2.6.5에서 보았듯이 검정력은 제1종 오류율과 연관되어 있으므로). 그러므로, 종종 비모수적 검정은 제2종 오류율(실제로는 그룹들에 차이가 있는데도 검정이 그 차이를 유의하지 않다고 오판하는 비율)을 높인다는 말을 듣게 되겠지만(사실 내가 쓴 SPSS 책의 제1판에도 그런 이야기가 나온다), 그것은 표집분포가 정규분포일 때만 참이다.

각 조건의 중앙값(Mdn)도 보고했음을 주목하기 바란다. 비모수적 검정에서는 평균보다 중앙값이 더 적합하다.

15.5 연관된 두 조건의 비교: 윌콕슨 부호순위 검정 ①

윌콕슨 부호순위 검정(Wilcoxon signed-rank test; Wilcoxon, 1945)은 두 가지 점수 집합을 비교하되, 그 점수들을 같은 참가자들에게서 측정한 상황에 쓰인다(이전 절의 윌콕슨 순위합 검정과는 다른 것임을 주의하기 바란다). 따라서 이는 종속 t 검정의 비모수적 버전에 해당한다고 할 수 있다.

이전 절의 연구자가 이번에는 참가자 안에서의 두 약물 조건에 따른 우울증 수준의 변화에 관심을 두었다고 상상해 보자. 그렇다면 이번에는 일요일 BDI 점수들과 수요일 BDI 점수들을 비교해야 한다. 연관된 점수들의 차이를 검사할 때는 차이의 정규성 가정(제9장 참고)이 성립해야 한다. 그럼 이 가정부터 검사해 보자.

자가진단

✓ 일요일에 대한 수요일의 BDI 점수 차이(변화량)를 계산하고, 이 변화량들의 정규성을 알코올 그룹과 엑스터시 그룹 각각 검사하라.

출력 15.5는 점수 변화량에 대한 각 그룹의 기술통계량들이다. 알코올 그룹의 경우 점수 변화량들은 정규분포가 아니다(W = 0.83, p < .05). 그러나 엑스터시 그룹의 점수 변화량들은 대체로 정규분포에 가깝다(W = 0.91, p = .273). 따라서, 알코올 그룹에 대해서는 비모수적 검정을 사용해야 한다(그리고 실습 차원에서 엑스터시 그룹에도 비모수적 검정을 사용한다).

```
drugData$drug: Alcohol
median    mean   SE.mean CI.mean   var   std.dev coef.var
-7.500   -6.300   2.098   4.746  44.011   6.634   -1.053

skewness  skew.2SE  kurtosis  kurt.2SE  normtest.W  normtest.p
   1.239     0.902     0.987     0.370       0.828       0.032
-----------------------------------------------------------
drugData$drug: Ecstasy
median    mean   SE.mean CI.mean   var   std.dev coef.var
14.000   12.400   2.531   5.724  64.044   8.002   0.645

skewness  skew.2SE  kurtosis  kurt.2SE  normtest.W  normtest.p
  -0.414    -0.301    -1.369    -0.513       0.909       0.273
```

15.5.1 윌콕슨 부호순위 검정의 이론 ②

윌콕슨 부호순위 검정에 깔린 이론은 종속 t 검정(제9장)의 것과 비슷하다. 둘 검정 모두 비교하려는 두 조건의 점수 차이에 기초한다. 윌콕슨 부호순위 검정에서는 계산된 차이들을 순위화한다(§15.4.1에서처럼). 윌콕슨 순위합 검정과 다른 점은, 순위에 차이의 부호(양, 0, 음)를 배정한다는 것이다. 이전과 같은 자료를 이용해서, 두 약물 조건 각각에서 일요일 우울증 점수와 수요일 우울증 점수를 비교한다고 하자.

표 15.2에 그러한 자료의 순위화 과정이 나와 있다. 두 약물의 순위들을 따로 매긴다는 점을 기억하기 바란다. 각 약물 조건에 대해, 먼저 일요일 점수와 수요일 점수의 차이(수요일 점수에서 일요일 점수를 뺀 것)를 계산한다. 만일 그 차이가 0이면(즉, 일요일 점수와 수요일 점수가 같으면), 그 점수는 순위화에서 제외한다. 0이 아니면 그 부호(양 또는 음)를 기록해 두되, 순위는 부호를 무시하고 차이의 크기(절댓값)로 결정한다. 순위를 매기는 방법 자체는 §15.4.1과 같다. 즉, 크기가 가장 작은 차이가 순위 1이 되고, 동순위 차이들을 평균으로 처리한다. 모든 점수 차이의 순위를 매긴 후에는, 양의 순위들의 합(T_+)과 음의 순위들의 합(T_-)을 따로 구한다. 엑스터시 그룹의 경우 T_+ = 36이고 T_- = 0이다(이 그룹에는 음의 순위가 없다). 알코올 그룹의 경우에는 T_+ = 8, T_- = 47이다. 양, 음 순위합 중 더 작은 것이 최종적인 검정통계량 T가 된다. 지금 예에서 엑스터시 그룹의 T는 0, 알코올 그룹의 T는 8이다.

검정통계량 T의 유의확률은 이전처럼 평균($\bar{T}$)과 표준오차($SE_{\bar{T}}$)로 구한다. 이전 절의 윌콕슨 순위합 검정에서처럼, 평균과 표준오차 둘 다 표본 크기 n의 함수이다(각 그룹의 참가자들이 같으므로, 표본 크기는 하나뿐이다).

$$\bar{T} = \frac{n(n+1)}{4}$$

$$SE_{\bar{T}} = \sqrt{\frac{n(n+1)(2n+1)}{24}}$$

두 그룹 모두 참가자 수는 10명이다. 그런데 엑스터시 그룹에서는 차이가 0인 두 점수를 배제했었다. 따라서 n은 10이 아니라 8이어야 한다. 앞의 공식들에 이를 대입하면 다음과 같다.

표 15.2 윌콕슨 부호순위 검정의 자료 순위화

일요일 BDI	수요일 BDI	차이	부호	순위	양의 순위	음의 순위
엑스터시						
15	28	13	+	2.5	2.5	
35	35	0	제외			
16	35	19	+	6	6	
18	24	6	+	1	1	
19	39	20	+	7	7	
17	32	15	+	4.5	4.5	
27	27	0	제외			
16	29	13	+	2.5	2.5	
13	36	23	+	8	8	
20	35	15	+	4.5	4.5	
순위합 =					36	0
알코올						
16	5	−11	−	9		9
15	6	−9	−	7		7
20	30	10	+	8	8	
15	8	−7	−	3.5		3.5
16	9	−7	−	3.5		3.5
13	7	−6	−	2		2
14	6	−8	−	5.5		5.5
19	17	−2	−	1		1
18	3	−15	−	10		10
18	10	−8	−	5.5		5.5
순위합 =					8	47

$$\bar{T}_{\text{엑스터시}} = \frac{8(8+1)}{4} = 18$$

$$SE_{\bar{T}_{\text{엑스터시}}} = \sqrt{\frac{8(8+1)(16+1)}{24}} = 7.14$$

알코올 그룹에서는 점수가 제외된 참가자가 없었으므로 10을 그대로 대입한다.

$$\bar{T}_{\text{알코올}} = \frac{10(10+1)}{4} = 27.50$$

$$SE_{\bar{T}_{\text{알코올}}} = \sqrt{\frac{10(10+1)(20+1)}{24}} = 9.81$$

이전에 보았듯이, 검정통계량과 검정통계량의 평균, 그리고 표준오차를 알고 있으면 검정통계량을 z 점수로 손쉽게 변환할 수 있다. 제1장에 나온 해당 공식은 다음과 같다.

$$z = \frac{X - \bar{X}}{s} = \frac{T - \bar{T}}{SE_{\bar{T}}}$$

여기에 엑스터시 그룹과 알코올 그룹의 수치들을 대입해서 각각의 z 점수를 구해보자.

$$z_{\text{엑스터시}} = \frac{T - \bar{T}}{SE_{\bar{T}}} = \frac{0 - 18}{7.14} = -2.52$$

$$z_{\text{알코올}} = \frac{T - \bar{T}}{SE_{\bar{T}}} = \frac{8 - 27.5}{9.81} = -1.99$$

만일 z 점수의 크기가 1.96보다 크면 해당 검정은 $p < .05$ 수준에서 유의한 것이다. 따라서, 엑스터시 그룹과 알코올 그룹 모두, 수요일과 일요일의 우울증 점수 차이는 유의한 것으로 보인다.

15.5.2 R Commander를 이용한 검정 실행 ①

그럼 R Commander로 윌콕슨 부호순위 검정을 수행하는 방법을 살펴보자. 점수들 자체는 이전과 같지만, 이번 검정에서는 점수 변화를 약물별로 **따로** 살펴볼 것이므로 점수들을 약물 종류(**drug**)에 따라 분할해서 각각의 부분집합(subset)을 만들 필요가 있다. 그러면 이후의 과정에서 엑스터시 그룹과 알코올 그룹을 따로 분석할 수 있게 된다. 명령행이라면 *subset()* 함수를 사용했겠지만, R Commander에서는 **데이터 ➡ 활성 데이터셋 ➡ 활성 데이터셋의 하위셋 만들기...** 메뉴를 선택한다. 그러면 그림 15.5와 같은 대화상자가 나타난다. 모든 변수를 유지할 것이므로, 제일 위의 체크 상자를 체크한 상태로 둔다.

그림 15.5 부분집합 생성을 위한 R Commander의 메뉴와 대화상자

하위셋 표현식 입력 상자에는 "*drug==Alcohol*"을 입력한다. **R**에서 '상등'을 표현할 때는 등
호를 두 번 써야 한다는 점을 기억하기 바란다. 제일 아래 입력 상자에는 새 자료 집합(데이터프
레임)의 이름을 입력한다. *alcoholData*로 하면 된다. 이제 예 버튼을 클릭하면 데이터프레임이
생성된다. 같은 방식으로, 엑스터시 그룹의 점수만 담은 *ecstasyData*도 생성하기 바란다.

자료가 준비되었으니 윌콕슨 부호순위 검정을 실행해 보자. 왼쪽 위 *데이터셋:* 목록에
*alcoholData*가 선택된 상태에서 **통계 ➡ 비모수 검정 ➡ 쌍-표본 Wilcoxon 검정...** 메뉴를 선
택하면 그림 15.6과 같은 대화상자가 나타난다.

대화상자의 두 목록에서 비교할 두 변수를 선택한다. 지금 예에서는 변수가 둘뿐이므로,
한 목록에서 한 변수를, 다른 목록에서 다른 변수를 선택하면 된다(어느 목록에서 어떤 변수를
선택하는지는 중요하지 않다. 각각 다른 변수를 선택하기만 하면 된다).

다음으로, 선택기능 탭의 검정 유형 항목에서는 p 값 계산 방법을 선택한다. 순위합 검정(§
15.4.3)에서처럼, 첫 번째 옵션인 기본값을 선택하면 표본 크기와 동순위 점수 존재 여부에 따
라 적절한 방법을 R Commander가 결정한다. 표본 크기가 40 이하이고 동순위 점수가 없으면
참값 접근 방식이 쓰이고, 표본 크기가 40을 넘으면 정규 근사가 쓰인다. 대체로 정규 근사 접
근 방식보다는 참값 접근 방식이 나으므로, 원한다면 참값 접근 방식(대화상자의 *Exact* 옵션)을

그림 15.6 윌콕슨 부호순위 검정을 위한 대화상자

직접 선택할 수도 있다. 단, 자료에 동순위 점수가 없어야 한다는 점과 표본 크기가 크면 시간이 오래 걸릴 수 있다는 점을 주의해야 한다. 정규 근사 접근 방식을 명시적으로 지정하는 경우에는 연속성 수정 사용 여부도 선택할 수 있다. 네 번째 옵션이 정규 근사와 연속성 수정의 조합이다. 지금 예에서는 연속성 수정이 적용되지 않는 **정규 근사**를 선택한다(자료에 동순위 점수들이 있으므로 참값 접근 방식은 사용할 수 없다).

대립가설 항목은 그냥 **양쪽(측)**이 선택된 상태로 둔다. 만일 자료 수집 전에 효과의 방향을 미리 예측했다면, 예측한 차이가 0보다 작은지 아니면 큰지에 따라 **차이 > 0** 또는 **차이 < 0**을 선택하면 된다. 이제 예 버튼을 클릭하면 분석이 수행된다. 결과는 잠시 후에 설명하겠다.

15.5.3 R을 이용한 검정 실행 ①

이번에는 알코올 그룹과 엑스터시 그룹에 대해 따로 검정을 수행해야 하므로, 먼저 데이터프레임을 둘로 분할해야 한다.

자가진단

✓ *subset()* 함수를 이용해서, 데이터프레임의 점수들을 약물 종류에 따라 분리해서 각각 *alcoholData*와 *ecstasyData*라는 데이터프레임을 생성하라.

자가진단을 마쳤다면, *alcoholData*라는 데이터프레임과 *ecstasyData*라는 데이터프레임이 만들어졌을 것이다. 윌콕슨 부호순위 검정도 *wilcox.test()* 함수로 수행하지만, 이번에는 자료가 서로 다른 열들(**wedsBDI**와 **sundayBDI**)에 들어 있으므로 모형 서술 공식을 지정하는 것이 아니라 두 열의 이름을 지정해 주어야 한다. 또한, 자료가 짝을 이루고 있음을 R에게 알려주기 위해 *paired = TRUE* 옵션도 포함해야 한다. (이 옵션을 지정하지 않으면 R은 윌콕슨 순위합 검정을 수행한다.) 그리고 지금 예에서는 연속성 수정을 사용하지 않을 것이므로 *correct = FALSE* 옵션도 지정한다. 다음은 알코올 그룹에 대해 윌콕슨 부호순위 검정을 수행하는 명령이다.

```
alcoholModel<-wilcox.test(alcoholData$wedsBDI, alcoholData$sundayBDI, paired =
TRUE, correct= FALSE)
alcoholModel
```

그리고 다음은 엑스터시 그룹에 대한 명령이다.

```
ecstasyModel<-wilcox.test(ecstasyData$wedsBDI, ecstasyData$sundayBDI, paired =
TRUE, correct= FALSE)
ecstasyModel
```

각 명령은 *sundayBDI* 변수와 *wedsBDI* 변수의 차이에 대한 윌콕슨 검정에 기초해서 모형 (*alcoholModel*과 *ecstasyModel*)을 생성한다.

15.5.4 윌콕슨 부호순위 검정 결과의 해석 ①

엑스터시의 효과가 뭐냥?

출력 15.6은 알코올 그룹의 검정 결과이다. 앞의 명령을 실행하면 동순위 점수 때문에 참값에 기초한 검정을 수행할 수 없었다는 경고 메시지가 나온다. 애초에 우리는 참값 접근 방식을 요청하지 않았지만, 표본 크기가 40보다 작아서 **R** 이 그냥 그 방법을 시도한 것이다. 출력의 V는 앞에서 설명한 T_+ 값에 해당한다.[8] 지금 예에서 이 값은 $p = .047$로 유의하다. 따라서, 중앙값들에 근거할 때, 알코올을 복용한 경우 주중에 비해 일요일(복용 다음 날)의 우울증 점수(BDI로 측정한)가 유의하게 더 낮다($p = .047$)고 결론지어야 할 것이다.

출력 15.7은 엑스터시 그룹에 관한 결과이다. 엑스터시를 복용한 경우 일요일(복용 다음날)보다 주중의 더 우울증 점수(BDI로 측정한)가 유의하게 더 높다($p = .012$).

출력 15.6

```
Wilcoxon signed rank test
data:  alcoholData$wedsBDI and alcoholData$sundayBDI
V = 8, p-value = 0.04657
alternative hypothesis: true location shift is not equal to 0
```

출력 15.7

```
        Wilcoxon signed rank test
data:  ecstacy$bdi.wednesday and ecstacy$bdi.sunday
V = 36, p-value = 0.01151
alternative hypothesis: true location shift is not equal to 0
```

두 그룹의 결과를 비교해 보면, 우울증에 대한 알코올 복용과 엑스터시 복용의 효과가 정반대임을 알 수 있다. 알코올을 먹으면 그 다음날은 약간 우울해지지만, 주중이 되면 우울증 수준이 떨어진다. 엑스터시를 먹어도 그 다음날 우울증이 심해지지만, 알코올과는 달리 주중

---

8 함수에 변수들을 입력한 순서가 이 V의 값에 영향을 미친다. 이는, 이 값이 바로 T_+이며, 순위 차이의 부호(양, 음)는 어떤 점수에서 어떤 점수를 빼느냐에 따라 달라지기 때문이다. 표 15.2에서는 수요일 BDI 점수들에서 일요일 BDI 점수들을 뺐다. 이 경우 엑스터시 그룹에 대해 $T_+ = 36$이고 $T_- = 0$이다. 그러나, 만일 일요일 점수들에서 수요일 점수들을 뺐다면, 양의 순위합과 음의 순위합이 맞바뀌었을 것이다(즉, $T_+ = 0$이고 $T_- = 36$). 이처럼 함수에 변수들을 입력한 순서는 T_+의(따라서 V의) 값에 영향을 미친다. 그러나 이러한 차이에 신경을 쓸 필요는 없다. 변수들의 순서가 p 값에는 영향을 주지 않기 때문이다.

이 되면 우울증 수준이 오히려 더 높아진다. 물론 복용 다음 날의 진정한 효과를 파악하려면 약물을 복용하기 전의 우울증 수준도 측정했어야 한다. 같은 참가자들로 이루어진 그룹들의 이러한 반대되는 효과(한 상황에서는 이런 효과가 나고, 다른 상황에서는 그와는 다른 효과가 나는 형태의)를 상호작용이라고 부른다. 상호작용은 제12, 13, 14장에서 만나 보았다.

15.5.5 효과크기 계산 ②

윌콕슨 부호순위 검정의 효과크기는 윌콕슨 순위합 검정에서와 같은 방법으로 계산하면 된다 (§15.4.6의 공식을 참고할 것). 따라서 이전에 만들어 둔 *rFromWilcox()* 함수를 재활용할 수 있다. 알코올 그룹과 엑스터시 그룹 모두, 한 그룹의 관측값은 20개이다(각 그룹의 참가자는 10명이지만, 그 사람들을 두 번 측정했기 때문에 관측값은 20개이다. 여기서 중요한 것은 사람들의 수가 아니라 관측값 개수이다). 다음처럼 모형 이름과 관측값 수를 함수에 입력하면 효과크기가 나온다.

```
rFromWilcox(alcoholModel, 20)
rFromWilcox(ecstasyModel, 20)
```

결과는 다음과 같다.

```
alcoholData$wedsBDI and alcoholData$sundayBDI Effect Size, r = -0.4450246
```

```
ecstasyData$wedsBDI and ecstasyData$sundayBDI Effect Size, r = -0.5649883
```

알코올 그룹의 경우 $r = -.45$인데, 이는 중간 효과와 큰 효과에 대한 코언의 기준인 .3과 .5 사이의 값이다. 따라서 우울증 수준 변화에 대한 알코올 복용의 효과는 중간 효과와 큰 효과 사이이다. 엑스터시 그룹의 경우 $r = -.56$인데, 이는 코언의 큰 효과 기준인 .5보다 큰 값이다. 따라서, 우울증 수준 변화에 대한 엑스터시 복용의 효과는 큰 효과이다.

15.5.6 윌콕슨 부호순위 검정 결과의 보고 ①

윌콕슨 부호순위 검정에 대한 필수 보고 항목은 검정 결과의 유의성뿐이다. 단, 그와 함께 효과크기도 보고하는 것이 좋다. 다음은 지금 예제에 대한 보고의 예이다.

✓ 엑스터시 복용자의 경우, 수요일의 우울증 수준($Mdn = 33.50$)이 일요일의 우울증 수준 ($Mdn = 17.50$)에 비해 $p = .047$, $r = -.56$으로 유의하게 높았다. 그러나 알코올 복용자는 그 반대였다. 알코올 복용 시에는 수요일의 우울증 수준($Mdn = 7.50$)이 일요일의 우울증 수준($Mdn = 16.00$)에 비해 $p = .012$, $r = -.45$로 유의하게 낮았다.

주입식 샘의 핵심 정리 윌콕슨 부호순위 검정

- 윌콕슨 부호순위 검정은 두 조건을 검사한다. 이 검정은 각 조건에 같은 참가자들이 참여하되 그 자료가 종속 t 검정의 어떤 가정을 위반할 때 쓰인다.
- 이 검정에서도 p 값으로 유의성을 판정한다. 만일 그 값이 .05보다 작으면 두 그룹의 차이가 유의한 것이다.
- 결과를 보고할 때는 유의확률을 명시한다. 또한, 중앙값과 해당 범위들도 보고하는 것이 좋다(또는, 상자그림을 그려도 좋을 것이다).

실험복 레니의 실제 연구 15.1 메추라기 전성시대 ①

Matthews, R. C. 외 (2007).

Psychological Science, 18(9), 758-762.

연구자가 '조건 형성(conditioning)'을 통해서 메추라기 수컷의 정자 생산의 측면들에 영향을 미칠 수 있음을 보여주는 연구 사례가 제2장에 나왔다. 이 연구를 간단히 설명하자면, 메추라기 수컷에게 특정한 방(이를테면 녹색으로 칠한 실험장)에서는 암컷과의 교미를 허용하고, 다른 맥락(이를테면 바닥에 타일이 깔린 실험장)에서는 교미를 허용하지 않는다. 그러면 수컷은 녹색 방에서는 자신이 소기의 목적을 달성할 수 있지만 타일이 깔린 방에서는 좌절하게 된다는 점을 배운다. 한편, 다른 수컷 메추라기에는 방을 바꾸어서 같은 훈련을 실행한다(즉, 이 수컷은 타일이 깔린 방에서만 교미에 성공한다). 이를 사람에 비유한다면, 푸시캣 클럽에서는 항상 이성과 하룻밤에 성공하지만 허니 클럽에서는 한 번도 성공하지 못하는 예를 생각할 수 있다.[9] 훈련 후에는 각 수컷을 두 방에 모두 집어넣어서 교미하게 하는 실험을 진행한다. 이 실험에서 연구자의 의문은 이것이다: 특정 맥락에서만 교미에 성공한다는 점을 수컷들이 배웠다고 할 때, 통제 맥락(대조군)에 비해 해당 맥락에서 더 많은 또는 더 나은 품질의 정액을 산출할까? (즉, 여러분은 푸시캣 클럽에서 좀 더 호색한이 될까? 이 비유는 이제 그만 하기로 하자.)

마이크 도미언과 그 동료들은 만일 생식 적합성의 증가 때문에 조건 형성이 진화했다면, 이전에 생식 기회를 암시한(즉, 교미를 허용한) 맥락에서 교미를 시도하는 수컷은 통제 맥락에서 교미를 시도할 때보다 유의하게 많은 난자를 수정시킬 것으로 예측했다(Matthews, Domjan, Ramsey, & Crews, 2007). 그들은 이 가설을 검증하기 위해 대단히 독창적인 실험을 고안했다. 그들은 두 마리의 수컷을 훈련한 후 그 두 마리를 열네 마리의 암컷과 교미하게 했다. 이때 한 수컷은 이전에 생식 기회를 암시한 맥락에서 교미를 시도하게 하고(Signalled), 다른 한 수컷은 이전에 생식 기회를 암시하지 않은 맥락에서 교미를 시도하게 했다(Control). 10일간 교미 후에 암컷들의 난자를 수집해서, 수정란의 유전자를 분석해서 생부를 식별했다.

---

9 이 두 클럽은 브라이턴 지역에 있는 클럽들인데, 나는 원래 클럽 쪽에 관심이 없기 때문에 두 클럽 모두 한 번도 가본 적이 없다. 정말로.

이 연구의 자료가 **Matthews et al. (2007).dat** 파일에 있다. 실험복 레니가 여러분에게 원하는 것은, 암시를 받은 문맥에서 교미한 수컷이 통제 맥락에서의 수컷보다 더 많은 난자를 수정시켰는지를 윌콕슨 부호순위 검정으로 확인하는 것이다.

답은 부록 웹사이트의 보충 자료에 있다(또는, 원래 논문의 p. 760을 보라).

15.6 여러 독립 그룹의 차이: 크러스컬-월리스 검정 ①

제10장에서 여러 독립 그룹의 차이를 검정하는 데 사용할 수 있는 일원 독립 분산분석이라는 기법을 배웠다. 그 장에서 여러 번 이야기했듯이, *F* 통계량은 가정들이 깨진 상황에서도 강건할 수 있다(§10.3). 또한, 제10장에서는 분산의 동질성이 깨진 상황에서도 사용할 수 있는 측도들이 존재한다는 점을 이야기했다(초천재 제인 글상자 10.2). 그런데 그때 이야기하지 않은 또 다른 대안이 있다. 일원 독립 분산분석의 비모수적 버전인 **크러스컬-월리스 검정**(Kruskal-Wallis test; Kruskal & Wallis, 1952)이 바로 그것이다. 만일 여러분의 자료가 어떤 가정을 위반한다면, 이 검정이 그 문제를 피해 가는 유용한 방법이 될 수 있다. 윌리엄 크러스컬(그림 15.7)에 대해 좀 더 알고 싶은 독자에게는 뛰어난 전기인 [Fienberg, Stigler & Tanur, 2007]을 추천한다.

언젠가 신문에서 과학자들이 콩(soya)으로 만든 식품에 들어 있는 제니스테인(genistein)이라는 화학 물질이 서구 남성의 정자 수 감소와 연관이 있다는 기사를 읽은 적이 있다. 그 기사의 근거가 된 연구 논문을 읽어 보니, 사실은 그것이 쥐에 대한 실험이었고, 정자 수 감소와는 무관하고 수컷 쥐들의 비정상적인 성적 발달의 증거에 관한 것이었음을 알게 되었다(아마도 그 화학 물질이 에스트로겐처럼 작용했기 때문일 것이다). 당연히 기자는 그 연구가 서구 남성의 두드러진 정자 수 감소와 관련이 있다고 해석했다(신문 기사는 절대로 믿으면 안 된다). 어쨌거나, 나는 콩 식품을 많이 먹는 채식주의자이고 언젠가는 아이를 가질 생각이 있기 때문에, 이 착안을 쥐가 아니라 사람에 대해 실험해 보고 싶었다. 상상 속의 연구에서 나는 남자 80명을 네 그룹으로 나누어서 1년간 그룹마다 다른 양의 콩 식품을 먹게 했다. 첫 그룹은 대조군으로, 주당 콩 식품 식사 횟수가 0이다(즉, 일 년 내내 콩 식품을 전혀 먹지 않는다). 둘째 그룹은 매주 한 번 콩으로 된 음식을 먹고(1년간 52회), 셋째 그룹은 매주 4회(1년간 208회), 마지막 그룹은 매주 7회이다(1년간 364회). 연말에 나는 남자들의 정액을 채취해서 정자 수를 세었다(여기서 '나'는 나와 최대한 멀리 떨어져 있는 다른 동료를 뜻한다).[10]

---

[10] 혹시 이번 장을 의학도가 읽는다면, 이 자료는 전적으로 내가 만들어 낸 것일 뿐임을 명심하기 바란다. 나는 보통 남성의 정자 수가 어느 정도인지 전혀 알지 못하므로, 수치들을 보면 헛웃음이 나올 수도 있다. 이 점을 미리 사과드리며, 나의 무지를 얼마든지 비웃어도 좋다.

그림 15.7 윌리엄 크러스컬

크러스컬–월리스 검정의 이론은 만-위트니 검정의(그리고 윌콕스 순위합 검정의) 이론과 아주 비슷하므로, 다음 내용을 읽기 전에 먼저 §15.4.1을 읽기 바란다. 윌콕슨 순위합 검정처럼 크러스컬–월리스 검정도 순위화된 자료에 기초한다. 즉, 처음에는 점수가 속한 그룹들은 무시하고 점수들을 가장 낮은 것에서 가장 높은 것의 방향으로 정렬한 후 가장 낮은 점수에 순위 1을, 그다음 점수에 순위 2를 부여하는 식으로 순위들을 배정한다(좀 더 자세한 내용은 §15.4.1을 보라). 순위들을 다 매긴 후에는 점수들을 그룹별로 모아서 각 그룹의 순위들을 모두 더한다. 각 그룹의 그러한 순위합을 R_i라고 표기한다(여기서 i는 특정 그룹을 식별하는 색인이다). 표 15.3에 지금 예제의 자료와 그 순위들이 나와 있다.

자가진단

✓ 자료를 직접 순위화해보고, 표 15.3과 같은 결과가 나왔는지 확인하라.

각 그룹의 순위합을 계산한 다음에는, 검정통계량 H를 다음과 같이 계산한다.

$$H = \frac{12}{N(N+1)} \sum_{i=1}^{k} \frac{R_i^2}{n_i} - 3(N+1) \tag{15.1}$$

표 15.3 콩 식품 예제의 자료와 순위

콩 식사 없음		콩 식사 1회		콩 식사 4회		콩 식사 7회	
정자 수(백만 단위)	순위	정자 수	순위	정자 수	순위	정자 수	순위
0.35	4	0.33	3	0.40	6	0.31	1
0.58	9	0.36	5	0.60	10	0.32	2
0.88	17	0.63	11	0.96	19	0.56	7
0.92	18	0.64	12	1.20	21	0.57	8
1.22	22	0.77	14	1.31	24	0.71	13
1.51	30	1.53	32	1.35	27	0.81	15
1.52	31	1.62	34	1.68	35	0.87	16
1.57	33	1.71	36	1.83	37	1.18	20
2.43	41	1.94	38	2.10	40	1.25	23
2.79	46	2.48	42	2.93	48	1.33	25
3.40	55	2.71	44	2.96	49	1.34	26
4.52	59	4.12	57	3.00	50	1.49	28
4.72	60	5.65	61	3.09	52	1.50	29
6.90	65	6.76	64	3.36	54	2.09	39
7.58	68	7.08	66	4.34	58	2.70	43
7.78	69	7.26	67	5.81	62	2.75	45
9.62	72	7.92	70	5.94	63	2.83	47
10.05	73	8.04	71	10.16	74	3.07	51
10.32	75	12.10	77	10.98	76	3.28	53
21.08	80	18.47	79	18.21	78	4.11	56
순위합(R_i)	927		883		883		547

이 공식에서 R_i는 각 그룹의 순위합이고 N은 전체 표본 크기(지금 예에서는 80)이다. 그리고 n_i는 각 그룹의 표본 크기이다(지금 예에서는 네 그룹의 표본 크기가 모두 20으로 같다). 따라서, 공식의 시그마 부분은 각 그룹 순위합의 제곱을 그룹 표본 크기로 나눈 것들을 모두 합하라는 뜻이다. 공식의 나머지 부분은 전체 표본 크기에 기초한 값들을 그 합에 곱하고 뺀다. 다음은 지금 예의 수치들을 이 공식에 대입한 결과이다.

$$
\begin{aligned}
H &= \frac{12}{80(81)}\left(\frac{927^2}{20} + \frac{883^2}{20} + \frac{883^2}{20} + \frac{547^2}{20}\right) - 3(81) \\
&= \frac{12}{6480}(42966.45 + 38984.45 + 38384.45 + 14960.45) - 243 \\
&= 0.0019(135895.8) - 243 \\
&= 251.66 - 243 \\
&= 8.659
\end{aligned}
$$

이 검정통계량은 카이제곱 분포(제18장)라고 하는 특별한 종류의 분포를 따른다. 카이제곱 분포에는 자유도마다 하나의 값이 있는데, 여기서 자유도는 그룹 수에서 1을 뺀 것($k - 1$)이다. 따라서, 지금 예의 자유도는 3이다.

15.6.2 자료 입력과 잠정 분석 ①

자가진단

✓ 표 15.3의 자료를 R에 입력하고, 그 자료에 대해 몇 가지 잠정 분석을 수행하라(§5.6과 §5.7을 참고할 것).

그룹마다 서로 다른 참가자들을 이용해서 수집한 자료를 R에 입력할 때에는 그룹 식별을 위한 부호화 변수가 필요하다. 따라서, 지금 예의 자료는 총 두 열로 구성된다. 첫 열은 그룹을 구분하는 요인으로, 지금 예에서는 네 개의 수준으로 이루어진다. 이름은 **Soya**로 하자. 다음은 이 요인 변수를 *gl()* 함수를 이용해서 생성하는 명령이다.

```
Soya<-gl(4, 20, labels = c("No Soya", "1 Soya Meal", "4 Soya Meals", "7 Soya Meals"))
```

이 명령은 20행 블록 네 개를 담은 **Soya**라는 변수를 생성한다. 첫 블록은 *No Soya*(콩 식사 없음), 둘째 블록은 *1 Soya Meal*(매주 콩 식사 1회) 등의 이름표들을 담는다. 둘째 열은 연말에 측정한 종속변수(정자 수)에 해당한다. 이 변수는 **Sperm**이라고 하자. 이 변수는 실제 측정값들로 생성한다(좀 더 자세한 내용은 부록 웹사이트의 보충 자료를 참고할 것). 마지막으로, 두 변수를 묶어서 *soyaData*라는 데이터프레임을 생성한다.

```
soyaData<-data.frame(Sperm, Soya)
```

해당 자료가 **Soya.dat**에도 들어 있다. 위의 과정이 번거롭다면, 다음 명령으로 이 파일을 *soyaData* 데이터프레임에 적재하면 된다.

```
soyaData<-read.delim("Soya.dat", header = TRUE)
```

파일의 **Soya** 열에는 문자열들이 들어 있으므로,* R은 파일을 불러올 때 이것을 요인으로 변환

---

*역주 이 책을 번역하는 현재, 부록 웹사이트의 **Soya.dat** 파일에는 이 열에 그냥 수치(그룹 번호)들이 들어있다. 파일을 텍스트 편집기 등으로 열어서 확인해 보고, 만일 문자열이 아니라 수치가 있다면 이하의 그룹 순서 변경 과정은 설명만 읽고(명령들을 실제로 실행하지는 말고) 넘어가기 바란다.

한다. 그것이 우리가 원하는 일이지만, 문제는 이때 **R**이 요인의 수준(그룹)들의 순서를 그냥 알파벳 순으로 정한다는 것이다. 지금 예에서 **R**이 결정한 그룹들의 순서는 다음과 같다.

1 *1 Soya Meals*

2 *4 Soya Meals*

3 *7 Soya Meals*

4 *No Soya*

이유는 나중에 명확해지겠지만, 대조군(지금 예에서는 콩 식사 없음)을 요인의 첫 수준으로 삼는 것이 좋다. 앞에서 자료를 직접 입력할 때는 그렇게 했지만, 지금은 그렇지 않다. 따라서 요인 수준들의 순서를 바꾸어야 한다(R의 영혼의 조언 3.13 참고). 다음이 그러한 명령이다.

```
soyaData$Soya<-factor(soyaData$Soya, levels = levels(soyaData$Soya)[c(4, 1, 2, 3)])
```

이 명령은 *factor()* 함수를 이용해서 **Soya** 변수의 수준들의 순서를 변경한다. 이 명령은 *soyaData* 데이터프레임에 있는 **Soya** 변수의 값들에 기초해서 **Soya** 변수 자체를 새로 만들되, *levels()* 함수를 이용해서 그룹들의 순서를 변경한다. 순서는 *c()*로 지정한 수치들에 따라 바뀌는데, 4, 1, 2, 3은 현재의 네 번째 그룹(콩 식사 없음)이 첫 번째 그룹이 되고, 현재의 첫 번째 수준이 두 번째 그룹이 되고, 등등을 뜻한다. 이 명령을 실행하면 그룹들의 순서가 다음으로 변한다.

1 *No Soya*

2 *1 Soya Meals*

3 *4 Soya Meals*

4 *7 Soya Meals*

자료가 준비되었으니, 다음으로 할 일은 자료에 대한 탐색적 분석을 수행하는 것이다. 그룹들의 차이를 살펴보고자 하므로, 그룹별로 분석을 실행할 필요가 있다. 앞의 자가진단을 수행한 독자라면 출력 15.8과 출력 15.9와 같은 결과를 얻었을 것이다.

출력 15.8은 두 자료의 정규분포 관련 통계량들이다. 분포의 정규성 검정 결과를 보면, 콩을 먹지 않은 그룹은 $W(20) = 0.805$, $p = .001$, 매주 1회 그룹은 $W(20) = .826$, $p = .002$, 매주 4회 그룹은 $W(20) = 0.743$, $p < .001$로 유의하다. 그리고 매주 7회 그룹은 $W(20) = 0.912$, $p = .07$로 아주 유의하지는 않다. 따라서, 네 그룹 모두 정규분포로부터 유의하게(또는

거의 유의하게) 벗어나 있다.

출력 15.9는 레빈 검정(§5.7.1)의 결과이다. 수치들을 보면 분산의 동질성 가정이 $F(3, 76) = 2.86$, $p = .042$로 위반되었음을 알 수 있다. 정리하자면, 이 자료는 정규분포가 아니고, 그룹들의 분산이 이질적이다.

```
soyaData$Soya: No Soya
skewness    skew.2SE   kurtosis    kurt.2SE   normtest.W   normtest.p
1.546141    1.509598   2.328051    1.172959   0.805256     0.001036
-------------------------------------------------------------------------
soyaData$Soya: 1 Soya Meal

skewness    skew.2SE   kurtosis    kurt.2SE   normtest.W   normtest.p
1.350566    1.318646   1.422732    0.716825   0.825832     0.002154

soyaData$Soya: 4 Soya Meals
skewness    skew.2SE   kurtosis    kurt.2SE   normtest.W   normtest.p
1.822237    1.779169   2.792615    1.407024   0.742743     0.000136

soyaData$Soya: 7 Soya Meals
 skewness   skew.2SE   kurtosis    kurt.2SE normtest.W normtest.p
 0.608671   0.594286   -0.916165   -0.461598 0.912261   0.070391
```

```
Levene's Test for Homogeneity of Variance (center = median)
      Df F value  Pr(>F)
group  3  2.8606 0.04237 *
      76
---
Signif. codes:  0 '***' 0.001 '**' 0.01 '*' 0.05 '.' 0.1 ' ' 1
```

15.6.3 R Commander를 이용한 크러스컬–월리스 검정 실행 ①

이전처럼 우선 **데이터 ➡ 데이터 불러오기 ➡ 텍스트 파일, 클립보드, 또는 URL...** 메뉴(§3.7.3)를 이용해서 **Soya.dat** 파일을 불러온다. 다음으로, 크러스컬–월리스 검정을 실행하기 위해 **통계 ➡ 비모수 검정 ➡ Kruskal-Wallis 검정...**을 선택한다. 그러면 그림 15.8과 같은 대화상자가 나타나는데, 왼쪽의 집단 (하나 선택) 목록에서는 비교할 그룹들을 식별하는 변수를 선택한다. 반드시 요인 변수를 선택해야 한다. 그런데 지금 예에서는 어차피 **Soya**밖에 없다. 오른쪽의 반응 변수 (하나 선택) 목록에서는 그룹 비교에 사용할 점수들이 담긴 변수를 선택한다. 이번에도 선택은 **Sperm**뿐이다. 이제 예 버튼을 클릭하면 분석이 실행된다. 결과는 잠시 후에 설명하겠다.

그림 15.8 크러스컬–월리스 검정을 위한 대화상자

15.6.4 R을 이용한 크러스컬–월리스 검정 실행 ①

크러스컬–월리스 검정을 실행하는 데 사용하는 함수는 **kruskal.test()**이다. 이 함수의 사용법은 이전에 순위합 검정에 사용한 *wilcox.test()*의 것과 거의 비슷하다. 이 함수의 일반적인 활용 형태는 다음과 같다.

```
kruskal.test(결과변수 ~ 예측변수, data = 데이터프레임, na.action = "an.action")
```

지금 자료에 대해서는 다음 명령을 실행하면 된다.

```
kruskal.test(Sperm ~ Soya, data = soyaData)
```

이 명령은 참가자가 속한 콩 식사 그룹으로 예측한 정자 수에 대해 크러스컬–월리스 검정을 실행한다. 함수의 결과로 새 모형을 생성하지는 않았음을 주목하기 바란다. 함수가 콘솔에 출력한 결과만 보면 검정 결과를 해석할 수 있으므로, 군이 결과를 따로 보존할 필요는 없다.

각 그룹의 평균 순위를 구해 두면 크러스컬–월리스 검정을 해석하는 데 도움이 된다. 이를 위해, *rank()* 함수로 구한 순위들을 담은 **Ranks**라는 새 변수를 데이터프레임에 추가한다.

```
soyaData$Ranks<-rank(soyaData$Sperm)
```

이 명령은 *soyaData* 데이터프레임에 **Ranks**라는 변수를 생성하고 거기에 **Sperm** 변수의 순위들을 담는다. 이제 *by()*와 *mean()* 함수를 이용해서 각 그룹의 평균 순위를 구한다.

```
by(soyaData$Ranks, soyaData$Soya, mean)
```

15.6.5 크러스컬–월리스 검정 결과의 해석 ①

출력 15.10의 *chi-squared* 항목이 바로 크러스컬–월리스 검정의 검정통계량 H이다(R은 H 대신 해당 분포의 이름을 사용한다). 출력에는 또한 해당 자유도(지금 예에서는 그룹이 네 개이므로 자유도는 $4 - 1 = 3$이다)와 유의확률도 나와 있다. 중요한 수치는 유의확률인데, .034는 .05보다 작으므로, 주당 콩 식사 횟수가 정자 수에 유의하게 영향을 미쳤다고 결론지을 수 있다. 단, 일원 분산분석처럼 이 검정은 단지 그룹들 사이에 차이가 있는지 아닌지만 말해 줄 뿐, 구체적으로 어디서 차이가 나는지는 말해주지 않는다. 구체적인 차이를 파악하는 한 가지 방법은 평균 순위들(출력 15.11)을 보는 것이다. 가장 낮은 값(27.35)은 매주 콩 식사 7회 그룹의 평균 순위이다. 다른 그룹들의 평균 순위들은 대체로 서로 비슷하다. 따라서, 차이는 7회 그룹과 다른 그룹들 사이에 존재한다고 짐작할 수 있다.

출력 15.10

```
        Kruskal-Wallis rank sum test
data:  Sperm by Soya
Kruskal-Wallis chi-squared = 8.6589, df = 3, p-value = 0.03419
```

출력 15.11

```
soyaData$Soya: No Soya Meals
[1] 46.35
--------------------------------------------------------------------
soyaData$Soya: 1 Soya Meal
[1] 44.15
--------------------------------------------------------------------
soyaData$Soya: 4 Soya Meals
[1] 44.15
--------------------------------------------------------------------
soyaData$Soya: 7 Soya Meals
[1] 27.35
```

자가진단

✓ *ggplot2*를 이용해서 이 자료의 상자그림을 작성하라.

구체적인 그룹 차이를 파악하는 또 다른 방법은 그룹들의 상자그림(§4.7)을 그려보는 것이다. 그림 15.9가 그러한 그래프이다. 우선 주목할 것은, 이상치들이 몇 개 있다는 점이다. 상단 수염보다 더 위쪽에 있는 둥근 자료점들이 이상치이다. 이들은 정자 수가 특히나 많은 남성 참가자들의 점수이다. 대조군을 기준으로 삼을 때, 처음 세 그룹의 중앙값들은 대체로 비슷하다. 그러나 매주 콩 식사 7회 그룹의 중앙값은 그보다 조금 낮다. 따라서 아마도 여기가 차이가 존재하는 지점일 것이다. 그러나, 두 방법 모두 주관적이다. 좀 더 확실한 결론을 위해서는 분산분석에서 사용한 것과 비슷한 사후검정들(§10.4와 §10.5)을 수행해 보아야 한다.

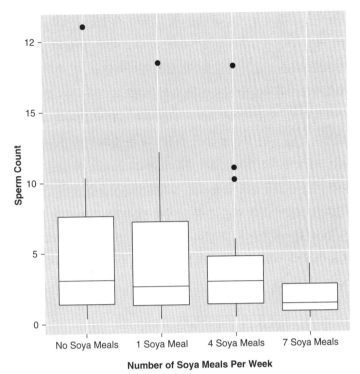

그림 15.9 매주 콩 식사량이 다른 개인들의 정자 수에 대한 상자그림

크러스컬–월리스 검정을 위한 사후검정 ②

비모수적 사후 절차를 수행하는 한 가지 방법은 모든 가능한 비교에 대해 윌콕슨 순위합 검정을 수행하는 것이다. [Siegel & Castellan, 1988]에 그러한 방법이 나온다. 이 방법은 서로 다른 그룹의 평균 순위의 차이를 어떤 임계값과 비교하는데, 그 임계값은 z 점수(수행하는 비교 횟수에 맞게 수정된)와 전체 표본 크기, 그리고 비교하는 두 그룹의 표본 크기에 기초한 상수로 계산한다. 구체적인 부등식은 다음과 같다.

비모수적 사후검정은 어떻게 수행하지?

$$\left| \bar{R}_u - \bar{R}_v \right| \geq z_{\alpha/k(k-1)} \sqrt{\frac{N(N+1)}{12}\left(\frac{1}{n_u} + \frac{1}{n_v}\right)} \tag{15.2}$$

이 부등식의 좌변은 그냥 비교하는 두 그룹의 평균 순위의 차이의 크기이다. 여기서 '크기'는 부호를 무시한 절댓값을 뜻한다(즉, 어떤 그룹의 평균 순위가 더 큰지가 중요한 것이 아니라, 두 평균 순위 사이의 거리가 중요하다). 우변에서 k는 그룹 수(지금 예에서는 4)이고 N은 전체 표본 크기

(지금 예에서는 80)이다. 그리고 n_u는 비교하는 첫 그룹의 참가자 수이고 n_v는 둘째 그룹의 참가자 수이다(지금 예에서는 모든 그룹의 크기가 같다. 둘 다 20이다). 이상의 값들은 이미 알고 있다. 따로 구해야 하는 값은 $z_{\alpha/k(k-1)}$뿐인데, 이 값을 구하려면 α, 즉 유의수준을 결정해야 한다. 이미 알고 있겠지만 사회과학에서는 .05를 유의수준으로 사용하는 것이 관례이므로, 우리도 α를 .05로 두기로 하자. 지금 예에서 $k(k-1)$는 $4(4-1) = 12$이다. 따라서 $\alpha/k(k-1) = .05/12 = .00417$이다. $z_{\alpha/k(k-1)}$는 모든 z 값 중 자신보다 큰 값의 비율이 $\alpha/k(k-1)$인 z 값을 뜻한다(지금 예에서는 모든 z 중 자신보다 큰 값의 비율이 .00417인 z 값). 이 값을 직접 계산하기란 힘든 일이므로, 미리 계산된 정규분포 확률표를 참조해서 근삿값을 얻는 것이 현실적이다. 부록 A에 그런 표가 있다(§A.1). 이 표의 작은 부분 열에서 .00417을 찾아본다. 딱 그 수치는 없으므로, 가장 가까운 .00415를 선택한다. 그 값이 있는 행의 z 열을 보면 2.64라는 값이 있는데, 바로 이 값을 사용하면 된다. 이제 이상의 수치들을 부등식 (15.2)의 우변에 대입해서 차이의 임계값(이하 임계 차이)을 구한다.

$$
\begin{aligned}
\text{임계 차이} &= z_{\alpha/k(k-1)}\sqrt{\frac{N(N+1)}{12}\left(\frac{1}{n_u} + \frac{1}{n_v}\right)} \\
&= 2.64\sqrt{\frac{80(80+1)}{12}\left(\frac{1}{20} + \frac{1}{20}\right)} \\
&= 2.64\sqrt{540(0.1)} \\
&= 2.64\sqrt{54} \\
&= 19.40
\end{aligned}
$$

지금 예에서는 모든 그룹의 표본 크기가 동일하므로, 이 임계 차이를 모든 그룹의 비교에 사용해도 된다. 그러나 만일 표본 크기가 그룹마다 다르다면, 비교마다 따로 임계 차이를 구해야 한다. 다음으로는 부등식의 좌변을 구해 보자. 그냥 비교할 두 그룹의 평균 순위 차이를 구하고 그 절댓값을 취하면 된다. 출력 15.11에 나온 평균 순위들로 구한 차이들이 표 15.4에 정리되어 있다.

부등식 (15.2)의 판정 결과가 바로 이 검정의 유의성이다. 즉, 만일 두 그룹의 평균 순위 차이의 크기가 임계 차이보다 크면, 두 그룹의 차이는 유의한 것이다. 지금 예에서는 임계 차이가 하나뿐이므로, 그 어떤 비교라도 차이의 크기가 19.40보다 크면 그 비교는 유의한 것이다. 그런데 표 15.4에서 보듯이 모든 차이가 임계 차이보다 작으므로, 그 어떤 그룹도 유의하게 다르지는 않다고 결론지어야 할 것이다.

그런데 이 모든 계산을 해주는 함수가 있다. 바로, *pgirmess* 패키지의 *kruskalmc()* 함수이다. 이 함수의 사용법은 *kruskal.test* 함수와 정확히 같다. 다음은 현재 예제에 대해 사후검정

표 15.4 콩 식사 자료의 평균 순위 차이들

비교	$\bar{R}_u$	$\bar{R}_v$	$\bar{R}_u - \bar{R}_v$	$|\bar{R}_u - \bar{R}_v|$
식사 없음 − 식사 1회	46.35	44.15	2.20	2.20
식사 없음 − 식사 4회	46.35	44.15	2.20	2.20
식사 없음 − 식사 7회	46.35	27.35	19.00	19.00
식사 1회 − 식사 4회	44.15	44.15	0.00	0.00
식사 1회 − 식사 7회	44.15	27.35	16.80	16.80
식사 4회 − 식사 7회	44.15	27.35	16.80	16.80

을 수행하는 명령이다.

```
kruskalmc(Sperm ~ Soya, data = soyaData)
```

출력 15.12에 이 함수의 결과가 나와 있다. 출력에서 보듯이, 이 함수는 모든 가능한 그룹 쌍의 비교 결과와 앞에서 계산한 임계 차이, 그리고 표 15.4에 나온 평균 순위 차이 절댓값을 나열한다. 게다가, 편리하게도 *difference* 열에는 관측된 차이가 임계 차이보다 작은지의 여부까지 나와 있다. 그 열이 *TRUE*이면 차이가 유의한 것이고, *FALSE*이면 유의하지 않은 것이다. 지금 예제에서는 모든 차이가 임계 차이보다 작으므로, 그 열이 모두 *FALSE*이다. 즉, 모든 차이가 유의하지 않다.

출력 15.12

```
Multiple comparison test after Kruskal-Wallis
p.value: 0.05
Comparisons
                         obs.dif critical.dif difference
No Soya Meals-1 Soya Meal    2.2     19.38715     FALSE
No Soya Meals-4 Soya Meals   2.2     19.38715     FALSE
No Soya Meals-7 Soya Meals  19.0     19.38715     FALSE
1 Soya Meal-4 Soya Meals     0.0     19.38715     FALSE
1 Soya Meal-7 Soya Meals    16.8     19.38715     FALSE
4 Soya Meals-7 Soya Meals   16.8     19.38715     FALSE
```

그런데 이처럼 모든 그룹을 다른 모든 그룹과 비교할 때는 차이들의 유의성이 너무 엄격하게 판정된다. 그렇지 않으면 제1종 오류율이 상승하기 때문이다(§10.2.1). 특정 그룹들만 집중해서 비교한다면 이러한 문제점을 완화할 수 있다.

지금 예에서 대조군은 콩 식품을 전혀 먹지 않는 그룹이다. 따라서, 그 그룹을 기준으로 여러 그룹을 다음과 같은 순서로 비교하는 것이 적합할 것이다.

- 검정 1: 콩 식사 없음 대 매주 콩 식사 1회

- 검정 2: 콩 식사 없음 대 매주 콩 식사 4회

- 검정 3: 콩 식사 없음 대 매주 콩 식사 7회

이번에는 검정이 6회가 아니라 3회뿐이므로, 모든 그룹을 비교할 때보다 검정 결과가 덜 엄격하게 판정된다. 한 가지 다행한 일은, 이러한 집중된 비교들도 *kruskalmc()* 함수로 수행할 수 있다는 것이다. 그냥 함수 실행 시 *cont* 옵션을 지정하면 된다. 이 옵션은 *cont* = '*one-tailed*'(한쪽꼬리 검정) 또는 *cont* = '*two-tailed*'(양쪽꼬리 검정)로 지정한다. 어떤 것을 사용하든, 이 옵션을 지정하면 함수는 지정된 요인(부호화 변수)의 모든 수준을 첫 수준과 비교한다. 따라서, 지금 예에서 이 함수가 제대로 작동하려면 **Soya** 요인의 첫 수준이 대조군(콩 식사 없음)이어야 한다. 앞에서 자료를 **R**에 입력할 때 굳이 그룹 순서를 바꾼 것이 바로 이 때문이다. 여러분이 다른 자료를 사용할 때도 요인의 수준들을 이처럼 적절히 변경하기 바란다(R의 영혼의 조언 3.13 참고). 다음은 각 그룹을 콩 식사 없음 그룹과 비교하는 명령이다(양쪽꼬리 검정을 사용한다).

```
kruskalmc(Sperm ~ Soya, data = soyaData, cont = 'two-tailed')
```

이 명령은 *cont* = '*two-tailed*' 옵션이 추가되었다는 점만 빼면 이전 명령과 정확히 동일하다. 추가된 옵션 덕분에 함수는 모든 그룹을 첫 그룹하고만 비교한다.

출력 15.13에 이 검정의 결과가 나와 있다. 이제는 검정이 세 개뿐이며, 임계 차이가 이전보다 작아졌음을 주목하기 바란다(관측된 그룹 평균 순위 차이들은 이전과 동일하다). *difference* 열을 보면, 콩 식사 없음 그룹과 매주 콩 식사 7회 그룹의 차이가 유의하게 나왔다. 이 결과는 이전의 결과(출력 15.12)와는 반대이다. 이전에는 콩 식사 없음 그룹과 매주 콩 식사 7회 그룹의 차이가 유의하지 않았다. 왜 이런 모순이 생겼을까? 이번 검정에서는 비교가 3회뿐이라서, 임계 차이를 계산할 때 그 세 검정의 평균 순위들만 썼다. 그러나 이전 검정에서는 비교가 6회라서 임계 차이가 커졌다(그래서 유의성 판정이 더 엄격해졌다). 이 예는 맹목적으로 모든 그룹을 모든 그룹과 비교하는 것보다는 적절한 그룹들을 선택해서 집중적으로 비교하는 것이 더 낫다는 점을 잘 보여준다.

출력 15.13

```
Multiple comparison test after Kruskal-Wallis, treatment vs control
(two-tailed)
p.value: 0.05
Comparisons
                           obs.dif critical.dif difference
No Soya Meals-1 Soya Meal      2.2     15.63787      FALSE
No Soya Meals-4 Soya Meals     2.2     15.63787      FALSE
No Soya Meals-7 Soya Meals    19.0     15.63787       TRUE
```

15.6.7 추세 검정: 용크헤이러–테르프스트라 검정 ②

연구를 수행할 때는 단지 그룹들이 다를 것이라고만 예측하는 것이 아니라, 그룹들의 차이에 어떤 추세가 존재한다는 가설을 세우기도 한다. **용크헤이러–테르프스트라 검정**(Jonckheere-Terpstra test)은 비교하는 그룹들의 중앙값들에 어떤 순서 있는 패턴이 존재하는지 검사한다. 본질적으로 이 검정은 크러스컬–월리스 검정처럼 그룹들의 중앙값들의 차이를 비교하되, 그룹들의 순서가 의미가 있는지에 관한 정보도 알려준다. 따라서, 비교하고자 하는 그룹들의 중앙값들에 어떤 의미 있는 순서가 존재할 것이라고 기대한다면, 이 검정으로 그러한 예측을 확인할 수 있다. 지금 예에서는, 콩 식품을 많이 먹을수록 정자 수가 줄어들 것이라고 기대할 수 있다. 즉, 대조군의 정자 수가 제일 많고, 매주 콩 식사 1회 그룹의 정자 수가 그다음이고, 매주 콩 식사 7회 그룹의 정자 수가 가장 적을 것이다. 다른 말로 하면, 그룹 중앙값들은 큰 값에서 작은 값으로의 순서, 즉 내림차순을 따를 것이다. 이와는 반대로, 그룹들에 따라 중앙값들이 점차 증가하는 오름차순이 나타나는 자료도 있을 것이다. 예를 들어 심리학에는 단순 노출 효과(mere exposure effect)라는 것이 있는데, 간단히 말해서 이 효과는 어떤 것을 자주 접하다 보면 그것을 좋아하게 된다는 뜻이다. 음반사들은 앨범 발매 2개월 전부터 발매일까지 앨범의 노래들을 라디오 방송으로 내보냄으로써 이 효과를 활용하려 한다. 사람들은 자주 듣는 노래를 자기도 모르게 좋아하게 되고, 그러다 보면 앨범이 나오자마자 그것을 사러 레코드 가게로 달려갈 것이며, 그러면 앨범이 차트 1위에 오를 수 있다.[11] 어쨌거나, 만일 세 그룹의 참가자들에게 어떤 노래를 10회, 20회, 30회 들려주고 그 노래를 얼마나 좋아하는지 측정한다면, 그 중앙값들이 오름차순을 이룰 것이라고 기대할 수 있다. 아마 열 번 들은 사람들은 노래를 어느 정도는 좋아할 것이고, 스무 번 들은 사람은 그보다 좀 더 좋아할 것이고, 서른 번 들은 사람들은 다른 그룹보다 더 많이 좋아할 것이다.

용크헤이러–테르프스트라 검정(사실은 그냥 용크 검정이라고 부르는 경우가 많다)은 바로 그러한 상황을 위해 고안된 것이다. R에서 이 검정을 수행하는 함수는 부호화 변수(그룹들을 식별하는)의 수준들이 중앙값들의 변화 순서(오름차순이든, 내림차순이든)에 맞게 설정되어 있다고 가정한다. 콩 식품의 예에서 그룹들은 이미 적절한 순서로 되어 있다. 애초에 자료를 그렇게 입력했기 때문이다. 자료를 직접 입력하지 않고 파일에서 불러온 독자는 R의 영혼의 조언 3.13을 참고해서 순서를 적절히 변경하기 바란다. 이 검정은 그룹들의 중앙값들이 **부호화 변수에 지정된 수준들의 순서**를 기준으로 특정한 순서(오름차순인지 또는 내림차순)를 따르는지의 여부를 판정한

---

11 그런데 나한테는 이 단순 노출 효과가 오히려 역효과를 내는 경우가 대부분이다. 차트 상위를 차지하는 양산형 쓰레기 히트곡들을 들으면 들을수록, 나는 뜨거운 다리미로 내 귀를 지져버리고 싶은 정신적 분노를 떨쳐버리느라 애쓰게 된다.

다. 따라서, 지금 상태의 **Soya** 변수를 부호화 변수로 지정한 경우, 이 검정은 정자 수 중앙값들이 그룹들에 따라 증가 또는 감소하는 순서인지 판정한다. 용크헤이러-테르프스트라 검정을 수행하는 함수는 **jonckheere.test()**이다. 이 함수는 *clinfun* 패키지에 있다. 이 함수의 일반적인 활용 형태는 다음과 같다.

jonckheere.test(결과변수, 그룹화 변수(수치로 변환된))

다른 말로 하면, 그냥 결과변수의 이름과 그룹화 변수의 이름만 지정하면 된다. 한 가지 주의할 점은, 그룹화 변수가 문자열(그룹 이름)이 아니라 수치(그룹 번호)를 담고 있어야 한다는 것이다(이는, 함수가 그 번호들을 이용해서 그룹들의 순서를 결정하기 때문이다). 지금 예에서는 주어진 그룹화 변수의 수준(그룹) 번호들을 돌려주는 *as.numeric()* 함수를 이용하면 된다. 다음은 지금 예제에 대해 용크헤이러-테르프스트라 검정을 수행하는 명령이다.

jonckheere.test(soyaData$Sperm, as.numeric(soyaData$Soya))

이 명령의 결과가 출력 15.14에 나와 있다. *JT*는 이 검정의 검정통계량이다. 표본이 클 때는 이 검정통계량의 표집분포가 정규분포이므로 그 평균과 표준편차를 손쉽게 정의, 계산할 수 있다. 지금 예에서 *JT*는 912이고, 평균은 1,200, 표준편차는 116.33이다. **R**은 또한 *p* 값도 계산했는데, 그 값은 .05보다 작은 .013이다. 따라서 이 자료에는 통계적으로 유의한 추세가 존재한다. 그러한 추세가 오름차순인지 내림차순인지는 평균 순위들(출력 15.11)로 알 수 있다. 지금 예에서는 콩 식품 섭취량이 증가할수록 정자 수가 감소하므로, 내림차순(감소 추세)에 해당한다.

출력 15.14

```
Jonckheere-Terpstra test
data:
JT = 912, p-value = 0.0133
alternative hypothesis: two.sided
```

올리버 트위스티드

선생님, 그거 더
가르쳐 주세요…. 용크요!

"용크헤이러–테르프스트라 검정의 구체적인 작동 방식을 알고 싶다고요!"라고 올리버가 불평한다. 물론 그러시겠지, 올리버. 요즘은 잠이 안 올 테니 말이다. 나의 어린 매독성 친구의 요청을 들어주게 되어서 기쁘다. 부록 웹사이트의 이번 장 보충 자료에 이 검정의 이론과 작동 방식을 자세히 설명한 글을 수록해 두었다. 아마 요청하길 잘 했다는 생각이 들 것이다.

15.6.8　효과크기 계산 ①

안타깝게도, 자유도가 2 이상인 카이제곱 통계량을 손쉽게 효과크기 r로 변환하는 방법은 없다. 크러스컬–월리스 검정의 유의확률로 정규분포 확률표(부록 A에 있는 것 같은)를 조회해서 해당 z 점수를 구할 수 있다. z 점수를 구한 다음에는, §15.4.6에서 사용한 공식을 이용해서 r을 계산하면 된다. 그러나 이런 종류의 효과크기가 유용한 경우는 드물다(이 효과크기는 그냥 전반적인 효과를 요약한 것이기 때문이다).

15.6.9　크러스컬–월리스 검정 결과의 보고 ①

크러스컬–월리스 검정에 대해서는 검정통계량(앞에서 이야기했듯이, H로 표기한다)과 그 자유도, 그리고 유의확률만 보고하면 된다. 다음이 그러한 예이다.

✓ 콩 식품 섭취는 정자 수에 유의하게 영향을 미쳤다. $H(3) = 8.66$, $p = .034$이다.

그와 함께, 사후검정들도 보고하는 것이 바람직하다(효과크기들도 포함해서).

✓ 콩 식품 섭취는 정자 수에 유의하게 영향을 미쳤다. $H(3) = 8.66$, $p = .034$이다. 그룹들 사이의 집중된 평균 순위 비교에 따르면, 콩 식품을 전혀 먹지 않았을 때에 비해 매주 1회 또는 4회 먹었을 때의 정자 수 차이는 유의하지 않았다(두 경우 모두 관측 순위 차이는 2.2). 그러나 콩 식품을 전혀 먹지 않았을 때에 비해 매주 7회 먹었을 때는 정자 수가 유의하게 감소했다(관측 순위 차이는 19). 모든 경우에서 임계 차이(비교 횟수와 $\alpha = .05$에 기초한)는 15.64였다. 만일 콩 식품을 매일 먹는다면 전혀 먹지 않을 때보다 정자 수가 유의하게 감소하지만, 콩 식품을 그보다 적게 먹는다면 정자 수에 유의한 차이가 생기지는 않을 것이라고 결론지을 수 있다(채식하는 남자들이 "휴, 다행이다!"라고 말하는 소리가 들리는 듯하다).

또한, 다음과 같이 추세를 보고할 수도 있다.

✓ 용크헤이러 검정에 따르면, 자료에 유의한 추세가 존재한다. 콩 식품을 많이 먹을수록 정자 수 중앙값이 감소했다. $J = 912$, $p = .013$이다.

15.7 연관된 여러 그룹의 비교: 프리드먼 분산분석 ①

제13장에서 우리는 연관된 여러 그룹의 차이를 검사하는 데 사용할 수 있는 일원 반복측정 분산분석이라는 기법을 배웠다. 또한, 가정 위반에 대한 대안으로서의 강건한 버전들이 있다는 점도 알게 되었다. 그런데 필수 가정을 위반한 반복측정 자료에 대한 또 다른 대안이 존재한다. 프리드먼 검정이라고도 하는 **프리드먼 분산분석**(Friedman's ANOVA; Friedman, 1937)이 바로 그것이다. 이 분산분석은 조건이 둘 이상이고 모든 조건에서 같은 참가자들이 쓰인(즉, 각 사례가 자료에 여러 개의 점수를 기여하는) 상황에서 조건들의 차이를 비교하는 데 쓰인다. 만일 모수적 검정의 일부 가정이 깨졌다면, 이 검정이 그러한 문제를 우회하는 데 유용할 것이다.

젊은 사람들(특히 여자들)은 몸무게와 다이어트에 집착하기 쉽다. 그리고 언론·방송에서 빼빼 마른 유명인들의 우스꽝스러운 이미지를 여러분의 목구멍으로(또는 '눈으로'라고 해야 할까?) 마구 집어넣으면서 그런 말라비틀어진 시체가 정말로 매력적이라고 세뇌 공작을 펼치기 때문에, 사람들은 자신의 몸매가 완벽하지 않다면서(이를테면 얼굴에 민달팽이 두 마리가 아니라 입술이 있어서) 심하게 우울해한다. 그러면 기업 기생충들이 우리의 약점을 파고들어서, 몸매를 아름답게 만드는 데 도움이 된다고 주장하는 다이어트 제품으로 돈을 엄청나게 긁어모은다. 사람들의 이러한 불안감을 악용할 기회를 사악한 통계학 강사가 놓칠 이유는 없으므로, 나는 앤디 킨스 다이어트라는 살 빼기 식이요법을 고안해 냈다.[12] 이 다이어트의 원칙은, 여러분이 내 생활습관을 그대로 따라야 한다는 것이다. 즉, 고기는 먹지 말고, 다질링 차를 많이 마시고, 맛

---

12 물론, 앳킨스 다이어트와는 다른 것이다.

Çetinkaya, H., & Domjan, M. (2006). *Journal of Comparative Psychology, 120*(4), 427-432.

통계학 책에 정액이 너무 자주 나오는 게 아닌가 싶다(책이 자주 정액을 분출한다고 오독하는 독자는 없으리라 믿는다). 어쩌면 내가 이 문제에 조금 집착하는지도 모르겠다. 실험복 레니의 실제 연구 15.1에서, 교미 기회를 예측하도록 메추라기 수컷을 훈련하면 그런 상황에서 수컷이 더 많은 난자를 수정시킨다는 연구를 보았다. 그런데 어떤 메추라기는 상대의 특정 측면에 집착하는 '페티시' 성향을 보이기도 한다. 이전에 나온 메추라기 연구에서는 실험장의 종류가 이성과의 교미 기회에 대한 하나의 예측변수로 작용했지만, 테리천으로 된 봉제 인형을 곧 암컷이 준비될 것임을 알리는 신호로 사용한 연구들도 있다. 그런 연구들에서 일부 수컷 메추라기는 암컷이 아니라 그 봉제 인형 자체에 직접 성행위를 시도하기 시작했다. (민망하지만 사람으로 치면 이런 비유가 가능할 것이다. 파트너와 섹스를 하려 할 때마다 여러분은 파트너에게 녹색 수건을 주고 그것으로 여러분을 유혹하게 한다. 그러다 보면, 나중에 파트너가 샤워하고 녹색 수건으로 사타구니를 닦을 때마다 여러분은…. 더 이야기할 필요는 없겠다.) 진화의 관점에서 이러한 페티시적 행동은 번식에 역효과를 내는 것으로 보인다(자손을 낳지 못하는 물체에 성행위를 시도하게 되므로). 그러나, 어쩌면 이러한 행동이 '진짜' 교미 행동을 위해 생식기를 준비시키는 효과를 낼 수도 있다.

하칸 체팅카야와 마이그 도미언은 수컷 메추라기에 대한 성적 소건 형성과 관련된 재치있는 연구를 수행했다(Çetinkaya & Domjan, 2006). 그 연구에서 모든 메추라기는 테리천 봉제인형 자극과 암컷과의 교미 기회를 경험했다. 일부 메추라기들에게는 교미 기회 직전에 테리천 자극원을 제공하고(대응군), 다른 메추라기들에게는 교미 기회 두 시간 후에 테리천 자극원을 경험하게 했다(테리천 자극원이 교미 기회를 예측하지 않으므로, 이것이 대조군이다). 그런 다음 대응군(paired group)의 메추라기들을 테리천 인형과의 직접적인 성행위 시도 여부에 따라 페티시와 비페티시로 구분했다.

시험 시행에서 연구자들은 수컷이 암컷과 교미하게 한 후 수정된 난자의 퍼센트 비율, 수컷이 테리천 인형 곁에서 보낸 시간, 교미를 시작하기까지의 시간, 교미의 효율성을 측정했다. 만일 이러한 페티시 행동이 진화에 유리하게 작용한다면, 페티시 성향의 수컷이 더 많은 난자를 수정하고, 더 일찍 교미를 시작하고, 교미를 더 효율적으로 수행하리라 예측할 수 있다.

이 연구의 자료가 **Cetinkaya & Domjan (2006).dat**에 있다. 실험복 레니가 여러분에게 원하는 것은, 페티시 성향이 있는 메추라기가 더 많은 난자를 수정하고 교미를 더 일찍 시작했는지를 크러스컬–월리스 검정으로 알아보는 것이다.

답은 부록 웹사이트의 보충 자료에 있다(또는, 원래 논문의 pp. 429-430을 보라).

있는 유럽산 치즈를 엄청나게 퍼먹고, 신선하고 바삭한 빵과 파스타, 초콜릿을 기회가 있을 때마다(특히, 책을 쓸 때) 양껏 먹어야 한다. 또한, 주말에는 맥주를 즐기고, 매주 두 번 축구를 하고, 매일 한 시간씩(또는 이웃집 사람이 여러분의 팔을 뽑아서 그것으로 여러분의 머리를 때려서 드럼보다 더 큰 소리를 낼 때까지) 드럼을 쳐야 한다. 이 멋진 새 다이어트법의 효험을 시험하기 위해, 나는 살을 빼야 한다고 믿는 여성 10명을 모아서 두 달간 이 다이어트를 실행하게 했다. 다이어트 시작 시점과 1개월 후, 2개월 후에 각각 참가자들의 몸무게(킬로그램 단위)를 측정했다.

15.7.1 프리드먼 분산분석의 이론 ②

이번 장의 다른 여러 검정처럼, 프리드먼 분산분석도 순위화된 자료에 기초한다. 이 분산분석에서는 각 조건의 점수들을 각각 다른 열에 넣는다(조건이 세 개면 열이 세 개가 된다). 다이어트 예제의 자료가 표 15.5에 있다. 각 조건의 점수가 각자 다른 열에 들어 있고, 한 행은 같은 사람의 여러 몸무게로 구성됨을 주목하기 바란다. 이런 형식의 자료를 준비한 다음에는, 참가자마다 자료를 순위화한다. 표의 참가자 1부터 시작해 보자. 이 사람은 다이어트 시작 시점에서 63.75kg였고, 1개월이 지났을 때는 65.38kg, 2개월 후에는 81.34kg이다. 이 몸무게 중 가장 낮은 것에 순위 1을 배정하고, 그다음 몸무게에 순위 2를 배정하는 식으로 한 사람의 모든 점수에 순위를 배정한다(동순위 점수는 §15.4.1에서 설명한 방식으로 처리한다). 그런 다음에는 참가자 2로 넘어가서 같은 방식으로 순위들을 배정한다. 이런 식으로 모든 참가자의 자료를 순위화한 후에는, 각 조건의 순위를 합해서 조건별 순위합들을 구한다. 각 순위합을 R_i로 표기하는데, 여기서 i는 해당 조건(그룹)을 식별하는 색인이다.

자가진단
✓ 다이어트 자료를 직접 순위화해보고, 표 15.5와 같은 결과가 나왔는지 확인하라.

표 15.5 다이어트 예제의 자료와 순위

	몸무게			몸무게		
	시작	1개월	2개월	시작(순위)	1개월(순위)	2개월(순위)
참가자 1	63.75	65.38	81.34	1	2	3
참가자 2	62.98	66.24	69.31	1	2	3
참가자 3	65.98	67.70	77.89	1	2	3
참가자 4	107.27	102.72	91.33	3	2	1
참가자 5	66.58	69.45	72.87	1	2	3
참가자 6	120.46	119.96	114.26	3	2	1
참가자 7	62.01	66.09	68.01	1	2	3
참가자 8	71.87	73.62	55.43	2	3	1
참가자 9	83.01	75.81	71.63	3	2	1
참가자 10	76.62	67.66	68.60	3	1	2
			R_i	19	20	21

각 그룹의 순위합을 구한 다음에는 다음 공식을 이용해서 검정통계량 F_r을 계산한다.

$$F_r = \left[\frac{12}{Nk(k+1)} \sum_{i=1}^{k} R_i^2 \right] - 3N(k+1) \tag{15.3}$$

이 공식에서 R_i는 각 그룹의 순위합이고 N은 전체 표본 크기(지금 예에서는 10), k는 조건 개수 (지금 예에서는 3)이다. 이 공식은 크러스컬–월리스 검정의 공식과 아주 비슷하다(식 (15.3)을 식 (15.1)과 비교해 보기 바란다). 공식의 시그마는 모든 순위합을 합하라는 뜻이고, 공식의 나머지 부분은 거기에 전체 표본 크기와 조건 개수에 기초한 여러 값을 곱하고 뺀다. 다음은 지금 예의 수치들을 이 공식에 대입한 결과이다.

$$\begin{aligned} F_r &= \left[\frac{12}{(10 \times 3)(3+1)} (19^2 + 20^2 + 21^2) \right] - (3 \times 10)(3+1) \\ &= \frac{12}{120} (361 + 400 + 441) - 120 \\ &= 0.1(1202) - 120 \\ &= 120.2 - 120 \\ &= 0.2 \end{aligned}$$

이전 절의 크러스컬–월리스 검정처럼, 참가자들이 많으면(대략 10명 이상) 이 검정통계량은 카이제곱 분포(제18장)를 따른다. 카이제곱 분포에는 자유도마다 하나의 값이 있는데, 여기서 자유도는 그룹 수에서 1을 뺀 것($k - 1$)이다. 따라서, 지금 예의 자유도는 2이다.

15.7.2 자료 입력과 잠정 분석 ①

자가진단

✓ 자료의 입력에 관해 배운 내용을 이용해서 표 15.5의 자료를 R에 입력하고, 자료에 대해 몇 가지 잠정 분석을 수행하라(제5장 참고).

모든 조건에 대해 같은 참가자들에게 자료를 수집했다면, 각 조건의 점수들이 각각 다른 열에 들어가야 한다. 따라서, 지금 예의 자료는 총 세 열로 구성된다. 첫 열은 다이어트 시작 시점의 몸무게이다. 이름은 **Start**로 하자. 둘째 열은 1개월 후의 몸무게로, 이름은 **Month1**이 적당할 것이다. 셋째 열은 다이어트를 마친 시점(2개월 후)의 몸무게로, 이름은 **Month2**로 하자. 이러한 형식으로 된 자료가 **Diet.dat** 파일에 들어 있다.

출력 15.15는 자료 탐색 차원의 분석 결과이다(제5장의 *stat.desc* 함수로 얻은 것이다). 자가진단을 수행했다면, 이와 동일한 결과를 얻었을 것이다. 분포의 정규성 검정 결과를 보면, 기저 범주(다이어트 시작 시점)는 $W(10) = 0.78$, $p = .009$이고 1개월 후는 $W(10) = 0.68$, $p < .001$이다. 따라서, **Start** 변수와 **Month1** 변수의 점수들은 정규분포에서 유의하게 벗어났다. 다이어트 종료 시점의 경우에는 $W(10) = 0.87$, $p = .121$이다. 즉, 이 점수들은 정규분포와 유의하게 다르지는 않은 것으로 보인다.

출력 15.15

	Start	Month1	Month2
median	69.225000000	6.857500e+01	72.25000000
mean	78.053000000	7.746300e+01	77.06700000
SE.mean	6.397375860	5.886269e+00	5.09347536
CI.mean.0.95	14.471869624	1.331567e+01	11.52224176
var	409.264178889	3.464817e+02	259.43491222
std.dev	20.230278764	1.861402e+01	16.10698334
coef.var	0.259186434	2.402956e-01	0.20899974
skewness	1.054846022	1.329796e+00	1.01105333
skew.2SE	0.767671126	9.677677e-01	0.73580071
kurtosis	-0.514513976	1.196569e-01	0.25546331
kurt.2SE	-0.192810362	4.484056e-02	0.09573301
normtest.W	0.784370035	6.849797e-01	0.87721476
normtest.p	0.009357858	5.796060e-04	0.12120786

15.7.3　R Commander를 이용한 프리드먼 분산분석 실행 ①

항상 그렇듯이 가장 먼저 할 일은 **데이터** ➡ **데이터 불러오기** ➡ **텍스트 파일, 클립보드, 또는 URL...** 메뉴(§3.7.3)를 이용해서 파일을 불러오는 것이다. 이번 예제의 파일은 **Diet.dat**이다. 다음으로, 프리드먼 분산분석을 실행하기 위해 **통계** ➡ **비모수 검정** ➡ **Friedman 순위-합 검정...**을 선택한다. 그러면 그림 15.10과 같은 대화상자가 나타나는데, 목록에는 독립변수의 서로 다른 수준에서의 종속변수들이 나와 있다. 지금 예에서는 목록에 변수가 세 개밖에 없는데, 셋 다 선택한 후 예 버튼을 클릭한다.

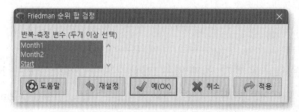

그림 15.10 프리드먼 분산분석을 위한 대화상자

R을 이용한 프리드먼 분산분석 실행 ①

프리드먼 분산분석을 실행하는 데 사용하는 함수는 **friedman.test()**이다. 이 함수는 프리마돈나처럼 좀 까다롭다. 이 함수는 (1) 데이터프레임이 아니라 행렬을 요구하고(아마도 데이터프레임에서 뇌가 썩는 냄새가 난다고 생각하는 모양이다), (2) 주어진 행렬에 있는 모든 변수를 계산에 포함한다. 따라서 분석과 무관한 변수는 미리 제거해야 한다. 1번 요구사항은 *as.matrix()* 함수(§3.9.3 참고)를 이용해서 데이터프레임을 행렬로 변환해서 처리하면 된다. 2번 요구사항은 지금예에서는 문제가 되지 않는다. 현재의 데이터프레임에는 분석과 관련된 변수들만 들어 있기 때문이다. 그러나, 여러분이 나중에 이와는 다른 상황에 처한다면, §3.9에서 배운 것을 이용해서 프리드먼 검정에 필요한 자료만 추출하기 바란다.

이 함수의 또 다른 까다로운 점, 이 함수가 결측값을 잘 처리하지 못한다는 점이다. 다행히 지금 예의 자료에는 결측값이 없으므로 특별히 할 일은 없지만, 만일 자료가 불완전하다면, 결측값이 하나라도 있는 사례들을 모두 삭제한 후 분석을 실행해야 한다. 이 과정은 **na.omit()** 함수로 간단히 처리할 수 있다. 데이터프레임을 지정해서 이 함수를 실행하면, 함수는 결측값이 있는 사례들을 모두 삭제한 결과를 돌려준다. 만일 지금 자료에 결측값이 존재했다면, 다음 명령을 실행했을 것이다.

```
dietCompleteCases <- na.omit(dietData)
```

이 명령은 *dietData*에서 값이 없는 열이 존재하는 모든 사례(행)를 제거한 결과로 *dietCompleteCases*라는 데이터프레임을 생성한다.

그럼 프리드먼 분산분석을 수행해보자. 데이터프레임을 *as.matrix()*로 감싸서 앞의 함수를 호출하기만 하면 된다. 해당 명령은 다음과 같다.

```
friedman.test(as.matrix(dietData))
```

프리드먼 분산분석 결과 ①

출력 15.16에 프리드먼 검정의 결과가 나와 있다. 주목할 것은 검정통계량인데, **R**은 F_r 대신 *chi-squared*라는 이름의 열에 이 검정통계량을 표시한다(이는 Fr의 분포가 카이제곱 분포이기 때문이다). 지금 예에서 검정통계량은 앞에서 손으로 계산한 값과 같은 0.2이다. 출력에는 또한 검정통계량의 자유도(그룹이 셋이므로 자유도는 3 − 1, 즉 2이다)와 유의확률도 나와 있다. 유의확률은 .05보다 큰 .905이다. 따라서, 우리는 앤디 킨스 다이어트에 효험이 있다는 증거를 발견하지 못했다. 다이어트 기간의 몸무게 차이가 유의하지 않았다.

```
Friedman rank sum test

data:  just.diet
Friedman chi-squared = 0.2, df = 2, p-value = 0.9048
```

15.7.6 프리드먼 분산분석의 사후검정 ①

보통의 경우, 프리드먼 분산분석의 주 효과가 유의하지 않게 나왔다면 사후검정은 수행하지 않는다. 사후검정은 주 효과가 유의할 때 그것을 좀 더 구체적으로 파악하기 위한 것이기 때문이다. 그렇지만, 사후검정 방법을 여러분에게 보여주기 위해 지금 예제에 대해서도 사후검정을 수행해 보겠다. 사용할 함수는 **friedmanmc()**이다. 크러스컬-월리스 검정의 사후분석에 사용한 함수처럼, 이 함수도 모든 그룹을 모든 그룹과 비교하는 방식과 모든 그룹을 기저 그룹하고만 비교하는 방식을 둘 다 지원한다. 그리고 이 함수도 *friedman.test()*처럼 행렬을 요구한다. 다음은 모든 그룹을 모든 그룹과 비교하는 방식으로 이 함수를 실행하는 명령이다.

```
friedmanmc(as.matrix(dietData))
```

이 명령의 결과가 출력 15.17에 나와 있다. 크러스컬-월리스 검정에서처럼 *differences* 열을 봐야 한다. 이 열이 *TRUE*이면 해당 행의 그룹 차이가 유의한 것이고, *FALSE*이면 유의하지 않은 것이다. 지금 예에서는 모든 비교가 유의하지 않다(애초에 주 효과가 유의하지 않았으므로 놀랄 일은 아니다).

```
Multiple comparisons between groups after Friedman test
p.value: 0.05
Comparisons
    obs.dif critical.dif difference
1-2     1       10.7062       FALSE
1-3     2       10.7062       FALSE
2-3     1       10.7062       FALSE
```

15.7.7 효과크기 계산 ②

이전에 언급했듯이, 자유도가 2 이상인 카이제곱 통계량을 손쉽게 효과크기 *r*로 변환하는 방법은 없다. 어차피 프리드먼 분산분석으로 검사하는 전반적 효과의 효과크기는 그리 유용하지 않으므로, 별로 아쉬운 일은 아니다.[13] 따라서, 주된 분산분석 이후에 비교한 좀 더 구체적인 차이의 효과크기를 구하는 것이 더 합당하다(적어도 내 의견은 그렇다). §15.5.5에서 보았듯이, 윌콕슨 부호순위 검정의 효과크기 r은 비교적 계산하기 쉽다. 지금 예제에 대해 몇 가지 윌콕슨 부호순위 검정을 수행하고 그 효과크기를 *rFromWilcox()* 함수를 이용해서 계산해 보길 권한다.

15.7.8 프리드먼 분산분석 결과의 보고 ①

프리드먼 분산분석에 대한 필수 보고 항목은 검정통계량(이전에 보았듯이, χ^2으로 표기한다)과 자유도, 그리고 유의확률이다. 다음은 지금 예제에 대한 보고의 예이다.[14]

✓ 2개월의 다이어트 기간에서 참가자들의 몸무게가 유의하게 변하지는 않았다. $\chi^2(2) = 0.20$, $p > .05$이다.

주 분석의 결과가 유의하지 않으므로 사후검정 결과는 보고할 필요가 없다. 그래도 필요하다면, 다음과 같은 형태로 보고하면 될 것이다.

✓ 2개월의 다이어트 기간에서 참가자들의 몸무게가 유의하게 변하지는 않았다. $\chi^2(2) = 0.20$, $p > .05$이다. 본페로니 수정값을 이용해서 사후검정을 수행했다. 그 결과에 따르면, 다이어트 시작 시점과 1개월 후의 몸무게 변화(관측 순위 차이는 1)와 시작 시점과 2개

주입식 샘의 핵심 정리 ▶ 프리드먼 분산분석

- 프리드먼 분산분석은 여러 조건을 비교한다. 이 분석은 여러 조건에서 같은 참가자들을 측정한 자료가 일원 반복측정 분산분석의 어떤 가정을 위반할 때 쓰인다.
- p 값으로 유의성을 판정한다. 만일 그 값이 .05보다 작으면 조건들의 차이가 유의한 것이다.
- 주 분석 이후에 *friedmanmc()* 함수를 이용해서 사후검정을 수행할 수 있다. 그 함수의 출력에서 *difference* 열이 *TRUE*이면 해당 비교의 그룹들이 유의하게 다른 것이다.
- χ^2 통계량과 자유도, 유의확률을 보고한다.
- 중앙값들과 해당 범위도 보고한다(또는, 상자그림을 그린다).

---

[13] 꼭 원한다면, 카이제곱 검정통계량의 유의확률을 이용해서 정규분포 확률표(부록 A)에서 해당 z 점수를 구하고, 그것으로 r을 계산할 수는 있다(§15.4.6 참고).

[14] 이를 χ_F^2으로 표기하기도 한다.

월 후의 몸무게 변화(관측 순위 차이는 2), 그리고 1개월 후와 2개월 후의 몸무게 변화(관측 순위 차이는 1)는 모두 유의하지 않았다. 모든 경우에서 임계 차이(비교 횟수와 $\alpha = .05$에 기초한)는 10.71이었다. 따라서, 앤디킨슨 다이어트는 그것을 고안한 앤디 필드처럼 완전히 실패작이라고 결론지을 수 있다.

이번 장에서 발견한 통계학 ①

이번 장에서는 모수적 검정의 가정이 깨진 상황에 대한 또 다른 대안을 다루었다. 그 대안이란, 자료의 순위화에 기초해서 검정을 수행하는 것이다. 우선 독립적인 두 그룹을 비교하는 윌콕슨 순위합 검정을 살펴보았다. 그 과정에서 자료를 순위화하는 과정을 어느 정도 자세히 설명했다. 그런 다음에는 연관된 두 조건을 비교하는 데 쓰이는 윌콕슨 부호순위 검정을 살펴보고, 비교할 조건들이 셋 이상인 좀 더 복잡한 상황에 대한 검정 방법들로 넘어갔다. 독립적인 조건들을 위한 크러스컬–월리스 검정과 연관된 조건들을 위한 프리드먼 분산분석을 살펴보았다. 이러한 검정들 각각에 대해 그 이론과 R을 이용한 실행 방법, 그리고 결과를 해석하고 보고하는 방법을 이야기했다. 그 과정에서 우리는 약을 먹으면 우울해질 수 있다는 점과 콩 식품이 정자 수를 감소한다는 점, 그리고 내 생활습관이 체중 감소에 효험이 없다는 점도 알게 되었다.

또한, 이번 장에서 여러분은 나의 교수 경력이 시작부터 어긋났다는 점을 알게 되었다. 나중에 밝혀진 바로는, 내 강의를 학생들이 전혀 알아듣지 못한 이유 중 하나는 내가 분산분석을 가르치려 하면서 사용한 공식이 학생들이 이전에 배운 것과는 전혀 달랐다는 점이었다(분산분석을 계산하는 방법은 여러 가지이다). 또 다른 이유는 내가 허접한 선생님이라는 것이었다. 그런데 이 사건은 정말로 내 인생을 바꾸었다. 그것이 너무나 끔찍한 경험이어서 나는 그런 일이 다시는 일어나지 않게 하는 데 온 힘을 바쳤다. 몇 년 정도 경험을 거치면서 나는 강사의 면전에서 학생들이 강의가 끔찍하다고 말하는 사건을 피하는 비결을 터득했다. 그것은 바로, 강의 도중에 음경에 관한 농담을 많이 할수록, 불만이 많은 학생들 때문에 감정적으로 절망하게 될 가능성이 줄어든다는 것이다.

이번 장에서 사용한 R 패키지

clinfun

ggplot2

pastecs

pgirmess

Rcmdr

이번 장에서 사용한 R 함수

as.matrix()

as.numeric()

by()

data.frame()

friedmanmc()

friedman.test()

gl()

kruskalmc()

kruskal.test()

length()

leveneTest()

jonckheere.test()

mean()

min()

na.omit()

qnorm()

rank()

rFromWilcox()

sqrt()

stat.desc()

subset()

sum()

wilcox.test()

이번 장에서 발견한 주요 용어

만–위트니 검정

몬테카를로 방법

비모수적 검정

순위화

용크헤이러–테르프스트라 검정

윌콕슨 부호순위 검정

윌콕슨 순위합 검정

크러스컬–월리스 검정

프리드먼 분산분석

똑똑한 알렉스의 과제

- **과제 1**: 어떤 심리학자가 남자와 개의 종간(cross-species) 차이에 관심을 두었다. 그 연구자는 자연스러운(실험자의 개입이 없는) 설정에서 일단의 개들과 남자들(각각 20개체)를 관찰했다. 연구자는 여러 가지 행동을 '개 같은' 행동으로 분류했다(나무나 가로등에 방뇨, 움직이는 모든 것과 성행위 시도, 자신의 성기 핥기 시도 등). 연구자는 남자들과 개들이 24시간 동안 개 같은 행동을 한 횟수를 측정했다. 연구자의 가설은, 개들이 남자들보다 개 같은 행동을 더 많이 할 것이라는 것이었다. 해당 자료가 **MenLikeDogs.dat** 파일에 있다. 이 자료를 윌콕슨 순위합 검정으로 분석하라. ①

- **과제 2**: 한때 음반의 잠재의식 메시지가 청취자에 미치는 영향에 관한 논란이 있었다. 몇 가지 사례를 들자면, 오지 오스본과 주다스 프리스트의 특정 음반들을 거꾸로 재생하면 미리 특별하게 녹음된(소위 백워드 마스킹) 잠재의식 메시지가 흘러나와서 불쌍하고

순진한 십대들이 자신의 머리를 샷건으로 날려버릴 수 있다는 소문이 돌았다. 그러한 잠재의식 메시지가 정말로 효과가 있는지 궁금했던 한 심리학자가, 브리트니 스피어스의 'Baby One More Time'의 마스터 테이프를 구해서는 코러스 부분에서 "너의 영혼을 어둠의 군주에게 바쳐라"라는 메시지가 반복해서 나오는 두 번째 버전을 만들었다. 연구자는 32명의 참가자 각각에게 이 버전과 원본 중 하나를 무작위로 선택해서 들려주었다. 그리고 6개월 후에 그 참가자들에게 이전에 선택되지 않은 버전을 들려주었다. 따라서 각 참가자는 두 버전을 각자 다른 시간에 모두 듣게 되었다. 연구자는 각 버전을 듣고 1주일이 지난 후에 희생된 염소의 수를 세었다. 가설은, 잠재의식 메시지가 있는 버전을 들려주었을 때 더 많은 염소가 희생되리라는 것이었다. 해당 자료가 **DarkLord.dat**에 있다. 이 자료를 윌콕슨 부호순위 검정으로 분석하라. ①

- **과제 3**: 어떤 심리학자가, TV 프로가 가정생활에 미치는 영향에 관심을 두었다. 그 연구자는 '시청을 통한 학습'을 통해서, 특정 프로가 실제로 시청자에게 그 프로에 나오는 인물들처럼 행동하도록 추동할 수 있으며, 결과적으로 시청자 자신의 애정문제에 영향을 미칠 수 있다는(그 프로가 조화로운 관계를 묘사하는지 아니면 불화를 묘사하는지에 따라) 가설을 세웠다. 연구자는 인기 TV 프로 3종의 에피소드들을 54쌍의 커플에게 보여주고, 시청 후 한 시간 동안 시청실에 두 사람이 남아 있게 해서 커플이 싸운 횟수를 측정했다. 각 커플에게는 세 가지 프로를 모두(각자 다른 시간에) 보여주었는데, 그 순서는 전체 커플에 고르게 섞어 배정했다. 보여준 프로는 〈이스트엔더스〉(서로 싸우거나, 거짓말하거나, 다른 사람의 배우자와 바람을 피우기를 밥 먹듯이 하는 극도로 비참하고 사이가 나쁜 런던 시민들의 전형적인 삶을 보여주는 드라마로, 인류애 같은 것은 전혀 찾아볼 수 없다), 〈프렌즈〉(서로를 너무나 사랑하는 사람들이 나오는 드라마로. 등장인물들이 너무 사려 깊고 친절해서 비현실적이지만, 어쨌거나 내가 좋아하는 드라마이다), 그리고 내셔널 지오그래픽의 고래(whale)에 관한 다큐멘터리이다(대조군에 해당한다). 해당 자료가 **Eastenders.dat**에 들어 있다. 이 자료에 대해 프리드먼 분산분석을 수행하라. ①

- **과제 4**: 한 연구자가 아동의 광대 공포증(coulrophobia)을 예방하는 데 관심을 두었다. 그 연구자는 여러 아동 그룹(각각 15명)에게 광대에 관한 서로 다른 형태의 긍정적 정보를 제공하는 실험을 수행했다. 첫 그룹에게는 로널드 맥도널드(맥도널드의 마스코트)를 보고 기뻐서 깡충거리는 아이들이 나오는 맥도널드 광고를 보여주었고, 둘째 그룹에게는 숲에서 길을 잃은 아이들을 도운 광대에 관한 이야기를 들려주었다(다만, 광대가 숲에서 무엇을 하고 있었는지는 여전히 미스터리이다). 그리고 셋째 그룹에는 살아 있는 진짜 광대를 투입했

다. 광대는 풍선으로 동물을 만들어서 아이들에게 주었다.[15] 대조군에 해당하는 마지막 (넷째) 그룹의 아이들에게는 아무것도 제공하지 않았다. 그런 다음 연구자는 아이들에게 자신이 광대를 얼마나 무서워 하는지를 0점(전혀 무섭지 않음)에서 5점(너무 무서움)의 척도로 평가하게 했다. 해당 자료가 **coulrophobia.dat** 파일에 있다. 이 자료에 대해 크러스컬–월리스 검정을 수행하라. ①

답은 이 책의 부록 사이트에서 볼 수 있다. 그리고 이 과제들은 모두 [Field & Hole, 2003]에 나오는 예들이다. 그 책의 제7장에 아주 상세한 답이 있다.

더 읽을거리

Siegel, S., & Castellan, N. J. (1988). *Nonparametric statistics for the behavioral sciences* (제2판). New York: McGraw-Hill. (이 책은 비모수적 통계학에 관한 궁극의 교과서가 되었다. 그리고 '더' 읽을거리로 진지하게 추천할 만한 책은 사실 이 책밖에 없다. 통계학 공포증이 있는 사람에게는 좋은 책이 아닐 수 있지만, 내가 쓴 본서를 견딘 독자라면 이 책이 훌륭한 다음 단계가 될 것이다.)

Wilcox, R. R. (2005). *Introduction to robust estimation and hypothesis testing* (제2판). Burlington, MA: Elsevier. (윌콕스의 책은 본서에 비해 상당히 전문적이지만, 그래도 아주 훌륭한 자료이다. 윌콕스는 놀랄 만큼 다양한 강건한 검정들의 사용법을 설명한다. 그 검정들의 다수는 이 책 전반에서 논의한다.)

흥미로운 실제 연구

Çetinkaya, H., & Domjan, M. (2006). Sexual fetishism in a quail (Coturnix japonica) model system: Test of reproductive success. *Journal of Comparative Psychology, 120*(4), 427-432.

Matthews, R. C., Domjan, M., Ramsey, M., & Crews, D. (2007). Learning effects on sperm competition and reproductive fitness. *Psychological Science, 18*(9), 758-762.

---

15 안타깝게도, 연구의 첫 시도에서 광대는 실수로 풍선 중 하나를 터뜨려버렸다. 그 소리에 놀란 아이들은 그 경험을 광대에 대한 공포와 연관시켰다. 그 그룹의 아동 15명 모두, 지금도 광대 공포증 치료를 받고 있다.

16 / 다변량분산분석(MANOVA)

그림 16.1 내 책을 대충 훑어보고 있는 퍼지

16.1 이번 장에서 배우는 내용 ②

풋내기 강사로 경험을 쌓으면서 없는 자신감을 짜낸 덕에 나는 자살하거나 아니면 고양이를 키우기로 결심했다. 수년간 둘 중 하나를 포기하지 못하던 차에, 태어난 지 4주밖에 안 되는 황갈색 고양이를 만나면서 결정을 내리게 되었다. 퍼지(그 고양이에게 내가 붙인 이름이다)는 1996년 4월 8일생이며, 그후로 내 오른팔 고양이가 되었다. 마치 루이스 캐럴의 이상한 나라의 앨리스에[1] 나오는 체셔 고양이처럼, 퍼지는 감쪽같이 사라졌다 다시 나타나는 재주를 가지고 있었다. 옷을 찾으러 옷장을 뒤지면 황갈색 얼굴이 나를 바라보고 있고, 빨래통에 바지를 넣으려 하면 냄새나는 양말 더미에서 황갈색 얼굴이 나를 쳐다보고, 욕실에 가면 욕조 안에 퍼지가 앉아 있고, 침실 문을 닫고 자도 깨어나면 퍼지가 내 옆에서 자고 있다. 가장 기억할만한 그의 잠적 행동은 몇 년 전 내가 이사를 했을 때 일어났다. 나는 이동 가방에 퍼지를 넣고 새집으로 갔

---

1 이 책은 어렸을 때부터 내가 아주 좋아한 책이다. 이 책을 읽지 않은 독자를 위해 설명하자면, 체셔 고양이는 그 책에 나오는 뚱뚱한 고양이인데, 뜬금없이 사라졌다 다시 나타나기로 유명하다. 한 번은 미소만 남기고 사라진 적도 있다.

다. 새집에 도달했을 때 나는 이동 가방에서 빨리 퍼지를 꺼내야겠다고 생각하고는, 조용한 방으로 들어가서 방문과 창문들을 모두 점검했다(퍼지가 도망가지 못하도록). 그런 다음 가방을 열고 한 번 껴안아 주고는 새 방에 적응하도록 혼자 놔두었다. 몇 분 후에 다시 돌아왔을 때 퍼지는 온데간데없이 사라졌다. 문과 창문은 확실히 닫혔고, 벽도 단단했다(내가 점검해 봤다). 그는 말 그대로 자취도 없이 사라져 버렸다. 심지어 미소도 남아 있지 않았다. 그렇게 극적으로 사라지기 전에 퍼지는 나의 자살 충동을 멈추어 주었는데, 실제로 애완동물(pet)을 기르는 것이 사람들의 정신건강에 좋다는 연구가 많이 있다. 정말 그런지 확인하고 싶다면, 주변에 애완동물을 기르는 사람들과 그렇지 않은 사람들을 관찰해서 어느 쪽이 정신 건강이 더 나은지 점검해 보기 바란다. 그런데 사실 정신건강(mental health)이라는 용어는 광범위한 개념을 포괄한다. 이를테면 불안, 우울증, 일반적인 정신적 고통(general distress), 정신병(psychosis) 같은 개념들이 있다. 그 네 가지를 결과변수로 삼아서 측정한 후 네 변수 모두를 한꺼번에 검사한다면 정신 건강 수준을 알아낼 수 있을 것이다. 다행히, 결과 측도(outcome measure)가 하나가 아니라 여러 개인 모형을 분석할 수 있도록 분산분석(ANOVA)을 확장하는 것이 가능하다. 그러한 확장을 다변량분산분석(MANOVA)이라고 부르는데, 이번 장의 주제가 바로 다변량분산분석이다.

16.2 다변량분산분석은 언제 사용할까? ②

다변량분산분석이 뭐야?

제9장에서 제14장까지 우리는 일반선형모형(GLM)을 이용해서 하나의 종속변수에 대한 그룹 차이를 검출하는 방법을 배웠다. 그런데 종속변수가 여러 개인 상황에 관심을 두게 될 수도 있다. 그런 경우 단순한 분산분석 모형은 적합하지 않다. 그런 상황에서는 **다변량분산분석**(multivariate analysis of variance, MANOVA)이라는 기법을 사용하면 된다. 다변량분산분석은 분산분석의 원리를 확장한 것으로, 독립변수들과 그 상호작용들을 파악할 수 있다는 점과 어떤 그룹들이 서로 다른지를 대비를 이용해서 파악할 수 있다는 점은 분산분석과 같다. 주된 차이는, 종속변수가 여러 개일 때도 그런 비교가 가능하다는 것이다. 분산분석은 종속변수(결과변수)가 하나일 때만 사용할 수 있다는 점에서 **일변량**(univariate; 또는 단일변량) 검정이라고 부른다. 반면 다변량분산분석은 여러 개의 종속변수(결과변수)를 동시에 살펴보도록 고안된 것이며, 그래서 **다변량**(multivariate) 검정이라고도 부른다. 이번 장은 다변량분산분석의 기초를 소개하는 것으로 시작한다(§16.3). 그런 다음에는, 이 분석 방법을 좀 더 공부하고 싶은 독자를 위해 이 기법에 깔린 이론을 다소 지루하게 설명한다. 만일 지루한 설명을 건너뛰고 다변량분산분석을 실행하는 구체적인 방법을 알고 싶은 독자라면, 이론 설명은 건너뛰고 §16.6으로 넘어가도 좋을 것이다. 거기서는 **R**을 이용해서 다변량분산분

석을 수행하는 방법과 그 결과를 해석하는 방법을 예제를 통해서 설명한다. 그런 다음에는 **판별함수 분석**(discriminant function analysis)이라고 하는 또 다른 통계적 검정을 살펴본다.

16.3 소개: 분산분석과 다변량분산분석의 유사점과 차이점 ②

여러 종속변수에 관한 자료를 수집했을 때, 그냥 각 종속변수에 대해 개별적으로 분산분석을 수행할 수도 있다(연구 논문들을 읽어 보면, 실제로 그런 식으로 분석을 수행하는 연구자들이 드물지 않음을 알게 될 것이다). 그런데 제10장을 돌이켜 보면 이와 비슷한 주제가 나왔음을 기억할 것이다. 거기서 우리는 t 검정을 여러 번 반복하는 것보다 분산분석이 더 나은 이

그냥 분산분석을 여러 번 하면 안 되나?

유를 배웠는데, 분산분석을 여러 번 반복하는 것보다 다변량분산분석을 한 번 수행하는 것이 더 나은 이유도 그때와 같다. 검정 횟수가 많을수록 집단별 오류율(familywise error rate)이 상승한다는 것이 바로 그 이유이다(§10.2.1 참고). 측정한 종속변수가 많을수록 개별 분산분석을 더 많이 수행해야 하고, 그러면 제1종 오류를 범할 확률이 높아진다.

그런데 분산분석 여러 번보다 다변량분산분석 한 번이 나은 이유가 더 있다. 하나는, 다변량분산분석이 중요한 추가 정보를 제공한다는 것이다. 각 종속변수에 개별 분산분석을 수행한다면 그 종속변수들 사이의 관계는 무시된다. 따라서, 종속변수들 사이에 존재할 수도 있는 상관관계에 관한 정보는 소실된다. 그러나 모든 종속변수를 하나로 포함해서 분석하는 다변량분산분석은 결과변수들 사이의 관계도 고려한다. 이와 관련해서, 분산분석은 하나의 차원(축)에 따른 그룹 차이만 말해줄 수 있지만, 다변량분산분석은 여러 차원의 조합에 따른 그룹 차이도 검출하는 능력을 갖추고 있다. 예를 들어 분산분석으로는 한 종속변수의 점수들이 참가자들의 그룹에 따라 어떻게 다른지 파악할 수 있다(이를테면 참가자의 독신·동거·기혼 여부에 따라 행복도가 어떻게 다른지 파악하는 등). 다변량분산분석은 하나가 아니라 여러 개의 결과 측도들에 관한 정보를 통합하므로, 참가자의 그룹에 따라 여러 종속변수의 점수들의 조합이 어떻게 다른지도 알아낼 수 있다. 예를 들어 '행복'은 복합적인 구성체이므로, 일(직장), 사교, 성생활, 그리고 자아(자존감)라는 차원에서 행복도 점수를 측정해서 참가자의 행복을 종합적으로 평가할 수 있을 것이다. 참가자의 독신·동거·기혼 여부(즉, 참가자가 독신인지, 동거 중인지, 결혼 생활을 하고 있는지)를 일 차원의 행복도만으로는 구분할 수 없을 지 몰라도, 일, 사교, 성, 자아라는 네 차원에서의 행복도들의 **조합**으로 구분할 수는 있을 것이다. 분산분석은 오직 한 변수에 대한 그룹 차이를 검출할 수 있지만 다변량분산분석은 변수들의 조합에 따른 그룹 차이를 검출할 수 있다는 점에서, 다변량분산분석의 효과 검출 능력이 더 뛰어나다고 할 수 있다(초천재 제인 글상자 16.1 참고). 그런 이유로, 분산분석을 여러 번 수행하는 것보다 다변량분산분석을 한 번

초천재 제인 16.1

다변량분산분석의 검정력 ③

본문에서 언급했듯이, 다변량분산분석은 종속변수들의 상관관계까지 고려하므로 분산분석보다 효과 검출 능력이 더 뛰어나다(Huberty & Morris, 1989). 그러나 사실 검정력이라는 것이 그렇게 간단하게 단언할 수 있을 정도로 단순하지는 않다. 램지는 종속변수들의 상관관계가 높을수록 다변량분산분석의 검정력이 떨어진다는 점을 발견했다(Ramsey, 1982). 이어서 타바크닉과 피델은 다변량분산분석은 종속변수들이 고도로 음의 상관관계일 때 가장 잘 작동하며, 어떤 방향이든 상관관계가 중간 정도일 때는 그럭저럭 사용할 만하다고 제안했다(Tabachnick & Fidell, 2007, p.268). 반면, 검정력에 대한 종속변수 상관의 효과에 관한 스티븐스의 조사에 따르면, '대부분의 경우, 상관관계가 높을 때의 검정력이 상관관계가 중간 정도일 때보다 더 높았으며, 몇몇 경우에는 월등하게 높았다'(Stevens, 1980, p. 736). 이러한 발견들은

다소 모순적이라서, 종속변수 상관과 검정력의 관계가 과연 어떤 것인지 딱 집어서 말하기 힘들다. 다행히, [Cole, Maxwell, Arvey & Salas, 1994]가 이러한 관계를 밝히는 데 크게 기여했다. 그 논문에 따르면, 다변량분산분석의 검정력은 종속변수들 사이의 상관관계와 검출하고자 하는 효과의 크기의 조합에 의존한다. 간단히 말해서, 큰 효과를 검출하려는 경우 측정들이 다소 다르고(심지어 음의 상관이고) 각 측정에서 그룹 차이들이 같은 방향이면, 다변량분산분석의 검정력이 높다. 종속변수가 두 개인데 하나의 그룹 차이는 크고 다른 하나는 차이가 작거나 없는 경우에는, 만일 그 변수들의 상관관계가 높으면 검정력이 증가한다. 콜 등의 연구에서 우리가 얻을 수 있는 한 가지 교훈은, 만일 다변량분산분석의 검정력을 파악하고 싶다면, 종속변수들의 상관관계뿐만 아니라 검출하고자 하는 그룹 차이들의 크기와 패턴도 고려해야 한다는 것이다. 단, 콜 등의 연구는 두 그룹을 비교하는 경우로 한정되었다는 점과 그룹이 그보다 많을 때의 검정력은 훨씬 복잡한 문제라는 점을 명심해야 한다.

수행하는 것이 낫다.

16.3.1 다변량분산분석에서 주의할 점 ②

앞의 설명을 보고 마치 다변량분산분석이 수백 개의 독립변수를 한꺼번에 분석할 수 있는 엄청난 기법이라는 느낌을 받을 수도 있는데, 그렇지는 않다. 그럴 만한 이론적 또는 실험적 근거가 없는 한, 여러분이 측정한 모든 종속변수를 한꺼번에 다변량분산분석으로 처리하는 것은 그리 좋은 생각이 아니다. 이 책의 처음 부분에서 언급했듯이, 통계적 절차는 그냥 수치들을 이러저러하게 처리하는 것일 뿐이므로, 쓰레기 자료를 분석에 집어넣어도 여전히 통계적으로 유의한 결론에 도달할 수 있다. 비록 그 자료가 실험적으로 의미가 없을 가능성이 크다고 해도 말이다. 종속변수들을 전부 분석하는 것이 아니라 일부만 분석하는 것이 바람직한 어떤 이론적 근거가 있다면, 개별적인 분석들을 수행하는 것이 좋다. 이를테면 한 번은 발견법적(heuristic) 근거에 따라 선택한 변수들을 분석하고, 다른 한 번은 이론적으로 의미가 있는 변수들을 분석하는 등의 조합이 가능하다. 요지는, 힘들게 측정한 것이 아까우니 모든 종속변수를 한꺼번에 다변량분산분석에 집어넣는 식의 단순한 접근 방식은 금물이라는 것이다.

이번 장의 나머지 부분에서는 한 가지 예제를 통해서 다변량분산분석의 이론과 **R**에서의 실행 방법을 설명한다. 우리가 강박 장애(obsessive compulsive disorder, OCD)에 대한 인지행동치료(cognitive behaviour therapy, CBT)의 효과에 관심이 있다고 상상해 보자. 강박 장애는 어떤 심상이나 생각을 떨쳐 버릴 수 없는 증상이 특징인 장애이다(내 경우는 누군가가 정규분포가 아닌 자료에 대해 t 검정을 수행하는 광경이 수시로 떠오르지만, 보통 사람들은 부모가 죽는 상상 같은 것을 떠올린다). 그런 생각(thought; 또는 사고)들이 계속 떠오르면 환자는 그런 생각이 불러일으키는 나쁜 불쾌감을 상쇄하는 행동(action; 또는 행위)을 하게 된다(그런 행동이 정신적인 행동일 수도 있다. 나는 t 검정에 대한 생각을 상쇄하기 위해 머릿속으로 다변량분산분석을 수행하기도 한다. 한편 육체적인 행동일 수도 있는데, 이를테면 부모가 죽지 않길 바라면서 마룻바닥을 손으로 스물 세 번 만지는 환자도 있었다). 이를 검사하기 위해, 인지행동치료를 받은 강박 장애 환자들의 그룹(CBT 조건)과 행동치료를 받은 환자들의 그룹(BT 조건), 그리고 아직 치료를 받지 않은 환자들의 그룹(비치료 조건, NT)을 비교한다고 하자.[2] 대부분의 정신병리학적 증상에는 행동적 요소와 인지적 요소가 모두 존재한다. 예를 들어 세균 감염에 관한 강박 장애가 있는 환자는 강박적으로 손을 씻곤 하는데, 이때 강박 장애는 손을 씻는 횟수(행동적 요소)뿐만 아니라 손을 씻고 싶다고 생각하는 횟수(인지적 요소)에도 영향을 미친다. 하나의 치료법이 얼마나 성공적인지 파악하려면 행동적 결과(강박 행동 횟수의 감소)뿐만 아니라 인지적인 변화가 있었는지를 파악하는 것도 중요하다. 따라서, 이 예에서는 강박에 관련된 행동을 보인 횟수(**Actions**)와 강박에 관련된 생각을 떠올린 횟수(**Thoughts**)라는 두 가지 종속변수를 측정한다. 참가자들에게 하루 동안 두 종속변수를 측정했다고 하자. 따라서 이 두 변수는 평균적인 하루의 강박 관련 행동/생각 횟수를 나타낸다.

표 16.1의 자료가 부록 웹사이트의 **OCD.dat** 파일에 들어 있다. 참가자들은 그룹 1(CBT) 또는 그룹 2(BT), 그룹 3(NT)에 속하며, 각 그룹에서 모든 참가자의 강박 행동 횟수와 강박 생각 횟수를 측정했다.

16.4 다변량분산분석의 이론 ③

행렬 대수를 모르면 다변량분산분석의 이론을 이해하기가 아주 복잡하다. 그런데 사실 행렬 대수는 이 책의 범위에서 한참 벗어난 주제이다(수학 공포증이 없는 독자라면 [Namboodiri, 1984]

---

2 심리학자가 아닌 독자를 위해 설명하자면, 행동치료는 환자의 부적응 행동을 멈추면 장애가 사라질 것이라는 논리에 기초하고, 인지치료는 부적응 인지를 치료하면 장애가 사라질 것이라는 논리에 기초한다.

표 16.1 OCD.dat의 자료

그룹:	종속변수 1: 행동			종속변수 2: 생각		
	CBT (1)	BT (2)	NT (3)	CBT (1)	BT (2)	NT (3)
	5	4	4	14	14	13
	5	4	5	11	15	15
	4	1	5	16	13	14
	4	1	4	13	14	14
	5	4	6	12	15	13
	3	6	4	14	19	20
	7	5	7	12	13	13
	6	5	4	15	18	16
	6	2	6	16	14	14
	4	5	5	11	17	18
$\overline{X}$	4.90	3.70	5.00	13.40	15.20	15.00
s	1.20	1.77	1.05	1.90	2.10	2.36
s^2	1.43	3.12	1.11	3.60	4.40	5.56

$$\overline{X}_{\text{총(행동)}} = 4.53 \qquad\qquad \overline{X}_{\text{총(생각)}} = 14.53$$
$$s^2_{\text{총(행동)}} = 2.1195 \qquad\qquad s^2_{\text{총(생각)}} = 4.8780$$

나 [Stevens, 2002]를 참고하면 좋을 것이다). 그런 만큼, 이번 절에서는 분산분석의 개념적 기반을 행렬을 이용해서 설명하되, 행렬이 구체적으로 어떻게 쓰이는지 정확하게 이해하지 못해도 어느 정도는 알 수 있도록 설명해 보겠다. 다변량분산분석의 기반 이론을 좀 더 정확하고 자세하게 알고 싶은 독자라면 [Bray & Maxwell, 1985]라는 훌륭한 책을 읽는 것이 좋을 것이다.

16.4.1 행렬의 소개 ③

행렬(matrix)은 그냥 수치들이 행과 열로 배치된 것이다. 사실 이 책에서도 지금까지 행렬을 사용해 왔다. R에서 생성한 데이터프레임은 내부적으로 수치들을 행렬 형태로 담고 있다. 각 열에 이름표가 붙어 있다는 점이 보통의 행렬과 다를 뿐이다. 데이터프레임처럼 수치들을 행들과 열들로 배치한 것이 곧 행렬이다. 한 행렬의 열과 행의 개수에는 제한이 없는데, 그러한 개수들을 '차원'이라고 부르고, 흔히 '행 × 열' 형태로 표기한다. 예를 들어 2 × 3 행렬은 행이 두 개, 열이 세 개인 행렬이고 5 × 4 행렬은 행이 다섯 개, 열이 네 개인 행렬이다(다음 예를 보라).

$$\begin{pmatrix} 2 & 5 & 6 \\ 3 & 5 & 8 \end{pmatrix} \qquad \begin{pmatrix} 2 & 4 & 6 & 8 \\ 3 & 4 & 6 & 7 \\ 4 & 3 & 5 & 8 \\ 2 & 5 & 7 & 9 \\ 4 & 6 & 6 & 9 \end{pmatrix}$$

2×3 행렬 $\qquad\qquad$ 5×4 행렬

이전의 여러 예제에서 우리는 데이터프레임의 한 행이 한 참가자에게 측정한 자료에 해당하고 한 열은 개별 변수의 점수에 해당한다고 생각했다. 이를 행렬에 적용한다면, 예를 들어 위에 나온 5×4 행렬은 다섯 명의 참가자로부터 네 개의 변수를 측정한 자료를 담은 것으로 생각할 수 있다. 첫 참가자의 첫 변수는 측정값은 2이고 넷째 변수의 측정값은 8이다. 행렬을 구성하는 각 값을 성분(component) 또는 원소(element)라고 부른다.

정방행렬(square matrix; 또는 정사각형행렬)은 열과 행의 개수가 같은 행렬이다. 이런 종류의 행렬에서는 대각성분(diagonal component; 왼쪽 위에서 오른쪽 아래로의 대각선을 이루는 성분)과 비대각성분(non-diagonal component; 대각선에 놓이지 않은 성분들)을 구분하는 것이 유용할 때가 있다. 아래의 행렬에서, 왼쪽 위에서 오른쪽 아래로 가는 대각선상에 놓인 성분들은 5, 12, 2, 6 이다. 따라서 이 네 성분이 이 행렬의 대각성분들이다. 대각성분들이 모두 1이고 비대각성분들은 모두 0인 정방행렬을 가리켜 **단위행렬**(identity matrix; 또는 항등행렬)이라고 부른다.

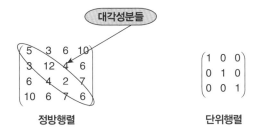

정방행렬 $\qquad\qquad\qquad\qquad$ 단위행렬

이제는 행렬이라는 수학 개념이 예전만큼 무섭지는 않을 것이다. 행렬은 어떤 마법적인 수학 개체가 아니라, 단지 자료 집합을 스프레드시트 같은 형태로 나타내는 한 방법일 뿐이다.

다음으로, 특별한 종류의 행렬 두 가지를 살펴보자. 행 하나로만 된 행렬을 **행벡터**(row vector)라고 부른다. 행벡터는 한 개체의 자료로만 이루어진 행렬이라 할 수 있다. 비슷하게, 열 하나로만 된 행렬을 **열벡터**(column vector)라고 부른다. 열벡터는 한 변수의 점수들로만 이루어진 행렬이라 할 수 있다. 다음의 예에서 행벡터는 서로 다른 네 변수에 대한 한 사람의 점수들로 생각할 수 있고, 열벡터는 한 변수에 대한 다섯 참가자의 점수들로 생각할 수 있다.

$$(2 \quad 6 \quad 4 \quad 8) \qquad \begin{pmatrix} 8 \\ 6 \\ 10 \\ 15 \\ 6 \end{pmatrix}$$

행벡터   열벡터

행렬과 행벡터, 열벡터에 대해 어느 정도 알았으니, 다변량분산분석을 수행할 때 이들이 어떻게 쓰이는지 살펴보자.

16.4.2 몇 가지 주요 행렬과 그 기능 ③

분산분석에서처럼, 다변량분산분석에서 우리가 주로 관심을 두는 것은 총변동 중 실험 조작으로 설명할 수 있는 부분(좀 더 현실적으로 말하자면, 특정 점수들이 특정 그룹들에 출현했다는 사실로 설명할 수 있는 부분)이 어느 정도인지 밝히는 것이다. 그러려면 그룹화 변수에 기인하는 체계적 변동의 양을 나타내는 모형제곱합(SS_M)과 참가자들의 자연스러운 개인차에 의한 비체계적 변동을 나타내는 잔차제곱합(SS_R)을 구해야 하며, 설명해야 할 변동의 총량에 해당하는 총제곱합(SS_T)도 물론 구해야 한다. 이러한 여러 변동의 근원들은 제7장과 제10장에서 자세히 설명했다. 그런데 앞에서 언급했듯이, 다변량분산분석은 여러 개의 종속변수를 동시에 고려한다. 이를 위해 다변량분산분석은 각 종속변수가 설명하는 변동에 관한 정보를 담은 행렬을 활용한다. 일변량 F 검정(이를테면 분산분석)에서는 하나의 종속변수에 관한 체계적 변동 대 비체계적 변동의 비를 계산한다. 반면 다변량분산분석의 검정통계량은 여러 종속변수에 대한 체계적 변동 대 비체계적 변동의 비를 비교해서 유도한다. 그러한 비교에는 모든 종속변수의 체계적 변동을 나타내는 행렬과 모든 종속변수의 비체계적 변동을 나타내는 행렬의 비가 쓰인다. 정리하자면, 분산분석의 검정통계량과 다변량분산분석의 검정통계량은 모두 비체계적 변동에 대한 체계적 변동의 효과의 비를 나타내지만, 분산분석에서는 그러한 각 변동이 하나의 값인 반면 다변량분산분석에서는 각각이 여러 개의 분산과 공분산을 담은 행렬이다.

체계적 변동(모든 변수의 모형제곱합)을 나타내는 행렬을 **가설 제곱합 교차곱 행렬**(hypothesis sum of squares and cross-products matrix) 또는 **가설 SSCP**라고 부르고 대문자 **H**로 표기한다. 비체계적 변동(모든 변수의 잔차제곱합)을 나타내는 행렬을 **오차 제곱합 교차곱 행렬**(error sum of squares and cross-products matrix) 또는 **오차 SSCP**라고 부르고 대문자 **E**로 표기한다. 마지막으로, 각 종속변수의 변동의 총량(각 종속변수의 총제곱합)을 모두 나타내는 행렬이 있다. 그 행렬을 **총 제곱합 교차곱 행렬**(total sum of squares and cross-products matrix) 또는 **총 SSCP**라고 부르고 대문자 **T**로 표기한다.

나중에 보겠지만, 모형의 비체계적 변동에 대한 체계적 변동의 비를 나타내는 검정통계량을 유도할 때 이 행렬들은 분산분석의 제곱합들(SS_M, SS_R, SS_T)과 정확히 동일한 방식으로 쓰인다. 명민한 독자라면 이 행렬들의 이름이 모두 제곱합 교차곱 행렬로 끝난다는 점을 눈치챘을 것이다. 이 행렬들을 **제곱합 교차곱 행렬**이라고 부르는 이유는 차차 명백해질 것이다. 그런데 이름에 교차곱(cross-product)이라는 단어가 포함된 이유는 무엇일까?

자가진단

✓ 교차곱(제6장)이 무엇인지 설명하라.

교차곱은 두 변수의 차이들을 결합한 총량을 나타내는 값이다(관점에 따라서는 두 변수의 총상관의 비표준화 추정값을 나타낸다고도 할 수 있다). 한 변수의 제곱합은 각 관측값과 평균의 차이의 제곱을 모두 합한 것인 반면, 교차곱은 두 변수의 차이들을 각각 곱해서 합한 것이다. 앞에서 다변량분산분석이 종속변수들 사이의 상관관계도 고려하는 능력을 갖추고 있다고 말했는데, 그러한 능력은 분석 시 이러한 교차곱을 수행하는 덕분에 생기는 것이다.

16.4.3　직접 해보는 다변량분산분석: 가상의 예 ③

그럼 강박 장애 예제(표 16.1)의 두 종속변수 각각에 대해 일변량분산분석(univariate ANOVA)을 직접 수행해 보자. 분산분석 모형에 관해서는 제10장에서 설명했다. 아래의 내용은 여러분이 제10장을 잘 읽었다고 가정한다. 제10장의 내용이 잘 생각이 나지 않는다면, 지금 다시 읽어보기 바란다(특히 §10.2.5~10.2.9).

16.4.3.1 종속변수 1(Actions)에 대한 일변량분산분석 ②

계산해야 할 제곱합은 세 가지이다. 우선, 자료에 설명해야 할 변동이 전체적으로 얼마나 있는지 파악해야 한다. 즉, 총제곱합(SS_T)을 구해야 한다. 다음으로, 그 변동 중 모형으로 설명할 수 있는 변동의 양, 즉 모형제곱합(SS_M)을 구한다. 마지막으로는, 모형에 오차가 얼마나 있는지 나타내는 잔차제곱합(SS_R)을 구한다. 제10장에서 배운 내용에 따라 종속변수 **Actions**에 대한 세 제곱합을 구하는 방법을 정리하자면 다음과 같다.

- $SS_{T(Actions)}$: 총제곱합은 점수 20개의 평균을 구하고, 평균과 각 점수의 차이를 구하고, 그 차이들을 각각 제곱해서 모두 합하면 나온다. 아니면, **R**을 이용해서 점수(강박 행동 횟수)들의 분산을 구하고, 그 분산에 점수 개수 빼기 1을 곱해도 된다.

$$SS_T = s_{총}^2(n-1)$$
$$= 2.1195(30-1)$$
$$= 2.1195 \times 29$$
$$= 61.47$$

- $SS_{M(Actions)}$: 이 제곱합은 각 그룹 평균에 대해 총평균과 그룹 평균의 차이를 제곱하고 거기에 그룹의 점수 개수를 곱한 값들을 모두 합한 것이다.

$$SS_M = 10(4.90-4.53)^2 + 10(3.70-4.53)^2 + 10(5.00-4.53)^2$$
$$= 10(0.37)^2 + 10(-0.83)^2 + 10(0.47)^2$$
$$= 1.37 + 6.89 + 2.21$$
$$= 10.47$$

- $SS_{R(Actions)}$: 이 제곱합은 각 점수에 대해 그 점수가 속한 그룹의 평균과 그 점수의 차이를 구하고, 그 차이들을 제곱해서 모두 합한 것이다. 아니면 **R**을 이용해서 각 그룹의 분산을 계산하고, 각각에 그룹의 점수 개수 빼기 1을 곱한 결과를 모두 더해도 된다.

$$SS_R = s_{CBT}^2(n_{CBT}-1) + s_{BT}^2(n_{BT}-1) + s_{NT}^2(n_{NT}-1)$$
$$= (1.433)(10-1) + (3.122)(10-1) + (1.111)(10-1)$$
$$= (1.433 \times 9) + (3.122 \times 9) + (1.111 \times 9)$$
$$= 12.9 + 28.1 + 10.0$$
$$= 51.00$$

다음으로는 모형 평균제곱(MS)과 잔차 평균제곱을 구한다. 각각 해당 제곱합을 자유도(df)로 나누면 된다(§10.2.8 참고).

SS	df	MS
$SS_{M(Actions)} = 10.47$	2	5.235
$SS_{R(Actions)} = 51.00$	27	1.889

마지막으로, 모형 평균제곱을 잔차 평균제곱으로 나눈다. 그것이 바로 이 분석의 검정통계량인 F이다.

$$F = \frac{\text{MS}_\text{M}}{\text{MS}_\text{R}} = \frac{5.235}{1.889} = 2.771$$

이 값을 미리 계산된 F의 임계값과 비교해서 유의성을 판정한다. 이상의 과정에서 핵심은, 각 제곱합의 의미를 이해하고 그 계산 방법을 익히는 것이다.

16.4.3.2 종속변수 2(Thoughts)에 대한 일변량분산분석 ②

종속변수 1에서처럼, 종속변수 2(**Thoughts**)에 대해서도 세 가지 제곱합을 계산해야 한다.

- $\text{SS}_\text{T(Thoughts)}$:

$$\begin{aligned} \text{SS}_\text{T} &= s^2_\text{총}(n-1) \\ &= 4.878(30-1) \\ &= 4.878 \times 29 \\ &= 141.46 \end{aligned}$$

- $\text{SS}_\text{M(Thoughts)}$:

$$\begin{aligned} \text{SS}_\text{M} &= 10(13.40 - 14.53)^2 + 10(15.2 - 14.53)^2 + 10(15.0 - 14.53)^2 \\ &= 10(-1.13)^2 + 10(0.67)^2 + 10(0.47)^2 \\ &= 12.77 + 4.49 + 2.21 \\ &= 19.47 \end{aligned}$$

- $\text{SS}_\text{R(Thoughts)}$:

$$\begin{aligned} \text{SS}_\text{R} &= s^2_\text{CBT}(n_\text{CBT} - 1) + s^2_\text{BT}(n_\text{BT} - 1) + s^2_\text{NT}(n_\text{NT} - 1) \\ &= (3.6)(10-1) + (4.4)(10-1) + (5.56)(10-1) \\ &= (3.6 \times 9) + (4.4 \times 9) + (5.56 \times 9) \\ &= 32.4 + 39.6 + 50.0 \\ &= 122 \end{aligned}$$

다음으로는, 모형제곱합과 잔차제곱합을 해당 자유도로 나누어서 모형 평균제곱과 잔차 평균제곱을 구한다(§10.2.8 참고).

SS	df	MS
$\text{SS}_\text{M(Thoughts)}$ = 19.47	2	9.735
$\text{SS}_\text{R(Thoughts)}$ = 122.00	27	4.519

마지막으로, 모형 평균제곱을 잔차 평균제곱으로 나누어서 검정통계량 F를 구한다.

$$F = \frac{\text{MS}_M}{\text{MS}_R} = \frac{9.735}{4.519} = 2.154$$

이 값을 미리 계산된 F의 임계값과 비교해서 유의성을 판정한다. 이번에도 핵심은, 각 제곱합의 의미를 이해하고 그 계산 방법을 익히는 것이다.

16.4.3.3 종속변수들의 관계: 교차곱 ②

다변량분산분석도 분산분석과 동일한 제곱합들을 사용한다는 점은 이미 이야기했다. 그리고 다음 절에서는 실제로 그 값들이 어떻게 쓰이는지 보게 될 것이다. 그런데 앞에서 다변량분산분석이 교차곱을 통해 종속변수들의 관계도 고려한다고 말했다. 이때 쓰이는 교차곱은 세 가지인데, 그 셋은 일변량분산분석의 세 제곱합과 관련된다. 세 가지 교차곱은 총교차곱, 모형교차곱, 잔차교차곱이다. 그럼 CP_T로 표기하는 총교차곱(total cross-product)부터 살펴보자.

제6장에서 설명한 편차 교차곱은 참가자마다 한 그룹의 점수와 그룹 평균의 차이와 다른 한 그룹의 점수와 그룹 평균의 차이를 곱하고, 그런 곱들을 모두 합한 것이다. 그와 비슷하게, 다변량분산분석의 총교차곱은 개체마다 각 종속변수의 각 점수와 해당 총 평균의 차이를 곱해서 모두 합한 것이다. 제6장에서 말한 편차 교차곱은 종속변수가 두 개인 상황(지금 예처럼)에 해당한다고 할 수 있다. 지금 예의 총교차곱 공식은 다음과 같다.

$$\text{CP}_T = \sum_{i=1}^{n} \left(x_{i(\text{Actions})} - \overline{X}_{\text{총}(\text{Actions})} \right)\left(x_{i(\text{Thoughts})} - \overline{X}_{\text{총}(\text{Thoughts})} \right) \tag{16.1}$$

이 공식에서 보듯이, 총교차곱을 구할 때는 각 종속변수에 대해 각 점수에서 그 변수의 총 평균을 뺀 차이를 구한다. 그러면 참가자마다 두 개의 차이(종속변수 당 하나씩)가 생긴다. 참가자마다 그 두 차이를 곱하고, 그것들을 모두 더하면 총교차곱이 된다. 표 16.2에 이러한 과정이 나와 있다.

총교차곱은 두 변수의 전반적인 관계를 나타내는 측도이다. 그런데 우리는 실험 조작이 종속변수들의 관계에 얼마나 영향을 미치는지에도 관심이 있다. 그것을 나타내는 것이 바로 CP_M으로 표기하는 모형교차곱(model cross-product)이다. CP_M을 계산하는 방법은 모형제곱합의 계산 방법과 비슷하다. 우선 종속변수마다 그룹 평균과 총 평균의 차이를 구한다. 그런 차이들을 참가자별로 곱하고, 거기에 그룹의 점수 개수를 곱한다(제곱합을 구할 때처럼). 그렇게 계산한 값들을 모두 합하면 모형교차곱이 된다. 다음은 이를 수식으로 나타낸 것이다. 그리고 표 16.3에 이번 예의 모형교차곱 계산 과정이 나와 있다.

표 16.2 총교차곱의 계산

그룹	Actions	Thoughts	Actions $-\overline{X}_{총(Actions)}$ (D_1)	Thoughts $-\overline{X}_{총(Thoughts)}$ (D_2)	$D_1 \times D_2$
CBT	5	14	0.47	−0.53	−0.25
	5	11	0.47	−3.53	−1.66
	4	16	−0.53	1.47	−0.78
	4	13	−0.53	−1.53	0.81
	5	12	0.47	−2.53	−1.19
	3	14	−1.53	−0.53	0.81
	7	12	2.47	−2.53	−6.25
	6	15	1.47	0.47	0.69
	6	16	1.47	1.47	2.16
	4	11	−0.53	−3.53	1.87
BT	4	14	−0.53	−0.53	0.28
	4	15	−0.53	0.47	−0.25
	1	13	−3.53	−1.53	5.40
	1	14	−3.53	−0.53	1.87
	4	15	−0.53	0.47	−0.25
	6	19	1.47	4.47	6.57
	5	13	0.47	−1.53	−0.72
	5	18	0.47	3.47	1.63
	2	14	−2.53	−0.53	1.34
	5	17	0.47	2.47	1.16
NT	4	13	−0.53	−1.53	0.81
	5	15	0.47	0.47	0.22
	5	14	0.47	−0.53	−0.25
	4	14	−0.53	−0.53	0.28
	6	13	1.47	−1.53	−2.25
	4	20	−0.53	5.47	−2.90
	7	13	2.47	−1.53	−3.78
	4	16	−0.53	1.47	−0.78
	6	14	1.47	−0.53	−0.78
	5	18	0.47	3.47	1.63
$\overline{X}_{총}$	4.53	14.53		$\mathrm{CP_T} = \sum N(D_1 \times D_2) = -5.47$	

$$\mathrm{CP_M} = \sum_{grp=1}^{k} n\left[\left(\overline{x}_{그룹(Actions)} - \overline{X}_{총(Actions)}\right)\left(\overline{x}_{그룹(Thoughts)} - \overline{X}_{총(Thoughts)}\right)\right] \tag{16.2}$$

표 16.3 모형교차곱의 계산

그룹	$\overline{X}_{그룹}$ Actions	$\overline{X}_{그룹} - \overline{X}_{총}$ (D_1)	$\overline{X}_{그룹}$ Thoughts	$\overline{X}_{그룹} - \overline{X}_{총}$ (D_2)	$D_1 \times D_2$	$N(D_1 \times D_2)$
CBT	4.9	0.37	13.4	−1.13	−0.418	−4.18
BT	3.7	−0.83	15.2	0.67	−0.556	−5.56
NT	5.0	0.47	15.0	0.47	0.221	2.21
$\overline{X}_{총}$	4.53		14.53		$CP_M = \sum N(D_1 \times D_2) = -7.53$	

마지막으로, 두 종속변수의 관계가 참가자들의 개인차에 얼마나 영향을 받는지도 알아야 한다. 개인차 또는 모형에 존재하는 오차가 종속변수들의 관계에 미치는 영향이 어느 정도인지를 나타내는 측도가 바로 잔차교차곱(residual cross-product)이다. CP_R로 표기하는 잔차교차곱의 계산 방법은 총 교차곱의 것과 비슷하다. 단, 식 (16.3)에서 보듯이 총평균 대신 그룹평균을 사용한다는 점이 다르다. 즉, 점수마다 그 점수가 속한 그룹의 평균을 점수에서 빼서 차이들을 구한다. 표 16.4에 이번 예의 수치들이 나와 있다.

$$CP_R = \sum_{i=1}^{n} \left(x_{i(\text{Actions})} - \overline{x}_{그룹(\text{Actions})} \right)\left(x_{i(\text{Thoughts})} - \overline{x}_{그룹(\text{Thoughts})} \right) \tag{16.3}$$

명민한 독자라면 잔차교차곱이 총교차곱에서 모형교차곱을 뺀 것과 같다는 점을 눈치챘을 것이다. 수식으로 표현하면 다음과 같다.

$$CP_R = CP_T - CP_M$$
$$= 5.47 - (-7.53) = 13$$

그런데 다른 두 교차곱을 계산할 때 실수가 있었을 수도 있으므로, 잔차교차곱도 점수들로부터 직접 계산하는 것이 좋다. 만일 직접 계산한 잔차교차곱과 다른 두 교차곱으로 구한 잔차교차곱이 다르다면 뭔가 실수가 있었던 것이다.

이러한 각각의 교차곱은 두 종속변수의 관계에 대한 중요한 정보를 제공한다. 계산을 간단하게 하기 위해 여기서는 간단한 시나리오를 사용했지만, 이 원리들은 좀 더 복잡한 시나리오로도 잘 확장된다. 예를 들어 종속변수가 세 개라면, 세 변수를 두 개씩 짝지어서 각 쌍에 대해 앞에서 본 방식대로 교차곱들을 계산하고, 그것들을 적절한 제곱합 교차곱(SSCP) 행렬(다음 절에서 설명한다)에 넣으면 된다. 물론 상황이 복잡해지면 계산도 그에 따라 복잡해지는데, 그럴수록 R 같은 소프트웨어의 장점이 더욱 명백해진다.

표 16.4 CP_R의 계산

그룹	Actions	Actions $-\overline{X}_{\text{그룹(Actions)}}$ (D_1)	Thoughts	Thoughts $-\overline{X}_{\text{그룹(Thoughts)}}$ (D_2)	$D_1 \times D_2$
CBT	5	0.10	14	0.60	0.06
	5	0.10	11	−2.40	−0.24
	4	−0.90	16	2.60	−2.34
	4	−0.90	13	−0.40	0.36
	5	0.10	12	−1.40	−0.14
	3	−1.90	14	0.60	−1.14
	7	2.10	12	−1.40	−2.94
	6	1.10	15	1.60	1.76
	6	1.10	16	2.60	2.86
	4	−0.90	11	−2.40	2.16
$\overline{X}_{\text{CBT}}$	4.9		13.4		$\Sigma = 0.40$
BT	4	0.30	14	−1.20	−0.36
	4	0.30	15	−0.20	−0.06
	1	−2.70	13	−2.20	5.94
	1	−2.70	14	−1.20	3.24
	4	0.30	15	−0.20	−0.06
	6	2.30	19	3.80	8.74
	5	1.30	13	−2.20	−2.86
	5	1.30	18	2.80	3.64
	2	−1.70	14	−1.20	2.04
	5	1.30	17	1.80	2.34
$\overline{X}_{\text{BT}}$	3.7		15.2		$\Sigma = 22.60$
NT	4	−1.00	13	−2.00	2.00
	5	0.00	15	0	0.00
	5	0.00	14	−1.00	0.00
	4	−1.00	14	−1.00	1.00
	6	1.00	13	−2.00	−2.00
	4	−1.00	20	5.00	−5.00
	7	2.00	13	−2.00	−4.00
	4	−1.00	16	1.00	−1.00
	6	1.00	14	−1.00	−1.00
	5	0.00	18	3.00	0.00
$\overline{X}_{\text{NT}}$	5		15		$\Sigma = -10.00$
				$CP_R = \sum (D_1 \times D_2) = 13$	

16.4.3.4 총 SSCP 행렬(T) ③

지금 예제에는 종속변수가 두 개뿐이므로, 모든 SSCP 행렬은 2×2 행렬이다. 종속변수가 세 개라면 SSCP 행렬들이 3×3 행렬이 되었을 것이다. T로 표기하는 총 SSCP 행렬은 각 종속변수의 총제곱합과 각 종속변수 쌍의 총교차곱으로 구성된다.

다음에서 보듯이, 총 SSCP 행렬에서 대각성분들은 각 종속변수의 총제곱합이고 비대각성분들은 각 종속변수 쌍의 총교차곱이다.

	열 1 Actions	열 2 Thoughts
행 1 Actions	$SS_{T(Actions)}$	CP_T
행 2 Thoughts	CP_T	$SS_{T(Thoughts)}$

앞에서 계산한 제곱합들과 교차곱들을 적절한 칸에 넣으면 다음과 같은 총 SSCP 행렬이 된다.

$$T = \begin{pmatrix} 61.47 & 5.47 \\ 5.47 & 141.47 \end{pmatrix}$$

각 성분의 의미를 생각해 보면, 총 SSCP 행렬이 자료에 존재하는 변동의 총량뿐만 아니라 종속변수들 사이에 존재하는 상호의존성의 총량도 나타낸다는 점을 명확히 알 수 있을 것이다. 또한, 주대각선을 기준으로 대칭인 두 비대각성분의 값이 같다는 점도 주목하기 바란다. 이는 그 두 성분이 동일한 종속변수 쌍에 대한 것이며, 각 쌍에서 두 종속변수 모두 그 성분(총교차곱)에 동일하게(특히, 순서와 무관하게) 기여하기 때문이다.

16.4.3.5 잔차 SSCP 행렬(E) ③

잔차(또는 오차) 제곱합 교차곱 행렬 E(오차를 뜻하는 error에서 비롯된 글자이다)는 각 종속변수의 잔차제곱합과 각 종속변수 쌍의 잔차교차곱으로 구성된다. 이 SSCP 행렬은 총 SSCP 행렬과 비슷하되, 전체적인 변동이 아니라 모형에 존재하는 오차에 관한 정보라는 점이 다르다.

	열 1 Actions	열 2 Thoughts
행 1 Actions	$SS_{R(Actions)}$	CP_R
행 2 Thoughts	CP_R	$SS_{R(Thoughts)}$

앞에서 계산한 제곱합들과 교차곱들을 적절한 칸에 넣으면 다음과 같은 잔차 SSCP 행렬이 된다.

$$E = \begin{pmatrix} 51 & 13 \\ 13 & 122 \end{pmatrix}$$

각 성분의 의미를 생각해 보면, 잔차 SSCP 행렬이 각 종속변수에 존재하는 비체계적 변동의 양과 종속변수들 사이에 존재하는 전적으로 우연에 의한 상호의존성의 총량을 나타낸다는 점을 명확히 알 수 있을 것이다. 또한, 총 SSCP 행렬처럼 대칭인 두 비대각성분의 값이 같다(둘 다 같은 종속변수 쌍의 잔차교차곱이다).

16.4.3.6 모형 SSCP 행렬(H) ③

모형(또는 가설) 제곱합 교차곱 행렬 H(가설을 뜻하는 hypothesis에서 비롯된 글자이다)는 각 종속변수의 모형제곱합과 각 종속변수 쌍의 모형교차곱으로 구성된다.

	열 1 Actions	열 2 Thoughts
행 1 Actions	$SS_{M(Actions)}$	CP_M
행 2 Thoughts	CP_M	$SS_{M(Thoughts)}$

앞에서 계산한 제곱합들과 교차곱들을 적절한 칸에 넣으면 다음과 같은 모형 SSCP 행렬이 된다.

$$H = \begin{pmatrix} 10.47 & -7.53 \\ -7.53 & 19.47 \end{pmatrix}$$

각 성분의 의미를 생각해 보면, 모형 SSCP 행렬이 각 종속변수에 존재하는 체계적 변동의 양과 종속변수들 사이에 존재하는 모형에 의한 상호의존성의 총량을 나타낸다는 점을 명확히 알 수 있을 것이다. 또한, 다른 두 행렬처럼 대칭인 두 비대각성분의 값이 같다(둘 다 같은 종속변수 쌍의 모형교차곱이다).

이 행렬들은 가산적이다. 즉, 두 행렬을 성분별로 더하거나 뺄 수 있다. 특히, 일변량분산분석에서 총제곱합이 모형제곱합과 잔차제곱합의 합이었던 것처럼(즉, $SS_T = SS_M + SS_R$), 총교차곱은 모형교차곱과 잔차교차곱의 합이다. 다음은 이를 지금 예에 적용한 것이다.

$$T = H + E$$
$$T = \begin{pmatrix} 10.47 & -7.53 \\ -7.53 & 19.47 \end{pmatrix} + \begin{pmatrix} 51 & 13 \\ 13 & 122 \end{pmatrix}$$
$$= \begin{pmatrix} 10.47 + 51 & -7.53 + 13 \\ -7.53 + 13 & 19.47 + 122 \end{pmatrix}$$
$$= \begin{pmatrix} 61.47 & 5.47 \\ 5.47 & 141.47 \end{pmatrix}$$

다변량분산분석의 계산이 일변량분산분석의 것과 개념적으로 동일하다는 점을 이해하는 데 이러한 행렬 덧셈의 예가 도움이 되었길 바란다. 단지 개별 값들이 아니라 행렬들이 쓰인다는 것이 다를 뿐이다.

16.4.4 다변량분산분석 검정통계량의 이론 ④

일변량분산분석에서는 비체계적 변동에 대한 체계적 변동의 비(즉, SS_M을 SS_R로[3] 나눈 값)를 계산한다. 이를 다변량분산분석에 그대로 적용한다면 행렬 H를 행렬 E로 나누어야 할 것이다. 한 가지 문제는 행렬을 다른 행렬로 나누는 것이 그리 직관적이지 않다는 점이다. 한 행렬을 다른 행렬로 나누려면 한 행렬에 다른 행렬의 역(역행렬)을 곱해야 한다. 즉, H를 E로 나누려면 H에 E의 역(E^{-1}이라고 표기한다)을 곱하면 된다. 정리하자면, 다변량분산분석의 검정통계량은 모형 SSCP 행렬에 잔차 SSCP 행렬의 역을 곱한 것, 즉 **HE^{-1}**이다.

그런데 어떤 행렬의 역을 구하는 과정은 상당히 복잡하다. 그 방법을 모른다고 해서 걱정할 필요는 없다. R에게 시키면 되기 때문이다. 그렇긴 하지만, 관심 있는 독자는 역행렬을 구하는 방법을 아주 알기 쉽게 설명한 [Stevens, 2002]나 [Namboodiri, 1984] 같은 교과서를 보기 바란다. 다음은 이번 예의 검정통계량을 계산한 결과이다. 계산 과정은 이번 장 보충 자료의 올리버 트위스티드 항목에 나와 있다. 앞의 교과서를 참고한 독자라면 직접 계산해서 점검해 보고, 그렇지 않은 독자라면 그냥 나를 믿기 바란다.

$$E^{-1} = \begin{pmatrix} 0.0202 & -0.0021 \\ -0.0021 & 0.0084 \end{pmatrix}$$

$$HE^{-1} = \begin{pmatrix} 0.2273 & -0.0852 \\ -0.1930 & 0.1794 \end{pmatrix}$$

HE^{-1}이 모형의 비체계적 변동에 대한 모형의 체계적 변동의 비를 나타낸다는 점과, 따라서 일변량분산분석의 F 비에 대응된다는 점을 기억하기 바란다. 한 가지 문제는, 체계적 변동에 해당하는 행렬을 비체계적 변동에 해당하는 행렬로 나누면 하나의 값이 아니라 여러 개의 값으로 된 행렬이 나온다는 점이다. 지금 예에서 그러한 행렬은 네 개의 값으로 구성된다. 그리고 종속변수가 셋인 상황에서는 그러한 행렬이 아홉 개의 값으로 구성된다. 일반화하면, 그러한 행렬의 성분은 항상 p^2개인데, 여기서 p는 종속변수 개수이다. 유의성을 판정하려면 그러한 여러 개의 값을 하나의 의미 있는 값으로 요약해야 한다. 이 지점이 바로, 다변량분산분석에

---

3 실제로는 평균제곱들을 사용하지만, 평균제곱은 제곱합을 자유도로 수정한 것이므로 이렇게 이야기해도 크게 틀린 것은 아니다.

깔린 수학을 이해하려는 시도를 포기하고 그냥 개념적으로만 설명할 수밖에 없는 지점이다.

16.4.4.1 판별함수 변량 ④

통계적 유의성을 평가할 값이 하나가 아니라 여러 개라는 문제는 종속변수들을 바탕 (underlying) 차원 또는 요인들로 변환함으로써 크게 단순화할 수 있다(그러한 변환 과정은 제17장에서 좀 더 논의한다). 제7장에서 우리는, 하나의 선형모형을 자료 집합에 적합시킴으로써 결과변수(분산분석의 어법으로는 종속변수)를 예측하는 것이 바로 다중회귀에 깔린 원리임을 배웠다. 그러한 선형모형은 예측변수(독립변수)들의 선형결합으로 이루어지며, 각 예측변수는 각자 다른 정도로 모형에 기여한다. 지금 맥락에서도 비슷한 원리를 적용할 수 있다(단, 그 방향은 반대이다. 지금은 일단의 종속변수로부터 하나의 독립변수를 예측하려 한다). 즉, 종속변수들의 바탕 선형차원들을 계산할 수 있는 것이다. 종속변수들의 그러한 선형결합(일차결합)을 **변량**(variate)이라고 부른다(또한, 잠재변수(latent variable)나 요인(factor)이라고 부르기도 한다). 지금 맥락에서 우리가 원하는 것은 그러한 선형 변량으로부터 한 참가자가 속한 그룹을(즉, 참가자가 CBT를 받았는지, BT를 받았는지, 아니면 아무 치료도 받지 않았는지를) 예측하는 것이다. 즉, 그러한 변량은 참가자의 그룹을 판별하는 용도로 쓰인다. 그래서 그러한 변량을 **판별함수**(discriminant function) 또는 **판별함수 변량**(discriminant function variate)이라고 부른다. 비록 지금 논의에서 판별함수를 다중회귀의 모형과 동일 선상에 놓고 설명했지만, 사실 둘 사이에는 다음과 같은 중요한 차이가 있다: 판별함수는 일단의 종속변수로부터 여러 개를 뽑아낼 수 있지만, 다중회귀에서는 모든 독립변수가 하나의 모형에 포함된다.

이제 판별함수가 어떤 용도인지는 이해했을 것이다. 그런데 그런 판별함수들을 구체적으로 어떻게 구해야 할까? 간단하게만 이야기하자면, 판별함수들은 최대화(maximazation)라고 부르는 수학적 절차를 이용해서 구한다.

첫 판별함수(V_1)는 그룹들의 차이가 최대가 되는 종속변수들의 선형결합이다. 따라서, 첫 판별함수에 대해서는 비체계적 변동에 대한 체계적 변동의 비 (SS_M/SS_R)가 최대가 된다. 이 비가 일변량분산분석의 F 비에 대응됨을 기억할 것이다. 따라서, 첫 판별함수 변량에 대해서는 F 비가 가능한 최대의 값이 된다. 이러한 변량을 다음과 같이 선형 회귀방정식의 형태로 표현할 수 있다(판별함수 변량은 종속변수들의 선형결합이므로).

$$y_i = b_0 + b_1 X_{1i} + b_2 X_{2i}$$
$$V_{1i} = b_0 + b_1 \text{종속변수}_{1i} + b_2 \text{종속변수}_{2i} \qquad (16.4)$$
$$= b_0 + b_1 \text{Actions}_i + b_2 \text{Thoughts}_i$$

식 (16.4)의 첫 공식은 예측변수가 두 개인 다중 회귀방정식이고, 그 아래 공식은 판별함수를 회귀방정식의 형태로 표현한 것이다. 이들을 보면 회귀방정식이 판별함수로 어떻게 확장되는지 이해할 수 있을 것이다. 다중 회귀방정식에서처럼, 판별함수 방정식의 b 값들은 각 종속변수가 판별함수 변량에 기여하는 정도를 나타내는 가중치이다. 회귀에서는 최소제곱법으로 b 값들을 구한다. 판별함수 분석에서는 행렬 HE^{-1}의 고유벡터(eigenvector; 초천재 제인 글상자 16.2 참고)들을 이용해서 판별함수 b 값들을 구한다. 이때 b_0은 무시해도 된다. 그 값은 그냥 기하학 공간에서 변량의 위치를 나타낼 뿐, 그룹을 판별하는 데 필요하지는 않기 때문이다.

종속변수가 두 개뿐이고 독립변수의 그룹이 둘뿐인 상황에서는 판별함수 변량이 하나밖에 없다. 따라서 상황이 아주 간단해진다. 종속변수들 자체는 볼 필요 없이 종속변수들의 판별함수만 보면 판별함수의 단일한 SS_M/SS_R 값을 구할 수 있으며, 그 값으로 유의성을 판정할 수 있다. 그러나 종속변수가 셋 이상이거나 독립변수의 수준이 셋 이상일 때(지금 예처럼)는 변량이 둘 이상이 된다. 구할 수 있는 변량의 개수는 p(종속변수 개수)와 $k-1$(여기서 k는 독립변수의 수준 개수) 중 더 작은 것이다. 지금 예에서는 p와 $k-1$ 둘 다 2이므로, 변량을 두 개 구할 수 있다. 앞에서 언급했듯이 변량을 서술하는 방정식의 b 값들은 HE^{-1} 행렬의 고유벡터들을 이용해서 구한다. 지금 예의 행렬에서는 두 개의 고유벡터를 뽑을 수 있다. 한 고유벡터로는 첫 변량의 b 값들을 구하고, 다른 고유벡터로는 둘째 변량의 b 값들을 구한다. 개념적으로 어떤 행렬의 고유벡터는 그 행렬을 대각행렬로 바꾸는 변환을 가해도 변하지 않는 벡터이다(초천재 제인 글상자 16.2가 고윳값과 고유벡터를 시각적으로 설명하니 참고하기 바란다). 대각행렬(diagonal matrix)이란 비대각성분들이 모두 0인 정방행렬이다(따라서, 유의성 판정 시 고려할 값들이 보통의 정방행렬보다 적다). 그러므로, HE^{-1} 행렬의 고유벡터들과 고윳값들만 구하면 비체계적 변동에 대한 체계적 변동의 비를 구할 수 있다(이들은 변환에 의해 변하지 않으므로). 게다가, 행렬의 모든 성분을 고려할 필요가 없으므로 계산량도 적다. 행렬의 고유벡터를 구하는 것은 아주 복잡하기 때문에(그런 일을 시도할 정도로 정신 나간 독자라면 [Namboodiri, 1984]를 보기 바란다), 지금 예제에서는 그냥 HE^{-1} 행렬의 고유벡터들이 다음과 같다고 믿고 넘어가자.

$$\text{eigenvector}_1 = \begin{pmatrix} 0.603 \\ -0.335 \end{pmatrix}$$
$$\text{eigenvector}_2 = \begin{pmatrix} 0.425 \\ 0.339 \end{pmatrix}$$

이제 이상의 값들을 앞에 나온 공식에 대입하면 다음과 같은 판별함수 변량 공식들이 나온다. b_0는 무시할 수 있다는 점을 기억하기 바란다.

$$
\begin{aligned}
V_{1i} &= b_0 + 0.603\text{Actions}_i - 0.335\text{Thoughts}_i \\
V_{2i} &= b_0 + 0.425\text{Actions}_i + 0.339\text{Thoughts}_i
\end{aligned}
\tag{16.5}
$$

고유벡터와 고윳값은 무엇인가? ④

고유벡터와 고윳값의 정의와 그에 깔린 수학 이론은 아주 복잡하며, 사실 이 책의 독자들은 대부분 그런 내용을 굳이 알 필요가 없을 것이다(비록 이 둘이 이번 장과 다음 장에 자주 등장하긴 하지만). 그런데 수학이 어려울 뿐, 이들을 시각화하는 것은 상당히 쉽다. 어떤 슈퍼모델이 한 해 동안 벌어들이는 수입(이하 연봉)과 그 슈퍼모델의 매력이라는 두 가지 변수를 상상해 보자. 그리고 그 두 변수가 정규분포라고 가정하자. 그러면 그 둘을 하나의 이변량 정규분포로 간주할 수 있다. 두 변수가 상관되어 있다면, 둘의 산점도는 타원 형태일 것이다. 다음의 산점도들을 보자. 왼쪽 그림의 점들을 점선으로 둘러싼다면, 그 점선은 타원의 형태일 것이다. 그리고 그 타원의 장축(타원의 길이)과 단축(타원의 너비)을 그리면 오른쪽 그림이 된다. 그 두 선이 바로 두 변수의 상관행렬의 고유벡터들이다(여기서 벡터는 기하 공간에서 한 선이 위치를 알려주는 수치들의 집합일 뿐이다). 징축과 단축이 수

직이라는 점도 주목해야 한다. 즉, 두 선은 90도로 만나는데, 이는 두 고유벡터가 서로 독립임을 뜻한다. 정리하자면, 변수가 두 개일 때 고유벡터들은 두 변수의 자료의 산점도를 감싸는 타원의 장축과 단축에 해당한다. 변수를 하나 더 추가하면(이를테면 슈퍼모델의 경력 햇수) 산점도는 3차원이 되며, 타원은 럭비공(또는 미식축구공) 같은 형태가 된다. 차원이 하나 더 늘었으므로, 이제는 너비와 높이뿐만 아니라 깊이를 측정하는 축도 존재한다. 그 축 역시 고유벡터이다. 변수를 하나 더 추가해서 변수가 네 개가 될 때도 마찬가지 논리를 적용할 수 있다. 정리하자면, 고윳값마다 그것의 길이를 측정하는 고유벡터가 있다. 각 고유벡터에는 그 벡터의 길이(벡터의 한끝에서 다른 끝의 거리)를 말해주는 **고윳값**이 있다. 따라서, 어떤 자료 집합의 모든 고윳값을 살펴보면 타원 또는 럭비공의 면적 또는 부피를 알 수 있다. 일반화하자면, 고윳값들을 보면 자료 집합의 전반적인 크기를 알 수 있는 것이다. 따라서, 고윳값들은 행렬의 변동들이 얼마나 고르게(또는 편향되어) 분포되어 있는지 말해준다.

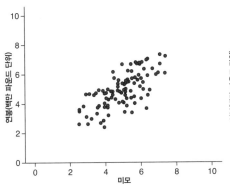
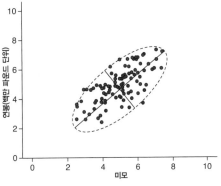

변수가 두 개일 때, 자료의 조건(condition)은 두 고윳값의 비(작은 고윳값에 대한 큰 고윳값의 비)와 관련이 있다. 두 극단적 조건을 생각해 보자. 한쪽 극단은 두 변수 사이에 아무런 관계도 없는 것이고, 다른 한쪽 극단은 두 변수가 완전하게 연관된 것이다. 두 변수가 전혀 무관하다면 산점도의 전체적인 형태는 원(변수가 세 개일 때는 구)이 된다. 앞에서처럼 그 원의 장축과 단축을 그린다면, 그 두 선의 길이는 같을 것이다. 고윳값은 고유벡터의 길이이므로, 그런 경우 두

고윳값이 같으며, 따라서 둘의 비는 1이 된다. 두 변수가 완전하게 상관되어 있으면(즉, 완전한 공선성이 존재하면) 산점도의 점들이 직선으로 늘어서게 된다. 따라서 산점도를 감싸는 타원은 하나의 직선 선분으로 줄어들며, 작은 고윳값이 0에 가까우므로 둘의 비는 무한대로 접근하게 된다. 이처럼 둘의 비(이를 조건 지수라고 부른다)가 무한대이면 자료를 분석하기가 아주 까다로워진다.

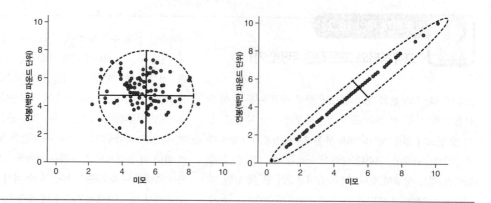

이제 이 변량 공식들을 이용해서 해당 변량에 대한 각 참가자의 점수를 구할 수 있다. 예를 들어 CBT 그룹의 첫 참가자의 강박 행동 횟수는 5회이고 강박 생각 횟수는 14회이다. 따라서, 이 참가자의 변량 1 점수는 −1.675이다.

$$V_1 = (0.603 \times 5) - (0.335 \times 14) = -1.675$$

그리고 변량 2에 대한 점수는 6.87이다.

$$V_2 = (0.425 \times 5) + (0.339 \times 14) = 6.871$$

모든 참가자에 대해 이렇게 두 변량 점수를 구하고 그 점수들을 이용해서 앞에서처럼 SSCP 행렬들(H, E, T, HE^{-1})을 구해 보면, 교차곱들이 모두 0임을 알 수 있다. 그렇게 되는 이유는 자료에서 뽑은 이 변량들이 모두 직교이기 때문이다. 이는 이 변량들이 서로 독립이라는 뜻이다. 정리하자면, 추출한 변량들은 우리가 측정한 종속변수들의 선형결합으로부터 구축된 개별적인 차원들에 해당한다.

이러한 자료 축약 기법에는, 변량 점수들(독립변수들이 아니라)로 구축한 HE^{-1} 행렬의 모든 비대각성분이 0이라는 아주 유용한 성질이 있다. 그 행렬의 대각성분들은 해당 변량에 대한 비체계적 변동 대 체계적 변동의 비(즉 SS_M/SS_R)를 나타낸다. 지금 예의 경우 이는 비체계적 변동 대 체계적 변동의 비를 나타내는 값이 네 개가 아니라 단 두 개라는 뜻이다. 지금처럼 변수가 둘일 때는 이러한 축약이 그리 대단하지 않아 보일 것이다. 그러나, 일반적으로 종속변수가 p개일 때 축약을 거치지 않으면 비체계적 변동 대 체계적 변동의 비를 나타내는 값이 p^2이지만, 축약을 거치면 단 p가 된다는 점을 주목하기 바란다. 만일 종속변수가 네 개이면, 16개에서 네 개로 줄어드는 것이다. 이 점을 생각하면 이러한 축약이 얼마나 이득이 되는지 실감할 수 있을 것이다.

지금 예제에서, 변량 점수들로 구축한 HE^{-1} 행렬은 다음과 같다.

$$HE_{변량}^{-1} = \begin{pmatrix} 0.335 & 0.000 \\ 0.000 & 0.073 \end{pmatrix}$$

이 행렬을 보면 그룹 차이에 대한 유의성을 판정할 때 고려할 값이 두 개임이 명백하다. 자료를 이런 식으로 축약하는 것이 다소 복잡하게 느껴지겠지만, 이러한 축약을 통해서 원래의 HE^{-1} 행렬의 고윳값들이 드러났다는 점이 중요하다. 이 행렬의 대각성분들(0.335와 0.073)이 바로 고윳값들이다. 즉, 고유벡터들을 구하지 않아도 고윳값들을 구할 수 있는 것이다. 고윳값을 계산하는 구체적인 방법이 궁금할 정도로 정신을 놓은 독자라면 올리버 트위스티드 항목을 참고하기 바란다. 고윳값들은 개념적으로 분산분석의 F 비에 대응된다. 따라서, 마지막 단계는 이러한 값들이 전적으로 우연히 얻을 수 있는 값에 비해 얼마나 큰지 평가하는 것이다. 그러한 평가 방법은 네 가지이다.

올리버 트위스티드

선생님, 그거 더 가르쳐 주세요…. 수학이요!

"선생님은 좀 멍청해. 수학 실력이 어느 정도인지 알아보면 선생님이 다름 아닌 동네 바보라는 점이 확실히 드러나겠죠?"라고 올리버가 나를 조롱한다. 물론 그렇겠지, 올리비. 공개적인 망신을 두려워한 석이 없는 나는 이 예제의 행렬 계산 과정을 부록 웹사이트의 보충 자료에 수록해 두었다. 올리버야, 계산 과정에서 내가 혹시 실수했는지 찾아보렴. 너는 할 수 있어.

16.4.4.2 필라이–바틀렛 대각합(V) ④

필라이 대각합이라고도 부르는 **필라이–바틀릿 대각합**(pillai-bartlett trace)은 다음과 같이 정의된다.

$$V = \sum_{i=1}^{s} \frac{\lambda_i}{1+\lambda_i} \tag{16.6}$$

여기서 λ는 각 판별함수 변량의 고윳값이고 s는 그러한 변량들의 개수이다. 필라이의 대각합은 판별함수 변량들에 대해 설명된 변동의 비율을 모두 합한 것이다. 따라서 이는 총 변동에 대한 모형에 의한 변동의 비(SS_M/SS_T), 즉 R^2과 비슷하다.

지금 예제에서 필라이 대각합은 0.319인데, 이를 F 분포를 따르는 근삿값으로 변환할 수 있다.

$$V = \frac{0.335}{1+0.335} + \frac{0.073}{1+0.073} = 0.319$$

16.4.4.3 호텔링-롤리 대각합 ④

호텔링의 T^2이라고도 부르는 **호텔링-롤리 대각합**(Hotelling-Lawley trace)은 그냥 모든 변량의 고윳값을 합한 것이다.

$$T = \sum_{i=1}^{s} \lambda_i \tag{16.7}$$

지금 예에서 이 대각합은 0.335 + 0.073 = 0.408이다. 이 검정통계량은 각 변량의 SS_M/SS_R을 모두 합한 것이므로, 분산분석의 F 비에 직접 대응된다.

그림 16.2 차를 즐기고 있는(나도 차 마시는 걸 좋아한다) 해럴드 호텔링

16.4.4.4 윌크스 람다(Λ) ④

윌크스 람다(Wilks's lambda)는 각 변량에 대해 설명되지 않은 변동을 모두 곱한 것이다.

$$\Lambda = \prod_{i=1}^{s} \frac{1}{1+\lambda_i} \tag{16.8}$$

여기서 $\prod$ 기호는 합산 기호(Σ)와 비슷하되, 그 오른쪽의 항들을 모두 합하는 것이 아니라 곱한다는 점이 다르다. 따라서, 윌크스 람다는 각 변량에 대한 총 변동 대 잔차 변동의 비(SS_R/SS_T)를 나타낸다.

지금 예에서 이 값은 다음과 같다.

$$\Lambda = \left(\frac{1}{1+0.335}\right)\left(\frac{1}{1+0.073}\right) = 0.698$$

람다 항들이 분모에 있으므로, 고윳값이 클수록 월크스 람다의 값이 작아진다. 그리고 고윳값이 크다는 것은 해당 실험 조작의 효과가 크다는 뜻이다. 따라서, 월크스 람다가 작을수록 결과가 통계적으로 유의할 가능성이 크다.

16.4.4.5 로이의 최대근 ④

로이의 최대근(Roy's largest root)이라는 용어를 들으면 왠지 수염 난 통계학자가 거대한 당근(또는 그와 비슷한 뿌리채소)을 삽으로 파내는 광경이 머리에 떠오른다. 그러나 로이의 최대근은 당근이나 순무와는 무관하다. 최대근(가장 큰 근)이라는 이름에서 짐작하겠지만, 로이의 최대근은 첫 변량의 고윳값이다. 따라서, 어떤 면에서 이는 첫 변량만으로 호텔링-롤리 대각합을 구한 것이라 할 수 있다.

$$\theta = \lambda_{\text{최대}} \tag{16.9}$$

그런 만큼, 로이의 최대근은 첫 판별함수 변량에 대한 설명되지 않은 변동 대 설명된 변동의 비를 나타낸다.[4] 지금 예에서 로이의 최대근은 그냥 0.335(첫 변량의 고윳값)이다. 따라서 이 값은 개념적으로 일변량분산분석의 F 비와 같다. 앞에서 설명한 판별함수 변량의 최대화 성질을 기억한다면, 로이의 최대근이 주어진 자료 집합에서 나올 수 있는 가장 큰 그룹간 차이를 나타낸다는 점을 이해할 수 있을 것이다. 따라서, 많은 경우 이 검정통계량이 가장 강력하다.

16.5 다변량분산분석 수행 시 주의할 점 ③

다변량분산분석을 실제로 수행할 때 주의해야 할 사항이 세 가지 있다. 첫째로, 다른 분석에서처럼 검정의 가정들을 점검해야 한다. 둘째로, 주 분석 결과의 유의성을 평가하는 데 흔히 쓰이는 네 가지 방법 중 적절한 것을 골라야 한다. 검정력과 표본 크기의 측면에서 어떤 것이 최고인지에 대해서는 논쟁의 여지가 있다. 마지막으로, 다변량분산분석 이후의 분석도 고민해야 한다. 분산분석에서처럼 다변량분산분석도 2단계 검정이다. 첫 단계에서는 전반적인(보편적인) 검정을 수행하고, 그다음으로 좀 더 구체적인 절차를 통해서 특정 그룹들의 차이를 파악한

---

4 이 통계량을 $\lambda_{\text{최대}}/(1+\lambda_{\text{최대}})$로 정의하는 경우도 있지만, **R**이 보고하는 로이의 최대근은 그냥 식 (16.9)이다.

다. 차차 보겠지만, 전반적인 다변량분산분석이 유의할 때 특정 그룹 차이들을 어떻게 분석하고 해석하는 것이 최선인지에 대해서는 상당한 논쟁이 존재한다. 그럼 이 세 가지 사항들을 차례로 살펴보자.

다변량분산분석의 가정들은 분산분석의 가정들과 비슷하나, 다변량 상황에 맞게 확장된 것이다.

- **독립성**(independence): 관측들이 통계적으로 독립이어야 한다.

- **임의표집**(random sampling; 또는 확률표집): 해당 모집단에서 무작위로 추출하고 구간 수준에서 측정한 자료이어야 한다.

- **다변량정규성**(multivariate normality): 분산분석에서는 각 그룹에서 종속변수가 정규분포라고 가정한다. 다변량분산분석에서는 각 그룹에서 종속변수들이 (집합적으로) 다변량정규성을 가진다고 가정한다.

- **공분산행렬의 동질성**(homogeneity of covariance matrices): 분산분석에서는 그룹들의 분산들이 대체로 같다고 가정한다(분산의 동질성). 다변량분산분석에서는 각 종속변수에 대해 그룹들의 분산들이 대체로 같을 뿐만 아니라, 임의의 두 종속변수의 상관관계가 모든 그룹에서 같다고 가정한다. 이러한 가정은 그룹들의 모집단 **분산–공분산 행렬**(variance-covariance matrices)들이 모두 같은지로 점검한다.[5]

처음 두 가정은 일변량 검정들에서와 같은 방식으로 점검할 수 있다(제10장 참고). 다변량정규성 가정과 공분산행렬의 동질성 가정에는 이전과는 다른 절차가 필요하다. **R**에서 다변량정규성 가정은 이전에 일변량정규성을 검정하는 데 사용한 샤피로 검정 함수로 점검할 수 있다. 단, 다변량정규성 가정을 점검할 때는 이전과는 다른 옵션을 지정해야 한다. 또는, *mvoutlier* 패키지의 **aq.plot()** 함수로 그래프를 그려서 다변량 이상치들을 눈으로 확인하는 식으로 이 가정을 점검할 수도 있다.

공분산행렬의 동질성 가정은 흔히 **박스 검정**(Box's test)으로 점검한다. 만일 공분산행렬들이 같으면 이 검정의 결과가 유의하지 않게 나온다. 이 가정이 깨졌을 때의 효과는 명확하지 않다. 다만, 그룹이 두 개이고 표본 크기들이 같을 때에는 이 가정이 깨져도 호텔링의 T^2이 강건하다

---

5 SSCP 행렬에 관한 참고 문헌을 읽은 독자를 위해 추가하자면, 만일 제곱합과 분산의 관계와 교차곱과 상관의 관계를 생각해 보면, 분산–공분산 행렬이 기본적으로 SSCP 행렬을 표준화한 형태임을 깨달을 수 있을 것이다.

는 점이 밝혀졌다(Hakstian, Roed, & Lind, 1979). 박스의 검정은 다변량정규성의 위반에 영향을 크게 받는다는 점으로 유명하다. 즉, 다변량정규성이 성립하지 않으면 공분산행렬들이 비슷하더라도 유의한 검정 결과가 나오기 쉽다. 또한, 다른 여러 유의성 검정처럼 표본이 크면 공분산행렬들이 대체로 비슷하더라도 박스 검정의 결과가 유의하게 나올 수 있다. 일반적인 원칙으로, 만일 그룹들의 표본 크기가 같으면 사람들은 박스 검정의 결과를 무시하는 경향이 있다. 이유는 그런 경우 (1) 이 검정이 불안정하고, (2) 호텔링의 통계량이나 필라이의 통계량이 강건하다고(§16.5.2) 간주할 수 있다는 것이다. 이처럼 박스 검정은 그 정확성이 충분히 검증되지 않았기 때문에, R에는 이 검정이 아직 구현되지 않았다.

그러나 그룹 크기들이 서로 다르면 다변량분산분석의 강건성을 가정할 수 없다. 측정한 종속변수가 많을수록, 그리고 표본 크기들의 차이가 클수록, 유의확률 값이 더 많이 왜곡된다. [Tabachnick & Fidell, 2007]에 따르면, 만일 큰 표본들에서 큰 분산과 공분산이 나오면, 유의확률은 보수적이 된다(따라서, 결과가 유의하다는 판정을 좀 더 믿을 수 있다). 그러나 작은 표본들에서 큰 분산과 공분산이 나오면 유의확률이 느슨해지므로, 유의한 차이를 신중하게 받아들여야 한다(유의하지 않은 효과를 믿게 될 수 있으므로). 따라서, 이런 검정을 수행할 때는 출력된 다변량 검정통계량 유의확률들이 보수적인지 느슨한지를 표본들의 분산-공분산 행렬을 보고 파악할 필요가 있다. 출력된 확률들을 믿기 어려운 상황에서는, 큰 그룹들에서 무작위로 사례들을 삭제해서 그룹들의 표본 크기를 같게 만드는 것 말고는 딱히 할 수 있는 일이 없다(비록 그렇게 하면 정보의 소실에 의해 검정력이 떨어질 수 있지만). 물론, 좀 더 다양한 접근 방식을 시도해 보려는 진취적인 독자라면 강건한 다변량분산분석 방법들도 적용해서 결과를 점검해 볼 수 있을 것이다.

16.5.2 검정통계량 선택 ③

추출한 판별함수 변량이 하나뿐일 때는 네 가지 검정통계량이 본질적으로 동일하지만, 변량이 여러 개이면 어떤 검정통계량이 가장 나은지 골라야 한다. 그러면 각 검정통계량의 검정력과 강건함에 관한 특성을 파악할 필요가 있다. 네 가지 다변량분산분석 검정통계량의 검정력을 조사한 연구는 많이 있다(Olson, 1974, 1976, 1979; Stevens, 1980). 올슨의 연구에 따르면, 표본 크기가 작거나 중간일 때는 네 검정통계량의 검정력이 거의 비슷하다(Olson, 1974). 그룹 차이들이 첫 변량에 집중되어 있을 때는(사회과학 연구에서는 그런 경우가 많다), 로이의 통계량이 가장 검정력이 높음이 판명되었다(로이의 통계량은 첫 변량

어떤 검정통계량을 써야 하지?

만 고려하기 때문이다). 그다음은 호텔링의 대각합, 윌크스 람다, 필라이 대각합 순이다. 그러나 그룹들이 둘 이상의 변량에서 서로 다르면 검정력은 그 반대의 순서가 된다(즉, 필라이 대각합이 가장 강하고, 로이의 최대근이 가장 약하다). 검정력과 관련된 마지막 고려 사항은 표본 크기와 종속변수 개수이다. 스티븐스는 표본 크기가 크지 않을 때는 종속변수를 10개 미만으로 유지하는 것이 좋다고 권한다(Stevens, 1980).

다음으로, 강건함의 관점에서 볼 때 네 검정통계량은 다변량정규성의 위반에 대해 비교적 강건하다. 단, 로이의 최대근은 평첨 분포에 영향을 받는다(Olson, 1976). 또한, 로이의 최대근은 공분산행렬의 동질성이 성립하지 않을 때는 강건하지 않다(Stevens, 1979). 올슨과 스티븐스의 연구는 [Bray & Maxwell, 1985]로 이어지는데, 그 논문에서 브레이와 맥스웰은 표본 크기들이 같으면 필라이-버틀릿 대각합이 가정들의 위반에 대해 가장 강건하다고 결론지었다. 그러나 표본 크기들이 같지 않으면 그 대각합은 공분산행렬의 동질성 가정의 위반에 영향을 받는다. 정리하자면, 다음과 같은 규칙을 적용하면 될 것이다. 만일 그룹 크기들이 다르면 공분산행렬의 동질성을 점검한다. 만일 공분산행렬들이 같다면, 그리고 다변량정규성 가정이 성립한다면, 필라이 대각합을 사용한다.

16.5.3 후속 분석 ③

주된 다변량분산분석 후에 어떤 검정을 수행하는 것이 최선인지에 관해서는 논쟁의 여지가 있다. 전통적인 접근 방식은, 다변량분산분석이 유의하다는 결과가 나온 후에 각 종속변수에 대해 개별적인 분산분석을 수행하는 것이다. 이 접근 방식에서 여러분이 궁금해할 만한 점 하나는, 어차피 개별 분산분석을 수행할 것이면 다변량분산분석은 왜 수행하는가이다(앞에서 여러 번의 분산분석보다 한 번의 다변량분산분석이 낫다고 말했다). 그 답은, 유의한 다변량분산분석 이후의 개별 분산분석을 그 다변량분산분석이 '보호한다'는 것이다(Bock, 1975). 다른 말로 하면, 전반적인 다변량 검정이 후속 개별 분산분석에서의 제1종 오류율의 상승을 방지해 준다. 어차피, 주된 다변량분산분석의 결과가 유의하지 않다면(즉, 귀무가설이 참이면) 이후의 개별 검정들은 무시하면 되기 때문이다(귀무가설이 참이므로, 유의한 검정 결과들은 모두 제1종 오류에 해당한다). 그러나, 유의한 다변량분산분석이 종속변수 중 하나의(전부가 아니라) 유의한 차이를 반영하는 경우가 드물지 않다는 점에서, 이러한 보호 개념은 다소 불합리하다. 후속 분산분석은 모든 종속변수에 대해 수행하지만, 주된 다변량분산분석은 그룹 차이가 정말로 존재하는 종속변수만 보호할 뿐이다(Bray & Maxwell, 1985, pp. 40-41을 보라). 따라서, 후속 분산분석에 본페로니 수정을 적용하는 것을 고려할 필요가 있다(Harris, 1975).

주된 다변량분산분석 후에 후속 분산분석들을 수행할 때는, 다변량분산분석의 결과가 유의하게 나온 이유가 그룹들을 구분하는 바탕 차원들의 집합을 나타내는 종속변수들 때문이 아니라고 가정한다. 그래서 어떤 연구자들은 그룹들을 가장 잘 분리하는(또는 판별하는) 종속변수들의 선형결합(들)을 찾아내는 판별분석(discriminant analysis)을 사용하는 것이 좋다고 주장한다. 판별분석이라는 절차는 종속변수들 사이에 존재하는 관계를 고려한다는 점에서 다변량분산분석과 비슷한 부류라 할 수 있으며, 실제로 종속변수들과 그룹 소속 사이의 관계를 밝히는 데 유용하다. 여러 번의 분산분석에 비한 이 접근 방식의 장점은, 본질적이고 이론적인 차원들을 반영한다고 간주하는 바탕 차원들의 집합의 관점에서 종속변수들을 축약하고 설명한다는 점이다. 이후에 예제에 대해 후속 분석을 실제로 수행할 때 이 두 접근 방식을 모두 살펴볼 것이다.

16.6 R을 이용한 다변량분산분석 ②

이번 절에서는 R에서 강박 장애 예제의 자료에 대해 다변량분산분석을 수행하는 방법을 살펴본다(이론을 설명하는 절을 건너뛰고 바로 여기로 온 독자는 표 16.1을 꼭 참조하기 바란다).

16.6.1 다변량분산분석을 위한 R 패키지 ①

다변량분산분석에 필요한 패키지는 *car*(제3종 제곱합 확인을 위해), *ggplot2*(그래프를 위해), *MASS*(판별함수 분석을 위해), *mvoutlier*(다변량 이상치 파악용 그래프를 위해), *mvnormtest*(다변량정규성 점검을 위해), *pastecs*(기술통계량을 위해), *reshape*(자료의 형식 변경을 위해), *WRS*(강건한 검정을 위해)이다. *MASS* 패키지는 자동으로 설치되지만, 다른 패키지들은 직접 설치해야 한다. 아직 설치하지 않은 독자는 다음 명령들을 실행하기 바란다.

```
install.packages("car"); install.packages("ggplot2"); install.
packages("mvoutlier"); install.packages("mvnormtest"); install.
packages("pastecs"); install.packages("reshape"); install.
packages("WRS", repos="http://R-Forge.R-project.org")
```

설치가 끝났으면, 다음 명령들을 실행해서 패키지들을 적재한다.

```
library(car); library(ggplot2); library(MASS); library(mvoutlier);
library(mvnormtest); library(pastecs); library(reshape); library(WRS)
```

일반적인 다변량분산분석 절차 ①

다변량분산분석을 실행하는 일반적인 절차는 다음과 같다.

1 자료를 입력한다.

2 자료를 탐색한다: 먼저 자료를 그래프로 그려 보고, 몇 가지 기술통계량들을 계산해 본다. 다변량정규성을 점검하고, 각 그룹의 분산-공분산 행렬들도 살펴봐야 한다.

3 모든 예측변수에 대비를 설정한다: 비교할 대비들을 결정하고, 분석의 모든 독립변수에 대해 대비들을 적절히 지정해야 한다.

4 다변량분산분석을 수행한다: 주된 다변량분산분석을 수행한다. 단계 2의 결과에 따라서는 강건한 버전의 검정을 수행해야 할 수도 있다.

5 일변량분산분석들을 수행한다: 주된 다변량분산분석을 수행한 후에는 각 종속변수에 대해 개별적인 분산분석을 수행해 볼 수 있다.

6 판별함수 분석을 수행한다: 5번 단계 대신 판별함수 분석을 수행하는 것이 나을 수도 있다.

그럼 각 단계를 차례로 살펴보자.

16.6.3 R Commander를 이용한 다변량분산분석 ②

R Commander로 직접 다변량분산분석을 수행할 수는 없다. 그러나 별로 실망할 일은 아니다. 왜냐하면, 중도에 포기하거나 책을 창밖으로 던져버리지 않고 이 책을 여기까지 읽은 독자라면 그냥 명령행에서 다변량분산분석을 수행하는 것이 별로 어렵지 않을 것이기 때문이다. 필요한 명령들은 이전에 했던 분석들에 비해 상당히 간단하다.

16.6.4 자료 입력 ②

이번 예제를 위한 자료가 부록 웹사이트의 **OCD.dat** 파일에 들어 있다. 작업 디렉터리가 적절히 설정된 상태에서 다음 명령을 실행해서 자료를 적재하기 바란다.

```
ocdData<-read.delim("OCD.dat", header = TRUE)
```

데이터프레임 이름(*ocdData*)을 실행해서 자료를 출력해 보면, 자료가 '넓은' 형식임을 알 수 있다. 즉, 그룹간 변수의 수준들이 하나의 열에 들어 있다.

```
          Group Actions Thoughts
1              CBT      5       14
2              CBT      5       11
3              CBT      4       16
4              CBT      4       13
5              CBT      5       12
6              CBT      3       14
7              CBT      7       12
8              CBT      6       15
9              CBT      6       16
10             CBT      4       11
11              BT      4       14
12              BT      4       15
13              BT      1       13
14              BT      1       14
15              BT      4       15
16              BT      6       19
17              BT      5       13
18              BT      5       18
19              BT      2       14
20              BT      5       17
21 No Treatment Control  4       13
22 No Treatment Control  5       15
23 No Treatment Control  5       14
24 No Treatment Control  4       14
25 No Treatment Control  6       13
26 No Treatment Control  4       20
27 No Treatment Control  7       13
28 No Treatment Control  4       16
29 No Treatment Control  6       14
30 No Treatment Control  5       18
```

이 자료는 원래 MS Excel에서 입력한 것이었다. 자료를 보면 치료 조건을 부호화하는 변수가 하나 있다. Excel에서 나는 **Group**이라는 변수를 만들고 각 참가자에 대해 'CBT'(인지행동치료에 해당)나 'BT' 또는 'No Treatment Control'을 입력했다. 수치가 아니라 문자열을 사용했기 때문에, 이 자료를 도입할 때 **R**은 이 변수를 요인으로 간주한다(그래서 **R**이 자동으로 요인으로 변환해 주었다. 수치를 사용했다면 이 변수를 우리가 직접 요인으로 변환해야 했을 것이다). **R**은 이 요인의 수준들을 알파벳 순서로 부호화한다. 그래서 수준들의 순서가 BT, CBT, No Treatment Control인데, 이는 내가 Excel에 입력할 때의 순서(CBT, BT, No Treatment Control)와 다르다. 그럼 원래의 순서와 일치하도록 수준들의 순서를 바꾸어 보자. *factor()* 함수의 *levels* 옵션을 사용하면 된다. 하는 김에, *labels* 옵션을 이용해서 수준 이름 'No Treatment Control'을 'NT'로 바꾸기로 한다(이유는 여러 가지이다).

```
ocdData$Group<-factor(ocdData$Group, levels = c("CBT", "BT", "No Treatment
Control"), labels = c("CBT", "BT", "NT"))
```

이 명령은 *ocdData* 데이터프레임에 있는 **Group** 변수의 수준들을 'CBT', 'BT', 'No Treatment Control' 순으로 변경한다(*levels = c("CBT", "BT", "No Treatment Control")*). 또한, 수준 이름들도 다시 지정한다(*labels = c("CBT", "BT", "NT")*).

각 결과 측도의 점수들은 **Actions**라는 열과 **Thoughts**라는 열에 들어 있다. 점수들을 보면, 예를 들어 참가자 15는 행동치료(BT)를 받았으며, 강박 관련 행동을 4회, 강박 관련 생각을 15회 했음을 알 수 있다.

만일 이 자료를 R에 직접 입력한다면, 우선 *gl()* 함수(제3장)로 **Group**이라는 부호화 변수를 만들 것이다. 이 함수를 실행할 때는 그룹의 개수와 각 그룹의 사례 수를 입력한다. 또한, *labels* 옵션을 이용해서 각 그룹의 이름을 지정할 수 있다. **Group** 변수의 경우에는 각각 10명의 참가자를 포함하는 세 치료 그룹을 만들어야 한다. 해당 명령은 다음과 같다.

```
Group<-gl(3, 10, labels = c("CBT", "BT", "NT"))
```

함수에 입력한 첫 수치는 그룹이 셋이라는 뜻이고, 둘째 수치는 각 그룹의 크기(참가자 수)가 10이라는 뜻이다. 그리고 **labels** 옵션은 그 세 그룹에 부여할 이름을 지정한다.

다음으로, 수치로 된 점수들을 담은 **Actions** 변수와 **Thoughts** 변수를 이전에 했던 방식대로 생성한다.

```
Actions<-c(5, 5, 4, 4, 5, 3, 7, 6, 6, 4, 4, 4, 1, 1, 4, 6, 5, 5, 2, 5, 4, 5, 5,
4, 6, 4, 7, 4, 6, 5)
Thoughts<-c(14, 11, 16, 13, 12, 14, 12, 15, 16, 11, 14, 15, 13, 14, 15, 19, 13,
18, 14, 17, 13, 15, 14, 14, 13, 20, 13, 16, 14, 18)
```

마지막으로, 이 변수들을 *ocdData*라는 하나의 데이터프레임으로 묶는다.

```
ocdData<-data.frame(Group, Actions, Thoughts)
```

16.6.5 자료 탐색 ②

먼저 여러 치료 조건의 강박 관련 생각 횟수와 행동 횟수의 관계부터 살펴보자. 해당 그래프(그림 16.3)를 보면, CBT 그룹에서는 강박 관련 생각 횟수와 행동 횟수가 무관하고, BT 그룹에서는 양의 관계이고, NT 그룹에서는 음의 관계이다.

자가진단

✓ *ggplot2*를 이용해서, 각 치료 조건에 대해 강박 관련 행동 횟수(*x* 축)에 대한 강박 관련 생각 횟수(*y* 축)의 산점도를 작성하라(각 산점도를 개별 패널로 두어서 좌우로 나란히 배치할 것).

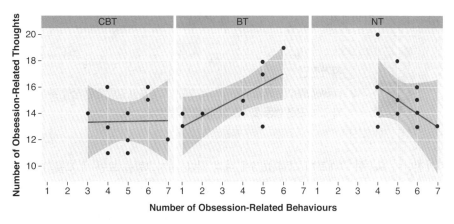

그림 16.3 서로 다른 치료 조건에서 강박 관련 생각과 행동의 관계를 나타낸 산점도

그럼 세 그룹의 평균 강박 관련 생각 횟수와 평균 강박 관련 행동 횟수를 살펴보자.

 자가진단

✓ *ggplot2*를 이용해서, 각 치료 그룹(*x* 축)에 대해 강박 관련 생각 횟수와 강
   박 관련 행동 횟수를 서로 다른 색의 막대로 표시한 그래프로 작성하라.

자가진단이 요구한 그래프가 그림 16.4에 나와 있다. 강박 관련 행동의 경우, CBT와 NT에 비
해 BT 그룹의 평균 횟수가 적다. 강박 관련 생각의 경우에는 BT와 NT에 비해 CBT 그룹의 평
균 횟수가 적다.

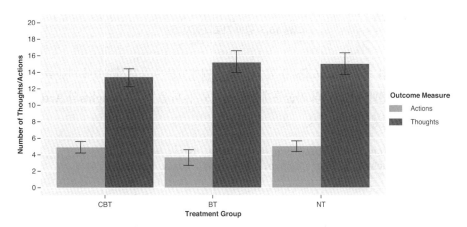

그림 16.4 여러 치료 조건의 평균 강박 관련 생각 횟수와 평균 강박 관련 행동 횟수를 보여주는 오차 막대그래프

마지막으로, 상자그림을 이용해서 서로 다른 치료 그룹의 강박 관련 생각 횟수와 행동 횟

수의 점수 분포도 살펴보자.

자가진단이 요구한 그래프가 그림 16.5에 나와 있다. 상자그림을 보면 세 그룹의 점수 범위
와 분포가 거의 비슷하며, 측정 항목에 따른 차이도 거의 없다(상자들의 세로 길이와 수염들의 세
로 길이가 모두 비슷하다. 유일하게 눈에 띄는 자료점은 비치료 그룹(NT)의 **Thoughts** 변수에 존재하
는 이상치 때문이다. 또한, 같은 그룹의 **Actions** 점수들은 약간 편향된 것으로 보인다(아래쪽
꼬리가 없다).

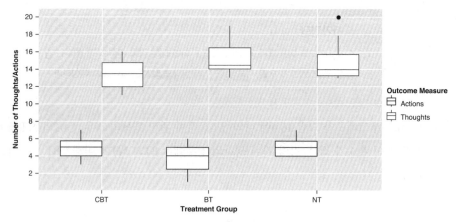

그림 16.5 강박 자료의 상자그림

다음으로, *by()* 함수와 *stat.desc()* 함수(*pastecs* 패키지)를 이용해서(이들에 대한 좀 더 자세한
내용은 제5장에 나온다) 각 그룹의 기술통계량을 살펴보자. 다음처럼 **Thoughts**와 **Actions**에 대
해 개별 명령을 실행한다.

```
by(ocdData$Actions, ocdData$Group, stat.desc, basic = FALSE)
by(ocdData$Thoughts, ocdData$Group, stat.desc, basic = FALSE)
```

Actions의 결과(출력 16.1)와 **Thoughts**의 결과(출력 16.2)가 이전에 손으로 계산한 값들(표
16.1)과 일치함을 주목하기 바란다. 또한, 그림 16.4를 보고 파악한 사실과도 부합한다. 즉, 강
박 관련 행동 횟수는 BT 그룹이 다른 그룹들보다 적고, 강박 관련 생각 횟수는 CBT 그룹이
다른 그룹들보다 적다.

```
ocdData$Group: CBT
median   mean   SE.mean CI.mean.0.95  var   std.dev   coef.var
5.000    4.900   0.379    0.856       1.433  1.197      0.244
-------------------------------------------------------------
ocdData$Group: BT
median   mean   SE.mean CI.mean.0.95  var   std.dev   coef.var
4.000    3.700   0.559    1.264       3.122  1.767      0.478
-------------------------------------------------------------
ocdData$Group: NT
median   mean   SE.mean CI.mean.0.95  var   std.dev   coef.var
5.000    5.000   0.333    0.754       1.111  1.054      0.211
```

```
ocdData$Group: CBT
median   mean   SE.mean CI.mean.0.95  var   std.dev   coef.var
13.500   13.400  0.600    1.357       3.600  1.897      0.142
-------------------------------------------------------------
ocdData$Group: BT
median   mean   SE.mean CI.mean.0.95  var   std.dev   coef.var
14.500   15.200  0.663    1.501       4.400  2.098      0.138
-------------------------------------------------------------
ocdData$Group: NT
median   mean   SE.mean CI.mean.0.95  var   std.dev   coef.var
14.000   15.000  0.745    1.686       5.556  2.357      0.157
```

　　자료를 요약된 형태로 살펴보았으니, 이제 가정들을 점검하는 단계로 넘어가자. 공분산행렬의 동질성을 점검해주는 함수가 따로 있는 것은 아니다. 그냥 해당 행렬의 성분들을 보고 우리가 직접 파악하면 된다. 각 그룹의 분산-공분산 행렬은 *by()* 함수와 *cov()* 함수의 조합으로 구할 수 있다. 다음 명령을 실행하면 공분산행렬의 내용이 콘솔에 출력된다.

```
by(ocdData[, 2:3], ocdData$Group, cov)
```

이 명령은 *ocdData* 데이터프레임의 열 2와 열 3(*ocdData[, 2:3]*)을 사용한다. 기억하겠지만, 그 두 열은 **Actions** 변수의 점수들과 **Thoughts** 변수의 점수들을 담고 있다. 이 명령은 그 열들에 *cov()* 함수를 적용하고, 그 결과를 **Group** 변수(*ocdData$Group*)에 따라 분리해서 출력한다.

　　출력 16.3에 각 그룹의 분산–공분산 행렬들이 나와 있다. 행렬의 대각성분들은 각 결과변수의 분산이고, 비대각성분들은 공분산이다(이들은 생각 횟수와 행동 횟수의 관계를 나타낸다). 행동 횟수의 분산들은 그룹마다 다르다(1.43, 3.12, 1.11). 가장 큰 분산은 가장 작은 분산의 거의 세 배에 달한다. 생각 횟수의 분산들은 대체로 비슷하다(3.60, 4.40, 5.56). 그리고 분산비(최대 분산 대 최소 분산의 비)는 약 1.5인데, 문턱값인 2보다 작다. 공분산들도 그룹마다 꽤 다른데(0.04, 2.51, −1.11), 이는 생각 횟수와 행동 횟수의 관계가 그룹마다 다르다는 사실(그림 16.3에서 확인했다)을 반영한다. 전체적으로 볼 때, 행렬들이 그룹에 따라 다름을 암시하는(즉, 가정이 깨졌다는) 증거가 존재한다. 그러나, 어차피 그룹 크기들이 같으므로 그러한 차이를 너무 걱정할 필요는 없다. 만일 그룹 크기들이 다르다면 다음 두 사항을 염두에 두어야 한다. (1) 만일 큰 표본들에서 큰 분산과 공분산이 나오면, 유의확률은 보수적이 된다(따라서, 결과가 유의하다는 판정을 좀 더 믿을 수 있다). (2) 작은 표본들에서 큰 분산과 공분산이 나오면 유의확률이 느슨해지므로, 다변량분산분석 결과의 유의한 차이를 신중하게 취급하는 것이 바람직하다. 어떤 경우이든, 지금 자료에 대해서는 보통의 분석뿐만 아니라 강건한 분석도 수행하는 것이 합당할 것이다.

출력 16.3

```
ocdData$Group: CBT
              Actions     Thoughts
Actions   1.43333333 0.04444444
Thoughts  0.04444444 3.60000000
-------------------------------------------------------------------
ocdData$Group: BT
            Actions Thoughts
Actions    3.122222 2.511111
Thoughts   2.511111 4.400000
-------------------------------------------------------------------
ocdData$Group: NT
             Actions   Thoughts
Actions    1.111111 -1.111111
Thoughts  -1.111111  5.555556
```

마지막으로 점검할 가정은 다변량정규성이다. 이 가정은 *mvnormtest* 패키지의 *mshapiro.test()* 함수로 검사할 수 있다. 이 검정은 그룹마다 따로 수행해야 하므로, 우선 데이터프레임에서 각 그룹의 자료를 추출하기로 하자. 그 방법은 §3.9.1에서 이미 배웠다. 다음은 CBT 그룹의 자료를 추출하는 명령이다.

```
cbt<-ocdData[1:10, 2:3]
```

이 명령은 *ocdData* 데이터프레임 중 CBT 그룹의 자료만 담은 *cbt*라는 변수를 생성한다. 대괄호 표기는 자료의 특정 부분을 지정하는 역할을 하는데, *1:10*은 1행에서 10행까지를 뜻하고 *2:3*은 2열에서 3열까지를 뜻한다. 해당 자료는 다음과 같다.

```
  Actions Thoughts
1       5       14
2       5       11
3       4       16
4       4       13
5       5       12
6       3       14
```

```
 7      7      12
 8      6      15
 9      6      16
10      4      11
```

그런데 *mshapiro.test()* 함수는 행동 횟수 행과 생각 횟수 행의 열 개의 열에 각 참가자의 해당 점수들이 들어가 있는 형식, 즉 지금 자료의 행과 열이 맞바뀐 형식의 자료를 요구한다. 다행히 *t()*라는 전치(transpose) 함수를 이용하면 지금 자료를 그런 형식으로 변경할 수 있다. 이 함수는 그냥 행들과 열들을 맞바꾼다(전치).

```
cbt<-t(cbt)
```

이 명령은 원래 자료의 전치된 버전(아래)을 *cbt* 변수에 다시 배정한다.

```
          1  2  3  4  5  6  7  8  9 10
Actions   5  5  4  4  5  3  7  6  6  4
Thoughts 14 11 16 13 12 14 12 15 16 11
```

BT 그룹과 NT 그룹도 마찬가지 방식으로 자료를 추출, 전치하면 된다. 그런데 자료를 추출하고 전치하는 과정을 하나의 명령으로 수행하면 더 편할 것이다(*cbt*의 경우에는 자료 준비 과정을 설명하기 위해 두 단계로 나누어서 수행했다). 다음이 그러한 명령들이다.

```
bt<-t(ocdData[11:20, 2:3])
nt<-t(ocdData[21:30, 2:3])
```

첫 명령은 원래 데이터프레임의 11~20행의 열 2, 3에 해당하는 자료로 *bt*라는 변수를 만들고, 둘째 명령은 원래 데이터프레임의 21~30행의 열 2, 3에 해당하는 자료로 *nt*라는 변수를 만든다. 두 명령 모두, 추출한 자료를 *t()* 함수를 이용해서 *mshapiro.test()*가 요구하는 형식으로 변환한다. 이제 이 세 변수로 각 그룹의 다변량정규성을 검사해 보자. 다음처럼 그냥 각 변수를 지정해서 검정 함수를 실행하면 된다.

```
mshapiro.test(cbt)
mshapiro.test(bt)
mshapiro.test(nt)
```

출력 16.4에 세 검정의 결과가 나와 있다. 만일 *p* 값이 .05보다 작으면 그 그룹의 자료는 다변량정규성에서 벗어난 것이다. CBT 그룹(*p* = .777)과 BT 그룹(*p* = .175)은 유의하지 않으므로 다변량정규성에 문제가 없다. 그러나 NT 그룹(*p* = .03)의 자료는 다변량정규성에서 유의하게 벗어났다.

```
> mshapiro.test(cbt)
        Shapiro-Wilk normality test
data:  Z
W = 0.9592, p-value = 0.7767
> mshapiro.test(bt)
        Shapiro-Wilk normality test
data:  Z
W = 0.8912, p-value = 0.175
> mshapiro.test(nt)
        Shapiro-Wilk normality test
data:  Z
W = 0.826, p-value = 0.02998
```

또한, *mvoutlier* 패키지의 *aq.plot()* 함수를 이용해서 다변량 이상치들을 살펴볼 수도 있다. 결과 측도들을 담은 데이터프레임 열들을 지정하면 된다. 예를 들어 다음 명령은 지금 자

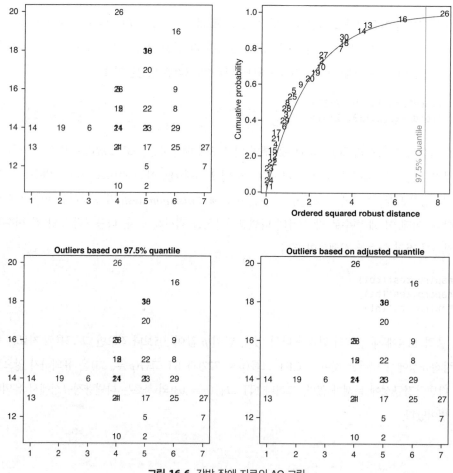

그림 16.6 강박 장애 자료의 AQ 그림

료의 AQ 그림(AQ plot)을 만든다.

```
aq.plot(ocdData[, 2:3])
```

이 명령에서 *ocdData[, 2:3]*은 데이터프레임의 "모든 행(쉼표 앞에 아무 것도 없으므로)의 열 2와 3만(쉼표 다음의 2:3에 의해)을 선택한다"라는 뜻이다. 다른 말로 하면, 그 부분은 데이터프레임의 **Actions** 변수(열 2)와 **Thoughts** 변수(열 3)만 선택한다. 이 명령이 만들어 낸 그래프가 그림 16.6에 나와 있다. 각 AQ 그림에 나온 수치들은 사례 번호인데, 오른쪽 위 그래프를 제외한 세 그래프에서 빨간색 번호를 찾아봐야 한다(이 책은 빨간색을 사용하지 않으므로, 여러분의 모니터에 뜬 그래프를 살펴보기 바란다). 지금 예에서는 26이 빨간색이므로, 26번 사례가 아마도 이상치일 것이다. 오른쪽 위 그래프에서 눈여겨 볼 것은 97.5% *Quantile*이라는 이름표가 붙은 수직선 오른쪽에 있는 사례들이다. 이번에도 26번 사례만 그 수직선 오른쪽에 있다. 따라서, 네 그림 모두 26번 사례를 이상치로 제시한다. 이 사례를 삭제한 후 다변량정규성을 다시 점검할 수도 있고, 아니면 그냥 놔두고 이상치의 영향을 극복할 수 있는 강건한 다변량분산분석을 수행할 수도 있다.

자가진단
✓ 26번 사례를 데이터프레임에서 삭제한 후 샤피로 검정으로 다변량정규성을 다시 검사하라.

16.6.6 대비 설정 ②

주된 다변량분산분석을 수행한 후에는, 각 종속변수에 대해 개별적인 일변량분산분석을 수행해 볼 수 있다. 이 검정들에서 대해서는 이전의 여러 장에서(이를테면 §10.6.7에서) 했던 것과 마찬가지 방식으로 대비들을 지정하면 된다. 지금 예제에서는 두 치료 그룹을 비치료 그룹(대조군)과 각각 비교하는 것이 합당할 것이다. 그런데 그러한 비교에 사용할 수 있는 표준적인 치료 대비 설계가 이미 마련되어 있다. 표 10.6에 나온 *contr.treatment*가 바로 그것이다. 지금 자료에서 비치료 대조군은 마지막 범주로 부호화되어 있으므로, 다음과 같은 명령으로 대비를 설정해야 할 것이다.

```
contrasts(ocdData$Group)<-contr.treatment(3, base = 3)
```

이 명령에서 *contrasts(ocdData$Group)*은 **Group** 변수에 대한 대비를 설정하겠다는 뜻이고, *contr.treatment*는 표준 치료 대비를 사용하라는 뜻이다. 3은 **Group**의 수준이 세 개라는 뜻이고 *base* = 3은 수준 3(NT)을 기저 범주로 삼으라는 뜻이다.

그런데 나는 대비들을 직접 설정하는 쪽을 선호한다. 그러면 각 대비에 의미 있는 이름(결과를 해석할 때 도움이 된다)을 부여할 수 있기 때문이다. 다음은 위와 같은 대비들을 직접 설정하는 명령들이다.

```
CBT_vs_NT<-c(1, 0, 0)
BT_vs_NT <-c(0, 1, 0)
contrasts(ocdData$Group)<-cbind(CBT_vs_NT, BT_vs_NT)
```

여기서 한 가지 주목할 점은, 이 대비들이 비직교라는 것이다. 따라서 이 대비들로는 제3종 제곱합을 살펴볼 수 없다(제3종 제곱합이 정확하게 계산되려면 직교 대비가 필요하다). 그러나 지금은 예측변수가 단 하나(Group)뿐이므로 상관없다. 어차피, 모형에 예측변수가 하나뿐일 때는 R이 생성한 제1종 제곱합이 제3종 제곱합과 같다(왜 그런지는 초천재 제인 글상자 11.1에서 설명했다).

16.6.7 다변량분산분석 모형 ②

다변량분산분석 모형은 **manova()**라는 함수로 생성한다. 사실 이 함수는 그냥 *lm()*을 감싼 래퍼 함수이다. 따라서, 제7장에서 배운 내용으로 이 함수의 작동 방식을 이해할 수 있다. 그리고 이 함수의 활용 형태는 제10장에 나온 *aov()* 함수와 정확히 같다. 이 함수의 일반적인 활용 형태는 다음과 같다.

새모형<-manova(결과변수 ~ 예측변수(들), data =데이터프레임, na.action = 결측값 처리 방식))

여기서,

- 새모형은 함수가 생성한, 모형에 관한 정보(분석 결과)를 담은 객체이다. 이후 *summary*(새모형) 명령을 실행하면 주 다변량분산분석의 결과를 볼 수 있다.

- 결과변수는 예측하고자 하는 변수(즉, 종속변수)들을 담은 하나의 객체이다. 지금 예에서는 **Actions**와 **Thoughts**로 이루어진 객체를 지정한다.

- 예측변수(들)에는 결과변수를 예측하는 데 사용할 하나의 독립변수 또는 독립변수들의 목록을 지정한다. 지금 예에서는 **Group**을 지정하면 된다. 좀 더 복잡한 설계에서는 이전 장들에서처럼 여러 개의 예측변수(또는 독립변수)를 지정할 수 있다.

- 데이터프레임은 결과변수들과 예측변수들이 있는 데이터프레임의 이름이다.

- *na.action*은 생략 가능한 옵션이다. 자료가 완결적이면(지금 예에서처럼) 이 옵션은 무시해도 된다. 그러나 자료에 결측값이 존재하면(즉, 데이터프레임에 NA들이 있으면), *na.action* = *na.exclude*를 지정해서 결측값이 있는 모든 사례를 제거하는 것이 유용할 수 있다.

이 책의 다른 대부분의 모형 관련 함수처럼, 이 함수는 '결과변수 ~ 예측변수(들)' 형태의 모형 서술을 입력받는다. 다변량분산분석에서는 결과변수가 여러 개이므로, 모형 서술은 '결과변수들 ~ 예측변수(들)'의 형태가 된다. 그런데 모형 서술에 여러 개의 결과변수를 지정하려면 그 변수들을 지금까지 여러 번 사용한 *cbind()* 함수를 이용해서 하나의 객체로 묶어야 한다. 지금 예에서는 **Thoughts**와 **Actions**를 하나로 묶어야 하는데, 해당 명령은 다음과 같다.

```
outcome<-cbind(ocdData$Actions, ocdData$Thoughts)
```

이 명령은 *ocdData* 데이터프레임의 **Actions** 변수와 **Thoughts** 변수의 점수들이 각각의 열에 들어 있는 *outcome*이라는 객체를 생성한다. 이 새 객체를 모형의 결과변수로 지정해야 한다. 그리고 예측변수들은 이전 장에서 했던 방식대로 지정하면 된다. 결론적으로, 지금 예제의 모형을 생성하는 명령은 다음과 같다.

```
ocdModel<-manova(outcome ~ Group, data = ocdData)
```

이 명령은 독립변수 **Group**으로부터 *outcome*이라는 객체(**Thoughts** 변수와 **Actions** 변수로 이루어진)를 예측하는 *ocdModel*이라는 모형을 생성한다. 만일 독립변수가 여러 개이면 더하기 기호를 이용해서 독립변수들을 나열하면 된다. 이를테면 'outcome ~ Group + IV2 + Group:IV2' 등이다. 또는, 'outcome ~ Group*IV2'처럼 별표를 이용해서 주 효과들과 그 상호작용들을 자동으로 모두 모형에 포함할 수도 있다.

모형의 출력(분석 결과)은 *summary()* 함수로 확인할 수 있다. 기본적으로 **R**은 필라이 대각합을 산출하지만, *test* 옵션을 적절히 지정하면 다른 검정통계량도 볼 수 있다. 다음은 앞에서 설명한 네 가지 검정통계량을 출력하는 명령들이다.

```
summary(ocdModel, intercept = TRUE)
summary(ocdModel, intercept = TRUE, test = "Wilks")
summary(ocdModel, intercept = TRUE, test = "Hotelling")
summary(ocdModel, intercept = TRUE, test = "Roy")
```

첫 명령은 *test* 옵션이 없으므로, 기본인 필라이 대각합을 출력하고, 나머지는 지정된 *test* 옵션에 해당하는 검정통계량을 출력한다. 출력 16.5에 이 네 명령의 결과가 나와 있다. 각 결과에는 절편(*Intercpt*) 행과 **Group** 변수에 대한 검정통계량이 있는데(출력의 절편 항목은 **R**이 다변량분산분석까지도 하나의 회귀모형으로 취급했음을 암시한다. 그런 일이 가능하긴 하지만, 어떻게 가능한지는 내 두뇌의 범위를 넘는 주제이다), 지금 예에서 우리가 주목할 것은 그룹 차이에 의한 효과이다. 그 효과가 바로 치료 여부가 강박 장애 환자에 효험이 있는지 아닌지를 말해주기 때문이다. 네 다변량 검정통계량과 그 유의확률이 §16.4.4.2~16.4.4.5에서 계산한 수치들과 부합함을 알 수 있을 것이다. 각 결과에서 검정통계량 다음 열은 그 검정통계량을 자유도가 2인 F 비로 변환한 값이다. 그런데 각 결과에서 가장 중요한 수치는 마지막 열에 나온 F 비의 유의확률이다. 지금 예에서 필라이 대각합($p = .049$)과 윌크스 람다($p = .050$), 로이의 최대근($p = .020$)은 모두 유의수준 0.5에서 유의하다. 그러나 호텔링 대각합($p = .051$)은 0.5를 기준으로 유의하지 않다. 이 검정통계량들은 모두 그룹간 차이가 존재하지 않는다는 귀무가설의 기각 여부를 결정하는데, 네 검정 중 하나가 다른 결과를 보였으므로 귀무가설 기각 여부를 확실하게 결정하기가 쉽지 않다. 그러나, 표본 크기가 같을 때의 필라이 대각합의 강건성을 생각해 보면, 필라이 대각합이 말해주는 결론(차이가 유의하다는)을 믿는 것이 바람직할 것이다. 이 예는 또한, 검정의 가정들이 성립하고 그룹 차이들이 하나의 변량에 집중된 상황(차차 보겠지만, 지금 예가 바로 그러한 상황이다)에서 로이의 최대근의 우월한 검정력도 잘 보여준다(다른 검정통계량보다 훨씬 유의한 결과가 나왔음을 주목할 것).

출력 16.5

필라이 대각합:
```
            Df  Pillai approx F num Df den Df  Pr(>F)
(Intercept)  1 0.98285   745.23      2     26 < 2e-16 ***
Group        2 0.31845     2.56      4     54 0.04904 *
Residuals   27
---
Signif. codes:  0 '***' 0.001 '**' 0.01 '*' 0.05 '.' 0.1 ' ' 1
```

윌크스 람다:
```
            Df   Wilks approx F num Df den Df  Pr(>F)
(Intercept)  1 0.01715   745.23      2     26 < 2e-16 ***
Group        2 0.69851     2.55      4     52 0.04966 *
Residuals   27
---
Signif. codes:  0 '***' 0.001 '**' 0.01 '*' 0.05 '.' 0.1 ' ' 1
```

호텔링 대각합:
```
            Df Hotelling-Lawley approx F num Df den Df Pr(>F)
(Intercept)  1           57.325   745.23      2     26 <2e-16 ***
Group        2            0.407     2.55      4     50 0.0508 .
Residuals   27
---
Signif. codes:  0 '***' 0.001 '**' 0.01 '*' 0.05 '.' 0.1 ' ' 1
```

로이의 최대근:
```
            Df     Roy approx F num Df den Df  Pr(>F)
(Intercept)  1 57.325   745.23      2     26 < 2e-16 ***
Group        2  0.335     4.52      2     27 0.02027 *
Residuals   27
---
Signif. codes:  0 '***' 0.001 '**' 0.01 '*' 0.05 '.' 0.1 ' ' 1
```

R의 영혼의 조언 16.1　　제1종, 2종, 3종 제곱합 ③

이전에 *lm()* 함수와 그 변형들을 사용했을 때와 마찬가지로, **R**은 기본적으로 제1종 제곱합을 산출한다. 그러나 분산분석(일변량이든 다변량이든)에서는 제2종이나 제3종 제곱합이 더 유용할 때가 많다. 이 제곱합들의 차이점은 초천재 제인 글상자 11.1에서 설명했다. 지금 예제처럼 모형에 예측변수가 하나뿐일 때는 제1, 2, 3종 제곱합들이 같으므로 문제가 되지 않는다. 그러나 모형의 예측변수가 둘 이상이면, 모형에 변수들을 도입한 순서에 의존하지 않는 제2종이나 제3종 제곱합이 낫다. 이전 장들에서처럼 *car* 패키지의 *Anova()* 함수로 분석을 수행할 때는 원하는 제곱합 종류를 직접 지정할 수 있다. 다음은 지금 예제의 *ocdModel*에 대한 제2종 제곱합과 제3종 제곱합을 구하는 명령들이다.

```
Anova(ocdModel, type = "II")
Anova(ocdModel, type = "III")
```

균형설계(balanced design; 예측변수들의 모든 조합에서 사례 수가 같은 설계)에서는 제1, 2, 3종 제곱합들이 같다는 점도 기억해 두기 바란다.

이러한 결과로 볼 때, 치료의 종류가 강박 장애에 유의한 효과가 있었다고 결론지어야 할 것이다. 그러나 다변량 검성통계량만으로는 이 효과의 본성을 명확하게 알 수 없다. 첫째로, 다변량 검정통계량은 어떤 그룹이 어떤 그룹과 다른지는 말해주지 않는다. 둘째로, 치료의 효과가 강박 관련 생각에 효과가 있었는지, 강박 관련 행동에 효과가 있었는지, 또는 둘의 조합에 효과가 있었는지도 말해주지 않는다. 효과의 본성을 파악하려면 일변량 검정통계량들을 수행해 봐야 한다.

16.6.8　사후 분석: 일변량 검정통계량 ②

사후 분석의 차원에서 개별 결과 측도에 대해 일변량 분석을 수행하고 싶다면, 그냥 다음 명령을 실행하면 된다.

```
summary.aov(ocdModel)
```

이 명령은 각 종속변수의 분산분석 결과를 요약한 표를 출력한다. 그 표들이 출력 16.6에 나와 있다. *Response 1* 표는 **Actions** 변수에 관한 것이고 *Response 2* 표는 **Thoughts** 변수에 관한 것이다. **Group** 행에는 행동 횟수와 생각 횟수의 제곱합들이 나와 있다(이 값들은 각각 §16.4.3.1과 §16.4.3.2에서 계산한 SS_M 값들에 해당한다). 그리고 *Residuals* 행에는 각 종속변수의 잔차제곱합과 평균제곱이 있다. 이 값들은 각각 §16.4.3.1과 §16.4.3.2에서 계산한 SS_R 값들에 해당한다. 이 값들의 의미가 잘 기억나지 않는다면 그 두 절을 참고하기 바란다.

```
Response 1 :
           Df Sum Sq Mean Sq F value  Pr(>F)
Group       2 10.467  5.2333  2.7706 0.08046 .
Residuals  27 51.000  1.8889
---
Signif. codes:  0 '***' 0.001 '**' 0.01 '*' 0.05 '.' 0.1 ' ' 1

Response 2 :
           Df  Sum Sq Mean Sq F value Pr(>F)
Group       2  19.467  9.7333  2.1541 0.1355
Residuals  27 122.000  4.5185
```

이 표들에서 중요한 것은 *F value* 열과 *Pr(>F)* 열에 나온 각 일변량분산분석의 *F* 비와 해당 유의확률이다. 출력 16.6에 나온 수치들과 §16.4.3.1과 §16.4.3.2에서 계산한 수치들을 보면, 다변량분산분석 이후에 수행한 일변량분산분석의 수치들이 애초에 각 독립변수에 대해 일원분산분석을 수행했을 때 나오는 수치들과 동일함을 알 수 있다. 이 사실은 제1종 오류율의 상승을 방지한다는 다변량분산분석의 소위 '보호' 능력이 그리 대단하지 않음을 말해준다. 지금 예에서 다변량분산분석이 해당 수치들을 의미 있는 수준으로 수정해 주지는 않았다.

출력 16.6의 *p* 값들을 보면, 비치료 그룹에 비한 치료 그룹들의 차이는 강박 관련 행동에서나(*p* = .136) 강박 관련 생각에서나(*p* = .080) 유의하지 않았다. 이 두 결과에 따르면, 환자들이 겪는 강박 장애의 수준에 대한 치료 종류의 효과가 유의하지 않았다고 결론지어야 할 것이다. 그러나, 딴생각을 하지 않고 책을 열심히 읽은 독자라면 이 예제에서 뭔가 이상한 점을 발견했을 것이다. 다변량 검정에서는 치료가 강박 장애에 유의한 효과를 냈다는 결론이 나왔지만, 개별 일변량 검정들은 치료가 성공적이지 못했음을 나타낸다는 점은 좀 이상하다.

자가진단

✓ 다변량 검정이 유의한데도 일변량 검정들이 유의하지 않게 나온 이유가 무엇일까?

이처럼 모순된 결과가 나온 이유는 사실 간단하다. 바로, 다변량 검정은 종속변수들의 상관관계를 고려하기 때문에 그룹들 사이의 차이를 더 잘 검출한다는 것이다. 반면 일변량 검정은 특정한 두 종속변수의 조합에 따른 그룹 차이만 살펴본다. 이 점을 생각하면, 사후 분석으로서의 일변량 검정들은 주된 다변량분산분석의 결과를 해석하는 데 그리 유용하지 않다. 종속변수들의 상호작용 방식을 파악하려면 잠시 후에 설명할 판별함수 분석이라는 것을 수행해야 한다.

대비 결과를 살펴보기 전에, 지금 예제의 경우 일변량분산분석들이 유의하지 않으므로 대비들을 해석할 필요가 없다는 점부터 짚고 넘어가자. 이번 절의 내용은 일변량분산분석의 결과가 유의할 때 대비들을 어떻게 해석하는지 알려주기 위한 것일 뿐이다. 대비는 다변량분산분석 모형의 일부가 아니므로, 대비 결과를 출력하려면 각 결과 측도에 대해 개별적으로 선형모형을 생성해야 한다. 기본적으로 이는 각 결과 측도에 대해 일원 분산분석을 수행하는 것과 같다. 다음은 *aov()* 함수(제10장 참고)를 이용해서 **Thoughts**와 **Actions**에 대한 모형을 생성하는 명령들이다.

```
actionModel<-lm(Actions ~ Group, data = ocdData)
thoughtsModel<-lm(Thoughts ~ Group, data = ocdData)
```

첫 명령은 **Group** 변수로부터 **Actions** 변수를 예측하는(*Actions ~ Group*) 모형인 *action Model*을 생성하고, 둘째 명령은 **Thoughts** 변수를 예측하는 모형을 생성한다. 제10장에서처럼 *summary.lm()* 함수를 이용해서 대비 매개변수들을 얻을 수 있다.

```
summary.lm(actionModel)
summary.lm(thoughtsModel)
```

§16.6.6에서 우리는 각 치료 그룹을 비치료 대조군과 비교하도록 대비들을 설정했음을 기억할 것이다. 두 대비의 결과가 출력 16.7(**Actions**에 대한 결과)과 출력 16.8(**Thoughts**에 대한 결과)에 나와 있다. 이전에 대비들을 직접 설정한 덕분에, 출력에 의미 있는 대비 이름들이 표시되었음을 주목하기 바란다. 출력에서 주목할 것은 *Pr(>|t|)* 열에 있는 유의확률들이다. CBT 대 NT 대비를 보면 생각 횟수의 차이와 행동 횟수의 차이 모두 유의하지 않다. 유의확률은 각각 $p = .104$와 $p = .872$인데, 둘 다 .05보다 크다. 한편, BT 대 NT 대비를 보면 생각 횟수의 차이는 유의하지 않지만($p = .835$) 행동 횟수의 차이는 유의하다($p = .044$로, .05보다 작다). 이는 다소 의외의 결과이다. 행동 횟수에 대한 일변량분산분석이 유의하지 않았으므로 그룹들이 다르지 않을 것이라고 기대했는데, 그와는 반대의 결과가 나왔다.

출력 16.7

```
Coefficients:
                Estimate Std. Error t value Pr(>|t|)
(Intercept)       5.0000     0.4346  11.504 6.47e-12 ***
GroupCBT_vs_NT   -0.1000     0.6146  -0.163   0.8720
GroupBT_vs_NT    -1.3000     0.6146  -2.115   0.0438 *
---
Signif. codes:  0 '***' 0.001 '**' 0.01 '*' 0.05 '.' 0.1 ' ' 1
```

출력 16.8

```
Coefficients:
                Estimate Std. Error t value Pr(>|t|)
(Intercept)      15.0000     0.6722  22.315   <2e-16 ***
GroupCBT_vs_NT   -1.6000     0.9506  -1.683    0.104
GroupBT_vs_NT     0.2000     0.9506   0.210    0.835
---
Signif. codes:  0 '***' 0.001 '**' 0.01 '*' 0.05 '.' 0.1 ' ' 1
```

주입식 샘의 핵심 정리   다변량분산분석

- 다변량분산분석은 여러 종속변수를 동시에 고려해서 그룹들의 차이를 검사할 때 쓰인다.
- 다변량분산분석은 다변량정규성과 공분산행렬의 동질성을 가정한다. 표본 크기들이 같을 때는 후자의 가정을 무시해도 된다. 그런 경우 일부 다변량분산분석 검정통계량들이 그 가정의 위반에 대해 강건하기 때문이다. 다변량정규성은 샤피로-윌크 검정의 다변량 버전으로 점검할 수 있다. 그 검정 결과가 유의하면($p < .05$) 가정이 깨진 것이다.
- 다변량분산분석에 사용할 수 있는 검정통계량은 네 가지이다(필라이 대각합, 윌크스 람다, 호텔링 대각합, 로이의 최대근). 나는 필라이 대각합을 추천한다. 이 검정통계량의 p 값이 .05보다 작으면 해당 종속변수에 대한 그룹들의 차이가 유의한 것이다.
- 다변량분산분석 이후에 일변량분산분석으로 결과를 좀 더 분석할 수 있다(종속변수마다 개별적인 분산분석을 수행한다). 더 나아가서, 각 분산분석을 대비를 이용해서 좀 더 분석할 수도 있다(제 10~14장 참고). 개인적으로 나는 이 접근 방식보다는 잠시 후에 설명할 판별함수 분석을 추천한다.

16.7 강건한 다변량분산분석 ③

윌콕스는 다변량분산분석을 위한 두 가지 강건한 방법들을 제시하고 R 함수들도 구현했다 (Wilcox, 2005). 두 방법 모두 자료의 순위화(제15장 참고)에 기초한다. 해당 함수들을 사용하려면 *WRS* 패키지를 설치하고 불러와야 한다(§5.8.4 참고). 두 함수는 다음과 같다.

- **mulrank()**: 이 함수는 뮌첼과 브루너의 방법(Munzel & Brunner, 2000)을 이용해서 순위화한 자료에 대해 다변량분산분석을 수행한다.

- **cmanova()**: 이 함수는 순위화한 자료에 대해 최와 마든의 강건한 검정(Choi & Marden, 1997)을 수행한다. 이것은 제15장에서 설명한 크러스컬-윌리스 검정의 한 확장이다.

두 함수 모두, 지금 예제처럼 예측변수가 하나일 때만(즉, 독립변수가 하나일 때만) 사용할 수 있다. 좀 더 복잡한 설계에서는 패배를 선언하고 강건한 검정을 포기할 수밖에 없다. 지금 예제의 자료가 다음과 같은 형태임을 기억할 것이다.

```
   Group Actions Thoughts
1    CBT      5       14
...   ...     ...      ...
10   CBT      4       11
11    BT      4       14
...   ...     ...      ...
20    BT      5       17
21    NT      4       13
...   ...     ...      ...
30    NT      5       18
```

두 강건한 함수는 긴 형식이 아니라 넓은 형식(제3장 참고)의 자료를 요구한다. 그림 16.7은 현재의 자료 형식을 두 함수가 요구하는 넓은 형식으로 변환하는 방법을 보여준다. 간단히 설명하자면, 우리가 원하는 것은 독립변수(**Group**)와 결과 측도들(**Thoughts**와 **Actions**)의 수준들이 각각 다른 열을 차지하는 것이다. 결과 측도들은 이미 서로 다른 열(**Thoughts**와 **Actions**)로 분리되어 있지만, 서로 다른 치료 그룹들은 그냥 하나의 열에 여러 행으로 쌓여 있다(행 1~10은 CBT 그룹, 11~20은 BT 그룹 등). 따라서, BT 그룹과 NT에 그룹에 속한 참가자들을 나타내는 행들의 **Thoughts** 열과 **Actions** 열을 각각 떼어내서 CBT 그룹 행들의 **Thoughts** 열과 **Actions** 열 옆에 배치해야 한다.

이전처럼, *reshape* 패키지의 *melt()* 함수와 *cast()* 함수를 이용해서 자료의 형식을 바꾸면 된다. 이들로 구조 변경을 진행하려면 우선 넓은 형식에서 행들을 식별하는 데 사용할 변수 하나를 데이터프레임에 추가해야 한다. 그림 16.17의 왼쪽을 보면 자료가 크게 여섯 조각으로 구성되어 있는데, 이들은 치료 방법 세 가지와 결과 측도 두 가지의 여섯 조합에 해당한다. 우리가 해야 할 일은, 현재 상하로 쌓인 조각들을 좌우로 나란히 늘어선 형태(그림 16.17의 오른쪽)로 옮기는 것이다. 이를 위해서는 **R**에게 어떤 점수를 어떤 열로 옮겨야 할지 알려주어야 한다. 가장 쉬운 접근 방식은 그냥 변수(이를테면 row)를 하나 만들어서 조각 안에서의 주어진 점수의 행 번호를 지정하는 것이다. 다른 말로 하면, 그 변수는 주어진 점수가 조각 안의 몇 번째 행인지를 말해주는 값을 담는다. 지금은 조각들이 상하로 쌓여 있으므로, 첫 조각의 경우 그 변수는 1에서 10까지의 행 번호를 세 번 반복한 값들을 담아야 한다(치료 그룹이 셋이고 셋 다 참가자가 10명이므로). 다음은 그러한 변수를 데이터프레임에 추가하는 명령이다.

```
ocdData$row<-rep(1:10, 3)
```

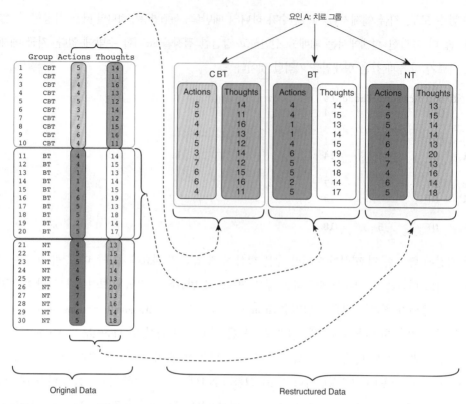

그림 16.7 강건한 다변량분산분석을 위한 자료 형식 변경

이 명령은 *ocdData*에 *row*라는 변수를 생성한다. 이 변수에는 1에서 10까지의 번호들이 세 번 반복되어 있다. 자료의 구조는 이전과 같다. 단지, 각 치료 그룹 안에서 점수들의 행을 식별하는 **row**라는 변수가 추가되었을 뿐이다.

다음으로, 자료를 넓은 형식으로 주조하려면 먼저 자료를 녹여야 한다. 이를 위한 함수가 *melt()*이다(§3.9.4 참고). 기억하겠지만, 이 함수는 점수들의 특성을 식별하는 변수들(지금 예에서 **Group**과 **row**는 주어진 한 점수의 특징을 말해준다. 예를 들어 "이 점수는 CBT 그룹의 다섯째 점수이다" 같은 것을 알 수 있다)과 점수 자체, 즉 측정값을 담은 변수를 구분한다(지금 예에서 **Actions** 변수와 **Thoughts** 변수가 점수들을 담고 있다). 특성을 나타내는 변수들은 *id* 옵션으로, 점수들을 담은 변수들은 *measured* 옵션으로 지정해야 한다. 다음 명령은 이 함수를 이용해서 기존 데이터프레임을 녹인 결과로 *ocdMelt*라는 새 데이터프레임을 생성한다.

```
ocdMelt<-melt(ocdData, id = c("Group", "row"), measured = c("Actions",
"Thoughts"))
```

이제 자료는 다음과 같은 모습이다(지면을 절약하기 위해 여러 사례를 생략했다).

	Group	row	variable	value
1	CBT	1	Actions	5
...	...	...	...	...
10	CBT	10	Actions	4
11	BT	1	Actions	4
...	...	...	...	...
19	BT	9	Actions	2
...	...	...	...	...
26	NT	6	Actions	4
27	NT	7	Actions	7
...	...	...	...	...
33	CBT	3	Thoughts	16
34	CBT	4	Thoughts	13
...	...	...	...	...
41	BT	1	Thoughts	14
42	BT	2	Thoughts	15
...	...	...	...	...
51	NT	1	Thoughts	13
...	...	...	...	...
60	NT	10	Thoughts	18

R은 결과 측도가 생각 횟수인지 행동 횟수인지를 구분하는 변수에 *variable*이라는 이름을 붙였고, 생각 또는 행동 횟수를 담은 변수에는 *value*라는 이름을 붙였다. 그리 의미 있는 이름이 아니므로, *names()* 함수를 이용해서 각각 *Outcome_Measure*와 *Frequency*로 바꾸자.

```
names(ocdMelt)<-c("Group", "row", "Outcome_Measure", "Frequency")
```

이 명령은 *ocdMelt* 데이터프레임의 각 열에 *c()*로 지정된 이름을 배정한다. 결과적으로, 데이터프레임의 모든 변수에 그 변수의 의미를 잘 나타내는 이름이 붙었다.

마지막으로, 녹은 자료를 *cast()* 함수를 이용해서 넓은 형식으로 주조한다. 이 함수를 사용할 때는 행들을 지정하는 변수들 ~ 열들을 지정하는 변수들 형태의 변환 공식을 지정해야 한다. 지금 예에서 점수가 어떤 행에 들어가는지는 **row** 변수가 말해준다. 그리고 점수들을 나누어 담고자 하는 열은 **Group**과 **Outcome_Measures**이다. 따라서, 지금 필요한 변환 공식은 *row ~ Group + Outcome_Measures*이다.[6] 다음은 이를 이용해서 *profileData*라는 넓은 형식의 데이터프레임을 생성하는 명령이다.

```
ocdRobust<-cast(ocdMelt, row ~ Group + Outcome_Measure, value = "Frequency")
```

이 명령의 대상이 앞에서 녹인 데이터프레임(*ocdMelt*)임을 주목하기 바란다. *value = "Frequency"* 옵션은 어떤 열이 결과변수인지를 명시적으로 지정한 것이다. (이 옵션을 생략해도

---

6 **Group**과 **Outcome_Measure**를 이 순서로 지정하는 것이 중요하다. 그래야 윌콕스의 함수들을 적용하기에 적합한 형식이 된다. 만일 *row ~ Outcome_Measures + Group*으로 했다면 *Actions_CBT, Actions_BT, Actions_NT, Thoughts_CBT, Thoughts_BT, Thoughts_NT*라는 열들이 생겼을 것이다.

함수가 나름의 추측을 통해서 적절한 열을 결과변수로 선택하긴 하지만, 지금 예에서처럼 결과변수를 명시적으로 지정하는 습관을 들이는 것이 좋다.)

이제 자료가 넓은 형식으로 변환되었다. 그런데 원래의 데이터프레임에 row 변수를 추가했으므로, 새 데이터프레임에도 그 변수가 있다. 그 변수는 분석 대상이 아니므로 삭제하기로 하자. 다음 명령을 실행하면 된다.

```
ocdRobust$row<-NULL
```

데이터프레임의 내용을 출력해 보면 자료가 깔끔한 넓은 형식으로 배치되어 있음을 알 수 있다.

```
ocdRobust
```

CBT_Action	CBT_Thoughts	BT_Action	BT_Thoughts	NT_Action	NT_Thoughts
5	14	4	14	4	13
5	11	4	15	5	15
4	16	1	13	5	14
4	13	1	14	4	14
5	12	4	15	6	13
3	14	6	19	4	20
7	12	5	13	7	13
6	15	5	18	4	16
6	16	2	14	6	14
4	11	5	17	5	18

열들의 순서에 주목하기 바란다. 지금 예에서 독립변수들의 위계 순서는 **Group**이 먼저이고 **Outcome_Measures**가 그다음이다. 다른 말로 하면, 점수들은 총 여섯 그룹인데, 우선은 참가자가 받은 치료의 종류에 따라 세 그룹(CBT, BT, NT)으로 나뉘고, 각 그룹 안에서 측정한 결과의 종류에 따라 두 그룹으로 나뉜다.

다음은 *mulrank()* 함수와 *cmanova()*의 함수의 일반적인 활용 형태이다. 둘 다 형태가 같다.

```
mulrank(그룹 개수, 결과 측도 개수, 데이터프레임)
cmanova(그룹 개수, 결과 측도 개수, 데이터프레임)
```

그룹 개수(지금 예에서는 3)와 결과 측도 개수(지금 예에서는 2), 그리고 자료가 담긴 데이터프레임만 지정하면 된다. 다음은 지금 예제의 자료에 대해 순위에 기초한 두 가지 강건한 다변량분산분석을 수행하는 명령들이다.

```
mulrank(3, 2, ocdRobust)
cmanova(3, 2, ocdRobust)
```

mulrank()	*cmanova()*
`$test.stat` `[1] 1.637357`	`$test.stat` `[1] 9.057746`
`$nu1` `[1] 3.643484`	`$df` `[1] 4`

`$p.value`
`         [,1]`
`[1,] 0.1675409`
	`$p.value`
	`         [,1]`
	`[1,] 0.0596722`

`$N` `[1] 30`	

`$q.hat`
`          [,1]       [,2]`
`[1,] 0.5533333 0.3666667`
`[2,] 0.3750000 0.5900000`
`[3,] 0.5716667 0.5433333`	

　두 명령의 결과가 출력 16.9에 나와 있다. *mulrank()*의 결과(출력 16.9의 왼쪽)에는 치료 종류의 효과에 대한 검정통계량($test.stat 항목)과 해당 p 값($p.value)이 있는데, 이 수치들을 보면 강박 장애에 대한 치료 종류의 주 효과는 유의하지 않았다고 결론지을 수 있다. $F = 1.64$, $p = .168$이다. $q.hat 항목에 나온 행렬은 상대적 효과(즉, 그룹(행)들과 결과 측도(열)들의 조합들에 대한 전형적인 순위들)를 나타낸다. 행과 열에 좀 더 의미 있는 이름을 붙인다면 다음과 같다.

```
      [Actions] [Thoughts]
[CBT] 0.5533333 0.3666667
[ BT] 0.3750000 0.5900000
[ NT] 0.5716667 0.5433333
```

수치들을 보면, NT 그룹의 경우에는 생각 횟수의 순위와 행동 횟수의 순위가 상당히 비슷하다(0.57과 0.54). BT 그룹은 행동 횟수의 순위(0.38)가 생각 횟수의 순위(0.59)보다 낮고, CBT 그룹은 그 반대이다. 즉, 생각 횟수의 순위(0.37)가 행동 횟수의 순위(0.55)보다 낮다. 다른 말로 하면, CBT는 행동보다 생각에 더 큰 영향을 미쳤고, BT는 생각보다 행동에 더 큰 영향을 미쳤다. 그러나 전반적인 효과는 유의하지 않았다.

　*cmanova()*의 결과(출력 16.9의 오른쪽)에서도 같은 결론을 얻을 수 있다. 결과에는 검정통계량($test.stat)과 자유도($df), 그리고 p 값($p.value)이 나와 있는데, 이 수치들을 보면 강박 장애 결과 측도들에 대한 치료 종류의 주 효과가 $H(4) = 9.06$, $p = .060$으로 유효하지 않았다는 결론을 내릴 수 있다.

16.8 다변량분산분석 결과의 보고 ②

다변량분산분석 결과를 보고하는 방법은 분산분석 결과의 보고 방법과 아주 비슷하다. 출력 16.5에서 보듯이 다변량분산분석 검정 결과에는 검정통계량을 F 근삿값으로 변환한 결과도 나와 있는데, 흔히 사람들은 다변량 검정통계량 자체는 생략하고 분산분석에서처럼 그 F 비와 그것을 계산하는 데 쓰인 자유도(df), 그리고 해당 유의확률만 보고한다. 그룹의 효과에 관해서는 가설 df와 오차 df를 보고해야 할 것이다. 다음은 이번 예제의 결과를 보고하는 예이다.

✔ 강박 관련 생각과 행동 횟수에 대한 치료의 효과는 유의했다. $F(4, 54) = 2.56$, $p < .05$ 이다.

그러나 나는 다변량 검정통계량들도 인용해야 한다고 생각한다. 출력 16.5에는 네 가지 다변량 검정통계량이 나와 있다. 다음은 네 검정통계량을 각각 보고한 예인데(자유도와 F 값이 각각 다르다는 점을 주목할 것), 실제로는 넷 중 하나만 보고하면 될 것이다.

✔ 필라이 대각합으로 판단할 때, 강박 관련 생각과 행동 횟수에 대한 치료의 효과는 유의했다. $V = 0.32$, $F(4, 54) = 2.56$, $p < .05$이다.

✔ 윌크스 람다 통계량으로 판단할 때, 강박 관련 생각과 행동 횟수에 대한 치료의 효과는 유의했다. $\Lambda = 0.70$, $F(4, 52) = 2.56$, $p < .05$이다.

✔ 호텔링 대각합으로 판단할 때, 강박 관련 생각과 행동 횟수에 대한 치료의 효과는 유의하지 않았다. $T = 0.41$, $F(4, 50) = 2.55$, $p > .05$이다.

✔ 로이의 최대근으로 판단할 때, 강박 관련 생각과 행동 횟수에 대한 치료의 효과는 유의했다. $\Theta = 0.35$, $F(2, 27) = 4.52$, $p < .05$.

후속 분산분석들의 결과는 통상적인 방식으로 보고하면 된다(출력 16.6 참고).

✔ 필라이 대각합으로 판단할 때, 강박 관련 생각과 행동 횟수에 대한 치료의 효과는 유의했다. $V = 0.32$, $F(4, 54) = 2.56$, $p < .05$이다. 그러나 결과변수들에 대한 개별적인 일변량분산분석에 따르면 강박 관련 생각에 대한 치료의 효과는 $F(2, 27) = 2.15$, $p > .05$로 유의하지 않았고, 강박 관련 행동에 대한 치료의 효과도 $F(2, 27) = 2.77$, $p > .05$로 유의하지 않았다.

강건한 다변량분산분석을 실행했다면 그 결과(출력 16.9)를 다음과 같이 보고하면 될 것이다.

✓ 뮌첼과 브루너의 방법(Munzel & Brunner's, 2000)을 R에서 구현한 *mulrank()* 함수(Wilcox, 2005)를 이용해서 순위화된 자료에 대해 다변량분산분석을 수행했다. 강박 장애 측정 결과에 대한 치료 종류의 주 효과는 $F = 1.64$, $p = .168$로 유의하지 않았다.

✓ 최와 마든의 방법(Choi & Marden's, 1997)을 R에서 구현한 *cmanova()* 함수(Wilcox, 2005)를 이용해서 순위화된 자료에 대해 다변량분산분석을 수행했다. 강박 장애 측정 결과에 대한 치료 종류의 주 효과는 $H(4) = 9.06$, $p = .060$으로 유의하지 않았다.

16.9 다변량분산분석에 대한 후속 분석으로서의 판별분석 ③

앞에서, 유의한 다변량분산분석에 대한 후속 분석으로 일변량분산분석 대신 **판별분석**(discriminant analysis)을 수행할 수도 있다고 말했다. 판별분석을 **판별함수 분석**(discriminant function analysis, DFA)이라고 부르고 DFA로 줄여 쓰기도 한다. 이번 장의 예제에서는 다변량 검정 결과의 본성을 밝히는 데 일변량분산분석들이 그리 도움이 되지 않았다. 다변량분산분석은 종속변수들 사이의 상관관계가 명백한 효과를 가짐을 보여주었지만, 일변량분산분석은 그렇지 못했다. 사실 이번 장 예제의 자료는 다변량분산분석에서 후속 일변량분산분석의 결과를 조심스럽게 취급해야 한다는 점과 실제 연구에서 다변량분산분석의 결과가 유의할 때 그 후속으로 수행한 일변량분산분석 중 적어도 하나는 유의할 가능성이 크다는 점을 보여주기 위해 인위적으로 만들어 낸 것이다. 그러나, 이것이 종속변수들의 관계가 중요하지 않다는 뜻은 아니다. 그러한 관계를 살펴보는 것은 여전히 중요한 일이다. 판별분석은 그러한 관계를 파악하는 가장 좋은 방법이다. 만일 여러분이 자료를 완전히 이해하고 싶다면 다변량분산분석 후에 일변량 검정들과 판별분석을 모두 수행하는 것을 권한다.

판별분석에서는 여러 예측변수를 기준으로 여러 그룹을 서로 분리하는(판별하는) 가장 좋은 방법이 무엇인지 살펴본다.[7] 어떤 의미로 이는 다변량분산분석을 거꾸로 적용하는 것과 같다. 다변량분산분석에서는 하나의 그룹화 변수로 일단의 결과 측도들을 예측하지만, 판별함수 분석에서는 일단의 결과 측도들로부터 하나의 그룹화 변수를 예측한다. 앞에서 다변량분산분석의 이론을 설명할 때, 다변량분산분석 과정에서 그룹들을 가장 잘 분리하는 선형 변량을 식별해서 그룹을 예측한다고 말했다. 그 '선형 변량'이 바로 판별함수 분석의 '함수'이다.

R에서 판별분석을 수행하는 방법은 상당히 쉽다. *MASS* 패키지의 *lda()* 함수를 사용하면 된다. 이 함수의 기본적인 활용 형태는 다음과 같다.

---

[7] 사실, 제8장에서 로지스틱 회귀 대신 판별분석을 설명해도 되었을 것이다. 그 둘은 방법이 다를 뿐 결과는 같기 때문이다. 그러나 로지스틱 회귀가 제약 가정이 적고 대체로 더 강건하기 때문에, 판별분석은 이번 장에서만 다루기로 했다.

```
새모형<-lda(그룹 ~ 예측변수(들), data = 데이터프레임, prior = 사전확률들, na.action = "na.
omit")
```

여기에 나온 것 외에도 많은 옵션이 있지만(명령행에서 ?lda를 실행하면 자세한 정보가 나온다), 다
변량분산분석의 맥락에서는 이 옵션들만 있으면 된다. 함수의 첫 입력에서 **그룹**은 판별하고
자 하는 그룹들을 담은 변수(데이터프레임 안의)의 이름이고 **예측변수(들)**은 판별에 사용할 연속
변수들의 목록이다. 이 입력은 하나의 선형모형을 서술하는 공식이다(이전에 많이 본 모형 서술들
처럼). 예를 들어 예측변수가 하나이면 모형 서술은 **그룹 ~ 예측변수**의 형태가 되고, 예측변수가
여러 개일 때는 **그룹 ~ 예측변수1 + 예측변수2 + 예측변수3**처럼 예측변수들을 '+' 기호로 연결해
서 지정하면 된다. 지금 예에서는 **Thoughts** 변수와 **Actions** 변수로 **Group** 변수를 예측할 것
이므로, 모형 서술은 *Group ~ Actions + Thoughts*이다. *data* 옵션에는 자료가 담긴 데이터
프레임(지금 예에서는 *ocdData*)을 지정한다. *na.action* 옵션은 결측값이 있는 사례를 처리하는
방식을 결정한다. 기본적으로 함수는 결측값이 있는 사례가 존재하면 분석을 포기한다. 그러
나 위의 활용 형태에서처럼 이 옵션에 *na.omit*을 지정하면 함수는 결측값이 존재하는 사례들
을 모두 삭제하고 분석을 진행한다(R의 영혼의 조언 7.1 참고). 지금 예제에는 결측값이 없으므로
이 옵션을 아예 생략해도 된다. *prior* 옵션은 사전확률(prior probality)들을 설정하는 용도로 쓰
이는데, 지금 예제처럼 그룹들의 표본 크기가 같을 때는 생략해도 된다(R의 영혼의 조언 16.2 참
고). 정리하자면, 지금 자료에 대해 판별분석을 수행하는 명령은 다음과 같다.

```
ocdDFA<-lda(Group ~ Actions + Thoughts, data = ocdData)
```

이 명령은 *ocdDFA*라는 모형을 생성한다. 모형의 이름을 실행하면 모형의 내용이 출력된다.

```
ocdDFA
```

출력 16.10
```
Call:
lda(Group ~ Actions + Thoughts, data = ocdData, na.action = "na.omit")

Prior probabilities of groups:
      CBT        BT        NT
0.3333333 0.3333333 0.3333333

Group means:
    Actions Thoughts
CBT     4.9     13.4
BT      3.7     15.2
NT      5.0     15.0

Coefficients of linear discriminants:
                  LD1           LD2
```

R의 영혼의 조언 16.2　사전확률 ③

판별함수 분석을 위해서는 사전확률들을 설정해야 한다. 여기서 사전확률이란 주어진 사례가 특정 그룹에 속할 확률을 말한다. 강박 장애 예제에는 30개의 사례가 있다. 어떤 한 사례가 CBT 그룹에 속할 확률은 계산해 보자. 그 그룹의 사례는 10개이고 전체 사례는 30개이므로, 어떤 한 사례가 CBT 그룹에 속할 확률은 10/30 = .33이다. 다른 말로 하면, 전체 표본의 3분의 1이 CBT 그룹에 속한다. 이를 좀 더 일반화하면, 사전확률들은 다음과 같이 주어진다.

$$\text{그룹의 사전 확률} = \frac{n_{\text{그룹}}}{N}$$

이번 장의 강박 장애 예제처럼 그룹 크기들이 모두 같으면, 모든 그룹의 사전확률이 동일하다. 이는 *lda()* 함수가 기본으로 가정하는 시나리오이기도 하다. 따라서, 그룹들의 크기가 같으면 사전확률은 신경 쓸 필요가 없다. 그런 경우 사전확률 설정은 사전확률을 그룹의 표본 크기 이외의 요소로 결정해야 할 그럴듯한 이론적 근거가 있는 경우에만 신경 쓰면 된다.

그러나 그룹 크기들이 서로 다르면, 각 그룹의 사전확률을 해당 크기에 맞게 계산해서 *lda()*의 *prior* 옵션에 직접 지정해 주는 것이 바람직하다. 표본 크기에 기초해서 사전확률들을 계산하는 경우에는 다음과 같은 형태로 지정한다.

prior = c(n$_1$, n$_2$, n$_3$)/N

여기서 *n*들은 각 그룹의 표본 크기이고 *N*은 전체 표본 크기이다. 예를 들어 강박 장애 예제에서 CBT 그룹에 속한 참가자가 20명이고 BT 그룹이 18명, NT 그룹이 12명이라고 상상해 보자. 그러면 사례들은 총 40개이다. 따라서 사전확률들을 다음과 같이 지정하면 된다.

prior = c(20, 18, 12)/40

표본 크기들을 그룹 순서에 맞게 지정해야 함을 주의하기 바란다(지금 예에서 20은 그룹화 변수의 수준 1의 표본 크기이고, 18은 수준 2의 표본 크기이고, 등등이다). 다음은 이 옵션을 포함해서 *lda()* 함수를 실행하는 예이다.

ocdDFA<-lda(Group ~ Actions + Thoughts, data = ocdData, prior = c(20, 18, 12)/40)

그룹이 더 많을 때도 마찬가지 방식을 적용하면 된다. 예를 들어 다음은 그룹들의 표본 크기가 순서대로 5, 10, 5, 20, 10일 때(따라서 전체 크기는 50이다)의 *prior* 옵션이다.

prior = c(5, 10, 5, 20, 10)/50

```
Actions   0.6030047 -0.4249451
Thoughts -0.3352478 -0.3392631

Proportion of trace:
   LD1    LD2
0.8219 0.1781
```

출력 16.10을 보면, 제일 먼저 사전확률들이 나와 있다. 모든 그룹의 사전확률이 .33인데, 이 값은 그룹 표본 크기를 총 표본 크기로 나눈 것이다(즉, 10/30 = .33). 세 그룹의 표본 크기가 같으므로, 사전확률도 세 그룹이 모두 같다(R의 영혼의 조언 16.2). 그다음에는 그룹 평균들이 나와 있는데, 이들은 주 분석을 수행하기 전에 계산해 보았으므로 다시 살펴볼 것은 없다.

출력에서 주목할 부분은 *Coefficients of linear discriminants:*로 시작하는 표에 있는 선형 판별함수 계수들이다. 간단히 말하자면, 이들은 식 (16.4)의 *b* 값들에 해당한다. 이 값들이 §16.4.4.1에서 구한, 그리고 식 (16.5)에 사용한 고유벡터 성분들과 일치함을 주목하기 바란다. 변량들을 선형 회귀방정식(식 (16.4) 참고)으로 표현할 수 있다는 점을 생각하면, 선형 판별함수의 계수들이 회귀의 비표준화 베타 값들에 해당한다는 점을 이해할 수 있을 것이다. 즉, 이 계수들은 변량에 대한 각 변수의 상대적 기여도를 나타낸다. 먼저 변량 1의 계수들(*LD1* 열)을 보면, 생각 횟수와 행동 횟수의 효과는 서로 반대이다(행동 횟수와 이 변량의 관계는 양의 상관이지만 생각 횟수와 이 변량의 관계는 음의 상관이다). 따라서, 이 첫 변량을 생각 횟수와 행동 횟수를 구분하는 변량으로 간주할 수 있다(이 변량은 생각 횟수와 행동 횟수에 반대 방향의 영향을 미치므로). 다음으로, 변량 2의 계수들(*LD2* 열)에 따르면 생각 횟수와 행수 모두 변량 2와 같은 방향으로 강하게 연관되어 있다. 즉, 이 변량은 생각 횟수와 행수에 비슷한 방식으로 영향을 미치는 어떤 것을 대표한다고 할 수 있다. 궁극적으로 이 변량들은 그룹들을 구분하는 데 쓰인다는 점을 생각하면, 첫 변량은 생각 횟수와 행동 횟수에 다른 방식으로 영향을 주는 어떤 요인을 기준으로 그룹들을 분리하고, 둘째 변량은 생각 횟수와 행동 횟수에 같은 방식으로 영향을 주는 어떤 요인을 기준으로 그룹들을 분리한다고 말할 수 있다.

출력의 마지막 부분에는 대각합 비율이 나와 있다. 첫 변량은 전체 변동의 82.2%를 설명하는 반면 둘째 변량은 17.8%만 설명한다. 이러한 비율들은 각 변량의 고윳값(즉, HE^{-1} 행렬의 대각성분들)을 비율로 표현한 것이다.

출력 16.11

```
$x
         LD1        LD2
1   0.4602010 -0.01736741
2   1.4659443  1.00042182
3  -0.8132992 -0.27094845
4   0.1924441  0.74684078
```

```
5    1.1306965   0.66115874
6   -0.7458083   0.83252282
7    2.3367058  -0.18873149
8    0.7279579  -0.78157561
9    0.3927101  -1.12083868
10   0.8629396   1.42536694
11  -0.1428037   0.40757770
12  -0.4780514   0.06831463
13  -1.6165699   2.02167613
14  -1.9518176   1.68241305
15  -0.4780514   0.06831463
16  -0.6130332  -2.13862792
17   0.7954487   0.32189566
18  -0.8807901  -1.37441972
19  -1.3488130   1.25746794
20  -0.5455423  -1.03515665
21   0.1924441   0.74684078
22   0.1249532  -0.35663049
23   0.4602010  -0.01736741
24  -0.1428037   0.40757770
25   1.3984534  -0.10304945
26  -2.1542903  -1.62800076
27   2.0014580  -0.52799457
28  -0.8132992  -0.27094845
29   1.0632056  -0.44231253
30  -0.8807901  -1.37441972
```

때에 따라서는 **판별점수**(discriminant score)들을 보는 것이 도움이 된다. 판별점수란 각 변량에 대해 식 (16.5)로 계산한 참가자의 점수이다. 판별점수는 분석에서 식별한 변량들에 어떤 사회적 또는 심리학적 구인(構因; construct)이 깔려 있을 수도 있다는 점에서 유용하다. 그런 구인들을 식별할 수 있다면, 각 차원에서의 참가자의 점수를 아는 것이 해석에 도움이 된다. 판별점수들을 구하는 명령은 다음과 같다.

```
predict(ocdDFA)
```

이 명령은 출력 16.11과 같은 결과를 출력한다. 첫 변량(*LD1*)과 둘째 변량(*LD2*)의 판별점수들이 나와 있다.

그런데 이 점수들 자체보다는, 이 점수들을 그 소속 그룹에 따라 나누어서 그린 그래프가 더 유용할 수도 있다. 모형을 지정해서 *plot()* 함수를 실행하면 그런 그래프가 나온다.

```
plot(ocdDFA)
```

이 명령이 만들어 낸 그래프가 그림 16.8에 나와 있다. 이 그래프는 각 참가자의 변량 점수들을 참가자가 속한 실험 조건별로 묶어서 표시한 것이다. 해석의 편의를 위해 두 변량의 점수들을 분리해서 표시해 두었다. 그림 16.8의 아래쪽 두 그래프 중 왼쪽 것은 첫 변량의 점수들이

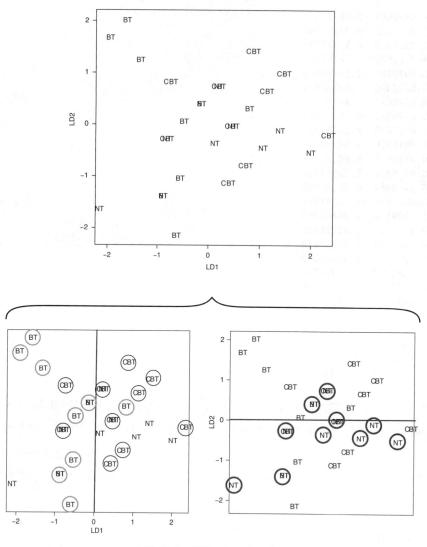

그림 16.8 조합된 그룹들의 그래프

고 오른쪽 것은 둘째 변량의 점수들이다. 변량 1이 어떤 그룹들을 판별했는지 알아내려면, 변량 2는 무시하고(LD2 축을 생략한 이유가 그것이다), 변량 1의 변화에 따라 그룹들이 어떻게 변하는지 봐야 한다. 다른 말로 하면, 그래프에서 각 점의 수직 위치는 무시하고, 수평축(LD1)에 따라 그룹들이 어떻게 분포되어 있는지 살펴봐야 한다. 거칠지만 간단한 방법은, 수평축의 중간 지점에 수직선을 긋고(그림에서 축척의 0 지점에 있는 수직선이 바로 그것이다), 그 선의 양쪽에 각각 몇 개의 그룹이 있는지 세는 것이다. 편의를 위해 BT 그룹에 속하는 점수들은 옅은 색 동그라미로, CBT 그룹에 속하는 점수들은 짙은 색 동그라미로 표시해 두었다. 동그라미들을 살펴보면, CBT 그룹의 사례들은 수직선의 오른쪽에 많이 몰려 있고 BT 그룹의 사례들은 수직선의 왼쪽에 많이 몰려 있음을 알 수 있다. 다른 말로 하면, 이 수직선은 BT 그룹과 CBT 그룹을 분리하는 경계선이다. 따라서, 변량 1은 CBT 그룹으로부터 BT 그룹을 분리한다고 말할 수 있다.

둘째 변량(그림 16.8의 하단 오른쪽)으로 넘어가자. 이번에는 LD1을 무시하고 LD2에 집중해야 한다(도움이 될까 해서 LD1 축을 생략했다). 다른 말로 하면, 그래프에서 각 점의 수평 위치는 무시하고, 수직 축(LD2)에 따라 그룹들이 어떻게 분포되어 있는지 살펴봐야 한다. 앞에서처럼, 수직축을 반으로 나누어서(이를 위해 축척의 중점인 0 지점에 수평선을 그려 두었다) 각 절반에 그룹들이 어떻게 모여 있는지 보면 대략적인 분포를 파악할 수 있다. 이번 경우는 변량 1의 경우만큼 명확하지는 않지만, 그래도 NT 그룹의 사례들이 수평선의 아래쪽에 많이 있고 위쪽에는 거의 없는 것으로 보인다. 식별하기 쉽도록, NT 그룹에 속하는 사례들을 짙은 색 동그라미로 표시해 두었다. BT와 CBT의 사례들은 대체로 수평선 위에 있다(전부 다 그렇지는 않지만). 이러한 패턴으로 볼 때, 둘째 변량은 비치료 그룹(수평선 아래의 사례들)과 두 치료 그룹(주로 수평선 위에 있는 사례들)을 분리하지만, 그러한 분리가 첫 변량만큼 엄격하지는 않다고 할 수 있다. 변량들이 그룹들의 조합을(즉, 그룹들을 함께 고려해서) 유의하게 판별한다는 점을 기억하기 바란다.

주입식 샘의 핵심 정리　　**판별함수 분석**

- 다변량분산분석 후에 판별함수 분석을 수행하면 종속변수들이 그룹들을 어떻게 분리하는지 파악할 수 있다.
- 판별함수 분석은 사례들의 그룹을 판별하는 변량(종속변수들의 조합)들을 식별한다.
- 판별함수 분석 결과 중 *Coefficients of linear discriminants:* 항목의 계수들을 보면 각 종속변수가 변량에 얼마나 기여하는지 알 수 있다. 계수가 큰 종속변수는 변량에 중요한 종속변수이다. 그리고 계수가 양수인 종속변수와 계수가 음수인 종속변수는 변량에 반대 방향으로 기여한다.
- 마지막으로, 판별점수들의 그래프를 작성해서 각 변량이 그룹들을 어떻게 분리하는지 파악한다. 수평축과 수직축의 중점에서 수직선과 수평선을 긋고, 그룹들이 그 선들의 어느 쪽에 몰려 있는지 살펴본다. 만일 어떤 축에서 서로 다른 그룹들이 구분선을 중심으로 양쪽에 나뉘어 있다면, 그 축에 해당하는 변량은 그 그룹들을 분리(판별)하는 것이다.

16.10 판별분석 결과의 보고 ②

자료를 제시할 때 기본적으로 따라야 할 지침은, 자료가 뜻하는 바를 보고서를 읽는 독자 스스로 판정하기에 충분한 정보를 제공해야 한다는 것이다. 나는 판별분석 결과를 보고할 때 판별함수들이 설명하는 분산의 비율과 선형 판별함수의 계수들도 제시할 것을 권장한다(그러면 고윳값이 제공하는 정보와 동일한 정보를 독자에게 고윳값보다 좀 더 알기 쉬운 형태로 제공할 수 있다). 지금 예의 해당 수치들은 모두 출력 16.10에 나와 있다. 마지막으로, 아래의 예에서는 생략했지만, 그림 16.8과 같은 판별점수 그래프도 첨부하면 좋을 것이다. 그런 그래프가 있으면 변량들이 그룹들을 어떻게 구분하는지를 독자가 파악하기 쉬울 것이기 때문이다. 다음은 이번 예제의 판별분석 결과를 보고하는 예이다.

✓ 주된 다변량분산분석 후에 판별분석을 실행해서 두 가지 판별함수를 찾아냈다. 첫 판별함수는 분산의 82.2%를 설명하고, 둘째 판별함수는 17.8%만 설명했다. 판별함수들의 계수들에 따르면, 판별함수 1은 강박 행동 횟수($b = 0.603$)와 강박 생각 횟수($b = -0.335$)를 분리한다. 둘째 변량도 마찬가지로 행동 횟수($b = -0.425$)와 생각 횟수($b = -0.339$)를 분리한다. 판별점수 그래프를 보면, 첫 판별함수는 BT 그룹과 CBT 그룹을 분리하고, 둘째 판별함수는 비치료 대조군(NT)과 두 치료 그룹들을 분리한다.

16.11 추가 설명 ④

16.11.1 최종 해석 ④

지금까지 예제의 자료에 대해 대단히 많은 정보를 모았다. 이 모든 것을 조합해서, "치료가 강박 장애에 효험이 있는가? 그리고 어떤 치료가 더 나은가?"라는 애초의 연구 질문들에 대한 답을 내보자. 다변량분산분석에 따르면, 강박 장애 증상들에 대한 치료의 효과는 유의했다. 그러나 개별 일변량분산분석들의 결과는 유의하지 않았다는 점을 고려하면, 단순히 강박 생각이나 강박 행동 중 하나가 호전된 것은 아니라고 추측할 수 있다. 판별분석의 결과를 보면, 그룹 분리는 하나의 바탕 차원의 관점에서 가장 잘 설명된다. 지금 예제에서 그 차원은 아마도 강박 장애 자체일 가능성이 있다(강박 장애는 생각과 행동 모두로 구성된다고 가정하는 것이 현실적이다). 따라서, 치료가 행동이나 생각 **자체**를 바꾼다기보다는, 강박 장애의 바탕에 있는 어떤 차원에 영향을 준다고 해야 할 것이다. 결론적으로, 첫 질문의 답은 "그렇다, 치료는 강박 장애를 호전시킨다"이지만, 치료의 본성은 아직 불확실하다.

실험복 레니의 실제 연구 16.1　　뜨거운 공기로 가득한 방 ④

Marzillier, S. L., & Davey, G. C. L. (2005). *Cognition and Emotion, 19*, pp. 729-750.

연구자들이 한가한 시간에는 무얼 하는지 궁금해한 적이 있는가? 사람들의 트림 소리와 방귀 소리를 추적하는 데 여가를 보내는 연구자들도 있다! 불안과 혐오(disgust)가 연결되어 있다는 점이 잘 알려져 있다. 이 책 전반에서 나는 변수들의 상관관계로부터 인과관계를 추론해서는 안 된다는 점을 여러 번 이야기했다. 그와 관련해서, 불안을 연구하는 심리학자들에게 "불안이 혐오감을 일으키는가, 아니면 혐오가 불안감을 일으키는가?"는 오랫동안 수수께끼였다. 서식스 대학교의 내 동료 두 명이 이를 독창적인 방식으로 연구한 적이 있다. 그들은 참가자들에게 불안감, 혐오감, 중립적 감정을 유발한 후, 그러한 감정들이 불안, 슬픔, 행복, 분노, 혐오, 경멸 같은 감정들에 어떤 영향을 미치는지 조사했다. 그런 감정들을 유발하기 위해 연구자들은 네 종류의 실험적 조작을 사용했다. 연구자들은 참가자들에게 짧은 문장을 들려주거나(이를테면 불안감을 유발할 때는 "어두운 연못에서 수영하는데 뭔가가 당신의 다리를 스치고 지나갔다", 혐오감을 유발할 때는 "공중 화장실에 갔는데 누가 변기 물을 내리지 않았다. 변기에는 설사가 한가득했다" 등), 녹음된 소리를 들려주거나(이를테면 불안감을 유발할 때는 무서운 음악을, 혐오감을 유발할 때는 녹음된 방귀, 트림, 구역질 소리를 들려 주는 등), 동영상을 보여주거나(이를테면 불안감을 유발할 때는 〈양들의 침묵〉의 한 장면을 보여주고, 혐오감을 유발할 때는 〈핑크 플라밍고〉에서 디바인이 개의 얼굴을 먹는 장면을 보여주는 등), 기억을 떠올리게 했다(과거에 불안감이나 혐오감, 또는 중립적인 감정을 일으켰던 사건을 회상하게 하는 등).

　　연구자들은 참가자들을 세 그룹으로 나누어서 각각 불안감, 혐오감, 중립적 감정을 유발했다. 각 그룹에서는 참가자마다 다른 조작(문장, 소리, 영상, 기억)으로 감정을 유발했다. 결과변수는 여섯 감정(불안, 슬픔, 행복, 분노, 혐오, 경멸)의 변화이다.

　　이 연구의 자료가 **Marzillier and Davey (2005).dat** 파일에 있다. 서로 다른 조건들의 감정 변화들을 오차 막대그래프로 그리고, 3(유발된 감정: 불안, 혐오, 중립) × 3(유발 방법: 문장+소리, 동영상, 기억+음악) 다변량분산분석을 수행하라. 어떤 식으로 분석을 진행하든, 연구자들이 사용한 방귀 소리가 어떤 것인지 상상하지는 말 것!

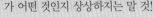

　　답은 부록 웹사이트의 이번 장 보충 자료에 있다(또는, 원래의 논문의 p. 738을 보라).

　　그다음 질문, 즉 "어떤 치료가 더 나은가?"는 좀 더 복잡하다. 그림 16.3과 16.4에 종속변수들의 관계와 원래 자료의 그룹 평균들이 나와 있다. 평균 그래프(그림 16.4)를 보면, 강박 관련 행동의 BT는 행동 횟수를 줄였지만 CBT와 NT는 그렇지 않았다. 그리고 강박 관련 생각의 경우에 CBT는 생각 횟수를 줄였지만 BT와 NT는 그렇지 않았다(막대들의 패턴을 살펴보기 바란다). 다음으로, 생각 횟수와 행동 횟수의 관계들(그림 16.3)을 보면, BT 그룹의 경우 생각 횟수와 행동 횟수의 관계는 양의 상관이다. 즉, 강박적인 생각을 많이 하는 사람은 강박적인 행동도 많이 한다. CBT 그룹의 경우에는 둘이 무관하다(생각 횟수와 행동 횟수가 상당히 독립적으로 변한다). 비치료 그룹에서는 생각 횟수와 행동 횟수가 음의 상관관계이다(그리고 차이가 유의하지 않다).

판별분석에서 우리는 변량 2에 기초해서 BT와 CBT를 비치료 그룹과 구분할 수 있음을 알았다. 그리고 변량 2는 생각 횟수와 행동 횟수에 비슷한 효과를 냈다. 따라서, 비치료 그룹보다 BT와 CBT가 생각 횟수와 행동 횟수에 더 영향을 준다고 말할 수 있다. 또한, 판별분석을 통해서 변량 1로 BT와 CBT를 구분할 수 있음을 알았다. 변량 1은 생각 횟수와 행동 횟수에 반대 방향의 효과를 냈다. 따라서, 행동을 바꾸는 데는 BT가 낫고, 생각을 바꾸는 데는 CBT가 더 낫다고 결론지을 수 있다.

정리하자면, 생각 횟수와 행동 횟수 모두에 영향을 미치는 변량을 이용하면 CBT와 BT 그룹으로부터 NT 그룹을 분리할 수 있다. 또한, 생각 횟수와 행동 횟수에 반대 방향의 영향을 미치는 변량을 이용하면 CBT 그룹과 BT 그룹을 구분할 수 있다. 따라서, 어떤 치료이든 치료를 하지 않는 것보다는 낫지만, CBT냐 BT냐는 생각을 바꾸는 것이 더 중요한지 아니면 행동을 바꾸는 것이 더 중요한지에 따라 다르다(전자는 CBT, 후자는 BT).

16.11.2 일변량분산분석 대 판별분석의 선택 ②

이번 장의 예제에서 보았듯이, 유의한 다변량분산분석 이후의 일변량분산분석과 판별분석은 답하는 질문이 서로 다르다. 일변량분산분석을 수행하기로 했다면, 적절한 유의수준으로 본페로니 수정을 적용하는 것이 좋다. 사실, 자료의 본성을 완전하게 파악하려면 두 분석을 모두 수행해야 한다. 판별분석의 장점은 자료에 깔린 바탕 차원들에 관한 정보를 알 수 있다는 것이다(이는 어떤 사회적 또는 심리적 구인을 포착하기 위해 여러 개의 종속변수를 도입했을 때 특히나 유용하다). 일변량분산분석이 유의한 경우에도, 판별분석은 자료에 대한 유용한 통찰을 제공하므로 함께 수행하는 것이 바람직하다. 이러한 권장 사항을 여러분이 받아들이는 데 이번 장의 예제가 도움이 되었길 바란다.

이번 장에서 발견한 통계학 ②

이번 장에서 우리는 다변량분산분석의 귀에 미친 듯이 고함을 지르고, 판별함수 분석에게 대구(생선)의 간유를 억지로 먹였다. 그리고 로이에게 거대한 당근이 있다는 무서운 사실도 알게 되었다. 서로 다른 그룹들에서 여러 개의 결과 측도를 측정해야 하는 상황이 종종 있는데, 그런 상황에서는 보통의 분산분석(ANOVA) 기법을 확장한 다변량분산분석(MANOVA)을 사용하면 된다. 그런 상황에서 그냥 분산분석을 여러 번 수행하는 것보다 다변량분산분석을 한 번 수행하는 이유는, 첫째는 제1종 오류율을 통제할 수 있다는 것이고 둘째는 결과변수들의 관계를 파악할 수 있다는 것이다. 명민한 독자라면 이번 장을 통해서 다변량분산분석이 분산분석과 아주 비슷한 방식으로 작동한다는 점을 깨달았을 것이다. 단지 개별 값이 아니라 행렬을 다룬다는 점이 다를 뿐이다. 또한, 이 책에서 이론을 설명하는 부분은 그냥 건너뛰는 것이 낫다는 점을 깨달은 독자들도 있을 것이다. 이번 장에서 우리는 다변량분산분석의 예를 하나 살펴보았는데, 하나의 효과에 관련된 검정통계량이 네 개나 된다는(안 그래도 배워야 할 것이 많은데!) 점을 알게 되었다. 네 가지 검정통계량 중 필라이 대각합이 가장 안전한 선택임을 여러분이 이해했길 바란다. 마지막으로는 다변량분산분석의 두 가지 후속 방법인 일변량분산분석과 판별함수 분석을 설명했다. 둘 중 판별함수 분석이 더 많은 정보를 제공하지만, 해석하기가 좀 까다롭다.

이번 장에서는 또한 애완동물이 정신건강에 도움이 될 수 있다는 점도 이야기했다. 퍼지의 행방은 그냥 미스터리로 남겨 두었는데, 이제 사실을 밝히겠다. 아마 퍼지가 죽었다고 생각한 독자도 있을 것인데, 퍼지는 죽지 않았다. 지금 이 문장을 입력하는 동안 내 옆에 누워 있다. 집을 미친 듯이 뒤지다가 나는 애초에 퍼지가 사라진 그 방으로 다시 가서 살펴보았는데, 벽에서 퍼지가 통과할 만한 구멍을 발견했다. 벽을 손으로 훑고 무릎으로 쿵쿵 치고 있는데 난데없이 벽난로에서 작은 황갈색(그리고 술투성이) 얼굴이 나타났다. 그 표정은 마치 "뭐 잃어버렸냥?"이라고 묻는 듯했다(그림 16.9). 이사 때문에 흥분한 퍼지가 할 수 있는 가장 합리적인 일은 굴뚝에 숨는 것뿐이었다. 고양이들은 이토록 사랑스럽다.

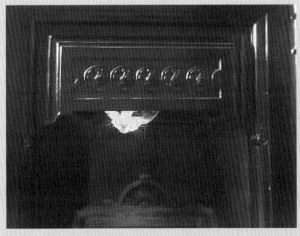

그림 16.9 벽난로에 숨은 퍼지

이번 장에서 사용한 R 패키지

car	pastecs
ggplot2	reshape
mvnormtest	WRS
mvoutlier	

이번 장에서 사용한 R 함수

aov()	lm()
aq.plot()	manova()
by()	melt()
c()	mshapiro.test()
cast()	mulrank()
cbind()	names()
cmanova()	plot()
contrasts()	predict()
cov()	stat.desc()
factor()	summary()
ggplot()	summary.aov()
gl()	summary.lm()
lda()	t()

이번 장에서 발견한 주요 용어

가설 제곱합 교차곱 행렬	임의표집
공분산행렬의 동질성	정방행렬
다변량	제곱합 교차곱 행렬
다변량분산분석	총 제곱합 교차곱 행렬
다변량정규성	판별분석
단위행렬	판별점수
로이의 최대근	판별함수 변량
박스 검정	판별함수 분석
분산–공분산 행렬	필라이–바틀릿 대각합
오차 제곱합 교차곱 행렬	호텔링–롤리 대각합
윌크스 람다	HE^{-1}
일변량	

똑똑한 알렉스의 과제

- **과제 1**: 냉소적인 임상 심리학자가, 그의 정신병 환자 몇 명이 사람들 앞에서 닭 흉내를 냈음을 알게 되었다. 그러한 행동을 해당 장애의 진단에 활용할 수 있을지 궁금해진 연구자는 자신의 환자 10명을 자신이 찾아낼 수 있는 가장 정상적인 사람 10명과 비교해 보았다. 정상인들이란, 당연하게도 서식스 대학의 강사들이었다. 그는 피험자들이 하루 동안 닭 흉내를 몇 번 내는지 측정했을 뿐만 아니라 흉내를 얼마나 잘 내는지도 측정했다(독립적인 농장 소음 전문가가 10점 만점 기준으로 평가했다). 해당 자료가 **chicken.dat** 파일에 있다. 이 자료에 대해 다변량분산분석과 판별함수 분석을 수행해서, 두 결과변수로 정신병 환자와 장애가 없는 사람을 구분할 수 있었는지 파악하라. ③

- **과제 2**: 나는 어렸을 때 거짓말을 잘 한 사람이 성공적인 시민이 된다는 기사(http://bit.ly/ammQNT)에 관심을 두게 되었다. 이 기사가 특히나 내 관심을 끈 이유는, 비록 기사가 Dr. 캉 리의 훌륭한 연구를 인용하긴 했지만, 그 연구 논문은 단지 아이들이 거짓말을 한다는 점을 보여 주었을 뿐, 거짓말을 하는 아이가 성공적인 시민이 된다는 기사의 주장에 대한 근거는 논문에 나와 있지 않기 때문이다. 그렇긴 하지만, 이 과제에서는 헉슬리 풍의 평행 우주에서 그 기사의 내용을 믿을 정도로 멍청한 정부가 유아의 조건 형성을 위한 체계적인 프로그램을 시행하기로 했다고 상상해 보자. 정부는 유아들을 세 그룹으로 나누어서, 한 그룹의 유아들은 거짓말을 하지 않도록 훈련하고, 다른 한 그룹은 보통 방식으로 양육하고, 나머지 한 그룹의 유아들에게는 거짓말 기술을 가르쳤다. 30년 후 정부는 그 아이들이 얼마나 성공적인 시민으로 자랐는지에 관한 자료를 수집했다. 이를 위해 정부는 성인이 된 피험자들의 연봉(**salary** 변수)을 조사했으며, 가정생활과 직장생활의 성공 정도를 10점 만점의 지수(10 = 최고의 성공, 0 = 다음 생을 기약하자)로 측정했다(각각 **family** 변수와 **work** 변수). 해당 자료가 **lying.dat** 파일에 있다. 다변량분산분석과 판별함수 분석을 이용해서, 이 가상의 평행 우주에서 거짓말이 정말로 더 나은 시민이 되는 데 도움이 되었는지 파악하라. ③

- **과제 3**: 나는 학생들이 다음 학년으로 넘어갈수록 심리학의 여러 측면에 대한 지식이 향상되는지에 관심이 있었다. 이를 위해 나는 1, 2, 3학년 학생 몇 명을 표본으로 삼아서 심리학의 여러 측면을 대표하는 다섯 가지 시험을 치르게 했다(15점 만점). 그 측면들이란, 인지심리학이나 신경심리학 같은 실험 심리학(**exper**), 통계학(**stats**), 사회심리학(**social**), 발달심리학(**develop**), 그리고 성격(**person**)이다. 여러분의 과제는 다음과 같다. (1) 이 다섯 측도에 따른 전반적인 그룹 차이들을 적절한 종합 분석을 수행해서 파악한다. (2) 그 분석 결과에 나온 그룹 차이들을 척도별로 분석하고, 그 결과를 적절히 해석한다. (3) 모

든 척도에서 2학년과 3학년이 1학년보다 점수가 높다는 가설을 검증하는 대비들을 선택한다. (4) 모든 그룹을 다른 모든 그룹과 비교하는 검정들을 선택하고, 그 결과들을 대비결과들과 간략하게 비교한다. (5) 마지막으로, 개별적인 판별분석을 통해서, 측도들의 조합이 그룹들을 성공적으로 분리하는지 파악한다(이 분석의 결과는 간략하게만 해석할 것). 대비에 대해 그룹 차이가 드러난 척도들만 보고하면 된다. 이러한 후속 분석의 결과가 초기 분석에서 발견한 것들을 해석하는 데 어떻게 도움이 되는가? 해당 자료는 psychology. dat 파일에 있다. ④

답은 이 책의 부록 사이트에서 볼 수 있다.

더 읽을거리

Bray, J. H., & Maxwell, S. E. (1985). *Multivariate analysis of variance.* Sage University Paper Series on Quantitative Applications in the social Sciences, 07-054. Newbury Park, CA: Sage. (다변량분산분석에 관한 이 전문서적은 아주 뛰어나다. 이 분야에 관해 추천할 만한 책으로 이보다 더 나은 책은 없다.)

Huberty, C. J., & Morris, J. D. (1989). Multivariate analysis versus multiple univariate analysis. *Psychological Bulletin, 105*(2), 302-308.

흥미로운 실제 연구

Marzillier, S. L., & Davey, G. C. L. (2005). Anxiety and disgust: Evidence for a unidirectional relationship. *Cognition and Emotion, 19*(5), 729-750.

CHAPTER

17 / 탐색적 인자분석

그림 17.1 1989년 나이아가라 폭포에서 찍은 사진. 당시 나는 이 책의 SPSS 버전의 초판을 저술하는 중이었다. 이때만 해도 얼굴이 아직 탱탱했다.

17.1 이번 장에서 배우는 내용 ①

Ph.D. 학위를 받기까지 1년 정도 남은 시점에서, 초기의 끔찍한 교수 경험 덕분에 나는 강의 준비에 과도하게 집착하는 습관이 생겼다. 나는 상세한 교재를 작성했으며, 웃긴 예제들을 사용하기 시작했다. 당시 내 여자친구 소개로 나는 댄 라이트(심리학자로, 나와 같은 학과에 있었지만 아쉽게도 플로리다로 갔다)와 안면을 트게 되었다. 그는 통계학책을 출판한 저자였으며, 그 책의 출판사를 도와서 새 저자를 물색 중이었다. 내가 만든 교재가 괴상할 뿐만 아니라 23세의 나이에 교과서를 쓰는 것은 학술적인 자살임을 깨닫기에는 너무 어렸기 때문에, 나는 길게 생각하지 않고 출판사와 계약해버렸다. 출판사 쪽 담당자는 끊임없이 지적인 에너지를 뿜어내는 남자였다. 그는 문자 그대로 모든 것에 관해 철학적인 논쟁을 시작할 수 있었다. 만일 그가 엘리베이터에 갇힌다면, 그는 엘리베이터는 존재하지 않으며 엘리베이터에 갇힌 상황은 단지 물리적 세계에 대한 오류투성이 믿음이 만들어 낸 환상이라는 점을 탑승자들이 받아들이게 만들 것이다. 그게 사실일 수도 있지만, 그래도 그는 여전히 엘리베이터에 갇힌(탈진한 시체 여러 구와 함께) 남자일 것이다. 그의 확고한 자기 확신과 나의 소심함(낯선 사람과 말하는 것을 두려워하는), 그리고 세상에 나보고 책을 쓰라는 사람이 있다는 점이 주는 신기하고도 즐거운 마음이 결합하면서, 나는 그에게 뭔가 조리 있는 말을 전혀 하지 못했다. 아마 그는 웬 바보하고 계약을 맺게 되었다고 생각했을 것이다. 그리고 아마 그게 사실이었을 것이다. (엘리베이터 시나리오를 생각해 낸 후로는 그가 덜 무섭게 느껴진다.) 책을 쓰기로 계약하는 것의 문제점 하나는, 정말로 책을 써야 한다는 것이다. 그 후 2년간 나는 내 연구와 런던 대학교에서의 강의, 그리고 저술이라는 세 가지 임무를 가까스로 수행했다. 차라리 헤비메탈에 관한 책을 썼다면 좋았을 것이다. 그러면 저술에 필요한 모든 정보가 내 기억으로부터 쏟아져 나왔을 것이기 때문이다. 그러나 안타깝게도 나는 내가 잘 모르는 분야에 관한 책을 쓰기로 했다. 바로 통계학이다. 얼마 지나지 않아 나는 책을 쓴다는 것이 인자분석을 수행하는 것과 비슷하다는 점을 발견했다. 인자분석에서 우리는 대량의 정보(다수의 변수들)를 R 프로그램에게 넘겨준다. 그러면 프로그램은 별 힘을 들이지 않고 뒤죽박죽인 자료를 축약해서 소화하기 쉬운 간단한 메시지(더 적은 수의 변수들)를 뱉어낸다. 그 과정에서 프로그램은 우리가 알 필요가 없는 정보를 일종의 필터링을 통해서 걸러낸다. 그러한 작업에는 몇 초가 걸리지 않는다. 그와 비슷하게, 젊은 날의 나는 내가 이해하지 못하는 통계학에 관한 대량의 정보를 걸러내서 내가 이해할 수도 있는 간단한 메시지들로 축약했다. 당시 나는 살아 숨쉬는 인자분석 프로그램으로 작동했다. 단, R 프로그램과는 달리 결과를 내기까지 2년이 걸렸고, 힘도 꽤 들었다.

17.2 인자분석은 언제 사용하는가? ②

사회과학 연구에서는 직접 측정할 수 없는 것을 측정해야 하는 상황이 자주 생긴다. 그런 측정 대상을 **잠재변수**(latent variable)라고 부르기도 한다. 예를 들어 어떤 경영학 연구자들(심지어는 심리학자들도)은 '소진(burnout)' 현상, 즉 어떤 사람이 어떤 프로젝트(이를테면 책 쓰기)에서 오랫동안 너무 열심히 일한 탓에 갑자기 동기와 영감이 모두 사라지고, 그냥 컴퓨터에 계속 머리를 찧으면서 "마이크, 문 좀 열어줘! 이 지하에서 나가서 따뜻한 햇볕을 내 피부로 느끼고 싶어!"라고 소리치게 되는 현상에 관심을 둔다. 그런데 이러한 소진을 직접 측정할 수는 없다. 소진에는 수많은 측면이 있기 때문이다. 그러나 그런 측면들을 측정할 수는 있다. 즉, 피험자의 동기나 스트레스 수준, 또는 새로운 착안을 떠올리는지의 여부 등은 측정할 수 있다. 그런 것들을 측정했다면, 그런 측도들의 차이가 정말로 하나의 변수를 반영하는지 파악하는 것이 연구에 도움이 된다. 다른 말로 하면, 그런 여러 변수가 동일한 바탕 변수(underlying variable; 또는 기저변수)에서 기인한 것인지를 파악하는 것이다. 이번 장에서는 변수들의 집단 또는 군집(cluster)을 식별하는 기법의 하나인 인자분석(그리고 주성분분석)을 살펴본다. 이 기법의 주된 용도는 세 가지로, (1) 일단의 변수들의 구조를 이해하는 것(예를 들어 스피어먼과 서스톤 같은 지능 연구의 선구자들은 인자분석을 이용해서 '지능'이라는 잠재변수의 구조를 이해하려 했다), (2) 바탕 변수를 측정하는 설문을 구축하는 것(이를테면 소진을 측정하는 설문지를 설계하는 등), (3) 주어진 자료 집합을, 원래의 정보를 최대한 유지하면서도 좀 더 다루기 쉬운 크기로 줄이는 것이다(예를 들어 제7장에서 우리는 다중회귀에서 다중공선성이 문제가 될 수 있다는 점을 보았는데, 공선성이 있는 변수들을 인자분석을 이용해서 결합하면 그런 문제를 해결할 수 있다). 이번 장을 통해서 여러분은 인자가 무엇이고, 어떻게 찾는지, 그리고 측정한 변수들의 관계에 관해 인자가 말해주는 것이(그런 것이 있다면) 무엇인지 알게 될 것이다.

17.3 인자 ②

여러 개의 변수를 측정한다면, 또는 사람들에게 자신에 관해 여러 가지 것을 물었다면, 각 변수 쌍(또는 질문 쌍)을 소위 R 행렬(R-matrix)로 배치할 수 있다. 여기서 R 행렬은 그냥 상관계수들의 행렬, 즉 각 변수 쌍의 상관계수들이 행과 열로 배치된 표이다(이런 행렬의 작은 버전을 제6장에서 이미 만나 보았다). R 행렬의 대각성분들은 모두 1이다(변수와 변수 자신의 관계는 항상 완전상관이므로). 비대각성분들은 주어진 두 변수(또는 두 질문)

인자가 뭐야?

의 상관계수이다.[1] 만일 변수들의 부분집합들 사이의 서로 연관된 변수들의 군집에서 비롯된 자료 집합의 군집을 형성하고 있다면, 그런 변수들이 동일한 바탕 차원의 여러 측면을 측정한 것일 가능성이 있다. 이러한 바탕 차원을 **인자**(factor)라고 부른다(잠재변수라고도 한다). **인자분석**(factor analysis)은 그보다 작은 크기의 인자 집합으로 축약한다. 이를 통해서, 상관행렬에 있는 공통의 변동을 최소한의 탐색적 구인(explanatory construct)들을 이용해서 최대한 많이 설명한다는 극도의 절약이 이루어진다.

사회과학에는 인자분석이 쓰인 예가 아주 많다. 심리학의 특성론(trait theory) 연구자들은 성격의 특성을 평가할 때 인자분석을 즐겨 사용한다. 아마 아이젱크가 측정한 외향성-내향성과 신경증 특성들(Eysenck, 1953)을 아는 독자들이 많을 것이다. 다른 대부분의 성격 설문들은 인자분석에 기초한다. 캐틀의 16가지 성격 인자 설문(Cattell's, 1966a)이 좋은 예이다. 그리고 그런 설문들은 업계에서 구인(직원 채용)을 목적으로 자주 쓰인다(심지어는 일부 종교 집단에서도 쓰

---

1 이 행렬을 R 행렬(또는 그냥 R)이라고 부르는 이유는, 이 행렬을 구성하는 피어슨 상관계수(제6장)를 흔히 r로 표기하기 때문이다. 그리고 소문자가 아니라 대문자 R이 쓰인 이유는, 행렬을 표기할 때는 대문자를 사용하는 것이 관례이기 때문이다. 그런데 하필이면 이 책이 설명하는 소프트웨어의 이름이 **R**이라서 조금 헷갈릴 수 있으니 조심하기 바란다. 대문자 R이 프로그램을 말하는지 상관계수 행렬을 말하는지는 문맥으로 구분할 수 있을 것이다. 구분이 어려울 때는 내가 직접 언급하겠다.

인다). 그러나, 비록 인자분석을 심리학자들이 가장 많이 활용하긴 하지만, 인자분석의 용도가 성격의 차원들을 측정하는 데 한정된 것은 아니다. 예를 들어 경제학자들도 생산성이나 수익, 노동력 같은 차원들을 기업 성장의 바탕 차원으로 축약하는 데 인자분석을 사용할 수 있다.

그럼 구체적인 예로, 사람의 인기도(popularity)를 구성하는 여러 측면을 측정한다고 상상해 보자. 그런 측면들로 생각해 볼 수 있는 것은 측정 대상자의 사회적 기술(Social Skills), 이기심(Selfish), 그 사람에 대한 다른 사람들의 관심 정도(Interest), 대화 중 대상자가 다른 사람에 관해 말하는 시간의 비율(Talk1), 대화 중 대상자가 자신에 관해 말하는 시간의 비율(Talk2), 그리고 다른 사람에게 거짓말을 하는 경향(Liar) 등이다. 이런 변수들을 측정한 후에는, 각 변수 쌍의 상관계수를 계산해서 R 행렬을 만든다. 그림 17.2에 그러한 행렬이 나와 있는데, 유의한 상관계수들은 굵은 글자로 표시했다. 행렬을 살펴보면 상관된 변수들의 군집이 두 개 있음을 알 수 있다. 그러한 변수들은 어떤 공통의 바탕 차원을 측정한 것일 가능성이 있다. 누군가가 대화 중에 다른 사람에 관해 이야기하는 시간은 사회적 기술 수준과 관심(다른 사람들에게서 받는)의 정도와 강하게 상관된 것으로 보인다. 또한, 사회적 기술 수준은 그러한 관심의 정도와 상관된 것으로 보인다. 이러한 관계들은 어떤 사람의 사회적 기술이 좋을수록 더 관심을 많이 받고 말이 많음을 나타낸다. 그러나 행렬에는 또 다른 변수 군집이 존재한다. 대화 중 자신에 관해 이야기하는 시간은 이기심과 거짓말 성향과 관련이 있다. 그리고 이기심은 거짓말 성향과 관련이 있다. 간단히 말하면, 이기적인 사람은 자신에 관해 이야기하길 좋아하고 거짓말을 할 가능성이 크다.

인자분석에서는 이러한 R 행렬에서 의미 있는 방식으로 모여 있는 변수들을 파악함으로써 행렬을 해당 바탕 차원으로 축약하려 한다. 좀 더 구체적으로는, 인자분석에서는 같은 그룹의 다른 변수와 상관관계가 높되 다른 그룹의 변수와는 상관관계가 높지 않은 변수들의 군집을 찾는다. 지금 예에서 그런 조건을 만족하는 변수들의 군집은 두 개인 것으로 보인다. 첫 인자

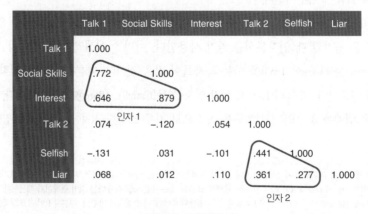

그림 17.2 R 행렬의 예

는 일반적인 사회성과 관련이 있는 것으로 보이고, 둘째 인자는 대상자가 다른 사람들을 사교적으로 대하는 방식(이를 '배려(consideration)'라고 부를 수도 있을 것이다)과 관련이 있는 것으로 보인다. 따라서, 어떤 사람의 인기도는 사회화 능력뿐만 아니라 다른 사람들에 대한 태도의 진정성에도 의존한다고 가정할 수 있다.

17.3.1 인자의 시각적 표현 ②

인자라는 통계학적 개체는 측정 변수들을 그린 그래프의 분류축(classification axis)으로 시각화할 수 있다. 각 인자를 어떤 그래프의 축이라고 생각하고, 그 축들을 기준으로 변수들을 자료점으로서 그래프에 표시한다고 상상하기 바란다. 이때 각 축에서의 한 변수의 좌표는 그 변수와 그 축이 나타내는 인자의 상관관계의 강도를 나타낸다. 그림 17.3은 인기도 자료(인자가 둘뿐인)에 대한 그러한 그래프이다. 우선 주목할 것은, 두 인자(축)의 축척이 −1에서 1이라는 점이다. 이는 상관계수의 범위와 일치한다. 따라서, 주어진 한 변수의 위치는 두 인자와의 상관 정도에 따라 결정된다. 그래프에서 둥근 점으로 표시된 세 변수는 인자 1(사회성: 수평축)과 상관관계가 높지만 인자 2(배려: 수직축)와는 상관관계가 낮은 변수들이다. 반대로, 삼각형으로 표시된 세 변수는 다른 사람들에 대한 배려와 상관관계가 높고 사회성과는 상관관계가 낮은 변

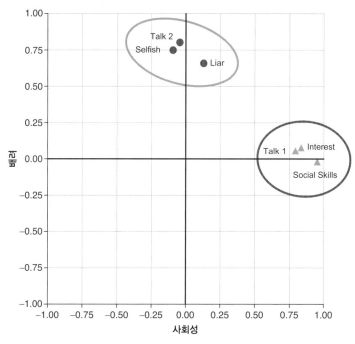

그림 17.3 인자 그래프의 예

수들이다. 이 그래프로 볼 때, 이기심, 자신에 관해 말하는 시간, 그리고 거짓말 성향은 모두 다른 사람들에 대한 배려라는 인자에 기여한다고 할 수 있다. 한편, 다른 사람들에 대한 관심과 다른 사람들의 그 사람에 대한 관심의 정도, 그리고 사회적 기술 수준은 사회성에 해당하는 둘째 인자에 기여한다. 따라서 이 그래프는 R 행렬에 명백히 드러나 있는 구조를 지지한다. 물론, 만일 이 자료에 세 번째 인자가 존재한다면 세 번째 축으로 표현할 수 있다(그러면 3차원 그래프가 된다). 자료 집합에 인자가 넷 이상일 수도 있으나, 그러면 2차원 평면에 그린 그래프로는 인자들을 모두 표현할 수 없다.

그래프의 각 축이 인자를 나타낸다고 할 때, 한 인자를 구성하는 변수들의 기여도를 그래프로 그려 볼 수 있을 것이다. 그러한 그래프에서 각 변수의 좌표는 인자와의 관계를 나타낸다. 이상적인 상황이라면, 한 변수는 한 축에 대해서는 좌표성분이 크고, 다른 축들에서는 작을 것이다. 그런 변수는 한 인자하고만 관계가 있는 것이라 할 수 있다. 그리고 같은 축에 대해 좌표성분이 큰 변수들은 어떤 공통의 바탕 측면의 서로 다른 측면을 측정한 것이라고 가정할 수 있다. 분류축에 따른 한 변수의 좌표성분을 **인자적재값**(factor loading)이라고 부른다. 인자적재값은 인자와 변수의 피어슨 상관계수에 해당하는 것이라고 생각하면 된다(초천재 제인 글상자 17.1 참고). 상관계수의 해석에 관해 배운 내용(§6.5.4.3)을 적용해 보면, 인자적재값의 제곱은 곧 한 변수가 한 인자에 실질적으로 얼마나 중요한지를 나타내는 측도임을 알 수 있을 것이다.

17.3.2 인자의 수학적 표현 ②

그림 17.3에서 축들은 직선이다. 수학적으로 직선은 직선방정식으로 서술할 수 있으므로, 결과적으로 인자를 직선방정식으로 서술할 수 있다.

자가진단
✓ 직선방정식은 무엇인가?

다음에서 보듯이, 인자를 서술하는 직선방정식은 선형모형을 서술하는 직선방정식과 본질적으로 같다.

$$Y_i = b_1 X_{1i} + b_2 X_{2i} + \ldots + b_n X_{ni} + \varepsilon_i$$
$$\text{인자}_i = b_1 \text{변수}_{1i} + b_2 \text{변수}_{2i} + \ldots + b_n \text{변수}_{ni} + \varepsilon_i \tag{17.1}$$

단, 이번에는 절편이 생략되어 있다. 직선(축)들이 모두 원점에서 만나기 때문에 절편은 항상 0이다. 방정식의 계수 b들은 인자적재값들에 해당한다.

인기에 관한 예로 돌아가서, 우리는 이 구인에 두 가지 인자가 깔려 있음을 발견했다. 바로 전반적인 사회성과 타인에 대한 배려이다. 따라서, 측정한 변수들로 그 두 인자를 서술하는 방정식들을 만들어 볼 수 있을 것이다. 다음이 그러한 방정식들이다.

$$
\begin{aligned}
Y_i &= b_1 X_{1i} + b_2 X_{2i} + \ldots + b_n X_{ni} + \varepsilon_i \\
\text{사회성}_i &= b_1 \text{Talk1}_i + b_2 \text{Social Skills}_i + b_3 \text{Interest}_i \\
&\quad + b_4 \text{Talk2}_i + b_5 \text{Selfish}_i + b_6 \text{Liar}_i + \varepsilon_i \\
\text{배려}_i &= b_1 \text{Talk1}_i + b_2 \text{Social Skills}_i + b_3 \text{Interest}_i \\
&\quad + b_4 \text{Talk2}_i + b_5 \text{Selfish}_i + b_6 \text{Liar}_i + \varepsilon_i
\end{aligned}
\tag{17.2}
$$

두 방정식의 형태가 동일함을 주목하기 바란다. 둘 다 측정한 모든 변수를 포함하고 있다. 그러나 두 방정식의 b 값들은 같지 않다(이 값들은 각 변수가 해당 인자에 얼마나 중요한지를 나타낸다). 이 b 값들에 구체적인 수치들, 즉 인자적재값들(그림 17.3에 나온 각 변수의 좌표성분들)을 대입하면 다음과 같은 공식들이 나온다.

$$
\begin{aligned}
Y_i &= b_1 X_{1i} + b_2 X_{2i} + \ldots + b_n X_{ni} + \varepsilon_i \\
\text{사회성}_i &= 0.87 \text{Talk1}_i + 0.96 \text{Social Skills}_i + 0.92 \text{Interest}_i \\
&\quad + 0.00 \text{Talk2}_i - 0.10 \text{Selfish}_i + 0.09 \text{Liar}_i + \varepsilon_i \\
\text{배려}_i &= 0.01 \text{Talk1}_i - 0.03 \text{Social Skills}_i + 0.04 \text{Interest}_i \\
&\quad + 0.82 \text{Talk2}_i + 0.75 \text{Selfish}_i + 0.70 \text{Liar}_i + \varepsilon_i
\end{aligned}
\tag{17.3}
$$

사회성 인자의 공식에서는 Talk1, Social Skills, Interest 변수의 b 값들이 크고 나머지 변수들(Talk2, Selfish, Liar)의 b 값들은 아주 작다(0에 가깝다). 이는 앞의 세 변수(b 값이 큰)가 이 인자에 아주 중요하고 뒤의 세 변수(b 값이 작은)는 아주 중요하지 않다는 뜻이다. 이는 인자 그래프에서 세 변수가 가까이 몰려 있다는 점과 부합한다. 여기서 핵심은, 인자 그래프와 이러한 방정식들이 같은 것을 나타낸다는 것이다. 그래프의 인자적재값들이 곧 이 방정식의 b 값들이다(단, 초천재 제인 글상자 17.1도 보라). 한편, 배려 인자는 사회성 인자와 반대의 패턴을 보인다. 즉, Talk2, Selfish, Liar의 b 값들이 크고 다른 세 변수의 b 값이 0에 가깝다. 이상적인 상황에서, 변수들은 한 인자에 대해서는 b 값이 아주 크고 다른 인자에 대해서는 아주 작다.

이러한 인자적재값들을 각 열이 각 인자에 대응되고 각 행이 인자들을 구성하는 각 변수에 대응되는 행렬 형태로 배치한다고 하자. 그러한 행렬을 흔히 A로 표기한다. 지금 예제(인기도 자료)의 경우 행렬 A는 다음과 같이 6행(변수당 1행) 2열(인자당 1열)로 이루어진다.

초천재 제인 17.1

패턴행렬과 구조행렬의 차이는 무엇인가? ③

앞에서 나는 인자적재값을 다소 모호하게 설명했다. 적재값이 변수와 주어진 인자의 상관계수에 해당한다고 말하기도 했고, 적재값을 회귀계수(*b*)로 설명하기도 했다. 제6장과 제7장에서 보았듯이 상관계수와 회귀계수는 상당히 다른 것이다. 그렇다면, 인자적재값이라는 한 가지 개념을 서로 다른 개념들로 설명하는 것은 모순이 아닐까?

꼭 그렇지는 않다. 대충 추려서 말하자면(내 두뇌에 아주 적합한 어법이다), 넓은 의미에서 상관계수와 회귀계수 모두 변수와 선형모형의 관계를 나타낸다. 따라서, 인자적재값은 인자에 대한 변수의 상대적인 기여도를 말해주는 값이라 할 수 있다. 이 정도로만 이해해도 인자분석을 수행하는 데 큰 문제가 없을 것이다.

그렇긴 하지만, 주어진 한 분석의 인자적재값이 동시에 상관계수이자 회귀계수일 수도 있다. 조만간 보겠지만, 인

자분석의 해석에는 회전(rotation)이라는 기법이 크게 도움이 된다. 간단하게만 소개하자면, 회전에는 직교회전과 사각회전이 있다(§17.3.9). 직교회전을 사용할 때는 모든 바탕 인자가 서로 독립이라고 가정한다. 이 경우 인자적재값은 인자와 변수의 상관계수임과 동시에 회귀계수이기도 하다. 다른 말로 하면, 이 경우에는 상관계수 값들이 회귀계수 값들과 같다. 그러나, 바탕 인자들이 서로 관련된 상황도 있다. 그런 상황에서는 사각회전을 사용하는데, 이 경우에는 회전의 결과로 나온 변수와 인자의 상관계수 값들이 해당 회귀계수의 값들과는 다르다. 이 경우는 사실상 두 종류의 인자적재값들이 나온다. 하나는 변수와 인자의 상관계수들이고 다른 하나는 인자에 대한 변수의 회귀계수들이다. 전자의 인자적재값(상관계수)들을 행렬로 모은 것을 **구조행렬**(structure matrix)이라고 부르고, 후자의 인자적재값(회귀계수)들을 행렬로 모은 것을 **패턴행렬**(pattern matrix)이라고 부른다. 이러한 계수들의 해석은 그 종류에 따라 상당히 다를 수 있다(Graham, Guthrie, & Thompson, 2003).

$$A = \begin{pmatrix} 0.87 & 0.01 \\ 0.96 & -0.03 \\ 0.92 & 0.04 \\ 0.00 & 0.82 \\ -0.10 & 0.75 \\ 0.09 & 0.70 \end{pmatrix}$$

행렬의 원소들을 방정식 (17.3)의 인자적재값들과 대응시켜 보면 이 행렬의 의미를 이해할 수 있을 것이다. 예를 들어 행렬의 첫 행은 첫 변수 Talk1에 대한 것이다. 첫 인자(사회성)에 대한 이 변수의 적재값은 .087이고 둘째 인자(배려)에 대한 적재값은 .01이다. 인자분석에서는 이러한 행렬을 **인자행렬**(factor matrix)이라고 부르고, **주성분분석**(principal components analysis)에서는 **성분행렬**(component matrix)이라고 부른다. 이 행렬의 여러 형태에 관해서는 초천재 제인 글상자 17.1을 보기 바란다.

인자분석의 주된 가정은 이러한 대수적(代數的) 인자들이 실세계의 차원들을 대표하며, 그러한 차원의 본성을 같은 인자에 대한 적재값이 큰 변수들을 조사해서 **추측해야** 한다는 것이다. 예를 들어 심리학자는 인자들이 마음(프시케)의 차원들을 대표한다고 믿을 것이고, 교육

연구자는 인자들이 능력(ability)들을 대표한다고 믿을 것이고, 사회학자는 인자들이 인종이나 사회계급들을 대표한다고 믿을 것이다. 그렇지만 그러한 가정이 과연 성립하는지는 아주 조심스럽게 접근할 필요가 있는 논점이다. 어떤 사람들은 인자분석에서 도출한 차원들이 단지 통계학적 의미에서만 사실일 뿐 현실에서는 허구라고 믿는다.

17.3.3 인자점수 ②

앞에서 보았듯이, 하나의 인자를 측정된 변수들, 그리고 인자에 대한 변수의 중요도(b 값)들로 서술할 수 있다. 따라서, 어떤 인자들이 존재하는지 식별하고 그 인자들을 서술하는 방정식을 추정했다면, 인자를 구성하는 변수들에 기초해서 그 인자에 대한 참가자의 점수도 추정할 수 있다. 그러한 점수를 **인자점수**(factor score)라고 부른다. 지금 예에서 어떤 사람의 사회성 점수를 유도하려면 여러 측도 점수들을 식 (17.3)에 대입하면 된다. 이러한 계산법을 **가중평균**(weighted average)이라고 부른다. 사실 이 방법은 너무 단순하고 거의 쓰이지 않지만, 원리를 설명하는 데에는 이 방법을 이용하는 것이 가장 쉬울 것이다. 예를 들어, 지금 예에서 여섯 가지 결과 측도의 축척이 모두 1에서 10이고, 한 참가자의 점수들이 Talk1 = 4, Social Skills = 9, Interest = 8, Talk2 = 6, Selfish = 8, Liar = 6이라고 하자. 이 값들을 식 (17.3)의 두 공식에 대입하면 이 사람의 사회성 인자점수와 타인에 대한 배려 인자점수가 나온다.

$$
\begin{aligned}
\text{사회성} &= 0.87\text{Talk1} + 0.96\text{Social Skills} + 0.92\text{Interest} \\
&\quad + 0.00\text{Talk2} - 0.10\text{Selfish} + 0.09\text{Liar} \\
&= (0.87 \times 4) + (0.96 \times 9) + (0.92 \times 8) + (0.00 \times 6) \\
&\quad - (0.10 \times 8) + (0.09 \times 6) \\
&= 19.22
\end{aligned}
$$

$$
\begin{aligned}
\text{배려} &= 0.01\text{Talk1} - 0.03\text{Social Skills} + 0.04\text{Interest} \\
&\quad + 0.82\text{Talk2} + 0.75\text{Selfish} + 0.70\text{Liar} \\
&= (0.01 \times 4) - (0.03 \times 9) + (0.04 \times 8) + (0.82 \times 6) \\
&\quad + (0.75 \times 8) + (0.70 \times 6) \\
&= 15.21
\end{aligned}
\tag{17.4}
$$

19.22와 15.21이라는 점수는 각각 이 사람이 얼마나 사회적인지, 그리고 타인을 얼마나 배려하는지를 나타낸다. 이 사람의 경우에는 사회성 점수가 배려 점수보다 높다. 그러나, 점수에는 측정의 축척이 영향을 미치므로, 만일 측도마다 다른 축척을 사용했다면 서로 다른 인자들의 인자점수를 비교하는 것은 무의미하다. 따라서 이러한 인자점수 계산법은 부족한 점이 많으며, 그래서 흔히 이보다 더 정교한 방법이 쓰인다.

17.3.3.1 회귀법 ④

인자적재값 대신 인자점수 계수를 식 (17.1)의 가중치로 사용하는 좀 더 정교한 인자점수 계산법이 여러 개 있다. 공식의 형태는 이전과 같되, b들에 인자적재값들이 아니라 인자점수 계수들을 대입한다는 점이 다르다. 그러한 여러 인자점수 계산법은 인자점수 계수를 계산하는 방법에 따라 나뉘는데, 가장 간단한 방법은 회귀법(regression method)이다. 이 방법에서는 변수들의 초기 상관관계를 고려해서 인자적재값들을 수정한다. 이에 의해 측정 단위의 차이가 사라지고 변수 분산들이 안정화된다.

이러한 인자점수 계수들의 행렬(B)을 구하는 방법은 간단하다. 그냥 인자적재값 행렬에 원래의 상관행렬, 즉 R 행렬의 역행렬(R^{-1})을 곱하면 된다. §16.4.4.1에서 보았듯이, 행렬을 행렬로 나눌 수는 없다. 대신 역행렬을 곱해야 한다. 따라서 인자적재값 행렬에 상관행렬의 역행렬을 곱한다는 것은 개념적으로 각 인자적재값을 그에 대응되는 각 상관계수로 나누는 것과 같다. 결과적인 인자점수행렬은 원래의 변수 쌍들의 관계를 고려해서 수정된 각 변수와 각 인자의 관계들을 나타낸다. 그런 차원에서, 이 행렬은 변수들과 인자들의 유일한(unique; 고유한) 관계를 좀 더 순수하게 대표하는 측도라 할 수 있다.

다음은 인기도 자료에 대한 행렬들로 계산한 인자점수 계수 행렬(B)이다. 사실 B의 성분들은 R(프로그램)의 출력에서 가져온 것이다. R^{-1}과 A를 손으로 직접 곱해도 같은 성분들이 나올 것이다. 행렬 대수에 익숙한, 또는 [Namboodiri, 1984]나 [Stevens, 2002]를 참고한 독자라면 직접 계산해서 확인해보기 바란다. 단, R과 같은 정밀도의 결과를 얻으려면 적어도 소수점 이하 다섯 자리까지 계산해야 한다.

$$B = R^{-1}A$$

$$B = \begin{pmatrix} 4.76 & -7.46 & 3.91 & -2.35 & 2.42 & -0.49 \\ -7.46 & 18.49 & -12.42 & 5.45 & -5.54 & 1.22 \\ 3.91 & -12.42 & 10.07 & -3.65 & 3.79 & -0.96 \\ -2.35 & 5.45 & -3.65 & 2.97 & -2.16 & 0.02 \\ 2.42 & -5.54 & 3.79 & -2.16 & 2.98 & -0.56 \\ -0.49 & 1.22 & -0.96 & 0.02 & -0.56 & 1.27 \end{pmatrix} \begin{pmatrix} 0.87 & 0.01 \\ 0.96 & -0.03 \\ 0.92 & 0.04 \\ 0.00 & 0.82 \\ -0.10 & 0.75 \\ 0.09 & 0.70 \end{pmatrix}$$

$$B = \begin{pmatrix} 0.343 & 0.006 \\ 0.376 & -0.020 \\ 0.362 & 0.020 \\ 0.000 & 0.473 \\ -0.037 & 0.437 \\ 0.039 & 0.405 \end{pmatrix}$$

인자적재값들의 패턴이 인자점수 계수들의 패턴과 같다는 점에 주목하기 바란다. 즉, 처음 세 변수는 첫 인자에 대한 적재값이 크고 둘째 인자에 대한 적재값이 작은 반면, 나머지 세 변수는 그와 반대이다. 단지 실제 가중치 값들이 이전과 다를 뿐인데, 지금의 인자점수 계수들은 변수들의 상관관계를 고려해서 수정한 것이라서 이전보다 크기가 작다. 이제 이 인자점수 계수들을 식 (17.2)의 공식들에 대입해서 두 인자점수를 구해보자.

$$\begin{aligned}
사회성 &= 0.343\text{Talk1} + 0.376\text{Social Skills} + 0.362\text{Interest} \\
&\quad + 0.000\text{Talk2} - 0.037\text{Selfish} + 0.039\text{Liar} \\
&= (0.343 \times 4) + (0.376 \times 9) + (0.362 \times 8) + (0.000 \times 6) \\
&\quad - (0.037 \times 8) + (0.039 \times 6) \\
&= 7.59
\end{aligned}$$

$$\begin{aligned}
배려 &= 0.006\text{Talk1} - 0.020\text{Social Skills} + 0.020\text{Interest} \\
&\quad + 0.473\text{Talk2} + 0.437\text{Selfish} + 0.405\text{Liar} \\
&= (0.006 \times 4) - (0.020 \times 9) + (0.020 \times 8) + (0.473 \times 6) \\
&\quad + (0.437 \times 8) + (0.405 \times 6) \\
&= 8.768
\end{aligned}$$
(17.5)

식 (17.5)는 한 참가자의 두 가지 인자점수를 해당 계수들을 이용해서 산출하는 방법을 보여준다. 각 변수의 점수는 앞의 식 (17.4)에 쓰인 것과 동일하다. 인자적재값들을 그대로 가중치로 사용해서 얻은 인자점수들에 비해, 이번의 인자점수들은 훨씬 비슷하다. 이는 여섯 변수의 서로 다른 분산들이 수정을 통해서 안정화되었기 때문이다. 두 인자점수가 아주 비슷하다는 점은 이 참가자가 사회성에 관련된 변수들에서 높은 점수를 받았을 뿐만 아니라 배려에 관련된 변수들에서도 높은 점수를 받았다는(즉, 두 인자 모두에서 높은 점수를 받았다는) 사실을 반영한다. 인자점수를 이런 식으로 계산하면 결과 점수들의 평균이 0이고 분산은 추정된 인자점수들과 실제 인자 값들 사이의 다중상관계수를 제곱한 것과 같다. 그러나 이러한 회귀법에는 변수의 점수들이 그 변수가 기초한 인자뿐만 아니라 다른 직교 인자의 인자점수들과도 상관될 수 있다는 단점이 있다.

올리버 트위스티드
선생님, 그거 더 가르쳐 주세요···. 행렬 대수요!

"매트릭스라··· 좋은 영화였지"라고 올리버가 감회에 빠진다. "나도 검은 옷을 입고 시간을 멈춘 상태에서 공중을 날아다니고 싶어. 아마 인자점수들의 매트릭스(matrix; 행렬)도 영화만큼 멋질 것 같아". 글쎄다, 올리버. 아마 실망할 거야. 그래도 시도는 해봐야겠다. 부록 웹사이트의 이번 장 보충 자료에 행렬들을 이용해서 인자점수들을 계산하는 자세한 방법이 나와 있다. 너무 기대는 하지 말길···.

17.3.3.2 인자점수의 용도 ②

인자점수의 용도는 여러 가지이다. 첫째로, 인자분석을 통해서 커다란 자료 집합을 일부 측정 변수들만으로 이루어진 더 작은 부분집합으로 줄였을 때, 인자점수는 그러한 측도 부분집합에 대한 개별 참가자의 점수에 해당한다. 따라서, 원래의 점수들 대신 그러한 인자점수들에 대해 추가적인 분석을 수행할 수 있다. 예를 들어 여성이 남성보다 더 사회적인지를 **사회성** 인자에 대한 인자점수들에 대한 t 검정으로 파악할 수 있을 것이다. 둘째 용도는 회귀분석의 공선성 문제를 극복하는 것이다. 다중회귀분석에서 다중공선성의 근원들이 발견되었다면, 그 분석의 해석에는 의문의 여지가 있는 것이다(§7.7.2.3 참고). 그런 상황이라면 예측변수들이 대해 주성분분석을 수행해서 예측변수들을 서로 무관한 인수들의 부분집합으로 축약해 볼 수 있다. 그러면 다중공선성 문제를 일으킨 변수들이 하나의 인수로 묶일 것이다. 이제 인자점수들을 예측변수들로 삼아서 회귀분석을 수행하면 다중공선성 문제가 사라질 것이다(해당 변수들이 하나의 인자로 묶였으므로).

이렇게 해서 인자가 무엇이고 그래프나 수학 공식으로 어떻게 표현되는지 살펴보았으며, 한 인자에 대한 개인의 '성과'를 나타내는 복합적인 점수들을 계산하는 방법도 설명했다. 지금까지 나는 일부러 논의를 개념적인 수준으로 한정하고, 인자라고 하는 신비한 생물을 실제로 찾아내는 방법은 애써 언급을 회피했다. 다음 절부터는 인자들을 찾아내는 방법을 설명한다. 좀 더 구체적으로는 인자를 찾는 여러 종류의 방법을 소개하고, 각 방법에 대해 그에 깔린 수학(주성분)을 설명한다. 또한, 인자가 중요한지 판정하는 기준과 주어진 해(solution)의 해석을 개선하는 방법도 살펴본다.

17.3.4 　인자를 찾아내는 여러 방법 ②

우선 알아야 할 것은, 자료에 존재하는 인자들을 드러내는 방법이 여러 가지라는 것이다. [Tinsley & Tinsley, 1987]에 여러 방법이 잘 설명되어 있다. 어떤 방법을 선택할 것인가는 분석에서 무엇을 얻고자 하는지에 따라 달라진다. 이때 고려할 사항이 두 가지 있는데, 하나는 자료 표본에서 발견한 사실들을 모집단으로 일반화할 것인지이고, 다른 하나는 특정 가설 없이 자료를 탐색하는 것이 목적인지 아니면 어떤 특정한 가설을 검증하려는 것인지이다. 이번 장에서는 인자분석을 이용해서 자료를 탐색하는 기법들을 설명한다. 잠재변수들의 구조와 상호 관계들에 관한 가설을 검증하는 것은 상당히 복잡한 문제인데, 다행히 **R**의 *sem*이나 *Lavaan* 같은 패키지의 도움을 받을 수 있다.[2] **확증적 인자분석**(confirmatory factor analysis)이라고 부르는 가설 검증 기법들에 관심이 있는 독자들에게 추천할만한 입문서로는 [Pedhazur & Schmelkin,

1991](특히 제23장)이 있다.

자료 탐색이 목적이라고 할 때, 다음으로는 발견된 사실을 수집된 표본에만 적용할 것인지(기술적 방법) 아니면 모집단으로 일반화할 것인지(추론적 방법)를 결정해야 한다. 원래 인자분석은 가설을 만들기 위해 먼저 자료를 탐색하는 것을 목적으로 고안된 것이다. 그런 만큼, 인자분석은 해당 모집단 전체에 적용하는 기법으로 간주되었다. 이 때문에 특정 기법들은 사용된 표본이 곧 모집합이며, 따라서 분석 결과를 해당 표본 이상으로는 일반화할 수 없다고 가정한다. 주성분분석이 그런 기법의 예이고, **주축 인자추출**(principal axis factoring)이라고도 하는 주인자분석(principal factor analysis)도 그러한 예다. 주성분분석과 주인자분석은 선호되는 방법들이며, 흔히 비슷한 해를 산출한다(§17.3.6 참고). 이 방법들을 사용할 때는 결론을 수집된 표본에만 한정해야 하며, 다른 표본들에 대한 분석에서도 동일한 인자 구조가 발견되었을 때만 결과를 일반화해야 한다.

한편, 참가자들이 무작위로 선택되었으며 측정된 변수들이 우리가 관심이 있는 변수들의 모집단을 구성한다고 가정하는 접근 방식들도 있었다. 그러한 가정에서는 표본에서 얻은 결과를 그보다 큰 모집단으로 일반화하는 기법이 가능하다. 그러나, 모든 발견은 오직 측정된 변수들의 집합에 대해서만 참이라는 제약이 따른다(그러한 집합이 전체 변수 모집단을 구성한다고 가정했으므로). 이런 범주의 기법으로는 최대가능도법(Harman, 1976)과 카이저의 알파 인자추출 등이 있다. 그중 어떤 것을 선택하는지는 대체로 자료로부터 어떤 일반화를 꾀하고자 하는지에 달려 있다.[3]

17.3.5 공통성 ②

다음 단계로 나아가기 전에, R 행렬에 있는 분산에 관한 기본 사항 몇 가지를 이해할 필요가 있다. 주어진 임의의 측도(변수)에 대한 점수들의 변동의 양(분산)을 계산하는 것이 가능하다. 분산과 그 계산법은 독자도 익숙할 것이다(아니라면 제2장을 보기 바란다). 특정 변수의 총 변동은 두 부분으로 구성되는데, 하나는 다른 변수(측도)들과 공유하는 부분이고, 다른 하나는 그 변수에만 해당하는 부분이다. 전자를 **공통분산**(common variance)이라고 부르고, 후자를 **유일분산**(unique variance)이라고 부른다. 이 유일분산이라는 용어는 흔히 특정한 하나의 측도만으로 신뢰성 있게(reliably) 설명할 수 있는 분산을 가리키는 데 쓰인다. 그런데 특정한 하나의 측도만

---

2 *Lavaan*보다 *sem*이 좀 더 사용하기 쉽지만, 비정상적 상황을 처리하는 능력은 떨어진다(*sem*은 R Commander를 만든 존 폭스가 작성했다).

3 지금 와서 하는 이야기지만, 사실 주성분분석과 인자분석은 다른 것이다. 그 둘을 같은 것으로 설명한 이유는 기본적으로 내가 바보 같은 통계학 강사이기 때문이지만, 꼭 그런 것만은 아닐 수도 있음이 잠시 후에 밝혀질 것이다.

으로 설명할 수 있지만 그리 신뢰성 있게 설명할 수는 없는 분산도 있다. 그런 분산을 오차분산(error variance) 또는 **임의분산**(random variance)이라고 부른다. 그리고 한 변수에 존재하는 공통분산의 비율을 **공통성**(communality)이라고 부른다. 자신에만 한정된 분산(유일분산이나 임의분산)이 전혀 없는 변수의 공통성은 1이고, 다른 변수들과 분산을 전혀 공유하지 않는 변수의 공통성은 0이다.

인자분석에서 우리의 관심사는 자료에 있는 공통의 바탕 차원들을 발견하는 것이므로, 기본적으로는 공통분산에만 관심을 둔다. 따라서, 인자분석을 수행할 때 기본적으로 우리는 자료에 존재하는 분산 중 공통분산이 어느 정도인지 파악하려 한다. 그런데 그러면 우리는 논리적인 모순에 빠지게 된다. 인자분석을 수행하려면 자료에 존재하는 공통분산의 비율을 알아야 하는데, 공통분산이 어느 정도인지 알아내는 유일한 방법이 바로 인자분석이다. 이 문제를 극복하는 두 가지 접근 방식이 있다. 첫째는 분산 전체가 공통분산이라고 가정하는 것이다. 다른 말로 하면, 모든 변수의 공통성이 1이라고 가정한다. 이러한 가정에서 인자분석을 수행하는 것은 원래의 자료를 여러 선형 성분들로 분해하는 것에 해당한다(이를 주성분분석이라고 부른다). 둘째 접근 방식은 각 변수의 공통성 값을 추정함으로써 공통분산의 양을 추정하는 것이다. 공통성을 추정하는 방법은 여러 가지인데, 각 변수와 다른 모든 변수의 다중상관제곱(squared multiple correlation, SMC)을 이용하는 방법들이 가장 널리 쓰인다(**알파 인자추출**(alpha factoring)도 그런 방법 중 하나이다). 예를 들어 인기도 자료에 대해, **Selfish**(이기심 측도)를 결과변수로 두고 다른 다섯 측도를 예측변수로 두어서 다중회귀를 실행했다고 하자. 그 결과로 나온 다중 R^2(§7.6.2)을 Selfish 변수의 공통성 추정값으로 사용할 수 있다. 이 접근 방식은 인자분석(주성분분석과는 다른)에 쓰인다. 일단은 추정값들로 인자분석을 수행하고, 바탕 인자들을 추출한 후에는 추출된 인자들과 각 변수의 다중상관계수에 해당하는 공통성 값들을 계산한다. 이 경우 공통성 값은 추출된 인자들로 설명되는 분산의 비율을 나타내는 측도이다.

17.3.6 인자분석 대 주성분분석 ②

방금 이야기했듯이, 자료 집합에 존재하는 바탕 차원들을 식별하는 방법은 인자분석과 주성분분석 두 가지이다. 이 기법들은 공통성 추정값이 다르다. 두 기법의 접근 방식의 차이를 간단히 말하자면, 인자분석은 수학적 모형을 유도해서 인자들을 추정하고, 주성분분석은 그냥 원래의 자료 집합을 일단의 선형 변량들로 분해한다(두 절차의 좀 더 자세한 차이점은 [Dunteman, 1989]와 [Widaman, 2007]을 보기 바란다). 그런 만큼, 바탕 인자들을 추정할 수 있는 것은 인자분석뿐이며, 인자분석으로 추정한 인자들이 정확하려면 여러 가지 가정이 성립해야 한다. 한편, 주성분분석에서는 자료에 선형 성분들이 존재하는지, 그리고 그 성분에 어떤 변수가 기여하는지에만 관심을 둔다. 이론 설명과 관련해서 이번 장은 인자분석보다는 주성분분석에 집중한다. 그 이유는, 주성분분석이 정신건강 측면에서 더 안전한 절차이기 때문이다. 즉, 인자분석보다 주성분분석이 개념적으로 덜 복잡하며, 이전 장(제16장)에서 배운 판별분석과도 비슷한 점이 많다.

그렇긴 하지만, 두 기법이 같은 문제에 대해 서로 다른 해를 산출하는지의 여부는 고려할 필요가 있다. 과다뇰리와 벨리체르는 관련 문헌들을 상세히 개괄한 후 주성분분석이 산출한 해가 인자분석으로 유도한 해와 조금 다르다는 결론을 내렸다(Guadagnoli & Velicer, 1988). 그러나 실용적인 차원에서는 그러한 결론이 참이 아닌 상황들도 존재한다. 스티븐스는 관련 증거들을 요약하면서 변수가 30개 이상이고 모든 변수의 공통성 값이 .7보다 클 때는 서로 다른 해가 나올 가능성이 작지만, 변수가 20개 미만이고 공통성 값이 .4보다 작은 변수가 존재할 때는 해들이 다를 수 있다는 결론을 제시했다(Stevens, 2002).

한편, 클리프는 이러한 논증과는 반대되는 결론을 설득력 있게 제시했다(Cliff, 1987). 그의 논문에 따르면, 인자분석을 지지하는 사람들은 "주성분분석은 잘 해봐야 오차가 있는 공통인자분석 정도의 결과를 제공할 뿐이고, 최악의 경우에는 아무것도 결정할 수 없는 식별 불가능한 쓰레기 더미를 산출한다고 주장한다"(p. 349). 사실 이 문제는 어느 정도 감정 섞인 논쟁을 부르는 주제이다. 어떤 사람들은 주성분분석을 사용할 때는 그것을 인자분석으로 설명하지 말아야 하며, 결과로 나온 주성분에 대해 어떤 실질적인 의미를 부여하면 안 된다고 주장한다. 그러나, 통계학자가 아닌 사람들에게는 주성분과 인자의 차이를 개념화하기가 쉽지 않다(어차피 둘 다 선형모형이다). 그리고 둘의 차이는 주로 그 계산 과정에서만 드러날 뿐이다.[4]

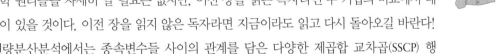

17.3.7 주성분분석의 이론 ③

주성분분석은 다변량분산분석이나 판별함수 분석(제16장)과 아주 비슷한 방식으로 작동한다. 관련 수학 원리들을 자세히 알 필요는 없지만, 이전 장을 읽은 독자라면 두 기법의 비교에서 배우는 점이 있을 것이다. 이전 장을 읽지 않은 독자라면 지금이라도 읽고 다시 돌아오길 바란다!

다변량분산분석에서는 종속변수들 사이의 관계를 담은 다양한 제곱합 교차곱(SSCP) 행렬을 계산했다. 이전 장에서 언급했듯이, 제곱합 교차곱 행렬을 분산-공분산 행렬로 변환하는 것은 어렵지 않다. 분산-공분산 행렬은 제곱합 교차곱 행렬과 같은 정보를 나타내되, 성분

---

4 그래서 나는 이번 장에서 지금까지 주성분이라는 용어와 인자라는 용어를 섞어서 사용했다. 이 용어들을 이런 식으로 사용하는 것을 보고 분통을 터뜨리는 통계학자들(그리고 심리학자들)도 있겠지만, 그런 사람들이 읽으라고 내가 이 책을 쓰지는 않았다. 방법론적 차이가 있다는 것을 내가 모르는 것은 아니지만, 배우는 사람의 관점에서 본다면, 두 기법의 차이점이 아니라 유사점을 강조하는 것이 학습에 도움이 된다고 생각한다.

들이 평균으로 바뀐(즉, 관측의 수를 고려한) 형태이다. 또한, 이전 장에서는 분산-공분산 행렬의 각 성분을 해당 표준편차로 나누면 분산-공분산 행렬이 표준화된다는 점도 이야기했다. 표준화된 분산-공분산 행렬은 곧 상관행렬(correlation matrix)이다. 주성분분석에서는 주로 상관행렬을 다룬다(분산-공분산 행렬을 분석하는 것도 가능하긴 하지만). 여기서 핵심은, 이 상관행렬이 나타내는 정보가 다변량분산분석의 SSCP 행렬이 나타내는 정보와 거의 같다는 점이다. 상관행렬은 그냥 제곱합 교차곱 행렬의 평균 버전을 표준화한 것일 뿐이다.

다변량분산분석에서는 실험 변동의 서로 다른 구성요소들(모형이 설명하는 변동과 잔차가 설명하는 변동)을 나타내는 여러 제곱합 교차곱 행렬을 사용했다. 주성분분석에서 공분산행렬이나 상관행렬을 그런 식으로 분해할 수는 없다(모든 자료가 같은 참가자들의 그룹에서 비롯되므로). 다변량분산분석에서는 모형 변동 대 잔차 변동의 비를 나타내는 제곱합 교차곱 행렬 성분들, 즉 변량들이 궁극적인 해석 대상이었다. 그러한 변량들은 실험의 그룹들을 분리하는 선형 차원에 해당하며, 종속변수들은 그러한 바탕 성분(차원)들에 대응된다. 요약하자면, 다변량분산분석에서 우리는 종속변수들의 어떤 선형결합으로 그룹들을 분리할 수 있는지를 살펴본다. 이 변량들은 제곱합 교차곱 행렬의 고유벡터들을 계산해서 구한다. 구할 수 있는 변량의 개수는 p(종속변수 개수)와 $k-1$(여기서 k는 그룹 개수) 중 더 작은 것이다. 주성분분석에서도 이와 비슷한 계산을 수행한다(기본적인 개념을 설명하기 위해 다소 단순화한 것임을 주의할 것). 행렬로부터 변량들을 추출한다는 점은 다변량분산분석과 같다. 단, 이 경우 행렬은 상관행렬이다. 그리고 주성분분석에서는 관측값들의 그룹들이 없으므로, 구할 수 있는 변량의 수는 항상 측정한 변수들의 개수(p)와 같다. 변량들은 다변량분산분석에서처럼 상관행렬의 고유벡터들로 서술된다. 고유벡터의 성분들은 해당 변량의 각 변수의 가중치이다(식 (16.5) 참고). 이 가중치들은 곧 앞에서 설명한 인자적재값들이다. 각 고유벡터에서 가장 큰 고윳값은 각 변량(성분)의 실질적 중요도(기여도)를 나타내는 대표적인 지표이다. 여기서 핵심은, 고윳값이 상대적으로 큰 인자들만 남기고 고윳값이 상대적으로 작은 인자들은 무시한다는 것이다.

한 인자의 고윳값을, 그 인자의 인자적재값들의 제곱을 모두 더해서 계산할 수도 있다. 인자분석에서는 이런 방식이 별로 쓸모가 없다. 어차피 인자적재값을 구하려면 고윳값들을 계산해야 하기 때문이다. 그러나 고윳값들을 이해하는 데에는 이 방식이 도움이 될 수 있다. 어떤 인자의 인자적재값들이 클수록, 해당 변수들에 존재하는 변동 중 그 인자가 설명하는 부분이 더 많기 때문이다.

정리하자면, 주성분분석은 다변량분산분석과 비슷한 방식으로 진행된다. 우선 변수들의 관계를 나타내는 행렬을 구하고, 그 행렬의 고윳값들을 계산해서 행렬의 선형 성분(변량 또는 인자라고도 한다)들을 구한다. 그로부터 고유벡터들을 구하는데, 고유벡터의 성분들은 해당 인자의 각 변수의 인자적재값이다(즉, 이들이 바로 식 (17.1)의 b 값들이다). 또한, 고윳값은 해당 고유벡터의 실질적 중요도를 나타내는 측도이기도 하다.

17.3.8 인자추출: 고윳값과 산비탈그림 ②

주성분분석에서 모든 인자가 분석에 포함되지는 않는다. 그리고 어떤 인 자가 통계적으로 중요한지를 결정하는 데 쓰이는 기준에 대해서는 논쟁 의 여지가 있다. 앞에서 언급했듯이, 한 변량에 관련된 고윳값은 그 인자 의 실질적 중요도(substantive importance)를 나타낸다. 따라서 고윳값이 큰 인자들만 유지하는 것이 합리적인 방법일 것이다. 이처럼 특정 인자들만 분석에 유지하는 것을 인자 **추출**(extraction)이라고 부른다. 그런데 어떤 인자가 중요하다고 판정하려면 인자의 고윳값이 얼마나 커야 할까? 캐틀이 주창한 한 기법에 서는 인자들을 X 축으로, 해당 고윳값들을 Y 축으로 두어서 그래프를 그린다(Cattell, 1966b). 그러한 그래프를 **산비탈그림**(scree plot; 또는 스크리 그래프)이라고 부른다(이런 이름이 붙은 것은, 그래프 하단이 마치 산비탈에 바위가 굴러내려 모여 있는 모습이기 때문이다). 이전에 언급했듯이, 주성 분분석에서 구할 수 있는 인자의 개수는 변수의 개수와 같고, 인자마다 고윳값이 있다. 고윳 값들을 그래프로 그려 보면 각 인자의 중요도를 눈으로 확인할 수 있다. 보통의 경우 고윳값이 꽤 큰 인자가 소수이고 고윳값이 비교적 작은 인자가 다수이다. 그래프 상에서 이는 높은 봉 우리 다음에 '산비탈'이 있고 그다음에 긴 꼬리가 이어지는 형태로 나타난다(그림 17.4). 캐틀은 산비탈의 바닥에서 선이 크게 꺾어지는(즉, 기울기가 크게 변하는) 변곡점을 추출 기준으로 삼아 야 한다고 주장했다(Cattell, 1966b). 그림 17.4에서, 그래프의 수직 산비탈 부분을 요약하는 점 선 직선과 수평 꼬리 부분을 요약하는 점선 직선을 주목하기 바란다. 그 두 직선이 만나는 점 이 바로 변곡점이다. 그림 17.4의 두 예 모두, 변곡점은 세 번째 자료점(인자)에 해당하는 지점 이다. 따라서 이 두 예에서 추출하는 인자는 두 개이다. 즉, 변곡점 왼쪽에 있는 두 인자만 분 석에서 유지하는 것이다(변곡점 자체에 해당하는 인자는 포함하지 않는다).[5] 참가자가 200명 이상 인 표본에서 이러한 산비탈그림은 인자추출을 위한 상당히 신뢰성 있는 기준이 된다(Stevens, 2002).

산비탈그림이 아주 유용하긴 하지만, 이 기준 하나만으로 인자들을 선택해서는 안 된다. 카이저는 고윳값이 1보다 큰 모든 인자를 유지하라고 권했다(Kaiser, 1960). **카이저 기준**(Kaiser's

---

[5] 사실 원래의 논문에서 캐틀은 변곡점에 있는 인자도 유지하라고 권했다. 이유는 "적어도 하나의 공통 오차 인자를 일종의 '쓰레기 통'으로 삼아서 포함하는 것이 바람직하기" 때문이라는 것이었다. 여기에 깔린 개념은 변곡점이 하나의 오차 인자를 나타낸다는 것이다. 그러나 실제 응용에서 이 쓰레기통 인자를 실제로 유지하는 경우는 거의 없다. 서스톤은 인자를 필요한 것보다 많이 유지 하는 것보다는 필요한 것보다 적게 유지하는 것이 낫다고 주장했다. 그래서 대부분의 사람은 변곡점에 있는 인자를 유지하지 않는다.

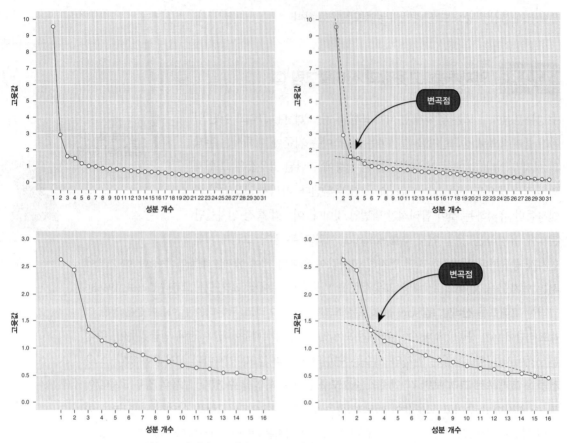

그림 17.4 잠재적으로 바탕 인자가 두 개인 자료에 대한 산비탈그림의 예

criterion)이라고 부르는 이 기준의 근거는, 고윳값이 한 인자가 설명하는 변동의 양을 나타내며, 고윳값이 1인 인자는 변동의 상당 부분을 설명한다는 것이다. 한편 졸리프는 카이저 기준이 너무 엄격하다고 지적하면서 고윳값이 .7보다 큰 모든 인자를 유지하라는 세 번째 기준을 제시했다(Jolliffe, 1972, 1986). 경우에 따라서는, 카이저의 방법을 사용했을 때 유지되는 인자의 수와 졸리프의 방법을 사용했을 때 유지되는 인자의 수가 엄청나게 다를 수 있다.

이 기준들을 전반적으로 평가하자면, 대체로 카이저 기준은 유지해야 할 인자들의 수를 과대평가하는 경향이 있다(초천재 제인 글상자 17.2). 그러나 변수가 30개 미만이고 추출 이후의 공통성 값들이 모두 .7보다 클 때는 이 기준이 정확하다는 증거들도 존재한다. 또한, 표본 크기가 250을 넘고 평균 공통성이 .6 이상일 때도 카이저 기준이 정확하다. 그 외의 상황에서는, 표본 크기가 200 이상이라면 그냥 산비탈그림을 보고 판단하는 것이 최선일 것이다(좀 더 자세한 내용은 [Stevens, 2002]를 보라).

그러나, 통계학에서 흔히 그렇듯이 이 세 기준이 각자 다른 해를 제공하는 경우가 많다. 그 본문의 인자추출 논의는 다소 단순화된 것이다. 사실 카이저 기준에는 근본적인 문제점들이 존재한다(Nunnally & Bernstein, 1994; Preacher & MacCallum, 2003). 그중 하나를 들자면, 1이라는 고윳값의 의미가 분석에 따라 다를 수 있다. 예를 들어 변수가 100개일 때 고윳값 1은 해당 인자가 분산(변동)의 1%를 설명한다는 뜻이지만, 변수가 10개일 때는 해당 인자가 분산의 10%를 설명한다는 뜻이 된다. 그 두 상황이 아주 다름은 명백하며, 따라서 두 경우에 동일한 규칙을 적용하는 것은 적합하지 않다. 또한, 지금 맥락에서 고윳값은 해당 인자가 하나의 변수로서 분산을 얼마나 설명하는지를 나타낼 뿐인데, 이는 애초에 변수들을 '좀 더 실질적인' 바탕 인자로 축약한다는 분석의 원래 의도와는 잘 맞

지 않는다(Nunnally & Bernstein, 1994). 따라서, 카이저 기준은 종종 인자 개수를 과대평가한다.

유지할 인자의 개수를 결정하는 다른 방법들도 존재하지만, 본문에서 설명한 것보다 복잡하다(그래서 본문에서 다루지 않고 여기서 언급하는 것이다). 아마도 최고의 방법은 평행분석(parallel analysis; Horn, 1965)일 것이다. 간단히 설명하자면, 이 방법은 각 고윳값(인자의 크기를 나타낸다)을 분석할 자료와 같은 특성을 가진 다수의 무작위 생성 자료 집합에 있는 해당 인자의 고윳값들과 비교한다. 결과적으로 이는 각 고윳값을 바탕 인자가 존재하지 않는 자료 집합의 고윳값과 비교하는 것에 해당한다. 마치 측정된 인자가 존재하지 않는 인자보다 큰지 묻는 것과 비슷하다. 이 평행분석에서는 해당 '무작위' 인자보다 큰 인자들을 유지한다. 평행분석, 산비탈그림, 카이저 기준 중 대체로 카이저 기준이 가장 나쁘고, 평행분석이 가장 좋다(Zwick & Velicer, 1986).

런 경우에는 인자들의 공통성을 고려해야 한다. 주성분분석에서는 일단 모든 인자를 유지하는 것으로 시작한다. 이때 공통성은 1이다(모든 분산이 공분산이라고 가정하므로). 이는 자료에 존재하는 선형 변량들을 찾는 것에 해당한다. 즉, 그냥 그 어떤 정보도 폐기하지 않고 자료를 변환한다. 그런데 변수들 사이에 **정말로** 존재하는 공통의 변동을 발견하려면 의미 있는 인자들만 남기고 그 외의 사소한 인자들은 폐기해야 한다. 인자들을 폐기하면 관련된 정보가 소실되므로, 유지된 인자들은 자료의 변동 전체를 설명하지 못한다. 따라서, 추출 이후에는 공통성이 항상 1보다 작다. 유지된 인자들이 원래의 변수들과 완벽하게 대응되지는 않는다. 이 인자들은 단지 자료에 존재하는 공통의 변동을 반영하는 것일 뿐이다. 공통성 값은 정보가 어느 정도나 소실되었는지를 말해준다는 점에서 중요한 통계량이다. 공통성이 1에 가까울수록 인자들은 원래의 자료를 더 잘 설명한다. 그런데 인자들을 더 많이 유지할수록, 공통성 값이 커진다(정보가 덜 소실되므로). 따라서, 공통성 값은 인자들을 너무 적게(필요한 것보다 적게) 유지했는지를 나타내는 좋은 측도라 할 수 있다. 사실, 일반화된 최소제곱 인자분석과 최대가능도 인자분석에서는 인자 해(factor solution)의 적합도에 대한 통계적 측도가 존재한다(이러한 적합도 검정에 관해서는 다음 장에서 설명한다). 기본적으로 그 측도는 인자 해가 설명하는 분산의 비율을 측정한 것이다(따라서, 인자추출 이전과 이후의 공통성을 비교한 값이라고 생각해도 될 것이다).

추출할 인자의 선택과 관련해서 마지막으로 덧붙이자면, 인자를 몇 개나 추출할 것인지는 분석의 목적과도 관련이 있다. 예를 들어 회귀분석의 다중공선성 문제를 극복하기 위해 인

자분석을 사용하는 것이라면, 인자를 너무 적게 추출하는 것보다는 너무 많이 추출하는 것이 나을 수 있다.

17.3.9 해석의 개선: 인자 회전 ③

회전을 꼭 해야 하나?

인자들을 추출한 다음에는, 각 변수가 각 인자에 얼마나 무겁게 '실려 (load)' 있는지를 계산할 수 있다. 그 값이 바로 인자적재값(가중치)이다. 대체로, 대부분의 변수들은 가장 중요한 인자 하나에 대해서만 적재값이 크고, 그 외의 모든 인자에 대해서는 적재값이 작다. 그런데 이러한 특성은 해석을 어렵게 만든다. 그래서 인자 회전이라는 기법을 이용해서 인자들을 좀 더 차별화한다. 변수들의 그래프에서 인자가 하나의 분류축이라고 할 때, 대부분의 변수가 단 하나의 인자에만 적재값이 최대인 상황에서 그러한 인자에 해당하는 분류축을 회전하는 것이 바로 인자 회전(rotation)이다. 그림 17.5는 인자가 단 두 개인 상황에 대한 인자 회전의 예이다.

그림 17.5의 시나리오는 다음과 같다. 어떤 사회학자가 대학 강사들을 하나의 인구학적 (demographic) 그룹으로 분류하는 데 관심을 두었다고 상상해 보자. 그 연구자는 이 그룹을 두 가지 바탕 차원으로 가장 잘 서술할 수 있음을 발견했다. 하나는 알코올 중독(alcoholism) 이고(학술회의를 가보면 학자들이 술을 엄청나게 마신다는 점을 알 수 있다), 다른 하나는 성취도 (achievement)이다. 첫 인자인 알코올 중독에는 일단의 변수들이 모여 있다(짙은 색 원들). 이 변수들은 이를테면 주당 취한 횟수, 의존성과 강박적 성격 같은 측도들이다. 또 다른 인자인 업적에도 여러 변수가 모여 있다(옅은 색 원들). 이 변수들은 이를테면 연봉, 직위, 연구 논문 출판 횟수 등이다. 그래프의 자료점들을 보면 옅은 색 원들은 인자 2에 대한 적재값이 크고(그 축을 따라 원점에서 멀리 떨어져 있다) 인자 1에 대해서는 적재값이 중간 정도이다(축을 따라 그리 멀리 떨어져 있지 않았다). 반대로, 짙은 색 원들은 인자 1에 대한 적재값이 크고 인자 2에 대해서는 중간 정도이다. 점선들은 두 축을 회전한 것인데, 회전된 축들은 각각 해당 변수 군집을 통과한다. 다른 말로 하면, 회전에 의해 변수들의 적재값이 관련 인자(군집을 통과하는 축에 해당하는 인자)에 대해서는 최대화되고, 나머지 인자(들)에 대해서는 최소화된다. 만일 한 축이 변수들의 군집을 통과하면, 다른 축에 대해서는 그 변수들의 적재값이 거의 0이 된다. 이런 개념이 잘 이해가 되지 않는다면 그림 17.5에서 회전 이전과 이후의 자료점들의 좌표성분들을 살펴보기 바란다 (회전된 축들이 수평, 수직이 되도록 책을 회전하면 도움이 될 것이다).

회전의 종류는 두 가지인데, 앞 문단에서 설명한 것은 **직교회전**(orthogonal rotation)이다. 그림 17.5의 왼쪽이 이에 해당한다. 제10장에서 말한 직교는 둘이 무관하다는 뜻이었는데, 이를 지금 맥락에도 적용할 수 있다. 즉, 직교회전 이전에 무관했던(즉, 서로 독립적이었던) 인자들은 직교회전 이후에도 여전히 무관하다. 이는, 직교회전이 축들의 수직 관계를 보존하면서 축들을 회전하기 때문이다.[6] 또 다른 회전은 **사각회전**(oblique rotation)이다. 직교회전과는 달리 사각(斜角)회전에서는 회전 이전에 무관했던 인자들이 회전에 의해 상관관계가 생길 수 있다(그림 17.5의 오른쪽 그래프를 보면 회전 후의 축들은 더 이상 수직이 아니다).

어떤 회전을 사용하느냐는 인자들이 관계가 있는지 아니면 무관한지에 대한 튼튼한 이론적 근거가 있는지에 따라 다르다(단, 잠시 후의 추가 해설도 보기 바란다). 또한, 회전 이후에 변수들이 인자들에 어떤 식으로 몰려 있는지에 따라서도 달라진다. 지금 예에서 첫 기준을 생각해 보면, 강사의 알코올 중독 정도가 강사의 성취도와 완전히 무관하다고 기대하지는 않을 것이다(성취도가 높을수록 스트레스가 많아서 술을 찾게 될 것이므로). 그런 이론적인 근거가 충분히 튼튼하다고 생각한다면 사각회전을 선택해야 할 것이다. 둘째 기준의 경우, 그림 17.5는 변수 군집의 위치가 회전의 성과에 얼마나 중요한지를 잘 보여준다. 만일 오른쪽 그래프에 사각회전이 아니라 직교회전을 적용했다면, 옅은 색 점들의 적재값들은 최대화되지 않았을 것이다. 회전 방법을 선택하는 한 가지 접근 방식은 두 회전을 모두 사용해서 분석을 실행해 보는 것이다. 페다주르와 슈멜킨은 만일 사각회전 후에 추출된 인자들의 상관관계가 무시할 수 있을 정도로 작다면 직교회전을 사용하는 것이 합당하다고 제안한다(Pedhazur & Schmelkin, 1991). 반대로, 사각 회전에 의해 인자들의 상관관계 구조가 드러났다면, 직교 회전의 결과는 폐기해야 할 것이다. 어떤 경우이든, 사각회전은 바탕 인자들이 이론적으로 관련이 있을 만한 좋은 이유가 있을 때만 사용해야 한다.

인자 회전에 깔린 수학은 복잡하다(특히, 사각회전에서는 각 축(인자)이 각자 다른 각도로 회전하기 때문에 더 복잡하다). 인자를 회전하려면 **인자변환행렬**(factor transformation matrix)이 필요하다. 흔히 Λ(람다)로 표기하는 인자변환행렬은 하나의 정방행렬인데, 그 차원 수는 자료에서 추출할 행렬의 개수에 따라 다르다. 예를 들어 인자를 두 개 추출할 때는 인자변환행렬이 2×2 행렬이고, 인자가 네 개일 때는 4×4 행렬이다. 인자변환행렬은 축의 회전각(θ)의 사인들과 코사인들로 이루어진다. 이 행렬을 회전되지 않은 인자적재값들의 행렬 A에 곱하면 회전된 인자적재값들의 행렬이 나온다.

인자가 두 개일 때 인자변환행렬은 다음과 같은 모습이다.

$$\Lambda = \begin{pmatrix} \cos\theta & -\sin\theta \\ \sin\theta & \cos\theta \end{pmatrix}$$

---

6 직교(orthogonal)라는 용어 자체가 두 선이 수직으로 만난다는 뜻이다.

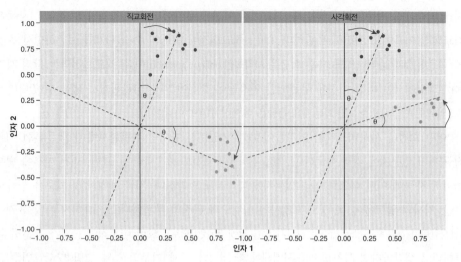

그림 17.5 인자 회전을 보여주는 도표들. 왼쪽 그래프는 직교회전, 오른쪽 그래프는 사각회전이다(자세한 내용은 본문을 보라). θ는 축들의 회전각이다.

개념적으로 이러한 행렬은 축들을 얼마나 회전해야 하는지, 즉 인자들을 어느 정도나 회전해야 하는지를 나타낸다. 회전각 θ의 값은 반복적인 방식으로 구하는데, 구체적인 방법은 여러 가지이다(R의 영혼의 조언 8.1 참고).

17.3.9.1 인자 회전 방법의 선택 ③

R은 직교회전을 위한 방법 네 가지(R이 인식하는 옵션 이름은 **varimax**, **quartimax**, BentlerT, geominT)와 사각회전을 위한 방법 다섯 가지(oblimin, **promax**, simplimax, BentlerQ, geominQ)를 지원한다. 각 부류의 방법들은 인자 회전각을 구하는 방식이 다르며, 따라서 어떤 방법을 사용하느냐에 따라 다른 결과가 나온다.

가장 중요한 직교회전 방법은 쿼티맥스(quartimax)와 배리맥스(varimax)이다. 쿼티맥스는 한 변수의 인자적재값들이 모든 인자에 대해 최대한 넓게 퍼지는 회전각을 찾는다. 그런 각도로 축들을 회전하면 변수들을 해석하기가 쉬워진다. 대신, 하나의 인자에 다수의 변수들이 높은 적재값을 가지는 결과가 나오는 경우가 많다. 한편 배리맥스는 인자들 안에서의 적재값들의 분산이 최대가 되는 각도를 찾는다. 즉, 각 인자에 대해 적재값이 큰 변수들의 개수가 줄어드는 각도를 추구한다. 초기 분석에서는 배리맥스를 선택하는 것이 바람직하다. 일반적으로 그렇게 하면 인자들의 해석이 간단해지기 때문이다.

사각회전에서 중요한 두 방법은 프로맥스(promax)와 오블리민(oblimin)이다. 둘 중 프로맥스가 더 빠르다. 이 방법은 아주 큰 자료 집합에 맞게 설계된 것이다. (이 회전들의 수정 방법이나 다른 회전 방법들에 관심이 있다면, 심지어 새로운 회전 방법을 직접 만들고 싶다면, *psych* 패키지의

GPARotate() 함수를 참고하기 바란다.)

이론적으로, 어떤 회전 방법을 선택하는가는 바탕 인자들이 연관되어 있다고 가정하는지의 여부에 따라 다르다. 인자들이 독립이라고 생각한다면 직교회전 방법 중 하나를 선택해야 한다(나는 배리맥스를 추천한다). 그러나, 인자들이 상관되어 있다고 가정할 이론적 근거가 있다면 **직접 오블리민**(direct oblimin)을 선택해야 마땅하다. 실제 응용에서는, 자연스러운 자료에 대해서는, 특히 사람과 관련된 모든 자료에 대해서는 직교회전이 전혀 말이 안 된다고 믿을만한 강한 근거가 존재한다(어떤 방식으로든 다른 심리학적 구인과 연관되지 않은 심리학적 구인이 있을 것으로 생각하기는 어렵다). 그런 만큼, 직교회전은 아예 사용하지 말아야 한다고 주장하는 사람들도 있다.

17.3.9.2 인자적재값의 실질적 중요도 ②

초기 분석을 통해서 인자 구조가 드러났다면, 다음으로는 그 인자들을 구성하는 변수들을 식별하는 것이 중요하다. 앞에서 이야기했듯이, 인자적재값은 주어진 인자에 대한 주어진 변수의 실질적 중요도를 나타내는 측도이다. 따라서, 인자를 구성하는 변수들을 해당 인자적재값을 기준으로 선별하는 것이 합리적이다. 인자적재값의 통계적 유의성을 평가하는 것도 가능하나(어차피 인자적재값은 그냥 상관계수 또는 회귀계수이므로), 여러 가지 이유로 그러한 유의성 평가가 생각만큼 쉽지는 않다(Stevens, 2002, p. 393 참고). 보통의 경우 연구자들은 적재값의 크기(절댓값)가 0.3보다 큰 변수를 중요한 변수로 간주한다. 그러나 한 인자적재값의 유의성은 표본 크기에 의존한다. 스티븐스는 인자적재값을 판정하는 데 사용할 임계값들의 표를 만들었다(Stevens, 2002). 간단하게 요약하자면, 스티븐스는 표본 크기가 50이면 0.722보다 큰 인자적재값을 유의하다고 간주하고, 표본 크기가 100이면 0.512, 표본 크기가 200이면 0.364, 600이면 0.21, 1000이면 0.162보다 큰 인자적재값을 유의하다고 간주할 것을 추천했다. 이 값들은 알파수준 .01(양쪽꼬리)에 기초한 것이므로 여러 개의 적재값을 검정하는 데 사용할 수 있다(좀 더 자세한 사항은 [Stevens, 2002]를 보라). 이러한 임계값들을 사용하는 경우, 표본이 아주 크면 적재값이 작아도 통계적으로 의미가 있다고 간주된다. (**R**에서 인자적재값의 유의성을 검사하는 것이 가능하지만, 그 방법이 꽤 복잡하며, 거의 쓰이지 않는다. 스티븐스의 지침을 적용한다면 변수들과 인자들의 구조에 대해 어느 정도 통찰을 얻을 수 있을 것이다.)

그런데 인자적재값의 유의성이 해당 인자에 대한 해당 변수의 실질적 중요도를 말해주는 것은 아니다. 그 중요도는 인자적재값을 제곱해서 구할 수 있는데, 그러한 제곱은 인자의 변동 중 변수가 설명하는 부분의 비율에 대한 추정값에 해당한다(R^2과 비슷하다). 이 점에 근거해서 스티븐스는 절댓값이 0.4보다 큰(이는 해당 변수가 인자 변동의 약 16% 이상을 설명함을 뜻한다) 인자적재값만 해석할 것을 추천한다(Stevens, 2002).

17.4 연구 예제 ②

인자분석의 한 가지 용도는 설문지(questionnaire) 개발이다. 피험자의 어떤 능력(ability)이나 특성(trait)을 측정하려면, 피험자에게 묻는 질문들이 측정하고자 하는 구인(construct)과 관련이 있어야 한다. 나는 R 때문에 스트레스를 많이 받는 학생들을 많이 보았기 때문에, 내가 'R 불안(anxiety)'이라고 이름 붙인 한 측도를 측정하는 설문지를 설계하고 싶었다. 나는 불안을 느끼는/느끼지 않는 학생들과 인터뷰를 진행하고, 그에 기초해서 '전혀 그렇지 않다'에서 '보통이다'를 거쳐서 '매우 그렇다'까지의 5점 리커트 척도(Likert scale) 응답란이 있는 문항 스물세 개를 고안해서 R 불안 설문지(R anxiety questionnaire, RAQ)라는 이름의 설문지를 완성했다. R 학습에 대한 학생의 불안의 여러 측면을 측정하는 이 설문지가 그림 17.6에 나와 있다.

이 설문지는 주어진 개인이 R 사용법 학습에 관해 얼마나 불안해 할 것인지를 예측하기 위해 고안된 것이다. 또한, 나는 R에 관한 불안이 구체적인 형태의 불안들로 어떻게 분해되는지도 알고 싶었다. 다른 말로 하면, R에 관한 불안을 구성하는 잠재변수들을 이 설문지로 파악하고자 했다. 이 설문지로 측정한 자료가 **raq.dat** 파일에 있다. 이 파일을 R에 불러들여서 살펴보기 바란다. 우선 주목할 것은 자료의 형식이다. 이제는 잘 알겠지만, 일반적으로 R에서 사례(참가자의 점수)들은 여러 행으로 저장되고, 변수들은 여러 열로 대표된다. 이 자료도 이전 장들의 여러 자료처럼 그런 형식으로 되어 있다. 자료에서 주목할 또 다른 점은, Q01에서 Q23까지 23개의 변수가 있다는 점이다.

올리버 트위스티드

선생님, 그거 더 가르쳐 주세요…. 설문지요!

"소매치기 재능을 측정하는 설문지를 만들고 싶은데,"라고 올리버가 말을 꺼낸다. "어떻게 하면 될까요?" 부록 웹사이트의 이번 장 보충자료에 설문지 설계 시 해야 할 일과 하지 말아야 할 일에 관한 유용한 정보가 있으니 참고하기 바란다. 그 글이 얼마나 유용했는지를 '1 = 전혀 유용하지 않음'에서 '5 = 매우 유용함'의 리커트 척도로 평가하기 바란다.

17.4.1 표본 크기 ②

상관계수는 표본에 따라 다르며, 표본들이 작을수록 변동이 더 크다. 따라서 인자분석의 신뢰성은 표본 크기에도 의존한다. 인자분석에서 표본 크기의 중요성에 관한 문헌이 여럿 발표되었으며, 그런 만큼 '일반 법칙'들도 많이 나와 있다. 흔히 쓰이는 규칙은, 변수당 참가자 수가 적어도 10~15는 되어야 한다는 것이다. 나는 이 규칙을 여러 곳에서 들었지만, 그 실험적 근거는 명확하지 않다([Nunnally, 1978]에 변수당 참가자 수가 100~150이어야 한다는 이야기가 나오긴 한다). 캐스와 틴슬리는 사례가 300개 이하일 때는 변수 당 참가자 수를 5에서 10으로 두는 것이 좋

① = 전혀 그렇지 않다, ② = 그렇지 않다, ③ = 보통이다, ④ = 그렇다, ⑤ = 매우 그렇다

		①	②	③	④	⑤
1	통계학 때문에 울고 싶다.	○	○	○	○	○
2	R을 잘 다루지 못하는 나를 친구들이 바보라고 생각할 것이다.	○	○	○	○	○
3	표준편차를 보면 괜히 신이 난다.	○	○	○	○	○
4	피어슨이 상관계수로 나를 공격하는 꿈을 꾼다.	○	○	○	○	○
5	나는 통계학을 모른다.	○	○	○	○	○
6	컴퓨터를 사용한 적이 거의 없다.	○	○	○	○	○
7	모든 컴퓨터는 나를 미워한다.	○	○	○	○	○
8	예나 지금이나 수학을 잘 못한다.	○	○	○	○	○
9	내 친구들이 나보다 통계학을 더 잘한다.	○	○	○	○	○
10	컴퓨터는 게임을 할 때나 유용하다.	○	○	○	○	○
11	중고등학교 때 수학을 못했다.	○	○	○	○	○
12	R을 이용하면 통계학이 쉬워진다고 들었는데, 아니었다.	○	○	○	○	○
13	컴퓨터를 잘 못해서, 컴퓨터가 고칠 수 없을 정도로 고장 나지는 않을까 걱정된다.	○	○	○	○	○
14	컴퓨터에 지능이 있어서, 내가 뭘 할 때마다 일부러 나를 방해하는 것 같다.	○	○	○	○	○
15	컴퓨터가 나를 골탕 먹이려 한다.	○	○	○	○	○
16	중심성향이라는 말을 들으면 사람들 앞에서 울곤 한다.	○	○	○	○	○
17	수학 공식이 나오면 혼수상태가 된다.	○	○	○	○	○
18	R을 사용하려 할 때마다 프로그램이 다운된다.	○	○	○	○	○
19	내가 R을 사용하면 모두가 나를 본다.	○	○	○	○	○
20	고유벡터 생각 때문에 잠을 못 이룬다.	○	○	○	○	○
21	정규분포에 갇힌 꿈을 꾸다 깨기도 한다.	○	○	○	○	○
22	내 친구들이 나보다 R을 잘한다.	○	○	○	○	○
23	내가 통계학을 잘하면 사람들이 나를 괴짜(nerd)라고 생각할 것이다.	○	○	○	○	○

그림 17.6 R 불안 설문지

다고(사례가 그보다 많으면 변수 당 참가자 수와는 무관하게 검정 측도들이 안정화되는 경향이 있다) 권장한다(Kass & Tinsley, 1979). 실제로 타바크닉과 피델은 "인자 분석을 위해서는 사례가 적어도 300은 되어야 편안하다"는 데 동의하며(Tabachnick & Fidell, 2007, p.613), 컴리와 리는 300을 좋은 표본 크기로, 100을 나쁜 크기로, 1000을 훌륭한 크기로 분류한다(Comrey & Lee, 1992).

다행히 최근에는 시뮬레이션 자료에 기초한 실험(소위 몬테카를로 연구)의 형태로 실증적 연구가 이루어졌다. 아린델과 판 더 엔더는 실제 자료를 이용해서 다양한 변수당 참가자 수의 효과를 조사했다(Arrindell & van der Ende, 1985). 그들은 이 수가 달라도 인자 해의 안정성은 그리 달라지지 않는다는 결론을 내렸다. 과다놀리와 벨리체르는 신뢰성 있는 인자 해를 결정하는 데 가장 중요한 요인은 절대 표본 크기와 인자적재값의 절대 크기임을 발견했다(Guadagnoli & Velicer, 1988). 간단히 말하면, 그들은 .6보다 큰 인자적재값이 넷 이상인 인자는 표본 크기와는 무관하게 신뢰성이 있다고 주장한다. 더 나아가서, .40보다 큰 인자적재값이 10개 이상

인 인자는 표본 크기가 150보다 크면 신뢰성이 있다. 마지막으로, 낮은 인자적재값들이 많은 인자는 표본 크기가 300 이상이 아닌 한 해석하지 말아야 한다. 매컬럼, 위다만, 장, 홍은 최소 표본 크기나 표본 대 변수 비가 연구 설계의 다른 측면들에 의존함을 보였다(MacCallum, Widaman, Zhang & Hong, 1999). 간단히 말해서, 그들의 연구는 공통성 값이 작으면 표본 크기의 중요성이 증가함을 나타낸다. 모든 공통성이 .6 이상이면 비교적 작은 표본(100 미만)이 완벽하게 적합할 수 있다. 공통성들이 .5 부근일 때는 표본 크기가 100에서 200 사이이면 충분히 좋은 결과를 얻을 수 있다. 그런 경우 각각 적은 수의 지표(indicator) 변수들을 가진 비교적 적은 인자들이 나온다. 공통성 값들이 .5보다 훨씬 작고 바탕 인자들이 많은 최악의 시나리오에는 500 이상의 표본 크기를 권장한다.

이러한 연구에서 한 가지 확실한 점은, 표본 크기가 300 이상이면 안정적인 인자 해가 나올 가능성이 크다는 것이다. 그러나 현명한 연구자라면 이론적으로 발견하리라 기대하는 인자들을 모두 측정하기에 충분한 개수의 변수들만 측정할 것이다.

또 다른 대안은 흔히 KMO로 줄여 쓰는 카이저-마이어-올킨 표본 적합도(Kaiser-Meyer-Olkin measure of sampling adequacy; Kaiser, 1970)를 사용하는 것이다. KMO는 각 참가자와 여러 변수에 대해 계산할 수 있다. 이 KMO 통계량은 변수들 사이의 상관계수의 제곱과 변수들 사이의 편상관계수의 제곱의 비를 나타낸다. 따라서 그 범위는 0에서 1까지이다. KMO가 0이면 편상관계수들의 합이 상관계수들의 합에 비해 큰 것인데, 이는 상관계수들이 넓게 퍼져 있는 패턴에 해당한다(따라서 이런 경우에는 인자분석이 부적합할 가능성이 있다). KMO가 1에 가까우면 상관계수들이 비교적 한데 몰려 있는 것이며, 따라서 인자분석에서 서로 구별되고 신뢰성 있는 인자들이 나올 가능성이 크다. 카이저는 .5를 허용할 수 있는 값의 하한으로 삼으라고 권장한다(Kaiser, 1974). 그보다 작은 값이면 자료를 더 수집하거나, 분석에 포함할 변수들을 다시 선택하는 것이 좋을 것이다. 더 나아가서, .5에서 .7 사이의 값들은 평범하고, .7과 .8 사이의 값은 좋으며, .8과 .9 사이의 값은 훌륭하고, .9보다 크면 뛰어나다(Hutcheson & Sofroniou, 1999).

17.4.2 변수들의 상관관계 ③

내가 학부생일 때 통계학 강사는 항상 "쓰레기를 넣으면 쓰레기가 나온다"라고 말했다. 이 격언은 인자분석에 특히나 잘 적용된다. 왜냐하면 R은 어떤 변수들을 지정하든 나름의 인자 해를 산출하기 때문이다. 그러나 제대로 선택한 변수들이 아니라면, R이 산출한 해는 아무런 의미도 없을 수 있다. 인자분석이나 주성분분석에서 가장 먼저 할 일은 변수들의 상관관계를 살펴보는 것이다. 이때 존재할 수 있는 잠재적 문제는 크게 두 가지로, (1) 상관관계가 충분히 높지 않은 것과 (2) 상관관계가 너무 높은 것이다. 변수들의 상관관계는 *cor()* 함수(제6장)로 모든 변수의 상관행렬을 만들어서 점검할 수 있다. 1번 문제점과 2번 문제점 모두, 그 해결책은 분석에서 변수들을 제거하는 것이다. 그럼 두 문제점을 차례로 살펴보자.

　설문지의 질문들이 동일한 바탕 차원(들)을 측정한다면, 해당 변수들이 서로 연관되어 있을 것이라고 기대할 수 있다(같은 것을 측정한 결과이므로). 질문들이 같은 것의 서로 다른 측면들을 측정할 때도(예를 들어 전반적인 불안을 걱정, 떨칠 수 없는 생각, 생리학적 각성 같은 부분 요소들로 측정할 수 있다) 그러한 하위 특성들에 관련된 변수들의 상관관계가 높을 것이다. 상관관계가 충분히 높지 않은 문제점은 상관행렬에서 값이 약 .3 미만인 성분들을 찾아보면 파악할 수 있다. 만일 그런 성분들이 많은 변수가 있다면, 그 변수를 분석에서 배제하는 것을 고려해 봐야 한다. 물론 이런 접근 방식은 대단히 주관적이다. 앞에서 나는 '약 .3'이나 '많은' 같은 애매한 문구를 사용했는데, 모든 자료 집합이 서로 다르기 때문에 그럴 수밖에 없었다. 자료의 분석은 요리책을 따라 하듯이 아무나 할 수 있는 일이 아니고, 고민과 숙련과 필요한 기술이다.

　전반적인 상관관계가 너무 낮은지를 객관적으로 판정하고 싶다면, 아주 극단적인 시나리오를 기준으로 삼는 방법이 있다. 만일 변수들이 전혀 무관하다면 상관행렬은 단위행렬(비대각성분이 모두 0인 행렬; §16.4.2를 볼 것)이 될 것이다. **바틀렛 검정**(Bartlett's test)은 모집단의 상관행렬이 단위행렬과 비슷한지 검사한다. 모집단 상관행렬이 단위행렬을 닮았다는 것은 모든 변수가 다른 모든 변수와 별로 관계가 없다는 뜻이다(즉, 상관계수들이 모두 0에 가깝다). 만일 모집단 상관행렬이 아예 단위행렬이라면, 모든 변수가 서로 완전히 무관하다는(즉, 모든 상관계수가 0) 뜻이다. 지금 우리는 비슷한 것들을 측정하는 변수들의 군집을 찾고 있으므로, 그런 상황은 당연히 문제가 된다. 변수들이 무관하다면 그런 군집은 존재하지 않을 것이기 때문이다. 바틀렛 검정은 자료의 상관행렬이 단위행렬과 유의하게 다른지를 검사한다. 따라서, 바틀렛 검정 결과가 유의하다면 변수들의 (전체적으로) 상관계수들이 0과 유의하게 다른 것이다. 더 간단히 말하면, 바틀렛 검정 결과가 유의하면 좋은 것이다. 그러나 다른 여러 유의성 검정처럼 이 검정도 표본 크기에 의존하는데, 인자분석에서는 대체로 표본 크기가 아주 크다. 따라서, 바틀렛 검정 결과가 유의하지 않다면 확실히 문제가 있는 것이고, 검정 결과가 유의하다고 해도 자료에 문제점이 아예 없다고(즉, 인자분석이 의미 있을 정도로 상관관계들이 높다고) 확신할 수는 없다. 다른 여러 변수와의 상관관계에서 아주 낮은 변수가 발견되었다면, 인자분석에서 그 변수를 배제하는 것이 바람직할 것이다.

　다음으로 2번 문제점, 즉 변수들의 상관관계가 너무 높은 경우를 살펴보자. 적당한 수준의 다중공선성은 인자분석에 문제가 되지 않지만, 다중공선성이 너무 높은(즉, 변수들의 상관관계가 너무 높은) 상황과 **특이성**(singularity; 또는 단일성), 즉 변수들이 완벽하게 상관된 상황은 피해야 한다. 회귀분석에서처럼 인자분석에서도 다중공선성은 문제가 된다(주성분분석에서는 다중공선성이 문제가 되지 않는다). 다중공선성이 존재하면, 상관관계가 높은 변수들로 이루어진 인자에 대한 유일 기여를 결정하는 것이 불가능해지기 때문이다. 따라서, 상관행렬에서 너무 작은 상관계수들뿐만 아니라 너무 큰 상관계수($r > .8$)들도 찾아봐야 한다. 그런데 이런 발견법적 접근 방식의 문제점은, $r = .9$로 상관된 두 변수의 효과가 이를테면 $r = .6$으로 상관된 세 변수의 효과보다 작을 수 있다는 것이다. 다른 말로 하면, 그런 상관관계가 높은 변수들이 다중공선성 문제의 근원이 아닐 수 있으며, 따라서 그것들을 제거한다고 해도 다중공선성 문제가 해결되지 않을 수 있다(Rockwell, 1975).

다중공선성은 R 행렬의 판별식으로 검출할 수 있다. 그러한 판별식을 $|R|$로 표기한다(초천재 제인 글상자 17.3 참고). 한 가지 간단한 일반 법칙은 R 행렬의 판별식이 0.00001보다는 커야 한다는 것이다.

상관행렬에 다중공선성 문제가 존재한다는 근거를 확보했다면, 분석을 더 진행하기 전에 먼저 상관행렬에서 상관계수가 아주 큰($R > .8$) 변수들을 찾아서 둘 중 하나를(또는, 문제의 심각성에 따라서는 둘 다) 제거하는 것을 고려할 필요가 있다. 어떤 변수가 문제의 근원인지는 시행착오를 거쳐서 밝혀내야 할 것이다(상관관계가 높은 두 변수가 아니라 상관관계가 두드러지게 높지는 않은 여러 변수가 문제의 근원일 수도 있다).

초천재 제인 17.3

판별식이란? ③

행렬의 판별식(determinant)은 인자분석에서 중요한 진단 도구이다. 그러나 판별식이 구체적으로 무엇인지 설명하기란 쉽지 않다. 왜냐하면, 판별식은 수학적 개념인데 나는 수학자가 아니기 때문이다. 내가 수학을 잘 하는 척하는 대신, http://mathworld.wolfram.com에 판별식이 수학적으로 잘 설명되어 있다는 점만 언급하고 넘어가는 것이 좋겠다. 그러나 수학을 건너뛰고 판별식을 개념적으로 설명하는 것은 해볼 만한 일이다. 나는 상관행렬의 판별식이 자료의 '면적'을 나타내는 것이라고 이해하고 있다. 초천재 제인 글상자 16.2에 아래의 두 그래프가 나왔었다.

그때 나는 이 그래프들을 이용해서 고유벡터와 고윳값을 설명했다(둘 다 자료의 형태를 서술한다). 판별식은 고유벡터 및 고윳값과 관련이 있지만, 자료의 높이와 너비 대신 자료의 전체적인 면적(넓이)을 서술한다. 아래의 왼쪽 그래프에서 판별식은 점선 타원의 면적을 나타낸다. 상관계수가 작은 변수들은 판별식(면적)이 크다. 판별식의 최댓값은 1이다. 오른쪽 그래프는 변수들이 완전하게 상관된 시나리오, 즉 특이성 상황을 나타낸 것이다. 타원(점선)이 거의 직선처럼 찌그러졌음을 주목하기 바란다. 타원의 한쪽이 다른 쪽과 거의 만난 상태라서, 전체적인 면적이 0에 가깝다. 따라서, 판별식을 보면 상관행렬이 특이성인지(판별식 = 0), 아니면 모든 변수가 완전히 무관한지(판별식 = 1), 아니면 그 두 극단의 중간 어딘가인지 알 수 있다.

인자분석을 위해서는 변수들의 상관관계가 적당해야 할 뿐만 아니라, 변수들이 대체로 정규 분포를 따라야 한다. 또한, 변수들이 구간 수준에서 측정된 것이어야 한다(리커트 측도로 측정한 변수들은 구간 수준에서 측정된 것이라고 가정할 수 있다. 단, 그 가정이 틀렸을 수도 있다). 분석 결과를 수집된 표본 이상으로 일반화하려 할 때는 정규성 가정이 가장 중요하다. 연속이 아닌 자료에 대해서도 인자분석을 수행할 수 있다. 예를 들어 이분적 변수들이 있다면 다분상관계수 (polychoric correlation coefficient)들로 상관행렬을 만들어야 한다(그런 상관계수들은 제6장에서 사용한 *polycor* 패키지의 *polychor()* 함수로 계산할 수 있다).[7]

17.5　R Commander를 이용한 인자분석 실행 ①

R Commander의 메뉴를 살펴보면 '요인 분석'이라는 항목이 있는데, 이것이 이번 장에서 말하는 인자분석에 해당한다. R Commander의 인자분석 기능은 다소 제한적이다. 한 종류의 추출 방법(최대가능도)만 지원하는데, 그 방법은 잘 될 때는 좋지만 잘 되지 않을 때가 많다. 그 방법이 왜 되지 않는지, 그럴 때 어떻게 해야 하는지를 이해하기란 쉽지 않다(그리고 해결책은 그냥 다른 종류의 추출 방법을 사용하는 것일 때가 많다). 그래서 나는 R Commander로 인자분석을 실행하지 않는 것을 추천한다.

17.6　R을 이용한 인자 분석 실행 ②

17.6.1　이번 장에서 사용하는 패키지 ①

이번 장은 여러 개의 패키지를 사용한다. 필요한 패키지는 *corpcor*, *GPArotation*(회전을 위해), *psych*(인자분석을 위해)이다. 이들을 아직 설치하지 않은 독자라면 다음 명령들을 실행하기 바란다.

```
install.packages("corpcor"); install.packages("GPArotation"); install.
packages("psych")
```

---

[7]　*polychor* 함수의 이름에 h가 있음을 주의하기 바란다. 패키지 이름 *polycor*는 polyserial correlation에서 온 것이고, 함수 이름 *polychor*는 polychoric correlation에서 온 것이다(또한, 이들이 이 책에 쓰이는 여러 패키지를 작성한 존 폭스가 작성한 것이라는 점도 주목하기 바란다).

설치가 끝났으면, 다음 명령들을 실행해서 패키지들을 적재한다.

```
library(corpcor); library(GPArotation); library(psych)
```

17.6.2 초기 준비 및 분석 ②

인자분석이나 주성분분석을 실행하려면 원본 자료를 사용할 수도 있고, 상관행렬을 따로 계산해서 사용할 수도 있다. 사례들이 엄청나게 많다면(여기서 '엄청나게'는 적어도 10만 개이고, 아마도 100만 개에 가까운 수이다) 먼저 상관행렬을 계산한 후 그것으로 인자분석을 수행하는 것이 낫다. 사례들이 그렇게 많지는 않다면 어떤 방법을 사용하든 상관없다. 단, 이 단계에서 분석이 잘 안 될 수도 있다는 점을 염두에 두기 바란다. 분석이 되지 않는 이유는, 분석할 상관행렬에 뭔가 이상한 점이 있기 때문일 경우가 많다(R의 영혼의 조언 17.1).

먼저 자료를 *raqData*라는 데이터프레임에 적재한다. 작업 디렉터리가 적절히 설정된(§3.4.4 참고) 상태에서 다음 명령을 실행하기 바란다.

```
raqData<-read.delim("raq.dat", header = TRUE)
```

지금은 자료의 모든 변수를 인자분석에 포함할 것이므로, 이 데이터프레임을 그대로 사용한다. 이제 *cor()* 함수(제6장)를 이용해서 상관행렬을 계산한다.

```
raqMatrix<-cor(raqData)
```

이 명령은 상관행렬을 계산해서 *raqMatrix*라는 변수에 배정한다. 이 행렬을 인자분석에 사용할 수 있다(단, 꼭 그래야 하는 것은 아니다). 그런데, 앞에서 말한 여러 가지 이유로, 분석 전에 이 행렬을 미리 살펴보는 것이 좋다. 눈을 보호하기 위해 상관행렬 성분들을 소수점 아래 두 자리로 반올림해서 출력하기로 하자. 다음처럼 *round()* 함수를 사용하면 된다.

```
round(raqMatrix, 2)
```

cor() 함수가 만든 *R* 행렬(상관행렬)이 출력 17.1에 나와 있다. 인자분석을 위해서는 변수들이 어느 정도 상관되어야 하지만, 완벽하게 상관되어서는 안 된다는 점은 이제 익히 알고 있을 것이다. 또한, 다른 어떤 변수와도 무관한 변수는 제거해야 한다. 그럼 지금 이 행렬에 문제가 될 만한 성분들이 있는지 살펴보자. 우선 .3보다 큰 상관계수를 찾고, 그 값보다 큰 상관계수가 그리 많지 않은 변수들을 찾아야 한다. 그런 다음에는 상관계수 자체를 살펴보면서 .9보다 큰 상관계수가 있는지 찾는다. 만일 그런 상관계수가 있다면, 자료에 존재하는 다중공선성 때문에 문제가 생길 수 있으니 조심해야 한다.

R의 영혼의 조언 17.1 　양이 아닌 정부호행렬에 관한 경고 메시지 ④

종종 상관행렬이 양이 아닌 정부호행렬(non-positive definite matrix)일 때가 있다. 그런 경우 R은 다음과 같은 다소 엉뚱한 경고 메시지를 출력한다.

경고메시지(들):
1: In log(det(m.inv.r)) : NaN이 생성되었습니다
2: In log(det(r)) : NaN이 생성되었습니다

　R이 자기 딴에는 친절하게 알려주려고 한 것은, R 행렬(상관행렬)의 판별식이 음수라서 판별식의 로그를 계산할 수 없었다는 것이다('NaN'은 'not a number'의 약자로, 수가 아닌 수, 즉 수학적으로 존재할 수 없는 수라는 뜻이다). 이 문제를 흔히 양이 아닌 정부호행렬 문제라고 부른다.

　양이 아닌 정부호행렬이란? 앞에서 이야기했듯이, 인자분석에서는 상관행렬을 살펴본다. 인자분석이 제대로 되려면 이 상관행렬이 '양의 정부호행렬(positive definite matrix)'이어야 한다. 양의 정부호행렬은 아주 간단히 말하면 행렬의 고윳값들과 판별식이 양수이어야 한다는 것인데, 수학적으로 제대로 설명하려면 그보다 훨씬 복잡하다. 웹을 찾아본 바로는, 이를 가장 잘 설명하는 자료는 http://www2.gsu.edu/~mkteer/npdmatri.html이다. 개념적으로 설명하자면, 인자는 공간에 떠다니는 선분과 비슷한 것이고, 고윳값은 그 선분의 길이에 해당한다. 고윳값이 음수라는 것은 그 선분(인자)의 길이가 음수라는 뜻이다. 이는 "키가 몇이세요?"라는 질문에 "마이너스 175cm인데요"라고 대답하는 것만큼이나 말이 되지 않는다. 인자들을 살펴보기 위해 상관행렬을 분해하는 과정에서 음의 고윳값을 만나면 R은 '이런, 보통의 수학 법칙들이 적용되지 않고 사물의 길이가 음수일 수도 있는 괴상한 평행우주로 넘어왔나 보군. 여기서는 어쩌면 시간이 거꾸로 흐르고, 우리 엄마가 우리 아빠이고, 내 여동생이 강아지이고, 내 머리는 생선이고, 내 발가락은 제럴드라는 개구리일 수도 있겠어'라고 생각한다. 그래도 R은 어떻게든 결과를 산출하지만, 그 결과는 별로 말이 되지 않을 가능성이 크다. (R이 위의 난해한 메시지 대신 '결과가 말이 안 될 수도 있으니 조심하세요'라는 메시지를 출력했다면 좋았을 것이다.)

　KMO 검정이나 판별식 같은 것들은 상관행렬이 양의 정부호행렬이라는 조건을 요구한다. 만일 상관행렬이 양의 정부호행렬이 아니라면, KMO 검정통계량이나 판별식의 계산이 불가능하다.

　양이 아닌 정부호행렬이 왜 나왔을까? 가장 그럴듯한 답은, 변수가 너무 많고 사례는 너무 적다는 것이다. 그러면 상관행렬이 조금 불안정해진다. 또는, 행렬에 상관관계가 높은 성분들이 너무 많아서일 수도 있다(예를 들어 특이성 상황에서는 여러 가지 것이 엉망이 된다). 어떤 경우이든, 자료가 문제인 것이다. 그런 말썽꾸러기 자료를 풀어 놓으면, 그 책임은 결국 여러분이 지게 된다.

　어떻게 해야 하나? 사실 우는 것 말고는 딱히 할 일이 없다. 그래도, 일부 문항들(특히, 상관관계가 높은 것들)을 삭제해서 상황이 나아지는지 점검해 보기 바란다. 또한, 자료를 더 수집하는 것이 도움이 될 수 있다. 그 외에 수학적인 개선 방법이 몇 가지 있지만, 이해하기 어렵고 R에서 구현하기도 쉽지 않다.

	Q01	Q02	Q03	Q04	Q05	Q06	Q07	Q08
Q01	1.00	-0.10	-0.34	0.44	0.40	0.22	0.31	0.33
Q02	-0.10	1.00	0.32	-0.11	-0.12	-0.07	-0.16	-0.05
Q03	-0.34	0.32	1.00	-0.38	-0.31	-0.23	-0.38	-0.26
Q04	0.44	-0.11	-0.38	1.00	0.40	0.28	0.41	0.35
Q05	0.40	-0.12	-0.31	0.40	1.00	0.26	0.34	0.27
Q06	0.22	-0.07	-0.23	0.28	0.26	1.00	0.51	0.22
Q07	0.31	-0.16	-0.38	0.41	0.34	0.51	1.00	0.30
Q08	0.33	-0.05	-0.26	0.35	0.27	0.22	0.30	1.00
Q09	-0.09	0.31	0.30	-0.12	-0.10	-0.11	-0.13	0.02
Q10	0.21	-0.08	-0.19	0.22	0.26	0.32	0.28	0.16
Q11	0.36	-0.14	-0.35	0.37	0.30	0.33	0.34	0.63
Q12	0.35	-0.19	-0.41	0.44	0.35	0.31	0.42	0.25
Q13	0.35	-0.14	-0.32	0.34	0.30	0.47	0.44	0.31
Q14	0.34	-0.16	-0.37	0.35	0.32	0.40	0.44	0.28
Q15	0.25	-0.16	-0.31	0.33	0.26	0.36	0.39	0.30
Q16	0.50	-0.17	-0.42	0.42	0.39	0.24	0.39	0.32
Q17	0.37	-0.09	-0.33	0.38	0.31	0.28	0.39	0.59
Q18	0.35	-0.16	-0.38	0.38	0.32	0.51	0.50	0.28
Q19	-0.19	0.20	0.34	-0.19	-0.17	-0.17	-0.27	-0.16
Q20	0.21	-0.20	-0.32	0.24	0.20	0.10	0.22	0.18
Q21	0.33	-0.20	-0.42	0.41	0.33	0.27	0.48	0.30
Q22	-0.10	0.23	0.20	-0.10	-0.13	-0.17	-0.17	-0.08
Q23	0.00	0.10	0.15	-0.03	-0.04	-0.07	-0.07	-0.05

	Q09	Q10	Q11	Q12	Q13	Q14	Q15	Q16
Q01	-0.09	0.21	0.36	0.35	0.35	0.34	0.25	0.50
Q02	0.31	-0.08	-0.14	-0.19	-0.14	-0.16	-0.16	-0.17
Q03	0.30	-0.19	-0.35	-0.41	-0.32	-0.37	-0.31	-0.42
Q04	-0.12	0.22	0.37	0.44	0.34	0.35	0.33	0.42
Q05	-0.10	0.26	0.30	0.35	0.30	0.32	0.26	0.39
Q06	-0.11	0.32	0.33	0.31	0.47	0.40	0.36	0.24
Q07	-0.13	0.28	0.34	0.42	0.44	0.44	0.39	0.39
Q08	0.02	0.16	0.63	0.25	0.31	0.28	0.30	0.32
Q09	1.00	-0.13	-0.12	-0.17	-0.17	-0.12	-0.19	-0.19
Q10	-0.13	1.00	0.27	0.25	0.30	0.25	0.30	0.29
Q11	-0.12	0.27	1.00	0.34	0.42	0.33	0.36	0.37
Q12	-0.17	0.25	0.34	1.00	0.49	0.43	0.33	0.41
Q13	-0.17	0.30	0.42	0.49	1.00	0.45	0.34	0.36
Q14	-0.12	0.25	0.33	0.43	0.45	1.00	0.38	0.42
Q15	-0.19	0.30	0.36	0.33	0.34	0.38	1.00	0.45
Q16	-0.19	0.29	0.37	0.41	0.36	0.42	0.45	1.00
Q17	-0.04	0.22	0.59	0.33	0.41	0.35	0.37	0.41
Q18	-0.15	0.29	0.37	0.49	0.53	0.50	0.34	0.42
Q19	0.25	-0.13	-0.20	-0.27	-0.23	-0.25	-0.21	-0.27
Q20	-0.16	0.08	0.26	0.30	0.20	0.23	0.21	0.27

	Q17	Q18	Q19	Q20	Q21	Q22	Q23
Q01	0.37	0.35	-0.19	0.21	0.33	-0.10	0.00
Q02	-0.09	-0.16	0.20	-0.20	-0.20	0.23	0.10
Q03	-0.33	-0.38	0.34	-0.32	-0.42	0.20	0.15
Q04	0.38	0.38	-0.19	0.24	0.41	-0.10	-0.03
Q05	0.31	0.32	-0.17	0.20	0.33	-0.13	-0.04
Q06	0.28	0.51	-0.17	0.10	0.27	-0.17	-0.07

```
Q07   0.39   0.50  -0.27   0.22   0.48  -0.17  -0.07
Q08   0.59   0.28  -0.16   0.18   0.30  -0.08  -0.05
Q09  -0.04  -0.15   0.25  -0.16  -0.14   0.26   0.17
Q10   0.22   0.29  -0.13   0.08   0.19  -0.13  -0.06
Q11   0.59   0.37  -0.20   0.26   0.35  -0.16  -0.09
Q12   0.33   0.49  -0.27   0.30   0.44  -0.17  -0.05
Q13   0.41   0.53  -0.23   0.20   0.37  -0.20  -0.05
Q14   0.35   0.50  -0.25   0.23   0.40  -0.17  -0.05
Q15   0.37   0.34  -0.21   0.21   0.30  -0.17  -0.06
Q16   0.41   0.42  -0.27   0.27   0.42  -0.16  -0.08
Q17   1.00   0.38  -0.16   0.21   0.36  -0.13  -0.09
Q18   0.38   1.00  -0.26   0.24   0.43  -0.16  -0.08
Q19  -0.16  -0.26   1.00  -0.25  -0.27   0.23   0.12
Q20   0.21   0.24  -0.25   1.00   0.47  -0.10  -0.03
Q21   0.36   0.43  -0.27   0.47   1.00  -0.13  -0.07
Q22  -0.13  -0.16   0.23  -0.10  -0.13   1.00   0.23
Q23  -0.09  -0.08   0.12  -0.03  -0.07   0.23   1.00
```

상관행렬을 직접 살펴보는 것 외에, 상관행렬에 대해 바틀렛 검정과 KMO 검정도 수행해 볼 필요가 있다. 바틀렛 검정은 *psych* 패키지의 **cortest.bartlett()** 함수로 수행할 수 있다. 이 함수에 원본 자료 자체를 입력할 수도 있고, 따로 구한 상관행렬을 입력할 수도 있다. 전자의 경우에는 다음처럼 그냥 해당 데이터프레임(지금 예에서는 *raqData*)을 지정하면 된다.

```
cortest.bartlett(raqData)
```

상관행렬(지금 예에서는 *raqMatrix*)로 검정을 수행할 때는 다음처럼 상관행렬과 함께 표본 크기 (지금 예에서는 2751)도 지정해야 한다.

```
cortest.bartlett(raqMatrix, n = 2571)
```

두 방법 모두 결과는 같다(출력 17.2). 단, 원본 자료로 검정을 실행할 때는 *R was not square, finding R from data*라는 경고 메시지가 출력되는데, 걱정할 것은 없다. 그냥, 상관행렬이 아니라 데이터프레임이 입력되었기 때문에 상관행렬을 함수 자신이 직접 계산한다는 뜻일 뿐이다(그것이 우리의 의도였다). 인자분석이 제대로 되려면 변수들의 관계가 적당해야 한다. 이 검정은 주어진 행렬이 단위행렬과 유의하게 다른지를 검사한다. 만일 *R* 행렬이 단위행렬이라면, 이는 모든 변수 쌍의 상관계수가 0이라는 뜻이다. 따라서, 인자분석을 위해서는 이 검정의 결과가 유의해야(즉, 유의확률이 .05보다 작아야) 한다. 이 검정의 결과가 유의하다는 것은 *R* 행렬이 단위행렬이 아니라는 뜻이고, 이는 곧 분석에 포함할만한 변수들 사이에 일정한 관계가 존재한다는 뜻이 된다. 지금 자료의 경우 바틀렛 검정의 결과는 매우 유의하다. $\chi^2(253) = 19{,}334$, $p < .001$이다. 따라서 이 자료는 인자분석을 하기에 적합하다.

```
R was not square, finding R from data
$chisq
[1] 19334.49

$p.value
[1] 0

$df
[1] 253
```

다음으로, KMO 검정도 수행해 보자. 그런데 이 책을 쓰는 현재 KMO를 손쉽게 계산하는 함수를 제공하는 R 패키지는 없다. 그렇지만, R의 장점 하나는 R이 현재 지원하지 않는 기능을 누구라도 구현할 수 있다는 것이다. 그런 '누구' 중 한 사람이 바로 영스타운 주립 대학교의 G. 제이 컨스(Jay Kerns)이다. 그는 KMO를 비롯한 다양한 통계량을 계산하는 **kmo()**라는 함수를 작성했다(http://tolstoy.newcastle.edu.au/R/e2/help/07/08/22816.html 참고). 이 함수 자체는 사용하기 쉽지만, 패키지의 일부가 아니라는 점이 아쉽다. 그래서 나는 이 함수를 이 책을 위한 DSUR 패키지에 포함했다. 따라서, 이 패키지를 불러들이기만 하면 이 함수도 바로 사용할 수 있다. DSUR 패키지가 적재되었다고 가정할 때, 다음처럼 데이터프레임의 이름만 지정해서 이 함수를 실행하면 된다.

```
kmo(raqData)
```

이 함수가 출력한 KMO 검정 결과가 출력 17.3에 나와 있다. KMO 검정통계량은 §17.4.1에서 설명했다. 또한, 카이저가 최소한의 기준으로 .5를 제시했다는(Kaiser, 1974) 점과 .5에서 .7 사이의 값은 평범하고, .7과 .8 사이의 값은 좋으며, .8과 .9 사이의 값은 훌륭하고, .9보다 크면 뛰어나다는(Hutcheson & Sofroniou, 1999) 점도 이야기했다. 지금 예에서 전반적인 KMO 값은 .93인데, 이는 뛰어난(원논문의 표현으로는 '기적적인(marvellous)') 범위에 해당한다. 따라서, 지금 예제의 표본 크기와 자료가 인자분석에 적합하다고 확신해도 좋겠다.

올리버 트위스티드

선생님, 그거 더
가르쳐 주세요….
KMO요!

"내 원숭이 그만 때려요!"라고 신경질적인 올리버가 울부짖는다. "내 원숭이는 아무 잘못도 안 했어요. 게다가 오렌지색이라고!" 아니야, 올리버, 나는 지금 카이저-마이어-올킨 검정을 이야기하는 중이라고. "아, 죄송해요"라고 올리버가 안도의 한숨과 함께 말한다. "나는 KMO가 Kill My Orang-utan(내 오랑우탄을 죽여라)의 약자인 줄 알았어요." 음, 올리버가 전혀 갈피를 못 잡는 지경에 이르렀구나. 부록 웹사이트의 보충 자료에 있는 *kmo()* 함수의 정의를 보면 여러분도 그럴 수 있다. 이 함수는 *DSUR* 패키지에 들어 있지만, 원한다면 소스 코드를 복사해서 직접 실행해도 된다.

여러 변수에 대한 KMO를 계산할 수도 있고, 개별 변수에 대해 계산할 수도 있다. 모든 변수에 대한 KMO 값뿐만 아니라 개별 변수에 대한 KMO 값도 적어도 .5보다는 커야 한다(더 클수록 좋다). 개별 변수에 대한 KMO 값도 *kmo()* 함수로 계산할 수 있다. 지금 예에서는 다행히 모든 변수의 KMO가 .5보다 크다. 만일 여러분의 자료에서 KMO가 .5보다 작은 변수가 발견된다면, 그 변수를 분석에서 제외하는 것이 나을 수 있다(또는, 그 변수를 포함했을 때와 제외했을 때의 분석 결과를 비교해서 차이를 살펴볼 수도 있을 것이다). 변수를 하나라도 제거하면 KMO 통계량이 달라지므로, 변수를 하나 제거한 후에는 새 자료에 대해 *kmo()* 함수를 다시 실행해야 한다.

출력 17.3

```
$overall
[1] 0.9302245

$report
[1] "The KMO test yields a degree of common variance marvelous."

$individual

Q01     Q02     Q03     Q04     Q05     Q06     Q07
0.9297  0.8748  0.9510  0.9553  0.9601  0.8913  0.9417

Q08     Q09     Q10     Q11     Q12     Q13     Q14
0.8713  0.8337  0.9487  0.9059  0.9548  0.9482  0.9672

Q15     Q16     Q17     Q18     Q19     Q20     Q21
0.9404  0.9336  0.9306  0.9479  0.9407  0.8891  0.9293

Q22     Q23
0.8784  0.7664
```

마지막으로, 상관행렬의 판별식을 구해보자. 행렬의 판별식은 **det()** 함수로 계산할 수 있다. 원하는 상관행렬을 지정하기만 하면 된다. 다음은 앞에서 계산해 둔 현재 자료의 상관행렬(*raqMatrix*)의 판별식을 계산하는 명령이다.

```
det(raqMatrix)
```

만일 상관행렬을 미리 계산해 두지 않았다면, 다음처럼 직접 *cor()*를 적용해서 *det()* 함수를 실행하면 된다.

```
det(cor(raqData))
```

두 방법 모두 같은 결과가 나온다. 판별식의 값은 다음과 같다.

```
[1] 0.0005271037
```

이 값은 §17.4.2에서 말한 필수적인 하한 0.00001보다 크다. 따라서 이 상관행렬에는 별문제가 없다고 할 수 있다. 판별식 점검에서 뭔가 문제가 있음이 밝혀졌다면, 문제를 일으킬 만한 변수들을 삭제해 볼 수도 있다. 정리하자면, RAQ의 모든 질문은 다른 모든 질문과 적당히 상관되어 있으며, 상관계수 중 필요 이상으로 큰 것은 없다. 따라서, 이 단계에서는 그 어떤 질문도 제거하지 않기로 한다.

주입식 샘의 핵심 정리　　**주입식 샘의 핵심 정리 사전 분석**

- 상관행렬에서 다른 어떤 변수와도 상관되지 않은 변수나 하나 이상의 변수와 아주 높게($r >= .9$) 상관된 변수들을 찾아본다. 그리고 인자분석의 경우에는 상관행렬의 판별식이 0.00001보다 큰지 확인한다. 0.00001보다 크다면 다중공선성 문제는 없는 것이다.
- KMO 검정과 바틀렛 검정을 수행해서, 해당 검정통계량들이 최소한의 값인 .5보다 큰지 확인한다. 만일 .5보다 크지 않다면 자료를 더 수집해 봐야 할 것이다. 이후 과정을 위해서는 바틀렛의 구형성 검정 결과가 반드시 유의해야(즉, 유의확률이 .05보다 작아야) 한다.

17.6.3　R을 이용한 인자추출 ②

지금 예에서는 자료를 주성분분석 기법으로 분석할 것인데, 엄밀히 말하면 주성분분석은 인자분석과 다른 것이다. 그러나, 두 절차가 비슷한 결과를 내는 때도 많다(§17.3.6 참고). 주성분분석을 위한 함수는 *psych* 패키지의 **principal()** 함수이다. 이 함수의 일반적인 활용 형태는 다음과 같다.

```
pcModel<-principal(데이터프레임 또는 상관행렬, nfactors = 인자 개수, rotate = "회전 방법",
scores = TRUE 또는 FALSE)
```

이 명령은 *pcModel*이라는 주성분 모형을 생성한다. 첫 입력은 데이터프레임 또는 상관행렬이다. 나머지 옵션들은 다음과 같다.

- *nfactors* 옵션에는 추출할 인자 또는 성분들의 개수(§17.3.8 참고)를 지정한다. 이 옵션을 생략하면 성분 하나가 추출된다.
- *rotate* 옵션에는 회전 방법(§17.3.9 참고)을 나타내는 문자열을 지정한다. 생략하면 배리맥스가 쓰인다.

- *scores* 옵션에는 인자점수들도 산출할 것인지(TRUE) 아닌지(FALSE)를 지정한다. 기본값은 FALSE이다.

이전에 언급했듯이, 주성분분석을 수행할 때는 자료 안에 존재하는 선형 변량들을 식별하고 그중 몇 개를 유지('추출')할 것인지 결정해야 한다. 처음에는 자료에 있는 변수들의 개수와 같은 수의 인자들로 이루어진 주성분 모형을 만드는 것으로 시작한다. 이 모형은 자료 집합을 해당 바탕 인자들로 축약한 결과라 할 수 있다. 일단 변수 개수만큼의 인자들을 추출한 후에는, 그 고윳값들을 점검해서 실제로 추출할 인자들을 고른다. (주성분분석이 아니라 인자분석을 수행한다면, 변수 개수보다 적은 인자들을 추출할 필요가 있다. 변수가 23개이면 18개 정도의 인자들을 추출하면 적당할 것이다.)

지금 예제에서 주성분 모형을 생성하는 명령은 다음 두 가지이다.

```
pc1 <- principal(raqData, nfactors = 23, rotate = "none")
pc1 <- principal(raqMatrix, nfactors = 23, rotate = "none")
```

첫 명령은 원본 자료로부터 모형을 생성하고, 둘째 명령은 상관행렬로부터 모형을 생성한다. 둘 다 결과는 같다. 두 명령 모두, 변수 개수와 같은 23개의 인자를 추출한 *pc1*이라는 모형을 생성한다. 자료 집합이 크거나 너무 게을러서 변수 개수를 세기 싫은 독자라면 R이 네이터프 레임 또는 상관행렬에 있는 변수들의 개수를 직접 세게 할 수도 있는데, 이에 관해서는 R의 영혼의 조언 17.2를 보기 바란다. 마지막으로 주목할 것은 회전 방법으로 "*none*"을 지정했다는 점이다. 이렇게 하면 인자 회전이 아예 일어나지 않는다. 지금 단계에서는 인자 회전이 필요하지 않다.

이제 모형 이름을 실행하면 주성분분석의 결과가 나온다.

```
pc1
```

출력 17.4에 첫 주성분분석 모형의 결과가 나와 있다. 출력의 전반부는 회전되지 않은 인자적 재값들이다. 이들은 각 변수에 대한 각 인자 또는 성분의 적재값인데, 지금 단계에서 이 적재 값들 자체는 그리 중요하지 않다.

출력 17.4

```
Principal Components Analysis
Call: principal(r = raq, nfactors = 23, rotate = "none")
Standardized loadings based upon correlation matrix
        PC1    PC2    PC3    PC4    PC5    PC6    PC7    PC8
Q01     0.59   0.18  -0.22   0.12  -0.40  -0.11  -0.22  -0.08
Q02    -0.30   0.55   0.15   0.01  -0.03  -0.38   0.19  -0.39
Q03    -0.63   0.29   0.21  -0.07   0.02   0.00   0.01  -0.05
Q04     0.63   0.14  -0.15   0.15  -0.20  -0.12  -0.06   0.11
```

R의 영혼의 조언 17.2   게으른 연구자를 위한 편의 수단 ②

종종 자료 집합의 변수 개수를 세기가 너무 귀찮을 때가 있다. 그럴 때 나는 *length()* 함수를 이용해서 R에게 변수 개수 세기를 떠맡긴다. 이 함수는 주어진 객체에 있는 항목들의 개수를 세어서 돌려준다. 예를 들어 어떤 데이터프레임에 변수가 몇 개나 들어 있는지 알고 싶으면 다음과 같은 형태의 명령을 실행하면 된다.

```
length(데이터프레임)
```

또한, 행렬의 열이나 행의 수를 이 함수로 알아낼 수도 있다. 다음은 행 수를 세는 예이다.

```
length(matrix[,1])
```

이 함수를 지금 예에 응용해 보자. *principal()* 함수를 실행할 때 데이터프레임이나 행렬의 변수 개수를 자동으로 지정하고 싶다면, 다음 명령들을 실행하면 된다.

```
pc1 <- principal(raq, nfactors=length(raqData), rotate="none")
pc1 <- principal(raqmatrix, nfactors=length(raqMatrix[,1]), rotate="none")
```

Q05	0.56	0.10	-0.07	0.14	-0.42	-0.17	-0.06	0.11
Q06	0.56	0.10	0.57	-0.05	0.17	0.01	0.00	0.05
Q07	0.69	0.04	0.25	0.10	0.17	-0.08	0.05	0.03
Q08	0.55	0.40	-0.32	-0.42	0.15	0.10	-0.07	-0.04
Q09	-0.28	0.63	-0.01	0.10	0.17	-0.27	-0.01	-0.03
Q10	0.44	0.03	0.36	-0.10	-0.34	0.22	0.44	-0.03
Q11	0.65	0.25	-0.21	-0.40	0.13	0.18	-0.01	0.03
Q12	0.67	-0.05	0.05	0.25	0.04	-0.08	-0.14	0.08
Q13	0.67	0.08	0.28	-0.01	0.13	0.03	-0.21	0.05
Q14	0.66	0.02	0.20	0.14	0.08	-0.03	-0.10	-0.06
Q15	0.59	0.01	0.12	-0.11	-0.07	0.29	0.32	-0.12
Q16	0.68	0.01	-0.14	0.08	-0.32	0.00	0.12	-0.14
Q17	0.64	0.33	-0.21	-0.34	0.10	0.05	-0.02	0.03
Q18	0.70	0.03	0.30	0.13	0.15	-0.09	-0.10	0.06
Q19	-0.43	0.39	0.10	-0.01	-0.15	0.07	0.05	0.68
Q20	0.44	-0.21	-0.40	0.30	0.33	-0.01	0.34	0.03
Q21	0.66	-0.06	-0.19	0.28	0.24	-0.15	0.18	0.10
Q22	-0.30	0.47	-0.12	0.38	0.07	0.12	0.31	0.12
Q23	-0.14	0.37	-0.02	0.51	0.02	0.62	-0.28	-0.22

...

	PC17	PC18	PC19	PC20	PC21	PC22	PC23	h2	u2
Q01	-0.05	-0.17	0.16	-0.01	-0.21	0.05	0.01	1	0.0e+00
Q02	-0.08	0.00	0.01	-0.02	-0.02	0.03	0.02	1	-3.1e-15
Q03	0.43	0.08	0.09	0.05	0.01	0.00	0.05	1	-1.6e-15
Q04	0.19	0.05	-0.21	0.04	0.09	-0.02	0.02	1	-1.1e-15
Q05	-0.04	0.01	-0.04	0.00	-0.02	0.02	0.01	1	-2.0e-15

```
Q06         -0.14  0.05  0.09 -0.07  0.04 -0.32 -0.11  1  0.0e+00
Q07          0.03 -0.15  0.20  0.16  0.14  0.24  0.09  1  1.1e-16
Q08          0.10  0.07  0.12 -0.15  0.06  0.16 -0.36  1 -2.2e-16
Q09         -0.19 -0.02 -0.08 -0.03  0.04 -0.01  0.03  1 -4.4e-16
Q10          0.07 -0.01  0.00  0.04 -0.03  0.02 -0.04  1 -4.4e-16
Q11         -0.05  0.07  0.07 -0.18  0.06  0.00  0.41  1 -8.9e-16
Q12         -0.08  0.04  0.36  0.00 -0.04 -0.10 -0.02  1 -2.2e-16
Q13         -0.06 -0.32 -0.30 -0.06  0.16  0.08 -0.05  1  0.0e+00
Q14          0.34 -0.09  0.06  0.02  0.03 -0.01  0.05  1 -4.4e-16
Q15         -0.12 -0.10 -0.04 -0.07 -0.19  0.10  0.00  1 -4.4e-16
Q16         -0.03  0.22 -0.02 -0.04  0.35 -0.12 -0.01  1 -2.0e-15
Q17          0.04 -0.04 -0.10  0.42 -0.15 -0.23 -0.01  1 -4.4e-16
Q18         -0.06  0.45 -0.15  0.08 -0.18  0.23  0.01  1 -8.9e-16
Q19         -0.06  0.01  0.05 -0.02  0.02  0.04 -0.02  1 -6.7e-16
Q20         -0.09  0.00  0.04  0.18  0.10  0.06 -0.04  1 -8.9e-16
Q21          0.20 -0.03 -0.11 -0.31 -0.20 -0.13 -0.01  1 -2.0e-15
Q22          0.04 -0.06  0.02  0.00  0.01 -0.01  0.01  1  0.0e+00
Q23         -0.03  0.05 -0.03  0.01 -0.01 -0.02  0.00  1  0.0e+00

                 PC1  PC2  PC3  PC4  PC5  PC6  PC7  PC8  PC9
SS loadings     7.29 1.74 1.32 1.23 0.99 0.90 0.81 0.78 0.75
Proportion Var  0.32 0.08 0.06 0.05 0.04 0.04 0.04 0.03 0.03
Cumulative Var  0.32 0.39 0.45 0.50 0.55 0.59 0.62 0.65 0.69

                 PC10 PC11 PC12 PC13 PC14 PC15 PC16 PC17 PC18
SS loadings      0.72 0.68 0.67 0.61 0.58 0.55 0.52 0.51 0.46
Proportion Var   0.03 0.03 0.03 0.03 0.03 0.02 0.02 0.02 0.02
Cumulative Var   0.72 0.75 0.78 0.80 0.83 0.85 0.88 0.90 0.92

                 PC19 PC20 PC21 PC22 PC23
SS loadings      0.42 0.41 0.38 0.36 0.33
Proportion Var   0.02 0.02 0.02 0.02 0.01
Cumulative Var   0.94 0.95 0.97 0.99 1.00

Test of the hypothesis that 23 factors are sufficient.

The degrees of freedom for the null model are 253 and the objective
function was 7.55
The degrees of freedom for the model are -23  and the objective
function was 0
The number of observations was 2571 with Chi Square =  0 with prob < NA

Fit based upon off diagonal values = 1
```

인자적재값 행렬의 제일 오른쪽에는 $h2$와 $u2$라는 두 열이 있다. $h2$는 공통성 값이다(이 값을 종종 h^2으로 표기하기 때문에 열 이름이 $h2$가 되었다). 지금 결과에서는 이 값들이 모두 1이다. 이는 우리가 변수 개수와 같은 23개의 성분을 추출했기 때문이다. 그래서 모든 성분이 모든 변수의 모든 변동을 설명한다. 더 적은 수의 인자(성분)를 추출했다면 공통성 값이 1보다 작았을 것이다. 그 옆의 $u2$ 열에는 유일성(uniqueness) 값들이 있다. 이 값들은 각 변수에 대해 고유한 (유일한) 변동의 양을 나타내는데, 그 값은 1 빼기 공통성 값과 같다. 지금은 모든 공통성 값이

1이므로, 유일성 값은 모두 0이다.[8]

그다음으로 주목할 것은 고윳값들이다. 각 인자에 연관된 고윳값은 해당 선형 성분이 설명하는 변동의 양을 나타낸다. R이 출력한 결과에서 *SS loadings* 행에 나온 수치들이 바로 각 인자의 고윳값이다. SS loadings는 sums of squared loadings를 줄인 것인데, 실제로 제곱합 적재값이 바로 인자의 고윳값이다. (이 값들은 또한 모형의 *values* 변수에도 들어있다. 지금 예에서는 *pc1$values*가 그러한 변수이다.)

R은 또한 각 인자가 설명하는 변동의 비율도 출력했다. *proportion Var* 행의 수치들이 바로 그것이다. 주성분 1은 총 23(인자 개수)단위의 변동 중 7.29단위를 설명하므로, 그 비율은 7.29/23 = 0.32이다. 이는 *proportion Var* 행의 *pc1* 열에 나온 수치와 부합한다. 이 비율에 100을 곱하면 퍼센트가 된다. 즉, 인자 1은 총 변동의 32%를 설명한다. 지금 예에서 처음 몇 개의 인자들이(특히 인자 1) 변동의 상당 부분을 설명하고, 그 이후의 인자들은 비교적 적은 부분을 설명한다는 점을 주목하기 바란다.

출력된 고윳값들을 보면, 고윳값이 1보다 큰 성분(인자)이 네 개임을 알 수 있다. 따라서, 카이저 기준을 적용한다면 네 개의 인자를 추출해야 할 것이다. 고윳값이 0.7보다 큰 인자들을 유지하라는 졸리프 기준을 적용한다면 열 개의 인자를 유지해야 하겠지만, 졸리프 기준이 카이저 기준보다 나은 점은 별로 없다. 이 기준들 외에 산비탈그림도 고려해야 한다. 앞에서 언급했듯이, 지금 예에서 고윳값들은 *pc1$values* 변수에 들어 있으므로, 다음처럼 *plot()* 함수를 이용해서 간단하게 산비탈그림을 작성할 수 있다.

```
plot(pc1$values, type = "b")
```

이 명령은 그냥 인자 개수(x 축)에 대한 고윳값들(y 축)의 그래프를 생성한다. 기본적으로 *plot()* 함수는 산점도를 생성하지만(*type= "p"*), 추세를 보려면 *type="l"*을 지정해서 선을 그리는 것이 낫다. 궁극적으로는 선과 점을 모두 표시하는 게 좋은데, 위의 명령에 쓰인 *type="b"*가 바로 그러한 그래프에 해당한다.

그림 17.7에 이 명령이 만들어 낸 산비탈그림이 나와 있다. 왼쪽은 R이 만들어 낸 그래프를 그대로 실은 것이고, 오른쪽은 그 위에 비탈과 꼬리, 그리고 변곡점을 표시한 것이다. 이 그래프는 해석하기가 좀 까다롭다. 꼬리가 세 인자 이후에 시작하긴 하지만, 넷째 인자 다음에도 비탈이라 할 수 있을 정도의 하락이 있기 때문이다. 따라서 둘에서 네 개 정도의 인자를 유지하는 게 정당할 것이다. 그러나, 표본이 꽤 크다는 점을 생각하면 카이저 기준을 적용하는 것

---

[8] 일부 문항은 유일성 값이 0과 아주 조금 다르다. 예를 들어 질문 2(*Q02*)의 유일성은 −3.1e-15로 나와 있는데, 전개하면 .0000000000000031이다. 이러한 값이 나온 것은 반올림 오차 때문이다(반올림 오차는 R이 수치를 소수점 이하 15자리까지만 저장하기 때문에 생긴다).

이 안전할 수 있다. 정리하자면, 산비탈그림과 고윳값들로 볼 때, 4성분 해가 최선일 것이다.

추출할 성분 개수를 결정한 후에는, 그 개수를 지정해서 주성분분석을 다시 실행한다. 이전 명령에서 *nfactors = 23* 옵션을 *nfactors = 4*로 바꾸어서 실행하면 된다. (또한, 기존 모형을 보존하기 위해, 결과를 담을 모형의 이름도 바꾸는 것이 좋겠다.)

```
pc2 <- principal(raqData, nfactors = 4, rotate = "none")
pc2 <- principal(raqMatrix, nfactors = 4, rotate = "none")
```

이번에도 첫 명령은 원본 자료에 대해 분석을 실행하고, 둘째 명령은 상관행렬에 대해 분석을 실행한다. 두 명령 모두 *pc2*라는 모형을 생성한다. 이 모형은 이전 모형과 같되, 인자를 네 개만(23개가 아니라) 추출한다. 모형 이름을 실행해서 모형의 내용을 살펴보자.

```
pc2
```

출력 17.5에 이 두 번째 주성분 모형의 결과가 나와 있다. 이번에도 결과의 첫 부분은 회전되지 않은 인자적재값들인데, 이번에는 인자가 네 개뿐이다. 인자적재값들이 이전 인자적재값 행렬의 해당 값들과 다르지 않음을 주목하기 바란다. 또한, 고윳값들(*SS loadings*)과 설명된 변동 비율들, 그리고 누적 변동 비율들(*Cumulative Var*)도 달라지지 않았다(성분이 넷뿐이라서 열이 네 개라는 점만 빼고는). 그러나, 인지적재값들 옆에 있는 공통성 값(*h2* 열)과 유일성 값(*u2* 열)은 이전과 다르다. 기억하겠지만, 공통성은 주어진 변수 안에 있는 공통분산의 비율이다(§17.3.4 참고). 초기 주성분분석은 모든 분산이 같다고 가정한다. 즉, 추출 이전에는 모든 공통성 값이 1이다. 본질적으로 이는 한 변수에 연관된 모든 분산이 공통분산이라고 가정하는 것에 해당한다. 그러나 특정 인자들을 추출하고 나면, 공통분산이 실제로 어느 정도나 되는지를 좀 더 정확하게 알 수 있다. 출력의 공통성 값은 바로 그러한 공통분산을 반영한 수치이다. 예를 들

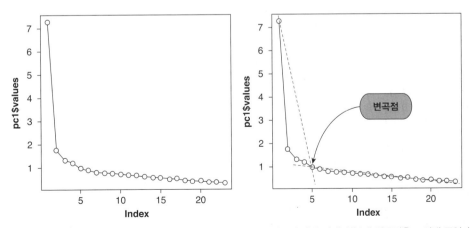

그림 17.7 RAQ 자료의 주성분분석에서 나온 산비탈그림. 둘째 그래프의 다섯 번째 성분에 변곡점을 표시해 두었다.

어 질문 1에 연관된 분산 중 43%가 공통(공유)분산이라고 할 수 있다. 공통성 값을 바탕 인자들이 설명하는 변동의 비율이라고 이해할 수도 있다. 추출 이전에는 인자 개수와 변수 개수가 같으므로, 인자들이 모든 변수의 모든 변동을 설명한다. 그리고 공통성 값은 모두 1이다. 그러나 인자추출을 거치면 일부 인자들이 폐기되면서 관련 정보가 사라진다. 그러면 유지된 인자들은 자료에 존재하는 모든 변동을 설명하지 못하고 일부만 설명하게 된다. 추출 이후의 공통성 값들은 각 변수의 변동 중 유지된 인자들이 설명할 수 있는 부분의 양을 나타낸다.

그럼 갱신된 공통성 값들에 카이저 기준을 적용해서, 여전히 인자 네 개를 추출해야 하는지 파악해 보자. §17.3.8에서 말했듯이, 카이저 기준은 변수가 30개 미만이고 추출 이후의 공통성들이 모두 .7보다 크다는 조건을 만족하거나 표본 크기가 250을 넘고 평균 공통성이 .6보다 크다는 조건을 만족하는 경우에 정확하다. 출력 17.5에 나온 공통성 값 중 .7보다 큰 것은 하나뿐이다. 이 공통성 값들의 평균은 값들을 모두 더한 후 그 개수로 나눈 것으로, 구체적으로는 11.573/23 = .503이다. 이 모형은 두 조건 모두 만족하지 않으므로, 카이저 기준이 정확하지 않을 수 있다. 그러나 지금 예에서는 표본이 아주 크다는 점도 고려할 필요가 있다. 카이저 기준에 관한 연구들이 제시하는 조건들은 그보다 훨씬 작은 표본에 대한 것이다. 그리고 앞에서 산비탈그림을 조사한 결과도 고려해야 한다. 지금처럼 표본이 클 때는 산비탈그림이 좋은 지침이 된다. 그렇긴 하지만, 산비탈그림의 모호함(인자 두 개만 유지하는 것이 좋다고 해석할 수도 있었다)을 생각하면, 인자를 두 개만 추출해서 다시 분석을 실행한 후 결과들을 비교하는 것이 나을 수도 있다.

출력 17.5

```
Principal Components Analysis
Call: principal(r = raq, nfactors = 4, rotate = "none")
Standardized loadings based upon correlation matrix
      PC1    PC2    PC3    PC4   h2    u2
Q01  0.59   0.18  -0.22   0.12 0.43  0.57
Q02 -0.30   0.55   0.15   0.01 0.41  0.59
Q03 -0.63   0.29   0.21  -0.07 0.53  0.47
Q04  0.63   0.14  -0.15   0.15 0.47  0.53
Q05  0.56   0.10  -0.07   0.14 0.34  0.66
Q06  0.56   0.10   0.57  -0.05 0.65  0.35
Q07  0.69   0.04   0.25   0.10 0.55  0.45
Q08  0.55   0.40  -0.32  -0.42 0.74  0.26
Q09 -0.28   0.63  -0.01   0.10 0.48  0.52
Q10  0.44   0.03   0.36  -0.10 0.33  0.67
Q11  0.65   0.25  -0.21  -0.40 0.69  0.31
Q12  0.67  -0.05   0.05   0.25 0.51  0.49
Q13  0.67   0.08   0.28  -0.01 0.54  0.46
Q14  0.66   0.02   0.20   0.14 0.49  0.51
Q15  0.59   0.01   0.12  -0.11 0.38  0.62
Q16  0.68   0.01  -0.14   0.08 0.49  0.51
Q17  0.64   0.33  -0.21  -0.34 0.68  0.32
```

```
Q18   0.70   0.03    0.30    0.13 0.60 0.40
Q19  -0.43   0.39    0.10   -0.01 0.34 0.66
Q20   0.44  -0.21   -0.40    0.30 0.48 0.52
Q21   0.66  -0.06   -0.19    0.28 0.55 0.45
Q22  -0.30   0.47   -0.12    0.38 0.46 0.54
Q23  -0.14   0.37   -0.02    0.51 0.41 0.59

                  PC1  PC2  PC3  PC4
SS loadings      7.29 1.74 1.32 1.23
Proportion Var   0.32 0.08 0.06 0.05
Cumulative Var   0.32 0.39 0.45 0.50

Test of the hypothesis that 4 factors are sufficient.

The degrees of freedom for the null model are 253 and the objective
function was 7.55
The degrees of freedom for the model are 167  and the objective
function was 1.03
The number of observations was 2571 with Chi Square = 2634.37 with prob
< 0

Fit based upon off diagonal values = 0.96
```

　　추출한 인자 개수가 적절했는지 파악하는 또 다른 방법이 있다. 바로, 자료의 상관행렬과 모형에 의해 재산출된 상관행렬을 비교해 보는 것이다.

　　재산출된 상관행렬은 **factor.model()** 함수로 구할 수 있다. *factor. model()* 함수는 인자적 재값 행렬을 요구한다. 인자적재값 행렬은 주성분 모형의 *loadings*라는 객체에 들어 있다. 지금 예에서 그 객체는 *pc2$loadings*(이 표기는 '*pc2* 모형과 연관된 *loadings* 객체'를 뜻한다)이다. 따라서, 지금 예에서 재산출된 상관행렬을 구하는 명령은 다음과 같다.

```
factor.model(pc2$loadings)
```

재산출된 상관행렬과 실제 상관행렬의 차이를 잔차(residual)행렬이라고 부르는데, **factor. residuals()** 함수로 구할 수 있다. 이 함수를 실행할 때는 비교할 두 상관행렬을 지정해야 한다. 지금 예에서는 원래의 상관행렬(*raqMatrix*)과 재산출된 상관행렬을 지정하면 된다. 해당 명령은 다음과 같다.

```
factor.residuals(raqMatrix, pc2$loadings)
```

출력 17.6

```
        Q01     Q02     Q03     Q04     Q05     Q06     Q07     Q08     Q09
Q01   0.435 -0.112 -0.372  0.447  0.376  0.218  0.366  0.412 -0.042
Q02  -0.112  0.414  0.380 -0.134 -0.122 -0.033 -0.148  0.002  0.430
Q03  -0.372  0.380  0.530 -0.399 -0.345 -0.200 -0.373 -0.270  0.352
Q04   0.447 -0.134 -0.399  0.469  0.399  0.278  0.419  0.390 -0.073
Q05   0.376 -0.122 -0.345  0.399  0.343  0.273  0.380  0.312 -0.080
```

```
Q06   0.218  -0.033  -0.200   0.278   0.273   0.654   0.528   0.183  -0.108
Q07   0.366  -0.148  -0.373   0.419   0.380   0.528   0.545   0.267  -0.161
Q08   0.412   0.002  -0.270   0.390   0.312   0.183   0.267   0.739   0.055
Q09  -0.042   0.430   0.352  -0.073  -0.080  -0.108  -0.161   0.055   0.484
Q10   0.172  -0.061  -0.181   0.212   0.205   0.461   0.382   0.180  -0.116
Q11   0.423  -0.097  -0.357   0.419   0.348   0.290   0.363   0.691  -0.071
Q12   0.402  -0.219  -0.440   0.448   0.397   0.388   0.495   0.228  -0.195
Q13   0.347  -0.122  -0.342   0.395   0.360   0.545   0.533   0.313  -0.147
Q14   0.362  -0.155  -0.373   0.411   0.370   0.477   0.514   0.249  -0.159
Q15   0.311  -0.158  -0.337   0.343   0.306   0.406   0.425   0.339  -0.174
Q16   0.440  -0.217  -0.458   0.466   0.400   0.300   0.439   0.390  -0.175
Q17   0.439  -0.048  -0.331   0.434   0.359   0.290   0.365   0.695  -0.009
Q18   0.368  -0.149  -0.376   0.424   0.388   0.562   0.570   0.250  -0.168
Q19  -0.204   0.357   0.403  -0.231  -0.207  -0.147  -0.254  -0.104   0.363
Q20   0.342  -0.301  -0.440   0.353   0.292  -0.021   0.219   0.164  -0.218
Q21   0.449  -0.254  -0.488   0.480   0.412   0.244   0.430   0.282  -0.191
Q22  -0.025   0.333   0.275  -0.050  -0.060  -0.209  -0.179  -0.099   0.417
Q23   0.045   0.246   0.158   0.042   0.028  -0.082  -0.037  -0.136   0.323
```

출력 17.6은 *factor.model()* 함수가 출력한 재산출 상관행렬을 지면에 맞게 편집한 것이다. 이 행렬의 대각성분들은 추출 이후의 각 변수의 공통성 값이다(출력 17.5의 값들과 비교해보기 바란다). 출력 17.7은 *factor.residuals()* 함수가 출력한 잔차행렬을 적당히 편집한 것이다. 이 행렬의 성분들은 적합된 모형과 실제 자료의 차이에 해당한다. 이 행렬의 대각성분들이 바로 각 변수의 유일성 값이다.

출력 17.7

```
        Q01     Q02     Q03     Q04     Q05     Q06     Q07     Q08     Q09
Q01   0.565   0.013   0.035  -0.011   0.027  -0.001  -0.061  -0.081  -0.050
Q02   0.013   0.586  -0.062   0.022   0.003  -0.041  -0.011  -0.052  -0.115
Q03   0.035  -0.062   0.470   0.019   0.035  -0.027  -0.009   0.011  -0.052
Q04  -0.011   0.022   0.019   0.531   0.002   0.000  -0.010  -0.041  -0.051
Q05   0.027   0.003   0.035   0.002   0.657  -0.016  -0.041  -0.044  -0.016
Q06  -0.001  -0.041  -0.027   0.000  -0.016   0.346  -0.014   0.040  -0.005
Q07  -0.061  -0.011  -0.009  -0.010  -0.041  -0.014   0.455   0.030   0.033
Q08  -0.081  -0.052   0.011  -0.041  -0.044   0.040   0.030   0.261  -0.039
Q09  -0.050  -0.115  -0.052  -0.051  -0.016  -0.005   0.033  -0.039   0.516
Q10   0.042  -0.023  -0.013   0.003   0.053  -0.139  -0.098  -0.021  -0.018
Q11  -0.066  -0.046   0.006  -0.051  -0.050   0.038  -0.018  -0.061  -0.045
Q12  -0.057   0.024   0.030  -0.006  -0.050  -0.076  -0.072   0.024   0.027
Q13   0.008  -0.021   0.024  -0.051  -0.058  -0.078  -0.091   0.001  -0.021
Q14  -0.024  -0.009   0.002  -0.060  -0.055  -0.075  -0.074   0.032   0.038
Q15  -0.065  -0.007   0.025  -0.009  -0.045  -0.047  -0.033  -0.039  -0.012
Q16   0.059   0.050   0.039  -0.050  -0.005  -0.056  -0.051  -0.068  -0.014
Q17  -0.069  -0.039   0.003  -0.052  -0.049  -0.008   0.025  -0.105  -0.027
Q18  -0.020  -0.015   0.001  -0.042  -0.066  -0.048  -0.069   0.030   0.018
Q19   0.015  -0.153  -0.061   0.045   0.041  -0.020  -0.015  -0.056  -0.114
Q20  -0.128   0.099   0.115  -0.110  -0.092   0.122   0.002   0.011   0.060
Q21  -0.120   0.049   0.071  -0.070  -0.078   0.029   0.053   0.014   0.055
Q22  -0.079  -0.102  -0.071  -0.049  -0.072   0.043   0.010   0.020  -0.161
Q23  -0.049  -0.147  -0.008  -0.076  -0.070   0.013  -0.033   0.086  -0.152
```

재산출된 상관행렬의 상관계수들이 원래의 R 행렬의 상관계수들과 다른 이유는, 재산출된 상관계수들은 관측된 자료가 아니라 모형에서 비롯된 것이기 때문이다. 만일 모형이 자료에 완벽하게 적합한다면 재산출된 상관계수들이 원래의 상수들과 일치할 것이다. 따라서, 관측된 상관계수들과 모형의 상관계수들의 차이는 곧 모형이 자료에 얼마나 잘 적합하는지를 나타내는 측도라 할 수 있다. 예를 들어 질문 1($Q01$)과 질문 2($Q02$)의 상관계수들을 보면, 관측된 자료에 기초한 상관계수는 $-.099$(출력 17.1)이고 모형에 기초한 상관계수는 $-.112$이다. 모형 쪽의 상관관계가 약간 더 높다. 이 차이(잔차)들은 다음과 같이 계산한다.

$$\text{잔차} = r_\text{관측} - r_\text{모형}$$
$$\text{잔차}_{Q_1 Q_2} = (-0.099) - (-0.112)$$
$$= 0.013$$

이 값이 출력 17.7에서 질문 1과 질문 2의 조합에 해당하는 성분들의 값과 같음을 주목하기 바란다. 즉, 출력 17.7은 관측된 상관계수들과 모형이 예측한 상관계수들의 차이들로 이루어진 행렬이다. 좋은 모형이라면 이 차이들의 크기가 작을 것이다. 그런데 차이의 크기가 얼마나 작아야 좋은지 정의하는 방법은 여러 가지이다.

한 가지 접근 방식은 원래의 상관계수를 기준으로 차이의 크기를 평가하는 것이다. 최악의 모형(즉, 인자를 하나도 제거하지 않은 모형)이라면 이 차이(잔차)가 원래 자료의 상관계수와 같을 것이다. 따라서, 원래 자료의 상관계수의 크기와 잔차의 크기를 비교해 보면 모형이 얼마나 나쁜지 가늠할 수 있다. 만일 상관계수가 원래부터 작았다면, 좋은 모형의 경우 잔차의 크기도 아주 작을 것이라고 기대할 수 있다. 그리고 상관계수가 원래부터 컸다면, 잔차가 꽤 크더라도 그리 나쁜 모형이 아닐 수 있다. 그런데 잔차는 음수일 수도 있고 양수일 수도 있으므로, 제곱해서 부호를 없앤 후에 비교해야 마땅하다. 정리하자면, 모형의 적합도를 평가하는 한 측도는 잔차 제곱들의 합을 상관계수 제곱들의 합으로 나눈 것이다. 그런데 모형 적합도의 측도라고 한다면 0이 최악의 모형이고 1이 최선의 모형을 뜻하는 것이 자연스러우므로, 1에서 그 값(제곱합들의 비율)을 뺀 결과를 측도로 사용하는 것이 바람직할 것이다. 주성분분석 결과(출력 17.5)의 제일 끝에 나온 다음 항목이 바로 이 측도이다.

```
Fit based upon off diagonal values = 0.96
```

이 값이 0.95보다 크면 모형의 적합도가 좋은 것으로 간주한다. 지금 예에서는 0.96이므로, 4 성분(인자) 모형이 충분히 좋다고 할 수 있다.

잔차들을 평가하는 방법은 이 외에도 여러 개가 있다. 그럼 몇 가지 방법을 살펴보자. 그런데 나는 이제부터 설명할 방법들을 실행하는 R 함수를 찾지 못했다. 그래서 설명과 함께 해당 함수를 직접 작성해 보겠다.[9] 잔차에 대한 한 가지 단순한 접근 방식은 "작을수록 좋다"라는 것이다. 실제로, 모든 잔차가 0.05보다 작은 것이 바람직하다. 그런 잔차들이 몇 개나 있는지를 R에서 세는 것은 간단하다. 먼저, 모형에서 잔차들만 추출해서 새 객체를 만든다. 이처럼 따로 객체를 만드는 이유는, 잔차 행렬은 대칭행렬이라서 대각성분들을 기준으로 대칭인 성분들이 중복되어 있고, 대각성분들 자체는 잔차가 아니기 때문이다. 우선, 두 상관행렬의 차이로 *residuals*라는 잔차 행렬 객체를 생성한다.

```
residuals<-factor.residuals(raqMatrix, pc2$loadings)
```

그런 다음에는 **upper.tri()** 함수를 이용해서 이 행렬의 상삼각 부분, 즉 주대각의 위쪽 성분들만 추출한다(주대각의 아래 성분들은 폐기된다).

```
residuals<-as.matrix(residuals[upper.tri(residuals)])
```

이 명령은 원래의 행렬의 상삼각 부분만으로 *residuals* 객체를 다시 생성한다. *as.matrix()* 함수는 잔차들이 행렬 형태로 저장되게 하기 위한 것이다(실제로는 잔차들이 그냥 하나의 열로 저장된다). 이제 잔차들이 하나의 열로 저장된 *residuals*라는 객체가 생겼다. 이런 형태로 잔차들을 저장하면 여러 가지 것들을 계산하기가 편하다. 예를 들어 크기가 큰 잔차(절댓값이 0.05보다 큰 잔차)가 몇 개나 되는지 알고 싶다면, 다음 명령을 실행하면 된다.

```
large.resid<-abs(residuals) > 0.05
```

이 명령은 먼저 *abs()* 함수를 이용해서 잔차들의 절댓값을 구한다(잔차가 음수일 수도 있기 때문에 이렇게 해야 한다). 그다음의 *> 0.05*에 의해, 절댓값이 0.05보다 큰 잔차에 대해서는 TRUE(수치로는 1), 그렇지 않은 잔차에 대해서는 FALSE가 *large.resid*에 저장된다. 결과적으로 *large.resid*는 TRUE(큰 잔차)와 FALSE(작은 잔차)들로 이루어진 행렬이 된다. 이제 *sum()* 함수를 이용해서 값이 TRUE인 성분의 개수를 구한다.

```
sum(large.resid)
```

결과는 91이다. 전체 잔차 중 큰 잔차의 비율을 알고 싶으면 다음과 같이 하면 된다.

```
sum(large.resid)/nrow(residuals)
```

이 명령은 큰 잔차들의 개수(*sum(large.resid)*)를 전체 잔차 개수로 나눈 결과를 출력한다. 여기

---

9 R에는 3,000개가 넘는 패키지가 있다. 간단한 작업을 수행할 때는 그 모든 패키지를 뒤져서 원하는 함수를 찾는 것보다 그냥 함수를 직접 작성하는 것이 더 쉬울 때가 많다. 또는, 친구에게 함수를 만들어 달라고 부탁해도 될 것이다. 이번 절에서는 내가 여러분을 위해 함수들을 작성했다(나는 여러분의 친구니까).

서 *nrows()* 함수는 주어진 객체에 담긴 항목(지금 예에서는 잔차)들의 개수를 돌려준다. 이 명령이 출력한 결과는 0.3596인데, 약 36%에 해당한다. 0.05보다 큰 잔차의 비율에 대한 어떤 확고한 기준은 없다. 그러나, 만일 0.05보다 큰 잔차가 50% 이상이라면 자료를 걱정해 봐야 할 것이다. 지금 예에서는 36%이므로 걱정할 필요가 없다.

잔차들을 평가하는 또 다른 방법은 그 평균을 보는 것이다. 그런데 앞에서 말한 이유로 잔차 자체가 아니라 잔차 제곱들의 평균을 구해서 제곱근을 취하는 것이 바람직하다. 이를 잔차의 제곱평균제곱근(root-mean-square)이라고 부른다. 이 값 역시 앞에서 만든 *residuals* 객체로 쉽게 계산할 수 있다. 해당 명령은 다음과 같다.

```
sqrt(mean(residuals^2))
```

이 명령은 *residuals* 객체의 각 항목을 제곱하고(*residuals^2*), *mean()* 함수로 그 제곱들의 평균을 구하고, *sqrt()* 함수로 그 평균의 제곱근을 구한다. 지금 예에서 그 결과, 즉 잔차 제곱평균제곱근은 0.055이다. 이보다 약간 더 작았으면 더 좋았겠지만, 이 정도도 그리 나쁘지는 않다. 만일 이 값이 이보다 훨씬 컸다면(이를테면 0.08) 인자들을 더 추출하는 것을 고려해야 했을 것이다.

마지막으로, 잔차들의 분포도 살펴보는 것이 좋다. 좋은 모형이라면 잔차들이 대체로 정규분포를 따를 것이다. 만일 심각한 이상치들이 존재한다면, 다른 값들이 모두 좋다고 해도 자료를 좀 더 조사해 볼 필요가 있다. 그럼 *hist()* 함수로 간단하게 히스토그램을 그려서 잔차들의 분포를 살펴보자. 이번에도 *residuals* 객체를 이용한다.

```
hist(residuals)
```

그림 17.8에 잔차들의 히스토그램이 나와 있다. 예상대로, 잔차들이 대체로 정규분포를 따르는 것으로 보인다. 그리고 이상치는 없다. 이상의 명령들을 *residual. stats ()*라는 함수로 묶어두면 다른 인자분석에서도 재활용할 수 있을 것이다(R의 영혼의 조언 17.3).

17.6.4 회전 ②

인자들을 회전하면 인자들의 해석이 개선된다는 점은 앞에서 이미 살펴보았다. 회전을 가하면, 추출된 인자 중 하나에 대한 각 변수의 적재값이 최대화되고, 다른 모든 인자에 대한 적재값은 최소화된다. 그러면 어떤 변수가 어떤 인자와 상관되어 있는지를 훨씬 명확하게 파악할 수 있다. 회전은 변수들의 상대적 차이를 유지하면서 변수들의 절댓값을 변경하는 식으로 일어난다. §17.3.9.1에서 논의했듯이, 구체적인 회전 방법은 여러 가지이다. 그중 어떤 방법을 선

제6장의 R의 영혼의 조언 6.2에서 보았듯이, R의 사용자가 자신만의 함수를 직접 작성할 수 있다. 다음은 본문에 나온 잔차 관련 명령들을 하나의 함수로 묶은 것이다.

```
residual.stats<-function(matrix) {
        residuals<-as.matrix(matrix[upper.tri(matrix)])
        large.resid<-abs(residuals) > 0.05
        numberLargeResids<-sum(large.resid)
        propLargeResid<-numberLargeResids/nrow(residuals)
        rmsr<-sqrt(mean(residuals^2))

        cat("Root means squared residual = ", rmsr, " \n")
        cat("Number of absolute residuals > 0.05 = ", numberLargeResids, "
          \n")
        cat("Proportion of absolute residuals > 0.05 = ", propLargeResid, "
          \n")
        hist(residuals)
}
```

첫 행은 이 함수에 *residual.stats*라는 이름을 붙이고, 이 함수가 하나의 행렬을 입력받는다는 점을 R에게 알려준다. 함수의 본문, 즉 {와 } 사이의 명령들은 본문에서 이미 설명했다. 이들은 입력된 행렬에서 잔차들을 추출하고, 절댓값이 0.05보다 큰 잔차들의 개수(*numberLargeResids*)와 그 비율(*propLargeResid*)을 계산하고, 제곱평균제곱근 잔차(*rmsr*)를 계산하고, 히스토그램을 작성한다. 또한, cat() 함수를 이용해서 각 수치를 적절한 형태로 콘솔에 출력한다.

함수 정의 명령을 실행해서 함수가 잘 만들어졌다고 할 때, 함수를 실행하는 방법은 크게 두 가지이다. 하나는 *factor.residuals()* 함수를 이용해서 잔차행렬 객체(아래의 *resids*)를 따로 만든 후 그것으로 *residual.stats()*를 실행하는 것이다.

```
resids <- factor.residuals(raqMatrix, pc2$loadings)
residual.stats(resids)
```

다른 하나는 다음처럼 잔차행렬 객체를 따로 생성하지 않고 *residual.stats()* 함수를 직접 적용하는 것이다.

```
residual.stats(factor.residuals(raqMatrix, pc2$loadings))
```

두 경우 모두 결과(아래의 콘솔 출력과 그림 17.8의 히스토그램)는 동일하다.

```
Root means squared residual = 0.05549286
Number of absolute residuals > 0.05 = 91
Proportion of absolute residuals > 0.05 = 0.3596838
```

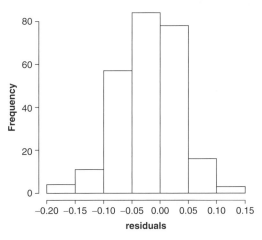

그림 17.8 모형 잔차 히스토그램

택할 것인지는 바탕 인자들이 상관되어 있다고 간주하는지의 여부에 달려 있다. 만일 인자들이 서로 독립이라고(즉, 무관하다고) 믿을 만한 이론적 근거가 있다면 직교회전 방법 중 하나를 선택해야 한다(나는 배리맥스를 추천한다). 그러나 이론적으로 인자들이 서로 관계가 있다고 예측하는 경우에는 사각회전 방법(오블리민 또는 프로맥스) 중 하나를 선택해야 한다.

 주입식 샘의 핵심 정리　　인자추출

- 고웃값들과 산비탈그림을 보고 추출할 인자 개수를 결정한다.
- 변수가 30개 미만이고 공통성 값들이 모두 .7보다 크다면, 1보다 큰(카이저 기준) 고웃값 개수를 추출할 인자 개수로 사용하면 된다. 또는, 표본 크기가 250을 넘고 평균 공통성이 .6보다 클 때도 그 기준을 사용하면 된다. 아니면, 참가자들이 200 이상일 때는 산비탈그림을 보고 인자 개수를 정할 수도 있다.
- 잔차 행렬을 구하고, 절댓값이 0.05보다 큰 잔차가 50% 미만인지 확인해야 한다. 또한, 모형 적합도가 0.90보다 큰지도 확인해야 한다.

17.6.4.1 직교회전(배리맥스) ②

배리맥스 회전을 적용하려면 *principal()* 함수의 *rotate* 옵션에 "*none*" 대신 "*varimax*"를 지정해야 한다(또는, 배리맥스가 기본이므로, 이 옵션을 아예 생략해도 된다).

```
pc3 <- principal(raqData, nfactors = 4, rotate = "varimax")
pc3 <- principal(raqMatrix, nfactors = 4, rotate = "varimax")
```

첫 명령은 원본 자료에 대해 주성분분석을 실행하고, 둘째 명령은 따로 구해 둔 상관행렬에 대해 주성분분석을 실행한다. 두 명령 모두 *pc3*이라는 모형을 생성하는데, 이 모형은 기본적으로 이전 모형(*pc2*)과 같되 모형에 배리맥스 회전을 적용했다는 점이 다르다. 이제 모형 이름을 실행하면 주성분분석의 결과가 나온다.

pc3

출력 17.8은 이 명령이 출력한 결과의 첫 부분에 있는 회전된 성분행렬이다. 이전에도 보았듯이, 성분행렬(인자행렬)은 각 인자에 대한 각 변수의 인자적재값들로 이루어진다. 출력 17.8의 성분행렬은 출력 17.5의 성분행렬과 기본적으로 같은 정보를 제공하나, 회전 **이후**에 계산되었다는 점이 다르다. 행렬의 성분(인자적재값)들은 이전과 다르지만, *h2* 열(공통성 값)과 *u2* 열(유일성 값)은 변하지 않았음을 주목하기 바란다. 인자들을 회전하면 인자들이 각 변수의 변동에 기여하는 정도가 달라지지만, 변수들의 총변동 중 인자들이 설명하는 부분의 총량이 달라지지는 않는다. 또한 고윳값들(*SS loadings* 행)도 변했음을 주목하기 바란다. 회전의 목적 중 하나는 고윳값들을 좀 더 고르게 분포시키는 것이다. 그러나, 인자들을 회전해도 고윳값들의 총합(그리고 설명되는 변동의 비율들)은 변하지 않는다.

출력 17.8

```
Principal Components Analysis
Call: principal(r = raqData, nfactors = 4, residuals = TRUE, rotate =
"varimax")

Standardized loadings based upon correlation matrix
      RC3   RC1   RC4   RC2   h2   u2
Q01  0.24  0.50  0.36  0.06 0.43 0.57
Q02 -0.01 -0.34  0.07  0.54 0.41 0.59
Q03 -0.20 -0.57 -0.18  0.37 0.53 0.47
Q04  0.32  0.52  0.31  0.04 0.47 0.53
Q05  0.32  0.43  0.24  0.01 0.34 0.66
Q06  0.80 -0.01  0.10 -0.07 0.65 0.35
Q07  0.64  0.33  0.16 -0.08 0.55 0.45
...
               RC3   RC1   RC4   RC2
SS loadings   3.73  3.34  2.55  1.95
```

인자적재값 행렬은 해석하기가 조금 복잡한데, **print.psych()** 함수를 이용하면 조금은 쉬워진다. 이 함수는 두 가지 일을 한다. 이 함수는 먼저 *cut* 옵션으로 지정된 값보다 작은 적재값들을 제거하고, 그런 다음에는 문항들을 적재값 크기에 따라 내림차순으로 정렬한다(*sort* 옵선을 TRUE로 한 경우). 제거 기준을 지정할 때는 조심해야 한다. 예를 들어 적재값이 .4인 인자들에 관심이 있다면, 제거 기준은 그보다 작은 값(이를테면 .3)으로 지정하는 것이 좋다. 그냥 .4를 지정한다면 .39처럼 .4에 가까운 적재값들도 제거될 것이기 때문이다. 다음은 지금 예에 대한 명령이다.

```
print.psych(pc3, cut = 0.3, sort = TRUE)
```

이 명령은 *pc3* 모형의 인자적재값 행렬 중 크기가 .3 미만인(*cut = 0.3*) 적재값들을 제거한 후 문항들을 내림차순으로 정렬한(*sort = TRUE*) 결과를 출력한다.

　이 명령이 출력한 행렬이 출력 17.9에 나와 있다. 이 행렬을 회전되지 않은 해(출력 17.5)와 비교해보기 바란다. 회전 이전에는 대부분의 변수가 첫 인자에 많이 실렸다(즉, 해당 인자적재 값이 크다). 그리고 나머지 인자들에는 별로 실리지 않았다. 그러나 인자 구조를 회전한 후에는 상황이 훨씬 명확해졌다. 이제는 네 개의 인자와 변수가 단 하나의 인자에만 실렸다(질문 하나는 예외). 크기가 .3보다 작은 적재값들을 배제하고 변수들을 적재값 크기로 정렬한 덕분에 해석이 훨씬 쉬워졌다(행렬을 일일이 뒤져서 의미 있는 적재값들을 찾아낼 필요가 없으므로).

　다음 단계는 같은 인자에 실린 질문들의 내용을 살펴보고 어떤 공통의 주제가 있는지 파악하는 것이다. 분석으로 산출된 수학적 인자가 실세계의 어떤 구인을 대표한다면, 같은 인자에 대해 인자적재값이 큰 질문들이 공유하는 어떤 공통의 주제를 고찰하는 것이 그 구인이 무엇인지 파악하는 데 도움이 될 것이다. 인자 1에 많이 실린 질문들을 그 인자적재값 순으로 나열하면 Q6(컴퓨터를 사용한 적이 거의 없다)과 Q18(R을 사용하려 할 때마다 프로그램이 다운된다), Q13(컴퓨터가 고칠 수 없을 정도로 고장 나지는 않을까 걱정된다), Q7(모든 컴퓨터는 나를 미워한다), Q14(컴퓨터에 지능이 있다), Q10(컴퓨터는 게임을 위한 것이다), Q15(컴퓨터가 나를 골탕 먹이려 한다)이다. 이중 Q6이 .80으로 가장 높고 Q15가 .46으로 가장 낮다. 이 질문들은 모두 컴퓨터나 **R**의 사용에 관한 것이다. 따라서 이 인자에 컴퓨터에 대한 두려움, 줄여서 **컴퓨터 두려움**이라는 이름표를 붙여도 될 것이다.

　다음으로, 인자 2에 대해 적재값이 높은 질문들은 Q20(내가 R을 사용하면 모두가 나를 본다), Q21(정규분포에 갇힌 꿈을 꾸다 깨기도 한다), Q3(표준편차를 보면 괜히 신이 난다),[10] Q12(R을 이용하면 통계학이 쉬워진다고 들었는데, 아니었다), Q4(피어슨이 상관계수로 나를 공격하는 꿈을 꾼다), Q16(중심성향이라는 말을 들으면 사람들 앞에서 울곤 한다), Q1(통계학 때문에 울고 싶다), Q5(나는 통계학을 모른다) 순이다. 이중 Q20이 .68로 가장 높고 Q5가 .52로 가장 낮다. Q5는 다른 몇몇 인자에 대해서도 인자적재값이 어느 정도 크다. 인자 2에 많이 실린 질문들은 모두 통계학의

10　이 변수의 인자적재값이 음수임을 주목하기 바란다. 따라서, 이 인자의 점수가 높다는 것은 이 변수의 점수가 낮음을(음의 상관) 뜻한다.

여러 측면에 관련된 것으로 보인다. 따라서 이 인자에는 통계학에 대한 두려움, 줄여서 통계학 두려움이라는 이름표를 붙여도 될 것이다.

출력 17.9

```
Principal Components Analysis
Call: principal(r = raqData, nfactors = 4, rotate = "varimax")
Standardized loadings based upon correlation matrix
     item  RC3   RC1   RC4   RC2   h2   u2
Q06     6  0.80                    0.65 0.35
Q18    18  0.68  0.33              0.60 0.40
Q13    13  0.65                    0.54 0.46
Q07     7  0.64  0.33              0.55 0.45
Q14    14  0.58  0.36              0.49 0.51
Q10    10  0.55                    0.33 0.67
Q15    15  0.46                    0.38 0.62
Q20    20        0.68              0.48 0.52
Q21    21        0.66              0.55 0.45

Q03     3       -0.57        0.37  0.53 0.47
Q12    12  0.47  0.52              0.51 0.49
Q04     4  0.32  0.52  0.31        0.47 0.53
Q16    16  0.33  0.51  0.31        0.49 0.51
Q01     1        0.50  0.36        0.43 0.57
Q05     5  0.32  0.43              0.34 0.66
Q08     8              0.83        0.74 0.26
Q17    17              0.75        0.68 0.32
Q11    11              0.75        0.69 0.31
Q09     9                    0.65  0.48 0.52
Q22    22                    0.65  0.46 0.54
Q23    23                    0.59  0.41 0.59
Q02     2       -0.34        0.54  0.41 0.59
Q19    19       -0.37        0.43  0.34 0.66

                RC3   RC1   RC4   RC2
SS loadings     3.73  3.34  2.55  1.95
Proportion Var  0.16  0.15  0.11  0.08
Cumulative Var  0.16  0.31  0.42  0.50

Test of the hypothesis that 4 factors are sufficient.

The degrees of freedom for the null model are 253 and the
objective function was  7.55
The degrees of freedom for the model are 167 and the objective
function was 1.03
The number of observations was 2571 with Chi Square = 2634.37
with prob < 0

Fit based upon off diagonal values = 0.96
```

인자 3에 대한 적재값이 큰 문항은 Q8(예나 지금이나 수학을 잘 못한다), Q17(수학 공식이 나오면 혼수상태가 된다), Q11(중고등학교 때 수학을 못했다) 세 개뿐이다. 세 질문 모두 수학과 관련이 있으므로, 인자 3에 대해서는 수학에 대한 두려움, 줄여서 **수학 두려움**이라는 이름표를 붙일 수 있겠다.

마지막으로, 인자 4에 대한 적재값이 큰 질문은 Q9(내 친구들이 나보다 통계학을 더 잘한다), Q22(내 친구들이 나보다 R을 잘한다), Q2(R을 잘 다루지 못하는 나를 친구들이 바보라고 생각할 것이다), Q19(내가 R을 사용하면 모두가 나를 본다)이다. 이 질문들은 모두 자신에 대한 친구들의 사회적 평가와 관련이 있으므로, 부정적인 동료 평가(peer evalution)에 대한 걱정, 줄여서 **동료 평가 두려움**이라는 이름표를 붙이기로 하자.

이상의 분석에 따르면, 원래의 설문지는 컴퓨터 두려움, 통계학 두려움, 수학 두려움, 그리고 동료 평가 두려움이라는 네 가지 하위 척도(subscale)로 구성되어 있다. 이를 두 가지로 해석할 수 있다. 하나는 RAQ가 원래 의도했던 'R 불안'을 측정하지는 못하고, 그와 관련된 구인들을 측정할 뿐이라는 것이다. 다른 하나는 그 네 하위 척도가 바로 **R 불안**의 네 가지 구성요소라는 것이다. 그러나 인자분석만으로는 그 두 해석 중 어떤 것이 참인지 알 수 없다.

17.6.4.2 사각회전 ②

앞에서 직교회전을 수행할 때 우리는 추출하고자 하는 성분들이 서로 관계가 없다고 추측했다. 그런데 그러한 추측은 분석 결과와 좀 모순된다. 네 인자(컴퓨터 두려움, 통계학 두려움, 수학 두려움, 동료 평가 두려움)는 모두 두려움에 관한 것이므로, 네 인자가 서로 상관되어 있을 가능성이 크다. 한 대상을 두려워하는 사람은 다른 어떤 대상도 두려워할 수 있기 때문이다. 이처럼 인자들이 서로 연관되어 있다고 추측할 때는 직교회전이 아니라 사각회전을 적용해야 한다.

사각회전을 위한 명령은 직교회전을 위한 명령과 거의 비슷하다. *rotate* 옵션에 "*varimax*" 대신 "*oblimin*"을 지정하기만 하면 된다.

```
pc4 <- principal(raqData, nfactors = 4, rotate = "oblimin")
pc4 <- principal(raqMatrix, nfactors = 4, rotate = "oblimin")
```

첫 명령은 원본 자료에 대해 주성분분석을 실행하고, 둘째 명령은 따로 구해 둔 상관행렬에 대해 주성분분석을 실행한다. 두 명령 모두 *pc4*라는 모형을 생성하는데, 이 모형은 기본적으로 *pc2* 모형과 같되 모형에 오블리민 회전을 적용했다는 점이 다르다. 앞에서처럼 모형에 담긴 인자적재값들을 좀 더 조사하기 쉬운 형태로 출력해 보자.

```
print.psych(pc4, cut = 0.3, sort = TRUE)
```

이 명령의 결과가 출력 17.10에 나와 있다. 이전의 직교회전 결과에서처럼 네 개의 인자가 있는데, 순서는 이전과 다르다. 인자 1은 컴퓨터 두려움을 나타내는 것으로 보이고, 인자 2는 동료 평가 두려움, 인자 3은 통계학 두려움, 인자 4는 수학 두려움을 나타내는 것으로 보인다.

출력 17.10

```
Principal Components Analysis
Call: principal(r = raqData, nfactors = 4, rotate = "oblimin")
Standardized loadings based upon correlation matrix
      item  TC1   TC4   TC3   TC2   h2   u2
Q06     6  0.87                    0.65 0.35
Q18    18  0.70                    0.60 0.40
Q07     7  0.64                    0.55 0.45
Q13    13  0.64                    0.54 0.46
Q10    10  0.57                    0.33 0.67
Q14    14  0.57                    0.49 0.51
Q12    12  0.45         0.43       0.51 0.49
Q15    15  0.40                    0.38 0.62
Q08     8        0.90              0.74 0.26
Q11    11        0.78              0.69 0.31
Q17    17        0.78              0.68 0.32
Q20    20              0.71        0.48 0.52
Q21    21              0.60        0.55 0.45
Q03     3             -0.51        0.53 0.47
Q04     4              0.41        0.47 0.53
Q16    16              0.41        0.49 0.51
Q01     1        0.33  0.40        0.43 0.57
Q05     5              0.34        0.34 0.66
Q22    22                    0.65  0.46 0.54
Q09     9                    0.63  0.48 0.52
Q23    23                    0.61  0.41 0.59
Q02     2             -0.36  0.51  0.41 0.59
Q19    19             -0.35  0.38  0.34 0.66

                 TC1  TC4  TC3  TC2
SS loadings     3.90 2.88 2.94 1.85
Proportion Var  0.17 0.13 0.13 0.08
Cumulative Var  0.17 0.29 0.42 0.50


 With factor correlations of
      TC1   TC4   TC3   TC2
TC1  1.00  0.44  0.36 -0.18
TC4  0.44  1.00  0.31 -0.10
TC3  0.36  0.31  1.00 -0.17
TC2 -0.18 -0.10 -0.17  1.00
Test of the hypothesis that 4 factors are sufficient.
The degrees of freedom for the null model are  253 and the
objective function was 7.55
The degrees of freedom for the model are 167 and the objective
function was 1.03
The number of observations was 2571 with Chi Square = 2634.37
with prob < 0

Fit based upon off diagonal values = 0.96
```

출력의 *With factor correlations of* 아래에 나온 것은 인자들 사이의 상관행렬이다. 이 행렬은 인자들의 상관계수들로 이루어져 있다. 직교회전에서는 **R**이 이 행렬을 출력하지 않았는데, 직교회전에서는 인자들의 상관계수들이 모두 0이기 때문이다. 지금 결과에서 인자 2(*TC2*)는 다른 인자들과 거의 무관하다(상관계수들이 0에 가깝다). 그러나 다른 인자들은 모두 다른 인자들과 어느 정도 상관되어 있다(특히 *TC3*과 *TC1* 및 *TC4*, 그리고 *TC4*와 *TC1*의 상관관계가 높다). 이러한 상관계수들은 측정된 구인들이 서로 연관되어 있음을 암시한다. 만일 구인들이 서로 독립이었다면 사각회전의 결과가 직교회전의 결과가 다르지 않았을 것이며, 성분들 사이의 상관행렬이 단위행렬이었을 것이다(즉, 모든 인자 쌍의 상관계수가 0이었을 것이다). 따라서, 이 최종적인 상관행렬은 인자들이 서로 관계가 있는지 판정하는 결정적인 기준이 된다. 이 상관행렬로 볼 때, 이 자료의 인자들이 독립적이라고 말할 수는 없을 것이다. 따라서 직교회전의 결과는 폐기하는 것이 좋다. 그보다는 사각회전으로 얻은 해가 의미 있을 가능성이 더 크다.

사각회전을 가하면 인자행렬(성분행렬)은 두 행렬로 분리된다. 하나는 **패턴행렬**이고 다른 하나는 **구조행렬**이다(초천재 제인 글상자 17.1 참고). 직교회전에서는 그 두 행렬이 같다. 패턴행렬은 인자적재값들로 구성되므로, 직교회전에서 해석한 인자적재값 행렬에 해당한다고 할 수 있다. 구조행렬은 인자들 사이의 관계를 고려해서 수정한 성분들을 담고 있다(구체적으로, 구조행렬은 패턴행렬과 상관행렬(인자들의 상관계수들을 담은)을 곱한 것이다). 대부분의 연구자는 패턴행렬을 해석하는데, 대체로 그 행렬이 해석하기가 더 쉽기 때문이다. 그러나 인자들 사이의 관계 때문에 패턴행렬의 값들이 실제보다 작게 나올 때가 있다. 따라서, 패턴행렬로 해석한 결과를 구조행렬로 재차 확인해 보는 것이 좋다. 그레이엄 등은 두 결과 모두 보고할 것을 권한다(Graham 외, 2003).

R에서 구조행렬의 계산은 패턴행렬보다 조금 더 복잡하다. 인자적재값 행렬에 인자들의 상관행렬을 곱해야 한다. 지금 예에서 인자적재값들은 *pc4$loadings*에 들어 있다. 그리고 인자들의 상관계수들은 *pc4$Phi*에 들어 있다(이 변수 이름은 인자들의 상관행렬을 흔히 그리스 글자 ϕ, 즉 Phi(파이)로 표기한다는 점에서 비롯된 것이다). 이제 그 두 행렬을 곱하기만 하면 되는데, 행렬 곱셈은 보통의 곱셈과는 다르기 때문에 통상적인 곱셈 연산자 * 대신 다음 명령에서처럼 %*%라는 연산자를 사용해야 한다.

```
pc4$loadings %*% pc4$Phi
```

R을 만든 사람들은 이런 방식이 직관적이라고 생각했나 본데, 내 생각에는 별로 직관적이지 않다(특히 **R** 초보자들에게는). 또한, 이렇게 행렬들을 곱하면 항목들이 인자적재값 크기순으로 정렬되지 않은, 다소 파악하기 힘든 구조행렬이 만들어진다. 그래서 나는 지금 목적에 더 적합한 **factor.structure()**라는 함수를 만들어서 DSUR 패키지에 포함했다. 이 함수의 일반적

인 활용 형태는 다음과 같다.

```
factor.structure(pcModel, cut = 0.2, decimals = 2)
```

기본 옵션들에 만족한다면, 그냥 주성분 모형만 지정해서 함수를 실행하면 된다. *print.psych()* 함수처럼 이 함수는 특정 값 미만의 인자적재값들을 잘라내는 *cut* 옵션(기본값은 .2)을 제공하며, 또한 소수점 이하 자릿수를 지정하는 *decimals* 옵션도 제공한다(기본은 두 자리). 지금 모형에 대한 명령은 다음과 같다.

```
factor.structure(pc4, cut = 0.3)
```

출력 17.11에 이 함수가 출력한 구조행렬이 나와 있다. 이전의 직교행렬보다는 상황이 복잡하다. 이번에는 둘 이상의 인자들에 대해 적재값이 큰 변수들이 여러 개 있다(인자 2는 예외). 이는 인자 1과 인자 3, 인자 3과 인자 4의 관계 때문이다. 이 예는 구조행렬보다 패턴행렬이 더 해석하기 쉬운 이유를 잘 보여준다. 구조행렬과는 달리 패턴행렬은 한 인자에 대한 한 변수의 유일한 기여에 관한 정보를 담고 있다.

출력 17.11

	TC1	TC4	TC3	TC2
Q06	0.78			
Q18	0.76	0.36	0.42	
Q13	0.72	0.43	0.33	
Q07	0.72	0.38	0.42	
Q14	0.67	0.35	0.44	
Q12	0.6	0.33	0.59	
Q10	0.56			
Q15	0.55	0.44	0.31	
Q08		0.85		
Q17	0.44	0.82	0.3	
Q11	0.43	0.82		
Q21	0.46	0.37	0.7	
Q20		0.68		
Q03	-0.39	-0.36	-0.64	0.41
Q16	0.5	0.5	0.58	
Q04	0.47	0.49	0.56	
Q01	0.4	0.5	0.53	
Q05	0.44	0.4	0.47	
Q22			0.66	
Q09			0.66	
Q23			0.58	
Q02			-0.39	0.55
Q19			-0.44	0.45

이론적인 수준에서는 인자들 사이의 의존성이 문제가 되지 않는다. 수학 두려움과 통계학 두려움, 컴퓨터 두려움이 상당히 강하게 연관되어 있다고 기대하는 것은 자연스러운 일이기 때

문이다. 대체로 수학이나 기술과 친하지 않은 사람은 통계학도 어려워한다. 그렇지만 그런 구인들이 동료 평가 두려움과 상관이 있다고 기대할 수는 없다(이 구인은 좀 더 사회적이므로). 실제로, 이 구인은 다른 모든 구인과 상당히 무관하다. 따라서, 이론적인 수준에서 이 사각회전은 해석에 큰 도움이 되었다고 할 수 있다.

17.6.5 인자점수 ②

적절한 해를 구하고 그것을 회전해서 성과가 있었다면, 다음으로 살펴볼 것은 인자점수들이다. *scores = TRUE* 옵션을 지정해서 *principal()* 함수를 실행하면 인자점수들이 나온다. 다음은 *pc4* 모형의 인자점수들을 구하기 위해 분석을 다시 실행하는 명령이다.

```
pc5 <- principal(raqData, nfactors = 4, rotate = "oblimin", scores = TRUE)
```

scores 옵션을 *TRUE*로 설정하면, 인자점수들을 담은 *scores*라는 객체가 주성분 모형에 추가된다. 지금 예에서 그 객체에는 *pc5$scores*(*pc5* 모형에 부착된 *scores* 객체라는 뜻이다)로 접근할 수 있다. 이것을 명령으로 실행하면 인자점수들이 출력된다.

```
pc5$scores
```

그런데 수치들이 너무 많다(정확히는 2,571개이다). 다음처럼 *head()* 함수를 이용해서 처음 10행만 보기로 하자.

```
head(pc5$scores, 10)
```

자가진단

✓ 제6장 또는 §17.6.2에서 배운 것을 이용해서 이 인자점수들의 상관행렬을 계산하라. 그리고 그 상관행렬을 출력 17.10에 나온 인자 상관행렬과 비교하라.

출력 17.12

```
              TC1          TC4          TC3          TC2
[1,]    0.37296709    1.8808424    0.95979596    0.3910711
[2,]    0.63334164    0.2374679    0.29090777   -0.3504080
[3,]    0.39712768   -0.1056263   -0.09333769    0.9249353
[4,]   -0.78741595    0.2956628   -0.77703307    0.2605666
[5,]    0.04425942    0.6815179    0.59786611   -0.6912687
[6,]   -1.70018648    0.2091685    0.02784164    0.6653081
[7,]    0.66139239    0.4224096    1.52552021   -0.9805434
```

```
 [8,]   0.59491329   0.4060248   1.06465956  -1.0932598
 [9,]  -2.34971189  -3.6134797  -1.42999472  -0.5443773
[10,]   0.93504597   0.2285419   0.96735727  -1.5712753
```

출력 17.12는 처음 참가자 10명의 인자점수들이다. 이 인자점수들을 보면 다른 사람들의 두려움 정도에 비한 한 사람의 두려움 정도를 파악할 수 있다. 또한, 인자점수들에 회귀분석을 적용할 수도 있다. 만일 예측변수들의 상관관계가 유의하게 높다는 결과가 나왔다면, 인자들 사이에 다중공선성 문제가 있는 것이다.

인자점수들로 분석을 진행하기 전에, 먼저 이들을 현재 데이터프레임에 추가하는 것이 좋겠다. 이전에도 여러 번 사용한 *cbind()* 함수를 사용하면 된다.

```
raqData <- cbind(raqData, pc5$scores)
```

자가진단

✓ 인자점수들에 관해 배운 내용에 기초해서, 본문과는 다른 방법으로 구조행렬(인자들과 항목들 사이의 상관관계를 나타내는)을 계산하는 방법을 생각해보라.

주입식 샘의 핵심 정리　　**회전 결과의 해석**

• 직교회전을 적용했다면, 출력된 행렬에서 변수마다 어떤 인자(성분)에 대한 인자적재값이 가장 큰지 살펴본다. 또한, 인자마다 그에 대한 인자적재값이 큰 변수들도 살펴본다(여기서 '큰'은 인자적재값의 절댓값이 .4보다 큰 것을 말한다). 같은 인자에 대해 인자적재값이 큰 변수들이 공통으로 나타내는 주제가 무엇인지 생각해 본다.

• 사각회전을 적용했다면, 출력된 행렬(패턴행렬)에서 변수마다 어떤 인자(성분)에 대한 인자-적재값이 가장 큰지 살펴본다. 또한, 인자마다 그에 대한 인자적재값이 큰 변수들도 살펴본다(여기서 '큰'은 인자적재값의 절댓값이 .4보다 큰 것을 말한다). 그로부터 발견한 것을 구조행렬을 계산해서 재점검한다. 같은 인자에 대해 인자적재값이 큰 변수들이 공통으로 나타내는 주제가 무엇인지 생각해 본다.

17.6.6 정리 ②

정리하자면, 이상의 분석을 통해서 원래의 설문지에 네 가지 바탕 척도가 존재함이 드러났다. 그 척도들은 R 불안의 진정한 하위 구성요소들과 관련이 있을 수도 있고 아닐 수도 있다. 또한, 인자들의 관계를 해석하는 데는 사각회전이 적합하다는 점도 알게 되었다. 인자분석은 전적으로 탐색적(exploratory)이다. 즉, 인자분석은 어떤 특정한 가설을 검증하기 위한 것이 아니라, 잠재적인 가설을 발견하거나 자료 집합에 존재하는 패턴에 관한 정보를 얻기 위한 것일 뿐이다. 인자분석을 사용하는 연구자는 여러 가지 사항을 결정해야 하는데, 그럴 때는 타당한 근거를 가지고 결정을 내려야 한다는 점을 강조하고 싶다. 특히, 얻고자 하는 결과에 유리한 쪽으로 인위적인 결정을 내려서는 안 된다. 선택한 척도가 믿을 만한지 평가하는 방법에 관해서는 §17.9에서 논의하겠다.

17.7 인자분석 결과의 보고 ①

다른 모든 분석처럼, 인자분석을 보고할 때는 독자가 자료에 대해 근거 있는 의견을 가지기에 충분한 정보를 제공해야 한다. 적어도, 인자추출에 사용한 기준과 회전에 사용한 방법은 명확히 밝혀야 한다. 또한, 모든 항목의 회전된 인자적재값들을 담은 표를 제시하되, 임계 기준보다 큰 값은 굵은 글씨로 강조해 주는 것이 좋다(개인적으로는 .40을 그러한 기준으로 사용하지만, 그 외에 사용할 수 있는 기준을 §17.3.9.2에서 논의했다). 그리고 각 요인이 설명하는 분산의 비율(퍼센트)도 보고해야 하며, 가능하다면 고윳값들도 보고하면 좋을 것이다. 표 17.1은 RAQ 자료에 대한 그러한 표의 예이다. 표의 제목에 표본 크기도 명시했음을 주목하기 바란다.

개인적인 의견이지만, 인자적재값들의 표와 분석에 관한 서술은 최소한의 요구사항일 뿐이다. 그 외에도 상관계수들의 표를 첨부한다면(너무 크지 않은 한), 다른 사람들이 여러분의 분석을 재현할 수 있을 것이다(물론 재현하고 싶은 분석이라고 할 때). 더 나아가서, 표본 크기의 적합성에 관한 정보도 포함시킬 것을 고려해 보기 바란다.

지금 예제는 다음과 같이 보고하면 될 것이다.

✓ 직교회전(배리맥스)된 23개의 문항에 대해 주성분분석(PCA)을 수행했다. 카이저-마이어-올킨 측도에 따르면, 분석에 대한 표집의 적합성은 KMO = .93으로 타당하다([Kaiser, 1974]의 기준에 따르면 이는 '뛰어난' 수준이다). 그리고 개별 문항에 대한 KMO 측도는 모두 > .77인데, 이는 허용 하한인 .5보다 훨씬 크다. 바틀렛의 구형성 검정은 $\chi^2(253) = 19,334$, $p < .001$로 유의했다. 이는 문항들의 상관관계가 PCA에 충분할 정도로 크다는

뜻이다. 초기 분석으로 자료의 각 성분에 대한 고윳값을 구했다. 고윳값이 카이저 기준 1보다 큰 성분은 네 개였으며, 이 네 성분의 조합은 변동의 50.32%를 설명했다. 산비탈 그림은 다소 모호했는데, 변곡점을 어디에 두느냐에 따라 성분을 두 개 유지할 수도 있고 네 개 유지할 수도 있었다. 표본 크기가 크다는 점과 산비탈그림의 수렴 패턴, 그리고 네 성분에 대한 카이저의 기준을 고려해서, 최종 분석에서는 네 개의 성분을 유지했다. 회전 이후의 인자적재값들이 표 17.1에 나와 있다. 같은 성분에 몰려 있는 문항들을 볼 때, 성분 1은 컴퓨터에 대한 두려움을, 성분 2는 통계학에 대한 두려움을, 성분 3은 수학에 대한 두려움을, 성분 4는 동료 평가에 관한 걱정을 나타낸다고 할 수 있다.

마지막으로, 사각회전을 사용했다면 구조행렬과 패턴행렬을 모두 표로 만들어서 첨부하는 것이 좋다. 그런 적재값들은 관점에 따라 해석이 다를 수 있기 때문이다(초천재 제인 글상자 17.1).

17.8 신뢰도분석 ②

17.8.1 신뢰성의 측정 ③

설문지의 타당성을 검사하기 위해 인자분석을 사용하는 경우에는 척도의 신뢰성을 점검하는 것이 도움이 된다.

자가진단

✓ 제1장에서 배운 내용을 떠올려서, 신뢰성과 검사–재검사 신뢰성이 무엇인지 설명하라.

신뢰성은 어떤 측도(또는, 지금 예에서는 설문지)가 그 측도로 측정하려는 구인을 일관되게 반영하는지를 뜻한다. 이를 이런 식으로 생각할 수 있다. 만일 어떤 한 사람이 같은 설문지를 서로 다른 시점에서(시간 외의 다른 조건은 모두 동일하다고 가정) 두 번 채웠을 때 그 사람이 두 번 다 같은 점수를 받았다면, 그 설문지는 신뢰성이 있는 것이다(이것이 바로 제1장에서 배운 검사–재검사 신뢰성이다). 예를 들어, 통계학을 두려워하는 사람이 RAQ(R 불안 설문지)에서 높은 점수를 받았다면, 한 달 후에 그 사람이 RAQ를 다시 채웠을 때도 이전과 비슷하게 높은 점수를 받아야 한다(그 한 달 사이에 통계학 공포증 치료를 받지는 않았다

내 질문지가 신뢰성이 있는지 알려면 어떻게 해야 할까?

표 17.1 R 불안 설문지의 탐색적 인자 분석 결과 요약(N = 2571).

문항	배리맥스로 회전한 인자 적재값			
	컴퓨터 두려움	통계학 두려움	동료 평가 두려움	수학 두려움
컴퓨터를 사용한 적이 거의 없다.	**.80**	−.01	−.07	.10
R을 사용하려 할 때마다 프로그램이 다운된다.	**.68**	.33	−.08	.13
컴퓨터가 고칠 수 없을 정도로 고장나지는 않을까 걱정된다.	**.65**	.23	−.10	.23
모든 컴퓨터는 나를 미워한다.	**.64**	.33	−.08	.16
컴퓨터에 지능이 있어서, 내가 뭘 할 때마다 일부러 나를 방해하는 것 같다.	**.58**	.36	−.07	.14
컴퓨터는 게임을 할 때나 유용하다.	**.55**	.00	−.12	.13
컴퓨터가 나를 골탕 먹이려 한다.	**.46**	.22	−.19	.29
고유벡터 생각 때문에 잠을 못 이룬다.	−.04	**.68**	−.14	.08
정규분포에 갇힌 꿈을 꾸다 깨기도 한다.	.29	**.66**	−.07	.16
표준편차를 보면 괜히 신이 난다.	−.20	**−.57**	.37	−.18
R을 이용하면 통계학이 쉬워진다고 들었는데, 아니었다.	**.47**	**.52**	−.08	.10
피어슨이 상관계수로 나를 공격하는 꿈을 꾼다.	.32	**.52**	.04	.31
중심성향이라는 말을 들으면 사람들 앞에서 울곤 한다.	.33	**.51**	−.12	.31
통계학 때문에 울고 싶다.	.24	**.50**	.06	.36
나는 통계학을 모른다.	.32	**.43**	.02	.24
예나 지금이나 수학을 잘 못한다.	.13	.17	.01	**.83**
수학 공식이 나오면 혼수상태가 된다.	.27	.22	−.04	**.75**
중고등학교 때 수학을 못했다.	.26	.21	−.14	**.75**
내 친구들이 나보다 통계학을 더 잘한다.	−.09	−.20	**.65**	.12
내 친구들이 나보다 R을 잘한다.	−.19	.03	**.65**	−.10
내가 통계학을 잘하면 사람들이 나를 괴짜(nerd)라고 생각할 것이다.	−.02	.17	**.59**	−.20
R을 잘 다루지 못하는 나를 친구들이 바보라고 생각할 것이다.	−.01	−.34	**.54**	.07
내가 R을 사용하면 모두가 나를 본다.	−.15	−.37	**.43**	−.03
고윳값	3.73	3.34	1.95	2.55
분산 비율(%)	16.22	14.52	8.48	11.10
α	.82	.82	.57	.82

참고: .40보다 큰 인자적재값은 굵은 글씨로 표시했다.

실험복 레니의 실제 연구 17.1   월드와이드 중독? ②

Nichols, L. A., & Nicki, R. (2004). *Psychology of Addictive Behaviors, 18*(4), 381-384.

인터넷은 생필품이다. 2007년 추정으로 전 세계 약 18억 명이 인터넷을 사용한다(그중 1억 이상이 USA와 캐나다에 살고 있다). 인터넷의 인기가(그리고 유용성이) 증가하면서 인터넷 중독이라는 새로운 현상이 나타났다. 현재 인터넷 중독은 심각하고 잘 알려진 문제이지만, 얼마 전까지만 해도 이를 연구하기가 아주 어려웠다. 왜냐하면, 인터넷 중독을 측정할 수 있는 정신측정학적으로 유효한 측도가 없었기 때문이다. 다행히 로라 니콜스와 리처드 니키가 인터넷 중독 척도(Internet Addiction Scale, IAS)라는 것을 만들었다(Nichols & Nicki, 2004). (잠깐 덧붙이자면, 이 주제를 조금 연구하면서 나는 인터넷 중독 회복 웹사이트 하나를 발견했다. 그 웹사이트의 이름을 밝히지는 않겠지만, 그 웹사이트는 설문지, 온라인 지원 그룹, 동영상, 논문, 회복 블로그와 팟캐스트 등 엄청난 양의 온라인 자료를 제공한다. 그 웹사이트를 보면서 나는 중독자들이 오면 잘 생긴 카운슬러가 반기면서 "저쪽에 헤로인이 엄청나게 많이 쌓여 있으니 얼마든지 이용하세요"라고 말하는 헤로인 중독자 회복 센터를 떠올렸다.)

어쨌거나, 니콜스와 니키가 개발한 문항 36개짜리 인터넷 중독 측정 설문지에는 이를테면 "나는 내가 의도했던 것보다 더 오래 인터넷에 머물렀다"라거나 "인터넷 사용 때문에 내 학업/업무에 지장이 있다" 같은 질문이 있으며, 참가자는 5점 척도(전혀, 드물게, 가끔, 자주, 항상)로 답한다. 연구자들은 207명의 자료를 수집해서 이 측도의 타당성을 검사했다.

이 연구의 자료가 **Nichols & Nicki (2004).dat** 파일에 있다. 원래의 논문에서 저자들은 평균과 분산이 작은 두 문항과 다른 문항들과의 상관관계가 비교적 낮은 세 문항을 제거하고, 나머지 31개의 문항에 대해 주성분분석을 수행했다. 실험복 레니가 여러분에게 원하는 것은, 이 자료의 기술통계량들을 뽑아서 저자들이 제거한 두 문항(평균과 분산이 작은)이 무엇인지 알아내고, 상관행렬을 조사해서 저자들이 제거한 다른 세 문항(상관관계가 낮은)도 알아내는 것이다. 그런 다음에는 나머지 자료에 대해 주성분분석을 실행하기 바란다.

답은 부록 웹사이트의 보충 자료에 있다(또는, 원래 논문을 보라).

고 가정할 때). 더 나아가서, 통계학을 좋아하는 두 사람은 RAQ에서 비슷하게 낮은 점수를 받아야 한다. 통계학을 좋아하는 사람과 통계학을 두려워하는 사람이 설문지에서 같은 점수를 받았다면, 그 설문지는 통계학 불안의 정확한 측도가 아닐 것이 확실하다. 통계학의 어법으로 말하자면, 신뢰성은 개별 설문 문항(또는 문항들의 집합)이 설문지 전반에 대해 일관된 결과를 내야 한다는 개념에 기초한다. 예를 들어 통계학을 두려워하는 사람이라면 RAQ의 전반적인 점수가 높을 것이고, 만일 RAQ가 신뢰성이 있다면 일부 문항을 무작위로 선택했을 때 그 문항에 대한 그 사람의 점수 역시 높을 것이다.

실제 연구에서는 **반분신뢰도**(split-half reliability)라는 것을 이용해서 설문지의 신뢰성을 평가한다. 반분신뢰도 방법에서는 자료 집합의 척도를 둘로 나누고, 참가자마다 척도의 각 절반에 기초해서 점수를 계산한다. 만일 척도의 신뢰성이 높다면, 척도의 한 절반에 기초한 참가자의 점수는 척도의 다른 절반에 기초한 점수와 같거나 비슷할 것이다. 그렇다면, 여러 참가자에서 설문지의 두 절반의 점수들은 서로 완벽하게(또는 아주 높게) 상관될 것이다. 그러한 두 절반의 상관계수가 바로 반분신뢰도 방법의 검정통계량이다. 이 상관계수의 크기가 클수록 신뢰성이 있을 가능성이 크다. 그런데 이 방법에는 한 가지 문제점이 있다. 바로, 하나의 자료 집합을 둘로 나누는 방법은 여러 가지이며, 어떻게 나누느냐에 따라 결과가 달라진다는 것이다. 이 문제를 극복하기 위해 크론바흐는 측도 하나를 고안했는데(Cronbach, 1951), 단순화하자면 그 측도는 자료를 모든 가능한 방식으로 분할한 후 각 분할의 상관계수를 계산하고, 그런 상관계수들의 평균을 구한 것이다.[11] 그러한 평균 상관계수를 **크론바흐의 알파**(Cronbach's alpha)라고 부르고 α로 표기한다. 이것이 척도의 신뢰성을 평가할 때 가장 흔히 쓰이는 측도이다.

크론바흐의 알파를 계산하는 공식은 다음과 같다.

$$\alpha = \frac{N^2 \overline{Cov}}{\sum s_{item}^2 + \sum Cov_{item}} \tag{17.6}$$

언뜻 보기에는 공식이 복잡한 것 같지만, 꼭 그렇지는 않다. 우선 분모를 보면, 척도의 문항마다 구해서 합하는 항이 두 개 있다. 하나는 문항의 분산이고 다른 하나는 한 문항과 척도의 다른 모든 문항들의 공분산(Cov)이다. 모든 문항의 분산-공분산 행렬을 구해서 합한다고 생각하면 될 것이다. 그러한 행렬에서 대각성분들은 각 문항 안에서의 분산이고 비대각성분들은 서로 다른 문항들의 공분산이다. 정리하자면, 분모는 그냥 모든 문항 분산과 문항 공분산을 합한 것(즉, 분산-공분산 행렬의 모든 것을 합한 것)이다. 그리고 분자는 그냥 문항 개수(N)의 제곱에 문항들 사이의 평균 공분산(앞에서 언급한 분산-공분산 행렬의 비대각성분들의 평균)을 곱한 것이다.

그런데 이 알파 계수의 표준화 버전도 있다. 표준화 버전은 위의 공식과 본질적으로 같은 형태이되, 공분산 대신 상관계수를 사용한다는 점과 분모에서 문항들의 상관행렬의 성분들(대각성분들도 포함)의 합을 사용한다는 점이 다르다. 보통의 알파는 척도의 문항들을 더해서 척도의 전반적인 점수를 구할 때 유용하고(표준화된 알파는 이런 경우에는 적합하지 않다), 표준화된 알파는 척도의 문항들을 합하기 전에 표준화할 때 유용하다.

---

[11] 이것이 크론바흐의 알파를 개념적으로 설명하는 가장 쉬운 방법이긴 하지만, 반분신뢰도를 계산하는 구체적인 방법에 따라서는 크론바흐의 알파가 모든 가능한 반분신뢰도들의 평균과 정확히 같지는 않을 수 있다(구체적인 계산 방법은 책 끝의 용어집을 보기 바란다). 만일 문항 표준편차들을 고려하지 않는 스피어먼–브라운 공식을 사용한다면, 크론바흐의 α는 문항 표준편차들이 같을 때만 평균 반분신뢰도와 같다. 그렇지 않은 경우에는 α가 평균보다 작다. 그러나, 문항 표준편차들을 고려하는 반분신뢰도 계산 공식(이를테면 [Flanagan, 1937]이나 [Rulon, 1939] 등)을 사용한다면, α는 항상 평균 반분신뢰도와 같다(Cortina, 1993).

앗! 알파가 음수잖아. 맞게 나온 건가?

크론바흐 알파의 허용 가능한 하한이 .7에서 .8 정도이고, 알파가 그보다 확실히 작다면 신뢰할 수 없는 척도라고 주장하는 책이나 학술지 논문, 사람들을 종종 볼 수 있다. 클라인의 연구에 따르면, 널리 쓰이는 .8은 지능 검사 같은 인지적 검정에 적합하고, 능력 검사에는 .7이라는 기준이 더 적합하다고 한다(Kline, 1999). 더 나아가서, 그는 심리학적 구인들을 다룰 때는 측정하는 구인의 다양성 때문에 .7보다도 낮은 알파 값이 나오는 것도 비현실적인 일이 아니라고 말한다.

그러나 코티나는 α의 값이 척도의 문항 개수에 의존하므로 그러한 일반적인 지침을 조심해서 사용해야 한다고 지적한다(Cortina, 1993). 앞에서 보았듯이, α 계산 공식의 분자에는 문항 개수의 제곱이 있다. 즉, 척도의 문항이 늘수록 α도 커지는 것이다. 따라서, 단지 척도에 문항이 아주 많기 때문에 α 값이 크게 나올 수도 있다! 예를 들어 코티나는 둘 다 α = .8인 두 척도로 수집한 자료를 보고했다. 첫 척도에는 문항이 셋뿐이고, 문항들의 평균 상관계수는 적절한 수준인 .57이었다. 그러나 둘째 척도의 문항은 10개이고 그 문항들의 평균 상관계수는 덜 적절한 수준인 .28이었다. 이 예에서 보듯이, 척도들의 내부적인 일관성이 크게 달라도 알파 값은 같게 나올 수 있다.

크론바흐의 알파를 신뢰성의 측도가 아니라 '1차원성(unidimensionality)', 즉 척도가 하나의 바탕 인자 또는 구인을 어느 정도나 측정하는지를 나타내는 값으로 해석하는 경우도 있다. 이러한 해석은 자료에 하나의 바탕 인자가 있을 때 α가 그 인자의 강도에 대한 측도라는 사실에서 비롯된 것이다(Cortina, 1993). 그러나 그레이슨은 α가 같은 자료 집합들의 바탕 구조가 아주 다를 수 있음을 보여 주었다(Grayson, 2004). 그는 바탕 인자가 하나인 척도와 적당히 상관된 두 인자가 있는 척도, 그리고 무관한 두 인자가 있는 척도에서 모두 α = .8이 나오는 예를 제시했다. 또한, 코티나는 문항이 12개를 넘고 문항들 사이의 상관관계가 높을 때($r > .5$) .7 부근(.65에서 .84)의 값이 나올 수 있음을 보였다(Cortina, 1993). 이러한 결과들은 α를 '1차원성'의 측도로 사용하지 않은 것이 좋음을 강력하게 제시한다. 실제로, 크론바흐는 인자가 여러 개 있을 때는 계산 공식을 서로 다른 인자에 관련된 문항들에 개별적으로 적용하라고 제안했다(Cronbach, 1951). 다른 말로 하면, 만일 독자의 설문지에 하위 척도들이 존재한다면, α를 그 하위 척도들에 개별적으로 적용해야 한다.

마지막으로, 질문의 방향이 반대인 문항들에 주의를 기울일 필요가 있다. 이번 장 인자분석의 예제에 쓰인 RAQ에서, 질문 3은 다른 문항들과는 방향이 반대이다. 그 질문은 "표준편차를 보면 괜히 신이 난다"이므로, 참가자는 다른 문항들과는 반대 방향으로 점수를 매겨야 한다. 예를 들어 통계학을 좋아하지 않는 사람이라면 질문 1의 "통계학 때문에 울고 싶다"에 대해 "매우 그렇다"라고 답할 것이며, 그 사람은 이 문항에 대해 5점을 얻는다. 그러나 질문 3에 대해서는 "전혀 그렇지 않다"라고 답할 것이며, 따라서 1점을 얻는다. 이러한 반대 방향 문항들은 응답의 편향을 줄이는 데 중요하다. 예를 들어 둘 다 5점을 얻은 참가자는 질문을 제대로 읽지 않고 아무렇게나 답했을 가능성이 있다. 인자분석에서는 이런 반대 방향 문항이 중요하지 않다. 그냥, 반대 방향 문항에 대해서는 해당 인자적재값이 음수가 될 뿐이다(실제로, 출력 17.10을 보면 질문 3의 인자적재값이 음수이다). 그러나 신뢰도분석(reliability analysis)에서는 반대 방향 문항들이 결과에 영향을 미친다. 왜 그런지는 크론바흐 알파의 계산 공식을 보면 알 수 있다. 그 공식의 분자에는 문항들의 평균 공분산이 있다. 만일 한 문항이 다른 문항들과 반대 방향이면, 그 문항은 다른 문항들과 음의 상관관계를 가질 것이며, 따라서 그 문항과 다른 문항들의 공분산은 음수가 된다. 그런데 **평균** 공분산은 모든 공분산을 합해서 공분산 개수로 나눈 것이므로, 음의 공분산이 많이 있으면 공분산들의 합이 작아진다. 그러면 결과적으로 분자가 작아져서 크론바흐의 알파 값도 작아진다. 극단적인 경우로, 음의 공분산들의 크기가 양의 공분산들의 크기보다 큰 상황이라면 크론바흐의 α 자체가 음수가 될 수도 있다. 음의 크론바흐 알파는 말이 되지 않지만, 실제로 그런 값이 나오기도 하며, 그런 경우에는 설문에 반대 방향 문항들이 있는지 살펴봐야 한다.

17.8.3   R Commander를 이용한 신뢰도분석 ①

인자분석처럼, R Commander를 이용해서 신뢰도 추정값을 구하는 것이 가능하긴 하다. 그러나 그 절차가 *psych* 패키지의 *alpha()* 함수만큼 유연하지는 않기 때문에, R Commander는 생략하고 명령행에서 그 함수를 사용하기로 하겠다.

17.8.4   R을 이용한 신뢰도분석 ②

그럼 **RAQ.dat**에 있는 자료를 이용해서 RAQ의 신뢰성을 검사해보자. 앞에서 하위 척도들에 대해서도 개별적으로 신뢰도분석을 수행해야 한다고 말했음을 기억하기 바란다. 이전의 직교회전 결과에서 우리는 다음과 같은 네 가지 하위 척도를 식별했다.

1 하위 척도 1(컴퓨터 두려움): 문항 6, 7, 10, 13, 14, 15, 18

2 하위 척도 2(통계학 두려움): 문항 1, 3, 4, 5, 12, 16, 20, 21

3 하위 척도 3(수학 두려움): 문항 8, 11, 17

4 하위 척도 4(동료 평가 두려움): 문항 2, 9, 19, 22, 23

(나중에 잊지 않고 처리하기 위해, 반대 방향의 질문인 문항 3을 굵게 강조해 두었다.) 우선 각 하위 척도의 문항들을 담은 네 데이터프레임을 새로 생성한다. 꼭 그래야 하는 것은 아니지만, 이렇게 따로 데이터프레임들을 만들어 두면 이후 명령들을 좀 더 짧게 실행할 수 있다. 전체 데이터프레임(*raqData*)의 특정 열들만 지정해서(§3.9.1 참고) 추출하면 된다.

```
computerFear<-raqData[, c(6, 7, 10, 13, 14, 15, 18)]
statisticsFear <- raqData[, c(1, 3, 4, 5, 12, 16, 20, 21)]
mathFear <- raqData[, c(8, 11, 17)]
peerEvaluation <- raqData[, c(2, 9, 19, 22, 23)]
```

이 명령들은 *raqData* 데이터프레임에서 특정 열들(대괄호 안의 쉼표 다음에 있는 *c()*로 지정된)의 모든 행을 뽑아서 새 객체를 만든다. 첫 명령은 *raqData* 데이터프레임의 열 6, 7, 10, 13, 14, 15, 18로만 이루어진 *computerFear*라는 객체를 생성한다.

신뢰도분석은 *psych* 패키지의 **alpha()** 함수로 수행한다. 그런데 한 가지 주의할 점이 있다. *ggplot2* 패키지에도 *alpha*라는 함수가 있기 때문에, 만일 *ggplot2* 패키지를 먼저 적재했다면 그 패키지의 함수가 우선권이 있다. R의 영혼의 조언 3.4에서 이야기했듯이, 만일 의도한 것과는 다른 *alpha()* 함수가 실행된다면, 다음처럼 패키지 이름을 명시적으로 지정해 주면 된다.

```
psych::alpha()
```

그런데 다른 문항들과는 질문의 방향이 반대인 문항 3을 적절히 처리해 줄 필요가 있다. 방법은 크게 두 가지인데, 하나는 자료 집합 자체에서 이 문항의 점수들을 뒤집는 것이고, 다른 하나는 *alpha()* 함수를 실행할 때 *keys* 옵션을 통해서 이 문항의 방향이 반대임을 지정하는 것이다. 둘 중 원본 자료를 건드리지 않은 후자가 더 낫다(자료에 손을 대면, 나중에 그 자료로 분석을 수행할 때 그것이 원래의 자료였는지 일부 점수들을 뒤집었는지 기억하지 못해서 곤란을 겪는 상황이 벌어질 수 있다).

keys 옵션에는 자료 집합의 변수들과 같은 수의 1들과 −1들로 이루어진 목록을 지정한다. 1은 해당 문항이 보통 방향(긍정적 점수)의 질문임을 뜻하고, −1은 해당 문항이 반대 방향(부정적 점수)의 질문임을 뜻한다. *computerFear*의 문항들은 모두 긍정적 점수 문항이므로, 다음을 사용하면 된다.

```
keys = c(1, 1, 1, 1, 1, 1, 1)
```

그러나 *statisticsFear*의 경우 두 번째 문항인 질문 3은 부정적 점수가 부여되는 문항이므로 −1

을 지정해야 한다.

```
keys = c(1, -1, 1, 1, 1, 1, 1, 1)
```

네 하위 척도 중 셋은 반대 방향의 질문이 하나도 없으므로 *keys* 옵션을 지정할 필요가 없다. 그러나 *statisticsFear*에는 *keys* 옵션을 지정해야 한다. *alpha()* 함수를 실행할 때는 기본적으로 점수들이 담긴 데이터프레임(지금 예에서는 하위 척도 객체)을 지정하며, 필요한 경우에는 *keys* 옵션도 지정한다. 다음은 지금 예의 네 하위 척도에 대해 신뢰도분석을 수행하는 명령들이다.

```
alpha(computerFear)
alpha(statisticsFear, keys = c(1, -1, 1, 1, 1, 1, 1, 1))
alpha(mathFear)
alpha(peerEvaluation)
```

17.8.5 신뢰도분석 결과의 해석 ②

출력 17.13에 컴퓨터 두려움 하위 척도에 대한 기본적인 신뢰도분석의 결과가 나와 있다. 우선 주목할 것은 출력의 첫 부분에 나온 두 일파 값이다. *raw_alpha*는 앞에서 말한 크론비흐의 알파, 즉 척도의 전반적인 신뢰도이고, *std.alpha*는 그것의 표준화 버전이다(보통의 경우 둘이 비슷하긴 하지만, 둘 중 크론바흐의 알파를 먼저 살펴봐야 한다). 앞에서 언급했듯이, 크론바흐의 알파가 .7에서 .8 사이의 값인지 확인해야 한다(단, 문항 개수가 이 값에 영향을 미친다는 점도 감안할 필요가 있다). 지금 예에서 α가 .8보다 조금 크므로, 클라인이 지적한(Kline, 1999) 영역에 속한다고 할 수 있다. 따라서 RAQ의 신뢰성이 좋다고 보아도 무방할 것이다.

알파 값들 옆의 *G6(smc)* 열에 나온 수치는 구트만의 람다 6(Guttman's lambda 6)라는 측도이다. 이 측도는 다중상관제곱(squared multiple correlation, SMC)이다.[12] 그 옆의 *average_r*은 문항 간 평균 상관계수이다(이 값으로 표준화 알파를 계산할 수 있다).

결과의 첫 부분에는 척도의 주요 기술통계량인 평균(*mean*)과 표준편차(*sd*)도 나와 있다. 각 참가자의 모든 문항의 평균 점수(각 문항의 점수를 더해서 문항 개수로 나눈 것)를 그 참가자의 설문 총점이라고 두었을 때, 그에 해당하는 변수의 전체적인 평균을 계산하면 3.4가 나오고 표준편차는 0.7이 나올 것이다.[13]

---

[12] 사실관계를 따지길 좋아하는 독자를 위해 언급하자면, 구트만이 크론바흐보다 먼저 크론바흐의 알파에 해당하는 측도를 고안했다. 구트만은 그 측도를 람다 3이라고 불렀다.

[13] 다음 명령으로 확인할 수 있다.
```
describe(apply((raqData[c(6, 7, 10, 13, 14, 15, 18)]), 1, mean))
```
이 명령이 출력한 결과를 보면 평균 3.42와 표준편차 0.71을 찾을 수 있을 것이다.

출력의 그다음 표에는 각 문항을 차례로 제외했을 때의 척도의 통계량들이 나와 있다. *raw_alpha* 열의 수치들은 해당 문항을 계산해서 제외했을 때의 크론바흐 α 값이다. 따라서 이 수치들을 보면 해당 문항을 삭제했을 때 크론바흐의 알파가 어떻게 변하는지 알 수 있다. 아무 문항도 삭제하지 않았을 때의 전반적인 α는 .82이므로, 이 열의 모든 수치는 그 값과 비슷할 것이라고 예상할 수 있다. 이 열에서 찾아볼 것은 전반적인 α보다 큰 값이다. 문항을 삭제했는데 크론바흐의 알파가 이전보다 더 커졌다는 것은 그 문항을 제거하는 것이 신뢰성 향상에 도움이 된다는 뜻이다(척도에 문항이 많을수록 알파 값이 커지므로, 문항을 제거하면 알파 값이 내려가야 정상이다). 따라서, 신뢰성을 높이려면 이 열의 α 값이 전반적인 α 값보다 큰 문항을 삭제해야 한다. 그런데 지금 예에서는 삭제해도 신뢰성이 향상되는 문항이 없다. 모든 문항은 삭제 시 알파 값이 감소했다. 이 표에는 또한 문항을 삭제했을 때의 표준화 알파 값과 G6 값, 그리고 평균 상관계수도 나와 있다.

출력의 그다음 표는 *Item statistics*라는 이름표에서 짐작하듯이 각 문항의 통계량들이다. 둘째 열(r)의 수치는 각 문항과 설문 총점의 상관계수이다. 이를 문항-총점(item-total) 상관계수라고 부르기도 한다. 그런데 이 통계량에는 문제가 하나 있다. 바로, 문항의 점수가 총점에 포함된다는 것이다. 즉, 문항 6과 모든 문항의 평균의 상관관계를 분석하면 문항 6과 문항 6 자신의 상관관계도 분석하게 되는데, 그 관계는 항상 완전상관이다. 따라서 좀 더 정확한 측도를 얻으려면 각 문항과 그 문항을 제외한 모든 문항의 상관관계를 구해야 한다. 표의 *r.cor*과 *r.drop*이 그런 식으로 수정한 두 측도인데, *r.cor*는 좀 복잡하므로 설명을 생략하겠다(*alpha()* 함수의 도움말에 설명이 나와 있다). *r.drop*은 주어진 문항과 그 문항을 포함하지 않고 계산한 설문 총점의 상관계수이다. 이를 문항-기타(item-rest) 상관계수라고 부르기도 하고(한 문항과 기타 문항들의 상관계수이므로), 수정된(corrected) 문항–총점 상관계수라고 부르기도 한다.

출력 17.13

```
Reliability analysis
Call: alpha(x = computerFear)

 raw_alpha std.alpha G6(smc) average_r mean   sd
     0.82      0.82     0.81       0.4  3.4 0.71

 Reliability if an item is dropped:
     raw_alpha std.alpha G6(smc) average_r
Q06       0.79      0.79     0.77      0.38
Q07       0.79      0.79     0.77      0.38
Q10       0.82      0.82     0.80      0.44
Q13       0.79      0.79     0.77      0.39
Q14       0.80      0.80     0.77      0.39
Q15       0.81      0.81     0.79      0.41
Q18       0.79      0.78     0.76      0.38
```

```
    Item statistics
       n    r r.cor r.drop mean   sd
Q06 2571 0.74  0.68   0.62  3.8 1.12
Q07 2571 0.73  0.68   0.62  3.1 1.10
Q10 2571 0.57  0.44   0.40  3.7 0.88
Q13 2571 0.73  0.67   0.61  3.6 0.95
Q14 2571 0.70  0.64   0.58  3.1 1.00
Q15 2571 0.64  0.54   0.49  3.2 1.01
Q18 2571 0.76  0.72   0.65  3.4 1.05

Non missing response frequency for each item
        1    2    3    4    5 miss
Q06 0.06 0.10 0.13 0.44 0.27    0
Q07 0.09 0.24 0.26 0.34 0.07    0
Q10 0.02 0.10 0.18 0.57 0.14    0
Q13 0.03 0.12 0.25 0.48 0.12    0
Q14 0.07 0.18 0.38 0.31 0.06    0
Q15 0.06 0.18 0.30 0.39 0.07    0
Q18 0.06 0.12 0.31 0.37 0.14    0
```

신뢰성 있는 척도에서는 모든 문항이 총점과 상관이 있어야 한다. 따라서, 표에서 찾아볼 것은 척도의 총점과 상관이 없는 문항이다. 만일 *r.drop* 열의 어떤 값이 .3보다 작다면 해당 문항은 전반적인 척도와 별로 관계가 없는 것이며, 그러면 실문에 뭔가 문제가 있는 것이다. 그런 문항은 제거하는 것이 나을 수 있다. 지금 예에서는 다행히 모든 문항-총점 상관계수가 .3보다 크다. 이 표에는 또한 각 문항의 평균과 표준편차도 나와 있다.

alpha() 함수의 출력에 나온 마지막 표는 빈도들이다. 이 표는 문항별로 각 응답의 상대적 비율을 보여준다. 이 수치들은 특히 표본에서 모든 사람이 같은 응답을 제시하지는 않는지 파악할 때 유용하다. 대체로, 설문에 모든(또는 거의 모든) 사람이 같은 응답을 한 문항이 존재하면, 그 설문의 신뢰도 관련 통계량들이 나쁘게 나올 가능성이 아주 크다.

마지막으로 한 가지 더 지적하자면, 만일 이 단계에서 실제로 문항들을 제거해야 했다면, 인자분석을 다시 수행해서 문항의 삭제가 인자 구조에 영향을 미치지는 않았는지 확인해 볼 필요가 있다.

출력 17.14

```
Reliability analysis
Call: alpha(x = statisticsFear, keys = c(1, -1, 1, 1, 1, 1, 1, 1))

  raw_alpha std.alpha G6(smc) average_r mean  sd
     0.82      0.82    0.81      0.37  3.1 0.5
 Reliability if an item is dropped:
    raw_alpha std.alpha G6(smc) average_r
Q01     0.80      0.80    0.79      0.37
Q03     0.80      0.80    0.79      0.37
```

```
Q04      0.80      0.80      0.78      0.36
Q05      0.81      0.81      0.80      0.38
Q12      0.80      0.80      0.79      0.36
Q16      0.79      0.80      0.78      0.36
Q20      0.82      0.82      0.80      0.40
Q21      0.79      0.80      0.78      0.36

 Item statistics
        n    r r.cor r.drop mean   sd
Q01 2571 0.67  0.60   0.54  3.6 0.83
Q03 2571 0.67  0.60   0.55  3.4 1.08
Q04 2571 0.70  0.64   0.58  3.2 0.95
Q05 2571 0.63  0.55   0.49  3.3 0.96
Q12 2571 0.69  0.63   0.57  2.8 0.92
Q16 2571 0.71  0.67   0.60  3.1 0.92
Q20 2571 0.56  0.47   0.42  2.4 1.04
Q21 2571 0.71  0.67   0.61  2.8 0.98

Non missing response frequency for each item
         1    2    3    4    5 miss
Q01 0.02 0.07 0.29 0.52 0.11    0
Q03 0.03 0.17 0.34 0.26 0.19    0
Q04 0.05 0.17 0.36 0.37 0.05    0
Q05 0.04 0.18 0.29 0.43 0.06    0
Q12 0.09 0.23 0.46 0.20 0.02    0
Q16 0.06 0.16 0.42 0.33 0.04    0
Q20 0.22 0.37 0.25 0.15 0.02    0
Q21 0.09 0.29 0.34 0.26 0.02    0
```

다음으로, 통계학 두려움 하위 척도(문항 1, 3, 4, 5, 12, 16, 20, 21)로 넘어가자. 분석 결과가 출력 17.14에 나와 있는데, 일일이 설명하지는 않겠다. 전반적인 α는 .82이며, 문항 중 삭제 시 신뢰도가 높아지는 것은 없다. *r.drop* 열의 값들도 모두 .3보다 크다. 이 역시 좋은 징조이다. 전반적으로, 모든 문항은 전반적인 신뢰도에 긍정적으로 기여하는 것으로 보인다. 전반적인 α 도 훌륭하다(.82). 이 값이 .8보다 크므로, 이 하위 척도의 신뢰성은 좋다고 할 수 있다.

출력 17.15

```
Reliability analysis
Call: alpha(x = statisticsFear)

  raw_alpha std.alpha G6(smc) average_r mean  sd
       0.61      0.64    0.71      0.18  3.1 0.5

 Reliability if an item is dropped:
    raw_alpha std.alpha G6(smc) average_r
Q01      0.52      0.56    0.64      0.15
Q03      0.80      0.80    0.79      0.37
Q04      0.50      0.55    0.64      0.15
Q05      0.52      0.57    0.66      0.16
Q12      0.52      0.56    0.65      0.15
```

```
Q16      0.51       0.55    0.63      0.15
Q20      0.56       0.60    0.68      0.18
Q21      0.50       0.55    0.63      0.15

Item statistics
        n     r r.cor r.drop mean   sd
Q01 2571  0.68  0.62   0.51  3.6 0.83
Q03 2571 -0.37 -0.64  -0.55  3.4 1.08
Q04 2571  0.69  0.65   0.53  3.2 0.95
Q05 2571  0.65  0.57   0.47  3.3 0.96
Q12 2571  0.67  0.62   0.50  2.8 0.92
Q16 2571  0.70  0.66   0.53  3.1 0.92
Q20 2571  0.55  0.45   0.35  2.4 1.04
Q21 2571  0.70  0.66   0.54  2.8 0.98

Non missing response frequency for each item
         1    2    3    4    5 miss
Q01 0.02 0.07 0.29 0.52 0.11    0
Q03 0.03 0.17 0.34 0.26 0.19    0
Q04 0.05 0.17 0.36 0.37 0.05    0
Q05 0.04 0.18 0.29 0.43 0.06    0
Q12 0.09 0.23 0.46 0.20 0.02    0
Q16 0.06 0.16 0.42 0.33 0.04    0
Q20 0.22 0.37 0.25 0.15 0.02    0
Q21 0.09 0.29 0.34 0.26 0.02    0
```

다음 하위 척도로 넘어가기 전에, 지금 하위 척도에서 반대 방향 문항(질문 3)의 점수를 뒤집지 않고 원래 자료 그대로 분석했다면(즉, *keys* 옵션을 따로 지정하지 않았다면) 어떤 결과가 나오는지 살펴보자. 출력 17.15가 그러한 결과이다. 이 결과를 제시하는 이유는 반대 방향 문항이 신뢰도분석에 미치는 영향을 보여주기 위한 것이다. 우선 주목할 것은, 전반적인 α 값이 상당히 낮다는 점이다(.82가 아니라 .61이다). 또한, 질문 3의 문항-총점 상관계수가 음수라는 점도 주목하기 바란다(이는 반대 방향 문항을 수정하지 않은 자료에서 잠재적인 반대 방향 문항을 찾아내려 할 때 유용하다). 마지막으로, 질문 3을 제거했을 때의 α가 .8이라는 점도 중요하다. 이는 이 문항을 제거한다면 신뢰도가 약 .6에서 약 .8로 향상된다는 뜻이다. 다른 문항들과는 방향이 반대인 문항을 적절히 처리하지 않고 신뢰도분석을 수행하면 엉뚱한 결론을 얻을 수 있다는 점을 이 예를 통해서 확실히 인식했길 바란다.

이제 수학 두려움 하위 척도(문항 8, 11, 17)로 넘어가자. 출력 17.16에 해당 분석 결과가 나와 있다. 이전 두 하위 척도처럼 전반적인 α는 약 .8이다. 이는 신뢰성이 좋음을 뜻한다. 문항을 제거했을 때의 알파 값들을 보면, 전반적인 신뢰도 .82보다 큰 것은 하나도 없다. 따라서, 이 문항들은 모두 하위 척도에 긍정적으로 기여한다고 할 수 있다. 그리고 수정된 문항-총점 상관계수(*r.drop*)들도 모두 .3보다 크다. 이 역시 좋은 징조이다.

```
Reliability analysis
Call: alpha(x = mathFear)

  raw_alpha std.alpha G6(smc) average_r mean   sd
       0.82      0.82    0.75       0.6  3.7 0.75

 Reliability if an item is dropped:
    raw_alpha std.alpha G6(smc) average_r
Q08       0.74      0.74    0.59      0.59
Q11       0.74      0.74    0.59      0.59
Q17       0.77      0.77    0.63      0.63

 Item statistics
        n    r r.cor r.drop mean   sd
Q08 2571 0.86  0.76   0.68  3.8 0.87
Q11 2571 0.86  0.75   0.68  3.7 0.88
Q17 2571 0.85  0.72   0.65  3.5 0.88

Non missing response frequency for each item
        1    2    3    4    5 miss
Q08 0.03 0.06 0.19 0.58 0.15    0
Q11 0.02 0.06 0.22 0.53 0.16    0
Q17 0.03 0.10 0.27 0.52 0.08    0
```

마지막으로, 출력 17.17은 동료 평가 두려움 하위 척도의 분석 결과이다. 이전의 하위 척도들과는 달리 전반적인 α는 상당히 낮은 .57이다. 비록 클라인이 제시한, 사회과학 자료에서 기대할 수 있는 범위에서 크게 벗어난 값은 아니지만, 그래도 다른 하위 척도들에 비하면 훨씬 낮다. 문항 제거 시의 알파 값들을 보면, 전반적인 신뢰도 .57보다 큰 값은 없다. 따라서 제거 시 신뢰도가 높아지는 문항은 없다고 할 수 있다. *r.drop* 값들은 모두 .3 부근인데, 문항 23의 경우는 .3보다 작다. 이는 내부 일관성이 상당히 나쁘며, 문항 23이 잠재적으로 문제가 될 수 있다는 뜻이다. 이 하위 척도의 문항은 다섯 개인데, 다른 하위 척도들의 문항 개수가 7, 8, 3이라는 점을 생각하면 문항 개수가 적어서 이 하위 척도의 전반적인 신뢰도가 낮아진 것은 아닐 것이다(사실, 이 척도의 문항이 수학 두려움 하위 척도보다 더 많다). 이 하위 척도의 문항들을 살펴보면, 문항들이 동료 평가라는 주제의 상당히 다양한 측면을 포괄함을 알 수 있다. 아마도 그 때문에 일관성이 다른 척도보다 떨어졌을 것이다. 결론적으로, 이 하위 척도는 좀 더 개선할 필요가 있다.

```
Reliability analysis
Call: alpha(x = peerEvaluation)
  raw_alpha std.alpha G6(smc) average_r mean   sd
       0.57      0.57    0.53      0.21  3.4 0.65
```

```
Reliability if an item is dropped:
    raw_alpha std.alpha G6(smc) average_r
Q02      0.52       0.52     0.45       0.21
Q09      0.48       0.48     0.41       0.19
Q19      0.52       0.53     0.46       0.22
Q22      0.49       0.49     0.43       0.19
Q23      0.56       0.57     0.50       0.25

 Item statistics
        n     r r.cor r.drop mean   sd
Q02 2571 0.61  0.45   0.34  4.4 0.85
Q09 2571 0.66  0.53   0.39  3.2 1.26
Q19 2571 0.60  0.42   0.32  3.7 1.10
Q22 2571 0.64  0.50   0.38  3.1 1.04
Q23 2571 0.53  0.31   0.24  2.6 1.04

Non missing response frequency for each item
        1    2    3    4    5 miss
Q02 0.01 0.04 0.08 0.31 0.56    0
Q09 0.08 0.28 0.23 0.20 0.20    0
Q19 0.02 0.15 0.22 0.33 0.29    0
Q22 0.05 0.26 0.34 0.26 0.10    0
Q23 0.12 0.42 0.27 0.12 0.06    0
```

17.9 신뢰도분석 결과의 보고 ②

신뢰도분석 결과를 분석할 때는 크론바흐의 알파 값을 기호 α를 이용해서 명시한다. 이 값이 1보다 클 수는 없으므로, 소수점 앞의 0은 생략한다(APA 스타일을 따르는 경우). 다음은 지금 예제의 신뢰도분석 결과를 보고하는 예이다.

- RAQ의 컴퓨터 두려움, 통계학 두려움, 수학 두려움 하위 척도들은 모두 신뢰도가 높았다. 크론바하의 α가 모두 .82이다. 그러나 부정적 동료 평가 두려움 하위척도의 신뢰도는 비교적 낮았다. 크론바흐의 α는 .57이다.

그런데 인자분석과 함께 신뢰도분석을 수행했을 때는 인자적재값들의 표에 크론바흐의 알파 값들을 함께 표시하는 경우가 많다. 예를 들어 표 17.1을 보면 표의 마지막 행에 각 하위 척도의 크론바흐 α 값이 나와 있다.

주입식 샘의 핵심 정리 　신뢰도

- 신뢰도는 사실 측정의 일관성에 관한 측도이다.
- 신뢰도분석은 설문지의 일관성을 측정하는 데 사용할 수 있다.
- 반대 방향 문항을 적절히 처리하는 것을 잊어서는 안 된다. *alpha()* 함수로 분석을 실행할 때 *keys* 옵션을 활용해야 한다.
- 설문지의 모든 하위 척도에 대해 개별적인 신뢰도분석을 실행한다.
- 크론바하의 α는 설문지의 전반적인 신뢰도를 나타낸다. 그 값이 .8(능력 검사의 경우에는 .7) 정도면 좋은 것이다.
- 문항을 제거했을 때의 α 값(*raw_alpha* 열)을 보면 해당 문항을 제거했을 때 전반적인 신뢰성이 높아질 것인지 가늠할 수 있다. 만일 그 α 값이 전반적인 신뢰도보다 크다면, 그 문항을 제거하면 척도의 전반적인 신뢰도가 높아진다. 제거 시 α 값이 크게 변하는 문항들을 찾아봐야 한다.
- 문항을 제거했다면, 인자분석을 다시 실행해서 인자 구조가 여전히 유효한지 점검해야 한다.

이번 장에서 발견한 통계학 ②

이번 장에서 우리는 인자분석이라는 커다란 암벽을 발끝으로 조심스럽게 넘었다. 인자분석은 서로 관련된 변수들의 군집을 식별하는 기법이다. 통계학에서 어려운 것 하나는, 통계학 기법들이 사실 주관적이라는 점을 깨닫는 것이다. 통계학이 마치 지시를 그대로 따르기만 하면 맛있는 초콜릿 케이크가 만들어지는 요리책 같은 것이라는 인상을 주는 책이 많다(어쩌면 이 책도 그럴지 모른다). 그것이 얼마나 잘못된 것인지를 인자분석이 이 책의 다른 어떤 검정보다도 잘 보여줄 것이다. 통계학의 세계는 우리가 따르지 않는 것이 좋을 임의적인 규칙들로 가득하다(유의수준 .05가 대표적인 예이다). 그리고 거의 항상, 여러분이 깨닫지 못하더라도, 우리는 그냥 우리 재량껏 행동해야 한다. 이번 장에서 여러분이 인자분석에 대해 행동하기에 충분한 '재량'을 얻었길 바랄 뿐이다. 이번 장에서는 인자분석을 시작하기 전에 먼저 변수들을 조사해서 변수들이 아예 무관하거나 반대로 상관관계가 너무 강하지는 않은지 점검해야 한다는 점을 배웠다. 인자분석 자체는 초기 문제점 점검(표본 크기의 적절함 등), 유지할 인자 개수 결정, 인자적재값 계산(그리고 인자 의미 추측) 등의 여러 단계로 구성된다. 그 단계들을 모두 실행한 후에는, 설문의 문항들이 애초에 측정하고자 하는 것을 신뢰성 있게 측정하는지 점검해 볼 수 있다.

이번 장에서는 또한 스물세 살에 내가 소화기관의 정신적 구현체가 되는 데 주저하지 않았다는 점도 알게 되었다. 나는 통계학에 관한 논문과 책을 맹렬하게 먹어치웠다(그중에는 내가 이해할 수 있는 것도 있었다). 머릿속에서 나는 그것들을 씹어 삼키고, 지적 위산으로 분해하고, 자양분을 뽑아내서 응축했다. 그리고 약 2년 후 나는 그러한 지적 소화 작용의 잔여물로 이루어진 냄새 나는 갈색 물체를 배설했다. 책을 한 권 쓴 것이다. 그 과정을 거치면서 나는 정신적으로 소진되었다. 그때 내 생각은, '보람은 있었지만 다시는 하지 않겠다'였다.

이번 장에서 사용한 R 패키지

corpcor   psych
GPArotation

이번 장에서 사용한 R 함수

abs()   hist()
alpha()   kmo()
as.matrix()   mean()
c()   nrow()
cat()   plot()
cbind()   polychor()
cor()   principal()
cortest.bartlett()   print.psych()
det()   residual.stats()
factor.model()   round()   sqrt()
factor.residuals()   sum()
factor.structure()   upper.tri()
ggplot2()

이번 장에서 발견한 주요 용어

공통분산   인자행렬
공통성   임의분산
구조행렬   잠재변수
바틀렛 검정   주성분분석
반분신뢰도   직교회전
배리맥스   직접 오블리민
사각회전   추출
산비탈그림   카이저 기준
성분행렬   카이저–마이어–올킨 표본 적합도
알파 인자추출   쿼티맥스
유일분산   크론바흐의 알파
인자   특이성
인자변환행렬   패턴행렬
인자분석   프로맥스
인자적재값   확증적 인자분석
인자점수   회전

똑똑한 알렉스의 과제

- **과제 1:** 서식스 대학교는 항상 최고의 강사를 채용하려 노력한다(정말이다). 한때 대학 당국은 블랜드(Bland)의 연구 방법 강사 이론(theory of research methods lecturers)에 기초한 설문지를 개정하려 했다. 그 이론은, 좋은 연구 방법 강사는 (1) 통계학에 대한 깊은 애정, (2) 실험 설계에 대한 열정, (3) 교육(teaching)에 대한 애정, (4) 통상적인 대인관계 기술의 완전한 부재라는 네 가지 특성을 갖추어야 한다는 것이다. 이 네 특성은 서로 관계가 있을(즉, 상관관계가 존재할) 것이다. 대학 당국은 기존의 TOSSE(Teaching of Statistics for Scientific Experiments; 과학 실험을 위한 통계학 교육)라는 설문지를 개정해서 TOSSE-R(Teaching of Statistics for Scientific Experiments - Revised)을 만들고, 그것을 전 세계 239명의 연구 방법 강사에게 주어서 그것이 블랜드의 이론을 지지하는지 살펴보게 했다. 그 설문지가 그림 17.9에 나와 있다. 그리고 자료는 **TOSSE.R.dat** 파일에 있다. 이 자료에 대해 인자분석을 수행해서(적절한 회전과 함께), 자료의 인자 구조를 파악하라. ②

- **과제 2:** 샨 윌리엄스(Sian Williams) 박사(브라이턴 대학교)는 조직 능력(organizational ability)을 측정하는 설문지를 만들었다. 박사는 다음 다섯 인자가 조직 관리 능력과 관련되어 있다고 예측했다: (1) 조직화에 대한 선호, (2) 목표 달성, (3) 계획 수립 접근 방식, (4) 지연에 대한 허용, (5) 반복 작업에 대한 선호. 이론적으로 이 차원들은 서로 독립이다. 윌리엄스의 설문지(그림 17.10)는 28문항으로 구성되며, 참가자는 각 문항에 대해 7점 리커트 척도(1 = 전혀 그렇지 않다, 4 = 보통이다, 7 = 매우 그렇다)로 응답한다. 박사는 239명에게 설문지를 주었다. **Williams.dat**의 자료에 대해 주성분분석을 실행하라. ②

답은 이 책의 부록 사이트에서 볼 수 있다.

더 읽을거리

Cortina, J. M. (1993). What is coefficient alpha? An examination of theory and applications. *Journal of Applied Psychology*, 78, 98-104. (크론바흐의 알파에 대한, 아주 읽기 쉬운 논문)

Dunteman, G. E. (1989). *Principal components analysis*. Sage University Paper Series on Quantitative Applications in the Social Sciences, 07-069. Newbury Park, CA: Sage. (수준이 꽤 높긴 하지만, 상세한 교재이다.)

Pedhazur, E., & Schmelkin, L. (1991). *Measurement, design and analysis*. Hillsdale, NJ: Erlbaum. (제22장은 인자분석 이론을 훌륭하게 소개한다.)

Tabachnick, B. G. & Fidell, L. S. (2007). Using multivariate statistics (5th ed.). Boston: Allyn & Bacon. (제13장은 전문적이긴 하지만 인자분석을 아주 훌륭하게 개괄한다.)

① = 전혀 그렇지 않다, ② = 그렇지 않다, ③ = 보통이다, ④ = 그렇다, ⑤ = 매우 그렇다

		①	②	③	④	⑤
1	밭에서 거대한 당근을 캐서 로이의 최대근인 줄 알고 좋아하는 꿈을 꾸다 깬 적이 있다.	○	○	○	○	○
2	커다란 총이 있다면 내가 가르치는 학생들을 모두 쏴버리고 싶다.	○	○	○	○	○
3	F 분포의 확률값들을 외우고 있다.	○	○	○	○	○
4	나는 피어슨 신전에서 참배한다.	○	○	○	○	○
5	아직 엄마와 함께 살고 있으며, 개인위생은 신경 쓰지 않는다.	○	○	○	○	○
6	다른 사람을 가르치다 보면 표백제를 한 통 들이키고 싶은 마음이 든다(식도가 타는 고통이 오히려 위안이 될 것 같으니).	○	○	○	○	○
7	다른 사람에게 제곱합이 무엇인지 알려주는 것은 기분 좋은 일이다.	○	○	○	○	○
8	나는 통제조건들을 좋아한다.	○	○	○	○	○
9	아침에 눈을 뜨면 침대에 누워서 머릿속으로 세 가지 분산분석을 수행한다.	○	○	○	○	○
10	온종일 사람들에게 통계학을 설명할 수 있다.	○	○	○	○	○
11	사람들이 내 덕분에 인자 회전을 이해하게 되었다고 말하면 기분이 좋다.	○	○	○	○	○
12	내가 뭔가 말하려고 입을 열자마자 사람들이 잠에 빠진다.	○	○	○	○	○
13	실험 설계는 재미있다.	○	○	○	○	○
14	술집에 가는 것보다 적절한 종속변수를 생각하는 게 낫다.	○	○	○	○	○
15	인자분석이라는 말만 들으면 흥분해서 바지를 적신다.	○	○	○	○	○
16	반복측정을 사용할 것인지 독립측정을 사용할 것인지 생각하면 짜릿한 기쁨을 느낀다.	○	○	○	○	○
17	공원 벤치에 앉아서 다음 실험에 참가자 관찰을 사용할 것인지 심사숙고하는 것을 즐긴다.	○	○	○	○	○
18	300명 앞에 선다고 해서 내 대장을 통제하지 못하게 되는 일은 없다.	○	○	○	○	○
19	나는 학생들을 돕는 것이 좋다.	○	○	○	○	○
20	지식의 전달은 한 개인에게 줄 수 있는 최고의 선물이다.	○	○	○	○	○
21	본페로니 수정을 생각하면 사타구니가 따끔거리는 느낌이 든다.	○	○	○	○	○
22	다음 실험의 설계를 생각하면 신이 나서 몸이 떨릴 정도이다.	○	○	○	○	○
23	종종 나는 한가한 시간에 비둘기에게 말을 하는데, 비둘기조차도 지루해서 죽어버린다.	○	○	○	○	○
24	1930년대로 돌아가 피셔를 따라다니면서 그가 밟고 지나간 바닥을 무릎 꿇고 혀로 핥기 위해 타임머신을 만들려고 한 적이 있다.	○	○	○	○	○
25	나는 가르치는 것이 좋다.	○	○	○	○	○
26	나는 학생들을 돕는 데 많은 시간을 보낸다.	○	○	○	○	○
27	나는 가르치길 좋아하는데, 왜냐하면 나를 좋아하는 척하지 않는 학생들에게는 나쁜 학점을 줄 수 있기 때문이다.	○	○	○	○	○
28	내가 기르는 고양이는 나의 유일한 친구이다.	○	○	○	○	○

그림 17.9 TOSSE–R 설문지

1	일상생활에서 뭔가 할 일을 계획하길 즐긴다.
2	뭔가가 계획대로 되지 않으면 짜증이 난다.
3	나는 그날그날 하고자 했던 일을 거의 다 해낸다.
4	일단 계획을 짜면 그것을 고수한다.
5	나는 즉흥성과 불확실성을 즐긴다.
6	필요한 물건을 찾지 못하면 짜증을 느낀다.
7	계획을 그대로 따르기가 쉽지 않다.
8	나는 규칙 바른 사람이다.
9	나는 오늘 하루 내가 해야 할 일이 무엇인지 알고 싶다.
10	무질서한 사람들을 보면 불쾌하다.
11	나는 최대한 일을 미루는 경향이 있다.
12	같은 목표에 관련된 서로 다른 계획이 많이 있다.
13	내 문서들을 질서정연하게 정리하길 좋아한다.
14	정리 안 된 환경에서 일하는 것이 어렵지 않다.
15	나는 '할 일' 목록을 만들고 그 목록의 항목들을 거의 대부분 완수한다.
16	내 작업 공간은 지저분하고 무질서하다.
17	나는 조직화된 상태가 좋다.
18	반복적인 일상이 흐트러지면 짜증이 난다.
19	내가 시간을 낭비하고 있다는 느낌이 든다.
20	내가 세운 계획을 까먹는다.
21	나는 내가 해야 할 일에 우선순위를 둔다.
22	정리된 환경에서 일하길 좋아한다.
23	일상적인 반복 작업이 없으면 느긋한 기분이 든다.
24	나는 스스로 마감 시간을 정하고 그것을 지킨다.
25	하루 동안 무심코 이 일 저 일 바꿔 가면서 작업을 진행한다.
26	내가 해야 할 일들을 조직하는 것이 쉽지 않다.
27	오늘 할 일을 내일로 미룬다.
28	일정과 계획에 갇힌 느낌이 든다.

그림 17.10 윌리엄스의 조직 능력 설문지

흥미로운 실제 연구

Nichols, L. A., & Nicki, R. (2004). Development of a psychometrically sound internet addiction scale: A preliminary step. *Psychology of Addictive Behaviors*, 18(4), 381-384.

CHAPTER

18 / 범주형자료

그림 18.1 내 SPSS 책의 제2판을 쓰던 중, 내 상태가 좀 이상해졌다.

18.1 이번 장에서 배우는 내용 ①

이전 장에서 내가 책을 한 권 썼다는 이야기를 했다. 이 책의 전신인 그 책은 SPSS에 초점을 두었다. 책을 쓰는 것에는 좋은 점이 많다. 주된 이점은 부모님이 자랑스러워 한다는 것이다. 사실 내 부모님이 그리 대단히 자랑스러워하지는 않았는데, 왜냐하면 부모님은 좋은 책이라면 사람들이 책을 사기 위해 서점 앞에 줄을 설 것이며, 결국 해리 포터 시리즈만큼이나 많이 팔릴 것으로 생각하기 때문이다. 내가 쓴 *Discovering Statistics Using...* 시리즈가 꽤 성공하긴 했지만 부모님이 기대한 것만큼은 아니라는 점과 그래서 영국 여왕이 나를 만찬에 초대하지도 않을 것이라는 점을 알게 되면서 부모님은 사실 상당히 실망했다. 그렇긴 하지만, 그리고 식구들은 내가 무슨 일을 하는지 잘 몰랐지만, 그래도 내가 쓴 책들은 내가 뭔가를 하고 있다는 증거였다. 게다가 책이 꽤 두껍고 수학 공식도 많이 들어 있었기 때문에 식구들은 내가 아주

(실제보다 더) 똑똑하다고 생각하게 되었다. 그렇지만, 저술에는 측정할 수 없는 정신적 분노라는 대가도 따른다. 영국 사람들은 자신의 감정에 관해 이야기하지 않는다. 사람들이 자신의 감정을 토로하기 시작하면 우리가 알고 있는 문명이 붕괴할까 두렵기 때문이다. 그래서 나는 내 SPSS 책의 제2판을 쓰면서 스트레스를 너무 많이 받아서 내 정신이 붕괴하기 직전까지(퍼지의 수염 굵기만큼이나 가깝게) 도달했다는 점을 부모님께 말하지 않았다. 회복하기까지는 2년이 걸렸는데, 그러자마자 제3판과 R 버전을 저술할 생각을 하기 시작했다. 그래도 그런 고생이 가치가 없는 일은 아니었다. 사람들이 내 책들을 조금은 유용하게 사용했다는 피드백을 출판사가 전해주었기 때문이다. 물론 출판사들은 사람들을 돕는 데 관심이 없다. 그냥 자신들의 코카인 습관과 샴페인 중독을 충족하기 위해 최대한 돈을 긁어모으는 데 신경을 쓸 뿐이다. 따라서, 출판사들은 판매량 수치와 다른 책들과의 비교에 집착한다. 그들은 이 책의 판매량, 그리고 이 책과는 다른 '시장'(여러분은 사람이 아니라 '고객'이며, 여러분은 한 나라가 아니라 '시장'에서 살고 있다)에 있는 경쟁서들의 판매량에 관한 데이터베이스를 가지고 있으며, 자신의 콘솔을 주무르면서 그 수치들의 도수분포 그래프(물론 3차원 효과도 가미한)를 작성한다. 그들이 가진 자료는 도수 자료(특정 기간에 팔린 권수)이다. 따라서, 만일 이 책의 판매량을 다른 나라에서 팔린 경쟁서들과 비교하려면, 출판사들은 이번 장을 읽어야 한다. 왜냐하면 이번 장에서 이야기할 것이 바로 어떤 사건들의 발생 도수(빈도)만 알고 있는 자료를 분석하는 것이기 때문이다. 물론 출판사 사람들이 정말로 이 장을 읽지는 않겠지만, 내가 아쉬울 것은 없다.

18.2 이번 장에서 사용하는 패키지 ①

이번 장에서 사용할 패키지는 카이제곱 검정을 위한 *gmodels* 패키지와 로그선형분석을 위한 *MASS* 패키지이다. *MASS*는 R 자체와 함께 설치되므로 따로 설치할 필요가 없다. *gmodels*는 다음 명령으로 설치해야 한다.

```
install.packages("gmodels")
```

그러나, 이들을 사용하려면 둘 다 적재해야 한다. 다음이 그러한 명령이다.

```
library(gmodels); library(MASS)
```

18.3 범주형자료의 분석 ①

검사 점수 같은 연속적인 변수가 아니라 범주형변수(categorical variables)에 관심을 둘 때가 종종 있다. 범주형변수의 영문이 cat으로 시작한다고 해서 고양이에 관한 것은 아니다(비록 이번 장의 예제들은 그럴 수도 있다고 암시하지만). 지금까지 우리는 범주형변수를 주로 그룹화 변수로 사용했다. 범주형변수는 개체들의 범주를 서술하는 변수이다(§1.5.1.2 참고). 이 책의 거의 모든 장에 이런 종류의 변수가 쓰였다. 범주형변수에는 여러 종류가 있지만(§6.5.7), 그 어떤 종류이든 한 참가자 또는 한 사례는 이론적으로 오직 하나의 범주에만 속한다는 원리를 따른다. 범주형변수의 좋은 예로는 성별(소수의 예외를 제외하면, 사람들은 생물학적으로 남성 아니면 생물학적으로 여성이다),[1] 임신 여부(임신했거나 아니거나 둘 중 하나), 선거의 투표(일반적으로 투표자는 한 후보에게만 표를 줄 수 있다) 등이 있다. 지금까지 배운 통계학적 절차 중 로지스틱 회귀를 제외한 모든 절차에서 범주형변수는 어떤 연속적인 결과를 예측하는 용도로 쓰이지만, 범주형변수들 자체의 관계를 살펴보고 싶을 때도 있다. 이번 장은 그러한 관계를 파악하는 두 가지 기법을 살펴본다. 이번 장에서 여러분은 먼저 범주형변수가 두 개인 예를 통해서 카이제곱 검정을 발견하게 된다(카이제곱 통계량은 이미 여러 번 보았으므로 '발견'이라고 하기에는 좀 그렇긴 하다). 그런 다음에는 그 예의 모형을 확장해서, 셋 이상의 범주형변수들의 관계를 살펴보는 방법도 설명한다.

18.4 범주형자료 분석의 이론 ①

우리가 만날 수 있는 가장 간단한 상황을 살펴보는 것으로 시작하자. 가장 간단한 상황이란 두 개의 범주형변수를 분석하는 것이다. 두 범주형변수의 관계를 파악하려 할 때 평균이나 그와 비슷한 통계량은 쓸모가 없다. 그런 상황에서는 범주형변수는 연속적으로 측정되는 변수가 아니므로 평균을 구할 수 없기 때문이다. 우리가 범주형변수의 각 범주에 부여한 수치는 그냥 임의적인 것이므로, 그리고 그러한 수치들의 평균은 각 범주에 있는 원소들의 개수에 의존하므로, 범주형변수의 평균을 계산하는 것은 전혀 의미가 없다. 평균을 구하는 것이 의미가 있는 연속변수들이 하나도 없고 범주형변수들만 있을 때는 도수(frequency; 또는 빈도)를 분석한다. 즉, 범주들의 각 조합에 속하는 개체들의 개수를 분석한다. 한 예로, 어떤 연구자가 동물에게 라인댄스(line-dance; 여러 사람이 줄을 맞추어 추는 춤)를 가르칠 수 있는지 궁금해졌다고 하자. 그 연구자는 고양이 200마리를 모아서, 고양이가 춤과 비슷한 동작을 하면 먹이를 주거나 쓰다듬어 주는 방식으로 라인댄스를 가르쳤다. 한 주 동안 연구자는 라인댄스 비슷한 동작을 한 동물의 수와 그렇지 못한 동물의 수를 세었다. 이 예에는 두 가지 범주형변수가 있는데, 하나는 동물 훈련 방법(먹이를 주거나 애정표현; 둘 중 하나만)을 나타내는 **Training**이고 다른 하나

---

[1] 누군가 내 팔을 어깨 관절에서 뽑아서 그것으로 내 머리를 후려치기 전에 해명하자면, 나는 성별이 남녀로 칼같이 나뉘지는 않는 여러 가지 염색체 및 호르몬 조건들이 존재한다는 점을 알고 있다. 또한, 생물학적 성별과는 다른 성 정체성을 가진 사람들이 있다는 점도 알고 있다.

는 동물이 라인댄스를 배웠는지 아닌지를 나타내는 **Dance**이다. 이 두 변수의 범주들을 조합하면 총 네 가지의 서로 다른 범주가 나온다. 범주들을 파악한 다음에는 각 범주에 속하는 개체(지금 예에서는 고양이)의 수를 세서 표를 만든다. 표 18.1이 지금 예제의 도수표이다. 이런 표를 **분할표**(contingency table; 또는 우발표)라고 부른다.

표 18.1 서로 다른 보상으로 훈련한 후 라인댄스를 추게 된 고양이들의 수를 보여주는 분할표

		훈련 방법		
		먹이로 보상	애정표현으로 보상	총계
춤을 췄는가?	예	28	48	76
	아니요	10	114	124
	총계	38	162	200

18.4.1 피어슨의 카이제곱 검정 ①

두 범주형변수가 관계가 있는지(즉, 라인댄스를 추게 된 고양이의 수가 훈련 방법과 상관이 있는지) 알아내는 한 가지 방법은 피어슨의 카이제곱 검정(Fisher, 1922; Pearson, 1900)을 적용하는 것이다. **카이제곱 검정**(chi-square test)은 대단히 우아한 통계량으로, 특정 범주들에서 관측한 도수들을 그 범주들에서 우연히 발생할 수 있는 도수들과 비교한다는 간단한 착안에 기초한다. 제2장과 제7장, 그리고 제10장에서 보았듯이, 어떤 모형이 어떤 자료 집합에 얼마나 잘 적합하는지를 다음과 같은 아주 간단한 공식(그리고 이것의 몇 가지 변형)으로 평가할 수 있다.

벗어난 정도 = $\sum(관측값 - 모형값)^2$

회귀분석과 분산분석의 제곱합들은 바로 이 공식을 기반으로 한다. 범주형자료에 대해서도 이 공식을 사용할 수 있다. 이 공식을 조금 변형해서, 관측값과 모형값의 차이의 제곱을 모형값(모형 점수)으로 나누어서 합하는 공식도 있는데, 이는 분산분석에서 제곱합을 자유도로 나누는 것과 비슷하다. 이처럼 모형값으로 나누면 결과적으로 각 관측값의 벗어난 정도가 표준화되며, 그러한 표준화된 차이들을 모두 더한 것이 바로 피어슨의 카이제곱(χ^2)이다. 구체적인 공식은 다음과 같다.

$$\chi^2 = \sum \frac{(관측값_{ij} - 모형_{ij})^2}{모형_{ij}} \tag{18.1}$$

여기서 색인 ij는 분할표의 i 행 j 열 항목을 가리킨다. 관측값은 물론 표 18.1에 나온 도수이다. 모형은 우리가 알아내야 한다. 분산분석에서는 그룹 평균을 모형으로 사용했지만, 앞에서 말

했듯이 자료에 범주형변수만 있을 때는 평균을 사용할 수 없으므로 도수를 사용해야 한다. 따라서, 범주형자료의 분석에서 모형은 '기대도수(expected frequency)'들로 이루어진다. 기대도수를 구하는 한 방법은 개체 수를 범주 개수로 나누는 것이다. 예를 들어, 고양이가 200마리이고 범주가 넷이면 각 범주의 기대도수는 그냥 200/4 = 50이다. 이러한 단순한 계산법은 만일 애정표현을 보상으로 사용한 고양이와 먹이를 보상으로 사용한 고양이의 수가 같다면 유효하겠지만, 지금 예에서는 그렇지 않다. 보상으로 먹이를 준 고양이는 38마리이고 예뻐해 준 고양이는 162마리이다. 또한, 라인댄스를 출 수 있었던 고양이와 그렇지 못한 고양이의 수도 같지 않다. 이러한 차이를 고려하기 위해서는, 표의 칸마다(지금 예에서는 총 네 칸) 행의 총계와 열의 총계를 이용해서 기대도수를 구해야 한다. 다음 각 칸(범주)의 모형, 즉 기대도수를 구하는 공식이다.

$$모형_{ij} = E_{ij} = \frac{행\ 총계_i \times 열\ 총계_j}{n}$$

여기서 n은 전체 관측값 개수(지금 예에서는 200)이다. 이 공식을 이용해서 분할표의 네 칸의 기대도수를 계산하면 다음과 같다(RT는 행 총계(row total), CT는 열 총계(column total)를 뜻한다).

$$모형_{먹이,\ 예} = \frac{RT_{예} \times CT_{먹이}}{n} = \frac{76 \times 38}{200} = 14.44$$

$$모형_{먹이,\ 아니요} = \frac{RT_{아니요} \times CT_{먹이}}{n} = \frac{124 \times 38}{200} = 23.56$$

$$모형_{애정표현,\ 예} = \frac{RT_{예} \times CT_{애정표현}}{n} = \frac{76 \times 162}{200} = 61.56$$

$$모형_{애정표현,\ 아니요} = \frac{RT_{아니요} \times CT_{애정표현}}{n} = \frac{124 \times 162}{200} = 100.44$$

이제 모형값들을 구했으니, 표의 각 칸에 대해 그 칸의 값을 해당 모형값에서 뺀 차이를 제곱해서 모형값으로 나눈다. 그런 다음 그 네 값을 모두 더하면 카이제곱이 나온다.

$$\chi^2 = \frac{(28-14.44)^2}{14.44} + \frac{(10-23.56)^2}{23.56} + \frac{(48-61.56)^2}{61.56} + \frac{(114-100.44)^2}{100.44}$$

$$= \frac{(13.56)^2}{14.44} + \frac{(-13.56)^2}{23.56} + \frac{(-13.568)^2}{61.56} + \frac{(13.56)^2}{100.44}$$

$$= 12.73 + 7.80 + 2.99 + 1.83$$

$$= 25.35$$

이 통계량을 성질들이 알려진 분포에서 뽑은 임계값과 비교해서 검정의 유의성을 판정한다. 그러한 임계값을 구하려면 자유도가 필요한데, 여기서 자유도는 $(r-1)(c-1)$이다(r은 행의 수이고 c는 열의 수). 다른 말로 하면, 자유도는 각 변수의 수준 수에서 1을 뺀 값을 곱한 것이다. 지금 예에서 $df = (2-1)(2-1) = 1$이다. 이제 $df = 1$로 카이제곱 분포의 확률표에서 임계값을 조회하고, 그 값을 앞에서 구한 카이제곱과 비교한다. 만일 관측된 카이제곱이 임계값보다 크면, 두 범주형변수 사이에 유의한 관계가 존재한다고 말할 수 있다. 실제로 부록 A의 표에서 $df = 1$에 대한 임계값을 조회해보면, 유의수준 $p = .05$에서의 임계값은 3.84이고 유의수준 $p = .01$에서의 임계값은 6.63이다. 관측된 카이제곱은 그 두 임계값보다 크므로, 두 변수는 $p < .01$에서 유의하게 상관되어 있다고 할 수 있다. 그런데 R로 카이제곱 검정을 수행하면, R은 그냥 모집단에서 변수들이 무관할 때 관측된 카이제곱(지금 예에서는 25.35)과 같은 값이 나올 정확한 확률의 추정값만 출력한다.

18.4.2 피셔의 정확검정 ①

카이제곱 검정에는 검정통계량의 표집분포가 근사적으로 카이제곱 분포라는 문제점이 있다. 표본이 클수록 표집분포가 카이제곱 분포에 가까워지므로, 표본이 클 때는 이것이 단지 근사적인 카이제곱 분포라는 점이 문제가 되지 않는다. 그러나 표본이 작을 때는 표집분포가 카이제곱 분포와 충분히 비슷하지 않아서, 카이제곱 분포에 근거한 유의성 판정이 부정확해진다. 카이제곱 검정을 사용할 때 분할표 각 칸의 기대도수가 5보다 커야 한다는(§18.5 참고) 이야기는 그래서 나온 것이다. 기대도수가 5보다 크면 표집분포가 완전한 카이제곱 분포에 가까워서 근사 문제를 걱정할 필요가 없을 가능성이 크다. 그러나 기대도수가 그보다 작으면, 표본 크기가 너무 작아서 검정통계량의 표집분포가 카이제곱 분포와는 동떨어져 있을(따라서 검정의 결과가 무의미할) 가능성이 있다.

피셔는 표본 크기가 작을 때도 카이제곱 통계량의 정확한 확률을 계산하는 방법을 고안했다(Fisher, 1922). 그 방법을 **피셔의 정확검정**(Fisher's exact test)이라고 부른다(사실 이것은 그냥 카이제곱 통계량의 정확한 확률을 계산하는 한 방법이므로, '검정'이라고 부르는 것은 좀 말이 되지 않는다). 피셔의 정확검정은 주로 분할표가 2×2이고(즉, 각각 범주가 둘인 두 변수의 분할표) 표본이 작을 때 쓰인다. 그러나 분할표와 표본이 그보다 더 클 때도 사용할 수 있다. 단, 분할표가 크면 계산량이 많아져서 R이 답을 내기까지 시간이 오래 걸릴 수 있다. 사실 이 방법은 작은 표본의 문제점을 극복하기 위한 것이므로, 표본이 크면 굳이 이 검정을 사용할 필요가 없다.

18.4.3 가능도비 ②

피어슨의 카이제곱 대신 사용할 수 있는 검정통계량으로 가능도비(likelihood ratio)가 있다. 이것은 최대가능도(최대우도) 이론에 기초한 것이다. 이 이론에 깔린 착안을 간단히 설명하자면 이렇다. 자료를 수집하고, 그러한 자료가 얻어질 확률이 최대가 되는 모형을 만든다. 그런 다음에는 그 모형을 귀무가설 하에서 그러한 자료가 얻어질 확률과 비교한다. 정리하자면, 가능도비는 관측된 도수들과 모형이 예측한 도수들의 비교에 기초한 통계량이다. 가능도비를 구하는 공식은 다음과 같다.

$$L\chi^2 = 2\sum 관측값_{ij} \ln\left(\frac{관측값_{ij}}{모형_{ij}}\right) \tag{18.2}$$

색인 ij는 분할표의 i 행 j 열 항목을 가리키고, $\ln$은 자연로그이다(자연로그는 제8장에서 만난 표준적인 수학 함수로, 전자계산기에서도 흔히 볼 수 있다. $\ln$이나 $\log_e$라는 버튼이 이 자연로그를 계산한다). 다음은 이전 절의 모형과 관측값들로 계산한 가능도비이다.

$$
\begin{aligned}
L\chi^2 &= 2\left[28 \times \ln\left(\frac{28}{14.44}\right) + 10 \times \ln\left(\frac{10}{23.56}\right) + 48 \times \ln\left(\frac{48}{61.56}\right) + 114 \times \ln\left(\frac{114}{100.44}\right)\right] \\
&= 2\left[28 \times 0.662 + 10 \times -0.857 + 48 \times -0.249 + 114 \times 0.127\right] \\
&= 2\left[18.54 - 8.57 - 11.94 + 14.44\right] \\
&= 24.94
\end{aligned}
$$

피어슨의 카이제곱처럼 이 통계량도 카이제곱 분포를 따르며, 자유도도 같다(지금 예에서는 1). 따라서 검정 방법도 동일하다. 즉, 해당 자유도로 카이제곱 분포 확률표에서 임계값을 찾고, 그것을 관측된 가능도비와 비교한다. 지금 예에서 관측된 가능도비는 임계값 3.84($p = .05$)나 6.63($p = .01$)보다 크므로, 검정의 결과는 유의하다. 큰 표본에서는 가능도비가 피어슨의 카이제곱과 거의 비슷하다. 작은 표본에서는 가능도비를 사용하는 것이 좋다.

18.4.4 예이츠의 수정 ②

분할표가 2×2일 때(즉, 각각 범주가 둘인 두 범주형변수가 있을 때), 피어슨의 카이제곱 검정은 실제보다 작은 유의확률을 산출하는(다른 말로 하면, 제1종 오류를 범하는) 경향이 있다. 그래서 예이츠는 피어슨의 공식을 수정하는 방법을 제안했다. 이를 흔히 **예이츠의 연속성 수정**(Yates's continuity correction)이라고 부른다. 수정 방법은 간단하다. 자료와 모형의 차이(식 (18.1)의 관측값$_{ij}$ − 모형$_{ij}$)를 그대로 제곱하는 대신, 차이의 절댓값에서 0.5를 뺀 후에 제곱하는 것이 전부이다. 나머지 과정은 동일하다. 다음은 이를 수학 공식으로 표현한 것이다.

$$\chi^2 = \sum \frac{(|관측값_{ij} - 모형_{ij}| - 0.5)^2}{모형_{ij}}$$

지금 예제의 자료에 이를 적용하면 다음과 같다.

$$\chi^2 = \frac{(13.56 - 0.5)^2}{14.44} + \frac{(13.56 - 0.5)^2}{23.56} + \frac{(13.56 - 0.5)^2}{61.56} + \frac{(13.56 - 0.5)^2}{100.44}$$
$$= 11.81 + 7.24 + 2.77 + 1.70$$
$$= 23.52$$

여기서 주목할 것은 예이츠의 수정에 의해 카이제곱 통계량이 이전보다 작아졌다는, 따라서 덜 유의해졌다는 점이다. 이것이 앞에서 말한 문제점에 대한 괜찮은 해결책인 것 같지만, 필요 이상으로 값이 수정되어서 오히려 이전보다 더 작은 카이제곱 값이 나온다는 증거도 많이 있다. 관심 있는 독자는 예이츠의 연속성 수정이 가진 문제점들을 훌륭히 논의한 [Howell, 2006]을 참고하기 바란다. 정리하자면, 이런 수정 방법이 있다는 것을 알아둘 필요는 있겠지만, 가능하면 사용하지 않는 것이 좋다.

18.5 카이제곱 검정의 가정들 ①

카이제곱 검정이 이 책의 다른 대부분의 검정과는 달리 자료가 연속적이고 정규분포를 따른다는 가정을 두지 않음은 명백하다(범주형자료는 연속적이지 않으므로 정규분포를 따를 수 없다). 대신 카이제곱 검정은 다음과 같은 두 가지 중요한 가정을 둔다.

- 이 책에서 배운 검정들은 대부분 자료의 독립성을 가정하는데, 카이제곱 검정도 예외는 아니다. 카이제곱 검정이 의미가 있으려면 각 참가자(또는 항목, 개체)가 분할표의 오직 한 칸에만 기여해야 한다. 따라서, 반복측정 설계에는 카이제곱 검정을 사용할 수 없다(예를 들어 먹이를 보상으로 고양이들에게 춤을 가르치고, 그런 다음 같은 고양이들에게 애정표현을 보상으로 춤을 가르쳐서 수집한 자료를 피어슨의 카이제곱 검정으로 분석할 수는 없다).

- 기대도수들이 5 이상이어야 한다. 분할표가 클 때는 5보다 작은 기대도수들이 전체의 20%까지는 허용되지만, 그래도 통계적 검정력이 떨어지는(그래서 진짜로 존재하는 효과를 검출하지 못하는) 것은 피할 수 없다. 분할표가 크더라도, 1보다 작은 기대도수가 있어서는 안 된다. 하웰은 이 가정이 깨졌을 때 문제가 발생하는 이유를 잘 설명했다(Howell,

2006). 만일 이 가정이 깨졌다면, 피어슨의 카이제곱 대신 피셔의 정확검정(§18.4.2)을 사용하는 것을 고려해 봐야 할 것이다.

마지막으로, 엄밀히 말해서 가정은 아니지만 신경 써야 할 점이 하나 있는데, 이번 절의 우울하고 불길한 어조와 잘 어울리므로 여기서 말하고 넘어가겠다. 바로, 표본이 충분히 클 때는 (아주 클 필요는 없다) 분할표 칸의 도수들의 상대적으로 작은 차이들 때문에 변수들의 상관관계가 통계적으로 유의하다는 결과가 나올 수 있다는 점이다. 따라서 행과 열의 도수 비율들을 살펴보면서 잠재적인 효과들을 파악해 봐야 한다. 그러한 비율들은 도수 자체보다 자료의 패턴을 더 잘 반영한다(도수들은 서로 다른 범주의 표본 크기에 의존적이므로).

18.6 R을 이용한 카이제곱 검정 실행 ①

범주형자료를 R에 입력하는 방법은 두 가지인데, 하나는 원본 점수들을 원래 형태대로 입력하는 것이고 다른 하나는 분할표 형태로 입력하는 것이다. 그럼 두 방법을 차례로 살펴보자.

18.6.1 자료 입력: 원본 점수 ①

원래의 자료에서 각 행은 개별 개체를 대표하고 각 열은 개별 범주형변수를 대표한다. 지금 예에서는 각 행은 각 고양이의 점수들이고 각 열은 **Training** 변수와 **Dance** 변수이다. **Training** 변수가 가질 수 있는 값은 두 가지로, 하나는 먹이를 보상으로 사용했음을 나타내고 다른 하나는 애정표현을 보상으로 사용했음을 나타낸다. **Dance** 변수가 가질 수 있는 값은 Yes 또는 No인데, 전자는 해당 고양이가 춤을 추었다는(즉, 라인댄스를 배웠다는) 뜻이고 후자는 그렇지 못했다는 뜻이다. 측정한 고양이는 총 200마리이므로, 자료는 총 200행이다. **cats.dat** 파일에 그러한 자료가 들어 있다. 작업 디렉터리가 적절히 설정된(§3.4.4 참고) 상태에서 다음 명령을 실행하면 이 자료가 R에 적재된다.

```
catsData<-read.delim("cats.dat", header = TRUE)
```

이 명령이 생성한 데이터프레임의 모습은 다음과 같다(자료의 형태를 파악하는 데 200행 전부가 필요하지는 않으므로, 대부분의 행을 생략했다).

```
        Training Dance
1    Food as Reward   Yes
2    Food as Reward   Yes
3    Food as Reward   Yes
4    Food as Reward   Yes
```

```
5        Food as Reward    Yes
...          ...           ...
29       Food as Reward    No
30       Food as Reward    No
31       Food as Reward    No
32       Food as Reward    No
33       Food as Reward    No
...          ...           ...
39    Affection as Reward  Yes
40    Affection as Reward  Yes
41    Affection as Reward  Yes
42    Affection as Reward  Yes
43    Affection as Reward  Yes
...          ...           ...
87    Affection as Reward  No
88    Affection as Reward  No
89    Affection as Reward  No
90    Affection as Reward  No
91    Affection as Reward  No
```

자가진단

✓ R의 자료 입력에 관해 배운 내용을 이용해서, 이 자료를 R에 직접(파일로부터 적재하지 않고) 입력하는 방법을 설명하라.

18.6.2 자료 입력: 분할표 ①

앞에서처럼 모든 사례를 입력하는 대신 분할표를 입력하는 방법도 있다. 해당 도수들을 미리 구해 두었다면, 즉 먹이를 보상으로 준 고양이가 38마리이고 그중 28마리가 춤을 추었으며 애정표현을 보상으로 준 고양이가 162마리이고 그중 48마리가 춤을 추었음을 이미 알고 있다면, 이 방법이 앞의 방법보다 훨씬 간단하다. R에서 그러한 도수 자료를 입력하는 방법은 여러 가지인데, 한 가지 방법은 두 변수를 생성해서 도수들을 담고 그 두 변수를 *cbind()* 함수로 묶는 것이다. 지금 예에서 한 변수는 보상으로 먹이를 준 고양이들의 수치를 담고, 다른 한 변수는 보상으로 애정표현을 해준 고양이들의 수치를 담아야 한다. 다음은 그런 변수들을 생성해서 묶는 명령들이다.

```
food <- c(10, 28)
affection <- c(114, 48)
catsTable <- cbind(food, affection)
```

최종적인 데이터프레임의 모습은 다음과 같다.

```
     food affection
[1,]   10     114
[2,]   28      48
```

열들은 훈련 방법(먹이 또는 애정표현)을 나타내고 행들은 고양이가 춤을 추었는지(둘째 행) 아닌지(첫 행)를 나타낸다. 이상의 예에서 보듯이, 원본 자료를 직접 입력하는 것보다 이 방법이 더 간단하다.

18.6.3 R Commander를 이용한 분석 실행 ①

항상 그렇듯이, 우선 **데이터 ➡ 데이터 불러오기 ➡ 텍스트 파일, 클립보드, 또는 URL...** 메뉴(§3.7.3)를 이용해서 **cats.dat** 파일을 불러온다. 카이제곱 검정을 실행하려면 **통계 ➡ 비율 ➡ 이-표본 비율 검정...** 메뉴를 선택한다. 그러면 그림 18.2 하단의 대화상자가 나타난다. 집단 (하나 선택) 목록에서 그룹들을 식별하는 변수(지금 예에서는 **Training**)를, 반응 변수 (하나 선택) 목록에서는 결과변수(지금 예에서는 고양이가 춤을 추었는지의 여부를 뜻하는 **Dance**)를 선택한다.

선택기능 탭에서, 대립 가설 항목은 그냥 양쪽(측)이 선택된 상태로 둔다(효과의 방향을 미리 예측했다면, 예측한 차이가 0보다 작은지 아니면 큰지에 따라 차이 < 0 또는 차이 > 0을 선택하면 된다). 검정 유형 항목 역시 기본 선택인 **정규 근사**를 그대로 둔다. 이것을 선택하면 피어슨 카이제곱 검정이

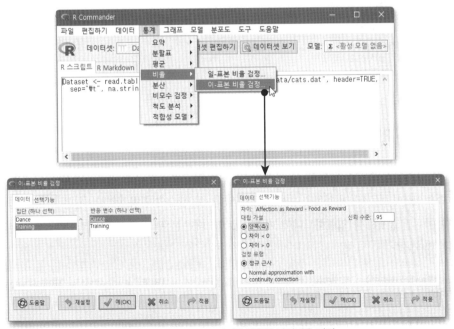

그림 18.2 R Commander를 이용한 카이제곱 검정

실행되고, *Normal approximation with continuity correction*을 선택하면 예이츠의 연속성 수정을 적용한 카이제곱 검정이 실행된다.

이제 예 버튼을 클릭하면 검정이 실행된다. 그 결과가 출력 18.1에 나와 있다. 출력의 첫 부분은 훈련 방법별 도수 비율(퍼센트)들로 이루어진 표이다. 표를 보면, 애정표현으로 보상했을 때는 29.6%의 고양이가 춤을 추었지만, 먹이를 보상으로 사용했을 때는 73.7%의 고양이가 춤을 추었다.

출력의 나머지 부분은 카이제곱 검정의 결과이다. 카이제곱 통계량은 25.36이고 자유도는 1이다. 해당 p 값이 .05보다 작으므로(출력에 나온 수치는 .000000477), 이 결과는 고도로 유의하다. 예이츠 수정을 적용한 검정도 실행해 보기 바란다.

출력 18.1

```
                    Dance
Training           No  Yes Total Count
  Affection as Reward 70.4 29.6   100   162
  Food as Reward      26.3 73.7   100    38

2-sample test for equality of proportions without
continuity

correction
data:  .Table
X-squared = 25.3557, df = 1, p-value = 4.767e-07
alternative hypothesis: two.sided
95 percent confidence interval:
 0.2838731 0.5972186
sample estimates:
   prop 1    prop 2
0.7037037 0.2631579
```

18.6.4 R을 이용한 분석 실행 ①

R에서 카이제곱 검정을 수행할 때 사용할 수 있는 함수로 *gmodels* 패키지의 **CrossTable()** 함수(함수 이름에 대문자들이 있음을 주의할 것)가 있다. 이 함수의 활용 형태는 원본 자료를 입력하느냐 아니면 분할표를 입력하느냐에 따라 다르다. 다음은 원본 자료를 입력할 때의 기본적인 활용 형태이다.

```
CrossTable(예측변수, 결과변수, fisher = TRUE, chisq = TRUE, expected = TRUE, sresid
= TRUE, format = "SAS"/"SPSS")
```

그리고 다음은 분할표의 경우이다.

```
CrossTable(분할표, fisher = TRUE 또는 chisq = TRUE, expected = TRUE, sresid =
TRUE, format = "SAS"/"SPSS")
```

이 둘은 변수들을 지정하는 방법이 다르다. 첫 형태에서는 예측변수(지금 예에서는 **Training**)와 결과변수(지금 예에서는 **Dance**)를 지정하고, 둘째 형태에서는 분할표를 담은 데이터프레임(지금 예에서는 *catsTable*)을 지정한다. 그 외의 옵션들은 두 형태가 동일한데, *chisq* = *TRUE*를 지정하면 카이제곱 검정이 수행되고 *fisher* = *TRUE*를 지정하면 피셔의 정확검정이 수행된다. 그리고 *expected* = *TRUE*를 지정하면 분할표의 각 칸의 기댓값이 출력되는데, 이 값들은 관련 가정들의 위반 여부를 검점할 때 유용하다. *sresid* 옵션은 표준화잔차(standardized residual) 출력 여부이다. 표준화잔차들은 유효한 효과를 좀 더 분해할 때 유용하다. 표준화잔차들을 출력하려면 *format* = *"SPSS"* 옵션도 지정해야 한다. 그 외에도 여러 옵션이 있는데, R의 영혼의 조언 17.2을 참고하기 바란다.

다음은 고양이 훈련 원본 자료(*catsData* 데이터프레임)에 대해 카이제곱 검정과 피셔의 정확

R의 영혼의 조언 18.2   좀 더 간결한 분할표 ②

출력 18.2의 표는 우리가 필요한 것보다 상당히 많은 정보를 제공한다. 사실 지금 목적에서는 각 훈련 방법에서 춤을 배운 고양이 마릿수와 그 비율만 알면 된다. 즉, 열 비율, 총 비율, 카이제 곱 기여도는 필요하지 않다. 이들이 출력되지 않게 하려면 검정 함수를 실행할 때 다음처럼 *prop. c=FALSE, prop.t=FALSE, prop. chisq=FALSE*(R의 영혼의 조언 18.1 참고)를 추가하면 된다.

```
CrossTable(catsData$Training, catsData$Dance, fisher = TRUE, chisq = TRUE,
expected = TRUE, prop.c = FALSE, prop.t = FALSE, prop.chisq = FALSE sresid
= TRUE, format = "SPSS")
```

이 명령은 좀 더 간결한 형태의 분할표를 출력한다.

검정을 수행하는 명령이다.

```
CrossTable(catsData$Training, catsData$Dance, fisher = TRUE, chisq = TRUE,
expected = TRUE, sresid = TRUE, format = "SPSS")
```

그리고 다음은 해당 자료의 분할표(*catsTable* 데이터프레임)로 같은 검정들을 수행하는 명령이다.

```
CrossTable(catsTable, fisher = TRUE, chisq = TRUE, expected = TRUE, sresid =
TRUE, format = "SPSS")
```

두 명령 모두, *chisq = TRUE*(카이제곱 검정 수행) 옵션과 *fisher = TRUE* 옵션(피셔의 정확검정), *expected = TRUE* 옵션(기댓값 출력), *sresid = TRUE* 및 *format = "SPSS"* 옵션(표준화잔차 출력)을 지정했다.

18.6.5   *CrossTable()* 함수의 출력 ①

출력 18.2는 앞의 명령에 대해 **R**이 출력한 결과의 처음 부분에 있는 분할표이다. 표에는 훈련 방법(먹이 또는 애정표현)과 춤 학습 여부의 각 조합에 대해 해당 고양이들의 마릿수와 기대도 수, 카이제곱에 대한 그 조합의 기여도, 행 비율, 열 비율, 총 비율, 그리고 표준편차가 나와 있 다. 필요하다면 이보다 간결한 형태의 분할표를 출력할 수도 있는데, 이에 관해서는 R의 영혼 의 조언 18.2를 보기 바란다.

```
  Cell Contents
|-----------------------|
|                 Count |
|        Expected Values |
| Chi-square contribution |
|           Row Percent |
|        Column Percent |
|          Total Percent |
|           Std Residual |
|-----------------------|
```

Total Observations in Table: 200

catsData$Training	catsData$Dance Yes	No	Row Total
Food as Reward	28	10	38
	14.440	23.560	
	12.734	7.804	
	73.684%	26.316%	19.000%
	36.842%	8.065%	
	14.000%	5.000%	
	3.568	-2.794	
Attention as Reward	48	114	162
	61.560	100.440	
	2.987	1.831	
	29.630%	70.370%	81.000%
	63.158%	91.935%	
	24.000%	57.000%	
	-1.728	1.353	
Column Total	76	124	200
	38.000%	62.000%	

열 총계(*Column Total*) 행에는 각 조합에 해당하는 사례들의 수와 그 비율이 나와 있다. 사례 수들은 원래의 분할표와 거의 비슷하다. 춤을 춘 고양이는 총 76마리(전체의 38%)인데, 그중 28마리(춤춘 고양이의 36.8%)는 먹이로 훈련했고 48마리(춤춘 고양이의 63.2%)는 애정표현으로 훈련했다. 춤을 전혀 추지 못한 고양이는 124마리(전체의 62%)로, 그중 열 마리(춤추지 않은 고양이의 8.1%)는 먹이를 보상으로 사용했고 대다수를 차지하는 114마리(춤추지 않은 고양이의 91.9%)는 애정표현으로 훈련했다. 가운데 두 열에서, 각 칸의 다섯째 수치는 해당 춤 학습 여부(Dance 변수)에 속하는 고양이들의 비율(즉, 열 비율)이고 넷째 수치는 해당 훈련 방법(Training 변수)에 속하는 고양이들의 비율(즉, 행 비율)이다. 이 수치들을 보면, 예를 들어 먹이를 보상으로 훈련한 고양이 중 73.7%는 춤을 추었고 26.3%는 그렇지 못했다. 그리고 애정표현을 보상

으로 훈련한 고양이 중에서는 29.6%만 춤을 추었고 70.4%는 그렇지 못했다. 정리하자면, 먹이를 보상으로 사용했을 때는 대부분의 고양이가 춤을 추었지만 애정표현을 보상으로 사용했을 때는 대부분의 고양이가 춤을 추길 거부했다.

검정통계량 자체로 넘어가기 전에, 먼저 카이제곱 검정의 가정이 성립하는지 점검하는 것이 필수이다. 점검할 가정은 2 × 2 분할표(지금 예에 해당)의 모든 기대도수가 .5보다 커야 한다는 것이다. 현재 출력에서 기대도수는 각 칸의 둘째 수치이다. 기대도수들은 이전에 우리가 직접 계산한 것들과 일치한다. 가장 작은 기대도수는 14.44(먹이로 훈련했고 춤을 춘 고양이들에 해당)이다. 이 값이 5보다 크므로, 다른 모든 도수도 5보다 크다. 따라서 가정이 성립한다. 만일 5보다 낮은 기대도수가 존재한다면, 최선의 해결책은 자료를 더 수집해서 각 범주에 속하는 사례들의 비율을 더 높여 보는 것이다.

출력 18.3

```
Statistics for All Table Factors

Pearson's Chi-squared test
------------------------------------------------------------
Chi^2 =  25.35569    d.f. = 1     p =  4.767434e-07

Pearson's Chi-squared test with Yates' continuity correction
------------------------------------------------------------
Chi^2 =  23.52028    d.f. = 1     p =  1.236041e-06

Fisher's Exact Test for Count Data
------------------------------------------------------------
Sample estimate odds ratio:  6.579265

Alternative hypothesis: true odds ratio is not equal to 1
p =  1.311709e-06
95% confidence interval:  2.837773 16.42969

Alternative hypothesis: true odds ratio is less than 1
p =  0.9999999
95% confidence interval:  0 14.25436

Alternative hypothesis: true odds ratio is greater than 1
p =  7.7122e-07
95% confidence interval:  3.193221 Inf


        Minimum expected frequency: 14.44
```

앞에서 말했듯이 피어슨의 카이제곱은 두 범주형변수에 어떤 의미 있는 상관관계가 존재하는지 검사한다(지금 예에서 두 범주형변수는 훈련 방법과 춤을 추었는지의 여부이다). 출력 18.3은 *CrossTable()* 함수가 출력한 결과의 후반부인데, 여기에는 카이제곱 검정의 통계량과 그 유의확률이 나와 있다. 피어슨의 카이제곱 검정은 두 변수가 독립이라는 귀무가설을 검증한다. 만일 p 값이 충분히 작다면(통상적으로 .05 미만) 두 변수가 독립이라는 귀무가설이 기각되며, 따라서 두 변수는 어떤 방식으로든 상관되어 있다고 할 수 있다. 함수의 출력에는 카이제곱 검정통계량과 그 자유도, 그리고 유의확률이 나와 있다. 지금 예에서 카이제곱 검정통계량의 값은 25.356인데, 반올림 오차를 고려하면 §18.4.1에서 우리가 직접 계산한 값과 부합한다고 할 수 있다. 이 값은 크게 유의하다($p < .001$). 따라서, 훈련 방법이 춤 학습 여부에 유의한 효과를 가졌다고 말할 수 있다. 출력의 전반부(출력 18.2)에 나온 분할표에는 각 칸의 카이제곱 기여도가 있는데, 그 수치들을 합하면 카이제곱 검정통계량이 나온다. 실제로, 1.831 + 2.987 + 7.804 + 12.734 = 25.356이다.

출력에는 다른 여러 통계량도 포함되어 있다. 카이제곱 검정통계량 다음에 나온 것은 예이츠의 수정(§18.4.4)을 적용했을 때의 카이제곱 검정통계량이다. 이 값은 이전에 우리가 계산했던 23.52와 부합한다. 앞에서 언급했듯이 이 수정된 검정통계량은 그냥 무시해도 되지만, 그래도 주된 카이제곱 검정의 결과를 재확인하는 용도로는 의미가 있다.

출력의 마지막 부분은 피셔의 정확검정 결과이다. 이 중 *Alternative hypothesis: true odds ratio is not equal to 1* 항목의 수치들만 보면 된다. 그 결과의 p 값은 .001보다 한참 작은 .0000013이다. 따라서, 피셔의 정확검정 역시 귀무가설을 기각해야 한다는 결과가 나왔다. (피셔의 정확검정의 p 값이 피어슨 카이제곱의 p 값과 예이츠 수정 카이제곱의 p 값 사이에 있음을 주목하기 바란다. 이것이 일반적인 경우이다.)

이처럼 고도로 유의한 결과가 나왔다는 것은 훈련 방법과 춤 학습 여부가 연관성이 있음을 암시한다. 여기서 연관성(association)이란, 서로 다른 두 훈련 조건에서 응답들의 패턴(춤을 춘 고양이들의 비율과 그렇지 못한 고양이들의 비율)이 유의하게 다르다는 뜻이다. 이러한 유의한 결과는 먹이를 보상으로 사용했을 때 약 74%의 고양이가 춤을 배우고 26%는 그렇지 않았지만 애정표현을 보상으로 사용했을 때는 그 반대의 결과(약 70%가 춤을 거부하고, 30%가 춤을 춘)가 나왔다는 사실을 반영한다. 그러므로, 훈련 방법이 고양이들에게 유의하게 영향을 미쳤다고 결론을 내릴 수 있다. 고양이들은 먹이를 위해 춤을 추지 사랑을 위해 춤을 추지는 않는 것이다! 이 실험 결과는 사료 사발을 약속하지 않는 한 고양이가 아무것도 하지 않을 것이라는 나의 냉소적 관점(수년간 사랑스러운 고양이와 함께 산 경험에서 얻은)을 지지한다.

카이제곱 검정을 어떻게 해석하냥?

이번 예제에 나온 것 같은 2×2 분할표에서는 그냥 각 칸의 비율이나 도수만 봐도 연관성의 본성을 꽤 명확히 파악된다. 그러나 좀 더 큰 분할표에서는 표를 좀 더 세밀하게 조사하는 것이 유용할 수 있다. 분산분석(ANOVA)의 유의한 상호작용과 마찬가지로, 카이제곱 검정의 유의한 결과는 좀 더 분해해서 살펴봐야 할 전반적인 효과에 해당한다. 그런데 카이제곱 검정의 유의한 결과를 분해하는 한 가지 아주 쉬운 방법이 있다. 바로, 이미 산출된 자료인 표준화잔차를 사용하는 것이다.

회귀분석에서처럼 잔차는 그냥 모형이 예측한 값과 실제로 관측한 자료의 값(지금 예에서는 관측된 도수)의 차이이다.

$$\text{잔차}_{ij} = \text{관측값}_{ij} - \text{모형}_{ij}$$

여기서 i와 j는 두 변수(즉, 분할표의 행과 열)를 나타낸다. 이러한 정의는 이 책에서 본 다른 모든 잔차나 '벗어난 정도'의 정의와 동일하다(예를 들어 이 공식을 식 (2.4)와 비교해 보라). 이렇게 정의되는 잔차를 그냥 기대도수의 제곱근으로 나누면 표준화된 잔차, 줄여서 표준화잔차가 된다.

$$\text{표준화잔차} = \frac{\text{관측값}_{ij} - \text{모형}_{ij}}{\sqrt{\text{모형}_{ij}}}$$

사실 이 공식은 이번 장의 첫 공식인 식 (18.1)에 살짝 다른 형태로 포함되어 있다. 식 (18.1)은 이 공식의 제곱을 모두 더한다. 이전에 언급했듯이, 분산이나 표준편차를 구할 때 편차를 제곱하는 이유는 합산 시 음의 편차가 양의 편차와 상쇄되는 것을 막기 위한 것이다. 지금처럼 편차들을 더하지 않을 때는 굳이 제곱할 필요가 없다. 이러한 표준화잔차에 관해 중요한 점은 다음 두 가지이다.

1 카이제곱 검정의 통계량은 이러한 표준화잔차들의 합에 기초하므로, 카이제곱 검정통계량이 나타내는 전반적인 연관성에 기여하는 요소들을 분해하는 데에는 카이제곱 검정통계량과 직접 관련된 개별 표준화잔차들을 살펴보는 것이 유용하다.

2 표준화잔차들은 마치 z 점수들처럼 그 습성이 표준적이다(§7.7.1.1 참고). 이는 아주 유용한 특징인데, 예를 들어 그냥 표준화잔차의 값만 봐도 그 유의성을 평가할 수 있다(§1.7.4 참고). 이전에 여러 번 보았듯이, 값이 ±1.96 범위 밖인 표준화잔차는 $p < .05$ 수준에서 유의한 것이고, ±2.58 범위 밖인 표준화잔차는 $p < .01$ 수준에서 유의한 것이고, ±3.29 범위 밖인 표준화잔차는 $p < .001$ 수준에서 유의한 것이다.

CrossTable() 함수를 실행할 때 *sresid* = *TRUE* 옵션을 지정했다면(그렇게 하는 것이 좋다), 출력의 분할표의 각 칸에 표준화잔차가 포함된다. 출력 18.2의 분할표에서는 각 칸의 마지막 수치가 표준화잔차이다. 분할표가 2 × 2이므로, 표준화잔차는 총 네 개이다. 각각은 훈련 방법 과 춤 학습 여부의 각 조합에 해당한다. 먹이를 보상으로 주었을 때는 춤을 춘 고양이들의 표 준화잔차가 3.57이고 추지 못한 고양이들의 표준화잔차가 −2.79이다. 둘 다 부호(양, 음)를 무 시한 크기가 1.96을 넘으므로, 둘 다 유의하다. 표준화잔차의 부호는 효과의 방향을 말해준다 (각 칸의 도수와 기대도수로도 효과의 방향을 파악할 수 있다). 애정표현을 보상으로 사용했을 때의 춤 춘 고양이와 추지 않은 고양이의 표준화잔차는 각각 −1.73과 1.35인데, 둘 다 크기가 1.96 보다 작다. 이는 애정표현을 보상으로 사용했을 때는 춤을 춘/추지 않은 고양이들의 수가 기대 한 것과 다르지 않음을 뜻한다. 정리하자면, 분할표에서 먹이를 보상으로 사용했을 때의 두 칸 은 전반적인 카이제곱 검정통계량에 유의하게 기여했다. 다른 말로 하면, 훈련 방법(보상 종류) 과 춤 학습 여부의 연관성은 주로 먹이를 보상으로 사용한 것에 기인한다.

18.6.7 효과크기의 계산 ②

범주형자료에 대한 효과크기의 측도로 가장 흔히 쓰이는, 그리고 아마도 가장 유용한 것은 제 8장에서 설명한 승산비이다. 승산비는 분할표가 2 × 2일 때 해석하기가 가장 쉬우며, 그보다 큰 분할표에서는 그리 유용하지 않을 수 있다. 그렇다고 크게 아쉬울 것은 없다. 일반선형모형 에 관한 장들에서 수도 없이 이야기했듯이, 어차피 효과크기는 단지 집중된 비교를 요약할 때 만 유용하기 때문이다. 범주형자료에서는 2 × 2 분할표가 바로 집중된 비교에 해당한다.

기본적인 형태의 승산비는 아주 계산하기 쉽다. 지금 예에서는, 우선 먹이를 보상으로 주 었을 때 고양이가 춤을 출 승산(줄여서 먹이 후 춤 승산)을 계산한다. 이 승산은 먹이를 주었을 때 춤을 춘 고양이의 수를 먹이를 주었을 때 춤을 추지 않은 고양이의 수로 나눈 것이다.

$$승산_{먹이 후 춤, 분자} = \frac{먹이를 주었을 때 춤을 춘 마릿수}{먹이를 주었을 때 춤을 추지 않은 마릿수}$$

$$= \frac{28}{10}$$

$$= 2.8$$

다음으로는 애정표현을 보상으로 사용했을 때 고양이가 춤을 출 승산(줄여서 애정표현 후 춤 승산)을 계산한다. 이 승산은 애정표현을 보상으로 사용했을 때 춤을 춘 고양이의 수를 애정표 현을 보상으로 사용했을 때 춤을 추지 않은 고양이의 수로 나눈 것이다.

$$\text{승산}_{\text{애정표현 후 춤}} = \frac{\text{애정표현을 했을 때 춤을 춘 마릿수}}{\text{애정표현을 했을 때 춤을 추지 않은 마릿수}}$$

$$= \frac{48}{114}$$

$$= 0.421$$

이제 먹이 후 춤 승산을 애정표현 후 춤 승산으로 나누면 우리가 원했던 승산비가 나온다.

$$\text{승산비} = \frac{\text{승산}_{\text{먹이 후 춤}}}{\text{승산}_{\text{애정표현 후 춤}}}$$

$$= \frac{2.8}{0.421}$$

$$= 6.65$$

이 값은 먹이로 훈련한 고양이가 춤을 출 승산이 애정표현으로 훈련한 고양이가 춤을 출 승산의 6.65배임을 뜻한다. 이 문장에서 보듯이, 승산비라는 측도를 이용하면 주어진 효과를 대단히 우아하고도 이해하기 쉽게 표현할 수 있다.

이상의 설명은 기본 승산비에 관한 것인데, 기본 승산비는 주어진 효과가 뜻하는 바를 파악하고자 할 때 특히나 유용하다. 그런데 승산비와 관련 신뢰구간을 이보다 더 정교하게 계산하는 방법들도 있다. *CrossTable()* 함수 실행 시 *fisher = TRUE*를 지정하면 그런 방법 중 하나로 계산한 승산비와 신뢰구간이 출력된다. 출력 18.3의 *Sample estimate odds ratio*: 항목에 있는 6.58(앞에서 계산한 값보다 조금 작음을 주목할 것)이 바로 그러한 승산비이고, 그 신뢰구간은 2.84에서 16.43이다. 제8장에서 말했듯이, 승산비의 신뢰구간에서 중요한 것은 1이 포함되어 있는가이다. 승산비가 1이라는 것은 먹이 후 춤 승산과 애정표현 후 춤 승산이 정확히 같다는 뜻이다. 그리고 승산비가 1보다 작다는 것은 먹이 후 춤 승산이 애정표현 후 춤 승산보다 작다는 뜻이고, 승산비가 1보다 크다는 것은 먹이 후 춤 승산이 애정표현 후 춤 승산보다 크다는 뜻이다. 따라서 1이라는 승산비는 효과의 방향이 바뀌는 지점에 해당하며, 신뢰구간에 1이 포함되어 있다는 것은 모집단에서의 효과의 방향이 표본에서 관측한 효과의 방향과 같을 수도 있고 다를 수도 있다는 뜻이다.

18.6.8 카이제곱 검정 결과의 보고 ①

피어슨의 카이제곱을 보고할 때는 그냥 해당 검정통계량과 자유도, 그리고 유의확률을 명시하면 된다. 이전에도 보았듯이 카이제곱 검정의 통계량은 χ^2으로 표기한다. 이번 예제에서 χ^2은 25.36(검정 함수 출력의 *Chi^2* 항목)이고 자유도(*d.f.* 항목)는 1이며, 유의확률은 $p < .001$이

실험복 레니의 실제 연구 18.1 미국 흑인은 행복한가? ①

Beckham, A. S. (1929). *Journal of Abnormal and Social Psychology, 24,* 186-190.

심리학 학위를 준비하면서 나는 미합중국의 인권운동에 관한 책을 많이 읽었다. 사실 심리학에 관한 문헌들을 읽어야 했지만, 나는 맬컴 엑스와 마틴 루터 킹 주니어에 점점 더 흥미가 생겼다. 그래서 나는 미국 흑인들에 대한 베컴의 1929년 연구에 특별한 관심을 두게 되었다. 베컴은 워싱턴 DC의 하워드 대학교에 심리학 연구실을 개설한 미국의 흑인 학자이다. 그리고 그의 아내 루스(Ruth)는 미네소타 대학교에서 흑인 여성으로는 최초로 Ph.D. 학위를 받은 사람이다(역시 심리학 전공). 어떤 연구 논문을 평가할 때는 그것이 출판된 시대를 고려해야 마땅하다. 베컴의 논문에 관련된 배경을 잠깐 소개하자면, 그 논문이 출판된 것은 1964년 민권법(Civil Rights Act)에 따라 짐 크로 법(Jim Crow laws)이 폐지되기 36년 전이었다. 당시 미국의 흑인들은 공개적으로 인종 차별을 받았으며, 가장 혐오스러운 민권 및 인권 침해 범죄의 피해자들이었다. 당시 상황을 좀 더 자세히 알고 싶은 독자에게는 제임스 볼드윈의 훌륭한 소설 *The Fire Next Time*을 권한다. 심지어 베컴의 논문에도 그 연구를 수행할 당시의 시대상을 떠올리게 하는 불편한 용어들과 자료가 등장한다.

베컴은 미국 흑인의 심리상태를 측정하기 위해 인생 경로가 다양한 3,443명의 미국 흑인에게 세 가지 질문을 던졌다. 베컴은 각 참가자에게 당신은 미국 흑인들이 행복하다고 생각하는가, 미국 흑인으로서 당신은 행복한가, 그리고 미국 흑인은 행복해야 마땅한가(should)를 물었다. 참가자는 각 질문에 대해 예 또는 아니요로 답했다. 지금 기준에서 이 연구는 상당히 단순하며, 베컴은 자료에 대해 공식적인 통계 분석을 수행하지 않았다(카이제곱 검정을 대중화한 버전이 담긴 피셔의 논문이 나온 것은 이 논문보다 단 7년 전이었으며, 게다가 그 논문은 심리학자가 읽을 것이라고는 기대하기 힘든 통계학 학술지에 실렸다). 그래도 나는 베컴의 이 연구 논문이 마음에 드는데, 왜냐하면 이 논문은 복잡한 통계학적 방법을 동원하지 않고도 그냥 질문 세 개만으로 중요하고도 영향력이 큰 연구 질문에 대한 답을 얻을 수 있음을 잘 보여주기 때문이다. 그 논문을 통해서 베컴은 아주 현실적이고 중요한 심리적·사회적 현상에 관해 엄청나게 많은 것을 온 세상에 알렸다.

이 연구의 도수 자료(각 질문에 대한 예 및 아니요 응답 개수)가 **Beckham1929.dat** 파일에 있다. 실험복 레니가 여러분에게 원하는 것은, 이 자료에 대해 세 가지 카이제곱 검정(질문 당 하나)을 수행하는 것이다. 그로부터 어떤 결론을 이끌어낼 수 있는가?

답은 부록 웹사이트의 이번 장 보충 자료에 있다.

다. 따라서 이 검정통계량은 유의하다. 이러한 통계량들과 함께 분할표도 첨부하는 것이 좋다. 그리고 개인적으로 나는 승산비와 그 신뢰구간도 명시할 것을 권한다. 다음은 이번 예제의 결과를 그런 식으로 보고한 예이다.

✔ 훈련 방법의 종류와 고양이가 춤을 추었는지의 여부 사이에는 $\chi^2(1) = 25.36$, $p < .001$로 유의한 연관성이 존재했다. 승산비에 따르면, 이러한 유의성은 먹이로 훈련한 고양이

가 춤을 출 승산(16.48)이 애정표현으로 훈련한 고양이가 춤을 출 승산(2.84)보다 6.58배라는 사실을 반영한 것으로 보인다.

주입식 샘의 핵심 정리　카이제곱 검정

- 두 범주형변수의 관계를 카이제곱 검정으로 검사할 수 있다.
- 카이제곱 검정통계량의 유의성을 살펴본다. 만일 p 값이 .5보다 작으면 두 변수 사이에 유의한 관계가 있는 것이다.
- 5보다 작은 기대도수가 있지는 않은지 점검해야 한다.
- 분할표를 보고 두 변수의 관계를 파악한다. 또는, 유의한 표준화잔차(±1.96 범위 밖의 값)를 찾아보거나 승산비를 계산하는 것이 더 나을 것이다.
- 결과를 보고할 때는 검정통계량(χ^2)과 자유도, 그리고 유의확률을 명시한다. 또한, 분할표도 제시한다.

18.7 셋 이상의 범주형변수: 로그선형분석 ③

지금까지는 범주형변수가 단 두 개인 상황을 살펴보았다. 그런데 변수가 셋 이상인 좀 더 복잡한 분할표를 분석해야 할 때도 많다. 예를 들어 앞의 고양이 자료와 함께 개 70마리에 관한 표본도 수집해서, 고양이들의 행동과 개들의 행동을 비교한다고 하자. 그러면 변수는 세 개가 된다. 하나는 주어진 사례의 동물이 개인지 아니면 고양이인지를 나타내는 변수(**Animal**이라고 하자)이고, 다른 둘은 이전 예제에도 쓰인 **Training**(보상이 먹이인지 애정표현인지)과 **Dance**(춤을 추었는지의 여부)이다. 이러한 자료는 피어슨의 카이제곱 검정으로 분석할 수 없다. 그 대신 **로그선형분석**(loglinear analysis)이라는 기법으로 분석해야 한다.

18.7.1 　회귀분석으로서의 카이제곱 ④

로그선형분석의 이해를 돕기 위해, 먼저 앞의 간단한 카이제곱 검정 예제를 하나의 회귀모형으로 표현하는 방법부터 살펴보자. 카이제곱 검정 자체의 수행에 필요한 내용은 앞에서 다 이야기했지만, 변수가 여러 개인 좀 더 복잡한 상황을 이해하는 데는 카이제곱의 모형을 하나의 일반선형모형(즉, 회귀모형)으로 간주하는 것이 크게 도움이 된다. 이 책에서 살펴본 모든 일반선형모형의 일반적인 형태는 다음과 같다.

결과$_i$ = (모형) + 오차$_i$

예를 들어, 제7장에서 설명한 다중회귀분석에서는 이 일반선형모형을 다음과 같은 형태로 개념화했었다(식 (7.9) 참고).

$$Y_i = (b_0 + b_1 X_{1i} + b_2 X_{2i} + \ldots + b_n X_{ni}) + \varepsilon_i$$

그리고 제10장에서 일원분산분석을 설명하면서 살펴본 비아그라 예제에서는 이 회귀모형을 다음과 같이 개념화했다(식 (10.2) 참고).

$$리비도_i = b_0 + b_2 고_i + b_1 저_i + \varepsilon_i$$

t 검정 역시 비슷한 방식으로 개념화했다. 이 모든 경우에서 기본 공식은 동일하다. 단지 '모형' 부분이 복잡하거나 단순할 뿐이다. 범주형자료에서는 회귀분석에 쓰인 선형모형과 거의 같은 모형을 사용한다. 고양이 예제에서 범주형변수는 **Training**(훈련 방법: 먹이 또는 애정표현)과 **Dance**(고양이가 춤을 추었으면 예, 그렇지 않으면 아니요) 두 개이다. 두 변수 모두 범주가 각각 두 개이므로, 각각을 부호가 0과 1(0은 한 범주, 1은 다른 한 범주)인 가변수로 부호화하면 될 것이다. 예를 들어 훈련 방법 변수는 '먹이'를 0으로, '애정표현'을 1로 부호화하고, 춤 학습 여부 변수는 '예'를 0으로, '아니요'를 1로 부호화한다(표 18.2).

표 18.2 고양이 자료의 부호화 방식

Training	Dance	가변수(Training)	가변수(Dance)	상호작용	도수
먹이	예	0	0	0	28
먹이	아니요	0	1	0	10
애정표현	예	1	0	0	48
애정표현	아니요	1	1	1	114

이러한 상황은 두 변수를 예측변수로 사용하는 요인 분산분석(§12.3)의 상황과 비슷하다. 그때 우리는 변수가 두 개일 때의 일반선형모형이 다음과 같은 형태임을 알게 되었다(식 (12.1) 참고).

$$결과_i = (b_0 + b_1 A_i + b_2 B_i + b_3 AB_i) + \varepsilon_i$$

여기서 A는 첫 변수, B는 둘째 변수, 그리고 AB는 두 변수의 상호작용을 나타낸다. 지금 예에서도 두 가변수를 이용해서 요인 분산분석의 선형모형(위)과 정확히 동일한 선형모형을 만들 수 있다. 이때 상호작용 항은 그냥 **Training** 변수와 **Dance** 변수를 곱한 것이다(표 18.2를 볼 것. 그래도 이해가 잘 안 되다면 §12.3의 설명을 보라. 부호와 방식이 지금 예제와 정확히 같으므로, 그 설명이 여기에도 적용된다).

$$\text{결과}_i = (\text{모형}) + \text{오차}_i$$
$$\text{결과}_{ij} = (b_0 + b_1 \text{Training}_i + b_2 \text{Dance}_j + b_3 \text{Interaction}_{ij}) + \varepsilon_{ij} \tag{18.3}$$

그런데 지금은 범주형자료를 사용하므로, 이 모형이 선형모형이 되려면 실제로는 로그 값들을 사용해야 한다(제8장 참고). 따라서 모형은 다음과 같은 모습이 된다.[2]

$$\ln(O_i) = \ln(\text{모형}) + \ln(\varepsilon_i)$$
$$\ln(O_{ij}) = (b_0 + b_1 \text{Training}_i + b_2 \text{Dance}_j + b_3 \text{Interaction}_{ij}) + \ln(\varepsilon_{ij}) \tag{18.4}$$

이 방정식에서 **Training** 변수와 **Dance** 변수, 그리고 **Interaction** 변수(상호작용 항; 두 변수의 곱)가 가질 수 있는 값은 주어진 사례가 어떤 범주 조합에 속하느냐에 따라 0 또는 1이다(표 18.2 참고). 따라서, t 검정과 분산분석에서처럼, 각 변수(**Training**과 **Dance**)에 0과 1을 대입해서 식을 정리해 보면 이 모형의 b 값들이 뜻하는 바를 파악할 수 있다. 우선 **Training**과 **Dance**가 둘 다 0일 때 식이 어떻게 정리되는지 살펴보자. 두 변수가 둘 다 0이라는 것은 고양이에게 먹이를 보상으로 사용했고 고양이가 정말로 라인댄스를 춘 상황에 해당한다. t 검정과 분산분석에서는 이 모형의 결과변수가 관측자료에서 얻은 그룹 평균이었다(§9.4.2와 §10.2.3 참고). 그러나 범주형변수는 순서척도나 구간척도로 측정하지 않으므로, 평균이라는 것이 무의미하다. 지금 우리에게 있는 것은 도수 자료뿐이다. 따라서, 관측된 도수를(관측된 평균이 아니라) 결과변수로 사용해야 한다. 표 18.1에서 보듯이 먹이를 보상으로 사용했을 때 춤을 춘 고양이는 28마리이다. 정리하자면, 현재의 선형모형(아래)에서 O_{ij}는 주어진 조합의 관측된 도수이다.

$$\ln(O_{ij}) = b_0 + b_1 \text{Training}_i + b_2 \text{Dance}_j + b_3 \text{Interaction}_{ij}$$

먹이를 보상으로 주었고 춤을 춘 고양이들의 경우 **Training** 변수와 **Dance** 변수, 그리고 **Interaction** 변수에 모두 0을 대입하면 된다. 그러면 모형 방정식은 다음과 정리된다.

$$\ln(O_{\text{먹이, 예}}) = b_0 + (b_1 \times 0) + (b_2 \times 0) + (b_3 \times 0)$$
$$\ln(O_{\text{먹이, 예}}) = b_0$$
$$\ln(28) = b_0$$
$$b_0 = 3.332$$

따라서, 모형의 b_0은 모든 변수가 0일 때의 관측값의 로그이다. 모든 변수가 0인 조합(고양이가 먹이를 받았으며 춤을 춘)을 기저 범주로 두면 될 것이다.

---

2 실제로는 b_0을 θ로, 그리고 b 값들을 λ로 표기하는 것이 관례이지만, 지금 와서 표기법을 바꾸면 혼동만 생길 뿐이라고 생각한다. 회귀분석과 분산분석의 유사성을 강조하기 위해, 이 책에서는 그냥 b를 계속 사용하겠다.

다음으로, 애정표현을 보상으로 사용했을 때 춤을 춘 고양이들을 살펴보자. 이 경우 **Training** 변수는 1이고 **Dance** 변수와 **Interaction** 변수는 둘 다 0이다. 또한, 결과변수는 애정표현을 보상으로 사용했을 때 춤을 춘 고양이들을 관측한 값인 48(표 18.1)이다. 따라서 방정식은 다음과 같이 정리된다.

$$\ln(O_{애정표현, \, 예}) = b_0 + (b_1 \times 1) + (b_2 \times 0) + (b_3 \times 0)$$
$$\ln(O_{애정표현, \, 예}) = b_0 + b_1$$
$$b_1 = \ln(O_{애정표현, \, 예}) - b_0$$

b_0가 먹이를 받고 춤을 춘 고양이 도수의 기댓값임을 기억할 것이다. 그 값을 대입하면 다음이 나온다.

$$
\begin{aligned}
b_1 &= \ln(O_{애정표현, \, 예}) - \ln(O_{먹이, \, 예}) \\
&= \ln(48) - \ln(28) \\
&= 3.871 - 3.332 \\
&= 0.539
\end{aligned}
$$

여기서 중요한 것은, b_1이 애정표현을 받고 춤을 춘 고양이들의 관측도수의 로그와 먹이를 받고 춤을 춘 고양이들의 관측도수의 로그의 차이라는 점이다. 다른 말로 하면, 이 계수는 춤을 춘 고양이들의 그룹 안에서 먹이로 훈련된 고양이들과 애정표현으로 훈련된 고양이들의 차이를 나타낸다.

이번에는 먹이를 보상으로 사용했으나 춤을 추지 않은 고양이들을 살펴보자. 이 경우 **Training** 변수는 0이고 **Dance** 변수는 1, 그리고 **Interaction** 변수는 0이다. 그리고 결과변수는 먹이를 받았지만 춤을 추지 않은 고양이들의 관측도수인 10(표 18.1)이다. 이들을 대입해서 방정식을 정리하면 다음과 같다.

$$\ln(O_{먹이, \, 아니요}) = b_0 + (b_1 \times 0) + (b_2 \times 1) + (b_3 \times 0)$$
$$\ln(O_{먹이, \, 아니요}) = b_0 + b_2$$
$$b_2 = \ln(O_{먹이, \, 아니요}) - b_0$$

이제 여기에 먹이를 받고 춤을 춘 고양이들의 기대 도수를 뜻하는 b_0의 값을 대입해 보자.

$$
\begin{aligned}
b_2 &= \ln(O_{먹이, \, 아니요}) - \ln(O_{먹이, \, 예}) \\
&= \ln(10) - \ln(28) \\
&= 2.303 - 3.332 \\
&= -1.029
\end{aligned}
$$

여기서 중요한 것은, b_2가 먹이를 받고 춤을 춘 고양이들의 관측도수의 로그와 먹이를 받고 춤을 추지 않은 고양이들의 관측도수의 로그의 차이라는 점이다. 다른 말로 하면, 이 계수는 먹이를 보상으로 받은 고양이들의 그룹 안에서 춤을 추지 않은 고양이들과 춤을 춘 고양이들의 차이를 나타낸다.

마지막으로, 애정표현을 받고 춤을 추지 않은 고양이들을 살펴보자. 이 경우 **Training**과 **Dance** 둘 다 1이고, 그 둘의 곱인 **Interaction** 변수도 1이다. 그리고 우리는 b_0와 b_1, b_2의 값도 알고 있다. 결과변수는 애정표현을 받고 춤을 추지 않은 고양이들의 관측도수인 114(표 18.1)이다. 이들을 모두 대입하면 다음과 같다(A는 애정표현, F는 먹이, Y는 예, N은 아니요를 뜻한다).

$$\ln(O_{A,N}) = b_0 + (b_1 \times 1) + (b_2 \times 1) + (b_3 \times 1)$$
$$\ln(O_{A,N}) = b_0 + b_1 + b_2 + b_3$$
$$\ln(O_{A,N}) = \ln(O_{F,Y}) + (\ln(O_{A,Y}) - \ln(O_{F,Y})) + (\ln(O_{F,N}) - \ln(O_{F,Y})) + b_3$$
$$\ln(O_{A,N}) = \ln(O_{A,Y}) + \ln(O_{F,N}) - \ln(O_{F,Y}) + b_3$$
$$b_3 = \ln(O_{A,N}) - \ln(O_{F,N}) + \ln(O_{F,Y}) - \ln(O_{A,Y})$$
$$= \ln(114) - \ln(10) + \ln(28) - \ln(48)$$
$$= 1.895$$

따라서, 이 모형에서 b_3은 춤을 추지 않은 고양이들의 그룹 안에서의 훈련 방법(먹이 또는 애정표현)에 따른 차이를 춤을 춘 고양이들의 그룹 안에서의 훈련 방법에 따른 차이와 비교한 것이다. 다른 말로 하면, 이 계수는 고양이가 춤을 추었을 때의 **Training**의 효과와 고양이가 춤을 추지 않았을 때의 **Training**의 효과의 차이에 해당한다.

최종 모형은 다음과 같다.

$$\ln(O_{ij}) = 3.332 + 0.539\text{Training} - 1.029\text{Dance} + 1.895\text{Interaction} + \ln(\varepsilon_{ij})$$

여기서 주목할 것은, 수치들을 로그로 변환한다는 점만 빼고는 모든 것이 요인 분산분석과 동일하다는 점이다(이번 절의 내용을 §12.3과 비교해 보면 설명 방식 자체도 비슷함을 알 수 있다). 카이제곱을 일반선형모형으로 다룰 수 있다는 점을 아직도 믿지 못하는 독자를 위해 **CatRegression.dat**라는 파일을 준비했다. 이 파일의 자료에는 두 변수 **Dance**(0 = 아니요, 1 = 예)와 **Training**(0 = 먹이, 1 = 애정표현), 그리고 그 두 변수의 상호작용(**Interaction**)이 있으며, **Dance**와 **Training**의 각 조합의 도수들(표 18.1)을 담은 **Observed**라는 변수도 있다. 그리고 **LnObserved**라는 변수도 있는데, 여기에는 그 관측도수들의 자연로그가 담겨 있다(이번 절 전반에서 관측값 자체가 아니라 관측값의 로그를 사용했음을 기억할 것이다).

출력 18.4는 자가진단이 요구한 다중회귀분석에서 나온 계수들의 표이다. 상수 b_0가 앞에서 계산한 것과 같은 3.332이고 훈련 방법의 베타 값인 b_1이 0.539, 춤 학습 여부의 베타 값인 b_2가 −1.030(둘 다 반올림을 고려하면 앞의 계산 결과와 부합한다)임을 주목하기 바란다. 또한, 상호작용 항의 계수 b_3 역시 앞에서 계산한 1.895이다. 한 가지 흥미로운 점은, 표준오차가 모두 0(또는 0에 아주 가까운 값)이라는 것이다. 이는 부호화변수들의 여러 조합이 관측값들을 완전하게 설명하기 때문이다. 이런 모형을 **포화모형**(saturated model)이라고 부르는데, 이에 관해서는 나중에 좀 더 이야기하겠다. 일단 지금은, 카이제곱을 하나의 선형모형으로 개념화할 수 있다는 점을 이해하는 것으로 충분하다.

출력 18.4

```
Coefficients:
              Estimate Std. Error   t value Pr(>|t|)
(Intercept)  3.332e+00  1.289e-15  2.585e+15  <2e-16 ***
Training     5.390e-01  1.622e-15  3.322e+14  <2e-16 ***
Dance       -1.030e+00  2.513e-15 -4.097e+14  <2e-16 ***
Interaction  1.895e+00  2.774e-15  6.830e+14  <2e-16 ***
```

여기까지는 잘 진행되었다. 그런데 이번 절 제목에 나온 '회귀분석으로서의 카이제곱 검정'에 대한 논의를 완성하려면 추가적인 수정이 필요하다. 카이제곱 검정은 기본적으로 두 변수가 독립인지의 여부를 판정하는 것이다. 즉, 이 검정은 두 변수의 결합된 효과는 관심이 없고, 두 변수의 유일한 효과에만 관심을 둔다. 따라서 카이제곱을 선형모형으로 개념화할 때는 앞의 포화모형에서 상호작용 항을 제거해야 한다. 정리하자면, 지금 예에 대한 카이제곱의 선형모형은 다음과 같다.

$$\ln(\text{모형}_{ij}) = b_0 + b_1 \text{Training}_i + b_2 \text{Dance}_j$$

이전의 포화모형과는 달리 이 새 모형으로는 관측값들을 예측할 수 없다. 새 모형에는 일부 정보가(구체적으로 말하면 상호작용 항이) 빠져 있기 때문이다. 결과적으로 모형에서 얻은 결과가 달라지며, 그러면 베타 값들도 달라진다. 앞에서 보았듯이 카이제곱 검정은 '기대도수'들에 기초한다. 따라서, 카이제곱을 하나의 선형모형으로 개념화하면 그러한 도수 기댓값들이 바로 결과변수가 된다. 사실, 카이제곱의 모형이 기대도수들로 이루어진다는 점은 카이제곱 검정에 대한 논의의 시작 부분에서 이미 이야기했다(§18.4.1). 그럼 기대도수(아래 공식의 E_{ij}들을) 이용해서 베타 값들을 다시 계산해보자.

$$\ln(E_{ij}) = b_0 + b_1\text{Training} + b_2\text{Dance}_j$$

먹이를 보상으로 받고 춤을 춘 고양이들의 경우 **Training** 변수와 **Dance** 변수는 0이므로, 이 공식은 다음으로 정리된다.

$$\ln(E_{\text{먹이, 예}}) = b_0 + (b_1 \times 0) + (b_2 \times 0)$$
$$\ln(E_{\text{먹이, 예}}) = b_0$$
$$b_0 = \ln(14.44)$$
$$= 2.67$$

따라서 b_0는 모든 범주가 0일 때의 기댓값의 로그에 해당한다.

다음으로, 애정표현을 보상으로 받고 춤을 춘 고양이들에 대해서는 **Training** 변수가 1이고 **Dance** 변수는 여전히 0이다. 그리고 모형의 결과는 애정표현을 보상으로 받고 춤을 춘 고양이 마릿수의 기댓값이다.

$$\ln(E_{\text{애정표현, 예}}) = b_0 + (b_1 \times 1) + (b_2 \times 0)$$
$$\ln(E_{\text{애정표현, 예}}) = b_0 + b_1$$
$$b_1 = \ln(E_{\text{애정표현, 예}}) - b_0$$
$$= \ln(E_{\text{애정표현, 예}}) - \ln(E_{\text{먹이, 예}})$$
$$= \ln(61.56) - \ln(14.44)$$
$$= 1.45$$

여기서 중요한 것은, b_1이 애정표현을 받고 춤을 춘 고양이들의 기대도수의 로그와 먹이를 받고 춤을 춘 고양이들의 기대도수의 로그의 차이라는 점이다. 그런데 이 b_1은 사실 도수 분할표의 열 주변합들의 로그의 차이, 다시 말해 애정표현을 보상으로 받은 모든 고양이 마릿수의 로그와 먹이를 보상으로 받은 모든 고양이 마릿수의 로그 차이인 $\ln(162) - \ln(38) = 1.45$와 같다. 간단히 말하면, 이 계수는 훈련 방법(**Training**)의 주 효과를 나타낸다.

먹이를 보상으로 받고 춤을 추지 않은 고양이들의 경우에는 **Training** 변수가 0이고 **Dance** 변수가 1이다. 그리고 모형의 결과는 먹이를 받고 춤을 추지 않은 고양이 마릿수의 기댓값이다.

$$\ln(E_{\text{먹이, 아니요}}) = b_0 + (b_1 \times 0) + (b_2 \times 1)$$

$$\ln(E_{\text{먹이, 아니요}}) = b_0 + b_2$$
$$b_2 = \ln(O_{\text{먹이, 아니요}}) - b_0$$
$$= \ln(O_{\text{먹이, 아니요}}) - \ln(O_{\text{먹이, 예}})$$
$$= \ln(23.56) - \ln(14.44)$$
$$= 0.49$$

따라서 b_2는 먹이를 보상으로 받고 춤을 춘 고양이들의 기대도수의 로그와 먹이를 보상으로 받고 춤을 추지 않은 고양이들의 기대도수의 로그의 차이이다. 이 값은 행 주변합들의 로그의 차이, 다시 말해 춤을 춘 모든 고양이 마릿수의 로그와 춤을 추지 않은 모든 고양이 마릿수의 로그의 차이인 $\ln(124) - \ln(76) = 0.49$와 같다. 간단히 말해서, 이 계수는 춤 학습 여부의 주효과를 나타낸다.

마지막 칸을 보면 이상의 모든 결과를 재확인할 수 있다.

$$\ln(E_{\text{애정표현, 아니요}}) = b_0 + (b_1 \times 1) + (b_2 \times 1)$$
$$\ln(E_{\text{애정표현, 아니요}}) = b_0 + b_1 + b_2$$
$$\ln(100.44) = 2.67 + 1.45 + 0.49$$
$$4.61 = 4.61$$

정리하자면, 최종적인 카이제곱 모형은 다음과 같다.

$$\ln(O_i) = \ln(\text{모형}) + \ln(\varepsilon_i)$$
$$\ln(O_i) = 2.67 + 1.45\text{Training} + 0.49\text{Dance} + \ln(\varepsilon_i)$$

그리고 이 공식을 적절히 정리하면 다음과 같은 잔차(오차항) 공식이 나온다.

$$\ln(s_i) = \ln(O_i) - \ln(\text{모형})$$

지금 예에서 모형은 그냥 카이제곱 검정을 위해 계산한 기대도수들이므로, 잔차는 관측도수와 기대도수의 차이이다.

자가진단

✓ 이러한 모형이 실제로 유효한지 확인하기 위해, **CatRegression.dat**에 대해 다중회귀분석을 다시 수행하라. 단, 이번에는 기대도수들의 로그 (**LnExpected**)를 결과변수로, **Training**과 **Dance**를 예측변수로 두어야 한다(상호작용 항은 포함하지 않는다).

이상의 예를 통해서, 카이제곱을 회귀분석이나 분산분석처럼 하나의 선형모형으로 다룰

수 있다는 점과 그런 경우 베타 값들은 두 변수의 범주 조합들 사이의 상대적 도수 차이에 관한 정보를 제공한다는 점을 이해했을 것이다. 잘 이해되지 않는 부분이 있다고 해도, 적어도 카이제곱을(그리고 일반적으로 범주형자료의 분석을) 하나의 선형모형으로 표현할 수 있다는(비록 로그 값들을 사용해야 하긴 하지만) 점은 기억하기 바란다. 회귀분석과 분산분석에서처럼 카이제곱 검정에서도 한 변수의 범주들을 가변수를 이용해서 표현할 수 있으며, 그러한 가변수들을 이용해서 회귀분석이나 분산분석에서 한 것과 정확히 동일한 방식으로 베타 값들을 구할 수 있다. 분산분석에서는 그 베타 값들이 특정 범주의 평균과 기저 범주의 평균의 차이를 나타내지만, 범주형자료에서는 베타 값들이 평균이 아니라 기댓값들의 차이를 나타낸다. 이처럼 회귀분석, t 검정, 분산분석, 범주형자료의 분석이 기본적으로는 같은 것이라는 점을 이해하면 다음 절의 로그선형분석을 이해하는 데 크게 도움이 될 것이다(적어도 나한테는).

앞에서 나는 범주형자료의 분석이 회귀분석의 한 형태일 뿐이라는 점을 설명하느라 두뇌를 상당히 혹사했다. 또한, 내 주장이 전적으로 거짓말은 아님을 증명하기 위해, 범주형자료에 대해 **R**로 보통의 회귀분석도 수행해보았다. 그 분석의 결과를 설명하는 도중에 흥미롭게도 표준오차가 모두 0이라는 점과 그것이 '포화모형' 때문이라는 점을 언급하면서, 관련 설명을 나중으로 슬쩍 미루었다. 그때는 그것이 좋은 회피 전술 같았지만, 안타깝게도 이제는 설명을 더는 미룰 수 없는 지경에 도달했다.

우선, 범주형자료를 선형모형으로 표현한다는 개념에 여러분도 익숙하다고 가정하겠다. 물론 그러려면 로그 값들을 사용해야 한다(이는 이번 절에서 설명하는 기법을 로그선형분석으로 부르는 이유이기도 하다). 그리고 분산분석과 선형모형 일반에 관해 이야기한 내용에 근거할 때, 그 어떤 선형모형이라도 임의의 개수의 예측변수들과 그 예측변수들 사이의 임의의 개수의 상호작용 항들로 확장할 수 있다는 점 역시 생소하지 않을 것이다. 따라서, 변수가 두 개인 간단한 범주형자료의 분석을 선형모형으로 표현할 수 있다면, 변수가 셋 이상인 범주형자료의 분석을 선형모형으로 표현하는 것도 개념적으로 어려운 일이 아니다. 그냥 선형모형에 변수들과 관련 상호작용 항들을 더 추가하면 된다. 이것이 여러분이 알아야 할 전부이다. 다중회귀분석이나 분산분석에서처럼, 모든 것을 선형모형의 관점에서 생각하면 새 변수들을 추가해서 모형을 확장하는 것을 이해하는 데 별문제가 없을 것이다. 예를 들어 분산분석(§14.4)에서 예측변수가 A, B, C 세 개이면 이원 상호작용 세 개(AB, AC, BC)와 삼원 상호작용 하나(ABC)가 만들어진다. 따라서 이에 해당하는 선형모형은 그냥 다음과 같은 모습이다.

$$결과_{ijk} = (b_0 + b_1 A_i + b_2 B_j + b_3 C_k + b_4 AB_{ij} + b_5 AC_{ik} + b_6 BC_{jk} + b_7 ABC_{ijk}) + \varepsilon_{ij}$$

범주형자료의 분석에 변수가 세 개일 때의 모형도 기본적으로 위의 모형과 같다. 결과가 로그라는 점이 다를 뿐이다.

$$\ln(O_{ijk}) = (b_0 + b_1 A_i + b_2 B_j + b_3 C_k + b_4 AB_{ij} + b_5 AC_{ik} + b_6 BC_{jk} + b_7 ABC_{ijk}) + \ln(\varepsilon_{ij})$$

물론 변수가 두 개일 때보다는 베타 값들과 기댓값들을 계산하기가 훨씬 번거롭고 헷갈리겠지만, 다행히 우리에게는 컴퓨터가 있으므로 구체적인 계산은 컴퓨터에 시키면 그만이다. 이상이 바로 로그선형분석에 깔린 원리이다. 그런데, 앞의 2변수 예에서 보았듯이, 자료가 범주형이고 모든 가능한 항(주 효과들과 그 상호작용들)을 모형에 포함하면 오차가 나오지 않는다. 즉, 예측 변수들은 결과(기댓값)를 완벽하게 예측한다. 즉, 가능한 가장 복잡한 모형으로 시작하면 오차는 없다. 로그선형분석의 임무는 예측력을 크게(유의하게) 잃지 않고도 자료를 예측할 수 있는 좀 더 단순한 모형을 찾는 것이다. 그래서 대체로 로그선형분석은 후진제거(짐작했겠지만, 다중 회귀분석에서 사용한 것과 같은 종류의 후진제거이다. §7.6.4.3을 보기 바란다)의 원리에 기초한다. 로그선형분석은 가장 복잡한 모형(이전에 언급한 '포화모형')에서 시작해서 예측변수를 하나 제거한다. 그러한 새 모형으로 자료를 예측해서(카이제곱 검정에서처럼 기대도수들을 계산한다), 모형이 자료에 얼마나 잘 적합하는지(즉, 기대도수와 관측도수의 차이가 얼마나 작은지) 평가한다. 만일 새 모형이 그보다 더 복잡한 기존 모형만큼이나 자료에 잘 적합한다면(다른 말로 하면, 항의 제거가 모형의 관측 자료 예측 능력을 유의한 수준으로 훼손하지 않았다면), 기존 모형을 폐기하고 새 모형을 채택한다.

그런데 아무 항이나 무작위로 제거하지는 않는다. 제거는 위계적으로 진행된다. 즉, 처음에는 포화모형으로 시작해서 가장 차수가 높은 상호작용을 제거하고, 그러한 제거의 효과를 평가한다. 만일 그 상호작용 항의 제거가 모형에 나쁜 영향을 미치지 않았다면, 그 상호작용 항은 모형에 둘 필요가 없는 것이므로 모형에서 제거하고 그다음 차수의 상호작용 항으로 넘어 간다. 그런 식으로 상호작용 항들을 모두 제거한 후에는 주 효과들을 같은 식으로 시도해 본다.

그럼 구체적인 예제를 통해서 로그선형분석을 살펴보자. 이번 절(§18.7)의 도입부에서, 고양이들뿐만 아니라 개들에게도 춤을 가르쳐서 비교하는 예를 언급했었다. 이 경우 변수는 총 세 개로, **Animal**(개 또는 고양이)과 **Training**(먹이 또는 애정표현), 그리고 **Dance**(춤을 추었는지 여부)이다. 분산분석에서처럼 이들은 다음과 같은 세 가지 주 효과가 된다.

- **Animal**

- **Training**

- Dance

그리고 두 변수 사이의 상호작용들은 다음과 같다.

- Animal × Training
- Animal × Dance
- Training × Dance

마지막으로, 세 변수 모두가 관여하는 상호작용이 하나 있다.

- Animal × Training × Dance

후진제거 방식으로 작동하는 로그선형분석은 이 모든 효과를 포함한 모형으로 시작해서, 제일 먼저 최고차 상호작용(지금 예에서는 삼원 상호작용 Animal × Training × Dance)을 제거해서 새 모형을 만든다. 그 새 모형으로 기대도수들을 계산한다. 그런 다음 우리는(사실은 컴퓨터가) 그 기대도수들을 가능도비 통계량(§18.4.3)에 관한 표준 공식을 이용해서 관측도수들과 비교한다. 만일 새 모형의 가능도비 통계량이 기존 모형의 것과 유의하게 다르다면, 이 상호작용 항의 제거가 모형에 유의하게 영향을 미친 것이며, 따라서 이 상호작용 항은 기존 모형에서 통계적으로 중요한 효과에 해당한다. 이 경우 더 낮은 차수의 효과들은 점검할 필요가 없다. 그 효과들은 모두 이 효과(더 높은 차수)에 포함될 것이기 때문이다. 그러나, 삼원 상호작용 항을 제거해도 모형의 적합도에 유의한 차이가 생기지 않았다면, 실제로 그 상호작용 항을 제거하고 다음 차수의 상호작용 항들로 넘어간다. 즉, Animal × Training과 Animal × Dance, Training × Dance를 차례로 제거해서 새 모형들을 만들고, 각 모형의 기댓값들을 계산한 후 가능도비 통계량을 이용해서 관측자료와 비교한다.[3] 도중에 가능도비의 차이가 유의한 모형이 발견되면, 해당 상호작용을 구성하는 주 효과들은 살펴보지 않는다. 예를 들어 Animal × Training 상호작용 항을 제거했을 때의 차이가 유의하다면, Animal과 Training은 제거하지 않는다. 그러나, 한 상호작용 항을 제거했을 때의 차이가 유의하지 않다면 그 상호작용 항을 구성하는 주 효과들도 제거해 본다.

앞에서 언급했듯이, 모형을 평가할 때는 가능도비 통계량을 사용한다. §18.4.3에 나온 가능도비 공식(식 (18.2))을 지금 상황에 적용하는 것이 어렵지는 않을 것이다. 공식의 '관측값'은 이전과 동일하며, '모형'은 그냥 평가할 모형에서 구한 기대도수들이다. 포화모형에서 이 가능

---

[3] 모든 모형에서 기댓값들이 다르게 계산되므로, 실험 설계가 복잡하다면 계산량이 대단히 많아지고 사람이(적어도 나는) 이해할 수 없을 정도로 계산이 복잡해진다. 그러나, 구체적인 계산 과정을 이해하지 못해도 로그선형분석을 이해하고 활용하는 데 문제가 되지는 않는다.

도비는 항상 0이다(관측값과 모형 도수가 같으므로 관측값과 모형 도수의 비는 1이며, ln(1) = 0이다). 그러나 그 외의 모형들에서 가능도비는 모형(기대도수들)이 관측도수들에 얼마나 잘 적합하는 지를 나타내는 측도이다. 현재 모형(기존 모형에서 한 항을 제거한 새 모형)의 가능도비가 기존 모형의 가능도비와 다른지 판정하려면, 그냥 기존 모형의 가능도비에서 현재 모형 가능도비를 **빼**면 된다(모형들이 위계 구조를 따른다고 할 때).

$$L\chi^2_{\text{변화}} = L\chi^2_{\text{현재 모형}} = L\chi^2_{\text{기존 모형}} \qquad (18.5)$$

이번 절에서 나는 로그선형분석의 작동 방식을 세부적인 계산 과정에 매몰되지 않고 설명하려 노력했다. 앞에서 말한 카이제곱 검정을 하나의 선형모형으로 개념화하는 방법과 이전에 분산분석에 관해 배운 개념들을 여러분이 자연스럽게 로그선형분석으로 확장해서 적용할 수 있으리라 믿는다. 구체적인 계산 과정을 궁금해하는 독자들에게 내가 할 수 있는 말은 두 가지 뿐이다. 하나는 "나도 모른다"이고, 다른 하나는 "정신병자용 구속복을 파는 곳이 어딘지 나는 모른다"이다. 정말로 세부적인 계산에 관심이 있다면, 이 주제를 놀랄 만큼 상세하고 명료하게 다룬 장이 있는 [Tabachnick & Fidell, 2007]을 추천한다. 그 장에 비하면 앞에서 내가 한 시도는 민망한 수준이다. 그렇긴 하지만, 대부분의 독자는 모르는 게 약이라는 격언에 만족할 것이라고 가정하고, **R**에서 로그선형분석을 수행하는 방법으로 넘어가자.

18.8 로그선형분석의 가정들 ②

로그선형분석은 카이제곱 검정의 한 확장이므로 가정들도 카이제곱 검정과 비슷하다. 로그선형분석을 위해서는 각 개체가 분할표의 한 칸에만 속해야 하며(즉, 분할표의 칸들이 서로 독립이어야 하며), 신뢰성 있는 분석 결과가 나오려면 기대도수들이 적절히 큰 값이어야 한다. 변수가 셋 이상인 로그선형분석에서는 5보다 작은 기대도수들이 조금 있어도(최대 20%) 괜찮다. 단, 모든 기대도수가 1보다 커야 한다. 이 가정이 깨지면 검정력이 극적으로 떨어져서, 분석을 수행하는 것이 의미가 없을 정도이다. 기대도수에 관한 가정이 깨졌을 때의 해결책으로는 (1) 변수 중 하나(가능하다면 효과가 있을 가능성이 가장 적은 변수)를 제거해서 자료를 축약하거나, (2) 변수 중 하나의 수준들을 줄이거나, (3) 자료를 더 수집하거나, 아니면 (4) 검정력 하락을 받아들이는 것을 들 수 있다.

변수를 제거해서 자료를 축약할 때는 다음 사항들을 고려해야 한다.

1 최고차 상호작용이 유의하지 않아야 한다.

2 삭제할 변수가 관여하는 그보다 낮은 차수의 상호작용 항 중 적어도 하나가 유의하지 않아야 한다.

그럼 지금 예제에 이를 적용해 보자. 예를 들어 Animal 변수를 삭제하려 한다면, Animal × Training × Dance 상호작용 항이 유의하지 않아야 하며, Animal × Training과 Animal × Dance 중 적어도 하나가 유의하지 않아야 한다. 한 변수의 수준(범주)들을 줄일 수도 있다. 예를 들어 봄, 여름, 가을, 겨울에 관련된 '계절'이라는 변수가 있는데 겨울에 속하는 사례들이 아주 적다면, 그 변수의 변주들을 봄, 여름, 가을 및 겨울이라는 세 범주로 축소할 수 있다. 단, 이런 방법은 범주들을 그런 식으로 합치는 것이 이론적으로 합당할 때만 적용해야 한다. 마지막으로, 그냥 표의 모든 칸에 상수를 더해서 문제를 극복하는 사람들도 있는데, 그런다고 검정력 문제가 해결되지는 않으므로 그런 방법은 별로 의미가 없다.

18.9 R을 이용한 로그선형분석 ②

18.9.1 초기 고려사항 ②

로그선형분석을 위한 자료의 형식은 카이제곱 검정을 위한 자료의 형식과 동일하다(§18.6.1과 §18.6.2 참고). 고양이와 개 예제의 자료는 **CatsandDogs.dat** 파일에 들어 있다. 작업 디렉터리가 적절히 설정된(§3.4.4 참고) 상태에서 다음 명령을 실행해서 이 파일의 자료를 적재하기 바란다.

```
catsDogs<-read.delim("CatsandDogs.dat", header = TRUE)
catsDogs
```

둘째 명령의 결과에서 보듯이, 자료에는 세 변수(**Animal**, **Training**, **Dance**)가 설정되어 있으며, 각 변수에는 해당 범주들을 나타내는 문자열 값이 들어 있다. 이 자료로 가장 먼저 할 일은 자료의 분할표를 만드는 것이다.

CrossTable() 함수는 변수가 세 개인 자료의 분할표를 지원하지 않는다. 이 제약을 극복하는 방법은 크게 두 가지인데, 하나는 *subset* 함수(§3.9.2)를 이용해서 데이터프레임을 두 개로 나눈 후 각각에 대해 *CrossTable()*을 실행하는 것이다. 이 방법은 행 비율들이나 열 비율들(또는 둘 다)을 구해야 할 때 가장 유용한데, 지금이 그런 경우에 해당하므로 이 방법을 사용하기로 하겠다. 다른 한 방법은 **table()** 함수와 **xtabs()** 함수를 사용하는 것인데, 이에 관해서는 보충 자료를 보기 바란다(올리버 트위스티드 참고).

다음은 고양이와 개에 대해 개별적인 데이터프레임을 생성하는 명령들이다.

```
justCats <- subset(catsDogs, Animal=="Cat")
justDogs <- subset(catsDogs, Animal=="Dog")
```

첫 명령은 전체 데이터프레임(*catsDogs*) 중 **Animal** 변수의 값이 'Cat'과 정확히 같은 사례들만으로 *justCats*라는 데이터프레임을 생성하고, 둘째 명령은 마찬가지 방식으로 개에 관한 사례들만으로 데이터프레임을 생성한다.

두 데이터프레임을 새로 생성한 다음에는 각각에 대해 *CrossTable()*을 적용해서 분할표를 생성한다. 해당 명령들은 다음과 같다.

```
CrossTable(justCats$Training, justCats$Dance, sresid = TRUE, prop.t = FALSE,
prop.c = FALSE, prop.chisq = FALSE, format = "SPSS")
CrossTable(justDogs$Training, justDogs$Dance, sresid = TRUE, prop.t = FALSE,
prop.c = FALSE, prop.chisq = FALSE, format = "SPSS")
```

첫 명령은 고양이들에 대한 **Training** 변수와 **Dance** 변수의 분할표를 생성하고, 둘째 명령은 개들에 대한 해당 분할표를 생성한다. 명령들이 꽤 긴데, 함수의 출력을 간결하게 만들기 위한 것이다. *prop.t = FALSE*는 총 비율들의 출력을 금지하고, *prop.c = FALSE*는 열 비율들의 출력을 금지한다. 그리고 *prop.chisq = FALSE*는 카이제곱 비율들의 출력을 금지한다(R의 영혼의 조언 18.2 참고). 또한, 표준화잔차들이 나오도록 *sresid = TRUE*와 *format = "SPSS"*를 지정했다. 표준화잔차는 결과를 해석할 때 도움이 된다.

출력 18.5

```
  Cell Contents
|-----------------------|
|                 Count |
|           Row Percent |
|          Std Residual |
|-----------------------|

Total Observations in Table:  200
```

```
               | justCats$Dance
justCats$Training |       No |      Yes | Row Total |
------------------|----------|----------|-----------|
Affection as Reward |      114 |       48 |       162 |
               |  70.370% |  29.630% |  81.000% |
               |    1.353 |   -1.728 |           |
------------------|----------|----------|-----------|
    Food as Reward |       10 |       28 |        38 |
               |  26.316% |  73.684% |  19.000% |
               |   -2.794 |    3.568 |           |
------------------|----------|----------|-----------|
      Column Total |      124 |       76 |       200 |
------------------|----------|----------|-----------|
```

CrossTable() 함수는 각 범주 조합에 속하는 사례들의 개수를 담은 분할표를 출력한다. 첫 명령이 출력한 분할표(출력 18.5)에는 고양이에 대한 정보가 들어 있는데, 이것은 출력 18.3에 나온 것과 같은 정보이다(이번 예제는 개에 관한 자료가 추가되었을 뿐, 고양이에 관한 자료는 이전 예제와 동일하다). 출력 18.6은 둘째 명령의 결과로, 개에 관한 도수들이 나와 있다. 개에 관한 분할표도 이전에 고양이에 관해서와 같은 방법으로 해석하면 된다. 총 49마리의 개가 춤을 추었으며, 그중 20마리는 먹이로 훈련했고 29마리는 애정표현으로 훈련했다. 춤을 전혀 추지 않은 개는 21마리이다. 간단히 말해서, 춤을 춘 개가 그렇지 않은 개보다 조금 많다. 애정표현을 보상으로 사용해서 훈련한 개들의 80.56%가 춤을 추었고 19.44%가 추지 않았다. 그리고 먹이를 보상으로 사용해서 훈련한 개들의 58.82%만 춤을 추었고 41.18%는 추지 않았다. 정리하자면, 개들은 고양이들보다 더 많이 춤을 추었고(70% 대 38%), 고양이들에 비해 애정표현의 효과가 좋았다(애정표현으로 보상했을 고양이는 30%가 춤을 추었지만 개는 81%가 춤을 추었다).

출력 18.6

```
  Cell Contents
|-----------------------|
|                 Count |
|           Row Percent |
|          Std Residual |
|-----------------------|

Total Observations in Table:  70

               | justDogs$Dance
justDogs$Training |       No |      Yes | Row Total |
------------------|----------|----------|-----------|
Affection as Reward |        7 |       29 |        36 |
               |  19.444% |  80.556% |  51.429% |
               |   -1.156 |    0.757 |           |
------------------|----------|----------|-----------|
    Food as Reward |       14 |       20 |        34 |
               |  41.176% |  58.824% |  48.571% |
```

```
                    |    1.190 |   -0.779 |          |
--------------------|----------|----------|----------|
       Column Total |       21 |       49 |       70 |
--------------------|----------|----------|----------|
```

18.9.2 카이제곱 검정으로서의 로그선형분석 ②

우선, 개들은 무시하고 고양이들에 관해서만 로그선형분석을 수행해 보자. 잠시 후에 보겠지만, 이 로그선형분석의 결과는 카이제곱 검정의 결과와 같다. 그런 다음에는 모형을 개와 고양이 모두로 일반화해서, 카이제곱 검정으로는 할 수 없는 일을 로그선형분석으로 수행하는 방법을 살펴보겠다.

로그선형분석을 위해서는 **loglm()**이라는 함수를 사용한다. 이 함수를 사용하는 가장 쉬운 방법은 분할표를 지정하는 것이다. 이 경우 일반적인 활용 형태는 다음과 같다.

```
새모형<-loglm( ~ 예측변수들, data = 분할표, fit = TRUE)
```

이 명령은 주어진 예측변수들(그리고 상호작용들)과 *data* 옵션으로 지정된 분할표에 기초해서 새모형이라는 모형 객체를 생성한다. 이전에 여러 번 사용한 *lm()* 함수의 활용 형태와 아주 비슷하다는 점에 주목하기 바란다.

loglm() 함수를 이런 형태로 사용하려면, 먼저 분할표를 준비해야 한다. 이를 위해 *xtabs()*라는 함수를 사용한다. 이 함수의 일반적인 활용 형태는 다음과 같다.

```
새분할표<-xtabs(~ 분류변수들, data = 데이터프레임)
```

이 명령은 주어진 분류변수들을 이용해서 기존 데이터프레임의 사례들을 적절히 분류하고, 그 도수들을 세어서 분할표를 만든 후 그것을 새분할표라는 데이터프레임에 배정한다. 지금 예에서는 고양이들에 대해서만 로그선형분석을 수행할 것이므로, 기존 데이터프레임으로는 이전 절에서 만든 *justCats*를 지정해야 한다. 그리고 사례들은 **Training** 변수(훈련 방법)와 **Dance** 변수(춤 학습 여부)로 분류한다. 해당 명령은 다음과 같다.

```
catTable<-xtabs(~ Training + Dance, data = justCats)
```

이 명령은 *justCats* 데이터프레임의 사례들을 훈련 방법과 춤 학습 여부로 분류한 결과를 담은 *catTable*이라는 데이터프레임을 생성한다. *catTable* 자체를 명령으로 실행하면 다음과 같은 내용이 출력된다. 출력에서 보듯이, 이 데이터프레임은 그냥 도수들로 이루어진 간단한 표 형태이다.

```
                    Dance
Training           No  Yes
  Affection as Reward 114  48
  Food as Reward      10  28
```

이 데이터프레임 객체를 *loglm()*에 입력하면 된다. 로그선형분석을 두 번 수행할 것인데, 처음에는 포화모형에 대해 수행한다. 앞에서 설명했듯이, 포화모형은 비율들을 정확히 재산출할 것이므로 카이제곱 검정통계량은 0이고 *p* 값은 1이 된다. 그다음에는 상호작용 항을 제거하고 **Dance**와 **Training**의 주 효과들만 있는 모형에 대해 로그선형분석을 수행한다.

로그선형모형을 생성하기 위해 *loglm()*에 사용하는 모형 서술 공식의 문법 자체는 *lm()*이나 *glm()*에 사용했던 것과 동일하나, 서술의 형태는 이전과 다르다. 이전에는 **결과변수 ~ 예측변수(들)** 형태의 모형 서술을 사용했지만, 로그선형분석에서는 예측변수들의 서로 다른 조합에 속하는 사례들의 도수(빈도)를 예측하므로 결과변수(종속변수)가 없다. 따라서 틸더(~) 연산자 좌변은 그냥 비워 두어야 한다. 일반적으로 로그선형모형에는 '~ *a* + *b*' 형태의 모형 서술을 사용하는데, 여기서 *a*와 *b*는 예측변수들이다. 지금 예에서, 첫 모형은 모든 것을 포함하는 포화모형이므로, 모형 서술은 ~*Dance* + *Training* + *Training:Dance*이다. 다음은 이것을 지정해서 로그선형모형을 생성하는 명령이다.[4]

```
catSaturated<-loglm(~ Training + Dance + Training:Dance, data = catTable, fit = TRUE)
```

둘째 모형에서는 상호작용 항의 효과를 제거하고 **Training**과 **Dance**만 예측변수로 둔다. 이 모형은 훈련 방법에 따른 고양이 비율들과 춤 학습 여부에 따른 고양이 비율들로부터 각 조합의 비율들을 예측하는 모형에 해당한다. 즉, 먹이로 훈련한 고양이가 전체의 19%이고 춤을 춘 고양이가 전체의 38%라는 사실로부터, 먹이로 훈련했을 때 춤을 춘 고양이의 비율과 먹이로 훈련했을 때 춤을 추지 않은 고양이의 비율, 애정표현으로 훈련했을 때 춤을 춘 고양이의 비율, 애정표현으로 훈련했을 때 춤을 추지 않은 고양이의 비율을 예측하는 것이다. 우리의 예측은, 먹이로 훈련했을 때 춤을 춘 고양이가 38%이고 애정표현으로 훈련했을 때 춤을 춘 고양이가 38%라는 것이다. 이러한 기댓값들을 실제로 확인하려면 *loglm()* 함수 실행 시 *fit = TRUE* 옵션을 지정해야 한다. 이렇게 하면 함수는 모형에 적합된(fitted) 값, 즉 기댓값을 산출한다. 이 값들을 실제로 관측된 비율들과 비교해서 그 차이가 유의한지 검사한다. (이는 카이제곱 검정이 하는 일과 정확히 동일하다.) 이 둘째 모형을 생성하는 명령은 다음과 같다. 이전 명령과

---

4 모형 서술에 관해 이전에 배운 내용을 기억하는 독자라면 포화모형을 다음과 같이 좀 더 간결하게 지정할 수 있음을 이해할 것이다(*Training*Dance*는 상호작용뿐만 아니라 주 효과들을 자동으로 포함한다는 점에 주목할 것).

```
catSaturated<-loglm(~Training*Dance, data = catTable, fit = TRUE)
```

비교하면 모형 서술에서 상호작용 항이 빠졌다.

```
catNoInteraction<-loglm(~ Training + Dance, data = catTable, fit = TRUE)
```

　마지막으로, **모자이크그림**(mosaic plot)이라는 그래프를 그려보자. 모자이크그림은 도수 자료를 시각화하는 한 방법이다. 간단히 말하면, 모자이크그림은 하나의 정사각형을 도수 비율에 따라 분할한 것이다. 정사각형을 구성하는 각 사각형의 크기는 그 사각형이 나타내는 범주에 속하는 사례들의 개수(또는 기대도수)와 비례한다. 그림 18.3에 모자이크그림의 몇 가지 예가 나와 있다. 왼쪽 위 그림에서는 커다란 정사각형이 같은 크기의 사각형 네 개로 분할되었다. 그 사각형들이 크기가 모두 같다는 것은 춤을 춘 고양이와 춤을 추지 않은 고양이의 수가 같고 먹이로 훈련한 고양이와 애정표현으로 훈련한 고양이도 수가 같다는 뜻이다. 오른쪽 위 그림을 보면 'Affection as Reward' 열의 사각형들이 'Food as Reward' 열의 사각형들보다 너비가 넓지만 'Dance/Yes' 행의 사각형들과 'Dance/No' 행의 사각형들은 높이가 같다. 이는, 먹이로 훈련한 고양이보다 애정표현으로 훈련한 고양이가 더 많지만(애정표현 쪽의 사각형들이 너비가 더 넓으므로), 춤을 춘 고양이와 추지 않은 고양이의 수는 같다는(사각형들의 높이가 같으므로) 뜻이다. 왼쪽 아래의 그림은 먹이로 훈련한 고양이와 애정표현으로 훈련한 고양이의 수가 같지만(사각형들의 너비가 같다) 춤을 춘 고양이가 추지 않은 고양이보다 많은('Yes'의 사각형들이 'No'의 사각형들보다 길다) 상황에 해당한다. 마지막으로, 오른쪽 아래 모자이크그림은 먹이로 훈련한 고양이보다 애정표현으로 훈련한 고양이가 더 많고('Affection as Reward' 열의 사각형들이 'Food as Reward' 열의 사각형들보다 너비가 넓다), 먹이로 훈련했을 때는 춤을 춘 고양이가 추지 않은 고양이보다 많고('Yes'의 사각형들이 더 길다), 애정표현으로 훈련했을 때는 춤을 춘 고양이와 추지 않은 고양이가 비슷한(사각형들의 길이가 같다) 상황을 나타낸다. 이상에서 보듯이, 모자이크그림들을 보면 서로 다른 범주들의 상대적 도수를 파악할 수 있다. R에서는 **mosaicplot()** 함수로 모자이크그림을 작성할 수 있는데, 이 함수의 일반적인 활용 형태는 다음과 같다.

```
mosaicplot(분할표, shade = TRUE, main = "제목")
```

기본적으로는 분할표만 지정하면 된다. 그리고 제목을 직접 지정하고 싶으면 *main* 옵션을 적절히 지정하고, 모자이크그림에서 유의한 사각형들을 음영으로 강조하고 싶으면 *shade = TRUE*를 지정하면 된다.

　그럼 두 모형의 기댓값들로 모자이크그림들을 생성해보자. 기댓값들은 각 모형의 *fit*이라는 변수에 들어 있다. 즉, 모형 객체의 이름이 *model*이라 할 때 기댓값들은 *model\$fit*에 담겨 있는 것이다. 포화모형의 기댓값들은 그냥 원본 자료와 같다(모형이 자료에 완벽하게 적합하므로). 그러나 둘째 모형의 기댓값들은 이번 장 시작 부분에서 카이제곱 검정으로 계산한 분할표 각 칸의 값과 같다(즉, 14.44, 23.56, 61.56, 100.44이다).

다음은 포화모형의 모자이크그림을 작성하는 명령이다.

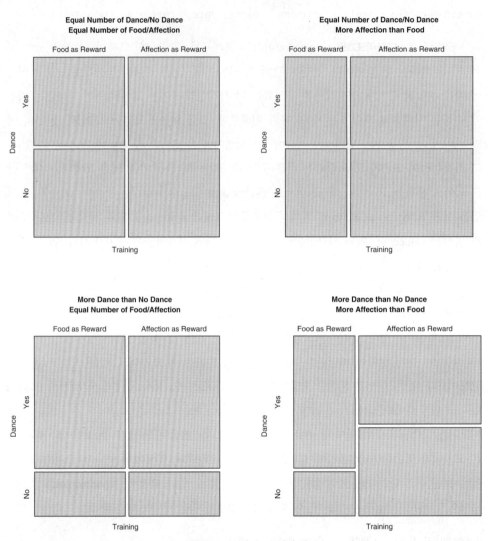

그림 18.3 모자이크그림의 예

```
mosaicplot(catSaturated$fit, shade = TRUE, main = "Cats: Saturated Model")
```

이 명령은 *catSaturated* 모형의 기댓값들로 모자이크그림을 작성한다. 그래프 전체의 제목으로는 'Cats: Saturated Model'을 지정했고, 또한, 유의한 사각형들을 색상으로 강조하게 했다. 둘째 모형의 기댓값들로 모자이크그림을 작성하는 명령도 이와 비슷하다.

```
mosaicplot(catNoInteraction$fit, shade = TRUE, main = "Cats: Expected Values")
```

18.9.3 카이제곱 검정으로서의 로그선형분석 결과 ②

출력 18.7은 포화모형의 출력이고 출력 18.8은 둘째 모형, 즉 상호작용 항이 없는 모형의 출력이다. 중요하지 않은 부분은 적절히 생략했다. 포화모형의 결과를 보면, 이 모형은 유의하지 않다. 실제로 카이제곱 검정통계량이 0이고 해당 p 값이 1이다. 이 검정은 모형의 적합도에 대한 검정임을 기억할 것이다. 즉, 이 검정은 모형으로 예측한 기댓값이 관측된 자료와 유의하게 다른지 검사한다. 따라서, 검정 결과가 유의하지 않다는 것은 모형이 자료에 잘 적합한다는 뜻이다. 실제로, 이 모형은 자료에 완벽하게 적합하므로, 다른 말로 하면 기댓값이 실제 자료와 일치하므로, 검정통계량이 0이다(그리고 p 값은 1이다).

출력 18.7

```
Formula:
~Training + Dance + Training:Dance

Statistics:
                 X^2 df P(> X^2)
Likelihood Ratio  0  0        1
Pearson           0  0        1
```

둘째 모형은 상호작용 항이 생략된 것이다. 이 상호작용 항은 훈련 방법에 따른 춤 춘 고양이 비율과 추지 않은 고양이 비율의 차이를 나타낸다. 다른 말로 하면, 이 상호작용 항은 **Dance** 변수와 **Training** 변수의 연관성을 대표한다. 둘째 모형은 이 연관성이 제거된 것이므로, 더 이상 자료에 완벽하게 적합하지 못한다. 모형의 요약을 보면 가능도비와 피어슨 카이제곱 검정통계량이 아주 비슷하며, 둘 다 고도로 유의하다. 따라서 모형은 자료와 유의하게 다르다. 다른 말로 하면, **Dance**와 **Training**의 상호작용을 제거하고 나니 모형이 이전보다 자료에 잘 적합하지 않게 되었다. 이러한 통계량들은 이번 장 시작에서 수행한 카이제곱 검정이 측정한 것, 즉 **Dance**와 **Training**의 연관성 또는 상호작용이 각 칸의 도수에 미치는 영향이 어느 정도인지와 부합한다. 실제로, 출력 18.8에 나온 가능도비와 카이제곱 검정통계량은 이전에 (§18.4.3과 §18.4.1) 계산한 값들과 동일하다.

출력 18.8

```
Formula:
~Training + Dance

Statistics:
                    X^2 df      P(> X^2)
Likelihood Ratio 24.93159  1 5.940113e-07
Pearson          25.35569  1 4.767434e-07
```

우리가 궁극적으로 찾으려는 것은 자료와 유의하게 다르지 않으면서 가장 간단한 모형이다. 지금 예에서는 둘째 모형이 자료와 유의하게 다르므로(따라서 자료에 잘 적합하지 않으므로), 포화모형이 바로 우리가 찾던 모형이다. 따라서 이 로그선형분석의 결과를 해석하려면 그 포화모형을 해석해야 한다.

그림 18.4에 포화모형을 요약한 모자이크그림이 나와 있다. 각 사각형의 크기는 도수(고양이 마릿수)에 비례한다. 그리고 각 사각형의 테두리와 색상은 표준화잔차에 관한 정보를 제공한다. 테두리가 실선인 옅은 색 사각형은 해당 표준화잔차가 양수라는 뜻이고, 빨간색(지면상으로는 짙은 회색) 사각형 또는 점선 테두리 사각형은 해당 표준화잔차가 음수라는 뜻이다. 표준화잔차가 2보다 크거나 −2보다 작은 사각형에만 색을 표시했음을 주의하기 바란다. 이전에 언급했듯이, 표준화잔차는 약 2보다 크거나 약 −2보다 작으면 유의하다. 따라서, 색이 칠해진 사각형들은 유의한 범주 조합에 해당한다.

이 그래프를 보면, 왼쪽 위의 사각형은 테두리가 실선이고 크기가 크므로, 애정표현을 보상으로 사용했을 때 춤을 추지 않은 고양이가 우리가 기대한(귀무가설에 근거해서) 것보다 더 많다. 그러나 사각형에 색이 칠해져 있지 않으므로, 해당 잔차(관측된 도수와 귀무가설에서 기대할 수 있는 도수의 차이)는 유의하지 않다. 한편, 왼쪽 아래 사각형을 보면 애정표현을 보상으로 사용했을 때 춤을 춘 고양이는 기대한 것보다 적으며(테두리가 점선이므로), 그 차이는 유의하지 않

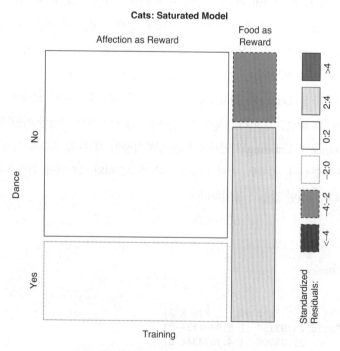

그림 18.4 고양이 포화모형을 요약한 모자이크그림

다(사각형이 흰 색이므로).

먹이를 보상으로 사용한 고양이들의 경우는 사정이 다르다. 오른쪽 위의 분홍색(지면상으로는 짙은 회색) 사각형으로 볼 때, 먹이를 주었을 때 춤을 추지 않은 고양이들은 기대한 것보다 적으며(테두리가 점선이므로), 그 차이는 유의하다(사각형에 색이 있으므로).

마찬가지로, 먹이를 주었을 때 춤을 춘 고양이는 귀무가설을 근거로 기대한 것보다 많다. 오른쪽 아래 사각형의 테두리가 실선이라는(즉, 잔차가 양수라는) 점 때문이다. 그리고 그 사각형은 색이 칠해져 있으므로, 그 차이는 유의하다.

그림 18.5는 상호작용 항을 제거한 모형의 기댓값들로 그린 모자이크그림이다. 이 경우에는 모든 잔차가 0이다(모든 사각형이 흰색이고 테두리가 실선이므로). 이 그래프는 먹이를 주든 애정표현을 하든 춤을 춘 고양이의 비율과 그렇지 않은 고양이의 비율이 동일함을 보여준다.

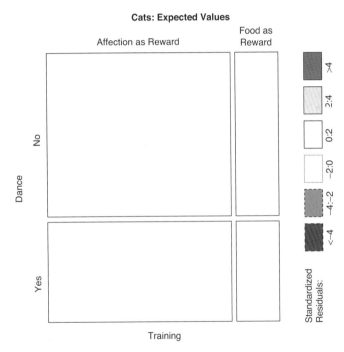

그림 18.5 상호작용 항이 없는 고양이 모형의 기댓값들로 그린 모자이크그림

18.9.4 로그선형분석 ②

로그선형분석은 주로 변수가 셋 이상인 자료에 대해 수행한다. 변수가 둘인 자료에 대해 수행할 수도 있지만(앞에서 보았듯이), 그런 경우에는 그냥 카이제곱 검정이 더 간단하고 이해하기

도 쉬우므로 굳이 로그선형분석을 수행할 필요가 없다. 변수가 셋 이상일 때는 잠재적인 효과가 더 많아진다. 변수가 둘일 때는 주 효과가 둘(Training + Dance)이고 상호작용 항이 하나(Training × Dance)였음을 기억할 것이다. 변수가 셋일 때의 효과들은 다음과 같다.

1 주 효과들: Training + Dance + Animal

2 이원 상호작용들: 변수가 셋이므로 세 개의 이원 상호작용이 있다.

   a. Training × Dance

   b. Dance × Animal

   c. Training × Animal

3 삼원 상호작용: Training × Dance × Animal

변수가 늘 때마다 효과 개수가 급격하게 증가한다. 변수가 넷일 때(상상력이 고갈되었으므로 그냥 a, b, c, d라고 하자)의 효과들은 다음과 같다.

1 주 효과들:

   a. $a + b + c + d$

2 이원 상호작용들:

   a. $a \times b$

   b. $a \times c$

   c. $a \times d$

   d. $b \times c$

   e. $b \times d$

   f. $c \times d$

3 삼원 상호작용들:

   a. $a \times b \times c$

   b. $a \times b \times d$

   c. $a \times c \times d$

   d. $b \times c \times d$

4 사원 상호작용:

   a. $a \times b \times c \times d$

효과가 얼마나 많든, 포화모형에서 시작해서 모형이 유의하게 나빠질 때까지(즉, 원래의 자료와의 차이가 유의해질 때까지) 효과들을 제거해 나간다는 로그선형분석의 원리는 같다. 모형이 유의하게 나빠지면, 그 직전 모형(자료와의 차이가 유의하지 않은)을 최종적인 모형으로 결정해서 (그 모형이 주어진 예측변수들로 얻을 수 있는 최적의 적합이므로) 해석한다.

우선 할 일은 *xtabs()*를 이용해서 분할표를 생성하는 것이다. 해당 명령은 다음과 같다.

```
CatDogContingencyTable<-xtabs(~ Animal + Training + Dance, data = catsDogs)
```

이 명령은 원래의 데이터프레임(*catsDogs*)에 있는 사례들을 **Animal, Training, Dance** 변수로 분류하고 개수를 세어서 분할표를 생성하고, 그것을 *CatDogContingencyTable*이라는 분할표 객체에 저장한다. 이 객체를 로그선형분석에 사용하면 된다. 현재 이 객체의 내용은 다음과 같다.

```
, , Dance = No

        Training
Animal Affection as Reward Food as Reward
   Cat                 114              10
   Dog                   7              14

, , Dance = Yes

        Training
Animal Affection as Reward Food as Reward
   Cat                  48              28
   Dog                  29              20
```

다음으로, 포화모형을 만들어서 평가한다. 이 포화모형은 자료에 완벽하게 적합하므로, 카이제곱 검정통계량은 0이 나온다. 이 모형을 *caturated*라고 하자(고양이 관련 말장난을 할 때가 된 것 같아서 이런 이름을 붙였다). 다음은 이 포화모형을 생성하고 요약하는 명령들이다.[5]

```
caturated<-loglm(~ Animal*Training*Dance, data = CatDogContingencyTable)
summary(caturated)
```

첫 명령은 *CatDogContingencyTable* 분할표에 있는 모든 주 효과와 상호작용에 기초해서 *caturated*라는 모형을 생성한다. 둘째 명령은 그 모형을 요약한다. 출력 18.9에 주요 통계량이 나와 있는데, 예상대로 가능도비가 0이고 *p* 값은 1이다. 이 모형은 자료에 완벽하게 적합하므로 당연히 이런 값들이 나와야 한다.

---

5 이전에 포화모형을 만들 때와는 달리, 이번에는 * 연산자를 이용해서 ~*Animal*Training*Dance*를 지정했다. 이렇게 하면 모든 주 효과와 저차 상호작용들이 자동으로 모형에 포함된다. ~ *Animal + Training + Dance + Animal:Training + Animal:Dance + Dance:Training + Dance:Training:Animal*이라고 길게 쓸 필요가 없어서 편하다.

```
Formula:
~Animal * Training * Dance

Statistics:
                     X^2 df P(> X^2)
Likelihood Ratio   0   0          1
Pearson            0   0          1
```

다음으로는 모든 주 효과와 이원 상호작용으로 모형을 적합시킨다. 다른 말로 하면, 삼원 상호작용을 제거한 새 모형을 만든다. 이 모형은 삼원(three-way) 상호작용을 제거했을 때 어떤 효과가 생기는지에 관한 것이므로, *threeWay*라고 부르기로 하자. 다음은 삼원 상호작용을 제외한 모든 항을 포함한 *threeWay*라는 모형을 생성하는 명령이다.

```
threeWay <- loglm(~ Animal + Training + Dance + Animal:Training + Animal:Dance
+ Dance:Training, data = CatDogContingencyTable)
```

삼원 상호작용을 제외해야 하므로 모형 서술에 * 연산자를 사용할 수가 없다. 그래서 모형 서술이 상당히 길어졌다. *update()* 함수를 이용하면 좀 더 간결한 명령으로 이 모형을 만들 수 있다(R의 영혼의 조언 7.2 참고). 기억하겠지만, *update()* 함수는 기존 모형을 '갱신해서' 새 모형을 생성한다. 예전에는 변수를 추가해서 기존 모형을 갱신했지만, 이 함수는 기존 모형에서 변수를 제거하는 기능도 지원한다. 다음은 포화모형에서 삼원 상호작용을 제거하는 예이다.

```
threeWay<-update(caturated, .~. -Animal:Training:Dance)
```

이전에 이야기했듯이, .~.는 그냥 '결과변수와 예측변수들을 원래 대로 유지하라'는 뜻이다. 따라서 기본적으로 이 함수는 주어진 *caturated* 모형의 모든 결과변수와 예측변수를 유지한다. 단, 그다음의 −*Animal:Training:Dance*에 의해 함수는 해당 삼원 상호작용을 제거한다(빼기 기호가 '제거'를 의미한다). 이제 이 모형의 요약 정보를 확인해 보자.

```
summary(threeWay)
```

이 명령의 결과에서 중요한 부분이 출력 18.10에 나와 있다. 이 모형의 가능도비는 20.30이고 자유도(*df*)는 1, 그리고 $p < .001$이다. 따라서 이 모형은 자료에 잘 적합하지 못하는 것으로 보인다.

```
Formula:
. ~ Animal + Training + Dance + Animal:Training + Animal:Dance +
    Training:Dance
```

```
Statistics:
                      X^2 df    P(> X^2)
Likelihood Ratio 20.30491  1 6.603088e-06
Pearson          20.77759  1 5.158318e-06
```

모형들을 비교하는 것은 아주 쉽다. 그냥 가능도비들의 차이와 자유도들의 차이를 보면 된다. 그러나 우리는 좀 게으르므로, *anova()* 함수(§7.8.4)에 비교를 맡기기로 하자. 다음은 포화모형과 삼원 상호작용이 없는 모형을 비교하는 명령이다.

```
anova(caturated, threeWay)
```

이 명령의 결과가 출력 18.11에 나와 있다. 두 모형의 차이를 파악하려면 출력에서 *Delta*라는 단어가 있는 열들을 봐야 한다. 델타는 그리스 글자 Δ의 이름인데, 이 글자는 영문자 D에 해당한다. 그래서 통계학자들은 차이(difference)를 흔히 Δ로 표기한다.[6] *anova()* 함수는 두 모형의 가능도 차이를 계산하는데, 지금 예에서는 $20.30 - 0 = 20.30$이다. 그리고 자유도 차이는 $1 - 0 = 1$이다. 말 그대로 뇌가 녹아버릴 듯한 계산을 우리 대신 해준다는 점에서 이 함수는 아주 유용하다. 앞에서 우리가 좀 게으르다고 말했음을 기억할 것이다.

P(> Delta(Dev) 열에는 두 모형의 차이의 *p* 값이 나와 있다. 이 값이 .001보다 작으므로, 두 모형의 차이는 아주 유의하다. 이 차이가 유의하다는 것은 삼원 상호작용을 제거했을 때 자료에 대한 모형의 적합도가 유의하게 나빠졌다는 뜻이다. 다른 말로 하면, 삼원 상호작용은 모형이 자료에 잘 적합하게 만드는 유의한 요인이다. 또한, 지금 분석의 목적에서 이는 둘째 모형을 폐기하고 포화모형을 선택해야 한다는 뜻이기도 하다. 즉, 이제는 모형 선택 과정을 중단하고, 삼원 상호작용이 유의하다는 결론을 내린 후 그 효과를 해석해 봐야 한다.

출력 18.11

```
LR tests for hierarchical log-linear models

Model 1:
 . ~ Training + Animal + Dance
Model 2:
 ~Animal * Training * Dance

          Deviance df Delta(Dev) Delta(df) P(> Delta(Dev)
Model 1   20.30491  1
Model 2    0.00000  0  20.30491       1        1e-05
Saturated  0.00000  0   0.00000       0        1e+00
```

그러나, 설명을 위해 지금은 선택 과정을 계속 진행해 보겠다. 이제부터는 이원 상호작용

---

6 사람들은 종종 "델타가 얼마냐?"라고 묻는데, 이는 "차이가 얼마인가?"라는 뜻이다. 이후에 그런 말을 쓰는 사람을 만났다면, 그 사람이 뭘 묻는지 이해할 수 있을 것이다(또한 그 사람이 젠체하는 학자라는 점도 알 수 있을 것이다).

들을 체계적으로 제거해서 모형들을 생성한다.

```
trainingDance<-update(threeWay, .~. -Training:Dance)
animalDance<-update(threeWay, .~. -Animal:Dance)
animalTraining<-update(threeWay, .~. -Animal:Training)
```

첫 명령은 *threeWay* 모형에서 **Training** × **Dance** 상호작용을 제거해서 *trainingDance*라는 모형을 생성한다(따라서 새 모형에는 삼원 상호작용뿐만 아니라 그 상호작용도 포함되지 않는다). 둘째 명령은 *threeWay* 모형에서 **Animal** × **Dance** 상호작용을 제거해서 새 모형을 생성하고, 셋째 명령은 역시 *threeWay* 모형에서 이번에는 **Training** × **Animal** 상호작용을 제거해서 새 모형을 생성한다. 다음으로, 이 모형들을 *anova()*를 이용해서 삼원 상호작용만 없는 모형과 각각 비교한다.

```
anova(threeWay, trainingDance)
anova(threeWay, animalDance)
anova(threeWay, animalTraining)
```

출력 18.12에 첫 비교의 결과가 나와 있다. 이 결과는 **Training** × **Dance** 상호작용을 제거한 효과를 보여주는데, 가능도비 차이(델타)는 8.6(28.9 − 20.3)이고 자유도 차이는 2 − 1 = 1 이다. p = .003이므로 이 차이들은 유의하다. 따라서, **Training** × **Dance** 상호작용을 제거하면 모형의 적합도가 유의하게 나빠진다(다른 말로 하면, 이 상호작용도 유의하다).

출력 18.12

```
          Deviance df Delta(Dev) Delta(df) P(> Delta(Dev)
Model 1   28.91551  2
Model 2   20.30491  1  8.610596      1        0.00334
Saturated  0.00000  0 20.304911      1        0.00001
```

출력 18.13은 **Animal** × **Dance** 상호작용을 제거한 효과를 보여준다. 이번에는 가능도비 차이가 13.75이고 자유도 차이가 1이다. p 값이 .001보다 작으므로, **Animal** × **Dance**를 제거해도 모형의 적합도가 유의하게 나빠진다.

출력 18.13

```
          Deviance df Delta(Dev) Delta(df) P(> Delta(Dev)
Model 1   34.05329  2
Model 2   20.30491  1 13.74838       1        0.00021
Saturated  0.00000  0 20.30491       1        0.00001
```

마지막으로, 출력 18.14는 **Animal** × **Training**을 제거한 효과를 보여준다. 가능도비 차이는 13.76, 자유도 차이는 1이다. 이 역시 고도로 유의하며, 따라서 이 효과를 제거해도 모형의 적합도가 유의하게 나빠진다.

```
        Deviance df Delta(Dev) Delta(df) P(> Delta(Dev)
Model 1   34.06486  2
Model 2   20.30491  1   13.75995        1      0.00021
Saturated  0.00000  0   20.30491        1      0.00001
```

이상의 이원 상호작용 제거는 단지 설명을 위한 것일 뿐이다. 지금 예에서 우리가 해석해야 할 것은 삼원 상호작용이다. 먼저, 서로 다른 모든 범주의 도수들을 그래프로 그려 보면 이 상호작용의 해석에 도움이 될 것이다. 이때, 도수 자체가 아니라 도수의 비율(퍼센트)을 그래프로 그려야 한다. 또한, 모자이크그림도 살펴봐야 한다. 다음은 앞에서 만든 분할표 객체를 *mosaicplot()* 함수에 입력해서 도수 비율들의 모자이크그림을 작성하는 명령이다.

고양이가 개보다 훨씬 우월한 건 로그선형분석을 안 해도 알 수 있지 않냥?

```
mosaicplot(CatDogContingencyTable, shade = TRUE, main =
"Cats and Dogs")
```

이 명령이 만들어 낸 모자이크그림이 그림 18.6에 나와 있다. 이 그래프는 고양이들에 관해 우리가 이미 알고 있는 사실을 말해준다. 즉, 고양이는 먹이가 보상일 때는 춤을 추지만(꼭 춤만 추는 것은 아니겠지만), 애정표현으로 훈련할 때는 별 반응이 없다. 반면 개들은 애

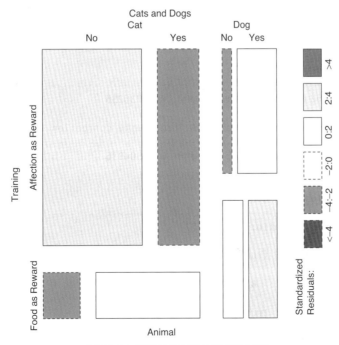

그림 18.6 고양이와 개 자료의 모자이크그림

정표현이 관여할 때 춤을 춘다(사실 개들의 경우에는 훈련 방법이 어떻든 춤을 추지 않은 개보다 춤을 춘 개가 더 많다. 그러나, 애정표현을 보상으로 사용했을 때의 효과가 더 크다). 사실 두 동물 모두 먹이를 이용한 훈련에 대해 비슷한 반응을 보였다. 단지, 고양이는 애정표현에 대해 별로 반응하지 않았을 뿐이다. 따라서 고양이는 뭔가 실질적인 보상(먹이 등)이 있을 때만 멍청한 짓을 하는 분별 있는 동물이고, 개는 그냥 멍청하다.

18.10 로그선형분석의 후속 분석 ②

삼원 상호작용을 해석하는 또 다른 방법은 모형의 개별 변수의 서로 다른 수준들에 대해 카이제곱 검정을 수행하는 것이다. 예를 들어 **Animal × Training × Dance** 상호작용을 해석하려면, 개와 고양이에 대해 따로 **Training**과 **Dance**에 대한 카이제곱 검정을 수행하면 된다(고양이에 대한 검정은 이전에 카이제곱 검정을 설명할 때 나온 예제와 같은 결과를 낼 것이다). 그런 다음에는 두 동물의 결과를 비교해 본다.

자가진단

✓ *subset()* 함수를 이용해서, **Dance**와 **Training**에 대한 카이제곱 검정을 개와 고양이에 대해 각각 수행하라.

출력 18.15

```
Pearson's Chi-squared test
-------------------------------------------------------------
Chi^2 =  3.932462     d.f. = 1      p = 0.04736256

Pearson's Chi-squared test with Yates' continuity correction
-------------------------------------------------------------
Chi^2 =  2.965686     d.f. = 1      p = 0.08504836


Fisher's Exact Test for Count Data
-------------------------------------------------------------
Sample estimate odds ratio:  0.3502677

Alternative hypothesis: true odds ratio is not equal to 1
p =  0.06797422
95% confidence interval:  0.1001861 1.127025

Alternative hypothesis: true odds ratio is less than 1
p =  0.04208209
95% confidence interval:  0 0.9586623
```

```
Alternative hypothesis: true odds ratio is greater than 1
p =  0.9880647
95% confidence interval:  0.1208492 Inf
```

　　고양이들에 관한 분석 결과와 그 해석은 이전과 같다(출력 18.3과 §18.6.5). 개들에 관한 분석 결과는 출력 18.15에 나와 있다. 개들의 경우에도 훈련 방법과 춤 학습 여부의 관계가 유의하지만, 고양이들보다는 관계가 약하다(고양이는 카이제곱이 25.4이지만 개는 3.93이다).[7] 이는, 고양이들과는 반대로 개들은 먹이보다는 애정표현에 대해 더 많이 춤을 추었다는 사실을 반영한다.

18.11 로그선형분석의 효과크기 ①

피어슨의 카이제곱에서처럼, 효과의 크기를 측정하는 가장 우아한 방법 중 하나는 승산비(odds ratio; 또는 오즈비)를 계산하는 것이다. 승산비는 2×2 분할표로 구하는 것이 가장 이해하기 쉬우므로, 더 높은 차수의 유의한 상호작용들이 존재하거나 변수의 범주가 셋 이상일 때는 그런 효과들을 논리적인 2×2 표들로 나눈 후 상호작용의 본성을 반영한 승산비들을 계산하는 것이 좋을 것이다. 예를 들어 지금 예에서는 개들과 고양이들에 대해 따로 승산비를 계산해야 할 것이다. 고양이들에 대한 승산비는 §18.6.7에서 계산했다. 그리고 개들에 대한 승산비는 출력 18.15에 나와 있듯이 0.35이다.

자가진단
✓ 개들에 대한 승산비를 손으로 직접 계산하라.

　　0.35라는 승산비는 먹이로 훈련했을 때 개가 춤을 출 승산이 애정표현으로 훈련했을 때 춤을 출 승산의 0.35배임을 뜻한다(즉, 춤을 출 가능성이 더 작다). 뒤집어 말하면, 개들을 애정표현으로 훈련했을 때 춤을 출 승산이 먹이로 훈련했을 때 춤을 출 승산의 1/0.35 = 2.90배이다. 한편 고양이들의 경우에는 먹이로 훈련했을 때 춤을 출 승산이 애정표현으로 훈련했을 때 춤을 출 승산의 6.58배였다. 이처럼, 개들과 고양이들의 승산비를 비교하는 것은 모형에 존재하는 삼원 상호작용을 극히 효과적으로 표현하는 한 방법이다.

---

[7] 카이제곱 검정통계량은 표본 크기에 의존하므로, 이런 식으로 둘을 비교하려면 효과크기를 계산해서 비교하는 것이 바람직하다 (고양이와 개가 같은 수가 아닌 한).

18.12 로그선형분석 결과의 보고 ②

로그선형분석을 보고할 때는 최종 모형의 가능도비 통계량(흔히 χ^2으로 표기한다)을 명시해야 한다. 그리고 유의한 항들의 카이제곱 변화량도 보고해야 한다. 다음은 지금 예제의 결과를 보고하는 예이다.

✓ 삼원 로그선형분석을 통해서, 모든 효과를 포함하는 최종 모형을 선택했다. 이 모형의 가능도비는 $\chi^2(0) = 0$이고 $p = 1$이었다. 이는 최고차 상호작용(**Animal × Training × Dance**)이 $\chi^2(1) = 20.31$, $p < .001$로 유의함을 뜻한다. 고양이의 경우 훈련 방법과 춤 학습 여부에 $\chi^2(1) = 25.36$, $p < .001$로 유의한 연관성이 존재했다. 그리고 개들의 경우에도 그러한 연관성이 $\chi^2(1) = 3.93$, $p < .05$로 유의했다. 승산비들을 보면, 고양이들의 경우 애정표현에 비해 먹이를 사용했을 때의 춤 출 승산이 6.58배 높았지만 개들의 경우에는 0.35배였다(즉, 개들의 경우 애정표현에 비해 먹이를 사용했을 때의 춤 출 승산이 2.90배 낮았다). 따라서, 이 분석은 고양이들은 애정표현보다는 먹이를 위해 춤을 출 가능성이 크지만 개들은 먹이보다는 애정표현을 위해 춤을 출 가능성이 더 크다는 고양이와 개의 근본적인 차이를 말해주는 것으로 보인다.

주입식 샘의 핵심 정리　　　로그선형분석

- 셋 이상의 범주형변수들의 관계를 로그선형분석으로 검사할 수 있다.
- 로그선형분석은 위계적이다. 모든 주 효과와 상호작용을 포함한 모형으로 시작해서, 제일 먼저 최고차 상호작용 항을 제거한다. 그러한 제거가 모형의 적합도에 영향을 미치는지 점검해서, 만일 유의한 영향을 미친다면 그 항을 제거하지 않은 모형을 해석한다(더 낮은 효과들은 모두 무시하고).
- 교차표(*CrossTable()* 함수의 출력)를 이용해서 유의한 효과들을 해석한다. 이러한 해석에는 각 칸의 총 비율(*Total Percent* 항목)들이 특히나 유용하다.

이번 장에서 발견한 통계학 ①

이 책의 SPSS 버전의 제1판을 쓸 때 나는 로그선형분석을 하나의 장(chapter)으로 떼어서 설명하고 싶었지만, 그 생각이 들었을 때는 이미 계약 조건인 300페이지를 넘긴 상태였고 그 분량을 쓰느라 너무 힘이 들었기 때문에 새로운 장을 하나 더 쓴다는 것은 마치 높은 절벽에 올라가 뛰어내리는 것과 같은 느낌이었다. 제2판을 쓸 때도 로그선형분석에 관해 적어도 하나의 장을 쓰고 싶었지만, 그 생각이 들었을 때는 이미 제2판에 추가하기로 계약한 최소 분량인 200페이지 이상을 쓴 상태였으며, 게다가 마감일을 벌써 오래전에 넘긴 터라 역시 포기할 수밖에 없었다. 그런 만큼, 이 책에서 로그선형분석을 이렇게 자세히 설명할 수 있게 되어서 내가 얼마나 기뻤는지 짐작할 수 있을 것이다. 이번 장은 범주형자료의 분석을 아주 간략하게만 다루었다. 이번 장에서 내가 보여주려 했던 것은, 범주형자료도 다른 모든 종류의 자료와 거의 같은 방식으로 접근하면 된다는 것이다. 즉, 모형을 적합시키고, 모형과 관측자료의 차이를 계산하고, 그것을 이용해서 모형의 적합도를 평가한다. 또한, 나는 이번 장에서 로그선형분석에서 적합시키는 모형이 이전에 여러 번 나온 모형과 다를 것이 없다는 점도 보여주고 싶었다. 즉, 로그선형분석의 모형도 하나의 선형모형(회귀모형)이다. 변수가 두 개뿐일 때는 피어슨의 카이제곱 검정이나 가능도비 검정을 이용해서 그 두 변수가 연관되어 있는지 판정한다. 변수가 그보다 많을 때는, 그냥 카이제곱 검정의 모형을 소위 로그선형모형으로 확장하면 된다. 로그선형분석은 범주형자료에 대한 분산분석이라 할 수 있다. 분산분석 모형처럼 로그선형모형에도 변수마다 주 효과가 있고 그 변수들 사이의 상호작용들도 있다. 로그선형분석은 그 모든 효과를 위계적으로 평가함으로써 결과를 가장 잘 예측하는 모형을 선택한다.

로그선형분석 장에 관한 씁쓸한 경험에서 다행히도 나는 귀중한 교훈을 얻었다. 그것은, 잘 알지도 못하는 것에 대해 글을 쓰기로 계약하면 안 된다는 것과, 만일 계약을 했다면 저술 과정의 막바지(압박감이 크고 정신적으로 소진된 시점인)로 그것을 미루면 안 된다는 점이다. 어쨌거나, 실수로부터 뭔가 배울 수 있다는 것은 다행한 일이다—같은 실수를 반복하지만 않는다면 말이다.

이번 장에서 사용한 R 패키지

gmodels   MASS

이번 장에서 사용한 R 함수

anova()   mosaicplot()
c()   rep()
cbind()   subset()
CrossTable()   summary()
factor()   table()
glm()   update()
loglm()   xtabs()
lm()

똑똑한 알렉스의 과제 ③

- **과제 1:** 세이지(원서 출판사)에 자신이 축구에 소질이 있다고 생각하는 편집자들이 있었다. 그들이 서식스 대학교의 강사들과 대학원생들보다 나은지 확인하기 위해, 나는 그 출판사의 여러 직원에게 서식스 대학교의 축구 대회에 참가하라고 제안했다. 이 리그에서 모든 선수는 단 한 경기에만 뛸 수 있다. 여러 경기를 거친 후에 각 플레이어의 득점 수를 세었다. 이 자료가 **SageEditorsCan'tPlayFootball.dat** 파일에 들어 있다. 카이제곱 검정을 이용해서, 출판업 종사자와 학자 중 누가 더 많은 골을 넣었는지 파악하라. 나는 서식스 사람들이 출판사 사람들보다 더 많은 골을 넣을 것이라고 예측한다. ③

- **과제 2:** 2008년에 나는 네덜란드에서 안식년을 보냈다(나는 네덜란드에 아주 약한 면이 있다). 거기서 석 달을 살면서 네덜란드와 영국의 문화적 차이 몇 가지를 알게 되었다. 네덜란드 사람들은 자전거 여행을 즐기기로 유명하다. 그들은 영국인보다 훨씬 더 많이 자전거를 탄다. 그런데 나는 자전거 핸들을 한 손으로만 잡고 타는 네덜란드 사람들이 많다는 점을 발견했다. 이 점을 네덜란드 친구인 비르힛 마이어르에게 이야기했더니 그녀는 내가 미친 영국 바보이고 네덜란드 사람들은 한 손으로 자전거를 타지 않는다고 말했다. 그 후 몇 주 동안 나는 한 손으로 자전거를 타는 사람들을 지적했고, 그녀는 두 손으로 타는 사람들을 지적했다. 결판을 내기 위해 나는 핸들을 한 손 또는 양손으로 잡고 자전거를 타는 영국인들과 네덜란드인들의 수를 세었다. 이 자료가 **Handlebars.dat** 파일에 있다. 나와 비르힛 중 누가 옳은지 판정하라. ①

- **과제 3:** 나는 별점(horoscope)이 단지 사람들의 마음속에 있는 허구인지의 여부에 관심이 있었다. 그래서 나는 2,201명에게 탄생 별자리(이 변수의 범주는 염소자리, 물병자리, 물고기자리, 양자리, 황소자리, 쌍둥이자리, 게자리, 사자자리, 처녀자리, 천칭자리, 전갈자리, 사수자리(영문명은 Capricorn, Aquarius, Pisces, Aries, Taurus, Gemini, Cancer, Leo, Virgo, Libra, Scorpio, Sagittarius)로 총 12개이다)와 별점을 믿는지의 여부(범주는 믿는다, 안 믿는다 두 개이다)를 물

었다. 그런 다음 모든 참가자에게 다음과 같은 동일한(별자리와는 무관하게) 별점을 보냈다: 8월은 아주 신나는 달이 될 것이다. 8월 첫 주에는 방랑자와 친구가 되어서 그에게 치즈 오믈렛을 만들어 줄 것이다. 당신의 최고의 미덕은 호기심이며, 둘째 주에는 이전에는 지루하게 여겼던 주제를 공부하게 될 것이다. 아마도 그 주제는 통계학일 것이다. 어쩌면 그 주제에 대한 입문서를 한권 살 수도 있다. 그 책에서 얻은 지혜 덕분에 셋째 주에는 경력에 큰 변화가 생긴다. 당신은 지금 직장을 때려치우고 회계사가 될 것이다. 마지막 주에는 친구 관계가 주는 모든 부담에서 벗어난다. 당신의 남자 친구/여자 친구는 유리알 같은 눈을 가진 러시아 발레 무용수와 사귀기 위해 당신을 버릴 것이다. 그리고 당신은 헤프지바라는 비둘기와 함께 회사를 위해 로그선형분석을 수행하면서 주말을 보낼 것이다. 8월 말에 나는 모든 참가자에게 별점이 정말로 실현되었는지 평가하게 했다(각자의 인생이 가상의 별점에 나온 것과 얼마나 부합했는지에 따라). 이 자료가 **Horoscope.dat** 파일에 있다. 이 자료에 대해 로그선형분석을 수행해서, 참가자의 별자리와 별점 신뢰 여부, 그리고 별점 실현 여부 사이에 관계가 있는지 파악하라. ③

• **과제 4:** 내가 가르치는 통계학 강의의 학생들은 매주 컴퓨터실에서 진행되는 실습에 참여해야 한다. 그 실습은 기본적으로 대학원생 조교가 진행하지만, 가끔 나도 가서 돕는다. 나는 실습 시간에 내가 준비한 아주 흥미로운 통계학 과제 대신 페이스북을 열심히 '연구'하는 학생들이 많음을 알게 되었다. 나는 학생들의 그러한 행동이 시험 점수에 영향을 미치는지 확인하고 싶었다. 이를 위해 나는 내 강의의 학생 260명 전원에게 자료를 수집했다. 우선 나는 실습 출석 횟수(**Attendance** 변수)를 세어서, 50% 이상 출석한 학생들과 그 미만으로 출석한 학생들을 분류했다. 또한 나는 실습 시간에 페이스북을 들여다 보았는지의 여부(**Facebook**)를 조사해서, 그런 학생들과 그렇지 않은 학생들을 분류했다. 마지막으로, 심리학 연구 방법 시험이 끝난 후에 그 시험을 통과한 여부(**Exam**)에 따라 학생들을 분류했다. 이 자료가 **Facebook.dat**에 있다. 이 자료에 대해 로그선형분석을 실행해서, 페이스북 연구와 시험 낙제 사이에 연관성이 있는지 파악하라. ③

답은 이 책의 부록 사이트에서 볼 수 있다.

더 읽을거리

Hutcheson, G., & Sofroniou, N. (1999). *The multivariate social scientist*. London: Sage.

Tabachnick, B. G. & Fidell, L. S. (2007). *Using multivariate statistics* (4th ed.). Boston: Allyn & Bacon. (제16장은 로그선형분석을 아주 멋지게 설명한다.)

흥미로운 실제 연구

Beckham, A. S. (1929). Is the Negro happy? A psychological analysis. *Journal of Abnormal and Social Psychology, 24*, 186-190.

19 / 다층 선형모형

그림 19.1 2007년, 심리치료 중인 나

19.1 이번 장에서 배우는 내용 ①

앞의 두 장(제17장과 제18장)에 걸쳐, 내가 록스타가 되려는 꿈과 야망을 품은 아이에서 (겨우) 살아 있는 통계학 검정의 화신으로 전락했음을 이야기했다. 내가 일생의 야망을 달성하는 데 철저하게 실패한 사정을 이보다 더 극명하게 서술할 수는 없을 것이다. 내 인생의 너무 많은 부분을 통계학에 빼앗겼다고 느낀 나는 다시금 록스타의 길을 도모하게 되었다. 이 책의 SPSS 버전의 제2판 때문에 어떤 종류이든 정신과 치료가 절실해졌으며, 그래서 29세의 나이에 드럼을 배우기로 결심했다(드럼이 실패한 음악가에게 최적의 악기라는 점과 관련된 농담이 있긴 한데, 사실 드럼은 보통 사람들이 생각하는 것보다 훨씬 연주하기 어렵). 몇 년 후 오랜 친구 더그(예전에 Scansion에서 함께 연주했던)가 내게 전화를 걸어서 이렇게 이야기했다: "전에, 이 쪽으로 와서 잼 (jam) 같이 하자고 말한 적 있었지?" 솔직히 전혀 기억이 나지 않는 이야기라서 나는 그냥 "그 랬지"라고 대답했다. 그는 "조만간 어때?"라고 말했고, 나는 "좋아, 기타를 가져갈 테니 준비 좀 해줘"라고 대답했다. 그러나 그는 "아니, 네가 드럼을 쳤으면 해. 그리고 작년에 준 CD에 있는 노래들 몇 개 익혀서 와."라고 말했다. 그의 밴드의 CD를 들어 보았고 마음에 들었지만, 내가 그 밴드의 드러머만큼 드럼을 잘 치는 것은 꿈도 꿀 수 없는 일이었다. 나는 "문제없어"라고 거짓말을 했다. 다음 두 주 동안 나는 CD를 틀어 놓고 내 인생이 거기에 걸려 있는 양 열심히 드럼을 연주했다. 리허설 때 내가 신들린 듯이 드럼을 잘 연주했다고 말하고 싶지만, 그렇지는 못했다. 그래도 거의 심장마비가 오고 내 몸에서 흘러나올 수 있는 것은 모두 흘러나올 정도로는 연주했다(사실 음악이 너무 빨랐다!). 이후에도 여러 번 리허설을 했고, 지금도 하고 있다. 첫 리허설 때와의 차이는, 이제는 원래 CD에 있던 노래의 속도가 마치 드럼 위를 차분하게 기어가는 달팽이처럼 느껴질 정도로 드럼을 연주할 수 있게 되었다는 것이다(www.myspace.com/fracturepattern). 요지는, 새로운 것을 배우기에 너무 늦은 때는 없다는 것이다. 그와 마찬가지로, 나는 실수로부터 배우지 못하는 사람인 탓에 내가 아무것도 모르는 주제인 다층 선형분석에 관한 장을 쓰기로 출판사와 합의했다. 지금 나는 이번 장을 제일 마지막에, 그러니까 압박감이 크고 정신적으로 소진된 시점에서 쓰고 있다. 지금 이 순간과 이번 장을 다 쓰는 시점 사이의 어딘가에서 나는 뭔가 배우게 될 것이다. 여러분도 그러길 기원한다.

19.2 위계적 자료 ②

위계적 자료가 뭐지?

지금까지 이 책에 나온 모든 분석은 자료가 하나의 수준(level)에서 조직화된 것처럼 취급한다. 그러나 실제 연구에서는 자료가 위계적(hierarchical; 또는 계통적)일 때가 많다. 간단히 말하자면, 위계적 자료란 변수들이 다른 변수 안에 내포되어(nested) 있는 형태의 자료를 말한다. 예를 들어 나는 통계학책을 쓰지 않을 때는 10세 미만 아동의 불안 형성 과정을 연구하면서 시간을 보낸다. 이를 위해 나는 주로 여러 학교에서 실험을 진행한다. 한 학교에서 연구를 수행할 때 나는 서로 다른 학급에 속한, 그리고 서로 다른 선생님에게 배우는 학생들을 검사한다. 학생이 어떤 학급에 속하느냐에 따라 실험 결과가 달라질 수 있다. 두 학급의 학생들을 검사한다고 상상해 보자. 첫 학급은 초조씨라는 선생님이 가르친다. 초조씨는 매우 불안해하는 성격으로, 아이들을 지도할 때 조심하라거나, 그건 위험한 일이라거나, 다칠 수도 있다는 말을 자주 한다. 둘째 학급은 무모양이[1] 가르친다. 이 선생님은 아주 태평한 성격으로, 자신이 지도하는 아이들이 새로운 것을 체험할 자유가 있다고

---

[1] 초조씨(Mr. Nervous)와 무모양(Little Miss Daredevil)은 《Mr. Men》(http://www.mrmen.com)의 등장인물들을 빌려온 것이다. 초조씨는 예전에는 Mr. Jelly(겁쟁이씨)라고 불렸는데, 분홍색 젤리처럼 생긴 캐릭터였다. 내 소박한 의견으로는, 지금의 초조씨보다 그 버전이 더 낫다(초조씨, 무모양이라는 한국어 이름은 《Mr. Men》(책)과 《Mr. Men Show》(만화영화)의 한국어판인 《EQ의 천재들》(도서출판 무지개)과 〈와글와글 친구들〉을 참고했다—옮긴이).

믿는다. 그래서 무모양은 항상 아이들에게 두려워 말고 새로운 상황을 탐험해 보라고 격려한다. 어느 날 나는 그 학교로 가서 아이들을 검사했다. 나는 커다란 동물 이동용 상자를 가지고 가서, 아이들에게 상자 안에 동물 한 마리가 들어 있다고 말했다. 나는 그 상자에 손을 넣어서 쓰다듬는 아이들의 수를 세었다. 초조씨가 가르치는 아이들은 조심성을 강조하는 환경에서 자란 반면, 무모양이 가르치는 아이들은 새로운 체험을 기꺼이 시도해 보라는 조언을 듣고 자랐다. 그래서 나는 초조씨 학급의 아동들이 상자에 손을 덜 넣을 것이라고(선생님의 영향 때문에) 예측했다. 이러한 시나리오에서 학급은 소위 **맥락변수**(contextual variable)에 해당한다. 그런데 실제 연구에서 실험자는 이보다 훨씬 복잡한 상황에 관심을 둔다. 예를 들어 앞의 가상 실험을 실제로 진행한다면, 일부 학생들에게는 상자에 아주 사나운 짐승이 들어 있다고 말해주고 다른 학생들에게는 온순한 동물이 들어 있다고 말해 주었을 것이다. 이 경우 내가 아이들에게 제공한 정보가 아이들이 동물을 쓰다듬고자 하는 의욕에 영향을 미칠 것이라고 예상할 수 있다. 또한, 앞에서 말했듯이 아동이 속한 학급도 영향을 미칠 가능성이 있다. 따라서 내가 아이들에게 제공한 정보 조작 변수를 아동이 속한 학급이라는 맥락변수 안에 배치할 필요가 있다. 아마도 위협적 정보(사나운 짐승이 들어 있다는)는 무모양 학급의 아이들보다 초조씨 학급의 아이들에게 더 큰 영향을 미칠 것이다. 이것의 한 결과는, 초조씨 학급의 아이들은 무모양 학급의 아이들보다는 자신들끼리 더 비슷할 것이고, 무모양 학급의 아이들도 마찬가지일 것이라는 점이다.

그림 19.2는 이 시나리오를 좀 더 일반화한 것이다. 커다란 자료 집합이라면 앞의 예보다 훨씬 많은 아동으로부터 자료를 수집할 것이다. 아동들은 위계구조(계통구조)의 제일 아래 수준인 수준 1에 놓인다. 즉, 아동들(또는, 관측한 사례들)은 수준 1 변수에 해당한다. 그런데 이 아동들은 학급으로 조직화된다(다른 말로 하면, 아동들은 학급에 **내포된다**). 한 아동이 속한 학급

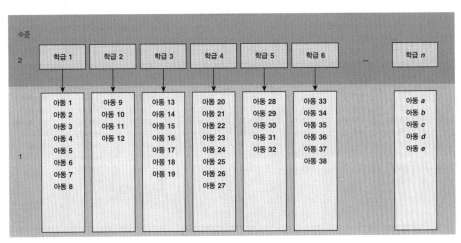

그림 19.2 2수준(2층) 위계적 자료구조의 예: 아동들(수준 1)이 해당 학급(수준 2)별로 조직화되었다.

은 위계구조에서 한 수준 높은 수준에 해당한다. 즉, 학급은 수준 2 변수이다.

방금 설명한 상황은 변수(수준)가 둘뿐인 가장 간단한 위계구조이다. 물론 수준이 그보다 많은 위계구조도 얼마든지 있다. 지금 예를 계속 사용하자면, 아동들이 속한 학급들은 학교에 속한다. 따라서, 만일 내가 여러 학교의 아동들에 대해 실험을 진행한다면, 위계구조의 학급 수준 위에 학교라는 또 다른 수준을 추가해야 할 것이다. 이전의 논리를 이 수준에 적용한다면, 한 학교에 속한 아이들은 다른 학교에 있는 아이들보다는 자기들끼리 더 비슷할 것이다. 이는 학교마다 학생들의 사회적 구성이 다르고, 교육 방침도 다르기 때문이다. 그림 19.3에 이러한 위계구조가 나와 있다. 이제는 수준이 셋으로, 수준 1은 아동, 수준 2는 아동이 속한 학급, 수준 3은 학급이 속한 학교이다. 그리고 맥락변수는 둘이다(학교와 학급).

위계적 자료구조를 개체간 상황에만 적용할 수 있는 것은 아니다. 위계적 자료가 개체(참가자) 안에 내포되어 있다고 생각할 수도 있다. 이 경우 개체 또는 사례는 위계구조의 바닥(수준 1)이 아니라, 그보다 훨씬 더 높은 수준에 있다. 좋은 예가 기억이다. 아이들에게 상자 안에 든 동물에 대해 위협적인 정보를 제공하고, 일주일 후에 아이들에게 그 동물에 관해 기억하는 모든 것을 떠올려 보라고 요구했다고 상상해 보자. 각각의 아동은 서로 다른 개수의 사실들을 기억해 낼 것이다. 애초에 내가 15가지 정보를 제공했다고 할 때, 그 15개 모두를 기억해 낸 아동도 있고 두세 개만 떠올린 아이도 있을 것이다. 이러한 정보 또는 기억 조각들은 각 참가자 안에 내포되어 있으며, 그것을 떠올리는 능력에는 개인차가 존재한다. 주어진 기억 조각을 떠올릴 확률은 머릿속에 다른 어떤 기억 조각들이 들어 있는지에 의존한다. 또한, 한 조각의 기억을 떠올리면 그와 연관된 다른 기억 조각도 떠올리게 될(소위 연쇄효과) 가능성이 있다. 따라

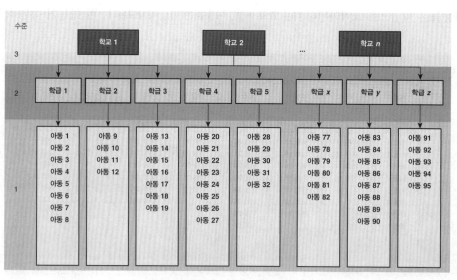

그림 19.3 3수준 위계적 자료구조의 예

서 기억 조각들은 서로 독립적이지 않다. 그런 만큼, 이러한 예에서 참가자는 기억을 떠올릴 맥락을 제공하는 변수에 해당한다(Wright, 1998).

그림 19.4에 방금 설명한 상황의 구조가 나와 있다. 여기서 아동은 수준 2 변수이고, 각 아동 안에 여러 개의 기억 조각들(수준 1 변수)이 있다. 물론, 아동들 위의 수준을 위계구조에 둘수도 있다. 예를 들어 아동들이 기억을 떠올리는 능력이 해당 학급의 맥락에 영향을 받을 수있다. 이 경우 학급을 수준 3 변수로 두어야 할 것이다(그림 19.4에도 그렇게 되어 있다). 더 나아가서 학교를 수준 4 변수로 포함할 수도 있다.

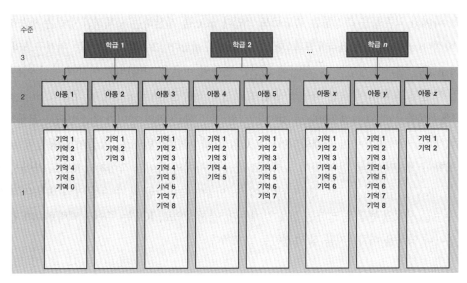

그림 19.4 3수준 위계적 자료구조의 예. 이번에는 수준 1 변수가 반복측정 변수(떠올린 기억 개수)이다.

19.2.1 급내상관계수(ICC) ②

그런데 자료가 위계적인지 아닌지가 왜 중요한지 궁금한 독자도 있을 것이다. 여기서 핵심은, 위계구조에 존재하는 맥락변수들 때문에 자료에 의존관계가 생긴다는 것이다. 좀 더 쉽게 말하면, 위계적 자료에서는 잔차들 사이에 상관관계가 존재한다. 앞에서 초조씨 학급의 아이들이 무모양 학급의 아이들보다 자기들끼리 더 비슷할 것이라고 말한 것이 바로 이 사실을 암시하는 것이었다. 다른 식으로 표현하면, 같은 선생님에게 배운 학생들은 서로 비슷해지는 경향이 있다. 그런데 통계적 검정에서는 이러한 유사성이 문제가 된다. 이 책에서 다른 거의 모든 검정은 사례들이 서로 독립이라고 가정하기 때문이다. 다른 말로 하면, 거의 모든 검정은 한 아동의 잔차 점수와 다른 아동의 잔차 점수가 완전히 무관하다고 가정한다. 그렇지만 같은 맥락에 속하는 개체들로 이루어진 표본에서는 그러한 독립성이 성립하지 않을 가능성이 크다.

예를 들어 초조씨 학급의 샬럿과 에밀리는 선생님의 조심성에 영향을 받아서, 상자 속 동물에 대해 서로 비슷한 반응을 보일 가능성이 크다. 마찬가지로, 무모양 학급의 키키와 지피는 선생님의 대범한 성격에 영향을 받아, 역시 상자 속 동물에 대해 서로 비슷한 반응을 보일 가능성이 크다. 그런데 사례들 사이의 이러한 독립성 부족은 검정통계량에 영향을 미친다(그것도 좋지 않은 방향으로). 예를 들어 분산분석에서 그런 경우를 보았다(§10.3).

이러한 비독립적 관측값들의 문제는 맥락변수들을 식별해서 분석 시 고려함으로써 극복할 수 있다. 그러한 방법의 하나는 ICC, 즉 **급내상관계수**(intraclass correlation coefficient)를 활용하는 것이다. 이 측도는 평가자내(inter-rater) 신뢰성(§17.8 참고)을 측정하는 데 쓰이지만, 지금처럼 점수들 사이의 의존성을 측정하는 측도로도 쓰인다. ICC를 계산하는 구체적인 방법은 생략하기로 하겠다(궁금한 독자는 올리버 트위스티드 항목을 보기 바란다). 2수준 학급-아동 위계구조의 예에서 ICC는 결과의 총변동 중 학급에 기인한 변동의 비율을 나타낸다. 여기에 깔린 이론은, 만일 학급이 그 학급에 속한 아동들에 큰 효과를 가진다면 학급 내 변동이 작을 것이라는(즉, 학급의 아동들이 비슷하게 행동한다는) 것이다. 그런 경우 학급 안의 차이가 최소화되고 전체적인 변동(학급들 사이의 차이)이 최대화되어서 ICC의 값이 커진다. 반대로, 학급이 아동들에 미치는 영향이 적다면, 학급 안의 차이가 커지고 학급들 사이의 차이가 작아져서 ICC도 작아진다. 이러한 ICC는 주어진 한 맥락변수(지금 예에서는 아동이 속한 학급)의 수준들 안의 변동은 작지만 수준들 사이의 변동은 크다는 점을 말해준다. 결론적으로, ICC는 주어진 맥락변수가 결과에 얼마나 영향을 미치는지를 잘 측정하는 측도이다.

올리버 트위스티드

선생님, 그거 더
가르쳐 주세요…. ICC요!

"나 귀리죽 중독인 것 같아"라고 올리버가 한탄한다. "ICC를 공부하면 귀리죽에 대한 의존성을 측정할 수 있을까?" 글쎄다 올리버. 아마 멀건 귀리죽을 먹고 취해서 핵심을 놓친 것 같구나. 그렇긴 하지만, 예전에 ICC에 관한 글을 쓴 적이 있는데(Field, 2005a), 부록 웹사이트의 보충 자료로 올려 두었으니 실컷 봐도 좋다.

19.2.2 다층모형의 장점 ②

다층 선형모형(multilevel linear model; 또는 다수준 선형모형)에는 여러 가지 용도가 있다. 이번 장을 샅샅이 공부하면 여러분의 가장 대담한 꿈에서 원한 것보다 우월한 통계적 능력이 생길 것이라는 점을 납득시키기 위해, 다층모형의 몇 가지 장점(약간 과장하긴 했다)을 소개하겠다.

- **회귀선 기울기들의 동질성에 관한 가정은 잊어도 된다.** 제11장에서 보았듯이, 공분산분석을 수행하려면 공변량과 결과변수의 관계가 예측변수들을 구성하는 그룹에 따라 다

르지 않아야 한다는 가정이 성립해야 한다. 그러나 그런 가정이 항상 성립하지는 않는다. 다행히 다층모형에서는 그러한 회귀선 기울기들의 변동을 명시적으로 고려하므로, 그런 가정과 관련된 불편함이 사라진다.

- **독립성 가정도 옛이야기다.** 제10장에서 보았듯이, 분산분석을 수행할 때는 자료의 서로 다른 사례들이 독립적이라고 가정한다. 그 가정이 깨지면, 여러분이 잠든 동안 침대에서 작은 도마뱀들이 기어 나와서 여러분을 먹어치울 것이다. 다층모형은 애초에 그러한 사례간 관계를 고려하기 위해 만들어진 것이므로, 이 가정 역시 문제가 되지 않는다. 또한, 제7장에서 보았듯이 다중회귀 역시 관측값들의 독립성에 의존한다. 그런데 누군가를 여러 번(서로 다른 시점에서) 측정해야 할 때도 있다. 그러면 측정한 점수들의 독립성이 깨진다. 그런 자료를 만나면 회귀분석은 치즈로 변해서 냉장고 안으로 숨어버린다. 다층모형은 그런 자료를 회귀 맛 치즈와 함께 점심으로 먹어치운다.

- **결측자료는 애들 장난이다.** 이 책에서 나는 균형설계의 미덕을 여러 번 칭찬하고, 결측자료를 두지 말라고 열심히 권했다. 회귀분석과 분산분석, 공분산분석, 그리고 이 책에서 살펴본 대부분의 검정은 자료에 결측값이 있거나 설계가 불균형이면 이상한 결과를 낸다. 실제 연구에서 이는 큰 골칫거리가 될 수 있다. 결측자료는 임상시험에서 특히나 문제가 되는데, 임상시험에서는 후속 자료를 수집하려 해도 원래의 치료가 끝난 지 몇 개월 후라서 환자와 연락이 되지 않을 수 있기 때문이다. 물론 결측자료를 보완하거나 삭제하는 방법은 여럿 있지만, 그런 기법들은 상당히 복잡할 때가 많다(Yang, Li, & Shoptaw, 2008). 그래서 반복측정 설계를 사용할 때는 한 시점의 측정값 하나만 없어도 해당 사례 전체를 삭제하는 경우가 많다. 결측값이 많으면 삭제되는 자료도 많아진다. 반면 다층모형은 자료 집합의 완결성을 요구하지 않으므로, 한 시점의 자료가 없다고 해도 임의로 채워 넣거나 해당 사례 전체를 삭제할 필요가 없다. 현재 있는 자료만으로도 매개변수들을 성공적으로 추정할 수 있으며, 그것이 결측자료를 해결하는 비교적 쉬운 해결책일 때가 많다. 물론, 자료의 누락을 극복할 수 있는 통계적 절차는 없다는 점을 강조할 필요가 있겠다. 적절한 방법과 설계, 연구 수행을 통해서 결측값을 최소화하도록 노력하는 것이 중요하다. 그리고 값이 빠진 이유도 항상 조사해봐야 한다. 어쨌거나, 전통적인 통계적 절차들을 결측값이 있는 반복측정 자료에 대해 적용할 때는 일반적으로 결측자료를 해결하기 위해 추가적인 절차들이 필요하며 그런 추가 절차 때문에 상황이 더 복잡해질 수 있는데, 다층모형에서는 그런 문제가 덜하다.

이제 다층모형이 아주 멋진 녀석이라는 점은 납득했을 것이다. 어쩌면 다층모형이 만능 해결사처럼 느껴질 수도 있겠는데, 꼭 그렇지는 않다.

19.3 다층 선형모형의 이론 ③

다층 선형모형의 바탕 이론은 사실 상당히 복잡하다. 너무 복잡해서 땅콩만 한 내 작은 뇌로는 이해할 수 없다. 다행히 컴퓨터와 R 같은 소프트웨어가 나온 덕분에 나처럼 박약한 지능을 가진 사람도 이 멋진 도구를 관련 수학 지식 없이 활용할 수 있게 되었다. 게다가, 관련 수학을 설명할 필요도 없어졌다(정말로 나는 해당 수학을 전혀 이해하지 못한다). 이번 절에서 내가 하고자 하는 것은, 다층모형의 주요 개념을 이 책 전반에서 언급한 일반선형모형의 틀 안에서 설명함으로써 다층모형이 무엇이고 어떻게 작동하는지 여러분이 감을 잡을 수 있게 하는 것이다. 또한, 제13장과 제14장을 공부한 독자라면 이미 다층모형을 사용해 본 적이 있다는 점도 떠올리길 원했다. 반복측정 자료를 분석할 때 사용한 *lme()* 함수가 이번 장에도 나온다. 이전에 나온 반복측정 설계들은 점수들(수준 1)이 참가자들(수준 2)에 내포된 2수준 위계구조로 생각할 수 있다.

19.3.1 예제 하나 ②

그럼 이번 장의 전반부에서 다층모형의 몇 가지 개념을 설명하는 데 사용할 예제를 소개하겠다. 최근 미용 성형수술이 증가 추세이다. 미국에서는 1992년과 2002년 사이에 미용 및 비미용 성형수술이 1,600% 증가했고, 2004년에는 영국에서 6만5천 명이 사비 또는 공공기금으로 수술을 받았다(Kellett, Clarke, & McGill, 2008). 이런 수술의 인기가 높아지면서, 몸에 칼을 대고자 하는 사람들의 동기가 무엇인지 궁금해하는 사람들도 늘어났다. 미용성형수술을 받는 주된 이유는 두 가지로, (1) 하나는 신체적 문제를 해결하는 것이고(요통 경감을 위해 유방 축소 수술을 받는 등), (2) 다른 하나는 외모를 바꾸는 것이다(주름살 제거 등). 2번 이유와 관련해서, 미용성형수술을 자아존중감을 높이기 위한 일종의 심리학적 치료로 수행할 수 있다고 주장하는 사례도 있다(Cook, Rosser, & Salmon, 2006; Kellett 외, 2008). 이번 장의 주된 예제는 미용성형수술이 삶의 질(quality of life, QoL)에 미치는 영향을 살펴보는 것이다. 예제의 자료가 **Cosmetic Surgery.dat** 파일에 있다. 이 자료의 변수들은 다음과 같다.

- **Post_QoL**: 미용성형수술 이후의 삶의 질을 측정한 측도이다. 이것이 이번 예제의 결과변수이다.

- **Base_QoL**: 수술 전 삶의 질을 측정한 것으로, 삶의 질의 향상 정도를 파악하기 위해 결과변수와 비교할 기준으로 쓰인다.

- **Surgery**: 수술 여부, 즉 참가자가 성형수술을 마쳤는지(1) 아니면 수술을 기다리고 있는지(0)를 나타내는 가변수이다. 후자(수술 대기)가 대조군으로 쓰인다.

- **Surgery_Text**: 앞의 변수처럼 수술 여부를 나타내되, 수치가 아니라 텍스트이다(주된 분석을 위한 것이 아니라 그래프 작성의 편의를 위한 변수이다).

- **Clinic**: 참가자가 수술을 받은(또는 기다리는) 전문병원(clinic)을 나타낸다. 병원은 총 10곳이다.

- **Age**: 참가자의 나이(년 단위)이다.

- **BDI**: 자발적으로 미용성형수술을 원하는 사람들(특히, 전적으로 허영심을 위해 수술을 원하는 사람들)이 일반 대중과는 아주 다른 성격적 특성을 가지고 있음이 점점 명백해지고 있다(Cook, Rossera, Toone, James, & Salmon, 2006). 특히, 그런 사람들은 자기 존중감이 낮거나 우울증을 가지고 있을 수 있다. 삶의 질을 볼 때는 평상시 우울 수준을 평가하는 것이 중요한데, 이 변수는 그런 목적으로 측정한 BDI(Beck Depression Inventory; 벡 우울척도) 점수를 담는다.

- **Reason**: 이 가변수는 참가자가 시술을 받거나 기다리는 이유를 나타낸다. 외모를 바꾸는 것이 목적이면 0, 신체적 문제 때문이면 1이다.

- **Reason_Text**: 위와 같되, 수치가 아니라 문자열로 소속 그룹을 나타낸다.

- **Gender**: 이 변수는 그냥 참가자의 성별(남성은 1, 여성은 0)을 나타낸다.

위계적 모형들로 분석을 수행할 때는 가장 간단한 모형에서 시작해서 좀 더 복잡한 모형으로 나아가는 상향식 접근 방식을 사용한다. 이번 장의 접근 방식도 상향식이다. 그 과정에서 다층 모형을 여러분이 이미 알고 있는 분산분석이나 공분산분석 같은 틀에 맞추어 설명해 보겠다.

그림 19.5에 이 자료의 위계구조가 나와 있다. 본질적으로, 같은 병원에 속한 참가자들은 독립적이지 않다. 그 참가자들은 같은 외과 의사에게 수술을 받을 것이기 때문이다. 외과 의사마다 수술 실력이 다르며, 삶의 질은 수술이 얼마나 잘 되었는지에 어느 정도 의존할 것이다(수술이 잘 된 참가자는 보기 싫은 흉터가 생긴 참가자보다 삶의 질이 높을 것이다). 따라서 같은 병원의 참가자들은 다른 병원의 참가자들보다 자기들끼리 더 비슷할 것이다. 그런 만큼, 참가자들이 수준 1 변수가 되어야 하고 참가자가 속한 병원이 위계구조에서 그보다 높이 있는 수준 2 변수가 되어야 한다.

19.3.2 고정계수와 확률계수 ③

지금까지 여러 곳에서 효과와 변수를 논의했으므로, 이제 그런 개념들에 아주 익숙할 것이다. 그런데 지금까지는 효과와 변수를 비교적 단순한 방식으로 취급했다. 특히, 우리는 효과나 변

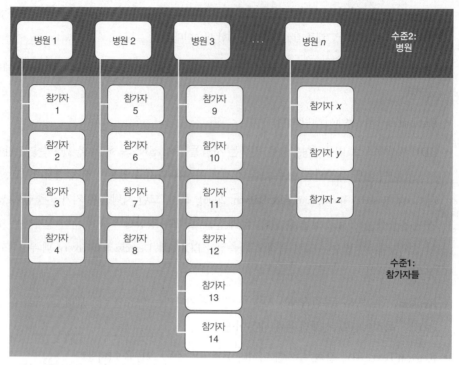

그림 19.5 미용성형수술 자료 집합의 위계구조를 나타낸 그림. 참가자들이 병원별로 조직화되어 있다. 그리고 각 참가자의 자료는 수술 여부, BDI, 나이, 성별, 수술 이유, 수술 전 삶의 질 같은 일단의 변수들로 구성된다.

수가 고정되어 있는지 아니면 확률적인지(무작위한지) 구분하자 않았다.

여기서 '고정(fixed)'과 '확률(random)'이라는 용어는 그 문맥에 따라 다양한 의미를 지니기 때문에 다소 혼동이 있을 수 있다. 통계학에서는 **고정효과**(fixed effect; 또는 모수효과)와 **확률효과** (random effect; 또는 임의효과)라는 용어가 종종 쓰인다. 연구자가 관심을 두는 모든 가능한 처리 조건이 실험에 나타날 때, 그러한 실험의 효과를 가리켜 고정효과라고(또는 효과가 고정되었다고) 부른다. 반대로, 가능한 처리 조건 중 임의의 일부만 실험에 나타나는 경우에는 효과를 확률 효과라고(또는 효과가 확률적이라고) 부른다. 이러한 구분이 중요한 것은, 고정효과는 오직 그 실험의 상황에만 일반화할 수 있지만, 확률효과는 실험의 처리조건들 이상으로 일반화할 수 있기 때문이다(그 처리 조건들이 일반적인 상황을 잘 대표한다고 할 때). 예를 들어 제10장에 나온 비아그라 예제에서, 만일 우리가 주어진 세 조건(위약, 저용량 복용, 고용량 복용)에만 관심을 두었다면, 그 효과는 고정효과이다. 따라서 분석으로 발견한 사실들을 오직 위약, 저용량, 고용량의 상황으로만 일반화할 수 있다. 그러나 만일 그 세 복용량이 모든 가능한 복용량의 일부였다고 하면(이를테면 그 셋 외에 최고 복용량도 있다고 하면), 해당 효과는 확률효과이며, 발견들을 위약, 저용량, 고용량 이상의 상황으로 일반화할 수 있다. 이 책에서 지금까지 나온 모든 효과는 고정효과로 취급되었다. 그리고 여러분이 읽게 될 학술 연구논문의 대부분은 변수들을 고정효과로 취급한다.

또한 **고정변수**(fixed variable)나 **확률변수**(random variable) 같은 용어도 흔히 쓰인다. 고정변수는 시간에 따라 변하지 않으리라고 간주되는 변수이다(예를 들어 대다수의 사람은 태어난 후 자신의 성별을 바꾸지 않으므로, 성별은 고정변수이다). 반대로 확률변수는 시간에 따라 변할 수 있는 변수이다(예를 들어 흔히 사람들의 몸무게는 시간에 따라 오르락내리락한다).

다층모형의 맥락에서는 **고정계수**(fixed coefficient)와 **확률계수**(random coefficient; 또는 임의계수)를 구분할 필요가 있다. 이 책에서 회귀분석과 분산분석, 공분산분석을 설명할 때 우리는 항상 회귀모형의 매개변수들이 고정되어 있다고 가정했다. 이전에도 여러 번 보았듯이, 하나의 선형모형은 두 가지 것, 즉 절편 b_0와 기울기 b_1로 특징지을 수 있다.

$$Y_i = b_0 + b_1 X_{1i} + \varepsilon_i$$

여기서 결과변수(Y)와 예측변수(X), 그리고 오차항(ε)이 모두 i(보통의 경우 자료의 특정 사례를 나타내는 색인)의 함수로서 변한다는 점을 주목하기 바란다. 다른 말로 하면, i는 수준 1 변수에 해당한다. 예를 들어 샘의 점수를 예측하려면, i를 '샘'으로 대체하면 된다.

$$Y_\text{샘} = b_0 + b_1 X_{1,\text{샘}} + \varepsilon_\text{샘}$$

간단한 수정이므로, 여기까지는 이해하는 데 무리가 없을 것이다. 이런 모형으로 회귀분석을 수행할 때는 b들을 고정계수로 간주하고 자료의 구체적인 수치들을 이용해서 이들의 값을 추정한다. 여기에는 이 모형이 전체 표본에 대해 유효하며, 표본에 있는 모든 사례에 대해 같은 절편과 기울기로 점수를 예측할 수 있다는 가정이 깔려 있다. 그런데 그런 가정이 성립하지 않고, 회귀 방정식의 매개변수들이 무작위한(확률적인) 상황도 생각해 볼 수 있다.[2] 즉, 기울기나 절편이 사례에 따라 달라질 수도 있는 것이다. 지금까지 우리가 다룬 회귀모형들에서는 절편이 **고정절편**(fixed intercept)이고 기울기가 **고정기울기**(fixed slope)였다. 그러나 절편과 기울기가 가변적일 수도 있다고 하면, 세 가지 새로운 가능성이 열린다. 그림 19.6에 그러한 세 가지 상황이 나와 있다. 이 그림의 그래프들은 제11장 공분산분석 예제의 자료로 그린 것인데, 표본 전체(점선)와 연구에 쓰인 세 그룹(위약 그룹, 비아그라를 조금만 복용한 그룹, 많이 복용한 그룹) 각각에서의 참가자의 리비도와 그 파트너의 리비도의 관계를 보여준다.

---

2 '무작위'나 '확률적', '임의'라는 용어 때문에 이 값들이 아무렇게나 정해진다고 오해하지는 말기 바란다. 이들은 고정 매개변수들만큼이나 세심하게 추정된다.

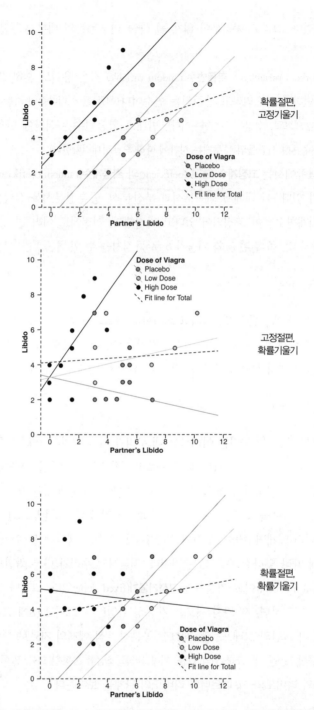

그림 19.6 자료 전체의 모형(점선)과 자료 안의 개별 맥락(사례들의 그룹)에 대한 모형들을 보여주는 그래프들

19.3.2.1 확률절편 모형 ③

모형에 임의적인 매개변수들을 도입하는 가장 간단한 방법은 절편이 맥락(그룹)에 따라 달라질 수 있다고 가정하는 것이다. 이처럼 가변적인 절편을 **확률절편**(random intercept; 또는 임의절편, 무선절편)이라고 부른다. 리비도 자료의 경우 이는 그룹(위약, 저용량, 고용량)에 따라 참가자 리비도와 파트너 리비도의 관계가 달라지지 않지만(즉, 모형의 기울기는 고정되어 있지만), 모형의 위치는 그룹마다 다를 수 있다고(즉, 절편이 달라질 수 있다고) 가정하는 것에 해당한다. 그림 19.6의 제일 위 그래프가 그러한 상황에 해당한다. 그 그래프를 보면, 서로 다른 문맥(색상)의 모형(직선)들이 그 형태(기울기)는 같지만 기하학적 위치(절편)는 다르다.

19.3.2.2 확률기울기 모형 ③

또한, 기울기가 맥락에 따라 다르다고 가정할 수도 있다. 이 경우 기울기는 **확률기울기**(random slope)이다. 리비도 자료의 경우 이는 그룹(위약, 저용량, 고용량)에 따라 참가자 리비도와 파트너 리비도의 관계가 다르지만(즉, 모형의 기울기가 서로 다르지만), 모형의 기하학적 위치(즉, 절편)는 동일하다고 가정하는 것에 해당한다. 공분산분석에서 회귀 기울기의 동질성 가정이 깨졌을 때 이런 상황이 발생한다. 회귀 기울기의 동질성 가정은 맥락이 달라도 회귀 기울기들은 동일하다는 가정이다. 이 가정이 성립하지 않을 때는 다층모형을 이용해서 기울기들의 변동을 명시적으로 추정하면 된다. 그림 19.6의 가운데 그래프가 이 상황을 나타난 것인데, 서로 다른 맥락(색상)의 모형들이 같은 절편에서 만나지만 기울기는 각자 다르다. 그런데 현실적으로 기울기가 다른데 절편이 같을 것이라고 기대하기는 힘들다. 왜냐하면, 관계(기울기)의 본성에 존재하는 변동 때문에 결과변수의 전체적인 수준(절편)에서도 변동이 생길 것이기 때문이다. 따라서, 기울기가 확률적이라고 가정한다면 절편도 확률적이라고 가정하는 것이 자연스럽다.

19.3.2.3 확률절편 및 기울기 모형 ③

가장 현실적인 상황은 절편과 기울기 모두 모형 전반에서 가변적이라고 가정하는 것이다. 그림 19.6의 제일 아래 그래프가 이에 해당한다. 그 그래프를 보면 서로 다른 맥락(색상)의 모형들이 기울기가 다를 뿐만 아니라 기하학적 위치도(즉, 절편도) 다르다.

19.4 다층모형 ④

지금까지 확률절편 모형과 확률기울기 모형, 그리고 확률절편 및 기울기 모형을 개념적으로 살펴보았다. 이제부터는 그런 모형을 실제로 어떻게 표현하는지 살펴보기로 하자. 구체적인 설명을 위해 앞에서 말한 미용성형수술 자료를 예로 들겠다. 논의가 간단해지도록, 일단 우리가 참가자의 성형수술 후 삶의 질(QoL)을 예측하고자 했다고 상상해 보자. 이를 다음과 같은 선형모형으로 표현할 수 있다.

$$\text{수술 후 삶의 질}_i = b_0 + b_1 \text{수술 여부}_i + \varepsilon_i \tag{19.1}$$

이런 방정식이 여러 번 나왔으므로, 이것이 하나의 선형모형을 나타낸다는 점은 잘 알고 있을 것이다. 이전에 회귀분석과 t 검정(지금 예에 해당), 분산분석에서 이런 선형모형을 사용했다. 지금 예에서는 맥락변수가 하나 있는데, 성형수술을 받은(또는 대기 중인) 병원이 바로 그것이다. 외과 의사마다 실력이 다를 것이므로, 수술이 삶의 질에 미치는 효과는 수술을 받은 병원의 함수로서 변할 것으로 예측할 수 있다. 따라서 병원이 수준 2 변수가 된다. 이러한 수준 2 변수를 모형에 도입하려면, 절편이 병원에 따라 달라지게 할 수도 있고 아니면 기울기가 병원에 따라 달라지게 할 수도 있다. 또는, 절편과 기울기 모두 병원에 따라 달라지게 할 수도 있다.

먼저 삶의 질 모형에 확률절편을 포함해 보자. 그러려면 절편의 변동을 나타내는 성분인 u_{0j}를 절편에 더하면 된다. 즉, 이제는 절편이 b_0가 아니라 $(b_0 + u_{0j})$이다. 이 항은 자료에 적합된 전체 모형의 절편 b_0와 모형 전반에서의 절편의 변이성 u_{0j}를 추정한 값이다. 이 항을 도입한 모형의 방정식은 다음과 같다.[3]

$$Y_{ij} = (b_0 + u_{0j}) + b_1 X_{ij} + \varepsilon_{ij} \tag{19.2}$$

방정식에서 j는 절편의 변화량을 결정한다. 지금 예에서 j는 참가자가 수술을 받은 특정 병원을 나타낸다. 따라서 이것이 수준 2 변수이다. 그런데 절편과 그 변동 성분을 다음처럼 하나의 확률절편으로 정의해서 방정식에 도입한다면 전체적인 방정식이 보통의 회귀 방정식처럼 보일 것이다. 보통의 회귀 방정식과의 차이는, 고정절편 b_0 대신 확률절편 b_{0j}가 있다는 것이다.

$$\begin{aligned} Y_{ij} &= b_{0j} + b_1 X_{ij} + \varepsilon_{ij} \\ b_{0j} &= b_0 + u_{0j} \end{aligned} \tag{19.3}$$

예를 들어 7번 병원의 절편 추정값을 알고 싶으면, 둘째 공식에서 j를 '병원 7'로 대체하면 된다.

$$b_{0\text{병원7}} = b_0 + u_{0\text{병원7}}$$

마찬가지 방식으로, 삶의 질에 대한 수술 여부의 효과에 확률기울기를 포함하고 싶다면, 전체적인 모형의 기울기에 기울기의 변이성을 나타내는 성분 u_{1j}를 더하면 된다. 즉, 모형의 기울기

---

3 이 매개변수들을 b가 아니라 감마(γ)로 표기하는 사람들도 있지만, 이 책의 다른 모형들과의 일관성을 위해 b를 사용하기로 한다.

를 b_1이 아니라 $(b_1 + u_{1j})$로 두면 되는 것이다. 이 항은 자료에 적합된 전체 모형의 기울기 b_1과 전체 모형의 여러 맥락에 따른 기울기의 변이성 u_{1j}를 추정한 값이다. 이제 전체 모형의 방정식은 다음과 같은 모습이 된다(위의 확률절편 모형과 비교해 볼 것).

$$Y_{ij} = b_0 + (b_1 + u_{1j})X_{ij} + \varepsilon_{ij} \tag{19.4}$$

이번에도 고정기울기와 그 변이성 성분을 하나의 확률기울기로 정의하면 이 모형과 우리에게 익숙한 선형모형의 연관성이 좀 더 명확해질 것이다. 다음이 그러한 모형이다. 보통의 회귀 방정식과의 차이는, 고정기울기 b_1 대신 확률기울기 b_{1j}가 있다는 것이다.

$$Y_{ij} = b_{0i} + b_{1j}X_{ij} + \varepsilon_{ij}$$
$$b_{1j} = b_1 + u_{1j} \tag{19.5}$$

더 나아가서, 기울기와 절편 모두 가변적인 모형을 원한다면, 위의 두 모형을 결합하면 된다. 그러한 모형은 전체 모형의 절편과 기울기(b_0과 b_1)를 추정할 뿐만 아니라, 절편의 변이성을 추정한 성분과 기울기의 변이성을 추정한 성분도 포함한다. 다음이 그러한 모형의 방정식이다(위의 두 모형과 비교해 볼 것).

$$Y_{ij} = (b_0 + u_{0j}) + (b_1 + u_{1j})X_{ij} + \varepsilon_{ij} \tag{19.6}$$

앞에서처럼 확률기울기와 확률절편을 각각 따로 정의해서 통합하면 보통의 선형모형과의 연관성이 명확해질 것이다. 보통의 선형모형과 다른 점은, 고정절편과 고정기울기(b_0과 b_1) 대신 확률절편과 확률기울기(b_{0j}와 b_{1j})가 있다는 점이다.

$$Y_{ij} = b_{0j} + b_{1j}X_{ij} + \varepsilon_{ij}$$
$$b_{0j} = b_0 + u_{0j}$$
$$b_{1j} = b_1 + u_{1j} \tag{19.7}$$

이상의 논의에서 기억할 것은, 이러한 다층모형이 이전에 이 책에 나온 것들과 그다지 다르지 않다는 점이다. 기본적으로 다층모형은 그냥 회귀모형을 좀 더 치장한 것일 뿐이다.

이제 이 모형에 또 다른 예측변수를 추가한다고 하자. 이를테면 수술 전 삶의 질을 예측변수로 추가하려면 어떻게 해야 할까? 다중회귀분석에 관해 배운 것을 떠올려 보면, 그냥 다음처럼 해당 변수와 관련 베타 계수를 모형의 방정식에 추가하면 그만이라는 점을 누구나 알 수 있을 것이다.

$$\text{수술 후 삶의 질}_i = b_0 + b_1\text{수술 여부}_i + b_2\text{수술 전 삶의 질}_i + \varepsilon_i \tag{19.8}$$

이 책에서 이전에 배운 개념을 재적용한 것일 뿐임을 주목하기 바란다. 또한, i가 수준 1 변수(지금 예에서는 참가자)라는 점도 기억하기 바란다. 따라서, 샘이라는 참가자의 수술 후 삶의 질을 예측하려면 i를 '샘'으로 대체하면 된다.

$$\text{수술 후 삶의 질}_\text{샘} = b_0 + b_1\text{수술 여부}_\text{샘} + b_2\text{수술 전 삶의 질}_\text{샘} + \varepsilon_\text{샘}$$

다음으로, 성형수술이 수술 후 삶의 질에 미치는 효과의 절편이 맥락에 따라 다를 수 있게 하려면, b_0를 앞에서 정의한 b_{0j}로 대체하면 된다. 마찬가지로, 성형수술이 수술 후 삶의 질에 미치는 효과의 기울기가 맥락에 따라 다를 수 있게 하려면, b_1을 앞에서 정의한 b_{1j}로 대체하면 된다. 따라서, 확률절편과 확률기울기가 있는 모형도 이전의 모형과 형태가 같다.

$$\text{수술 후 삶의 질}_{ij} = b_{0j} + b_{1j}\text{수술 여부}_{ij} + b_2\text{수술 전 삶의 질}_{ij} + \varepsilon_{ij}$$
$$b_{0j} = b_0 + u_{0j}$$
$$b_{1j} = b_1 + u_{1j} \tag{19.9}$$

이 방정식에서 j는 수준 2 변수(병원)에 해당함을 기억할 것이다. 따라서, 한 참가자의 점수를 예측하려면 그 참가자의 이름뿐만 아니라 수술을 받은(또는 대기 중인) 병원 이름도 지정해야 한다. 우리의 실험용 쥐 샘이 7번 병원에서 수술을 받았다면, i들과 j들을 다음과 같이 바꾸어야 한다.

$$\text{수술 후 삶의 질}_{\text{샘, 병원7}} = b_{0\text{병원7}} + b_{1\text{병원7}}\text{수술 여부}_{\text{샘, 병원7}} + b_2\text{수술 전 삶의 질}_{\text{샘, 병원7}} + \varepsilon_{\text{샘, 병원7}}$$

이상의 예를 통해서 나는 다층모형이 회귀모형을 조금 확장해서 절편이나 기울기(또는 둘 다)를 맥락에 따라 다를 수 있게 한 것일 뿐이라는 점을 다시금 강조하고 싶다. 보통의 회귀모형과의 차이는 그냥 모든 매개변수가 고정이 아니라 가변적이 되게 한 것뿐이다. 결과적으로, 이제는 모형을 통해서 각 매개변수 자체뿐만 아니라 그 매개변수의 변이성도 추정하게 된다. 이런 식으로 확장해도 모형이 아주 복잡해지지는 않는다. 이전처럼 모형에 새 예측변수들을 추가할 수 있으며, 각 예측변수의 매개변수를 고정할지 가변적으로 둘지 결정할 수 있다.

19.4.1 다층모형의 적합도 평가와 비교 ④

로지스틱 회귀분석(제8장)에서처럼, 다층모형의 전체적인 적합도는 카이제곱 가능도비 검정(§18.4.3)을 이용해서 검사한다. 해당 R 함수는 $-2LL$(§8.3.1 참고)을 산출한다. 본질적으로, 로그가능도비가 작을수록 적합도가 좋은 것이다. R은 또한 로그가능도 값을 두 가지 방식으로 수정한 값들도 산출하는데, 둘 다 §7.6.3에서 간략히 설명했다. 다음이 그러한 두 수정 측도이다. 둘 다 로그가능도비와 같은 방식으로 해석할 수 있지만, 수정 방식은 다르다.

- 아카이케 정보기준(Akaike's information criterion, *AIC*): 기본적으로 모형의 복잡도에 맞게 수정된 적합도이다. 간단히 말하면, 추정된 매개변수 개수를 고려해서 적합도를 수정한다.
- **슈바르츠의 베이즈 정보기준**(Schwarz's Bayesian information criterion, **BIC**): AIC와 비슷하되, 좀 더 보수적이다(매개변수 개수가 많을수록 추정값을 좀 더 가혹하게 수정한다). 표본 크기가 크고 매개변수가 적을 때 사용해야 한다.

AIC나 BIC는 그 자체로 해석할 수 있는 측도가 아니다(개별 측도 자체는 크다 작다를 말하는 것이 무의미하다). 이들은 두 모형을 비교하는 수단으로 유용하다. 즉, 주어진 모형의 AIC나 BIC 값을 어떤 기준값이나 다른 모형의 값과 비교함으로써 모형을 평가할 수 있다. 어떤 경우이든, 값이 작을수록 모형의 적합도가 좋은 것이다.

여러 저자는 모든 매개변수가 고정된 '기본' 모형으로 시작해서 적절히 확률 계수들을 추가해 가면서 중첩변수들을 탐색하는 식으로 다층모형들을 구축하는 방법을 권장한다 (Raudenbush & Bryk, 2002; Twisk, 2006). 이런 방식의 한 가지 장점은, 차츰 매개변수들을 가변적으로 만들거나 변수를 더 추가해 가면서 모형의 적합도를 비교할 수 있다는 것이다. 모형들을 비교할 때는 다음처럼 기존 모형의 로그가능도에서 새 모형의 로그가능도를 빼면 된다.

$$\chi^2_{변화} = (-2로그가능도_{기존}) - (-2로그가능도_{새})$$
$$df_{변화} = 매개변수 개수_{기존} - 매개변수 개수_{새} \tag{19.10}$$

이러한 가능도 차이 공식은 식 (18.5) 및 (8.6)과 같은 것이다. 이 공식에서 주의해야 할 점이 두 가지 있다. (1) 이 공식은 완전최대가능도 추정을 사용했을 때만 유효하다(제한최대가능도에 대해서는 유효하지 않다. R의 영혼의 조언 19.1을 참고하기 바란다). (2) 새 모형은 기존 모형의 모든 효과를 포함해야 한다.

19.4.2 공분산구조의 종류 ④

다층모형에 확률효과나 반복측정 변수가 있다면, 자료의 **공분산구조**(covariance structure)를 결정해야 한다. 각 확률효과나 반복측정 변수에 대해 개별적인 공분산구조를 지정할 수 있다. 여기서 공분산구조는 그냥 분산–공분산 행렬(대각성분이 분산이고 비대각성분이 공분산인 행렬)의 형태를 말한다. 이 행렬은 다양한 형태가 있는데, **R**에서 다층모형을 분석하려면 자료의 분산–

공분산 행렬이 어떤 형태인지 **R**에게 알려주어야 한다. 그런데 행렬의 형태를 구체적으로 알아내지 못할 가능성이 크다(대부분의 경우 나름의 근거를 가지고 추측할 뿐이다). 따라서, 미리 정의된 여러 공분산구조로 모형을 실행해서, 공분산구조의 변화에 따른 모형의 적합도 변화를 적합도 지수(AIC와 BIC)를 이용해서 파악하는(그런 통계량들의 크기가 작을수록 모형의 적합도가 좋은 것이다) 식으로 구조를 알아내는 방법이 유용하다.

공분산구조는 **R**이 모형의 매개변수들을 추정하는 출발점으로 사용한다는 점에서 중요하다. 그런 이유로, 공분산구조가 다르면 매개변수 추정값들도 달라진다. 예를 들어 너무 단순한 공분산구조를 지정하면 제1종 오류(실제로는 유의하지 않은 매개변수를 유의하다고 오판하는 것)를 범할 가능성이 커지고, 너무 복잡한 공분산구조를 지정하면 제2종 오류(실제로는 유의한 매개변수를 유의하지 않다고 오판하는 것)를 범할 가능성이 커진다. **R**은 다양한 종류의 공분산구조를 지원한다. 그럼 여러 종류의 공분산구조와 그 용도를 간략하게나마 살펴보자. 각각에 대해 해당 분산-공분산 행렬의 형태도 제시하겠다. 모든 행렬에서, 행들과 열들은 성형수술 자료의 네 가지 병원을 나타낸다고 생각하면 된다.

$$\begin{pmatrix} 1 & 0 & 0 & 0 \\ 0 & 1 & 0 & 0 \\ 0 & 0 & 1 & 0 \\ 0 & 0 & 0 & 1 \end{pmatrix}$$

분산성분(variance component): 이 공분산구조는 아주 단순하다. 이 구조는 모든 확률효과가 서로 독립이라고 가정한다(그래서 행렬의 모든 공분산 성분이 0이다). 확률효과의 분산은 모두 같으며(그래서 행렬의 모든 분산 성분이 1이다), 그 분산들의 합은 결과변수의 분산과 같다. 이 공분산구조를 독립모형(independence model)이라고 부르기도 한다.

$$\begin{pmatrix} \sigma_1^2 & 0 & 0 & 0 \\ 0 & \sigma_2^2 & 0 & 0 \\ 0 & 0 & \sigma_3^2 & 0 \\ 0 & 0 & 0 & \sigma_4^2 \end{pmatrix}$$

대각(diagonal): 이 공분산구조는 앞의 분산성분 구조와 비슷하되, 분산들이 모두 같다고 가정하지는 않는다(그래서 행렬의 대각성분들이 서로 다른 분산 항들로 되어 있다). 이 구조 역시 확률효과들이 독립이라고, 그래서 공분산들이 모두 0이라고 가정한다.

$$\begin{pmatrix} 1 & \rho & \rho^2 & \rho^3 \\ \rho & 1 & \rho & \rho^2 \\ \rho^2 & \rho & 1 & \rho \\ \rho^3 & \rho^2 & \rho & 1 \end{pmatrix}$$

AR(1): AR은 autoregressive(자기회귀)의 약자이고, (1)은 이것이 1차(first-order) 자기회귀 구조임을 뜻한다. 자기회귀 구조에서는 분산들의 관계가 체계적인 방식으로 변한다. 행렬의 행들과 열들을 시간상의 시점(time point)들이고, 반복측정 변수들 사이의 상관계수가 인접한 시점들 사이에서 가장 크다고 가정하자. 예를 들어 행렬의 첫 열의 ρ는 시점 1과 2의 상관계수인데, 이 값이 .3이라고 하자. 그다음의 ρ^2은 시점 1과 시점 3의 상관계수인데, 이 값은 앞의 값의 제곱인 .09이다. 이전보다 값이 작아졌음을 주목하자. 이는 시점 1에서의 점수들과 시점 2에서의 점수들의 상관관계가 시점 1 점수들과 시점 3 점수들의 상관관계보다 높음을 뜻한다. 시점 4의 상관관계는 ρ^3, 즉 .027이다. 일반화하면, 인접한 두 시점의 점수들의 상관관계는 ρ이고, 한 시점 떨어져 있는 두 시점의 점수들의 상관관계는 ρ^2, 두 시점 떨어져 있는 두 시점의 점수들의 상관관계는 ρ^3이다. 이처럼 점수들의 상관관계는 시간이 지남에 따라 점점 작아진다. 이 구조는 분산들이 동질적이라고 가정하지만, 공분산들은 이질적일 수 있다고 가정한다. 이 공분산구조는 반복측정 자료(특히 성장 모형처럼 점수들을 여러 시점에서 측정하는)에 자주 쓰인다.

$$\begin{pmatrix} \sigma_1^2 & \sigma_{21} & \sigma_{31} & \sigma_{41} \\ \sigma_{21} & \sigma_2^2 & \sigma_{32} & \sigma_{42} \\ \sigma_{31} & \sigma_{32} & \sigma_3^2 & \sigma_{43} \\ \sigma_{41} & \sigma_{42} & \sigma_{43} & \sigma_4^2 \end{pmatrix}$$

비구조적(unstructured): 이 공분산구조는 완전히 일반적이다. 이 구조는 공분산들을 전혀 예측할 수 없다고 가정한다. 즉, 공분산들은 어떤 특정한 체계적 패턴을 따르지 않는다.

주입식 샘의 핵심 정리   다층모형

- 다층모형은 위계적 구조를 가진 자료를 분석할 때 사용해야 한다. 예를 들어 심리치료 이후의 우울 수준을 측정했다고 하자. 표본의 환자들은 서로 다른 병원의 서로 다른 치료사에게 치료를 받았을 것이다. 이는 환자들의 우울 점수들(수준 1)이 치료사들(수준 2)에 내포되고 치료사들은 병원들(수준 3)에 내포된 3수준 위계구조에 해당한다.

- 위계적 모형은 회귀모형과 같되, 매개변수들이 가변적일 수 있다는 점이 다르다(그런 매개변수를 확률효과라고 부른다). 보통의 회귀분석에서는 일반적으로 매개변수들이 표본으로부터 추정한 고정된 값이다(고정효과).

- 선형모형을 표본 전체가 아니라 각 맥락 안에서 추정할 때는 그 모형들의 절편이 가변적이거나(확률절편모형), 모형들의 기울기가 다를 수 있거나(확률기울기 모형), 또는 절편과 기울기 둘 다 가변적이라고 가정할 수 있다.

- $-2LL$ 값의 차이를 이용해서 모형들을 비교할 수 있다. 단, 두 모형은 매개변수가 하나 추가되었다는 점만 달라야 한다. 이 방법은 기존 모형에 매개변수 하나만 추가해서 만든 새 모형을 기존 모형과 비교할 때 유용하다.

- 만들어진 모형의 공분산구조를 가정해야 한다. 확률절편 모형에 대해서는 기본 구조인 분산성분구조가 적당하지만, 기울기가 가변적일 때는 비구조적 공분산구조를 가정할 때가 많다. 자료를 시간에 따라 반복측정한 경우에는 흔히 자기회귀 구조(AR(1))를 가정한다.

19.5 분석 실행 관련 고려사항 ③

19.5.1 가정 ③

다층 선형모형은 회귀모형의 확장이므로, 회귀모형의 모든 가정(§7.7.2)이 다층모형에도 적용된다. 단, 다층모형에서는 사례들의 독립성 문제와 오차들의 독립성 문제가 저절로 해결될 수 있다. 애초에 이 모형은 고수준 변수들 때문에 생긴 사례들 사이의 상관관계를 고려하도록 만들어진 것이기 때문이다. 따라서, 수준 2나 수준 3 변수 때문에 독립성이 깨져도, 다층모형에서는 그것이 문제가 되지 않을 수 있다. 그러나 항상 그런 것은 아니므로, 회귀분석에서 하듯이 모든 가정을 점검해 보는 것이 좋다.

확률계수와 관련된 다층모형에는 확률계수들이 모형 전체에서 정규분포를 따라야 한다는 추가적인 가정이 있다. 즉, 확률절편 모형에서 서로 다른 맥락의 절편들은 모형 전체에서 정규분포에 따라 분포되어야 하고, 확률기울기 모형에서는 서로 다른 맥락의 기울기들이 모형 전체에서 정규분포에 따라 분포되어야 한다.

또한, 다층모형에서는 자료 위계구조의 수준들을 넘나드는 상호작용(수준간 상호작용)이 존재하면 다중공선성이 특히나 문제가 될 수 있다는 점도 주의해야 한다. 이런 문제에는 예측변수의 중심화가 아주 크게 도움이 된다(Kreft & de Leeuw, 1998). 예측변수를 중심화하는 방법은 §19.5.3에서 설명하겠다.

19.5.2 표본 크기와 검정력 ③

짐작했겠지만, 다층모형의 표본 크기와 검정력은 대단히 복잡한 주제이다. 검정력을 고려하는 것이 아주 복잡해지는 한 가지 이유는, 다층모형에서는 고정효과 계수들과 확률효과 계수들을 모두 검출해야 한다는 것이다. 다층모형의 검정력을 파악하는 데는 [Kreft & de Leeuw, 1998]이 크게 도움이 된다. 아주 간단히 요약하자면, 표본 크기가 클수록 좋다. 모형에 더 많은 수준을 추가할수록 추정해야 할 매개변수가 늘어나며, 표본도 더 커야 한다. 크레프트와 더레이우는 만일 수준간 상호작용을 찾으려 한다면 고차 변수의 맥락(그룹)이 20개 이상인 것이 바람직하며, 그룹 크기가 '너무 작아서는 안 된다'라고 결론지었다. 저자들은 다층 분석에 너무 많은 요인이 관여하면 의미 있는 일반 법칙을 이끌어내는 것이 불가능하다는 결론으로 논문을 마무리했다.

트비스크는 맥락들의 개수(맥락들에 속한 참가자들의 수를 고려한)가 중요하다는 점에 동의했다(Twisk, 2006). 그는 또한 표준적인 표본 크기와 검정력 계산 방법을 사용할 수 있지만, 분석의 다층 요소들에 맞게(무엇보다도, 급간상관관계를 고려해서) '수정'해야 함을 지적했다. 그는 계산된 표본 크기를 조심스럽게 해석할 것을 권했다.

19.5.3 변수의 중심화 ④

중심화(centering)란 한 변수의 점수들을 어떤 고정점 주변으로 이동하는 것을 말한다. 어떤 값이라도 고정점으로 사용할 수 있지만, 보통은 총평균을 고정점으로 사용한다. 제1장에서 z 점수 계산 방법을 설명할 때 이러한 중심화를 체험한 적이 있다. 어떤 점수의 z 점수를 계산할 때는 그 점수를 전체 점수의 평균에서 빼서 편차를 구하고(이 편차는 0을 중심으로 분포된다), 그것을 표준편차로 나눈다(이에 의해 편차가 표준편차 단위의 값이 된다). 변수를 중심화할 때는 그냥 모든 점수의 평균에서 점수를 뺀다(표준편차로 나누지는 않는다). 그러한 편차들은 0을 중심으로 모이게 된다.

중심화가 뭐고 왜 필요한 거지?

　다층모형에 흔히 쓰이는 중심화는 두 종류인데, 하나는 **총평균 중심화**(grand mean centering)이고 다른 하나는 **그룹 평균 중심화**(group mean centering)이다. 총평균 중심화는 주어진 변수의 각 점수를 그 변수의 총평균, 즉 그 변수의 모든 점수의 평균에서 뺀다. 그룹 평균 중심화는 주어진 변수의 각 점수를 그 점수가 속한 그룹의 평균에서 뺀다. 어떤 중심화 방법을 사용하든, 보통은 수준 1 예측변수만 중심화하는 것이 일반적이다(미용성형수술 예제에서는 나이나 BDI, 수술 전 삶의 질이 그러한 수준 1 예측변수이다). 그룹 평균 중심화를 사용할 때는 대체로 수준 1 변수를 수준 2 변수의 평균을 중심으로 삼아서 중심화한다(미용성형수술 예제에서는 예를 들어 참가자의 나이를 그 참가자가 수술을 받은 병원의 참가자 평균 나이로 중심화한다).

　보통의 다중회귀에서도 중심화를 활용할 수 있다. 보통의 다중회귀는 이미 익숙한 주제이므로, 먼저 보통의 다중회귀에서 중심화가 어떤 효과를 내는지 살펴보는 것이 이해에 도움이 될 것이다. 다중회귀에서 절편은 모든 예측변수의 값이 0일 때의 모형의 예측 결과에 해당한다. 그런데 값이 0이라는 것이 말이 되지 않는 예측변수들도 있다. 예를 들어 심박 수를 예측변수로 사용한다면, 0이라는 값은 무의미하다(살아 있는 사람의 심박 수가 0일 수는 없다). 그런 경우 절편은 무용지물이다. 심박 수가 0이면 이제는 산 사람이 아닌데, 심박 수가 0일 때의 결과를 예측하는 것이 무슨 의미가 있겠는가? 그러나 심박 수 변수를 그 평균을 중심으로 중심화하면 절편의 의미가 달라진다. 중심화를 거치고 나면, 절편은 심박 수가 평균값일 때의 예측 결과가 된다. 좀 더 일반화하자면, 모든 예측변수를 해당 평균으로 중심화하면 절편은 모든 예측변수가 그 평균값일 때의 결과가 된다. 따라서 중심화는 예측변수의 값이 0이라는 것이 무의미할 때 유용한 도구로 작용한다.

그런데 다층모형에서는 중심화의 효과가 이보다 훨씬 복잡하다. 다층모형에 대한 중심화의 효과를 상세히 살펴보는 훌륭한 개괄논문들이 있는데(Enders & Tofighi, 2007; Kreft & de Leeuw, 1998; Kreft, de Leeuw, & Aiken, 1995), 여기서는 그 논문들이 말하는 아주 기본적인 사항만 언급하겠다. 본질적으로, 예측변수들의 원본 점수들에 적합시킨 다층모형과 예측변수들을 해당 총평균으로 중심화한 결과에 적합시킨 다층모형은 동등하다(equivalent). 여기서 두 모형이 동등하다는 것은, 두 모형 모두 자료에 동일한 수준으로 적합하고, 예측하는 값도 같고 잔차도 같다는 뜻이다. 물론 매개변수들(b들)은 다르지만, 두 모형의 매개변수들 사이에는 직접적인 관계가 존재한다(즉, 한 모형의 매개변수를 다른 모형의 매개변수로 직접 변환할 수 있다). 따라서 총평균 중심화는 모형을 바꾸는 것이 아니라 단지 매개변수들의 해석 방식을 바꿀 뿐이다 (원본 점수에 대한 매개변수로 해석할 수는 없다). 그룹 평균 중심화는 사정이 더욱 복잡하다. 이 경우 원본 점수에 대한 모형과 중심화된 모형은 모형의 고정된 부분에서나 가변적인(확률) 부분에서나 동등하지 않다. 한 가지 예외는, 절편만 가변적일 때(논쟁의 여지는 있지만, 흔한 경우는 아니다)는 그룹 평균들이 수준 2 변수로서 모형에 재도입된다는 것이다(Kreft & de Leeuw, 1998).

중심화 적용 여부를 결정하는 것은 상당히 복잡한 문제이며, 기본적으로는 주어진 분석에 맞게 여러분이 스스로 결정해야 한다. 중심화는 예측변수들 사이의 다중공선성 문제를 해결하는 데 유용한 도구이다. 또한, 0이라는 값이 의미가 없는 예측변수들이 있을 때도 도움이 된다. 마지막으로, 중심화된 예측변수들에 대한 다층모형은 좀 더 안정적인 경향이 있으며, 그런 모형에서 얻은 추정값들은 어느 정도 서로 독립적으로 취급할 수 있다(이것이 장점이 되는 경우가 있다). 그룹 평균 중심화를 사용한 경우, '그룹' 또는 수준 2 변수들을 중심화된 수준 1 예측변수의 평균 효과를 고려해서 수정하지 않고 그대로 살펴볼 것이 아닌 한, 그룹 평균들을 수준 2 변수로 재도입할 필요가 있다(Kreft & de Leeuw, 1998).

중심화를 적용하기로 했다면, 총평균 중심화가 나은지 아니면 그룹 평균 중심화가 나은지 결정해야 한다. 통계학을 활용하는 사람들은 뭔가를 실행하는 '최고'의 방법에 집착하곤 하는데, '최고'의 방법은 눈앞에 놓인 구체적인 문제에 따라 다를 때가 많다. 중심화가 좋은 예이다. 총평균 중심화냐 그룹 평균 중심화냐를 몇 가지 통계량을 기준으로 선택하는 사람들도 있지만, 중심화 적용 여부나 총평균 대 그룹 평균의 선택을 위한 통계학적 기준은 없다(Kreft 외, 1995). 대신, 엔더스와 토피기는 실질적인 연구 질문에 기초해서 결정을 내리는 방식을 권한다 (Enders & Tofighi, 2007). 2수준 위계구조의 자료 분석에 대해 엔더스와 토피기가 제시한 네 가지 권장 사항을 정리하자면 다음과 같다. (1) 주된 관심사가 수준 1에서 측정한 변수들의 연관성(이를테면 수술 여부와 수술 후 삶의 질의 관계)이라면, 그룹 평균 중심화를 사용해야 한다. (2) 주된 관심사가 수준 2 변수이지만 수준 1 공변량을 통제하고 싶으면(예를 들어 수술 여부를 통제하면서 수술 후 삶의 질에 대한 병원의 효과를 살펴보고 싶으면) 총평균 중심화가 적당하다. (3) 수준

1과 수준 2에서 어떤 변수의 서로 다른 영향을 살펴보는(예를 들어 수술 후 삶의 질에 대한 수술 여부의 효과가 병원 수준과 참가자 수준에서 어떻게 다른지 살펴보는) 데에는 두 종류의 중심화 모두 사용할 수 있다. (4) 수준간 상호작용(이를테면 수술 후 삶의 질에 대한 병원과 수술 여부의 상호작용의 효과)을 조사하는 데는 그룹 평균 중심화가 낫다.

올리버 트위스티드
선생님, 그거 더
가르쳐 주세요….
중심화요!

"중화주", 올리버가 미시즈 문샤인의 알코올 백화점에서 취해서 걸어 나오다 발을 헛디디면서 중얼댄다. "중국산 화주가 더 필요해." 중화주가 아니라 중심화겠지, 올리버. R로 변수를 중심화하는 방법을 더 알고 싶다면, 부록 웹사이트의 이번 장 보충 자료를 살펴보기 바란다.

19.6 R을 이용한 다층 분석 ④

MLwinN이나 HML처럼 다층모형의 분석을 전문으로 하는 소프트웨어도 있다. 또한, R을 다른 여러 통계 패키지와 비교하는 훌륭한 책도 몇 권 나왔다(Tabachnick & Fidell, 2001; Twisk, 2006). R은 결과변수가 범주형변수인 다층모형도 다룰 수 있나는 섬에서 SPSS 같은 다른 패키지들보다 범용적이다. 그러나, 현재 다층모형을 분석하는 R 패키지들은 모형 매개변수의 부트스트랩 추정값을 산출하지 않는다. 부트스트랩 방법은 깐깐한 분포 관련 가정들을 우회하는 데 아주 유용한 수단이다(§5.8.4)

§19.4.1에서 말했듯이, 다층 분석에서는 모든 매개변수가 고정된 '기본' 모형으로 시작해서 적절히 확률 계수들을 추가해 가면서 중첩변수들을 탐색하는 식으로 다층모형들을 구축하는 방법이 유용하다. 그럼 미용성형수술 예제에 그러한 접근 방식을 적용해 보자.

19.6.1 다층모형을 위한 R 패키지 ①

다층모형을 위한 R 패키지는 여러 가지인데, 가장 흔히 쓰이는 두 가지는 *nlme*(Pinheiro, Bates, DebRoy, Sarkar, & R Development Core Team, 2010)와 *lme4*(Bates & Maechler, 2010)이다. 여기서는 *nlme*(non linear mixed effect; 비선형 혼합효과) 패키지를 사용하기로 한다. *lme4*와는 달리 이 패키지는 공분산구조를 사용자가 모형화할 수 있는데, 이러한 기능은 이번 장 끝에서 성장 모형을 살펴볼 때 유용하다.

이번 장의 필요한 패키지는 *car*(변수 부호화를 위해), *nlme*(다층모형을 위해), *ggplot2*(그래프를 위해), *reshape*(자료 형식 변경을 위해)이다. 이들을 아직 설치하지 않은 독자는 다음 명령들을 실행하기 바란다.

```
install.packages("car"); install.packages("ggplot2"); install. packages("nlme");
install.packages("reshape")
```

설치가 끝났으면, 다음 명령들을 실행해서 패키지들을 적재한다.

```
library(car); library(ggplot2); library(nlme); library(reshape)
```

19.6.2 자료 입력 ②

자료 입력 방법은 실행하고자 하는 다층모형의 종류에 의존한다. 같은 변수를 여러 시점에서 반복 측정한 경우에는 자료의 배치가 조금 다르다. 그런 반복측정 자료는 이번 장의 다음번 예제에서 다루기로 하겠다. 지금 예제는 참가자를 시간에 따라 여러 번 측정하지 않았다는 점에서 보통의 다중회귀분석과 상당히 비슷하다. 그림 19.7에 예제 자료의 배치가 나와 있다. 각 행은 자료의 각 사례(수술을 받거나 대기 중인 사람의 점수들)이고, 열들은 각 사례의 여러 변수의 점수이다. 예를 들어 첫 참가자는 31세 여성(Gender = 0)으로, BDI 점수가 12이며, 아직 수술을 받지는 않았고 1번 병원의 수술 대기 명단에 들어 있다(Surgery = 0; 대조군에 해당). 수술 이유는 외모 변경(Reason = 0)이다.

이 자료를 분석하려면 자료를 하나의 데이터프레임에 넣어야 한다. 데이터프레임 이름은 *surgeryData*로 하자. 자료는 부록 웹사이트의 **CosmeticSurgery.dat** 파일에 들어 있다. 이 파일은 탭 분리 텍스트 형식이므로, 다음 명령으로 데이터프레임에 적재하면 된다(항상 그렇듯이, 파일이 있는 디렉터리가 작업 디렉터리로 설정되어 있다고 가정한다).

	particnu	Post_QoL	Base_QoL	Clinic	Surgery	Reason	Age	Gender	BDI	Surgery_Text	Reason_Text	Gender_Text
1	1	71.3	73	1	0	0	31	0	12	Waiting List	Change Appearance	Female
2	2	77	74	1	0	0	32	0	16	Waiting List	Change Appearance	Female
3	3	73	80	1	0	0	33	0	13	Waiting List	Change Appearance	Female
4	4	68.9	76	1	0	0	59	1	11	Waiting List	Change Appearance	Male
5	5	69	71	1	0	0	61	1	11	Waiting List	Change Appearance	Male
6	6	68.5	72	1	0	1	32	0	10	Waiting List	Physical reason	Female
7	7	70	71	1	0	1	33	0	11	Waiting List	Physical reason	Female
8	8	75	73	1	0	0	35	0	15	Waiting List	Physical reason	Female
9	9	61.5	80	1	1	0	25	0	30	Cosmetic Surgery	Change Appearance	Female
10	10	68	64	1	0	0	55	1	36	Waiting List	Change Appearance	Male
11	11	69	71	1	0	0	57	1	37	Waiting List	Change Appearance	Male
12	12	65.9	72	1	0	0	29	0	34	Waiting List	Change Appearance	Female
13	13	62	68	1	0	1	31	0	30	Waiting List	Physical reason	Female
14	14	63	65	1	0	0	32	0	31	Waiting List	Change Appearance	Female
15	15	73.5	66	1	0	0	43	0	41	Waiting List	Change Appearance	Female
16	16	66	76	1	0	1	45	0	34	Waiting List	Physical reason	Female
17	17	68	69	1	0	0	46	0	36	Waiting List	Change Appearance	Female
18	18	61.1	73	1	1	0	18	0	30	Cosmetic Surgery	Change Appearance	Female
19	19	56	66	1	1	1	19	0	25	Cosmetic Surgery	Physical reason	Female
20	20	63	61	1	1	1	20	0	31	Cosmetic Surgery	Physical reason	Female
21	21	67	66	1	0	0	51	1	35	Waiting List	Change Appearance	Male
22	22	88.2	70	2	0	1	40	0	27	Waiting List	Physical reason	Female
23	23	70	91	2	0	1	41	1	13	Waiting List	Physical reason	Male
24	24	72	73	2	0	1	43	1	15	Waiting List	Physical reason	Male
25	25	75.1	75	2	0	1	31	0	17	Waiting List	Physical reason	Female

그림 19.7 반복측정 변수가 없는 다층모형의 자료 배치

```
surgeryData = read.delim("Cosmetic Surgery.dat", header = TRUE)
```

19.6.3 자료 탐색 ②

분석 전에 먼저 자료를 살펴보는 것이 바람직하다. 이번 예제는 수술 여부(**Surgery**)와 기저(수술 전) 삶의 질(**Base_QoL**)을 예측변수로 삼아서 수술 후 삶의 질(**Post_QoL**)을 예측하고자 한다. 참가자는 10개의 병원 중 하나에서 수술을 받았거나 대기 중이므로, 수술 여부의 두 조건 (수술을 받았음과 대기 중임) 각각에 대해 기저 삶의 질과 수술 후 삶의 질의 관계를 살펴보는 것으로 시작하면 될 것이다. 또한, 그러한 관계를 열 곳의 병원 각각에 대해 따로 그래프로 그려 보는 것이 좋을 것이다. 제4장에서 배운 *ggplot2* 패키지의 함수들을 이용해서 작성한 그래프들이 그림 19.8에 나와 있다.

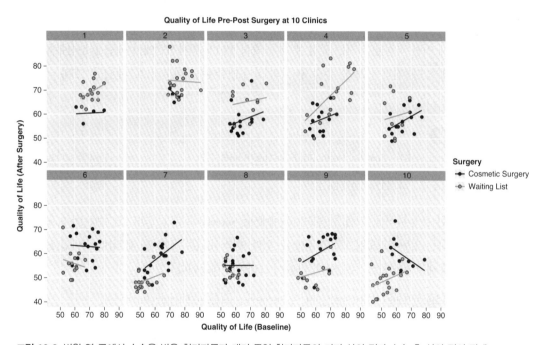

그림 19.8 병원 열 곳에서 수술을 받은 참가자들과 대기 중인 참가자들의 기저 삶의 질과 수술 후 삶의 질의 관계를 나타낸 그래프

자가진단

✓ *ggplot2*에 관해 배운 내용을 이용해서, 본문에서 설명한 그래프들을 작성하라. **Surgery_Text**의 수준들을 각각 다른 색으로 표시하고, **Clinic**을 이용해서 그래프들을 격자 형태로 배치할 것

다층모형들을 본격적으로 구축하기 전에, 먼저 아주 익숙한 분산분석을 이용해서 토대를 닦는 것이 좋겠다. 성형수술이 수술 후 삶의 질에 미친 영향만 살펴보기로 하자. 그냥 간단한 일원 독립 분산분석(실질적으로는 t 검정)을 수행하면 된다. 이전에 나온 식 (19.1)이 바로 그러한 분석을 위한 모형에 해당한다.

자가진단

✓ 분산분석에 관해 배운 내용을 이용해서, **Surgery**가 예측변수이고 **Post_QoL**이 결과변수인 일원 분산분석을 수행하라.

물론 실제로는 다층 분석 전에 이런 분산분석을 수행하지는 않는다. 단지, 다층모형이 몹시 어렵고 무서운 것이 아니라 그냥 예전에 해 본 것을 조금 확장한 것일 뿐이라는 점을 강조하기 위해 이런 과정을 거치는 것일 뿐이다. 출력 19.1에 자가진단에서 요구한 분산분석의 결과가 나와 있다. 결과를 보면, 수술 후 삶의 질에 대한 수술 여부의 효과는 $F(1, 274) = 0.33$, $p > .05$로 유의하지 않았다.

출력 19.1

```
          Df  Sum Sq Mean Sq F value Pr(>F)
Surgery     1    28.6  28.620  0.3302  0.566
Residuals 274 23747.9  86.671
```

이러한 분산분석을, 그룹 소속도(지금 예에서는 **Surgery**)로부터 결과(지금 예에서는 **Post_QoL**)를 예측하는 일반선형모형으로 간주할 수 있다. 따라서, 같은 모형을 제7장에서 배운 *lm()* 함수를 이용해서 적합시킬 수도 있다. 다음이 그러한 명령들이다.

```
surgeryLinearModel<-lm(Post_QoL ~ Surgery, data = surgeryData)
summary(surgeryLinearModel)
```

첫 명령은 *lm*(linear model; 선형모형) 함수를 이용해서 *surgeryLinearModel*이라는 객체를 생성한다. 함수의 첫 입력은 모형 서술인데, '~' 기호는 그 오른쪽에 있는 것으로 왼쪽에 있는 것을 예측하라는 뜻이다. 즉, 이 명령은 **Surgery**로부터 **Post_QoL**을 예측하는 모형을 생성한다. 이 모형 서술을 식 (19.1)과 비교하면, 단지 b들이 없을 뿐 형태가 같다는 점을 알 수 있을 것이다. 그다음 옵션(*data = surgeryData*)은 모형을 적합시킬 자료가 있는 데이터프레임을 지정한다. 둘째 명령 *summary(surgeryLinearModel)*은 첫 명령이 생성한 모형의 매개변수들을 R 콘솔에 출력한다.

출력 19.2에 모형의 매개변수들과 관련 통계량들이 나와 있다. 이 결과 역시 출력 19.1과 같은 결론을 제공한다. 즉, 수술 여부의 효과는 $F = 0.33$, $p = .56$으로 유의하지 않다. 여기서 핵심은 자료의 위계구조를 무시한다면 다층모형을 이용한 분석도 우리가 이미 익숙한 분산분석이나 회귀분석과 별로 다를 것이 없다는 점이다. 수치들은 거의 같다. 단지 그 수치들을 산출하는 데 사용하는 명령들이 다를 뿐이다.

출력 19.2

```
Coefficients:
                        Estimate Std. Error t value Pr(>|t|)
(Intercept)              59.2710     0.8134  72.869   <2e-16 ***
Surgery[T.Waiting List]   0.6449     1.1222   0.575    0.566
---
Signif. codes:  0 '***' 0.001 '**' 0.01 '*' 0.05 '.' 0.1 ' ' 1
Residual standard error: 9.31 on 274 degrees of freedom
Multiple R-squared: 0.001204,
Adjusted R-squared: -0.002442
F-statistic: 0.3302 on 1 and 274 DF,  p-value: 0.566
```

19.6.5 자료의 위계구조를 고려하지 않은 공분산분석 ②

앞에서 성형수술이 수술 후 삶의 질에 미치는 효과가 유의하지 않음을 알게 되었다. 그런데 그 분석은 수술 전 삶의 질을 고려하지 않았다. 이번에는 그 예제를 조금 확장해서, 수술 후 삶의 질에 대한 수술 여부의 효과를 수술 전 삶의 질 점수들까지 고려해서 분석해보자. 이 모형은 식 (19.8)에 해당한다. 이를 aov() 함수를 이용해서 공분산분석으로 분석할 수도 있고, lm() 함수를 이용해서 선형모형으로 분석할 수도 있다. 이전 절처럼 두 방법 모두 실행해 보기로 하자. 단, 이것이 필수적인 과정이 아니라, 단지 위계적 모형이 이전에 본 모형들과 별로 다르지 않음을 보여주기 위한 것임을 기억하기 바란다.

자가진단

✓ 공분산분석에 관해 배운 내용을 이용해서, **Surgery**가 예측변수이고 **Post_QoL**이 결과변수, 그리고 **Base_QoL**이 공변량인 일원 공분산분석을 수행하라.

출력 19.3에 자가진단이 요구한 공분산분석의 결과가 나와 있다. 출력의 전반부는 제1종 제곱합들이고 후반부는 제3종 제곱합들이다(둘을 비교하면 기저 삶의 질의 제곱합들이 조금 다른데, 이는 설계가 불균형이기 때문이다). 기저 삶의 질을 분석에 포함했더니, 이전과는 달리 수술 후

삶의 질에 대한 수술 여부의 효과가 유의하다는 결과가 나왔다. $F(1, 273) = 4.04$, $p < .05$이다. 그리고 기저 삶의 질 역시 수술 후 삶의 질을 유의하게 예측했다. $F(1, 273) = 214.89$, $p < .001$이다.

출력 19.3

```
          Df  Sum Sq Mean Sq  F value  Pr(>F)
Base_QoL   1 10291.4 10291.4 211.4321 < 2e-16 ***
Surgery    1   196.8   196.8   4.0435 0.04533 *
Residuals 273 13288.3    48.7
---
Signif. codes:  0 '***' 0.001 '**' 0.01 '*' 0.05 '.' 0.1 ' ' 1


Model:
Post_QoL ~ Base_QoL + Surgery
         Df Sum of Sq   RSS    AIC F value    Pr(F)
<none>                13288 1075.3
Base_QoL  1   10459.6 23748 1233.5 214.8876 < 2e-16 ***
Surgery   1     196.8 13485 1077.3   4.0435 0.04533 *
---
Signif. codes:  0 '***' 0.001 '**' 0.01 '*' 0.05 '.' 0.1 ' ' 1
```

공분산분석 역시 일반선형모형의 틀로 생각할 수 있다. 공분산분석은 결과변수(지금 예에서는 **Post_QoL**)를 그룹 소속도(지금 예에서는 **Surgery**)와 공변량(**Base_QoL**)으로 예측하는 선형모형이라 할 수 있다. 공변량을 추가하기 전의 모형과 마찬가지로, *lm()* 함수를 이용해서 이 모형을 자료에 적합시킬 수 있다. 그냥 기저 삶의 질 변수를 모형 서술의 예측변수 목록에 추가하면 된다.

```
surgeryLinearModel<-lm(Post_QoL ~ Surgery + Base_QoL, data = surgeryData)
summary(surgeryLinearModel)
```

앞에서처럼, 첫 명령은 *surgeryLinearModel*이라는 객체를 생성한다. *lm()*의 모형 서술을 보면, **Post_QoL**(수술 후 삶의 질)이 결과변수(~의 왼쪽)이고 **Surgery**(수술 여부)와 **Base_QoL**(기저 삶의 질)이 예측변수(~의 오른쪽)이다. 이번에도, *Post_QoL~Surgery + Base_QoL*이 *b*들만 없을 뿐 식 (19.8)의 우변과 같은 형태임을 주목하기 바란다. 함수의 그다음 옵션(*data = surgeryData*)은 자료가 있는 데이터프레임을 지정한다. 그리고 둘째 명령(*summary(surgeryLinearModel)*)은 모형의 요약을 출력한다.

출력 19.4에 모형 요약이 나와 있다. 검정통계량들을 보면 출력 19.3과 같은 결론을 내릴 수 있다. 즉, 수술 후 삶의 질에 대한 수술 여부의 효과는 $t = -2.011$, $p < .05$로 유의했고, 기저 삶의 질의 효과는 $t = 14.66$, $p < .001$로 유의했다. 출력에는 수술 여부의 회귀계수 −1.70도 나와 있다.

이상의 연습을 통해서 여러분이 단지 기존 내용을 복습했을 뿐만 아니라, 지금 우리가 하고 있는 것이 이 책에서 여러 번 해본 회귀분석과 그리 다르지 않음을 깨달았길 바란다. 다층모형은 우리가 배운 것과 전혀 다른 것이 아니다. 다층모형이 그냥 이미 알고 있는 것의 한 확장이라는 점을 깨닫는다면 이해하기가 훨씬 쉬워질 것이다. 선형모형 함수들로 기본적인 분석을 수행하는 방법을 살펴보았으니, 자료의 위계구조까지 고려한 분석에 도전할 준비가 되었다.

출력 19.4

```
Call:
lm(formula = Post_QoL ~ Surgery + Base_QoL, data = surgeryData)
Residuals:
     Min      1Q  Median      3Q     Max
-13.4142  -5.1326  -0.6495  4.0540  23.5005

Coefficients:
            Estimate Std. Error t value Pr(>|t|)
(Intercept) 18.14702    2.90767   6.241 1.65e-09 ***
Surgery     -1.69723    0.84404  -2.011   0.0453 *
Base_QoL     0.66504    0.04537  14.659  < 2e-16 ***
---
Signif. codes:  0 '***' 0.001 '**' 0.01 '*' 0.05 '.' 0.1 ' ' 1

Residual standard error: 6.977 on 273 degrees of freedom
Multiple R-squared: 0.4411,
Adjusted R-squared: 0.437
F-statistic: 107.7 on 2 and 273 DF,  p-value: < 2.2e-16
```

정리하자면, 수술 전 삶의 질 점수를 분석에 포함했더니 성형수술이 수술 후 삶의 질에 유의하게 긍정적인 영향을 미쳤음을 알게 되었으며, 수술 전 삶의 질 자체가 수술 후 삶의 질을 유의하게 예측한다는 점도 알게 되었다. 그런데 이상의 분석에서는 자료에 위계구조가 존재한다는 사실을 무시했다. 본질적으로 우리는 독립성 가정 위반을 무시하고 분석을 강행했다. 같은 병원에서 수술을 받은 사람들의 점수는 서로 관계가 있을 가능성이 있다(또한, 다른 병원의 환자들보다는 자기들끼리 더 비슷할 가능성이 크다). 독립성 가정을 위반하면 분석 결과가 상당히 달라질 수 있음을 §10.3에서 보았다. 그렇다고 F 비가 부정확하게 나왔다면서 야단법석을 피울 필요는 없다. 그냥 자료의 위계구조를 분석에 포함해서, 병원 안에서의 공변성을 명시적으로 모형에 반영하면 그만이다.

19.6.6 다층모형의 필요성 평가 ③

다층 분석을 수행할 때 가장 먼저 할 일은 정말로 다층모형이 필요한지 평가하는 것이다. 애초에 맥락에 따른 변이성이 충분하지 않다면, 다층모형을 사용하는 것은 그냥 쓸데없이 자신의 뇌를 혹사하는 것일 뿐이다. 맥락에 따른 변이성이 존재한다는 증거가 별로 없다면, 평범한 회귀분석이나 분산분석(또는 그 밖의 일반선형모형 응용)을 수행하는 것이 시간과 노력을 절약하는 길이다.

맥락에 따른 변이성을 추정하는 것은 상당히 간단하다. 우선, 절편만 있는 기저 모형을 자료에 적합시켜 본다. 그런 다음에는 절편이 가변적일 수 있는 모형을 적합시켜서, 두 모형을 비교한다. 만일 확률절편 덕분에 모형의 적합도가 개선되었다면 다층모형이 필요한 것이고, 그렇지 않다면 더 간단한 분석 방법으로 충분한 것이니 잠시 기쁨의 춤을 추어도 좋다.

이를 R에서 성형수술 예제에 적용한다면, 우선 *gls()* 함수(gls는 generalized least square; 즉 일반최소제곱을 뜻한다)를 이용해서[4] 절편만 있는 기저 모형을 적합시켜야 한다. 다음이 그러한 명령이다.

```
interceptOnly <-gls(Post_QoL ~ 1, data = surgeryData, method = "ML")
summary(interceptOnly)
```

gls() 함수의 활용 형태는 여러분도 익숙한 *lm()* 함수의 활용 형태와 아주 비슷하다. 위의 첫 명령은 *interceptOnly*라는 객체를 생성하는데, 그 객체는 결과변수(~의 왼쪽) **Post_QoL**을 절편만으로(~ 오른쪽의 1은 '절편'을 뜻한다) 예측하는 모형에 해당한다. *data = surgeryData* 옵션은 자료가 담긴 데이터프레임이고 *method = "ML"*은 모형을 추정하는 방법을 결정한다. 이 *method* 옵션은 매우 중요하다. 이 옵션을 명시적으로 지정하지 않으면 기본 방법이 쓰이는데, 기본 방법은 제한된 최대가능도법이다(*method = "REML"*을 지정해도 이 방법이 쓰인다). 지금처럼 *method = "ML"*을 지정하면 최대가능도 추정법이 쓰인다. 두 방법은 나름의 장단점이 있는데(R의 영혼의 조언 19.1 참고), 다층 분석을 위해 모형들을 차츰 구축해 나가는 경우에는 최대가능도 추정법을 사용해야 한다. 둘째 명령(*summary(interceptOnly)*)은 첫 명령이 생성한 모형의 요약을 출력한다(출력 19.5).

출력 19.5

```
Generalized least squares fit by maximum likelihood
  Model: Post_QoL ~ 1
  Data: surgeryData
      AIC      BIC    logLik
  2017.124 2024.365 -1006.562

Coefficients:
              Value Std.Error  t-value p-value
```

---

4 *lm()* 함수를 사용하지 않는 이유가 궁금한 독자가 있을 것이다. 모형들을 비교하려면 모형들을 동일한 방식으로 계산해야 한다. 다층모형은 최대가능도로 추정하는데, *gls()* 함수가 구현한 일반화최소제곱법 역시 최대가능도를 사용한다. 따라서 모형들을 비교하는 것이 가능하다. 그러나 *lm()* 함수는 보통의 최소제곱법을 사용하기 때문에, 최대가능도로 추정한 모형과 비교할 수 없다.

```
(Intercept) 59.60978 0.5596972 106.5036          0

Standardized residuals:
       Min         Q1        Med         Q3         Max
-2.1127754 -0.7875625 -0.1734394  0.7962286  3.0803354

Residual standard error: 9.281527
Degrees of freedom: 276 total; 275 residual
```

다음으로는 그 모형의 절편을 확률절편으로 바꾸어서, 즉 절편이 맥락에 따라 다를 수 있
게 해서 다시 자료에 적합시킨다. 이를 위한 함수는 *lme()*이다(*lme*는 *linear mixed effect*, 즉 선형
혼합효과를 뜻한다). 사실 이 함수가 이번 장 나머지에서 계속 사용할 함수이다. 이 함수의 활용
형태는 *lm()*나 *gls()*의 것과 아주 비슷하다. 유일한 차이는 *random = x|y* 형태의 옵션을 이용
해서 모형의 가변적 부분을 지정해야 한다는 것이다. 여기서 *x*는 모형의 가변적 부분을 서술하
는 구문이고 *y*는 맥락변수, 즉 그러한 변동을 모형화하고자 하는 변수이다. 지금 예에서는 병
원(Clinic)에 따라 모형의 절편이 다를 수 있게 하므로, *random = ~1|Clinic*을 지정하면 된다.
앞에서 보았듯이 1은 절편을 뜻하고, **Clinic**은 주어진 참가자가 수술을 받거나 대기 중인 병원
에 관한 정보를 담은 변수이다. 다음은 이러한 확률절편을 포함한 모형을 생성하고 출력하는
명령들이다.

```
randomInterceptOnly <-lme(Post_QoL ~ 1, data = surgeryData, random = ~1|Clinic,
method = "ML")
summary(randomInterceptOnly)
```

이전처럼, 첫 명령은 절편만으로 수술 후 삶의 질을 예측하는(*Post_QoL~1*) 모형을 생성한다
(이번에는 모형 객체의 이름이 *randomInterceptOnly*이다). 단, 이전과는 달리 절편이 병원에 따라

다를 수 있다(*random = ~1|Clinic*). 매개변수 추정 방법은 여전히 최대가능도 추정법(*method =
"ML"*)을 사용한다. 둘째 명령(*summary(randomInterceptOnly)*)은 이 모형의 요약을 출력한다(출
력 19.6).

출력 19.6

```
Linear mixed-effects model fit by maximum likelihood
 Data: surgeryData
        AIC      BIC    logLik
  1911.473 1922.334 -952.7364

Random effects:
 Formula: ~1 | Clinic
        (Intercept) Residual
StdDev:    5.909691 7.238677

Fixed effects: Post_QoL ~ 1
              Value Std.Error  DF  t-value p-value
(Intercept) 60.08377  1.923283 266 31.24022       0

Standardized Within-Group Residuals:
        Min         Q1        Med        Q3        Max
 -1.8828507 -0.7606631 -0.1378732  0.7075242  2.8607949

Number of Observations: 276
Number of Groups: 10
```

절편을 가변적으로 했을 때 모형의 적합도가 개선되었는지 파악하는 방법은 여러 가지이
다. 한 가지 방법은 AIC나 BIC 같은 지수를 이용해서 모형의 적합도를 비교하는 것이다. 출력
19.5와 출력 19.6를 비교하면, 절편(고정절편)만 있는 모형의 BIC는 2024.37이고 그 절편이 다
를 수 있게 한 모형의 BIC는 그보다 작은 1922.33이다. BIC가 작을수록 모형이 자료에 더 잘
적합하는 것이므로, 절편을 가변적으로 만들었을 때 모형의 적합도가 개선되었다고 보아도 될
것이다(BIC가 감소했으므로). 여기까지는 좋지만, 그러한 개선이 '유의한지', 즉 다층모형을 사용
해야 할 정도로 차이가 큰지는 이 비교만으로는 알 수 없다.

또 다른 방법은 $-2LL$(식 (19.10))의 변화를 보는 것이다. 앞에서 언급했듯이, 이 방법을 사
용하려면 (1) 반드시 제한되지 않은 최대가능도 추정법을 사용해야 하고, (2) 새 모형이 기존
모형의 모든 효과를 포함해야 한다. 다행히 지금 예제는 둘 다 해당한다. 2번의 경우, 새 모형
은 절편이 병원에 따라 다를 수 있다는 점만 빼고는 기존 모형과 동일하다. 출력들에 나온 로
그가능도 값(*logLik* 항목)에 그냥 -2를 곱하면 $-2LL$이 된다. 이 계산을 우리가 직접 하는 대신
R에게 시키기로 하자. 다음처럼 *logLik()* 함수로 각 모형의 로그가능도 값을 뽑고 거기에 -2를
곱하면 된다(기억하겠지만, R에서 *는 곱셈 연산자로 쓰인다). 이 방법에는 각 로그가능도 값을 계
산하는 데 쓰인 자유도도 알 수 있다는 추가적인 장점도 있다.

```
logLik(interceptOnly)*-2
logLik(randomInterceptOnly)*-2
```

이 두 명령의 출력을 보면, 확률절편이 있는 모형의 −2LL은 2013.12(자유도는 3)이고 고정절편만 있는 모형의 −2LL은 1905.47(자유도는 2)임을 알 수 있다. 따라서, 둘의 차이는 다음과 같다.

$$\chi^2_{변화} = 2013.12 - 1905.47 = 107.65$$

$$df_{변화} = 3 - 2 = 1$$

부록 A에서 자유도가 1일 때의 카이제곱 통계량 임계값을 찾아보면 각각 3.84($p < .05$)와 6.63($p < .01$)이다. 따라서 이 차이는 고도로 유의하다.

그런데 *anova()* 함수(§7.8.4)를 이용하면 이러한 차이를 좀 더 간단하게 파악할 수 있다. 이 함수는 지금 다루는 종류의 모형들에 대해 −2LL들의 차이(−2LL 값 자체는 출력하지 않는다)와 그 유의확률을 출력한다. 이 함수에도 앞에서와 동일한 주의사항이 적용된다. 즉, 반드시 최대가능도 추정법을 사용해야 하며, 모형들이 내포되어 있어야 한다(위계가 더 높은 모형이 그 아래 모형의 모든 효과를 포함해야 한다). 다음은 앞의 두 모형을 이 함수로 비교하는 명령이다.

```
anova(interceptOnly, randomInterceptOnly)
```

이 명령의 결과가 출력 19.7에 나와 있다. 출력에는 각 모형의 적합도 지수가 나와 있으며, 더욱 중요하게는 −2LL의 변화량이 나와 있다(*L.Ratio* 열). 그 수치를 적절히 반올림하면 앞에서 계산한 107.65가 된다. 그다음 열(*df*)은 각 모형의 자유도이다(둘의 차이를 계산해 보면 앞에서 계산한 1이 나온다). 마지막 열은 p 값인데, 이 차이가 고도로 유의함을 보여준다. 이는 확률절편을 도입했더니 모형의 적합도가 유의하게 향상되었다는, 따라서 절편의 변이성이 모형에 중요하다는 앞의 결론과 부합한다. −2LL의 변화량(차이)은 카이제곱 분포를 따르므로, 이 통계량을 보고할 때는 흔히 하던 대로 $\chi^2(1) = 107.65$, $p < .0001$을 명시하면 된다. 이상의 분석에서, 절편들이 서로 다른 병원에 대해 유의하게 다르다는 결론을 내릴 수 있다. 따라서 주된 분석을 위해 다층모형을 사용해야 한다.

출력 19.7

```
Model df  AIC     BIC     logLik    Test   L.Ratio p-value
   1  2 2017.12 2024.36 -1006.56
   2  3 1911.47 1922.33  -952.73 1 vs 2 107.6517  <.0001
```

앞에서 절편들이 병원에 따라 유의하게 다르다는 점을 알아냈다. 이를 반영한 현재 모형은 다음과 같다.

$$수술\ 후\ 삶의\ 질_{ij} = b_{0j} + \varepsilon_{ij}$$
$$b_{0j} = b_0 + u_{0j}$$

그런데 애초에 우리가 관심을 둔 가설은 기저 삶의 질(수술 전 삶의 질)과 수술 여부가 수술 후 삶의 질에 영향을 미친다는 것이었다. 현재 모형, 즉 확률절편이 있는 기저 모형에 기저 삶의 질과 수술 여부라는 두 예측변수를 추가하면 그러한 가설을 검증할 수 있는 최종 모형이 된다. 먼저 수술 여부(수술 완료 또는 대기 중)를 뜻하는 변수를 모형에 추가하면 모형은 다음과 같은 모습이 된다.

$$수술\ 후\ 삶의\ 질_{ij} = b_{0j} + b_1 수술\ 여부_{ij} + \varepsilon_{ij}$$
$$b_{0j} = b_0 + u_{0j}$$

다음은 R에서 이 모형을 생성하는 명령과 그 모형의 요약을 출력하는 명령이다. 첫 명령은 *lme()* 함수를 이용해서 *randomInterceptSurgery*라는 새 객체를 생성한다. 이전에 *lme()* 함수를 실행할 때는 *Post_QoL ~ 1*을 모형 서술로 지정했지만, 이번에는 *Post_QoL ~ Surgery*를[5] 지정했다(그 외의 옵션들은 동일하다). 이에 의해, 새 모형은 수술 여부를 뜻하는 **Surgery** 변수와 절편으로부터 수술 후 삶의 질(**Post_QoL**)을 예측한다.

```
randomInterceptSurgery <-lme(Post_QoL ~ Surgery, data = surgeryData, random =
~1|Clinic, method = "ML")
summary(randomInterceptSurgery)
```

둘째 명령의 결과(모형 요약)가 출력 19.8에 나와 있다. BIC가 증가했음을 주목하기 바란다. 이전 모형은 1922.33이었지만 이번에는 1924.62이다. 이는 **Surgery**를 추가해도 모형의 적합도가 개선되지 않았음을 뜻한다(또한, 로그가능도 값이 증가했다는 점도 같은 의미로 해석할 수 있다). 이러한 해석은 또한 **Surgery**의 고정효과가 $b = 1.66$, $t(265) = -1.83$, $p = .068$로 유의하지 않다는 점과도 부합한다.

　　Surgery가 유의한 예측변수는 아닌 것으로 보이지만, 최종 모형은 기저 삶의 질도 포함하

---

[5] 절편을 뜻하는 '1'이 사라진 것이 의아한 독자도 있을 것이다. 1을 지정하지 않아도 절편은 자동으로 포함되니 걱정할 필요는 없다. 원한다면 *Post_QoL ~ 1 + Surgery*처럼 명시적으로 지정해 주어도 된다. 둘 다 결과는 동일하다. 한편, 만일 절편을 모형에서 제외하고 싶다면 1 대신 0을 써서 *Post_QoL ~ 0 + Surgery*를 지정하면 된다.

므로, 그 변수의 고정 효과도 살펴볼 필요가 있겠다. 기저(수술 전) 삶의 질까지 포함한 모형은 다음과 같다.

$$\text{수술 후 삶의 질}_{ij} = b_{0j} + b_1\text{수술 여부}_{ij} + b_2\text{수술 전 삶의 질}_{ij} + \varepsilon_{ij}$$
$$b_{0j} = b_0 + u_{0j}$$

다음은 R에서 이 모형을 생성하는 명령과 그 모형의 요약을 출력하는 명령이다. 첫 명령은 *lme()* 함수를 이용해서 *randomInterceptSurgeryQoL*이라는 새 객체를 생성한다. 이전의 모형 서술 *Post_QoL ~ Surgery* 대신 *Post_QoL ~ Surgery + Base_QoL*을 지정했고, 그 외의 옵션들은 동일하다. 지금까지의 모형 생성 명령들에 지정한 모형 서술이 *b*들을 빼면 해당 모형의 방정식과 동일한 형태임을 주목하기 바란다. 따라서 새 모형은 수술 여부를 뜻하는 **Surgery** 변수와 기저 삶의 질을 뜻하는 **Base_QoL** 변수, 그리고 절편으로부터 수술 후 삶의 질(**Post_QoL**)을 예측한다(그리고 절편은 병원에 따라 변하는 확률절편이다).

```
randomInterceptSurgeryQoL <-lme(Post_QoL ~ Surgery + Base_QoL, data =
surgeryData, random = ~1|Clinic, method = "ML")
summary(randomInterceptSurgeryQoL)
```

출력 19.8

```
Linear mixed-effects model fit by maximum likelihood
 Data: surgeryData
       AIC      BIC     logLik
 1910.137 1924.619 -951.0686
Random effects:
 Formula: ~1 | Clinic

        (Intercept) Residual
StdDev:    6.099513  7.18542

Fixed effects: Post_QoL ~ Surgery
               Value Std.Error  DF  t-value p-value
(Intercept) 59.30517 2.0299632 265 29.21490   0.000
Surgery      1.66583 0.9091314 265  1.83233   0.068
 Correlation:
        (Intr)
Surgery -0.21

Standardized Within-Group Residuals:
       Min         Q1        Med         Q3        Max
-1.8904290 -0.7191399 -0.1420998  0.7177762  2.8644538

Number of Observations: 276
Number of Groups: 10
```

R의 영혼의 조언 7.1에서 말했듯이, 결측자료는 선형모형들(회귀모형 등)에서 문제를 일으킨다. 보통의 회귀모형과는 달리 다층모형은 균형 잡힌 자료 집합을 요구하지 않으므로, 결측자료가 있어도 된다. 그래도 R로 분석을 수행할 때는 결측값이 존재하는 사례들을 어떻게 처리해야 할지를 R에게 알려 주어야 한다. 보통의 회귀에서처럼, 다층모형을 결측값들이 존재하는 데이터프레임에 적용할 때 결측값 처리 방식을 명시적으로 지정하지 않으면 *lme()*은 결측값들을 어떻게 처리해야 할지 몰라서 오류 메시지를 낸다. 역시 보통의 회귀에서처럼 해결책은 *na.action = na.exclude* 옵션을 지정하는 것이다. 그러면 *lme()*는 결측값이 존재하는 사례를 분석에서 제외한다. 성형수술 자료의 예에는 결측값이 없으므로 이 옵션을 생략해도 되지만, 결측값이 존재했다면 그냥 다음처럼 앞의 옵션을 추가하면 된다.

```
randomInterceptSurgeryQoL <-lme(Post_QoL ~ Surgery + Base_QoL, data =
surgeryData, random = ~1|Clinic, method = "ML", na.action = na.exclude)
```

출력 19.9

```
Linear mixed-effects model fit by maximum likelihood
 Data: surgeryData
      AIC      BIC    logLik
 1847.49 1865.592 -918.745

Random effects:
 Formula: ~1 | Clinic
        (Intercept) Residual
StdDev:   3.039264 6.518986

Fixed effects: Post_QoL ~ Surgery + Base_QoL
                Value Std.Error  DF   t-value p-value
(Intercept) 29.563601  3.471879 264  8.515160  0.0000
Surgery     -0.312999  0.843145 264 -0.371228  0.7108
Base_QoL     0.478630  0.052774 264  9.069465  0.0000

 Correlation:
        (Intr) Surgry
Surgery   0.102
Base_QoL -0.947 -0.222

Standardized Within-Group Residuals:
       Min         Q1        Med        Q3       Max
-1.8872666 -0.7537675 -0.0954987 0.5657241 3.0020852

Number of Observations: 276
Number of Groups: 10
```

둘째 명령이 출력한 최종 모형의 요약이 출력 19.9에 나와 있다. BIC와 AIC 모두 이전 모형 (출력 19.8)보다 줄어들었다. 예를 들어 BIC는 1924.62에서 1865.59로 감소했다. 이는 이 최종 모형이 이전 모형보다 자료에 더 적합하다는 뜻이다. 앞에서처럼 *anova()* 함수를 이용하면 모형의 개선 정도를 손쉽게 파악할 수 있다. 다음이 그러한 명령이다.

```
anova(randomInterceptOnly, randomInterceptSurgery, randomInterceptSurgeryQoL)
```

출력 19.10에 이 명령의 결과가 나와 있다. 확률절편만 있는 모형 1에 비한 모형 2(수술 여부의 고정효과가 추가된)의 개선은 유의하지 않았다($p > .05$). $-2LL$ 차이는 3.34밖에 되지 않으며, 그 유의확률은 $p = .068$이다(이 값이 출력 19.8에 나온 수술 여부 고정효과의 회귀 매개변수에 대한 t 검정통계량의 유의확률과 같은 것임을 주목할 것). 모형 3은 기저 삶의 질의 효과까지 추가한 것인데, 이 덕분에 모형이 크게 개선되었다. $-2LL$의 차이는 64.65이며, 이 차이는 $\chi^2(1) = 64.65$, $p < .0001$로 매우 유의했다. 그리고 앞에서 지적했듯이 AIC와 BIC도 모형 2에 비해 줄어들었다(이는 적합도가 개선되었음을 의미한다).

출력 19.10

```
Model df      AIC       BIC      logLik   Test  L.Ratio p-value
1   3 1911.473 1922.334 -952.7364
2   4 1910.137 1924.619 -951.0686 1 vs 2  3.33564  0.0678
3   5 1847.490 1865.592 -918.7450 2 vs 3 64.64721  <.0001
```

기저 삶의 질을 포함했더니 모형의 적합도가 크게 개선되었다는 점을 염두에 두고 최종 모형의 요약(출력 19.9)을 다시 살펴보자. 수술 여부(**Surgery**) 효과의 회귀 매개변수(*Value* 열)는 -0.31인데, 이는 $t(264) = -0.37$, $p > .05$로 유의하지 않다. 그러나 기저 삶의 질 효과의 회귀 매개변수는 0.48인데, 이는 $t(264) = 9.07$, $p < .001$로 매우 유의하다. 절편의 표준편차 (*StdDev* 항목)는 3.04이다(이 값을 제곱한 9.24는 곧 서로 다른 병원들에 대한 절편들의 분산이다).

19.6.8 확률기울기의 도입 ④

지금까지 보았듯이, 확률절편을 도입하는 것은 이 모형에 중요하다(확률절편의 도입에 따른 로그가능도 값의 변화가 유의했다). 그림 19.9는 병원마다 기울기가 다르다는 점을 보여준다. 따라서, 확률기울기를 도입했을 때 모형이 개선되는지 알아볼 필요가 있다. §19.4에 나온 식 (19.9)가 바로 확률기울기가 추가된 모형이다. 앞에서 사용한 *lme()* 함수 실행 코드를 조금만 수정하면 식 (19.9)에 해당하는 **R** 모형을 생성할 수 있다. 새로 추가된 것은 확률기울기뿐이므로, 모형의 가변적 부분을 서술하는 *random = ~1| Clinic* 옵션을 *random = ~Surgery | Clinic*

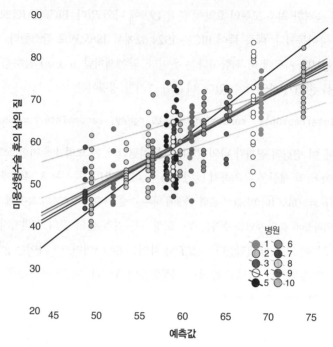

그림 19.9 모형(기저 삶의 질을 통제하면서 수술 여부로 수술 후 삶의 질을 예측하는)으로 예측한 값들과 관측값들의 그래프

으로 바꾸면 그만이다. 후자는 **Surgery**의 효과(즉, 기울기)도 병원(Clinic)에 따라 다를 수 있음을 R에게 알려주는 역할을 한다. 모형 서술에서처럼 절편은 자동으로 추가되므로, 결과적으로 절편과 Surgery 모두 병원에 따라 다를 수 있는(즉, 확률절편과 확률기울기가 있는) 모형이 생성된다.[6]

```
addRandomSlope<-lme(Post_QoL ~ Surgery + Base_QoL, data = surgeryData, random =
~Surgery|Clinic, method = "ML")
summary(addRandomSlope)
anova(randomInterceptSurgeryQoL,addRandomSlope)
```

첫 명령은 *addRandomSlope*라는 새 객체를 생성한다. 이 객체는 이전 모형에 **Surgery** 효과에 대한 확률기울기를 추가한 모형에 해당한다. 둘째 명령은 이 새 모형의 요약을 출력하고, 마지막 명령은 *anova()* 함수를 이용해서 새 모형을 기존 모형과 비교한다. 출력 19.11을 보면, BIC가 1865.59에서 1837.97로 줄었고 −2LL의 차이가 $\chi^2(2) = 38.87$, $p < .0001$로 유의함을

---

6 기울기만 가변적이고 절편은 고정인 모형이 필요한 경우는 상당히 드물다. 한 변수의 효과가 맥락에 따라 가변적이라면, 절편 역시 맥락에 따라 가변적일 가능성이 아주 크기 때문이다. 그러나, 혹시라도 확률기울기와 고정절편을 포함하는 모형을 만들어야 하는 상황에 처한다면, *~0 + Surgery|Clinic*처럼 1 대신 0을 지정해서 명시적으로 절편을 제거해 주면 된다.

알 수 있다.[7] 간단히 말해서, 확률기울기를 추가했더니 모형의 적합도가 유의하게 개선되었다. 이는 병원들에 따른 수술 여부의 효과에 유의한 변이성이 존재함을 뜻한다.

이전 모형과 이 모형의 $-2LL$ 변화로 볼 때, 수술 여부와 수술 후 삶의 질 사이의 관계(기저 삶의 질을 통제할 때의)에 대한 확률절편과 확률기울기의 병원에 따른 차이들은 둘 다 유의했다 (확률절편의 차이는 $\chi^2(1) = 64.65$, $p < .0001$, 확률기울기의 차이는 $\chi^2(2) = 38.87$, $p < .0001$).

출력 19.11

```
Model df     AIC      BIC     logLik   Test  L.Ratio p-value
1     5  1847.490 1865.592 -918.7450
2     7  1812.624 1837.966 -899.3119 1 vs 2 38.86626  <.0001
```

출력 19.12는 확률절편과 확률기울기를 포함한 모형의 요약이다. **Surgery** 변수의 효과의 회귀 매개변수는 $b = -0.65$인데, 여전히 유의하지 않다. $t(264) = -0.31$이고 $p > .05$이다. 기저 삶의 질은 여전히 매우 유의하다. $b = 0.31$, $t(264) = 5.80$, $p < .001$이다. 절편의 표준편차는 6.13이고 **Surgery**의 효과의 표준편차는 6.20이다(이를 제곱하면 분산 38.41이 나온다). 그리고 기울기와 절편의 상관관계는 매우 강하다($r = -.97$).

출력 19.12

```
Linear mixed-effects model fit by maximum likelihood
 Data: surgeryData
       AIC       BIC     logLik
  1812.624  1837.967  -899.3119

Random effects:
 Formula: ~Surgery | Clinic
 Structure: General positive-definite, Log-Cholesky parametrization
            StdDev    Corr

(Intercept) 6.132655 (Intr)
Surgery     6.197489 -0.965
Residual    5.912335

Fixed effects: Post_QoL ~ Surgery + Base_QoL
              Value Std.Error  DF   t-value p-value
(Intercept) 40.10253 3.892945 264 10.301334  0.0000
Surgery     -0.65453 2.110917 264 -0.310069  0.7568
Base_QoL     0.31022 0.053506 264  5.797812  0.0000
 Correlation:
        (Intr) Surgery
```

---

[7] 명민한 독자라면 모형에 새 항(병원에 따른 수술 여부의 확률기울기)을 하나만 추가했는데 자유도가 1이 아니라 2만큼 증가했다는 점에 주목했을 것이다. 언뜻 생각하면 이상한 일이지만, 사실은 이상하지 않다. 확률기울기를 모형에 포함함으로써 실제로는 모형에 두 개의 매개변수가 추가되었기 때문이다. 구체적으로 말하면 병원들에 따른 수술 여부 효과의 분산의 추정값이 모형에 추가되었을 뿐만 아니라, 기울기와 절편의 공분산의 추정값(절편들과 기울기들이 서로 얼마나 의존적인지 나타내는)도 추가되었다.

```
Surgery   -0.430
Base_QoL -0.855 -0.063

Standardized Within-Group Residuals:
        Min         Q1        Med        Q3        Max
-2.4114778 -0.6628574 -0.1138411  0.6833110  2.8334730

Number of Observations: 276
Number of Groups: 10
```

19.6.9 모형에 상호작용 항 추가 ④

모형에 또 다른 변수를 추가해 보자. 측정된 변수 중에는 미용성형수술을 받았거나 받고자 하는 이유(신체적 문제를 해결하기 위해 또는 외모를 바꾸기 위해)를 측정한 변수가 있었다. 그 변수를 모형에 추가하고, 수술 후 삶의 질을 예측할 때 그 변수가 수술 여부 변수와 상호작용하는지 파악해 보자. 이를 위해 모형 방정식에 수술 이유 변수와 그 매개변수, 그리고 수술 이유와 수술 여부의 상호작용 항 및 그 매개변수를 추가한다. 두 매개변수 모두, 일단은 고정계수로 두기로 하겠다. 다음이 그러한 모형 방정식이다.

$$수술\ 후\ 삶의\ 질_{ij} = b_{0j} + b_{1j}수술\ 여부_{ij} + b_2수술\ 전\ 삶의\ 질_{ij}$$
$$+ b_3이유_{ij} + b_4(이유 \times 수술\ 여부)_{ij} + \varepsilon_{ij}$$
$$b_{0j} = b_0 + u_{0j} \tag{19.11}$$
$$b_{1j} = b_1 + u_{1j}$$

R에서 이 모형을 만드는 것은 아주 쉽다. 그냥 기존 명령을 조금 고쳐서 실행하면 된다. 우선, **Reason**의 효과를 추가해서 *addReason*이라는 모형을 만들기로 하자. 이를 위해서는 모형 서술에 **Reason**을 예측변수로 추가해야 한다. 이전 모형을 만드는 명령에서 모형 서술 *Post_QoL~Surgery + Base_QoL*을 *Post_QoL~Surgery + Base_QoL + Reason*으로 바꾸기만 하면 간단하게 해결된다(그리고 *update()* 함수를 사용하면 이보다도 더 간단하게 해결되는데, 이에 관해서는 R의 영혼의 조언 19.3을 보기 바란다).

```
addReason<-lme(Post_QoL ~ Surgery + Base_QoL + Reason, data = surgeryData,
random = ~Surgery|Clinic, method = "ML")
```

다음으로, 여기에 상호작용 항을 추가한 최종 모형 *finalModel*을 생성한다. 다음이 그러한 명령으로, 모형 서술에 콜론을 이용해서 상호작용 항(*Surgery:Reason*)을 추가했다는 점만 빼면 이전 명령과 동일하다. 이 모형도 *update()* 명령을 사용하면 더 간단하게 생성할 수 있다(R의 영혼의 조언 19.3).

R의 영혼의 조언 19.3   *update* 함수 ③

이번 장의 첫 예제에서는 모형들을 일일이 처음부터 생성했다. 이는 모형 서술 구문과 모형의 방정식이 어떻게 대응되는지 보여주기 위한 것이었다. 그러나, 제7장의 R의 영혼의 조언 7.2에서 보았듯이 *update()* 함수를 이용하면 기존 모형에 새로운 항을 좀 더 빠르게 추가할 수 있다. 그럼 본문의 확률기울기 모형부터 시작해서 *update()* 함수로 모형들을 갱신해 보자. 확률기울기가 있는 모형은 다음과 같다.

```
addRandomSlope<-lme(Post_QoL ~ Surgery + Base_QoL, data = surgeryData,
random = ~Surgery|Clinic, method = "ML")
```

본문에서는 다음과 같이 긴 명령을 이용해서 이 모형에 **Reason** 변수를 추가했다.

```
addReason<-lme(Post_QoL ~ Surgery + Base_QoL + Reason, data = surgeryData,
random = ~Surgery|Clinic, method = "ML")
```

그러나 *update()* 함수를 이용하면 명령이 훨씬 짧아진다.

```
addReason<-update(addRandomSlope, .~. + Reason)
```

앞의 긴 명령처럼 이 명령도 기존 모형을 갱신해서 *addReason*이라는 새 모형을 생성한다. 함수 괄호 쌍 안의 첫 입력은 갱신할 모형이 *addRandomSlope*임을 R에게 알려준다. 그다음의 .~. + *Reason*은 기존의 결과변수와 예측변수들은 그대로 두고, 거기에 **Reason**을 예측변수로 추가하라는 뜻이다.

다음으로, *addReason*에 **Surgery × Reason** 상호작용 항을 추가한 모형을 만들어보자. 다음처럼 *update()* 함수를 이용하면 본문의 명령보다 훨씬 짧은 명령으로 그러한 모형을 만들 수 있다.

```
finalModel<-update(addReason, .~. + Reason:Surgery)
```

이 명령은 *finalModel*이라는 새 모형을 생성한다. **Reason**이 예측변수로 추가된 모형을 갱신할 것이므로 *update()* 함수의 첫 입력에 *addReason*을 지정했다. 그리고 그다음에는 기존의 모든 것에 상호작용 항을 추가하기 위해 .~. *Reason:Surgery*를 지정했다.

```
finalModel<-lme(Post_QoL ~ Surgery + Base_QoL + Reason + Surgery:Reason, data =
surgeryData, random = ~Surgery|Clinic, method = "ML")
```

이제, 새 항들을 추가한 덕분에 모형의 적합도가 향상되었는지 확인해 보자. 이번에도 *anova()* 함수를 사용하면 된다. 두 개의 새 모형(*addReason*과 *finalModel*)을 기존 모형(*addRandomSlope*)과 비교해야 하는데, *anova()* 함수에 그 모형들을 구축 순서에 맞게 지정하기만 하면 된다(이런 식의 비교를 위해, 앞에서 매번 매개변수 하나씩만 추가해서 모형들을 갱신했다).

```
anova(addRandomSlope, addReason, finalModel)
```

출력 19.13에 이 명령의 결과가 나와 있다. 결과를 보면, **Reason**을 모형에 추가했더니 $-2LL$이 3.80만큼 감소했는데, 이 변화가 유의하지는 않다($p = .0513$). 그러나 **Surgery ×** **Reason** 상호작용의 추가 덕분에 $-2LL$이 5.78만큼 줄었는데, 이 변화는 $p < .05$로 유의하다.

출력 19.13

```
              Model df    AIC     BIC   logLik Test L.Ratio p-value
addRandomSlope 1    7 1812.62 1837.96 -899.31
addReason      2    8 1810.82 1839.78 -897.41 1 vs 2 3.7989  0.0513
finalModel     3    9 1807.04 1839.62 -894.52 2 vs 3 5.7795  0.0162
```

출력 19.14는 최종 모형의 요약이다. 수술 전 삶의 질은 수술 후 삶의 질을 유의하게 예측했다. $t(262) = 5.75$, $p < .001$이다. 수술 여부는 이번에도 수술 후 삶의 질을 유의하게 예측하지 못했다. $t(262) = -1.46$, $p = .15$이다. 그러나 수술 이유는 $t(262) = -3.08$, $p < .01$로, 수술 이유와 수술 여부의 상호작용은 $t(262) = 2.48$, $p < .05$로 수술 후 삶의 질을 유의하게 예측했다. 추정값들의 표에는 회귀계수들도 나와 있다. 그런데 이 매개변수들의 신뢰구간을 알려면 *intervals()* 함수가 필요하다. 이 함수는 원하는 모형과 신뢰수준 비율(예를 들어 99% 신뢰구간을 원한다면 0.99)을 입력받는다. 다음은 세 가지 신뢰수준으로 최종 모형의 신뢰구간들을 출력하는 명령들이다.

```
intervals(finalModel, 0.90)
intervals(finalModel, 0.95)
intervals(finalModel, 0.99)
```

이들은 각각 90%, 95%, 99% 신뢰구간들을 출력한다. 기본 수준은 95%이다. 즉, 모형 이름만 지정하면 함수는 95% 신뢰구간들을 출력한다.

출력 19.15에 최종 모형의 95% 신뢰구간들이 나와 있다. 예를 들어 **Surgery**는 $b = -3.19$이고 95% 신뢰구간은 -7.45(하계)에서 1.08(상계)이다. 이 신뢰구간에 0이 포함되어 있으므로, b 값은 $p < .05$ 수준에서 유의하지 않다. 이는 모형의 요약에서 얻는 결과와 부합한다. 이 신뢰구간들은 절편들과 기울기들의 분산이 유의한지 확인하는 데 매우 유용하다. 예를 들어 절편들의 표준편차는 5.48이고 95% 신뢰구간은 3.31에서 9.07이다. 그리고 **Surgery**의 기울기들의 표준편차는 5.42이고 95% 신뢰구간은 3.13에서 9.37이다. 두 신뢰구간 모두 0을 포함하지 않으므로, 절편들의 변이성과 기울기들의 변이성 모두 $p < .05$ 수준에서 유의하다.

```
Linear mixed-effects model fit by maximum likelihood
 Data: surgeryData
       AIC      BIC    logLik
  1807.045 1839.629 -894.5226

Random effects:
 Formula: ~Surgery | Clinic
 Structure: General positive-definite, Log-Cholesky parametrization
            StdDev    Corr
(Intercept) 5.482366 (Intr)
Surgery     5.417501 -0.946
Residual    5.818910

Fixed effects: Post_QoL ~ Surgery + Base_QoL + Reason + Reason:Surgery
                Value Std.Error  DF  t-value p-value
(Intercept)   42.51782  3.875318 262 10.971440  0.0000
Surgery       -3.18768  2.185369 262 -1.458645  0.1459
Base_QoL       0.30536  0.053125 262  5.747833  0.0000
Reason        -3.51515  1.140934 262 -3.080938  0.0023
Surgery:Reason 4.22129  1.700269 262  2.482717  0.0137

Correlation:
               (Intr) Surgry Bas_QL Reason
Surgery        -0.356
Base_QoL       -0.865 -0.078
Reason         -0.233  0.306  0.065
Surgery:Reason  0.096 -0.505  0.024 -0.661

Standardized Within-Group Residuals:
       Min         Q1        Med         Q3        Max
-2.2331485 -0.6972193 -0.1541074  0.6326387  3.1641797

Number of Observations: 276
Number of Groups: 10
```

```
Approximate 95% confidence intervals

 Fixed effects:
                    lower       est.       upper
(Intercept)    34.9565211 42.5178190 50.0791170
Surgery        -7.4516428 -3.1876767  1.0762895
Base_QoL        0.2017008  0.3053561  0.4090114
Reason         -5.7412731 -3.5151479 -1.2890227
Surgery:Reason  0.9038206  4.2212885  7.5387563
attr(,"label")
[1] "Fixed effects:"

 Random Effects:
  Level: Clinic
```

```
                          lower      est.      upper
sd((Intercept))          3.3138275  5.4823658  9.0699757
sd(Surgery)              3.1331192  5.4175011  9.3674439
cor((Intercept),Surgery) -0.9937813 -0.9455545 -0.5986153

 Within-group standard error:
   lower     est.     upper
5.331222  5.818910  6.351211
```

이것이 최종 모형인 만큼, 해석을 좀 고민해 보기로 하자. 수술 이유의 효과를 해석하기는 쉽다. 이 예측변수는 1이 신체적 문제 때문에 수술을 받았다는 뜻이고 0은 외모를 바꾸기 위해 수술을 받았다는 뜻이다. 따라서, 이 변수와 수술 후 삶의 질의 상관계수가 음수라는 것은 수술 이유 값이 증가함에 따라(즉, 수술 이유가 외모 변경에서 신체적 문제로 바뀜에 따라) 수술 후 삶의 질이 낮아졌다는 뜻이다. 그러나 이 효과를 따로 놓고 보는 것은 그리 흥미롭지 않다. 이 변수는 수술을 받은 참가자들과 아직 기다리는 중인 참가자들을 모두 포괄하기 때문이다. 이보다는 수술 이유와 수술 여부의 상호작용이 더 흥미롭다. 그 상호작용은 수술을 받았는지 아닌지도 고려하기 때문이다. 이 상호작용을 분해하려면 두 가지 '이유 그룹'에 대해 각각 분석을 수행하면 된다. 물론, 이 분석에서는 상호작용 항과 **Reason**의 주 효과를 제거해야 한다(신체적 이유 그룹을 외모 변경 그룹과 따로 분석하므로). 따라서, 이전 절의 모형을 신체적 문제가 이유인 참가자들과 외모 변경이 이유인 참가자들에 대해 따로 적합시켜야 한다.

다행히 *lme()*의 *subset* 옵션을 적절히 활용하면 주어진 데이터프레임의 특정 부분집합에만 모형을 적합시킬 수 있다. 이를 위해서는 우선 신체적 문제 때문에 수술을 받은(또는 받고자 하는) 사람에 대해서는 TRUE를, 외모 변경을 위한 사람에 대해서는 FALSE를 돌려주는 변수를 정의해야 한다.

```
physicalSubset<- surgeryData$Reason==1
```

이 명령은 **Reason** 변수가 1과 같을 때만 TRUE가 되는 *physicalSubset*이라는 변수를 생성한다. 현재 데이터프레임에서 **Reason** 변수가 1인 참가자는 신체적 문제의 해결이 수술 이유인 사람이다. 따라서, **R**은 주어진 참가자가 신체적 문제를 해결하기 위해 수술을 받거나 원한 경우 physicalSubset을 TRUE로 설정한다. (기억하겠지만, *surgeryData$Reason*은 *surgeryData*라는 데이터프레임 안에 있는 **Reason**이라는 변수를 뜻하고, **R**에서 '=='는 '상등'을 뜻한다.) 또한, 외모 변경이 수술 이유인 사람에 대해 TRUE를 돌려주는 *cosmeticSubset*이라는 변수도 마찬가지 방식으로 정의한다(단, 이번에는 **Reason**이 0과 상등이라는 조건을 지정해야 한다. 현재 데이터프레임에서 0은 외모 변경을 위해 성형수술을 받거나 기다리는 사람을 뜻하기 때문이다).

```
cosmeticSubset<-surgeryData$Reason==0
```

다음으로, 예측변수가 **Base_QoL**과 **Surgery**이고 확률기울기와 확률절편을 가진 두 모형을 새로 생성한다. 첫 모형은 수술 이유가 신체적 문제 해결인 참가자들에 대한 것이다. 이를 위해 *subset* 옵션에 *physicalSubset*을 지정한다. 이렇게 하면 신체적 문제 해결을 위해 수술을 받거나 기다리는 참가자들만 선택된다.

```
physicalModel<-lme(Post_QoL ~ Surgery + Base_QoL, data = surgeryData, random =
~Surgery|Clinic, subset= physicalSubset, method = "ML")
```

이 명령은 *physicalModel*이라는 새 모형을 생성한다. *subset = physicalSubset* 옵션 때문에 **R**은 **physicalSubset**이 TRUE인 사례들만 선택한다. 결과적으로 새 모형은 수술 이유가 신체적 문제 해결인 참가자들에 대해서만 적합된다. 마찬가지로, 둘째 모형은 **cosmeticSubset** 변수를 이용해서 외모 변경이 수술 이유인 참가자들만 선택해서 생성한다.

```
cosmeticModel<-lme(Post_QoL ~ Surgery + Base_QoL, data = surgeryData, random =
~Surgery|Clinic, subset= cosmeticSubset, method = "ML")
```

이제 두 모형의 요약을 확인해 보자.

```
summary(physicalModel)
summary(cosmeticModel)
```

출력 19.16

```
Linear mixed-effects model fit by maximum likelihood
 Data: surgeryData
  Subset: physicalSubset
       AIC       BIC    logLik
  1172.560 1194.832 -579.2798

Random effects:
 Formula: ~Surgery | Clinic
 Structure: General positive-definite, Log-Cholesky parametrization
            StdDev   Corr
(Intercept) 5.773827 (Intr)
Surgery     5.804865 -0.948
Residual    5.798764

Fixed effects: Post_QoL ~ Surgery + Base_QoL
              Value Std.Error  DF  t-value p-value
(Intercept) 38.02079  4.705980 166 8.079250  0.0000
Surgery      1.19655  2.099769 166 0.569848  0.5696
Base_QoL     0.31771  0.069471 166 4.573271  0.0000
 Correlation:
        (Intr) Surgry
Surgery -0.306
Base_QoL -0.908 -0.078
```

```
Standardized Within-Group Residuals:
        Min         Q1         Med         Q3        Max
-2.2447342 -0.6505340 -0.1264188  0.6111506  2.9472101

Number of Observations: 178
Number of Groups: 10
```

출력 19.17

```
Random effects:
 Formula: ~Surgery | Clinic
 Structure: General positive-definite, Log-Cholesky parametrization
            StdDev    Corr
(Intercept) 5.006026 (Intr)
Surgery     5.292027 -0.969
Residual    5.738551

Fixed effects: Post_QoL ~ Surgery + Base_QoL
              Value Std.Error DF   t-value  p-value
(Intercept) 41.78605 5.573849 87  7.496802  0.0000
Surgery     -4.30702 2.275002 87 -1.893193  0.0617
Base_QoL     0.33849 0.080274 87  4.216720  0.0001
 Correlation:
        (Intr) Surgry
Surgery  -0.252
Base_QoL -0.937 -0.058
Standardized Within-Group Residuals:
        Min         Q1         Med         Q3        Max
-1.8945645 -0.6616222 -0.1461451  0.6460834  2.6741347
Number of Observations: 98
Number of Groups: 9
```

신체적 문제 해결이 수술 이유인 참가자들에 대한 모형의 요약이 출력 19.16에, 그리고 외모 변경이 수술 이유인 참가자들에 대한 모형의 요약은 출력 19.17에 나와 있다. 외모 변경이 수술 이유인 경우를 보면 수술 여부가 수술 후 삶의 질을 거의 유의하게 예측한다. $b = -4.31$, $t(87) = -1.89$, $p = .06$이다. 기울기가 음수라는 점은 이 참가자들의 수술 후 삶의 질이 대조군(수술 대기 중)보다 낮음을 뜻한다. 한편, 신체적 문제 해결이 수술 이유인 사람들의 경우 수술 여부는 수술 후 삶의 질을 유의하게 예측하지 않았다. $b = 1.20$, $t(166) = 0.57$, $p = .57$이다. 그러나 기울기가 양수이므로, 수술을 받은 사람들의 삶의 질이 수술을 기다리는 중인 사람들의 삶의 질보다는 높다고 할 수 있다(비록 그 차이가 유의하지는 않지만). 따라서, 상호작용 효과는 신체적 문제 해결을 위해 수술을 받은 사람들의 삶의 질을 예측하는 변수로서의 수술 여부의 기울기(그리 크지 않은 양수)와 그냥 외모를 바꾸기 위해 수술을 받은 사람들의 삶의 질을 예측하는 변수로서의 수술 여부의 기울기(음수)의 차이를 반영한다고 할 수 있다.

이상의 결과를 정리하자면, 수술 전 삶의 질을 통제할 때, 외모 변경을 위해 성형수술을 받은 사람들의 수술 후 삶의 질이 신체적 문제를 해결하기 위해 성형수술을 받은 사람들의 수술 후 삶의 질보다 낮았다고 할 수 있다. 아마도 이러한 결론은, 신체적 문제 때문에 수술을 받은 사람은 수술 덕분에 문제가 해결되어서 삶의 질이 향상된 반면, 외모 변경을 위해 수술을 받은 사람은 애초에 외모가 불행의 원인이 아니었음을 깨닫게 되어서 삶의 질이 그리 향상되지 않았기 때문일 것이다.

주입식 샘의 핵심 정리   **R의 다층모형 요약 출력**

- −2LL 값(*logLik* 항목)의 차이를 이용해서 매개변수 하나만 다른 모형들을 비교할 수 있다. AIC와 BIC 역시 모형들을 비교하는 데 사용할 수 있다(단, R이 이들의 유의성까지 검사하지는 않는다).
- 고정효과 표(*Fixed effects:* 항목)를 보면 예측변수들이 결과변수를 유의하게 예측하는지 알 수 있다. 유의확률(*p-value* 열)이 .05보다 작으면 해당 효과가 유의한 것이다.
- 상관계수들(*Correlation:* 항목)과 그 신뢰구간들로 효과의 본성을 해석할 수 있다. 계수들의 부호(양, 음)는 예측변수와 결과변수가 양의 상관관계인지 아니면 음의 상관관계인지를 말해준다. 신뢰구간들은 *intervals()* 함수를 이용해서 따로 구해야 한다.
- 확률효과들의 표준편차(*Random effects:* 표의 *StdDev* 열)는 수준 1 번수의 질편과 기울기에 존재하는 변이성을 말해준다. 이 추정값들의 유의성은 *intervals()* 함수로 구한 신뢰구간들로 파악할 수 있다.

19.7 성장모형 ④

성장모형(growth model)은 심리학, 의학, 물리학, 화학, 경제학을 비롯한 여러 과학 분야에서 대단히 중요하다. 성장모형의 주된 용도는 한 변수의 시간에 따른 변화율을 살펴보는 것이다. 예를 들어 백혈구 수나 태도, 방사성 붕괴, 이익의 변화율을 성장모형으로 살펴볼 수 있다. 이때 주된 관심사는, 성장모형들이 변수의 시간에 따른 변화를 얼마나 잘 서술하는지 평가해서 최선의 성장모형을 찾는 것이다.

19.7.1   성장곡선(다항식) ④

그림 19.10에 몇 가지 **성장곡선**(growth curve)의 예가 나와 있다. 그림에 나온 세 가지 다항식(polynomial) 성장곡선 중 옅은 회색 곡선은 선형추세(linear trend)를 나타내는 1차다항식에 해

당하고, 회색 곡선 이차추세(quadratic trend)를 나타내는 2차다항식이다. 그리고 검은색 곡선은 삼차추세(cubic trend)를 나타내는 3차다항식에 해당한다. 선형추세는 직선이지만, 다항식의 차수가 증가할수록 곡선이 좀 더 구부러진다는 점을 주목하기 바란다. 특히, 다항식의 차수가 증가할수록 시간에 따른 곡선의 변화가 극적으로 커진다(그림 19.10의 경우 삼차추세 성장곡선의 변화가 너무 커서, 세 곡선을 하나의 그래프에 표시하기 위해 그래프의 축척을 조정해야 했을 정도이다). 이 점에서 짐작했겠지만, 삼차추세나 사차추세 이상의 성장곡선은 실제 자료에서 아주 비현실적이다. 성장모형을 자료에 적합시키려면 시간에 따른 결과변수의 성장을 어떤 차수의 추세가 가장 잘 서술할 것인지 추측해야 한다(현실 세계에 대해 뭔가 의미 있는 사실을 말해주는 유의한 5차다항식이 있을 것이라고는 아무도 믿지 않으므로, 선택의 폭은 한정적이다).

성장곡선이 뭐지?

앞에서 설명한 성장곡선들이 아마 눈에 익을 것이다. 이들은 §10. 4.5에서 설명한 그룹 평균들의 선형, 이차, 삼차추세에 해당한다. 그 때 설명한 것들이 이 성장곡선들에도 그대로 적용된다. 성장곡선의 적합에 관해서는 다음 두 가지가 중요하다. (1) 적합할 수 있는 다항식의 차수는 측정한 시점(time point)들의 개수 빼기 1까지이다. (2) 하나의 다항식은 간단한 멱급수 함수로 정의된다. 1번 항목을 좀 더 설명하자면, 예를 들어 시점이 세

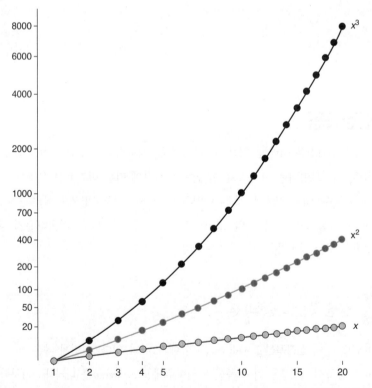

그림 19.10 1차(선형추세, 옅은 회색), 2차(이차추세, 회색), 3차(삼차추세, 검은색) 다항식 성장곡선의 예

개이면 선형 성장곡선과 2차 성장곡선(즉, 1차다항식과 2차다항식)을 적합시킬 수 있고, 그보다 차수가 높은 다항식들은 적합시킬 수 없다. 시점이 여섯 개이면 최대 5차다항식까지 적합시킬 수 있다. 이는 분산분석에서 설정할 수 있는 대비의 개수가 그룹 개수 빼기 1이라는 것(§10.4 참고)과 기본적으로 같은 개념이다.

2번 항목의 경우, **R**에서는 다층모형의 성장곡선을 우리가 직접 정의해야 한다. 이를 좀 더 편하게 할 수 있는 함수는 아직 없다. 다행히, 성장곡선을 정의하기가 그리 어렵지 않다. 예측변수가 *time*이라고 할 때, 이 변수에 대한 1차 성장곡선은 그냥 이 변수 하나로만 이루어진 선형추세로 검사하면 된다. 그리고 2차다항식은 $time^2$이 예측변수인 이차추세로 검사하고, 3차다항식은 $time^3$이 예측변수인 삼차추세로 검사한다. 일반화하자면, 검사할 다항식의 차수로 거듭제곱된 변수를 예측변수로 두면 되는 것이다. 즉, 5차다항식을 위해서는 $time^5$을 예측변수로 두고, n차다항식을 위해서는 $time^n$을 예측변수로 두면 된다. 이 정도면 어떤 방식인지 감을 잡았을 것이다.

19.7.2 예제 하나: 밀월기 ②

2002년 노벨 경제학상을 받은 대니얼 카너먼(Daniel Kahneman) 교수의 강연을 들은 적이 있다. 그 강연에서 카너먼은 삶의 만족도에 관한 엄청난 양의 연구를 개괄했다(예를 들어 그는 돈이 많을수록 더 행복한가 같은 질문들을 논의했다). 그 강연 중 한 그래프가 특히나 내 눈길을 끌었다. 그 그래프는 결혼을 하면 삶의 만족도가 올라가지만, 결혼 2년 후부터는 만족도가 감소해서 기저수준으로 돌아간다는 점을 보여주었다. 이 그래프는 사람들이 흔히 말하는 '밀월기(honeymoon period)' 현상, 즉 새로운 연인 관계나 결혼이 처음에는 아주 훌륭하게 느껴지지만 약 6개월 후부터는 금이 가기 시작해서 모든 것이 코끼리 똥으로 변하는 현상을 잘 나타낸다. 카우프만은 사람들이 결혼에 적응하며, 장기적으로 볼 때 결혼이 사람을 행복하게 해주지는 않는다고 주장했다(Kahneman & Krueger, 2006).[8] 이 점 때문에 나는 결혼이 관여하지 않는 관계를 생각하게 되었다(행복의 원인은 결혼인가, 아니면 그냥 장기적인 관계인가?). 그래서 나는 이에 관한 자료를 수집했다(물론, 내가 아동 불안을 연구하는 것이 아니라 사람들의 삶의 만족도에 관심을 두는 전적으로 허구의 평행 우주에서). 나는 대규모 스피드 데이트 행사(제14장 참고)를 열었다. 행사 당일, 스피드 데이트를 시작하기 전에 나는 모든 참가자의 삶의 만족도(**Satisfaction_Baseline**)를 10점 만점 척도(0 = 완전히 불만족, 10 = 완전히 만족)으로 측정했다. 또한 참가자의 성별(**Gender**)도 측정했다. 스

---

[8] 로맨틱한 성향의 독자에게 위안이 될만한 이야기를 하나 하자면, 같은 자료로부터 반대의 결론, 즉 장기적으로 볼 때 결혼한 사람들이 결혼하지 않은 사람들보다 행복하다는 결론을 이끌어낸 연구도 있다(Easterlin, 2003).

피드 데이트를 마친 후에는, 마음에 드는 상대를 찾은 모든 사람에게 만일 스피드 데이트에서 만난 그 사람과 정말로 연인 관계가 된다면 나는 그 시점부터 18개월 동안 관계를 추적할 것이라고 알려 주었다. 그러한 각 커플에 대해 나는 관계 시작 6개월 후의 삶의 만족도(Satisfaction _6_Months)와 12개월 후의 만족도(Satisfaction_12_Months), 18개월 후의 만족도(Satisfaction _18_Months)를 측정했다. 한 커플의 두 사람을 모두 측정한 경우는 없었다(즉, 커플당 한 사람의 삶의 만족도만 측정했다).[9] 또한, 장기적인 연구에서 흔히 그러듯이, 모든 커플을 완벽하게 추적할 수는 없었기 때문에 일부 시점들에서 일부 커플들의 점수가 누락되었다. 다층모형 접근 방식의 한 가지 장점은 이러한 결측자료가 큰 문제가 되지 않는다는 것이다. 지금까지 설명한 자료가 **Honeymoon Period.dat** 파일에 들어 있다.

다음 명령을 실행해서 이 자료를 **R**에 적재하기 바란다.

```
satisfactionData = read.delim("Honeymoon Period.dat", header = TRUE)
```

그림 19.11에 이 자료의 형태가 나와 있다. 각각의 둥근 점은 자료점이고, 곡선은 시간에 따른 평균 삶의 만족도이다. 기저 수준(시점 0)에 비해 6개월 후(시점 1)의 삶의 만족도가 조금 올라갔지만, 그 후 12개월 동안 계속 내려간다. 이 자료에서 주목할 점이 두 가지 있다. 첫째로, 시점 0은 참가자들이 아직 연인 관계에 들어가기 전이지만, 그래도 응답들의 변동이 상당히 크다(이는 경제 사정이나 성격 같은 다른 여러 이유로 사람들의 삶의 만족도에 차이가 크다는 사실을 반영한

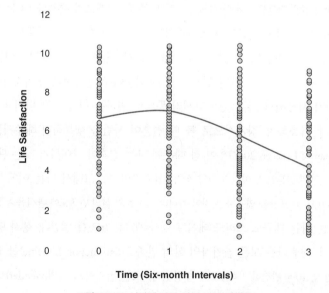

그림 19.11 시간에 따른 삶의 만족도 변화

---

9 이와는 달리 커플의 두 사람 모두 만족도를 측정할 수도 있다. 한 커플의 두 사람의 점수들은 독립적이지 않겠지만, 다층모형에서는 각 참가자가 '커플' 안에 내포된 것으로 취급함으로써 그러한 의존성 문제를 해결할 수 있다.

다). 이는 삶의 만족도에 대한 절편이 사람(참가자)마다 다를 것임을 암시한다. 둘째로, 관계가 시작된 후인 시점 1과 그 이후의 시점들에서도 만족도의 변동이 상당히 크다. 이는 시점과 만족도의 관계의 기울기가 사람에 따라 다를 수 있음을 암시한다. 시점들이 수준 1 변수이고 사람들(수준 2 변수)이 그 변수에 내포되었다고 간주하면, 절편과 기울기의 사람들에 따른 변동을 손쉽게 모형화할 수 있다. 이는 그림 19.4에 나온 상황과 비슷하다(수준이 셋이 아니라 둘이라는 점만 제외하면—물론 필요하다면 수준 3 변수도 추가할 수 있다. 예를 들어 스피드 데이트 행사를 여러 곳에서 진행했으며 행사 장소에 따른 변동도 고려하고 싶다면, 행사 장소를 수준 3 변수로 포함할 수 있을 것이다).

19.7.3　자료의 구조 바꾸기 ③

시간에 따라 측정한 자료에 대해 다층모형을 적용할 때 한 가지 문제점은, 그러한 자료가 다층 분석에는 맞지 않는 형식이라는 점이다. 반복측정 설계에서는 흔히 각 행이 각 참가자를 나타내는 형태로 자료를 조직화한다. 그러나 지금 자료의 경우 반복측정 변수에 해당하는 시점이 서로 다른 네 개의 열로 나뉘어 있다. 제3장에서 보았듯이, 이는 '넓은' 형식에 해당한다 (§3.9.4). 보통의 반복측정 분산분석에는 이런 형식이 적합하지만, 다층모형을 위해서는 시점에 해당하는 **Time** 변수가 하나의 열이어야 한다. 그렇게 조직화된 자료를 '긴' 형식이라고 부른다. 따라서, 다층 분석을 위해서는 현재의 넓은 형식을 긴 형식으로 바꾸어야 한다.

자가진단

✓ 제3장에서 배운 내용을 떠올려서, *melt()* 함수를 이용해서 자료를 긴 형식으로 변경하라. 잘 안 된다면 §3.9.4를 다시 보기 바란다. 새 데이터 프레임의 이름은 *restructuredData*로 할 것*

19.7.4　기본 모형의 설정 ④

자료를 적절한 형식으로 바꾸었다면, 이제 분석을 실행할 수 있다. 본질적으로 이 분석을 위한 모형은 이전 예제의 모형과 아주 비슷한 방식으로 만들면 된다. 중요한 차이는 단 하나인

---

*역주　원서 정오표에 따르면, 이후 예제를 제대로 따라 하기 위해서는 자료를 긴 형식으로 바꾸어야 할 뿐만 아니라 *Time* 변수를 값이 0부터 시작하는 수치변수로 바꾸어 주어야 한다. 즉, *melt()*로 만든 *restructuredData*에 대해 다음과 같은 추가적인 처리가 필요하다:

```
restructuredData$Time<-as.numeric(restructuredData$Time)-1
```

데, 이번에는 시계열(time series) 자료를 다루는 것이므로 공분산구조(§19.4.2)를 가정해서 모형을 만들 필요가 있다는 점이다. 이때 흔히 쓰이는 방식은 AR(1) 구조, 즉 1차 자기회귀 공분산 구조를 가정하는 것이다. 기억하겠지만, 1차 자기회귀 공분산구조라는 것은 측정 시간이 비슷한 자료점들이 측정 시간이 먼 자료점들보다 더 높게 상관되어 있다는 뜻이다. 모형 생성을 위한 그 밖의 옵션들은 이전 예제에서와 동일하다.

우선 절편만 포함한 기저 모형을 자료에 적합시켜야 한다. 이전 예제에서처럼 다음과 같이 *gls()* 함수를 사용하면 된다.

```
intercept <-gls(Life_Satisfaction ~ 1, data = restructuredData, method = "ML",
na.action = na.exclude)
```

이 명령은 *intercept*라는 객체를 생성한다. 함수에 지정된 모형 서술은 절편만으로 결과변수 **Life_Satisfaction**을 예측하라는 뜻이다. 함수의 그다음 옵션(*data = restructuredData*)은 자료가 있는 데이터프레임을 지정하고, 그다음의 *method = "ML"*은 모형을 추정하는 방법을 지정한다. 이전 예제와의 중요한 차이점 하나는 *na.action = na.exclude*라는 옵션을 추가했다는 것이다. 이전 예제와는 달리 이번 예제의 자료에는 결측값이 있기 때문에 이 옵션이 필요하다. 결측값들은 자료에 'NA'로 표시되어 있는데, 이 옵션에 의해 **R**은 'NA'를 만날 때마다 그것이 있는 사례 전체를 제외시킨다(R의 영혼의 조언 19.2 참고). 이 옵션을 지정하지 않으면 함수가 오류를 보고한다.

다음으로, 기저 모형과 같되 절편이 맥락(지금 예에서는 사람들)에 따라 가변적인 모형을 만든다. 이전 예제에서처럼 *lme()* 함수를 사용하면 된다.

```
randomIntercept <-lme(Life_Satisfaction ~ 1, data = restructuredData, random =
~1|Person, method = "ML", na.action = na.exclude, control = list(opt="optim"))
```

이 명령의 형태는 이전 예제에 사용한 것과 같다. 이 명령은 *randomIntercept*라는 새 모형을 생성하는데, 그 모형은 절편만으로 삶의 만족도를 예측한다(*Life_Satisfaction~1*). 단, 절편이 사람에 따라 다를 수 있다(*random = ~1 | Person*). 데이터프레임의 **Person** 변수는 주어진 만족도 점수가 속한 참가자의 번호를 나타내는 수치변수이다. 또한, 모형은 최대가능도 추정법(*method = "ML"*)으로 만들어지며, 결측값이 있는 사례는 제거한다(*na.action = na.exclude*). 마지막으로, *control = list(opt="optim")*이라는 처음 보는 옵션도 지정했다. 이것은 **R**이 모형을 추정하는 데 사용하는 최적화 방법을 지정한다. 보통은 기본 최적화 방법으로 충분하지만, 지금 예제의 자료의 경우에는 기본 방법으로는 계산할 수 없는 모형이 있기 때문에 모든 모형을 계산할 수 있는 최적화 방법을 지정했다(R의 영혼의 조언 19.4 참고).

R의 영혼의 조언 19.4 **lme() 함수의 고급 옵션 ③**

lme() 함수는 모형 매개변수 추정 절차에 영향을 주는 여러 옵션을 지원한다. 모형이 잘 수렴하지 않는다면 다음과 같은 옵션들을 조정해 보는 것이 좋을 것이다.

- *maxlter*: 이 옵션은 하나의 해에 도달할 때까지 R이 사용할 반복 횟수의 최댓값을 설정한다. 기본값은 50이지만, 만일 모형이 수렴에 실패한다면 예를 들어 *control = list(maxlter = 100)*을 지정해서 최대 반복 횟수를 100으로 올릴 수 있다.
- *opt*: 이 옵션은 최적화 방법을 설정한다. 기본은 *nlminb*이고(R 2.2.0부터), 그 외에 *optim*이라는 대안도 있다. 모형이 수렴하지 못한다면 최적화 방법을 바꾸어 보는 것이 도움이 된다. 예를 들어 밀월기 예제의 일부 모형은 기본 최적화 방법으로는 수렴하지 않는다. 본문에서 기본 최적화 방법을 사용하는 대신 *control = list(opt = "optim")*을 지정한 것은 그 때문이다.

하나의 함수 실행에서 이 두 옵션을 모두 지정할 수 있다. 그냥 *list()*의 괄호 쌍 안에 원하는 옵션들을 나열하면 된다. 예를 들어 최대 반복 횟수를 2000으로 늘리고 최적화 방법을 *nlminb* 대신 *optim*으로 바꾸고 싶다면, *control = list(maxlter = 2000, opt = "optim")*을 지정하면 된다. 이들을 비롯한 모든 고급 옵션을 보고 싶다면 콘솔에서 *?lmeControl*을 실행하기 바란다.

19.7.5 시간을 고정효과로 추가 ③

성장곡선 분석에서 우리는 기본적으로 하나의 고정효과에 관심을 둔다. 그것은 바로 시간(시점)이다. 지금 예제의 자료에서 시간은 색인변수(Time)이다. 이 변수는 주어진 만족도 점수가 언제 측정된 것인지를 나타낸다. 0은 기저(관계 전), 1은 관계 6개월 후, 2는 12개월 후, 3은 18개월 후이다. 이전 예제에서는 *lme()* 함수를 이용해서 모형을 매번 새로 생성했다. 그러나 이번 예제의 모형은 생성에 필요한 옵션이 많기 때문에(*method = "ML"*, *na.action = na.exclude*, *control = list(opt="optim")*), 매번 새 모형을 생성하려면 키보드로 입력할 것이 너무 많다. 그래서 이번에는 *update()* 함수를 이용해서 이전 모형의 모든 것을 유지하고 새로운 항목만 추가하는 접근 방식을 사용하기로 한다(R의 영혼의 조언 19.3 참고). 다음은 이전 모형(*randomlntercept*)에 **Time**을 예측변수로 추가하는 명령이다.

```
timeRI<-update(randomIntercept, .~. + Time)
```

이 명령은 *timeRI*라는 새 객체를 생성한다. 함수 괄호 쌍 안의 첫 입력은 갱신하고자 하는 모형(지금 예에서는 *randomlntercept*)을 R에게 알려주는 역할을 한다. 그다음은 모형을 갱신하는 방법을 나타낸다. *.~.*는 '이전 모형의 결과변수와 모든 예측변수를 유지하라'는 뜻이고,

+ *Time*은 'Time을 예측변수로 추가하라'는 뜻이다. 이제 *summary(timeRI)* 명령을 실행하면 새 모형의 요약을 볼 수 있다.

19.7.6 확률기울기의 도입 ④

이번에는 모형에 확률기울기를 추가해 보자. 앞에서와 거의 비슷한 방식으로 *update()* 함수를 이용해서 모형의 가변적 부분을 갱신하면 된다. 이전 모형의 가변적 부분은 *random* = ~*1|Person*으로 지정되어 있는데, 이는 절편(1)이 사람(**Person**)에 따라 다를 수 있다는 뜻이다. 새 모형에서는 기울기가 사람에 따라 다를 수 있게 하고자 하는데, 이는 **Time**의 효과가 사람에 따라 다를 수 있다는 뜻이다. 이는 성장모형의 표준적인 시나리오, 즉 시간에 따른 발전 또는 성장의 속도가 개체 안에서 서로 다른 시나리오에 해당한다(지금 예에서는 개체가 사람이지만, 연구에 따라서는 기업, 쥐, 국가, 병원, 학교, 지역 등일 수 있다). 이에 필요한 가변 부분 서술은 *random* = ~*Time|Person*이다. 이는 절편과 시간의 효과(~*Time*)가 사람(**Person**)에 따라 다를 수 있음을 뜻한다. 다음 명령은 이전 모형(*timeRI*)의 가변적인 부분을 *random* = ~*Time|Person*으로 바꾸어서 *timeRS*라는 새 모형을 생성한다.

```
timeRS<-update(timeRI, random = ~Time|Person)
```

19.7.7 공분산구조의 모형화 ④

이렇게 해서 기본적인 확률효과 모형이 마련되었다. 이제 공분산구조(§19.4.2) 또는 오차를 모형화하는 항을 도입해야 한다. 이를 위해서는 *correlation* = *x* 형태의 옵션을 지정해서 모형을 갱신해야 하는데, 여기서 *x*는 여러 공분산구조 중 하나를 뜻한다. 다음은 이 옵션에 흔히 쓰이는 공분산구조들이다(완전한 목록은 *?corClasses*를 실행하면 볼 수 있다).

- *corAR1()*: 이것은 1차 자기회귀 공분산구조(초천재 제인 글상자 19.1)에 해당한다. 시점들 사이의 간격이 일정할 때(지금 예제가 그렇다) 사용해야 한다.

- *corCAR1()*: 위와 비슷하되, 시점 공변량이 연속일 때 쓰인다. 시점들의 간격이 일정하지 않다면 기본적으로 이 구조를 사용해야 한다.

- *corARMA()*: 이 역시 자기회귀 오차 구조이나, 오차 분산의 이동평균을 지원한다(초천재 제인 글상자 19.1).

다음은 *update()*를 이용해서 공분산구조를 추가한 *ARModel*이라는 새 모형을 생성하는 명령

자기회귀와 이동평균 모형 ④

자기회귀(autoregressive, AR) 모형들은 이해하기가 아주 어렵다. 사실 나도 지금 이들을 이해하지 못하며, 아마 앞으로도 이해하지 못할 것이다. 시계열 변수 Y_t가 있는데, 여기서 평균을 빼서 조정한 값 $y_t = Y_t - Y$를 분석에 사용한다고 하자. 이 공식에서 t는 그냥 시간상의 서로 다른 시점을 나타낸다. 내가 이해한 바로는, AR(1), 즉 1차 자기회귀 모형에서는 이 조정값을 이전 시점(즉, $t - 1$)의 조정값으로부터 예측한다. 이를 표준적인 선형모형으로 표현하면 다음과 같다.

$$y_t = -a_1 y_{t-1} + e_t$$

여기서 $-a$를 시차(lag) 또는 자기회귀계수라고 부른다. 그리고 e_t는 시점 t에서의 잔차 또는 오차이다. 이것이 한 시점에서의 값을 이전 시점에서의 값으로 예측하는 하나의 간단한 선형모형임을 이해할 수 있을 것이다(자기회귀라는 단어는 변수의 값을 그 변수 자신의 값으로 예측한다는 점을 반영한 것이다).

AR(2), 즉 2차 자기회귀 모형도 AR(1)과 비슷하나, 하나가 아니라 두 이전 시점의 값들로 현재 시점의 값을 예측한다는 점이 다르다. 해당 방정식은 다음처럼 그냥 시점을 하나 더 추가한 것일 뿐이다.

$$y_t = -a_1 y_{t-1} - a_2 y_{t-2} + e_t$$

3차, 4차 자기회귀 모형도 같은 방식으로 확장된다. 이러한 모형들에서 잔차들은 상관되어 있지 않다고 가정한다. 즉, 한 시점의 오차는 다른 시점의 오차와 무상관이라고 간주한다. 자료 자체는 서로 다른 시점들에서 상관되어 있지만, 오차는 그렇지 않다.

그런데 서로 다른 시점의 잔차들이 상관이 있다고 가정해야 할 때도 있다. 다른 말로 하면, 시점 t에서의 자료를 이전 시점들의 자료뿐만 아니라 이전 시점들의 오차로도 예측해야 할 때도 있다. 그런 모형을 이동평균(moving average, MA) 모형이라고 부른다. 자기회귀 모형들처럼, 1차 이동평균 모형은 현재 시점의 잔차(e_t)뿐만 아니라 이전 시점의 잔차(e_{t-1})도 고려한다. 그리고 2차 이동평균 모형은 현재 시점과 이전 시점의 잔차들과 그 이전 시점의 잔차(e_{t-2})까지 고려한다. 3차, 4차 등도 마찬가지로 확장된다. 예를 들어 다음은 AR(1)과 MA(1)을 반영한 모형이다.

$$y_t = -a_1 y_{t-1} + e_t + c_1 e_{t-1}$$

이전의 AR(1) 모형에 이전 시점의 잔차 e_{t-1}과 1차 이동평균을 나타내는 계수 c_1을 곱한 행이 추가되었다. 이처럼 자기회귀와 이동평균을 결합한 모형을 ARMA(자기회귀이동평균) 모형이라고 부른다. ARMA 모형에는 두 개의 매개변수가 있는데, 하나는 모형의 자기회귀 부분의 차수를 정의하는 p이고 다른 하나는 모형의 이동평균 부분의 차수를 정의하는 q이다. 두 매개변수 모두, 그 값이 곧 차수이다(즉, 1은 1차, 2는 2차 등등). 예를 들어 ARMA($p = 2$, $q = 1$)는 2차 자기회귀와 1차 이동평균을 결합한 모형이고, ARMA($p = 2$, $q = 2$)는 2차 자기회귀와 2차 이동평균을 결합한 모형이다. 더 이상 자세히 설명하려 들면 내 뇌가 폭발할 것 같으니, 이 정도로 일반적인 원리를 파악했으리라 믿고 이만 줄인다.

이다. 새 모형은 1차 자기회귀 공분산구조가 추가되었다는 점만 빼면 이전 모형(timeRS)과 동일하다.

```
ARModel<-update(timeRS, correlation = corAR1(0, form = ~Time|Person))
```

*correlation = corAR1(0, form = ~Time|Person)*을 지정해서 모형을 갱신했음을 주목하기 바란다. 추가 옵션 없이 *correlation = corAR1()*만 지정할 수도 있지만, 그러면 확률절편만 포함된다(이는 *correlation = corAR1(0, form = ~1|Person)*을 지정한 것과 같다).

지금까지 총 다섯 개의 모형을 만들었다. 나열하자면, (1) 절편만으로 삶의 만족도를 예측하는 기저 모형(*interceptOnly*), (2) 사람에 따라 다른 확률절편이 있는 모형(*randomIntercept*), (3) 시점이 예측변수이고 사람에 따라 다른 확률절편이 있는 모형(*timeRI*), (4) 시점이 예측변수이고 사람에 따라 다른 확률절편과 확률기울기가 있는 모형(*timeRS*), (5) 시점이 예측변수이고 사람에 따라 다른 확률절편과 확률기울기, 그리고 1차 자기회귀 공분산구조가 있는 모형(*ARModel*)이다. 그럼 이 모형들이 자료에 얼마나 잘 적합하는지 살펴보자. 항상 이전 모형에 하나의 새 요소만 추가해서 새 모형을 만들었으므로, 이전 예제에서처럼 로그가능도 값으로 모형들을 비교할 수 있다. 다음은 다섯 모형 모두를 비교하는 명령이다.

```
anova(intercept, randomIntercept, timeRI, timeRS, ARModel)
```

출력 19.18

```
          Model df  AIC      BIC      logLik    Test     L.Ratio p-value
intercept   1   2 2064.053 2072.217 -1030.026
randomInt   2   3 1991.396 2003.642  -992.698 1 vs 2   74.657  <.0001
timeRI      3   4 1871.728 1888.057  -931.864 2 vs 3  121.667  <.0001
timeRS      4   6 1874.626 1899.120  -931.313 3 vs 4    1.102  0.5763
ARModel     5   7 1872.891 1901.466  -929.445 4 vs 5    3.736  0.0533
```

이 명령의 결과가 출력 19.18에 나와 있다. 통계량들을 보면, 확률절편을 추가했더니 모형의 적합도가 $\chi^2(1) = 74.66$, $p < .0001$로 유의하게 증가했음을 알 수 있다. 마찬가지로, 시간의 고정효과를 모형에 추가했을 때도 이전 모형보다 적합도가 $\chi^2(1) = 121.67$, $p < .0001$로 유의하게 개선되었다. 그러나 사람에 따른 시간 효과의 확률기울기 추가는 모형을 유의하게 개선하지 못했다. 이 경우 $\chi^2(2) = 1.10$, $p = .576$이다. 마지막으로, 1차 자기회귀 공분산구조의 추가는 모형을 다소 유의하게 개선했다. $\chi^2(1) = 3.74$, $p = .053$이다. 모형들의 자유도가 1씩 증가했음을 주목하기 바란다. 이는 매번 하나의 요소만 모형에 추가했기 때문이다.[10] 이러한 자유도 변화는 로그가능도 검정에 쓰인다.

다음으로, 최종 모형의 요약과 매개변수 추정값들의 신뢰구간들을 살펴보자.

```
summary(ARModel); intervals(ARModel)
```

출력 19.19에 모형 요약이, 그리고 출력 19.20에 95% 신뢰구간들이 나와 있다. 시간의 효과는 $b = -0.87$ $(-1.03, -0.71)$, $t(322) = -10.97$, $p < .001$로 매우 유의했다. 이는 18개월 동안 삶

---

10 단, 확률기울기를 추가한 모형은 예외이다. 이 경우는 자유도가 2만큼 증가했는데, 그 이유는 §19.6.8의 각주에서 설명했다.

의 만족도가 유의하게 변했음을 뜻한다(그림 19.11 참고). 또한, 절편들의 표준편차는 1.62(1.31, 2.02)였고 사람에 따른 시간의 효과(기울기들)의 표준편차는 0.05(0.00, 41.83)이었다. 두 신뢰구간 모두 0을 포함하지 않았는데, 이는 기울기들과 절편들의 이러한 변동이 유의했음을 뜻한다. 그런데 기울기 변동의 유의성은 앞의 로그가능도 비교에서 얻은 결과와는 모순된다. 앞에서는 확률기울기의 추가가 모형을 유의하게 개선하지 못했다는 결론이 나왔다(출력 19.18). 기울기들의 근사 신뢰구간은 아주 넓고 비대칭이므로, 로그가능도 값 쪽에 더 무게를 싣는 것이 현명한 판단일 것이다.

출력 19.19

```
Linear mixed-effects model fit by maximum likelihood
 Data: restructuredData
       AIC       BIC    logLik
  1872.891  1901.466  -929.4453

Random effects:
 Formula: ~Time | Person
 Structure: General positive-definite, Log-Cholesky parametrization
            StdDev      Corr
(Intercept) 1.62767553 (Intr)
Time        0.04782877 -0.062
Residual    1.74812486

Correlation Structure: AR(1)
 Formula: ~Time | Person
 Parameter estimate(s):
      Phi
0.2147812

Fixed effects: Life_Satisfaction ~ Time
              Value Std.Error  DF   t-value p-value
(Intercept) 7.131470 0.21260192 322  33.54377       0
Time       -0.870087 0.07929275 322 -10.97310       0
 Correlation:
     (Intr)
Time -0.527

Standardized Within-Group Residuals:
       Min          Q1         Med          Q3         Max
-2.08400991 -0.62083911  0.06392492  0.59512953  2.49161500

Number of Observations: 438
Number of Groups: 115
```

```
Approximate 95% confidence intervals
 Fixed effects:
                    lower        est.       upper
(Intercept)  6.714162   7.1314700   7.5487782
Time        -1.025728  -0.8700874  -0.7144467
attr(,"label")
[1] "Fixed effects:"

 Random Effects:
  Level: Person
                             lower         est.       upper
sd((Intercept))         1.314720e+00   1.62767553   2.0151263
sd(Time)                5.468419e-05   0.04782877  41.8327717
cor((Intercept),Time)  -6.937502e-01  -0.06192455   0.6237635

 Correlation structure:
           lower         est.       upper
Phi  0.002025179   0.2147812   0.408935
attr(,"label")
[1] "Correlation structure:"

 Within-group standard error:
   lower        est.      upper
1.542913    1.748125   1.980630
```

19.7.9 고차다항식의 추가 ③

앞에서 시간의 주 효과가 유의했다는 결론을 얻었다. 이 주 효과는 시간의 선형추세에 해당한다. 그런데 그림 19.11에 나온 시간에 따른 만족도 변화선은 구부러진 곡선이다(기저에서 6개월 후 시점까지는 만족도가 증가하다가 이후 계속 감소한다). 이러한 패턴을 온전하게 반영하려면 모형에 이차추세를 추가해 봐야 하며, 어쩌면 삼차추세를 추가해야 할 수도 있다(그림 19.10 참고). R에서 이를 수행하는 방법은 여러 가지인데, 이차추세를 그냥 우리가 직접 추가하는 것도 한 방법이다. 그림 19.10에서 보았듯이 이차추세는 $time^2$에 해당하고, 삼차추세는 $time^3$에 해당한다. 따라서, 이차추세를 모형에 추가하려면 그냥 시점을 나타내는 변수 **Time**의 제곱을 하나의 예측변수로 모형에 추가하면 그만이다. 삼차추세는 **Time**의 세제곱을 추가하면 된다.

그런데 그러한 새 예측변수를 따로 데이터프레임에 만든 다음 모형에 추가하는 번거로운 과정을 거칠 필요 없이, 즉석에서 새 예측변수를 추가하는 것이 가능하다. 이차추세에 해당하는 예측변수를 추가하려면 *I(Time^2)*라는 구문을 사용하면 된다. 여기서 'Time^2'는 'time²'을 **R**로 표현한 것이다(^(캐럿)은 '거듭제곱'을 뜻한다). 그런데 +, *, −, ^ 같은 연산자들은 모형 서술에서 특별한 용도로 쓰이므로(예를 들어 +는 산술 덧셈이 아니라 예측변수 추가를 뜻한다), 'Time^2'을 I() 함수로 감싸야 한다. 그러면 **R**은 ^를 모형 서술의 일부가 아니라 하나의 산술 연산자로 취급한다. 현재의 최종 모형은 **Time**의 주 효과가 하나의 예측변수로 포함된 *ARModel*이다. *update()*를 이용해서 이 모형에 이차추세 항을 추가한 새 모형(*timeQuadratic*)을 만들어 보자.

```
timeQuadratic<-update(ARModel, .~. + I(Time^2))
```

삼차추세 항이 있는 모형(*timeCubic*이라고 하자)도 마찬가지 방식으로 추가하면 된다. 이번에는 이차추세 모형(*timeQuadratic*)에 *time³* 항을 추가한다. 앞에서처럼 I()를 사용하되, 지수를 3으로 해서 'I(Time^3)'를 지정해야 한다. 그런 다음에는 새로운 두 모형을 *anova()* 함수를 이용해서 시간의 선형추세만 있는 모형(*ARModel*)과 비교한다. 또한, *summary()*와 *intervals()* 함수를 이용해서 최종 모형(삼차추세)의 요약과 신뢰구간들도 확인한다.

```
timeCubic <-update(timeQuadratic, .~. + I(Time^3))
anova(ARModel, timeQuadratic, timeCubic)
summary(timeCubic)
intervals(timeCubic)
```

출력 19.21에 모형들을 비교한 결과가 나와 있다. 수치들을 보면, 이차추세 항을 모형에 추가했더니 적합도가 $\chi^2(1) = 57.35$, $p < .0001$로 유의하게 상승했음을 명확히 알 수 있다. 그러나 삼차추세 항의 추가는 모형의 적합도를 유의하게 개선하지 못했다($\chi^2(1) = 3.38$, $p = .066$).

출력 19.21

```
              Model df  AIC      BIC      logLik    Test   L.Ratio p-value
ARModel           1  7  1872.89  1901.466 -929.445
timeQuadratic     2  8  1817.54  1850.202 -900.772  1 vs 2 57.347  <.0001
timeCubic         3  9  1816.16  1852.901 -899.081  2 vs 3 3.382   0.0659
```

최종 모형의 요약에 나온 고정효과들의 통계량(출력 19.22)과 그 신뢰구간들(출력 19.23)을 보면, 선형추세는 $b = 1.55$ (0.61, 2.48), $t(320) = 3.24$, $p < .01$, 이차추세는 $b = -1.33$ (−2.15, −0.50), $t(320) = -3.15$, $p < .01$이다. 이는 둘 다 시간에 따른 자료의 변화 패턴을 유의하게 잘 서술했음을 뜻한다. 그러나 삼차추세는 $b = 0.17$ (−0.01, 0.35), $t(320) = 1.84$, $p > .05$로 유의하지 않았다. 이는 이전에 모형들의 적합도 비교로 얻었던 결론과 부합한다. 자료의 추세는 2차다항식(이차추세)으로 가장 잘 서술할 수 있다. 이는 처음에는 연애를 시작하고 6개월까지는 삶의 만족도가 증가했다가 12개월, 18개월로 가면서 계속 떨어지는 패턴(그림 19.11)을 반영한다. 그런데 이러한 이차추세가 근사(approximation)일 뿐이라는 점을 기억하기 바란다. 만일 이러한 이차추세가 완전히 정확하다면, 이 모형은 10년을 함께 보낸 커플들의 삶의 만족도가 0보다 작다고 예측할 것이다. 그러나 우리가 사용한 만족도 척도에서 만족도가 음수일 수 없다.

```
Linear mixed-effects model fit by maximum likelihood
 Data: restructuredData
       AIC      BIC    logLik
  1816.162 1852.902 -899.0808

Random effects:
 Formula: ~Time | Person
 Structure: General positive-definite, Log-Cholesky parametrization
            StdDev    Corr
(Intercept) 1.8826725 (Intr)
Time        0.4051351 -0.346
Residual    1.4572374

Correlation Structure: AR(1)
 Formula: ~Time | Person
 Parameter estimate(s):
      Phi
0.1326346
Fixed effects: Life_Satisfaction ~ Time + I(Time^2) + I(Time^3)
              Value Std.Error  DF  t-value p-value
(Intercept) 6.634783 0.2230273 320 29.748744  0.0000
Time        1.546635 0.4772221 320  3.240913  0.0013
I(Time^2)  -1.326426 0.4209411 320 -3.151098  0.0018
I(Time^3)   0.171096 0.0929297 320  1.841131  0.0665
 Correlation:
          (Intr) Time   I(T^2)
Time      -0.278
I(Time^2)  0.139 -0.951
I(Time^3) -0.098  0.896 -0.987

Standardized Within-Group Residuals:
       Min          Q1         Med          Q3         Max
-2.58597365 -0.54411056 -0.04373592  0.50525444  2.78413461

Number of Observations: 438
Number of Groups: 115
```

   최종 모형의 요약과 신뢰구간 출력에는 확률 매개변수들에 관한 정보도 포함되어 있다. 무엇보다도, 확률절편들의 표준편차는 1.88(1.49, 2.39)이다. 95% 신뢰구간에 0이 포함되어 있지 않다는 사실은 기저 시점에서의 삶의 만족도가 사람에 따라 유의하게 다르다는 우리의 가정이 옳았음을 암시한다. 또한, 시간의 기울기도 사람에 따라 유의하게 변했다. 이 경우 표준편차는 0.41(0.17, 0.96)이다. 그리고 이번에도 신뢰구간은 0을 포함하지 않았는데, 이는 시간에 따른 삶의 만족도 변화도 사람에 따라 유의하게 달랐음을 암시한다. 마지막으로, 기울기들과 절편들의 상관계수는 −0.35(−0.67, 0.10)인데, 이는 절편이 증가하면 기울기는 감소함을 뜻한다(단, 신뢰구간에 0이 포함되어 있으므로 이러한 추세는 유의하지 않다).

```
Approximate 95% confidence intervals

 Fixed effects:
                 lower        est.       upper
(Intercept)  6.19800573   6.6347826   7.0715595
Time         0.61204293   1.5466350   2.4812271
I(Time^2)   -2.15079781  -1.3264264  -0.5020551
I(Time^3)   -0.01089790   0.1710958   0.3530895
attr(,"label")
[1] "Fixed effects:"

 Random Effects:
  Level: Person
                             lower        est.       upper
sd((Intercept))          1.4852030   1.8826725  2.38651276
sd(Time)                 0.1705194   0.4051351  0.96255585
cor((Intercept),Time)   -0.6738687  -0.3461486  0.09538264

 Correlation structure:
          lower       est.      upper
Phi -0.1856231  0.1326346  0.4257069
attr(,"label")
[1] "Correlation structure:"

 Within-group standard error:
   lower      est.     upper
1.173241  1.457237  1.809978
```

시간에 따른 추세들을 검사하는 또 다른 방법은 **Time** 변수를 하나의 거듭제곱 다항식 (power polynomial)으로 변환해서 예측변수로 지정하는 것이다. **R**에서는 *poly()*라는 간단한 함수를 사용하면 된다. 이 함수는 변환할 변수와 원하는 다항식 차수(측정한 시점 개수 빼기 1을 넘지 않아야 한다)를 입력받는다. 예를 들어 *poly(Time, 1)*은 선형추세, *poly(Time, 2)*는 선형추세와 이차추세, 그리고 *poly(Time, 3)*은 선형, 이차, 삼차추세의 결합에 해당하는 다항식을 생성한다. 지금 예제에서는 시점이 네 개이므로 최고 차수는 3이다. 예를 들어 *poly(Time, 4)*는 오류를 낸다.

```
Linear mixed-effects model fit by maximum likelihood
 Data: restructuredData
      AIC       BIC     logLik
 1816.162  1852.902  -899.0808

Random effects:
 Formula: ~Time | Person
  Structure: General positive-definite, Log-Cholesky parametrization
```

```
          StdDev    Corr
(Intercept) 1.8826725 (Intr)
Time        0.4051351 -0.346
Residual    1.4572374

Correlation Structure: AR(1)
 Formula: ~Time | Person
 Parameter estimate(s):
      Phi
0.1326346
Fixed effects: Life_Satisfaction ~ poly(Time, 3)
                   Value Std.Error  DF   t-value p-value
(Intercept)     5.938943  0.182953 320  32.46157  0.0000
poly(Time, 3)1 -20.615766 1.759420 320 -11.71736  0.0000
poly(Time, 3)2 -11.682913 1.418904 320  -8.23376  0.0000
poly(Time, 3)3   2.439191 1.324833 320   1.84113  0.0665
 Correlation:
               (Intr) p(T,3)1 p(T,3)2
poly(Time, 3)1 -0.009
poly(Time, 3)2 -0.016  0.027
poly(Time, 3)3  0.004 -0.035    0.014

Standardized Within-Group Residuals:
       Min         Q1        Med         Q3        Max
-2.58597365 -0.54411056 -0.04373592 0.50525444 2.78413461

Number of Observations: 438
Number of Groups: 115
```

이런 식으로 다항식을 생성하는 방법의 한 가지 장점은, 산출된 예측변수들이 서로 직교 (즉, 독립)라는 점이다. 예를 들어 *Time*과 *Time*^{2}, *Time*^{3}을 직접 지정한 예측변수들은 서로 매우 상관되어 있지만, *poly()*로 만든 예측변수들은 완전히 무상관이다. 이는 다른 추세들의 영향을 전혀 받지 않은 상태에서 한 추세를 평가할 수 있다는 뜻이다. 지금 예제에 이 방법을 적용한다면, 앞에서처럼 *update()* 함수를 이용해서 AR(1) 공분산구조가 있는 모형(*ARModel*)에 이 방법으로 추세들을 추가하면 된다. 그 모형에는 이미 시점이 예측변수로 추가되어 있으므로, 그 예측변수를 제거하고 추세 다항식들을 추가할 필요가 있다. 다음이 그러한 명령이다.

```
polyModel<-update(ARModel, .~ poly(Time, 3))
```

'~'는 '오른쪽 것들로 왼쪽을 예측하라'는 뜻이고 '.'는 '기존 모형의 것들을 사용하라'는 뜻임을 기억할 것이다. 따라서 *.~ poly(Time, 3)*는 '기존 모형과 동일한 결과변수를 *poly(Time, 3)*로 예측하라'는 뜻이 된다. 결과적으로, 이 명령은 기존 *ARModel* 모형의 예측변수 **Time**을 **Time**에 대한 1차(선형), 2차, 3차다항식(*poly()* 함수로 생성한)으로 대체한 모형을 생성한다. *ARModel*의 다른 모든 부분(확률효과들과 공분산구조)은 변하지 않는다.

출력 19.24에 다항식들을 포함한 모형의 요약(*summary(polymodel)*)이 나와 있다. 간단하게

만 말하자면, 이 결과는 출력 19.22의 것과 사실상 같다. 선형추세(*poly(Time, 3)1* 항목)와 이차추세(*poly(Time, 3)2*)는 유의하지만, 삼차추세(*poly(Time, 3)3*)는 유의하지 않았다($p = .067$). 회귀계수들은 이전과 다르지만(대비들이 직교이기 때문이다), 패턴이나 결과는 기본적으로 동일하다.

자가진단

✓ 이 두 번째 예제에서 우리는 *update()* 함수로 새 모형들을 생성했다. 다층모형 생성을 연습하는 차원에서, 이 예제의 각 모형을 *update()* 함수를 사용하지 말고 모든 옵션을 명시적으로 지정해서 생성하라.

19.7.10   추가 분석 ④

기본적인 수단들을 여러분에게 알려 주기 위해 이 성장곡선 분석을 간단하게만 설명했음을 알아주기 바란다. 앞의 예제에서는 선형 항의 절편과 기울기만 가변적으로 두었지만, 분석을 통해서 2차다항식이 반응의 변화를 잘 서술한다는 점을 발견한 만큼, 2차다항식의 기울기와

주입식 샘의 핵심 정리   **성장모형**

- 성장모형은 다층모형의 하나로, 시간의 변화에 따른 결과변수의 변화를 잠재적 성장 패턴을 이용해서 모형화한다.
- 그러한 성장 패턴은 선형(1차), 2차, 3차, 로그, 지수 등의 다양한 곡선으로 서술된다.
- 성장곡선 분석에서 자료의 위계구조는 시점들이 사람들(또는 다른 개체들) 안에 내포된 형태이다. 그런 만큼, 성장곡선 분석은 위계구조를 가진 반복측정 자료를 분석하는 한 방법이다.
- *anova()* 함수로 위계적 모형들의 전반적인 적합도를 비교할 수 있다. 함수가 출력한 로그가능도 값들의 차이와 그 유의확률을 보고 모형의 적합도가 유의하게 개선되었는지 판정한다(로그가능도 값의 차이가 유의하다는 것은 모형의 적합도가 유의하게 개선되었다는 뜻이다). 로그가능도 값 대신 AIC와 BIC를 비교할 수도 있다(단, *anova()* 함수는 이들에 대해서는 유의확률을 계산하지 않는다).
- 고정효과들(함수 출력의 *Fixed effects:* 항목)을 보면, 모형에 도입한 성장함수가 결과변수를 유의하게 예측했는지 알 수 있다. 만일 해당 p 값이 .05보다 작으면 그 효과가 유의한 것이다.
- *intervals()* 함수로 모형 매개변수들의 신뢰구간들을 알아낼 수 있다. 이 신뢰구간들을 보면 절편들과 기울기들이 수준 1 변수에 따라 변했는지, 그리고 그러한 변동이 유의한지 알 수 있다(신뢰구간에 0이 포함되어 있지 않으면 변동이 유의한 것이다).
- 성장모형이 서술하는 자료처럼 시간에 따라 변하는 자료에 대해서는 AR(1), 즉 1차 자기회귀 공분산구조를 가정하는 경우가 많다.

Miller, G., Tybur, J. M., & Jordan, D. B. (2007).
Evolution and Human Behavior, 28, 375-381.

대부분의 포유류 암컷은 소위 '발정기(estrus)'라는 것을 거친다. 발정기의 암컷은 성적으로 좀 더 관대하고, 적극적이고, 선택적이고, 매력적이다. 그런 만큼, 학자들은 이러한 발정기가 좀 더 우월한 유전자를 가진 수컷을 끌어들이는 진화적 이점을 가지고 있다고 간주한다. 그런데 유독 인간 여성에게는 이러한 중요한 기간이 사라지거나 숨겨졌다고 주장하는 학자들이 있었다. 이러한 진화적 개념을 검사하는 것은 특히나 어려운 일이지만, 조프리 밀러와 동료들은 그런 검사를 가능하게 하는 엄청나게 우아한 실험 방법을 고안했다. 그들은 만일 '숨겨진 발정기' 이론이 틀렸다면 남자들은 월경기나 황체기인 여성보다 배란기인 여성을 더 매력적으로 느낄 것이라고 추론했다.

남성이 느끼는 여성의 매력을 진화적으로 타당하게 측정하기 위해, 그들은 랩댄싱(lap-dancing) 클럽에서 일하는 여성들로부터 자료를 수집한다는 독창적인 발상을 떠올렸다. 그런 여성들은 남성 고객의 무릎 위에서 좀 더 자주 춤을 춤으로써 고객으로부터 받는 팁을 최대화하려 한다. 본질적으로, 남자들은 여러 댄서를 '시험해 보고' 그중 한 명을 골라서 더 여러 번 춤을 추게 한다. 남성은 각각의 춤에 대해 따로 '팁'을 준다. 따라서, 남자들이 특정 여성을 선택하는 횟수가 많을수록 그 여성은 더 많은 수입을 올리게 된다. 그런 만큼, 각 댄서의 수입은 남성 고객이 그 여성을 얼마나 매력적이라고 생각했는지를 나타내는 하나의 지수가 된다. 그래서 밀러와 그의 동료들은, 만일 여성 댄서가 발정기 중이라면 더 많은 고객을 사로잡아서 더 많은 돈을 벌 것이라고 주장했다. 그들의 연구는 실세계의 현상을 진화적으로 타당한 방식으로 사용해서 중요한 과학적 질문의 답을 구한 좋은 예이다.

이 연구의 자료가 **Miller et al. (2007).dat** 파일에 있다. 연구자들은 웹사이트를 통해서 여러 댄서(ID 변수로 식별)의 자료를 수집했다. 댄서들은 여러 랩댄싱 공연 기간에 대한 자료를 제공했다(따라서 각 댄서당 여러 행의 자료가 존재한다). 또한, 주어진 각 기간에서 댄서의 월경주기 중 기간(Cyclephase 변수)과 호르몬제 피임약 복용 여부(Contraceptive)도 측정했다(피임약이 월경주기에 영향을 미칠 수 있으므로). 결과변수는 주어진 공연 기간의 달러 단위 수입액이다(Tips).

댄서마다 자료를 제공한 공연 횟수가 다르기 때문에(9에서 29) 이 자료는 불균형이다. 따라서 다층모형을 사용하는 것이 적합하다.

실험복 레니가 여러분에게 원하는 것은 다층모형을 이용해서 Cyclephase와 Contraceptive, 그리고 그 상호작용이 Tips를 예측하는지 분석하고, 그 결과가 '숨겨진 발정기' 가설을 지지하는지 밝히는 것이다. 답은 부록 웹사이트의 보충 자료에 있다(또는 원래의 논문의 p. 378을 보라).

절편도 가변적으로 두고 분석을 다시 수행한다면 더욱 좋을 것이다. 이를 위해서는 그냥 모형의 가변적 부분에 그 항들을 추가하기만 하면 된다. 단, 한 번에 하나의 확률요소만 추가해서 모형을 점진적으로 확장한 후 모형들의 로그가능도 값이나 적합도 지수를 비교함으로써 각 확률요소가 모형에 미친 영향의 유의성을 판정하는 접근 방식을 적용해야 할 것이다.

그리고 성장곡선 분석에 앞에서 설명한 다항식들만 쓰이는 것은 아니라는 점도 지적하고 싶다. 때에 따라서는 시간에 따른 로그적 추세나 지수적 추세를 검사할 수도 있다.

19.8 다층모형의 보고 ③

다층모형의 보고에 대한 구체적인 조언은 찾기 힘들다. 또한, 모형 자체가 그 형태가 다양해서 표준적인 조언을 제공하기가 쉽지 않다. 고정매개변수들만 있는 모형에서 시작해서 확률절편이 있는 모형, 확률기울기가 추가된 모형으로 나아갔다면, 그 과정의 모든 단계를 보고하는 것이 바람직할 것이다(아니면, 최종 모형과 함께 적어도 고정효과만 있는 모형은 보고해야 한다). 각 모형에 대해서는 확률효과에 관한 것들을 언급할 필요가 있다. 예를 들어 미용성형수술 예제 최종모형의 확률효과를 다음과 같이 보고하면 될 것이다.

✓ 수술 여부와 수술 후 삶의 질의 관계에서, 참가자에 따른 절편들의 변동이 $SD = 5.48$ (95% CI: 3.31, 9.07), $\chi^2(1) = 107.65$, $p < .0001$로 유의했다. 또한, 참가자에 따른 기울기들의 변동도 $SD = 5.42$ (3.13, 9.37), $\chi^2(2) = 38.87$, $p < .0001$로 유의했으며, 기울기들과 절편들은 유의한 음의 상관관계를 보였다. 상관계수는 $-.95(-.99, -.60)$이다.

모형 자체는 두 가지 방식 중 하나로 보고할 수 있는데, 하나는 결과를 모두 글로 쓰는 것이다. 즉, 고정효과들의 b 값들과 t 값들, 그리고 자유도를 문장으로 보고하고, 확률효과들의 매개변수들도 역시 문장으로 보고한다. 다른 하나는 회귀분석에서처럼 매개변수들을 표로 만드는 것이다. 다음은 미용성형수술 예제의 최종 모형을 보고한 예이다.

✓ 수술 전 삶의 질은 수술 후 삶의 질을 $b = 0.31$, $t(262) = 5.75$, $p < .001$로 유의하게 예측했지만, 수술 여부는 $b = -3.19$, $t(262) = -1.46$, $p = .15$로 유의하게 예측하지 못했다. 그러나 수술 이유는 $b = -3.52$, $t(262) = -3.08$, $p < .01$로, 그리고 수술 이유와 수술 여부의 상호작용은 $b = 4.22$, $t(262) = 2.48$, $p < .05$로 수술 후 삶의 질을 유의하게 예측했다. 후자의 상호작용을 분해해서 '신체적 문제 해결'에 대한 다층모형과 '외모 변경'에 대한 다층모형으로 따로 분석했다. 이 모형들은 원래의 모형과 같되, 수술 이유의 주효과 및 수술 이유가 관여하는 상호작용 항을 제외한 것이다. 이들의 분석에 따르면, 단지 외모를 바꾸기 위해 수술을 받은 사람들의 경우 수술 여부가 수술 후 삶의 질을 $b = -4.31$, $t(87) = -1.89$, $p = .06$으로 거의 유의하게 예측했다. 이들의 수술 후 삶의 질은 대조군보다 낮았다. 그러나 신체적 문제의 해결을 위해 수술을 받은 사람들의 경우에는 수술 여부가 수술 후 삶의 질을 $b = 1.20$, $t(166) = 0.57$, $p = .57$로 유의하게 예측하지 못했다. 따라서, 상호작용 항의 효과는 수술 후 삶의 질의 예측변수로서의 수술 여부 변

수의 수술 이유에 따른 기울기 차이(신체적 문제 해결을 위한 사람들의 경우 기울기가 작은 양
수이고, 외모 변경을 위한 사람들의 경우 기울기는 음수이다)를 반영한다고 할 수 있다.

아니면 매개변수 정보를 다음과 같은 표로 제시할 수도 있다.

	b	SE b	95% CI
기저 삶의 질	0.31	0.05	0.20, 0.41
수술 여부	−3.19	2.19	−7.45, 1.08
수술 이유	−3.52	1.14	−5.74, −1.29
수술 여부 × 수술 이유	4.22	1.70	0.90, 7.54

이번 장에서 발견한 통계학 ②

이번 장을 쓰기 위해 나는 많은 것을 공부해야 했다. 예전부터 다층모형을 공부하려 했지만 미루어 왔
는데, 이번 장을 다 쓰고 나니 뭔가 해낸 것 같은 느낌이 든다. 밤 11시에서 새벽 세 시까지 많은 글을
읽고 쓰면서 보낸 밤이 많았던 만큼 성취감도 크다. 그러나 아직도 나는 다층모형을 이해했다고 말할 수
없다. 만일 여러분이 다층모형을 이해했다고 느꼈다면, 그것은 그냥 느낌일 뿐이다. 가혹한 말이겠지만,
다층모형은 대단히 복잡한 주제이고, 이번 장은 단지 수박 겉핥기였을 뿐이다. 다층모형이 수렴하지 않
아서 아무런 사과나 해명 없이 분석이 실패하는 경우가 많으며, 그럴 때 무엇이 문제인지 파악하려다 보
면 마치 내가 내 머리에 못을 박는 듯한 기분이 든다.

물론 이런 사실을 이번 장 시작에서 미리 경고하지는 않았는데, 이는 여러분이 이번 장을 다 읽길 원
했기 때문이다. 미리 경고하는 대신 자료를 위계적으로 만드는 방법과 그러한 위계적 구조를 부드럽게
설명하면서 여러분에게 상황이 실제보다 덜 복잡한 듯한 느낌을 주려고 했다. 이 책의 대부분의 검정은
위계구조를 그냥 무시한다. 또한, 나는 위계적 모형이 그냥 회귀모형을 좀 더 그럴듯하게 치장한 것이라
는 점과 위계적 모형을 통해서 개체들 안의 기울기들과 절편들의 변이성을 추정할 수 있다는 점도 이야
기했다. 우선은 위계구조를 무시한 모형으로 시작하고 확률절편과 확률기울기를 추가해서 모형의 적합
도가 개선되는지 봐야 한다는 점도 설명했다. 이렇게 표준적인 다층모형의 따뜻한 욕조에 몸을 푹 담갔
다가, 갑자기 성장곡선이라는 차가운 호수로 뛰어들었다. 시간에 따른 자료의 변화 추세를 모형화하는
방법을 살펴보았으며, 그런 추세들도 가변적인 절편과 기울기를 가질 수 있다는 점도 이야기했다. 또한,
그러한 추세들을 4차다항식 같은 헷갈리는 이름으로도 부른다는 점도 알게 되었다. 사실 나는 '케이트'
처럼 좀 더 그럴듯한 이름을 붙이면 안 되나 하는 생각도 했다. 선형추세를 케이트라고 부르고 이차추
세는 벤자민, 삼차추세는 조이, 사차추세는 더그라고 부르면 좋지 않을까? 그것이 통계학자다운 자세라
고 생각하면서 스스로 만족해 본다.

또한, 이번 장에서 여러분은 수년간 억눌렀던 큰 소음에 대한 내 열정이 결국에는 더 나은 나를 만
드는 데 도움이 되었음을 알게 되었다. 이상이 지금까지의 내 인생 이야기이다. 솔직히 말해서 좀 더 다
채로운 몇몇 사건은 생략했지만, 그것은 단지 그런 사건을 통계학과 그럴듯하게 연결하는 방법을 찾지

못했기 때문일 뿐이다. 내 인생 이야기에서 알게 되었듯이, 나는 어릴 적 꿈을 하나도 이루지 못했다. 그래도 괜찮다. 이제는 다른 야망들이 있기 때문이다('록스타'가 되는 것보다는 규모가 조금 작지만). 그리고 나는 그 야망들을 이루는 데 실패할 준비도 되어 있다. 남아 있는 질문은, 이 책이 출판된 후에도 내 인생이 존재할 것인가이다. 통계학책 저술이 인생에 미치는 영향은 과연 무엇일까?

이번 장에서 사용한 R 패키지

car
ggplot2

nlme
reshape

이번 장에서 사용한 R 함수

aov()
anova()
ggplot()
gls()
I()

intervals()
lm()
lme()
loglik()
melt()

poly()
summary()
update()

이번 장에서 발견한 주요 용어

AR(1)
고정기울기
고정절편
고정계수
고정변수
고정효과
그룹 평균 급내상관계수

다층 선형모형
다항식
대각
분산성분
비구조적
성장곡선
슈바르츠의 베이즈 정보기준(BIC)

중심화
총평균 중심화
확률기울기
확률절편
확률계수
확률변수
확률효과

똑똑한 알렉스의 과제

- **과제 1**: 미용성형수술 예제를 이용해서, §19.6.9에서 설명한 최종 모형에 **BDI**, **Age**, 그리고 **Gender**를 고정효과 예측변수로 추가한 모형을 분석하라. 새 예측변수들을 추가해서 어떤 변화가 생겼는가? ④

- **과제 2**: 본문의 §19.7.2의 성장모형 예제를 이용해서, **Gender**를 공변량으로 추가해서 자료를 분석하라. 결론이 달라지는가? ④

- **과제 3**: 아이들에게 운동시키기: 힐 등은 '계획된 행동 이론(theory of planned behavior)'에 기초한 소책자를 아동에게 제공했을 때 아동의 운동량이 증가하는지를 연구했다(Hill, Abraham, & Wright, 2007). 실험적 개입(**Intervention**)은 총 네 가지로, 대조군, 소책자, 소책자와 쪽지시험(quiz), 소책자와 계획이었다. 표본은 22개 학급(**Classroom**)의 아동 503명으로 구성되었다. 한 학급의 학생들에게 서로 다른 조건을 적용하는 것이 비현실적이었기 때문에, 네 조건을 22개의 학급에 무작위로 배정했다. 개입 후 각 아동에게 지난 3주간 주당 적어도 30분짜리 운동을 몇 회나 실행했는지를 물었다(**Post_Exercise**). 이 자료(**Hill et al. (2007).dat**)를 다층모형으로 분석해서, 개입이 아동의 운동 수준에 영향을 미쳤는지 파악하라(자료의 위계구조는, 아동이 학급에 내포되고 학급이 개입에 내포된다는 것이다). ④

- **과제 4**: 위의 분석을 반복하되, 개입 전 운동 수준(**Pre_Exercise**)을 공변량으로 포함하라. 이에 의해 결과가 어떻게 달라지는가? ④

답은 이 책의 부록 사이트에서 볼 수 있다.

더 읽을거리

Kreft, I., & de Leeuw, J. (1998). *Introducing multilevel modeling*. London: Sage. (쉽게 읽을 수 있지만 깊이도 있는 멋진 책이다.)

Tabachnick, B. G., & Fidell, L. S. (2001). *Using multivariate statistics* (4th ed.). Boston: Allyn & Bacon. (제15장은 다층 선형모형을 이번 장보다 조금 더 깊게 들어가서 멋지게 설명한다.)

Twisk, J. W. R. (2006). *Applied multilevel analysis: A practical guide*. Cambridge: Cambridge University Press. (다층모형에 관한 절대적으로 뛰어난 입문서이다. 초보자를 대상으로 한 이 책은 다층모형을 유례없이 명확하게 설명한다. 내가 읽은 최고의 초보자용 입문서라는 데 의문의 여지가 없다.)

흥미로운 실제 연구

Cook, S. A., Rosser, R., & Salmon, P. (2006). Is cosmetic surgery an effective psychotherapeutic intervention? A systematic review of the evidence. *Journal of Plastic, Reconstructive & Aesthetic Surgery, 59*, 1133-1151.

Miller, G., Tybur, J. M., & Jordan, B. D. (2007). Ovulatory cycle effects on tip earnings by lap dancers: Economic evidence for human estrus? *Evolution and Human Behavior, 28*, 375-381.

에필로그: 통계학의 발견 이후의 삶

Here's some questions that the writer sent
Can an observer be a participant?
Have I seen too much?
Does it count if it doesn't touch?
If the view is all I can ascertain,
Pure understanding is out of range*

(Fugazi, 'Ex Spectator', The Argument, 2001)

이 책의 SPSS 버전을 쓸 때 내 주된 야망은 내가 재미있게 읽을 만한 통계학 책을 쓰는 것이었다. 상당히 이기적인 야망이었음을 인정한다. 나는 만일 재미있는 예제들이 많이 들어 있는 참고서가 있다면 뭔가 필요한 것이 생겼을 때 책에서 그것을 찾아서 읽는 것이 훨씬 수월하리라고 생각했다. 솔직히 나는 내 책을 누가 사리라고는 생각하지 않았다(물론 부모님은 예외이다). 오히려 나는 '제X장은 완전히 틀렸고 너는 엄청난 바보야'라든가 '이 쓰레기 때문에 나무가 몇 그루나 희생되었다니 창피한 줄 알아, 이 뇌 없는 천치 녀석아!' 같은 반응이 쏟아질 것이라고 예상했다. 사실 출판사 사람들도 이 책이 팔릴 것으로 생각하지 않았다(그들은 이 점을 나중에야 고백했음을 밝혀 둔다). 그 외에도 내가 예상하지 못했던 일들이 발생했다.

1. **친절한 이메일**: 나는 그 책을 마음에 들어 한 수백 명의 사람이 대단히 친절한 이메일을 보내리라고는 예상하지 못했다. 지금까지도 나는 친절한 이메일을 받는 것은 물론이고 이 책을 누군가가 읽는다는 것 자체를 신기한 일로 느낀다. 그리고 이 책이 누군가에게 도움이 되었다는 생각을 하면 저절로 미소가 지어진다. 단, 친절한 감상 다음에 네 페이지 분량의 통계학 질문이 이어지면 그 미소는 점차 사라지고 만다...

---

*역주 서문의 인용문과 마찬가지로, 그저 뜻을 짐작할 정도로만 직역하자면: "다음은 저자가 보낸 질문들이다/관찰자가 참가자가 될 수 있는가?/내가 너무 많은 것을 보았을까?/접촉하지 않아도 유효한가?/확실한 것이 관점뿐이라면/순수한 이해는 범위 밖이다"

2 모두가 나를 통계학자라고 생각한다: 사실 이 점은 예상해야 했는데, 통계학 교과서를 썼더니 모두 내가 통계학자인 줄 안다. 나는 통계학자가 아니라 심리학자이다. 이 때문에, 통계학 질문에 답을 못해서 사람들을 실망시키는 일이 계속되고 있다. 사실 이 책에 나온 것이 내가 아는 통계학의 전부이다. 통계학에 관해서 이 책에 없는 것은 내 뇌에도 없다. 사실 그것은 거짓말이다. 통계학에 관해서는 내 뇌보다 이 책에 더 많은 것이 들어 있다. 예를 들어 로지스틱 회귀 장에는 다항 로지스틱 회귀에 관한 예가 나온다. 그전까지 나는 다항 로지스틱 회귀를 사용해 본 적이 없었기 때문에, 그 부분을 쓰기 위해 나는 다항 로지스틱 회귀에 관한 많은 글을 읽었다. 그 부분을 쓴 것이 벌써 삼 년 전 일이니, 이제는 내가 쓴 것을 대부분 까먹은 상태이다. 만일 내가 다항 로지스틱 회귀분석을 수행할 일이 생기면 나는 그 장을 다시 읽어야 할 것이고, 아마 '와, 내가 뭘 좀 아는 것처럼 글을 썼었네'라고 생각하게 될 것이다.

3 대규모의 광기: 통계학을 발견한 후, 그러니까 이 책의 SPSS 버전을 쓴 후 내 인생에 생긴 가장 멋진 일은 사람들이 나보다 더 이상한 사람임을 과시하는 모습을 보게 되었다는 점이다. 그런 사람들 덕분에 그 책을 쓴 후의 내 인생은 심오하게 즐거운 체험으로 가득하게 되었다. 몇 가지 예를 들면:

- **고양이를 위한 통계학:** 많은 사람이 자신의 고양이나 개가 내 책을 읽는 모습을 찍은 사진을 보내 주었다(내 페이스북 페이지 http://www.facebook.com/ProfAndyField에서 그런 사진들을 볼 수 있다). 편지함에 있는 사진 덕분에 김이 모락모락 나는 똥 같은 하루가 향기로운 튤립 꽃길을 걷는 하루로 바뀌는 날이 많았다.

- **페이스북:** 영국 엑서터 시에 특이나 이상한 사람이 두 명 있었다. 나와 일면식도 없는 그들은 페이스북에 'Andy Field appreciation society(앤디 필드 감사 협회)' 페이지를 만들었다. 좀 무서운 느낌이 들어서 자주 가지는 않았지만, 솔직히 말하면 꽤 멋진 일이라고 생각했다. 마치 내가 항상 되고 싶었던 록스타가 된 기분이다. 단, 사람들은 록스타 팬클럽에 정말로 그러고 싶어서 가입하지만, 내 팬클럽에는 그냥 재미로 가입한다. 어쨌거나, 내가 찬밥 더운밥 가릴 처지는 아니고, 내가 정말로 인기가 있어서 그런 모임이 생겼는지에 대해서는 더 이상 까다롭게 따지지 않기로 했다.

- **영화:** 아마도 내게 생긴 가장 이상한 일은 워시번 대학교의 줄리-르네 카브리엘(Julie-Renée Kabriel)과 그녀의 정신 나간 친구들이 'Discovering Stats'에 대한 오마주 동영상을 제작했다는 것이다(http://www.youtube.com/watch?v=oLsrt594Xxc). 그 동영상을 보면서 나는 한편으로는 기절할 정도로 웃고, 한편으로는 대단히 즐거웠다. 부모님도 그 동영상을 좋아했다. (신기하게도, 그 동영상의 배경음악은 레너드 스키너드의 'Sweet Home

Alabama'였다. 언젠가 애버딘 대학에서 강연을 한 후 술집에 갔다가, 예기치 않게 전혀 모르는 사람들과 임시로 밴드를 결성해서 그 노래의 드럼을 연주한 적이 있다.)

- **부검 참여**: 부검에 초대를 받은 적이 있다. 정말로! 레스터 시의 어떤 (아주 친절한) 법의학자들이 내 책을 너무나 좋아해서, 내 노력에 보상을 주어야겠다고 생각했다. 그들은 가장 적절한 보상은 시체를 가르는 모습을 보여주는 것이라고 결정했다(또는, 온종일 사건 현장들을 방문하거나). 이상하긴 하지만 나는 그들의 논리가 이해가 갔다. 잔인한 장난일 수 있고 심지어는 해부대 위에 내 시체가 올라갈 수도 있을 것 같다는 생각에 조금 무서워져서 가지는 않았지만, 이 책의 다음 판을 위한 소재 거리를 생각한다면 가는 것이 좋았을 수도 있겠다...

- **사탄과의 우정**: 블랙메탈 밴드 Abgott의 매니저에게 이메일을 받았다. 그녀는 자신의 연구에 내 책을 사용했는데, 내가 블랙메탈을 좋아한다는 점을 알고 감명을 받았다고 한다. 내 밴드는 그다음 주에 런던에서 공연할 예정이었는데, 한 명이라도 관객을 늘리자는 생각에서 그녀를 초대했다. 그런데 그녀는 밴드 멤버 몇 명도 데려왔으며, 공짜로 CD도 몇 장 선물해 주었다. 그들은 내게 '사악한 통계량(The Evil Statistic)'이라는 이름을 붙였다. 당신은 그들의 앨범을 산다, 산다, 산다...

통계학 책을 쓴 후에는 즐거운 일이 끊이지 않았다. 나는 그 책의 여러 개정판과 R 버전까지 쓰게 되리라고는 꿈도 꾸지 않았다. 나는 누구에게나 통계학 책을 써보라고 권한다. 그러면 여러분의 인생이 바뀔 것이다. 누군가에게 도움이 되었다는 이야기를 들으면서 가슴 따뜻한 기분을 느끼게 될 것이고, 모르는 사람이 자신의 애완동물 사진을 보낼 것이고, 어떤 사람들은 여러분에 관한 동영상을 만들 것이고, CD를 주거나 팬클럽을 만들 것이다. 심지어 시체를 해부하는 곳으로 초대받거나 블랙메탈 밴드에 참가하게 될 수도 있다(아닐 수도 있지만, 내 드럼 실력이 늘고 그들의 드러머의 팔다리가 부러진다면, 어찌 될지 누가 알겠는가?). 그리고 사람들은 여러분의 지능을 계속해서 과대평가할 것이다. 이 모든 광기가 이후로도 오랫동안 지속되길!

R 문제해결

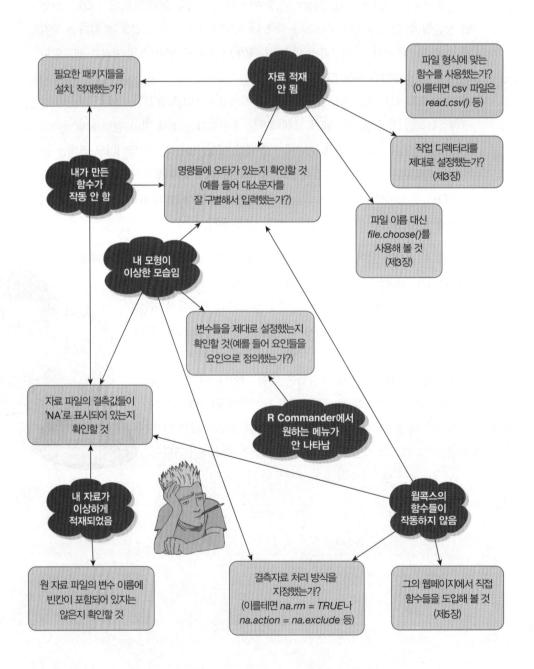

용어집

0: 내가 이 책을 쓰는 데 들인 노력에 대한 세이지(원서 출판사)의 추측이 얼마나 정확한지를 나타내는 수치.

−2LL: 로그 가능도에 −2를 곱한 것. 로지스틱 회귀모형의 이탈도로 쓰인다.

가능도(likelihood): 어떤 관측값들에 적합시켜서 매개변수들을 구한 모형으로 예측한 값들이 원래의 관측값들과 같을 확률.

가변수(dummy variable): 범주가 셋 이상인 범주형변수를 0 또는 1만 가질 수 있는 일련의 이분적 변수들로 다시 부호화하는 수단. 가변수 부호화는 기본적으로 다음과 같은 일곱 단계로 진행된다. (1) 부호화하려는 그룹의 수에서 1을 뺀다. (2) 그 수만큼의 변수들을 새로 만든다(이들이 가변수들이다). (3) 그룹 중 하나를 기저(baseline) 그룹으로 선택한다(기저 그룹은 다른 모든 그룹과 비교할 하나의 그룹이다. 대조군이 좋은 예이다). (4) 모든 가변수에 대해, 기저 그룹에 0이라는 값(부호)을 배정한다. (5) 첫 가변수에 대해, 기저 그룹과 비교할 첫 그룹에 값 1을 배정한다(다른 모든 그룹에는 0을 배정한다). (6) 둘째 가변수에 대해, 기저 그룹과 비교할 둘째 그룹에 값 1을 배정한다(다른 모든 그룹에는 0을 배정한다). (7) 나머지 가변수들에도 같은 과정을 반복한다.

가설 SSCP(*H*): 가설 제곱합 교차곱 행렬(hypothesis sum of squares and cross-products matrix). 다변량 자료에 적합된 예측적 선형모형의 제곱합 교차곱 행렬이다. 체계적 변동을 나타내며, 모형제곱합의 다변량 버전에 해당한다.

가설(hypothesis): 세계의 상태에 관한 예측(실험가설과 귀무가설도 보라).

가중치(weight, 또는 가중값): 어떤 대상(보통은 통계의 한 변수)에 곱하는 수치. 변수에 배정된 가중치는 그 변수가 포함된 수학 공식에 그 변수가 미치는 영향(기여)의 크기를 결정한다. 가중치가 클수록 변수는 더 큰 영향을 미친다.

강건한 검정(robust test; 또는 로버스트 검정): 통계량의 정규성 가정이 깨졌을 때도 통계량들을 신뢰성 있게 추정하는 일단의 절차들을 일컫는 용어이다.

개체간 설계(between-subject design): 독립설계의 별칭.

개체내 설계(within-subject design): 반복측정 설계의 별칭.

객체(object): 개별 변수나 변수들의 집합, 통계적 모형 등등 R에서 생성되는 모든 것을 지칭하는 용어이다. 객체는 하나의 값(일단의 점수들의 평균)일 수도 있고 여러 조각의 정보로 이루어진 컬렉션일 수도 있다. 예를 들어 어떤 분석을 실행하면 그 분석의 출력이 담긴 객체가 생성된다. 이는 그 객체에 여러 가지 값들과 변수들이 들어 있음을 뜻한다.

검사-재검사 신뢰성(test-retest reliability): 같은 개체들을 서로 다른 두 시점에서 검사했을 때 일관된 결과를 산출하는 측정의 능력.

검정력(power): 특정 크기의 효과를 검출하는 능력(흔히, 원하는 효과를 .8(퍼센트로는 80%)의 확률로 검출할 수 있는 검정력을 목표로 삼는다).

검정통계량(test statistic): 서로 다른 값들이 얼마나 자주 발생하는지 말해주는 통계량. 어떠한 가설을 검증할 때 흔히 그러한 통계량의 관측값을 사용한다.

결과변수(outcome variable; 또는 출현변수): 하나 또는 여러 개의 예측변수로 값을 예측하고자 하는 변수.

결정계수(coefficient of determination): 한 변수의 변동 중 다른 한 변수가 설명하는 변동의 비율. 피어슨 상관계수의 제곱이다.

계획된 대비(planned contrast): 그룹 평균들을 이론에 기초해서 체계적으로 비교하는 방법으로, 자료를 수집하기 전에 설정해야 한다. 기본적인 착안은, 그룹 차이들의 전체적인 효과에 의한 변동을 점차 더 작은 변동 조각들로 분해해서 비교한다는 것이다. 계획된 대비는 사후검정보다 검정력이 더 높다.

계획된 비교(planned comparison): 계획된 대비의 별칭.

고정계수(fixed coefficient): 고정된, 다시 말해 상황이나 문맥에 따라 변하지 않는 계수 또는 모형 매개변수(확률계수도 보라).

고정기울기(fixed slope): 다층모형에서 모형의 기울기가 고정되었음을 나타내는 데 쓰이는 용어. 서로 다른 그룹이나 맥락들에 따라 변할 수 없는 기울기를 말한다(확률기울기도 보라).

고정변수(fixed variable): 고정변수는 시간에 따라 변하지 않을 것으로 간주되는 변수이다(예를 들어 대다수의 사람은 태어난 후 자신의 성별을 바꾸지 않으므로, 성별은 고정변수이다).

고정절편(fixed intercept): 다층모형에서 모형의 절편이 고정되었음을 나타내는 데 쓰이는 용어. 서로 다른 그룹이나 맥락들에 따라 변할 수 없는 절편을 말한다(확률절편도 보라).

고정효과(fixed effect; 또는 모수효과): 연구자가 관심을 두는 모든 가능한 처리 조건이 실험에 나타날 때, 그러한 실험의 효과를 가리켜 고정효과라고(또는, 효과가 고정되었다고) 부른다. 고정효과는 오직 그 실험의 상황으로만 일반화할 수 있다. 예를 들어 제10장 비아그라 예제에서, 만일 우리가 주어진 세 조건(위약, 저용량 복용, 고용량 복용)에만 관심을 두었다면, 그 효과는 고정효과이다. 따라서 분석으로 발견한 사실들을 오직 위약, 저용량, 고용량의 상황으로만 일반화할 수 있다.

공변량(covariate): 공분산과 관련해서, 측정된 결과변수와 관계가 있는(또는, 관계가 있을 가능성이 있는) 변수.

공분산(covariance): 두 변수의 '평균적인' 관계를 나타내는 측도로, 교차곱 편차들의 평균값(즉, 교차곱 편차들의 합을 관측값 개수 빼기 1로 나눈 것)이다.

공분산분석(analysis of covariance): 주어진 선형모형의 전반적인 적합도를 F 비를 이용해서 검사하는 통계적 절차로, 결과변수에 대한 하나나 그 이상의 공변량들의 효과를 통제하면서 검사한다는 점이 특징이다. 실험연구에서는 선형모형을 그룹 평균들로 정의하는 경향이 있다. 그런 경우 공분산분석은 임의의 공변량을 제거해서 결과변수의 변동 중 일부가 설명된 후에 그룹 평균들이 유의하게 다른지를 전반적으로 검사하는 절차가 된다.

공분산비(covariance ratio, CVR): 한 사례가 회귀모형의 매개변수들의 분산에 영향을 미치는지의 여부를 나타내는 측도. 이 비가 1에 가까우면 해당 사례는 모형 매개변수들의 분산에 영향을 거의 미치지 않는 것이다. 벨시 등은 다음을 추천했다(Belsey 외, 1980): 만일 어떤 사례의 CVR이 $1 + [3(k + 1)/n]$보다 크면, 그 사례를 삭제하면 일부 모형 매개변수의 정밀도가 손상된다. 만일 어떤 사례의 CVR이 $1 - [3(k + 1)/n]$보다 작으면, 그 사례를 삭제하면 일부 모형 매개변수의 정밀도가 향상된다. (여기서 k는 예측변수 개수이고 n은 표본 크기이다.)

공분산행렬의 동질성(homogeneity of covariance matrices): 다변량분산분석 같은 일부 다변량 검정들의 한 가정. 일변량 분석의 분산의 동질성 가정을 확장한 것이다. 단, 이 가정은 각 종속변수의 분산이 그룹에 따라 동일하다고 가정할 뿐만 아니라 그 종속변수들 사이의 관계의 공분산도 대략 같다고 가정한다. 가정 성립 여부는 분석의 서로 다른 그룹들의 모집단 분산-공분산 행렬들을 비교해서 판정한다.

공차(tolerance; 또는 허용): 다중공선성의 한 측도로, 그냥 분산팽창인자의 역수이다. 공차가 0.1보다 작으면 심각한 문제가 존재할 가능성이 있다. 단, 메나드는 0.2 이하이면 걱정할 필요가 있다고 제안한다(Menard, 1995).

공통분산(common variance): 둘 이상의 변수가 공유하는 분산(변동).

공통성(communality): 한 변수에 존재하는 공통분산의 비율. 이 용어는 주로 인자분석에서 쓰인다. 유일분산이나 임의분산이 전혀 없는 변수의 공통성은 1이고, 다른 변수들과 분산을 전혀 공유하지 않는 변수의 공통성은 0이다.

교차 타당성검사(cross-validation): 서로 다른 표본들에 대해 모형의 정확도가 다른지 검사한다. 이는 일반화에서 중요한 절차이다. 회귀모형에서는 두 가지 교차 타당성검사 수단이 있는데, 하나는 수정된 R^2이고 다른 하나는 자료 분할이다. 후자의 경우 자료를 무작위로 절반으로 나누고 각 절반에 대해 회귀모형을 추정해서 두 결과를 비교한다.

교차곱 편차(cross-product deviation): 두 변수의 '총' 관계를 나타내는 측도. 한 변수의 편차(점수와 평균의 차이)를 다른 변수의 해당 편차와 곱한 것이다.

구간 자료(interval data): 변수 척도상의 임의의 두 구간의 간격이 같으면 그에 대응되는 측정치들의 차이들도 동일해야 한다는 조건을 만족하는 방식으로 측정된 자료. 예를 들어 Amazon.com에서 사람들은 이 책에 1에서 5점까지의 점수를 준다. 만일 그 자료가 구간자료이려면, 점수가 3에서 4로 올라갈 때의 이 책에 대한 호감의 변화는 1에서 2로 올라갈 때나 4에서 5로 올라갈 때의 호감의 변화와 같아야 한다.

구간변수(interval variable; 또는 간격변수, 등간변수): 구간 자료를 담는 변수.

구조행렬(structure matrix): 인자분석에서 자료의 각 인자에 대한 각 변수의 상관계수들로 이루어진 행렬. 직교회전을 사용하는 경우 이 행렬과 패턴행렬이 같지만, 사각행렬을 사용하는 경우에는 두 행렬이 서로 다르다.

구형성(sphericity): 복합 대칭성의 덜 제한적인 형태로, 같은 개체(참가자 등)로부터 수집한 자료 사이의 차이들의 분산이 같다는 것이다. 흔히 반복측정 분산분석에서 이러한 구형성을 가정한다. 구형성 가정은 같은 참가자로부터 수집한 자료점이 둘 이상일 때만 적용된다(그린하우스-가이서 수정과 후인-펠트 수정도 보라).

권태 효과(boredom effects): 많은 수의 과제를 수행하거나 시간이 오래 걸리는 과제를 수행할 때 지루함이나 주의력 부족 때문에 참가자의 성과가 달라질 수 있음을 가리키는 용어. 간단히 말해서, 이 용어집을 읽으면서 여러분이 겪는 것이 바로 권태 효과이다.

귀무가설(null hypothesis; 또는 영가설): 실험가설의 역으로, 실험가설이 틀렸고 예측한 효과가 존재하지 않는다는 가설이다.

그래픽 창(graphics window): 그래픽이나 그래프가 표시되는 창(MacOS에서는 창 이름이 *Quartz*이다).

그룹 평균 중심화(group mean centering): 주어진 변수의 각 점수에서 그 점수가 속한 그룹의 평균을 빼서 점

수들을 변환하는 것을 말한다. 총평균 중심화도 보라.

그룹간 설계(between-group design): 독립설계의 별칭.

그린하우스-가이서 수정(Greenhouse-Geisser correction): 자료가 구형성에서 얼마나 벗어났는지를 추정한 값으로, 최댓값은 1(자료가 구형성 가정을 완전히 만족)이고 최솟값은 조건 개수에 의존한다(이 최솟값을 구형성의 하계 추정값이라고 부른다). 그린하우스-가이서 수정 추정값이 1보다 작으면 구형성 가정이 깨진 것이므로, 해당 F 비와 관련된 자유도를 수정할 필요가 있다(자유도에 추정값을 곱하면 된다). 그린하우스-가이서 수정이 너무 보수적이라고(엄격하다고) 주장하면서 대신 후인-펠트 수정을 권하는 사람들도 있다.

급내상관계수(intraclass correlation coefficient, ICC): 상관계수의 하나로, 같은 계급(class)의 관측값들 사이의 일관성을 평가하는 데 쓰인다(서로 다른 계급의 변수들 사이의 관계를 측정하는 피어슨 상관계수도 보라). 주된 용도 두 가지는 같은 측도에 대한 쌍별 자료(쌍둥이에서 얻은 자료 등)를 비교하는 것과 일단의 대상들에 대해 판정자가 내린 등급들의 일관성을 평가하는 것이다. 이 상관계수의 계산 방법은 원하는 것이 일관성의 평가인지 아니면 절대적인 부합 여부를 판정하는 것인지에 따라 다르다. 전자의 경우에는 점수들의 순서만 고려하고 그 점수들의 크기(특정 값을 중심으로 한)는 무시한다. 후자의 경우에는 점수들의 순서와 상대적 크기를 모두 고려한다. 이 상관계수는 다층 선형모형에서 같은 맥락 안에 있는 자료의 의존성을 측정하는 데도 쓰인다.

급첨(leptokurtic): 첨도를 보라.

기움(skew; 또는 왜도): 도수분포의 대칭성을 나타내는 측도. 대칭적인 분포는 기움이 0이다. 빈번한 점수들이 척도의 낮은 쪽 끝에 몰려 있고, 값이 큰 점수들이 그 반대쪽 끝에서 꼬리를 형성하는 경우 기움의 값이 양수이다. 반대로, 빈번한 점수들이 척도의 높은 쪽 끝에 몰려 있고, 값이 작은 점수들이 그 반대쪽 끝에서 꼬리를 형성하는 경우에는 기움의 값이 음수이다.

기준타당성(criterion validity): 측정장치로 얻은 점수들이 측정된 구인(construct)과 개념적으로 관련된 동시적 외부 측도들에 해당하는지(또는 그것들을 예측하는지)의 여부 또는 그러한 증거.

긴 형식 자료(long format data): '녹은' 자료라고도 부른다. 긴 형식의 자료에서는 독립변수 또는 예측변수의 수준들이 데이터프레임의 각자 다른 행으로 표현되고, 결과변수의 점수들은 하나의 열에 축적된다. 그러한 점수들의 특성들에 관한 정보는 각 점수가 있는 행에 저장된다.

날짜 변수(date variable): 날짜를 담는 변수. R은 dd-mmm-yyyy(이를테면 21-Jun-1973)나 dd-mmm-yy(이를테면 21-Jun-73), mm/dd/yy(이를테면 06/21/73), dd.mm.yyyy(이를테면 21.06.1973) 등 다양한 형식의 날짜를 지원한다.

내용타당성(content validity): 검정의 내용이 애초에 다루고자 했던 구인의 내용에 해당하는지의 여부 또는 그러한 증거.

넓은 형식 자료(wide format data): 독립변수 또는 예측변수의 수준들이 데이터프레임의 각자 다른 열로 표현되고, 결과변수의 점수들은 여러 열(각각 독립변수의 한 수준을 대표하는)에 들어 있는 형태의 자료.

네이글커크의 R_N^2(Nagelkerke's R_N^2): 로지스틱 회귀를 위한 결정계수의 하나로, 콕스–스넬 R_{CS}^2이 이론적 최댓값에 도달하지 못하는 문제를 수정한 것이다.

녹은 자료(molten data): 긴 형식 자료를 보라.

다변량(multivariate): '여러 변수'라는 뜻으로, 흔히 측정한 결과변수가 여러 개인 상황(다변량분산분석, 주성분분석 등)을 지칭하는 데 쓰인다.

다변량분산분석(multivariate analysis of variance, MANOVA): 기본적인 분산분석을 결과변수를 여러 개 측정한 상황으로 확장한 일단의 검정들을 가리키는 용어.

다변량정규성(multivariate normality): 한 변수에 대한 분포의 정규성 가정을 다수의 변수들로 확장한 것이다. 다변량 정규분포는 일단의 변수 $v' = \begin{bmatrix} v_1, v_2 ... , v_n \end{bmatrix}$에 대해 다음과 같이 정의되는 확률분포이다.

$$f(v') = 2\pi^{-\frac{n}{2}} |\Sigma|^{-\frac{1}{2}} \exp \left\{ -\frac{1}{2}(v-\mu)' \Sigma^{-1}(v-\mu) \right\}$$

여기서 μ는 변수들의 평균들의 벡터이고 Σ는 분산–공분산 행렬이다. 이게 무슨 말인지 이해했다면 나보다 똑똑한 것이다.

다봉분포(multimodal distribution): 최빈값이 셋 이상인 관측값 분포.

다중 R^2(multiple R^2): 다중상관계수의 제곱으로, 결과변수의 관측값들과 다중회귀모형이 예측한 값들이 공유하는 변동의 비율에 해당한다.

다중공선성(multicollinearity): 둘 이상의 변수에 고도의 선형관계가 존재하는 상황을 말한다.

다중회귀(multiple regression): 단순회귀의 확장으로, 둘 이상의 예측변수들의 선형결합으로 결과변수를 예측한다. 모형은 다음과 같은 형태이다.

$$Y_i = (b_0 + b_1 X_{1i} + b_2 X_{2i} + ... + b_n X_{ni}) + \varepsilon_i$$

여기서 Y는 결과변수이고 X들은 예측변수들이다. 각 예측변수에는 회귀계수 b가 연관되며, b_0는 절편, 즉 모든 예측변수가 0일 때의 결과변수의 값이다.

다층 선형모형(multilevel linear model; 또는 다수준 선형모형): 자료의 위계구조를 명시적으로 고려한 선형모형(회귀분석이나 분산분석, 공분산분석의 선형모형과 본질적으로 같다). 다층 선형모형에서는 회귀계수들을 고정시킬 수 있을(회귀분석이나 분산분석에서처럼) 뿐만 아니라, 가변적으로 둘 수도 있다(즉, 위계구조의 상위 수준에 있는 여러 맥락에 따라 변하게 할 수 있다). 즉, 회귀 매개변수마다 고정된 성분뿐만 아니라 그 매개변수가 문맥에 따라 얼마나 변하는지에 대한 추정값도 존재한다(고정계수, 확률계수를 보라).

다항 대비(polynomial contrast): 자료의 추세를 검사하기 위한 대비. 가장 기본적인 형태는 선형추세를 보는 것이다(즉, 그룹 평균들이 일차 비례 관계로 변하는지 검사한다).

다항 로지스틱 회귀(multinomial 또는 polychotomous logistic regression): 범주가 셋 이상인 결과변수에 대한 로지스틱 회귀.

다항식(polynomial): 시간에 따른 성장곡선 또는 추세를 현학적으로 일컫는 용어. 검사하고자 하는 다항식의 차수로 예측변수를 거듭제곱한 곡선을 결과변수의 변화 패턴과 비교한다. 예를 들어 시간이 원래의 예측변수라고 할 때, 선형추세(1차다항식)를 검사하고 싶다면 시간 자체(시간 1제곱)를 예측변수로 포함하고, 이차추세(2차다항식)를 검사하고 싶다면 시간^{2}을, 5차다항식을 검사하고 싶다면 시간^{5}을 포함해서 검사한다. 일반화하자면, n차 다항식을 검사하려면 시간^{n}을 포함하면 된다.

단계적 회귀(stepwise regression): 다중회귀의 한 방법으로, 변수들을 통계적 기준(결과변수의 준편상관)에 기초해서 모형에 추가한다. 새 변수를 모형에 추가한 후에는 모형의 모든 변수를 평가해서 모형에서 제거할 변수를 찾는다.

단순회귀(simple regression): 하나의 예측변수로 하나의 변수(결과변수)를 예측하는 선형모형으로, 다음과 같은 방정식으로 정의된다.

$$Y_i = (b_0 + b_1 X_i) + \varepsilon_i$$

여기서 Y는 결과변수이고 X는 예측변수, b_1은 예측변수와 연관된 회귀계수이다. 그리고 b_0는 절편, 즉 예측변수가 0일 때의 결과변수의 값이다.

단순효과분석(simple effects analysis): 한 독립변수의 개별 수준에서의 다른 한 독립변수(범주형 예측변수)의 효과를 살펴보는 분석.

단위행렬(identity matrix; 또는 항등행렬): 대각성분들이 모두 1이고 비대각성분들은 모두 0인 정방행렬(열과 행의 개수가 같은 행렬). 예를 들어 다음은 모두 단위행렬이다.

$$\begin{pmatrix} 1 & 0 \\ 0 & 1 \end{pmatrix} \begin{pmatrix} 1 & 0 & 0 \\ 0 & 1 & 0 \\ 0 & 0 & 1 \end{pmatrix} \begin{pmatrix} 1 & 0 & 0 & 0 \\ 0 & 1 & 0 & 0 \\ 0 & 0 & 1 & 0 \\ 0 & 0 & 0 & 1 \end{pmatrix}$$

특이성(singularity; 또는 단일성): 변수들이 완전상관인 (즉, 상관계수가 1 또는 −1인) 상황을 나타내는 용어.

대각(diagonal): 다층모형에 쓰이는 공분산구조의 하나. 분산들이 모두 같다고 가정하지는 않지만, 공분산들이 모두 0이라고 가정한다.

대립가설(alternative hypothesis; 또는 대안가설): 효과가 존재하리라는(즉, 실험 조작이 서로 연관된 특정 변수들에 어떤 효과를 미치리라는) 예측.

더빈-왓슨 검정(Durbin-Watson test): 회귀모형에서 오차들 사이의 이연상관을 검사한다. 좀 더 구체적으로 말하면, 이 검정은 인접한 잔차들이 상관되어 있는지 판정한다. 이 검정은 오차의 독립성 가정을 평가하는 데 유용하다. 이 검정의 검정통계량은 0에서 4까지인데, 2는 잔차들이 무관하다는 뜻이다. 2보다 큰 값은 인접한 잔차들의 관계가 음의 상관이라는 뜻이고, 2보다 작은 값은 양

의 상관이라는 뜻이다. 더빈-왓슨 검정통계량의 크기는 모형의 예측변수 개수와 관측값 개수에 의존한다. 좀 더 구체적인 기준은 원래의 논문(Durbin & Watson, 1951)에 나온 정확한 허용값들을 참고하기 바란다. 아주 보수적인 일반 법칙은, 이 값이 1보다 작거나 3보다 크면 문제가 될 수 있다는 것이다. 그러나, 2와 아주 가까운 값이 나왔다고 해도 표본과 모형에 따라서는 문제가 될 수 있다.

데이터프레임(dataframe; 자료틀): 여러 변수로 이루어진 객체. 변수들의 형식이 서로 다를 수 있다는 점이 행렬과 다르다(예를 들어 하나의 데이터프레임에 문자열 변수와 수치 변수를 담을 수 있지만, 행렬로는 그런 일이 불가능하다).

도수분포(frequency distribution; 또는 빈도분포): 수평축은 관측값들이고 수직축은 자료집합에서 각 값이 출현한 횟수인 그래프. 히스토그램이라고도 한다.

도표 쓰레기(chartjunk): 그래프에 표시된 자료로부터 시선을 빼앗는 불필요한 여분의 재료.

독립 t 검정(independent t-test): t 검정통계량을 이용한 검정으로, 독립적인 표본들에서 수집한 두 평균이 유의하게 다른지 검사한다.

독립 분산분석(independent ANOVA): 모든 독립변수 또는 예측변수를 서로 다른 참가자들을 이용해서 조작한 (즉, 모든 자료가 서로 다른 개체에서 비롯되는) 실험 설계에 대해 수행하는 분산분석을 말한다.

독립 요인설계(independent factorial design): 실험설계의 하나로, 둘 이상의 예측변수(또는 독립변수)를 각각 다른 참가자들(또는 시험할 다른 종류의 개체들)을 이용해서 측정한다.

독립변수(independent variable): 예측변수의 또 다른 이름. 이 용어는 주로 실험 방법론과 관련해서 쓰인다(그럴 때만 의미가 있으므로). '독립'은 이 변수를 실험자가 조작하기 때문에 그 값이 다른 어떤 변수에 의존하지(종속되지) 않는다는 점에서 비롯된 것이다. 나는 그냥 특정 방법론에 국한되지 않는 용어인 예측변수를 항상 사용한다.

독립설계(independent design): 실험설계의 한 방식으로, 서로 다른 개체들에 서로 다른 처리 조건을 적용한다(예를 들어 심리학에서는 이는 참가자마다 서로 다른 실험 조건을 적용해서 조사하는 것에 해당한다). 따라서 결과들이 서로 독립이다. 그룹간 설계나 개체간 설계라고도 한다.

독립성(independence): 한 자료점이 다른 자료점에 영향을 미치지 않는다는 가정. 자료를 사람들에서 측정한 경우, 독립성은 기본적으로 한 사람의 행동이 다른 사람의 행동에 영향을 미치지 않음을 뜻한다.

등분산성(homoscedasticity): 회귀분석의 한 가정으로, 예측변수(들)의 각 수준에서 잔차들의 분산이 같다는 것이다. 다른 말로 하면, 임의의 예측변수의 각 점에서 잔차들이 퍼진 정도가 대체로 일정하다는 가정이다.

레빈 검정(Levene's test): 서로 다른 그룹들의 분산들이 같다는(즉, 분산들의 차이가 0이라는) 가설을 검사한다. 기본적으로 이는 편차 점수(즉, 점수와 그룹 평균의 차이의 절 댓값)들에 대해 일원 분산분석(제10장 참고)을 실행하는 것에 해당한다. 검정 결과가 유의하다는 것은 분산들이 유의하게 다르다는, 다시 말해 분산의 동질성이 깨졌다는 뜻이다. 표본 크기가 클 때는 그룹 분산들이 조금만 달라도 레빈 검정이 유의할 수 있으므로, 분산비를 이용해서 이중으로 확인하는 것이 바람직하다.

로그 가능도(log-likelihood; 또는 로그 우도): 범주형변수가 있는 모형의 오차 또는 설명되지 않은 변동의 양을 나타내는 측도이다. 예측값들과 실제 결과들에 관련된 확률들의 합에 기초한다. 모형 적합 이후에도 설명되지 않는 정보가 어느 정도인지를 나타낸다는 점에서 다중회귀의 잔차제곱합과 비슷하다. 로그가능도 통계량이 크다는 것은 설명되지 않은 관찰이 많다는 뜻이며, 따라서 통계적 모형이 자료에 잘 적합하지 않았다는 뜻이 된다. 로그가능도는 가능도의 로그이다.

로그선형분석(loglinear analysis): 카이제곱 검정의 한 확장으로, 셋 이상의 범주형변수의 관계를 분석하는 데 쓰인다. 본질적으로 이 분석에서는 도수(주어진 범주에 속하는 사례들의 개수)들을 예측하는 선형모형을 자료에 적합시킨다. 그런 면에서 분산분석과 아주 비슷하나, 전적으로 범주형자료에 대한 것이라는 점이 다르다.

로이의 최대근(Roy's largest root): 다변량분산분석의 한 검정통계량으로, 일단의 관측값들에 대한 첫 판별함수 변량의 고윳값이다. 따라서 이는 첫 변량만으로 호텔링–롤리 대각합을 구한 것과 같다. 이 검정통계량은 첫 판별함수 변량에 대한 설명되지 않은 변동 대 설명된 변동의 비(SS_M/SS_R)를 나타낸다.

로지스틱 회귀(logistic regression): 다중회귀의 한 확장으로, 결과변수가 범주형변수일 때 사용한다. 범주가 단 두 개인 결과변수를 예측하는 로지스틱 회귀를 이항 로지스틱 회귀라고 부르고, 범주가 그보다 많은 결과변수에 대한 로지스틱 회귀를 다항 로지스틱 회귀라고 부른다.

막대그림표(bar chart; 또는 막대그래프, 막대도표): 범주형변수의 수준들(x 축)에 대해 요약통계량(보통은 평균; y 축)을 해당 높이의 막대로 표시한 그래프이다(후자의 범주형변수는 이를테면 사람들의 그룹들이나 서로 다른 시점 또는 실험 조건들에 해당한다). 다른 색상의 막대로 둘째 범주형변수의 수준들을 표시할 수도 있다.

만-위트니 검정(Mann-Whitney test): 비모수적 검정의 하나로, 두 독립 표본의 차이를 검사한다. 좀 더 구체적으로 말하면, 이 검정은 같은 모집단에서 수집한 두 표본의 순위들이 유의하게 다른지 판정한다. 이 검정은 윌콕슨 순위합 검정과 기능이 같다. 두 검정 모두 독립 t 검정의 비모수적 버전에 해당한다.

맥니머 검정(McNemar's test): 명목자료를 사용한 연구에서, 연관된 두 그룹의 차이를 검사한다(윌콕슨 부호순위 검정도 보라). 검정은 주로 참가자들의 점수 변화를 살펴볼 때 쓰이는데, 응답이 어떤 한 방향으로 변한(이를테면 점수가 증가한) 참가자들과 그 반대 방향으로 변한(점수가 감소한) 참가자들의 비율을 비교한다. 서로 연관된 이분적 변수가 두 개 있을 때는 이 검정을 사용해야 한다.

맥주 안경 효과(beer-goggles effect): 알코올을 많이 섭취할수록 이성(또는, 성적 지향에 따라서는 동성) 상대가 더 매력적으로 느껴지는 현상.

메타 분석(meta-analysis): 비슷한 연구 결과들에 대한 통계적 절차의 하나이다. 같은 질문을 연구한 개별 연구에서 얻은 효과들의 크기를 표준적인 방식으로(효과크기를 이용해서) 결합한다면 모집단에 존재하는 진짜 효과를 좀 더 정확하게 파악할 수 있다는 간단한 착안에 기초한다.

명목변수(nominal variable): 수치들이 그냥 이름들을 뜻할 뿐인 범주형변수. 럭비 선수의 등 번호가 좋은 예이다. 등 번호가 1인 선수가 등 번호가 2인 선수보다 열등한 것은 아니다. 등 번호는 그냥 선수의 위치(풀백, 후커 등)를 나타낼 뿐이다.

모수적 검정(parametric test): 통계학자들이 밝혀낸 다양한 분포 중 하나를 따르는 자료를 요구하는 검정이다. 일반적으로 이 용어는 정규분포에 기초한 모수적 검정을 뜻한다. 그러한 모수적 검정이 정확하려면 분포의 정규성(정규분포 항목 참고), 분산의 동질성, 구간 자료 또는 비 자료, 독립성이라는 네 가지 기본 가정이 성립해야 한다.

모자 값(hat value): 지렛대 값의 별칭.

모자이크그림(mosaic plot): 둘 이상의 범주형변수들의 관계를 보여주는 그래프.

모집단(population): 일반적으로, 통계학에서 말하는 모집단은 어떠한 일단의 발견들이나 통계적 모형을 일반화하고자 하는 개체(사람, 플랑크톤, 식물, 도시, 자살 경향이 있는 저자, 등등)들의 집단을 가리킨다.

모클리 검정(Mauchly's test): 구형성 가정의 검정. 이 검정의 결과가 유의하면 구형성 가정이 깨진 것이다. 반복측정 분산분석에서 구형성 가정이 깨진 경우에는 F 비 계산에 쓰이는 자유도를 적절히 수정해야 한다. 모클리 검정은 자료의 분산–공분산 행렬을 단위행렬과 비교한다. 만일 분산–공분산 행렬이 단위행렬의 스칼라 배이면 구형성이 성립하는 것이다.

모형제곱합(model sum of squares): 모형이 설명하는 변이성의 총량을 측정한 것. 총제곱합에서 잔차제곱합을 뺀 것과 같다.

몬테카를로 방법(Monte Carlo method): 자료 시뮬레이션을 이용해서 어떤 통계적 문제를 푸는 과정을 일컫는 용어로, 컴퓨터가 없던 시절 몬테카를로 카지노의 룰렛 바퀴로 '난수'를 생성한 것에서 유래한다. 예를 들어 칼 피어슨은 몬테카를로 카지노의 룰렛 바퀴들로부터 얻은 자료를 담은 〈르모나코〉(Le Monaco)라는 파리의 한 주간 간행물을 구매해서, 그 자료의 난수들을 자신의 통계학 연구에 활용했다.

문자열 변수(string variable): 문자들로 이루어진 자료를 담는 변수. 예를 들어 '용어집 항목들을 작성하는 게 얼마나 즐거운가?' 같은 주관식 문항의 응답(이를테면 '내 생식기를 달궈진 석탄에 놓는 것과 비슷하게 즐겁다')을 문자열 변수에 담을 수 있다.

밀도 그림(density plot): 히스토그램과 비슷하되, 분포를 막대들이 아니라 매끄러운 선으로 표시한다. 점수들의 분포의 전반적인 형태를 파악할 때 유용하다.

바틀렛 검정(Bartlett's test): 완전한 이름은 바틀렛의 구형성 검정으로, 이름에서 짐작하듯이 구형성 가정에 관한 검정이다. 이 검정은 분산–공분산 행렬이 단위행렬에 비례하는지 검사한다. 기본적으로 이 검정은 주어진 분산–공분산 행렬의 대각성분들이 모두 같고(즉, 그룹 분산들이 동일하고) 비대각성분들은 0에 가까운지(즉, 종속변수들이 상관되지 않았는지) 검사한다. 다변량 분석에 경험이 많은 제러미 마일스(Jeremy Miles)는 이 검정의 결과가 유의하지 않은 행렬은 한 번도 본 적이 없다고 주장하며, 나 역시 그런 행렬을 한 번도 보지 못했다(비록 다변량 분석을 그리 많이 해보지는 않았지만). 따라서 이 검정의 실용성에는 의문의 여지가 있다.

박스 검정(Box's test): 공분산행렬의 동질성 가정을 검사한다. 만일 공분산행렬들이 같으면 이 검정의 결과가 유의하지 않게 나온다. 박스 검정은 다변량정규성의 위반에 영향을 크게 받는다는 점으로 유명하다. 즉, 공분산행렬들이 유의하게 달라서가 아니라 단지 다변량정규성 가정이 성립하지 않기 때문에 유의한 검정 결과가 나올 가능성이 있다. 따라서, 박스 검정이 결과를 해석하기 전에 먼저 자료가 다변량정규성 가정을 만족하는지 파악할 필요가 있다(그런데 그 가정을 검사하는 것은 아주 어려운 일이다).

반복측정 분산분석(repeated-measures ANOVA): 하나나 그 이상의 독립변수(또는 예측변수)들을 모든 조건에서 같은 참가자들로 측정한 설계에 대한 분산분석.

반복측정 설계(repeated-measures design): 실험 설계의 한 방식으로, 같은 개체들에 서로 다른 처리 조건을 적용한다(예를 들어 심리학에서는 이는 각 참가자가 모든 실험 조건에 참여하는 것에 해당한다). 따라서 결과들은 서로 연관된다. 연관 설계나 개체내 설계라고도 한다.

반복측정 요인설계(repeated-measures factorial design): 실험설계의 하나로, 둘 이상의 예측변수(또는 독립변수)를 같은 참가자들(또는 시험할 다른 종류의 개체들)을 이용해서 측정한다.

반분신뢰도(split-half reliability): 설문지의 신뢰성을 측정하는 측도의 하나. 문항들을 두 부분으로 나누고(어느 정도 임의적으로), 각 절반으로 점수를 측정한다. 두 점수들의 상관계수를 적절히(절반의 문항들만 사용했다는 사실을 고려해서) 수정한 값을 신뢰성 측도로 사용한다. 이를 계산하는 방법은 크게 두 가지이다. 스피어먼(Spearman, 1910)과 브라운(Brown, 1910)은 문항들의 표준편차를 고려하지 않는 다음과 같은 공식을 고안했다.

$$r_{sh} = \frac{2r_{12}}{1 + r_{12}}$$

여기서 r_{12}는 척도의 두 절반의 상관계수이다. 그러나 플래너건(Flanagan, 1937)과 룰론(Rulon, 1939)은 문항들에 존재하는 변동을 고려한 다음과 같은 공식을 제안했다.

$$r_{sh} = \frac{4r_{12} \times s_1 \times s_2}{S_T^2}$$

여기서 s_1과 s_2는 측도의 각 절반의 표준편차이고 S_T^2은 전체 문항의 분산이다. 좀 더 자세한 사항은 [Cortina, 1993]을 보라.

반증(falsification): 어떤 가설이나 이론이 틀렸음을 증명하는 행위.

배리맥스(varimax): 직교회전의 한 방법. 인자들 안에서의 인자적재값들의 분산이 최대가 되는 각도를 찾는다. 즉, 각 인자에 대해 적재값이 큰 변수들의 개수가 줄어드는 각도를 추구한다. 결과적으로, 인자들의 군집을 해석하기가 쉬워진다.

뱀장어: 길고 뱀 같은 물고기로, 비늘과 배지느러미가 없다. 조기어강 뱀장어목에 속하는 동물인데, 변비 치료를 위해(또는 다른 어떤 이유이든) 항문에 삽입해서는 안 된다.

범위(range): 점수들의 범위는 가장 큰 점수에서 가장 작은 점수를 뺀 것이다. 이것은 자료 집합에서 점수들이 퍼져 있는 정도, 즉 산포(dispersion)의 정도를 측정한 것이다. 분산, 표준편차, 사분위간 범위도 보라.

범주형변수(categorical variable): 객체나 개체의 범주들로 구성된 변수. 1, 2:1, 2:2, 3, 통과, 낙제로 구성된 영국의 학점 분류가 좋은 예이다. 한 졸업생은 그 범주 중 하나에만 속할 수 있으므로(아무쪼록 범주 1에 속길 기원한다!), 졸업생들의 학점들은 하나의 범주형변수를 형성한다.

변수(variable; 또는 변인): 측정할 수 있고 개체에 따라 또는 시간에 따라 다를 수 있는 모든 것.

변환(transformation): 자료 집합의 모든 관측값에 하나의 수학 함수를 적용하는 절차이다. 흔히 기움이나 왜도 같은 비정상적인 분포 특성을 수정하는 데 쓰인다.

복합 대칭성(compound symmetry): 서로 다른 조건들에서 분산들이 같고(분산의 동질성에 해당) 조건 쌍들의 공분산들도 같을 때 참이 되는 조건이다.

본페로니 수정(Bonferroni correction): 유의성 검정을 여러 번 수행할 때 생기는 제1종 오류율 증가 문제를 통제하기 위해 α 수준을 조정하는 수정 방법이다. 각 검정에서는 α 수준(보통은 .05)을 실행한 검정 횟수로 나눈 값을 유의성 기준으로 사용해야 한다. 이는 간단하지만 효과적인 수정 방법이나, 검정 횟수가 많을 때는 너무 엄격해지는 경향이 있다.

부분 에타제곱(partial eta squared, 부분 η^2): 분석의 다른 변수들을 제거했을 때 한 변수가 설명하는 변동의 비율을 나타내는 에타제곱의 한 버전이다. 보통의 에타제곱은 전체 변동 중 한 변수가 설명하는 변동의 비율이지만, 부분 에타제곱은 분석의 다른 변수들이 설명하지 못하는 변동 중 한 변수가 설명하는 변동의 비율이다.

부분상관(part correlation): 준편상관의 별칭.

부트스트랩(bootstrap; 또는 자육(自育)): 어떤 통계량의 표집분포를, 자료집합에서 값들을 거듭 추출, 대체해서 추정하는 기법이다. 본질적으로 이 기법은 자료를 마치 모집단으로 간주해서 작은 표본(부트스트랩 표본)들을 취한다. 각 표본에 대해 원하는 통계량(평균 등)이나 b 계수를 계산하고, 그것으로부터 통계량의 표집분포를 추정한다. 통계량의 표준오차는 부트스트랩 표본들의 표집분포의 표준편차로 추정한다. 그에 기초해서 신뢰구간과 유의확률을 계산한다.

분산 합 법칙(variance sum law): 두 독립변수의 차이의 분산은 두 독립변수의 분산의 합과 같다는 법칙.

분산(variance): 자료 집합의 평균 변이성(분산)을 추정한 값. 제곱합을 자유도(그 제곱합을 구하는 데 사용한 값들의 개수 빼기 1)로 나눈 것이다.

분산-공분산 행렬(variance-covariance matrix): 측정한 변수들을 요약하는 정방행렬(열과 행의 수가 같은 행렬). 대각성분은 각 변수의 분산이고 비대각성분은 각 변수 쌍의 공분산이다.

분산분석(analysis of variance, ANOVA): 주어진 선형모형의 전반적인 적합도를 F 비를 이용해서 검사하는 통계적 절차. 실험연구에서는 그룹 평균들로 그러한 선형모형을 정의하는 경향이 있다. 그런 경우 분산분석은 그룹 평균들이 유의하게 다른지를 전반적으로 검사하는 절차가 된다.

분산비(variance ratio): 하틀리의 F_{max} 항목을 보라.

분산성분(variance component): 다층모형에 쓰이는 공분산구조의 하나. 아주 단순한 공분산구조로, 모든 확률효과가 서로 독립이고 확률 효과들의 분산이 모두 같으며 그 분산들의 합이 결과변수의 분산과 같다고 가정한다.

분산의 동질성(homogeneity of variance): 한 변수의 분산이 다른 변수의 모든 수준에서 안정적이라는(즉, 차이가 거의 없다는) 가정.

분산의 이질성(heterogeneity of variance): 분산의 동질성의 반대. 즉, 한 변수의 분산이 다른 변수의 여러 수준에 따라 다름을 뜻한다.

분산팽창인자(variance inflation factor, VIF): 다중공선성의 한 측도로, 주어진 한 예측변수가 다른 예측변수(들)와 강한 선형관계인지 말해준다. 마이어스는 VIF가 10 이상이면 걱정할 필요가 있다고 제시한다(Myers, 1990). 또한, 만일 평균 VIF가 1보다 크면 다중공선성 때문에 회귀모형이 편향될 수 있다(Bowerman & O'Connell, 1990).

분위수(quantile): 자료 집합을 같은 비율의 부분들로 나누는 값. 예를 들어 사분위수는 자료를 동일한 크기의 네 부분으로 나누는 분위수이다. 마찬가지로, 백분위수(percentile)들은 자료를 100개의 동일한 부분들로 나누고, 구분위수(nonile)들은 자료를 아홉 개의 동일한 부분들로 나눈다(다른 수들로도 마찬가지로 일반화된다).

분포의 정규성 가정: 모수적 검정의 결과를 일반화할 때는 주어진 통계량이 정규분포를 따른다고 가정할 때가 많다. 여기서 주어진 통계량은 표집분포일 수도 있고 모형의 오차들일 수도 있다. 이 가정이 참이 아니면 강건한 검정을 적용해야 한다.

분할표(contingency table; 또는 우발표): 둘 이상의 범주형변수들의 교차분류를 나타낸 표. 각 변수의 수준들로 구성된 격자의 각 칸에 해당 범주에 속하는 관측값들의 수가 들어 있다. 예를 들어 다음은 용어집을 써야 했던 저자와 그렇지 않은 저자의 두 범주를 가진 glossary라는 범주형변수와 정상, 주체할 수 없이 흐느낌, 완전히 미침이라는 세 가지 범주를 가진 mental state라는 범주형변수의 분할표이다. 표를 보면 용어집을 쓰기로 한 저자 127명이 완전히 미쳤지만 그렇지 않은 저자는 단 두 명만 완전히 미쳤음을 즉시 알 수 있다.

비구조적(unstructured): 다층모형에 쓰이는 공분산구조의 하나로, 완전히 일반적이다. 이 구조는 공분산들을 전혀 예측할 수 없다고 가정한다. 즉, 공분산들은 어떤 특정한 체계적 패턴을 따르지 않는다.

비모수적 검정(non-parametric test; 또는 비모수 검정): 모수적 검정의 가정들에 제약을 받지 않는 일단의 통계적 절차들을 일컫는 용어이다. 특히, 이 검정들은 표집분포가 정규분포라고 가정하지 않는다.

비율변수(ratio variable): 구간변수의 조건들을 만족할 뿐만 아니라, 비(ratio)들이 의미가 있어야 한다는 조건까지 만족하는 연속변수. 예를 들어 Amazon.com에서 사람들은 이 책을 1에서 5까지의 점수로 평가하는데, 그러한 평가 자료가 비율변수가 되려면 구간변수의 조건들을 만족해야 할 뿐만 아니라, 점수들의 비율이 의미가 있어야 한다. 예를 들어 4점을 준 사람은 2점을 준 사람보다 이 책을 두 배 더 좋게 평가한 것이어야 하며, 2점을 준 사람은 1점을 준 사람보다 두 배 더 좋게 평가한 것이어야 한다.

		glossary		총계
		용어집을 써야 했음	그렇지 않음	
mental state	정상	5	423	428
	주체할 수 없이 흐느낌	23	46	69
	완전히 미침	127	2	129
	총계	155	471	626

비체계적 변동(unsystematic variation): 연구자가 관심을 둔 효과 때문에 생긴 것이 아닌 변동을 말한다. 예를 들어 서로 다른 표본에 있는 사람들의 개인차(지능 차이, 동기 차이 등) 때문에 생긴 변동일 수 있다. 이것을 자료에 그 어떤 모형을 적합시켜도 설명되지 않는 변동이라고 생각해도 될 것이다.

비표준화잔차(unstandardized residual): 모형의 잔차들을 원래 측정한 결과변수의 단위로 표현한 것.

사각회전(oblique rotation): 인자분석에 쓰이는 회전의 하나로, 바탕 인자들이 서로 관련된 상황에서도 사용할 수 있다.

사분위간 범위(interquartile range): 점수들을 순서대로 정렬해서 상위 25%와 하위 25%를 제거하고 가운데 50%의 점수들로 계산한 범위. 상위 사분위수와 하위 사분위수의 차이에 해당한다.

사분위수(quartile): 순서 있는 자료를 같은 크기의 네 부분으로 나누는 세 값을 통칭하는 용어이다. 세 사분위수 중 첫째를 하위 사분위수, 둘째를 중앙값, 셋째를 상위 사분위수라고 부른다.

사차추세(quartic trend): 각 조건의 평균을 조건들의 순서에 따라 그래프에 그리고 선으로 이었을 때 선의 진행 방향이 세 번 바뀐다면, 해당 자료에는 삼차추세가 있는 것이다. 사차추세는 조건이 적어도 다섯 개이어야 가능하다.

사후검정(post hoc test): 그룹 평균들을 비교하는 검정으로, 자료를 수집하기 전에 정해 두어야 한다. 일반적으로 사후검정은 가능한 모든 그룹 쌍의 두 평균을 비교한다. 비교 횟수가 많다는 단점을 보완하기 위해, 각 검정에 대해 좀 더 엄격한 유의성 판정 기준을 적용한다. 그런 만큼 계획된 대비보다 검정력이 떨어지는 경향이 있다. 대체로 사후검정은 계획된 대비를 설정할만한 굳건한 가설이 없을 때 탐색을 목적으로 사용한다.

산비탈그림(scree plot): 인자분석에서 각 인자(x 축)와 해당 고윳값(y 축)을 그린 그래프. 각 인자의 상대적 중요도를 보여준다. 이 그래프는 곡선이 마치 산비탈처럼 급격하게 내려가다가 꼬리가 길게 이어지는 특징적인 형태를 띤다. 곡선의 방향이 급히 바뀌는 변곡점을 추출 기준으로 사용한다. 참가자가 200명을 넘을 때, 그러한 변곡점은 상당히 신뢰성 있는 추출 기준이 된다(Stevens, 2002).

산점도(scatterplot): 한 변수의 점수와 다른 변수의 점수의 조합을 점으로 표시한 그래프(변수를 하나 더 추가한 3차원 산점도도 가능하다).

삶: 통계학 교과서를 쓰는 동안에는 가질 수 없는 것.

삼차추세(cubic trend): 각 조건의 평균을 조건들의 순서에 따라 그래프에 그리고 선으로 이었을 때 선의 진행 방향이 두 번 바뀐다면, 해당 자료에는 삼차추세가 있는 것이다. 삼차추세는 조건이 적어도 네 개이어야 가능하다.

상관계수(correlation coefficient): 두 변수의 연관성 또는 관계의 강도를 나타내는 측도. 피어슨 상관계수, 스피어먼 상관계수, 켄달의 타우를 보라.

상관연구(correlational research): 연구의 한 방식으로, 현실 세계에서 자연스럽게 발생하는 일을 직접적인 간섭 없이 관찰한다. 자연스럽게 발생한 변수들의 상관관계를 살펴보기 위해(인과관계를 밝히기 위해서가 아니라) 자료를 분석할 때 흔히 이 용어를 사용한다. 횡단면연구와 비슷하고, 실험연구와는 반대이다.

상쇄(counterbalancing): 권태 효과나 연습 효과에 의한 체계적 변동을 없애기 위해, 참가자들이 실험조건들에 참가하는 순서를 체계적으로 다르게 하는 것. 조건이 둘(A와 B)인 가장 간단한 상황이라면, 참가자들의 절반은 A를 먼저 수행한 후 B를 수행하게 하고, 나머지 절반은 B를 먼저 수행한 후 A를 수행하게 한다.

상위 사분위수(upper quartile): 자료의 상위 25%를 잘라내는 기준. 자료의 점수들을 순서대로 정렬해서 그 중앙값에서 둘로 나누었을 때 상위 절반의 중앙값이 곧 상위 사분위수이다.

상자그림(boxplot): 일단의 관측값들의 몇 가지 중요한 특성들을 나타낸 그래프로, 상자수염도라고도 한다. 상자그림의 중심에는 중앙값이 있고, 그 중앙값 주위를 상자(직사각형)가 감싼다. 그 상자의 상단과 하단은 관측값들의 중간 50%가 속하는 구간(사분위간 범위)의 상계와 하계이다. 상자의 상단과 하단을 넘어선 곳에는 사분위간 범위의 1.5배에 해당하는 '수염'들이 있다. 이들은 각각 가장 큰 점수와 가장 작은 점수를 나타낸다.

상자수염도(box-whisker diagram): 상자그림을 보라.

상호작용 그래프(interaction graph): 둘 이상의 독립변수들의 평균을 그린 그래프로, 한 변수의 서로 다른 수준들에 대해 다른 변수의 평균들을 표시한다. 흔히 평균 자료점들을 선으로 잇거나, 평균 자료점을 막대로 표시한다. 이런 그래프는 상호작용 효과를 파악하는 데 도움이 된다.

상호작용 효과(interaction effect): 결과변수에 대한, 둘 이상의 예측변수들이 결합된 효과.

생태타당성(ecological validity): 연구나 실험, 검정의 결과를 현실 세계의 조건들에 적용하거나 추론할 수 있는지의 여부 또는 그러한 증거.

샤피로-윌크 검정(Shapiro-Wilk test): 점수들의 분포가 정규분포와 유의하게 다른지 검사한다. 이 검정의 결과가 유의하다면 점수들이 정규성에서 벗어난 것이다. 그러나 이 검정은 표본의 크기에 영향을 많이 받는 것으로 악명이 높다. 표본이 크면 정규분포를 조금만 벗어나도 유의한 결과가 나올 수 있음을 주의해야 한다.

선 그래프(line graph): x 축의 범주형변수 수준(이를테면 사람들의 그룹들이나 서로 다른 시점 또는 실험 조건들)과 y 축의 요약통계량(보통은 평균)에 해당하는 지점에 특정한 기호를 표시하고, 그 기호들을 선으로 연결한 그래프이다. 선 그림표(line chart)라고도 한다. 다른 색상의 선으로 둘째 범주형변수의 수준들을 표시할 수도 있다.

선형모형(linear model): 직선에 기초한 모형.

성분행렬(component matrix): 주성분분석에서 구조행렬을 일컫는 일반적인 용어.

성장곡선(growth curve): 어떤 결과가 시간에 따라 변하는 모습을 요약한 곡선. 다항식을 보라.

수정 R^2(adjusted R^2): 회귀에서 예측 능력의 손실 또는 축소 정도를 나타내는 측도. 수정 R^2은 만일 표본을 얻은 모집단으로부터 회귀모형을 유도했다면 그 모형이 결과변수의 변동을 얼마나 설명할 것인지를 말해주는 값이다.

수정 예측값(adjusted predicted value): 자료 중 특정 사례 하나가 모형에 미치는 영향을 파악하는 데 쓰이는 것으로, 해당 사례를 제외한 자료로 모형을 만들어서 해당 사례를 예측한 값이다. 만일 그 사례가 모형에 그리 큰 영향을 미치지 않는다면, 그 사례를 제외했을 때와 그렇지 않았을 때 모형이 예측한 값들이 비슷할 것이다. 그 사례를 포함해서 만든 모형의 예측값과 제외해서 만든 모형의 예측값의 차이를 *DFFit*으로 표기한다.

수정평균(adjusted mean): 공분산분석에서 수정평균은 그룹 평균의 값을 공변량의 효과를 고려해서 수정한 것이다.

수치 변수(numeric variable): 수치들을 담는 변수.

순서변수(ordinal variable): 어떤 일들이 발생했는지 말해줄 뿐만 아니라 그런 일들이 어떤 순서로 발생했는지도 말해주는 자료를 담는 변수. 그러한 자료는 값들의 차이에 관해서는 아무것도 말해 주지 않는다. 예를 들어 금메달, 은메달, 동메달은 순서적인 자료이다. 이들은 금메달 수상자가 은메달 수상자보다 우월하다는 점은 말해주지만, 얼마나 우월한지는(마라톤에서 금메달 수상자가 은메달 수상자보다 훨씬 먼저 완주했는지, 아니면 끝까지 경쟁했는지 등) 말해 주지 않는다.

순위화(ranking): 원본 점수들을, 그 점수들을 순서대로 정렬했을 때 점수의 위치를 나타내는 수치로 변환하는 과정. 점수들을 오름차순으로(즉, 가장 낮은 점수에서 가장 높은 점수로) 정렬한 경우 가장 낮은 점수에 순위 1을 배정하고, 그다음 점수에 순위 2를 배정하는 식으로 진행된다.

슈바르츠의 베이즈 정보기준(Schwarz's Bayesian information criterion, BIC): AIC와 비슷한 모형 적합도 통계량으로, AIC보다 보수적이다(매개변수 개수가 많을수록 추정값을 좀 더 가혹하게 수정한다). 표본 크기가 크고 매개변수가 적을 때 사용해야 한다. 이 통계량 자체를 해석할 수는 없지만, 서로 다른 모형의 값을 비교함으로써 모형의 변화가 적합도에 어떤 영향을 미쳤는지 파악할 수는 있다. 값이 작을수록 모형이 자료에 더 잘 적합하는 것이다.

스튜던트화 잔차(studentized residual): 표준화잔차의 일종으로, 비표준화잔차를 자료점마다 달라지는 표준편차의 추정값으로 나눈 것이다. 이 잔차들은 표준화잔차와 같은 성질을 가지고 있지만, 특정 사례의 오차 변동을 좀 더 정확하게 추정한다.

스튜던트화 제외 잔차(studentized deleted residual): 특정 사례가 자료에 미치는 영향을 나타내는 측도로, 제외 잔차를 표준화한 것이다.

스피어먼 상관계수(Spearman's correlation coefficient): 두 변수의 관계의 강도를 나타내는 표준화된 측도로, 모수적 검정의 가정들에 의존하지 않는 것이 특징이다. 자료를 순위화된 점수들로 변환한 후 피어슨 상관계수를 구한 것이다.

승산(odds; 또는 오즈): 어떤 사건이 발생할 확률을 그 사건이 발생하지 않을 확률로 나눈 것.

승산비(odds ratio; 또는 오즈비): 어떤 사건이 한 그룹에서 발생할 승산과 다른 한 그룹에서 발생할 승산의 비. 예를 들어 용어집을 쓴 후 죽을 승산이 4이고 용어집을 쓰지 않은 후에 죽을 승산이 0.25이면, 그 승산비는 4/0.25 = 16이다. 이는 용어집을 쓴 후 죽을 승산이 쓰지 않고 죽을 승산의 16배라는 뜻이다. 승산비가 1이라는 것은 특정한 결과가 나올 승산이 두 그룹 모두 동일함을 뜻한다.

신뢰구간(confidence interval): 관측값들의 표본에서 어떤 통계량(이를테면 평균)을 계산했을 때, 신뢰구간은 그 통계량의 참값(즉, 모집단의 값)이 특정 확률(95% 등)로 포함될 것이라고 기대하는 값들의 구간이다.

신뢰성(reliability; 또는 신뢰도): 같은 개체를 서로 다른 조건에서 측정했을 때 일관된 결과가 나오는지의 여부 또는 정도.

실험가설(experimental hypothesis): 대립가설의 동의어.

실험별 오류율(experimentwise error rate): 각 사례에서 귀무가설이 참일 때, 하나 또는 그 이상의 통계적 비교들이 관여하는 어떤 실험에서 제1종 오류를 범할 확률.

실험연구(experimental research): 연구의 한 방식으로, 연구자가 하나나 그 이상의 변수들을 체계적으로 조작해서 결과변수에 대한 그 조작의 효과(개별 효과 또는 효과들의 조합)를 살펴본다. 이 용어는 자료로부터 인과관계에 관한 진술을 이끌어낼 수 있음을 암시한다. 횡단면연구나 상관연구와는 대조된다.

쌍별 비교(pairwise comparison; 또는 짝별 비교): 각 평균 쌍의 두 평균을 비교하는 것.

아카이케 정보기준(Akaike information criterion, AIC): 모형의 복잡도를 고려해서 수정한 모형의 적합도로, 모형에 예측변수가 많을수록 벌점을 준다는 특징이 있다. 이 통계량 자체를 해석할 수는 없지만, 서로 다른 모형의

값을 비교함으로써 모형의 변화가 적합도에 어떤 영향을 미쳤는지 파악할 수는 있다. 값이 작을수록 모형이 자료에 더 잘 적합하는 것이다.

알파 인자추출(alpha factoring): 인자분석의 한 방법.

양으로 기운 분포(positively skewed distribution): 기움을 보라.

양적 연구 방법(quantitative method; 정량적 방법): 수치적 결과를 산출하는 변수들의 측정을 통해서 이론의 증거를 추론하는 것(반대는 질적 연구 방법).

양쪽꼬리 검정(two-tailed test): 방향이 없는 가설에 대한 검정. 예를 들어 "내가 이 용어집을 작성하는 데 걸리는 시간은 출판사 편집자의 생식기로 내가 하고자 하는 일에 영향을 미친다"라는 가설에는 관계의 방향이 언급되어 있지 않으므로 양쪽꼬리 검정을 사용해야 한다. 한쪽꼬리 검정도 보라.

억제인자 효과(suppressor effects): 다른 어떤 변수가 고정될 때만 예측변수가 유의한 효과를 가지는 것을 말한다.

에타제곱(eta squared, η^2): 효과크기의 한 측도로, 총제곱합에 대한 모형제곱합의 비이다. 따라서, 본질적으로 이는 하나의 결정계수이다. 그런데 이 에타제곱은 단점이 많다. 편향되었을 뿐만 아니라, 보통의 경우 한 분산분석의 전반적인 효과를 측정할 뿐이다. 이보다는 특정 비교(두 평균의 차이 등)를 반영하는 효과크기들을 해석하는 것이 더 쉽다.

연관 설계(related design): 반복측정 설계를 보라.

연관 요인설계(related factorial design): 반복측정 요인설계를 보라.

연속변수(continuous variable): 임의의 정밀도로 값을 측정할 수 있는 변수(예를 들어 시간은 얼마든지 정밀하게 측정할 수 있다는 점에서 연속변수에 해당한다).

연습 효과(practice effect): 참가자가 어떤 과제를 반복해서 수행할 때 참가자가 실험 상황이나 측정 방식(또는 둘 다)에 익숙해져서 과제에 대한 성과가 달라질 수 있음을 가리키는 용어.

예이츠의 연속성 수정(Yates's continuity correction): 분할표가 2행 2열일 때(즉, 각각 범주가 둘인 두 범주형변수가 있을 때) 카이제곱 검정통계량을 수정하는 한 방법. 큰 표

본에서는 이 방법으로 통계량을 수정해도 차이가 별로 없기 때문에, 그 실용성이 조금 의심된다([Howell, 2006]을 보라).

예측변수(predictor variable): 결과변수라고 부르는 다른 변수의 값을 예측하는 데 쓰이는 변수.

오메가제곱(omega squared, ω^2): 분산분석과 관련된 효과크기의 한 측도로, 에타제곱보다 덜 편향된다. 이것은 모형제곱합과 잔차제곱합의 함수(종종 끔찍하게 느껴질 정도로 복잡하다)인데, 그리 자주 쓰이지는 않는다. 분산분석의 전반적인 효과를 측정하는 측도라서 의미 있는 방식으로 해석할 수 없기 때문이다. 그러나 그 외의 모든 면은 훌륭하다.

오열: 통계학 교과서를 쓰고 나면 울고 싶은 기분이 든다.

오차 SSCP(E): 오차 제곱합 교차곱 행렬(error sum of squares and cross-products matrix). 다변량 자료에 적합된 예측적 선형모형의 오차에 대한 제곱합 교차곱 행렬이다. 비체계적 변동을 나타내며, 잔차제곱합의 다변량 버전에 해당한다.

오차 막대그림표(error bar chart): 평균의 95% 신뢰구간을 포함하는 일단의 관측값들의 평균을 나타낸 그래프. 흔히 그 평균에 해당하는 지점에 원이나 사각형, 삼각형을 표시하고, 하단에서 그 지점까지의 막대(직사각형)를 그리기도 한다. 신뢰구간은 그 평균 지점에서 위, 아래로 뻗어 나온 수직 선분으로 표시한다(구간의 상, 하계는 짧은 수평 선분으로 표시). 95% 신뢰구간 대신 표준오차나 표준편차로 오차 막대그림표를 그릴 수도 있다.

오차의 독립성(independence of error): 회귀분석에서 임의의 두 관측값의 잔차들이 무관해야(즉, 서로 독립적이어야) 한다는 가정.

오차제곱합(sum of squared errors): 제곱합의 별칭.

완전공선성(perfect collinearity): 회귀모형에서 적어도 하나의 예측변수가 다른 어떤 예측변수와 완벽한 선형 관계일 때 완전공선성이 존재한다고 말한다(가장 간단한 예는 두 예측변수의 관계가 완전상관일 때, 즉 상관계수가 1일 때이다).

완전분리(complete separation): 로지스틱 회귀에서 결과변수를 하나의 예측변수 또는 여러 예측변수의 조합으로 완벽하게 예측할 수 있는 상황을 말한다. 이 상황에서 로지스틱 회귀를 실행하면 컴퓨터는 일종의 신경쇠약에 걸려서 헛소리를 중얼거리고 울다가 포기한다.

완첨(platykurtic): 첨도를 보라.

왈드 통계량(Wald statistic): 확률분포가 카이제곱 분포인 검정통계량으로, 로지스틱 회귀모형에서 예측변수의 b 계수가 0과 유의하게 다른지 검사하는 데 쓰인다. 그냥 b를 그 표준오차로 나눈 것이라는 점에서 회귀모형의 t 검정통계량과 비슷하다. 왈드 통계량은 회귀계수(b)가 클 때는 부정확하다. 그런 경우 표준편차가 상승해서 왈드 통계량이 과소평가될 수 있다.

요인 분산분석(factorial ANOVA): 독립변수 또는 예측변수가 둘 이상인 상황의 분산분석.

요인(factor): factor는 문맥에 따라 요인 또는 인자로 번역되는데, 특히 factor가 실험설계의 문맥에서 독립변수나 예측변수를 지칭할 때는 요인이라고 하고, 인자분석의 잠재변수를 지칭할 때는 인자라고 한다.

용어집: 사악한 출판사가 정의해 보라고 강요하기 전까지는 잘 안다고 착각했던 것들을 대충 부정확하게 정의한 문장들(감지리에 들었어야 할 한밤중에 작성한)의 집합.

용크헤이러-테르프스트라 검정(Jonckheere-Terpstra test): 독립 그룹들의 중앙값들에 어떤 순서 있는 패턴이 존재하는지 검사하는 통계적 검정이다. 본질적으로는 크러스컬-월리스 검정(그룹들의 중앙값들 사이에 차이가 있는지 검사하는 검정)과 하는 일이 같지만, 그룹들의 순서가 의미가 있는지에 관한 정보도 알려준다. 따라서, 비교하고자 하는 그룹들의 중앙값들에 어떤 의미 있는 순서가 존재할 것이라고 기대한다면, 이 검정으로 그러한 예측을 확인할 수 있다.

웰치의 F(Welch's F): 분산의 동질성 가정이 깨졌을 때도 정확한 결과가 나오도록 수정된 F 비. 통계학 책을 쓰고 나서 아직도 뇌가 남아있는지 보기 위해 머리를 흔드는 스퀠치 검정(squelch test)과 혼동하지 말 것(스퀠치 검정은 실제로 있는 검정이 아니라 그냥 비슷한 발음을 이용한 말장난이다. 전자장비의 잡음 제거를 위한 스퀠치 회로와도 무관하다. squelch는 '찌부러뜨리다', '억누르다' 같은 뜻이 있다. —옮긴이).

웰치의 t 검정(Welch's t-test): 독립 t 검정의 한 변형으로, 모집단 분산들이 동일하다고 가정하지 않는다. 따라서 분산의 동질성 위반 상황을 해결하는 한 수단으로 사용할 수 있다.

위계적 회귀(hierarchical regression): 다중회귀의 한 방법으로, 예측변수들을 회귀모형에 추가하는 순서를 연구자가 기존 연구에 기초해서 결정한다. 이미 알려진 예측변수들을 먼저 추가하고, 그 후에 새로운 변수들을 추가한다.

윌콕슨 부호순위 검정(Wilcoxon signed-rank test): 비모수적 검정의 하나로, 연관된 두 표본의 차이를 검사한다. 연관 t 검정의 비모수적 버전에 해당한다.

윌콕슨 순위합 검정(Wilcoxon's rank-sum test): 비모수적 검정의 하나로, 두 독립 표본의 차이를 검사한다. 좀 더 구체적으로 말하면, 이 검정은 같은 모집단에서 수집한 두 표본의 순위들이 유의하게 다른지 판정한다. 이 검정은 만-위트니 검정과 기능이 같다. 두 검정 모두 독립 t 검정의 비모수적 버전에 해당한다.

윌크스 람다(Wilks's lambda) λ: 다변량분산분석의 한 검정통계량으로, 각 판별함수 변량의 설명되지 않은 변동을 모두 곱한 것이다. 따라서 각 변량에 대한 총 변동 대 오차변동의 비(SS_R/SS_T)를 나타낸다.

유일분산(unique variance): 특정 변수에만 국한된(즉, 다른 변수들과는 공유하지 않는) 분산. 흔히 이 용어는 주어진 분산(변동)을 특정한 하나의 측도로만 신뢰성 있게(reliably) 설명할 수 있을 때 쓰인다. 그렇지 않을 때는 임의분산이라는 용어를 사용한다.

음으로 기운 분포(negatively skewed distribution): 기움을 보라.

이론(theory): 더 공식적으로 정의할 수도 있겠지만, 이론이란 가설화된 일반 원리, 또는 어떤 주제에 관해 알려진 발견들을 서술하며 그로부터 새로운 가설을 만들 수 있는 원리들의 집합이다.

이변량 상관(bivariate correlation): 두 변수의 상관관계.

이봉분포(bimodal distribution): 최빈값이 두 개 있는 관측값 분포.

이분변수(dichotomous variable): 상호배타적인 두 개의 범주(삶과 죽음 등)로만 이루어진 범주형변수.

이분산성(heteroscedasticity): 등분산성의 반대로, 예측변수(들)의 각 수준에서 잔차들의 분산이 같지 않은 것, 다시 말해서 임의의 예측변수의 각 점에서 잔차들이 퍼

진 정도가 서로 다른 상황을 말한다.

이분적(dichotomous; 또는 이항적): 범주가 단 두 개인 변수를 가리키는 말이다(예를 들어 성별을 나타내는 변수는 범주가 남성과 여성 두 가지뿐이므로 이분적 변수이다).

이산변수(discrete variable): 척도상의 특정한 값들(보통은 정수)만 취할 수 있는 변수.

이상치(outlier; 또는 특이점, 바깥점, 이상점): 대부분의 다른 관측값들과 아주 다른 관측값. 이상치가 있으면 평균 같은 통계량들이 한쪽으로 치우칠 수 있다.

이연 상관계수(biserial correlation coefficient): 변수의 관계의 강도를 나타내는 표준화된 측도로, 한 변수가 연속적인(즉, 두 범주 사이에 바탕 연속체가 존재하는) 이분적 변수일 때 쓰인다.

이차추세(quadratic trend): 각 조건의 평균을 조건들의 순서에 따라 그래프에 그리고 선으로 이었을 때 선의 진행 방향이 한 번 바뀌어서 U 자(또는 뒤집힌 U 자) 형태가 된다면, 해당 자료에는 이차추세가 있는 것이다. 이차추세는 조건이 적어도 세 개이어야 가능하다.

이탈도(deviance): 어떤 변수의 관측값과 통계적 모형을 이용해서 예측한 그 변수의 값의 차이.

이항 로지스틱 회귀(binary logistic regression): 범주가 단 두 개인 결과변수를 예측하는 로지스틱 회귀.

인자(factor): 인자분석의 잠재변수.

인자변환행렬(factor transformation matrix) Λ: 인자분석에 쓰이는 행렬. 개념적으로, 인자 회전 시 인자들을 회전할 각도들을 알려주는 행렬이다.

인자분석(factor analysis): 일단의 관측 변수들의 상관관계가 자료에 있는 하나 이상의 인자 또는 잠재변수들(각각 선형모형의 형태이다)과의 관계에서 비롯된 것인지 식별하는 다변량 기법.

인자적재값(factor loading): 인자분석에서 잠재변수 또는 인자를 서술하는 선형모형의 한 변수의 회귀계수.

인자점수(factor score): 어떤 잠재변수에 대한 개별 개체의 점수. 개념적으로 인자점수는 주어진 인자에 대해, 인자를 구성하는 변수마다 개체의 점수에 그 변수의 인자적재값을 곱한 것을 모두 합한(또는 평균한) 것에 해당한다.

인자행렬(factor matrix): 인자분석에서 구조행렬을 일컫는 일반적인 용어.

일반화(generalization): 어떤 통계적 모형으로, 그 모형을 만드는 데 사용한 관측값들의 집합 이상의 대상에 대한 뭔가를 알아내는 것. 모형을 일반화할 수 있다는 것은 그 모형이 기초한 표본뿐만 아니라 그 표본이 비롯된 좀 더 큰 모집단에도 그 모형을 적용할 수 있다는 뜻이다.

일변량(univariate; 또는 단일변량): '하나의 변수'라는 뜻으로, 흔히 측정한 결과변수가 하나뿐인 상황(분산분석, t 검정, 만-위트니 검정 등)을 지칭하는 데 쓰인다.

임의분산(random variance): 특정한 하나의 측도로만 설명할 수 있지만 그리 신뢰성 있게 설명할 수 있는 것은 아닌 분산.

임의화(randomization; 또는 확률화, 랜덤화): 뭔가를 비체계적으로, 또는 무작위한 방식으로 수행하는 것. 실험연구의 맥락에서 이 용어는 참가자들을 서로 다른 처리 조건들에 임의로 배정하는 것을 뜻하는 경우가 많다.

자기상관(autocorrelation): 회귀모형에서 두 관측값의 잔차들이 상관된 것을 말한다.

자유도(degrees of freedom): 몇 줄은커녕 몇 페이지로노 성의하기 어려운 개념이다. 본질적으로 지유도는 어떤 통계적 매개변수를 추정할 때 자유로이 변할 수 있는 '개체'들의 개수이다. 좀 더 실용적으로 말하자면, 자유도는 흔히 쓰이는 여러 검정통계량(이를테면 F 비, t 검정, 카이제곱 검정)의 유의성 판정 계산에 관여하며, 그러한 검정통계량들의 확률분포의 정확한 형태를 결정한다. 제2장의 럭비 선수를 예로 든 설명이 이보다 훨씬 재미있을 것이다...

작가의 벽(writer's block): 이 책을 쓰면서 내가 많이 겪은 증상. 그럴듯한 예제가 생각나지 않아서 그저 정액에 관한 이야기만 하게 된다. 정말로 이 책의 곳곳에는 메추라기 정액이든 사람의 정액이든 정액이 계속 등장한다. 당나귀 정액이 나오지 않은 것이 신기할 정도이다. 앗, 방금 나왔다.

작업 디렉터리(working directory): 어떤 파일을 열거나 저장할 때 R이 검색의 기준으로 삼는 디렉터리. 수행하고자 하는 분석을 위한 모든 자료 파일과 스크립트 등 등, 현재 세션과 관련된 자료가 있는 디렉터리를 작업 디렉터리로 설정해 두면 편하다.

작업공간(workspace): 하나의 R 세션에서 생성한 객체, 모형, 데이터프레임 등의 집합.

잔차(residual): 모형이 예측한 값과 그 모형이 기초한 자료에 있는 실제 관측값의 차이. 자료 집합의 각 관측값에 대해 계산한 잔차들을 통칭해서 잔차라고 부르기도 한다.

잔차제곱합(residual sum of squares): 자료에 적합된 모형으로는 설명하지 못하는 변이성을 측정한 것. 관측값들 사이의 편차들의 제곱을 모두 합한 것이다.

잠재변수(latent variable): 직접 측정할 수는 없지만, 측정할 수 있는 다른 여러 변수와 관계가 있다고 간주되는 변수.

적합(fit): 여러분이 통계적 검정에게 성적으로 얼마나 끌리는지를 나타내는 개념이다. 또는, 통계적 모형이 어떤 관측자료를 얼마나 정확하게 대표하는지를 나타낸다. (첨언하자면, 통계적 검정에 성적으로 끌린다면 뭔가 문제가 있는 것이다.)

적합도(goodness-of-fit): 모형이 자료(그 모형을 만드는 데 사용한)에 얼마나 잘 적합하는지를 나타내는 지수. 일반적으로, 모형으로 예측한 점수가 실제로 수집한 점수와 얼마나 비슷한지에 기초해서 계산한다.

절사평균(trimmed mean): 여러 강건한 검정에 쓰이는 통계량이다. 예를 들어 어떤 직장인 20명의 연봉이 천만원 단위로 2, 2, 2, 2, 3, 3, 3, 3, 3, 4, 4, 4, 4, 4, 4, 4, 4, 6, 35라고 하자. 평균 연봉은 5천만 원이다. 그러나 이 평균은 이상치 하나 때문에 큰 쪽으로 치우쳤다. 절사평균은 분포의 양극단에서 일정 비율의 점수들을 제거한('절사') 후의 평균이다. 예를 들어 10% 절사평균은 상위, 하위 10%의 점수를 제거한 후 평균을 계산한 것이다. 연봉의 예에서 상하 10%를 절사하면 2, 2와 6, 35가 제거되며, 그러면 2, 2, 3, 3, 3, 3, 3, 4, 4, 4, 4, 4, 4, 4, 4, 4가 남는다. 이들의 평균은 3.44이다. 보통의 평균은 분포가 대칭이라는 가정에 의존하지만, 절사평균은 분포가 대칭이 아닐 때도 정확한 결과를 낸다. 부트스트랩 같은 이보다 좀 더 복잡한 강건한 방법의 예도 있다.

점이연 상관계수(point-biserial correlation coefficient): 두 변수의 관계의 강도를 나타내는 표준화된 측도로, 한 변수가 이산적인(즉, 두 범주 사이에 바탕 연속체가 없는) 진정한 이분적 변수일 때 쓰인다. 임신 여부가 그러한 변수의 예이다(임신하거나 임신하지 않거나이지 그 중간은 없다).

정규분포(normal distribution): 확률변수의 확률분포 중 하나로, 특정한 성질들을 가지고 있다. 특히, 정규분포는 완벽하게 대칭이고(기움이 0) 첨도가 0이다.

정방행렬(square matrix; 또는 정사각형행렬): 열과 행의 개수가 같은 행렬.

제1종 오류(type I error): 실제로는 모집단에 효과가 존재하지 않는데도 모집단에 효과가 진짜로 존재한다고 믿을 때 발생하는 오류.

제2 사분위수(Second quartile): 중앙값의 별칭.

제2종 오류(type II error): 실제로는 모집단에 효과가 존재하는데도 모집단에 효과가 존재하지 않는다고 믿을 때 발생하는 오류.

제3의 요소(tertium quid): 두 변수의 명백한 관계가 사실은 어떤 제3의 변수가 두 변수 모두에 영향을 미쳐서 발생했을 가능성을 나타내는 용어이다. 제3변인 문제라고 부르기도 한다.

제곱합 교차곱 행렬(sum of squares and cross-products matrix): 줄여서 SSCP 행렬. 이것은 대각성분이 특정 변수의 제곱합이고 비대각성분이 변수 쌍의 교차곱인 정방행렬로, 분산-공분산 행렬과 기본적으로 같되 변이성과 변수 간 관계를 총합으로 나타낸다는 점이 다르다(분산-공분산 행렬은 그런 것들을 평균값으로 나타낸다).

제곱합(sum of squares, SS): 자료 집합의 총 변이성(변동)을 추정한 값. 우선 각 점수의 편차를 계산하고, 그 값을 제곱한다. 그 편차 제곱들을 모두 합한 것이 제곱합이다.

제외 잔차(deleted residual; 또는 삭제 잔차): 자료 중 특정 사례 하나가 모형에 미치는 영향을 나타내는 측도로, 한 사례의 수정 예측값과 원래의 관측값의 차이이다.

종속 t 검정(dependent t-test): t 검정통계량을 이용한 검정으로, 같은 표본(또는 연관된 관측값들)에서 수집한 두 평균이 유의하게 다른지 검사한다.

종속변수(dependent variable): 결과변수의 또 다른 이름. 이 용어는 주로 실험 방법론과 관련해서 쓰인다(그럴 때만 의미가 있으므로). '종속'은 이 변수를 실험자가 조작하지 않으며 그 값이 실험자가 조작하는 다른 변수에 종속된다는 점에서 비롯된 것이다. 나는 그냥 특정 방법론에 국한되지 않는 용어인 결과변수를 항상 사용한다.

주 효과(main effect): 결과변수에 대한 예측변수(또는 독립변수)의 고유한 효과. 이 용어는 흔히 분산분석(ANOVA)의 맥락에서 쓰인다.

주성분분석(principal components analysis, PCA): 일단의 변수들에 존재하는 선형 성분들을 식별하는 다변량 기법의 하나.

준편상관(semi-partial correlation): 두 변수 중 하나에 대한 다른 변수(들)의 효과를 '통제한' 상태에서의 두 변수의 상관을 뜻한다. 두 변수가 x와 y라고 할 때, 준편상관계수는 y의 변동 중 x 혼자만 공유하는 변동의 양을 나타낸다.

중심경향성(central tendency; 또는 중심성향): 관측값들의 도수분포의 중심을 일반적으로 이르는 용어이다. 중심은 흔히 평균이나 최빈값, 또는 중앙값으로 측정한다.

중심극한정리(central limit theorem): 표본이 크면(약 30 이상) 그 표집분포는 표본을 추출한 모집단의 실제 형태와는 무관하게 정규분포를 따른다는 정리이다. 표본이 작을 때는 t 분포가 표집분포의 형태를 더 잘 근사한다. 이 정리는 표집분포의 표준편차(즉, 표본평균들의 표준오차)가 표본(들)의 표준편차를 표본 크기(N)의 제곱근으로 나눈 것과 같다는 뜻이기도 하다.

중심화(centering): 한 변수의 점수들을 어떤 고정점 주변으로 이동하는 것을 말한다. 어떤 값이라도 고정점으로 사용할 수 있지만, 보통은 총평균을 고정점으로 사용한다. 변수를 중심화할 때는 각 점수에서 모든 점수의 평균을 뺀다. 총평균 중심화와 그룹 평균 중심화도 보라.

중앙값(median; 또는 중위수): 관측값들을 그 크기순으로 정렬했을 때 가운데에 오는 점수. 관측값의 개수가 짝수일 때는 가운데 두 점수의 평균을 중앙값으로 사용한다.

중첩변수(confounding variable; 또는 혼선변수): 연구자가 관심을 둔 예측변수가 아니면서 결과변수에 영향을 미칠 수 있는 변수(측정한 변수일 수도 있고 측정하지 않은 변수일 수도 있다).

지렛대 값(leverage): 결과변수의 관측값이 예측값에 미치는 영향을 측정한 것으로, 지레 통계량 또는 모자 값(hat value)이라고도 부른다. 평균 지렛대 값은 $(k + 1)/n$으로 정의되는데, 여기서 k는 모형의 예측변수 개수이고 n은 참가자의 수이다. 지렛대 값은 0(사례가 예측에 아무런 영향을 주지 않음)에서 1(사례가 예측에 완전한 영향을 줌)까지이다. 모형에 지나치게 큰 영향을 주는 사례가 하나도 없으면, 모든 지렛대 값이 평균 지렛대 값$((k + 1)/n)$과 비슷할 것이라고 기대할 수 있다. 호글린과 웰시는 지렛대 값이 평균의 두 배$(2(k + 1)/n)$를 넘는 사례들을 조사해 보라고 권하며(Hoaglin & Welsch, 1978), 스티븐스는 지나치게 큰 영향을 주는 사례를 식별하는 기준으로 평균의 세 배$(3(k + 1)/n)$를 제시한다(Stevens, 2002).

직교(orthogonal): 두 대상이 서로 수직임을 뜻한다. 통계학에서 직교는 두 대상이 서로 독립이라는 뜻으로도 쓰이는데, 두 선형모형(직선)이 기하공간에서 서로 수직이면 그 둘은 서로 완전히 독립이기 때문이다(즉, 서로 전혀 영향을 주고받지 않는다).

직교회전(orthogonal rotation): 인자분석에 쓰이는 회전의 하나로, 바탕 인자들이 서로 독립이라고(즉, 상관이 없다고) 가정한다.

직접 오블리민(direct oblimin): 사각회전의 한 방법.

질적 연구 방법(qualitative method; 정성적 방법): 사람들이 말하거나 쓴 것으로부터 이론의 증거를 추정하는 것(반대는 양적 연구 방법).

집단별 오류율(familywise error rate): 각 사례에서 귀무가설이 참일 때 같은 부류의 검정들에서 제1종 오류를 범할 확률. 여기서 '같은 부류의 검정들'은 간단히 말해서 동일한 실험적 질문의 답을 얻기 위해 동일한 자료 집합에 대해 수행한 일단의 검정들이다.

차이의 표준오차(standard error of differences): 한 모집단에서 여러 쌍의 표본을 취해서 각각의 평균을 구한 후 각 쌍에 대해 두 평균의 차이를 계산한다고 하자. 그러한 표본 평균 차이들을 도수분포로 그려보면, 차이의 **표집분포**가 드러난다. 이 표집분포의 표준편차가 바로 차이의 표준오차이다. 따라서 이것은 표본평균들 사이의 차이들의 변이성을 측정하는 한 측도라고 할 수 있다.

처리 대비(treatment contrast): 각 범주를 사용자가 정의한 기저 범주와 비교하는 대비.

첨도(kurtosis): 도수분포의 꼬리에 점수들이 얼마나 모여 있는지를 나타내는 측도이다. 꼬리에 점수들이 많이 있어서 꼬리가 두꺼운 분포는 첨도가 양수이다. 이를 급첨이라고 부른다. 반대로 꼬리에 점수들이 별로 없어서

상당히 평평한 분포는 첨도가 음수인데, 이를 완첨이라고 부른다.

체계적 변동(systematic variation): 어떤 진짜 효과(실험자가 한 표본의 모든 참가자에게만 적용하고 다른 표본의 참가자들에게는 적용하지 않은 어떤 조작의 효과이든, 일단의 변수들 사이의 자연스러운 차이에 의한 효과이든)에 의한 변동. 자료에 적합시킨 모형이 설명하는 변동이라고 생각해도 될 것이다.

총 SSCP(T): 총 제곱합 교차곱 행렬(total sum of squares and cross-products matrix). 관측값 전체에 대한 제곱합 교차곱 행렬이다. 총제곱합의 다변량 버전에 해당한다.

총분산(grand variance): 자료 집합 전체(모든 관측값)의 분산.

총제곱합(total sum of squares): 일단의 관측값들에 존재하는 변이성의 총량을 나타내는 측도. 각 관측값과 모든 관측값의 총평균의 차이(이탈도)의 제곱을 모두 합한 것이다.

총평균 중심화(grand mean centering): 주어진 변수의 각 점수에서 그 변수의 총평균, 즉 그 변수의 모든 점수의 평균을 빼서 점수들을 변환하는 것을 말한다. 그룹 평균 중심화도 보라.

총평균(grand mean): 자료 집합 전체(모든 관측값)의 평균.

최대가능도추정(maximum-likelihood estimation; 또는 최대우도추정): 통계적 매개변수들을 추정하는 한 방법으로, 관측된 자료가 발생할 가능성이 가장 큰 매개변수들을 선택한다는 접근 방식을 사용한다. 일단의 매개변수들에 대해, 관측된 자료가 나올 확률(가능도)을 계산한다고 하자. 만일 그 확률이 높다면 그 매개변수들로 이루어진 모형은 자료에 잘 적합할 것이고, 그 확률이 낮다면 그 매개변수들로 이루어진 모형은 자료에 잘 적합하지 않을 것이다. 최대가능도추정은 그러한 확률을 최대화하는 매개변수들을 선택한다.

최빈값(mode): 자료 집합에 가장 빈번하게 나타난 점수.

추출(extraction): 인자분석에서 주어진 한 인자가 자료에서 그것을 '추출'해서 해석하는 것이 통계적으로 의미가 있을 정도로 중요한지 결정하는 과정을 뜻하는 용어이다. 그러한 결정은 인자에 연관된 고윳값의 크기에 기초해서 판단한다. 카이저 기준과 산비탈그림을 보라.

축소(shrinkage): 회귀모형을 표본이 아니라 그 표본을 수집한 모집단으로부터 유도했을 때 회귀모형의 예측력이 손실되는 것을 말한다.

측정 수준(level of measurement): 척도상에서 측정 대상과 측정된 수치들의 관계.

측정오차(measurement error): 측정 대상을 표현하는 데 쓰이는 수치와 그 대상의 실제 값(즉, 그 대상을 우리가 실제로 측정했다면 나왔을 값)의 차이.

카이저 기준(Kaiser's criterion): 인자분석에서 인자를 추출하는 데 쓰이는 기준으로, 고윳값이 1보다 큰 인자들을 유지하는 것이 바람직하다는 착안에 근거한 것이다. 분석의 변수 개수가 30개 미만이며 추출 이후의 공통성 값들이 모두 .7보다 클 때는 이 기준이 정확한 것으로 보인다. 또한, 표본 크기가 250을 넘고 평균 공통성이 .6 이상일 때도 카이저 기준이 정확하다.

카이저-마이어-올킨(KMO) 표본 적합도(Kaiser-Meyer-Olkin measure of sampling adequacy): 각 참가자와 여러 변수에 대해 계산하는 하나의 통계량으로, 변수들 사이의 상관계수 제곱 대 변수들 사이의 편상관계수의 제곱의 비를 나타낸다. 범위는 0에서 1까지인데, 0은 편상관계수들의 합이 상관계수들의 합에 비해 큰 경우이다. 이는 상관계수들이 넓게 퍼져 있는 패턴에 해당한다(따라서 이런 경우에는 인자분석이 적합하지 않을 가능성이 있다). KMO가 1에 가까우면 상관계수들이 비교적 한 데 몰려 있는 것이며, 따라서 인자분석에서 서로 구별되고 신뢰성 있는 인자들이 나올 가능성이 크다. .5에서 .7 사이의 값들은 평범하고, .7과 .8 사이의 값은 좋으며, .8과 .9 사이의 값은 훌륭하고, .9보다 크면 뛰어나다(Hutcheson & Sofroniou, 1999).

카이제곱 분포(chi-square distribution): 정규분포를 따르는 여러 변수의 제곱합들의 확률분포. 흔히 1) 범주형 자료에 관한 가설을 검정하거나 2) 관측자료에 대한 모형의 적합도를 평가할 때 쓰인다.

카이제곱 검정(chi-square test): 카이제곱 분포를 따르는 모든 검정통계량에 적용할 수 있는 용어이긴 하지만, 일반적으로는 두 범주형변수의 독립성을 검사하는 피어슨 카이제곱 검정을 가리킨다. 본질적으로 피어슨 카이제곱 검정은 하나의 분할표를 형성하는 두 범주형변수가 서

로 연관되었는지 검사한다.

켄달의 타우(Kendall's tau): 스피어먼 상관계수와 비슷한 비모수적 상관계수로, 자료 집합의 크기가 작고 동순위 점수들이 많을 때는 스피어먼 상관계수 대신 이 상관계수를 사용해야 한다.

코카인(cocaine): 세이지(원서 출판사)에서 인기 있는 약물. 아는 사람은 아는 이야기지만, 그들은 이것을 눈알에 주사한다.

콕스-스넬 R_{cs}^2(Cox and Snell's R_{cs}^2): 로지스틱 회귀를 위한 결정계수의 하나로, 새 모형의 이탈도($-2LL$(새모형))와 원래 모형의 이탈도($-2LL$(기저모형)), 그리고 표본 크기(n)로 계산된다. 그러나 이론적인 최댓값 1이 나오지 못한다는 단점으로 유명하다(네이글커크의 R_N^2 참고).

콘솔 창(console window): R 프로그램의 주된 창. 사용자는 이 창의 명령행에 명령을 입력해서 실행할 수 있다. 또한, 실행된 명령의 출력도 이 창에 나타난다.

쿡의 거리(Cook's distance): 한 사례가 모형에 미치는 전반적인 영향을 나타내는 측도이다. 쿡과 와이스버그는 이 거리가 1보다 크면 문제가 될 수 있음을 제시했다 (Cook & Weisberg, 1982).

쿼티맥스(quartimax): 직교회전의 한 방법. 한 변수의 인자적재값들이 모든 인자에 대해 최대한 넓게 퍼지는 회전각을 찾는다. 하나의 인자에 다수의 변수들이 높은 적재값을 가지는 결과가 나오는 경우가 많다.

크러스컬-월리스 검정(Kruskal-Wallis test): 비모수적 검정의 하나로, 두 독립 그룹의 차이가 존재하는지 검사한다. 일원 독립 분산분석의 비모수적 버전에 해당한다.

크론바흐의 알파(Cronbach's alpha): 한 척도의 신뢰성을 나타내는 측도로, 다음과 같이 정의된다.

$$\alpha = \frac{N^2 \overline{Cov}}{\sum s_{item}^2 + \sum Cov_{item}}$$

우변의 분자는 그냥 문항 개수(N)의 제곱에 문항들의 평균 공분산(분산-공분산 행렬의 비대각성분들의 평균)을 곱한 것이다. 분모는 분산-공분산 행렬의 모든 성분의 합이다.

타당성(validity; 또는 타당도): 어떠한 연구가 그것이 원래 의도했던 질문의 답을 올바르게 추론할 수 있는지, 또는 어떠한 검정이 그것이 원래 의도했던 것을 개념적으로

측정할 수 있는지의 여부 또는 정도(내용타당성과 기준타당성도 보라).

판별점수(discriminant score): 특정 판별함수 변량에 대한 개별 사례의 점수로, 그 변량을 정의하는 공식에 해당 사례의 점수들(측정된 변수들의)을 대입해서 계산한다.

판별함수 변량(discriminant function variate): 변환된 변수의 그룹 평균들의 차이가 최대화되도록 만들어진, 일단의 변수들의 선형결합. 일반식은 다음과 같다.

$$변량_{1i} = b_1 X_{1i} + b_2 X_{2i} + \cdots + b_n X_{ni}$$

판별함수 분석(discriminant function analysis): 판별분석(discriminant analysis)이라고도 한다. 이 분석은 일단의 변수들의 판별함수 변량들을 식별, 서술한다. 이 분석은 다변량분산분석 후에 그런 변량들이 사례들의 그룹들을 어떻게 분류하는지 살펴보는 후속 검정으로 유용하다.

패키지(package): 여러 함수를 하나로 묶은 소프트웨어 배포 단위. 패키지를 설치하고 적재하면 R에서 그 패키지의 함수들을 사용할 수 있다.

패턴행렬(pattern matrix): 인자분석에서 자료의 각 인자에 대한 각 변수의 회귀계수들로 이루어진 행렬. 구조행렬도 보라.

편상관(partial correlation): 두 변수에 대한 다른 변수(들)의 효과를 '통제한' 상태에서의 두 변수의 상관을 뜻한다.

편집기 창(editor window): R의 편집기 창은 기본적인 텍스트 편집기이다. 일단의 명령들을 콘솔 창의 명령행에서 개별적으로 실행하는 대신, 여기에 모두 입력해서 하나의 스크립트 파일로 저장할 수 있다.

평균(mean): 점수들의 분포의 중심을 나타내는 단순한 통계적 모형. '전형적인' 점수를 가상한 추정값이다.

평균의 표준오차(standard error of the mean): 표준오차의 완전한 이름.

평균제곱(mean squares; MS): 평균적인 변이성의 측도. 제곱합(변동의 측도)을 자유도로 나눈 것이 평균제곱이다. 여기서 자유도는 제곱합 계산에 쓰인 항목들의 개수 빼기 1(또는 그러한 제곱합의 한 함수)이다.

포화모형(saturated model): 자료에 완벽하게 적합하는, 따라서 오차가 없는 모형. 모든 가능한 주 효과들과 변수들 사이의 상호작용을 포함한다.

표본(sample): 모집단에서 추출한 개체들로 이루어진, 모집단보다는 작은(그러나 모집단을 대표하리라고 기대하는) 집합. 모집단에 관한 어떤 진실(이를테면, 특정 조건에서 주어진 모집단이 어떻게 행동하는가 등등)을 파악하는 데 쓰인다.

표준오차(standard error): 어떤 통계량의 표집분포의 표준편차. 한 모집단에서 여러 개의 표본을 취했을 때, 어떤 통계량(이를테면 평균)이 그 표본들에서 얼마나 다른지를 나타낸다. 따라서, 표준오차의 값이 크다는 것은 주어진 한 표본의 해당 통계량이 그 표본을 뽑은 모집단의 실제 통계량을 그리 정확하게 반영하지는 않을 수 있음을 뜻한다.

표준편차(standard deviation): 자료 집합의 평균 변이성(퍼짐)을 추정한 값으로, 원래 자료와 측정 단위가 같다. 분산의 제곱근이다.

표준화 DFBeta(Standardized DFBeta): *DFBeta*의 표준화 버전. 보편적인 절단점을 적용할 수 있어서 보통의 DFBeta보다 사용하기 쉽다. 스티븐스는 표준화 DFBeta의 절댓값이 2보다 큰 사례들을 살펴보라고 제시한다 (Stevens, 2002).

표준화 DFFit(Standardized DFFit): *DFFit*의 표준화 버전.

표준화(standardization): 한 변수를 표준적인 측정 단위로 변환하는 과정. 흔히 표준편차가 그러한 표준적인 측정 단위로 쓰인다(z 점수도 보라). 표준화를 이용하면 서로 다른 단위로 측정한 자료를 비교할 수 있다(예를 들어 킬로그램 단위로 측정한 무게와 인치 단위로 측정한 높이를 비교할 수 있다).

표준화잔차(standardized residual): 모형의 잔차를 표준편차 단위로 표현한 것. 표준화잔차의 절댓값이 3.29(보통은 그냥 3을 사용한다)보다 크면 문제가 될 수 있다. 평균적인 표본에서는 그 정도로 큰 표준화잔차가 전적으로 우연히 나올 가능성은 아주 낮기 때문이다. 표준화잔차의 절댓값이 2.58(보통은 그냥 2.5를 사용한다)보다 큰 관측값들이 전체의 1% 이상이면, 모형의 오차 수준이 허용 범위를 넘는 것이라 할 수 있다(즉, 모형이 표본 자료에 잘 적합하지 않는다). 그리고 표준화잔차의 절댓값이 1.96(보통은 그냥 2를 사용한다)보다 큰 관측값들이 전체의 5% 이상이어도 모형이 실제 자료를 제대로 대표하지 않는 것이다.

표집변동(sampling variation): 같은 모집단에서 추출한 표본들에서 어떠한 통계량(평균, 중앙값, t, F 등)이 얼마나 다른지를 나타내는 개념이다.

표집분포(sampling distribution): 어떤 통계량의 확률분포이다. 이런 식으로 생각하면 될 것이다: 어떤 모집단에서 표본 하나를 취해서 어떤 통계량(이를테면 평균)을 계산했을 때, 그 통계량의 값은 그 표본에 어느 정도 의존한다. 따라서, 그 통계량은 표본에 따라 조금씩 다를 것이다. 만일 한 모집단에서 아주 많은 표본을 취해서 어떤 통계량을 계산한다면, 그 통계량 값들의 도수분포를 만들 수 있을 것이다. 표집분포는 바로 그러한 분포, 즉 주어진 한 모집단에서 기대할 수 있는 통계량의 가능한 값들의 분포를 나타낸다.

프로맥스(promax): 사각회전의 한 방법. 개념적으로 직접 오블리민보다 빠르다. 따라서 큰 자료 집합에 유용하다.

프리드먼 분산분석(Friedman's ANOVA): 비모수적 검정의 하나로, 셋 이상의 서로 연관된 그룹들의 차이를 검사한다. 일원 반복측정 분산분석의 비모수적 버전에 해당한다.

피셔의 정확검정(Fisher's exact test): 카이제곱 통계량의 정확한 확률을 계산하는 한 방법이다(따라서 '검정'이라고 부르는 것은 좀 부적합하다). 원래 이것은 표본이 작을 때 카이제곱 통계량의 표집분포가 카이제곱 분포에서 크게 벗어나는 문제를 극복하기 위해 고안된 것이다(Fisher, 1922). 따라서 작은 표본에 사용해야 한다.

피어슨 상관계수(Pearson's correlation coefficient): 원래 이름은 피어슨의 곱적률 상관계수(Pearson's product-moment correlation coefficient)이다. 이것은 두 변수의 관계의 강도를 나타내는 표준화된 측도이다. 하한 -1(한 변수가 변하면 다른 변수는 그만큼 반대 방향으로 변한다)과 상한 $+1$(한 변수가 변하면 다른 변수는 그만큼 같은 방향으로 변한다) 사이의 임의의 값으로, 0은 두 변수가 무관하다는 (즉, 한 변수가 변해도 다른 변수는 변하지 않는다는) 뜻이다.

필라이-바틀릿 대각합(pillai-bartlett trace) V: 다변량분산분석의 한 검정통계량으로, 자료의 판별함수 변량으로 설명된 변동의 비율 총합이다. 따라서 SS_M/SS_T 비와 비슷하다.

하계 추정값(lower-bound estimate): 구형성에 대한 그린하우스-가이서 추정값의 최솟값으로, 처리 조건의 개수가 k라 할 때 $1/(k-1)$로 정의된다.

하위 사분위수(lower quartile): 자료의 하위 25%를 잘라 내는 기준. 자료의 점수들을 순서대로 정렬해서 그 중앙값에서 둘로 나누었을 때 하위 절반의 중앙값이 곧 하위 사분위수이다.

하틀리의 F_{max}(Hartley's F_{max}): 분산비라고도 한다. 두 그룹의 분산들의 비인데, 둘 중 더 큰 분산을 분모에 둔다. 분산의 동질성 가정을 검사할 때 이 비를 하틀리가 출판한 표에 있는 임계값과 비교한다. 일반적으로, 그룹당 표본 크기(n)가 10일 때 F_{max}가 10 미만이면 유의하지 않은 검정 결과가 나온다. 그리고 그룹 당 표본 크기가 15~20일 때는 5 미만, 30~60일 때는 2나 3 미만일 때 검정 결과가 유의하지 않다.

한쪽꼬리 검정(one-tailed test): 방향이 있는 가설에 대한 검정. 예를 들어 "내가 이 용어집을 작성하는 데 걸리는 시간이 길어질수록, 출판사 편집자의 생식기를 굶주린 악어의 입속에 집어넣고 싶은 마음도 커진다"라는 가설에는 관계의 방향이 명시되어 있으므로 한쪽꼬리 검정을 사용해야 한다(양쪽꼬리 검정도 보라).

행렬(matrix): 일단의 항목(보통은 수치)들이 행과 열로 배치된 자료구조. 행렬을 구성하는 값들을 성분 또는 원소라고 부른다.

헬메르트 대비(Helmert contrast): 직교가 아닌 계획된 대비의 하나로, 마지막 조건을 제외한 각 조건의 평균을 그 조건 이후의 모든 조건을 결합한 평균과 비교한다.

호스머-렘쇼 측도(Hosmer-Lemeshow) R_L^2: 로지스틱 회귀를 위한 결정계수의 하나로, 그냥 모형의 $-2LL$을 원래의 $-2LL$로 나눈 것이라는 점에서 상당히 직관적인 측도이다. 다른 말로 하면, 이것은 애초에 설명해야 할 것의 총량에 비한 모형이 설명할 수 있는 분량의 비이다.

호텔링-롤리 대각합(Hotelling-Lawley trace) T^2: 다변량 분산분석의 한 검정통계량으로, 자료의 각 판별함수 변량의 고윳값들을 합한 것이다. 따라서 개념적으로 분산분석의 F 비와 비슷하다. 즉, 이것은 각 변량의 체계적 변동과 비체계적 변동의 비(SS_M/SS_R)의 합이다.

혼합 분산분석(mixed ANOVA): 혼합 설계에 쓰이는 분산분석.

혼합 설계(mixed design): 실험설계의 하나로, 둘 이상의 예측변수(또는 독립변수)들을 적어도 하나는 다른 참가자들로 측정하고 적어도 하나는 같은 참가자들로 측정한다. 피셔가 농지의 '구획(plot)'들이 관여하는 농업 자료의 분산분석을 위해 이런 설계를 개발했기 때문에 분할구획 설계(split-plot design)라고 부르기도 한다.

확률계수(random coefficient; 또는 임의계수): 상황이나 문맥에 따라 자유로이 변할 수 있는 계수 또는 모형 매개변수(고정계수도 보라).

확률기울기(random slope): 다층모형에서 모형의 기울기가 서로 다른 그룹이나 맥락들에 따라 자유로이 변할 수 있음을 나타내는 용어이다(고정기울기도 보라).

확률변수(random variable): 확률변수는 시간에 따라 변할 수 있는 변수이다(예를 들어 흔히 사람들의 몸무게는 시간에 따라 오르락내리락한다).

확률분포(probability distribution): 어떤 변수의 이상화된 도수분포를 서술하는 곡선. 그 변수의 특정 값들이 발생할 확률을 확률분포로 추정할 수 있다. 범주형변수에서 확률분포는 그냥 각 범주가 발생할 확률을 산출하는 공식이다.

확률절편(random intercept; 또는 임의 절편): 나층모형에서 모형의 절편이 서로 다른 그룹이나 맥락들에 따라 자유로이 변할 수 있음을 나타내는 용어이다(고정절편도 보라).

확률효과(random effect; 또는 임의효과): 가능한 처리 조건 중 임의의 일부만 실험에 나타날 때의 효과를 확률효과라고 부른다. 확률효과는 실험의 처리조건들 이상으로 일반화할 수 있다. 예를 들어 제10장 비아그라 예제에서, 세 조건(위약, 저용량 복용, 고용량 복용)이 모든 가능한 복용량의 일부였다고 하면(이를테면 그 셋 외에 최고 복용량도 있다고 하면), 해당 효과는 확률효과이며, 발견들을 위약, 저용량, 고용량 이상의 상황으로 일반화할 수 있다.

확증적 인자분석(confirmatory factor analysis, CFA): 인자분석의 하나로, 자료에 깔린 잠재변수들의 구조와 관계에 관한 구체적인 가설을 검사한다.

회귀 기울기 동질성(homogeneity of regression slopes): 공분산분석의 한 가정으로, 서로 다른 처리 수준들에서 공변량과 결과변수의 관계가 일정하다는 것이다. 예를 들어 처리 조건이 셋이라 할 때, 한 그룹(조건)에서 공변량과 결과변수가 양의 상관관계이면 다른 두 그룹에서도 공변량과 결과변수가 앞의 그룹과 비슷한 강도의 양의

상관관계라고 가정한다.

회귀계수(regression coefficient): b_i 항목과 β_i 항목을 보라.

회귀모형(regression model): 다중회귀와 단순회귀를 보라.

회귀선(regression line; 또는 회귀직선): 두 변수의 관계를 서술하는 회귀모형을 산점도에 하나의 직선으로 표시한 것.

회전(rotation): 인자분석에서 인자들의 해석 가능성을 개선하는 절차. 본질적으로 회전은 분석에서 나온 인자들을, 이미 큰 인자적재값들이 최대화되고 이미 작은 인자적재값들은 최소화되도록 변환하는 것이다. 회전은 크게 직교회전과 사각회전으로 나뉜다.

횡단면연구(cross-sectional research): 연구의 한 방식으로, 현실 세계에서 자연스럽게 발생하는 일을 직접적인 간섭 없이 관찰한다. 특히 이 용어는 한 시점에서 서로 다른 나이의 사람들과 각 연령대의 서로 다른 사람들에서 얻은 자료를 분석하는 연구를 지칭한다. 상관연구도 보라.

효과 제거(partial out): 변수의 효과 세서는 한 변수와 분석의 다른 변수들을 비교하기 전에 먼저 그 변수와 다른 변수들이 공유하는 변동을 제거하는 것이다(편상관을 보라).

효과크기(effect size): 관측된 효과의 크기를 객관적이고 표준화된(보통은) 방식으로 측정한 것. 측도로는 코헨의 d, 글래스의 g, 피어슨 상관계수 r 등이 있다.

후인-펠트 수정(Huynh-Feldt correction): 자료가 구형성에서 얼마나 벗어났는지를 추정한 값으로, 최댓값은 1(자료가 구형성 가정을 완전히 만족)이다. 이 추정값이 1보다 작으면 구형성 가정이 깨진 것이므로, 해당 F 비와 관련된 자유도를 수정할 필요가 있다(자유도에 추정값을 곱하면 된다). 그린하우스-가이서 수정보다 덜 보수적이지만, 너무 느슨하다고 말하는 사람도 있다.

히스토그램(histogram; 또는 기둥그림표): 도수분포.

α-수준(α-level; 또는 알파 수준): 제1종 오류를 범할 확률(보통은 .05).

AIC: 아카이케 정보기준을 보라.

ANCOVA(analysis of covariance): 공분산분석을 보라.

ANOVA(analysis of variance): 분산분석을 보라.

AR(1): AR은 autoregressive(자기회귀)의 약자이고, (1)은

1차(first-order)를 뜻한다. 다층모형에 쓰이는 공분산구조의 하나로, 분산들의 관계가 체계적인 방식으로 변한다. 점수들 사이의 관계가 체계적으로 변하는 구조이다. 점수들 사이의 상관계수가 시간에 따라 점차 작아지고, 분산들이 동질적이라고 가정한다. 이 공분산구조는 반복 측정 자료(특히 성장 모형처럼 점수들을 여러 시점에서 측정하는)에 자주 쓰인다.

b_i: 표준화되지 않은 회귀계수. 주어진 예측변수 i와 결과변수의 관계의 강도를 나타내며, 단위는 예측변수의 측정 단위이다. 예측변수의 단위 변화에 따른 결과변수의 변화량에 해당한다.

β_i: 표준화된 회귀계수. 주어진 예측변수 i와 결과변수의 관계의 강도를 표준화된 단위로 나타낸 것이다. 단위는 표준편차로, 예측변수가 1표준편차만큼 변했을 때의 결과변수의 표준편차 단위 변화량에 해당한다.

β-수준(β-level; 또는 베타 수준): 제2종 오류를 범할 확률. 코헨은 제2종 오류의 허용 가능한 최대 확률로 .2(20%)를 제안했다(Cohen 1992).

BIC: 슈바르츠의 베이즈 정보기준을 보라.

CRAN(Comprehensive R Archive Network): R 소프트웨어와 관련 패키지들, 문서화, 코드를 제공하는 가상의 창고.

DFA(discriminant function analysis): 판별함수 분석을 보라.

DFBeta: 한 사례가 회귀모형의 b_i 값들에 미치는 영향을 나타내는 측도이다. 한 회귀 매개변수 b_i를 추정한 후 특정 사례를 삭제하고 다시 같은 회귀 매개변수 b_i를 추정했을 때, 그 둘의 차이가 바로 그 사례의 DFBeta이다. DFBeta 값들을 비교해보면 회귀모형의 매개변수에 큰 영향을 미치는 사례를 찾아낼 수 있다. 그러나 DFBeta 값의 크기는 회귀 매개변수의 측정 단위에 의존한다.

DFFit: 한 사례의 영향을 나타내는 측도로, 특정 사례의 수정 예측값과 원래의 예측값의 차이이다. 모형에 영향을 미치지 않는 사례는 그 DFFit 값이 0이다. 따라서, 영향이 크지 않은 사례의 DFFit 값은 크기가 작을 것이라고 기대할 수 있다. 그러나 이 통계량은 결과변수의 측정 단위에 의존한다는 문제가 있다. 예를 들어 0.5라는 DFFit은 만일 결과변수의 범위가 1에서 100이라면 아주 작은 값이지만, 결과변수의 범위가 0에서 1이면 아주 큰 값이다.

F 비(F-ratio): F 분포라고 하는 확률분포를 따르는 검정통계량으로, 자료의 변동 중 주어진 모형이 설명할 수 있는 평균 변동 대 그 모형이 설명하지 못하는 평균 변동의 비이다. 단순회귀나 다중회귀에서 모형의 전반적인 적합도를 검사할 때 쓰이며, 실험에서 그룹 평균들 사이의 전반적인 차이를 검사할 때도 쓰인다.

F_{max}: 하틀리의 F_{max} 항목을 보라.

HE^{-1}: 다변량분산분석에서 가설 SSCP 행렬을 오차 SSCP 행렬로 나눈 것에 해당하는 행렬이다. 개념적으로 이것은 비체계적 변동에 대한 체계적 변동의 비를 나타내며, 따라서 F 비의 다변량 버전이라 할 수 있다.

M 추정량(m-estimator): 강건한 위치 측도를 가리키는 말로, 중앙값이 한 예이다. 경우에 따라서는 이상치들을 제거한 후 위치(순서)를 측정한 것을 말하기도 한다. 절사평균과는 달리, 이상치들을 얼마나 제거할지를 실험을 통해서 결정한다.

MANOVA(multivariate analysis of variance): 다변량분산분석을 보라.

Q-Q 그림(Q-Q plot): 분위수-분위수 그림(quantile-quantile plot)의 약자이다. Q-Q 그림은 특정 분포(흔히 정규분포가 쓰인다)에 대한 한 변수의 분위수들을 그린 그래프이다. 만일 자료점들이 그래프의 대각선에 모여 있다면 해당 변수는 주어진 분포를 잘 따르는 것이다. 반대로, 대각선에서 떨어진 자료점은 해당 분포에서 벗어난 사례에 해당한다.

Quartz 창(Quartz window): MacOS에서 R의 그래픽이나 그래프가 표시되는 창.

t 통계량(t-statistic): 스튜던트의 t는 t 분포라는 확률분포를 따르는 검정통계량이다. 회귀분석에서 t 통계량은 회귀계수가 0과 유의하게 다른지 검사하는 데 쓰이고, 실험 연구에서는 두 평균의 차이가 0과 유의하게 다른지 검사하는 데 쓰인다. 독립 t 검정과 종속 t 검정도 보라.

VIF(variance inflation factor): 분산팽창인자를 보라.

z 점수(z-score): 관측값을 표준편차 단위로 변환한 값. 관측값에서 모든 관측값의 평균을 빼고, 그것을 모든 관측값의 표준편차로 나눈 것이다. 이러한 z 점수들은 평균이 0이고 표준편차가 1인 정규분포를 따른다(관측값들의 원래 분포는 그렇지 않았더라도).

APPENDIX

A / 부록 A

A.1 표준 정규분포표

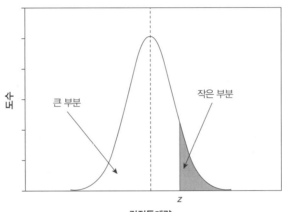

큰 부분

작은 부분

도수

z

검정통계량

z	큰 부분	작은 부분	y	z	큰 부분	작은 부분	y
.00	.50000	.50000	.3989	.14	.55567	.44433	.3951
.01	.50399	.49601	.3989	.15	.55962	.44038	.3945
.02	.50798	.49202	.3989	.16	.56356	.43644	.3939
.03	.51197	.48803	.3988	.17	.56749	.43251	.3932
.04	.51595	.48405	.3986	.18	.57142	.42858	.3925
.05	.51994	.48006	.3984	.19	.57535	.42465	.3918
.06	.52392	.47608	.3982	.20	.57926	.42074	.3910
.07	.52790	.47210	.3980	.21	.58317	.41683	.3902
.08	.53188	.46812	**.3977**	.22	.58706	.41294	.3894
.09	.53586	.46414	.3973	.23	.59095	.40905	.3885
.10	.53983	.46017	.3970	.24	.59483	.40517	.3876
.11	.54380	.45620	.3965	.25	.59871	.40129	.3867
.12	.54776	.45224	.3961	.26	.60257	.39743	.3857
.13	.55172	.44828	.3956	.27	.60642	.39358	.3847

(계속)

z	큰 부분	작은 부분	y	z	큰 부분	작은 부분	y
.28	.61026	.38974	.3836	.66	.74537	.25463	.3209
.29	.61409	.38591	.3825	.67	.74857	.25143	.3187
.30	.61791	.38209	.3814	.68	.75175	.24825	.3166
.31	.62172	.37828	.3802	.69	.75490	.24510	.3144
.32	.62552	.37448	.3790	.70	.75804	.24196	.3123
.33	.62930	.37070	.3778	.71	.76115	.23885	.3101
.34	.63307	.36693	.3765	.72	.76424	.23576	.3079
.35	.63683	.36317	.3752	.73	.76730	.23270	.3056
.36	.64058	.35942	.3739	.74	.77035	.22965	.3034
.37	.64431	.35569	.3725	.75	.77337	.22663	.3011
.38	.64803	.35197	.3712	.76	.77637	.22363	.2989
.39	.65173	.34827	.3697	.77	.77935	.22065	.2966
.40	.65542	.34458	.3683	.78	.78230	.21770	.2943
.41	.65910	.34090	.3668	.79	.78524	.21476	.2920
.42	.66276	.33724	.3653	.80	.78814	.21186	.2897
.43	.66640	.33360	.3637	.81	.79103	.20897	.2874
.44	.67003	.32997	.3621	.82	.79389	.20611	.2850
.45	.67364	.32636	.3605	.83	.79673	.20327	.2827
.46	.67724	.32276	.3589	.84	.79955	.20045	.2803
.47	.68082	.31918	.3572	.85	.80234	.19766	.2780
.48	.68439	.31561	.3555	.86	.80511	.19489	.2756
.49	.68793	.31207	.3538	.87	.80785	.19215	.2732
.50	.69146	.30854	.3521	.88	.81057	.18943	.2709
.51	.69497	.30503	.3503	.89	.81327	.18673	.2685
.52	.69847	.30153	.3485	.90	.81594	.18406	.2661
.53	.70194	.29806	.3467	.91	.81859	.18141	.2637
.54	.70540	.29460	.3448	.92	.82121	.17879	.2613
.55	.70884	.29116	.3429	.93	.82381	.17619	.2589
.56	.71226	.28774	.3410	.94	.82639	.17361	.2565
.57	.71566	.28434	.3391	.95	.82894	.17106	.2541
.58	.71904	.28096	.3372	.96	.83147	.16853	.2516
.59	.72240	.27760	.3352	.97	.83398	.16602	.2492
.60	.72575	.27425	.3332	.98	.83646	.16354	.2468
.61	.72907	.27093	.3312	.99	.83891	.16109	.2444
.62	.73237	.26763	.3292	1.00	.84134	.15866	.2420
.63	.73565	.26435	.3271	1.01	.84375	.15625	.2396
.64	.73891	.26109	.3251	1.02	.84614	.15386	.2371
.65	.74215	.25785	.3230	1.03	.84849	.15151	.2347

(계속)

z	큰 부분	작은 부분	y	z	큰 부분	작은 부분	y
1.04	.85083	.14917	.2323	1.42	.92220	.07780	.1456
1.05	.85314	.14686	.2299	1.43	.92364	.07636	.1435
1.06	.85543	.14457	.2275	1.44	.92507	.07493	.1415
1.07	.85769	.14231	.2251	1.45	.92647	.07353	.1394
1.08	.85993	.14007	.2227	1.46	.92785	.07215	.1374
1.09	.86214	.13786	.2203	1.47	.92922	.07078	.1354
1.10	.86433	.13567	.2179	1.48	.93056	.06944	.1334
1.11	.86650	.13350	.2155	1.49	.93189	.06811	.1315
1.12	.86864	.13136	.2131	1.50	.93319	.06681	.1295
1.13	.87076	.12924	.2107	1.51	.93448	.06552	.1276
1.14	.87286	.12714	.2083	1.52	.93574	.06426	.1257
1.15	.87493	.12507	.2059	1.53	.93699	.06301	.1238
1.16	.87698	.12302	.2036	1.54	.93822	.06178	.1219
1.17	.87900	.12100	.2012	1.55	.93943	.06057	.1200
1.18	.88100	.11900	.1989	1.56	.94062	.05938	.1182
1.19	.88298	.11702	.1965	1.57	.94179	.05821	.1163
1.20	.88493	.11507	.1942	1.58	.94295	.05705	.1145
1.21	.88686	.11314	.1919	1.59	.94408	.05592	.1127
1.22	.88877	.11123	.1895	1.60	.94520	.05480	.1109
1.23	.89065	.10935	.1872	1.61	.94630	.05370	.1092
1.24	.89251	.10749	.1849	1.62	.94738	.05262	.1074
1.25	.89435	.10565	.1826	1.63	.94845	.05155	.1057
1.26	.89617	.10383	.1804	1.64	.94950	.05050	.1040
1.27	.89796	.10204	.1781	1.65	.95053	.04947	.1023
1.28	.89973	.10027	.1758	1.66	.95154	.04846	.1006
1.29	.90147	.09853	.1736	1.67	.95254	.04746	.0989
1.30	.90320	.09680	.1714	1.68	.95352	.04648	.0973
1.31	.90490	.09510	.1691	1.69	.95449	.04551	.0957
1.32	.90658	.09342	.1669	1.70	.95543	.04457	.0940
1.33	.90824	.09176	.1647	1.71	.95637	.04363	.0925
1.34	.90988	.09012	.1626	1.72	.95728	.04272	.0909
1.35	.91149	.08851	.1604	1.73	.95818	.04182	.0893
1.36	.91309	.08691	.1582	1.74	.95907	.04093	.0878
1.37	.91466	.08534	.1561	1.75	.95994	.04006	.0863
1.38	.91621	.08379	.1539	1.76	.96080	.03920	.0848
1.39	.91774	.08226	.1518	1.77	.96164	.03836	.0833
1.40	.91924	.08076	.1497	1.78	.96246	.03754	.0818
1.41	.92073	.07927	.1476	1.79	.96327	.03673	.0804

(계속)

z	큰 부분	작은 부분	y	z	큰 부분	작은 부분	y
1.80	.96407	.03593	.0790	2.18	.98537	.01463	.0371
1.81	.96485	.03515	.0775	2.19	.98574	.01426	.0363
1.82	.96562	.03438	.0761	2.20	.98610	.01390	.0355
1.83	.96638	.03362	.0748	2.21	.98645	.01355	.0347
1.84	.96712	.03288	.0734	2.22	.98679	.01321	.0339
1.85	.96784	.03216	.0721	2.23	.98713	.01287	.0332
1.86	.96856	.03144	.0707	2.24	.98745	.01255	0325
1.87	.96926	.03074	.0694	2.25	.98778	.01222	.0317
1.88	.96995	.03005	.0681	2.26	.98809	.01191	.0310
1.89	.97062	.02938	.0669	2.27	.98840	.01160	.0303
1.90	.97128	.02872	.0656	2.28	.98870	.01130	.0297
1.91	.97193	.02807	.0644	2.29	.98899	.01101	.0290
1.92	.97257	.02743	.0632	2.30	.98928	.01072	.0283
1.93	.97320	.02680	.0620	2.31	.98956	.01044	.0277
1.94	.97381	.02619	.0608	2.32	.98983	.01017	.0270
1.95	.97441	.02559	.0596	2.33	.99010	.00990	.0264
1.96	.97500	.02500	.0584	2.34	.99036	.00964	.0258
1.97	.97558	.02442	.0573	2.35	.99061	.00939	.0252
1.98	.97615	.02385	.0562	2.36	.99086	.00914	.0246
1.99	.97670	.02330	.0551	2.37	.99111	.00889	.0241
2.00	.97725	.02275	.0540	2.38	.99134	.00866	.0235
2.01	.97778	.02222	.0529	2.39	.99158	.00842	.0229
2.02	.97831	.02169	.0519	2.40	.99180	.00820	.0224
2.03	.97882	.02118	.0508	2.41	.99202	.00798	.0219
2.04	.97932	.02068	.0498	2.42	.99224	.00776	.0213
2.05	.97982	.02018	.0488	2.43	.99245	.00755	.0208
2.06	.98030	.01970	.0478	2.44	.99266	.00734	.0203
2.07	.98077	.01923	.0468	2.45	.99286	.00714	.0198
2.08	.98124	.01876	.0459	2.46	.99305	.00695	.0194
2.09	.98169	.01831	.0449	2.47	.99324	.00676	.0189
2.10	.98214	.01786	.0440	2.48	.99343	.00657	.0184
2.11	.98257	.01743	.0431	2.49	.99361	.00639	.0180
2.12	.98300	.01700	.0422	2.50	.99379	.00621	.0175
2.13	.98341	.01659	.0413	2.51	.99396	.00604	.0171
2.14	.98382	.01618	.0404	2.52	.99413	.00587	.0167
2.15	.98422	.01578	.0396	2.53	.99430	.00570	.0163
2.16	.98461	.01539	.0387	2.54	.99446	.00554	.0158
2.17	.98500	.01500	.0379	2.55	.99461	.00539	.0154

(계속)

z	큰 부분	작은 부분	y
2.56	.99477	.00523	.0151
2.57	.99492	.00508	.0147
2.58	.99506	.00494	.0143
2.59	.99520	.00480	.0139
2.60	.99534	.00466	.0136
2.61	.99547	.00453	.0132
2.62	.99560	.00440	.0129
2.63	.99573	.00427	.0126
2.64	.99585	.00415	.0122
2.65	.99598	.00402	.0119
2.66	.99609	.00391	.0116
2.67	.99621	.00379	.0113
2.68	.99632	.00368	.0110
2.69	.99643	.00357	.0107
2.70	.99653	.00347	.0104
2.71	.99664	.00336	.0101
2.72	.99674	.00326	.0099
2.73	.99683	.00317	.0096
2.74	.99693	.00307	.0093
2.75	.99702	.00298	.0091
2.76	.99711	.00289	.0088
2.77	.99720	.00280	.0086
2.78	.99728	.00272	.0084
2.79	.99736	.00264	.0081
2.80	.99744	.00256	.0079
2.81	.99752	.00248	.0077

z	큰 부분	작은 부분	y
2.82	.99760	.00240	.0075
2.83	.99767	.00233	.0073
2.84	.99774	.00226	.0071
2.85	.99781	.00219	.0069
2.86	.99788	.00212	.0067
2.87	.99795	.00205	.0065
2.88	.99801	.00199	.0063
2.89	.99807	.00193	.0061
2.90	.99813	.00187	.0060
2.91	.99819	.00181	.0058
2.92	.99825	.00175	.0056
2.93	.99831	.00169	.0055
2.94	.99836	.00164	.0053
2.95	.99841	.00159	.0051
2.96	.99846	.00154	.0050
2.97	.99851	.00149	.0048
2.98	.99856	.00144	.0047
2.99	.99861	.00139	.0046
3.00	.99865	.00135	.0044
…	…	…	…
3.25	.99942	.00058	.0020
…	…	…	…
3.50	.99977	.00023	.0009
…	…	…	…
4.00	.99997	.00003	.0001

모든 수치는 저자가 SPSS로 계산했음.

A.2 t 분포 임계값

df	양쪽꼬리 검정		한쪽꼬리 검정	
	0.05	0.01	0.05	0.01
1	12.71	63.66	6.31	31.82
2	4.30	9.92	2.92	6.96
3	3.18	5.84	2.35	4.54
4	2.78	4.60	2.13	3.75
5	2.57	4.03	2.02	3.36
6	2.45	3.71	1.94	3.14
7	2.36	3.50	1.89	3.00
8	2.31	3.36	1.86	2.90
9	2.26	3.25	1.83	2.82
10	2.23	3.17	1.81	2.76
11	2.20	3.11	1.80	2.72
12	2.18	3.05	1.78	2.68
13	2.16	3.01	1.77	2.65
14	2.14	2.98	1.76	2.62
15	2.13	2.95	1.75	2.60
16	2.12	2.92	1.75	2.58
17	2.11	2.90	1.74	2.57
18	2.10	2.88	1.73	2.55
19	2.09	2.86	1.73	2.54
20	2.09	2.85	1.72	2.53
21	2.08	2.83	1.72	2.52
22	2.07	2.82	1.72	2.51
23	2.07	2.81	1.71	2.50
24	2.06	2.80	1.71	2.49
25	2.06	2.79	1.71	2.49
26	2.06	2.78	1.71	2.48
27	2.05	2.77	1.70	2.47
28	2.05	2.76	1.70	2.47
29	2.05	2.76	1.70	2.46
30	2.04	2.75	1.70	2.46
35	2.03	2.72	1.69	2.44
40	2.02	2.70	1.68	2.42
45	2.01	2.69	1.68	2.41
50	2.01	2.68	1.68	2.40
60	2.00	2.66	1.67	2.39
70	1.99	2.65	1.67	2.38
80	1.99	2.64	1.66	2.37
90	1.99	2.63	1.66	2.37
100	1.98	2.63	1.66	2.36
∞ (z)	1.96	2.58	1.64	2.33

모든 수치는 저자가 SPSS로 계산했음.

A.3 F 분포 임계값

<table>
<tr><th colspan="2"></th><th colspan="10">df(분자)</th></tr>
<tr><th></th><th>p</th><th>1</th><th>2</th><th>3</th><th>4</th><th>5</th><th>6</th><th>7</th><th>8</th><th>9</th><th>10</th></tr>
<tr><td>1</td><td>0.05</td><td>161.45</td><td>199.50</td><td>215.71</td><td>224.58</td><td>230.16</td><td>233.99</td><td>236.77</td><td>238.88</td><td>240.5</td><td>241.88</td></tr>
<tr><td></td><td>0.01</td><td>4052.18</td><td>4999.50</td><td>5403.35</td><td>5624.58</td><td>5763.65</td><td>5858.99</td><td>5928.36</td><td>5981.07</td><td>6022.47</td><td>6055.85</td></tr>
<tr><td>2</td><td>0.05</td><td>18.51</td><td>19.00</td><td>19.16</td><td>19.25</td><td>19.30</td><td>19.33</td><td>19.35</td><td>19.37</td><td>19.38</td><td>19.40</td></tr>
<tr><td></td><td>0.01</td><td>98.50</td><td>99.00</td><td>99.17</td><td>99.25</td><td>99.30</td><td>99.33</td><td>99.36</td><td>99.37</td><td>99.39</td><td>99.40</td></tr>
<tr><td>3</td><td>0.05</td><td>10.13</td><td>9.55</td><td>9.28</td><td>9.12</td><td>9.01</td><td>8.94</td><td>8.89</td><td>8.85</td><td>8.81</td><td>8.79</td></tr>
<tr><td></td><td>0.01</td><td>34.12</td><td>30.82</td><td>29.46</td><td>28.71</td><td>28.24</td><td>27.91</td><td>27.67</td><td>27.49</td><td>27.35</td><td>27.23</td></tr>
<tr><td>4</td><td>0.05</td><td>7.71</td><td>6.94</td><td>6.59</td><td>6.39</td><td>6.26</td><td>6.16</td><td>6.09</td><td>6.04</td><td>6.00</td><td>5.96</td></tr>
<tr><td></td><td>0.01</td><td>21.20</td><td>18.00</td><td>16.69</td><td>15.98</td><td>15.52</td><td>15.21</td><td>14.98</td><td>14.80</td><td>14.66</td><td>14.55</td></tr>
<tr><td>5</td><td>0.05</td><td>6.61</td><td>5.79</td><td>5.41</td><td>5.19</td><td>5.05</td><td>4.95</td><td>4.88</td><td>4.82</td><td>4.77</td><td>4.74</td></tr>
<tr><td></td><td>0.01</td><td>16.26</td><td>13.27</td><td>12.06</td><td>11.39</td><td>10.97</td><td>10.67</td><td>10.46</td><td>10.29</td><td>10.16</td><td>10.05</td></tr>
<tr><td>6</td><td>0.05</td><td>5.99</td><td>5.14</td><td>4.76</td><td>4.53</td><td>4.39</td><td>4.28</td><td>4.21</td><td>4.15</td><td>4.10</td><td>4.06</td></tr>
<tr><td></td><td>0.01</td><td>13.75</td><td>10.92</td><td>9.78</td><td>9.15</td><td>8.75</td><td>8.47</td><td>8.26</td><td>8.10</td><td>7.98</td><td>7.87</td></tr>
<tr><td>7</td><td>0.05</td><td>5.59</td><td>4.74</td><td>4.35</td><td>4.12</td><td>3.97</td><td>3.87</td><td>3.79</td><td>3.73</td><td>3.68</td><td>3.64</td></tr>
<tr><td></td><td>0.01</td><td>12.25</td><td>9.55</td><td>8.45</td><td>7.85</td><td>7.46</td><td>7.19</td><td>6.99</td><td>6.84</td><td>6.72</td><td>6.62</td></tr>
<tr><td>8</td><td>0.05</td><td>5.32</td><td>4.46</td><td>4.07</td><td>3.84</td><td>3.69</td><td>3.58</td><td>3.50</td><td>3.44</td><td>3.39</td><td>3.35</td></tr>
<tr><td></td><td>0.01</td><td>11.26</td><td>8.65</td><td>7.59</td><td>7.01</td><td>6.63</td><td>6.37</td><td>6.18</td><td>6.03</td><td>5.91</td><td>5.81</td></tr>
<tr><td>9</td><td>0.05</td><td>5.12</td><td>4.26</td><td>3.86</td><td>3.63</td><td>3.48</td><td>3.37</td><td>3.29</td><td>3.23</td><td>3.18</td><td>3.14</td></tr>
<tr><td></td><td>0.01</td><td>10.56</td><td>8.02</td><td>6.99</td><td>6.42</td><td>6.06</td><td>5.80</td><td>5.61</td><td>5.47</td><td>5.35</td><td>5.26</td></tr>
<tr><td>10</td><td>0.05</td><td>4.96</td><td>4.10</td><td>3.71</td><td>3.48</td><td>3.33</td><td>3.22</td><td>3.14</td><td>3.07</td><td>3.02</td><td>2.98</td></tr>
<tr><td></td><td>0.01</td><td>10.04</td><td>7.56</td><td>6.55</td><td>5.99</td><td>5.64</td><td>5.39</td><td>5.20</td><td>5.06</td><td>4.94</td><td>4.85</td></tr>
<tr><td>11</td><td>0.05</td><td>4.84</td><td>3.98</td><td>3.59</td><td>3.36</td><td>3.20</td><td>3.09</td><td>3.01</td><td>2.95</td><td>2.90</td><td>2.85</td></tr>
<tr><td></td><td>0.01</td><td>9.65</td><td>7.21</td><td>6.22</td><td>5.67</td><td>5.32</td><td>5.07</td><td>4.89</td><td>4.74</td><td>4.63</td><td>4.54</td></tr>
<tr><td>12</td><td>0.05</td><td>4.75</td><td>3.89</td><td>3.49</td><td>3.26</td><td>3.11</td><td>3.00</td><td>2.91</td><td>2.85</td><td>2.80</td><td>2.75</td></tr>
<tr><td></td><td>0.01</td><td>9.33</td><td>6.93</td><td>5.95</td><td>5.41</td><td>5.06</td><td>4.82</td><td>4.64</td><td>4.50</td><td>4.39</td><td>4.30</td></tr>
<tr><td>13</td><td>0.05</td><td>4.67</td><td>3.81</td><td>3.41</td><td>3.18</td><td>3.03</td><td>2.92</td><td>2.83</td><td>2.77</td><td>2.71</td><td>2.67</td></tr>
<tr><td></td><td>0.01</td><td>9.07</td><td>6.70</td><td>5.74</td><td>5.21</td><td>4.86</td><td>4.62</td><td>4.44</td><td>4.30</td><td>4.19</td><td>4.10</td></tr>
<tr><td>14</td><td>0.05</td><td>4.60</td><td>3.74</td><td>3.34</td><td>3.11</td><td>2.96</td><td>2.85</td><td>2.76</td><td>2.70</td><td>2.65</td><td>2.60</td></tr>
<tr><td></td><td>0.01</td><td>8.86</td><td>6.51</td><td>5.56</td><td>5.04</td><td>4.69</td><td>4.46</td><td>4.28</td><td>4.14</td><td>4.03</td><td>3.94</td></tr>
<tr><td>15</td><td>0.05</td><td>4.54</td><td>3.68</td><td>3.29</td><td>3.06</td><td>2.90</td><td>2.79</td><td>2.71</td><td>2.64</td><td>2.59</td><td>2.54</td></tr>
<tr><td></td><td>0.01</td><td>8.68</td><td>6.36</td><td>5.42</td><td>4.89</td><td>4.56</td><td>4.32</td><td>4.14</td><td>4.00</td><td>3.89</td><td>3.80</td></tr>
<tr><td>16</td><td>0.05</td><td>4.49</td><td>3.63</td><td>3.24</td><td>3.01</td><td>2.85</td><td>2.74</td><td>2.66</td><td>2.59</td><td>2.54</td><td>2.49</td></tr>
<tr><td></td><td>0.01</td><td>8.53</td><td>6.23</td><td>5.29</td><td>4.77</td><td>4.44</td><td>4.20</td><td>4.03</td><td>3.89</td><td>3.78</td><td>3.69</td></tr>
<tr><td>17</td><td>0.05</td><td>4.45</td><td>3.59</td><td>3.20</td><td>2.96</td><td>2.81</td><td>2.70</td><td>2.61</td><td>2.55</td><td>2.49</td><td>2.45</td></tr>
<tr><td></td><td>0.01</td><td>8.40</td><td>6.11</td><td>5.18</td><td>4.67</td><td>4.34</td><td>4.10</td><td>3.93</td><td>3.79</td><td>3.68</td><td>3.59</td></tr>
<tr><td>18</td><td>0.05</td><td>4.41</td><td>3.55</td><td>3.16</td><td>2.93</td><td>2.77</td><td>2.66</td><td>2.58</td><td>2.51</td><td>2.46</td><td>2.41</td></tr>
<tr><td></td><td>0.01</td><td>8.29</td><td>6.01</td><td>5.09</td><td>4.58</td><td>4.25</td><td>4.01</td><td>3.84</td><td>3.71</td><td>3.60</td><td>3.51</td></tr>
</table>

df (Denominator)

(계속)

						df(분자)					
	p	1	2	3	4	5	6	7	8	9	10
19	0.05	4.38	3.52	3.13	2.90	2.74	2.63	2.54	2.48	2.42	2.38
	0.01	8.18	5.93	5.01	4.50	4.17	3.94	3.77	3.63	3.52	3.43
20	0.05	4.35	3.49	3.10	2.87	2.71	2.60	2.51	2.45	2.39	2.35
	0.01	8.10	5.85	4.94	4.43	4.10	3.87	3.70	3.56	3.46	3.37
22	0.05	4.30	3.44	3.05	2.82	2.66	2.55	2.46	2.40	2.34	2.30
	0.01	7.95	5.72	4.82	4.31	3.99	3.76	3.59	3.45	3.35	3.26
24	0.05	4.26	3.40	3.01	2.78	2.62	2.51	2.42	2.36	2.30	2.25
	0.01	7.82	5.61	4.72	4.22	3.90	3.67	3.50	3.36	3.26	3.17
26	0.05	4.23	3.37	2.98	2.74	2.59	2.47	2.39	2.32	2.27	2.22
	0.01	7.72	5.53	4.64	4.14	3.82	3.59	3.42	3.29	3.18	3.09
28	0.05	4.20	3.34	2.95	2.71	2.56	2.45	2.36	2.29	2.24	2.19
	0.01	7.64	5.45	4.57	4.07	3.75	3.53	3.36	3.23	3.12	3.03
30	0.05	4.17	3.32	2.92	2.69	2.53	2.42	2.33	2.27	2.21	2.16
	0.01	7.56	5.39	4.51	4.02	3.70	3.47	3.30	3.17	3.07	2.98
35	0.05	4.12	3.27	2.87	2.64	2.49	2.37	2.29	2.22	2.16	2.11
	0.01	7.42	5.27	4.40	3.91	3.59	3.37	3.20	3.07	2.96	2.88
40	0.05	4.08	3.23	2.84	2.61	2.45	2.34	2.25	2.18	2.12	2.08
	0.01	7.31	5.18	4.31	3.83	3.51	3.29	3.12	2.99	2.89	2.80
45	0.05	4.06	3.20	2.81	2.58	2.42	2.31	2.22	2.15	2.10	2.05
	0.01	7.23	5.11	4.25	3.77	3.45	3.23	3.07	2.94	2.83	2.74
50	0.05	4.03	3.18	2.79	2.56	2.40	2.29	2.20	2.13	2.07	2.03
	0.01	7.17	5.06	4.20	3.72	3.41	3.19	3.02	2.89	2.78	2.70
60	0.05	4.00	3.15	2.76	2.53	2.37	2.25	2.17	2.10	2.04	1.99
	0.01	7.08	4.98	4.13	3.65	3.34	3.12	2.95	2.82	2.72	2.63
80	0.05	3.96	3.11	2.72	2.49	2.33	2.21	2.13	2.06	2.00	1.95
	0.01	6.96	4.88	4.04	3.56	3.26	3.04	2.87	2.74	2.64	2.55
100	0.05	3.94	3.09	2.70	2.46	2.31	2.19	2.10	2.03	1.97	1.93
	0.01	6.90	4.82	3.98	3.51	3.21	2.99	2.82	2.69	2.59	2.50
150	0.05	3.90	3.06	2.66	2.43	2.27	2.16	2.07	2.00	1.94	1.89
	0.01	6.81	4.75	3.91	3.45	3.14	2.92	2.76	2.63	2.53	2.44
300	0.05	3.87	3.03	2.63	2.40	2.24	2.13	2.04	1.97	1.91	1.86
	0.01	6.72	4.68	3.85	3.38	3.08	2.86	2.70	2.57	2.47	2.38
500	0.05	3.86	3.01	2.62	2.39	2.23	2.12	2.03	1.96	1.90	1.85
	0.01	6.69	4.65	3.82	3.36	3.05	2.84	2.68	2.55	2.44	2.36
1000	0.05	3.85	3.00	2.61	2.38	2.22	2.11	2.02	1.95	1.89	1.84
	0.01	6.66	4.63	3.80	3.34	3.04	2.82	2.66	2.53	2.43	2.34

df (Denominator)

(계속)

		df(분자)						
	p	**15**	**20**	**25**	**30**	**40**	**50**	**1000**
1	0,05	245,95	248,01	249,26	250,10	251,14	251,77	254,19
	0,01	6157,31	6208,74	6239,83	6260,65	6286,79	6302,52	6362,70
2	0,05	19,43	19,45	19,46	19,46	19,47	19,48	19,49
	0,01	99,43	99,45	99,46	99,47	99,47	99,48	99,50
3	0,05	8,70	8,66	8,63	8,62	8,59	8,58	8,53
	0,01	26,87	26,69	26,58	26,50	26,41	26,35	26,14
4	0,05	5,86	5,80	5,77	5,75	5,72	5,70	5,63
	0,01	14,20	14,02	13,91	13,84	13,75	13,69	13,47
5	0,05	4,62	4,56	4,52	4,50	4,46	4,44	4,37
	0,01	9,72	9,55	9,45	9,38	9,29	9,24	9,03
6	0,05	3,94	3,87	3,83	3,81	3,77	3,75	3,67
	0,01	7,56	7,40	7,30	7,23	7,14	7,09	6,89
7	0,05	3,51	3,44	3,40	3,38	3,34	3,32	3,23
	0,01	6,31	6,16	6,06	5,99	5,91	5,86	5,66
8	0,05	3,22	3,15	3,11	3,08	3,04	3,02	2,93
	0,01	5,52	5,36	5,26	5,20	5,12	5,07	4,87
9	0,05	3,01	2,94	2,89	2,86	2,83	2,80	2,71
	0,01	4,96	4,81	4,71	4,65	4,57	4,52	4,32
10	0,05	2,85	2,77	2,73	2,70	2,66	2,64	2,54
	0,01	4,56	4,41	4,31	4,25	4,17	4,12	3,92
11	0,05	2,72	2,65	2,60	2,57	2,53	2,51	2,41
	0,01	4,25	4,10	4,01	3,94	3,86	3,81	3,61
12	0,05	2,62	2,54	2,50	2,47	2,43	2,40	2,30
	0,01	4,01	3,86	3,76	3,70	3,62	3,57	3,37
13	0,05	2,53	2,46	2,41	2,38	2,34	2,31	2,21
	0,01	3,82	3,66	3,57	3,51	3,43	3,38	3,18
14	0,05	2,46	2,39	2,34	2,31	2,27	2,24	2,14
	0,01	3,66	3,51	3,41	3,35	3,27	3,22	3,02
15	0,05	2,40	2,33	2,28	2,25	2,20	2,18	2,07
	0,01	3,52	3,37	3,28	3,21	3,13	3,08	2,88
16	0,05	2,35	2,28	2,23	2,19	2,15	2,12	2,02
	0,01	3,41	3,26	3,16	3,10	3,02	2,97	2,76
17	0,05	2,31	2,23	2,18	2,15	2,10	2,08	1,97
	0,01	3,31	3,16	3,07	3,00	2,92	2,87	2,66
18	0,05	2,27	2,19	2,14	2,11	2,06	2,04	1,92
	0,01	3,23	3,08	2,98	2,92	2,84	2,78	2,58

df (Denominator)

(계속)

		df(분자)						
	p	15	20	25	30	40	50	1000
19	0.05	2.23	2.16	2.11	2.07	2.03	2.00	1.88
	0.01	3.15	3.00	2.91	2.84	2.76	2.71	2.50
20	0.05	2.20	2.12	2.07	2.04	1.99	1.97	1.85
	0.01	3.09	2.94	2.84	2.78	2.69	2.64	2.43
22	0.05	2.15	2.07	2.02	1.98	1.94	1.91	1.79
	0.01	2.98	2.83	2.73	2.67	2.58	2.53	2.32
24	0.05	2.11	2.03	1.97	1.94	1.89	1.86	1.74
	0.01	2.89	2.74	2.64	2.58	2.49	2.44	2.22
26	0.05	2.07	1.99	1.94	1.90	1.85	1.82	1.70
	0.01	2.81	2.66	2.57	2.50	2.42	2.36	2.14
28	0.05	2.04	1.96	1.91	1.87	1.82	1.79	1.66
	0.01	2.75	2.60	2.51	2.44	2.35	2.30	2.08
30	0.05	2.01	1.93	1.88	1.84	1.79	1.76	1.63
	0.01	2.70	2.55	2.45	2.39	2.30	2.25	2.02
35	0.05	1.96	1.88	1.82	1.79	1.74	1.70	1.57
	0.01	2.60	2.44	2.35	2.28	2.19	2.14	1.90
40	0.05	1.92	1.84	1.78	1.74	1.69	1.66	1.52
	0.01	2.52	2.37	2.27	2.20	2.11	2.06	1.82
45	0.05	1.89	1.81	1.75	1.71	1.66	1.63	1.48
	0.01	2.46	2.31	2.21	2.14	2.05	2.00	1.75
50	0.05	1.87	1.78	1.73	1.69	1.63	1.60	1.45
	0.01	2.42	2.27	2.17	2.10	2.01	1.95	1.70
60	0.05	1.84	1.75	1.69	1.65	1.59	1.56	1.40
	0.01	2.35	2.20	2.10	2.03	1.94	1.88	1.62
80	0.05	1.79	1.70	1.64	1.60	1.54	1.51	1.34
	0.01	2.27	2.12	2.01	1.94	1.85	1.79	1.51
100	0.05	1.77	1.68	1.62	1.57	1.52	1.48	1.30
	0.01	2.22	2.07	1.97	1.89	1.80	1.74	1.45
150	0.05	1.73	1.64	1.58	1.54	1.48	1.44	1.24
	0.01	2.16	2.00	1.90	1.83	1.73	1.66	1.35
300	0.05	1.70	1.61	1.54	1.50	1.43	1.39	1.17
	0.01	2.10	1.94	1.84	1.76	1.66	1.59	1.25
500	0.05	1.69	1.59	1.53	1.48	1.42	1.38	1.14
	0.01	2.07	1.92	1.81	1.74	1.63	1.57	1.20
1000	0.05	1.68	1.58	1.52	1.47	1.41	1.36	1.11
	0.01	2.06	1.90	1.79	1.72	1.61	1.54	1.16

df (Denominator)

모든 수치는 저자가 SPSS로 계산했음.

A.4 카이제곱 분포 임계값

df	p 0.05	p 0.01
1	3.84	6.63
2	5.99	9.21
3	7.81	11.34
4	9.49	13.28
5	11.07	15.09
6	12.59	16.81
7	14.07	18.48
8	15.51	20.09
9	16.92	21.67
10	18.31	23.21
11	19.68	24.72
12	21.03	26.22
13	22.36	27.69
14	23.68	29.14
15	25.00	30.58
16	26.30	32.00
17	27.59	33.41
18	28.87	34.81
19	30.14	36.19
20	31.41	37.57
21	32.67	38.93
22	33.92	40.29
23	35.17	41.64
24	36.42	42.98

df	p 0.05	p 0.01
25	37.65	44.31
26	38.89	45.64
27	40.11	46.96
28	41.34	48.28
29	42.56	49.59
30	43.77	50.89
35	49.80	57.34
40	55.76	63.69
45	61.66	69.96
50	67.50	76.15
60	79.08	88.38
70	90.53	100.43
80	101.88	112.33
90	113.15	124.12
100	124.34	135.81
200	233.99	249.45
300	341.40	359.91
400	447.63	468.72
500	553.13	576.49
600	658.09	683.52
700	762.66	789.97
800	866.91	895.98
900	970.90	1001.63
1000	1074.68	1106.97

모든 수치는 저자가 SPSS로 계산했음.

참고문헌

Agresti, A., & Finlay, B. (1986). *Statistical methods for the social sciences* (제2판). San Francisco: Dellen.

Arrindell, W. A., & van der Ende, J. (1985). An empirical test of the utility of the observer-to-variables ratio in factor and components analysis. *Applied Psychological Measurement, 9*, 165-178.

Baguley, T. (2004). Understanding statistical power in the context of applied research. *Applied Ergonomics, 35*(2), 73-80.

Bakeman, R. (2005). Recommended effect size statistics for repeated measures designs. *Behavior Research Methods, 37*(3), 379-384.

Bale, C., Morrison, R., & Caryl, P. G. (2006). Chat-up lines as male sexual displays. *Personality and Individual Differences, 40*(4), 655-664.

Barnard, G. A. (1963). Ronald Aylmer Fisher, 1890-1962: Fisher's contributions to mathematical statistics. *Journal of the Royal Statistical Society, Series A, 126*, 162-166.

Bates, D., & Maechler, M. (2010). lme4: Linear mixed-effects models using S4 classes. R 패키지(버전 0.999375-37). http://CRAN.R-project.org/package=lme4에서 조회.

Beckham, A. S. (1929). Is the Negro happy? A psychological analysis. *Journal of Abnormal and Social Psychology, 24*, 186-190.

Belsey, D. A., Kuh, E., & Welsch, R. (1980). *Regression diagnostics: Identifying influential data and sources of collinearity*. New York: Wiley.

Bemelman, M., & Hammacher, E. R. (2005). Rectal impalement by pirate ship: A case report. *Injury Extra, 36*, 508-510.

Benjamini, Y., & Hochberg, Y. (1995). Controlling the false discovery rate – a practical and powerful approach to multiple testing. *Journal of the Royal Statistical Society, Series B, 57*(1), 289-300.

Benjamini, Y., & Hochberg, Y. (2000). On the adaptive control of the false discovery fate in multiple testing with independent statistics. *Journal of Educational and Behavioral Statistics, 25*(1), 60-83.

Berger, J. O. (2003). Could Fisher, Jeffreys and Neyman have agreed on testing? *Statistical Science, 18*(1), 1-12.

Berry, W. D. (1993). *Understanding regression assumptions*. Sage University Paper Series on Quantitative Applications in the Social Sciences, 07-092. Newbury Park, CA: Sage.

Berry, W. D., & Feldman, S. (1985). *Multiple regression in practice*. Sage University Paper Series on Quantitative Applications in the Social Sciences, 07-050. Beverly Hills, CA: Sage.

Board, B. J., & Fritzon, K. (2005). Disordered personalities at work. *Psychology, Crime & Law, 11*(1), 17-32.

Bock, R. D. (1975). *Multivariate statistical methods in behavioral research*. New York: McGraw-Hill.

Boik, R. J. (1981). A priori tests in repeated measures designs: Effects of nonsphericity. *Psychometrika, 46*(3), 241-255.

Bowerman, B. L., & O'Connell, R. T. (1990). *Linear statistical models: An applied approach* (제2판). Belmont, CA: Duxbury.

Bray, J. H., & Maxwell, S. E. (1985). *Multivariate analysis of variance*. Sage University Paper Series on Quantitative Applications in the Social Sciences, 07-054. Newbury Park, CA: Sage.

Brown, W. (1910). Some experimental results in the correlation of mental abilities. *British Journal of Psychology, 3*, 296-322.

Budescu, D. V. (1982). The power of the F test in normal populations with heterogeneous variances.

Educational and Psychological Measurement, 42, 609-616.

Budescu, D. V., & Appelbaum, M. I. (1981). Variance stabilizing transformations and the power of the F test. Journal of Educational Statistics, 6(1), 55-74.

Cattell, R. B. (1966a). The scientific analysis of personality. Chicago: Aldine.

Cattell, R. B. (1966b). The scree test for the number of factors. Multivariate Behavioral Research, 1, 245-276.

Çetinkaya, H., & Domjan, M. (2006). Sexual fetishism in a quail (Coturnix japonica) model system: Test of reproductive success. Journal of Comparative Psychology, 120(4), 427-432.

Chamorro-Premuzic, T., Furnham, A., Christopher, A. N., Garwood, J., & Martin, N. (2008). Birds of a feather: Students' preferences for lecturers' personalities as predicted by their own personality and learning approaches. Personality and Individual Differences, 44, 965-976.

Chen, P. Y., & Popovich, P. M. (2002). Correlation: Parametric and nonparametric measures. Thousand Oaks, CA: Sage.

Chen, X. Z., Luo, Y., Zhang, J. J., Jiang, K., Pendry, J. B., & Zhang, S. A. (2011). Macroscopic invisibility cloaking of visible light. Nature Communications, 2, art. 176. doi: 10.1038/ncomms1176.

Choi, K., & Marden, J. (1997). An approach to multivariate rank tests in multivariate analysis of variance. Journal of the American Statistical Association, 92(440), 1581-1590.

Clarke, D. L., Buccimazza, I., Anderson, F. A., & Thomson, S. R. (2005). Colorectal foreign bodies. Colorectal Disease, 7(1), 98-103.

Cliff, N. (1987). Analyzing multivariate data. New York: Harcourt Brace Jovanovich.

Cohen, J. (1968). Multiple regression as a general data-analytic system. Psychological Bulletin, 70(6), 426-443.

Cohen, J. (1988). Statistical power analysis for the behavioral sciences (제2판). New York: Academic Press.

Cohen, J. (1990). Things I have learned (so far). American Psychologist, 45(12), 1304-1312.

Cohen, J. (1992). A power primer. Psychological Bulletin, 112(1), 155-159.

Cohen, J. (1994). The earth is round (p < .05).

American Psychologist, 49(12), 997-1003.

Cole, D. A., Maxwell, S. E., Arvey, R., & Salas, E. (1994). How the power of MANOVA can both increase and decrease as a function of the intercorrelations among the dependent variables. Psychological Bulletin, 115(3), 465-474.

Collier, R. O., Baker, F. B., Mandeville, G. K., & Hayes, T. F. (1967). Estimates of test size for several test procedures based on conventional variance ratios in the repeated measures design. Psychometrika, 32(2), 339-352.

Comrey, A. L., & Lee, H. B. (1992). A first course in factor analysis (제2판). Hillsdale, NJ: Erlbaum.

Cook, R. D., & Weisberg, S. (1982). Residuals and influence in regression. New York: Chapman & Hall.

Cook, S. A., Rosser, R., & Salmon, P. (2006). Is cosmetic surgery an effective psychotherapeutic intervention? A systematic review of the evidence. Journal of Plastic, Reconstructive & Aesthetic Surgery, 59, 1133-1151.

Cook, S. A., Rossera, R., Toone, H., James, M. I., & Salmon, P. (2006). The psychological and social characteristics of patients referred for NHS cosmetic surgery: Quantifying clinical need. Journal of Plastic, Reconstructive & Aesthetic Surgery, 59, 54-64.

Cooper, C. L., Sloan, S. J., & Williams, S. (1988). Occupational Stress Indicator management guide. Windsor: NFER-Nelson.

Cooper, M., O'Donnell, D., Caryl, P. G., Morrison, R., & Bale, C. (2007). Chat-up lines as male displays: Effects of content, sex, and personality. Personality and Individual Differences, 43(5), 1075-1085.

Cortina, J. M. (1993). What is coefficient alpha? An examination of theory and applications. Journal of Applied Psychology, 78, 98-104.

Cox, D. R., & Snell, D. J. (1989). The analysis of binary data (제2판). London: Chapman & Hall.

Cronbach, L. J. (1951). Coefficient alpha and the internal structure of tests. Psychometrika, 16, 297-334.

Cronbach, L. J. (1957). The two disciplines of scientific psychology. American Psychologist, 12, 671-684.

Davey, G. C. L., Startup, H. M., Zara, A., MacDonald, C. B., & Field, A. P. (2003). Perseveration of checking thoughts and mood-as-input hypothesis. *Journal of Behavior Therapy & Experimental Psychiatry, 34,* 141-160.

Davidson, M. L. (1972). Univariate versus multivariate tests in repeated-measures experiments. *Psychological Bulletin, 77,* 446-452.

Davies, P., Surridge, J., Hole, L., & Munro-Davies, L. (2007). Superhero-related injuries in paediatrics: a case series. *Archives of Disease in Childhood, 92*(3), 242-243.

DeCarlo, L. T. (1997). On the meaning and use of kurtosis. *Psychological Methods, 2*(3), 292-307.

Di Falco, A., Ploschner, M., & Krauss, T. F. (2010). Flexible metamaterials at visible wavelengths. *New Journal of Physics, 12,* 113006. doi: 11300610.1088/1367-2630/12/11/113006

Domjan, M., Blesbois, E., & Williams, J. (1998). The adaptive significance of sexual conditioning: Pavlovian control of sperm release. *Psychological Science, 9*(5), 411-415.

Donaldson, T. S. (1968). Robustness of the *F*-test to errors of both kinds and the correlation between the numerator and denominator of the *F*-ratio. *Journal of the American Statistical Association, 63,* 660-676.

Dunlap, W. P., Cortina, J. M., Vaslow, J. B., & Burke, M. J. (1996). Meta-analysis of experiments with matched groups or repeated measures designs. *Psychological Methods, 1*(2), 170-177.

Dunteman, G. E. (1989). *Principal components analysis.* Sage University Paper Series on Quantitative Applications in the Social Sciences, 07-069. Newbury Park, CA: Sage.

Durbin, J., & Watson, G. S. (1951). Testing for serial correlation in least squares regression. II. *Biometrika, 30,* 159-178.

Easterlin, R. A. (2003). Explaining happiness. *Proceedings of the National Academy of Sciences, 100*(19), 11176-11183.

Efron, B., & Tibshirani, R. (1993). *An introduction to the bootstrap:* Chapman & Hall.

Enders, C. K., & Tofighi, D. (2007). Centering predictor variables in cross-sectional multilevel models: A new look at an old issue. *Psychological Methods, 12*(2), 121-138.

Eriksson, S.-G., Beckham, D., & Vassell, D. (2004). Why are the English so shit at penalties? A review. *Journal of Sporting Ineptitude, 31,* 231-1072.

Erlebacher, A. (1977). Design and analysis of experiments contrasting the within- and between-subjects manipulations of the independent variable. *Psychological Bulletin, 84,* 212-219.

Eysenck, H. J. (1953). *The structure of human personality.* New York: Wiley.

Fesmire, F. M. (1988). Termination of intractable hiccups with digital rectal massage. *Annals of Emergency Medicine, 17*(8), 872.

Field, A. P. (2000). *Discovering statistics using SPSS for Windows: Advanced techniques for the beginner.* London: Sage.

Field, A. P. (2001). Meta-analysis of correlation coefficients: A Monte Carlo comparison of fixed- and random-effects methods. *Psychological Methods, 6*(2), 161-180.

Field, A. P. (2005a). Intraclass correlation. 수록: B. Everitt & D. C. Howell (엮음), *Encyclopedia of statistics in behavioral science* (Vol. 2, pp. 948-954). Hoboken, NJ: Wiley.

Field, A. P. (2005b). Is the meta-analysis of correlation coefficients accurate when population correlations vary? *Psychological Methods, 10*(4), 444-467.

Field, A. P. (2005c). Sir Ronald Aylmer Fisher. 수록: B. S. Everitt & D. C. Howell (엮음), *Encyclopedia of statistics in behavioral science* (Vol. 2, pp. 658-659). Hoboken, NJ: Wiley.

Field, A. P. (2006). The behavioral inhibition system and the verbal information pathway to children's fears. *Journal of Abnormal Psychology, 115*(4), 742-752.

Field, A. P. (2009). *Discovering statistics using SPSS: And sex and drugs and rock 'n' roll* (제3판). London: Sage.

Field, A. P., & Davey, G. C. L. (1999). Reevaluating evaluative conditioning: A nonassociative explanation of conditioning effects in the visual evaluative conditioning paradigm. *Journal of Experimental Psychology - Animal Behavior Processes, 25*(2), 211-224.

Field, A. P., & Hole, G. J. (2003). *How to design and report experiments.* London: Sage.

Field, A. P., & Miles, J. N. V. (2010). *Discovering statistics using SAS: And sex and drugs and rock 'n' roll.* London: Sage.

Field, A. P., & Moore, A. C. (2005). Dissociating the effects of attention and contingency awareness on evaluative conditioning effects in the visual paradigm. *Cognition and Emotion, 19*(2), 217-243.

Fienberg, S. E., Stigler, S. M., & Tanur, J. M. (2007). The William Kruskal Legacy: 1919-2005. *Statistical Science, 22*(2), 255-261.

Fisher, R. A. (1921). On the probable error of a coefficient of correlation deduced from a small sample. *Metron, 1,* 3-32.

Fisher, R. A. (1922). On the interpretation of chi square from contingency tables, and the calculation of P. *Journal of the Royal Statistical Society, 85,* 87-94.

Fisher, R. A. (1925). *Statistical methods for research workers.* Edinburgh: Oliver & Boyd.

Fisher, R. A. (1925/1991). *Statistical methods, experimental design, and scientific inference.* Oxford: Oxford University Press. (This reference is for the 1991 reprint.).

Fisher, R. A. (1956). *Statistical methods and scientific inference.* New York: Hafner.

Flanagan, J. C. (1937). A proposed procedure for increasing the efficiency of objective tests. *Journal of Educational Psychology, 28,* 17-21.

Friedman, M. (1937). The use of ranks to avoid the assumption of normality implicit in the analysis of variance. *Journal of the American Statistical Association, 32,* 675-701.

Gallup, G. G. J., Burch, R. L., Zappieri, M. L., Parvez, R., Stockwell, M., & Davis, J. A. (2003). The human penis as a semen displacement device. *Evolution and Human Behavior, 24,* 277-289.

Games, P. A. (1983). Curvilinear transformations of the dependent variable. *Psychological Bulletin, 93*(2), 382-387.

Games, P. A. (1984). Data transformations, power, and skew: A rebuttal to Levine and Dunlap. *Psychological Bulletin, 95*(2), 345-347.

Games, P. A., & Lucas, P. A. (1966). Power of the analysis of variance of independent groups on non-normal and normally transformed data. *Educational and Psychological Measurement, 26,* 311-327.

Gelman, A., & Hill, J. (2007). *Data analysis using regression and multilevel/hierarchical models.* Cambridge: Cambridge University Press.

Girden, E. R. (1992). *ANOVA: Repeated measures.*

Sage University Paper Series on Quantitative Applications in the Social Sciences, 07-084. Newbury Park, CA: Sage.

Glass, G. V. (1966). Testing homogeneity of variances. *American Educational Research Journal, 3*(3), 187-190.

Glass, G. V., Peckham, P. D., & Sanders, J. R. (1972). Consequences of failure to meet assumptions underlying the fixed effects analyses of variance and covariance. *Review of Educational Research, 42*(3), 237-288.

Graham, J. M., Guthrie, A. C., & Thompson, B. (2003). Consequences of not interpreting structure coefficients in published CFA research: A reminder. *Structural Equation Modeling, 10*(1), 142-153.

Grayson, D. (2004). Some myths and legends in quantitative psychology. *Understanding Statistics, 3*(1), 101-134.

Green, S. B. (1991). How many subjects does it take to do a regression analysis? *Multivariate Behavioral Research, 26,* 499-510.

Greenhouse, S. W., & Geisser, S. (1959). On methods in the analysis of profile data. Psychometrika, 24, 95-112.

Guadagnoli, E., & Velicer, W. F. (1988). Relation of sample size to the stability of component patterns. *Psychological Bulletin, 103*(2), 265-275.

Hakstian, A. R., Roed, J. C., & Lind, J. C. (1979). Two-sample T^2 procedure and the assumption of homogeneous covariance matrices. *Psychological Bulletin, 86,* 1255-1263.

Hardy, M. A. (1993). *Regression with dummy variables.* Sage University Paper Series on Quantitative Applications in the Social Sciences, 07-093. Newbury Park, CA: Sage.

Harman, B. H. (1976). *Modern factor analysis* (제3판 개정판). Chicago: University of Chicago Press.

Harris, R. J. (1975). *A primer of multivariate statistics.* New York: Academic Press.

Hawton, K. (1989). Sexual dysfunctions. 수록: K. Hawton, P. M. Salkovskis, J. Kirk, & D. M. Clark (엮음), *Cognitive behaviour therapy for psychiatric problems: A practical guide.* (pp. 370-405). Oxford: Oxford University Press.

Hill, C., Abraham, C., & Wright, D. B. (2007). Can theory-based messages in combination with cognitive prompts promote exercise in classroom settings? *Social Science & Medicine, 65*, 1049-1058.

Hoaglin, D., & Welsch, R. (1978). The hat matrix in regression and ANOVA. *American Statistician, 32*, 17-22.

Hochberg, Y. (1988). A sharper Bonferroni procedure for multiple tests of significance. *Biometrika, 75*(4), 800-802.

Hoddle, G., Batty, D., & Ince, P. (1998). How not to take penalties in important soccer matches. *Journal of Cretinous Behaviour, 1*, 1-2.

Holm, S. (1979). A simple sequentially rejective multiple test procedure. *Scandinavian Journal of Statistics, 6*(2), 65-70.

Hommel, G. (1988). A stagewise rejective multiple test procedure based on a modified Bonferroni test. *Biometrika, 75*(2), 383-386.

Horn, J. L. (1965). A rationale and test for the number of factors in factor analysis. *Psychometrika, 30*, 179-185.

Hosmer, D. W., & Lemeshow, S. (1989). *Applied logistic regression.* New York: Wiley.

Howell, D. C. (1997). *Statistical methods for psychology* (제4판). Belmont, CA: Duxbury.

Howell, D. C. (2006). *Statistical methods for psychology* (제6판). Belmont, CA: Thomson.

Huberty, C. J., & Morris, J. D. (1989). Multivariate analysis versus multiple univariate analysis. *Psychological Bulletin, 105*(2), 302-308.

Hughes, J. P., Marice, H. P., & Gathright, J. B. (1976). Method of removing a hollow object from the rectum. *Diseases of the Colon & Rectum, 19*(1), 44-45.

Hume, D. (1739-40). *A treatise of human nature* (L. A. Selby-Bigge, Ed.). Oxford: Clarendon Press, 1965.

Hume, D. (1748). *An enquiry concerning human understanding.* Chicago: Open Court, 1927.

Hutcheson, G., & Sofroniou, N. (1999). *The multivariate social scientist.* London: Sage.

Huynh, H., & Feldt, L. S. (1976). Estimation of the Box correction for degrees of freedom from sample data in randomised block and split-plot designs. *Journal of Educational Statistics, 1*(1), 69-82.

Jolliffe, I. T. (1972). Discarding variables in a principal component analysis, I: Artificial data. *Applied Statistics, 21*, 160-173.

Jolliffe, I. T. (1986). *Principal component analysis.* New York: Springer.

Kahneman, D., & Krueger, A. B. (2006). Developments in the measurement of subjective well-being. *Journal of Economic Perspectives, 20*(1), 3-24.

Kaiser, H. F. (1960). The application of electronic computers to factor analysis. *Educational and Psychological Measurement, 20*, 141-151.

Kaiser, H. F. (1970). A second-generation little jiffy. *Psychometrika, 35*, 401-415.

Kaiser, H. F. (1974). An index of factorial simplicity. *Psychometrika, 39*, 31-36.

Kass, R. A., & Tinsley, H. E. A. (1979). Factor analysis. *Journal of Leisure Research, 11*, 120-138.

Kellett, S., Clarke, S., & McGill, P. (2008). Outcomes from psychological assessment regarding recommendations for cosmetic surgery. *Journal of Plastic, Reconstructive & Aesthetic Surgery, 61*, 512-517.

Keselman, H. J., & Keselman, J. C. (1988). Repeated measures multiple comparison procedures: Effects of violating multisample sphericity in unbalanced designs. *Journal of Educational Statistics, 13*(3), 215-226.

Kirk, R. E. (1996). Practical significance: A concept whose time has come. *Educational and Psychological Measurement, 56*(5), 746-759.

Kline, P. (1999). *The handbook of psychological testing* (제2판). London: Routledge.

Klockars, A. J., & Sax, G. (1986). *Multiple comparisons.* Sage University Paper Series on Quantitative Applications in the Social Sciences, 07-061. Newbury Park, CA: Sage.

Koot, V. C. M., Peeters, P. H. M., Granath, F., Grobbee, D. E., & Nyren, O. (2003). Total and cause specific mortality among Swedish women with cosmetic breast implants: Prospective study. *British Medical Journal, 326*(7388), 527-528.

Kreft, I. G. G., & de Leeuw, J. (1998). *Introducing multilevel modeling.* London: Sage.

Kreft, I. G. G., de Leeuw, J., & Aiken, L. S. (1995). The effect of different forms of centering in hierarchical linear models. *Multivariate Behavioral Research, 30*, 1-21.

Kruskal, W. H., & Wallis, W. A. (1952). Use of ranks in one-criterion variance analysis. *Journal of the*

American Statistical Association, 47, 583-621.

Lacourse, E., Claes, M., & Villeneuve, M. (2001). Heavy metal music and adolescent suicidal risk. *Journal of Youth and Adolescence, 30*(3), 321-332.

Lehmann, E. L. (1993). The Fisher, Neyman-Pearson theories of testing hypotheses: One theory or two? *Journal of the American Statistical Association, 88*, 1242-1249.

Lenth, R. V. (2001). Some practical guidelines for effective sample size determination. *American Statistician, 55*(3), 187-193.

Levene, H. (1960). Robust tests for equality of variances. 수록: I. Olkin, S. G. Ghurye, W. Hoeffding, W. G. Madow, & H. B. Mann (엮음), *Contributions to probability and statistics: Essays in honor of Harold Hotelling* (pp. 278-292). Stanford, CA: Stanford University Press.

Levine, D. W., & Dunlap, W. P. (1982). Power of the F test with skewed data: Should one transform or not? *Psychological Bulletin, 92*(1), 272-280.

Levine, D. W., & Dunlap, W. P. (1983). Data transformation, power, and skew: A rejoinder to Games. *Psychological Bulletin, 93*(3), 596-599.

Lo, S. F., Wong, S. H., Leung, L. S., Law, I. C., & Yip, A. W. C. (2004). Traumatic rectal perforation by an eel. *Surgery, 135*(1), 110-111.

Loftus, G. R., & Masson, M. E. J. (1994). Using confidence intervals in within-subject designs. Psychonomic Bulletin and Review, 1(4), 476-490.

Lord, F. M. (1967). A paradox in the interpretation of group comparisons. *Psychological Bulletin, 68*(5), 304-305.

Lord, F. M. (1969). Statistical adjustments when comparing preexisting groups. *Psychological Bulletin, 72*(5), 336-337.

Lunney, G. H. (1970). Using analysis of variance with a dichotomous dependent variable: An empirical study. *Journal of Educational Measurement, 7*(4), 263-269.

MacCallum, R. C., Widaman, K. F., Zhang, S., & Hong, S. (1999). Sample size in factor analysis. *Psychological Methods, 4*(1), 84-99.

MacCallum, R. C., Zhang, S., Preacher, K. J., & Rucker, D. D. (2002). On the practice of dichotomization of quantitative variables. *Psychological Methods, 7*(1), 19-40.

Mann, H. B., & Whitney, D. R. (1947). On a test of whether one of two random variables is stochastically larger than the other. *Annals of Mathematical Statistics, 18*, 50-60.

Marzillier, S. L., & Davey, G. C. L. (2005). Anxiety and disgust: Evidence for a unidirectional relationship. *Cognition and Emotion, 19*(5), 729-750.

Mather, K. (1951). R. A. Fisher's Statistical Methods for Research Workers: An appreciation. *Journal of the American Statistical Association, 46*, 51-54.

Matthews, R. C., Domjan, M., Ramsey, M., & Crews, D. (2007). Learning effects on sperm competition and reproductive fitness. *Psychological Science, 18*(9), 758-762.

Maxwell, S. E. (1980). Pairwise multiple comparisons in repeated measures designs. *Journal of Educational Statistics, 5*(3), 269-287.

Maxwell, S. E., & Delaney, H. D. (1990). *Designing experiments and analyzing data*. Belmont, CA: Wadsworth.

McDonald, P. T., & Rosenthal, D. (1977). An unusual foreign body in the rectum - a baseball: Report of a case. *Diseases of the Colon & Rectum, 20*(1), 56-57.

McGrath, R. E., & Meyer, G. J. (2006). When effect sizes disagree: The case of r and d. *Psychological Methods, 11*(4), 386-401.

Menard, S. (1995). *Applied logistic regression analysis*. Sage University Paper Series on Quantitative Applications in the Social Sciences, 07-106. Thousand Oaks, CA: Sage.

Mendoza, J. L., Toothaker, L. E., & Crain, B. R. (1976). Necessary and sufficient conditions for F ratios in the L * J * K factorial design with two repeated factors. *Journal of the American Statistical Association, 71*, 992-993.

Mendoza, J. L., Toothaker, L. E., & Nicewander, W. A. (1974). A Monte Carlo comparison of the univariate and multivariate methods for the groups by trials repeated measures design. *Multivariate Behavioural Research, 9*, 165-177.

Miles, J. M. V., & Shevlin, M. (2001). *Applying regression and correlation: A guide for students and researchers*. London: Sage.

Miles, J. N. V., & Banyard, P. (2007). *Understanding and using statistics in psychology: A practical introduction*. London: Sage. Mill, J. S. (1865). *A system of logic: ratiocinative and inductive*. London: Longmans, Green.

Miller, G., Tybur, J. M., & Jordan, B. D. (2007). Ovulatory cycle effects on tip earnings by lap dancers: Economic evidence for human estrus? *Evolution and Human Behavior, 28,* 375-381.

Miller, G. A., & Chapman, J. P. (2001). Misunderstanding analysis of covariance. *Journal of Abnormal Psychology, 110*(1), 40-48.

Mitzel, H. C., & Games, P. A. (1981). Circularity and multiple comparisons in repeated measures designs. *British Journal of Mathematical and Statistical Psychology, 34,* 253-259.

Munzel, U., & Brunner, E. (2000). Nonparametric tests in the unbalanced multivariate one-way design. *Biometrical Journal, 42*(7), 837-854.

Muris, P., Huijding, J., Mayer, B., & Hameetman, M. (2008). A space odyssey: Experimental manipulation of threat perception and anxiety-related interpretation bias in children. *Child Psychiatry and Human Development, 39*(4), 469-480.

Myers, R. (1990). *Classical and modern regression with applications* (제2판). Boston: Duxbury.

Nagelkerke, N. J. D. (1991). A note on a general definition of the coefficient of determination. *Biometrika, 78,* 691-692.

Namboodiri, K. (1984). *Matrix algebra: An introduction.* Sage University Paper Series on Quantitative Applications in the Social Sciences, 07-38. Beverly Hills, CA: Sage.

Nichols, L. A., & Nicki, R. (2004). Development of a psychometrically sound internet addiction scale: A preliminary step. *Psychology of Addictive Behaviors, 18*(4), 381-384.

Nunnally, J. C. (1978). *Psychometric theory.* New York: McGraw-Hill.

Nunnally, J. C., & Bernstein, I. H. (1994). *Psychometric theory* (제3판). New York: McGraw-Hill.

O'Brien, M. G., & Kaiser, M. K. (1985). MANOVA method for analyzing repeated measures designs: An extensive primer. *Psychological Bulletin, 97*(2), 316-333.

Olson, C. L. (1974). Comparative robustness of six tests in multivariate analysis of variance. *Journal of the American Statistical Association, 69,* 894-908.

Olson, C. L. (1976). On choosing a test statistic in multivariate analysis of variance. *Psychological Bulletin, 83,* 579-586.

Olson, C. L. (1979). Practical considerations in choosing a MANOVA test statistic: A rejoinder to Stevens. *Psychological Bulletin, 86,* 1350-1352.

Ong, E. Y. L., Ang, R. P., Ho, J. C. M., Lim, J. C. Y., Goh, D. H., Lee, C. S., Chua, A. Y. K. (2011). Narcissism, extraversion and adolescents' self-presentation on Facebook. *Personality and Individual Differences, 50*(2), 180-185.

Pearson, E. S., & Hartley, H. O. (1954). *Biometrika tables for statisticians, Volume I.* New York: Cambridge University Press.

Pearson, K. (1894). Science and Monte Carlo. *Fortnightly Review, 55,* 183-193.

Pearson, K. (1900). On the criterion that a given system of deviations from the probable in the case of a correlated system of variables is such that it can be reasonably supposed to have arisen from random sampling. *Philosophical Magazine, 50*(5), 157-175.

Pedhazur, E., & Schmelkin, L. (1991). *Measurement, design and analysis: An integrated approach.* Hillsdale, NJ: Erlbaum.

Pinheiro, J., Bates, D., DebRoy, S., Sarkar, S., & R Development Core Team. (2010). nlme: Linear and Nonlinear Mixed Effects Models. R 패키지(버전 3.1-97). http://CRAN.R-project.org/package=lme에서 조회.

Plackett, R. L. (1983). Karl Pearson and the chi-squared test. *International Statistical Review, 51*(1), 59-72.

Preacher, K. J., & MacCallum, R. C. (2003). Repairing Tom Swift's electric factor analysis machine. *Understanding Statistics, 2*(1), 13-43.

Ramsey, P. H. (1982). Empirical power of procedures for comparing two groups on p variables. *Journal of Educational Statistics, 7,* 139-156.

Raudenbush, S. W., & Bryk, A. S. (2002). *Hierarchical linear models* (제2판). Thousand Oaks, CA: Sage.

Rockwell, R. C. (1975). Assessment of multicollinearity: The Haitovsky test of the determinant. *Sociological Methods and Research, 3*(4), 308-320.

Rosenthal, R. (1991). *Meta-analytic procedures for social research* (제2판). Newbury Park, CA: Sage.

Rosnow, R. L., & Rosenthal, R. (2005). *Beginning behavioral research: A conceptual primer* (제5판). Upper Saddle River, NJ: Pearson/Prentice Hall.

Rosnow, R. L., Rosenthal, R., & Rubin, D. B. (2000).

Contrasts and correlations in effect-size estimation. *Psychological Science, 11*, 446-453.

Rouanet, H., & Lépine, D. (1970). Comparison between treatments in a repeated-measurement design: ANOVA and multivariate methods. *British Journal of Mathematical and Statistical Psychology, 23*, 147-163.

Rulon, P. J. (1939). A simplified procedure for determining the reliability of a test by split-halves. *Harvard Educational Review, 9*, 99-103.

Sacco, W. P., Levine, B., Reed, D., & Thompson, K. (1991). Attitudes about condom use as an AIDS-relevant behavior: Their factor structure and relation to condom use. *Psychological Assessment: A Journal of Consulting and Clinical Psychology, 3*(2), 265-272.

Sacco, W. P., Rickman, R. L., Thompson, K., Levine, B., & Reed, D. L. (1993). Gender differences in AIDS-relevant condom attitudes and condom use. *AIDS Education and Prevention, 5*(4), 311-326.

Sachdev, Y. V. (1967). An unusual foreign body in the rectum, *Diseases of the Colon & Rectum, 10*(3), 220-221.

Salsburg, D. (2002). *The lady tasting tea: How statistics revolutionized science in the twentieth century.* New York: Owl Books.

Savage, L. J. (1976). On re-reading R. A. Fisher. *Annals of Statistics, 4*, 441-500.

Scariano, S. M., & Davenport, J. M. (1987). The effects of violations of independence in the one-way ANOVA. *American Statistician, 41*(2), 123-129.

Schützwohl, A. (2008). The disengagement of attentive resources from task-irrelevant cues to sexual and emotional infidelity. *Personality and Individual Differences, 44*, 633-644.

Shackelford, T. K., LeBlanc, G. J., & Drass, E. (2000). Emotional reactions to infidelity. *Cognition & Emotion, 14*(5), 643-659.

Shee, J. C. (1964). Pargyline and the cheese reaction. *British Medical Journal, 1*(539), 1441.

Siegel, S., & Castellan, N. J. (1988). *Nonparametric statistics for the behavioral sciences* (제2판). New York: McGraw-Hill.

Spearman, C. (1910). Correlation calculated with faulty data. *British Journal of Psychology, 3*, 271-295.

Stevens, J. P. (1979). Comment on Olson: Choosing a test statistic in multivariate analysis of variance.

Psychological Bulletin, 86, 355-360.

Stevens, J. P. (1980). Power of the multivariate analysis of variance tests. *Psychological Bulletin, 88*, 728-737.

Stevens, J. P. (2002). *Applied multivariate statistics for the social sciences* (제4판). Hillsdale, NJ: Erlbaum.

Strahan, R. F. (1982). Assessing magnitude of effect from rankorder correlation coeffients. *Educational and Psychological Measurement, 42*, 763-765.

Stuart, E. W., Shimp, T. A., & Engle, R. W. (1987). Classical-conditioning of consumer attitudes – Four experiments in an advertising context. *Journal of Consumer Research, 14*(3), 334-349.

Studenmund, A. H., & Cassidy, H. J. (1987). *Using econometrics: a practical guide.* Boston: Little Brown.

Tabachnick, B. G., & Fidell, L. S. (2001). *Using multivariate statistics* (제4판). Boston: Allyn & Bacon.

Tabachnick, B. G., & Fidell, L. S. (2007). *Using multivariate statistics* (제5판). Boston: Allyn & Bacon.

Terrell, C. D. (1982). Significance tables for the biserial and the point biserial. Educational and *Psychological Measurement, 42*, 975-981.

Tinsley, H. E. A., & Tinsley, D. J. (1987). Uses of factor analysis in counseling psychology research. *Journal of Counseling Psychology, 34*, 414-424.

Toothaker, L. E. (1993). *Multiple comparison procedures.* Sage University Paper series on Quantitative Applications in the Social Sciences, 07-089. Newbury Park, CA: Sage.

Tufte, E. R. (2001). *The visual display of quantitative information* (제2판). Cheshire, CT: Graphics Press.

Twisk, J. W. R. (2006). *Applied multilevel analysis: A practical guide.* Cambridge: Cambridge University Press.

Umpierre, S. A., Hill, J. A., & Anderson, D. J. (1985). Effect of Coke on sperm motility. New *England Journal of Medicine, 313*(21), 1351.

Wainer, H. (1984). How to display data badly. *American Statistician, 38*(2), 137-147.

Welch, B.L. (1951) On the comparison of several mean values: An alternative approach. *Biometrika, 38*, 330-336.

Wickham, H. (2009). *ggplot2: Elegant graphics for data analysis.* New York: Springer.

Widaman, K. F. (2007). Common factors versus components: Principals and principles, errors and misconception. 수록: R. Cudeck & R. C. MacCallum (엮음), *Factor analysis at 100: Historical developments and future directions*. Mahwah, NJ: Erlbaum.

Wilcox, R. R. (2003). Multiple comparisons based on a modified one-step M-estimator. *Journal of Applied Statistics, 30*(10), 1231-1241.

Wilcox, R. R. (2005). *Introduction to robust estimation and hypothesis testing* (제2판). Burlington, MA: Elsevier.

Wilcoxon, F. (1945). Individual comparisons by ranking methods. *Biometrics, 1*, 80-83.

Wildt, A. R., & Ahtola, O. (1978). *Analysis of covariance*. Sage University Paper Series on Quantitative Applications in the Social Sciences, 07-012. Newbury Park, CA: Sage.

Wilkinson, L. (2005). *The grammar of graphics*. New York: Springer-Verlag.

Williams, J. M. G. (2001). *Suicide and attempted suicide*. London: Penguin.

Wright, D. B. (1998). Modeling clustered data in autobiographical memory research: The multilevel approach. *Applied Cognitive Psychology, 12*, 339-357.

Wright, D. B. (2003). Making friends with your data: Improving how statistics are conducted and reported. *British Journal of Educational Psychology, 73*, 123-136.

Wright, D. B., London, K., & Field, A. P. (2011). Using bootstrap estimation and the plug-in principle for clinical psychology data. *Journal of Experimental Psychopathology, 2*(2), 252-270.

Yang, X. W., Li, J. H., & Shoptaw, S. (2008). Imputation-based strategies for clinical trial longitudinal data with nonignorable missing values. *Statistics in Medicine, 27*(15), 2826-2849.

Yates, F. (1951). The influence of *Statistical methods for research workers* on the development of the science of statistics. *Journal of the American Statistical Association, 46*, 19-34.

Zabell, S. L. (1992). R. A. Fisher and fiducial argument. *Statistical Science, 7*(3), 369-387.

Zimmerman, D. W. (2004). A note on preliminary tests of equality of variances. *British Journal of Mathematical and Statistical Psychology, 57*, 173-181.

Zwick, W. R., & Velicer, W. F. (1986). Comparison of five rules for determining the number of components to retain. *Psychological Bulletin, 99*(3), 432-442.

찾아보기

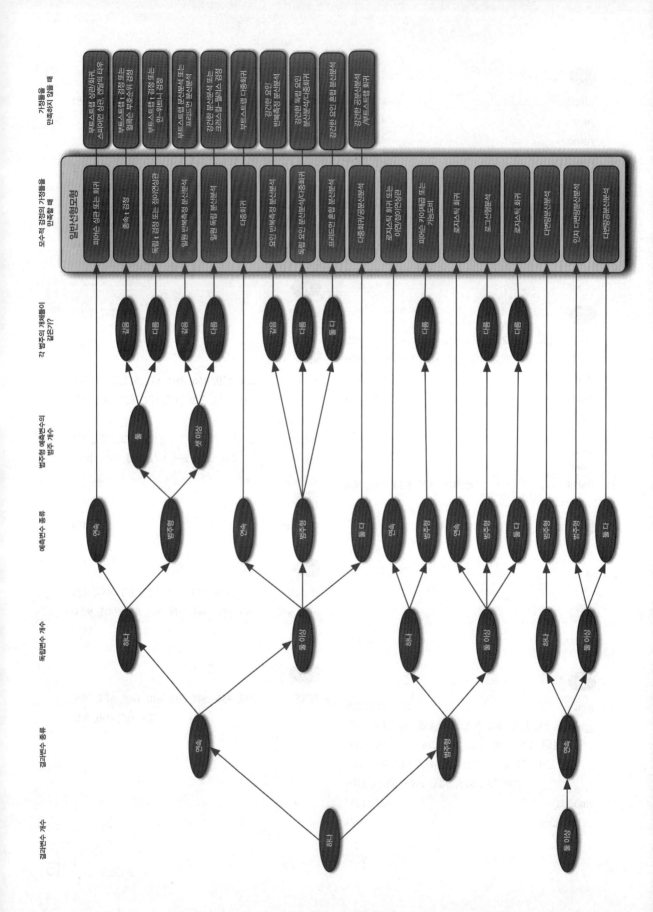